【税则中英文对照版】

中国海关
报关实用手册
2024

《中国海关报关实用手册》编写组◎编

ZHONGGUO HAIGUAN
BAOGUAN SHIYONG SHOUCE

中国海关出版社有限公司
·北京·

图书在版编目（CIP）数据

中国海关报关实用手册. 2024：汉英对照 /《中国海关报关实用手册》编写组编.
—北京：中国海关出版社有限公司，2024.1
ISBN 978-7-5175-0720 8

Ⅰ.①中… Ⅱ.①中… Ⅲ.①进出口贸易—海关手续—中国—2024—手册—汉、英
Ⅳ.①F752.5-62

中国国家版本馆 CIP 数据核字（2023）第 249597 号

中国海关报关实用手册（2024）
ZHONGGUO HAIGUAN BAOGUAN SHIYONG SHOUCE（2024）

作　　者：《中国海关报关实用手册》编写组
责任编辑：夏淑婷　傅　晟
出版发行：中国海关出版社有限公司
社　　址：北京市朝阳区东四环南路甲 1 号　　邮政编码：100023
编 辑 部：01065194242-7539（电话）
发 行 部：01065194221/4227/4238/4246（电话）
社办书店：01065195616（电话）
https://weidian.com/?userid=319526934（网址）
印　　刷：北京盛通印刷股份有限公司　　经　　销：新华书店
开　　本：880mm×1230mm　1/16
印　　张：95.5　　字　　数：5000 千字
版　　次：2024 年 1 月第 1 版
印　　次：2024 年 1 月第 1 次印刷
书　　号：ISBN 978-7-5175-0720-8
定　　价：400.00 元

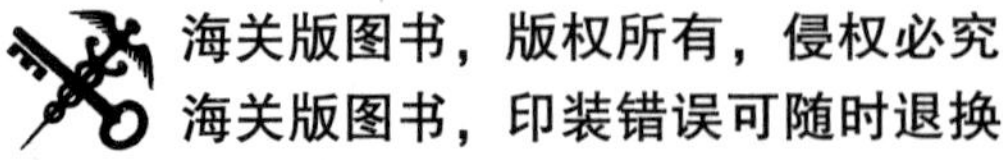

《报关实用手册》移动版查询系统

权威准确　实时更新　移动便捷

一、功能简介

为满足读者移动办公及掌握商品实时更新信息的需求，我社开发了针对本书内容的移动版查询系统——“海关数库”微信服务号，免费向本书用户开放，开放时限为2024年全年。系统可对本书主体内容进行全文检索查询，且将与海关监管库数据同步更新，以便用户实时掌握更新动态，提高通关效率。

二、开通流程

1. 轻刮图书封面防伪标涂层，打开手机微信，扫描二维码。

注：每个二维码只能被扫描一次并开通权限，不能重复扫描。如不慎将二维码刮破，可拍照后使用微信“识别图中二维码”功能进行尝试。

2. 扫描成功后，系统自动弹出“中国海关出版社申请获取以下权限”对话框。

注：“中国海关出版社”为我社微信统一认证平台，认证结果将作用于“海关数库”微信公众号。

3. 点选“允许”后，首次微信扫码用户，还须进行手机号验证，并设置用户密码，以保证增值服务权益不受损。

4. 手机号验证成功后，系统自动弹出认证成功提示框。

5. 点选“立即进入”后，即可开通“海关数库”微信服务号下方的“手册法规”中“报关手册”增值服务权限，点击其中的“报关手册”按钮进入查询。

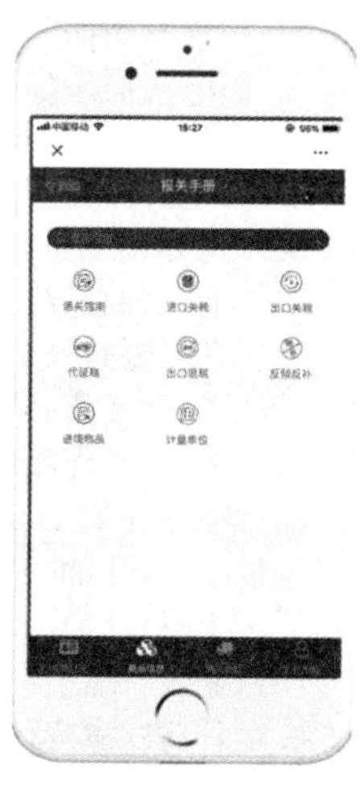

《商品综合分类表》使用说明

为便于读者查阅，现将《商品综合分类表》的有关栏目说明如下：

一、《商品综合分类表》的第一列为“商品编号”，其前八位代码与《中华人民共和国进出口税则》（下称《税则》）中的税则号列和《中华人民共和国海关统计商品目录》（下称《统计商品目录》）中的商品编号完全一致，第九、十位代码是根据进口环节税、进出口暂定税和贸易管制的需要而增设的。商品编号未增列第九位、第十位时，用“00”补齐十位。

“商品编号”栏有“暂”标志的，表示：

1. 该项商品实施年度暂定税率，凡从世界贸易组织成员方或与我国订有双边互惠协议的国家或地区进口的货物，即按暂定税率征税，从其他国家或地区进口的货物仍按规定的普通税率征税。

2. “暂”后面数字为暂定税率。例如，1502100000暂2 即该商品编号的进口暂定税率为2%。

二、《商品综合分类表》的第二列为“商品名称及备注［检验检疫编码及名称］”，它是为适应通关系统的需要，由《税则》和《统计商品目录》中的“货品名称”缩减而成的，小括号内的文字是对该商品名称的补充描述，中括号内的文字为扩展的检验检疫编码及名称。

三、《商品综合分类表》的第三、四列为“进口关税税率”，栏内数字表示为关税税率的百分比。对从世界贸易组织成员方或与我国订有关税互惠协议的国家或地区进口的货物，按最惠国税率征税，对从其他国家或地区进口的货物按普通税率征税。

进口关税税额＝到岸价格×进口关税税率

$$出口关税税额=\frac{离岸价格}{1+出口关税税率}\times 出口关税税率$$

四、“进口关税税率”中的最惠国税率下，有“/”的表示不同时间段实施的税率不同，具体见页下注。

五、《商品综合分类表》的第五列为“增值税率”，栏内数字相应地表示为该项商品的进口环节增值税税率。

增值税税额=（到岸价格+关税税额+消费税税额）×增值税税率

六、《商品综合分类表》的第六列为“消费税”。该栏目中出现两种税率时，“/”左边为进口从价消费税税率（%），右边为进口从量消费税税率/低。

七、《商品综合分类表》的第七列为“计量单位”。该栏目中出现两个计量单位时，中间以“/”分隔，左边为第一计量单位，右边为第二计量单位。

八、《商品综合分类表》的第八列为“监管条件”。该栏目的代码表示该项商品在一般贸易进出口时需要向海关提交的监管证件。具体代码所代表的证件请查阅《监管证件代码表》。

“监管条件”中，有“/”的表示不同时间段实施的监管条件不同，具体见页下注。

九、《商品综合分类表》的第九列为“检验检疫类别”。检验检疫类别中，“M”表示进口商品检验，“N”表示出口商品检验；“P”表示进境动植物、动植物产品检疫，“Q”表示出境动植物、动植物产品检疫；“R”表示进境食品卫生监督检验，“S”表示出境食品卫生监督检验；“V”表示进境卫生检疫，“W”表示出境卫生检疫。“/”前面为进境，后面为出境。例如，“MR/NS”表示需要进行进境商品检验和食品卫生监督检验，以及出境商品检验和食品卫生监督检验。

十、《商品综合分类》的第十列为“对美税率”。该栏目中出现两种税率时，中间以“/”分隔，两个税率为针对美国不同相关法案实施的税率。

十一、《商品综合分类表》的第十一列为出口关税率，出口关税率的数字右上角为出口暂定税率。

十二、《商品综合分类表》的第十二列为出口退税率。由于在税务部门办理出口退税时，有些商品按照税务部门10位以上的商品编号（如11位商品编号）进行增值税的退税，而海关系统中的商品编号为10位，因此，若本书所列的10位商品编号有多个退税率，均以税务部门的实际退税为准。

十三、《商品综合分类表》的“协定税率”栏下：

亚太、瑞士栏目中，有“#”的表示不同时段实施的税率不同，具体见页下注。

日/韩/澳/新/东（RCEP），指《区域全面经济伙伴关系协定》（RCEP）及相关协议已生效缔约方日本、韩国、澳大利亚、新西兰、东盟适用税率。

十四、《商品综合分类表》“特惠税率”栏下：

亚太2国：孟加拉人民共和国、老挝人民民主共和国。

LDC98：阿富汗伊斯兰共和国、孟加拉人民共和国、柬埔寨王国、老挝人民民主共和国、尼泊尔、贝宁共和国、中非共和国、乍得共和国、吉布提共和国、几内亚共和国、几内亚比绍共和国、马拉维共和国、莫桑比克共和国、卢旺达共和国、圣多美和普林西比民主共和国、苏丹共和国、坦桑尼亚联合共和国、多哥共和国、乌干达共和国、布基纳法索、赞比亚共和国、莱索托王国、厄立特里亚国、瓦努阿图共和国、所罗门群岛、基里巴斯共和国（共26国）。

LDC97：也门共和国、安哥拉共和国、布隆迪共和国、科摩罗联盟、埃塞俄比亚联邦民主共和国、冈比亚共和国、利比里亚共和国、马达加斯加共和国、马里共和国、毛里塔尼亚伊斯兰共和国、尼日尔共和国、塞内加尔共和国、塞拉利昂共和国、索马里联邦共和国、刚果民主共和国、南苏丹共和国（共16国）。

LDC95：东帝汶民主共和国、缅甸联邦共和国（共2国）。

总目录

Table of Contents

前　言

《中国海关报关实用手册》（下称《报关手册》）出版二十余年来，以其突出的权威性、准确性、时效性、针对性，成为海关工作人员、进出口企业报关员、预录入企业操作员必备的工具手册，也日益成为与进出口有关的企事业单位了解海关业务，对进出口贸易进行成本核算的重要参考资料。

2024 年版《报关手册》重点对海关最新进出口商品编码及各类通关业务参数作汇总，综合分类表包括商品编号、商品名称、3 位检验检疫编码和名称、检验检疫类别、计量单位、监管条件、英文名称、最惠国税率、普通税率、增值税率、消费税、协定税率、特惠税率、对美税率、出口税率、出口退税率，以及进出口暂定税率等，根据海关业务改革及关检融合情况，修改并补充了代码表及说明，以期实现贴近通关监管实际、传递政策调整信息、方便读者参考查阅、帮助提高通关效率的目标。

2024 年版《报关手册》还为用户提供进口附加税率表，进口商品从量税、复合税税率表，关税配额商品税目税率表，进口关税与进口环节代征税计税常数表等。

出口退税率仅供进出口企业和报关企业参考，具体商品的退税率应以税务机关实际执行为准。

为方便读者使用，《报关手册》还推出移动版查询系统，读者扫描《报关手册》封面防伪标上的二维码，即可享受在线查询及获取监管条件等增值服务（具体使用指南详见“《报关实用手册》移动版查询系统”）。

《报关手册》所列商品编号、商品名称、关税税率、监管证件代码和进口环节代征税税率及进出口法律法规，如有与国家进出口法律法规不一致之处，以法规条文为准。

《中国海关报关实用手册》编写组

2023 年 12 月 31 日

海关通关系统《商品综合分类表》目录

INDEX

海关执行的国家贸易管制措施指南

《中华人民共和国海关法》（以下简称《海关法》）从法律上赋予了海关实施贸易管制，监管进出口活动的权力与义务。《海关法》第四十条规定：国家对进出境货物、物品有禁止性或限制性规定的，海关依据法律、行政法规、国务院的规定或者国务院有关部门依据法律、行政法规授权作出的规定实施监管。

海关贸易管制制度的法律体系包括哪些内容?

海关根据法律、行政法规和规章对进出境货物履行监督管理职责，形成了以《海关法》《中华人民共和国对外贸易法》《中华人民共和国货物进出口管理条例》为主的贸易管制法律体系。其主要包括：

法律：

《中华人民共和国对外贸易法》

《中华人民共和国海关法》

《中华人民共和国固体废物污染环境防治法》

《中华人民共和国出口管制法》

《中华人民共和国密码法》

《中华人民共和国生物安全法》

《中华人民共和国食品安全法》

《中华人民共和国进出口商品检验法》

《中华人民共和国进出境动植物检疫法》

《中华人民共和国国境卫生检疫法》

《中华人民共和国野生动物保护法》

《中华人民共和国药品管理法》

《中华人民共和国文物保护法》

……

行政法规：

《中华人民共和国货物进出口管理条例》

《中华人民共和国技术进出口管理条例》

《消耗臭氧层物质管理条例》

《中华人民共和国核出口管制条例》

《中华人民共和国核两用品及相关技术出口管制条例》

《易制毒化学品管理条例》

《中华人民共和国导弹及相关物项和技术出口管制条例》

《中华人民共和国生物两用品及相关设备和技术出口管制条例》

《中华人民共和国监控化学品管理条例》

《中华人民共和国野生植物保护条例》

《中华人民共和国陆生野生动物保护实施条例》

《中华人民共和国水生野生动物保护实施条例》

《中华人民共和国濒危野生动植物进出口管理条例》

《农药管理条例》

《兽药管理条例》

《中华人民共和国药品管理法实施条例》

《麻醉药品和精神药品管理条例》

《反兴奋剂条例》

《音像制品管理条例》

《民用爆炸物品安全管理条例》

《中华人民共和国军品出口管理条例》

《中华人民共和国人类遗传资源管理条例》

《古生物化石保护条例》

《中华人民共和国进出口商品检验法实施条例》

……

除此之外，海关贸易管制法律体系中还包括禁止进（出）口货物目录、货物进（出）口许可证管理办法等部门规章及管理目录等规范性文件，其法律渊源还包括与贸易管制有关的国际公约及议定书等。

许可证件的法律规定是什么？

《海关法》对进口货物的收货人或出口货物的发货人提交许可证件作出了明确规定：

1.《海关法》第二十四条规定："进口货物的收货人、出口货物的发货人应当向海关如实申报，交验进出口许可证件和有关单证。国家限制进出口的货物，没有进出口许可证件的，不予放行，具体处理办法由国务院规定。"即如果所申报的货物属于国家限制进出口的，应当按规定申领有关许可证件，未申领进出口许可证件的，海关不予放行货物。

2.《海关法》第三十三条第三款规定："加工贸易保税进口料件或者制成品因故转为内销的，海关凭准予内销的批准文件，对保税的进口料件依法征税；属于国家对进口有限制性规定的，还应当向海关提交进口许可证件。"

3.《海关法》第四十条规定："国家对进出境货物、物品有禁止性或限制性规定的，海关依据法律、行政法规、国务院的规定或者国务院有关部门依据法律、行政法规授权作出的规定实施监管。"该规定一方面明确海关是依据法律、行政法规和部门规章对进出境货物、物品采取禁止或限制措施；另一方面明确了对进出境货物、物品实施禁止或限制规定时，需要经过立法程序对外发布。

4.《海关法》第六十六条规定："国家对进出境货物、物品有限制性规定，应当提供许可证件而不能提供的，以及法律、行政法规规定不得担保的其他情形，海关不得办理担保放行。"

海关贸易管制措施的实现方式是什么？

海关执行的部分贸易管制措施通过细化、分解贸易管制商品目录，在海关通关管理系统中对7000多项商品设置了30余种监管证件代码，占全部海关商品编号的54%左右。

为构建进出口许可证件从申领、发证、验证到核查、核销的严密高效管理模式，海关总署积极推进与许可证件主管部门的电子数据联网工作。目前，已实现进出口许可证、两用物项和技术进出口许可证、有毒化学品进出口环境管理放行通知单、农药进出口登记管理放行通知单、自动进口许可证等电子数据联网核查，为科学、规范管理和便捷通关提供了条件。

贸易管制海关执法包括哪些？

1. 禁止进出口货物

禁止进出口货物是指商务部会同国务院其他有关部门依法制定、调整并公布禁止进/出口货物目录，以及其他法律、行政法规规定禁止进/出口的货物，包括国家规定停止进口的商品、执行联合国安理会有关决议规定禁止进出口的商品等。其他法律、行政法规等规定禁止进出口的，从其规定。

禁止进口商品监管条件代码为"9"，禁止出口商品监管条件代码为"8"，旧机电产品禁止进口监管条件代码为"6"。

2. 进口许可证（监管证件代码"1"）

进口许可证是指商务部及其授权发证机构依法对实行数量限制或其他限制的进口货物颁发准予进口的许可证件。对国家规定有数量限制的进口货物，实行配额管理；其他限制进口货物，实行许可证管理。实行进口许可证管理的货物为两大类，即环境保护部、商务部、海关总署令2014年第26号《消耗臭氧层物质进出口管理办法》规定的消耗臭氧层物质和商务部、海关总署、质检总局令2008年第5号《重点旧机电产品进口管理办法》规定的重点旧机电产品。具体管理目录详见年度《进口许可证管理货物目录》。

3. 出口许可证（监管证件代码"4"，加工贸易出口许可证监管证件代码"x"，边境小额贸易出口许可证监管证件代码"y"）

出口许可证是指商务部授权发证机关依法对实行数量限制或其他限制的出口货物签发的准予出口的许可证件。国家规定有数量限制的限制出口货物，实行配额和招标管理；其他限制出口货物，实行许可证管理。具体管理目录详见年度《出口许可证管理货物目录》。

4. 两用物项和技术进口许可证（监管证件代码"2"）

两用物项和技术进口许可证是指商务部及其授权发证机关签发的准予进口《两用物项和技术进口许可证管理目录》中商品的许可证件，包括监控化学品（含生产技术及专用设备）、易制毒化学品和放射性同位素、《商用密码进口许可清单》所列物项和技术。具体管理目录详见年度《两用物项和技术进出口许可证管理目录》之《两用物项和技术进口许可证管理目录》。进口放射性同位素需按《放射性同位素与射线装置安全和防护条例》和《两用物项和技术进出口许可证管理办法》有关规定，报生态环境部审批后，在商务部配额许可证事务局申领两用物项和技术进口许可证。

5. 两用物项和技术出口许可证［监管证件代码"3"，部分易制毒化学品向特定国家（地区）出口的两用物项和技术出口许可证监管证件代码"G"］

两用物项和技术出口许可证是指商务部授权发证机关准予两用物项和技术出口签发的许可证件。其中，向缅甸、老挝、阿富汗等特定国家（地区）出口氯化铵等17种易制毒化学品为定向出口。纳入《两用物项和技术出口许可证管理目录》的两用物项和技术类别包括核、核两用品及相关技术、生物两用品及相关设备和技术、监控化学品（含生产技术及专用设备）、有关化学品及相关设备和技术、导弹及相关物项和技术、易制毒化学品、部分无人驾驶航空飞行器和高性能计算机、《商用密码出口管制清单》所列物项和技术、特殊民用物项（耙吸式挖泥船、绞吸式挖泥船、斗式挖泥船、吸砂船、自航自卸式泥驳）等两用物项和技术。受《中华人民共和国导弹及相关物项和技术出口管制条例》管制，用于民用航空用途的民用航空零部件出口按《民用航空零部件出口分类管理办法》实行许可证件分类管理制度。具体管理目录详见年度《两用物项和技术进出口许可证管理目录》之《两用物项和技术出口许可证管理目录》。

6. 自动进口许可证（监管证件代码“7”，机电产品自动进口许可证监管证件代码为“O”，加工贸易自动进口许可证监管证件代码为“v”）

自动进口许可证是指商务部授权发证机构依法对实行自动进口许可管理的货物颁发的准予进口的许可证件。其中，属加工贸易“自动进口许可证”管理的商品有原油和成品油及化肥。具体管理目录详见年度《自动进口许可管理货物目录》。

7. 入境检验检疫（监管证件代码“A”）、出境检验检疫（电子底账）（监管证件代码“B”）、毛坯钻石进出境检验（监管证件代码“D”）

入/出境检验检疫是指海关依法对列入《海关实施检验检疫的进出境商品目录》（简称《检验检疫法检目录》），以及虽未列入《检验检疫法检目录》，但国家有关法律、行政法规明确规定海关实施检验检疫的进出境货物及特殊物品等实施检验检疫。其中，监管证件代码“D”专指《金伯利进程国际证书制度》规定的毛坯钻石进出境检验监管。

实行入境检验检疫管理的货物主要包括四类：列入《检验检疫法检目录》的进境货物，进口旧机电产品，进口捐赠的医疗器械，以及其他未列入《检验检疫法检目录》，但国家有关法律、行政法规规定实施检验检疫的入境货物及特殊物品等。

实行出境检验检疫管理的货物主要包括三类：列入《检验检疫法检目录》的出境货物，对外经济技术援助物资及人道主义紧急救灾援助物资，以及其他未列入《检验检疫法检目录》，但国家有关法律、行政法规规定实施检验检疫的出境货物及特殊物品等。

8. 野生动植物出口证书（监管证件代码“E”）、野生动植物进口证书（监管证件代码“F”）

野生动植物进出口证书是指对纳入《进出口野生动植物种商品目录》管理范围的野生动植物及其制品实施进/出口许可管理，国家濒管办及其授权办事处签发准予进/出口的许可证件。野生动植物进出口证书包括中华人民共和国濒危野生动植物种国际贸易公约允许进出口证明书（简称《公约证书》）、中华人民共和国海峡两岸野生动植物允许进出口证明书（简称《海峡两岸证书》）、中华人民共和国野生动植物允许进出口证明书（简称《非公约证书》）及非《进出口野生动植物种商品目录》物种证明（简称《物种证明》）。

《进出口野生动植物种商品目录》所列野生动植物或其产品以一般贸易、无偿捐赠、无偿提供、旅客携带、交换、邮寄及其他各种方式进出口的，海关均按规定进行监管。

野生动植物进出口证书适用范围及管理规则详见国家濒管办、海关总署公告2022年第2号。

（1）“公约证书”适用于开展进出口属《濒危野生动植物种国际贸易公约》（简称《公约》）附录范围内野生动植物及其制品的活动（除与台湾地区之外），包括常规版本和专用版本。其中，常规版本适用于开展一般情况下《公约》附录物种及其制品的进口、出口、再出口。专用版本适用于《公约》附录物种从海上引进、标本巡回展出、个人所有活体动物、乐器多次跨境转移、个人携带二胡等五种情形。

（2）“海峡两岸证书”适用于中国大陆与台湾地区进出口属《公约》附录范围内野生动植物及其制品的活动，包括常规版本和专用版本。其中，常规版本适用于一般情况下《公约》附录野生动植物及其制品的进口、出口、再出口。专用版本适用于《公约》附录野生动植物及其制品的巡回展出、个人所有活体动物、乐器多次跨境转移、个人携带二胡等四种情形。

（3）“非公约证书”适用于未被列入《公约》附录，但属国家重点保护的野生动植物及其制品的出口。

（4）“中华人民共和国濒危物种进出口管理办公室非《进出口野生动植物种商品目录》物种证明”适用于上述三种情形之外但列入《进出口野生动植物种商品目录》的野生动植物及其制品的进出口。

具体管理目录详见《进出口野生动植物种商品目录》。

国家濒管办或者其办事处在办理进出口野生动植物及其产品的行政许可证件时，要严格依照《进出口野生动植物种商品目录》审查申请人填报的海关商品编号。对不属于允许进出口证明书管理范畴，且申报内容与所填报的海关商品编号含义在物种种类、濒危程度或者生物学特性等方面不一致的，一律不予核发“非《进出口野生动植物种商品目录》物种证明”。对确实不需要办理行政许可证件但海关存疑的野生动植物进出口申请，国家濒管办或者其办事处应当依申请人申请及时出具《不予受理行政许可申请通知书》，明确告知不属于允许进出口证明书和物种证明管理范畴。海关参考《不予受理行政许可申请通知书》确定9、10位海关商品编号和商品核验。海关在查验放行相关野生动植物及其产品时，对是否属于野生动植物进出口证书受理范围存疑的，应当按照《野生动植物进出口证书管理办法》第三十七条的规定，可以征求国家濒管办或者其办事处意见。国家濒管办或者其办事处应当及时予以回复。

9. 麻醉药品精神药物进（出）口准许证（监管证件代码“I”）

麻醉药品进出口准许证是指国家药品监督管理部门依法对连续使用后易使身体产生依赖性、能成瘾癖的麻醉药品实施进出口监督管理，签发准予麻醉药品进出口的许可证件。麻醉药品包括阿片类、可卡因类、大麻类、合成麻醉药类及其他易成瘾癖的药品、药用原植物及其制剂。具体管理目录详见《麻醉药品品种目录》。

精神药物进出口准许证是指国家药品监督管理部门依法对直接作用于中枢神经系统使之兴奋或抑制，连续使用能产生依赖性的精神药品实施进出口监督管理，签发准予精神药物进出口的许可证件。具体管理目录详见《精神药品品种目录》。

10. 黄金及黄金制品进出口准许证（监管证件代码“J”）

黄金及黄金制品进出口准许证是指中国人民银行总行或其授权的中国人民银行分支机构依法对列入《黄金及黄金制品进出口管理商品目录》的进出口黄金及其制品实施监督管理并签发准予进出口的许可证件。进出口黄金及黄金制品范围详见《黄金及黄金制品进出口管理商品目录》。

11. 药品进出口准许证（监管证件代码“L”）

药品进（出）口准许证是指国家药品监督管理部门授权机构依法对列入兴奋剂目录的蛋白同化制剂、肽类激素等供医疗使用及教学、科研需要的兴奋剂实施进出口管理，签发准予进出口的许可证件。兴奋剂是指兴奋剂目录所列的禁用物质，包括蛋白同化制剂品种、肽类激素品种、麻醉药品品种、刺激剂（含精神药品）品种、药品类易制毒化学品品种、医疗用毒性药品品种及其他品种兴奋剂。对兴奋剂目录中第七类“其他品种”，海关暂不按照兴奋剂实行管理。具体管理措施详见《蛋白同化制剂和肽类激素进出口管理办法》，具体管理目录详见兴奋剂目录公告。

12. 进口药品通关单（监管证件代码“Q”）

进口药品通关单是指国家药品监督管理局及其授权发证机关依法对进口药品实施监督管理所签发的准予药品进口的监管证件。列入“进口药品通关单”管理的药品是指用于预防、治疗、诊断人的疾病，有目的地调节人的生理机能并规定有适应症或者功能主治、用法和用量的物质，包括中药材、中药饮片、中成药、化学原料药及其制剂、抗生素、生化药品、放射性药品、血清、疫苗、血液制品和诊断药品等。2015 年 1 月 29 日《海关总署关于明确人体组织器官进口有关问题的通知》（署监函〔2015〕46 号）中，针对人供体角膜等人体组织器官进口报关手续过程中存在企业无法取得上述货物的“进口药品通关单”（Q 证）问题，允许以下四种情况免于验核“进口药品通关单”：（1）涉及我国人类遗传资源的国际合作项目中人类遗传资源材料的出口、出境，海关验核人类遗传资源管理办公室核发的出口、出境证明办理出口报关手续；（2）人体血液、组织器官进口时，应当办理入境检验检疫手续；（3）原国家食品药品监督管理总局已明确人体血液、组织器官进口不按照进口药品管理，上述货物进口时，海关可不再验核“进口药品通关单”；（4）军队医疗机构办理人体血液、组织器官进口报关手续的，海关验核军队卫生主管部门出具的相关进口批件，并按照上述要求办理进口手续。具体管理目录详见原国家食品药品监督管理总局、海关总署发布的《进口药品目录》。

13. 进口兽药通关单（监管证件代码“R”）

进口兽药通关单是指农业农村部或兽药进口口岸所在地省级人民政府兽医行政管理部门对列入《进口兽药管理目录》的进口兽药实施监督管理，签发准予进口的监管证件。兽药是指用于预防、治疗、诊断动物疾病或者有目的地调节动物生理机能的物质（含药物饲料添加剂），主要包括血清制品、疫苗、诊断制品、微生态制品、中药材、中成药、化学药品、抗生素、生化药品、放射性药品及外用杀虫剂、消毒剂等。

14. 农药进出口登记管理放行通知单（监管证件代码“S”）农药进/出口登记管理放行通知单是指农业农村部及其授权发证机关依法对纳入《中华人民共和国进出口农药管理名录》范围的进出口农药实施登记管理签发的证明文件。农药是指用于预防、消灭或者控制危害农业、林业的病、虫、草和其他有害生物，以及有目的地调节植物、昆虫生长的化学合成或者来源于生物、其他天然物质的一种物质或者几种物质的混合物及其制剂。具体管理目录详见《进出口农药管理名录》。

15. 银行调运人民币现钞进出境证明（监管证件代码“m”）

银行调运人民币现钞进出境证明是指中国人民银行总行及其授权的分行依法对银行调运进出境在流通中使用的货币现钞实施监督管理，签发准予调运人民币进出境的证明文件。调运进出境的货币现钞是指在流通中使用的人民币，包括各种面额的纸币和硬币。

16. 有毒化学品进出口环境管理放行通知单（监管证件代码“X”）

有毒化学品进出口环境管理放行通知单是指国家环境保护部门依法对纳入《中国严格限制进出口的有毒化学品目录》管理的化学品实施进出口环境管理，签发准予有关化学品进出口的许可证件。具体管理目录详见《中国严格限制进出口的有毒化学品目录》。

17. 赴境外加工光盘进口备案证明（监管证件代码“Z”）

境内出版单位出版的音像电子出版物赴境外加工光盘类产品（含黑胶唱片）并返回境内的，须向所在地省级新闻出版主管部门提供拟入境产品的内容进行备案。备案后，省级新闻出版主管部门开具“赴境外加工光盘进口备案证明”。出版单位向海关办理赴境外加工并返回国内光盘类产品（商品编码为 8523499030 或 8523801120）进口报关纳税手续前，须申领“赴境外加工光盘进口备案证明”，海关按现行规定办理验放手续。

18. 进口广播电影电视节目带（片）提取单（监管证件代码“b”）

纳入《进口广播电影电视节目带（片）提取单》管理货物目录的商品进口时，国家电影局、国家广播电视总局按职责分工签发《进口广播电影电视节目带（片）提取单》。

19. 音像制品（成品）进口批准单（监管证件代码“f”）

纳入《音像制品（成品）进口批准单》管理货物目录的音像制品（成品）进口时，中央宣传部（新闻出版署）签发《音像制品（成品）进口批准单》。

20. 合法捕捞产品通关证明（监管证件代码“U”）

合法捕捞产品通关证明是农业农村部依据我国加入相关国际渔业组织的承诺规定，对纳入《实施合法捕捞证明的水产品清单》的部分水产品签发合法捕捞产品进口的通关证明。根据农业部、海关总署公告第 1696 号，对金枪鱼等 4 类水产品进口实施

“合法捕捞产品通关证明”制度；根据农业部、海关总署公告第2146号，对从俄罗斯进口的狭鳕等水产品实施“合法捕捞产品通关证明”制度。

21. 民用爆炸物品进出口审批单（监管证件代码“k”）

民用爆炸物品进/出口审批单是指国家民用爆破器材行业行政主管部门依法对民用爆破器材产品及生产所需的具有爆炸危险属性的原材料（含半成品）的进出口实行统一管理，签发准予进出口的批准文件。民用爆炸物品是指用于非军事目的、列入民用爆炸物品品名表的各类火药、炸药及其制品和雷管、导火索等点火、起爆器材。民用爆炸物品管理范围详见《民用爆炸物品进/出口审批单》管理货物目录。

22. 人类遗传资源材料出口、出境证明（监管证件代码“V”）

人类遗传资源材料出口、出境证明是指国务院科学技术行政主管部门和卫生行政主管部门依法对人类遗传资源材料及人类遗传资源信息资料实行出口管理，签发准许出口、出境的批准文件。人类遗传资源是指含有人体基因组、基因及其产物的器官、组织、细胞、血液、制备物、重组脱氧核糖核酸（DNA）构建体等遗传材料及相关的信息资料。2015年9月30日，监管司关于转发《科技部办公厅关于实施人类遗传资源采集、收集、买卖、出口、出境行政许可的通知》（国科办社〔2015〕46号）的通知（监管函〔2015〕310号）中明确，科技部对原人类遗传资源行政许可进行了规范和完善，经中央编办批准，该项行政许可更名为“人类遗传资源采集、收集、买卖、出口、出境审批”，科技部从2015年10月1日开始，正式受理更名后的行政许可审批，原“涉及人类遗传资源的国际合作项目审批”已纳入更名后的行政许可，要求按照《海关总署关于转发〈科学技术部卫生部人类遗传资源管理暂行办法〉的通知》（署监〔1998〕470号）的规定，做好人类遗传资源的出境监管工作。

23. 技术出口许可证（监管证件代码“i”）

技术出口许可证是指商务部授权发证机构依法对限制出口技术实施出口许可管理，签发准予出口的许可证件。技术出口是指从我国境内向我国境外，通过贸易、投资或者经济技术合作的方式转移技术的行为，包括专利权转让、专利申请权转让、专利实施许可、技术秘密转让、技术服务和其他方式的技术转移。技术出口分为禁止出口技术、限制出口技术和自由出口技术，具体目录详见《中国禁止出口限制出口技术目录》。凡出口列入《中国禁止出口限制出口技术目录》中限制出口技术的，应办理由国家对外贸易主管部门授权发证机构颁发的技术出口许可证。

24. 技术出口合同登记证（监管证件代码“g”）

技术出口合同登记证是指商务部授权发证机构依法对自由出口技术实施合同登记管理，签发准予出口的许可证件。

25. 援外项目任务通知函（监管证件代码“d”）

商务部为加强对外援助物资项目的管理，对援外物资项目项下的物资出口签发《援外项目任务通知函》。

26. 古生物化石出境批件（监管证件代码“z”）

古生物化石是指地质时期形成并赋存于地层中的动物、植物等遗体化石或者遗迹化石。依据《古生物化石保护条例》《古生物化石管理办法》《古生物化石保护条例实施办法》对古生物化石实行出口/出境管理，因科学研究、教学、科普展览等，需将古生物化石运送出境的，由自然资源部发放出境证明。对临时入境、复带出境的古生物化石的查验、复验，由自然资源部指定的机构负责；查验、复验相符的，由自然资源部发放出境证明。其中规定：未命名的古生物化石不得出境。

重点保护古生物化石符合下列条件之一，经国务院自然资源主管部门批准，方可出境：

（1）因科学研究需要与国外有关研究机构进行合作的；

（2）因科学、文化交流需要在境外进行展览的。

一般保护古生物化石经所在地省、自治区、直辖市人民政府自然资源主管部门批准，方可出境。

27. 军品出口许可证

军品出口许可证是指国家军品出口主管部门依法对列入军品出口管理清单范围内的军品及纳入军品管理的货物出口实施监督管理，签发准予出口的许可证件。军品出口，是指用于军事目的的装备、专用生产设备及其他物资、技术和有关服务的贸易性出口。警用装备的出口适用《中华人民共和国军品出口管理条例》。军品出口管理清单内的军品包括轻武器，火炮及其他发射装置，弹药、地雷、水雷、炸弹、反坦克导弹及其他爆炸装置，坦克、装甲车辆及其他军用车辆，军事工程装备与设备，军用舰船及其专用装备与设备，军用航空飞行器及其专用装备与设备，火箭、导弹、军用卫星及其辅助设备，军用电子产品及火控、测距、光学、制导与控制装置，火炸药、推进剂、燃烧剂及相关化合物，军事训练设备，核、生、化武器防护装备与设备，后勤装备、物资及其他辅助军事装备，以及其他产品共十四大类。

监管证件在报关单上的填报要求是什么？

1. 在报关单“许可证号”栏目填写的监管证件种类

“许可证号”栏目填报以下由商务部及其授权发证机关签发的进（出）口货物许可证的监管证件代码。

（1）进口许可证（监管证件代码“1”）；

（2）两用物项和技术进口许可证（监管证件代码“2”）；

（3）两用物项和技术出口许可证（监管证件代码“3”）；

（4）出口许可证（监管证件代码“4”）；

（5）两用物项和技术出口许可证（定向）（监管证件代码“G”）；

（6）出口许可证（加工贸易）（监管证件代码“x”）；

（7）出口许可证（边境小额贸易）（监管证件代码“y”）。

2. 在报关单“随附单据”栏目填报的监管证件种类

除“许可证号”栏目填报的进（出）口许可证外的其他监管证件代码在报关单“随附单据”栏目填报。

（1）自动进口许可证（监管证件代码“7”）；

（2）入境检验检疫（监管证件代码“A”）；

（3）出境检验检疫（电子底账）（监管证件代码“B”）；

（4）毛坯钻石进出境检验（监管证件代码“D”）；

（5）濒危物种允许出口证明书（监管证件代码“E”）；

（6）濒危物种允许进口证明书（监管证件代码“F”）；

（7）麻醉药品精神药物进（出）口准许证（监管证件代码“I”）；

（8）黄金及黄金制品进出口准许证（监管证件代码“J”）；

（9）药品进/出口准许证（蛋白同化制剂、肽类激素）（监管证件代码“L”）；

（10）自动进口许可证（新旧机电产品）（监管证件代码“O”）；

（11）进口药品通关单（监管证件代码“Q”）；

（12）进口兽药通关单（监管证件代码“R”）；

（13）农药进出口登记管理放行通知单（监管证件代码“S”）；

（14）合法捕捞产品通关证明（监管证件代码“U”）；

（15）人类遗传资源材料出口、出境证明（监管证件代码“V”）；

（16）有毒化学品进出口环境管理放行通知单（监管证件代码“X”）；

（17）赴境外加工光盘进口备案证明（监管证件代码“Z”）；

（18）进口广播电影电视节目带（片）提取单（监管证件代码“b”）；

（19）援外项目任务通知函（监管证件代码“d”）；

（20）音像制品（成品）进口批准单（监管证件代码“f”）；

（21）技术出口合同登记证（监管证件代码“g”）；

（22）技术出口许可证（监管证件代码“i”）；

（23）民用爆炸物品进出口审批单（监管证件代码“k”）；

（24）银行调运人民币现钞进出境证明（监管证件代码“m”）；

（25）音像制品（版权引进）批准单（监管证件代码“n”）；

（26）自动进口许可证（加工贸易）（监管证件代码“v”）；

（27）古生物化石出境批件（监管证件代码“z”）。

3. 在报关单“备注”栏目填报的监管证件种类

海关通关管理系统中暂未设置监管证件代码且属于监管证件管理的进出口货物，应在报关单“备注”栏填写批件类型及批件号，例如军品出口许可证等。

违反贸易管制措施的法律责任是什么?

《海关法》第八十二条、第八十三条规定：违反国家有关禁止性、限制性管理规定，采取伪、瞒报等行为，运输、邮寄、携带国家禁止或限制进出境货物、物品的，属于违法行为，海关依法追究当事人的责任；构成走私犯罪的，依法追究其刑事责任。

《中华人民共和国海关行政处罚实施条例》第七条（二）项、第九条（二）项规定构成走私行为的，由海关依法没收涉案货物及违法所得，并可处等值的罚款。对于不构成走私行为的，依照本条例第十三条、第十四条、第十五条（三）等规定予以行政处罚。

《中华人民共和国对外贸易法》第六十一条规定：违反国家禁限规定，受到海关行政处罚或受到刑事处罚的，自处罚生效之日起三年内，国家对外经贸主管部门或其他部门，不予受理违法行为人进出口配额或许可证件的申请，或者禁止违法行为人在一年以上三年以下的期限内从事有关货物或技术的进出口经营活动。

其他法律、行政法规规定的“法律责任”，从其规定。

海关通关系统常用代码表及说明

监管方式代码表及说明

监管方式代码表

监管方式代码	监管方式简称	监管方式全称
0110	一般贸易	一般贸易
0130	易货贸易	易货贸易
0200	料件销毁	加工贸易料件、残次品（折料）销毁
0214	来料加工	来料加工装配贸易进口料件及加工出口货物
0245	来料料件内销	来料加工料件转内销
0255	来料深加工	来料深加工结转货物
0258	来料余料结转	来料加工余料结转
0265	来料料件复出	来料加工复运出境的原进口料件
0300	来料料件退换	来料加工料件退换
0314	加工专用油	国营贸易企业代理来料加工企业进口柴油
0320	不作价设备	加工贸易外商提供的不作价进口设备
0345	来料成品减免	来料加工成品凭征免税证明转减免税
0400	边角料销毁	加工贸易边角料、副产品（按状态）销毁
0420	加工贸易设备	加工贸易项下外商提供的进口设备
0444	保区进料成品	按成品征税的保税区进料加工成品转内销货物
0445	保区来料成品	按成品征税的保税区来料加工成品转内销货物
0446	加工设备内销	加工贸易免税进口设备转内销
0456	加工设备结转	加工贸易免税进口设备结转
0466	加工设备退运	加工贸易免税进口设备退运出境
0500	减免设备结转	用于监管年限内减免税设备的结转
0513	补偿贸易	补偿贸易
0544	保区进料料件	按料件征税的保税区进料加工成品转内销货物
0545	保区来料料件	按料件征税的保税区来料加工成品转内销货物
0615	进料对口	进料加工（对口合同）
0642	进料以产顶进	进料加工成品以产顶进
0644	进料料件内销	进料加工料件转内销
0654	进料深加工	进料深加工结转货物
0657	进料余料结转	进料加工余料结转
0664	进料料件复出	进料加工复运出境的原进口料件
0700	进料料件退换	进料加工料件退换
0715	进料非对口	进料加工（非对口合同）
0744	进料成品减免	进料加工成品凭征免税证明转减免税
0815	低值辅料	低值辅料

监管方式代码	监管方式简称	监管方式全称
0844	进料边角料内销	进料加工项下边角料转内销
0845	来料边角料内销	来料加工项下边角料内销
0864	进料边角料复出	进料加工项下边角料复出口
0865	来料边角料复出	来料加工项下边角料复出口
1039	市场采购	市场采购
1139	国轮油物料	中国籍运输工具境内添加的保税油料、物料
1200	保税间货物	海关保税场所及保税区域之间往来的货物
1210	保税电商	保税跨境贸易电子商务
1215	保税工厂	保税工厂
1233	保税仓库货物	保税仓库进出境货物
1234	保税区仓储转口	保税区进出境仓储转口货物
1239	保税电商 A	保税跨境贸易电子商务 A
1300	修理物品	进出境修理物品
1371	保税维修	保税维修
1427	出料加工	出料加工
1500	租赁不满 1 年	租期不满 1 年的租赁贸易货物
1523	租赁贸易	租期在 1 年及以上的租赁贸易货物
1616	寄售代销	寄售、代销贸易
1741	免税品	免税品
1831	外汇商品	免税外汇商品
2025	合资合作设备	合资合作企业作为投资进口设备物品
2210	对外投资	对外投资
2225	外资设备物品	外资企业作为投资进口的设备物品
2439	常驻机构公用	外国常驻机构进口办公用品
2600	暂时进出货物	暂时进出口货物
2700	展览品	进出境展览品
2939	陈列样品	驻华商业机构不复运出口的进口陈列样品
3010	货样广告品	进出口的货样广告品
3039	货样广告品 B（已废止）	无经营权单位进出口的货样广告品
3100	无代价抵偿	无代价抵偿进出口货物
3339	其他进出口免费	其他进出口免费提供货物
3410	承包工程进口	对外承包工程进口物资
3422	对外承包出口	对外承包工程出口物资
3511	援助物资	国家和国际组织无偿援助物资
3611	无偿军援	无偿军援
3612	捐赠物资	进出口捐赠物资
3910	军事装备	军事装备
4019	边境小额	边境小额贸易（边民互市贸易除外）
4039	对台小额	对台小额贸易
4139	对台小额商品交易市场	进入对台小额商品交易专用市场的货物
4200	驻外机构运回	我驻外机构运回旧公用物品
4239	驻外机构购进	我驻外机构境外购买运回国的公务用品
4400	来料成品退换	来料加工成品退换
4500	直接退运	直接退运
4539	进口溢误卸	进口溢卸、误卸货物
4561	退运货物	因质量不符、延误交货等原因退运进出境货物
4600	进料成品退换	进料成品退换
5000	料件进出区	料件进出海关特殊监管区域
5010	特殊区域研发货物	海关特殊监管区域与境外之间进出的研发货物

监管方式代码	监管方式简称	监管方式全称
5014	区内来料加工	海关特殊监管区域与境外之间进出的来料加工货物
5015	区内进料加工货物	海关特殊监管区域与境外之间进出的进料加工货物
5033	区内仓储货物	加工区内仓储企业从境外进口的货物
5034	区内物流货物	海关特殊监管区域与境外之间进出的物流货物
5072	区内保税展品	海关特殊监管区域进出境展览品
5073	区内国际中转	海关特殊监管区域国际中转货物
5100	成品进出区	成品进出海关特殊监管区域
5200	区内边角调出	用于区内外非实际进出境货物
5300	设备进出区	设备及物资进出海关特殊监管区域
5335	境外设备进区	海关特殊监管区域从境外进口的设备及物资
5361	区内设备退运	海关特殊监管区域设备及物资退运境外
6033	物流中心进出境货物	保税物流中心与境外之间进出仓储货物
6072	中心保税展品	保税物流中心进出境展览品
6073	中心国际中转	保税物流中心国际中转货物
9500	特许权使用费后续征税	特许权使用费后续征税
9600	内贸货物跨境运输	内贸货物跨境运输
9610	电子商务	跨境贸易电子商务
9639	海关处理货物	海关变卖处理的超期未报货物、走私违规货物
9700	后续补税	无原始报关单的后续补税
9710	跨境电商 B2B 直接出口	跨境电子商务企业对企业直接出口
9739	其他贸易	其他贸易
9800	租赁征税	租赁期 1 年及以上的租赁贸易货物的租金
9810	跨境电商出口海外仓	跨境电子商务出口海外仓
9839	留赠转卖物品	外交机构转售境内或国际活动留赠放弃特批货物
9900	其他	其他

监管方式代码表说明

进出口货物海关监管方式（以下简称“监管方式”），即现行进出口货物报关单“监管方式”，是以国际贸易中进出口货物的交易方式为基础，结合海关对进出口货物的征税、统计及监管条件综合设定的海关对进出口货物的管理方式。

由于海关对不同监管方式下进出口货物的监管、征税、统计作业的要求不尽相同，因此为满足海关管理的要求，H2010通关管理系统的监管方式代码采用四位数字结构，其中前两位是按海关监管要求和计算机管理需要划分的分类代码，后两位为海关统计代码。

●一般贸易

一、定义与代码

一般贸易是指我国境内有进出口经营权的企业单边进口或单边出口的贸易。

本监管方式代码“0110”，简称“一般贸易”。

二、适用范围

（一）本监管方式包括：

1. 以正常交易方式成交的进出口货物。
2. 贷款援助的进出口货物。
3. 外商投资企业进口供加工内销产品的料件。
4. 外商投资企业用国产原材料加工成品出口或采购产品出口。
5. 供应外国籍船舶、飞机等运输工具的国产燃料、物料及零配件。
6. 保税仓库进口供应给中国籍国际航行运输工具使用的燃料、物料等保税货物。
7. 境内企业在境外投资以实物投资带出的设备、物资。
8. 来料养殖、来料种植进出口货物。

（二）本监管方式不适用：

1. 进出口货样广告品，监管方式为“货样广告品”（3010）。
2. 没有对外贸易经营资格的单位获准临时进出口货物，监管方式为“其他贸易”（9739）。
3. 境外劳务合作项目，对方以实物产品抵偿我劳务人员工资所进口的货物（如钢材、木材、化肥、海产品等），对外承包工程期间在国外获取及在境外购买的设备、物资等，监管方式为“承包工程进口”（3410）。

●易货贸易

一、定义与代码

易货贸易是指不通过货币媒介而直接用出口货物交换进口货物的贸易。

本监管方式代码“0130”，简称“易货贸易”。

二、适用范围

本监管方式仅适用于易货贸易经营企业在核准的范围内易货贸易进出口货物。

以下情况不适用本监管方式：

（一）对台小额贸易中签订易货合同的贸易，监管方式为“对台小额”（4039）。

（二）边境小额贸易企业易货贸易进出口货物，监管方式为“边境小额”（4019）。

●料件销毁、边角料销毁

一、定义与代码

（一）料件销毁，监管方式代码“0200”，全称“加工贸易料件、残次品（折料）销毁”，简称“料件销毁”。

（二）边角料销毁，监管方式代码“0400”，全称“加工贸易边角料、副产品（按状态）销毁”，简称“边角料销毁”。

二、适用范围

（一）料件销毁适用于加工贸易企业因故无法内销或者退运而作销毁处置且未因处置获得收入的料件、残次品，其中残次品应按单耗折成料件。

（二）边角料销毁适用于加工贸易企业因故无法内销或者退运而作销毁处置且未因处置获得收入的边角料、副产品。

●来料加工

一、定义与代码

来料加工是指进口料件由境外企业提供，经营企业不需要付汇进口，按照境外企业的要求进行加工或者装配，只收取加工费，制成品由境外企业销售的经营活动。

本监管方式代码“0214”，简称“来料加工”。

二、适用范围

（一）本监管方式包括：

1. 来料加工项下进口的料件和加工出口的成品。

2. 设立保税工厂的加工贸易企业来料加工进口料件和出口成品。

（二）以下情况不适用本监管方式：

1. 国营企业代理来料加工企业进口加工生产用柴油，监管方式为“加工专用油”（0314）。

2. 由特定企业以加工贸易进口原油加工成品油，不返销出境，供应国内市场的，监管方式为“进料以产顶进”（0642）。

3. 进口5000美元以下的78种列名辅料，监管方式为“低值辅料”（0815）。

●加工贸易保税货物深加工结转

一、定义与代码

加工贸易保税货物深加工结转是指来料加工、进料加工经营企业将保税进口料件加工的产品不直接出口，在境内结转给另一个加工贸易企业再加工后复出口。

来料深加工结转货物监管方式代码“0255”，简称“来料深加工”。

进料深加工结转货物监管方式代码“0654”，简称“进料深加工”。

二、适用范围

（一）本监管方式适用：

1. 非海关特殊监管区域加工贸易经营企业之间来料、进料深加工货物结转。

2. 非海关特殊监管区域加工贸易经营企业转自海关特殊监管区域加工贸易经营企业加工的货物。

（二）本监管方式不适用：

1. 保税区、保税物流园区等海关特殊监管区域之间结转的货物，监管方式为“保税间货物”（1200）。

2. 出口加工区企业生产的产品结转至其他出口加工区或非海关特殊监管区域加工复出口，加工区企业转出、转入报关单监管方式为“成品进出区”（5100）。

3. 经营企业进料加工产品转给享受减免税优惠的企业，监管方式为“进料成品减免”（0744）。

●加工贸易余料结转

加工贸易余料结转是指加工贸易企业在经营来料加工、进料加工的加工复出口业务过程中剩余的、可以继续用于加工制成品的加工贸易进口料件，结转到同一经营单位、同一加工企业、同样进口料件和同一加工监管方式的另一个加工贸易合同项下继续加工复出口。

来料余料结转监管方式代码“0258”，简称“来料余料结转”。

进料余料结转监管方式代码“0657”，简称“进料余料结转”。

●加工贸易料件复出

一、定义与代码

加工贸易料件复出是指来料加工、进料加工进口的保税料件因品质、规格等原因退运，以及加工过程中产生的剩余料件、边角料、废料退运出境。

来料加工料件复出监管方式代码“0265”，简称“来料料件复出”。

来料加工边角料复出监管方式代码“0865”，简称“来料边角料复出”。

进料加工料件复出监管方式代码“0664”，简称“进料料件复出”。

进料加工边角料复出监管方式代码“0864”，简称“进料边角料复出”。

二、适用范围

（一）加工贸易料件复出适用：

1. 来料加工、进料加工进口的保税料件因品质、规格等原因退运，以及加工过程中产生的剩余料件、边角料、废料退运出境。

2. 经营企业因加工贸易出口产品售后服务需要，申请出口加工贸易手册项下进口的保税料件。

（二）本监管方式不适用：

加工贸易进口料件、剩余料件及边角料、废料复运出境后更换同类货物进口，监管方式为“来料料件退换”（0300）、“进料料件退换”（0700）。

●加工贸易货物退换

一、定义与代码

（一）加工贸易料件退换

加工贸易料件退换是指来料、进料加工进口的保税料件因品质、规格等原因退运出境，更换料件复进口。

来料加工料件退换监管方式代码“0300”，简称“来料料件退换”。

进料加工料件退换监管方式代码“0700”，简称“进料料件退换”。

（二）加工贸易成品退换

加工贸易成品退换是指来料、进料加工出口的成品因品质、规格或其他原因退运进境，经加工、维修或更换同类商品复出口。

来料加工成品退换监管方式代码“4400”，简称“来料成品退换”。

进料加工成品退换监管方式代码“4600”，简称“进料成品退换”。

二、适用范围

本监管方式不适用于来料加工、进料加工过程中产生的剩余料件、边角料、废料退运出境，以及进口料件因品质、规格等原因退运出境且不再更换同类货物进境。这几类货物分别适用以下监管方式：来料料件复出（0265）、来料边角料复出（0865）、进料料件复出（0664）、进料边角料复出（0864）。

●加工贸易保税货物转内销

包括以下监管方式：来料料件内销（0245）、来料成品减免（0345）、进料料件内销（0644）、进料成品减免（0744）、进料边角料内销（0844）、来料边角料内销（0845）。

一、定义与代码

（一）加工贸易保税料件转内销是指经营企业来料、进料加工过程中产生的剩余料件或用剩余料件生产的制成品、半成品、残次品及受灾保税货物，经批准转为国内销售，不再加工复出口，包括海关事后发现有关企业擅自转内销并准予补办进口手续的货物。

来料加工料件转内销监管方式代码“0245”，简称“来料料件内销”。

进料加工料件转内销监管方式代码“0644”，简称“进料料件内销”。

（二）加工贸易保税货物减免是指来料、进料加工成品在境内销售给凭征免税证明进口货物的企业。

来料加工成品转减免监管方式代码“0345”，简称“来料成品减免”。

进料加工成品转减免监管方式代码“0744”，简称“进料成品减免”。

（三）加工贸易边角料内销是指经批准在境内销售的来料、进料加工过程中有形损耗产生的、仍有商业价值的边角料，包括来料、进料加工副产品。

来料加工边角料转内销监管方式代码“0845”，简称“来料边角料内销”。

进料加工边角料转内销监管方式代码“0844”，简称“进料边角料内销”。

二、适用范围

（一）加工贸易保税货物内销监管方式适用于边角料、剩余料件、残次品、副产品和受灾保税货物。

1. 边角料，是指加工贸易企业经营来料加工、进料加工业务，在海关核定的单耗内、加工过程中产生的、无法再用于加工该合同项下出口制成品的数量合理的废、碎及下脚料件。

2. 剩余料件，是指加工贸易企业在经营业务过程中剩余的、可以继续用于加工制成品的加工贸易进口料件。

3. 残次品，是指加工贸易企业经营来料加工、进料加工业务，在生产过程中产生的有严重缺陷或者达不到出口合同标准，无法复出口的制品（包括完成品和未完成品）。

4. 副产品，是指加工贸易企业经营来料加工、进料加工业务，在加工生产出口合同规定的制成品（即主产品）过程中同时产生的且出口合同未规定应当复出口的一个或者一个以上的其他产品。

5. 受灾保税货物，是指加工贸易企业经营业务过程中，因不可抗力原因或者其他经海关审核认可的正当理由造成灭失、短少、损毁等导致无法复出口的保税进口料件和制品。

（二）以下情况不适用加工贸易保税货物转内销的监管方式：

1. 特定企业以加工贸易的方式进口原油炼制成品油，不返销出境而供应国内市场，监管方式为“进料以产顶进”（0642）。

2. 保税区、出口加工区加工贸易转内销货物，监管方式为“保区进料料件”（0544）、“保区来料料件”（0545）。

3. 企业擅自内销加工贸易保税货物，按走私或违规处理的。

●加工专用油

加工专用油是指指定国营贸易企业代理来料加工企业进口来料加工生产用柴油。

本监管方式代码“0314”，简称“加工专用油”。

●加工贸易设备

包括以下监管方式：不作价设备（0320）、加工贸易设备（0420）、加工设备内销（0446）、加工设备结转（0456）、加工设备退运（0466）。

一、定义与代码

（一）外商提供的加工贸易不作价设备是指境外企业与境内企业开展来料、进料加工业务，外商免费向境内加工贸易经营单位提供加工生产所需设备，境内经营单位不需支付外汇、不需用加工费或差价偿还。

外商提供的加工贸易不作价设备监管方式代码“0320”，简称“不作价设备”。

（二）加工贸易设备是指来料加工、进料加工贸易项下外商作价提供、不扣减企业投资总额的进口设备。

加工贸易设备监管方式代码“0420”，简称“加工贸易设备”。

（三）加工贸易设备转内销是指在海关监管期内的加工贸易免税进口设备经批准转售给境内非加工贸易企业。

加工贸易设备转内销监管方式代码“0446”，简称“加工设备内销”。

（四）加工贸易设备结转是指海关监管期内的加工贸易免税进口设备经批准转让给另一加工企业，或从本企业一本《加工贸易手册》结转入另一本《加工贸易手册》。

加工贸易设备结转监管方式代码“0456”，简称“加工设备结转”。

（五）加工贸易设备退运是指加工贸易免税进口设备退运出境。

加工贸易设备退运监管方式代码“0466”，简称“加工设备退运”。

二、适用范围

以下情况不适用本监管方式：

（一）暂时进口（期限在半年以内）加工贸易生产所需不作价设备（限模具、单台设备），按暂时进口货物办理。

（二）外商投资企业投资总额内资金进口的设备，监管方式“合资合作设备”（2025）、“外资设备物品”（2225）。

（三）外商投资企业自有资金（投资总额以外）进口设备，监管方式“一般贸易”（0110）。

（四）出口加工区的设备进口、退运及结转，分别适用“境外设备进区”（代码5335）、“区内设备退运”（代码5361）和“设备进出区”（代码5300）。

●监管年限内减免税设备结转

一、定义与代码

监管年限内减免税设备结转是指进口企业在减免税设备监管年限内转让给另一享受减免税待遇的企业。

本监管方式代码“0500”，简称“减免设备结转”。

二、适用范围

本监管方式不适用于加工贸易项下进口设备结转给另一加工贸易企业，监管方式为“加工设备结转”（0456）。

●保税区加工贸易内销货物

保税区进料加工、来料加工的加工成品不复运出境，转为国内使用，按征税方式区分，适用以下监管方式：

一、区内加工企业来料、进料加工全部用境外运入料件加工的制成品销往非保税区，以及来料、进料加工内销制成品所含进口料件的品名、数量、价值难以区分的，按照制成品征税，监管方式为：

（一）按成品征税的保税区来料加工成品转内销货物，监管方式代码“0445”，简称“保区来料成品”。

（二）按成品征税的保税区进料加工成品转内销货物，监管方式代码“0444”，简称“保区进料成品”。

二、区内企业来料、进料加工用含有部分境外运入料件加工的制成品销往非保税区时，对其制成品按照所含进口料件征税，监管方式为：

（一）按料件征税的保税区来料加工成品转内销货物，监管方式代码“0545”，简称“保区来料料件”。

（二）按料件征税的保税区进料加工成品转内销货物，监管方式代码“0544”，简称“保区进料料件”。

●补偿贸易

一、定义与代码

补偿贸易是指由境外厂商提供或者利用国外出口信贷进口生产技术或设备，我方企业（包括外商投资企业）进行生产，以返销其产品的方式分期偿还对方技术、设备价款或贷款本息的交易方式。包括经经贸主管部门批准，使用该企业（包括企业联合体）所生产的其他产品返销给对方，进行间接补偿。

补偿贸易偿还对方技术、设备价款或贷款本息的方式一般有两种：

（一）产品出口先偿还设备价款，还清本息后再出口收汇。

（二）设备价款本息在每批出口货物价款中扣还一部分，直到还清为止。

本监管方式代码“0513”，简称“补偿贸易”。

二、适用范围

本监管方式包括补偿贸易中对方有偿或免费提供的机器设备、模具等。

本监管方式不包括：

（一）直接用国内产品同国外厂商交换设备、料件或成品，以货换货，监管方式为“易货贸易”（0130）。

（二）出口产品收取外汇，监管方式为“一般贸易”（0110）。

（三）在补偿贸易合同中同时订有来料加工合同的，来料加工合同部分，监管方式为“来料加工”（0214）。

●进料加工贸易

一、定义与代码

进料加工贸易，是指进口料件由经营企业付汇进口，制成品由经营企业外销出口的经营活动。

进料加工贸易按照对外签约形式分为“进料加工非对口合同”和“进料加工对口合同”。

进料加工非对口合同是指我方有外贸进出口经营权的企业动用外汇购买进口原料、材料、元器件、零部件、配套件和包装物料（以下简称料件），加工成品或半成品再返销出口的交易形式。

本监管方式代码“0715”，简称“进料非对口”。

进料加工对口合同是指买卖双方分别签订进出口对口合同，料件进口时，我方先付料件款，加工成品出口时再向对方收取出口成品款项的交易形式，包括动用外汇的对口合同或不同客户的对口的联号合同，以及对开信用证的对口合同。

本监管方式代码“0615”，简称“进料对口”。

境外客户为境内企业加工复出口产品提供进口5000美元及以下、数量零星的辅料或包装物料，以及数量合理直接用于服装生产车间的小型易耗性生产工具。

本监管方式代码“0815”，简称“低值辅料”。

二、适用范围

（一）本监管方式包括：

1. 进料加工项下进口料件和加工出口产品。

2. 设立保税工厂的加工贸易企业进料加工进口料件和出口成品。

（二）本监管方式不适用出口加工区加工贸易进出口货物，其监管方式为“区内进料加工货物”（5015）。

●加工贸易成品油以产顶进

加工贸易成品油以产顶进是指特定企业以加工贸易形式进口原油，加工供国内市场的成品油。

本监管方式代码“0642”，简称“进料以产顶进”。

●市场采购

一、定义与代码

市场采购贸易方式是指由符合条件的经营者在经国家商务主管等部门认定的市场集聚区内采购的，单票报关单商品货值在15万（含15万）美元以下，并在采购地办理出口商品通关手续的贸易方式。

本监管方式代码“1039”，简称“市场采购”。

二、适用范围

以下出口商品不适用市场采购贸易方式：

（一）国家禁止、限制出口的商品；

（二）未在经认定的市场聚集区内采购的商品；

（三）未经市场采购商品认定体系确认的商品；

（四）使用现金结算的商品；

（五）贸易管制主管部门确定的不适用市场采购贸易方式的商品。

●**国轮油物料**

一、定义与代码

国轮油物料指中国籍国际航行的运输工具在境内添加的保税仓库进口仓储的油料、物料。

本监管方式代码“1139”，简称“国轮油物料”。

二、适用范围

本监管方式适用于从保税仓库提取，供应航行国际航线的中国籍船舶、民用航空器等运输工具的进口燃料、物料及零配件等。

本监管方式不适用从设在非海关特殊监管区域的保税仓库提取，供应航行国际航线的外国籍船舶、飞机等运输工具的进口燃料、物料，监管方式为“保税仓库货物”（1233）。

●**保税区间及保税仓库间货物结转**

一、定义与代码

保税区间及保税仓库间货物结转是指保税区、保税物流园区、出口加工区、出口监管仓库、保税仓库、保税物流中心（A、B型）等海关特殊监管区域、保税监管场所间往来的货物。

本监管方式代码“1200”，简称“保税间货物”。

二、适用范围

本监管方式不适用出口加工区间结转货物，不同出口加工区企业结转货物适用“成品进出区”（5100）和“料件进出区”（5000）。

●**网购保税**

一、定义与代码

网购保税，监管方式代码“1210”，全称“跨境电子商务网购保税”，简称“网购保税”。

二、适用范围

本监管方式适用于境内个人或电子商务企业在经海关认可的电子商务平台实现跨境交易，并通过海关特殊监管区域或保税监管场所进出的电子商务零售进出境商品［海关特殊监管区域、保税监管场所与境内区外（场所外）之间通过电子商务平台交易的零售进出口商品不适用该监管方式］。

●**保税仓库进出境仓储、转口货物**

一、定义与代码

保税仓库进出境仓储及转口货物，指从境外进口直接存入保税仓库和保税仓库出境的仓储、转口货物，以及出口监管仓库出境的货物。

本监管方式代码“1233”，简称“保税仓库货物”。

二、适用范围

（一）本监管方式适用于经批准设立的保税仓库进出境和出口监管仓库出境货物。包括从保税仓库提取用于外国籍国际航行运输工具的物料。

（二）下列情况不适用本监管方式：

1. 保税仓库、出口监管仓库进口自用的货架、办公用品、管理用具、运输车辆、搬运、起重和包装设备，以及改装用的机器等，监管方式为“一般贸易”（0110）。

2. 从保税仓库提取用于本国籍运输工具或用于维修境内设备的仓储货物，按进口申报，监管方式为“一般贸易”（0110）。

3. 保税仓库进境货物销往境内，按货物运出保税仓库的实际用途填报相应的监管方式。

4. 境内存入出口监管仓库和出口监管仓库退仓货物，分各种监管方式。

5. 保税区、保税物流中心进出境仓储、转口货物，监管方式分别为“保税区仓储转口”（1234）、“物流中心进出境货物”（6033）。

6. 保税仓库货物出仓运往境内其他地方转为正式进口的，在仓库主管海关办结出仓报关手续，填制出口报关单，监管方式填写“1200”，进口报关单按实际进口监管方式填报。

7. 保税仓库寄售维修零部件申请免税出仓的，进口报关单贸易方式应为“无代价抵偿货物”（代码为“3100”）。

●**保税区进出境仓储、转口货物**

一、定义与代码

保税区进出境仓储、转口货物是指从境外存入保税区、保税物流园区和从保税区、保税物流园区运出境的仓储、转口货物。

本监管方式代码“1234”，简称“保税区仓储转口”。

二、适用范围

下列情况不适用本监管方式：

（一）保税区、保税物流园区除仓储、转口货物以外的其他进出境货物，按实际监管方式填报。

（二）从境内非海关特殊监管区域、保税监管场所运入保税区、保税物流园区的货物，按实际监管方式填报。

从境内非海关特殊监管区域、保税监管场所运入保税区、保税物流园区的货物退回境内，按实际监管方式填报。

（三）从保税区、保税物流园区运往境内非海关特殊监管区域、保税监管场所的货物，按实际监管方式填报。

●**网购保税 A**

一、定义与代码

网购保税 A，监管方式代码“1239”，全称“跨境电子商务网购保税 A”，简称“网购保税 A”。

二、适用范围

本监管方式适用于境内电子商务企业通过海关特殊监管区域或保税物流中心（B 型）一线进境的跨境电子商务零售进口商品。

●**寄售代销贸易**

一、定义与代码

寄售代销贸易是指寄售人把货物运交事先约定的代销人，由代销人按照事先约定或根据寄售代销协议规定的条件，在当地市场代为销售，所得货款扣除代销人的佣金和其他费用后，按协议规定方式将余款付给寄售人的交易形式。寄售人与代销人之间不是买卖关系，而是委托关系，代销人对货物没有所有权。

本监管方式代码“1616”，简称“寄售代销”。

二、适用范围

本监管方式包括寄售代销贸易进出口的货物及进口寄售货物的增发部分。

本监管方式不包括：

委托我驻港澳机构代销的鲜活商品，监管方式应为“一般贸易”（0110）。

●**进出境修理物品**

一、定义与代码

进出境修理物品是指进境或出境维护修理的货物、物品。

本监管方式代码“1300”，简称“修理物品”。

二、适用范围

本监管方式适用于各类进出境维修的货物，以及修理货物维修所用的原材料、零部件。

以下情况不适用本监管方式：

（一）按加工贸易保税货物管理的进境维修业务。

（二）加工贸易进口料件和出口成品进出境维修，分别适用来料料件退换（0300）、来料成品退换（4400）、进料料件退换（0700）、进料成品退换（4600）。

●出料加工贸易

一、定义及代码

出料加工贸易是指境内企业将境内原辅料、零部件、元器件或半成品交由境外厂商按我方要求进行加工或装配，成品复运进口，我方支付加工费的交易方式。

本监管方式代码“1427”，简称“出料加工”。

二、适用范围

本监管方式不包括：

（一）运往境外维修的货物，以及石化生产过程中所需催化剂需运至国外添加氢以增加活性后复运进境继续投入生产使用，不改变其物理和化学性质，未产生新的产品，监管方式为“修理物品”（1300）。

（二）出料加工，原则上不改变原出口货物的物理形态。对完全改变原出口货物的物理形态如出口废钢进口钢材，出口废铝进口铝合金板材等，不属出料加工，应按一般贸易货物办理进出口手续。

●租赁贸易

一、定义及代码

租赁贸易是指经营租赁业务的企业与外商签订国际租赁合同项下境内企业租赁进口或出租出口的货物。

租赁期在 1 年及以上的进出口货物，监管方式代码“1523”，简称“租赁贸易”。

租赁期在 1 年及以上的进出口货物分期办理征税手续时，每期征税适用监管方式代码“9800”，简称“租赁征税”。

租赁期不满 1 年的进出口货物，监管方式代码“1500”，简称“租赁不满 1 年”。

二、适用范围

以下情况不适用本监管方式：

（一）经营租赁业务的企业进口自用的设备、办公用品，监管方式为“一般贸易”（0110）。

（二）加工贸易租赁进口的机器设备，监管方式应为“加工贸易设备”（0420）。

（三）补偿贸易租借进口的货物，监管方式应为“补偿贸易”（0513）。

（四）“租赁贸易”（1523）期满复运出（进）口的货物，监管方式为“退运货物”（4561），“租赁不满 1 年”（1500）期满复运出（进）境的货物，监管方式为“租赁不满 1 年”（1500）。

●免税品

一、定义及代码

免税品是指设在国际机场、港口、车站和过境口岸的免税品商店进口，按有关规定销售给办完出境手续的旅客的免税商品，供外国籍船员和我国远洋船员购买送货上船出售的免税商品，供外交人员购买的免税品，以及在我国际航机、国际班轮上向国际旅客出售的免税商品。

本监管方式代码“1741”，简称“免税品”。

二、适用范围

（一）本监管方式适用于：

1. 范围：进出境口岸免税店、运输工具免税店、市内免税店、外交人员免税店和供船免税店等五类免税店进口核定品种的免税品。

2. 供应对象：办结出境手续的出境旅客、国际航行运输工具服务人员、外交人员。

（二）本监管方式不适用：

1. 境内免税外汇商店销售给为我出国人员、华侨的免税外汇商品，监管方式为“外汇商品”（1831）。

2. 经营免税品业务的单位进口的供维修使用的零部件、工具、展台、货架，监管方式为“一般贸易”（0110）。

3. 免税品退运出境，监管方式为“其他”（9900）。

●免税外汇商品

一、定义及代码

免税外汇商品是指由经批准的经营单位进口，销售专供入境的我国特定出国人员和驻华外交人员的免税外汇商品。

本监管方式代码“1831”，简称“外汇商品”。

二、适用范围

（一）本监管方式适用：

1. 免税外汇商品供应对象是指我国驻外外交机构人员、留学人员、访问学者、赴境外劳务人员、援外人员和远洋船员。

2. 上述人员用结存外汇在境内免税外汇商品店购买限定品种的免税外汇商品。

3. 专供外国驻华外交人员免税商品的特定公司进口的免税外汇商品。

（二）本监管方式不适用：

1. 设在国际机场、港口、车站和过境口岸的免税品商店所进口的，按有关规定销售给办结出境手续的旅客的免税商品，供外国籍船员和我国远洋船员购买送货上船出售的免税商品，供外交人员购买的免税品，以及在我国际航机、国际班轮上向国际旅客出售的免税商品。监管方式为“免税品”（1741）。

2. 经营免税外汇商品的单位进口供商品维修用的零部件、工具和商场自用的货架、手推车等。监管方式为“一般贸易”（0110）。

3. 因故经批准转内销进口免税外汇商品，监管方式为“一般贸易”（0110）。

4. 免税外汇商品退运出境，监管方式为“退运货物”（4561）。

●外商投资企业作为投资进口的设备、物品

一、定义及代码

外商投资企业作为投资进口的设备、物品是指外商投资企业投资总额内的资金（包括中方投资）进口的机器设备、零部件和其他建厂（场）物料，安装、加固机器所需材料，以及进口本企业自用合理数量的交通工具、生产用车辆、办公用品（设备）（以下简称“设备物品”）。

中外合资、合作企业进口设备、物品，监管方式代码“2025”，简称“合资合作设备”；外商独资企业（以下简称“外资企业”）进口设备、物品，监管方式代码“2225”，简称“外资设备物品”。

二、适用范围

（一）外商投资企业是指中外合资企业、中外合作企业、

外商独资企业，包括华侨、港、澳、台同胞投资企业。

（二）设备是指外商投资企业在其投资总额内进口本企业自用的机器设备、零部件和其他物料［指建厂（场）及安装、加固机器所需材料］及生产用车辆。

（三）物品是指外商投资企业进口自用合理数量的办公用品（设备）和交通工具。

（四）下列情况不适用本监管方式：

1. 鼓励类和限制类外商投资企业、外商投资研究开发中心、先进技术型和产品出口型外商投资企业，以及符合中西部省、自治区、直辖市利用外资优势产业和优势项目目录的项目、企业自有资金（投资总额以外，具体是指企业储备基金、发展基金、折旧和税后利润），在原批准的生产经营范围内，对设备进行更新维修，进口国内不能生产或性能不能满足需要的自用设备及其配套的技术、配件、备件，监管方式为“一般贸易”（0110）。

2. 外商投资企业经营来料加工、进料加工、租赁贸易等进口的设备、物品，分别适用“不作价设备”（0320）、“加工贸易设备”（0420）、“租赁不满1年”（1500）、“租赁贸易”（1523）。

3. 外国常驻机构进口自用合理数量的公用物品，监管方式为“常驻机构公用”（2439）。

4. 没有实际进出境，在境内结转的减免税设备，监管方式为“减免设备结转”（0500）。

●对外投资

一、定义与代码

对外投资，监管方式代码“2210”，简称“对外投资”。

二、适用范围

本监管方式适用于境内企业在境外投资，以实物投资出口的设备、物资。

●退运货物

一、定义及代码

退运货物是指原进出口货物因残损、短少、品质不良或者规格不符、延误交货或其他原因退运出、进境的货物。

本监管方式代码“4561”，简称“退运货物”。

二、适用范围

（一）本监管方式适用以下监管方式进出口货物退运出、进境：

代码	名称	代码	名称
0110	一般贸易	3339	其他进出口免费
0130	易货贸易	3410	承包工程进口
0139	旅游购物商品	3422	对外承包出口
1523	租赁贸易	3511	援助物资
1616	寄售代销	3612	捐赠物资
2025	合资合作设备	4019	边境小额
2225	外资设备物品	4039	对台小额
1831	外汇商品	9739	其他贸易
3010	货样广告品		

（二）本监管方式不适用：

1. 货物进境后、放行结关前退运的货物，监管方式为“直接退运”（4500）。

2. 加工贸易进出口货物退运，监管方式为“来料料件退换”（0300）、“进料料件退换”（0700）、“来料成品退换”（4400）、“进料成品退换”（4600）。

3. 加工贸易设备退运，监管方式为“加工设备退运”（0466）。

4. “租赁不满1年”（1500）、“免税品”（1741）退运出境，监管方式为“其他”（9900）。

5. 出口加工区进口设备退运出境，监管方式为“区内设备退运”（5361）。

6. 进出口无代价抵偿货物，被更换的原进口货物退运出境，监管方式为“其他”（9900）。

●外国常驻机构进出境公用物品

一、定义及代码

外国常驻机构进出境公用物品是指境外（地区）企业、新闻机构、经贸机构、文化团体及其他境外（地区）法人经我国政府主管部门批准，在境内设立的常驻代表机构为开展公务活动所需进出境的物品。

本监管方式代码“2439”，简称“常驻机构公用”。

二、适用范围

（一）本监管方式包括常驻机构进境自用且数量合理的办公用机器设备、家具、文具、机动车辆等及复运出境的原进境的公用物品。

（二）本监管方式适用于以下机构：

1. 外国企业和其他经济组织常驻机构。

2. 外国民间经济贸易团体常驻机构。

3. 外国常驻新闻机构。

4. 其他外国常驻机构。

5. 华侨、港澳同胞、台湾同胞经营的企业常驻机构。

（三）下列监管业务不适用本监管方式：

1. 外国驻中国使馆、领馆，联合国及其专门机构，以及其他与中国政府签有协议的国际组织驻中国代表机构进出境物品填报“外国使领馆公私用物品进出境申报单”。

2. 外国人员子女学校进出境物品，监管方式为“其他贸易”（9739）。

3. 常驻机构人员进境自用的汽车，监管方式为“其他贸易”（9739）。

4. 外国驻华使、领馆在我国内购运出境的货物，监管方式为“其他”（9900）。

5. 暂时进出境的公用物品，监管方式为“暂时进出货物”（2600）。

●暂时进出境货物

一、定义及代码

暂时进出境货物是指经海关批准，暂时进出关境并且在规定的期限内复运出境、进境的货物。

本监管方式代码“2600”，简称“暂时进出货物”。

二、适用范围

（一）本监管方式包括：

1. 文化、体育交流活动中使用的表演、比赛用品。

2. 进行新闻报道或者摄制电影、电视节目使用的仪器、设备及用品。

3. 开展科研、教学、医疗活动使用的仪器、设备及用品。

4. 在本款第1~3项所列活动中使用的交通工具及特种车辆。

5. 货样。

6. 慈善活动使用的仪器、设备及用品。

7. 供安装、调试、检测、修理设备时使用的仪器及工具。

8. 盛装货物的容器。

9. 旅游用自驾交通工具及其用品。

10. 工程施工中使用的设备、仪器及其用品。

11. 海关批准的其他暂时进出境货物。

（二）以下情况不适用本监管方式：

1. 进出境展览品，监管方式为"展览品"（2700）。

2. 驻华商业机构不复运出口的进口陈列样品，监管方式为"陈列样品"（2939）。

3. 对外承包工程出口物资，监管方式为"对外承包出口"（3422）。

4. 进出境修理物品，监管方式为"修理物品"（1300）。

5. 租赁贸易进出口货物，监管方式为"租期不满1年"（1500）、"租赁贸易"（1523）。

6. 企业使用旧钢瓶容器进口燃料、物料，按进口燃料、物料的监管方式申报，报关单"包装种类"栏目填报"旧钢瓶"。

7. 从境外暂时进境的货物转入保税区、出口加工区等海关特殊监管区域和保税监管场所的，不属于复运出境。

8. 用于装载海关监管货物的进出境集装箱。

9. 享有外交特权和豁免的外国驻华机构或者人员暂时进出境物品。

●进出境展览品

一、定义及代码

进出境展览品是指外国来华或我国为到国外举办经济、文化、科技等展览或参加博览会而进出口的展览品及展览品有关的宣传品、布置品、招待品、小卖品和其他物品。

本监管方式代码"2700"，简称"展览品"。

二、适用范围

（一）进出境展览品主要包括：

1. 在展览会、交易会、会议及类似活动中展示或者使用的货物，包括：

（1）为了示范展览会展出机器或者器具所使用的货物；

（2）设置临时展台的建筑材料及装饰材料；

（3）宣传展示货物的电影片、幻灯片、录像带、录音带、说明书、广告、光盘、显示器材等。

2. 上述所列活动中使用的交通工具及特种车辆。

3. 其他经海关批准用于展示的进出境货物、物品。

（二）以下情况不适用本监管方式：

1. ATA单证册项下的暂准进出口展览品，持证人免填报关单。

2. 不复运出（进）境而留在国内（外）销售的进出境展览品，按实际监管方式填报。

3. 在商店或者其他营业场所以销售国外货物为目的而组织的非公共展览会。

●货样广告品

一、定义及代码

货样广告品，监管方式代码"3010"，全称"进出口的货样广告品"，简称"货样广告品"。

二、适用范围

本监管方式适用于有进出口经营权的单位进出口货样广告品。暂时进出口的货样、广告品和驻华商业机构不复运出口的进口陈列样品不适用本监管方式。

●无代价抵偿进出口货物

一、定义及代码

无代价抵偿货物是指进出口货物海关放行后，因残损、短少、品质不良或者规格不符原因，由进出口货物的发货人、承运人或保险公司免费补偿或更换的与原货物相同或者与合同规定相符的货物。

本监管方式代码"3100"，简称"无代价抵偿"。

二、适用范围

下列情况不适用本监管方式：

（一）来料加工、进料加工贸易进口料件和出口成品因残损、短少、品质不良或者规格不符原因，由进出口货物的发货人、承运人或保险公司免费补偿或更换的与原货物相同或者与合同规定相符的货物，分别适用具体列名的料件或成品退换的监管方式。

（二）与无代价抵偿进出口货物相关的原进出口货物退运出、进境，监管方式为"其他"（9900）。

●其他免费提供的进出口货物

一、定义及代码

其他免费提供货物指除已具体列名的礼品、无偿援助和赠送物资、捐赠物资、无代价抵偿进口货物、国外免费提供的货样、广告品等及归入列名监管方式的免费提供货物以外，进出口其他免费提供的货物。

本监管方式代码"3339"，简称"其他进出口免费"。

二、适用范围

（一）本监管方式包括：

1. 外商在经贸活动中赠送的物品。

2. 外国人捐赠品。

3. 驻外中资机构向国内单位赠送的物资。

4. 经贸活动中，由外商免费提供的试车材料、消耗性物品等。

（二）下列情况不适用本监管方式：

1. 保税仓库中由外商免费提供进口的机械设备、手工工具、运输工具、办公用品等，监管方式为"其他贸易"（9739）。

2. 免税店由外商免费提供进口的货架、柜台、手推车等，监管方式为"其他贸易"（9739）。

3. 来料加工、进料加工贸易项下外商免费提供的机械设备，监管方式为"不作价设备"（0320）。

4. 国家和国际组织无偿援助物资，监管方式为"援助物资"（3511）。

5. 捐赠物资，监管方式为"捐赠物资"（3612）。

6. 无代价抵偿进出口货物，监管方式为"无代价抵偿"（3100）。

●对外承包工程进出口物资

一、定义及代码

对外承包工程出口物资是指经商务部批准的有对外承包工程经营权的公司为承包国外建设工程和开展劳务合作等对外合作项目而出口的设备、物资。

承包工程出口物资监管方式代码"3422"，简称"对外承包出口"。

对外承包工程进口物资是指承包工程期间在国外获取的设备、物资，以及境外劳务合作项目对方以实物产品抵偿我劳务人员工资所进口的货物。

监管方式代码"3410"，简称"承包工程进口"。

二、适用范围

（一）本监管方式不包括我劳务人员带出的自用生活物资，监管方式为"其他"（9900）。

（二）援外成套项目出口的货物应根据无偿援助或贷款援助，监管方式代码分别选用"援助物资"（3511）或"一般贸易"（0110）。

（三）边境地区有对外经济技术合作经营权的企业与毗邻国家边境地区开展承包工程和劳务合作项下出口的工程设备、物资（包括在外购买及换回的）运回境内时，监管方式代码"边境小额"（4019）。

（四）承包工程结束后复运进境原从国内运出的承包工程项下的设备、物资，监管方式为"退运货物"（4561）。

●国家或国际组织无偿援助和赠送的物资

一、定义及代码

国家或国际组织无偿援助和赠送的物资是指我国根据两国政府间的协议或临时决定，对外提供无偿援助的物资、捐赠品，或我国政府、组织基于友好关系向对方国家政府、组织赠送的物资，以及我国政府、组织接受国际组织、外国政府、组织无偿援助、捐赠或赠送的物资。

本监管方式代码"3511"，简称"援助物资"。

二、适用范围

（一）有关名词：

外国政府，是指外国国家的中央政府。

国际组织，是指联合国各专门机构，以及长期与我国有合作关系的其他国际组织。

国际条约，是指依据《中华人民共和国缔结条约程序法》以"中华人民共和国"、"中华人民共和国政府"及"中华人民共和国政府部门"名义同外国缔结协定或协议及参加的国际条约。

（二）以下情况不适用本监管方式：

1. 贷款援助的进出口货物（包括我方利用贷款或援助款项自行采购进口的货物），监管方式为"一般贸易"（0110）。

2. 来（出）访的团体和人员相互馈赠的礼品，监管方式为"其他"（9900）。

3. 经济贸易往来关系赠送的物资，监管方式为"其他进出口免费"（3339）。

4. 随援外物资一并出口或另外发运的批量出口的生活物资，应按照"其他贸易"（9739）报关。

5. 以扶贫、慈善、救灾为目的，向我国境内或向境外捐赠的直接用于扶贫、救灾、兴办公益福利事业的物资，监管方式为"捐赠物资"（3612）。

●进出口捐赠物资

一、定义及代码

进出口捐赠物资是指境外捐赠人以扶贫、慈善、救灾为目的，向我国境内捐赠的直接用于扶贫、救灾、兴办公益福利事业的物资，以及境内捐赠人以扶贫、慈善、救灾为目的，向境外捐赠的直接用于扶贫、救灾、兴办公益福利事业的物资。

本监管方式代码"3612"，简称"捐赠物资"。

二、适用范围

（一）本监管方式适用范围：

1. 捐赠人

（1）境外捐赠人，包括华侨，港、澳、台同胞，外籍人，包括法人。

（2）境内捐赠人，包括法人。

2. 扶贫、慈善公益性事业的物资

（1）新的衣服、被褥、鞋帽、帐篷、手套、睡袋、毛毯及其他维持基本生活的必需用品等。

（2）食品类及饮用品（调味品、水产品、水果、饮料、烟酒等除外）。

（3）医疗类，包括直接用于治疗特困患者疾病或贫困地区治疗地方病，以及基本医疗卫生、公共环境卫生所需的基本医疗药品、基本医疗器械、医疗书籍和资料。

（4）直接用于公共图书馆、公共博物馆、各类职业学校、高中、初中、小学、幼儿园教育的教学仪器、器材、图书、资料和一般学习用品。

（5）直接用于环境保护的专用仪器。

（6）经国务院批准的其他直接用于扶贫、慈善事业的物资。

3. 受赠人和使用人

受赠人是指国务院有关部门和各省、自治区、直辖市人民政府，以及从事人道救助和以发展扶贫、慈善事业为宗旨的全国性的社会团体。包括中国红十字会总会、全国妇女联合会、中国残疾人联合会、中华慈善总会、中国初级卫生保健基金会和宋庆龄基金会。

使用人（使用单位）是指捐赠物资的直接使用者或负责分配该捐赠物资的单位或个人。

（二）下列情况不适用本监管方式：

1. 国家间、国际组织无偿援助和赠送的物资，监管方式为"援助物资"（3511）。

2. 经贸往来中赠送的物品、外国人捐赠品、我驻外（包括驻港、澳）中资机构向国内单位赠送的物资等，监管方式为"其他进出口免费"（3339）。

●边境小额贸易

一、定义及代码

边境小额贸易指我国沿陆地边境线经国家批准对外开放的边境县（旗）、边境城市辖区内（以下简称边境地区），经批准有边境小额贸易经营权的企业，通过国家指定的陆地边境口岸，与毗邻国家边境地区的企业或其他贸易机构进行的贸易活动。

本监管方式代码"4019"，简称"边境小额"。

二、适用范围

（一）本监管方式包括：

1. 边境地区有对外经济技术合作经营权的企业与我国毗邻国家边境地区以易货贸易、现汇贸易形式开展的边境小额贸易。

2. 边境地区有对外经济技术合作经营权的企业与我国毗邻国家边境地区经济合作（工程承包、劳务输出）项下进出口物资及原出口工程设备、物资（包括在境外购买及换回的）运回境内。

（二）下列情况不适用本监管方式：

1. 边民互市贸易（互市进口商品），边民通过互市贸易进口的生活用品（列入边民互市进口商品不予免税清单的除外），每人每日价值在人民币 8000 元以下的，免征进口关税和进口环节税，超过人民币 8000 元的，超出部分照章征税，监管方式为“其他贸易”（9739）。

2. 未获准经营边境小额贸易的企业进出口货物。

3. 对台湾居民同大陆对台小额贸易公司成交用台湾船只直接运进产自台湾的产品和运出大陆产品到台湾，监管方式为“对台小额”（4039）。

●对台小额

一、定义及代码

对台湾小额贸易是指台湾地区居民与大陆经批准的企业依照有关规定进行的货物交易。

本监管方式代码“4039”，简称“对台小额”。

二、适用范围

本监管方式不适用于进入厦门大嶝对台小额商品交易市场的人员带出台湾产品，每人每日价值人民币 6000 元以下免征进口关税和进口环节税，超出部分照章征税，监管方式为“其他贸易”（9739）。

●对台小额商品交易市场

一、定义及代码

对台小额商品交易市场是经国家批准设立，用于开展对台民间小额商品交易活动，并实行封闭管理的特定区域，以下简称“交易市场”。

本监管方式代码“4139”，简称“对台小额商品交易市场”。

二、适用范围

本监管方式仅限于厦门大嶝对台小额商品交易市场。

下列情况不适用本监管方式：

（一）对台湾居民同大陆对台小额贸易公司成交用台湾船只直接运进产自台湾的产品和运出大陆产品到台湾，监管方式为“对台小额”（4039）。

（二）我国沿陆地边境线经国家批准对外开放的边境县（旗）、边境城市辖区内（以下简称边境地区）经批准有边境小额贸易经营权的企业，通过国家指定的陆地边境口岸，与毗邻国家边境地区的企业或其他贸易机构进行的贸易活动，监管方式为“边境小额”（4019）。

●驻外机构运回旧公用物品

一、定义及代码

驻外机构运回旧公用物品是指我驻各国（地区）使、领馆，驻国外、港澳地区的经济、贸易机构，驻国际组织代表处等我驻外机构更新且闲置不用而运回或因机构撤销而运回的物品，包括临时出国展览团、考察团等运回的生产资料和公用物品。

本监管方式代码“4200”，简称“驻外机构运回”。

二、适用范围

本监管方式不适用于暂时进出境公用物品。

●直接退运货物

一、定义及代码

直接退运货物是指进口货物收发货人、原运输工具负责人或者其代理人（以下统称当事人）在有关货物进境后、办结海关放行手续前，因海关责令或有正当理由获准退运境外的货物。

本监管方式代码“4500”，简称“直接退运”。

二、适用范围

（一）在货物进境后、办结海关放行手续前，有下列情形之一的，当事人可以向海关申请办理直接退运手续：

1. 因国家贸易管理政策调整，收货人无法提供相关证件的；

2. 属于错发、误卸或者溢卸货物，能够提供发货人或者承运人书面证明文书的；

3. 收发货人双方协商一致同意退运，能够提供双方同意退运的书面证明文书的；

4. 有关贸易发生纠纷，能够提供法院判决书、仲裁机构仲裁决定书或者无争议的有效货物所有权凭证的；

5. 货物残损或者国家检验检疫不合格，能够提供国家检验检疫部门根据收货人申请而出具的相关检验证明文书的。

（二）在货物进境后、办结海关放行手续前，有下列情形之一依法应当退运的，由海关责令当事人将进口货物直接退运境外：

1. 进口国家禁止进口的货物，经海关依法处理后的；

2. 违反国家检验检疫政策法规，经国家检验检疫部门处理并且出具“检验检疫处理通知书”或者其他证明文书后的；

3. 未经许可擅自进口属于限制进口的固体废物用做原料，经海关依法处理后的；

4. 违反国家有关法律、行政法规，应当责令直接退运的其他情形。

（三）保税区、出口加工区及其他海关特殊监管区域和保税监管场所进口货物的直接退运。

（四）下列情况不适用本监管方式：

1. 放行后的进口货物退运出境，监管方式为“退运货物”（4561）。

2. 进口转关货物在进境地海关放行后，当事人申请办理退运手续的，应当按照一般退运手续办理。

●料件进出海关特殊监管区域

料件进出海关特殊监管区域适用于海关特殊监管区域内保税加工、保税物流或研发企业与境内（区外）之间进出的料件，包括此类料件在境内的退运、退换。

本监管方式代码“5000”，简称“料件进出区”。

●海关特殊监管区域与境外之间进出的研发货物

海关特殊监管区域与境外之间进出的研发货物适用于海关特殊监管区域内企业从境外购进的用于研发的料件、成品，或研发后将上述货物退回境外，但不包括企业自用或其他用途的设备。

本监管方式代码“5010”，简称“特殊区域研发货物”。

●海关特殊监管区域与境外之间进出的来料加工货物

海关特殊监管区域与境外之间进出的来料加工货物适用于海关特殊监管区域内企业在来料加工贸易业务项下的料件从境外进口及制成品出境。

本监管方式代码“5014”，简称“区内来料加工”。

●海关特殊监管区域与境外之间进出的进料加工货物

海关特殊监管区域与境外之间进出的进料加工货物适用于

海关特殊监管区域区内企业在进料加工贸易业务项下的料件从境外进口及制成品出境。

本监管方式代码“5015”，简称“区内进料加工货物”。

●海关特殊监管区域与境外之间进出的物流货物

海关特殊监管区域与境外之间进出的物流货物适用于海关特殊监管区域内企业从境外运进或运往境外的仓储、分拨、配送、转口货物，包括流通领域的物流货物及供区内加工生产用的仓储货物。

本监管方式代码“5034”，简称“区内物流货物”。

●成品进出海关特殊监管区域

成品进出海关特殊监管区域适用于海关特殊监管区域内保税加工、保税物流或研发企业与境内（区外）之间进出的成品，包括此类成品在境内的退运、退换。

本监管方式代码“5100”，简称“成品进出区”。

●设备及物资进出海关特殊监管区域

设备及物资进出海关特殊监管区域适用于海关特殊监管区域内企业从境内（区外）购进的自用设备、物资，或将此类设备、物资销往区外，结转到同一海关特殊监管区域或另一海关特殊监管区域的企业，以及在境内的退运、退换。

本监管方式代码“5300”，简称“设备进出区”。

●海关特殊监管区域从境外进口的设备及物资

海关特殊监管区域从境外进口的设备及物资适用于海关特殊监管区域内企业从境外进口用于区内业务所需的设备、物资，以及区内企业和行政管理机构自用合理数量的办公用品等。

监管方式代码“5335”，简称“境外设备进区”。

●海关特殊监管区域设备及物资退运境外

海关特殊监管区域设备及物资退运境外适用于海关特殊监管区域内企业将监管方式代码“5335”项下的设备、物资退运境外。

本监管方式代码“5361”，简称“区内设备退运”。

●物流中心进出境货物

一、定义及代码

保税物流中心进出境仓储货物是指从境外直接存入保税物流中心（A、B型）和从保税物流中心（A、B型）运出境的仓储、转口货物。

本监管方式代码“6033”，简称“物流中心进出境货物”。

二、适用范围

（一）保税物流中心（A型）是指经海关批准，由中国境内企业法人经营，专门从事保税仓储物流业务的海关监管场所。

保税物流中心（A型）按照服务范围分为公用型物流中心和自用型物流中心。

1. 公用型物流中心是指由专门从事仓储物流业务的中国境内企业法人经营，向社会提供保税仓储物流综合服务的海关监管场所。

2. 自用型物流中心是指中国境内企业法人经营，仅向本企业或者本企业集团内部成员提供保税仓储物流服务的海关监管场所。

（二）保税物流中心（B型）（以下简称物流中心）是指经海关批准，由中国境内一家企业法人经营、多家企业进入并从事保税仓储物流业务的海关集中监管场所。

（三）下列情况不适用本监管方式：

1. 从境内（海关特殊监管区域除外）运入保税物流中心（A、B型）货物和从保税物流中心（A、B型）提取运往境内的货物。

2. 保税物流中心（A、B型）与保税区、出口加工区、保税物流园区、保税仓库、出口监管仓库及保税物流中心（A、B型）之间等海关特殊监管区域或保税监管场所之间往来的货物，监管方式填报“保税间货物”（1200）。

3. 保税仓库进出境仓储、转口货物，监管方式为“保税仓库货物”（1233）。

4. 保税区、保税物流园区进出境仓储、转口货物，监管方式为“保税区仓储转口”（1234）。

●保税物流中心进出境展览品

保税物流中心进出境展览品适用于保税物流中心内企业将展览品从境外运至保税物流中心及复运出境的经营活动，不适用于保税存储货物的展示。

本监管方式代码“6072”，简称“中心保税展品”。

●保税物流中心国际中转货物

保税物流中心国际中转货物适用于中心内企业在保税物流中心开展的国际中转运输业务，即从境外运入保税物流中心到从保税物流中心运往境外的全过程均能确定运输安排的货物，不适用于在保税物流中心进行仓储、分拨等保税物流作业的货物。

本监管方式代码“6073”，简称“中心国际中转”。

●特许权使用费后续征税

特许权使用费后续征税适用于纳税义务人在货物进口后支付特许权使用费，并在支付特许权使用费后的规定时限内向海关申报纳税。

本监管方式代码“9500”，简称“特许权使用费后续征税”。

●内贸货物跨境运输

一、定义及代码

内贸货物跨境运输是指国内贸易货物由我国关境内一口岸起运，通过境外运至我国关境内另一口岸的业务，以下简称“跨境运输”。

本监管方式代码“9600”，简称“内贸货物跨境运输”。

二、适用范围

经海关总署批准的进出境口岸、所经境外口岸、运输方式等实行跨境运输的货物。

●跨境直购

一、定义及代码

跨境直购，监管方式代码“9610”，全称“跨境电子商务直购”，简称“跨境直购”。

二、适用范围

本监管方式适用于境内个人或电子商务企业通过电子商务交易平台实现交易，并采用“清单核放、汇总申报”模式办理通关手续的电子商务零售进出口商品（通过海关特殊监管区域或保税监管场所一线的电子商务零售进出口商品除外）。

●海关处理货物

一、定义及代码

海关处理货物是指由海关提取变卖处理的超期未报关进口货物及误卸、溢卸货物、放弃进口货物，以及走私违规案件查处的货物。

本监管方式代码“9639”，简称“海关处理货物”。

二、适用范围

本监管方式适用以下定义的货物：

（一）超期未报关货物，是指进口货物的收货人自运输工具申报进境之日起超过3个月未向海关申报，由海关提取依法变卖处理的进口货物。

超期未报关货物还包括保税货物、暂时进口货物超过规定的期限3个月，未向海关办理复运出境或者其他有关手续，以及过境、转运和通运货物超过规定的期限3个月，未运输出境，由海关提取依法变卖处理。

（二）误卸、溢卸货物，是指未列入进境运输工具载货清单、运单申报进境的误卸或者溢卸的货物，运输工具负责人或进口货物收货人未向海关办理退运出境或申报进口手续，由海关提取依法变卖处理的进口货物。

（三）放弃进口货物，是指进口货物的收货人或其所有人声明放弃，由海关提取依法变卖处理的进口货物。

（四）超期未报关进口货物及误卸或者溢卸进口货物属于危险品或者鲜活、易腐、易烂、易失效、易变质、易贬值等不宜长期保存的货物的，海关根据实际情况，提前提取依法变卖处理。

（五）进出境物品所有人声明放弃的物品，在海关规定期限内未办理海关手续或者无人认领的物品，以及无法投递又无法退回的进境邮递物品，由海关提取依法变卖处理。

（六）走私违法案件予以没收，由海关依法变卖处理的货物。

●无原始报关单的后续补税

无原始报关单的后续补税是指无法获得原始报关单的后续退补税货物，包括调查、稽查补税及审价、归类等各种原因的后续退补税货物。

本监管方式代码“9700”，简称“后续补税”。

●其他贸易

一、定义及代码

其他贸易是指除本章上述各节列名的监管方式以外，列入海关“其他贸易”统计的进出口货物。

本监管方式代码“9739”，简称“其他贸易”。

二、适用范围

（一）本监管方式适用：

1. 我国境内经批准临时进出口货物的机关、团体、学校、企事业单位等进出口货物、物品。

2. 外国驻华使、领馆在我国内购买货物出口。

3. 外商投资企业外方常驻人员和外国驻华机构的常驻人员，以及持有长期居留证件和来华定居的引进专家等进口自用汽车。

4. 进入厦门大嶝对台小额商品交易市场的人员带出台湾产品，每人每日价值人民币6000元以下免征进口关税和进口环节税，超出部分照章征税，监管方式为“其他贸易”。

5. 外国企业常驻我国办事机构进口不复运出境的陈列用企业产品样品。

6. 未列入运输工具进口载货清单、提（运）单，或多于进口载货清单、提（运）单所列数量的货物，运输工具负责人或溢卸货物的收货人申请办理进口溢卸货物。

（二）本监管方式不包括：

1. 入境旅客在境内购买5万美元以内的旅游商品托运出境，监管方式为“旅游购物商品”（0139）。

2. 本国籍运输工具在境内添加进口保税油、物料，监管方式为“国轮油物料”（1139）。

3. 外国常驻机构进口办公用品，监管方式为“常驻机构公用”（2439）。

4. 驻华商业机构进口不复运出口的陈列样品，监管方式为“陈列样品”（2939）。

5. 对台湾小额贸易，监管方式为“对台小额”（4039）。

6. 除援助、捐赠以外进出口其他免费提供的货物，监管方式为“其他进出口免费”（3339）。

7. 我国驻外机构在境外购买的公务用品、机动车辆运回境内，监管方式为“驻外机构购进”（4239）。

8. 海关拍卖处理超期未报货物、走私违规货物，监管方式为“海关处理货物”（9639）。

9. 驻华外交机构转售境内非外交机构或个人，国际文体交流活动进口物品获准留赠或放弃，监管方式为“留赠转卖物品”（9839）。

●留赠转卖物品

留赠转卖物品是指外国（地区）驻我国外交机构转售境内非外交机构或国际文体活动留赠、放弃的特批进口物品。

本监管方式代码“9839”，简称“留赠转卖物品”。

●其他

一、定义及代码

指除已具体列名监管方式以外其他不列入海关统计的进出境货物、物品。

本监管方式代码“9900”，简称“其他”。

二、适用范围

（一）从货运渠道进出境的个人行李物品。

（二）中国驻外国使领馆出口公务或自用物品。

（三）在境内结转的进出口货物：

1. 以出顶进货物，指经批准在国内以外汇向有关进出口公司购买出口商品顶替其应进口的同一商品。

2. 供应国内外汇免税商店并收取外汇的出口商品。

3. 经批准将来料加工、进料加工贸易项下加工的成品转为免税外汇商品。

4. 经批准内销征税的进口免税品。

（四）边民互市贸易进出境货物。

（五）我国远洋渔业企业进口自捕水产品。

（六）国有文物收藏单位经国家文物局核准后，接受境外捐赠、归还和从境外追索的文物进口。

国有文物收藏单位系指经国家文物局审核批准从事文物收藏和研究的博物馆（院）、展览馆、研究所（院）等单位。

（七）与无代价抵偿进出口货物相关的原进口货物退运出境或原出口货物退运进境。

（八）我国各银行总行调运进出境的人民币现钞。

征免性质代码表及说明

征免性质代码表

征免性质代码	征免性质简称	征免性质全称
101	一般征税	一般征税进出口货物
118	整车征税	构成整车特征的汽车零部件纳税
119	零部件征税	不构成整车特征的汽车零部件纳税
201	无偿援助	无偿援助进出口物资
299	其他法定	其他法定减免税进出口货物
301	特定区域	特定区域进口自用物资及出口货物
307	保税区	保税区进口自用物资
399	其他地区	其他执行特殊政策地区出口货物
401	科教用品	大专院校及科研机构进口科教用品
402	示范平台用品	
403	技术改造	企业技术改造进口货物
405	科技开发用品	科学研究、技术开发机构进口科技开发用品
406	重大项目	国家重大项目进口货物
407	动漫用品	动漫开发生产用品
408	重大技术装备	生产重大技术装备进口关键零部件及原材料
409	科技重大专项	科技重大专项进口关键设备、零部件和原材料
412	基础设施	通信、港口、铁路、公路、机场建设进口设备
413	残疾人	残疾人组织和企业进出口货物
417	远洋渔业	远洋渔业自捕水产品
418	国产化	国家定点生产小轿车和摄录机企业进口散件
419	整车特征	构成整车特征的汽车零部件进口
422	集成电路	集成电路生产企业进口货物
423	新型显示器件	新型显示器件生产企业进口物资
426	集成电路和软件企业进口设备	集成电路设计、先进封装测试、集成电路生产企业和软件企业进口设备
428	集成电路产业进口货物	集成电路生产企业、先进封装测试企业和关键原材料及零配件生产企业进口货物
491	零关税自用生产设备	海南零关税进口自用生产设备
492	零关税交通工具及游艇	海南零关税进口交通工具及游艇
493	零关税自用生产设备缴纳进口环节税	海南零关税进口自用生产设备并自愿缴纳进口环节增值税、消费税
494	零关税交通工具游艇缴纳进口环节税	海南零关税进口交通工具及游艇并自愿缴纳进口环节增值税、消费税
496	含进口料件加工增值货物	海南自由贸易港加工增值含进口料件货物内销免征关税
497	不含进口料件加工增值货物	海南自由贸易港加工增值不含进口料件货物内销免征关税
498	加工贸易副产品	加工贸易副产品
499	ITA 产品	非全税号信息技术产品

征免性质代码	征免性质简称	征免性质全称
501	加工设备	加工贸易外商提供的不作价进口设备
502	来料加工	来料加工装配和补偿贸易进口料件及出口成品
503	进料加工	进料加工贸易进口料件及出口成品
506	边境小额	边境小额贸易进口货物
510	港澳 OPA	港澳在内地加工的纺织品获证出口
591	零关税原辅料	海南零关税原辅料进口
592	原辅料部分征税	海南零关税原辅料征收进口环节税
593	内外贸同船运输加注保税油	海南自由贸易港内外贸同船运输境内船舶加注保税油
594	内外贸同船运输加注本地生产燃料油	海南自由贸易港内外贸同船运输境内船舶加注本地生产燃料油
595	进出岛航班加注保税油全免	海南自由贸易港进出岛航班加注保税航油全免
596	进出岛航班加注保税油部分征税	海南自由贸易港进出岛航班加注保税航油自愿缴纳进口环节增值税
601	中外合资	中外合资经营企业进出口货物
602	中外合作	中外合作经营企业进出口货物
603	外资企业	外商独资企业进出口货物
605	勘探开发煤层气	勘探开发煤层气
606	海洋石油	勘探、开发海洋石油进口货物
608	陆上石油	勘探、开发陆上石油进口货物
609	贷款项目	利用贷款进口货物
610	海上应急救援	海上应急救援
611	贷款中标	国际金融组织贷款、外国政府贷款中标机电设备零部件
666	加征关税排除措施	加征关税排除措施
686	市场化组织采购排除措施	市场化组织采购排除措施
698	公益收藏	国有公益性收藏单位进口藏品
701	部分进口饲料	部分进口饲料、矿物质微量元素舔砖
702	中资“方便旗”船	回国登记中资“方便旗”船
703	航空公司进口飞机	国内航空公司进口的空载重量在 25 吨以上的飞机
704	花卉种子	花卉种子
705	科普事业	科普事业进口自用相关科普商品
706	租赁企业进口飞机	租赁企业进口空载重量在 25 吨以上的客货运飞机
707	博览会留购展品	博览会留购展品
708	替代种植农产品	替代种植进口农产品
789	鼓励项目	国家鼓励发展的内外资项目进口设备
799	自有资金	外商投资额度外利用自有资金进口设备、备件、配件
801	救灾捐赠	救灾捐赠进口物资
802	慈善捐赠	境外捐赠人无偿向我境内受赠人捐赠的直接用于慈善事业的免税进口物资
803	抗艾滋病药物	进口抗艾滋病病毒药物
811	种子种源	进口种子（苗）、种畜（禽）、鱼种（苗）和种用野生动植物种源
815	野生动植物	进口种用野生动植物和军警用工作犬
818	中央储备粮油	中央储备粮油免征进口环节增值税政策
819	科教图书	进口科研教学用图书资料
888	航材减免	经核准的航空公司进口维修用航空器材

征免性质代码	征免性质简称	征免性质全称
898	国批减免	国务院特准减免税的进出口货物
899	选择征税	选择征税
901	科研院所	科研院所进口科学研究、科技开发和教学用品
902	高等学校	高等学校进口科学研究、科技开发和教学用品
903	工程研究中心	国家工程研究中心进口科学研究、科技开发和教学用品
904	国家企业技术中心	国家企业技术中心进口科学研究、科技开发和教学用品
905	转制科研机构	转制科研机构进口科学研究、科技开发和教学用品
906	重点实验室	国家重点实验室及企业国家重点实验室进口科学研究、科技开发和教学用品
907	国家工程技术研究中心	国家工程技术研究中心进口科学研究、科技开发和教学用品
908	社会研发机构	社会研发机构进口科学研究、科技开发和教学用品
909	示范平台	国家中小企业公共服务示范平台（技术类）进口科学研究、科技开发和教学用品
910	外资研发中心	外资研发中心进口科学研究、科技开发和教学用品
911	出版物进口单位	出版物进口单位进口用于科研、教学的图书、文献、报刊及其他资料
912	国家实验室	国家实验室进口科学研究、科技开发和教学用品
913	国家产业创新中心	国家产业创新中心进口科学研究、科技开发和教学用品
915	国家制造业创新中心	国家制造业创新中心进口科学研究、科技开发和教学用品
916	国家技术创新中心	国家技术创新中心进口科学研究、科技开发和教学用品
917	公共图书馆	公共图书馆进口用于科研、教学的图书、文献、报刊及其他资料
918	国家临床医学研究中心	国家临床医学研究中心进口科学研究、科技开发和教学用品
919	党校（行政学院）	党校（行政学院）进口科学研究、科技开发和教学用品
921	大型客机研制物资	大型客机、大型客机发动机研制进口物资
922	进博会留购展品	进博会留购展品
926	服贸会留购展品	服贸会留购展品
927	进口钻石	自上海钻石交易所销往国内市场的毛坯钻石和成品钻石
928	三代核电	三代核电项目进口设备
930	疫情防控物资	新冠疫情防控进口物资
931	消博会留购展品	消博会留购展品
939	运动会	运动会
940	技能大赛	技能大赛
941	广交会留购展品	广交会留购展品
997	自贸协定	
998	内部暂定	享受内部暂定税率的进出口货物
999	例外减免	例外减免税进出口货物

征免性质代码表说明

征免性质是指海关对进出口货物实施征、减、免税管理的性质类别。

征免性质分为照章征税、法定减免税、特定减免税和临时减免税四部分。其中特定减免税又分为按地区实施的税收政策、按用途实施的税收政策、按贸易性质实施的税收政策、按企业性质和资金来源实施的税收政策等五类。

一份报关单只允许填报一种征免性质，涉及多个征免性质的，应分单填报。

●一般征税进出口货物

一、定义及代码

一般征税进出口货物指海关根据《海关法》、《关税条例》（国务院令第392号）、《进出口税则》及其他法律、行政法规、规章的规定征收进出口关税、进口环节税的进出口货物。

本征免性质代码“101”，简称“一般征税”。

二、适用范围

本征免性质限于海关依据法律、行政法规、规章规定的法定税率征收进出口关税、进口环节税的进出口货物，包括按照公开暂定、关税配额、反倾销、反补贴、保障措施等税率、税额征税或补税的进出口货物。

执行ITA税率的货物（征免性质代码“499”）不适用本征免性质。

●无偿援助进出口物资

一、定义及代码

无偿援助进出口物资指外国政府、国际组织对我国无偿赠送及我国履行国际条约规定进口的物资，或我国对国外无偿援助或赠送的物资。

本征免性质代码“201”，简称“无偿援助”。

二、适用范围

（一）本征免性质所称外国政府是指外国国家的中央政府；国际组织是指联合国各专门机构，以及长期与我国有合作关系的其他国际组织；国际条约是指依据《中华人民共和国缔结条约程序法》以“中华人民共和国”“中华人民共和国政府”“中华人民共和国政府部门”名义同外国缔结协定或协议，以及参加的国际条约。

（二）免税范围

1. 根据中国与外国政府、国际组织间的协定或协议，由外国政府、国际组织直接无偿赠送的物资，或由其提供无偿赠款，由我国受赠单位按照协定或协议规定用途自行采购进口的物资。

2. 外国地方政府或民间组织受外国政府委托无偿赠送的物资。

3. 国际组织成员受国际组织委托无偿赠送的物资。

4. 我国履行国际条约规定免税进口的物资。

（三）外国民间团体、企业、友好人士和华侨、香港居民，以及台湾、澳门同胞及外籍华人无偿向我境内受灾地区捐赠的直接用于救灾的物资（征免性质代码“801”），境外捐赠人无偿向我国境内捐赠的直接用于扶贫、慈善事业的进口物资（征免性质代码“802”）不适用本征免性质。

●其他法定减免税进出口货物

一、定义及代码

其他法定减免税进出口货物指海关依照《海关法》、《关税条例》，对除无偿援助进出口物资外的其他实行法定减免税的进出口货物，以及根据有关规定按非全额货值征税的部分进出口货物。

本征免性质代码“299”，简称“其他法定”。

二、适用范围

本征免性质仅限无代价抵偿货物，货样和广告品，暂时进出境货物，展览会货物，退运货物，残损货物，进出境运输工具装载的途中必需的燃料、物料和饮食用品，我国缔结或者参加的国际条约规定减免税款的货物，因不可抗力因素造成的受灾保税货物等不按“进出口货物征免税证明”管理的减免税货物。

●保税区进口自用物资

一、定义及代码

保税区进口自用物资是指对保税区单独实施征减免税政策的进口自用物资。

本征免性质代码“307”，简称“保税区”。

二、适用范围

本征免性质仅限保税区进口的自用物资，包括区内生产性基础设施建设物资，区内企业自用的生产、管理设备和自用合理数量的办公用品，建设生产厂房、仓储设施所需的物资设备，保税区行政管理机构自用合理数量的管理设备和办公用品等。

保税区内加工贸易进出口货物、仓储货物、转口货物和外商投资企业按照外商投资企业进口税收政策进口的设备等不适用本征免性质。

●其他执行特殊政策地区进出口货物

一、定义及代码

其他执行特殊政策地区进出口货物指除保税区外单独实施特殊税收政策地区进出口的货物。

本征免性质代码“399”，简称“其他地区”。

二、适用范围

（一）本征免性质仅限出口加工区、保税港区、综合保税区、珠澳跨境工业园区等海关特殊监管区进口的基建、生产和管理设备、物资，区内出口货物，以及从境内区外进入上述海关特殊监管区（包括中哈霍尔果斯国际边境合作中心）的基建物资或区内生产企业在国内采购用于生产出口产品的原材料。

（二）本征免性质不适用：

1. 特殊区域内加工贸易进出口货物、仓储货物、转口货物和外商投资企业按照外商投资企业进口税收政策进口的设备等。

2. 保税区进口自用物资，征免性质代码“307”。

●大专院校及科研机构进口科教用品

一、定义及代码

科教用品指为促进科学研究和教育事业的发展，推动科教兴国战略的实施，科学研究机构和学校以科学研究和教学为目的，在合理数量范围内进口国内不能生产或者性能不能满足需要的科学研究和教学用品。

科技开发用品指为鼓励科学研究和技术开发，促进科技进步，科学研究、技术开发机构在2010年12月31日前，在合理数量范围内进口国内不能生产或者性能不能满足需要的科技开发用品。

本征免性质代码“401”，简称“科教用品”。

二、适用范围

（一）本征免性质所称科研机构和学校是指：

1. 国务院部委、直属机构和省、自治区、直辖市、计划单列市所属专门从事科学研究工作的各类科研院所。

2. 国家承认学历的实施专科及以上高等学历教育的高等学校。

3. 财政部会同国务院有关部门核定的其他科学研究机构和学校。

（二）本征免性质所称科学研究、技术开发机构是指：

1. 科技部会同财政部、海关总署和国家税务总局核定的科技体制改革过程中转制为企业和进入企业的主要从事科学研究和技术开发工作的机构。

2. 国家发展和改革委员会会同财政部、海关总署和国家税务总局核定的国家工程研究中心。

3. 国家发展和改革委员会会同财政部、海关总署、国家税务总局和科技部核定的企业技术中心。

4. 科技部会同财政部、海关总署和国家税务总局核定的国家重点实验室和国家工程技术研究中心。

5. 财政部会同国务院有关部门核定的其他科学研究、技术开发机构。

（三）具体免税范围限于《免税进口科学研究和教学用品清单》和《免税进口科技开发用品清单》。

（四）国家鼓励发展的内外资项目进口设备（征免性质代码“789”）不适用本征免性质。

●国家重大项目进口货物

一、定义及代码

国家重大项目进口货物指经国务院批准的国家重大建设项目项下进口的设备，以及安装所需材料等。

本征免性质代码“406”，简称“重大项目”。

二、适用范围

（一）本征免性质仅限1996年4月1日前经国务院批准可行性研究报告中列明减免税条款或另有减免税批准文件的重大建设项目。

（二）利用政府贷款、世界银行贷款等外资贷款建设的重大项目（征免性质代码“609”）不适用于本征免性质。

●残疾人组织和企业进出口货物

一、定义及代码

进口残疾人专用品和专用设备指为支持残疾人康复工作、帮助残疾人自立免税进口的残疾人专用品和有关福利机构、康复机构、企业按照国家有关规定免税进口的国内不能生产的残疾人专用设备及专用生产设备。

本征免性质代码“413”，简称“残疾人”。

二、适用范围

（一）本征免性质仅限进口的残疾人专用品和残疾人福利机构、康复机构、企业进口的残疾人专用设备及专用生产设备。

（二）免税货物范围

1. 残疾人个人专用品

（1）假肢及其零部件：上肢假肢，包括部分手、前臂、上臂、假手、肘关节；下肢假肢，包括部分足、小腿、大腿、膝关节等。

（2）假眼。

（3）假鼻。

（4）内脏托带：肾托、胃托、疝气带、疝气腰带等。

（5）矫形器：包括脊柱、上肢、下肢、功能性电子刺激器和复合力源矫形器系统等。

（6）矫形鞋：成品矫形鞋、订做的矫形鞋、适配的标准鞋。

（7）非机动助行器：包括单臂操作助行器（手杖、肘拐、前臂支撑拐、腋拐、三脚及多脚拐杖等）、双臂操作助行器（助行架、轮式助行架、助行椅、助行台等）及助行器的附件等。

（8）代步工具（不包括汽车、摩托车）：包括轮椅车（手动、电动、机动）、残疾人专业自行车（如手摇三轮车、串翼自行车、助行自行车手扒推轮椅等）。

（9）辅助器具：移动用辅助器具、翻身用辅助器具（如翻身垫、翻身床单、翻身毯等）、升降用辅助器具（如轮椅爬楼梯装置、升降架等）。

（10）生活自助具：包括残疾人专用服装（如轮椅使用者的连裤服、雨衣、手套，鞋和靴的防滑装置等），安全防护辅助器具（如用于头部、面部、上肢、下肢及全身的防护装置等），穿脱衣服的辅助器具，画图和书写辅助器具（如书写板、书写框等），日常生活用辅助器具（如罐头开启器、防洒碗等）。

（11）专用卫生用品。

（12）视力残疾者用盲杖。

（13）导盲镜。

（14）助视器。

（15）盲人阅读器：电子盲文书写器、手动盲文书写器等。

（16）语言、听力残疾者用的语言训练器：言语训练辅助器具。

（17）智力残疾者用的行为训练器。

（18）生活能力训练用品。

2. 残疾人专用设备和专用生产设备

（1）残疾人康复及专用设备：包括床旁监护设备、中心监护设备、生化分析仪和超声诊断仪。

（2）残疾人特殊教育设备和职业教育设备：指对残疾人进行义务教育、学历教育、职业教育所需的各类设备（如聋人助听设备、智力残疾检测设备等）。

（3）残疾人职业能力评估测试设备（如手腕作业检查盘、注意力集中能力测试仪等）。

（4）残疾人专用劳动设备和劳动保护设备（如某种肢残人操作的特殊机床、聋人专用的特殊报警装置等），以及为残疾人就业设立的福利企业进口的适合残疾人操作的生产设备。

（5）残疾人文体活动专用设备：指残疾人进行文化、娱乐、体育活动和体育竞赛所需的专用设备（如各种运动轮椅、盲人门球等）。

（6）假肢专用生产、装配、检测设备，包括假肢专用铣磨机、假肢专用真空成型机、假肢专用平板加热器和假肢综合检测仪。

（7）听力残疾者用的助听器：包括各类助听器等。

（三）境外捐赠人无偿向我国境内捐赠的直接用于扶贫、慈善事业的进口物资（征免性质代码“802”）不适用本征免性质。

●远洋渔业自捕水产品

一、定义及代码

远洋渔业自捕水产品是指根据国家远洋渔业企业运回自捕水产品的原产地规则，我国远洋渔业企业在公海或按照有关协议规定，在国外海域捕获并运回国内销售的自捕水产品及其加工制品，视同国内产品，免征关税和进口环节税。

本征免性质代码“417”，简称“远洋渔业”。

二、适用范围

本征免性质仅限经农业部批准，获得“农业部远洋渔业企业资格证书”的我国远洋渔业企业。

运回的水产品及其加工制品限于在公海或按照有关协议规定，在国外海域自捕，并符合原产地规则的认定。

●集成电路生产企业进口货物

一、定义及代码

集成电路生产企业进口货物是指在中国境内设立的经审核符合条件的集成电路生产企业进口国内无法生产的自用生产性原材料、消耗品、净化室专用建筑材料、配套系统和集成电路生产设备零、配件。

本征免性质代码“422”，简称“集成电路”。

二、适用范围

本征免性质仅适用于集成电路线宽小于0.8微米（含）集成电路生产企业进口自用生产性原材料、消耗品，集成电路线宽小于0.25微米或投资额超过80亿元的集成电路生产企业进口自用生产性原材料、消耗品、净化室专用建筑材料、配套系统和集成电路生产设备零、配件。

●新型显示器件生产企业进口物资

一、定义及代码

薄膜晶体管液晶显示器件生产企业进口货物是指薄膜晶体管液晶显示器件生产企业进口国内不能生产的净化室专用建筑材料、配套系统，以及维修用的生产设备零部件、自用生产性原材料和消耗品。

本征免性质代码“423”，简称“新型显示器件”。

二、适用范围

本征免性质仅适用于经国务院有关部门共同审核确定，可享受本税收政策的薄膜晶体管液晶显示器件生产企业（以下简称“膜晶显生产企业”）进口国内不能生产的净化室专用建筑材料、配套系统，以及维修用的生产设备零部件、自用生产性原材料和消耗品。

第一批符合条件的膜晶显生产企业是：北京京东方光电科技有限公司（以下简称京东方）、上海广电NEC液晶显示器公司（以下简称上广电）和吉林北方彩晶数码电子有限公司。

●非全税号信息技术产品

一、定义及代码

非全税号信息技术产品是指为执行“信息技术产品协议”，海关核定用途后执行ITA税率的部分用于信息技术产品生产的商品。

本征免性质代码“499”，简称“ITA产品”。

二、适用范围

本征免性质仅适用于进口《进出口税则》所列的ITA产品。

●加工贸易外商提供的不作价进口设备

一、定义及代码

加工贸易外商提供的不作价进口设备是指与经营企业开展加工贸易（包括来料加工、进料加工）的境外企业，以免费即不需经营企业付汇进口、也不需用加工费或差价偿还方式，向经营企业提供的加工生产所需设备。

本征免性质代码“501”，简称“加工设备”。

二、适用范围

（一）本征免性质仅适用于加工贸易项下境外企业免费提供的不作价进口设备。

（二）本征免性质不适用按暂时进出口货物监管（监管方式为“暂时进出货物”，代码“2600”）的加工贸易生产所需的不作价设备（限模具、单台设备），征免性质为“其他法定”（299）。

●来料加工装配和补偿贸易进口料件及出口成品

一、定义及代码

来料加工贸易进口料件及出口成品是指由境外企业提供，经营企业不需要付汇进口的来料加工业务所需全部或部分原辅材料、零部件、元器件和包装物料（以下简称“料件”），以及经加工或者装配后复出口的成品。

本征免性质代码“502”，简称“来料加工”。

二、适用范围

（一）本征免性质仅限来料加工项下进口的用于加工复出口成品所需的料件，以及经加工或者装配后复出口的成品。

（二）进口料件或制成品内销的，不适用本征免性质，征免性质为“一般征税”（101）。

●进料加工贸易进口料件及出口成品

一、定义及代码

进料加工贸易进口料件及出口成品是指经营企业付汇进口的进料加工所需的全部或者部分原辅材料、零部件、元器件、料件，以及经过加工或者装配后复出口的成品。

本征免性质代码“503”，简称“进料加工”。

二、适用范围

（一）本征免性质仅限进料加工项下进口的用于加工复出口成品所需的料件，以及经加工后复出口的成品。

（二）进口料件或制成品内销的，按规定不予保税备案的消耗性物料，不适用本征免性质。征免性质为“一般征税”（101）。

●边境小额贸易进口货物

一、定义及代码

边境小额贸易进口货物是指我国边境地区经批准有小额贸易经营权的企业通过国家指定的陆路边境口岸，进口原产于毗邻国家的货物，包括边境地区开展易货贸易、现汇贸易、互利经济合作（工程承包、劳务输出），以及以除边民互市贸易以外的其他各类边境贸易形式进口的货物。

本征免性质代码“506”，简称“边境小额”。

二、适用范围

（一）本征免性质适用于边境小额贸易企业通过国家指定

的陆路边境口岸进口原产于毗邻国家的货物及边境地区外经贸企业与毗邻国家边境地区开展承包工程和劳务合作项下换回的原产于毗邻国家的物资。

（二）本征免性质不适用于边民互市贸易、通过边境口岸进口第三国贸易的商品。

●外商投资企业进出口货物

一、定义及代码

外商投资企业进出口货物指 1997 年 12 月 31 日前按国家规定程序批准设立的国内企业与境外企业在中国境内合资经营的企业、合作经营的企业，以及境外企业在中国境内独资经营的企业在投资总额内进口的设备，以及外商投资企业（不受批准时间限制）生产的出口产品（加工贸易除外）。

中外合资经营企业进出口货物征免性质代码“601”，简称“中外合资”。

中外合作经营企业进出口货物征免性质代码“602”，简称“中外合作”。

外商独资企业进出口货物征免性质代码“603”，简称“外资企业”。

二、适用范围

（一）征免性质“601”“602”“603”适用以下经批准设立的外商投资企业、外商投资项目在项目额度或投资总额内进口的自用设备及其按照合同随设备进口的技术及配套件、备件，以及所有外商投资企业生产（加工贸易除外）的出口产品：

1. 1996 年 3 月 31 日前成立的外商投资企业，包括依法批准增资及原外经贸部颁发批准证书的外商投资企业。

2. 1995 年 10 月 1 日至 1996 年 3 月 31 日依照程序经原外经贸部、原国家计委、原国家经贸委备案审核合格并经海关总署关税司转发各海关清单内的外商投资企业。

3. 1995 年 9 月 30 日前地方依法审批报原外经贸部备案的外商投资企业。

4. 1996 年 4 月 1 日至 1997 年 12 月 31 日按国家规定程序批准设立的外商投资项目。

（二）本征免性质不适用：

1. 外商投资企业开展加工贸易进口的不作价设备，征免性质代码“501”。

2. 国家鼓励发展的外资项目项下进口的货物，征免性质代码“789”。

3. 外商投资额度外利用自有资金进口的货物，征免性质代码“799”。

●勘探开发煤层气

一、定义及代码

勘探开发煤层气进口物资指勘探开发煤层气项目的单位在我国境内进行煤层气勘探开发所需进口的设备、仪器、零附件和专用工具。

本征免性质代码“605”，简称“勘探开发煤层气”。

二、适用范围

勘探开发煤层气所需进口物资的免税政策执行期限为“十一五”期间。

勘探开发煤层气项目的单位为中联煤层气有限责任公司及其他经财政部商海关总署和税务总局审核认定的单位。

具体免税范围限于国内不能生产或国内产品性能不能满足要求，并直接用于勘探开发作业的设备、仪器、零附件和专用工具。上述物资应符合《勘探开发煤层气免税进口物资清单》。

●勘探、开发海洋、陆上石油进口货物

一、定义及代码

勘探、开发海洋、陆上石油进口货物指在我国海洋或陆上特定地区进行石油开采作业所需进口的设备、仪器、零附件和专用工具。

海洋指我国内海、领海、大陆架及其他海洋资源管辖海域，包括浅海滩涂。

陆上特定地区指我国领土内的沙漠、戈壁荒漠和中外合作开采经国家批准的陆上石油中标区块。

勘探、开发海洋石油进口货物征免性质代码“606”，简称“海洋石油”。

勘探、开发陆上石油进口货物征免性质代码“608”，简称“陆上石油”。

二、适用范围

勘探、开发海洋、陆上石油所需进口货物的免税政策执行期限为“十一五”期间。

具体免税范围限于国内不能生产或性能不能满足要求，并直接用于开采作业的设备、仪器、零附件、专用工具。上述物资应符合《开采海洋石油（天然气）免税进口物资清单》或《开采陆上特定地区石油（天然气）免税进口物资清单》。

●利用贷款进口货物

一、定义及代码

外国政府贷款和国际金融组织贷款项目进口设备指于 1997 年 12 月 31 日前按国家规定程序批准的利用外国政府贷款和国际金融组织（世界银行、亚洲开发银行、联合国农业发展基金）贷款项目所进口的自用设备，以及按合同随设备进口的技术及数量合理的配套件、备件。

本征免性质代码“609”，简称“贷款项目”。

二、适用范围

（一）本征免性质仅限 1997 年 12 月 31 日前按国家规定程序批准的利用外国政府贷款和国际金融组织贷款项目。

（二）本征免性质不适用：

1. 利用国际金融组织贷款、外国政府贷款生产中标机电设备所需进口的零部件，征免性质代码“611”。

2. 纳入国家鼓励发展内外资项目的利用外国政府贷款和国际金融组织贷款项目，征免性质代码“789”。

●国际、金融组织贷款、外国政府贷款中标机电设备零部件

一、定义及代码

国际金融组织贷款、外国政府贷款中标机电设备零部件指国内中标单位利用国际金融组织贷款、外国政府贷款，为生产中标机电设备而进口国内不能生产或性能不能满足需要的零部件。

本征免性质代码“611”，简称“贷款中标”。

二、适用范围

（一）本征免性质适用于利用国际金融组织贷款、外国政府贷款（世界银行贷款、亚洲开发银行贷款、日本国际协力银行贷款，以及上述组织的赠款）为生产中标机电设备所需进口的零部件。

中标机电设备限于在国际招标中国内企业直接中标、中外联合中标生产的机电设备，以及中标的境外企业、国内企业将中标项目再分包给国内其他企业制造的机电设备，不包括《外商投资项目不予免税的进口商品目录》中所列设备。

（二）本征免性质不适用于1997年12月31日前按国家规定程序批准的利用外国政府贷款和国际金融组织贷款项目，征免性质代码“609”。

●国家鼓励发展的内外资项目进口设备

一、定义及代码

国家鼓励发展的内外资项目进口设备指自1998年1月1日起对按国家规定程序审批并出具确认书的国家鼓励发展的国内投资项目和外商投资项目，以及从1999年9月1日起，按国家规定程序审批的外商投资研究开发中心，中西部省、自治区、直辖市利用外资优势产业和优势项目目录的项目，在投资总额内进口的自用设备，以及按合同随设备进口的技术及数量合理的配套件、备件。

本征免性质代码“789”，简称“鼓励项目”。

二、适用范围

（一）本征免性质适用于1998年1月1日后国家鼓励发展的国内投资项目和外商投资项目，以及从1999年9月1日起，按国家规定程序审批的外商投资研究开发中心，中西部省、自治区、直辖市利用外资优势产业和优势项目目录的项目，在投资总额内进口的自用设备，以及按合同随设备进口的技术及数量合理的配套件、备件。

（二）本征免性质不适用：

1. 1997年12月31日前批准设立的外商投资企业进口货物，征免性质代码“601”“602”“603”。

2. 1997年12月31日前按国家规定程序批准的利用外国政府贷款和国际金融组织贷款项目，征免性质代码“609”。

3. 外商投资企业投资额度外利用自有资金进口货物，征免性质代码“799”。

●外商投资额度外利用自有资金进口设备、备件、配件

一、定义及代码

外商投资额度外利用自有资金进口设备、备件、配件是指已设立的鼓励类和原限制乙类外商投资企业、外商投资研究开发中心、先进技术型和产品出口型外商投资企业技术改造，在投资总额以外利用自有资金，在原批准的生产经营范围内进口国内不能生产或性能不能满足需要的自用设备及其配套的技术、配件、备件。

本征免性质代码“799”，简称“自有资金”。

二、适用范围

（一）本征免性质适用于已设立的鼓励类和原限制乙类外商投资企业、外商投资研究开发中心、先进技术型和产品出口型外商投资企业（以下简称“五类企业”）技术改造，在投资总额以外利用自有资金，在原批准的生产经营范围内进口国内不能生产或性能不能满足需要的自用设备及其配套的技术、配件、备件。

1. 资金来源

“五类企业”投资总额以外的自有资金，具体是指企业储备基金、发展基金、折旧和税后利润。

2. 进口商品用途

在原批准的生产经营范围内，对本企业原有设备更新（不包括成套设备和生产线）或维修。

成套设备是指以完成某零、部件或产品生产加工或装配全部过程所有工序所需的全部设备。生产线是指用于完成某种产品一道或多道工序的、有一定节拍要求的、以一定方式连续生产的设备组合。

3. 进口商品范围

国内不能生产或性能不能满足需要的设备（即不属于《国内投资项目不予免税的进口商品目录》的商品），以及与上述设备配套的技术、配件、备件，包括随设备进口或单独进口的。

（二）本征免性质不适用：

1. 1997年12月31日前批准设立的外商投资企业进口货物，征免性质代码“601”“602”“603”。

2. 国家鼓励发展的外资项目项下进口货物，征免性质代码“789”。

●救灾捐赠进口物资

一、定义及代码

救灾捐赠进口物资指外国民间团体、企业、友好人士和华侨、香港居民，以及台湾、澳门同胞及外籍华人无偿向我境内受灾地区捐赠的直接用于救灾的物资。

本征免性质代码“801”，简称“救灾捐赠”。

二、适用范围

本征免性质适用范围：

（一）外国民间团体、企业、友好人士和华侨、香港居民，以及台湾、澳门同胞及外籍华人无偿向我境内受灾地区捐赠的直接用于救灾的物资。

（二）享受救灾捐赠物资进口免税的区域限于新华社对外发布和民政部《中国灾情信息》公布的受灾地区。

●境外捐赠人无偿向我境内受赠人捐赠的直接用于慈善事业的免税进口物资

一、定义及代码

扶贫、慈善性捐赠物资是指境外捐赠人无偿向我国境内捐赠的直接用于扶贫、慈善事业的进口物资。

本征免性质代码“802”，简称“慈善捐赠”。

二、适用范围

（一）本征免性质适用于境外捐赠人无偿向我国境内捐赠的直接用于扶贫、慈善事业的进口物资。

1. 境外捐赠人应为中华人民共和国关境外的自然人、法人或者其他组织。

2. 受赠人应为国务院有关部门和各省、自治区、直辖市人民政府，以及从事人道救助和以发展扶贫、慈善事业为宗旨的全国性的社会团体，包括中国红十字会总会、全国妇女联合会、中国残疾人联合会、中华慈善总会、中国初级卫生保健基金会和宋庆龄基金会。

3. 使用人应为捐赠物资的直接使用者或负责分配该捐赠物资的单位或个人。

（二）扶贫、慈善公益性事业物资包括：

1. 新的衣服、被褥、鞋帽、帐篷、手套、睡袋、毛毯及其他维持基本生活的必需用品等。

2. 食品类及饮用品（调味品、水产品、水果、饮料、烟酒等除外）。

3. 医疗类包括直接用于治疗特困患者疾病或贫困地区治疗

地方病及基本医疗卫生、公共环境卫生所需的基本医疗药品、基本医疗器械、医疗书籍和资料。

其中，“基本医疗药品”是指用于急救、治疗、防疫、消毒、抗菌等用途的药品和人体移植用的器官，但不包括保健药和营养药；“基本医疗器械”是指诊疗器械、手术器械、卫生检测器械、伤残修复器械、防疫防护器械、消毒灭菌器械。

4. 直接用于公共图书馆、公共博物馆、各类职业学校、高中、初中、小学、幼儿园教育的教学仪器、教材、图书、资料和一般学习用品。

其中，“公共图书馆和公共博物馆”是指经省级以上文化行政管理部门认定、向社会开放的县（市）级以上单位管理的公益性图书馆，或经省级以上文物行政管理部门认定、向公众开放的县（市）级以上单位管理的各类公益性博物馆；“教学仪器”是指《扶贫、慈善性捐赠物资免征进口税收暂行办法》规定的学校、幼儿园专用于教学的检验、观察、计量、演示用的仪器和器具；“一般学习用品”是指《扶贫、慈善性捐赠物资免征进口税收暂行办法》规定的学校、幼儿园教学和学生专用的文具、教具、婴幼儿玩具、标本、模型、切片、各类学习软件、实验室用器皿和试剂、学生服装（含鞋帽）和书包等。

5. 直接用于环境保护的专用仪器。具体是指环保系统专用的空气质量与污染源废气监测仪器及治理设备、环境水质与污水监测仪器及治理设备、环境污染事故应急监测仪器、固体废物监测仪器及处置设备、辐射防护与电磁辐射监测仪器及设备、生态保护监测仪器及设备、噪声及振动监测仪器和实验室通用分析仪器及设备。

6. 经国务院批准的其他直接用于扶贫、慈善事业的物资。

上述物资不包括国家停止减免税的20种商品、汽车、生产性设备、生产性原材料及半成品等。

捐赠物资应为新品，在捐赠物资内不得夹带有害环境、公共卫生和社会道德及政治渗透等违禁物品。

（三）本征免性质不适用：

1. 无偿援助物资，征免性质代码“201”。

2. 残疾人专用品、残疾人专用设备及专用生产设备，征免性质代码“413”。

●进口抗艾滋病病毒药物

进口抗艾滋病病毒药品指对卫生部委托进口的抗艾滋病病毒药物免征进口关税和进口环节增值税政策。

本征免性质代码“803”，简称“抗艾滋病药物”。

●进口种子（苗）、种畜（禽）、鱼种（苗）和种用野生动植物种源

享受进口税收优惠政策的进口种子（苗）、种畜（禽）、鱼种（苗）和种用野生动植物种源指根据规定进口种子（苗）、种畜（禽）、鱼种（苗）和种用野生动植物种源免征进口环节增值税政策。

本征免性质代码“811”，简称“种子种源”。

●中央储备粮油免征进口环节增值税政策

中央储备粮油免征进口环节增值税政策指对中储粮总公司及其子公司在免税进口额度范围内进口的粮油，予以免征进口环节增值税。

本征免性质代码“818”，简称“中央储备粮油”。

●进口科研教学用图书资料

一、定义及代码

进口科研教学用图书资料指根据规定对中国图书进出口（集团）总公司等7家图书进出口公司为科研单位、大专院校进口用于科研、教学的图书、文献、报刊及其他资料（包括只读光盘、缩微平片、胶卷、地球资料卫星照片、科技和教学声像制品）免征进口环节增值税。

本征免性质代码“819”，简称“科教图书”。

二、适用范围

享受该项进口税收优惠政策的企业为中国图书进出口（集团）总公司及其具有独立法人资格的子公司、中国经济图书进出口公司、中国教育图书进出口公司、中国出版对外贸易总公司、北京中科进出口有限责任公司、中国科技资料进出口总公司和中国国际图书贸易集团有限公司等7家图书进出口公司。

●国务院特准减免税的进出口货物

一、定义及代码

国务院特准减免税的进出口货物指经国务院特案批准予以减免税的进出口货物。

本征免性质代码“898”，简称“国批减免”。

二、适用范围

本征免性质仅限国务院特案批准予以减免税的特殊行业或进出口货物，如国家计划内进口的化肥、饲料、图书资料、种子（苗）、种畜（禽）、鱼苗和非盈利性种用野生动植物、航空公司进口或租赁的飞机等。

●选择征税

一、定义及代码

内销选择性征税进口货物指特定区域内的企业生产、加工并经“二线”销往内地的货物选择按其对应进口料件征收关税的货物。

本征免性质代码“899”，简称“选择征税”。

二、适用范围

本征免性质限于广东珠海横琴新区、福建平潭综合实验区和中国（上海）自由贸易试验区内的生产、加工企业内销并选择按对应进口料件征收关税的货物。

●例外减免税进出口货物

一、定义及代码

例外减免税进出口货物指无法归入以上各类列名征免性质的减免税进出口货物。

本征免性质代码“999”，简称“例外减免”。

二、管理规定

（一）按海关总署文件或通知的具体内容执行。

（二）减免税办理程序：

申请减免税的企业或单位持批准文件和其他有关单证，到所在地海关办理减免税审批手续。

海关核发“进出口货物征免税证明”，进出口地海关凭以办理货物的减免税手续。

征减免税方式代码表及说明

征减免税方式代码表

征减免税方式代码	征减免税方式名称
1	照章征税
2	折半征税
3	全免
4	特案
5	随征免性质
6	保证金
7	保函
8	折半补税
9	全额退税

征减免税方式代码表说明

征减免税方式是指进出口货物征税、减税、免税或特案处理的方式。

一、征减免税方式的分类

征减免税方式分为照章征税、折半征税、全免、特案、随征免性质、保证金、保函、折半补税、全额退税，各种方式分别用不同的代码标定。

二、征减免税方式代码说明

（一）征减免税方式分为照章征税、折半征税、全免、特案、随征免性质、保证金、保函、折半补税及出口全额退税九种。

（二）征减免税方式代码表说明

照章征税：代码“1”，进出口货物依照法定税率计征各类税、费。

折半征税：代码“2”，依照海关总署的通知，对进出口货物依照法定税率折半征收税款。

全免：代码“3”，依照海关签发的“进出口货物征免税证明”或其他有关规定，对进出口货物免征关税和增值税，消费税是否免征依批文规定办理。

特案：代码“4”，依照海关签发的“进出口货物征免税证明”或其他有关规定所规定的税率或完税价计征关税、增值税和消费税。

随征免性质：代码“5”，用于特定监管方式进出口的货物按特殊计税公式或税率计征关税、增值税和消费税。

保证金：代码“6”，经海关准予担保放行的货物收取保证金。

保函：代码“7”，经海关准予担保放行的货物凭保证函办理。

运输方式代码表及说明

运输方式代码表

运输方式代码	运输方式名称	运输方式代码	运输方式名称
0	非保税区	G	固定设施
1	监管仓库	H	边境特殊海关作业区
2	水路运输	L	旅客携带
3	铁路运输	P	洋浦保税港区
4	公路运输	S	特殊综合保税区
5	航空运输	T	综合实验区
6	邮件运输	W	物流中心
7	保税区	X	物流园区
8	保税仓库	Y	保税港区
9	其他运输	Z	出口加工区

运输方式代码表说明

一、定义

运输方式包括实际进出境运输方式和非实际进出境运输方式

（一）实际进出境运输方式

实际进出境运输方式指对外贸易往来中货物转移交换时被运载的形式，以进出口货物进出关境时所采用的运输工具来确定。进境货物的运输方式，按货物运抵我国关境第一口岸时的运输方式统计，出境货物的运输方式，按货物运离我国关境最后一个口岸时的运输方式统计。

对于实际进出境货物，海关根据货物的实际运输形式和监管的需要，将统计运输方式分为以下8种：

1. 水路运输（2）；
2. 铁路运输（3）；
3. 公路运输（4）；
4. 航空运输（5）；
5. 邮件运输（6）；
6. 固定设施（G）；
7. 旅客携带（L）；
8. 其他运输（9），用于上述一线进出境的未列名的运输方式。需要注意的是，该代码也用于留赠转卖、展览品留购、加工贸易内销、结转等非实际进出境情形。

（二）非实际进出境运输方式

对于没有实际进出境的货物，海关不按货物实际的运输方式统计，而是为了实现监管和实施单项统计等需要，另外设置了12种代码，表示货物的流向，具体如下：

1. 非保税区（0）；
2. 监管仓库（1）；
3. 保税区（7）；
4. 保税仓库（8）；
5. 物流中心（W）；
6. 物流园区（X）；
7. 出口加工区（Z）；
8. 保税港区、综合保税区（Y）；
9. 边境特殊海关作业区（H）；
10. 综合实验区（T）；
11. 特殊综合保税区（S）；
12. 洋浦保税港区（P）。

二、运输方式代码说明

（一）实际进出境运输方式代码含义

代码2，水路运输：指利用船舶在国内外港口之间，通过固定的航区和航线承担的进出境货物运输方式。

代码3，铁路运输：指利用铁路承担的进出境货物运输方式。

代码4，公路运输：指利用汽车承担的进出境货物运输方式。

代码5，航空运输：指利用航空器承担的进出境货物运输方式。

代码6，邮件运输：指通过邮局寄运的进出境货物运输方式。非邮局寄运的进出境货物，按实际运输方式统计。

代码G，固定设施运输：指以固定设施（包括输油、输水管道和输电网等）运输货物的运输方式。

代码L，旅客携带：指进出境旅客随身携带货物的运输方式。

代码9，其他运输：指上述未列明的运输方式，如人扛、畜驮等。

（二）非实际进出境运输方式代码含义

代码 0，非保税区：指境内非保税区运入保税区货物和保税区退区货物的运输方式。

代码 1，监管仓库：指境内存入出口监管仓库和出口监管仓库退仓货物的运输方式。

代码 7，保税区：指保税区运往境内非保税区货物的运输方式。

代码 8，保税仓库：指保税仓库转内销货物或转加工贸易货物的运输方式。

代码 9，其他运输（非跨境）：指海关特殊监管区域内的流转、调拨货物，海关特殊监管区域、保税监管场所之间的流转货物，海关特殊监管区域与境内区外之间进出的货物，海关特殊监管区域外的加工贸易余料结转、深加工结转、内销货物，以及其他境内流转货物的运输方式。

代码 H，边境特殊海关作业区：指境内运入深港西部通道港方口岸区、境内进出中哈霍尔果斯边境合作中心中方区域等区域的货物的运输方式。

代码 T，综合试验区：指经横琴新区、平潭综合实验区等综合试验区（以下简称“综合试验区”）二线指定申报通道运往境内区外或从境内经二线指定申报通道进入综合试验区的货物，以及综合试验区内按选择性征收关税申报的货物的运输方式。

代码 W，物流中心：指从境内保税物流中心外运入中心或从中心运往境内中心外货物的运输方式。

代码 X，物流园区：指从境内保税物流园区外运入园区或从园区内运往境内园区外货物的运输方式。

代码 Y，保税港区/综合保税区：指保税港区、综合保税区与境内（区外）（非海关特殊监管区域、保税监管场所）之间进出货物的运输方式。

代码 Z，出口加工区：指出口加工区、珠澳跨境工业区（珠海园区）、中哈霍尔果斯边境合作中心（中方配套区）等区域与境内（区外）（非海关特殊监管区域、保税监管场所）之间进出货物的运输方式。

关区代码表及说明

关区代码表

关区代码	关区名称	关区简称	关区代码	关区名称	关区简称
0000	**海关总署/全部关区**	**海关总署**	0213	天津东疆综合保税区	东疆综保
0100	**北京关区**	**北京关区**	0214	天津滨海新区综合保税区	津滨综保
0101	首都机场海关	京机场关	0215	天津机场海关快件监管中心	津机快件
0102	京监管处	京监管处	0216	天津经济技术开发区保税物流中心	津开物流
0103	京关展览	京关展览	0217	天津东疆海关	津东疆关
0104	北京西城海关	京西城关	0218	静海海关	静海海关
0105	北京会展中心海关	京会展关	0219	北辰海关	津北辰关
0106	北京大兴国际机场海关	大兴机场	0220	津关税处	津关税处
0107	机场库区	机场库区	0221	宁河海关	津宁河关
0108	北京海关综合业务处	京综合处	0222	天津大港海关	津大港关
0109	机场旅检	机场旅检	0223	天津临港海关	津临港关
0110	平谷海关	平谷海关	0224	天津南疆海关	津南疆关
0111	北京车站海关	京车站关	0225	西青海关	津西青关
0112	北京邮局海关	京邮局关	0226	北塘海关	津北塘关
0113	京中关村	京中关村	0227	天津河西海关	津河西关
0114	海淀海关	海淀海关	0228	天津东丽海关	津东丽关
0115	北京东城海关	京东城关	0229	蓟州保税物流中心（B 型）	津蓟物流
0116	大兴机场旅检	大兴旅检	0230	天津保税区海关	津保税关
0117	亦庄海关	亦庄海关	**0400**	**石家庄区**	**石家庄区**
0118	北京朝阳海关	京朝阳关	0401	鹿泉海关	鹿泉海关
0119	通州海关	通州海关	0402	秦皇岛关	秦皇岛关
0121	京稽查处	京稽查处	0403	唐山海关	唐山海关
0123	机场调技	机场调技	0404	廊坊海关	廊坊海关
0124	北京站	北京站	0405	保定海关	保定海关
0125	西客站	西客站	0406	中华人民共和国邯郸海关	邯郸海关
0126	丰台海关	丰台海关	0407	秦皇岛综合保税区	秦综保区
0127	京快件	京快件	0408	中华人民共和国沧州海关	沧州海关
0128	顺义海关	顺义海关	0409	廊坊综合保税区	廊坊综保
0129	天竺海关	天竺海关	0410	石家庄机场海关	石机场关
0130	北京亦庄保税物流中心	亦庄物流	0411	中华人民共和国张家口海关	张家口关
0131	北京大兴国际机场综合保税区	大兴综保	0412	曹妃甸海关	曹妃甸关
0200	**天津海关**	**天津海关**	0413	邢台海关	邢台海关
0201	南开海关	津南开关	0414	曹妃甸综合保税区	曹综保区
0202	新港海关	新港海关	0415	衡水海关	衡水海关
0203	塘沽海关	塘沽海关	0416	石家庄国际快件监管中心	石关快件
0204	东港海关	东港海关	0417	中华人民共和国承德海关	承德海关
0205	津塘沽办	津塘沽办	0418	石家庄综合保税区	石综保区
0206	天津邮局海关	津邮局关	0419	河北武安保税物流中心（B 型）	武安物流
0207	津机场办	津机场办	0420	唐山港京唐港区保税物流中心（B 型）	京唐物流
0208	津保税区	津保税区			
0209	蓟州海关	津蓟州关	0421	正定海关	正定海关
0210	武清海关	武清海关	0422	京唐港海关	京唐港关
0211	天津泰达综合保税区	泰达综保	0423	雄安海关	雄安海关
0212	天津保税物流园区	津物流园	0424	黄骅港海关	黄骅港关

关区代码	关区名称	关区简称	关区代码	关区名称	关区简称
0425	辛集保税物流中心（B 型）	辛集物流	0714	集宁海关	集宁海关
0426	北戴河海关	北戴河关	0715	乌海海关	乌海海关
0427	石家庄国际邮件处理中心	石关邮件	0716	鄂尔多斯综合保税区	鄂综保区
0500	**太原关区**	**太原关区**	0717	包头保税物流中心（B 型）	包头保 B
0501	晋阳海关	晋阳海关	0718	巴彦淖尔市保税物流中心（B 型）	巴市保 B
0502	太原机场海关	并机场关	0719	二关公路口岸直通	二关公直
0503	大同海关	大同海关	0720	七苏木保税物流中心（B 型）	七苏保 B
0504	临汾海关	临汾海关	0721	阿拉善海关	阿拉善关
0505	山西方略保税物流中心	方略物流	**0800**	**沈阳关区**	**沈阳关区**
0506	太原武宿综合保税区	太原综保	0801	浑南海关	浑南海关
0507	运城海关	运城海关	0802	锦州海关	锦州海关
0508	晋城海关	晋城海关	0803	沈阳邮局海关	沈邮局关
0509	山西兰花保税物流中心（B 型）	兰花物流	0804	抚顺海关	抚顺海关
0510	太原国际邮件处理中心	太原邮件	0805	铁西海关	铁西海关
0511	武宿海关	武宿海关	0806	辽阳海关	辽阳海关
0512	长治海关	长治海关	0807	沈阳桃仙机场海关	沈机场关
0513	阳泉海关	阳泉海关	0808	辽中海关	辽中海关
0514	朔州海关	朔州海关	0809	沈阳国际快件监管中心	沈快件
0515	忻州海关	忻州海关	0810	葫芦岛关	葫芦岛关
0516	大同国际陆港保税物流中心（B 型）	大同保 B	0811	辽宁朝阳海关	辽宁朝阳
0600	**满洲里关**	**满洲里关**	0812	沈抚新区海关	沈抚新区
0601	海拉尔关	海拉尔关	0813	铁岭海关	铁岭海关
0602	额尔古纳	额尔古纳	0814	铁岭保税物流中心（B 型）	铁保（B 型）
0603	满洲里十八里海关	满十八里	0815	阜新海关	阜新海关
0604	赤峰海关	赤峰海关	0816	锦州港保税物流中心（B 型）	锦港保 B
0605	通辽海关	通辽海关	0817	中欧班列（沈阳）集结中心	班列沈集
0606	阿日哈沙特海关	满哈沙特	**0900**	**大连海关**	**大连海关**
0607	满室韦	满室韦	0901	大连港湾海关	大连港湾
0608	满互贸区	满互贸区	0902	大连机场	大连机场
0609	满洲里车站海关	满铁路	0903	连开发区	连开发区
0610	满市区	满市区	0904	大连湾里综合保税区	湾里综保
0611	满洲里机场海关	满机场	0905	北良港海关	北良港关
0612	阿尔山海关	阿尔山关	0906	连保税区	连保税区
0613	赤峰保税物流中心	赤峰物流	0907	大连保税物流园区	连物流园
0614	额布都格海关	额布都格	0908	连大窑湾	连大窑湾
0615	满洲里综合保税区	满综保区	0909	大连邮局海关	连邮局关
0616	满洲里国际邮件互换局兼交换站	满关邮办	0910	大连大窑湾综合保税区	连窑综保
0617	满洲里综合保税区口岸功能作业区	满综口岸	0911	大连长兴岛海关	长兴岛关
0700	**呼特关区**	**呼特关区**	0912	大连国际快件监管中心	大连快件
0701	赛罕海关	赛罕海关	0915	庄河海关	庄河海关
0702	二连海关驻铁路口岸办事处	二关铁路	0916	七贤岭海关	七贤岭关
0703	包头海关	包头海关	0917	旅顺海关	旅顺海关
0704	呼关邮办	呼关邮办	0919	金石滩海关	金石滩关
0705	二连海关驻公路口岸办事处	二关公路	0930	丹东海关	丹东海关
0706	包头海关驻国际集装箱中转站办事处	包头箱站	0931	本溪海关	本溪海关
0707	额济纳海关	额济纳关	0932	太平湾海关	丹太平湾
0708	乌拉特海关	乌拉特关	0940	营口海关	营口海关
0709	满都拉口岸	满达口岸	0941	盘锦海关	盘锦海关
0710	东乌海关	东乌海关	0942	盘锦港保税物流中心（B 型）	盘港物流
0711	呼和浩特白塔机场海关	机场海关	0943	营口综合保税区	营口综保
0712	呼和浩特综合保税区	呼综保区	0950	鲅鱼圈海关	鲅鱼圈关
0713	鄂尔多斯海关	鄂尔多斯	0951	营口港保税物流中心	营港物流

关区代码	关区名称	关区简称	关区代码	关区名称	关区简称
0953	鲅鱼圈海关驻仙人岛办事处	仙人岛办	1902	绥关铁路	绥关铁路
0960	大东港关	大东港关	1903	黑河海关	黑河海关
0980	鞍山海关	鞍山海关	1904	同江海关	同江海关
1500	**长春关区**	**长春关区**	1905	佳木斯海关	佳木斯海关
1501	长春绿园海关	绿园海关	1906	牡丹江关	牡丹江关
1502	长春兴隆海关	兴隆海关	1907	东宁海关	东宁海关
1503	长白海关	长白海关	1908	逊克海关	逊克海关
1504	白山海关临江口岸	临江口岸	1909	齐齐哈尔	齐齐哈尔
1505	图们海关	图们海关	1910	大庆海关	大庆海关
1506	通化海关	通化海关	1911	密山海关	密山海关
1507	珲春海关	珲春海关	1912	虎林海关	虎林海关
1508	吉林海关	吉林海关	1913	同江海关富锦口岸监管点	同江富锦
1509	延吉海关	延吉海关	1914	抚远海关	抚远海关
1510	长春兴隆综合保税区	长春综保	1915	漠河海关	漠河海关
1511	长春龙嘉机场海关	龙嘉机场	1916	萝北海关	萝北海关
1512	松原海关	松原海关	1917	嘉荫海关	嘉荫海关
1513	白城海关	白城海关	1918	饶河海关	饶河海关
1514	白山海关	白山海关	1919	冰城海关驻香坊办事处	冰城香办
1515	图们车办	图们车办	1920	哈开发区	哈开发区
1516	通海关村	通海关村	1921	黑龙江绥芬河综合保税区	绥综保区
1517	珲长岭子	珲长岭子	1922	冰城海关驻邮局办事处	冰城邮办
1518	吉林海关驻车站办事处	吉关车办	1923	哈关车办	哈关车办
1519	图们海关三合口岸	图们三合	1924	哈尔滨太平机场海关	哈机场关
1521	一汽场站	一汽场站	1925	绥关公路	绥关公路
1522	长白山海关	长白山海关	1926	哈尔滨综合保税区	哈综保区
1523	四平海关	四平海关	1927	哈尔滨综合保税区口岸作业区	哈综口岸
1524	辽源海关	辽源海关	1928	绥芬河综合保税区口岸作业区	绥综口岸
1525	图们桥办	图们桥办	1929	牡丹江保税物流中心（B 型）	牡保 B 型
1526	通集青石	通集青石	1930	冰城海关	冰城海关
1527	珲春圈河	珲春圈河	1931	鹤岗海关	鹤岗海关
1528	吉林市保税物流中心（B 型）	吉林物流	1932	黑河保税物流中心（B 型）	黑河保 B
1529	延吉南坪	延吉南坪	1933	绥化海关	绥化海关
1531	长春兴隆铁路集装箱场站	兴隆铁路	1934	黑关公路	黑关公路
1536	通化海关驻集安车站办事处	通集铁路	1935	同江海关铁路口岸	同关铁路
1537	珲沙坨子	珲沙坨子	**2200**	**上海海关**	**上海海关**
1539	图们海关开山屯口岸	图开山屯	2201	浦江海关	浦江海关
1546	通化海关集安公路口岸	通集公路	2202	吴淞海关	吴淞海关
1547	珲春综合保税区	珲综保区	2203	上海虹桥机场海关	虹桥机场
1549	延古城里	延古城里	2204	闵开发区	闵开发区
1557	珲春海关驻车站办事处	珲春车办	2205	上海车站海关	车站海关
1559	延吉邮办	延吉邮办	2206	上海邮局海关	邮局海关
1567	珲春综合保税区口岸作业区	珲综口岸	2207	洋山海关	洋山海关
1569	延吉海关驻机场办事处	延吉机办	2208	宝山海关	宝山海关
1579	延吉空港海关快件监管中心	延关快件	2209	龙吴海关	龙吴海关
1589	延吉国际空港经济开发区保税物流中心（B 型）	延吉保 B	2210	浦东海关	浦东海关
			2211	卢湾监管	卢湾监管
1591	长春邮局海关	长邮海关	2212	奉贤海关	奉贤海关
1593	长白邮办	长白邮办	2213	莘庄海关	莘庄海关
1595	图们邮办	图们邮办	2214	漕河泾发	漕河泾发
1596	通集邮办	通集邮办	2215	上海西北物流园区	西北物流
1900	**哈尔滨区**	**哈尔滨区**	2216	上海浦东机场综合保税区	浦机综保
1901	哈尔滨关	哈尔滨关	2217	嘉定海关	嘉定海关

关区代码	关区名称	关区简称	关区代码	关区名称	关区简称
2218	外高桥关	外高桥关	2316	泰州海关	泰州海关
2219	杨浦海关	沪杨浦关	2317	南京禄口机场海关	禄口机场
2220	金山海关	金山海关	2318	金陵海关驻江北办事处	金陵江北
2221	松江海关	松江海关	2319	如皋海关	如皋海关
2222	青浦海关	青浦海关	2320	无锡海关驻机场办事处	锡关机办
2223	上海科创中心海关	沪科创关	2321	常溧阳办	常溧阳办
2224	崇明海关	崇明海关	2322	镇丹阳办	镇丹阳办
2225	外港海关	外港海关	2323	金陵海关	金陵海关
2226	贸易网点	贸易网点	2324	常熟海关	常熟海关
2227	普陀区站	普陀区站	2325	昆山海关	昆山海关
2228	上海会展中心海关	沪会展关	2326	吴江海关	吴江海关
2229	航交办	航交办	2327	太仓海关	太仓海关
2230	徐汇海关	沪徐汇关	2328	苏州海关驻吴中办事处	苏吴中办
2231	洋山海关驻市内报关点	洋山市内	2329	启东海关	启东海关
2232	上海嘉定综合保税区	嘉定综保	2330	泰州海关驻泰兴办事处	泰泰兴办
2233	浦东机场	浦东机场	2331	宜兴海关	宜兴海关
2234	上海钻石交易所海关	沪钻交所	2332	锡锡山办	锡锡山办
2235	上海松江综合保税区 A 区	松江综 A	2333	南通关办	南通关办
2236	洋山海关驻芦潮港铁路集装箱中心站监管点	洋山芦潮	2334	新沂保税物流中心（B 型）	新沂保 B
			2335	昆山加工	昆山加工
2237	上海松江综合保税区 B 区	松江综 B	2336	苏园加工	苏园加工
2238	上海青浦综合保税区	青浦综保	2337	徐州综合保税区	徐州综保
2239	上海奉贤综合保税区	奉贤综保	2338	苏关邮办	苏关邮办
2240	上海漕河泾综合保税区	漕河泾综	2339	南通海关驻出口加工区办事处	南通加工
2241	黄浦海关	沪黄浦关	2340	无锡海关驻出口加工区办事处	无锡加工
2242	沪业二处	沪业二处	2341	连云港海关驻连云港出口加工区办事处	连关加工
2243	虹口海关	沪虹口关			
2244	上海快件	上海快件	2342	连云港海关驻赣榆办事处	连赣榆办
2245	上海金桥综合保税区	金桥综保	2343	南京海关驻江苏南京出口加工区（南区）办事处	宁南加工
2246	上海外高桥港综合保税区	外高桥综			
2247	上海海关驻化学工业区办事处	沪化工区	2344	苏州海关驻苏州高新区出口加工区办事处	苏高加工
2248	洋山海关（港区）	洋山港区			
2249	洋山特殊综合保税区	洋山特综	2345	镇江海关驻镇江出口加工区办事处	镇江加工
2250	驻空港区域办事处	沪空港办	2346	连云港综合保税区	连关综保
2251	驻金桥办事处	沪金桥办	2347	苏州工业园区海关驻苏州工业园区出口加工区 B 区办事处	苏园 B 区
2252	虹桥商务区保税物流中心（B 型）	虹桥 B 保			
2300	**南京海关**	**南京海关**	2348	金港海关	金港海关
2301	连云港关	连云港关	2349	金陵海关驻邮局办事处	金陵邮办
2302	南通海关	南通海关	2350	苏州高新区保税物流中心（B 型）	苏高物流
2303	苏州海关	苏州海关	2351	金陵海关驻江宁办事处	金陵江宁
2304	无锡海关	无锡海关	2352	南京空港保税物流中心（B 型）	宁空保 B
2305	张家港关	张家港关	2353	常州海关驻出口加工区办事处	常关出加
2306	常州海关	常州海关	2354	扬州海关驻出口加工区办事处	扬关出加
2307	镇江海关	镇江海关	2355	常熟海关驻出口加工区办事处	常熟出加
2308	新生圩关	新生圩关	2356	吴江海关驻出口加工区办事处	吴江出加
2309	盐城海关	盐城海关	2357	常州海关驻武进办事处	常关武办
2310	扬州海关	扬州海关	2358	苏州工业园综合保税区	苏园保税
2311	徐州海关	徐州海关	2359	苏州海关驻吴中出口加工区办事处	吴中出加
2312	江阴海关	江阴海关	2360	盐城海关驻大丰港办事处	盐关港办
2313	张保税区	张保税区	2361	淮安海关驻出口加工区办事处	淮关出加
2314	苏工业区	苏工业区	2362	江阴保税物流中心	澄关物流
2315	淮安海关	淮安海关	2363	靖江保税物流中心（B 型）	靖江物流

关区代码	关区名称	关区简称	关区代码	关区名称	关区简称
2364	江苏武进出口加工区	武进出加	2919	钱江海关驻富阳办事处	钱关富办
2365	张家港保税港区	张保税港	2920	金华海关	金华海关
2366	中华人民共和国宿迁海关	宿迁海关	2921	义乌海关	义乌海关
2367	泰州海关驻出口加工区办事处	泰出加区	2922	金华海关驻永康办事处	金关永办
2368	苏州高新技术产业开发区综合保税区	苏高综保	2923	义乌保税物流中心	义乌物流
2369	昆山综合保税区	昆山综保	2924	金义综合保税区	金义综保
2370	连云港保税物流中心	连关物流	2925	义乌综合保税区	义乌综保
2371	盐城海关驻机场办事处	盐机场办	2927	义乌海关驻机场办事处	义关机办
2372	盐城综合保税区	盐城综保	2928	杭州跨境电子商务海关监管中心	杭关电商
2373	淮安综合保税区	淮安综保	2929	钱江海关驻建德办事处	钱关建办
2374	无锡高新区综合保税区	锡高综保	2931	温关邮办	温关邮办
2375	靖江海关	靖江海关	2932	温经开关	温经开关
2376	南通综合保税区	南通综保	2933	温关机办	温关机办
2377	南京综合保税区（龙潭片）	龙潭综保	2934	温关鳌办	温关鳌办
2378	南京综合保税区（江宁片）	江宁综保	2935	温州海关驻瑞安办事处	温关瑞办
2379	苏州海关驻相城办事处	苏相城办	2936	温州海关驻乐清办事处	温关乐办
2380	太仓港综合保税区	太仓综保	2937	温州保税物流中心（B 型）	温州物流
2381	苏州工业园综合保税区贸易功能区	苏园贸易	2938	温州综合保税区	温州综保
2382	苏州海关驻虎丘办事处	苏虎丘办	2941	嵊泗海关	嵊泗海关
2383	如东海关	如东海关	2942	舟山海关金塘监管科	舟关金塘
2384	如皋港保税物流中心	如皋物流	2943	舟山海关驻舟山港综合保税区办事处	舟关综保
2385	泰州综合保税区	泰州综保	2951	台州海关驻临海办事处	台关临办
2386	镇江综合保税区	镇江综保	2952	台州海关驻温岭办事处	台关温办
2387	常州综合保税区	常州综保	2953	台州海关驻玉环办事处	台关玉办
2388	武进综合保税区	武进综保	2954	台州综合保税区	台州综保
2389	常熟综合保税区	常熟综保	2961	绍兴海关驻上虞办事处	绍关虞办
2390	吴江综合保税区	吴江综保	2962	绍兴海关驻诸暨办事处	绍关诸办
2391	徐州保税物流中心	徐州物流	2963	绍兴海关驻新嵊办事处	绍关新办
2392	南通海关驻海门办事处	通海门办	2964	绍兴综合保税区	绍兴综保
2393	南通海关驻海安办事处	通海安办	2971	湖州海关驻安吉办事处	湖关安办
2394	吴中综合保税区	吴中综保	2972	湖州海关驻德清办事处	湖关德办
2395	大丰港保税物流中心	大丰物流	2973	湖州德清保税物流中心（B 型）	德清保 B
2396	海安保税物流中心（B 型）	海安物流	2979	湖州保税物流中心（B 型）	湖州保 B
2397	江阴综合保税区	江阴综保	2981	嘉关乍办	嘉关乍办
2398	扬州综合保税区	扬州综保	2982	嘉兴海关驻嘉善办事处	嘉关善办
2900	**杭州关区**	**杭州关区**	2983	嘉兴综合保税区	嘉兴综保
2901	钱江海关综合业务三处	钱综三处	2984	嘉兴海关驻海宁办事处	嘉关宁办
2902	钱江海关	钱江海关	2985	嘉兴海关驻桐乡办事处	嘉兴桐办
2903	温州海关	温州海关	2986	嘉兴综合保税区（B）区	嘉综 B 区
2904	舟山海关	舟山海关	2991	杭州综合保税区	杭州综保
2905	台州海关	台州海关	2992	杭州保税物流中心（B 型）	杭州物流
2906	绍兴海关	绍兴海关	**3100**	**宁波关区**	**宁波关区**
2907	湖州海关	湖州海关	3101	海曙海关	海曙海关
2908	嘉兴海关	嘉兴海关	3102	镇海海关	镇海海关
2909	钱江海关驻下沙办事处	钱关下沙	3103	北仑海关驻甬城办事处	甬北城办
2910	杭州萧山机场海关	杭州机场	3104	北仑海关	北仑海关
2911	钱江海关驻邮局办事处	钱关邮办	3105	宁波保税区海关	甬保税区
2912	钱江海关驻萧然办事处	钱关萧办	3106	大榭海关	大榭海关
2915	丽水海关	丽水海关	3107	余姚海关	余姚海关
2916	杭州萧山机场海关快件监管中心	杭州快件	3108	慈溪海关	慈溪海关
2917	衢州海关	衢州海关	3109	宁波机场海关	甬机场关
2918	钱江海关驻余杭办事处	钱关余办	3110	象山海关	象山海关

关区代码	关区名称	关区简称	关区代码	关区名称	关区简称
3111	宁波保税区海关驻出口加工区办事处	甬加工区	3504	三明海关	三明海关
3112	宁波保税物流园区	甬物流区	3505	榕城海关驻罗源湾办事处	榕罗源办
3113	浙江慈溪出口加工区	慈加工区	3506	莆田海关	莆田海关
3114	鄞州海关	鄞州海关	3507	福州长乐机场海关	长乐机场
3115	栎社海关	栎社海关	3508	福州江阴港区港口功能区	榕江阴港
3116	宁波梅山保税港区港口功能区	梅山港区	3509	榕城海关驻邮局办事处	榕邮局办
3117	宁波梅山保税港区保税加工物流功能区	梅山保税	3510	南平海关	南平海关
			3511	武夷山海关	武夷山关
3118	宁波栎社国际机场快件监管中心	宁波快件	3512	黄岐对台小额贸易监管点	黄岐监管
3119	宁波邮局海关	甬邮局关	3513	榕城海关驻快安办事处	榕快安办
3120	宁波镇海保税物流中心（B 型）	镇海物流	3515	平潭港区港口功能区	平潭港区
3121	北仑海关驻临港办事处	甬北港办	3516	平潭海关	平潭海关
3122	北仑海关驻穿山办事处	甬北穿办	3520	福州综合保税区	福州综保
3123	甬江海关	甬江海关	3521	翔福保税物流中心（B 型）	榕翔保 B
3124	奉化海关	奉化海关	3522	福州保税物流园区	福物流园
3125	宁海海关	宁海海关	3523	福州江阴港综合保税区	榕江阴综
3126	杭州湾新区海关	甬新区关	**3700**	**厦门关区**	**厦门关区**
3300	**合肥海关**	**合肥海关**	3701	厦门海关	厦门海关
3301	芜湖海关	芜湖海关	3702	泉州海关驻刺桐办事处	泉刺桐办
3302	安庆海关	安庆海关	3703	漳州海关	漳州海关
3303	马鞍山海关	马鞍山关	3704	东山海关	东山海关
3304	黄山海关	黄山海关	3705	泉州海关驻石狮办事处	泉石狮办
3305	蚌埠海关	蚌埠海关	3706	龙岩海关	龙岩海关
3306	铜陵海关	铜陵海关	3707	泉州海关驻泉港办事处	泉泉港办
3307	阜阳海关	阜阳海关	3708	厦门海沧保税港区港口功能区	海沧港区
3308	池州海关	池州海关	3709	厦门海沧保税港区保税加工物流功能区	海沧保税
3309	滁州海关	滁州海关			
3310	庐州海关	庐州海关	3710	高崎海关	高崎海关
3311	合肥新桥机场海关	新桥机场	3711	厦门东渡海关	东渡海关
3312	芜湖综合保税区	芜湖综保	3712	海沧海关	海沧海关
3313	合肥经济技术开发区综合保税区	经开综保	3713	厦门邮局海关	邮局海关
3315	宣城海关	宣城海关	3714	象屿保税	象屿保税
3316	蚌埠（皖北）保税物流中心（B 型）	蚌埠物流	3715	厦门机场海关	机场海关
3317	合肥综合保税区	合肥综保	3716	集同海关	集同海关
3318	淮南海关	淮南海关	3717	象屿综合保税区	象屿综保
3319	宿州海关	宿州海关	3718	泉州综合保税区	泉综保区
3320	合肥新桥国际机场海关监管快件中心	合关快件	3719	厦门加工	厦门加工
3321	安庆（皖西南）保税物流中心（B 型）（作废）	安庆物流	3720	厦门火炬（翔安）保税物流中心	厦门物流
			3722	翔安海关大嶝监管科	大嶝监管
3322	安徽皖东南保税物流中心（B 型）	宣城物流	3723	泉州海关驻晋江办事处	泉晋江办
3323	合肥空港保税物流中心（B 型）	空港物流	3724	厦门邮轮港海关	邮轮海关
3324	马鞍山综合保税区	马综保区	3725	翔安海关	翔安海关
3325	六安海关	六安海关	3726	泉州海关驻晋江办事处陆地港监管科	泉陆地港
3326	淮北海关	淮北海关	3727	古雷海关	古雷海关
3327	亳州海关	亳州海关	3728	泉州海关驻安溪办事处	泉安溪办
3328	铜陵（皖中南）保税物流中心（B 型）	铜陵物流	3729	泉州海关驻南安办事处	泉南安办
			3730	厦门邮轮港海关驻五通办事处	厦五通办
3329	安庆综合保税区	安庆综保	3731	漳州海关驻招银办事处	漳招银办
3500	**福州关区**	**福州关区**	3732	泉州海关	泉州海关
3501	马尾海关	马尾海关	3733	漳州台商投资区保物流中心	漳州保 B
3502	榕城海关驻福清办事处	榕福清办	3735	泉州石湖港保税物流中心	泉州保 B
3503	宁德海关	宁德海关	3777	厦稽查处	厦稽查处

关区代码	关区名称	关区简称	关区代码	关区名称	关区简称
3788	厦侦查局	厦侦查局	4224	烟台海关驻长岛办事处	烟关长办
4000	**南昌关区**	**南昌关区**	4225	威海海关驻海港办事处	威海港办
4001	赣江新区海关	赣江海关	4226	青岛海关驻聊城办事处（作废）	青聊城办
4002	九江海关	九江海关	4227	青岛大港	青岛大港
4003	赣州海关	赣州海关	4228	烟关快件	烟关快件
4004	景德镇关	景德镇关	4229	德州海关（作废）	德州海关
4005	吉安海关	吉安海关	4230	青岛前湾保税港区保税功能区	前湾保税
4006	南昌昌北机场海关	昌北机场	4231	烟开发区	烟开发区
4007	青山湖海关	青山湖关	4232	日岚山办	日岚山办
4008	龙南海关	龙南海关	4233	济南海关驻机场办事处（作废）	济机场办
4009	新余海关	新余海关	4234	济南海关驻出口加工区办事处（作废）	济加工区
4010	九江海关驻出口加工区办事处	浔关区办			
4011	南昌海关驻出口加工区办事处	洪关区办	4235	济南海关驻邮局办事处（作废）	济邮局办
4012	赣州海关驻出口加工区办事处	虔关区办	4236	荣成海关驻龙眼港办事处	荣龙眼办
4013	上饶海关	上饶海关	4237	现场业务处（作废）	现场业务
4014	南昌保税物流中心	南昌物流	4238	威海海关驻邮局办事处	威邮局办
4015	井冈山出口加工区	吉井加工	4239	潍诸城办（作废）	潍诸城办
4016	鹰潭海关	鹰潭海关	4240	青岛海关快件监管中心	青关快件
4017	赣州综合保税区	赣州综保	4241	烟台综合保税区东区	烟综保东
4018	宜春海关	宜春海关	4242	威海综合保税区北区	威综保北
4019	南昌综合保税区	南昌综保	4243	济宁海关驻曲阜办事处	济曲阜办
4020	龙南保税物流中心	龙南物流	4244	青岛海关驻滨州办事处（作废）	青滨州办
4021	萍乡海关	萍乡海关	4245	烟台海关驻邮局办事处	烟台邮办
4022	抚州海关	抚州海关	4246	青岛胶州湾综合保税区	青胶综保
4023	九江综合保税区	九江综保	4247	威海海关驻机场办事处	威机场办
4024	南昌昌北机场海关快件监管中心	南昌快件	4248	青岛海关驻莱芜办事处（作废）	青莱芜办
4025	南昌昌北机场海关邮件监管中心	南昌邮件	4249	潍坊海关驻出口加工区办事处（作废）	潍加工区
4026	井冈山综合保税区	吉井综保			
4200	**青岛海关**	**青岛海关**	4250	青岛西海岸综合保税区	青西综区
4201	烟台海关	烟台海关	4251	淄博保税物流中心（作废）	淄博物流
4202	日照海关	日照海关	4253	日照保税物流中心	日照物流
4203	龙口海关	龙口海关	4254	青岛保税物流中心	青岛物流
4204	威海海关	威海海关	4255	潍坊海关驻寿光办事处（作废）	潍寿光办
4205	济南海关（作废）	济南海关	4256	威海国际物流园快件监管中心	威港快件
4206	潍坊海关（作废）	潍坊海关	4257	临沂综合保税区	临综保区
4207	淄博海关（作废）	淄博海关	4258	青岛前湾保税港区口岸作业区	前湾口岸
4208	烟台综合保税区西区	烟综保西	4259	黄岛海关快件监管中心	黄关快件
4209	荣成海关	荣成海关	4260	青岛国际陆港快件监管中心	青港快件
4210	青保税区	青保税区	4261	烟台国际陆港快件监管中心	烟港快件
4211	济宁海关	济宁海关	4262	威海综合保税区南区	威综保南
4212	泰安海关（作废）	泰安海关	4263	海阳海关	海阳海关
4213	临沂海关	临沂海关	4264	烟台海关驻莱阳办事处	烟莱阳办
4214	青前湾港	青前湾港	4265	胶州海关	胶州海关
4215	菏泽海关	菏泽海关	4266	即墨海关	即墨海关
4216	东营海关（作废）	东营海关	4267	烟台海关驻招远办事处	烟招远办
4217	枣庄海关	枣庄海关	4268	董家口港海关	青董港关
4218	青开发区	青开发区	4269	石岛新港国际快件中心	石港快件
4219	蓬莱海关	蓬莱海关	4270	威海海关驻文登办事处	威文登办
4220	青机场关	青机场关	4271	日照综合保税区	日照综保
4221	烟机场办	烟机场办	4272	青岛大港 H986 快件监管中心	大港快件
4222	莱州海关	莱州海关	4273	青岛即墨综合保税区	即墨综保
4223	青岛邮局海关	青岛邮关	4274	烟台福山回里保税物流中心（B 型）	烟福保 B

关区代码	关区名称	关区简称	关区代码	关区名称	关区简称
4275	烟台海关驻芝罘办事处	烟芝罘办	4618	鹤壁海关	鹤壁海关
4276	菏泽内陆港保税物流中心（B型）	菏港保税	4619	河南德众保税物流中心	德众物流
4277	青岛西海岸新区保税物流中心（B型）	青西保B	4620	郑州航空港经济综合实验区	郑航空港
			4621	中华人民共和国许昌海关	许昌海关
4278	威海威高国际快件监管中心	威高快件	4622	南阳卧龙综合保税区	南阳综保
4279	临沂机场航空口岸	临沂机场	4623	河南商丘保税物流中心（B型）	商丘物流
4280	青岛空港综合保税区	青空综保	4624	漯河海关	漯河海关
4288	烟台海关驻八角办事处	烟八角办	4625	濮阳海关	濮阳海关
4300	**济南海关**	**济南海关**	4626	商丘海关驻民权办事处	民权办
4301	泉城海关	泉城海关	4627	河南民权保税物流中心（B型）	民权保B
4302	济南机场海关	济机场关	4628	济源海关	济源海关
4303	济南综合保税区	济综保区	4629	驻马店海关	驻马店海关
4305	济南邮局海关	济邮局关	4630	平顶山海关	平顶山海关
4306	济南章锦综合保税区	章锦综保	4631	开封海关	开封海关
4310	潍坊海关	潍坊海关	4632	河南许昌保税物流中心（B型）	许昌保B
4311	潍诸城办	潍诸城办	4633	洛阳综合保税区	洛阳综保
4312	潍坊综合保税区	潍综保区	4634	开封综合保税区	开封综合
4313	潍坊海关驻寿光办事处	潍寿光办	**4700**	**武汉海关**	**武汉海关**
4315	诸城保税物流中心	诸城物流	4701	宜昌海关	宜昌海关
4316	潍坊综保区跨境电商海关监管作业场所	潍综电商	4702	荆州海关	荆州海关
			4703	襄阳海关	襄阳海关
4320	淄博海关	淄博海关	4704	黄石海关	黄石海关
4321	淄博保税物流中心	淄博物流	4705	汉阳海关	汉阳海关
4322	淄博综合保税区	淄博综保	4706	宜三峡办	宜三峡办
4330	泰安海关	泰安海关	4707	鄂加工区	鄂加工区
4341	济南机场海关快件监管现场	济机快件	4708	现场业务一处	现场一处
4342	济南邮局海关快件监管现场	济邮快件	4709	武汉海关驻江汉办事处东西湖保税物流中心	武江物流
4350	东营海关	东营海关			
4351	东营综合保税区	东营综保	4710	武关货管	武关货管
4360	聊城海关	聊城海关	4711	武汉海关快件监管中心	武关快件
4370	德州海关	德州海关	4712	武关机场	武关机场
4380	滨州海关	滨州海关	4713	武汉邮局海关	邮局海关
4381	滨州保税物流中心	滨州物流	4714	新港海关	新港海关
4390	莱芜海关	莱芜海关	4715	汉口海关	汉口海关
4600	**郑州关区**	**郑州关区**	4716	十堰海关	十堰海关
4601	金水海关	金水海关	4718	武昌海关	武昌海关
4602	洛阳海关	洛阳海关	4719	武汉东湖综合保税区	东湖综保
4603	南阳海关	南阳海关	4720	黄石棋盘洲保税物流中心	黄石物流
4604	郑州机场海关	郑机场关	4721	仙桃海关	仙桃海关
4605	郑州邮局海关	郑邮局关	4722	武汉东湖综合保税区口岸作业区	东湖陆港
4606	郑州车站海关	郑车站关	4723	宜昌三峡保税物流中心（B型）	宜昌物流
4607	安阳海关	安阳海关	4724	襄阳保税物流中心（B型）	襄阳物流
4608	郑州新区海关	新区海关	4725	武汉新港空港综合保税区东西湖园区	空港综保
4609	商丘海关	商丘海关	4726	武汉新港空港综合保税区阳逻港园区	新港综保
4610	周口海关	周口海关	4727	荆门海关	荆门海关
4611	郑州经开综合保税区	经开综保	4728	鄂州海关	鄂州海关
4612	新郑海关	新郑海关	4729	随州海关	随州海关
4613	郑州海关航空进出境快件监管中心	郑州空港	4730	恩施海关	恩施海关
4614	焦作海关	焦作海关	4731	武汉经开综合保税区	经开综保
4615	三门峡海关	三门峡关	4732	仙桃保税物流中心（B型）	仙桃物流
4616	新乡海关	新乡海关	4733	荆门保税物流中心（B型）	荆门保B
4617	信阳海关	信阳海关	4734	宜昌综合保税区	宜昌综保

关区代码	关区名称	关区简称	关区代码	关区名称	关区简称
4735	襄阳综合保税区	襄阳综保	5120	海珠海关	海珠海关
4736	黄石棋盘洲综合保税区	黄石综保	5121	内港芳村	内港芳村
4900	**长沙关区**	**长沙关区**	5122	内港洲嘴	内港洲嘴
4901	衡阳海关	衡阳海关	5123	内港四仓	内港四仓
4902	岳阳海关	岳阳海关	5124	罗定监管科	双东车场
4903	郴州海关	郴州海关	5125	从化海关	从化海关
4904	常德海关	常德海关	5126	内港赤航	内港赤航
4905	星沙海关霞凝辖区	星关霞办	5130	广州萝岗	广州萝岗
4906	株洲海关	株洲海关	5131	花都海关	花都海关
4907	韶山海关	韶山海关	5132	花都码头	花都码头
4908	长沙黄花机场海关	湘机场关	5133	广州海关中新知识城	穗知识城
4909	株洲海关驻醴陵办事处	株关醴办	5134	穗保税处	穗保税处
4910	郴州综合保税区	郴州综保	5135	天河海关驻市政务中心监管点	天河海关
4911	永州海关	永州海关	5136	穗统计处	穗统计处
4913	长沙金霞保税物流中心	金霞物流	5137	穗价格处	穗价格处
4914	张家界海关	张家界关	5138	高明食出	高明食出
4915	衡阳综合保税区	衡阳综保	5139	穗监管处	穗监管处
4916	星沙海关	星沙海关	5140	穗关税处	穗关税处
4917	湘潭综合保税区	湘潭综保	5141	广州机场	广州机场
4918	星沙海关驻浏阳办事处	星关浏办	5142	民航快件	民航快件
4919	岳阳城陵矶综合保税区	岳阳综保	5143	广州车站	广州车站
4920	长沙邮局海关	湘邮海关	5144	广州白云机场综合保税区	穗机综保
4921	长沙黄花综合保税区	黄花综保	5145	广州邮办	广州邮办
4922	株洲铜塘湾保税物流中心（B 型）	株洲物流	5146	驻会展中心办事处	穗关会展
4923	邵阳海关	邵阳海关	5147	穗邮办监	穗邮办监
4924	益阳海关	益阳海关	5148	穗大郎站	穗大郎站
4925	怀化海关	怀化海关	5149	大铲海关	大铲海关
4926	湘西海关	湘西海关	5150	顺德海关	顺德海关
4927	星沙海关长沙国际铁路港监管作业区	星关铁运	5151	顺德海关加工贸易监管科	顺德保税
4928	中华人民共和国娄底海关	娄底海关	5152	顺德食出	顺德食出
5000	**广东分署**	**广东分署**	5153	顺德车场	顺德车场
5100	**广州海关**	**广州海关**	5154	北窖车场	北窖车场
5101	内港新风	内港新风	5155	顺德旅检	顺德旅检
5102	越秀海关	越秀海关	5157	顺德陈村港澳货柜车检查场	陈村车场
5103	清远海关	清远海关	5158	顺德勒流	顺德勒流
5104	清远英德	清远英德	5160	番禺海关	番禺海关
5105	查检二科	天河保税	5161	沙湾车场	沙湾车场
5106	南沙海关散货码头监管科	南沙散货	5162	番禺旅检	番禺旅检
5107	肇庆高新区大旺进出境货运车辆检查场	肇庆大旺	5163	番禺货柜	番禺货柜
			5164	番禺船舶	番禺船舶
5108	肇庆德庆	肇庆德庆	5165	南沙海关保税港区监管点	南沙保税
5109	滘心审核业务科	海珠滘心	5166	南沙海关南沙港区监管点	南沙新港
5110	南海海关	南海海关	5167	南沙货港	南沙货港
5111	南海陆港	南海陆港	5168	南沙海关汽车码头监管点	南沙汽车
5112	南海九江	南海九江	5169	南沙海关	南沙海关
5113	南海北村	南海北村	5170	肇庆海关	肇庆海关
5114	南海平洲	南海平洲	5171	肇庆高要	肇庆高要
5115	荔湾海关	荔湾海关	5172	肇庆车场	肇庆车场
5116	南海业务	南海业务	5173	肇庆新港	肇庆新港
5117	桂江货柜车场	桂江车场	5174	肇庆旅检	肇庆旅检
5118	平洲旅检	平洲旅检	5175	肇庆码头	肇庆码头
5119	南海三山	南海三山	5176	肇庆四会	肇庆四会

关区代码	关区名称	关区简称	关区代码	关区名称	关区简称
5177	肇庆三榕	肇庆三榕	5302	罗湖海关	罗湖海关
5178	云浮海关	云浮海关	5303	沙头角关	沙头角关
5179	罗定海关	罗定海关	5304	蛇口海关	蛇口海关
5180	佛关禅办	佛关禅办	5305	福强海关	福强海关
5181	高明海关	高明海关	5306	笋岗海关	笋岗海关
5182	佛山澜石	佛山澜石	5307	南头海关	南头海关
5183	三水码头	三水码头	5308	龙岗海关	龙岗海关
5184	佛山窖口	佛山窖口	5309	布吉海关	布吉海关
5185	佛山海关快件监管现场	佛山快件	5310	淡水办	淡水办
5186	佛山保税	佛山保税	5311	深关车站	深关车站
5187	佛山车场	佛山车场	5312	深监管处	深监管处
5188	佛山海关	佛山海关	5313	深调查局	深调查局
5189	佛山新港	佛山新港	5314	深关邮局	深关邮局
5190	韶关海关	韶关海关	5315	惠东海关	惠东海关
5191	韶关乐昌	韶关乐昌	5316	大鹏海关	大鹏海关
5192	三水海关	三水海关	5317	深关宝安机场	深机场关
5193	三水车场	三水车场	5318	梅林海关	梅林海关
5194	三水港	三水港	5319	同乐海关	同乐海关
5195	审单中心	审单中心	5320	文锦渡关	文锦渡关
5196	云浮新港	云浮新港	5321	福田海关	福田海关
5197	广州白云机场海关驻跨境电商监管中心办事处	白云电商	5322	沙保税关	沙保税关
			5323	深审单处	深审单处
5198	穗河源关	穗河源关	5324	深审价办	深审价办
5199	穗技术处	穗技术处	5325	深关税处	深关税处
5200	**黄埔关区**	**黄埔关区**	5326	深数统处	深数统处
5201	黄埔老港海关	埔老港关	5327	深法规处	深法规处
5202	黄埔新港海关	埔新港关	5328	深规范处	深规范处
5203	增城海关	增城海关	5329	深保税处	深保税处
5204	东莞海关	东莞海关	5330	盐保税关	盐保税关
5205	太平海关	太平海关	5331	三门岛办	三门岛办
5206	惠州海关（作废）	惠州海关（作废）	5332	深财务处	深财务处
			5333	深侦查局	深侦查局
5207	凤岗海关	凤岗海关	5334	深稽查处	深稽查处
5208	穗东海关	穗东海关	5335	深技术处	深技术处
5209	东江口海关	埔东海关	5336	深办公室	深办公室
5210	埔红海办	埔红海办	5337	大亚湾核	大亚湾核
5211	河源海关（作废）	河源海关	5338	惠州港关	惠州港关
5212	新沙海关	新沙海关	5339	坪山海关	坪山海关
5213	东莞长安海关	埔长安关	5340	沙湾海关	沙湾海关
5214	常平海关	常平海关	5341	深惠州关	深惠州关
5216	沙田海关	沙田海关	5342	深红海办	深红海办
5217	东莞海关寮步车检场	寮步车场	5343	深圳盐田港保税物流园区	深盐物流
5218	新塘海关江龙车检场	江龙车场	5344	惠州港海关驻大亚湾石化区办事处	惠石化办
5219	广州黄埔综合保税区	黄埔综保	5345	深圳湾海关	深圳湾关
5220	东莞保税物流中心（B 型）	东莞物流	5346	深圳机场海关快件监管中心	深机快件
5221	增城海关驻荔城办事处	埔荔城办	5348	大铲湾海关	深关大铲
5222	东莞清溪保税物流中心（B 型）	清溪物流	5349	深圳前海湾保税港区口岸作业区	前海港区
5223	东莞海关驻邮局办事处	东莞邮办	5350	大运物资通关服务中心	大运通关
5224	萝岗海关	萝岗海关	5351	深圳前海湾保税港区保税功能区	前海保税
5225	东莞虎门港综合保税区	虎门综保	5352	梅沙海关	梅沙海关
5300	**深圳海关**	**深圳海关**	5353	西九龙站海关	西九龙关
5301	皇岗海关	皇岗海关	5354	莲塘海关	莲塘海关

关区代码	关区名称	关区简称
5355	福中海关	福中海关
5356	前海海关	前海海关
5357	观澜海关	观澜海关
5358	西沥海关	西沥海关
5700	**拱北关区**	**拱北关区**
5701	拱稽查处	拱稽查处
5710	闸口海关	闸口海关
5720	中山海关	中山海关
5721	中山港	中山港
5724	中石岐办	中石岐办
5725	坦洲货场	坦洲货场
5726	中山保税物流中心	中山物流
5727	小榄港	小榄港
5728	神湾港	神湾港
5729	中山国际快件监管中心	中山快件
5730	香洲海关	香洲海关
5740	湾仔海关	湾仔海关
5741	湾仔船舶	湾仔船舶
5750	九洲海关	九洲海关
5760	拱白石办	拱白石办
5770	斗门海关	斗门海关
5771	斗井岸办	斗井岸办
5772	斗平沙办	斗平沙办
5780	高栏海关	高栏海关
5781	高栏港综合保税区	高综保区
5782	宏达码头	宏达码头
5788	港珠澳大桥海关	大桥海关
5790	青茂海关	青茂海关
5791	珠澳跨境工业区珠海园区海关办事机构	拱跨工区
5792	拱保税区	拱保税区
5793	万山海关	万山海关
5794	万山海关桂山中途监管站	桂山中途
5795	横琴海关	横琴海关
5796	澳门大学新校区临时监管区	澳大校区
5798	拱关邮检	拱关邮检
5799	南屏快件	南屏快件
6000	**汕头海关**	**汕头海关**
6001	汕关货一（停用）	汕关货一
6002	汕关货二（停用）	汕关货二
6003	汕关行邮（停用）	汕关行邮
6004	潮汕机场海关	潮汕机场
6006	汕关保税（停用）	汕关保税
6007	汕关业务（停用）	汕关业务
6008	濠江海关	濠江海关
6009	汕关邮包	汕关邮包
6010	汕头保税物流中心	汕保物流
6011	揭阳海关	揭阳海关
6012	普宁海关	普宁海关
6013	澄海海关	澄海海关
6014	广澳海关	广澳海关
6015	南澳海关	南澳海关
6016	濠江海关业务现场	濠江现场
6018	揭阳海关驻惠来办事处	揭关惠来
6019	龙湖海关	龙湖海关
6020	汕头港海关	汕港海关
6021	潮州海关	潮州海关
6022	饶平海关	饶平海关
6023	潮州海润快件监管中心（停用）	饶平快件
6026	汕头综合保税区	汕头综保
6028	潮阳海关	潮阳海关
6031	汕尾海关	汕尾海关
6032	海城海关	海城海关
6033	汕尾海关驻陆丰办事处	尾关陆丰
6038	汕头海关外砂快件监管中心（停用）	汕关快件
6041	梅州海关	梅州海关
6042	梅州兴宁（停用）	梅州兴宁
6046	梅州综合保税区	梅州综保
6400	**海口关区**	**海口关区**
6401	海口港海关	海口港
6402	三亚海关	三亚海关
6403	八所海关	八所海关
6404	洋浦海关	洋浦海关
6405	海保税区	海保税区
6406	文昌海关	文昌海关
6407	美兰机场	美兰机场
6408	洋浦港保税区	洋浦保税
6409	海口综合保税区园区	海口综保
6410	马村港海关	马村港
6411	椰城海关	椰城海关
6412	三沙海关	三沙海关
6413	博鳌机场海关	博鳌机场
6414	海口空港综合保税区	海空综保
6415	三亚市保税物流中心（B 型）	三亚 B 保
6416	三亚机场海关	三亚机场
6700	**湛江关区**	**湛江关区**
6701	湛江海关	湛江海关
6702	茂名海关	茂名海关
6703	徐闻海关	徐闻海关
6704	海东新区海关	海东海关
6705	茂名海关驻水东办事处	茂名水东
6706	湛江吴川	湛江吴川
6707	廉江海关	廉江海关
6708	茂名高州	茂名高州
6709	茂名信宜	茂名信宜
6710	东海岛海关	东海岛关
6711	霞山海关	霞山海关
6712	霞海海关	霞海海关
6713	湛江机场海关	湛江机场
6714	湛江博贺	湛江博贺
6715	湛江进出境快件监管中心	湛江快件
6716	湛江保税物流中心	湛江物流
6717	湛江调顺	湛江调顺
6718	遂溪北部湾园区	湛江遂溪

关区代码	关区名称	关区简称
6719	湛江综合保税区	湛江综保
6800	**江门关区**	**江门关区**
6810	江门海关	江门海关
6811	高沙海关	高沙海关
6812	外海海关	外海海关
6813	江门旅检	江门旅检
6815	江门跨境电商快件分拣清关中心	外海电商
6816	江门市进出境货运车辆检查场	江门车场
6817	江门保税（废止）	江门保税
6820	新会海关	新会海关
6821	新会港	新会港
6827	新会稽查（废止）	新会稽查
6830	台山海关	台山海关
6831	台公益港	台公益港
6837	台山稽查（废止）	台山稽查
6840	开平海关	开平海关
6841	开平码头	开平码头
6847	开平电商	开平电商
6850	恩平海关	恩平海关
6851	恩平港	恩平港
6857	恩平稽查（废止）	恩平稽查
6860	鹤山海关	鹤山海关
6861	鹤山码头	鹤山码头
6866	鹤山南方跨境电商快件分拣清关中心	南方电商
6867	万年松电商	鹤松电商
6870	阳江海关	阳江海关
6871	阳江港	阳江港
6872	阳江车场	阳江车场
6877	阳江稽查（废止）	阳江稽查
7200	**南宁关区**	**南宁关区**
7201	邕州海关	邕州海关
7202	北海海关	北海海关
7203	梧州海关	梧州海关
7204	桂林海关	桂林海关
7205	柳州海关	柳州海关
7206	防城海关	防城海关
7207	东兴海关	东兴海关
7208	凭祥海关	凭祥海关
7209	贵港海关	贵港海关
7210	水口海关	水口海关
7211	龙邦海关	龙邦海关
7212	钦州海关	钦州海关
7213	桂林机办	桂林机办
7214	北海综合保税区	北海综保
7215	钦州综合保税区	钦州综保
7216	南宁综合保税区	南宁综保
7217	钦州港海关	钦州港关
7218	玉林海关	玉林海关
7219	广西凭祥综合保税区	南凭综保
7220	友谊关海关	友谊关
7221	南宁吴圩机场海关	邕机场关
7222	南宁邮局海关	邕邮局关
7223	贺州海关	贺州海关
7224	河池海关	河池海关
7225	爱店海关	爱店海关
7226	峒中海关	峒中海关
7227	防城港保税物流中心（B型）海关	防港保B
7228	中华人民共和国硕龙海关	硕龙海关
7229	平孟海关	平孟海关
7230	柳州保税物流中心（B型）	柳州保B
7231	梧州综合保税区	梧州综保
7900	**成都关区**	**成都关区**
7901	青白江海关	蓉青关
7902	成都双流机场海关	蓉机双流
7903	乐山海关	蓉乐关
7904	攀枝花关	蓉攀关
7905	绵阳海关	蓉绵关
7906	成都邮局海关	蓉邮关
7907	自贡海关	蓉盐关
7908	内江海关	蓉内关
7909	成都公路国际物流中心监管场站	公路场站
7910	成都双流机场海关非邮政快件监管点	蓉机快件
7911	泸州海关	蓉泸关
7912	宜宾海关	蓉戎关
7913	南充海关	蓉南关
7914	绵阳出口加工区	蓉绵加工
7915	锦城海关	蓉锦关
7916	成都高新综合保税区	蓉锦西区
7917	遂宁海关	蓉遂关
7918	德阳海关	蓉旌关
7919	达州海关	蓉通关
7920	成都空港保税物流中心	蓉机保B
7921	泸州港保税物流中心	蓉泸保B
7922	成都高新综合保税区双流园区	蓉锦双流
7923	宜宾港保税物流中心	蓉戎保B
7924	成都铁路保税物流中心	蓉青保B
7925	天府新区海关	蓉新关
7926	广元海关	蓉利关
7927	天府新区成都片区保税物流中心（B型）	蓉新物流
7928	成都国际铁路港综合保税区	蓉青综保
7929	泸州综合保税区	蓉泸综保
7930	宜宾综合保税区	蓉戎综保
7931	成都高新西园综合保税区	蓉锦综保
7932	绵阳综合保税区	蓉绵综保
7933	南充保税物流中心	蓉南保B
7934	广安海关	蓉賨关
7935	成都航空口岸（天府机场）	蓉机天府
8000	**重庆关区**	**重庆关区**
8001	重庆海关	重庆海关
8002	两江海关	两江海关
8003	重庆江北机场海关	重庆机场
8004	重庆邮局海关	重庆邮局
8005	万州海关	万州海关

关区代码	关区名称	关区简称
8006	渝州海关	渝州海关
8007	重庆港海关	重庆水港
8008	两路寸滩海关	两寸海关
8009	涪陵海关	涪陵海关
8010	重庆两路寸滩保税港区水港功能区	寸滩水港
8011	重庆江北机场国际快件中心	渝关快件
8012	重庆两路果园港综合保税区两路片区	两果两路
8013	重庆西永综合保税区	西永综保
8014	重庆西永海关	西永海关
8015	重庆两路果园港综合保税区贸易功能区	渝贸园区
8016	重庆铁路保税物流中心	渝铁物流
8017	重庆南彭公路保税物流中心（B 型）	渝公物流
8018	黔江海关	黔江海关
8019	重庆江津综合保税区	江津综保
8020	永川海关	永川海关
8021	重庆涪陵综合保税区	涪陵综保
8022	重庆两路果园港综合保税区果园港片区	两果果园
8023	重庆万州综合保税区	万州综保
8024	重庆永川综合保税区	永川综保
8300	**贵阳海关**	**贵阳海关**
8301	筑城海关	筑城海关
8302	贵阳龙洞堡机场海关	黔机场关
8303	中华人民共和国遵义海关	遵义海关
8304	筑城海关贵阳综合保税区功能区	贵阳综保
8305	贵阳现场	贵阳现场
8306	贵安新区海关贵安综合保税区功能区	贵安综保
8307	贵安新区海关	贵安海关
8308	中华人民共和国六盘水海关	六盘水关
8309	遵义综合保税区	遵义综保
8310	凯里海关	凯里海关
8311	毕节海关	毕节海关
8312	兴义海关	兴义海关
8313	铜仁海关	铜仁海关
8600	**昆明关区**	**昆明关区**
8601	滇中海关	滇中海关
8602	畹町海关	畹町海关
8603	瑞丽海关	瑞丽海关
8604	章凤海关	章凤海关
8605	盈江海关	盈江海关
8606	孟连海关	孟连海关
8607	南伞海关	南伞海关
8608	孟定海关	孟定海关
8609	打洛海关	打洛海关
8610	腾冲海关	腾冲海关
8611	沧源海关	沧源海关
8612	勐腊海关	勐腊海关
8613	河口海关	河口海关
8614	金水河关	金水河关
8615	天保海关	天保海关
8616	田蓬海关	田蓬海关
8617	大理海关	大理海关
8618	芒市海关	芒市海关
8619	腾冲海关驻隆阳办事处	腾驻隆阳
8620	昆明机场	昆明机场
8621	昆明邮局海关	邮局海关
8622	西双版纳	西双版纳
8623	丽江海关	丽江海关
8624	思茅海关	思茅海关
8625	河口海关驻山腰办事处	河口山腰
8626	怒江海关	怒江海关
8627	昆明海关现场业务处开发区监管科	昆明高新
8628	云南昆明出口加工区	昆明加工
8629	香格里拉海关	香格里拉
8631	勐康海关	勐康海关
8632	昆明国际快件监管中心	昆明快件
8633	红河综合保税区	红河综保
8634	昆明综合保税区	昆明综保
8635	昆明综合保税区口岸作业区	昆综口岸
8636	昆明高新保税物流中心（B 型）	高新物流
8637	红河综合保税区口岸作业区	红综口岸
8638	磨憨口岸国际快件监管中心	磨憨快件
8639	昆明机场跨境电子商务直购监管中心	机场电商
8640	腾俊国际陆港保税物流中心（B 型）	腾俊物流
8641	都龙海关	都龙海关
8642	瑞丽海关驻姐告办事处	瑞驻姐告
8643	瑞丽海关驻弄岛办事处	瑞驻弄岛
8644	孟定海关驻临翔办事处	孟驻临翔
8645	西双版纳海关驻关累办事处	西驻关累
8646	蒙自海关	蒙自海关
8647	曲靖海关	曲靖海关
8648	玉溪海关	玉溪海关
8649	云南磨憨铁路口岸	磨憨铁路
8800	**拉萨海关**	**拉萨海关**
8801	聂拉木关	聂拉木关
8802	日喀则关	日喀则关
8803	狮泉河关	狮泉河关
8804	拉萨贡嘎机场海关	机场海关
8805	八廓海关	八廓海关
8806	普兰海关	普兰海关
8807	亚东海关	亚东海关
8808	吉隆海关	吉隆海关
8809	林芝海关	林芝海关
8810	拉萨综合保税区	拉萨综保
8811	里孜口岸	里孜口岸
9000	**西安关区**	**西安关区**
9001	关中海关	关中海关
9002	咸阳机场	咸阳机场
9003	宝鸡海关	宝鸡海关
9004	西安邮局海关	邮局海关
9005	西安关中综合保税区 A 区	关中综 A
9006	西安关中综合保税区 B 区	关中综 B
9007	西安综合保税区	西安综保

关区代码	关区名称	关区简称	关区代码	关区名称	关区简称
9008	西安高新综合保税区	高新综保	9424	喀什综合保税区	喀什综保
9009	西安车站海关	车站海关	9425	卡拉苏海关	卡拉苏关
9010	延安海关	延安海关	9426	奎屯保税物流中心	奎屯物流
9011	渭南海关	渭南海关	9427	中哈霍尔果斯国际边境合作中心中方配套区	中哈合作中心配套区
9012	榆林海关	榆林海关			
9013	陕西西咸空港综合保税区	西咸综保	9428	乌鲁木齐邮局海关	乌邮局关
9014	汉中海关	汉中海关	9429	乌鲁木齐综合保税区	乌综保区
9015	商洛海关	商洛海关	9430	阿克苏海关	阿克苏关
9016	西安航空基地综合保税区	航空综保	9431	和田海关	和田海关
9017	宝鸡综合保税区	宝鸡综保	**9500**	**兰州关区**	**兰州关区**
9018	陕西杨凌综合保税区	杨凌综保	9501	金城海关	金城海关
9400	**乌关区**	**乌关区**	9502	酒泉海关	酒泉海关
9401	乌昌海关公路现场	乌昌公路	9503	兰州中川机场海关	中川机场
9402	霍尔果斯	霍尔果斯	9504	武威保税物流中心	武威物流
9403	吐尔尕特	吐尔尕特	9505	天水海关	天水海关
9404	阿拉山口	阿拉山口	9506	金昌海关	金昌海关
9405	塔城海关	塔城海关	9507	兰州海关驻兰州新区综合保税区监管组	兰州综保
9406	伊宁海关	伊宁海关			
9407	吉木乃海关	吉木乃关	9508	敦煌机场海关	敦煌机场
9408	喀什海关	喀什海关	9509	平凉海关	平凉海关
9409	红其拉甫	红其拉甫	**9600**	**银川海关**	**银川海关**
9410	乌鲁木齐海关隶属阿勒泰海关	阿勒泰关	9601	兴庆海关	兴庆海关
9411	塔克什肯	塔克什肯	9602	银川河东机场海关	河东机场
9412	乌拉斯太	乌拉斯太	9603	石嘴山海关	石嘴山关
9413	哈密海关	哈密关	9604	银川综合保税区	银川综保
9414	红山嘴	红山嘴	9605	银川海关快件中心	银关快件
9415	伊尔克什	伊尔克什	9606	石嘴山保税物流中心（B 型）	石嘴山物流
9416	库尔勒海关	库尔勒关	9607	中卫海关	中卫海关
9417	乌鲁木齐地窝堡机场海关	乌机场关	**9700**	**西宁关区**	**西宁关区**
9418	乌鲁木齐海关驻出口加工区办事处	乌加工区	9701	西海海关	西海海关
9419	都拉塔海关	都拉塔关	9702	青海曹家堡保税物流中心（B 型）	青海物流
9420	乌昌海关	乌昌关	9703	西宁曹家堡机场海关	西宁机场
9421	霍尔果斯国际边境合作中心海关	霍中心 A	9704	格尔木海关	格尔木海关
9422	石河子海关	石河子关	9705	西宁综合保税区	西宁综保
9423	阿拉山口综合保税区	山口综保	**9900**	**政法司**	**政法司**

关区代码表说明

一、关区代码表用于填报进出口报关单的进出口口岸海关的名称。

关区代码表由两部分组成，即关区代码和关区名称。

关区代码由四位数字组成，前两位采用海关统计的直属海关关别代码，后两位为隶属海关的代码。关区名称即各口岸海关中文名称。

二、使用关区代码时应注意的问题

代码表中只有直属海关关别和代码的，可以填报直属海关名称和代码（见例 1）；如果有隶属海关关别和代码，则必须填报隶属海关关别和代码（见例 2）。

例 1：在太原海关办理货物进出口报关手续，本栏目可填报“太原关区”，代码“0500”。

例 2：在上海浦江海关办理货物进出口报关手续，本栏目不得填报“上海海关”、代码“2200”，必须填报“浦江海关”、代码“2201”。

国内地区代码表及说明

国内地区代码表

国内地区代码	国内地区名称	国内地区简称	国内地区性质标记
11013	中关村国家自主创新示范区（东城园）		
11019	东城区		9
11023	中关村国家自主创新示范区（西城园）		
11029	西城区		9
11039	崇文区		9
11049	宣武区		9
11053	中关村国家自主创新示范区（朝阳园）		B
11059	朝阳区		9
11063	中关村国家自主创新示范区（丰台园）		B
11069	丰台区		9
11073	中关村国家自主创新示范区（石景山园）		
11079	石景山		9
11083	中关村国家自主创新示范区（海淀园）		B
11086	中关村综合保税区		
11089	海淀区其他		9
11093	中关村国家自主创新示范区（门头沟园）		
11099	门头沟		9
11103	中关村国家自主创新示范区（房山园）		
11109	房山		9
11113	中关村国家自主创新示范区（顺义园）		
11115	北京天竺出口加工区		
11116	北京天竺综合保税区		
11119	顺义		9
11123	中关村国家自主创新示范区（昌平园）		B
11129	昌平		9
11132	北京经济技术开发区		3
11133	中关村国家自主创新示范区（大兴-亦庄园）		B
11136	北京大兴国际机场综合保税区（北京区域）		
11139	大兴其他		9
1113W	北京亦庄保税物流中心		
11143	中关村国家自主创新示范区（通州园）		
11149	通县		9
11153	中关村国家自主创新示范区（怀柔园）		
11159	怀柔		9
11163	中关村国家自主创新示范区（平谷园）		
11169	平谷		9
11173	中关村国家自主创新示范区（延庆园）		
11179	延庆		9
11183	中关村国家自主创新示范区（密云园）		
11189	密云		9
11909	北京其他		9
12019	和平区		2
12029	河东区		2
12039	河西区		2
12043	天津新技术产业园区		B
12049	南开区其他		2
12059	河北区		2
12069	红桥区		2
12072	天津经济技术开发区		3
12074	天津港保税区		A
12075	天津出口加工区		
12076	天津东疆、泰达、天津港综合保税区		2
12077	天津保税物流园		2
12079	滨海新区（塘沽其他）		2
1207W	天津经济技术开发区保税物流中心		
12089	滨海新区（汉沽）		2
12099	滨海新区（大港）		2
12106	天津滨海新区综合保税区		6
12109	东丽区		2
12119	西青区		2
12129	津南区		2
12139	北辰区		2
12149	宁河县		2
12159	武清县		2
12169	静海县		2
12179	宝坻县		2

国内地区代码	国内地区名称	国内地区简称	国内地区性质标记
12189	蓟县		2
1218W	蓟州保税物流中心（B型）		
12909	天津其他		2
13013	石家庄高新技术产业开发实验区		B
13016	石家庄综合保税区		
13019	石家庄其他		2
1301W	辛集保税物流中心（B型）		
13022	曹妃甸经济技术开发区		
13026	曹妃甸综合保税区		
13029	唐山		
1302W	唐山港京唐港区保税物流中心（B型）		
13032	秦皇岛经济技术开发区		3
13035	河北秦皇岛出口加工区		2
13036	秦皇岛综合保税区		
13039	秦皇岛其他		2
13049	邯郸		
13059	邢台		
13063	保定高新技术产业开发区		B
13069	保定其他		
1306N	雄安新区（保定）		
13079	张家口		
13089	承德		
13099	沧州		
1309N	雄安新区（沧州）		
13102	廊坊经济技术开发区		
13105	河北廊坊出口加工区		
13106	廊坊、北京大兴国际机场（河北区域）综合保税区		
13109	廊坊		
13119	衡水		
13129	武安		
1312W	河北武安保税物流中心（B型）		
1331N	河北雄安新区		
13909	河北其他		
14012	山西太原经济技术开发区		3
14013	太原高新技术产业开发区		B
14016	太原武宿综合保税区		
14019	太原其他		2
14022	大同经济技术开发区		2
14029	大同		
1402W	大同国际陆港保税物流中心（B型）		
14039	阳泉		
14043	长治高新技术产业开发区		
14049	长治		
14059	晋城		
1405W	山西兰花保税物流中心（B型）		
14069	朔州		
14079	雁北		
14089	忻州		
14099	吕梁		
14102	晋中经济技术开发区		2
14109	晋中		
14119	临汾		
1411W	山西方略保税物流中心		
14129	运城		
14139	古交		
14909	山西其他		
15015	内蒙古呼和浩特出口加工区		
15016	呼和浩特综合保税区		
15019	呼和浩特		
15023	包头高新技术产业开发区		B
15029	包头其他		
1502W	包头保税物流中心（B型）		
15039	乌海		
15049	赤峰		
1504W	赤峰保税物流中心		
15059	二连		2
15066	满洲里综合保税区		
15069	满洲里		2
15079	呼伦贝尔盟		
15089	哲里木盟		
15099	兴安盟		
15109	乌兰察布盟		
1510W	七苏木保税物流中心（B型）		
15119	巴彦淖尔市		
1511W	巴彦淖尔市保税物流中心（B型）		
15126	鄂尔多斯综合保税区		
15129	伊克昭盟		
15139	阿拉善盟		
15149	锡林郭勒盟		
15909	内蒙古其他		
21012	沈阳经济技术开发区		3
21013	沈阳南湖科技开发区		B
21015	辽宁沈阳、张士出口加工区		
21016	沈阳综合保税区		
21019	沈阳其他		
21022	大连经济技术开发区		3
21023	大连高新技术产业园区		B
21024	大连大窑湾保税区		A
21025	辽宁大连出口加工区		
21026	大连大窑湾、湾里综合保税区		
21027	大连保税物流园区		2
21029	大连其他		2
21033	鞍山高新技术产业开发区		B

国内地区代码	国内地区名称	国内地区简称	国内地区性质标记
21039	鞍山其他		
21049	抚顺		
21059	本溪		
21069	丹东		
21079	锦州		
2107W	锦州港保税物流中心（B型）		
21082	营口经济技术开发区		
21086	营口综合保税区		
21089	营口		
2108W	营口港保税物流中心		
21099	阜新		
21109	辽阳		
21119	盘锦		
2111W	盘锦港保税物流中心（B型）		
21129	铁岭		
2112W	铁岭保税物流中心（B型）		
21139	朝阳		
21149	葫芦岛市		
21159	瓦房店		
21169	海城		
21179	兴城		
21189	铁法		
21199	北票		
21209	开源		
21909	辽宁其他		
22012	长春经济技术开发区		3
22013	长春南湖-南岭新技术产业园区		B
22016	长春兴隆综合保税区		
22019	长春其他		2
22023	吉林高新技术产业开发区		B
22029	吉林其他		
2202W	吉林市保税物流中心（B型）		
22039	四平		
22049	辽源		
22059	通化		
22069	白山		
22075	吉林珲春出口加工区		
22076	珲春综合保税区		
22079	珲春		2
22089	图们		
22099	白城		
22109	延边		
22119	公主岭		
22129	梅河口		
22139	集安		
22149	桦甸		
22159	九台		
22169	蛟河		
22179	松原		
22189	延吉市		
2218W	延吉国际空港经济开发区保税物流中心（B型）		
22909	吉林其他		
23012	哈尔滨经济技术开发区		3
23013	哈尔滨高技术开发区		B
23016	哈尔滨综合保税区		
23019	哈尔滨其他		2
23029	齐齐哈尔		
23039	鸡西		
23049	鹤岗		
23059	双鸭山		
23063	大庆高新技术产业开发区		B
23069	大庆其他		
23079	伊春		
23089	佳木斯		
23099	七台河		
23109	牡丹江		
2310W	牡丹江保税物流中心（B型）		
23119	黑河		2
2311W	黑河保税物流中心（B型）		
23126	绥芬河综合保税区		
23129	绥芬河		2
23139	松花江		
23142	绥化经济技术开发区		
23149	绥化		
23159	大兴安岭		
23169	阿城		
23179	同江		
23189	富锦		
23199	铁力		
23209	密山		
23909	黑龙江其他		
31019	黄浦		2
31029	南市		2
31039	卢湾		2
31043	上海漕河泾新技术开发区		B
31049	徐汇其他		2
31052	上海经济技术开发区		3
31059	长宁		2
31069	静安		2
31079	普陀		2
3107W	上海西北物流园区保税物流中心		
31089	闸北		2
31099	虹口		2
31109	杨浦		2
31112	上海闵行经济技术开发区		2

国内地区代码	国内地区名称	国内地区简称	国内地区性质标记
31113	上海浦江高科技园区		B
31115	上海漕河泾出口加工区		2
31116	漕河泾综合保税区		
31119	闵行其他		2
3111W	虹桥商务区保税物流中心（B型）		
31129	宝山		2
31145	上海嘉定出口加工区		2
31146	上海嘉定综合保税区		
31149	嘉定		2
31159	川沙		2
31162	上海闵行经济技术开发区（临港新城）		3
31166	洋山保税港区		2
31169	南汇		2
31175	上海闵行出口加工区		2
31176	奉贤综合保税区		
31179	奉贤		2
31185	上海松江出口加工区		
31186	松江综合保税区		
31189	松江		2
31199	金山		2
31205	上海青浦出口加工区		2
31206	青浦综合保税区		
31209	青浦		2
31219	崇明		2
31222	上海浦东新区		3
31224	上海外高桥保税区		A
31225	上海金桥出口加工区南区		
31226	上海外高桥、上海浦东机场或金桥综合保税区		2
31227	上海保税物流园区		2
31229	浦东其他		2
3122S	洋山特殊综合保税区		
31909	上海其他		2
32013	南京浦口高新技术外向型开发区		B
32015	江苏南京出口加工区		
32016	南京综合保税区		
32019	南京其他		
3201W	南京空港保税物流中心（B型）		
32023	无锡高新技术产业开发区		B
32025	江苏无锡出口加工区		
32026	无锡高新区综合保税区		
32029	无锡其他		
32036	徐州综合保税区		
32039	徐州		
3203W	徐州、新沂保税物流中心（B型）		
32043	常州高新技术产业开发区		B
32045	江苏常州出口加工区		
32046	常州综合保税区		
32049	常州其他		
32052	苏州工业园区		3
32053	苏州高新技术产业开发区		B
32055	江苏苏州工业园区加工区		
32056	苏州工业园综合保税区、苏州高新综保区		
32059	苏州其他		
32062	南通经济技术开发区		3
32065	江苏南通出口加工区		
32066	南通综合保税区		
32069	南通其他		2
3206W	如皋港保税物流中心（B型）		
32072	连云港经济技术开发区		3
32075	江苏连云港出口加工区		2
32076	连云港综合保税区		
32079	连云港其他		2
3207W	连云港保税物流中心		
32085	江苏省淮安出口加工区		
32086	淮安综合保税区		
32089	淮安市		
32096	盐城综合保税区		
32099	盐城		
3209W	大丰港保税物流中心（B型）		
32105	江苏扬州出口加工区		
32106	扬州综合保税区		
32109	扬州		
32115	江苏镇江出口加工区		
32116	镇江综合保税区		
32119	镇江		
32125	江苏泰州出口加工区		
32126	泰州综合保税区		
32129	泰州		
3212W	靖江保税物流中心（B型）		
32139	仪征		
32145	江苏常熟出口加工区		
32146	常熟综合保税区		
32149	常熟		
32154	江苏张家港保税区		A
32156	张家港保税港区		
32157	张家港保税物流园		
32159	张家港其他		
32166	江阴综合保税区		
32169	江阴		
3216W	江阴保税物流中心		
32179	宿迁		
32189	丹阳		
32199	东台		

国内地区代码	国内地区名称	国内地区简称	国内地区性质标记
32209	兴化		
32229	宜兴		
32235	江苏昆山出口加工区		
32236	昆山综合保税区		
32239	昆山		
32249	启东		
32255	江苏吴江出口加工区		
32256	吴江综合保税区		
32259	吴江市		
32266	太仓港综合保税区		
32269	太仓市		
3226W	太仓保税物流中心		
32546	武进综合保税区		
3256W	江苏海安保税物流中心（B型）		
32909	江苏其他		
33012	杭州经济技术开发区		3
33013	杭州高新技术产业开发区		B
33015	浙江杭州出口加工区		
33016	杭州综合保税区		
33019	杭州其他		
33022	宁波经济技术开发区		3
33023	宁波高新技术产业开发区		3
33024	宁波北仑港保税区		A
33025	浙江宁波出口加工区		2
33026	宁波梅山、北仑港综合保税区		2
33027	宁波保税物流园		2
33029	宁波其他		2
3302W	宁波栎社保税物流中心		
33032	温州经济技术开发区		3
33036	温州综合保税区		
33039	温州其他		2
3303W	温州保税物流中心（B型）		
33045	浙江嘉兴出口加工区		
33046	嘉兴综合保税区		
33049	嘉兴		
33052	湖州经济技术开发区		
33053	湖州莫干山高新技术产业开发区		
33059	湖州		
3305W	湖州及湖州德清物流中心（B型）		
33066	绍兴综合保税区		
33069	绍兴		
33072	金华经济技术开发区		3
33076	金义综合保税区（一期）		
33079	金华		
33089	衢州		
33096	舟山港综合保税区		
33099	舟山		
33109	丽水		
33112	台州湾经济技术开发区		
33116	台州综合保税区		
33119	台州		
33129	余姚		
33139	海宁		
33149	兰溪		
33159	瑞安		
33169	萧山		
3316W	杭州保税物流中心		
33179	江山		
33186	义乌综合保税区		
33189	义乌		
3318W	义乌保税物流中心		
33199	东阳		
33202	宁波杭州湾经济技术开发区		
33205	浙江慈溪出口加工区		
33206	宁波前湾综合保税区		
33209	慈溪		
33219	奉化		
33229	诸暨		
33239	黄岩		
3352W	宁波镇海保税物流中心（B型）		
33909	浙江其他		
34012	合肥经济技术开发区		3
34013	合肥科技工业园区		B
34015	安徽合肥出口加工区		5
34016	合肥或合肥经济技术开发区综合保税区		
34019	合肥其他		2
3401W	合肥空港保税物流中心（B型）		
34022	芜湖经济技术开发区		3
34023	芜湖高新技术产业开发区		
34025	安徽芜湖出口加工区		
34026	芜湖综合保税区		
34029	芜湖其他		2
34033	蚌埠高新技术产业开发区		
34039	蚌埠		
3403W	蚌埠（皖北）保税物流中心		
34042	安徽淮南经济技术开发区		
34043	淮南高新技术产业开发区		
34049	淮南		
34052	马鞍山经济技术开发区		3
34053	马鞍山慈湖高新技术产业开发区		
34056	马鞍山综合保税区		
34059	马鞍山		
34069	淮北		
34072	铜陵经济技术开发区		3

国内地区代码	国内地区名称	国内地区简称	国内地区性质标记
34079	铜陵		
3407W	铜陵（皖中南）保税物流中心（B型）		
34082	安庆桐城经济技术开发区		3
34086	安庆综合保税区		
34089	安庆		
3408W	安庆（皖西南）保税物流中心（B型）		
34099	黄山		
34109	阜阳		
34119	宿州		
34122	滁州经济技术开发区		3
34129	滁州		
34132	安徽六安经济技术开发区		
34139	六安		
34142	宣城宁国经济技术开发区		
34149	宣城		
3414W	安徽皖东南保税物流中心（B型）		
34159	巢湖		
34162	池州经济技术开发区		3
34169	池州		
3416W	皖江江南保税物流中心		
34179	亳州		
34909	安徽其他		
35012	福州经济技术开发区		3
35013	福州科技园区		B
35014	福建马尾保税区		A
35015	福建福州、福清出口加工区		8
35016	福州江阴港和福州综合保税区		
35017	福州保税物流园区		2
35019	福州其他		2
3501W	翔福保税物流中心（B型）		
35021	厦门特区		1
35023	厦门火炬高技术产业开发区		B
35024	厦门象屿保税区		A
35025	福建厦门出口加工区		
35026	厦门海沧港、象屿综合保税区		
35027	厦门象屿保税物流园		1
35029	厦门其他		2
3502W	厦门火炬（翔安）保税物流中心		
35039	莆田		8
35049	三明		
35055	福建泉州出口加工区		8
35056	泉州综合保税区		
35059	泉州		8
35069	漳州		8
3506W	漳州台商投资区保税物流中心（B型）		
35079	南平		8
35089	宁德		8
35099	龙岩		8
35109	永安		8
35119	石狮		8
3511W	泉州石湖港保税物流中心（B型）		
35128	平潭综合试验区		8
35129	平潭		
35909	福建其他		8
36012	南昌及南昌小蓝经济技术开发区		3
36013	南昌高新技术产业开发区		B
36015	江西南昌出口加工区		
36016	南昌综合保税区		
36019	南昌其他		
3601W	南昌保税物流中心		
36023	景德镇高新技术产业开发区		B
36029	景德镇		
36032	萍乡经济技术开发区		3
36039	萍乡		
36042	九江经济技术开发区		3
36043	九江共青城高新技术产业开发区		
36045	江西九江出口加工区		2
36046	九江综合保税区		
36049	九江		2
36053	新余高新技术产业开发区		B
36059	新余		
36063	鹰潭高新技术产业开发区		
36069	鹰潭		
36072	赣州、龙南及瑞金经济技术开发区		3
36073	赣州高新技术产业开发区		
36075	江西赣州出口加工区		
36076	赣州综合保税区		
36079	赣州		
3607W	龙南保税物流中心（B型）		
36082	宜春经济技术开发区		
36083	宜春丰城高新技术产业开发区		
36089	宜春		
36092	上饶经济技术开发区		3
36099	上饶		
36102	井冈山经济技术开发区		3
36103	吉安高新技术产业开发区		
36105	井冈山出口加工区		
36106	井冈山综合保税区		
36109	吉安		
36113	抚州高新技术产业开发区		
36119	抚州		

国内地区代码	国内地区名称	国内地区简称	国内地区性质标记
36129	瑞昌		
36909	江西其他		
37013	济南高技术产业开发区		B
37015	山东济南出口加工区		
37016	济南或济南章锦综合保税区		
37019	济南其他		
37022	青岛经济技术开发区		3
37023	青岛高新技术产业开发区		B
37024	青岛保税区		A
37025	山东青岛出口加工区		
37026	青岛前湾保税港区、青岛西海岸和胶州湾综合保税区		2
37027	青岛保税物流园		2
37029	青岛其他		2
3702W	青岛保税物流中心		
37033	淄博高新技术产业开发区		B
37036	淄博综合保税区		
37039	淄博		
3703W	淄博保税物流中心		
37049	枣庄		
37056	东营综合保税区		
37059	东营		
37062	烟台经济技术开发区		3
37065	山东烟台出口加工区		
37066	烟台综合保税区		
37069	烟台其他		2
3706W	烟台福山回里保税物流中心（B 型）		
37073	潍坊高新技术产业开发区		B
37075	山东潍坊出口加工区		
37076	潍坊综合保税区		
37079	潍坊其他		
37089	济宁		
37099	泰安		
37103	威海火炬高技术产业开发区		B
37105	山东威海出口加工区		
37106	威海综合保税区北区		
37109	威海其他		
37112	日照经济技术开发区		
37116	日照综合保税区		
37119	日照		
3711W	日照保税物流中心		
37129	山东省滨州其他	滨州其他	
3712W	鲁中运达保税物流中心		
37139	德州		
37149	聊城		
37156	临沂综合保税区		
37159	临沂		
37169	菏泽		
3716W	菏泽内陆港保税物流中心（B 型）		
37179	青州		
37189	龙口		
37199	曲阜		
37209	莱芜		
37219	新泰		
37226	青岛空港综合保税区		
37229	胶州		
37239	诸城		
3723W	青岛保税港区诸城功能区保税物流中心（B 型）		
37249	莱阳		
37259	滕州		
37266	威海综合保税区南区		
37269	文登		
37279	荣城		
37286	青岛即墨综合保税区		
37289	即墨		
37299	平度		
37909	山东其他		
41012	郑州经济技术开发区		2
41013	郑州高新技术开发区		B
41015	河南郑州出口加工区		
41016	郑州新郑、经开综合保税区		
41018	郑州航空港经济综合实验区		
41019	郑州其他		2
4101W	河南保税物流中心		
41026	开封综合保税区		
41029	开封		
41033	洛阳高新技术产业开发区		B
41036	洛阳综合保税区		
41039	洛阳其他		
41049	平顶山		
41059	安阳		
41069	鹤壁		
41079	新乡		
41089	焦作		
4108W	河南德众保税物流中心		
41099	濮阳		
41109	许昌		
4110W	河南许昌保税物流中心（B 型）		
41119	漯河		
41129	三门峡		
41139	商丘		
4113W	河南商丘、民权保税物流中心（B 型）		
41149	周口		
41159	驻马店		
41166	南阳卧龙综合保税区		
41169	南阳		
41179	信阳		

国内地区代码	国内地区名称	国内地区简称	国内地区性质标记
41189	义马		
41199	汝州		
41209	济源		
41219	禹州		
41229	卫辉		
41239	辉县		
41249	泌阳		
41909	河南其他		
42012	武汉经济技术开发区		3
42013	武汉东湖新技术开发区		B
42015	湖北武汉出口加工区		
42016	武汉东湖、经开综合保税区		
42019	武汉其他		2
4201W	武汉东西湖保税物流中心		
42022	黄石经济技术开发区		3
42026	黄石棋盘洲综合保税区		
42029	黄石		
4202W	黄石棋盘洲保税物流中心		
42032	十堰经济技术开发区		
42039	十堰		
42049	沙市		
42056	宜昌综合保税区		
42059	宜昌		
4205W	宜昌三峡保税物流中心（B型）		
42062	襄阳经济技术开发区		3
42063	襄阳高新技术产业开发区		B
42066	襄阳综合保税区		
42069	襄阳其他		
4206W	襄阳保税物流中心（B型）		
42072	鄂州葛店经济技术开发区		
42079	鄂州		
42089	荆门		
4208W	荆门保税物流中心（B型）		
42099	黄冈		
42102	汉川经济技术开发区		
42109	孝感		
42119	咸宁		
42122	荆州经济技术开发区		3
42129	荆州		
42139	郧阳		
42149	鄂西		
42159	随州		
42169	老河口		
42172	枣阳经济技术开发区		
42179	枣阳		
42189	神农架		
42199	仙桃市		
4219W	仙桃保税物流中心（B型）		
42209	潜江市		
42219	天门市		
42506	武汉新港空港		
42909	湖北其他		
43012	长沙经济技术开发区		
43013	长沙科技开发区		B
43016	长沙黄花综合保税区		
43019	长沙其他		2
4301W	长沙金霞保税物流中心		
43023	株州高新技术产业开发区		B
43029	株州其他		
4302W	株洲铜塘湾保税物流中心（B型）		
43032	湘潭经济技术开发区		
43033	湘潭高新技术产业开发区		
43036	湘潭综合保税区		
43039	湘潭		
43043	衡阳高新技术产业开发区		
43046	衡阳综合保税区		
43049	衡阳		
43059	邵阳		
43062	岳阳经济技术开发区		
43066	岳阳城陵矶综合保税区		
43069	岳阳		2
43072	常德经济技术开发区		
43073	常德高新技术产业开发区		
43079	常德		
43089	张家界		
43093	益阳高新技术产业开发区		
43099	益阳		
43102	娄底经济技术开发区		
43109	娄底		
43113	郴州高新技术产业开发区		
43115	湖南郴州出口加工区		
43116	郴州综合保税区		
43119	郴州		
43129	永州		
43133	怀化高新技术产业开发区		
43139	怀化		
43149	湘西		
43159	醴陵		
43169	湘乡		
43179	耒阳		
43189	汨罗		
43199	津市		
43202	浏阳经济技术开发区		
43209	浏阳其他		
43909	湖南其他		
44012	广州经济技术开发区		3
44013	广州天河高新技术产业开发区		B
44014	广州保税区		A
44015	广东广州出口加工区		

国内地区代码	国内地区名称	国内地区简称	国内地区性质标记	国内地区代码	国内地区名称	国内地区简称	国内地区性质标记
44016	广州白云机场、黄埔综合保税区和广州知识城综合保税区			44203	中山火炬高技术产业开发区		B
				44209	中山其他		7
44017	广州保税物流园区		7	4420W	中山保税物流中心		
44019	广州其他		2	44219	潮州		7
44029	韶关		7	44229	顺德		7
44031	深圳特区		1	4422W	佛山国通保税物流中心（B型）		
44033	深圳科技工业园		B				
44034	福田盐田沙头角保税区		A	44235	广东南沙出口加工区		7
44035	广东深圳出口加工区			44236	广州南沙保税港区		
44036	深圳前海、坪山综合保税区			44239	番禺		7
44037	深圳盐田保税物流园		1	44249	揭阳		7
44039	深圳其他		7	44289	南海		7
4403W	深圳机场保税物流中心			44299	云浮市		7
44041	珠海特区		1	44306	广州南沙综合保税区		
44043	珠海高新技术产业开发区		B	44309	南沙其他		
44044	珠海保税区		A	44536	深圳盐田综合保税区（一期）		
44045	珠澳跨境工业区珠海园区		7				
44046	珠海高栏港综合保税区			4469W	东莞清溪保税物流中心（B型）		
44048	珠海粤澳深度合作区						
44049	珠海其他		7	44909	广东其他		7
44051	汕头特区		1	45013	南宁高新技术产业开发区		B
44054	汕头保税区		A	45016	南宁综合保税区		
44056	汕头综合保税区			45019	南宁其他		2
44059	汕头其他		7	4501W	南宁保税物流中心		
4405W	汕头保税物流中心（B型）			45029	柳州		
44063	佛山高新技术产业开发区		B	4502W	柳州保税物流中心（B型）		
44069	佛山其他		7	45033	桂林高新技术产业开发区		B
44079	江门		7	45039	桂林其他		
4407W	江门大广海湾保税物流中心（B型）			45046	梧州综合保税区		
				45049	梧州		
44082	湛江经济技术开发区		3	45055	广西北海出口加工区		
44083	湛江高新技术产业开发区			45056	北海综合保税区		
44086	湛江综合保税区			45059	北海		2
44089	湛江其他		2	45069	玉林		
4408W	湛江保税物流中心（B型）			45079	百色		
44093	茂名高新技术产业开发区			45089	河池		
44099	茂名		7	45096	钦州综合保税区		
44129	肇庆		7	45099	钦州		
44133	惠州高新技术产业开发区		B	45106	广西凭祥综合保税区		
44139	惠州其他		7	45109	凭祥		2
44146	梅州综合保税区			45119	东兴		2
44149	梅州		7	45129	防城港市		
44159	汕尾		7	4512W	防城港保税物流中心（B型）		
44169	河源		7				
44179	阳江		7	45139	贵港市		
44189	清远		7	45149	崇左		
44193	东莞松山湖高新技术产业开发区			45159	来宾		
				45169	贺州		
44196	东莞虎门港综合保税区			45909	广西其他		
44199	东莞		7	46011	海口		1
4419W	东莞保税物流中心			46013	海南国际科技园区		B

国内地区代码	国内地区名称	国内地区简称	国内地区性质标记
46014	海南海口保税区		A
46016	海口综合保税区及海口空港综合保税区		1
46021	三亚		5
4602W	海南三亚保税物流中心（B型）		
46031	三沙		
46041	五指山		
46051	琼海		
46061	儋州		
46062	洋浦经济开发区		
46066	洋浦保税港区		
46071	文昌		
46081	万宁		
46091	东方		
46101	定安		
46111	屯昌		
46121	澄迈		
46131	临高		
46141	白沙		
46151	昌江		
46161	乐东		
46171	陵水		
46181	保亭		
46191	琼中		
46901	海南其他		1
46902	海南洋浦经济技术开发区		3
46906	海南洋浦保税港区		5
50012	万州经济技术开发区		
50016	重庆万州综合保税区		
50019	万州区		
50026	重庆涪陵综合保税区		
50029	涪陵区		
50039	渝中区		
50049	大渡口区		
50052	重庆两江新区江北区		3
50056	重庆两路果园港综合保税区果园港片区		
50059	江北区		
5005W	重庆果园保税物流中心（B型）		
50066	重庆西永综合保税区		
50069	沙坪坝区		
5006W	重庆铁路保税物流中心		
50073	重庆高新技术产业开发区		B
50079	九龙坡区		
50082	重庆经济技术开发区		3
50089	南岸区		
50092	重庆两江新区北碚区		3
50099	北碚区		
50109	万盛区		
50119	双桥区		
50122	重庆两江新区渝北区		3
50125	重庆出口加工区		
50126	重庆两路果园港综合保税区两路片区		
50129	渝北区		
50139	巴南区		
5013W	重庆南彭公路保税物流中心（B型）		
50212	长寿经济技术开发区		2
50219	长寿县		
50229	綦江区		
50239	潼南县		
50249	重庆市铜梁区	铜梁区	
50259	大足区		
50269	荣昌县		
50279	重庆市璧山区	璧山区	
50289	梁平县		
50299	城口县		
50309	丰都县		
50319	垫江县		
50329	武隆县		
50339	忠县		
50349	开县		
50359	云阳县		
50369	奉节县		
50379	巫山县		
50389	巫溪县		
50399	黔江		
50409	石柱土家族自治县		
50419	秀山土家族苗族自治县		
50429	酉阳土家族苗族自治县		
50439	彭水苗族土家族自治县		
50816	重庆江津综合保税区		
50819	江津区		
50829	合川区		
50836	重庆永川综合保税区		
50839	永川区		
50849	南川区		
51012	成都经济技术开发区		3
51013	成都高新技术产业开发区		B
51015	四川成都出口加工区		
51016	成都高新、国际铁路港或高新西园综合保税区		
51019	成都其他		2
5101W	成都空港、天府新区成都片区保税物流中心		
51039	自贡		
51049	攀枝花		
51053	泸州高新技术产业开发区		
51056	泸州综合保税区		

国内地区代码	国内地区名称	国内地区简称	国内地区性质标记
51059	泸州		
5105W	泸州港保税物流中心（B型）		
51069	德阳		
51072	绵阳经济技术开发区		
51073	绵阳高新技术产业开发区		B
51075	四川绵阳出口加工区		
51076	绵阳综合保税区		
51079	绵阳其他		
51082	广元经济技术开发区		
51089	广元		
51099	遂宁		
51109	内江		
51113	乐山高新技术产业开发区		
51119	乐山		
51142	宜宾临港经济开发区		
51146	宜宾综合保税区		
51149	宜宾		
5114W	宜宾港保税物流中心（B型）		
51159	南充		
5115W	南充保税物流中心（B型）		
51169	达县		
51179	雅安		
51189	阿坝		
51199	甘孜		
51209	凉山		
51229	广汉		
51239	江油		
51249	都江堰		
51259	峨眉山		
51269	资阳	资阳	
51279	眉山	眉山	
51289	广安	广安	
51299	巴中	巴中	
5151W	成都铁路保税物流中心（B型）		
51909	四川其他		
52013	贵阳高新技术产业开发区		B
52016	贵阳综合保税区		
52019	贵阳其他		2
52029	六盘水		
52036	遵义综合保税区		
52039	遵义		
52049	铜仁		
52059	黔西南		
52069	毕节		
52079	安顺		
52089	黔东南		
52099	黔南		
52502	贵阳贵安新区		
52506	贵安综合保税区		
52909	贵州其他		
53012	昆明经济技术开发区		3
53013	昆明高新技术产业开发区		B
53015	云南昆明出口加工区		
53016	昆明综合保税区		
53019	昆明其他		
5301W	昆明高新保税物流中心（B型）		
53029	东川		
53039	昭通		
53042	曲靖经济技术开发区		3
53049	曲靖		
53059	楚雄		
53069	玉溪		
53072	云南省蒙自经济技术开发区		
53076	云南红河综合保税区		
53079	红河		
53089	文山		
53099	普洱		
53109	西双版纳		
53119	大理		
53129	保山		
53139	德宏		
53149	丽江		
53159	怒江		
53169	迪庆		
53179	临沧		
53189	畹町		2
53199	瑞丽		2
53209	河口		2
5351W	腾俊国际陆港保税物流中心（B型）		
53909	云南其他		
54012	拉萨经济技术开发区		
54016	拉萨综合保税区		
54019	拉萨		6
54029	昌都		6
54039	山南		6
54049	日喀则		6
54059	那曲		6
54069	阿里		6
54079	林芝		6
54909	西藏其他		6
61012	陕西航天、陕西航空、西安市经济技术开发区		
61013	西安新技术产业开发区		B
61015	陕西西安出口加工区		
61016	西安、西安高新、西安航空基地和西安关中综合保税区		
61019	西安其他		2

国内地区代码	国内地区名称	国内地区简称	国内地区性质标记
61029	铜川		
61033	宝鸡高新技术产业开发区		B
61036	宝鸡综合保税区		
61039	宝鸡其他		
61043	杨凌农业高新技术产业示范区		
61046	陕西西咸空港、杨凌综合保税区		
61049	咸阳		
6104W	陕西西咸保税物流中心		
61059	渭南		
61062	汉中经济技术开发区		
61069	汉中		
61079	安康		
61089	商洛		
61099	延安		
61102	陕西榆林经济技术开发区		
61109	榆林		
61909	陕西其他		
62013	兰州宁卧庄新技术产业开发区		B
62016	兰州新区综合保税区		
62019	兰州其他		2
62029	嘉峪关		
62039	金昌		
62049	白银		
62059	天水		
62069	酒泉		
62079	张掖		
62089	武威		
6208W	武威保税物流中心		
62099	定西		
62109	陇南		
62119	平凉		
62129	庆阳		
62139	临夏		
62149	甘南		
62909	甘肃其他		
63012	西宁经济技术开发区		3
63013	青海高新技术产业开发区		B
63016	西宁综合保税区		
63019	西宁		2
63029	海东		
6302W	青海曹家堡保税物流中心（B型）		
63039	海北		
63049	黄南		
63059	海南		
63069	果洛		
63079	玉树		
63082	格尔木昆仑经济技术开发区		
63089	海西		
63909	青海其他		
64012	银川经济技术开发区		3
64016	银川综合保税区		
64019	银川		2
64029	石嘴山		
6402W	石嘴山保税物流中心（B型）		
64039	吴忠		
64049	固原		
64059	中卫		
64909	宁夏其他		
65012	乌鲁木齐经济技术开发区		3
65013	乌鲁木齐高新技术产业开发区		B
65015	新疆乌鲁木齐出口加工区		9
65016	乌鲁木齐综合保税区		
65019	乌鲁木齐其他		9
65029	克拉玛依		9
65036	阿拉山口综合保税区		
65039	博乐		9
65049	巴音		9
65059	阿克苏		9
65069	克孜		9
65076	喀什综合保税区		
65079	喀什		9
65089	和田		9
65095	中哈霍尔果斯国际边境合作中心中方配套区（一期）		
65096	霍尔果斯综合保税区		
65099	伊宁		9
6509A	中哈霍尔果斯国际边境合作中心中方区域		
6509W	奎屯保税物流中心		
65109	塔城		2
65119	阿勒泰		9
65122	石河子经济技术开发区		3
65129	石河子		9
65219	吐鲁番		9
65229	哈密		9
65239	昌吉回族自治州		9
65909	新疆其他		9

国内地区代码表说明

国内地区代码表用于填报进出口报关单的境内目的地和境内货源地。

国内地区代码表由5位数字组成：

（一）第一至四位为行政区划代码：

1. 第一、二位表示省、自治区、直辖市。

例如：北京市11、广东省44。

2. 第三、四位表示省辖市（地区、省直辖行政单位），包括省会城市、计划单列城市、沿海开放城市。

例如，北京市东城区1101、广州市4401、深圳4403。

（二）第五位为省辖市（地区、省直辖行政单位）经济区划代码：

代码“1”：经济特区，例如，深圳市44031，厦门市35021。

代码“2”：经济技术开发区，包括上海浦东新区、海南洋浦经济开发区。

代码“3”：高新技术产业开发区。

代码“4”：保税区。

代码“5”：出口加工区。

代码“6”：保税港区。

代码“7”：保税物流园区。

代码“9”：其他地区。

代码“W”：保税物流中心。

结汇方式代码表及说明

结汇方式代码表

结汇方式代码	结汇方式名称	结汇方式代码	结汇方式名称
1	信汇	6	信用证
2	电汇	7	先出后结
3	票汇	8	先结后出
4	付款交单	9	其他
5	承兑交单		

结汇方式代码表说明

一、定义

结汇方式是出口货物发货人或其代理通过银行收结外汇的方式。

二、结汇方式代码表结构及说明

（一）结汇方式代码表由两部分组成，即结汇方式代码和结汇方式名称。

（二）结汇方式代码分为汇付、托收、信用证和其他。

1. 汇付包括：

（1）信汇：代码“1”，指买方将货款交给进口地银行，由银行开具付款委托书，邮寄出口地银行，委托其向卖方付款。

（2）电汇：代码“2”，指进口地银行应买方申请，直接用电报发出付款委托书，委托出口地银行向卖方付款。

（3）票汇：代码“3”，指买方向进口地银行购买银行汇票径寄卖方，由卖方或其指定的人持票向出口地有关银行取款。

汇付从时间上分预付和后付。预付即卖方装运货物前，买方先将货款汇结卖方；后付即卖方先交货，在买方收到货物或单据后才汇付货款。

2. 托收包括：

（1）付款交单（D/P）：代码“4”，指卖方托收时指示托收行，只有在买方付清货款时才交出单据。

（2）承兑交单（D/A）：代码“5”，指买方承兑汇票后即可取得单据，提取货物，待汇票到期时才付货款。

3. 信用证（L/C）：代码“6”，是银行在买卖双方之间保证付款的凭证。银行根据买方的申请书，向卖方开出保证付款的信用证，即只要卖方提交符合信用证要求的单据，银行就保证付款。

4. 先出后结：代码“7”。

5. 先结后出：代码“8”。

6. 其他：代码“9”，指除上述以外的结汇方式。

监管证件名称代码表及说明

监管证件名称代码表

监管证件代码	监管证件名称	监管证件简称	监管证件代码	监管证件名称	监管证件简称
1	进口许可证		R	进口兽药通关单	
2	两用物项和技术进口许可证		S	农药进出口登记管理放行通知单	
3	两用物项和技术出口许可证		U	合法捕捞产品通关证明	
4	出口许可证		V	人类遗传资源材料出口、出境证明	
6	旧机电产品禁止进口		X	有毒化学品环境管理放行通知单	
7	自动进口许可证		Y	原产地证明	
8	禁止出口商品		Z	赴境外加工光盘进口备案证明	
9	禁止进口商品		b	进口广播电影电视节目带（片）提取单	
A	检验检疫		d	援外项目任务通知函	
B	电子底账		e	关税配额外优惠税率进口棉花配额证	
D	毛坯钻石进出境检验		f	音像制品（成品）进口批准单	
E	濒危物种允许出口证明书		g	技术出口合同登记证	
F	濒危物种允许进口证明书		i	技术出口许可证	
G	两用物项和技术出口许可证（定向）		k	民用爆炸物品进出口审批单	
H	港澳 OPA 纺织品证明		m	银行调运人民币现钞进出境证明	
I	麻醉药品精神药物进出口准许证		n	音像制品（版权引进）批准单	
J	黄金及黄金制品进出口准许证		q	国别关税配额证明	
K	深加工结转申请表		v	自动进口许可证（加工贸易）	
L	药品进出口准许证		x	出口许可证（加工贸易）	
O	自动进口许可证（新旧机电产品）		y	出口许可证（边境小额贸易）	
Q	进口药品通关单		z	古生物化石出境批件	

监管证件名称代码表说明

一、定义

监管证件名称代码是海关依据我国外贸法律、法规及规章，为便于实施计算机系统管理和便捷通关需求，将实行禁止进出口及进出口许可证件等管理措施转化为通关管理系统代码（数字或英文字母）的分类标志。其总和称为监管证件名称代码表。

监管证件代码及《商品综合分类表》中有关“监管条件”的设置仅为辅助性、参考性提示。国家对进出境货物有禁止性或限制性规定的，应以法律、法规规定为准。

二、监管证件名称代码表结构

监管证件名称代码表由两部分组成，即监管证件代码和监管证件名称。例如：代码“1”，为进口许可证，如果某一商品编号后注有监管证件“1”，则说明在一般贸易项下进口该种商品需申领进口许可证。

三、监管证件名称代码说明

（一）代码“1”——进口许可证：指商务部配额许可证事务局或其授权机关签发的进口许可证。

（二）代码“2”——两用物项和技术进口许可证：指列入《两用物项和技术进口许可证管理目录》的商品，进口时由商务部签发两用物项和技术进口许可证。

（三）代码“3”——两用物项和技术出口许可证：根据商务部会同海关总署联合发布的《两用物项和技术进出口许可证管理办法》，由商务部授权的发证机构签发两用物项和技术出口许可证。

（四）代码“4”——出口许可证：指商务部配额许可证事务局或其授权发证机构签发的出口许可证。

（五）代码“6”——旧机电产品禁止进口：商品编码后面有此代码的机电产品，其旧品禁止进口。

（六）代码“7”——自动进口许可证：指部分进口商品实行自动进口许可管理，由商务部及其授权机构按职责分工签发自动进口许可证。

（七）代码“8”——禁止出口商品：指国务院授权商务部门会同有关部门，依照《中华人民共和国对外贸易法》等有关法律法规，制定、调整并公布的禁止出口货物目录所列商品及法律、法规等规定禁止出口的商品。商品编码后有此代码的商品禁止出口。

（八）代码“9”——禁止进口商品：指国务院授权商务部门会同有关部门，依照《中华人民共和国对外贸易法》等有关法律法规，制定、调整并公布的禁止进口货物目录所列商品及法律、法规等规定禁止进口的商品。商品编码后有此代码的商品禁止进口。

（九）代码“A”——入境检验检疫：指海关根据《中华人民共和国进出口商品检验法》、《中华人民共和国动植物检疫法》和《中华人民共和国食品安全法》等有关法律、法规，对列入《海关实施检验检疫的进出境商品目录》的进口商品实行入境检验检疫。

（十）代码“B”——出境检验检疫（电子底账）：指海关根据《中华人民共和国进出口商品检验法》、《中华人民共和国动植物检疫法》和《中华人民共和国食品安全法》等有关法律、法规，对列入《海关实施检验检疫的进出境商品目录》的出口商品实行出境检验检疫。

（十一）代码“D”——毛坯钻石进出境检验：为履行我国国际义务，制止“冲突钻石”非法交易，海关总署等六部委联合发布2002年第132号公告，对毛坯钻石进出口实施金伯利进程国际证书制度，对进出境毛坯钻石实施检验。

（十二）代码“E”——濒危物种允许出口证明书：指根据《中华人民共和国野生动物保护法》及相关法律法规，对列入《濒危野生动植物种国际贸易公约》及《国家重点保护野生动物名录》、《国家重点保护野生植物名录》货物，出口时由国家濒危物种进出口管理办公室或其办事机构签发允许出口证明书。

（十三）代码“F”——濒危物种允许进口证明书：指根据《中华人民共和国野生动物保护法》及相关法律法规，对列入《濒危野生动植物种国际贸易公约》的货物，进口时由国家濒危物种进出口管理办公室或其办事机构签发允许进口证明书。

（十四）代码“G”——两用物项和技术出口许可证（定向）：指列入《向特定国家（地区）出口易制毒化学品管理目录》的商品，向特定国家出口时由商务部签发易制毒化学品定向出口许可证。

（十五）代码“I”——麻醉药品精神药物进（出）口准许证：根据《中华人民共和国药品管理法》和《麻醉药品和精神药品管理条例》等相关法律法规，国家对麻醉药品、精神药品进（出）口实行进（出）口准许证管理制度。

对列入《麻醉药品品种目录》的商品，国家药品监督管理局核发麻醉药品进（出）口准许证或携带麻醉药品、精神药品证明。

对列入《精神药品品种目录》的商品，国家药品监督管理局核发精神药物进（出）口准许证或携带麻醉药品、精神药品证明。

（十六）代码“J”——黄金及黄金制品进出口准许证：指根据《中华人民共和国金银管理条例》及相关法律法规，对进出口黄金及其制品，由中国人民银行授权发证机构签发的准许进出境证件。

（十七）代码“L”——药品进出口准许证：根据《中华人民共和国反兴奋剂条例》，国家药品监督管理部门依法对列入兴奋剂目录的蛋白同化制剂、肽类激素等供医疗使用的兴奋剂实施进出口管理，签发准予进出口的许可证件。

（十八）代码“O”——自动进口许可证（新旧机电产品）：根据《机电产品进口管理办法》和《机电产品进口自动许可实施办法》，进口实行自动进口许可管理的机电产品，进口单位应当在办理海关报关手续前，向商务部或地方外经贸主管机构、部门机电办申领自动进口许可证。

（十九）代码“Q”——进口药品通关单：根据《中华人民共和国药品管理法》及相关法律法规，对列入《进口药品管理目录》的药品，国家药品监督管理局及其授权机构签发进口药品通关单。

（二十）代码“R”——进口兽药通关单：根据《兽药管理条例》，农业农村部或兽药进口口岸所在地省级人民政府兽医行政管理部门对列入《进口兽药管理目录》的进口兽药实施监督管理，签发进口兽药通关单。

（二十一）代码“S”——农药进出口登记管理放行通知

单：根据《农药管理条例》及有关法律法规，《中华人民共和国进出口农药管理名录》的商品进出口时，农业农村部授权机构签发农药进出口登记管理放行通知单。

（二十二）代码"U"——合法捕捞产品通关证明：进口"实施合法捕捞证明的水产品清单"所列的水产品，由农业农村部授权单位签发"合法捕捞产品通关证明"。

（二十三）代码"V"——人类遗传资源材料出口、出境证明：是指国家科技主管部门依法对含有人体基因组、基因及其产物的器官、组织、细胞、血液、制备物、重组脱氧核糖核酸（DNA）构建体等人类遗传材料及相关的信息资料出口、出境签发《人类遗传资源材料出口、出境证明》。

（二十四）代码"X"——有毒化学品进出口环境管理放行通知单：指列入《中国严格限制进出口的有毒化学品目录》的进出口化学品，由生态环境部签发的放行通知单。

（二十五）代码"Y"——原产地证明：是指受惠国（地区）政府指定部门签发的证明该货物原产于该国（地区）的证明文书。

（二十六）代码"Z"——赴境外加工光盘进口备案证明：境内出版单位出版的音像电子出版物赴境外加工光盘类产品（含黑胶唱片）并返回境内的，须向所在地省级新闻出版部门提供拟入境产品的内容进行备案。备案后，省级新闻出版部门核发《赴境外加工光盘进口备案证明》。

（二十七）代码"b"——进口广播电影电视节目带（片）提取单：纳入《进口广播电影电视节目带（片）提取单》管理货物目录的商品进口时，国家电影局、国家广播电视总局按职责分工签发《进口广播电影电视节目带（片）提取单》。

（二十八）代码"d"——援外项目任务通知函：是指商务部为加强对外援助物资项目的管理，对援外物资项目项下的物资出口签发《援外项目任务通知函》。

（二十九）代码"e"——关税配额外优惠税率进口棉花配额证：指对于一定数量的关税配额外报关进口的棉花，按"暂定优惠关税税率"征收进口关税，由国家发展改革委授权机构出具关税配额外优惠关税税率进口棉花配额证。

（三十）代码"f"——音像制品（成品）进口批准单：纳入《音像制品（成品）进口批准单》管理货物目录的音像制品（成品）进口时，中央宣传部（新闻出版署）签发《音像制品（成品）进口批准单》。

（三十一）代码"g"——技术出口合同登记证：是指商务部授权发证机构依法对自由出口技术实施合同登记管理，签发准予出口的批准文件。

（三十二）代码"i"——技术出口许可证：是指商务部授权发证机构依法对限制出口技术签发《技术出口许可证》。

（三十三）代码"k"——民用爆炸物品进出口审批单：是指工业和信息化部依法对纳入《民用爆炸物品进/出口审批单》管理货物目录的进出口民用爆炸物品签发《民用爆炸物品进/出口审批单》。

（三十四）代码"m"——银行调运人民币现钞进出境证明：是指中国人民银行授权机构对商业银行跨境调运人民币现钞业务签发《银行调运人民币现钞进出境证明》。

（三十五）代码"n"——音像制品（版权引进）批准单：是指中央宣传部（新闻出版署）对进口用于出版的音像制品母盘（带）等签发《音像制品（版权引进）批准单》。

（三十六）代码"q"——国别关税配额证明：进口原产于新西兰并享受协定税率的羊毛或毛条时，应单独向海关申报，并按照海关总署令第175号规定提交原产地证明文件和商务部及其授权机构签发的在备注栏注明"新西兰羊毛、毛条国别配额"字样的农产品进口关税配额证，该证简称"国别关税配额证明"。

（三十七）代码"t"——关税配额证明：商务部、国家发展和改革委员会授权发证机构按职责分工对进口适用关税配额税率的农产品及化肥实行关税配额管理，签发进口货物适用配额税率的证明文件。

（三十八）代码"v"——自动进口许可证（加工贸易）：适用于加工贸易方式下自动进口许可证管理的商品。

（三十九）代码"x"——出口许可证（加工贸易）：适用于加工贸易方式下出口许可证管理的商品。

（四十）代码"y"——出口许可证（边境小额贸易）：适用于边境小额贸易项下需凭出口许可证办理有关手续的商品。

（四十一）代码"z"——古生物化石出境批件：是指自然资源部授权机构对古生物化石（参考海关商品编号：9705000020）出境签发《古生物化石出境批件》。

其他代码表

货物用途代码表

用途代码	用途	用途代码	用途
01	外贸自营内销	07	收保证金
02	特区内销	08	免费提供
03	其他内销	09	作价提供
04	企业自用	10	货样、广告品
05	加工返销	11	其他
06	借用	13	以产顶进

货币代码表

货币代码	货币符号	货币名称	货币代码	货币符号	货币名称
110	HKD	港币	300	EUR	欧元
112	IDR	印度尼西亚卢比	302	DKK	丹麦克朗
116	JPY	日本元	303	GBP	英镑
121	MOP	澳门元	326	NOK	挪威克朗
122	MYR	马来西亚林吉特	330	SEK	瑞典克朗
129	PHP	菲律宾比索	331	CHF	瑞士法郎
132	SGD	新加坡元	344	RUB	俄罗斯卢布
133	KRW	韩国圆	501	CAD	加拿大元
136	THB	泰国铢	502	USD	美元
142	CNY	人民币	601	AUD	澳大利亚元
143	TWD	新台币	609	NZD	新西兰元

成交方式代码表

成交方式代码	成交方式名称
1	CIF
2	C&F
3	FOB
4	C&I
5	市场价
6	垫仓
7	EXW

集装箱规格代码表

集装箱规格代码	中文名称
11	普通 2 * 标准箱（L）
12	冷藏 2 * 标准箱（L）
13	罐式 2 * 标准箱（L）
21	普通标准箱（S）
22	冷藏标准箱（S）
23	罐式标准箱（S）
31	其他标准箱（S）
32	其他 2 * 标准箱（L）

计量单位代码表

计量单位代码	计量单位名称	计量单位代码	计量单位名称	计量单位代码	计量单位名称	计量单位代码	计量单位名称
001	台	038	万个	079	短担	135	捆
002	座	039	具	080	两	136	袋
003	辆	040	百副	081	市担	139	粒
004	艘	041	百支	083	盎司	140	盒
005	架	042	百把	084	克拉	141	合
006	套	043	百个	085	市尺	142	瓶
007	个	044	百片	086	码	143	千支
008	只	045	刀	088	英寸	144	万双
009	头	046	疋	089	寸	145	万粒
010	张	047	公担	095	升	146	千粒
011	件	048	扇	096	毫升	147	千米
012	支	049	百枝	097	英加仑	148	千英尺
013	枝	050	千只	098	美加仑	149	百万贝可
014	根	051	千块	099	立方英尺	163	部
015	条	052	千盒	101	立方尺	164	亿株
016	把	053	千枝	110	平方码	170	人份
017	块	054	千个	111	平方英尺		
018	卷	055	亿支	112	平方尺		
019	副	056	亿个	115	英制马力		
020	片	057	万套	116	公制马力		
021	组	058	千张	118	令		
022	份	059	万张	120	箱		
023	幅	060	千伏安	121	批		
025	双	061	千瓦	122	罐		
026	对	062	千瓦时	123	桶		
027	棵	063	千升	124	扎		
028	株	067	英尺	125	包		
029	井	070	吨	126	箩		
030	米	071	长吨	127	打		
031	盘	072	短吨	128	筐		
032	平方米	073	司马担	129	罗		
033	立方米	074	司马斤	130	匹		
034	筒	075	斤	131	册		
035	千克	076	磅	132	本		
036	克	077	担	133	发		
037	盆	078	英担	134	枚		

国别(地区)代码表

国家(地区)代码	国际标准英文简称	中文国家(地区)名称	英文国家(地区)名称	优惠/普通税率标记	船舶吨税优/普标记
101	AFG	阿富汗	Afghanistan	L	H
102	BHR	巴林	Bahrain	L	H
103	BGD	孟加拉国	Bangladesh	L	L
104	BTN	不丹	Bhutan	H	H
105	BRN	文莱	Brunei	L	H
106	MMR	缅甸	Myanmar	L	H
107	KHM	柬埔寨	Cambodia	L	H
108	CYP	塞浦路斯	Cyprus	L	L
109	PRK	朝鲜	Democratic People's Republic of Korea	L	L
110	HKG	中国香港	Hong Kong, China	L	L
111	IND	印度	India	L	L
112	IDN	印度尼西亚	Indonesia	L	L
113	IRN	伊朗	Iran	L	L
114	IRQ	伊拉克	Iraq	L	H
115	ISR	以色列	Israel	L	L
116	JPN	日本	Japan	L	L
117	JOR	约旦	Jordan	L	H
118	KWT	科威特	Kuwait	L	H
119	LAO	老挝	Lao	L	H
120	LBN	黎巴嫩	Lebanon	L	L
121	MAC	中国澳门	Macao, China	L	L
122	MYS	马来西亚	Malaysia	L	L
123	MDV	马尔代夫	Maldives	L	H
124	MNG	蒙古国	Mongolia	L	L
125	NPL	尼泊尔	Nepal	L	H
126	OMN	阿曼	Oman	L	L
127	PAK	巴基斯坦	Pakistan	L	L
128	PSE	巴勒斯坦	Palestine	H	H
129	PHL	菲律宾	Philippines	L	L
130	QAT	卡塔尔	Qatar	L	H
131	SAU	沙特阿拉伯	Saudi Arabia	L	H
132	SGP	新加坡	Singapore	L	L
133	KOR	韩国	Republic of Korea	L	L
134	LKA	斯里兰卡	Sri Lanka	L	L
135	SYR	叙利亚	Syria	L	H
136	THA	泰国	Thailand	L	L
137	TUR	土耳其	Türkiye	L	L
138	ARE	阿联酋	United Arab Emirates	L	H
139	YEM	也门	Yemen	L	L
141	VNM	越南	Viet Nam	L	L
142	CHN	中国	China	L	L
143	TWN	中国台湾	Taiwan, China	L	H
144	TLS	东帝汶	Timor-Leste	L	H
145	KAZ	哈萨克斯坦	Kazakhstan	L	H
146	KGZ	吉尔吉斯斯坦	Kyrgyzstan	L	H
147	TJK	塔吉克斯坦	Tajikistan	L	H
148	TKM	土库曼斯坦	Turkmenistan	L	H
149	UZB	乌兹别克斯坦	Uzbekistan	L	H
150	GEO	格鲁吉亚	Georgia	L	L
151	ARM	亚美尼亚	Armenia	L	H
152	AZE	阿塞拜疆	Azerbai jan	L	H
199	ZAS	亚洲其他国家(地区)	Other Asian Territories	H	H
201	DZA	阿尔及利亚	Algeria	L	L
202	AGO	安哥拉	Angola	L	H
203	BEN	贝宁	Benin	L	H
204	BWA	博茨瓦纳	Botswana	L	H
205	BDI	布隆迪	Burundi	L	H
206	CMR	喀麦隆	Cameroon	L	H
207	CAI	加那利群岛	Canary Islands	H	H
208	CPV	佛得角	Cabo Verde	L	H
209	CAF	中非	Central African Republic	L	H
210	CEU	塞卜泰(休达)	Ceuta	H	H
211	TCD	乍得	Chad	L	H
212	COM	科摩罗	Comoros	H	H
213	COG	刚果共和国	Congo	L	L
214	DJI	吉布提	Djibouti	L	H
215	EGY	埃及	Egypt	L	L
216	GNQ	赤道几内亚	Equatorial Guinea	L	H
217	ETH	埃塞俄比亚	Ethiopia	L	L
218	GAB	加蓬	Gabon	L	H
219	GMB	冈比亚	Gambia	L	H
220	GHA	加纳	Ghana	L	L
221	GIN	几内亚	Guinea	L	H
222	GNB	几内亚比绍	Guinea-Bissau	L	H
223	CIV	科特迪瓦	Cote d'lvoire	L	H
224	KEN	肯尼亚	Kenya	L	L
225	LBR	利比里亚	Liberia	L	L
226	LBY	利比亚	Libya	L	H
227	MDG	马达加斯加	Madagascar	L	H

国家(地区)代码	国际标准英文简称	中文国家(地区)名称	英文国家(地区)名称	优惠/普通税率标记	船舶吨税优/普标记
228	MWI	马拉维	Malawi	L	H
229	MLI	马里	Mali	L	H
230	MRT	毛里塔尼亚	Mauritania	L	H
231	MUS	毛里求斯	Mauritius	L	H
232	MAR	摩洛哥	Morocco	L	L
233	MOZ	莫桑比克	Mozambique	L	H
234	NAM	纳米比亚	Namibia	L	H
235	NER	尼日尔	Niger	L	H
236	NGA	尼日利亚	Nigeria	L	H
237	REU	留尼汪	Réunion	H	H
238	RWA	卢旺达	Rwanda	L	H
239	STP	圣多美和普林西比	Sao Tome and Principe	L	H
240	SEN	塞内加尔	Senegal	L	H
241	SYC	塞舌尔	Seychelles	L	H
242	SLE	塞拉利昂	Sierra Leone	L	H
243	SOM	索马里	Somalia	L	H
244	ZAF	南非	South Africa	L	L
245	ESH	西撒哈拉	Western Sahara	H	H
246	SDN	苏丹	Sudan	L	L
247	TZA	坦桑尼亚	Tanzania	L	H
248	TGO	多哥	Togo	L	H
249	TUN	突尼斯	Tunisia	L	L
250	UGA	乌干达	Uganda	L	H
251	BFA	布基纳法索	Burkina Faso	L	H
252	COD	刚果民主共和国	Democratic Republic of Congo	L	L
253	ZMB	赞比亚	Zambia	L	H
254	ZWE	津巴布韦	Zimbabwe	L	H
255	LSO	莱索托	Lesotho	L	H
256	MEL	梅利利亚	Melilla	H	H
257	SWZ	斯威士兰	Swaziland	L	H
258	ERI	厄立特里亚	Eritrea	L	H
259	MYT	马约特	Mayotte	L	H
260	SSD	南苏丹	South Sudan	L	H
261	ATF	法属南方领地	French Southern Territories	H	H
262	IOT	英属印度洋领地	British Indian Ocean Territory	H	H
263	SHN	圣赫勒拿	Saint Helena	H	H
299	ZAO	非洲其他国家(地区)	Other African Territories	H	H
301	BEL	比利时	Belgium	L	L
302	DNK	丹麦	Denmark	L	L
303	GBR	英国	United Kingdom	L	L
304	DEU	德国	Germany	L	L
305	FRA	法国	France	L	L
306	IRL	爱尔兰	Ireland	L	L
307	ITA	意大利	Italy	L	L
308	LUX	卢森堡	Luxembourg	L	L
309	NLD	荷兰	Netherlands	L	L
310	GRC	希腊	Greece	L	L
311	PRT	葡萄牙	Portugal	L	L
312	ESP	西班牙	Spain	L	L
313	ALB	阿尔巴尼亚	Albania	L	L
314	AND	安道尔	Andorra	H	H
315	AUT	奥地利	Austria	L	L
316	BGR	保加利亚	Bulgaria	L	L
318	FIN	芬兰	Finland	L	L
320	GIB	直布罗陀	Gibraltar	H	L
321	HUN	匈牙利	Hungary	L	L
322	ISL	冰岛	Iceland	L	H
323	LIE	列支敦士登	Liechtenstein	L	H
324	MLT	马耳他	Malta	L	L
325	MCO	摩纳哥	Monaco	L	H
326	NOR	挪威	Norway	L	L
327	POL	波兰	Poland	L	L
328	ROU	罗马尼亚	Romania	L	L
329	SMR	圣马力诺	San Marino	L	H
330	SWE	瑞典	Sweden	L	L
331	CHE	瑞士	Switzerland	L	H
334	EST	爱沙尼亚	Estonia	L	L
335	LVA	拉脱维亚	Latvia	L	L
336	LTU	立陶宛	Lithuania	L	L
337	GEO	格鲁吉亚	Georgia	L	L
338	ARM	亚美尼亚	Armenia	L	H
339	AZE	阿塞拜疆	Azerbai jan	L	H
340	BLR	白俄罗斯	Belarus	L	H
343	MDA	摩尔多瓦	Moldova	L	H
344	RUS	俄罗斯	Russia	L	L
347	UKR	乌克兰	Ukraine	L	L
349		塞尔维亚和黑山		H	H
350	SVN	斯洛文尼亚	Slovenia	L	L
351	HRV	克罗地亚	Croatia	L	L
352	CZE	捷克	Czechia (Czech Republic)	L	L
353	SVK	斯洛伐克	Slovakia	L	L
354	MKD	北马其顿	North Macedonia	L	H
355	BIH	波斯尼亚和黑塞哥维那	Bosnia and Herzegovina	L	H
356	VAT	梵蒂冈	Holy See	H	H
357	FRO	法罗群岛	Faroe Islands	L	H

国家（地区）代码	国际标准英文简称	中文国家（地区）名称	英文国家（地区）名称	优惠/普通税率标记	船舶吨税优/普标记
358	SRB	塞尔维亚	Serbia	L	H
359	MNE	黑山	Montenegro	L	H
360	ALA	奥兰群岛	Aland Islands	H	H
361	GGY	格恩西	Guernsey	H	H
362	IMN	马恩岛	Isle of Man	H	L
363	JEY	泽西	Jersey	H	L
364	SJM	斯瓦尔巴群岛和扬马延岛	Svalbard and Jan Mayen Islands	H	H
399	ZEU	欧洲其他国家（地区）	Other European Territories	H	H
401	ATG	安提瓜和巴布达	Antigua & Barbuda	L	H
402	ARG	阿根廷	Argentina	L	L
403	ABW	阿鲁巴	Aruba	H	H
404	BHS	巴哈马	Bahamas	H	L
405	BRB	巴巴多斯	Barbados	L	H
406	BLZ	伯利兹	Belize	L	H
408	BOL	玻利维亚	Bolivia	L	H
409		博内尔	Bonaire	H	H
410	BRA	巴西	Brazil	L	L
411	CYM	开曼群岛	Cayman Islands	H	L
412	CHL	智利	Chile	L	L
413	COL	哥伦比亚	Colombia	L	H
414	DMA	多米尼克	Dominica	L	H
415	CRI	哥斯达黎加	Costa Rica	L	H
416	CUB	古巴	Cuba	L	L
417	CUW	库拉索	Curacao	H	H
418	DOM	多米尼加	Dominican Republic	L	H
419	ECU	厄瓜多尔	Ecuador	L	H
420	GUF	法属圭亚那	French Guiana	H	H
421	GRD	格林纳达	Grenada	L	H
422	GLP	瓜德罗普	Guadeloupe	H	H
423	GTM	危地马拉	Guatemala	L	H
424	GUY	圭亚那	Guyana	L	H
425	HTI	海地	Haiti	L	H
426	HND	洪都拉斯	Honduras	L	H
427	JAM	牙买加	Jamaica	L	H
428	MTQ	马提尼克	Martinique	H	H
429	MEX	墨西哥	Mexico	L	L
430	MSR	蒙特塞拉特	Montserrat	H	H
431	NIC	尼加拉瓜	Nicaragua	L	H
432	PAN	巴拿马	Panama	L	L
433	PRY	巴拉圭	Paraguay	L	H
434	PER	秘鲁	Peru	L	L
435	PRI	波多黎各	Puerto Rico	L	H
436		萨巴	Saba	H	H
437	LCA	圣卢西亚	Saint Lucia	L	H
438	MAF	法属圣马丁	Saint Martin (French Part)	H	H
439	VCT	圣文森特和格林纳丁斯	Saint Vincent and the Grenadines	L	H
440	SLV	萨尔瓦多	El Salvador	L	H
441	SUR	苏里南	Suriname	L	H
442	TTO	特立尼达和多巴哥	Trinidad and Tobago	L	H
443	TCA	特克斯和凯科斯群岛	Turks and Caicos Islands	H	H
444	URY	乌拉圭	Uruguay	L	H
445	VEN	委内瑞拉	Venezuela	L	H
446	VGB	英属维尔京群岛	British Virgin Islands	H	H
447	KNA	圣基茨和尼维斯	Saint Kitts and Nevis	L	H
448	SPM	圣皮埃尔和密克隆	Saint. Pierre and Miquelon	L	H
449	BES	博纳尔，圣俄斯塔休斯和萨巴	Bonaire, Sint Eustatius and Saba	H	H
450	BLM	圣巴泰勒米	Saint Barthélemy	H	H
451	BVT	布维岛	Bouvet Island	H	H
452	FLK	福克兰群岛（马尔维纳斯）	Falkland Islands (Malvinas)	H	H
453	SGS	南乔治亚岛和南桑德韦奇岛	South Georgia and the South Sandwich Islands	H	H
454	SXM	荷属圣马丁	Sint Maarten (Dutch part)	H	H
455	VIR	美属维尔京群岛	United States Virgin Islands	H	H
456	AIA	安圭拉	Anguilla	H	H
499	ZSA	拉丁美洲其他国家（地区）	Other Latin American Territories	H	H
501	CAN	加拿大	Canada	L	L
502	USA	美国	United States	L	L
503	GRL	格陵兰	Greenland	L	H
504	BMU	百慕大	Bermuda	H	L
505	SPM	圣皮埃尔和密克隆	Saint. Pierre and Miquelon	L	H

国家（地区）代码	国际标准英文简称	中文国家（地区）名称	英文国家（地区）名称	优惠/普通税率标记	船舶吨税优/普标记
599	ZNA	北美洲其他国家（地区）	Other North American Territories	H	H
601	AUS	澳大利亚	Australia	L	H
602	COK	库克群岛	Cook Islands	L	H
603	FJI	斐济	Fiji	L	H
604		盖比群岛	Gambier Islands	H	H
605		马克萨斯群岛	Marquesas Islands	H	H
606	NRU	瑙鲁	Nauru	H	H
607	NCL	新喀里多尼亚	New Caledonia	L	H
608	VUT	瓦努阿图	Vanuatu	L	H
609	NZL	新西兰	New Zealand	L	L
610	NFK	诺福克岛	Norfolk Island	H	H
611	PNG	巴布亚新几内亚	Papua New Guinea	L	H
612		社会群岛	Society Islands	H	H
613	SLB	所罗门群岛	Solomon Islands	L	H
614	TON	汤加	Tonga	L	H
615		土阿莫土群岛	Tuamotu Islands	H	H
616		土布艾群岛	Tubai Islands	H	H
617	WSM	萨摩亚	Samoa	L	H
618	KIR	基里巴斯	Kiribati	L	H
619	TUV	图瓦卢	Tuvalu	H	H
620	FSM	密克罗尼西亚联邦	The Federated States of Micronesia	L	H
621	MHL	马绍尔群岛	Marshall Islands	H	H
622	PLW	帕劳	Palau	H	H
623	PYF	法属波利尼西亚	French Polynesia	L	H
625	WLF	瓦利斯和富图纳	Wallis and Futuna	L	H
626	ASM	美属萨摩亚	American Samoa	H	H
627	CCK	科科斯（基林）群岛	Cocos (Keeling) Islands	H	H
628	CXR	圣诞岛	Christmas Island	H	H
629	GUM	关岛	Guam	H	H
630	HMD	赫德岛和麦克唐纳岛	Heard Island and McDonald Islands	H	H
631	MNP	北马里亚纳群岛	Northern Mariana Islands	H	H
632	NIU	纽埃	Niue	H	H
633	PCN	皮特凯恩	Pitcairn	H	H
634	TKL	托克劳	Tokelau	H	H
635	UMI	美国本土外小岛屿	United States Minor Outlying Islands	H	H
699	ZOC	大洋洲其他国家（地区）	Other Oceanian Territories	H	H
700	ATA	南极洲	Antarctica	H	H
701	ZZZ	国家（地区）不明	Countries (Territories) Unknown	H	H
702		联合国及机构和国际组织	UN and oth. int'l org.		
801	HRA	原产地不明（按相关成员最高税率）			
802	HRB	原产地不明（按所有成员最高税率）			

包装种类代码表

包装种类代码	包装种类名称	包装种类代码	包装种类名称
1	木箱	5	托盘
2	纸箱	6	包
3	桶装	7	其他
4	散装		

危包规格代码表

代码	中文名称	中文简称	代码	中文名称	中文简称
1A1	钢制不可拆装桶顶圆桶	闭口钢桶	5H4	塑料薄膜袋	塑料薄膜袋
1A2	钢制可拆装桶顶圆桶	开口钢桶	5L1	无内衬或涂层的纺织品编织袋	纺织品编织袋
1B1	铝制不可拆装桶顶圆桶	闭口铝桶	5L2	纺织品防撒漏的纺织品编织袋	纺织品编织袋
1B2	铝制可拆装桶顶圆桶	开口铝桶	5L3	纺织品防水的纺织品编织袋	纺织品编织袋
1D	胶合板圆桶	胶板圆桶	5M1	多层的纸袋	纸袋
1G	纤维圆桶	纤维圆桶	5M2	多层防水纸袋	纸袋
1H1	塑料不可拆装桶顶圆桶	闭口塑料圆桶	6HA1	塑料容器在钢桶内复合包装	钢桶塑料复包
1H2	塑料可拆装桶顶圆桶	开口塑料圆桶	6HA2	塑料容器在钢条或钢皮箱内复合包装	钢皮箱塑料复包
2C1	塞式木琵琶桶	木琵琶桶	6HB	塑料容器在铝桶内复合包装	铝桶塑料复包
2C2	非水密型木琵琶桶	木琵琶桶	6HB2	塑料容器在铝条或铝皮箱内复合包装	铝皮箱塑料复包
3A1	钢制不可拆装罐顶罐	闭口钢罐	6HC	塑料容器在木箱内复合包装	木箱塑料复包
3A2	钢制可拆装罐顶罐	开口钢罐	6HD1	塑料容器在胶合板桶内复合包装	胶板桶塑料复包
3B1	铝制不可拆装罐顶罐	闭口铝罐	6HD2	塑料容器在胶合板箱内复合包装	胶板箱塑料复包
3B2	铝制可拆装罐顶罐	开口铝罐	6HG1	塑料容器在纤维桶内复合包装	纤维桶塑料复包
3H1	塑料制不可拆装罐顶罐	闭口塑料罐	6HG2	塑料容器在纤维板箱内复合包装	纤维板箱塑料复包
3H2	塑料制可拆装罐顶罐	开口塑料罐	6HH1	塑料容器在塑料桶内复合包装	塑料桶塑料复包
4A	钢箱	钢箱	6HH2	塑料容器在硬塑料箱内复合包装	硬塑料箱复包
4B	铝箱	铝箱	6PA1	玻璃、陶瓷、粗陶器在钢桶内复合包装	玻璃钢桶复包
4C1	大木箱	大木箱	6PA2	玻璃、陶瓷、粗陶器在钢条或钢皮箱内复合包装	玻璃陶瓷钢皮箱复包
4C2	箱壁防撒漏木箱	防漏木箱	6PB1	玻璃、陶瓷、粗陶器在铝桶内复合包装	玻璃陶瓷铝桶复包
4D	胶合板箱	胶合板箱	6PB2	玻璃、陶瓷、粗陶器在铝条或铝皮箱内复合包装	玻璃陶瓷铝皮箱复包
4F	再生木木箱	再生木木箱	6PC	玻璃、陶瓷、粗陶器在木箱内复合包装	玻璃陶瓷木箱复包
4G	纤维板箱	纤维板箱	6PD1	玻璃、陶瓷、粗陶器在胶合板内复合包装	玻璃陶瓷胶板复包
4H1	膨胀的塑料箱	塑料箱	6PD2	玻璃、陶瓷、粗陶器在柳条筐内复合包装	玻璃陶瓷柳条筐复包
4H2	硬质的塑料箱	塑料箱	6PG1	玻璃、陶瓷、粗陶器在纤维桶内复合包装	玻璃陶瓷纤维桶复包
5H	塑料编织袋	塑料编织袋	6PG2	玻璃、陶瓷、粗陶器在纤维板箱内复合包装	玻璃陶瓷纤维板复包
5H1	塑料编织无内衬或涂层的袋	塑料编织袋	6PH1	玻璃、陶瓷、粗陶器在膨胀塑料包装内复合包装	玻璃陶瓷膨塑复包
5H2	塑料编织防撒漏的袋	塑料编织袋	6PH2	玻璃、陶瓷、粗陶器在硬塑料包装内复合包装	玻璃陶瓷硬塑复包
5H3	塑料编织防水的袋	塑料编织袋			

企业产品许可类别代码表

代码	中文名称	强制级别	证书类别	代码	中文名称	强制级别	证书类别
000	企业产品许可类别			413	进口可用作原料的固体废物国内收货人注册登记	D	98
100	通关司类			414	进口可用作原料的固体废物国外供货商注册登记	D	98
101	检疫处理单位审批	D	98	415	进出境集装箱场站登记	C	98,99
102	实施绿色通道制度申请	D	99	416	进口棉花境外供货商登记注册	B	98
103	直通放行申请		98,99	417	出口玩具质量许可(注册登记)	A	11
104	检疫处理人员审批		98,99	418	对出口食品包装生产企业和进口食品包装的进口商实行备案	B	21
200	卫生司类			419	输美日用陶瓷生产厂认证	A	99
203	出入境特殊物品卫生检疫审批	A	19,20	421	进出口商品检验鉴定机构许可	B	98,99
300	动植司类			422	进口废物原料装运前检验证书	C	33
301	出境水果包装厂注册登记	B	21	423	进口旧机电产品装运前检验证书	C	27
302	出境水果果园注册登记	B	99	500	食品局类		
303	进境水果境外果园/包装厂注册登记	C	21	501	出口肉类产品养殖场备案	A	99
304	出境水生动物养殖场/包转场检验检疫注册登记	A	99	502	出口蛋禽养殖场备案	B	99
305	出口饲料和饲料添加剂生产、加工、存放企业注册登记	C	99	503	出口蜂产品养蜂基地备案	C	99
306	进口饲料和饲料添加剂生产企业注册登记	C	98	504	出口食品原料种植场备案	C	99
307	进境非食用动物产品生产、加工、存放企业注册登记	C	98	505	供港澳蔬菜生产加工企业备案	C	99
308	出境货物木质包装除害处理标识加施资格申请	B	99	506	供港澳蔬菜种植基地备案	C	99
309	出境种苗花卉生产经营企业注册登记	B	99	507	出口粮谷豆类生产加工企业注册登记	C	99
310	出境竹木草制品生产企业注册登记	C	99	508	进口食品境外出口商代理商备案	C	98
311	出口植物产品生产、加工、存放企业注册登记	C	99	509	进口食品进口商备案	C	98
312	进境植物繁殖材料隔离检疫圃申请	C	98	510	进口肉类收货人备案	C	98
315	供港澳陆生动物饲养场、中转场检验检疫注册	C	12	511	进口肉类存储冷库备案	C	98
317	进出境动物指定隔离检疫场使用申请	C	98,99	512	出口加工用水产养殖场备案	A	99
318	出境动物及其非食用动物产品生产、加工、存放企业注册登记	C	99	513	进口水产品存储冷库备案	C	98
319	进境栽培介质使用单位注册	C	98	514	出口化妆品生产企业备案	C	99
320	进境动物遗传物质进口代理及使用单位备案	A	98	515	进口化妆品收货人备案	C	98
321	进境动物及动物产品国外生产单位注册	C	98	516	进口化妆品产品备案	A	98
322	饲料进口企业备案	B	98	517	进口预包装食品标签备案	A	25
323	饲料出口企业备案	C	99	518	出口食品生产企业备案	A	15
324	出境货物木质包装除害处理合格凭证	C	99	519	进口食品境外生产企业注册	A	16
325	进境动植物检疫许可证	A	17	520	出口食品生产企业境外注册	A	14
326	进境粮食加工储存单位注册	C	98	522	水果冻肉预检验证书	C	98
400	检验司类			523	进口化妆品产品套装备案	A	25
401	进出口商品免验	A	98,99	600	综合类		18
402	进口旧机电产品备案	C	39	601	进口其他证书	D	98
404	出口产品型式试验	B	32	602	出口其他证书	A	99
408	汽车预审备案	C	98	700	认监委类		
409	免于强制性认证特殊用途进口汽车检测处理程序车辆	C	98	800	准入肉类名单		17
410	免于办理强制性产品认证	C	40	900	进口肉类名录		17
411	强制性产品(CCC)认证	C	40				
412	进口涂料备案	C	98				

随附单据

序号	单证名称	来源部门	是否合并	代码	备注(单据要求)	注释
1	合同	进出口企业	是	00000004		H2010已定义代码
2	发票	进出口企业	是	00000001		H2010已定义代码
3	装箱单	进出口企业	是	00000002		H2010已定义代码
4	提/运单	进出口企业	是	00000003		H2010已定义代码
5	载货清单(舱单)	进出口企业		00000010		
6	代理报关委托协议(纸质)		是	00000008		H2010已定义代码
6	代理报关委托协议(电子)		是	10000001		H2010已定义代码
7	检验检疫证书	国内外官方机构/相关机构		20000001	1. 兽医(卫生)证书	国内外官方机构或相关机构签发的单证
				20000002	2. 动物检疫证书	
				20000003	3. 植物检疫证书	
				20000004	4. 装运前检验证书	
				20000005	5. 重量证书	
				20000006	6. TCK检验证书(美国小麦)	
				20000007	7. 熏蒸证书	
				20000008	8. 放射性物质检测合格证明	
				20000009	9. 木材发货检验码单	
				20000010	10. 水果预检验证书	
				20000011	11. 中转进境确认证明文件(经港澳地区中转入境水果)	
				20000012	12. 检测报告	
8	批准文件	海关		30000001	1. 海关进口证明书	由海关总署签发的除纳入《监管证件表》目录的相关批准文件
				30000002	2. 海关免税证明	
				30000003	3. 免于办理强制性产品认证证明	
				30000004	4. 进境动植物检疫许可证	
				30000005	5. 进口车辆识别代码(VIN)校验报告单	
				30000006	6. 境外捐赠机构登记和捐赠医疗器械备案材料	
				30000007	7. 入/出境特殊物品卫生检疫审批单	
				30000008	8. 进口食品接触产品备案书	
				30000009	9. 型式试验合格证明(首次进口压力管道元件)	
				30000010	10. 进口棉花境外供货企业登记证书(已登记的境外供货企业)	
				30000011	11. 进口涂料备案书	
				30000012	12. 同意调入函(植物繁殖材料)	
				30000013	13. 实施金伯利进程国际证书制度注册登记证	

序号	单证名称	来源部门	是否合并	代码	备注(单据要求)	注释
9	关联作业单据	海关		10000002	1. 减免税货物税款担保证明	海关前期作业过程中核发的单证
				10000003	2. 减免税货物税款担保延期证明	
				40000001	3. 深加工结转申请表	代码为 K
				40000002	4. 内销征税联系单	代码为 c
				40000003	5. 预归类标志	代码为 r
				40000004	6. 检验检疫编号	代码为 A
				40000005	7. 企业报检电子数据底账数据号	代码为 B
				40000006	8. 出/入境货物通关单(毛坯钻石用)	代码为 D
10	其他有关单证	进出口企业		50000001	企业提供的证明材料	
				50000002	企业提供的声明	
				50000003	企业提供的标签标识	
				50000004	企业提供的其他	H2010 已有 00000005(其他1),00000006(其他2),00000007(其他3)
11	海关许可证件	国内官方机构/相关机构		60000001	1. 民用爆炸品进口审批单	国内官方机构或相关机构签发的单证
				60000002	2. 民用爆炸品出口审批单	
				60000003	3. 军品出口许可证	
				60000004	4. 人类遗传资源材料出口、出境证明	
				60000005	5. 古生物化石出口、出境批件	
				60000007	6. 援外项目任务通知单	
12	唛码	进出口企业		70000001	唛码	

货物属性

序号	代码	中文名称	序号	代码	中文名称
1	11	3C 目录内	19	29	V/W 非特殊物品
2	12	3C 目录外	20	30	市场采购
3	13	无需办理 3C 认证	21	31	散装危险化学品
4	14	预包装	22	32	件装危险化学品
5	15	非预包装	23	33	非危险化学品
6	16	转基因产品	24	34	Ⅰ类医疗器械
7	17	非转基因产品	25	35	Ⅱ类医疗器械
8	18	首次进出口	26	36	Ⅲ类医疗器械
9	19	正常	27	37	医疗器械零件
10	20	废物原料	28	38	非医疗器械
11	21	旧品	29	39	特种设备
12	22	成套设备	30	40	非特种设备
13	23	带皮木材/板材	31	41	真空包装等货物
14	24	不带皮木材/板材	32	42	办理进口登记用饲料和饲料添加剂样品
15	25	A 级特殊物品	33	43	科研用饲料和饲料添加剂样品
16	26	B 级特殊物品	34	44	其他用途饲料和饲料添加剂样品
17	27	C 级特殊物品	35	46	检验结果采信
18	28	D 级特殊物品			

港口代码表

代码	国别(地区)代码	中文名称	英文名称	代码	国别(地区)代码	中文名称	英文名称
1001	101	喀布尔	KABOL	1021	108	吉兰丹	KELANTAN
1002	101	喀布尔	KABUL	1022	108	拉塔基亚	LATCHI
1003	101	坎大哈	KANDAHAR	1023	108	拉奇	LATCHI
1004	102	曼纳马	MANAMA	1024	108	利马索尔	LIMASSOL
1005	102	米纳苏尔曼	MINA SULMAN	1025	108	莫尔富	MORPHOU BAY
1006	102	悉特拉	SITRA	1026	108	尼科西亚	NICOSIA
1007	103	吉大港	CHITTAGONG	1027	108	佩福斯	PAPHOS
1008	103	达卡	DACCA	1028	108	拉奇港	PORT LATCHI
1009	103	库尔纳	KHULNA	1029	108	瓦西里克	VASSILIKO
101	101	阿富汗	Afghanistan	103	103	孟加拉国	Bangladesh
1010	105	斯里巴加湾市	BANDAR SERI BEGAWAN	1030	109	海州	HAEJU
1011	105	文莱	BRUNEI	1031	109	兴南	HUNGNAM
1012	106	若开	AKYAB	1032	109	开城	KAESONG
1013	106	阿恰布	AKYAB	1033	109	南浦	NAMPO
1014	106	勃生	BASSEIN	1034	109	清津	SEISHIN
1015	106	八莫	BHAMO	1035	109	清津	CHONGJIN
1016	106	毛淡棉	MOULMEIN	1036	109	清津	CHUNGJIN
1017	106	慕尔鸣	MOULMEIN	1037	109	新义州	SIMIJU
1018	107	磅逊	KOMPONG SOM	1038	109	元山	WONSAN
1019	107	金吉	PHNOM PENH	1039	110	香港（中国香港）	Hong Kong, Hong Kong (China)
102	102	巴林	Bahrain	104	104	不丹	Bhutan
1020	107	金边	PNOM-PENH	1040	111	阿勒皮	ALLEPPEY

代码	国别(地区)代码	中文名称	英文名称
1041	111	贝迪	BEDI
1042	111	贝莱克里	BELEKERI
1043	111	色纳加尔	BHAUNAGAR
1044	111	加尔各答	CALCUTTA
1045	111	孟买	BOMBAY
1046	111	卡利卡特	CALICUT
1047	111	卡林加帕坦	CALINGAPATNAM
1048	111	卡基纳达	COCANADA
1049	111	柯钦	COCHIN
105	105	文莱	Brunei
1050	111	达曼	DAMAN
1051	111	德里	DELHI
1052	111	霍纳瓦	HONAVAR
1053	111	卡基纳达	KAKINADA
1054	111	坎德拉	KANDLA
1055	111	卡尔瓦尔	KARWAR
1056	111	卡利卡特	KOZHIKODE
1057	111	马德拉斯	MADRAS
1058	111	马尔佩	MALPE
1059	111	曼德维	MANDVI
106	106	缅甸	Burma
1060	111	芒格洛尔	MANGALORE
1061	111	马希	MAHE
1062	111	马苏利帕特南	MASULIPATAM
1063	111	莫尔穆冈	MORMUGAO
1064	111	纳加帕蒂南	NAGAPATTINAM
1065	111	瑙拉基	NAVLAKHI
1066	111	潘吉姆	PANJIM
1067	111	新德里	NEW DELHI
1068	111	奥卡港	OKHA
1069	111	本地治里	PONDICHERRY
107	107	柬埔寨	Democratic Kampuchea
1070	111	布累尔港	PORT BLAIR
1071	111	奥卡港	PORT OKHA
1072	111	帕拉迪普港	PORT PARADIP
1073	111	波尔班达尔港	PORT PORBANDAR
1074	111	雷迪港	PORT REDI
1075	111	奎隆	QUILON
1076	111	塔德里	TADRI
1077	111	特利切里	TELLICHERRY
1078	111	图蒂科林	TUTICORIN
1079	111	佛腊伐尔	VERAVAL
108	108	塞浦路斯	Cyprus
1080	111	维扎加帕特南	VISAKHAPATNAM
1081	111	维扎加帕特南	VIZAGAPATANAM
1082	112	安班兰	AMPENAN
1083	112	阿萨汗	AROE BAY
1084	112	阿萨汗	ASAHAN
1085	112	巴眼亚比	BAGAN SIAPI-API
1086	112	BALAWAN	BALAWAN
1087	112	巴厘巴板	BALIKPAPAN
1088	112	马辰	BANDJARMASIN
1089	112	万隆	BANDUNG
109	109	朝鲜民主主义人民共和	Democratic People's Republic of
1090	112	马辰	BANJARMASIN
1091	112	本卡利斯	BENGKALIS
1092	112	明古鲁	BENGKULU
1093	112	贝诺	BENOA
1094	112	比马	BIMA
1095	112	比通	BITUNG
1096	112	井里汶	CHERIBON
1097	112	达博辛克	DABO SINGKEP
1098	112	贾贾普拉	DJAJAPURA
1099	112	雅加达	DJAKARTA
110	110	中国香港	Hong Kong (China)
1100	112	占碑	DJAMBI
1101	112	米瓦纳	DJUWANA
1102	112	栋加拉	DONGGALA
1103	112	杜迈	DUMAI
1104	112	贺兰狄亚	HOLLANDIA
1105	112	雅加达	JAKARTA
1106	112	爪畦岛	JAVA, PULAU
1107	112	达博辛克	KABO SINGKEP
1108	112	卡利安格	KALIANGET
1109	112	安班兰	KEMPO
111	111	印度	India
1110	112	吉打榜	KETAPANG
1111	112	哥打巴鲁	KOTABARU
1112	112	瓜拉卡帕斯	KUALA KAPUAS
1113	112	库迈	KUMAI
1114	112	古邦	KUPANG
1115	112	洛塞马韦	LHO'SEUMAWE
1116	112	望加锡	MACASSAR
1117	112	马杰尼	MADJENE
1118	112	马德拉斯	MADRAS
1119	112	马都拉岛	MADURA PULAU
112	112	印度尼西亚	Indonesia
1120	112	望加锡	MAKASAR
1121	112	万鸦老	MANADO
1122	112	满各里	MANGOLE ISLAND
1123	112	马诺克瓦里	MANOKWARI
1124	112	毛梅雷	MAUMERE
1125	112	默腊克	MERAK
1126	112	孔雀港	MERAK
1127	112	米拉务	MEULABOH
1128	112	蒙法尔科内	MONFALCONE
1129	112	奥莱勒厄	OLEE LHEUE
113	113	伊朗	Iran
1130	112	巴东	PADANG
1131	112	帕干巴鲁	PAKAN BARU
1132	112	双溪帕宁	PAKNING
1133	112	巨港	PALEMBANG
1134	112	巴邻旁	PALEMBANG
1135	112	帕纳鲁坎	PANARUKAN
1136	112	潘姜	PANDJANG

代码	国别(地区)代码	中文名称	英文名称	代码	国别(地区)代码	中文名称	英文名称
1137	112	庞卡尔巴兰	PANGKAL BALAM	1185	113	沙赫普尔港	BANDAR SHAHPOUR
1138	112	庞卡兰苏苏	PANGKALAN-SUSU	1186	113	哈尔克岛	KHARG ISLAND
1139	112	潘吉姆	PANJIM	1187	113	霍拉姆沙赫尔	KHORRAMSHAHR
114	114	伊拉克	Iraq	1188	113	霍拉姆沙赫尔	MOHAMMERAH
1140	112	巴里巴里	PARE RARE	1189	113	马赫沙赫尔港	PORT MAHSHAHR
1141	112	巴苏鲁	PASURUAN	119	119	老挝	Lao
1142	112	帕芒卡	PEMANGKAT	1190	113	大不里士	TABRIZ
1143	112	佩纳巴	PENABA	1191	113	德黑兰	TEHRAN
1144	112	巨港	PLAJJU	1192	113	帕勒维	PAHLEVI
1145	112	坤甸	PONTIANAK	1193	114	巴格达	BAGHDAD
1146	112	蓬提亚纳	PONTIANAK	1194	114	巴士拉	BASRAH
1147	112	普罗伯林果	PROBOLINGGO	1195	114	霍尔阿米亚	KHOR AL-AMYA
1148	112	三巫	PULO SAMBU	1196	114	基尔库克	KIRKUK
1149	112	沙璜	SABANG	1197	114	摩苏尔	MOSUL
115	115	以色列	IARAEL	1198	114	巴士拉	SHATT-EL ARAB
1150	112	三马林达	SAMARINDA	1199	114	乌姆卡斯尔	UM QASR
1151	112	三发	SAMBAS	120	120	黎巴嫩	Lebanon
1152	112	散皮	SAMPIT	1200	114	ZUBAIR	ZUBAIR
1153	112	塞拉潘姜	SELAT PANDJANG	1201	114	法奥	FAO
1154	112	三宝垄	SEMARANG	1202	116	网走	ABASHIRI
1155	112	实武牙	SIBOLGA	1203	116	纲干	ABOSHI
1156	112	锡卡	SIKKA	1204	116	相生	AIOI
1157	112	西姆拉	SIMLA	1205	116	AJIGAWA	AJIGAWA
1158	112	山口羊	SINGKAWANG	1206	116	秋田	AKITA
1159	112	苏朗	SORONG	1207	116	AKITSU	AKITSU
116	116	日本	Japan	1208	116	尼崎	AMAGASAKI
1160	112	贾贾普拉	SUKARNAPURA	1209	116	阿南	ANAN
1161	112	苏拉威西	SULAWESI	121	121	中国澳门	Macao，China
1162	112	苏门达腊	SUMATRA	1210	116	青森	AOMORI
1163	112	双溪帕宁	SUNGEI PAKNING	1211	116	渥美	ATSUMI
1164	112	泗水	SURABAJA	1212	116	千叶	CHIBA
1165	112	苏腊巴亚	SURABAYA	1213	116	DOKAI	DOKAI
1166	112	苏苏	SUSU	1214	116	福山	FUKUYAMA
1167	112	丹戎班丹	TANDJUNG PANDAN	1215	116	船桥	FUNABASHI
1168	112	泗水	TANDJUNG PERAK	1216	116	船桥	FUNAKAWA
1169	112	丹戎不碌	TANDJUNG PRIOK	1217	116	伏木	FUSHIKI
117	117	约旦	Jordan	1218	116	蒲郡	GAMAGORI
1170	112	雅加达海港	TANDJUNG PRIOK	1219	116	八户	HACHINOHE
1171	112	丹戎乌班	TANDJUNG UBAN	122	122	马来西亚	Malaysia
1172	112	塔帕土安	TAPAKTUAN	1220	116	荻	HAGI
1173	112	打拉根	TARAKAN ISLAND	1221	116	傅多	HAKATA
1174	112	直葛	TEGAL	1222	116	函馆	HAKODATE
1175	112	特卢巴尤尔	TELUKBAJUR	1223	116	滨田	HAMADA
1176	112	德那第	TERNATE	1224	116	阪南	HANNAN
1177	112	芝拉扎	TJILATJAP	1225	116	日明	HIAGARI
1178	112	井里汶	TJIREBON	1226	116	响滩	HIBIKINADA
1179	112	文古尔拉	VENGURLA	1227	116	东播磨（IHO）	HIGASHIHARIMA
118	118	科威特	Kuwait	1228	116	姬路	HIMEJI
1180	113	阿巴丹	ABADAN	1229	116	广烟	HIROHATA
1181	113	阿巴斯港	B. ABBAS	123	123	马尔代夫	Maldives
1182	113	阿巴斯港	BANDAR	1230	116	广岛	HIROSHIMA
1183	113	阿巴斯港	BANDAR ABBAS	1231	116	曰立	HITACHI
1184	113	马夏赫尔港	BANDAR MAHSHAHR	1232	116	细岛	HOSOJIMA

代码	国别(地区)代码	中文名称	英文名称
1233	116	今治	IMABARI
1234	116	尹万里	IMARI
1235	116	因岛	INNOSHIMA
1236	116	石卷	ISHINOMAKI
1237	116	系崎	ITOZAKI
1238	116	岩国	IWAKUNI
1239	116	伊予三岛	IYO-MISHIMA
124	124	蒙古国	Mongolia
1240	116	伊予三岛	IYOMISHIMA
1241	116	鹿儿岛	KAGOSHIMA
1242	116	鹿儿岛新港	KAGOSHIMA SHINKO
1243	116	海南	KAINAN
1244	116	加古川	KAKOGAWA
1245	116	釜石	KAMAISHI
1246	116	金泽	KANAZAWA
1247	116	芯田	KANDA
1248	116	门司	KANMON PORT
1249	116	鹿川	KANOKAWA
125	125	尼泊尔	Nepal FDR
1250	116	笠冈	KASAOKA
1251	116	鹿岛	KASHIMA
1252	116	川崎	KAWASAKI
1253	116	KEIHIN PORT	KEIHIN PORT
1254	116	喜入	KIIRE
1255	116	菊间	KIKUMA
1256	116	君津	KIMITSU
1257	116	衣浦	KINUURA
1258	116	木更津	KISARAZU
1259	116	神户	KOBE
126	126	阿曼	Oman
1260	116	高知	KOCHI
1261	116	小仓	KOKURA
1262	116	小松岛	KOMATSUSHIMA
1263	116	下松	KUDAMATSU
1264	116	吴港	KURE
1265	116	黑崎	KUROSAKI
1266	116	钏路	KUSHIRO
1267	116	舞鹤	MAIZURU
1268	116	枚山	MAKIYAMA
1269	116	枕崎	MAKURASAKI
127	127	巴基斯坦	Pakistan
1270	116	马刀泻	MATEGATA
1271	116	松山	MATSUYAMA
1272	116	三池	MIIKE
1273	116	水俣	MINAMATA
1274	116	三岛 川三江	MISIMA-KAWANOE
1275	116	三角	MISUMI
1276	116	浮岛	MITSUKOJIMA
1277	116	宫古	MIYAKO
1278	116	宫津	MIYAZU
1279	116	水岛	MIZUSHIMA
128	128	巴勒斯坦	Palestine
1280	116	门司	MOJI
1281	116	纹别	MONBETSU
1282	116	向岛	MUKAISHIMA
1283	116	室兰	MURORAN
1284	116	余丁纳	MUTSURE
1285	116	室兰	MUYOYAN
1286	116	长崎	NAGASAKI
1287	116	名古屋	NAGOYA
1288	116	那霸	NAHA
1289	116	中城	NAKAGUSUKU
129	129	菲律宾	Philippines
1290	116	七尾	NANAO
1291	116	直江津	NAOETSU
1292	116	直岛	NAOSHIMA
1293	116	新潟东	NIGATA-HIGASHI
1294	116	新潟	NIIGATA
1295	116	新居滨	NIIHAMA
1296	116	大船渡	OFUNATO
1297	116	扇岛	OGISHIMA
1298	116	大分	OHITA
1299	116	大分	OITA
130	130	卡塔尔	Qatar
1300	116	御前崎	OMAEZAKI
1301	116	小名滨	ONAHAMA
1302	116	尾道	ONOMICHI
1303	116	大阪	OSAKA
1304	116	小樽	OTARU
1305	116	尾鹫	OWASE
1306	116	留萌	RUMOI
1307	116	佐贺关	SAGANOSEKI
1308	116	佐伯	SAIKI
1309	116	界港	SAKAI
131	131	沙特阿拉伯	Saudi Arabia
1310	116	阪出	SAKAIDE
1311	116	境港	SAKAIMINATO
1312	116	境港	SAKAIMINOTA
1313	116	酒田	SAKATA
1314	116	佐世保	SASEBO
1315	116	仙台	SENDAI
1316	116	饰磨	SHIKAMA
1317	116	清水	SHIMIZU
1318	116	下关	SHIMONOSEKI
1319	116	下津	SHIMOTSU
132	132	新加坡	Singapore
1320	116	盐斧	SHIOGAMA
1321	116	苏萨	SUSA (SOUSSE)
1322	116	洲崎	SUZAKI
1323	116	桔	TACHIBANA
1324	116	田子浦	TAGONOURA
1325	116	高松	TAKAMATSU
1326	116	托间	TAKUMA
1327	116	田边	TANABE
1328	116	户烟	TOBATA
1329	116	东海	TOKAI

代码	国别(地区)代码	中文名称	英文名称
133	133	韩国	Republic of Korea
1330	116	德山	TOKUYAMA
1331	116	东京	TOKYO
1332	116	苫小牧	TOMAKOMAI
1333	116	富田	TONDA
1334	116	余丁纳	TOTTORI
1335	116	富山	TOYAMA
1336	116	富山新港	TOYAMA-SHINKO
1337	116	丰桥	TOYOHASHI
1338	116	津居山	TSUIYAMA
1339	116	津久见	TSUKUMI
134	134	斯里兰卡	Sri Lanka
1340	116	敦贺	TSURUGA
1341	116	鹤崎	TSURUSAKI
1342	116	宇部	UBE
1343	116	内浦	UCHIURA
1344	116	宇野	UNO
1345	116	宇野和玉野	UNO &TAMANO
1346	116	若松	WAKAMATSU
1347	116	和歌山	WAKAYAMA
1348	116	若松	WAKKANAI
1349	116	若松	YAHATA
135	135	叙利亚	Syria
1350	116	八代	YATSUAHIRO
1351	116	八代	YATSUSHIRO
1352	116	八幡	YAWATA
1353	116	四日市	YOKKAICHI
1354	116	横滨	YOKOHAMA
1355	116	横须贺	YOKOSUKA
1356	116	神户	KOBE
1357	116	下关	SHIMONOSEKI
1358	116	新潟	NIIGATA
1359	117	亚喀巴	AQABA
136	136	泰国	Thailand
1360	117	伊尔比德	IRBID
1361	117	纳布鲁斯	NABLUS
1362	118	科威特	KUWAIT
1363	118	米内艾哈迈迪	MENA -AL-AHMADI
1364	118	米纳阿卜杜拉	MENA ABDULLA
1365	118	米纳萨乌德	MENA SAUD
1366	118	舒艾巴	SHUAIBA
1367	118	科威特	SHUWAIKH
1368	119	万象	VIENTIANE
1369	120	贝鲁特	BEIRUT
137	137	土耳其	Türkiye
1370	120	西顿	SIDON
1371	120	的黎波里	TRIPOLI
1372	120	特里特利	TRIPOLI
1373	121	澳门（中国澳门）	Macao，Macau（China）
1374	121	澳门（中国澳门）	Macau，Macau（China）
1375	122	巴卡皮	BAKAPIT
1376	122	比纳唐	BINATANG
1377	122	乔治市	GEORGE TOWN
1378	122	柔弗巴鲁	JOHORE BAHRU
1379	122	甘马挽	KEMAMAN
138	138	阿拉伯联合酋长国	United Arab Emirates
1380	122	亚疵	KOTA KINABALU
1381	122	哥打基纳巴卢	KOTA KINABALU
1382	122	吉隆坡	KRISTIANSTAD N.
1383	122	克里斯蒂安松	KUCHING
1384	122	古晋	KUCHING
1385	122	古达	KUDAT
1386	122	库纳克	KUNAK
1387	122	拉布安	LABUAN
1388	122	拉阿德-达士	LAHAD DATU
1389	122	拉瓦斯	LAWAS
139	139	也门共和国	Republic of Yemen
1390	122	林邦	LIMBANG
1391	122	林加	LINGGA
1392	122	米里	LUTONG
1393	122	马六加	MALACCA
1394	122	米里	MIRI
1395	122	帕西古当	PASIR GUDANG
1396	122	槟城	PENANG
1397	122	乔治市	PENANG
1398	122	波德申	PORT DICKSON
1399	122	巴生港	PORT KELANG
1400	122	巴生港	PORT SWETTENHAM
1401	122	普赖	PRAI
1402	122	山打根	SANDAKAN
1403	122	萨里克	SARIKEI
1404	122	塞京卡	SEJIGKAT
1405	122	森坡纳	SEMPORNA
1406	122	诗巫	SIBU
1407	122	斗湖	TAWAU
1408	122	特洛拉穆尼亚	TELOK RAMUNIA
1409	122	TG. MANIS	TG. MANIS
141	141	越南	Vietnam
1410	122	拉布安	VICTORIA HARBOUR
1411	122	斗湖	WALLACE BAY
1412	123	马雷岛	MALE I.
1413	124	乌兰巴托	ULAANBAATAR
1414	124	乌兰巴托	ULANBATOR
1415	124	乌兰巴托	ULANBAATAR
1416	126	法哈勒港	MINA-AL-FAHAL
1417	126	加布斯港	PORT QABOOS
1418	127	卡拉奇	KARACHI
1419	128	耶路撒冷	JERUSALEM
142	142	中国境内	CHINA
1420	128	利达	LYDDA
1421	128	阿什杜德	ASHDOD
1422	129	阿巴里	APARRI
1423	129	碧瑶	BAGUIO
1424	129	八打雁	BATANGAS
1425	129	比斯利格	BISLIG BAY
1426	129	保和	BOHOL

代码	国别(地区)代码	中文名称	英文名称	代码	国别(地区)代码	中文名称	英文名称
1427	129	布瓦杨	BUAYAN	1475	132	普劳萨巴洛克	PULO MERLIMAU
1428	129	宿务	CEBU	1476	132	普劳萨巴洛克	PULO SEBAROK
1429	129	卡加延德塞多	CAGAYAN DE ORO	1477	132	新加坡	SINGAPORE
143	143	中国台湾	Taiwan, China	1478	132	新加坡	TANJONG PAGAR
1430	129	达沃	DAVAO	1479	132	丹戎彭尤鲁	TANJONG PENJURU
1431	129	杜马格特	DUMAGUETE	148	148	土库曼斯坦	Turkmenistan
1432	129	吉马腊斯	GUIMARAS	1480	133	釜山	BUSAN
1433	129	伊利甘	ILIGAN	1481	133	群山	GUNZAM
1434	129	伊洛伊洛	ILOILO	1482	133	仁川	INCHON
1435	129	怡朗	ILOILO	1483	133	马山	MASAN
1436	129	伊萨贝拉	ISABELA	1484	133	镇海	CHINHAE
1437	129	和乐	JOLO	1485	133	木浦	MOPPO
1438	129	何塞帕尼加尼万	JOSE PANGANIBAN	1486	133	蒲项	POHANG
1439	129	黎牙实比	LEGASPI	1487	133	尉山	ULSAN
144	144	东帝汶	East Timor	1488	133	丽水	YOSU
1440	129	吕宋岛	LUZON I.	1489	134	科伦坡	COLOMBO
1441	129	马尼拉	MANILA	149	149	乌兹别克斯坦	Uzbekstan
1442	129	马辛洛克	MASINLOC	1490	134	加勒	GALLE
1443	129	民多罗岛	MINAORO I.	1491	134	亭可马里	TRINCOMALEE
1444	129	棉兰老岛	MINDANAO I.	1492	135	巴尼亚斯	BANIYAS
1445	129	班乃岛	PANAY I.	1493	135	大马士革	DAMASCUS
1446	129	普临塞萨港	PUERTO PRINCESSA	1494	135	拉塔基亚	LATTAKIA
1447	129	浦鲁帕腾	PULUPANDAN	1495	135	塔尔图斯	TARTOUS
1448	129	奎松城	QUEZON CITY	1496	136	AYUTTHSYA	AYUTTHSYA
1449	129	萨马岛	SAMAR I.	1497	136	曼谷	BANGKOK
145	145	哈萨克斯坦	Kazakhstan	1498	136	北大年	PATTANI
1450	129	圣弗尔南多	SAN FERNABDO	1499	136	普吉	PHUKET
1451	129	桑义	SANGI	150	150	格鲁吉亚	Georgia
1452	129	塔巴科	TABAO	1500	136	萨塔西普	SATTAHIP
1453	129	塔克洛班	TACLOBAN	1501	136	是拉差	SIRACHA
1454	129	坦多克	TANDOC	1502	136	宋卡	SONGKHLA
1455	129	桑义	TOLEDO	1503	137	阿达比亚	ADABIYA
1456	129	伊洛伊洛	YLOILO	1504	137	伊斯肯德伦	ALEXANDRETTA
1457	129	三宝颜	ZAMBOANGA	1505	137	阿马斯腊	AMASRA
1458	130	多哈	DOHA	1506	137	安塔利亚	ANTALYA
1459	130	乌姆赛义德	UMMSAIB	1507	137	班德尔马	BANDIRMA
146	146	吉尔吉斯斯坦	Kirghizia	1508	137	地里斯凯里斯	DELISKELESI
1460	131	AL JUBAIL	AL JUBAIL	1509	137	德林斯	DERINCE
1461	131	AL-JUBAIL	AL-JUBAIL	151	151	亚美尼亚	Armenia
1462	131	布赖代	BURAYDAH	1510	137	埃雷利	EREGLI
1463	131	达曼	DAMMAM	1511	137	法察	FATSA
1464	131	吉达	JEDDAN	1512	137	吉勒安	GIRESUN
1465	131	吉达	JIDDA	1513	137	格姆利克	GEMLIK
1466	131	JUBAIL	JUBAIL	1514	137	海达尔帕夏	HAYDARPASA
1467	131	JUBALL	JUBALL	1515	137	霍帕	HOPA
1468	131	麦加	MAKKAH	1516	137	伊内博卢	INEBOLU
1469	131	麦加	MECCA	1517	137	伊斯肯德伦	ISKENDERUN
147	147	塔吉克斯坦	Tadzhikistan	1518	137	伊斯坦布尔	ISTANBUL
1470	131	利雅得	RIYADH	1519	137	伊兹密尔	IZMIR
1471	131	廷布	YENBO	152	152	阿塞拜疆	Azerbaijan
1472	132	普劳布科姆	PULAU BUKOM	1520	137	卡拉	KARADENIZEREGLISI
1473	132	普劳艾亚却文	PULO AYER CHAWEN	1521	137	开塞利	KAYSERI
1474	132	普劳梅里茅	PULO BUKOM	1522	137	马尔马里斯	MARMARIS

代码	国别(地区)代码	中文名称	英文名称
1523	137	梅尔辛	MERSIN
1524	137	穆坦尼亚	MUDANYA
1525	137	奥陶	ORDU
1526	137	里泽	RIZE
1527	137	萨姆松	SAMSUN
1528	137	锡诺普	SINOP
1529	137	伊兹密尔	SMYRNA
1530	137	特基尔达	TEKIRDAG
1531	137	提雷博卢	TIREBOLU
1532	137	特拉帕尼	TREBIZOND
1533	137	特拉布松	TRABZON
1534	137	温耶	UNYE
1535	137	埃雷利	UZUNKUM
1536	137	澳纳	VONA
1537	137	宗古尔达克	ZONGULBAK
1538	137	宗古尔达克	ZONGULDAK
1539	138	阿布扎比	ABU DHABI
1540	138	达斯岛	DAS I.
1541	138	达斯岛	BAA
1542	138	达斯岛	IALAND
1543	138	迪拜	DUBAI
1544	138	杰贝力赞纳	JEBAL DHANNA
1545	138	丹戎不碌	JEBEL DHANNA
1546	138	沙迦	SHARJAH
1547	139	荷台达	HODEIDAH
1548	139	萨那	SANA
1549	140	亚丁	ADEN
1550	140	木卡拉	MUKALLA
1551	140	索哥德拉	SOCOTYA
1552	141	岘港	DANANG
1553	141	河内	HA NOI
1554	141	海防	HAIPHONG
1555	141	鸿基	HONGAY
1556	141	老街	LAO CAI
1557	141	锦普港	PORT CAMPHA
1558	141	胡志明市	HU ZH MIN
1559	141	西贡	SAIGON
1560	143	高雄（中国台湾）	Kaohsiung, Taiwan, China
1561	143	基隆（中国台湾）	Keelung (Chilung), Taiwan, China
1562	201	阿尔及尔	ALGIERS
1563	201	安纳巴	ANNABA
1564	201	阿尔泽	ARZEW
1565	201	贝贾亚	BEJAJA
1566	201	贝贾亚	BOUGIE
1567	201	贝尼萨夫	BENI-SAF
1568	201	安纳巴	BONA（ANNABA）
1569	201	贝贾亚	BOUGIE（BEJAIA）
1570	201	BREIRA	BREIRA
1571	201	德利斯	DELLYS
1572	201	吉杰利	DJIDJELLI
1573	201	穆斯塔加奈	MOSTAGANEM
1574	201	奈穆尔	NEMOUYS
1575	201	奥兰	ORAN
1576	201	斯基克达	PHILIPPEVILLE
1577	201	布赖拉港	PORT BREIRA
1578	201	加扎乌埃特	PORT GHAZAOUET
1579	201	圭敦港	PORT GUEYDON
1580	201	凯拉赫港	PORT KELAH
1581	201	塞港	PORT SAY
1582	201	斯基克达	SKIKDA
1583	202	洛比托	LOBITO
1584	202	罗安达	LUANDA
1585	202	莫卡梅德斯	MOCAMEDES
1586	202	木萨米迪什	MOSSAMEDES
1587	202	新里东杜	NOVO REDONDO
1588	202	安博因港	PORTO AMBOIM
1589	202	亚历山大港	PORTO ALEXANDRE
1590	203	科托努	COTONOU
1591	203	科托努	KOTONU
1592	203	波格诺伏	PORTO NOVO
1593	206	杜阿拉	DOUALA
1594	776		
1595	206	梯科	TIKO
1596	206	雅温得	YAOUNDE
1597	207	阿雷西费	ARRECIFE
1598	207	拉斯帕耳马斯	LAS PALMAS
1599	207	拉萨利内塔	LA SALINETA
1600	207	圣克鲁斯	TENERIFE
1601	208	明德卢	MINDELO
1602	208	波多格兰德	PORTO GRANDE
1603	208	格兰德港	ST. VINCENT CAPE VERD
1604	211	ATI	ATI
1605	212	昂儒昂岛	ANJOUAN ISLAND
1606	212	莫埃利岛	MOHELI ISLAND
1607	212	丰博尼	FOMBONI
1608	212	木察木杜	MUTSAMUDU
1609	212	莫罗尼	MORONI
1610	213	黑角	POINTE NOIRE
1611	214	奥博克	OBOCK
1612	214	塔朱拉	TADJOURA
1613	215	阿布泽尼马	ABOU ZENIMA
1614	215	阿布泽尼马	ADOU ZENIMA
1615	215	亚力山大	ALEXANDRIA
1616	215	达米亚特	DAMIETTA
1617	215	库赛尔	KOSSEIR
1618	215	易卜拉辛姆港	PORT IBRAHIM
1619	215	伊斯梅利亚	ISMAILIA
1620	215	塞得港	PORT SAID
1621	215	萨法贾	SAFAGA
1622	215	苏伊士	SUEZ
1623	215	苏伊士运河	SUEZ CANAL
1624	215	瓦迪-费兰	WADI FEIRAN
1625	215	赛卢姆	SALUM
1626	216	圣卡尔洛斯	SAN CARLOS
1627	216	圣伊萨贝尔	SANTA ISABEL

代码	国别(地区)代码	中文名称	英文名称
1628	216	里奥白尼托	RLO BENITO
1629	217	阿萨布	ASSAB
1630	217	马萨瓦	MASSAWA
1631	217	蒂奥	THIO
1632	218	让提尔港	PORT GENTIL
1633	218	利伯维尔	LIBREVILLE
1634	218	马永巴	MAYUMBA
1635	218	奥温多	OWENDO
1636	219	班珠尔	BANJUI
1637	220	阿达	ADDA
1638	220	海岸角	CAPE COAST
1639	220	温尼亚	WINNEBA
1640	220	阿克拉	ACCRA
1641	220	塔科腊迪	TAKORADI
1642	220	特马	TEMA
1643	221	本蒂	BENTY
1644	221	科纳克里	CONAKRY
1645	221	科纳克里	CONAKRI
1646	221	维多利亚	VICTORIA
1647	222	比绍	BISSAO
1648	222	博拉马	BOLAMA
1649	222	布巴克	BUBAQUE
1650	222	卡谢乌	CACHEO
1651	223	阿比让	ABIDJAN
1652	223	布埃港	PORT BOUET
1653	223	萨散德腊	SASSANDRA
1654	223	弗雷斯哥	FRESCO
1655	223	大巴萨姆	GRAND BASSAM
1656	224	拉穆	LAMU
1657	224	马林迪	MALINDI
1658	224	蒙巴萨	MOMBASA
1659	224	内罗毕	NAIROBI
1660	225	布坎南	BUCHANAN
1661	225	HARPER C.	HARPER C.
1662	225	下布坎南	LOWER BUCHANAN
1663	225	马绍尔	MARSHALL
1664	225	蒙罗维亚	MONROVIA
1665	225	帕尔马斯角	CAPE PALMAS
1666	226	班加西	BENGHAII
1667	226	卜富加港	MARSA EL BREGA
1668	226	托卜鲁克	TOBRUK
1669	226	余丁纳	ZUEITINA
1670	226	巴尔迪亚	BARDIA
1671	226	德尔纳	DERNA
1672	226	米苏拉塔	MISURATA
1673	226	拉斯拉努夫	RAS LANUF
1674	226	的黎波里	TRIPOLI
1675	227	马任加	MAJUNGA
1676	227	马南扎里	MANANJARY
1677	227	努西贝	NOSSI-BE
1678	227	塔那那利佛	TANANARIVE
1679	227	图莱亚尔	TOLEARY
1680	227	图莱亚尔	TULEAR
1681	227	多凡堡	FORT DAUPHIN
1682	227	多凡堡	TOLAGNARO
1683	227	迪耶里-苏瓦雷斯	DIEGO SUAREI
1684	227	迪耶里-苏瓦雷斯	ANTSIRANANA
1685	228	利隆圭	LILONGWE
1686	229	凯斯	KAYES
1687	229	塞古	SEGOU
1688	229	锡卡索	SIKASSO
1689	229	廷巴克图	TIMBUKTU
1690	230	努瓦迪布	NOUADHIBOU
1691	230	努瓦克肖特	NOUAKCHOTT
1692	231	路易港	PORT LOUIS
1693	232	阿加迪尔	AGANA
1694	232	克尼特拉	KENITRA
1695	232	勒拉柴	LARACHE
1696	232	马尔提勒	MARTIL
1697	232	伊萨奥伊拉	MOGADOR
1698	232	穆哈默迪亚	MOHAMMEDIA
1699	232	克尼特拉	PORT LYAUTEY
1700	232	RIO MARTIN	RIO MARTIN
1701	232	萨非	SAFI
1702	232	丹吉尔	TANJONG MANI
1703	232	马尔提勒	TETUAN
1704	233	贝拉	BEIRA
1705	233	伊尼亚巴内	INHAMBANE
1706	233	洛伦索-马贵斯	LOURENCO MARQUES
1707	233	马普托	MAPUTO
1708	233	杰迪达	MAZAGAN
1709	233	莫三鼻给	MOZAMBIQUE
1710	233	纳卡拉	NACALA
1711	233	阿梅利亚港	PORTO AMELIA
1712	233	克里马内	QUELIMANE
1713	233	钦德	CHINDE
1714	234	奥兰治蒙德	ORANJEMUND
1715	234	卢得立次	LUDERITZ
1716	234	沃尔维斯港	WALVIS BAY
1717	234	鲸港	WALVIS BAY
1718	234	温得和克	WINDHOEK
1719	235	阿加德兹	AGADEZ
1720	235	尼亚美	NIAMEY
1721	235	津德尔	ZINDER
1722	236	德格马	ABONNEMA
1723	236	阿帕帕	APAPA
1724	236	德格马	DEGEMA
1725	236	IDDO	IDDO
1726	236	科科	KOKO
1727	236	拉格斯	LAGOS
1728	236	奥克里卡	OKRIKA
1729	236	萨佩莱	SAPELE
1730	236	华里	WARRI
1731	236	博尼	BONNY
1732	236	卡拉巴尔	CALABAR
1733	236	哈尔科特港	PORT HARCOURT

代码	国别（地区）代码	中文名称	英文名称	代码	国别（地区）代码	中文名称	英文名称
1734	237	圣但尼	ST. DENIS	1787	301	安特卫普	ANTWERP
1735	237	普安特德加莱	POINTE DES GALETS	1788	301	布鲁日	BRUGES
1736	239	圣多美	SAO TOME	1789	301	布鲁塞尔	BRUSSELS
1737	240	丰迪乌涅	FOUNDIOUGNE	1790	301	根特	GHENT
1738	240	圣路易斯	ST. LOUIS	1791	301	列日	LIEGE
1739	240	达喀尔	DAKAR	1792	301	尼乌波特	NIEUPORT
1740	240	考拉克	KAOLACK	1793	301	奥斯坦德	OSTEND
1741	240	济甘肖尔	ZIGUINCHOR	1794	301	泽不腊赫	ZEEBRUGGE
1742	241	维多利亚港	PORT VICTORIA	1795	302	奥本罗	AABENRAA
1743	242	波必尔	PEPEL	1796	302	奥尔堡	AALBORG
1744	242	歇尔布罗	SHERBYO	1797	302	奥尔胡斯	AARHUS
1745	242	邦特	BONTHE	1798	302	埃勒斯克平	AEROSKOBING
1746	242	弗里敦	FREETOWN	1799	302	阿林格	ALLINGE
1747	243	柏培拉	BERBERA	1800	302	阿斯尼斯	ASNAES
1748	243	基斯马由	KISMAYU	1801	302	阿森斯	ASSENS
1749	243	摩加迪沙	MAGADISCIO	1802	302	班德霍尔姆	BANDHOLM
1750	243	马尔卡	MERCA	1803	302	博根塞	BOGENSE
1751	243	莫格迪绍	MOGADISCIO	1804	302	哥本哈根	COPENHAGEN
1752	244	德班	DURBAN	1805	302	卡隆堡	ESSO OIL PIER
1753	244	约翰内斯堡	JOHANNESBURG	1806	302	哈梅哈夫楠	HAMMERHAVEN
1754	244	开普敦	COPE TOWN	1807	302	哈斯勒	HASLE
1755	244	东伦敦	EAST LONDON	1808	302	赫尔辛格	HELSINGOR
1756	244	伊丽萨白港	PORT ELIZABETH	1809	302	希次哈尔斯	HIRTSHALS
1757	244	诺洛斯港	PORT NOLLOTH	1810	302	霍布罗	HOBRO
1758	244	西蒙斯敦	SIMONSTOWN	1811	302	霍尔贝克	HOLBAEK
1759	245	锡兹内罗斯城	VILLA CISNEROS	1812	302	霍尔森斯	HORSENS
1760	246	萨瓦金	SUAKIN	1813	302	卡隆堡	KALUNDBORG
1761	246	苏丹港	PORT SUDAN	1814	302	卡雷贝克斯明德	KARREBAEKSMINDE
1762	247	达累斯萨拉姆	DAR-ES-SALAAM	1815	302	凯特米纳	KERTEMINDE
1763	247	基尔瓦基文杰	KILWA KIVINJE	1816	302	克拉克斯维克	KLAKKSVIK
1764	247	基尔瓦玛索科	KILWA MASOKO	1817	302	克耶	KOGE
1765	247	林迪	LINDI	1818	302	科尔灵	KOLDING
1766	247	姆特瓦拉	MTWARA	1819	302	科尔塞	KORSOR
1767	247	潘加尼	PANGANI	1820	302	金比	KYNDBY
1768	247	奔巴岛	PEMBA ISLAND	1821	302	累姆维	LEMVIG
1769	247	坦噶	TANGA	1822	302	马里耶尔	MARIAGER
1770	247	桑给巴尔	ZABZIBAR	1823	302	马斯内多韦尔凯特港	MASNEDOWVAERKET HARB
1771	248	洛美	LOME	1824	302	伏尔丁堡南港	MASNEDSUND
1772	248	阿内乔	ANECHO	1825	302	米德尔法特	MIDDELFART
1773	248	小波波	LITTLE POPO	1826	302	讷斯特弗德	NAESTVED
1774	249	比塞大	BIZERTA	1827	302	纳克斯考	NAKSKOV
1775	249	加贝斯	GABES	1828	302	讷克塞	NEXO
1776	249	拉古莱特	LA GOUIETTE	1829	302	尼堡	NYBORG
1777	249	拉斯基拉	LA SKHIRRA	1830	302	尼克宾	NYKOBING，MORS
1778	249	斯法克斯	SFAX	1831	302	尼克宾	NYKOBING，SJAELLAND
1779	249	苏斯	SOUSSE	1832	302	欧登塞	ODENSE
1780	249	苏萨	SUSA	1833	302	恩舍尔兹维克	ORNSKOLDSVIK
1781	249	突尼斯	TUNIS	1834	302	谢累夫斯科尔	ORVIKEN
1782	252	巴纳纳	BANANA	1835	302	朴次茅斯	PORTSMOUTH
1783	252	博马	BOMA	1836	302	勒讷	RONNE
1784	252	马塔迪	NATADI	1837	302	ROSBYHAVN	ROSBYHAVN
1785	253	恩多拉	NDOLA	1838	302	吐伯堡	RUBORG HAVN
1786	299	德尔加达港	PONTA DELGADA	1839	302	鲁德克丙	RUDKOBING

代码	国别(地区)代码	中文名称	英文名称
1840	302	萨格斯科宾	SAKSKOBING
1841	302	斯卡晏	SKAGEN HARBOUR
1842	302	斯凯尔斯科尔	SKELSKOR
1843	302	斯基沃	SKIVE
1844	302	森讷堡	SONDERBORG
1845	302	斯代厄	STEGE
1846	302	吉尔夫哈文	STIGNAES
1847	302	斯特鲁尔	STRUER
1848	302	斯图伯克宾	STUBBEKOBING
1849	302	斯瓦内克	SVANEKE
1850	302	斯文堡	SVENDBORG
1851	302	提斯特德	THISTED
1852	302	托尔斯港	THORSHAVN
1853	302	特沃罗伊尔	TVOROYRI
1854	302	瓦古尔	VAGUR
1855	302	怀勒	VEJLE
1856	302	韦斯特马纳	VESTMANHAVN
1857	302	伏尔丁堡南港	VORDINGBORG SYDHAVN
1858	302	沃斯托克岛	VOSTOK I.
1859	303	阿伯丁	ABERDEEN
1860	303	阿伯杜尔	ABERDOUR
1861	303	阿伯多维	ABERDOVEY
1862	303	沃耳德尼岛	ALDERNEY0 I.
1863	303	阿尔赫西拉斯	ALGECIRAS
1864	303	阿姆卢赫	AMLWCH
1865	303	AMNLE	AMNLE
1866	303	安德顿德波	ANDERTON DEPOT
1867	303	安纳隆	ANNALONG
1868	303	安南	ANNAN
1869	303	安斯特鲁瑟	ANSTRUTHER
1870	303	阿普尔多尔	APPLEDORE
1871	303	阿布罗思	ARBROATH
1872	303	阿德格拉斯	ARDGLASS
1873	303	阿德里希格	ARDRISHAIG
1874	303	埃房默斯	AVONMOUTH
1875	303	埃尔	AYR
1877	303	BALFAST	BALFAST
1878	303	巴金	BARKING
1879	303	巴尔默斯	BARMOUTH
1880	303	巴恩斯特普尔	BARNSTAPLE
1881	303	巴罗	BARROW-IN-FURNESS
1882	303	BATSKARSNAS	BATSKARSNAS
1883	303	博马里斯	BEAUMARIS
1884	303	贝尔波特	BELLPORT
1885	303	伯明翰	BERMINGHAM
1886	303	特威德河畔伯里克	BERWLCK-UPON-TWEED
1887	303	比德福德	BIDEFORD
1888	303	伯尔黑德	BIRKENHEAD
1889	303	伯明翰	BIRMINGHAM
1890	303	布来恩	BLYTH
1891	303	波士顿	BOSTON
1892	303	博林	BOWLING
1893	303	布里奇沃特	BRIDGWATER
1894	303	布里德林顿	BRIDLINGTON
1895	303	布里德波特	BRIDPORT
1896	303	布里斯托尔	BRISTOL
1897	303	尼思	BRITON FERRY
1898	303	布里克萨姆	BRIXHAM
1899	303	布朗巴勒港	BROMBOROUGH DOCK
1900	303	BRRAY DOCKS	BRRAY DOCKS
1901	303	巴基	BUCKIE
1902	303	布德	BUDE
1903	303	伯格黑德	BURGHEAD
1904	303	卡那封	CAERNARVON
1905	303	喀利多尼亚运河	CALEDONIAN CANAL
1906	303	坎普尔敦	CAMPBELTOWN
1907	303	加的夫	CARDIFF
1908	303	卡恩拉夫	CARNLOUGH
1909	303	卡里克费格斯	CARRICKFERGUS
1910	303	查理斯顿	CHARLESTOWN
1911	303	克来德波特	CLYDE PORT
1912	303	科耳切斯特	COLCHESTER
1913	303	康纳码头	CONNAH'QUAY
1914	303	科尔帕奇-喀里多尼亚	CORPACH-CALEDO-NIAN
1915	303	考斯	COWES
1916	303	克赖根多兰	CRAIGENDORAN
1917	303	克里南运河	CRINAN CANAL
1918	303	戴根纳姆	DAGENHAM DOCK
1919	303	达特默思	DARTMOUTH
1920	303	迪甘韦港	DEGANWY QUAY
1921	303	多费尔	DOVER
1922	303	道格拉斯	DOUGIAS
1923	303	当斯	DOWNS
1924	303	达姆夫里斯	DUMFRIES
1925	303	当巴尔	DUNBAR
1926	303	丹迪	DUNDEE
1927	303	达农	DUNOON
1928	303	EDINBURGH	EDINBURGH
1929	303	埃克塞特	EXETER
1930	303	埃克斯默斯	EXMOUTH
1931	303	艾默斯	EYEMOUTH
1932	303	法耳默斯	FALMOUTH
1933	303	芳纳特	FINNART
1934	303	菲什加德	FISHGUARD
1935	303	威廉港	FORT WILLIAM
1936	303	福恩港	FORTH PORTS
1937	303	格拉斯哥	GLASGOW
1938	303	大雅茅斯	GREAT YARMONTH
1939	303	格里诺克	GREENOCR
1940	303	哈特耳普耳	HARTLEPOOL
1941	303	哈里季	HARWICH
1942	303	海尔	HAYLE
1943	303	海舍姆	HEYSHAM
1944	303	霍利黑德	HOLYHEAD
1945	303	赫尔	HULL

代码	国别(地区)代码	中文名称	英文名称
1946	303	伊夫腊库姆	ILFRACOMBE
1947	303	伊明翰	IMMINGHAM
1948	303	因弗果尔登	INVERGORDON
1949	303	因沃内斯	INVERNESS
1950	303	伊普斯威奇	IPSWICH
1951	303	欧文	IRVINE
1952	303	梅希略内斯	ISLE OF GRAIN
1953	303	曼岛	ISLE OF MAN
1954	303	艾泽耳沃思	ISLEWORTH
1955	303	太恩	JARROW483
1956	303	圣墨利厄尔	JERSEY
1957	303	基尔基尔	KILKEEL
1958	303	金斯林	KING'S LYNN
1959	303	福思港	KIRKCALDY
1960	303	科克沃耳	KIRKWALL
1961	303	凯耳	KYLE OF LOCHALSH
1962	303	米德尔斯布勒	LACKENBY
1963	303	兰卡斯特	LANCASTER
1964	303	拉格兹	LARGS
1965	303	拉恩	LARNE
1966	303	利物浦	LIVERPOOL
1967	303	洛桑	LAXEY
1968	303	福思港	LEITH
1969	303	勒尔维克	LERWICK
1970	303	利特耳汉普顿	LITTLEHAMPTON
1971	303	洛哈林	LOCHALINE
1972	303	洛赫博伊斯代尔	LOCHBOISDALE
1973	303	洛赫马迪港	LOCHMADDY HARBOUR
1974	303	伦敦	LONDON
1975	303	伦敦德里	LONDONDERRY
1976	303	卢	LOOE
1977	303	洛西默思	LOSSIEMOUTH
1978	303	斯特朗福	LOUGH STRANGFORD
1979	303	洛斯托夫特	LOWESTOFT
1980	303	来布斯特	LYBSTER
1981	303	利德尼	LYDNEY
1982	303	金斯林	LYNN
1983	303	麦克达夫	MACDUFF
1984	303	马尔登	MALDON
1985	303	曼彻斯特	MANCHESTER
1986	303	哈里季	MANNINGTREE
1987	303	梅德韦港	MEDWAY PORTS
1988	303	梅沃吉西	MEVAGISSEY
1989	303	米德尔斯布勒	MIDDLESBROUGH
199	199	亚洲其他国家（地区）	Other Asian Territories
1990	303	米耳弗德港	MILFORD HAVEN
1991	303	米勒姆	MILLOM
1992	303	梅德韦港	MILTON REGIS
1993	303	迈恩黑德	MINEHEAD
1994	303	米斯特利	MISTLEY
1995	303	芒特罗兹	MONTROSE
1996	303	莫斯廷	MOSTYN
1997	303	讷恩	NAIRN
1998	303	尼思	NEATH
1999	303	纽伯格	NEWBURGH
2000	303	纽卡斯尔	NEWCASTLE
2001	303	纽黑平	NEWHAVEN
2002	303	纽林	NEWLYN
2003	303	纽里	NEWRY
2004	303	太国	NORTH SHIELDS
2005	303	北散德兰	NORTH SUNDERLAND
2006	303	诺里季	NORWICH
2007	303	诺丁汉	NOTTINGHAM
2008	303	奥班	OBAN
2009	303	帕德斯托	PADSTOW
201	201	阿尔及利亚	Algeria
2010	303	帕尔纳基	PALNACKIE
2011	303	帕尔	PAR
2012	303	曼岛	PEEL
2013	303	米耳弗德港	PEMBROKE DOCK
2014	303	彭曼马尔	PENMAENMAWR
2015	303	彭林	PENRYN
2016	303	彭赞斯	PENZANCE
2017	303	皮特赫德	PETERHEAD
2018	303	巴罗-因-弗内斯	PIEL
2019	303	普利茅斯	PLYMOUTH
202	202	安哥拉	Angora
2020	303	普耳	POOLE
2021	303	阿斯凯格皮尔港	PORT ASKAIG PIER
2022	303	埃伦港	PORT ELLEN
2023	303	曼岛	PORT ERIN
2024	303	太恩	PORT OF TYNE AUTHORI
2025	303	塔耳伯特港	PORT TALBOT
2026	303	波里莱文	PORTHLEVEN
2027	303	PORTISHEAD	PORTISHEAD
2028	303	PORTKNOCKIE	PORTKNOCKIE
2029	303	波特马多克	PORTMADOC
203	203	贝宁	Benin
2030	303	波特里	PORTREE
2031	303	波特拉什	PORTRUSH
2032	303	普雷斯顿	PRESTON
2033	303	PURFLEET	PURFLEET
2034	303	昆伯勒	QUEENBOROUGH
2035	303	南昆斯费里	QUEENSFERRY
2036	303	里耳	RHYL
2037	303	罗赛斯	ROSYTH
2038	303	罗西	ROTHESAY
2039	303	朗克恩	RUN CORN
204	204	博茨瓦那	Botswana
2040	303	拉伊	RYE
2041	303	曼彻斯特	SALFORD
2042	303	散德岛	SANDAY I.
2043	303	桑德威奇	SANDWICH
2044	303	桑德斯富特	SANNDERSFOOT
2045	303	斯卡洛韦	SCALLOWAY

代码	国别(地区)代码	中文名称	英文名称
2046	303	斯卡尔布勒	SCARBOROUGH
2047	303	锡利群岛	SCILLY IS.
2048	303	斯克拉布斯特	SCRABSTER
2049	303	锡厄姆港	SEAHAM HARBOUR
205	205	布隆迪	Burundi
2050	303	沙普内斯	SHARPNESS
2051	303	梅德韦港	SHEERNESS
2052	303	伦敦	LONDON
2053	303	太恩	SHIELDS
2054	303	肖尔黑姆	SHOREHAM
2055	303	锡洛思	SILLOTH
2056	303	太恩	SOUTH SHIELDS
2057	303	南安普敦	SOUTHAMPTON
2058	303	索森德	SOUTHEND
2059	303	圣黑利厄尔	ST. HELIER
206	206	喀麦隆	Cameroon
2060	303	圣艾夫斯	ST. LVES
2061	303	圣玛格丽特霍普	ST. MARGARET'S HOPE
2062	303	锡利群岛	ST. MARY'
2063	303	圣彼得港	ST. POTER PORT
2064	303	斯通黑文	STONEHAVEN
2065	303	斯托诺威	STORNOWAY
2066	303	斯特朗福	STRANGFORD
2067	303	斯特兰腊尔	STRANRAER
2068	303	斯特罗姆内斯	STROMNESS
2069	303	散德兰	SUNDERLAND
207	207	加那利群岛	Canary Is
2070	303	萨顿布里奇	SUTTON BRIDGE
2071	303	斯温西	SWANSEA
2072	303	塔伯特	TARBERT
2073	303	米德尔斯布勒	TEESPORT
2074	303	廷默思	TEJGNMOUTH
2075	303	坦比	TENBY
2076	303	瑟尔索	THUYSO
2077	303	托伯莫里	TOBERMORY
2078	303	托普瑟姆	TOPSHAM
2079	303	托尔基	TORQUAY
208	208	佛得角	Cabo Verde
2080	303	特隆	TROON
2081	303	特鲁罗	TRURO
2082	303	太恩	TYNE
2083	303	阿拉普耳	ULLAPOOL
2084	303	沃克沃恩港	WARKWORTH HARBOUR
2085	303	沃林波因特	WARRENPOINT
2086	303	沃切特	WATCHET
2087	303	威耳斯	WELLS
2088	303	威姆斯贝	WEMYSS BAY
2089	303	哈特耳普耳	WEST HARTLPOOL
209	209	中非	Central African Republic
2090	303	韦斯顿波因特	WESTON POINT DOCKS
2091	303	韦斯特雷	WESTRAY
2092	303	惠特比	WHITBY
2093	303	怀特霍耳	WHITEHALL
2094	303	怀特黑文	WHITEHAVEN
2095	303	惠次特布耳	WHITSTABLA
2096	303	威克	WICK
2097	303	维斯比奇	WISBECH
2098	303	维文霍	WIVENHOE
2099	303	渥金顿	WORKINGTON
210	210	塞卜泰	Ceuta
2100	304	布腊克	BRAKE
2101	304	不来梅	BREMEN
2102	304	不来梅港	BREMERHAVEN
2103	304	布尼斯比特尔	BRUNSBUTTEL
2104	304	科隆	COLOGNE
2105	304	库克斯港	CUXHAVEN
2106	304	杜伊斯堡	DUISBURG-RUHRORT
2107	304	杜塞尔多夫	DUSSELDORT
2108	304	埃肯弗尔德	ECKERNFORDE
2109	304	埃姆登	EMDEN
211	211	乍得	Chad
2110	304	汉堡	HAMBURG
2111	304	海利根哈芬	HEILIGENHAFEN
2112	304	霍尔特瑙	HOLTENAU
2113	304	胡苏姆	HUSUM
2114	304	基尔	KIEL
2115	304	基尔-霍尔特瑙	KIEL-HOLTENAU
2116	304	科隆	KOLN
2117	304	克雷菲尔德	KREFELD
2118	304	拉伯	LABOE
2119	304	累尔	LEER
212	212	科摩罗	Comoros
2120	304	卢卑克	LUBECK
2121	304	卢卑克-特拉韦明德	LUBECK-TRAVEMUNDE
2122	304	诺伊斯	NEUSS
2123	304	诺尔登哈姆	NORDENHAM
2124	304	奥尔登堡	OLDENBURG
2125	304	帕彭堡	PAPENBURG
2126	304	舒劳	SCHULAU
2127	304	特宁	TONNING
2128	304	费格扎克	VEGESACK
2129	304	威廉港	WILHELMSHAVEN
213	213	刚果共和国	Congo
2130	305	阿布维尔	ABBEVILLE
2131	305	阿雅克修	AJACCIO
2132	305	AMBES	AMBES
2133	305	昂蒂布	ANTIBES
2134	305	阿尔卡雄	ARCACHON
2135	305	巴森	BASSENS
2136	305	巴斯提亚	BASTIA
2137	305	巴荣纳	BAYONNE
2138	305	贝克当贝斯	BEC D'AMBES
2139	305	布拉伊	BLAYE
214	214	吉布提	Djibouti
2140	305	博尼法修	BONIFACIO
2141	305	波尔多	BORDEAUX

代码	国别（地区）代码	中文名称	英文名称
2142	305	海滨布洛尼	BOULOGNE-SUR-MER
2143	305	布勒斯特	BREST
2144	305	加来	CAIAIS
2145	305	瑟堡	CHERBOURG
2146	305	冈	CAEN-OUISTREHAM
2147	305	卡耳维	CALVI
2148	305	卡马雷	CAMARET-SUR-MER
2149	305	卡恩	CANNES
215	215	埃及	Egypt
2150	305	孔卡尔诺	CONCARNEAU
2151	305	达乌埃	DAHOUET
2152	305	第厄普	DIEPPE
2153	305	栋日	DONGES
2154	305	敦刻尔克	DUNKIRK
2155	305	弗康	FECAMP
2156	305	翁夫勒尔	HONFLEUR
2157	305	伊尔鲁斯	ILE ROUSSE
2158	305	拉修塔	LA CIOTAT
2159	305	拉努维勒	LA NOUVELLE
216	216	赤道几内亚	Eq. Guinea
2160	305	拉帕利斯	LA PALLICE
2161	305	拉罗舍尔	LA ROCHELLE
2162	305	朗德尔诺	LANDERNEAU
2163	305	奥莱龙堡	LE CHATEAU D'OLEYON
2164	305	勒吉尔多	LE GUILDO
2165	305	勒阿夫勒	LE HAVRE
2166	305	莱盖圣布里厄	LEGUE-SAINT BRIEUC
2167	305	利布恩	LIBOURNE
2168	305	洛克蒂迪	LOCTUDY
2169	305	洛里昂	LORIENT
217	217	埃塞俄比亚	Ethiopia
2170	305	马赛	MARSEILLES
2171	305	莫尔列	MORLAIX
2172	305	南特	NANTES
2173	305	尼斯	NICE
2174	305	潘伯夫	PAIMBOEUF
2175	305	潘波耳	PAIMPOL
2176	305	巴黎	PARIS
2177	305	波亚克	PAUILLAC
2178	305	彭特拉贝	PONT L'ABBE
2179	305	旺德勒港	PORT VENDRES
218	218	加蓬	Gabon
2180	305	韦基奥港	PORTO VECCHIO
2181	305	普罗普里亚诺	PROPRIANO
2182	305	坎佩尔	QUIMPER-CORNIGUEL
2183	305	罗什福尔	ROCHEFORT
2184	305	罗斯科夫	ROSCOFF
2185	305	鲁昂	ROUEN
2186	305	萨布勒-多隆	SABLES D'OLONNE
2187	305	塞特	SETE
2188	305	巴荣讷	ST. JEAN DE LUZ
2189	305	圣路易	ST. LOUIS DU RHONE
219	219	冈比亚	Gambia
2190	305	圣马洛	ST. MALO
2191	305	圣纳泽尔	ST. NAZAIRE
2192	305	圣瓦勒里	ST. VALERY
2193	305	斯特拉斯堡	STRASBOURG
2194	305	托内沙朗特	TONNAY-CHARENTE
2195	305	土伦	TOULON
2196	305	特雷居埃尔	TREGUIER
2197	305	特雷波尔	TREPORT
2198	305	迪奥维尔特鲁维尔	TROUVILLE
2199	305	韦尔东	VERDON
220	220	加纳	Ghana
2200	306	阿克洛	ARKLOW
2201	306	巴利纳	BALLINA
2202	306	巴尔的摩	BALTIMORE
2203	306	班特里港	BANTRY HARBOUR
2204	306	克尔西文	CAHIRSIVEEN
2205	306	克里弗登	CLIFDEN
2206	306	科克	CORK
2207	306	当加尔文	DUNGARVAN
2208	306	多尼奥尔	DONEGAL
2209	306	德罗厄达	DROGHEDA
221	221	几内亚	Guinea
2210	306	都柏林	DUBLIN
2211	306	当拉里	DUN LAOGHAIRE
2212	306	邓坎农	DUNCANNON
2213	306	当多克	DUNDALK
2214	306	豪斯	HOWTH
2215	306	基拉勒	KILLALA
2216	306	基利贝格兹	KILLYBEGS
2217	306	基尔马西蒙港	KILMACSIMON QUAY
2218	306	基尔罗南港	KILRONAN HARBOUR
2219	306	基尔腊希	KILRUSH
222	222	几内亚（比绍）	Guineabissau
2220	306	金塞尔	KINSALE
2221	306	利默里克	LIMERICK
2222	306	莫危利	MOVILLE
2223	306	马尔罗伊	MULROY
2224	306	罗斯累尔	ROSSLARE
2225	306	斯来果	SLIGO
2226	306	瓦伦西亚	VALENTIA
2227	306	瓦特福	WATERFORD
2228	306	韦斯特波特	WESTPORT
2229	306	维克洛	WICKLOW
223	223	科特迪瓦（象牙海岸）	Cote d'lvoir
2230	306	约尔	YOUGHAL
2231	307	安科纳	ANCONA
2232	307	安齐奥	ANZIO
2233	307	奥古斯塔	AUGUSTA
2234	307	阿沃拉	AVOLA
2235	307	巴尼奥利	BAGNOLI
2236	307	巴里	BARI
2237	307	巴列塔	BARLETTA

代码	国别(地区)代码	中文名称	英文名称	代码	国别(地区)代码	中文名称	英文名称
2238	307	博洛尼亚	BOIOGNA	2286	307	塔拉莫内	TALAMONE
2239	307	布林的西	BRINDISI	2287	307	塔兰托	TARANTO
224	224	肯尼亚	Kenya	2288	307	奥克里卡	TERRANOVA
2240	307	卡西阿里	CAGLIARI	2289	307	托雷-阿农齐亚塔	TORRE-ANNUNZIATA
2241	307	卡洛福特	CARLOFORTE	229	229	马里	Mali
2242	307	契维塔韦基亚	CIVITAVECCHIA	2290	307	的里雅斯特	TRIESTE
2243	307	克罗托内	CROTONE	2291	307	威尼斯	VENEZIA
2244	307	斯培西亚	DELAWARE BREALWATERO	2292	307	威尼斯	VENICE
2245	307	热那亚	GENOA	2293	308	卢森堡	LUXEMBOURG
2246	307	斯培西亚	LA SPEZIA	2294	309	阿尔克马	ALKMAAR
2247	307	利窝那	LEGHORN	2295	309	阿姆斯特丹	AMSTERDAM
2248	307	勒尔维克	LICATA	2296	309	德尔夫宰尔	DELFZIJL
2249	307	利沃诺	LIVORNO	2297	309	多德雷赫特	DORDRECHT
225	225	利比里亚	Liberia	2298	309	赫尔德	EDN HELDER
2250	307	马里纳-迪-卡腊腊	MARINA DI CARRARA	2299	309	汉斯韦尔特	HANSWEERT
2251	307	马尔萨拉	MARSALA	230	230	毛里塔尼亚	Mauritania
2252	307	马扎拉德尔瓦洛	MAZARA DLE VALLO	2300	309	哈尔林根	HARLINGEN
2253	307	墨西拿	MESSINA	2301	309	海勒武特斯莱斯	HELLEVOETSLUIS
2254	307	米拉措	MGLAZZO	2302	309	海尔蒙德	HELMOND
2255	307	米兰	MILAN	2303	309	希尔佛苏姆	HILVERSUM
2256	307	莫尔费塔	MOLFETTA	2304	309	艾莫伊登	IJMUIDEN
2257	307	莫诺波利	MONOPOLI	2305	309	莱顿	LEIDEN
2258	307	那不勒斯	NAPLES	2306	309	马斯莱斯	MAASSLUIS
2259	307	奥尔比亚	OLBIA	2307	309	米德尔堡	MIDDELBURG
226	226	利比亚	Libya	2308	309	奈梅根	NIJMEGEN
2260	307	巴勒莫	PALERMO	2309	309	鹿特丹	ROTTERDAM
2261	307	佩萨罗	PESARO	231	231	毛里求斯	Mauritius
2262	307	皮翁比诺	PIOMBINO	2310	309	谢弗宁根	SCHEVENINGEN
2263	307	PORTIG LIONE	PORTIG LIONE	2311	309	斯希丹	SCHIEDAM
2264	307	阿祖罗港	PORTO AZZURRO	2312	309	特讷曾	SLUISKIL
2265	307	恩佩多克累港	PORTO EMPEDOCLE	2313	309	特讷曾	TERNEUZEN
2266	307	摩格厦拉	PORTO SANTO STEFANO	2314	309	符拉尔丁根	VLAARDINGEN
2267	307	托雷斯港	PORTO TORRES	2315	309	符利辛根	VLISSINGEN
2268	307	PORTOGERRAIO	PORTOGERRAIO	2316	309	伊默伊登	YMUIDEN
2269	307	斯库索港	PORTOSCUSO	2317	309	赞丹	ZAANDAM
227	227	马达加斯加	Madagascar	2318	309	济里克塞	ZIERIKZEE
2270	307	维斯梅港	PORTOVESME	2319	310	卡瓦拉	CAVALLA
2271	307	波佐利	POZZUOLI	232	232	摩洛哥	Morocco
2272	307	普腊托	PRATO	2320	310	卡尔基斯	CHALKIS
2273	307	辟利洛	PRIOLO	2321	310	阿伊阿特里阿斯	AGIA TRIAS
2274	307	拉文纳	RAVENNA	2322	310	阿哥斯托利昂	ARGOSTOLION
2275	307	里奥马里纳	RIO MARINA	2323	310	阿斯普罗皮戈斯	ASPROPYRGOS
2276	307	萨累诺	SALERNO	2324	310	雅典	ATHENS
2277	307	圣雷莫	SAN REMO	2325	310	干尼亚	CANEA
2278	307	桑达基斯达	SANTA GUISTA	2326	310	德拉佩特佐拉	DRAPETZONA
2279	307	撒丁岛	SARDINIA	2327	310	HERMUPOLIS	HERMUPOLIS
228	228	马拉维	Malawi	2328	310	伊拉克里昂	IRAKLION
2280	307	萨罗克	SARROCH	2329	310	伊塔基	ITHACA
2281	307	萨沃纳	SAVONA	233	233	莫桑比克	Mozambique
2282	307	西西里	SICILY	2330	310	伊塔基	ITHAKI
2283	307	斯培西亚	SPEZIA	2331	310	卡拉迈	KALAMAI
2284	307	斯培西亚	STETTIN	2332	310	卡拉迈	KALAMATA
2285	307	锡腊丘斯	SYRACUSE	2333	310	卡利利梅内斯	KALI LIMEMES

代码	国别(地区)代码	中文名称	英文名称
2334	310	干尼亚	KHANIA
2335	310	基林霍尔姆	KILLINGHOLME
2336	310	卡利利梅内斯	KOLOI-LIMNIONES
2337	310	塞里福斯岛	KONTALA
2338	310	拉夫里昂	LAURIUM
2339	310	LIXURI	LIXURI
234	234	纳米比亚	Namibia
2340	310	米提林尼	MITYLENE
2341	310	帕尔加	PARGA
2342	310	佩特雷	PATRAS
2343	310	比雷埃夫斯	PIRAEUS
2344	310	萨罗尼卡	SALONICA
2345	310	塞里福斯岛	SERIPHOS ISLAND
2346	310	苏达贝	SUDA BAY
2347	310	锡拉	SYRA
2348	310	卡尔基斯	TALANTA CHANNEL
2349	310	萨罗尼卡	THESSALONIKI
235	235	尼日尔	Niger
2350	310	代提	VATHI
2351	310	伏洛斯	VOLOS
2352	310	扎金索斯	ZAKYNTHOS
2353	310	赞提	ZANTE
2354	311	阿布鲁	AVEIRO
2355	311	BANATICA	BANATICA
2356	311	法鲁-达福什	FARO-OLHAO
2357	311	菲盖腊-达福什	FIGUEIRA
2358	311	莱雄什	LEIXOES
2359	311	里斯本	LISBON
236	236	尼日利亚	Nigeria
2360	311	奥良	OLHAO
2361	311	波尔图	OPORTO
2362	311	波马劳	POMARON
2363	311	波尔蒂芒	PORTIMAO
2364	311	锡土巴尔	SETUBAL
2365	311	锡尼什	SINES
2366	311	维亚纳城	VIANA DO CASTELO
2367	311	圣安东尼奥城	VILLA REAL DE ST. ANT
2368	312	阿耳黑西腊斯	ALGECIRAS
2369	312	布里亚纳	BURRIANA
237	237	留尼汪	Réunion
2370	312	卡塔黑纳	CARTAGENA
2371	312	卡斯特里翁	CASTELLON DE LA PLAN
2372	312	费罗尔	FERROL
2373	312	冈迪亚	GANDIA
2374	312	阿德腊	ADRA
2375	312	阿吉拉斯	AGUILAS
2376	312	阿利坎特	ALICANTE
2377	312	阿尔梅利亚	ALMERIA
2378	312	阿斯塔科斯	ASTAKOS
2379	312	ASTILLERO	ASTILLERO
238	238	卢旺达	Rwanda
2380	312	阿维莱斯	AVILES
2381	312	BALEARIC IA.	BALEARIC IA.
2382	312	巴塞罗那	BARCELONA
2383	312	比尔罗鄂	BILBOA
2384	312	卡的斯	CADIZ
2385	312	库列腊	CULLERA
2386	312	德尼亚	DENIA
2387	312	希洪	GIJON
2388	312	韦耳发	HUELVA
2389	312	伊维萨岛	IVIZA
239	239	圣多美和普林西比	Sao Tome & Principe
2390	312	哈维阿	JAVEA
2391	312	拉卡莱拉	LA CALERA
2392	312	马德里	MADRID
2393	312	马翁	MAHON
2394	312	马拉加	MALAGA
2395	312	马林	MARIN
2396	312	马萨龙	MAZARRON
2397	312	莫特里尔	MOTRIL
2398	312	木罗斯	MUROS
2399	312	帕拉莫斯	PALAMOS
240	240	塞内加尔	Senegal
2400	312	帕尔马	PALMA
2401	312	帕萨黑斯	PASAJES
2402	312	波尔曼	PORMAN
2403	312	里瓦德塞利亚	RIVADESELLA
2404	312	罗萨斯	ROSAS
2405	312	里瓦德奥	RIBADEO
2406	312	罗塔	ROTA
2407	312	萨贡托	SAGUNTO
2408	312	圣弗利乌-德-古肖尔斯	SAN FELIU DE GUIXOLS
2409	312	阿维莱斯	SAN JUAN DO NIEVA
241	241	塞舌尔	Seychelles
2410	312	桑坦德	SAOTANDER
2411	312	塔腊戈纳	TARRAGONA
2412	312	托雷韦哈	TORREVIEJA
2413	312	巴伦西亚	VALENCIA
2414	312	维戈	VIGO
2415	312	维利亚加西亚-德-阿罗	VILLAGARCIA DE AROSE
2416	312	维韦罗	VIVERO
2417	313	都拉斯	DURRES
2418	313	萨兰达	SARANDE
2419	313	发罗达	VALONA
242	242	塞拉利昂	Sierra Leone
2420	313	发罗达	VLORE
2421	314	ANDORRA LA VELLA	ANDORRA LA VELLA
2422	315	林茨	LIUZ
2423	315	维也那	VIENNA
2424	316	布加斯	BOURGAS
2425	316	瓦尔纳	VARNA
2426	353	PRAHA	PRAHA
2427	318	土耳库	ABO
2428	318	哈米纳	HAMINA

代码	国别（地区）代码	中文名称	英文名称	代码	国别（地区）代码	中文名称	英文名称
2429	318	汉科	HANGO	2477	326	哈默菲斯特	HAMMERFEST
243	243	索马里	Somalia	2478	326	哈尔斯塔	HARSTAD
2430	318	赫尔辛基	HELSINKI	2479	326	豪格松	HAUGESUND
2431	318	贾科布斯塔德	JAKOBSTAD	248	248	多哥	Togo
2432	318	卡斯基嫩	KASKO	2480	326	喜罗雅	HEROYA
2433	318	科特卡	KOTKA	2481	326	霍尔梅斯兰	HOLMESTRAND
2434	318	克里斯提内斯塔德	KRISTINESTAD	2482	326	霍尔腾	HORTEN
2435	318	托尔尼奥	KUUSILUOTO	2483	326	赫延格尔	HOYANGER
2436	318	拉赫提	LAHTI	2484	326	胡斯讷斯	HUSNES
2437	318	洛维萨	LOVISA	2485	326	莫斯	KAMBO
2438	318	曼太卢托	MANTYLUOTO	2486	326	基尔克真	KIRKENES
2439	318	盖密	KEMI	2487	326	克莱文	KLEVEN
244	244	南非（阿扎尼亚）	S. Africa	2488	326	科伯维克	KOPERVIK
2440	318	科科拉	KOKKOLA	2489	326	克腊格勒	KRAGERO
2441	318	尼斯塔德	NYSTAD	249	249	突尼斯	Tunisia
2442	318	奥鲁	OULU	2490	326	克里斯蒂安桑 南	KRISTIANSAND S.
2443	318	腊黑	RAAHE	2491	326	克里斯蒂安松 北	KRISTIANSUND N.
2444	318	劳马	RAUMA	2492	326	拉尔维克	LARVIK
2445	318	波里	PORI	2493	326	莱尔维克	LEIRVIK
2446	318	ROYTTA	ROYTTA	2494	326	莱尔维克	LERVIC
2447	318	埃克纳斯	TAMMISAARI	2495	326	利勒散	LILLESAND
2448	318	坦佩雷	TAMPERE	2496	326	洛丁恩	LODINGEN
2449	318	托尔尼奥	TORNEA	2497	326	林厄尔	LYNGOER
245	245	西撒哈拉	Western Sahara	2498	326	马洛于	MAALOY
2450	318	托尔尼奥	TORNIO	2499	326	曼达耳	MANDAL
2451	318	土耳库	TURKU	250	250	乌干达	Uganda
2452	318	奥鲁	ULEABORG	2500	326	莫城	MO I RANA
2453	318	乌西考蓬基	UUSIKAUPUNKI	2501	326	莫尔德	MOLDE
2454	318	瓦沙	VASA	2502	326	莫绍恩	MOSJOEN
2455	318	瓦尔科	WALKOM	2503	326	莫斯	MOSS
2456	318	于克斯皮拉	YKSPIHLAYA	2504	326	奈斯内斯	NAERSNES
2457	318	于克斯皮拉	YXPILA	2505	326	纳姆索斯	NAMSOS
2458	304	罗斯托克	ROSTOCK	2506	326	纳尔维克	NARVIK
2459	304	斯特拉尔松	STRALSUND	2507	326	奥达	ODDA
246	246	苏丹	Sudan	2508	326	克里斯蒂安桑	ODDEROYA
2460	304	罗斯托克	WARNEMRNDE	2509	326	奥斯陆	OSLO
2461	304	维斯马	WISMAR	251	251	布基纳法索	Burkina Faso
2462	322	阿库雷里	AKUREYRI	2510	326	波尔斯格伦	PORSGRUND
2463	322	凯夫拉维克	KEFLAVIK	2511	326	RISOBANK	RISOBANK
2464	322	雷科雅未克	REYKJAVIK	2512	326	里瑟尔	RISOER
2465	322	塞迪斯菲约杜尔	SEYDISJORD	2513	326	散纳非奥尔	SANDEFJORD
2466	322	斯特勒伊姆斯维克	STRAUMSVIK	2514	326	散内斯	SANDNES
2467	322	韦斯特马纳埃亚	VESTMANNAEYJAR	2515	326	萨尔普斯堡	SARPSBORG
2468	325	摩纳哥	MONACO	2516	326	绍达	SAUDA
2469	326	奥勒松	AALESUND	2517	326	希恩	SKIEN
247	247	坦桑尼亚	Tanzania	2518	326	斯库德内斯哈文	SKUDESNESHAVN
2470	326	ARDALSTANGEN	ARDALSTANGEN	2519	326	斯拉根唐恩	SLAGENTANGEN
2471	326	阿伦达尔	ARENDAL	252	252	刚果民主共和国	Democratic Republic of Congo
2472	326	卑尔根	BERGEN	2520	326	斯塔万格	STAVANGER
2473	326	博德	BODO	2521	326	斯泰恩谢尔	STEINKJER
2474	326	布雷维克	BREVIK	2522	326	斯韦尔根	SVELGEN
2475	326	BYE	BYE	2523	326	SVOLVAER	SVOLVAER
2476	326	德腊门	DRAMMEN	2524	326	塔姆斯哈文	THAMSHAVN

代码	国别(地区)代码	中文名称	英文名称	代码	国别(地区)代码	中文名称	英文名称
2525	326	顿斯贝克	TONSBERG	2573	330	朗茨克鲁纳	LANDSKRONA
2526	326	都港	TOU	2574	330	利德彻平	LIDKOPING
2527	326	特罗姆瑟	TROMSO	2575	330	利姆汉	LIMHAMN
2528	326	特韦德斯特兰	TVEDESTRAND	2576	330	于斯南	LJUSNE
2529	326	瓦德索	VADSO	2577	330	卢马	LOMMA
253	253	赞比亚	Zambia	2578	330	赫纳散德	LUGNVIK
2530	326	瓦尔德	VARDO	2579	330	律勒欧	LULEA
2531	326	波尔斯格伦	VOLDA	258	258	厄立特里亚	Eritrer
2532	327	达尔沃沃	DARLOWO	2580	330	吕塞奇尔	LYSEKIL
2533	327	格丁尼亚	GDYNIA	2581	330	马尔默	MALMO
2534	327	科沃布热格	KOLOBRZEG	2582	330	马里厄斯塔德	MARIESTAD
2535	327	施维诺威施切	SWINOUJSCIE	2583	330	马斯特兰德	MARSTRAND
2536	327	什切青	SZCZECIN	2584	330	塞德彻平	MEM
2537	327	乌斯特卡	USTKA	2585	330	木塔拉	MOTALA
2538	327	弗拉迪斯拉沃沃	WLADYSLAWOWO	2586	330	斯德哥尔摩	NACKA
2539	328	布勒伊拉	BRAILA	2587	330	诺尔彻平	NORRKOPING
254	254	津巴布韦	Zimbabwe	2588	330	诺尔森底特	NORRSUNDET
2540	328	布加勒斯特	BUCHAREST	2589	330	阿拉	NYHAMN
2541	328	康斯坦萨	CONSTANTZA	259	259	马约特岛	Mayotte
2542	328	加拉茨	GALATZ	2590	330	尼彻平	NYKOPING
2543	328	苏利纳	SULINA	2591	330	尼内斯哈门	NYNASHAMN
2544	329	圣马力诺	SAN MARINO	2592	330	奥斯卡斯汉	OSKARSHAMN
2545	330	欧许斯	AHUS	2593	330	奥特贝肯	OTTERBACKEN
2546	330	阿拉	ALA	2594	330	奥克瑟勒松德	OXELOSUND
2547	330	阿尔博加	ARBOGA	2595	330	皮特欧	PITEA
2548	330	博里霍尔姆	BORGHOLM	2596	330	罗内比	RONNEBY
2549	330	恩彻平	ENKOPING	2597	330	伦斯卡	RONNSKAR
255	255	莱索托	Lesotho	2598	330	山打尼	SANDARNE
2550	330	耶夫勒	GAVLE	2599	330	散维克	SANDVIK
2551	330	哥得堡	GOTHENBURG	260	260	南苏丹	South Sudan
2552	330	哈帕兰达	HAPARANDA	2600	330	赫纳散德	SANDVIKEN
2553	330	哈拉霍尔梅	HARAHOLMEN	2601	330	谢累夫特欧	SAVENAS
2554	330	哈里斯哈门	HARGSHAMN	2602	330	锡克亚	SIKEA
2555	330	赫纳散德	HARNOSAND	2603	330	锡姆里斯哈门	SIMRISHAMN
2556	330	赫尔辛堡	HELSINGBORG	2604	330	谢累夫特欧	SKELLEFTEA
2557	330	HJO	HJO	2605	330	斯库格哈耳	SKOGHALL
2558	330	赫加纳斯	HOGANAS	2606	330	斯屈特谢尔	SKUTSKAR
2559	330	赫尔纳福尔斯	HORNEFORS	2607	330	斯利特	SLITE
256	256	梅利利亚	Melilla	2608	330	塞德哈门	SODERHAMN
2560	330	胡迪克斯伐耳	HUDIKSVALL	2609	330	塞德彻平	SODERKOPING
2561	330	延彻平	JONKOPING	261	261	法属南方领地	French Southern Territories
2562	330	卡利克斯	KALIX	2610	330	塞德特利耶	SODERTALJE
2563	330	卡耳马	KALMAR	2611	330	索尔威斯堡	SOLVESBORG
2564	330	卡尔斯克鲁纳	KARISKRONA	2612	330	斯泰农松德	STENUNGSUND
2565	330	卡尔斯塔德	KARISTAD	2613	330	谢累夫特欧	STORKAGE
2566	330	卡尔斯哈门	KARLSHAMN	2614	330	斯图龙斯	STORUNGS
2567	330	卡斯卡	KARSKAR	2615	330	斯特伦内斯	STRANGNAS
2568	330	克林特汉	KLINTEHAMN	2616	330	斯德歌尔摩	STOCKHOLM
2569	330	彻平	KOPING	2617	330	斯特勒姆斯塔德	STROMSTAD
257	257	斯威士兰	Swaziland	2618	330	散茨瓦尔	SUNDSVALL
2570	330	哈帕兰达	KRAMFORS	2619	330	谢累夫特欧	SUNDUDDEN
2571	330	欧许斯	KRISTIANSTAD	262	262	英属印度洋领地	British Indian Ocean Territory
2572	330	克里斯提讷哈门	KRISTINEHAMN	2620	330	赫纳散德	SVANO

代码	国别(地区)代码	中文名称	英文名称
2621	330	卡利克斯	TORE HARBOUR
2622	330	特雷勒堡	TRELLEBORG
2623	330	特罗尔黑特运河	TROLLHATTE CANAL
2624	330	乌德瓦拉	UDDEVALLA
2625	330	乌默奥	UMEA
2626	330	谢累夫特欧	URAVIKEN
2627	330	赫纳散德	UTANSJO
2628	330	瓦尔德马斯维克	VALDEMARSVIK
2629	330	瓦尔维克	VALLVIK
263	263	圣赫勒拿	Saint Helena
2630	330	韦纳斯堡	VANERSBORG
2631	330	瓦尔贝里	VARBERG
2632	330	韦斯特罗斯	VASTERAS
2633	330	维斯比	VISBY
2634	330	赫纳散德	WAIJA
2635	330	瓦尔汉	WALLHAMN
2636	330	韦斯特维克	WESTERVIK
2637	330	维斯比	WISBY
2638	330	于斯塔德	YSTAD
2639	331	巴塞尔	BASLE
2640	331	洛桑	LAUSANNE
2641	344	阿尔汉格尔	ARCHANGELSK
2642	337	巴统	BATUM
2643	344	别尔迪杨斯克	BERDIANSK
2644	344	伊加尔卡	IGARKA
2645	344	伊利切夫斯克	ILICHEVSK
2646	344	伊兹马伊耳	IZMAIL
2647	344	加里宁格勒	KALININGRAD
2648	347	刻赤	KERTCH
2649	344	克烈特	KERET
2650	344	赫尔松	KHERSON
2651	332	霍尔姆斯克	KHOLMSK
2652	344	基利亚	KILIA
2653	344	克来彼达	KLAIPEDA
2654	344	圣彼得堡	ST. PETERSBURG
2655	344	美晋	MESANE
2656	344	摩尔曼斯克	MURMANSK
2657	344	纳霍德卡	NAKHODKA
2658	344	新罗西斯克	NOVOROSSISK
2659	347	敖德赛	ODESSA
2660	344	奥涅加	ONEGA
2661	344	彼得罗巴浦洛夫斯克	PETROPAVLOVSK
2662	344	波季	POTI
2663	335	里加	RIGA
2664	344	都普西	RUAPSE
2665	347	塞瓦斯托波尔	SEVASTOPOL
2666	344	索契	SOCHI
2667	337	苏呼米	SUKHUMI
2668	344	塔甘罗格	TAGANROG
2669	334	塔林	TALLRIN
2670	344	翁巴	UMBA
2671	344	温次匹尔斯	VENTSPILS
2672	344	符拉迪沃斯托克	VLADIVOSTOK
2673	344	东方港	VOSTOCHRY
2674	344	维堡	VYBORG
2675	347	雅尔塔	YALTA
2676	344	曰丹诺夫	ZHDANOV
2677	349	巴尔	BAR
2678	349	杜布罗夫尼克	DUBROVNIK
2679	349	赫瓦尔	HVAR
2680	349	卡托罗	CATTARO
2681	350	科佩尔	KOPER
2682	349	伊佐拉	IZOLA
2683	349	杰姆斯敦	JAMESTOWN
2684	349	卡达尔耶娃	KARDELJEVO
2686	349	科尔丘平	KORCULA
2687	349	科托尔	KOTOR
2688	349	卢布尔雅那	LJUBLJANA
2689	333	马斯莱尼察	MASLENICA
2690	349	皮兰	PIRAN
2691	349	普洛切	PLOCE
2692	349	普拉	PULA
2693	349	里耶卡	RIJEKA
2694	349	罗维尼	ROVINJ
2695	349	塞尼	SENJ
2696	349	希贝尼克	SIBENIK
2697	349	斯普利特	SPLIT
2698	349	SUCURAC	SUCURAC
2699	349	SVETI KAJO	SVETI KAJO
2700	349	斯普利特	VRANJIC
2701	349	扎达尔	ZADAR
2702	349	泽莱尼卡	ZELENIKA
2703	401	圣约翰斯	ST. JOHN'S
2704	402	布兰卡港	BAHIA BLANCA
2705	402	布宜诺斯艾利斯	BUENOS AIRES
2706	402	坎帕纳	CAMPANA
2707	402	DESEADO	DESEADO
2708	402	伊比奎	IBICUY
2709	402	拉普拉塔	LA PLATA
2710	402	马德林港	MADRYN
2711	402	马德普拉塔	MAR DEL PLATA
2712	402	布兰卡港	MUELLE NACIONAL
2713	402	马德林港	PORT MADRYN
2714	402	PUEATO	PUEATO
2715	402	马德林港	PUERTO MADRYN
2716	402	PUERTO ACEVEDO	PUERTO ACEVEDO
2717	402	PUERTO BELGRANO	PUERTO BELGRANO
2718	402	德塞阿多港	PUERTO DESEADO
2719	402	PUERTO ROSALES	PUERTO ROSALES
2720	402	魁昆港	PUERTO-QUEQUEN
2721	402	克肯	QUEQUEN
2722	402	罗萨里奥	ROSARIO
2723	402	圣洛伦索	SAN LORENZO
2724	402	圣尼古拉斯	SAN NICOLAS
2725	402	圣佩德罗	SAN PEDRO
2726	402	圣菲	SANTA FE

代码	国别(地区)代码	中文名称	英文名称
2727	402	韦拉康斯铁吐新	VILLA CONSTITUCION
2728	402	萨拉特	ZARATE
2729	404	拿骚	NASSAU
2730	405	布里奇顿	BRIDGETOWN
2731	406	伯利兹城	BELIZE CITY
2732	406	贝尔莫潘	BELMOPAN
2733	407	汉密尔顿	HAMILTON
2734	407	圣乔治	ST. GEORGES
2735	409	克拉伦代克	KRALENDIJK
2736	410	安格拉杜斯雷斯	ANGRA DOS REIS
2737	410	安托尼纳	ANTONINA
2738	410	萨尔瓦多	BAHIA （SALVADOR）
2739	410	贝伦	BELEM
2740	410	里亚桥	BARRA DO RIACHO
2741	410	图比图巴	IMBITUBA
2742	410	福塔雷托	FORTALEZA
2743	410	伊塔曰阿伊	ITAJAI
2744	410	马卡帕	MACAPA
2745	410	默西约	MACEIO
2746	410	马瑙斯	MANAUS
2747	410	福塔雷扎	METHIL DOCKS
2748	410	纳塔尔	NATAL
2749	410	尼泰罗伊	NITEROI
2750	410	贝伦	PARA
2751	410	帕腊纳瓜	PARANAGUA
2752	410	佩洛塔斯	PELOTAS
2753	410	阿雷格里港	PORTO ALEGRE
2754	410	里约热内卢	RIO DE JANEIRO
2755	410	里约格兰德	RIO GRANDE
2756	410	海纳	RIO HAINA
2757	410	图巴劳	RUBARAO
2758	410	累西非	RECLFE
2759	410	萨尔瓦多	SALVDOR
2760	410	萨尔塔卡瓦略	SALTA CABALLO
2761	410	森塔纳	SANTANA
2762	410	圣多斯	SANTOS
2763	410	南圣弗兰西斯科	SAO FRANCISCO DO SUL
2764	410	圣路易斯，杜马腊尼翁	SAO LUIZ DO MARANHAO
2765	410	圣塞巴斯蒂昂	SAO SEBASTIAO
2766	410	维多利亚	VITORIA
2767	412	安托法加斯塔	ANTOFAGASTA
2768	412	阿里卡	ARICA
2769	412	BARQUJTO	BARQUJTO
2770	412	查尼亚腊尔	CHANARAL
2771	412	科金博	COQUIMBO
2772	412	科罗内尔	CORONEL
2773	412	瓦斯科	HUASCO
2774	412	伊基克	IQUIQUE
2775	412	利尔肯	LIRQUEN
2776	412	梅希略内斯	MEJILLONES
2777	412	蒙特港	PUERTO MONTT
2778	412	彭塔阿雷纳斯	PUNTA ARENAS
2779	412	圣安东尼奥	SAN ANTONIO
2780	412	圣文森特	SAN VICENTE
2781	412	塔尔卡瓦诺	TALCAHUANO
2782	412	塔耳塔耳	TALTAL
2783	412	托科皮利亚	TOCOPILLA
2784	412	托梅	TOME
2785	412	瓦尔的维亚	VAIDIVIA
2786	412	瓦尔帕来索	VALPARAISO
2787	413	巴兰基利亚	BARRANQUILLA
2788	413	图马科	TUMACO
2789	413	圣马尔塔	SANTA MARTA
2790	413	布韦那文图拉	BUENAVENTURA
2791	413	韦塔赫纳	CARTAGENA
2792	413	科维纳斯	COVENAS
2793	414	DOMINICA	DOMINICA
2794	414	罗索	ROSEAU
2795	415	彭塔雷纳斯	PUNTARENAS
2796	415	戈尔菲托	GOLFITO
2797	415	利蒙港	PORT LIMON
2798	415	克波斯	QUEPOS
2799	416	卡德纳斯	CARDENAS
2800	416	凯巴连	CAIBARIEN
2801	416	锡恩菲戈斯	CIENFUEGOS
2802	416	安梯拉	ANTILLA
2803	416	翁达港	BAHIA HONDA
2804	416	巴腊夸	BARACOA
2805	416	DESEO	DESEO
2806	416	HAVANA	HAVANA
2807	416	胡卡罗	JUCARO
2808	416	凯巴连	LA CALDERA
2809	416	凯巴连	LA POZA
2810	416	马纳堤	MANATI
2811	416	马诺普拉	MANOPLA
2812	416	曼萨尼略	MANZANILLO
2813	416	马坦萨斯	MATANZAS
2814	416	安梯拉	NIPE BAY
2815	416	努埃维塔斯	NUEVITAS
2816	416	帕德雷港	PUERTO PADRE
2817	416	萨瓜塔那摩	SAGUA DE TANAMO
2818	416	曼萨尼略	SAN RAMON
2819	416	南圣克鲁斯	SANTA CRUZ DEL SUR
2820	416	胡卡罗	SANTA MARIA
2821	416	圣地亚哥	SANTIAGO DE CUBA
2822	416	塔拉法	TARAFA
2823	416	图纳斯德萨萨	TUNAS DE ZAZA
2824	417	圣米歇尔湾	ST. MICHIEL'BAY
2825	309	威廉斯塔德	WILLEMSTAD
2826	418	巴腊奥纳	BARAHONA
2827	418	拉罗马纳	LA ROMANA
2828	418	帕伦克	PALENQUE
2829	418	普拉塔港	PUERTO PLATA
2830	418	阿苏阿旧港	PUERTO VIEJO DE AZUA
2831	418	圣多明各	SANTO DOMINGO

代码	国别(地区)代码	中文名称	英文名称
2832	418	圣佩德罗－德－马科里斯	SAN PEDRO DE MACORIS
2833	418	桑切斯	SANCHEZ
2834	419	勒黑夫	LA LIBERTAD
2835	419	曼塔	MANTA
2836	419	克拉克斯港	BAHIA DE CARAQUEZ
2837	419	瓜阿基尔	GUAYAPUIL
2838	420	卡晏	CAYENNE
2839	420	库鲁	KOUROU
2840	421	圣乔治	ST. GEORGE'S
2841	422	巴斯特尔	BASSE-TERRE
2842	422	皮特尔角城	POINTE-A-PITRE
2843	423	钱佩里科	CHAMPERICO
2844	423	利文斯顿	LIVINGSTON
2845	423	PAYARDI	PAYARDI
2846	423	巴里奥斯港	PUERTOBARRIOS
2847	423	圣何塞	SAN JOSE
2848	423	圣托马斯-德卡斯蒂利	SANTO TOMAS DE CASTI
2849	424	巴提卡	BARTICA
2850	424	查里提	CHARITY
2851	424	乔治敦	GEORGETOWN
2852	424	新阿姆斯特丹	NEW AMSTERDAM
2853	425	欧凯	AUX CAYES
2854	425	海地角	CAP HAITIEN
2855	425	热雷米	JEREMIE
2856	425	米腊关	MIRAGOANE
2857	425	太子港	PORT-AU-PRINCE
2858	425	圣马克	ST. MARC
2859	426	阿马帕拉	AMAPALA
2860	426	拉塞巴	LA CEIBA
2861	426	科特斯港	PUERTO CORTES
2862	426	特拉	TALA
2863	426	特鲁希略	TRUJILLO
2864	427	布拉克-里佛	BLACK RIVER
2865	427	金斯敦	KINGSTON
2866	427	蒙特哥湾	MONTEGO BAY
2867	427	奥乔里奥斯	OCHO RIOS
2868	427	安东尼奥港	PORT ANTONIO
2869	427	埃斯基维尔港	PORT ESQUIVEL
2870	427	凯塞港	PORT KAISER
2871	427	莫兰特港	PORT MORANT
2872	427	罗耶尔港	PORT ROYAL
2873	427	索尔特河	SALT RIVER
2874	428	法兰西堡	FORT. DE FRANCE
2875	428	圣皮埃尔	ST. PIERRE
2876	429	阿卡普尔科	ACAPULCO
2877	429	阿尔瓦拉多	ALVARADO
2878	429	卡门城	CIUDAD DEL CARMEN
2879	429	弗龙特拉	FRONTERA
2880	429	瓜马斯	GUAYMAS
2881	429	曼萨尼略	MANZANILLO
2882	429	拉巴斯	LA PAZ
2883	429	马萨特兰	MAZATLAN
2884	429	夸察夸尔科斯	NANCHITAL
2885	429	瓦哈卡	OAXACA
2886	429	萨利纳克鲁岛	SALINA CRUZ
2887	429	圣罗萨利亚	SANTA. ROSALIA
2888	429	锡纳洛阿	SINALOA
2889	429	坦皮科	TAMPICO
2890	429	托波洛班波	TOPOLOBAMPO
2891	429	图斯庞	TUXPAN
2892	429	韦拉克鲁斯	VERACRUZ
2893	430	普利茅斯	PLYMOUTH
2894	431	布卢菲尔兹	BLUEFIELDS
2895	431	科林托	CORINTO
2896	431	马那瓜	MANAGUA
2897	431	圣蒂诺港	PUERTO SOMOZA
2898	431	南圣胡安	SAN JUAN DEL SUR
2899	432	阿瓜迪奥斯	AGUA DULCE
2900	432	阿木韦列斯	ARMUELLES
2901	432	博卡斯-德尔扎罗	BOCAS DEL TORO
2902	432	科隆	COLON
2903	432	贝略港	PUERTO BELLO
2904	432	巴拿马城	PAHAMA CITY
2905	432	巴尔博亚	BALBOA
2906	432	托斯米纳斯湾	LAS MINAS BAY
2907	432	拉斯米纳斯湾港	LASHIO
2908	432	巴拿马运河	PANAMA CANAL
2909	432	PUERTO DELABAHIA DE	PUERTO DELABAHIA DE
2910	434	BESIQUE	BESIQUE
2911	434	钦博特	CHIMBOTE
2912	434	瓦乔	HUACHO
2913	434	伊洛	ILO
2914	434	卡亚俄	CALLAO
2915	434	奇卡马港	PUERTO CHICAMA
2916	434	马塔拉尼	MATARANI
2917	434	帕卡斯马约	PACASMAYO
2918	434	派塔	PAITA
2919	434	皮门特尔	PIMENTEL
2920	434	皮斯科	PISCO
2921	434	萨拉韦里	SALAVERRY
2922	434	苏佩	SUPE
2923	434	塔拉腊	TALARA
2924	434	坦博．德莫拉	TAMBO DE MORA
2925	435	阿瓜迪亚	AGUADILLA
2926	435	阿雷西博	ARECIBO
2927	435	马亚古埃斯	MAYAGUEZ
2928	435	蓬塞	PONCE
2929	435	亚布夸港	PORT YABUCOA
2930	435	霍博斯港	PUERTO JOBOS
2931	435	托斯马雷阿斯港	PUERTO LAS MAREAS
2932	436	萨巴	SABA
2933	437	卡斯特里港	PORT CASTRIES
2934	439	金斯顿	KINGSTOWN

代码	国别(地区)代码	中文名称	英文名称
2935	440	库图科	CUTUCO
2936	440	拉龙尼恩	LA UNION
2937	440	阿卡胡特拉	ACAJUTLA
2938	440	拉利贝塔德	LA LIBERTAD
2939	441	蒙戈	MOENGO
2940	441	新尼克里	NEW NICKERIE
2941	441	新尼克里	NICKERRE
2942	441	帕拉马里博	PARAMRIBO
2943	441	斯马卡登	SMALKALDEN
2944	441	瓦黑宁亭	WAGENINGEN
2945	442	圣弗尔南多	SAN FERNANDO
2946	442	波因特-福延	POINT FORTIN
2947	442	皮特勒角	POINT-A-PITRE
2948	442	查瓜拉马斯	PORT CHANGUARAMAS
2949	442	西班牙	PORT OF SPAIN
2950	442	斯卡巴勒	SCARBOROUGH
2951	442	布赖顿	SOBO
2952	442	滕布拉多拉	TEMBLADORA
2953	443	大特克斯港	GRAND TURK PORT
2954	444	科洛尼亚	COLONIA
2955	444	弗赖-本托斯	FRAY BENTOS
2956	444	马尔多纳多	MALDONADO
2957	444	蒙得维的亚	MONTEVIDEO
2958	444	新巴尔米拉	NUEVA PALEIRA
2959	444	派桑杜	PAYSANDU
2960	445	阿木艾海湾	AMUAY BAY
2961	445	巴查克罗	BACHAQUERO
2962	445	巴霍格兰德	BAJO GRANDE
2963	445	加拉加斯	CARACAS
2964	445	CARDON	CARDON
2965	445	拉瓜伊拉	LA GUAIRA
2966	445	马拉开波湖港	LAGUNILLAS
2967	445	马拉开波	MARACAIBO
2968	445	马拉开波湖港	MARACAIBO LAKE PORTS
2969	445	帕卢瓦	PALUA
2970	445	耶罗港	PUERTO DE HIERRO
2971	445	克鲁斯港	PUERTO LA CRUZ
2972	445	米兰达港	PUERTO MIRANDA
2973	445	奥尔达斯港	PUERTO ORDAZ
2974	445	篷塔卡尔东	PUNTA CARDON
2975	445	马拉开波湖港	TAGUNILLAS
2976	445	马拉开波	TIAJUANA
2977	446	托托拉岛	TORTOLA
2978	446	埞尔京-戈达岛	VIRGIN GORDA
2979	446	罗德城	ROAD TOWN
2980	446	阿内加达岛	ANEGADA ISLAND
2981	447	查尔斯敦	CHARLESTOWN
2982	447	巴斯特尔	BASSETERRE
2983	461	努埃维塔斯	PASTELILLO
2984	499	莱姆特里贝	LIMETREE BAY
2985	499	圣约翰岛	ST. JOHN I.
2986	499	圣托马斯	ST. THOMAS
2987	499	斯坦利	STANLEY
2988	499	美属维尔京	VIRGIN IS.
2989	501	阿默斯特港	AMHERST HARBOUR
299	299	非洲其他国家（地区）	Other African Territories
2990	501	阿默斯特堡	AMHERSTBURG
2991	501	阿里沙特	ARICHAT
2992	501	巴德克	BADDECK
2993	501	巴瑟斯特	BATHURST
2994	501	贝罗伯茨	BAY ROBERTS
2995	501	博特伍德	BOTWOOD
2996	501	布里奇沃特	BRIDGEWATER
2997	501	布罗克维尔	BROCKVILLE
2998	501	布朗斯维尔	BROWNSVILLE
2999	501	巴克图什	BUCTOUCHE
3000	501	坎贝尔顿	CAMPBELLTON
3001	501	贝科莫	BALE COMEAU
3002	501	夏洛特敦	CHARLOTTETOWN
3003	501	乔治敦	GEORGETOWN
3004	501	古斯贝	GOOSE BAY
3005	501	哈利法克斯	HALIFAX
3006	501	哈密尔顿	HAMILTON
3007	501	艾萨克港	ISAAC'S HARBOUR
3008	501	CAP DE LA MADELEINE	CAP DE LA MADELEINE
3009	501	卡拉凯特	CARAQUET
301	301	比利时	Belgium
3010	501	卡尔顿	CARLETON
3011	501	恰塔姆	CHATHAM
3012	501	切迈努斯	CHEMAINUS
3013	501	丘吉尔	CHURCHILL
3014	501	CLARKE CITY	CLARKE CITY
3015	501	斜堡	COBOURG
3016	501	科林伍德	COLLINGWOOD
3017	501	科莫克斯	COMOX
3018	501	孔特勒科尔	CONTRECOEUR
3019	501	科纳-布鲁克	CORNER BROCK
302	302	丹麦	Denmark
3020	501	康沃尔	CORNWALL
3021	501	康特里港	COUNTRY HARBOUR
3022	501	达尔豪西	DALHOUSIE
3023	501	迪格比	DIGBY
3024	501	汉茨波特	HANTSPORT
3025	501	格雷斯港	HARBOUR GRACE
3026	501	哈佛圣皮埃尔	HAVRE ST. PIERRE
3027	501	霍克斯伯里	HAWKESBURY
3028	501	哈茨康腾特	HEART'S CONTENT
3029	501	金斯顿	KINGSTON
303	303	英国	United Kingdom
3030	501	基提马特	KITIMAT
3031	501	勒墨夫	LA HAVE
3032	501	利明顿	LEAMINGTON
3033	501	莱塞斯库明	LES ESCOUMINS
3034	501	利斯科姆	LISCOMB

代码	国别(地区)代码	中文名称	英文名称
3035	501	路易斯堡	LOUISBOURG
3036	501	卢嫩堡	LUNENBURG
3037	501	马坦	MATANE
3038	501	麦特汉	METEGHAN
3039	501	米德兰	MIDLAND
304	304	德意志联邦共和国	Germany, FR
3040	501	米耳丘陵	MILLBANK
3041	501	蒙路易	MONT LOUIS
3042	501	蒙特利尔	MONTREAL
3043	501	纳奈莫	NANAIMO
3044	501	纳尔逊	NELSON
3045	501	新格拉斯哥	NEW GLASGOW
3046	501	新韦斯	NEW WESTMINSTER
3047	501	北锡德尼	NORTH SYDNEY
3048	501	奥克维尔	OAKVILLE
3049	501	欧文桑德港	OWEN SOUND HARBOUR
305	305	法国	France
3050	501	奥申福尔斯	OCEAN FALLS
3051	501	沃夏瓦	OSHAWA
3052	501	渥太华	OTTAWA
3053	501	帕尔斯博罗	PARRSBORO
3054	501	帕里桑德	PARRY SOUNE
3055	501	帕斯佩比亚克	PASPEBIAC
3056	501	皮克图	PICTOU
3057	501	波珀斯港	PORPOISE HARBOUR
3058	501	阿尔泊尼港	PORT ALBEINI
3059	501	卡提尔港	PORT CARTIER
306	306	爱尔兰	Ireland
3060	501	科尔博恩港	PORT COLBORNE
3061	501	克雷迪特港	PORT CREDIT
3062	501	普雷斯克特	PRESCOTT
3063	501	鲁珀特港	PRINCE RUPERT
3064	501	帕格沃希	PUGWASH
3065	501	魁北克	QUEBEE
3066	501	里维-迪卢	RIVIERE DU LOUP
3067	501	萨尔尼亚	SARNIA
3068	501	苏圣马丽	SAULT STE. MARIE
3069	501	塞提尔	SEPT ILES
307	307	意大利	Italy
3070	501	谢迪艾克	SHEDIAC
3071	501	希特港	SHEET HARBOUR
3072	501	谢尔本港	SHELBURNE HARBOUR
3073	501	希皮根	SHIPPIGAN
3074	501	索雷尔	SOREL
3075	501	苏里	SOURIS
3076	501	斯普林代尔	SPRINGDALE
3077	501	圣安德鲁斯	ST. ANDREWS
3078	501	圣约翰	ST. JOHN
3079	501	圣约翰斯	ST. JOHN'S, NEWFOUNDLA
308	308	卢森堡	LuXembourg
3080	501	圣约翰	ST. JOHN, NEW BRUN-SWIC
3081	501	南纳尔逊	SOUTH NELSON
3082	501	锡德克	SYDNEY
3083	501	萨默赛德	SUMMERSIDE
3084	501	索罗尔德	THOROLD
3085	501	三河城	THREE RIVERS
3086	501	多伦多	TORONTO
3087	501	图克托亚克图克	TUKTOYAKTUK
3088	501	特威林盖特	TWILLINGATE
3089	501	温哥华	VANCOUVER
309	309	荷兰	Netherland
3090	501	维多利亚	VICTORIA
3091	501	贝尔岛	WABANA
3092	501	威兰	WELLAND
3093	501	韦默恩	WEYMOUTH
3094	501	温泽尔	WINDSOR
3095	501	伍德菲伯	WOODFBRE
3096	501	亚默斯	YARMOUTH
3097	502	奥尔巴尔	ALPENA
3098	502	阿纳科尔特兹	ANACORTES
3099	502	安克雷季	ANCHORAGE
310	310	希腊	Greece
3100	502	阿帕拉契科拉	APALACHICOLA
3101	502	阿希兰	ASHLAND
3102	502	阿希塔比尤拉	ASHTABULA
3103	502	巴尔的摩	BALTIMORE
3104	502	波士顿	BOSTON
3105	502	埃沃雷特	EVERETT
3106	502	阿斯托里亚	ASTORIA
3107	502	加尔维斯顿	GALVESTON
3108	502	巴斯	BATH
3109	502	巴腾鲁日	BATON ROUGE
311	311	葡萄牙	Portugal
3110	502	贝敦	BAYTOWN
3111	502	博蒙特	BEAUMONT
3112	502	贝林哈姆	BELLINGHAM
3113	502	布伦斯威克	BRUNSWICK
3114	502	巴尔斯波特	BUCKSPORT
3115	502	布法罗	BUFFALO
3116	502	伯恩赛德	BURNSIDE
3117	502	肯布里奇	CAMBRIDGE
3118	502	卡姆登	CAMDEN
3119	502	卡尼亚韦腊耳	CANAVERAL
312	312	西班牙	Spain
3120	502	卡拉贝尔	CARRABELLE
3121	502	查尔斯顿	CHARLESTON
3122	502	CHEAPEAKE	CHEAPEAKE
3123	502	希博伊甘	CHEBOYGAN
3124	502	切斯特	CHESTER
3125	502	芝加哥	CHICAGO
3126	502	克利夫兰	CLEVELAND
3127	502	康瑙特港	CONNEAUT HARBOUR
3128	502	摩斯贝	COOS BAY
3129	502	COOSAW RIVER	COOSAW RIVER
313	313	阿尔巴尼亚	Albania

代码	国别（地区）代码	中文名称	英文名称	代码	国别（地区）代码	中文名称	英文名称
3130	502	科尔多瓦	CORDOVA	318	318	芬兰	Finland
3131	502	科珀斯克里斯提	CORPUS CHRISTI	3180	502	阿鲁克鲁	PORT ALUCROIX
3132	502	威尔明顿	DELAWARE	3181	502	埃佛格雷兹	PORT EVERGLADES
3133	502	特拉华	DELAWARE BREAKWATER	3182	502	圣坦利港	PORT SAN LUIS
3134	502	底特律	DETROIT	3183	502	布朗巴勒港	PORT SULPHUR
3135	502	德卢斯	DULUTH-SUPERIOR	3184	502	汤森德港	PORT TOWNSEND
3136	502	伊利	ERIE	3185	502	波特兰	PORTLANG
3137	502	福尔河	FALL RIVER	3186	502	普罗维登斯	PROVIDENCE
3138	502	弗尔南迪纳	FERNANDINA BEACH	3187	502	里士满	RICHMOND
3139	502	汉普敦罗兹	HAMPTON ROADS	3188	502	圣地亚哥	SAN DIEGO
314	314	安道尔	Andorra	3189	502	圣巴巴腊	SANTA BARBARA
3140	502	希洛	HILO	3190	502	萨凡纳	SAVANNAH
3141	502	侯默	HOMER	3191	502	萨宾	SABIBE
3142	502	火奴鲁鲁	HONOLULU	3192	502	萨克拉门托	SACRAMENTO
3143	502	休斯敦	HOUSTON	3193	502	旧金山	SAN FRANCISCO
3144	502	休伦	HURON	3194	502	西尔斯波特	SEARSPORT
3145	502	杰克逊维尔	JACKSONVILLE	3195	502	西雅图	SEATTLE
3146	502	密尔沃基	MILWAUKEE	3196	502	苏厄德	SEWARD
3147	502	纽黑文	NEW HAVEN	3197	502	史密斯布拉夫	SMITH'BLUFF
3148	502	朱诺	JUNEAU	3198	502	圣彼得斯堡	ST. PETERSBURG
3149	502	基诺沙	KENOSHA	3199	502	斯托克顿	STOCKTON
315	315	奥地利	Austria	320	320	直布罗陀	Gibraltar
3150	502	拉阿德-达土	LAKE CHARLES	3200	502	德卢斯	SUPERIOR1140
3151	502	长滩	LONG BEACH	3201	502	塔科马	TACOMA
3152	502	郎维尤	LONGVIEW	3202	502	塔科尼特港	TACONITE HARBOUR
3153	502	洛雷恩	LORAIN	3203	502	得克萨斯城	TEXAS CITY
3154	502	洛杉矶	LOS ANGELES	3204	502	瓦尔迪兹	VALDEZ
3155	502	马尼斯蒂	MANISTEE	3205	502	VAN BC	VAN BC
3156	502	马尼托沃克	MANITOWOC	3206	502	威尔明顿	WILMINGTON
3157	502	迈阿密	MIAMI	3207	502	朗格尔	WRANGELL
3158	502	莫比尔	MOBILE	3208	502	亚库塔特	YAKUTAT
3159	502	门罗	MONROE	3209	601	阿得雷德港	ADELAIDE
316	316	保加利亚	Bulgaria	321	321	匈牙利	Hungary
3160	502	莫尔黑德城	MOREHEAD CITY	3210	601	阿德罗桑	ARDROSSAN
3161	502	墨斯基根	MUSKEGON	3211	601	博尤替角	BEAUTY POINT
3162	502	纳维利维利	NAWILIWILI	3212	601	博恩	BOWEN
3163	502	新贝德福	NEW BEDFORD	3213	601	布里斯班	BRISBANE
3164	502	新伦敦	NEW LONDON	3214	601	布鲁姆	BROOME
3165	502	新奥尔良	NEW ORLEANS	3215	601	班达伯格	BUNDABERG
3166	502	纽约	NEW YORK	3216	601	伯尼	BURNIE
3167	502	汉普敦罗兹	NEWPORT NEWS	3217	601	巴斯尔顿	BUSSELTON
3168	502	诺姆	NOME	3218	601	凯恩斯	CAIRNS
3169	502	汉普敦罗兹	NORFOLK	3219	601	堪培拉	CANBERRA
3170	502	奥克兰	OAKLAND	322	322	冰岛	Iceland
3171	502	奥格登斯堡	OGDENSBURG	3220	601	卡那封	CARNARVON
3172	502	奥林匹亚	OLYMPIA	3221	601	圣诞岛	CHRISTMAS I.
3173	502	奥斯维戈	OSWEGO	3222	601	克拉伦斯河	CLARENCE RIVER
3174	502	棕榈滩	PALM BEACH	3223	601	科夫斯港	COFF'S HARBOUR
3175	502	帕斯卡古拉	PASCAGOULA	3224	601	达尔文	DARWIN
3176	502	珍珠港	PEARL HARBOUR	3225	601	班伯里	BUNBURY
3177	502	彭萨科拉	PENSACOLA	3226	601	杰腊耳顿	GERALDTON
3178	502	彼得斯堡	PETERSBURG	3227	601	格拉德斯通	GLADSTONE
3179	502	费拉德尔菲亚	PHILADELPHIA	3228	601	达尔比	DERBY

代码	国别(地区)代码	中文名称	英文名称	代码	国别(地区)代码	中文名称	英文名称
3229	601	德文波特	DEVONPORT	3277	601	廷皮桑德	YAMPI SOUND
323	323	列支敦士登	Liechtenstein	3278	602	阿瓦鲁阿	AVARUA
3230	601	伊登	EDEN	3279	603	拉巴萨	LABASA
3231	601	埃斯珀伦斯	ESPERANCE	328	328	罗马尼亚	Romania
3232	601	弗里曼特尔	FREMANTLE	3280	603	劳托卡	LAUTOKA
3233	601	季隆	GEELONG	3281	603	累武卡	OVALAN ISLAND
3234	601	霍巴特	HOBART	3282	603	萨武萨武	SAVU SAVU
3235	601	INSPECTION HEAD	INSPECTION HEAD	3283	603	苏瓦	SUVA
3236	601	廷皮桑德	KOOLAND I.	3284	603	苏瓦	VITI LEVU ISLAND
3237	601	奎那那	KWINANA	3285	605	马克萨斯群岛	MARPUESAS IS.
3238	601	隆塞斯顿	LAUNCESTON	3286	607	新喀里多尼亚群岛	NEW ALEDONIA IS.
3239	601	卢辛达	LUCINDA	3287	607	努美阿	NOUMEA
324	324	马耳他	MALTA	3288	608	圣多明各	SANTO DOMINGO
3240	601	麦凯	MACKAY	3289	608	埃罗芒加岛	EROMANGA ISLAND
3241	601	梅里巴罗	MARYBOROUGH	329	329	圣马力诺	San Marino
3242	601	墨尔本	MELBOURNE	3290	608	圣埃斯皮里图岛	ESPIRITU SANTO ISLAN
3243	601	穆里兰港	MOURILYAN HARBOUR	3291	608	马勒库拉岛	MALEKULA ISLAND
3244	601	班达伯格	NEW BUNDABERG	3292	608	维拉港	PORT VILA
3245	601	纽卡斯尔	NEWCASTLE	3293	608	塔纳岛	TANA ISLAND
3246	601	翁斯洛	ONSLOW	3294	609	阿卡罗亚	AKAROA
3247	601	佩斯	PERTH	3295	609	奥克兰	AUCKLAND
3248	601	阿尔马港	POER KEPPEL BAY	3296	609	布拉夫港	BLUFF HARBOUR
3249	601	阿得雷德港	PORT ADELAIDE	3297	609	邦蒂群岛	BOUNTY IS.
325	325	摩纳哥	Monaco	3298	609	达尼丁	DUNEDIN
3250	601	阿尔马港	PORT ALMA	3299	609	吉斯博恩	GISBORNE
3251	601	奥古斯塔港	PORT AUGUSTA	330	330	瑞典	Sweden
3252	601	赫德兰港	PORT HEDLAND	3300	609	格雷默斯	GREYMOUTH
3253	601	霍巴特	PORT HUON	3301	609	纳尔逊	NELSON
3254	601	肯布拉港	PORT KEMBLA	3302	609	克马德克群岛	KERMADEC IS.
3255	601	PORT KEPPL BAY	PORT KEPPL BAY	3303	609	奥尼杭加	MANUKAU HARBOUR
3256	601	拉塔港	PORT LATTA	3304	609	璜加雷	MARSDEN POINT
3257	601	墨尔本	PORT MELBOURNE	3305	609	芒特芒阿努伊	MOUNT MAUNGANUI
3258	601	菲利普港	PORT PHILLIP	3306	609	内皮尔	NAPIER
3259	601	皮里港	PORT PIRIE	3307	609	塔拉纳基港	NNEW PLYMOUTH
326	326	挪威	Norway	3308	609	奥马鲁	OAMARU
3260	601	斯坦瓦克港	PORT STANVAC	3309	609	奥尼杭加	ONEHUNGA
3261	601	沃尔科特港	PORT WALCOTT	331	331	瑞士	Switzerland
3262	601	朴次伊	PORTSEA	3310	609	奥塔哥港	OTAGO HARBOUR
3263	601	里司登	RISDON	3311	609	皮克顿	PICTON
3264	601	罗克汉普顿	ROCKHAMPTON	3312	609	奥塔哥港	PORT CHALMERS
3265	601	斯特龙	STRAHAN	3313	609	利特尔顿港	PORT LYTTELTON
3266	601	悉尼	SYDNEY	3314	609	陶朗加港	PORT OF TAURANGA
3267	601	塞维纳德	THEVENARD	3315	609	塔拉纳基港	PORT TARANAKI
3268	601	木曜岛	THURSDAY ISLAND	3316	609	布拉夫港	SOUTHLAND
3269	601	敦斯维尔	TOWNSVILLE	3317	609	塔拉纳基港	TARANAKI
327	327	波兰	Poland	3318	609	陶朗加	TAURANGA
3270	601	尤兰郡	URANGAN	3319	609	提马鲁	TIMARU
3271	601	尤斯利斯卢普	USELESS LOOP	3320	609	旺加努伊	WANGANUI
3272	601	沃拉鲁	WALLAROO	3321	609	惠灵顿	WELLINGTON
3273	601	韦帕	WEIPA	3322	609	西港	WESTPORT
3274	601	韦斯顿波特	WESTERNPORT	3323	609	璜加雷	WHANGAREI
3275	601	怀阿拉	WHYALLA	3324	611	布干维尔岛	BOUGAINVILLE I
3276	601	温德姆	WYNDHAM	3325	611	新爱尔兰	NEW IRELAND

代码	国别(地区)代码	中文名称	英文名称	代码	国别(地区)代码	中文名称	英文名称
3326	611	拉包尔	RABAUL	3376	618	塔比泰韦阿岛	TABITEUEA I.
3327	611	卡维恩	KAVIENG	3377	618	塔邦泰拜克	TABONTEBIKE
3328	611	基埃塔	KIETA	3378	618	塔布阿埃兰岛	TABUAERAN
3329	611	莱城	LAE	3379	618	塔马纳岛	TAMANA I.
3330	611	马丹	MADANG	3380	618	塔皮瓦	TAPIWA
3331	611	莫尔兹比港	PORT MORESBY	3381	618	塔拉瓦岛	TARAWA I.
3332	612	帕皮提	PAPEETE	3382	618	华盛顿岛	WASHINGTON I.
3333	612	塔希提岛	TAHITI ISLAND	3383	619	纳努梅阿岛	NANUMEA I.
3334	613	吉佐岛	GIZO ISLAND	3384	619	努库费塔乌岛	NUKUFETAU ATOLL
3335	613	雷尼亚拉	HONIARA	3385	699	阿达比亚	ADAMSTOWN
3336	613	奥基	AUKI	3386	699	阿普拉	APRA
3337	613	安诺瓦湾	ANEWA BAY	3387	699	贾卢伊特	JALUIT
3338	613	霍尼亚拉	HONIARA	3388	699	查尔里特	JARRIT
3339	613	LOLAHO	LOLAHO	3389	699	约翰斯顿岛	JOHNSTON ATOLL
334	334	爱沙尼亚	Estonia	3390	699	科罗尔	KOROR
3340	613	扬迪纳	YANDINA	3391	699	库赛埃岛	KUSAIE I.
3341	614	内亚富	NEIAFU	3392	699	夸贾林	KWAJALEIN
3342	614	努库阿洛法	NUKU' ALOFA	3393	699	莱岛	LAE I.
3343	614	庞艾	PANGAI	3394	699	马里亚纳群岛	MARIANAS IS.
3344	614	诺木卡岛	NOMUKA ISLAND	3395	699	中途岛	MIDWAY IS.
3345	614	瓦瓦乌岛	VAVAU ISLAND	3396	699	穆阿	MUA
3346	615	土阿莫土群岛	TUAMOTU IS.	3397	699	纽埃岛	NIUE I.
3347	616	土布艾群岛	RUBUAI IS.	3398	699	帕果-帕果	PAGO-PAGO
3348	617	阿皮亚	APIA	3399	699	帕劳群岛	PALAU IS.
3349	617	阿绍	ASAU	340	340	白俄罗斯	Belorussia
335	335	拉脱维亚	Latvia	3400	699	巴尔米拉岛	PALMYRA I.
3350	617	萨瓦伊	SAVAII	3401	699	匹特克恩岛	PITCAIRN I.
3351	617	乌波卢岛	UPOLU ISLAND	3402	699	波纳佩	PONAPE
3352	617	木利努乌	MULINUU	3403	699	塞班岛	SAIPAN I.
3353	617	萨瓦伊岛	SAVAII ISLAND	3404	699	锡加维	SIGAVE
3354	618	阿拜昂岛	ABAIANG I.	3405	699	塔罗亚	TAROA
3355	618	ARANUKA I.	ARANUKA I.	3406	699	提尼安岛	TINIAN I.
3356	618	BAIRIKI	BAIRIKI	3407	699	托克劳群岛	TOKELAU IS.
3357	618	巴纳巴岛	BANABA	3408	699	特鲁克群岛	TRUK IS.
3358	618	BUKINTERIKE	BUKINTERIKE	3409	699	图图伊拉岛	TUTUILA I.
3359	618	芬宁岛	FANNING I.	3410	699	瓦兰岛	UALAN I.
336	336	立陶宛	Lithuania	3411	699	威克岛	WAKE I.
3360	618	赫尔岛	HULL I.	3412	699	沃特杰	WOTJE
3361	618	坎顿岛	KANTON I.	3413	699	雅浦	YAP
3362	618	圣诞岛	KIRITIMATI	3414	302	埃斯堡	ESBJERG
3363	618	库里亚岛	KURIA I.	3415	502	坦帕	TAMPA
3364	618	马亚纳岛	MAIANA I.	3416	143	台中（中国台湾）	Taichung, Taiwan, China
3365	618	莫尔登	MALDEN I.	3417	435	蓬赛港	PUERTO POUCE
3366	618	曼拉岛	MANRA I.	3418	435	圣胡安	SAN JUAN
3367	618	马拉凯伊岛	MARAKEI I.	3419	303	菲利克斯托	FELIXSTOWE
3368	618	麦基恩岛	MCKEAN I.	3420	307	欧瑞斯塔奥	ORISTANO
3369	618	尼库马罗罗岛	NIKUMARORO	3421	335	利耶帕亚	LIEPAIA
3370	618	尼库瑙岛	NIKUNAU I.	3422	344	亚历山大罗夫斯克	ALEXANDROVSK
3371	618	诺诺乌蒂岛	NONOUTI I.	3423	344	科尔萨科夫	KORSAKOV
3372	618	奥诺托阿岛	ONOTOA I.	3424	344	马加丹	MAGADAN
3373	618	乌马	OOMA	3425	344	奥哈	OKHA
3374	618	奥罗纳岛	ORONA	3426	344	鄂霍次克	OKHOTSK
3375	618	斯塔巴克岛	STARBUEK I.	3427	344	彼得罗巴浦洛夫斯克	PETROPAVLOVSK

代码	国别(地区)代码	中文名称	英文名称	代码	国别(地区)代码	中文名称	英文名称
3428	344	波罗奈斯克	PORONAISK	419	419	厄瓜多尔	Ecuador
3429	344	苏维埃港	SOVETSKAYA GAVAN	420	420	法属圭亚那	French Guyana
343	343	摩尔多瓦	Moldavia	421	421	格林纳达	Grenada
3430	344	尼古拉耶夫	NIKOLAYEV	422	422	瓜德罗普	Guadeloupe
3431	344	纳里扬马尔	NARIAN MAR	423	423	危地马拉	Guatemala
3432	347	马里乌波尔	MARIUTOL	424	424	圭亚那	Guyana
344	344	俄罗斯	Russia	425	425	海地	Haiti
3451	128	埃拉特	EILAT	426	426	洪都拉斯	Honduras
3452	324	瓦莱塔	VALLETTA	427	427	牙买加	Jamaica
3453	321	布达佩斯	BUDAPST	428	428	马提尼克	Martinique
3454	502	达拉斯	DALLAS	429	429	墨西哥	Mexico
3455	115	阿什杜德	ASHDOD（IS DUD）	430	430	蒙特塞拉特	Montserrat
3463	309	摩的克	MOERDIJK	431	431	尼加拉瓜	Nicaragua
347	347	乌克兰	Ukraine	432	432	巴拿马	Panama
349	349	塞尔维亚和黑山	Serbia and Montenegro	433	433	巴拉圭	PARAGUAY
350	350	斯洛文尼亚	Slovenia	434	434	秘鲁	Peru
351	351	克罗地亚	Croatia	435	435	波多黎各	Puerto Rico
352	352	捷克	Czechia（Czech Republic）	436	436	萨巴	Saba
353	353	斯洛伐克	Slovakia	437	437	圣卢西亚	Saint Lucia
354	354	北马其顿	North Macedonia	438	438	法属圣马丁	Saint Martin (French Part)
355	355	波斯尼亚和黑塞哥维那	Bosnia and Herzegovina	439	439	圣文森特和格林纳丁斯	Saint Vincent and the Grenadines
356	356	梵蒂冈	Holy See	440	440	萨尔瓦多	El Salvador
357	357	法罗群岛	the Faroe Islands	441	441	苏里南	Suriname
358	358	塞尔维亚	the Republic of Serbia	442	442	特立尼达和多巴哥	Trinidad & Tobago
359	359	黑山	the Republic of Montenegro	443	443	特克斯和凯科斯群岛	Turks & Caicos Is
360	360	奥兰群岛	? land Islands	444	444	乌拉圭	Uruguay
361	361	格恩西	Guernsey	445	445	委内瑞拉	Venezuela
362	362	马恩岛	Isle of Man	446	446	英属维尔京群岛	British Virgin Islands
363	363	泽西	Jersey	447	447	圣基茨和尼维斯	Saint Kitts and Nevis
364	364	斯瓦尔巴群岛和扬马延岛	Svalbard and Jan Mayen Islands	449	449	博纳尔，圣俄斯塔休斯和萨巴	Bonaire, Sint Eustatius and Saba
399	399	欧洲其他国家（地区）	Other European Territories	450	450	圣巴泰勒米	Saint Barthélemy
401	401	安提瓜和巴布达	Antigua and Barbuda	451	451	布维岛	Bouvet Island
402	402	阿根廷	Argentina	452	452	福克兰群岛（马尔维纳斯）	Falkland Islands (Malvinas)
403	403	阿鲁巴角	Arubs Is				
4031	403	阿鲁巴岛		453	453	南乔治亚岛和南桑德韦奇岛	South Georgia and the South Sand
4032	403	奥拉涅斯塔德					
4033	327	格但斯克	Gdansk	454	454	荷属圣马丁	Sint Maarten (Dutch part)
404	404	巴哈马	Bahamas	455	455	美属维尔京群岛	United States Virgin Islands
405	405	巴巴多斯	Barbados	456	456	安圭拉	Anguilla
406	406	伯利兹	Belize	499	499	拉丁美洲其他国家（地区）	Other Latin American Territories
408	408	玻利维亚	Bolivia				
409	409	博内尔	Bonaire	501	501	加拿大	Canada
410	410	巴西	Brazil	502	502	美国	United States
411	411	开曼群岛	Cayman Is.	503	503	格棱兰	Greenland
412	412	智利	Chile	504	504	百慕大	Bermuda
413	413	哥伦比亚	Colombia	505	505	圣皮埃尔和密克隆	Saint Pierre And Miquelon
414	414	多米尼加	Dominica	599	599	北美洲其他国家（地区）	Other North American Territories
415	415	哥斯达黎加	Costa Rica				
416	416	古巴	Cuba	601	601	澳大利亚	Australia
417	417	库拉索	Cura? ao	602	602	库克群岛	Cook Is
418	418	多米尼加	Dominican Republic	603	603	斐济	Fiji

代码	国别代码	中文名称	英文名称	代码	国别代码	中文名称	英文名称
604	604	盖比群岛	Gambier Is	622	622	贝劳共和国	Palau
605	605	马克萨斯群岛	Marquesas Is	623	623	法属波利尼西亚	French Polynesia
606	606	瑙鲁	Nauru	625	625	瓦利斯和富图纳	Wallis and Futuna
607	607	新喀里多尼亚	New Caledonia	626	626	美属萨摩亚	American Samoa
608	608	瓦努阿图	Vanuatu	627	627	科科斯（基林）群岛	Cocos（Keeling）Islands
609	609	新西兰	New Zealand	628	628	圣诞岛	Christmas Island
610	610	诺福克岛	Norfolk Is	629	629	关岛	Guam
611	611	巴布亚新几内亚	Papua New Guinea	630	630	赫德岛和麦克唐纳岛	Heard Island and McDonald Island
612	612	社会群岛	Society Is				
613	613	所罗门群岛	Solomon Is	631	631	北马里亚纳群岛	Northern Mariana Islands
614	614	汤加	Tonga	632	632	纽埃	Niue
615	615	土阿莫土群岛	Tuamotu Is	633	633	皮特凯恩	Pitcairn
616	616	土布艾群岛	Tubai Is	634	634	托克劳	Tokelau
617	617	萨摩亚	Samoa	635	635	美国本土外小岛屿	United States Minor Outlying Isl
618	618	基里巴斯	Kiribati	699	699	大洋洲其他国家（地区）	Other Oceanian Territories
619	619	图瓦卢	Tuvalu				
620	620	密克罗尼西亚联邦	The Federated States of Micrones	700	700	南极洲	Antarctica
				701	701	国（地）别不详	Unlisted Countries Or Districts
621	621	马绍尔群岛	Marshall Is				

国内口岸代码表

代码	中文名称	英文名称	代码	中文名称	英文名称
110001	北京	Beijing	121504	天津东疆保税港区	Tianjin Dongjiang Free Trade Port Zone
110002	北京平谷国际陆港	Beijing Pinggu Automobile Lugang	121701	天津滨海国际机场货邮	Tianjin Binhai International Airport Huoyou
110003	北京天竺综合保税区	Beijing Tianzhu Comprehensive Bonded Zone	121702	天津滨海国际机场 T1 通道	Tianjin Binhai International Airport T1 Tongdao
110101	首都国际机场	Beijing Capital International Airport	121703	天津滨海国际机场 T2 通道	Tianjin Binhai International Airport T2 Tongdao
110201	北京丰台货运	Beijing Fengtai Freight	130001	石家庄	Shijiazhuang
110301	北京朝阳口岸	Beijing Chaoyang Port	130002	石家庄正定机场	Shijiazhuang Zhengding Airport
110801	北京西站	Beijing Xizhan			
120001	天津	Tianjin			
120002	北疆港区	Beijiang Gangqu	130101	秦皇岛	Qinhuangdao
120003	天津保税物流园区	Tianjin Bonded Logistics Zone	130102	秦皇岛出口加工区	Qinhuangdao Export Processind Zone
120004	天津港保税区	Tianjingang Free Trade Zone			
120011	中国（天津）自由贸易试验区	China（Tianjin）Pilot Free Trade Zone	130200	河北省唐山市	Hebei Sheng Tangshan Shi
			130201	京唐港	Jingtanggang
120201	天津出口加工区	Tianjin Export Processind Zone	130202	唐山	Tangshan
120601	天津滨海新区综合保税区	Tianjin Binhai Xinqu Comprehensive Bonded Zone	130203	曹妃甸港	Caofeidian Harbor
			130204	曹妃甸综合保税区	Caofeidian Comprehensive Bonded Zone
120801	大沽口港区	Dagukou Gangqu			
121001	南疆港区	Nanjiang Gangqu	130300	河北省秦皇岛市	Hebei Sheng Qinhuangdao Shi
121002	渤中	Bozhong	130400	河北省邯郸市	Hebei Sheng Handan Shi
121501	东疆港区	Dongjiang Gangqu	130500	河北省邢台市	Hebei Sheng Xingtai Shi
121502	天津邮轮母港	Tianjin Youlun Mugang	130600	河北省保定市	Hebei Sheng Baoding Shi
121503	天津新港客运码头	Tianjin Xingang Passenger Transpor Dock	130700	河北省张家口市	Hebei Sheng Zhangjiakou Shi
			130701	廊坊出口加工区	Langfang Export Processind Zone

代码	中文名称	英文名称	代码	中文名称	英文名称
130800	河北省承德市	Hebei Sheng Chengde Shi	150900	内蒙古自治区乌兰察布市	Nei Mongol Zizhiqu Ulanqab Shi
130900	河北省沧州市	Hebei Sheng Cangzhou Shi	150901	策克	Ceke
131000	河北省廊坊市	Hebei Sheng Langfang Shi	151001	珠恩嘎达布其	Zhuengadabuqi
131100	河北省衡水市	Hebei Sheng Hengshui Shi	151101	甘其毛都	Ganqmaod
131101	黄骅	Huanghua	151102	巴格毛都	Bagemaodu
131201	石家庄综合保税区	Shijiazhuang Comprehensive Bonded Zone	151201	阿尔山	Aershan
140001	太原	Taiyuan	152200	内蒙古自治区兴安盟	Nei Mongol Zizhiqu Hinggan Meng
140002	太原武宿机场	Taiyuan Wusu Airport	152500	内蒙古自治区锡林郭勒盟	Nei Mongol Zizhiqu Xilin Gol Meng
140003	太原武宿综合保税区	Taiyuan Wusu Comprehensive Bonded Zone	152900	内蒙古自治区阿拉善盟	Nei Mongol Zizhiqu Alxa Meng
140200	山西省大同市	Shanxi Sheng Datong Shi	155401	包头保税物流中心（B 型）	Baotou Bonded Logistics Zone（B）
140300	山西省阳泉市	Shanxi Sheng Yangquan Shi	156101	巴彦淖尔市保税物流中心（B 型）	Bayannaoer Bonded Logistics Zone（B）
140400	山西省长治市	Shanxi Sheng Changzhi Shi	156301	七苏木保税物流中心（B 型）	Qisumu Bonded Logistics Zone（B）
140500	山西省晋城市	Shanxi Sheng Jincheng Shi	156501	乌力吉口岸	Wuliji Port
140600	山西省朔州市	Shanxi Sheng Shouzhou Shi	156601	呼和浩特综合保税区	Hohhot Comprehensive Bonded Zone
140700	山西省晋中市	Shanxi Sheng Jinzhong Shi	156800	鄂尔多斯综合保税区	Erdos Comprehensive Bonded Zone
140800	山西省运城市	Shanxi Sheng Yuncheng Shi	210001	沈阳	Shenyang
140900	山西省忻州市	Shanxi Sheng Xinzhou Shi	210101	大连港大窑湾港区	Dalian Harbor Dayaowan Gangqu
141000	山西省临汾市	Shanxi Sheng Linfen Shi	210102	大连北良港区	Dalian Beiliang Gangqu
141100	山西省吕梁市	Shanxi Sheng Luliang Shi	210103	大连港油品码头港区	Dalian Harbor Youpin Dock Gangqu
150001	呼和浩特	Hohhot	210104	大连大窑湾保税港区	Dalian Dayaowan Free Trade Port Zone
150002	呼和浩特白塔机场	Hohhot Baita Airport	210200	辽宁省大连市	Liaoning Sheng Dalian Shi
150004	鄂尔多斯伊金霍洛机场	Erdos Ejin Horo Airport	210300	辽宁省鞍山市	Liaoning Sheng Anshan Shi
150101	满洲里西郊机场	Manzhouli Xijiao Airport	210301	沈阳桃仙国际机场	Shenyang Taoxian International Airport
150102	满洲里铁路	Manzhouli Railway	210400	辽宁省抚顺市	Liaoning Sheng Fushun Shi
150103	二卡	Erka	210401	锦州	Jinzhou
150104	满洲里十八里	Manzhouli Shibali	210500	辽宁省本溪市	Liaoning Sheng Benxi Shi
150105	阿日哈沙特	Arhaxat	210600	辽宁省丹东市	Liaoning Sheng Dandong Shi
150106	满洲里综合保税区	Manzhouli Comprehensive Bonded Zone	210700	辽宁省锦州市	Liaoning Sheng Jinzhou Shi
150200	内蒙古自治区包头市	Nei Mongol Zizhiqu Baotou Shi	210701	丹东港浪头港区	Dandong Harbor Langtou Gangqu
150201	二连浩特铁路	Erlianhaote Railway	210702	丹东铁路	Dandong Railway
150202	二连浩特公路	Erlianhaote Highroad	210703	丹东公路	Dandong Highroad
150300	内蒙古自治区乌海市	Nei Mongol Zizhiqu Wuhai Shi	210704	丹东输油管道	Dandong Shuyou Guandao
150301	海拉尔东山机场	Hailar Dongshan Airport	210705	丹东太平湾	Dandong Taipingwan
150302	额布都格	Ebuduge	210706	丹东长甸河口	Dandong Changdian Hekou
150303	胡列也吐	Hulieyetu	210707	丹东哑巴沟	Dandong Yabagou
150400	内蒙古自治区赤峰市	Nei Mongol Zizhiqu Chifeng（Ulanhad）Shi	210708	丹东马市过货点	Dandong Mashi Guohuodian
150401	满都拉	Mandula	210709	丹东安民	Dandong Anmin
150500	内蒙古自治区通辽市	Nei Mongol Zizhiqu Tongliao Shi	210800	辽宁省营口市	Liaoning Sheng Yingkou Shi
150600	内蒙古自治区鄂尔多斯市	Nei Mongol Zizhiqu Ordos Shi			
150700	内蒙古自治区呼伦贝尔市	Nei Mongol Zizhiqu Hulun Buir Shi			
150800	内蒙古自治区巴彦淖尔市	Nei Mongol Zizhiqu Bayannur Shi			
150801	黑山头	Heishantou			
150802	室韦	Shiwei			

代码	中文名称	英文名称
210801	丹东港大东港区	Dandong Harbor Dadong Gangqu
210802	丹东大鹿岛	Dandong Daludao
210803	丹东大台子	Dandong Dataizi
210804	丹东一撮毛过货点	Dandong Yicuomao Guohuodian
210805	丹东丹纸码头	Dandong Danzhi Dock
210900	辽宁省阜新市	Liaoning Sheng Fuxin Shi
210901	营口港老港区	Yingkou Harbor Laogangqu
211000	辽宁省辽阳市	Liaoning Sheng Liaoyang Shi
211001	营口港鲅鱼圈港区	Yingkou Harbor Bayuquan Gangqu
211002	营口港仙人岛港区	Yingkou Harbor Xianrendao Gangqu
211003	营口港保税物流园区	Yingkougang Bonded Logistics Zone
211100	辽宁省盘锦市	Liaoning Sheng Panjin Shi
211200	辽宁省铁岭市	Liaoning Sheng Tieling Shi
211300	辽宁省朝阳市	Liaoning Sheng Chaoyang Shi
211400	辽宁省葫芦岛市	Liaoning Sheng Huludao Shi
211401	盘锦港	Panjin Harbor
211501	葫芦岛港	Huludao Harbor
211801	大连周水子国际机场	Dalian Zhoushuizi International Airport
211901	大连港香炉礁港区	Dalian Harbor Xianglujiao Gangqu
211902	大连港老港区	Dalian Harbor laogangqu
211903	大连港大连湾港区	Daliangangdalianwangangqu
211904	大连港汽车码头港区	Dalian Harbor Qiche Dock Gangqu
211905	大连港矿石码头港区	Dalian Harbor Kuangshi Dock Gangqu
211906	旅顺新港	Lushun Xingang
211907	庄河港	Zhuanghe Harbor
211908	大连长海四块石码头	Dalian Changhai Sikuaishi Dock
211909	大连出口加工区	Dalian Export Processind Zone
211910	大连保税区	Dalian Free Trade Zone
212001	长兴岛港	Changxingdao Harbor
212101	沈阳综合保税区	Shenyang Comprehensive Bonded Zone
220001	长春	Changchun
220002	长春龙嘉国际机场	Changchun Longjia International Airport
220003	长春铁路	Changchun Railway
220004	临江	Linjiang
[illegible]0005	大安	Daan
[illegible]06	图们公路	Tumen Highroad
[illegible]	图们铁路	Tumen Railway
[illegible]	[illegible]营	Chuanying
[illegible]	[illegible]石	Dangshi
220010	下三道沟	Xiasandaogou
220011	长春兴隆综合保税区	Changchun Xinglong Comprehensive Bonded Zone
220101	双目峰公务通道	Shuangmofeng Gongwu Tongdao
220102	延吉朝阳川机场	Yanji Chaoyangchuan Airport
220103	三合	Sanhe
220104	开山屯	Kaishantun
220105	南坪	Nanping
220106	古城里	Guchengli
220200	吉林省吉林市	Jilin Sheng Jilin Shi
220201	珲春公路	Hunchun Highroad
220202	珲春铁路	Hunchun Railway
220203	沙坨子	Shatuozi
220204	圈河	Quanhe
220205	珲春出口加工区	Hunchun Export Processind Zone
220300	吉林省四平市	Jilin Sheng Siping Shi
220400	吉林省辽源市	Jilin Sheng Liaoyuan Shi
220500	吉林省通化市	Jilin Sheng Tonghua Shi
220501	集安铁路	Jian Railway
220502	老虎哨	Laohushao
220503	青石	Qinshi
220504	秋皮村	Qiupicun
220505	集安过货通道	Jian Guohuo Tongdao
220600	吉林省白山市	Jilin Sheng Baishan Shi
220601	长白	Changbai
220602	十三道沟	Shisandaogou
220603	八道沟	Badaogou
220604	南尖头	Nanjiantou
220700	吉林省松原市	Jilin Sheng Songyuan Shi
220701	吉林铁路	Jilin Railway
220800	吉林省白城市	Jilin Sheng Baicheng Shi
222400	吉林省延边朝鲜族自治州	Jilin Sheng Yanbian Chosenzu Zizhizhou
230001	哈尔滨	Harbin
230002	哈尔滨太平国际机场	Harbin Taiping International Airport
230003	嘉荫	Jiayin
230004	漠河	Mohe
230005	绥芬河综合保税区	Suifenhe Comprehensive Bonded Zone
230101	齐齐哈尔三家子机场	Qiqihar Sanjiazi Airport
230200	黑龙江省齐齐哈尔市	Heilongjiang Sheng Qiqihar Shi
230201	大庆	Daqing
230300	黑龙江省鸡西市	Heilongjiang Sheng Jixi Shi
230301	牡丹江海浪机场	Mudanjiang Hailang Airport
230400	黑龙江省鹤岗市	Heilongjiang Sheng Hegang Shi
230401	绥芬河铁路	Suifenhe Railway
230402	绥芬河公路	Suifenhe Highroad

代码	中文名称	英文名称
230500	黑龙江省双鸭山市	Heilongjiang Sheng Shuangyashan Shi
230501	虎林	Hulin
230600	黑龙江省大庆市	Heilongjiang Sheng Daqing Shi
230601	密山	Mishan
230700	黑龙江省伊春市	Heilongjiang Sheng Yichun Shi
230701	佳木斯港	Jiamusi Harbor
230702	佳木斯东郊机场	Jiamusi Dongjiao Airport
230703	桦川	Huachuan
230800	黑龙江省佳木斯市	Heilongjiang Sheng Jiamusi Shi
230801	饶河	Raohe
230900	黑龙江省七台河市	Heilongjiang Sheng Qitaihe Shi
230901	同江	Tongjiang
231000	黑龙江省牡丹江市	Heilongjiang Sheng Mudanjiang Shi
231001	抚远	Fuyuan
231100	黑龙江省黑河市	Heilongjiang Sheng Heihe Shi
231101	黑河	Heihe
231102	孙吴港	Sunwu Harbor
231103	孙吴边境通道	Sunwu Bianjing Tongdao
231104	呼玛	Huma
231200	黑龙江省绥化市	Heilongjiang Sheng Suihua Shi
231201	逊克	Xunke
231401	萝北	Luobei
231501	东宁	Dongning
231601	绥滨	Suibin
231602	富锦	Fujin
231701	哈尔滨港	Harbin Harbor
231702	哈尔滨站	Harbin Zhan
232700	黑龙江省大兴安岭地区	Heilongjiang Sheng Da Hinggan Ling Diqu
310001	上海	Shanghai
310002	龙吴	Longwu
310011	中国（上海）自由贸易试验区	China（Shanghai）Pilot Free Trade Zone
310101	上海嘉定出口加工区	Shanghai Jiading Export Processind Zone
310102	上海青浦出口加工区	Shanghai Qngpu Export Processind Zone
310201	上海金桥出口加工区	Shangha Jinqiao Export Processind Zone
310301	上海虹桥国际机场	Shanghai Hongqiao International Airport
310302	上海浦东国际机场	Shanghai Pudong International Airport
310303	上海浦东机场综合保税区	Shanghai Pudong Airport Comprehensive Bonded Zone
310401	罗泾	Luojing
310402	吴淞	Wusong
310501	崇明	Chongming
310601	上海闵行出口加工区	Shanghai Minhang Export Processind Zone
310701	外高桥	Waigaoqiao
310702	上海外高桥保税物流园区	Shanghai Waigaoqiao Bonded Logistics Zone
310703	上海外高桥保税区	Shanghai Waigaoqiao Free Trade Zone
310901	上海漕河泾出口加工区	Shanghai Caohejing Export Processind Zone
311001	浦东临港产业作业区	Pudong Lingang Chanye Zuoyequ
311002	洋山港	Yangshan Harbor
311003	洋山保税港区	Yangshan Free Trade Port Zone
311201	上海站	Shanghai Zhan
311301	上海松江出口加工区 A 区	Shanghai Songjiang Export Processind Zone Zone A
311302	上海松江出口加工区 B 区	Shanghai Songjiang Export Processind Zone Zone B
317001	上海奉贤综合保税区	Shanghai Fengxian Comprehensive Bonded Zone
320001	南京	Nanjing
320101	南京禄口国际机场	Nanjing Lukou International Airport
320102	南京港	Nanjing Harbor
320103	南京出口加工区	Nanjing Export Processind Zone
320104	南京综合保税区	Nanjing Comprehensive Bonded Zone
320200	江苏省无锡市	Jiangsu Sheng Wuxi Shi
320201	苏州	Suzhou
320202	苏州工业园综合保税区	Suzhou Gongyeyuan Comprehensive Bonded Zone
320203	苏州高新技术产业开发区综合保税区	Suzhou Gaoxinjishu Chanye Kaifaqu Comprehensive Bonded Zone
320204	吴中出口加工区	Wuzhong Export Processind Zone
320300	江苏省徐州市	Jiangsu Sheng Xuzhou Shi
320301	吴江出口加工区	Wujiang Export Processind Zone
320400	江苏省常州市	Jiangsu Sheng Changzhou Shi
320401	昆山综合保税区	Kunshan Comprehensive Bonded Zone
320500	江苏省苏州市	Jiangsu Sheng Suzhou Shi
320501	张家港	Zhangjiagang
320502	张家港保税港区	Zhangjiagang Free Trade Port Zone
320600	江苏省南通市	Jiangsu Sheng Nantong Shi
320601	常熟	Changshu

代码	中文名称	英文名称
320602	常熟出口加工区	Changshu Export Processind Zone
320700	江苏省连云港市	Jiangsu Sheng Lianyungang Shi
320701	太仓	Taicang
320702	太仓港综合保税区	Taicanggang Comprehensive Bonded Zone
320800	江苏省淮安市	Jiangsu Sheng Huai'an Shi
320801	无锡	Wuxi
320802	苏南硕放国际机场	Sunan Shuofang International Airport
320803	无锡高新区综合保税区	Wuxi Gaoxinqu Comprehensive Bonded Zone
320804	无锡出口加工区	Wuxi Export Processind Zone
320900	江苏省盐城市	Jiangsu Sheng Yancheng Shi
320901	江阴	Jiangyin
321000	江苏省扬州市	Jiangsu Sheng Yangzhou Shi
321100	江苏省镇江市	Jiangsu Sheng Zhengjiang Shi
321101	南通	Nantong
321103	如皋	Rugao
321104	南通综合保税区	Nantong Comprehensive Bonded Zone
321106	南通机场	Nantong Airport
321200	江苏省泰州市	Jiangsu Sheng Taizhou Shi
321201	连云港	Lianyungang
321202	连云港出口加工区	Lianyungang Export Processind Zone
321300	江苏省宿迁市	Jiangsu Sheng Suqian Shi
321301	镇江	Zhenjiang
321302	镇江出口加工区	Zhenjiang Export Processind Zone
321401	徐州机场	Xuzhou Airport
321501	淮安综合保税区	Huaian Comprehensive Bonded Zone
321502	淮安出口加工区	Huai'an Export Processind Zone
321601	常州	Changzhou
321602	常州出口加工区	Changzhou Export Processind Zone
321603	武进出口加工区	Wujin Export Processind Zone
321604	常州奔牛机场	Changzhou Benniu Airport
321701	盐城机场	Yancheng Airport
321702	射阳	Sheyang
321703	盐城综合保税区	YanchengComprehensive Bonded Zone
321704	大丰	Dafeng
[illegible]1801	扬州	Yangzhou
[illegible]02	扬州出口加工区	Yangzhou Export Processind Zone
[illegible]	[illegible]港	Gaogang
[illegible]	[illegible]	Taizhou
[illegible]	[illegible]	Jingjiang

代码	中文名称	英文名称
322202	泰州出口加工区	Taizhou Export Processind Zone
322401	启东	Qidong
322501	如东洋口	Rudong Yangkou
330001	杭州	Hangzhou
330002	杭州萧山国际机场	Hangzhou Xiaoshan International Airport
330101	温州龙湾国际机场	Wenzhou Longwan International Airport
330102	温州港瓯江港区七里作业区	Wenzhou Harbor Oujiang Port Area Qili Operational Zone
330103	温州港平阳港区	Wenzhou Harbor Pingyang Port Area
330104	温州港状元岙港区	Wenzhou Harbor Zhuangyuanao Port Area
330105	温州港乐清湾港区	Wenzhou Harbor Yueqingwan Port Area
330106	温州港大小门岛港区	Wenzhou Harbor Daxiaomendao Port Areaxia
330200	浙江省宁波市	Zhejiang Sheng Ningbo Shi
330201	金义综合保税区	Jinyi Comprehensive Bonded Zone
330300	浙江省温州市	Zhejiang Sheng Wenzhou Shi
330301	舟山	Zhoushan
330302	舟山定海港区	Zhoushan Dinghai Gangqu
330303	舟山定海岙山油库	Zhoushan Dinghai Aoshan Youku
330304	舟山定海万向油库	Zhoushan Dinghai Wanxiang Youku
330305	舟山老塘山港区	Zhoushan Laotangshan Gangqu
330306	舟山老塘山三期码头	Zhoushan Laotangshan Sanqimatou
330307	舟山老塘山五期码头	Zhoushan Laotangshan Wuqimatou
330308	舟山老塘山册子油库	Zhoushan Laotangshan Cezi Youku
330309	舟山金塘港区	Zhoushan Jintang Gangqu
330310	舟山金塘集装箱码头	Zhoushan Jintang Container Dock
330311	舟山沈家门港区	Zhoushan Shenjiamen Gangqu
330312	舟山沈家门半升洞油库	Zhoushan Shenjiamen Banshengdong Youku
330313	舟山六横港区	Zhoushan Liuheng Gangqu
330314	舟山六横煤电码头	Zhoushan Liuheng Meidian Dock
330315	舟山六横武港码头	Zhoushan Liuheng Wugang Dock
330316	舟山六横金润石油	Zhoushan Liuheng Jinrun Shiyou
330317	舟山衢山港区	Zhoushan Qushan Gangqu
330318	舟山马岙港区	Zhoushan Maao Gangqu

代码	中文名称	英文名称
330319	舟山马岙太平洋化工	Zhoushan Maao Taipingyang Huagong
330320	舟山马岙纳海油污	Zhoushan Maao Nahai Youwu
330321	舟山马岙天禄能源	Zhoushan Maao Tianlu Nengyuan
330322	岱山高亭	Daishan Gaoting
330323	舟山港综合保税区	Zhoushangang Comprehensive Bonded Zone
330400	浙江省嘉兴市	Zhejiang Sheng Jiaxing Shi
330401	泗礁	Sijiao
330500	浙江省湖州市	Zhejiang Sheng Huzhou Shi
330501	海门	Haimen
330502	台州	Taizhou
330503	大麦屿	Damaiyu
330600	浙江省绍兴市	Zhejiang Sheng Shaoxing Shi
330700	浙江省金华市	Zhejiang Sheng Jinhua Shi
330701	嘉兴	Jiaxing
330702	嘉兴港	Jiaxing Harbor
330703	嘉兴出口加工区 A 区	Jiaxing Export Processind Zone Zone A
330704	嘉兴出口加工区 B 区	Jiaxing Export Processind Zone Zone B
330800	浙江省衢州市	Zhejiang Sheng Quzhou Shi
330801	湖州	Huzhou
330802	湖州南浔	Huzhou Nanxun
330803	湖州安吉川达	Huzhou Anji Chuanda
330900	浙江省舟山市	Zhejiang Sheng Zhoushan Shi
331000	浙江省台州市	Zhejiang Sheng Taizhou Shi
331100	浙江省丽水市	Zhejiang Sheng Lishui Shi
331101	杭州保税物流园区（B 型）	Hangzhou Bonded Logistics Zone（B）
331201	义乌	Yiwu
333301	杭州出口加工区	Hangzhou Export Processind Zone
333302	杭州中和保税区	Hangzhou Zhonghe Free Trade Zone
340001	合肥	Hefei
340002	合肥新桥国际机场	Hefei Xinqiao International Airport
340003	合肥新站	Hefei Xinzhan
340004	六安	Luan
340005	芜湖出口加工区	Wuhu Export Processind Zone
340006	合肥出口加工区	Hefei Export Processind Zone
340007	合肥综合保税区	Hefei Comprehensive Bonded Zone
340101	芜湖	Wuhu
340200	安徽省芜湖市	Anhui Sheng Wuhu Shi
340201	安庆	Anqing
340300	安徽省蚌埠市	Anhui Sheng Bengbu Shi
340301	铜陵	Tongling
340400	安徽省淮南市	Anhui Sheng Huainan Shi
340401	马鞍山	Maanshan
340500	安徽省马鞍山市	Anhui Sheng Ma'anshan Shi
340501	蚌埠	Bengbu
340502	淮南	Huainan
340600	安徽省淮北市	Anhui Sheng Huaibei Shi
340601	阜阳	Fuyang
340602	亳州	Bozhou
340700	安徽省铜陵市	Anhui Sheng Tongling Shi
340701	黄山屯溪机场	Huangshan Tunxi Airport
340800	安徽省安庆市	Anhui Sheng Anqing Shi
340801	池州	Chizhou
340901	滁州	Chuzhou
341000	安徽省黄山市	Anhui Sheng Huangshan Shi
341001	宣城	Xuancheng
341100	安徽省滁州市	Anhui Sheng Chuzhou Shi
341200	安徽省阜阳市	Anhui Sheng Fuyang Shi
341201	淮北	Huaibei
341202	宿州	Suzhou
341300	安徽省宿州市	Anhui Sheng Suzhou Shi
341500	安徽省六安市	Anhui Sheng Lu'an Shi
341600	安徽省亳州市	Anhui Sheng Bozhou Shi
341700	安徽省池州市	Anhui Sheng Chizhou Shi
341800	安徽省宣城市	Anhui Sheng Xuncheng Shi
350001	福州	Fuzhou
350002	福州港江阴港区非保税码头	Fuzhou Harbor Jiangyin Gangqu Feibaoshui Dock
350003	福州港平潭金井码头	Fuzhou Harbor Pingtan Jinjing Dock
350004	平潭港口岸澳前港区	Pingtan Harbor Aoqian Gangqu
350005	福州港平潭澳前客滚码头	Fuzhou Harbor Pingtan Aoqiankegun Dock
350006	武夷山机场	Wuyishan Airport
350007	武夷山陆地港	Wuyishan Ludigang
350008	福州保税港区	Fuzhou Free Trade Port Zone
350011	中国（福建）自由贸易试验区	China（Fujian）Pilot Free Trade Zone
350101	泉州港肖厝港区	Quanzhou Harbor Xiaocuo Gangqu
350102	泉州港泉州湾港区	Quanzhou Harbor Quanzhouwan Gangqu
350103	泉州港围头湾港区	Quanzhou Harbor Weitouwan Gangqu
350104	泉州港深沪湾港区	Quanzhou Harbor Shenhuwan Gangqu
350105	泉州港斗尾港区	Quanzhou Harbor Douwei Gangqu
350106	泉州港石井客运码头	Quanzhou Harbor Shijing Passenger Transpor Dock
350107	泉州港肖厝小额贸易点	Quanzhou Harbor Xiaocuo Xiaoemaoyidian
350108	泉州惠安崇武小额贸易点	Quanzhou Huian Chongwu Xiaoemaoyidian

代码	中文名称	英文名称	代码	中文名称	英文名称
350109	泉州后渚小额贸易点	Quanzhou Houzhu Xiaoemaoyidian	350502	宁德港三沙港区	Ningde Harbor Sansha Gangqu
350110	泉州石狮石湖小额贸易点	Quanzhou Shishi Shihu Xiaoemaoyidian	350503	宁德港沙埕港区	Ningde Harbor Shacheng Gangqu
350111	泉州晋江围头小额贸易点	Quanzhou Jinjiang Weitou Xiaoemaoyidian	350504	宁德港赛江港区	Ningde Harbor Saijiang Gangqu
350112	泉州晋江深沪小额贸易点	Quanzhou Jinjiang Shenhu Xiaoemaoyidian	350505	霞浦三沙小额贸易点	Xiapu Sansha Xiaoemaoyidian
350113	泉州南安石井小额贸易点	Quanzhou Nanan Shijing Xiaoemaoyidian	350600	福建省漳州市	Fujian Sheng Zhangzhou Shi
350114	泉州晋江陆地港	Quanzhou Jinjiang Ludigang	350601	福州港松下港区元洪作业区	Fuzhou Harbor Songxia Gangqu Yuanhong Zuoyequ
350115	泉州晋江机场	Quanzhou Jinjiang Airport	350602	福州港松下港区南青屿小额贸易点	Fuzhou Harbor Songxia Gangqu Nanqingyu Xiaoemaoyidian
350116	泉州出口加工区	Quanzhou Export Processind Zone	350700	福建省南平市	Fujian Sheng Nanping Shi
350200	福建省厦门市	Fujian Sheng Xiamen Shi	350800	福建省龙岩市	Fujian Sheng Longyan Shi
350201	莆田湄洲岛小额贸易点	Putian Meizhoudao Xiaoemaoyidian	350900	福建省宁德市	Fujian Sheng Ningde Shi
350202	莆田港秀屿港区	Putian Harbor Xiuyu Gangqu	350901	龙岩陆地港	Longyan Ludigang
350203	莆田港湄洲岛客运码头	Putian Harbor Meizhoudao Passenger Transpor Dock	351101	东山湾东山港区	Dongshanwan Dongshan Gangqu
350204	莆田港东吴港区	Putian Harbor Dongwu Gangqu	351102	东山湾诏安港区	Dongshanwan Zhaoan Gangqu
350300	福建省莆田市	Fujian Sheng Putian Shi	351103	漳州东山铜陵小额贸易点	Zhangzhou Dongshan Tongling Xiaoemaoyidian
350301	三明陆地港	Sanming Ludigang	351104	漳州云霄礁美小额贸易点	Zhangzhou Yunxiao Jiaomei Xiaoemaoyidian
350400	福建省三明市	Fujian Sheng Sanming Shi	351105	漳州诏安田厝小额贸易点	Zhangzhou Zhaoan Tiancuo Xiaoemaoyidian
350401	福州港马尾客运码头	Fuzhou Harbor Mawei Passenger Transpor Dock	351201	福州长乐国际机场	Fuzhou Changle International Airport
350402	福州港闽江口内港区	Fuzhou Harbor Minjiangkou Neigangqu	355800	平潭综合实验区	Pingtan Comprehensive Pilot Zone
350403	福州港马尾小额贸易点	Fuzhou Harbor Mawei Xiaoemaoyidian	360001	南昌	Nanchang
350404	福州港连江琯头小额贸易点	Fuzhou Harbor Lianjiang Guantou Xiaoemaoyidian	360002	南昌昌北机场	Nanchang Changbei Airport
350405	福州港罗源迹头小额贸易点	Fuzhou Harbor Luoyuan Jitou Xiaoemaoyidian	360003	南昌出口加工区	Nanchang Export Processind Zone
350406	福州港罗源湾港区	Fuzhou Harbor luoyuanwan Gangqu	360101	九江	Jiujiang
350407	福州港黄岐港区	Fuzhou Harbor Huangqi Gangqu	360102	九江出口加工区	Jiujiang Export Processind Zone
350408	福州港松下港区牛头湾作业区	Fuzhou Harbor Songxia Gangqu Niutouwan Zuoyequ	360200	江西省景德镇市	Jiangxi Sheng Jingdezhen Shi
350409	福州港松下港区长乐松下小额贸易点	Fuzhou Harbor Songxia Gangqu Changlesong Xiaxiaoemaoyidian	360300	江西省萍乡市	Jiangxi Sheng Pingxiang Shi
350410	福州保税区	Fuzhou Free Trade Zone	360301	赣州出口加工区	Ganzhou Export Processind Zone
350411	福州出口加工区	Fuzhou Export Processind Zone	360302	赣州综合保税区	Ganzhou Comprehensive Bonded Zone
350412	贵安综合保税区	Gui'an Comprehensive Bonded Zone	360400	江西省九江市	Jiangxi Sheng Jiujiang Shi
350500	福建省泉州市	Fujian Sheng Quanzhou Shi	360500	江西省新余市	Jiangxi Sheng Xinyu Shi
350501	宁德港三都澳港区	Ningde Harbor Sanduao Gangqu	360600	江西省鹰潭市	Jiangxi Sheng Yingtan Shi
			360601	井冈山出口加工区	Jinggnanshan Export Processind Zone
			360700	江西省赣州市	Jiangxi Sheng Ganzhou Shi
			360800	江西省吉安市	Jiangxi Sheng Ji'an Shi
			360900	江西省宜春市	Jiangxi Sheng Yichun Shi
			361000	江西省抚州市	Jiangxi Sheng Fuzhou Shi
			361100	江西省上饶市	Jiangxi Sheng Shangrao Shi

代码	中文名称	英文名称
365102	九江综合保税区	Jiujiang Comprehensive Bonded Zone
370001	济南	Jinan
370002	日照	Rizhao
370003	岚山	Lanshan
370101	青岛港	Qingdao Harbor
370102	青岛出口加工区	Qingdao Export Processind Zone
370200	山东省青岛市	Shandong Sheng Qingdao Shi
370201	黄岛	Huangdao
370202	青岛前湾保税港区	Qingdao Qianwan Free Trade Port Zone
370203	青岛西海岸出口加工区	Qingdao Xihaian Export Processind Zone
370300	山东省淄博市	Shandong Sheng Zibo Shi
370301	烟台莱山机场	Yantai Laishan Airport
370302	烟台港	Yantai Harbor
370303	烟台保税港区 A 区	Yantai Free Trade Port Zone A Qu
370304	烟台保税港区 B 区	Yantai Free Trade Port Zone B Qu
370400	山东省枣庄市	Shandong Sheng Zaozhuang Shi
370401	石岛	Shidao
370402	龙眼	Longyan
370500	山东省东营市	Shandong Sheng Dongying Shi
370501	龙口	Longkou
370600	山东省烟台市	Shandong Sheng Yantai Shi
370601	莱州	Laizhou
370700	山东省潍坊市	Shandong Sheng Weifang Shi
370701	济南遥墙机场	Jinan Yaoqiang Airport
370702	济南综合保税区	Jinan Comprehensive Bonded Zone
370703	济南出口加工区	Jinan Export Processind Zone
370800	山东省济宁市	Shandong Sheng Jining Shi
370801	济宁站	Jiningzhan
370900	山东省泰安市	Shandong Sheng Tai'an Shi
370901	潍坊	Weifang
370902	潍坊综合保税区	Weifang Comprehensive Bonded Zone
371000	山东省威海市	Shandong Sheng Weihai Shi
371100	山东省日照市	Shandong Sheng Rizhao Shi
371200	山东省莱芜市	Shandong Sheng Laiwu Shi
371201	威海机场	Weihai Airport
371202	威海港	Weihai Harbor
371203	威海出口加工区	Weihai Export Processind Zone
371300	山东省临沂市	Shandong Sheng Linyi Shi
371400	山东省德州市	Shandong Sheng Dezhou Shi
371500	山东省聊城市	Shandong Sheng Liaocheng Shi
371600	山东省滨州市	Shandong Sheng Binzhou Shi
371700	山东省菏泽市	Shandong Sheng Heze Shi
371801	临沂站	Linyizhan
371802	临沂综合保税区	Linyi Comprehensive Bonded Zone
371901	东营	Dongying
371902	东营综合保税区	Dongying Comprehensive Bonded Zone
372301	青岛胶东国际机场	Qingdao Jiaodong International Airport
372401	蓬莱	Penglai
375101	青岛胶州湾综合保税区	Qingdao Jiaozhouwan Comprehensive Bonded Zone
375301	烟台福山回里保税物流中心（B 型）	Yantai Fushanhuili Bonded Logistics Zone（B）
380001	宁波	Ningbo
380002	宁波栎社机场	Ningbo Lishe Airport
380003	宁波甬江港区	Ningbo Yongjiang Gangqu
380004	宁波出口加工区	Ningbo Export Processind Zone
380005	宁波保税区	Ningbo Free Trade Zone
380101	宁波北仑港港区	Ningbo Beilungang Gangqu
380102	宁波穿山港区	Ningbo Chuanshan Gangqu
380201	慈溪出口加工区	Cixi Export Processind Zone
380701	宁波象山石浦港区	Ningbo Xiangshan Shipu Gangqu
380702	宁波象山港区	Ningbo Xiangshan Gangqu
380801	宁波大榭港区	Ningbo Daxie Gangqu
380901	宁波梅山保税港区	Ningbo Meishan Free Trade Port Zone
381001	宁波镇海港区	Ningbo Zhenhai Gangqu
390001	厦门	Xiamen
390002	厦门邮轮中心	Xiamen Youlun Center
390003	刘五店	Liuwudian
390004	大磴岛	Dadengdao
390005	厦门象屿保税物流园区	Xiamen Xiangyu Bonded Logistics Zone
390007	厦门翔安火炬保税物流园区	Xiamen Xiangan Huoju Bonded Logistics Zone
390008	厦门保税区	Xiamen Free Trade Zone
390101	厦门海沧港区	Xiamen Haicang Gangqu
390102	厦门海沧保税港区	Xiamen Haicang Free Trade Port Zone
390301	漳州招银港区	Zhangzhou Zhaoyin Gangqu
390302	漳州后石港区	Zhangzhou Houshi Gangqu
390303	漳州古雷港区	Zhangzhou Gulei Gangqu
390304	漳州旧镇港区	Zhangzhou Jiuzhen Gangqu
390305	漳州石码港区	Zhangzhou Shima Gangqu
399101	厦门高崎国际机场	Xiamen Gaoqi International Airport
399102	厦门五通码头	Xiamen Wutong Dock
399103	厦门五缘湾码头	Xiamen Wuyuanwan Dock
399501	厦门东渡港区	Xiamen Dongdu Gangqu

代码	中文名称	英文名称	代码	中文名称	英文名称
405301	济南章锦综合保税区	Hohhot Comprehensive Bonded Zone	420201	襄阳铁路	Xiangyang Railway
			420202	襄阳公路	Xiangyang Highroad
405401	淄博综合保税区	Zibo Comprehensive Bonded Zone	420203	十堰公路	Shiyan Highroad
			420300	湖北省十堰市	Hubei Sheng Shiyan Shi
410001	郑州	Zhengzhou	420301	宜昌三峡机场	Yichang Sanxia Airport
410002	郑州查验场	Zhengzhou Check the field	420302	宜昌水运港	Yichang Shuiyun Harbor
410003	郑州新郑国际机场	Zhengzhou Xinzheng International Airport	420401	黄石水运港	Huangshi Shuiyun Harbor
			420500	湖北省宜昌市	Hubei Sheng Yichang Shi
410004	郑州站	Zhengzhouzhan	420600	湖北省襄阳市	Hubei Sheng Xiangyang Shi
410005	郑州出口加工区	Zhengzhou Export Processind Zone	420700	湖北省鄂州市	Hubei Sheng Ezhou Shi
			420800	湖北省荆门市	Hubei Sheng Jingmen Shi
410101	洛阳北郊机场	Luoyang Beijiao Airport	420900	湖北省孝感市	Hubei Sheng Xiaogan Shi
410200	河南省开封市	Henan Sheng Kaifeng Shi	421000	湖北省荆州市	Hubei Sheng Jingzhou Shi
410300	河南省洛阳市	Henan Sheng Luoyang Shi	421100	湖北省黄冈市	Hubei Sheng Huanggang Shi
410400	河南省平顶山市	Henan Sheng Pingdingshan Shi	421200	湖北省咸宁市	Hubei Sheng Xianning Shi
			421300	湖北省随州市	Hubei Sheng Suizhou Shi
410500	河南省安阳市	Henan Sheng Anyang Shi	422800	湖北省恩施土家族苗族自治州	Hubei Sheng Enshi Tujiazu Miaozu Zizhizhou
410501	漯河查验场	Luohe Check the field			
410600	河南省鹤壁市	Henan Sheng Hebi Shi	429000	湖北省省直辖县级行政区划	Hubei Sheng Sheng Zhixia Xianji Xingzhengquhua
410601	南阳卧龙综合保税区	Nanyang Wolong Comprehensive Bonded Zone	430001	长沙	Changsha
410700	河南省新乡市	Henan Sheng Xinxiang Shi	430002	长沙黄花国际机场旅检通道	Changsha Huanghua International Airport Passenger－Inspection Tongdao
410800	河南省焦作市	Henan Sheng Jiaozuo Shi			
410900	河南省濮阳市	Henan Sheng Puyang Shi			
410901	郑州新郑综合保税区	Zhengzhou Xinzheng Comprehensive Bonded Zone	430003	长沙黄花国际机场货场	Changsha Huanghua International Airport Huochang
411000	河南省许昌市	Henan Sheng Xuchang Shi	430004	张家界荷花国际机场	Zhangjiajie Hehua International Airport
411100	河南省漯河市	Henan Sheng Luohe Shi			
411200	河南省三门峡市	Henan Sheng Sanmenxia Shi	430005	长沙霞凝港	Changsha Xianing Harbor
411300	河南省南阳市	Henan Sheng Nanyang Shi	430006	长沙霞凝铁路	Changsha Xianing Railway
411400	河南省商丘市	Henan Sheng Shangqiu Shi	430007	长沙金霞保税物流园区	Changsha Jinxia Bonded Logistics Zone
411500	河南省信阳市	Henan Sheng Xingyang Shi			
411600	河南省周口市	Henan Sheng Zhoukou Shi	430008	湘潭综合保税区	Xiangtan Comprehensive Bonded Zone
411700	河南省驻马店市	Zhumadian Diqu Zhumadian Shi			
419000	河南省省直辖县级行政区划	Henan Sheng Sheng Zhixia Xianji Xingzhengquhua	430009	长沙黄花国际机场国际快件监控中心	Changsha Huanghua International Airport Kuaijian
			430101	岳阳城陵矶水运	Yueyang Chenglingji Shuiyun
420001	武汉	Wuhan	430103	岳阳城陵矶综合保税区	Yueyang Chenglingji Comprehensive Bonded Zone
420002	武汉天河机场	Wuhan Tianhe Airport			
420003	武汉阳逻水运港	Wuhan Yangluo Shuiyun Harbor	430200	湖南省株洲市	Hunan Sheng Zhuzhou Shi
			430201	常德盐关水运	Changde Yanguan Shuiyun
420004	武汉经开综合保税区	Wuhan Economic Development Comprehensive Bonded Zone	430300	湖南省湘潭市	Hunan Sheng Xiangtan Shi
			430400	湖南省衡阳市	Hunan Sheng Hengyang Shi
			430401	衡阳公路	Hengyang Highroad
420005	武汉东西湖保税物流园区	Wuhan Dongxihu Bonded Logistics Zone	430402	衡阳综合保税区	Hengyang Comprehensive Bonded Zone
420006	武汉东湖综合保税区	Wuhan Donghu Comprehensive Bonded Zone	430500	湖南省邵阳市	Hunan Sheng Shaoyang Shi
			430501	郴州公路	Chenzhou Highroad
420007	武汉新港空港综合保税区	Wuhan Xingang Konggang Comprehensive Bonded Zone	430502	郴州铁路	Chenzhou Railway
			430503	郴州出口加工区	Chenzhou Export Processind Zone
420101	荆州盐卡	Jingzhou Yanka			
420200	湖北省黄石市	Hubei Sheng Huangshi Shi	430600	湖南省岳阳市	Hunan Sheng Yueyang Shi

代码	中文名称	英文名称	代码	中文名称	英文名称
430700	湖南省常德市	Hunan Sheng Changde Shi	440302	南海三山港	Nanhai Sanshan Harbor
430701	湘潭公路	Xiangtan Highroad	440303	南海九江码头	Nanhai Jiujiang Dock
430702	长沙黄花综合保税区	Changsha Huanghua Comprehensive Bonded Zone	440304	南海北村码头	Nanhai Beicun Dock
430800	湖南省张家界市	Hunan Sheng Zhangjiajie Shi	440305	南海平洲南港码头	Nanhai Pingzhou Nangang Dock
430900	湖南省益阳市	Hunan Sheng Yiyang Shi	440306	南海官窑车检场	Nanhai Guanyao Truck Inspection Field
431000	湖南省郴州市	Hunan Sheng Chenzhou Shi	440307	南海桂江车检场	Nanhai Guijiang Truck Inspection Field
431100	湖南省永州市	Hunan Sheng Yongzhou Shi	440400	广东省珠海市	Guangdong Sheng Zhuhai Shi
431200	湖南省怀化市	Hunan Sheng Huaihua Shi	440401	顺德港客运码头	Shunde Harbor Passenger Transpor Dock
431300	湖南省娄底市	Hunan Sheng Loudi Shi	440402	顺德容奇货运码头	Shunde Rongqi Freight Dock
433100	湖南省湘西土家族苗族自治州	Hunan Sheng Xiangxi Tujiazu Miaozu Zizhizhou	440403	顺德食出码头	Shunde Shichu Dock
440001	广州	Guangzhou	440404	顺德北滘港货运码头	Shunde Beijiao Harbor Freight Dock
440002	黄埔港务码头	Huangpu Gangwu Dock	440405	顺德勒流港货运码头	Shunde Leliu Harbor Freight Dock
440003	南沙粮食及通用码头	Nansha Liangshi Tongyong Dock	440406	顺德陈村车检场	Shunde Chenchun Truck Inspection Field
440004	黄埔嘉利仓码头	Huangpu Jialicang Dock	440407	顺德勒流车检场	Shunde Leliu Truck Inspection Field
440005	佛山三水西南码头	Foshan Sanshui Xinan Dock	440408	顺德容奇车检场	Shunde Rongqi Truck Inspection Field
440006	佛山三水港码头	Foshan Sanshui Harbor Dock	440409	顺德乐从车检场	Shunde Lecong Truck Inspection Field
440007	佛山三水车检场	Foshan Sanshui Truck Inspection Field	440410	顺德北窖车检场	Shunde Beiyao Truck Inspection Field
440008	东莞凤岗车检场	Dongguan Fenggang Truck Inspection Field	440500	广东省汕头市	Guangdong Sheng Shantou Shi
440009	东莞长安车检场	Dongguan Changan Truck Inspection Field	440501	汕头广澳港港务公司码头	Shantou Guangaogang Port Liability Company Dock
440010	广州香港马会马匹查验场	Guangzhou Hongkong Jockey Club Horse Inspection Field	440502	汕头暹罗石油气码头	Shantou Xianluo Shiyouqi Dock
440011	中国（广东）自由贸易试验区	China （Guangdong） Pilot Free Trade Zone	440503	汕头海门电厂码头	Shantou Haimen Dianchang Dock
440101	广州新沙码头	Guangzhou Xinsha Dock	440504	汕头西堤码头	Shantou Xiti Dock
440102	广州新风码头	Guangzhou Xinfeng Dock	440505	汕头永泰码头	Shantou Yongtai Dock
440103	广州河南码头	Guangzhou Henan Dock	440506	汕头大明石油气码头	Shantou Daming Shiyouqi Dock
440104	广州石榴岗码头	Guangzhou Shiliugang Dock	440507	汕头华润水泥码头	Shantou Huarun Shuini Dock
440105	广州造纸厂码头	Guangzhou Zaozhichang Dock	440508	汕头港务四公司煤码头	Shantou Gangwu Sigongsi Mei Dock
440106	广州石井滘心港码头	Guangzhou Shijing Jiaoxin Harbor Dock	440509	汕头港务三公司煤码头	Shantou Gangwu Sangongsi Mei Dock
440107	广州东朗码头	Guangzhou Donglang Dock	440510	汕头国集码头	Shantou Guoji Dock
440108	广州萝岗车检场	Guangzhou Luogang Truck Inspection Field	440511	汕头海通码头	Shantou Haitong Dock
440200	广东省韶关市	Guangdong Sheng Shaoguan Shi	440512	汕头莱芜码头	Shantou Laiwu Dock
440201	韶关新港码头	Shaoguan Xingang Dock	440513	汕头前江码头	Shantou Qianjiang Dock
440202	韶关铁路装卸点	Shaoguan Railway Zhuangxiedian	440514	汕头铁路装卸点	Shantou Railway Zhuangxiedian
440203	乐昌铁路装卸点	Lechang Railway Zhuangxiedian	440515	汕头联成车检场	Shantou Liancheng Truck Inspection Field
440204	韶关车检场	Shaoguan Truck Inspection Field			
440300	广东省深圳市	Guangdong Sheng Shenzhen Shi			
440301	南海港客运码头	Nanhai Harbor Passenger Transpor Dock			

代码	中文名称	英文名称
440516	汕头濠江车检场	Shantou Haojiang Truck Inspection Field
440517	汕头澄海车检场	Shantou Chenghai Truck Inspection Field
440518	汕头潮阳车检场	Shantou Chaoyang Truck Inspection Field
440519	揭阳潮汕机场	Jieyang Chaoshan Airport
440520	汕头保税区	Shantou Free Trade Zone
440521	汕头海门中转基地码头	Shantou Haimen Zhongzhuan Jidi Dock
440600	广东省佛山市	Guangdong Sheng Foshan Shi
440601	佛山铁路客运站	Foshan Railway Passenger Transport Erlei
440602	佛山澜石码头	Foshan Lanshi Dock
440603	佛山滘口码头	Foshan Jiaokou Dock
440604	佛山新港码头	Foshan Xingang Dock
440605	佛山车检场	Foshan Truck Inspection Field
440700	广东省江门市	Guangdong Sheng Jiangmen Shi
440701	江门港客运码头	Jiangmen Harbor Passenger Transpor Dock
440702	江门鹤山港客运码头	Jiangmen Heshan Harbor Passenger Transpor Dock
440703	江门台山核电重件码头	Jiangmen Taishan Nuclear Power Zhongjian Dock
440704	江门台山国华粤电煤码头	Jiangmen Taishan Guohua Yuedian Mei Dock
440705	江门台山公益港客运码头	Jiangmen Taishan Gongyi Harbor Passenger Transpor Dock
440706	江门中外运外海货柜码头	Jiangmen Zhongwaiyun Waihai Container Dock
440707	江门国际货柜码头	Jiangmen Guoji Container Dock
440708	江门荷塘码头	Jiangmen Hetang Dock
440709	江门台山公益码头	Jiangmen Taishan Gongyi Dock
440710	江门恩平横板码头	Jiangmen Enping Hengban Dock
440711	江门鹤山港货运码头	Jiangmen Heshangang Freight Dock
440712	江门车检场	Jiangmen Truck Inspection Field
440713	江门台山车检场	Jiangmen Taishan Truck Inspection Field
440714	江门鹤山车检场	Jiangmen Heshan Truck Inspection Field
440715	江门恩平车检场	Jiangmen Enping Truck Inspection Field
440800	广东省湛江市	Guangdong Sheng Zhanjiang Shi
[illegible]01	湛江机场	Zhanjiang Airport
[illegible]	湛江港集团公司霞山港区码头	Zhanjiang Harbor Group Company Xiashan Gangqu Dock
440803	湛江南油码头	Zhanjiang Nanyou Dock
440804	湛江港集团公司调顺港区码头	Zhanjiang Harbor Group Company Tiaoshun Gangqu Dock
440805	湛江调顺岛电力公司码头	Zhanjiang Tiaoshundao Dianligongsi Dock
440806	湛江霞海港码头	Zhanjiang Xiahai Harbor Dock
440807	湛江霞海中外运码头	Zhanjiang Xiahai Zhongwaiyun Dock
440808	湛江霞山长桥码头	Zhanjiang Xiashan Changqiao Dock
440809	湛江徐闻海安港码头	Zhanjiang Xuwen Haian Harbor Dock
440810	湛江廉江营仔港码头	Zhanjiang Lianjiang Yingzai Harbor Dock
440811	湛江遂溪北潭港码头	Zhanjiang Suixi Beitan Harbor Dock
440812	湛江雷州流沙港码头	Zhanjiang Leizhou Liusha Harbor Dock
440813	湛江霞海港车检场	Zhanjiang Truck Inspection Field
440814	湛江宝满港集装箱码头	Zhanjiang Baoman Harbor Container Dock
440815	湛江霞山散货码头	Zhanjiang Xiasan Sanhuo Dock
440816	湛江东海岛宝钢基地码头	Zhanjiang Donghaidao Baogangjidi Dock
440817	湛江东海岛宝钢成品码头	Zhanjiang Donghaidao Baogangchengpin Dock
440818	湛江吴川车检场	Zhanjiang Wuchuan Truck Inspection Field
440819	湛江龙腾码头	Zhanjiang longteng Dock
440820	湛江遂溪车检场	Zhanjiang sui'xi Truck Inspection Field
440900	广东省茂名市	Guangdong Sheng Maoming Shi
440901	茂名水东港港口公司双泊位码头	Maoming Shuidong Harbor Port company Shuangbowei Dock
440902	茂名水东港石化公司码头	Maoming Shuidong Harbor Petrochemical Corporation Dock
440903	茂名水东港 30 万吨级单点	Maoming Shuidong Harbor 0.3 Million Tons Jidandian
440904	茂名水东港天源化工码头	Maoming Shuidong Harbor Tianyuanhuagong Dock
440905	茂名水东港港口公司公用码头	Maoming Shuidong Harbor Port company Public Dock
440906	茂名水东港隆港石油码头	Maoming Shuidong Harbor Longgang Oil Dock
440907	茂名水东港长晟综合码头	Maoming Shuidong Harbor Changcheng Zhonghe Dock
440908	茂名水东港天源煤炭码头	Maoming Shuidong Harbor Tianyuan Coal Dock

代码	中文名称	英文名称	代码	中文名称	英文名称
440909	茂名博贺港码头	Maoming Bohe Harbor Dock	441400	广东省梅州市	Guangdong Sheng Meizhou Shi
441001	潮州车检场	Chaozhou Truck Inspection Field	441401	梅州机场	Meizhou Airport
441101	潮州三百门港务码头	Chaozhou Sanbaimen Gangwu Dock	441402	梅州车检场	Meizhou Truck Inspection Field
441102	潮州三百门华丰油气码头	Chaozhou Sanbaimen Huafeng Youqi Dock	441500	广东省汕尾市	Guangdong Sheng Shanwei Shi
441103	潮州三百门恒业码头	Chaozhou Sanbaimen Hengye Dock	441501	汕尾港务码头	Shanwei Gangwu Dock
441104	潮州金狮湾华丰油气码头	Chaozhou Jinshiwan Huafeng Youqi Dock	441502	汕尾电厂码头	Shanwei Dianchang Dock
441105	潮州金狮湾大唐电厂煤码头	Chaozhou Jinshiwan Datang Dianchang Mei Dock	441503	汕尾万聪码头	Shanwei Wancong Dock
441106	潮州金狮湾亚太一期码头	Chaozhou Jinshiwan Yatai Yiqi Dock	441504	汕尾乌坎码头	Shanwei Wukan Dock
441107	饶平车检场	Raoping Truck Inspection Field	441505	汕尾海丰车检场	Shanwei Haifeng Truck Inspection Field
441200	广东省肇庆市	Guangdong Sheng Zhaoqing Shi	441506	汕尾陆丰车检场	Shanwei Lufeng Truck Inspection Field
441201	肇庆铁路客运站	Zhaoqing Railway Passenger Transport Erlei	441507	汕尾车检场	Shanwei Truck Inspection Field
441202	肇庆港客运码头	Zhaoqing Harbor Passenger Transpor Dock	441508	汕尾华润海丰电厂码头	Shanwei Huarun Haifeng Dianchang Dock
441203	肇庆三榕港码头	Zhaoqing Sanrong Harbor Dock	441600	广东省河源市	Guangdong Sheng Heyuan Shi
441204	肇庆新港码头	Zhaoqing Xingang Dock	441601	河源车检场	Heyuan Truck Inspection Field
441205	肇庆高要港码头	Zhaoqing Gaoyao Harbor Dock	441700	广东省阳江市	Guangdong Sheng Yangjiang Shi
441206	肇庆德庆康州码头	Zhaoqing Deqing Kangzhou Dock	441701	阳江港务公司码头	Yangjiang Port Liability Company Dock
441207	肇庆四会港码头	Zhaoqing Sihui Harbor Dock	441702	阳江良港码头	Yangjiang Lianggang Dock
441208	肇庆大旺车检场	Zhaoqing Dawang Truck Inspection Field	441703	阳江保丰码头	Yangjiang Baofeng Dock
441300	广东省惠州市	Guangdong Sheng Huizhou Shi	441704	阳江闸坡码头	Yangjiang Zhapo Dock
441301	惠州大澳塘码头	Huizhou Daaotang Dock	441705	阳江东平码头	Yangjiang Dongping Dock
441302	惠州平海电厂煤码头	Huizhou Pinghai Dianchang Mei Dock	441706	阳江溪头港码头	Yangjiang Xitou Harbor Dock
441303	惠州碧甲码头	Huizhou Bijia Dock	441707	阳江车检场	Yangjiang Truck Inspection Field
441304	惠州博罗宏兴码头	Huizhou Boluo Hongxing Dock	441708	华夏阳西电厂码头	Huaxia Yangxi Dianchang Dock
441305	惠州石湾集装箱码头	Huizhou Shiwan Container Dock	441800	广东省清远市	Guangdong Sheng Qingyuan Shi
441306	惠州车检场	Huizhou Truck Inspection Field	441801	清远新港码头	Qingyuan Xingang Dock
441307	惠州淡水车检场	Huizhou Danshui Truck Inspection Field	441802	清远英德码头	Qingyuan Yingde Dock
441308	惠州惠东车检场	Huizhou Huidong Truck Inspection Field	441803	清远铁路装卸点	Qinyuan Railway Zhuangxiedian
441309	惠州红海车检场	Huizhou Honghai Truck Inspection Field	441804	清远车检场	Qingyuan Truck Inspection Field
441310	惠州园洲车检场	Huizhou Yuanzhou Truck Inspection Field	441900	广东省东莞市	Guangdong Sheng Dongguan Shi
441311	惠州中海油基地码头	Huizhou Zhonghaiyou Jidi Dock	441901	东莞铁路客运站	Dongguan Railway Passenger Transport Erlei
			441902	东莞虎门港客运码头	Dongguan Humen Harbor Passenger Transpor Dock
			441903	东莞海腾码头	Dongguan Haiteng Dock
			441904	东莞华润水泥码头	Dongguan Huarun Shuini Dock
			441905	东莞金明石化码头	Dongguan Jinming Petrochemicals Dock

代码	中文名称	英文名称
441906	东莞国际货柜码头	Dongguan Guoji Container Dock
441907	东莞飞虎石化码头	Dongguan Feihu Petrochemicals Dock
441908	东莞荣轩货柜码头	Dongguan Rongxuan Container Dock
441909	东莞同舟石化码头	Dongguan Tongzhou Petrochemicals Dock
441910	东莞三江石化码头	Dongguan Sanjiang Petrochemicals Dock
441911	东莞虎门港 5、6 号泊位	Dongguan Humen Harbor 5-6 Bowei
441912	东莞九丰石化码头	Dongguan Jiufeng Petrochemicals Dock
441913	东莞东洲油气化工码头	Dongguan Dongzhou Youqihuagong Dock
441914	东莞虎门港 7、8 号泊位	Dongguan Humen Harbor 7-8 Bowei
441915	东莞中海油立沙码头	Dongguan CNOOC Lisha Dock
441916	东莞南粤码头	Dongguan Nanyue Dock
441917	东莞东江口码头	Dongguan Dongjiangkou Dock
441918	东莞海昌煤码头	Dongguan Haichang Mei Dock
441919	东莞深赤湾散杂货码头	Dongguan Shenchiwan Sanzahuo Dock
441920	东莞宏业货柜码头	Dongguan Hongye Container Dock
441921	东莞沙角 A 电厂煤码头	Dongguan Shajiao A Dianchang Mei Dock
441922	东莞沙角 B 电厂煤码头	Dongguan Shajiao B Dianchang Mei Dock
441923	东莞沙角 C 电厂煤码头	Dongguan Shajiao C Dianchang Mei Dock
441924	东莞龙通码头	Dongguan Longtong Dock
441925	东莞基业码头	Dongguan Jiye Dock
441926	东莞中外运石龙码头	Dongguan Zhongwaiyun Shilong Dock
441927	东莞马士基码头	Dongguan Mashiji Dock
441928	东莞永安码头	Dongguan Yongan Dock
441929	东莞联通码头	Dongguan Liantong Dock
441930	常平铁路装卸点	Changping Railway Zhuangxiedian
441931	东莞虎门车检场	Dongguan Humen Truck Inspection Field
441932	东莞寮步车检场	Dongguan Liaobu Truck Inspection Field
441933	东莞立沙岛阳鸿石化码头	Dongguan Lishadao Yanghongshihua Dock
441934	东莞立沙岛鸿源油品码头	Dongguan Lishadao Hongyuanyoupin Dock
441935	东莞石龙铁路物流中心	Dongguan Shilong Railway Logistics Zone
441936	东莞联兴化工码头	Dongguanlianxinghuagong Dock
442000	广东省中山市	Guangdong Sheng Zhongshan Shi
442001	中山港货运码头	Zhongshan Harbor Freight Dock
442002	中山港客运码头	Zhongshan Harbor Passenger Transpor Dock
442003	中山港外贸码头	Zhongshan Harbor Foreign Trade Dock
442004	中山石岐纸厂码头	Zhongshan Shiqi Zhichang Dock
442005	中山水出码头	Zhongshan Shuichu Dock
442006	中山小榄码头	Zhongshan Xiaolan Dock
442007	中山神湾码头	Zhongshan Shenwan Dock
442008	中山小榄车检场	Zhongshan Xiaolan Truck Inspection Field
442009	中山保税物流中心车检场	Zhongshan Bonded Logistics Zone Truck Inspection Field
442010	中山神湾游艇码头	Zhongshan Shenwan Youting Dock
442011	中山黄圃多用途码头	Zhongshan Huangpu Duoyongtu Dock
442101	黄埔石化码头	Huangpu Petrochemicals Dock
442102	黄埔新港码头	Huangpu Xingang Dock
442103	黄埔集装箱码头	Huangpu Container Dock
442104	黄埔墩头西基码头	Huangpu Duntou Xiji Dock
442105	黄埔东江口码头	Huangpu Dongjiangkou Dock
442106	黄埔省物资码头	Huangpu Shengwuzi Dock
442107	黄埔广保通码头	Huangpu Guangbaotong Dock
442108	广州开发区东江仓码头	Guangzhou Development Zone Dongjiangcang Dock
442109	黄埔中外运东江仓码头	Huangpu Zhongwaiyun Dongjiangcang Dock
442110	中外运黄埔仓码头	Zhongwaiyun Huangpucang Dock
442111	黄埔庙沙围码头	Huangpu Miaoshawei Dock
442112	黄埔庙头建翔码头	Huangpu Miaotou Jianxiang Dock
442113	黄埔集通码头	Huangpu Jitong Dock
442114	广州开发区车检场	Guangzhou Development Zone Truck Inspection Field
442115	广州保税物流园区	Guangzhou Bonded Logistics Zone
442116	广州保税区	Guangzhou Free Trade Zone
442117	广州出口加工区	Guangzhou Export Processind Zone
442201	广州铁路客运站	Guangzhou Railway Passenger Transport Erlei
442202	广州东圃永业码头	Guangzhou Dongpu Yongye Dock
442301	广州白云国际机场	Guangzhou Baiyun International Airport
442302	广州白云机场综合保税区	Guangzhou Baiyun Airport Comprehensive Bonded Zone

代码	中文名称	英文名称
442401	番禺莲花山客运港	Panyu Lianhuashan Passenger Transpor Harbor
442402	番禺莲花山货运港	Panyu Lianhuashan Freight Harbor
442403	番禺沙湾车检场	Panyu Shawan Truck Inspection Field
442501	花都港码头	Huadu Harbor Dock
442502	花都车检场	Huadu Truck Inspection Field
442601	增城新塘港客运码头	Zengcheng Xintang Harbor Passenger Transpor Dock
442602	增城新塘东洲湾码头	Zengcheng Xintang Dongzhouwan Dock
442603	增城新塘口岸码头	Zengcheng Xintang Kouan Dock
442604	增城新塘食出码头	Zengcheng Xintang Shichu Dock
442605	增城新塘车检场	Zengcheng Xintang Truck Inspection Field
442701	从化车检场	Conghua Truck Inspection Field
442801	江门天马码头	Jiangmen Tianma Dock
442802	江门新会电厂码头	Jiangmen Xinhui Dianchang Dock
442803	江门银湖修船码头	Jiangmen Yinhu Xiuchuan Dock
442804	江门宜大化工码头	Jiangmen Yida Huagong Dock
442805	新会港客运码头	Xinhui Harbor Passenger Transpor Dock
442806	新会西河口码头	Xinhui Xihekou Dock
442807	新会今古洲码头	Xinhui Jinguzhou Dock
442808	新会睦洲糖纸厂码头	Xinhui Muzhoutang Zhichang Dock
442809	新会大敖集装箱厂码头	Xinhui Daao Container Plant Dock
442810	新会崖门沙石泥码头	Xinhui Yamen Shashini Dock
442811	新会崖西沙石泥码头	Xinhui Yaxi Shashini Dock
442812	新会牛牯岭易燃品码头	Xinhui Niuguling Inflammable Substance Dock
442813	新会车检场	Xinhui Truck Inspection Field
442814	新会航建码头	Xinhui Hangjian Dock
442901	江门三埠港客运码头	Jiangmen Sanbu Harbor Passenger Transpor Dock
442902	江门三埠港货运码头	Jiangmen Sanbugang Freight Dock
442903	江门水口码头	Jiangmen Shuikou Dock
442904	开平车检场	Kaiping Truck Inspection Field
443001	高明港客运码头	Gaoming Harbor Passenger Transpor Dock
443002	高明食出码头	Gaoming Shichu Dock
443003	高明珠江码头	Gaoming Zhujiang Dock
443004	高明车检场	Gaoming Truck Inspection Field
443101	惠州港通用码头	Huizhou Harbor Tongyong Dock
443102	惠州港油气码头	Huizhou Harbor Youqi Dock
443103	惠州大港石化码头	Huizhou Dagang Petrochemicals Dock
443104	惠州泽华石化码头	Huizhou Zehua Petrochemicals Dock
443105	惠州国际集装箱码头	Huizhou Guoji Container Dock
443106	惠州马鞭洲石化码头	Huizhou Mabianzhou Petrochemicals Dock
443107	惠州中海壳牌马鞭洲码头	Huizhou Zhonghai Qiaopai Mabianzhou Dock
443108	惠州中海壳牌东联码头	Huizhou Zhonghai Qiaopai Donglian Dock
443109	惠州中海炼油马鞭洲码头	Huizhou Zhonghai Lianyou Mabianzhou Dock
443110	惠州中海炼油东联码头	Huizhou Zhonghai Lianyou Donglian Dock
443111	大亚湾石化区公用石化码头	Dayawan Shihuaqu Gongyong Petrochemicals Dock
443201	揭阳榕江泰丰码头	Jieyang Rongjiang Taifeng Dock
443202	揭阳靖海惠来电厂码头	Jieyang Jinghai Huilai Dianchang Dock
443203	揭阳曲溪码头	Jieyang Quxi Dock
443204	揭阳车检场	Jieyang Truck Inspection Field
443205	揭阳惠来车检场	Jieyang Huilai Truck Inspection Field
443206	揭阳普宁车检场	Jieyang Puning Truck Inspection Field
443207	揭阳神泉中海油码头	Jieyang Shenquan Zhonghaiyou Dock
443301	云浮新港	Yunfu Xingang
443302	云浮罗定车检场	Yunfu Luoding Truck Inspection Field
443303	云浮车检场	Yunfu Truck Inspection Field
443401	南沙港客运码头	Nansha Harbor Passenger Transpor Dock
443402	南沙南伟码头	Nansha Nanwei Dock
443403	南沙东发码头	Nansha Dongfa Dock
443404	南沙港一期码头	Nansha Harbor Yiqi Dock
443405	南沙港二期码头	Nansha Harbor Erqi Dock
443406	南沙汽车码头	Nansha Qiche Dock
443407	南沙港发石化码头	Nansha Gangfa Petrochemicals Dock
443408	南沙小虎石化码头	Nansha Xiaohu Petrochemicals Dock
443409	南沙华润热电煤码头	Nansha Huarun Redianmei Dock
443410	南沙粤海石化码头	Nansha Yuehai Petrochemicals Dock

代码	中文名称	英文名称
443411	南沙珠江电厂码头	Nansha Zhujiang Dianchang Dock
443412	南沙中石油码头	Nansha CNPC Dock
443413	南沙中船龙穴船舶维修码头	Nansha Zhongchuan Longxue Chuanbo Weixiu Dock
443414	南沙港建液化气码头	Nansha Harbor Jianyehuaqi Dock
443415	南沙车检场	Nansha Truck Inspection Field
443416	广州南沙保税港区	Guangzhou Nansha Free Trade Port Zone
443417	南沙港三期码头	Nansha Harbor Sanqi Dock
445100	广东省潮州市	Guangdong Sheng Chaozhou Shi
445200	广东省揭阳市	Guangdong Sheng Jieping Shi
445300	广东省云浮市	Guangdong Sheng Yunfu Shi
450001	南宁	Nanning
450002	南宁吴圩机场	Nanning Wuxu Airport
450101	梧州	Wuzhou
450200	广西壮族自治区柳州市	Guangxi Zhuangzu Zizhiqu Liuzhou Shi
450201	北海福成机场	Beihai Fucheng Airport
450202	北海	Beihai
450203	石头埠	Shitoubu
450204	北海出口加工区	Beihai Export Processind Zone
450300	广西壮族自治区桂林市	Guangxi Zhuangzu Zizhiqu Guilin Shi
450301	防城	Fangcheng
450302	茅岭	Maoling
450303	企沙	Qisha
450400	广西壮族自治区梧州市	Guangxi Zhuangzu Zizhiqu Wuzhou Shi
450401	凭祥友谊关公路	Pingxiang Youyiguan Highroad
450402	凭祥友谊关通道	Pingxiang Youyiguan Tongdao
450403	凭祥浦寨通道	Pingxiang Puzhai Tongdao
450404	凭祥弄尧通道	Pingxinag Nongyao Tongdao
450405	凭祥站	Pingxinagzhan
450406	爱店	Aidian
450407	凭祥综合保税区	Pingxiang Comprehensive Bonded Zone
450500	广西壮族自治区北海市	Guangxi Zhuangzu Zizhiqu Beihai Shi
450501	水口	Shuikou
450502	硕龙	Shuolong
450600	广西壮族自治区防城港市	Guangxi Zhuangzu Zizhiqu Fangchenggang Shi
450601	东兴	Dongxing
450602	江平	Jiangping
450603	江山	Jiangshan
450604	峒中	Tongzhong
450700	广西壮族自治区钦州市	Guangxi Zhuangzu Zizhiqu Qinzhou Shi
450701	果子山	Guozishan
450702	钦州	Qinzhou
450800	广西壮族自治区贵港市	Guangxi Zhuangzu Zizhiqu Guigang Shi
450801	桂林两江国际机场	Guilin Liangjiang International Airport
450900	广西壮族自治区玉林市	Guangxi Zhuangzu Zizhiqu Yulin Shi
450901	柳州	Liuzhou
451000	广西壮族自治区百色市	Guangxi Zhuangzu Zizhiqu Bose Shi
451100	广西壮族自治区贺州市	Guangxi Zhuangzu Zizhiqu Hezhou Shi
451101	贵港	Guigang
451200	广西壮族自治区河池市	Guangxi Zhuangzu Zizhiqu Hechi Shi
451201	岳圩	Yuexu
451202	龙邦	Longbang
451203	平孟	Pingmeng
451300	广西壮族自治区来宾市	Guangxi Zhuangzu Zizhiqu Laibin Shi
451301	钦州保税港区	Qinzhou Free Trade Port Zone
451400	广西壮族自治区崇左市	Guangxi Zhuangzu Zizhiqu Chongzuo Shi
451501	南宁港	Nanning Harbor
460001	海口	Haikou
460002	海口港	Haikou Harbor
460003	马村港	Macun Harbor
460004	海口综合保税区	Haikou Comprehensive Bonded Zone
460005	洋浦保税港区	Yangpu Free Trade Port Zone
460101	三亚凤凰国际机场	Sanya Fenghuang International Airport
460102	三亚港	Sanya Harbor
460200	海南省三亚市	Hainan Sheng Sanya Shi
460201	八所港	Basuo Harbor
460300	海南省三沙市	Hainan Sheng Sansha Shi
460301	洋浦港	Yangpu Harbor
460302	洋浦神头港	Yangpu Shentou Harbor
460400	海南省儋州市	Hainan Sheng Danzhou Shi
460401	清澜港	Qinglan Harbor
460402	铺前	Puqian
460403	琼海潭门	Qionghai Tanmen
460501	海口美兰机场	Haikou Meilan Airport
465501	海口空港综合保税区	HaiKou Konggang Comprehensive Bonded Zone
469000	海南省省直辖县级行政区划	Hainan Sheng Sheng Zhixia Xianji Xingzhengquhua
470001	深圳	Shenzhen
470101	蛇口	Shekou
470102	赤湾	Chiwan
470103	东角头	Dongjiaotou

代码	中文名称	英文名称
470104	妈湾1号泊位	Mawan 1 Bowei
470105	妈湾2号泊位	Mawan 2 Bowei
470106	妈湾3号泊位	Mawan 3 Bowei
470107	妈湾4号泊位	Mawan 4 Bowei
470201	皇岗	Huanggang
470202	福田	Futian
470301	罗湖	Luhu
470401	文锦渡	Wenjindu
470501	沙头角	Shatoujiao
470502	中英街桥头	Zhongyingjie Qiaotou
470503	深圳沙头角保税区	Shenzhen Shatoujiao Free Trade Zone
470601	盐田	Yantian
470602	下洞码头	Xiadong Dock
470603	LNG码头	LNG Dock
470604	沙鱼冲	Shayuchong
470605	深圳盐田保税物流园区	Shenzhen Yantian Bonded Logistics Zone
470606	深圳盐田保税区	Shenzhen Yantian Free Trade Zone
470701	大亚湾	Dayawan
471001	深圳宝安国际机场	Shenzhen Baoan International Airport
471002	福永码头	Fuyong Dock
471003	机场油轮码头	Jichang Youlun Dock
471101	深圳福田保税区	Shenzhen Futian Free Trade Zone
471301	深圳出口加工区	Shenzhen Export Processind Zone
471401	深圳湾	Shenzhenwan
471601	大铲湾	Dachanwan
471801	妈湾5号泊位	Mawan 5 Bowei
471802	妈湾6号泊位	Mawan 6 Bowei
471803	妈湾7号泊位	Mawan 7 Bowei
471804	深圳前海湾保税港区	Shenzhen Qianhaiwan Free Trade Port Zone
477101	莲塘	Liantang
480001	珠海	Zhuhai
480002	拱北货场	Gongbei Huochang
480003	拱北旅检通道	Gongbei Passenger-Inspection Tongdao
480004	香洲	Xiangzhou
480005	九洲货运码头	Jiuzhou Freight Dock
480006	九洲客运码头	Jiuzhou Passenger Transpor Dock
480007	九洲白石货场	Jiuzhou Baishi Huochang
480008	湾仔豪通码头	Wanzai Haotong Dock
480009	湾仔客运码头	Wanzai Passenger Transpor Dock
480010	湾仔西域码头	Wanzai Xiyu Dock
480011	珠海保税区加华码头	Zhuhai Free Trade Zone Jiahua Dock
480012	珠海保税区货场	Zhuhai Free Trade Zone Huochang
480013	珠澳跨境工业区（珠海园区）货场	Zhuao Cross Bonded Industrial Zone Huochang
480014	珠澳跨境工业区（珠海园区）旅检通道	Zhuao Cross Bonded Industrial Zone Passenger - Inspection Tongdao
480015	湾仔洪湾码头	Wanzai Hongwan Dock
480016	港珠澳大桥货车查验场	Hong Kong - Zhuhai - Macao Bridge Truck Inspection Field
480101	斗门客运码头	Doumen Passenger Transpor Dock
480102	斗门新环码头	Doumen Xinhuan Dock
480201	高栏	Gaolan
480202	平沙新码头	Pingsha Xinmatou
480301	万山	Wanshan
480401	横琴	Hengqin
500001	重庆	Chongqing
500002	重庆港	Chongqing Harbor
500101	万州	Wanzhou
500201	九龙坡港	Jiulongpo Harbor
500401	重庆两路寸滩保税港区水港	Chongqing Lianglucuntan Free Trade Port Zone Shuigang
500402	重庆两路寸滩保税港区空港	Chongqing Lianglucuntan Free Trade Port Zone Konggang
500501	重庆西永综合保税区	Chongqing Xiyong Comprehensive Bonded Zone
500601	重庆江北国际机场	Chongqing Jiangbei International Airport
510001	成都	Chengdu
510002	成都国际邮件互换局	Chengdu Guoji Youjian Huhuanju
510003	成都双流国际机场T1航站楼	Chengdu Shuangliu International Airport T1
510004	成都双流国际机场货场	Chengdu Shuangliu International Airport Huochang
510005	成都双流国际机场国际快件	Chengdu Shuangliu International Airport Kuaijian
510006	宜宾港	Yibin Harbor
510007	成都龙泉驿	Chengdu Longquanyi
510008	成都青白江	Chengdu Qingbaijiang
510101	攀枝花	Panzihua
510300	四川省自贡市	Sichuan Sheng Zigong Shi
510400	四川省攀枝花市	Sichuan Sheng Panzhihua Shi
510401	乐山	Leshan
510500	四川省泸州市	Sichuan Sheng Luzhou Shi
510600	四川省德阳市	Sichuan Sheng Deyang Shi
510601	绵阳	Mianyang
510602	绵阳出口加工区	Mianyang Export Processind Zone
510700	四川省绵阳市	Sichuan Sheng Mianyang Shi
510701	泸州港	Luzhou Harbor

代码	中文名称	英文名称
510800	四川省广元市	Sichuan Sheng Guangyuan Shi
510900	四川省遂宁市	Sichuan Sheng Suining Shi
511000	四川省内江市	Sichuan Sheng Neijiang Shi
511001	成都高新综合保税区双流园区	Chengdu Gaoxin Comprehensive Bonded Zone Shuangliu Yuanqu
511002	成都高新综合保税区 A 区	Chengdu Gaoxin Comprehensive Bonded Zone Zone A
511003	成都高新综合保税区 B 区	Chengdu Gaoxin Comprehensive Bonded Zone Zone B
511004	成都高新综合保税区 C 区	Chengdu Gaoxin Comprehensive Bonded Zone Zone C
511100	四川省乐山市	Sichuan Sheng Leshan Shi
511300	四川省南充市	Sichuan Sheng Nanchong Shi
511400	四川省眉山市	Sichuan Sheng Meishan Shi
511500	四川省宜宾市	Sichuan Sheng Yibin Shi
511600	四川省广安市	Sichuan Sheng Guang'an Shi
511700	四川省达州市	Sichuan Sheng Dachuan Shi
511800	四川省雅安市	Sichuan Sheng Ya'an Shi
511900	四川省巴中市	Sichuan Sheng Bazhong Shi
512000	四川省资阳市	Sichuan Sheng Ziyang Shi
513200	四川省阿坝藏族羌族自治州	Sichuan Sheng Aba Zangzu Qiangzu Zizhizhou
513300	四川省甘孜藏族自治州	Sichuan Sheng Garze Zangzu Zizhizhou
513400	四川省凉山彝族自治州	Sichuan Sheng Liangshan Yizu Zizhizhou
515101	成都天府国际机场	Chengdu Tianfu International Airport
520001	贵阳	Guiyang
520002	贵阳龙洞堡机场	Guiyang Longdongbao Airport
520003	贵阳综合保税区	Guiyang Comprehensive Bonded Zone
520200	贵州省六盘水市	Guizhou Sheng Lupanshui Shi
520300	贵州省遵义市	Guizhou Sheng Zunyi Shi
520400	贵州省安顺市	Guizhou Sheng Anshun Shi
520500	贵州省毕节市	Guizhou Sheng Bijie Shi
520600	贵州省铜仁市	Guizhou Sheng Tongren Shi
522300	贵州省黔西南布依族苗族自治州	Guizhou Sheng Qianxinan Buyeizu Miaozu Zizhizhou
522600	贵州省黔东南苗族侗族自治州	Guizhou Sheng Qiandongnan Miaozu Dongzu Zizhizhou
522700	贵州省黔南布依族苗族自治州	Guizhou Sheng Qiannan Buyeizu Miaozu Zizhizhou
530001	昆明	Kunming
530002	昆明出口加工区	Kunming Export Processind Zone
530003	昆明综合保税区	Kunming Comprehensive Bonded Zone
530101	瑞丽	Ruili
530102	姐告	Jiegao
530103	弄岛	Nongdao
530104	畹町	Wanding
530201	芒市	Mangshi
530202	盈江	Yingjiang
530203	章凤	Zhangfeng
530300	云南省曲靖市	Yunnan Sheng Qujing Shi
530301	腾冲	Tengchong
530302	猴桥	Houqiao
530303	滇滩	Diantan
530400	云南省玉溪市	Yunnan Sheng Yuxi Shi
530401	耿马	Gengma
530402	孟定清水河	Mengding Qingshuihe
530403	沧源	Cangyuan
530404	南伞	Nansan
530500	云南省保山市	Yunnan Sheng Baoshan Shi
530501	河口站	Hekouzhan
530502	河口	Hekou
530600	云南省昭通市	Yunnan Sheng Zhaotong Shi
530601	西双版纳	Xishuangbanna
530602	西双版纳国际机场	Xishuangbanna International Airport
530603	景洪港	Jinghong Harbor
530604	打洛	Daluo
530605	大勐龙	Damenglong
530700	云南省丽江市	Yunnan Sheng Lijiang Shi
530701	普洱	Puer
530702	孟连	Menglian
530703	思茅港	Simao Dixibei
530800	云南省普洱市	Yunnan Sheng Pu'er Shi
530801	勐腊	Mengla
530802	磨憨	Mohan
530803	关累港	Guanlei Harbor
530900	云南省临沧市	Yunnan Sheng Lincang Shi
530901	金平	Jinping
530902	金水河	Jinshuihe
530903	红河综合保税区	Honghe Comprehensive Bonded Zone
531001	麻栗坡	Malipo
531002	天保	Tianbao
531003	田蓬	Tianpeng
531101	大理	Dali
531201	昆明长水国际机场	Kunming Changshui International Airport
531301	丽江三义机场	Lijiang Sanyi Airport
531401	勐康	Mengkang
531402	龙富	Longfu
531501	怒江	Nujiang
531502	片马	Pianma
532300	云南省楚雄彝族自治州	Yunnan Sheng Chuxiong Yizu Zizhizhou
532500	云南省红河哈尼族彝族自治州	Yunnan Sheng Honghe Hanizu Yizu Zizhizhou
532600	云南省文山壮族苗族自治州	Yunnan Sheng Wenshan Zhuangzu Miaozu Zizhizhou

代码	中文名称	英文名称	代码	中文名称	英文名称
532800	云南省西双版纳傣族自治州	Yunnan Sheng Xishuangbanna Daizu Zizhizhou	610010	西安高新综合保税区	Xi'an Gaoxin Comprehensive Bonded Zone
532900	云南省大理白族自治州	Yunnan Sheng Dali Baizu Zizhizhou	610011	陕西西咸空港综合保税区	Shanxi Xixian Konggang Comprehensive Bonded Zone
533100	云南省德宏傣族景颇族自治州	Yunnan Sheng Dehong Daizu Jingpozu Zizhizhou	610012	西安航空基地综合保税区	Xi'an Aviation Base Comprehensive Bonded Zone
533300	云南省怒江傈僳族自治州	Yunnan Sheng Nujiang Lisuzu Zizhizhou	610013	宝鸡综合保税区	Baoji Comprehensive Bonded Zone
533400	云南省迪庆藏族自治州	Yunnan Sheng Deqen Zangzu Zizhizhou	610014	陕西杨凌综合保税区	Shanxi Yangling Comprehensive Bonded Zone
537701	都龙	Dulong	610200	陕西省铜川市	Shanxi Sheng Tongchuan Shi
540001	拉萨	Lhasa	610300	陕西省宝鸡市	Shanxi Sheng Baoji Shi
540002	拉萨贡嘎机场	Lhasa Gongga Airport	610400	陕西省咸阳市	Shanxi Sheng Xianyang Shi
540101	吉隆	Gyirong	610500	陕西省渭南市	Shanxi Sheng Weinan Shi
540102	樟木	Zham	610600	陕西省延安市	Shanxi Sheng Yan'an Shi
540103	日屋	Riwo	610700	陕西省汉中市	Shanxi Sheng Hanzhong Shi
540200	西藏自治区日喀则市	Xizang Zizhiqu Xigaze Shi	610800	陕西省榆林市	Shanxi Sheng Yulin Shi
540201	普兰	Burang	610900	陕西省安康市	Shanxi Sheng Ankang Shi
540300	西藏自治区昌都市	Xizang Zizhiqu Qamdo Shi	611000	陕西省商洛市	Shanxi Sheng Shangluo Shi
540400	西藏自治区林芝市	Xizang Zizhiqu Nyingchi Shi	620001	兰州	Lanzhou
540500	西藏自治区山南市	Xizang Zizhiqu Shannan Shi	620002	兰州中川机场	Lanzhou Zhongchuan Airport
540600	西藏自治区那曲市	Xizang ZiZhiqu Nagqu Shi	620003	兰州新区综合保税区	Lanzhou Xinqu Comprehensive Bonded Zone
542500	西藏自治区阿里地区	Xizang Zizhiqu Ngari Diqu			
575301	揭阳惠来原油码头	Jieyang Huilai Yuanyou Dock	620101	酒泉	Jiuquan
575901	汕尾陆丰宝丽华电厂码头	Shanwei Lufeng Dianchang Dock	620102	马鬃山	Mazongshan
575902	汕尾小漠国际物流港码头	Shanwei Xiaomo International Logistics Port Dock	620200	甘肃省嘉峪关市	Gansu Sheng Jiayuguan Shi
			620300	甘肃省金昌市	Gansu Sheng Jinchang Shi
576101	揭阳港神泉港区	Jieyang Harbor Shenquan Gangqu	620400	甘肃省白银市	Gansu Sheng Baiyin Shi
			620500	甘肃省天水市	Gansu Sheng Tianshui Shi
576201	潮州港扩建货运码头	Chaozhou Harbor Expanded Freight Dock	620600	甘肃省武威市	Gansu Sheng Wuwei Shi
			620700	甘肃省张掖市	Gansu Sheng Zhangye Shi
585301	湛江东海岛中科炼化码头	Zhanjiang Donghaidao Zhongkelianhua Dock	620800	甘肃省平凉市	Gansu Sheng Pingliang Shi
			620900	甘肃省酒泉市	Gansu Sheng Jiuquan Shi
585501	湛江港大唐雷州电厂码头	Guangdong Datang International Leizhou Power Generation	621000	甘肃省庆阳市	Gansu Sheng Qingyang Shi
			621100	甘肃省定西市	Gansu Sheng Dingxi Shi
585801	茂名港吉达港区东华能源码头	ORIENTAL ENERGY (MAOMING) CO., LTD PORT	621200	甘肃省陇南市	Gansu Sheng Longnan Diqu
			622900	甘肃省临夏回族自治州	Gansu Sheng Linxia Huizu Zizhizhou
595101	江门高新港码头	Jiangmen New Port			
595301	江门大广海湾保税物流中心(B型)	Jiangmen Daguanghaiwan Bonded Logistics Zone (B)	623000	甘肃省甘南藏族自治州	Gansu Sheng Gannan Zangzu Zizhizhou
610001	西安	Xian	630001	西宁	Xining
610002	西安咸阳国际机场	Xian Xianyang International Airport	630002	西宁曹家堡机场	Xining Caojiabao Airport
			630200	青海省海东市	Qinghai Sheng Haidong Shi
610003	宝鸡	Baoji	632200	青海省海北藏族自治州	Qinghai Sheng Haibei Zangzu Zizhizhou
610004	汉中	Hanzhong			
610005	榆林	Yulin	632300	青海省黄南藏族自治州	Qinghai Sheng Huangnan Zangzu Zizhizhou
610006	延安	Yanan			
610007	渭南	Weinan	632500	青海省海南藏族自治州	Qinghai Sheng Hainan Zangzu Zizhizhou
610008	西安综合保税区	Xian Comprehensive Bonded Zone	632600	青海省果洛藏族自治州	Qinghai Sheng Golog Zangzu Zizhizhou
610009	西安关中综合保税区	Xi'an Guanzhong Comprehensive Bonded Zone	632700	青海省玉树藏族自治州	Qinghai Sheng Yushu Zangzu Zizhizhou

代码	中文名称	英文名称
632800	青海省海西蒙古族藏族自治州	Qinghai Sheng Haixi Mongolzu Zangzu Zizhizhou
640001	银川	Yinchuan
640101	银川河东机场	Yinchuan Hedong Airport
640200	宁夏回族自治区石嘴山市	Ningxiahuizu Zizhiqu Shizuishan Shi
640300	宁夏回族自治区吴忠市	Ningxiahuizu Zizhiqu Wuzhong Shi
640400	宁夏回族自治区固原市	Ningxiahuizu Zizhiqu Guyuan Shi
640500	宁夏回族自治区中卫市	Ningxiahuizu Zizhiqu Zhongwei Shi
650001	乌鲁木齐	Urumqi
650002	乌鲁木齐地窝堡国际机场	Urumqi Diwobao International Airport
650101	阿勒泰	Aletai
650102	红山嘴	Hongshanzui
650103	阿黑土别克	Aheitubieke
650104	塔克什肯	Taykexkin
650200	新疆维吾尔自治区克拉玛依市	Xinjiang Uygur Zizhiqu Karamay Shi
650201	巴克图	Baketu
650202	巴克图国际汽车货运	Baketu Automobile Freight Erlei
650301	阿拉山口公路	Alatawshankou Highroad
650302	阿拉山口铁路	Alatawshankou Railway
650303	阿拉山口综合保税区	Alatawshankou Comprehensive Bonded Zone
650400	新疆维吾尔自治区吐鲁番市	Xinjiang Uygur Zizhiqu Turpan Shi
650401	伊犁	Yili
650402	伊犁州国际汽车	Yilizhou Automobile Erlei
650403	木扎尔特	Muzhaerte
650404	都拉塔	Dulata
650500	新疆维吾尔自治区哈密市	Xinjiang Uygur Zizhiqu Hami Shi
650501	霍尔果斯	Horgos
650701	巴州	Bazhouerrlei
650801	喀什	Kashi
650802	其尼瓦格国际汽车	Qiniwage Automabile Erlei
650803	喀什机场	Kashi Airport
650804	红其拉甫	Kunjirap
650805	喀什综合保税区	Kashi Comprehensive Bonded Zone
650901	伊尔克什坦	Yierkeshitan
650902	吐尔尕特	Turugart
650903	阿图什国际汽车	AtushiI Automabile Erlei
651001	吉木乃	Jeminay
651101	卡拉苏	Kalasu
651201	奎屯	Kuitun
651301	霍尔果斯国际边境合作中心（中方配套区）	Horgos Guoji Bianjing Hezuo Center
651401	老爷庙	Laoyemiao
651501	乌拉斯台	Ulastai
651502	乌鲁木齐铁路	Urumqi Railway
651503	乌鲁木齐碾子沟客运站	Urumqi Nianzigou Passenger Transport Erlei
651504	边疆宾馆国际汽车货运	Bianjiangbinguan Automobile Freight Erlei
651505	乌鲁木齐出口加工区	Urumqi Export Processind Zone
652300	新疆维吾尔自治区昌吉回族自治州	Xinjiang Uygur Zizhiqu Changji Huizu Zizhizhou
652700	新疆维吾尔自治区博尔塔拉蒙古自治州	Xinjiang Uygur Zizhiqu Bortala Mongol Zizhizhou
652800	新疆维吾尔自治区巴音郭楞蒙古自治州	Xinjiang Uygur Zizhiqu Bayingolin Mongol Zizhizhou
652900	新疆维吾尔自治区阿克苏地区	Xinjiang Uygur Zizhiqu Aksu Diqu
653000	新疆维吾尔自治区克孜勒苏柯尔克孜自治州	Xinjiang Uygur Zizhiqu Kizilsu Kirgiz Zizhizhou
653100	新疆维吾尔自治区喀什地区	Xinjiang Uygur Zizhiqu Kashi Diqu
653200	新疆维吾尔自治区和田地区	Xinjiang Uygur Zizhiqu Hotan Diqu
654000	新疆维吾尔自治区伊犁哈萨克自治州	Xinjiang Uygur Zizhiqu Ili Kazak Zizhizhou
654200	新疆维吾尔自治区塔城地区	Xinjiang Uygur Zizhiqu Tacheng Diqu
654300	新疆维吾尔自治区阿勒泰地区	Xinjiang Uygur Zizhiqu Altay Diqu
659000	新疆维吾尔自治区自治区直辖县级行政单位	Xinjiang Uygur Zizhiqu Zizhiqu Zhixia Xianji Xingzhengdanwei
999999	未列出的特殊监管区	Unlisted Special Supervision Areas

海关通关系统《商品综合分类表》

商品归类总规则

货品在本税则目录上的归类，应遵循以下原则：

规则一 类、章及分章的标题，仅为查找方便而设；具有法律效力的归类，应按税目条文和有关类注或章注确定，如税目、类注或章注无其他规定，按以下规则确定。

规则二 （一）税目所列货品，应视为包括该项货品的不完整品或未制成品，只要在进口或出口时该项不完整品或未制成品具有完整品或制成品的基本特征；还应视为包括该项货品的完整品或制成品（或按本款可作为完整品或制成品归类的货品）在进口或出口时的未组装件或拆散件。

（二）税目中所列材料或物质，应视为包括该种材料或物质与其他材料或物质混合或组合的物品。税目所列某种材料或物质构成的货品，应视为包括全部或部分由该种材料或物质构成的货品。由一种以上材料或物质构成的货品，应按规则三归类。

规则三 当货品按规则二（二）或由于其他原因看起来可归入两个或两个以上税目时，应按以下规则归类：

（一）列名比较具体的税目，优先于列名一般的税目。但是，如果两个或两个以上税目都仅述及混合或组合货品所含的某部分材料或物质，或零售的成套货品中的某些货品，即使其中某个税目对该货品描述得更为全面、详细，这些货品在有关税目的列名应视为同样具体。

（二）混合物、不同材料构成或不同部件组成的组合物以及零售的成套货品，如果不能按照规则三（一）归类时，在本款可适用的条件下，应按构成货品基本特征的材料或部件归类。

（三）货品不能按照规则三（一）或（二）归类时，应按号列顺序归入其可归入的最末一个税目。

规则四 根据上述规则无法归类的货品，应归入与其最相类似的货品的税目。

规则五 除上述规则外，本规则适用于下列货品的归类：

（一）制成特殊形状仅适用于盛装某个或某套物品并适合长期使用的照相机套、乐器盒、枪套、绘图仪器盒、项链盒及类似容器，如果与所装物品同时进口或出口，并通常与所装物品一同出售的，应与所装物品一并归类。但本款不适用于本身构成整个货品基本特征的容器。

（二）除规则五（一）规定的以外，与所装货品同时进口或出口的包装材料或包装容器，如果通常是用来包装这类货品的，应与所装货品一并归类。但明显可重复使用的包装材料和包装容器可不受本款限制。

规则六 货品在某一税目项下各子目的法定归类，应按子目条文或有关的子目注释以及以上各条规则来确定，但子目的比较只能在同一数级上进行。除本税则目录条文另有规定的以外，有关的类注、章注也适用于本规则。

第 一 类
活动物；动物产品

注释：

一、本类所称的各属种动物，除条文另有规定的以外，均包括其幼仔在内。

二、除条文另有规定的以外，本协调制度所称干的产品，均包括经脱水、蒸发或冷冻干燥的产品。

第 一 章
活 动 物

注释：

本章包括所有活动物，但下列各项除外：

一、品目 03.01、03.06、03.07 或 03.08 的鱼、甲壳动物、软体动物及其他水生无脊椎动物；

二、品目 30.02 的培养微生物及其他产品；以及

三、品目 95.08 的动物。

商品编号	商品名称及备注[检验检疫编码及名称]	进口关税(%)		增值税率(%)	消费税	计量单位	监管条件	检验检疫类别	对美税率	出口税率(%)	出口退税率(%)
		最惠国	普通								
0101	马、驴、骡：										
01012100	--改良种用										
0101210010	改良种用濒危野马〔999〕	0	0	9		千克/头	AFEB	P/Q		0	0
0101210090	改良种用马(濒危野马除外)〔999〕	0	0			千克/头	AB	P/Q		0	9
01012900	--其他										
0101290010	非改良种用濒危野马〔999〕	10	30	9		千克/头	AFEB	P/Q	40%	0	0
0101290090	非改良种用其他马〔101 屠宰马〕,〔102 赛马〕,〔103 其他用途马〕	10	30	9		千克/头	AB	P/Q	40%	0	9
01013010	---改良种用										
0101301010	改良种用的濒危野驴〔999〕	0	0	9		千克/头	AFEB	P/Q		0	0
0101301090	改良种用驴(濒危野驴除外)〔999〕	0	0			千克/头	AB	P/Q		0	9
01013090	---其他										
0101309010	非改良种用濒危野驴〔999〕	10	30	9		千克/头	AFEB	P/Q	12.5%	0	0
0101309090	非改良种用其他驴〔999〕	10	30	9		千克/头	AB	P/Q	12.5%	0	9
01019000	-其他										9
0101900000	骡〔999〕	10	30	9		千克/头	AB	P/Q	12.5%	0	
0102	牛：										
01022100	--改良种用										9
0102210000	改良种用家牛〔101 种牛〕,〔102 屠宰牛〕,〔103 其他用途牛〕	0	0			千克/头	AB	P/Q		0	
01022900	--其他										9
0102290000	非改良种用家牛〔101 种牛〕,〔102 屠宰牛〕,〔103 其他用途牛〕	10	30	9		千克/头	4xAB	P/Q	12.5%	0	
01023100	--改良种用										
0102310010	改良种用濒危水牛〔999〕	0	0	9		千克/头	ABEF	P/Q		0	0
0102310090	改良种用水牛(濒危水牛除外)〔999〕	0	0			千克/头	AB	P/Q		0	9
01023900	--其他										
0102390010	非改良种用濒危水牛〔999〕	10	30	9		千克/头	4ABEFx	P/Q	12.5%	0	0
0102390090	非改良种用其他水牛〔999〕	10	30	9		千克/头	4ABx	P/Q	12.5%	0	9
01029010	---改良种用										
0102901010	改良种用濒危野牛〔999〕	0	0	9		千克/头	AFEB	P/Q		0	0
0102901090	其他改良种用牛〔101 种牛〕,〔102 屠宰牛〕,〔103 其他用途牛〕,〔104 水牛〕,〔105 牦牛〕	0	0	9		千克/头	AB	P/Q		0	9
01029090	---其他										
0102909010	非改良种用濒危野牛〔999〕	10	30	9		千克/头	4xABFE	P/Q	12.5%	0	0
0102909090	非改良种用其他牛〔101 种牛〕,〔102 屠宰牛〕,〔103 其他用途牛〕,〔104 水牛〕,〔105 牦牛〕	10	30	9		千克/头	4xAB	P/Q	12.5%	0	9
0103	猪：										
01031000	-改良种用										9
0103100010	改良种用的鹿豚、姬猪〔999〕	0	0	9		千克/头	AFEB	P/Q		0	
0103100090	改良种用猪(鹿豚、姬猪除外)〔999〕	0	0			千克/头	AB	P/Q		0	
01039110	---重量在 10 千克以下										
0103911010	重量在 10 千克以下的非改良种用濒危猪(包括人工繁殖的)〔999〕	10	50	9		千克/头	4xABFE	P.R/Q	12.5%	0	0

SECTION I
LIVE ANIMALS; ANIMAL PRODUCTS

Section Notes:

1. Any reference in this Section to a particular genus or species of an animal, except where the context otherwise requires, includes a reference to the young of that genus or species.

2. Except where the context otherwise requires, throughout the Nomenclature any reference to "dried" products also covers products which have been dehydrated, evaporated or freezedried.

Chapter 1
Live animals

Chapter Notes:

This Chapter covers all live animals except:

1. Fish and crustaceans, molluscs and other aquatic invertebrates of heading 03.01, 03.06, 03.07 or 03.08;

2. Cultures of micro-organisms and other products of heading 30.02; and

3. Animals of heading 95.08.

协定税率(%)																		特惠税率(%)			Article Description
智利	新西兰	澳大利亚	瑞士	冰岛	秘鲁	哥斯达	东盟	亚太	新加坡	巴基斯坦	港/澳/台	韩国	格鲁吉亚	毛里求斯	柬埔寨	尼加拉瓜	日/韩/澳/新/东(RCEP)	亚太2国	老/柬/缅	LDC 98/97/95	
																					Live horses, asses, mules and hinnies:
0	0	0	0	0	0	0	0			0	0/0/	0	0	0	0	0	0/0/0/0/0			0/0/0	--Pure-bred breeding
0	0	0	0	0	0	0	0			2.5	0/0/	0	0	0	0	9	7.3/7/0/0/0			0/0/0	--Other
0	0	0	0	0	0	0	0			0	0/0/	0	0	0	0	0	0/0/0/0/0			0/0/0	---Pure-bred breeding
0	0	0	0	0	0	0	0			2.5	0/0/	0	0	0	0	9	7.3/7/0/0/0			0/0/0	---Other
0	0	0	0	0	0	0	0			2.5	0/0/	0	0	0	0	9	7.3/7/0/0/0			0/0/0	-Other
																					Live bovine animals:
0	0	0	0	0	0	0	0			0	0/0/	0	0	0	0	0	0/0/0/0/0			0/0/0	--Pure-bred breeding
0	0	0	0	0	0	0	0			2.5	0/0/	0	0	0	0	9	7.3/7/0/0/0		0/0/0	0/0/0	--Other
0	0	0	0	0	0	0	0			0	0/0/	0	0	0	0	0	0/0/0/0/0			0/0/0	--Pure-bred breeding
0	0	0	0	0	0	0	0			2.5	0/0/	0	0	0	0	9	7.3/7/0/0/0		0/0/0	0/0/0	--Other
0	0	0	0	0	0	0	0			0	0/0/	0	0	0	0	0	0/0/0/0/0			0/0/0	---Pure-bred breeding
0	0	0	0	0	0	0	0			2.5	0/0/	0	0	0	0	9	7.3/7/0/0/0		0/0/0	0/0/0	---Other
																					Live swine:
0	0	0	0	0	0	0	0			0	0/0/	0	0	0	0	0	0/0/0/0/0			0/0/0	-Pure-bred breeding
0	0	0	0	0	0	0	0			2.5	0/0/	0	0	0	0	9	7.3/7/0/0/0		/0/0	0/0/0	---Weighing less than 10kg

商品编号	商品名称及备注[检验检疫编码及名称]	进口关税(%) 最惠国	普通	增值税率(%)	消费税	计量单位	监管条件	检验检疫类别	对美税率	出口税率(%)	出口退税率(%)
0103911090	重量<10千克的其他猪(改良种用的除外)〔101 屠宰猪〕,〔102 其他用途猪〕	10	50	9		千克/头	4xAB	P. R/Q	12.5%	0	9
01039120	---重量在10千克及以上,但在50千克以下										
0103912010	10≤重量<50千克的非改良种用濒危猪(包括人工繁殖的)〔999〕	10	50	9		千克/头	4xABFE	P. R/Q	12.5%	0	0
0103912090	10≤重量<50千克的其他猪(改良种用的除外)〔101 屠宰猪〕,〔102 其他用途猪〕	10	50	9		千克/头	4xAB	P. R/Q	12.5%	0	9
01039200	--重量在50千克及以上										
0103920010	重量在50千克及以上的非改良种用濒危猪(包括人工繁殖的)〔999〕	10	50	9		千克/头	4xABFE	P. R/Q	12.5%	0	0
0103920090	重量≥50千克的其他猪(改良种用的除外)〔101 屠宰猪〕,〔102 其他用途猪〕	10	50	9		千克/头	4xAB	P. R/Q	12.5%	0	9
0104	**绵羊、山羊:**										
01041010	---改良种用										9
0104101000	改良种用绵羊〔999〕	0	0			千克/头	AB	P/Q		0	
01041090	---其他										9
0104109000	其他绵羊(改良种用的除外)〔101 屠宰绵羊〕,〔102 其他用途绵羊〕	10	50	9		千克/头	AB	P. R/Q	12.5%	0	
01042010	---改良种用										9
0104201000	改良种用山羊〔101 种山羊〕,〔102 种野山羊〕	0	0			千克/头	AB	P/Q		0	
01042090	---其他										9
0104209000	非改良种用山羊〔101 屠宰山羊〕,〔102 其他用途山羊〕,〔103 屠宰野山羊〕,〔104 其他用途野山羊〕	10	50	9		千克/头	AB	P/Q	12.5%	0	
0105	**家禽,即鸡、鸭、鹅、火鸡及珍珠鸡:**										
01051110	---改良种用										9
0105111000	重量≤185克的改良种用鸡〔101 肉种鸡〕,〔102 蛋种鸡〕	0	0			千克/只	AB	P/Q		0	
01051190	---其他										9
0105119000	重量≤185克的其他鸡(改良种用的除外)〔101 屠宰鸡〕,〔102 其他用途鸡〕	10	50	9		千克/只	AB	P. R/Q	12.5%	0	
01051210	---改良种用										9
0105121000	重量≤185克的改良种用火鸡〔999〕	0	0			千克/只	AB	P/Q		0	
01051290	---其他										9
0105129000	重量≤185克的其他火鸡(改良种用的除外)〔999〕	10	50	9		千克/只	AB	P. R/Q	12.5%	0	
01051310	---改良种用										9
0105131000	重量≤185克的改良种用鸭〔999〕	0	0			千克/只	AB	P/Q		0	
01051390	---其他										9
0105139000	重量≤185克的其他鸭(改良种用的除外)〔999〕	10	50	9		千克/只	AB	P. R/Q	12.5%	0	
01051410	---改良种用										9
0105141000	重量≤185克的改良种用鹅〔999〕	0	0			千克/只	AB	P/Q		0	
01051490	---其他										9
0105149000	重量≤185克的其他鹅(改良种用的除外)〔999〕	10	50	9		千克/只	AB	P. R/Q	12.5%	0	
01051510	---改良种用										9
0105151000	重量≤185克的改良种用珍珠鸡〔999〕	0	0			千克/只	AB	P/Q		0	
01051590	---其他										9
0105159000	重量≤185克的其他珍珠鸡(改良种用的除外)〔999〕	10	50	9		千克/只	AB	P. R/Q	12.5%	0	
01059410	---改良种用										9
0105941000	重量>185克的改良种用鸡〔101 肉种鸡〕,〔102 蛋种鸡〕	0	0			千克/只	4xAB	P/Q		0	
01059490	---其他										9
0105949000	重量>185克其他鸡(改良种用的除外)〔101 屠宰鸡〕,〔102 其他用途鸡〕	10	50	9		千克/只	4xAB	P. R/Q	12.5%	0	
01059910	---改良种用										9
0105991000	重量>185克的改良种用其他家禽①	0	0			千克/只	AB	P/Q		0	
01059991	----鸭										9
0105999100	重量>185克的非改良种用鸭〔999〕	10	50	9		千克/只	AB	P/Q	12.5%	0	
01059992	----鹅										9
0105999200	重量>185克的非改良种用鹅〔999〕	10	50	9		千克/只	AB	P/Q	12.5%	0	
01059993	----珍珠鸡										9
0105999300	重量>185克的非改良种用珍珠鸡〔999〕	10	50	9		千克/只	4xAB	P/Q	12.5%	0	
01059994	----火鸡										9
0105999400	重量>185克的非改良种用火鸡〔999〕	10	50	9		千克/只	AB	P/Q	12.5%	0	
0106	**其他活动物:**										
01061110	---改良种用										9
0106111000	改良种用灵长目哺乳动物(包括人工驯养、繁殖的)②	0	0	9		千克/只	AFEB	P/Q		0	
01061190	---其他										9

① 〔101 珍珠鸡〕,〔102 其他饲养鸡形目禽鸟〕,〔103 鹅〕,〔104 鸭〕,〔105 其他饲养雁形目禽鸟〕,〔106 鸽〕,〔107 其他饲养禽鸟〕
② 〔101 猴〕,〔102 猿〕,〔103 猩猩〕,〔104 狒狒〕,〔105 山魈〕,〔106 其他野生灵长动物〕

协定税率(%)																		特惠税率(%)			Article Description
智利	新西兰	澳大利亚	瑞士	冰岛	秘鲁	哥斯达	东盟	亚太	新加坡	巴基斯坦	港/澳/台	韩国	格鲁吉亚	毛里求斯	柬埔寨	尼加拉瓜	日/韩/澳/新/东(RCEP)	亚太2国	老/柬/缅	LDC 98/97/95	
0	0	0	0	0	0	0	0			2.5	0/0/	0	0	0	0	9	7.3/7/0/0/0		/0/0	0/0/0	---Weighing 10kg or more, but less than 50kg
0	0	0	0	0	0	0	0			2.5	0/0/	0	0	0	0	9	7.3/7/0/0/0		0/0/0	0/0/0	--Weighing 50kg or more
																					Live sheep and goats:
0	0	0	0	0	0	0	0			0	0/0/	0	0	0	0	0	0/0/0/0/0			0/0/0	---Pure-bred breeding
0	0	0	0	0	0	0	0			5	0/0/	0	0	0	0	9	7.3/7/0/0/0			0/0/0	---Other
0	0	0	0	0	0	0	0			0	0/0/	0	0	0	0	0	0/0/0/0/0			0/0/0	---Pure-bred breeding
0	0	0	0	0	0	0	0			5	0/0/	0	0	0	0	9	7.3/7/0/0/0			0/0/0	---Other
																					Live poultry, that is to say, fowls of the species Gallus domesticus, ducks, geese, turkeys and guinea fowls:
0	0	0	0	0	0	0	0			0	0/0/	0	0	0	0	0	0/0/0/0/0			0/0/0	---Pure-bred breeding
0	0	0	0	0	0	0	0			2.5	0/0/	0	0	0	0	9	7.3/7/0/0/0		0//0	0/0/0	---Other
0	0	0	0	0	0	0	0			0	0/0/	0	0	0	0	0	0/0/0/0/0			0/0/0	---Pure-bred breeding
0	0	0	0	0	0	0	0			2.5	0/0/	0	0	0	0	9	7.3/7/0/0/0			0/0/0	---Other
0	0	0	0	0	0	0	0			0	0/0/	0	0	0	0	0	0/0/0/0/0			0/0/0	---Pure-bred breeding
0	0	0	0	0	0	0	0			2.5	0/0/	0	0	0	0	9	7.3/7/0/0/0		0//	0/0/0	---Other
0	0	0	0	0	0	0	0			0	0/0/	0	0	0	0	0	0/0/0/0/0			0/0/0	---Pure-bred breeding
0	0	0	0	0	0	0	0			2.5	0/0/	0	0	0	0	9	7.3/7/0/0/0		0//	0/0/0	---Other
0	0	0	0	0	0	0	0			0	0/0/	0	0	0	0	0	0/0/0/0/0			0/0/0	---Pure-bred breeding
0	0	0	0	0	0	0	0			2.5	0/0/	0	0	0	0	9	7.3/7/0/0/0		0//	0/0/0	---Other
0	0	0	0	0	0	0	0			0	0/0/	0	0	0	0	0	0/0/0/0/0			0/0/0	---Pure-bred breeding
0	0	0	0	0	0	0	0			2.5	0/0/	0	0	0	0	9	7.3/7/0/0/0			0/0/0	---Other
0	0	0	0	0	0	0	0			0	0/0/	0	0	0	0	0	0/0/0/0/0			0/0/0	---Pure-bred breeding
0	0	0	0	0	0	0	0			2.5	0/0/	0	0	0	0	9	7.3/7/0/0/0			0/0/0	----Ducks
0	0	0	0	0	0	0	0			2.5	0/0/	0	0	0	0	9	7.3/7/0/0/0			0/0/0	----Geese
0	0	0	0	0	0	0	0			2.5	0/0/	0	0	0	0	9	7.3/7/0/0/0			0/0/0	----Guinea fowls
0	0	0	0	0	0	0	0			2.5	0/0/	0	0	0	0	9	7.3/7/0/0/0			0/0/0	----Turkeys
																					Other live animals:
0	0	0	0	0	0	0	0			0	0/0/	0	0	0	0	0	0/0/0/0/0			0/0/0	---Pure-bred breeding
0	0	0	0	0	0	0	0			2.5	0/0/	0	0	0	0	9	7.3/7/0/0/0			0/0/0	---Other

商品编号	商品名称及备注[检验检疫编码及名称]	进口关税(%)		增值税率(%)	消费税	计量单位	监管条件	检验检疫类别	对美税率	出口税率(%)	出口退税率(%)
		最惠国	普通								
0106119000	其他灵长目哺乳动物(包括人工驯养、繁殖的)①	10	50	9		千克/只	AFEB	P/Q	12.5%	0	
01061211	----改良种用										9
0106121100[暂0]	改良种用鲸、海豚及鼠海豚(鲸目哺乳动物);改良种用海牛及儒艮(海牛目哺乳动物)(包括人工驯养、繁殖的)〔101 海豚〕,〔102 鲸〕,〔103 海牛〕,〔104 其他野生哺乳动物〕	10	50	9		千克/只	AFEB	P/Q		0	
01061219	----其他										9
0106121900	非改良种用鲸、海豚及鼠海豚(鲸目哺乳动物);非改良种用海牛及儒艮(海牛目哺乳动物)(包括人工驯养、繁殖的)〔101 海豚〕,〔102 鲸〕,〔103 海牛〕,〔104 其他野生哺乳动物〕	10	50	9		千克/只	AFEB	P/Q	12.5%	0	
01061221	----改良种用										
0106122110	改良种用濒危海豹、海狮及海象(鳍足亚目哺乳动物)(包括人工繁育的)〔101 海豹〕,〔102 海狮〕,〔103 海象〕,〔104 其他野生哺乳动物〕	0	0	9		千克/只	AFEB	P/Q		0	0
0106122190	改良种用非濒危海豹、海狮及海象(鳍足亚目哺乳动物)〔101 海豹〕,〔102 海狮〕,〔103 海象〕,〔104 其他野生哺乳动物〕	0	0	9		千克/只	AB	P/Q		0	9
01061229	----其他										
0106122910	非改良种用濒危海豹、海狮及海象(鳍足亚目哺乳动物)(包括人工繁育的)〔101 海豹〕,〔102 海狮〕,〔103 海象〕,〔104 其他野生哺乳动物〕	10	50	9		千克/只	ABEF	P/Q	12.5%	0	0
0106122990	非改良种用非濒危海豹、海狮及海象(鳍足亚目哺乳动物)〔101 海豹〕,〔102 海狮〕,〔103 海象〕,〔104 其他野生哺乳动物〕	10	50	9		千克/只	AB	P/Q	12.5%	0	9
01061310	---改良种用										
0106131010	改良种用濒危骆驼及其他濒危骆驼科动物(包括人工驯养、繁殖的)〔101 骆驼〕,〔102 其他野生偶蹄动物〕	0	0	9		千克/只	ABFE	P/Q		0	0
0106131090	改良种用骆驼及其他骆驼科动物(濒危骆驼及其他濒危骆驼科动物除外)〔101 骆驼〕,〔102 其他饲养偶蹄动物〕	0	0			千克/只	AB	P/Q		0	9
01061390	---其他										
0106139010	其他濒危骆驼及其他濒危骆驼科动物(包括人工驯养、繁殖的)〔101 骆驼〕,〔102 其他饲养偶蹄动物〕	10	50	9		千克/只	AFEB	P. R/Q	12.5%	0	0
0106139090	其他骆驼及其他骆驼科动物〔101 骆驼〕,〔102 其他饲养偶蹄动物〕	10	50	9		千克/只	AB	P. R/Q	12.5%	0	9
01061410	---改良种用										
0106141010	改良种用濒危野兔(包括人工驯养、繁殖的)〔999〕	0	0	9		千克/只	ABEF	P/Q		0	0
0106141090	改良种用家兔及野兔(濒危除外)〔999〕	0	0			千克/只	AB	P/Q		0	9
01061490	---其他										
0106149010	其他濒危野兔(包括人工驯养、繁殖的)〔999〕	10	50	9		千克/只	AFEB	P. R/Q	12.5%	0	0
0106149090	其他家兔及野兔〔999〕	10	50	9		千克/只	AB	P. R/Q	12.5%	0	9
01061910	---改良种用										
0106191010	其他改良种用濒危哺乳动物(包括人工驯养、繁殖的)②	0	0	9		千克/只	ABFE	P/Q		0	0
0106191020	改良种用梅花鹿、马鹿、驯鹿、水貂、银狐、北极狐、貉(濒危除外)〔101 其他饲养偶蹄动物〕,〔102 其他饲养食肉动物〕	0	0			千克/只	AB	P/Q		0	9
0106191090	其他改良种用哺乳动物③	0	0	9		千克/只	AB	P/Q		0	9
01061990	---其他										
0106199010	其他濒危哺乳动物(包括人工驯养、繁殖的)④	10	50	9		千克/只	AFEB	P. R/Q	22.5%	0	0
0106199090	其他哺乳动物⑤	10	50	9		千克/只	AB	P. R/Q	22.5%	0	9
01062011	----鳄鱼苗										9
0106201100	改良种用鳄鱼苗(包括人工驯养、繁殖的)〔999〕	0	0	9		千克/只	AFEB	P/Q		0	
01062019	----其他										
0106201910	其他改良种用濒危爬行动物(包括人工繁育的)⑥	0	0	9		千克/只	FEAB	P/Q		0	0
0106201990	其他改良种用非濒危爬行动物⑦	0	0	9		千克/只	AB	P/Q		0	9
01062020	---食用										
0106202011	食用濒危蛇(包括人工繁育的)〔999〕	10	50	9		千克/只	AFEB	P. R/Q	12.5%	0	0
0106202019	食用非濒危蛇〔999〕	10	50	9		千克/只	AB	P. R/Q	12.5%	0	9

① 〔101 猴〕,〔102 猿〕,〔103 猩猩〕,〔104 狒狒〕,〔105 山魈〕,〔106 其他野生灵长动物〕

② 〔101 斑马〕,〔102 犀〕,〔103 貘〕,〔104 其他野生奇蹄动物〕,〔105 鹿〕,〔106 长颈鹿〕,〔107 黄羊〕,〔108 河马〕,〔109 羚牛〕,〔110 羚羊〕,〔111 青羊(斑羚)〕,〔112 叉角羚〕,〔113 骆马〕,〔114 美洲驼〕,〔115 角马〕,〔116 梅花鹿〕,〔117 马鹿〕,〔118 其他野生偶蹄动物〕,〔119 狐狸〕,〔120 貂〕,〔121 大熊猫〕,〔122 小熊猫〕,〔123 熊〕,〔124 水獭〕,〔125 果子狸〕,〔126 狮〕,〔127 虎〕,〔128 豹〕,〔129 貉〕,〔130 豺〕,〔131 狼〕,〔132 大灵猫〕,〔133 小灵猫〕,〔134 野狗〕,〔135 其他野生食肉动物〕,〔136 旱獭〕,〔137 松鼠〕,〔138 花鼠〕,〔139 麝鼠〕,〔140 海狸鼠〕,〔141 河狸〕,〔142 地鼠〕,〔143 豪猪〕,〔144 其他野生啮齿动物〕,〔145 猩猩〕,〔146 狒狒〕,〔147 山魈〕,〔148 其他野生灵长动物〕,〔149 象〕,〔150 刺猬〕,〔151 穿山甲〕,〔152 袋鼠〕,〔153 蝙蝠〕,〔154 其他野生哺乳动物〕

③ 〔101 其他饲养奇蹄动物〕,〔102 其他饲养偶蹄动物〕,〔103 伴侣犬〕,〔104 工作犬〕,〔105 其他用途犬〕,〔106 伴侣猫〕,〔107 其他用途猫〕,〔108 其他饲养食肉动物〕,〔109 大鼠〕,〔110 小鼠〕,〔111 豚鼠〕,〔112 其他饲养啮齿动物〕,〔113 其他饲养兔形目动物〕,〔114 其他饲养哺乳动物〕

④ 〔101 斑马〕,〔102 犀〕,〔103 貘〕,〔104 其他野生奇蹄动物〕,〔105 鹿〕,〔106 长颈鹿〕,〔107 黄羊〕,〔108 河马〕,〔109 羚牛〕,〔110 羚羊〕,〔111 青羊(斑羚)〕,〔112 叉角羚〕,〔113 骆马〕,〔114 美洲驼〕,〔115 角马〕,〔116 梅花鹿〕,〔117 马鹿〕,〔118 其他野生偶蹄动物〕,〔119 狐狸〕,〔120 貂〕,〔121 大熊猫〕,〔122 小熊猫〕,〔123 熊〕,〔124 水獭〕,〔125 果子狸〕,〔126 狮〕,〔127 虎〕,〔128 豹〕,〔129 貉〕,〔130 豺〕,〔131 狼〕,〔132 大灵猫〕,〔133 小灵猫〕,〔134 野狗〕,〔135 其他野生食肉动物〕,〔136 旱獭〕,〔137 松鼠〕,〔138 花鼠〕,〔139 麝鼠〕,〔140 海狸鼠〕,〔141 河狸〕,〔142 地鼠〕,〔143 豪猪〕,〔144 其他野生啮齿动物〕,〔145 猩猩〕,〔146 狒狒〕,〔147 山魈〕,〔148 其他野生灵长动物〕,〔149 象〕,〔150 刺猬〕,〔151 穿山甲〕,〔152 袋鼠〕,〔153 蝙蝠〕,〔154 其他野生哺乳动物〕

⑤ 〔101 其他饲养奇蹄动物〕,〔102 其他饲养偶蹄动物〕,〔103 伴侣犬〕,〔104 工作犬〕,〔105 其他用途犬〕,〔106 伴侣猫〕,〔107 其他用途猫〕,〔108 其他饲养食肉动物〕,〔109 大鼠〕,〔110 小鼠〕,〔111 豚鼠〕,〔112 其他饲养啮齿动物〕,〔113 其他饲养兔形目动物〕,〔114 其他饲养哺乳动物〕

⑥ 〔101 乌龟〕,〔102 草龟〕,〔103 绿毛龟〕,〔104 鳖(甲鱼、团鱼)〕,〔105 玳瑁〕,〔106 鳄龟〕,〔107 其他龟鳖〕,〔108 蛇〕,〔109 蜥蜴〕,〔110 鳄〕,〔111 壁虎〕,〔112 巨蜥〕,〔113 蟒〕,〔114 其他爬行动物〕

⑦ 〔101 乌龟〕,〔102 草龟〕,〔103 绿毛龟〕,〔104 鳖(甲鱼、团鱼)〕,〔105 玳瑁〕,〔106 鳄龟〕,〔107 其他龟鳖〕,〔108 蛇〕,〔109 蜥蜴〕,〔110 鳄〕,〔111 壁虎〕,〔112 巨蜥〕,〔113 蟒〕,〔114 其他爬行动物〕

协定税率(%)																		特惠税率(%)			Article Description
智利	新西兰	澳大利亚	瑞士	冰岛	秘鲁	哥斯达	东盟	亚太	新加坡	巴基斯坦	港/澳/台	韩国	格鲁吉亚	毛里求斯	柬埔寨	尼加拉瓜	日/韩/澳/新/东(RCEP)	亚太2国	老/柬/缅	LDC 98/97/95	
0	0	0	0	0	0	0	0			2.5	0/0/	0	0	0	0	9	/0/0/0/0			0/0/0	----Pure-bred breeding
0	0	0	0	0	0	0	0			2.5	0/0/	0	0	0	0	9	7.3/7/0/0/0			0/0/0	----Other
0	0	0	0	0	0	0	0			0	0/0/	0	0	0	0	0	0/0/0/0/0			0/0/0	----Pure-bred breeding
0	0	0	0	0	0	0	0			2.5	0/0/	0	0	0	0	9	7.3/7/0/0/0			0/0/0	----Other
0	0	0	0	0	0	0	0			0	0/0/	0	0	0	0	0	0/0/0/0/0			0/0/0	---Pure-bred breeding
0	0	0	0	0	0	0	0			2.5	0/0/	0	0	0	0	9	7.3/7/0/0/0			0/0/0	---Other
0	0	0	0	0	0	0	0			0	0/0/	0	0	0	0	0	0/0/0/0/0			0/0/0	---Pure-bred breeding
0	0	0	0	0	0	0	0			2.5	0/0/	0	0	0	0	9	7.3/7/0/0/0			0/0/0	---Other
0	0	0	0	0	0	0	0			0	0/0/	0	0	0	0	0	0/0/0/0/0			0/0/0	---Pure-bred breeding
0	0	0	0	0	0	0	0			2.5	0/0/	0	0	0	0	9	7.3/7/0/0/0			0/0/0	---Other
0	0	0	0	0	0	0	0			0	0/0/	0	0	0	0	0	0/0/0/0/0			0/0/0	----Crocodiles for cultivation
0	0	0	0	0	0	0	0			0	0/0/	0	0	0	0	0	0/0/0/0/0			0/0/0	----Other
0	0	0	0	0	0	0	0			2.5	0/0/	0	0	0	0	9	7.3/7/0/0/0		//0	0/0/0	---For human consumption

商品编号	商品名称及备注[检验检疫编码及名称]	进口关税(%)		增值税率(%)	消费税	计量单位	监管条件	检验检疫类别	对美税率	出口税率(%)	出口退税率(%)
		最惠国	普通								
0106202021	食用濒危龟鳖(包括人工驯养、繁殖的)①	10	50	9		千克/只	ABFE	P.R/Q	12.5%	0	0
0106202029	其他食用龟鳖(包括人工驯养、繁殖的)②	10	50	9		千克/只	AB	P.R/Q	12.5%	0	9
0106202091	其他食用濒危爬行动物(包括人工驯养、繁殖的)〔999〕	10	50	9		千克/只	FEAB	P.R/Q	12.5%	0	0
0106202099	其他食用爬行动物(包括人工驯养、繁殖的)〔999〕	10	50	9		千克/只	AB	P.R/Q	12.5%	0	9
01062090	---其他										
0106209010	其他濒危爬行动物(包括人工驯养、繁殖的)〔999〕	10	50	9		千克/只	FEAB	P/Q	22.5%	0	0
0106209090	其他爬行动物(包括人工驯养、繁殖的)③	10	50	9		千克/只	AB	P/Q	22.5%	0	9
01063110	---改良种用										9
0106311000	改良种用猛禽(包括人工驯养、繁殖的)〔101 鹰〕,〔102 其他野生禽鸟〕	0	0	9		千克/只	AFEB	P/Q		0	
01063190	---其他										9
0106319000	其他猛禽(包括人工驯养、繁殖的)〔101 鹰〕,〔102 其他野生禽鸟〕	10	50	9		千克/只	ABFE	P/Q	12.5%	0	
01063210	---改良种用										
0106321010	改良种用濒危鹦形目的鸟(包括人工繁育的)〔999〕	0	0	9		千克/只	ABFE	P/Q		0	0
0106321090	改良种用非濒危鹦形目的鸟〔999〕	0	0	9		千克/只	AB	P/Q		0	9
01063290	---其他										
0106329010	非改良种用濒危鹦形目的鸟(包括人工繁育的)〔999〕	10	50	9		千克/只	ABFE	P/Q	12.5%	0	0
0106329090	非改良种用非濒危鹦形目的鸟〔999〕	10	50	9		千克/只	AB	P/Q	12.5%	0	9
01063310	---改良种用										
0106331010	改良种用濒危鸵鸟(包括人工驯养、繁殖的)〔999〕	0	0	9		千克/只	ABFE	P/Q		0	0
0106331090	改良种用鸵鸟;鸸鹋(濒危鸵鸟除外)〔101 鸵鸟〕,〔102 鸸鹋〕	0	0			千克/只	AB	P/Q		0	9
01063390	---其他										
0106339010	其他濒危鸵鸟(包括人工驯养、繁殖的)〔999〕	10	50	9		千克/只	ABFE	P.R/Q	12.5%	0	0
0106339090	其他鸵鸟、鸸鹋〔101 鸵鸟〕,〔102 鸸鹋〕	10	50	9		千克/只	AB	P.R/Q	12.5%	0	9
01063910	---改良种用										
0106391010	其他改良种用濒危鸟(包括人工驯养、繁殖的)④	0	0	9		千克/只	ABFE	P/Q		0	0
0106391020	改良种用鸽、鹌鹑〔999〕	0	0			千克/只	AB	P/Q		0	9
0106391090	其他改良种用的鸟〔999〕	0	0	9		千克/只	AB	P/Q		0	9
01063921	----乳鸽										9
0106392100	食用乳鸽〔999〕	10	50	9		千克/只	AB	P.R/Q	12.5%	0	
01063923	----野鸭										
0106392310	食用濒危野鸭〔999〕	10	50	9		千克/只	FEAB	P.R/Q	12.5%	0	0
0106392390	食用非濒危野鸭〔999〕	10	50	9		千克/只	AB	P.R/Q	12.5%	0	9
01063929	----其他										
0106392910	其他食用濒危鸟(包括人工驯养、繁殖的)〔101 鹌鹑〕,〔102 鹧鸪〕,〔103 雉(山鸡)〕,〔104 乌骨鸡〕,〔105 其他野生鸡形目禽鸟〕	10	50	9		千克/只	ABFE	P.R/Q	12.5%	0	0
0106392990	其他食用鸟〔101 其他饲养鸡形目禽鸟〕,〔102 其他饲养雁形目禽鸟〕,〔103 其他饲养禽鸟〕	10	50	9		千克/只	AB	P.R/Q	12.5%	0	9
01063990	---其他										
0106399010	其他濒危鸟(包括人工驯养、繁殖的)⑤	10	50	9		千克/只	ABFE	P.R/Q	12.5%	0	0
0106399090	其他鸟〔101 其他饲养鸡形目禽鸟〕,〔102 其他饲养雁形目禽鸟〕,〔103 其他饲养禽鸟〕	10	50	9		千克/只	AB	P.R/Q	12.5%	0	9
01064110	---改良种用										9
0106411000	改良种用蜂〔999〕	0	0			千克/只	AB	P/Q		0	
01064190	---其他										9
0106419000	其他蜂〔101 蜜蜂〕,〔102 其他昆虫(其他动物)〕	10	50	9		千克/只	AB	P/Q	12.5%	0	
01064910	---改良种用										
0106491010	其他改良种用濒危昆虫(包括人工驯养、繁殖的)〔101 有害昆虫〕,〔102 媒介昆虫〕,〔103 其他昆虫(害虫)〕	0	0	9		千克/只	ABFE	P/Q		0	0
0106491090	其他改良种用非濒危昆虫〔101 有害昆虫〕,〔102 媒介昆虫〕,〔103 其他昆虫(害虫)〕	0	0	9		千克/只	AB	P/Q		0	9
01064990	---其他										
0106499010	其他濒危昆虫(包括人工驯养、繁殖的)〔999〕	10	50	9		千克/只	ABFE	P/Q	22.5%	0	0
0106499090	其他非濒危昆虫⑥	10	50	9		千克/只	AB	P/Q	22.5%	0	9
01069011	----蛙苗										

① 〔101 乌龟〕,〔102 草龟〕,〔103 绿毛龟〕,〔104 鳖(甲鱼、团鱼)〕,〔105 玳瑁〕,〔106 鳄龟〕,〔107 其他龟鳖〕

② 〔101 乌龟〕,〔102 草龟〕,〔103 绿毛龟〕,〔104 鳖(甲鱼、团鱼)〕,〔105 玳瑁〕,〔106 鳄龟〕,〔107 其他龟鳖〕

③ 〔101 乌龟〕,〔102 草龟〕,〔103 绿毛龟〕,〔104 鳖(甲鱼、团鱼)〕,〔105 玳瑁〕,〔106 鳄龟〕,〔107 其他龟鳖〕,〔108 蛇〕,〔109 蜥蜴〕,〔110 鳄〕,〔111 壁虎〕,〔112 巨蜥〕,〔113 蟒〕,〔114 其他爬行动物〕

④ 〔101 鹌鹑〕,〔102 鹧鸪〕,〔103 孔雀〕,〔104 竹鸡〕,〔105 松鸡〕,〔106 锦鸡〕,〔107 雉(山鸡)〕,〔108 乌骨鸡〕,〔109 鸬鹚〕,〔110 鹈鹕〕,〔111 其他野生鸡形目禽鸟〕,〔112 天鹅〕,〔113 鸳鸯〕,〔114 野鸭〕,〔115 大雁〕,〔116 其他野生雁形目禽鸟〕,〔117 画眉〕,〔118 杜鹃(野生禽鸟)〕,〔119 百灵〕,〔120 金丝鸟〕,〔121 相思鸟〕,〔122 鹤〕,〔123 鸵鸟〕,〔124 鸸鹋〕,〔125 朱鹮〕,〔126 火烈鸟〕,〔127 巨嘴鸟〕,〔128 厚嘴妥空〕,〔129 其他野生禽鸟〕

⑤ 〔101 鹌鹑〕,〔102 鹧鸪〕,〔103 孔雀〕,〔104 竹鸡〕,〔105 松鸡〕,〔106 锦鸡〕,〔107 雉(山鸡)〕,〔108 乌骨鸡〕,〔109 鸬鹚〕,〔110 鹈鹕〕,〔111 其他野生鸡形目禽鸟〕,〔112 天鹅〕,〔113 鸳鸯〕,〔114 野鸭〕,〔115 大雁〕,〔116 其他野生雁形目禽鸟〕,〔117 画眉〕,〔118 杜鹃(野生禽鸟)〕,〔119 百灵〕,〔120 金丝鸟〕,〔121 相思鸟〕,〔122 鹤〕,〔123 鸵鸟〕,〔124 鸸鹋〕,〔125 朱鹮〕,〔126 火烈鸟〕,〔127 鹰〕,〔128 巨嘴鸟〕,〔129 厚嘴妥空〕,〔130 其他野生禽鸟〕

⑥ 〔101 包括人工驯养、繁殖的有害昆虫〕,〔102 包括人工驯养、繁殖的媒介昆虫〕,〔103 包括人工驯养、繁殖的其他昆虫(害虫)〕

协定税率(%)																		特惠税率(%)			
智利	新西兰	澳大利亚	瑞士	冰岛	秘鲁	哥斯达	东盟	亚太	新加坡	巴基斯坦	港/澳/台	韩国	格鲁吉亚	毛里求斯	柬埔寨	尼加拉瓜	日/韩/澳/新/东(RCEP)	亚太2国	老/柬/缅	LDC 98/97/95	Article Description
0	0	0	0	0	0	0	0			2.5	0/0/	0	0	0	0	9	7.3/7/0/0/0			0/0/0	---Other
0	0	0	0	0	0	0	0			0	0/0/	0	0	0	0	0	0/0/0/0/0			0/0/0	---Pure-bred breeding
0	0	0	0	0	0	0	0			2.5	0/0/	0	0	0	0	9	7.3/7/0/0/0			0/0/0	---Other
0	0	0	0	0	0	0	0			0	0/0/	0	0	0	0	0	0/0/0/0/0			0/0/0	---Pure-bred breeding
0	0	0	0	0	0	0	0			2.5	0/0/	0	0	0	0	9	7.3/7/0/0/0			0/0/0	---Other
0	0	0	0	0	0	0	0			0	0/0/	0	0	0	0	0	0/0/0/0/0			0/0/0	---Pure-bred breeding
0	0	0	0	0	0	0	0			2.5	0/0/	0	0	0	0	9	7.3/7/0/0/0			0/0/0	---Other
0	0	0	0	0	0	0	0			0	0/0/	0	0	0	0	0	0/0/0/0/0			0/0/0	---Pure-bred breeding
0	0	0	0	0	0	0	0			2.5	0/0/	0	0	0	0	9	7.3/7/0/0/0		//0	0/0/0	----Squabs
0	0	0	0	0	0	0	0			2.5	0/0/	0	0	0	0	9	7.3/7/0/0/0		//0	0/0/0	----Teals
0	0	0	0	0	0	0	0			2.5	0/0/	0	0	0	0	9	7.3/7/0/0/0		//0	0/0/0	----Other
0	0	0	0	0	0	0	0			2.5	0/0/	0	0	0	0	9	7.3/7/0/0/0			0/0/0	---Other
0	0	0	0	0	0	0	0			0	0/0/	0	0	0	0	0	0/0/0/0/0			0/0/0	---Pure-bred breeding
0	0	0	0	0	0	0	0	9		2.5	0/0/	0	0	0	0	9	7.3/0/0/0/0			0/0/0	---Other
0	0	0	0	0	0	0	0			0	0/0/	0	0	0	0	0	0/0/0/0/0			0/0/0	---Pure-bred breeding
0	0	0	0	0	0	0	0	9		2.5	0/0/	0	0	0	0	9	7.3/0/0/0/0			0/0/0	---Other
0	0	0	0	0	0	0	0			0	0/0/	0	0	0	0	0	0/0/0/0/0			0/0/0	----Tadpole and young frogs

商品编号	商品名称及备注[检验检疫编码及名称]	进口关税(%)		增值税率(%)	消费税	计量单位	监管条件	检验检疫类别	对美税率	出口税率(%)	出口退税率(%)
		最惠国	普通								
0106901110	改良种用濒危蛙苗〔101 牛蛙苗〕,〔102 青蛙苗〕,〔103 金线蛙苗〕,〔104 棘胸蛙苗〕,〔105 其他蛙苗〕	0	0	9		千克/只	ABFE	P/Q		0	0
0106901190	其他改良种用蛙苗〔101 牛蛙苗〕,〔102 青蛙苗〕,〔103 金线蛙苗〕,〔104 棘胸蛙苗〕,〔105 其他蛙苗〕	0	0	9		千克/只	AB	P/Q		0	9
01069019	----其他										
0106901910	其他改良种用濒危动物(包括人工驯养、繁殖的)①	0	0	9		千克/只	ABFE	P/Q		0	0
0106901990	其他改良种用动物②	0	0	9		千克/只	AB	P/Q		0	9
01069090	---其他										
0106909010	其他濒危动物(包括人工驯养、繁殖的)③	10	50	9		千克/只	ABFE	P/Q	37.5%	0	0
0106909090	其他动物④	10	50	9		千克/只	AB	P/Q	37.5%	0	9

① 〔101 斑马〕,〔102 犀〕,〔103 貘〕,〔104 其他野生奇蹄动物〕,〔105 鹿〕,〔106 长颈鹿〕,〔107 黄羊〕,〔108 河马〕,〔109 羚牛〕,〔110 羚羊〕,〔111 青羊(斑羚)〕,〔112 叉角羚〕,〔113 骆马〕,〔114 美洲驼〕,〔115 角马〕,〔116 梅花鹿〕,〔117 马鹿〕,〔118 其他野生偶蹄动物〕,〔119 狐狸〕,〔120 貂〕,〔121 大熊猫〕,〔122 小熊猫〕,〔123 熊〕,〔124 水獭〕,〔125 果子狸〕,〔126 狮〕,〔127 虎〕,〔128 豹〕,〔129 貉〕,〔130 豺〕,〔131 狼〕,〔132 大灵猫〕,〔133 小灵猫〕,〔134 野狗〕,〔135 其他野生食肉动物〕,〔136 旱獭〕,〔137 松鼠〕,〔138 花鼠〕,〔139 麝鼠〕,〔140 海狸鼠〕,〔141 河狸〕,〔142 地鼠〕,〔143 豪猪〕,〔144 其他野生啮齿动物〕,〔145 其他野生灵长动物〕,〔146 象〕,〔147 刺猬〕,〔148 穿山甲〕,〔149 袋鼠〕,〔150 蝙蝠〕,〔151 其他野生哺乳动物〕

② 〔101 其他饲养奇蹄动物〕,〔102 其他饲养偶蹄动物〕,〔103 其他用途犬〕,〔104 其他用途猫〕,〔105 其他饲养食肉动物〕,〔106 大鼠〕,〔107 小鼠〕,〔108 豚鼠〕,〔109 其他饲养啮齿动物〕,〔110 其他饲养兔形目动物〕,〔111 其他饲养哺乳动物〕

③ 〔101 其他饲养奇蹄动物〕,〔102 其他饲养偶蹄动物〕,〔103 其他用途犬〕,〔104 其他用途猫〕,〔105 其他饲养食肉动物〕,〔106 大鼠〕,〔107 小鼠〕,〔108 豚鼠〕,〔109 其他饲养啮齿动物〕,〔110 其他饲养兔形目动物〕,〔111 其他饲养哺乳动物〕,〔112 斑马〕,〔113 犀〕,〔114 貘〕,〔115 其他野生奇蹄动物〕,〔117 鹿〕,〔118 长颈鹿〕,〔119 黄羊〕,〔120 河马〕,〔121 羚牛〕,〔122 羚羊〕,〔123 青羊(斑羚)〕,〔124 叉角羚〕,〔125 骆马〕,〔126 美洲驼〕,〔127 角马〕,〔128 梅花鹿〕,〔129 马鹿〕,〔130 其他野生偶蹄动物〕,〔131 狐狸〕,〔132 貂〕,〔133 大熊猫〕,〔134 小熊猫〕,〔135 熊〕,〔136 水獭〕,〔137 果子狸〕,〔138 狮〕,〔139 虎〕,〔140 豹〕,〔141 貉〕,〔142 豺〕,〔143 狼〕,〔144 大灵猫〕,〔145 小灵猫〕,〔146 野狗〕,〔147 其他野生食肉动物〕,〔148 旱獭〕,〔149 松鼠〕,〔150 花鼠〕,〔151 麝鼠〕,〔152 海狸鼠〕,〔153 河狸〕,〔154 地鼠〕,〔155 豪猪〕,〔156 其他野生啮齿动物〕,〔157 其他野生灵长动物〕,〔158 象〕,〔159 刺猬〕,〔160 穿山甲〕,〔161 袋鼠〕,〔162 蝙蝠〕,〔163 其他野生哺乳动物〕,〔164 牛蛙〕,〔165 青蛙〕,〔166 金线蛙〕,〔167 棘胸蛙〕,〔168 其他蛙〕,〔169 大鲵(娃娃鱼)〕,〔170 小鲵〕,〔171 蟾蜍〕,〔172 蝾螈〕,〔173 鱼螈〕,〔174 其他两栖动物〕,〔175 蚕〕,〔176 蟋蟀〕,〔177 蚱蜢〕,〔178 蝉〕,〔179 蝴蝶〕,〔180 其他昆虫(其他动物)〕,〔181 禾虫〕,〔182 蜈蚣(其他动物)〕,〔183 蝎(其他动物)〕,〔184 蚯蚓(其他动物)〕,〔185 其他本章动物〕

④ 〔101 其他饲养奇蹄动物〕,〔102 其他饲养偶蹄动物〕,〔103 伴侣犬〕,〔104 工作犬〕,〔105 其他用途犬〕,〔106 伴侣猫〕,〔107 其他用途猫〕,〔108 其他饲养食肉动物〕,〔109 大鼠〕,〔110 小鼠〕,〔111 豚鼠〕,〔112 其他饲养啮齿动物〕,〔113 其他饲养兔形目动物〕,〔114 其他饲养哺乳动物〕,〔115 牛蛙〕,〔116 青蛙〕,〔117 金线蛙〕,〔118 棘胸蛙〕,〔119 其他蛙〕,〔120 大鲵(娃娃鱼)〕,〔121 小鲵〕,〔122 蟾蜍〕,〔123 蝾螈〕,〔124 鱼螈〕,〔125 其他两栖动物〕,〔126 蚕〕,〔127 蟋蟀〕,〔128 蚱蜢〕,〔129 蝉〕,〔130 蝴蝶〕,〔131 其他昆虫(其他动物)〕,〔132 禾虫〕,〔133 蜈蚣(其他动物)〕,〔134 蝎(其他动物)〕,〔135 蚯蚓(其他动物)〕,〔136 其他本章动物〕

协定税率(%)																		特惠税率(%)			
智利	新西兰	澳大利亚	瑞士	冰岛	秘鲁	哥斯达	东盟	亚太	新加坡	巴基斯坦	港/澳/台	韩国	格鲁吉亚	毛里求斯	柬埔寨	尼加拉瓜	日/韩/澳/新/东(RCEP)	亚太2国	老/柬/缅	LDC 98/97/95	Article Description
0	0	0	0	0	0	0	0			0	0/0/	0	0	0	0	0	0/0/0/0/0			0/0/0	----Other
0	0	0	0	0	0	0	0	9		2.5	0/0/	0	0	0	0	9	7.3/7/0/0/0			0/0/0	---Other

第 二 章
肉及食用杂碎

注释：

本章不包括：

一、品目02.01至02.08或02.10的不适合供人食用的产品；

二、可食用的死昆虫（品目04.10）；

三、动物的肠、膀胱、胃（品目05.04）或动物血（品目05.11、30.02）；或

四、品目02.09所列产品以外的动物脂肪（第十五章）。

商品编号	商品名称及备注[检验检疫编码及名称]	进口关税(%)		增值税率(%)	消费税	计量单位	监管条件	检验检疫类别	对美税率	出口税率(%)	出口退税率(%)
		最惠国	普通								
0201	**鲜、冷牛肉：**										
02011000	-整头及半头										
0201100010	整头及半头鲜或冷藏的濒危野牛肉〔101 鲜的〕,〔102 冷藏〕	20	70	9		千克	4ABEFx	P. R/Q. S	45%	0	0
0201100090	其他整头及半头鲜或冷藏的牛肉〔101 鲜的〕,〔102 冷藏〕,〔103 冷藏(30 月龄以下)〕	20	70	9		千克	4ABx	P. R/Q. S	45%	0	9
02012000	-带骨肉										
0201200010	鲜或冷藏的带骨濒危野牛肉〔101 鲜的〕,〔102 冷藏〕	12	70	9		千克	47ABEFx	P. R/Q	42%	0	0
0201200090	其他鲜或冷藏的带骨牛肉〔101 鲜的〕,〔102 冷藏〕,〔103 冷藏(30 月龄以下)〕	12	70	9		千克	47ABx	P. R/Q	42%	0	9
02013000	-去骨肉										
0201300010	鲜或冷藏的去骨濒危野牛肉〔101 鲜的〕,〔102 冷藏〕	12	70	9		千克	47ABEFx	P. R/Q. S	42%	0	0
0201300090	其他鲜或冷藏的去骨牛肉①	12	70	9		千克	47ABx	P. R/Q. S	42%	0	9
0202	**冻牛肉：**										
02021000	-整头及半头										
0202100010	冻藏的整头及半头濒危野牛肉〔999〕	25	70	9		千克	4ABEFx	P. R/Q. S	50%	0	0
0202100090	其他冻藏的整头及半头牛肉②	25	70	9		千克	4ABx	P. R/Q. S	50%	0	9
02022000	-带骨肉										
0202200010	冻藏的带骨濒危野牛肉〔999〕	12	70	9		千克	47ABEFx	P. R/Q. S	42%	0	0
0202200090	其他冻藏的带骨牛肉③	12	70	9		千克	47ABx	P. R/Q. S	42%	0	9
02023000	-去骨肉										
0202300010	冻藏的去骨濒危野牛肉〔999〕	12	70	9		千克	47ABEFx	P. R/Q. S	42%	0	0
0202300090	其他冻藏的去骨牛肉④	12	70	9		千克	47ABx	P. R/Q. S	42%	0	9
0203	**鲜、冷、冻猪肉：**										
02031110	---乳猪										
0203111010	鲜或冷藏整头及半头濒危乳猪肉(包括人工繁殖的)〔101 鲜的〕,〔102 冷藏〕	20	70	9		千克	4ABEFx	P. R/Q. S	45%	0	0
0203111090	鲜或冷藏整头及半头其他乳猪肉〔101 鲜的〕,〔102 冷藏〕	20	70	9		千克	4ABx	P. R/Q. S	45%	0	9
02031190	---其他										
0203119010	鲜或冷藏整头及半头濒危其他猪肉(包括人工繁殖的)〔101 鲜的〕,〔102 冷藏〕	20	70	9		千克	4ABEFx	P. R/Q. S	45%	0	0
0203119090	鲜或冷藏整头及半头其他猪肉〔101 鲜的〕,〔102 冷藏〕	20	70	9		千克	4ABx	P. R/Q. S	45%	0	9
02031200	--带骨的前腿、后腿及其肉块										
0203120010	鲜或冷藏带骨濒危猪前腿、后腿及肉块(包括人工繁殖的)〔101 鲜的〕,〔102 冷藏〕	20	70	9		千克	47ABEFx	P. R/Q. S	75%/45%⑤	0	0
0203120090	鲜或冷藏带骨其他猪前腿、后腿及肉块〔101 鲜的〕,〔102 冷藏〕	20	70	9		千克	47ABx	P. R/Q. S	75%/45%	0	9
02031900	--其他										
0203190010	其他鲜或冷藏濒危猪肉(包括人工繁殖的)〔101 鲜的〕,〔102 冷藏〕	20	70	9		千克	47ABEFx	P. R/Q. S	75%/45%	0	0
0203190090	其他鲜或冷藏的猪肉〔101 鲜的〕,〔102 冷藏〕,〔103 冷藏猪肉馅〕	20	70	9		千克	47ABx	P. R/Q. S	75%/45%	0	9
02032110	---乳猪										
0203211010	冻藏整头及半头濒危乳猪肉(包括人工繁殖的)〔999〕	12	70	9		千克	4ABEFx	P. R/Q. S	37%	0	0
0203211090	冻藏整头及半头其他乳猪肉〔999〕	12	70	9		千克	4ABx	P. R/Q. S	37%	0	9
02032190	---其他										
0203219010	冻藏整头及半头濒危其他猪肉(包括人工繁殖的)〔999〕	12	70	9		千克	47ABEFx	P. R/Q. S	62%/37%	0	0
0203219090	冻藏整头及半头其他猪肉〔999〕	12	70	9		千克	47ABx	P. R/Q. S	62%/37%	0	9
02032200	--带骨的前腿、后腿及其肉块										
0203220010	冻藏带骨濒危猪前腿、后腿及肉块(包括人工繁殖的)〔999〕	12	70	9		千克	47ABEFx	P. R/Q. S	67%/37%	0	0
0203220090	冻藏带骨其他猪前腿、后腿及肉块〔999〕	12	70	9		千克	47ABx	P. R/Q. S	67%/37%	0	9

① 〔101 鲜的〕,〔102 冷藏〕,〔103 冷藏(12 月龄以下)〕,〔104 冷藏(30 月龄以下)〕,〔105 冷藏〔冰鲜牛绞肉(30 月龄以下)〕〕,〔106 冷藏牛绞肉〕,〔107 冷藏牛肉饼〕
② 〔101 30 月龄以下〕,〔102 不含脊柱和头骨〕,〔103 不含脊柱和头骨,30 月龄以下〕,〔999〕
③ 〔101 30 月龄以下〕,〔102 不含脊柱和头骨〕,〔103 不含脊柱和头骨,30 月龄以下〕,〔999〕
④ 〔101 12 月龄以下〕,〔102 30 月龄以下〕,〔103 冷冻牛绞肉,30 月龄以下〕,〔104 冷冻牛绞肉〕,〔105 冷冻牛肉饼〕,〔999〕
⑤ 两个税率为针对美国不同相关法案实施的税率。

Chapter 2
Meat and edible meat offal

Chapter Notes:

This Chapter does not cover:

1. Products of the kinds described in headings 02.01 to 02.08 or 02.10, unfit or unsuitable for human consumption;

2. Edible non-living insects (heading 04.10);

3. Guts, bladders or stomachs of animals (heading 05.04) or animal blood (heading 05.11 or 30.02); or

4. Animal fat, other than products of heading 02.09 (Chapter 15).

协定税率(%)																		特惠税率(%)			Article Description
智利	新西兰	澳大利亚	瑞士	冰岛	秘鲁	哥斯达	东盟	亚太	新加坡	巴基斯坦	港/澳/台	韩国	格鲁吉亚	毛里求斯	柬埔寨	尼加拉瓜	日/韩/澳/新/东(RCEP)	亚太2国	老/柬/缅	LDC 98/97/95	
																					Meat of bovine animals, fresh or chilled:
0	0	0	0	0	0	1.3	0				0/0/	6.6	0	0	0	0	/14//14/14		0/0/	0/0/0	-Carcasses and half-carcasses
0	0	0	0	0	1.4	0.8	0			0	0/0/	4	0	0	0	0	/10.2//10.2/10.2		0/0/	0/0/0	-Other cuts with bone in
0	0	0	0	0	1.4	0.8	0			0	0/0/	4	0	0	0	0	/10.2//10.2/10.2		/0/	0/0/0	-Boneless
																					Meat of bovine animals, frozen:
0	0	0	0	0	0	0	0			0	0/0/	12.5		5	0	0	/21.3//21.3/21.3		0/0/	0/0/0	-Carcasses and half-carcasses
0	0	0	0	0	1.4	0	0			0	0/0/	4		0	0	0	/10.2//10.2/10.2		0/0/	0/0/0	-Other cuts with bone in
0	0	0	0	0	1.4	0	0			0	0/0/	4		0	0	0	/10.2//10.2/10.2		/0/	0/0/0	-Boneless
																					Meat of swine, fresh, chilled or frozen:
0	0	0	0	0	0	0	0				0/0/	6.6	0	0	0	18.7	16.3/14/14/14/14		0/0/	0/0/0	---Sucking pig
0	0	0	0	0	0	0	0				0/0/	6.6	0	0	0	18.7	16.3/14/14/14/14		0/0/	0/0/0	---Other
0	0	0	0	0	0	0	0				0/0/	6.6	0	0	0	18.7	16.3/14/14/14/14		0/0/	0/0/0	--Hams, shoulders and cuts thereof, with bone in
0	0	0	0	0	0	0	0				0/0/	6.6	0	0	0	18.7	16.3/14/14/14/14		0/0/	0/0/0	--Other
0	0	0	0	0	0	0	0			6	0/0/	0	0	0	0	11.2	8.7/8.4/0/0/0		0/0/	0/0/0	---Sucking pig
0	0	0	0	0	0	0	0			6	0/0/	0	0	0	0	10.8	8.7/8.4/0/0/0		0/0/	0/0/0	---Other
0	0	0	0	0	0	0	0			6	0/0/	0	0	0	0	10.8	8.7/8.4/0/0/0		0/0/	0/0/0	--Hams, shoulders and cuts thereof, with bone in

商品编号	商品名称及备注[检验检疫编码及名称]	进口关税(%)		增值税率(%)	消费税	计量单位	监管条件	检验检疫类别	对美税率	出口税率(%)	出口退税率(%)
		最惠国	普通								
02032900	--其他										
0203290010	其他冻藏濒危猪肉(包括人工繁殖的)〔999〕	12	70	9		千克	47ABEFx	P. R/Q. S	67%/37%	0	0
0203290090	其他冻藏猪肉〔101 冷冻猪肉馅〕,〔999〕	12	70	9		千克	47ABx	P. R/Q. S	67%/37%	0	9
0204	**鲜、冷、冻绵羊肉或山羊肉：**										
02041000	-鲜或冷的整头及半头羔羊										9
0204100000	鲜或冷藏的整头及半头羔羊肉①	15	70	9		千克	7AB	P. R/Q. S		0	
02042100	--整头及半头										9
0204210000	鲜或冷藏的整头及半头绵羊肉②	23	70	9		千克	7AB	P. R/Q		0	
02042200	--带骨肉										9
0204220000	鲜或冷藏的带骨绵羊肉③	15	70	9		千克	7AB	P. R/Q. S	45%	0	
02042300	--去骨肉										9
0204230000	鲜或冷藏的去骨绵羊肉④	15	70	9		千克	7AB	P. R/Q. S		0	
02043000	-冻的整头及半头羔羊										9
0204300000	冻藏的整头及半头羔羊肉⑤	15	70	9		千克	7AB	P. R/Q. S		0	
02044100	--整头及半头										9
0204410000	冻藏的整头及半头绵羊肉〔101 绵羊肉〕,〔102 野羊肉〕,〔103 绵羊肉,6 月龄以下〕	23	70	9		千克	7AB	P. R/Q. S		0	
02044200	--带骨肉										9
0204420000	冻藏的其他带骨绵羊肉〔101 绵羊肉〕,〔102 野羊肉〕,〔103 绵羊肉,6 月龄以下〕	12	70	9		千克	7AB	P. R/Q. S		0	
02044300	--去骨肉										9
0204430000	冻藏的其他去骨绵羊肉〔101 绵羊肉〕,〔102 野羊肉〕,〔103 绵羊肉,6 月龄以下〕	15	70	9		千克	7AB	P. R/Q. S		0	
02045000	-山羊肉										9
0204500000	鲜或冷藏、冻藏的山羊肉⑥	20	70	9		千克	7AB	P. R/Q. S		0	
0205	**鲜、冷、冻马、驴、骡肉：**										
02050000	鲜、冷、冻马、驴、骡肉										
0205000010	鲜、冷或冻的濒危野马、野驴肉⑦	20	70	9		千克	ABFE	P. R/Q. S		0	0
0205000090	鲜、冷或冻的马、驴、骡肉⑧	20	70	9		千克	AB	P. R/Q. S		0	9
0206	**鲜、冷、冻牛、猪、绵羊、山羊、马、驴、骡的食用杂碎：**										
02061000	-鲜、冷牛杂碎										9
0206100000	鲜或冷藏的牛杂碎⑨	12	70	9		千克	4ABx	P. R/Q. S		0	
02062100	--舌										9
0206210000	冻牛舌〔101 冻牛舌〕,〔102 冻野牛舌〕,〔103 30 月龄以下〕	12	70	9		千克	47ABx	P. R/Q. S		0	
02062200	--肝										9
0206220000	冻牛肝〔101 冻牛肝〕,〔102 冻野牛肝〕,〔103 30 月龄以下〕	12	70	9		千克	47ABx	P. R/Q. S		0	
02062900	--其他										9
0206290000	其他冻牛杂碎⑩	12	70	9		千克	47ABx	P. R/Q. S	42%	0	

① 〔101 鲜的绵羊肉〕,〔102 冷藏绵羊肉〕,〔103 鲜的山羊肉〕,〔104 冷藏山羊肉〕,〔105 鲜的野羊肉〕,〔106 冷藏野羊肉〕,〔107 冷藏绵羊肉,6 月龄以下〕,〔108 冷藏山羊肉,6 月龄以下〕

② 〔101 鲜的绵羊肉〕,〔102 冷藏绵羊肉〕,〔103 鲜的野羊肉〕,〔104 冷藏野羊肉〕,〔105 冷藏绵羊肉,6 月龄以下〕

③ 〔101 鲜的绵羊肉〕,〔102 冷藏绵羊肉〕,〔103 鲜的野羊肉〕,〔104 冷藏野羊肉〕,〔105 冷藏绵羊肉,6 月龄以下〕

④ 〔101 鲜的绵羊肉〕,〔102 冷藏绵羊肉〕,〔103 鲜的野羊肉〕,〔104 冷藏野羊肉〕,〔105 冷藏绵羊肉,6 月龄以下〕

⑤ 〔101 绵羊肉〕,〔102 山羊肉〕,〔103 野羊肉〕,〔104 绵羊肉,6 月龄以下〕,〔105 山羊肉,6 月龄以下〕

⑥ 〔101 鲜的去骨山羊肉〕,〔102 鲜的带骨山羊肉〕,〔103 鲜的整头及半头山羊肉〕,〔104 冷藏去骨山羊肉〕,〔105 冷藏带骨山羊肉〕,〔106 冷藏整头及半头山羊肉〕,〔107 冻藏去骨山羊肉〕,〔108 冻藏带骨山羊肉〕,〔109 冻藏整头及半头山羊肉〕,〔110 鲜的去骨野羊肉〕,〔111 鲜的带骨野羊肉〕,〔112 鲜的整头及半头野羊肉〕,〔113 冷藏去骨野羊肉〕,〔114 冷藏带骨野羊肉〕,〔115 冻藏整头及半头野羊肉〕,〔116 冻藏去骨野羊肉〕,〔117 冻藏带骨野羊肉〕,〔118 冷藏整头及半头野羊肉〕,〔119 冷藏去骨山羊肉,6 月龄以下〕,〔120 冷藏带骨山羊肉,6 月龄以下〕,〔121 冷藏整头及半头山羊肉,6 月龄以下〕,〔122 冻藏去骨山羊肉,6 月龄以下〕,〔123 冻藏带骨山羊肉,6 月龄以下〕,〔124 冻藏整头及半头山羊肉,6 月龄以下〕

⑦ 〔101 鲜的去骨野马肉〕,〔102 鲜的带骨野马肉〕,〔103 鲜的整头及半头野马肉〕,〔104 冷藏去骨野马肉〕,〔105 冷藏带骨野马肉〕,〔106 冷藏整头及半头野马肉〕,〔107 冻藏去骨野马肉〕,〔108 冻藏带骨野马肉〕,〔109 冻藏整头及半头野马肉〕,〔110 鲜的去骨野驴肉〕,〔111 鲜的带骨野驴肉〕,〔112 鲜的整头及半头野驴肉〕,〔113 冷藏去骨野驴肉〕,〔114 冷藏带骨野驴肉〕,〔115 冷藏整头及半头野驴肉〕,〔116 冻藏去骨野驴肉〕,〔117 冻藏带骨野驴肉〕,〔118 冻藏整头及半头野驴肉〕

⑧ 〔101 鲜的去骨马肉〕,〔102 鲜的带骨马肉〕,〔103 鲜的整头及半头马肉〕,〔104 冷藏去骨马肉〕,〔105 冷藏带骨马肉〕,〔106 冷藏整头及半头马肉〕,〔107 冻藏去骨马肉〕,〔108 冻藏带骨马肉〕,〔109 冻藏整头及半头马肉〕,〔110 鲜的去骨驴肉〕,〔111 鲜的带骨驴肉〕,〔112 鲜的整头及半头驴肉〕,〔113 冻藏去骨驴肉〕,〔114 冷藏带骨驴肉〕,〔115 冷藏整头及半头驴肉〕,〔116 冷藏去骨驴肉〕,〔117 冻藏带骨驴肉〕,〔118 冻藏整头及半头驴肉〕,〔119 鲜的去骨骡肉〕,〔120 鲜的带骨骡肉〕,〔121 鲜的整头及半头骡肉〕,〔122 冷藏去骨骡肉〕,〔123 冷藏带骨骡肉〕,〔124 冷藏整头及半头骡肉〕,〔125 冻藏去骨骡肉〕,〔126 冻藏带骨骡肉〕,〔127 冻藏整头及半头骡肉〕

⑨ 〔101 鲜的牛心〕,〔102 冷藏牛心〕,〔103 鲜的牛鞭〕,〔104 冷藏牛鞭〕,〔105 鲜的牛舌〕,〔106 冷藏牛舌〕,〔107 鲜的牛尾〕,〔108 冷藏牛尾〕,〔109 鲜的牛肝〕,〔110 冷藏牛肝〕,〔111 鲜的牛筋〕,〔112 冷藏牛筋〕,〔113 鲜的牛横膈膜〕,〔114 冷藏牛横膈膜〕,〔115 鲜的牛头及头块〕,〔116 冷藏牛头及头块〕,〔117 鲜的牛食用皮〕,〔118 冷藏牛食用皮〕,〔119 鲜的牛肾〕,〔120 冷藏牛肾〕,〔121 鲜的牛脚〕,〔122 冷藏牛脚〕,〔123 鲜的其他牛杂碎〕,〔124 冷藏其他牛杂碎〕,〔125 鲜的野牛心〕,〔126 冷藏野牛心〕,〔127 鲜的野牛舌〕,〔128 冷藏野牛舌〕,〔129 鲜的野牛尾〕,〔130 冷藏野牛尾〕,〔131 鲜的野牛肝〕,〔132 冷藏野牛肝〕,〔133 鲜的野牛筋〕,〔134 冷藏野牛筋〕,〔135 鲜的野牛横膈膜〕,〔136 冷藏野牛横膈膜〕,〔137 鲜的野牛头及头块〕,〔138 冷藏野牛头及头块〕,〔139 鲜的野牛食用皮〕,〔140 冷藏野牛食用皮〕,〔141 鲜的野牛肾〕,〔142 冷藏野牛肾〕,〔143 鲜的野牛脚〕,〔144 冷藏野牛脚〕,〔145 鲜的其他野牛杂碎〕,〔146 冷藏其他野牛杂碎〕,〔147 冷藏牛心(30 月龄以下)〕,〔148 冷藏牛舌(30 月龄以下)〕,〔149 冷藏牛尾(30 月龄以下)〕,〔150 冷藏牛肝(30 月龄以下)〕,〔151 冷藏牛筋(30 月龄以下)〕,〔152 冷藏牛横膈膜(30 月龄以下)〕,〔153 冷藏牛头及头块[冰鲜牛头(30 月龄以下)]〕,〔154 冷藏牛头及头块[冰鲜牛唇(30 月龄以下)]〕,〔155 冷藏牛肾(30 月龄以下)〕,〔156 冷藏牛脚(冰鲜牛蹄(30 月龄以下))〕,〔157 冷藏其他牛杂碎(冰鲜牛骨(30 月龄以下))〕,〔158 冷藏牛唇〕,〔159 冷藏牛蹄〕,〔160 冷藏牛骨〕,〔161 冷藏牛胸腹隔膜〕,〔162 冷藏牛软骨〕,〔163 冷藏牛睾丸〕,〔164 冷藏牛心管〕,〔165 30 月龄以下〕

⑩ 〔101 牛心〕,〔102 冻牛鞭〕,〔103 冻牛尾〕,〔104 冻牛筋〕,〔105 牛横膈膜〕,〔106 牛头及头块〕,〔107 牛食用皮〕,〔108 牛肾〕,〔109 牛脚〕,〔110 其他牛杂碎〕,〔111 野牛心〕,〔112 野牛尾〕,〔113 野牛筋〕,〔114 野牛横膈膜〕,〔115 野牛头及头块〕,〔116 野牛食用皮〕,〔117 野牛肾〕,〔118 野牛脚〕,〔119 其他野牛杂碎〕,〔121 牛心(30 月龄以下)〕,〔123 冻牛尾(30 月龄以下)〕,〔124 冻牛筋(30 月龄以下)〕,〔125 牛横膈膜(30 月龄以下)〕,〔126 牛头及头块[冷冻牛头肉(30 月龄以下)]〕,〔127 牛头及头块(冷冻牛头肉)〕,〔128 牛头及头块(冷冻牛唇)〕,〔129 牛头及头块[冷冻牛唇(30 月龄以下)]〕,〔130 牛肾(30 月龄以下)〕,〔131 牛脚(去除蹄匣)〕,〔132 其他牛杂碎(冷冻牛骨)〕,〔133 其他牛杂碎[冷冻牛骨(30 月龄以下)]〕,〔134 其他牛杂碎(冷冻牛动脉管)〕,〔135 其他牛杂碎(冷冻牛心管)〕,〔136 其他牛杂碎(冷冻牛睾丸)〕,〔137 其他牛杂碎(冷冻牛食管)〕,〔138 其他牛杂碎(冷冻牛骨髓)〕,〔139 其他牛杂碎(冷冻牛软骨)〕,〔140 其他牛杂碎(冷冻牛软骨不含喉软骨)〕,〔149 冷冻牛胸腹隔膜〕,〔150 冷冻牛鞭(30 月龄以下)〕,〔151 冷冻牛蹄(去匣)(30 月龄以下)〕

协定税率(%)																		特惠税率(%)			Article Description
智利	新西兰	澳大利亚	瑞士	冰岛	秘鲁	哥斯达	东盟	亚太	新加坡	巴基斯坦	港/澳/台	韩国	格鲁吉亚	毛里求斯	柬埔寨	尼加拉瓜	日/韩/澳/新/东 (RCEP)	亚太2国	老/柬/缅	LDC 98/97/95	
0	0	0	0	0	0	0	0			6	0/0/	0	0	0	0	10.8	8.7/8.4/0/0/0		/0/	0/0/0	--Other
																					Meat of sheep or goats, fresh, chilled or frozen:
0	0	0	0	0	0	1	0			12	0/0/	0	0	0	0	14	10.9/10.5/10.5/0/0			0/0/0	-Carcasses and half-carcasses of lamb, fresh or chilled
0	0	0	0	0	0	1.5	0				0/0/	11.5	0	4.6	0	21.5	//21.3/21.3/21.3			0/0/0	--Carcasses and half-carcasses
0	0	0	0	0	0	1	0			12	0/0/	0	0	0	0	14	10.9/10.5/10.5/0/0			0/0/0	--Other cuts with bone in
0	0	0	0	0	0	1	0			12	0/0/	0	0	0	0	14	10.9/10.5/10.5/0/0			0/0/0	--Boneless
0	0	0	0	0	1.8	1	0			12	0/0/	0	0	0	0	14	10.9/10.5/10.5/0/0			0/0/0	-Carcasses and half-carcasses of lamb, frozen
0	0	0	0	0	2.7	1.5	0				0/0/	11.5	0	4.6	0	21.5	/19.6/19.6/19.6/19.6			0/0/0	--Carcasses and half-carcasses
0	0	0	0	0	1.4	0.8	0			6	0/0/	0	0	0	0	11.2	8.7/8.4/8.4/0/0			0/0/0	--Other cuts with bone in
0	0	0	0	0	1.8	1	0			12	0/0/	0	0	0	0	14	10.9/10.5/10.5/10.5/10.5			0/0/0	--Boneless
0	0	0	0	0	0	1.3	0			0	0/0/	6.6	0	0	0	18.7	16.3/16/17/17/16			0/0/0	-Meat of goats
																					Meat of horses, asses, mules or hinnies, fresh, chilled of frozen:
0	0	0	0	0	0	0	0				0/0/	6.6	0	0	0	18.7	16.3/14/14/14/14			0/0/0	Meat of horses, asses, mules or hinnies, fresh, chilled or frozen
																					Edible offal of bovine animals, swine, sheep, goats, horses, asses, mules or hinnies, fresh, chilled or frozen:
0	0	0	0	0	0	0	0			6	0/0/	0	0	0	0	0	8.7/8.4/0/0/0		0/0/	0/0/0	-Of bovine animals, fresh or chilled
0	0	0	0	0	0	0	0			6	0/0/	0	0	0	0	0	8.7/8.4/0/0/0		0/0/	0/0/0	--Tongues
0	0	0	0	0	0	0	0			6	0/0/	0	0	0	0	0	8.7/8.4/0/0/0		0/0/	0/0/0	--Livers
0	0	0	0	0	0	0	0			0	0/0/	0	0	0	0	0	8.7/8.4/8.4/8.4/8.4		0/0/	0/0/0	--Other

商品编号	商品名称及备注[检验检疫编码及名称]	进口关税(%)		增值税率(%)	消费税	计量单位	监管条件	检验检疫类别	对美税率	出口税率(%)	出口退税率(%)
		最惠国	普通								
02063000	-鲜、冷猪杂碎										9
0206300000	鲜或冷藏的猪杂碎①	20	70	9		千克	4ABx	P. R/Q. S	50%	0	
02064100	--肝										9
0206410000	冻猪肝〔101 冻猪肝〕,〔102 冻野猪肝〕	20	70	9		千克	47ABx	P. R/Q. S	75%/45%	0	
02064900	--其他										9
0206490000	其他冻猪杂碎②	12	70	9		千克	47ABx	P. R/Q. S	67%/37%	0	
02068000	-其他鲜或冷杂碎										9
0206800010	鲜或冷的羊杂碎③	20	70	9		千克	AB	P. R/Q. S		0	
0206800090	鲜或冷的马、驴、骡杂碎④	20	70	9		千克	AB	P. R/Q. S		0	
02069000	-其他冻杂碎										9
0206900010	冻藏的羊杂碎⑤	18	70	9		千克	7AB	P. R/Q. S		0	
0206900090	冻藏的马、驴、骡杂碎⑥	18	70	9		千克	AB	P. R/Q. S		0	
0207	**税目 01.05 所列家禽的鲜、冷、冻肉及食用杂碎:**										
02071100	--整只,鲜或冷的										9
0207110000	鲜或冷藏的整只鸡〔101 鲜的整只鸡〕,〔102 冷藏整只鸡〕	20	70	9		千克	4xAB	P. R/Q. S	50%	0	
02071200	--整只,冻的										9
0207120000	冻的整只鸡〔101 不包括内脏及胃肠等消化道器官〕,〔999〕	见附表 2	见附表 2	9		千克	4x7AB	P. R/Q. S	50%	0	
02071311	----带骨的										9
0207131100	鲜或冷的带骨的鸡块〔101 鲜的带骨的鸡块〕,〔102 冷藏带骨的鸡块〕	20	70	9		千克	4xAB	P. R/Q. S	50%	0	
02071319	----其他										9
0207131900	其他鲜或冷的鸡块〔101 其他鲜的鸡块〕,〔102 其他冷藏鸡块〕	20	70	9		千克	4xAB	P. R/Q. S	50%	0	
02071321	----翼(不包括翼尖)										9
0207132101	鲜或冷的鸡整翅(翼)(沿肩关节将鸡翅从整鸡上分割下来的部位)〔101 鲜的〕,〔102 冷藏〕	20	70	9		千克	4xAB	P. R/Q. S	50%	0	
0207132102	鲜或冷的鸡翅(翼)根(将整翅从肘关节处切开,靠近根部的部分)〔101 鲜的〕,〔102 冷藏〕	20	70	9		千克	4xAB	P. R/Q. S	50%	0	

① 〔101 鲜的猪心〕,〔102 冷藏猪心〕,〔103 鲜的猪肝〕,〔104 冷藏猪肝〕,〔105 鲜的猪肺〕,〔106 冷藏猪肺〕,〔107 鲜的猪肾〕,〔108 冷藏猪肾〕,〔109 鲜的猪舌〕,〔110 冷藏猪舌〕,〔111 鲜的猪尾〕,〔112 冷藏猪尾〕,〔113 鲜的猪耳〕,〔114 冷藏猪耳〕,〔115 鲜的猪蹄〕,〔116 冷藏猪蹄〕,〔117 鲜的猪睾丸〕,〔118 冷藏猪睾丸〕,〔119 鲜的猪食用皮〕,〔120 冷藏猪食用皮〕,〔121 鲜的猪头及头块〕,〔122 冷藏猪头及头块〕,〔123 鲜的猪横膈膜〕,〔124 冷藏猪横膈膜〕,〔125 鲜的其他猪杂碎〕,〔126 冷藏其他猪杂碎〕,〔127 鲜的野猪心〕,〔128 冷藏野猪心〕,〔129 鲜的野猪肝〕,〔130 冷藏野猪肝〕,〔131 鲜的野猪肺〕,〔132 冷藏野猪肺〕,〔133 鲜的野猪肾〕,〔134 冷藏野猪肾〕,〔135 鲜的野猪舌〕,〔136 冷藏野猪舌〕,〔137 鲜的野猪尾〕,〔138 冷藏野猪尾〕,〔139 鲜的野猪耳〕,〔140 冷藏野猪耳〕,〔141 鲜的野猪蹄〕,〔142 冷藏野猪蹄〕,〔143 鲜的野猪全蹄〕,〔144 冷藏野猪全蹄〕,〔145 鲜的野猪睾丸〕,〔146 冷藏野猪睾丸〕,〔147 鲜的野猪食用皮〕,〔148 冷藏野猪食用皮〕,〔149 鲜的野猪头及头块〕,〔150 冷藏野猪头及头块〕,〔151 鲜的野猪横膈膜〕,〔152 冷藏野猪横膈膜〕,〔153 鲜的其他野猪杂碎〕,〔154 冷藏其他野猪杂碎〕,〔155 冷藏猪蹄(全蹄)〕,〔156 冷藏猪耳根〕,〔157 冷藏猪鼻〕,〔158 冷藏猪脸〕,〔159 冷藏猪唇〕,〔160 冷藏猪脚圈〕,〔161 冷藏猪下颚〕,〔162 冷藏猪心管〕,〔163 冷藏猪脚趾〕,〔164 冷藏猪皮〕,〔165 冷藏猪头〕,〔166 冷藏猪脑〕,〔167 冷藏猪气管〕,〔168 冷藏猪食管〕,〔169 冷藏猪软骨〕,〔170 冷藏猪喉管〕,〔171 冷藏猪骨〕

② 〔101 猪心〕,〔102 猪肺〕,〔103 猪肾〕,〔104 猪舌〕,〔105 猪尾〕,〔106 猪耳〕,〔107 猪蹄〕,〔109 猪睾丸〕,〔110 猪食用皮〕,〔111 猪头及头块〕,〔112 猪横膈膜〕,〔113 其他猪杂碎〕,〔114 野猪心〕,〔115 野猪肺〕,〔116 野猪肾〕,〔117 野猪舌〕,〔118 野猪尾〕,〔119 野猪耳〕,〔120 野猪蹄〕,〔121 野猪全蹄〕,〔122 野猪睾丸〕,〔123 野猪食用皮〕,〔124 野猪头及头块〕,〔125 野猪横膈膜〕,〔126 其他野猪杂碎〕,〔127 猪耳(不包括内耳)〕,〔128 猪耳(冷冻猪耳根)〕,〔129 猪蹄(全蹄)〕,〔130 猪蹄(冷冻猪脚圈)〕,〔131 猪蹄(冷冻猪脚趾)〕,〔132 猪头及头块(冷冻猪脸)〕,〔133 猪头及头块(冷冻猪头)〕,〔134 猪头及头块(不包括内耳)〕,〔135 猪头及头块(冷冻猪下颚)〕,〔136 猪头及头块(冷冻猪鼻)〕,〔137 猪头及头块(冷冻猪唇)〕,〔138 其他猪杂碎(冷冻猪鞭)〕,〔139 其他猪杂碎(冷冻猪喉骨)〕,〔140 其他猪杂碎(冷冻猪气管)〕,〔141 其他猪杂碎(冷冻猪脑)〕,〔142 其他猪杂碎(冷冻猪食管)〕,〔143 其他猪杂碎(冷冻猪心管)〕,〔144 其他猪杂碎(冷冻猪软骨)〕,〔146 其他猪杂碎(冷冻猪骨)〕

③ 〔101 饲料用绵羊肠〕,〔102 饲料用绵羊真胃(绵羊肚)〕,〔103 饲料用绵羊瓣胃(绵羊百叶)〕,〔104 饲料用绵羊网胃〕,〔105 饲料用绵羊瘤胃〕,〔106 饲料用绵羊心〕,〔107 饲料用绵羊肝〕,〔108 饲料用绵羊肺〕,〔109 饲料用绵羊肾〕,〔110 饲料用其他绵羊杂碎〕,〔111 饲料用山羊肠〕,〔112 饲料用山羊真胃(山羊肚)〕,〔113 饲料用山羊瓣胃(山羊百叶)〕,〔114 饲料用山羊网胃〕,〔115 饲料用山羊瘤胃〕,〔116 饲料用山羊心〕,〔117 饲料用山羊肝〕,〔118 饲料用山羊肺〕,〔119 饲料用山羊肾〕,〔120 饲料用其他山羊杂碎〕,〔121 鲜的绵羊心〕,〔122 冷藏绵羊心〕,〔123 鲜的绵羊肝〕,〔124 冷藏绵羊肝〕,〔125 鲜的绵羊肺〕,〔126 冷藏绵羊肺〕,〔127 鲜的绵羊肾〕,〔128 冷藏绵羊肾〕,〔129 鲜的绵羊舌〕,〔130 冷藏绵羊舌〕,〔131 鲜的绵羊睾丸〕,〔132 冷藏绵羊睾丸〕,〔133 鲜的绵羊蹄〕,〔134 冷藏绵羊蹄〕,〔135 鲜的绵羊头及头块〕,〔136 冷藏绵羊头及头块〕,〔139 鲜的其他绵羊杂碎〕,〔140 冷藏其他绵羊杂碎〕,〔141 鲜的山羊心〕,〔142 冷藏山羊心〕,〔143 鲜的山羊肝〕,〔144 冷藏山羊肝〕,〔145 鲜的山羊肺〕,〔146 冷藏山羊肺〕,〔147 鲜的山羊肾〕,〔148 冷藏山羊肾〕,〔149 鲜的山羊舌〕,〔150 冷藏山羊舌〕,〔151 鲜的山羊睾丸〕,〔152 冷藏山羊睾丸〕,〔153 鲜的山羊蹄〕,〔154 冷藏山羊蹄〕,〔155 鲜的山羊头及头块〕,〔156 冷藏山羊头及头块〕,〔157 鲜的其他山羊杂碎〕,〔158 冷藏其他山羊杂碎〕,〔159 鲜的野山羊心〕,〔160 冷藏野山羊心〕,〔161 鲜的野山羊肝〕,〔162 冷藏野山羊肝〕,〔163 鲜的野山羊肺〕,〔164 冷藏野山羊肺〕,〔165 鲜的野山羊肾〕,〔166 冷藏野山羊肾〕,〔167 鲜的野山羊舌〕,〔168 冷藏野山羊舌〕,〔169 鲜的野山羊睾丸〕,〔170 冷藏野山羊睾丸〕,〔171 鲜的野山羊脚〕,〔172 冷藏野山羊脚〕,〔173 鲜的野山羊头及头块〕,〔174 冷藏野山羊头及头块〕,〔175 鲜的其他野山羊杂碎〕,〔176 冷藏其他野山羊杂碎〕

④ 〔101 鲜的马心〕,〔102 冷藏马心〕,〔103 鲜的马肝〕,〔104 冷藏马肝〕,〔105 鲜的马肺〕,〔106 冷藏马肺〕,〔107 鲜的马肾〕,〔108 冷藏马肾〕,〔109 鲜的马舌〕,〔110 冷藏马舌〕,〔111 鲜的马睾丸〕,〔112 冷藏马睾丸〕,〔113 鲜的马脚〕,〔114 冷藏马脚〕,〔115 鲜的马头及头块〕,〔116 冷藏马头及头块〕,〔117 鲜的其他马杂碎〕,〔118 冷藏其他马杂碎〕,〔119 鲜的野马心〕,〔120 冷藏野马心〕,〔121 鲜的野马肝〕,〔122 冷藏野马肝〕,〔123 鲜的野马肺〕,〔124 冷藏野马肺〕,〔125 鲜的野马肾〕,〔126 冷藏野马肾〕,〔127 鲜的野马舌〕,〔128 冷藏野马舌〕,〔129 鲜的野马睾丸〕,〔130 冷藏野马睾丸〕,〔131 鲜的野马脚〕,〔132 冷藏野马脚〕,〔133 鲜的野马头及头块〕,〔134 冷藏野马头及头块〕,〔135 鲜的其他野马杂碎〕,〔136 冷藏其他野马杂碎〕,〔137 鲜的驴心〕,〔138 冷藏驴心〕,〔139 鲜的驴肝〕,〔140 冷藏驴肝〕,〔141 鲜的驴肺〕,〔142 冷藏驴肺〕,〔143 鲜的驴肾〕,〔144 冷藏驴肾〕,〔145 鲜的驴舌〕,〔146 冷藏驴舌〕,〔147 鲜的驴睾丸〕,〔148 冷藏驴睾丸〕,〔149 鲜的驴脚〕,〔150 冷藏驴脚〕,〔151 鲜的驴头及头块〕,〔152 冷藏驴头及头块〕,〔153 鲜的其他驴杂碎〕,〔154 冷藏其他驴杂碎〕,〔155 鲜的野驴心〕,〔156 冷藏野驴心〕,〔157 鲜的野驴肝〕,〔158 冷藏野驴肝〕,〔159 鲜的野驴肺〕,〔160 冷藏野驴肺〕,〔161 鲜的野驴肾〕,〔162 冷藏野驴肾〕,〔163 鲜的野驴舌〕,〔164 冷藏野驴舌〕,〔165 鲜的野驴睾丸〕,〔166 冷藏野驴睾丸〕,〔167 鲜的野驴脚〕,〔168 冷藏野驴脚〕,〔169 鲜的野驴头及头块〕,〔170 冷藏野驴头及头块〕,〔171 鲜的其他野驴杂碎〕,〔172 冷藏其他野驴杂碎〕,〔173 鲜的骡心〕,〔174 冷藏骡心〕,〔175 鲜的骡肝〕,〔176 冷藏骡肝〕,〔177 鲜的骡肺〕,〔178 冷藏骡肺〕,〔179 鲜的骡肾〕,〔180 冷藏骡肾〕,〔181 鲜的骡舌〕,〔182 冷藏骡舌〕,〔183 鲜的骡睾丸〕,〔184 冷藏骡睾丸〕,〔185 鲜的骡脚〕,〔186 冷藏骡脚〕,〔187 鲜的骡头及头块〕,〔188 冷藏骡头及头块〕,〔189 鲜的其他骡杂碎〕,〔190 冷藏其他骡杂碎〕

⑤ 〔101 饲料用绵羊肠〕,〔102 饲料用绵羊真胃(绵羊肚)〕,〔103 饲料用绵羊瓣胃(绵羊百叶)〕,〔104 饲料用绵羊网胃〕,〔105 饲料用绵羊瘤胃〕,〔106 饲料用绵羊心〕,〔107 饲料用绵羊肝〕,〔108 饲料用绵羊肺〕,〔109 饲料用绵羊肾〕,〔110 饲料用其他绵羊杂碎〕,〔111 饲料用山羊肠〕,〔112 饲料用山羊真胃(山羊肚)〕,〔113 饲料用山羊瓣胃(山羊百叶)〕,〔114 饲料用山羊网胃〕,〔115 饲料用山羊瘤胃〕,〔116 饲料用山羊心〕,〔117 饲料用山羊肝〕,〔118 饲料用山羊肺〕,〔119 饲料用山羊肾〕,〔120 饲料用其他山羊杂碎〕,〔121 绵羊心〕,〔122 绵羊肝〕,〔123 绵羊肺〕,〔124 绵羊肾〕,〔125 绵羊舌〕,〔126 绵羊睾丸〕,〔127 绵羊蹄〕,〔128 绵羊头及头块〕,〔129 其他绵羊杂碎〕,〔130 山羊心〕,〔131 山羊肝〕,〔132 山羊肺〕,〔133 山羊肾〕,〔134 山羊舌〕,〔135 山羊睾丸〕,〔136 山羊蹄〕,〔137 山羊头及头块〕,〔138 其他山羊杂碎〕,〔139 野羊心〕,〔140 野羊肝〕,〔141 野羊肺〕,〔142 野羊肾〕,〔143 野羊舌〕,〔144 野羊睾丸〕,〔145 野羊蹄〕,〔146 野羊头及头块〕,〔147 其他野羊杂碎〕,〔148 绵羊蹄(去除蹄匣)〕,〔149 绵羊头及头块(冷冻绵羊脸颊肉)〕,〔151 其他绵羊杂碎(冷冻绵羊鞭)〕,〔152 其他绵羊杂碎(冷冻绵羊横膈膜)〕,〔153 其他绵羊杂碎[冷冻绵羊筋(不包括蹄筋)]〕,〔154 其他绵羊杂碎(冷冻绵羊筋)〕,〔155 其他绵羊杂碎(冷冻绵羊板筋)〕,〔156 其他绵羊杂碎(冷冻绵羊尾)〕,〔157 其他绵羊杂碎(冷冻绵羊软骨不含喉/声带软骨)〕,〔158 其他绵羊杂碎(冷冻绵羊食管)〕,〔159 其他绵羊杂碎(冷冻绵羊动脉管)〕,〔160 其他绵羊杂碎(冷冻绵羊心管)〕,〔161 其他绵羊杂碎(冷冻绵羊骨)〕,〔162 其他绵羊杂碎(冷冻绵羊骨髓)〕,〔163 山羊蹄(去除蹄匣)〕,〔164 山羊头及头块(冷冻山羊脸颊肉)〕,〔165 其他山羊杂碎(冷冻山羊鞭)〕,〔166 其他山羊杂碎(冷冻山羊横膈膜)〕,〔167 其他山羊杂碎[冷冻山羊筋(不包括蹄筋)]〕,〔168 其他山羊杂碎(冷冻山羊筋)〕,〔169 其他山羊杂碎(冷冻山羊板筋)〕,〔170 其他山羊杂碎(冷冻山羊尾)〕,〔171 其他山羊杂碎(冷冻山羊软骨不含喉/声带软骨)〕,〔172 其他山羊杂碎(冷冻山羊食管)〕,〔173 其他山羊杂碎(冷冻山羊动脉管)〕,〔174 其他山羊杂碎(冷冻山羊心管)〕,〔175 其他山羊杂碎(冷冻山羊骨)〕,〔176 其他山羊杂碎(冷冻山羊骨髓)〕,〔177 宠物食品加工用冷冻绵羊头〕,〔178 宠物食品加工用冷冻绵羊蹄〕

⑥ 〔101 马心〕,〔102 马肝〕,〔103 马肺〕,〔104 马肾〕,〔105 马舌〕,〔106 马睾丸〕,〔107 马脚〕,〔108 马头及头块〕,〔109 其他马杂碎〕,〔110 野马心〕,〔111 野马肝〕,〔112 野马肺〕,〔113 野马肾〕,〔114 野马舌〕,〔115 野马睾丸〕,〔116 野马脚〕,〔117 野马头及头块〕,〔118 其他野马杂碎〕,〔119 驴心〕,〔120 驴肝〕,〔121 驴肺〕,〔122 驴肾〕,〔123 驴舌〕,〔124 驴睾丸〕,〔125 驴脚〕,〔126 驴头及头块〕,〔127 其他驴杂碎〕,〔128 野驴心〕,〔129 野驴肝〕,〔130 野驴肺〕,〔131 野驴肾〕,〔132 野驴舌〕,〔133 野驴睾丸〕,〔134 野驴脚〕,〔135 野驴头及头块〕,〔136 其他野驴杂碎〕,〔137 骡心〕,〔138 骡肝〕,〔139 骡肺〕,〔140 骡肾〕,〔141 骡舌〕,〔142 骡睾丸〕,〔143 骡脚〕,〔144 骡头及头块〕,〔145 其他骡杂碎〕,〔146 其他驴杂碎,驴皮〕

协定税率(%)																		特惠税率(%)			Article Description
智利	新西兰	澳大利亚	瑞士	冰岛	秘鲁	哥斯达	东盟	亚太	新加坡	巴基斯坦	港/澳/台	韩国	格鲁吉亚	毛里求斯	柬埔寨	尼加拉瓜	日/韩/澳/新/东(RCEP)	亚太2国	老/柬/缅	LDC 98/97/95	
0	0	0	0	0	0	0	0				0/0/	6.6	0	0	0	18.7	16.3/14/14/14/14		0/0/0	0/0/0	-Of swine, fresh of chilled
0	0	0	0	0	0	0	0				0/0/	6.6	0	0	0	18.7	16.3/14/14/14/14		0/0/	0/0/0	--Livers
0	0	0	0	0	0	0	0			6	0/0/	0	0	0	0	11.2	8.7/8.4/0/0/0		0/0/	0/0/0	--Other
0	0	0	0	0	0	0	0				0/0/	6.6	0	0	0	18.7	16.3/14/14/14/14		/0/	0/0/0	-Other, fresh or chilled
0	0	0	0	0	2.1	0	0			14.4	0/0/	6	0	0	0	16.8	14.6/14.4/15.3/15.3/14.4		/0/	0/0/0	-Other, frozen
																					Meat and edible offal, of the poultry of heading 01.05, fresh, chilled or frozen:
0	0	0	0	0	0	0	0				0/0/	6.6	0	0	0	18.7	16.3/14/14/14/14		0/0/0	0/0/0	--Not cut in pieces, fresh or chilled
0	0	0	0	0	0	0	0				0/0/	0.4元/千克	0	0	0	18.7	16.3/14/14/14/14		0/0/0	0/0/0	--Not cut in pieces, frozen
0	0	0	0	0	0	0	0				0/0/	6.6	0	0	0	18.7	16.3/14/14/14/14		0/0/0	0/0/0	----With bone
0	0	0	0	0	0	0	0				0/0/	6.6	0	0	0	18.7	16.3/14/14/14/14		0/0/0	0/0/0	----Other
0	0	0	0	0	0	0	0				0/0/	6.6	0	0	0	18.7	16.3/14/14/14/14		0/0/0	0/0/0	----Midjoint wing(not including wing tip)

商品编号	商品名称及备注[检验检疫编码及名称]	进口关税(%)		增值税率(%)	消费税	计量单位	监管条件	检验检疫类别	对美税率	出口税率(%)	出口退税率(%)
		最惠国	普通								
0207132103	鲜或冷的鸡翅(翼)中(将整翅从肘关节和腕关节处切开,中间的部分)〔101 鲜的〕,〔102 冷藏〕	20	70	9		千克	4xAB	P. R/Q. S	50%	0	
0207132104	鲜或冷的鸡两节翅(翼)(翅中和翅尖相连的部分,或翅根和翅中相连的部分)〔101 鲜的〕,〔102 冷藏〕	20	70	9		千克	4xAB	P. R/Q. S	50%	0	
02071329	----其他										9
0207132901	鲜或冷的鸡翅(翼)尖〔101 鲜的鸡翼翼尖〕,〔102 冷藏鸡翼翼尖〕	20	70	9		千克	AB4x	P. R/Q. S	50%	0	
0207132902	鲜或冷的鸡膝软骨(鸡膝部连接小腿和大腿的软骨)〔101 鲜的〕,〔102 冷藏〕	20	70	9		千克	AB4x	P. R/Q. S	50%	0	
0207132990	其他鲜或冷的鸡杂碎①	20	70	9		千克	AB4x	P. R/Q. S	50%	0	
02071411	----带骨的										9
0207141100	冻的带骨鸡块(包括鸡胸脯、鸡大腿等)〔101 冷冻带骨鸡肉,除鸡胸、鸡腿〕,〔102 鸡胸、鸡腿〕	见附表2	见附表2	9		千克	7AB4x	P. R/Q. S	0.6元/千克+30%	0	
02071419	----其他										9
0207141900	冻的不带骨鸡块(包括鸡胸脯、鸡大腿等)〔101 冷冻不带骨鸡肉,除鸡胸、鸡腿〕,〔102 鸡胸、鸡腿〕	见附表2	见附表2	9		千克	7AB4x	P. R/Q. S	40%	0	
02071421	----翼(不包括翼尖)										9
0207142101	冻的鸡整翅(翼)(沿肩关节将鸡翅从整鸡上分割下来的部位)〔101 宠物食品加工用冷冻鸡整翅〕,〔990 其他〕	见附表2	见附表2	9		千克	7AB4x	P. R/Q. S	0.6元/千克+30%	0	
0207142102	冻的鸡翅(翼)根(将整翅从肘关节处切开,靠近根部的部分)〔101 宠物食品加工用冷冻鸡翅根〕,〔990 其他〕	见附表2	见附表2	9		千克	7AB4x	P. R/Q. S	0.6元/千克+30%	0	
0207142103	冻的鸡翅(翼)中(将整翅从肘关节和腕关节处切开,中间的部分)〔101 宠物食品加工用鸡翅中〕,〔990 其他〕	见附表2	见附表2	9		千克	7AB4x	P. R/Q. S	0.6元/千克+30%	0	
0207142104	冻的鸡两节翅(翼)(翅中和翅尖相连的部分,或翅根和翅中相连的部分)〔101 宠物食品加工用鸡两节翅〕,〔990 其他〕	见附表2	见附表2	9		千克	7AB4x	P. R/Q. S	0.6元/千克+30%	0	
02071422	----鸡爪										9
0207142200	冻的鸡爪〔101 宠物食品加工用冷冻鸡爪〕,〔990 其他〕	见附表2	见附表2	9		千克	7AB4x	P. R/Q. S	1元/千克+30%	0	
02071429	----其他										9
0207142901	冻的鸡翅(翼)尖〔101 宠物食品加工用冷冻鸡翅尖〕,〔990 其他〕	见附表2	见附表2	9		千克	7AB4x	P. R/Q. S	0.5元/千克+30%	0	
0207142902	冻的鸡膝软骨(鸡膝部连接小腿和大腿的软骨)〔999〕	见附表2	见附表2	9		千克	7AB4x	P. R/Q. S	0.5元/千克+30%	0	
0207142990	其他冻的食用鸡杂碎②	见附表2	见附表2	9		千克	7AB4x	P. R/Q. S	0.5元/千克+30%	0	
02072400	--整只,鲜或冷的										9
0207240000	鲜或冷的整只火鸡〔101 鲜的整只火鸡〕,〔102 冷藏整只火鸡〕	20	70	9		千克	AB	P. R/Q. S	50%	0	
02072500	--整只,冻的										9
0207250000	冻的整只火鸡〔101 不包括内脏及胃肠等消化道器官〕,〔999〕	20	70	9		千克	AB	P. R/Q. S	50%	0	
02072600	--块及杂碎,鲜或冷的										9
0207260000	鲜或冷的火鸡块及杂碎(肥肝除外)③	20	70	9		千克	AB	P. R/Q. S	50%	0	
02072700	--块及杂碎,冻的										9
0207270000	冻的火鸡块及杂碎(肥肝除外)④	10	70	9		千克	AB	P. R/Q. S	40%	0	
02074100	--整只,鲜或冷的										9
0207410000	鲜或冷的整只鸭〔101 鲜的〕,〔102 冷的〕	20	70	9		千克	AB	P. R/Q. S	50%	0	
02074200	--整只,冻的										9
0207420000	冻的整只鸭〔101 不包括内脏及胃肠等消化道器官〕,〔999〕	20	70	9		千克	AB	P. R/Q. S	50%	0	
02074300	--肥肝,鲜或冷的										9
0207430000	鲜或冷的鸭肥肝〔101 鲜的〕,〔102 冷的〕	20	70	9		千克	AB	P. R/Q. S	50%	0	
02074400	--其他,鲜或冷的										9
0207440000	鲜或冷的鸭块及食用杂碎(肥肝除外)⑤	20	70	9		千克	AB	P. R/Q. S	50%	0	

① 〔101 鲜的鸡胸、鸡腿〕,〔102 冷藏的鸡胸、鸡腿〕,〔103 鲜的鸡爪〕,〔104 冷藏鸡爪〕,〔105 鲜的鸡肫、胃〕,〔106 冷藏鸡肫、胃〕,〔107 其他鲜的鸡杂碎〕,〔108 其他冷藏鸡杂碎〕

② 〔101 冻的鸡肝〕,〔102 冻的其他鸡杂碎〕,〔103 其他鸡杂碎(冷冻鸡脖)〕,〔104 其他鸡杂碎(冷冻鸡骨架)〕,〔105 其他鸡杂碎(冷冻鸡冠)〕,〔106 其他鸡杂碎(冷冻鸡肌腱)〕,〔107 其他鸡杂碎(冷冻鸡脚骨)〕,〔108 其他鸡杂碎(冷冻鸡皮)〕,〔109 其他鸡杂碎(冷冻鸡肾)〕,〔110 其他鸡杂碎(冷冻鸡心)〕,〔111 其他鸡杂碎(冷冻其他鸡软骨)〕,〔112 其他鸡杂碎(冷冻鸡头)〕,〔113 冷冻鸡肉馅〕,〔114 冷冻鸡睾丸〕

③ 〔101 鲜的带骨火鸡肉,不包括火鸡胸、火鸡腿〕,〔102 冷藏带骨火鸡肉,不包括火鸡胸、火鸡腿〕,〔103 鲜的其他火鸡肉,不包括火鸡胸、火鸡腿〕,〔104 冷藏其他火鸡肉,不包括火鸡胸、火鸡腿〕,〔105 鲜的火鸡胸、火鸡腿〕,〔106 冷藏的火鸡胸、火鸡腿〕,〔107 鲜的火鸡爪〕,〔108 冷藏火鸡爪〕,〔109 鲜的火鸡肫、胃〕,〔110 冷藏火鸡肫、胃〕,〔111 鲜的火鸡翼,不包括翼尖〕,〔112 冷藏火鸡翼,不包括翼尖〕,〔113 鲜的火鸡翼,包括翼尖〕,〔114 冷藏火鸡翼,包括翼尖〕,〔115 鲜的火鸡颈〕,〔116 冷藏火鸡颈〕,〔117 其他鲜的火鸡杂碎〕,〔118 其他冷藏火鸡杂碎〕,〔119 冷藏火鸡翼尖〕,〔120 冷藏火鸡肝〕,〔121 冷藏火鸡脚骨〕,〔122 冷藏火鸡软骨〕,〔123 冷藏火鸡皮〕,〔124 冷藏火鸡心〕,〔125 冷藏火鸡肾〕

④ 〔101 火鸡胸、火鸡腿〕,〔102 火鸡肫、火鸡胃〕,〔103 火鸡翼,不包括翼尖〕,〔104 火鸡爪〕,〔105 火鸡翼,包括翼尖〕,〔106 火鸡颈〕,〔107 其他火鸡肉,不包括火鸡胸、火鸡腿〕,〔108 带骨火鸡肉,不包括火鸡胸、火鸡腿〕,〔109 其他冻火鸡杂碎〕,〔110 其他冻火鸡杂碎(冷冻火鸡肾)〕,〔111 冷冻火鸡肝〕,〔112 冷冻火鸡软骨〕,〔113 冷冻火鸡肉馅〕,〔114 冷冻火鸡睾丸〕

⑤ 〔101 鲜的鸭肉〕,〔102 冷藏鸭肉〕,〔103 鲜的鸭胸〕,〔104 冷藏鸭胸〕,〔105 鲜的鸭爪〕,〔106 冷藏鸭爪〕,〔107 鲜的鸭翼,不包括翼尖〕,〔108 冷藏鸭翼,不包括翼尖〕,〔109 鲜的鸭翼,包括翼尖〕,〔110 冷藏鸭翼,包括翼尖〕,〔111 鲜的鸭翼翼尖〕,〔112 冷藏鸭翼翼尖〕,〔113 鲜的鸭翼尖〕,〔114 冷藏鸭翼尖〕,〔115 鲜的鸭腿〕,〔116 冷藏鸭腿〕,〔117 鲜的鸭颈〕,〔118 冷藏鸭颈〕,〔119 鲜的鸭肫、胃〕,〔120 冷藏鸭肫、胃〕,〔121 鲜的其他鸭肉及杂碎〕,〔122 冷藏其他鸭肉及杂碎〕,〔123 冷藏鸭脚骨〕,〔124 冷藏鸭软骨〕,〔125 冷藏鸭皮〕,〔126 冷藏鸭心〕,〔127 冷藏鸭肾〕

协定税率(%)																		特惠税率(%)			
智利	新西兰	澳大利亚	瑞士	冰岛	秘鲁	哥斯达	东盟	亚太	新加坡	巴基斯坦	港/澳/台	韩国	格鲁吉亚	毛里求斯	柬埔寨	尼加拉瓜	日/韩/澳/新/东 (RCEP)	亚太2国	老/柬/缅	LDC 98/97/95	Article Description
0	0	0	0	0	0	0	0				0/0/	6.6	0	0	0	18.7	16.3/14/14/14/14		0/0/0	0/0/0	----Other
0	0	0	0	0	0	0	0			0	0/0/	0元/千克	0	0	0	9	7.3/7/0/0/0		0/0/0	0/0/0	----With bone
0	0	0	0	0	0	0	0			0	0/0/	0元/千克	0	0	0	9	7.3/7/0/0/0		0/0/0	0/0/0	----Other
0	0	0	0	0	0	0	0			0	0/0/	0元/千克	0	0	0	9	7.3/7/0/0/0		0/0/0	0/0/0	----Midjoint wing
0	0	0	0	0	0	0	0			0	0/0/	0元/千克	0	0	0	9	7.3/7/0/0/0		0/0/0	0/0/0	----Chicken claw
0	0	0	0	0	0	0	0			0	0/0/	0元/千克	0	0	0	9	7.3/7/0/0/0		0/0/0	0/0/0	----Other
0	0	0	0	0	0	0	0				0/0/	6.6	0	0	0	18.7	16.3/14/14/14/14		0//	0/0/0	--Not cut in pieces, fresh or chilled
0	0	0	0	0	0	0	0				0/0/	6.6	0	0	0	18.7	16.3/14/14/14/14		0//	0/0/0	--Not cut in pieces, frozen
0	0	0	0	0	0	0	0				0/0/	6.6	0	0	0	18.7	16.3/14/14/14/14		0//	0/0/0	--Cuts and offal, fresh or chilled
0	0	0	0	0	0	0	0			2.5	0/0/	0	0	0	0	9	7.3/7/0/0/0		0//	0/0/0	--Cuts and offal, frozen
0	0	0	0	0	0	0	0				0/0/	6.6	0	0	0	18.7	16.3/14/14/14/14		0/0/0	0/0/0	--Not cut in pieces, fresh or chilled
0	0	0	0	0	0	0	0				0/0/	6.6	0	0	0	18.7	16.3/14/14/14/14		0/0/0	0/0/0	--Not cut in pieces, frozen
0	0	0	0	0	0	0	0				0/0/	6.6	0	0	0	18.7	16.3/14/14/14/14		0/0/	0/0/0	--Fatty livers, fresh or chilled
0	0	0	0	0	0	0	0				0/0/	6.6	0	0	0	18.7	16.3/14/14/14/14		0/0/0	0/0/0	--Other, fresh or chilled

商品编号	商品名称及备注[检验检疫编码及名称]	进口关税(%) 最惠国	进口关税(%) 普通	增值税率(%)	消费税	计量单位	监管条件	检验检疫类别	对美税率	出口税率(%)	出口退税率(%)
02074500	--其他,冻的										9
0207450000	冻的鸭块及食用杂碎①	20	70	9		千克	AB	P. R/Q. S	50%	0	
02075100	--整只,鲜或冷的										9
0207510000	鲜或冷的整只鹅〔101 鲜的〕,〔102 冷藏〕	20	70	9		千克	AB	P. R/Q. S	50%	0	
02075200	--整只,冻的										9
0207520000	冻的整只鹅〔999〕	20	70	9		千克	AB	P. R/Q. S	50%	0	
02075300	--肥肝,鲜或冷的										9
0207530000	鲜或冷的鹅肥肝〔101 鲜的〕,〔102 冷藏〕	20	70	9		千克	AB	P. R/Q. S	50%	0	
02075400	--其他,鲜或冷的										9
0207540000	鲜或冷的鹅块及食用杂碎(肥肝除外)②	20	70	9		千克	AB	P. R/Q. S	50%	0	
02075500	--其他,冻的										9
0207550000	冻的鹅块及食用杂碎③	20	70	9		千克	AB	P. R/Q. S	50%	0	
02076000	-珍珠鸡										9
0207600000	鲜、冷、冻的整只珍珠鸡、珍珠鸡块及食用杂碎④	20	70	9		千克	AB	P. R/Q. S		0	
0208	**其他鲜、冷、冻肉及食用杂碎:**										
02081010	---鲜、冷兔肉,兔头除外										9
0208101000	鲜或冷的家兔肉(不包括兔头)〔101 鲜的家兔肉〕,〔102 冷藏家兔肉〕	20	70	9		千克	AB	P. R/Q. S		0	
02081020	---冻兔肉,兔头除外										9
0208102000	冻家兔肉(不包括兔头)〔999〕	20	70	9		千克	AB	P. R/Q. S		0	
02081090	---其他										
0208109010	鲜、冷或冻的濒危野兔肉及其食用杂碎(不包括兔头)⑤	20	70	9		千克	ABFE	P. R/Q. S		0	0
0208109090	鲜、冷或冻家兔食用杂碎〔101 鲜的〕,〔102 冷藏〕,〔103 冻藏〕	20	70	9		千克	AB	P. R/Q. S		0	9
02083000	-灵长目的										9
0208300000	鲜、冷或冻的灵长目动物肉及食用杂碎〔101 鲜的〕,〔102 冷藏〕,〔103 冻藏〕	23	70	9		千克	ABFE	P. R/Q. S		0	
02084000	-鲸、海豚及鼠海豚(鲸目哺乳动物)的;海牛及儒艮(海牛目哺乳动物)的;海豹、海狮及海象(鳍足亚目哺乳动物)的										
0208400011	鲜、冷或冻的濒危海豹、海狮及海象(鳍足亚目哺乳动物)的肉及食用杂碎〔101 鲜、冷的〕,〔102 冻的〕	23	70	9		千克	ABFE	P. R/Q. S		0	0
0208400019	鲜、冷或冻的非濒危海豹、海狮及海象(鳍足亚目哺乳动物)的肉及食用杂碎〔101 鲜、冷的〕,〔102 冻的〕	23	70	9		千克	AB	P. R/Q. S		0	9
0208400020	鲜、冷或冻的鲸、海豚及鼠海豚(鲸目哺乳动物)、海牛及儒艮(海牛目哺乳动物)的肉及食用杂碎〔101 鲜、冷的〕,〔102 冻的〕	23	70	9		千克	ABFE	P. R/Q. S		0	9
02085000	-爬行动物(包括蛇及龟鳖)的										
0208500010	鲜、冷或冻的濒危爬行动物肉及食用杂碎⑥	23	70	9		千克	ABFE	P. R/Q. S		0	0
0208500090	鲜、冷或冻的非濒危爬行动物肉及食用杂碎⑦	23	70	9		千克	AB	P. R/Q. S		0	9
02086000	-骆驼及其他骆驼科动物的										
0208600010	鲜、冷或冻的濒危野生骆驼及其他濒危野生骆驼科动物的肉及食用杂碎〔101 鲜的〕,〔102 冷藏〕,〔103 冻藏〕	23	70	9		千克	ABFE	P. R/Q. S		0	0
0208600090	其他鲜、冷或冻骆驼及其他骆驼科动物的肉及食用杂碎〔101 鲜的〕,〔102 冷藏〕,〔103 冻藏〕	23	70	9		千克	AB	P. R/Q. S		0	9
02089010	---乳鸽的										9
0208901000	鲜、冷或冻的乳鸽肉及其杂碎⑧	20	70	9		千克	AB	P. R/Q. S		0	
02089090	---其他										

① 〔101 鸭肉〕,〔102 鸭胸〕,〔103 鸭爪〕,〔104 鸭翼,不包括翼尖〕,〔105 鸭翼,包括翼尖〕,〔106 鸭翼翼尖〕,〔107 鸭翼尖〕,〔108 鸭腿〕,〔109 鸭肝〕,〔110 鸭颈〕,〔111 鸭肫、胃〕,〔112 其他鸭肉及杂碎〕,〔113 冷冻鸭颈〕,〔114 冷冻鸭心〕,〔115 冷冻鸭肾〕,〔116 冷冻鸭肉馅〕,〔117 冷冻鸭舌〕,〔118 宠物食品加工用冷冻鸭头脖〕,〔119 宠物食品加工用冷冻鸭掌〕

② 〔101 鲜的鹅肉〕,〔102 冷藏鹅肉〕,〔103 鲜的鹅胸〕,〔104 冷藏鹅胸〕,〔105 鲜的鹅爪〕,〔106 冷藏鹅爪〕,〔107 鲜的鹅翼,不包括翼尖〕,〔108 冷藏鹅翼,不包括翼尖〕,〔109 鲜的鹅翼,包括翼尖〕,〔110 冷藏鹅翼,包括翼尖〕,〔111 鲜的鹅翼翼尖〕,〔112 冷藏鹅翼翼尖〕,〔113 鲜的鹅腿〕,〔114 冷藏鹅腿〕,〔115 鲜的鹅颈〕,〔116 冷藏鹅颈〕,〔117 鲜的其他鹅肉及杂碎〕,〔118 冷藏其他鹅肉及杂碎〕,〔119 冷藏鹅脚骨〕,〔120 冷藏鹅软骨〕,〔121 冷藏鹅皮〕,〔122 冷藏鹅心〕,〔123 冷藏鹅肾〕

③ 〔101 冻藏鹅肉〕,〔102 冻藏鹅胸〕,〔103 冻藏鹅爪〕,〔104 冻藏鹅翼,不包括翼尖〕,〔105 冻藏鹅鹅翼,包括翼尖〕,〔106 冻藏鹅翼翼尖〕,〔107 冻藏鹅腿〕,〔108 冻藏鹅肝〕,〔109 冻藏鹅颈〕,〔110 冻藏其他鹅肉及杂碎〕,〔111 冷冻鹅脚骨〕,〔112 冷冻鹅软骨〕,〔113 冷冻鹅心〕,〔114 冷冻鹅皮〕,〔115 冷冻鹅肾〕,〔116 冷冻鹅肉馅〕,〔117 宠物食品加工用冷冻鹅头脖〕,〔118 宠物食品加工用冷冻鹅掌〕

④ 〔101 鲜的,饲养的〕,〔102 冷藏,饲养的〕,〔103 冻藏,饲养的〕,〔104 冷冻的整只珍珠鸡(不包括内脏及胃肠等消化道器官)〕,〔105 冷冻的珍珠鸡肉(整的或块的,不包括冷冻珍珠鸡胸、冷冻珍珠鸡腿)〕,〔106 冷冻未炼制珍珠鸡脂肪〕,〔107 冷冻珍珠鸡胸〕,〔108 冷冻珍珠鸡腿〕,〔109 冷冻珍珠鸡爪〕,〔110 冷冻珍珠鸡翼,不包括翼尖〕,〔111 冷冻珍珠鸡翼,包括翼尖〕,〔112 冷冻珍珠鸡翼尖〕,〔113 冷冻珍珠鸡肾〕,〔114 冷冻珍珠鸡颈〕,〔115 冷冻珍珠鸡软骨〕,〔116 冷冻珍珠鸡脚骨〕,〔117 冷冻珍珠鸡皮〕,〔118 冷冻珍珠鸡肝〕,〔119 冷冻珍珠鸡心〕,〔121 冷藏的整只珍珠鸡不包括内脏及胃肠等消化道器官〕,〔122 冷藏珍珠鸡肉,整的或块的,不包括珍珠鸡胸、珍珠鸡腿〕,〔123 冷藏未炼制珍珠鸡脂肪〕,〔124 冷藏珍珠鸡胸〕,〔125 冷藏珍珠鸡腿〕,〔126 冷藏珍珠鸡爪〕,〔127 冷藏珍珠鸡翼,不包括翼尖〕,〔128 冷藏珍珠鸡翼,包括翼尖〕,〔129 冷藏珍珠鸡翼尖〕,〔130 冷藏珍珠鸡肾〕,〔131 冷藏珍珠鸡颈〕,〔132 冷藏珍珠鸡软骨〕,〔133 冷藏珍珠鸡脚骨〕,〔134 冷藏珍珠鸡皮〕,〔135 冷藏珍珠鸡肝〕,〔136 冷藏珍珠鸡心〕,〔137 冷冻珍珠鸡骨〕,〔138 冷藏珍珠鸡骨〕,〔139 其他冷冻珍珠鸡杂碎〕,〔140 其他冷藏珍珠鸡杂碎〕

⑤ 〔101 鲜的野兔肉〕,〔102 冷藏野兔肉〕,〔103 冻藏野兔肉〕,〔104 鲜的野兔杂碎〕,〔105 冷藏野兔杂碎〕,〔106 冻藏野兔杂碎〕

⑥ 〔101 鲜的蛇肉〕,〔102 冷藏蛇肉〕,〔103 冻藏蛇肉〕,〔104 鲜的鳄鱼肉〕,〔105 冷藏鳄鱼肉〕,〔106 冻藏鳄鱼肉〕,〔107 鲜的龟肉〕,〔108 冷藏龟肉〕,〔109 冻藏龟肉〕,〔110 鲜的甲鱼肉〕,〔111 冷藏甲鱼肉〕,〔112 冻藏甲鱼肉〕,〔113 鲜的其他饲养爬行动物肉及食用杂碎〕,〔114 冷藏其他饲养爬行动物肉及食用杂碎〕,〔115 冻藏其他饲养爬行动物肉及食用杂碎〕,〔116 鲜的其他野生爬行动物肉及食用杂碎〕,〔117 冷藏其他野生爬行动物肉及食用杂碎〕,〔118 冻藏其他野生爬行动物肉及食用杂碎〕

⑦ 〔101 鲜的蛇肉〕,〔102 冷藏蛇肉〕,〔103 冻藏蛇肉〕,〔104 鲜的鳄鱼肉〕,〔105 冷藏鳄鱼肉〕,〔106 冻藏鳄鱼肉〕,〔107 鲜的龟肉〕,〔108 冷藏龟肉〕,〔109 冻藏龟肉〕,〔110 鲜的甲鱼肉〕,〔111 冷藏甲鱼肉〕,〔112 冻藏甲鱼肉〕,〔113 鲜的其他饲养爬行动物肉及食用杂碎〕,〔114 冷藏其他饲养爬行动物肉及食用杂碎〕,〔115 冻藏其他饲养爬行动物肉及食用杂碎〕,〔116 鲜的其他野生爬行动物肉及食用杂碎〕,〔117 冷藏其他野生爬行动物肉及食用杂碎〕,〔118 冻藏其他野生爬行动物肉及食用杂碎〕

⑧ 〔101 鲜的乳鸽肉〕,〔102 冷藏的乳鸽肉〕,〔103 冻藏的乳鸽肉〕,〔104 鸽杂碎〕,〔105 其他鸽肉及杂碎〕

协定税率(%)																		特惠税率(%)			Article Description
智利	新西兰	澳大利亚	瑞士	冰岛	秘鲁	哥斯达	东盟	亚太	新加坡	巴基斯坦	港/澳/台	韩国	格鲁吉亚	毛里求斯	柬埔寨	尼加拉瓜	日/韩/澳/新/东 (RCEP)	亚太2国	老/柬/缅	LDC 98/97/95	
0	0	0	0	0	0	0	0				0/0/	10	0	0	0	18.7	17.1//17/17/17		0/0/0	0/0/0	--Other, frozen
0	0	0	0	0	0	0	0				0/0/	6.6	0	0	0	18.7	16.3/14/14/14/14		0/0/0	0/0/0	--Not cut in pieces, fresh or chilled
0	0	0	0	0	0	0	0				0/0/	6.6	0	0	0	18.7	16.3/14/14/14/14		0/0/0	0/0/0	--Not cut in pieces, frozen
0	0	0	0	0	0	0	0				0/0/	6.6	0	0	0	18.7	16.3/14/14/14/14		0/0/	0/0/0	--Fatty livers, fresh or chilled
0	0	0	0	0	0	0	0				0/0/	6.6	0	0	0	18.7	16.3/14/14/14/14		0/0/0	0/0/0	--Other, fresh or chilled
0	0	0	0	0	0	0	0				0/0/	6.6	0	0	0	18.7	16.3/14/14/14/14		0/0/0	0/0/0	--Other, frozen
0	0	0	0	0	0	0	0				0/0/	6.6	0	0	0	18.7	16.3/14/14/14/14		0/0/	0/0/0	-Of guinea fowls
																					Other meat and edible meat offal, fresh, chilled or frozen:
0	0	0	0	0	0	0	0				0/0/	6.6	0	0	0	18.7	16.3/14/14/14/14			0/0/0	---Meat of rabbits, fresh or chilled, excluding head
0	0	0	0	0	0	0	0				0/0/	6.6	0	0	0	18.7	16.3/14/14/14/14			0/0/0	---Meat of rabbits, frozen, excluding head
0	0	0	0	0	0	0	0				0/0/	6.6	0	0	0	18.7	16.3/14/14/14/14			0/0/0	---Other
0	0	0	0	0	0	0	0				0/0/	0	0	4.6	0		16.7/16.1/0/0/0			0/0/0	-Of primates
0	0	0	0	0	0	0	0				0/0/	0	0	4.6	0		16.7/16.1/0/0/0			0/0/0	-Of whales, dolphins and porpoises (mammals of the order Cetacea); of manatees and dugongs (mammals of the order Sirenia); of seals, sea lions and walruses (mammals of the suborder Pinnipedia)
0	0	0	0	0	0	0	0				0/0/	0	0	4.6	0		16.7/16.1/0/0/0			0/0/0	-Of reptiles (including snakes and turtles)
0	0	0	0	0	0	0	0				0/0/	0	0	4.6	0		16.7/16.1/0/0/0			0/0/0	-Of camels and other camelids (Camelidae)
0	0	0	0	0	0	0	0				0/0/	6.6	0	0	0	18.7	/14/14/14/14			0/0/0	---Of squabs
0	0	0	0	0	0	0	0				0/0/	11.5	0	4.6	0	21.5	/19.6/19.6/19.6/19.6			0/0/0	---Other

商品编号	商品名称及备注〔检验检疫编码及名称〕	进口关税(%)		增值税率(%)	消费税	计量单位	监管条件	检验检疫类别	对美税率	出口税率(%)	出口退税率(%)
		最惠国	普通								
0208909010	其他鲜、冷或冻的濒危野生动物肉①	23	70	9		千克	ABFE	P. R/Q. S		0	0
0208909090	其他鲜、冷或冻肉及食用杂碎②	23	70	9		千克	AB	P. R/Q. S		0	9
0209	**未炼制或用其他方法提取的不带瘦肉的肥猪肉、猪脂肪及家禽脂肪，鲜、冷、冻、干、熏、盐腌或盐渍的：**										
02091000	-猪的										9
0209100000	未炼制或用其他方法提取的不带瘦肉的肥猪肉、猪脂肪(包括鲜、冷、冻、干、熏、盐制的)③	20	70	9		千克	AB	P. R/Q	45%	0	
02099000	-其他										9
0209900000	未炼制或用其他方法提取的家禽脂肪(包括鲜、冷、冻、干、熏、盐制的)④	20	70	9		千克	AB	P. R/Q		0	
0210	**肉及食用杂碎，干、熏、盐腌或盐渍的；可供食用的肉或杂碎的细粉、粗粉：**										
02101110	---带骨的腿										9
0210111010	干、熏、盐制的带骨鹿豚、姬猪腿〔101 干、熏、盐制带骨姬猪腿(猪蹄)〕,〔102 带骨熟制猪肉制品〕	25	80	9		千克	ABFE	P. R/Q. S	55%	0	
0210111090	其他干、熏、盐制的带骨猪腿〔101 其他盐制带骨猪腿、带骨腌制猪腿(猪蹄)〕,〔102 带骨熟制猪肉制品〕	25	80	9		千克	AB	P. R/Q. S	55%	0	
02101190	---其他										9
0210119010	干、熏、盐制的带骨鹿豚、姬猪腿肉块〔101 干、熏、盐制带骨姬猪腿肉块(猪蹄)〕,〔102 带骨熟制猪肉制品〕	25	80	9		千克	ABFE	P. R/Q. S	55%	0	
0210119090	其他干、熏、盐制的带骨猪腿肉〔101 其他盐制带骨猪腿肉、带骨腌制猪腿肉(猪蹄)〕,〔102 带骨熟制猪肉制品〕	25	80	9		千克	AB	P. R/Q. S	55%	0	
02101200	--腹肉(五花肉)										9
0210120010	干、熏、盐制的鹿豚、姬猪腹肉(指五花肉)〔101 干、熏制鹿豚腹肉〕,〔102 去骨熟制猪肉制品〕,〔103 盐制鹿豚腹肉〕	25	80	9		千克	ABFE	P. R/Q. S	55%	0	
0210120090	其他干、熏、盐制的猪腹肉(指五花肉)〔101 其他盐制猪腹肉、腌制猪腹肉〕,〔102 去骨熟制猪肉制品〕	25	80	9		千克	AB	P. R/Q. S	55%	0	
02101900	--其他										9
0210190010	干、熏、盐制的鹿豚、姬猪其他肉〔101 干、熏、盐制姬猪其他肉〕,〔102 干、熏鹿豚其他肉〕,〔103 盐制鹿豚其他肉〕	25	80	9		千克	ABFE	P. R/Q. S	55%	0	
0210190090	其他干、熏、盐制的其他猪肉⑤	25	80	9		千克	AB	P. R/Q. S	55%	0	
02102000	-牛肉										
0210200010	干、熏、盐制的濒危野牛肉⑥	25	80	9		千克	ABFE	P. R/Q. S	55%	0	0

① 〔101 未列出的鲜的野生奇蹄动物肉〕,〔102 未列出的冷藏野生奇蹄动物肉〕,〔103 未列出的冻藏野生奇蹄动物肉〕,〔104 鲜的野鹿肉〕,〔105 冷藏野鹿肉〕,〔106 冻藏野鹿肉〕,〔107 鲜的骆驼肉〕,〔108 冷藏骆驼肉〕,〔109 冻藏骆驼肉〕,〔110 未列出的鲜的野生偶蹄动物肉〕,〔111 未列出的冷藏野生偶蹄动物肉〕,〔112 未列出的冻藏野生偶蹄动物肉〕,〔113 鲜的山鸡肉〕,〔114 冷藏山鸡肉〕,〔115 冻藏山鸡肉〕,〔116 鲜的珍珠鸡肉〕,〔117 冷藏珍珠鸡肉〕,〔118 冻藏珍珠鸡肉〕,〔119 鲜的竹鸡肉〕,〔120 冷藏竹鸡肉〕,〔121 冻藏竹鸡肉〕,〔122 鲜的松鸡肉〕,〔123 冷藏松鸡肉〕,〔124 冻藏松鸡肉〕,〔125 鲜的沙鸡肉〕,〔126 冷藏沙鸡肉〕,〔127 冻藏沙鸡肉〕,〔128 鲜的石鸡肉〕,〔129 冷藏石鸡肉〕,〔130 冻藏石鸡肉〕,〔131 鲜的榛鸡肉〕,〔132 冷藏榛鸡肉〕,〔133 冻藏榛鸡肉〕,〔134 鲜的野鸭肉〕,〔135 冷藏野鸭肉〕,〔136 冻藏野鸭肉〕,〔137 鲜的野鹅肉〕,〔138 冷藏野鹅肉〕,〔139 冻藏野鹅肉〕,〔140 鲜的野鸽肉〕,〔141 冷藏野鸽肉〕,〔142 冻藏野鸽肉〕,〔143 鲜的鹌鹑肉〕,〔144 冷藏鹌鹑肉〕,〔145 冻藏鹌鹑肉〕,〔146 鲜的鹧鸪肉〕,〔147 冷藏鹧鸪肉〕,〔148 冻藏鹧鸪肉〕,〔149 鲜的麻雀肉〕,〔150 冷藏麻雀肉〕,〔151 冻藏麻雀肉〕,〔152 鲜的野生鸵鸟肉〕,〔153 冷藏野生鸵鸟肉〕,〔154 冻藏野生鸵鸟肉〕,〔155 未列出的鲜的野生禽鸟肉〕,〔156 未列出的冷藏野生禽鸟肉〕,〔157 未列出的冻藏野生禽鸟肉〕,〔158 鲜的熊肉〕,〔159 冷藏熊肉〕,〔160 冻藏熊肉〕,〔161 鲜的袋鼠肉〕,〔162 冷藏袋鼠肉〕,〔163 冻藏袋鼠肉〕,〔164 未列出其他的鲜的野生动物肉〕,〔165 未列出其他的冷藏野生动物肉〕,〔166 未列出其他的冻藏野生动物肉〕,〔167 鲜、冷的两栖类〕,〔168 冻的两栖类〕,〔169 鲜、冷的爬行类〕,〔170 冻的爬行类〕,〔171 鲜、冷的海洋哺乳动物〕,〔172 冻的海洋哺乳动物〕

② 〔101 未列出的鲜的饲养奇蹄动物肉〕,〔103 未列出的冻藏饲养奇蹄动物肉〕,〔104 未列出的鲜的饲养奇蹄动物杂碎〕,〔106 未列出的冻藏饲养奇蹄动物杂碎〕,〔107 鲜的鹿肉〕,〔108 冷藏鹿肉〕,〔109 冻藏鹿肉〕,〔111 鲜的鹿心〕,〔112 冷藏鹿心〕,〔113 冻藏鹿心〕,〔114 鲜的鹿肝〕,〔115 冷藏鹿肝〕,〔116 冻藏鹿肝〕,〔117 鲜的鹿肺〕,〔118 冷藏鹿肺〕,〔119 冻藏鹿肺〕,〔120 鲜的鹿肾〕,〔121 冷藏鹿肾〕,〔122 冻藏鹿肾〕,〔123 鲜的鹿舌〕,〔124 冷藏鹿舌〕,〔125 冻藏鹿舌〕,〔126 鲜的鹿鞭〕,〔127 冷藏鹿鞭〕,〔128 冻藏鹿鞭〕,〔129 鲜的鹿睾丸〕,〔130 冷藏鹿睾丸〕,〔131 冻藏鹿睾丸〕,〔132 鲜的其他鹿杂碎〕,〔133 冷藏其他鹿杂碎〕,〔134 冻藏其他鹿杂碎〕,〔135 鲜的骆驼肉〕,〔136 冷藏骆驼肉〕,〔137 冻藏骆驼肉〕,〔138 鲜的骆驼杂碎〕,〔139 冷藏骆驼杂碎〕,〔140 冻藏骆驼杂碎〕,〔141 未列出的鲜的饲养偶蹄动物肉〕,〔142 未列出的冷藏饲养偶蹄动物肉〕,〔143 未列出的冻藏饲养偶蹄动物肉〕,〔144 未列出的鲜的饲养偶蹄动物杂碎〕,〔145 未列出的冷藏饲养偶蹄动物杂碎〕,〔146 未列出的冻藏饲养偶蹄动物杂碎〕,〔147 鲜的饲养鸵鸟肉〕,〔148 冷藏饲养鸵鸟肉〕,〔149 冻藏饲养鸵鸟肉〕,〔150 鲜的饲养鸵鸟杂碎〕,〔151 冷藏饲养鸵鸟杂碎〕,〔152 冻藏饲养鸵鸟杂碎〕,〔153 未列出的鲜的饲养禽鸟肉〕,〔154 未列出的冷藏饲养禽鸟肉〕,〔155 未列出的冻藏饲养禽鸟肉〕,〔156 未列出的鲜的饲养禽鸟杂碎〕,〔157 未列出的冷藏饲养禽鸟杂碎〕,〔158 未列出的冻藏饲养禽鸟杂碎〕,〔159 鲜的犬肉〕,〔160 冷藏犬肉〕,〔161 冻藏犬肉〕,〔162 鲜的犬杂碎〕,〔163 冷藏犬杂碎〕,〔164 冻藏犬杂碎〕,〔165 鲜的袋鼠肉〕,〔166 冷藏袋鼠肉〕,〔167 冻藏袋鼠肉〕,〔168 鲜的袋鼠杂碎〕,〔169 冷藏袋鼠杂碎〕,〔170 冻藏袋鼠杂碎〕,〔171 未列出的鲜的饲养动物肉〕,〔172 未列出的冻藏饲养动物肉〕,〔173 未列出的冷藏饲养动物肉〕,〔174 未列出的鲜的饲养动物杂碎〕,〔175 未列出的冷藏饲养动物杂碎〕,〔176 未列出的冻藏饲养动物杂碎〕,〔183 鲜的饲养牛蛙肉及食用杂碎〕,〔184 冷藏饲养牛蛙肉及食用杂碎〕,〔185 冻藏饲养牛蛙肉及食用杂碎〕,〔186 鲜的其他饲养两栖动物肉及杂碎〕,〔187 冷藏其他饲养两栖动物肉及杂碎〕,〔188 冻藏其他饲养两栖动物肉及杂碎〕,〔189 鲜的其他野生两栖动物肉及杂碎〕,〔190 冷藏其他野生两栖动物肉及杂碎〕,〔191 冻藏其他野生两栖动物肉及杂碎〕,〔192 未列出的鲜的饲养爬行动物肉及杂碎〕,〔193 未列出的冷藏饲养爬行动物肉及杂碎〕,〔194 未列出的冻藏饲养爬行动物肉及杂碎〕,〔195 未列出的鲜的野生爬行动物肉及杂碎〕,〔196 未列出的冷藏野生爬行动物肉及杂碎〕,〔197 未列出的冻藏野生爬行动物肉及杂碎〕,〔199 未列出的鲜的饲养海洋哺乳动物肉及杂碎〕,〔200 未列出的冷藏饲养海洋哺乳动物肉及杂碎〕,〔201 未列出的冻藏饲养海洋哺乳动物肉及杂碎〕,〔202 未列出的鲜的野生海洋哺乳动物肉及杂碎〕,〔203 未列出的冷藏野生海洋哺乳动物肉及杂碎〕,〔204 未列出的冻藏野生海洋哺乳动物肉及杂碎〕,〔205(冷冻鹿尾〕,〔206 冷冻鹿筋,不包括鹿蹄筋〕,〔207 冷冻鹿肌腱〕

③ 〔101 工业用肥猪肉(不带瘦肉)〕,〔102 工业用猪油脂〕,〔103 饲料用肥猪肉(不带瘦肉)〕,〔104 饲料用猪油脂〕,〔105 饲料用野生猪、牛、羊油脂〕,〔106 未炼制的鲜的食用纯肥猪肉〕,〔107 未炼制的冷藏食用纯肥猪肉〕,〔108 未炼制的冻藏食用纯肥猪肉〕,〔109 未炼制的干制食用纯肥猪肉〕,〔110 未炼制的熏制食用纯肥猪肉〕,〔111 未炼制的盐制食用纯肥猪肉〕,〔112 未炼制的鲜的食用猪脂肪〕,〔113 未炼制的冷藏食用猪脂肪〕,〔114 未炼制的冻藏食用猪脂肪〕,〔115 未炼制的干制食用猪脂肪〕,〔116 未炼制的熏制食用猪脂肪〕,〔117 未炼制的盐制食用猪脂肪〕,〔118 用其他方法提取的鲜的食用纯肥猪肉〕,〔119 用其他方法提取的冷藏食用纯肥猪肉〕,〔120 用其他方法提取的冻藏食用纯肥猪肉〕,〔121 用其他方法提取的干制食用纯肥猪肉〕,〔122 用其他方法提取的熏制食用纯肥猪肉〕,〔123 用其他方法提取的盐制食用纯肥猪肉〕,〔124 用其他方法提取的鲜的食用猪脂肪〕,〔125 用其他方法提取的冷藏食用猪脂肪〕,〔126 用其他方法提取的冻藏食用猪脂肪〕,〔127 用其他方法提取的干制食用猪脂肪〕,〔128 用其他方法提取的熏制食用猪脂肪〕,〔129 用其他方法提取的盐制食用猪脂肪〕,〔130 未炼制的冷藏食用猪脂肪[冰鲜未炼制猪脂肪(食用,不包括内脏脂肪)]〕,〔131 未炼制的冻藏食用猪脂肪[冷冻未炼制猪脂肪(食用,不包括内脏脂肪)]〕

④ 〔101 工业用禽油脂〕,〔102 饲料用禽油脂〕,〔103 未炼制的鲜的食用家禽脂肪〕,〔104 未炼制的冷藏食用家禽脂肪〕,〔105 未炼制的冻藏食用家禽脂肪〕,〔106 未炼制的干制食用家禽脂肪〕,〔107 未炼制的熏制食用家禽脂肪〕,〔108 未炼制的盐制食用家禽脂肪〕,〔109 用其他方法提取的鲜的食用家禽脂肪〕,〔110 用其他方法提取的冷藏食用家禽脂肪〕,〔111 用其他方法提取的冻藏食用家禽脂肪〕,〔112 用其他方法提取的干制食用家禽脂肪〕,〔113 用其他方法提取的熏制食用家禽脂肪〕,〔114 用其他方法提取的盐制食用家禽脂肪〕,〔115 未炼制的冻藏食用家禽脂肪(冷冻未炼制鸡脂肪(食用,不包括内脏脂肪))〕,〔116 冷冻未炼制鸡脂肪〕,〔117 冷冻未炼制鸭脂肪〕,〔118 冷冻未炼制鹅脂肪〕,〔119 冷冻未炼制火鸡脂肪〕,〔120 冷藏未炼制鸡脂肪〕,〔121 冷藏未炼制鸭脂肪〕,〔122 冷藏未炼制鹅脂肪〕,〔123 冷藏未炼制火鸡脂肪〕

⑤ 〔101 其他干制其他猪肉〕,〔102 去骨熟制猪肉制品〕,〔104 去骨腌制猪肉制品〕,〔105 以上述产品为原料制成的腌制(干、熏、盐制)猪肉产品〕

⑥ 〔101 干、熏制野牛肉〕,〔102 盐制带骨野牛肉、腌制带骨牛肉〕,〔103 盐制去骨野牛肉、腌制去骨牛肉〕,〔104 去骨熟制牛肉制品〕

协定税率(%)																		特惠税率(%)			
智利	新西兰	澳大利亚	瑞士	冰岛	秘鲁	哥斯达	东盟	亚太	新加坡	巴基斯坦	港/澳/台	韩国	格鲁吉亚	毛里求斯	柬埔寨	尼加拉瓜	日/韩/澳/新/东(RCEP)	亚太2国	老/柬/缅	LDC 98/97/95	Article Description
																					Pig fat free of lean meat and poultry fat not rendered or otherwise extracted, fresh, chilled, frozen, salted, in brine, dried or smoked:
0	0	0	0	0	0	0	0				0/0/	6.6	0	0	0	18.7	16.3/14/14/14/14			0/0/0	-Of pigs
0	0	0	0	0	0	0	0				0/0/	6.6	0	0	0	18.7	16.3/14/14/14/14			0/0/0	-Other
																					Meat and edible meat offal, salted, in brine, dried or smoked; edible flours and meals of meat or meat offal:
0	0	0		0	0	0	0				0/0/	12.5	0	5	0	22.5	21.4/21.3/21.3/21.3/21.3		0/0/	0/0/0	---Hams and shoulders, with bone in
0	0	0		0	0	0	0				0/0/	12.5	0	5	0	22.5	21.4/21.3/21.3/21.3/21.3		0/0/	0/0/0	---Other
0	0	0		0	0	0	0				0/0/	12.5	0	5	0	23.3	21.4/21.3/21.3/21.3/21.3		0/0/	0/0/0	--Bellies (streaky) and cuts thereof
0	0	0		0	0	0	0				0/0/	12.5	0	5	0	23.3	21.4/21.3/21.3/21.3/21.3		/0/0	0/0/0	--Other
0	0	0	0	0	0	0	0				0/0/	12.5	0	5	0	0	21.4/21.3/21.3/21.3/21.3		0/0/	0/0/0	-Meat of bovine animals

商品编号	商品名称及备注[检验检疫编码及名称]	进口关税(%)		增值税率(%)	消费税	计量单位	监管条件	检验检疫类别	对美税率	出口税率(%)	出口退税率(%)
		最惠国	普通								
0210200090	干、熏、盐制的其他牛肉①	25	80	9		千克	AB	P. R/Q. S	55%	0	9
02109100	--灵长目的										9
0210910000	干、熏、盐制的灵长目动物肉及食用杂碎〔101 干、熏、盐制灵长目动物肉〕,〔102 干、熏、盐制灵长目动物食用杂碎〕	25	80	9		千克	ABFE	P. R/Q. S		0	
02109200	--鲸、海豚及鼠海豚(鲸目哺乳动物)的;海牛及儒艮(海牛目哺乳动物)的;海豹、海狮及海象(鳍足亚目哺乳动物)的										
0210920011	干、熏、盐制的濒危海豹、海狮及海象(鳍足亚目哺乳动物)的肉及食用杂碎(包括可供食用的肉或杂碎的细粉、粗粉)②	25	80	9		千克	ABFE	P. R/Q. S		0	0
0210920019	干、熏、盐制的非濒危海豹、海狮及海象(鳍足亚目哺乳动物)的肉及食用杂碎(包括可供食用的肉或杂碎的细粉、粗粉)③	25	80	9		千克	AB	P. R/Q. S		0	9
0210920020	干、熏、盐制的鲸、海豚及鼠海豚(鲸目哺乳动物)、海牛及儒艮(海牛目哺乳动物)的肉及食用杂碎(包括可供食用的肉或杂碎的细粉、粗粉)④	25	80	9		千克	ABFE	P. R/Q. S		0	9
02109300	--爬行动物(包括蛇及龟鳖)的										
0210930010	干、熏、盐制的濒危爬行动物肉及食用杂碎(包括食用的肉及杂碎的细粉、粗粉)⑤	25	80	9		千克	ABFE	P. R/Q. S		0	0
0210930090	干、熏、盐制的非濒危爬行动物肉及食用杂碎(包括食用的肉及杂碎的细粉、粗粉)⑥	25	80	9		千克	AB	P. R/Q. S		0	9
02109900	--其他										
0210990010	干、熏、盐制的其他濒危动物肉及杂碎(包括可供食用的肉或杂碎的细粉、粗粉)〔101 干、熏、盐制其他濒危动物肉〕,〔102 干、熏、盐制其他濒危动物食用杂碎〕	25	80	9		千克	ABFE	P. R/Q. S	50%	0	0
0210990090	干、熏、盐制的其他肉及食用杂碎(包括可供食用的肉或杂碎的细粉、粗粉)⑦	25	80	9		千克	AB	P. R/Q. S	50%	0	9

① 〔101 干、熏制牛肉〕,〔102 盐制带骨牛肉、腌制带骨牛肉〕,〔103 盐制去骨牛肉、腌制去骨牛肉〕,〔104 去骨熟制牛肉制品〕,〔106 以上述产品为原料制成的腌制(干、熏、盐制)牛肉产品〕
② 〔101 干、熏、盐制动物肉〕,〔102 干、熏、盐制动物食用杂碎〕,〔103 熏烤的灌肠类熟肉制品〕,〔104 腌制的灌肠类熟肉制品〕
③ 〔101 干、熏、盐制动物肉〕,〔102 干、熏、盐制动物食用杂碎〕,〔103 熏烤的灌肠类熟肉制品〕,〔104 腌制的灌肠类熟肉制品〕
④ 〔101 干、熏、盐制鲸目海牛目动物肉〕,〔102 干、熏、盐制鲸目海牛目动物食用杂碎〕,〔103 熏烤的灌肠类熟肉制品〕,〔104 腌制的灌肠类熟肉制品〕
⑤ 〔101 养殖干制〕,〔102 野生干制〕,〔103 养殖盐腌及盐渍等〕,〔104 野生盐腌及盐渍等〕,〔105 养殖其他制作及保藏〕,〔106 野生其他制作及保藏〕
⑥ 〔101 养殖干制〕,〔102 野生干制〕,〔103 养殖盐腌及盐渍等〕,〔104 野生盐腌及盐渍等〕,〔105 养殖其他制作及保藏〕,〔106 野生其他制作及保藏〕
⑦ 〔101 腌制马肉〕,〔102 腌制绵羊肉〕,〔103 腌制山羊肉〕,〔104 腌制鹿肉〕,〔105 干、熏、盐制其他肉〕,〔106 干、熏、盐制其他食用杂碎〕,〔107 去骨熟制猪肉制品〕

协定税率(%)																		特惠税率(%)			
智利	新西兰	澳大利亚	瑞士	冰岛	秘鲁	哥斯达	东盟	亚太	新加坡	巴基斯坦	港/澳/台	韩国	格鲁吉亚	毛里求斯	柬埔寨	尼加拉瓜	日/韩/澳/新/东 (RCEP)	亚太2国	老/柬/缅	LDC 98/97/95	Article Description
0	0	0	0	0	0	0	0				0/0/	0	0	5	0		18.2/17.5/0/0/0		0/0/	0/0/0	--Of primates
0	0	0	0	0	0	0	0			12.5	0/0/	0	0	5	0		18.2/17.5/0/0/0		0/0/	0/0/0	--Of whales, dolphins and porpoises (mammals of the order Cetacea); of manatees and dugongs (mammals of the order Sirenia); of seals, sea lions and walruses (mammals of the suborder Pinnipedia)
0	0	0	0	0	0	0	0				0/0/	0	0	5	0	23.3	18.2/17.5/0/0/0		0/0/	0/0/0	--Of reptiles (including snakes and turtles)
0	0	0	0	0	0	0	0				0/0/	12.5	0	5	0	0	21.4/21.3/21.3/21.3/21.3		0/0/	0/0/0	--Other

第 三 章
鱼、甲壳动物、软体动物及其他水生无脊椎动物

注释：

一、本章不包括：

（一）品目01.06的哺乳动物；

（二）品目01.06的哺乳动物的肉（品目02.08或02.10）；

（三）因品种或鲜度不适合供人食用的死鱼（包括鱼肝、鱼卵及鱼精等）、死甲壳动物、死软体动物及其他死水生无脊椎动物（第五章）；不适合供人食用的鱼、甲壳动物、软体动物、其他水生无脊椎动物的粉、粒（品目23.01）；或

（四）鲟鱼子酱及用鱼卵制成的鲟鱼子酱代用品（品目16.04）。

二、本章所称"团粒"，是指直接挤压或加入少量黏合剂制成的粒状产品。

三、品目03.05至03.08不包括适合供人食用的细粉、粗粉及团粒（品目03.09）。

商品编号	商品名称及备注[检验检疫编码及名称]	进口关税(%) 最惠国	进口关税(%) 普通	增值税率(%)	消费税	计量单位	监管条件	检验检疫类别	对美税率	出口税率(%)	出口退税率(%)
0301	**活鱼：**										
03011100	--淡水鱼										
0301110010	观赏用濒危淡水鱼〔101 淡水养殖热带鱼〕,〔102 淡水捕捞热带鱼〕,〔103 其他观赏鱼〕	10	80	9		千克	ABFE	P/Q	35%	0	0
0301110020	淡水观赏鱼种苗(濒危除外)〔101 淡水养殖热带鱼〕,〔102 淡水捕捞热带鱼〕,〔103 其他观赏鱼〕	10	80			千克	AB	P/Q	35%	0	9
0301110090	观赏用其他淡水鱼(种苗除外)〔101 淡水养殖热带鱼〕,〔102 淡水捕捞热带鱼〕,〔103 其他观赏鱼〕	10	80	9		千克	AB	P/Q	35%	0	9
03011900	--其他										
0301190010	观赏用濒危非淡水鱼〔101 海水养殖热带鱼〕,〔102 海水捕捞热带鱼〕,〔103 其他观赏鱼〕	10	80	9		千克	ABFE	P/Q	35%	0	0
0301190020	非淡水观赏鱼种苗(濒危除外)〔101 海水养殖热带鱼〕,〔102 海水捕捞热带鱼〕,〔103 其他观赏鱼〕	10	80			千克	AB	P/Q	35%	0	9
0301190090	观赏用其他非淡水鱼(种苗除外)〔101 海水养殖热带鱼〕,〔102 海水捕捞热带鱼〕,〔103 其他观赏鱼〕	10	80	9		千克	AB	P/Q	35%	0	9
03019110	---鱼苗										9
0301911000	鳟鱼(河鳟、虹鳟、克拉克大麻哈鱼、阿瓜大麻哈鱼、吉雨大麻哈鱼、亚利桑那大麻哈鱼、金腹大麻哈鱼)鱼苗〔999〕	0	0			千克	AB	P/Q		0	
03019190	---其他										9
0301919000	其他活鳟鱼(河鳟、虹鳟、克拉克大麻哈鱼、阿瓜大麻哈鱼、吉雨大麻哈鱼、亚利桑那大麻哈鱼、金腹大麻哈鱼)〔999〕	10	40	9		千克	AB	P. R/Q	15%	0	
03019210	---鱼苗										0
0301921010	花鳗鲡鱼苗〔999〕	0	0	9		千克	ABE	P/N. Q		20	
0301921020	欧洲鳗鲡鱼苗〔999〕	0	0	9		千克	ABEF	P/N. Q		20	
0301921090	鳗鱼(鳗鲡属)鱼苗(濒危除外)〔101 种用鳗鲡〕,〔102 海鳗〕	0	0			千克	AB	P/N. Q		20	
03019290	---其他										9
0301929010	花鳗鲡〔999〕	7	40	9		千克	ABE	P. R/Q. S	12%	0	
0301929020	欧洲鳗鲡〔999〕	7	40	9		千克	ABEF	P. R/Q. S	12%	0	
0301929090	其他活鳗鱼(鳗鲡属)〔101 种用鳗鲡〕,〔102 食用鳗鲡〕,〔103 海鳗〕	7	40	9		千克	AB	P. R/Q. S	12%	0	
03019310	---鱼苗										9
0301931010	鲤属鱼鱼苗〔999〕	0	0			千克	AB	P/Q		0	
0301931090	其他鲤科鱼(鲫属、草鱼、鲢属、鳙属、青鱼、卡特拉鲃、野鲮属、哈氏纹唇鱼、何氏细须鲃、鲂属)鱼苗〔999〕	0	0	9		千克	AB	P/Q		0	
03019390	---其他										9
0301939000	其他鲤科鱼(鲤属、鲫属、草鱼、鲢属、鳙属、青鱼、卡特拉鲃、野鲮属、哈氏纹唇鱼、何氏细须鲃、鲂属)〔999〕	7	40	9		千克	AB	P. R/Q. S	12%	0	
03019410	---鱼苗										9
0301941000	大西洋及太平洋蓝鳍金枪鱼鱼苗〔999〕	0	0			千克	AB	P/Q		0	
03019491	----大西洋蓝鳍金枪鱼										9
0301949100	大西洋蓝鳍金枪鱼〔999〕	7	40	9		千克	AB	P/N. Q	12%	0	
03019492	----太平洋蓝鳍金枪鱼										9
0301949200	太平洋蓝鳍金枪鱼〔999〕	7	40	9		千克	AB	P/N. Q	12%	0	
03019510	---鱼苗										9
0301951000	南方蓝鳍金枪鱼鱼苗((Thunnus maccoyii))〔999〕	0	0			千克	AB	P/Q		0	
03019590	---其他										9
0301959000	其他南方蓝鳍金枪鱼(Thunnus maccoyii)〔999〕	7	40	9		千克	AB	P/N. Q	12%	0	
03019911	----鲈鱼										9

Chapter 3
Fish and crustaceans, molluscs and other aquatic invertebrates

Chapter Notes:

1. This Chapter does not cover:
   (a) Mammals of heading 01.06;
   (b) Meat of mammals of heading 01.06 (heading 02.08 or 02.10);
   (c) Fish (including livers, roes and milt thereof) or crustaceans, molluscs or other aquatic invertebrates, dead and unfit or unsuitable for human consumption by reason of either their species or their condition (Chapter 5); flours, meals or pellets of fish or of crustaceans, molluscs or other aquatic invertebrates, unfit for human consumption (heading 23.01); or
   (d) Caviar or caviar substitutes prepared from fish eggs (heading 16.04).

2. In this Chapter the term "pellets" means products which have been agglomerated either directly by compression or by the addition of a small quantity of binder.

3. Headings 03.05 to 03.08 do not cover flours, meals and pellets, fit for human consumption (heading 03.09).

协定税率(%)																		特惠税率(%)			Article Description
智利	新西兰	澳大利亚	瑞士	冰岛	秘鲁	哥斯达	东盟	亚太	新加坡	巴基斯坦	港/澳/台	韩国	格鲁吉亚	毛里求斯	柬埔寨	尼加拉瓜	日/韩/澳/新/东 (RCEP)	亚太2国	老/柬/缅	LDC 98/97/95	
																					Live fish:
0	0	0	0	0	0	0	0			14	0/0/	5.8	0	0	0	9	/14.9/14.9/14.9/14.9			0/0/0	--Freshwater
0	0	0	0	0	0	0	0			14	0/0/	5.8	0	0	0	9	/12.3/12.3/12.3/12.3			0/0/0	--Other
0	0	0	0	0	0	0	0			0	0/0/	0	0	0	0	0	0/0/0/0/0			0/0/0	---Fry
0	0	0	0	0	0	0	0	7.6		2.5	0/0/	0	0	0	0	9	7.6/7.4/0/0/0			0/0/0	---Other
0	0	0	0	0	0	0	0			0	0/0/	0	0	0	0	0	0/0/0/0/0			0/0/0	---Fry
0	0	0	0	0	0	0	0	4.7		2.5	0/0/	0	0	0	0	0	7.3/7/0/0/0		/0/0	0/0/0	---Other
0	0	0	0	0	0	0	0			0	0/0/	0	0	0	0	0	0/0/0/0/0			0/0/0	---Fry
0	0	0	0	0	0	0	0	5.3		2.5	0/0/	0	0	0	0	0	7.6/7.4/0/0/0		/0/0	0/0/0	---Other
0	0	0	0	0	0	0	0			0	0/0/	0	0	0	0	0	0/0/0/0/0			0/0/0	---Fry
0	0	0	0	0	0	0	0	5.3		2.5	0/0/	0	0	0	0	0	7.6/7.4/0/0/0		/0/0	0/0/0	----Atlantic bluefin tunas (Thunnus thynnus)
0	0	0	0	0	0	0	0	5.3		2.5	0/0/0	0	0	0	0	0	7.6/7.4/0/0/0		/0/0	0/0/0	----Pacific bluefin tunas (Thunnus orientalis)
0	0	0	0	0	0	0	0			0	0/0/	0	0	0	0	0	0/0/0/0/0			0/0/0	---Fry
0	0	0	0	0	0	0	0	5.3		2.5	0/0/	0	0	0	0	0	7.6/7.4/0/0/0		/0/0	0/0/0	---Other
0	0	0	0	0	0	0	0			0	0/0/	0	0	0	0	0	0/0/0/0/0			0/0/0	----Of perches

商品编号	商品名称及备注[检验检疫编码及名称]	进口关税(%) 最惠国	普通	增值税率(%)	消费税	计量单位	监管条件	检验检疫类别	对美税率	出口税率(%)	出口退税率(%)
0301991100	鲈鱼种苗〔101 淡水鲈鱼〕,〔102 海水鲈鱼〕	0	0			千克	AB	P/Q		0	
03019912	----鲟鱼										9
0301991200	鲟鱼种苗〔999〕	0	0	9		千克	ABFE	P/Q		0	
03019919	----其他										
0301991910	其他濒危鱼苗〔101 其他淡水鱼〕,〔102 其他海水鱼〕,〔103 其他观赏鱼〕,〔104 其他鱼〕	0	0	9		千克	ABFE	P/Q		0	0
0301991990	其他鱼苗(濒危除外)①	0	0			千克	AB	P/Q		0	9
03019991	----罗非鱼										9
0301999100	活罗非鱼〔999〕	7	40	9		千克	AB	P. R/Q. S	12%	0	
03019992	----鲀										9
0301999200	活的鲀〔101 其他淡水鱼〕,〔102 其他海水鱼〕,〔103 其他观赏鱼〕	10	40	9		千克	AB	P/N. Q	15%	0	
03019993	----其他鲤科鱼										
0301999310	活的濒危鲤科鱼〔999〕	7	40	9		千克	ABFE	P/N. Q	12%	0	0
0301999390	活的其他鲤科鱼[鲤科鱼(鲤属、鲫属、草鱼、鲢属、鲮属、青鱼、卡特拉鲃、野鲮属、哈氏纹唇鱼、何氏细须鲃、鲂属)除外]〔999〕	7	40	9		千克	AB	P. R/Q. S	12%	0	9
03019999	----其他										
0301999910	其他濒危活鱼〔101 其他淡水鱼〕,〔102 其他海水鱼〕,〔103 其他观赏鱼〕,〔104 其他鱼〕	7	40	9		千克	ABFE	P/N. Q	12%	0	0
0301999990	其他活鱼②	7	40	9		千克	AB	P. R/Q. S	12%	0	9
0302	**鲜、冷鱼,但税目 03.04 的鱼片及其他鱼肉除外:**										
03021100	--鳟鱼(河鳟、虹鳟、克拉克大麻哈鱼、阿瓜大麻哈鱼、吉雨大麻哈鱼、亚利桑那大麻哈鱼、金腹大麻哈鱼)										9
0302110000	鲜或冷鳟鱼(河鳟、虹鳟、克拉克大麻哈鱼、阿瓜大麻哈鱼、吉雨大麻哈鱼、亚利桑那大麻哈鱼、金腹大麻哈鱼)(编号 030291 至 030299 的可食用鱼杂碎除外)③	10	40	9		千克	AB	P. R/Q. S		0	
03021300	--大麻哈鱼[红大麻哈鱼、细磷大麻哈鱼、大麻哈鱼(种)、大鳞大麻哈鱼、银大麻哈鱼、马苏大麻哈鱼、玫瑰大麻哈鱼]										9
0302130000	鲜或冷的大麻哈鱼[红大麻哈鱼、细鳞大麻哈鱼、大麻哈鱼(种)、大鳞大麻哈鱼、银大麻哈鱼、马苏大麻哈鱼、玫瑰大麻哈鱼](编号 030291 至 030299 的可食用鱼杂碎除外)④	10	40	9		千克	ABU	P. R/Q. S		0	
03021410	---大西洋鲑鱼										9
0302141000[暂7]	鲜或冷大西洋鲑鱼(编号 030291 至 030299 的可食用鱼杂碎除外)⑤	10	40	9		千克	AB	P. R/Q. S		0	
03021420	---多瑙哲罗鱼										9
0302142000	鲜或冷多瑙哲罗鱼(编号 030291 至 030299 的可食用鱼杂碎除外)〔101 养殖〕,〔102 野生〕	7	40	9		千克	AB	P. R/Q. S		0	
03021900	--其他										9
0302190010	鲜或冷川陕哲罗鲑(编号 030291 至 030299 的可食用鱼杂碎除外)〔101 养殖〕,〔102 野生〕	10	40	9		千克	AB	P. R/Q. S		0	
0302190020	鲜或冷秦岭细鳞鲑(编号 030291 至 030299 的可食用鱼杂碎除外)〔101 养殖〕,〔102 野生〕	10	40	9		千克	AB	P. R/Q. S		0	
0302190090	其他鲜或冷鲑科鱼(编号 030291 至 030299 的可食用鱼杂碎除外)〔101 养殖〕,〔102 野生〕	10	40	9		千克	AB	P. R/Q. S		0	
03022100	--庸鲽鱼(马舌鲽、庸鲽、狭鳞庸鲽)										9
0302210010	鲜或冷大西洋庸鲽(庸鲽)(编号 030291 至 030299 的可食用鱼杂碎除外)〔101 养殖〕,〔102 野生〕	7	40	9		千克	ABU	P. R/Q. S		0	
0302210020	鲜或冷马舌鲽(编号 030291 至 030299 的可食用鱼杂碎除外)〔101 养殖〕,〔102 野生〕	7	40	9		千克	ABU	P. R/Q. S		0	
0302210090	其他鲜或冷庸鲽鱼(编号 030291 至 030299 的可食用鱼杂碎除外)〔101 养殖〕,〔102 野生〕	7	40	9		千克	AB	P. R/Q. S		0	
03022200	--鲽鱼(鲽)										9
0302220000	鲜或冷鲽鱼(鲽)(编号 030291 至 030299 的可食用鱼杂碎除外)〔101 养殖〕,〔102 野生〕	7	40	9		千克	AB	P. R/Q. S		0	
03022300	--鳎鱼(鳎属)										9

① 〔101 草鱼〕,〔102 鳙鱼(胖头鱼)〕,〔103 鲢鱼〕,〔104 青鱼〕,〔105 鲶鱼(鲇鱼)〕,〔106 武昌鱼〕,〔107 大马哈鱼〕,〔108 黄鳝〕,〔109 泥鳅〕,〔110 鲫鱼〕,〔111 牛头鮰鱼〕,〔112 斑点叉尾鮰鱼〕,〔113 黄蜡鲳鱼(狮鼻鲳鱼参)〕,〔114 多瑙哲罗鱼〕,〔115 其他淡水鱼〕,〔116 海鳗〕,〔117 鲽鱼〕,〔118 红鱼(似石首鱼)〕,〔119 牙鲆鱼〕,〔120 石斑鱼〕,〔121 大鲮鲆鱼〕,〔122 带鱼〕,〔123 鳎鱼〕,〔124 鲑鱼〕,〔125 金枪鱼〕,〔126 鲱鱼〕,〔127 鲣鱼〕,〔128 沙丁鱼〕,〔129 黄鱼〕,〔130 鲨鱼〕,〔131 鲭鱼〕,〔132 鳀鱼〕,〔133 鳕鱼〕,〔134 鲳鱼〕,〔135 卡拉白鱼〕,〔136 其他海水鱼〕,〔137 金鱼〕,〔138 锦鲤〕,〔139 其他鱼〕,〔140 其他受精卵〕,〔141 科研用〕

② 〔101 草鱼〕,〔102 鳙鱼(胖头鱼)〕,〔103 鲢鱼〕,〔104 青鱼〕,〔105 淡水鲈鱼〕,〔106 鲶鱼(鲇鱼)〕,〔107 武昌鱼〕,〔108 大马哈鱼〕,〔109 黄鳝〕,〔110 泥鳅〕,〔111 鲫鱼〕,〔112 鲟鱼〕,〔113 牛头鮰鱼〕,〔114 斑点叉尾鮰鱼〕,〔115 黄蜡鲳鱼(狮鼻鲳鱼参)〕,〔116 罗非鱼〕,〔117 多瑙哲罗鱼〕,〔118 其他淡水鱼〕,〔119 海鳗〕,〔120 鲽鱼〕,〔121 红鱼(似石首鱼)〕,〔122 牙鲆鱼〕,〔123 石斑鱼〕,〔124 大鲮鲆鱼〕,〔125 海水鲈鱼〕,〔126 带鱼〕,〔127 鳎鱼〕,〔128 鲑鱼〕,〔129 金枪鱼〕,〔130 鲱鱼〕,〔131 鲣鱼〕,〔132 沙丁鱼〕,〔133 黄鱼〕,〔134 鲨鱼〕,〔135 鲭鱼〕,〔136 鳀鱼〕,〔137 鳕鱼〕,〔138 鲳鱼〕,〔139 卡拉白鱼〕,〔140 其他海水鱼〕,〔141 金鱼〕,〔142 锦鲤〕,〔143 其他鱼〕,〔144 科研用〕

③ 〔101 养殖河鳟〕,〔102 养殖虹鳟〕,〔103 野生河鳟〕,〔104 野生虹鳟〕,〔105 克拉克大麻哈鱼〕,〔106 阿瓜大麻哈鱼〕,〔107 吉雨大麻哈鱼〕,〔108 亚利桑那大麻哈鱼〕,〔109 金腹大麻哈鱼〕

④ 〔101 养殖红大麻哈鱼〕,〔102 养殖细磷大麻哈鱼〕,〔103 养殖大麻哈鱼〕,〔104 养殖大鳞大麻哈鱼〕,〔105 养殖银大麻哈鱼〕,〔106 养殖马苏大麻哈鱼〕,〔107 养殖玫瑰大麻哈鱼〕,〔108 野生红大麻哈鱼〕,〔109 野生细磷大麻哈鱼〕,〔110 野生大麻哈鱼〕,〔111 野生大鳞大麻哈鱼〕,〔112 野生银大麻哈鱼〕,〔113 野生马苏大麻哈鱼〕,〔114 野生玫瑰大麻哈鱼〕

⑤ 〔101 养殖(非生食)〕,〔102 养殖(可能用于生食)〕,〔103 野生(非生食)〕,〔104 野生(可能用于生食)〕

协定税率(%)																		特惠税率(%)			
智利	新西兰	澳大利亚	瑞士	冰岛	秘鲁	哥斯达	东盟	亚太	新加坡	巴基斯坦	港/澳/台	韩国	格鲁吉亚	毛里求斯	柬埔寨	尼加拉瓜	日/韩/澳/新/东 (RCEP)	亚太2国	老/柬/缅	LDC 98/97/95	Article Description
0	0	0	0	0	0	0	0			0	0/0/	0	0	0	0	0	0/0/0/0/0			0/0/0	----Of sturgeon
0	0	0	0	0	0	0	0			0	0/0/	0	0	0	0	0	0/0/0/0/0			0/0/0	----Other
0	0	0	0	0	0	0	0			2.5	0/0/	0	0	0	0	0	7.6/7.4/0/0/0		/0/0	0/0/0	----Tilapia
0	0	0	0	0	0	0	0	7.6		2.5	0/0/	0	0	0	0	9	7.6/7.4/0/0/0		/0/0	0/0/0	----Puffer fish
0	0	0	0	0	0	0	0	5.3		2.5	0/0/	0	0	0	0	0	7.6/7.4/0/0/0		/0/0	0/0/0	----Other carps
0	0	0	0	0	0	0	0	5.3		2.5	0/0/0	0	0	0	0	0	7.6/7.4/7.4/7.4/7.4		/0/0	0/0/0	----Other
																					Fish, fresh or chilled, excluding fish fillets and other fish meat of heading 03.04:
0	0	0	0	0	0	0	0			6	0/0/	0	0	0	0	9	8.7/8.4/0/0/0			0/0/0	--Trout (Salmo trutta, Oncorhynchus mykiss, Oncorhynchus clarki, Oncorhynchus aguabonita, Oncorhynchus gilae, Oncorhynchus apache and Oncohynchus chrysogaster)
0	0	0	0	0	0	0	0			2.5	0/0/	0	0	0	0	9	7.3/7/0/0/0			0/0/0	--Pacific salmon (Oncorhynchus nerka, Oncorhynchus gorbuscha, Oncorhynchus keta, Oncorhynchus tschawytscha, Oncorhynchus kisutch, Oncorhynchus masou and Oncorhynchus rhodurus)
0	0	0	0	0	0	0	0			2.5	0/0/	0	0	0	0	9	7.3/7/0/0/0			0/0/0	---Atlantic salmon (Salmo salar)
0	0	0	0	0	0	0	0			2.5	0/0/	0	0	0	0	5.6	7.3/7/0/0/0			0/0/0	---Danube salmon (Hucho hucho)
0	0	0	0	0	0	0	0	6.7		2.5	0/0/	0	0	0	0	9	8.7/8.4/0/0/0			0/0/0	--Other
0	0	0	0	0	0	0	0	5.3		2.5	0/0/	0	0	0	0	5.6	8.7/8.4/0/0/0			0/0/0	--Halibut (Reinhardtius hippoglossoides, Hippoglossushippoglossus, Hippoglossus stenolepis)
0	0	0	0	0	0	0	0	5.3		2.5	0/0/	0	0	0	0	5.6	8.7/8.4/0/0/0			0/0/0	--Plaice (Pleuronectes platessa)
0	0	0	0	0	0	0	0	5.3		2.5	0/0/	0	0	0	0	5.6	8.7/8.4/0/0/0			0/0/0	--Sole (Solea spp.)

商品编号	商品名称及备注[检验检疫编码及名称]	进口关税(%)		增值税率(%)	消费税	计量单位	监管条件	检验检疫类别	对美税率	出口税率(%)	出口退税率(%)
		最惠国	普通								
0302230000	鲜或冷鳎鱼(鳎属)(编号 030291 至 030299 的可食用鱼杂碎除外)〔101 养殖〕,〔102 野生〕	7	40	9		千克	AB	P. R/Q. S		0	
03022400	--大菱鲆(瘤棘鲆)										9
0302240000	鲜或冷大菱鲆(瘤棘鲆)(编号 030291 至 030299 的可食用鱼杂碎除外)〔101 养殖〕,〔102 野生〕	7	40	9		千克	AB	P. R/Q. S		0	
03022900	--其他										9
0302290010	鲜或冷的亚洲箭齿鲽(编号 030291 至 030299 的可食用鱼杂碎除外)〔101 养殖〕,〔102 野生〕	7	40	9		千克	ABU	P. R/Q. S		0	
0302290090	其他鲜或冷比目鱼(鲽科、鲆科、舌鳎科、鳎科、菱鲆科、刺鲆科)(编号 030291 至 030299 的可食用鱼杂碎除外)〔101 养殖〕,〔102 野生〕	7	40	9		千克	AB	P. R/Q. S		0	
03023100	--长鳍金枪鱼										9
0302310000	鲜或冷长鳍金枪鱼(编号 030291 至 030299 的可食用鱼杂碎除外)〔101 野生(非生食)〕,〔102 野生(可能用于生食)〕	7	40	9		千克	AB	P. R/Q. S		0	
03023200	--黄鳍金枪鱼										9
0302320000	鲜或冷黄鳍金枪鱼(编号 030291 至 030299 的可食用鱼杂碎除外)〔101 野生(非生食)〕,〔102 野生(可能用于生食)〕	7	40	9		千克	AB	P. R/Q. S		0	
03023300	--鲣										9
0302330000	鲜或冷鲣(编号 030291 至 030299 的可食用鱼杂碎除外)〔999〕	7	40	9		千克	AB	P. R/Q. S		0	
03023400	--大眼金枪鱼										9
0302340000	鲜或冷大眼金枪鱼(编号 030291 至 030299 的可食用鱼杂碎除外)〔101 野生(非生食)〕,〔102 野生(可能用于生食)〕	7	40	9		千克	AB	P. R/Q. S		0	
03023510	---大西洋蓝鳍金枪鱼										9
0302351000	鲜或冷大西洋蓝鳍金枪鱼(编号 030291 至 030299 的可食用鱼杂碎除外)〔101 野生(非生食)〕,〔102 野生(可能用于生食)〕,〔103 养殖〕	7	40	9		千克	ABU	P. R/Q. S		0	
03023520	---太平洋蓝鳍金枪鱼										9
0302352000	鲜或冷太平洋蓝鳍金枪鱼(编号 030291 至 030299 的可食用鱼杂碎除外)〔101 野生(非生食)〕,〔102 野生(可能用于生食)〕,〔103 养殖〕	7	40	9		千克	AB	P. R/Q. S		0	
03023600	--南方蓝鳍金枪鱼										9
0302360000	鲜或冷南方金枪鱼(编号 030291 至 030299 的可食用鱼杂碎除外)〔101 野生(非生食)〕,〔102 野生(可能用于生食)〕	7	40	9		千克	AB	P. R/Q. S		0	
03023900	--其他										9
0302390000	其他鲜或冷金枪鱼(金枪鱼属)(编号 030291 至 030299 的可食用鱼杂碎除外)〔101 野生(非生食)〕,〔102 野生(可能用于生食)〕,〔103 养殖〕	7	40	9		千克	AB	P. R/Q. S		0	
03024100	--鲱鱼(大西洋鲱鱼、太平洋鲱鱼)										9
0302410010	鲜或冷太平洋鲱鱼(编号 030291 至 030299 的可食用鱼杂碎除外)〔101 鲜或冷养殖太平洋鲱鱼(养殖)〕,〔102 鲜或冷野生太平洋鲱鱼(野生)〕	7	40	9		千克	ABU	P. R/Q. S		0	
0302410090	鲜或冷大西洋鲱鱼(编号 030291 至 030299 的可食用鱼杂碎除外)〔101 鲜或冷养殖大西洋鲱鱼(养殖)〕,〔102 鲜或冷野生大西洋鲱鱼(野生)〕	7	40	9		千克	AB	P. R/Q. S		0	
03024200	--鳀鱼(鳀属)										9
0302420000	鲜或冷鳀鱼(鳀属)(编号 030291 至 030299 的可食用鱼杂碎除外)〔101 饲料用其他海水鱼〕,〔102 鲜或冷养殖鳀鱼(鳀属)〕,〔103 鲜或冷野生鳀鱼(鳀属)〕	7	40	9		千克	AB	P. R/Q. S		0	
03024300	--沙丁鱼(沙丁鱼、沙瑙鱼属)、小沙丁鱼属、黍鲱或西鲱										9
0302430000	鲜或冷沙丁鱼(沙丁鱼、沙瑙鱼属)、小沙丁鱼属、黍鲱或西鲱(编号 030291 至 030299 的可食用鱼杂碎除外)①	7	40	9		千克	AB	P. R/Q. S		0	
03024400	--鲭鱼[大西洋鲭、澳洲鲭(鲐)、日本鲭(鲐)]										9
0302440000	鲜或冷鲭鱼[大西洋鲭、澳洲鲭(鲐)、日本鲭(鲐)](编号 030291 至 030299 的可食用鱼杂碎除外)②	7	40	9		千克	AB	P. R/Q. S		0	
03024500	--对称竹荚鱼、新西兰竹荚鱼及竹荚鱼(竹荚鱼属)										9
0302450000	鲜或冷对称竹荚鱼、新西兰竹荚鱼及竹荚鱼(竹荚鱼属)(编号 030291 至 030299 的可食用鱼杂碎除外)③	7	40	9		千克	AB	P. R/Q. S		0	
03024600	--军曹鱼										9
0302460000	鲜或冷军曹鱼(编号 030291 至 030299 的可食用鱼杂碎除外)〔101 饲料用其他海水鱼〕,〔102 食用〕	7	40	9		千克	AB	P. R/Q. S		0	
03024700	--剑鱼										9
0302470000	鲜或冷剑鱼(编号 030291 至 030299 的可食用鱼杂碎除外)〔999〕	7	40	9		千克	ABU	P. R/Q. S		0	

① 〔101 饲料用沙丁鱼、黍鲱鱼〕,〔102 养殖沙丁鱼(沙丁鱼、沙瑙鱼属)〕,〔103 养殖小沙丁鱼属〕,〔104 养殖黍鲱〕,〔105 养殖西鲱〕,〔106 野生沙丁鱼(沙丁鱼、沙瑙鱼属)〕,〔107 野生小沙丁鱼属〕,〔108 野生黍鲱〕,〔109 野生西鲱〕

② 〔101 饲料用鲭鱼〕,〔102 养殖日本鲭(鲐)〕,〔103 大西洋鲭〕,〔104 澳洲鲭(鲐)〕,〔105 野生日本鲭(鲐)〕

③ 〔101 饲料用其他海水鱼〕,〔102 养殖对称竹荚鱼〕,〔103 养殖新西兰竹荚鱼及竹荚鱼(竹荚鱼属)〕,〔104 野生对称竹荚鱼〕,〔105 野生新西兰竹荚鱼及竹荚鱼(竹荚鱼属)〕

智利	新西兰	澳大利亚	瑞士	冰岛	秘鲁	哥斯达	东盟	亚太	新加坡	巴基斯坦	港/澳/台	韩国	格鲁吉亚	毛里求斯	柬埔寨	尼加拉瓜	日/韩/澳/新/东 (RCEP)	亚太2国	老/柬/缅	LDC 98/97/95	Article Description
协定税率(%)																		特惠税率(%)			
0	0	0	0	0	0	0	0	3.5		2.5	0/0/	0	0	0	0	5.6	8.7/8.4/0/0/0		/0/	0/0/0	--Turbots (Psetta maxima)
0	0	0	0	0	0	0	0	3.5		2.5	0/0/	0	0	0	0	5.6	8.7/8.4/0/0/0		/0/	0/0/0	--Other
0	0	0	0	0	0	0	0	5.3		2.5	0/0/	0	0	0	0	5.6	8.7/8.4/0/0/0		/0/	0/0/0	--Albacore or longfinned tunas (Thunnus alalunga)
0	0	0	0	0	0	0	0	5.3		2.5	0/0/	0	0	0	0	5.6	8.7/8.4/0/0/0			0/0/0	--Yellowfin tunas (Thunnus albacares)
0	0	0	0	0	0	0	0	4.7		2.5	0/0/	0	0	0	0	5.6	8.7/8.4/0/0/0			0/0/0	--Skipjack tuna (stripe-bellied bonito) (Katsuwonus pelamis)
0	0	0	0	0	0	0	0			6	0/0/	0	0	0	0	5.6	8.7/8.4/0/0/0		/0/0	0/0/0	--Bigeye tunas (Thunnus obesus)
0	0	0	0	0	0	0	0			6	0/0/	0	0	0	0	0	8.7/8.4/0/0/0		/0/0	0/0/0	---Atlantic bluefin tunas (Thunnus thynnus)
0	0	0	0	0	0	0	0	4.7		2.5	0/0/	0	0	0	0	0	8.7/8.4/0/0/0		/0/0	0/0/0	---Pacific bluefin tunas (Thunnus orientalis)
0	0	0	0	0	0	0	0			6	0/0/	0	0	0	0	5.6	8.7/8.4/0/0/0		/0/0	0/0/0	--Southern bluefin tunas (Thunnus maccoyii)
0	0	0	0	0	0	0	0	4.7		2.5	0/0/	0	0	0	0	5.6	8.7/8.4/0/0/0		/0/0	0/0/0	--Other
0	0	0	0	0	0	0	0	4.7		2.5	0/0/	0	0	0	0	5.6	8.7/8.4/0/0/0			0/0/0	--Herrings (Clupea harengus, Clupea pallasii)
0	0	0	0	0	0	0	0	4.7		2.5	0/0/0	0	0	0	0	5.6	8.7/8.4/0/0/0		/0/0	0/0/0	--Anchovies (Engraulis spp.)
0	0	0	0	0	0	0	0	4.7		2.5	0/0/	0	0	0	0	0	8.7/8.4/0/0/0			0/0/0	--Sardines (Sardina pilchardus, Sardinops spp.), sardinella (Sardinella spp.), brisling or sprats (Sprattus sprattus)
0	0	0	0	0	0	0	0	4.7		2.5	0/0/	0	0	0	0	0	8.7/8.4/0/0/0			0/0/0	--Mackerel (Scomber scombrus, Scomber australasicus, Scomber japonicus)
0	0	0	0	0	0	0	0	4.7		2.5	0/0/0	0	0	0	0	0	9.8/9.6/10.2/10.2/9.6		/0/0	0/0/0	--Jack and horse mackerel (Trachurus spp.)
0	0	0	0	0	0	0	0	4.7		2.5	0/0/0	0	0	0	0	0	8.7/8.4/0/0/0		/0/0	0/0/0	--Cobia (Rachycentron canadum)
0	0	0	0	0	0	0	0	4.7		2.5	0/0/	0	0	0	0	0	8.7/8.4/0/0/0			0/0/0	--Swordfish (Xiphias gladius)

商品编号	商品名称及备注[检验检疫编码及名称]	进口关税(%)		增值税率(%)	消费税	计量单位	监管条件	检验检疫类别	对美税率	出口税率(%)	出口退税率(%)
		最惠国	普通								
03024910	---银鲳(鲳属)										9
0302491000	鲜或冷的银鲳(鲳属)〔999〕	7	40	9		千克	AB	P. R/Q. S		0	
03024990	---其他										9
0302499000	鲜或冷其他编号 03024 项下的鱼[印度鲭(羽鳃鲐属)、马鲛鱼(马鲛属)、鲹鱼(鲹属)、秋刀鱼、圆鲹(圆鲹属)、多春鱼(毛鳞鱼)、鲔鱼、狐鲣(狐鲣属)、枪鱼、旗鱼、四鳍旗鱼(旗鱼科)，但编号 030291 至 030299 的可食用鱼杂碎除外]①	7	40	9		千克	AB	P. R/Q. S		0	
03025100	--鳕鱼(大西洋鳕鱼、格陵兰鳕鱼、太平洋鳕鱼)										9
0302510000	鲜或冷鳕鱼(大西洋鳕鱼、格陵兰鳕鱼、太平洋鳕鱼)(编号 030291 至 030299 的可食用鱼杂碎除外)〔101 大西洋鳕鱼〕,〔102 太平洋鳕鱼〕,〔103 格陵兰鳕鱼〕	7	40	9		千克	AB	P. R/Q. S		0	
03025200	--黑线鳕鱼(黑线鳕)										9
0302520000	鲜或冷黑线鳕鱼(黑线鳕)(编号 030291 至 030299 的可食用鱼杂碎除外)〔999〕	7	40	9		千克	AB	P. R/Q. S		0	
03025300	--绿青鳕鱼										9
0302530000	鲜或冷绿青鳕鱼(编号 030291 至 030299 的可食用鱼杂碎除外)〔999〕	7	40	9		千克	AB	P. R/Q. S		0	
03025400	--狗鳕鱼(无须鳕属、长鳍鳕属)										9
0302540000	鲜或冷狗鳕鱼(无须鳕属、长鳍鳕属)(编号 030291 至 030299 的可食用鱼杂碎除外)〔101 饲料用其他海水鱼〕,〔102 无须鳕属〕,〔103 长鳍鳕属〕	7	40	9		千克	AB	P. R/Q. S		0	
03025500	--阿拉斯加狭鳕鱼										9
0302550000	鲜或冷阿拉斯加狭鳕鱼(编号 030291 至 030299 的可食用鱼杂碎除外)〔101 饲料用其他海水鱼〕,〔102 食用〕	7	40	9		千克	ABU	P. R/Q. S		0	
03025600	--蓝鳕鱼(小鳍鳕、南蓝鳕)										9
0302560000	鲜或冷蓝鳕鱼(小鳍鳕、南蓝鳕)(编号 030291 至 030299 的可食用鱼杂碎除外)〔101 饲料用其他海水鱼〕,〔102 小鳍鳕〕,〔103 南蓝鳕〕	7	40	9		千克	AB	P. R/Q. S		0	
03025900	--其他										9
0302590000	其他鲜或冷犀鳕科、多丝真鳕科、鳕科、长尾鳕科、黑鳕科、无须鳕科、深海鳕科及南极鳕科鱼(编号 030291 至 030299 的可食用鱼杂碎除外)②	7	40	9		千克	AB	P. R/Q. S		0	
03027100	--罗非鱼(口孵非鲫属)										9
0302710000	鲜或冷罗非鱼(口孵非鲫属)(编号 030291 至 030299 的可食用鱼杂碎除外)〔101 养殖罗非鱼(口孵非鲫属)〕,〔102 野生罗非鱼(口孵非鲫属)〕	7	40	9		千克	AB	P. R/Q. S		0	
03027200	--鲶鱼(鲶鲶属、鲶属、胡鲶属、真鮰属)										9
0302720000	鲜或冷鲶鱼[鲶鲶属、鲶属、胡鲶属、真鮰属](编号 030291 至 030299 的可食用鱼杂碎除外)③	10	40	9		千克	AB	P. R/Q. S		0	
03027300	--鲤科鱼(鲤属、鲫属、草鱼、鲢属、鲮属、青鱼、卡特拉鲃、野鲮属、哈氏纹唇鱼、何氏细须鲃、鲂属)										9
0302730000	鲜或冷鲤科鱼(鲤属、鲫属、草鱼、鲢属、鲮属、青鱼、卡特拉鲃、野鲮属、哈氏纹唇鱼、何氏细须鲃、鲂属)(编号 030291 至 030299 的可食用鱼杂碎除外)④	7	40	9		千克	AB	P. R/Q. S		0	
03027400	--鳗鱼(鳗鲡属)										9
0302740010	鲜或冷花鳗鲡(编号 030291 至 030299 的可食用鱼杂碎除外)〔101 养殖非生食〕,〔102 养殖可能用于生食〕,〔103 野生非生食〕,〔104 野生可能用于生食〕	7	40	9		千克	ABE	P. R/Q. S		0	
0302740020	鲜或冷欧洲鳗鲡(编号 030291 至 030299 的可食用鱼杂碎除外)〔101 养殖非生食〕,〔102 养殖可能用于生食〕,〔103 野生非生食〕,〔104 野生可能用于生食〕	7	40	9		千克	ABEF	P. R/Q. S		0	
0302740090	其他鲜或冷鳗鱼(鳗鲡属)(编号 030291 至 030299 的可食用鱼杂碎除外)〔101 养殖非生食〕,〔102 养殖可能用于生食〕,〔103 野生非生食〕,〔104 野生可能用于生食〕	7	40	9		千克	AB	P. R/Q. S		0	
03027900	--其他										9
0302790001	鲜或冷尼罗河鲈鱼(尼罗尖吻鲈)(编号 030291 至 030299 的可食用鱼杂碎除外)〔101 养殖非生食〕,〔102 养殖可能用于生食〕,〔103 野生非生食〕,〔104 野生可能用于生食〕	7	40	9		千克	AB	P. R/Q. S		0	
0302790090	鲜或冷的黑鱼(鳢属)(编号 030291 至 030299 的可食用鱼杂碎除外)〔101 养殖非生食〕,〔102 养殖可能用于生食〕,〔103 野生非生食〕,〔104 野生可能用于生食〕	7	40	9		千克	AB	P. R/Q. S		0	
03028100	--角鲨及其他鲨鱼										
0302810010	鲜或冷濒危鲨鱼(编号 030291 至 030299 的可食用鱼杂碎除外)〔999〕	7	40	9		千克	ABEF	P. R/Q. S		0	0
0302810090	鲜或冷其他鲨鱼(编号 030291 至 030299 的可食用鱼杂碎除外)〔999〕	7	40	9		千克	AB	P. R/Q. S		0	9
03028200	--魟鱼及鳐鱼(鳐科)										9

① 〔101 鲜或冷印度鲭(羽鳃鲐属)〕,〔102 鲜或冷马鲛鱼(马鲛属)〕,〔103 鲜或冷鲹鱼(鲹属)〕,〔104 鲜或冷秋刀鱼〕,〔105 鲜或冷圆鲹(圆鲹属)〕,〔106 鲜或冷多春鱼(毛鳞鱼)〕,〔107 鲜或冷鲔鱼〕,〔108 鲜或冷狐鲣(狐鲣属)〕,〔109 鲜或冷枪鱼〕,〔110 鲜或冷旗鱼〕,〔111 鲜或冷四鳍旗鱼(旗鱼科)〕

② 〔101 饲料用其他海水鱼〕,〔102 犀鳕科〕,〔103 多丝真鳕科〕,〔104 鳕科〕,〔105 长尾鳕科〕,〔106 黑鳕科〕,〔107 无须鳕科〕,〔108 深海鳕科〕,〔109 南极鳕科〕

③ 〔101 饲料用其他海水鱼〕,〔102 养殖鲶鲶属〕,〔103 养殖胡鲶属〕,〔104 养殖真鮰属〕,〔105 野生鲶鲶属〕,〔106 野生胡鲶属〕,〔107 野生真鮰属〕

④ 〔101 饲料用其他海水鱼〕,〔102 养殖鲤属〕,〔103 养殖鲫属〕,〔104 养殖草鱼〕,〔105 养殖鲢属〕,〔106 养殖鲮属〕,〔107 养殖青鱼〕,〔108 养殖其他鲤科鱼(卡特拉鲃、野鲮属、哈氏纹唇鱼、何氏细须鲃、鲂属)〕,〔109 野生鲤属〕,〔110 野生鲫属〕,〔111 野生草鱼〕,〔112 野生鲢属〕,〔113 野生鲮属〕,〔114 野生青鱼〕,〔115 野生其他鲤科鱼(卡特拉鲃、野鲮属、哈氏纹唇鱼、何氏细须鲃、鲂属)〕

协定税率(%)																		特惠税率(%)			Article Description
智利	新西兰	澳大利亚	瑞士	冰岛	秘鲁	哥斯达	东盟	亚太	新加坡	巴基斯坦	港/澳/台	韩国	格鲁吉亚	毛里求斯	柬埔寨	尼加拉瓜	日/韩/澳/新/东(RCEP)	亚太2国	老/柬/缅	LDC 98/97/95	
0	0	0	0	0	0	0	0	4.7		2.5	0/0/0	0	0	0	0	0	8.7/8.4/0/0/0		/0/0	0/0/0	---Silver pomfrets (Pampus spp.)
0	0	0	0	0	0	0	0	4.7		2.5	0/0/0	0	0	0	0	0	8.7/8.4/0/0/0		/0/0	0/0/0	---Other
0	0	0	0	0	0	0	0	4.7		2.5	0/0/	0	0	0	0	0	8.7/8.4/0/0/0			0/0/0	--Cod (Gadus morhua, Gadus ogac, Gadus macrocephalus)
0	0	0	0	0	0	0	0	4.7		2.5	0/0/	0	0	0	0	0	8.7/8.4/0/0/0			0/0/0	--Haddock (Melanogrammus aeglefinus)
0	0	0	0	0	0	0	0	4.7		2.5	0/0/	0	0	0	0	0	8.7/8.4/0/0/0			0/0/0	--Coalfish (Pollachius virens)
0	0	0	0	0	0	0	0	4.7		2.5	0/0/0	0	0	0	0	0	8.7/8.4/0/0/0		/0/0	0/0/0	--Hake (Merluccius spp., Urophycis spp.)
0	0	0	0	0	0	0	0	4.7		2.5	0/0/0	0	0	0	0	0	8.7/8.4/0/0/0		/0/0	0/0/0	--Alaska Pollock (Theragra chalcogramma)
0	0	0	0	0	0	0	0	4.7		2.5	0/0/0	0	0	0	0	0	8.7/8.4/0/0/0		/0/0	0/0/0	--Blue whitings (Micromesistius poutassou, Micromesistius australis)
0	0	0	0	0	0	0	0	4.7		2.5	0/0/0	0	0	0	0	0	8.7/8.4/0/0/0		/0/0	0/0/0	--Other
0	0	0	0	0	0	0	0			6	0/0/	0	0	0	0	0	8.7/8.4/0/0/0		/0/0	0/0/0	--Tilapias (Oreochromis spp.)
0	0	0	0	0	0	0	0	6.7		2.5	0/0/0	0	0	0	0	9	8.7/8.4/0/0/0		/0/0	0/0/0	--Catfish (Pangasius spp., Silurus spp., Clarias spp., Ictalurus spp.)
0	0	0	0	0	0	0	0	4.7		2.5	0/0/0	0	0	0	0	0	8.7/8.4/0/0/0		/0/0	0/0/0	--Carp (Cyprinus spp., Carassius spp., Ctenopharyngodon idellus, Hypophthalmichthys spp., Cirrhinus spp., Mylopharyngodon piceus, Catla catla, Labeo spp., Osteochilus hasselti, Leptobarbus hoeveni, Megalobrama spp.)
0	0	0	0	0	0	0	0	4.7		2.5	0/0/	0	0	0	0	0	8.7/8.4/0/0/0		//0	0/0/0	--Eels (Anguilla spp.)
0	0	0	0	0	0	0	0	4.7		2.5	0/0/0	0	0	0	0	0	8.7/8.4/0/0/0		/0/0	0/0/0	--Other
0	0	0	0	0	0	0	0	5.3		2.5	0/0/	0	0	0	0	0	8.7/8.4/0/0/0			0/0/0	--Dogfish and other sharks
0	0	0	0	0	0	0	0	4.7		2.5	0/0/0	0	0	0	0	0	8.7/8.4/0/0/0		/0/0	0/0/0	--Rays and skates (Rajidae)

商品编号	商品名称及备注[检验检疫编码及名称]	进口关税(%)		增值税率(%)	消费税	计量单位	监管条件	检验检疫类别	对美税率	出口税率(%)	出口退税率(%)
		最惠国	普通								
0302820000	鲜或冷魟鱼及鳐鱼(鳐科)(编号 030291 至 030299 的可食用鱼杂碎除外)〔101 饲料用其他海水鱼〕,〔102 食用〕	7	40	9		千克	AB	P. R/Q. S		0	
03028300	--南极犬牙鱼(南极犬牙鱼属)										9
0302830000	鲜或冷南极犬牙鱼(南极犬牙鱼属)(编号 030291 至 030299 的可食用鱼杂碎除外)〔999〕	7	40	9		千克	ABU	P. R/Q. S		0	
03028400	--尖吻鲈鱼(舌齿鲈属)										9
0302840000	鲜或冷尖吻鲈鱼(舌齿鲈属)(编号 030291 至 030299 的可食用鱼杂碎除外)〔999〕	7	40	9		千克	AB	P. R/Q. S		0	
03028500	--菱羊鲷(鲷科)										9
0302850000	鲜或冷菱羊鲷(鲷科)(编号 030291 至 030299 的可食用鱼杂碎除外)①	7	40	9		千克	AB	P. R/Q. S		0	
03028910	---带鱼										9
0302891000	鲜或冷带鱼(编号 030291 至 030299 的可食用鱼杂碎除外)〔999〕	7	40	9		千克	AB	P. R/Q. S		0	
03028920	---黄鱼										9
0302892000	鲜或冷黄鱼(编号 030291 至 030299 的可食用鱼杂碎除外)〔101 养殖〕,〔102 野生〕	7	40	9		千克	AB	P. R/Q. S		0	
03028930	---鲳鱼(银鲳除外)										9
0302893000	鲜或冷鲳鱼(银鲳除外)(编号 030291 至 030299 的可食用鱼杂碎除外)〔101 养殖〕,〔102 野生〕	7	40	9		千克	AB	P. R/Q. S		0	
03028940	---鲀										9
0302894000	鲜或冷的鲀(编号 030291 至 030299 的可食用鱼杂碎除外)〔999〕	10	40	9		千克	AB	P. R/Q. S		0	
03028990	---其他										
0302899001	鲜或冷的其他鲈鱼(编号 030291 至 030299 的可食用鱼杂碎除外)〔101 养殖非生食〕,〔102 养殖可能用于生食〕,〔103 野生非生食〕,〔104 野生可能用于生食〕	7	40	9		千克	AB	P. R/Q. S		0	9
0302899010	其他未列名濒危鲜或冷鱼(编号 030291 至 030299 的可食用鱼杂碎除外)〔999〕	7	40	9		千克	ABFE	P. R/Q. S		0	0
0302899020	鲜或冷的平鲉属(编号 030291 至 030299 的可食用鱼杂碎除外)〔101 养殖〕,〔102 野生〕	7	40	9		千克	ABU	P. R/Q. S		0	9
0302899030	鲜或冷的鲬鲉属(叶鳍鲉属)(编号 030291 至 030299 的可食用鱼杂碎除外)〔101 养殖〕,〔102 野生〕	7	40	9		千克	ABU	P. R/Q. S		0	9
0302899090	其他鲜或冷鱼(编号 030291 至 030299 的可食用鱼杂碎除外)②	7	40	9		千克	AB	P. R/Q. S		0	9
03029100	--鱼肝、鱼卵及鱼精										
0302910010	鲜或冷濒危鱼种的肝、鱼卵及鱼精③	7	50	9		千克	ABFE	P. R/Q. S		0	0
0302910020	鲜、冷的种用鱼卵(濒危除外)〔101 其他鲜或冷养殖鱼鱼卵〕,〔102 其他鲜或冷野生鱼鱼卵〕	7	50			千克	AB	P/Q		0	9
0302910090	其他鲜或冷的鱼肝、鱼卵及鱼精④	7	50	9		千克	AB	P. R/Q. S		0	9
03029200	--鲨鱼翅										
0302920010	鲜或冷濒危鲨鱼翅〔999〕	12	40	9		千克	ABFE	P. R/Q. S		0	0
0302920090	其他鲜或冷鲨鱼翅〔999〕	12	40	9		千克	AB	P. R/Q. S		0	9
03029900	--其他										
0302990010	其他鲜或冷可食用濒危鱼杂碎〔101 养殖〕,〔102 野生〕	7	40	9		千克	ABFE	P. R/Q. S		0	0
0302990020	鲜或冷的大菱鲆、比目鱼、鲱鱼、鲭鱼、鲳鱼、带鱼、尼罗河鲈鱼、尖吻鲈鱼、其他鲈鱼的可食用其他鱼杂碎〔101 养殖〕,〔102 野生〕	7	40	9		千克	AB	P. R/Q. S		0	9
0302990090	其他鲜或冷可食用其他鱼杂碎〔101 养殖〕,〔102 野生〕	7	40	9		千克	AB	P. R/Q. S		0	9
0303	**冻鱼,但税目 03.04 的鱼片及其他鱼肉除外:**										
03031100	--红大麻哈鱼										9
0303110000	冻红大麻哈鱼(但编号 030391 至 030399 的可食用鱼杂碎除外)〔101 冻养殖红大麻哈鱼〕,〔102 冻野生红大麻哈鱼〕	7	40	9		千克	ABU	P. R/Q. S	37%	0	
03031200	--其他大麻哈鱼[细磷大麻哈鱼、大麻哈鱼(种)、大鳞大麻哈鱼、银大麻哈鱼、马苏大麻哈鱼、玫瑰大麻哈鱼]										9
0303120000	其他冻大麻哈鱼[细磷大麻哈鱼、大麻哈鱼(种)、大鳞大麻哈鱼、银大麻哈鱼、马苏大麻哈鱼、玫瑰大麻哈鱼](但子目 0303.91 至 0303.99 的可食用鱼杂碎除外)⑤	7	40	9		千克	ABU	P. R/Q. S	37%	0	
03031310	---大西洋鲑鱼										9
0303131000[暂5]	冻大西洋鲑鱼(但编号 030391 至 030399 的可食用鱼杂碎除外)⑥	7	40	9		千克	AB	P. R/Q. S	35%	0	

① 〔101 饲料用其他海水鱼〕,〔102 养殖非生食〕,〔103 养殖可能用于生食〕,〔104 野生非生食〕,〔105 野生可能用于生食〕

② 〔101 饲料用马面鱼〕,〔102 饲料用其他海水鱼〕,〔103 养殖石斑鱼〕,〔104 养殖鲥鱼〕,〔105 养殖鲷科,菱羊鲷除外(非生食)〕,〔106 养殖鲷科,菱羊鲷除外(可能用于生食)〕,〔107 养殖安康鱼(非生食)〕,〔108 养殖安康鱼(可能用于生食)〕,〔109 养殖海鲂〕,〔110 养殖鲆鱼〕,〔111 养殖鲽鱼〕,〔112 其他养殖鱼(非生食)〕,〔113 其他养殖鱼(可能用于生食)〕,〔114 黄獅鱼(非生食)〕,〔115 黄獅鱼(可能用于生食)〕,〔116 养殖海鲈鱼(非生食)〕,〔117 养殖海鲈鱼(可能用于生食)〕,〔118 野生石斑鱼〕,〔119 野生鲥鱼〕,〔120 野生鲷科,菱羊鲷除外〕,〔121 野生安康鱼〕,〔122 野生海鲂〕,〔123 野生鲆鱼〕,〔124 野生鲽鱼〕,〔125 海鲫鱼〕,〔126 金线鱼〕,〔127 马面鱼〕,〔128 马鲛鱼〕,〔129 野生海鲈鱼(非生食)〕,〔130 野生海鲈鱼(可能用于生食)〕,〔131 其他野生鱼(非生食)〕,〔132 其他野生鱼(可能用于生食)〕

③ 〔101 鲜或冷养殖濒危鱼鱼肝〕,〔102 鲜或冷野生濒危鱼鱼肝〕,〔103 鲜或冷养殖濒危鱼鱼卵〕,〔104 鲜或冷野生濒危鱼鱼卵〕,〔105 鲜或冷养殖濒危鱼鱼精〕,〔106 鲜或冷野生濒危鱼鱼精〕

④ 〔101 其他鲜或冷养殖鱼鱼肝〕,〔102 其他鲜或冷野生鱼鱼肝〕,〔103 其他鲜或冷养殖鱼鱼精〕,〔104 其他鲜或冷野生鱼鱼精〕,〔105 其他鲜或冷养殖鱼鱼卵〕,〔106 其他鲜或冷野生鱼鱼卵〕

⑤ 〔101 养殖细磷大麻哈鱼〕,〔102 养殖大麻哈鱼〕,〔103 养殖大鳞大麻哈鱼〕,〔104 养殖银大麻哈鱼〕,〔105 养殖马苏大麻哈鱼〕,〔106 养殖玫瑰大麻哈鱼〕,〔107 野生细磷大麻哈鱼〕,〔108 野生大麻哈鱼〕,〔109 野生大鳞大麻哈鱼〕,〔110 野生银大麻哈鱼〕,〔111 野生马苏大麻哈鱼〕,〔112 野生玫瑰大麻哈鱼〕

⑥ 〔101 养殖大西洋鲑鱼(非生食)〕,〔102 养殖大西洋鲑鱼(可能用于生食)〕,〔103 野生大西洋鲑鱼(非生食)〕,〔104 野生大西洋鲑鱼(可能用于生食)〕

协定税率(%)																		特惠税率(%)			Article Description
智利	新西兰	澳大利亚	瑞士	冰岛	秘鲁	哥斯达	东盟	亚太	新加坡	巴基斯坦	港/澳/台	韩国	格鲁吉亚	毛里求斯	柬埔寨	尼加拉瓜	日/韩/澳/新/东 (RCEP)	亚太2国	老/柬/缅	LDC 98/97/95	
0	0	0	0	0	0	0	0	4.7		2.5	0/0/	0	0	0	0	0	8.7/8.4/0/0/0		/0/0	0/0/0	--Toothfish (Dissostichus spp.)
0	0	0	0	0	0	0	0	4.7		2.5	0/0/0	0	0	0	0	0	8.7/8.4/0/0/0		/0/0	0/0/0	--Seabass (Dicentrarchus spp.)
0	0	0	0	0	0	0	0	4.7		2.5	0/0/0	0	0	0	0	0	8.7/8.4/0/0/0		/0/0	0/0/0	--Seabream (Sparidae)
0	0	0	0	0	0	0	0	4.7		0	0/0/	0	0	0	0	0	8.7/8.4/0/0/0			0/0/0	---Scabbard fish (Trichiurus)
0	0	0	0	0	0	0	0	4.7		2.5	0/0/	0	0	0	0	0	8.7/8.4/0/0/0			0/0/0	---Yellow croaker (Pseudosicaena)
0	0	0	0	0	0	0	0	4.7		4	0/0/	0	0	0	0	0	8.7/8.4/0/0/0			0/0/0	---Butterfish (Pamus spp.)
0	0	0	0	0	0	0	0	6.7		2.5	0/0/	0	0	0	0	9	8.7/8.4/0/0/0		/0/0	0/0/0	---Puffer fish
0	0	0	0	0	0	0	0	4.7		2.5	0/0/0	0	0	0	0	0	8.7/8.4/0/0/0		/0/0	0/0/0	---Other
0	0	0	0	0	0	0	0			6	0/0/	0	0	0	0	0	8.7/8.4/0/0/0		/0/	0/0/0	--Livers, roes and milt
0	0	0	0	0	0	0	0	9		2.5	0/0/	0	0		0	10.8	8.7/8.4/0/0/0			0/0/0	--Shark fins
0	0	0	0	0	0	0	0			2.5	0/0/	0	0	0	0	0	7.3/7/0/0/0			0/0/0	--Other
																					Fish, frozen, excluding fish fillets and other fish meat of heading 03.04:
0	0	0	0	0	0	0	0	4.7		2.5	0/0/	0	0	0	0	0	7.3/7/0/0/0		/0/	0/0/0	--Sockeye salmon (red salmon) (Oncorhynchus nerka)
0	0	0	0	0	0	0	0	4.7		2.5	0/0/	0	0	0	0	0	8.6/7/7/7/7		/0/	0/0/0	--Other Pacific salmon (Oncorhynchus gorbuscha, Oncorhynchus keta, Oncorhynchus tschawytscha, Oncorhynchus kisutch, Oncorhynchus masou and Oncorhynchus rhodurus)
0	0	0	0	0	0	0	0			2.5	0/0/	0	0	0	0	0	7.3/7/0/0/0			0/0/0	---Atlantic salmon (Salmo salar)

商品编号	商品名称及备注[检验检疫编码及名称]	进口关税(%)		增值税率(%)	消费税	计量单位	监管条件	检验检疫类别	对美税率	出口税率(%)	出口退税率(%)
		最惠国	普通								
03031320	---多瑙哲罗鱼										9
0303132000	冻多瑙哲罗鱼(但编号 030391 至 030399 的可食用鱼杂碎除外)〔101 养殖多瑙哲罗鱼〕,〔102 野生多瑙哲罗鱼〕	7	40	9		千克	AB	P. R/Q. S	37%	0	
03031400	--鳟鱼(河鳟、虹鳟、克拉克大麻哈鱼、阿瓜大麻哈鱼、吉雨大麻哈鱼、亚利桑那大麻哈鱼、金腹大麻哈鱼)										9
0303140000	冻鳟鱼(河鳟、虹鳟、克拉克大麻哈鱼、阿瓜大麻哈鱼、吉雨大麻哈鱼、亚利桑那大麻哈鱼、金腹大麻哈鱼)(但编号 030391 至 030399 的可食用鱼杂碎除外)①	12	40	9		千克	AB	P. R/Q. S	42%	0	
03031900	--其他										9
0303190010	冻川陕哲罗鲑(但编号 030391 至 030399 的可食用鱼杂碎除外)〔101 养殖〕,〔102 野生〕	10	40	9		千克	AB	P. R/Q. S	40%	0	
0303190020	冻秦岭细鳞鲑(但编号 030391 至 030399 的可食用鱼杂碎除外)〔101 养殖〕,〔102 野生〕	10	40	9		千克	AB	P. R/Q. S	40%	0	
0303190090	其他冻鲑科鱼(但编号 030391 至 030399 的可食用鱼杂碎除外)〔101 养殖〕,〔102 野生〕	10	40	9		千克	AB	P. R/Q. S	40%	0	
03032300	--罗非鱼(口孵非鲫属)										9
0303230000	冻罗非鱼(口孵非鲫属)(但编号 030391 至 030399 的可食用鱼杂碎除外)〔101 养殖〕,〔102 野生〕	7	40	9		千克	AB	P. R/Q. S	37%	0	
03032400	--鲶鱼(鲑鲶属、鲶属、胡鲶属、真鮰属)										9
0303240000	冻鲶鱼(鲑鲶属、鲶属、胡鲶属、真鮰属)(但编号 030391 至 030399 的可食用鱼杂碎除外)②	10	40	9		千克	AB	P. R/Q. S	40%	0	
03032500	--鲤科鱼(鲤属、鲫属、草鱼、鲢属、鲮属、青鱼、卡特拉鲃、野鲮属、哈氏纹唇鱼、何氏细须鲃、鲂属)										9
0303250000	冻鲤科鱼(鲤属、鲫属、草鱼、鲢属、鲮属、青鱼、卡特拉鲃、野鲮属、哈氏纹唇鱼、何氏细须鲃、鲂属)(但编号 030391 至 030399 的可食用鱼杂碎除外)③	10	40	9		千克	AB	P. R/Q. S	40%	0	
03032600	--鳗鱼(鳗鲡属)										9
0303260010	冻花鳗鲡(但编号 030391 至 030399 的可食用鱼杂碎除外)〔101 养殖〕,〔102 野生〕	10	40	9		千克	ABE	P. R/Q. S	40%	0	
0303260020	冻欧洲鳗鲡(但编号 030391 至 030399 的可食用鱼杂碎除外)〔101 养殖〕,〔102 野生〕	10	40	9		千克	ABEF	P. R/Q. S	40%	0	
0303260090	其他冻鳗鱼(鳗鲡属)(但编号 030391 至 030399 的可食用鱼杂碎除外)〔101 养殖〕,〔102 野生〕	10	40	9		千克	AB	P. R/Q. S	40%	0	
03032900	--其他										9
0303290001	冻尼罗河鲈鱼(尼罗尖吻鲈)(但编号 030391 至 030399 的可食用鱼杂碎除外)〔101 养殖〕,〔102 野生〕	7	40	9		千克	AB	P. R/Q. S	37%	0	
0303290090	冻黑鱼(鳢属)(但编号 030391 至 030399 的可食用鱼杂碎除外)〔101 养殖〕,〔102 野生〕	7	40	9		千克	AB	P. R/Q. S	37%	0	
03033110	---马舌鲽(格陵兰庸鲽鱼)										9
0303311000[暂2]	冻马舌鲽(格陵兰庸鲽鱼)(但编号 030391 至 030399 的可食用鱼杂碎除外)〔999〕	7	40	9		千克	ABU	P. R/Q. S	32%	0	
03033190	---其他										9
0303319010	冻大西洋庸鲽(庸鲽)(但编号 030391 至 030399 的可食用鱼杂碎除外)〔101 养殖〕,〔102 野生〕	10	40	9		千克	ABU	P. R/Q. S	40%	0	
0303319090	其他冻庸鲽鱼(但编号 030391 至 030399 的可食用鱼杂碎除外)〔101 养殖〕,〔102 野生〕	10	40	9		千克	AB	P. R/Q. S	40%	0	
03033200	--鲽鱼(鲽)										9
0303320000[暂2]	冻鲽鱼(鲽)(但编号 030391 至 030399 的可食用鱼杂碎除外)〔101 养殖〕,〔102 野生〕	7	40	9		千克	AB	P. R/Q. S	32%	0	
03033300	--鳎鱼(鳎属)										9
0303330000	冻鳎鱼(鳎属)(但编号 030391 至 030399 的可食用鱼杂碎除外)〔101 养殖〕,〔102 野生〕	7	40	9		千克	AB	P. R/Q. S	37%	0	
03033400	--大菱鲆(瘤棘鲆)										9
0303340000	冻大菱鲆(瘤棘鲆)(但编号 030391 至 030399 的可食用鱼杂碎除外)〔101 养殖〕,〔102 野生〕	7	40	9		千克	AB	P. R/Q. S	37%	0	
03033900	--其他										9
0303390010	冻亚洲箭齿鲽(但编号 030391 至 030399 的可食用鱼杂碎除外)〔101 养殖〕,〔102 野生〕	7	40	9		千克	ABU	P. R/Q. S	37%	0	
0303390090	其他冻比目鱼(鲽科、鲆科、舌鳎科、鳎科、菱鲆科、刺鲆科)(但编号 030391 至 030399 的可食用鱼杂碎除外)④	7	40	9		千克	AB	P. R/Q. S	37%	0	
03034100	--长鳍金枪鱼										9
0303410000[暂6]	冻长鳍金枪鱼(但编号 030391 至 030399 的可食用鱼杂碎除外)〔999〕	7	40	9		千克	AB	P. R/Q. S	36%	0	
03034200	--黄鳍金枪鱼										9

① 〔101 养殖河鳟〕,〔102 养殖虹鳟〕,〔103 野生河鳟〕,〔104 野生虹鳟〕,〔105 克拉克大麻哈鱼〕,〔106 阿瓜大麻哈鱼〕,〔107 吉雨大麻哈鱼〕,〔108 亚利桑那大麻哈鱼〕,〔109 金腹大麻哈鱼〕

② 〔101 饲料用其他海水鱼〕,〔102 养殖鲑鲶属〕,〔103 养殖胡鲶属〕,〔104 养殖真鮰属〕,〔105 野生鲑鲶属〕,〔106 野生胡鲶属〕,〔107 野生真鮰属〕

③ 〔101 饲料用其他海水鱼〕,〔102 养殖鲤属〕,〔103 养殖鲫属〕,〔104 养殖草鱼〕,〔105 养殖鲢属〕,〔106 养殖鲮属〕,〔107 养殖青鱼〕,〔108 养殖其他鲤科鱼(卡特拉鲃、野鲮属、哈氏纹唇鱼、何氏细须鲃、鲂属)〕,〔109 野生鲤属〕,〔110 野生鲫属〕,〔111 野生草鱼〕,〔112 野生鲢属〕,〔113 野生鲮属〕,〔114 野生青鱼〕,〔115 野生其他鲤科鱼(卡特拉鲃、野鲮属、哈氏纹唇鱼、何氏细须鲃、鲂属)〕

④ 〔101 养殖鲽科〕,〔102 养殖鲆科〕,〔103 养殖舌鳎科〕,〔104 养殖鳎科〕,〔105 养殖菱鲆科〕,〔106 养殖刺鲆科〕,〔107 野生鲽科〕,〔108 野生鲆科〕,〔109 野生舌鳎科〕,〔110 野生鳎科〕,〔111 野生菱鲆科〕,〔112 野生刺鲆科〕

协定税率(%)																		特惠税率(%)			
智利	新西兰	澳大利亚	瑞士	冰岛	秘鲁	哥斯达	东盟	亚太	新加坡	巴基斯坦	港/澳/台	韩国	格鲁吉亚	毛里求斯	柬埔寨	尼加拉瓜	日/韩/澳/新/东 (RCEP)	亚太2国	老/柬/缅	LDC 98/97/95	Article Description
0	0	0	0	0	0	0	0			2.5	0/0/	0	0	0	0	0	7.3/7/0/0/0			0/0/0	---Danube salmon (Hucho hucho)
0	0	0	0	0	0	0	0			6	0/0/	0	0	0	0	10.8	8.7/8.4/0/0/0			0/0/0	--Trout (Salmo trutta, Oncorhynchus mykiss, Oncorhynchus clarki, Oncorhynchus aguabonita, Oncorhynchus gilae, Oncorhynchus apache and Oncorhynchus chrysogaster)
0	0	0	0	0	0	0	0	6.7		2.5	0/0/	0	0	0	0	9	7.3/7/0/0/0			0/0/0	--Other
0	0	0	0	0	0	0	0	3.5		2.5	0/0/	0	0	0	0	0	7.3/7/0/0/0	0	/0/0	0/0/0	--Tilapias (Oreochromis spp.)
0	0	0	0	0	0	0	0	5		5	0/0/0	0	0	0	0	9	7.3/0/0/0/0	0	/0/0	0/0/0	--Catfish (Pangasius spp., Silurus spp., Clarias spp., Ictalurus spp.)
0	0	0	0	0	0	0	0	5		0	0/0/0	0	0	0	0	9	7.3/0/0/0/0	0	/0/0	0/0/0	--Carp (Cyprinus spp., Carassius spp., Ctenopharyngodon idellus, Hypophthalmichthys spp., Cirrhinus spp., Mylopharyngodon piceus, Catla catla, Labeo spp., Osteochilus hasselti, Leptobarbus hoeveni, Megalobrama spp.)
0	0	0	0	0	0	0	0	6.7		8	0/0/	0	0	0	0	9	8.7/8.4/0/0/0			0/0/0	--Eels (Anguilla spp.)
0	0	0	0	0	0	0	0	3.5		5	0/0/0	0	0	0	0	0	7.3/0/0/0/0	0	/0/0	0/0/0	--Other
0	0	0	0	0	0	0	0	4.7		2.5	0/0/	0	0	0	0	0	/7/0/0/0			0/0/0	---Greenland halibut
0	0	0	0	0	0	0	0	6.7		2.5	0/0/	0	0	0	0	9	7.3/7/0/0/0			0/0/0	---Other
0	0	0	0	0	0	0	0	4.7		8	0/0/	0	0	0	0	0	/8.4/0/0/0			0/0/0	--Plaice (Pleuronectes platessa)
0	0	0	0	0	0	0	0	4.7		8	0/0/	0	0	0	0	0	8.7/8.4/0/0/0			0/0/0	--Sole (Solea spp.)
0	0	0	0	0	0	0	0	5.6		8	0/0/	0	0	0	0	0	7.3/7/0/0/0			0/0/0	--Turbots (Psetta maxima)
0	0	0	0	0	0	0	0	5.6		0	0/0/	0	0	0	0	0	/7/0/0/0			0/0/0	--Other
0	0	0	0	0	0	0	0	5.3		2.5	0/0/	0	0	0	0	0	8.7/8.4/0/0/0			0/0/0	--Albacore or longfinned tunas (Thunnus alalunga)
0	0	0	0	0	0	0	0	5.3		2.5	0/0/	0	0	2.4	0	0	8.7/8.4/0/0/0			0/0/0	--Yellowfin tunas (Thunnus albacares)

商品编号	商品名称及备注[检验检疫编码及名称]	进口关税(%)		增值税率(%)	消费税	计量单位	监管条件	检验检疫类别	对美税率	出口税率(%)	出口退税率(%)
		最惠国	普通								
0303420000[暂6]	冻黄鳍金枪鱼(但编号 030391 至 030399 的可食用鱼杂碎除外)〔999〕	7	40	9		千克	AB	P. R/Q. S	36%	0	
03034300	--鲣										9
0303430000	冻鲣(但编号 030391 至 030399 的可食用鱼杂碎除外)〔999〕	7	40	9		千克	AB	P. R/Q. S	37%	0	
03034400	--大眼金枪鱼										9
0303440000[暂6]	冻大眼金枪鱼(但编号 030391 至 030399 的可食用鱼杂碎除外)〔999〕	7	40	9		千克	ABU	P. R/Q. S	36%	0	
03034510	---大西洋蓝鳍金枪鱼										9
0303451000[暂6]	冻大西洋蓝鳍金枪鱼(但编号 030391 至 030399 的可食用鱼杂碎除外)〔101 养殖〕,〔102 野生〕	7	40	9		千克	ABU	P. R/Q. S	36%	0	
03034520	---太平洋蓝鳍金枪鱼										9
0303452000[暂6]	冻太平洋蓝鳍金枪鱼(但编号 030391 至 030399 的可食用鱼杂碎除外)〔101 养殖〕,〔102 野生〕	7	40	9		千克	AB	P. R/Q. S	36%	0	
03034600	--南方蓝鳍金枪鱼										9
0303460000[暂6]	冻南方蓝鳍金枪鱼(但编号 030391 至 030399 的可食用鱼杂碎除外)〔999〕	7	40	9		千克	AB	P. R/Q. S	36%	0	
03034900	--其他										9
0303490000	其他冻金枪鱼(金枪鱼属)(但编号 030391 至 030399 的可食用鱼杂碎除外)〔101 养殖〕,〔102 野生〕	7	40	9		千克	AB	P. R/Q. S	37%	0	
03035100	--鲱鱼(大西洋鲱鱼、太平洋鲱鱼)										9
0303510010[暂2]	冻太平洋鲱鱼(但编号 030391 至 030399 的可食用鱼杂碎除外)〔101 养殖〕,〔102 野生〕	7	40	9		千克	ABU	P. R/Q. S	32%	0	
0303510090[暂2]	冻大西洋鲱鱼(但编号 030391 至 030399 的可食用鱼杂碎除外)〔101 养殖〕,〔102 野生〕	7	40	9		千克	AB	P. R/Q. S	32%	0	
03035300	--沙丁鱼(沙丁鱼、沙瑙鱼属)、小沙丁鱼属、黍鲱或西鲱										9
0303530000	冻沙丁鱼(沙丁鱼、沙瑙鱼属)、小沙丁鱼属、黍鲱或西鲱(但编号 030391 至 030399 的可食用鱼杂碎除外)①	7	40	9		千克	AB	P. R/Q. S	37%		
03035400	--鲭鱼[大西洋鲭、澳洲鲭(鲐)、日本鲭(鲐)]										9
0303540000	冻鲭鱼[大西洋鲭、澳洲鲭(鲐)、日本鲭(鲐)](但子目 0303.91 至 0303.99 的可食用鱼杂碎除外)②	7	40	9		千克	AB	P. R/Q. S	37%		
03035500	--对称竹荚鱼、新西兰竹荚鱼及竹荚鱼(竹荚鱼属)										9
0303550000	冻对称竹荚鱼、新西兰竹荚鱼及竹荚鱼(竹荚鱼属)(但编号 030391 至 030399 的可食用鱼杂碎除外)③	7	40	9		千克	AB	P. R/Q. S	37%		
03035600	--军曹鱼										9
0303560000	冻军曹鱼(但编号 030391 至 030399 的可食用鱼杂碎除外)〔101 饲料用其他海水鱼〕,〔102 食用鱼〕	7	40	9		千克	AB	P. R/Q. S	37%		
03035700	--剑鱼										9
0303570000	冻剑鱼(但编号 030391 至 030399 的可食用鱼杂碎除外)〔999〕	7	40	9		千克	ABU	P. R/Q. S	37%		
03035910	---银鲳(鲳属)										9
0303591000	冻银鲳(鲳属),但食用杂碎除外〔999〕	7	40	9		千克	AB	P. R/Q. S	37%		
03035990	---其他										9
0303599010[暂5]	冻毛鳞鱼,但食用杂碎除外〔999〕	7	40	9		千克	AB	P. R/Q. S	35%	0	
0303599090	其他冻 03035 项下的鱼[鳀鱼(鳀属)、印度鲭(羽鳃鲐属)、马鲛鱼(马鲛属)、鲹鱼(鲹属)、秋刀鱼、圆鲹(圆鲹属)、鲔鱼、狐鲣(狐鲣属)、枪鱼、旗鱼、四鳍旗鱼(旗鱼科),但编号 030391 至 030399 的可食用鱼杂碎除外]④	7	40	9		千克	AB	P. R/Q. S	37%		
03036300	--鳕鱼(大西洋鳕鱼、格陵兰鳕鱼、太平洋鳕鱼)										9
0303630000[暂2]	冻鳕鱼(大西洋鳕鱼、格陵兰鳕鱼、太平洋鳕鱼)(但编号 030391 至 030399 的可食用鱼杂碎除外)〔101 大西洋鳕鱼〕,〔102 太平洋鳕鱼〕,〔103 格陵兰鳕鱼〕	7	40	9		千克	AB	P. R/Q. S	32%	0	
03036400	--黑线鳕鱼(黑线鳕)										9
0303640000	冻黑线鳕鱼(黑线鳕)(但编号 030391 至 030399 的可食用鱼杂碎除外)〔999〕	7	40	9		千克	AB	P. R/Q. S	37%	0	
03036500	--绿青鳕鱼										9
0303650000	冻绿青鳕鱼(但编号 030391 至 030399 的可食用鱼杂碎除外)〔999〕	7	40	9		千克	AB	P. R/Q. S	37%	0	
03036600	--狗鳕鱼(无须鳕属、长鳍鳕属)										9
0303660000	冻狗鳕鱼(无须鳕属、长鳍鳕属)(但编号 030391 至 030399 的可食用鱼杂碎除外)〔101 无须鳕属〕,〔102 长鳍鳕属〕	7	40	9		千克	AB	P. R/Q. S	37%	0	
03036700	--阿拉斯加狭鳕鱼										9

① 〔101 饲料用沙丁鱼、黍鲱鱼〕,〔102 养殖沙丁鱼(沙丁鱼、沙瑙鱼属)〕,〔103 养殖小沙丁鱼属〕,〔104 养殖黍鲱〕,〔105 养殖西鲱〕,〔106 野生沙丁鱼(沙丁鱼、沙瑙鱼属)〕,〔107 野生小沙丁鱼属〕,〔108 野生黍鲱〕,〔109 野生西鲱〕

② 〔101 饲料用鲭鱼〕,〔102 养殖日本鲭(鲐)〕,〔103 野生日本鲭(鲐)〕,〔104 大西洋鲭〕,〔105 澳洲鲭(鲐)〕

③ 〔101 饲料用其他海水鱼〕,〔102 养殖对称竹荚鱼〕,〔103 养殖新西兰竹荚鱼及竹荚鱼(竹荚鱼属)〕,〔104 野生对称竹荚鱼〕,〔105 野生新西兰竹荚鱼及竹荚鱼(竹荚鱼属)〕

④ 〔101 冻的鳀鱼(鳀属)〕,〔102 冻的印度鲭(羽鳃鲐属)〕,〔103 冻的马鲛鱼(马鲛属)〕,〔104 冻的鲹鱼(鲹属)〕,〔106 冻的秋刀鱼〕,〔107 冻的圆鲹(圆鲹属)〕,〔108 冻的鲔鱼〕,〔109 冻的狐鲣(狐鲣属)〕,〔110 冻的枪鱼〕,〔111 冻的旗鱼〕,〔112 冻的四鳍旗鱼(旗鱼科)〕

协定税率(%)																		特惠税率(%)			
智利	新西兰	澳大利亚	瑞士	冰岛	秘鲁	哥斯达	东盟	亚太	新加坡	巴基斯坦	港/澳/台	韩国	格鲁吉亚	毛里求斯	柬埔寨	尼加拉瓜	日/韩/澳/新/东(RCEP)	亚太2国	老/柬/缅	LDC 98/97/95	Article Description
0	0	0	0	0	0	0	0	5.3		2.5	0/0/	6	0	0	0	0	//10.2/10.2/10.2			0/0/0	--Skipjack tuna (stripe-bellied bonito) (Katsuwonus pelamis)
0	0	0	0	0	0	0	0			6	0/0/	0	0	2.4	0	0	8.7/8.4/0/0/0		/0/0	0/0/0	--Bigeye tunas (Thunnus obesus)
0	0	0	0	0	0	0	0			6	0/0/	0	0	0	0	0	8.7/8.4/0/0/0		/0/0	0/0/0	---Atlantic bluefin tunas (Thunnus thynnus)
0	0	0	0	0	0	0	0	5.3		2.5	0/0/	0	0	0	0	0	8.7/8.4/0/0/0		/0/0	0/0/0	---Pacific bluefin tunas (Thunnus orientalis)
0	0	0	0	0	0	0	0			6	0/0/	0	0	0	0	0	8.7/8.4/0/0/0		/0/0	0/0/0	--Southern bluefin tunas (Thunnus maccoyii)
0	0	0	0	0	0	0	0	5.3		2.5	0/0/	0	0	0	0	0	8.7/8.4/0/0/0		/0/0	0/0/0	--Other
0	0	0	0	0	0	0	0	4.7		2.5	0/0/	0	0	0	0	0	7.3/7/0/0/0			0/0/0	--Herrings (Clupea harengus, Clupea pallasii)
0	0	0	0	0	0	0	0	4.7		0	0/0/	0	0	0	0	0	8.7/8.4/0/0/0			0/0/0	--Sardines (Sardina pilchardus, Sardinops spp.), sardinella (Sardinella spp.), brisling or sprats (Sprattus sprattus)
0	0	0	0	0	0	0	0	4.7		0	0/0/	0	0	0	0	0	7.3/7/0/0/0			0/0/0	--Mackerel (Scomber scombrus, Scomber australasicus, Scomber japonicus)
0	0	0	0	0	0	0	0	3.5		5	0/0/0	0	0	0	0	0	7.3/0/0/0/0	0	/0/0	0/0/0	--Jack and horse mackerel (Trachurus spp.)
0	0	0	0	0	0	0	0	3.5		5	0/0/0	0	0	0	0	0	7.3/0/0/0/0	0	/0/0	0/0/0	--Cobia (Rachycentron canadum)
0	0	0	0	0	0	0	0	3.5		5	0/0/	0	0	0	0	0	7.3/7/0/0/0	0		0/0/0	--Swordfish (Xiphias gladius)
0	0	0	0	0	0	0	0	3.5		0	0/0/0	3.3	0	0	0	0	8.1/8/8.5/8.5/8	0	/0/0	0/0/0	---Silver pomfrets (Pampus spp.)
0	0	0	0	0	0	0	0	3.5		0	0/0/0	3.3	0	0	0	0	8.1/8/8.5/8.5/8	0	/0/0	0/0/0	---Other
0	0	0	0	0	0	0	0	4.7		2.5	0/0/	0	0	0	0	0	7.3/7/0/0/0			0/0/0	--Cod (Gadus morhua, Gadus ogac, Gadus macrocephalus)
0	0	0	0	0	0	0	0	4.7		2.5	0/0/	0	0	0	0	0	8.7/8.4/0/0/0			0/0/0	--Haddock (Melanogrammus aeglefinus)
0	0	0	0	0	0	0	0	4.7		2.5	0/0/	0	0	0	0	0	8.7/8.4/0/0/0			0/0/0	--Coalfish (Pollachius virens)
0	0	0	0	0	0	0	0			6	0/0/	0	0	0	0	0	8.7/8.4/0/0/0			0/0/0	--Hake (Merluccius spp., Urophycis spp.)
0	0	0	0	0	0	0	0	3.5		5	0/0/0	0	0	0	0	0	8.6/7/7/7/7	0	/0/0	0/0/0	--Alaska Pollock (Theragra chalcogramma)

商品编号	商品名称及备注［检验检疫编码及名称］	进口关税(%)		增值税率(%)	消费税	计量单位	监管条件	检验检疫类别	对美税率	出口税率(%)	出口退税率(%)
		最惠国	普通								
0303670000[暂2]	冻阿拉斯加狭鳕鱼(但编号 030391 至 030399 的可食用鱼杂碎除外)〔101 饲料用其他海水鱼〕,〔102 食用鱼〕	7	40	9		千克	ABU	P. R/Q. S	32%	0	
03036800	--蓝鳕鱼(小鳍鳕、南蓝鳕)										9
0303680000[暂2]	冻蓝鳕鱼(小鳍鳕、南蓝鳕)(但编号 030391 至 030399 的可食用鱼杂碎除外)〔101 饲料用其他海水鱼〕,〔102 小鳍鳕〕,〔103 南蓝鳕〕,〔104 蓝鳕〕	7	40	9		千克	AB	P. R/Q. S	32%	0	
03036900	--其他										9
0303690000	冻的其他犀鳕科、多丝真鳕科、鳕科、长尾鳕科、黑鳕科、无须鳕科、深海鳕科及南极鳕科鱼(但编号 030391 至 030399 的可食用鱼杂碎除外)①	7	40	9		千克	AB	P. R/Q. S	37%	0	
03038100	--角鲨及其他鲨鱼										
0303810010	冻濒危鲨鱼(但编号 030391 至 030399 的可食用鱼杂碎除外)〔999〕	7	40	9		千克	ABFE	P. R/Q. S	37%	0	0
0303810090	冻其他鲨鱼(但编号 030391 至 030399 的可食用鱼杂碎除外)〔999〕	7	40	9		千克	AB	P. R/Q. S	37%	0	9
03038200	--魟鱼及鳐鱼(鳐科)										9
0303820000	冻魟鱼及鳐鱼(鳐科)(但编号 030391 至 030399 的可食用鱼杂碎除外)〔101 饲料用其他海水鱼〕,〔102 食用鱼〕	7	40	9		千克	AB	P. R/Q. S	37%	0	
03038300	--南极犬牙鱼(南极犬牙鱼属)										9
0303830000	冻南极犬牙鱼(南极犬牙鱼属)(但编号 030391 至 030399 的可食用鱼杂碎除外)〔999〕	7	40	9		千克	ABU	P. R/Q. S	37%	0	
03038400	--尖吻鲈鱼(舌齿鲈属)										9
0303840000	冻尖吻鲈鱼(舌齿鲈属)(但编号 030391 至 030399 的可食用鱼杂碎除外)〔999〕	7	40	9		千克	AB	P. R/Q. S	37%	0	
03038910	---带鱼										9
0303891000[暂5]	冻带鱼(但编号 030391 至 030399 的可食用鱼杂碎除外)〔999〕	7	40	9		千克	AB	P. R/Q. S	35%	0	
03038920	---黄鱼										9
0303892000	冻黄鱼(但编号 030391 至 030399 的可食用鱼杂碎除外)〔101 养殖〕,〔102 野生〕	7	40	9		千克	AB	P. R/Q. S	37%	0	
03038930	---鲳鱼(银鲳除外)										9
0303893000	冻鲳鱼(银鲳除外)(但编号 030391 至 030399 的可食用鱼杂碎除外)〔101 养殖〕,〔102 野生〕	7	40	9		千克	AB	P. R/Q. S	37%	0	
03038990	---其他										
0303899001	其他冻鲈鱼(但编号 030391 至 030399 的可食用鱼杂碎除外)〔101 养殖〕,〔102 野生〕	7	40	9		千克	AB	P. R/Q. S	37%	0	9
0303899010	其他未列名濒危冻鱼(但编号 030391 至 030399 的可食用鱼杂碎除外)〔999〕	7	40	9		千克	ABFE	P. R/Q. S	37%	0	0
0303899020[暂5]	冻平鲉属鱼(但编号 030391 至 030399 的可食用鱼杂碎除外)〔101 养殖〕,〔102 野生〕	7	40	9		千克	ABU	P. R/Q. S	35%	0	9
0303899030	冻鲳鲉属(叶鳍鲉属)(但编号 030391 至 030399 的可食用鱼杂碎除外)〔101 养殖〕,〔102 野生〕	7	40	9		千克	ABU	P. R/Q. S	37%	0	9
0303899090	其他未列名冻鱼(但编号 030391 至 030399 的可食用鱼杂碎除外)②	7	40	9		千克	AB	P. R/Q. S	37%	0	9
03039100	--鱼肝、鱼卵及鱼精										
0303910010	冻濒危鱼种的肝、鱼卵及鱼精③	7	50	9		千克	ABFE	P. R/Q. S	37%	0	0
0303910020	冻的种用鱼卵(濒危除外)〔101 养殖冷冻鱼鱼卵〕,〔102 野生冷冻鱼鱼卵〕	7	50			千克	AB	P. R/Q. S	37%	0	9
0303910090	其他冻鱼肝、鱼卵及鱼精④	7	50	9		千克	AB	P. R/Q. S	37%	0	9
03039200	--鲨鱼翅										
0303920010	冻濒危鲨鱼翅〔999〕	12	40	9		千克	ABFE	P. R/Q. S	42%	0	0
0303920090	其他冻鲨鱼翅〔999〕	12	40	9		千克	AB	P. R/Q. S	42%	0	9
03039900	--其他										
0303990010	其他冻可食用濒危鱼杂碎〔101 其他养殖冷冻鱼〕,〔102 其他野生冷冻鱼〕	7	40	9		千克	ABFE	P. R/Q. S	37%	0	0
0303990020	冻的大菱鲆、比目鱼、鲱鱼、鲭鱼、鲳鱼、带鱼、尼罗河鲈鱼、尖吻鲈鱼、其他鲈鱼的可食用其他鱼杂碎〔101 其他养殖冷冻鱼〕,〔102 其他野生冷冻鱼〕	7	40	9		千克	AB	P. R/Q. S	37%	0	9
0303990090	其他冻可食用其他鱼杂碎〔101 其他养殖冷冻鱼〕,〔102 其他野生冷冻鱼〕	7	40	9		千克	AB	P. R/Q. S	37%	0	9
0304	**鲜、冷、冻鱼片及其他鱼肉(不论是否绞碎):**										
03043100	--罗非鱼(口孵非鲫属)										9
0304310000	鲜或冷的罗非鱼(口孵非鲫属)的鱼片〔101 养殖〕,〔102 野生〕	7	70	9		千克	AB	P. R/Q. S		0	
03043200	--鲶鱼(鲶鲶属、鲶属、胡鲶属、真鮰属)										9
0304320000	鲜或冷的鲶鱼(鲶鲶属、鲶属、胡鲶属、真鮰属)的鱼片⑤	7	70	9		千克	AB	P. R/Q. S		0	
03043300	--尼罗河鲈鱼(尼罗尖吻鲈)										9
0304330000	鲜或冷的尼罗河鲈鱼(尼罗尖吻鲈)的鱼片〔999〕	7	70	9		千克	AB	P. R/Q. S		0	
03043900	--其他										9
0304390010	鲜或冷的花鳗鲡鱼片〔101 养殖〕,〔102 野生〕	7	70	9		千克	ABE	P. R/Q. S		0	

① 〔101 饲料用其他海水鱼〕,〔102 犀鳕科〕,〔103 多丝真鳕科〕,〔104 鳕科〕,〔105 长尾鳕科〕,〔106 黑鳕科〕,〔107 无须鳕科〕,〔108 深海鳕科〕,〔109 南极鳕科鱼〕

② 〔101 饲料用马面鱼〕,〔102 饲料用其他海水鱼〕,〔103 养殖石斑鱼〕,〔104 养殖鲥鱼〕,〔105 养殖鲷科〕,〔106 养殖安康鱼〕,〔107 养殖海鲂〕,〔108 养殖鲆鱼〕,〔109 养殖鲽鱼〕,〔110 养殖红鱼〕,〔111 其他养殖鱼〕,〔112 野生石斑鱼〕,〔113 野生鲥鱼〕,〔114 野生鲷科〕,〔115 野生安康鱼〕,〔116 野生海鲂〕,〔117 野生鲆鱼〕,〔118 野生鲽鱼〕,〔119 野生红鱼〕,〔120 海鲫鱼〕,〔121 金线鱼〕,〔122 马面鱼〕,〔123 马鲛鱼〕,〔124 蓝圆鲹〕,〔999 其他野生鱼〕

③ 〔101 养殖冷冻鱼鱼肝〕,〔102 野生冷冻鱼鱼肝〕,〔103 养殖冷冻鱼鱼卵〕,〔104 野生冷冻鱼鱼卵〕,〔105 养殖冷冻鱼鱼精〕,〔106 野生冷冻鱼鱼精〕

④ 〔101 养殖冷冻鱼鱼肝〕,〔102 野生冷冻鱼鱼肝〕,〔103 养殖冷冻鱼鱼精〕,〔104 野生冷冻鱼鱼精〕,〔105 养殖冷冻鱼鱼卵〕,〔106 野生冷冻鱼鱼卵〕

⑤ 〔101 养殖鲶鲶属〕,〔102 养殖胡鲶属〕,〔103 养殖真鮰属〕,〔104 野生鲶鲶属〕,〔105 野生胡鲶属〕,〔106 野生真鮰属〕

协定税率(%)																		特惠税率(%)			Article Description
智利	新西兰	澳大利亚	瑞士	冰岛	秘鲁	哥斯达	东盟	亚太	新加坡	巴基斯坦	港/澳/台	韩国	格鲁吉亚	毛里求斯	柬埔寨	尼加拉瓜	日/韩/澳/新/东(RCEP)	亚太2国	老/柬/缅	LDC 98/97/95	
0	0	0	0	0	0	0	0	3.5		5	0/0/0	0	0	0	0	0	7.3/0/0/0/0	0	/0/0	0/0/0	--Blue whitings (Micromesistius poutassou, Micromesistius australis)
0	0	0	0	0	0	0	0	3.5		5	0/0/0	0	0	0	0	0	7.3/7/7/7/7	0	/0/0	0/0/0	--Other
0	0	0	0	0	0	0	0	5.3		9	0/0/	0	0	0	0	0	8.7/8.4/0/0/0			0/0/0	--Dogfish and other sharks
0	0	0	0	0	0	0	0	3.5		5	0/0/0	0	0	0	0	0	7.3/0/0/0/0	0	/0/0	0/0/0	--Rays and skates (Rajidae)
0	0	0	0	0	0	0	0	3.5		5	0/0/	0	0	0	0	0	7.3/7/0/0/0	0	/0/0	0/0/0	--Toothfish (Dissostichus spp.)
0	0	0	0	0	0	0	0	4.7		2.5	0/0/	0	0	0	0	5.6	8.7/8.4/0/0/0			0/0/0	--Seabass (Dicentrarchus spp.)
0	0	0	0	0	0	0	0	3.5		0	0/0/	0	0	0	0	0	7.3/7/0/0/0	0	/0/0	0/0/0	---Scabbard fish (Trichiurus)
0	0	0	0	0	0	0	0	3.5		0	0/0/	0	0	0	0	0	7.3/7/0/0/0	0	/0/0	0/0/0	---Yellow croaker (Pseudosicaena)
0	0	0	0	0	0	0	0	3.5		0	0/0/	0	0	0	0	5.6	7.3/7/0/0/0	0	/0/0	0/0/0	---Butterfish (Pampus spp.)
0	0	0	0	0	0	0	0	3.5		0	0/0/0	3.3	0	2	0	5.6	8.1/8/8.5/8.5/8	0	/0/0	0/0/0	---Other
0	0	0	0	0		0	0	6.3		2.5	0/0/	0	0	0	0	5.6	7.3/7/0/0/0			0/0/0	--Livers, roes and milt
0	0	0	0	0	0	0	0	9		9	0/0/	0	0		0	11.2	8.7/8.4/0/0/0			0/0/0	--Shark fins
0	0	0	0	0	0	0	0	4.7		0	0/0/	0	0	0	0	0	7.3/0/0/0/0		/0/	0/0/0	--Other
																					Fish fillets and other fish meat (whether or not minced), fresh, chilled or frozen:
0	0	0	0	0	0	0	0	5.3		2.5	0/0/	0	0	0	0	0	8.7/8.4/0/0/0		//0	0/0/0	--Tilapias (Oreochromis spp.)
0	0	0	0	0	0	0	0	5.3		2.5	0/0/	0	0	0	0	0	8.7/8.4/0/0/0		//0	0/0/0	--Catfish (Pangasius spp., Silurus spp., Clarias spp., Ictalurus spp.)
0	0	0	0	0	0	0	0	5.3		2.5	0/0/	0	0	0	0	5.6	8.7/8.4/0/0/0		//0	0/0/0	--Nile Perch (Lates niloticus)
0	0	0	0	0	0	0	0	5.3		2.5	0/0/	0	0	0	0	0	8.7/8.4/0/0/0		//0	0/0/0	--Other

商品编号	商品名称及备注[检验检疫编码及名称]	进口关税(%)		增值税率(%)	消费税	计量单位	监管条件	检验检疫类别	对美税率	出口税率(%)	出口退税率(%)
		最惠国	普通								
0304390020	鲜或冷的欧洲鳗鲡鱼片〔101 养殖〕,〔102 野生〕	7	70	9		千克	ABEF	P. R/Q. S		0	
0304390090	鲜或冷的鲤科鱼(鲤属、鲫属、草鱼、鲢属、鳙属、青鱼、卡特拉鲃、野鲮属、哈氏纹唇鱼、何氏细须鲃、鲂属)、其他鳗鱼(鳗鲡属)及黑鱼(鳢属)的鱼片①	7	70	9		千克	AB	P. R/Q. S		0	
03044100	--大麻哈鱼[红大麻哈鱼、细磷大麻哈鱼、大麻哈鱼(种)、大鳞大麻哈鱼、银大麻哈鱼、马苏大麻哈鱼、玫瑰大麻哈鱼]、大西洋鲑鱼及多瑙哲罗鱼										9
0304410000	鲜或冷的大麻哈鱼[红大麻哈鱼、细磷大麻哈鱼、大麻哈鱼(种)、大鳞大麻哈鱼、银大麻哈鱼、马苏大麻哈鱼、玫瑰大麻哈鱼]、大西洋鲑鱼及多瑙哲罗鱼的鱼片〔101 野生〕,〔102 可能用于生食〕,〔103 养殖〕	7	70	9		千克	AB	P. R/Q. S		0	
03044200	--鳟鱼(河鳟、虹鳟、克拉克大麻哈鱼、阿瓜大麻哈鱼、吉雨大麻哈鱼、亚利桑那大麻哈鱼、金腹大麻哈鱼)										9
0304420000	鲜或冷的鳟鱼(河鳟、虹鳟、克拉克大麻哈鱼、阿瓜大麻哈鱼、吉雨大麻哈鱼、亚利桑那大麻哈鱼、金腹大麻哈鱼)的鱼片〔999〕	7	70	9		千克	AB	P. R/Q. S		0	
03044300	--比目鱼(鲽科、鲆科、舌鳎科、鳎科、菱鲆科、刺鲆科)										9
0304430000	鲜或冷的比目鱼(鲽科、鲆科、舌鳎科、鳎科、菱鲆科、刺鲆科)的鱼片②	7	70	9		千克	AB	P. R/Q. S		0	
03044400	--犀鳕科、多丝真鳕科、鳕科、长尾鳕科、黑鳕科、无须鳕科、深海鳕科及南极鳕科鱼										9
0304440000	鲜或冷的犀鳕科、多丝真鳕科、鳕科、长尾鳕科、黑鳕科、无须鳕科、深海鳕科及南极鳕科鱼的鱼片③	7	70	9		千克	AB	P. R/Q. S		0	
03044500	--剑鱼										9
0304450000	鲜或冷的剑鱼鱼片〔999〕	7	70	9		千克	ABU	P. R/Q. S		0	
03044600	--南极犬牙鱼(南极犬牙鱼属)										9
0304460000	鲜或冷的南极犬牙鱼(南极犬牙鱼属)的鱼片〔999〕	7	70	9		千克	ABU	P. R/Q. S		0	
03044700	--角鲨及其他鲨鱼										
0304470010	鲜或冷的濒危鲨鱼的鱼片〔999〕	7	70	9		千克	ABFE	P. R/Q. S		0	0
0304470090	鲜或冷的其他鲨鱼的鱼片〔999〕	7	70	9		千克	AB	P. R/Q. S		0	9
03044800	--魟鱼及鳐鱼(鳐科)										
0304480010	鲜或冷的濒危鱼及鳐鱼的鱼片〔999〕	7	70	9		千克	ABFE	P. R/Q. S		0	0
0304480090	鲜或冷的其他鱼及鳐鱼的鱼片〔999〕	7	70	9		千克	AB	P. R/Q. S		0	9
03044900	--其他										
0304490010	鲜或冷的其他濒危鱼的鱼片〔999〕	7	70	9		千克	ABFE	P. R/Q. S		0	0
0304490090	鲜或冷的其他鱼的鱼片〔999〕	7	70	9		千克	AB	P. R/Q. S		0	9
03045100	--罗非鱼(口孵非鲫属)、鲶鱼(鲇鲶属、鲶属、胡鲶属、真鮰属)、鲤科鱼(鲤属、鲫属、草鱼、鲢属、鳙属、青鱼、卡特拉鲃、野鲮属、哈氏纹唇鱼、何氏细须鲃、鲂属)、鳗鱼(鳗鲡属)、尼罗河鲈鱼(尼罗尖吻鲈)及黑鱼(鳢属)										9
0304510010	鲜或冷的花鳗鲡的鱼肉(不论是否绞碎)〔101 养殖〕,〔102 野生〕	7	70	9		千克	ABE	P. R/Q. S		0	
0304510020	鲜或冷的欧洲鳗鲡的鱼肉(不论是否绞碎)〔101 养殖〕,〔102 野生〕	7	70	9		千克	ABEF	P. R/Q. S		0	
0304510090	鲜或冷的罗非鱼(口孵非鲫属)、鲶鱼(鲇鲶属、鲶属、胡鲶属、真鮰属)、鲤科鱼(鲤属、鲫属、草鱼、鲢属、鳙属、青鱼、卡特拉鲃、野鲮属、哈氏纹唇鱼、何氏细须鲃、鲂属)、其他鳗鱼(鳗鲡属)、尼罗河鲈鱼(尼罗尖吻鲈)及黑鱼(醴属)的鱼肉④	7	70	9		千克	AB	P. R/Q. S		0	
03045200	--鲑科鱼										9
0304520000	鲜或冷的鲑科鱼的鱼肉(不论是否绞碎)〔101 养殖〕,〔102 野生〕	7	70	9		千克	AB	P. R/Q. S		0	

① 〔101 养殖西鲤〕,〔102 养殖黑鲫〕,〔103 养殖草鱼〕,〔104 养殖鲢属〕,〔105 养殖鳙属〕,〔106 养殖青鱼〕,〔107 养殖其他鳗鱼(鳗鲡属)〕,〔108 养殖黑鱼(鳢属)〕,〔109 野生西鲤〕,〔110 野生黑鲫〕,〔111 野生草鱼〕,〔112 野生鲢属〕,〔113 野生鳙属〕,〔114 野生青鱼〕,〔115 其他野生鳗鱼(鳗鲡属)〕,〔116 野生黑鱼(鳢属)〕

② 〔101 养殖鲽科〕,〔102 养殖鲆科〕,〔103 养殖舌鳎科〕,〔104 养殖鳎科〕,〔105 养殖菱鲆科〕,〔106 养殖刺鲆科〕,〔107 野生鲽科〕,〔108 野生鲆科〕,〔109 野生舌鳎科〕,〔110 野生鳎科〕,〔111 野生菱鲆科〕,〔112 野生刺鲆科〕

③ 〔101 犀鳕科〕,〔102 多丝真鳕科〕,〔103 鳕科〕,〔104 长尾鳕科〕,〔105 黑鳕科〕,〔106 无须鳕科〕,〔107 深海鳕科〕,〔108 南极鳕科鱼〕

④ 〔101 鲜或冷的养殖罗非鱼(口孵非鲫属)〕,〔102 鲜或冷的养殖鲶鱼鲇鲶属〕,〔103 鲜或冷的养殖胡鲶属〕,〔104 鲜或冷的养殖真鮰属〕,〔105 鲜或冷的养殖鲤属〕,〔106 鲜或冷的养殖鲫属〕,〔107 鲜或冷的养殖草鱼〕,〔108 鲜或冷的养殖鲢属〕,〔109 鲜或冷的养殖鳙属〕,〔110 鲜或冷的养殖青鱼〕,〔111 鲜或冷的养殖其他鳗鱼(鳗鲡属)〕,〔112 鲜或冷的养殖尼罗河鲈鱼(尼罗尖吻鲈)〕,〔113 鲜或冷的养殖黑鱼(醴属)〕,〔114 鲜或冷的野生罗非鱼(口孵非鲫属)〕,〔115 鲜或冷的野生鲶鱼鲇鲶属〕,〔116 鲜或冷的野生胡鲶属〕,〔117 鲜或冷的野生真鮰属〕,〔118 鲜或冷的野生鲤属〕,〔119 鲜或冷的野生鲫属〕,〔120 鲜或冷的野生草鱼〕,〔121 鲜或冷的野生鲢属〕,〔122 鲜或冷的野生鳙属〕,〔123 鲜或冷的野生青鱼〕,〔124 鲜或冷的野生其他鳗鱼(鳗鲡属)〕,〔125 鲜或冷的野生尼罗河鲈鱼(尼罗尖吻鲈)〕,〔126 鲜或冷的野生黑鱼(醴属)〕,〔127 鲜或冷的养殖鲶属〕,〔128 鲜或冷的养殖其他鲤科鱼(卡特拉鲃、野鲮属、哈氏纹唇鱼、何氏细须鲃、鲂属)〕,〔129 鲜或冷的野生鲶属〕,〔130 鲜或冷的野生其他鲤科鱼(卡特拉鲃、野鲮属、哈氏纹唇鱼、何氏细须鲃、鲂属)〕

协定税率(%)																		特惠税率(%)			Article Description
智利	新西兰	澳大利亚	瑞士	冰岛	秘鲁	哥斯达	东盟	亚太	新加坡	巴基斯坦	港/澳/台	韩国	格鲁吉亚	毛里求斯	柬埔寨	尼加拉瓜	日/韩/澳/新/东(RCEP)	亚太2国	老/柬/缅	LDC 98/97/95	
0	0	0	0	0	0	0	0	5.3		2.5	0/0/	0	0	0	0	0	8.7/8.4/0/0/0		//0	0/0/0	--Pacific salmon (Oncorhynchus nerka, Oncorhynchus gorbuscha, Oncorhynchus keta, Oncorhynchus tschawytscha, Oncorhynchus kisutch, Oncorhynchus masou and Oncorhynchus rhodurus), Atlantic salmon (Salmo salar) and Danube salmon (Hucho hucho)
0	0	0	0	0	0	0	0	5.3		2.5	0/0/	0	0	0	0	5.6	8.7/8.4/0/0/0		//0	0/0/0	--Trout (Salmo trutta, Oncorhynchus mykiss, Oncorhynchus clarki, Oncorhynchus aguabonita, Oncorhynchus gilae, Oncorhynchus apache and Oncorhynchus chrysogaster)
0	0	0	0	0	0	0	0	5.3		2.5	0/0/	0	0	0	0	5.6	8.7/8.4/0/0/0		//0	0/0/0	--Flat fish (Pleuronectidae, Bothidae, Cynoglossidae, Soleidae, Scophthalmidae and Citharidae)
0	0	0	0	0	0	0	0	5.3		2.5	0/0/	0	0	0	0	5.6	8.7/8.4/0/0/0		//0	0/0/0	--Fish of the families Bregmacerotidae, Euclichthyidae, Gadidae, Macrouridae, Melanonidae, Merlucciidae, Moridae and Muraenolepididae
0	0	0	0	0	0	0	0	5.3		2.5	0/0/	0	0	0	0	0	8.7/8.4/0/0/0		//0	0/0/0	--Swordfish (Xiphias gladius)
0	0	0	0	0	0	0	0	5.3		2.5	0/0/	0	0	0	0	5.6	8.7/8.4/0/0/0		//0	0/0/0	--Toothfish (Dissostichus spp.)
0	0	0	0	0	0	0	0	5.3		2.5	0/0/	0	0	0	0	5.6	8.7/8.4/0/0/0		//0	0/0/0	--Dogfish and other sharks
0	0	0	0	0	0	0	0	5.3		2.5	0/0/	0	0	0	0	5.6	8.7/8.4/0/0/0		//0	0/0/0	--Rays and skates (Rajidae)
0	0	0	0	0	0	0	0	5.3		2.5	0/0/	0	0	0	0	0	8.7/8.4/0/0/0		//0	0/0/0	--Other
0	0	0	0	0	0	0	0	5.3		2.5	0/0/	0	0	0	0	5.6	8.7/8.4/0/0/0		//0	0/0/0	--Tilapias (Oreochromis spp.), catfish (Pangasius spp., Silurus spp., Clarias spp., Ictalurus spp.), carp (Cyprinus spp., Carassius spp., Ctenopharyngodon idellus, Hypophthalmichthys spp., Cirrhinus spp., Mylopharyngodon piceus, Catla catla, Labeo spp., Osteochilus hasselti, Leptobarbus hoeveni, Megalobrama spp.), eels (Anguilla spp.), Nile perch (Lates niloticus) and snakeheads (Channa spp.)
0	0	0	0	0	0	0	0	5.3		2.5	0/0/	0	0	0	0	0	8.7/8.4/0/0/0		//0	0/0/0	--Salmonidae

商品编号	商品名称及备注[检验检疫编码及名称]	进口关税(%)		增值税率(%)	消费税	计量单位	监管条件	检验检疫类别	对美税率	出口税率(%)	出口退税率(%)
		最惠国	普通								
03045300	--犀鳕科、多丝真鳕科、鳕科、长尾鳕科、黑鳕科、无须鳕科、深海鳕科及南极鳕科鱼										9
0304530000	鲜或冷的犀鳕科、多丝真鳕科、鳕科、长尾鳕科、黑鳕科、无须鳕科、深海鳕科及南极鳕科鱼的鱼肉(不论是否绞碎)①	7	70	9		千克	AB	P. R/Q. S		0	
03045400	--剑鱼										9
0304540000	鲜或冷的剑鱼鱼肉(不论是否绞碎)〔999〕	7	70	9		千克	ABU	P. R/Q. S		0	
03045500	--南极犬牙鱼(南极犬牙鱼属)										9
0304550000	鲜或冷的南极犬牙鱼(南极犬牙鱼属)的鱼肉(不论是否绞碎)〔999〕	7	70	9		千克	ABU	P. R/Q. S		0	
03045600	--角鲨及其他鲨鱼										
0304560010	鲜或冷的濒危鲨鱼肉(不论是否绞碎)〔999〕	7	70	9		千克	ABEF	P. R/Q. S		0	0
0304560090	鲜或冷的其他鲨鱼肉(不论是否绞碎)〔999〕	7	70	9		千克	AB	P. R/Q. S		0	9
03045700	--魟鱼及鳐鱼(鳐科)										
0304570010	鲜或冷的濒危魟鱼及鳐鱼的鱼肉(不论是否绞碎)〔999〕	7	70	9		千克	ABEF	P. R/Q. S		0	0
0304570090	鲜或冷的其他魟鱼及鳐鱼的鱼肉(不论是否绞碎)〔999〕	7	70	9		千克	AB	P. R/Q. S		0	9
03045900	--其他										
0304590010	鲜或冷的其他濒危鱼的鱼肉(不论是否绞碎)〔999〕	7	70	9		千克	ABEF	P. R/Q. S		0	0
0304590090	鲜或冷的其他鱼的鱼肉(不论是否绞碎)②	7	70	9		千克	AB	P. R/Q. S		0	9
03046100	--罗非鱼(口孵非鲫属)										9
0304610000	冻罗非鱼(口孵非鲫属)鱼片〔999〕	7	70	9		千克	AB	P. R/Q. S	37%	0	
03046211	----斑点叉尾鮰鱼										9
0304621100	冻斑点叉尾鮰鱼鱼片(斑点叉尾鮰鱼亦称沟鲶,属于鲇形目、叉尾鮰鱼科、叉尾鮰鱼属)〔101 养殖〕,〔102 野生〕	7	70	9		千克	AB	P. R/Q. S	37%	0	
03046219	----其他										9
0304621900	冻的其他叉尾鮰鱼片〔101 养殖〕,〔102 野生〕	7	70	9		千克	AB	P. R/Q. S	37%	0	
03046290	---其他										9
0304629000	冻的其他鲶鱼(鲃鲶属、鲶属、胡鲶属、真鮰属)鱼片③	7	70	9		千克	AB	P. R/Q. S	37%	0	
03046300	--尼罗河鲈鱼(尼罗尖吻鲈)										9
0304630000	冻的尼罗河鲈鱼(尼罗尖吻鲈)鱼片〔999〕	7	70	9		千克	AB	P. R/Q. S	37%	0	
03046900	--其他										9
0304690010	冻的花鳗鲡鱼片〔101 养殖〕,〔102 野生〕	7	70	9		千克	ABE	P. R/Q. S	37%	0	
0304690020	冻的欧洲鳗鲡鱼片〔101 养殖〕,〔102 野生〕	7	70	9		千克	ABEF	P. R/Q. S	37%	0	
0304690090	冻的鲤科鱼(鲤属、鲫属、草鱼、鲢属、鲮属、青鱼、卡特拉鲃、野鲮属、哈氏纹唇鱼、何氏细须鲃、鲂属)、其他鳗鱼(鳗鲡属)及黑鱼(鳢属)的鱼片④	7	70	9		千克	AB	P. R/Q. S	37%	0	
03047100	--鳕鱼(大西洋鳕鱼、格陵兰鳕鱼、太平洋鳕鱼)										9
0304710000	冻的鳕鱼(大西洋鳕鱼、格陵兰鳕鱼、太平洋鳕鱼)鱼片〔101 大西洋鳕鱼〕,〔102 太平洋鳕鱼〕,〔103 格陵兰鳕鱼〕	7	70	9		千克	AB	P. R/Q. S	37%	0	
03047200	--黑线鳕鱼(黑线鳕)										9
0304720000	冻的黑线鳕鱼(黑线鳕)鱼片〔999〕	7	70	9		千克	AB	P. R/Q. S	37%	0	
03047300	--绿青鳕鱼										9
0304730000	冻的绿青鳕鱼鱼片〔999〕	7	70	9		千克	AB	P. R/Q. S	37%	0	
03047400	--狗鳕鱼(无须鳕属、长鳍鳕属)										9
0304740000	冻的狗鳕鱼(无须鳕属、长鳍鳕属)鱼片〔101 无须鳕属〕,〔102 长鳍鳕属〕	7	70	9		千克	AB	P. R/Q. S	37%	0	
03047500	--阿拉斯加狭鳕鱼										9
0304750000	冻的阿拉斯加狭鳕鱼鱼片〔999〕	7	70	9		千克	AB	P. R/Q. S	37%	0	
03047900	--其他										9
0304790000	冻的犀鳕科、多丝真鳕科、鳕科、长尾鳕科、黑鳕科、无须鳕科、深海鳕科及南极鳕科鱼的鱼片⑤	7	70	9		千克	AB	P. R/Q. S	37%	0	
03048100	--大麻哈鱼[红大麻哈鱼、细磷大麻哈鱼、大麻哈鱼(种)、大鳞大麻哈鱼、银大麻哈鱼、马苏大麻哈鱼、玫瑰大麻哈鱼]、大西洋鲑鱼及多瑙哲罗鱼										9

① 〔101 犀鳕科〕,〔102 多丝真鳕科〕,〔103 鳕科〕,〔104 长尾鳕科〕,〔105 黑鳕科〕,〔106 无须鳕科〕,〔107 深海鳕科〕,〔108 南极鳕科〕

② 〔101 养殖石斑鱼〕,〔102 养殖鲥鱼〕,〔103 养殖鲷科(非生食)〕,〔104 养殖鲷科(可能用于生食)〕,〔105 养殖安康鱼〕,〔106 养殖海鲂〕,〔107 养殖鲆鱼〕,〔108 养殖其他鱼〕,〔109 野生鲷科(非生食)〕,〔110 野生鲷科(可能用于生食)〕,〔111 野生石斑鱼〕,〔112 野生鲥鱼〕,〔113 野生安康鱼〕,〔114 野生海鲂〕,〔115 野生鲆鱼〕,〔116 野生鲽鱼〕,〔117 海鲫鱼〕,〔118 金线鱼〕,〔119 马面鱼〕,〔120 马鲛鱼〕,〔121 野生其他鱼〕

③ 〔101 养殖鲃鲶属〕,〔102 养殖胡鲶属〕,〔103 养殖真鮰属〕,〔104 野生鲃鲶属〕,〔105 野生胡鲶属〕,〔106 野生真鮰属〕,〔107 养殖鲶属〕,〔108 野生鲶属〕

④ 〔101 冻的养殖鲤属〕,〔102 冻的养殖鲫属〕,〔103 冻的养殖草鱼〕,〔104 冻的养殖鲢属〕,〔105 冻的养殖鲮属〕,〔106 冻的养殖青鱼〕,〔107 冻的养殖其他鳗鱼(鳗鲡属)〕,〔108 冻的养殖黑鱼(鳢属)〕,〔109 冻的野生鲤属〕,〔110 冻的野生鲫属〕,〔111 冻的野生草鱼〕,〔112 冻的野生鲢属〕,〔113 冻的野生鲮属〕,〔114 冻的野生青鱼〕,〔115 冻的野生其他鳗鱼(鳗鲡属)〕,〔116 冻的野生黑鱼(鳢属)〕,〔117 冻的养殖其他鲤科鱼(卡特拉鲃、野鲮属、哈氏纹唇鱼、何氏细须鲃、鲂属)〕,〔118 冻的野生其他鲤科鱼(卡特拉鲃、野鲮属、哈氏纹唇鱼、何氏细须鲃、鲂属)〕

⑤ 〔101 犀鳕科〕,〔102 多丝真鳕科〕,〔103 鳕科〕,〔104 长尾鳕科〕,〔105 黑鳕科〕,〔106 无须鳕科〕,〔107 深海鳕科〕,〔108 南极鳕科〕

协定税率(%)																		特惠税率(%)			
智利	新西兰	澳大利亚	瑞士	冰岛	秘鲁	哥斯达	东盟	亚太	新加坡	巴基斯坦	港/澳/台	韩国	格鲁吉亚	毛里求斯	柬埔寨	尼加拉瓜	日/韩/澳/新/东(RCEP)	亚太2国	老/柬/缅	LDC 98/97/95	Article Description
0	0	0	0	0	0	0	0	5.3		2.5	0/0/	0	0	0	0	0	8.7/8.4/0/0/0		//0	0/0/0	--Fish of the families Bregmacerotidae, Euclichthyidae, Gadidae, Macrouridae, Melanonidae, Merlucciidae, Moridae and Muraenolepididae
0	0	0	0	0	0	0	0	5.3		2.5	0/0/	0	0	0	0	0	8.7/8.4/0/0/0		//0	0/0/0	--Swordfish (Xiphias gladius)
0	0	0	0	0	0	0	0	5.3		2.5	0/0/	0	0	0	0	0	8.7/8.4/0/0/0		//0	0/0/0	--Toothfish (Dissostichus spp.)
0	0	0	0	0	0	0	0	5.3		2.5	0/0/	0	0	0	0	0	8.7/8.4/0/0/0		//0	0/0/0	--Dogfish and other sharks
0	0	0	0	0	0	0	0	5.3		2.5	0/0/	0	0	0	0	0	8.7/8.4/0/0/0		//0	0/0/0	--Rays and skates (Rajidae)
0	0	0	0	0	0	0	0	5.3		2.5	0/0/	0	0	0	0	0	8.7/8.4/0/0/0		//0	0/0/0	--Other
0	0	0	0	0	0	0	0			2.5	0/0/	0	0	0	0	0	7.3/7/0/0/0		/0/0	0/0/0	--Tilapias (Oreochromis spp.)
0	0	0	0	0	0	0	0			2.5	0/0/	0	0	0	0	0	7.3/7/0/0/0			0/0/0	----Channel catfish (Ictalurus punctatus)
0	0	0	0	0	0	0	0			2.5	0/0/	0	0	0	0	0	7.3/7/0/0/0			0/0/0	----Other
0	0	0	0	0	0	0	0			2.5	0/0/0	0	0	0	0	0	7.3/7/0/0/0		/0/0	0/0/0	---Other
0	0	0	0	0	0	0	0			2.5	0/0/0	0	0	0	0	5.6	7.3/7/0/0/0		/0/0	0/0/0	--Nile perch (Lates niloticus)
0	0	0	0	0	0	0	0			2.5	0/0/0	0	0	0	0	0	7.3/7/0/0/0		/0/0	0/0/0	--Other
0	0	0	0	0	0	0	0			2.5	0/0/0	0	0	0	0	0	7.3/7/0/0/0		/0/0	0/0/0	--Cod (Gadus morhua, Gadus ogac, Gadus macrocephalus)
0	0	0	0	0	0	0	0			2.5	0/0/0	0	0	0	0	0	7.3/7/0/0/0		/0/0	0/0/0	--Haddock (Melanogrammus aeglefinus)
0	0	0	0	0	0	0	0			2.5	0/0/0	0	0	0	0	0	7.3/7/0/0/0		/0/0	0/0/0	--Coalfish (Pollachius virens)
0	0	0	0	0	0	0	0			2.5	0/0/0	0	0	0	0	0	7.3/7/0/0/0		/0/0	0/0/0	--Hake (Merluccius spp., Urophycis spp.)
0	0	0	0	0	0	0	0			2.5	0/0/0	0	0	0	0	0	7.3/7/0/0/0		/0/0	0/0/0	--Alaska pollock (Theragra chalcogramma)
0	0	0	0	0	0	0	0			2.5	0/0/0	0	0	0	0	0	7.3/7/0/0/0		/0/0	0/0/0	--Other
0	0	0	0	0	0	0	0			2.5	0/0/0	0	0	0	0	0	7.3/7/0/0/0		/0/0	0/0/0	--Pacific salmon (Oncorhynchus nerka, Oncorhynchus gorbuscha, Oncorhynchus keta, Oncorhynchus tschawytscha, Oncorhynchus kisutch, Oncorhynchus masou and Oncorhynchus rhodurus), Atlantic salmon (Salmo salar) and Danube salmon (Hucho hucho)

商品编号	商品名称及备注[检验检疫编码及名称]	进口关税(%)		增值税率(%)	消费税	计量单位	监管条件	检验检疫类别	对美税率	出口税率(%)	出口退税率(%)
		最惠国	普通								
0304810000	冻的大麻哈鱼[红大麻哈鱼、细磷大麻哈鱼、大麻哈鱼(种)、大鳞大麻哈鱼、银大麻哈鱼、马苏大麻哈鱼、玫瑰大麻哈鱼]、大西洋鲑鱼及多瑙哲罗鱼鱼片①	7	70	9		千克	AB	P. R/Q. S	37%	0	
03048200	--鳟鱼(河鳟、虹鳟、克拉克大麻哈鱼、阿瓜大麻哈鱼、吉雨大麻哈鱼、亚利桑那大麻哈鱼、金腹大麻哈鱼)										9
0304820000	冻的鳟鱼(河鳟、虹鳟、克拉克大麻哈鱼、阿瓜大麻哈鱼、吉雨大麻哈鱼、亚利桑那大麻哈鱼、金腹大麻哈鱼) 鱼片②	7	70	9		千克	AB	P. R/Q. S	37%	0	
03048300	--比目鱼(鲽科、鲆科、舌鳎科、鳎科、菱鲆科、刺鲆科)										9
0304830000	冻的比目鱼(鲽科、鲆科、舌鳎科、鳎科、菱鲆科、刺鲆科) 鱼片③	7	70	9		千克	AB	P. R/Q. S	37%	0	
03048400	--剑鱼										9
0304840000	冻剑鱼鱼片〔999〕	7	70	9		千克	ABU	P. R/Q. S	37%	0	
03048500	--南极犬牙鱼(南极犬牙鱼属)										9
0304850000	冻南极犬牙鱼(南极犬牙鱼属)鱼片〔999〕	7	70	9		千克	ABU	P. R/Q. S	37%	0	
03048600	--鲱鱼(大西洋鲱鱼、太平洋鲱鱼)										9
0304860000	冻的鲱鱼(大西洋鲱鱼、太平洋鲱鱼)鱼片〔101 大西洋鲱鱼〕,〔102 太平洋鲱鱼〕	7	70	9		千克	AB	P. R/Q. S	37%	0	
03048700	--金枪鱼(金枪鱼属)、鲣										9
0304870000	冻的金枪鱼(金枪鱼属)、鲣的鱼片〔101 金枪鱼(金枪鱼属)〕,〔102 鲣鱼或狐鲣(鲣)〕	7	70	9		千克	AB	P. R/Q. S	37%	0	
03048800	--角鲨、其他鲨鱼、魟鱼及鳐鱼(鳐科)										
0304880010	冻的濒危鲨鱼、鱼及鳐鱼的鱼片〔999〕	7	70	9		千克	ABEF	P. R/Q. S	37%	0	0
0304880090	冻的其他鲨鱼、鱼及鳐鱼的鱼片〔999〕	7	70	9		千克	AB	P. R/Q. S	37%	0	9
03048900	--其他										
0304890010	冻的其他濒危鱼片〔999〕	7	70	9		千克	ABEF	P. R/Q. S	37%	0	0
0304890090	冻的其他鱼片〔999〕	7	70	9		千克	AB	P. R/Q. S	37%	0	9
03049100	--剑鱼										9
0304910000	其他冻剑鱼肉〔(Xiphias gladius)不论是否绞碎〕〔999〕	7	70	9		千克	ABU	P. R/Q. S	37%	0	
03049200	--南极犬牙鱼(南极犬牙鱼属)										9
0304920000	其他冻南极犬牙鱼肉〔(Toothfish,Dissostichus spp.)不论是否绞碎〕〔999〕	7	70	9		千克	ABU	P. R/Q. S	37%	0	
03049300	--罗非鱼(口孵非鲫属)、鲶鱼(鲑鲶属、鲶属、胡鲶属、真鮰属)、鲤科鱼(鲤属、鲫属、草鱼、鲢属、鲮属、青鱼、卡特拉鲃、野鲮属、哈氏纹唇鱼、何氏细须鲃、鲂属)、鳗鱼(鳗鲡属)、尼罗河鲈鱼(尼罗尖吻鲈)及黑鱼(鳢属)										9
0304930010	冻的花鳗鲡鱼肉(不论是否绞碎)〔101 养殖〕,〔102 野生〕	7	70	9		千克	ABE	P. R/Q. S	37%	0	
0304930020	冻的欧洲鳗鲡鱼肉(不论是否绞碎)〔101 养殖〕,〔102 野生〕	7	70	9		千克	ABEF	P. R/Q. S	37%	0	
0304930090	冻的罗非鱼(口孵非鲫属)、鲶鱼(鲑鲶属、鲶属、胡鲶属、真鮰属)、鲤科鱼(鲤属、鲫属、草鱼、鲢属、鲮属、青鱼、卡特拉鲃、野鲮属、哈氏纹唇鱼、何氏细须鲃、鲂属)、其他鳗鱼(鳗鲡属)、尼罗河鲈鱼(尼罗尖吻鲈)及黑鱼(鳢属)鱼肉(不论是否绞碎)④	7	70	9		千克	AB	P. R/Q. S	37%	0	
03049400	--阿拉斯加狭鳕鱼										9
0304940000	冻的阿拉斯加狭鳕鱼鱼肉(不论是否绞碎)〔999〕	7	70	9		千克	AB	P. R/Q. S	37%	0	
03049500	--犀鳕科、多丝真鳕科、鳕科、长尾鳕科、黑鳕科、无须鳕科、深海鳕科及南极鳕科鱼,阿拉斯加狭鳕鱼除外										9

① 〔101 养殖大西洋鲑鱼(非生食)〕,〔102 养殖大西洋鲑鱼(可能用于生食)〕,〔103 养殖红大麻哈鱼〕,〔104 养殖细磷大麻哈鱼〕,〔105 养殖大麻哈鱼〕,〔106 养殖大鳞大麻哈鱼〕,〔107 养殖银大麻哈鱼〕,〔108 养殖马苏大麻哈鱼〕,〔109 养殖玫瑰大麻哈鱼〕,〔110 野生大西洋鲑鱼(非生食)〕,〔111 野生大西洋鲑鱼(可能用于生食)〕,〔112 野生红大麻哈鱼〕,〔113 野生细磷大麻哈鱼〕,〔114 野生大麻哈鱼〕,〔115 野生大鳞大麻哈鱼〕,〔116 野生银大麻哈鱼〕,〔117 野生马苏大麻哈鱼〕,〔118 野生玫瑰大麻哈鱼〕,〔119 多瑙哲罗鱼〕

② 〔101 养殖河鳟〕,〔102 养殖虹鳟〕,〔103 野生河鳟〕,〔104 野生虹鳟〕,〔105 克拉克大麻哈鱼〕,〔106 阿瓜大麻哈鱼〕,〔107 吉雨大麻哈鱼鱼〕,〔108 亚利桑那大麻哈鱼〕,〔109 金腹大麻哈鱼〕

③ 〔101 养殖鲽科〕,〔102 养殖鲆科〕,〔103 养殖舌鳎科〕,〔104 养殖鳎科〕,〔105 养殖菱鲆科〕,〔106 养殖刺鲆科〕,〔107 野生鲽科〕,〔108 野生鲆科〕,〔109 野生舌鳎科〕,〔110 野生鳎科〕,〔111 野生菱鲆科〕,〔112 野生刺鲆科〕

④ 〔101 冻的养殖罗非鱼(口孵非鲫属)〕,〔102 冻的养殖鲑鲶属〕,〔103 冻的养殖胡鲶属〕,〔104 冻的养殖真鮰属〕,〔105 冻的养殖鲤属〕,〔106 冻的养殖鲫属〕,〔107 冻的养殖草鱼〕,〔108 冻的养殖鲢属〕,〔109 冻的养殖鲮属〕,〔110 冻的养殖青鱼(鲤科鱼)〕,〔111 冻的养殖其他鳗鱼(鳗鲡属)〕,〔112 冻的养殖尼罗河鲈鱼(尼罗尖吻鲈)〕,〔113 冻的养殖黑鱼(醴属)〕,〔114 冻的野生罗非鱼(口孵非鲫属)〕,〔115 冻的野生鲑鲶属〕,〔116 冻的野生胡鲶属〕,〔117 冻的野生真鮰属〕,〔118 冻的野生鲤属〕,〔119 冻的野生鲫属〕,〔120 冻的野生草鱼〕,〔121 冻的野生鲢属〕,〔122 冻的野生鲮属〕,〔123 冻的野生青鱼〕,〔124 冻的野生其他鳗鱼(鳗鲡属)〕,〔125 冻的野生尼罗河鲈鱼(尼罗尖吻鲈)〕,〔126 冻的野生黑鱼(鳢属)〕,〔127 冻的养殖鲶属〕,〔128 冻的养殖其他鲤科鱼(卡特拉鲃、野鲮属、哈氏纹唇鱼、何氏细须鲃、鲂属)〕,〔129 冻的野生鲶属〕,〔130 冻的野生其他鲤科鱼(卡特拉鲃、野鲮属、哈氏纹唇鱼、何氏细须鲃、鲂属)〕

协定税率(%)																		特惠税率(%)			Article Description
智利	新西兰	澳大利亚	瑞士	冰岛	秘鲁	哥斯达	东盟	亚太	新加坡	巴基斯坦	港/澳/台	韩国	格鲁吉亚	毛里求斯	柬埔寨	尼加拉瓜	日/韩/澳/新/东 (RCEP)	亚太2国	老/柬/缅	LDC 98/97/95	
0	0	0	0	0	0	0	0			2.5	0/0/0	0	0	0	0	5.6	7.3/7/0/0/0		/0/0	0/0/0	--Trout (Salmo trutta, Oncorhynchus mykiss, Oncorhynchus clarki, Oncorhynchus aguabonita, Oncorhynchus gilae, Oncorhynchus apache and Oncorhynchus chrysogaster)
0	0	0	0	0	0	0	0			2.5	0/0/0	0	0	0	0	0	7.3/7/0/0/0		/0/0	0/0/0	--Flat fish (Pleuronectidae, Bothidae, Cynoglossidae, Soleidae, Scophthalmidae and Citharidae)
0	0	0	0	0	0	0	0			2.5	0/0/	0	0	0	0	0	7.3/7/0/0/0		/0/0	0/0/0	--Swordfish (Xiphias gladius)
0	0	0	0	0	0	0	0			2.5	0/0/	0	0	0	0	0	7.3/7/0/0/0		/0/0	0/0/0	--Toothfish (Dissostichus spp.)
0	0	0	0	0	0	0	0			2.5	0/0/0	0	0	0	0	5.6	7.3/7/0/0/0		/0/0	0/0/0	--Herrings (Clupea harengus, Clupea pallasii)
0	0	0	0	0	0	0	0			2.5	0/0/0	0	0	2	0	0	7.3/7/0/0/0		/0/0	0/0/0	--Tunas (of the genus Thunnus), skipjack tuna (stripe-bellied bonito) (Katsuwonus pelamis)
0	0	0	0	0	0	0	0			2.5	0/0/0	0	0	0	0	5.6	7.3/7/0/0/0		/0/0	0/0/0	--Dogfish, other sharks, rays and skates (Rajidae)
0	0	0	0	0	0	0	0			2.5	0/0/0	0	0	0	0	0	7.3/7/0/0/0		/0/0	0/0/0	--Other
0	0	0	0	0	0	0	0			2.5	0/0/	0	0	0	0	0	7.3/7/0/0/0	0	//0	0/0/0	--Swordfish (Xiphias gladius)
0	0	0	0	0	0	0	0			2.5	0/0/	0	0	0	0	0	7.3/7/0/0/0	0	//0	0/0/0	--Toothfish (Dissostichus spp.)
0	0	0	0	0	0	0	0			0	0/0/	0	0	0	0	0	7.3/7/0/0/0	0	//0	0/0/0	--Tilapias (Oreochromis spp.), catfish (Pangasius spp., Silurus spp., Clarias spp., Ictalurus spp.), carp (Cyprinus spp., Carassius spp., Ctenopharyngodon idellus, Hypophthalmichthys spp., Cirrhinus spp., Mylopharyngodon piceus, Catla catla, Labeo spp., Osteochilus hasselti, Leptobarbus hoeveni, Megalobrama spp.), eels (Anguilla spp.), Nile perch (Lates niloticus) and snakeheads (Channa spp.)
0	0	0	0	0	0	0	0			2.5	0/0/	0	0	0	0	5.6	7.3/7/0/0/0	0	//0	0/0/0	--Alaska pollock (Theragra chalcogramma)
0	0	0	0	0	0	0	0			2.5	0/0/	0	0	0	0	0	7.3/7/0/0/0	0	//0	0/0/0	--Fish of the families Bregmacerotidae, Euclichthyidae, Gadidae, Macrouridae, Melanonidae, Merlucciidae, Moridae and Muraenolepididae, other than Alaska Pollock (Theragra chalcogramma)

商品编号	商品名称及备注[检验检疫编码及名称]	进口关税(%) 最惠国	进口关税(%) 普通	增值税率(%)	消费税	计量单位	监管条件	检验检疫类别	对美税率	出口税率(%)	出口退税率(%)
0304950000	冻的犀鳕科、多丝真鳕科、鳕科、长尾鳕科、黑鳕科、无须鳕科、深海鳕科及南极鳕科鱼的鱼肉，阿拉斯加狭鳕鱼除外(不论是否绞碎)①	7	70	9		千克	AB	P. R/Q. S	37%	0	
03049600	--角鲨及其他鲨鱼										
0304960010	冻的濒危鲨鱼肉(不论是否绞碎)〔999〕	7	70	9		千克	ABFE	P. R/Q. S	37%	0	0
0304960090	冻的其他鲨鱼肉(不论是否绞碎)〔999〕	7	70	9		千克	AB	P. R/Q. S	37%	0	9
03049700	--魟鱼及鳐鱼(鳐科)										
0304970010	冻的濒危鱼及鳐鱼的鱼肉(不论是否绞碎)〔999〕	7	70	9		千克	ABFE	P. R/Q. S	37%	0	0
0304970090	冻的其他鱼及鳐鱼的鱼肉(不论是否绞碎)〔999〕	7	70	9		千克	AB	P. R/Q. S	37%	0	9
03049900	--其他										
0304990010	冻的其他濒危鱼的鱼肉(不论是否绞碎)〔999〕	7	70	9		千克	ABFE	P. R/Q. S	37%	0	0
0304990090	其他冻鱼肉(不论是否绞碎)②	7	70	9		千克	AB	P. R/Q. S	37%	0	9
0305	**干、盐腌或盐渍的鱼；熏鱼，不论在熏制前或熏制过程中是否烹煮：**										
03052000	-干、熏、盐腌或盐渍的鱼肝、鱼卵及鱼精										
0305200010	干、熏、盐制的濒危鱼种肝、卵及鱼精③	7	80	9		千克	ABFE	P. R/Q. S	37%	0	0
0305200090	其他干、熏、盐制的鱼肝、鱼卵及鱼精④	7	80	9		千克	AB	P. R/Q. S	37%	0	9,13
03053100	--罗非鱼(口孵非鲫属)、鲶鱼(鮰鲶属、鲶属、胡鲶属、真鮰属)、鲤科鱼(鲤属、鲫属、草鱼、鲢属、鲮属、青鱼、卡特拉鲃、野鲮属、哈氏纹唇鱼、何氏细须鲃、鲂属)、鳗鱼(鳗鲡属)、尼罗河鲈鱼(尼罗尖吻鲈)及黑鱼(鳢属)										
0305310010	干、盐腌或盐渍的花鳗鲡鱼片(熏制的除外)⑤	7	80	9		千克	ABE	P. R/Q. S		0	9,13
0305310020	干、盐腌或盐渍的欧洲鳗鲡鱼片(熏制的除外)⑥	7	80	9		千克	ABEF	P. R/Q. S		0	9,13
0305310090	干、盐腌或盐渍的罗非鱼(口孵非鲫属)、鲶鱼(鮰鲶属、鲶属、胡鲶属、真鮰属)、鲤科鱼(鲤属、鲫属、草鱼、鲢属、鲮属、青鱼、卡特拉鲃、野鲮属、哈氏纹唇鱼、何氏细须鲃、鲂属)、鳗鱼(鳗鲡属)、尼罗河鲈鱼(尼罗尖吻鲈)及黑鱼(鳢属)的鱼片(熏制的除外)⑦	7	80	9		千克	AB	P. R/Q. S		0	9,13
03053200	--犀鳕科、多丝真鳕科、鳕科、长尾鳕科、黑鳕科、无须鳕科、深海鳕科及南极鳕科鱼										
0305320000	干、盐腌或盐渍的犀鳕科、多丝真鳕科、鳕科、长尾鳕科、黑鳕科、无须鳕科、深海鳕科及南极鳕科的鱼片(熏制的除外)⑧	7	80	9		千克	AB	P. R/Q. S		0	9,13
03053900	--其他										
0305390010	干、盐腌或盐渍的濒危鱼类的鱼片(熏制的除外)〔999〕	7	80	9		千克	ABEF	P. R/Q. S		0	0
0305390090	其他干、盐腌或盐渍的鱼片(熏制的除外)⑨	7	80	9		千克	AB	P. R/Q. S		0	9,13
03054110	---大西洋鲑鱼										9
0305411000	熏大西洋鲑鱼及鱼片(食用杂碎除外)〔101 养殖〕,〔102 野生〕	14	80	9		千克	AB	P. R/Q		0	
03054120	---大马哈鱼及多瑙哲罗鱼										9
0305412000	熏大麻哈鱼、多瑙哲罗鱼及鱼片(食用杂碎除外)〔101 养殖大麻哈鱼〕,〔102 养殖多瑙哲罗鱼〕,〔103 野生大麻哈鱼〕,〔104 野生多瑙哲罗鱼〕	7	80	9		千克	AB	P. R/Q	37%	0	
03054200	--鲱鱼(大西洋鲱鱼、太平洋鲱鱼)										9

① 〔101 犀鳕科〕,〔102 多丝真鳕科〕,〔103 鳕科〕,〔104 长尾鳕科〕,〔105 黑鳕科〕,〔106 无须鳕科〕,〔107 深海鳕科〕,〔108 南极鳕科鱼〕

② 〔101 养殖石斑鱼〕,〔102 养殖鲥鱼〕,〔103 养殖鲷科〕,〔104 养殖安康鱼〕,〔105 养殖海鲂〕,〔106 养殖鲆鱼〕,〔107 养殖鲽鱼〕,〔108 养殖红鱼〕,〔109 养殖其他鱼〕,〔110 野生石斑鱼〕,〔111 野生鲥鱼〕,〔112 野生鲷科〕,〔113 野生安康鱼〕,〔114 野生海鲂〕,〔115 野生鲆鱼〕,〔116 野生鲽鱼〕,〔117 野生红鱼〕,〔118 海鲫鱼〕,〔119 金线鱼〕,〔120 马面鱼〕,〔121 马鲛鱼〕,〔122 野生其他鱼〕

③ 〔101 干制的养殖濒危鱼鱼肝〕,〔102 干制的野生濒危鱼鱼肝〕,〔103 干制的养殖濒危鱼鱼卵〕,〔104 干制的野生濒危鱼鱼卵〕,〔105 干制的养殖濒危鱼鱼精〕,〔106 干制的野生濒危鱼鱼精〕,〔107 熏制的养殖濒危鱼鱼肝〕,〔108 熏制的野生濒危鱼鱼肝〕,〔109 熏制的养殖濒危鱼鱼卵〕,〔110 熏制的野生濒危鱼鱼卵〕,〔111 熏制的养殖濒危鱼鱼精〕,〔112 熏制的野生濒危鱼鱼精〕,〔113 盐制的养殖濒危鱼鱼肝〕,〔114 盐制的野生濒危鱼鱼肝〕,〔115 盐制的养殖濒危鱼鱼卵〕,〔116 盐制的野生濒危鱼鱼卵〕,〔117 盐制的养殖濒危鱼鱼精〕,〔118 盐制的野生濒危鱼鱼精〕

④ 〔111 其他干制的养殖鱼鱼肝〕,〔112 其他干制的野生鱼鱼肝〕,〔113 其他干制的养殖鱼鱼卵〕,〔114 其他干制的野生鱼鱼卵〕,〔115 其他干制的养殖鱼鱼精〕,〔116 其他干制的野生鱼鱼精〕,〔117 其他熏制的养殖鱼鱼肝〕,〔118 其他熏制的野生鱼鱼肝〕,〔119 其他熏制的养殖鱼鱼卵〕,〔120 其他熏制的野生鱼鱼卵〕,〔121 其他熏制的养殖鱼鱼精〕,〔122 其他熏制的野生鱼鱼精〕,〔123 其他盐制的养殖鱼鱼肝〕,〔124 其他盐制的野生鱼鱼肝〕,〔125 其他盐制的养殖鱼鱼卵〕,〔126 其他盐制的野生鱼鱼卵〕,〔127 其他盐制的养殖鱼鱼精〕,〔128 其他盐制的野生鱼鱼精〕

⑤ 〔101 干制的养殖花鳗鲡〕,〔102 盐腌或盐渍的养殖花鳗鲡〕,〔103 干制的野生花鳗鲡〕,〔104 盐腌或盐渍的野生花鳗鲡〕

⑥ 〔101 干制的养殖欧洲鳗鲡〕,〔102 盐腌或盐渍的养殖欧洲鳗鲡〕,〔103 干制的野生欧洲鳗鲡〕,〔104 盐腌或盐渍的野生欧洲鳗鲡鱼片(熏制的除外)〕

⑦ 〔161 干制的养殖鱼〕,〔162 干制的野生鱼〕,〔163 盐腌或盐渍的养殖鱼〕,〔164 盐腌或盐渍的野生鱼〕

⑧ 〔101 干制的犀鳕科〕,〔102 干制的多丝真鳕科〕,〔103 干制的鳕科〕,〔104 干制的长尾鳕科〕,〔105 干制的黑鳕科〕,〔106 干制的无须鳕科〕,〔107 干制的深海鳕科〕,〔108 干制的南极鳕科〕,〔109 盐腌或盐渍的犀鳕科〕,〔110 盐腌或盐渍的多丝真鳕科〕,〔111 盐腌或盐渍的鳕科〕,〔112 盐腌或盐渍的长尾鳕科〕,〔113 盐腌或盐渍的黑鳕科〕,〔114 盐腌或盐渍的无须鳕科〕,〔115 盐腌或盐渍的深海鳕科〕,〔116 盐腌或盐渍的南极鳕科〕

⑨ 〔101 干制的养殖石斑鱼〕,〔102 干制的养殖鲥鱼〕,〔103 干制的养殖鲷科〕,〔104 干制的养殖安康鱼〕,〔105 干制的养殖海鲂〕,〔106 干制的养殖鲆鱼〕,〔107 干制的养殖鲽鱼〕,〔108 干制的养殖红鱼〕,〔109 干制的养殖杂鱼〕,〔110 盐腌或盐渍的养殖石斑鱼〕,〔111 盐腌或盐渍的养殖鲥鱼〕,〔112 盐腌或盐渍的养殖鲷科〕,〔113 盐腌或盐渍的养殖安康鱼〕,〔114 盐腌或盐渍的养殖海鲂〕,〔115 盐腌或盐渍的养殖鲆鱼〕,〔116 盐腌或盐渍的养殖鲽鱼〕,〔117 盐腌或盐渍的养殖红鱼〕,〔118 盐腌或盐渍的养殖杂鱼〕,〔119 干制的野生石斑鱼〕,〔120 干制的野生鲥鱼〕,〔121 干制的野生鲷科〕,〔122 干制的野生安康鱼〕,〔123 干制的野生海鲂〕,〔124 干制的野生鲆鱼〕,〔125 干制的野生鲽鱼〕,〔126 干制的野生红鱼〕,〔127 干制的海鲫鱼〕,〔128 干制的金线鱼〕,〔129 干制的马面鱼〕,〔130 干制的马鲛鱼〕,〔131 干制的野生杂鱼〕,〔132 盐腌或盐渍的野生石斑鱼〕,〔133 盐腌或盐渍的野生鲥鱼〕,〔134 盐腌或盐渍的野生鲷科〕,〔135 盐腌或盐渍的野生安康鱼〕,〔136 盐腌或盐渍的野生海鲂〕,〔137 盐腌或盐渍的野生鲆鱼〕,〔138 盐腌或盐渍的野生鲽鱼〕,〔139 盐腌或盐渍的野生红鱼〕,〔140 盐腌或盐渍的海鲫鱼〕,〔141 盐腌或盐渍的金线鱼〕,〔142 盐腌或盐渍的马面鱼〕,〔143 盐腌或盐渍的马鲛鱼〕,〔144 盐腌或盐渍的野生杂鱼〕

协定税率(%)																		特惠税率(%)			
智利	新西兰	澳大利亚	瑞士	冰岛	秘鲁	哥斯达	东盟	亚太	新加坡	巴基斯坦	港/澳/台	韩国	格鲁吉亚	毛里求斯	柬埔寨	尼加拉瓜	日/韩/澳/新/东 (RCEP)	亚太2国	老/柬/缅	LDC 98/97/95	Article Description
0	0	0	0	0	0	0	0			0	0/0/	0	0	0	0	0	7.3/7/7/7/7	0	//0	0/0/0	--Dogfish and other sharks
0	0	0	0	0	0	0	0			0	0/0/	0	0	0	0	0	7.3/7/7/7/7	0	//0	0/0/0	--Rays and skates (Rajidae)
0	0	0	0	0	0	0	0			0	0/0/	0	0	0	0	0	7.3/7/7/7/7	0	//0	0/0/0	--Other
																					Fish, dried, salted or in brine; smoked fish, whether or not cooked before or during the smoking process:
0	0	0		0		0	0			2.5	0/0/	0	0	0	0	5.6	7.3/7/0/0/0			0/0/0	-Livers, roes and milt of fish, dried, smoked, salted or in brine
0	0	0		0	0	0	0	5.5		2.5	0/0/	0	0	0	0	5.6	7.3/7/0/0/0	0	//0	0/0/0	--Tilapias (Oreochromis spp.), catfish (Pangasius spp., Silurus spp., Clarias spp., Ictalurus spp.), carp (Cyprinus spp., Carassius spp., Ctenopharyngodon idellus, Hypophthalmichthys spp., Cirrhinus spp., Mylopharyngodon piceus, Catla catla, Labeo spp., Osteochilus hasselti, Leptobarbus hoeveni, Megalobrama spp.), eels (Anguilla spp.), Nile perch (Lates niloticus) and snakeheads (Channa spp.)
0	0	0		0	0	0	0	5.5		2.5	0/0/	0	0	0	0	0	7.3/7/0/0/0	0	//0	0/0/0	--Fish of the families Bregmacerotidae, Euclichthyidae, Gadidae, Macrouridae, Melanonidae, Merlucciidae, Moridae and Muraenolepididae
0	0	0		0	0	0	0	5.5		2.5	0/0/	0	0	0	0	0	7.3/7/0/0/0	0	//0	0/0/0	--Other
0	0	0		0	0	0	0			7	0/0/	0	0	0	0	13.1	10.2/9.8/0/0/0			0/0/0	---Atlantic salmon
0	0	0		0	0	0	0			11.2	0/0/	0	0	0	0	5.6	10.2/9.8/0/0/0			0/0/0	---Pacific salmon and Danube salmon
0	0	0		0	0	0	0			12.8	0/0/	5.3	0	0	0	5.6	/11.2/11.2/11.2/11.2			0/0/0	--Herrings (Clupea harengus, Clupea pallasii)

商品编号	商品名称及备注[检验检疫编码及名称]	进口关税(%) 最惠国	进口关税(%) 普通	增值税率(%)	消费税	计量单位	监管条件	检验检疫类别	对美税率	出口税率(%)	出口退税率(%)
0305420000	熏制鲱鱼(大西洋鲱鱼、太平洋鲱鱼)及鱼片(食用杂碎除外)〔101 养殖大西洋鲱鱼〕,〔102 养殖太平洋鲱鱼〕,〔103 野生大西洋鲱鱼〕,〔104 野生太平洋鲱鱼〕	7	80	9		千克	AB	P. R/Q		0	
03054300	--鳟鱼(河鳟、虹鳟、克拉克大麻哈鱼、阿瓜大麻哈鱼、吉雨大麻哈鱼、亚利桑那大麻哈鱼、金腹大麻哈鱼)										9
0305430000	熏制鳟鱼(河鳟、虹鳟、克拉克大麻哈鱼、阿瓜大麻哈鱼、吉雨大麻哈鱼、亚利桑那大麻哈鱼、金腹大麻哈鱼)及鱼片(食用杂碎除外)①	14	80	9		千克	AB	P. R/Q. S		0	
03054400	--罗非鱼(口孵非鲫属)、鲶鱼(鲑鲶属、鲶属、胡鲶属、真鮰属)、鲤科鱼(鲤属、鲫属、草鱼、鲢属、鲮属、青鱼、卡特拉鲃、野鲮属、哈氏纹唇鱼、何氏细须鲃、鲂属)、鳗鱼(鳗鲡属)、尼罗河鲈鱼(尼罗尖吻鲈)及黑鱼(鳢属)										9
0305440010	熏制花鳗鲡及鱼片(食用杂碎除外)〔101 养殖〕,〔102 野生〕	7	80	9		千克	ABE	P. R/Q. S		0	
0305440020	熏制欧洲鳗鲡及鱼片(食用杂碎除外)〔101 养殖〕,〔102 野生〕	7	80	9		千克	ABEF	P. R/Q. S		0	
0305440090	熏制罗非鱼(口孵非鲫属)、鲶鱼(鲑鲶属、鲶属、胡鲶属、真鮰属)、鲤科鱼(鲤属、鲫属、草鱼、鲢属、鲮属、青鱼、卡特拉鲃、野鲮属、哈氏纹唇鱼、何氏细须鲃、鲂属)、鳗鱼(鳗鲡属)、尼罗河鲈鱼(尼罗尖吻鲈)及黑鱼(鳢属)(食用杂碎除外)〔131 熏制的养殖鱼〕,〔132 熏制的野生鱼〕	7	80	9		千克	AB	P. R/Q. S		0	
03054900	--其他										
0305490020	熏制其他濒危鱼及鱼片(食用杂碎除外)〔999〕	7	80	9		千克	ABEF	P. R/Q. S		0	0
0305490090	其他熏鱼及鱼片(食用杂碎除外)②	7	80	9		千克	AB	P. R/Q. S		0	9
03055100	--鳕鱼(大西洋鳕鱼、格陵兰鳕鱼、太平洋鳕鱼)										9
0305510000	干鳕鱼(大西洋鳕鱼、格陵兰鳕鱼、太平洋鳕鱼),食用杂碎除外(不论是否盐腌,但熏制的除外)〔101 干制的大西洋鳕鱼〕,〔102 干制的太平洋鳕鱼〕,〔103 干制的格陵兰鳕鱼〕	7	80	9		千克	AB	P. R/Q. S		0	
03055200	--罗非鱼(口孵非鲫属)、鲶鱼(鲑鲶属、鲶属、胡鲶属、真鮰属)、鲤科鱼(鲤属、鲫属、草鱼、鲢属、鲮属、青鱼、卡特拉鲃、野鲮属、哈氏纹唇鱼、何氏细须鲃、鲂属)、鳗鱼(鳗鲡属)、尼罗河鲈鱼(尼罗尖吻鲈)及黑鱼(鳢属)										9
0305520000	干罗非鱼(口孵非鲫属)、鲶鱼(鲶属、鲶属、胡鲶属、真属)、鲤科鱼(鲤属、鲫属、草鱼、鲢属、鲮属、青鱼、卡特拉鲃、野鲮属、哈氏纹唇鱼、何氏细须鲃、鲂属)、鳗鱼(鳗鲡属)、尼罗河鲈鱼(尼罗尖吻鲈)及黑鱼(鳢属)〔101 养殖干制鱼类制品〕,〔102 野生干制鱼类制品〕	7	80	9		千克	AB	P. R/Q. S		0	
03055300	--犀鳕科、多丝真鳕科、鳕科、长尾鳕科、黑鳕科、无须鳕科、深海鳕科及南极鳕科鱼,鳕鱼(大西洋鳕鱼、格陵兰鳕鱼、太平洋鳕鱼)除外										9
0305530000	干犀鳕科、多丝真鳕科、鳕科、长尾鳕科、黑鳕科、无须鳕科、深海鳕科及南极鳕科鱼,鳕鱼(大西洋鳕鱼、格陵兰鳕鱼、太平洋鳕鱼)除外〔101〕	7	80	9		千克	AB	P. R/Q. S		0	
03055410	---银鲳(鲳属)										9
0305541000	干银鲳(鲳属)〔101 养殖干制鱼类制品〕,〔102 野生干制鱼类制品〕	7	80	9		千克	AB	P. R/Q. S		0	
03055490	---其他										9
0305549000	干鲱鱼(大西洋鲱鱼、太平洋鲱鱼)、鳀鱼(鳀属)、沙丁鱼(沙丁鱼、沙瑙鱼属)、小沙丁鱼属、黍鲱或西鲱、鲭鱼[大西洋鲭、澳洲鲭(鲐)、日本鲭(鲐)][包括印度鲭(羽鳃鲐属)、马鲛鱼(马鲛属)、对称竹荚鱼、新西兰竹荚鱼及竹荚鱼(竹荚鱼属)、鲹鱼(鲹属)、军曹鱼、秋刀鱼、圆鲹(圆鲹属)、多春鱼(毛鳞鱼)、剑鱼、鲔鱼、狐鲣(狐鲣属)、枪鱼、旗鱼、四鳍旗鱼(旗鱼科)]〔101 养殖干制鱼类制品〕,〔102 野生干制鱼类制品〕	7	80	9		千克	AB	P. R/Q. S		0	
03055910	---海龙、海马										9
0305591010	干海马,食用杂碎除外(不论是否盐腌,但熏制的除外)〔101 干制的海马〕,〔102 药用海马〕	2	20	9		千克	FEAB	P. R/Q		0	

① 〔101 养殖河鳟〕,〔102 养殖虹鳟〕,〔103 野生河鳟〕,〔104 野生虹鳟〕,〔105 克拉克大麻哈鱼〕,〔106 阿瓜大麻哈鱼〕,〔107 吉雨大麻哈鱼〕,〔108 亚利桑那大麻哈鱼〕,〔109 金腹大麻哈鱼〕

② 〔101 熏制的养殖石斑鱼〕,〔102 熏制的养殖鲥鱼〕,〔103 熏制的养殖鲷科〕,〔104 熏制的养殖安康鱼〕,〔105 熏制的养殖海鲂〕,〔106 熏制的养殖鲆鱼〕,〔107 熏制的养殖鲽鱼〕,〔108 熏制的养殖红鱼〕,〔109 熏制的其他养殖鱼〕,〔110 熏制的野生石斑鱼〕,〔111 熏制的野生鲥鱼〕,〔112 熏制的野生鲷科〕,〔113 熏制的野生安康鱼〕,〔114 熏制的野生海鲂〕,〔115 熏制的野生鲆鱼〕,〔116 熏制的野生鲽鱼〕,〔117 熏制的野生红鱼〕,〔118 熏制的海鲫鱼〕,〔119 熏制的金线鱼〕,〔120 熏制的马面鱼〕,〔121 熏制的马鲛鱼〕,〔122 熏制的其他野生鱼〕

协定税率(%)																		特惠税率(%)			
智利	新西兰	澳大利亚	瑞士	冰岛	秘鲁	哥斯达	东盟	亚太	新加坡	巴基斯坦	港/澳/台	韩国	格鲁吉亚	毛里求斯	柬埔寨	尼加拉瓜	日/韩/澳/新/东(RCEP)	亚太2国	老/柬/缅	LDC 98/97/95	Article Description
0	0	0		0	0	0	0			11.2	0/0/	0	0	0	0	13.1	10.2/9.8/0/0/0	0	//0	0/0/0	--Trout (Salmo trutta, Oncorhynchus mykiss, Oncorhynchus clarki, Oncorhynchus aguabonita, Oncorhynchus gilae, Oncorhynchus apache and Oncorhynchus chrysogaster)
0	0	0		0	0	0	0			11.2	0/0/	0	0	0	0	0	10.2/9.8/0/0/0	0	//0	0/0/0	--Tilapias (Oreochromis spp.), catfish (Pangasius spp., Silurus spp., Clarias spp., Ictalurus spp.), carp (Cyprinus spp., Carassius spp., Ctenopharyngodon idellus, Hypophthalmichthys spp., Cirrhinus spp., Mylopharyngodon piceus, Catla catla, Labeo spp., Osteochilus hasselti, Leptobarbus hoeveni, Megalobrama spp.), eels (Anguilla spp.), Nile perch (Lates niloticus) and snakeheads (Channa spp.)
0	0	0		0	0	0	0			11.2	0/0/	0	0	0	0	0	10.2/9.8/0/0/0	0	//0	0/0/0	--Other
0	0	0	0	0	0	0	0			12.8	0/0/	5.3	0	0	0	0	13/11.2/11.2/11.2/11.2			0/0/0	--Cod (Gadus morhua, Gadus ogac, Gadus macrocephalus)
0	0	0	0	0	0	0	0				0/0/	5.3	0	0	0	0	13/11.2/11.2/11.2/11.2	0	//0	0/0/0	--Tilapias (Oreochromis spp.), catfish (Pangasius spp., Silurus spp., Clarias spp., Ictalurus spp.), carp (Cyprinus spp., Carassius spp., Ctenopharyngodon idellus, Hypophthalmichthys spp., Cirrhinus spp., Mylopharyngodon piceus, Catla catla, Labeo spp., Osteochilus hasselti, Leptobarbus hoeveni, Megalobrama spp.), eels (Anguilla spp.), Nile perch (Lates niloticus) and snakeheads (Channa spp.)
0	0	0	0	0	0	0	0				0/0/	5.3	0	0	0	0	13/11.2/11.2/11.2/11.2	0	//0	0/0/0	--Fish of the families Bregmacerotidae, Euclichthyidae, Gadidae, Macrouridae, Melanonidae, Merlucciidae, Moridae and Muraenolepididae, other than cod (Gadus morhua, Gadus ogac, Gadus macrocephalus)
0	0	0	0	0	0	0	0				0/0/	5.3	0	0	0	0	13/11.2/11.2/11.2/11.2	0	//0	0/0/0	---Silver pomfrets (Pampus spp.)
0	0	0	0	0	0	0	0				0/0/	5.3	0	0	0	0	13/11.2/11.2/11.2/11.2	0	//0	0/0/0	---Other
0	0	0	0	0	0	0	0			0	0/0/	0	0	0	0	0	0/0/0/0/0	0	/0/0	0/0/0	---Pipefish and hippocampi

商品编号	商品名称及备注[检验检疫编码及名称]	进口关税(%) 最惠国	进口关税(%) 普通	增值税率(%)	消费税	计量单位	监管条件	检验检疫类别	对美税率	出口税率(%)	出口退税率(%)
0305591020	干海龙,食用杂碎除外(不论是否盐腌,但熏制的除外)〔101 干制的海龙〕,〔102 药用海龙〕	2	20	9		千克	AB	P. R/Q		0	
03055990	---其他										
0305599010	其他濒危干鱼,食用杂碎除外(不论是否盐腌,但熏制的除外)〔999〕	7	80	9		千克	AFEB	P. R/Q. S		0	0
0305599090	其他干鱼,食用杂碎除外(不论是否盐腌,但熏制的除外)①	7	80	9		千克	AB	P. R/Q. S		0	9
03056100	--鲱鱼(大西洋鲱鱼、太平洋鲱鱼)										9
0305610000	盐腌及盐渍的鲱鱼(大西洋鲱鱼、太平洋鲱鱼),食用杂碎除外(干或熏制的除外)〔101 盐腌及盐渍的大西洋鲱鱼〕,〔102 盐腌及盐渍的太平洋鲱鱼〕	7	80	9		千克	AB	P. R/Q		0	
03056200	--鳕鱼(大西洋鳕鱼、格陵兰鳕鱼、太平洋鳕鱼)										9
0305620000	盐腌及盐渍鳕鱼(大西洋鳕鱼、格陵兰鳕鱼、太平洋鳕鱼),食用杂碎除外(干或熏制的除外)〔101 盐腌及盐渍的大西洋鳕鱼〕,〔102 盐腌及盐渍的太平洋鳕鱼〕,〔103 盐腌及盐渍的格陵兰鳕鱼〕	7	80	9		千克	AB	P. R/Q. S		0	
03056300	--鳀鱼(鳀属)										9
0305630000	盐腌及盐渍的鳀鱼(鳀属),食用杂碎除外(干或熏制的除外)〔999〕	7	80	9		千克	AB	P. R/Q		0	
03056400	--罗非鱼(口孵非鲫属)、鲶鱼(鲇鲶属、鲶属、胡鲶属、真鮰属)、鲤科鱼(鲤属、鲫属、草鱼、鲢属、鲮属、青鱼、卡特拉鲃、野鲮属、哈氏纹唇鱼、何氏细须鲃、鲂属)、鳗鱼(鳗鲡属)、尼罗河鲈鱼(尼罗尖吻鲈)及黑鱼(鳢属)										9
0305640010	盐腌及盐渍的花鳗鲡,食用杂碎除外(干或熏制的除外)〔101 盐腌及盐渍的养殖花鳗鲡〕,〔102 盐腌及盐渍的野生花鳗鲡〕	10	80	9		千克	ABE	P. R/Q. S		0	
0305640020	盐腌及盐渍的欧洲鳗鲡,食用杂碎除外(干或熏制的除外)〔101 盐腌及盐渍的养殖〕,〔102 盐腌及盐渍的野生〕	10	80	9		千克	ABEF	P. R/Q. S		0	
0305640090	盐腌及盐渍的罗非鱼(口孵非鲫属)、鲶鱼(鲇鲶属、鲶属、胡鲶属、真鮰属)、鲤科鱼(鲤属、鲫属、草鱼、鲢属、鲮属、青鱼、卡特拉鲃、野鲮属、哈氏纹唇鱼、何氏细须鲃、鲂属)、其他鳗鱼(鳗鲡属)、尼罗河鲈鱼(尼罗尖吻鲈)及黑鱼(鳢属),食用杂碎除外(干或熏制的除外)〔131 盐腌及腌渍的养殖鱼类制品〕,〔132 盐腌及腌渍的野生鱼类制品〕	10	80	9		千克	AB	P. R/Q. S		0	
03056910	---带鱼										9
0305691000	盐腌及盐渍的带鱼,食用杂碎除外(干或熏制的除外)〔999〕	7	80	9		千克	AB	P. R/Q. S		0	
03056920	---黄鱼										9
0305692000	盐腌及盐渍的黄鱼,食用杂碎除外(干或熏制的除外)〔101 盐腌及盐渍的养殖黄鱼〕,〔102 盐腌及盐渍的野生黄鱼〕	10	80	9		千克	AB	P. R/Q. S		0	
03056930	---鲳鱼(银鲳除外)										9
0305693000	盐腌及盐渍的鲳鱼(银鲳除外),食用杂碎除外(干或熏制的除外)〔101 盐腌及盐渍的养殖鲳鱼〕,〔102 盐腌及盐渍的野生鲳鱼〕	7	80	9		千克	AB	P. R/Q. S		0	
03056990	---其他										
0305699010	盐腌及盐渍的其他濒危鱼,食用杂碎除外(干或熏制的除外)〔999〕	7	80	9		千克	ABFE	P. R/Q. S		0	0
0305699090	盐腌及盐渍的其他鱼,食用杂碎除外(干或熏制的除外)②	7	80	9		千克	AB	P. R/Q. S		0	9
03057100	--鲨鱼翅										
0305710010	濒危鲨鱼鱼翅(不论是否干制、盐腌、盐渍和熏制)〔999〕	15	80	9		千克	ABEF	P. R/Q. S		0	0
0305710090	其他鲨鱼鱼翅(不论是否干制、盐腌、盐渍和熏制)〔999〕	15	80	9		千克	AB	P. R/Q. S		0	9
03057200	--鱼头、鱼尾、鱼鳔										
0305720010	濒危鱼的鱼头、鱼尾、鱼鳔(不论是否干制、盐腌、盐渍和熏制)〔999〕	7	80	9		千克	ABEF	P. R/Q. S		0	0
0305720090	其他鱼的鱼头、鱼尾、鱼鳔(不论是否干制、盐腌、盐渍和熏制)〔101 养殖〕,〔102 野生〕	7	80	9		千克	AB	P. R/Q. S		0	9
03057900	--其他										

① 〔101 干制的养殖石斑鱼〕,〔102 干制的养殖鲥鱼〕,〔103 干制的养殖鲷科〕,〔104 干制的养殖安康鱼〕,〔105 干制的养殖海鲂〕,〔106 干制的养殖鲆鱼〕,〔107 干制的养殖鲽鱼〕,〔108 干制的养殖红鱼〕,〔109 干制的养殖其他鱼〕,〔110 干制的野生石斑鱼〕,〔111 干制的野生鲥鱼〕,〔112 干制的野生鲷科〕,〔113 干制的野生安康鱼〕,〔114 干制的野生海鲂〕,〔115 干制的野生鲆鱼〕,〔116 干制的野生鲽鱼〕,〔117 干制的野生红鱼〕,〔118 干制的海鲫鱼〕,〔119 干制的金线鱼〕,〔120 干制的马面鱼〕,〔121 干制的马鲛鱼〕,〔122 干制的野生其他鱼〕

② 〔101 盐腌或盐渍的养殖石斑鱼〕,〔102 盐腌或盐渍的养殖鲥鱼〕,〔103 盐腌或盐渍的养殖鲷科鱼〕,〔104 盐腌或盐渍的养殖安康鱼〕,〔105 盐腌或盐渍的养殖海鲂〕,〔106 盐腌或盐渍的养殖鲆鱼〕,〔107 盐腌或盐渍的养殖鲽鱼〕,〔108 盐腌或盐渍的养殖红鱼〕,〔109 盐腌或盐渍的养殖其他鱼〕,〔110 盐腌或盐渍的野生石斑鱼〕,〔111 盐腌或盐渍的野生鲥鱼〕,〔112 盐腌或盐渍的野生鲷科鱼〕,〔113 盐腌或盐渍的野生安康鱼〕,〔114 盐腌或盐渍的野生海鲂〕,〔115 盐腌或盐渍的野生鲆鱼〕,〔116 盐腌或盐渍的野生鲽鱼〕,〔117 盐腌或盐渍的野生红鱼〕,〔118 盐腌或盐渍的海鲫鱼〕,〔119 盐腌或盐渍的金线鱼〕,〔120 盐腌或盐渍的马面鱼〕,〔121 盐腌或盐渍的马鲛鱼〕,〔122 盐腌或盐渍的其他野生其他鱼〕

协定税率(%)																		特惠税率(%)			Article Description
智利	新西兰	澳大利亚	瑞士	冰岛	秘鲁	哥斯达	东盟	亚太	新加坡	巴基斯坦	港/澳/台	韩国	格鲁吉亚	毛里求斯	柬埔寨	尼加拉瓜	日/韩/澳/新/东(RCEP)	亚太2国	老/柬/缅	LDC 98/97/95	
0	0	0	0	0	0	0	0				0/0/	5.3	0	0	0	0	13/11.2/11.2/11.2/11.2	0	//0	0/0/0	---Other
0	0	0	0	0	0	0	0	4.8		8	0/0/	5.3	0	0	0	0	13/11.2/11.2/11.2/11.2			0/0/0	--Herrings (Clupea harengus, Clupea pallasii)
0	0	0	0	0	0	0	0	5.3		8	0/0/	5.3	0	0	0	0	13/11.2/11.2/11.2/11.2			0/0/0	--Cod (Gadus morhua, Gadus ogac, Gadus macrocephalus)
0	0	0	0	0	0	0	0	5.3		8	0/0/	5.3	0	0	0	0	13/11.2/11.2/11.2/11.2			0/0/0	--Anchovies (Engraulis spp.)
0	0	0	0	0	0	0	0			12.8	0/0/	5.3	0	0	0	9	13/11.2/11.2/11.2/11.2	0	//0	0/0/0	--Tilapias (Oreochromis spp.), catfish (Pangasius spp., Silurus spp., Clarias spp., Ictalurus spp.), carp (Cyprinus spp., Carassius spp., Ctenopharyngodon idellus, Hypophthalmichthys spp., Cirrhinus spp., Mylopharyngodon piceus, Catla catla, Labeo spp., Osteochilus hasselti, Leptobarbus hoeveni, Megalobrama spp.), eels (Anguilla spp.), Nile perch (Lates niloticus) and snakeheads (Channa spp.)
0	0	0	0	0	0	0	0			12.8	0/0/	5.3	0	0	0	0	13/11.2/11.2/11.2/11.2	0	//0	0/0/0	---Scabber fish (Trichurius)
0	0	0	0	0	0	0	0			12.8	0/0/	5.3	0	0	0	9	13/11.2/11.2/11.2/11.2	0	//0	0/0/0	---Yellow croaker (Pseudosicaena)
0	0	0	0	0	0	0	0			12.8	0/0/	5.3	0	0	0	0	13/11.2/11.2/11.2/11.2	0	//0	0/0/0	---Butterfish (Pampus)
0	0	0	0	0	0	0	0			12.8	0/0/	5.3	0	0	0	0	13/11.2/11.2/11.2/11.2	0	//0	0/0/0	---Other
0	0		0	0	0	0	0				0/0/		0		0	14	//12.8/12.8/12.8	0	/0/0	0/0/0	--Shark fins
0	0	0		0	0	0	0			12.8	0/0/	5.3	0	0	0	0	13/11.2/11.2/11.2/11.2			0/0/0	--Fish heads, tails and maws
0	0	0		0	0	0	0			12.8	0/0/	5.3	0	0	0	0	13/11.2/11.2/11.2/11.2			0/0/0	--Other

商品编号	商品名称及备注[检验检疫编码及名称]	进口关税(%)		增值税率(%)	消费税	计量单位	监管条件	检验检疫类别	对美税率	出口税率(%)	出口退税率(%)
		最惠国	普通								
0305790010	其他濒危可食用鱼杂碎(不论是否干制、盐腌、盐渍和熏制)〔999〕	7	80	9		千克	ABEF	P. R/Q. S		0	0
0305790090	其他可食用鱼杂碎(不论是否干制、盐腌、盐渍和熏制)〔101 养殖〕,〔102 野生〕	7	80	9		千克	AB	P. R/Q. S		0	9
0306	**带壳或去壳的甲壳动物,活、鲜、冷、冻、干、盐腌或盐渍的;熏制的带壳或去壳甲壳动物,不论在熏制前或熏制过程中是否烹煮;蒸过或用水煮过的带壳甲壳动物,不论是否冷、冻、干、盐腌或盐渍的:**										
03061100	--岩礁虾和其他龙虾(真龙虾属、龙虾属、岩龙虾属)										9
0306110000	冻岩礁虾和其他龙虾(真龙虾属、龙虾属、岩龙虾属)〔101 养殖大螯虾〕,〔102 养殖小龙虾〕,〔103 野生大螯虾〕,〔104 野生小龙虾〕	7	70	9		千克	AB	P. R/Q. S	37%	0	
03061200	--螯龙虾(螯龙虾属)										9
0306120000	冻螯龙虾(螯龙虾属)〔101 养殖〕,〔102 野生〕	7	70	9		千克	AB	P. R/Q. S	37%	0	
03061410	---梭子蟹										9
0306141000	冻梭子蟹〔101 饲料用梭子蟹〕,〔102 养殖〕,〔103 野生〕	7	70	9		千克	AB	P. R/Q. S	37%	0	
03061490	---其他										9
0306149010[暂5]	冻的金霸王蟹(帝王蟹)、毛蟹、仿石蟹(仿岩蟹)、堪察加拟石蟹、短足拟石蟹、扁足拟石蟹、雪蟹、日本雪蟹①	7	70	9		千克	ABU	P. R/Q. S	35%	0	
0306149090[暂5]	其他冻蟹②	7	70	9		千克	AB	P. R/Q. S	35%	0	
03061500	--挪威海螯虾										9
0306150000	冻挪威海螯虾〔101 养殖〕,〔102 野生〕	7	70	9		千克	AB	P. R/Q. S	37%	0	
03061630	---虾仁										9
0306163000	冻的冷水小虾及对虾(长额虾属、褐虾)虾仁③	7	70	9		千克	AB	P. R/Q. S	37%	0	
03061640	---其他,北方长额虾										
0306164000[暂2]	冻北方长额虾(虾仁除外)〔101 养殖〕,〔102 野生〕	5	70	9		千克	AB	P. R/Q. S	32%	0	9,13
03061690	---其他										9
0306169000	其他冻的冷水小虾及对虾(长额虾属、褐虾)④	5	70	9		千克	AB	P. R/Q. S	35%	0	
03061730	---虾仁										9
0306173000	冻其他小虾及对虾虾仁⑤	7	70	9		千克	AB	P. R/Q. S	37%	0	
03061790	---其他										9
0306179010[暂2]	其他冻小虾(对虾属除外)(虾仁除外)⑥	5	70	9		千克	AB	P. R/Q. S	32%	0	
0306179090[暂2]	冻对虾(对虾属)(虾仁除外)⑦	5	70	9		千克	AB	P. R/Q. S	32%	0	
03061911	----虾仁										9
0306191100	冻淡水小龙虾仁〔101 养殖〕,〔102 野生〕	7	70	9		千克	AB	P. R/Q. S	37%	0	
03061919	----其他										9
0306191900	冻带壳淡水小龙虾〔101 养殖〕,〔102 野生〕	7	70	9		千克	AB	P. R/Q. S	37%	0	
03061990	---其他										9
0306199000	其他冻甲壳动物〔101 养殖〕,〔102 野生〕	7	70	9		千克	AB	P. R/Q. S	37%	0	
03063110	---种苗										9
0306311000	岩礁虾及其他龙虾种苗〔999〕	0	0			千克	AB	P/Q		0	
03063190	---其他										9
0306319000[暂5]	活、鲜或冷的带壳或去壳岩礁虾和其他龙虾(真龙虾属、龙虾属、岩龙虾属)⑧	7	70	9		千克	AB	P. R/Q. S	35%	0	
03063210	---种苗										9
0306321000	螯龙虾(螯龙虾属)种苗〔999〕	0	0			千克	AB	P/Q		0	
03063290	---其他										9

① 〔101 养殖冻的金霸王蟹(帝王蟹)〕,〔102 野生冻的金霸王蟹(帝王蟹)〕,〔103 冻的养殖毛蟹〕,〔104 冻的养殖仿石蟹(仿岩蟹)〕,〔105 冻的养殖堪察加拟石蟹〕,〔106 冻的养殖短足拟石蟹〕,〔107 冻的养殖扁足拟石蟹〕,〔108 冻的养殖雪蟹〕,〔109 冻的养殖日本雪蟹〕,〔110 冻的野生毛蟹〕,〔111 冻的野生仿石蟹(仿岩蟹)〕,〔112 冻的野生堪察加拟石蟹〕,〔113 冻的野生短足拟石蟹〕,〔114 冻的野生扁足拟石蟹〕,〔115 冻的野生雪蟹〕,〔116 冻的野生日本雪蟹〕

② 〔101 饲料用青蟹〕,〔102 饲料用其他海水蟹〕,〔103 饲料用淡水蟹〕,〔104 养殖花蟹〕,〔105 养殖软壳蟹〕,〔106 养殖老虎蟹〕,〔107 养殖青蟹〕,〔108 养殖中华绒螯蟹〕,〔109 养殖其他蟹〕,〔110 野生花蟹〕,〔111 野生软壳蟹〕,〔112 野生老虎蟹〕,〔113 野生青蟹〕,〔114 帝王蟹〕,〔115 雪蟹〕,〔116 毛蟹〕,〔117 面包蟹〕,〔118 棕蟹〕,〔119 蜘蛛蟹〕,〔120 野生其他蟹〕

③ 〔101 养殖冷水小虾〕,〔102 野生冷水小虾〕,〔103 养殖对虾(长额虾属、褐虾)〕,〔104 野生对虾(长额虾属、褐虾)〕

④ 〔101 养殖其他冷水小虾〕,〔102 野生其他冷水小虾〕,〔103 养殖对虾(长额虾属、褐虾)〕,〔104 野生对虾(长额虾属、褐虾)〕

⑤ 〔101 养殖河虾〕,〔102 养殖罗氏沼虾〕,〔103 养殖其他小虾〕,〔104 野生河虾〕,〔105 野生红虾〕,〔106 野生罗氏沼虾〕,〔107 野生其他小虾〕,〔108 养殖对虾〕,〔109 野生对虾〕

⑥ 〔101 养殖河虾〕,〔102 养殖罗氏沼虾〕,〔103 养殖其他小虾〕,〔104 野生河虾〕,〔105 野生红虾〕,〔106 野生罗氏沼虾〕,〔107 野生其他小虾〕

⑦ 〔101 养殖斑节对虾(虎虾)〕,〔102 养殖南美白对虾〕,〔103 养殖草虾〕,〔104 养殖其他对虾〕,〔105 野生斑节对虾(虎虾)〕,〔106 野生南美白对虾〕,〔107 野生草虾〕,〔108 野生其他对虾〕

⑧ 〔101 活龙虾〕,〔102 鲜或冷的带壳或去壳养殖岩礁虾〕,〔103 鲜或冷的带壳或去壳野生岩礁虾〕,〔104 鲜或冷的带壳或去壳养殖其他龙虾(真龙虾属、龙虾属、岩龙虾属)〕,〔105 鲜或冷的带壳或去壳野生其他龙虾(真龙虾属、龙虾属、岩龙虾属)〕

协定税率(%)																		特惠税率(%)			Article Description
智利	新西兰	澳大利亚	瑞士	冰岛	秘鲁	哥斯达	东盟	亚太	新加坡	巴基斯坦	港/澳/台	韩国	格鲁吉亚	毛里求斯	柬埔寨	尼加拉瓜	日/韩/澳/新/东 (RCEP)	亚太2国	老/柬/缅	LDC 98/97/95	
																					Crustaceans, whether in shell or not, live, fresh, chilled, frozen, dried, salted or in brine; smoked crustaceans, whether in shell or not, whether or not cooked before or during the smoking process; crustaceans, in shell, cooked by steaming or by boiling in water, whether or not chilled, frozen, dried, salted or in brine:
0	0	0	0	0	0	0	0			2.5	0/0/	0	0	0	0	0	7.3/7/0/0/0		/0/0	0/0/0	--Rock lobster and other sea crawfish (Palinurus spp., Panulirus spp., Jasus spp.)
0	0	0	0	0	0	0	0	5		2.5	0/0/	0	0	0	0	0	7.3/7/0/0/0		/0/	0/0/0	--Lobsters (Homarus spp.)
0	0	0	0	0	0	0	0			2.5	0/0/	0	0	0	0	0	7.3/7/0/0/0	0	/0/0	0/0/0	---Swimming crab
0	0	0	0	0	0	0	0			2.5	0/0/	3.3	0	0	0	0	/8.5/8.5/8.5/8.5	0	/0/0	0/0/0	---Other
0	0	0	0	0	0	0	0			12.8	0/0/	5.3	0	0	0	0	13/11.2/11.2/11.2/11.2		/0/	0/0/0	--Norway lobsters (Nephrops norvegicus)
0	0	0	0	0	0	0	0	3.5		0	0/0/	0	0	0	0	0	5.8/0/0/0/0		/0/0	0/0/0	---Shelled
0	0	0	0	0	0	0	0	2.5		0	0/0/	0	0	0	0	0	0/0/0/0/0		/0/0	0/0/0	---Other, Northern pandalus (Pandalus borealis)
0	0	0	0	0	0	0	0	2.5		0	0/0/	0	0	0	0	0	0/0/0/0/0		/0/0	0/0/0	---Other
0	0	0	0	0	0	0	0	3.5		0	0/0/	0	0	0	0	0	5.8/0/0/0/0		/0/0	0/0/0	---Shelled
0	0	0	0	0	0	0	0	2.5		0	0/0/	0	0	0	0	0	0/0/0/0/0		/0/0	0/0/0	---Other
0	0	0	0	0	0	0	0			12.8	0/0/	5.3	0	0	0	0	13/11.2/11.2/11.2/11.2		/0/	0/0/0	----Shelled
0	0	0	0	0	0	0	0			12.8	0/0/	5.3	0	0	0	0	13/11.2/11.2/11.2/11.2		/0/	0/0/0	----Other
0	0	0	0	0	0	0	0			0	0/0/	5.3	0	0	0	0	13/12.8/13.6/13.6/12.8		/0/	0/0/0	---Other
0	0	0	0	0	0	0	0			0	0/0/	0	0	0	0	0	0/0/0/0/0			0/0/0	---For cultivation
0	0	0	0	0	0	0	0			0	0/0/	0	0	0	0	0	10.9/10.5/0/0/0		/0/0	0/0/0	---Other
0	0	0	0	0	0	0	0			0	0/0/	0	0	0	0	0	0/0/0/0/0			0/0/0	---For cultivation
0	0	0	0	0	0	0	0			12	0/0/	0	0	0	0	0	10.9/10.5/0/0/0		/0/0	0/0/0	---Other

商品编号	商品名称及备注[检验检疫编码及名称]	进口关税(%) 最惠国	进口关税(%) 普通	增值税率(%)	消费税	计量单位	监管条件	检验检疫类别	对美税率	出口税率(%)	出口退税率(%)
0306329000	活、鲜或冷的带壳或去壳螯龙虾(螯龙虾属)①	7	70	9		千克	AB	P. R/Q. S	37%	0	9
03063310	---种苗										
0306331000	蟹种苗②	0	0			千克	AB	P/Q		0	9
03063391	----中华绒螯蟹										
0306339100	活、鲜或冷的带壳或去壳中华绒螯蟹〔101 活的中华绒螯蟹(大闸蟹)〕,〔102 其他野生鲜或冷蟹〕,〔103 野生鲜或冷中华绒螯蟹〕	7	70	9		千克	AB	P. R/Q. S	37%	0	9
03063392	----梭子蟹										
0306339200	活、鲜或冷的带壳或去壳梭子蟹③	14	70	9		千克	AB	P. R/Q. S	44%	0	9
03063399	----其他										
0306339910	活、鲜或冷的金霸王蟹(帝王蟹)、毛蟹、仿石蟹(仿岩蟹)、堪察加拟石蟹、短足拟石蟹、扁足拟石蟹、雪蟹、日本雪蟹④	7	70	9		千克	ABU	P. R/Q. S	37%	0	
0306339990	其他活、鲜或冷的带壳或去壳蟹⑤	7	70	9		千克	AB	P. R/Q. S	37%	0	9
03063410	---种苗										
0306341000	挪威海螯虾种苗〔999〕	0	0	9		千克	AB	P/Q	25%	0	9
03063490	---其他										
0306349000	其他活、鲜或冷的带壳或去壳挪威海螯虾〔101 活挪威海螯虾〕,〔102 养殖〕,〔103 野生〕	7	70	9		千克	AB	P. R/Q. S	37%	0	9
03063510	---种苗										
0306351000	冷水小虾及对虾(长额虾属、褐虾)种苗〔101 长额虾属种苗〕,〔102 褐虾种苗〕	0	0			千克	AB	P/Q		0	9
03063590	---其他										
0306359010	鲜、冷的冷水小虾及对虾(长额虾属、褐虾)(种苗除外)⑥	10	70	9		千克	AB	P. R/Q. S	40%	0	
0306359090	活的冷水小虾及对虾(长额虾属、褐虾)(种苗除外)⑦	10	70	9		千克	AB	P. R/Q. S	40%	0	9
03063610	---种苗										
0306361000	其他小虾及对虾种苗⑧	0	0			千克	AB	P/Q		0	9
03063690	---其他										
0306369010	其他鲜、冷的小虾(对虾属除外)(种苗除外)〔101 其他养殖鲜或冷虾〕,〔102 其他野生鲜或冷虾〕,〔103 饲料用海水虾〕,〔104 饲料用淡水虾〕	12	70	9		千克	AB	P. R/Q. S	42%	0	
0306369090	活、鲜或冷的对虾(对虾属);其他活的小虾(对虾属除外)(种苗除外)⑨	12	70	9		千克	AB	P. R/Q. S	42%	0	9
03063910	---种苗										
0306391000	其他甲壳动物种苗⑩	0	0			千克	AB	P/Q		0	9
03063990	---其他										
0306399010	其他甲壳动物的种用卵〔101 未列出的饲料用其他淡水产品〕,〔102 养殖〕,〔103 野生〕,〔104 活的其他甲壳动物种用卵〕	7	70			千克	AB	P. R/Q. S	37%	0	
0306399090	其他活、鲜、冷的带壳或去壳甲壳动物⑪	7	70	9		千克	AB	P. R/Q. S	37%	0	9
03069100	--岩礁虾及其他龙虾(真龙虾属、龙虾属、岩龙虾属)										
0306910000	干、盐腌或盐渍的其他岩礁虾及其他龙虾(真龙虾属、龙虾属、岩龙虾属)(包括熏制的带壳或去壳的,不论在熏制前或熏制过程中是否烹煮)⑫	7	70	9		千克	AB	P. R/Q. S	37%	0	9
03069200	--螯龙虾(螯龙虾属)										
0306920000	干、盐腌或盐渍的其他螯龙虾(螯龙虾属)(包括熏制的带壳或去壳的,不论在熏制前或熏制过程中是否烹煮)⑬	7	70	9		千克	AB	P. R/Q. S	37%	0	9
03069310	---中华绒螯蟹										
0306931000	干、盐腌或盐渍的其他中华绒螯蟹(包括熏制的带壳或去壳的,不论在熏制前或熏制过程中是否烹煮)⑭	7	70	9		千克	AB	P. R/Q. S	37%	0	9
03069320	---梭子蟹										
0306932000	干、盐腌或盐渍的其他梭子蟹(包括熏制的带壳或去壳的,不论在熏制前或熏制过程中是否烹煮)⑮	7	70	9		千克	AB	P. R/Q. S	37%	0	9
03069390	---其他										

① 〔101 活螯虾〕,〔102 鲜或冷的带壳或去壳养殖螯龙虾(螯龙虾属)〕,〔103 鲜或冷的带壳或去壳野生螯龙虾(螯龙虾属)〕

② 〔101 青蟹〕,〔102 梭子蟹〕,〔103 其他海水虾蟹〕,〔104 中华绒螯蟹(大闸蟹)〕,〔105 其他淡水虾蟹〕

③ 〔101 活的梭子蟹〕,〔102 饲料用梭子蟹〕,〔103 鲜或冷的养殖梭子蟹〕,〔104 鲜或冷的野生梭子蟹〕

④ 〔101 其他海水虾蟹)〕,〔102 鲜或冷的养殖毛蟹〕,〔103 鲜或冷的养殖仿石蟹(仿岩蟹)〕,〔104 鲜或冷的养殖堪察加拟石蟹〕,〔105 鲜或冷的养殖短足拟石蟹〕,〔106 鲜或冷的养殖扁足拟石蟹〕,〔107 鲜或冷的养殖雪蟹〕,〔108 鲜或冷的养殖日本雪蟹〕,〔109 鲜或冷的养殖金霸王蟹(帝王蟹)〕,〔110 鲜或冷的野生毛蟹〕,〔111 鲜或冷的野生仿石蟹(仿岩蟹)〕,〔112 鲜或冷的野生堪察加拟石蟹〕,〔113 鲜或冷的野生短足拟石蟹〕,〔114 鲜或冷的野生扁足拟石蟹〕,〔115 鲜或冷的野生雪蟹〕,〔116 鲜或冷的野生日本雪蟹〕,〔117 鲜或冷的野生金霸王蟹(帝王蟹)〕,〔118 活的金霸王蟹(帝王蟹)〕,〔119 活的毛蟹〕,〔120 活的雪蟹〕,〔121 活的仿石蟹、拟石蟹〕

⑤ 〔101 活的青蟹〕,〔102 活的其他海水虾蟹〕,〔103 饲料用青蟹〕,〔104 饲料用其他海水蟹〕,〔105 饲料用淡水蟹〕,〔106 鲜或冷的养殖青蟹〕,〔107 鲜或冷的野生青蟹〕,〔108 其他鲜或冷的带壳或去壳养殖蟹〕,〔109 其他鲜或冷的带壳或去壳野生蟹〕

⑥ 〔101 养殖对虾〕,〔102 野生对虾〕,〔103 饲料用海水虾〕,〔104 饲料用淡水虾〕,〔105 养殖的冷水小虾〕,〔106 野生的冷水小虾〕

⑦ 〔101 活的南美白对虾〕,〔102 活的斑节对虾〕,〔103 活的其他对虾〕,〔104 活的其他海水虾蟹〕,〔105 活的日本沼虾(青虾)〕,〔106 活的罗氏沼虾(马来沼虾)〕,〔107 活的其他淡水虾蟹〕,〔108 活的虾蛄〕,〔109 活的糠虾〕,〔110 活的其他甲壳动物〕

⑧ 〔101 南美白对虾〕,〔102 斑节对虾〕,〔103 其他对虾〕,〔104 其他海水虾蟹〕,〔105 罗氏沼虾苗〕

⑨ 〔101 其他养殖鲜或冷虾〕,〔102 其他野生鲜或冷虾〕,〔103 饲料用海水虾〕,〔104 饲料用淡水虾〕,〔105 活的南美白对虾〕,〔106 活的斑节对虾〕,〔107 活的其他对虾〕,〔108 活的其他海水虾蟹〕,〔109 活的日本沼虾(青虾)〕,〔110 活的罗氏沼虾(马来沼虾)〕,〔111 活的其他淡水虾蟹〕,〔112 活的虾蛄〕,〔113 活的糠虾〕,〔114 活的其他甲壳动物〕

⑩ 〔101 其他海水虾蟹〕,〔102 日本沼虾(青虾)〕,〔103 罗氏沼虾(马来沼虾)〕,〔104 中华小长臂虾〕,〔105 其他淡水虾蟹〕,〔106 虾蛄〕,〔107 糠虾〕,〔108 其他甲壳动物〕,〔109 鳖卵〕,〔110 龟卵〕

⑪ 〔101 活的其他淡水虾蟹〕,〔102 未列出的饲料用其他淡水产品〕,〔103 养殖〕,〔104 野生〕,〔105 其他海水虾蟹〕

⑫ 〔101 养殖干制虾类制品〕,〔102 野生干制虾类制品〕,〔103 养殖盐腌及盐渍虾类制品〕,〔104 野生盐腌及盐渍虾类制品〕

⑬ 〔101 养殖干制虾类制品〕,〔102 野生干制虾类制品〕,〔103 养殖盐腌及盐渍虾类制品〕,〔104 野生盐腌及盐渍虾类制品〕

⑭ 〔101 养殖干制蟹类制品〕,〔102 野生干制蟹类制品〕,〔103 养殖盐腌及盐渍蟹类制品〕,〔104 野生盐腌及盐渍蟹类制品〕

⑮ 〔101 养殖干制蟹类制品〕,〔102 野生干制蟹类制品〕,〔103 养殖盐腌及盐渍蟹类制品〕,〔104 野生盐腌及盐渍蟹类制品〕

协定税率(%)																		特惠税率(%)			Article Description
智利	新西兰	澳大利亚	瑞士	冰岛	秘鲁	哥斯达	东盟	亚太	新加坡	巴基斯坦	港/澳/台	韩国	格鲁吉亚	毛里求斯	柬埔寨	尼加拉瓜	日/韩/澳/新/东(RCEP)	亚太2国	老/柬/缅	LDC 98/97/95	
0	0	0	0	0	0	0	0			0	0/0/	0	0	0	0	0	0/0/0/0/0			0/0/0	---For cultivation
0	0	0	0	0	0	0	0			3.5	0/0/	0	0	0	0	0	10.2/9.8/0/0/0		/0/	0/0/0	----Freshwater crabs, live
0	0	0	0	0	0	0	0			0	0/0/	0	0	0	0	13.1	10.2/9.8/0/0/0		/0/	0/0/0	----Swimming crab
0	0	0	0	0	0	0	0			0	0/0/	0	0	0	0	0	10.2/9.8/0/0/0		/0/	0/0/0	---Other
0	0	0	0	0	0	0	0			0	0/0/	0	0	0	0	0	0/0/0/0/0			0/0/0	---For cultivation
0	0	0	0	0	0	0	0			11.2	0/0/	0	0	0	0	0	10.2/9.8/0/0/0		/0/0	0/0/0	---Other
0	0	0	0	0	0	0	0			0	0/0/	0	0	0	0	0	0/0/0/0/0			0/0/0	---For cultivation
0	0	0	0	0	0	0	0			7.5	0/0/	0	0	0	0	0	8.7/8.4/0/0/0		/0/0	0/0/0	---Other
0	0	0	0	0	0	0	0			0	0/0/	0	0	0	0	0	0/0/0/0/0			0/0/0	---For cultivation
0	0	0	0	0	0	0	0			7.5	0/0/	0	0	0	0	0	8.7/8.4/0/0/0		/0/0	0/0/0	---Other
0	0	0	0	0	0	0	0			0	0/0/	0	0	0	0	0	0/0/0/0/0			0/0/0	---For cultivation
0	0	0	0	0	0	0	0			11.2	0/0/	0	0	0	0	0	10.2/9.8/9.8/9.8/9.8		/0/0	0/0/0	---Other
0	0	0	0	0	0	0	0			0	0/0/	0	0	0	0	0	10.9/10.5/0/0/0		/0/0	0/0/0	--Rock lobster and other sea crawfish (Palinurus spp., Panulirus spp., Jasus spp.)
0	0	0	0	0	0	0	0			12	0/0/	0	0	0	0	0	10.9/10.5/0/0/0		/0/0	0/0/0	--Lobsters (Homarus spp.)
0	0	0	0	0	0	0	0			3.5	0/0/	0	0	0	0	0	10.2/9.8/0/0/0		/0/	0/0/0	----Freshwater crabs, live
0	0	0	0	0	0	0	0			0	0/0/	0	0	0	0	0	10.2/9.8/0/0/0		/0/	0/0/0	----Swimming crab
0	0	0	0	0	0	0	0			0	0/0/	0	0	0	0	0	10.2/9.8/0/0/0		/0/	0/0/0	---Other

商品编号	商品名称及备注[检验检疫编码及名称]	进口关税(%)		增值税率(%)	消费税	计量单位	监管条件	检验检疫类别	对美税率	出口税率(%)	出口退税率(%)
		最惠国	普通								
0306939000	干、盐腌或盐渍的其他蟹(包括熏制的带壳或去壳的,不论在熏制前或熏制过程中是否烹煮)①	7	70	9		千克	AB	P. R/Q. S	37%	0	
03069400	--挪威海螯虾										
0306940000	干、盐腌或盐渍的挪威海螯虾(包括熏制的带壳或去壳的,不论在熏制前或熏制过程中是否烹煮)②	7	70	9		千克	AB	P. R/Q. S	37%	0	9,13
03069510	---冷水小虾及对虾(长额虾属、褐虾)										9
0306951000	干、盐腌或盐渍的冷水小虾及对虾(长额虾属、褐虾)(包括熏制的带壳或去壳的,不论在熏制前或熏制过程中是否烹煮)〔101〕,〔102〕,〔103〕,〔104〕	10	70	9		千克	AB	P. R/Q. S	40%	0	
03069590	---其他小虾及对虾										9
0306959000	干、盐腌或盐渍的其他小虾及对虾(包括熏制的带壳或去壳的,不论在熏制前或熏制过程中是否烹煮)③	10	70	9		千克	AB	P. R/Q. S	40%	0	
03069900	--其他										
0306990000	干、盐腌或盐渍的其他甲壳动物(包括熏制的带壳或去壳的,不论在熏制前或熏制过程中是否烹煮)④	7	70	9		千克	AB	P. R/Q. S	37%	0	9,13
0307	**带壳或去壳的软体动物,活、鲜、冷、冻、干、盐腌或盐渍的;熏制的带壳或去壳软体动物,不论在熏制前或熏制过程中是否烹煮:**										
03071110	---种苗										9
0307111000	牡蛎(蚝)种苗〔999〕	0	0			千克	AB	P/Q		0	
03071190	---其他										9
0307119000	其他活、鲜、冷的牡蛎(蚝)⑤	7	70	9		千克	AB	P. R/Q. S	37%	0	
03071200	--冻的										9
0307120000	冻的牡蛎(蚝)〔101 养殖〕,〔102 野生〕	10	70	9		千克	AB	P. R/Q. S	40%	0	
03071900	--其他										9
0307190000	其他干、盐腌或盐渍牡蛎(蚝)(包括熏制的带壳或去壳的,不论在熏制前或熏制过程中是否烹煮)⑥	10	70	9		千克	AB	P. R/Q. S	40%	0	
03072110	---种苗										9
0307211000	扇贝及其他扇贝科软体动物的种苗〔101 养殖〕,〔102 野生〕	0	0			千克	AB	P/Q		0	
03072191	----扇贝(扇贝属、栉孔扇贝属、巨扇贝属)										9
0307219100	活、鲜、冷的扇贝(扇贝属、栉孔扇贝属、巨扇贝属)(种苗除外)⑦	10	70	9		千克	AB	P. R/Q. S	40%	0	
03072199	----其他										9
0307219900	其他活、鲜、冷的扇贝科的软体动物(种苗除外)⑧	7	70	9		千克	AB	P. R/Q. S	37%	0	
03072210	---扇贝(扇贝属、栉孔扇贝属、巨扇贝属)										9
0307221000	冻的扇贝(扇贝属、栉孔扇贝属、巨扇贝属)〔101 养殖冷冻扇贝〕,〔102 野生冷冻扇贝〕	10	80	9		千克	AB	P. R/Q. S	40%	0	
03072290	---其他										9
0307229000	其他冻的扇贝科的软体动物〔101 养殖〕,〔102 野生〕	7	70	9		千克	AB	P. R/Q. S	37%	0	
03072910	---扇贝(扇贝属、栉孔扇贝属、巨扇贝属)										9
0307291000	干、盐腌或盐渍的扇贝(扇贝属、栉孔扇贝属、巨扇贝属)(包括熏制的带壳或去壳的,不论在熏制前或熏制过程中是否烹煮)⑨	10	80	9		千克	AB	P. R/Q. S	40%	0	
03072990	---其他										
0307299000	其他干、盐腌或盐渍的扇贝科的软体动物(包括熏制的带壳或去壳的,不论在熏制前或熏制过程中是否烹煮)⑩	7	70	9		千克	AB	P. R/Q. S	37%	0	9,13
03073110	---种苗										9
0307311000	贻贝种苗〔999〕	0	0			千克	AB	P/Q		0	
03073190	---其他										9
0307319001	鲜、冷贻贝〔101 养殖〕,〔102 野生〕	10	70	9		千克	AB	P. R/Q. S	40%	0	
0307319090	其他活贻贝〔999〕	10	70	9		千克	AB	P. R/Q. S	40%	0	
03073200	--冻的										9
0307320000	冻贻贝〔101 养殖冷冻贻贝〕,〔102 其他野生冷冻双壳贝〕	10	70	9		千克	AB	P. R/Q. S	40%	0	

① 〔101 养殖干制蟹类制品〕,〔102 野生干制蟹类制品〕,〔103 养殖盐腌及盐渍蟹类制品〕,〔104 野生盐腌及盐渍蟹类制品〕
② 〔101 养殖干制虾类制品〕,〔102 野生干制虾类制品〕,〔103 养殖盐腌及盐渍虾类制品〕,〔104 野生盐腌及盐渍虾类制品〕
③ 〔101 养殖干制虾类制品〕,〔102 野生干制虾类制品〕,〔103 养殖盐腌及盐渍虾类制品〕,〔104 野生盐腌及盐渍虾类制品〕
④ 〔101 干制的其他养殖甲壳动物〕,〔102 干制的其他野生甲壳动物〕,〔103 盐腌或盐渍的其他养殖甲壳动物〕,〔104 盐腌或盐渍的其他野生甲壳动物〕
⑤ 〔101 活的牡蛎(蚝)〕,〔102 非生食的鲜、冷的养殖牡蛎(蚝)〕,〔103 可用于生食的鲜、冷的养殖牡蛎(蚝)〕,〔104 非生食的鲜、冷的野生牡蛎(蚝)〕,〔105 可用于生食的鲜、冷的野生牡蛎(蚝)〕
⑥ 〔101 干制的养殖牡蛎(蚝)〕,〔102 干制的野生牡蛎(蚝)〕,〔103 盐腌或盐渍的养殖牡蛎(蚝)〕,〔104 盐腌或盐渍的野生牡蛎(蚝)〕
⑦ 〔101 活的扇贝〕,〔102 非生食的鲜、冷的养殖扇贝〕,〔103 可用于生食的鲜、冷的养殖扇贝〕,〔104 非生食的鲜、冷的野生扇贝〕,〔105 可用于生食的鲜、冷的野生扇贝〕
⑧ 〔101 其他活的扇贝科软体动物〕,〔102 鲜、冷养殖扇贝科的软体动物〕,〔103 鲜、冷野生扇贝科的软体动物〕
⑨ 〔101 干制的养殖扇贝〕,〔102 干制的野生扇贝〕,〔103 盐腌或盐渍的养殖扇贝〕,〔104 盐腌或盐渍的野生扇贝〕
⑩ 〔101 干制的养殖软体动物〕,〔102 干制的野生软体动物〕,〔103 盐腌或盐渍的养殖软体动物〕,〔104 盐腌或盐渍的野生软体动物〕

协定税率(%)																		特惠税率(%)			Article Description
智利	新西兰	澳大利亚	瑞士	冰岛	秘鲁	哥斯达	东盟	亚太	新加坡	巴基斯坦	港/澳/台	韩国	格鲁吉亚	毛里求斯	柬埔寨	尼加拉瓜	日/韩/澳/新/东(RCEP)	亚太2国	老/柬/缅	LDC 98/97/95	
0	0	0	0	0	0	0	0			11.2	0/0/	0	0	0	0	0	10.2/9.8/0/0/0		/0/0	0/0/0	--Norway lobsters (Nephrops norvegicus)
0	0	0	0	0	0	0	0			3	0/0/	0	0	0	0	0	8.7/8.4/0/0/0		/0/0	0/0/0	---Cold-water shrimps and prawns (Pandalus spp., Crangon crangon)
0	0	0	0	0	0	0	0			3	0/0/	0	0	0	0	0	8.7/8.4/8.4/8.4/8.4		/0/0	0/0/0	--Other shrimps and prawns
0	0	0	0	0	0	0	0			11.2	0/0/	0	0	0	0	0	10.2/9.8/9.8/9.8/9.8		/0/0	0/0/0	--Other
																					Molluscs, whether in shell or not, live, fresh, chilled, frozen, dried, salted or in brine; smoked molluscs, whether in shell or not, whether or not cooked before or during the smoking process:
0	0	0	0	0	0	0	0			0	0/0/	0	0	0	0	0	0/0/0/0/0			0/0/0	---For cultivation
0	0	0	0	0	0	0	0			11.2	0/0/	0	0	0	0	0	10.2/9.8/0/0/0		//0	0/0/0	---Other
0	0	0	0	0	0	0	0			11.2	0/0/	0	0	0	0	9	10.2/9.8/0/0/0		//0	0/0/0	--Frozen
0	0	0	0	0	0	0	0			11.2	0/0/	0	0	0	0	9	10.2/9.8/0/0/0		//0	0/0/0	--Other
0	0	0	0	0	0	0	0			0	0/0/	0	0	0	0	0	0/0/0/0/0			0/0/0	---For cultivation
0	0	0	0	0	0	0	0			11.2	0/0/	0	0	0	0	9	10.2/9.8/0/0/0		//0	0/0/0	----Scallops (Pecten spp., Chlamys spp., Placopecten spp.)
0	0	0	0	0	0	0	0			11.2	0/0/	0	0	0	0	0	10.2/9.8/0/0/0		/0/0	0/0/0	----Other
0	0	0	0	0	0	0	0			11.2	0/0/	0	0	0	0	9	12/11.9/11.9/11.9/11.9		//0	0/0/0	---Scallops (Pecten spp., Chlamys spp., Placopecten spp.)
0	0	0	0	0	0	0	0				0/0/	5	0	0	0	0	//8.5/8.5/8.5		/0/0	0/0/0	---Other
0	0	0	0	0	0	0	0			11.2	0/0/	0	0	0	0	9	12/11.9/11.9/11.9/11.9		//0	0/0/0	---Scallops (Pecten spp., Chlamys spp., Placopecten spp.)
0	0	0	0	0	0	0	0				0/0/	5	0	0	0	0	//8.5/8.5/8.5		/0/0	0/0/0	---Other
0	0	0	0	0	0	0	0			0	0/0/	0	0	0	0	0	0/0/0/0/0			0/0/0	---For cultivation
0	0	0	0	0	0	0	0			11.2	0/0/	0	0	0	0	9	10.2/9.8/0/0/0		/0/0	0/0/0	---Other
0	0	0	0	0	0	0	0	7		3.5	0/0/	0	0	0	0	9	10.2/9.8/0/0/0		/0/0	0/0/0	--Frozen

商品编号	商品名称及备注[检验检疫编码及名称]	进口关税(%) 最惠国	进口关税(%) 普通	增值税率(%)	消费税	计量单位	监管条件	检验检疫类别	对美税率	出口税率(%)	出口退税率(%)
03073900	--其他										9
0307390000	其他干、盐腌或盐渍的贻贝(包括熏制的带壳或去壳的,不论在熏制前或熏制过程中是否烹煮)①	10	70	9		千克	AB	P. R/Q. S	40%	0	
03074210	---种苗										9
0307421000	墨鱼及鱿鱼种苗〔101 乌贼(墨鱼)〕,〔102 鱿鱼〕	0	0			千克	AB	P/Q		0	
03074291	----墨鱼(乌贼属、巨粒僧头乌贼、耳乌贼属)及鱿鱼(柔鱼属、枪乌贼属、双柔鱼属、拟乌贼属)										9
0307429100	其他活、鲜、冷的墨鱼(乌贼属、巨粒僧头乌贼、耳乌贼属)及鱿鱼(柔鱼属、枪乌贼属、双柔鱼属、拟乌贼属)②	12	70	9		千克	AB	P. R/Q. S	42%	0	
03074299	----其他										9
0307429900	其他活、鲜、冷的墨鱼及鱿鱼③	14	70	9		千克	AB	P. R/Q. S	44%	0	
03074310	---墨鱼(乌贼属、巨粒僧头乌贼、耳乌贼属)及鱿鱼(柔鱼属、枪乌贼属、双柔鱼属、拟乌贼属)										9
0307431000	冻的墨鱼(乌贼属、巨粒僧头乌贼、耳乌贼属)及鱿鱼(柔鱼属、枪乌贼属、双柔鱼属、拟乌贼属)④	12	70	9		千克	AB	P. R/Q. S	42%	0	
03074390	---其他										9
0307439000	其他冻的墨鱼及鱿鱼⑤	10	70	9		千克	AB	P. R/Q. S	40%	0	
03074910	---墨鱼(乌贼属、巨粒僧头乌贼、耳乌贼属)及鱿鱼(柔鱼属、枪乌贼属、双柔鱼属、拟乌贼属)										9
0307491000	其他干、盐制的墨鱼(乌贼属、巨粒僧头乌贼、耳乌贼属)及鱿鱼(柔鱼属、枪乌贼属、双柔鱼属、拟乌贼属)(包括熏制的带壳或去壳的,不论在熏制前或熏制过程中是否烹煮)⑥	12	70	9		千克	AB	P. R/Q. S	42%	0	
03074990	---其他										
0307499000	其他干、盐制的墨鱼及鱿鱼(包括熏制的带壳或去壳的,不论在熏制前或熏制过程中是否烹煮)⑦	10	70	9		千克	AB	P. R/Q. S	40%	0	9,13
03075100	--活、鲜或冷的										9
0307510000	活、鲜、冷章鱼〔101 活的章鱼〕,〔102 饲料用章鱼〕,〔103 非生食的〕,〔104 可用于非生食的〕	7	70	9		千克	AB	P. R/Q. S	37%	0	
03075200	--冻的										9
0307520000	冻的章鱼〔101 养殖〕,〔102 野生〕	7	70	9		千克	AB	P. R/Q. S	37%	0	
03075900	--其他										9
0307590000	其他干、盐制的章鱼(包括熏制的,不论在熏制前或熏制过程中是否烹煮)〔101 饲料用章鱼〕,〔102 干制的章鱼〕,〔103 盐制的章鱼〕	7	70	9		千克	AB	P. R/Q. S	37%	0	
03076010	---种苗										
0307601010	濒危蜗牛及螺种苗,海螺除外〔101 田螺〕,〔102 蜗牛〕	0	0	9		千克	ABFE	P/Q	25%	0	0
0307601090	蜗牛及螺种苗,海螺除外(濒危除外)〔101 田螺〕,〔102 蜗牛〕	0	0			千克	AB	P/Q	25%	0	9
03076090	---其他										
0307609010	其他濒危蜗牛及螺,海螺除外〔101 田螺〕,〔102 蜗牛〕,〔103 其他软体〕	7	70	9		千克	ABFE	P. R/Q. S	37%	0	0
0307609090	其他活、鲜、冷、冻、干、盐腌或盐渍的蜗牛及螺,海螺除外(包括熏制的带壳或去壳的,不论在熏制前或熏制过程中是否烹煮)⑧	7	70	9		千克	AB	P. R/Q. S	37%	0	9
03077110	---种苗										9
0307711010	砗磲的种苗〔999〕	0	0	9		千克	ABEF	P/Q	25%	0	
0307711090	蛤、鸟蛤及舟贝种苗(濒危除外)〔999〕	0	0			千克	AB	P/Q	25%	0	
03077191	----蛤										9
0307719100	活、鲜、冷蛤⑨	10	70	9		千克	AB	P. R/Q. S	40%	0	
03077199	----其他										9
0307719910	活、鲜、冷砗磲〔101 活的砗磲〕,〔102 鲜、冷的养殖砗磲〕,〔103 鲜、冷的野生砗磲〕	10	70	9		千克	ABEF	P. R/Q. S	40%	0	

① 〔101 养殖干制贝类制品〕,〔102 野生干制贝类制品〕,〔103 养殖盐腌及盐渍贝类制品〕,〔104 野生盐腌及盐渍贝类制品〕

② 〔101 活的乌贼(墨鱼)〕,〔102 活的鱿鱼〕,〔103 饲料用乌贼〕,〔104 饲料用鱿鱼〕,〔105 其他鲜、冷的养殖墨鱼(乌贼属、巨粒僧头乌贼、耳乌贼属)〕,〔106 其他鲜、冷的野生墨鱼(乌贼属、巨粒僧头乌贼、耳乌贼属)〕,〔107 其他鲜、冷的养殖鱿鱼(柔鱼属、枪乌贼属、双柔鱼属、拟乌贼属)〕,〔108 其他鲜、冷的野生鱿鱼(柔鱼属、枪乌贼属、双柔鱼属、拟乌贼属)〕

③ 〔101 活的乌贼(墨鱼)〕,〔102 活的鱿鱼〕,〔103 饲料用乌贼〕,〔104 饲料用鱿鱼〕,〔105 其他鲜、冷的养殖墨鱼〕,〔106 其他鲜、冷的野生墨鱼〕,〔107 其他鲜、冷的养殖鱿鱼〕,〔108 其他鲜、冷的野生鱿鱼〕

④ 〔101 冻的养殖墨鱼(乌贼属、巨粒僧头乌贼、耳乌贼属)〕,〔102 冻的野生墨鱼(乌贼属、巨粒僧头乌贼、耳乌贼属)〕,〔103 冻的养殖鱿鱼(柔鱼属、枪乌贼属、双柔鱼属、拟乌贼属)〕,〔104 冻的野生鱿鱼(柔鱼属、枪乌贼属、双柔鱼属、拟乌贼属)〕

⑤ 〔101 其他冻的养殖墨鱼〕,〔102 其他冻的野生墨鱼〕,〔103 其他冻的养殖鱿鱼〕,〔104 其他冻的野生鱿鱼〕

⑥ 〔101 干制的养殖墨鱼(乌贼属、巨粒僧头乌贼、耳乌贼属)〕,〔102 干制的野生墨鱼(乌贼属、巨粒僧头乌贼、耳乌贼属)〕,〔103 干制的养殖鱿鱼(柔鱼属、枪乌贼属、双柔鱼属、拟乌贼属)〕,〔104 干制的野生鱿鱼(柔鱼属、枪乌贼属、双柔鱼属、拟乌贼属)〕,〔105 盐制的养殖墨鱼(乌贼属、巨粒僧头乌贼、耳乌贼属)〕,〔106 盐制的野生墨鱼(乌贼属、巨粒僧头乌贼、耳乌贼属)〕,〔107 盐制的养殖鱿鱼(柔鱼属、枪乌贼属、双柔鱼属、拟乌贼属)〕,〔108 盐制的野生鱿鱼(柔鱼属、枪乌贼属、双柔鱼属、拟乌贼属)〕

⑦ 〔101 其他干制的养殖墨鱼〕,〔102 其他干制的野生墨鱼〕,〔103 其他干制的养殖鱿鱼〕,〔104 其他干制的野生鱿鱼〕,〔105 其他盐制的养殖墨鱼〕,〔106 其他盐制的野生墨鱼〕,〔107 其他盐制的养殖鱿鱼〕,〔108 其他盐制的野生鱿鱼〕

⑧ 〔101 活的田螺〕,〔102 活的蜗牛〕,〔103 鲜、冷的养殖蜗牛及螺〕,〔104 鲜、冷的野生蜗牛及螺〕,〔105 冻的养殖蜗牛及螺〕,〔106 冻的野生蜗牛及螺〕,〔107 干的养殖蜗牛及螺〕,〔108 干的野生蜗牛及螺〕,〔109 盐腌或盐渍的养殖蜗牛及螺〕,〔110 盐腌或盐渍的野生蜗牛及螺〕

⑨ 〔104 活的其他海水贝〕,〔105 活的其他淡水贝〕,〔106 活的其他软体及其他水生无脊椎动物〕,〔107 鲜、冷的养殖蛤〕,〔108 鲜、冷的野生蛤〕

智利	新西兰	澳大利亚	瑞士	冰岛	秘鲁	哥斯达	东盟	亚太	新加坡	巴基斯坦	港/澳/台	韩国	格鲁吉亚	毛里求斯	柬埔寨	尼加拉瓜	日/韩/澳/新/东 (RCEP)	亚太2国	老/柬/缅	LDC 98/97/95	Article Description
协定税率(%)																		特惠税率(%)			
0	0	0	0	0	0	0	0	7		3.5	0/0/	0	0	0	0	9	10.2/9.8/0/0/0		/0/0	0/0/0	--Other
0	0	0	0	0	0	0	0			0	0/0/	0	0	0	0	0	0/0/0/0/0			0/0/0	---For cultivation
0	0	0	0	0	0	0	0			3	0/0/	0	0	0	0	10.8	8.7/8.4/0/0/0		/0/0	0/0/0	----Cuttle fish (Sepia of ficinalis, Rossia macrosoma, Sepiola spp.) and squid (Ommastrephes spp., Loligo spp., Nototodarus spp., Sepioteuthis spp.)
0	0	0	0	0	0	0	0			11.2	0/0/	0	0	0	0	13.1	10.2/9.8/0/0/0		/0/0	0/0/0	----Other
0	0	0	0	0	0	0	0	10		10	0/0/	6	0	0	0	11.2	10.3/10.2/10.2/10.2/10.2		/0/0	0/0/0	---Cuttle fish (Sepia of ficinalis, Rossia macrosoma, Sepiola spp.) and squid (Ommastrephes spp., Loligo spp., Nototodarus spp., Sepioteuthis spp.)
0	0	0	0	0	0	0	0				0/0/	5	0	0	0	9.3	//8.5/8.5/8.5		/0/0	0/0/0	---Other
0	0	0	0	0	0	0	0	10		10	0/0/	6	0	0	0	11.2	10.3/10.2/10.2/10.2/10.2		/0/0	0/0/0	---Cuttle fish (Sepia of ficinalis, Rossia macrosoma, Sepiola spp.) and squid (Ommastrephes spp., Loligo spp., Nototodarus spp., Sepioteuthis spp.)
0	0	0	0	0	0	0	0				0/0/	5	0	0	0	9	//8.5/8.5/8.5		/0/0	0/0/0	---Other
0	0	0	0	0	0	0	0			13.6	0/0/	5.6	0	0	0	5.6	/11.9/11.9/11.9/11.9			0/0/0	--Live, fresh or chilled
0	0	0	0	0	0	0	0			13.6	0/0/	5.6	0	0	0	0	/14.5/14.5/14.5/14.5			0/0/0	--Frozen
0	0	0	0	0	0	0	0			13.6	0/0/	5.6	0	0	0	5.6	/14.5/14.5/14.5/14.5			0/0/0	--Other
0	0	0	0	0	0	0	0			0	0/0/	0	0	0	0	0	0/0/0/0/0			0/0/0	---For cultivation
0	0	0	0	0	0	0	0			11.2	0/0/	0	0	0	0	0	10.2/9.8/0/0/0		/0/	0/0/0	---Other
0	0	0	0	0	0	0	0			0	0/0/	0	0	0	0	0	0/0/0/0/0			0/0/0	---For cultivation
0	0	0	0	0	0	0	0			11.2	0/0/	0	0	0	0	9	10.2/9.8/0/0/0			0/0/0	----Clams
0	0	0	0	0	0	0	0			11.2	0/0/	0	0	0	0	9	10.2/9.8/0/0/0		/0/0	0/0/0	----Other

商品编号	商品名称及备注[检验检疫编码及名称]	进口关税(%)		增值税率(%)	消费税	计量单位	监管条件	检验检疫类别	对美税率	出口税率(%)	出口退税率(%)
		最惠国	普通								
0307719920	活、鲜、冷的粗饰蚶〔101 活的〕,〔102 鲜、冷的〕	10	70	9		千克	ABU	P. R/Q. S	40%	0	
0307719990	活、鲜、冷鸟蛤及舟贝(蚶科、北极蛤科、鸟蛤科、斧蛤科、缝栖蛤科、蛤蜊科中带蛤科、海螂科、双带蛤科、截蛏科、竹蛏科、帘蛤科)①	10	70	9		千克	AB	P. R/Q. S	40%	0	
03077200	--冻的										9
0307720010	冻的砗磲〔999〕	10	70	9		千克	ABEF	P. R/Q. S	40%	0	
0307720020	冻的粗饰蚶〔999〕	10	70	9		千克	ABU	P. R/Q. S	40%	0	
0307720090	冻的其他蛤、鸟蛤及舟贝(蚶科、北极蛤科、鸟蛤科、斧蛤科、缝栖蛤科、蛤蜊科、中带蛤科、海螂科、双带蛤科、截蛏科、竹蛏科、帘蛤科)②	10	70	9		千克	AB	P. R/Q. S	40%	0	
03077900	--其他										
0307790010	干、盐渍的砗磲(包括熏制的带壳或去壳的,不论在熏制前或熏制过程中是否烹煮)〔101 干制的砗磲〕,〔102 盐制的砗磲〕	10	70	9		千克	ABEF	P. R/Q. S	40%	0	9,13
0307790020	干、盐制的粗饰蚶(包括熏制的带壳或去壳的,不论在熏制前或熏制过程中是否烹煮)〔101 干制的粗饰蚶〕,〔102 盐制的粗饰蚶〕	10	70	9		千克	ABU	P. R/Q. S	40%	0	9,13
0307790090	干、盐制其他蛤、鸟蛤及舟贝(蚶科、北极蛤科、鸟蛤科、斧蛤科、缝栖蛤科、蛤蜊科、中带蛤科、海螂科、双带蛤科、截蛏科、竹蛏科、帘蛤科)(包括熏制的带壳或去壳的,不论在熏制前或熏制过程中是否烹煮)③	10	70	9		千克	AB	P. R/Q. S	40%	0	9,13
03078110	---种苗										9
0307811000	鲍鱼(鲍属)种苗〔999〕	0	0			千克	AB	P/Q		0	
03078190	---其他										9
0307819000[暂7]	活、鲜、冷的鲍鱼(鲍属)〔101 活的鲍鱼鲍鱼〕,〔102 鲜、冷养殖的鲍鱼〕,〔103 鲜、冷野生的鲍鱼〕	10	80	9		千克	AB	P. R/Q. S	37%	0	
03078210	---种苗										9
0307821000	凤螺(凤螺属)种苗〔999〕	0	0			千克	AB	P/Q		0	
03078290	---其他										9
0307829000	活、鲜或冷的其他凤螺(凤螺属)〔101 活的〕,〔102 鲜或冷的其他养殖凤螺(凤螺属)〕,〔103 鲜或冷的其他野生凤螺(凤螺属)〕	10	70	9		千克	AB	P. R/Q. S	40%	0	
03078300	--冻的鲍鱼(鲍属)										9
0307830000	冻的鲍鱼(鲍属)〔101 养殖〕,〔102 野生〕	10	80	9		千克	AB	P. R/Q. S	40%	0	
03078400	--冻的凤螺(凤螺属)										9
0307840000	冻的凤螺(凤螺属)〔101 养殖〕,〔102 野生〕	10	70	9		千克	AB	P. R/Q. S	40%	0	
03078700	--其他鲍鱼(鲍属)										9
0307870000	干、盐腌或盐渍的鲍鱼(鲍属)(包括熏制的带壳或去壳的,不论在熏制前或熏制过程中是否烹煮)④	10	80	9		千克	AB	P. R/Q. S	40%	0	
03078800	--其他凤螺(凤螺属)										
0307880000	干、盐腌或盐渍的凤螺(凤螺属)(包括熏制的带壳或去壳的,不论在熏制前或熏制过程中是否烹煮)⑤	10	70	9		千克	AB	P. R/Q. S	40%	0	9,13
03079110	---种苗										
0307911011	大珠母贝的种苗〔101 其他海水贝〕,〔102 其他淡水贝〕	0	0	9		千克	ABE	P/Q	25%	0	9
0307911019	其他濒危软体动物的种苗(大珠母贝除外)〔101〕,〔102〕,〔103〕,〔104〕	0	0	9		千克	ABEF	P/Q	25%	0	0
0307911090	其他软体动物的种苗⑥	0	0	9		千克	AB	P/Q	25%	0	9
03079190	---其他										
0307919011	活、鲜、冷大珠母贝(种苗除外)〔101 活的大珠母贝〕,〔102 养殖鲜或冷的大珠母贝〕,〔103 野生鲜或冷的大珠母贝〕	7	70	9		千克	ABE	P. R/Q. S	37%	0	9
0307919019	活、鲜、冷的其他濒危软体动物(种苗除外)⑦	7	70	9		千克	ABEF	P. R/Q. S	37%	0	0
0307919020	活、鲜、冷蚬属(种苗除外)〔101 活的〕,〔102 鲜、冷的蚬属〕	7	70	9		千克	ABU	P. R/Q. S	37%	0	9
0307919090	其他活、鲜、冷的软体动物(种苗除外)⑧	7	70	9		千克	AB	P. R/Q. S	37%	0	9
03079200	--冻的										
0307920011	冻的大珠母贝〔101 养殖〕,〔102 野生〕	7	80	9		千克	ABE	P. R/Q. S	37%	0	9
0307920019	冻的其他濒危软体动物〔101 养殖〕,〔102 野生〕	7	70	9		千克	ABEF	P. R/Q. S	37%	0	0
0307920020	冻的蚬属〔101 养殖〕,〔102 野生〕	7	70	9		千克	ABU	P. R/Q. S	37%	0	9
0307920090	其他冻的软体动物〔101 养殖〕,〔102 野生〕	7	70	9		千克	AB	P. R/Q. S	37%	0	9
03079900	--其他										

① 〔101 鲜、冷的鸟蛤〕,〔102 鲜、冷的舟贝〕,〔103 非生食的鲜、冷的赤贝〕,〔104 可用于生食的鲜、冷的赤贝〕,〔105 鲜、冷的养殖缢蛏〕,〔106 活的文蛤〕,〔107 活的食用杂色蛤〕,〔108 活的紫石房蛤〕,〔109 活的毛蚶(赤贝)〕,〔110 活的泥蚶〕,〔111 活的缢蛏〕,〔112 活的其他鸟蛤及舟贝〕

② 〔101 冻的其他养殖蛤〕,〔102 冻的其他野生蛤〕,〔103 冻的养殖鸟蛤〕,〔104 冻的野生鸟蛤〕,〔105 冻的养殖舟贝〕,〔106 冻的野生舟贝〕,〔107 冻的养殖缢蛏〕,〔108 冻的养殖扇贝〕,〔109 冻的野生扇贝〕,〔110 冻的野生北极贝〕,〔111 冻的养殖杂色蛤〕

③ 〔101 干制的其他养殖蛤〕,〔102 干制的其他野生蛤〕,〔103 干制的其他养殖鸟蛤〕,〔104 干制的其他野生鸟蛤〕,〔105 干制的其他养殖舟贝〕,〔106 干制的其他野生舟贝〕,〔107 盐制的其他养殖蛤〕,〔108 盐制的其他野生蛤〕,〔109 盐制的其他养殖鸟蛤〕,〔110 盐制的其他野生鸟蛤〕,〔111 盐制的其他养殖舟贝〕,〔112 盐制的其他野生舟贝〕

④ 〔101 干制的养殖鲍鱼(鲍属)〕,〔102 干制的野生鲍鱼(鲍属)〕,〔103 盐腌或盐渍的养殖鲍鱼(鲍属)〕,〔104 盐腌或盐渍的野生鲍鱼(鲍属)〕

⑤ 〔101 干制的养殖凤螺(凤螺属)〕,〔102 干制的野生凤螺(凤螺属)〕,〔103 盐腌或盐渍的养殖凤螺(凤螺属)〕,〔104 盐腌或盐渍的野生凤螺(凤螺属)〕

⑥ 〔101 毛蚶(赤贝)〕,〔102 泥蚶〕,〔103 文蛤〕,〔104 杂色蛤苗〕,〔105 大竹蛏〕,〔106 缢蛏〕,〔107 紫石房蛤〕,〔108 海螺〕,〔109 象拔蚌〕,〔110 其他海水贝〕,〔111 河蚌〕,〔112 河蚬〕,〔113 其他淡水贝〕,〔117 其他软体及其他水生无脊椎动物〕

⑦ 〔101 观赏用活的海水螺〕,〔102 观赏用活的其他濒危软体动物〕,〔103 活的其他濒危软体动物〕,〔104 其他野生鲜或冷动物水产品〕

⑧ 〔101 活的软体动物〕,〔102 鲜、冷非生食的养殖北极贝〕,〔103 鲜、冷可用于生食的养殖北极贝〕,〔104 鲜、冷非生食的野生北极贝〕,〔105 鲜、冷可用于生食的野生北极贝〕,〔106 鲜、冷的其他养殖双壳贝类〕,〔107 鲜、冷的其他野生双壳贝类〕,〔108 鲜、冷的其他养殖单壳贝类〕,〔109 鲜、冷的其他野生单壳贝类〕,〔110 鲜、冷的养殖头足类〕,〔111 鲜、冷的其他野生头足类〕,〔112 鲜、冷的其他养殖软体动物〕,〔113 鲜、冷的其他野生软体动物〕,〔114 活的有害软体动物〕,〔115 活的海螺〕

协定税率(%)																		特惠税率(%)			
智利	新西兰	澳大利亚	瑞士	冰岛	秘鲁	哥斯达	东盟	亚太	新加坡	巴基斯坦	港/澳/台	韩国	格鲁吉亚	毛里求斯	柬埔寨	尼加拉瓜	日/韩/澳/新/东(RCEP)	亚太2国	老/柬/缅	LDC 98/97/95	Article Description
0	0	0	0	0		0	0				0/0/	0	0	0	0	9	7.3/7/0/0/0			0/0/0	--Frozen
0	0	0	0	0	0	0	0				0/0/	3.3	0	0	0	9	7.3/7/0/0/0		/0/0	0/0/0	--Other
0	0	0	0	0	0	0	0			0	0/0/	0	0	0	0	0	0/0/0/0/0			0/0/0	---For cultivation
0	0	0	0	0	0	0	0			11.2	0/0/	0	0	0	0	9	10.2/9.8/9.8/9.8/9.8		/0/0	0/0/0	---Other
0	0	0	0	0	0	0	0			0	0/0/	0	0	0	0	0	0/0/0/0/0			0/0/0	---For cultivation
0	0	0	0	0	0	0	0			11.2	0/0/	0	0	0	0	9	10.2/9.8/0/0/0		/0/0	0/0/0	---Other
0	0	0	0	0		0	0			2.5	0/0/	0	0	0	0	9	7.3/7/0/0/0		/0/0	0/0/0	--Frozen abalone (Haliotis spp.)
0	0	0	0	0	0	0	0				0/0/	5	0	0	0	9	//8.5/8.5/8.5		/0/0	0/0/0	--Frozen stromboid conchs (Strombus spp.)
0	0	0	0	0		0	0			2.5	0/0/	0	0	0	0	9	7.3/7/0/0/0		/0/0	0/0/0	--Other abalone (Haliotis spp.)
0	0	0	0	0	0	0	0				0/0/	5	0	0	0	9	//8.5/8.5/8.5		/0/0	0/0/0	--Other stromboid conchs (Strombus spp.)
0	0	0	0	0	0	0	0			0	0/0/	0	0	0	0	0	0/0/0/0/0			0/0/0	---For cultivation
0	0	0	0	0	0	0	0			11.2	0/0/	0	0	0	0	0	10.2/9.8/0/0/0		/0/0	0/0/0	---Other
0	0	0	0	0	0	0	0				0/0/	5	0	0	0	0	//8.5/8.5/8.5		/0/0	0/0/0	--Frozen
0	0	0	0	0	0	0	0				0/0/	5	0	0	0	0	//8.5/8.5/8.5		/0/0	0/0/0	--Other

商品编号	商品名称及备注[检验检疫编码及名称]	进口关税(%)		增值税率(%)	消费税	计量单位	监管条件	检验检疫类别	对美税率	出口税率(%)	出口退税率(%)
		最惠国	普通								
0307990011	干、盐腌或盐渍的大珠母贝(包括熏制的带壳或去壳的,不论在熏制前或熏制过程中是否烹煮)①	7	80	9		千克	ABE	P. R/Q. S	37%	0	9
0307990019	干、盐腌或盐渍的其他濒危软体动物(包括熏制的带壳或去壳的,不论在熏制前或熏制过程中是否烹煮)〔999〕	7	70	9		千克	ABEF	P. R/Q. S	37%	0	0
0307990020	干、盐腌或盐渍蚬属(包括供人食用的软体动物粉、团粒,甲壳动物除外;包括熏制的带壳或去壳的,不论在熏制前或熏制过程中是否烹煮)〔101 冻的〕,〔102 干的〕,〔103 盐腌或盐渍〕	7	70	9		千克	ABU	P. R/Q. S	37%	0	9,13
0307990090	其他干、盐腌或盐渍软体动物(包括熏制的带壳或去壳的,不论在熏制前或熏制过程中是否烹煮)②	7	70	9		千克	AB	P. R/Q. S	37%	0	9,13
0308	**不属于甲壳动物及软体动物的水生无脊椎动物,活、鲜、冷、冻、干、盐腌或盐渍的;熏制的不属于甲壳动物及软体动物的水生无脊椎动物,不论在熏制前或熏制过程中是否烹煮:**										
03081110	---种苗										9
0308111010	暗色刺参的种苗〔999〕	0	0	9		千克	ABEF	P/Q	25%	0	
0308111090	海参(仿刺参、海参纲)种苗(濒危除外)〔999〕	0	0			千克	AB	P/Q	25%	0	
03081190	---其他										9
0308119010	活、鲜或冷的暗色刺参〔101 活的暗色刺参〕,〔102 鲜或冷的养殖暗色刺参〕,〔103 鲜或冷的野生暗色刺参〕	10	70	9		千克	ABEF	P. R/Q. S	40%	0	
0308119020	活、鲜或冷的刺参〔101 活的其他海参〕,〔102 鲜或冷的养殖其他海参〕,〔103 鲜或冷的野生其他海参〕	10	70	9		千克	ABU	P. R/Q. S	40%	0	
0308119090	活、鲜或冷的其他海参(仿刺参、海参纲)〔101 活的其他海参〕,〔102 鲜或冷的养殖其他海参〕,〔103 鲜或冷的野生其他海参〕	10	70	9		千克	AB	P. R/Q. S	40%	0	
03081200	--冻的										9
0308120010	冻的暗色刺参〔101 养殖冷冻海参〕,〔102 野生冷冻海参〕	10	80	9		千克	ABEF	P. R/Q. S	40%	0	
0308120020	冻的其他刺参〔101 养殖冷冻海参〕,〔102 野生冷冻海参〕	10	80	9		千克	ABU	P. R/Q. S	40%	0	
0308120090	冻的其他海参(仿刺参、海参纲)〔101 养殖冷冻海参〕,〔102 野生冷冻海参〕	10	80	9		千克	AB	P. R/Q. S	40%	0	
03081900	--其他										9
0308190010	干、盐腌或盐渍暗色刺参(包括熏制的,不论在熏制前或熏制过程中是否烹煮)③	10	80	9		千克	ABEF	P. R/Q. S	40%	0	
0308190020	干、盐腌或盐渍的其他刺参(包括熏制的,不论在熏制前或熏制过程中是否烹煮)④	10	80	9		千克	ABU	P. R/Q. S	40%	0	
0308190090	干、盐腌或盐渍的其他海参(仿刺参、海参纲)(包括熏制的,不论在熏制前或熏制过程中是否烹煮)⑤	10	80	9		千克	AB	P. R/Q. S	40%	0	
03082110	---种苗										9
0308211000	海胆种苗〔999〕	0	0			千克	AB	P/Q		0	
03082190	---其他										9
0308219010	活、鲜或冷的食用海胆纲〔101 活的海胆纲〕,〔102 鲜或冷的养殖海胆纲〕,〔103 鲜或冷的野生海胆纲〕	10	70	9		千克	ABU	P. R/Q. S	40%	0	
0308219090	其他活、鲜或冷的海胆〔101 活的海胆〕,〔102 鲜或冷的养殖海胆〕,〔103 鲜或冷的野生海胆〕	10	70	9		千克	AB	P. R/Q. S	40%	0	
03082200	--冻的										9
0308220010	冻食用海胆纲〔101 养殖冷冻海胆〕,〔102 野生冷冻海胆〕	10	70	9		千克	ABU	P. R/Q. S	40%	0	
0308220090	其他冻海胆〔101 养殖冷冻海胆〕,〔102 野生冷冻海胆〕	10	70	9		千克	AB	P. R/Q. S	40%	0	
03082900	--其他										
0308290010	干、盐制食用海胆纲(包括熏制的,不论在熏制前或熏制过程中是否烹煮)⑥	10	70	9		千克	ABU	P. R/Q. S	40%	0	9,13
0308290090	其他干、盐制海胆(包括熏制的,不论在熏制前或熏制过程中是否烹煮)〔101 干制的养殖海胆〕,〔102 干制的野生海胆〕,〔103 盐制的养殖海胆〕,〔104 盐制的野生海胆〕	10	70	9		千克	AB	P. R/Q. S	40%	0	9,13
03083011	----种苗										9
0308301100	海蜇(海蜇属)种苗〔999〕	0	0			千克	AB	P/Q		0	
03083019	----其他										9
0308301900	活、鲜或冷的海蜇(海蜇属)〔101 活的海蜇〕,〔102 鲜或冷的养殖海蜇〕,〔103 鲜或冷的野生海蜇〕	7	70	9		千克	AB	P. R/Q. S	37%	0	
03083090	---其他										
0308309000	冻、干、盐制海蜇(海蜇属)(包括熏制的,不论在熏制前或熏制过程中是否烹煮)⑦	10	70	9		千克	AB	P. R/Q. S	40%	0	9,13
03089011	----种苗										
0308901110	活、鲜或冷的其他濒危水生无脊椎动物的种苗(甲壳动物及软体动物除外)〔999〕	0	0	9		千克	ABFE	P/Q	25%	0	0

① 〔101 干制的养殖大珠母贝〕,〔102 干制的野生大珠母贝〕,〔103 盐腌或盐渍的养殖大珠母贝〕,〔104 盐腌或盐渍的野生大珠母贝〕

② 〔101 干制的养殖软体动物〕,〔102 干制的野生软体动物〕,〔103 盐腌或盐渍的养殖软体动物〕,〔104 盐腌或盐渍的野生软体动物〕

③ 〔101 干制的养殖暗色刺参〕,〔102 干制的野生暗色刺参〕,〔103 盐腌或盐渍的养殖暗色刺参〕,〔104 盐腌或盐渍的野生暗色刺参〕

④ 〔101 干制的其他养殖刺参〕,〔102 干制的其他野生刺参〕,〔103 盐腌或盐渍的其他养殖刺参〕,〔104 盐腌或盐渍的其他野生刺参〕

⑤ 〔101 干制的其他养殖海参(仿刺参、海参纲)〕,〔102 干制的其他野生海参(仿刺参、海参纲)〕,〔103 盐腌或盐渍的其他养殖海参(仿刺参、海参纲)〕,〔104 盐腌或盐渍的其他野生海参(仿刺参、海参纲)〕

⑥ 〔101 干制的养殖海胆纲〕,〔102 干制的野生海胆纲〕,〔103 盐制的养殖海胆纲〕,〔104 盐制的野生海胆纲〕

⑦ 〔101 冻的养殖海蜇(海蜇属)〕,〔103 冻的野生海蜇(海蜇属)〕,〔105 干制的养殖海蜇(海蜇属)〕,〔106 干制的野生海蜇(海蜇属)〕,〔107 盐制的养殖海蜇(海蜇属)〕,〔108 盐制的野生海蜇(海蜇属)〕

协定税率(%)																		特惠税率(%)			Article Description
智利	新西兰	澳大利亚	瑞士	冰岛	秘鲁	哥斯达	东盟	亚太	新加坡	巴基斯坦	港/澳/台	韩国	格鲁吉亚	毛里求斯	柬埔寨	尼加拉瓜	日/韩/澳/新/东(RCEP)	亚太2国	老/柬/缅	LDC 98/97/95	
																					Aquatic invertebrates other than crustaceans and molluscs, live, fresh, chilled, frozen, dried, salted or in brine; smoked aquatic invertebrates other than crustaceans and molluscs, whether or not cooked before or during the smoking process:
0	0	0	0	0	0	0	0			0	0/0/	0	0	0	0	0	0/0/0/0/0			0/0/0	---For cultivation
0	0	0	0	0	0	0	0			11.2	0/0/	0	0	0	0	0	10.2/9.8/0/0/0		/0/0	0/0/0	---Other
0	0	0	0	0	0	0	0				0/0/	0	0	0	0	0	/7/0/0/0		/0/0	0/0/0	--Frozen
0	0	0	0	0	0	0	0				0/0/	0	0	0	0	0	/7/0/0/0		/0/0	0/0/0	--Other
0	0	0	0	0	0	0	0			0	0/0/	0	0	0	0	0	0/0/0/0/0			0/0/0	---For cultivation
0	0	0	0	0	0	0	0			11.2	0/0/	0	0	0	0	9	10.2/9.8/0/0/0		/0/0	0/0/0	---Other
0	0	0	0	0	0	0	0				0/0/	3.3	0	0	0	9	8.1/7/7/7/7		/0/0	0/0/0	--Frozen
0	0	0	0	0	0	0	0				0/0/	3.3	0	0	0	9	8.1/7/7/7/7		/0/0	0/0/0	--Other
0	0	0	0	0	0	0	0			0	0/0/	0	0	0	0	0	0/0/0/0/0			0/0/0	----For cultivation
0	0	0	0	0	0	0	0			9	0/0/	0	0	0	0	0	10.2/9.8/0/0/0		/0/0	0/0/0	----Other
0	0	0	0	0	0	0	0				0/0/	3.3	0	0	0	9	/8.5/8.5/8.5/8.5		/0/0	0/0/0	---Other
0	0	0	0	0	0	0	0			0	0/0/	0	0	0	0	0	0/0/0/0/0			0/0/0	----For cultivation

商品编号	商品名称及备注[检验检疫编码及名称]	进口关税(%)		增值税率(%)	消费税	计量单位	监管条件	检验检疫类别	对美税率	出口税率(%)	出口退税率(%)
		最惠国	普通								
0308901190	其他水生无脊椎动物的种苗(甲壳动物及软体动物和其他濒危水生无脊椎动物除外)(甲壳动物及软体动物除外)〔999〕	0	0			千克	AB	P/Q	25%	0	9
03089012	----沙蚕,种苗除外										9
0308901200	活、鲜或冷的沙蚕,种苗除外〔101 食用活沙蚕〕,〔102 饲用沙蚕〕	7	70	9		千克	AB	P. R/Q. S	37%	0	
03089019	----其他										
0308901910	活、鲜或冷的其他濒危水生无脊椎动物(甲壳动物及软体动物除外)①	7	70	9		千克	ABFE	P. R/Q. S	37%	0	0
0308901990	活、鲜或冷的其他水生无脊椎动物(甲壳动物及软体动物除外)②	7	70	9		千克	AB	P. R/Q. S	37%	0	9
03089090	---其他										
0308909010	其他冻、干、盐制濒危水生无脊椎动物(包括熏制的,不论在熏制前或熏制过程中是否烹煮)③	7	70	9		千克	ABFE	P. R/Q. S	37%	0	0
0308909090	其他冻、干、盐制水生无脊椎动物(包括熏制的,不论在熏制前或熏制过程中是否烹煮)④	7	70	9		千克	AB	P. R/Q. S	37%	0	9,13
0309	**适合供人食用的鱼、甲壳动物、软体动物和其他水生无脊椎动物的细粉、粗粉及团粒:**										
03091000	-鱼的										
0309100010	适合供人食用的濒危鱼的细粉、粗粉及团粒〔101 养殖〕,〔102 野生〕	7	80	9		千克	ABEF	P. R/Q. S	37%	0	0
0309100090	适合供人食用的其他鱼的细粉、粗粉及团粒〔101 养殖〕,〔102 野生〕	7	80	9		千克	AB	P. R/Q. S	37%	0	9,13
03099000	-其他										
0309900010	适合供人食用的濒危甲壳动物、软体动物和其他水生无脊椎动物的细粉、粗粉及团粒⑤	7	70	9		千克	ABEF	P. R/Q. S	37%	0	0
0309900090	适合供人食用的其他甲壳动物、软体动物和其他水生无脊椎动物的细粉、粗粉及团粒⑥	7	70	9		千克	AB	P. R/Q. S	37%	0	9,13

---

① 〔101 观赏用活珊瑚〕,〔102 观赏用其他水生无脊椎动物〕,〔103 活的其他水生无脊椎动物〕,〔104 其他野生鲜或冷动物水产品〕

② 〔103 鲜或冷〕,〔104 鲜或冷的其他养殖棘皮类〕,〔105 鲜或冷的其他野生棘皮类〕,〔106 活的珊瑚虫〕,〔107 活的海鞘〕,〔108 活的食用海肠〕,〔110 活的其他食用水生无脊椎动物〕,〔112 活的其他种用观赏水生无脊椎动物〕

③ 〔111 其他冻的养殖濒危水生无脊椎动物〕,〔112 其他冻的野生濒危水生无脊椎动物〕,〔113 其他干制的养殖濒危水生无脊椎动物〕,〔114 其他干制的野生濒危水生无脊椎动物〕,〔115 其他盐制的养殖濒危水生无脊椎动物〕,〔116 其他盐制的野生濒危水生无脊椎动物〕

④ 〔105 其他冷冻的养殖棘皮类〕,〔106 其他冷冻的野生棘皮类〕,〔111 其他冻的养殖水生无脊椎动物〕,〔112 其他冻的野生水生无脊椎动物〕,〔113 其他干制的养殖水生无脊椎动物〕,〔114 其他干制的野生水生无脊椎动物〕,〔115 其他盐制的养殖水生无脊椎动物〕,〔116 其他盐制的野生水生无脊椎动物〕

⑤ 〔101 养殖濒危虾类甲壳动物〕,〔102 野生濒危虾类甲壳动物〕,〔103 养殖濒危蟹类甲壳动物〕,〔104 野生濒危蟹类甲壳动物〕,〔105 养殖濒危软体动物〕,〔106 野生濒危软体动物〕,〔107 其他养殖濒危水生无脊椎动物〕,〔108 其他野生濒危水生无脊椎动物〕

⑥ 〔101 养殖虾类甲壳动物〕,〔102 野生虾类甲壳动物〕,〔103 养殖蟹类甲壳动物〕,〔104 野生蟹类甲壳动物〕,〔105 养殖软体动物〕,〔106 野生软体动物〕,〔107 其他养殖水生无脊椎动物〕,〔108 其他野生水生无脊椎动物〕

协定税率(%)																		特惠税率(%)			
智利	新西兰	澳大利亚	瑞士	冰岛	秘鲁	哥斯达	东盟	亚太	新加坡	巴基斯坦	港/澳/台	韩国	格鲁吉亚	毛里求斯	柬埔寨	尼加拉瓜	日/韩/澳/新/东 (RCEP)	亚太2国	老/柬/缅	LDC 98/97/95	Article Description
0	0	0	0	0	0	0	0			9	0/0/	0	0	0	0	0	10.2/9.8/0/0/0		/0/0	0/0/0	----Clamworm, other than those for cultivation
0	0	0	0	0	0	0	0			11.2	0/0/	0	0	0	0	0	10.2/9.8/0/0/0		/0/0	0/0/0	----Other
0	0	0	0	0	0	0	0				0/0/	3.3	0	0	0	0	8.1/7/7/7/7		/0/0	0/0/0	---Other
																					Flours, meals and pellets of fish, crustaceans, molluscs and other aquatic invertebrates, fit for human consumption:
0	0	0	0	0	0	0	0			2.5	0/0/	0	0	0	0	0	7.3/7/0/0/0			0/0/0	-Of fish
0	0	0	0	0	0	0	0			11.2	0/0/	2.3	0	0	0	0	7.3/7/0/0/0		/0/0	0/0/0	-Other

第 四 章
乳品；蛋品；天然蜂蜜；
其他食用动物产品

注释：

一、所称“乳”，是指全脂乳及半脱脂或全脱脂的乳。

二、品目04.03所称“酸乳”可以浓缩或调味，可以含糖或其他甜味物质、水果、坚果、可可、巧克力、调味香料、咖啡或咖啡提取物、其他植物或植物的部分、谷物或面包制品，但添加的任何物质不能用于全部或部分取代任何乳成分，而且产品需保留酸乳的基本特征。

三、品目04.05所称：

（一）“黄油”，仅指从乳中提取的天然黄油、乳清黄油及调制黄油（新鲜、加盐或酸败的，包括罐装黄油），按重量计乳脂含量在80%及以上，但不超过95%，乳的无脂固形物最大含量不超过2%，以及水的最大含量不超过16%。黄油中不含添加的乳化剂，但可含有氯化钠、食用色素、中和盐及无害乳酸菌的培养物。

（二）“乳酱”是一种油包水型可涂抹的乳状物，乳脂是该制品所含的唯一脂肪，按重量计其含量在39%及以上，但小于80%。

四、乳清经浓缩并加入乳或乳脂制成的产品，若同时具有下列三种特性，则视为乳酪归入品目04.06：

（一）按干重计乳脂含量在5%及以上的；

（二）按重量计干质成分至少为70%，但不超过85%的；以及

（三）已成型或可以成型的。

五、本章不包括：

（一）不适宜供人食用的死昆虫（品目05.11）；

（二）按重量计乳糖含量（以干燥无水乳糖计）超过95%的乳清制品（品目17.02）；

（三）以一种物质（例如，油酸酯）代替乳中一种或多种天然成分（例如，丁酸酯）而制得的产品（品目19.01或21.06）；或

（四）白蛋白（包括按重量计干质成分的乳清蛋白含量超过80%的两种或两种以上的乳清蛋白浓缩物）（品目35.02）及球蛋白（品目35.04）。

六、品目04.10所称“昆虫”是指全部或部分食用的死昆虫，新鲜的、冷藏的、冷冻的、干燥的、烟熏的、盐腌或盐渍的，以及适合供人食用的昆虫的细粉和粗粉。但本品目不包括用其他方法制作或保藏的食用的死昆虫（第四类）。

子目注释：

一、子目0404.10所称“改性乳清”，是指由乳清成分构成的制品，即全部或部分去除乳糖、蛋白或矿物质的乳清，加入天然乳清成分的乳清及由混入天然乳清成分制成的产品。

二、子目0405.10所称“黄油”，不包括脱水黄油及印度酥油（子目0405.90）。

商品编号	商品名称及备注[检验检疫编码及名称]	进口关税(%) 最惠国	普通	增值税率(%)	消费税	计量单位	监管条件	检验检疫类别	对美税率	出口税率(%)	出口退税率(%)
0401	**未浓缩及未加糖或其他甜物质的乳及稀奶油：**										
04011000	-按重量计脂肪含量不超过1%										
0401100000	脂肪含量≤1%未浓缩的乳及稀奶油(脂肪含量按重量计,本编号货品不得加糖和其他甜物质)①	15	40	9		千克	7AB	P. R/Q. S	42.5%	0	9,13
04012000	-按重量计脂肪含量超过1%,但不超过6%										
0401200000	1%<脂肪含量≤6%的未浓缩的乳及稀奶油(脂肪含量按重量计,本编号货品不得加糖和其他甜物质)②	15	40	9		千克	7AB	P. R/Q. S	42.5%	0	9,13
04014000	-按重量计脂肪含量超过6%,但不超过10%										
0401400000	6%<脂肪含量≤10%的未浓缩的乳及稀奶油(脂肪含量按重量计,本编号货品不得加糖和其他甜物质)③	15	40	13		千克	7AB	P. R/Q. S	42.5%	0	9,13
04015000	-按重量计脂肪含量超过10%										
0401500000	脂肪含量>10%未浓缩的乳及稀奶油(脂肪含量按重量计,本编号货品不得加糖和其他甜物质)④	15	40	13		千克	7AB	P. R/Q. S	42.5%	0	9,13
0402	**浓缩、加糖或其他甜物质的乳及稀奶油：**										
04021000	-粉状、粒状或其他固体形状,按重量计脂肪含量不超过1.5%										13

① 〔101 巴氏杀菌乳〕,〔102 超高温灭菌乳〕,〔103 保持灭菌乳〕,〔104 巴氏杀菌工艺调制乳〕,〔105 其他乳与乳制品〕,〔106 灭菌工艺调制乳〕,〔107 其他调制乳〕

② 〔101 巴氏杀菌乳〕,〔102 超高温灭菌乳〕,〔103 保持灭菌乳〕,〔104 巴氏杀菌工艺调制乳〕,〔105 生乳〕,〔106 其他乳与乳制品〕,〔107 其他调制乳〕,〔108 灭菌工艺调制乳〕

③ 〔101 稀奶油〕,〔102 淡炼乳〕,〔103 加糖炼乳〕,〔104 调制淡炼乳〕,〔105 其他乳与乳制品〕

④ 〔101 稀奶油〕,〔102 奶油〕,〔103 无水奶油〕,〔104 淡炼乳〕,〔105 加糖炼乳〕,〔106 调制淡炼乳〕,〔107 其他乳与乳制品〕

Chapter 4
Dairy products; birds' eggs; natural honey; edible products of animal origin, not elsewhere specified or included

Chapter Notes:

1. The expression "milk" means full cream milk or partially or completely skimmed milk.

2. For the purposes of heading 04. 03, yogurt may be concentrated or flavoured and may contain added sugar or other sweetening matter, fruit, nuts, cocoa, chocolate, spices, coffee or coffee extracts, plants, parts of plants, cereals or bakers' wares, provided that any added substance is not used for the purpose of replacing, in whole or in part, any milk constituent, and the product retains the essential character of yogurt.

3. For the purposes of heading 04. 05:
   (a) The term "butter" means natural butter, whey butter or recombined butter (fresh, salted or rancid, including canned butter) derived exclusively from milk, with a milkfat content of 80% or more but not more than 95% by weight, a maximum milk solids-not-fat content of 2% by weight and a maximum water content of 16% by weight. Butter does not contain added emulsifiers, but may contain sodium chloride, food colours, neutralising salts and cultures of harmless lactic-acid-producing bacteria.
   (b) The expression "dairy spreads" means a spreadable emulsion of the water-in-oil type, containing milkfat as the only fat in the product, with a milkfat content of 39% or more but less than 80% by weight.

4. Products obtained by the concentration of whey and with the addition of milk or milkfat are to be classified as cheese in heading 04. 06 provided that they have the three following characteristics:
   (a) a milkfat content, by weight of the dry matter, of 5% or more;
   (b) a dry matter content, by weight, of at least 70% but not exceeding 85%; and
   (c) they are moulded or capable of being moulded.

5. This Chapter does not cover:
   (a) Non-living insects, unfit for human consumption (heading 05. 11);
   (b) Products obtained from whey, containing by weight more than 95% lactose, expressed as anhydrous lactose, calculated on the dry matter (heading 17. 02);
   (c) Products obtained from milk by replacing one or more of its natural constituents (e. g., butyric fats) by another substance (e. g., oleic fats) (heading 19. 01 or 21. 06); or
   (d) Albumins (including concentrates of two or more whey proteins, containing by weight more than 80% whey proteins, calculated on the dry matter) (heading 35. 02) or globulins (heading 35. 04).

6. For the purposes of heading 04. 10, the term "insects" means edible non-living insects, whole or in parts, fresh, chilled, frozen, dried, smoked, salted or in brine, as well as flours and meals of insects, fit for human consumption. However, it does not cover edible non-living insects otherwise prepared or preserved (generally Section Ⅳ).

Subheading Notes:

1. For the purposes of subheading 0404. 10, the expression "modified whey" means products consisting of whey constituents, that is, whey from which all or part of the lactose, proteins or minerals have been removed, whey to which natural whey constituents have been added, and products obtained by mixing natural whey constituents.

2. For the purposes of subheading 0405. 10 the term "butter" does not include dehydrated butter or ghee (subheading 0405. 90).

协定税率(%)																		特惠税率(%)			Article Description
智利	新西兰	澳大利亚	瑞士	冰岛	秘鲁	哥斯达	东盟	亚太	新加坡	巴基斯坦	港/澳/台	韩国	格鲁吉亚	毛里求斯	柬埔寨	尼加拉瓜	日/韩/澳/新/东 (RCEP)	亚太2国	老/柬/缅	LDC 98/97/95	
																					Milk and cream, not concentrated nor containing added sugar or other sweetening matter:
0	0	0	0	0	0	1	0			12	0/0/		0	0	0	14	//12. 8/12. 8/12. 8			0/0/0	-Of a fat content, by weight, not exceeding 1%
0	0	0	0	0	0	1	0			0	0/0/		0	0	0	14	//15/15/12. 8			0/0/0	-Of a fat content, by weight, exceeding 1% but not exceeding 6%
0	0	0	0	0	0	1	0			12	0/0/		0	0	0	14	//15/15/12. 8			0/0/0	-Of a fat content, by weight, exceeding 6% but not exceeding 10%
0	0	0	0	0	0	1	0			12	0/0/		0	0	0	14	//15/15/12. 8			0/0/0	-Of a fat content, by weight, exceeding 10%
																					Milk and cream, concentrated or containing added sugar or other sweetening matter:
0	0	1. 7	0	0	1. 2	0. 7	0	7		5	0/0/		0	0	0		//10/10/8. 5			0/0/0	-In powder, granules or other solid forms, of a fat content, by weight, not exceeding 1. 5%

商品编号	商品名称及备注[检验检疫编码及名称]	进口关税(%) 最惠国	普通	增值税率(%)	消费税	计量单位	监管条件	检验检疫类别	对美税率	出口税率(%)	出口退税率(%)
0402100000	脂肪含量≤1.5%固状乳及稀奶油(指粉状、粒状或其他固体状态,浓缩,加糖或其他甜物质)①	10	40	13		千克	7AB	M.P.R/Q.S	35%	0	
04022100	--未加糖或其他甜物质										13
0402210000	脂肪量>1.5%未加糖固状乳及稀奶油(指粉状、粒状或其他固体状态,浓缩,未加糖或其他甜物质)②	10	40	13		千克	7AB	M.P.R/Q.S	35%	0	
04022900	--其他										13
0402290000	脂肪量>1.5%的加糖固状乳及稀奶油(指粉状、粒状或其他固体状态,浓缩,加糖或其他甜物质)〔101 儿童调制乳粉〕,〔102 其他乳与乳制品〕,〔103 孕产妇调制乳粉〕,〔104 其他调制乳粉〕	10	40	13		千克	7AB	P.R/Q.S	35%	0	
04029100	--未加糖或其他甜物质										
0402910000	浓缩但未加糖的非固状乳及稀奶油(未加其他甜物质)③	10	90	13		千克	AB	P.R/Q.S	35%	0	9,13
04029900	--其他										
0402990000	浓缩并已加糖的非固状乳及稀奶油(加其他甜物质)④	10	90	13		千克	AB	P.R/Q.S	35%	0	9,13
0403	**酸乳;酪乳、结块的乳及稀奶油、酸乳酒及其他发酵或酸化的乳和稀奶油,不论是否浓缩、加糖、加其他甜物质、加香料、加水果、加坚果或加可可:**										
04032010	---不论是否浓缩,除允许添加的添加剂外,仅可含糖或其他甜味物质、香料、水果、坚果、可可										13
0403201000	酸乳,不论是否浓缩,除允许添加的添加剂外,仅可含糖或其他甜味物质、香料、水果、坚果、可可〔101 发酵乳〕,〔102 风味发酵乳〕	10	90	13		千克	AB	P.R/Q.S	37.5%	0	
04032090	---其他										13
0403209000	其他酸乳〔101 发酵乳〕,〔102 风味发酵乳〕	10	80	13		千克	AB	P.R/Q.S	35%	0	
04039000	-其他										13
0403900000	酪乳及其他发酵或酸化的乳及稀奶油(不论是否浓缩、加糖或其他甜物质、香料、水果等)〔101 风味发酵乳〕,〔102 奶油〕,〔103 无水奶油〕,〔104 其他乳与乳制品〕,〔105 稀奶油〕	20	90	13		千克	AB	P.R/Q	47.5%	0	
0404	**乳清,不论是否浓缩、加糖或其他甜物质;其他税目未列名的含天然乳的产品,不论是否加糖或其他甜物质:**										
04041000	-乳清及改性乳清,不论是否浓缩、加糖或其他甜物质										13
0404100010 暂2	饲料用乳清(按重量计蛋白含量2%~7%,乳糖含量76%~88%)(不论是否浓缩、加糖或其他甜物质)〔101 饲料用乳粉〕,〔102 饲料用乳清粉〕	6	30	13		千克	AB	P.R/Q	27%	0	
0404100090 暂2	其他乳清及改性乳清(不论是否浓缩、加糖或其他甜物质)⑤	6	30	13		千克	AB	P.R/Q	27%	0	
04049000	-其他										13
0404900000	其他编号未列名的含天然乳的产品(不论是否浓缩、加糖或其他甜物质)〔201 牛初乳粉〕,〔202 其他〕	20	90	13		千克	AB	P.R/Q	45%	0	
0405	**黄油及其他从乳中提取的脂和油;乳酱:**										
04051000	-黄油										13
0405100000	黄油〔101 奶油〕,〔102 无水奶油〕,〔103 其他奶油〕	10	90	13		千克	AB	P.R/Q.S	35%	0	
04052000	-乳酱										13
0405200000	乳酱〔101 调制淡炼乳〕,〔102 其他乳与乳制品〕	10	90	13		千克	AB	P.R/Q.S	35%	0	
04059000	-其他										13
0405900000	其他从乳中提取的脂和油〔101 其他奶油〕,〔102 其他乳与乳制品〕	10	90	13		千克	AB	P.R/Q.S	35%	0	
0406	**乳酪及凝乳:**										
04061000	-鲜乳酪(未熟化或未固化的),包括乳清乳酪;凝乳										13

① 〔101 脱脂乳粉〕,〔102 儿童调制乳粉〕,〔103 其他乳与乳制品〕,〔104 孕产妇调制乳粉〕,〔105 其他调制乳粉〕
② 〔101 全脂乳粉〕,〔103 部分脱脂乳粉〕,〔104 儿童调制乳粉〕,〔105 其他乳与乳制品〕,〔106 孕产妇调制乳粉〕,〔107 其他调制乳粉〕
③ 〔101 巴氏杀菌工艺调制乳〕,〔102 稀奶油〕,〔103 奶油〕,〔104 无水奶油〕,〔105 其他奶油〕,〔106 淡炼乳〕,〔107 调制淡炼乳〕,〔108 其他炼乳〕,〔109 其他乳与乳制品〕,〔110 灭菌工艺调制乳〕,〔111 其他调制乳〕,〔112 食品加工用浓缩乳〕
④ 〔101 巴氏杀菌工艺调制乳〕,〔102 稀奶油〕,〔103 奶油〕,〔104 无水奶油〕,〔105 其他奶油〕,〔106 加糖炼乳〕,〔107 调制加糖炼乳〕,〔108 其他炼乳〕,〔109 其他乳与乳制品〕,〔110 灭菌工艺调制乳〕,〔111 其他调制乳〕
⑤ 〔101 脱盐乳清粉〕,〔102 非脱盐乳清粉〕,〔103 乳清蛋白粉〕,〔104 其他乳清粉〕,〔105 其他乳与乳制品〕,〔106 饲料用乳粉〕,〔107 饲料用乳清粉〕

协定税率(%)																		特惠税率(%)			
智利	新西兰	澳大利亚	瑞士	冰岛	秘鲁	哥斯达	东盟	亚太	新加坡	巴基斯坦	港/澳/台	韩国	格鲁吉亚	毛里求斯	柬埔寨	尼加拉瓜	日/韩/澳/新/东 (RCEP)	亚太2国	老/柬/缅	LDC 98/97/95	Article Description
0	0	1.7		0	1.2	0.7	0	7		0	0/0/		0	0	0		///10/8.5			0/0/0	--Not containing added sugar or other sweetening matter
0	0	1.7	0	0	1.2	0.7	0			5	0/0/		0	0	0		///10/8.5			0/0/0	--Other
0	0	1.7		0	0	0.7	0			5	0/0/		0	0	0		//10/10/8.5			0/0/0	--Not containing added sugar or other sweetening matter
0	0	1.7		0	1.2	0.7	0			5	0/0/		0	0	0	9	//8.5/8.5/8.5			0/0/0	--Other
																					Yogurt; buttermilk, curdled milk and cream, kephir and other fermented or acidified milk and cream, whether or not concentrated or containing added sugar or other sweetening matter or flavoured or containing added fruit, nuts or cocoa:
0	0	0	0.8	0	0	0.7	0			5	0/0/		0	0	0	9	//8.5/8.5/8.5			0/0/0	---Only containing added sugar or other sweetening matter, flavoured, fruit, nuts or cocoa, other than permitted additives, whether or not concentrated
0	0	0	0	0	0	0	0		0	0	0/0/	3.3	0	0	0	9	8.1/8/8.5/8.5/8			0/0/0	---Other
0	0	0		0	0	1.3	0				0/0/		0	0	0	18.7	//17/17/17			0/0/0	-Other
																					Whey, whether or not concentrated or containing added sugar or other sweetening matter; products consisting of natural milk constituents, whether or not containing added sugar or other sweetening matter, not elsewhere specified or included:
0	0	0		0	0	0.4	0			5	0/0/	2	0	0	0	4.8	4.9/4.2/4.2/4.2/4.2			0/0/0	-Whey and modified whey, whether or not concentrated or containing added sugar or other sweetening matter
0	0	0		0	0	1.3	0				0/0/	6.6	0	0	0	18.7	16.3/16/17/17/16			0/0/0	-Other
																					Butter and other fats and oils derived from milk; dairy spreads:
0	0	0	0	0	0	0.7	0			5	0/0/	3.3	0	0	0	9	8.1/8/10/10/8			0/0/0	-Butter
0	0	0	0	0	0	0.7	0	8.1		5	0/0/	3.3	0	0	0	9	8.1/7/7/7/7			0/0/0	-Dairy spreads
0	0	0		0	0	0.7	0			5	0/0/	3.3	0	0	0	9	8.1/8/10/10/8			0/0/0	-Other
																					Cheese and curd:
0	0	0	4.8	0	0	0.8	0			6	0/0/	4	0	0	0	11.2	9.8/9.6/12/12/9.6			0/0/0	-Fresh (unripened or uncured) cheese, including whey cheese, and curd

商品编号	商品名称及备注[检验检疫编码及名称]	进口关税(%) 最惠国	进口关税(%) 普通	增值税率(%)	消费税	计量单位	监管条件	检验检疫类别	对美税率	出口税率(%)	出口退税率(%)
0406100000	鲜乳酪(未熟化或未固化的)(包括乳清乳酪;凝乳)〔101 非熟化干酪〕,〔102 其他干酪〕,〔103 生乳干酪〕	12	90	13		千克	AB	P. R/Q	39.5%	0	
04062000	-各种磨碎或粉化的乳酪										13
0406200000暂8	各种磨碎或粉化的乳酪〔101 霉菌成熟干酪〕,〔102 其他熟化干酪〕,〔103 非熟化干酪〕,〔104 其他干酪〕	12	90	13		千克	AB	P. R/Q. S	35.5%	0	
04063000	-经加工的乳酪,但磨碎或粉化的除外										13
0406300000暂8	经加工的乳酪(但磨碎或粉化的除外)〔101 再制干酪〕,〔102 其他干酪〕	12	90	13		千克	AB	P. R/Q	35.5%	0	
04064000	-蓝纹乳酪和娄地青霉生产的带有纹理的其他乳酪										13
0406400000暂8	蓝纹乳酪和娄地青霉生产的带有纹理的其他乳酪〔101 霉菌成熟干酪〕,〔102 其他干酪〕,〔103 生乳干酪〕	15	90	13		千克	AB	P. R/Q	35.5%	0	
04069000	-其他乳酪										13
0406900000暂8	其他乳酪〔201 生乳干酪〕,〔202 其他干酪〕,〔203 其他干酪制品〕	12	90	13		千克	AB	P. R/Q	35.5%	0	
0407	**带壳禽蛋,鲜、腌制或煮过的:**										
04071100	--鸡的										9
0407110000	孵化用受精的鸡蛋〔999〕	0	0	0		千克/个	AB	P/Q		0	
04071900	--其他										
0407190010	其他孵化用受精濒危禽蛋①	0	0	9		千克/个	AFEB	P/Q		0	0
0407190090	其他孵化用受精禽蛋(濒危禽蛋除外)②	0	0			千克/个	AB	P/Q		0	9
04072100	--鸡的										9
0407210000	其他带壳的鸡的鲜蛋〔999〕	20	80	9		千克/个	AB	P. R/Q. S		0	
04072900	--其他										
0407290010	其他鲜的带壳濒危禽蛋〔999〕	20	80	9		千克/个	ABFE	P. R/Q. S		0	0
0407290090	其他鲜的带壳禽蛋③	20	80	9		千克/个	AB	P. R/Q. S		0	9
04079010	---咸蛋										9
0407901000	带壳咸蛋〔999〕	20	90	9		千克/个	AB	P. R/Q. S		0	
04079020	---皮蛋										9
0407902000	带壳皮蛋〔999〕	20	90	9		千克/个	AB	P. R/Q. S		0	
04079090	---其他										
0407909010	其他腌制或煮过的带壳濒危野鸟蛋〔999〕	20	90	9		千克/个	ABFE	P. R/Q. S		0	0
0407909090	其他腌制或煮过的带壳禽蛋〔999〕	20	90	9		千克/个	AB	P. R/Q. S		0	9,13
0408	**去壳禽蛋及蛋黄,鲜、干、冻、蒸过或水煮、制成型或用其他方法保藏的,不论是否加糖或其他甜物质:**										
04081100	--干的										
0408110000	干蛋黄〔999〕	20	90	9		千克	AB	P. R/Q. S		0	9,13
04081900	--其他										9
0408190000	其他蛋黄〔101 咸蛋黄〕,〔102 食用蛋黄粉〕	20	90	9		千克	AB	P. R/Q. S	32.5%	0	
04089100	--干的										
0408910000	干的其他去壳禽蛋〔101 食用全蛋粉〕,〔102 食用蛋白粉(片)〕,〔103 干的其他食用蛋制品〕	20	90	9		千克	AB	P. R/Q. S		0	9,13
04089900	--其他										
0408990000	其他去壳禽蛋④	20	90	9		千克	AB	P. R/Q. S		0	9,13
0409	**天然蜂蜜:**										
04090000	天然蜂蜜										9
0409000000	天然蜂蜜〔101 药用蜂蜜〕,〔102 食用蜂蜜〕	15	80	9		千克	AB	P. R/Q. S	45%	0	
0410	**其他税目未列名的昆虫及其他食用动物产品:**										
04101000	-昆虫										
0410100010	食用濒危昆虫〔999〕	20	70	13		千克	ABFE	P. R/Q. S	50%	0	0
0410100090	其他食用昆虫〔999〕	20	70	13		千克	AB	P. R/Q. S	50%	0	9
04109010	---燕窝										9
0410901000	燕窝〔101 毛燕〕,〔102 食用〕,〔103 制品〕,〔104 具有保健食品批准文号〕	25	80	13		千克	AB	P. R/Q. S		0	
04109021	----鲜蜂王浆										9

① 〔101 鸭种蛋〕,〔102 鹅种蛋〕,〔103 鸵鸟种蛋〕,〔104 火鸡种蛋〕,〔105 鸽种蛋〕,〔106 其他种蛋〕
② 〔101 鸭种蛋〕,〔102 鹅种蛋〕,〔103 鸵鸟种蛋〕,〔104 火鸡种蛋〕,〔105 鸽种蛋〕,〔106 其他种蛋〕
③ 〔101 食用鸭蛋〕,〔102 食用鹅蛋〕,〔103 食用鸽蛋〕,〔104 食用鹌鹑蛋〕,〔105 食用鹧鸪蛋〕,〔106 食用火鸡蛋〕,〔107 食用鸵鸟蛋〕,〔108 食用〕
④ 〔101 即食蛋沙律〕,〔102 其他食用蛋制品〕,〔103 全蛋液〕,〔104 蛋黄液〕,〔105 蛋白液〕,〔106 冰全蛋〕,〔107 冰蛋黄〕,〔108 冰蛋白〕

智利	新西兰	澳大利亚	瑞士	冰岛	秘鲁	哥斯达	东盟	亚太	新加坡	巴基斯坦	港/澳/台	韩国	格鲁吉亚	毛里求斯	柬埔寨	尼加拉瓜	日/韩/澳/新/东(RCEP)	亚太2国	老/柬/缅	LDC 98/97/95	Article Description
协定税率(%)																		特惠税率(%)			
0	0	0	4.8	0	0	0.8	0			6	0/0/	4	0	0	0	11.2	9.8/9.6/10.2/10.2/9.6			0/0/	-Grated or powdered cheese, of all kinds
0	0	0	4.8	0	0	0.8	0			6	0/0/	4	0	0	0	11.2	9.8/9.6/12/12/9.6			0/0/0	-Processed cheese, not grated or powdered
0	0	0		0	0	1	0			12	0/0/	5	0	0	0	14	12.2/10.5/10.5/10.5/10.5			0/0/0	-Blue-veined cheese and other cheese containing veins produced by penicillium roqueforti
0	0	0	4.8	0	0	0.8	0			6	0/0/	4	0	0	0	11.2	9.8/9.6/12/12/9.6			0/0/0	-Other cheese
																					Birds eggs, in shell, fresh, preserved or cooked:
0	0	0	0	0	0	0	0			0	0/0/	0	0	0	0	0	0/0/0/0/0			0/0/0	--Of fowls of the species Gallus domesticus
0	0	0	0	0	0	0	0			0	0/0/	0	0	0	0	0	0/0/0/0/0			0/0/0	--Other
0	0	0	0	0	0	0	0				0/0/	6.6	0	0	0	18.7	16.3/14/14/14/14		/0/0	0/0/0	--Of fowls of the species Gallus domesticus
0	0	0	0	0	0	0	0				0/0/	6.6	0	0	0	18.7	16.3/14/14/14/14		/0/0	0/0/0	--Other
0	0	0	0	0	0	0	0				0/0/	6.6	0	0	0	18.7	16.3/14/14/14/14		//0	0/0/0	---Salted eggs
0	0	0	0	0	0	0	0				0/0/	6.6	0	0	0	18.7	16.3/14/14/14/14			0/0/0	---Lime-preserved eggs
0	0	0	0	0	0	0	0				0/0/	6.6	0	0	0	18.7	16.3/14/14/14/14			0/0/0	---Other
																					Birds eggs, not in shell, and egg yolks, fresh, dried, cooked by steaming or by boiling in water, moulded, frozen or otherwise preserved, whether or not containing added sugar or other sweetening matter:
0	0	0	0	0	0	0	0				0/0/	6.6	0	0	0	18.7	16.3/14/14/14/14			0/0/0	--Dried
0	0	0	0	0	0	0	0				0/0/	6.6	0	0	0	18.7	16.3/14/14/14/14			0/0/0	--Other
0	0	0	0	0	0	0	0				0/0/	6.6	0	0	0	18.7	16.3/14/14/14/14			0/0/0	--Dried
0	0	0	0	0	0	0	0				0/0/	6.6	0	0	0	18.7	16.3/14/14/14/14			0/0/0	--Other
																					Natural honey:
0	0	0	0	0	0	0	0			0	0/0/	5	0	0	0	14	12.2/12/12.8/12.8/12		0/0/	0/0/0	Natural honey
																					Insects and other edible products of animal origin, not elsewhere specified or included:
0	0	0	0	0	0	0	0				0/0/0	6.6	0	0	0	18.7	16.3/20/17/17/16		//0	0/0/0	-Insects
0	0	0	0	0	0	0	0				0/0/	0	0	5	0	23.3	18.2/17.5/0/0/0		/0/0	0/0/0	---Salanganes nests
0	0	0	0	0	0	0	0			12	0/0/	0	0	0	0	14	10.9/10.5/0/0/0			0/0/0	----Pure royal jelley

商品编号	商品名称及备注[检验检疫编码及名称]	进口关税(%)		增值税率(%)	消费税	计量单位	监管条件	检验检疫类别	对美税率	出口税率(%)	出口退税率(%)
		最惠国	普通								
0410902100	鲜蜂王浆〔999〕	15	70	9		千克	AB	P. R/Q. S		0	
04109022	----鲜蜂王浆粉										9
0410902200	鲜蜂王浆粉〔999〕	15	70	13		千克	AB	P. R/Q. S		0	
04109023	----蜂花粉										9
0410902300	蜂花粉〔999〕	20	70	13		千克	AB	P. R/Q. S		0	
04109029	----其他										9
0410902900	其他蜂产品〔101 药用蜂房〕,〔102 药用蜂胶〕,〔103 蜂胶〕,〔104〕,〔105 蜂胶乙醇提取物〕	20	70	13		千克	AB	P. R/Q. S	50%	0	
04109090	---其他										
0410909010	其他编号未列名的食用濒危动物产品〔101 批准为新食品原料〕,〔102 其他未列出的动物源性食品〕	20	70	13		千克	ABFE	P. R/Q. S	50%	0	0
0410909090	其他编号未列名的食用动物产品①	20	70	13		千克	AB	P. R/Q. S	50%	0	9

① 〔101 食用龟蛋〕,〔102 食用鳖蛋〕,〔103 其他两栖类动物食用蛋品〕,〔104 其他爬行类动物食用蛋品〕,〔105 批准为新食品原料〕,〔106 其他未列出的动物源性食品〕

协定税率(%)																		特惠税率(%)			Article Description
智利	新西兰	澳大利亚	瑞士	冰岛	秘鲁	哥斯达	东盟	亚太	新加坡	巴基斯坦	港/澳/台	韩国	格鲁吉亚	毛里求斯	柬埔寨	尼加拉瓜	日/韩/澳/新/东(RCEP)	亚太2国	老/柬/缅	LDC 98/97/95	
0	0	0	0	0	0	0	0			12	0/0/	0	0	0	0	13.5	10.9/10.5/0/0/0			0/0/0	----Pure royal jelley, in powder
0	0	0	0	0	0	0	0				0/0/	6.6	0	0	0	18.7	16.3/14/14/14/14			0/0/0	----Bee pollen
0	0	0	0	0	0	0	0				0/0/	6.6	0	0	0	18.7	16.3/14/14/14/14			0/0/0	----Other
0	0	0	0	0	0	0	0				0/0/0	6.6	0	0	0	18.7	16.3/20/17/17/16		//0	0/0/0	---Other

第 五 章
其他动物产品

注释：

一、本章不包括：

（一）食用产品（整个或切块的动物肠、膀胱和胃以及液态或干制的动物血除外）；

（二）生皮或毛皮（第四十一章、第四十三章），但品目05.05的货品及品目05.11的生皮或毛皮的边角废料仍归入本章；

（三）马毛及废马毛以外的动物纺织原料（第十一类）；或

（四）供制帚、制刷用的成束、成簇的材料（品目96.03）。

二、仅按长度而未按发根和发梢整理的人发，视为未加工品，归入品目05.01。

三、本协调制度所称“兽牙”，是指象、河马、海象、一角鲸和野猪的长牙、犀角及其他动物的牙齿。

四、本协调制度所称“马毛”，是指马科、牛科动物的鬃毛和尾毛。品目05.11主要包括马毛及废马毛，不论是否制成带衬垫或不带衬垫的毛片。

商品编号	商品名称及备注[检验检疫编码及名称]	进口关税(%)		增值税率(%)	消费税	计量单位	监管条件	检验检疫类别	对美税率	出口税率(%)	出口退税率(%)
		最惠国	普通								
0501	**未经加工的人发，不论是否洗涤；废人发：**										
05010000	未经加工的人发，不论是否洗涤；废人发										13
0501000000	未经加工的人发；废人发（不论是否洗涤）〔999〕	15	90	13		千克	9B	V/W	17.5%	0	
0502	**猪鬃、猪毛；獾毛及其他制刷用兽毛；上述鬃毛的废料：**										
05021010	---猪鬃										
0502101000	猪鬃〔999〕	20	90	9		千克	AB	P/Q	25%	0	9,13
05021020	---猪毛										
0502102000	猪毛〔999〕	20	90	9		千克	AB	P/Q	25%	0	9,13
05021030	---废料										9
0502103000	猪鬃或猪毛的废料〔101 猪毛〕,〔102 猪鬃〕	20	90	9		千克	9B	P/Q	25%	0	
05029011	----山羊毛										
0502901100	山羊毛〔999〕	20	90	9		千克	AB	P/Q	25%	0	9,13
05029012	----黄鼠狼尾毛										
0502901200	黄鼠狼尾毛〔999〕	20	90	9		千克	ABEF	P/Q	25%	0	9,13
05029019	----其他										
0502901910	濒危獾毛及其他制刷用濒危兽毛①	20	90	9		千克	ABFE	P/Q	25%	0	0
0502901990	其他獾毛及其他制刷用兽毛②	20	90	9		千克	AB	P/Q	25%	0	9,13
05029020	---废料										
0502902010	濒危獾毛及其他制刷濒危兽毛废料③	20	90	9		千克	BEF	P/Q	25%	0	0
0502902090	其他獾毛及其他制刷用兽毛的废料④	20	90	9		千克	9B	P/Q	25%	0	9
0504	**整个或切块的动物(鱼除外)的肠、膀胱及胃，鲜、冷、冻、干、熏、盐腌或盐渍的：**										
05040011	----盐渍猪肠衣(猪大肠头除外)										9
0504001100	整个或切块盐渍的猪肠衣(猪大肠头除外)〔999〕	20	90	9		千克	AB	P. R/Q. S	50%	0	
05040012	----盐渍绵羊肠衣										9
0504001200	整个或切块盐渍的绵羊肠衣〔999〕	18	90	9		千克	AB	P. R/Q. S	48%	0	
05040013	----盐渍山羊肠衣										9
0504001300	整个或切块盐渍的山羊肠衣〔999〕	18	90	9		千克	AB	P. R/Q. S	23%	0	
05040014	----盐渍猪大肠头										9
0504001400	整个或切块盐渍的猪大肠头〔999〕	20	90	9		千克	AB	P. R/Q. S	25%	0	
05040019	----其他										9

① 〔101 野猪毛(鬃)〕,〔102 野牛毛(绒)〕,〔103 野羊毛(绒)〕,〔104 獾毛〕,〔105 其他饲养奇蹄动物鬃毛〕,〔106 其他野生奇蹄动物鬃毛〕,〔107 其他饲养偶蹄动物鬃毛〕,〔108 其他野生偶蹄动物鬃毛〕,〔109 未列出的其他动物鬃毛〕

② 〔101 牛毛〕,〔102 牦牛毛〕,〔103 水牛毛〕,〔104 绵羊毛〕,〔105 山羊毛〕,〔106 野猪毛(鬃)〕,〔107 野牛毛(绒)〕,〔108 野羊毛(绒)〕,〔109 獾毛〕,〔110 其他饲养奇蹄动物鬃毛〕,〔111 其他野生奇蹄动物鬃毛〕,〔112 其他饲养偶蹄动物鬃毛〕,〔113 其他野生偶蹄动物鬃毛〕,〔114 未列出的其他动物鬃毛〕

③ 〔101 獾毛〕,〔102 其他饲养奇蹄动物鬃毛〕,〔103 其他野生奇蹄动物鬃毛〕,〔104 其他饲养偶蹄动物鬃毛〕,〔105 其他野生偶蹄动物鬃毛〕,〔106 未列出的其他动物鬃毛〕

④ 〔101 獾毛〕,〔102 其他饲养奇蹄动物鬃毛〕,〔103 其他野生奇蹄动物鬃毛〕,〔104 其他饲养偶蹄动物鬃毛〕,〔105 其他野生偶蹄动物鬃毛〕,〔106 未列出的其他动物鬃毛〕

Chapter 5
Products of animal origin, not elsewhere specified or included

Chapter Notes:

1. This Chapter does not cover:
   (a) Edible products (other than guts, bladders and stomachs of animals, whole and pieces thereof, and animal blood, liquid or dried);
   (b) Hides or skins (including furskins) other than goods of heading 05.05 and parings and similar waste of raw hides or skins of heading 05.11 (Chapter 41 or 43);
   (c) Animal textile materials, other than horsehair and horsehair waste (Section XI); or
   (d) Prepared knots or tufts for broom or brush making (heading 96.03).

2. For the purposes of heading 05.01, the sorting of hair by length (provided the root ends and tip ends respectively are not arranged together) shall be deemed not to constitute working.

3. Throughout the Nomenclature, elephant, hippopotamus, walrus, narwhal and wild boar tusks, rhinoceros horns and the teeth of all animals are regarded as "ivory".

4. Throughout the Nomenclature, the expression "horsehair" means hair of the manes or tails of equine or bovine animals. Heading 05.11 covers, inter alia, horsehair and horsehair waste, whether or not put up as a layer with or without supporting material.

协定税率(%)																		特惠税率(%)			Article Description
智利	新西兰	澳大利亚	瑞士	冰岛	秘鲁	哥斯达	东盟	亚太	新加坡	巴基斯坦	港/澳/台	韩国	格鲁吉亚	毛里求斯	柬埔寨	尼加拉瓜	日/韩/澳/新/东 (RCEP)	亚太2国	老/柬/缅	LDC 98/97/95	
																					Human hair, unworked, whether or not washed or scoured; waste of human hair:
0	0	0	0	0	0	0	0			6	0/0/	0	0	0	0	14	10.9/10.5/0/0/0			0/0/0	Human hair, unworked, whether or not washed or scoured; waste of human hair
																					Pigs, hogs or boars bristles and hair; badger hair and other brush making hair; waste of such bristles or hair:
0	0	0	0	0	0	0	0			10	0/0/	6.6	0	0	0	18.7	14.5/14/14/14/14			0/0/0	---Bristles
0	0	0	0	0	0	0	0			10	0/0/	6.6	0	0	0	18.7	14.5/14/14/14/14			0/0/0	---Hair
0	0	0	0	0	0	0	0			10	0/0/	6.6	0	0	0	18.7	14.5/14/14/14/14			0/0/0	---Waste
0	0	0	0	0	0	0	0				0/0/	6.6	0	0	0	18.7	16.3/14/14/14/14			0/0/0	----Goat hair
0	0	0	0	0	0	0	0				0/0/	6.6	0	0	0	18.7	16.3/14/14/14/14			0/0/0	----Weasel tail hair
0	0	0	0	0	0	0	0				0/0/	6.6	0	0	0	18.7	16.3/14/14/14/14			0/0/0	----Other
0	0	0	0	0	0	0	0				0/0/	6.6	0	0	0	18.7	16.3/14/14/14/14			0/0/0	---Waste
																					Guts, bladders and stomachs of animals (other than fish), whole and pieces thereof, fresh, chilled, frozen, salted, in brine, dried or smoked:
0	0	0	0	0	0	0	0	10		10	0/0/	6.6	0	0	0	18.7	16.3/20/17/17/16			0/0/0	----Hog casings, salted (excluding hog fat-ends)
0	0	0	0	0	0	0	0	9		9	0/0/	6	0	0	0	16.8	14.6/14.4/15.3/15.3/14.4			0/0/0	----Sheep casings, salted
0	0	0	0	0	0	0	0	9		9	0/0/	6	0	0	0	16.8	14.6/12.6/12.6/12.6/12.6			0/0/0	----Goat casings, salted
0	0	0	0	0	0	0	0	10		10	0/0/	6.6	0	0	0	18.7	16.3/14/14/14/14			0/0/0	----Hog fat-ends, salted
0	0	0	0	0	0	0	0	9		9	0/0/	6	0	0	0	16.8	14.6/14.4/15.3/15.3/14.4			0/0/0	----Other

商品编号	商品名称及备注[检验检疫编码及名称]	进口关税(%)		增值税率(%)	消费税	计量单位	监管条件	检验检疫类别	对美税率	出口税率(%)	出口退税率(%)
		最惠国	普通								
0504001900	整个或切块的其他动物肠衣(包括鲜、冷、冻、干、熏、盐腌或盐渍的,鱼除外)①	18	90	9		千克	AB	P. R/Q. S	23%	0	
05040021	----冷,冻的鸡胗										9
0504002100	冷、冻的鸡胗(鸡胃)〔101 冷藏的鸡胗、胃〕,〔102 冻藏的鸡胗、胃〕,〔103 宠物食品加工用冷冻鸡胗〕	见附表2	见附表2	9		千克	7AB	P. R/Q. S	50%	0	
05040029	----其他										9
0504002900	整个或切块的其他动物的胃(包括鲜、冷、冻、干、熏、盐腌或盐渍的,鱼除外)②	20	90	9		千克	AB	P. R/Q. S	50%	0	
05040090	---其他										9
0504009000	整个或切块的其他动物肠、膀胱(包括鲜、冷、冻、干、熏、盐腌或盐渍的,鱼除外)③	20	80	9		千克	AB	P. R/Q. S	25%	0	
0505	**带有羽毛或羽绒的鸟皮及鸟体其他部分;羽毛及不完整羽毛(不论是否修边)、羽绒,仅经洗涤、消毒或为了保藏而作过处理,但未经进一步加工;羽毛或不完整羽毛的粉末及废料:**										
05051000	-填充用羽毛;羽绒										
0505100010[暂2]	填充用濒危野生禽类羽毛、羽绒(仅经洗涤、消毒等处理,未进一步加工)〔999〕	10	100	9		千克	ABFE	P/Q	24.5%	0	0
0505100090[暂2]	其他填充用羽毛、羽绒(仅经洗涤、消毒等处理,未进一步加工)〔999〕	10	100	9		千克	AB	P/Q	24.5%	0	9,13
05059010	---羽毛或不完整羽毛的粉末及废料										9
0505901000	羽毛或不完整羽毛的粉末及废料④	10	35	9		千克	9AB	P/Q	12.5%	0	
05059090	---其他										
0505909010	其他濒危野生禽类羽毛、羽绒(包括带有羽毛或羽绒的鸟皮及鸟体的其他部分)〔101 野生禽鸟毛(绒)(未经加工鸭毛除外)〕,〔102 其他禽鸟羽毛〕,〔103 未经加工鸭毛〕	10	90	9		千克	AFEB	P/Q	22.5%	0	0
0505909090	其他羽毛、羽绒(包括带有羽毛或羽绒的鸟皮及鸟体的其他部分)⑤	10	90	9		千克	AB	P/Q	22.5%	0	9,13
0506	**骨及角柱,未经加工或经脱脂、简单整理(但未切割成形)、酸处理或脱胶;上述产品的粉末及废料:**										
05061000	-经酸处理的骨胶原及骨										0
0506100000	经酸处理的骨胶原及骨⑥	12	50	13		千克	AB	P/Q	14.5%	40	
05069011	----含牛羊成分的										0
0506901110	含牛羊成分的骨废料(未经加工或仅经脱脂等加工的)〔999〕	12	35	13		千克	9AB	P/Q	14.5%	40	
0506901190	含牛羊成分的骨粉(未经加工或仅经脱脂等加工的)⑦	12	35	13		千克	AB	M. P/Q	14.5%	40	
05069019	----其他										0
0506901910	其他骨废料(未经加工或仅经脱脂等加工的)〔999〕	12	35	13		千克	9AB	P/Q	14.5%	40	
0506901990	其他骨粉(未经加工或仅经脱脂等加工的)⑧	12	35	13		千克	AB	M. P/Q	14.5%	40	
05069090	---其他										0
0506909011[暂12]	已脱胶的虎骨(指未经加工或经脱脂等加工的)〔999〕	12	50	9		千克	89AB	P/Q	14.5%	40[0]	
0506909019	未脱胶的虎骨(指未经加工或经脱脂等加工的)〔999〕	12	50	9		千克	89AB	P/Q	14.5%	40[0]	
0506909021[暂12]	已脱胶的豹骨(指未经加工或经脱脂等加工的)〔999〕	12	50	9		千克	ABFE	P/Q	14.5%	40[0]	
0506909029	未脱胶的豹骨(指未经加工或经脱脂等加工的)〔999〕	12	50	9		千克	ABFE	P/Q	14.5%	40[0]	

---

① 〔101 鲜、冷、冻猪肠衣〕,〔102 干、熏的猪肠衣〕,〔103 鲜、冷、冻牛肠衣〕,〔104 干、熏、盐腌或腌渍的牛肠衣〕,〔105 鲜、冷、冻绵羊肠衣〕,〔106 干、熏的绵羊肠衣〕,〔107 鲜、冷、冻山羊肠衣〕,〔108 干、熏的山羊肠衣〕,〔109 鲜、冷、冻鹿肠衣〕,〔110 干、熏、盐腌或腌渍的鹿肠衣〕,〔111 鲜、冷、冻其他动物肠衣〕,〔112 干、熏、盐腌或腌渍的其他动物肠衣〕,〔113 干、熏、盐腌或腌渍的牛肠衣[牛肠衣(盐渍)]〕,〔114 鲜、冷、冻山羊肠衣[山羊肠衣(冷冻)]〕,〔115 鲜、冷、冻猪肠衣[猪肠衣(冷冻)]〕,〔116 鲜、冷、冻绵羊肠衣[绵羊肠衣(冷冻)]〕,〔152 干、熏的猪肠衣[猪肠衣(干制)]〕

② 〔101 鲜、冷、冻的猪胃、猪肚〕,〔102 干、熏、盐腌或盐渍的猪胃、猪肚〕,〔103 鲜、冷、冻的牛真胃〕,〔104 鲜、冷、冻的牛瓣胃、牛百叶〕,〔105 鲜、冷、冻的牛网胃〕,〔106 鲜、冷、冻的牛瘤胃〕,〔107 干、熏、盐腌或盐渍的牛真胃〕,〔108 干、熏、盐腌或盐渍的牛瓣胃、牛百叶〕,〔109 干、熏、盐腌或盐渍的牛网胃〕,〔110 干、熏、盐腌或盐渍的牛瘤胃〕,〔111 鲜、冷、冻的绵羊真胃〕,〔112 鲜、冷、冻的绵羊瓣胃、绵羊百叶〕,〔113 鲜、冷、冻的绵羊网胃〕,〔114 鲜、冷、冻的绵羊瘤胃〕,〔115 干、熏、盐腌或盐渍的绵羊真胃〕,〔116 干、熏、盐腌或盐渍的绵羊瓣胃、绵羊百叶〕,〔117 干、熏、盐腌或盐渍的绵羊网胃〕,〔118 干、熏、盐腌或盐渍的绵羊瘤胃〕,〔119 鲜、冷、冻的山羊真胃〕,〔120 鲜、冷、冻的山羊瓣胃、山羊百叶〕,〔121 鲜、冷、冻的山羊网胃〕,〔122 鲜、冷、冻的山羊瘤胃〕,〔123 干、熏、盐腌或盐渍的山羊真胃〕,〔124 干、熏、盐腌或盐渍的山羊瓣胃、山羊百叶〕,〔125 干、熏、盐腌或盐渍的山羊网胃〕,〔126 干、熏、盐腌或盐渍的山羊瘤胃〕,〔127 鲜、冷、冻的鹿真胃〕,〔128 鲜、冷、冻的鹿瓣胃、鹿百叶〕,〔129 鲜、冷、冻的鹿网胃〕,〔130 鲜、冷、冻的鹿瘤胃〕,〔131 干、熏、盐腌或盐渍的鹿真胃〕,〔132 干、熏、盐腌或盐渍的鹿瓣胃、鹿百叶〕,〔133 干、熏、盐腌或盐渍的鹿网胃〕,〔134 干、熏、盐腌或盐渍的鹿瘤胃〕,〔135 鲜、冷、冻的其他动物的胃〕,〔136 干、熏、盐腌或盐渍的其他动物的胃〕,〔137 鲜、冷、冻的猪胃、猪肚(冷冻猪胃)〕,〔138 鲜、冷、冻的牛真胃(冷冻牛真胃)〕,〔139 鲜、冷、冻的牛瓣胃、牛百叶[冰鲜牛瓣胃(30 月龄以下)]〕,〔140 鲜、冷、冻的牛瓣胃、牛百叶(冷冻牛瓣胃)〕,〔141 鲜、冷、冻的牛瓣胃、牛百叶[冷冻牛瓣胃(30 月龄以下)]〕,〔142 鲜、冷、冻的牛网胃(冷冻牛网胃)〕,〔143 鲜、冷、冻的牛瘤胃(冷冻牛瘤胃)〕,〔144 鲜、冷、冻的绵羊真胃(冷冻绵羊真胃)〕,〔145 鲜、冷、冻的绵羊瓣胃、绵羊百叶(冷冻绵羊瓣胃)〕,〔146 鲜、冷、冻的绵羊网胃(冷冻绵羊网胃)〕,〔147 鲜、冷、冻的绵羊瘤胃(冷冻绵羊瘤胃)〕,〔148 鲜、冷、冻的山羊真胃(冷冻山羊真胃)〕,〔149 鲜、冷、冻的山羊瓣胃、山羊百叶(冷冻山羊瓣胃)〕,〔150 鲜、冷、冻的山羊网胃(冷冻山羊网胃)〕,〔151 鲜、冷、冻的山羊瘤胃(冷冻山羊瘤胃)〕,〔152 冷藏猪胃〕,〔153 冷冻鸭胃〕,〔154 冷藏鸭胃〕,〔155 冷冻鹅胃〕,〔156 冷藏鹅胃〕,〔157 冷冻火鸡胃〕,〔158 冷藏火鸡胃〕,〔159 冷藏珍珠鸡胃〕,〔160 冷冻珍珠鸡胃〕,〔161 冷藏牛真胃〕,〔162 冷藏牛网胃〕,〔163 冷藏牛瘤胃〕,〔164 宠物食品加工用冷冻鸭胗〕,〔165 宠物食品加工用冷冻鹅胗〕

③ 〔101 鲜、冷、冻的猪肠〕,〔102 干、熏、盐腌或盐渍的猪肠〕,〔103 鲜、冷、冻的猪膀胱〕,〔104 干、熏、盐腌或盐渍的猪膀胱〕,〔105 鲜、冷、冻的牛肠〕,〔106 干、熏、盐腌或盐渍的牛肠〕,〔107 鲜、冷、冻的牛膀胱〕,〔108 干、熏、盐腌或盐渍的牛膀胱〕,〔109 鲜、冷、冻的绵羊肠〕,〔110 干、熏、盐腌或盐渍的绵羊肠〕,〔111 鲜、冷、冻的绵羊膀胱〕,〔112 干、熏、盐腌或盐渍的绵羊膀胱〕,〔113 鲜、冷、冻的山羊肠〕,〔114 干、熏、盐腌或盐渍的山羊肠〕,〔115 鲜、冷、冻的山羊膀胱〕,〔116 干、熏、盐腌或盐渍的山羊膀胱〕,〔117 鲜、冷、冻的鹿肠〕,〔118 干、熏、盐腌或盐渍的鹿肠〕,〔119 鲜、冷、冻的鹿膀胱〕,〔120 干、熏、盐腌或盐渍的鹿膀胱〕,〔121 鲜、冷、冻的其他动物肠〕,〔122 干、熏、盐腌或盐渍的其他动物肠〕,〔123 鲜、冷、冻的其他动物膀胱〕,〔124 干、熏、盐腌或盐渍的其他动物膀胱〕,〔125 冷藏牛肠〕,〔126 冷冻猪膀胱〕,〔127 冷藏猪膀胱〕,〔128 冷冻牛肠〕,〔129 冷藏猪肠〕,〔130 冷冻猪肠〕

④ 〔101 鸡毛〕,〔102 鸭毛〕,〔103 鸭绒〕,〔104 鹅毛〕,〔105 鹅绒〕,〔106 火鸡毛〕,〔107 其他禽鸟羽毛〕

⑤ 〔101 鸡毛〕,〔102 鸭毛(未经加工鸭毛除外)〕,〔103 鸭绒〕,〔104 鹅毛〕,〔105 鹅绒〕,〔106 火鸡毛〕,〔107 其他禽鸟羽毛〕,〔108 未经加工鸭毛〕

⑥ 〔101 猪骨〕,〔102 猪蹄壳〕,〔103 牛骨〕,〔104 牛蹄壳〕,〔105 含饲养偶蹄动物的杂骨、骨块、骨粒(工业用牛骨粒、羊骨粒、猪骨粒除外)〕,〔106 其他饲养偶蹄动物骨、蹄、角〕,〔107 未列出的其他动物骨、蹄、角〕,〔108 工业用牛骨粒〕,〔109 工业用羊骨粒〕,〔110 工业用猪骨粒〕

⑦ 〔101 饲料用牛骨粉(骨成分 67%以上)〕,〔102 饲料用羊骨粉(骨成分 67%以上)〕,〔103 饲料用混合型饲养偶蹄动物骨粉〕

⑧ 〔101 饲料用猪骨粉(骨成分 67%以上)〕,〔102 饲料用混合型饲养偶蹄动物骨粉〕,〔103 饲料用其他饲养偶蹄动物粉〕,〔104 饲料用野生偶蹄猪、牛、羊骨粉(骨成分 67%以上)〕,〔105 饲料用其他动物骨粉(骨成份 67%以上)〕,〔106 饲料用其他动物蹄粉〕,〔107 饲料用其他动物角粉〕,〔108 未列出的饲料用其他动物粉〕

协定税率(%)																		特惠税率(%)			
智利	新西兰	澳大利亚	瑞士	冰岛	秘鲁	哥斯达	东盟	亚太	新加坡	巴基斯坦	港/澳/台	韩国	格鲁吉亚	毛里求斯	柬埔寨	尼加拉瓜	日/韩/澳/新/东 (RCEP)	亚太2国	老/柬/缅	LDC 98/97/95	Article Description
0	0	0	0	0	0	0	0	10		0.65元/千克	0/0/	0.4元/千克	0	0	0	18.7	16.3/14/14/14/14			0/0/0	----Cold, frozen gizzard of fowls
0	0	0	0	0	0	0	0	10		10	0/0/	6.6	0	0	0	18.7	16.3/14/14/14/14			0/0/0	----Other
0	0	0	0	0	0	0	0	10		10	0/0/	6.6	0	0	0	18.7	16.3/14/14/14/14			0/0/0	---Other
																					Skins and other parts of birds, with their feathers or down; feathers and parts of feathers (Whether or not with trimmed edges) and down, not further worked than cleaned, disinfected or treated for preservation; powder and waste of feathers or parts of feathers:
0	0	0	0	0	0	0	0	7.5		2.5	0/0/	0	0	0	0	9	7.3/7/7/7/7			0/0/0	-Feathers of a kind used for stuffing; down
0	0	0	0	0	0	0	0			2.5	0/0/	0	0	0	0	9	7.3/7/0/0/0			0/0/0	---Powder and waste of feathers or parts of feathers
0	0	0	0	0	0	0	0			2.5	0/0/	0	0	0	0	9	7.3/7/0/0/0			0/0/0	---Other
																					Bones and horn-cores, unworked, defatted, simply prepared (but not cut to shape), treated with acid or degelatinized; powder and waste of these products:
0	0	0	0	0	0	0	0			3	0/0/	0	0	0	0	11.2	8.7/8.4/0/0/0		0//	0/0/0	-Ossein and bones treated with acid
0	0	0	0	0	0	0	0			3	0/0/	0	0	0	0	10.8	8.7/8.4/0/0/0		0//	0/0/0	----Of bovine and sheep
0	0	0	0	0	0	0	0			3	0/0/	0	0	0	0	10.8	8.7/8.4/0/0/0		0//	0/0/0	----Other
0	0	0	0	0	0	0	0			4.8	0/0/	0	0	0	0	11.2	8.7/8.4/0/0/0		0//	0/0/0	---Other

商品编号	商品名称及备注[检验检疫编码及名称]	进口关税(%)		增值税率(%)	消费税	计量单位	监管条件	检验检疫类别	对美税率	出口税率(%)	出口退税率(%)
		最惠国	普通								
0506909031[暂12]	已脱胶的濒危野生动物的骨及角柱(不包括虎骨、豹骨,指未经加工或经脱脂等加工的)①	12	50	9		千克	AFEB	P/Q	14.5%	40^{0}	
0506909039	未脱胶的濒危野生动物的骨及角柱(不包括虎骨、豹骨,指未经加工或经脱脂等加工的)②	12	50	9		千克	AFEB	P/Q	14.5%	40^{0}	
0506909091[暂12]	已脱胶的其他骨及角柱(不包括虎骨、豹骨,指未经加工或经脱脂等加工的)③	12	50	9		千克	AB	P/Q	14.5%	40^{0}	
0506909099	未脱胶的其他骨及角柱(不包括虎骨、豹骨,指未经加工或经脱脂等加工的)④	12	50	9		千克	AB	P/Q	14.5%	40^{0}	
0507	**兽牙、龟壳、鲸须、鲸须毛、角、鹿角、蹄、甲、爪及喙,未经加工或仅简单整理但未切割成形;上述产品的粉末及废料:**										
05071000	-兽牙;兽牙粉末及废料										
0507100010	犀牛角〔999〕	10	30	9		千克	89AB	P/Q	12.5%	0	9
0507100020	其他濒危野生兽牙、兽牙粉末及废料⑤	10	30	9		千克	AFEB	P/Q	12.5%	0	0
0507100030	其他兽牙⑥	10	30	9		千克	AB	P/Q	12.5%	0	9
0507100090	其他兽牙粉末及废料⑦	10	30	9		千克	9AB	P/Q	12.5%	0	9
05079010	---羚羊角及其粉末和废料										9
0507901000	羚羊角及其粉末和废料〔101 羚羊角〕,〔102 药用羚羊角〕	3	14	9		千克	ABFE	P/Q		0	
05079020	---鹿茸及其粉末										
0507902010	濒危鹿茸及其粉末〔101 饲养鹿的鹿茸〕,〔102 非饲养鹿的鹿茸〕,〔103 药用鹿茸〕,〔104 药用马鹿茸〕	11	30	9		千克	ABFE	P/Q	13.5%	0	0
0507902090	非濒危鹿茸及其粉末〔101 饲养鹿的鹿茸〕,〔102 非饲养鹿的鹿茸〕,〔103 药用鹿茸〕,〔104 药用马鹿茸〕	11	30	9		千克	AB	P/Q	13.5%	0	9
05079090	---其他										
0507909011	濒危龟壳及鹿角(包括粉末和废料)⑧	10	50	9		千克	AFEB	P/Q	12.5%	0	0
0507909019	非濒危龟壳及鹿角(包括粉末和废料)⑨	10	50	9		千克	AB	P/Q	12.5%	0	0
0507909020	鲸须、鲸须毛(包括粉末和废料)〔999〕	10	50	9		千克	AFEB	P/Q	12.5%	0	0
0507909030	其他濒危动物角(包括蹄,甲,爪及喙及其粉末和废料)⑩	10	50	9		千克	AFEB	P/Q	12.5%	0	0
0507909090	其他非濒危动物角(包括蹄,甲,爪及喙及其粉末和废料)⑪	10	50	9		千克	AB	P/Q	12.5%	0	9
0508	**珊瑚及类似品,未经加工或仅简单整理但未经进一步加工;软体动物壳、甲壳动物壳、棘皮动物壳、墨鱼骨,未经加工或仅简单整理但未切割成形,上述壳、骨的粉末及废料:**										
05080010	---粉末及废料										
0508001010	濒危珊瑚及濒危水产品的粉末、废料(包括介、贝、棘皮动物壳,不包括墨鱼骨的粉末、废料)〔101 未经加工虾蟹壳〕,〔999 除未经加工虾蟹壳外〕	12	35	9		千克	AFEB	P/Q	39.5%	0	0
0508001090	其他水产品壳、骨的粉末及废料(包括介、贝壳,棘皮动物壳,墨鱼骨的粉末及废料)⑫	12	35	9		千克	AB	P/Q	39.5%	0	9
05080090	---其他										
0508009010	濒危珊瑚及濒危水产品的壳、骨(包括介、贝、棘皮动物的壳,不包括墨鱼骨)〔101 未经加工虾蟹壳〕,〔999 除未经加工虾蟹壳外〕	12	50	9		千克	AFEB	P/Q	39.5%	0	0
0508009090	其他水产品的壳、骨(包括介、贝、棘皮动物的壳,墨鱼骨)〔101 未经加工虾蟹壳〕,〔999 除未经加工虾蟹壳外〕	12	50	9		千克	AB	P/Q	39.5%	0	9

① 〔101 其他野生偶蹄动物骨、蹄、角〕,〔102 未列出的其他动物骨、蹄、角〕,〔103 工业用牛软骨〕,〔104 工业用羊软骨〕,〔105 工业用猪软骨〕,〔106 工业用烘干鹿骨〕

② 〔101 工业用牛软骨〕,〔102 工业用羊软骨〕,〔103 工业用猪软骨〕,〔104 工业用烘干鹿骨〕,〔999 未列出的其他动物骨、蹄、角〕

③ 〔101 工业用牛软骨〕,〔102 工业用羊软骨〕,〔103 工业用猪软骨〕,〔104 工业用烘干鹿骨〕,〔105 工业用牛骨粒〕,〔106 工业用羊骨粒〕,〔107 工业用猪骨粒〕,〔999 未列出的其他动物骨、蹄、角〕

④ 〔101 工业用牛软骨〕,〔102 工业用羊软骨〕,〔103 工业用猪软骨〕,〔104 工业用烘干鹿骨〕,〔105 工业用牛骨粒〕,〔106 工业用羊骨粒〕,〔107 工业用猪骨粒〕,〔108 饲料用水生动物骨〕,〔999 未列出的其他动物骨、蹄、角〕

⑤ 〔101 其他野生偶蹄动物骨、蹄、角(河马牙除外)〕,〔102 象牙〕,〔103 未列出的其他动物骨、蹄、角〕,〔104 河马牙〕

⑥ 〔101 含饲养偶蹄动物的杂骨、骨块、骨粒〕,〔102 其他饲养偶蹄动物骨、蹄、角〕,〔103 其他野生偶蹄动物骨、蹄、角(河马牙除外)〕,〔104 象牙〕,〔105 未列出的其他动物骨、蹄、角〕,〔106 河马牙〕

⑦ 〔101 含饲养偶蹄动物的杂骨、骨块、骨粒(工业用牛骨粒、羊骨粒、猪骨粒除外)〕,〔102 其他饲养偶蹄动物骨、蹄、角〕,〔103 其他野生偶蹄动物骨、蹄、角〕,〔104 未列出的其他动物骨、蹄、角〕,〔105 工业用牛骨粒〕,〔106 工业用羊骨粒〕,〔107 工业用猪骨粒〕

⑧ 〔101 饲养鹿的鹿角(工业用烘干鹿角除外)〕,〔102 非饲养鹿的鹿角(工业用烘干鹿角除外)〕,〔103 工业用烘干鹿角〕,〔201 药用龟甲〕,〔202 药用鹿角〕

⑨ 〔101 饲养鹿的鹿角(工业用烘干鹿角除外)〕,〔102 非饲养鹿的鹿角(工业用烘干鹿角除外)〕,〔103 工业用烘干鹿角〕,〔201 药用龟甲〕,〔202 药用鹿角〕

⑩ 〔101 含饲养偶蹄动物的杂骨、骨块、骨粒〕,〔102 其他饲养偶蹄动物骨、蹄、角〕,〔103 其他野生偶蹄动物骨、蹄、角〕,〔104 未列出的其他动物骨、蹄、角〕,〔201 药用水牛角〕,〔202 药用鳖甲〕

⑪ 〔101 猪蹄壳〕,〔102 牛蹄壳〕,〔103 牛角(工业用烘干牛角除外)〕,〔105 含饲养偶蹄动物的杂骨、骨块、骨粒(工业用牛骨粒、羊骨粒、猪骨粒除外)〕,〔106 其他饲养偶蹄动物骨、蹄、角〕,〔108 其他野生偶蹄动物骨、蹄、角〕,〔109 未列出的其他动物骨、蹄、角〕,〔110 工业用牛骨粒〕,〔111 工业用羊骨粒〕,〔112 工业用猪骨粒〕,〔114 工业用烘干牛角〕,〔201 药用水牛角〕,〔203 药用鳖甲〕

⑫ 〔101 药用瓦楞子〕,〔102 药用海螵蛸〕,〔103 药用蛤壳〕,〔104 药用石决明〕,〔105 药用牡蛎(壳)〕,〔106 药用珍珠母〕,〔108 未列出的饲料用其他动物粉〕,〔109 未经加工虾蟹壳〕,〔110 未列出的工业用其他动物粉〕

协定税率(%)																		特惠税率(%)			
智利	新西兰	澳大利亚	瑞士	冰岛	秘鲁	哥斯达	东盟	亚太	新加坡	巴基斯坦	港/澳/台	韩国	格鲁吉亚	毛里求斯	柬埔寨	尼加拉瓜	日/韩/澳/新/东(RCEP)	亚太2国	老/柬/缅	LDC 98/97/95	Article Description
																					Ivory, tortoise-shell, whalebone and whalebone hair, horns, antlers, hooves, nails, claws and beaks, unworked or simply prepared but not cut to shape; powder and waste of these products:
0	0	0	0	0	0	0	0			2.5	0/0/	0	0	0	0	9	7.3/7/0/0/0			0/0/0	-Ivory; ivory powder and waste
0	0	0	0	0	0	0	0			0	0/0/	0	0	0	0	0	0/0/0/0/0			0/0/0	---Antelope horns and powder or waste thereof
0	0	0	0	0	0	0	0			2.5	0/0/	0	0	0	0	9.9	8/7.7/0/0/0			0/0/0	---Pilose antlers and powder thereof
0	0	0	0	0	0	0	0			2.5	0/0/	0	0	0	0	9	7.3/7/0/0/0			0/0/0	---Other
																					Coral and similar materials, unworked or simply prepared but not otherwise worked; shells of molluscs, crustaceans or echinoderms and cuttle-bone, unworked or simply prepared but not cut to shape, powder and waste thereof:
0	0	0	0	0	0	0	0				0/0/	0	0	0	0	10.8	8.7/8.4/0/0/0			0/0/0	---Powder and waste
0	0	0	0	0	0	0	0			6	0/0/	0	0	0	0	10.8	/8.4/0/0/0			0/0/0	---Other

商品编号	商品名称及备注[检验检疫编码及名称]	进口关税(%)		增值税率(%)	消费税	计量单位	监管条件	检验检疫类别	对美税率	出口税率(%)	出口退税率(%)
		最惠国	普通								
0510	**龙涎香、海狸香、灵猫香及麝香；斑蝥；胆汁，不论是否干制；供配制药用的腺体及其他动物产品，鲜、冷、冻或用其他方法暂时保藏的：**										
05100010	---黄药										9
0510001010	牛黄〔101 药用牛黄〕,〔102 药用人工牛黄〕,〔103 药用体外培育牛黄〕	3	14	9		千克	8A	P/Q		0	
0510001020	猴枣〔999 药用〕	3	14	9		千克	QAFEB	P/Q		0	
0510001090	其他黄药(不包括牛黄)〔999 药用〕	3	14	9		千克	AFEB	P/Q		0	
05100020	---龙涎香、海狸香、灵猫香										9
0510002010	海狸香、灵猫香〔999〕	7	50	9		千克	AEB	P/Q	9.5%	0	
0510002020	龙涎香〔999〕	7	50	9		千克	AB	P/Q	9.5%	0	
05100030	---麝香										0
0510003010	天然麝香〔999〕	7	20	9		千克	8AEF	P/Q	9.5%	0	
0510003090	其他麝香〔999〕	7	20	9		千克	8A	P/Q	9.5%	0	
05100040	---斑蝥										9
0510004000	斑蝥〔999 药用〕	7	50	9		千克	QAB	P/Q	9.5%	0	
05100090	---其他										
0510009010	其他濒危野生动物胆汁及其他产品(不论是否干制；鲜、冷、冻或用其他方法暂时保藏的)〔101 药用〕	6	20	9		千克	AFEB	P/Q	8.5%	0	0
0510009090	胆汁，配药用腺体及其他动物产品(不论是否干制；鲜，冷，冻或用其他方法暂时保藏的)①	6	20	9		千克	AB	P/Q	8.5%	0	9
0511	**其他税目未列名的动物产品；不适合供人食用的第一章或第三章的死动物：**										
05111000	-牛的精液										
0511100010	濒危野生牛的精液〔999〕	0	0	9		千克/支	ABFE	P/Q		0	0
0511100090	牛的精液(濒危野牛的精液除外)〔101 牛精液〕,〔102 其他精液〕	0	0			千克/支	AB	P/Q		0	9
05119111	----受精鱼卵										
0511911110[暂0]	濒危鱼的受精卵〔999〕	12	35	9		千克	ABFE	P/Q		0	0
0511911190[暂0]	受精鱼卵(包括发眼卵，濒危除外)②	12	35			千克	AB	P/Q		0	9
05119119	----其他										
0511911910	濒危鱼的非食用产品(包括鱼肚)〔101 受精卵〕,〔102 用作鱼饵的海水鱼〕,〔103 用作鱼饵的淡水鱼〕	12	35	9		千克	ABFE	P/Q	14.5%	0	0
0511911990	其他鱼的非食用产品(包括鱼肚)〔101 受精卵〕,〔102 用作鱼饵的海水鱼〕,〔103 用作鱼饵的淡水鱼〕	12	35	9		千克	AB	P/Q	14.5%	0	9
05119190	---其他										
0511919010	濒危水生无脊椎动物产品(包括甲壳动物、软体动物，第三章死动物)〔101 头索类〕,〔102 头索类以外〕	12	35	9		千克	ABFE	P/Q	24.5%	0	0
0511919020[暂6]	丰年虫卵(丰年虾卵)〔999〕	12	35	9		千克	AB	P/Q	18.5%	0	9
0511919090	其他水生无脊椎动物产品(包括甲壳动物、软体动物、第三章死动物)③	12	35	9		千克	AB	P/Q	24.5%	0	9
05119910	---动物精液(牛的精液除外)										
0511991010	濒危野生动物精液(牛的精液除外)〔999〕	0	0	9		千克	AFEB	P/Q		0	0
0511991090	其他动物精液(牛的精液和其他濒危动物精液除外)④	0	0			千克	AB	P/Q		0	9
05119920	---动物胚胎										
0511992010	濒危野生动物胚胎〔101 甲鱼受精卵〕,〔102 其他濒危野生动物胚胎〕	0	0	9		千克	AFEB	P/Q		0	0
0511992020	猪、牛、山羊、绵羊胚胎(濒危除外)〔101 猪胚胎〕,〔102 牛胚胎〕,〔103 山羊胚胎〕,〔104 绵羊胚胎〕	0	0			千克	AB	P/Q		0	9
0511992090	其他动物胚胎⑤	0	0	9		千克	AB	P/Q		0	9

① 〔101 药用九香虫〕,〔102 药用虫白蜡〕,〔103 药用土鳖虫〕,〔104 药用蝉蜕〕,〔105 药用僵蚕〕,〔106 药用桑螵蛸〕,〔107 药用地龙〕,〔108 药用蜈蚣〕,〔109 药用全蝎〕,〔110 药用鸡内金〕,〔111 药用猪胆粉〕,〔112 药用哈蟆油〕,〔113 药用蛇蜕〕,〔114 药用水蛭〕,〔118 其他药用动物源性中药材〕

② 〔101 鲈鱼卵〕,〔102 鲑鱼卵〕,〔103 鲟鱼卵〕,〔104 牙鲆鱼卵〕,〔105 虹鳟鱼卵〕,〔106 河豚鱼卵〕,〔107 大菱鲆鱼卵〕,〔108 其他受精卵〕,〔109 科研用〕

③ 〔101 头索类〕,〔102 头索类以外〕,〔201 饲料用红赤虫〕,〔202 饲料用海肠〕,〔203 其他饲料用水生无脊椎动物〕

④ 〔101 猪精液〕,〔102 绵羊精液〕,〔103 山羊精液〕,〔104 马精液〕,〔105 其他精液〕,〔106 SPF 小鼠精液〕,〔107 SPF 大鼠精液〕,〔108 SPF 豚鼠精液〕

⑤ 〔101 牛胚胎〕,〔102 猪胚胎〕,〔103 马胚胎〕,〔104 绵羊胚胎〕,〔105 山羊胚胎〕,〔106 其他胚胎〕,〔107 SPF 小鼠胚胎〕,〔108 SPF 大鼠胚胎〕,〔109 SPF 豚鼠胚胎〕,〔110 甲鱼受精卵〕

智利	新西兰	澳大利亚	瑞士	冰岛	秘鲁	哥斯达	东盟	亚太	新加坡	巴基斯坦	港/澳/台	韩国	格鲁吉亚	毛里求斯	柬埔寨	尼加拉瓜	日/韩/澳/新/东(RCEP)	亚太2国	老/柬/缅	LDC 98/97/95	Article Description
协定税率(%)																		特惠税率(%)			
																					Ambergris, castoreum, civet and musk; cantharides; bile, whether of not dried; glands and other animal products used in the preparation of pharmaceutical products, fresh, chilled, frozen or otherwise provisionally preserved:
0	0	0	0	0	0	0	0			0	0/0/	0	0	0	0	0	0/0/0/0/0			0/0/0	---Bezoar
0	0	0	0	0	0	0	0			0	0/0/	0	0	0	0	0	0/0/0/0/0			0/0/0	---Ambergris, castoreum and civet
0	0	0	0	0	0	0	0			0	0/0/	0	0	0	0	0	0/0/0/0/0			0/0/0	---Musk
0	0	0	0	0	0	0	0			0	0/0/	0	0	0	0	0	0/0/0/0/0			0/0/0	---Cantharides
0	0	0	0	0	0	0	0			4	0/0/	0	0	0	0	0	0/0/0/0/0			0/0/0	---Other
																					Animal products not elsewhere specified or included; dead animals of Chapter 1 or 3, unfit for human consumption:
0	0	0	0	0	0	0	0			0	0/0/	0	0	0	0	0	0/0/0/0/0			0/0/0	-Bovine semen
0	0	0	0	0	0	0	0			6	0/0/	0	0	0	0	10.8	8.7/0/0/0/0			0/0/0	----Fertilized fish eggs
0	0	0	0	0	0	0	0				0/0/	0	0	0	0	10.8	8.7/8.4/0/0/0			0/0/0	----Other
0	0	0	0	0	0	0	0			3	0/0/	0	0	0	0	10.8	8.7/8.4/0/0/0			0/0/0	---Other
0	0	0	0	0	0	0	0			0	0/0/	0	0	0	0	0	0/0/0/0/0			0/0/0	---Animal semen, other than bovine semen
0	0	0	0	0	0	0	0			0	0/0/	0	0	0	0	0	0/0/0/0/0			0/0/0	---Animal embryo

商品编号	商品名称及备注[检验检疫编码及名称]	进口关税(%)		增值税率(%)	消费税	计量单位	监管条件	检验检疫类别	对美税率	出口税率(%)	出口退税率(%)
		最惠国	普通								
											9
05119930	---蚕种										
0511993000	蚕种[999]	0	0	9		千克	AB	P/Q		0	
05119940	---马毛及废马毛,不论是否制成有或无衬垫的毛片										
0511994010	废马毛(不论是否制成有或无衬垫的毛片)①	15	90	9		千克	9B	P/Q	17.5%	0	9,13
0511994090	其他马毛(不论是否制成有或无衬垫的毛片)②	15	90	9		千克	AB	P/Q	17.5%	0	9,13
05119990	---其他										
0511999010	其他编号未列名濒危野生动物产品(包括不适合供人食用的第一章的死动物)③	12	35	9		千克	AFEB	P/Q	39.5%	0	0
0511999090	其他编号未列名的动物产品(包括不适合供人食用的第一章的死动物)④	12	35	9		千克	AB	P/Q	39.5%	0	9

① 〔101 马鬃毛(含马尾毛)(未经加工马(鬃)尾毛除外)〕,〔102 其他饲养奇蹄动物鬃毛〕,〔103 野马鬃毛(含尾毛)(未经加工马(鬃)尾毛除外)〕,〔104 其他野生奇蹄动物鬃毛〕,〔105 未经加工马(鬃)尾毛〕

② 〔101 马鬃毛(含马尾毛)(未经加工马(鬃)尾毛除外)〕,〔102 其他饲养奇蹄动物鬃毛〕,〔103 野马鬃毛(含尾毛)〕,〔104 其他野生奇蹄动物鬃毛〕,〔105 未经加工马(鬃)尾毛〕

③ 〔101 其他动物卵细胞〕,〔102 其他动物繁殖材料〕,〔103 其他野生奇蹄动物鬃毛〕,〔104 其他野生偶蹄动物鬃毛〕,〔105 偶蹄动物标本〕,〔106 奇蹄动物标本〕,〔107 禽鸟标本〕,〔108 爬行动物标本〕,〔109 其他动物标本〕,〔110 动物尸体〕,〔120 未经加工马属动物(鬃)尾毛〕,〔121 未经加工鹿毛〕,〔122 未经加工负鼠毛〕,〔123 非治病防病及非诊断用的猴全血〕,〔124 非治病防病及非诊断用的其他濒危野生动物全血〕,〔125 猴组织、猴组织液〕,〔126 其他濒危野生动物组织、组织液〕

④ 〔101 鳖卵〕,〔102 龟卵〕,〔103 蚕卵〕,〔104 牛卵细胞〕,〔105 猪卵细胞〕,〔106 绵羊卵细胞〕,〔107 山羊卵细胞〕,〔108 其他动物卵细胞〕,〔109 其他动物繁殖材料〕,〔110 其他昆虫(其他动物)〕,〔111 其他饲养奇蹄动物鬃毛〕,〔112 其他饲养偶蹄动物鬃毛〕,〔113 其他禽鸟羽毛〕,〔114 蚕茧(未经加工的蚕茧除外)〕,〔115 蚕蛹(未经加工的蚕蛹除外)〕,〔116 其他蚕产品(不包含蚕丝等纺织原料)〕,〔117 偶蹄动物标本〕,〔118 奇蹄动物标本〕,〔119 禽鸟标本〕,〔120 爬行动物标本〕,〔121 其他动物标本〕,〔122 动物尸体〕,〔123 SPF 小鼠卵细胞〕,〔124 SPF 大鼠卵细胞〕,〔125 SPF 豚鼠卵细胞〕,〔131 药用穿山甲(鳞片)〕,〔133 药用蟾酥〕,〔134 药用金钱白花蛇〕,〔135 药用蕲蛇〕,〔136 药用乌梢蛇〕,〔137 宠物食品加工用动物副产品〕,〔138 未经加工的蚕茧〕,〔139 未经加工的蚕蛹〕,〔140 未经加工的长吐,滞头〕,〔141 未经加工的蜂巢〕,〔142 未经加工的蜂胶〕,〔143 未经加工马属动物(鬃)尾毛〕,〔144 未经加工鹿毛〕,〔145 未经加工负鼠毛〕,〔146 新鲜牛心包膜〕,〔147 新鲜猪心包膜〕,〔148 其他猪心包膜〕,〔149 其他牛心包膜〕,〔150 其他动物心包膜〕,〔151 科研及测试用 SPF 鼠组织、器官〕,〔152 科研及测试用 SPF 犬组织、器官〕,〔153 科研及测试用其他 SPF 级动物组织、器官〕,〔154 其他科研及测试用动物组织、器官〕,〔155 其他未列出的动物产品〕,〔156 非治病防病及非诊断用的鼠全血〕,〔157 非治病防病及非诊断用的猪全血〕,〔158 非治病防病及非诊断用的马全血〕,〔159 非治病防病及非诊断用的兔全血〕,〔160 非治病防病及非诊断用的狗全血〕,〔161 非治病防病及非诊断用的其他动物全血〕

协定税率(%)																		特惠税率(%)			Article Description
智利	新西兰	澳大利亚	瑞士	冰岛	秘鲁	哥斯达	东盟	亚太	新加坡	巴基斯坦	港/澳/台	韩国	格鲁吉亚	毛里求斯	柬埔寨	尼加拉瓜	日/韩/澳/新/东(RCEP)	亚太2国	老/柬/缅	LDC 98/97/95	
0	0	0	0	0	0	0	0			0	0/0/	0	0	0	0	0	0/0/0/0/0			0/0/0	---Silkworm graine
0	0	0	0	0	0	0	0			6	0/0/	0	0	0	0	14	10. 9/10. 5/0/0/0			0/0/0	---Horsehair and horsehair waste, whether or not put up as a layer with or without supporting material
0	0	0	0	0	0	0	0			3	0/0/	0	0	0	0	11. 2	8. 7/8. 4/0/0/0			0/0/0	---Other

第 二 类
植 物 产 品

注释：

本类所称“团粒”，是指直接挤压或加入按重量计比例不超过3%的黏合剂制成的粒状产品。

第 六 章
活树及其他活植物；鳞茎、根及类似品；插花及装饰用簇叶

注释：

一、除品目06.01的菊苣植物及其根以外，本章只包括通常由苗圃或花店供应为种植或装饰用的活树及其他货品（包括植物秧苗）；但不包括马铃薯、洋葱、青葱、大蒜及其他第七章的产品。

二、品目06.03、06.04的各种货品，包括全部或部分用这些货品制成的花束、花篮、花圈及类似品，不论是否有其他材料制成的附件。但这些货品不包括品目97.01的拼贴画或类似的装饰板。

商品编号	商品名称及备注[检验检疫编码及名称]	进口关税(%)		增值税率(%)	消费税	计量单位	监管条件	检验检疫类别	对美税率	出口税率(%)	出口退税率(%)
		最惠国	普通								
0601	**鳞茎、块茎、块根、球茎、根颈及根茎，休眠、生长或开花的；菊苣植物及其根，但税目12.12的根除外：**										
06011010	---番红花球茎										9
0601101000	休眠的番红花球茎〔999〕	4	14			个/千克	AB	P/Q		0	
06011021	----种用										0
0601102110	种用休眠的濒危野生百合球茎(不包括人工培植的)〔999〕	0	0	9		个/千克	ABE	P/Q		0	
0601102190	种用休眠的其他百合球茎〔999〕	0	0			个/千克	AB	P/Q		0	
06011029	----其他										0
0601102910	非种用休眠的濒危野生百合球茎(不包括人工培植的)〔999〕	5	40	9		个/千克	ABE	P/Q	7.5%	0	
0601102990	非种用休眠的其他百合球茎〔999〕	5	40	9		个/千克	AB	P/Q	7.5%	0	
06011091	----种用										
0601109110	种用休眠的兰花块茎(包括球茎、根颈及根茎)〔999〕	0	0	9		个/千克	AFEB	P/Q	2.5%	0	9
0601109191	种用休眠其他濒危植物鳞茎等(包括球茎、根颈、根茎、鳞茎、块茎、块根)〔999〕	0	0	9		个/千克	ABFE	P/Q	2.5%	0	0
0601109199	种用休眠的鳞茎、块茎、块根、球茎、根颈及根茎(濒危除外)①	0	0			个/千克	AB	P/Q	2.5%	0	9
06011099	----其他										
0601109910	其他休眠的兰花块茎(包括球茎、根颈及根茎)〔999〕	5	40	9		个/千克	AFEB	P/Q	7.5%	0	9
0601109991	其他休眠濒危植物鳞茎等(包括球茎、根颈、根茎、鳞茎、块茎、块根)〔999〕	5	40	9		个/千克	AFEB	P/Q	7.5%	0	0
0601109999	其他休眠的其他鳞茎、块茎、块根(包括球茎、根颈及根茎)〔101 水仙花球茎〕,〔102 其他鳞球块根茎〕	5	40	9		个/千克	AB	P/Q	7.5%	0	9
06012000	-生长或开花的鳞茎、块茎、块根、球茎、根颈及根茎；菊苣植物及其根										
0601200010	生长或开花的兰花块茎(包括球茎、根颈及根茎)〔999〕	15	80	9		个/千克	AFEB	P/Q	20%	0	9
0601200020	生长或开花的仙客来鳞茎〔999〕	15	80	9		个/千克	AFEB	P/Q	20%	0	9
0601200091	生长或开花的其他濒危植物鳞茎等(包括球茎、根颈、根茎、鳞茎、块茎、块根、菊苣植物)〔999〕	15	80	9		个/千克	AFEB	P/Q	20%	0	0
0601200099	生长或开花的鳞茎、块茎、块根、球茎、根颈及根茎；菊苣植物及其根(濒危除外)(包括块茎、块根、球茎、根颈及根茎，品目1212的根除外)②	15	80			个/千克	AB	P/Q	20%	0	9
0602	**其他活植物(包括其根)、插枝及接穗；蘑菇菌丝：**										
06021000	-无根插枝及接穗										
0602100010	濒危植物的无根插枝及接穗〔101 营养体〕,〔102 其他组培苗〕	0	0	9		株/千克	ABFE	P/Q	2.5%	0	0
0602100090	无根插枝及接穗(濒危除外)〔101 其他观赏花木〕,〔102 营养体〕	0	0			株/千克	AB	P/Q	2.5%	0	9
06022010	---种用苗木										0
0602201000	食用水果或食用坚果的种用苗木(包括食用果灌木种用苗木)③	0	0			株/千克	AB	P/Q		0	
06022090	---其他										9

① 〔101 球根海棠〕,〔102 其他观赏花木〕,〔103 洋葱(鳞球块根茎)〕,〔104 蒜(种用)〕,〔105 芋艿(种用)〕,〔106 郁金香球茎〕,〔107 朱顶兰球茎〕,〔108 睡莲块根〕,〔109 水仙花球茎〕,〔110 其他鳞球块根茎〕

② 〔101 洋葱(鳞球块根茎)〕,〔102 蒜(种用)〕,〔103 芋艿(种用)〕,〔104 甘薯块茎〕,〔105 百合球茎〕,〔106 郁金香球茎〕,〔107 朱顶兰球茎〕,〔108 睡莲块根〕,〔109 水仙花球茎〕,〔110 其他鳞球块根茎〕

③ 〔101 芭蕉苗木〕,〔102 番石榴苗木〕,〔103 柑橘苗木〕,〔104 海棠苗木〕,〔105 胡桃苗木〕,〔106 梨苗木〕,〔107 李苗木〕,〔108 荔枝苗木〕,〔109 芒果苗木〕,〔110 葡萄苗木〕,〔111 苹果苗木〕,〔112 木瓜苗木〕,〔113 山核桃苗木〕,〔114 山楂苗木〕,〔115 柿苗木〕,〔116 香蕉苗木〕,〔117 杏苗木〕,〔118 椰子苗木〕,〔119 枇杷苗木〕,〔120 橄榄苗木〕,〔121 桃苗木〕,〔122 草莓苗木〕,〔123 樱桃苗木〕,〔124 甘蔗苗木〕,〔125 木莓苗木〕,〔126 其他果树苗木〕,〔127 其他组培苗〕

SECTION Ⅱ
VEGETABLE PRODUCTS

Section Note:

In this Section the term "pellets" means products which have been agglomerated either directly by compression or by the addition of a binder in a proportion not exceeding 3% by weight.

Chapter 6
Live trees and other plants; bulbs, roots and the like; cut flowers and ornamental foliage

Chapter Notes:

1. Subject to the second part of heading 06.01, this Chapter covers only live trees and goods (including seedling vegetables) of a kind commonly supplied by nursery gardeners or florists for planting or for ornamental use; nevertheless it does not include potatoes, onions, shallots, garlic or other products of Chapter 7.

2. Any reference in heading 06.03 or 06.04 to goods of any kind shall be construed as including a reference to bouquets, floral baskets, wreaths and similar articles made wholly or partly of goods of that kind, account not being taken of accessories of other materials. However, these headings do not include collages or similar decorative plaques of heading 97.01.

协定税率(%)																		特惠税率(%)			Article Description
智利	新西兰	澳大利亚	瑞士	冰岛	秘鲁	哥斯达	东盟	亚太	新加坡	巴基斯坦	港/澳/台	韩国	格鲁吉亚	毛里求斯	柬埔寨	尼加拉瓜	日/韩/澳/新/东(RCEP)	亚太2国	老/柬/缅	LDC 98/97/95	
																					Bulbs, tubers, tuberous roots, corms, crowns and rhizomes, dormant, in growth or in flower; chicory plants and roots other than roots of heading 12.12:
0	0	0	0	0	0	0	0	2		0	0/0/	0	0	0	0	0	0/0/0/0/0		0//	0/0/0	---Stigma croci corms
0	0	0	0	0	0	0	0			0	0/0/	0	0	0	0	0	0/0/0/0/0			0/0/0	----Seed
0	0	0	0	0	0	0	0	2.5		0	0/0/	0	0	0	0	0	0/0/0/0/0		0//	0/0/0	----Other
0	0	0	0	0	0	0	0			0	0/0/	0	0	0	0	0	0/0/0/0/0			0/0/0	----Seed
0	0	0	0	0	0	0	0	2.5		0	0/0/	0	0	0	0	0	0/0/0/0/0		0//	0/0/0	----Other
0	0	0	0	0	0	0	0	7.5		3.8	0/0/	0	0	0	0	14	10.9/10.5/0/0/0			0/0/0	-Bulbs, tubers, tuberous roots, corms, crowns and rhizomes, in growth or in flower; chicory plants and roots
																					Other live plants (including their roots) cuttings and ships; mushroom spawn:
0	0	0	0	0	0	0	0			0	0/0/	0	0	0	0	0	0/0/0/0/0			0/0/0	-Unrooted cuttings and slips
0	0	0	0	0	0	0	0			0	0/0/	0	0	0	0	0	0/0/0/0/0			0/0/0	---Seedlings
0	0	0	0	0	0	0	0	5		2.5	0/0/	0	0	0	0	9	7.3/7/0/0/0			0/0/0	---Other

商品编号	商品名称及备注[检验检疫编码及名称]	进口关税(%) 最惠国	进口关税(%) 普通	增值税率(%)	消费税	计量单位	监管条件	检验检疫类别	对美税率	出口税率(%)	出口退税率(%)
0602209000	其他食用水果、坚果树及灌木(不论是否嫁接)〔999〕	10	80	9		株/千克	AB	P/Q	32.5%	0	
06023010	---种用										
0602301010	种用濒危野生杜鹃(不论是否嫁接,不包括人工培植的)〔101 杜鹃(观赏花木)〕,〔102 其他组培苗〕,〔103 营养体〕	0	0	9		株/千克	ABE	P/Q	2.5%	0	0
0602301090	种用其他杜鹃(不论是否嫁接)〔101 杜鹃(观赏花木)〕,〔102 其他组培苗〕,〔103 营养体〕	0	0	9		株/千克	AB	P/Q	2.5%	0	9
06023090	---其他										
0602309010	非种用濒危野生杜鹃(不论是否嫁接,不包括人工培植的)〔999〕	15	80	9		株/千克	ABE	P/Q	17.5%	0	0
0602309090	非种用其他杜鹃(不论是否嫁接)〔999〕	15	80	9		株/千克	AB	P/Q	17.5%	0	9
06024010	---种用										
0602401010	种用濒危野生玫瑰(不论是否嫁接,不包括人工培植的)〔101 玫瑰〕,〔102 其他组培苗〕,〔103 营养体〕	0	0	9		株/千克	ABE	P/Q		0	0
0602401090	种用其他玫瑰(不论是否嫁接)〔101 玫瑰〕,〔102 其他组培苗〕,〔103 营养体〕	0	0	9		株/千克	AB	P/Q		0	9
06024090	---其他										
0602409010	非种用濒危野生玫瑰(不论是否嫁接,不包括人工培植的)〔999〕	15	80	9		株/千克	ABE	P/Q	17.5%	0	0
0602409090	非种用其他玫瑰(不论是否嫁接)〔999〕	15	80	9		株/千克	AB	P/Q	17.5%	0	9
06029010	---蘑菇菌丝										9
0602901000	蘑菇菌丝〔999〕	0	0	9		千克	AB	P/Q		0	
06029091	----种用苗木										
0602909110	种用兰花①	0	0	9		株/千克	AFEB	P/Q	2.5%	0	0
0602909120	种用濒危红豆杉苗木〔999〕	0	0	9		株/千克	AFEB	P/Q	2.5%	0	0
0602909191	其他濒危植物种用苗木〔101 其他林木苗木〕,〔102 其他观赏花木〕,〔103 其他组培苗〕,〔104 营养体〕	0	0	9		株/千克	AFEB	P/Q	2.5%	0	0
0602909199	其他种用苗木(濒危除外)②	0	0			株/千克	AB	P/Q	2.5%	0	0
06029092	----兰花										9
0602909200	其他兰花(种用除外)〔101 蝴蝶兰〕,〔102 兰花〕	10	80	9		株/千克	ABFE	P/Q	12.5%	0	
06029093	----菊花										
0602909300	其他菊花(种用除外)〔999〕	10	80	9		株/千克	AB	P/Q	12.5%	0	0,9
06029094	----百合										
0602909410	非种用翠叶芦荟〔999〕	10	80	9		株/千克	ABQ	P/Q	12.5%	0	9
0602909420	非种用其他芦荟(翠叶芦荟除外)〔999〕	10	80	9		株/千克	ABEFQ	P/Q	12.5%	0	0
0602909430	其他非种用濒危野生百合(不包括人工培植的)〔101 观赏花木〕,〔201 药用百合〕	10	80	9		株/千克	ABE	P/Q	12.5%	0	0
0602909490	其他百合(种用除外)〔101 观赏花木〕,〔102 药用百合〕	10	80	9		株/千克	AB	P/Q	12.5%	0	0
06029095	----康乃馨										9
0602909500	其他康乃馨(种用除外)〔999〕	10	80	9		株/千克	AB	P/Q	12.5%	0	
06029099	----其他										
0602909910	苏铁(铁树)类〔999〕	10	80	9		株/千克	ABFE	P/Q	37.5%	0	9
0602909920	仙人掌(包括仙人球、仙人柱、仙人指)〔999〕	10	80	9		株/千克	ABFE	P/Q	37.5%	0	9
0602909930	濒危红豆杉(种用除外)〔999〕	10	80	9		株/千克	ABFE	P/Q	37.5%	0	0
0602909991	其他濒危活植物(种用除外)〔101 其他观赏花木〕,〔102 其他盆景〕,〔103 组培苗〕,〔104 营养体〕	10	80	9		株/千克	AFEB	P/Q	37.5%	0	0
0602909999	其他活植物(种用除外)③	10	80	9		株/千克	AB	P/Q	37.5%	0	9
0603	**制花束或装饰用的插花及花蕾,鲜、干、染色、漂白、浸渍或用其他方法处理的:**										
06031100	--玫瑰										9
0603110000	鲜的玫瑰(制花束或装饰用的)〔999〕	10	100	9		千克/枝	AB	P/Q	12.5%	0	
06031200	--康乃馨										9
0603120000	鲜的康乃馨(制花束或装饰用的)〔999〕	10	100	9		千克/枝	AB	P/Q	12.5%	0	
06031300	--兰花										9
0603130000	鲜的兰花(制花束或装饰用的)〔101 洋兰切花〕,〔102 鹤望兰切花〕,〔103 其他切花〕	10	100	9		千克/枝	ABEF	P/Q	12.5%	0	
06031400	--菊花										9
0603140000	鲜的菊花(制花束或装饰用的)〔999〕	10	100	9		千克/枝	AB	P/Q	12.5%	0	

① 〔101 春兰〕,〔102 君子兰〕,〔103 蝴蝶兰〕,〔104 惠兰〕,〔105 石槲兰〕,〔106 卡特利亚兰〕,〔107 舞女兰〕,〔108 兰花〕,〔109 其他组培苗〕,〔110 营养体〕

② 〔101 白腊槭苗木〕,〔102 长叶松苗木〕,〔103 岛松苗木〕,〔104 其他松属苗木〕,〔105 黄檀苗木〕,〔106 柳苗木〕,〔107 榆苗木〕,〔108 杉属苗木〕,〔109 梧桐苗木〕,〔110 棕榈苗木〕,〔111 栎树苗木〕,〔112 槟榔苗木〕,〔113 其他林木苗木〕,〔114 牡丹〕,〔115 安祖花〕,〔116 其他观赏花木〕,〔117 其他组培苗〕,〔118 营养体〕

③ 〔101 长春花〕,〔102 复盆子〕,〔103 龙舌兰〕,〔104 水仙〕,〔105 黄杨〕,〔106 郁金香〕,〔107 茶花〕,〔108 春兰〕,〔109 君子兰〕,〔110 芦荟〕,〔111 含笑花〕,〔112 仙客来〕,〔113 万年青〕,〔114 牡丹〕,〔115 月季〕,〔116 惠兰〕,〔117 洋桔梗〕,〔118 天竺葵〕,〔119 唐菖蒲〕,〔120 一品红〕,〔121 非洲菊〕,〔122 满天星〕,〔123 安祖花〕,〔124 球根海棠〕,〔125 马蹄莲〕,〔126 石槲兰〕,〔127 卡特利亚兰〕,〔128 舞女兰〕,〔129 海枣〕,〔130 富贵竹〕,〔131 散尾葵〕,〔132 万寿菊〕,〔133 绿藤〕,〔134 姜花〕,〔135 年桔〕,〔136 草皮〕,〔137 其他观赏花木〕,〔138 三角枫盆景〕,〔139 五角枫盆景〕,〔140 鸡爪槭盆景〕,〔141 山茶花盆景〕,〔142 翠竹盆景〕,〔143 白花杜鹃盆景〕,〔144 金豆盆景〕,〔145 腊梅盆景〕,〔146 榕盆景〕,〔147 榆盆景〕,〔148 五针松盆景〕,〔149 罗汉松盆景〕,〔150 金钱松盆景〕,〔151 福建茶盆景〕,〔152 乌头叶蛇葡萄盆景〕,〔153 朱砂根盆景〕,〔154 紫金牛盆景〕,〔155 凌宵盆景〕,〔156 花孝顺竹盆景〕,〔157 凤尾竹盆景〕,〔158 黄杨盆景〕,〔159 锦鸡儿盆景〕,〔160 雪松属盆景〕,〔161 朴盆景〕,〔162 木桃盆景〕,〔163 代代盆景〕,〔164 佛手盆景〕,〔165 金桔盆景〕,〔166 其他盆景〕,〔167 花卉组培苗〕,〔168 马铃薯组培苗〕,〔169 葡萄苗组培苗〕,〔170 甘薯组培苗〕,〔171 苹果组培苗〕,〔172 水稻组培苗〕,〔173 其他组培苗〕,〔174 营养体〕,〔175 杜鹃切花〕,〔176 山茶花切花〕,〔177 月季切花〕,〔178 芍药切花〕,〔179 满天星切花〕,〔180 美人蕉切花〕,〔181 木兰花切花〕,〔182 樱花切花〕,〔183 牡丹切花〕,〔184 郁金香切花〕,〔185 杂草〕

协定税率(%)																		特惠税率(%)			
智利	新西兰	澳大利亚	瑞士	冰岛	秘鲁	哥斯达	东盟	亚太	新加坡	巴基斯坦	港/澳/台	韩国	格鲁吉亚	毛里求斯	柬埔寨	尼加拉瓜	日/韩/澳/新/东(RCEP)	亚太2国	老/柬/缅	LDC 98/97/95	Article Description
0	0	0	0	0	0	0	0			0	0/0/	0	0	0	0	0	0/0/0/0/0			0/0/0	---Seedlings
0	0	0	0	0	0	0	0			9.6	0/0/	0	0	0	0	14	/10.5/10.5/10.5/10.5			0/0/0	---Other
0	0	0	0	0	0	0	0			0	0/0/	0	0	0	0	0	0/0/0/0/0			0/0/0	---Seedlings
0	0	0	0	0	0	0	0			9.6	0/0/	0	0	0	0	14	10.9/10.5/0/0/0			0/0/0	---Other
0	0	0	0	0	0	0	0			0	0/0/	0	0	0	0	0	0/0/0/0/0			0/0/0	---Mushroom spawn
0	0	0	0	0	0	0	0			0	0/0/	0	0	0	0	0	0/0/0/0/0			0/0/0	----Seedlings
0	0	0	0	0	0	0	0			2.5	0/0/	0	0	0	0	9	7.3/7/0/0/0			0/0/0	----Orchid
0	0	0	0	0	0	0	0			2.5	0/0/	0	0	0	0	9	7.3/7/0/0/0			0/0/0	----Chrysanthemum
0	0	0	0	0	0	0	0			2.5	0/0/	0	0	0	0	9	7.3/7/0/0/0			0/0/0	----Lily
0	0	0	0	0	0	0	0			2.5	0/0/	0	0	0	0	9	7.3/7/0/0/0			0/0/0	----Carnation
0	0	0	0	0	0	0	0	5		2.5	0/0/	0	0	0	0	9	/7/7/7/7			0/0/0	----Other
																					Cut flowers and flower buds of a kind suitable for bouquets or for ornamental purposes, fresh, dried, dyed, bleached, impregnated or otherwise prepared:
0	0	0	0	0	0	0	0	5		2.5	0/0/	0	0	0	0	8	7.3/7/0/0/0		0//	0/0/0	--Roses
0	0	0	0	0	0	0	0	5		2.5	0/0/	0	0	0	0	9	7.3/7/0/0/0		0//	0/0/0	--Carnations
0	0	0	0	0	0	0	0	5		2.5	0/0/0	0	0	0	0	9	7.3/7/0/0/0		0//	0/0/0	--Orchids
0	0	0	0	0	0	0	0	5		2.5	0/0/	0	0	0	0	9	7.3/7/0/0/0		0//	0/0/0	--Chrysanthemums

商品编号	商品名称及备注[检验检疫编码及名称]	进口关税(%)		增值税率(%)	消费税	计量单位	监管条件	检验检疫类别	对美税率	出口税率(%)	出口退税率(%)
		最惠国	普通								
											9
06031500	--百合花(百合属)										
0603150000	鲜的百合花(百合属)(制花束或装饰用的)〔999〕	10	100	9		千克/枝	AB	P/Q	12.5%	0	
06031900	--其他										
0603190010	鲜的濒危植物插花及花蕾(制花束或装饰用的)〔999〕	10	100	9		千克/枝	ABFE	P/Q	37.5%	0	0
0603190090	其他鲜的插花及花蕾(制花束或装饰用的)〔999〕	10	100	9		千克/枝	AB	P/Q	37.5%	0	9
06039000	-其他										
0603900010	干或染色等加工濒危植物插花及花蕾(制花束或装饰用的,鲜的除外)〔999〕	23	100	13		千克/枝	ABFE	P/Q	53%	0	0
0603900090	其他干或染色等加工的插花及花蕾(制花束或装饰用的,鲜的除外)〔999〕	23	100	13		千克/枝	AB	P/Q	53%	0	9
0604	**制花束或装饰用的不带花及花蕾的植物枝、叶或其他部分、草、苔藓及地衣,鲜、干、染色、漂白、浸渍或用其他方法处理的:**										
06042010	---苔藓及地衣										
0604201010	鲜的濒危野生苔藓及地衣(不包括人工培植的)〔101 苔藓及地衣〕,〔102 苔藓(栽培介质)〕,〔103 泥炭藓(栽培介质)〕	23	100	9		千克	ABE	P/Q	53%	0	0
0604201090	鲜的其他苔藓及地衣〔101 苔藓及地衣〕,〔102 苔藓(栽培介质)〕,〔103 泥炭藓(栽培介质)〕	23	100	9		千克	AB	P/Q	53%	0	9
06042090	---其他										
0604209010	其他鲜濒危植物枝、叶或其他部分,草(枝、叶或其他部分是指制花束或装饰用并且不带花及花蕾)〔999〕	10	100	9		千克	ABFE	P/Q	37.5%	0	0
0604209090	其他鲜植物枝、叶或其他部分,草(枝、叶或其他部分是指制花束或装饰用并且不带花及花蕾)〔101 其他林木苗木〕,〔102 其他观赏花木〕,〔103 富贵竹切花〕,〔104 未列出的其他植物〕	10	100	9		千克	AB	P/Q	37.5%	0	9
06049010	---苔藓及地衣										
0604901010	其他濒危野生苔藓及地衣(不包括人工培植的)〔101 苔藓及地衣〕,〔102 苔藓(栽培介质)〕,〔103 泥炭藓(栽培介质)〕	23	100	9		千克	ABE	P/Q	28%	0	0
0604901090	其他苔藓及地衣〔101 苔藓及地衣〕,〔102 苔藓(栽培介质)〕,〔103 泥炭藓(栽培介质)〕	23	100	9		千克	AB	P/Q	28%	0	9
06049090	---其他										
0604909010	其他染色或经加工濒危植物枝、叶或其他部分,草等(枝、叶或其他部分是指制花束或装饰用并且不带花及花蕾)〔999〕	10	100	13		千克	ABFE	P/Q	37.5%	0	0
0604909090	其他染色或加工的植物枝、叶或其他部分,草(枝、叶或其他部分是指制花束或装饰用并且不带花及花蕾)〔101 干花〕,〔102 未列出的其他植物产品〕	10	100	13		千克	AB	P/Q	37.5%	0	9

协定税率(%)																		特惠税率(%)			Article Description
智利	新西兰	澳大利亚	瑞士	冰岛	秘鲁	哥斯达	东盟	亚太	新加坡	巴基斯坦	港/澳/台	韩国	格鲁吉亚	毛里求斯	柬埔寨	尼加拉瓜	日/韩/澳/新/东 (RCEP)	亚太2国	老/柬/缅	LDC 98/97/95	
0	0	0	0	0	0	0	0	5		2.5	0/0/	0	0	0	0	9	7.3/7/0/0/0		0//	0/0/0	--Lilies (Lilium spp.)
0	0	0	0	0	0	0	0	5		2.5	0/0/	0	0	0	0	8	7.3/7/0/0/0		0//	0/0/0	--Other
0	0	0	0	0	0	0	0	11.5		5.8	0/0/	11.5	0	4.6	0	20.7	19.7/23/19.6/19.6/19.6		0//	0/0/0	-Other
																					Foliage, branches and other parts of plants, without flowers or flowerbuds, and grasses, mosses and lichens, being goods of a kind suitable for bouquets or for ornamental purposes, fresh, dried, dyed, bleached, impregnated or otherwise prepared:
0	0	0	0	0	0	0	0			18.4	0/0/	0	0	4.6	0	21.5	16.7/16.1/0/0/0			0/0/0	---Mosses and lichens
0	0	0	0	0	0	0	0			2.5	0/0/	0	0	0	0	9	7.3/7/0/0/0			0/0/0	---Other
0	0	0	0	0	0	0	0			18.4	0/0/	0	0	4.6	0	20.7	16.7/16.1/0/0/0			0/0/0	---Mosses and lichens
0	0	0	0	0	0	0	0			2.5	0/0/	0	0	0	0	9	7.3/7/0/0/0			0/0/0	---Other

第 七 章
食用蔬菜、根及块茎

注释：

一、本章不包括品目12.14的草料。

二、品目07.09、07.10、07.11及07.12所称“蔬菜”，包括食用的蘑菇、块菌、油橄榄、刺山柑、菜葫芦、南瓜、茄子、甜玉米、辣椒、茴香菜、欧芹、细叶芹、龙蒿、水芹、甜茉乔栾那。

三、品目07.12包括干制的归入品目07.01至07.11的各种蔬菜，但下列各项除外：
（一）做蔬菜用的脱荚干豆（品目07.13）；
（二）品目11.02至11.04所列形状的甜玉米；
（三）马铃薯细粉、粗粉、粉末、粉片、颗粒及团粒（品目11.05）；
（四）用品目07.13的干豆制成的细粉、粗粉及粉末（品目11.06）。

四、本章不包括辣椒干及辣椒粉（品目09.04）。

五、品目07.11适用于使用前在运输或贮存时仅为暂时保藏而进行处理（例如，使用二氧化硫气体、盐水、亚硫酸水或其他防腐液）的蔬菜，但不适于直接食用。

商品编号	商品名称及备注[检验检疫编码及名称]	进口关税(%)		增值税率(%)	消费税	计量单位	监管条件	检验检疫类别	对美税率	出口税率(%)	出口退税率(%)
		最惠国	普通								
0701	**鲜或冷藏的马铃薯：**										
07011000	-种用										0
0701100000	种用马铃薯〔101 种质资源〕,〔102 种质资源除外〕	13	70	9		千克	AB	P/Q	40.5%	0	
07019000	-其他										0
0701900000	其他鲜或冷藏的马铃薯〔101 替代种植〕,〔102 替代种植除外〕,〔999〕	13	70	9		千克	AB	P. R/Q. S	43%	0	
0702	**鲜或冷藏的番茄：**										
07020000	鲜或冷藏的番茄										0
0702000000	鲜或冷藏的番茄〔999〕	13	70	9		千克	AB	P. R/Q. S	43%	0	
0703	**鲜或冷藏的洋葱、青葱、大蒜、韭葱及其他葱属蔬菜：**										
07031010	---洋葱										0
0703101000	鲜或冷藏的洋葱〔999〕	13	70	9		千克	AB	P. R/Q. S	43%	0	
07031020	---青葱										0
0703102000	鲜或冷藏的青葱〔999〕	13	70	9		千克	AB	P. R/Q. S	43%	0	
07032010	---蒜头										0
0703201000	鲜或冷藏的蒜头〔101 大蒜〕,〔102 药用大蒜(蒜头)〕	13	70	9		千克	AB	P. R/Q. S	43%	0	
07032020	---蒜薹及蒜苗(青蒜)										0
0703202000	鲜或冷藏的蒜薹及蒜苗(包括青蒜)〔101 蒜苔〕,〔102 蒜苗〕,〔103 青蒜〕	13	70	9		千克	AB	P. R/Q. S	43%	0	
07032090	---其他										0
0703209000	鲜或冷藏的其他大蒜(包括切片、切碎、切丝、捣碎、磨碎、去皮等)〔999〕	13	70	9		千克	AB	P. R/Q. S	43%	0	
07039010	---韭葱										0
0703901000	鲜或冷藏的韭葱〔999〕	13	70	9		千克	AB	P. R/Q. S	43%	0	
07039020	---大葱										0
0703902000	鲜或冷藏的大葱〔999〕	13	70	9		千克	AB	P. R/Q. S	43%	0	
07039090	---其他										0
0703909000	鲜或冷藏的其他葱属蔬菜〔101 分葱〕,〔102 荞头〕,〔999 分葱、荞头除外〕	13	70	9		千克	AB	P. R/Q. S	43%	0	
0704	**鲜或冷藏的卷心菜、菜花、球茎甘蓝、羽衣甘蓝及类似的食用芥菜类蔬菜：**										
07041010	---菜花										0
0704101000	鲜或冷的菜花(花椰菜)〔999〕	10	70	9		千克	AB	P. R/Q. S	40%	0	
07041090	---其他										0
0704109010	鲜或冷的硬花甘蓝〔101 羽衣甘蓝〕,〔102 羽衣甘蓝除外〕	11	70	9		千克	AB	P. R/Q. S	41%	0	
0704109090	鲜或冷的西兰花〔999〕	11	70	9		千克	AB	P. R/Q. S	41%	0	
07042000	-抱子甘蓝										0
0704200000	鲜或冷藏的抱子甘蓝〔999〕	13	70	9		千克	AB	P. R/Q. S	43%	0	
07049010	---卷心菜										0
0704901000	鲜或冷藏的卷心菜(学名结球甘蓝,又名圆白菜、洋白菜,属十字花科芸苔属甘蓝变种)〔999〕	13	70	9		千克	AB	P. R/Q. S	43%	0	
07049090	---其他										0
0704909001	鲜、冷其他甘蓝〔999〕	13	70	9		千克	AB	P. R/Q. S	43%	0	
0704909090	鲜或冷藏的其他食用芥菜类蔬菜〔101 芥蓝〕,〔999 芥蓝除外〕	13	70	9		千克	AB	P. R/Q. S	43%	0	
0705	**鲜或冷藏的莴苣及菊苣：**										

Chapter 7
Edible vegetables and certain roots and tubers

Chapter Notes:

1. This Chapter does not cover forage products of heading 12.14.

2. In headings 07.09, 07.10, 07.11 and 07.12 the word "vegetables" includes edible mushrooms, truffles, olives, capers, marrows, pumpkins, aubergines, sweet corn (Zea mays var. saccharate), fruits of the genus Capsicumor of the genus Pimenta, fennel, parsley, chervil, tarragon, cress and sweet marjoram (Majorana hortensis or Origanum majorana).

3. Heading 07.12 covers all dried vegetables of the kinds falling in headings 07.01 to 07.11, other than:
   (a) dried leguminous vegetables, shelled (heading 07.13);
   (b) sweet corn in the forms specified in headings 11.02 to 11.04;
   (c) flour, meal, powder, flakes, granules and pellets of potatoes (heading 11.05);
   (d) flour, meal and powder of the dried leguminous vegetables of heading 07.13 (heading 11.06).

4. However, dried or crushed or ground fruits of the genus Capsicum or of the genus Pimenta are excluded from this Chapter (heading 09.04).

5. Heading 07.11 applies to vegetables which have been treated solely to ensure their provisional preservation during transport or storage prior to use (for example, by sulphur dioxide gas, in brine, in sulphur water or in other preservative solutions), provided they remain unsuitable for immediate consumption in that state.

协定税率(%)																		特惠税率(%)			Article Description
智利	新西兰	澳大利亚	瑞士	冰岛	秘鲁	哥斯达	东盟	亚太	新加坡	巴基斯坦	港/澳/台	韩国	格鲁吉亚	毛里求斯	柬埔寨	尼加拉瓜	日/韩/澳/新/东(RCEP)	亚太2国	老/柬/缅	LDC 98/97/95	
																					Potatoes, fresh or chilled:
0	0	0	0		0	0	0			3.3	0/0/	0	0	0	0	12.1	9.5/9.1/0/0/0			0/0/0	-Seeds
0	0	0	0	0	0	0	0	9		2.5	0/0/	0	0	0	0	11.7	9.5/9.1/0/0/0		/0/	0/0/0	-Other
																					Tomatoes, fresh or chilled:
0	0	0	0	0	0	0	0			3.3	0/0/	0	0	0	0	11.7	9.5/9.1/0/0/0			0/0/0	Tomatoes, fresh or chilled
																					Onions, shallots, garlic, leeks and other alliaceous vegetables, fresh or chilled:
0	0	0	0	0	0	0	0	6.5		2.5	0/0/	0	0	0	0	12.1	9.5/9.1/0/0/0		/0/0	0/0/0	---Onions
0	0	0	0	0	0	0	0	6.5		2.5	0/0/	0	0	0	0	12.1	9.5/9.1/0/0/0		/0/0	0/0/0	---Shallots
0	0	0	0	0	0	0	0	6.5		0	0/0/	0	0	0	0	11.7	9.5/9.1/0/0/0			0/0/0	---Garlic bulbs
0	0	0	0	0	0	0	0	6.5		0	0/0/	0	0	0	0	12.1	9.5/9.1/0/0/0			0/0/0	---Garlic stems, garlic seedlings
0	0	0	0	0	0	0	0	6.5		0	0/0/	0	0	0	0	12.1	9.5/9.1/0/0/0			0/0/0	---Other
0	0	0	0	0	0	0	0			3.3	0/0/	0	0	0	0	12.1	9.5/9.1/0/0/0		/0/	0/0/0	---Leeks
0	0	0	0	0	0	0	0			3.3	0/0/	0	0	0	0	12.1	9.5/9.1/0/0/0		/0/	0/0/0	---Scallion
0	0	0	0	0	0	0	0			3.3	0/0/	0	0	0	0	12.1	9.5/9.1/0/0/0		/0/	0/0/0	---Other
																					Cabbages, cauliflowers, kohlrabi, kale and similar edible brassicas, fresh or chilled:
0	0	0	0		0	0	0			2.5	0/0/	0	0	0	0	9	7.3/7/0/0/0			0/0/0	---Cauliflowers
0	0	0	0	0	0	0	0			2.9	0/0/	0	0	0	0	10.6	7.3/7/0/0/0		0//	0/0/0	---Other
0	0	0	0	0	0	0	0			3.3	0/0/	0	0	0	0	12.1	9.5/9.1/0/0/0			0/0/0	-Brussels sprouts
0	0	0	0	0	0	0	0			3.3	0/0/	0	0	0	0	12.1	9.5/9.1/0/0/0		0//	0/0/0	---Cabbages (Brassica oleracea var. capitata)
0	0	0	0	0	0	0	0			3.3	0/0/	0	0	0	0	12.1	9.5/9.1/0/0/0		0//	0/0/0	---Other
																					Lettuce (lactuca sativa) and chicory (Cichorium spp.), fresh or chilled:

商品编号	商品名称及备注[检验检疫编码及名称]	进口关税(%) 最惠国	普通	增值税率(%)	消费税	计量单位	监管条件	检验检疫类别	对美税率	出口税率(%)	出口退税率(%)
07051100	--结球莴苣(包心生菜)										0
0705110000	鲜或冷藏的结球莴苣(包心生菜)[999]	10	70	9		千克	AB	P. R/Q. S	40%	0	
07051900	--其他										0
0705190000	鲜或冷藏的其他莴苣[101 莴苣],[999 莴苣除外]	10	70	9		千克	AB	P. R/Q. S	40%	0	
07052100	--维特罗夫菊苣										0
0705210000	鲜或冷藏的维特罗夫菊苣[999]	13	70	9		千克	AB	P. R/Q	43%	0	
07052900	--其他										0
0705290000	鲜或冷藏的其他菊苣[101 苦苣],[999 苦苣除外]	13	70	9		千克	AB	P. R/Q	43%	0	
0706	**鲜或冷藏的胡萝卜、芜菁、色拉甜菜根、婆罗门参、块根芹、萝卜及类似的食用根茎:**										
07061000	-胡萝卜及芜菁										0
0706100001	鲜、冷胡萝卜[999]	13	70	9		千克	AB	P. R/Q. S	43%	0	
0706100090	鲜或冷藏的芜菁[999]	13	70	9		千克	AB	P. R/Q. S	43%	0	
07069000	-其他										0
0706900000	鲜或冷藏的萝卜及类似食用根茎(包括色拉甜菜根、婆罗门参、块根芹)[101 小萝卜],[102 萝卜],[103 其他鲜或冷藏的小萝卜及类似食用根茎]	13	70	9		千克	AB	P. R/Q. S	43%	0	
0707	**鲜或冷藏的黄瓜及小黄瓜:**										
07070000	鲜或冷藏的黄瓜及小黄瓜										0
0707000000	鲜或冷藏的黄瓜及小黄瓜[999]	13	70	9		千克	AB	P. R/Q. S	43%	0	
0708	**鲜或冷藏的豆类蔬菜,不论是否脱荚:**										
07081000	-豌豆										0
0708100000	鲜或冷藏的豌豆(不论是否脱荚)[999]	13	70	9		千克	AB	P. R/Q. S	43%	0	
07082000	-豇豆属及菜豆属										0
0708200000	鲜或冷藏的豇豆及菜豆(不论是否脱荚)[101 豇豆],[102 菜豆]	13	70	9		千克	AB	P. R/Q. S	43%	0	
07089000	-其他豆类蔬菜										0
0708900000	鲜或冷藏的其他豆类蔬菜(不论是否脱荚)①	13	70	9		千克	AB	P. R/Q. S	43%	0	
0709	**鲜或冷藏的其他蔬菜:**										
07092000	-芦笋										0
0709200000	鲜或冷藏的芦笋[999]	13	70	9		千克	AB	P. R/Q. S	43%	0	
07093000	-茄子										0
0709300000	鲜或冷藏的茄子[999]	13	70	9		千克	AB	P. R/Q. S	43%	0	
07094000	-芹菜,但块根芹除外										0
0709400000	鲜或冷藏的芹菜(块根芹除外)[101 欧芹],[999 欧芹除外]	10	70	9		千克	AB	P. R/Q. S	40%	0	
07095100	--伞菌属蘑菇										0
0709510000	鲜或冷藏的伞菌属蘑菇[999]	13	90	9		千克	AB	P. R/Q. S	43%	0	
07095200	--牛肝菌属蘑菇										0
0709520000	鲜或冷藏的牛肝菌属蘑菇[999]	13	90	9		千克	AB	P. R/Q. S	43%	0	
07095300	--鸡油菌属蘑菇										0
0709530000	鲜或冷藏的鸡油菌属蘑菇[999]	13	90	9		千克	AB	P. R/Q. S	43%	0	
07095400	--香菇										0
0709540000	鲜或冷藏的香菇[999]	13	90	9		千克	AB	P. R/Q. S	43%	0	
07095500	--松茸(松口蘑、美洲松口蘑、雪松口蘑、甜味松口蘑、欧洲松口蘑)										0
0709550010	鲜或冷藏的松口蘑[999]	13	90	9		千克	ABE	P. R/Q. S	43%	0	
0709550090	鲜或冷藏的美洲松口蘑、雪松口蘑、甜味松口蘑、欧洲松口蘑[999]	13	90	9		千克	AB	P. R/Q. S	43%	0	
07095600	--块菌(松露属)										
0709560010	鲜或冷藏的濒危野生块菌(松露属)(不包括人工培植的)[999]	13	90	9		千克	ABE	P. R/Q. S	43%	0	0
0709560090	鲜或冷藏的其他块菌(松露属)[999]	13	90	9		千克	AB	P. R/Q. S	43%	0	9
07095910	---其他松茸										0
0709591000	鲜或冷藏的其他松茸(松口蘑、美洲松口蘑、雪松口蘑、甜味松口蘑、欧洲松口蘑除外)[999]	13	90	9		千克	AB	P. R/Q. S	43%	0	
07095930	---金针菇										0
0709593000	鲜或冷藏的金针菇[999]	13	90	9		千克	AB	P. R/Q. S	43%	0	
07095940	---草菇										0
0709594000	鲜或冷藏的草菇[999]	13	90	9		千克	AB	P. R/Q. S	43%	0	

① [101 蚕豆],[102 毛豆],[103 四棱豆],[104 豆苗],[105 豆芽],[106 其他豆科蔬菜]

协定税率(%)																		特惠税率(%)			Article Description
智利	新西兰	澳大利亚	瑞士	冰岛	秘鲁	哥斯达	东盟	亚太	新加坡	巴基斯坦	港/澳/台	韩国	格鲁吉亚	毛里求斯	柬埔寨	尼加拉瓜	日/韩/澳/新/东(RCEP)	亚太2国	老/柬/缅	LDC 98/97/95	
0	0	0	0	0	0	0	0			0	0/0/	0	0	0	0	9	7.3/7/0/0/0			0/0/0	--Cabbage lettuce (head lettuce)
0	0	0	0	0	0	0	0			0	0/0/	0	0	0	0	9	7.3/7/0/0/0			0/0/0	--Other
0	0	0	0	0	0	0	0			0	0/0/	0	0	0	0	12.1	9.5/9.1/0/0/0			0/0/0	--Witloof chicory (Cichorium intybus var. foliosum)
0	0	0	0	0	0	0	0			0	0/0/	0	0	0	0	12.1	9.5/9.1/0/0/0			0/0/0	--Other
																					Carrots, turnips, salad beetroot, salsify, celeriac, radishes and similar edible roots, fresh or chilled:
0	0	0	0		0	0	0			3.3	0/0/	0	0	0	0	12.1	9.5/9.1/0/0/0			0/0/0	-Carrots and turnips
0	0	0	0	0	0	0	0			3.3	0/0/	0	0	0	0	12.1	9.5/9.1/0/0/0			0/0/0	-Other
																					Cucumbers and gherkins, fresh or chilled:
0	0	0	0	0	0	0	0	6.5		2.5	0/0/	0	0	0	0	12.1	9.5/9.1/0/0/0		/0/	0/0/0	Cucumbers and gherkins, fresh or chilled
																					Leguminous vegetables, shelled or unshelled, fresh or chilled:
0	0	0	0	0	0	0	0	6.5		0	0/0/	0	0	0	0	12.1	9.5/9.1/0/0/0		/0/	0/0/0	-Peas (Pisum sativum)
0	0	0	0	0	0	0	0	6.5		0	0/0/	0	0	0	0	12.1	9.5/9.1/0/0/0		0/0/	0/0/0	-Beans (Vigna spp., Phaseolus spp.)
0	0	0	0	0	0	0	0	6.5		0	0/0/	0	0	0	0	12.1	9.5/9.1/0/0/0		/0/	0/0/0	-Other leguminous vegetables
																					Other vegetables, fresh or chilled:
0	0	0	0	0	0	0	0	6.5		0	0/0/	0	0	0	0	12.1	9.5/9.1/0/0/0			0/0/0	-Asparagus
0	0	0	0	0	0	0	0	6.5		0	0/0/	0	0	0	0	12.1	9.5/9.1/0/0/0			0/0/0	-Aubergines (egg-plants)
0	0	0	0	0	0	0	0			0	0/0/	0	0	0	0	9	7.3/7/0/0/0			0/0/0	-Celery other than celeriac
0	0	0	0	0	0	0	0			0	0/0/	0	0	0	0	12.1	9.5/9.1/0/0/0		/0/	0/0/0	--Mushrooms of the genus Agaricus
0	0	0	0	0	0	0	0			0	0/0/	0	0	0	0	12.1	9.5/9.1/0/0/0		/0/	0/0/0	--Mushrooms of the genus Boletus
0	0	0	0	0	0	0	0			0	0/0/	0	0	0	0	12.1	9.5/9.1/0/0/0		/0/	0/0/0	--Mushrooms of the genus Cantharellus
0	0	0	0	0	0	0	0			0	0/0/	0	0	0	0	12.1	9.5/9.1/0/0/0		/0/	0/0/0	--Shiitake (Lentinus edodes)
0	0	0	0	0	0	0	0			0	0/0/	0	0	0	0	12.1	9.5/9.1/0/0/0		/0/	0/0/0	--Matsutake (Tricholoma matsutake, Tricholoma magnivelare, Tricholoma anatolicum, Tricholoma dulciolens, Tricholoma caligatum)
0	0	0	0	0	0	0	0			0	0/0/	0	0	0	0	12.1	9.5/9.1/0/0/0			0/0/0	--Truffles (Tuber spp.)
0	0	0	0	0	0	0	0			0	0/0/	0	0	0	0	12.1	9.5/9.1/0/0/0		/0/	0/0/0	---Other matsutake
0	0	0	0	0	0	0	0			0	0/0/0	0	0	0	0	12.1	9.5/9.1/0/0/0		/0/	0/0/0	---Winter mushroom
0	0	0	0	0	0	0	0			0	0/0/	0	0	0	0	12.1	9.5/9.1/0/0/0		/0/	0/0/0	---Paddy straw mushroom

商品编号	商品名称及备注［检验检疫编码及名称］	进口关税（%）		增值税率（%）	消费税	计量单位	监管条件	检验检疫类别	对美税率	出口税率（%）	出口退税率（%）
		最惠国	普通								
07095950	---口蘑										0
0709595010	鲜或冷藏的濒危野生口蘑（不包括人工培植的）［999］	13	90	9		千克	ABE	P. R/Q. S	43%	0	
0709595090	鲜或冷藏的其他口蘑［999］	13	90	9		千克	AB	P. R/Q. S	43%	0	
07095960	---其他块菌										9
0709596000	鲜或冷藏的其他块菌［101 银耳］,［102 木耳］,［103 其他块菌］	13	90	9		千克	AB	P. R/Q. S	43%	0	
07095990	---其他										0
0709599000	鲜或冷藏的其他蘑菇①	13	90	9		千克	AB	P. R/Q. S	43%	0	
07096000	-辣椒属及多香果属的果实										0
0709600000	鲜或冷藏的辣椒属及多香果属的果实（包括甜椒）［101 多香果］,［102 其他］	13	70	9		千克	AB	P. R/Q. S	43%	0	
07097000	-菠菜										0
0709700000	鲜或冷藏的菠菜［999］	13	70	9		千克	AB	P. R/Q. S	43%	0	
07099100	--洋蓟										9
0709910000	鲜或冷藏的洋蓟［999］	13	70	9		千克	AB	P. R/Q. S	43%	0	
07099200	--油橄榄										9
0709920000	鲜或冷藏的油橄榄［999］	13	70	9		千克	AB	P. R/Q. S	43%	0	
07099300	--南瓜、笋瓜及瓠瓜（南瓜属）										0
0709930000	鲜或冷藏的南瓜、笋瓜及瓠瓜（南瓜属）［101 南瓜］,［102 笋瓜］,［103 瓠瓜］	13	70	9		千克	AB	P. R/Q. S	43%	0	
07099910	---竹笋										0
0709991000	鲜或冷藏的竹笋［999］	13	70	9		千克	AB	P. R/Q. S	43%	0	
07099990	---其他										0
0709999001	鲜或冷藏的丝瓜［999］	13	70	9		千克	AB	P. R/Q. S	43%	0	
0709999002	鲜或冷藏的青江菜［999］	13	70	9		千克	AB	P. R/Q. S	43%	0	
0709999003	鲜或冷藏的小白菜［999］	13	70	9		千克	AB	P. R/Q. S	43%	0	
0709999004	鲜或冷藏的苦瓜［999］	13	70	9		千克	AB	P. R/Q. S	43%	0	
0709999005	鲜或冷藏的山葵［999］	13	70	9		千克	AB	P. R/Q. S	43%	0	
0709999010	鲜或冷藏的野生莼菜（不包括人工培植的）［999］	13	70	9		千克	ABE	P. R/Q. S	43%	0	
0709999090	鲜或冷藏的其他蔬菜②	13	70	9		千克	AB	P. R/Q. S	43%	0	
0710	**冷冻蔬菜（不论是否蒸煮）：**										
07101000	-马铃薯										
0710100000	冷冻马铃薯（不论是否蒸煮）［999］	13	70	9		千克	AB	R/S	28%	0	0,9
07102100	--豌豆										
0710210000	冷冻豌豆（不论是否蒸煮）［999］	13	70	9		千克	AB	R/S	43%	0	0,9
07102210	---红小豆（赤豆）										
0710221000	冷冻的红小豆（赤豆）（不论是否蒸煮）［999］	13	70	9		千克	AB	R/S	15.5%	0	0,9
07102290	---其他										
0710229000	冷冻豇豆及菜豆（不论是否蒸煮）［101 豇豆］,［102 菜豆］	13	70	9		千克	AB	R/S	28%	0	0,9
07102900	--其他										
0710290000	冷冻其他豆类蔬菜（不论是否蒸煮）［999］	13	70	9		千克	AB	R/S	43%	0	0,9
07103000	-菠菜										
0710300000	冷冻菠菜（不论是否蒸煮）［999］	13	70	9		千克	AB	R/S	43%	0	0,9
07104000	-甜玉米										
0710400000	冷冻甜玉米（不论是否蒸煮）［999］	10	70	9		千克	AB	R/S	25%	0	0,9
07108010	---松茸										
0710801000	冷冻松茸（不论是否蒸煮）［999］	13	70	9		千克	ABE	R/S	15.5%	0	0,9
07108020	---蒜薹及蒜苗（青蒜）										
0710802000	冷冻蒜薹及蒜苗（包括青蒜）（不论是否蒸煮）［101 蒜苔］,［102 蒜苗］,［103 青蒜］	13	70	9		千克	AB	R/S	15.5%	0	0,9
07108030	---蒜头										
0710803000	冷冻蒜头（不论是否蒸煮）［999］	13	70	9		千克	AB	R/S	15.5%	0	0,9
07108040	---牛肝菌										
0710804000	冷冻牛肝菌（不论是否蒸煮）［999］	13	70	9		千克	AB	R/S	15.5%	0	0,9
07108090	---其他										

① ［101 杏鲍菇］,［102 猴头菇］,［103 姬菇］,［104 平菇］,［105 秀珍菇］,［107 其他食用菌］,［108 双孢菇］

② ［101 魔芋］,［102 其他薯类］,［103 大白菜］,［104 小松菜］,［105 青梗菜］,［106 油菜］,［107 菜心］,［108 芥蓝］,［109 其他十字花科蔬菜］,［110 牛蒡］,［111 苦苣］,［112 茼蒿］,［113 其他菊科蔬菜］,［114 韭菜］,［115 荞头］,［116 百合］,［117 金针菜］,［118 其他百合科蔬菜］,［119 芫荽］,［120 结球茴香］,［121 其他伞形科蔬菜］,［122 其他茄科蔬菜］,［123 冬瓜］,［124 其他葫芦科蔬菜］,［125 黄秋葵］,［126 生姜］,［127 芡实］,［128 茭白］,［129 玉米笋］,［130 香椿芽］,［131 鱼腥草］,［132 食用大黄］,［133 马齿苋］,［134 苋菜］,［135 番杏］,［136 落葵］,［137 蕨菜］,［138 紫苏］,［139 薄荷］,［140 保鲜其他未列出蔬菜］,［141 欧芹］,［142 芜菁］,［143 茼蒿］,［144 西葫芦］,［145 苏子叶］

智利	新西兰	澳大利亚	瑞士	冰岛	秘鲁	哥斯达	东盟	亚太	新加坡	巴基斯坦	港/澳/台	韩国	格鲁吉亚	毛里求斯	柬埔寨	尼加拉瓜	日/韩/澳/新/东(RCEP)	亚太2国	老/柬/缅	LDC 98/97/95	Article Description
协定税率(%)																		特惠税率(%)			
0	0	0	0	0	0	0	0			0	0/0/	0	0	0	0	12.1	9.5/9.1/0/0/0		/0/	0/0/0	---Tricholoma mongolicum imai
0	0	0	0	0	0	0	0			0	0/0/	0	0	0	0	12.1	9.5/9.1/0/0/0			0/0/0	---Other truffle
0	0	0	0	0	0	0	0			0	0/0/	0	0	0	0	12.1	9.5/9.1/0/0/0		/0/	0/0/0	---Other
0	0	0	0	0	0	0	0	6.5		0	0/0/	0	0	0	0	12.1	9.5/9.1/0/0/0		/0/	0/0/0	-Fruits of the genus Capsicum or of the genus Pimenta
0	0	0	0	0	0	0	0			0	0/0/	0	0	0	0	12.1	9.5/9.1/0/0/0			0/0/0	-Spinach, New Zealand spinach and orache spinach (garden spinach)
0	0	0	0	0	0	0	0			0	0/0/	0	0	0	0	12.1	9.5/9.1/0/0/0		/0/	0/0/0	--Globe artichokes
0	0	0	0	0	0	0	0			0	0/0/	0	0	0	0	12.1	9.5/9.1/0/0/0		/0/	0/0/0	--Olives
0	0	0	0	0	0	0	0			0	0/0/	0	0	0	0	12.1	9.5/9.1/0/0/0		/0/	0/0/0	--Pumpkins, squash and gourds (Cucurbita spp.)
0	0	0	0	0	0	0	0			0	0/0/	0	0	0	0	11.7	9.5/9.1/0/0/0		0/0/	0/0/0	---Bamboo shoots
0	0	0	0	0	0	0	0			0	0/0/	0	0	0	0	12.1	9.5/9.1/0/0/0		/0/	0/0/0	---Other
																					Vegetables (uncooked or cooked by steaming or boiling in water), frozen:
0	0	0	0		0	0	0			3.3	0/0/	0	0	0	0	12.1	9.5/9.1/0/0/0			0/0/0	-Potatoes
0	0	0	0	0	0	0	0			3.3	0/0/	0	0	0	0	12.1	9.5/9.1/0/0/0			0/0/0	--Peas (Pisum sativum)
0	0	0	0	0	0	0	0			3.3	0/0/	0	0	0	0	12.1	9.5/9.1/0/0/0		/0/	0/0/0	---Small red (Adzuki) beans (Phaseolus or Vigna angularis)
0	0	0	0	0	0	0	0			3.3	0/0/	0	0	0	0	12.1	9.5/9.1/0/0/0		/0/	0/0/0	---Other
0	0	0	0	0	0	0	0			3.3	0/0/	0	0	0	0	12.1	9.5/9.1/0/0/0		/0/	0/0/0	--Other
0	0	0	0	0	0	0	0			3.3	0/0/	0	0	0	0	12.1	9.5/9.1/0/0/0			0/0/0	-Spinach, New Zealand spinach and orache spinach (garden spinach)
0	0	0	0	0	0	0	0			2.5	0/0/	0	0	0	0	9	7.3/7/0/0/0			0/0/0	-Sweet corn
0	0	0	0	0	0	0	0			3.3	0/0/	0	0	0	0	12.1	9.5/9.1/0/0/0		/0/	0/0/0	---Sungmo
0	0	0	0	0	0	0	0			3.3	0/0/	0	0	0	0	12.1	9.5/9.1/0/0/0		/0/	0/0/0	---Garlic stems, garlic seedlings
0	0	0	0	0	0	0	0			3.3	0/0/	0	0	0	0	12.1	9.5/9.1/0/0/0		/0/	0/0/0	---Garlic bulbs
0	0	0	0	0	0	0	0			3.3	0/0/	0	0	0	0	12.1	9.5/9.1/0/0/0		/0/	0/0/0	---Boletus
0	0	0	0	0	0	0	0			3.3	0/0/	0	0	0	0	12.1	9.5/9.1/0/0/0		/0/	0/0/0	---Other

商品编号	商品名称及备注[检验检疫编码及名称]	进口关税(%) 最惠国	普通	增值税率(%)	消费税	计量单位	监管条件	检验检疫类别	对美税率	出口税率(%)	出口退税率(%)
0710809010	冷冻的大蒜瓣(不论是否蒸煮)〔999〕	13	70	9		千克	AB	R/S	28%	0	0,9
0710809020	冷冻的香菇(不论是否蒸煮)〔999〕	13	70	9		千克	AB	R/S	28%	0	0,9
0710809030	冷冻野生莼菜(不论是否蒸煮,不包括人工培植的)〔999〕	13	70	9		千克	ABE	R/S	28%	0	0,9
0710809090	冷冻的未列名蔬菜(不论是否蒸煮)①	13	70	9		千克	AB	R/S	28%	0	0,9
07109000	-什锦蔬菜										
0710900000	冷冻什锦蔬菜(不论是否蒸煮)〔999〕	10	70	9		千克	AB	R/S	25%	0	0,9
0711	**暂时保藏的蔬菜,但不适于直接食用的:**										
07112000	-油橄榄										9
0711200000	暂时保藏的油橄榄(不适于直接食用的)〔999〕	13	70	9		千克	AB	P. R/Q. S	15.5%	0	
07114000	-黄瓜及小黄瓜										9
0711400000	暂时保藏的黄瓜及小黄瓜(不适于直接食用的)〔999〕	13	70	9		千克	AB	P. R/Q. S	15.5%	0	
07115112	----白蘑菇										9
0711511200	盐水白蘑菇(不适于直接食用的)〔999〕	13	90	9		千克	AB	R/S	15.5%	0	
07115119	----其他										9
0711511900	盐水的其他伞菌属蘑菇(不适于直接食用的)〔101 腌渍草菇〕,〔102 腌渍姬菇〕,〔103 腌渍口蘑〕,〔104 腌渍其他食用菌〕	13	90	9		千克	AB	R/S	15.5%	0	
07115190	---其他										9
0711519000	暂时保藏的其他伞菌属蘑菇(不适于直接食用的)〔101 腌渍草菇〕,〔102 腌渍姬菇〕,〔103 腌渍口蘑〕,〔104 腌渍其他食用菌〕	13	90	9		千克	AB	P. R/Q. S	15.5%	0	
07115911	----松茸										9
0711591100	盐水松茸(不适于直接食用的)〔999〕	13	90	9		千克	EAB	R/S	15.5%	0	
07115919	----其他										9
0711591910	盐水的香菇(不适于直接食用的)〔999〕	13	90	9		千克	AB	R/S	15.5%	0	
0711591920	盐水的野生中华夏块菌(不适于直接食用的,不包括人工培植的)〔999〕	13	90	9		千克	ABE	R/S	15.5%	0	
0711591990	盐水的其他非伞菌属蘑菇及块菌(不适于直接食用的)〔101 腌渍牛肝菌〕,〔102 腌渍其他非伞菌属蘑菇及腌渍其他块菌〕	13	90	9		千克	AB	R/S	15.5%	0	
07115990	---其他										9
0711599010	暂时保藏的香菇(不适于直接食用的)〔999〕	13	90	9		千克	AB	P. R/Q. S	15.5%	0	
0711599090	暂时保藏的蘑菇及块菌(不适于直接食用的)〔101 腌渍蘑菇〕,〔102 腌渍其他块菌〕	13	90	9		千克	AB	P. R/Q. S	15.5%	0	
07119031	----竹笋										9
0711903100	盐水竹笋(不适于直接食用的)〔999〕	13	70	9		千克	AB	R/S	15.5%	0	
07119034	----大蒜										9
0711903410	盐水简单腌制的大蒜头、大蒜瓣(无论是否去皮,但不适于直接食用)〔999〕	13	70	9		千克	AB	R/S	15.5%	0	
0711903490	盐水简单腌制的其他大蒜(不含蒜头、蒜瓣,无论是否去皮,但不适于直接食用)〔999〕	13	70	9		千克	AB	R/S	15.5%	0	
07119039	----其他										9
0711903900	盐水的其他蔬菜及什锦蔬菜(不适于直接食用的)②	13	70	9		千克	AB	R/S	15.5%	0	
07119090	---其他										9
0711909000	暂时保藏的其他蔬菜及什锦蔬菜(不适于直接食用的)③	13	90	9		千克	AB	P. R/Q. S	15.5%	0	
0712	**干蔬菜,整个、切块、切片、破碎或制成粉状,但未经进一步加工的:**										
07122000	-洋葱										
0712200000	干制洋葱(整个,切块,切片,破碎或制成粉状,但未经进一步加工的)〔999〕	13	80	9		千克	AB	P. R/Q. S	43%	0	0,9
07123100	--伞菌属蘑菇										
0712310000	干伞菌属蘑菇(整个,切块,切片,破碎或制成粉状,但未经进一步加工的)〔101 脱水杏鲍菇〕,〔102 脱水姬菇〕,〔103 脱水秀珍菇〕,〔104 脱水姬松茸〕	13	80	9		千克	AB	P. R/Q. S	43%	0	0,9
07123200	--木耳										
0712320000	干木耳(整个,切块,切片,破碎或制成粉状,但未经进一步加工的)〔999〕	13	100	9		千克	AB	P. R/Q. S	43%	0	0,9,13

① 〔101 冷冻魔芋〕,〔102 冷冻其他薯类〕,〔103 冷冻萝卜〕,〔104 冷冻芜菁〕,〔105 冷冻山葵〕,〔106 冷冻大白菜〕,〔107 冷冻甘蓝〕,〔108 冷冻抱子甘蓝〕,〔109 冷冻羽衣甘蓝〕,〔110 冷冻小松菜〕,〔111 冷冻青梗菜〕,〔112 冷冻小白菜〕,〔113 冷冻油菜〕,〔114 冷冻菜心〕,〔115 冷冻芥蓝〕,〔116 冷冻青江菜〕,〔117 冷冻芥菜〕,〔118 冷冻花椰菜〕,〔119 冷冻西兰花〕,〔120 冷冻其他十字花科蔬菜〕,〔121 冷冻牛蒡〕,〔122 冷冻洋蓟〕,〔123 冷冻苦苣〕,〔124 冷冻菊苣〕,〔125 冷冻茼蒿〕,〔126 冷冻莴苣〕,〔127 冷冻生菜〕,〔128 冷冻其他菊科蔬菜〕,〔129 冷冻洋葱〕,〔130 冷冻大葱〕,〔131 冷冻青葱〕,〔132 冷冻韭葱〕,〔133 冷冻韭菜〕,〔134 冷冻荞头〕,〔135 冷冻百合〕,〔136 冷冻金针菜〕,〔137 冷冻芦笋〕,〔138 冷冻其他百合科蔬菜〕,〔139 冷冻胡萝卜〕,〔140 冷冻芹菜〕,〔141 冷冻芫荽〕,〔142 冷冻结球茴香〕,〔143 冷冻其他伞形科蔬菜〕,〔144 冷冻茄子〕,〔145 冷冻辣椒、甜椒〕,〔146 冷冻其他茄科蔬菜〕,〔147 冷冻黄瓜〕,〔148 冷冻南瓜〕,〔149 冷冻西葫芦〕,〔150 冷冻瓠瓜〕,〔151 冷冻苦瓜〕,〔152 冷冻冬瓜〕,〔153 冷冻丝瓜〕,〔154 冷冻其他葫芦科蔬菜〕,〔155 冷冻蚕豆〕,〔156 冷冻毛豆〕,〔157 冷冻四棱豆〕,〔158 冷冻豆苗〕,〔159 冷冻豆芽〕,〔160 冷冻银耳〕,〔161 冷冻木耳〕,〔162 冷冻蘑菇〕,〔163 冷冻金针菇〕,〔164 冷冻杏鲍菇〕,〔165 冷冻草菇、甜椒〕,〔166 冷冻猴头菇〕,〔167 冷冻姬菇〕,〔168 冷冻平菇〕,〔169 冷冻秀珍菇〕,〔170 冷冻口蘑〕,〔171 冷冻其他块菌〕,〔172 冷冻其他食用菌〕,〔173 冷冻黄秋葵〕,〔174 冷冻生姜〕,〔175 冷冻芡实〕,〔176 冷冻茭白〕,〔177 冷冻玉米笋〕,〔178 冷冻竹笋〕,〔179 冷冻香椿芽〕,〔180 冷冻鱼腥草〕,〔181 冷冻食用大黄〕,〔182 冷冻马齿苋〕,〔183 冷冻苋菜〕,〔184 冷冻番杏〕,〔185 冷冻落葵〕,〔186 冷冻蕨菜〕,〔187 冷冻紫苏〕,〔188 冷冻薄荷〕,〔189 冷冻油橄榄〕,〔190 冷冻其他未列出蔬菜〕

② 〔101 腌渍萝卜〕,〔102 腌渍芜菁(包括大头菜)〕,〔103 腌渍甘蓝(包菜、卷心菜)〕,〔104 腌渍芥菜〕,〔105 腌渍洋葱〕,〔106 腌渍荞头〕,〔107 腌渍胡萝卜〕,〔108 腌渍茄子〕,〔109 腌渍豇豆〕,〔110 腌渍菜豆〕,〔111 腌渍其他豆科蔬菜〕,〔112 腌渍生姜〕,〔113 腌渍蕨菜〕,〔114 腌渍紫苏〕,〔115 腌渍其他包叶菜类蔬菜〕,〔116 腌渍其他小叶菜类蔬菜〕,〔117 腌渍其他根菜类蔬菜〕,〔118 腌渍其他果菜类蔬菜〕,〔119 盐渍其他瓜菜类蔬菜〕,〔120 腌渍其他未列出蔬菜〕

③ 〔101 腌渍萝卜〕,〔102 腌渍芜菁(包括大头菜)〕,〔103 腌渍甘蓝(包菜、卷心菜)〕,〔104 腌渍芥菜〕,〔105 腌渍洋葱〕,〔106 腌渍荞头〕,〔107 腌渍胡萝卜〕,〔108 腌渍茄子〕,〔109 腌渍豇豆〕,〔110 腌渍菜豆〕,〔111 腌渍其他豆科蔬菜〕,〔112 腌渍生姜〕,〔113 腌渍鱼腥草〕,〔114 腌渍食用大黄〕,〔115 腌渍马齿苋〕,〔116 腌渍蕨菜〕,〔117 腌渍紫苏〕,〔118 腌渍薄荷〕,〔119 腌渍其他未列出蔬菜〕

智利	新西兰	澳大利亚	瑞士	冰岛	秘鲁	哥斯达	东盟	亚太	新加坡	巴基斯坦	港/澳/台	韩国	格鲁吉亚	毛里求斯	柬埔寨	尼加拉瓜	日/韩/澳/新/东 (RCEP)	亚太2国	老/柬/缅	LDC 98/97/95	Article Description
协定税率(%)																		特惠税率(%)			
0	0	0	0	0	0	0	0			2.5	0/0/	0	0	0	0	9	7.3/7/0/0/0		/0/	0/0/0	-Mixtures of vegetables
																					Vegetables provisionally preserved, but unsuitable in that state for immediate consumption:
0	0	0	0	0	0	0	0			0	0/0/	0	0	0	0	12.1	9.5/9.1/0/0/0			0/0/0	-Olives
0	0	0	0	0	0	0	0			0	0/0/	0	0	0	0	12.1	9.5/9.1/0/0/0			0/0/0	-Cucumbers and gherkins
0	0	0	0	0	0	0	0			0	0/0/	0	0	0	0	12.1	9.5/9.1/0/0/0			0/0/0	----White mushroom
0	0	0	0	0	0	0	0			0	0/0/	0	0	0	0	12.1	9.5/9.1/0/0/0			0/0/0	----Other
0	0	0	0	0	0	0	0			0	0/0/	0	0	0	0	12.1	9.5/9.1/0/0/0			0/0/0	---Other
0	0	0	0	0	0	0	0			0	0/0/	0	0	0	0	12.1	9.5/9.1/0/0/0			0/0/0	----Sungmo
0	0	0	0	0	0	0	0			0	0/0/	0	0	0	0	12.1	9.5/9.1/0/0/0			0/0/0	----Other
0	0	0	0	0	0	0	0			0	0/0/	0	0	0	0	12.1	9.5/9.1/0/0/0			0/0/0	---Other
0	0	0	0	0	0	0	0	6.5		0	0/0/	0	0	0	0	12.1	9.5/9.1/0/0/0			0/0/0	----Bamboo shoots
0	0	0	0	0	0	0	0	6.5		0	0/0/	0	0	0	0	12.1	9.5/9.1/0/0/0			0/0/0	----Garlic
0	0	0	0	0	0	0	0	6.5		0	0/0/	0	0	0	0	12.1	9.5/9.1/0/0/0			0/0/0	----Other
0	0	0	0	0	0	0	0	6.5		0	0/0/	0	0	0	0	12.1	9.5/9.1/0/0/0			0/0/0	---Other
																					Dried vegetables, whole, cut, sliced, broken or in powder, but not further prepared:
0	0	0	0	0	0	0	0			3.3	0/0/	0	0	0	0	12.1	9.5/9.1/0/0/0			0/0/0	-Onions
0	0	0	0	0	0	0	0	9		2.5	0/0/	0	0	0	0	12.1	9.5/9.1/0/0/0			0/0/0	--Mushrooms of the genus Agaricus
0	0	0	0	0	0	0	0			3.3	0/0/	0	0	0	0	12.1	9.5/9.1/0/0/0			0/0/0	--Wood ears (Auricularia spp.)

商品编号	商品名称及备注[检验检疫编码及名称]	进口关税(%) 最惠国	普通	增值税率(%)	消费税	计量单位	监管条件	检验检疫类别	对美税率	出口税率(%)	出口退税率(%)
07123300	--银耳										
0712330000	干银耳(白木耳)(整个,切块,切片,破碎或制成粉状,但未经进一步加工的)〔999〕	13	90	9		千克	AB	P. R/Q. S	43%	0	0,9,13
07123400	--香菇										
0712340000	干制香菇(整个,切块,切片,破碎或制成粉状,但未经进一步加工的)〔999〕	13	100	9		千克	AB	P. R/Q. S	43%	0	0,9,13
07123920	---金针菇										
0712392000	干制金针菇(整个,切块,切片,破碎或制成粉状,但未经进一步加工的)〔999〕	13	100	9		千克	AB	P. R/Q. S	43%	0	0,9
07123950	---牛肝菌										
0712395000	干制牛肝菌(整个,切块,切片,破碎或制成粉状,但未经进一步加工的)〔999〕	13	100	9		千克	AB	P. R/Q. S	43%	0	0,9
07123991	----羊肚菌										
0712399100	干制羊肚菌(整个,切块,切片,破碎或制成粉状,但未经进一步加工的)〔999〕	13	100	9		千克	AB	P. R/Q. S	43%	0	0,9
07123999	----其他										
0712399910	干制松茸(整个,切块,切片,破碎或制成粉状,但未经进一步加工的)〔999〕	13	100	9		千克	ABE	P. R/Q. S	43%	0	0,9
0712399920	干制野生中华夏块菌(整个,切块,切片,破碎或制成粉状,但未经进一步加工的,不包括人工培植的)〔999〕	13	100	9		千克	ABE	P. R/Q. S	43%	0	0,9
0712399990	其他干制蘑菇及块菌(整个,切块,切片,破碎或制成粉状,但未经进一步加工的)①	13	100	9		千克	AB	P. R/Q. S	43%	0	0,9
07129010	---笋干丝										0
0712901000	笋干丝〔999〕	13	80	9		千克	AB	P. R/Q. S	43%	0	
07129020	---紫萁(薇菜干)										
0712902000	紫萁(薇菜干)(整条,切段,破碎或制成粉状,但未经进一步加工的)〔999〕	13	80	9		千克	AB	P. R/Q. S	43%	0	0,9
07129030	---金针菜(黄花菜)										
0712903000	干金针菜(黄花菜)(整条,切段,破碎或制成粉状,但未经进一步加工的)〔999〕	13	80	9		千克	AB	P. R/Q. S	43%	0	0,9
07129040	---蕨菜										
0712904000	蕨菜干(整个,切段,破碎或制成粉状,但未经进一步加工的)〔999〕	13	80	9		千克	AB	P. R/Q. S	43%	0	0,9
07129050	---大蒜										
0712905010	干燥或脱水的大蒜头、大蒜瓣(无论是否去皮)〔999〕	13	80	13		千克	AB	P. R/Q. S	43%	0	0
0712905090	干燥或脱水的其他大蒜(不含蒜头、蒜瓣,无论是否去皮)〔999〕	13	80	13		千克	AB	P. R/Q. S	43%	0	0,9,13
07129091	----辣根										
0712909100	干辣根(整个,切块,切片,破碎或制成粉状,但未经进一步加工的)〔999〕	13	80	9		千克	AB	P. R/Q. S	43%	0	0,9,13
07129099	----其他										
0712909910	干野生莼菜(整个,切块,切片,破碎或制成粉状,但未经进一步加工的,不包括人工培植的)〔999〕	13	80	9		千克	ABE	P. R/Q. S	43%	0	0,9
0712909920[暂0]	甜玉米种子(种用甜玉米)〔999〕	13	80			千克	AB	P. R/Q. S	43%	0	
0712909990	干制的其他蔬菜及什锦蔬菜(整个,切块,切片,破碎或制成粉状,但未经进一步加工的)②	13	80	9		千克	AB	P. R/Q. S	43%	0	0,9,13
0713	**脱荚的干豆,不论是否去皮或分瓣:**										
07131010	---种用										0
0713101000	种用豌豆(干豆,不论是否去皮或分瓣)〔101 种质资源〕,〔102 种质资源除外〕	0	0			千克	AB	P/N. Q		0	
07131090	---其他										0
0713109000	其他干豌豆(不论是否去皮或分瓣)〔101 食用〕,〔201 饲用〕	5	20	9		千克	AB	P. R/Q. S	32.5%	0	
07132010	---种用										9
0713201000	种用干鹰嘴豆(不论是否去皮或分瓣)〔101 种质资源〕,〔102 种质资源除外〕	0	0	9		千克	AB	P/N. Q	25%	0	
07132090	---其他										9
0713209000	其他干鹰嘴豆(不论是否去皮或分瓣)〔999〕	7	20	9		千克	AB	P. R/Q. S	34.5%	0	
07133110	---种用										9
0713311000	种用干绿豆(不论是否去皮或分瓣)〔101 种质资源〕,〔102 种质资源除外〕	0	0	9		千克	AB	P/N. Q	25%	0	
07133190	---其他										9
0713319000	其他干绿豆(不论是否去皮或分瓣)〔999〕	3	11	9		千克	AB	P. R/Q. S	30.5%	0	
07133210	---种用										9
0713321000	种用红小豆(赤豆)(不论是否去皮或分瓣)〔101 种质资源〕,〔102 种质资源除外〕	0	0	9		千克	AB	P/N. Q	25%	0	
07133290	---其他										9
0713329000	其他干赤豆(不论是否去皮或分瓣)〔101 干赤豆〕,〔102 药用赤小豆〕	3	14	9		千克	AB	P. R/Q. S	30.5%	0	
07133310	---种用										0

① 〔101 脱水蘑菇〕,〔102 脱水猴头菇〕,〔103 脱水平菇〕,〔104 脱水其他块菌〕,〔105 脱水竹荪〕,〔106 脱水其他食用菌〕,〔107 干制榛蘑〕

② 〔102 脱水魔芋〕,〔103 脱水其他薯类〕,〔104 脱水萝卜〕,〔105 脱水甘蓝(包菜、卷心菜)〕,〔106 脱水芥菜〕,〔107 脱水花椰菜(白花菜)〕,〔108 脱水西兰花(绿花菜)〕,〔109 脱水其他十字花科蔬菜〕,〔110 脱水牛蒡〕,〔111 脱水青葱〕,〔112 脱水芦笋〕,〔113 脱水胡萝卜〕,〔114 脱水芹菜〕,〔116 脱水南瓜〕,〔117 脱水西葫芦(笋瓜)〕,〔118 脱水瓠瓜〕,〔119 脱水苦瓜〕,〔120 脱水甜玉米〕,〔121 脱水鱼腥草〕,〔122 脱水食用大黄〕,〔123 脱水马齿苋〕,〔124 脱水菠菜〕,〔125 脱水紫苏〕,〔126 脱水薄荷〕,〔127 脱水山野菜〕,〔128 脱水其他未列出蔬菜〕,〔129 马蹄叶〕,〔130 刺嫩芽〕,〔131 地瓜梗〕,〔132 蓖麻叶〕,〔133 甜墨角兰〕,〔134 莳萝的粉〕

协定税率(%)																		特惠税率(%)			Article Description
智利	新西兰	澳大利亚	瑞士	冰岛	秘鲁	哥斯达	东盟	亚太	新加坡	巴基斯坦	港/澳/台	韩国	格鲁吉亚	毛里求斯	柬埔寨	尼加拉瓜	日/韩/澳/新/东(RCEP)	亚太2国	老/柬/缅	LDC 98/97/95	
0	0	0	0	0	0	0	0			3.3	0/0/	0	0	0	0	12.1	9.5/9.1/0/0/0			0/0/0	--Jelly fungi (Tremella spp.)
0	0	0	0	0	0	0	0	9		2.5	0/0/	0	0	0	0	12.1	9.5/9.1/0/0/0			0/0/0	--Shiitake (Lentinus edodes)
0	0	0	0	0	0	0	0	9		2.5	0/0/	0	0	0	0	12.1	9.5/9.1/0/0/0			0/0/0	---Winter mushroom
0	0	0	0	0	0	0	0	9		2.5	0/0/	0	0	0	0	12.1	9.5/9.1/0/0/0			0/0/0	---Boletus
0	0	0	0	0	0	0	0	9		9	0/0/	0	0	0	0	12.1	9.5/9.1/0/0/0			0/0/0	----Morchella vulgaris
0	0	0	0	0	0	0	0	9		9	0/0/	0	0	0	0	12.1	9.5/9.1/0/0/0			0/0/0	----Other
0	0	0	0	0	0	0	0			3.3	0/0/	0	0	0	0	12.1	9.5/9.1/0/0/0			0/0/0	---Bamboo shoots
0	0	0	0	0	0	0	0			3.3	0/0/	0	0	0	0	12.1	9.5/9.1/0/0/0			0/0/0	---Osmund
0	0	0	0	0	0	0	0			3.3	0/0/	0	0	0	0	12.1	9.5/9.1/0/0/0			0/0/0	---Day lily flowers
0	0	0	0	0	0	0	0			3.3	0/0/	0	0	0	0	12.1	9.5/9.1/0/0/0			0/0/0	---Wild brake
0	0	0	0	0	0	0	0			3.3	0/0/	0	0	0	0	12.1	9.5/9.1/0/0/0			0/0/0	---Garlic
0	0	0	0	0	0	0	0			3.3	0/0/	0	0	0	0	12.1	9.5/9.1/0/0/0			0/0/0	----Horseradish
0	0	0	0	0	0	0	0			3.3	0/0/	0	0	0	0	12.1	9.5/9.1/0/0/0			0/0/0	----Other
																					Dried leguminous vegetables, shelled, whether or not skinned or split:
0	0	0	0	0	0	0	0			0	0/0/	0	0	0	0	0	0/0/0/0/0			0/0/0	---Seed
0	0	0	0	0	0	0	0			0	0/0/	0	0	0	0	0	0/0/0/0/0			0/0/0	---Other
0	0	0	0	0	0	0	0			0	0/0/	0	0	0	0	0	0/0/0/0/0			0/0/0	---Seed
0	0	0	0	0	0	0	0			0	0/0/	0	0	0	0	0	0/0/0/0/0			0/0/0	---Other
0	0	0	0	0	0	0	0			0	0/0/	0	0	0	0	0	0/0/0/0/0			0/0/0	---Seed
0	0	0	0	0	0	0	0	1.5		0	0/0/	0	0	0	0	0	0/0/2.1/2.1/0		/0/0	0/0/0	---Other
0	0	0	0	0	0	0	0			0	0/0/	0	0	0	0	0	0/0/0/0/0			0/0/0	---Seed
0	0	0	0	0	0	0	0			0	0/0/	0	0	0	0	0	0/0/0/0/0		/0/	0/0/0	---Other
0	0	0	0	0	0	0	0			0	0/0/	0	0	0	0	0	0/0/0/0/0			0/0/0	---Seed

商品编号	商品名称及备注[检验检疫编码及名称]	进口关税(%)		增值税率(%)	消费税	计量单位	监管条件	检验检疫类别	对美税率	出口税率(%)	出口退税率(%)
		最惠国	普通								
0713331000	种用芸豆(干豆,不论是否去皮或分瓣)〔101 种质资源〕,〔102 种质资源除外〕	0	0			千克	AB	P/N. Q		0	
07133390	---其他										0
0713339000	其他干芸豆(不论是否去皮或分瓣)〔999〕	7.5	20	9		千克	AB	P. R/Q. S	37.5%	0	
07133400	--巴姆巴拉豆										9
0713340000	干巴姆巴拉豆(不论是否去皮或分瓣)〔999〕	7	20	9		千克	AB	P. R/Q. S	34.5%	0	
07133500	--牛豆(豇豆)										9
0713350010	种用牛豆(豇豆)〔999〕	7	20			千克	AB	P. R/Q. S	34.5%	0	
0713350090	其他干牛豆(豇豆)(不论是否去皮或分瓣)〔101 豇豆〕,〔102 脱水豇豆〕	7	20	9		千克	AB	P. R/Q. S	34.5%	0	
07133900	--其他										0
0713390000	其他干豇豆属及菜豆属(不论是否去皮或分瓣)〔101 非种用豇豆〕,〔102 脱水豇豆〕,〔103 脱水菜豆〕	7	20	9		千克	AB	P. R/Q. S	34.5%	0	
07134010	---种用										0
0713401000	种用干扁豆(不论是否去皮或分瓣)〔101 种质资源〕,〔102 种质资源除外〕	0	0	9		千克	AB	P/N. Q	25%	0	
07134090	---其他										0
0713409000	其他干扁豆(不论是否去皮或分瓣)〔101 干扁豆〕,〔102 药用白扁豆〕	7	20	9		千克	AB	P. R/Q. S	34.5%	0	
07135010	---种用										9
0713501000	种用蚕豆(干豆,不论是否去皮或分瓣)〔101 种质资源〕,〔102 种质资源除外〕	0	0			千克	AB	P/N. Q		0	
07135090	---其他										9
0713509000	其他干蚕豆(不论是否去皮或分瓣)〔999〕	7	20	9		千克	AB	P. R/Q. S	34.5%	0	
07136010	---种用										9
0713601000	种用干木豆(木豆属)(不论是否去皮或分瓣)〔999〕	0	0	9		千克	AB	P/N. Q	25%	0	
07136090	---其他										9
0713609000	其他干木豆(木豆属)(不论是否去皮或分瓣)〔999〕	7	20	9		千克	AB	P. R/Q. S	34.5%	0	
07139010	---种用干豆										0
0713901000	其他种用干豆(不论是否去皮或分瓣)〔101 种质资源〕,〔102 种质资源除外〕	0	0			千克	AB	P/N. Q		0	
07139090	---其他										
0713909000	其他干豆(不论是否去皮或分瓣)①	7	20	9		千克	AB	P. R/Q. S	34.5%	0	0,9
0714	**鲜、冷、冻或干的木薯、竹芋、兰科植物块茎、菊芋、甘薯及含有高淀粉或菊粉的类似根茎,不论是否切片或制成团粒;西谷茎髓:**										
07141010	---鲜的										9
0714101000	鲜木薯(不论是否切片)〔999〕	10	30	9		千克	7AB	P. R/Q. S	37.5%	0	
07141020	---干的										9
0714102000	干木薯(不论是否切片或制成团粒)②	5	30	9		千克	7AB	P. R/Q. S	30%	0	
07141030	---冷或冻的										9
0714103000	冷或冻的木薯(不论是否切片或制成团粒)〔999〕	10	80	9		千克	7AB	P. R/Q	12.5%	0	
07142011	----种用										0
0714201100	鲜种用甘薯〔101 种质资源〕,〔102 种质资源除外〕	0	50	9		千克	AB	P/Q	25%	0	
07142019	----其他										0
0714201900	其他非种用鲜甘薯(不论是否切片)〔999〕	13	50	9		千克	AB	P. R/Q. S	43%	0	
07142020	---干的										0
0714202000	干甘薯(不论是否切片或制成团粒)〔999〕	13	50	9		千克	AB	P. R/Q. S	43%	0	
07142030	---冷或冻的										0
0714203000	冷或冻的甘薯(不论是否切片或制成团粒)〔101 冷藏甘薯〕,〔102 冻藏甘薯〕	13	80	9		千克	AB	P. R/Q. S	38%	0	
07143000	-山药										0
0714300000	鲜、冷、冻或干的山药(不论是否切片或制成团粒)〔101 鲜、冷的山药〕,〔102 冷冻山药〕,〔103 脱水山药〕,〔104 药用山药〕	13	50	9		千克	AB	P. R/Q	43%	0	
07144000	-芋头(芋属)										0
0714400001	鲜、冷芋头(芋属)(不论是否切片或制成团粒;芋头又称芋艿,为天南星科芋属植物。分旱芋、水芋)〔999〕	13	50	9		千克	AB	P. R/Q	43%	0	
0714400090	冻、干的芋头(芋属)(不论是否切片或制成团粒;芋头又称芋艿,为天南星科芋属植物。分旱芋、水芋)〔101 冷冻芋头〕,〔102 脱水芋头〕	13	50	9		千克	AB	P. R/Q	43%	0	
07145000	-箭叶黄体芋(黄肉芋属)										9
0714500000	鲜、冷、冻或干的箭叶黄体芋(黄肉芋属)(不论是否切片或制成团粒,鲜、冷、冻或干的)〔101 鲜、冷箭叶黄体芋〕,〔102 冷冻箭叶黄体芋〕,〔103 脱水箭叶黄体芋〕	13	50	9		千克	AB	P. R/Q	43%	0	

① 〔101 其他食用豆类〕,〔102 药用黑豆〕,〔103 红腰豆〕,〔104 角豆〕,〔105 眉豆〕,〔106 饭豆〕,〔107 黑豆〕,〔108 竹豆〕,〔109 珍珠豆〕,〔110 白豆〕,〔111 瓜尔豆〕,〔112 白凤豆〕
② 〔101 饲用,替代种植除外〕,〔102 食品加工,替代种植除外〕,〔103 工业用,替代种植除外〕,〔104 替代种植〕

协定税率(%)																		特惠税率(%)			
智利	新西兰	澳大利亚	瑞士	冰岛	秘鲁	哥斯达	东盟	亚太	新加坡	巴基斯坦	港/澳/台	韩国	格鲁吉亚	毛里求斯	柬埔寨	尼加拉瓜	日/韩/澳/新/东(RCEP)	亚太2国	老/柬/缅	LDC 98/97/95	Article Description
0	0	0	0	0	0	0	0			0	0/0/	0	0	0	0	0	0/0/0/0/0		/0/	0/0/0	---Other
0	0	0	0	0	0	0	0	3.5		0	0/0/	0	0	0	0	0	0/0/0/0/0		/0/	0/0/0	--Bambara beans (Vigna subterranea or Voandzeia subterranea)
0	0	0	0	0	0	0	0	3.5		0	0/0/	0	0	0	0	0	0/0/0/0/0		/0/	0/0/0	--Cow peas (Vigna unguiculata)
0	0	0	0	0	0	0	0	3.5		0	0/0/	0	0	0	0	0	0/0/0/0/0		/0/	0/0/0	--Other
0	0	0	0	0	0	0	0			0	0/0/	0	0	0	0	0	0/0/0/0/0			0/0/0	---Seed
0	0	0	0	0	0	0	0			0	0/0/	0	0	0	0	0	0/0/0/0/0			0/0/0	---Other
0	0	0	0	0	0	0	0			0	0/0/	0	0	0	0	0	0/0/0/0/0			0/0/0	---Seed
0	0	0	0	0	0	0	0			0	0/0/	0	0	0	0	0	0/0/0/0/0			0/0/0	---Other
0	0	0	0	0	0	0	0			0	0/0/	0	0	0	0	0	0/0/0/0/0			0/0/0	---Seed
0	0	0	0	0	0	0	0			0	0/0/	0	0	0	0	0	0/0/0/0/0			0/0/0	---Other
0	0	0	0	0	0	0	0			0	0/0/	0	0	0	0	0	0/0/0/0/0			0/0/0	---Seed
0	0	0	0	0	0	0	0			5	0/0/	0	0	0	0	0	0/0/0/0/0			0/0/0	---Other
																					Manioc, arrowroot, salep, Jerusalem artichokes, sweet potatoes and similar roots and tubers with high starch or inulin content, fresh, chilled, frozen or dried, whether or not sliced or in the form of pellets; sago pith:
0	0	0	0	0	0	0	0			2.5	0/0/	0	0	0	0	9	7.3/0/0/0/0		0/0/	0/0/0	---Fresh
0	0	0	0	0	0	0	0			0	0/0/	0	0	0	0	0	0/0/0/0/0		0/0/	0/0/0	---Dried
0	0	0	0	0	0	0	0			2.5	0/0/	0	0	0	0	9	7.3/7/0/0/0		0/0/	0/0/0	---Chilled or frozen
0	0	0	0	0	0	0	0			0	0/0/	0	0	0	0	0	0/0/0/0/0		0/0/	0/0/0	----For cultivation
0	0	0	0	0	0	0	0	6.5		2.5	0/0/	0	0	0	0	12.1	9.5/9.1/0/0/0		0/0/	0/0/0	----Other
0	0	0	0	0	0	0	0	6.5		2.5	0/0/	0	0	0	0	12.1	9.5/9.1/0/0/0		0/0/	0/0/0	---Dried
0	0	0	0	0	0	0	0	6.5		2.5	0/0/	0	0	0	0	12.1	9.5/9.1/0/0/0		0/0/	0/0/0	---Chilled or frozen
0	0	0	0	0	0	0	0	6.5		2.5	0/0/	0	0	0	0	11.7	9.5/9.1/0/0/0		0/0/	0/0/0	-Yams (Dioscorea spp.)
0	0	0	0	0	0	0	0	6.5		2.5	0/0/	0	0	0	0	12.1	9.5/9.1/0/0/0			0/0/0	-Taro (Colocasia spp.)
0	0	0	0	0	0	0	0	6.5		2.5	0/0/	0	0	0	0	12.1	9.5/9.1/0/0/0		0/0/	0/0/0	-Yautia (Xanthosoma spp.)

商品编号	商品名称及备注[检验检疫编码及名称]	进口关税(%)		增值税率(%)	消费税	计量单位	监管条件	检验检疫类别	对美税率	出口税率(%)	出口退税率(%)
		最惠国	普通								
07149010	---荸荠										0
0714901000	鲜、冷、冻、干的荸荠(不论是否切片或制成团粒)〔101 鲜、冷的马蹄(荸荠)〕,〔102 冷冻马蹄(荸荠)〕,〔103 脱水马蹄(荸荠)〕	13	50	9		千克	AB	P. R/Q. S	43%	0	
07149021	----种用										0
0714902100	种用藕(不论是否去皮或分瓣)〔999〕	0	0	9		千克	AB	P/N. Q	25%	0	
07149029	----其他										0
0714902900	鲜、冷、冻、干的非种用藕(不论是否切片或制成团粒)〔101 鲜、冷的莲藕〕,〔102 冷冻莲藕〕,〔103 脱水莲藕〕	13	50	9		千克	AB	P. R/Q. S	43%	0	
07149090	---其他										
0714909010	鲜、冷、冻、干的兰科植物块茎〔101 鲜、冷、干的兰科植物块茎〕,〔999 冻的兰科植物块茎〕	13	50	9		千克	ABFE	P. R/Q	43%	0	0
0714909091	含高淀粉或菊粉其他濒危类似根茎(包括西谷茎髓,不论是否切片或制成团粒,鲜、冷、冻或干的)〔101 鲜、冷的〕,〔102 冷冻的〕,〔103 干的〕,〔104 腌渍的〕,〔999 其他鳞球块根茎〕	13	50	9		千克	ABFE	P. R/Q	43%	0	0
0714909099	含有高淀粉或菊粉的其他类似根茎(包括西谷茎髓,不论是否切片或制成团粒,鲜、冷、冻或干的)〔101 鲜、冷的〕,〔102 冷冻的〕,〔103 干的〕,〔104 腌渍的〕,〔999 其他鳞球块根茎〕	13	50	9		千克	AB	P. R/Q	43%	0	0

协定税率(%)																		特惠税率(%)			
智利	新西兰	澳大利亚	瑞士	冰岛	秘鲁	哥斯达	东盟	亚太	新加坡	巴基斯坦	港/澳/台	韩国	格鲁吉亚	毛里求斯	柬埔寨	尼加拉瓜	日/韩/澳/新/东(RCEP)	亚太2国	老/柬/缅	LDC 98/97/95	Article Description
0	0	0	0	0	0	0	0	6.5		2.5	0/0/	0	0	0	0	12.1	9.5/9.1/0/0/0		0/0/	0/0/0	---Water chestnut
0	0	0	0	0	0	0	0			0	0/0/	0	0	0	0	0	0/0/0/0/0			0/0/0	----For cultivation
0	0	0	0	0	0	0	0	6.5		2.5	0/0/	0	0	0	0	12.1	9.5/9.1/0/0/0		0/0/	0/0/0	----Other
0	0	0	0	0	0	0	0	6.5		2.5	0/0/	0	0	0	0	12.1	9.5/9.1/0/0/0		0/0/	0/0/0	---Other

第 八 章
食用水果及坚果；柑橘属水果或甜瓜的果皮

注释：

一、本章不包括非供食用的坚果或水果。

二、冷藏的水果和坚果应按相应的鲜果税目归类。

三、本章的干果可以部分复水或为下列目的进行其他处理，但必须保持干果的特征：
（一）为保藏或保持其稳定性（例如，经适度热处理或硫化处理、添加山梨酸或山梨酸钾）；
（二）为改进或保持其外观（例如，添加植物油或少量葡萄糖浆）。

四、品目08.12适用于使用前在运输或贮存时仅为暂时保藏而进行处理（例如，使用二氧化硫气体、盐水、亚硫酸水或其他防腐液）的水果及坚果，但不适于直接食用。

商品编号	商品名称及备注[检验检疫编码及名称]	进口关税(%)		增值税率(%)	消费税	计量单位	监管条件	检验检疫类别	对美税率	出口税率(%)	出口退税率(%)
		最惠国	普通								
0801	**鲜或干的椰子、巴西果及腰果，不论是否去壳或去皮：**										
08011100	--干的										9
0801110000[暂7]	干的椰子(不论是否去壳或去皮)①	12	80	9		千克	AB	P. R/Q. S	52%/22%	0	
08011200	--未去内壳(内果皮)										9
0801120000	鲜的未去内壳(内果皮)椰子[101 椰青],[102 加工用去皮老椰子],[999 椰青和加工用去皮老椰子除外]	12	80	9		千克	AB	P. R/Q. S	57%/27%	0	
08011910	---种用										9
0801191000	种用椰子[999]	0	0	9		千克	AB	P/Q. N	25%	0	
08011990	---其他										9
0801199000	其他鲜椰子[999]	12	80	9		千克	AB	P. R/Q. S	57%/27%	0	
08012100	--未去壳										9
0801210000[暂7]	鲜或干的未去壳巴西果②	10	80	9		千克	AB	P. R/Q	52%/22%	0	
08012200	--去壳										9
0801220000[暂7]	鲜或干的去壳巴西果③	10	80	9		千克	AB	P. R/Q	52%/22%	0	
08013100	--未去壳										9
0801310000[暂5]	鲜或干的未去壳腰果④	20	70	9		千克	AB	P. R/Q. S	50%/20%	0	
08013200	--去壳										9
0801320000[暂7]	鲜或干的去壳腰果⑤	10	70	9		千克	AB	P. R/Q. S	52%/22%	0	
0802	**鲜或干的其他坚果，不论是否去壳或去皮：**										
08021100	--未去壳										9
0802110000[暂10]	鲜或干的未去壳扁桃核⑥	24	70	9		千克	AB	P. R/Q. S	55%/25%	0	
08021200	--去壳										9
0802120000	鲜或干的去壳扁桃仁⑦	10	70	9		千克	AB	P. R/Q. S	55%/25%	0	
08022100	--未去壳										9
0802210000	鲜或干的未去壳榛子⑧	25	70	9		千克	AB	P. R/Q. S	65%/40%	0	
08022200	--去壳										9
0802220000	鲜或干的去壳榛子⑨	10	70	9		千克	AB	P. R/Q. S	55%/25%	0	
08023100	--未去壳										9
0802310000	鲜或干的未去壳核桃⑩	25	70	9		千克	AB	P. R/Q. S	70%/40%	0	
08023200	--去壳										9
0802320000	鲜或干的去壳核桃⑪	20	70	9		千克	AB	P. R/Q. S	65%/35%	0	
08024110	---板栗										9
0802411000	鲜或干的未去壳板栗⑫	25	70	9		千克	AB	P. R/Q. S	70%/40%	0	

① [101 其他工艺],[102 蜜饯],[103 提取(晒干的除外)、压榨、烹制、烘焙、冻干、脱水、裹糖屑、发酵、冷冻(经漂汤和杀青,并在-18度以下冷冻)、浸酸、腌渍、炒制等工艺进行加工处理的]
② [101 提取(晒干的除外)、压榨、烹制、烘焙、冻干、脱水、裹糖屑、发酵、冷冻(经漂汤和杀青,并在-19度以下冷冻)、浸酸、腌渍、炒制等工艺进行加工处理的],[999 其他工艺]
③ [101 提取(晒干的除外)、压榨、烹制、烘焙、冻干、脱水、裹糖屑、发酵、冷冻(经漂汤和杀青,并在-20度以下冷冻)、浸酸、腌渍、炒制等工艺进行加工处理的],[999 其他工艺]
④ [101 提取(晒干的除外)、压榨、烹制、烘焙、冻干、脱水、裹糖屑、发酵、冷冻(经漂汤和杀青,并在-21度以下冷冻)、浸酸、腌渍、炒制等工艺进行加工处理的],[999 其他工艺]
⑤ [101 提取(晒干的除外)、压榨、烹制、烘焙、冻干、脱水、裹糖屑、发酵、冷冻(经漂汤和杀青,并在-22度以下冷冻)、浸酸、腌渍、炒制等工艺进行加工处理的],[999 其他工艺]
⑥ [101 提取(晒干的除外)、压榨、烹制、烘焙、冻干、脱水、裹糖屑、发酵、冷冻(经漂汤和杀青,并在-23度以下冷冻)、浸酸、腌渍、炒制等工艺进行加工处理的],[999 其他工艺]
⑦ [101 巴旦木(其他工艺)],[102 其他蜜饯],[103 巴旦木[提取(晒干的除外)、压榨、烹制、烘焙、冻干、脱水、裹糖屑、发酵、冷冻(经漂汤和杀青,并在-18度以下冷冻)、浸酸、腌渍、炒制等工艺进行加工处理的]]
⑧ [101 提取(晒干的除外)、压榨、烹制、烘焙、冻干、脱水、裹糖屑、发酵、冷冻(经漂汤和杀青,并在-23度以下冷冻)、浸酸、腌渍、炒制等工艺进行加工处理的],[999 其他工艺]
⑨ [101 提取(晒干的除外)、压榨、烹制、烘焙、冻干、脱水、裹糖屑、发酵、冷冻(经漂汤和杀青,并在-24度以下冷冻)、浸酸、腌渍、炒制等工艺进行加工处理的],[999 其他工艺]
⑩ [101 提取(晒干的除外)、压榨、烹制、烘焙、冻干、脱水、裹糖屑、发酵、冷冻(经漂汤和杀青,并在-25度以下冷冻)、浸酸、腌渍、炒制等工艺进行加工处理的],[999 其他工艺]
⑪ [101 提取(晒干的除外)、压榨、烹制、烘焙、冻干、脱水、裹糖屑、发酵、冷冻(经漂汤和杀青,并在-26度以下冷冻)、浸酸、腌渍、炒制等工艺进行加工处理的],[999 其他工艺]
⑫ [101 提取(晒干的除外)、压榨、烹制、烘焙、冻干、脱水、裹糖屑、发酵、冷冻(经漂汤和杀青,并在-27度以下冷冻)、浸酸、腌渍、炒制等工艺进行加工处理的],[999 其他工艺]

Chapter 8
Edible fruit and nuts; peel of citrus fruit or melons

Chapter Notes:

1. This Chapter does not cover inedible nuts or fruits.

2. Chilled fruits and nuts are to be classified in the same headings as the corresponding fresh fruits and nuts.

3. Dried fruit or dried nuts of this Chapter may be partially rehydrated, or treated for the following purposes:
   (a) For additional preservation or stabilisation (for example, by moderate heat treatment, sulphuring, the addition of sorbic acid or potassium sorbate);
   (b) To improve or maintain their appearance (for example, by the addition of vegetable oil or small quantities of glucose syrup), provided that they retain the character of dried fruit or dried nuts.

4. Heading 08.12 applies to fruit and nuts which have been treated solely to ensure their provisional preservation during transport or storage prior to use (for example, by sulphur dioxide gas, in brine, in sulphur water or in other preservative solutions), provided they remain unsuitable for immediate consumption in that state.

协定税率(%)																		特惠税率(%)			Article Description
智利	新西兰	澳大利亚	瑞士	冰岛	秘鲁	哥斯达	东盟	亚太	新加坡	巴基斯坦	港/澳/台	韩国	格鲁吉亚	毛里求斯	柬埔寨	尼加拉瓜	日/韩/澳/新/东 (RCEP)	亚太2国	老/柬/缅	LDC 98/97/95	
																					Coconuts, Brazil nuts and cashew nuts, fresh or dried, whether or not shelled or peeled:
0	0	0	0	0	0	0.8	0	6		2.5	0/0/	0	0	0	0	11.2	8.7/0/0/0/0		/0/	0/0/0	--Desiccated
0	0	0	0	0	0	0.8	0	6		2.5	0/0/	0	0	0	0	11.2	8.7/8.4/8.4/8.4/8.4		/0/	0/0/0	--In the inner shell (endocarp)
0	0	0	0	0	0	0	0			0	0/0/	0	0	0	0	0	0/0/0/0/0			0/0/0	---Seedlings
0	0	0	0	0	0	0.8	0	6		2.5	0/0/	0	0	0	0	11.2	8.7/0/0/0/0		/0/	0/0/0	---Other
0	0	0	0	0	0	0.7	0			2.5	0/0/	0	0	0	0	9	7.3/0/0/0/0			0/0/0	--In shell
0	0	0	0	0	0	0.7	0			2.5	0/0/	0	0	0	0	9	7.3/0/0/0/0			0/0/0	--Shelled
0	0	0	0	0	0	1.3	0				0/0/	0	0	0	0	18.7	14.5/14/0/0/0		/0/	0/0/0	--In shell
0	0	0	0	0	0	0.7	0			2.5	0/0/	0	0	0	0	9	7.3/7/7/7/7		/0/0	0/0/0	--Shelled
																					Other nuts, fresh or dried, whether or not shelled or peeled:
0	0	0	0	0	0	1.6	0				0/0/	0	0	4.8	0	22.4	17.5/16.8/0/0/0			0/0/0	--In shell
0	0	0	0	0	0	0.7	0			2.5	0/0/	0	0	0	0	9	7.3/7/0/0/0			0/0/0	--Shelled
0	0	0	0	0	0	1.7	0				0/0/	12.5	0	5	0		21.4/21.3/21.3/21.3/21.3			0/0/0	--In shell
0	0	0	0	0	0	0.7	0			2.5	0/0/	0	0	0	0	9	7.3/7/0/0/0			0/0/0	--Shelled
0	0	0	0	0	0	1.7	0				0/0/	12.5	0	5	0	23.3	/21.3/21.3/21.3/21.3			0/0/0	--In shell
0	0	0	0	0	0	1.3	0				0/0/	6.6	0	0	0	18.7	14.5/14/17/17/14			0/0/0	--Shelled
0	0	0	0	0	0	1.7	0				0/0/		0	5	0		//21.3/21.3/21.3			0/0/0	---Chestnuts

商品编号	商品名称及备注[检验检疫编码及名称]	进口关税(%)		增值税率(%)	消费税	计量单位	监管条件	检验检疫类别	对美税率	出口税率(%)	出口退税率(%)
		最惠国	普通								
08024190	---其他										9
0802419000	鲜或干的未去壳其他栗子(板栗除外)①	25	70	9		千克	AB	P. R/Q. S	55%	0	
08024210	---板栗										9
0802421000	鲜或干去壳板栗(不论是否去皮)②	25	70	9		千克	AB	P. R/Q. S	55%	0	
08024290	---其他										9
0802429000	鲜或干的去壳其他栗子(不论是否去皮,板栗除外)③	25	70	9		千克	AB	P. R/Q. S	70%/40%	0	
08025100	--未去壳										9
0802510000[暂5]	鲜或干的未去壳阿月浑子果(开心果)④	10	70	9		千克	AB	P. R/Q. S	50%/20%	0	
08025200	--去壳										9
0802520000[暂5]	鲜或干的去壳阿月浑子果(开心果)⑤	10	70	9		千克	AB	P. R/Q. S	50%/20%	0	
08026110	---种用										9
0802611000	鲜或干的种用未去壳马卡达姆坚果(夏威夷果)〔999〕	0	70	9		千克	AB	P/Q	25%	0	
08026190	---其他										9
0802619000[暂12]	鲜或干的其他未去壳马卡达姆坚果(夏威夷果)⑥	24	70	9		千克	AB	P. R/Q. S	57%/27%	0	
08026200	--去壳										9
0802620000[暂12]	鲜或干的去壳马卡达姆坚果(夏威夷果)(不论是否去皮)⑦	24	70	9		千克	AB	P. R/Q. S	57%/27%	0	
08027000	-可乐果(可乐果属)										9
0802700000	鲜或干的可乐果(可乐果属)(不论是否去壳或去皮)⑧	24	70	9		千克	AB	P. R/Q. S	54%	0	
08028000	-槟榔果										9
0802800001	鲜的槟榔果(不论是否去壳或去皮)〔999〕	10	30	9		千克	AB	P. R/Q. S	55%/25%	0	
0802800090	干的槟榔果(不论是否去壳或去皮)⑨	10	30	9		千克	AB	P. R/Q. S	55%/25%	0	
08029100	--未去壳松子										
0802910011[暂10]	鲜或干的未去壳野生红松子(不包括人工培植的)⑩	24	70	9		千克	ABE	P. R/Q. S	55%/25%	0	9
0802910019[暂10]	鲜或干的未去壳其他红松子⑪	24	70	9		千克	AB	P. R/Q. S	55%/25%	0	9
0802910020[暂10]	鲜或干的未去壳其他濒危松子⑫	24	70	9		千克	ABEF	P. R/Q. S	55%/25%	0	0
0802910090[暂10]	鲜或干的未去壳其他松子⑬	24	70	9		千克	AB	P. R/Q. S	55%/25%	0	9
08029200	--去壳松子										
0802920011[暂10]	鲜或干的去壳野生红松子(不包括人工培植的)⑭	25	70	9		千克	ABE	P. R/Q. S	55%/25%	0	9
0802920019[暂10]	鲜或干的去壳其他红松子⑮	25	70	9		千克	AB	P. R/Q. S	55%/25%	0	9
0802920020[暂10]	鲜或干的去壳其他濒危松子⑯	25	70	9		千克	ABEF	P. R/Q. S	55%/25%	0	0
0802920090[暂10]	鲜或干的去壳其他松子⑰	25	70	9		千克	AB	P. R/Q. S	55%/25%	0	9
08029910	---白果										9
0802991000[暂20]	鲜或干的白果(不论是否去壳或去皮)⑱	25	70	9		千克	AB	P. R/Q	55%	0	
08029990	---其他										9
0802999011	鲜或干的野生榧子(不论是否去壳或去皮, 不包括人工培植的)⑲	24	70	9		千克	ABE	P. R/Q. S	69%/39%	0	
0802999019	鲜或干的其他榧子(不论是否去壳或去皮, 不包括人工培植的)⑳	24	70	9		千克	AB	P. R/Q. S	69%/39%	0	
0802999020	鲜或干的巨籽棕(海椰子)果仁㉑	24	70	9		千克	ABEF	P. R/Q. S	69%/39%	0	

① 〔101 提取(晒干的除外)、压榨、烹制、烘焙、冻干、脱水、裹糖屑、发酵、冷冻(经漂汤和杀青,并在-18 度以下冷冻)、浸酸、腌渍、炒制等工艺进行加工处理的〕,〔102 其他工艺〕
② 〔101 提取(晒干的除外)、压榨、烹制、烘焙、冻干、脱水、裹糖屑、发酵、冷冻(经漂汤和杀青,并在-29 度以下冷冻)、浸酸、腌渍、炒制等工艺进行加工处理的〕,〔999 其他工艺〕
③ 〔101 提取(晒干的除外)、压榨、烹制、烘焙、冻干、脱水、裹糖屑、发酵、冷冻(经漂汤和杀青,并在-18 度以下冷冻)、浸酸、腌渍、炒制等工艺进行加工处理的〕,〔102 其他工艺〕
④ 〔101 提取(晒干的除外)、压榨、烹制、烘焙、冻干、脱水、裹糖屑、发酵、冷冻(经漂汤和杀青,并在-31 度以下冷冻)、浸酸、腌渍、炒制等工艺进行加工处理的〕,〔999 其他工艺〕
⑤ 〔101 提取(晒干的除外)、压榨、烹制、烘焙、冻干、脱水、裹糖屑、发酵、冷冻(经漂汤和杀青,并在-32 度以下冷冻)、浸酸、腌渍、炒制等工艺进行加工处理的〕,〔999 其他工艺〕
⑥ 〔101 提取(晒干的除外)、压榨、烹制、烘焙、冻干、脱水、裹糖屑、发酵、冷冻(经漂汤和杀青,并在-33 度以下冷冻)、浸酸、腌渍、炒制等工艺进行加工处理的〕,〔999 其他工艺〕
⑦ 〔101 提取(晒干的除外)、压榨、烹制、烘焙、冻干、脱水、裹糖屑、发酵、冷冻(经漂汤和杀青,并在-34 度以下冷冻)、浸酸、腌渍、炒制等工艺进行加工处理的〕,〔999 其他工艺〕
⑧ 〔101 提取(晒干的除外)、压榨、烹制、烘焙、冻干、脱水、裹糖屑、发酵、冷冻(经漂汤和杀青,并在-35 度以下冷冻)、浸酸、腌渍、炒制等工艺进行加工处理的〕,〔999 其他工艺〕
⑨ 〔101 其他工艺〕,〔103 提取(晒干的除外)、压榨、烹制、烘焙、冻干、脱水、裹糖屑、发酵、冷冻(经漂汤和杀青,并在-36 度以下冷冻)、浸酸、腌渍、炒制等工艺进行加工处理的〕
⑩ 〔101 提取(晒干的除外)、压榨、烹制、烘焙、冻干、脱水、裹糖屑、发酵、冷冻(经漂汤和杀青,并在-18 度以下冷冻)、浸酸、腌渍、炒制等工艺进行加工处理的〕,〔102 其他工艺〕
⑪ 〔101 提取(晒干的除外)、压榨、烹制、烘焙、冻干、脱水、裹糖屑、发酵、冷冻(经漂汤和杀青,并在-18 度以下冷冻)、浸酸、腌渍、炒制等工艺进行加工处理的〕,〔102 其他工艺〕
⑫ 〔101 提取(晒干的除外)、压榨、烹制、烘焙、冻干、脱水、裹糖屑、发酵、冷冻(经漂汤和杀青,并在-18 度以下冷冻)、浸酸、腌渍、炒制等工艺进行加工处理的〕,〔102 其他工艺〕
⑬ 〔101 提取(晒干的除外)、压榨、烹制、烘焙、冻干、脱水、裹糖屑、发酵、冷冻(经漂汤和杀青,并在-18 度以下冷冻)、浸酸、腌渍、炒制等工艺进行加工处理的〕,〔102 其他工艺〕,〔103 白皮松子(其他工艺)〕
⑭ 〔101 提取(晒干的除外)、压榨、烹制、烘焙、冻干、脱水、裹糖屑、发酵、冷冻(经漂汤和杀青,并在-18 度以下冷冻)、浸酸、腌渍、炒制等工艺进行加工处理的〕,〔102 其他工艺〕
⑮ 〔101 提取(晒干的除外)、压榨、烹制、烘焙、冻干、脱水、裹糖屑、发酵、冷冻(经漂汤和杀青,并在-18 度以下冷冻)、浸酸、腌渍、炒制等工艺进行加工处理的〕,〔102 其他工艺〕
⑯ 〔101 提取(晒干的除外)、压榨、烹制、烘焙、冻干、脱水、裹糖屑、发酵、冷冻(经漂汤和杀青,并在-18 度以下冷冻)、浸酸、腌渍、炒制等工艺进行加工处理的〕,〔102 其他工艺〕
⑰ 〔101 提取(晒干的除外)、压榨、烹制、烘焙、冻干、脱水、裹糖屑、发酵、冷冻(经漂汤和杀青,并在-18 度以下冷冻)、浸酸、腌渍、炒制等工艺进行加工处理的〕,〔102 其他工艺〕
⑱ 〔101 药用白果〕,〔102 白果(其他工艺)〕,〔103 白果[提取(晒干的除外)、压榨、烹制、烘焙、冻干、脱水、裹糖屑、发酵、冷冻(经漂汤和杀青,并在-18 度以下冷冻)、浸酸、腌渍、炒制等工艺进行加工处理的]〕
⑲ 〔101 药用榧子〕,〔102 提取(晒干的除外)、压榨、烹制、烘焙、冻干、脱水、裹糖屑、发酵、冷冻(经漂汤和杀青,并在-18 度以下冷冻)、浸酸、腌渍、炒制等工艺进行加工处理的〕,〔103 其他工艺〕
⑳ 〔101 药用榧子〕,〔102 提取(晒干的除外)、压榨、烹制、烘焙、冻干、脱水、裹糖屑、发酵、冷冻(经漂汤和杀青,并在-18 度以下冷冻)、浸酸、腌渍、炒制等工艺进行加工处理的〕,〔103 其他工艺〕
㉑ 〔101 提取(晒干的除外)、压榨、烹制、烘焙、冻干、脱水、裹糖屑、发酵、冷冻(经漂汤和杀青,并在-18 度以下冷冻)、浸酸、腌渍、炒制等工艺进行加工处理的〕,〔102 其他工艺〕

协定税率(%)																		特惠税率(%)			Article Description
智利	新西兰	澳大利亚	瑞士	冰岛	秘鲁	哥斯达	东盟	亚太	新加坡	巴基斯坦	港/澳/台	韩国	格鲁吉亚	毛里求斯	柬埔寨	尼加拉瓜	日/韩/澳/新/东(RCEP)	亚太2国	老/柬/缅	LDC 98/97/95	
0	0	0	0	0	0	1.7	0				0/0/	12.5	0	5	0		21.4/21.3/21.3/21.3/21.3			0/0/0	---Other
0	0	0	0	0	0	1.7	0				0/0/	12.5	0	5	0	23.3	21.4/21.3/21.3/21.3/21.3			0/0/0	---Chestnuts
0	0	0	0	0	0	1.7	0				0/0/	12.5	0	5	0		21.4/21.3/21.3/21.3/21.3			0/0/0	---Other
0	0	0	0	0	0	0.7	0			2.5	0/0/	0	0	0	0	9	7.3/7/0/0/0			0/0/0	--In shell
0	0	0	0	0	0	0.7	0			2.5	0/0/	0	0	0	0	9	7.3/7/0/0/0			0/0/0	--Shelled
0	0	0	0	0	0	0	0			0	0/0/	0	0	0	0	0	0/0/0/0/0			0/0/0	---Seed
0	0	0	0	0	0	1.6	0				0/0/	0	0	4.8	0	22.4	17.5/16.8/0/0/0			0/0/0	---Other
0	0	0	0	0	0	1.6	0				0/0/	0	0	4.8	0	22.4	17.5/16.8/0/0/0			0/0/0	--Shelled
0	0	0	0	0	0	1.6	0				0/0/	12	0	4.8	0		20.6/20.4/20.4/20.4/20.4			0/0/0	-Kola nuts (Cola spp.)
0	0	0	0	0	0	0.7	0	5		2.5	0/0/	0	0	0	0	9	7.3/7/0/0/0			0/0/0	-Areca nuts
0	0	0	0	0	0	1.6	0			0	0/0/	12	0	4.8	0	22.4	/20.4/20.4/20.4/20.4			0/0/0	--Pine nuts, in shell
0	0	0	0	0	0	1.7	0			0	0/0/	12.5	0	5	0		21.4/21.3/21.3/21.3/21.3			0/0/0	--Pine nuts, shelled
0	0	0	0	0	0	1.7	0				0/0/	12.5	0	5	0		21.4/21.3/21.3/21.3/21.3			0/0/0	---Gingko nuts
0	0	0	0	0	0	1.6	0			0	0/0/	12	0	4.8	0	22.4	/20.4/20.4/20.4/20.4			0/0/0	---Other

商品编号	商品名称及备注[检验检疫编码及名称]	进口关税(%)		增值税率(%)	消费税	计量单位	监管条件	检验检疫类别	对美税率	出口税率(%)	出口退税率(%)
		最惠国	普通								
0802999030[暂7]	鲜或干的碧根果(不论是否去壳或去皮)①	24	70	9		千克	AB	P. R/Q. S	52%/22%	0	
0802999090	鲜或干的其他坚果(不论是否去壳或去皮)②	24	70	9		千克	AB	P. R/Q. S	69%/39%	0	
0803	**鲜或干的香蕉,包括芭蕉:**										
08031000	-芭蕉										9
0803100000	鲜或干的芭蕉③	10	40	9		千克	AB	P. R/Q. S	55%/25%	0	
08039000	-其他										9
0803900000	鲜或干的香蕉④	10	40	9		千克	AB	P. R/Q. S	55%/25%	0	
0804	**鲜或干的椰枣、无花果、菠萝、鳄梨、番石榴、芒果及山竹果:**										
08041000	-椰枣										9
0804100000	鲜或干的椰枣⑤	15	40	9		千克	AB	P. R/Q	60%/30%	0	
08042000	-无花果										9
0804200000	鲜或干的无花果⑥	30	70	9		千克	AB	P. R/Q	75%/45%	0	
08043000	-菠萝										9
0804300001	鲜菠萝[999]	12	80	9		千克	AB	P. R/Q. S	57%/27%	0	
0804300090	干菠萝⑦	12	80	9		千克	AB	P. R/Q. S	57%/27%	0	
08044000	-鳄梨										9
0804400000[暂7]	鲜或干的鳄梨⑧	25	80	9		千克	AB	P. R/Q	52%/22%	0	
08045010	---番石榴										9
0804501001	鲜番石榴[999]	15	80	9		千克	AB	P. R/Q	60%/30%	0	
0804501090	干番石榴⑨	15	80	9		千克	AB	P. R/Q	60%/30%	0	
08045020	---芒果										9
0804502001	鲜芒果[999]	15	80	9		千克	AB	P. R/Q	60%/30%	0	
0804502090	干芒果⑩	15	80	9		千克	AB	P. R/Q	60%/30%	0	
08045030	---山竹果										9
0804503000	鲜或干的山竹果⑪	15	80	9		千克	AB	P. R/Q	60%/30%	0	
0805	**鲜或干的柑橘属水果:**										
08051000	-橙										9
0805100000	鲜或干的橙⑫	11	100	9		千克	AB	P. R/Q. S	56%/26%	0	
08052110	---蕉柑										9
0805211000	鲜或干的蕉柑⑬	12	100	9		千克	AB	P. R/Q. S	42%	0	
08052190	---其他										9
0805219000	鲜或干的柑橘(包括小蜜橘及萨摩蜜柑橘)⑭	12	100	9		千克	AB	P. R/Q. S	57%/27%	0	
08052200	--克里曼丁橘										9
0805220000	鲜或干的克里曼丁橘⑮	12	100	9		千克	AB	P. R/Q. S	57%/27%	0	
08052900	--其他										9
0805290000	鲜或干的韦尔金橘及其他类似的杂交柑橘⑯	12	100	9		千克	AB	P. R/Q. S	57%/27%	0	
08054000	-葡萄柚及柚										9

① 〔101 提取(晒干的除外)、压榨、烹制、烘焙、冻干、脱水、裹糖屑、发酵、冷冻(经漂汤和杀青,并在-18 度以下冷冻)、浸酸、腌渍、炒制等工艺进行加工处理的〕,〔102 其他工艺〕

② 〔101 干的其他瓜子〕,〔102 其他坚果(其他工艺)〕,〔103 巴西坚果(其他工艺)〕,〔104 鲍鱼果(其他工艺)〕,〔105 干橡子仁(其他工艺)〕,〔106 提取(晒干的除外)、压榨、烹制、烘焙、冻干、脱水、裹糖屑、发酵、冷冻(经漂汤和杀青,并在-18 度以下冷冻)、浸酸、腌渍、炒制等工艺进行加工处理的〕

③ 〔101 鲜芭蕉〕,〔102 干的芭蕉(其他工艺)〕,〔103 其他蜜饯〕,〔104 干的芭蕉[提取(晒干的除外)、压榨、烹制、烘焙、冻干、脱水、裹糖屑、发酵、冷冻(经漂汤和杀青,并在-18 度以下冷冻)、浸酸、腌渍、炒制等工艺进行加工处理的]〕

④ 〔101 鲜香蕉,替代种植除外〕,〔102 干的香蕉(其他工艺)〕,〔103 其他蜜饯〕,〔104 干的香蕉[提取(晒干的除外)、压榨、烹制、烘焙、冻干、脱水、裹糖屑、发酵、冷冻(经漂汤和杀青,并在-18 度以下冷冻)、浸酸、腌渍、炒制等工艺进行加工处理的]〕,〔105 鲜香蕉,替代种植〕

⑤ 〔101 提取(晒干的除外)、压榨、烹制、烘焙、冻干、脱水、裹糖屑、发酵、冷冻(经漂汤和杀青,并在-19 度以下冷冻)、浸酸、腌渍、炒制等工艺进行加工处理的〕,〔102 新鲜椰枣〕,〔999 其他工艺〕

⑥ 〔101 鲜的无花果〕,〔102 干的无花果(其他工艺)〕,〔103 其他蜜饯〕,〔104 干的无花果[提取(晒干的除外)、压榨、烹制、烘焙、冻干、脱水、裹糖屑、发酵、冷冻(经漂汤和杀青,并在-18 度以下冷冻)、浸酸、腌渍、炒制等工艺进行加工处理的]〕

⑦ 〔101 干菠萝(其他工艺)〕,〔102 其他蜜饯〕,〔103 干菠萝[提取(晒干的除外)、压榨、烹制、烘焙、冻干、脱水、裹糖屑、发酵、冷冻(经漂汤和杀青,并在-18 度以下冷冻)、浸酸、腌渍、炒制等工艺进行加工处理的]〕

⑧ 〔101 鲜的鳄梨〕,〔102 干的鳄梨(其他工艺)〕,〔103 其他蜜饯〕,〔104 干的鳄梨[提取(晒干的除外)、压榨、烹制、烘焙、冻干、脱水、裹糖屑、发酵、冷冻(经漂汤和杀青,并在-18 度以下冷冻)、浸酸、腌渍、炒制等工艺进行加工处理的]〕

⑨ 〔101 干番石榴(其他工艺)〕,〔102 其他蜜饯〕,〔103 干番石榴[提取(晒干的除外)、压榨、烹制、烘焙、冻干、脱水、裹糖屑、发酵、冷冻(经漂汤和杀青,并在-18 度以下冷冻)、浸酸、腌渍、炒制等工艺进行加工处理的]〕

⑩ 〔101 干芒果(其他工艺)〕,〔102 其他蜜饯〕,〔103 干芒果[提取(晒干的除外)、压榨、烹制、烘焙、冻干、脱水、裹糖屑、发酵、冷冻(经漂汤和杀青,并在-18 度以下冷冻)、浸酸、腌渍、炒制等工艺进行加工处理的]〕

⑪ 〔101 鲜的山竹果〕,〔102 干的山竹果(其他工艺)〕,〔103 其他蜜饯〕,〔104 干的山竹果[提取(晒干的除外)、压榨、烹制、烘焙、冻干、脱水、裹糖屑、发酵、冷冻(经漂汤和杀青,并在-18 度以下冷冻)、浸酸、腌渍、炒制等工艺进行加工处理的]〕

⑫ 〔101 鲜的橙〕,〔102 干的橙(其他工艺)〕,〔103 其他蜜饯〕,〔104 干的橙[提取(晒干的除外)、压榨、烹制、烘焙、冻干、脱水、裹糖屑、发酵、冷冻(经漂汤和杀青,并在-18 度以下冷冻)、浸酸、腌渍、炒制等工艺进行加工处理的]〕

⑬ 〔101 鲜的蕉柑〕,〔102 干的蕉柑[提取(晒干的除外)、压榨、烹制、烘焙、冻干、脱水、裹糖屑、发酵、冷冻(经漂汤和杀青,并在-18 度以下冷冻)、浸酸、腌渍、炒制等工艺进行加工处理的]〕,〔999 干的蕉柑(其他工艺)〕

⑭ 〔101 鲜的柑橘〕,〔102 干的柑橘[提取(晒干的除外)、压榨、烹制、烘焙、冻干、脱水、裹糖屑、发酵、冷冻(经漂汤和杀青,并在-18 度以下冷冻)、浸酸、腌渍、炒制等工艺进行加工处理的]〕,〔999 干的柑橘(其他工艺)〕

⑮ 〔101 鲜的克里曼丁橘〕,〔102 提取(晒干的除外)、压榨、烹制、烘焙、冻干、脱水、裹糖屑、发酵、冷冻(经漂汤和杀青,并在-24 度以下冷冻)、浸酸、腌渍、炒制等工艺进行加工处理的〕,〔999 干的克里曼丁橘(其他工艺)〕

⑯ 〔101 鲜的韦尔金橘及其他类似的杂交柑橘〕,〔102 干的韦尔金橘及其他类似的杂交柑橘[提取(晒干的除外)、压榨、烹制、烘焙、冻干、脱水、裹糖屑、发酵、冷冻(经漂汤和杀青,并在-18 度以下冷冻)、浸酸、腌渍、炒制等工艺进行加工处理的]〕,〔999 干的韦尔金橘及其他类似的杂交柑橘(其他工艺)〕

协定税率(%)																		特惠税率(%)			Article Description
智利	新西兰	澳大利亚	瑞士	冰岛	秘鲁	哥斯达	东盟	亚太	新加坡	巴基斯坦	港/澳/台	韩国	格鲁吉亚	毛里求斯	柬埔寨	尼加拉瓜	日/韩/澳/新/东(RCEP)	亚太2国	老/柬/缅	LDC 98/97/95	
																					Bananas, including plantains, fresh or dried:
0	0	0	0	0	0	0.7	0	6.9		2.5	0/0/0	0	0	0	0	9	7.3/7/0/0/0		0/0/	0/0/0	-Plantains
0	0	0	0	0	0	0.7	0	6.9		2.5	0/0/0	0	0	0	0	9	7.3/7/0/0/0		0/0/	0/0/0	-Other
																					Dates, figs, pineapples, avocados, guavas, mangoes and mangosteens, fresh or dried:
0	0	0	0	0	0	1	0			0	0/0/	0	0	0	0	14	10.9/10.5/0/0/0			0/0/0	-Dates
0	0	0	12	0	0	2	0			0	0/0/	15	0	6	0		25.7/25.5/25.5/25.5/25.5			0/0/0	-Figs
0	0	0	0	0	0	0.8	0	7.9		0	0/0/	0	0	0	0	11.2	8.7/8.4/8.4/8.4/8.4		/0/	0/0/0	-Pineapples
0	0	0	0	0	0	1.7	0	12.5		0	0/0/	12.5	0	5	0	23.3	21.4/21.3/21.3/21.3/21.3		/0/	0/0/0	-Avocados
0	0	0	0	0	0	1	0	7.5		0	0/0/	0	0	0	0	14	10.9/10.5/0/0/0			0/0/0	---Guavas
0	0	0	0	0	0	1	0	10.7		0	0/0/	0	0	0	0	14	10.9/10.5/0/0/0			0/0/0	---Mangoes
0	0	0	0	0	0	1	0	7.5		0	0/0/	0	0	0	0	14	10.9/10.5/0/0/0			0/0/0	---Mangosteens
																					Citrus fruit, fresh or dried:
0	0	0	0	0	0	0.7	0			0	0/0/0	0	0	0	0	9.9	8/7.7/7.7/0/0			0/0/0	-Oranges
0	0	0	0	0	0	0.8	0			0	0/0/	0	0	0	0	11.2	8.7/8.4/8.4/0/0			0/0/0	---Chiao-Kan
0	0	0	0	0	0	0.8	0			0	0/0/	0	0	0	0	11.2	8.7/8.4/8.4/0/0			0/0/0	---Other
0	0	0	0	0	0	0.8	0			0	0/0/	0	0	0	0	11.2	8.7/8.4/8.4/0/0			0/0/0	--Clementines
0	0	0	0	0	0	0.8	0			0	0/0/	0	0	0	0	11.2	8.7/8.4/8.4/0/0			0/0/0	--Other
0	0	0	0	0	0	0.8	0			0	0/0/	0	0	0	0	11.2	8.7/8.4/8.4/0/0			0/0/0	-Grapefruit and pomelos

商品编号	商品名称及备注［检验检疫编码及名称］	进口关税(%) 最惠国	进口关税(%) 普通	增值税率(%)	消费税	计量单位	监管条件	检验检疫类别	对美税率	出口税率(%)	出口退税率(%)
0805400010	鲜的葡萄柚及柚〔101 柚〕,〔102 葡萄柚〕	12	100	9		千克	AB	P. R/Q. S	57%/27%	0	
0805400090	干的葡萄柚及柚①	12	100	9		千克	AB	P. R/Q. S	57%/27%	0	
08055000	-柠檬及酸橙										9
0805500000	鲜或干的柠檬及酸橙②	11	100	9		千克	AB	P. R/Q. S	56%/26%	0	
08059000	-其他										9
0805900000	鲜或干的其他柑橘属水果③	30	100	9		千克	AB	P. R/Q. S	75%/45%	0	
0806	**鲜或干的葡萄:**										
08061000	-鲜的										9
0806100000	鲜葡萄〔999〕	13	80	9		千克	AB	P. R/Q. S	58%/28%	0	
08062000	-干的										9
0806200000	葡萄干④	10	80	9		千克	AB	P. R/Q. S	55%/25%	0	
0807	**鲜的甜瓜(包括西瓜)及番木瓜:**										
08071100	--西瓜										9
0807110000	鲜西瓜〔101 替代种植〕,〔102 替代种植除外〕,〔999〕	25	70	9		千克	AB	P. R/Q. S	70%/40%	0	
08071910	---哈密瓜										9
0807191000	鲜哈密瓜〔999〕	12	70	9		千克	AB	P. R/Q. S	57%/27%	0	
08071920	---罗马甜瓜及加勒比甜瓜										9
0807192000	鲜罗马甜瓜及加勒比甜瓜〔999〕	12	70	9		千克	AB	P. R/Q. S	42%	0	
08071990	---其他										9
0807199000	其他鲜甜瓜〔101 其他甜瓜〕,〔102 香瓜〕	12	70	9		千克	AB	P. R/Q. S	42%	0	
08072000	-番木瓜										9
0807200000	鲜番木瓜〔999〕	25	70	9		千克	AB	P. R/Q. S	70%/40%	0	
0808	**鲜的苹果、梨及榅桲:**										
08081000	-苹果										9
0808100000	鲜苹果〔999〕	10	100	9		千克	AB	P. R/Q. S	55%/25%	0	
08083010	---鸭梨及雪梨										9
0808301000	鲜鸭梨及雪梨〔101 鸭梨〕,〔102 其他梨〕	12	100	9		千克	AB	P. R/Q. S	57%/27%	0	
08083020	---香梨										9
0808302000	鲜香梨〔999〕	12	100	9		千克	AB	P. R/Q. S	42%	0	
08083090	---其他										9
0808309000	其他鲜梨〔101 砂梨属〕,〔102 中国梨〕,〔103 其他梨〕	10	100	9		千克	AB	P. R/Q. S	55%/25%	0	
08084000	-榅桲										9
0808400000	鲜榅桲〔999〕	16	100	9		千克	AB	P. R/Q	46%	0	
0809	**鲜的杏、樱桃、桃(包括油桃)、李及黑刺李:**										
08091000	-杏										9
0809100010	鲜杏(梅)〔999〕	25	70	9		千克	AB	P. R/Q	55%	0	
0809100090	其他鲜杏(杏属)〔999〕	25	70	9		千克	AB	P. R/Q	55%	0	
08092100	--欧洲酸樱桃										9
0809210000	鲜欧洲酸樱桃〔999〕	10	70	9		千克	AB	P. R/Q	55%/25%	0	
08092900	--其他										9
0809290000	其他鲜樱桃〔999〕	10	70	9		千克	AB	P. R/Q	55%/25%	0	
08093000	-桃,包括油桃										9
0809300000	鲜桃,包括鲜油桃〔101 鲜油桃除外〕,〔102 鲜油桃〕	10	70	9		千克	AB	P. R/Q. S	55%/25%	0	
08094000	-李及黑刺李										9
0809400010	鲜梅(樱桃李)〔999〕	10	70	9		千克	AB	P. R/Q. S	55%/25%	0	
0809400090	其他鲜李子及黑刺李〔999〕	10	70	9		千克	AB	P. R/Q. S	55%/25%	0	
0810	**其他鲜果:**										
08101000	-草莓										9
0810100000	鲜草莓〔999〕	14	80	9		千克	AB	P. R/Q	59%/29%	0	

① 〔101 干的葡柚,包括干柚[提取(晒干的除外)、压榨、烹制、烘焙、冻干、脱水、裹糖屑、发酵、冷冻(经漂汤和杀青,并在-18 度以下冷冻)、浸酸、腌渍、炒制等工艺进行加工处理的]],〔102 干的葡柚,包括干柚(其他工艺)〕,〔103 其他蜜饯〕

② 〔101 鲜的柠檬〕,〔102 鲜的酸橙〕,〔103 干的酸橙(其他工艺)〕,〔104 其他蜜饯〕,〔105 柠檬干(其他工艺)〕,〔106 干的酸橙[提取(晒干的除外)、压榨、烹制、烘焙、冻干、脱水、裹糖屑、发酵、冷冻(经漂汤和杀青,并在-18 度以下冷冻)、浸酸、腌渍、炒制等工艺进行加工处理的]],〔107 柠檬干[提取(晒干的除外)、压榨、烹制、烘焙、冻干、脱水、裹糖屑、发酵、冷冻(经漂汤和杀青,并在-19 度以下冷冻)、浸酸、腌渍、炒制等工艺进行加工处理的]]

③ 〔102 鲜的其他柑橘〕,〔103 干的其他柑橘属水果(其他工艺)〕,〔104 其他蜜饯〕,〔105 干的其他柑橘属水果[提取(晒干的除外)、压榨、烹制、烘焙、冻干、脱水、裹糖屑、发酵、冷冻(经漂汤和杀青,并在-18 度以下冷冻)、浸酸、腌渍、炒制等工艺进行加工处理的]]

④ 〔101 提取(晒干的除外)、压榨、烹制、烘焙、冻干、脱水、裹糖屑、发酵、冷冻(经漂汤和杀青,并在-18 度以下冷冻)、浸酸、腌渍、炒制等工艺进行加工处理的〕,〔999 其他工艺〕

协定税率(%)																		特惠税率(%)			Article Description
智利	新西兰	澳大利亚	瑞士	冰岛	秘鲁	哥斯达	东盟	亚太	新加坡	巴基斯坦	港/澳/台	韩国	格鲁吉亚	毛里求斯	柬埔寨	尼加拉瓜	日/韩/澳/新/东(RCEP)	亚太2国	老/柬/缅	LDC 98/97/95	
0	0	0	0	0	0	0.7	0	5.5		0	0/0/0	0	0	0	0	9.9	8/7.7/7.7/0/0			0/0/0	-Lemons (Citrus limon, Citrus limonum) and limes (Citrus aurantifolia)
0	0	0	12	0	0	2	0	15		0	0/0/	15	0	6	0	28	25.7/25.5/25.5/25.5/25.5			0/0/0	-Other
																					Grapes, fresh or dried:
0	0	0	0	0	0	0	0			3.3	0/0/	0	0	0	0	12.1	9.5/9.1/0/0/0			0/0/0	-Fresh
0	0	0	0	0	0	0	0			2.5	0/0/	0	0	0	0	9	7.3/7/0/0/0			0/0/0	-Dried
																					Melons (including watermelons) and papaws (papayas), fresh:
0	0	0	0	0	0	0	0	12.5		6.3	0/0/	12.5	0	5	0	23.3	/21.3/21.3/21.3/21.3			0/0/	--Watermelons
0	0	0	0	0	0	0	0	6		2.5	0/0/0	0	0	0	0	11.2	8.7/8.4/0/0/0			0/0/0	---Hami melons
0	0	0	0	0	0	0	0	6		2.5	0/0/	0	0	0	0	11.2	8.7/8.4/0/0/0			0/0/0	---Cantaloupe and Calia melons
0	0	0	0	0	0	0	0	6		2.5	0/0/	0	0	0	0	11.2	8.7/8.4/0/0/0			0/0/0	---Other
0	0	0	0	0	0	0	0			12.5	0/0/	0	0	5	0	23.3	18.2/17.5/0/0/0		/0/	0/0/0	-Papaws (papayas)
																					Apples, pears and quinces, fresh:
0	0	0	0	0	0	0	0			2.5	0/0/	0	0	0	0	9	7.3/7/0/0/0			0/0/0	-Apples
0	0	0	0	0	0	0	0	10		2.5	0/0/	0	0	0	0	11.2	8.7/8.4/0/0/0			0/0/0	---Ya pears, Hsueh pears
0	0	0	0	0	0	0	0	10		2.5	0/0/	0	0	0	0	11.2	8.7/8.4/0/0/0			0/0/0	---Fragrant pears
0	0	0	0	0	0	0	0			2.5	0/0/	0	0	0	0	9	7.3/7/0/0/0			0/0/0	---Other
0	0	0	0	0	0	0	0			10.2	0/0/	5.3	0	0	0	14.9	13/11.2/11.2/11.2/11.2			0/0/0	-Quinces
																					Apricots, cherries, peaches (including nectarines), plums and sloes, fresh:
0	0	0	0	0	0	0	0			20	0/0/	12.5	0	5	0	23.3	21.4/21.3/21.3/21.3/21.3			0/0/0	-Apricots
0	0	0	0	0	0	0	0			2.5	0/0/	0	0	0	0	9	7.3/7/0/0/0			0/0/0	--Sour cherries (Prunus cerasus)
0	0	0	0	0	0	0	0			0	0/0/	0	0	0	0	9	7.3/7/0/0/0			0/0/0	--Other
0	0	0	0	0	0	0	0			2.5	0/0/	0	0	0	0	9	7.3/7/0/0/0			0/0/0	-Peaches, including nectarines
0	0	0	0	0	0	0	0			2.5	0/0/	0	0	0	0	9	7.3/7/0/0/0			0/0/0	-Plums and sloes
																					Other fruit, fresh:
0	0	0	0	0	0	0	0			7	0/0/	0	0	0	0	13.1	10.2/9.8/0/0/0			0/0/0	-Strawberries

商品编号	商品名称及备注[检验检疫编码及名称]	进口关税(%) 最惠国	普通	增值税率(%)	消费税	计量单位	监管条件	检验检疫类别	对美税率	出口税率(%)	出口退税率(%)
08102000	-木莓、黑莓、桑葚及罗甘莓										9
0810200000	鲜的木莓、黑莓、桑葚及罗甘莓〔101 树莓(木莓)〕,〔102 其他瓜果〕	25	80	9		千克	AB	P. R/Q	70%/40%	0	
08103000	-黑、白或红的穗醋栗(加仑子)及醋栗										9
0810300000	鲜的黑、白或红的穗醋栗(加仑子)及醋栗〔999〕	25	80	9		千克	AB	P. R/Q	55%	0	
08104000	-蔓越橘、越橘及其他越橘属植物果实										9
0810400000暂15	鲜蔓越橘、越橘及其他越橘属植物果实〔101 鲜蔓越橘〕,〔102 鲜越橘〕,〔103 鲜蓝莓〕,〔104 其他越橘属果实〕	30	80	9		千克	AB	P. R/Q	60%/30%	0	
08105000	-猕猴桃										9
0810500000	鲜猕猴桃〔999〕	20	80	9		千克	AB	P. R/Q. S	65%/35%	0	
08106000	-榴莲										9
0810600000	鲜榴莲〔999〕	20	80	9		千克	AB	P. R/Q	65%/35%	0	
08107000	-柿子										9
0810700000	鲜柿子〔999〕	20	80	9		千克	AB	P. R/Q. S	65%/35%	0	
08109010	---荔枝										9
0810901000	鲜荔枝〔999〕	30	80	9		千克	AB	P. R/Q. S	75%/45%	0	
08109030	---龙眼										9
0810903000	鲜龙眼〔999〕	12	80	9		千克	AB	P. R/Q. S	57%/27%	0	
08109040	---红毛丹										9
0810904000	鲜红毛丹〔999〕	20	80	9		千克	AB	P. R/Q. S	65%/35%	0	
08109050	---番荔枝										9
0810905000	鲜番荔枝〔999〕	20	80	9		千克	AB	P. R/Q. S	65%/35%	0	
08109060	---杨桃										9
0810906000	鲜杨桃〔999〕	20	80	9		千克	AB	P. R/Q. S	65%/35%	0	
08109070	---莲雾										9
0810907000	鲜莲雾〔999〕	20	80	9		千克	AB	P. R/Q. S	65%/35%	0	
08109080	---火龙果										9
0810908000	鲜火龙果〔999〕	20	80	9		千克	AB	P. R/Q. S	65%/35%	0	
08109090	---其他										9
0810909001	鲜枣〔101 毛叶枣,替代种植〕,〔102 其他〕,〔999〕	20	80	9		千克	AB	P. R/Q. S	65%/35%	0	
0810909002	鲜枇杷〔999〕	20	80	9		千克	AB	P. R/Q. S	65%/35%	0	
0810909090	其他鲜果①	20	80	9		千克	AB	P. R/Q. S	65%/35%	0	
0811	**冷冻水果及坚果,不论是否蒸煮、加糖或其他甜物质:**										
08111000	-草莓										9
0811100000	冷冻草莓〔999〕	30	80	9		千克	AB	P. R/Q. S	70%/45%	0	
08112000	-木莓,黑莓,桑葚,罗甘莓,黑、白或红的穗醋栗(加仑子)及醋栗										9
0811200000	冷冻木莓,黑莓,桑葚,罗甘莓,黑、白或红的穗醋栗(加仑子)及醋栗②	30	80	9		千克	AB	P. R/Q	75%/45%	0	
08119010	---栗子,未去壳										9
0811901000	未去壳的冷冻栗子〔999〕	30	80	9		千克	AB	P. R/Q. S		0	
08119090	---其他										
0811909021	冷冻的野生红松子(不论是否去壳或去皮,不包括人工培植的)〔999〕	30	80	9		千克	ABE	P. R/Q. S	75%/45%	0	9
0811909022	冷冻的其他濒危松子(不论是否去壳或去皮)〔999〕	30	80	9		千克	ABEF	P. R/Q. S	75%/45%	0	0
0811909030	冷冻的野生榧子(不包括人工培植的)〔999〕	30	80	9		千克	ABE	P. R/Q. S	75%/45%	0	9
0811909050	冷冻的巨籽棕(海椰子)果仁〔999〕	30	80	9		千克	ABEF	P. R/Q. S	75%/45%	0	9
0811909060暂7	冷冻的鳄梨〔999〕	30	80	9		千克	AB	P. R/Q. S	52%/22%	0	9
0811909090	其他未列名冷冻水果及坚果③	30	80	9		千克	AB	P. R/Q. S	75%/45%	0	9

① 〔101 杨梅〕,〔104 巴旦杏(水果)〕,〔106 山楂〕,〔107 余甘子〕,〔108 西番莲,替代种植除外〕,〔109 石榴〕,〔110 菱角〕,〔111 橄榄〕,〔112 菠萝蜜〕,〔115 罗望子〕,〔116 人心果〕,〔117 蛇皮果〕,〔118 椰色果〕,〔119 蓝靛果〕,〔120 鲜木瓜〕,〔122 西番莲,替代种植〕,〔123 百香果〕,〔124 软枣猕猴桃〕,〔990 其他鲜果〕

② 〔101 冷冻木莓〕,〔102 冷冻黑莓〕,〔103 冷冻桑葚〕,〔104 黑、白或红的穗醋栗(加仑子)及醋栗〕,〔105 罗甘莓〕

③ 〔101 冷冻荔枝〕,〔102 冷冻菠萝〕,〔103 冷冻桃〕,〔104 冷冻草莓〕,〔105 冷冻苹果〕,〔106 冷冻梨〕,〔107 冷冻西瓜〕,〔108 冷冻樱桃〕,〔109 冷冻猕猴桃〕,〔110 冷冻龙眼〕,〔111 冷冻葡萄〕,〔112 冷冻榴莲〕,〔113 冷冻菠萝蜜〕,〔115 其他未列名冷冻坚果〕,〔116 冷冻蔓越莓〕,〔117 冷冻无花果〕,〔118 冷冻越橘〕,〔119 冷冻黑莓〕,〔120 冷冻木莓〕,〔121 冷冻穗醋栗〕,〔122 冷冻香蕉〕,〔123 冷冻柠檬〕,〔124 冷冻蓝莓〕,〔125 冷冻芒果〕,〔127 冷冻博伊森莓〕,〔128 冷冻番荔枝〕,〔129 冷冻番木瓜〕,〔130 冷冻石榴〕,〔999 其他冷冻植物产品〕

协定税率(%)																		特惠税率(%)			
智利	新西兰	澳大利亚	瑞士	冰岛	秘鲁	哥斯达	东盟	亚太	新加坡	巴基斯坦	港/澳/台	韩国	格鲁吉亚	毛里求斯	柬埔寨	尼加拉瓜	日/韩/澳/新/东(RCEP)	亚太2国	老/柬/缅	LDC 98/97/95	Article Description
0	0	0	0	0	0	0	0			20	0/0/	12.5	0	5	0	23.3	21.4/21.3/21.3/21.3/21.3			0/0/0	-Raspberries, blackberries, mulberries and loganberries
0	0	0	0	0	0	0	0			20	0/0/	12.5	0	5	0		21.4/21.3/21.3/21.3/21.3			0/0/0	-Black, white or red currants and gooseberries
0	0	0	12	0	0	0	0			24	0/0/	15	0	6	0	28	25.7/25.5/25.5/25.5/25.5			0/0/	-Cranberries, bilberries and other fruits of the genus Vaccinium
0	0	0	0	0	0	0	0	16.4		16	0/0/	6.6	0	0	0	18.7	/17/17/17/17			0/0/0	-Kiwifruit
0	0	0	0	0	0	0	0			10	0/0/	0	0	0	0	18.7	14.5/14/0/0/0		/0/	0/0/0	-Durian
0	0	0	0	0	0	0	0	16.4		12.8	0/0/	6.6	0	0	0	18.7	/14/14/14/14			0/0/0	-Persimmons
0	0	0	12	0	0	0	0	20.1		10	0/0/	15	0	6	0	28	/25.5/25.5/25.5/25.5			0/0/0	---Lychee
0	0	0	0	0	0	0	0			3	0/0/	0	0	0	0	11.2	8.7/8.4/0/0/0		/0/	0/0/0	---Longan
0	0	0	0	0	0	0	0			10	0/0/	0	0	0	0	18.7	14.5/14/0/0/0			0/0/0	---Rambutan
0	0	0	0	0	0	0	0			10	0/0/	0	0	0	0	18.7	14.5/14/0/0/0			0/0/0	---Sugar apple
0	0	0	0	0	0	0	0			10	0/0/	6.6	0	0	0	18.7	16.3/14/14/14/14			0/0/0	---Carambola
0	0	0	0	0	0	0	0	16.4		8	0/0/	0	0	0	0	18.7	14.5/14/0/0/0			0/0/0	---Wax apple
0	0	0	0	0	0	0	0	16.4		12.8	0/0/0	0	0	0	0	18.7	14.5/14/0/0/0			0/0/0	---Dragon fruit
0	0	0	0	0	0	0	0	16.4		0	0/0/	6.6	0	0	0	18.7	16.3/16/17/17/16			0/0/0	---Other
																					Fruit and nuts, uncooked or cooked by steaming or boiling in water, frozen, whether or not containing added sugar or other sweetening matter:
0	0	0		0	0	0	0			0	0/0/	15	0	6	0	28	25.7/25.5/25.5/25.5/25.5			0/0/0	-Strawberries
0	0	0		0	0	0	0				0/0/	15	0	6	0	28	/25.5/25.5/25.5/25.5			0/0/0	-Raspberries, blackberries, mulberries, loganberries, black, white or red currants and gooseberries
0	0	0		0	0	0	0				0/0/	15	0	6	0	28	25.7/25.5/25.5/25.5/25.5			0/0/0	---Chestnuts, in shell
0	0	0		0	0	0	0				0/0/	15	0	6	0	28	/25.5/25.5/25.5/25.5			0/0/	---Other

商品编号	商品名称及备注[检验检疫编码及名称]	进口关税(%) 最惠国	进口关税(%) 普通	增值税率(%)	消费税	计量单位	监管条件	检验检疫类别	对美税率	出口税率(%)	出口退税率(%)
0812	**暂时保藏的水果及坚果,但不适于直接食用的:**										
08121000	-樱桃										9
0812100000	暂时保藏的樱桃(但不适于直接食用的)〔999〕	30	80	9		千克	AB	P. R/Q	45%/45%	0	
08129000	-其他										
0812900060	暂时保存的野生红松子、野生榧子(不适于直接食用的,不包括人工培植的)〔102 红松子〕,〔103 榧子〕	25	80	9		千克	ABE	P. R/Q. S	40%/40%	0	9
0812900070	暂时保存的其他濒危松子、巨籽棕(海椰子)果仁(但不适于直接食用的)〔101 其他濒危松子〕,〔102 巨籽棕(海椰子)果仁〕	25	80	9		千克	ABEF	P. R/Q. S	40%/40%	0	0,9
0812900090	暂时保存的其他水果及坚果(但不适于直接食用的)〔999〕	25	80	9		千克	AB	P. R/Q. S	40%/40%	0	9
0813	**税目 08.01 至 08.06 以外的干果;本章的什锦坚果或干果:**										
08131000	-杏										9
0813100000	杏干(品目 08.01 至 08.06 的干果除外)①	25	70	9		千克	AB	P. R/Q. S	70%/40%	0	
08132000	-梅及李										9
0813200000	梅干及李干(品目 08.01 至 08.06 的干果除外)②	25	70	9		千克	AB	P. R/Q. S	70%/40%	0	
08133000	-苹果										9
0813300000	苹果干(品目 08.01 至 08.06 的干果除外)③	25	70	9		千克	AB	P. R/Q. S	70%/40%	0	
08134010	---龙眼干、肉										9
0813401000	龙眼干、肉(品目 08.01 至 08.06 的干果除外)④	20	70	9		千克	AB	P. R/Q. S	65%/35%	0	
08134020	---柿饼										9
0813402000	柿饼(品目 08.01 至 08.06 的干果除外)⑤	25	70	9		千克	AB	P. R/Q. S	70%/40%	0	
08134030	---红枣										9
0813403000	干红枣(品目 08.01 至 08.06 的干果除外)⑥	25	70	9		千克	AB	P. R/Q. S	70%/40%	0	
08134040	---荔枝干										9
0813404000	荔枝干(品目 08.01 至 08.06 的干果除外)⑦	25	70	9		千克	AB	P. R/Q. S	70%/40%	0	
08134090	---其他										9
0813409020 暂15	蔓越橘干⑧	25	70	9		千克	AB	P. R/Q. S	60%/30%	0	
0813409090	其他干果(品目 08.01 至 08.06 的干果除外)⑨	25	70	9		千克	AB	P. R/Q. S	70%/40%	0	
08135000	-本章的什锦坚果或干果										9
0813500000	本章的什锦坚果或干果(品目 08.01 至 08.06 的干果除外)⑩	18	70	9		千克	AB	P. R/Q. S	63%/33%	0	
0814	**柑橘属水果或甜瓜(包括西瓜)的果皮,鲜、冻、干或用盐水、亚硫酸水或其他防腐液暂时保藏的:**										
08140000	柑橘属水果或甜瓜(包括西瓜)的果皮,鲜、冻、干或用盐水、亚硫酸水或其他防腐液暂时保藏的										9
0814000000	柑橘属水果或甜瓜(包括西瓜)的果皮(仅包括鲜、冻、干或暂时保藏的)⑪	25	70	9		千克	AB	P. R/Q. S	50%	0	

① 〔101 杏干(其他工艺)〕,〔102 其他蜜饯〕,〔103 杏干[提取(晒干的除外)、压榨、烹制、烘焙、冻干、脱水、裹糖屑、发酵、冷冻(经漂汤和杀青,并在-18 度以下冷冻)、浸酸、腌渍、炒制等工艺进行加工处理的]〕

② 〔101 药用乌梅〕,〔102 李干(其他工艺)〕,〔103 梅干(其他工艺)〕,〔104 话梅〕,〔105 其他蜜饯〕,〔106 李干[提取(晒干的除外)、压榨、烹制、烘焙、冻干、脱水、裹糖屑、发酵、冷冻(经漂汤和杀青,并在-18 度以下冷冻)、浸酸、腌渍、炒制等工艺进行加工处理的]〕,〔107 梅干[提取(晒干的除外)、压榨、烹制、烘焙、冻干、脱水、裹糖屑、发酵、冷冻(经漂汤和杀青,并在-18 度以下冷冻)、浸酸、腌渍、炒制等工艺进行加工处理的]〕

浸酸、腌渍、炒制等工艺进行加工处理的]〕 烘焙、冻干、脱水、裹糖屑、发酵、冷冻(经漂汤和杀青,并在-18 度以下冷冻)、浸酸、腌渍、炒制等工艺进行加工处理的],〔999 其他工艺〕

③ 〔101 提取(晒干的除外)、压榨、烹制、烘焙、冻干、脱水、裹糖屑、发酵、冷冻(经漂汤和杀青,并在-19 度以下冷冻)、浸酸、腌

④ 〔101 药用龙眼肉〕,〔102 龙眼干(其他工艺)〕,〔103 其他蜜饯〕,〔104 提取(晒干的除外)、压榨、烹制、烘焙、冻干、脱水、裹糖屑、发酵、冷冻(经漂汤和杀青,并在-19 度以下冷冻)、浸酸、腌

渍、炒制等工艺进行加工处理的〕

⑤ 〔101 柿饼(其他工艺)〕,〔102 其他蜜饯〕,〔103 柿饼[提取(晒干的除外)、压榨、烹制、烘焙、冻干、脱水、裹糖屑、发酵、冷冻(经漂汤和杀青,并在-18 度以下冷冻)、浸酸、腌渍、炒制等工艺进行加工处理的]〕

⑥ 〔101 药用大枣〕,〔102 干枣(其他工艺)〕,〔103 其他蜜饯〕,〔104 干枣[提取(晒干的除外)、压榨、烹制、烘焙、冻干、脱水、裹糖屑、发酵、冷冻(经漂汤和杀青,并在-18 度以下冷冻)、浸酸、腌渍、炒制等工艺进行加工处理的]〕

腌渍、炒制等工艺进行加工处理的]〕 裹糖屑、发酵、冷冻(经漂汤和杀青,并在-19 度以下冷冻)、浸酸、腌渍、炒制等工艺进行加工处理的],〔999 其他工艺〕

⑦ 〔101 提取(晒干的除外)、压榨、烹制、烘焙、冻干、脱水、裹糖屑、发酵、冷冻(经漂汤和杀青,并在-21 度以下冷冻)、浸酸、腌渍、炒制等工艺进行加工处理的],〔999 其他工艺〕

⑧ 〔101 提取(晒干的除外)、压榨、烹制、烘焙、冻干、脱水、裹糖屑、发酵、冷冻(经漂汤和杀青,并在-21 度以下冷冻)、浸酸、腌渍、炒制等工艺进行加工处理的],〔999 其他工艺〕

⑨ 〔101 药用芡实〕,〔102 药用薏米(薏苡仁)〕,〔103 薏米〕,〔104 山楂干(其他工艺)〕,〔105 其他干(坚)果(其他工艺)〕,〔106 桑葚干(其他工艺)〕,〔107 其他蜜饯〕,〔108 菠萝蜜干(其他工艺)〕,〔109 草莓干(其他工艺)〕,〔110 橄榄干(其他工艺)〕,〔111 哈密瓜干(其他工艺)〕,〔112 蓝莓干(其他工艺)〕,〔113 榴莲干(其他工艺)〕,〔114 甜角(其他工艺)〕,〔115 蔓越桔干果(其他工艺)〕,〔116 蔓越莓干(其他工艺)〕,〔117 玫瑰果干(其他工艺)〕,〔118 樱桃干(其他工艺)〕,〔119 猕猴桃干(其他工艺)〕,〔120 木瓜干(其他工艺)〕,〔121 酸角(其他工艺)〕,〔122 蔷薇果干(其他工艺)〕,〔123 桃干(其他工艺)〕,〔124 甜瓜干(其他工艺)〕,〔125 西西果干(其他工艺)〕,〔126 罗望子干(其他工艺)〕,〔127 提取(晒干的除外)、压榨、烹制、烘焙、冻干、脱水、裹糖屑、发酵、冷冻(经漂汤和杀青,并在-22 度以下冷冻)、浸酸、腌渍、炒制等工艺进行加工处理的],〔128 沙枣干〕

(经漂汤和杀青,并在-23 度以下冷冻)、浸酸、腌渍、炒制等工艺进行加工处理的],〔999 其他工艺〕

⑩ 〔101 提取(晒干的除外)、压榨、烹制、烘焙、冻干、脱水、裹糖屑、发酵、冷冻(经漂汤和杀青,并在-23 度以下冷冻)、浸酸、腌渍、炒制等工艺进行加工处理的],〔999 其他工艺〕

⑪ 〔101 果脯〕,〔102 其他蜜饯〕,〔103 药用陈皮(橘皮)〕,〔104 冻的、干的〕,〔105 鲜或暂时保藏的[提取(晒干的除外)、压榨、烹制、烘焙、冻干、脱水、裹糖屑、发酵、冷冻(经漂汤和杀青,并在-18 度以下冷冻)、浸酸、腌渍、炒制等工艺进行加工处理的]〕,〔106 鲜或暂时保藏的(橘子皮)(其他工艺)〕,〔107 鲜或暂时保藏的(柠檬皮)(其他工艺)〕,〔108 鲜或暂时保藏的(蓝莓皮)(其他工艺)〕,〔109 鲜或暂时保藏的(山竹果皮)(其他工艺)〕

协定税率(%)																		特惠税率(%)			
智利	新西兰	澳大利亚	瑞士	冰岛	秘鲁	哥斯达	东盟	亚太	新加坡	巴基斯坦	港/澳/台	韩国	格鲁吉亚	毛里求斯	柬埔寨	尼加拉瓜	日/韩/澳/新/东(RCEP)	亚太2国	老/柬/缅	LDC 98/97/95	Article Description
																					Fruit and nuts provisionally preserved, but unsuitable in that state for immediate consumption:
0	0	0		0	0	0	0				0/0/	15	0	6	0		/25.5/25.5/25.5/25.5			0/0/	-Cherries
0	0	0	0	0	0	0	0				0/0/	12.5	0	5	0	23.3	21.4/21.3/21.3/21.3/21.3			0/0/0	-Other
																					Fruit, dried, other than that of headings 08.01 to 08.06; mixtures of nuts or dried fruits of this Chapter:
0	0	0	0	0	0	0	0				0/0/	12.5	0	5	0	23.3	/21.3/21.3/21.3/21.3			0/0/0	-Apricots
0	0	0	0	0	0	0	0				0/0/	12.5	0	5	0	23.3	/21.3/21.3/21.3/21.3			0/0/0	-Prunes
0	0	0	0	0	0	0	0				0/0/	12.5	0	5	0	23.3	/21.3/21.3/21.3/21.3			0/0/0	-Apples
0	0	0	0	0	0	0	0			0	0/0/	0	0	0	0	18.7	14.5/14/0/0/0		/0/	0/0/0	---Longans and longan pulps
0	0	0	0	0	0	0	0			0	0/0/	12.5	0	5	0	23.3	/21.3/21.3/21.3/21.3		/0/	0/0/0	---Persimmons
0	0	0	0	0	0	0	0				0/0/	12.5	0	5	0	23.3	21.4/25/21.3/21.3/21.3		/0/	0/0/0	---Red jujubes
0	0	0	0	0	0	0	0				0/0/	0	0	5	0	23.3	18.2/17.5/0/0/0		/0/	0/0/0	---Preserved litchi
0	0	0	0	0	0	0	0			0	0/0/	12.5	0	5	0	23.3	/21.3/21.3/21.3/21.3		/0/	0/0/0	---Other
0	0	0	0	0	0	0	0			14.4	0/0/	6	0	0	0	16.8	/12.6/12.6/12.6/12.6			0/0/0	-Mixtures of nuts or dried fruits of this Chapter
																					Peel of citrus fruit or melons (including watermelons), fresh, frozen, dried or provisionally preserved in brine, in sulphur water or in other preservative solutions:
0	0	0	0	0	0	0	0				0/0/	12.5	0	5	0	23.3	/21.3/21.3/21.3/21.3			0/0/0	Peel of citrus fruit or melons (including watermelons), fresh, frozen, dried or provisionally preserved in brine, in sulphur water or in other preservative solutions

第 九 章
咖啡、茶、马黛茶及调味香料

注释:

一、品目 09.04 至 09.10 所列产品的混合物,应按下列规定归类:

(一) 同一品目的两种或两种以上产品的混合物仍应归入该品目;

(二) 不同税目的两种或两种以上产品的混合物应归入品目 09.10。

品目 09.04 至 09.10 的产品 [或上述 (一) 或 (二) 项的混合物] 如添加了其他物质,只要所得的混合物保持了原产品的基本特性,其归类应不受影响。基本特性已经改变的,则不应归入本章;构成混合调味品的,应归入品目 21.03。

二、本章不包括荜澄茄椒或品目 12.11 的其他产品。

商品编号	商品名称及备注[检验检疫编码及名称]	进口关税(%)		增值税率(%)	消费税	计量单位	监管条件	检验检疫类别	对美税率	出口税率(%)	出口退税率(%)
		最惠国	普通								
0901	**咖啡,不论是否焙炒或浸除咖啡碱;咖啡豆荚及咖啡豆皮;含咖啡的咖啡代用品:**										
09011100	--未浸除咖啡碱										9
0901110000	未浸除咖啡碱的未焙炒咖啡①	8	50	13		千克	AB	P. R/Q. S	33%	0	
09011200	--已浸除咖啡碱										9
0901120000	已浸除咖啡碱的未焙炒咖啡②	8	50	13		千克	AB	P. R/Q. S	33%	0	
09012100	--未浸除咖啡碱										13
0901210000	未浸除咖啡碱的已焙炒咖啡〔101 咖啡粉〕,〔999 经焙烤后的咖啡豆〕	15	80	13		千克	AB	P. R/Q. S	40%	0	
09012200	--已浸除咖啡碱										13
0901220000	已浸除咖啡碱的已焙炒咖啡〔999〕	15	80	13		千克	AB	P. R/Q. S	40%	0	
09019010	---咖啡豆荚及咖啡豆皮										9
0901901000	咖啡豆荚及咖啡豆皮〔999〕	10	30	13		千克	AB	P. R/Q. S	22. 5%	0	
09019020	---含咖啡的咖啡代用品										13
0901902000	含咖啡的咖啡代用品〔999〕	30	80	13		千克	AB	P. R/Q		0	
0902	**茶,不论是否加香料:**										
09021011	----茉莉花茶										
0902101100	每件净重不超过 3 千克的茉莉花茶(未发酵的,净重指内包装)〔999〕	15	100	9		千克	AB	R/S	40%	0	9,13
09021019	----其他										
0902101900	每件净重不超过 3 千克的其他花茶(未发酵的,净重指内包装)〔999〕	15	100	9		千克	AB	R/S	40%	0	9,13
09021020	---白茶										
0902102000	每件净重不超过 3 千克的白茶(未发酵的,净重指内包装)〔999〕	15	100	9		千克	AB	R/S	40%	0	9,13
09021090	---其他										
0902109000	每件净重≤3 千克的其他绿茶(未发酵的,净重指内包装)〔101 绿茶〕,〔102 白茶〕	15	100	9		千克	AB	R/S	40%	0	9,13
09022011	----茉莉花茶										
0902201100	每件净重超过 3 千克的茉莉花茶(未发酵的,净重指内包装)〔999〕	15	100	9		千克	AB	R/S		0	9,13
09022019	----其他										
0902201900	每件净重超过 3 千克的其他花茶(未发酵的,净重指内包装)〔999〕	15	100	9		千克	AB	R/S		0	9,13
09022020	---白茶										
0902202000	每件净重超过 3 千克的白茶(未发酵的,净重指内包装)〔999〕	15	100	9		千克	AB	R/S	40%	0	9,13
09022090	---其他										
0902209000	每件净重>3 千克的其他绿茶(未发酵的,净重指内包装)〔101 绿茶〕,〔102 白茶〕	15	100	9		千克	AB	R/S	40%	0	9,13
09023010	---乌龙茶										
0902301000	每件净重≤3 千克的乌龙茶(净重指内包装)〔999〕	15	100	9		千克	AB	R/S	40%	0	9,13
09023031	----普洱茶(熟茶)										
0902303100	每件净重≤3 千克的普洱茶(熟茶)(净重指内包装)〔999〕	15	100	9		千克	AB	R/S		0	9,13
09023039	----其他										
0902303900	每件净重≤3 千克的其他黑茶(净重指内包装)〔999〕	15	100	9		千克	AB	R/S	40%	0	9,13
09023090	---其他										
0902309000	红茶内包装每件净重≤3 千克(包括其他部分发酵茶)〔999〕	15	100	9		千克	AB	R/S	40%	0	9,13
09024010	---乌龙茶										
0902401000	每件净重>3 千克的乌龙茶(净重指内包装)〔999〕	15	100	9		千克	AB	R/S		0	9,13
09024031	----普洱茶(熟茶)										
0902403100	每件净重>3 千克的普洱茶(熟茶)(净重指内包装)〔999〕	15	100	9		千克	AB	R/S		0	9,13
09024039	----其他										

① 〔101 提取(晒干的除外)、压榨、烹制、烘焙、冻干、脱水、裹糖屑、发酵、冷冻(经漂汤和杀青,并在-18 度以下冷冻)、浸酸、腌渍、炒制等工艺进行加工处理的〕,〔999 其他工艺〕

② 〔101 提取(晒干的除外)、压榨、烹制、烘焙、冻干、脱水、裹糖屑、发酵、冷冻(经漂汤和杀青,并在-19 度以下冷冻)、浸酸、腌渍、炒制等工艺进行加工处理的〕,〔999 其他工艺〕

Chapter 9
Coffee, tea, mate and spices

Chapter Notes:

1. Mixtures of the products of headings 09.04 to 09.10 are to be classified as follows:
   (a) Mixtures of two or more of the products of the same heading are to be classified in that heading;
   (b) Mixtures of two or more of the products of different headings are to be classified in heading 09.10.

   The addition of other substances to the products of headings 09.04 to 09.10 (or to the mixtures referred to in paragraph (a) or (b) above) shall not affect their classification provided the resulting mixtures retain the essential character of the goods of those headings. Otherwise such mixtures are not classified in this Chapter; those constituting mixed condiments or mixed seasonings are classified in heading 21.03.

2. This Chapter does not cover Cubeb pepper (Piper cubeba) or other products of heading 12.11.

协定税率(%)																		特惠税率(%)			
智利	新西兰	澳大利亚	瑞士	冰岛	秘鲁	哥斯达	东盟	亚太	新加坡	巴基斯坦	港/澳/台	韩国	格鲁吉亚	毛里求斯	柬埔寨	尼加拉瓜	日/韩/澳/新/东(RCEP)	亚太2国	老/柬/缅	LDC 98/97/95	Article Description
																					Coffee, whether or not roasted or decaffeinated; coffee husks and skins; coffee substitutes containing coffee in any proportion:
0	0	0	0	0		0	5				0/0/	0		1.6	0	7.5	//5/5/5		0/0/	0/0/0	--Not decaffeinated
0	0	0	0	0			5				0/0/	0		1.6	0		//5/5/5		0/0/	0/0/0	--Decaffeinated
0	0	0	6	0		0	5				0/0/	0		3	0	14			0/0/	0/0/0	--Not decaffeinated
0	0	0	0	0			0			12	0/0/	0		3	0		10.9//0/0/0		0/0/	0/0/0	--Decaffeinated
0	0	0	0	0	0	0	0		0	2.5	0/0/	0		2	0		7.3/7/0/0/0		0/0/	0/0/0	---Coffee husks and skins
0	0	0		0			0		0		0/0/	15		6	0		25.7/25.5/25.5/25.5/25.5		0/0/	0/0/0	---Coffee substitutes containing coffee
																					Tea, whether or not flavoured:
0	0	0	0	0	0	0	0	7.5	0	7.5	0/0/	0	0		0	14	10.9/10.5/0/0/0			0/0/0	----Jasmine flower tea
0	0	0	0	0	0	0	0	7.5	0	7.5	0/0/	0	0		0	14	10.9/10.5/0/0/0			0/0/0	----Other
0	0	0	0	0	0	0	0	7.5	0	7.5	0/0/0	0	0		0	14	10.9/10.5/0/0/0			0/0/0	---White tea
0	0	0	0	0	0	0	0	7.5	0	7.5	0/0/0	0	0		0	14	10.9/10.5/0/0/0			0/0/0	---Other
0	0	0	0	0	0	0	0	7.5	0	7.5	0/0/	0	0		0	14	10.9/10.5/0/0/0			0/0/0	----Jasmine flower tea
0	0	0	0	0	0	0	0	7.5	0	7.5	0/0/	0	0		0	14	10.9/10.5/0/0/0			0/0/0	----Other
0	0	0	0	0	0	0	0	7.5	0	7.5	0/0/0	0	0		0	14	10.9/10.5/0/0/0			0/0/0	---White tea
0	0	0	0	0	0	0	0	7.5	0	7.5	0/0/0	0	0		0	14	10.9/10.5/0/0/0			0/0/0	---Other
0	0	0	0	0	0	0	0	7.5	0	7.5	0/0/0	0	0		0	14	10.9/10.5/0/0/0			0/0/0	---Oolong tea
0	0	0	0	0	0	0	0	7.5	0	7.5	0/0/	0	0	6.4	0	14	10.9/10.5/0/0/0			0/0/0	----Pu-er tea
0	0	0	0	0	0	0	0	7.5	0	7.5	0/0/0	0	0	6.4	0	14	10.9/10.5/0/0/0			0/0/0	----Other
0	0	0	0	0	0	0	0	7.5	0	7.5	0/0/0	0	0	6.4	0	14	10.9/10.5/0/0/0			0/0/0	---Other
0	0	0	0	0	0	0	0	7.5	0	7.5	0/0/0	0	0		0	14	10.9/10.5/0/0/0		0/0/0	0/0/0	---Oolong tea
0	0	0	0	0	0	0	0	7.5	0	7.5	0/0/	0	0	6.4	0	14	10.9/10.5/0/0/0		0/0/0	0/0/0	----Pu-er tea
0	0	0	0	0	0	0	0	7.5	0	7.5	0/0/0	0	0	6.4	0	14	10.9/10.5/0/0/0		0/0/0	0/0/0	----Other

商品编号	商品名称及备注[检验检疫编码及名称]	进口关税(%) 最惠国	进口关税(%) 普通	增值税率(%)	消费税	计量单位	监管条件	检验检疫类别	对美税率	出口税率(%)	出口退税率(%)
0902403900	每件净重>3 千克的其他黑茶(净重指内包装)〔999〕	15	100	9		千克	AB	R/S	40%	0	9,13
09024090	---其他										
0902409000	红茶(内包装每件净重>3 千克)(包括其他部分发酵茶)〔999〕	15	100	9		千克	AB	R/S	40%	0	9,13
0903	**马黛茶:**										
09030000	马黛茶										13
0903000000	马黛茶〔999〕	10	100	9		千克	AB	R/S		0	
0904	**胡椒;辣椒干及辣椒粉:**										
09041100	--未磨										9
0904110010	毕拨〔101 药用荜茇〕,〔102 调味料〕	20	70	9		千克	QAB	P. R/Q. S	45%	0	
0904110090	未磨胡椒(毕拨除外)〔101 药用未磨胡椒〕,〔102 调味料〕	20	70	9		千克	AB	P. R/Q. S	45%	0	
09041200	--已磨										13
0904120000	已磨胡椒〔101 药用已磨胡椒〕,〔102 调味料〕	20	70	9		千克	AB	P. R/Q. S	45%	0	
09042100	--干,未磨										0
0904210000	干且未磨辣椒〔101 药用辣椒(干)〕,〔102 辣椒干〕,〔103 多香果〕	20	70	9		千克	AB	P. R/Q. S		0	
09042200	--已磨										
0904220000	已磨辣椒〔101 多香果〕,〔102 其他〕,〔103 辣椒籽〕	20	70	9		千克	AB	P. R/Q. S	45%	0	9,13
0905	**香子兰豆:**										
09051000	-未磨										9
0905100000	未磨的香子兰豆〔999〕	15	50	9		千克	AB	P. R/Q		0	
09052000	-已磨										9
0905200000	已磨的香子兰豆〔999〕	15	50	9		千克	AB	P. R/Q		0	
0906	**肉桂及肉桂花:**										
09061100	--锡兰肉桂										9
0906110000	未磨锡兰肉桂〔999〕	5	50	9		千克	AB	P. R/Q. S		0	
09061900	--其他										9
0906190000	其他未磨肉桂及肉桂花〔101 药用未磨肉桂(桂枝)〕,〔102 调味料〕	5	50	9		千克	AB	P. R/Q. S	30%	0	
09062000	-已磨										13
0906200000	已磨肉桂及肉桂花〔101 药用已磨肉桂(桂枝)〕,〔102 调味料〕,〔103 调味料(玉桂)〕	15	50	9		千克	QAB	P. R/Q. S		0	
0907	**丁香(母丁香、公丁香及丁香梗):**										
09071000	-未磨										9
0907100000	未磨的丁香(母丁香、公丁香及丁香梗)〔101 药用未磨丁香〕,〔102 调味料〕	3	14	9		千克	QAB	P. R/Q		0	
09072000	-已磨										9
0907200000	已磨的丁香(母丁香、公丁香及丁香梗)〔101 药用已磨丁香〕,〔102 调味料〕	3	14	9		千克	QAB	P. R/Q		0	
0908	**肉豆蔻、肉豆蔻衣及豆蔻:**										
09081100	--未磨										
0908110010	未磨的濒危野生肉豆蔻(不包括人工培植的)〔101 药用未磨肉豆蔻〕,〔102 调味料〕	8	30	9		千克	QABE	P. R/Q		0	0
0908110090	未磨的其他肉豆蔻〔101 药用未磨肉豆蔻〕,〔102 调味料〕	8	30	9		千克	QAB	P. R/Q		0	9
09081200	--已磨										
0908120010	已磨的濒危野生肉豆蔻(不包括人工培植的)〔101 药用已磨肉豆蔻〕,〔102 调味料〕	8	30	9		千克	QABE	P. R/Q		0	0
0908120090	已磨的其他肉豆蔻〔101 药用已磨肉豆蔻〕,〔102 调味料〕	8	30	9		千克	QAB	P. R/Q		0	9
09082100	--未磨										
0908210010	未磨的濒危野生肉豆蔻衣(不包括人工培植的)〔999〕	8	30	9		千克	ABE	P. R/Q		0	0
0908210090	未磨的其他肉豆蔻衣〔999〕	8	30	9		千克	AB	P. R/Q		0	9
09082200	--已磨										
0908220010	已磨的濒危野生肉豆蔻衣(不包括人工培植的)〔999〕	8	30	9		千克	ABE	P. R/Q		0	0
0908220090	已磨的其他肉豆蔻衣〔999〕	8	30	9		千克	AB	P. R/Q		0	9
09083100	--未磨										
0908310010	未磨的濒危野生豆蔻(不包括人工培植的)〔101 药用未磨豆蔻〕,〔102 调味料〕	3	14	9		千克	QABE	P. R/Q		0	0
0908310090	未磨的其他豆蔻〔101 药用未磨豆蔻〕,〔102 调味料〕	3	14	9		千克	QAB	P. R/Q		0	9
09083200	--已磨										
0908320010	已磨的濒危野生豆蔻(不包括人工培植的)〔101 药用已磨豆蔻〕,〔102 调味料〕	3	14	9		千克	QABE	P. R/Q		0	0
0908320090	已磨的其他豆蔻〔101 药用已磨豆蔻〕,〔102 调味料〕	3	14	9		千克	QAB	P. R/Q		0	13
0909	**茴芹子、八角茴香、小茴香子、芫荽子、枯茗子及贳蒿子;杜松果:**										
09092100	--未磨										9
0909210010[暂0]	种用芫荽子(种用芫荽)〔999〕	15	50			千克	AB	P. R/Q		0	
0909210090	其他未磨的芫荽子〔999〕	15	50	9		千克	AB	P. R/Q		0	
09092200	--已磨										13

协定税率(%)																		特惠税率(%)			Article Description
智利	新西兰	澳大利亚	瑞士	冰岛	秘鲁	哥斯达	东盟	亚太	新加坡	巴基斯坦	港/澳/台	韩国	格鲁吉亚	毛里求斯	柬埔寨	尼加拉瓜	日/韩/澳/新/东(RCEP)	亚太2国	老/柬/缅	LDC 98/97/95	
0	0	0	0	0	0	0	0	7.5	0	7.5	0/0/0	0	0	6.4	0	14	10.9/10.5/0/0/0		0/0/0	0/0/0	---Other
																					Mate:
0	0	0	0	0	0	0	0		0	2.5	0/0/	0	0	0	0	9	7.3/7/0/0/0			0/0/0	Mate
																					Pepper of the genus Piper; dried or crushed or ground fruits of the genus Capsicum or of the genus Pimenta:
0	0	0	0	0	0	0	5				0/0/	6.6	0	4	14	18.7	/17/18.5/18.5/17			0/0/0	--Neither crushed nor ground
0	0	0	0	0	0	0	5	10		10	0/0/	6.6	0	0	5	18.7				0/0/0	--Crushed or ground
0	0	0	0	0	0	0	0	10	0	10	0/0/	6.6	0	0	0	18.7	9.5/9.1/0/0/0			0/0/0	--Dried, neither crushed nor ground
0	0	0	0	0	0	0	0	10	0	10	0/0/	6.6	0	0	0	18.7	9.5/9.1/0/0/0			0/0/0	--Crushed or ground
																					Vanilla:
0	0	0	0	0	0	0	0		0	12	0/0/	0	0	0	0	14	10.9/10.5/0/0/0			0/0/0	-Neither crushed nor ground
0	0	0	0	0	0	0	0		0	12	0/0/	0	0	0	0	14	10.9/10.5/0/0/0			0/0/0	-Crushed or ground
																					Cinnamon and cinnamon-tree flowers:
0	0	0	0	0	0	0	0			0	0/0/	0	0	0	0	0	0/0/0/0/0			0/0/0	--Cinnamon (Cinnamomum zeylanicum Blume)
0	0	0	0	0	0	0	0			0	0/0/	0	0	0	0	0	0/0/0/0/0			0/0/0	--Other
0	0	0	0	0	0	0	0		0	12	0/0/	0	0	0	0	14	10.9/10.5/0/0/0			0/0/0	-Crushed or ground
																					Cloves (whole fruit, cloves and stems):
0	0	0	0	0	0	0	0			0	0/0/	0	0	0	0	0	0/0/0/0/0		/0/	0/0/0	-Neither crushed nor ground
0	0	0	0	0	0	0	0			0	0/0/	0	0	0	0	0	0/0/0/0/0		/0/	0/0/0	-Crushed or ground
																					Nutmeg, mace and cardamoms:
0	0	0	0	0	0	0	0			0	0/0/	0	0	0	0	0	5.8/0/0/0/0		0/0/	0/0/0	--Neither crushed nor ground
0	0	0	0	0	0	0	0			0	0/0/	0	0	0	0	0	5.8/0/0/0/0		0/0/	0/0/0	--Crushed or ground
0	0	0	0	0	0	0	0			0	0/0/	0	0	0	0	6.4	5.8/0/0/0/0		0/0/	0/0/0	--Neither crushed nor ground
0	0	0	0	0	0	0	0			0	0/0/	0	0	0	0	7.2	5.8/0/0/0/0		0/0/	0/0/0	--Crushed or ground
0	0	0	0	0	0	0	0			0	0/0/	0	0	0	0	0	0/0/0/0/0		0/0/	0/0/0	--Neither crushed nor ground
0	0	0	0	0	0	0	0			0	0/0/	0	0	0	0	0	0/0/0/0/0		0/0/	0/0/0	--Crushed or ground
																					Seeds of anise, badian, fennel, coriander, cumin or caraway; juniper berries:
0	0	0	0	0	0	0	0		0	12	0/0/	0	0	0	0	14	10.9/10.5/0/0/0			0/0/0	--Neither crushed nor ground
0	0	0	0	0	0	0	0		0	12	0/0/	0	0	0	0	14	10.9/10.5/0/0/0			0/0/0	--Crushed or ground

商品编号	商品名称及备注[检验检疫编码及名称]	进口关税(%)		增值税率(%)	消费税	计量单位	监管条件	检验检疫类别	对美税率	出口税率(%)	出口退税率(%)
		最惠国	普通								
0909220000	已磨的芫荽子〔999〕	15	50	9		千克	AB	P. R/Q		0	9
09093100	--未磨										
0909310000	未磨的枯茗子〔999〕	15	50	9		千克	AB	P. R/Q		0	13
09093200	--已磨										
0909320000	已磨的枯茗子〔999〕	15	50	9		千克	AB	P. R/Q	40%	0	9
09096110	---八角茴香										
0909611000	未磨的八角茴香〔101 药用未磨八角茴香〕,〔102 调味料〕	20	90	9		千克	QAB	P. R/Q. S		0	9
09096190	---其他										
0909619001	种用茴香子〔999〕	15	50			千克	ABQ	P. R/Q. S		0	
0909619010	未磨的小茴香子;未磨的杜松果〔101 药用未磨小茴香〕,〔102 小茴香子〕,〔103 杜松果〕	15	50	9		千克	ABQ	P. R/Q. S		0	
0909619090	未磨的茴芹子;未磨的蒿子〔101 茴芹子〕,〔102 蒿蒿子〕	15	50	9		千克	AB	P. R/Q		0	13
09096210	---八角茴香										
0909621000	已磨的八角茴香〔101 药用已磨八角茴香〕,〔102 调味料〕	20	90	9		千克	QAB	P. R/Q. S		0	13
09096290	---其他										
0909629010	已磨的小茴香子;已磨的杜松果〔101 药用已磨小茴香〕,〔102 调味料〕	15	50	9		千克	QAB	P. R/Q. S	27.5%	0	
0909629090	已磨的茴芹子;已磨的蒿子〔101 茴芹子〕,〔102 蒿蒿子〕	15	50	9		千克	AB	P. R/Q	27.5%	0	
0910	**姜、番红花、姜黄、麝香草、月桂叶、咖喱及其他调味香料:**										0
09101100	--未磨										
0910110000	未磨的姜〔101 药用未磨干姜〕,〔102 药用未磨生姜〕,〔103 调味料〕	15	50	9		千克	AB	P. R/Q. S		0	9
09101200	--已磨										
0910120000	已磨的姜〔101 药用已磨干姜〕,〔102 调味料〕	15	50	9		千克	AB	P. R/Q. S	40%	0	
09102000	-番红花										
0910200000	番红花(西红花)〔101 药用番红花(西红花)〕,〔102 调味料〕	2	14	9		千克	QAB	P. R/Q. S		0	9,13
09103000	-姜黄										9
0910300000	姜黄〔102 药用姜黄〕,〔103 调味料〕,〔104 姜黄浸膏(有检疫要求食品添加剂)〕,〔105 种用姜黄〕	15	50	9		千克	QAB	P. R/Q. S		0	
09109100	--本章注释一(二)所述的混合物										13
0910910000	混合调味香料[本章注释一(二)所述的混合物]〔101 五香〕,〔102 咖喱粉〕,〔999〕	15	50	13		千克	AB	P. R/Q. S	40%	0	
09109910	---花椒、竹叶花椒和青花椒										
0910991000	花椒、竹叶花椒和青花椒〔101 药用花椒〕,〔102 其他花椒〕	15	50	13		千克	AB	P. R/Q. S	40%	0	9,13
09109990	---其他										
0910999000	其他调味香料①	15	50	13		千克	AB	P. R/Q. S	40%	0	9,13

① 〔101 调味料〕,〔102 奥勒岗〕,〔103 龙蒿〕,〔104 百里香叶、百里香叶粉〕,〔105 干薄荷叶〕,〔106 香草〕,〔107 芥末粉〕,〔108 多香果〕,〔109 罗勒粉〕,〔110 莳萝子粉〕,〔111 芹菜子〕,〔112 葫芦巴子〕,〔113 牛至叶、牛至叶粉〕,〔114 月桂〕,〔115 众香子〕,〔116 洋苏叶〕,〔117 墨角兰〕,〔118 迷迭香〕,〔119 香叶〕,〔120 草果〕,〔121 百里香叶〕,〔122 牛至叶〕,〔123 罗勒子〕

协定税率(%)																		特惠税率(%)			Article Description
智利	新西兰	澳大利亚	瑞士	冰岛	秘鲁	哥斯达	东盟	亚太	新加坡	巴基斯坦	港/澳/台	韩国	格鲁吉亚	毛里求斯	柬埔寨	尼加拉瓜	日/韩/澳/新/东(RCEP)	亚太2国	老/柬/缅	LDC 98/97/95	
0	0	0	0	0	0	0	0	7.5	0	3.8	0/0/	0	0	0	0	14	10.9/10.5/0/0/0			0/0/0	--Neither crushed nor ground
0	0	0	0	0	0	0	0	7.5	0	3.8	0/0/	0	0	0	0	14	10.9/10.5/0/0/0			0/0/0	--Crushed or ground
0	0	0	0	0	0	0	0		0		0/0/	6.6	0	0	0	18.7	16.3/14/14/14/14			0/0/0	---Badian
0	0	0	0	0	0	0	0		0	12	0/0/	0	0	0	0	14	10.9/10.5/0/0/0			0/0/0	---Other
0	0	0	0	0	0	0	0		0		0/0/	6.6	0	0	0	18.7	16.3/14/14/14/14			0/0/0	---Badian
0	0	0	0	0	0	0	0		0	12	0/0/	0	0	0	0	14	10.9/10.5/0/0/0			0/0/0	---Other
																					Ginger, saffron, turmeric (cnrcuma), thyme, bay leaves, curry and other spices:
0	0	0	0	0	0	0	0	7.5	0	3.8	0/0/	0	0	0	0	13.5	10.9/10.5/0/0/0		0/0/	0/0/0	--Neither crushed nor ground
0	0	0	0	0	0	0	0	7.5	0	3.8	0/0/	0	0	0	0	14	10.9/10.5/0/0/0		0/0/	0/0/0	--Crushed or ground
0	0	0	0	0	0	0	0			0	0/0/	0	0	0	0	0	0/0/0/0/0			0/0/0	-Saffron
0	0	0	0	0	0	0	0	7.5	0	3.8	0/0/	0	0	0	0	14	10.9/10.5/0/0/0		/0/	0/0/0	-Turmric (curcuma)
0	0	0	0	0	0	0	0	7.5	0	0	0/0/	0	0	0	0	14	10.9/10.5/0/0/0			0/0/0	--Mixtures referred to in Note 1 (b) to this Chapter
0	0	0	0	0	0	0	0		0	0	0/0/	0	0	0	0	14	10.9//0/0/0			0/0/0	---Chinese prickly ash (Zanthoxylum bungeanum, Z. armatum, Z. schinifolium)
0	0	0	0	0	0	0	0		0	0	0/0/	0	0	0	0	14	10.9//0/0/0			0/0/0	---Other

第十章
谷物

注释:

一、(一)本章各税目所列产品必须带有谷粒,不论是否成穗或带秆。

(二)本章不包括已去壳或经其他加工的谷物。但去壳、碾磨、磨光、上光、半熟或破碎的稻米仍应归入品目 10.06。同样,已全部或部分去皮以分离皂苷,但没有经过任何其他加工的昆诺阿藜仍应归入品目 10.08。

二、品目 10.05 不包括甜玉米(第七章)。

子目注释:

所称"硬粒小麦",是指硬粒小麦属的小麦及以该属具有相同染色体数目(28)的小麦种间杂交所得的小麦。

商品编号	商品名称及备注[检验检疫编码及名称]	进口关税(%)		增值税率(%)	消费税	计量单位	监管条件	检验检疫类别	对美税率	出口税率(%)	出口退税率(%)
		最惠国	普通								
1001	小麦及混合麦:										
10011100	--种用										0
1001110001	种用硬粒小麦(配额内)〔999〕	1	180	9		千克	4xABty	P/Q		0	
1001110090	种用硬粒小麦(配额外)〔101 种质资源〕,〔102 种质资源除外〕	65	180	9		千克	4xABy	P/Q		0	
10011900	--其他										0
1001190001	其他硬粒小麦(配额内)〔101 食用小麦〕,〔102 工业用小麦〕,〔103 饲用小麦〕	1	180	9		千克	4xABty	P. R/Q. S	26%	0	
1001190090	其他硬粒小麦(配额外)〔101 食用小麦〕,〔102 工业用小麦〕,〔103 饲用小麦〕	65	180	9		千克	4xABy	P. R/Q. S	90%	0	
10019100	--种用										0
1001910001	其他种用小麦及混合麦(配额内)〔999〕	1	180	9		千克	4xABty	P/Q		0	
1001910090	其他种用小麦及混合麦(配额外)〔999〕	65	180	9		千克	4xABy	P/Q		0	
10019900	--其他										0
1001990001	其他小麦及混合麦(配额内)〔101 食用小麦〕,〔102 工业用小麦〕,〔103 饲用小麦〕	1	180	9		千克	4xABty	P. R/Q. S	26%	0	
1001990090	其他小麦及混合麦(配额外)〔101 食用小麦〕,〔102 工业用小麦〕,〔103 饲用小麦〕	65	180	9		千克	4xABy	P. R/Q. S	90%	0	
1002	黑麦:										
10021000	-种用										0
1002100000	种用黑麦〔999〕	0	0	9		千克	AB	P/Q	5%	0	
10029000	-其他										0
1002900000	其他黑麦〔201 食用〕,〔202 饲用〕	3	8	9		千克	AB	P. R/Q	8%	0	
1003	大麦:										
10031000	-种用										0
1003100000	种用大麦〔101 种质资源〕,〔102 种质资源除外〕	0	160			千克	7AB	P/Q		0	
10039000	-其他										0
1003900000	其他大麦〔101 食用〕,〔102 饲料用〕	3	160	9		千克	7AB	P. R/Q. S	8%	0	
1004	燕麦:										
10041000	-种用										0
1004100000	种用燕麦〔101 种质资源〕,〔102 种质资源除外〕	0	0			千克	AB	P/Q		0	
10049000	-其他										0
1004900000	其他燕麦〔101 食用〕,〔201 饲用〕	2	8	9		千克	AB	P. R/Q	7%	0	
1005	玉米:										
10051000	-种用										0
1005100001	种用玉米(配额内)〔999〕	1	180			千克	4xAByt	P/Q		0	
1005100090	种用玉米(配额外)〔101 种质资源〕,〔102 种质资源除外〕	20	180			千克	4xABy	P/Q		0	
10059000	-其他										0
1005900001	其他玉米(配额内)①	1	180	9		千克	4xAByt	P. R/Q. S	26%	0	
1005900090	其他玉米(配额外)〔101 食用玉米〕,〔102 工业用玉米〕,〔103 饲用玉米〕	65	180	9		千克	4xABy	P. R/Q. S	90%	0	
1006	稻谷、大米:										
10061021	----长粒米										0
1006102101	种用长粒米稻谷(配额内)〔999〕	1	180	9		千克	4xAByt	P/N. Q	26%	0	
1006102190	种用长粒米稻谷(配额外)〔101 种质资源〕,〔102 种质资源除外〕	65	180	9		千克	4xABy	P/N. Q	90%	0	
10061029	----其他										0
1006102901	其他种用稻谷(配额内)〔999〕	1	180	9		千克	4xAByt	P/N. Q	26%	0	
1006102990	其他种用稻谷(配额外)〔101 种质资源〕,〔102 种质资源除外〕	65	180	9		千克	4xABy	P/N. Q	90%	0	
10061081	----长粒米										0
1006108101	其他长粒米稻谷(配额内)〔101 替代种植〕,〔102 替代种植除外〕,〔999〕	1	180	9		千克	4xAByt	P. R/Q. S	26%	0	

① 〔101 食用玉米,替代种植除外〕,〔102 工业用玉米,替代种植除外〕,〔103 饲用玉米,替代种植除外〕,〔104 替代种植〕

Chapter 10
Cereals

Chapter Notes:

1. (a) The products specified in the headings of this Chapter are to be classified in those headings only if grains are present, whether or not in the ear or on the stalk.
   (b) The Chapter does not cover grains which have been hulled or otherwise worked. However, rice, husked, milled, polished, glazed, parboiled or broken remains classified in heading 10.06. Similarly, quinoa from which the pericarp has been wholly or partly removed in order to separate the saponin, but which has not undergone any other processes, remains classified in heading 10.08.

2. Heading 10.05 does not cover sweet corn (Chapter 7).

Subheading Note:

The term "durum wheat" means wheat of the Triticum durum species and the hybrids derived from the inter-specific crossing of Triticum durum which have the same number (28) of chromosomes as that species.

协定税率(%)																		特惠税率(%)			Article Description
智利	新西兰	澳大利亚	瑞士	冰岛	秘鲁	哥斯达	东盟	亚太	新加坡	巴基斯坦	港/澳/台	韩国	格鲁吉亚	毛里求斯	柬埔寨	尼加拉瓜	日/韩/澳/新/东 (RCEP)	亚太2国	老/柬/缅	LDC 98/97/95	
																					Wheat and maslin:
							5				0/0/										--Seed
							5				0/0/										--Other
							5				0/0/										--Seed
							5				0/0/										--Other
																					Rye:
0	0	0	0	0	0	0	0			0	0/0/	0	0	0	0	0	0/0/0/0/0			0/0/0	-Seed
0	0	0	0	0	0	0	0			0	0/0/	0	0	0	0	0	2.2/0/0/0/0			0/0/0	-Other
																					Barley:
0	0	0	0	0	0	0	0			0	0/0/	0	0	0	0	0	0/0/0/0/0			0/0/0	-Seed
0	0	0	0	0	0	0	0	0		0	0/0/	0	0	0	0	0	2.2/0/0/0/0			0/0/0	-Other
																					Oats:
0	0	0	0	0	0	0	0			0	0/0/	0	0	0	0	0	0/0/0/0/0			0/0/0	-Seed
0	0	0	0	0	0	0	0			0	0/0/	0	0	0	0	0	1.5/1.4/1.4/1.4/1.4			0/0/0	-Other
																					Maize (corn):
											0/0/										-Seed
							50				0/0/										-Other
																					Rice:
							50				0/0/										----Long grain
							50				0/0/										----Other
							50				0/0/										----Long grain

商品编号	商品名称及备注［检验检疫编码及名称］	进口关税(%) 最惠国	普通	增值税率(%)	消费税	计量单位	监管条件	检验检疫类别	对美税率	出口税率(%)	出口退税率(%)
1006108190	其他长粒米稻谷(配额外)〔999〕	65	180	9		千克	4xABy	P. R/Q. S	90%	0	
10061089	----其他										0
1006108901	其他稻谷(配额内)〔101 替代种植〕,〔102 替代种植除外〕,〔999〕	1	180	9		千克	4xAByt	P. R/Q. S	26%	0	
1006108990	其他稻谷(配额外)〔999〕	65	180	9		千克	4xABy	P. R/Q. S	90%	0	
10062020	---长粒米										0
1006202001	长粒米糙米(配额内)〔999〕	1	180	9		千克	4xAByt	P. R/Q. S	26%	0	
1006202090	长粒米糙米(配额外)〔999〕	65	180	9		千克	4xABy	P. R/Q. S	90%	0	
10062080	---其他										0
1006208001	其他糙米(配额内)〔999〕	1	180	9		千克	4xAByt	P. R/Q. S	26%	0	
1006208090	其他糙米(配额外)〔999〕	65	180	9		千克	4xABy	P. R/Q. S	90%	0	
10063020	---长粒米										0
1006302001	长粒米精米［不论是否磨光或上光(配额内)］〔201 食用白米〕,〔202 食用蒸煮米〕,〔203 食用其他加工米〕	1	180	9		千克	4xAByt	P. R/Q. S	26%	0	
1006302090	长粒米精米［不论是否磨光或上光(配额外)］〔201 食用白米〕,〔202 食用蒸煮米〕,〔203 食用其他加工米〕	65	180	9		千克	4xABy	P. R/Q. S	90%	0	
10063080	---其他										0
1006308001	其他精米［不论是否磨光或上光(配额内)］〔201 食用白米〕,〔202 食用蒸煮米〕,〔203 食用其他加工米〕	1	180	9		千克	4xAByt	P. R/Q. S	26%	0	
1006308090	其他精米［不论是否磨光或上光(配额外)］〔201 食用白米〕,〔202 食用蒸煮米〕,〔203 食用其他加工米〕	65	180	9		千克	4xABy	P. R/Q. S	90%	0	
10064020	---长粒米										0
1006402001	长粒米碎米(配额内)〔201 食用白米〕,〔202 食用蒸煮米〕,〔203 食用其他加工米〕	1	180	9		千克	4xAByt	P. R/Q. S	26%	0	
1006402090	长粒米碎米(配额外)〔201 食用白米〕,〔202 食用蒸煮米〕,〔203 食用其他加工米〕	10	180	9		千克	4xABy	P. R/Q. S	35%	0	
10064080	---其他										0
1006408001	其他碎米(配额内)〔201 食用白米〕,〔202 食用蒸煮米〕,〔203 食用其他加工米〕	1	180	9		千克	4xAByt	P. R/Q. S	26%	0	
1006408090	其他碎米(配额外)〔201 食用白米〕,〔202 食用蒸煮米〕,〔203 食用其他加工米〕	10	180	9		千克	4xABy	P. R/Q. S	35%	0	
1007	**食用高粱:**										
10071000	-种用										0
1007100000	种用食用高粱①	0	0			千克	7AB	P/N. Q		0	
10079000	-其他										0
1007900000	其他食用高粱〔101 饲用〕,〔102 食用、带壳〕,〔103 食用、去壳〕	2	8	9		千克	7AB	P. R/Q. S	27%	0	
1008	**荞麦、谷子及加那利草子;其他谷物:**										
10081000	-荞麦										0
1008100000	荞麦〔101 食用、带壳〕,〔102 食用、去壳〕	2	8	9		千克	AB	P. R/Q. S	7%	0	
10082100	--种用										0
1008210000	种用谷子〔101 种质资源〕,〔102 种质资源除外〕	2	8	9		千克	AB	P/Q	7%	0	
10082900	--其他										0
1008290000	其他谷子〔101 食用、带壳〕,〔102 食用、去壳〕	2	8	9		千克	AB	P. R/Q. S	7%	0	
10083000	-加那利草子										9
1008300000	加那利草子〔101 饲用〕,〔102 食用〕	2	8	9		千克	AB	P. R/Q	7%	0	
10084010	---种用										0
1008401000	种用直长马唐(马唐属)〔999〕	0	0	9		千克	AB	P/N. Q	5%	0	
10084090	---其他										0
1008409000	其他直长马唐(马唐属)〔999〕	3	8	9		千克	AB	P. R/Q. S	8%	0	
10085010	---种用										0
1008501000	种用昆诺阿藜〔999〕	0	0	9		千克	AB	P/N. Q	5%	0	
10085090	---其他										0
1008509000	其他昆诺阿藜〔999〕	3	8	9		千克	AB	P. R/Q. S	8%	0	
10086010	---种用										0
1008601000	种用黑小麦〔999〕	0	0	9		千克	AB	P/N. Q	5%	0	
10086090	---其他										0
1008609000	其他黑小麦〔101 食用〕,〔102 工业用〕,〔103 饲用〕	3	80	9		千克	AB	P. R/Q. S	8%	0	
10089010	---种用										0
1008901000	其他种用谷物②	0	0	9		千克	AB	P/N. Q	5%	0	
10089090	---其他										0
1008909000	其他谷物③	3	8	9		千克	AB	P. R/Q. S	8%	0	

① 〔101 种用,种质资源除外〕,〔102 食用、带壳,种质资源除外〕,〔103 食用、去壳,种质资源除外〕,〔104 种质资源〕
② 〔101 粟种子,种质资源除外〕,〔102 荞麦种子,种质资源除外〕,〔103 其他谷物种子,种质资源除外〕,〔104 种质资源〕
③ 〔101 饲用其他粮谷〕,〔102 食用、去壳黍子〕,〔103 食用、带壳黍子〕,〔104 食用谷穗〕,〔105 食用其他粮谷〕,〔106 野米〕,〔107 薏米〕,〔108 藜麦〕

协定税率(%)																		特惠税率(%)			
智利	新西兰	澳大利亚	瑞士	冰岛	秘鲁	哥斯达	东盟	亚太	新加坡	巴基斯坦	港/澳/台	韩国	格鲁吉亚	毛里求斯	柬埔寨	尼加拉瓜	日/韩/澳/新/东 (RCEP)	亚太2国	老/柬/缅	LDC 98/97/95	Article Description
							50				0/0/										----Other
							50				0/0/										---Long grain
							50				0/0/										---Other
							50				0/0/										---Long grain
							50				0/0/										---Other
							5				0/0/										---Long grain
							5				0/0/										---Other
																					Grain sorghum:
0	0	0	0	0	0	0	0			0	0/0/	0	0	0	0	0	0/0/0/0/0			0/0/0	-Seed
0	0	0	0	0	0	0	0			0	0/0/	0	0	0	0	0	1.5/0/0/0/0			0/0/0	-Other
																					Buckwheat, millet and canary seed; other cereals:
0	0	0	0	0	0	0	0			0	0/0/	0	0	0	0	0	1.5/0/0/0/0			0/0/0	-Buckwheat
0	0	0	0	0	0	0	0			0	0/0/	0	0	0	0	0	0/0/0/0/0		0//	0/0/0	--Seed
0	0	0	0	0	0	0	0			0	0/0/	0	0	0	0	0	1.5/0/0/0/0		0//	0/0/0	--Other
0	0	0	0	0	0	0	0			0	0/0/	0	0	0	0	0	0/0/0/0/0		0//	0/0/0	-Canary seed
0	0	0	0	0	0	0	0			0	0/0/	0	0	0	0	0	0/0/0/0/0			0/0/0	---Seed
0	0	0	0	0	0	0	0			0	0/0/	0	0	0	0	0	0/0/0/0/0		0//	0/0/0	---Other
0	0	0	0	0	0	0	0			0	0/0/	0	0	0	0	0	0/0/0/0/0			0/0/0	---Seed
0	0	0	0	0	0	0	0			0	0/0/	0	0	0	0	0	0/0/0/0/0		0//	0/0/0	---Other
0	0	0	0	0	0	0	0			0	0/0/	0	0	0	0	0	0/0/0/0/0			0/0/0	---Seed
0	0	0	0	0	0	0	0			0	0/0/	0	0	0	0	0	0/0/0/0/0		0//	0/0/0	---Other
0	0	0	0	0	0	0	0			0	0/0/	0	0	0	0	0	0/0/0/0/0			0/0/0	---Seed
0	0	0	0	0	0	0	0			0	0/0/	0	0	0	0	0	2.2/0/0/0/0		0//	0/0/0	---Other

第十一章
制粉工业产品；麦芽；淀粉；菊粉；面筋

注释：

一、本章不包括：

（一）作为咖啡代用品的焙制麦芽（品目09.01或21.01）；

（二）品目19.01的经制作的细粉、粗粒、粗粉或淀粉；

（三）品目19.04的玉米片及其他产品；

（四）品目20.01、20.04或20.05的经制作或保藏的蔬菜；

（五）药品（第三十章）；或

（六）具有芳香料制品或化妆盥洗品性质的淀粉（第三十三章）。

二、（一）下表所列谷物碾磨产品按干制品重量计如果同时符合以下两个条件，应归入本章；但是，整粒、滚压、制片或磨碎的谷物胚芽均归入品目11.04：

1. 淀粉含量（按修订的尤艾斯旋光法测定）超过表列第（2）栏的比例；以及

2. 灰分含量（除去任何添加的矿物质）不超过表列第（3）栏的比例。

否则，应归入品目23.02。

（二）符合上述规定归入本章的产品，如果用表列第（4）或第（5）栏规定孔径的金属丝网筛过筛，其通过率按重量计不低于表列比例的，应归入品目11.01或11.02。

否则，应归入品目11.03或11.04。

谷　物 （1）	淀粉含量 （2）	灰分含量 （3）	通过下列孔径筛子的比率	
			315微米 （4）	500微米 （5）
小麦及黑麦	45%	2.5%	80%	—
大　麦	45%	3%	80%	—
燕　麦	45%	5%	80%	—
玉米及高粱	45%	2%	—	90%
大　米	45%	1.6%	80%	—
荞　麦	45%	4%	80%	—

三、品目11.03所称"粗粒"及"粗粉"，是指谷物经碾碎所得的下列产品：

（一）玉米产品，用2毫米孔径的金属丝网筛过筛，通过率按重量计不低于95%的；

（二）其他谷物产品，用1.25毫米孔径的金属丝网筛过筛，通过率按重量计不低于95%的。

商品编号	商品名称及备注[检验检疫编码及名称]	进口关税(%)		增值税率(%)	消费税	计量单位	监管条件	检验检疫类别	对美税率	出口税率(%)	出口退税率(%)
		最惠国	普通								
1101	**小麦或混合麦的细粉：**										
11010000	小麦或混合麦的细粉										9
1101000001	小麦或混合麦的细粉(配额内)[101 食用],[102 饲用]	6	130	9		千克	4ABtxy	P. R/Q. S	31%	0	
1101000090	小麦或混合麦的细粉(配额外)[101 食用],[102 饲用]	65	130	9		千克	4ABxy	P. R/Q. S	90%	0	
1102	**其他谷物细粉，但小麦或混合麦的细粉除外：**										
11022000	-玉米细粉										0
1102200001	玉米细粉(配额内)[999]	9	130	9		千克	4ABtxy	P. R/Q. S	34%	0	
1102200090	玉米细粉(配额外)[999]	40	130	9		千克	4ABxy	P. R/Q. S	65%	0	
11029021	----长粒米的										0
1102902101	长粒米大米细粉(配额内)[999 配额内]	9	130	9		千克	4ABtxy	P. R/Q. S	34%	0	
1102902190	长粒米大米细粉(配额外)[999 配额外]	40	130	9		千克	4ABxy	P. R/Q. S	65%	0	
11029029	----其他										0
1102902901	其他大米细粉(配额内)[201 食用米粉],[202 食用其他粮食加工产品]	9	130	9		千克	4ABtxy	P. R/Q. S	34%	0	
1102902990	其他大米细粉(配额外)[201 食用米粉],[202 食用其他粮食加工产品]	40	130	9		千克	4ABxy	P. R/Q. S	65%	0	
11029090	---其他										0
1102909000	其他谷物细粉[101 食用荞麦仁、粉],[102 食用其他面粉类],[103 食用其他粮食加工产品],[104 黑麦粉]	5	14	9		千克	AB	P. R/Q. S	30%	0	
1103	**谷物的粗粒、粗粉及团粒：**										
11031100	--小麦的										9
1103110001	小麦粗粒及粗粉(配额内)[101 食用],[102 饲用]	9	130	9		千克	4ABtxy	P. R/Q. S	34%	0	
1103110090	小麦粗粒及粗粉(配额外)[101 食用],[102 饲用]	65	130	9		千克	4ABxy	P. R/Q. S	90%	0	
11031300	--玉米的										0
1103130001	玉米粗粒及粗粉(配额内)[999]	9	130	9		千克	4ABtxy	P. R/Q. S	14%	0	
1103130090	玉米粗粒及粗粉(配额外)[999]	65	130	9		千克	4ABxy	P. R/Q. S	70%	0	

Chapter 11
Products of the milling industry; malt; starches; inulin; wheat gluten

Chapter Notes:

1. This Chapter does not cover:
   (a) Roasted malt put up as coffee substitutes (heading 09.01 or 21.01);
   (b) Prepared flours, groats, meals or starches of heading 19.01;
   (c) Corn flakes or other products of heading 19.04;
   (d) Vegetables, prepared or preserved, of heading 20.01, 20.04 or 20.05;
   (e) Pharmaceutical products (Chapter 30); or
   (f) Starches having the character of perfumery, cosmetic or toilet preparations (Chapter 33).

2. (a) Products from the milling of the cereals listed in the table below fall in this Chapter if they have, by weight on the dry product:
   (i) a starch content (determined by the modified Ewers polarimetric method) exceeding that indicated in Column (2); and
   (ii) an ash content (after deduction of any added minerals) not exceeding that indicated in Column (3).
   Otherwise, they fall in heading 23.02. However, germ of cereals, whole, rolled, flaked or ground is always classified in heading 11.04.
   (b) Products falling in this Chapter under the above provisions shall be classified in heading 11.01 or 11.02 if the percentage passing through a woven metal wire cloth sieve with the aperture indicated in Column (4) or (5) is not less, by weight, than that shown against the cereal concerned.
   Otherwise, they fall in heading 11.03 or 11.04.

Cereal (1)	Starch content (2)	Ash content (3)	Rate of passage through a sieve with an aperture of	
			315 micrometres (microns) (4)	500 micrometres (microns) (5)
Wheat and rye	45%	2.5%	80%	—
Barley	45%	3%	80%	—
Oats	45%	5%	80%	—
Maize (corn) and grain Sorghum	45%	2%	—	90%
Rice	45%	1.6%	80%	—
Buckwheat	45%	4%	80%	—

3. For the purposes of heading 11.03, the terms "groats" and "meal" mean products obtained by the fragmentation of cereal grains, of which:
   (a) In the case of maize (corn) products, at least 95% by weight passes through a woven metal wire cloth sieve with an aperture of 2mm;
   (b) In the case of other cereal products, at least 95% by weight passes through a woven metal wire cloth sieve with an aperture of 1.25mm.

协定税率(%)																		特惠税率(%)			Article Description
智利	新西兰	澳大利亚	瑞士	冰岛	秘鲁	哥斯达	东盟	亚太	新加坡	巴基斯坦	港/澳/台	韩国	格鲁吉亚	毛里求斯	柬埔寨	尼加拉瓜	日/韩/澳/新/东 (RCEP)	亚太2国	老/柬/缅	LDC 98/97/95	
																					Wheat or maslin flour:
							50				0/0/										Wheat or maslin flour
																					Cereal flours other than of wheat or maslin:
											0/0/										-Maize (corn) flour
											0/0/										----Of long grain
							40				0/0/										----Other
0	0	0	0	0	0	0	0			0	0/0/	0	0	0	0	0	3.6/0/0/0/0		/0/	0/0/0	---Other
																					Cereal groats, meal and pellets:
							50				0/0/										--Of wheat
							50				0/0/										--Of maize (corn)

商品编号	商品名称及备注［检验检疫编码及名称］	进口关税(%)		增值税率(%)	消费税	计量单位	监管条件	检验检疫类别	对美税率	出口税率(%)	出口退税率(%)
		最惠国	普通								
11031910	---燕麦的										0
1103191000	燕麦粗粒及粗粉〔999〕	5	14	9		千克	AB	P. R/Q	10%	0	
11031931	----长粒米的										0
1103193101	长粒米大米粗粒及粗粉(配额内)〔999〕	9	70	9		千克	4ABtxy	P. R/Q. S	34%	0	
1103193190	长粒米大米粗粒及粗粉(配额外)〔999〕	10	70	9		千克	4ABxy	P. R/Q. S	35%	0	
11031939	----其他										0
1103193901	其他大米粗粒及粗粉(配额内)〔201 食用米粉〕,〔202 食用其他粮食加工产品〕	9	70	9		千克	4ABtxy	P. R/Q. S	34%	0	
1103193990	其他大米粗粒及粗粉(配额外)〔201 食用〕,〔202 食用米粉〕,〔203 食用其他粮食加工产品〕	10	70	9		千克	4ABxy	P. R/Q. S	35%	0	
11031990	---其他										0
1103199000	其他谷物粗粒及粗粉〔101 食用荞麦仁、粉〕,〔102 食用黑麦粉〕,〔103 食用其他粮食加工产品〕	5	14	9		千克	AB	P. R/Q. S	10%	0	
11032010	---小麦的										9
1103201001	小麦团粒(配额内)〔101 食用〕,〔102 饲用〕	10	180	9		千克	4ABtxy	P. R/Q	15%	0	
1103201090	小麦团粒(配额外)〔101 食用〕,〔102 饲用〕	65	180	9		千克	4ABxy	P. R/Q	70%	0	
11032090	---其他										0
1103209000	其他谷物团粒〔101 食用荞麦仁、粉〕,〔102 食用黑麦粉〕,〔103 食用燕麦粉〕,〔104 食用其他面粉类〕	20	50	9		千克	AB	P. R/Q	25%	0	
1104	**经其他加工的谷物(例如,去壳、滚压、制片、制成粒状、切片或粗磨),但税目 10.06 的稻谷、大米除外;谷物胚芽,整粒、滚压、制片或磨碎的:**										
11041200	--燕麦的										0
1104120000	滚压或制片的燕麦〔999〕	20	50	13		千克	AB	P. R/Q	45%	0	
11041910	---大麦的										0
1104191000	滚压或制片的大麦〔999〕	20	50	13		千克	AB	P. R/Q	25%	0	
11041990	---其他										0
1104199010	滚压或制片的玉米〔999〕	20	50	13		千克	4ABxy	P. R/Q	30%	0	
1104199090	滚压或制片的其他谷物〔999〕	20	50	13		千克	AB	P. R/Q	30%	0	
11042200	--燕麦的										0
1104220000	经其他加工的燕麦〔999〕	20	50	13		千克	AB	P. R/Q	45%	0	
11042300	--玉米的										0
1104230001	经其他加工的玉米(配额内)〔101 食用玉米粉〕,〔102 食用其他粮食加工产品〕	10	180	9		千克	4ABtxy	P. R/Q	15%	0	
1104230090	经其他加工的玉米(配额外)〔101 食用玉米粉〕,〔102 食用其他粮食加工产品〕	65	180	9		千克	4ABxy	P. R/Q	70%	0	
11042910	---大麦的										0
1104291000	经其他加工的大麦〔999〕	65	114	9		千克	AB	P. R/Q. S	70%	0	
11042990	---其他										0
1104299000	经其他加工的其他谷物①	20	50	9		千克	AB	P. R/Q. S	45%	0	
11043000	-谷物胚芽,整粒、滚压、制片或磨碎的										0
1104300000	整粒或经加工的谷物胚芽(经加工是指滚压、制片或磨碎)〔101 食用其他麦芽〕,〔102 食用其他粮食加工产品〕	20	50	9		千克	AB	P. R/Q	40%	0	
1105	**马铃薯的细粉、粗粉、粉末、粉片、颗粒及团粒:**										
11051000	-细粉、粗粉及粉末										13
1105100000	马铃薯细粉、粗粉及粉末〔999〕	15	50	13		千克	AB	P. R/Q	27.5%	0	
11052000	-粉片、颗粒及团粒										13
1105200000	马铃薯粉片、颗粒及团粒〔999〕	15	50	13		千克	AB	P. R/Q	40%	0	
1106	**用税目 07.13 的干豆或税目 07.14 的西谷茎髓及植物根茎、块茎制成的细粉、粗粉及粉末;用第八章的产品制成的细粉、粗粉及粉末:**										
11061000	-用税目 07.13 的干豆制成的										13
1106100000	干豆细粉、粗粉及粉末(干豆仅指品目 07.13 所列的干豆)〔999〕	10	30	13		千克	AB	P. R/Q. S	22.5%	0	
11062000	-用税目 07.14 的西谷茎髓及植物根茎、块茎制成的										13
1106200000	西谷茎髓粉、木薯粉及类似粉(仅包括品目 07.14 所列货品的粉)〔999〕	20	50	13		千克	AB	P. R/Q. S	25%	0	
11063000	-用第八章的产品制成的										

① 〔101 食用小麦粉〕,〔102 食用荞麦仁、粉〕,〔103 食用燕麦粉〕,〔104 食用其他粮食加工产品〕,〔105 黑麦粉〕,〔106 野米〕,〔107 薏仁米〕

协定税率(%)																		特惠税率(%)			Article Description
智利	新西兰	澳大利亚	瑞士	冰岛	秘鲁	哥斯达	东盟	亚太	新加坡	巴基斯坦	港/澳/台	韩国	格鲁吉亚	毛里求斯	柬埔寨	尼加拉瓜	日/韩/澳/新/东 (RCEP)	亚太2国	老/柬/缅	LDC 98/97/95	
0	0	0	0	0	0	0	0			0	0/0/	0	0	0	0	0	3.6/0/0/0/0			0/0/0	---Of oats
							5				0/0/										----Of long grain
							5				0/0/										----Other
0	0	0	0	0	0	0	0			0	0/0/	0	0	0	0	0	3.6/0/0/0/0		/0/	0/0/0	---Other
							50				0/0/										---Of wheat
0	0	0	0	0	0	0	0		0		0/0/	6.6		0	0	18.7	16.3/14/14/14/14			0/0/0	---Of other cereals
																					Cereal grains otherwise worked (for example, hulled, rolled, flaked, pearled, sliced or kibbled), except rice of heading 10.06; germ of cereals, whole, rolled, flaked or ground:
0	0	0	0	0	0	0	0		0		0/0/	6.6		0	0	18.7	16.3/14/14/14/14			0/0/0	--Of oats
0	0	0	0	0	0	0	0		0		0/0/	6.6		0	0	18.7	16.3/14/14/14/14			0/0/0	---Of barley
0	0	0	0	0	0	0	0		0		0/0/	6.6		0	0	18.7	16.3/14/14/14/14			0/0/0	---Other
0	0	0	0	0	0	0	0		0		0/0/	6.6		0	0	18.7	16.3/14/14/14/14			0/0/0	--Of oats
							50				0/0/										--Of maize corn
0	0	0			0	0	0		0		0/0/			13	0	60.7	55.7/65/60.1/60.1/55.3			0/0/0	---Of barley
0	0	0	0	0	0	0	0		0		0/0/	6.6		0	0	18.7	16.3/16/17/17/16			0/0/0	---Other
0	0	0	0	0	0	0	0		0		0/0/	6.6	0	0	0	18.7	16.3/14/14/14/14			0/0/0	-Germ of cereals, whole, rolled, flaked or ground
																					Flour, meal, powder, flakes, granules and pellets of potatoes:
0	0	0	0	0	0	0	0		0	12	0/0/	0		0	0	14	10.9/10.5/0/0/0			0/0/0	-Flour, meal and powder
0	0	0	0	0	0	0	0		0	12	0/0/	0		0	0	14	10.9/10.5/0/0/0			0/0/0	-Flakes, granules and pellets
																					Flour, meal and powder of the dried leguminous vegetables of heading 07.13, of sago or of roots or tubers of heading 07.14; or of the products of Chapter 8:
0	0	0	0	0	0	0	0		0		0/0/	0	0	0	0	9	7.3/7/0/0/0		/0/	0/0/0	-Of the dried leguminous vegetables of heading 07.13
0	0	0	0	0	0	0	0		0		0/0/	6.6	0	0	0	18.7	16.3/16/17/17/16		0/0/0	0/0/0	-Of sago or of roots or tubers of heading 07.14
0	0	0	0	0	0	0	0	10	0	10	0/0/	6.6	0	0	0	18.7	16.3/16/17/17/16			0/0/0	-Of the products of Chapter 8

商品编号	商品名称及备注[检验检疫编码及名称]	进口关税(%)		增值税率(%)	消费税	计量单位	监管条件	检验检疫类别	对美税率	出口税率(%)	出口退税率(%)
		最惠国	普通								
1106300000	水果及坚果的细粉、粗粉及粉末(仅包括第八章所列货品的粉)①	20	80	13		千克	AB	P. R/Q. S	45%	0	9,13
1107	**麦芽,不论是否焙制:**										
11071000	-未焙制										13
1107100000	未焙制麦芽〔101 食用〕,〔102 药用未焙制麦芽〕	10	50	13		千克	AB	P. R/Q. S	35%	0	
11072000	-已焙制										13
1107200000	已焙制麦芽〔101 食用〕,〔102 食用其他粮食加工产品〕,〔103 药用已焙制麦芽〕,〔104 其他粮食制品〕	10	50	13		千克	AB	P. R/Q. S	35%	0	
1108	**淀粉;菊粉:**										
11081100	--小麦淀粉										0
1108110000	小麦淀粉〔999〕	20	50	13		千克	AB	R/S	25%	0	
11081200	--玉米淀粉										
1108120000	玉米淀粉〔101 饲用〕,〔102 工业用〕,〔999 食用〕	20	50	13		千克	AB	R/S	30%	0	9,13
11081300	--马铃薯淀粉										13
1108130000	马铃薯淀粉〔999〕	15	50	13		千克	AB	R/S	40%	0	
11081400	--木薯淀粉										13
1108140000	木薯淀粉〔999〕	10	50	13		千克	AB	R/S	35%	0	
11081900	--其他										13
1108190000	其他淀粉②	20	50	13		千克	AB	R/S	45%	0	
11082000	-菊粉										13
1108200000	菊粉〔999〕	20	50	13		千克	AB	R/S	25%	0	
1109	**面筋,不论是否干制:**										
11090000	面筋,不论是否干制										13
1109000000	面筋(不论是否干制)〔101 面筋〕,〔102 其他粮食制品〕	18	80	13		千克	AB	P. R/Q. S	43%	0	

① 〔101 其他籽仁为坚硬外壳包被的籽实[提取(晒干的除外)、压榨、烹制、烘焙、冻干、脱水、裹糖屑、发酵、冷冻(经漂汤和杀青,并在-18 度以下冷冻)、浸酸、腌渍、炒制等工艺进行加工处理的]〕,〔102 其他籽仁为皮或衣等包被的籽实[提取(晒干的除外)、压榨、烹制、烘焙、冻干、脱水、裹糖屑、发酵、冷冻(经漂汤和杀青,并在-19 度以下冷冻)、浸酸、腌渍、炒制等工艺进行加工处理的]〕,〔103 其他籽仁为坚硬外壳包被的籽实(扁桃仁粉)(其他工艺)〕,〔104 其他籽仁为坚硬外壳包被的籽实(椰子粉、椰壳粉、椰浆粉)(其他工艺)〕,〔105 其他籽仁为坚硬外壳包被的籽实(杏仁粉)(其他工艺)〕,〔106 其他籽仁为坚硬外壳包被的籽实(巴旦杏粉)(其他工艺)〕,〔107 其他籽仁为坚硬外壳包被的籽实(榴莲粉)(其他工艺)〕,〔108 其他籽仁为坚硬外壳包被的籽实(榛子粉)(其他工艺)〕,〔109 其他籽仁为坚硬外壳包被的籽实(罗望子粉)(其他工艺)〕,〔110 其他籽仁为皮或衣等包被的籽实(蓝莓粉)(其他工艺)〕,〔111 其他籽仁为皮或衣等包被的籽实(香蕉粉)(其他工艺)〕,〔112 其他籽仁为皮或衣等包被的籽实(樱桃粉)(其他工艺)〕,〔113 其他籽仁为皮或衣等包被的籽实(阿萨伊果粉)(其他工艺)〕,〔114 其他籽仁为皮或衣等包被的籽实(竹芋果粉)(其他工艺)〕,〔115 其他籽仁为皮或衣等包被的籽实(蔓越莓粉)(其他工艺)〕,〔116 其他籽仁为皮或衣等包被的籽实(柠檬粉、柠檬皮粉)(其他工艺)〕,〔117 其他籽仁为皮或衣等包被的籽实(柑橘粉、桔子粉)(其他工艺)〕,〔118 其他籽仁为皮或衣等包被的籽实(梅粉)(其他工艺)〕,〔998 其他籽仁为坚硬外壳包被的籽实(其他工艺)〕,〔999 其他籽仁为皮或衣等包被的籽实(其他工艺)〕

② 〔101 其他粮食加工产品不包括马铃薯及木薯淀粉(其他粮食加工产品)〕,〔102 其他粮食制品〕,〔103 其他淀粉制品〕,〔104 淀粉〕

协定税率(%)																		特惠税率(%)			
智利	新西兰	澳大利亚	瑞士	冰岛	秘鲁	哥斯达	东盟	亚太	新加坡	巴基斯坦	港/澳/台	韩国	格鲁吉亚	毛里求斯	柬埔寨	尼加拉瓜	日/韩/澳/新/东 (RCEP)	亚太2国	老/柬/缅	LDC 98/97/95	Article Description
																					Malt, whether or not roasted:
0	0	0	0	0	0	0	0		0	2.5	0/0/	0	0	0	0	9	7.3/7/0/0/0			0/0/0	-Not roasted
0	0	0	0	0	0	0	0		0	2.5	0/0/	0	0	0	0	9	7.3/7/0/0/0			0/0/0	-Roasted
																					Starches; inulin:
0	0	0	0	0	0	0	0		0		0/0/	6.6		0	0	18.7	16.3/14/14/14/14			0/0/0	--Wheat starch
0	0	0	0	0	0	0	0		0		0/0/	6.6		0	0	18.7	16.3/14/14/14/14			0/0/0	--Maize (corn) starch
0	0	0	0	0	0	0	0		0	12	0/0/	0		0	0	14	10.9/10.5/0/0/0			0/0/0	--Potato starch
0	0	0	0	0	0	0	0		0	5	0/0/	0		0	0	9	7.3/7/0/0/0			0/0/0	--Manioc (cassava) starch
0	0	0	0	0	0	0	0		0		0/0/	6.6		0	0	18.7	16.3/14/14/14/14			0/0/0	--Other starches
0	0	0	0	0	0	0	0		0		0/0/	0	0	0	0	18.7	14.5/14/0/0/0			0/0/0	-Inulin
																					Wheat gluten, whether or not dried:
0	0	0	0	0	0	0	0		0	14.4	0/0/	6	0	0	0	16.8	14.6/12.6/12.6/12.6/12.6			0/0/0	Wheat gluten, whether or not dried

第十二章
含油子仁及果实；杂项子仁及果实；工业用或药用植物；稻草、秸秆及饲料

注释：

一、品目12.07主要包括棕榈果及棕榈仁、棉子、蓖麻子、芝麻、芥子、红花子、罂粟子、牛油树果，但不包括品目08.01或08.02的产品及油橄榄（第七章或第二十章）。

二、品目12.08不仅包括未脱脂的细粉和粗粉，而且包括部分或全部脱脂以及用其本身的油料全部或部分复脂的细粉和粗粉。但不包括品目23.04至23.06的残渣。

三、甜菜子、草子及其他草本植物种子、观赏用花的种子、蔬菜种子、林木种子、果树种子、巢菜子（蚕豆除外）、羽扇豆属植物种子，可一律视为种植用种子，归入品目12.09。

但下列各项即使作种子用，也不归入品目12.09：

（一）豆类蔬菜或甜玉米（第七章）；

（二）第九章的调味香料及其他产品；

（三）谷物（第十章）；或

（四）品目12.01至12.07或12.11的产品。

四、品目12.11主要包括下列植物或这些植物的某部分：罗勒、琉璃苣、人参、海索草、甘草、薄荷、迷迭香、芸香、鼠尾草及苦艾。

但品目12.11不包括：

（一）第三十章的药品；

（二）第三十三章的芳香料制品及化妆盥洗品；或

（三）品目38.08的杀虫剂、杀菌剂、除草剂、消毒剂及类似产品。

五、品目12.12的"海草及其他藻类"不包括：

（一）品目21.02的已死的单细胞微生物；

（二）品目30.02的培养微生物；或

（三）品目31.01或31.05的肥料。

子目注释：

子目1205.10所称"低芥子酸油菜子"，是指所榨取的固定油中芥子酸含量按重量计低于2%，以及所得的固体成分每克葡萄糖苷酸（酯）含量低于30微摩尔的油菜子。

商品编号	商品名称及备注[检验检疫编码及名称]	进口关税(%)		增值税率(%)	消费税	计量单位	监管条件	检验检疫类别	对美税率	出口税率(%)	出口退税率(%)
		最惠国	普通								
1201	**大豆,不论是否破碎:**										
12011000	-种用										0
1201100000	种用大豆〔101 种质资源〕,〔102 种质资源除外〕	0	180	9		千克	7AB	P/Q	5%	0	
12019011	----非转基因										0
1201901100	非转基因黄大豆(非种用,不论是否破碎)〔101 榨油用〕,〔102 饲料用〕,〔103 食品加工用〕	3	180	9		千克	7AB	P. R/Q. S	30. 5%	0	
12019019	----其他										0
1201901900	转基因黄大豆(非种用,不论是否破碎)〔101 榨油用〕,〔102 饲料用〕,〔103 食品加工用〕	3	180	9		千克	7AB	P. R/Q. S	30. 5%	0	
12019020	---黑大豆										0
1201902000	非种用黑大豆(不论是否破碎)〔101 榨油用〕,〔102 饲料用〕,〔103 食品加工用〕	3	180	9		千克	7AB	P. R/Q. S	28%	0	
12019030	---青大豆										0
1201903000	非种用青大豆(不论是否破碎)〔101 榨油用〕,〔102 饲料用〕,〔103 食品加工用〕	3	180	9		千克	7AB	P. R/Q. S	8%	0	
12019090	---其他										0
1201909000	非种用其他大豆(不论是否破碎)〔101 榨油用〕,〔102 饲料用〕,〔103 食品加工用〕	3	180	9		千克	7AB	P. R/Q. S	8%	0	
1202	**未焙炒或未烹煮的花生,不论是否去壳或破碎:**										
12023000	-种用										0
1202300000	种用花生〔999〕	0	0	9		千克	AB	P/N. Q	5%	0	
12024100	--未去壳										0
1202410000	其他未去壳花生(未焙炒或未烹煮的)①	15	70	9		千克	AB	P. R/Q. S	25%	0	
12024200	--去壳,不论是否破碎										0
1202420000	其他去壳花生,不论是否破碎(未焙炒或未烹煮的)②	15	70	9		千克	AB	P. R/Q. S	40%	0	
1203	**干椰子肉:**										
12030000	干椰子肉										9
1203000000	干椰子肉③	15	30	9		千克	AB	P. R/Q	20%	0	
1204	**亚麻子,不论是否破碎:**										
12040000	亚麻子,不论是否破碎										9
1204000010[暂9]	亚麻种子(不论是否破碎)〔999〕	15	70			千克	AB	P. R/Q	34%	0	

① 〔101 提取(晒干的除外)、压榨、烹制、烘焙、冻干、脱水、裹糖屑、发酵、冷冻(经漂汤和杀青,并在-18度以下冷冻)、浸酸、腌渍、炒制等工艺进行加工处理的〕,〔999 其他工艺〕

② 〔101 提取(晒干的除外)、压榨、烹制、烘焙、冻干、脱水、裹糖屑、发酵、冷冻(经漂汤和杀青,并在-19度以下冷冻)、浸酸、腌渍、炒制等工艺进行加工处理的〕,〔999 其他工艺〕

③ 〔101 提取(晒干的除外)、压榨、烹制、烘焙、冻干、脱水、裹糖屑、发酵、冷冻(经漂汤和杀青,并在-20度以下冷冻)、浸酸、腌渍、炒制等工艺进行加工处理的〕,〔999 其他工艺〕

Chapter 12
Oil seeds and oleaginous fruits; miscellaneous grains, seeds and fruit; industrial or medicinal plants; straw and fodder

Chapter Notes:

1. Heading 12.07 applies, *inter alia*, to palm nuts and kernels, cotton seeds, castor oil seeds, sesamum seeds, mustard seeds, safflower seeds, poppy seeds and shea nuts (karite nuts). It does not apply to products of heading 08.01 or 08.02 or to olives (Chapter 7 or Chapter 20).

2. Heading 12.08 applies not only to non-defatted flours and meals but also to flours and meals which have been partially defatted or defatted and wholly or partially refatted with their original oils. It does not, however, apply to residues of headings 23.04 to 23.06.

3. For the purposes of heading 12.09, beet seeds, grass and other herbage seeds, seeds of ornamental flowers, vegetable seeds, seeds of forest trees, seeds of fruit trees, seeds of vetches (other than those of the species vicia faba) or of lupines are to be regarded as "seeds of a kind used for sowing".
   Heading 12.09 does not, however, apply to the following even if for sowing:
   (a) Leguminous vegetables or sweet corn (Chapter 7);
   (b) Spices or other products of Chapter 9;
   (c) Cereals (Chapter 10); or
   (d) Products of headings 12.01 to 12.07 or 12.11.

4. Heading 12.11 applies, *inter alia*, to the following plants or parts thereof: basil, borage, ginseng, hyssop, liquorice, all species of mint, rosemary, rue, sage and wormwood.
   Heading 12.11 does not, however, apply to:
   (a) Medicaments of Chapter 30;
   (b) Perfumery, cosmetic or toilet preparations of Chapter 33; or
   (c) Insecticides, fungicides, herbicides, disinfectants or similar products of heading 38.08.

5. For the purposes of heading 12.12, the term "seaweeds and other algae" does not include:
   (a) Dead single-cell micro-organisms of heading 21.02;
   (b) Cultures of micro-organisms of heading 30.02; or
   (c) Fertilisers of heading 31.01 or 31.05.

Subheading Note:

For the purposes of subheading 1205.10, the expression "low erucic acid rape or colza seeds" means rape or cloza seeds yielding a fixed oil which has an erucic acid content of less than 2% by weight and yielding a solid component which contains less than 30 micromoles of glucosinolates per gram.

协定税率(%)																		特惠税率(%)			
智利	新西兰	澳大利亚	瑞士	冰岛	秘鲁	哥斯达	东盟	亚太	新加坡	巴基斯坦	港/澳/台	韩国	格鲁吉亚	毛里求斯	柬埔寨	尼加拉瓜	日/韩/澳/新/东(RCEP)	亚太2国	老/柬/缅	LDC 98/97/95	Article Description
																					Soya beans, whether or not broken:
0	0	0	0	0	0	0	0			0	0/0/	0	0	0	0	0	0/0/0/0/0			0/0/0	-Seed
0	0		0	0	0	0	0	0		0	0/0/	0			0	0			0/0/	0/0/0	----Non genetically modified
0	0		0	0	0	0	0	0		0	0/0/	0			0	0			0/0/	0/0/0	----Other
0	0		0	0	0	0	0	0		0	0/0/	0			0	0			0/0/	0/0/0	---Black soya beans
0	0		0	0	0	0	0	0		0	0/0/	0			0	0			0/0/	0/0/0	---Green soya beans
0	0		0	0	0	0	0	0		0	0/0/	0			0	0				0/0/0	---Other
																					Ground-nuts, not roasted or otherwise cooked, whether or not shelled or broken:
0	0	0	0	0	0	0	0			0	0/0/	0	0	0	0	0	0/0/0/0/0			0/0/0	-Seed
0	0	0	0	0	0	0	0		0	0	0/0/	0		0	0	0	10.9/10.5/0/0/0		0//	0/0/0	--In shell
0	0	0	0	0	0	0	0		0	0	0/0/	0		0	0	0	10.9/10.5/0/0/0		0//	0/0/0	--Shelled, whether or not broken
																					Copra:
0	0	0	0	0	0	0	0	7.5	0	3.8	0/0/	0	0	0	0	14	10.9/10.5/0/0/0		/0/	0/0/0	Copra
																					Linseed, whether or not broken:
0	0	0	0	0	0	0	0		0	12	0/0/	0		0	0	14	10.9/10.5/0/0/0			0/0/0	Linseed, whether or not broken

商品编号	商品名称及备注[检验检疫编码及名称]	进口关税(%) 最惠国	进口关税(%) 普通	增值税率(%)	消费税	计量单位	监管条件	检验检疫类别	对美税率	出口税率(%)	出口退税率(%)
1204000090[暂9]	其他亚麻子(种用除外)(不论是否破碎)〔999〕	15	70	9		千克	AB	P. R/Q	34%	0	
1205	**油菜子,不论是否破碎:**										
12051010	---种用										0
1205101000	种用低芥子酸油菜子〔999〕	0	80			千克	7AB	P/N. Q		0	
12051090	---其他										9
1205109000	其他低芥子酸油菜子(不论是否破碎)〔999〕	9	80	9		千克	7AB	P. R/Q. S	14%	0	
12059010	---种用										0
1205901000	种用其他油菜子〔999〕	0	80			千克	7AB	P/N. Q		0	
12059090	---其他										9
1205909000	其他油菜子(不论是否破碎)〔999〕	9	80	9		千克	7AB	P. R/Q. S	14%	0	
1206	**葵花子,不论是否破碎:**										
12060010	---种用										9
1206001010	观赏用向日葵种子〔999〕	0	0			千克	AB	P/N. Q		0	
1206001090	其他种用葵花子〔999〕	0	0	9		千克	AB	P/N. Q		0	
12060090	---其他										9
1206009000[暂9]	其他葵花子(不论是否破碎)①	15	70	9		千克	AB	P. R/Q. S	34%	0	
1207	**其他含油子仁及果实,不论是否破碎:**										
12071010	---种用										
1207101010	种用濒危棕榈果及棕榈仁〔999〕	0	0	9		千克	ABEF	P/N. Q	5%	0	0
1207101090	其他种用棕榈果及棕榈仁〔999〕	0	0	9		千克	AB	P/N. Q	5%	0	9
12071090	---其他										
1207109010	其他濒危棕榈果及棕榈仁(不论是否破碎)〔999〕	10	70	9		千克	ABEF	P. R/Q. S	20%	0	0
1207109090	其他棕榈果及棕榈仁(不论是否破碎)〔999〕	10	70	9		千克	AB	P. R/Q. S	20%	0	9
12072100	--种用										9
1207210000	种用棉子〔999〕	0	0	9		千克	AB	P/N. Q	5%	0	
12072900	--其他										9
1207290000	其他棉子(不论是否破碎)〔999〕	15	70	9		千克	AB	P. R/Q. S	20%	0	
12073010	---种用										9
1207301000	种用蓖麻子〔999〕	0	0			千克	AB	P/N. Q		0	
12073090	---其他										9
1207309000	其他蓖麻子(不论是否破碎)〔999〕	15	70	9		千克	AB	P. R/Q. S	20%	0	
12074010	---种用										9
1207401000	种用芝麻(不论是否破碎)〔999〕	0	0	9		千克	AB	P/N. Q	5%	0	
12074090	---其他										9
1207409000	其他芝麻(不论是否破碎)〔101 食用〕,〔102 药用黑芝麻〕	10	70	9		千克	AB	P. R/Q. S	15%	0	
12075010	---种用										9
1207501000	种用芥子(不论是否破碎)〔999〕	0	0			千克	AB	P/N. Q	5%	0	
12075090	---其他										9
1207509000	其他芥子(不论是否破碎)〔999〕	15	70	9		千克	AB	P. R/Q	40%	0	
12076010	---种用										9
1207601000	种用红花子〔999〕	0	0	9		千克	AB	P/N. Q	5%	0	
12076090	---其他										9
1207609000	其他红花子(不论是否破碎)〔999〕	20	70	9		千克	AB	P. R/Q. S	25%	0	
12077010	---种用										0
1207701000	种用甜瓜子(包括西瓜属和甜瓜属的子)〔101 西瓜种子〕,〔102 哈密瓜种子〕,〔103 甜瓜种子〕	0	0			千克	AB	P/Q		0	
12077091	----黑瓜子										9
1207709100	非种用黑瓜子或其他黑瓜子(不论是否破碎)②	20	80	9		千克	AB	P. R/Q. S	25%	0	
12077092	----红瓜子										9
1207709200	非种用红瓜子或其他红瓜子(不论是否破碎)③	20	80	9		千克	AB	P. R/Q. S	25%	0	
12077099	----其他										9
1207709900	其他甜瓜的子(包括西瓜属和甜瓜属的子;不论是否破碎)④	30	70	9		千克	AB	P. R/Q. S	35%	0	

① 〔101 非熟制(其他工艺)〕,〔102 熟制〕,〔103 非熟制[提取(晒干的除外)、压榨、烹制、烘焙、冻干、脱水、裹糖屑、发酵、冷冻(经漂汤和杀青,并在-18 度以下冷冻)、浸酸、腌渍、炒制等工艺进行加工处理的]〕

② 〔101 非熟制(其他工艺)〕,〔102 熟制〕,〔103 非熟制[提取(晒干的除外)、压榨、烹制、烘焙、冻干、脱水、裹糖屑、发酵、冷冻(经漂汤和杀青,并在-18 度以下冷冻)、浸酸、腌渍、炒制等工艺进行加工处理的]〕

③ 〔101 提取(晒干的除外)、压榨、烹制、烘焙、冻干、脱水、裹糖屑、发酵、冷冻(经漂汤和杀青,并在-20 度以下冷冻)、浸酸、腌渍、炒制等工艺进行加工处理的〕,〔999 其他工艺〕

④ 〔101 提取(晒干的除外)、压榨、烹制、烘焙、冻干、脱水、裹糖屑、发酵、冷冻(经漂汤和杀青,并在-21 度以下冷冻)、浸酸、腌渍、炒制等工艺进行加工处理的〕,〔999 其他工艺〕

协定税率(%)																		特惠税率(%)			Article Description
智利	新西兰	澳大利亚	瑞士	冰岛	秘鲁	哥斯达	东盟	亚太	新加坡	巴基斯坦	港/澳/台	韩国	格鲁吉亚	毛里求斯	柬埔寨	尼加拉瓜	日/韩/澳/新/东(RCEP)	亚太2国	老/柬/缅	LDC 98/97/95	
																					Rape or colza seeds, whether or not broken:
0	0	0	0	0	0	0	0			0	0/0/	0	0		0	0	0/0/0/0/0			0/0/0	---Seed
0	0		0	0	0	0	0	0		0	0/0/	0			0					0/0/0	---Other
0	0	0	0	0	0	0	0			0	0/0/	0	0	0	0	0	0/0/0/0/0			0/0/0	---Seed
0	0		0	0	0	0	0	0		0	0/0/	0		0	0					0/0/0	---Other
																					Sunflower seeds, whether or not broken:
0	0	0	0	0	0	0	0			0	0/0/	0	0	0	0	0	0/0/0/0/0			0/0/0	---Seed
0	0	0	0	0	0	0	0		0	12	0/0/	0		0	0	14	10. 9/10. 5/0/0/0			0/0/0	---Other
																					Other oil seeds and oleaginous fruits, whether or not broken:
0	0	0	0	0	0	0	0			0	0/0/	0	0	0	0	0	0/0/0/0/0			0/0/0	---Seed
0	0	0	0	0	0	0	0		0	2. 5	0/0/	0	0	0	0	9	7. 3/7/0/0/0		/0/	0/0/0	---Other
0	0	0	0	0	0	0	0			0	0/0/	0	0	0	0	0	0/0/0/0/0			0/0/0	--Seed
0	0	0	0	0	0	0	0		0	12	0/0/	0		0	0	14	10. 9/10. 5/0/0/0			0/0/0	--Other
0	0	0	0	0	0	0	0			0	0/0/	0	0	0	0	0	0/0/0/0/0			0/0/0	---Seed
0	0	0	0	0	0	0	0		0		0/0/	0		0	0	14	10. 9/10. 5/0/0/0		0/0/0	0/0/0	---Other
0	0	0	0	0	0	0	0			0	0/0/	0	0	0	0	0	0/0/0/0/0			0/0/0	---Seeds for cultivation
0	0	0	0	0	0	0	0	9	0	0	0/0/	0		0	0	9	7. 3/7/0/0/0		0/0/0	0/0/0	---Other
0	0	0	0	0	0	0	0			0	0/0/	0	0	0	0	0	0/0/0/0/0			0/0/0	---Seeds for cultivation
0	0	0	0	0	0	0	0		0	12	0/0/	0	0	0	0	14	10. 9/10. 5/0/0/0			0/0/0	---Other
0	0	0	0	0	0	0	0			0	0/0/	0	0	0	0	0	0/0/0/0/0			0/0/0	---Seed
0	0	0	0	0	0	0	0		0		0/0/	6. 6	0	0	0	18. 7	16. 3/14/14/14/14			0/0/0	---Other
0	0	0	0	0	0	0	0			0	0/0/	0	0	0	0	0	0/0/0/0/0			0/0/0	---Seed
0	0	0	0	0	0	0	0		0		0/0/	6. 6	0	0	0	18. 7	16. 3/14/14/14/14			0/0/0	----Black watermelon seeds
0	0	0	0	0	0	0	0		0		0/0/	6. 6	0	0	0	18. 7	16. 3/14/14/14/14			0/0/0	----Red watermelon seeds
0	0	0		0	0	0	0				0/0/	15	0	6	0	28	25. 7/25. 5/25. 5/ 25. 5/25. 5			0/0/0	----Other

商品编号	商品名称及备注[检验检疫编码及名称]	进口关税(%) 最惠国	进口关税(%) 普通	增值税率(%)	消费税	计量单位	监管条件	检验检疫类别	对美税率	出口税率(%)	出口退税率(%)
12079100	--罂粟子										9
1207910000	罂粟子(不论是否破碎)〔999〕	20	70	9		千克	AB	P/Q	25%	0	
12079910	---种用										9
1207991010	大麻子〔999〕	0	0			千克	AB	P/N. Q	5%	0	
1207991020	种用紫苏子〔999〕	0	0			千克	AB	P/N. Q	5%	0	
1207991090	其他种用含油子仁及果实①	0	0	9		千克	AB	P/N. Q	5%	0	
12079991	----牛油树果										9
1207999100	牛油树果(不论是否破碎)〔999〕	20	70	9		千克	AB	P. R/Q	25%	0	
12079999	----其他										9
1207999900	其他含油子仁及果实(不论是否破碎)②	10	70	9		千克	AB	P. R/Q. S	35%	0	
1208	**含油子仁或果实的细粉及粗粉,但芥子粉除外:**										
12081000	-大豆粉										0
1208100000	大豆粉〔999〕	9	70	13		千克	AB	P. R/Q. S	14%	0	
12089000	-其他										13
1208900000	其他含油子仁或果实的细粉及粗粉(芥子粉除外)〔999〕	15	80	13		千克	AB	P. R/Q. S	20%	0	
1209	**种植用的种子、果实及孢子:**										
12091000	-糖甜菜子										9
1209100000	糖甜菜子〔999〕	0	0			千克	AB	P/Q		0	
12092100	--紫苜蓿子										0
1209210000	紫苜蓿子〔999〕	0	0	9		千克	AB	P/Q		0	
12092200	--三叶草子										0
1209220000	三叶草子〔999〕	0	0	9		千克	AB	P/Q		0	
12092300	--羊茅子										0
1209230000	羊茅子〔999〕	0	0	9		千克	AB	P/Q		0	
12092400	--草地早熟禾子										0
1209240000	草地早熟禾子〔999〕	0	0	9		千克	AB	P/Q		0	
12092500	--黑麦草种子										0
1209250000	黑麦草种子〔999〕	0	0	9		千克	AB	P/Q		0	
12092910	---甜菜子,糖甜菜子除外										9
1209291000	甜菜子,糖甜菜子除外〔999〕	0	0			千克	AB	P/Q		0	
12092990	---其他										0
1209299000	其他饲料植物种子③	0	0			千克	AB	P/Q		0	
12093000	-草本花卉植物种子										
1209300010	濒危草本花卉植物种子〔999〕	0	0	9		千克	AFEB	P/Q		0	0
1209300090	草本花卉植物种子(濒危除外)④	0	0			千克	AB	P/Q		0	0
12099110	---胡萝卜种子										0
1209911000	胡萝卜种子〔999〕	0	0			千克	AB	P/Q		0	
12099120	---西兰花种子										0
1209912000	西兰花种子〔999〕	0	0			千克	AB	P/Q		0	
12099130	---番茄种子										0
1209913000	番茄种子〔999〕	0	0			千克	AB	P/Q		0	
12099140	---洋葱种子										0

① 〔101 亚麻种子〕,〔102 蓖麻种子〕,〔103 油棕果种子〕,〔104 红花籽〕,〔105 其他油料种子〕

② 〔101 未去壳油用花生〕,〔102 其他籽仁为皮或衣等包被的油籽〕,〔103 油用茶籽〕,〔104 油用大麻籽〕,〔105 油橄榄〕,〔106 油桐籽〕,〔107 油用橡子仁〕,〔108 葡萄籽〕,〔109 其他籽仁为坚硬外壳包被的油籽〕,〔110 去壳油用花生〕,〔111 油棕果、油棕仁〕,〔112 西豆〕,〔113 黑加仑籽〕,〔114 琉璃苣籽〕,〔115 苏籽〕,〔116 月见草籽〕,〔117 水飞蓟籽〕,〔118 奇亚籽〕

③ 〔101 鸭茅属种子〕,〔102 苜蓿属种子,紫苜蓿种子除外〕,〔103 车轴草属种子〕,〔104 杂高粱种子〕,〔105 苏丹草种子〕,〔106 草苹芦属种子〕,〔107 狼尾草属种子〕,〔108 梯牧草子〕

④ 〔101 地毯草种子〕,〔102 散尾葵种子〕,〔103 唐倡蒲种子〕,〔104 鸢尾种子〕,〔105 兔尾草种子〕,〔106 鹤望兰种子〕,〔107 其他花卉种子〕,〔108 海石竹种子〕,〔109 钻石花种子〕,〔110 黄花菜种子〕,〔111 矮文竹种子〕,〔112 天门冬种子〕,〔113 仙客来种子〕,〔114 报春花种子〕,〔115 欧洲报春种子〕,〔116 金鱼草种子〕,〔117 紫盆花种子〕,〔118 一串红种子〕,〔119 蓝花鼠尾草种子〕,〔120 罗勒种子〕,〔121 彩叶草种子〕,〔122 香蜂花种子〕,〔123 薄荷种子〕,〔124 迷迭香种子〕,〔126 荆芥种子〕,〔127 大戟种子〕,〔128 宿根羽扇豆种子〕,〔129 多叶羽扇豆种子〕,〔130 羽扇豆种子〕,〔131 日中花种子〕,〔132 洋凤仙种子〕,〔133 新几内亚凤仙种子〕,〔134 非洲凤仙花种子〕,〔135 旱金莲种子〕,〔136 狼尾草种子〕,〔137 美洲矾根种子〕,〔138 小天蓝绣球种子〕,〔139 长春花种子〕,〔140 三色堇种子〕,〔141 角堇种子〕,〔142 堇菜种子〕,〔143 蜀葵种子〕,〔144〕,〔145 桔梗种子〕,〔146 半边莲种子〕,〔147 假半边莲种子〕,〔148 百日菊种子〕,〔149 斑鸠菊种子〕,〔150 大滨菊种子〕,〔151 雏菊种子〕,〔152 春黄菊种子〕,〔153 翠菊种子〕,〔154 千日菊种子〕,〔155 大丽花种子〕,〔156 堆心菊种子〕,〔157 旱花种子〕,〔158 瓜叶菊种子〕,〔159 美兰菊种子〕,〔160 红花种子〕,〔161 大花藿香蓟种子〕,〔162 金缘叶金光菊种子〕,〔163 黑心金光菊种子〕,〔164 毛叶金光菊种子〕,〔165 大花金鸡菊种子〕,〔166 金盏花种子〕,〔167 甘野菊种子〕,〔168 甘菊种子〕,〔169 麦秆菊种子〕,〔170 天山蜡菊种子〕,〔171 硬叶蓝刺头种子〕,〔172 母菊种子〕,〔173 南非万寿菊种子〕,〔174 小黄菊种子〕,〔175 秋英种子〕,〔176 黄秋英种子〕,〔177 山牛蒡种子〕,〔178 蛇目菊种子〕,〔179 珠蓍种子〕,〔180 山矢车菊种子〕,〔181 松果菊种子〕,〔182 天人菊种子〕,〔183 万寿菊种子〕,〔184 孔雀草种子〕,〔185 向日葵种子〕,〔186 勋章菊种子〕,〔187 一点红种子〕,〔188 佩兰种子〕,〔189 紫松果菊种子〕,〔190 紫菀种子〕,〔191 高山紫菀种子〕,〔192 枪刀药种子〕,〔193 三花枪刀药种子〕,〔194 芦莉草种子〕,〔195 翼叶山牵牛种子〕,〔196 十字爵床种子〕,〔197 大岩桐种子〕,〔198 盐角草种子〕,〔199 红月见草种子〕,〔200 山桃草种子〕,〔201 紫芳草种子〕,〔202 洋桔梗种子〕,〔203 马利筋种子〕,〔204 块根马利筋种子〕,〔205 旅人蕉种子〕,〔206 细叶美女樱种子〕,〔207 美女樱种子〕,〔208 大花马齿苋种子〕,〔209 土人参种子〕,〔210 天竺葵种子〕,〔211 老鹳草种子〕,〔212 花毛茛种子〕,〔213 欧洲银莲花种子〕,〔214 耧斗菜种子〕,〔215 翠雀种子〕,〔216 乌头叶毛茛种子〕,〔217 飞燕草种子〕,〔218 黑种草种子〕,〔219 美人蕉种子〕,〔220 蝴蝶草种子〕,〔221 萼距花种子〕,〔222 平卧萼距花种子〕,〔223 繁星花种子〕,〔224 二裂叶委陵菜种子〕,〔225 碧冬茄种子〕,〔226 花烟草种子〕,〔227 蛾蝶花种子〕,〔228 小花矮牵牛种子〕,〔229 观赏辣椒种子〕,〔230 四季秋海棠种子〕,〔231 刺芹种子〕,〔232 野胡萝卜种子〕,〔233 大阿米芹种子〕,〔234 醉蝶花种子〕,〔235 紫罗兰种子〕,〔236 香雪球种子〕,〔237 羽衣甘蓝种子〕,〔238 金庭荠种子〕,〔239 屈曲花种子〕,〔240 诸葛菜种子〕,〔241 南庭芥种子〕,〔242 柱毛独行菜种子〕,〔243 桂竹香种子〕,〔244 鼠耳芥种子〕,〔245 石竹种子〕,〔246 康乃馨种子〕,〔247 须苞石竹种子〕,〔248 蓝灰石竹种子〕,〔249 麦仙翁种子〕,〔250 圆锥石头花种子〕,〔251 绒毛卷耳种子〕,〔252 瞿麦种子〕,〔253 春羽种子〕,〔254 龟背竹种子〕,〔255 千日红种子〕,〔256 羽状鸡冠花种子〕,〔257 鸡冠花种子〕,〔258 青葙种子〕,〔259 毛地黄种子〕,〔260 直立婆婆纳种子〕,〔261 婆婆纳种子〕,〔262 柳穿鱼种子〕,〔263 香彩雀种子〕,〔264 钓钟柳种子〕,〔265 毛蕊花种子〕,〔266 钓钟柳种子〕,〔267 腹水草种子〕,〔268 马蹄金种子〕,〔269 牵牛种子〕,〔270 冰岛罂粟种子〕,〔271 虞美人种子〕,〔272 花菱草种子〕,〔273 勿忘草种子〕,〔274 大叶滨紫草花种子〕,〔275 紫茉莉种子〕

协定税率(%)																		特惠税率(%)			Article Description
智利	新西兰	澳大利亚	瑞士	冰岛	秘鲁	哥斯达	东盟	亚太	新加坡	巴基斯坦	港/澳/台	韩国	格鲁吉亚	毛里求斯	柬埔寨	尼加拉瓜	日/韩/澳/新/东(RCEP)	亚太2国	老/柬/缅	LDC 98/97/95	
0	0	0	0	0	0	0	0		0		0/0/	6.6	0	0	0	18.7	16.3/14/14/14/14			0/0/0	--Poppy seeds
0	0	0	0	0	0	0	0			0	0/0/	0	0	0	0	0	0/0/0/0/0			0/0/0	---Seed
0	0	0	0	0	0	0	0		0		0/0/	6.6	0	0	0	18.7	16.3/14/14/14/14		//0	0/0/0	----Shea nuts (karite nuts)
0	0	0	0	0	0	0	0		0	5	0/0/	0		0	0	9	7.3/7/0/0/0		0/0/0	0/0/0	----Other
																					Flours and meals of oil seeds or oleaginous fruits, other than those of mustard:
0	0	0	0	0	0	0	0			5	0/0/	0	0	0	0	8.1	6.5/0/0/0/0		/0/	0/0/0	-Of soya beans
0	0	0	0	0	0	0	0		0	12	0/0/	0		0	0	14	10.9/10.5/0/0/0		/0/	0/0/0	-Other
																					Seeds, fruit and spores, of a kind used for sowing:
0	0	0	0	0	0	0	0			0	0/0/	0	0	0	0	0	0/0/0/0/0			0/0/0	-Sugar beet seed
0	0	0	0	0	0	0	0			0	0/0/	0	0	0	0	0	0/0/0/0/0			0/0/0	--Lucerne (alfalfa) seed
0	0	0	0	0	0	0	0			0	0/0/	0	0	0	0	0	0/0/0/0/0			0/0/0	--Clover (Trifblium spp.) seed
0	0	0	0	0	0	0	0			0	0/0/	0	0	0	0	0	0/0/0/0/0			0/0/0	--Fescue seed
0	0	0	0	0	0	0	0			0	0/0/	0	0	0	0	0	0/0/0/0/0			0/0/0	--Kentucky blue grass (Poa pratensis L.) seed
0	0	0	0	0	0	0	0			0	0/0/	0	0	0	0	0	0/0/0/0/0			0/0/0	--Rye grass (Lolium multiflorum Lam., Lolium perenne L.) seed
0	0	0	0	0	0	0	0			0	0/0/	0	0	0	0	0	0/0/0/0/0			0/0/0	---Beet seed, excluding sugar beet seed
0	0	0	0	0	0	0	0			0	0/0/	0	0	0	0	0	0/0/0/0/0			0/0/0	---Other
0	0	0	0	0	0	0	0			0	0/0/	0	0	0	0	0	0/0/0/0/0			0/0/0	-Seeds of herbaceous plants cultivated principally for their flowers
0	0	0	0	0	0	0	0			0	0/0/	0	0	0	0	0	0/0/0/0/0			0/0/0	---Carrot seeds
0	0	0	0	0	0	0	0			0	0/0/	0	0	0	0	0	0/0/0/0/0			0/0/0	---Broccoli seeds
0	0	0	0	0	0	0	0			0	0/0/	0	0	0	0	0	0/0/0/0/0			0/0/0	---Tomato seeds
0	0	0	0	0	0	0	0			0	0/0/	0	0	0	0	0	0/0/0/0/0			0/0/0	---Onion seeds

商品编号	商品名称及备注[检验检疫编码及名称]	进口关税(%)		增值税率(%)	消费税	计量单位	监管条件	检验检疫类别	对美税率	出口税率(%)	出口退税率(%)
		最惠国	普通								
1209914000	洋葱种子〔999〕	0	0			千克	AB	P/Q		0	
12099150	---菠菜种子										0
1209915000	菠菜种子〔999〕	0	0			千克	AB	P/Q		0	
12099190	---其他										0
1209919000	其他蔬菜种子①	0	0			千克	AB	P/Q		0	
12099900	--其他										
1209990010	其他种植用濒危种子、果实及孢子〔101 其他花卉种子〕,〔102 其他林木种子〕,〔103 其他经济类植物种子〕	0	0	9		千克	AFEB	P/Q		0	0
1209990020	黄麻种子、红麻种子、柴胡种子、白芷种子〔119 黄麻种子〕,〔120 红麻种子〕,〔121 柴胡种子〕,〔122 白芷种子〕	0	0			千克	AB	P/Q		0	0
1209990030	果树及其他林木种子(濒危除外)②	0	0			千克	AB	P/Q		0	
1209990090	其他种植用的种子、果实及孢子③	0	0	9		千克	AB	P/Q		0	0
1210	**鲜或干的啤酒花,不论是否研磨或制成团粒;蛇麻腺:**										
12101000	-啤酒花,未经研磨也未制成团粒										13
1210100000	未研磨也未制成团粒的啤酒花(鲜或干的)④	20	50	13		千克	AB	P. R/Q. S	25%	0	
12102000	-啤酒花,经研磨或制成团粒;蛇麻腺										13
1210200000	已研磨或制成团粒的啤酒花(包括蛇麻腺,鲜或干的)⑤	10	50	13		千克	AB	P. R/Q. S	30%	0	
1211	**主要用作香料、药料、杀虫、杀菌或类似用途的植物或这些植物的某部分(包括子仁及果实),鲜、冷、冻或干的,不论是否切割、压碎或研磨成粉:**										
12112011	----鲜的或干的										9
1211201100	鲜或干的西洋参(不论是否切割、压碎或研磨成粉)〔999〕	7.5	70	9		千克	AQBFE	P. R/Q. S	32.5%/22.5%	0	
12112019	----其他										9
1211201900	冷或冻的西洋参(不论是否切割、压碎或研磨成粉)〔999〕	7.5	70	9		千克	AQBFE	P. R/Q. S	32.5%/22.5%	0	
12112021	----鲜的或干的										9
1211202110	鲜或干的野山参(仅限俄罗斯种群,西洋参除外)(不论是否切割、压碎或研磨成粉)〔101 药用野山参〕,〔102 食用野山参〕	20	90	9		千克	ABEF	P. R/Q. S	25%	0	
1211202190	鲜或干的野山参(俄罗斯种群除外,西洋参除外)(不论是否切割、压碎或研磨成粉)〔999〕	20	90	9		千克	ABE	P. R/Q. S	25%	0	
12112029	----其他										9
1211202910	冷或冻的野山参(仅限俄罗斯种群,西洋参除外)(不论是否切割、压碎或研磨成粉)〔101 药用野山参〕,〔102 食用野山参〕	20	90	9		千克	ABEF	P. R/Q. S	25%	0	
1211202990	冷或冻的野山参(俄罗斯种群除外,西洋参除外)(不论是否切割、压碎或研磨成粉)〔999〕	20	90	9		千克	ABE	P. R/Q. S	25%	0	
12112091	----鲜的										9
1211209110	其他鲜的人参(仅限俄罗斯种群)(不论是否切割、压碎或研磨成粉)〔101 药用野山参〕,〔102 食用野山参〕	20	50	9		千克	ABEF	P. R/Q. S	40%/35%	0	
1211209191	其他鲜的野生人参(俄罗斯种群除外)(不论是否切割、压碎或研磨成粉)〔101 药用野山参〕,〔102 食用野山参〕	20	50	9		千克	ABE	P. R/Q. S	40%/35%	0	
1211209199	其他鲜的非野生人参(俄罗斯种群除外)(不论是否切割、压碎或研磨成粉)〔101 药用野山参〕,〔102 食用野山参〕	20	50	9		千克	AB	P. R/Q. S	40%/35%	0	
12112092	----干的										9
1211209210	其他干的人参(仅限俄罗斯种群)(不论是否切割、压碎或研磨成粉)〔101 药用人参〕,〔102 药用红参〕,〔103 食用人参〕	20	50	9		千克	ABEFQ	P. R/Q. S	40%/35%	0	
1211209291	其他干的野生人参(俄罗斯种群除外)(不论是否切割、压碎或研磨成粉)〔101 药用人参〕,〔102 药用红参〕,〔103 食用人参〕	20	50	9		千克	ABEQ	P. R/Q. S	40%/35%	0	

① 〔101 菜豆种子〕,〔102 葱种子〕,〔103 莴苣种子〕,〔104 萝卜种子〕,〔105 黄瓜种子〕,〔106 辣椒种子〕,〔107 白菜种子〕,〔108 南瓜种子〕,〔109 茄子种子〕,〔110 西葫芦种子〕,〔111 甜菜种子〕,〔112 牛蒡种子〕,〔113 黄秋葵种子〕,〔114 芦笋种子〕,〔115 空心菜种子〕,〔116 苦瓜种子〕,〔117 韭菜种子〕,〔118 花椰菜种子〕,〔119 芹属种子〕,〔120 蕹菜种子〕,〔121 生菜种子〕,〔122 青瓜种子〕,〔123 非种用芥菜种子〕,〔124 芥兰种子〕,〔125 甘蓝种子〕,〔126 刺葵种子〕,〔127 豆薯种子〕,〔128 丝瓜种子〕,〔130 刀豆种子〕,〔131 北葱种子〕,〔132 罗勒种子〕,〔133 紫苏种子〕,〔134 葫芦种子〕,〔135 瓠瓜种子〕,〔136 笋瓜种子〕,〔137 苦苣种子〕,〔138 菊苣种子〕,〔139 茼蒿种子〕,〔140 蓟属种子〕,〔141 青椒种子〕,〔143 欧防风种子〕,〔144 鸭儿芹种子〕,〔145 青花菜种子〕,〔146 青菜种子〕,〔147 芜菁种子〕,〔148 油菜种子〕,〔149 菜苔种子〕,〔150 苋种子〕,〔151 刺苋种子〕,〔152 冬瓜种子〕,〔153 棱角丝瓜种子〕,〔154 藜种子〕,〔155 辣蓼种子〕,〔156 韭葱种子〕,〔157 大葱种子〕,〔158 香葱种子〕,〔159 其他〕

② 〔101 乔荆相思种子〕,〔102 银荆相思种子〕,〔103 红槭种子〕,〔104 糖槭种子〕,〔105 雪松种子〕,〔106 崖柏种子〕,〔107 珙桐种子〕,〔108 赤桉种子〕,〔109 黑核桃种子〕,〔110 班克松种子〕,〔111 黄花松种子〕,〔112 晚松种子〕,〔113 火炬松种子〕,〔114 西蒙得木种子〕,〔115 湿地松种子〕,〔116 黑木相思种子〕,〔117 其他林木种子〕

③ 〔101 其他花卉种子〕,〔102 剪股颖属种子〕,〔103 早熟禾属种子〕,〔104 黍属种子〕,〔105 臂形草属种子〕,〔106 狗尾草属种子〕,〔107 笔花豆属种子〕,〔108 雀稗属种子〕,〔109 狗牙根种子〕,〔110 其他牧草种子〕,〔111 大麻种子〕,〔112 烟草种子〕,〔113 药用植物种子〕,〔114 糖类植物种子〕,〔115 种用甜菜〕,〔116 罂粟子〕,〔117 其他经济类植物种子〕,〔118 洋香瓜种子〕,〔119 梅子种子〕,〔120 其他瓜果种子〕

④ 〔101 提取(晒干的除外)、压榨、烹制、烘焙、冻干、脱水、裹糖屑、发酵、冷冻(经漂汤和杀青,并在-22 度以下冷冻)、浸酸、腌渍、炒制等工艺进行加工处理的〕,〔999 其他工艺〕

⑤ 〔101 提取(晒干的除外)、压榨、烹制、烘焙、冻干、脱水、裹糖屑、发酵、冷冻(经漂汤和杀青,并在-23 度以下冷冻)、浸酸、腌渍、炒制等工艺进行加工处理的〕,〔999 其他工艺〕

协定税率(%)																		特惠税率(%)			Article Description
智利	新西兰	澳大利亚	瑞士	冰岛	秘鲁	哥斯达	东盟	亚太	新加坡	巴基斯坦	港/澳/台	韩国	格鲁吉亚	毛里求斯	柬埔寨	尼加拉瓜	日/韩/澳/新/东(RCEP)	亚太2国	老/柬/缅	LDC 98/97/95	
0	0	0	0	0	0	0	0			0	0/0/	0	0	0	0	0	0/0/0/0/0			0/0/0	---Spinach seeds
0	0	0	0	0	0	0	0			0	0/0/	0	0	0	0	0	0/0/0/0/0			0/0/0	---Other
0	0	0	0	0	0	0	0			0	0/0/	0	0	0	0	0	0/0/0/0/0			0/0/0	--Other:
																					Hop cones, fresh or dried, whether or not ground, powdered or in the form of pellets; lupulin:
0	0	0	0	0	0	0	0		0	16	0/0/	6.6	0	0	0	18.7	16.3/14/14/14/14			0/0/0	-Hop cones, neither ground nor powdered nor in the form of pellets
0	0	0	0	0	0	0	0		0	2.5	0/0/	0	0	0	0	9	7.3/7/0/0/0			0/0/0	-Hop cones, ground, powdered or in the form of pellets; lupulin
																					Plants and parts of plants (including seeds and fruits), of a kind used primarily in perfumery, in pharmacy or for insecticidal, fungicidal or similar purposes, fresh, chilled, frozen or dried, whether or not cut, crushed or powdered:
0	0	0	0	0	0	0	0		0	0	0/0/	0	0	0	0	6	0/0/0/0/0			0/0/0	----Fresh or dried
0	0	0	0	0	0	0	0		0	0	0/0/	0	0	0	0	6	10.9/10.5/0/0/0			0/0/0	----Other
0	0	0	0	0	0	0	0	16.4	0	16	0/0/	6.6	0	0	0	18.7	16.3/14/14/14/14			0/0/0	----Fresh or dried
0	0	0	0	0	0	0	0	16.4	0	16	0/0/	6.6	0	0	0	18.7	10.9/10.5/0/0/0			0/0/0	----Other
0	0	0	0	0	0	0	0		0		0/0/	6.6	0	0	0	18.7	16.3//17/17/16			0/0/0	----Fresh
0	0	0	0	0	0	0	0		0		0/0/		0	0	0	18.7	//17/17/17			0/0/0	----Dried

商品编号	商品名称及备注［检验检疫编码及名称］	进口关税(%)		增值税率(%)	消费税	计量单位	监管条件	检验检疫类别	对美税率	出口税率(%)	出口退税率(%)
		最惠国	普通								
1211209299	其他干的非野生人参(俄罗斯种群除外)(不论是否切割、压碎或研磨成粉)〔101 药用人参〕,〔102 药用红参〕,〔103 食用人参〕	20	50	9		千克	ABQ	P. R/Q. S	40%/35%	0	
12112099	----其他										9
1211209910	其他冷、冻的人参(仅限俄罗斯种群)(不论是否切割、压碎或研磨成粉)〔101 药用人参〕,〔102 药用红参〕,〔103 食用人参〕	20	50	9		千克	ABEFQ	P. R/Q. S	40%/35%	0	
1211209991	其他冷、冻的野生人参(俄罗斯种群除外)(不论是否切割、压碎或研磨成粉)〔101 药用人参〕,〔102 药用红参〕,〔103 食用人参〕	20	50	9		千克	ABEQ	P. R/Q. S	40%/35%	0	
1211209999	其他冷、冻的非野生人参(俄罗斯种群除外)(不论是否切割、压碎或研磨成粉)〔101 药用人参〕,〔102 药用红参〕,〔103 食用人参〕	20	50	9		千克	ABQ	P. R/Q. S	40%/35%	0	
12113000	-古柯叶										9
1211300010	药用古柯叶(不论是否切割、压碎或研磨成粉)〔999 药用古柯叶〕	9	50	9		千克	ABI	P/Q	14%	0	
1211300020	做香料用古柯叶(不论是否切割、压碎或研磨成粉)〔999〕	9	50	9		千克	AB	P/Q	14%	0	
1211300090	杀虫杀菌用古柯叶(不论是否切割、压碎或研磨成粉)〔999〕	9	50	9		千克	AB	P/Q	14%	0	
12114000	-罂粟秆										9
1211400010	药用罂粟秆(不论是否切割、压碎或研磨成粉)〔999〕	9	50	9		千克	AB	P/Q	14%	0	
1211400020	做香料用罂粟秆(不论是否切割、压碎或研磨成粉)〔999〕	9	50	9		千克	AB	P/Q	14%	0	
1211400090	杀虫杀菌用罂粟秆(不论是否切割、压碎或研磨成粉)〔999〕	9	50	9		千克	AB	P/Q	14%	0	
12115000	-麻黄										9
1211500011	药料用麻黄草粉〔999〕	9	30	9		千克	23AQB	P/Q	14%	0	
1211500012	药料用人工种植麻黄草〔999〕	9	30	9		千克	4ABQxy	P/Q	14%	0	
1211500019	其他药料用麻黄草〔999〕	9	30	9		千克	ABQ	P/Q	14%	0	
1211500021	香料用麻黄草粉〔999 有检疫要求食品添加剂〕	9	30	9		千克	23AB	P. R/Q	14%	0	
1211500029	香料用麻黄草〔999 有检疫要求食品添加剂〕	9	30	9		千克	8A	P. R/	14%	0	
1211500091	其他用麻黄草粉〔999〕	9	30	9		千克	23AB	P/Q	14%	0	
1211500099	其他用麻黄草〔999〕	9	30	9		千克	8A	P/Q	14%	0	
12116000	-非洲李的树皮										0
1211600000	鲜、冷、冻或干的非洲李的树皮(不论是否切割、压碎或研磨成粉)〔999〕	6	20	9		千克	ABFE	P/Q	31%	0	
12119011	----当归										9
1211901100	鲜、冷、冻或干的当归(不论是否切割、压碎或研磨成粉)〔101 药用当归〕,〔102 药用三七〕	6	30	9		千克	AQB	P. R/Q	11%	0	
12119012	----三七(田七)										9
1211901200	鲜、冷、冻或干的三七(田七)(不论是否切割、压碎或研磨成粉)〔101 药用田七〕,〔102 药用党参〕	6	20	9		千克	AQB	P. R/Q	11%	0	
12119013	----党参										9
1211901300	鲜、冷、冻或干的党参(不论是否切割、压碎或研磨成粉)〔999 药用党参〕	6	20	9		千克	AQB	P. R/Q	11%	0	
12119014	----黄连										9
1211901410	鲜、冷、冻或干的野生黄连(不论是否切割,压碎或研磨成粉,不包括人工培植的)〔999〕	6	20	9		千克	AQBE	P/Q	11%	0	
1211901490	鲜、冷、冻或干的其他黄连(不论是否切割,压碎或研磨成粉)〔999〕	6	20	9		千克	AQB	P/Q	11%	0	
12119015	----菊花										
1211901500	鲜、冷、冻或干的菊花(不论是否切割、压碎或研磨成粉)〔101 药用野菊花〕,〔102 药用菊花〕,〔103 食用菊花〕	6	20	9		千克	AQB	P. R/Q. S	11%	0	0,9
12119016	----冬虫夏草										9
1211901610	鲜、冷、冻或干的野生冬虫夏草(不论是否切割,压碎或研磨成粉)〔999〕	6	20	9		千克	ABEQ	P/Q	11%	0	
1211901690	鲜、冷、冻或干的其他冬虫夏草(不论是否切割,压碎或研磨成粉)〔999〕	6	20	9		千克	ABQ	P/Q	11%	0	
12119017	----贝母										9
1211901710	鲜、冷、冻或干的野生贝母(不论是否切割,压碎或研磨成粉,不包括人工培植的)〔999〕	6	20	9		千克	AQBE	P. R/Q	11%	0	
1211901790	鲜、冷、冻或干的其他贝母(不论是否切割,压碎或研磨成粉)〔999〕	6	20	9		千克	AQB	P. R/Q	11%	0	
12119018	----川芎										9
1211901800	鲜、冷、冻或干的川芎(不论是否切割、压碎或研磨成粉)〔101 药用川芎〕	6	20	9		千克	AQB	P. R/Q	11%	0	
12119019	----半夏										9
1211901900	鲜、冷、冻或干的半夏(不论是否切割、压碎或研磨成粉)〔999 药用半夏〕	6	20	9		千克	AQB	P/Q	11%	0	
12119021	----白芍										9
1211902100	鲜、冷、冻或干的白芍(不论是否切割、压碎或研磨成粉)〔101 药用白芍〕	6	20	9		千克	AQB	P. R/Q	11%	0	
12119022	----天麻										9
1211902200	鲜、冷、冻或干的天麻(不论是否切割、压碎或研磨成粉)〔101 药用天麻〕	6	20	9		千克	AQBFE	P. R/Q	11%	0	
12119023	----黄芪										9
1211902300	鲜、冷、冻或干的黄芪(不论是否切割、压碎或研磨成粉)〔101 药用黄芪〕	6	30	9		千克	AQB	P. R/Q	11%	0	
12119024	----大黄、籽黄										9
1211902400	鲜、冷、冻或干的大黄、籽黄(不论是否切割、压碎或研磨成粉)〔999 药用大黄〕	6	20	9		千克	AQB	P. R/Q	11%	0	
12119025	----白术										9
1211902500	鲜、冷、冻或干的白术(不论是否切割、压碎或研磨成粉)〔101 药用白术〕	6	20	9		千克	AQB	P. R/Q	11%	0	
12119026	----地黄										9
1211902600	鲜、冷、冻或干的地黄(不论是否切割、压碎或研磨成粉)〔101 药用地黄〕	6	20	9		千克	AQB	P. R/Q	11%	0	
12119027	----槐米										9
1211902700	鲜、冷、冻或干的槐米(不论是否切割、压碎或研磨成粉)〔101 药用槐米〕,〔102 食用槐米〕	6	20	9		千克	AQB	P. R/Q. S	11%	0	

协定税率(%)																		特惠税率(%)			Article Description
智利	新西兰	澳大利亚	瑞士	冰岛	秘鲁	哥斯达	东盟	亚太	新加坡	巴基斯坦	港/澳/台	韩国	格鲁吉亚	毛里求斯	柬埔寨	尼加拉瓜	日/韩/澳/新/东 (RCEP)	亚太2国	老/柬/缅	LDC 98/97/95	
0	0	0	0	0	0	0	0		0		0/0/		0	0	0	18.7	10.9/10.5/0/0/0			0/0/0	----Other
0	0	0	0	0	0	0	0			0	0/0/	0	0	0	0	8.1	6.5/0/0/0/0		/0/	0/0/0	-Coca leaf
0	0	0	0	0	0	0	0			0	0/0/	0	0	0	0	8.1	6.5/0/0/0/0		/0/	0/0/0	-Poppy straw
0	0	0	0	0	0	0	0	4.5		0	0/0/	0	0	0	0	8.1	6.5/0/0/0/0		/0/	0/0/0	-Ephedra
0	0	0	0	0	0	0	0	3		0	0/0/	0	0	0	0	0	0/0/0/0/0		0/0/0	0/0/0	-Bark of African cherry (Prunus africana)
0	0	0	0	0	0	0	0	3		0	0/0/	0	0	0	0	0	0/0/0/0/0		/0/	0/0/0	----Radix angelicae sinensis
0	0	0	0	0	0	0	0	3		0	0/0/	0	0	0	0	0	0/0/0/0/0		/0/	0/0/0	----Radix pseudoginseng
0	0	0	0	0	0	0	0	3		0	0/0/	0	0	0	0	0	0/0/0/0/0			0/0/0	----Radix codonopsitis
0	0	0	0	0	0	0	0	3		0	0/0/	0	0	0	0	0	0/0/0/0/0			0/0/0	----Rhizoma coptidis
0	0	0	0	0	0	0	0	3		0	0/0/	0	0	0	0	0	0/0/0/0/0		/0/	0/0/0	----Flos chrysanthemi
0	0	0	0	0	0	0	0	3		0	0/0/	0	0	0	0	0	0/0/0/0/0		/0/	0/0/0	----Cordyceps sinensis
0	0	0	0	0	0	0	0	3		0	0/0/	0	0	0	0	0	0/0/0/0/0		/0/	0/0/0	----Bulbs fritillariae thunbergii
0	0	0	0	0	0	0	0	3		0	0/0/	0	0	0	0	0	0/0/0/0/0		/0/	0/0/0	----Rhizoma ligustici
0	0	0	0	0	0	0	0	3		0	0/0/	0	0	0	0	0	0/0/0/0/0		/0/	0/0/0	----Rhizoma pinelliae
0	0	0	0	0	0	0	0	3		0	0/0/	0	0	0	0	0	0/0/0/0/0		/0/	0/0/0	----Radix paeoniae lactifiorae
0	0	0	0	0	0	0	0	3		0	0/0/	0	0	0	0	0	0/0/0/0/0		/0/	0/0/0	----Rhizoma gastrodiae
0	0	0	0	0	0	0	0	3		0	0/0/	0	0	0	0	0	0/0/0/0/0		/0/	0/0/0	----Radix astragali
0	0	0	0	0	0	0	0	3		0	0/0/	0	0	0	0	0	0/0/0/0/0		/0/	0/0/0	----Rhubarb
0	0	0	0	0	0	0	0	3		0	0/0/	0	0	0	0	0	0/0/0/0/0		/0/	0/0/0	----Rhizoma atractylodis macrocephalae
0	0	0	0	0	0	0	0	3		0	0/0/	0	0	0	0	0	0/0/0/0/0		/0/	0/0/0	----Radix rehmanniae
0	0	0	0	0	0	0	0	3		0	0/0/	0	0	0	0	0	0/0/0/0/0		/0/	0/0/0	----Flos sophorae

商品编号	商品名称及备注[检验检疫编码及名称]	进口关税(%)		增值税率(%)	消费税	计量单位	监管条件	检验检疫类别	对美税率	出口税率(%)	出口退税率(%)
		最惠国	普通								
12119028	----杜仲										9
1211902800	鲜、冷、冻或干的杜仲(不论是否切割、压碎或研磨成粉)〔999 药用杜仲〕	6	20	9		千克	ABQ	P. R/Q	11%	0	
12119029	----茯苓										9
1211902900	鲜、冷、冻或干的茯苓(不论是否切割、压碎或研磨成粉)〔101 药用茯苓〕,〔102 食用茯苓〕	6	20	9		千克	AQB	P. R/Q. S	11%	0	
12119031	----枸杞										9
1211903100	鲜、冷、冻或干的枸杞(不论是否切割、压碎或研磨成粉)〔101 药用枸杞子〕,〔102 食用枸杞子〕	6	30	9		千克	AQB	P. R/Q. S	11%	0	
12119032	----大海子										9
1211903200	鲜、冷、冻或干的大海子(不论是否切割、压碎或研磨成粉)〔101 药用大海子(胖大海)〕,〔102 食用大海子(胖大海)〕	6	20	9		千克	AQB	P. R/Q. S	11%	0	
12119033	----沉香										9
1211903300	鲜、冷、冻或干的沉香(不论是否切割、压碎或研磨成粉)〔999 药用沉香〕	3	20	9		千克	AQFEB	P/Q	8%	0	
12119034	----沙参										9
1211903400	鲜、冷、冻或干的沙参(不论是否切割、压碎或研磨成粉)〔999 药用沙参〕	6	20	9		千克	AQB	P. R/Q	11%	0	
12119035	----青蒿										0
1211903500	鲜、冷、冻或干的青蒿(不论是否切割、压碎或研磨成粉)〔999 药用青蒿〕	6	20	9		千克	AB	P/Q	11%		
12119036	----甘草										9
1211903600	鲜、冷、冻或干的甘草(不论是否切割,压碎或研磨成粉)〔101 药用甘草〕,〔103 食用甘草〕	6	30	9		千克	AQB4xy	P. R/Q. S	11%	0	
12119037	----黄芩										9
1211903700	鲜、冷、冻或干的黄芩(不论是否切割、压碎或研磨成粉)〔999 药用黄芩〕	6	20	9		千克	ABQ	P/Q	11%	0	
12119038	----椴树(欧椴)花及叶										9
1211903810	野生海南椴、紫椴(籽椴)花及叶(不论是否切割,压碎或研磨成粉)〔999〕	6	30	9		千克	ABEQ	P/Q	11%	0	
1211903890	其他椴树(欧椴)花及叶〔999〕	6	30	9		千克	ABQ	P/Q	11%	0	
12119039	----其他										
1211903930	大麻〔999〕	6	20	9		千克	ABI	P/Q	31%	0	9
1211903940	罂粟壳〔999 药用罂粟壳〕	6	20	9		千克	ABI	P/Q	31%	0	9
1211903950	鲜、冷、冻或干的木香(不论是否切割、压碎或研磨成粉)〔999 药用木香〕	6	20	9		千克	ABFE	P/Q	31%	0	9
1211903960	鲜、冷、冻或干的黄草及枫斗(石斛)(不论是否切割、压碎或研磨成粉)〔101 药用石斛〕	6	20	9		千克	ABFE	P/Q	31%	0	9
1211903971	鲜、冷、冻或干的濒危苁蓉(不论是否切割,压碎或研磨成粉)〔999〕	6	20	9		千克	ABFE	P/Q	31%	0	0
1211903979	鲜、冷、冻或干的其他苁蓉(不论是否切割,压碎或研磨成粉)〔999〕	6	20	9		千克	AB	P/Q	31%	0	9
1211903982	鲜或干的濒危红豆杉皮、枝叶(不论是否切割,压碎或研磨成粉)〔999〕	6	20	9		千克	ABFE	P/Q	31%	0	0
1211903983	鲜或干的其他红豆杉皮、枝叶(不论是否切割,压碎或研磨成粉)〔999〕	6	20	9		千克	AB	P/Q	31%	0	9
1211903984	冷或冻的濒危红豆杉皮、枝叶(不论是否切割,压碎或研磨成粉)〔999〕	6	20	9		千克	ABFE	P/Q	31%	0	0
1211903985	冷或冻的其他红豆杉皮、枝叶(不论是否切割,压碎或研磨成粉)〔999〕	6	20	9		千克	AB	P/Q	31%	0	9
1211903991	其他主要用作药料鲜、冷、冻或干的濒危植物(包括其某部分,不论是否切割、压碎或研磨成粉)〔101 其他药用濒危植物中药材〕,〔102 食用濒危植物中药材〕,〔103 药用黄柏〕	6	20	9		千克	ABFE	P/Q	31%	0	0
1211903992	加纳籽、车前子壳粉、育亨宾皮(包括其某部分,不论是否切割、压碎或研磨成粉)〔999〕	6	20	9		千克	AB	P/Q	31%	0	9
1211903993	恰特草(Catha edulis Forssk;包括其某部分,不论是否切割、压碎或研磨成粉)〔999〕	6	20	9		千克	ABI	P/Q	31%	0	9
1211903994[暂0]	牛蒡种子(种用牛蒡)〔999〕	6	20			千克	ABQ	P/Q	31%	0	
1211903995	当归种子〔999〕	6	20			千克	ABQ	P/Q	31%	0	
1211903996	如意博士茶(线叶金雀花)(包括其某部分,不论是否切割、压碎或研磨成粉)〔999〕	6	20	9		千克	AB	P/Q	31%		
1211903999	其他主要用作药料的鲜、冷、冻或干的植物(包括其某部分,不论是否切割、压碎或研磨成粉)①	6	20	9		千克	ABQ	P/Q	31%	0	9
12119050	---主要用作香料的植物及其某部分										

① 〔101 药用玉竹〕,〔102 药用白芷〕,〔103 药用桔梗〕,〔104 药用高良姜〕,〔105 药用黄精〕,〔106 药用葛根〕,〔107 药用白茅根〕,〔108 药用芦根〕,〔109 药用薤白〕,〔110 药用白及〕,〔111 药用板蓝根〕,〔112 药用苍术〕,〔113 药用柴胡〕,〔114 药用赤芍〕,〔115 药用刺五加〕,〔116 药用丹参〕,〔117 药用地骨皮〕,〔118 药用地榆〕,〔119 药用独活〕,〔120 药用莪术〕,〔121 药用防风〕,〔122 药用附子〕,〔123 药用钩藤〕,〔124 药用骨碎补〕,〔125 药用何首乌〕,〔126 药用红景天〕,〔127 药用厚朴〕,〔129 药用麦冬(麦门冬)〕,〔130 药用牡丹皮〕,〔131 药用木通〕,〔132 药用牛膝〕,〔133 药用前胡〕,〔134 药用羌活〕,〔135 药用秦艽〕,〔136 药用青风藤〕,〔137 药用桑白皮〕,〔138 药用升麻〕,〔139 药用石菖蒲〕,〔140 药用太子参〕,〔141 药用天冬(天门冬)〕,〔142 药用土茯苓〕,〔143 药用威灵仙〕,〔144 药用五加皮〕,〔145 药用细辛〕,〔146 药用香附〕,〔147 药用续断(川断)〕,〔148 药用玄参〕,〔149 药用延胡索(元胡)〕,〔150 药用远志〕,〔151 药用泽泻〕,〔152 药用知母〕,〔153 药用竹茹〕,〔154 药用茜草〕,〔155 药用巴戟天〕,〔156 药用木贼〕,〔157 药用首乌藤〕,〔158 药用桑枝〕,〔159 药用金银花〕,〔160 药用桑叶〕,〔161 药用荷叶〕,〔162 药用淡竹叶〕,〔163 药用紫苏〕,〔164 药用山银花〕,〔165 药用艾叶〕,〔166 药用杜仲叶〕,〔167 药用番泻叶〕,〔168 药用红花〕,〔169 药用厚朴花〕,〔170 药用芦荟〕,〔171 药用玫瑰花〕,〔172 药用木棉花〕,〔173 药用枇杷叶〕,〔174 药用蒲黄〕,〔175 药用辛夷〕,〔176 药用淫羊藿〕,〔177 药用银杏叶〕,〔178 药用佩兰〕,〔179 药用侧柏叶〕,〔180 药用泽兰〕,〔181 药用罗布麻〕,〔182 药用金荞麦〕,〔183 药用刀豆〕,〔184 药用山楂〕,〔185 药用木瓜〕,〔186 药用火麻仁〕,〔187 药用决明子〕,〔188 药用余甘子〕,〔189 药用佛手〕,〔190 药用沙棘〕,〔191 药用罗汉果〕,〔192 药用青果〕,〔193 药用栀子〕,〔194 药用砂仁〕,〔196 药用香橼〕,〔197 药用桑椹〕,〔198 药用橘红〕,〔199 药用橘皮或陈皮〕,〔200 药用莱菔子〕,〔201 药用紫苏子〕,〔202 药用酸枣仁〕,〔203 药用覆盆子〕,〔204 药用柏子仁〕,〔205 药用补骨脂〕,〔206 药用瓜蒌〕,〔207 药用诃子〕,〔208 药用芥子〕,〔209 药用连翘〕,〔210 药用牛蒡子〕,〔211 药用青皮〕,〔212 药用山茱萸〕,〔213 药用菟丝子〕,〔214 药用吴茱萸〕,〔215 药用五味子〕,〔216 药用夏枯草(球)〕,〔217 药用亚麻子〕,〔218 药用郁李仁〕,〔219 药用枳壳〕,〔220 药用枳实〕,〔221 药用韭菜子〕,〔222 药用沙苑子〕,〔223 药用槐角〕,〔224 药用蒺藜〕,〔225 药用金樱子〕,〔226 药用女贞子〕,〔227 药用益智〕,〔228 药用灵芝〕,〔229 药用猪苓〕,〔230 药用薄荷〕,〔231 药用藿香〕,〔232 药用大蓟〕,〔233 药用墨旱莲〕,〔234 药用益母草〕,〔235 药用茵陈〕,〔236 药用马齿苋〕,〔237 药用小蓟〕,〔238 药用鱼腥草〕,〔239 药用香薷〕,〔240 药用蒲公英〕,〔241 药用车前草〕,〔242 药用鸡骨草〕,〔243 药用积雪草〕,〔244 药用金钱草〕,〔245 药用荆芥〕,〔248 药用片姜黄〕,〔251 药用车前子〕,〔276 食用橘红〕,〔285 食用藿香〕,〔289 食用香薷〕,〔290 食用蒲公英〕,〔291 食用夏枯草(球)〕,〔292 其他药用根和根茎类中药材〕,〔293 其他食用根和根茎类中药材〕,〔294 其他药用茎、皮类中药材〕,〔295 其他食用茎、皮类中药材〕,〔296 其他药用叶、花类中药材〕,〔297 其他食用叶、花类中药材〕,〔298 其他药用果实类中药材〕,〔299 其他食用果实类中药材〕,〔300 其他药用种子类中药材〕,〔301 其他食用种子类中药材〕,〔302 其他药用全草类中药材〕,〔303 其他食用全草类中药材〕,〔304 其他药用未列明类别中药材〕,〔305 其他食用未列明类别中药材〕,〔306 食用凉粉草〕,〔307 白头翁 PULSATILLAE RADIX〕,〔308 北豆根 MENISPERMI RHIZOMA〕,〔309 槟榔 ARECAE SEMEN〕,〔310 草豆蔻(草寇) ALPINIAE KATSUMADAI SEMEN〕,〔311 穿山龙 DIOSCOREAE NIPPONICAE RHIZOMA〕,〔312 大腹皮(茯毛) ARECAE PERICARPIUM〕,〔313 防己 STEPHANIAE TETRANDRAE RADIX〕,〔314 黄藤 FIBRAUREAE CAULIS〕,〔315 鸡血藤 SPATHOLOB CAULIS〕,〔316 老鹳草(玄草) ERODII HERBA GERANII HERBA〕,〔317 莲须 NELUMBINIS STAMEN〕,〔318 马钱子 STRYCHNI SEMEN〕,〔319 马钱子粉 STRYCHNI SEMEN PULVERATUM〕,〔320 蔓荆子 VITICIS FRUCTUS〕,〔321 猫爪草 RANUNCULI TERNATI RADIX〕,〔322 山豆根 SOPHORAE TONKINENSIS RADIX ET RHIZOMA〕,〔323 水飞蓟 SILYBI FRUCTUS〕,〔324 松花粉 PINI POLLEN〕,〔325 天仙子 HYOSCYAMI SEMEN〕,〔326 西青果 CHEBULAE FRUCTUS IMMATURUS〕,〔327 仙茅 CURCULIGINIS RHIZOMA〕,〔328 郁金 CURCUMAE RADIX〕,〔329 重楼 PARIDIS RHIZOMA〕,〔330 紫草 ARNEBIAE RADIX〕,〔331 胡芦巴(葫芦巴) TRIGONELLAE SEMEN〕,〔332 药用吐根〕,〔333 药用白鲜皮〕,〔334 药用弗朗鼠李皮〕,〔335 槲寄生〕,〔336 广天仙子〕,〔337 天竺黄〕,〔338 胡黄连〕,〔339 白前〕,〔340 百部〕,〔341 苍耳子〕,〔342 药用草果〕,〔343 当药〕,〔344 甘松〕,〔345 红豆蔻〕,〔346 合欢皮〕,〔347 苦参〕,〔348 两面针〕,〔349 罗布麻叶、罗布麻茶〕,〔350 木蝴蝶〕,〔351 马鞭草〕,〔352 千年健〕,〔353 忍冬藤〕,〔354 蛇床子〕,〔355 射干〕,〔356 石榴皮〕,〔357 使君子〕,〔358 娑罗子〕,〔359 天南星〕,〔360 通草〕,〔361 乌药〕,〔362 徐长卿〕,〔363 云芝〕,〔364 紫花地丁〕,〔365 紫菀〕,〔366 棕榈〕,〔367 方儿茶〕,〔368 藤黄〕,〔369 毛诃子〕,〔370 印度獐牙菜〕,〔371 宽筋藤〕,〔372 大风子〕,〔373 大托叶云实〕,〔374 藏茜草〕,〔375 蒺藜草〕,〔376 桫拉木〕,〔377 紫锥菊、洋紫锥菊〕,〔378 非药用决明子〕,〔379 萝芙木〕,〔380 檀香〕,〔381 东革阿里〕,〔382 桑黄〕,〔383 法外根〕,〔384 骆驼蓬子〕,〔385 南沙参〕,〔386 北沙参〕,〔387 食用砂仁〕,〔388 食用玉竹〕,〔389 食用余甘子〕,〔390 食用金银花〕,〔391 食用桔梗〕,〔392 食用黄精〕,〔393 药用槐花〕,〔394 食用槐花〕,〔395 食用覆盆子〕,〔396 食用当归〕,〔397 食用青果〕

协定税率(%)																		特惠税率(%)			Article Description
智利	新西兰	澳大利亚	瑞士	冰岛	秘鲁	哥斯达	东盟	亚太	新加坡	巴基斯坦	港/澳/台	韩国	格鲁吉亚	毛里求斯	柬埔寨	尼加拉瓜	日/韩/澳/新/东(RCEP)	亚太2国	老/柬/缅	LDC 98/97/95	
0	0	0	0	0	0	0	0	3		0	0/0/	0	0	0	0	0	0/0/0/0/0		/0/	0/0/0	----Cortex eucommiae
0	0	0	0	0	0	0	0	3		0	0/0/	0	0	0	0	0	0/0/0/0/0		0/0/0	0/0/0	----Poria
0	0	0	0	0	0	0	0	3		0	0/0/	0	0	0	0	0	0/0/0/0/0		/0/	0/0/0	----Fructus lycii
0	0	0	0	0	0	0	0	3		0	0/0/	0	0	0	0	0	0/0/0/0/0		/0/	0/0/0	----Bantaroi seeds
0	0	0	0	0	0	0	0	1.5		0	0/0/	0	0	0	0	0	0/0/0/0/0		/0/	0/0/0	----Aloes wood
0	0	0	0	0	0	0	0	3		0	0/0/	0	0	0	0	0	0/0/0/0/0		/0/	0/0/0	----Adenophora axilliflora
0	0	0	0	0	0	0	0			5	0/0/	0	0	0	0	0	0/0/0/0/0		/0/	0/0/0	----Southernwood
0	0	0	0	0	0	0	0			0	0/0/	0	0	0	0	0	4.4/0/0/0/0			0/0/0	----Liquorice roots
0	0	0	0	0	0	0	0	3		0	0/0/	0	0	0	0	0	0/0/0/0/0		0/0/0	0/0/0	----Radix astragali
0	0	0	0	0	0	0	0	3		0	0/0/	0	0	0	0	0	0/0/0/0/0		0/0/0	0/0/0	----Linden flower and leaf
0	0	0	0	0	0	0	0	3		0	0/0/	0	0	0	0	0	0/0/0/0/0		0/0/0	0/0/0	----Other
0	0	0	0	0	0	0	0	4		0	0/0/	0	0	3.4	0	0	5.8/0/0/0/0		/0/	0/0/0	---Of a kind used primarily in perfumery

商品编号	商品名称及备注[检验检疫编码及名称]	进口关税(%)		增值税率(%)	消费税	计量单位	监管条件	检验检疫类别	对美税率	出口税率(%)	出口退税率(%)
		最惠国	普通								
1211905030	香料用沉香木及拟沉香木(包括其某部分,不论是否切割、压碎或研磨成粉)〔999 有检疫要求食品添加剂〕	8	50	9		千克	ABFE	P. R/Q	33%	0	0
1211905091	其他主要用作香料的濒危植物(包括其某部分,不论是否切割、压碎或研磨成粉)〔101 香辛料〕,〔102 其他调味料〕	8	50	9		千克	ABFE	P. R/Q	33%	0	0
1211905099	其他主要用作香料的植物(包括其某部分,不论是否切割,压碎或研磨成粉)①	8	50	9		千克	AB	M. P. R/ N. Q	33%	0	9
12119091	----鱼藤根、除虫菊										9
1211909100	鲜、冷、冻或干的鱼藤根、除虫菊(不论是否切割、压碎或研磨成粉)〔999〕	3	11	9		千克	AB	M. P/N. Q	8%	0	
12119099	----其他										
1211909991	其他鲜、冷、冻或干的杀虫、杀菌用濒危植物(不论是否切割、压碎或研磨成粉)〔999〕	9	30	9		千克	ABFE	P/Q	34%	0	0
1211909999	其他鲜、冷、冻或干的杀虫、杀菌用植物(不论是否切割、压碎或研磨成粉)〔999〕	9	30	9		千克	AB	P/Q	34%	0	9
1212	**鲜、冷、冻或干的刺槐豆、海草及其他藻类、甜菜及甘蔗,不论是否碾磨;主要供人食用的其他税目未列名的果核、果仁及植物产品(包括未焙制的菊苣根):**										
12122110	---海带										0
1212211010	不超过 10 厘米的海带种苗及其配子或孢子(不论是否碾磨)②	20	70			千克	AB	P. R/Q. S	25%	0	
1212211090	适合供人食用的鲜、冷、冻或干的海带(不论是否碾磨)③	20	70	9		千克	AB	P. R/Q. S	25%	0	
12122120	---发菜										9
1212212000	适合供人食用的鲜、冷、冻或干的发菜(不论是否碾磨)④	20	70	9		千克	8A	P. R/Q. S	25%	0	
12122131	----干的										9
1212213100	适合供人食用的干的裙带菜(不论是否碾磨)〔101 干的养殖裙带菜〕,〔102 干的野生裙带菜〕	15	70	9		千克	AB	P. R/Q. S	20%	0	
12122132	----鲜的										9
1212213210	不超过 10 厘米的裙带菜种苗及其配子或孢子(不论是否碾磨)〔101 鲜的养殖裙带菜〕,〔102 鲜的野生裙带菜〕	15	70			千克	AB	P. R/Q. S	20%	0	
1212213290	适合供人食用的鲜的裙带菜(不论是否碾磨)〔101 鲜的养殖裙带菜〕,〔102 鲜的野生裙带菜〕	15	70	9		千克	AB	P. R/Q. S	20%	0	
12122139	----其他										9
1212213900	适合供人食用的冷、冻的裙带菜(不论是否碾磨)〔101 冷藏养殖裙带菜〕,〔102 冻藏养殖裙带菜〕,〔103 冷藏野生裙带菜〕,〔104 冻藏野生裙带菜〕	15	70	9		千克	AB	P. R/Q. S	20%	0	
12122141	----干的										0
1212214100	适合供人食用的干的紫菜(不论是否碾磨)〔101 干的养殖紫菜〕,〔102 干的野生紫菜〕	15	70	9		千克	AB	P. R/Q. S	20%	0	
12122142	----鲜的										0
1212214210	不超过 5 厘米的紫菜种苗及其配子或孢子(不论是否碾磨)〔101 鲜的养殖紫菜〕,〔102 鲜的野生紫菜〕	15	70			千克	AB	P. R/Q. S	20%	0	
1212214290	适合供人食用的鲜的紫菜(不论是否碾磨)〔101 鲜的养殖紫菜〕,〔102 鲜的野生紫菜〕	15	70	9		千克	AB	P. R/Q. S	20%	0	
12122149	----其他										0
1212214900	适合供人食用的冷、冻紫菜(不论是否碾磨)〔101 冷藏养殖紫菜〕,〔102 冻藏养殖紫菜〕,〔103 冷藏野生紫菜〕,〔104 冻藏野生紫菜〕	15	70	9		千克	AB	P. R/Q. S	20%	0	
12122161	----干的										9
1212216110	适合供人食用的干的野生珍珠麒麟菜(不论是否碾,不包括人工培植的)〔101 干的野生珍珠麒麟菜〕,〔102 工业用途〕	15	70	9		千克	ABE	P. R/Q. S	20%	0	
1212216190	适合供人食用的干的其他麒麟菜(不论是否碾磨)〔101 干的养殖麒麟菜〕,〔102 干的野生麒麟菜〕,〔103 工业用途〕	15	70	9		千克	AB	P. R/Q. S	20%	0	
12122169	----其他										9
1212216911	野生珍珠麒麟菜种苗及其配子或孢子(不论是否碾,不包括人工培植的)〔101 鲜、冷的野生麒麟菜〕,〔102 冻藏野生麒麟菜〕	15	70	9		千克	ABE	P. R/Q. S	20%	0	
1212216919	其他麒麟菜种苗及其配子或孢子(不论是否碾磨)⑤	15	70			千克	AB	P. R/Q. S	20%	0	
1212216991	适合供人食用的鲜、冷或冻的野生珍珠麒麟菜(不论是否碾,不包括人工培植的)〔101 鲜、冷的野生麒麟菜〕,〔102 冻藏野生麒麟菜〕	15	70	9		千克	ABE	P. R/Q. S	20%	0	
1212216999	适合供人食用的鲜、冷或冻的其他麒麟菜(不论是否碾磨)⑥	15	70	9		千克	AB	P. R/Q. S	20%	0	
12122171	----干的										9
1212217100	适合供人食用的干的江蓠(不论是否碾磨)〔101 干的养殖江蓠〕,〔102 干的野生江蓠〕	15	70	9		千克	AB	P. R/Q. S	20%	0	

① 〔111 香辛料〕,〔112 其他调味料〕,〔113 干薄荷叶〕,〔114 罗勒粉〕,〔115 香叶〕,〔116 牛至叶(包括牛至叶粉)〕,〔117 洋苏叶〕,〔118 野生墨角兰〕,〔119 迷迭香〕,〔120 鼠尾草〕
② 〔101 鲜、冷的养殖海带〕,〔102 冻的养殖海带〕,〔103 干的养殖海带〕,〔104 鲜、冷的野生海带〕,〔105 冻的野生海带〕,〔106 干的野生海带〕
③ 〔101 鲜、冷的养殖海带〕,〔102 冻的养殖海带〕,〔103 干的养殖海带〕,〔104 鲜、冷的野生海带〕,〔105 冻的野生海带〕,〔106 干的野生海带〕,〔107 药用昆布〕
④ 〔101 鲜、冷的养殖发菜〕,〔102 冻的养殖发菜〕,〔103 干的养殖发菜〕,〔104 鲜、冷的野生发菜〕,〔105 冻的野生发菜〕,〔106 干的野生发菜〕
⑤ 〔101 鲜、冷的养殖麒麟菜〕,〔102 冻藏养殖麒麟菜〕,〔103 鲜、冷的野生麒麟菜〕,〔104 冻藏野生麒麟菜〕
⑥ 〔101 鲜、冷的养殖麒麟菜〕,〔102 冻藏养殖麒麟菜〕,〔103 鲜、冷的野生麒麟菜〕,〔104 冻藏野生麒麟菜〕

智利	新西兰	澳大利亚	瑞士	冰岛	秘鲁	哥斯达	东盟	亚太	新加坡	巴基斯坦	港/澳/台	韩国	格鲁吉亚	毛里求斯	柬埔寨	尼加拉瓜	日/韩/澳/新/东(RCEP)	亚太2国	老/柬/缅	LDC 98/97/95	Article Description
协定税率(%)																		特惠税率(%)			
0	0	0	0	0	0	0	0	1.5		0	0/0/	0	0	0	0	0	0/0/0/0/0		/0/	0/0/0	----Derris roots and pyrethrum
0	0	0	0	0	0	0	0	4.5		0	0/0/	0	0	0	0	8.1	6.5/0/0/0/0		/0/	0/0/0	----Other
																					Locust beans, seaweeds and other algae, sugar beet and sugar cane, fresh, chilled, frozen or dried, whether or not ground; fruit stones and kernels and other vegetable products (including unroasted chicory roots of the variety Cichorium intybus sativum) of a kind used primarily for human consumption, not elsewhere specified or included:
0	0	0	0	0	0	0	0	10	0	5	0/0/	6.6	0	0	0	18.7	16.3//17/17/16			0/0/0	---Sea tangle
0	0	0	0	0	0	0	0	10	0	5	0/0/	6.6	0	0	0	18.7	16.3/14/14/14/14			0/0/0	---Black moss
0	0	0	0	0	0	0	0	7.5	0	3.8	0/0/	0	0	0	0	14	10.9/10.5/0/0/0			0/0/0	----Dried
0	0	0	0	0	0	0	0	7.5	0	3.8	0/0/	0	0	0	0	14	10.9/10.5/0/0/0			0/0/0	----Fresh
0	0	0	0	0	0	0	0	7.5	0	3.8	0/0/	0	0	0	0	14	10.9/10.5/0/0/0			0/0/0	----Other
0	0	0	0	0	0	0	0	7.5	0	3.8	0/0/	0	0	0	0	14	10.9/10.5/0/0/0			0/0/0	----Dried
0	0	0	0	0	0	0	0	7.5	0	3.8	0/0/	0	0	0	0	14	10.9/10.5/0/0/0			0/0/0	----Fresh
0	0	0	0	0	0	0	0	7.5	0	3.8	0/0/	0	0	0	0	14	10.9/10.5/0/0/0			0/0/0	----Other
0	0	0	0	0	0	0	0	7.5		3.8	0/0/	0	0	0	0	14	10.9/10.5/0/0/0			0/0/0	----Dried
0	0	0	0	0	0	0	0	7.5		3.8	0/0/	0	0	0	0	14	10.9/10.5/0/0/0			0/0/0	----Other
0	0	0	0	0	0	0	0	7.5		3.8	0/0/	0	0	0	0	14	10.9/10.5/0/0/0			0/0/0	----Dried

商品编号	商品名称及备注[检验检疫编码及名称]	进口关税(%)		增值税率(%)	消费税	计量单位	监管条件	检验检疫类别	对美税率	出口税率(%)	出口退税率(%)
		最惠国	普通								
12122179	----其他										9
1212217910	江蓠种苗及其配子或孢子(不论是否碾磨)〔101 鲜、冷的养殖江蓠〕,〔102 冻藏养殖江蓠〕,〔103 鲜、冷的野生江蓠〕,〔104 冻藏野生江蓠〕	15	70			千克	AB	P. R/Q. S	20%	0	
1212217990	适合供人食用的鲜、冷或冻的江蓠(不论是否碾磨)〔101 鲜、冷的养殖江蓠〕,〔102 冻藏养殖江蓠〕,〔103 鲜、冷的野生江蓠〕,〔104 冻藏野生江蓠〕	15	70	9		千克	AB	P. R/Q. S	20%	0	
12122190	---其他										9
1212219010暂2	其他适合供人食用的藻类(石花菜、羊栖菜、苔菜等)种苗及其配子或孢子(不论是否碾磨)①	15	70			千克	AB	P. R/Q. S	27%	0	
1212219090暂2	其他适合供人食用的海草及藻类(不论是否碾磨)②	15	70	9		千克	AB	P. R/Q. S	27%	0	
12122910	---马尾藻										9
1212291010暂2	鲜、冷、冻或干的野生马尾藻(不论是否碾,不包括人工培植的)〔999〕	15	70	9		千克	ABE	P/Q	7%	0	
1212291090暂2	鲜、冷、冻或干的其他马尾藻(不论是否碾磨)〔999〕	15	70	9		千克	AB	P/Q	7%	0	
12122990	---其他										9
1212299000暂2	其他不适合供人食用的鲜、冷、冻或干海草及藻类(不论是否碾磨)〔999〕	15	70	9		千克	AB	P/Q	7%	0	
12129100	--甜菜										9
1212910000	鲜、冷、冻或干的甜菜(不论是否碾磨)〔999〕	20	70	9		千克	AB	P. R/Q	30%	0	
12129200	--刺槐豆										9
1212920000	鲜、冷、冻或干的刺槐豆(不论是否碾磨)〔999〕	20	70	9		千克	AB	P. R/Q	25%	0	
12129300	--甘蔗										9
1212930000	鲜、冷、冻或干的甘蔗(不论是否碾磨)〔101 替代种植〕,〔102 替代种植除外〕	20	70	9		千克	AB	P. R/Q	25%	0	
12129400	--菊苣根										9
1212940000	菊苣根(不论是否碾磨)〔101 药用菊苣(干)〕	20	70	9		千克	AB	P. R/Q. S	25%	0	
12129911	----苦杏仁										9
1212991100	苦杏仁③	20	80	9		千克	QAB	P. R/Q. S	25%	0	
12129912	----甜杏仁										9
1212991200	甜杏仁④	20	80	9		千克	AB	P. R/Q. S	45%	0	
12129919	----其他										9
1212991900	其他杏核,桃、梅或李的核及核仁(杏仁除外,包括油桃)⑤	20	80	9		千克	AB	P. R/Q. S	30%	0	
12129993	----白瓜子										9
1212999300	白瓜子⑥	20	80	9		千克	AB	P. R/Q. S	25%	0	
12129994	----莲子										9
1212999400	莲子〔101 药用莲子心〕,〔102 药用莲子〕,〔103 非药用〕	20	80	9		千克	AB	P. R/Q. S	25%	0	
12129996	----甜叶菊叶										9
1212999600	甜叶菊叶〔999〕	30	70	9		千克	AB	P. R/Q. S	35%	0	
12129999	----其他										
1212999910	其他供人食用濒危植物产品(包括未焙制的菊苣根,包括果核、仁等)⑦	30	70	9		千克	ABFE	P. R/Q. S	55%	0	0
1212999990	其他供人食用果核、仁及植物产品(包括未焙制的菊苣根)⑧	30	70	9		千克	AB	P. R/Q. S	55%	0	9
1213	**未经处理的谷类植物的茎、秆及谷壳,不论是否切碎、碾磨、挤压或制成团粒:**										
12130000	未经处理的谷类植物的茎、秆及谷壳,不论是否切碎、碾磨、挤压或制成团粒:										9
1213000000	未经处理的谷类植物的茎、秆及谷壳(不论是否切碎、碾磨、挤压或制成团粒)⑨	12	35	9		千克	AB	P/Q	17%	0	
1214	**芜菁甘蓝、饲料甜菜、饲料用根、干草、紫苜蓿、三叶草、驴喜豆、饲料羽衣甘蓝、羽扇豆、巢菜及类似饲料,不论是否制成团粒:**										
12141000	-紫苜蓿粗粉及团粒										0

① 〔101 鲜、冷的养殖海草及藻类〕,〔102 冻藏养殖海草及藻类〕,〔103 干的养殖海草及藻类〕,〔104 鲜、冷的野生海草及藻类〕,〔105 冻藏野生海草及藻类〕,〔106 干的野生海草及藻类〕

② 〔101 鲜、冷的养殖海草及藻类〕,〔102 冻藏养殖海草及藻类〕,〔103 干的养殖海草及藻类〕,〔104 鲜、冷的野生海草及藻类〕,〔105 冻藏野生海草及藻类〕,〔106 干的野生海草及藻类〕

③ 〔101 药用苦杏仁〕,〔102 非药用(其他工艺)〕,〔103 非药用[提取(晒干的除外)、压榨、烹制、烘焙、冻干、脱水、裹糖屑、发酵、冷冻(经漂汤和杀青,并在-18 度以下冷冻)、浸酸、腌渍、炒制等工艺进行加工处理的]〕

④ 〔101 提取(晒干的除外)、压榨、烹制、烘焙、冻干、脱水、裹糖屑、发酵、冷冻(经漂汤和杀青,并在-23 度以下冷冻)、浸酸、腌渍、炒制等工艺进行加工处理的〕,〔999 其他工艺〕

⑤ 〔101 药用桃仁〕,〔102 非熟制(其他工艺)〕,〔103 熟制〕,〔104 非熟制[提取(晒干的除外)、压榨、烹制、烘焙、冻干、脱水、裹糖屑、发酵、冷冻(经漂汤和杀青,并在-18 度以下冷冻)、浸酸、腌渍、炒制等工艺进行加工处理的]〕,〔105 药用核桃仁〕

⑥ 〔101 非熟制(其他工艺)〕,〔102 熟制〕,〔103 饲用〕,〔104 非熟制[提取(晒干的除外)、压榨、烹制、烘焙、冻干、脱水、裹糖屑、发酵、冷冻(经漂汤和杀青,并在-18 度以下冷冻)、浸酸、腌渍、炒制等工艺进行加工处理的]〕

⑦ 〔101 其他干(坚)果(其他工艺)〕,〔102 供制食品或医药用的植物产品〕,〔103 批准为新食品原料〕,〔104 其他干(坚)果[提取(晒干的除外)、压榨、烹制、烘焙、冻干、脱水、裹糖屑、发酵、冷冻(经漂汤和杀青,并在-18 度以下冷冻)、浸酸、腌渍、炒制等工艺进行加工处理的]〕

⑧ 〔101 瓜子〕,〔102 其他干(坚)果(其他工艺)〕,〔103 供制食品或医药用的植物产品〕,〔104 批准为新食品原料〕,〔105 干橡子仁(其他工艺)〕,〔106 海底椰干(其他工艺)〕,〔107 其他干(坚)果[提取(晒干的除外)、压榨、烹制、烘焙、冻干、脱水、裹糖屑、发酵、冷冻(经漂汤和杀青,并在-18 度以下冷冻)、浸酸、腌渍、炒制等工艺进行加工处理]〕,〔108 凉粉草(其他工艺)〕,〔109 凉粉草[提取(晒干的除外)、压榨、烹制、烘焙、冻干、脱水、裹糖屑、发酵、冷冻(经漂汤和杀青,并在-18 度以下冷冻)、浸酸、腌渍、炒制等工艺进行加工处理的]〕,〔110 魔芋干片〕,〔111 鸡蛋花〕,〔112 线叶金雀花叶及细茎(未经加工或经清洗、自然晾干、冷藏、切段等简单工艺处理的)〕,〔113 线叶金雀花叶及细茎(经除杂工艺(筛选挑拣以及粉碎)和除害工艺(高温、发酵、紫外线照射或巴氏杀菌等)进行加工处理的〕

⑨ 〔101 其他饲用粮谷〕,〔102 稻草及其制品〕,〔103 其他草及草制品〕,〔104 饲用燕麦草〕,〔105 饲用稻草〕,〔106 其他饲草〕,〔107 饲用其他淀粉〕,〔108 饲用植物颗粒和植物粉〕,〔109 其他植物饲料〕

协定税率(%)																		特惠税率(%)			
智利	新西兰	澳大利亚	瑞士	冰岛	秘鲁	哥斯达	东盟	亚太	新加坡	巴基斯坦	港/澳/台	韩国	格鲁吉亚	毛里求斯	柬埔寨	尼加拉瓜	日/韩/澳/新/东(RCEP)	亚太2国	老/柬/缅	LDC 98/97/95	Article Description
0	0	0	0	0	0	0	0	7.5		3.8	0/0/	0	0	0	0	14	10.9/10.5/0/0/0			0/0/0	----Other
0	0	0	0	0	0	0	0	7.5	0	3.8	0/0/	0	0	0	0	14	10.9/10.5/0/0/0			0/0/0	---Other
0	0	0	0	0	0	0	0	7.5	0	3.8	0/0/	0	0	0	0	14	/10.5/10.5/10.5/10.5			0/0/0	---Sargassum
0	0	0	0	0	0	0	0	7.5	0	3.8	0/0/	0	0	0	0	14	/10.5/10.5/10.5/10.5			0/0/0	---Other
0	0	0	0	0	0	0	0		0		0/0/	6.6	0	0	0	18.7	16.3/14/14/14/14			0/0/0	--Sugar beet
0	0	0	0	0	0	0	0	10	0	10	0/0/	6.6	0	0	0	18.7	16.3/14/14/14/14			0/0/0	--Locust beans (carob)
0	0	0	0	0	0	0	0				0/0/	0	0	0	0	18.7	14.5/14/14/14/14		0/0/0	0/0/0	--Sugar cane
0	0	0		0	0	0	0				0/0/	6.6	0	0	0	18.7	16.3/14/14/14/14			0/0/0	--Chicory roots
0	0	0	0	0	0	0	0		0		0/0/	6.6	0	0	0	18.7	16.3/14/14/14/14			0/0/0	----Bitter apricot kernels
0	0	0	0	0	0	0	0		0		0/0/	6.6	0	0	0	18.7	16.3/14/14/14/14			0/0/0	----Sweet apricot kernels
0	0	0	0	0	0	0	0		0		0/0/	6.6	0	0	0	18.7	16.3/14/14/14/14			0/0/0	----Other
0	0	0	0	0	0	0	0		0		0/0/	6.6	0	0	0	18.7	16.3/14/14/14/14			0/0/0	----Pumpkin seeds
0	0	0	0	0	0	0	0		0		0/0/	6.6	0	0	0	18.7	16.3/14/14/14/14			0/0/0	----Lotus seeds (Semen Nelumbinis)
0	0	0		0	0	0	0		0		0/0/		0	6	0	27	//25.5/25.5/25.5			0/0/0	----Stevia leaf
0	0	0		0	0	0	0		0		0/0/		0	6	0	28	//25.5/25.5/25.5			0/0/0	----Other
																					Cereal straw and husks, unprepared, whether or not chopped, ground, pressed or in the form of pellets:
0	0	0	0	0	0	0	0		0	3	0/0/	0	0	0	0	10.8	8.7/8.4/0/0/0		/0/	0/0/0	Cereal straw and husks, unprepared, whether or not chopped, ground, pressed or in the form of pellets:
																					Swedes, manigolds, fodder roots, hay, lucerne (alfalfa), clover, sainfoin, forage kale, lupines, vetches and similar forage products, whether or not in the form of pellets:
0	0	0	0	0	0	0	0			0	0/0/	0	0	0	0	0	0/0/0/0/0		/0/	0/0/0	-Lucerne (alfalfa) meal and pellets

商品编号	商品名称及备注[检验检疫编码及名称]	进口关税(%)		增值税率(%)	消费税	计量单位	监管条件	检验检疫类别	对美税率	出口税率(%)	出口退税率(%)
		最惠国	普通								
1214100000	紫苜蓿粗粉及团粒〔101 苜蓿草〕,〔102 除苜蓿草和苜蓿草颗粒外〕,〔201 苜蓿草〕,〔202 苜蓿草颗粒〕	5	35			千克	AB	P/Q		0	
12149000	-其他										0
1214900001[暂7]	其他紫苜蓿(粗粉及团粒除外)①	9	35			千克	AB	P/Q		0	
1214900002[暂4]	以除紫苜蓿外的禾本科和豆科为主的多种混合天然饲草②	9	35			千克	AB	P/Q		0	
1214900090	芜菁甘蓝、饲料甜菜、其他植物饲料(包括饲料用根、干草、三叶草、驴喜豆等,不论是否制成团粒)③	9	35			千克	AB	P/Q		0	

① 〔101 三叶草、驴喜豆等,不论是否制成团粒(其他饲草)〕,〔102 三叶草、驴喜豆等,不论是否制成团粒(饲用其他淀粉)〕,〔103 三叶草、驴喜豆等,不论是否制成团粒(饲用植物颗粒和植物粉)〕,〔104 三叶草、驴喜豆等,不论是否制成团粒(其他植物饲料)〕

② 〔101 天然饲草除外〕,〔102 三叶草、驴喜豆等,不论是否制成团粒(饲用其他淀粉)〕,〔103 三叶草、驴喜豆等,不论是否制成团粒(饲用植物颗粒和植物粉)〕,〔104 三叶草、驴喜豆等,不论是否制成团粒(其他植物饲料)〕,〔105 天然饲草〕

③ 〔101 其他未列明饲草〕,〔102 饲用其他淀粉〕,〔103 饲用植物颗粒和植物粉〕,〔104 其他植物饲料〕,〔105 燕麦草〕,〔106 梯牧草〕,〔107 羊草〕,〔108 小叶章〕,〔109 狼尾草〕,〔110 稻草〕,〔111 碱草〕

协定税率(%)																		特惠税率(%)			Article Description
智利	新西兰	澳大利亚	瑞士	冰岛	秘鲁	哥斯达	东盟	亚太	新加坡	巴基斯坦	港/澳/台	韩国	格鲁吉亚	毛里求斯	柬埔寨	尼加拉瓜	日/韩/澳/新/东(RCEP)	亚太2国	老/柬/缅	LDC 98/97/95	
0	0	0	0	0	0	0	0			0	0/0/	0	0	0	0	8.1	6.5/0/0/0/0		/0/	0/0/0	-Other

第十三章
虫胶；树胶、树脂及其他植物液、汁

注释：

品目 13.02 主要包括甘草、除虫菊、啤酒花、芦荟的浸膏及鸦片，但不包括：

一、按重量计蔗糖含量在 10%以上或制成糖食的甘草浸膏（品目 17.04）；

二、麦芽膏（品目 19.01）；

三、咖啡精、茶精、马黛茶精（品目 21.01）；

四、构成含酒精饮料的植物汁、液（第二十二章）；

五、樟脑、甘草甜及品目 29.14 或 29.38 的其他产品；

六、按重量计生物碱含量不低于 50%的罂粟秆的浓缩物（品目 29.39）；

七、品目 30.03 或 30.04 的药品及品目 38.22 的血型试剂；

八、鞣料或染料的浸膏（品目 32.01 或 32.03）；

九、精油、浸膏、净油、香膏、提取的油树脂或精油的水馏液及水溶液；饮料制造业用的以芳香物质为基料的制剂（第三十三章）；或

十、天然橡胶、巴拉塔胶、古塔波胶、银胶菊胶、糖胶树胶或类似的天然树胶（品目 40.01）。

本国注释：

编号 13021100 的鸦片，我国禁止进口。

商品编号	商品名称及备注[检验检疫编码及名称]	进口关税(%)		增值税率(%)	消费税	计量单位	监管条件	检验检疫类别	对美税率	出口税率(%)	出口退税率(%)
		最惠国	普通								
1301	**虫胶;天然树胶、树脂、树胶脂及油树脂(例如,香树脂):**										
13012000	-阿拉伯胶										9
1301200000	阿拉伯胶①	15	40	9		千克	AB	P. R/Q	35%	0	
13019010	---胶黄耆树胶(卡喇杆胶)										9
1301901000	胶黄耆树胶〔101 植物产品〕	15	40	9		千克	AB	P/Q		0	
13019020	---乳香、没药及血竭										9
1301902000	乳香、没药及血竭〔101 植物产品〕,〔102 药用乳香〕,〔103 药用没药〕,〔104 药用血竭〕	3	17	9		千克	ABQ	P/Q	8%	0	
13019030	---阿魏										
1301903010	濒危野生阿魏(不包括人工培植的)〔101 植物产品〕,〔102 药用阿魏〕	3	17	9		千克	ABE	P/Q	8%	0	0
1301903090	其他阿魏〔101 植物产品〕,〔102 药用阿魏〕	3	17	9		千克	AB	P/Q	8%	0	9
13019040	---松脂										
1301904010	濒危野生松科植物的松脂(不包括人工培植的)②	15	45	9		千克	ABE	M. P/N. Q		0	0
1301904090	其他松脂③	15	45	9		千克	AB	M. P. R/N. Q		0	9
13019090	---其他										
1301909010	龙血树脂、大戟脂、愈疮树脂〔999〕	15	45	9		千克	ABFE	P/Q	35%	0	9
1301909020	大麻脂〔999〕	15	45	9		千克	ABI	P/Q	35%	0	9
1301909091	其他濒危植物的天然树胶、树脂[包括天然树胶、树脂及其他油树脂(例如香树脂)]〔999〕	15	45	9		千克	ABFE	P/Q	35%	0	0
1301909099	其他天然树胶、树脂[包括天然树胶、树脂及其他油树脂(例如香树脂)]④	15	45	9		千克	AB	P/Q	35%	0	9
1302	**植物液汁及浸膏;果胶、果胶酸盐及果胶酸酯;从植物产品制得的琼脂、其他胶液及增稠剂,不论是否改性:**										
13021100	--鸦片										13
1302110000	鸦片液汁及浸膏(也称阿片)〔101 供制食品或医药用的植物提取物〕,〔301 危险化学品〕	0	0			千克	9BI	P/Q	5%	0	
13021200	--甘草的										13
1302120000	甘草液汁及浸膏⑤	6	20	13		千克	4xAy	R/	31%	0	
13021300	--啤酒花的										13
1302130000	啤酒花液汁及浸膏〔301 有检疫要求食品添加剂〕,〔999 啤酒花制品〕	10	80	13		千克	AB	P. R/Q. S	22.5%	0	
13021400	--麻黄的										13

① 〔101 饲料添加剂〕,〔102 有检疫要求食品添加剂〕,〔301 需申报仅用于工业用途不用于食品添加剂有检疫要求的化学品〕

② 〔101 未列出的其他植物产品〕,〔301 危险化学品,不用作食品添加剂〕,〔302 危险化学品,用作食品添加剂〕,〔303 其他化工品,不用作食品添加剂〕,〔304 其他化工品,用作食品添加剂〕

③ 〔301 危险化学品,不用作食品添加剂〕,〔302 危险化学品,用作食品添加剂〕,〔303 其他化工品,不用作食品添加剂〕,〔304 其他化工品,用作食品添加剂〕,〔999 未列出的其他植物产品〕

④ 〔101 药用干漆〕,〔102 药用安息香〕,〔103 药用苏合香〕,〔104 药用枫香脂〕,〔117 其他植物产品〕

⑤ 〔101 供制食品或医药用的植物提取物〕,〔102 甘草提取物(粉)(有检疫要求食品添加剂)〕,〔103 甘草流浸膏(有检疫要求食品添加剂)〕

Chapter 13
Lac; gums, resins and other vegetable saps and extracts

Chapter Notes:

Heading 13.02 applies, *inter alia*, to liquorice extract and extract of pyrethrum, extract of hops, extract of aloes and opium. The heading does not apply to:

1. Liquorice extract containing more than 10% by weight of sucrose or put up as confectionery (heading 17.04);
2. Malt extract (heading 19.01);
3. Extracts of coffee, tea or maté (heading 21.01);
4. Vegetable saps or extracts constituting alcoholic beverages (Chapter 22);
5. Camphor, glycyrrhizin or other products of heading 29.14 or 29.38;
6. Concentrates of poppy straw containing not less than 50% by weight of alkaloids (heading 29.39);
7. Medicaments of heading 30.03 or 30.04 or blood-grouping reagents (heading 38.22);
8. Tanning or dyeing extracts (heading 32.01 or 32.03);
9. Essential oils, concretes, absolutes, resinoids, extracted oleoresins, aqueous distillates or aqueous solutions of essential oils or preparations based on odoriferous substances of a kind used for the manufacture of beverages (Chapter 33); or
10. Natural rubber, balata, gutta-percha, guayule, chicle or similar natural gums (heading 40.01).

National Note:

Opium of Subheading 1302.1100 is subject to import ban.

协定税率(%)																		特惠税率(%)			
智利	新西兰	澳大利亚	瑞士	冰岛	秘鲁	哥斯达	东盟	亚太	新加坡	巴基斯坦	港/澳/台	韩国	格鲁吉亚	毛里求斯	柬埔寨	尼加拉瓜	日/韩/澳/新/东 (RCEP)	亚太2国	老/柬/缅	LDC 98/97/95	Article Description
																					Lac; natural gums, resins, gum-resins and oleoresins (for example, balsams):
0	0	0	0	0	0	0	0		0	0	0/0/	0	0	0	0	14	10.9/10.5/0/0/0			0/0/0	-Gum Arabic
0	0	0	0	0	0	0	0		0	0	0/0/	0	0	0	0	14	10.9/10.5/0/0/0			0/0/0	---Gum tragacanth
0	0	0	0	0	0	0	0			0	0/0/	0	0	0	0	0	0/0/0/0/0			0/0/0	---Olibanum, myrrh and dragons blood
0	0	0	0	0	0	0	0			0	0/0/	0	0	0	0	0	0/0/0/0/0			0/0/0	---Asafoetida
0	0	0	0	0	0	0	0		0	0	0/0/	0	0	0	0	0	10.9/10.5/0/0/0			0/0/0	---Pine-resin
0	0	0	0	0	0	0	0		0	0	0/0/	0	0	0	0	14	10.9/10.5/0/0/0			0/0/0	---Other
																					Vegetable saps and extracts; pecticsubstances, pectinates and pectates; agar-agar and other mucilages and thickeners, whether or not modified, derived from vegetable products:
0	0	0	0	0	0	0	0			0	0/0/	0	0	0	0	0	0/0/0/0/0			0/0/0	--Opium
0	0	0	0	0	0	0	0			0	0/0/	0	0	0	0	0	0/0/0/0/0			0/0/0	--Of liquorice
0	0	0	0	0	0	0	0		0	2.5	0/0/	0	0	0	0	9	7.3/7/0/0/0			0/0/0	--Of hops
0	0	0	0	0	0	0	0	7.1	0	0	0/0/	6.6	0	0	0	8.6	16.3/16/17/17/16			0/0/0	--Of ephedra

商品编号	商品名称及备注[检验检疫编码及名称]	进口关税(%) 最惠国	进口关税(%) 普通	增值税率(%)	消费税	计量单位	监管条件	检验检疫类别	对美税率	出口税率(%)	出口退税率(%)
1302140011	供制农药用麻黄浸膏及浸膏粉〔999〕	9.5	80	13		千克	23AB	P/Q	12%	0	
1302140012	供制医药用麻黄浸膏及浸膏粉〔101 供工业用的植物及植物提取物〕	9.5	80	13		千克	Q23AB	P/Q	12%	0	
1302140019	其他麻黄浸膏及浸膏粉〔101 供工业用的植物及植物提取物〕	9.5	80	13		千克	23AB	P/Q	12%	0	
1302140020	麻黄液汁〔101 供工业用的植物及植物提取物〕	9.5	80	13		千克	Q23AB	P/Q	12%	0	
13021910	---生漆										9
1302191000	生漆〔101 植物产品〕,〔301 危险化学品〕	20	90	13		千克	AB	M. P/N. Q		0	
13021920	---印楝素										9
1302192000	印楝素〔999〕	3	11	13		千克	ABS	P/Q	8%	0	
13021930	---除虫菊的或含鱼藤酮植物根茎的										13
1302193010	除虫菊的液汁及浸膏〔999〕	3	11	13		千克	ABS	M. P/N. Q	8%	0	
1302193090	含鱼藤酮植物根茎的液汁及浸膏〔999〕	3	11	13		千克	AB	M. P/N. Q	8%	0	
13021940	---银杏的										13
1302194000	银杏的液汁及浸膏〔999〕	9.5	80	13		千克	AB	P/Q	12%	0	
13021990	---其他										
1302199001	苦参碱〔999〕	9.5	80	13		千克	ABS	P/Q	29.5%	0	13
1302199013	供制农药用的濒危植物液汁及浸膏〔999〕	9.5	80	13		千克	ABFE	P/Q	29.5%	0	0
1302199019	供制农药用的其他植物液汁及浸膏〔101 供工业用的植物及植物提取物〕	9.5	80	13		千克	AB	P. R/Q	29.5%	0	13
1302199095	濒危红豆杉液汁及浸膏〔101 供工业用的植物及植物提取物〕,〔102 供制食品或医药用的植物提取物〕	9.5	80	13		千克	ABFE	P/Q	29.5%	0	0
1302199096	黄草汁液及浸膏〔101 供工业用的植物及植物提取物〕,〔102 供制食品或医药用的植物提取物〕	9.5	80	13		千克	ABFE	P/Q	29.5%	0	13
1302199097	其他濒危植物液汁及浸膏〔101 供工业用的植物及植物提取物〕,〔102 供制食品或医药用的植物提取物〕,〔103 批准为新食品原料〕	9.5	80	13		千克	ABFE	P/Q	29.5%	0	0
1302199099	其他植物液汁及浸膏①	9.5	80	13		千克	AB	M. P. R/N. Q. S	29.5%	0	13
13022000	-果胶、果胶酸盐及果胶酸酯										13
1302200000	果胶、果胶酸盐及果胶酸酯〔999 有检疫要求食品添加剂〕	20	80	13		千克	A	R/	45%	0	
13023100	--琼脂										13
1302310000	琼脂〔101 饲料添加剂〕,〔102 有检疫要求食品添加剂〕	10	80	13		千克	A	R/	37.5%	0	
13023200	--从刺槐豆、刺槐豆子或瓜尔豆制得的胶液及增稠剂,不论是否改性										13
1302320000	刺槐豆胶液及增稠剂(从刺槐豆、刺槐豆子或瓜尔豆制得的,不论是否改性)〔101 饲料添加剂〕,〔301 有检疫要求食品添加剂〕,〔302 其他化工品,不用作食品添加剂〕	10	80	13		千克	A	R/	32.5%	0	
13023911	----卡拉胶										13
1302391100	卡拉胶(不论是否改性)②	8	80	13		千克	A	R/	18%	0	
13023912	----褐藻胶										13
1302391200	褐藻胶(不论是否改性)〔999〕	8	80	13		千克	AB	P/Q	10.5%	0	
13023919	----其他										13
1302391900	海草及其他藻类胶液及增稠剂(不论是否改性)〔103 非食品添加剂〕	8	80	13		千克	AB	P/Q	28%	0	
13023990	---其他										
1302399010	未列名濒危植物胶液及增稠剂〔999〕	8	80	13		千克	ABFE	P/Q	33%	0	0
1302399090	其他未列名植物胶液及增稠剂〔301 有检疫要求食品添加剂〕,〔302 需申报仅用于工业用途不用于食品添加剂有检疫要求的化学品〕	8	80	13		千克	AB	M. P. R/Q	33%	0	13

① 〔101 供工业用的植物及植物提取物〕,〔102 供制食品或医药用的植物提取物〕,〔103 批准为新食品原料〕,〔301 危险化学品,不用作食品添加剂〕,〔302 危险化学品,用作食品添加剂〕,〔303 其他化工品,不用作食品添加剂〕,〔304 其他化工品,用作食品添加剂〕

② 〔101 硒化卡拉胶(有检疫要求食品添加剂)〕,〔102 卡拉胶(有检疫要求食品添加剂)〕,〔301 需申报仅用于工业用途不用于食品添加剂有检疫要求的化学品〕

协定税率(%)																		特惠税率(%)			
智利	新西兰	澳大利亚	瑞士	冰岛	秘鲁	哥斯达	东盟	亚太	新加坡	巴基斯坦	港/澳/台	韩国	格鲁吉亚	毛里求斯	柬埔寨	尼加拉瓜	日/韩/澳/新/东(RCEP)	亚太2国	老/柬/缅	LDC 98/97/95	Article Description
0	0	0	0	0	0	0	0		0		0/0/	6.6	0	0	0	18.7	16.3/14/14/14/14			0/0/0	---Crude lacquer
0	0	0	0	0	0	0	0			0	0/0/	0	0	0	0	0	0/0/0/0/0			0/0/0	---Azadirachtin
0	0	0	0	0	0	0	0			0	0/0/	0	0	0	0	0	0/0/0/0/0			0/0/0	---Of pyrethrum or of the roots of plants containing rotenone
0	0	0	0	0	0	0	0	7.1	0	15	0/0/	6.6	0	0	0	8.6	16.3/14/14/14/14			0/0/0	---Of ginkgo
0	0	0	0	0	0	0	0	7.1	0	0	0/0/	6.6	0	0	0	8.6	16.3/16/17/17/16			0/0/0	---Other
0	0	0	0	0	0	0	0		0		0/0/	6.6	0	0	0	18.7	16.3/14/14/14/14			0/0/0	-Pectic substances, pectinates and pectates
0	0	0	0	0	0	0	0		0	2.5	0/0/	0	0	0	0	9	7.3/7/0/0/0			0/0/0	--Agar-agar
0	0	0	0	0	0	0	0	6.7	0	0	0/0/	0	0	0	0	9	10.9/10.5/10.5/10.5/10.5			0/0/0	--Mucilages and thickeners, whether or not modified, derived from locust beans, locust bean seeds or guar seeds
0	0	0	0	0	0	0	0		0	12	0/0/	0	0	0	0	0	10.9/10.5/0/0/0			0/0/0	----Carrageenan
0	0	0	0	0	0	0	0		0	12	0/0/	0	0	0	0	0	10.9/10.5/0/0/0			0/0/0	----Algin
0	0	0	0	0	1.8	0	0		0	12	0/0/	0	0	0	0	7.2	10.9/10.5/0/0/0			0/0/0	----Other
0	0	0	0	0	0	0	0		0	12	0/0/	0	0	0	0	0	10.9/10.5/0/0/0			0/0/0	---Other

第十四章
编结用植物材料；其他植物产品

注释：

一、本章不包括归入第十一类的下列产品：

主要供纺织用的植物材料或植物纤维，不论其加工程度如何；或经过处理使其只能作为纺织原料用的其他植物材料。

二、品目14.01主要包括竹（不论是否劈开、纵锯、切段、圆端、漂白、磨光、染色或进行不燃处理）、劈开的柳条、芦苇及类似品和藤心、藤丝、藤片。但不包括木片条（品目44.04）。

三、品目14.04不包括木丝（品目44.05）及供制帚、制刷用成束、成簇的材料（品目96.03）。

商品编号	商品名称及备注[检验检疫编码及名称]	进口关税(%)		增值税率(%)	消费税	计量单位	监管条件	检验检疫类别	对美税率	出口税率(%)	出口退税率(%)
		最惠国	普通								
1401	**主要作编结用的植物材料(例如,竹、藤、芦苇、灯芯草、柳条、酒椰叶,已净、漂白或染色的谷类植物的茎秆,椴树皮):**										
14011000	-竹										9
1401100000	竹〔101 原竹〕,〔102 其他竹及竹制品〕	10	70	9		千克	AB	P/Q	35%	0	
14012000	-藤										
1401200010	濒危藤〔999〕	10	35	9		千克	ABFE	P/Q	15%	0	0
1401200090	其他藤〔999〕	10	35	9		千克	AB	P/Q	15%	0	9
14019010	---谷类植物的茎秆(麦秸除外)										9
1401901000	谷类植物的茎秆(麦秸除外)(已净、漂白或染色的)〔999〕	10	70	9		千克	AB	P/Q	15%	0	
14019020	---芦苇										9
1401902000	芦苇(已净、漂白或染色的)〔999〕	10	70	9		千克	AB	P/Q	15%	0	
14019031	----蔺草										9
1401903100	蔺草(已净、漂白或染色的)〔999〕	10	70	9		千克	AB4xy	P/Q	15%	0	
14019039	----其他										9
1401903900	其他灯芯草属植物材料(已净、漂白或染色的)〔999〕	10	70	9		千克	AB	P/Q	15%	0	
14019090	---其他										9
1401909000	未列名主要用作编结用的植物材料(已净、漂白或染色的)〔999〕	10	70	9		千克	AB	P/Q	15%	0	
1404	**其他品目未列名的植物产品:**										
14042000	-棉短绒										9
1404200000	棉短绒〔999〕	4	30	9		千克	AB	P/Q	29%	0	
14049010	---主要供染料、鞣料用的植物原料										9
1404901000	主要供染料或鞣料用的植物原料〔999〕	5	45	9		千克	AB	P/Q	10%	0	
14049090	---其他										
1404909010[暂4]	椰糠(条/块)〔999〕	15	70	9		千克	AB	P/Q	29%	0	9
1404909090	其他编号未列名植物产品①	15	70	9		千克	AB	P/Q	40%	0	9,13

① 〔101 其他竹及竹制品〕,〔102 藤及藤制品〕,〔103 柳及柳制品〕,〔104 其他草及草制品〕,〔105 芦苇及芦苇制品〕,〔106 棕及棕制品〕,〔107 葵及葵制品〕,〔108 其他竹藤柳草类〕,〔109 软木(栽培介质)〕,〔110 木屑(栽培介质)〕,〔111 稻壳(栽培介质)〕,〔112 花生壳(栽培介质)〕,〔113 棉子壳(栽培介质)〕,〔114 其他有机栽培介质〕,〔115 植物标本〕,〔116 未列出的其他植物产品〕

Chapter 14
Vegetable plaiting materials; vegetable products not elsewhere specified or included

Chapter Notes:

1. This Chapter does not cover the following products which are to be classified in Section XI:
   vegetable materials or fibres of vegetable materials of a kind used primarily in the manufacture of textiles, however prepared, or other vegetable materials which have undergone treatment so as to render them suitable for use only as textile materials.

2. Heading 14.01 applies, *inter alia*, to bamboos (whether or not split, sawn lengthwise, cut to length, rounded at the ends, bleached, rendered non-inflammable, polished or dyed), split osier, reeds and the like, to rattan cores and to drawn or split rattans. The heading does not apply to chipwood (heading 44.04).

3. Heading 14.04 does not apply to wood wool (heading 44.05) and prepared knots or tufts for broom or brush making (heading 96.03).

协定税率(%)																		特惠税率(%)			Article Description
智利	新西兰	澳大利亚	瑞士	冰岛	秘鲁	哥斯达	东盟	亚太	新加坡	巴基斯坦	港/澳/台	韩国	格鲁吉亚	毛里求斯	柬埔寨	尼加拉瓜	日/韩/澳/新/东 (RCEP)	亚太2国	老/柬/缅	LDC 98/97/95	
																					Vegetable materials of a kind used primarily for plaiting (for example, bamboos, rattans, reeds, rushes, osier, raffia, cleaned, bleached or dyed cereal straw, and lime bark):
0	0	0	0	0	0	0	0		0	2.5	0/0/	0	0	0	0	9	7.3/7/0/0/0		0/0/	0/0/0	-Bamboos
0	0	0	0	0	0	0	0		0	2.5	0/0/	0	0	0	0	9	7.3/7/7/7/7		0/0/	0/0/0	-Rattans
0	0	0	0	0	0	0	0		0	2.5	0/0/	0	0	0	0	9	7.3/7/0/0/0		/0/	0/0/0	---Cereal straw (other than wheat straw)
0	0	0	0	0	0	0	0		0	2.5	0/0/	0	0	0	0	9	7.3/7/0/0/0		/0/	0/0/0	---Reeds
0	0	0	0	0	0	0	0		0	2.5	0/0/	0	0	0	0	9	7.3/7/0/0/0		/0/	0/0/0	----Mat rush
0	0	0	0	0	0	0	0		0	2.5	0/0/	0	0	0	0	9	7.3/7/0/0/0		/0/	0/0/0	----Other
0	0	0	0	0	0	0	0		0	2.5	0/0/	0	0	0	0	9	7.3/7/0/0/0		/0/	0/0/0	---Other
																					Vegetable products not elsewhere specified or included:
0	0	0	0	0	0	0	0			0	0/0/	0	0	0	0	0	0/0/2.8/2.8/0			0/0/0	-Cotton linters
0	0	0	0	0	0	0	0	4.3		0	0/0/	0	0	0	0	0	3.6/0/0/0/0			0/0/0	---Raw vegetable materials of a kind used primarily in dyeing or tanning
0	0	0	0	0	0	0	0		0	0	0/0/	0	0	0	0	13.5	10.9/10.5/10.5/10.5/10.5			0/0/0	---Other

第　三　类
动、植物或微生物油、脂及其分解产品；精制的食用油脂；动、植物蜡

第十五章
动、植物或微生物油、脂及其分解产品；精制的食用油脂；动、植物蜡

注释：

一、本章不包括：

（一）品目02.09的猪脂肪及家禽脂肪；

（二）可可脂、可可油（品目18.04）；

（三）按重量计品目04.05所列产品的含量超过15%的食品（通常归入第二十一章）；

（四）品目23.01的油渣或品目23.04至23.06的残渣；

（五）第六类的脂肪酸、精制蜡、药品、油漆、清漆、肥皂、芳香料制品、化妆盥洗品、磺化油及其他货品；或

（六）从油类提取的油膏（品目40.02）。

二、品目15.09不包括用溶剂提取的橄榄油（品目15.10）。

三、品目15.18不包括变性的油、脂及其分离品，这些货品应归入其相应的未变性油、脂及其分离品的税目。

四、皂料、油脚、硬脂沥青、甘油沥青及羊毛脂残渣，归入品目15.22。

子目注释：

一、子目1509.30所称"初榨油橄榄油"，游离酸度（以油酸计）不超过2.0克/100克，可根据《食品法典标准》（33-1981）与其他初榨油橄榄油类别加以区分。

二、子目1514.11及1514.19所称"低芥子酸菜子油"，是指按重量计芥子酸含量低于2%的固定油。

商品编号	商品名称及备注[检验检疫编码及名称]	进口关税(%) 最惠国	进口关税(%) 普通	增值税率(%)	消费税	计量单位	监管条件	检验检疫类别	对美税率	出口税率(%)	出口退税率(%)
1501	**猪脂肪(包括已炼制的猪油)及家禽脂肪,但税目02.09及15.03的货品除外:**										
15011000	-猪油										13
1501100000	猪油(但品目02.09及15.03的货品除外)①	10	35	13		千克	AB	M.P.R/Q.S	15%	0	
15012000	-其他猪脂肪										13
1501200000	其他猪脂肪(但品目02.09及15.03的货品除外)②	10	35	13		千克	AB	M.P.R/Q.S	15%	0	
15019000	-其他										13
1501900000	家禽脂肪(但品目02.09及15.03的货品除外)③	10	35	13		千克	AB	M.P.R/Q.S	15%	0	
1502	**牛、羊脂肪,但税目15.03的货品除外:**										
15021000	-牛、羊油脂										13
1502100000[暂2]	牛、羊油脂(但品目15.03的货品除外)④	8	30	13		千克	AB	M.P.R/Q.S	7%	0	
15029000	-其他										9

① 〔101工业用猪油脂〕,〔102饲料用猪油脂〕,〔103饲料用野生猪、牛、羊油脂〕,〔104未炼制的食用猪油(脂)〕,〔105已炼制的食用猪油(脂)〕

② 〔101工业用猪油脂〕,〔102饲料用猪油脂〕,〔103饲料用野生猪、牛、羊油脂〕,〔104未炼制的食用猪油(脂)〕,〔105已炼制的食用猪油(脂)〕

③ 〔101工业用禽油脂〕,〔102饲料用禽油脂〕,〔103未炼制的食用家禽油(脂)〕,〔104已炼制的食用家禽油(脂)〕

④ 〔101工业用牛油脂〕,〔102工业用羊油脂〕,〔103工业用野生猪、牛、羊油脂〕,〔104饲料用牛油脂〕,〔105饲料用羊油脂〕,〔106饲料用野生猪、牛、羊油脂〕,〔107未炼制的食用牛油(脂)〕,〔108未炼制的食用羊油(脂)〕,〔109已炼制的食用牛油(脂)〕,〔110已炼制的食用羊油(脂)〕

SECTION Ⅲ
ANIMAL, VEGETABLE OR MICROBIAL FATS AND OILS AND THEIR CLEAVAGE PRODUCTS; PREPARED EDIBLE FATS; ANIMAL OR VEGETABLE WAXES

Chapter 15
Animal, vegetable or microbial fats and oils and their cleavage products; prepared edible fats; animal or vegetable waxes

Chapter Notes:

1. This Chapter does not cover:
   - (a) Pig fat or poultry fat of heading 02.09;
   - (b) Cocoa butter, fat or oil (heading 18.04);
   - (c) Edible preparations containing by weight more than 15% of the products of heading 04.05 (generally Chapter 21);
   - (d) Greaves (heading 23.01) or residues of headings 23.04 to 23.06;
   - (e) Fatty acids, prepared waxes, medicaments, paints, varnishes, soap, perfumery, cosmetic or toilet preparations, sulphonated oils or other goods of Section VI; or
   - (f) Factice derived from oils (heading 40.02).

2. Heading 15.09 does not apply to oils obtained from olives by solvent extraction (heading 15.10).

3. Heading 15.18 does not cover fats or oils or their fractions, merely denatured, which are to be classified in the heading appropriate to the corresponding undenatured fats and oils and their fractions.

4. Soap-stocks, oil foots and dregs, stearin pitch, glycerol pitch and wool grease residues fall in heading 15.22.

Subheading Notes:

1. For the purposes of subheading 1509.30, virgin olive oil has a free acidity expressed as oleic acid not exceeding 2.0g/100g and can be distinguished from the other virgin olive oil categories according to the characteristics indicated in the Codex Alimentarius Standard 33-1981.

2. For the purposes of subheadings 1514.11 and 1514.19, the expression "low erucic acid rape or colzaoil" means the fixed oil which has an erucic acid content of less than 2% by weight.

协定税率(%)																		特惠税率(%)			
智利	新西兰	澳大利亚	瑞士	冰岛	秘鲁	哥斯达	东盟	亚太	新加坡	巴基斯坦	港/澳/台	韩国	格鲁吉亚	毛里求斯	柬埔寨	尼加拉瓜	日/韩/澳/新/东 (RCEP)	亚太2国	老/柬/缅	LDC 98/97/95	Article Description
																					Pig fat (including lard) and poultry fat, other than that of heading 02.09 or 15.03:
0	0	0	0	0	0	0	0		0		0/0/	0	0	0	0	9	7.3/7/0/0/0			0/0/0	-Lard
0	0	0	0	0	0	0	0		0		0/0/	0	0	0	0	9	7.3/7/0/0/0			0/0/0	-Other pig fat
0	0	0	0	0	0	0	0		0		0/0/	0	0	0	0	9	7.3/7/0/0/0			0/0/0	-Other
																					Fats of bovine animals, sheep or goats, other than those of heading 15.03:
0	0	0	0	0	0	0	0	0		0	0/0/	0	0	0	0	0	5.8/0/0/0/0			0/0/0	-Tallow
0	0	0	0	0	0	0	0	0		0	0/0/	0	0	0	0	0	5.8/5.6/5.6/5.6/5.6			0/0/0	-Other

商品编号	商品名称及备注[检验检疫编码及名称]	进口关税(%)		增值税率(%)	消费税	计量单位	监管条件	检验检疫类别	对美税率	出口税率(%)	出口退税率(%)
		最惠国	普通								
1502900000[暂4]	其他牛、羊脂肪(但品目 15.03 的货品除外)①	8	70	13		千克	AB	M. P. R/Q. S	9%	0	
1503	**猪油硬脂、液体猪油、油硬脂、食用或非食用脂油,未经乳化、混合或其他方法制作:**										
15030000	猪油硬脂、液体猪油、油硬脂、食用或非食用脂油,未经乳化、混合或其他方法制作										13
1503000000	未经制作的猪油硬脂、油硬脂等(包括液体猪油及脂油,未经乳化、混合或其他方法制作)②	10	30	13		千克	AB	P. R/Q. S	15%	0	
1504	**鱼或海生哺乳动物的油、脂及其分离品,不论是否精制,但未经化学改性:**										
15041000	-鱼肝油及其分离品										
1504100010	濒危鱼鱼肝油及其分离品〔101 食用保健食品〕	12	30	13		千克	ABEF	P. R/Q. S	37%	0	0
1504100090	其他鱼鱼肝油及其分离品③	12	30	13		千克	AB	P. R/Q. S	37%	0	13
15042000	-除鱼肝油以外的鱼油、脂及其分离品										
1504200011[暂6]	濒危鱼油软胶囊(鱼肝油除外)〔101 保健食品〕,〔102 除保健食品以外〕	12	50	13		千克	ABEF	P. R/Q. S	26%	0	0
1504200019	濒危鱼其他鱼油、脂及其分离品(鱼肝油除外)④	12	50	13		千克	ABEF	P. R/Q. S	32%	0	0
1504200091[暂6]	其他鱼油软胶囊(鱼肝油除外)〔101 保健食品〕,〔102 除保健食品以外〕	12	50	13		千克	AB	P. R/Q. S	26%	0	13
1504200099	其他鱼油、脂及其分离品(鱼肝油除外)⑤	12	50	13		千克	AB	P. R/Q. S	32%	0	13
15043000	-海生哺乳动物的油、脂及其分离品										
1504300010	濒危哺乳动物的油、脂及其分离品(仅指海生)⑥	14	50	13		千克	ABFE	P. R/Q. S	16.5%	0	0
1504300090	其他海生哺乳动物油、脂及其分离品⑦	14	50	13		千克	AB	P. R/Q. S	16.5%	0	13
1505	**羊毛脂及从羊毛脂制得的脂肪物质(包括纯净的羊毛脂):**										
15050000	羊毛脂及从羊毛脂制得的脂肪物质(包括纯净的羊毛脂)										13
1505000000	羊毛脂及羊毛脂肪物质(包括纯净的羊毛脂)〔101 工业用羊毛脂〕,〔102 饲料用羊毛脂〕	20	70	13		千克	AB	P/Q. S	25%	0	
1506	**其他动物油、脂及其分离品,不论是否精制,但未经化学改性:**										
15060000	其他动物油、脂及其分离品,不论是否精制,但未经化学改性										
1506000010	其他濒危动物为原料制取的脂肪(包括河马、熊、野兔、海龟为原料的及海龟蛋油)⑧	20	70	13		千克	ABFE	P. R/Q. S	45%	0	0
1506000090	其他动物油、脂及其分离品(不论是否精制,但未经化学改性)⑨	20	70	13		千克	AB	P. R/Q. S	45%	0	13
1507	**豆油及其分离品,不论是否精制,但未经化学改性:**										
15071000	-初榨的,不论是否脱胶										0
1507100000	初榨的豆油(但未经化学改性)〔999〕	9	190	9		千克	7AB	M. P. R/Q. S	34%	0	
15079000	-其他										0
1507900000	精制的豆油及其分离品(包括初榨豆油的分离品,但未经化学改性)〔101 初榨食用大豆油〕,〔102 食用豆油〕	9	190	9		千克	7AB	M. R/S	34%	0	
1508	**花生油及其分离品,不论是否精制,但未经化学改性:**										
15081000	-初榨的										0
1508100000	初榨的花生油(但未经化学改性)〔999〕	10	100	9		千克	AB	P. R/Q. S	35%	0	

① 〔101 工业用牛油脂〕,〔102 工业用羊油脂〕,〔103 工业用野生猪、牛、羊油脂〕,〔104 饲料用牛油脂〕,〔105 饲料用羊油脂〕,〔106 饲料用野生猪、牛、羊油脂〕,〔107 未炼制的食用牛脂肪〕,〔108 未炼制的食用羊脂肪〕,〔109 已炼制的食用牛油(脂)〕,〔110 已炼制的食用羊油(脂)〕,〔111 未炼制的食用牛脂肪[冰鲜未炼制牛脂肪(食用,不包括内脏脂肪)]〕,〔112 未炼制的食用牛脂肪[冰鲜未炼制牛脂肪(食用,不包括内脏脂肪,12 月龄以下)]〕,〔113 未炼制的食用牛脂肪[冰鲜未炼制牛脂肪(食用,不包括内脏脂肪,30 月龄以下)]〕,〔114 未炼制的食用牛脂肪(冷冻未炼制牛脂肪[食用,不包括内脏脂肪)]〕,〔115 未炼制的食用牛脂肪[冷冻未炼制牛脂肪(食用,不包括内脏脂肪,12 月龄以下)]〕,〔116 未炼制的食用牛脂肪(冷冻未炼制牛脂肪[食用,不包括内脏脂肪,30 月龄以下)]〕,〔117 未炼制的食用羊脂肪[冰鲜未炼制绵羊脂肪(食用,不包括内脏脂肪)]〕,〔118 未炼制的食用羊脂肪[冰鲜未炼制山羊脂肪(食用,不包括内脏脂肪)]〕,〔119 未炼制的食用羊脂肪[冷冻未炼制绵羊脂肪(食用,不包括内脏脂肪)]〕,〔120 未炼制的食用羊脂肪[冷冻未炼制山羊脂肪(食用,不包括内脏脂肪)]〕,〔121 冷冻未炼制绵羊羔羊脂肪(食用,不包括内脏脂肪)〕,〔122 冷冻未炼制山羊羔羊脂肪(食用,不包括内脏脂肪)〕

② 〔101 工业用猪油脂〕,〔102 工业用其他野生偶蹄动物油脂〕,〔103 未列出的工业用其他动物油脂〕,〔104 饲料用猪油脂〕,〔105 饲料用其他野生偶蹄动物油脂〕,〔106 未炼制的食用猪油(脂)〕

③ 〔101 工业用鱼油脂〕,〔102 未列出的工业用其他动物油脂〕,〔103 饲料用鱼油脂〕,〔104 未列出的饲料用其他动物油脂〕,〔105 养殖鱼鱼肝油原料〕,〔106 野生鱼鱼肝油原料〕,〔201 保健食品〕

④ 〔101 工业用鱼油脂〕,〔102 未列出的工业用其他动物油脂〕,〔103 饲料用鱼油脂〕,〔104 未列出的饲料用其他动物油脂〕,〔105 养殖鱼鱼油〕,〔106 野生鱼鱼油〕,〔107 保健食品〕

⑤ 〔101 工业用鱼油脂〕,〔102 未列出的工业用其他动物油脂〕,〔103 饲料用鱼油脂〕,〔104 未列出的饲料用其他动物油脂〕,〔105 养殖鱼鱼油〕,〔106 野生鱼鱼油〕,〔107 保健食品〕

⑥ 〔101 工业用海生哺乳动物油脂〕,〔102 未列出的工业用其他动物油脂〕,〔103 饲料用海生哺乳动物油脂〕,〔104 野生鱼鱼油〕

⑦ 〔101 工业用海生哺乳动物油脂〕,〔102 未列出的工业用其他动物油脂〕,〔103 饲料用海生哺乳动物油脂〕,〔104 野生鱼鱼油〕

⑧ 〔101 工业用其他野生偶蹄动物油脂〕,〔102 未列出的工业用其他动物油脂〕,〔103 饲料用其他野生偶蹄动物油脂〕,〔104 未列出的饲料用其他动物油脂〕,〔105 未炼制的食用濒危动物油(脂)〕,〔106 已炼制的食用濒危动物油(脂)〕

⑨ 〔101 工业用其他饲养偶蹄动物油脂〕,〔102 工业用野生猪、牛、羊油脂〕,〔103 工业用其他野生偶蹄动物油脂〕,〔104 工业用马油脂〕,〔105 未列出的工业用其他动物油脂〕,〔106 饲料用其他饲养偶蹄动物油脂〕,〔107 饲料用其他野生偶蹄动物油脂〕,〔108 饲料用马油脂〕,〔109 未列出的饲料用其他动物油脂〕,〔110 未炼制的其他食用动物油(脂)〕,〔111 已炼制的其他食用动物油(脂)〕,〔113 养殖虾虾油〕,〔114 野生虾虾油〕,〔115 其他养殖水产动物油脂〕,〔116 其他野生水产动物油脂〕

协定税率(%)																		特惠税率(%)			Article Description
智利	新西兰	澳大利亚	瑞士	冰岛	秘鲁	哥斯达	东盟	亚太	新加坡	巴基斯坦	港/澳/台	韩国	格鲁吉亚	毛里求斯	柬埔寨	尼加拉瓜	日/韩/澳/新/东(RCEP)	亚太2国	老/柬/缅	LDC 98/97/95	
																					Lard stearin, lard oil, oleostearin, oleooil and tallow oil, not emulsified or mixed or otherwise prepared:
0	0	0	0	0	0	0	0		0		0/0/	0	0	0	0	9	7.3/7/0/0/0			0/0/0	Lard stearin, lard oil, oleostearin, oleooil and tallow oil, not emulsified ormixed or otherwise prepared
																					Fats and oils and their fractions, of fish or marine mammals, whether or not refined, but not chemically modified:
0	0	0	0	0	0	0	0		0		0/0/	0	0	0	0	11.2	8.7/8.4/0/0/0			0/0/0	-Fish-liver oils and their fractions
0	0	0	4.8	0	0	0	0		0		0/0/	0	0	2.4	0	11.2	8.7/8.4/8.4/8.4/8.4			0/0/0	-Fats and oils and their fractions, of fish, other than liver oils
0	0	0	0	0	0	0	0		0		0/0/	0	0	0	0	13.1	10.5/10.1/0/0/0			0/0/0	-Fats and oils and their fractions, of marine mammals
																					Wool grease and fatty substances derived therefrom (including lanolin):
0	0	0	0	0	0	0	0		0		0/0/	6.6	0	0	0	18.7	16.3/14/14/14/14			0/0/0	Wool grease and fatty substances derived therefrom (including lanolin)
																					Other animal fats and oils and their fractions, whether or not refined, but not chemically modified:
0	0	0	0	0	0	0	0		0		0/0/	6.6	0	0	0	18.7	16.3/14/14/14/14			0/0/0	Other animal fats and oils and their fractions, whether or not refined, but not chemically modified
																					Soya-bean oil and its fractions, whether or not refined, but not chemically modified:
											0/0/										-Crude oil whether or not degummed
											0/0/										-Other
																					Ground-nut oil and its fractions, whether or not refined, but not chemically modified:
							0		0		0/0/				0					0//	-Crude oil

商品编号	商品名称及备注[检验检疫编码及名称]	进口关税(%)		增值税率(%)	消费税	计量单位	监管条件	检验检疫类别	对美税率	出口税率(%)	出口退税率(%)
		最惠国	普通								
15089000	-其他										0
1508900000	精制的花生油及其分离品(包括初榨花生油的分离品,但未经化学改性)〔999〕	10	100	9		千克	AB	M. R/S	35%	0	
1509	**油橄榄油及其分离品,不论是否精制,但未经化学改性:**										
15092000	-特级初榨油橄榄油										0
1509200000	特级初榨油橄榄油(未经化学改性)〔999〕	10	30	9		千克	7AB	P. R/Q. S	35%	0	
15093000	-初榨油橄榄油										0
1509300000	初榨油橄榄油(未经化学改性)〔999〕	10	30	9		千克	7AB	P. R/Q. S	35%	0	
15094000	-其他初榨油橄榄油										0
1509400000	其他初榨油橄榄油(未经化学改性)〔999〕	10	30	9		千克	7AB	P. R/Q. S	35%	0	
15099000	-其他										0
1509900000	精制的油橄榄油及其分离品(包括初榨油橄榄油的分离品,但未经化学改性)〔999〕	10	30	13		千克	7AB	R/S	35%	0	
1510	**其他橄榄油及其分离品,不论是否精制,但未经化学改性,包括掺有税目15.09的油或分离品的混合物:**										
15101000	-粗提油橄榄果渣油										0
1510100000	粗提油橄榄果渣油(未经化学改性)〔999〕	10	30	13		千克	7AB	P. R/Q. S	15%	0	
15109000	-其他										0
1510900000	其他橄榄油及其分离品(不论是否精制,但未经化学改性,包括掺有品目15.09的油或分离品的混合物)〔101 初榨食用橄榄油〕,〔102 其他初榨植物食用油〕,〔103 食用橄榄油〕	10	30	13		千克	7AB	P. R/Q. S	15%	0	
1511	**棕榈油及其分离品,不论是否精制,但未经化学改性:**										
15111000	-初榨的										0
1511100000	初榨的棕榈油(但未经化学改性)〔999〕	9	60	9		千克	7AB	M. P. R/Q. S	14%	0	
15119010	---棕榈液油(熔点19℃~24℃)										0
1511901000	棕榈液油(熔点为19摄氏度~24摄氏度,未经化学改性)〔999〕	9	60	9		千克	7AB	M. R/S	14%	0	
15119020	---棕榈硬脂液油(熔点44℃~56℃)										0
1511902001[暂2]	固态棕榈硬脂(50摄氏度≤熔点≤56摄氏度)(未经化学改性)〔999〕	8	60	9		千克	7AB	M. R/S	7%	0	
1511902090	其他棕榈硬脂(44摄氏度≤熔点<50摄氏度)(未经化学改性)〔999〕	8	60	9		千克	AB	M. R/S	13%	0	
15119090	---其他										0
1511909000	其他精制棕榈油(包括棕榈油的分离品,但未经化学改性)〔999〕	9	60	13		千克	7AB	M. R/S	14%	0	
1512	**葵花油、红花油或棉子油及其分离品,不论是否精制,但未经化学改性:**										
15121100	--初榨的										0
1512110000	初榨的葵花油和红花油(但未经化学改性)〔101 初榨食用葵花油〕,〔102 初榨食用红花油〕,〔103 其他食用植物油〕	9	160	9		千克	AB	P. R/Q. S	34%	0	
15121900	--其他										0
1512190000	精制的葵花油和红花油及其分离品(包括初榨葵花油和红花油的分离品,但未经化学改性)〔101 食用葵花籽油〕,〔102 其他食用植物油〕	9	160	13		千克	AB	R/S	34%	0	
15122100	--初榨的,不论是否去除棉子酚										0
1512210000	初榨的棉子油(不论是否去除棉子酚)〔999〕	10	70	9		千克	AB	P. R/Q. S	15%	0	
15122900	--其他										0
1512290000	精制的棉子油及其分离品(包括初榨棉子油的分离品,但未经化学改性)〔999〕	10	70	13		千克	AB	R/S	20%	0	
1513	**椰子油、棕榈仁油或巴巴苏棕榈果油及其分离品,不论是否精制,但未经化学改性:**										
15131100	--初榨的										0
1513110000	初榨椰子油(但未经化学改性)〔999〕	9	40	9		千克	AB	M. P. R/Q. S	34%	0	
15131900	--其他										0
1513190000	其他椰子油及其分离品(包括初榨椰子油的分离品,但未经化学改性)〔999〕	9	40	9		千克	AB	M. P. R/Q. S	34%	0	
15132100	--初榨的										0
1513210000	初榨棕榈仁油或巴巴苏棕榈果油(未经化学改性)〔101 初榨食用棕榈油〕,〔102 其他初榨植物食用油〕	9	40	9		千克	AB	M. P. R/Q. S	14%	0	
15132900	--其他										0
1513290000	精制的棕榈仁油或巴巴苏棕榈果油(包括分离品,但未经化学改性,初榨的除外)〔999〕	9	40	13		千克	AB	M. R/S	14%	0	

协定税率(%)																		特惠税率(%)			Article Description
智利	新西兰	澳大利亚	瑞士	冰岛	秘鲁	哥斯达	东盟	亚太	新加坡	巴基斯坦	港/澳/台	韩国	格鲁吉亚	毛里求斯	柬埔寨	尼加拉瓜	日/韩/澳/新/东(RCEP)	亚太2国	老/柬/缅	LDC 98/97/95	
							0		0		0/0/				0					0//	-Other
																					Olive oil and its fractions, whether or not refined, but not chemically modified:
0	0		0	0	0	0	0		0		0/0/	0			0	9				0/0/0	-Extra virgin olive oil
0	0		0	0	0	0	0		0		0/0/	0			0	9				0/0/0	-Virgin olive oil
0	0		0	0	0	0	0		0		0/0/	0			0	9				0/0/0	-Other virgin olive oils
0	0		0	0	0	0	0		0		0/0/	0			0	9				0/0/0	-Other
																					Other oils and their fractions, obtained solely from olives, whether or not refined, but not chemically modified, including blends of these oils or fractions with oils or fractions of heading 15.09:
0	0		0	0	0	0	0		0		0/0/	0			0	9				0/0/0	-Crude olive pomace oil
0	0		0	0	0	0	0		0		0/0/	0			0	9				0/0/0	-Other
																					Palm oil and its fractions, whether or not refined, but not chemically modified:
											0/0/										-Crude oil
											0/0/										---Palm olein (its melting point is 19℃ or more, but less than 24℃)
											0/0/										---Palm stearin (its melting point is 44℃ or more, but less than 56℃)
											0/0/										---Other
																					Sunflower-seed, safflower or cottonseed oil and fractions thereof, whether or not refined, but not chemically modified:
							0				0/0/				0					0//	--Crude oil
							0				0/0/				0					0//	--Other
							0		0		0/0/				0					0//	--Crude oil, whether or not gossypol has been removed
							0		0		0/0/				0					0//	--Other
																					Coconut (copra), palm kernel or babassu oil and fractions thereof, whether or not refined, but not chemically modified:
0	0		0	0	0	0	0	4.5		4.5	0/0/	0			0	8.1	7.7/7.7/8.3/8.3/7.7			0/0/0	--Crude oil
0	0		0	0	0	0	0	4.5		4.5	0/0/	0			0	8.1	7.7/7.7/8.3/8.3/7.7			0/0/0	--Other
0	0		0	0	0	0	0				0/0/	0			0	8.1				0/0/0	--Crude oil
0	0		0	0	0	0	0				0/0/	0			0	8.1				0/0/0	--Other

商品编号	商品名称及备注[检验检疫编码及名称]	进口关税(%) 最惠国	普通	增值税率(%)	消费税	计量单位	监管条件	检验检疫类别	对美税率	出口税率(%)	出口退税率(%)
1514	**菜子油或芥子油及其分离品，不论是否精制，但未经化学改性：**										
15141100	--初榨的										0
1514110000	初榨的低芥子酸菜子油(但未经化学改性)〔999〕	9	170	9		千克	7AB	M. P. R/Q. S	34%	0	
15141900	--其他										0
1514190000	其他低芥子酸菜子油(包括其分离品，但未经化学改性)〔999〕	9	170	9		千克	7AB	M. P. R/Q. S	14%	0	
15149110	---菜子油										0
1514911000	初榨的非低芥子酸菜子油(但未经化学改性)〔999〕	9	170	9		千克	7AB	M. P. R/Q. S	14%	0	
15149190	---芥子油										0
1514919000	初榨的芥子油(但未经化学改性)〔999〕	9	170	9		千克	7AB	M. P. R/Q. S	14%	0	
15149900	--其他										0
1514990000	精制非低芥子酸菜子油、芥子油(包括其分离品，但未经化学改性)〔101 食用菜籽油〕，〔102 其他食用植物油〕	9	170	13		千克	7AB	M. R/S	34%	0	
1515	**其他固定植物或微生物油、脂(包括希蒙得木油)及其分离品，不论是否精制，但未经化学改性：**										
15151100	--初榨的										0
1515110000	初榨亚麻子油(但未经化学改性)〔999〕	15	30	9		千克	AB	M. P. R/Q. S	40%	0	
15151900	--其他										0
1515190000	精制的亚麻子油及其分离品(包括初榨亚麻子油的分离品，但未经化学改性)〔999〕	15	30	13		千克	AB	R/S	25%	0	
15152100	--初榨的										0
1515210000	初榨的玉米油(但未经化学改性)〔999〕	10	160	9		千克	AB	P. R/Q. S	15%	0	
15152900	--其他										0
1515290000	精制的玉米油及其分离品(包括初榨玉米油的分离品，但未经化学改性)〔999〕	10	160	13		千克	AB	R/S	35%	0	
15153000	-蓖麻油及其分离品										13
1515300000	蓖麻油及其分离品(不论是否精制，但未经化学改性)〔301 有检疫要求食品添加剂〕，〔302 需申报仅用于工业用途不用于食品添加剂有检疫要求的化学品〕	10	70	13		千克	AB	M. P/Q. S	35%	0	
15155000	-芝麻油及其分离品										0
1515500000	芝麻油及其分离品(不论是否精制，但未经化学改性)〔101 初榨食用芝麻油〕，〔102 食用芝麻油〕	12	20	9		千克	AB	P. R/Q. S	37%	0	
15156000	-微生物油、脂及其分离品										0
1515600000	微生物油、脂及其分离品(不论是否精制，但未经化学改性)〔201 其他糖果〕，〔990 其他〕	20	70	13		千克	AB	M. P. R/N. Q. S	40%	0	
15159010	---希蒙得木油及其分离品										13
1515901000	希蒙得木油及其分离品(不论是否精制，但未经化学改性)〔102 其他初榨植物食用油〕	20	70	13		千克	AB	P. R/Q. S	45%	0	
15159020	---印楝油及其分离品										13
1515902000	印楝油及其分离品(不论是否精制，但未经化学改性)〔999〕	20	70	13		千克	ABS	P. R/Q. S	25%	0	
15159030	---桐油及其分离品										13
1515903000	桐油及其分离品(不论是否精制，但未经化学改性)〔999〕	20	70	13		千克	AB	P. R/Q. S	25%	0	
15159040	---茶籽油及其分离品										0
1515904000	茶籽油及其分离品(不论是否精制，但未经化学改性)〔101 食用茶油〕，〔102 其他食用植物油〕	20	70	13		千克	AB	M. P. R/N. Q. S	40%	0	
15159090	---其他										0
1515909010	野生红松籽油(不论是否精制，但未经化学改性，不包括人工培植的)〔101 其他初榨植物食用油〕，〔102 其他食用植物油〕	20	70	13		千克	ABE	P. R/Q. S	40%	0	
1515909090	其他固定植物油、脂及其分离品(不论是否精制，但未经化学改性)①	20	70	13		千克	AB	M. P. R/N. Q. S	40%	0	
1516	**动、植物或微生物油、脂及其分离品，全部或部分氢化、相互酯化、再酯化或反油酸化，不论是否精制，但未经进一步加工：**										
15161000	-动物油、脂及其分离品										13
1516100000	氢化、酯化或反油酸化动物油、脂(包括其分离品，不论是否精制，但未经进一步加工)〔101 水产动物〕，〔990 其他〕	5	70	13		千克	AB	P. R/S	30%	0	

① 〔101 饲料添加剂〕，〔102 其他初榨植物食用油〕，〔103 食用茶油〕，〔104 其他食用植物油〕，〔301 危险化学品，用作食品添加剂〕，〔302 其他化工品，不用作食品添加剂〕，〔303 危险化学品，不用作食品添加剂〕，〔304 有检疫要求食品添加剂〕

协定税率(%)																		特惠税率(%)			Article Description
智利	新西兰	澳大利亚	瑞士	冰岛	秘鲁	哥斯达	东盟	亚太	新加坡	巴基斯坦	港/澳/台	韩国	格鲁吉亚	毛里求斯	柬埔寨	尼加拉瓜	日/韩/澳/新/东(RCEP)	亚太2国	老/柬/缅	LDC 98/97/95	
																					Rape, colza or mustard oil and fractions thereof, whether or not refined, but not chemically modified:
											0/0/										--Crude oil
											0/0/										--Other
							9				0/0/										---Rape oil
											0/0/										---Mustard oil
							9				0/0/										--Other
																					Other fixed vegetable or microbial fats and oils (including jojoba oil) and their fractions, whether or not refined, but not chemically modified:
0	0		0	0	0	0	0		0		0/0/	0			0	14				0/0/0	--Crude oil
0	0		0	0	0	0	0		0		0/0/	0			0	14				0/0/0	--Other
							0		0		0/0/				0				0/0/	0/0/0	--Crude oil
							0		0		0/0/				0				0/0/	0/0/0	--Other
0	0	0	0	0	0	0	0		0		0/0/	0			0	9	7. 3/10/0/0/0		0/0/	0/0/0	-Castor oil and its fractions
0	0	0	0	0	0	0	0		0		0/0/	0			0	10. 8	8. 7/8. 4/0/0/0		0/0/	0/0/0	-Sesame oil and its fractions
0	0	0	0	0		0	0		0		0/0/				0	18	//5/5/5		0/0/0	0/0/0	-Microbial fats and oils and their fractions
0	0	0	0	0		0	0		0		0/0/	6. 6			0	18. 7	16. 3/14/14/14/14		/0/	0/0/0	---Jojoba oil and its fractions
0	0	0	0	0		0	0		0		0/0/	6. 6			0	18. 7	16. 3/14/14/14/14			0/0/0	---Neemoil and its fractions
0	0	0	0	0		0	0		0		0/0/	6. 6			0	18. 7	16. 3/14/14/14/14		/0/	0/0/0	---Tung oil and its fractions
0	0	0	0	0		0	0		0		0/0/				0	18	//5/5/5		0/0/0	0/0/0	---Camellia seed oil and its fractions
0	0	0	0	0		0	0		0		0/0/				0	18	//5/5/5		0/0/0	0/0/0	---Other
																					Animal, vegetable or microbial fats and oils and their fractions, partly or wholly hydrogenated, inter-esterified, re-esterified or elaidinised, whether or not refined, but not further prepared:
0	0	0	0	0	0	0	0				0/0/	0	0	0	0	0	0/0/0/0/0			0/0/0	-Animal fats and oils and fractions thereof

商品编号	商品名称及备注［检验检疫编码及名称］	进口关税(%) 最惠国	进口关税(%) 普通	增值税率(%)	消费税	计量单位	监管条件	检验检疫类别	对美税率	出口税率(%)	出口退税率(%)
15162000	-植物油、脂及其分离品										0
1516200000	氢化、酯化或反油酸化植物油、脂(包括其分离品,不论是否精制,但未经进一步加工)①	25	70	13		千克	AB	R/S	50%	0	
15163000	-微生物油、脂及其分离品										0
1516300000	氢化、酯化或反油酸化微生物油、脂(包括其分离品,不论是否精制,但未经进一步加工)〔101 其他化工品,不用作食品添加剂〕,〔102 其他化工品,用作食品添加剂〕	25	70	13		千克	AB	R/S	50%	0	
1517	**人造黄油;本章各种动、植物或微生物油、脂及其分离品混合制成的食用油、脂或制品,但税目 15.16 的食用油、脂及其分离品除外:**										
15171000	-人造黄油,但不包括液态的										0
1517100000	人造黄油(但不包括液态的)〔101 食用植物奶油〕,〔102 食用其他加工油脂〕,〔301 无检疫要求食品添加剂〕	30	80	13		千克	AB	M. R/S	55%	0	
15179010	---起酥油										
1517901001	动物油脂制造的起酥油(品目 15.16 的食用油、脂及其分离品除外)〔301 无检疫要求食品添加剂〕,〔999 动物油脂制造的食用起酥油〕	25	70	13		千克	AB	P. R/S	50%	0	13
1517901002	植物油脂制造的起酥油(品目 15.16 的食用油、脂及其分离品除外)〔101 食用植物调和油〕,〔102 食用其他加工油脂〕,〔301 无检疫要求食品添加剂〕	25	70	9		千克	AB	R/S	50%	0	0
1517901090	微生物油脂制造的起酥油(品目 1516 的食用油、脂及其分离品除外)〔101 食用植物调和油〕,〔102 食用其他加工油脂〕,〔301 无检疫要求食品添加剂〕	25	70	9		千克	AB	R/S	50%	0	0
15179090	---其他										
1517909001	其他混合制成的动物质食用油脂或制品(品目 15.16 的食用油、脂及其分离品除外)〔101 混合制成的动物质食用油(脂)或制品〕,〔102 食用其他加工油脂〕,〔301 无检疫要求食品添加剂〕	25	70	13		千克	AB	P. R/S	50%	0	13
1517909002	其他混合制成的植物质食用油脂或制品(品目 15.16 的食用油、脂及其分离品除外)②	25	70	9		千克	AB	R/S	50%	0	0
1517909003	其他混合制成的微生物质食用油脂或制品(品目 1516 的食用油、脂及其分离品除外)③	25	70	9		千克	AB	R/S	50%	0	
1518	**动、植物或微生物油、脂及其分离品,经过熟炼、氧化、脱水、硫化、吹制或在真空、惰性气体中加热聚合及用其他化学方法改性的,但税目 15.16 的产品除外;本章各种油、脂及其分离品混合制成的其他税目未列名的非食用油、脂或制品:**										
15180000	动、植物或微生物油、脂及其分离品,经过熟炼、氧化、脱水、硫化、吹制或在真空、惰性气体中加热聚合及用其他化学方法改性的,但税目 15.16 的产品除外;本章各种油、脂及其分离品混合制成的其他税目未列名的非食用油、脂或制品										13
1518000000	化学改性的动、植物或微生物油、脂(包括其分离品及本章油脂混合制成的非食用油脂或制品,品目 1516 的产品除外)〔101 饲料用〕,〔301 其他化工品,不用作食品添加剂〕,〔302 其他化工品,用作食品添加剂〕	10	70	13		千克	AB	M. R/S	30%	0	
1520	**粗甘油;甘油水及甘油碱液:**										
15200000	粗甘油;甘油水及甘油碱液										13
1520000000[暂6]	粗甘油,甘油水及甘油碱液〔301 无检疫要求食品添加剂〕,〔302 需申报仅用于工业用途不用于食品添加剂无检疫要求的化学品〕	20	50	13		千克	AB	M. R/S	31%	0	
1521	**植物蜡(甘油三酯除外)、蜂蜡、其他虫蜡及鲸蜡,不论是否精制或着色:**										
15211000	-植物蜡										13
1521100010	小烛树蜡〔999〕	20	80	13		千克	ABEF	P. R/Q	40%	0	
1521100090	其他植物蜡〔101 吗琳脂肪酸盐(果蜡)〕,〔102 巴西棕榈蜡〕	20	80	13		千克	AB	P. R/Q. S	40%	0	
15219010	---蜂蜡										13

① 〔101 其他食用植物油〕,〔103 食用起酥油〕,〔104 食用其他加工油脂〕,〔301 氢化植物油(无检疫要求食品添加剂)〕,〔302 氢化植物油(需申报仅用于工业用途不用于食品添加剂无检疫要求的化学品)〕

② 〔101 食用植物调和油〕,〔102 其他食用植物油〕,〔103 食用其他加工油脂〕,〔301 无检疫要求食品添加剂〕

③ 〔101 食用植物调和油〕,〔102 其他食用植物油〕,〔103 食用其他加工油脂〕,〔301 无检疫要求食品添加剂〕

协定税率(%)																		特惠税率(%)			Article Description
智利	新西兰	澳大利亚	瑞士	冰岛	秘鲁	哥斯达	东盟	亚太	新加坡	巴基斯坦	港/澳/台	韩国	格鲁吉亚	毛里求斯	柬埔寨	尼加拉瓜	日/韩/澳/新/东(RCEP)	亚太2国	老/柬/缅	LDC 98/97/95	
0	0	0		0	0	0	0			0	0/0/			5	0	23.3	//5/5/5			0/0/0	-Vegetable fats and oils and fractions thereof
0	0	0		0	0	0	0			0	0/0/			5	0	23.3	//5/5/5			0/0/0	-Microbial fats and oils and their fractions
																					Margarine; edible mixtures or preparations of animal, vegetable or microbial fats or oils or of fractions of different fats or oils of this Chapter, other than edible fats and oils or their fractions of heading 15.16:
0	0	0				0	0		0		0/0/			6	0	28	25.7/30/25.5/25.5/25.5			0//	-Margarine, excluding liquid margarine
0	0	0	0	0	0	0	0				0/0/			5	0	23.3	21.4/25/21.3/21.3/21.3			0/0/0	---Shortening
0	0		10	0	0	0	0				0/0/				0	23.3				0/0/0	---Other
																					Animal, vegetable or microbial fats and oils and their fractions, boiled, oxidised, dehydrated, sulphurised, blown, polymerised by heat in vacuum or in inert gas or otherwise chemically modified, excluding those of heading 15.16; inedible mixtures or preparations of animal, vegetable or microbial fats or oils or of fractions of different fats or oils of this Chapter, not elsewhere specified or included:
0	0		0	0	0	0	0		0		0/0/	5		0	0	9				0/0/0	Animal, vegetable or microbial fats and oils and their fractions, boiled, oxidised, dehydrated, sulphurised, blown, polymerised by heat in vacuum or in inert gas or otherwise chemically modified, excluding those of heading 15.16; inedible mixtures or preparations of animal, vegetable or microbial fats or oils or of fractions of different fats or oils of this Chapter, not elsewhere specified or included
																					Glycerol, crude; glycerol waters and glycerol lyes:
0	0	0	0	0	0	0	0		0		0/0/	6.6	0	0	0	18.7	16.3/16/17/17/16			0/0/0	Glycerol, crude; glycerol waters and glycerol lyes
																					Vegetable waxes (other than triglycerides), beeswax, other insect waxes and spermaceti, whether or not refined or coloured:
0	0	0	0	0	0	0	0		0		0/0/	6.6	0	0	0	18.7	14.5/14/17/17/14			0/0/0	-Vegetable waxes
0	0	0	0	0	0	0	0		0		0/0/	6.6	0	0	0	18.7	16.3/14/14/14/14			0/0/0	---Beeswax

商品编号	商品名称及备注[检验检疫编码及名称]	进口关税(%)		增值税率(%)	消费税	计量单位	监管条件	检验检疫类别	对美税率	出口税率(%)	出口退税率(%)
		最惠国	普通								
1521901000	蜂蜡(不论是否精制或着色)〔101 其他动物产品〕,〔104 工业用未经加工蜂蜡〕	20	80	13		千克	AB	P. R/Q. S	30%	0	
15219090	---其他										13
1521909010	鲸蜡(不论是否精制或着色)〔999〕	20	80	13		千克	AFEB	P/Q	25%	0	
1521909090	其他虫蜡(不论是否精制或着色)〔101 其他动物产品〕,〔102 药用五倍子〕	20	80	13		千克	AB	P/Q	25%	0	
1522	**油鞣回收脂;加工处理油脂物质及动、植物蜡所剩的残渣:**										
15220000	油鞣回收脂;加工处理油脂物质及动、植物蜡所剩的残渣										13
1522000000	油鞣回收脂(包括加工处理油脂物质及动、植物蜡所剩的残渣)〔999〕	20	50	13		千克	9		25%	0	

协定税率(%)																		特惠税率(%)			Article Description
智利	新西兰	澳大利亚	瑞士	冰岛	秘鲁	哥斯达	东盟	亚太	新加坡	巴基斯坦	港/澳/台	韩国	格鲁吉亚	毛里求斯	柬埔寨	尼加拉瓜	日/韩/澳/新/东(RCEP)	亚太2国	老/柬/缅	LDC 98/97/95	
0	0	0	0	0	0	0	0		0		0/0/	6.6	0	0	0	18.7	17.1/20/17/17/17			0/0/0	---Other
																					Degras; residues resulting from the treatment of fatty substances of animal or vegetable waxes:
0	0	0	0	0	0	0	0		0		0/0/	6.6	0	0	0	18.7	16.3/14/14/14/14			0/0/0	Degras; residues resulting from the treatment of fatty substances of animal or vegetable waxes

第 四 类

食品；饮料、酒及醋；烟草、烟草及烟草代用品的制品；非经燃烧吸用的产品，不论是否含有尼古丁；其他供人体摄入尼古丁的含尼古丁的产品

注释：

本类所称“团粒”，是指直接挤压或加入按重量计比例不超过3%的黏合剂制成的粒状产品。

第十六章
肉、鱼、甲壳动物、软体动物及其他水生无脊椎动物、以及昆虫的制品

注释：

一、本章不包括用第二章、第三章、第四章注释六及品目05.04所列方法制作或保藏的肉、食用杂碎、鱼、甲壳动物、软体动物或其他水生无脊椎动物及昆虫。

二、本章的食品按重量计必须含有20%以上的香肠、肉、食用杂碎、动物血、昆虫、鱼、甲壳动物、软体动物或其他水生无脊椎动物及其混合物。对于含有两种或两种以上前述产品的食品，则应按其中重量最大的产品归入第十六章的相应税目。但本条规定不适用于品目19.02的包馅食品和品目21.03及21.04的食品。

子目注释：

一、子目1602.10的“均化食品”，是指用肉、食用杂碎、动物血或昆虫经精细均化制成适合供婴幼儿食用或营养用的零售包装食品（每件净重不超过250克）。为了调味、保藏或其他目的，均化食品中可以加入少量其他配料，还可以含有少量可见的肉粒、食用杂碎粒或昆虫碎粒。归类时该子目优先于品目16.02的其他子目。

二、品目16.04或16.05项下各子目所列的是鱼、甲壳动物、软体动物及其他水生无脊椎动物的俗名，它们与第三章中相同名称的鱼、甲壳动物、软体动物及其他水生无脊椎动物种类范围相同。

商品编号	商品名称及备注[检验检疫编码及名称]	进口关税(%)		增值税率(%)	消费税	计量单位	监管条件	检验检疫类别	对美税率	出口税率(%)	出口退税率(%)
		最惠国	普通								
1601	**肉、食用杂碎、动物血或昆虫制成的香肠及类似产品；用香肠制成的食品：**										
16010010	---用天然肠衣做外包装的香肠及类似产品										
1601001010	濒危野生动物肉、杂碎、血或昆虫制天然肠衣香肠（含品目02.08的野生动物，包括类似品）①	5	90	13		千克	ABFE	P.R/Q.S	30%	0	0
1601001090	其他动物肉、杂碎、血或昆虫制天然肠衣香肠（包括类似品）②	5	90	13		千克	AB	P.R/Q.S	30%	0	13
16010020	---其他香肠及类似产品										
1601002010	濒危野生动物肉、杂碎、血或昆虫制其他肠衣香肠（含品目02.08的野生动物，包括类似品）③	5	90	13		千克	ABFE	P.R/Q.S	30%	0	0
1601002090	其他动物肉、杂碎、血或昆虫制其他肠衣香肠（包括类似品）④	5	90	13		千克	AB	P.R/Q.S	30%	0	13
16010030	---用香肠制成的食品										
1601003010	用含濒危野生动物或昆虫成分的香肠制的食品（含品目02.08的野生动物）〔101 其他熟制禽肉制品〕,〔102 其他熟制畜肉制品〕,〔103 未列出的其他动物肉脏及杂碎制品〕	5	90	13		千克	ABFE	P.R/Q.S	7.5%	0	0
1601003090	用含其他动物或昆虫成分的香肠制的食品〔101 其他熟制禽肉制品〕,〔102 其他熟制畜肉制品〕,〔103 未列出的其他动物肉脏及杂碎制品〕	5	90	13		千克	AB	P.R/Q.S	7.5%	0	9,13
1602	**其他方法制作或保藏的肉、食用杂碎、动物血或昆虫：**										
16021000	-均化食品										
1602100010	含濒危野生动物或昆虫成分的均化食品（指用肉、食用杂碎或动物血经精细均化制成，零售包装）〔101〕,〔102〕,〔103〕,〔104〕	5	90	13		千克	ABFE	P.R/S	30%	0	0
1602100090	其他动物肉、食用杂碎、血或昆虫的均化食品（指用肉、食用杂碎、动物血或昆虫经精细均化制成，零售包装）〔101〕,〔102〕,〔103〕,〔104〕,〔105〕,〔106〕	5	90	13		千克	AB	P.R/S	30%	0	13
16022000	-动物肝										
1602200010	制作或保藏的濒危动物肝（第二、三章所列方法制作或保藏的除外）〔101 动物肉及杂碎〕,〔102 其他熟制禽肉制品〕,〔103 其他熟制畜肉制品〕	5	90	13		千克	ABEF	P.R/Q.S	7.5%	0	0

① 〔101 动物肉及杂碎〕,〔102 其他熟制禽肉制品〕,〔103 其他熟制畜肉制品〕,〔104 未列出的其他动物肉脏及杂碎制品〕

② 〔101 其他动物肉,杂碎(包括类似品)(动物肉及杂碎)〕,〔102 其他动物肠衣香肠(包括类似品)(其他熟制禽肉制品)〕,〔103 其他动物肠衣香肠(包括类似品)(其他熟制畜肉制品)〕,〔104 未列出的其他动物肉脏及杂碎制品〕

③ 〔101 动物肉及杂碎〕,〔102 其他熟制禽肉制品〕,〔103 其他熟制畜肉制品〕,〔104 未列出的其他动物肉脏及杂碎制品〕

④ 〔101 其他动物肉,杂碎(包括类似品)(动物肉及杂碎)〕,〔102 其他动物肠衣香肠(包括类似品)(其他熟制禽肉制品)〕,〔103 其他动物肠衣香肠(包括类似品)(其他熟制畜肉制品)〕,〔104 其他养殖制作及保藏水产制品〕,〔105 其他野生制作及保藏水产制品〕,〔106〕

SECTION Ⅳ
PREPARED FOODSTUFFS; BEVERAGES, SPIRITS AND VINEGAR; TOBACCO AND MANUFACTURED TOBACCO SUBSTITUTES; PRODUCTS, WHETHER OR NOT CONTAINING NICOTINE, INTENDED FOR INHALATION WITHOUT COMBUSTION; OTHER NICOTINE CONTAINING PRODUCTS INTENDED FOR THE INTAKE OF NICOTINE INTO THE HUMAN BODY

Section Note:

In this Section the term "pellets" means products which have been agglomerated either directly by compression or by the addition of a binder in a proportion not exceeding 3% by weight.

Chapter 16
Preparations of meat, of fish, crustaceans, molluscs or other aquatic invertebrates, or of insects

Chapter Notes:

1. This Chapter does not cover meat, meat offal, fish, crustaceans, molluscs or other aquatic invertebrates, as well as insects, prepared or preserved by the processes specified in Chapter 2 or 3, Note 6 to Chapter 4 or in heading 05. 04.

2. Food preparations fall in this Chapter provided that they contain more than 20% by weight of sausage, meat, meat offal, blood, insects, fish or crustaceans, molluscs or other aquatic invertebrates, or any combination thereof. In cases where the preparation contains two or more of the products mentioned above, it is classified in the heading of Chapter 16 corresponding to the component or components which predominate by weight. These provisions do not apply to the stuffed products of heading 19. 02 or to the preparations of heading 21. 03 or 21. 04.

Subheading Notes:

1. For the purposes of subheading 1602. 10, the expression "homogenised preparations" means preparations of meat, meat offal, blood or insects, finely homogenised, put up for retail sale as food suitable for infants or young children or for dietetic purposes, in containers of a net weight content not exceeding 250g. For the application of this definition no account is to be taken of small quantities of any ingredients which may have been added to the preparation for seasoning, preservation or other purposes. These preparations may contain a small quantity of visible pieces of meat, meat offal or insects. This subheading takes precedence over all other subheadings of heading 16. 02.

2. The fish, crustaceans, molluscs and other aquatic invertebrates specified in the subheadings of heading 16. 04 or 16. 05 under their common names only, are of the same species as those mentioned in Chapter 3 under the same name.

协定税率(%)																		特惠税率(%)			Article Description
智利	新西兰	澳大利亚	瑞士	冰岛	秘鲁	哥斯达	东盟	亚太	新加坡	巴基斯坦	港/澳/台	韩国	格鲁吉亚	毛里求斯	柬埔寨	尼加拉瓜	日/韩/澳/新/东 (RCEP)	亚太2国	老/柬/缅	LDC 98/97/95	
																					Sausages and similar products, of meat, meat offal, blood or insects; food preparations based on these products:
0	0	0	0	0	0	0	0		0	12	0/0/	0	0	0	0	0	10. 9/10. 5/0/0/0			0/0/0	---Sausages and similar products, with a natural casing
0	0	0	0	0	0	0	0		0	12	0/0/	0	0	0	0	0	10. 9/10. 5/0/0/0			0/0/0	---Other sausages and similar products
0	0	0	0	0	0	0	0		0	12	0/0/	0	0	0	0	0	10. 9/10. 5/0/0/0			0/0/0	---Food preparations based on sausages and similar produts
																					Other prepared or preserved meat, meat offal, blood or insects:
0	0	0	0	0	0	0	0		0	12	0/0/	0	0	0	0	0	10. 9/10. 5/0/0/0			0/0/0	-Homogenized preparations
0	0	0	0	0	0	0	0		0	12	0/0/	0	0	0	0	0	10. 9/10. 5/0/0/0			0/0/0	-Of liver of any animal

商品编号	商品名称及备注[检验检疫编码及名称]	进口关税(%)		增值税率(%)	消费税	计量单位	监管条件	检验检疫类别	对美税率	出口税率(%)	出口退税率(%)
		最惠国	普通								
1602200090	制作或保藏的其他动物肝(第二、三章所列方法制作或保藏的除外)〔101 动物肉及杂碎〕,〔102 其他熟制禽肉制品〕,〔103 其他熟制畜肉制品〕	5	90	13		千克	AB	P. R/Q. S	7.5%	0	13
16023100	--火鸡的										13
1602310000	制作或保藏的火鸡肉及杂碎(第二、三章所列方法制作或保藏的除外)〔101 火鸡肉及杂碎〕,〔102 热处理火鸡肉〕,〔103 其他热处理火鸡肉〕	5	90	13		千克	AB	P. R/Q. S	15%	0	
16023210	---罐头										13
1602321000	鸡罐头〔999〕	5	90	13		千克	AB	P. R/Q. S	7.5%	0	
16023291	----鸡胸肉										13
1602329100	其他方法制作或保藏的鸡胸肉(第二、三章所列方法制作或保藏的除外)〔101 非热处理鸡肉〕,〔102 热处理鸡肉〕,〔103 其他热处理鸡肉〕	5	90	13		千克	AB	P. R/Q. S	15%	0	
16023292	----鸡腿肉										13
1602329200	其他方法制作或保藏的鸡腿肉(第二、三章所列方法制作或保藏的除外)〔101 非热处理鸡肉〕,〔102 热处理鸡肉〕,〔103 其他热处理鸡肉〕	5	90	13		千克	AB	P. R/Q. S	7.5%	0	
16023299	----其他										13
1602329900	其他方法制作或保藏的其他鸡产品(第二、三章所列方法制作或保藏的除外;鸡胸肉、鸡腿肉除外)〔101 非热处理其他禽肉〕,〔102 热处理鸡肉〕,〔103 其他热处理鸡肉〕	5	90	13		千克	AB	P. R/Q. S	7.5%	0	
16023910	---罐头										13
1602391000	其他家禽肉及杂碎的罐头〔101 鸭肉罐头〕,〔102 鹅肉罐头〕,〔103 其他家禽肉及杂碎的罐头〕	5	90	13		千克	AB	P. R/Q. S	7.5%	0	
16023991	----鸭的										
1602399100	其他方法制作或保藏的鸭(第二、三章所列方法制作或保藏的除外)〔101 非热处理其他禽肉〕,〔102 热处理鸭肉〕,〔103 其他热处理鸭肉〕	5	90	13		千克	AB	P. R/Q. S	7.5%	0	9,13
16023999	----其他										13
1602399900	其他方法制作或保藏的其他家禽肉及杂碎(第二、三章所列方法制作或保藏的除外;鸡、鸭除外)〔101 非热处理其他禽肉〕,〔102 热处理鹅肉〕,〔103 其他热处理鹅肉〕,〔104 其他熟制禽肉制品〕	5	90	13		千克	AB	P. R/Q. S	7.5%	0	
16024100	--后腿及其肉块										13
1602410010	制作或保藏的鹿豚、姬猪后腿及肉块〔101 猪蹄〕,〔102 去骨熟制猪肉制品〕,〔103 带骨熟制猪肉制品〕	5	90	13		千克	ABFE	P. R/Q. S	30%	0	
1602410090	制作或保藏的猪后腿及其肉块①	5	90	13		千克	AB	P. R/Q. S	30%	0	
16024200	--前腿及其肉块										13
1602420010	制作或保藏的鹿豚、姬猪前腿及肉块〔101 猪蹄〕,〔102 去骨熟制猪肉制品〕,〔103 带骨熟制猪肉制品〕	5	90	13		千克	ABFE	P. R/Q. S	7.5%	0	
1602420090	制作或保藏的猪前腿及其肉块②	5	90	13		千克	AB	P. R/Q. S	7.5%	0	
16024910	---罐头										13
1602491010	其他含鹿豚、姬猪肉及杂碎的罐头〔999〕	5	90	13		千克	ABFE	P. R/Q. S	7.5%	0	
1602491090	其他猪肉及杂碎的罐头③	5	90	13		千克	AB	P. R/Q. S	7.5%	0	
16024990	---其他										13
1602499010	制作或保藏的其他鹿豚、姬猪肉,杂碎(包括血等)〔101 其他猪杂碎〕,〔102 去骨熟制猪肉制品〕,〔103 带骨熟制猪肉制品〕	5	90	13		千克	ABFE	P. R/Q. S	7.5%	0	
1602499090	制作或保藏的其他猪肉、杂碎、血④	5	90	13		千克	AB	P. R/Q. S	7.5%	0	
16025010	---罐头										
1602501010	含濒危野牛肉的罐头〔999〕	5	90	13		千克	ABFE	P. R/Q. S	7.5%	0	0
1602501090	其他牛肉及牛杂碎罐头(含野牛肉的除外)〔999〕	5	90	13		千克	AB	P. R/Q. S	7.5%	0	13
16025090	---其他										
1602509010	其他制作或保藏的濒危野牛肉、杂碎(包括血等)〔101 野牛肉及杂碎〕,〔102 去骨熟制牛肉制品〕,〔103 带骨熟制牛肉制品〕	5	90	13		千克	ABFE	P. R/Q. S	30%	0	0
1602509090	其他制作或保藏的牛肉、杂碎、血⑤	5	90	13		千克	AB	P. R/Q. S	30%	0	13
16029010	---罐头										
1602901010	其他濒危动物肉、杂碎、血或昆虫罐头〔999〕	5	90	13		千克	ABFE	P. R/Q. S	7.5%	0	0
1602901090	其他动物肉、杂碎、血或昆虫的罐头⑥	5	90	13		千克	AB	P. R/Q. S	7.5%	0	13
16029090	---其他										
1602909010	制作或保藏的其他濒危动物肉、杂碎、血或昆虫⑦	5	90	13		千克	ABFE	P. R/Q. S	7.5%	0	0
1602909090	制作或保藏的其他动物肉、杂碎、血或昆虫⑧	5	90	13		千克	AB	P. R/Q. S	7.5%	0	13

① 〔101 猪蹄〕,〔102 去骨熟制猪肉制品〕,〔103 带骨熟制猪肉制品〕,〔104 以上述产品为原料制成的熟制猪肉产品〕
② 〔101 猪蹄〕,〔102 去骨熟制猪肉制品〕,〔103 带骨熟制猪肉制品〕,〔104 以上述产品为原料制成的熟制猪肉产品〕
③ 〔101 猪肉罐头〕,〔102 午餐肉罐头〕,〔103 火腿午餐肉罐头〕,〔104 火腿罐头〕,〔105 云腿罐头〕
④ 〔101 制作或保藏的其他猪肉,杂碎(猪杂碎)〕,〔102 制作或保藏的其他猪肉,杂碎(去骨熟制猪肉制品)〕,〔103 制作或保藏的其他猪肉,杂碎)(带骨熟制猪肉制品)〕
⑤ 〔101 其他牛杂碎〕,〔102 去骨熟制牛肉制品〕,〔103 带骨熟制牛肉制品〕,〔104 以上述产品为原料制成的熟制牛肉产品〕
⑥ 〔101 鸟肉罐头〕,〔102 香肠罐头〕,〔103 羊肉罐头〕,〔104 鹿肉罐头〕,〔105 袋鼠肉罐头〕,〔106 马肉罐头〕,〔107 其他〕
⑦ 〔101 其他动物肉脏及杂碎〕,〔102 其他熟制畜肉制品〕,〔103 其他去骨熟制畜肉制品〕,〔104 其他带骨熟制畜肉制品〕
⑧ 〔101 其他动物肉脏及杂碎〕,〔102 去骨熟制羊肉制品〕,〔103 带骨熟制羊肉制品〕,〔104 去骨熟制鹿肉制品〕,〔105 带骨熟制鹿肉制品〕,〔106 去骨熟制马肉制品〕,〔107 带骨熟制马肉制品〕,〔108 其他熟制禽肉制品〕,〔109 其他去骨熟制畜肉制品〕,〔110 其他带骨熟制畜肉制品〕

智利	新西兰	澳大利亚	瑞士	冰岛	秘鲁	哥斯达	东盟	亚太	新加坡	巴基斯坦	港/澳/台	韩国	格鲁吉亚	毛里求斯	柬埔寨	尼加拉瓜	日/韩/澳/新/东(RCEP)	亚太2国	老/柬/缅	LDC 98/97/95	Article Description
0	0	0	0	0	0	0	0		0	12	0/0/	0	0	0	0	0	10.9/10.5/0/0/0			0/0/0	--Of turkeys
0	0	0	0	0	0	0	0		0	12	0/0/	0	0	0	0	0	10.9/10.5/0/0/0			0/0/0	---In airtight containers
0	0	0	0	0	0	0	0		0	12	0/0/	0	0	0	0	0	10.9/10.5/0/0/0			0/0/0	----Chicken breast filets
0	0	0	0	0	0	0	0		0	12	0/0/	0	0	0	0	0	10.9/10.5/0/0/0			0/0/0	----Chicken leg meat
0	0	0	0	0	0	0	0		0	12	0/0/	0	0	0	0	0	10.9/10.5/0/0/0			0/0/0	----Other
0	0	0	0	0	0	0	0		0	12	0/0/	0	0	0	0	0	10.9/10.5/0/0/0			0/0/0	---In airtight containers
0	0	0	0	0	0	0	0		0	12	0/0/	0	0	0	0	0	10.9/10.5/0/0/0			0/0/0	----Of duck
0	0	0	0	0	0	0	0		0	12	0/0/	0	0	0	0	0	10.9/10.5/0/0/0			0/0/0	----Other
0	0	0	0	0	0	0	0		0	12	0/0/	0	0	0	0	0	10.9/10.5/0/0/0			0/0/0	--Hams and cuts thereof
0	0	0	0	0	0	0	0		0	12	0/0/	0	0	0	0	0	10.9/10.5/0/0/0			0/0/0	--Shoulders and cuts thereof
0	0	0	0	0	0	0	0		0	12	0/0/	0	0	0	0	0	10.9/10.5/0/0/0			0/0/0	---In airtight containers
0	0	0	0	0	0	0	0		0	12	0/0/	0	0	0	0	0	10.9/10.5/0/0/0			0/0/0	---Other
0	0	0	0	0	0	0	0		0	6	0/0/	0	0	0	0	0	8.7/8.4/0/0/0			0/0/0	---In airtight containers
0	0	0	0	0	0	0	0		0	6	0/0/	0	0	0	0	0	8.7/8.4/0/0/0			0/0/0	---Other
0	0	0	0	0	0	0	0		0	12	0/0/	0	0	0	0	0	5.8/5.6/0/0/0			0/0/0	---In airtight containers
0	0	0	0	0	0	0	0		0	12	0/0/	0	0	0	0	0	5.8/5.6/0/0/0			0/0/0	---Other

协定税率(%): 智利 … 日/韩/澳/新/东(RCEP); 特惠税率(%): 亚太2国, 老/柬/缅, LDC 98/97/95

商品编号	商品名称及备注[检验检疫编码及名称]	进口关税(%)		增值税率(%)	消费税	计量单位	监管条件	检验检疫类别	对美税率	出口税率(%)	出口退税率(%)
		最惠国	普通								
1603	**肉、鱼、甲壳动物、软体动物或其他水生无脊椎动物的精及汁：**										
16030000	肉、鱼、甲壳动物、软体动物或其他水生无脊椎动物的精及汁										
1603000010	含濒危野生动物及鱼类成分的肉(指品目02.08及编号030192野生动物及鱼类)〔101水产制品〕,〔102鱼类罐头〕	5	90	13		千克	ABFE	P. R/Q. S	30%	0	0
1603000090	肉及水产品的精、汁(水产品指鱼、甲壳动物、软体动物或其他水生无脊椎动物)〔101养殖水产制品〕,〔102野生水产制品〕	5	90	13		千克	AB	P. R/Q. S	30%	0	13
1604	**制作或保藏的鱼；鲟鱼子酱及鱼卵制的鲟鱼子酱代用品：**										
16041110	---大西洋鲑鱼										13
1604111000	制作或保藏的大西洋鲑鱼(整条或切块,但未绞碎)〔101养殖水产制品〕,〔102野生水产制品〕,〔103养殖鱼类罐头〕,〔104野生鱼类罐头〕	10	90	13		千克	AB	P. R/Q. S	35%	0	
16041190	---其他										13
1604119010	制作或保藏的川陕哲罗鲑鱼(整条或切块,但未绞碎)〔101水产制品〕,〔102鱼类罐头〕	10	90	13		千克	AB	P. R/Q. S	35%	0	
1604119020	制作或保藏的秦岭细鳞鲑鱼(整条或切块,但未绞碎)〔101水产制品〕,〔102鱼类罐头〕	10	90	13		千克	AB	P. R/Q. S	35%	0	
1604119090	制作或保藏的其他鲑鱼〔101水产制品〕,〔102鱼类罐头〕	10	90	13		千克	AB	P. R/Q. S	35%	0	
16041200	--鲱鱼										13
1604120000	制作或保藏的鲱鱼(整条或切块,但未绞碎)〔101水产制品〕,〔102鱼类罐头〕	5	90	13		千克	AB	P. R/Q. S	30%	0	
16041300	--沙丁鱼、小沙丁鱼属、黍鲱或西鲱										13
1604130000	制作或保藏的沙丁鱼、小沙丁鱼属、黍鲱或西鲱(整条或切块,但未绞碎)①	5	90	13		千克	AB	P. R/Q. S	30%	0	
16041400	--金枪鱼、鲣及狐鲣(狐鲣属)										13
1604140000	制作或保藏的金枪鱼、鲣及狐鲣(狐鲣属)(整条或切块,但未绞碎)②	5	90	13		千克	AB	P. R/Q. S	30%	0	
16041500	--鲭鱼										13
1604150000	制作或保藏的鲭鱼(整条或切块,但未绞碎)〔101养殖水产制品〕,〔102野生水产制品〕,〔103养殖鱼类罐头〕,〔104野生鱼类罐头〕	5	90	13		千克	AB	P. R/Q. S	30%	0	
16041600	--鳀鱼										13
1604160000	制作保藏的醍鱼(Anchovies)(整条或切块,但未绞碎)〔101养殖水产制品〕,〔102野生水产制品〕,〔103养殖鱼类罐头〕,〔104野生鱼类罐头〕	5	90	13		千克	AB	P. R/Q. S	30%	0	
16041700	--鳗鱼										13
1604170010	制作或保藏的花鳗鲡(整条或切块,但未绞碎)③	5	90	13		千克	ABE	P. R/Q. S	30%	0	
1604170020	制作或保藏的欧洲鳗鲡(整条或切块,但未绞碎)④	5	90	13		千克	ABEF	P. R/Q. S	30%	0	
1604170090	其他制作或保藏的鳗鱼(整条或切块,但未绞碎)⑤	5	90	13		千克	AB	P. R/Q. S	30%	0	
16041800	--鲨鱼翅										
1604180010	制作或保藏的濒危鲨鱼鱼翅(整条或切块,但未绞碎)〔999〕	12	90	13		千克	AFEB	P. R/Q. S	37%	0	0
1604180090	制作或保藏的其他鲨鱼鱼翅(整条或切块,但未绞碎)〔999〕	12	90	13		千克	AB	P. R/Q. S	37%	0	13
16041920	---罗非鱼										13
1604192000	制作或保藏的罗非鱼(整条或切块,但未绞碎)〔101养殖水产制品〕,〔102野生水产制品〕,〔103养殖鱼类罐头〕,〔104野生鱼类罐头〕	5	90	13		千克	AB	P. R/Q. S	30%	0	
16041931	----斑点叉尾鮰鱼										13
1604193100	制作或保藏的斑点叉尾鮰鱼(整条或切块,但未绞碎)〔101养殖水产制品〕,〔102野生水产制品〕,〔103养殖鱼类罐头〕,〔104野生鱼类罐头〕	5	90	13		千克	AB	P. R/Q. S	30%	0	
16041939	----其他										13
1604193900	制作或保藏的其他叉尾鮰鱼(整条或切块,但未绞碎)〔101养殖水产制品〕,〔102野生水产制品〕,〔103养殖鱼类罐头〕,〔104野生鱼类罐头〕	5	90	13		千克	AB	P. R/Q. S	30%	0	
16041990	---其他										
1604199010	制作或保藏的濒危鱼类(整条或切块,但未绞碎)〔101野生水产制品〕,〔102野生鱼类罐头〕	5	90	13		千克	AFEB	P. R/Q. S	30%	0	0
1604199090	制作或保藏的其他鱼(整条或切块,但未绞碎)⑥	5	90	13		千克	AB	P. R/Q. S	30%	0	13
16042011	----鲨鱼翅										
1604201110	濒危鲨鱼鱼翅罐头〔999〕	12	90	13		千克	ABFE	P. R/Q. S	37%	0	0

① 〔101沙丁鱼水产制品〕,〔102小沙丁鱼属水产制品〕,〔103黍鲱水产制品〕,〔104西鲱水产制品〕,〔105沙丁鱼罐头〕,〔106小沙丁鱼属罐头〕,〔107黍鲱罐头〕,〔108西鲱罐头〕

② 〔101金枪鱼水产制品〕,〔102鲣鱼水产制品〕,〔103狐鲣(狐鲣属)水产制品〕,〔104金枪鱼罐头〕,〔105鲣鱼罐头〕,〔106狐鲣(狐鲣属)罐头〕

③ 〔103养殖鱼类罐头〕,〔104野生鱼类罐头〕,〔105养殖花鳗鲡制成的烤鳗〕,〔106野生花鳗鲡制成的烤鳗〕,〔107养殖花鳗鲡制成的其他水产制品〕,〔108野生花鳗鲡制成的其他水产制品〕

④ 〔103养殖鱼类罐头〕,〔104野生鱼类罐头〕,〔105养殖欧洲鳗鲡制成的烤鳗〕,〔106野生欧洲鳗鲡制成的烤鳗〕,〔107养殖欧洲鳗鲡制成的其他水产制品〕,〔108野生欧洲鳗鲡制成的其他水产制品〕

⑤ 〔103养殖鱼类罐头〕,〔104野生鱼类罐头〕,〔105养殖日本鳗鲡制成的烤鳗〕,〔106野生日本鳗鲡制成的烤鳗〕,〔107养殖日本鳗鲡制成的其他水产制品〕,〔108野生日本鳗鲡制成的其他水产制品〕,〔109其他养殖鳗鲡制成的烤鳗〕,〔110其他野生鳗鲡制成的烤鳗〕,〔111其他养殖鳗鲡制成的其他水产制品〕,〔112其他野生鳗鲡制成的其他水产制品〕

⑥ 〔101养殖石斑鱼〕,〔102养殖鮰鱼〕,〔103养殖鲷科〕,〔104养殖安康鱼〕,〔105养殖海鲂〕,〔106养殖鲆鱼〕,〔107养殖鲽鱼〕,〔108养殖红鱼〕,〔109养殖鲈鱼〕,〔110养殖黄鱼〕,〔111养殖鲮鱼〕,〔112其他养殖鱼〕,〔113野生石斑鱼〕,〔114野生鮰鱼〕,〔115野生鲷科〕,〔116野生安康鱼〕,〔117野生海鲂〕,〔118野生鲆鱼〕,〔119野生鲽鱼〕,〔120野生红鱼〕,〔121海鲫鱼〕,〔122金线鱼〕,〔123马面鱼〕,〔124野生鲮鱼〕,〔125野生鲈鱼〕,〔126野生黄鱼〕,〔127马鲛鱼〕,〔128带鱼〕,〔129其他野生鱼〕,〔130养殖石斑鱼罐头〕,〔131养殖鮰鱼罐头〕,〔132养殖鲷科罐头〕,〔133养殖安康鱼罐头〕,〔134养殖海鲂罐头〕,〔135养殖鲆鱼罐头〕,〔136养殖鲽鱼罐头〕,〔137养殖红鱼罐头〕,〔138其他养殖鱼罐头〕,〔139野生石斑鱼罐头〕,〔140野生鮰鱼罐头〕,〔141野生鲷科罐头〕,〔142野生安康鱼罐头〕,〔143野生海鲂罐头〕,〔144野生鲆鱼罐头〕,〔145野生鲽鱼罐头〕,〔146野生红鱼罐头〕,〔147海鲫鱼罐头〕,〔148金线鱼罐头〕,〔149马面鱼罐头〕,〔150马鲛鱼罐头〕,〔151其他野生鱼罐头〕

协定税率(%)																		特惠税率(%)			Article Description
智利	新西兰	澳大利亚	瑞士	冰岛	秘鲁	哥斯达	东盟	亚太	新加坡	巴基斯坦	港/澳/台	韩国	格鲁吉亚	毛里求斯	柬埔寨	尼加拉瓜	日/韩/澳/新/东(RCEP)	亚太2国	老/柬/缅	LDC 98/97/95	
																					Extracts and juices of meat, fish or crustaceans, molluscs or other aquatic invertebrates:
0	0	0	0	0	0	0	0		0		0/0/	11.5	0	4.6	0	0	19.7/23/19.6/19.6/19.6			0/0/0	Extracts and juices of meat, fish or crustaceans, molluscs or other aquatic invertebrates
																					Prepared or preserved fish; caviar and caviar substitutes prepared from fish eggs:
0	0	0		0		0	0		0	3	0/0/	0	0	0	0	9	8.7/8.4/0/0/0			0/0/0	---Atlantic salmon
0	0	0		0		0	0		0	3	0/0/	0	0	0	0	9	8.7/8.4/0/0/0			0/0/0	---Other
0	0	0	0	0	0	0	0		0	3	0/0/	0	0	0	0	0	8.7/8.4/0/0/0			0/0/0	--Herrings
0	0	0	0	0	0	0	0			0	0/0/	0	0	0	0	0	0/0/0/0/0		/0/	0/0/0	--Sardines, sardinella, brisling or sprats
0	0	0	0	0	0	0	0			0	0/0/	0	0	0	0	0	0/0/0/0/0		/0/	0/0/0	--Tunas, skipjack tuna and bonito (Sarda spp.)
0	0	0	0	0	0	0	0		0	3	0/0/	0	0	0	0	0	8.7/8.4/0/0/0			0/0/0	--Mackerel
0	0	0	0	0	0	0	0		0	3	0/0/	0	0	0	0	0	8.7/8.4/0/0/0			0/0/0	--Anchovies
0	0	0	0	0		0	0	4.1	0	2.5	0/0/	0	0	0	0	4	8.7/8.4/0/0/0			0/0/0	--Eels
0	0	0	0	0		0	0	9.8	0	2.5	0/0/	0	0		0	11.2	8.7/8.4/0/0/0			0/0/0	--Shark fins
0	0	0	0	0		0	0		0	3	0/0/	0	0	0	0	0	8.7/8.4/0/0/0			0/0/0	---Tilapia
0	0	0	0	0		0	0	4.1	0	2.5	0/0/	0	0	0	0	0	8.7/8.4/0/0/0			0/0/0	----Channel catfish (Ictalurus punctatus)
0	0	0	0	0		0	0	4.1	0	2.5	0/0/	0	0	0	0	0	8.7/8.4/0/0/0			0/0/0	----Other
0	0	0	0	0		0	0	4.1	0	2.5	0/0/	0	0	0	0	0	8.7/8.4/0/0/0			0/0/0	---Other
0	0		0	0	0	0	0	9.8	0	2.5	0/0/		0	0	0	11.2	10.3/12/11.1/11.1/10.2			0/0/0	----Shark fins

商品编号	商品名称及备注［检验检疫编码及名称］	进口关税(%)		增值税率(%)	消费税	计量单位	监管条件	检验检疫类别	对美税率	出口税率(%)	出口退税率(%)
		最惠国	普通								
1604201190	其他鲨鱼鱼翅罐头〔999〕	12	90	13		千克	AB	P. R/Q. S	37%	0	13
16042019	----其他										
1604201910	非整条或切块的濒危鱼罐头(鱼翅除外)〔999〕	5	90	13		千克	ABFE	P. R/Q. S	30%	0	0
1604201990	非整条或切块的其他鱼罐头(鱼翅除外)①	5	90	13		千克	AB	P. R/Q. S	30%	0	13
16042091	----鲨鱼翅										
1604209110	制作或保藏的濒危鲨鱼鱼翅(非整条、非切块、非罐头)〔999〕	12	90	13		千克	ABFE	P. R/Q. S	37%	0	0
1604209190	制作或保藏其他鲨鱼鱼翅(非整条、非切块、非罐头)〔999〕	12	90	13		千克	AB	P. R/Q. S	37%	0	13
16042099	----其他										
1604209910	其他制作或保藏的濒危鱼(非整条、非切块、非罐头,鱼翅除外)〔999〕	5	90	13		千克	ABFE	P. R/Q. S	30%	0	0
1604209990	其他制作或保藏的鱼(非整条、非切块、非罐头 ,鱼翅除外)②	5	90	13		千克	AB	P. R/Q. S	30%	0	13
16043100	--鲟鱼子酱										13
1604310000	鲟鱼子酱〔999〕	5	90	13		千克	ABFE	P. R/Q. S	30%	0	
16043200	--鲟鱼子酱代用品										13
1604320000	鲟鱼子酱代用品〔999〕	5	90	13		千克	AB	P. R/Q. S	30%	0	
1605	**制作或保藏的甲壳动物、软体动物及其他水生无脊椎动物:**										
16051000	-蟹										13
1605100000	制作或保藏的蟹〔101 养殖水产制品〕,〔102 野生水产制品〕,〔103 养殖甲壳类罐头〕,〔104 野生甲壳类罐头〕	5	90	13		千克	AB	P. R/Q. S	35%	0	
16052100	--非密封包装										13
1605210000	制作或保藏的非密封包装小虾及对虾〔101 养殖水产制品〕,〔102 野生水产制品〕,〔103 养殖甲壳类罐头〕,〔104 野生甲壳类罐头〕	5	90	13		千克	AB	P. R/Q. S	30%	0	
16052900	--其他										13
1605290000	其他制作或保藏的小虾及对虾〔101 养殖水产制品〕,〔102 野生水产制品〕,〔103 养殖甲壳类罐头〕,〔104 野生甲壳类罐头〕	5	90	13		千克	AB	P. R/Q. S	30%	0	
16053000	-龙虾										13
1605300000	制作或保藏的龙虾〔101 养殖水产制品〕,〔102 野生水产制品〕,〔103 养殖甲壳类罐头〕,〔104 野生甲壳类罐头〕	5	90	13		千克	AB	P. R/Q. S	30%	0	
16054011	----虾仁										13
1605401100	制作或保藏的淡水小龙虾仁〔101 养殖水产制品〕,〔102 野生水产制品〕,〔103 养殖甲壳类罐头〕,〔104 野生甲壳类罐头〕	5	90	13		千克	AB	P. R/Q. S	30%	0	
16054019	----其他										13
1605401900	制作或保藏的带壳淡水小龙虾〔101 养殖水产制品〕,〔102 野生水产制品〕,〔103 养殖甲壳类罐头〕,〔104 野生甲壳类罐头〕	5	90	13		千克	AB	P. R/Q. S	35%	0	
16054090	---其他										13
1605409000	制作或保藏的其他甲壳动物〔101 养殖水产制品〕,〔102 野生水产制品〕,〔103 养殖甲壳类罐头〕,〔104 野生甲壳类罐头〕	5	90	13		千克	AB	P. R/Q. S	30%	0	
16055100	--牡蛎(蚝)										13
1605510000	制作或保藏的牡蛎(蚝)〔101 养殖水产制品〕,〔102 野生水产制品〕,〔103 养殖贝类罐头〕,〔104 野生贝类罐头〕	5	90	13		千克	AB	P. R/Q. S	30%	0	
16055200	--扇贝,包括海扇										13
1605520010	制作或保藏的大珠母贝〔101 养殖水产制品〕,〔102 野生水产制品〕,〔103 养殖贝类罐头〕,〔104 野生贝类罐头〕	5	90	13		千克	ABE	P. R/Q. S	30%	0	
1605520090	其他制作或保藏的扇贝,包括海扇〔101 养殖水产制品〕,〔102 野生水产制品〕,〔103 养殖贝类罐头〕,〔104 野生贝类罐头〕	5	90	13		千克	AB	P. R/Q. S	30%	0	
16055300	--贻贝										13
1605530000	制作或保藏的贻贝〔101 养殖水产制品〕,〔102 野生水产制品〕,〔103 养殖贝类罐头〕,〔104 野生贝类罐头〕	5	90	13		千克	AB	P. R/Q. S	30%	0	
16055400	--墨鱼及鱿鱼										13
1605540000	制作或保藏的墨鱼及鱿鱼〔101 养殖水产制品〕,〔102 野生水产制品〕,〔103 养殖水产罐头〕,〔104 野生水产罐头〕	5	90	13		千克	AB	P. R/Q. S	30%	0	
16055500	--章鱼										13
1605550000	制作或保藏的章鱼〔101 养殖水产制品〕,〔102 野生水产制品〕,〔103 养殖水产罐头〕,〔104 野生水产罐头〕	5	90	13		千克	AB	P. R/Q. S	30%	0	
16055610	---蛤										
1605561000	制作或保藏的蛤〔101 养殖水产制品〕,〔102 野生水产制品〕,〔103 养殖贝类罐头〕,〔104 野生贝类罐头〕	5	90	13		千克	AB	P. R/Q. S	30%	0	9,13

① 〔101 养殖石斑鱼〕,〔102 养殖鲥鱼〕,〔103 养殖鲷科〕,〔104 养殖安康鱼〕,〔105 养殖海鲂〕,〔106 养殖鲆鱼〕,〔107 养殖鲽鱼〕,〔108 养殖红鱼〕,〔109 其他养殖鱼〕,〔110 野生石斑鱼〕,〔111 野生鲥鱼〕,〔112 野生鲷科〕,〔113 野生安康鱼〕,〔114 野生海鲂〕,〔115 野生鲆鱼〕,〔116 野生鲽鱼〕,〔117 野生红鱼〕,〔118 海鲫鱼〕,〔119 金线鱼〕,〔120 马面鱼〕,〔121 马鲛鱼〕,〔122 其他野生鱼〕

② 〔101 养殖石斑鱼〕,〔102 养殖鲥鱼〕,〔103 养殖鲷科〕,〔104 养殖安康鱼〕,〔105 养殖海鲂〕,〔106 养殖鲆鱼〕,〔107 养殖鲽鱼〕,〔108 养殖红鱼〕,〔109 其他养殖鱼〕,〔110 野生石斑鱼〕,〔111 野生鲥鱼〕,〔112 野生鲷科〕,〔113 野生安康鱼〕,〔114 野生海鲂〕,〔115 野生鲆鱼〕,〔116 野生鲽鱼〕,〔117 野生红鱼〕,〔118 海鲫鱼〕,〔119 金线鱼〕,〔120 马面鱼〕,〔121 马鲛鱼〕,〔122 其他野生鱼〕

协定税率(%)																		特惠税率(%)			
智利	新西兰	澳大利亚	瑞士	冰岛	秘鲁	哥斯达	东盟	亚太	新加坡	巴基斯坦	港/澳/台	韩国	格鲁吉亚	毛里求斯	柬埔寨	尼加拉瓜	日/韩/澳/新/东(RCEP)	亚太2国	老/柬/缅	LDC 98/97/95	Article Description
0	0	0	0	0	0	0	0	4.1	0	2.5	0/0/	0	0	0	0	0	8.7/8.4/0/0/0			0/0/0	----Other
0	0		0	0	0	0	0	9.8	0	2.5	0/0/		0	0	0	11.2	10.3/12/11.1/11.1/10.2			0/0/0	----Shark fins
0	0	0	0	0	0	0	0	4.1	0	2.5	0/0/	0	0	0	0	0	8.7/8.4/8.4/8.4/8.4			0/0/0	----Other
0	0	0	0	0	0	0	0		0	3	0/0/	0	0	0	0	0	8.7/8.4/0/0/0			0/0/0	--Caviar
0	0	0	0	0	0	0	0		0	3	0/0/	0	0	0	0	0	8.7/8.4/0/0/0			0/0/0	--Caviar substitutes
																					Crustaceans, molluscs and other aquatic invertebrates, prepared or preserved:
0	0	0	0	0	0	0	0			0	0/0/	0	0	0	0	0	0/0/0/0/0			0/0/0	-Crab
0	0	0	0	0	0	0	0			0	0/0/	0	0	0	0	0	0/0/0/0/0		/0/	0/0/0	--Not in airtight container
0	0	0	0	0	0	0	0			0	0/0/	0	0	0	0	0	0/0/0/0/0		/0/	0/0/0	--Other
0	0	0	0	0	0	0	0			0	0/0/	0	0	0	0	0	0/0/0/0/0		/0/	0/0/0	-Lobster
0	0	0	0	0	0	0	0			0	0/0/	0	0	0	0	0	0/0/0/0/0		/0/	0/0/0	----Shelled
0	0	0	0	0	0	0	0			0	0/0/	0	0	0	0	0	0/0/0/0/0		/0/	0/0/0	----Other
0	0	0	0	0	0	0	0			0	0/0/	0	0	0	0	0	0/0/0/0/0		/0/	0/0/0	---Other
0	0	0	0	0	0	0	0	3.9		0	0/0/	0	0	0	0	0	0/0/0/0/0			0/0/0	--Oysters:
0	0	0	0	0	0	0	0	3.9		0	0/0/	0	0	0	0	0	0/0/0/0/0			0/0/0	--Scallops, including queen scallops
0	0	0	0	0	0	0	0	3.9		0	0/0/	0	0	0	0	0	0/0/0/0/0			0/0/0	--Mussels (Mytilus spp., Perna spp.)
0	0	0	0	0	0	0	0	3.9		0	0/0/	0	0	0	0	0	0/0/0/0/0			0/0/0	--Cuttle fish and squid
0	0	0	0	0	0	0	0	3.9		0	0/0/	0	0	0	0	0	0/0/0/0/0			0/0/0	--Octopus
0	0	0	0	0		0	0	3.9		0	0/0/	0	0	0	0	0	3.6/0/0/0/0			0/0/0	---Clams

商品编号	商品名称及备注[检验检疫编码及名称]	进口关税(%)		增值税率(%)	消费税	计量单位	监管条件	检验检疫类别	对美税率	出口税率(%)	出口退税率(%)
		最惠国	普通								
16055620	---鸟蛤及舟贝										13
1605562010	制作或保藏的砗磲〔101 养殖水产制品〕,〔102 野生水产制品〕,〔103 养殖贝类罐头〕,〔104 野生贝类罐头〕	5	90	13		千克	ABEF	P. R/Q. S	30%	0	
1605562090	其他制作或保藏的鸟蛤及舟贝〔101 养殖水产制品〕,〔102 野生水产制品〕,〔103 养殖贝类罐头〕,〔104 野生贝类罐头〕	5	90	13		千克	AB	P. R/Q. S	30%	0	
16055700	--鲍鱼										13
1605570000	制作或保藏的鲍鱼〔101 养殖水产制品〕,〔102 野生水产制品〕,〔103 养殖贝类罐头〕,〔104 野生贝类罐头〕	5	90	13		千克	AB	P. R/Q. S	30%	0	
16055800	--蜗牛及螺,海螺除外										
1605580010	制作或保藏的濒危蜗牛及螺,海螺除外〔101 野生水产制品〕,〔102 野生水产罐头〕	5	90	13		千克	ABFE	P. R/Q. S	30%	0	0
1605580090	其他制作或保藏的蜗牛及螺,海螺除外〔101 野生水产制品〕,〔102 野生水产罐头〕	5	90	13		千克	AB	P. R/Q. S	30%	0	13
16055900	--其他										
1605590010	其他制作或保藏的濒危软体动物〔101 野生水产制品〕,〔102 野生水产罐头〕	5	90	13		千克	ABFE	P. R/Q. S	30%	0	0
1605590090	其他制作或保藏的软体动物〔101 养殖水产制品〕,〔102 野生水产制品〕,〔103 养殖水产罐头〕,〔104 野生水产罐头〕	5	90	13		千克	AB	P. R/Q. S	30%	0	13
16056100	--海参										13
1605610010	制作或保藏的暗色刺参〔101 养殖水产制品〕,〔102 野生水产制品〕,〔103 养殖水产罐头〕,〔104 野生水产罐头〕	5	90	13		千克	ABFE	P. R/Q. S	35%	0	
1605610090	其他制作或保藏的海参〔101 养殖水产制品〕,〔102 野生水产制品〕,〔103 养殖水产罐头〕,〔104 野生水产罐头〕	5	90	13		千克	AB	P. R/Q. S	35%	0	
16056200	--海胆										13
1605620000	制作或保藏的海胆〔101 野生水产制品〕,〔102 野生水产罐头〕	5	90	13		千克	AB	P. R/Q. S	30%	0	
16056300	--海蜇										
1605630000	制作或保藏的海蜇〔101 养殖水产制品〕,〔102 野生水产制品〕,〔103 养殖水产罐头〕,〔104 野生水产罐头〕	5	90	13		千克	AB	P. R/Q. S	30%	0	9,13
16056900	--其他										
1605690010	其他制作或保藏的濒危水生无脊椎动物〔101 野生水产制品〕,〔102 野生水产罐头〕	5	90	13		千克	ABFE	P. R/Q. S	30%	0	0
1605690090	其他制作或保藏的水生无脊椎动物〔101 养殖水产制品〕,〔102 野生水产制品〕,〔103 养殖水产罐头〕,〔104 野生水产罐头〕	5	90	13		千克	AB	P. R/Q. S	30%	0	13

协定税率(%)																		特惠税率(%)			Article Description
智利	新西兰	澳大利亚	瑞士	冰岛	秘鲁	哥斯达	东盟	亚太	新加坡	巴基斯坦	港/澳/台	韩国	格鲁吉亚	毛里求斯	柬埔寨	尼加拉瓜	日/韩/澳/新/东(RCEP)	亚太2国	老/柬/缅	LDC 98/97/95	
0	0	0	0	0	0	0	0	3.9		0	0/0/	0	0	0	0	0	0/0/0/0/0			0/0/0	---Cockles and arkshells
0	0	0	0	0	0	0	0	3.9		0	0/0/	0	0	0	0	0	0/0/0/0/0			0/0/0	--Abalone
0	0	0	0	0	0	0	0	3.9		0	0/0/	0	0	0	0	0	0/0/0/0/0			0/0/0	--Snails, other than sea snails
0	0	0	0	0	0	0	0	3.9		0	0/0/	0	0	0	0	0	0/0/0/0/0			0/0/0	--Other
0	0	0	0	0	0	0	0	3.9		0	0/0/	0	0	0	0	0	0/0/0/0/0			0/0/0	--Sea cucumbers
0	0	0	0	0	0	0	0	3.9		0	0/0/	0	0	0	0	0	0/0/0/0/0			0/0/0	--Sea urchins
0	0	0	0	0		0	0		0	12	0/0/	0	0	0	0	0	10.9/10.5/0/0/0			0/0/0	--Jelly fish
0	0	0	0	0	0	0	0	3.9		0	0/0/	0	0	0	0	0	0/0/0/0/0			0/0/0	--Other

第十七章
糖及糖食

注释：

本章不包括：

一、含有可可的糖食（品目 18.06）；

二、品目 29.40 的化学纯糖（蔗糖、乳糖、麦芽糖、葡萄糖及果糖除外）及其他产品；或

三、第三十章的药品及其他产品。

子目注释：

一、子目 1701.12、1701.13 及 1701.14 所称“原糖”，是指按重量计干燥状态的蔗糖含量对应的旋光读数低于 99.5°的糖。

二、子目 1701.13 仅包括非离心甘蔗糖，其按重量计干燥状态的蔗糖含量对应的旋光读数不低于 69°但低于 93°。该产品仅含肉眼不可见的不规则形状天然他形微晶，外被糖蜜残余及其他甘蔗成分。

商品编号	商品名称及备注[检验检疫编码及名称]	进口关税(%)		增值税率(%)	消费税	计量单位	监管条件	检验检疫类别	对美税率	出口税率(%)	出口退税率(%)
		最惠国	普通								
1701	**固体甘蔗糖、甜菜糖及化学纯蔗糖：**										
17011200	--甜菜糖										13
1701120001	未加香料或着色剂的甜菜原糖[按重量计干燥状态的糖含量低于旋光读数 99.5 度(配额内)][999]	15	125	13		千克	ABqt	M. P. R/Q. S	20%	0	
1701120090	未加香料或着色剂的甜菜原糖[按重量计干燥状态的糖含量低于旋光读数 99.5 度(配额外)][999]	50	125	13		千克	7AB	M. P. R/Q. S	55%	0	
17011300	--本章子目注释二所述的甘蔗糖										13
1701130001	未加香料或着色剂的本章子目注释二所述的甘蔗原糖[按重量计干燥状态的蔗糖含量对应的旋光读数不低于 69 度，但低于 93 度(配额内)][101 冰糖]，[102 冰片糖]，[103 原糖]	15	125	13		千克	ABqt	M. P. R/Q. S	20%	0	
1701130090	未加香料或着色剂的本章子目注释二所述的甘蔗原糖[按重量计干燥状态的蔗糖含量对应的旋光读数不低于 69 度，但低于 93 度(配额外)][101 冰糖]，[102 冰片糖]，[103 原糖]	50	125	13		千克	7AB	P. R/Q. S	55%	0	
17011400	--其他甘蔗糖										13
1701140001	未加香料或着色剂其他甘蔗原糖[按重量计干燥状态的糖含量低于旋光读数 99.5 度(配额内)][101 冰糖]，[102 冰片糖]，[103 原糖]	15	125	13		千克	ABqt	P. R/Q. S	40%	0	
1701140090	未加香料或着色剂其他甘蔗原糖[按重量计干燥状态的糖含量低于旋光读数 99.5 度(配额外)][101 冰糖]，[102 冰片糖]，[103 原糖]	50	125	13		千克	7AB	P. R/Q. S	75%	0	
17019100	--加有香料或着色剂										13
1701910001	加有香料或着色剂的糖[指甘蔗糖、甜菜糖及化学纯蔗糖(配额内)][999]	15	125	13		千克	ABqt	R/S	25%	0	
1701910090	加有香料或着色剂的糖[指甘蔗糖、甜菜糖及化学纯蔗糖(配额外)][999]	50	125	13		千克	7AB	R/S	60%	0	
17019910	---砂糖										13
1701991010	砂糖(配额内)[101 白砂糖]，[102 冰砂糖]	15	125	13		千克	ABqt	M. R/S	40%	0	
1701991090	砂糖(配额外)[101 白砂糖]，[102 冰砂糖]	50	125	13		千克	7AB	M. R/S	75%	0	
17019920	---绵白糖										13
1701992001	绵白糖(配额内)[999]	15	125	13		千克	ABqt	R/S	20%	0	
1701992090	绵白糖(配额外)[999]	50	125	13		千克	7AB	R/S	55%	0	
17019990	---其他										13
1701999001	其他精制糖(配额内)③	15	125	13		千克	ABqt	R/S	35%	0	
1701999090	其他精制糖(配额外)④	50	125	13		千克	7AB	R/S	70%	0	
1702	**其他固体糖，包括化学纯乳糖、麦芽糖、葡萄糖及果糖；未加香料或着色剂的糖浆；人造蜜，不论是否掺有天然蜂蜜；焦糖：**										
17021100	--按重量计干燥无水乳糖含量在 99%及以上										13
1702110000暂5	按重量计干燥无水乳糖含量在 99%及以上的乳糖[999]	10	80	13		千克	AB	R/S	15%	0	

① 国别关税配额税率：15
② 关税配额税率：15
③ [101 方糖]，[102 冰糖]，[103 红塘]，[104 冰片糖内]，[106 糖霜]，[107 其他食糖]
④ [101 方糖]，[102 冰糖]，[103 红塘]，[104 冰片糖内]，[106 糖霜]，[107 其他食糖]

Chapter 17
Sugars and sugar confectionery

Chapter Notes:

This Chapter does not cover:

1. Sugar confectionery containing cocoa (heading 18.06);

2. Chemically pure sugars (other than sucrose, lactose, maltose, glucose and fructose) or other products of heading 29.40; or

3. Medicaments or other products of Chapter 30.

Subheading Notes:

1. For the purposes of subheadings 1701.12, 1701.13 and 1701.14, "raw sugar" means sugar whose content of sucrose by weight, in the dry state, corresponds to a polarimeter reading of less than 99.5°.

2. Subheading 1701.13 covers only cane sugar obtained without centrifugation, whose content of sucrose by weight, in the dry state, corresponds to a polarimeter reading of 69° or more but less than 93°. The product contains only natural anhedral microcrystals, of irregular shape, not visible to the naked eye, which are surrounded by residues of molasses and other constituents of sugar cane.

协定税率(%)																		特惠税率(%)			Article Description
智利	新西兰	澳大利亚	瑞士	冰岛	秘鲁	哥斯达	东盟	亚太	新加坡	巴基斯坦	港/澳/台	韩国	格鲁吉亚	毛里求斯	柬埔寨	尼加拉瓜	日/韩/澳/新/东(RCEP)	亚太2国	老/柬/缅	LDC 98/97/95	
																					Cane or beet sugar and chemically pure sucrose, in solid form:
											0/0/			①							--Beet sugar
											0/0/			①		②					--Cane sugar specified in subheading Note 2 of this Chapter
											0/0/			①		②					--Other cane sugar
											0/0/			①							--Containing added flavouring or colouring matter
											0/0/			①		②					---Granulated sugar
											0/0/			①		②					---Superfine sugar
											0/0/			①		②					---Other
																					Other sugars, including chemically pure lactose, maltose, glucose and fructose, in solid form; sugar syrups not containing added flavouring or colouring matter; artificial honey, whether or not mixed with natural honey; caramel:
0	0	0	0		0	0	0		0	5	0/0/	0	0	0	0		7.3/7/0/0/0			0/0/0	--Containing by weight 99% or more lactose, expressed as anhydrous lactose, calculated on the dry matter

商品编号	商品名称及备注[检验检疫编码及名称]	进口关税(%) 最惠国	进口关税(%) 普通	增值税率(%)	消费税	计量单位	监管条件	检验检疫类别	对美税率	出口税率(%)	出口退税率(%)
17021900	--其他										13
1702190000	其他乳糖及乳糖浆①	10	80	13		千克	AB	R/S	20%	0	
17022000	-槭糖及槭糖浆										13
1702200000	槭糖及槭糖浆〔101 槭糖浆〕,〔102 槭糖〕,〔301 需申报仅用于工业用途不用于食品添加剂无检疫要求的化学品〕	30	80	13		千克	AB	R/S	55%	0	
17023000	-葡萄糖及葡萄糖浆,不含果糖或按重量计干燥状态的果糖含量在20%以下										13
1702300000	低果糖含量的葡萄糖及糖浆(仅指按重量计干燥状态的果糖含量在20%以下的葡萄糖)〔101 葡萄糖浆〕,〔102 葡萄糖〕,〔103 变性淀粉〕,〔301 无检疫要求食品添加剂〕	30	80	13		千克	BA	R/S	55%	0	
17024000	-葡萄糖及葡萄糖浆,按重量计干燥状态的果糖含量在20%及以上,但在50%以下,转化糖除外										13
1702400000	中果糖含量的葡萄糖及糖浆(仅指干燥果糖重量在20%~50%的葡萄糖,转化糖除外)〔101 葡萄糖浆〕,〔102 葡萄糖〕	30	80	13		千克	BA	R/S	35%	0	
17025000	-化学纯果糖										13
1702500000	化学纯果糖②	30	80	13		千克	AB	R/S	55%	0	
17026000	-其他果糖及果糖浆,按重量计干燥状态的果糖含量在50%以上,转化糖除外										13
1702600000	其他果糖及糖浆(仅指干燥果糖重量在50%以上的,转化糖除外)③	30	80	13		千克	BA	R/S	50%	0	
17029011	----甘蔗糖或甜菜糖水溶液										13
1702901100	甘蔗糖或甜菜糖水溶液〔999〕	30	80	13		千克	AB	R/S	50%	0	
17029012	----蔗糖含量超过50%的甘蔗糖、甜菜糖与其他糖的简单固体混合物										13
1702901200	蔗糖含量超过50%的甘蔗糖、甜菜糖与其他糖的简单固体混合物〔999〕	30	80	13		千克	AB	R/S	50%	0	
17029090	---其他										13
1702909010	人造蜜〔101 人造糖浆〕,〔102 合成糖〕,〔103 阿思巴甜(无检疫要求食品添加剂)〕	30	80	13		千克	AB	R/S	50%	0	
1702909090	其他固体糖、糖浆及焦糖(包括转化糖及按重量计干燥状态果糖含量50%的糖、糖浆)〔101 合成糖〕,〔102 其他糖果〕,〔301 无检疫要求食品添加剂〕	30	80	13		千克	AB	R/S	50%	0	
1703	**制糖后所剩的糖蜜:**										
17031000	-甘蔗糖蜜										13
1703100000	甘蔗糖蜜④	8	50	13		千克	9B	R/S	13%	0	
17039000	-其他										13
1703900000	其他糖蜜⑤	8	50	13		千克	9B	R/S	13%	0	
1704	**不含可可的糖食(包括白巧克力):**										
17041000	-口香糖,不论是否裹糖										13
1704100000	口香糖(不论是否裹糖)〔102 凝胶口香糖〕,〔103 胶基口香糖〕	12	50	13		千克	AB	R/S	37%	0	
17049000	-其他										13
1704900000	其他不含可可的糖食(包括白巧克力)⑥	10	50	13		千克	AB	R/S	35%	0	

① 〔111 其他乳糖及乳糖浆〕,〔301 可溶性大豆多糖(无检疫要求食品添加剂)〕,〔302 异构化乳糖液(无检疫要求食品添加剂)〕
② 〔101 合成糖〕,〔102 阿思巴甜(无检疫要求食品添加剂)〕,〔301 需申报仅用于工业用途不用于食品添加剂无检疫要求的化学品〕
③ 〔101 冰糖〕,〔102 糖浆〕,〔103 其他食糖〕,〔104 合成糖〕,〔105 其他糖果〕,〔106 低聚果糖(无检疫要求食品添加剂)〕
④ 〔101 冰片糖〕,〔102 糖浆〕,〔103 糖霜〕,〔104 其他食糖〕,〔105 废糖蜜〕,〔301 需申报仅用于工业用途不用于食品添加剂无检疫要求的化学品〕
⑤ 〔101 冰片糖〕,〔102 糖浆〕,〔103 糖霜〕,〔104 其他食糖〕,〔106 废糖蜜〕,〔301 糖蜜提取物(无检疫要求食品添加剂)〕,〔302 需申报仅用于工业用途不用于食品添加剂无检疫要求的化学品〕
⑥ 〔101 合成糖〕,〔107 胶基糖果〕,〔111 其他糖果〕,〔112 巧克力,不适用非可可脂添加量超过5%的产品〕,〔113 其他糖与糖果,巧克力与可可制品〕,〔114 果冻〕

协定税率(%)																		特惠税率(%)			
智利	新西兰	澳大利亚	瑞士	冰岛	秘鲁	哥斯达	东盟	亚太	新加坡	巴基斯坦	港/澳/台	韩国	格鲁吉亚	毛里求斯	柬埔寨	尼加拉瓜	日/韩/澳/新/东(RCEP)	亚太2国	老/柬/缅	LDC 98/97/95	**Article Description**
0	0	0	0		0	0	0		0	5	0/0/	0	0	0	0		7.3/7/0/0/0			0/0/0	--Other
0	0	0			0	0	0		0		0/0/	15		6	0		25.7/25.5/25.5/25.5/25.5			0/0/	-Maple sugar and maple syrup
0	0	0			0	0	0		0	0	0/0/			6	0		//5/5/5			0/0/	-Glucose and glucose syrup, not containing fructose or containing in the dry state less than 20% by weight of fructose
0	0	0			0	0	0		0		0/0/			6	0		//5/5/5			0/0/	-Glucose and glucose syrup, containing in the dry state at least 20% but less than 50% by weight of fructose, excluding invert sugar
0	0	0		0	0	0	0		0		0/0/			6	0		//5/5/5			0/0/	-Chemically pure fructose
0	0	0		0	0	0	0		0		0/0/			6	0		//5/5/5			0/0/	-Other fructose and fructose syrup, containing in the dry state more than 50% by weight of fructose, excluding invert sugar
0	0	0	12	0	3.5	0	0		0		0/0/			6	0		//5/5/5			0/0/0	----Aqueous solution of cane sugar or beet sugar
0	0	0	12	0	3.5	0	0		0		0/0/			6	0		//5/5/5			0/0/0	----Simple solid mixtures of cane sugar, beet sugar and other sugar containing more than 50% by weight of cane sugar
0	0	0	12	0	3.5	0	0		0		0/0/			6	0		//5/5/5			0/0/0	---Other
																					Molasses resulting from the extraction or refining of sugar:
0	0	0	0	0	0	0	0			5	0/0/	0	0	0	0	7.2	5.8/0/0/0/0			0/0/0	-Cane molasses
0	0	0	0	0	0	0	0			5	0/0/	0	0	0	0	7.2	5.8/0/0/0/0			0/0/0	-Other
																					Sugar confectionery (including white chocolate), not containing cocoa:
0	0	0	0	0	1.4	0	0	9.5	0	0	0/0/		0	0	0	11.2	//10.2/10.2/10.2			0/0/0	-Chewing gum, whether or not sugarcoated
0	0	0	0	0	0	0	0	8.2	0	0	0/0/	5	0	0	0	9	//8.5/8.5/8.5			0/0/0	-Other

第十八章
可可及可可制品

注释：

一、本章不包括：

（一）按重量计含香肠、肉、食用杂碎、动物血、昆虫、鱼、甲壳动物、软体动物或其他水生无脊椎动物及其混合物超过20%的食品（第十六章）；

（二）品目04.03、19.01、19.02、19.04、19.05、21.05、22.02、22.08、30.03、30.04的制品。

二、品目18.06包括含有可可的糖食及注释一以外的其他含可可的食品。

商品编号	商品名称及备注［检验检疫编码及名称］	进口关税(%)		增值税率(%)	消费税	计量单位	监管条件	检验检疫类别	对美税率	出口税率(%)	出口退税率(%)
		最惠国	普通								
1801	**整颗或破碎的可可豆，生的或焙炒的：**										
18010000	整颗或破碎的可可豆，生的或焙炒的										
1801000000暂0	生或焙炒的整颗或破碎的可可豆①	8	30	13		千克	AB	M.P.R/Q.S	25%	0	9,13
1802	**可可荚、壳、皮及废料：**										
18020000	可可荚、壳、皮及废料										9
1802000000	可可荚、壳、皮及废料〔999〕	10	30	13		千克	AB	P/Q.S	15%	0	
1803	**可可膏，不论是否脱脂：**										
18031000	-未脱脂										13
1803100000	未脱脂可可膏〔999〕	10	30	13		千克	AB	R/S	35%	0	
18032000	-全脱脂或部分脱脂										13
1803200000	全脱脂或部分脱脂的可可膏〔999〕	10	30	13		千克	AB	R/S	15%	0	
1804	**可可脂、可可油：**										
18040000	可可脂、可可油										13
1804000010暂10	可可脂〔999〕	22	70	13		千克	AB	R/S	35%	0	
1804000090暂10	可可油〔101 可可油〕，〔102 可可壳酊(无检疫要求食品添加剂)〕，〔103 可可酊(无检疫要求食品添加剂)〕	22	70	13		千克	AB	R/S	35%	0	
1805	**未加糖或其他甜物质的可可粉：**										
18050000	未加糖或其他甜物质的可可粉										13
1805000000	未加糖或其他甜物质的可可粉〔101 可可粉〕	15	40	13		千克	AB	P.R/Q.S	40%	0	
1806	**巧克力及其他含可可的食品：**										
18061000	-加糖或其他甜物质的可可粉										13
1806100000	含糖或其他甜物质的可可粉〔101 可可粉〕，〔102 可可粉固体饮料〕	10	50	13		千克	AB	P.R/Q.S	20%	0	
18062000	-其他重量超过2千克的块状或条状含可可食品，或液状、膏状、粉状、粒状或其他散装形状的含可可食品，容器包装或内包装每件净重超过2千克的										13
1806200000	每件净重超过2千克的含可可食品〔102 巧克力，不适用非可可脂添加量超过5%的产品〕，〔103 可可粉固体饮料〕，〔104 巧克力〕	10	50	13		千克	AB	R/S	35%	0	
18063100	--夹心										13
1806310000	其他夹心块状或条状的含可可食品(每件净重不超过2千克)〔102 巧克力，不适用非可可脂添加量超过5%的产品〕，〔103 巧克力，适用非可可脂添加量超过5%的产品〕	8	50	13		千克	AB	R/S	33%	0	
18063200	--不夹心										13
1806320000	其他不夹心块状或条状含可可食品(每件净重不超过2千克)②	10	50	13		千克	AB	R/S	35%	0	
18069000	-其他										13
1806900000	其他巧克力及含可可的食品(每件净重不超过2千克)③	8	50	13		千克	AB	R/S	33%	0	

① 〔101 生的［提取(晒干的除外)、压榨、烹制、烘焙、冻干、脱水、裹糖屑、发酵、冷冻(经漂汤和杀青，并在-18度以下冷冻)、浸酸、腌渍、炒制等工艺进行加工处理的］〕，〔102 焙炒的〕，〔999 生的(其他工艺)〕

② 〔101 巧克力，不适用非可可脂添加量超过5%的产品〕，〔102 其他糖与糖果，巧克力与可可制品〕，〔103 巧克力，适用非可可脂添加量超过5%的产品〕

③ 〔101 巧克力，不适用非可可脂添加量超过5%的产品〕，〔102 其他可可制品〕，〔103 其他糖与糖果，巧克力与可可制品〕，〔104 巧克力，适用非可可脂添加量超过5%的产品〕

Chapter 18
Cocoa and cocoa preparations

Chapter Notes:

1. This Chapter does not cover:
   (a) Food preparations containing more than 20% by weight of sausage, meat, meat offal, blood, insects, fish or crustaceans, molluscs or other aquatic invertebrates, or any combination thereof (Chapter 16);
   (b) Preparations of headings 04. 03, 19. 01, 19. 02, 19. 04, 19. 05, 21. 05, 22. 02, 22. 08, 30. 03 or 30. 04.

2. Heading 18. 06 includes sugar confectionery containing cocoa and, subject to Note 1 to this Chapter, other food preparations containing cocoa.

协定税率(%)																		特惠税率(%)			Article Description
智利	新西兰	澳大利亚	瑞士	冰岛	秘鲁	哥斯达	东盟	亚太	新加坡	巴基斯坦	港/澳/台	韩国	格鲁吉亚	毛里求斯	柬埔寨	尼加拉瓜	日/韩/澳/新/东 (RCEP)	亚太2国	老/柬/缅	LDC 98/97/95	
																					Cocoa beans, whole or broken, raw or roasted:
0	0	0	0	0	0	0	0			0	0/0/	0	0	0	0	7. 2	5. 8/5. 6/5. 6/5. 6/5. 6			0/0/0	Cocoa beans, whole or broken, raw or roasted
																					Cocoa shells, husks, skins and other cocoa waste:
0	0	0	0	0	0	0	0		0	2. 5	0/0/	0	0	0	0	9	7. 3/7/0/0/0			0/0/0	Cocoa shells, husks, skins and other cocoa waste
																					Cocoa paste, whether or not defatted:
0	0	0	0	0	0	0	0			2. 5	0/0/	0	0	0	0	9	7. 3/7/7/7/7			0/0/0	-Not defatted
0	0	0	0	0	0	0	0			2. 5	0/0/	0	0	0	0	9	7. 3/7/0/0/0			0/0/0	-Wholly or partly defatted
																					Cocoa butter, fat and oil:
0	0	0	0	0	0	0	0				0/0/	11	0	4. 4	0	20. 5	/18. 7/18. 7/18. 7/18. 7			0/0/0	Cocoa butter, fat and oil
																					Cocoa powder, not containing added sugar or other sweetening matter:
0	0	0	0	0	0	0	0			12	0/0/	0	0	0	0	14	10. 9/10. 5/0/0/0			0/0/0	Cocoa powder, not containing added sugar or other sweetening matter
																					Chocolate and other food preparations containing cocoa:
0	0	0	0	0	0	0	0			2. 5	0/0/	0	0	0	0		7. 3/7/0/0/0			0/0/0	-Cocoa powder, containing added sugar or other sweetening matter
0	0	0	0	0	0	0	0	7. 7	0	2. 5	0/0/	0	0	0	0	9	7. 3/7/0/0/0			0/0/0	-Other preparations in blocks, slabs or bars weighing more than 2kg or in liquid, paste, powder, granular or other bulk form in containers or immediate packings, of a content exceeding 2kg
0	0	0	0	0	0	0	0	6. 4		4	0/0/	2. 6	0	0	0	7. 2	6. 5/6. 4/6. 8/6. 8/6. 4			0/0/0	--Filled
0	0	0	0	0	0	0	0	7. 7	0	4	0/0/	3. 3	0	0	0	9	8. 1/8/8. 5/8. 5/8			0/0/0	--Not filled
0	0	0	0	0	0	0	0	6. 4		4	0/0/	2. 6	0	0	0	0	6. 5/6. 4/6. 8/6. 8/6. 4			0/0/0	-Other

第十九章
谷物、粮食粉、淀粉或乳的制品；糕饼点心

注释：

一、本章不包括：

（一）按重量计含香肠、肉、食用杂碎、动物血、昆虫、鱼、甲壳动物、软体动物、其他水生无脊椎动物及其混合物超过20%的食品（第十六章），但品目19. 02的包馅食品除外；

（二）用粮食粉或淀粉制的专作动物饲料用的饼干及其他制品（品目23.09）；或

（三）第三十章的药品及其他产品。

二、品目19.01所称：

（一）“粗粒”是指第十一章的谷物粗粒。

（二）“细粉”及“粗粉”，是指：

1. 第十一章的谷物细粉及粗粉；以及
2. 其他章所列植物的细粉、粗粉及粉末，但不包括干蔬菜、马铃薯和干豆类的细粉、粗粉及粉末（应分别归入品目07.12、11.05和11.06）。

三、品目19.04不包括按重量计全脱脂可可含量超过6%或用巧克力完全包裹的食品或品目18.06的其他含可可食品（品目18.06）。

四、品目19.04所称“其他方法制作的”，是指制作或加工程度超过第十章或第十一章各税目或注释所规定范围的。

商品编号	商品名称及备注[检验检疫编码及名称]	进口关税(%)		增值税率(%)	消费税	计量单位	监管条件	检验检疫类别	对美税率	出口税率(%)	出口退税率(%)
		最惠国	普通								
1901	**麦精；细粉、粗粒、粗粉、淀粉或麦精制的其他税目未列名的食品，不含可可或按重量计全脱脂可可含量低于40%；税目04.01至04.04所列货品制的其他税目未列名的食品，不含可可或按重量计全脱脂可可含量低于5%：**										
19011010	---配方奶粉										13
1901101010[暂0]	乳基特殊医学用途婴幼儿配方食品(按重量计全脱脂可可含量<5%乳品制)〔101 早产儿/低出生体重婴儿配方(乳基)食品〕,〔102 母乳营养补充剂(乳基)特殊婴幼儿配方食品〕	15	40	13		千克	7AB	R/S	25%	0	
1901101090[暂5]	供婴幼儿食用的零售包装配方奶粉〔早产/低出生体重婴儿配方(乳基)、母乳营养补充剂(乳基)特殊婴幼儿配方食品除外〕(按重量计全脱脂可可含量<5%乳品制)〔101 乳基婴儿配方食品〕,〔102 乳基较大婴儿配方食品〕,〔103 乳基幼儿配方食品〕	15	40	13		千克	7AB	P. R/S	30%	0	
19011090	---其他										13
1901109000[暂2]	其他供婴幼儿食用的零售包装食品(按重量计全脱脂可可含量<40%粉、淀粉或麦精制；按重量计全脱脂可可含量<5%乳品制)①	15	40	13		千克	AB	P. R/S	12%	0	
19012000	-供烘焙税目19. 05所列面包糕饼用的调制品及面团										
1901200000	供烘焙品目19. 05所列面包糕饼用的调制品及面团(按重量计全脱脂可可含量<40%粉、淀粉或麦精制；按重量计全脱脂可可含量<5%乳品制)②	10	80	13		千克	AB	R/S	35%	0	9,13
19019000	-其他										13
1901900000[暂5]	麦精，粮食粉等制食品及乳制食品(按重量计全脱脂可可含量<40%粉、淀粉、麦精制；按重量计全脱脂可可含量<5%乳品制)	10	80	13		千克	AB			0	
1901900010[暂0]	乳基特殊医学用途配方食品(按重量计全脱脂可可含量<40%粉、淀粉、麦精制；按重量计全脱脂可可含量<5%乳品制)	10	80	13		千克	AB	P. R/S	25%	0	
1901900090[暂5]	其他麦精，粮食粉等制食品及乳制食品(按重量计全脱脂可可含量<40%粉、淀粉、麦精制；按重量计全脱脂可可含量<5%乳品制)	10	80	13		千克	AB	P. R/S	30%	0	
1902	**面食，不论是否煮熟、包馅(肉馅或其他馅)或其他方法制作，例如，通心粉、面条、汤团、馄饨、饺子、奶油面卷；古斯古斯面食，不论是否制作：**										
19021100	--含蛋										9
1902110010	未包馅或未制作的含蛋生面食，非速冻的③	10	80	9		千克	AB	P. R/Q. S	35%	0	
1902110090	其他未包馅或未制作的含蛋生面食④	10	80	13		千克	AB	P. R/Q. S	35%	0	
19021900	--其他										

① 〔101 其他含肉速冻粮食制品〕,〔102 其他不含肉速冻粮食制品〕,〔103 其他不含馅速冻粮食制品〕,〔104 豆基婴儿配方食品〕,〔105〕,〔106 婴幼儿谷类辅助食品〕,〔107 婴幼儿罐装辅助食品〕,〔108 婴幼儿配方液态乳〕,〔109〕

② 〔101 速食粮食产品〕,〔102 其他粮食制品〕,〔103 其他含肉速冻粮食制品〕,〔104 其他不含肉速冻粮食制品〕,〔105 其他不含馅速冻粮食制品〕

③ 〔101 生面食〕,〔102 面条(如挂面等)〕,〔103 通心粉〕,〔104 速食粮食产品〕,〔105 其他粮食制品〕

④ 〔101 生面食〕,〔102 面条(如挂面等)〕,〔103 通心粉〕,〔104 速食粮食产品〕,〔105 其他粮食制品〕

Chapter 19
Preparations of cereals, flour, starch or milk; pastrycooks' products

Chapter Notes:

1. This Chapter does not cover:
   (a) Except in the case of stuffed products of heading 19.02, food preparations containing more than 20% by weight of sausage, meat, meat offal, blood, insects, fish or crustaceans, molluscs or other aquatic invertebrates, or any combination thereof (Chapter 16);
   (b) Biscuits or other articles made from flour or from starch, specially prepared for use in animal feeding (heading 23.09); or
   (c) Medicaments or other products of Chapter 30.

2. For the purposes of heading 19.01:
   (a) The term "groats" means cereal groats of Chapter 11.
   (b) The terms "flour" and "meal" mean:
      (i) Cereal flour and meal of Chapter 11; and
      (ii) Flour, meal and power of vegetable origin of any Chapter, other than flour, meal or powder of dried vegetables (heading 07.12), of potatoes (heading 11.05) or of dried leguminous vegetables (heading 11.06).

3. Heading 19.04 does not cover preparations containing more than 6% by weight of cocoa calculated on a totally defatted basis or completely coated with chocolate or other food preparations containing cocoa of heading 18.06 (heading 18.06).

4. For the purposes of heading 19.04, the expression "otherwise prepared" means prepared or processed to an extent beyond that provided for in the headings of or notes to Chapter 10 or 11.

协定税率(%)																		特惠税率(%)			
智利	新西兰	澳大利亚	瑞士	冰岛	秘鲁	哥斯达	东盟	亚太	新加坡	巴基斯坦	港/澳/台	韩国	格鲁吉亚	毛里求斯	柬埔寨	尼加拉瓜	日/韩/澳/新/东(RCEP)	亚太2国	老/柬/缅	LDC 98/97/95	Article Description
																					Malt extract; food preparations of flour, groats, meal, starch or malt extract, not containing cocoa or containing less than 40% by weight of cocoa calculated on a totally defatted basis, not elsewhere specified or included; food preparations of goods of headings 04.01 to 04.04, not containing cocoa or containing less than 5% by weight of cocoa calculated on a totally defatted basis, not elsewhere specified or included:
0	0	0	0	0	0	0	0		0	0	0/0/			0	0	13.5	//5/5/5			0/0/0	---Powdered formulas
0	0	0	0	0	0	0	0		0	0	0/0/			0	0	13.5	//5/5/5			0/0/0	---Other
0	0	0	0	0	0	0	0		0		0/0/	12.5	0	5	0	9	21.4//21.3/21.3/21.3			0/0/0	-Mixes and doughs for the pre-paration of bakers wares of heading 19.05
0	0	0	0	0	0	0	0		0	0	0/0/	3.3	0	0	0	9	8.1/8/8.5/8.5/8			0/0/0	-Other
																					Pasta, whether or not cooked or stuffed (with meat or other substances) or otherwise prepared, such as spaghetti, macaroni, noodles, lasagne, gnocchi, ravioli, cannelloni; couscous, whether or not prepared:
0	0	0	0		0	0	0		0	12	0/0/	0	0	0	0	9	10.9/10.5/0/0/0			0/0/0	--Containing eggs
0	0	0	0		0	0	0		0	0	0/0/	5	0	0	0	9	12.2/12/12.8/12.8/12			0/0/0	--Other

商品编号	商品名称及备注[检验检疫编码及名称]	进口关税(%)		增值税率(%)	消费税	计量单位	监管条件	检验检疫类别	对美税率	出口税率(%)	出口退税率(%)
		最惠国	普通								
1902190010[暂8]	其他未包馅或未制作的生面食，非速冻的①	10	80	9		千克	AB	P. R/Q. S	33%	0	9,13
1902190090[暂8]	其他未包馅或未制作的生面食②	10	80	13		千克	AB	P. R/Q. S	33%	0	9,13
19022000	-包馅面食，不论是否烹煮或经其他方法制作										
1902200000	包馅面食（不论是否烹煮或经其他方法制作）③	10	80	13		千克	AB	P. R/Q. S	35%	0	9,13
19023010	---米粉干										9
1902301000	米粉干〔101 方便米、粉〕,〔102 米粉〕,〔103 其他粮食制品〕,〔104 其他不含馅速冻粮食制品〕	10	80	13		千克	AB	P. R/Q. S	20%	0	
19023020	---粉丝										13
1902302000	粉丝〔101 粉丝〕,〔102 其他粮食制品〕	10	80	13		千克	AB	P. R/Q. S	12.5%	0	
19023030	---即食或快熟面条										
1902303000	即食或快熟面条④	10	80	13		千克	AB	R/S	35%	0	9,13
19023090	---其他										
1902309000	其他面食⑤	10	80	13		千克	AB	P. R/Q. S	35%	0	9,13
19024000	-古斯古斯面食										
1902400000	古斯古斯面食（古斯古斯粉是一种经热处理的硬麦粗粉）〔101 其他糕点饼干〕,〔102 速食粮食产品〕,〔103 其他粮食制品〕	10	80	13		千克	AB	R/S	12.5%	0	9,13
1903	**珍粉及淀粉制成的珍粉代用品，片、粒、珠、粉或类似形状的：**										
19030000	珍粉及淀粉制成的珍粉代用品，片、粒、珠、粉或类似形状的										13
1903000000	珍粉及淀粉制成的珍粉代用品（片、粒、珠、粉或类似形状的）〔101 其他糕点饼干〕,〔102 速食粮食产品〕,〔103 其他粮食制品〕,〔104 其他淀粉制品〕	10	80	13		千克	AB	R/S	12.5%	0	
1904	**谷物或谷物产品经膨化或烘炒制成的食品（例如，玉米片）；其他税目未列名的预煮或经其他方法制作的谷粒（玉米除外）、谷物片或经其他加工的谷粒（细粉、粗粒及粗粉除外）：**										
19041000	-谷物或谷物产品经膨化或烘炒制成的食品										13
1904100000	膨化或烘炒谷物制成的食品⑥	10	80	13		千克	AB	R/S	35%	0	
19042000	-未烘炒谷物片制成的食品及未烘炒的谷物片与烘炒的谷物片或膨化的谷物混合制成的食品										13
1904200000	未烘炒谷物片制成的食品（包括未烘炒谷物片与烘炒谷物片或膨化谷物混合制成食品）⑦	10	80	13		千克	AB	P. R/Q. S	35%	0	
19043000	-碾碎的干小麦										13
1904300000	碾碎的干小麦（细粉、粗粒及粗粉除外）〔101 食用小麦粉〕,〔102 其他粮食制品〕	10	80	13		千克	AB	P. R/Q. S	20%	0	
19049000	-其他										13
1904900000	预煮或经其他方法制作的谷粒[包括其他经加工的谷粒（除细粉、粗粒及粗粉），玉米除外]⑧	10	80	13		千克	AB	P. R/Q. S	35%	0	
1905	**面包、糕点、饼干及其他烘焙糕饼，不论是否含可可；圣餐饼、装药空囊、封缄、糯米纸及类似制品：**										

① 〔101 生面食〕,〔102 面条（如挂面等）〕,〔103 通心粉〕,〔104 湿面〕,〔105 速食粮食产品〕,〔106 其他粮食制品〕,〔107 馒头〕,〔108 婴幼儿谷类辅食〕

② 〔101 生面食〕,〔102 面条（如挂面等）〕,〔103 通心粉〕,〔104 湿面〕,〔105 速食粮食产品〕,〔106 其他粮食制品〕,〔107 馒头〕,〔108 婴幼儿谷类辅食〕

③ 〔101 月饼〕,〔102 蛋糕〕,〔103 其他糕点〕,〔104 饼干〕,〔107 面包〕,〔108 膨化食品〕,〔109 生面食〕,〔110 其他糕点饼干〕,〔111 速食粮食产品〕,〔112 其他粮食制品〕,〔113 含肉包子〕,〔114 不含肉包子〕,〔115 含肉饺子〕,〔116 不含肉饺子〕,〔117 含肉春卷〕,〔118 不含肉春卷〕,〔119 其他含肉速冻粮食制品〕,〔120 其他不含肉速冻粮食制品〕

④ 〔101 快熟面条〕,〔102 即食面条〕,〔103 面条（如挂面等）〕,〔104 方便面〕,〔105 方便米、粉〕,〔106 速食通粉〕

⑤ 〔101 面食罐头〕,〔102 其他糕点饼干〕,〔103 面条（如挂面等）〕,〔104 方便面〕,〔105 方便米、粉〕,〔106 通心粉〕,〔107 即食通粉沙律〕,〔108 湿面〕,〔109 速食粮食产品〕,〔110 其他粮食制品〕,〔111 馒头〕,〔112 其他含肉速冻粮食制品〕,〔113 其他不含肉速冻粮食制品〕,〔114 其他不含馅速冻粮食制品〕,〔115 婴幼儿谷类辅食〕

⑥ 〔101 熟制谷物坚果炒货〕,〔102 膨化食品〕,〔103 纯麦片〕,〔104 速食粮食产品〕,〔105 其他粮食制品〕,〔106 其他纯谷物的冲调谷物制品〕,〔107 含其他原料的谷物类冲调谷物制品〕,〔108 淀粉质类冲调谷物制品〕,〔109 婴幼儿谷类辅食〕

⑦ 〔101 其他糕点饼干〕,〔102 纯麦片〕,〔103 湿粉〕,〔104 速食粮食产品〕,〔105 其他粮食制品〕,〔106 其他含肉速冻粮食制品〕,〔107 其他不含肉速冻粮食制品〕,〔108 其他不含馅速冻粮食制品〕,〔109 其他纯谷物的冲调谷物制品〕,〔110 含其他原料的谷物类冲调谷物制品〕,〔111 淀粉质类冲调谷物制品〕

⑧ 〔101 其他粮食加工产品（食用）〕,〔102 膨化食品〕,〔103 其他糕点饼干〕,〔104 纯麦片〕,〔105 方便米、粉〕,〔106 速食粮食产品〕,〔107 其他粮食制品〕,〔108 其他含肉速冻粮食制品〕,〔109 其他不含肉速冻粮食制品〕,〔110 其他不含馅速冻粮食制品〕,〔111 其他纯谷物的冲调谷物制品〕,〔112 含其他原料的谷物类冲调谷物制品〕,〔113 淀粉质类冲调谷物制品〕

协定税率(%)																		特惠税率(%)			Article Description
智利	新西兰	澳大利亚	瑞士	冰岛	秘鲁	哥斯达	东盟	亚太	新加坡	巴基斯坦	港/澳/台	韩国	格鲁吉亚	毛里求斯	柬埔寨	尼加拉瓜	日/韩/澳/新/东(RCEP)	亚太2国	老/柬/缅	LDC 98/97/95	
0	0	0		0	0	0	0		0	12	0/0/	5	0	0	0	9	12.2/12/12.8/12.8/12			0/0/0	-Stuffed pasta, whether or not cooked or otherwise prepared
0	0	0	0	0	0	0	0		0	12	0/0/	0	0	0	0	9	10.9/10.5/0/0/0			0/0/0	---Rice vermicelli, cooked
0	0	0	0	0	0	0	0		0	12	0/0/	0	0	0	0	9	10.9/10.5/0/0/0			0/0/0	---Bean vermicelli, cooked
0	0	0	0	0	0	0	0	8.7	0	7.5	0/0/	7.5	0	0	0	9	//12.8/12.8/12.8			0/0/0	---Instant noodle
0	0	0		0	0	0	0	8.7	0	7.5	0/0/	5	0	0	0	9	12.2/12/12.8/12.8/12			0/0/0	---Other
0	0	0	0	0	0	0	0		0		0/0/	12.5	0	5	0	9	21.4/21.3/21.3/21.3/21.3			0/0/0	-Couscous
																					Tapioca and substitutes therefor prepared from starch, in the form of flakes, grains, pearls, siftings or in similar forms:
0	0	0	0	0	0	0	0		0	12	0/0/	0	0	0	0	9	10.9/10.5/0/0/0			0/0/0	Tapioca and substitutes therefor prepared from starch, in the form of flakes, grains, pearls, siftings or in similar forms
																					Prepared foods obtained by the swelling or roasting of cereals or cerealproducts (for example, corn flakes); cereals (other than maize (corn)) in grain form or in the form of flakes or other worked grains (except flour, groats and meal), precooked or otherwise prepared, not elsewhere specified or included:
0	0	0	2.1	0	0	0	0		0		0/0/	12.5	0	5	0	9	21.4//21.3/21.3/21.3			0/0/0	-Prepared foods obtained by the swelling or roasting of cereals or cereal products
0	0	0	0	0	0	0	0		0		0/0/	15	0	6	0	9	/25.5/25.5/25.5/25.5			0/0/	-Prepared foods obtained from unroasted cereal flakes or from mixtures of unroasted cereal flakes and roasted cereal flakes or swelled cereals
0	0	0		0	0	0	0		0		0/0/	15	0	6	0	9	25.7/25.5/25.5/25.5/25.5			0/0/	-Bulgur wheat
0	0	0	0	0	0	0	0		0		0/0/	15	0	6	0	9	25.7//25.5/25.5/25.5			0/0/	-Other
																					Bread, pastry, cakes, biscuits and other bakers wares, whether or not containing cocoa; communion wafers, empty cachets of a kind suitable for pharmaceutical use, sealing wafers, rice paper and similar products:

商品编号	商品名称及备注［检验检疫编码及名称］	进口关税（%）		增值税率（%）	消费税	计量单位	监管条件	检验检疫类别	对美税率	出口税率（%）	出口退税率（%）
		最惠国	普通								
19051000	-黑麦脆面包片										13
1905100000	黑麦脆面包片〔999〕	10	80	13		千克	AB	R/S	12.5%	0	
19052000	-姜饼及类似品										13
1905200000	姜饼及类似品〔101 姜饼〕,〔102 姜饼类似品〕	10	80	13		千克	AB	R/S	12.5%	0	
19053100	--甜饼干										13
1905310000	甜饼干〔101 饼干〕,〔102 婴幼儿谷类辅助食品〕	10	80	13		千克	AB	R/S	35%	0	
19053200	--华夫饼及圣餐饼										13
1905320000	华夫饼干及圣餐饼〔101 华夫饼干〕,〔102 圣餐饼〕,〔103 饼干〕	10	80	13		千克	AB	R/S	35%	0	
19054000	-面包干、吐司及类似的烤面包										13
1905400000	面包干,吐司及类似的烤面包〔999〕	10	80	13		千克	AB	R/S	35%	0	
19059000	-其他										13
1905900000	其他面包,糕点,饼干及烘焙糕饼(包括装药空囊、封缄、糯米纸及类似制品)①	10	80	13		千克	AB	R/S	35%	0	

① 〔101 未列出的其他熟制坚果炒货〕,〔103 月饼〕,〔104 蛋糕〕,〔105 其他糕点〕,〔106 饼干〕,〔109 面包〕,〔110 膨化食品〕,〔111 其他糕点饼干〕,〔112 发酵豆制品〕,〔113 其他含肉速冻粮食制品〕,〔114 其他不含肉速冻粮食制品〕,〔115 其他不含馅速冻粮食制品〕,〔116 其他淀粉制品〕,〔117 非发酵豆制品〕,〔118 婴幼儿谷类辅助食品〕

协定税率(%)																		特惠税率(%)			Article Description
智利	新西兰	澳大利亚	瑞士	冰岛	秘鲁	哥斯达	东盟	亚太	新加坡	巴基斯坦	港/澳/台	韩国	格鲁吉亚	毛里求斯	柬埔寨	尼加拉瓜	日/韩/澳/新/东(RCEP)	亚太2国	老/柬/缅	LDC 98/97/95	
0	0	0	0	0	0	0	0		0		0/0/	6.6	0	0	0	9	16.3/14/14/14/14			0/0/0	-Crispbread
0	0	0	0	0	0	0	0		0		0/0/	6.6	0	0	0	9	16.3/14/14/14/14			0/0/0	-Gingerbread and the like
0	0	0	1.3	0	0	0	0	8.2	0	0	0/0/	5	0	0	0	9	12.2/12/12.8/12.8/12	5		0/0/0	--Sweet biscuits
0	0	0	0	0	0	0	0	8.2	0	7.5	0/0/	5	0	0	0	9	12.2/12/12.8/12.8/12	5		0/0/0	--Waffles and wafers
0	0	0	0		0	0	0		0		0/0/	6.6	0	0	0	9	16.3/16/17/17/16			0/0/0	-Rusks, toasted bread and similar toasted products
0	0	0	0	0	0	0	0	8.6	0	0	0/0/	10	0	0	0	9	17.1//17/17/17	5		0/0/0	-Other

第二十章
蔬菜、水果、坚果或植物其他部分的制品

注释：

一、本章不包括：

（一）用第七章、第八章或第十一章所列方法制作或保藏的蔬菜、水果或坚果；

（二）植物油、脂（第十五章）；

（三）按重量计含香肠、肉、食用杂碎、动物血、昆虫、鱼、甲壳动物、软体动物、其他水生无脊椎动物及其混合物超过20%的食品（第十六章）；

（四）品目19.05的烘焙糕饼及其他制品；或

（五）品目21.04的均化混合食品。

二、品目20.07及20.08不包括制成糖食的果冻、果膏、糖衣杏仁或类似品（品目17.04）及巧克力糖食（品目18.06）。

三、品目20.01、20.04及20.05仅酌情包括用本章注释一（一）以外的方法制作或保藏的第七章或品目11.05、11.06的产品（第八章产品的细粉、粗粉除外）。

四、干重量在7%及以上的番茄汁归入品目20.02。

五、品目20.07所称“烹煮制成的”，是指在常压或减压状态下，通过减少产品中的水分或其他方法增加产品黏稠度的热处理制得的。

六、品目20.09所称“未发酵及未加酒精的水果汁”，是指按容量计酒精浓度（标准见第二十二章注释二）不超过0.5%的水果汁。

子目注释：

一、子目2005．10所称“均化蔬菜”，是指蔬菜经精细均化制成适合供婴幼儿食用或营养用的零售包装食品（每件净重不超过250克）。为了调味、保藏或其他目的，均化蔬菜中可以加入少量其他配料，还可以含有少量可见的蔬菜粒。归类时，子目2005.10优先于品目20.05的其他子目。

二、子目2007.10所称“均化食品”，是指果实经精细均化制成适合供婴幼儿食用或营养用的零售包装食品（每件净重不超过250克）。为了调味、保藏或其他目的，均化食品中可以加入少量其他配料，还可以含有少量可见的果粒。归类时，子目2007.10优先于品目20.07的其他子目。

三、子目2009.12、2009.21、2009.31、2009.41、2009.61及2009.71所称“白利糖度值”，是指在20℃时直接从白利糖度计读取的度数或从折射计直接读取的以蔗糖百分比含量计的折射率，在其他温度下读取的数值应折算为20℃时的数值。

商品编号	商品名称及备注[检验检疫编码及名称]	进口关税(%)		增值税率(%)	消费税	计量单位	监管条件	检验检疫类别	对美税率	出口税率(%)	出口退税率(%)
		最惠国	普通								
2001	**蔬菜、水果、坚果及植物的其他食用部分，用醋或醋酸制作或保藏的：**										
20011000	-黄瓜及小黄瓜										
2001100000	用醋或醋酸制作的黄瓜及小黄瓜〔999〕	5	70	13		千克	AB	R/S	30%	0	9,13
20019010	---大蒜										
2001901010	用醋或醋酸腌制的大蒜头、大蒜瓣(无论是否加糖或去皮)〔999〕	5	70	13		千克	AB	R/S	10%	0	9,13
2001901090	用醋或醋酸腌制的其他大蒜(不含蒜头、蒜瓣,无论是否加糖或去皮)〔999〕	5	70	13		千克	AB	R/S	10%	0	9,13
20019090	---其他										
2001909010	用醋或醋酸制作或保藏的松茸〔999〕	5	70	13		千克	ABE	R/S	30%	0	9
2001909020	用醋或醋酸制作或保藏的翠叶芦荟〔999〕	5	70	13		千克	AB	R/S	30%	0	9
2001909030	用醋或醋酸制作或保藏的其他芦荟(翠叶芦荟除外)〔999〕	5	70	13		千克	ABFE	R/S	30%	0	9
2001909040	用醋或醋酸制作或保藏的仙人掌植物〔999〕	5	70	13		千克	ABFE	R/S	30%	0	9
2001909050	用醋或醋酸制作或保藏的野生莼菜(不包括人工培植的)〔999〕	5	70	13		千克	ABE	R/S	30%	0	9
2001909090	用醋制作的其他果、菜及食用植物(包括用醋酸制作或保藏的)〔101 腌渍蘑菇〕,〔102 腌渍其他未列出蔬菜〕,〔103 醋渍水果〕	5	70	13		千克	AB	R/S	30%	0	9,13
2002	**番茄，用醋或醋酸以外的其他方法制作或保藏的：**										
20021010	---罐头										13
2002101000	非用醋制作的整个或切片番茄罐头〔999〕	5	80	13		千克	AB	R/S	30%	0	
20021090	---其他										
2002109000	非用醋制作的其他整个或切片番茄〔101 冷冻番茄〕,〔102 脱水番茄〕	5	70	13		千克	AB	P. R/Q	10%	0	9,13
20029011	----重量不超过5千克的										13

Chapter 20
Preparations of vegetables, fruit, nuts or other parts of plants

Chapter Notes:

1. This Chapter does not cover:
   (a) Vegetables, fruit or nuts, prepared or preserved by the processes specified in Chapter 7, 8 or 11;
   (b) Vegetable fats and oils (Chapter 15);
   (c) Food preparations containing more than 20% by weight of sausage, meat, meat offal, blood, insects, fish or crustaceans, molluscs or other aquatic invertebrates, or any combination thereof (Chapter 16);
   (d) Bakers' wares and other products of heading 19.05; or
   (e) Homogenised composite food preparations of heading 21.04.

2. Headings 20.07 and 20.08 do not apply to fruit jellies, fruit pastes, sugar-coated almonds or the like in the form of sugar confectionery (heading 17.04) or chocolate confectionery (heading 18.06).

3. Headings 20.01, 20.04 and 20.05 cover, as the case may be, only those products of Chapter 7 or of heading 11.05 or 11.06 (other than flour, meal and powder of the products of Chapter 8) which have been prepared or preserved by processes other than those referred to in Note 1 (a).

4. Tomato juice the dry weight content of which is 7% or more is to be classified in heading 20.02.

5. For the purposes of heading 20.07, the expression "obtained by cooking" means obtained by heat treatment at atmospheric pressure or under reduced pressure to increase the viscosity of a product through reduction of water content or other means.

6. For the purposes of heading 20.09, the expression "juices, unfermented and not containing added spirit" means juices of an alcoholic strength by volume (see Note 2 to Chapter 22) not exceeding 0.5% vol.

Subheading Notes:

1. For the purposes of subheading 2005.10, the expression "homogenised vegetables" means preparations of vegetables, finely homogenised, put up for retail sale as food suitable for infants or young children or for dietetic purposes, in containers of a net weight content not exceeding 250g. For the application of this definition no account is to be taken of small quantities of any ingredients which may have been added to the preparation for seasoning, preservation or other purposes. These preparations may contain a small quantity of visible pieces of vegetables. Subheading 2005.10 takes precedence over all other subheadings of heading 20.05.

2. For the purposes of subheading 2007.10, the expression "homogenised preparations" means preparations of fruit, finely homogenised, put up for retail as food suitable for infants or young children or for dietetic purposes, in containers of a net weight content not exceeding 250g. For the application of this definition no account is to be taken of small quantities of any ingredients which may have been added to the preparation for seasoning, preservation or other purposes. These preparations may contain a small quantity of visible pieces of fruit. Subheading 2007.10 takes precedence over all other subheadings of heading 20.07.

3. For the purposes of subheadings 2009.12, 2009.21, 2009.31, 2009.41, 2009.61 and 2009.71, the expression "Brix value" means the direct reading of degrees Brix obtained form a Brix hydrometer or of refractive index expressed in terms of percentage sucrose content obtained from a refractometer, at a temperature of 20℃ or corrected for 20℃ if the reading is made at a different temperature.

协定税率(%)																		特惠税率(%)			Article Description
智利	新西兰	澳大利亚	瑞士	冰岛	秘鲁	哥斯达	东盟	亚太	新加坡	巴基斯坦	港/澳/台	韩国	格鲁吉亚	毛里求斯	柬埔寨	尼加拉瓜	日/韩/澳/新/东(RCEP)	亚太2国	老/柬/缅	LDC 98/97/95	
																					Vegetables, fruit, nuts and other edible parts of plants, prepared or preserved by vinegar or acetic acid:
0	0	0	0	0	0	0	0		0	12.5	0/0/	12.5	0	5	0	0	21.4/21.3/21.3/21.3/21.3			0/0/0	-Cucumbers and gherkins
0	0	0	0	0	0	0	0		0	20	0/0/	12.5	0	5	0	0	21.4/21.3/21.3/21.3/21.3	2.5		0/0/0	---Garlic
0	0	0	0	0	0	0	0		0		0/0/	12.5	0	5	0	0	21.4/21.3/21.3/21.3/21.3	2.5		0/0/0	---Other
																					Tomatoes prepared or preserved otherwise than by vinegar or acetic acid:
0	0	0	0	0	0	0	0		0	15.2	0/0/	6.3	0	0	0	0	15.4/13.3/13.3/13.3/13.3			0/0/0	---In airtight containers
0	0	0	0	0	0	0	0		0	20	0/0/	12.5	0	5	0	0	21.4/21.3/21.3/21.3/21.3			0/0/0	---Other
0	0	0	0	0	0	0	0		0	16	0/0/	6.6	0	0	0	0	16.3/14/14/14/14			0/0/0	----Weighing not more than 5kg

商品编号	商品名称及备注[检验检疫编码及名称]	进口关税(%) 最惠国	普通	增值税率(%)	消费税	计量单位	监管条件	检验检疫类别	对美税率	出口税率(%)	出口退税率(%)
2002901100	重量≤5 千克的番茄酱罐头〔999〕	5	80	13		千克	AB	R/S	17.5%	0	
20029019	----重量超过 5 千克的										13
2002901900	重量>5 千克的番茄酱罐头〔999〕	5	80	13		千克	AB	R/S	17.5%	0	
20029090	---其他										
2002909000	非用醋制作的绞碎番茄(用醋或醋酸以外其他方法制作或保藏的)〔101 冷冻番茄〕,〔102 脱水番茄〕	5	70	13		千克	AB	P. R/Q. S	15%	0	9,13
2003	**蘑菇及块菌,用醋或醋酸以外的其他方法制作或保藏的:**										
20031011	----小白蘑菇										13
2003101100	小白蘑菇罐头(指洋蘑菇,用醋或醋酸以外其他方法制作或保藏的)〔999〕	5	90	13		千克	AB	R/S	30%	0	
20031019	----其他										13
2003101900	其他伞菌属蘑菇罐头(用醋或醋酸以外其他方法制作或保藏的)〔101 草菇罐头〕,〔102 金针菇罐头〕,〔103 其他食用菌罐头〕	5	90	13		千克	AB	R/S	10%	0	
20031090	---其他										
2003109000	非用醋制作的其他伞菌属蘑菇(用醋或醋酸以外其他方法制作或保藏的)①	5	90	13		千克	AB	R/S	10%	0	9,13
20039010	---罐头										
2003901010	非用醋制作的香菇罐头[用醋或醋酸以外其他方法制作或保藏的(非伞菌属蘑菇)]〔999〕	5	90	13		千克	AB	R/S	30%	0	13
2003901020	非用醋制作的濒危野生口蘑罐头(用醋或醋酸以外其他方法制作或保藏的,不包括人工培植的)〔999〕	5	90	13		千克	ABE	R/S	30%	0	0
2003901090	非用醋制作的其他蘑菇罐头[用醋或醋酸以外其他方法制作或保藏的(非伞菌属蘑菇)]②	5	90	13		千克	AB	R/S	30%	0	13
20039090	---其他										
2003909010	非用醋制作的其他香菇[用醋或醋酸以外其他方法制作或保藏的(非伞菌属蘑菇)]〔101 冷冻香菇〕,〔102 脱水香菇〕,〔103 腌渍香菇〕	5	90	13		千克	AB	P. R/Q. S	10%	0	9,13
2003909020	非用醋制作的其他濒危野生口蘑(用醋或醋酸以外其他方法制作或保藏的,不包括人工培植的)〔101 冷冻松茸〕,〔102 脱水松茸〕,〔103 腌渍松茸〕	5	90	13		千克	ABE	P. R/Q. S	10%	0	0
2003909090	非用醋制作的其他蘑菇[用醋或醋酸以外其他方法制作或保藏的(非伞菌属蘑菇)]〔101 冷冻其他非伞菌属蘑菇〕,〔102 脱水其他非伞菌属蘑菇〕,〔103 腌渍其他非伞菌属蘑菇〕	5	90	13		千克	AB	P. R/Q. S	10%	0	9,13
2004	**其他冷冻蔬菜,用醋或醋酸以外的其他方法制作或保藏的,但税目 20.06 的产品除外:**										
20041000	-马铃薯										
2004100000	非用醋制作的冷冻马铃薯(品目 20.06 的货品除外)〔999〕	5	70	13		千克	AB	R/S	15%	0	9,13
20049000	-其他蔬菜及什锦蔬菜										
2004900020	非用醋制作的冷冻翠叶芦荟〔999〕	5	70	13		千克	AB	R/S	30%	0	9,13
2004900030	非用醋制作的冷冻其他芦荟(翠叶芦荟除外)〔999〕	5	70	13		千克	ABFE	R/S	30%	0	9,13
2004900040	非用醋制作的冷冻仙人掌植物〔999〕	5	70	13		千克	ABFE	R/S	30%	0	9,13
2004900090	非用醋制作的其他冷冻蔬菜(品目 20.06 的货品除外)③	5	70	13		千克	AB	R/S	30%	0	9,13
2005	**其他未冷冻蔬菜,用醋或醋酸以外的其他方法制作或保藏的,但税目 20.06 的产品除外:**										
20051000	-均化蔬菜										13
2005100000	非用醋制作的未冷冻均化蔬菜〔201 婴幼儿罐装辅食〕,〔202 其他〕	5	70	13		千克	AB	P. R/Q. S	15%	0	
20052000	-马铃薯										
2005200000	非用醋制作的未冷冻马铃薯〔999〕	5	70	13		千克	AB	P. R/Q. S	30%	0	9,13
20054000	-豌豆										
2005400000	非用醋制作的未冷冻豌豆④	5	70	13		千克	AB	P. R/Q. S	30%	0	9,13
20055111	----赤豆馅										13
2005511100	非用醋制作的赤豆馅罐头〔101 红豆罐头〕,〔102 豆类罐头〕	5	80	13		千克	AB	R/S	10%	0	
20055119	----其他										13
2005511900	其他非用醋制作的脱荚豇豆及菜豆罐头〔999〕	5	80	13		千克	AB	R/S	30%	0	
20055191	----赤豆馅										13
2005519100	非用醋制作的赤豆馅,罐头除外〔101 红豆馅〕,〔102 其他粮食制品〕	5	70	13		千克	AB	P. R/Q. S	10%	0	

① 〔101 冷冻其他伞菌属蘑菇〕,〔102 脱水其他伞菌属蘑菇〕,〔103 腌渍蘑菇〕,〔104 腌渍其他伞菌属蘑菇〕

② 〔101 滑子蘑罐头〕,〔102 猴头菇罐头〕,〔103 鸡油菌罐头〕,〔104 牛肝菌罐头〕,〔105 姬菇罐头〕,〔106 鲍鱼菇罐头〕,〔107 白灵菇罐头〕,〔108 平菇罐头〕,〔109 茶树菇罐头〕,〔110 凤尾菇罐头〕,〔111 灰树花菇罐头〕,〔112 黑木耳罐头〕,〔113 球盖菇罐头〕,〔114 鸡腿菇罐头〕,〔115 松茸罐头〕,〔116 什锦菇罐头〕,〔117 其他蘑菇类罐头〕,〔118 其他木耳类罐头〕,〔119 其他食用菌罐头〕

③ 〔101 其他冷冻植物产品〕,〔102 其他含肉速冻粮食制品〕,〔103 其他不含肉速冻粮食制品〕,〔104 冷冻其他未列出蔬菜〕

④ 〔101 青豆罐头〕,〔102 即食豌豆沙律〕,〔103 熟制豌豆炒货〕,〔104 发酵豆制品〕,〔105 非发酵豆制品〕

协定税率(%)																		特惠税率(%)			Article Description
智利	新西兰	澳大利亚	瑞士	冰岛	秘鲁	哥斯达	东盟	亚太	新加坡	巴基斯坦	港/澳/台	韩国	格鲁吉亚	毛里求斯	柬埔寨	尼加拉瓜	日/韩/澳/新/东(RCEP)	亚太2国	老/柬/缅	LDC 98/97/95	
0	0	0	0	0	0	0	0		0	16	0/0/	0	0	0	0	0	14.5/14/0/0/0			0/0/0	----Weighing more than 5kg
0	0	0	0	0	0	0	0		0	11.5	0/0/	6	0	0	0	0	14.6/12.6/12.6/12.6/12.6			0/0/0	---Other
																					Mushrooms and truffles, prepared or preserved otherwise than by vinegar or acetic acid:
0	0	0	0	0	0	0	0		0		0/0/	0	0	5	0	0	18.2/17.5/0/0/0			0/0/0	----Small white agaric
0	0	0	0	0	0	0	0		0		0/0/	0	0	5	0	0	18.2/17.5/0/0/0			0/0/0	----Other
0	0	0	0	0	0	0	0		0		0/0/	0	0	5	0	0	18.2/17.5/0/0/0			0/0/0	---Other
0	0	0	0	0	0	0	0		0		0/0/	0	0	5	0	0	18.2/17.5/0/0/0			0/0/0	---In airtight containers
0	0	0	0	0	0	0	0		0		0/0/	0	0	5	0	0	18.2/17.5/0/0/0			0/0/0	---Other
																					Other vegetables prepared or preserved otherwise than by vinegar or acetic acid, frozen, other than products of heading 20.06:
0	0	0	0		0	0	0		0	3.3	0/0/	0	0	0	0	0	9.5/9.1/0/0/0			0/0/0	-Potatoes
0	0	0	0	0	0	0	0		0		0/0/	0	0	5	0	0	18.2/17.5/0/0/0			0/0/0	-Other vegetables and mixtures of vegetables
																					Other vegetables prepared or preserved otherwise than by vinegar or acetic acid, not frozen, other than products of heading 20.06:
0	0	0	0	0	0	0	0		0		0/0/	0	0	5	0	0	18.2/17.5/0/0/0			0/0/0	-Homogenized vegetables
0	0	0	0		0	0	0		0	0	0/0/	0	0	0	0	0	10.9/10.5/0/0/0			0/0/0	-Potatoes
0	0	0	0	0	0	0	0		0		0/0/	0	0	5	0	0	18.2/17.5/0/0/0			0/0/0	-Peas (Pisum sativum)
0	0	0	0	0	0	0	0		0		0/0/	0	0	5	0	0	18.2/17.5/0/0/0			0/0/0	----Red bean paste
0	0	0	0	0	0	0	0		0		0/0/	12.5	0	5	0	0	21.4/21.3/21.3/21.3/21.3			0/0/0	----Other
0	0	0	0	0	0	0	0		0		0/0/	0	0	5	0	0	18.2/17.5/0/0/0			0/0/0	----Red bean paste

商品编号	商品名称及备注[检验检疫编码及名称]	进口关税(%)		增值税率(%)	消费税	计量单位	监管条件	检验检疫类别	对美税率	出口税率(%)	出口退税率(%)
		最惠国	普通								
20055199	----其他										
2005519900	非用醋制作的其他脱荚豇豆及菜豆，罐头除外〔101 冷冻脱荚豇豆〕，〔102 冷冻脱荚菜豆〕	5	70	13		千克	AB	P. R/Q. S	10%	0	9,13
20055910	---罐头										13
2005591000	非用醋制作的其他豇豆及菜豆罐头〔999〕	5	80	13		千克	AB	R/S	30%	0	
20055990	---其他										
2005599000	非用醋制作的其他豇豆及菜豆〔101 腌渍豇豆〕，〔102 腌渍菜豆〕	5	70	13		千克	AB	P. R/Q. S	10%	0	9,13
20056010	---罐头										13
2005601000	非用醋制作的芦笋罐头〔999〕	5	80	13		千克	AB	R/S		0	
20056090	---其他										
2005609000	非用醋制作的其他芦笋〔101 冷冻芦笋〕，〔102 脱水芦笋〕，〔103 腌渍芦笋〕	5	70	13		千克	AB	P. R/Q. S	10%	0	9,13
20057000	-油橄榄										
2005700000	非用醋制作的未冷冻油橄榄〔999〕	5	70	13		千克	AB	P. R/Q. S	30%	0	9,13
20058000	-甜玉米										
2005800000	非用醋制作的未冷冻甜玉米〔101 甜玉米罐头〕	5	80	13		千克	AB	P. R/Q. S	30%	0	9,13
20059110	---竹笋罐头										13
2005911000	非用醋制作的竹笋罐头〔999〕	5	80	13		千克	AB	R/S	10%	0	
20059190	---其他										
2005919000	非用醋制作的其他竹笋〔101 冷冻竹笋〕，〔102 腌渍竹笋〕，〔103 脱水竹笋〕	5	70	13		千克	AB	P. R/Q. S	10%	0	9,13
20059920	---蚕豆罐头										13
2005992000	非用醋制作的蚕豆罐头〔999〕	5	80	13		千克	AB	R/S	10%	0	
20059940	---榨菜										
2005994000	榨菜〔999〕	5	70	13		千克	AB	R/S	10%	0	9,13
20059950	---咸蕨菜										
2005995000	咸蕨菜〔999〕	5	70	13		千克	AB	R/S	10%	0	9,13
20059960	---咸藠头										
2005996000	咸荞（藠）头〔999〕	5	70	13		千克	AB	R/S	10%	0	9,13
20059970	---蒜制品										
2005997000	蒜制品（非用醋制作）〔999〕	5	70	13		千克	AB	R/S	30%	0	9,13
20059991	----罐头										13
2005999100	其他蔬菜及什锦蔬菜罐头（非用醋制作）①	5	70	13		千克	AB	R/S	30%	0	
20059999	----其他										
2005999910	非用醋制作的仙人掌〔101 冷冻仙人掌〕，〔102 脱水仙人掌〕，〔103 腌渍仙人掌〕	5	70	13		千克	ABFE	P. R/Q. S	30%	0	9,13
2005999921	非用醋制作的翠叶芦荟〔101 冷冻芦荟〕，〔102 脱水芦荟〕，〔103 腌渍芦荟〕	5	70	13		千克	AB	P. R/Q. S	30%	0	9,13
2005999929	非用醋制作的其他芦荟（翠叶芦荟除外）〔101 冷冻芦荟〕，〔102 脱水芦荟〕，〔103 腌渍芦荟〕	5	70	13		千克	ABFE	P. R/Q. S	30%	0	9,13
2005999990	非用醋制作的其他蔬菜及什锦蔬菜〔999〕	5	70	13		千克	AB	P. R/Q. S	30%	0	9,13
2006	**糖渍蔬菜、水果、坚果、果皮及植物的其他部分（沥干、糖渍或裹糖的）：**										
20060010	---蜜枣										13
2006001000	蜜枣〔999〕	5	90	13		千克	AB	R/S		0	
20060020	---橄榄										13
2006002000	糖渍制橄榄〔999〕	5	90	13		千克	AB	R/S	30%	0	
20060090	---其他										13
2006009000	其他糖渍蔬菜，水果，坚果，果皮（包括糖渍植物的其他部分）〔101 红豆馅〕，〔102 果脯〕，〔103 话梅〕，〔104 其他蜜饯〕	5	90	13		千克	AB	R/S	30%	0	
2007	**烹煮制得的果酱、果冻、柑橘酱、果泥及果膏，不论是否加糖或其他甜物质：**										
20071000	-均化食品										13

① 〔101 荞头罐头〕，〔102 其他鳞茎类罐头〕，〔103 红焖大头菜罐头〕，〔104 其他芸苔属类罐头〕，〔105 香菜心罐头〕，〔106 雪菜罐头〕，〔107 橄榄菜罐头〕，〔108 其他叶菜类罐头〕，〔109 其他茄果类罐头〕，〔110 美味黄瓜罐头〕，〔111 苦瓜罐头〕，〔112 其他瓜类罐头〕，〔113 青刀豆罐头〕，〔114 芸豆罐头〕，〔115 红豆罐头〕，〔116 发酵豆类罐头〕，〔117 其他豆类罐头〕，〔118 其他茎类罐头〕，〔119 胡萝卜罐头〕，〔120 姜罐头〕，〔121 地瓜罐头〕，〔122 其他根茎类和薯芋类罐头〕，〔123 莲藕罐头〕，〔124 清水莲子罐头〕，〔125 其他水生类罐头〕，〔126 绿豆芽罐头〕，〔127 黄豆芽罐头〕，〔128 其他芽菜类罐头〕，〔129 其他多年生蔬菜罐头〕，〔130 玉米笋罐头〕，〔131 四鲜烤夫罐头〕，〔132 什锦蔬菜罐头〕，〔133 其他蔬菜罐头〕

协定税率(%)																		特惠税率(%)			Article Description
智利	新西兰	澳大利亚	瑞士	冰岛	秘鲁	哥斯达	东盟	亚太	新加坡	巴基斯坦	港/澳/台	韩国	格鲁吉亚	毛里求斯	柬埔寨	尼加拉瓜	日/韩/澳/新/东(RCEP)	亚太2国	老/柬/缅	LDC 98/97/95	
0	0	0	0		0	0	0		0		0/0/	12.5	0	5	0	0	21.4/21.3/21.3/21.3/21.3			0/0/0	----Other
0	0	0	0		0	0	0		0		0/0/	0	0	5	0	0	18.2/17.5/0/0/0			0/0/0	---In airtight containers
0	0	0	0		0	0	0		0		0/0/	0	0	5	0	0	18.2/17.5/0/0/0			0/0/0	---Other
0	0	0	0		0	0	0		0		0/0/	0	0	5	0	0	18.2/17.5/0/0/0			0/0/0	---In airtight containers
0	0	0	0	0	0	0	0		0		0/0/	0	0	5	0	0	18.2/17.5/0/0/0			0/0/0	---Other
0	0	0	0	0	0	0	0		0	2.5	0/0/	0	0	0	0	0	7.3/7/0/0/0			0/0/0	-Olives
0	0	0	0	0	0	0	0		0	2.5	0/0/	0	0	0	0	0	7.3/7/0/0/0			0/0/0	-Sweet corn (Zea mays var. saccharata)
0	0	0	0	0	0	0	0		0		0/0/	0	0	5	0	0	18.2/17.5/0/0/0			0/0/0	---Bamboo shoots, in airtight containers
0	0	0	0	0	0	0	0		0		0/0/	0	0	5	0	0	18.2/17.5/0/0/0			0/0/0	---Other
0	0	0	0	0	0	0	0		0	12.5	0/0/	0	0	5	0	0	18.2/17.5/0/0/0			0/0/0	---Broad beans, in airtight containers
0	0	0	0	0	0	0	0		0	12.5	0/0/	0	0	5	0	0	18.2/17.5/0/0/0			0/0/0	---Hot pickled mustard tubers
0	0	0	0	0	0	0	0		0	12.5	0/0/	0	0	5	0	0	18.2/17.5/0/0/0			0/0/0	---Chueh tsai (fiddle-head), salted
0	0	0	0	0	0	0	0		0	12.5	0/0/	0	0	5	0	0	18.2/17.5/0/0/0			0/0/0	---Scallion, salted
0	0	0	5	0	0	0	0		0		0/0/	12.5	0	5	0	0	21.4/21.3/21.3/21.3/21.3			0/0/0	---Garlic products
0	0	0	0	0	0	0	0		0		0/0/	12.5	0	5	0	0	21.4/21.3/21.3/21.3/21.3			0/0/0	----In airtight containers
0	0	0	5	0	0	0	0		0		0/0/	12.5	0	5	0	0	//21.3/21.3/21.3			0/0/0	----Other
																					Vegetables, fruit, nuts, fruit-peel and other parts of plants, preserved by sugar (drained, glace or crystallized):
0	0	0		0	0	0	0		0		0/0/	15	0	6	0	0	25.7/25.5/25.5/25.5/25.5		//0	0/0/0	---Preserved jujubes
0	0	0		0	3.5	0	0		0		0/0/	15	0	6	0	0	25.7/25.5/25.5/25.5/25.5		//0	0/0/0	---Preserved olives
0	0	0	0	0	3.5	0	0		0		0/0/	15	0	6	0	0	//25.5/25.5/25.5		//0	0/0/0	---Other
																					Jams, fruit jellies, marmalades, fruit or nut puree and fruit or nut pastes, being cooked preparations, whether or not containing added sugar or other sweetening matter:
0	0	0	0	0	3.5	0	0		0		0/0/	15	0	6	0	0	25.7/25.5/25.5/25.5/25.5			0/0/	-Homogenized preparations

商品编号	商品名称及备注[检验检疫编码及名称]	进口关税(%)		增值税率(%)	消费税	计量单位	监管条件	检验检疫类别	对美税率	出口税率(%)	出口退税率(%)
		最惠国	普通								
2007100000	烹煮的果子均化食品(包括果酱、果冻、果泥、果膏)〔201 非罐头工艺生产的果酱〕,〔202 婴幼儿罐装辅食〕,〔203 果酱罐头〕	5	80	13		千克	AB	R/S	27.5%	0	
20079100	--柑橘属水果的										13
2007910000	烹煮的柑橘属水果(包括果酱、果冻、果泥、果膏)〔201 非罐头工艺生产的果酱〕,〔999 果酱罐头〕	5	80	13		千克	AB	R/S	30%	0	
20079910	---罐头										13
2007991000	其他烹煮的果酱、果冻罐头(包括果泥、果膏)①	5	80	13		千克	AB	R/S	30%	0	
20079990	---其他										13
2007999000	其他烹煮的果酱、果冻(包括果泥、果膏)〔201 非罐头工艺生产的果酱〕,〔202 果泥〕,〔203 果冻〕,〔204 果膏〕,〔999 果脯〕	5	80	13		千克	AB	R/S	30%	0	
2008	**用其他方法制作或保藏的其他税目未列名水果、坚果及植物的其他食用部分,不论是否加酒、加糖或其他甜物质:**										
20081110	---花生米罐头										13
2008111000	花生米罐头〔999〕	5	90	13		千克	AB	R/S	27.5%	0	
20081120	---烘焙花生										13
2008112000	烘焙花生〔999〕	5	80	13		千克	AB	P. R/Q. S	20%	0	
20081130	---花生酱										13
2008113000	花生酱〔999〕	5	90	13		千克	AB	R/S	20%	0	
20081190	---其他										
2008119000	其他非用醋制作的花生(用醋或醋酸以外其他方法制作或保藏的)〔101 熟制〕,〔102 花生罐头〕	5	80	13		千克	AB	P. R/Q. S	30%	0	9,13
20081910	---核桃仁罐头										13
2008191000	核桃仁罐头〔999〕	5	90	13		千克	AB	R/S	7.5%	0	
20081920	---其他果仁罐头										13
2008192000	其他果仁罐头〔999〕	5	90	13		千克	AB	R/S	15%	0	
20081991	----栗仁										
2008199100	栗仁(用醋或醋酸以外其他方法制作或保藏的)〔999〕	5	80	13		千克	AB	P. R/Q. S	7.5%	0	9,13
20081992	----芝麻										
2008199200	芝麻(用醋或醋酸以外其他方法制作或保藏的)〔101 芝麻罐头〕,〔102 即食芝麻沙律〕,〔103 熟制芝麻炒货〕,〔104 芝麻酱〕	5	80	13		千克	AB	P. R/Q. S	7.5%	0	9,13
20081999	----其他										
2008199910	其他方法制作或保藏的野生红松子仁(用醋或醋酸以外其他方法制作或保藏的,不包括人工培植的)〔101 熟制红松子仁〕,〔102 其他红松子仁炒货〕	5	80	13		千克	ABE	P. R/Q. S	30%	0	0
2008199990	未列名制作或保藏的坚果及其他子仁(用醋或醋酸以外其他方法制作或保藏的)②	5	80	13		千克	AB	P. R/Q. S	30%	0	9,13
20082010	---罐头										13
2008201000	菠萝罐头③	5	90	13		千克	AB	R/S	7.5%	0	
20082090	---其他										
2008209000	非用醋制作的其他菠萝(用醋或醋酸以外其他方法制作或保藏的)〔999〕	5	80	13		千克	AB	P. R/Q	7.5%	0	9,13
20083010	---罐头										13
2008301000	柑橘属水果罐头〔101 桔子罐头〕,〔102 糖水橘子罐头〕,〔103 橘子囊胞罐头〕,〔104 其他橘子罐头〕	5	90	13		千克	AB	R/S	7.5%	0	
20083090	---其他										
2008309000	非用醋制作的其他柑橘属水果(用醋或醋酸以外其他方法制作或保藏的)〔101 食品工业用浓缩液(汁、浆)〕,〔999 果脯〕	5	80	13		千克	AB	P. R/Q. S	15%	0	9,13
20084010	---罐头										13
2008401000	梨罐头〔101 梨罐头〕,〔102 糖水梨罐头〕,〔103 糖水洋梨罐头〕,〔104 其他梨罐头〕	5	90	13		千克	AB	R/S	7.5%	0	
20084090	---其他										
2008409000	非用醋制作的其他梨(用醋或醋酸以外其他方法制作或保藏的)〔999〕	5	80	13		千克	AB	P. R/Q	7.5%	0	9,13
20085000	-杏										
2008500000	非用醋制作的杏(用醋或醋酸以外其他方法制作或保藏的)〔101 杏子罐头〕,〔102 果脯〕	5	90	13		千克	AB	P. R/Q. S	30%	0	9,13
20086010	---罐头										13
2008601000	非用醋制作的樱桃罐头(用醋或醋酸以外其他方法制作或保藏的)〔101 樱桃罐头〕,〔102 果脯〕	5	90	13		千克	AB	P. R/Q. S	30%	0	

① 〔101 什锦果酱罐头〕,〔102 杏酱罐头〕,〔103 菠萝酱罐头〕,〔104 苹果酱罐头〕,〔105 西瓜酱罐头〕,〔106 猕猴桃酱罐头〕,〔107 其他果酱罐头〕,〔108 果冻罐头〕,〔109 婴幼儿罐装辅助食品〕

② 〔101 杏仁罐头〕,〔102 银杏罐头〕,〔103 板栗罐头〕,〔104 腰果罐头〕,〔105 其他坚果罐头〕,〔106 熟制杏仁〕,〔107 熟制开心果〕,〔108 熟制松子〕,〔109 熟制夏威夷果〕,〔110 熟制南瓜子〕,〔111 熟制西瓜子〕,〔112 未列名的即食坚果沙律〕,〔113 未列出的其他熟制坚果炒货〕,〔114 榛子酱〕,〔115 扁桃仁酱〕,〔116 其他坚果及籽类的泥(酱)〕

③ 〔101 马口铁菠萝罐头〕,〔102 玻璃瓶菠萝罐头〕,〔103 复合塑料袋菠萝罐头〕,〔104 其他材质菠萝罐头〕

协定税率(%)																		特惠税率(%)			Article Description
智利	新西兰	澳大利亚	瑞士	冰岛	秘鲁	哥斯达	东盟	亚太	新加坡	巴基斯坦	港/澳/台	韩国	格鲁吉亚	毛里求斯	柬埔寨	尼加拉瓜	日/韩/澳/新/东(RCEP)	亚太2国	老/柬/缅	LDC 98/97/95	
0	0	0	0	0	0	0	0		0		0/0/	15	0	6	0	0	25.7/25.5/25.5/25.5/25.5		//0	0/0/0	--Citrus fruit
0	0	0	0	0	0	0	0			0	0/0/	0	0	0	0	0	0/0/0/0/0	2.5		0/0/0	---In airtight containers
0	0	0	0	0	0	0.3	0			0	0/0/	0	0	0	0	4.5	3.6/0/0/0/0	2.5		0/0/0	---Other
																					Fruit, nuts and other edible parts of plants, otherwise prepared, or preserved, whether or not containing added sugar or other sweetening matter or spirit, not elsewhere specified or included:
0	0	0		0		0	0		0		0/0/	15	0	6	0	0	/25.5/25.5/25.5/25.5			0/0/	---ground-nut kernels, in airtight containers
0	0	0		0		0	0		0		0/0/	15	0	6	0	0	/25.5/25.5/25.5/25.5		/0/	0/0/0	---Roasted ground-Nuts
0	0	0		0		0	0		0		0/0/	15	0	6	0	0	25.7/25.5/25.5/25.5/25.5			0/0/	---Ground-nut butter
0	0	0		0		0	0		0		0/0/	15	0	6	0	0	25.7/25.5/25.5/25.5/25.5			0/0/	---Other
0	0	0	0	0	0	0	0	2.5	0	10	0/0/	6.6	0	0	0	0	16.3/14/14/14/14		0/0/	0/0/0	---Walnut meats, in airtight containers
0	0	0	0	0	0	0	0	2.5	0	2.5	0/0/	0	0	0	0	0	9.5/9.1/0/0/0		0/0/	0/0/0	---Other Nuts, in airtight containers
0	0	0	4	0	0	0	0	2.5	0	2.5	0/0/	0	0	0	0	0	7.3/7/0/0/0		0/0/	0/0/0	----Chestnut seed
0	0	0	0		0	0	0	2.5	0	2.5	0/0/	0	0	0	0	0	7.3/7/0/0/0			0/0/0	----Sesame
0	0	0	0	0	0	0	0	2.5	0	2.5	0/0/	0	0	0	0	0	7.3/7/0/0/0		0/0/	0/0/0	----Other
0	0	0	0	0	0	1	5				0/0/	0	0	0	10.5	0	/12.8/13.9/13.9/12.8		0//	0/0/0	---In airtight containers
0	0	0	0	0	0	1	5				0/0/	0	0	0	10.5	0	/12.8/13.9/13.9/12.8		0//	0/0/0	---Other
0	0	0	0	0	0	1.3	0		0		0/0/	6.6	0	0	0	0	14.5/14/17/17/14		0//	0/0/0	---In airtight containers
0	0	0	0	0	0	0	0		0		0/0/	10	0	0	0	0	//17/17/17		0//	0/0/0	---Other
0	0	0	0	0	0	0	0		0		0/0/	6.6	0	0	0	0	16.3/14/14/14/14		0//	0/0/0	---In airtight containers
0	0	0	0	0	0	0	0		0		0/0/	6.6	0	0	0	0	16.3/14/14/14/14		0//	0/0/0	---Other
0	0	0	0	0	0	0	0		0		0/0/	6.6	0	0	0	0	16.3/14/14/14/14			0/0/0	-Apricots
0	0	0	0	0	0	0	0		0		0/0/	6.6	0	0	0	0	16.3/14/14/14/14			0/0/0	---In airtight containers

商品编号	商品名称及备注［检验检疫编码及名称］	进口关税(%) 最惠国	进口关税(%) 普通	增值税率(%)	消费税	计量单位	监管条件	检验检疫类别	对美税率	出口税率(%)	出口退税率(%)
20086090	---其他										
2008609000	非用醋制作的樱桃，罐头除外（用醋或醋酸以外其他方法制作或保藏的）〔101 果脯〕，〔102 其他蜜饯〕	5	90	13		千克	AB	P. R/Q. S	17.5%	0	9,13
20087010	---罐头										13
2008701000	桃罐头，包括油桃罐头〔999〕	5	90	13		千克	AB	R/S	30%	0	
20087090	---其他										
2008709000	非用醋制作的其他桃，包括油桃（用醋或醋酸以外其他方法制作或保藏的）〔101 其他桃罐头〕，〔102 果脯〕	5	80	13		千克	AB	P. R/Q. S	7.5%	0	9,13
20088000	-草莓										
2008800000	非用醋制作的草莓（用醋或醋酸以外其他方法制作或保藏的）〔101 果脯〕，〔102 其他蜜饯〕	5	90	13		千克	AB	P. R/Q. S	30%	0	9,13
20089100	--棕榈芯										
2008910000	非用醋制作的棕榈芯（用醋或醋酸以外其他方法制作或保藏的）〔999〕	5	80	13		千克	AB	P. R/Q. S	10%	0	9,13
20089300	--蔓越橘（大果蔓越橘、小果蔓越橘）、越橘										
2008930000	非用醋制作的蔓越橘（大果蔓越橘、小果蔓越橘）、越橘（用醋或醋酸以外其他方法制作或保藏的）〔201 蜜饯〕，〔202 其他〕	15	80	13		千克	AB	P. R/Q. S	45%	0	9,13
20089700	--什锦果实										
2008970000	非用醋制作的什锦果实（用醋或醋酸以外其他方法制作或保藏的）①	5	80	13		千克	AB	P. R/Q. S	30%	0	9,13
20089910	---荔枝罐头										13
2008991000	荔枝罐头②	5	90	13		千克	AB	R/S	7.5%	0	
20089920	---龙眼罐头										13
2008992000	龙眼罐头③	5	80	13		千克	AB	R/S	7.5%	0	
20089931	----调味紫菜										13
2008993100	调味紫菜〔101 养殖〕，〔102 野生〕	15	90	13		千克	AB	P. R/S	40%	0	
20089932	----盐腌海带										
2008993200	盐腌海带〔101 养殖〕，〔102 野生〕	10	80	13		千克	AB	P. R/Q. S	12.5%	0	9,13
20089933	----盐腌裙带菜										
2008993300	盐腌裙带菜〔101 养殖〕，〔102 野生〕	10	80	13		千克	AB	P. R/Q. S	12.5%	0	9,13
20089934	----烤紫菜										13
2008993400	烤紫菜〔998 养殖〕，〔999 野生〕	10	80	13		千克	AB	P. R/S	12.5%	0	
20089939	----其他										
2008993900	海草及其他藻类制品〔104 养殖水产制品〕，〔105 野生水产制品〕	10	80	13		千克	AB	P. R/Q. S	12.5%	0	9,13
20089940	---清水荸荠（马蹄）罐头										13
2008994000	清水荸荠（马蹄）罐头〔999〕	5	80	13		千克	AB	R/S	10%	0	
20089950	---姜制品										
2008995000	姜制品（包括植物的其他食用部分）〔101 罐头工艺进行加工处理的〕，〔102 其他工艺〕	5	80	13		千克	AB	P/Q	15%	0	9,13
20089990	---其他										
2008999000	未列名制作或保藏的水果、坚果（包括植物的其他食用部分）④	5	80	13		千克	AB	P. R/Q. S	15%	0	9,13
2009	**未发酵及未加酒精的水果汁或坚果汁（包括酿酒葡萄汁及椰子水）、蔬菜汁，不论是否加糖或其他甜物质：**										
20091100	--冷冻的										13
2009110000	冷冻的橙汁（未发酵及未加酒精的，不论是否加糖或其他甜物质）〔999〕	7.5	90	13		千克	AB	P. R/Q. S	32.5%	0	
20091200	--非冷冻的，白利糖度值不超过 20 的										13
2009120010[暂20]	白利糖度值不超过 20 的非冷冻橙汁，最小独立包装净重≥180 千克（未发酵及未加酒精的，不论是否加糖或其他甜物质）⑤	30	90	13		千克	AB	P. R/Q. S	45%	0	
2009120090	其他白利糖度值不超过 20 的非冷冻橙汁（未发酵及未加酒精的，不论是否加糖或其他甜物质）⑥	30	90	13		千克	AB	P. R/Q. S	55%	0	
20091900	--其他										13
2009190010[暂20]	白利糖度值超过 20 的非冷冻橙汁，最小独立包装净重≥180 千克（未发酵及未加酒精的，不论是否加糖或其他甜物质）⑦	30	90	13		千克	AB	R/S	30%	0	

① 〔101 马口铁什锦水果罐头〕，〔102 玻璃瓶什锦水果罐头〕，〔103 复合塑料袋什锦水果罐头〕，〔104 其他材质什锦水果罐头〕，〔105 果脯〕

② 〔101 马口铁荔枝罐头〕，〔102 玻璃瓶荔枝罐头〕，〔103 复合塑料袋荔枝罐头〕，〔104 其他材质荔枝罐头〕

③ 〔101 马口铁龙眼罐头〕，〔102 玻璃瓶龙眼罐头〕，〔103 复合塑料袋龙眼罐头〕，〔104 其他材质龙眼罐头〕

④ 〔101 苹果罐头〕，〔102 葡萄罐头〕，〔103 海棠罐头〕，〔104 干装苹果罐头〕，〔105 什锦水果罐头〕，〔106 马口铁什锦水果罐头〕，〔107 玻璃瓶什锦水果罐头〕，〔108 复合塑料袋什锦水果罐头〕，〔109 橄榄罐头〕，〔110 芒果罐头〕，〔111 双色罐头〕，〔112 枇杷罐头〕，〔113 杨梅罐头〕，〔114 猕猴桃罐头〕，〔115 番石榴罐头〕，〔116 番荔枝罐头〕，〔117 山楂罐头〕，〔118 李子罐头〕，〔119 榴莲罐头〕，〔120 其他瓜果类罐头〕，〔121 其他浆果和小型水果类罐头〕，〔122 其他核果类水果罐头〕，〔123 其他热带和亚热带水果罐头〕，〔124 其他未列名水果罐头〕，〔125 熟制葵花子〕，〔126 未列出的其他熟制坚果炒货〕，〔127 果脯〕，〔128 其他蜜饯〕，〔129 冷冻油炸甘薯〕，〔130 果干制品〕

⑤ 〔101 可直接饮用的蔬菜果汁类饮料〕，〔102 浓缩蔬菜果汁饮料（包括冷冻的）〕，〔103 食品工业用浓缩液（汁、浆）〕

⑥ 〔101 可直接饮用的蔬菜果汁类饮料〕，〔102 浓缩蔬菜果汁饮料（包括冷冻的）〕，〔103 食品工业用浓缩液（汁、浆）〕

⑦ 〔101 可直接饮用的蔬菜果汁类饮料〕，〔102 浓缩蔬菜果汁饮料（包括冷冻的）〕，〔103 食品工业用浓缩液（汁、浆）〕

协定税率(%)																		特惠税率(%)			Article Description
智利	新西兰	澳大利亚	瑞士	冰岛	秘鲁	哥斯达	东盟	亚太	新加坡	巴基斯坦	港/澳/台	韩国	格鲁吉亚	毛里求斯	柬埔寨	尼加拉瓜	日/韩/澳/新/东(RCEP)	亚太2国	老/柬/缅	LDC 98/97/95	
0	0	0	0	0	0	0	0		0		0/0/	6.6	0	0	0	0	16.3/14/14/14/14			0/0/0	---Other
0	0	0	0	0	0	0	0		0	2.5	0/0/	0	0	0	0	0	7.3/7/0/0/0		0//	0/0/0	---In airtight containers
0	0	0	0	0	0	0	0		0		0/0/	6.6	0	0	0	0	16.3/14/14/14/14		0//	0/0/0	---Other
0	0	0	0	0	0	0	0		0	12	0/0/	0	0	0	0	0	10.9/10.5/0/0/0			0/0/0	-Strawberries
0	0	0	0	0	0	0	0			0	0/0/	0	0	0	0	0	0/0/0/0/0		/0/	0/0/0	--Palm hearts
0	0	0	0	0	0	0	0		0	12	0/0/	0	0	0	0	14	10.9/10.5/0/0/0		/0/	0/0/0	--Cranberries (Vaccinium macrocarpon, Vaccinium oxycoccos); lingonberries (Vaccinium vitis-idaea)
0	0	0	0	0	0	0	0		0	2.5	0/0/	0	0	0	0	0	7.3/7/0/0/0		/0/	0/0/0	--Mixtures
0	0	0	0	0	0	0	0		0		0/0/	6.6	0	0	0	0	16.3/14/14/14/14			0/0/0	---Lychee can
0	0	0	0	0	0	0	5				0/0/	0	0	0	0	0	//13.9/13.9/13.9		/0/	0/0/0	---Longan can
0	0	0	0	0	0	0	0	13.8	0	0	0/0/	7.5	0	0	0	14	//12.8/12.8/12.8		/0/	0/0/0	----Seasoned laver
0	0	0	0	0	0	0	0			12	0/0/	0	0	0	0	9	10.9/10.5/0/0/0		/0/	0/0/0	----Sea tangle, salted
0	0	0	0	0	0	0	0			0	0/0/	0	0	0	0	9	10.9/10.5/0/0/0		/0/	0/0/0	----Pinnatifida, salted
0	0	0	0	0	0	0	0			6	0/0/	0	0	0	0	9	10.9/10.5/0/0/0		/0/	0/0/0	----Laver, baked
0	0	0	0	0	0	0	0			6	0/0/	0	0	0	0	9	10.9/10.5/0/0/0		/0/	0/0/0	----Other
0	0	0	0	0	0	0	0		0	12.5	0/0/	0	0	5	0	0	18.2/17.5/0/0/0			0/0/0	---Water chestnut, in airtight containers
0	0	0	0	0	0	0	0		0	0	0/0/	0	0	0	0	0	10.9/10.5/0/0/0		/0/	0/0/0	---Ginger products
0	0	0	0	0	0	0	0		0	0	0/0/	0	0	0	0	0	10.9/10.5/0/0/0		/0/	0/0/0	---Other
																					Fruit or nut juices (including grape must and coconut water) and vegetable juices, unfermented and not containing added spirit, whether or not containing added sugar or other sweetening matter:
0	0	0	0	0	0	0	0			0	0/0/	0	0	0	0	0	5.5/0/5.3/0/0		0/0/	0/0/0	--Frozen
0	0	0	0	0	0		0		0		0/0/	15	0		0	28	/25.5/25.5/25.5/25.5		0/0/	0/0/0	--Not frozen, of a Brix value not exceeding 20
0	0	0		0	0		0		0		0/0/	15	0		0	28	/25.5/25.5/25.5/25.5		0/0/	0/0/0	--Other

商品编号	商品名称及备注[检验检疫编码及名称]	进口关税(%)		增值税率(%)	消费税	计量单位	监管条件	检验检疫类别	对美税率	出口税率(%)	出口退税率(%)
		最惠国	普通								
2009190090	其他白利糖度值超过20的非冷冻橙汁(未发酵及未加酒精的,不论是否加糖或其他甜物质)①	30	90	13		千克	AB	R/S	40%	0	
20092100	--白利糖度值不超过20的										13
2009210000	白利糖度值不超过20的葡萄柚汁、柚汁(未发酵及未加酒精的,不论是否加糖或其他甜物质)②	5	90	13		千克	AB	P. R/Q. S	30%	0	
20092900	--其他										13
2009290000	白利糖度值超过20的葡萄柚汁、柚汁(未发酵及未加酒精的,不论是否加糖或其他甜物质)③	5	90	13		千克	AB	R/S	30%	0	
20093110	---柠檬汁										13
2009311000	白利糖度值不超过20的未混合柠檬汁(未发酵及未加酒精的,不论是否加糖或其他甜物质)④	5	90	13		千克	AB	P. R/Q. S	30%	0	
20093190	---其他										13
2009319000	白利糖度值不超过20的未混合其他柑橘属果汁(未发酵及未加酒精的;柠檬汁除外)⑤	5	90	13		千克	AB	P. R/Q. S	7.5%	0	
20093910	---柠檬汁										13
2009391000	白利糖度值超过20的未混合柠檬汁(未发酵及未加酒精的,不论是否加糖或其他甜物质)⑥	5	90	13		千克	AB	R/S	30%	0	
20093990	---其他										13
2009399000	白利糖度值超过20的未混合其他柑橘属果汁(未发酵及未加酒精的;柠檬汁除外)〔999〕	5	90	13		千克	AB	R/S	7.5%	0	
20094100	--白利糖度值不超过20的										13
2009410000	白利糖度值不超过20的菠萝汁(未发酵及未加酒精的,不论是否加糖或其他甜物质)〔101 可直接饮用的蔬菜果汁类饮料〕,〔102 浓缩蔬菜果汁饮料(包括冷冻的)〕	5	90	13		千克	AB	P. R/Q. S	30%	0	
20094900	--其他										13
2009490000	白利糖度值超过20的菠萝汁(未发酵及未加酒精的,不论是否加糖或其他甜物质)〔101 可直接饮用的蔬菜果汁类饮料〕,〔102 浓缩蔬菜果汁饮料(包括冷冻的)〕	5	90	13		千克	AB	R/S	30%	0	
20095000	-番茄汁										13
2009500000	番茄汁(未发酵及未加酒精的,不论是否加糖或其他甜物质)〔101 可直接饮用的蔬菜果汁类饮料〕,〔102 浓缩蔬菜果汁饮料(包括冷冻的)〕	5	80	13		千克	AB	R/S	20%	0	
20096100	--白利糖度值不超过30的										13
2009610000	白利糖度值不超过30的葡萄汁(包括酿酒葡萄汁)(未发酵及未加酒精的,不论是否加糖或其他甜物质)〔101 浓缩蔬菜果汁饮料(包括冷冻的)〕,〔102 未发酵葡萄酒〕,〔103 可直接饮用的蔬菜果蔬汁类饮料〕	5	90	13		千克	AB	P. R/Q. S	30%	0	
20096900	--其他										13
2009690000	白利糖度值超过30的葡萄汁(包括酿酒葡萄汁)(未发酵及未加酒精的,不论是否加糖或其他甜物质)〔101 浓缩蔬菜果汁饮料(包括冷冻的)〕,〔102 未发酵葡萄酒〕	5	90	13		千克	AB	R/S	30%	0	
20097100	--白利糖度值不超过20的										13
2009710000	白利糖度值不超过20的苹果汁(未发酵及未加酒精的,不论是否加糖或其他甜物质)〔101 可直接饮用的蔬菜果汁类饮料〕,〔102 浓缩蔬菜果汁饮料(包括冷冻的)〕	5	90	13		千克	AB	P. R/Q. S	30%	0	
20097900	--其他										13
2009790000	白利糖度值超过20的苹果汁(未发酵及未加酒精的,不论是否加糖或其他甜物质)〔101 可直接饮用的蔬菜果汁类饮料〕,〔102 浓缩蔬菜果汁饮料(包括冷冻的)〕	10	90	13		千克	AB	R/S	35%	0	
20098100	--蔓越橘汁(大果蔓越橘、小果蔓越橘)、越橘汁										13
2009810000	未混合蔓越橘汁(大果蔓越橘、小果蔓越橘)、越橘汁(未发酵及未加酒精的,不论是否加糖或其他甜物质)⑦	5	90	13		千克	AB	P. R/Q. S	17.5%	0	
20098912	----芒果汁										13
2009891200	未混合芒果汁(未发酵及未加酒精的,不论是否加糖或其他甜物质)⑧	5	90	13		千克	AB	P. R/Q. S	30%	0	
20098913	----西番莲果汁										13
2009891300	未混合西番莲果汁(未发酵及未加酒精的,不论是否加糖或其他甜物质)⑨	5	90	13		千克	AB	P. R/Q. S	30%	0	
20098914	----番石榴果汁										13
2009891400	未混合番石榴果汁(未发酵及未加酒精的,不论是否加糖或其他甜物质)⑩	5	90	13		千克	AB	P. R/Q. S	30%	0	

① 〔101 可直接饮用的蔬菜果汁类饮料〕,〔102 浓缩蔬菜果汁饮料(包括冷冻的)〕,〔103 食品工业用浓缩液(汁、浆)〕
② 〔101 可直接饮用的蔬菜果汁类饮料〕,〔102 浓缩蔬菜果汁饮料(包括冷冻的)〕,〔103 食品工业用浓缩液(汁、浆)〕
③ 〔101 可直接饮用的蔬菜果汁类饮料〕,〔102 浓缩蔬菜果汁饮料(包括冷冻的)〕,〔103 食品工业用浓缩液(汁、浆)〕
④ 〔101 可直接饮用的蔬菜果汁类饮料〕,〔102 浓缩蔬菜果汁饮料(包括冷冻的)〕,〔103 食品工业用浓缩液(汁、浆)〕
⑤ 〔101 可直接饮用的蔬菜果汁类饮料〕,〔102 浓缩蔬菜果汁饮料(包括冷冻的)〕,〔103 食品工业用浓缩液(汁、浆)〕
⑥ 〔101 浓缩蔬菜果汁饮料(包括冷冻的)〕,〔102 可直接饮用的蔬菜果汁类饮料〕,〔103 食品工业用浓缩液(汁、浆)〕
⑦ 〔101 可直接饮用的蔬菜果汁类饮料〕,〔102 浓缩蔬菜果汁饮料(包括冷冻的)〕,〔103 食品工业用浓缩液(汁、浆)〕
⑧ 〔101 可直接饮用的蔬菜果汁类饮料〕,〔102 浓缩蔬菜果汁饮料(包括冷冻的)〕,〔103 食品工业用浓缩液(汁、浆)〕
⑨ 〔101 可直接饮用的蔬菜果汁类饮料〕,〔102 浓缩蔬菜果汁饮料(包括冷冻的)〕,〔103 食品工业用浓缩液(汁、浆)〕
⑩ 〔101 可直接饮用的蔬菜果汁类饮料〕,〔102 浓缩蔬菜果汁饮料(包括冷冻的)〕,〔103 食品工业用浓缩液(汁、浆)〕

协定税率(%)																		特惠税率(%)			Article Description
智利	新西兰	澳大利亚	瑞士	冰岛	秘鲁	哥斯达	东盟	亚太	新加坡	巴基斯坦	港/澳/台	韩国	格鲁吉亚	毛里求斯	柬埔寨	尼加拉瓜	日/韩/澳/新/东(RCEP)	亚太2国	老/柬/缅	LDC 98/97/95	
0	0	0	0	0	0	0	0		0	12	0/0/	0	0	0	0	0	10. 9/10. 5/0/0/0		0//	0/0/0	--Of a Brix value not exceeding 20
0	0	0	0	0	0	0	0		0	12	0/0/	0	0	0	0	0	10. 9/10. 5/0/0/0		0//	0/0/0	--Other
0	0	0	0	0	0	0	0	4. 7	0	14. 4	0/0/	6	0	0	0	0	14. 6/12. 6/12. 6/12. 6/12. 6	2. 5	/0/	0/0/0	---Lemon juice
0	0	0	0	0	0	0	0	4. 7	0	14. 4	0/0/	6	0	0	0	0	14. 6/14. 4/15. 3/15. 3/14. 4	2. 5	/0/	0/0/0	---Other
0	0	0	0	0	0	0	0	4. 7	0	14. 4	0/0/	6	0	0	0	0	14. 6/12. 6/12. 6/12. 6/12. 6	2. 5	/0/	0/0/0	---Lemon juice
0	0	0	0	0	0	0	0	4. 7	0	14. 4	0/0/	6	0	0	0	0	14. 6/12. 6/12. 6/12. 6/12. 6	2. 5	/0/	0/0/0	---Other
0	0	0	0	0	0	0	5				0/0/	0	0	0	7	0	/8. 5/9. 3/9. 3/8. 5		0/0/	0/0/0	--Of a Brix value not exceeding 20
0	0	0	0	0	0	0	5				0/0/	0	0		7	0	/8. 5/9. 3/9. 3/8. 5		0/0/	0/0/0	--Other
0	0	0		0	0	0	0		0		0/0/	15	0		0	0	25. 7/25. 5/25. 5/25. 5/25. 5	2. 5	0//	0/0/0	-Tomato juice
0	0	0	0	0	0	0	0		0		0/0/	6. 6	0	0	0	0	16. 3/16/17/17/16			0/0/0	--Of a Brix value not exceeding 30
0	0	0	0	0	0	0	0		0		0/0/	6. 6	0	0	0	0	16. 3/14/14/14/14			0/0/0	--Other
0	0	0	0	0	0	0	0		0		0/0/	6. 6	0	0	0	0	16. 3/14/14/14/14			0/0/0	--Of a Brix value not exceeding 20
0	0	0	0	0	0	0	0		0		0/0/	6. 6	0	0	0	9	16. 3/14/14/14/14			0/0/0	--Other
0	0	0	0	0	0	0	0	2. 5	0	10	0/0/	6. 6	0	0	0	0	16. 3/14/14/14/14		0//0	0/0/0	--Cranberry (Vaccinium macrocarpon, Vaccinium oxycoccos) juice; lingonberry (Vaccinium vitis-idaea) juice
0	0	0	0	0	0	0	0	4. 4	0	0	0/0/	6. 6	0	0	0	0	16. 3/16/17/17/16		0//0	0/0/0	----Mango juice
0	0	0	0	0	0	0	0	4. 4	0	16	0/0/	6. 6	0	0	0	0	16. 3/14/14/14/14		0//0	0/0/0	----Passion-fruit juice
0	0	0	0	0	0	0	0	4. 4	0	16	0/0/	6. 6	0	0	0	0	16. 3/14/14/14/14		0//0	0/0/0	----Guva juice

商品编号	商品名称及备注[检验检疫编码及名称]	进口关税(%)		增值税率(%)	消费税	计量单位	监管条件	检验检疫类别	对美税率	出口税率(%)	出口退税率(%)
		最惠国	普通								
20098915	----梨汁										13
2009891500	未混合梨汁(未发酵及未加酒精的,不论是否加糖或其他甜物质)①	5	90	13		千克	AB	P. R/Q. S	7.5%	0	
20098916	----沙棘汁										13
2009891600	未混合沙棘汁(未发酵及未加酒精的,不论是否加糖或其他甜物质)②	5	90	13		千克	AB	P. R/Q. S	17.5%	0	
20098919	----其他										13
2009891900	其他未混合的水果汁或坚果汁(未发酵及未加酒精的,不论是否加糖或其他甜物质)③	5	90	13		千克	AB	P. R/Q. S	17.5%	0	
20098920	---蔬菜汁										13
2009892000	其他未混合的蔬菜汁(未发酵及未加酒精的,不论是否加糖或其他甜物质)④	5	80	13		千克	AB	P. R/Q. S	30%	0	
20099010	---水果汁										13
2009901000	混合水果汁(未发酵及未加酒精的,不论是否加糖或其他甜物质)⑤	5	90	13		千克	AB	P. R/Q. S	30%	0	
20099090	---其他										13
2009909000	水果、坚果或蔬菜的混合汁(混合水果汁除外,未发酵及未加酒精的,不论是否加糖或其他甜物质)⑥	5	80	13		千克	AB	P. R/Q. S	30%	0	

① 〔101 可直接饮用的蔬菜果汁类饮料〕,〔102 浓缩蔬菜果汁饮料(包括冷冻的)〕,〔103 食品工业用浓缩液(汁、浆)〕
② 〔101 可直接饮用的蔬菜果汁类饮料〕,〔102 浓缩蔬菜果汁饮料(包括冷冻的)〕,〔103 食品工业用浓缩液(汁、浆)〕
③ 〔101 可直接饮用的蔬菜果汁类饮料〕,〔102 浓缩蔬菜果汁饮料(包括冷冻的)〕,〔103 食品工业用浓缩液(汁、浆)〕
④ 〔101 可直接饮用的蔬菜果汁类饮料〕,〔102 浓缩蔬菜果汁饮料(包括冷冻的)〕,〔103 食品工业用浓缩液(汁、浆)〕
⑤ 〔101 可直接饮用的蔬菜果汁类饮料〕,〔102 浓缩蔬菜果汁饮料(包括冷冻的)〕,〔103 食品工业用浓缩液(汁、浆)〕
⑥ 〔101 可直接饮用的蔬菜果汁类饮料〕,〔102 浓缩蔬菜果汁饮料(包括冷冻的)〕,〔103 食品工业用浓缩液(汁、浆)〕

协定税率(%)																		特惠税率(%)			Article Description
智利	新西兰	澳大利亚	瑞士	冰岛	秘鲁	哥斯达	东盟	亚太	新加坡	巴基斯坦	港/澳/台	韩国	格鲁吉亚	毛里求斯	柬埔寨	尼加拉瓜	日/韩/澳/新/东 (RCEP)	亚太2国	老/柬/缅	LDC 98/97/95	
0	0	0	0	0	0	0	0	2.5	0	0	0/0/	6.6	0	0	0	0	16.3/14/14/14/14		0//0	0/0/0	----Pear juice
0	0	0	0	0	0	0	0	2.5	0	0	0/0/	6.6	0	0	0	0	16.3/14/14/14/14		0//0	0/0/0	----Seabuckthorn juice
0	0	0	0	0	0	0	0	2.5	0	0	0/0/	6.6	0	0	0	0	16.3/14/14/14/14		0//0	0/0/0	----Other
0	0	0	0	0	0	0	0	2.5	0	10	0/0/	6.6	0	0	0	0	16.3/14/14/14/14		//0	0/0/0	---Vegetable juice
0	0	0	0	0	0	0	0	4.4	0	0	0/0/	6.6	0	0	0	0	16.3/16/17/17/16	2.5	0/0/	0/0/0	---Of fruit juices
0	0	0	0	0	0	0	0		0	0	0/0/	6.6	0	0	0	0	16.3/14/14/14/14	2.5	0/0/	0/0/0	---Other

第二十一章
杂 项 食 品

注释：

一、本章不包括：

（一）品目07.12的什锦蔬菜；

（二）含咖啡的焙炒咖啡代用品（品目09.01）；

（三）加香料的茶（品目09.02）；

（四）品目09.04至09.10的调味香料或其他产品；

（五）按重量计含香肠、肉、食用杂碎、动物血、昆虫、鱼、甲壳动物、软体动物、其他水生无脊椎动物及其混合物超过20%的食品（第十六章），但品目21.03或21.04的产品除外；

（六）品目24.04的产品；

（七）品目30.03或30.04的药用酵母及其他产品；或

（八）品目35.07的酶制品。

二、上述注释一（二）所述咖啡代用品的精汁归入品目21.01。

三、品目21.04所称"均化混合食品"，是指两种或两种以上的基本配料，例如，肉、鱼、蔬菜或果实等，经精细均化制成适合供婴幼儿食用或营养用的零售包装食品（每件净重不超过250克）。为了调味、保藏或其他目的，可以加入少量其他配料，还可以含有少量可见的小块配料。

商品编号	商品名称及备注[检验检疫编码及名称]	进口关税(%)		增值税率(%)	消费税	计量单位	监管条件	检验检疫类别	对美税率	出口税率(%)	出口退税率(%)
		最惠国	普通								
2101	**咖啡、茶、马黛茶的浓缩精汁及以其为基本成分或以咖啡、茶、马黛茶为基本成分的制品；烘焙菊苣和其他烘焙咖啡代用品及其浓缩精汁：**										
21011100	--浓缩精汁										13
2101110000	咖啡浓缩精汁①	12	130	13		千克	AB	R/S	37%	0	
21011200	--以浓缩精汁或咖啡为基本成分的制品										13
2101120000	以咖啡为基本成分的制品（包括以咖啡浓缩精汁为基本成分的制品）②	12	130	13		千克	AB	R/S	37%	0	
21012000	-茶、马黛茶浓缩精汁及以其为基本成分或以茶、马黛茶为基本成分的制品										13
2101200000	茶、马黛茶浓缩精汁及其制品〔999〕	12	130	13		千克	AB	R/S	37%	0	
21013000	-烘焙菊苣和其他烘焙咖啡代用品及其浓缩精汁										13
2101300000	烘焙咖啡代用品及其浓缩精汁〔101 其他咖啡〕,〔102 植脂末（咖啡伴侣）〕,〔103 未列出的其他饮料、冷冻饮品、咖啡、果冻〕	12	130	13		千克	AB	R/S	17%	0	
2102	**酵母（活性或非活性）；已死的其他单细胞微生物（不包括税目30.02的疫苗）；发酵粉：**										
21021000	-活性酵母										13
2102100000	活性酵母〔101 饲料添加剂〕,〔104 食品加工用酵母制品（活性酵母）〕,〔401 人类医学、生命科学研究用〕	25	80	13		千克	AB	P. R/Q. S	50%	0	
21022000	-非活性酵母；已死的其他单细胞微生物										13
2102200000	非活性酵母，已死单细胞微生物（品目30.02疫苗除外）③	25	70	9		千克	AB	P. R/Q. S	50%	0	
21023000	-发酵粉										13
2102300000	发酵粉④	25	70	13		千克	AB	P. R/Q. S	50%	0	
2103	**调味汁及其制品；混合调味品；芥子粉及其调制品：**										
21031000	-酱油										13
2103100000	酱油〔101 酿造酱油〕,〔102 配制酱油〕,〔103 鲜味汁〕,〔104 其他酱油〕	12	90	13		千克	AB	R/S	37%	0	

① 〔101 速溶咖啡〕,〔102 其他咖啡〕,〔103 植脂末（咖啡伴侣）〕,〔104 未列出的其他饮料、冷冻饮品、咖啡、果冻〕

② 〔101 茶饮料〕,〔102 咖啡粉〕,〔103 速溶咖啡〕,〔104 其他咖啡〕,〔105 未列出的其他饮料、冷冻饮品、咖啡、果冻〕

③ 〔201 食品加工用酵母制品（非活性酵母）〕,〔202 食用已死单细胞微生物制品〕,〔301 有检疫要求食品添加剂〕,〔999 其他饲料添加剂〕

④ 〔101 饲料添加剂〕,〔102 其他粮食制品〕,〔103 食品加工用酵母制品（活性酵母）〕,〔104 食品加工用酵母制品（非活性酵母）〕,〔105 食品加工用酵母衍生制品〕,〔106 食品加工用其他酵母产品〕

Chapter 21
Miscellaneous edible preparations

Chapter Notes:

1. This Chapter does not cover:
   (a) Mixed vegetables of heading 07. 12;
   (b) Roasted coffee substitutes containing coffee in any proportion (heading 09. 01);
   (c) Flavoured tea (heading 09. 02);
   (d) Spices or other products of headings 09. 04 to 09. 10;
   (e) Food preparations, other than the products described in heading 21. 03 or 21. 04, containing more than 20% by weight of sausage, meat, meat offal, blood, insects, fish or crustaceans, molluscs or other aquatic invertebrates, or any combination thereof (Chapter 16);
   (f) Products of heading 24. 04;
   (g) Yeast put up as a medicament or other products of heading 30. 03 or 30. 04; or
   (h) Prepared enzymes of heading 35. 07.

2. Extracts of the substitutes referred to in Note 1 (b) above are to be classified in heading 21. 01.

3. For the purposes of heading 21. 04, the expression "homogenised composite food preparations" means preparations consisting of a finely homogenised mixture of two or more basic ingredients such as meat, fish, vegetables, fruit or nuts, put up for retail sale as food suitable for infants or young children or for dietetic purposes, in containers of a net weight content not exceeding 250g. For the application of this definition, no account is to be taken of small quantities of any ingredients which may be added to the mixture for seasoning, preservation or other purposes. Such preparations may contain a small quantity of visible pieces of ingredients.

协定税率(%)																		特惠税率(%)			Article Description
智利	新西兰	澳大利亚	瑞士	冰岛	秘鲁	哥斯达	东盟	亚太	新加坡	巴基斯坦	港/澳/台	韩国	格鲁吉亚	毛里求斯	柬埔寨	尼加拉瓜	日/韩/澳/新/东 (RCEP)	亚太2国	老/柬/缅	LDC 98/97/95	
																					Extracts, essences and concentrates, of coffee, tea or mate and preparations with a basis of these products or with a basis of coffee, tea or mate; roasted chicory and other roasted coffee substitutes, and extracts, essences and concentrates thereof:
0	0	0		0		0	0		0	13. 6	0/0/	5. 6	0	0	0	11. 2	13. 8//14. 5/14. 5/13. 6			0/0/0	--Extracts, essences and concentrates
0	0	0		0		0	0		0		0/0/	15	0	6	0	11. 2	//25. 5/25. 5/25. 5			0/0/	--Preparations with a basis of extracts, essences or concentrates or with a basis of coffee
0	0	0	0	0	0	0	0	6	0	16	0/0/		0	6. 4	0	11. 2	//27. 2/27. 2/27. 2			0/0/0	-Extracts, essences and concentrates, of tea or maté, and preparations with abasis of these extracts, essences or concentrates or with a basis of tea or maté
0	0	0				0	0		0		0/0/	16	0	6. 4	0	11. 2	27. 4//27. 2/27. 2/27. 2			0/0/0	-Roasted chicory and other roasted coffee substitutes, and extracts, essences and concentrates thereof
																					Yeasts (active or inactive); other singlecell micro-organisms, dead (but not including vaccines of heading 30. 02); prepared baking powders:
0	0	0	0	0	0	0	0		0	20	0/0/	12. 5	0	5	0	23. 3	//21. 3/21. 3/21. 3			0/0/0	-Active yeasts
0	0	0	0	0	0	0	0		0	12. 5	0/0/	12. 5	0	5	0	23. 3	/21. 3/21. 3/21. 3/21. 3			0/0/0	-Inactive yeasts; other single-cell microorganisms, dead
0	0	0		0	0	0	0		0	12. 5	0/0/	12. 5	0	5	0	23. 3	21. 4/21. 3/21. 3/ 21. 3/21. 3			0/0/0	-Prepared baking powders
																					Sauces and preparations therefor; mixed condiments and mixes seasonings; mustard flour and meal and prepared mustard:
0	0	0	0	0	0	0	0		0	14	0/0/	14	0	5. 6	0	11. 2	24//23. 8/23. 8/23. 8		/0/	0/0/0	-Soya sauce

商品编号	商品名称及备注［检验检疫编码及名称］	进口关税（%）最惠国	进口关税（%）普通	增值税率（%）	消费税	计量单位	监管条件	检验检疫类别	对美税率	出口税率（%）	出口退税率（%）
21032000	-番茄沙司及其他番茄调味汁										13
2103200000	番茄沙司及其他番茄调味汁〔101 番茄沙司〕,〔102 番茄调味汁〕	12	90	13		千克	AB	R/S	22%	0	
21033000	-芥子粉及其调制品										13
2103300000	芥子粉及其调味品〔998 未列出的其他调味品〕,〔999 香辛料〕	12	70	13		千克	AB	P. R/Q. S	22%	0	
21039010	---味精										13
2103901000	味精〔999〕	12	130	13		千克	AB	R/S	14. 5%	0	
21039020	---别特酒（Aromaticbitters），按体积计酒精含量 44. 2%～49. 2%，按重量计含 1. 5%～6%的香料、各种配料以及 4%～10%的糖										13
2103902000	别特酒（Aromatic bitters，仅做烹饪用，不适于饮用）〔999〕	12	90	13		千克	AB	R/S	14. 5%	0	
21039090	---其他										
2103909000	其他调味品①	12	90	13		千克	AB	P. R/S	37%	0	9,13
2104	**汤料及其制品；均化混合食品：**										
21041000	-汤料及其制品										13
2104100000	汤料及其制品〔101 制汤调料〕,〔102 其他含肉速冻粮食制品〕,〔103 其他不含肉速冻粮食制品〕	12	90	13		千克	AB	P. R/Q. S	37%	0	
21042000	-均化混合食品										13
2104200000暂6	均化混合食品②	12	90	13		千克	AB	R/S	16%	0	
2105	**冰淇淋及其他冰制食品，不论是否含可可：**										
21050000	冰淇淋及其他冰制食品，不论是否含可可										13
2105000000	冰淇淋及其他冰制食品（不论是否含可可）〔101 冰淇淋〕,〔102 冷冻饮品制作料〕,〔104 食用冰〕,〔105 其他冷冻饮品〕	12	90	13		千克	AB	R/S	37%	0	
2106	**其他税目未列名的食品：**										
21061000	-浓缩蛋白质及组织化蛋白质										
2106100000	浓缩蛋白质及人造蛋白物质③	10	90	13		千克	AB	R/S	20%	0	9,13
21069010	---制造碳酸饮料的浓缩物										13
2106901000	制造碳酸饮料的浓缩物〔102 果香型固体饮料（如菊花精、柠檬茶、果珍）〕,〔103 未列出的其他饮料、冷冻饮品、咖啡、果冻〕	12	100	13		千克	AB	R/S		0	
21069020	---制造饮料用的复合酒精制品										13
2106902000	制造饮料用的复合酒精制品〔999〕	12	180	13	5%	千克	AB	R/S	14. 5%	0	
21069030	---蜂王浆制剂										
2106903010	含濒危植物成分的蜂王浆制剂〔101 具有保健食品批准文号〕,〔102 蜂王浆及制品〕	3	80	13		千克	ABFE	R/S	8%	0	0
2106903090	其他蜂王浆制剂〔101 具有保健食品批准文号〕,〔102 蜂王浆及制品〕	3	80	13		千克	AB	R/S	8%	0	13
21069040	---椰子汁										13
2106904000	椰子汁〔201 椰浆食品工业用浓缩液（汁、浆）〕,〔202 未列出的其他椰子汁〕	10	90	13		千克	AB	P. R/Q. S	35%	0	
21069050	---海豹油胶囊										
2106905010	濒危海豹油胶囊〔999 食用保健食品〕	5	90	13		千克	ABEF	R/S	7. 5%	0	0
2106905090	其他海豹油胶囊〔999 食用保健食品〕	5	90	13		千克	AB	R/S	7. 5%	0	13
21069061	----含香料或着色剂的甘蔗糖或甜菜糖水溶液										13
2106906100	含香料或着色剂的甘蔗糖或甜菜糖水溶液〔999〕	12	90	13		千克	AB	R/S	22%	0	
21069062	----蔗糖含量超过 50%的甘蔗糖、甜菜糖与其他食品原料的简单固体混合物										13
2106906200	蔗糖含量超过 50%的甘蔗糖、甜菜糖与其他食品原料的简单固体混合物〔999〕	12	90	13		千克	AB	R/S	22%	0	
21069090	---其他										

① 〔101 食用茶油〕,〔102 食用芝麻油〕,〔103 食用植物调和油〕,〔104 海鲜酱〕,〔105 即食沙律酱〕,〔106 冰梅酱〕,〔107 柱侯酱〕,〔108 排骨酱〕,〔109 沙茶酱〕,〔110 沙爹酱〕,〔111 豆瓣酱〕,〔112 甜酸酱〕,〔113 黄豆酱〕,〔114 其他酱〕,〔115 酿造食醋〕,〔116 配制食醋〕,〔117 白米醋〕,〔118 添丁甜醋〕,〔119 苹果醋〕,〔120 大红浙醋〕,〔121 其他食醋〕,〔122 调味剂〕,〔123 鸡精〕,〔124 鲜味粉〕,〔125 鲜味膏〕,〔126 其他鲜味剂〕,〔127 混合调味品〕,〔128 豆豉〕,〔129 姜豉〕,〔130 沙姜粉〕,〔131 五香粉〕,〔132 调味汁〕,〔133 未列出的其他调味品〕,〔134 红豆馅〕,〔135 芝麻酱〕,〔136 榛子酱〕,〔137 扁桃仁酱〕,〔138 其他坚果及籽类的泥（酱）〕,〔139 水产调味品〕

② 〔101 汤料〕,〔102 混合调味品〕,〔103 未列出的其他调味品〕,〔104 具有保健食品批准文号〕,〔105 婴幼儿罐装辅助食品〕

③ 〔101 蛋白型固体饮料〕,〔102 具有保健食品批准文号〕,〔104 大豆蛋白〕,〔105 豌豆蛋白〕,〔106 特殊医学用途配方食品〕,〔107 蚕豆蛋白〕,〔108 其他豆类蛋白〕,〔109 小麦蛋白〕,〔110 燕麦蛋白〕,〔111 大米蛋白〕,〔112 玉米蛋白〕,〔113 其他谷类蛋白〕,〔114 花生蛋白〕,〔115 其他坚果及籽类蛋白〕,〔116 马铃薯蛋白〕,〔117 其他薯类蛋白〕,〔118 其他未列明植物蛋白〕,〔119 过瘤蛋白〕

协定税率(%)																		特惠税率(%)			
智利	新西兰	澳大利亚	瑞士	冰岛	秘鲁	哥斯达	东盟	亚太	新加坡	巴基斯坦	港/澳/台	韩国	格鲁吉亚	毛里求斯	柬埔寨	尼加拉瓜	日/韩/澳/新/东(RCEP)	亚太2国	老/柬/缅	LDC 98/97/95	Article Description
0	0	0	0		0	0	0		0	12	0/0/	0	0	0	0	11.2	10.9/10.5/0/0/0		/0/	0/0/0	-Tomato ketchup and other tomato sauces
0	0	0	0		0	0	0		0	12	0/0/	0	0	0	0	11.2	10.9/10.5/0/0/0		/0/	0/0/0	-Mustard flour and meal and prepared mustard
0	0	0	0	0	0	0	0	10.4	0	9.1	0/0/	10.5	0	0	0	11.2	//19.4/19.4/19.4			0/0/0	---Gourmet powder
0	0	0	0	0	2.5	0	0		0		0/0/	10.5	0	0	0	10.8	18/17.9/17.9/17.9/17.9			0/0/0	---Aromatic bitters, 44.2%~49.2%of which is alcoholic strength by volume, 1.5%~6% of which is spiles and various ingredients by weight and 4%~10% of which is sugar by weight
0	0	0	1.8	0	0	0	0	10.6	0	18.4	0/0/	10.5	0	0	0	11.2	18//17.9/17.9/17.9			0/0/0	---Other
																					Soups and broths and preparations therefor; homogenized composite food preparations:
0	0	0	0	0	0	0	0		0	12	0/0/	0	0	0	0	11.2	10.9/10.5/0/0/0			0/0/0	-Soups and broths and preparations therefor
0	0	0			0	0	0		0		0/0/	16	0	6.4	0	11.2	27.4//27.2/27.2/27.2			0/0/0	-Homogenized composite food preparations
																					Ice cream and other edible ice, whether or not containing cocoa:
0	0	0	0	0	0	0	0		0	0	0/0/		0	0	0	11.2	//16.2/16.2/16.2			0/0/0	Ice cream and other edible ice, whether or not containing cocoa
																					Food preparations not elsewhere specified or included:
0	0	0	0	0	0	0	0		0	2.5	0/0/	0	0	0	0	9	7.3/7/0/0/0			0/0/0	-Protein concentrates and textured protein substances
0	0	0		0	0	0	0		0		0/0/	17.5	0	7	0	11.2	/29.8/29.8/29.8/29.8			0/0/0	---Beverage bases
0	0	0	0	0	0	0	0		0		0/0/	6.6	0	0	0	11.2	16.3/14/14/14/14			0/0/0	---Compound alcoholic preparations of a kind used for the manufacture of beverages
0	0	0	0	0	0	0	0			0	0/0/	0	0	0	0	0	0/0/0/0/0		0//	0/0/0	---Royal jelly, put up as tonic essences
0	0	0	0	0	0	0	5	9		9	0/0/	0	0	0	7	9	/8.5/9.3/9.3/8.5		0//0	0/0/0	---Coconut juice
0	0	0	1.7	0	0	0	0	4.6	0	18.4	0/0/	18.4	0	0	0	0	//17/17/17			0/0/0	---Seal oil capsules
0	0	0	1.7	0	0	0	0	11	0	0	0/0/	18.4		4	0		17.1/20/17/17/17			0/0/0	----Aqueous solution of cane sugar or beet sugar containing flavouring and colouring matter
0	0	0	1.7	0	0	0	0	11	0	0	0/0/	18.4		4	0		17.1/20/17/17/17			0/0/0	----Simple solid mixtures of cane sugar, beet sugar and other food ingredients containing more than 50% by weight of cane sugar
0	0	0	1.7	0	0	0	0	11	0	0	0/0/	18.4		4	0		17.1/20/17/17/17			0/0/0	---Other

商品编号	商品名称及备注[检验检疫编码及名称]	进口关税(%)		增值税率(%)	消费税	计量单位	监管条件	检验检疫类别	对美税率	出口税率(%)	出口退税率(%)
		最惠国	普通								
2106909001[暂0]	非乳基特殊医学用途婴儿配方食品、非乳基特殊医学用途配方食品①	12	90	13		千克	AB	R/S	10%	0	13
2106909011	含濒危鱼软骨素胶囊〔999〕	12	90	13		千克	ABEF	R/S	22%	0	0
2106909019	含濒危动植物成分的其他编号未列名食品②	12	90	13		千克	ABEF	R/S	22%	0	0
2106909090	其他编号未列名的食品③	12	90	13		千克	AB	P. R/S	22%	0	9,13

---

① 〔101 无乳糖配方或低乳糖配方特殊医学用途婴儿配方食品〕,〔102 乳蛋白部分水解配方特殊医学用途婴儿配方食品〕,〔103 乳蛋白深度水解配方特殊医学用途婴儿配方食品〕,〔104 氨基酸配方特殊医学用途婴儿配方食品〕,〔105 早产/低出生体重婴儿配方(非乳基)特殊医学用途婴儿配方食品〕,〔106 母乳营养补充剂(非乳基)特殊医学用途婴儿配方食品〕,〔107 氨基酸代谢障碍配方特殊医学用途婴儿配方食品〕,〔108 乳蛋白部分水解配方较大婴儿配方食品〕,〔109 乳蛋白部分水解配方幼儿配方食品〕

② 〔101 蛋白型固体饮料〕,〔102 果香型固体饮料(如菊花精、柠檬茶、果珍)〕,〔103 未列出的其他饮料、冷冻饮品、咖啡、果冻〕,〔104 发酵豆制品〕,〔105 红豆馅〕,〔106 其他粮食制品〕,〔107 具有保健食品批准文号〕,〔108 非发酵豆制品〕,〔109 婴幼儿谷类辅助食品〕,〔110 婴幼儿罐装辅助食品〕,〔111 特殊医学用途配方食品〕,〔113 糖果〕

③ 〔101 其他食用植物调和油〕,〔102 其他食用植物油〕,〔103 代用茶〕,〔104 其他茶叶及制品〕,〔105 其他乳与乳制品〕,〔106 即食坚果沙律〕,〔107 熟制坚果炒货〕,〔108 含乳饮料〕,〔109 植物蛋白饮料〕,〔110 蛋白型固体饮料〕,〔111 果香型固体饮料(如菊花精、柠檬茶、果珍)〕,〔112 果冻〕,〔115 未列出的其他饮料、冷冻饮品、咖啡、果冻〕,〔116 其他原酒〕,〔118 未列出的其他酒〕,〔119 冰片糖〕,〔120 糖浆〕,〔121 糖霜〕,〔122 胶基糖果〕,〔123 其他食糖〕,〔127 其他糖果〕,〔128 其他糖与糖果,巧克力与可可制品〕,〔129 发酵豆制品〕,〔130 红豆馅〕,〔131 即食通粉沙律〕,〔132 湿粉〕,〔133 湿面〕,〔134 速食粮食产品〕,〔135 其他粮食制品〕,〔136 含肉饺子〕,〔137 不含肉饺子〕,〔138 其他不含馅速冻粮食制品〕,〔139 其他蜜饯〕,〔140 具有保健食品批准文号〕,〔141 母乳营养补充剂〕,〔142 婴幼儿谷类辅助食品〕,〔143 婴幼儿罐装辅助食品〕,〔144 特殊医学用途配方食品〕,〔146 食用其他加工油脂〕,〔148 其他未列出的加工食品〕,〔149 食用燕窝投料量低于 1%的含燕窝成分的食品(食用燕窝投料量以燕窝原料本身所含水分≤18%计算)〕,〔150 运动营养食品〕,〔151 孕产妇营养补充品〕,〔152 辅食营养补充品〕,〔153 非发酵豆制品〕,〔154 其他蛋白饮料〕,〔155 其他特殊用途饮料〕,〔156 植物饮料〕,〔157 其他酿酒原料〕,〔158 酵母制品(食品加工用酵母制品(活性酵母)〕,〔159 酵母制品酵母制品[食品加工用酵母制品(非活性酵母)]〕,〔160 酵母制品酵母衍生制品(食品加工用酵母衍生制品)〕,〔161 酵母制品(食品加工用其他酵母产品)〕,〔162 酵母制品(食品加工用乳酸菌)〕,〔163 食品加工用乳酸菌产品〕,〔164 酵母制品(其他食品加工用菌种及其产品)〕,〔165 酵母制品(乳酸菌饮料)〕,〔166 大豆蛋白〕,〔167 豌豆蛋白〕,〔168 蚕豆蛋白〕,〔169 其他豆类蛋白〕,〔170 小麦蛋白〕,〔171 燕麦蛋白〕,〔172 大米蛋白〕,〔173 玉米蛋白〕,〔174 其他谷类蛋白〕,〔175 花生蛋白〕,〔176 其他坚果及籽类蛋白〕,〔177 马铃薯蛋白〕,〔178 其他薯类蛋白〕,〔179 其他植物蛋白〕,〔180 纯麦片〕,〔181 其他纯谷物的冲调谷物制品〕,〔182 含其他原料的谷物类冲调谷物制品〕,〔184 保健食品原料〕,〔185 其他鱼油产品〕,〔186 其他编号未列名的水果制品〕,〔187 食品加工用胶原蛋白肽〕,〔301 无检疫要求食品添加剂〕

协定税率(%)																		特惠税率(%)			
智利	新西兰	澳大利亚	瑞士	冰岛	秘鲁	哥斯达	东盟	亚太	新加坡	巴基斯坦	港/澳/台	韩国	格鲁吉亚	毛里求斯	柬埔寨	尼加拉瓜	日/韩/澳/新/东(RCEP)	亚太2国	老/柬/缅	LDC 98/97/95	Article Description

第二十二章
饮料、酒及醋

注释：

一、本章不包括：

（一）本章的产品（品目22.09的货品除外）经配制后，用于烹饪而不适于作为饮料的制品（通常归入品目21.03）；

（二）海水（品目25.01）；

（三）蒸馏水、导电水及类似的纯净水（品目28.53）；

（四）按重量计浓度超过10%的醋酸（品目29.15）；

（五）品目30.03或30.04的药品；或

（六）芳香料制品及盥洗品（第三十三章）。

二、本章及第二十章和第二十一章所称“按容量计酒精浓度”，应是温度在20℃时测得的浓度。

三、品目22.02所称“无酒精饮料”，是指按容量计酒精浓度不超过0.5%的饮料。含酒精饮料应分别归入品目22.03至22.06或品目22.08。

子目注释：

子目2204.10所称“汽酒”，是指温度在20℃时装在密封容器中超过大气压力3巴及以上的酒。

商品编号	商品名称及备注[检验检疫编码及名称]	进口关税(%)		增值税率(%)	消费税	计量单位	监管条件	检验检疫类别	对美税率	出口税率(%)	出口退税率(%)
		最惠国	普通								
2201	**未加糖或其他甜物质及未加味的水，包括天然或人造矿泉水及汽水；冰及雪：**										
22011010	---矿泉水										0
2201101000	未加糖及未加味的矿泉水（包括天然或人造矿泉水）〔999 天然矿泉水〕	5	90	13		升/千克	AB	R/S	30%	0	
22011020	---汽水										13
2201102000	未加糖及未加味的汽水〔101 碳酸饮料〕	5	90	13		升/千克	AB	R/S	30%	0	
22019011	----已包装										0
2201901100	已包装的天然水（未加味、加糖或其他甜物质）〔999〕	5	30	13		千升/千克	AB	R/S	30%	0	
22019019	----其他										0
2201901900	其他天然水（未加味、加糖或其他甜物质）〔999〕	5	30	13		千升/千克			30%	0	
22019090	---其他										0
2201909000	其他水、冰及雪（未加味、加糖或其他甜物质）①	5	30	13		千升/千克	AB	R/S	30%	0	
2202	**加味、加糖或其他甜物质的水，包括矿泉水及汽水，其他无酒精饮料，但不包括税目20.09的水果汁、坚果汁或蔬菜汁：**										
22021000	-加味、加糖或其他甜物质的水，包括矿泉水及汽水										
2202100010	含濒危动植物成分的加味、加糖或其他甜物质的水（包括矿泉水及汽水）②	5	100	13		升/千克	ABEF	R/S	30%	0	0
2202100090	其他加味、加糖或其他甜物质的水（包括矿泉水及汽水）③	5	100	13		升/千克	AB	R/S	30%	0	13
22029100	--无醇啤酒										
2202910011	含濒危动植物成分散装无醇啤酒〔999〕	5	100	13		升/千克	ABEF	R/S	32.5%	0	0
2202910019	其他散装无醇啤酒〔999〕	5	100	13		升/千克	AB	R/S	32.5%	0	13
2202910091	含濒危动植物成分其他包装无醇啤酒〔999〕	5	100	13		升/千克	ABEF	R/S	32.5%	0	0
2202910099	其他包装无醇啤酒〔999〕	5	100	13		升/千克	AB	R/S	32.5%	0	13
22029900	--其他										
2202990011	其他含濒危动植物成分散装无酒精饮料（不包括品目20.09的水果汁、坚果汁或蔬菜汁）④	5	100	13		升/千克	ABEF	R/S	32.5%	0	0
2202990019	其他散装无酒精饮料（不包括品目20.09的水果汁、坚果汁或蔬菜汁）⑤	5	100	13		升/千克	AB	R/S	32.5%	0	13

① 〔101 饮用水（如矿泉水、纯净水等）〕，〔102 食用冰〕，〔103 其他冷冻饮品〕，〔104 未列出的其他饮料、冷冻饮品、咖啡、果冻〕，〔301 需申报仅用于工业用途不用于食品添加剂无检疫要求的化学品〕

② 〔101 碳酸饮料〕，〔102 可直接饮用的蔬菜果汁类饮料〕，〔103 含乳饮料〕，〔104 植物蛋白饮料〕，〔105 茶饮料〕，〔106 运动饮料〕，〔108 具有保健食品批准文号〕，〔109 植物饮料〕，〔110 乳酸菌饮料〕

③ 〔101 碳酸饮料〕，〔102 可直接饮用的蔬菜果汁类饮料〕，〔103 含乳饮料〕，〔104 植物蛋白饮料〕，〔105 茶饮料〕，〔106 运动饮料〕，〔108 具有保健食品批准文号〕，〔109 植物饮料〕，〔110 乳酸菌饮料〕

④ 〔101 碳酸饮料〕，〔102 含乳饮料〕，〔103 植物蛋白饮料〕，〔104 茶饮料〕，〔105 运动饮料〕，〔106 其他软饮料〕，〔107 未列出的其他饮料、冷冻饮品、咖啡、果冻〕，〔108 具有保健食品批准文号〕，〔109 植物饮料〕，〔110 乳酸菌饮料〕

⑤ 〔101 碳酸饮料〕，〔102 含乳饮料〕，〔103 植物蛋白饮料〕，〔104 茶饮料〕，〔105 运动饮料〕，〔106 其他软饮料〕，〔107 未列出的其他饮料、冷冻饮品、咖啡、果冻〕，〔108 植物饮料〕，〔109 乳酸菌饮料〕

Chapter 22
Beverages, spirits and vinegar

Chapter Notes:

1. This Chapter does not cover:
   (a) Products of this Chapter (other than those of heading 22.09) prepared for culinary purposes and thereby rendered unsuitable for consumption as beverages (generally heading 21.03);
   (b) Sea water (heading 25.01);
   (c) Distilled or conductivity water or water of similar purity (heading 28.53);
   (d) Acetic acid of a concentration exceeding 10% by weight of acetic acid (heading 29.15);
   (e) Medicaments of heading 30.03 or 30.04; or
   (f) Perfumery or toilet preparations (Chapter 33).

2. For the purposes of this Chapter and of Chapters 20 and 21, the "alcoholic strength by volume" shall be determined at a temperature of 20℃.

3. For the purposes of heading 22.02, the term "non-alcoholic beverages" means beverages of an alcoholic strength by volume not exceeding 0.5% vol. Alcoholic beverages are classified in headings 22.03 to 22.06 or heading 22.08 as appropriate.

Subheading Note:

For the purposes of subheading 2204.10, the expression "sparkling wine" means wine which, when kept at a temperature of 20℃ in closed containers, has an excess pressure of not less than 3 bars.

协定税率(%)																		特惠税率(%)			Article Description
智利	新西兰	澳大利亚	瑞士	冰岛	秘鲁	哥斯达	东盟	亚太	新加坡	巴基斯坦	港/澳/台	韩国	格鲁吉亚	毛里求斯	柬埔寨	尼加拉瓜	日/韩/澳/新/东(RCEP)	亚太2国	老/柬/缅	LDC 98/97/95	
																					Waters, including natural or artificial mineral waters and aerated waters, not containing added sugar or other sweetening matter or flavoured; ice and snow:
0	0	0	0	0	0	0	0		0	16	0/0/	10	0	0	0	0	//17/17/17			0/0/0	---Mineral waters
0	0	0	0	0	0	0	0		0	10	0/0/	6.6	0	0	0	0	16.3/14/14/14/14			0/0/0	---Aerated waters
0	0	0	0	0	0	0	0		0	2.5	0/0/	0	0	0	0	0	7.3/7/0/0/0			0//	----In packing
0	0	0	0	0	0	0	0		0	2.5	0/0/	0	0	0	0	0	7.3/7/0/0/0			0//	----Other
0	0	0	0	0	0	0	0		0	2.5	0/0/	0	0	0	0	0	7.3/7/0/0/0			0/0/0	---Other
																					Waters, including mineral waters and aerated waters, containing added sugar or other sweetening matter or flavoured, and other non-alcoholic beverages, not including fruit, nut or vegetable juices of heading 20.09:
0	0	0	0	0	0	0	0		0	0	0/0/	10	0	0	0	0	17.1//17/17/17			0/0/0	-Waters, including mineral waters and aerated waters, containing added sugar or other sweetening matter or flavoured
0	0	0	2.9	0	0	0	0	4.2	0	29.5	0/0/	17.5	0	7	0	0	//29.8/29.8/29.8			0/0/0	--Non-alcoholic beer
0	0	0	2.9	0	0	0	0	4.2	0	29.5	0/0/	17.5	0	7	0	0	//29.8/29.8/29.8			0/0/0	--Other

商品编号	商品名称及备注[检验检疫编码及名称]	进口关税(%) 最惠国	普通	增值税率(%)	消费税	计量单位	监管条件	检验检疫类别	对美税率	出口税率(%)	出口退税率(%)
2202990091	其他含濒危动植物成分其他包装无酒精饮料(不包括品目 20.09 的水果汁、坚果汁或蔬菜汁)①	5	100	13		升/千克	ABEF	R/S	32.5%	0	0
2202990099	其他包装无酒精饮料(不包括品目 20.09 的水果汁、坚果汁或蔬菜汁)②	5	100	13		升/千克	AB	R/S	32.5%	0	13
2203	**麦芽酿造的啤酒:**										
22030000	麦芽酿造的啤酒										
2203000000	麦芽酿造的啤酒〔999〕	见附表 2	见附表 2	13	③	升/千克	AB	R/S	0 元/千克 +25%		13
2204	**鲜葡萄酿造的酒,包括加酒精的;税目 20.09 以外的酿酒葡萄汁:**										
22041000	-汽酒										13
2204100000	葡萄汽酒〔999〕	14	180	13	10%	升/千克	AB	R/S	54%/29%		
22042100	--装入 2 升及以下容器的										13
2204210000	小包装的鲜葡萄酿造的酒(小包装指装入两升及以下容器的)〔999〕	14	180	13	10%	升/千克	AB	R/S	54%/29%	0	
22042200	--装入 2 升以上但不超过 10 升容器的										13
2204220000	中等包装鲜葡萄酿造的酒(中等包装是指装入两升以上但不超过 10 升容器的)〔101 葡萄酒〕,〔102 未发酵葡萄酒〕,〔103 其他原酒〕	20	180	13	10%	升/千克	AB	R/S	45%/35%	0	
22042900	--其他										13
2204290000	其他包装鲜葡萄酿造的酒(其他包装指装入 10 升以上容器的)〔101 葡萄酒〕,〔102 未发酵葡萄酒〕,〔103 其他原酒〕	20	180	13	10%	升/千克	AB	R/S	60%/35%	0	
22043000	-其他酿酒葡萄汁										13
2204300000	其他酿酒葡萄汁(品目 20.09 以外的)④	30	90	13	10%	升/千克	AB	R/S	50%/45%	0	
2205	**味美思酒及其他加植物或香料的用鲜葡萄酿造的酒:**										
22051000	-装入 2 升及以下容器的										13
2205100000 暂14	小包装的味美思酒及类似酒(两升及以下容器包装,加植物或香料的用鲜葡萄酿造的酒)〔101 发酵酒配制酒〕,〔102 未列出的其他酒〕	65	180	13	10%	升/千克	AB	R/S	39%	0	
22059000	-其他										13
2205900000	其他包装的味美思酒及类似酒(2 升以上容器包装,加植物或香料的用鲜葡萄酿造的酒)〔102 未列出的其他酒〕	65	180	13	10%	升/千克	AB	R/S	75%	0	
2206	**其他发酵饮料(例如,苹果酒、梨酒、蜂蜜酒、清酒);其他税目未列名的发酵饮料的混合物及发酵饮料与无酒精饮料的混合物:**										
22060010	---黄酒										
2206001000	黄酒(以稻米、黍米、玉米、小米、小麦等为主要原料,经进一步加工制成)〔999〕	40	180	13	0.2495 元/升	升/千克	AB	R/S	45%		13
22060090	---其他										13
2206009000	其他发酵饮料(未列名发酵饮料混合物及发酵饮料与无酒精饮料的混合物)⑤	40	180	13	10%	升/千克	AB	R/S	65%	0	
2207	**未改性乙醇,按容量计酒精浓度在 80%及以上;任何浓度的改性乙醇及其他酒精:**										
22071000	-未改性乙醇,按容量计酒精浓度在 80%及以上										13
2207100000	酒精浓度在 80%及以上的未改性乙醇〔101 食用酒精〕,〔102 其他原酒〕,〔301 危险化学品,易燃液体〕	40	100	13		升/千克	ABG	M. R/N. S	65%	0	
22072000	-任何浓度的改性乙醇及其他酒精										0
2207200010	任何浓度的改性乙醇〔301 危险化学品,易燃液体〕,〔302 其他化工品〕	30	80	13		升/千克	ABG	M. R/N. S	70%/45%	0	
2207200090	任何浓度的其他酒精⑥	30	80	13		升/千克	ABG	M. R/N. S	70%/45%	0	

① 〔101 碳酸饮料〕,〔102 含乳饮料〕,〔103 植物蛋白饮料〕,〔104 茶饮料〕,〔105 运动饮料〕,〔106 其他软饮料〕,〔107 未列出的其他饮料、冷冻饮品、咖啡、果冻〕,〔108 具有保健食品批准文号〕,〔109 植物饮料〕,〔110 乳酸菌饮料〕

② 〔101 碳酸饮料〕,〔102 含乳饮料〕,〔103 植物蛋白饮料〕,〔104 茶饮料〕,〔105 运动饮料〕,〔106 其他软饮料〕,〔107 蛋白型固体饮料〕,〔108 其他咖啡〕,〔109 未列出的其他饮料、冷冻饮品、咖啡、果冻〕,〔110 食用燕窝投料量低于 1%的含燕窝成分的饮料(食用燕窝投料量以燕窝原料本身所含水分≤18%计算)〕,〔111 乳酸菌饮料〕,〔112 植物饮料〕,〔113 巴氏杀菌工艺调制乳〕,〔114 灭菌工艺调制乳〕,〔115 发酵型果蔬汁饮料〕,〔116 保健食品〕,〔117 非发酵型果蔬汁饮料〕

③ 进口完税价格≥0. 2227 美元/升的麦芽酿造啤酒,税率为 0. 253 元/升;进口税价格<0. 2227 美元/升的麦芽酿造啤酒,税率为 0. 3745 元/升。

④ 〔101 未发酵葡萄酒〕,〔102 其他原酒〕,〔301 需申报仅用于工业用途不用于食品添加剂无检疫要求的化学品〕

⑤ 〔101 含乳饮料〕,〔102 未列出的其他饮料、冷冻饮品、咖啡、果冻〕,〔103 果酒〕,〔104 清酒〕,〔105 其他发酵酒〕,〔106 发酵酒配制酒〕

⑥ 〔101 食用酒精〕,〔102 其他原酒〕,〔301 危险化学品,用作食品添加剂〕,〔302 危险化学品,不用作食品添加剂〕,〔303 其他化工品,不用作食品添加剂〕,〔304 其他化工品,用作食品添加剂〕

协定税率(%)																		特惠税率(%)			Article Description
智利	新西兰	澳大利亚	瑞士	冰岛	秘鲁	哥斯达	东盟	亚太	新加坡	巴基斯坦	港/澳/台	韩国	格鲁吉亚	毛里求斯	柬埔寨	尼加拉瓜	日/韩/澳/新/东(RCEP)	亚太2国	老/柬/缅	LDC 98/97/95	
																					Beer made from malt:
0	0	0	0	0	0	0	0			0	0/0/	0	0	0	0	0	0/0/0/0/0			0/0/0	Beer made from malt
																					Wine of fresh grapes, including fortified wines; grape must other than that of heading 20.09:
0	0	0	0	0	0	0	0		0	11.2	0/0/	0	0	0	0	13.1	10.2/9.8/0/0/0			0/0/0	-Sparkling wine
0	0	0	0	0	0	0	0		0	11.2	0/0/	0	0	0	0	13.1	10.2/9.8/0/0/0			0/0/0	--In containers holding 2L or less
0	0	0	0	0	0	0	0		0		0/0/	6.6	0	0	0	18.7	16.3/16/17/17/16			0/0/0	--In containers holding more than 2L but not more than 10L
0	0	0	0	0	0	0	0		0		0/0/	6.6	0	0	0	18.7	16.3/16/17/17/16			0/0/0	--Other
0	0	0		0	0	0	0		0		0/0/	15	0	6	0	28	//27.8/27.8/27.8			0//	-Other grape must
																					Vermouth and other wine of fresh grapes flavoured with plants or aromatic substances:
0	0	0			0	0	0		0		0/0/	32.5	0	13	0		//60.1/60.1/60.1			0//	-In containers holding 2L or less
0	0	0			0	0	0		0		0/0/	32.5	0	13	0		//60.1/60.1/60.1			0//	-Other
																					Other fermented beverages (for example, cider perry, mead, saké); mixtures of fermented beverages and mixtures of fermented beverages and non-alcoholic beverages, not elsewhere specified or included:
0	0	0		0	0	0	0		0		0/0/	20	0	8	0		//34/34/34			0/0/0	---Huangjiu
0	0	0		0	0	0	0		0		0/0/	20	0	8	0		34.3//34/34/34			0/0/0	---Other
																					Undenatured ethyl alcohol of an alcoholic strength by volume of 80% vol or higher; ethyl alcohol and other spirits, denatured, of any strength:
0	0	0		0	0	0	0		0	0	0/0/	20	0	8	0	37.3	/34/34/34/34			0/0/0	-Undenatured ethyl alcohol of an alcoholic, strength by volume of 80% vol or higher
0	0	0		0	0	0	0		0	0	0/0/	15	0	6	0		/25.5/25.5/25.5/25.5			0/0/0	-Ethyl alcohol and other spirits, denatured of any strength

商品编号	商品名称及备注[检验检疫编码及名称]	进口关税(%)		增值税率(%)	消费税	计量单位	监管条件	检验检疫类别	对美税率	出口税率(%)	出口退税率(%)
		最惠国	普通								
2208	**未改性乙醇，按容量计酒精浓度在80%以下；蒸馏酒、利口酒及其他酒精饮料：**										
22082000	-蒸馏葡萄酒制得的烈性酒										
2208200010[暂5]	装入200升及以上容器的蒸馏葡萄酒制得的烈性酒〔101 白兰地〕,〔102 其他蒸馏酒〕	10	180	13	20%/0.912元/升	升/千克	AB	R/S	30%	0	13
2208200090[暂5]	其他蒸馏葡萄酒制得的烈性酒〔101 白兰地〕,〔102 其他蒸馏酒〕	10	180	13	20%/0.912元/升	升/千克	AB	R/S	30%	0	13
22083000	-威士忌酒										
2208300000[暂5]	威士忌酒〔999〕	10	180	13	20%/0.912元/升	升/千克	AB	R/S	30%	0	13
22084000	-朗姆酒及蒸馏已发酵甘蔗产品制得的其他烈性酒										
2208400000	朗姆酒及蒸馏已发酵甘蔗产品制得的其他烈性酒〔101 朗姆酒〕,〔102 其他蒸馏酒〕	10	180	13	20%/0.912元/升	升/千克	AB	R/S	35%	0	13
22085000	-杜松子酒										
2208500000	杜松子酒〔999〕	10	180	13	20%/0.912元/升	升/千克	AB	R/S	35%	0	13
22086000	-伏特加酒										
2208600000	伏特加酒〔999〕	10	180	13	20%/0.912元/升	升/千克	AB	R/S	35%	0	13
22087000	-利口酒及柯迪尔酒										
2208700000	利口酒及柯迪尔酒〔999〕	10	180	13	20%/0.912元/升	升/千克	AB	R/S	35%	0	13
22089010	---龙舌兰酒										
2208901010	濒危龙舌兰酒〔999〕	10	180	13	20%/0.912元/升	升/千克	ABFE	R/S	35%	0	0
2208901090	其他龙舌兰酒〔999〕	10	180	13	20%/0.912元/升	升/千克	AB	R/S	35%	0	13
22089020	---白酒										13
2208902000	白酒〔301 危险化学品，易燃液体〕,〔999〕	10	180	13	20%/0.912元/升	升/千克	AB	R/S	35%	0	
22089090	---其他										
2208909001	酒精浓度在80%以下的未改性乙醇①	10	180	13		升/千克	AB	R/S	35%	0	13
2208909021	含濒危野生动植物成分的薯类蒸馏酒②	10	180	13	20%/0.912元/升	升/千克	ABEF	R/S	35%	0	0
2208909029	其他薯类蒸馏酒〔101 中国白酒〕,〔102 其他蒸馏酒〕,〔103 蒸馏酒配制酒〕,〔104 未列出的其他酒〕	10	180	13	20%/0.912元/升	升/千克	AB	R/S	35%	0	13
2208909091	含濒危野生动植物成分的其他蒸馏酒及酒精饮料③	10	180	13	20%/0.912元/升	升/千克	ABEF	R/S	35%	0	0
2208909099	其他蒸馏酒及酒精饮料〔101 其他蒸馏酒〕,〔102 蒸馏酒配制酒〕,〔103 其他蒸馏配制酒〕,〔104 未列出的其他酒〕	10	180	13	20%/0.912元/升	升/千克	AB	M. R/N. S	35%	0	13
2209	**醋及用醋酸制得的醋代用品：**										
22090000	醋及用醋酸制得的醋代用品										13
2209000000	醋及用醋酸制得的醋代用品〔101 配制食醋〕,〔102 其他食醋〕,〔103 未列出的其他调味品〕,〔104 具有保健食品批准文号〕	5	70	13		升/千克	AB	R/S	30%	0	

① 〔101 食用酒精〕,〔102 其他原酒〕,〔301 危险化学品，用作食品添加剂〕,〔302 其他化工品，用作食品添加剂〕,〔303 其他化工品，不用作食品添加剂〕,〔304 危险化学品，不用作食品添加剂〕

② 〔101 中国白酒〕,〔102 其他蒸馏酒〕,〔103 蒸馏酒配制酒〕,〔104 未列出的其他酒〕,〔105 具有保健食品批准文号〕

③ 〔101 中药酒〕,〔102 其他蒸馏酒〕,〔103 蒸馏酒配制酒〕,〔104 其他蒸馏配制酒〕,〔105 未列出的其他酒〕,〔106 具有保健食品批准文号〕

协定税率(%) 智利	新西兰	澳大利亚	瑞士	冰岛	秘鲁	哥斯达	东盟	亚太	新加坡	巴基斯坦	港/澳/台	韩国	格鲁吉亚	毛里求斯	柬埔寨	尼加拉瓜	日/韩/澳/新/东 (RCEP)	特惠税率(%) 亚太2国	老/柬/缅	LDC 98/97/95	Article Description
																					Undenatured ethyl alcohol of an alcoholic strength by volume of less than 80% vol; spirits, liqueurs and other spirituous beverages:
0	0	0	0	0	0	0	0		0	5	0/0/	0	0	0	0	9	7.3/7/0/0/0			0/0/0	-Spirits obtained by distilling grape wine or grape marc
0	0	0	0	0	0	0	0		0	5	0/0/	0	0	0	0	9	7.3//0/0/0			0/0/0	-Whiskies
0	0	0	0	0	0	0	0		0	5	0/0/	0	0	0	0	0	7.3/7/0/0/0			0/0/0	-Rum and other spirits obtained by distilling fermented sugar-caneproducts
0	0	0	0		0	0	0		0	2.5	0/0/	0	0	0	0	9	7.3/7/0/0/0			0/0/0	-Gin and geneva
0	0	0	0		0	0	0	8.8	0	2.5	0/0/	0	0	0	0	9	7.3//0/0/0			0/0/0	-Vodka
0	0	0	0	0	0	0	0	8.8	0	2.5	0/0/	0	0	0	0	9	7.3//0/0/0			0/0/0	-Liqueurs and cordials
0	0	0	0	0	0	0	0	8.8	0	2.5	0/0/	0	0	0	0	9	7.3/7/0/0/0			0/0/0	---Tequila, Mezcal
0	0	0	0	0	0	0	0	8.8	0	2.5	0/0/	0	0	0	0	9	7.3/7/0/0/0			0/0/0	---Chinese Baijiu
0	0	0	0	0	0	0	0	8.8	0	5	0/0/	5	0	0	0	9	8.6//8.5/8.5/8.5			0/0/0	---Other
																					Vinegar and substitutes for vinegar obtained from acetic acid:
0	0	0	0	0	0	0	0		0		0/0/	6.6	0	0	0	0	16.3/16/17/17/16			0/0/0	Vinegar and substitutes for vinegar obtained from acetic acid

第二十三章
食品工业的残渣及废料；配制的动物饲料

注释：

品目 23.09 包括其他税目未列名的配制动物饲料，这些饲料是由动、植物原料加工而成的，并且已改变了原料的基本特性，但加工过程中的植物废料、植物残渣及副产品除外。

子目注释：

子目 2306.41 所称的"低芥子酸油菜子"，是指第十二章子目注释一所定义的菜子。

商品编号	商品名称及备注[检验检疫编码及名称]	进口关税(%) 最惠国	进口关税(%) 普通	增值税率(%)	消费税	计量单位	监管条件	检验检疫类别	对美税率	出口税率(%)	出口退税率(%)
2301	**不适于供人食用的肉、杂碎、鱼、甲壳动物、软体动物或其他水生无脊椎动物的渣粉及团粒；油渣：**										
23011011	----含牛羊成分的										13
2301101100	含牛羊成分的肉骨粉（不适于供人食用的）①	2	11	9		千克	AB	M. P/Q	7%	0	
23011019	----其他										13
2301101900	其他肉骨粉（不适于供人食用的）②	2	11	9		千克	AB	M. P/Q	12%	0	
23011020	---油渣										0
2301102000	油渣（不适于供人食用的）〔101 工业用其他动物油脂〕,〔102 饲料用动物油渣〕,〔103 其他饲用加工植物蛋白〕	5	50	9		千克	AB	P/Q	10%	0	
23011090	---其他										0
2301109000	其他不适于供人食用的肉渣粉（包括杂碎渣粉）〔999〕	5	30	9		千克	AB	P/Q	15%	0	
23012010	---饲料用鱼粉										0
2301201000	饲料用鱼粉〔101 饲料用红鱼粉〕,〔102 饲料用白鱼粉〕	2	11			千克	AB	M. P/Q		0	
23012090	---其他										0
2301209000	其他不适于供人食用的水产品渣粉〔101 动物性肥料、垃圾〕,〔102 动物性肥料、垃圾除外〕	5	30			千克	AB	P/Q		0	
2302	**谷物或豆类植物在筛、碾或其他加工过程中所产生的糠、麸及其他残渣，不论是否制成团粒：**										
23021000	-玉米的										0
2302100000	玉米糠、麸及其他残渣〔999〕	5	30			千克	AB	P/Q		0	
23023000	-小麦的										0
2302300000	小麦糠、麸及其他残渣〔101 饲用麦麸〕,〔102 其他饲用加工植物蛋白〕	3	30			千克	AB	P/Q		0	
23024000	-其他谷物的										0
2302400000	其他谷物糠、麸及其他残渣〔101 饲用米糠〕,〔102 其他饲用加工植物蛋白〕,〔103 米糠粕〕	5	30			千克	AB	P/Q		0	
23025000	-豆类植物的										0
2302500000	豆类植物糠、麸及其他残渣〔999〕	5	30	9		千克	AB	P/Q	10%	0	
2303	**制造淀粉过程中的残渣及类似的残渣，甜菜渣、甘蔗渣及制糖过程中的其他残渣，酿造及蒸馏过程中的糟粕及残渣，不论是否制成团粒：**										
23031000	-制造淀粉过程中的残渣及类似的残渣										
2303100000	制造淀粉过程中的残渣及类似品〔101 木薯渣除外〕,〔102 饲用植物颗粒和植物粉〕,〔103 其他植物饲料〕,〔104 木薯渣〕	5	30	9		千克	AB	P/Q	10%	0	9,13
23032000	-甜菜渣、甘蔗渣及制糖过程中的其他残渣										
2303200000	甜菜渣、甘蔗渣及类似残渣〔101 饲用甜菜粕〕,〔102 其他饲用加工植物蛋白〕,〔103 甘蔗渣（栽培介质）〕	5	30	9		千克	AB	P/Q	15%	0	9,0
23033000	-酿造及蒸馏过程中的糟粕及残渣										0
2303300011	干玉米酒糟〔999〕	5	30			千克	7AB	P/Q	30%	0	
2303300019	其他玉米酒糟〔999〕	5	30	9		千克	7AB	P/Q	30%	0	
2303300090	其他酿造及蒸馏过程中的糟粕及残渣〔999〕	5	30	9		千克	AB	P/Q	30%	0	

① 〔101 饲料用牛肉粉（肉成分 67%以上）〕,〔102 饲料用牛肉骨粉〕,〔103 饲料用牛血粉〕,〔104 羊肉粉（饲料用羊肉粉（肉成分 67%以上））〕,〔105 饲料用羊肉骨粉〕,〔106 饲料用羊血粉〕,〔107 饲料用混合型饲养偶蹄动物肉骨粉〕,〔108 饲料用野生偶蹄猪、牛、羊肉骨粉〕,〔109 饲料用野生偶蹄猪、牛、羊血粉〕

② 〔101 饲料用猪肉粉（肉成分 67%以上）〕,〔102 饲料用猪肉骨粉〕,〔103 饲料用猪血粉〕,〔104 饲料用鹿肉骨粉〕,〔105 饲料用鹿血粉〕,〔106 饲料用混合型饲养偶蹄动物肉骨粉〕,〔107 饲料用其他饲养偶蹄动物粉〕,〔108 饲料用野生偶蹄猪、牛、羊肉粉（肉成分 67%以上）〕,〔109 饲料用其他野生偶蹄动物粉〕,〔110 饲料用禽肉骨粉〕,〔111 饲料用禽血粉〕,〔112 饲料用其他动物肉粉（肉成份 67%以上）〕,〔113 饲料用其他动物肉骨粉〕,〔114 饲料用其他动物血粉〕

Chapter 23
Residues and waste from the food industries; prepared animal fodder

Chapter Note:

Heading 23.09 includes products of a kind used in animal feeding, not elsewhere specified or included, obtained by processing vegetable or animal materials to such an extent that they have lost the essential characteristics of the original material, other than vegetable waste, vegetable residues and by-products of such processing.

Subheading Note:

For the purposes of subheading 2306.41, the expression "low erucic acid rape or colza seeds" means seeds as defined in Subheading Note 1 to Chapter 12.

协定税率(%)																		特惠税率(%)			Article Description
智利	新西兰	澳大利亚	瑞士	冰岛	秘鲁	哥斯达	东盟	亚太	新加坡	巴基斯坦	港/澳/台	韩国	格鲁吉亚	毛里求斯	柬埔寨	尼加拉瓜	日/韩/澳/新/东 (RCEP)	亚太2国	老/柬/缅	LDC 98/97/95	
																					Flours, meals and pellets, of meat or meat offal, of fish or of crustaceans, molluscs or other aquatic invertebrates, unfit, for human consumption; greaves:
0	0	0	0	0	0	0	0			0	0/0/	0	0	0	0	0	0/0/0/0/0			0/0/0	----Of bovine and sheep
0	0	0	0	0	0	0	0			0	0/0/	0	0	0	0	0	0/0/0/0/0			0/0/0	----Other
0	0	0	0	0	0	0	0			0	0/0/	0	0	0	0	0	0/0/0/0/0			0/0/0	---Greaves
0	0	0	0	0	0	0	0			0	0/0/	0	0	0	0	0	0/0/0/0/0			0/0/0	---Other
0	0	0	0	0	0	0	0	0		0	0/0/	0	0	0	0	1.6	1.5/0/0/0/0			0/0/0	---Flours and meals of fish, of a kind used in animal feeding
0	0	0	0	0	0	0	0	0		0	0/0/	0	0	0	0	0	0/0/0/0/0			0/0/0	---Other
																					Bran, sharps and other residues, whether or not in the form of pellets, derived from the sifting, milling or other working of cereals or of leguminous plants:
0	0	0	0	0	0	0	0			0	0/0/	0	0	0	0	0	3.6/0/0/0/0			0/0/0	-Of maize (corn)
0	0	0	0	0	0	0	0			0	0/0/	0	0	0	0	0	2.2/0/0/0/0			0/0/0	-Of wheat
0	0	0	0	0	0	0	0			0	0/0/	0	0	0	0	0	3.6/0/0/0/0			0/0/0	-Of other cereals
0	0	0	0	0	0	0	0			0	0/0/	0	0	0	0	0	3.6/0/0/0/0			0/0/0	-Of leguminous plants
																					Residues of starch manufacture and similar residues, beet-pulp, bagasses and other waste of sugar manufacture, brewing or distilling dregs and waste, whether or not in the form of pellets:
0	0	0	0	0	0	0	0			0	0/0/	0	0	0	0	0	3.6/3.5/3.5/3.5/3.5			0/0/0	-Residues of starch manufacture and similar residues
0	0	0	0	0	0	0	0			0	0/0/	0	0	0	0	0	3.6/0/0/0/0			0/0/0	-Beet-pulp, bagasses and other waste of sugar manufacture
0	0	0	0	0	0	0	0			0	0/0/	0	0	0	0	0	3.6/0/0/0/0			0/0/0	-Brewing or distilling dregs and waste

商品编号	商品名称及备注[检验检疫编码及名称]	进口关税(%) 最惠国	普通	增值税率(%)	消费税	计量单位	监管条件	检验检疫类别	对美税率	出口税率(%)	出口退税率(%)
2304	**提炼豆油所得的油渣饼及其他固体残渣，不论是否碾磨或制成团粒：**										
23040010	---油渣饼										0
2304001000	提炼豆油所得的油渣饼（豆饼）〔101 食用〕，〔102 饲用〕，〔103 其他〕	5	30	9		千克	7AB	P/N. Q		0	
23040090	---其他										0
2304009000	提炼豆油所得的其他固体残渣（不论是否研磨或制成团）〔101 食用〕，〔102 饲用豆粕〕，〔103 其他〕，〔104 饲用大豆蛋白粉〕	5	30	9		千克	7AB	P/N. Q	30%	0	
2305	**提炼花生油所得的油渣饼及其他固体残渣，不论是否碾磨或制成团粒：**										
23050000	提炼花生油所得的油渣饼及其他固体残渣，不论是否碾磨或制成团粒										0
2305000000[暂0]	提炼花生油所得的油渣饼及其他固体残渣〔999〕	5	30			千克	AB	P/N. Q		0	
2306	**税目 23.04 或 23.05 以外的提炼植物或微生物油脂所得的油渣饼及其他固体残渣，不论是否碾磨或制成团粒：**										
23061000	-棉子的										9
2306100000[暂0]	棉子油渣饼及固体残渣（不论是否碾磨或制成团粒）〔999〕	5	30			千克	AB	P/N. Q		0	
23062000	-亚麻子的										9
2306200000[暂0]	亚麻子油渣饼及固体残渣（不论是否碾磨或制成团粒）〔999〕	5	30			千克	AB	P/N. Q		0	
23063000	-葵花子的										9
2306300000[暂0]	葵花子油渣饼及固体残渣（不论是否碾磨或制成团粒）〔999〕	5	30			千克	AB	P/N. Q		0	
23064100	--低芥子酸的										9
2306410000[暂0]	低芥子酸油菜子油渣饼及固体残渣（不论是否碾磨或制成团粒）〔999〕	5	30			千克	AB	P/N. Q		0	
23064900	--其他										9
2306490000[暂0]	其他油菜子油渣饼及固体残渣（不论是否碾磨或制成团粒）〔999〕	5	30			千克	AB	P/N. Q		0	
23065000	-椰子或干椰肉的										9
2306500000[暂0]	椰子或干椰肉油渣饼及固体残渣（不论是否碾磨或制成团粒）〔201 其他食品加工用〕，〔202 非食品用〕	5	30	9		千克	AB	P/N. Q	5%	0	
23066000	-棕榈果或棕榈仁的										
2306600010[暂0]	濒危棕榈果或濒危棕榈仁油渣饼及固体残渣（不论是否碾磨或制成团粒）〔999〕	5	30	9		千克	ABEF	P/N. Q	5%	0	0
2306600090[暂0]	其他棕榈果或其他棕榈仁油渣饼及固体残渣（不论是否碾磨或制成团粒）〔999〕	5	30	9		千克	AB	P/N. Q	5%	0	9
23069000	-其他										
2306900000[暂0]	其他油渣饼及固体残渣（税目 2304 或 2305 以外的提炼植物或微生物油脂所得的，不论是否碾磨或制成团粒）〔101 饲用芝麻饼、粕〕，〔102 其他饲用加工植物蛋白〕	5	30	9		千克	AB	P/N. Q	25%	0	0,9,13
2307	**葡萄酒渣；粗酒石：**										
23070000	葡萄酒渣；粗酒石										0
2307000000	葡萄酒渣、粗酒石〔301 需申报仅用于工业用途不用于食品添加剂无检疫要求的化学品〕，〔999 其他植物饲料〕	5	30			千克	AB	R/S		0	
2308	**动物饲料用的其他税目未列名的植物原料、废料、残渣及副产品，不论是否制成团粒：**										
23080000	动物饲料用的其他税目未列名的植物原料、废料、残渣及副产品，不论是否制成团粒										
2308000000[暂0]	动物饲料用的其他植物产品（包括废料、残渣及副产品）①	5	35	9		千克	AB	P/Q	5%	0	0,13,9
2309	**配制的动物饲料：**										
23091010	---罐头										9
2309101000[暂4]	狗食或猫食罐头〔999〕	15	90	9		千克	AB	P/Q	34%	0	
23091090	---其他										9
2309109000[暂4]	其他零售包装的狗食或猫食〔101 非罐装宠物食品〕，〔102 咀嚼物〕	15	90	9		千克	AB	P/Q	29%	0	

① 〔101 饲用苜蓿草〕，〔102 饲用燕麦草〕，〔103 其他饲草〕，〔104 饲用其他淀粉〕，〔105 饲用青贮〕，〔106 其他饲用植物颗粒和植物粉〕，〔107 其他未列明植物饲料〕，〔108 辣椒粕〕，〔109 橄榄粕〕，〔110 榴莲粕〕，〔111 扁桃仁粕〕，〔112 栽培介质用棉籽壳〕，〔113 橙纤维颗粒〕

智利	新西兰	澳大利亚	瑞士	冰岛	秘鲁	哥斯达	东盟	亚太	新加坡	巴基斯坦	港/澳/台	韩国	格鲁吉亚	毛里求斯	柬埔寨	尼加拉瓜	日/韩/澳/新/东(RCEP)	亚太2国	老/柬/缅	LDC 98/97/95	Article Description
协定税率(%)																		特惠税率(%)			
																					Oil-cake and other solid residues, whether or not ground or in the form of pellets, resulting from the extraction of soyabean oil:
0	0	0	0	0	0	0	0	0		0	0/0/	0	0	0	0	0	3.6/0/0/0/0			0/0/0	---Oil-cake
0	0	0	0	0	0	0	0	0		0	0/0/	0	0	0	0	0	3.6/0/0/0/0			0/0/0	---Other
																					Oil-cake and other solid residues, whether or not ground or in the form of pellets, resulting from the extraction of ground nutoil:
0	0	0	0	0	0	0	0			0	0/0/	0	0	0	0	0	3.6/0/0/0/0			0/0/0	Oil-cake and other solid residues, whether or not ground or in the form of pellets, resulting from the extraction of groundnut oil
																					Oil-cake and other solid residues, whether or not ground or in the form of pellets, resulting from the extraction of vegetable or microbial fats or oils, other than those of heading 23.04 or 23.05:
0	0	0	0	0	0	0	0			0	0/0/	0	0	0	0	0	3.6/0/0/0/0			0/0/0	-Of cotton seeds
0	0	0	0	0	0	0	0			0	0/0/	0	0	0	0	0	3.6/0/0/0/0		0//	0/0/0	-Of linseed
0	0	0	0	0	0	0	0			0	0/0/	0	0	0	0	0	3.6/0/0/0/0			0/0/0	-Of sunflower seeds
0	0	0	0	0	0	0	0			0	0/0/	0	0	0	0	0	3.6/0/0/0/0			0/0/0	--Of low erucic acid rape or colza seeds
0	0	0	0	0	0	0	0			0	0/0/	0	0	0	0	0	3.6/0/0/0/0			0/0/0	--Other
0	0	0	0	0	0	0	0	2.5		0	0/0/	0	0	0	0	0	0/0/3.5/3.5/0		/0/	0/0/0	-Of coconut or copra
0	0	0	0	0	0	0	0			0	0/0/	0	0	0	0	0	0/0/0/0/0		/0/	0/0/0	-Of palm nuts or kernels
0	0	0	0	0	0	0	0			0	0/0/	0	0	0	0	0	3.6/0/0/0/0		0//	0/0/0	-Other
																					Wine lees; argol:
0	0	0	0	0	0	0	0			0	0/0/	0	0	0	0	0	0/0/0/0/0			0/0/0	Wine lees; argol
																					Vegetable materials and vesetable waste, vegetable residues and by-products, whether or not in the form of pellets, of a kind used in animal feeding, not elsewhere specified or included:
0	0	0	0	0	0	0	0			0	0/0/	0	0	0	0	0	0/0/0/0/0			0/0/0	Vegetable materials and vegetable waste, vegetable residues and by-products, whether or not in the form of pellets, of a kind used in animal feeding, not elsewhere specified or included
																					Preparations of a kind used in animal feeding:
0	0	0	0	0	0	0	0		0	12	0/0/	0	0	0	0	14	10.9/10.5/0/0/0			0/0/0	---In airtight containers
0	0	0	0	0	0	0	0		0	12	0/0/	0	0	0	0	14	10.9/10.5/0/0/0			0/0/0	---Other

商品编号	商品名称及备注[检验检疫编码及名称]	进口关税(%)		增值税率(%)	消费税	计量单位	监管条件	检验检疫类别	对美税率	出口税率(%)	出口退税率(%)
		最惠国	普通								
23099010	---制成的饲料添加剂										
2309901000	制成的饲料添加剂①	5	14	13		千克	AB	M. P/Q	15%	0	9,13
23099090	---其他										
2309909000暂4	其他配制的动物饲料②	6.5	14	9		千克	AB	M. P/Q	14%	0	0,9,13

① 〔101 含动物源性饲料添加剂〕,〔102 含植物源性饲料添加剂〕,〔103 其他饲料添加剂〕,〔104 饲料用鱼膏、鱼溶浆〕

② 〔101 饲料用乳粉、乳清粉〕,〔102 未列出的饲料用其他动物粉〕,〔103 添加剂预混合饲料,不含动植物源性成分〕,〔104 浓缩饲料〕,〔105 全价配合饲料〕,〔106 精料补充料〕,〔107 其他配制的动物饲料〕,〔108 其他宠物食品〕,〔109 饲用蛋粉〕,〔110 饲料用鱼膏、鱼溶浆〕,〔111 饲用酵母、酵母培养物〕,〔112 添加剂预混合饲料,含动物源性成分〕,〔113 添加剂预混合饲料,含植物源性成分〕

协定税率(%)																			特惠税率(%)			Article Description
智利	新西兰	澳大利亚	瑞士	冰岛	秘鲁	哥斯达	东盟	亚太	新加坡	巴基斯坦	港/澳/台	韩国	格鲁吉亚	毛里求斯	柬埔寨	尼加拉瓜	日/韩/澳/新/东 (RCEP)	亚太2国	老/柬/缅	LDC 98/97/95		
0	0	0	0	0	0	0	0	2.5		0	0/0/	0	0	0	0	0	0/0/0/0/0			0/0/0		---Preparations for use in making the complete feeds or supplementary feeds
0	0	0	0	0	0	0	0	3.3		0	0/0/	0	0	0	0	0	4.7/4.6/4.6/4.6/4.6			0/0/0		---Other

第二十四章
烟草、烟草及烟草代用品的制品；非经燃烧吸用的产品，不论是否含有尼古丁；其他供人体摄入尼古丁的含尼古丁的产品

注释：

一、本章不包括药用卷烟（第三十章）。

二、既可归入品目 24.04 又可归入本章其他税目的产品，应归入品目 24.04。

三、品目 24.04 所称“非经燃烧吸用”，是指不通过燃烧，而是通过加热或其他方式吸用。

子目注释：

子目 2403.11 所称“水烟料”，是指由烟草和甘油混合而成用水烟筒吸用的烟草，不论是否含有芳香油及提取物、糖蜜或糖，也不论是否用水果调味，但供在水烟筒中吸用的非烟草产品除外。

商品编号	商品名称及备注[检验检疫编码及名称]	进口关税(%)		增值税率(%)	消费税	计量单位	监管条件	检验检疫类别	对美税率	出口税率(%)	出口退税率(%)
		最惠国	普通								
2401	**烟草；烟草废料：**										
24011010	---烤烟										
2401101000	未去梗的烤烟〔999〕	10	70	13		千克	7AB	P/Q.S	35%	0	9,13
24011090	---其他										9
2401109000	其他未去梗的烟草〔101 香料烟〕,〔102 白肋烟〕	10	70	13		千克	7AB	P/Q.S	35%	0	
24012010	---烤烟										
2401201000	部分或全部去梗的烤烟〔999〕	10	70	13		千克	7AB	P/Q.S	35%	0	9,13
24012090	---其他										13
2401209000	部分或全部去梗的其他烟草〔101 香料烟〕,〔102 白肋烟〕	10	70	13		千克	7AB	P/Q.S	35%	0	
24013000	-烟草废料										
2401300000	烟草废料〔999〕	10	70	13		千克	AB7	P/Q.S	35%	0	9,13
2402	**烟草或烟草代用品制成的雪茄烟及卷烟：**										
24021000	-烟草制的雪茄烟										0
2402100000	烟草制的雪茄烟〔999〕	25	180	13	36%	千克/千支	7		50%		
24022000	-烟草制的卷烟										
2402200000	烟草制的卷烟〔999〕	25	180	13		千克/千支	7		50%	0	0
24029000	-其他										
2402900001	烟草代用品制的卷烟〔999〕	25	180	13		千克/千支	7		50%		0
2402900009	烟草代用品制的雪茄烟〔999〕	25	180	13	36%	千克/千支	7		50%	0	0
2403	**其他烟草及烟草代用品的制品；“均化”或“再造”烟草；烟草精汁：**										
24031100	--本章子目注释所述的水烟料										13
2403110000	供吸用的本章子目注释所述的水烟料(不论是否含有任何比例的烟草代用品)〔999〕	57	180	13	30%	千克	7AB	P/Q.S	82%	0	
24031900	--其他										13
2403190000	其他供吸用的烟草(不论是否含有任何比例的烟草代用品)〔999〕	57	180	13	30%	千克	7AB	P/Q.S	82%	0	
24039100	--“均化”或“再造”烟草										13
2403910010	再造烟草〔999〕	57	180	13	30%	千克	AB7	P/Q	82%	0	
2403910090	均化烟草〔999〕	57	180	13	30%	千克	AB7	P/Q	82%	0	
24039900	--其他										
2403990010	烟草精汁〔999〕	57	180	13		千克	7AB	M.P/N.Q.S	82%	0	13
2403990090	其他烟草及烟草代用品的制品〔101 其他烟草及烟草代用品的制品〕,〔301 危险化学品,易燃液体〕	57	180	13	30%	千克	AB	P/Q.S	82%	0	13

Chapter 24
Tobacco and manufactured tobacco substitutes; products, whether or not containing nicotine, intended for inhalation without combustion; other nicotine containing products intended for the intake of nicotine into the human body

Chapter Notes:

1. This Chapter does not cover medicinal cigarettes (Chapter 30).

2. Any products classifiable in heading 24.04 and any other heading of the Chapter are to be classified in heading 24.04.

3. For the purposes of heading 24.04, the expression "inhalation without combustion" means inhalation through heated delivery or other means, without combustion.

Subheading Notes:

For the purposes of Subheading 2403.11, the expression "water pipe tobacco" means tobacco intended for smoking in a water pipe and which consists of a mixture of tobacco and glycerol, whether or not containing aromatic oils and extracts, molasses or sugar, and whether or not flavoured with fruit. However, tobacco-free products intended for smoking in a water pipe are excluded from this Subheading.

协定税率(%)																		特惠税率(%)			Article Description
智利	新西兰	澳大利亚	瑞士	冰岛	秘鲁	哥斯达	东盟	亚太	新加坡	巴基斯坦	港/澳/台	韩国	格鲁吉亚	毛里求斯	柬埔寨	尼加拉瓜	日/韩/澳/新/东(RCEP)	亚太2国	老/柬/缅	LDC 98/97/95	
																					Unmanufactured tobacco; tobacco refuse:
0	0						5	9.4		9.4	0/0/										---Flue-cured
0	0						5				0/0/										---Other
0	0						5				0/0/										---Flue-cured
0	0						5				0/0/										---Other
0	0				0		5				0/0/									0/0/0	-Tobacco refuse
																					Cigars, cheroots, cigarillos and cigarettes, of tobacco or of tobacco substitutes:
0	0										0/0/										-Cigars, cheroots and cigarillos, containing tobacco
0	0										0/0/										-Cigarettes containing tobacco
0	0										0/0/										-Other
																					Other manufactured tobacco and manufactured tobacco substitutes; "homogenized" or "reconstituted" tobacco; tobacco extracts and essences:
0	0						50	50.2		50	0/0/										--Water pipe tobacco specified in subheading Note 1 of this Chapter
0	0						50	50.2		50	0/0/										--Other
0	0						50				0/0/										--"Homogenized" or "reconstituted" tobacco
0	0						50				0/0/									0//	--Other

商品编号	商品名称及备注[检验检疫编码及名称]	进口关税(%)		增值税率(%)	消费税	计量单位	监管条件	检验检疫类别	对美税率	出口税率(%)	出口退税率(%)
		最惠国	普通								
2404	**含烟草、再造烟草、尼古丁，或烟草或尼古丁代用品，非经燃烧吸用的产品；其他供人体摄入尼古丁的含尼古丁的产品：**										
24041100	--含烟草或再造烟草的										13
2404110000	含烟草或再造(均化)烟草的非经燃烧吸用的产品〔999〕	57	180	13	30%	千克	7AB	P/Q	82%	0	
24041200	--其他，含尼古丁的										
2404120000	不含烟草或再造烟草、含尼古丁的非经燃烧吸用的产品〔999〕	6.5	35	13	36%	千克	7			0	13
24041910	---其他，含烟草代用品的										13
2404191000	含烟草代用品的非经燃烧吸用的产品，且不含烟草、再造(均化)烟草、尼古丁〔999〕	57	180	13	30%	千克	7AB	P/Q.S	82%	0	
24041990	---其他										13
2404199000	其他非经燃烧吸用的尼古丁代用品〔999〕	6.5	35	13		千克	7			0	
24049100	--经口腔摄入的										
2404910010	经口腔摄入含濒危动植物成分的供人体摄入尼古丁的产品〔999〕	12	90	13		千克	ABEF7	R/S	22%	0	0
2404910090	经口腔摄入的其他供人体摄入尼古丁的产品〔999〕	12	90	13		千克	AB7	R/S	22%	0	13
24049200	--经皮肤摄入的										13
2404920000	经皮肤摄入的供人体摄入尼古丁的产品〔999〕	6.5	35	13		千克	7			0	
24049900	--其他										13
2404990000	其他供人体摄入尼古丁的含尼古丁产品〔999〕	6.5	35	13		千克	7			0	

协定税率(%)																		特惠税率(%)			
智利	新西兰	澳大利亚	瑞士	冰岛	秘鲁	哥斯达	东盟	亚太	新加坡	巴基斯坦	港/澳/台	韩国	格鲁吉亚	毛里求斯	柬埔寨	尼加拉瓜	日/韩/澳/新/东(RCEP)	亚太2国	老/柬/缅	LDC 98/97/95	Article Description
																					Products containing tobacco, reconstituted tobacco, nicotine, or tobacco or nicotine substitutes, intended for inhalation without combustion; other nicotine containing products intended for the intake of nicotine into the human body:
0	0						50				0/0/									0//	--Containing tobacco or reconstituted tobacco
0	0	0		0	0	0	0	4.2	0	0	0/0/	2.1	0	0	0	0	5.3/4.6/4.6/4.6/4.6			0/0/0	--Other, containing nicotine
0	0						50				0/0/										---Other, containing tobacco subsitutes
0	0	0		0	0	0	0	4.2	0	0	0/0/	2.1	0	0	0	0	5.3/4.6/4.6/4.6/4.6			0/0/0	---Other
0	0	0	1.7	0	0	0	0	11	0	0	0/0/	18.4		4	0		17.1/20/17/17/17			0/0/0	--For oral application
0	0	0		0	0	0	0	4.2	0	0	0/0/	2.1	0	0	0	0	5.3/4.6/4.6/4.6/4.6			0/0/0	--For transdermal application
0	0	0		0	0	0	0	4.2	0	0	0/0/	2.1	0	0	0	0	5.3/4.6/4.6/4.6/4.6			0/0/0	--Other

第 五 类
矿 产 品

第二十五章
盐；硫磺；泥土及石料；石膏料、石灰及水泥

注释：

一、除条文及注释四另有规定的以外，本章各税目只包括原产状态的矿产品，或只经过洗涤（包括用化学物质清除杂质而未改变产品结构的）、破碎、磨碎、研粉、淘洗、筛分以及用浮选、磁选和其他机械物理方法（不包括结晶法）精选过的货品，但不得经过焙烧、煅烧、混合或超过税目所列的加工范围。

本章产品可含有添加的抗尘剂，但所加剂料并不使原产品改变其一般用途而适合于某些特殊用途。

二、本章不包括：

（一）升华硫磺、沉淀硫磺及胶态硫磺（品目28.02）；

（二）土色料，按重量计三氧化二铁含量在70%及以上（品目28.21）；

（三）第三十章的药品及其他产品；

（四）芳香料制品及化妆盥洗品（第三十三章）；

（五）夯混白云石（品目38.16）；

（六）长方砌石、路缘石、扁平石（品目68.01）、镶嵌石或类似石料（品目68.02）及铺屋顶、饰墙面或防潮用的板岩（品目68.03）；

（七）宝石或半宝石（品目71.02或71.03）；

（八）每颗重量不低于2.5克的氯化钠或氧化镁培养晶体（光学元件除外）（品目38.24）；氯化钠或氧化镁制的光学元件（品目90.01）；

（九）台球用粉块（品目95.04）；或

（十）书写或绘画用粉笔及裁缝划粉（品目96.09）。

三、既可归入品目25.17，又可归入本章其他税目的产品，应归入品目25.17。

四、品目25.30主要包括：未膨胀的蛭石、珍珠岩及绿泥石；不论是否煅烧或混合的土色料；天然云母氧化铁；海泡石（不论是否磨光成块）；琥珀；模制后未经进一步加工的片、条、杆或类似形状的黏聚海泡石及黏聚琥珀；黑玉；菱锶矿（不论是否煅烧），但不包括氧化锶；陶器、砖或混凝土的碎块。

商品编号	商品名称及备注[检验检疫编码及名称]	进口关税(%)		增值税率(%)	消费税	计量单位	监管条件	检验检疫类别	对美税率	出口税率(%)	出口退税率(%)
		最惠国	普通								
2501	**盐(包括精制盐及变性盐)及纯氯化钠,不论是否为水溶液,也不论是否添加抗结块剂或松散剂;海水:**										
25010011	----食用盐										9
2501001100	食用盐〔101 饲料用盐〕,〔102 食盐〕	0	0	9		千克	AB	R/S	25%	0	
25010019	----其他										13
2501001900	其他盐〔101 饲料添加剂〕,〔102 矿盐〕,〔103 海盐〕,〔104 除海盐、矿盐外〕	0	0	13		千克	AB	R/S	25%	0	
25010020	---纯氯化钠										13
2501002000	纯氯化钠〔101 矿物源性饲料添加剂〕,〔102 其他盐〕	3	35	13		千克			15.5%	0	
25010030	---海水										0
2501003000	海水〔999〕	0	0	13		千克			10%	0	
2502	**未焙烧的黄铁矿:**										
25020000	未焙烧的黄铁矿										0
2502000000[暂1]	未焙烧的黄铁矿〔999〕	3	20	13		千克			28.5%	0	
2503	**各种硫磺,但升华硫磺、沉淀硫磺及胶态硫磺除外:**										
25030000	各种硫磺,但升华硫磺、沉淀硫磺及胶态硫磺除外										0
2503000000[暂1]	各种硫磺(升华硫磺、沉淀硫磺及胶态硫磺除外)〔301 危险化学品,不用作食品添加剂〕,〔302 危险化学品,用作食品添加剂〕	3	17	13		千克	AB	M. R/N. S	28.5%	0	
2504	**天然石墨:**										
25041010	---粉片										0
2504101000[暂1]	鳞片状天然石墨〔999〕	3	30	13		千克	3		13.5%	0	
25041091	----球化石墨										13
2504109100	球化石墨(天然石墨经球化加工、分级得到的产品,直径120微米以下)〔999〕	3	30	13		千克	3		30.5%	0	
25041099	----其他										0

SECTION V
MINERAL PRODUCTS

Chapter 25
Salt; sulphur; earth and stone; plastering materials, lime and cement

Chapter Notes:

1. Except where their context or Note 4 to this Chapter otherwise requires, the headings of this Chapter cover only products which are in the crude state or which have been washed (even with chemical substances eliminating the impurities without changing the structure of the product), crushed, ground, powdered, levigated, sifted, screened, concentrated by flotation, magnetic separation or other mechanical or physical processes (except crystallisation), but not products which have been roasted, calcined, obtained by mixing or subjected to processing beyond that mentioned in each heading.

   The products of this Chapter may contain an added anti-dusting agent, provided that such addition does not render the product particularly suitable for specific use rather than for general use.

2. This Chapter does not cover:
   (a) Sublimed sulphur, precipitated sulphur or colloidal sulphur (heading 28.02);
   (b) Earth colours containing 70% or more by weight of combined iron evaluated as Fe_2O_3 (heading 28.21);
   (c) Medicaments or other products of Chapter 30;
   (d) Perfumery, cosmetic or toilet preparations (Chapter 33);
   (e) Dolomite ramming mix (heading 38.16);
   (f) Setts, curbstones or flagstones (heading 68.01); mosaic cubes or the like (heading 68.02); roofing, facing or damp course slates (heading 68.03);
   (g) Precious or semi-precious stones (heading 71.02 or 71.03);
   (h) Cultured crystals (other than optical elements) weighing not less than 2.5g each, of sodium chloride or of magnesium oxide, of heading 38.24; optical elements of sodium chloride or of magnesium oxide (heading 90.01);
   (ij) Billiard chalks (heading 95.04); or
   (k) Writing or drawing chalks or tailors' chalks (heading 96.09).

3. Any products classifiable in heading 25.17 and any other heading of the Chapter are to be classified in heading 25.17.

4. Heading 25.30 applies, inter alia, to: vermiculite, perlite and chlorites, unexpanded; earth colours, whether or not calcined or mixed together; natural micaceous iron oxides; meerschaum (whether or not in polished pieces); amber; agglomerated meerschaum and agglomerated amber, in plates, rods, sticks or similar forms, not worked after moulding; jet; strontianite (whether or not calcined), other than strontium oxide; broken pieces of pottery, brick or concrete.

协定税率(%)																		特惠税率(%)			Article Description
智利	新西兰	澳大利亚	瑞士	冰岛	秘鲁	哥斯达	东盟	亚太	新加坡	巴基斯坦	港/澳/台	韩国	格鲁吉亚	毛里求斯	柬埔寨	尼加拉瓜	日/韩/澳/新/东 (RCEP)	亚太2国	老/柬/缅	LDC 98/97/95	
																					Salt (including table salt and denatured salt) and pure sodium chloride, whether or not in aqueous solution or containing added anticaking or freeflowing agents; sea water:
0	0	0	0	0	0	0	0			0	0/0/	0	0	0	0	0	0/0/0/0/0			0/0/0	----Edible salt
0	0	0	0	0	0	0	0			0	0/0/	0	0	0	0	0	0/0/0/0/0			0/0/0	----Other
0	0	0	0	0	0	0	0	1.5		0	0/0/	0	0	0	0	0	0/0/0/0/0		0//	0/0/0	---Pure sodium chloride
0	0	0	0	0	0	0	0			0	0/0/	0	0	0	0	0	0/0/0/0/0			0/0/0	---Sea water
																					Unroasted iron pyrites:
0	0	0	0	0	0	0	0	1.5		0	0/0/	0	0	0	0	0	0/0/0/0/0			0/0/0	Unroasted iron pyrites
																					Sulphur of all kinds, other than sublimed sulphur, precipitated sulphur and colloidal sulphur:
0	0	0	0	0	0	0	0	1.5		0	0/0/	0	0	0	0	0	0/0/0/0/0			0/0/0	Sulphur of all kinds, other than sublimed sulphur, precipitated sulphur and colloidal sulphur
																					Natural graphite:
0	0	0	0	0	0	0	0	1.5		0	0/0/	0	0	0	0	0	2.2/0/0/0/0			0/0/0	---In flakes
0	0	0	0	0	0	0	0			0	0/0/	0	0	0	0	0	0/0/0/0/0			0/0/0	----Spheroidized graphite
0	0	0	0	0	0	0	0	1.5		0	0/0/	0	0	0	0	0	0/0/0/0/0			0/0/0	----Other

商品编号	商品名称及备注[检验检疫编码及名称]	进口关税(%) 最惠国	普通	增值税率(%)	消费税	计量单位	监管条件	检验检疫类别	对美税率	出口税率(%)	出口退税率(%)
2504109900	其他粉末状天然石墨〔999〕	3	30	13		千克			25.5%	0	
25049000	-其他										0
2504900000	其他天然石墨〔999〕	3	30	13		千克			30.5%	0	
2505	**各种天然砂，不论是否着色，但第二十六章的含金属矿砂除外：**										
25051000	-硅砂及石英砂										0
2505100000[暂1]	硅砂及石英砂(不论是否着色)〔101 栽培介质〕,〔102 硅砂〕	3	40	13		千克	48xy		23.5%	0	
25059000	-其他										0
2505900010[暂1]	标准砂(不论是否着色，第二十六章的金属矿砂除外)〔101 栽培介质〕,〔102 硅砂〕	3	40	13		千克	4xy		28.5%	0	
2505900090[暂1]	其他天然砂(不论是否着色，第二十六章的金属矿砂除外)〔101 栽培介质〕,〔102 硅砂〕	3	40	13		千克	48xy		28.5%	0	
2506	**石英(天然砂除外)；石英岩，不论是否粗加修整或仅用锯或其他方法切割成矩形(包括正方形)的板、块：**										
25061000	-石英										0
2506100000[暂1]	石英(天然砂除外)〔101 石英砂〕,〔102 石英粉〕,〔103 熔融石英砂〕,〔104 熔融石英粉〕,〔105 其他石英〕	3	40	13		千克			13.5%	0	
25062000	-石英岩										0
2506200000[暂1]	石英岩(不论是否粗加修整或仅用锯或其他方法切割成矩形板或块)〔101 栽培介质〕,〔102 石英岩〕	3	40	13		千克			28.5%	0	
2507	**高岭土及类似土，不论是否煅烧：**										
25070010	---高岭土										0
2507001000[暂1]	高岭土(不论是否煅烧)〔999〕	3	50	13		千克				0	
25070090	---其他										0
2507009000[暂1]	不论是否煅烧的其他高岭土类似土〔999〕	3	50	13		千克			28.5%	0	
2508	**其他黏土(不包括税目 68.06 的膨胀黏土)、红柱石、蓝晶石及硅线石，不论是否煅烧；富铝红柱石；火泥及第纳斯土：**										
25081000	-膨润土										0
2508100010[暂1]	钠基膨润土〔101 无检疫要求食品添加剂〕,〔102 膨润土〕	3	50	13		千克			13.5%	0	
2508100090	其他膨润土，不论是否煅烧〔101 无检疫要求食品添加剂〕,〔102 膨润土〕	3	50	13		千克			15.5%	0	
25083000	-耐火黏土										0
2508300000[暂1]	耐火黏土，不论是否煅烧(包括矾土、焦宝石及其他耐火黏土)〔999〕	3	20	13		千克	4xy		23.5%	0	
25084000	-其他黏土										0
2508400000	其他黏土，不论是否煅烧〔102 其他粘土〕	3	50	13		千克			25.5%	0	
25085000	-红柱石、蓝晶石及硅线石										0
2508500000	红柱石、蓝晶石及硅线石，不论是否煅烧〔999〕	3	40	13		千克			15.5%	0	
25086000	-富铝红柱石										0
2508600000	富铝红柱石〔999〕	3	40	13		千克			15.5%	0	
25087000	-火泥及第纳斯土										0
2508700000	火泥及第纳斯土〔998 火泥〕,〔999 第纳斯土〕	3	20	13		千克			5.5%	0	
2509	**白垩：**										
25090000	白垩										0
2509000000	白垩〔999〕	3	45	13		千克			30.5%	0	
2510	**天然磷酸钙、天然磷酸铝钙及磷酸盐白垩：**										
25101010	---磷灰石										0
2510101000[暂0]	未碾磨磷灰石〔999〕	3	11	13		千克	4xy		2.5%	0	
25101090	---其他										0
2510109000	其他未碾磨天然磷酸钙(包括天然磷酸铝钙及磷酸盐白垩，磷灰石除外)〔999〕	3	20	13		千克	4xy		5.5%	0	
25102010	---磷灰石										0
2510201000[暂0]	已碾磨磷灰石〔999〕	3	11	13		千克	4xy		27.5%	0	
25102090	---其他										0
2510209000	其他已碾磨天然磷酸钙(包括天然磷酸铝钙及磷酸盐白垩，磷灰石除外)〔999〕	3	20	13		千克	4xy		5.5%	0	

协定税率(%)																		特惠税率(%)			Article Description
智利	新西兰	澳大利亚	瑞士	冰岛	秘鲁	哥斯达	东盟	亚太	新加坡	巴基斯坦	港/澳/台	韩国	格鲁吉亚	毛里求斯	柬埔寨	尼加拉瓜	日/韩/澳/新/东(RCEP)	亚太2国	老/柬/缅	LDC 98/97/95	
0	0	0	0	0	0	0	0	1.5		0	0/0/	0	0	0	0	0	0/0/0/0/0			0/0/0	-Other
																					Natural sands of all kinds, whether or not coloured, other than metal-bearing sands of Chapter 26:
0	0	0	0	0	0	0	0			0	0/0/	0	0	0	0	0	0/0/0/0/0			0/0/0	-Silica sands and quartz sands
0	0	0	0	0	0	0	0	1.5		0	0/0/	0	0	0	0	0	0/0/0/0/0			0/0/0	-Other
																					Quartz (other than natural sands); quartzite, whether or not roughly trimmed or merely cut, by sawing or otherwise, into blocks or slabs of a rectangular (including square) shape:
0	0	0	0	0	0	0	0	1.5		0	0/0/	0	0	0	0	0	0/0/0/0/0			0/0/0	-Quartz
0	0	0	0	0	0	0	0	1.5		0	0/0/	0	0	0	0	0	0/0/0/0/0			0/0/0	-Quartzite
																					Kaolin and other kaolinic clays, whether or not calcined:
0	0	0	0	0	0	0	0			0	0/0/	0	0	0	0	0	0/0/0/0/0			0/0/0	---Kaolin
0	0	0	0	0	0	0	0			0	0/0/	0	0	0	0	0	0/0/0/0/0			0/0/0	---Other
																					Other clays (not including expanded clays of heading 68.06), andalusite, kyanite and sillimanite, whether or not calcined; mullite; chamotte or dinas earths:
0	0	0	0	0	0	0	0	1.5		0	0/0/	0	0	0	0	0	0/0/0/0/0			0/0/0	-Bentonite
0	0	0	0	0	0	0	0	1.5		0	0/0/	0	0	0	0	0	0/0/0/0/0			0/0/0	-Fire-clay
0	0	0	0	0	0	0	0			0	0/0/	0	0	0	0	0	0/0/0/0/0			0/0/0	-Other clays
0	0	0	0	0	0	0	0	1.5		0	0/0/	0	0	0	0	0	0/0/0/0/0			0/0/0	-Andalusite, kyanite and sillimanite
0	0	0	0	0	0	0	0			0	0/0/	0	0	0	0	0	0/0/0/0/0			0/0/0	-Mullite
0	0	0	0	0	0	0	0			0	0/0/	0	0	0	0	0	2.2/0/0/0/0			0/0/0	-Chamotte or dinas earths
																					Chalk:
0	0	0	0	0	0	0	0			0	0/0/	0	0	0	0	0	0/0/0/0/0			0/0/0	Chalk
																					Natural calcium phosphates, natural aluminium calcium phosphates and phosphatic chalk:
0	0	0	0	0	0	0	0			0	0/0/	0	0	0	0	0	0/0/0/0/0			0/0/0	---Apatite
0	0	0	0	0	0	0	0			0	0/0/	0	0	0	0	0	0/0/0/0/0			0/0/0	---Other
0	0	0	0	0	0	0	0			0	0/0/	0	0	0	0	0	0/0/0/0/0			0/0/0	---Apatite
0	0	0	0	0	0	0	0			0	0/0/	0	0	0	0	0	0/0/0/0/0			0/0/0	---Other

商品编号	商品名称及备注[检验检疫编码及名称]	进口关税(%) 最惠国	普通	增值税率(%)	消费税	计量单位	监管条件	检验检疫类别	对美税率	出口税率(%)	出口退税率(%)
2511	**天然硫酸钡(重晶石);天然碳酸钡(毒重石),不论是否煅烧,但税目 28.16 的氧化钡除外:**										
25111000	-天然硫酸钡(重晶石)										0
2511100000	天然硫酸钡(重晶石)〔101 重晶石块〕,〔102 重晶石粉〕	3	45	13		千克			15.5%	0	
25112000	-天然碳酸钡(毒重石)										0
2511200000	天然碳酸钡(毒重石)(不论是否煅烧,但品目 28.16 的氧化钡除外)〔999〕	3	45	13		千克			5.5%	0	
2512	**硅质化石粗粉(例如,各种硅藻土)及类似的硅质土,不论是否煅烧,其表观比重不超过 1:**										
25120010	---硅藻土										0
2512001000	硅藻土(不论是否煅烧,表观比重≤1)〔101 无检疫要求食品添加剂〕,〔102 硅藻土〕	3	40	13		千克	A	R/		0	
25120090	---其他										0
2512009000	其他硅质化石粗粉及类似的硅质土(不论是否煅烧,表观比重≤1)〔999〕	3	40	13		千克			30.5%	0	
2513	**浮石;刚玉岩;天然刚玉砂;天然石榴石及其他天然磨料,不论是否热处理:**										
25131000	-浮石										0
2513100000	浮石〔999〕	3	35	13		千克			30.5%	0	
25132000	-刚玉岩、天然刚玉砂、天然石榴石及其他天然磨料										0
2513200000	刚玉岩、天然刚玉砂等天然磨料(包括天然石榴石及其他天然磨料)〔101 刚玉岩〕,〔102 天然刚玉砂〕,〔103 天然石榴石〕	3	17	13		千克			15.5%	0	
2514	**板岩,不论是否粗加修整或仅用锯或其他方法切割成矩形(包括正方形)的板、块:**										
25140000	板岩,不论是否粗加修整或仅用锯或其他方法切割成矩形(包括正方形)的板、块										0
2514000000	板岩(不论是否粗加修整或仅用锯或其他方法切割成矩形板或块)〔999〕	3	50	13		千克			5.5%	0	
2515	**大理石、石灰华及其他石灰质碑用或建筑用石,表观比重为 2.5 及以上,蜡石,不论是否粗加修整或仅用锯或其他方法切割成矩形(包括正方形)的板、块:**										
25151100	--原状或粗加修整										0
2515110000[暂0]	原状或粗加修整的大理石及石灰华〔999〕	4	80	13		千克			27.5%	0	
25151200	--用锯或其他方法切割成矩形(包括正方形)的板、块										0
2515120000[暂0]	用锯或其他方法切割成矩形(包括正方形)的大理石及石灰华板、块〔999〕	4	80	13		千克			27.5%	0	
25152000	-其他石灰质碑用或建筑用石;蜡石										0
2515200000[暂0]	其他石灰质碑用或建筑用石,蜡石〔999〕	3	50	13		千克			27.5%	0	
2516	**花岗岩、斑岩、玄武岩、砂岩以及其他碑用或建筑用石,不论是否粗加修整或仅用锯或其他方法切割成矩形(包括正方形)的板、块:**										
25161100	--原状或粗加修整										0
2516110000[暂0]	原状或粗加修整花岗岩〔999〕	4	50	13		千克	A	M/	27.5%	0	
25161200	--仅用锯或其他方法切割成矩形(包括正方形)的板、块										0
2516120000[暂0]	用锯或其他方法切割成矩形(包括正方形)的花岗岩板、块〔999〕	4	50	13		千克	A	M/	27.5%	0	
25162000	-砂岩										0
2516200001[暂0]	原状或粗加修整砂岩〔999〕	3	50	13		千克	A	M/	27.5%	0	
2516200090[暂0]	矩形(包括正方形)砂岩(用锯或其他方法切割成矩形的板、块)〔999〕	3	50	13		千克			27.5%	0	
25169000	-其他碑用或建筑用石										0

协定税率(%)																		特惠税率(%)			
智利	新西兰	澳大利亚	瑞士	冰岛	秘鲁	哥斯达	东盟	亚太	新加坡	巴基斯坦	港/澳/台	韩国	格鲁吉亚	毛里求斯	柬埔寨	尼加拉瓜	日/韩/澳/新/东(RCEP)	亚太2国	老/柬/缅	LDC 98/97/95	Article Description
																					Natural barinm sulphate (barytes); natural barium carbonate (witherite), whether or not calcined, other than barium oxide of heading 28.16:
0	0	0	0	0	0	0	0	1.5		0	0/0/	0	0	0	0	0	0/0/0/0/0			0/0/0	-Natural barium sulphate (barytes)
0	0	0	0	0	0	0	0			0	0/0/	0	0	0	0	0	0/0/0/0/0			0/0/0	-Natural barium carbonate (witherite)
																					Siliceous fossil meals (for example, kieselguhr, tripolite and diatomite) and similar siliceous earths, whether or not calcined, of an apparent specific gravity of 1 or less:
0	0	0	0	0	0	0	0	1.5		0	0/0/	0	0	0	0	0	0/0/0/0/0			0/0/0	---Kieselguhr
0	0	0	0	0	0	0	0	1.5		0	0/0/	0	0	0	0	0	0/0/0/0/0			0/0/0	---Other
																					Pumice stone; emery; natural corundum, natural garnet and other natural abrasives, whether or not heat-treated:
0	0	0	0	0	0	0	0			0	0/0/	0	0	0	0	0	0/0/0/0/0			0/0/0	-Pumice stone
0	0	0	0	0	0	0	0	1.5		0	0/0/	0	0	0	0	0	0/0/0/0/0			0/0/0	-Emery, natural corundum, narural garnet and other natural abrasives
																					Slate, whether or not roughly trimmed or merely cut, by sawing or otherwise, into blocks or slabs of a rectangular (including square) shape:
0	0	0	0	0	0	0	0	1.5		0	0/0/	0	0	0	0	0	0/0/0/0/0			0/0/0	Slate, whether or not roughly trimmed or merely cut, by sawing or otherwise, into blocks or slabs of a rectangular (including square) shape
																					Marble, travertine, ecaussine and other calcareous monumental or building stone of an apparent specific gravity of 2.5 or more, and alabaster, whether or not roughly trimmed or merely cut, by sawing or otherwise, into blocks or slabs of a rectangular (including square) shape:
0	0	0	0	0	0	0	0	2		0	0/0/	0	0	0	0	0	0/0/0/0/0			0/0/0	--Crude or roughly trimmed
0	0	0	0	0	0	0	0	2		0	0/0/	0	0	0	0	0	0/0/2.8/2.8/0			0/0/0	--Merely cut, by sawing or otherwise, into blocks or slabs of a rectangular (including square) shape
0	0	0	0	0	0	0	0			0	0/0/	0	0	0	0	0	2.2/0/0/0/0			0/0/0	-Ecaussine and other calcareous monumental or building stone; alabaster
																					Granite, porphyry, basalt, sandstone and other monumental or building stone, whether or not building stone, whether or not roughly trimmed or merely cut, by sawing or otherwise, into blocks or slabs of a rectangular (including square) shape:
0	0	0	0	0	0	0	0	2		0	0/0/	0	0	0	0	0	0/0/0/0/0			0/0/0	--Crude or roughly trimmed
0	0	0	0	0	0	0	0	2		0	0/0/	0	0	0	0	0	0/0/2.8/2.8/0			0/0/0	--Merely cut, by sawing or otherwise, into blocks or slabs of a rectangular (including square) shape
0	0	0	0	0	0	0	0	2.1		0	0/0/	0	0	0	0	0	0/0/0/0/0			0/0/0	-Sandstone
0	0	0	0	0	0	0	0	2.1		0	0/0/	0	0	0	0	0	0/0/0/0/0			0/0/0	-Other monumental or building stone

商品编号	商品名称及备注［检验检疫编码及名称］	进口关税(%)		增值税率(%)	消费税	计量单位	监管条件	检验检疫类别	对美税率	出口税率(%)	出口退税率(%)
		最惠国	普通								
2516900000暂0	其他碑用或建筑用石〔999〕	3	50	13		千克			27.5%	0	
2517	**通常作混凝土粒料、铺路、铁道路基或其他路基用的卵石、砾石及碎石，圆石子及燧石，不论是否热处理；矿渣、浮渣及类似的工业残渣，不论是否混有本税目第一部分所列的材料；沥青碎石；税目25.15、25.16所列各种石料的碎粒、碎屑及粉末，不论是否热处理：**										
25171000	-通常作混凝土粒料、铺路、铁道路基或其他路基用的卵石、砾石及碎石，圆石子及燧石，不论是否热处理										0
2517100000	卵石，砾石及碎石，圆石子及燧石（通常作混凝土粒料、铺路或其他路基用，不论是否热处理）〔999〕	4	50	13		千克			31.5%	0	
25172000	-矿渣、浮渣及类似的工业残渣，不论是否混有子目2517.10所列的材料										0
2517200000	矿渣，浮渣及类似的工业残渣（不论是否混有编号25171000所列的材料）〔999〕	3	50	13		千克	9			0	
25173000	-沥青碎石										0
2517300000	沥青碎石〔999〕	3	50	13		千克	9		5.5%	0	
25174100	--大理石的										0
2517410000	大理石碎粒、碎屑及粉末（不论是否热处理）〔999〕	3	50	13		千克			15.5%	0	
25174900	--其他										0
2517490000	品目25.15及25.16所列其他石碎粒等（不论是否热处理）〔999〕	3	50	13		千克			30.5%	0	
2518	**白云石，不论是否煅烧或烧结、粗加修整或仅用锯或其他方法切割成矩形（包括正方形）的板、块：**										
25181000	-未煅烧或烧结的白云石										0
2518100000暂0	未煅烧或烧结的白云石（不论是否粗加修整或仅用锯或其他方法切割成矩形板、块）〔999〕	3	40	13		千克			27.5%	0	
25182000	-已煅烧或烧结的白云石										0
2518200000暂0	已煅烧或烧结的白云石（不论是否粗加修整或仅用锯或其他方法切割成矩形板、块）〔999〕	3	40	13		千克			2.5%	0	
2519	**天然碳酸镁（菱镁矿）；熔凝镁氧矿；烧结镁氧矿，不论烧结前是否加入少量其他氧化物；其他氧化镁，不论是否纯净：**										
25191000	-天然碳酸镁（菱镁矿）										0
2519100000暂1	天然碳酸镁（菱镁矿）〔999〕	3	40	13		千克	y4x			0	
25199010	---熔凝镁氧矿										0
2519901000暂1	熔凝镁氧矿（电熔镁，包括喷补料）〔999〕	3	40	13		千克	y4x		28.5%	0	
25199020	---烧结镁氧矿（重烧镁）										0
2519902000暂1	烧结镁氧矿（重烧镁）（包括喷补料）〔999〕	3	40	13		千克	y4x		28.5%	0	
25199030	---碱烧镁（轻烧镁）										0
2519903000暂1	碱烧镁（轻烧镁）〔999〕	3	40	13		千克	y4x		28.5%	0	
25199091	----化学纯氧化镁										0
2519909100	化学纯氧化镁①	3	35	13		千克	A	R/		0	
25199099	----其他										0
2519909910暂1	其他氧化镁含量在70%及以上的矿产品〔101 矿物源性饲料添加剂〕，〔102 氧化镁〕	3	40	13		千克	4xy		23.5%	0	
2519909990	其他氧化镁〔101 矿物源性饲料添加剂〕，〔102 氧化镁〕	3	40	13		千克			25.5%	0	
2520	**生石膏；硬石膏；熟石膏（由煅烧的生石膏或硫酸钙构成），不论是否着色，也不论是否带有少量促凝剂或缓凝剂：**										

① 〔101 矿物源性饲料添加剂〕，〔102 氧化镁（包括轻质和重质）（无检疫要求食品添加剂）〕，〔103 氧化镁〕

协定税率(%)																		特惠税率(%)			
智利	新西兰	澳大利亚	瑞士	冰岛	秘鲁	哥斯达	东盟	亚太	新加坡	巴基斯坦	港/澳/台	韩国	格鲁吉亚	毛里求斯	柬埔寨	尼加拉瓜	日/韩/澳/新/东(RCEP)	亚太2国	老/柬/缅	LDC 98/97/95	Article Description
																					Pebbles, gravel, broken or crushed stone, of a kind commonly used for concrete aggregates, for road metalling or for railway or other ballast, shingle and flint, whether or not heat-treated; macadan of slag, dross or similar industrial waste, whether or not incorporating the materials cited in the first part of the heading; tarred macadam; granules, chippings and powder, of stones of heading 25.15 or 25.16, whether or not heat treated:
0	0	0	0	0	0	0	0	2		0	0/0/	0	0	0	0	0	0/0/0/0/0			0/0/0	-Pebbles, gravel, broken or crushed stone, of a kind commonly used for concrete aggregates, for road metalling or for railway or other ballast, shingle and flint, whether or not bead-treated
0	0	0	0	0	0	0	0			0	0/0/	0	0	0	0	0	0/0/0/0/0			0/0/0	-Macadam of slag, dross or similar industrial waste, whether or not incorporating the materials cited in subheading 2517.10
0	0	0	0	0	0	0	0			0	0/0/	0	0	0	0	0	0/0/0/0/0			0/0/0	-Tarred macadam
0	0	0	0	0	0	0	0	1.5		0	0/0/	0	0	0	0	0	0/0/0/0/0			0/0/0	--Of marble
0	0	0	0	0	0	0	0			0	0/0/	0	0	0	0	0	0/0/0/0/0			0/0/0	--Other
																					Dolomite, whether or not calcined or sintered, including dolomite roughly trimmed or merely cut, by sawing or otherwise, into blocks or slabs of a rectangular (including square) shape:
0	0	0	0	0	0	0	0	1.5		0	0/0/	0	0	0	0	0	0/0/0/0/0			0/0/0	-Dolomite, not calcineed or sintered
0	0	0	0	0	0	0	0			0	0/0/	0	0	0	0	0	0/0/0/0/0			0/0/0	-Calcined or sintered dolomite
																					Natural magnesium carbonate (magnesite); fused magnesia; dead-burned (simtered) magnesia, whether or not containing small quantities of other oxides added before sintering; other magnesinm oxide, whether or not pure:
0	0	0	0	0	0	0	0			0	0/0/	0	0	0	0	0	0/0/0/0/0			0/0/0	-Natural magnesium carbonate (magnesite)
0	0	0	0	0	0	0	0			0	0/0/	0	0	0	0	0	0/0/0/0/0			0/0/0	---Fused magnesia
0	0	0	0	0	0	0	0			0	0/0/	0	0	0	0	0	0/0/0/0/0			0/0/0	---Dead-burned (sintered) magnesia
0	0	0	0	0	0	0	0			0	0/0/	0	0	0	0	0	0/0/0/0/0			0/0/0	---Light-burned magnesia
0	0	0	0	0	0	0	0			0	0/0/	0	0	0	0	0	0/0/2.1/2.1/0			0/0/0	----Magnesium oxide, chemically pure
0	0	0	0	0	0	0	0			0	0/0/	0	0	0	0	0	0/0/0/0/0			0/0/0	----Other
																					Gypsum; anhydrite; plasters (consisting of calcined gypsum or calcium sulphate) whether or not coloured, with or without small quantities of accelerators or retarders:

商品编号	商品名称及备注[检验检疫编码及名称]	进口关税(%)		增值税率(%)	消费税	计量单位	监管条件	检验检疫类别	对美税率	出口税率(%)	出口退税率(%)
		最惠国	普通								
25201000	-生石膏;硬石膏										0
2520100000	生石膏,硬石膏〔999〕	5	80	13		千克			32.5%	0	
25202010	---牙科用										0
2520201000	牙科用熟石膏(不论是否着色或带有少量促凝剂或缓凝剂)〔999〕	5	40	13		千克			17.5%	0	
25202090	---其他										0
2520209000	其他熟石膏(不论是否着色或带有少量促凝剂或缓凝剂)〔999〕	5	80	13		千克			17.5%	0	
2521	**石灰石助熔剂;通常用于制造石灰或水泥的石灰石及其他钙质石:**										
25210000	石灰石助熔剂;通常用于制造石灰或水泥的石灰石及其他石灰质石										0
2521000000	石灰石助熔剂、石灰石及其他钙石〔999〕	5	50	13		千克			27.5%	0	
2522	**生石灰、熟石灰及水硬石灰,但税目28.25的氧化钙及氢氧化钙除外:**										
25221000	-生石灰										0
2522100000	生石灰〔999〕	5	80	13		千克			32.5%	0	
25222000	-熟石灰										0
2522200000	熟石灰〔999〕	5	80	13		千克			32.5%	0	
25223000	-水硬石灰										0
2522300000	水硬石灰〔999〕	5	80	13		千克			7.5%	0	
2523	**硅酸盐水泥、矾土水泥、矿渣水泥、富硫酸盐水泥及类似的水凝水泥,不论是否着色,包括水泥熟料:**										
25231000	-水泥熟料										0
2523100000	水泥熟料〔999〕	5	30	13		千克			32.5%	0	
25232100	--白水泥,不论是否人工着色										0
2523210000	白水泥,不论是否人工着色〔999〕	5	30	13		千克			17.5%	0	
25232900	--其他										0
2523290000	其他硅酸盐水泥〔999〕	5	30	13		千克	A	M/	17.5%	0	
25233000	-矾土水泥										0
2523300000	矾土水泥〔999〕	5	30	13		千克			32.5%	0	
25239000	-其他水凝水泥										0
2523900000	其他水凝水泥〔101 矿渣水泥〕,〔102 其他水泥〕	5	30	13		千克	A	M/	17.5%	0	
2524	**石棉:**										
25241000	-青石棉										0
2524100000	青石棉〔101 栽培介质〕,〔301 危险化学品〕	5	30	13		千克	89		7.5%	0	
25249010	---长纤维的										0
2524901010	长纤维阳起石石棉(包括长纤维铁石棉、透闪石石棉及直闪石石棉)〔101 栽培介质〕,〔301 危险化学品〕	5	30	13		千克	89		7.5%	0	
2524901090	其他长纤维石棉〔101 栽培介质〕,〔301 危险化学品〕	5	30	13		千克			7.5%	0	
25249090	---其他										0
2524909010	其他阳起石石棉(包括其他铁石棉、透闪石石棉及直闪石石棉)〔101 栽培介质〕,〔301 危险化学品〕	5	35	13		千克	89		32.5%	0	
2524909090	其他石棉〔101 栽培介质〕,〔301 危险化学品〕,〔302 其他化工品〕	5	35	13		千克			32.5%	0	
2525	**云母,包括云母片;云母废料:**										
25251000	-原状云母及劈开的云母片										0
2525100000[暂1]	原状云母及劈开的云母片〔999〕	5	30	13		千克			28.5%	0	
25252000	-云母粉										0
2525200000	云母粉〔999〕	5	30	13		千克			17.5%	0	
25253000	-云母废料										0
2525300000	云母废料(指云母机械加工产生的边角料)〔101 其他云母〕,〔102 废矿〕	5	30	13		千克	9		7.5%	0	
2526	**天然冻石,不论是否粗加修整或仅用锯或其他方法切割成矩形(包括正方形)的板、块;滑石:**										
25261010	---天然冻石										0
2526101000	未破碎及未研粉的天然冻石(不论是否粗加修整或仅用锯或其他方法切割成矩形板块)〔999〕	3	50	13		千克			5.5%	0	

智利	新西兰	澳大利亚	瑞士	冰岛	秘鲁	哥斯达	东盟	亚太	新加坡	巴基斯坦	港/澳/台	韩国	格鲁吉亚	毛里求斯	柬埔寨	尼加拉瓜	日/韩/澳/新/东(RCEP)	亚太2国	老/柬/缅	LDC 98/97/95	Article Description
协定税率(%)																		特惠税率(%)			
0	0	0	0	0	0	0	0	2.5		0	0/0/	0	0	0	0	0	3.6/0/0/0/0		0//	0/0/0	-Gypsum; anhydrite
0	0	0	0	0	0	0	0			0	0/0/	0	0	0	0	0	0/0/0/0/0		0//	0/0/0	---For dental use
0	0	0	0	0	0	0	0			0	0/0/	0	0	0	0	0	3.6/3.5/0/0/0		0//	0/0/0	---Other
																					Limestone flux; limestone and other calcareous stone, of a kind used for the manufacture of lime or cement:
0	0	0	0	0	0	0	0	2.5		0	0/0/	0	0	0	0	0	0/0/0/0/0			0/0/0	Limestone flux; limestone and other calcareous stone, of a kind used for the manufacture of lime or cement
																					Quicklime, slaked lime and hydraulic lime, other than calcium oxide and hydroxide of heading 28.25:
0	0	0	0	0	0	0	0	2.5		0	0/0/	0	0	0	0	0	0/0/0/0/0			0/0/0	-Quicklime
0	0	0	0	0	0	0	0	2.5		0	0/0/	0	0	0	0	0	0/0/0/0/0			0/0/0	-Slaked lime
0	0	0	0	0	0	0	0			0	0/0/	0	0	0	0	0	0/0/0/0/0			0/0/0	-Hydraulic lime
																					Portland cement, aluminous cement, slag cement, supersulphate cement and similar hydraulic cements, whether or not coloured or in the form of clinkers:
0	0	0	0	0	0	0	0	2.5		0	0/0/0	0	0	0	0	0	5.8/0/0/0/0			0/0/0	-Cement clinkers
0	0	0	0	0	0	0	0	3.8		0	0/0/0	0	0	0	0	0	0/0/0/0/0			0/0/0	--White cement, whether or not artificially coloured
0	0	0	0	0	0	0	0	3.8		0	0/0/0	0	0	0	0	0	5.8/0/0/0/0			0/0/0	--Other
0	0	0	0	0	0	0	0	2.5		4	0/0/	0	0	0	0	0	0/0/0/0/0			0/0/0	-Aluminous cement
0	0	0	0	0	0	0	0			0	0/0/	0	0	0	0	0	5.8/0/0/0/0			0/0/0	-Other hydraulic cements
																					Asbestos:
0	0	0	0	0	0	0	0			0	0/0/	0	0	0	0	0	0/0/0/0/0			0/0/0	-Crocidolite
0	0	0	0	0	0	0	0			0	0/0/	0	0	0	0	0	0/0/0/0/0			0/0/0	---Of long staple
0	0	0	0	0	0	0	0			0	0/0/	0	0	0	0	0	0/0/0/0/0			0/0/0	---Other
																					Mica, including splittings; mica waste:
0	0	0	0	0	0	0	0	2.5		0	0/0/	0	0	0	0	0	0/0/3.5/3.5/0			0/0/0	-Crude mica and mica rifted into sheets or splittings
0	0	0	0	0	0	0	0	2.5		0	0/0/	0	0	0	0	0	0/0/0/0/0			0/0/0	-Mica powder
0	0	0	0	0	0	0	0			0	0/0/	0	0	0	0	0	0/0/0/0/0			0/0/0	-Mica waste
																					Natural steatite, whether or not roughly trimmed or merely cut, by sawing or otherwise, into blocks or slabs or a rectangular (including square) shape; talc:
0	0	0	0	0	0	0	0			0	0/0/	0	0	0	0	0	0/0/0/0/0			0/0/0	---Natural steatite

商品编号	商品名称及备注[检验检疫编码及名称]	进口关税(%)		增值税率(%)	消费税	计量单位	监管条件	检验检疫类别	对美税率	出口税率(%)	出口退税率(%)
		最惠国	普通								
25261020	---滑石										0
2526102000[暂1]	未破碎及未研粉的滑石(不论是否粗加修整或仅用锯或其他方法切割成矩形板块)〔999〕	3	50	13		千克	4xy		3.5%	0	
25262010	---天然冻石										0
2526201000	已破碎或已研粉的天然冻石〔999〕	3	50	13		千克			5.5%	0	
25262020	---滑石										0
2526202001[暂1]	滑石粉(体积百分比90%及以上的产品颗粒度小于等于18微米的)〔999〕	3	50	13		千克	4Axy	R/		0	
2526202090[暂1]	已破碎或已研粉的其他天然滑石〔999〕	3	50	13		千克	4xy			0	
2528	**天然硼酸盐及其精矿(不论是否煅烧),但不包括从天然盐水析离的硼酸盐;天然粗硼酸,含硼酸干重不超过85%:**										
25280010	---天然硼砂及其精矿(不论是否煅烧)										0
2528001000[暂0]	天然硼砂及其精矿(不论是否煅烧,不含从天然盐水析离的硼酸盐)〔999〕	3	30	13		千克	A	M/	27.5%	0	
25280090	---其他										0
2528009000[暂0]	其他天然硼酸盐及精矿;天然粗硼酸,含硼酸干重不超过85%〔999〕	5	30	13		千克			27.5%	0	
2529	**长石;白榴石;霞石及霞石正长岩;萤石(氟石):**										
25291000	-长石										0
2529100000[暂1]	长石〔101 栽培介质〕,〔102 长石〕	3	50	13		千克			28.5%	0	
25292100	--按重量计氟化钙含量≤97%的萤石										0
2529210010[暂0]	按重量计氟化钙含量≤97%、砷含量≤0.0005%的萤石〔999〕	3	50	13		千克	4xy		2.5%	0	
2529210090	按重量计氟化钙含量≤97%、砷含量>0.0005%的萤石〔999〕	3	50	13		千克	4xy		5.5%	0	
25292200	--按重量计氟化钙含量>97%的萤石										0
2529220010[暂0]	按重量计氟化钙含量>97%、砷含量≤0.0005%的萤石〔999〕	3	50	13		千克	4xy		2.5%	0	
2529220090	按重量计氟化钙含量>97%、砷含量>0.0005%的萤石〔999〕	3	50	13		千克	4xy		5.5%	0	
25293000	-白榴石;霞石及霞石正长岩										0
2529300000	白榴石,霞石及霞石正长岩〔101 栽培介质〕,〔102 石材〕	5	50	13		千克			32.5%	0	
2530	**其他税目未列名的矿产品:**										
25301010	---绿泥石										0
2530101000	未膨胀的绿泥石〔999〕	5	30	13		千克			7.5%	0	
25301020	---未膨胀的蛭石和珍珠岩										0
2530102000	未膨胀的蛭石及珍珠岩〔101 蛭石(栽培介质)〕,〔102 珍珠岩(栽培介质)〕,〔103 石材〕	5	30	13		千克			32.5%	0	
25302000	-硫镁矾矿及泻盐矿(天然硫酸镁)										0
2530200000	硫镁矾矿及泻盐矿(天然硫酸镁)〔999〕	3	30	13		千克			15.5%	0	
25309010	---矿物性药材										0
2530901000	矿物性药材〔999〕	3	30	13		千克			5.5%	0	
25309020	---稀土金属矿										0
2530902000	其他稀土金属矿〔999〕	0	0	13		千克	4Bxy	/N		0	
25309091	----硅灰石										0
2530909100	硅灰石〔999〕	3	50	13		千克			15.5%	0	
25309099	----其他										0
2530909910[暂0]	废镁砖〔999〕	3	50	13		千克	49xy		27.5%	0	
2530909920[暂0]	叶蜡石〔999〕	3	50	13		千克			27.5%	0	
2530909930[暂0]	未煅烧的水镁石〔999〕	3	50	13		千克	4xy		27.5%	0	
2530909940[暂0]	钟乳石〔999〕	3	50	13		千克	u		27.5%	0	
2530909992[暂0]	其他品目未列名氧化镁含量在70%及以上的矿产品〔999〕	3	50	13		千克			27.5%	0	
2530909999[暂0]	其他矿产品〔999〕	3	50	13		千克			27.5%	0	

协定税率(%)																		特惠税率(%)			
智利	新西兰	澳大利亚	瑞士	冰岛	秘鲁	哥斯达	东盟	亚太	新加坡	巴基斯坦	港/澳/台	韩国	格鲁吉亚	毛里求斯	柬埔寨	尼加拉瓜	日/韩/澳/新/东(RCEP)	亚太2国	老/柬/缅	LDC 98/97/95	Article Description
0	0	0	0	0	0	0	0	1.5		0	0/0/	0	0	0	0	0	0/0/0/0/0			0/0/0	---Talc
0	0	0	0	0	0	0	0			0	0/0/	0	0	0	0	0	0/0/0/0/0			0/0/0	---Natural steatite
0	0	0	0	0	0	0	0			0	0/0/	0	0	0	0	0	0/0/0/0/0			0/0/0	---Talc
																					Natural borates and concentrates thereof (whether or not calcined), but not including borates separated from natural brine; natural boric acid containing not more than 85% of H3BO3 calculated on the dry weight:
0	0	0	0	0	0	0	0			0	0/0/	0	0	0	0	0	0/0/0/0/0			0/0/0	---Natural sodium borates and concentrates thereof (whether or not calcined)
0	0	0	0	0	0	0	0			0	0/0/	0	0	0	0	0	0/0/0/0/0			0/0/0	---Other
																					Felspar; leucite; nepheline and nepheline syenite; fluorspar:
0	0	0	0	0	0	0	0	1.5		0	0/0/	0	0	0	0	0	0/0/0/0/0			0/0/0	-Felspar
0	0	0	0	0	0	0	0	1.5		0	0/0/	0	0	0	0	0	0/0/0/0/0			0/0/0	--Containing by weight 97% or less of calcium fluoride
0	0	0	0	0	0	0	0			0	0/0/	0	0	0	0	0	0/0/0/0/0			0/0/0	--Containing by weight more than 97% of calcium fluoride
0	0	0	0	0	0	0	0			0	0/0/	0	0	0	0	0	0/0/0/0/0			0/0/0	-Leucite; nepheline and nepheline syenite
																					Mineral substances not elsewhere specified or included:
0	0	0	0	0	0	0	0			0	0/0/	0	0	0	0	0	0/0/0/0/0			0/0/0	---Chlorites
0	0	0	0	0	0	0	0	2.5		0	0/0/	0	0	0	0	0	0/0/0/0/0			0/0/0	---Vermiculite, perlite unexpanded
0	0	0	0	0	0	0	0			0	0/0/	0	0	0	0	0	0/0/0/0/0			0/0/0	-Kieserite, epsomite (natural magnesium sulphates)
0	0	0	0	0	0	0	0			0	0/0/	0	0	0	0	0	0/0/0/0/0			0/0/0	---Mineral medicinal substances
0	0	0	0	0	0	0	0			0	0/0/	0	0	0	0	0	0/0/0/0/0			0/0/0	---Ores of rare earth metals
0	0	0	0	0	0	0	0	1.5		0	0/0/	0	0	0	0	0	0/0/0/0/0			0/0/0	----Wollastonite
0	0	0	0		0	0	0	1.5		0	0/0/	0	0	0	0	0	2.2/0/0/0/0			0/0/0	----Other

第二十六章
矿砂、矿渣及矿灰

注释：

一、本章不包括：

（一）供铺路用的矿渣及类似的工业废渣（品目25.17）；

（二）天然碳酸镁（菱镁矿），不论是否煅烧（品目25.19）；

（三）主要含有石油的石油储罐的淤渣（品目27.10）；

（四）第三十一章的碱性熔渣；

（五）矿物棉（品目68.06）；

（六）贵金属或包贵金属的废碎料；主要用于回收贵金属的含贵金属或贵金属化合物的其他废碎料（品目71.12或85.49）；或

（七）通过熔炼所产生的铜锍、镍锍或钴锍（第十五类）。

二、品目26.01至26.17所称“矿砂”，是指冶金工业中提炼汞、品目28.44的金属以及第十四类、第十五类金属的矿物，即使这些矿物不用于冶金工业，也包括在内。但品目26.01至26.17不包括不是以冶金工业正常加工方法处理的各种矿物。

三、品目26.20仅适用于：

（一）在工业上提炼金属或作为生产金属化合物基本原料的矿渣、矿灰及残渣，但焚化城市垃圾所产生的灰、渣除外（品目26.21）；以及

（二）含有砷的矿渣、矿灰及残渣，不论其是否含有金属，用于提取或生产砷或金属及其化合物。

子目注释：

一、子目2620.21所称“含铅汽油的淤渣及含铅抗震化合物的淤渣”，是指含铅汽油及含铅抗震化合物（例如，四乙基铅）储罐的淤渣，主要含有铅、铅化合物以及铁的氧化物。

二、含有砷、汞、铊及其混合物的矿渣、矿灰及残渣，用于提取或生产砷、汞、铊及其化合物，归入子目2620.60。

商品编号	商品名称及备注[检验检疫编码及名称]	进口关税(%)		增值税率(%)	消费税	计量单位	监管条件	检验检疫类别	对美税率	出口税率(%)	出口退税率(%)
		最惠国	普通								
2601	**铁矿砂及其精矿，包括焙烧黄铁矿：**										
26011110	---平均粒度小于0.8毫米的										0
2601111000	未烧结铁矿砂及其精矿（平均粒度小于0.8毫米的，焙烧黄铁矿除外）〔999〕	0	0	13		千克	7A	M/		0	
26011120	---平均粒度不小于0.8毫米，但不大于6.3毫米的										0
2601112000	未烧结铁矿砂及其精矿（平均粒度不小于0.8毫米，但不大于6.3毫米的，焙烧黄铁矿除外）〔999〕	0	0	13		千克	7A	M/		0	
26011190	---其他										0
2601119000	平均粒度大于6.3毫米的未烧结铁矿砂及其精矿（焙烧黄铁矿除外）〔999〕	0	0	13		千克	7A	M/		0	
26011200	--已烧结										0
2601120000	已烧结铁矿砂及其精矿（焙烧黄铁矿除外）〔999〕	0	0	13		千克	7A	M/	25%	0	
26012000	-焙烧黄铁矿										0
2601200000	焙烧黄铁矿〔999〕	0	0	13		千克	7A	M/		0	
2602	**锰矿砂及其精矿，包括以干重计含锰量在20%及以上的锰铁矿及其精矿：**										
26020000	锰矿砂及其精矿，包括以干重计含锰量在20%及以上的锰铁矿及其精矿										0
2602000000	锰矿砂及其精矿（包括以干重计含锰量在20%及以上的锰铁矿及其精矿）〔999〕	0	0	13		千克	A	M/	25%	0	
2603	**铜矿砂及其精矿：**										
26030000	铜矿砂及其精矿										0
2603000010	铜矿砂及其精矿（黄金价值部分）〔998 铜精矿〕，〔999 铜矿〕	0	0			千克	7A	M/	25%	0	
2603000090	铜矿砂及其精矿（非黄金价值部分）〔998 铜精矿〕，〔999 铜矿〕	0	0	13		千克	7A	M/	25%	0	
2604	**镍矿砂及其精矿：**										
26040000	镍矿砂及其精矿										0
2604000001	镍矿砂及其精矿（黄金价值部分）〔999〕	0	0			千克			25%	0	
2604000090	镍矿砂及其精矿（非黄金价值部分）〔999〕	0	0	13		千克			25%	0	
2605	**钴矿砂及其精矿：**										
26050000	钴矿砂及其精矿										0
2605000001	钴矿砂及其精矿（黄金价值部分）〔999〕	0	0			千克				0	

Chapter 26
Ores, slag and ash

Chapter Notes:

1. This Chapter does not cover:
   (a) Slag or similar industrial waste prepared as macadam (heading 25.17);
   (b) Natural magnesium carbonate (magnesite), whether or not calcined (heading 25.19);
   (c) Sludges from the storage tanks of petroleum oils consisting mainly of such oils (heading 27.10);
   (d) Basic slag of Chapter 31;
   (e) Slag wool, rock wool or similar mineral wools (heading 68.06);
   (f) Waste or scrap of precious metal or of metal clad with precious metal; other waste or scrap containing precious metal or precious metal compounds, of a kind used principally for the recovery of precious metal (heading 71.12 or 85.49); or
   (g) Copper, nickel or cobalt mattes produced by any process of smelting (Section XV).
2. For the purposes of headings 26.01 to 26.17, the term "ores" means minerals of mineralogical species actually used in the metallurgical industry for the extraction of mercury, of the metals of heading 28.44 or of the metals of Section XIV or XV, even if they are intended for non-metallurgical purposes. Headings 26.01 to 26.17 do not, however, include minerals which have been submitted to processes not normal to the metallurgical industry.
3. Heading 26.20 applies only to:
   (a) Slag, ash and residues of a kind used in industry either for the extraction of metals or as a basis for the manufacture of chemical compounds of metals, excluding ash and residues from the incineration of municipal waste (heading 26.21); and
   (b) Slag, ash and residues containing arsenic, whether or not containing metals, of a kind used either for the extraction of arsenic or metals or for the manufacture of their chemical compounds.

Subheading Notes:

1. For the purposes of subheading 2620.21, "leaded gasoline sludges and leaded anti-knock compound sludges" means suldges obtained from storage tanks of leaded gasoline and leaded anti-knock compounds (for example, tetraethyllead), and consisting essentially of lead, lead compounds and iron oxide.
2. Slag, ash and residues containing arsenic, mercury, thallium or their mixtures, of a kind used for the extraction of arsenic or those metals or for the manufacture of their chemical compounds, are to be classified in subheading 2620.60.

协定税率(%)																		特惠税率(%)			Article Description
智利	新西兰	澳大利亚	瑞士	冰岛	秘鲁	哥斯达	东盟	亚太	新加坡	巴基斯坦	港/澳/台	韩国	格鲁吉亚	毛里求斯	柬埔寨	尼加拉瓜	日/韩/澳/新/东(RCEP)	亚太2国	老/柬/缅	LDC 98/97/95	
																					Iron ores and concentrates, including roasted iron pyrites:
0	0	0	0	0	0	0	0			0	0/0/	0	0	0	0	0	0/0/0/0/0			0/0/0	---The average grain size less than 0.8mm
0	0	0	0	0	0	0	0			0	0/0/	0	0	0	0	0	0/0/0/0/0			0/0/0	---The average grain size not less than 0.8mm, but not more than 6.3mm
0	0	0	0	0	0	0	0			0	0/0/	0	0	0	0	0	0/0/0/0/0			0/0/0	---Other
0	0	0	0	0	0	0	0			0	0/0/	0	0	0	0	0	0/0/0/0/0			0/0/0	--Agglomerated
0	0	0	0	0	0	0	0			0	0/0/	0	0	0	0	0	0/0/0/0/0			0/0/0	-Roasted iron pyrites
																					Manganese ores and concentrates, including ferruginous manganese ores and concentrates with a manganese content of 20% or more, calculated on the dry weight:
0	0	0	0	0	0	0	0			0	0/0/	0	0	0	0	0	0/0/0/0/0			0/0/0	Manganese ores and concentrates, including ferruginous manganese ores and concentrates with a manganese content of 20% or more, calculated on the dry weight
																					Copper ores and concentrates:
0	0	0	0	0	0	0	0			0	0/0/	0	0	0	0	0	0/0/0/0/0			0/0/0	Copper ores and concentrates
																					Nickel ores and concentrates:
0	0	0	0	0	0	0	0			0	0/0/	0	0	0	0	0	0/0/0/0/0			0/0/0	Nickel ores and concentrates
																					Cobalt ores and concentrates:
0	0	0	0	0	0	0	0			0	0/0/	0	0	0	0	0	0/0/0/0/0			0/0/0	Cobalt ores and concentrates

商品编号	商品名称及备注[检验检疫编码及名称]	进口关税(%) 最惠国	进口关税(%) 普通	增值税率(%)	消费税	计量单位	监管条件	检验检疫类别	对美税率	出口税率(%)	出口退税率(%)
2605000090	钴矿砂及其精矿(非黄金价值部分)〔999〕	0	0	13		千克				0	
2606	**铝矿砂及其精矿:**										
26060000	铝矿砂及其精矿										0
2606000000	铝矿砂及其精矿〔999〕	0	0	13		千克	4xy			0	
2607	**铅矿砂及其精矿:**										
26070000	铅矿砂及其精矿										0
2607000001	铅矿砂及其精矿(黄金价值部分)〔998 铅精矿〕,〔999 铅矿〕	0	0			千克	A	M/	10%	30	
2607000090	铅矿砂及其精矿(非黄金价值部分)〔998 铅精矿〕,〔999 铅矿〕	0	0	13		千克	A	M/	10%	30	
2608	**锌矿砂及其精矿:**										
26080000	锌矿砂及其精矿										0
2608000001[暂0]	灰色饲料氧化锌(氧化锌 ZnO 含量大于 80%)〔999〕	0	0	13		千克	A	M/	25%	30	
2608000090	其他锌矿砂及其精矿〔998 锌精矿〕,〔999 锌矿〕	0	0	13		千克	A	M/	25%	30	
2609	**锡矿砂及其精矿:**										
26090000	锡矿砂及其精矿										0
2609000000[暂0]	锡矿砂及其精矿〔999〕	0	0	13		千克	4xy			50[20]	
2610	**铬矿砂及其精矿:**										
26100000	铬矿砂及其精矿										0
2610000000	铬矿砂及其精矿〔999〕	0	0	13		千克	A	M/		0	
2611	**钨矿砂及其精矿:**										
26110000	钨矿砂及其精矿										0
2611000000	钨矿砂及其精矿〔999〕	0	0	13		千克	4xy			20	
2612	**铀或钍矿砂及其精矿:**										
26121000	-铀矿砂及其精矿										0
2612100000	铀矿砂及其精矿〔999〕	0	0	13		千克				0	
26122000	-钍矿砂及其精矿										0
2612200000	钍矿砂及其精矿〔999〕	0	0	13		千克	4xy			0	
2613	**钼矿砂及其精矿:**										
26131000	-已焙烧										0
2613100000	已焙烧钼矿砂及其精矿〔999〕	0	0	13		千克	4xy		10%	0	
26139000	-其他										0
2613900000	其他钼矿砂及其精矿〔999〕	0	0	13		千克	4xy		10%	0	
2614	**钛矿砂及其精矿:**										
26140000	钛矿砂及其精矿										0
2614000000	钛矿砂及其精矿〔999〕	0	0	13		千克			25%	0	
2615	**铌、钽、钒或锆矿砂及其精矿:**										
26151000	-锆矿砂及其精矿										0
2615100000	锆矿砂及其精矿〔999〕	0	0	13		千克			25%	0	
26159010	---水合钽铌原料(钽铌矿富集物)										0
2615901000	水合钽铌原料(钽铌矿富集物)〔999〕	0	0	13		千克				30	
26159090	---其他										0
2615909010	铌、钽精矿及其矿砂〔999〕	0	0	13		千克			25%	30	
2615909090	钒矿砂;钒精矿〔999〕	0	0	13		千克			25%	30	
2616	**贵金属矿砂及其精矿:**										
26161000	-银矿砂及其精矿										0
2616100000	银矿砂及其精矿〔999〕	0	0	13		千克				0	
26169000	-其他										0
2616900001	黄金矿砂〔999〕	0	0			千克			25%	0	
2616900009	其他贵金属矿砂及其精矿〔999〕	0	0	13		千克			25%	0	
2617	**其他矿砂及其精矿:**										
26171010	---生锑(锑精矿,选矿产品)										0
2617101000	生锑(锑精矿,选矿产品)〔999〕	0	0	13		千克	4xy			20	
26171090	---其他										0
2617109001	其他锑矿砂及其精矿(黄金价值部分)〔999〕	0	0			千克	4xy			0	
2617109090	其他锑矿砂及其精矿(非黄金价值部分)〔999〕	0	0	13		千克	4xy			0	
26179010	---朱砂(辰砂)										0
2617901000	朱砂(辰砂)〔999〕	3	14	13		千克			5.5%	0	
26179090	---其他										0

协定税率(%)																		特惠税率(%)			
智利	新西兰	澳大利亚	瑞士	冰岛	秘鲁	哥斯达	东盟	亚太	新加坡	巴基斯坦	港/澳/台	韩国	格鲁吉亚	毛里求斯	柬埔寨	尼加拉瓜	日/韩/澳/新/东(RCEP)	亚太2国	老/柬/缅	LDC 98/97/95	Article Description
																					Aluminium ores and concentrates:
0	0	0	0	0	0	0	0			0	0/0/	0	0	0	0	0	0/0/0/0/0			0/0/0	Aluminium ores and concentrates
																					Lead ores and concentrates:
0	0	0	0	0	0	0	0			0	0/0/	0	0	0	0	0	0/0/0/0/0			0/0/0	Lead ores and concentrates
																					Zinc ores and concentrates:
0	0	0	0	0	0	0	0			0	0/0/	0	0	0	0	0	0/0/0/0/0			0/0/0	Zinc ores and concentrates
																					Tin ores and concentrates:
0	0	0	0	0	0	0	0			0	0/0/	0	0	0	0	0	0/0/0/0/0			0/0/0	Tin ores and concentrates
																					Chromium ores and concentrates:
0	0	0	0	0	0	0	0			0	0/0/	0	0	0	0	0	0/0/0/0/0			0/0/0	Chromium ores and concentrates
																					Tungsten ores and concentrates:
0	0	0	0	0	0	0	0			0	0/0/	0	0	0	0	0	0/0/0/0/0			0/0/0	Tungsten ores and concentrates
																					Uranium or thorium ores and concentrates:
0	0	0	0	0	0	0	0			0	0/0/	0	0	0	0	0	0/0/0/0/0			0/0/0	-Uranium ores and concentrates
0	0	0	0	0	0	0	0			0	0/0/	0	0	0	0	0	0/0/0/0/0			0/0/0	-Thorium ores and concentrates
																					Molybdenum ores and concentrates:
0	0	0	0	0	0	0	0			0	0/0/	0	0	0	0	0	0/0/0/0/0			0/0/0	-Roasted
0	0	0	0	0	0	0	0			0	0/0/	0	0	0	0	0	0/0/0/0/0			0/0/0	-Other
																					Titanium ores and concentrates:
0	0	0	0	0	0	0	0			0	0/0/	0	0	0	0	0	0/0/0/0/0			0/0/0	Titanium ores and concentrates
																					Niobium, tantalum, vanadium or zirconium ores and concentrates:
0	0	0	0	0	0	0	0			0	0/0/	0	0	0	0	0	0/0/0/0/0			0/0/0	-Zirconium ores and concentrates
0	0	0	0	0	0	0	0			0	0/0/	0	0	0	0	0	0/0/0/0/0			0/0/0	---Hydrated Tantalum/Niobium materials or enriched materials from Tantalum/Niobium Ore
0	0	0	0	0	0	0	0			0	0/0/	0	0	0	0	0	0/0/0/0/0			0/0/0	---Other
																					Precious metal ores and concentrates:
0	0	0	0	0	0	0	0			0	0/0/	0	0	0	0	0	0/0/0/0/0			0/0/0	-Silver ores and concentrates
0	0	0	0	0	0	0	0			0	0/0/	0	0	0	0	0	0/0/0/0/0			0/0/0	-Other
																					Other ores and concentrates:
0	0	0	0	0	0	0	0			0	0/0/	0	0	0	0	0	0/0/0/0/0			0/0/0	---Crude antimony (Antimony concentrates which are mineral products)
0	0	0	0	0	0	0	0			0	0/0/	0	0	0	0	0	0/0/0/0/0			0/0/0	---Other
0	0	0	0	0	0	0	0			0	0/0/	0	0	0	0	0	0/0/0/0/0			0/0/0	---Cinnabar
0	0	0	0	0	0	0	0			0	0/0/	0	0	0	0	0	0/0/0/0/0			0/0/0	---Other

商品编号	商品名称及备注[检验检疫编码及名称]	进口关税(%) 最惠国	普通	增值税率(%)	消费税	计量单位	监管条件	检验检疫类别	对美税率	出口税率(%)	出口退税率(%)
2617909000	其他矿砂及其精矿〔999〕	0	0	13		千克			25%	0	
2618	**冶炼钢铁所产生的粒状熔渣（熔渣砂）：**										
26180010	---主要含锰										0
2618001001	主要含锰的冶炼钢铁产生的粒状熔渣，含锰量>25 %（包括熔渣砂）〔999〕	4	35	13		千克	9		29%	0	
2618001090	其他主要含锰的冶炼钢铁产生的粒状熔渣（包括熔渣砂）〔999〕	4	35	13		千克	9		29%	0	
26180090	---其他										0
2618009000	其他的冶炼钢铁产生的粒状熔渣（包括熔渣砂）〔999〕	4	35	13		千克	9			0	
2619	**冶炼钢铁所产生的熔渣、浮渣（粒状熔渣除外）、氧化皮及其他废料：**										
26190000	冶炼钢铁所产生的熔渣、浮渣（粒状熔渣除外）、氧化皮及其他废料										0
2619000010	轧钢产生的氧化皮〔999〕	4	35	13		千克	9		29%	0	
2619000021	冶炼钢铁所产生的含钒浮渣、熔渣，五氧化二钒含量>20%（冶炼钢铁所产生的粒状熔渣除外）〔999〕	4	35	13		千克	9		29%	0	
2619000029	其他冶炼钢铁所产生的含钒浮渣、熔渣（冶炼钢铁所产生的粒状熔渣除外）〔999〕	4	35	13		千克	9		29%	0	
2619000030	含铁>80%的冶炼钢铁产生的渣钢铁〔999〕	4	35	13		千克	9		29%	0	
2619000090	冶炼钢铁产生的其他熔渣、浮渣及其他废料（冶炼钢铁所产生的粒状熔渣除外）〔101 炉渣（栽培介质）〕，〔102 矿渣（栽培介质）〕	4	35	13		千克	9		29%	0	
2620	**含有金属、砷及其化合物的矿渣、矿灰及残渣（冶炼钢铁所产生的灰、渣除外）：**										
26201100	--含硬锌的矿渣、矿灰及残渣										0
2620110000	含硬锌的矿渣、矿灰及残渣（冶炼钢铁所产生灰、渣的除外）〔999〕	4	35	13		千克	9			0	
26201900	--其他										0
2620190000	其他主要含锌的矿渣、矿灰及残渣（冶炼钢铁所产生灰、渣的除外）〔999〕	4	35	13		千克	9			0	
26202100	--含铅汽油的淤渣及含铅抗震化合物的淤渣										0
2620210000	含铅汽油淤渣及含铅抗震化合物的淤渣〔999〕	4	35	13		千克	9			0	
26202900	--其他										0
2620290000	其他主要含铅的矿渣、矿灰及残渣（冶炼钢铁所产生灰、渣的除外）〔999〕	4	35	13		千克	9			0	
26203000	-主要含铜										0
2620300000	主要含铜的矿渣、矿灰及残渣（冶炼钢铁所产生灰、渣的除外）〔999〕	4	35	13		千克	9			0	
26204000	-主要含铝										0
2620400000	主要含铝的矿渣、矿灰及残渣（冶炼钢铁所产生灰、渣的除外）〔999〕	4	35	13		千克	9			0	
26206000	-含有砷、汞、铊及其混合物，用于提取或生产砷、汞、铊及其化合物										0
2620600000	含砷，汞，铊及混合物矿渣、矿灰与残渣（用于提取或生产砷、汞、铊及其化合物）〔999〕	4	35	13		千克	9			0	
26209100	--含有锑、铍、镉、铬或其混合物										0
2620910000	含锑，铍，镉，铬及混合物的矿渣、矿灰及残渣〔999〕	4	35	13		千克	9			0	
26209910	---主要含钨										0
2620991000	其他主要含钨的矿渣、矿灰及残渣〔999〕	4	35	13		千克	y4x9			0	
26209990	---其他										0
2620999011	含其他金属及其化合物的矿渣、矿灰及残渣，五氧化二钒>20%（冶炼钢铁所产生的及含钒废催化剂除外）〔999〕	4	35	13		千克	9		29%	0	
2620999019	含其他金属及其化合物的矿渣、矿灰及残渣，10%<五氧化二钒≤20%的（冶炼钢铁所产生的及含钒废催化剂除外）〔999〕	4	35	13		千克	9		29%	0	
2620999020	含铜大于10%的铜冶炼转炉渣及火法精炼渣、其他铜冶炼渣〔101 用作铜冶炼的原料〕，〔102 用作除锈磨料的其他铜冶炼渣〕	4	35	13		千克	9		29%	0	
2620999090	含其他金属及其化合物的矿渣、矿灰及残渣（冶炼钢铁所产生灰、渣的除外）〔999〕	4	35	13		千克	9		29%	0	
2621	**其他矿渣及矿灰，包括海藻灰（海草灰）；焚化城市垃圾所产生的灰、渣：**										
26211000	-焚化城市垃圾所产生的灰、渣										0
2621100000	焚化城市垃圾所产生的灰、渣〔999〕	4	35	13		千克	9			0	
26219000	-其他										0
2621900010	海藻灰及其他植物灰（包括稻壳灰）〔999〕	4	35	13		千克	9		14%	0	
2621900090	其他矿渣及矿灰〔999〕	4	35	13		千克	9		14%	0	

智利	新西兰	澳大利亚	瑞士	冰岛	秘鲁	哥斯达	东盟	亚太	新加坡	巴基斯坦	港/澳/台	韩国	格鲁吉亚	毛里求斯	柬埔寨	尼加拉瓜	日/韩/澳/新/东(RCEP)	亚太2国	老/柬/缅	LDC 98/97/95	Article Description
协定税率(%)																		特惠税率(%)			
																					Granulated slag (slag sand) from the manufacture of iron or steel:
0	0	0	0	0	0	0	0			0	0/0/	0	0	0	0	0	0/0/0/0/0			0/0/0	---Containing mainly Manganese
0	0	0	0	0	0	0	0	3.2		0	0/0/	0	0	0	0	0	0/0/0/0/0			0/0/0	---Other
																					Slag, dross (other than granulated slag), scalings and other waste from the manufacture of iron or steel:
0	0	0	0	0	0	0	0			0	0/0/	0	0	0	0	0	0/0/0/0/0			0/0/0	Slag, dross (other than granulated slag), scalings and other waste from the manufacture of iron or steel:
																					Slag, ash and residues (other than from the manufacture of iron or steel) containing metals, arsenic or their compounds:
0	0	0	0	0	0	0	0			0	0/0/	0	0	0	0	0	0/0/0/0/0			0/0/0	--Hard zinc spelter
0	0	0	0	0	0	0	0			0	0/0/	0	0	0	0	0	0/0/0/0/0			0/0/0	--Other
0	0	0	0	0	0	0	0			0	0/0/	0	0	0	0	0	0/0/0/0/0			0/0/0	--Leaded gasoline sludges and leaded anti-knock compound sludges
0	0	0	0	0	0	0	0			0	0/0/	0	0	0	0	0	0/0/0/0/0			0/0/0	--Other
0	0	0	0	0	0	0	0			0	0/0/	0	0	0	0	0	0/0/0/0/0			0/0/0	-Containing mainly copper
0	0	0	0	0	0	0	0			0	0/0/	0	0	0	0	0	0/0/0/0/0			0/0/0	-Containing mainly aluminium
0	0	0	0	0	0	0	0			0	0/0/	0	0	0	0	0	0/0/0/0/0			0/0/0	-Containing arsenic, mercury, thallium or their mixtures, of a kind used for the extraction of arsenic or those metals or for the manufacture of their chemical compounds
0	0	0	0	0	0	0	0			0	0/0/	0	0	0	0	0	0/0/0/0/0			0/0/0	--Containing antimony, beryllinm, cadmium, chromium or their mixtures
0	0	0	0	0	0	0	0			0	0/0/	0	0	0	0	0	0/0/0/0/0			0/0/0	---Containing mainly tungsten
0	0	0	0	0	0	0	0			0	0/0/	0	0	0	0	0	0/0/0/0/0			0/0/0	---Other
																					Other slag and ash, including seaweed ash (kelp); ash and residues from the incineration of municipal waste:
0	0	0	0	0	0	0	0			0	0/0/		0	0	0	0	//3.7/3.7/3.7			0/0/0	-Ash and residues from the incineration of municipal waste
0	0	0	0	0	0	0	0			0	0/0/	0	0	0	0	0	0/0/0/0/0			0/0/0	-Other

第二十七章
矿物燃料、矿物油及其蒸馏产品；沥青物质；矿物蜡

注释：

一、本章不包括：

（一）单独的已有化学定义的有机化合物，但纯甲烷及纯丙烷应归入品目27.11；

（二）品目30.03及30.04的药品；或

（三）品目33.01、33.02及38.05的不饱和烃混合物。

二、品目27.10所称“石油及从沥青矿物提取的油类”，不仅包括石油、从沥青矿物提取的油及类似油，还包括那些用任何方法提取的主要含有不饱和烃混合物的油，但其非芳族成分的重量必须超过芳族成分。

然而，它不包括采用减压蒸馏法，在压力转换为1013毫巴下的温度300℃时，以体积计馏出量小于60%的液体合成聚烯烃（第三十九章）。

三、品目27.10所称“废油”，是指主要含石油及从沥青矿物提取的油类（参见本章注释二）的废油，不论其是否与水混合。它们包括：

（一）不再适于作为原产品使用的废油（例如，用过的润滑油、液压油及变压器油）；

（二）石油储罐的淤渣油，主要含废油及高浓度的在生产原产品时使用的添加剂（例如，化学品）；以及

（三）水乳浊液状的或与水混合的废油，例如，浮油、清洗油罐所得的油或机械加工中已用过的切削油。

子目注释：

一、子目2701.11所称“无烟煤”，是指含挥发物（以干燥、无矿物质计）不超过14%的煤。

二、子目2701.12所称“烟煤”，是指含挥发物（以干燥、无矿物质计）超过14%，并且热值（以潮湿、无矿物质计）等于或大于5833大卡/千克的煤。

三、子目2707.10、2707.20、2707.30及2707.40所称“粗苯”“粗甲苯”“粗二甲苯”及“萘”，是分别指按重量计苯、甲苯、二甲苯或萘的含量在50%以上的产品。

四、子目2710.12所称“轻油及其制品”，是指根据ISO 3405方法（等同于ASTM D86方法），温度在210℃时以体积计馏出量（包括损耗）在90%及以上的产品。

五、品目27.10的子目所称“生物柴油”，是指从动植物油脂或微生物油脂（不论是否使用过）得到的用作燃料的脂肪酸单烷基酯。

商品编号	商品名称及备注[检验检疫编码及名称]	进口关税(%) 最惠国	进口关税(%) 普通	增值税率(%)	消费税	计量单位	监管条件	检验检疫类别	对美税率	出口税率(%)	出口退税率(%)
2701	**煤;煤砖、煤球及用煤制成的类似固体燃料:**										
27011100	--无烟煤										0
2701110010[暂0]	无烟煤(不论是否粉化,但未制成型)〔999〕	3	20	13		千克	47Axy	M/	28%	0	
2701110090[暂0]	无烟煤滤料〔999〕	3	20	13		千克	7A	M/	28%	0	
27011210	---炼焦煤										0
2701121000[暂0]	未制成型的炼焦煤(不论是否粉化)〔999〕	3	20	13		千克	47Axy	M/	30.5%	0	
27011290	---其他										0
2701129000[暂0]	其他烟煤(不论是否粉化,但未制成型)〔999〕	6	20	13		千克	47Axy	M/	31%	0	
27011900	--其他煤										0
2701190000[暂0]	其他煤(不论是否粉化,但未制成型)〔999〕	5	20	13		千克	47Axy	M/	30%	0	
27012000	-煤砖、煤球及用煤制成的类似固体燃料										0
2701200000[暂0]	煤砖、煤球及类似用煤制固体燃料〔999〕	5	50	13		千克			30%	0	
2702	**褐煤,不论是否制成型,但不包括黑玉:**										
27021000	-褐煤,不论是否粉化,但未制成型										0
2702100000[暂0]	褐煤(不论是否粉化,但未制成型)〔999〕	3	20	13		千克	4Axy	M/	28%	0	
27022000	-制成型的褐煤										0
2702200000[暂0]	制成型的褐煤〔999〕	3	20	13		千克	A	M/	28%	0	
2703	**泥煤(包括肥料用泥煤),不论是否制成型:**										
27030000	泥煤(包括肥料用泥煤),不论是否制成型										0
2703000010[暂3]	泥炭(草炭)〔沼泽(湿地)中,地上植物枯死、腐烂堆积而成的有机矿体(不论干湿)〕〔101 栽培介质〕,〔102 化工产品〕	5	20	13		千克	8AB	P/Q	28%	0	
2703000090[暂3]	泥煤(包括肥料用泥煤)(不论是否制成型)〔101 栽培介质〕,〔102 泥煤〕	5	20	13		千克	AB	P/Q	28%	0	

Chapter 27
Mineral fuels, mineral oils and products of their distillation; bituminous substances; mineral waxes

Chapter Notes:

1. This Chapter does not cover:
   (a) Separate chemically defined organic compounds, other than pure methane and propane which are to be classified in heading 27.11;
   (b) Medicaments of heading 30.03 or 30.04; or
   (c) Mixed unsaturated hydrocarbons of heading 33.01, 33.02 or 38.05.

2. References in heading 27.10 to "petroleum oils and oils obtained from bituminous minerals" include not only petroleum oils and oils obtained from bituminous minerals but also similar oils, as well as those consisting mainly of mixed unsaturated hydrocarbons, obtained by any process, provided that the weight of the non-aromatic constituents exceeds that of the aromatic constituents. However, the references do not include liquid synthetic polyolefins of which less than 60% by volume distils at 300℃, after conversion to 1,013 millibar when a reduced-pressure distillation method is used (Chapter 39).

3. For the purposes of heading 27.10, "waste oils" means waste containing mainly petroleum oils and oils obtained from bituminous minerals (as described in Note 2 to this Chapter), whether or not mixed with water. These include:
   (a) Such oils no longer fit for use as primary products (for example, used lubricating oils, used hydraulic oils and used transformer oils);
   (b) Sludge oils from the storage tanks of petroleum oils, mainly containing such oils and a high concentration of additives (for example, chemicals) used in the manufacture of the primary products; and
   (c) Such oils in the form of emulsions in water or mixtures with water, such as those resulting from oil spills or storage tank washings, or from the use of cutting oils for machining operations.

Subheading Notes:

1. For the purposes of subheading 2701.11, "anthracite" means coal having a volatile matter limit (on a dry, mineral-matter-free basis) not exceeding 14%.

2. For the purposes of subheading 2701.12, "bituminous coal" means coal having a volatile matter limit (on a dry, mineral-matter-free basis) exceeding 14% and a calorific value limit (on a moist, mineral-matter-free basis) equal to or greater than 5,833 kcal/kg.

3. For the purposes of subheadings 2707.10, 2707.20, 2707.30 and 2707.40 the terms "benzol (benzene)" "toluol (toluene)" "xylol (xylenes)" and "naphthalene" apply to products which contain more than 50% by weight of benzene, toluene, xylenes or naphthalene, respectively.

4. For the purposes of subheading 2710.12, "light oils and preparations" are those of which 90 % or more by volume (including losses) distil at 210℃ according to the ISO 3405 method (equivalent to the ASTM D86 method).

5. For the purposes of the subheadings of heading 27.10, the term "biodiesel" means mono-alkyl esters of fatty acids of a kind used as a fuel, derived from animal, vegetable or microbial fats and oils whether or not used.

协定税率(%)																		特惠税率(%)			Article Description
智利	新西兰	澳大利亚	瑞士	冰岛	秘鲁	哥斯达	东盟	亚太	新加坡	巴基斯坦	港/澳/台	韩国	格鲁吉亚	毛里求斯	柬埔寨	尼加拉瓜	日/韩/澳/新/东 (RCEP)	亚太2国	老/柬/缅	LDC 98/97/95	
																					Coal; briquettes, ovoids and similar solid fuels manufactured from coal:
0	0	0	0	0	0	0	0			0	0/0/	0	0	0	0	0	0/0/0/0/0		0//	0/0/0	--Anthracite
0	0	0	0	0	0	0	0			0	0/0/	0	0	0	0	0	0/0/0/0/0		0//	0/0/0	---Coking coal
0	0	0	0	0	0	0	0			0	0/0/	0	0	0	0	0	0/0/0/0/0		0//	0/0/0	---Other
0	0	0	0	0	0	0	0	3.5		0	0/0/	0	0	0	0	0	0/0/0/0/0		0//	0/0/0	--Other coal
0	0	0	0	0	0	0	0			0	0/0/	0	0	0	0	0	0/0/0/0/0		0//	0/0/0	-Briquettes, ovoids and similar solid fuels manufactured from coal
																					Lignite, whether or not agglome-rated, excluding jet:
0	0	0	0	0	0	0	0			0	0/0/	0	0	0	0	0	0/0/0/0/0			0/0/0	-Lignite, whether or not pulve-rized, but not agglomerated
0	0	0	0	0	0	0	0			0	0/0/	0	0	0	0	0	0/0/0/0/0			0/0/0	-Agglomerated lignite
																					Peat (including peat litter), whether or not agglomerated:
0	0	0	0	0	0	0	0	2.5		0	0/0/	0	0	0	0	0	0/0/0/0/0			0/0/0	Peat (including peat litter), whether or not agglomerated:

商品编号	商品名称及备注〔检验检疫编码及名称〕	进口关税(%) 最惠国	进口关税(%) 普通	增值税率(%)	消费税	计量单位	监管条件	检验检疫类别	对美税率	出口税率(%)	出口退税率(%)
2704	**煤、褐煤或泥煤制成的焦炭及半焦炭，不论是否制成型；甑炭：**										
27040010	---焦炭及半焦炭										0
2704001000[暂0]	焦炭或半焦炭(煤,褐煤或泥煤制成的,不论是否成型)〔999〕	5	11	13		千克	4xy		25%	0	
27040090	---其他										0
2704009000[暂0]	甑炭〔999〕	5	11	13		千克			25%	0	
2705	**煤气、水煤气、炉煤气及类似气体，但石油气及其他烃类气除外：**										
27050000	煤气、水煤气、炉煤气及类似气体，但石油气及其他烃类气除外										0
2705000010[暂1]	煤气〔999〕	5	20	9		千克	AB	M/N	30%	0	
2705000090[暂1]	水煤气、炉煤气及类似气体(石油气及其他烃类气除外)〔999〕	5	20	9		千克			30%	0	
2706	**从煤、褐煤或泥煤蒸馏所得的焦油及其他矿物焦油，不论是否脱水或部分蒸馏，包括再造焦油：**										
27060000	从煤、褐煤或泥煤蒸馏所得的焦油及其他矿物焦油，不论是否脱水或部分蒸馏，包括再造焦油										0
2706000001[暂1]	含蒽油≥50%及沥青≥40%的“炭黑油”〔301 危险化学品，易燃液体〕，〔302 其他化工品〕	6	30	13		千克			26%	0	
2706000090[暂1]	其他从煤、褐煤或泥煤蒸馏所得的焦油及矿物焦油(不论是否脱水或部分蒸馏，包括再造焦油)〔301 危险化学品，易燃液体〕，〔302 其他化工品〕	6	30	13		千克	AB	M/N	26%	0	
2707	**蒸馏高温煤焦油所得的油类及其他产品；芳族成分重量超过非芳族成分的类似产品：**										
27071000	-粗苯										0
2707100000	粗苯〔999〕	6	20	13		千克	AB	M/N	31%	0	
27072000	-粗甲苯										0
2707200000	粗甲苯〔999〕	6	30	13		千克			31%	0	
27073000	-粗二甲苯										0
2707300000[暂2]	粗二甲苯〔999〕	6	20	13		千克			27%	0	
27074000	-萘										0
2707400000	萘〔999〕	7	30	13		千克	AB	M/N	32%	0	
27075000	-其他芳烃混合物，根据 ISO 3405 方法(等同于 ASTM D86 方法)，温度在 250℃时的馏出量以体积计(包括损耗)在 65%及以上										0
2707500010	200 摄氏度以下时蒸馏出的芳烃以体积计小于 95%的其他芳烃混合物〔根据 ISO 3405 方法(等同于 ASTM D 86 方法)，温度在 250 摄氏度时的馏出量以体积计(包括损耗)在 65%及以上〕〔301 危险化学品，易燃液体〕，〔302 其他化工品〕	7	30	13	1.52 元/升	千克/升			32%		
2707500090	其他芳烃混合物〔根据 ISO 3405 方法(等同于 ASTM D 86 方法)，温度在 250 摄氏度时的馏出量以体积计(包括损耗)在 65%及以上〕〔301〕，〔302〕	7	30	13		千克/升			32%	0	
27079100	--杂酚油										0
2707910000	杂酚油〔301 危险化学品〕，〔302 其他化工品〕	7	30	13		千克			32%	0	
27079910	---酚										0
2707991000	酚〔301 危险化学品〕，〔302 其他化工品〕	7	30	13		千克			32%	0	
27079990	---其他										0
2707999000	蒸馏煤焦油所得的其他产品(包括芳族成分重量超过非芳族成分的其他类似产品)①	7	30	13	1.52 元/升	千克/升			32%	0	
2708	**从煤焦油或其他矿物焦油所得的沥青及沥青焦：**										
27081000	-沥青										0
2708100000	沥青〔301 危险化学品，杂项物质〕，〔302 其他化工品〕	7	35	13		千克			32%	0	
27082000	-沥青焦										0

① 〔301 危险化学品，易燃液体〕，〔302 危险化学品，杂项物质〕，〔303 其他危险化学品〕，〔304 其他化工品〕

协定税率(%)																		特惠税率(%)			Article Description
智利	新西兰	澳大利亚	瑞士	冰岛	秘鲁	哥斯达	东盟	亚太	新加坡	巴基斯坦	港/澳/台	韩国	格鲁吉亚	毛里求斯	柬埔寨	尼加拉瓜	日/韩/澳/新/东(RCEP)	亚太2国	老/柬/缅	LDC 98/97/95	
																					Coke and semi-coke of coal, of lignite or of peat, whether or not agglomerated; retort carbon:
0	0	0	0	0	0	0	0	2.5		0	0/0/	0	0	0	0	0	0/0/0/0/0			0/0/0	---Coke and semi-coke
0	0	0	0	0	0	0	0	2.5		0	0/0/	0	0	0	0	0	0/0/0/0/0			0/0/0	---Other
																					Coal gas, water gas, producer gas and similar gases, other than petroleum gases and other gaseous hydrocarbons:
0	0	0	0	0	0	0	0			0	0/0/	0	0	0	0	0	0/0/0/0/0			0/0/0	Coal gas, water gas, producer gas and similar gases, other than petroleum gases and other gaseous hydrocarbons:
																					Tar distilled from coal, from lignite or from peat, and other mineral tars, whether or not dehydrated or partially distilled, including reconstituted tars:
0	0	0	0	0	0	0	0			2.5	0/0/	0	0	0	0	0	0/0/0/0/0			0/0/0	Tar distilled from coal, from lignite or from peat, and other mineral tars, whether or not dehydrated or partially distilled, including reconstituted tars
																					Oils and other products of the distillation of high temperature coal tar; similar products in which the weight of the aromatic constituents exceeds that of the non-aromatic constituents:
0	0	0	0	0	0	0	0			2.5	0/0/	2	0	0	0	0	4.4/4.2/4.2/4.2/0			0/0/0	-Benzole
0	0	0	0	0	0	0	0			2.5	0/0/	0	0	0	0	0	0/0/0/0/0			0/0/0	-Toluole
0	0	0	0	0	0	0	0		0	2.5	0/0/	2	0	0	0	0	4.9/4.2/4.2/4.2/0			0/0/0	-Xylole
0	0	0	0	0	0	0	0	6	0	0	0/0/	2.3	0	0	0	0	//5/5/5			0/0/0	-Naphthalene
0	0	0	0	0	0	0	0		0	0	0/0/	2.3	0	0	0	0	5.7/4.9/4.9/4.9/0			0/0/0	-Other aromatic hydrocarbon mixtures of which 65% or more by volume (including losses) distils at 250℃ by the ISO 3405 method (equivalent to the ASTM D86 method)
0	0	0	0	0	0	0	0			0	0/0/	0	0	0	0	5.6	5.1/4.9/0/0/0			0/0/0	--Creosote oils
0	0	0	0	0	0	0	0		0	0	0/0/	0	0	0	0	0	5.1/0/0/0/0			0/0/0	---Phenols
0	0	0	0	0	0	0	0		0	0	0/0/	2.3	0	0	0	0	5.7/4.9/4.9/4.9/4.9			0/0/0	---Other
																					Pitch and pitch coke, obtained from coal tar or from other mineral tars:
0	0	0	0	0	0	0	0			0	0/0/	0	0	0	0	0	5.1/0/0/0/0			0/0/0	-Pitch
0	0	0	0	0	0	0	0			2.5	0/0/	0	0	0	0	0	4.9/4.2/4.2/4.2/4.2			0/0/0	-Pitch coke

商品编号	商品名称及备注[检验检疫编码及名称]	进口关税(%) 最惠国	普通	增值税率(%)	消费税	计量单位	监管条件	检验检疫类别	对美税率	出口税率(%)	出口退税率(%)
2708200001[暂3]	针状沥青焦〔999 其他化工产品〕	6	11	13		千克			28%	0	
2708200090	其他沥青焦〔999 其他化工产品〕	6	11	13		千克			31%	0	
2709	**石油原油及从沥青矿物提取的原油：**										
27090000	石油原油及从沥青矿物提取的原油										0
2709000000	石油原油（包括从沥青矿物提取的原油）〔999〕	见附表2	见附表2	13		千克/桶	4x7AByv	M/N	0元/千克+2.5%	0	
2710	**石油及从沥青矿物提取的油类，但原油除外；以上述油为基本成分（按重量计不低于70%）的其他税目未列名制品；废油：**										
27101210	---车用汽油及航空汽油										
2710121000[暂1]	车用汽油及航空汽油，不含生物柴油〔999〕	5	14	13	1.52元/升	千克/升	47ABxyv	M/N	26%	0	13
27101220	---石脑油										0
2710122000[暂0]	石脑油，不含生物柴油〔999〕	6	20	13	1.52元/升	千克/升	47ABxyv	M/N	25%	0	
27101230	---橡胶溶剂油、油漆溶剂油、抽提溶剂油										0
2710123000	橡胶溶剂油、油漆溶剂油、抽提溶剂油，不含生物柴油〔301 危险化学品，易燃液体〕，〔302 其他化工品〕	6	30	13	1.52元/升	千克/升			31%	0	
27101291	----壬烯										0
2710129101[暂4]	壬烯，不含生物柴油（碳九异构体混合物含量高于90%）〔999〕	9	20	13		千克	4Axy	M/	29%	0	
2710129190	其他壬烯，不含生物柴油〔301 危险化学品，易燃液体〕，〔302 其他化工品〕	9	20	13		千克	4Axy	M/	34%	0	
27101299	----其他										0
2710129910[暂5]	异戊烯同分异构体混合物，不含生物柴油〔301 危险化学品，易燃液体〕，〔302 其他化工品〕	9	20	13	1.52元/升	千克/升	4Axy	M/	30%	0	
2710129920	脱模剂（包括按重量计含油≥70%的制品）〔101 其他化工品〕，〔102 危险化学品，易燃液体〕	9	20	13	1.52元/升	千克/升	4Axy	M/	34%	0	
2710129990	其他轻油及制品，不含生物柴油（包括按重量计含油≥70%的制品）〔301 危险化学品，易燃液体〕，〔302 其他化工品〕	9	20	13	1.52元/升	千克/升	4Axy	M/	34%	0	
27101911	----航空煤油										
2710191100[暂0]	航空煤油，不含生物柴油〔999〕	9	14	13		千克/升	47ABxyv	M/N	25%	0	13
27101912	----灯用煤油										0
2710191200	灯用煤油，不含生物柴油〔301 危险化学品，易燃液体〕，〔302 其他化工品〕	9	14	13	1.2元/升	千克/升	47ABxyv	M/N	34%	0	
27101919	----其他										0
2710191910	正构烷烃（C9-C13），不含生物柴油〔301 危险化学品，易燃液体〕，〔302 其他化工品〕	6	20	13	1.2元/升	千克/升	4xy		31%	0	
2710191920	异构烷烃溶剂，不含生物柴油（初沸点225摄氏度，闪点92摄氏度，密度0.79g/cm^3，黏度3.57mm^2/s）〔301 危险化学品，易燃液体〕，〔302 其他化工品〕	6	20	13	1.2元/升	千克/升	4ABxy	M/N	31%	0	
2710191990	其他煤油馏分的油及制品，不含生物柴油〔301 危险化学品，易燃液体〕，〔302 其他化工品〕	6	20	13	1.2元/升	千克/升	4ABxy	M/N	31%	0	
27101922	----5~7号燃料油										
2710192210[暂1]	低硫的5-7号燃料油（硫含量不高于0.5% m/m），不含生物柴油〔999〕	6	20	13	1.2元/升	千克/升	47ABxyv	M/N	26%	0	0,13
2710192290[暂1]	其他5-7号燃料油，不含生物柴油〔999〕	6	20	13	1.2元/升	千克/升	7ABv	M/N	26%	0	0,13
27101923	----柴油										

协定税率(%)																		特惠税率(%)			Article Description
智利	新西兰	澳大利亚	瑞士	冰岛	秘鲁	哥斯达	东盟	亚太	新加坡	巴基斯坦	港/澳/台	韩国	格鲁吉亚	毛里求斯	柬埔寨	尼加拉瓜	日/韩/澳/新/东(RCEP)	亚太2国	老/柬/缅	LDC 98/97/95	
																					Petroleum oils and oils obtained from bituminous minerals, crude:
0	0	0	0	0	0	0	0			0	0/0/	0	0	0	0	0	0/0/0/0/0			0/0/0	Petroleum oils and oils obtained from bituminous minerals, crude
																					Petroleum oils and oils obtained from bituminous minerals, other than crude; preparations not elsewhere specified or included, containing by weight 70% or more of petroleum oils or of oils obtained from bituminous minerals, these oils being the basic constituents of the preparations; waste oils:
0	0	0	0	0		0	0		0	0	0/0/	1.6	0	0	0	4	4.1/3.5/3.5/3.5/0			0/0/0	---Mortor gasoline, aviation gasoline
0	0	0	0	0		0	0	5.4	0	0	0/0/	2	0	0	0	4.8	4.9/4.2/4.2/4.2/0			0/0/0	---Naphtha
0	0	0	0	0		0	5				0/0/	2	0	0	0	4.8	5.1/6/5.1/5.6/5.1			0/0/	---Rubber solvent, paint solvent, extractive solvent
0	0	0	0	0		0	5				0/0/	3	0	0	0	8.1	7.7/9/7.7/8.3/7.7			0/0/	----Nonene
0	0	0	0	0		0	5				0/0/	3	0	0	0	8.1	7.7/9/8.3/8.3/7.7			0/0/	----Other
0	0	0	0	0	0	0	0		0	0	0/0/0	0	0	0	0	8.1	6.5/0/0/0/0			0/0/0	----Aviation kerosene
0	0	0	0	0	0	0	5				0/0/	3	0	0	0	8.1	//5/5/5			0/0/	----Lamp-kerosene
0	0	0	0	0	0	0	0		0	0	0/0/0	0	0	0	0	0	0/0/0/0/0			0/0/0	----Other
0	0	0	0	0	0	0	0		0	2.5	0/0/	0	0	0	0	0	4.9/0/0/0/0			0/0/0	----Fuel oils No. 5~No. 7
0	0	0	0	0	0	0	5				0/0/	2	0	0	5.1	0	5.1/6/5.6/5.6/5.1			0//	----Diesel oils

商品编号	商品名称及备注[检验检疫编码及名称]	进口关税(%)		增值税率(%)	消费税	计量单位	监管条件	检验检疫类别	对美税率	出口税率(%)	出口退税率(%)
		最惠国	普通								
2710192300[暂1]	柴油〔999〕	6	11	13	1.2元/升	千克/升	47ABxyv	M/N	26%	0	13
27101929	----其他										0
2710192910[暂0]	蜡油，不含生物柴油(350摄氏度以下馏出物体积<20%，550摄氏度以下馏出物体积>80%)〔999〕	6	20	13	1.2元/升	千克/升	7ABv	M/N	25%	0	
2710192990	其他燃料油，不含生物柴油〔301 危险化学品，易燃液体〕，〔302 其他化工品〕	6	20	13	1.2元/升	千克/升	7ABv	M/N	31%	0	
27101991	----润滑油										0
2710199100	润滑油，不含生物柴油〔999〕	6	17	13	1.52元/升	千克/升	4Axy	M/		0	
27101992	----润滑脂										0
2710199200	润滑脂，不含生物柴油〔999〕	6	17	13	1.52元/升	千克/升	4Axy	M/		0	
27101993	----润滑油基础油										0
2710199310	润滑油基础油，不含生物柴油(产品黏度100摄氏度时37~47，黏度指数80及以上，颜色实测2.0左右，倾点实测-8摄氏度左右)〔999 其他化工品〕	6	17	13	1.52元/升	千克/升	4xy		31%	0	
2710199390	其他润滑油基础油，不含生物柴油〔999 其他化工品〕	6	17	13	1.52元/升	千克/升	4xy		31%	0	
27101994	----液体石蜡和重质液体石蜡										0
2710199400	液体石蜡和重质液体石蜡，不含生物柴油①	6	20	13		千克	AB	M. R/N. S	31%	0	
27101999	----其他										0
2710199910	白油(液体烃类混合物组成的无色透明油状液体，由原油分馏所得)[商品成分为100%白矿油，40摄氏度时该产品黏度为65平方毫米/秒，闪点为225摄氏度，倾点为-10摄氏度，比重(20摄氏度/20摄氏度)为0.885]〔301 危险化学品，易燃液体〕，〔302 其他化工品〕	6	20	13	1.2元/升	千克/升	B	/N	31%	0	
2710199990	其他重油；其他重油制品，不含生物柴油(包括按重量计含油≥70%的制品)〔301 危险化学品，易燃液体〕，〔302 其他化工品〕	6	20	13	1.2元/升	千克/升	B	/N	31%	0	
27102000	-石油及从沥青矿物提取的油类(但原油除外)以及以上述油为基本成分(按重量计不低于70%)的其他税目未列名制品，含有生物柴油，但废油除外										0
2710200000	石油及从沥青矿物提取的油类(但原油除外)以及以上述油为基本成分(按重量计≥70%)的其他品目未列名制品(含生物柴油<30%，废油除外)〔301 危险化学品，易燃液体〕，〔302 其他化工品〕	6	20	13	1.2元/升	千克/升	4Axy	M/	31%	0	
27109100	--含多氯联苯(PCBs)、多氯三联苯(PCTs)或多溴联苯(PBBs)的										0
2710910000	含多氯联苯、多溴联苯的废油(包括含多氯三联苯的废油)〔999〕	6	20	13		千克	9		31%	0	
27109900	--其他										0
2710990000	其他废油〔999〕	6	20	13		千克	9		31%	0	
2711	**石油气及其他烃类气：**										
27111100	--天然气										0
2711110000	液化天然气〔999〕	0	20	9		千克	4ABxy	M/N	25%	0	
27111200	--丙烷										0
2711120000[暂1]	液化丙烷〔301 危险化学品，不用作食品添加剂〕，〔302 危险化学品，用作食品添加剂〕	5	20	9		千克	AB	M/N	26%	0	
27111310	---直接灌注香烟打火机及类似打火器用，其包装容器的容积超过300立方厘米										0
2711131000	直接灌注香烟打火机等用液化丁烷(包装容器容积>300立方厘米)〔999〕	5	80	13		千克			30%	0	
27111390	---其他										0

① 〔301 危险化学品，用作食品添加剂〕，〔302 其他化工品，用作食品添加剂〕，〔303 其他化工品，不用作食品添加剂〕，〔304 危险化学品，不用作食品添加剂〕

协定税率(%)																		特惠税率(%)			
智利	新西兰	澳大利亚	瑞士	冰岛	秘鲁	哥斯达	东盟	亚太	新加坡	巴基斯坦	港/澳/台	韩国	格鲁吉亚	毛里求斯	柬埔寨	尼加拉瓜	日/韩/澳/新/东(RCEP)	亚太2国	老/柬/缅	LDC 98/97/95	**Article Description**
0	0	0	0	0	0	0	0		0	2.5	0/0/	2	0	0	0	0	4.9/4.2/4.2/4.2/4.2			0/0/	----Other
0	0	0	0	0	0	0	0	5.4	0	0	0/0/	2	0	0	0	0	4.9/4.2/4.2/4.2/0			0/0/0	----Lubricating oils
0	0	0	0	0	0	0	0	5.4	0	0	0/0/	2	0	0	0	0	4.9/4.2/4.2/4.2/0			0/0/0	----Lubricating greases
0	0	0	0	0	0	0	0		0	0	0/0/0	2	0	0	0	0	4.9/4.2/4.2/4.2/0			0/0/0	----Basic oils for lubricating oils
0	0	0	0	0	0	0	0	5.4	0	0	0/0/0	0	0	0	0	0	0/0/4.2/4.2/0			0/0/0	----Liquid paraffin and heavy liquid paraffin
0	0	0	0	0	0	0	0		0	0	0/0/	3	0	0	0	0	5.1/6/5.1/5.1/5.1			0/0/0	----Other
0	0	0	0	0		0	0		0	0	0/0/0	2	0	0	0	4.8	4.9/4.2/4.2/4.2/4.2			0/0/0	-Petroleum oils and oils obtained from bituminous minerals (other than crude) and preparations not elsewhere specified or included, containing by weight 70% or more of petroleum oils or of oils obtained from bituminous minerals, these oils being the basic constituents of the preparations, containing biodiesel, other than waste oils
0	0	0	0	0	0	0	0			0	0/0/		0	0	0	0	//5/5/5			0/0/0	--Containing poly chlorinated biphenyls (PCBs), polychlorinated terphenyls (PCTs) or polybrominated biphenyls (PBBs)
0	0	0	0	0	0	0	0		0	0	0/0/	0	0	0	0	0	0/0/0/0/0			0/0/0	--Other
																					Petroleum gases and other gaseous hydrocarbons:
0	0	0	0	0	0	0	0			0	0/0/	0	0	0	0	0	0/0/0/0/0			0/0/0	--Natural gas
0	0	0	0	0	0	0	0	3.5	0	0	0/0/	0	0	0	0	0	0/0/0/0/0			0/0/0	--Propane
0	0	0	0	0	0	0	0		0	2.5	0/0/	0	0	0	0	0	8/7.7/0/0/0			0/0/0	---Liquid or liquefied-gas fuels in containers of a kind used for filling or refilling cigarette or similar lighters and of a capacity exceeding 300cm^3
0	0	0	0	0	0	0	0		0	0	0/0/	0	0	0	0	0	3.6/3.5/0/0/0			0/0/	---Other

商品编号	商品名称及备注［检验检疫编码及名称］	进口关税(%)		增值税率(%)	消费税	计量单位	监管条件	检验检疫类别	对美税率	出口税率(%)	出口退税率(%)
		最惠国	普通								
2711139000[暂1]	其他液化丁烷〔999〕	5	20	9		千克			28.5%	0	
27111400	--乙烯、丙烯、丁烯及丁二烯										0
2711140010	液化的乙烯〔999〕	5	20	13		千克	AB	M/N	30%	0	
2711140090	液化的丙烯、丁烯及丁二烯〔999〕	5	20	13		千克			30%	0	
27111910	---直接灌注香烟打火机及类似打火器用的燃料，其包装容器的容积超过300立方厘米										0
2711191000	其他直接灌注打火机等用液化燃料(包装容器容积超过300立方厘米)〔101 危险化学品，气体〕，〔102 其他化工产品〕	5	80	13		千克			30%	0	
27111990	---其他										0
2711199010	其他液化石油气〔999〕	3	20	9		千克	AB	M/N	28%	0	
2711199090	其他液化烃类气〔999〕	3	20	9		千克			28%	0	
27112100	--天然气										0
2711210000	气态天然气〔999〕	0	20	9		千克	AB	M/N	25%	0	
27112900	--其他										0
2711290010	其他气态石油气〔999〕	5	20	9		千克	AB	M/N	30%	0	
2711290090	其他气态烃类气〔999〕	5	20	9		千克			30%	0	
2712	**凡士林；石蜡、微晶石蜡、疏松石蜡、地蜡、褐煤蜡、泥煤蜡、其他矿物蜡及用合成或其他方法制得的类似产品，不论是否着色：**										
27121000	-凡士林										0
2712100000	凡士林〔999 需申报仅用于工业用途不用于食品添加剂无检疫要求的化学品〕	8	45	13		千克	A	R/	35.5%	0	
27122000	-石蜡，按重量计含油量小于0.75%										0
2712200000	石蜡，不论是否着色(按重量计含油量小于0.75%)〔301 需申报仅用于工业用途不用于食品添加剂无检疫要求的化学品〕，〔302 无检疫要求食品添加剂〕	8	45	13		千克	4Ax	R/	35.5%	0	
27129010	---微晶石蜡										0
2712901010	食品级微晶石蜡［相应指标符合《食品级微晶石蜡》(GB22160-2008)的要求］〔101 微晶蜡(无检疫要求食品添加剂)〕，〔102 无检疫要求食品添加剂〕	8	45	13		千克	4Ax	R/	35.5%	0	
2712901090	其他微晶石蜡〔999 需申报仅用于工业用途不用于食品添加剂无检疫要求的化学品〕	8	45	13		千克	4Ax	R/	35.5%	0	
27129090	---其他										0
2712909000	其他矿物蜡，不论是否着色(包括疏松石蜡、地蜡、褐煤蜡、泥煤蜡等)〔999 其他化工产品〕	8	45	13		千克			35.5%	0	
2713	**石油焦、石油沥青及其他石油或从沥青矿物提取的油类的残渣：**										
27131110	---硫的重量百分比小于3%的										0
2713111000	硫的重量百分比小于3%的未煅烧石油焦〔999 其他化工产品〕	3	11	13		千克			28%	0	
27131190	---其他										0
2713119000	其他未煅烧石油焦〔999 其他化工产品〕	3	11	13		千克			30.5%	0	
27131210	---硫的重量百分比小于0.8%的										0
2713121000	已煅烧石油焦(硫的重量百分比小于0.8%)〔999 其他化工产品〕	3	11	13		千克			30.5%	0	
27131290	---其他										0
2713129000	其他已煅烧石油焦〔999 其他化工产品〕	3	11	13		千克			28%	0	
27132000	-石油沥青										0
2713200000	石油沥青〔999 其他化工产品〕	8	35	13		千克			35.5%	0	
27139000	-其他石油或从沥青矿物提取的油类的残渣										0
2713900000	其他石油等矿物油类的残渣〔999 其他化工产品〕	6	35	13		千克	9		33.5%	0	
2714	**天然沥青(地沥青)；沥青页岩、油页岩及焦油砂；沥青岩：**										
27141000	-沥青页岩、油页岩及焦油砂										0
2714100000	沥青页岩、油页岩及焦油砂〔999 其他化工产品〕	6	20	13		千克			33.5%	0	
27149010	---天然沥青(地沥青)										0
2714901000[暂4]	天然沥青(地沥青)〔999 其他化工产品〕	8	35	13		千克			31.5%	0	
27149020	---乳化沥青										0
2714902000	乳化沥青〔999 其他化工产品〕	0	20	13		千克			25%	0	

智利	新西兰	澳大利亚	瑞士	冰岛	秘鲁	哥斯达	东盟	亚太	新加坡	巴基斯坦	港/澳/台	韩国	格鲁吉亚	毛里求斯	柬埔寨	尼加拉瓜	日/韩/澳/新/东(RCEP)	亚太2国	老/柬/缅	LDC 98/97/95	Article Description
协定税率(%)																		特惠税率(%)			
0	0	0	0	0	0	0	0		0	0	0/0/	1.6	0	0	0	0	4.1/3.5/3.5/3.5/0			0/0/0	--Ethylene, propylene, butylene and butadiene
0	0	0	0	0	0	0	0	3.5	0	2.5	0/0/	0	0	0	0	0	7.3/7/0/0/0			0/0/0	---Liquid or liquefied-gas fuels in containers of a kind used for filling or refilling cigarette or similar lighters and of a capacity exceeding 300cm^3
0	0	0	0	0	0	0	0	2.1	0	0	0/0/	0	0	0	0	0	0/0/0/0/0			0/0/	---Other
0	0	0	0	0	0	0	0			0	0/0/	0	0	0	0	0	0/0/0/0/0			0/0/0	--Natural gas
0	0	0	0	0	0	0	0		0	0	0/0/	0	0	0	0	0	0/0/0/0/0			0/0/0	--Other
																					Petroleum jelly; paraffin wax, microcrystalline petroleum wax, slack wax, ozokerite, lignite wax, peat wax, other mineral waxes, and similar products obtained by synthesis or by other processes, whether or not coloured:
0	0	0	0	0	0	0	0			0	0/0/	0	0	0	0	7.2	5.8/0/0/0/0			0/0/0	-Petroleum jelly
0	0	0	0	0	0	0	0			0	0/0/	0	0	1.6	0	0	5.8/5.6/0/0/0			0/0/0	-Paraffin wax containing by weight less than 0.75% of oil
0	0	0	0	0	0	0	0		0	0	0/0/	0	0	0	0	0	5.8/5.6/0/0/0			0/0/0	---Microcrystalline petroleum wax
0	0	0	0	0	0	0	0		0	0	0/0/	0	0	0	0	0	5.8/5.6/5.6/5.6/5.6			0/0/0	---Other
																					Petroleum coke, Petroleum bitumen and other residues of petroleum oils or of oils obtained from bituminous minerals:
0	0	0	0	0	0	0	0			0	0/0/	1	0	0	0	0	2.4/2.1/2.1/2.1/2.1			0/0/0	---Containing by weight less than 3% of sulphur
0	0	0	0	0	0	0	0			0	0/0/	1	0	0	0	0	2.4/2.1/2.1/2.1/2.1			0/0/0	---Other
0	0	0	0	0	0	0	0			0	0/0/	1	0	0	0	0	2.4/2.1/2.1/2.1/2.1			0/0/0	---Containing by weight less than 0.8% of sulphur
0	0	0	0	0	0	0	0			0	0/0/	1	0	0	0	0	2.4/2.1/2.1/2.1/2.1			0/0/0	---Other
0	0	0	0	0	0	0	0	5.6	0	0	0/0/	2.6	0	0	0	0	6.5/5.6/5.6/5.6/0			0/0/0	-Petroleum bitumen
0	0	0	0	0	0	0	0		0	0	0/0/	0	0	0	0	0	0/0/0/0/0			0/0/0	-Other residues of petroleum oils or of oils obtained from bituminous minerals
																					Bitumen and asphalt, natural; bituminous or oil shale and tar sands; asphaltites and asphaltic rocks:
0	0	0	0	0	0	0	0		0	2.5	0/0/	0	0	0	0	0	0/0/0/0/0			0/0/0	-Bituminous or oil shale and tar sands
0	0	0	0	0	0	0	0		0	0	0/0/	2.6	0	0	0	0	6.5/6.4/6.8/6.8/6.4			0/0/0	---Natural bitumen and asphalt
0	0	0	0	0	0	0	0			0	0/0/	0	0	0	0	0	0/0/0/0/0			0/0/0	---Emulsified bitumen and asphalt

商品编号	商品名称及备注[检验检疫编码及名称]	进口关税(%)		增值税率(%)	消费税	计量单位	监管条件	检验检疫类别	对美税率	出口税率(%)	出口退税率(%)
		最惠国	普通								
27149090	---其他										0
2714909000	沥青岩〔999 其他化工产品〕	3	20	13		千克			30.5%	0	
2715	**以天然沥青(地沥青)、石油沥青、矿物焦油或矿物焦油沥青为基本成分的沥青混合物(例如,沥青胶粘剂、稀释沥青):**										
27150000	以天然沥青(地沥青)、石油沥青、矿物焦油或矿物焦油沥青为基本成分的沥青混合物(例如,沥青胶粘剂、稀释沥青)										0
2715000010	440摄氏度以下时蒸馏出的矿物油以体积计大于5%的沥青混合物(例如,沥青胶粘剂、稀释沥青)[以天然沥青(地沥青)、石油沥青、矿物焦油或矿物焦油沥青为基本成分]〔999〕	8	35	13	1.2元/升	千克/升			33%	0	
2715000090	其他沥青混合物(例如,沥青胶粘剂、稀释沥青)[以天然沥青(地沥青)、石油沥青、矿物焦油或矿物焦油沥青为基本成分]〔999〕	8	35	13		千克/升			33%	0	
2716	**电力:**										
27160000	电力										13
2716000000	电力〔999〕	0	8	13		千瓦时				0	

协定税率(%)																		特惠税率(%)			Article Description
智利	新西兰	澳大利亚	瑞士	冰岛	秘鲁	哥斯达	东盟	亚太	新加坡	巴基斯坦	港/澳/台	韩国	格鲁吉亚	毛里求斯	柬埔寨	尼加拉瓜	日/韩/澳/新/东 (RCEP)	亚太2国	老/柬/缅	LDC 98/97/95	
0	0	0	0	0	0	0	0		0	0	0/0/	0	0	0	0	0	0/0/0/0/0			0/0/0	---Other
																					Bituminous mixtures based on natural asphalt, on natural bitumen, on petroleum bitumen, on mineral tar or on mineral tar pitch (for example, bituminous mastics, cut-backs):
0	0	0	0	0	0	0	0		0	0	0/0/	0	0	0	0	0	5.8/5.6/0/0/0			0/0/0	Bituminous mixtures based on natura asphalt, on natural bitumen, on petroleum bitumen, on mineral tar or on mineral tar pitch (for example, bituminous mastics, cut-backs)
																					Electrical energy:
0	0	0	0	0	0	0	0			0	0/0/	0	0	0	0	0	0/0/0/0/0			0/0/0	Electrical energy

第　六　类
化学工业及其相关工业的产品

注释：

一、(一) 凡符合品目28.44或28.45规定的货品（放射性矿砂除外），应分别归入这两个税目而不归入本协调制度的其他税目。

(二) 除上述（一）款另有规定的以外，凡符合品目28.43、28.46或28.52规定的货品，应分别归入以上税目而不归入本类的其他税目。

二、除上述注释一另有规定的以外，凡由于按一定剂量或作为零售包装而可归入品目30.04、30.05、30.06、32.12、33.03、33.04、33.05、33.06、33.07、35.06、37.07或38.08的货品，应分别归入以上税目，而不归入本协调制度的其他税目。

三、由两种或两种以上单独成分配套的货品，其部分或全部成分属于本类范围以内，混合后则构成第六类或第七类的货品，应按混合后产品归入相应的税目，但其组成成分必须符合下列条件：

(一) 其包装形式足以表明这些成分不需经过改装就可一起使用的；

(二) 一起报验的；以及

(三) 这些成分的属性及相互比例足以表明是相互配用的。

四、其列名或功能既符合第六类中一个或多个税目的规定，又符合品目38.27的规定的产品，应按列名或功能归入相应税目，而不归入品目38.27。

第二十八章
无机化学品；贵金属、稀土金属、放射性元素及其同位素的有机及无机化合物

注释：

一、除条文另有规定的以外，本章各税目只适用于：

(一) 单独的化学元素及单独的已有化学定义的化合物，不论是否含有杂质；

(二) 上述（一）款产品的水溶液；

(三) 溶于其他溶剂的上述（一）款产品，但该产品处于溶液状态只是为了安全或运输所采取的正常必要方法，其所用溶剂并不使该产品改变其一般用途而适合于某些特殊用途；

(四) 为了保存或运输需要，加入稳定剂（包括抗结块剂）的上述（一）、(二)、(三) 款产品；

(五) 为了便于识别或安全起见，加入抗尘剂或着色剂的上述（一）、(二)、(三)、(四) 款产品，但所加剂料并不使原产品改变其一般用途而适合于某些特殊用途。

二、除以有机物质稳定的连二亚硫酸盐及次硫酸盐（品目28.31），无机碱的碳酸盐及过碳酸盐（品目28.36），无机碱的氰化物、氧氰化物及氰络合物（品目28.37），无机碱的雷酸盐、氰酸盐及硫氰酸盐（品目28.42），品目28.43至28.46及28.52的有机产品，以及碳化物（品目28.49）之外，本章仅包括下列碳化合物：

(一) 碳的氧化物，氰化氢及雷酸、异氰酸、硫氰酸及其他简单或络合氰酸（品目28.11）；

(二) 碳的卤氧化物（品目28.12）；

(三) 二硫化碳（品目28.13）；

(四) 硫代碳酸盐、硒代碳酸盐、碲代碳酸盐、硒代氰酸盐、碲代氰酸盐、四氰硫基二氨基络酸盐及其他无机碱络合氰酸盐（品目28.42）；

(五) 用尿素固化的过氧化氢（品目28.47）、氧硫化碳、硫代羰基卤化物、氰、卤化氰、氨基氰及其金属衍生物（品目28.53），不论是否纯净，但氰氨化钙除外（第三十一章）。

三、除第六类注释一另有规定的以外，本章不包括：

(一) 氯化钠或氧化镁（不论是否纯净）及第五类的其他产品；

(二) 上述注释二所述以外的有机-无机化合物；

(三) 第三十一章注释二、三、四或五所述的产品；

(四) 品目32.06的用作发光剂的无机产品；品目32.07的搪瓷玻璃料及其他玻璃，呈粉、粒或粉片状的；

(五) 人造石墨（品目38.01）；品目38.13的灭火器的装配药及已装药的灭火弹；品目38.24的零售包装的除墨剂；品目38.24的每颗重量不少于2.5克的碱金属或碱土金属卤化物的培养晶体（光学元件除外）；

(六) 宝石或半宝石（天然、合成或再造）及这些宝石、半宝石的粉末（品目71.02至71.05），第七十一章的贵金属及贵金属合金；

(七) 第十五类的金属（不论是否纯净）、金属合金或金属陶瓷，包括硬质合金（与金属烧结的金属碳化物）；或

(八) 光学元件，例如，用碱金属或碱土金属卤化物制成的（品目90.01）。

四、由本章第二分章的非金属酸和第四分章的金属酸所构成的已有化学定义的络酸，应归入品目28.11。

五、品目28.26至28.42只适用于金属盐、铵盐及过氧酸盐。

除条文另有规定的以外，复盐及络盐应归入品目28.42。

六、品目28.44只适用于：

(一) 锝（原子序数43）、钷（原子序数61）、钋（原子序数84）及原子序数大于84的所有化学元素；

(二) 天然或人造放射性同位素（包括第十四类及第十五类的贵金属和贱金属的放射性同位素），不论是否混合；

(三) 上述元素或同位素的无机或有机化合物，不论是否已有化学定义或是否混合；

(四) 含有上述元素或同位素及其无机或有机化合物并且具有某种放射性强度超过74贝克勒尔/克（0.002微居里/克）的合金、分散体（包括金属陶瓷）、陶瓷产品及混合物；

SECTION Ⅵ
PRODUCTS OF THE CHEMICAL OR ALLIED INDUSTRIES

Section Notes:

1. (a) Goods (other than radioactive ores) answering to a description in heading 28.44 or 28.45 are to be classified in those headings and in no other heading of the Nomenclature.
   (b) Subject to paragraph (a) above, goods answering to a description in heading 28.43, 28.46 or 28.52 are to be classified in those headings and in no other heading of this Section.

2. Subject to Note 1 above, goods classifiable in heading 30.04, 30.05, 30.06, 32.12, 33.03, 33.04, 33.05, 33.06, 33.07, 35.06, 37.07 or 38.08 by reason of being put up in measured doses or for retail sale are to be classified in those headings and in no other heading of the Nomenclature.

3. Goods put up in sets consisting of two or more separate constituents, some or all of which fall in this Section and are intended to be mixed together to obtain a product of Section Ⅵ or Ⅶ, are to be classified in the heading appropriate to that product, provided that the constituents are:
   (a) having regard to the manner in which they are put up, clearly identifiable as being intended to be used together without first being repacked;
   (b) presented together; and
   (c) identifiable, whether by their nature or by the relative proportions in which they are present, as being complementary one to another.

4. Where a product answers to a description in one or more of the headings in Section Ⅵ by virtue of being described by name or function and also to heading 38.27, then it is classifiable in a heading that references the product by name or function and not under heading 38.27.

Chapter 28
Inorganic chemicals; organic or inorganic compounds of precious metals, of rare-earth metals, of radioactive elements or of isotopes

Chapter Notes:

1. Except where the context otherwise requires, the headings of this Chapter apply only to:
   (a) Separate chemical elements and separate chemically defined compounds, whether or not containing impurities;
   (b) The products mentioned in (a) above dissolved in water;
   (c) The products mentioned in (a) above dissolved in other solvents provided that the solution constitutes a normal and necessary method of putting up these products adopted solely for reasons of safety or for transport and that the solvent does not render the product particularly suitable for specific use rather than for general use;
   (d) The products mentioned in (a), (b) or (c) above with an added stabiliser (including an anti-caking agent) necessary for their preservation or transport;
   (e) The products mentioned in (a), (b), (c) or (d) above with an added anti-dusting agent or a colouring substance added to facilitate their identification or for safety reasons, provided that the additions do not render the product particularly suitable for specific use rather than for general use.

2. In addition to dithionites and sulphoxylates, stabilised with organic substances (heading 28.31), carbonates and peroxocarbonates of inorganic bases (heading 28.36), cyanides, cyanide oxides and complex cyanides of inorganic bases (heading 28.37), fulminates, cyanates and thiocyanates, of inorganic bases (heading 28.42), organic products included in heading 28.43 to 28.46 and 28.52 and carbides (heading 28.49), only the following compounds of carbon are to be classified in this Chapter:
   (a) Oxides of carbon, hydrogen cyanide and fulminic, isocyanic, thiocyanic and other simple or complex cyanogen acids (heading 28.11);
   (b) Halide oxides of carbon (heading 28.12);
   (c) Carbon disulphide (heading 28.13);
   (d) Thiocarbonates, selenocarbonates, tellurocarbonates, selenocyanates, tellurocyanates, tetrathio-cyanatodiamminochromates (reineckates) and other complex cyanates, of inorganic bases (heading 28.42);
   (e) Hydrogen peroxide, solidified with urea (heading 28.47), carbon oxysulphide, thiocarbonyl halides, cyanogen, cyanogen halides and cyanamide and its metal derivatives (heading 28.53) other than calcium cyanamide, whether or not pure (Chapter 31).

3. Subject to the provisions of Note 1 to Section Ⅵ, this Chapter does not cover:
   (a) Sodium chloride or magnesium oxide, whether or not pure, or other products of Section V;
   (b) Organo-inorganic compounds other than those mentioned in Note 2 above;
   (c) Products mentioned in Note 2, 3, 4 or 5 to Chapter 31;
   (d) Inorganic products of a kind used as luminophores, of heading 32.06; glass frit and other glass in the form of powder, granules or flakes, of heading 32.07;
   (e) Artificial graphite (heading 38.01); products put up as charges for fire-extinguishers or put up in fire-extinguishing grenades, of heading 38.13; ink removers put up in packings for retail sale, of heading 38.24; cultured crystals (other than optical elements) weighing not less than 2.5g each, of the halides of the alkali or alkaline-earth metals, of heading 38.24;
   (f) Precious or semi-precious stones (natural, synthetic or reconstructed) or dust or powder of such stones (headings 71.02 to 71.05), or precious metals or precious metal alloys of Chapter 71;
   (g) The metals, whether or not pure, metal alloys or cermets, including sintered metal carbides (metal carbides sintered with a metal), of Section XV; or
   (h) Optical elements, for example, of the halides of the alkali or alkaline-earth metals (heading 90.01).

4. Chemically defined complex acids consisting of a non-metal acid of sub-Chapter Ⅱ and a metal acid of sub-Chapter Ⅳ are to be classified in heading 28.11.

5. Headings 28.26 to 28.42 apply only to metal or ammonium salts or peroxysalts.
   Except where the context otherwise requires, double or complex salts are to be classified in heading 28.42.

6. Heading 28.44 applies only to:
   (a) Technetium (atomic No. 43), promethium (atomic No. 61), polonium (atomic No. 84) and all elements with an atomic number greater than 84;
   (b) Natural or artificial radioactive isotopes (including those of the precious metals or of the base metals of Sections XIV and XV), whether or not mixed together;
   (c) Compounds, inorganic or organic, of these elements or isotopes, whether or not chemically defined, whether or not mixed together;
   (d) Alloys, dispersions (including cermets), ceramic products and mixtures containing these elements or isotopes or inorganic or organic compounds thereof and having a specific radioactivity exceeding 74 Bq/g (0.002 μci/g);

（五）核反应堆已耗尽（已辐照）的燃料元件（释热元件）；

（六）放射性的残渣，不论是否有用。

品目 28.44、28.45 及本注释所称“同位素”，是指：

1. 单独的核素，但不包括自然界中以单一同位素状态存在的核素；

2. 同一元素的同位素混合物，其中一种或几种同位素已被浓缩，即人工地改变了该元素同位素的自然构成。

七、品目 28.53 包括按重量计含磷量超过 15%的磷化铜（磷铜）。

八、经掺杂用于电子工业的化学元素（例如，硅、硒），如果拉制后未经加工或呈圆筒形、棒形，应归入本章；如果已切成圆片、薄片或类似形状，则归入品目 38.18。

子目注释：

子目 2852.10 所称“已有化学定义”是指符合第二十八章注释一（一）至（五）或第二十九章注释一（一）至（八）规定的汞的无机或有机化合物。

商品编号	商品名称及备注[检验检疫编码及名称]	进口关税(%)		增值税率(%)	消费税	计量单位	监管条件	检验检疫类别	对美税率	出口税率(%)	出口退税率(%)
		最惠国	普通								
2801	**氟、氯、溴及碘：**										
28011000	-氯										0
2801100000	氯〔999〕	5	80	13		千克	AB	M/N	32.5%	0	
28012000	-碘										0
2801200000[暂1]	碘〔999〕	5	30	13		千克	G		26%	0	
28013010	---氟										0
2801301000	氟〔999〕	5	30	13		千克	AB	M/N		0	
28013020	---溴										0
2801302000[暂1]	溴〔999〕	5	30	13		千克	23AB	M/N	28.5%	0	
2802	**升华硫磺、沉淀硫磺；胶态硫磺：**										
28020000	升华硫磺、沉淀硫磺；胶态硫磺										0
2802000000[暂1]	升华、沉淀、胶态硫磺〔301 危险化学品，不用作食品添加剂〕，〔302 危险化学品，用作食品添加剂〕	5	17	13		千克	AB	M/N	23.5%	0	
2803	**碳（碳黑及其他税目未列名的其他形态的碳）：**										
28030000	碳（碳黑及其他税目未列名的其他形态的碳）										0
2803000000	碳（包括碳黑及其他品目未列名的其他形态的碳）〔301 其他化工品，不用作食品添加剂〕，〔302 其他化工品，用作食品添加剂〕	5	35	13		千克			17.5%	0	
2804	**氢、稀有气体及其他非金属：**										
28041000	-氢										0
2804100000	氢〔999〕	5	30	13		千克/立方米	AB	M/N	27.5%	0	
28042100	--氩										0
2804210000	氩〔999〕	5	30	13		千克/立方米	AB	M/N	32.5%	0	
28042900	--其他										0
2804290010[暂1]	氦〔999〕	5	30	13		千克/立方米			8.5%	0	
2804290020	氖〔999〕	5	30	13		千克/立方米			12.5%	0	
2804290030	氙〔999〕	5	30	13		千克/立方米			12.5%	0	
2804290090	其他稀有气体〔999〕	5	30	13		千克/立方米			12.5%	0	
28043000	-氮										0
2804300000	氮〔999〕	5	30	13		千克/立方米	AB	M/N	12.5%	0	
28044000	-氧										0
2804400000	氧〔999〕	5	80	13		千克/立方米	AB	M/N	12.5%	0	
28045000	-硼；碲										13

(e) Spent (irradiated) fuel elements (cartridges) of nuclear reactors;

(f) Radioactive residues whether or not usable.

The term "isotopes", for the purposes of this Note and of the wording of headings 28.44 and 28.45, refers to:

(i) individual nuclides, excluding, however, those existing in nature in the monoisotopic state;

(ii) mixtures of isotopes of one and the same element, enriched in one or several of the said isotopes, that is, elements of which the natural isotopic composition has been artificially modified.

7. Heading 28.53 includes copper phosphide (phosphor copper) containing more than 15% by weight of phosphorus.

8. Chemical elements (for example, silicon and selenium) doped for use in electronics are to be classified in this Chapter, provided that they are in forms unworked as drawn, or in the form of cylinders or rods. When cut in the form of discs, wafers or similar forms, they fall in heading 38.18.

Subheading Note:

For the purposes of subheading 2852.10, the expression "chemically defined" means all organic or inorganic compounds of mercury meeting the requirements of paragraphs (a) to (e) of Note 1 to Chapter 28 or paragraphs (a) to (h) of Note 1 to Chapter 29.

协定税率(%)																		特惠税率(%)			Article Description
智利	新西兰	澳大利亚	瑞士	冰岛	秘鲁	哥斯达	东盟	亚太	新加坡	巴基斯坦	港/澳/台	韩国	格鲁吉亚	毛里求斯	柬埔寨	尼加拉瓜	日/韩/澳/新/东 (RCEP)	亚太2国	老/柬/缅	LDC 98/97/95	
																					Fluorine, chlorine, bromine and iodine:
0	0	0	0	0	0	0	0			0	0/0/	0	0	0	0	0	0/0/0/0/0			0/0/0	-Chlorine
	0	0	0	0		0	0			0	0/0/	0	0	0	0	0	4/0/0/0/0			0/0/0	-Iodine
0	0	0	0	0	0	0	0	4.5		0	0/0/	0	0	0	0	0	0/0/0/0/0			0/0/0	---Fluorine
0	0	0	0	0	0	0	0			0	0/0/	0	0	0	0	0	0/0/0/0/0			0/0/0	---Bromine
																					Sulphur, sublimed or precipitated; colloidal sulphur:
0	0	0	0	0	0	0	0			0	0/0/	0	0	0	0	0	0/0/0/0/0			0/0/0	Sulphur, sublimed or precipitated; colloidal sulphur
																					Carbon (carbon blacks and other forms of carbon not elsewhere specified or included):
0	0	0	0		0	0	0	3.3		0	0/0/0	1.8	0	0	0	0	4.5/3.9/3.9/3.9/3.9			0/0/0	Carbon (carbon blacks and other forms of carbon not elsewhere specified or included)
																					Hydrogen, rare gases and other non-metals:
0	0	0	0	0	0	0	0			0	0/0/	0	0	0	0	0	4/3.9/0/0/0			0/0/0	-Hydrogen
0	0	0	0	0	0	0	0			0	0/0/	0	0	0	0	0	0/0/0/0/0			0/0/0	--Argon
0	0	0	0	0	0	0	0			0	0/0/	0	0	0	0	0	0/0/0/0/0			0/0/0	--Other
0	0	0	0	0	0	0	0			0	0/0/	0	0	0	0	0	0/0/0/0/0			0/0/0	-Nitrogen
0	0	0	0	0	0	0	0			0	0/0/	0	0	0	0	0	0/0/0/0/0			0/0/0	-Oxygen
0	0	0	0	0	0	0	0			0	0/0/	0	0	0	0	0	0/0/0/0/0			0/0/0	-Boron; tellurium

商品编号	商品名称及备注［检验检疫编码及名称］	进口关税（%）		增值税率（%）	消费税	计量单位	监管条件	检验检疫类别	对美税率	出口税率（%）	出口退税率（%）
		最惠国	普通								
2804500001[暂0]	碲［999］	5	17	13		千克			27.5%	0	
2804500010	颗粒<500微米的硼及其合金（含量≥97%，不论球形，椭球体，雾化，片状，研碎金属燃料）［999］	5	17	13		千克	3		32.5%	0	
2804500020	能量密度>40兆焦耳/千克的硼浆（硼溶于溶剂形成的硼浆）［999］	5	17	13		千克	3		32.5%	0	
2804500090	其他硼［999］	5	17	13		千克			32.5%	0	
28046117	----直径在30厘米及以上的										13
2804611700	电子工业用直径≥30厘米单晶硅棒（按重量计含硅量≥99.99%）［999］	4	11	13		千克			11.5%	0	
28046119	----其他										0
2804611900	电子工业用7.5厘米≤直径<30厘米单晶硅棒（按重量计含硅量≥99.99%）［999］	4	11	13		千克			19%	0	
28046120	---经掺杂用于电子工业的其他单晶硅棒										0
2804612000	电子工业用直径<7.5厘米单晶硅棒（按重量计含硅量≥99.99%）［999］	4	17	13		千克			31.5%	0	
28046190	---其他										0
2804619011	含硅量>99.9999999%的多晶硅废碎料（太阳能级多晶硅除外）［101 多晶硅］，［102 硅废碎料］	4	30	13		千克	9		26.5%	0	
2804619012	含硅量>99.9999999%的太阳能级多晶硅［999］	4	30	13		千克			26.5%	0	
2804619013	含硅量>99.9999999%的太阳能级多晶硅废碎料［999］	4	30	13		千克	9		26.5%	0	
2804619019	其他含硅量>99.9999999%的多晶硅（太阳能级多晶硅除外）［999］	4	30	13		千克			26.5%	0	
2804619091	其他含硅量≥99.99%的硅废碎料（太阳能级多晶硅除外）［101 其他硅］，［102 硅废碎料］	4	30	13		千克	9		26.5%	0	
2804619092	含硅量≥99.99%的太阳能级多晶硅［999］	4	30	13		千克			26.5%	0	
2804619093	含硅量≥99.99%的太阳能级多晶硅废碎料［999］	4	30	13		千克	9		26.5%	0	
2804619099	其他含硅量≥99.99%的硅（太阳能级多晶硅除外）［301 危险化学品，易燃固体］，［302 其他化工品］	4	30	13		千克			26.5%	0	
28046900	--其他										0
2804690000	其他含硅量<99.99%的硅［301 危险化学品，易燃固体］，［302 其他化工品］	4	30	13		千克			31.5%	0	
28047010	---黄磷（白磷）										0
2804701000	黄磷（白磷）［999］	5	30	13		千克	AB	M/N		20	
28047090	---其他										0
2804709010	红磷［999］	5	30	13		千克	ABG	M/N	27.5%	20	
2804709090	其他磷［999 其他化工产品］	5	30	13		千克			27.5%	20	
28048000	-砷										0
2804800000	砷［999］	5	30	13		千克	AB	M/N	32.5%	0	
28049010	---经掺杂用于电子工业的晶体棒										0
2804901000	经掺杂用于电子工业的硒晶体棒［999］	4	17	13		千克				0	
28049090	---其他										13
2804909000[暂0]	其他硒［999］	5	30	13		千克			27.5%	0	
2805	**碱金属、碱土金属；稀土金属、钪及钇，不论是否相互混合或相互熔合；汞：**										
28051100	--钠										0
2805110000	钠［999］	5	30	13		千克	AB	M/N	12.5%	0	
28051200	--钙										0
2805120010[暂1]	高纯度钙［金属杂质（除镁外）含量<1‰，硼含量小于十万分之一］［999］	5	30	13		千克	3A	M/	28.5%	0	
2805120090[暂1]	其他钙［999］	5	30	13		千克			28.5%	0	
28051910	---锂										0
2805191000[暂1]	锂［999］	5	30	13		千克	AB	M/N	8.5%	0	
28051990	---其他										0
2805199000[暂1]	其他碱金属及碱土金属［301 危险化学品，易于自燃的物质］，［302 危险化学品，遇水放出易燃气体的物质］	5	30	13		千克			8.5%	0	
28053011	----钕										0
2805301100[暂0]	钕（未相互混合或相互熔合）［999］	5	30	13		千克	4Bxy	/N		0	
28053012	----镝										0
2805301200[暂0]	镝（未相互混合或相互熔合）［999］	5	30	13		千克	4Bxy	/N	7.5%	0	
28053013	----铽										0
2805301300[暂0]	铽（未相互混合或相互熔合）［999］	5	30	13		千克	4Bxy	/N		0	
28053014	----镧										0
2805301400[暂0]	镧（未相互混合或相互熔合）［999］	5	30	13		千克	4Bxy	/N	7.5%	0	
28053015	----铈										0

协定税率(%)																		特惠税率(%)			Article Description
智利	新西兰	澳大利亚	瑞士	冰岛	秘鲁	哥斯达	东盟	亚太	新加坡	巴基斯坦	港/澳/台	韩国	格鲁吉亚	毛里求斯	柬埔寨	尼加拉瓜	日/韩/澳/新/东(RCEP)	亚太2国	老/柬/缅	LDC 98/97/95	
0	0	0	0	0	0	0	0			0	0/0/	0	0	0	0	0	0/0/0/0/0			0/0/0	----30cm or more in diameter
0	0	0	0	0	0	0	0			0	0/0/		0	0	0	0	//3.7/3.7/3.7			0/0/0	----Other
0	0	0	0	0	0	0	0	3.6		0	0/0/	0	0	0	0	0	0/0/0/0/0			0/0/0	---Other monocrystals doped for use in electronics, in the form of cylinders or rods
0	0	0	0	0	0	0	0			0	0/0/	1.3	0	0	0	0	3.3/2.8/2.8/2.8/2.8			0/0/0	---Other
0	0	0	0	0	0	0	0			0	0/0/	0	0	0	0	0	0/0/0/0/0			0/0/0	--Other
0	0	0	0	0	0	0	0			0	0/0/	0	0	0	0	0	0/0/0/0/0			0/0/0	---Yellow phosphorus (white phosphorus)
0	0	0	0	0	0	0	0			0	0/0/	0	0	0	0	0	4/3.9/0/0/0			0/0/0	---Other
0	0	0	0	0	0	0	0			0	0/0/	0	0	0	0	0	0/0/0/0/0			0/0/0	-Arsenic
0	0	0	0	0	0	0	0	3.2		0	0/0/	0	0	0	0	0	0/0/0/0/0			0/0/0	---Crystals doped for use in electronics, in the form of cylinders or rods
0	0	0	0	0	0.4	0	0			0	0/0/	0	0	0	0	4	4/0/0/0/0			0/0/0	---Other
																					Alkali or alkaline-earth metals; rare-earth metals, scandium and yttrium, whether or not intermixed or interalloyed; mercury:
0	0	0	0	0	0	0	0			0	0/0/	0	0	0	0	0	0/0/0/0/0			0/0/0	--Sodium
0	0	0	0	0	0	0	0			0	0/0/	0	0	0	0	0	0/0/0/0/0			0/0/0	--Calcium
0	0	0	0	0	0	0	0			0	0/0/	0	0	0	0	0	4/0/0/0/0			0/0/0	---Lithium
0	0	0	0	0	0	0	0			0	0/0/	0	0	0	0	0	4/0/0/0/0			0/0/0	---Other
0	0	0	0	0	0	0	0			0	0/0/	0	0	0	0	0	0/0/0/0/0			0/0/0	----Neodymium
0	0	0	0	0	0	0	0			0	0/0/	0	0	0	0	0	0/0/0/0/0			0/0/0	----Dysprosium
0	0	0	0	0	0	0	0			0	0/0/	0	0	0	0	0	0/0/0/0/0			0/0/0	----Terbium
0	0	0	0	0	0	0	0			0	0/0/	0	0	0	0	0	0/0/0/0/0			0/0/0	----Lanthanum
0	0	0	0	0	0	0	0			0	0/0/	0	0	0	0	0	0/0/0/0/0			0/0/0	----Cerium

商品编号	商品名称及备注[检验检疫编码及名称]	进口关税(%) 最惠国	普通	增值税率(%)	消费税	计量单位	监管条件	检验检疫类别	对美税率	出口税率(%)	出口退税率(%)
2805301510[暂0]	颗粒<500μm 的铈及其合金(含量≥97%,不论球形,椭球体,雾化,片状,研碎金属燃料;未相互混合或相互熔合)〔999〕	5	30	13		千克	3B	/N	7.5%	0	
2805301590[暂0]	其他金属铈(未相互混合或相互熔合)〔999〕	5	30	13		千克	4Bxy	/N	7.5%	0	
28053016	----镨										0
2805301600[暂0]	金属镨(未相互混合或相互熔合)〔999〕	5	30	13		千克	4Bxy	/N		0	
28053017	----钇										0
2805301700[暂0]	金属钇(未相互混合或相互熔合)〔999〕	5	30	13		千克	4Bxy	/N	7.5%	0	
28053018	----钪										0
2805301800[暂0]	金属钪(未相互混合或相互熔合)〔999〕	5	30	13		千克	4Bxy	/N	7.5%	0	
28053019	----其他										0
2805301900[暂0]	其他稀土金属(未相互混合或相互熔合)①	5	30	13		千克	4Bxy	/N	7.5%	0	
28053021	----电池级										0
2805302100[暂0]	其他电池级的稀土金属、钪及钇(已相互混合或相互熔合)〔301〕	5	30	13		千克	4Bxy	/N		0	
28053029	----其他										0
2805302900[暂0]	其他稀土金属、钪及钇(已相互混合或相互熔合)〔301 危险化学品,遇水放出易燃气体的物质〕,〔302 其他化工品〕	5	30	13		千克	4Bxy	/N	27.5%	0	
28054000	-汞										0
2805400000	汞〔999〕	5	17	13		千克	ABX	M/N		0	
2806	**氯化氢(盐酸);氯磺酸:**										
28061000	-氯化氢(盐酸)										0
2806100000	氯化氢(盐酸)〔301 危险化学品,气体〕,〔302 危险化学品,不用作食品添加剂〕,〔303 危险化学品,用作食品添加剂〕	5	80	13		千克	23AB	M.R/N.S	17.5%	0	
28062000	-氯磺酸										0
2806200000	氯磺酸〔999〕	5	40	13		千克	AB	M/N		0	
2807	**硫酸;发烟硫酸:**										
28070000	硫酸;发烟硫酸										0
2807000010[暂1]	硫酸〔301 危险化学品,不用作食品添加剂〕,〔303 危险化学品,用作食品添加剂〕	5	35	13		千克	32		28.5%	0	
2807000090[暂1]	发烟硫酸〔999〕	5	35	13		千克	AB	M/N	28.5%	0	
2808	**硝酸;磺硝酸:**										
28080000	硝酸;磺硝酸										0
2808000010	红发烟硝酸〔999〕	5	40	13		千克	3A	M/	32.5%	0	
2808000090	磺硝酸及其他硝酸〔999〕	5	40	13		千克			32.5%	0	
2809	**五氧化二磷;磷酸;多磷酸,不论是否已有化学定义:**										
28091000	-五氧化二磷										0
2809100000	五氧化二磷〔999〕	1	8	13		千克	AB	M/N	6%	0	
28092011	----食品级磷酸										0
2809201100	食品级磷酸(食品级磷酸的具体技术指标参考 GB3149-2004)〔101 饲料添加剂〕,〔301 危险化学品,用作食品添加剂〕	1	8	13		千克	AB	R/N.S		0	
28092019	----其他										0
2809201900	其他磷酸及偏磷酸、焦磷酸(食品级磷酸除外)〔101 饲料添加剂〕,〔301 危险化学品,腐蚀性物质〕,〔302 其他化工品〕	1	8	13		千克	B	/N	26%	0	
28092090	---其他										0
2809209000	其他多磷酸〔101 饲料添加剂〕,〔301 危险化学品,腐蚀性物质〕,〔302 其他化工品〕	5	35	13		千克			12.5%	0	
2810	**硼的氧化物;硼酸:**										
28100010	---硼的氧化物										0
2810001000	硼的氧化物〔999〕	5	30	13		千克			12.5%	0	
28100020	---硼酸										0
2810002000[暂2]	硼酸〔301 危险化学品〕,〔302 其他化工品,含硼酸的混合物〕	5	30	13		千克	AB	M/N		0	
2811	**其他无机酸及非金属无机氧化物:**										
28111110	---电子级氢氟酸										0
2811111000	电子级氢氟酸〔301 危险化学品,气体〕,〔302 危险化学品,腐蚀性物质〕	5.5	35	13		千克	3AB	M/N		0	
28111190	---其他										0
2811119000	其他氢氟酸〔301 危险化学品,气体〕,〔302 危险化学品,腐蚀性物质〕	5	35	13		千克	3AB	M/N	30%	0	
28111200	--氰化氢(氢氰酸)										0

① 〔101 金属钐〕,〔102 金属铕〕,〔103 金属钪〕,〔104 稀土金属〕,〔105 危险化学品,易燃液体〕

协定税率(%)																		特惠税率(%)			
智利	新西兰	澳大利亚	瑞士	冰岛	秘鲁	哥斯达	东盟	亚太	新加坡	巴基斯坦	港/澳/台	韩国	格鲁吉亚	毛里求斯	柬埔寨	尼加拉瓜	日/韩/澳/新/东(RCEP)	亚太2国	老/柬/缅	LDC 98/97/95	Article Description
0	0	0	0	0	0	0	0			0	0/0/	0	0	0	0	0	0/0/0/0/0			0/0/0	----Praseodymium
0	0	0	0	0	0	0	0			0	0/0/	0	0	0	0	0	0/0/0/0/0			0/0/0	----Yttrium
0	0	0	0	0	0	0	0			0	0/0/	0	0	0	0	0	0/0/0/0/0			0/0/0	----Scandium
0	0	0	0	0	0	0	0			0	0/0/	0	0	0	0	0	0/0/0/0/0			0/0/0	----Other
0	0	0	0	0	0	0	0			0	0/0/	0	0	0	0	0	0/0/0/0/0			0/0/0	----Battery grade
0	0	0	0	0	0	0	0			0	0/0/	0	0	0	0	0	0/0/0/0/0			0/0/0	----Other
0	0	0	0	0	0	0	0			0	0/0/	0	0	0	0	0	0/0/0/0/0			0/0/0	-Mercury
																					Hydrogen chloride (hydrochloric acid); chorosulphuric acid:
0	0	0	0	0	0	0	0			0	0/0/	0	0	0	0	0	0/0/0/0/0			0/0/0	-Hydrogen chloride (hydrochloric acid)
0	0	0	0	0	0	0	0			0	0/0/	0	0	0	0	0	0/0/0/0/0			0/0/0	-Chlorosulphuric acid
																					Sulphuric acid; oleum:
0	0	0	0	0	0	0	0			0	0/0/	0	0	0	0	0	0/0/3.9/3.9/0			0/0/0	Sulphuric acid; oleum:
																					Nitric acid; sulphonitric acids:
0	0	0	0	0	0	0	0			0	0/0/	0	0	0	0	0	0/0/0/0/0			0/0/0	Nitric acid; sulphonitric acids
																					Diphosphorus pentaoxide; phosphoric acid; polyphosphoric acids, whether or not chemically defined:
0	0	0	0	0	0	0	0			0	0/0/	0	0	0	0	0	0/0/0/0/0			0/0/0	-Diphosphorus pentaoxide
0	0	0	0	0	0	0	0			0	0/0/	0	0	0	0	0	0/0/0/0/0			0/0/0	----Phosphoric acid, food grade
0	0	0	0	0	0	0	0			0	0/0/	0	0	0	0	0	0.7/0.7/0/0/0			0/0/0	----Other
0	0	0	0	0	0	0	0			0	0/0/	0	0	0	0	0	0/0/0/0/0			0/0/0	---Other
																					Oxides of boron; boric acids:
0	0	0	0	0	0	0	0	4.5		0	0/0/	0	0	0	0	0	0/0/0/0/0			0/0/0	---Oxides of boron
0	0	0	0	0	0	0	0			0	0/0/	0	0	0	0	0	0/0/0/0/0			0/0/0	---Boric acids
																					Other inorganic acids and other inorganic oxygen compounds of non-metals:
0	0	0	0	0	0	0	0			0	0/0/	0	0	0	0	0	4/0/0/0/0			0/0/0	---Hydrofluoric acid, electronic-grade
0	0	0	0	0	0	0	0			0	0/0/	0	0	0	0	0	4/0/0/0/0			0/0/0	---Other
0	0	0	0	0	0	0	0	4		0	0/0/	0	0	0	0	0	0/0/0/0/0			0/0/0	--Hydrogen cyanide (hydrocyanic acid)

商品编号	商品名称及备注[检验检疫编码及名称]	进口关税(%) 最惠国	进口关税(%) 普通	增值税率(%)	消费税	计量单位	监管条件	检验检疫类别	对美税率	出口税率(%)	出口退税率(%)
2811120000	氢氰酸(包括氰化氢)〔301 危险化学品,气体〕,〔302 危险化学品,毒性物质〕	5	35	13		千克	23			0	
28111920	---硒化氢										0
2811192000	硒化氢〔999〕	5	35	13		千克	AB	M/N		0	
28111990	---其他										0
2811199010	氢碘酸〔999〕	5	35	13		千克	ABG	M/N	27.5%	0	
2811199020	砷酸、焦砷酸、偏砷酸〔999〕	5	35	13		千克			27.5%	0	
2811199090	其他无机酸①	5	35	13		千克	AB	M.R/N.S	27.5%	0	
28112100	--二氧化碳										0
2811210000	二氧化碳②	5	30	13		千克	AB	M.R/N.S	32.5%	0	
28112210	---硅胶										13
2811221000	二氧化硅硅胶〔999 本子目所指硅胶,包括全部或部分着色产品〕	5	30	13		千克	A	R/	12.5%	0	
28112290	---其他										13
2811229000	其他二氧化硅③	5	30	13		千克	A	R/	27.5%	0	
28112900	--其他										0
2811290010	三氧化二砷、五氧化二砷[亚砷(酸)酐,砒霜,白砒,氧化亚砷,砷(酸)酐,三氧化砷]〔999〕	5	30	13		千克			17.5%	0	
2811290020	四氧化二氮〔999〕	5	30	13		千克	3A	M/	17.5%	0	
2811290090	其他非金属无机氧化物④	5	30	13		千克			17.5%	0	
2812	**非金属卤化物及卤氧化物:**										
28121100	--碳酰二氯(光气)										0
2812110000	碳酰二氯(光气)〔999〕	5	30	13		千克	23			0	
28121200	--氧氯化磷										0
2812120000	氧氯化磷(即磷酰氯,三氯氧磷)〔999〕	5	30	13		千克	23		12.5%	0	
28121300	--三氯化磷										0
2812130000	三氯化磷〔999〕	5	30	13		千克	23AB	M/N		0	
28121400	--五氯化磷										0
2812140000	五氯化磷〔999〕	5	30	13		千克	23AB	M/N		0	
28121500	--一氯化硫										0
2812150000	一氯化硫(氯化硫)〔999〕	5	30	13		千克	23AB	M/N		0	
28121600	--二氯化硫										0
2812160000	二氯化硫〔999〕	5	30	13		千克	23AB	M/N		0	
28121700	--亚硫酰氯										0
2812170000	亚硫酰氯〔999〕	5	30	13		千克	23AB	M/N		0	
28121910	---氯化物										0
2812191010	三氯化砷〔999〕	5	30	13		千克	23AB	M/N	32.5%	0	
2812191090	其他非金属氯化物⑤	5	30	13		千克			32.5%	0	
28121990	---其他										0
2812199000	非金属氯氧化物⑥	5	30	13		千克			32.5%	0	
28129011	----三氟化氮										13
2812901100	三氟化氮〔999〕	5	30	13		千克	AB	M/N	27.5%	0	
28129012	----六氟化硫										0
2812901200	六氟化硫〔999〕	5	30	13		千克				0	
28129019	----其他										0
2812901910	三氟化氯〔999〕	5	30	13		千克	3A	M/	12.5%	0	
2812901920	三氟化砷(氟化亚砷)〔999〕	5	30	13		千克			12.5%	0	
2812901930	硫酰氟〔999〕	5	30	13		千克	S		12.5%	0	
2812901940[暂3]	三氟化磷〔999〕	5	30	13		千克			10.5%	0	
2812901950[暂3]	三氟化硼〔999〕	5	30	13		千克			10.5%	0	
2812901990	其他氟化物及氟氧化物〔301 危险化学品,气体〕,〔302 危险化学品,氧化性物质〕,〔304 其他化工品〕	5	30	13		千克			12.5%	0	
28129090	---其他										0
2812909010	三溴化砷,三碘化砷(溴化亚砷,碘化亚砷)〔999〕	5	30	13		千克			12.5%	0	
2812909090	其他非金属卤化物及卤氧化物⑦	5	30	13		千克			12.5%	0	

① 〔301 危险化学品,气体〕,〔302 危险化学品,氧化性物质〕,〔303 危险化学品,毒性物质〕,〔304 危险化学品,腐蚀性物质〕,〔305 其他危险化学品〕,〔306 危险化学品,用作食品添加剂〕,〔307 其他化工品,不用作食品添加剂〕,〔308 其他化工品,用作食品添加剂〕

② 〔301 危险化学品,不用作食品添加剂〕,〔302 危险化学品,用作食品添加剂〕,〔303 其他化工品,不用作食品添加剂〕,〔304 其他化工品,用作食品添加剂〕

③ 〔101 饲料添加剂〕,〔301 需申报仅用于工业用途不用于食品添加剂无检疫要求的化学品〕,〔302 无检疫要求食品添加剂〕

④ 〔301 危险化学品,气体〕,〔302 危险化学品,氧化性物质〕,〔303 危险化学品,毒性物质〕,〔304 危险化学品,腐蚀性物质〕,〔305 其他化工品〕

⑤ 〔301 危险化学品,气体〕,〔302 危险化学品,毒性物质〕,〔303 危险化学品,腐蚀性物质〕,〔304 其他危险化学品〕,〔305 其他化工品〕

⑥ 〔301 危险化学品,气体〕,〔302 危险化学品,毒性物质〕,〔303 危险化学品,腐蚀性物质〕,〔304 其他化工品〕

⑦ 〔301 危险化学品,气体〕,〔302 危险化学品,毒性物质〕,〔303 危险化学品,腐蚀性物质〕,〔304 其他化工品〕

协定税率(%)																		特惠税率(%)			Article Description
智利	新西兰	澳大利亚	瑞士	冰岛	秘鲁	哥斯达	东盟	亚太	新加坡	巴基斯坦	港/澳/台	韩国	格鲁吉亚	毛里求斯	柬埔寨	尼加拉瓜	日/韩/澳/新/东(RCEP)	亚太2国	老/柬/缅	LDC 98/97/95	
0	0	0	0	0	0	0	0			0	0/0/	0	0	0	0	0	4/3.9/0/0/0			0/0/0	---Hydrogen selenide
0	0	0	0	0	0	0	0			0	0/0/	0	0	0	0	0	4/3.9/0/0/0			0/0/0	---Other
0	0	0	0	0	0	0	0			0	0/0/	0	0	0	0	0	0/0/0/0/0			0/0/0	--Carbon dioxide
0	0	0	0	0	0	0	0			0	0/0/	0	0	0	0	0	0/0/3.9/3.9/0			0/0/0	---Silica gel
0	0	0	0	0	0	0	0			0	0/0/	0	0	0	0	0	0/0/3.9/3.9/0			0/0/0	---Other
0	0	0	0	0	0	0	0			0	0/0/	0	0	0	0	0	0/0/0/0/0			0/0/0	--Other
																					Halides and halide oxides of non-metals:
0	0	0	0	0	0	0	0			0	0/0/	0	0	0	0	0	0/0/0/0/0			0/0/0	--Carbonyl dichloride (phosgene)
0	0	0	0	0	0	0	0			0	0/0/	0	0	0	0	0	0/0/0/0/0			0/0/0	--Phosphorus oxychloride
0	0	0	0	0	0	0	0			0	0/0/	0	0	0	0	0	0/0/0/0/0			0/0/0	--Phosphorus trichloride
0	0	0	0	0	0	0	0			0	0/0/	0	0	0	0	0	0/0/0/0/0			0/0/0	--Phosphorus pentachloride
0	0	0	0	0	0	0	0			0	0/0/	0	0	0	0	0	0/0/0/0/0			0/0/0	--Sulfur monochloride
0	0	0	0	0	0	0	0			0	0/0/	0	0	0	0	0	0/0/0/0/0			0/0/0	--Sulfur dichloride
0	0	0	0	0	0	0	0			0	0/0/	0	0	0	0	0	4/0/0/0/0			0/0/0	--Thionyl chloride
0	0	0	0	0	0	0	0			0	0/0/	0	0	0	0	0	4/0/0/0/0			0/0/0	---Chlorides
0	0	0	0	0	0	0	0			0	0/0/	0	0	0	0	0	0/0/0/0/0			0/0/0	---Other
0	0	0	0	0	0	0	0			0	0/0/	1.8	0	0	0	0	4.5/3.9/3.9/3.9/3.9			0/0/0	----Nitrogen trifluoride
0	0	0	0	0	0	0	0			0	0/0/	0	0	0	0	0	4/0/0/0/0			0/0/0	----Sulfur hexafluoride
0	0	0	0	0	0	0	0			0	0/0/	0	0	0	0	0	4/0/0/0/0			0/0/0	----Other
0	0	0	0	0	0	0	0			0	0/0/	0	0	0	0	0	4/3.9/0/0/0			0/0/0	---Other

商品编号	商品名称及备注［检验检疫编码及名称］	进口关税(%) 最惠国	进口关税(%) 普通	增值税率(%)	消费税	计量单位	监管条件	检验检疫类别	对美税率	出口税率(%)	出口退税率(%)
2813	**非金属硫化物；商品三硫化二磷：**										
28131000	-二硫化碳										0
2813100000	二硫化碳［999］	5	30	13		千克	AB	M/N		0	
28139000	-其他										0
2813900010	五硫化二磷［999］	5	30	13		千克	23		17.5%	0	
2813900020	三硫化二磷［999］	5	30	13		千克	AB	M/N	17.5%	0	
2813900090	其他非金属硫化物［301 危险化学品，易燃固体］，［302 危险化学品，毒性物质］，［303 其他化工品］	5	30	13		千克			17.5%	0	
2814	**氨及氨水：**										
28141000	-氨										0
2814100000[暂0]	氨［101 饲料添加剂］，［301 危险化学品，气体］	5	35	13		千克	AB	M/N	25%	0	
28142000	-氨水										0
2814200010[暂0]	氨水（含量≥10%）［101 饲料添加剂］，［301 腐蚀性物质］	5	35	13		千克	AB	M/N	27.5%	0	
2814200090[暂0]	其他氨水［101 饲料添加剂］，［102 化工产品］	5	35	13		千克			27.5%	0	
2815	**氢氧化钠（烧碱）；氢氧化钾（苛性钾）；过氧化钠及过氧化钾：**										
28151100	--固体										0
2815110000	固体氢氧化钠［101 饲料添加剂］，［301 危险化学品，不用作食品添加剂］，［302 危险化学品，用作食品添加剂］	5	35	13		千克	ABG	M.R/N.S	32.5%	0	
28151200	--水溶液（氢氧化钠浓溶液及液体烧碱）										0
2815120000	氢氧化钠水溶液，液体烧碱①	5	35	13		千克	ABG	M/N	17.5%	0	
28152000	-氢氧化钾（苛性钾）										13
2815200000	氢氧化钾（苛性钾）［301 危险化学品，不用作食品添加剂］，［302 危险化学品，用作食品添加剂］	5	30	13		千克	AB	M.R/N.S	12.5%	0	
28153000	-过氧化钠及过氧化钾										0
2815300000	过氧化钠及过氧化钾［999］	5	30	13		千克	AB	M/N	32.5%	0	
2816	**氢氧化镁及过氧化镁；锶或钡的氧化物、氢氧化物及过氧化物：**										
28161000	-氢氧化镁及过氧化镁										0
2816100010	过氧化镁［999］	5	30	13		千克	AB	M/N	32.5%	0	
2816100090	氢氧化镁［999］	5	30	13		千克			32.5%	0	
28164000	-锶或钡的氧化物、氢氧化物及过氧化物										0
2816400000[暂2]	锶或钡的氧化物、氢氧化物（及其过氧化物）②	5	30	13		千克			9.5%	0	
2817	**氧化锌及过氧化锌：**										
28170010	---氧化锌										0
2817001000	氧化锌③	5	40	13		千克	A	R/	27.5%	0	
28170090	---过氧化锌										0
2817009000	过氧化锌［999］	5	30	13		千克	AB	M/N	17.5%	0	
2818	**人造刚玉，不论是否已有化学定义；氧化铝；氢氧化铝：**										
28181010	---棕刚玉										0
2818101000	棕刚玉（不论是否已有化学定义）［999］	5	20	13		千克			32.5%	0	
28181090	---其他										0
2818109000	其他人造刚玉（不论是否已有化学定义，棕刚玉除外）［101 化工产品］，［102 人造刚玉］，［103 白刚玉］，［104 黑刚玉］，［105 锆刚玉］	5	20	13		千克				0	
28182000	-氧化铝，但人造刚玉除外										0
2818200000[暂0]	氧化铝，但人造刚玉除外［101 饲料添加剂］，［102 化工产品］	5	30	13		千克			27.5%	0	
28183000	-氢氧化铝										0
2818300000	氢氧化铝［999］	5	30	13		千克			27.5%	0	
2819	**铬的氧化物及氢氧化物：**										
28191000	-三氧化铬										0
2819100000	三氧化铬［999］	5	20	13		千克	AB	M/N	10%	0	

① ［101 饲料添加剂］，［301 危险化学品，不用作食品添加剂］，［302 危险化学品，用作食品添加剂］，［303 其他化工品］
② ［301 危险化学品，氧化性物质］，［302 危险化学品，腐蚀性物质］，［303 其他危险化学品］，［304 其他化工品］
③ ［101 矿物源性饲料添加剂］，［102 无检疫要求食品添加剂］，［301 需申报仅用于工业用途不用于食品添加剂无检疫要求的化学品］

协定税率(%)																		特惠税率(%)			
智利	新西兰	澳大利亚	瑞士	冰岛	秘鲁	哥斯达	东盟	亚太	新加坡	巴基斯坦	港/澳/台	韩国	格鲁吉亚	毛里求斯	柬埔寨	尼加拉瓜	日/韩/澳/新/东(RCEP)	亚太2国	老/柬/缅	LDC 98/97/95	Article Description
																					Sulphides of non-metals; commercial phosphorus trisuiphides:
0	0	0	0	0	0	0	0			0	0/0/	0	0	0	0	0	0/0/0/0/0			0/0/0	-Carbon disulphide
0	0	0	0	0	0	0	0			0	0/0/	0	0	0	0	0	0/0/0/0/0			0/0/0	-Other
																					Ammonia, anhydrous or in aqueous solution:
0	0	0	0	0	0	0	0			0	0/0/	0	0	0	0	0	0/0/0/0/0			0/0/0	-Anhydrous ammonia
0	0	0	0	0	0	0	0			0	0/0/	0	0	0	0	0	0/0/0/0/0			0/0/0	-Ammonia in aqueous solution
																					Sodium hydroxide (caustic soda); potassium hydroxide (caustic po-tash); peroxides or sodium or postassium:
0	0	0	0	0	0	0	5	3.3		7	0/0/	0	0	0	0	0				0/0/0	--Solid
0	0	0	0	0	0	0	5	3.3		5.6	0/0/	0	0	0	0	0	//5/5/5			0/0/0	--In aqueous solution (soda lye or liquid soda)
0	0	0	0	0	0	0	0			0	0/0/	0	0	0	0	0	0/0/0/0/0			0/0/0	-Potassium hydroxide (caustic potash)
0	0	0	0	0	0	0	0			0	0/0/	0	0	0	0	0	0/0/0/0/0			0/0/0	-Peroxides of sodium or potassium
																					Hydroxide and peroxide of magnesium; oxides, hydroxides and peroxides, of strontium or barium:
0	0	0	0	0	0	0	0			0	0/0/	0	0	0	0	0	4/3.9/0/0/0			0/0/0	-Hydroxide and peroxide of magnesium
0	0	0	0	0	0	0	0			0	0/0/	0	0	0	0	0	0/0/0/0/0			0/0/0	-Oxides, hydroxides and peroxides, of strontium or barium
																					Zinc oxide; Zinc peroxide:
0	0	0	0	0	0	0	0			0	0/0/	0	0	0	0	0	0/0/0/0/0			0/0/0	---Zinc oxide
0	0	0	0	0	0	0	0	4.5		0	0/0/	0	0	0	0	0	0/0/0/0/0			0/0/0	---Zinc peroxide
																					Artificial corundum, whether or not chemically defined; aluminium oxide; aluminium hydroxide:
0	0	0	0	0	0	0	0			0	0/0/	0	0	0	0	0	4/3.9/0/0/0			0/0/0	---Brown fused alumina
0	0	0	0	0	0	0	0			0	0/0/	0	0	0	0	0	0/0/3.9/3.9/0			0/0/0	---Other
0	0	0	0	0	0	0	0		0	0	0/0/	0	0	0	0	0	5.8/0/0/0/0			0/0/0	-Aluminium oxide, other than artificial corundum
0	0	0	0	0	0	0	0			0	0/0/	0	0	0	0	0	0/0/0/0/0			0/0/0	-Aluminium hydroxide
																					Chromium oxides and hydroxides:
0	0	0	0	0	0	0	0			0	0/0/	0	0	0	0	0	4/3.9/0/0/0			0/0/0	-Chromium trioxide

商品编号	商品名称及备注[检验检疫编码及名称]	进口关税(%) 最惠国	进口关税(%) 普通	增值税率(%)	消费税	计量单位	监管条件	检验检疫类别	对美税率	出口税率(%)	出口退税率(%)
28199000	-其他										0
2819900000	其他铬的氧化物及氢氧化物〔999 其他化工产品〕	5	30	13		千克			17.5%	0	
2820	**锰的氧化物：**										
28201000	-二氧化锰										0
2820100000	二氧化锰〔101 矿物源性饲料添加剂〕,〔102 化工产品〕	5	40	13		千克			12.5%	0	
28209000	-其他										0
2820900000	其他锰的氧化物〔101 矿物源性饲料添加剂〕,〔102 化工产品〕	5	30	13		千克			27.5%	0	
2821	**铁的氧化物及氢氧化物；土色料，按重量计三氧化二铁含量在70%及以上：**										
28211000	-铁的氧化物及氢氧化物										0
2821100000	铁的氧化物及氢氧化物〔101 矿物源性饲料添加剂〕	5	30	13		千克			25%	0	
28212000	-土色料										0
2821200000	土色料(三氧化二铁含量在70%及以上)〔101 矿物源性饲料添加剂〕,〔102 化工产品〕	5	45	13		千克			17.5%	0	
2822	**钴的氧化物及氢氧化物；商品氧化钴：**										
28220010	---四氧化三钴										13
2822001000暂2	四氧化三钴〔999〕	5	30	13		千克	4xy			0	
28220090	---其他										0
2822009000暂2	其他钴的氧化物及氢氧化物(包括商品氧化钴，但四氧化三钴除外)〔999 其他化工产品〕	5	30	13		千克	4xy		29.5%	0	
2823	**钛的氧化物：**										
28230000	钛的氧化物										0
2823000000	钛的氧化物〔999〕	5	30	13		千克			32.5%	0	
2824	**铅的氧化物；铅丹及铅橙：**										
28241000	-一氧化铅(铅黄、黄丹)										0
2824100000	一氧化铅(铅黄，黄丹)〔999〕	5	30	13		千克	AB	M/N		0	
28249010	---铅丹及铅橙										0
2824901000	铅丹及铅橙〔四氧化(三)铅〕(红丹)〔999〕	5	45	13		千克	AB	M/N		0	
28249090	---其他										0
2824909000	其他铅的氧化物〔301 危险化学品，氧化性物质〕,〔302 其他化工品〕	5	30	13		千克			12.5%	0	
2825	**肼(联氨)、胲(羟胺)及其无机盐；其他无机碱；其他金属氧化物、氢氧化物及过氧化物：**										
28251010	---水合肼										0
2825101010	纯度70%及以上的水合肼〔999〕	5	30	13		千克	3A	M/	7.5%	0	
2825101090	纯度70%以下的水合肼〔999〕	5	30	13		千克	AB	M/N	7.5%	0	
28251020	---硫酸羟胺										0
2825102000	硫酸羟胺〔999〕	5	30	13		千克	AB	M/N	7.5%	0	
28251090	---其他										0
2825109000	其他肼、胲及其无机盐〔301 爆炸品〕,〔302 危险化学品，腐蚀性物质〕,〔303 其他化工品〕	5	30	13		千克			30%	0	
28252010	---氢氧化锂										0
2825201000	氢氧化锂〔999〕	5	30	13		千克	AB	M/N	27.5%	0	
28252090	---其他										0
2825209000	锂的氧化物〔301 危险化学品，氧化性物质〕,〔302 其他化工品〕	5	30	13		千克				0	
28253010	---五氧化二钒										0
2825301000	五氧化二钒〔999〕	5	30	13		千克	4ABxy	M/N	32.5%	0	
28253090	---其他										0
2825309000	其他钒的氧化物及氢氧化物〔301 危险化学品〕,〔302 其他化工品〕	5	30	13		千克	4xy		32.5%	0	
28254000	-镍的氧化物及氢氧化物										13
2825400000暂2	镍的氧化物及氢氧化物〔999〕	5	30	13		千克				0	
28255000	-铜的氧化物及氢氧化物										0
2825500000	铜的氧化物及氢氧化物〔101 矿物源性饲料添加剂〕,〔102 化工产品〕	5	30	13		千克			12.5%	0	
28256000	-锗的氧化物及二氧化锆										0
2825600001	锗的氧化物〔999〕	5	30	13		千克	3		12.5%	0	
2825600090	二氧化锆〔999〕	5	30	13		千克	3		12.5%	0	
28257000	-钼的氧化物及氢氧化物										0
2825700000	钼的氧化物及氢氧化物〔999〕	5	30	13		千克	4xy		17.5%	0	
28258000	-锑的氧化物										0
2825800000	锑的氧化物〔301 危险化学品，杂项物质〕,〔302 其他化工品〕	5	30	13		千克	4xBy	/N	32.5%	0	

协定税率(%)																		特惠税率(%)			Article Description
智利	新西兰	澳大利亚	瑞士	冰岛	秘鲁	哥斯达	东盟	亚太	新加坡	巴基斯坦	港/澳/台	韩国	格鲁吉亚	毛里求斯	柬埔寨	尼加拉瓜	日/韩/澳/新/东(RCEP)	亚太2国	老/柬/缅	LDC 98/97/95	
0	0	0	0	0	0	0	0			0	0/0/	0	0	0	0	0	0/0/0/0/0			0/0/0	-Other
																					Manganese oxide:
0	0	0	0	0	0	0	0			0	0/0/	0	0	0	0	0	0/0/0/0/0			0/0/0	-Manganese dioxide
0	0	0	0	0	0	0	0			0	0/0/	0	0	0	0	0	0/0/0/0/0			0/0/0	-Other
																					Iron oxides and hydroxides; earth colours containing 70% or more by weight of combined iron evaluated as Fe2O3:
0	0	0	0	0	0	0	0			0	0/0/	1.8	0	0	0	0	4.5/3.9/3.9/3.9/3.9			0/0/0	-Iron oxides and hydroxides
0	0	0	0	0	0	0	0			0	0/0/	0	0	0	0	0	4/3.9/0/0/0			0/0/0	-Earth colours
																					Cobalt oxides and hydroxides; commercial cobalt oxides:
0	0	0	0	0	0	0	0			0	0/0/	0	0	0	0	0	0/0/0/0/0			0/0/0	---Cobalt tetroxide
0	0	0	0	0	0	0	0			0	0/0/	0	0	0	0	0	0/0/0/0/0			0/0/0	---Other
																					Titanium oxides:
0	0	0	0	0	0	0	0			0	0/0/	0	0	0	0	0	0/0/0/0/0			0/0/0	Titanium oxides
																					Lead oxides; red lead and orange lead:
0	0	0	0	0	0	0	0			0	0/0/	0	0	0	0	0	0/0/0/0/0			0/0/0	-Lead monoxide (litharge, massicot)
0	0	0	0	0	0	0	0			0	0/0/	0	0	0	0	0	0/0/0/0/0			0/0/0	---Red lead and orange lead
0	0	0	0	0	0	0	0			0	0/0/	0	0	0	0	0	0/0/0/0/0			0/0/0	---Other
																					Hydrazine and hydroxylamine and their inorganic salts; other inorganic bases; other metal oxides, hydroxides and peroxides:
0	0	0	0	0	0	0	0			0	0/0/	0	0	0	0	0	4/3.9/0/0/0			0/0/0	---Hydrazine hydrate
0	0	0	0	0	0	0	0			0	0/0/	0	0	0	0	0	4/3.9/0/0/0			0/0/0	---Hydroxylamine sulfate
0	0	0	0	0	0	0	0			0	0/0/	0	0	0	0	0	0/0/0/0/0			0/0/0	---Other
0	0	0	0	0	0	0	0			0	0/0/	0	0	0	0	0	0/0/0/0/0			0/0/0	---Lithium hydroxide
0	0	0	0	0	0	0	0			0	0/0/	0	0	0	0	0	0/0/0/0/0			0/0/0	---Other
0	0	0	0	0	0	0	0			0	0/0/	0	0	0	0	0	4/3.9/0/0/0			0/0/0	---Divanadium pentaoxide
0	0	0	0	0	0	0	0			0	0/0/	0	0	0	0	0	0/0/0/0/0			0/0/0	---Other
0	0	0	0	0	0	0	0			0	0/0/	0	0	0	0	0	0/0/0/0/0			0/0/0	-Nickel oxides and hydroxides
0	0	0	0	0	0	0	0			0	0/0/	0	0	0	0	0	0/0/0/0/0			0/0/0	-Copper oxides and hydroxides
0	0	0	0	0	0	0	0			0	0/0/	0	0	0	0	0	0/0/0/0/0			0/0/0	-Germanium oxides and zirconium dioxide
0	0	0	0	0		0	0			0	0/0/	0	0	0	0	0	4/0/0/0/0			0/0/0	-Molybdenum oxides and hydroxides
0	0	0	0	0	0	0	0			0	0/0/	0	0	0	0	0	0/0/0/0/0			0/0/0	-Antimony oxides

商品编号	商品名称及备注[检验检疫编码及名称]	进口关税(%) 最惠国	普通	增值税率(%)	消费税	计量单位	监管条件	检验检疫类别	对美税率	出口税率(%)	出口退税率(%)
28259011	----钨酸										0
2825901100	钨酸〔999〕	5	30	13		千克	4xy			0	
28259012	----三氧化钨										0
2825901200	三氧化钨〔999〕	5	30	13		千克	4xy		32.5%	0	
28259019	----其他										0
2825901910	蓝色氧化钨〔999〕	5	30	13		千克	4xy			0	
2825901990	其他钨的氧化物及氢氧化物〔999〕	5	30	13		千克				0	
28259021	----三氧化二铋										13
2825902100	三氧化二铋〔999 需申报仅用于工业用途不用于食品添加剂无检疫要求的化学品〕	5	30	13		千克	4Axy	R/	27.5%	0	
28259029	----其他										0
2825902900	其他铋的氧化物及氢氧化物〔999 需申报仅用于工业用途不用于食品添加剂无检疫要求的化学品〕	5	30	13		千克	4Axy	R/		0	
28259031	----二氧化锡										0
2825903100	二氧化锡〔999 需申报仅用于工业用途不用于食品添加剂无检疫要求的化学品〕	5	30	13		千克	4Axy	R/	32.5%	0	
28259039	----其他										0
2825903900	其他锡的氧化物及氢氧化物〔999 需申报仅用于工业用途不用于食品添加剂无检疫要求的化学品〕	5	30	13		千克	4Axy	R/		0	
28259041	----一氧化铌										0
2825904100	一氧化铌〔999〕	5	30	13		千克	A	M/		0	
28259049	----其他										0
2825904910[暂2]	五氧化二铌〔999〕	5	30	13		千克	AB	M. R/N		0	
2825904990	其他铌的氧化物及氢氧化物〔999〕	5	30	13		千克	AB	M. R/N		0	
28259090	---其他										0
2825909001	氧化镓〔999〕	5	30	13		千克	3AB	M. R/N. S	27.5%	0	
2825909090	其他氧化物①	5	30	13		千克	AB	M. R/N. S	27.5%	0	
2826	**氟化物；氟硅酸盐、氟铝酸盐及其他氟络盐：**										
28261210	---无水氟化铝										0
2826121000	无水氟化铝〔999〕	5.5	30	13		千克			30.5%	0	
28261290	---其他										0
2826129000	其他氟化铝〔999〕	5	30	13		千克				0	
28261910	---铵的氟化物										0
2826191010	氟化氢铵〔999〕	5	30	13		千克	3A	M/		0	
2826191090	其他铵的氟化物〔301 其他化工产品〕,〔302 危险化学品，毒性物质〕	5	30	13		千克				0	
28261920	---钠的氟化物										0
2826192010	氟化钠〔999〕	5	30	13		千克	3AB	M. R/N. S	27.5%	0	
2826192020	氟化氢钠〔999〕	5	30	13		千克	3A	M/	27.5%	0	
2826192090	其他钠的氟化物〔999〕	5	30	13		千克			27.5%	0	
28261930	---六氟化钨										0
2826193000	六氟化钨〔999〕	5	30	13		千克			17.5%	0	
28261990	---其他										0
2826199010	氟化钾〔999〕	5	30	13		千克	3A	M/	17.5%	0	
2826199020	氟化氢钾〔999〕	5	30	13		千克	3A	M/	17.5%	0	
2826199030	氟化铅，四氟化铅，氟化镉〔301 危险化学品，毒性物质〕,〔302 危险化学品，杂项物质〕	5	30	13		千克			17.5%	0	
2826199090	其他氟化物②	5	30	13		千克			17.5%	0	
28263000	-六氟铝酸钠（人造冰晶石）										13
2826300000	六氟铝酸钠（人造冰晶石）〔999〕	5	30	13		千克				0	
28269010	---氟硅酸盐										0
2826901000	氟硅酸盐〔301 危险化学品，毒性物质〕,〔302 其他化工品〕	5	30	13		千克			32.5%	0	
28269020	---六氟磷酸锂										13
2826902000	六氟磷酸锂〔999〕	5.5	30	13		千克			30.5%	0	
28269090	---其他										0
2826909010[暂0]	氟钽酸钾〔999〕	5	30	13		千克			27.5%	30	
2826909030	氟硼酸铅，氟硼酸镉〔999〕	5	30	13		千克			32.5%	0	
2826909090	氟铝酸盐及其他氟络盐〔301 危险化学品，毒性物质〕,〔302 危险化学品，腐蚀性物质〕,〔303 其他化工品〕	5	30	13		千克			32.5%	0	

① 〔301 危险化学品，氧化性物质〕,〔302 危险化学品，毒性物质〕,〔303 危险化学品，腐蚀性物质〕,〔304 其他危险化学品〕,〔305 其他化工品，不用作食品添加剂〕,〔306 其他化学品，用作食品添加剂〕

② 〔302 危险化学品，毒性物质〕,〔303 危险化学品，腐蚀性物质〕,〔304 危险化学品，杂项物质〕,〔305 其他危险化学品〕,〔306 其他化工品〕

协定税率(%)																		特惠税率(%)			Article Description
智利	新西兰	澳大利亚	瑞士	冰岛	秘鲁	哥斯达	东盟	亚太	新加坡	巴基斯坦	港/澳/台	韩国	格鲁吉亚	毛里求斯	柬埔寨	尼加拉瓜	日/韩/澳/新/东(RCEP)	亚太2国	老/柬/缅	LDC 98/97/95	
0	0	0	0	0	0	0	0			0	0/0/	0	0	0	0	0	0/0/0/0/0			0/0/0	----Tungstic acid
0	0	0	0	0	0	0	0			0	0/0/	0	0	0	0	0	0/0/0/0/0			0/0/0	----Tungstic oxide
0	0	0	0	0	0	0	0			0	0/0/	0	0	0	0	0	0/0/0/0/0			0/0/0	----Other
0	0	0	0	0	0	0	0			0	0/0/	0	0	0	0	0	0/0/0/0/0			0/0/0	----Dibismuth trioxide
0	0	0	0	0	0	0	0			0	0/0/	0	0	0	0	0	0/0/0/0/0			0/0/0	----Other
0	0	0	0	0	0	0	0			0	0/0/	0	0	0	0	0	0/0/0/0/0			0/0/0	----Tin dioxide
0	0	0	0	0	0	0	0			0	0/0/	0	0	0	0	0	0/0/0/0/0			0/0/0	----Other
0	0	0	0	0	0	0	0			0	0/0/	0	0	0	0	0	0/0/0/0/0			0/0/0	----Niobium monoxide
0	0	0	0	0	0	0	0			0	0/0/	0	0	0	0	0	0/0/0/0/0			0/0/0	----Other
0	0	0	0	0	0	0	0			0	0/0/	0	0	0	0	0	0/0/0/0/0			0/0/0	---Other
																					Fluorides; fluorosilicates, fluoroaluminates and other complex fluorine salts:
0	0	0	0	0	0	0	0			0	0/0/	0	0	0	0	0	0/0/0/0/0			0/0/0	---Aluminium fluoride (anhydrous)
0	0	0	0	0	0	0	0			0	0/0/	0	0	0	0	0	0/0/0/0/0			0/0/0	---Other
0	0	0	0	0	0	0	0			0	0/0/	0	0	0	0	0	0/0/0/0/0			0/0/0	---Of ammonium
0	0	0	0	0	0	0	0			0	0/0/	0	0	0	0	0	0/0/0/0/0			0/0/0	---Of sodium
0	0	0	0	0	0	0	0			0	0/0/	0	0	0	0	0	0/0/0/0/0			0/0/0	---Tungsten hexafluoride
0	0	0	0	0	0	0	0			0	0/0/	0	0	0	0	0	0/0/0/0/0			0/0/0	---Other
0	0	0	0	0	0	0	0			0	0/0/	0	0	0	0	0	0/0/0/0/0			0/0/0	-Sodium hexafluoroaluminate (synthetic cryolite)
0	0	0	0	0	0	0	0			0	0/0/	0	0	0	0	0	4/3.9/0/0/0			0/0/0	---Fluorosilicates
0	0	0	0	0	0	0	0			0	0/0/	1.8	0	0	0	0	4.5/3.9/3.9/3.9/3.9			0/0/0	---Lithium hexafluorophosphate
0	0	0	0	0	0	0	0			0	0/0/	1.8	0	0	0	0	4.5/3.9/3.9/3.9/3.9			0/0/0	---Other

商品编号	商品名称及备注［检验检疫编码及名称］	进口关税（%）最惠国	进口关税（%）普通	增值税率（%）	消费税	计量单位	监管条件	检验检疫类别	对美税率	出口税率（%）	出口退税率（%）
2827	**氯化物、氯氧化物及氢氧基氯化物；溴化物及溴氧化物；碘化物及碘氧化物：**										
28271010	---肥料用										0
2827101000	肥料用氯化铵〔999〕	4	11	13		千克	BG	N	6.5%	0	
28271090	---其他										0
2827109000	非肥料用氯化铵〔999〕	5	30	13		千克	G		32.5%	0	
28272000	-氯化钙										13
2827200000	氯化钙①	5	50	13		千克	A	R/	32.5%	0	
28273100	--氯化镁										0
2827310000	氯化镁②	5	30	13		千克	A	R/	12.5%	0	
28273200	--氯化铝										0
2827320000	氯化铝〔999〕	5	30	13		千克			17.5%	0	
28273500	--氯化镍										0
2827350000	氯化镍〔999〕	5	30	13		千克	AB	M/N	32.5%	0	
28273910	---氯化锂										0
2827391000暂0	氯化锂〔301 危险化学品，易燃液体〕，〔302 其他化工品〕	5	30	13		千克			27.5%	0	
28273920	---氯化钡										0
2827392000	氯化钡〔999〕	5	30	13		千克	AB	M/N	27.5%	0	
28273930	---氯化钴										0
2827393000	氯化钴〔101 矿物源性饲料添加剂〕，〔301 危险化学品，杂项物质〕	5	30	13		千克	4ABxy	M.R/N.S	17.5%	0	
28273990	---其他										0
2827399001	四氯化锗〔999〕	5	30	13		千克	3AB	M.R/N.S	12.5%	0	
2827399090	其他氯化物③	5	30	13		千克	AB	M.R/N.S	12.5%	0	
28274100	--铜的氯氧化物及氢氧基氯化物										0
2827410000	铜的氯氧化物及氢氧基氯化物〔999〕	5	30	13		千克			12.5%	0	
28274910	---锆的氯氧化物及氢氧基氯化物										0
2827491000	锆的氯氧化物及氢氧基氯化物〔999〕	5	30	13		千克			32.5%	0	
28274990	---其他										0
2827499000	其他氯氧化物及氢氧基氯化物〔301 危险化学品，腐蚀性物质〕，〔302 其他化工品〕	5	30	13		千克			12.5%	0	
28275100	--溴化钠及溴化钾										0
2827510000	溴化钠及溴化钾〔999〕	5	30	13		千克			32.5%	0	
28275900	--其他										0
2827590000	其他溴化物及溴氧化物〔301 危险化学品，毒性物质〕，〔302 危险化学品，腐蚀性物质〕，〔303 其他化工品〕	5	30	13		千克			32.5%	0	
28276000	-碘化物及碘氧化物										0
2827600000	碘化物及碘氧化物④	5	30	13		千克	AB	M.R/N.S	32.5%	0	
2828	**次氯酸盐；商品次氯酸钙；亚氯酸盐；次溴酸盐：**										
28281000	-商品次氯酸钙及其他钙的次氯酸盐										13
2828100000	商品次氯酸钙及其他钙的次氯酸盐〔999〕	5	80	13		千克			10%	0	
28289000	-其他										0
2828900000	次溴酸盐、亚氯酸盐、其他次氯酸盐〔301 危险化学品，氧化性物质〕，〔302 危险化学品，腐蚀性物质〕，〔303 其他化工品〕	5	30	13		千克	AB	M.R/N.S	32.5%	0	
2829	**氯酸盐及高氯酸盐；溴酸盐及过溴酸盐；碘酸盐及高碘酸盐：**										
28291100	--氯酸钠										0
2829110000	氯酸钠〔999〕	5	30	13		千克	AB	M/N	10%	0	
28291910	---氯酸钾（洋硝）										0
2829191000	氯酸钾（洋硝）〔999〕	5	20	13		千克	9B	/N		0	
28291990	---其他										0
2829199000	其他氯酸盐〔301 危险化学品，爆炸品〕，〔302 危险化学品，氧化性物质〕，〔303 其他化工品〕	5	30	13		千克				0	
28299000	-其他										0
2829900010	颗粒<500 微米的球形高氯酸铵〔301 危险化学品，爆炸品〕，〔302 危险化学品，氧化性物质〕	5	30	13		千克	3A	M/	17.5%	0	

① 〔101 矿物源性饲料添加剂〕，〔102 无检疫要求食品添加剂〕，〔103 需申报仅用于工业用途不用于食品添加剂无检疫要求的化学品〕
② 〔101 矿物源性饲料添加剂〕，〔102 无检疫要求食品添加剂〕，〔103 需申报仅用于工业用途不用于食品添加剂无检疫要求的化学品〕
③ 〔101 矿物源性饲料添加剂〕，〔301 危险化学品，易于自燃的物质〕，〔302 危险化学品，毒性物质〕，〔303 危险化学品，腐蚀性物质〕，〔304 危险化学品，杂项物质〕，〔305 其他化工品，不用作食品添加剂〕，〔306 其他化工品，用作食品添加剂〕
④ 〔101 矿物源性饲料添加剂〕，〔301 危险化学品，毒性物质〕，〔302 危险化学品，腐蚀性物质〕，〔303 其他化工品，不用作食品添加剂〕，〔304 其他化工品，用作食品添加剂〕

协定税率(%)																		特惠税率(%)			Article Description
智利	新西兰	澳大利亚	瑞士	冰岛	秘鲁	哥斯达	东盟	亚太	新加坡	巴基斯坦	港/澳/台	韩国	格鲁吉亚	毛里求斯	柬埔寨	尼加拉瓜	日/韩/澳/新/东(RCEP)	亚太2国	老/柬/缅	LDC 98/97/95	
																					Chlorides, chloride oxides and chloride hydroxides; bromides and bromide oxides; iodides and iodide oxides:
0	0	0	0	0	0	0	0			0	0/0/	0	0	0	0	0	2.9/0/0/0/0			0/0/0	---For use as fertilizer
0	0	0	0	0	0	0	0			0	0/0/	0	0	0	0	0	0/0/0/0/0			0/0/0	---Other
0	0	0	0	0	0	0	0			0	0/0/	0	0	0	0	0	0/0/0/0/0			0/0/0	-Calcium chloride
0	0	0	0	0	0	0	0			0	0/0/	0	0	0	0	0	4/3.9/0/0/0			0/0/0	--Of magnesium
0	0	0	0	0	0	0	0			0	0/0/	0	0	0	0	0	0/0/0/0/0			0/0/0	--Of aluminium
0	0	0	0	0	0	0	0			0	0/0/	0	0	0	0	0	0/0/0/0/0			0/0/0	--Of nickel
0	0	0	0	0		0	0	3.3		0	0/0/	0	0	0	0	0	4/0/0/0/0			0/0/0	---Lithium chloride
0	0	0		0		0	0	3.3		0	0/0/	0	0	0	0	0	4/0/0/0/0			0/0/0	---Barium chloride
0	0	0	0	0	0	0	0	3.3		0	0/0/	0	0	0	0	0	0/0/0/0/0			0/0/0	---Cobalt chloride
0	0	0	0	0		0	0	3.3		0	0/0/	0	0	0	0	0	4/0/0/0/0			0/0/0	---Other
0	0	0	0	0	0	0	0			0	0/0/	0	0	0	0	0	0/0/0/0/0			0/0/0	--Of copper
0	0	0	0	0	0	0	0			0	0/0/	0	0	0	0	0	0/0/0/0/0			0/0/0	---Of zirconium
0	0	0	0	0	0	0	0			0	0/0/	0	0	0	0	0	0/0/0/0/0			0/0/0	---Other
0	0	0	0	0	0	0	0			0	0/0/	0	0	0	0	0	0/0/0/0/0			0/0/0	--Bromides of sodium or of potassium
0	0	0	0	0	0	0	0			0	0/0/	0	0	0	0	0	4/3.9/0/0/0			0/0/0	--Other
0	0	0	0	0		0	0			0	0/0/	0	0	0	0	0	4/0/0/0/0			0/0/0	-Iodides and iodide oxides
																					Hypochlorites; commercial calcium hypochlorite; chlorites; hypobromites:
0	0	0	0	0	0	0	0	3.3	0	2.5	0/0/	0	0	0	0	0	8.7/8.4/0/0/0			0/0/0	-Commercial calcium hypochlorite and other calcium hypochlorites
0	0	0	0	0	0	0	0			0	0/0/	0	0	0	0	0	0/0/0/0/0			0/0/0	-Other
																					Chlorates and perchlorates; bromates and perbromates; iodates and periodates:
0	0	0	0	0	0	0	0		0	6	0/0/	0	0	0	0	0	8.7/8.4/0/0/0			0/0/0	--Of sodium
0	0	0	0	0	0	0	0			0	0/0/	0	0	0	0	0	0/0/0/0/0			0/0/0	---Potassium chlorate
0	0	0	0	0	0	0	0			0	0/0/	0	0	0	0	0	0/0/0/0/0			0/0/0	---Other
0	0	0	0	0	0	0	0			0	0/0/	0	0	0	0	0	0/0/0/0/0			0/0/0	-Other

商品编号	商品名称及备注[检验检疫编码及名称]	进口关税(%) 最惠国	进口关税(%) 普通	增值税率(%)	消费税	计量单位	监管条件	检验检疫类别	对美税率	出口税率(%)	出口退税率(%)
2829900020	高氯酸钾〔999〕	5	30	13		千克	3		17.5%	0	
2829900090	其他高氯酸盐，溴酸盐等(包括过溴酸盐、碘酸盐及高碘酸盐)〔101 矿物源性饲料添加剂〕,〔301 危险化学品，氧化性物质〕,〔302 其他化工品〕	5	30	13		千克			17.5%	0	
2830	**硫化物；多硫化物，不论是否已有化学定义：**										
28301010	---硫化钠										
2830101000	硫化钠〔301 危险化学品，易于自燃的物质〕,〔302 危险化学品，腐蚀性物质〕	5	40	13		千克	3AB	M/N	12.5%	0	0
28301090	---其他										
2830109000	其他钠的硫化物〔301 危险化学品，易于自燃的物质〕,〔302 其他化工品〕	5	30	13		千克			12.5%	0	0
28309020	---硫化锑										
2830902000	硫化锑〔301 危险化学品，杂项物质〕,〔302 其他化工品，精矿〕	5	45	13		千克	B	/N		0	0
28309030	---硫化钴										
2830903000	硫化钴〔999〕	5	30	13		千克			12.5%	0	0
28309090	---其他										
2830909000	其他硫化物、多硫化物①	5	30	13		千克			27.5%	0	0
2831	**连二亚硫酸盐及次硫酸盐：**										
28311010	---钠的连二亚硫酸盐										
2831101000	钠的连二亚硫酸盐〔301 危险化学品，不用作食品添加剂〕,〔302 危险化学品，用作食品添加剂〕	5	30	13		千克	AB	M.R/N.S	32.5%	0	0
28311020	---钠的次硫酸盐										
2831102000	钠的次硫酸盐〔999〕	5	30	13		千克				0	0
28319000	-其他										
2831900000	其他连二亚硫酸盐及次硫酸盐〔301 危险化学品，易于自燃的物质〕,〔302 危险化学品，杂项物质〕,〔303 其他化工品〕	5	30	13		千克				0	0
2832	**亚硫酸盐；硫代硫酸盐：**										
28321000	-钠的亚硫酸盐										
2832100000	钠的亚硫酸盐②	5	30	13		千克			32.5%	0	0
28322000	-其他亚硫酸盐										
2832200000	其他亚硫酸盐〔301 危险化学品〕,〔302 其他化工品，不用作食品添加剂〕,〔303 其他化工品，用作食品添加剂〕	5	30	13		千克	AB	M.R/N.S	27.5%	0	0
28323000	-硫代硫酸盐										
2832300000	硫代硫酸盐〔999〕	5	30	13		千克			27.5%	0	0
2833	**硫酸盐；矾；过硫酸盐：**										
28331100	--硫酸钠										
2833110000	硫酸二钠〔101 矿物源性饲料添加剂〕,〔102 化工产品〕	5	40	13		千克	4xy		32.5%	0	0
28331900	--其他										
2833190000	钠的其他硫酸盐〔301 危险化学品〕,〔302 其他化工品〕	5	30	13		千克			12.5%	0	0
28332100	--硫酸镁										
2833210000	硫酸镁③	5	30	13		千克	A	R/	32.5%	0	0
28332200	--硫酸铝										
2833220000	硫酸铝〔999〕	5	30	13		千克			32.5%	0	0
28332400	--镍的硫酸盐										
2833240000暂2	镍的硫酸盐〔999〕	5	30	13		千克			22.5%	0	0
28332500	--铜的硫酸盐										
2833250000	铜的硫酸盐〔101 矿物源性饲料添加剂〕,〔103 其他化工产品〕	5	30	13		千克			17.5%	0	0
28332700	--硫酸钡										
2833270000	硫酸钡〔999〕	5	30	13		千克	G		32.5%	0	0
28332910	---硫酸亚铁										
2833291000	硫酸亚铁④	5	45	13		千克	A	R/	32.5%	0	0
28332920	---铬的硫酸盐										
2833292000	铬的硫酸盐〔999〕	5	30	13		千克			32.5%	0	0
28332930	---硫酸锌										
2833293000	硫酸锌⑤	5	30	13		千克	A	R/	17.5%	0	13
28332990	---其他										
2833299010暂2	硫酸钴〔101 矿物源性饲料添加剂〕,〔301 杂项物质〕	5	30	13		千克	4ABxy	R/S	14.5%	0	0

① 〔301 危险化学品，易于自燃的物质〕,〔302 危险化学品，毒性物质〕,〔303 危险化学品，腐蚀性物质〕,〔304 危险化学品，杂项物质〕,〔305 其他危险化学品〕,〔306 其他化工品〕
② 〔301 危险化学品，不用作食品添加剂〕,〔302 危险化学品，用作食品添加剂〕,〔303 其他化工品，不用作食品添加剂〕,〔304 其他化工品，用作食品添加剂〕
③ 〔101 矿物源性饲料添加剂〕,〔102 无检疫要求食品添加剂〕,〔103 需申报仅用于工业用途不用于食品添加剂无检疫要求的化学品〕
④ 〔101 矿物源性饲料添加剂〕,〔102 无检疫要求食品添加剂〕,〔103 需申报仅用于工业用途不用于食品添加剂无检疫要求的化学品〕
⑤ 〔101 矿物源性饲料添加剂〕,〔102 无检疫要求食品添加剂〕,〔103 需申报仅用于工业用途不用于食品添加剂无检疫要求的化学品〕

协定税率(%)																		特惠税率(%)			
智利	新西兰	澳大利亚	瑞士	冰岛	秘鲁	哥斯达	东盟	亚太	新加坡	巴基斯坦	港/澳/台	韩国	格鲁吉亚	毛里求斯	柬埔寨	尼加拉瓜	日/韩/澳/新/东(RCEP)	亚太2国	老/柬/缅	LDC 98/97/95	Article Description
																					Sulphides; polysulphides, whether or not chemically defined:
0	0	0	0	0	0	0	0			0	0/0/	0	0	0	0	0	0/0/0/0/0			0/0/0	---Sodium sulphide
0	0	0	0	0	0	0	0			0	0/0/	0	0	0	0	0	0/0/0/0/0			0/0/0	---Other
0	0	0	0	0	0	0	0			0	0/0/	0	0	0	0	0	0/0/0/0/0			0/0/0	---Antimony sulphide
0	0	0	0	0	0	0	0			0	0/0/	0	0	0	0	0	4/3.9/0/0/0			0/0/0	---Cobalt sulphide
0	0	0	0	0	0	0	0			0	0/0/	0	0	0	0	0	0/0/0/0/0			0/0/0	---Other
																					Dithionites and sulphoxylates:
0	0	0	0	0	0	0	0			0	0/0/	0	0	0	0	0	0/0/0/0/0			0/0/0	---Sodium dithionites
0	0	0	0	0	0	0	0			0	0/0/	0	0	0	0	0	0/0/0/0/0			0/0/0	---Sodium sulphoxylates
0	0	0	0	0	0	0	0			0	0/0/	0	0	0	0	0	0/0/0/0/0			0/0/0	-Other
																					Sulphites; thiosulphates:
0	0	0	0	0	0	0	0			0	0/0/	0	0	0	0	0	0/0/0/0/0			0/0/0	-Sodium sulphites
0	0	0	0	0	0	0	0			0	0/0/	0	0	0	0	0	0/0/0/0/0			0/0/0	-Other sulphites
0	0	0	0	0	0	0	0			0	0/0/	0	0	0	0	0	0/0/0/0/0			0/0/0	-Thiosulphates
																					Sulphates; alums; peroxosulphates (persul-phates):
0	0	0	0	0	0	0	0	2.5		0	0/0/	0	0	0	0	0	4/0/0/0/0			0/0/0	--Disodium sulphate
0	0	0	0	0	0	0	0			0	0/0/	0	0	0	0	0	0/0/0/0/0			0/0/0	--Other
0	0	0	0	0	0	0	0			0	0/0/	0	0	0	0	0	0/0/0/0/0			0/0/0	--Of magnesium
0	0	0	0	0	0	0	0			0	0/0/	0	0	0	0	0	0/0/0/0/0			0/0/0	--Of aluminium
0	0	0	0	0	0	0	0			0	0/0/	0	0	0	0	0	0/0/0/0/0			0/0/0	--Of nickel
0	0	0	0	0	0	0	0			0	0/0/	0	0	0	0	0	0/0/0/0/0			0/0/0	--Of copper
0	0	0	0	0	0	0	0			0	0/0/	0	0	0	0	0	4/3.9/0/0/0			0/0/0	--Of barium
0	0	0	0	0	0	0	0			0	0/0/	0	0	0	0	0	0/0/0/0/0			0/0/0	---Ferrous sulphate
0	0	0	0	0	0	0	0			0	0/0/	0	0	0	0	0	0/0/0/0/0			0/0/0	---Chromium sulphates
0	0	0	0	0	0	0	0			0	0/0/	0	0	0	0	0	4/3.9/0/0/0			0/0/0	---Zine sulphate
0	0	0	0	0	0	0	0			0	0/0/	0	0	0	0	0	4/0/0/0/0			0/0/0	---Other

商品编号	商品名称及备注[检验检疫编码及名称]	进口关税(%) 最惠国	普通	增值税率(%)	消费税	计量单位	监管条件	检验检疫类别	对美税率	出口税率(%)	出口退税率(%)
2833299020暂2	其他钴的硫酸盐〔101 矿物源性饲料添加剂〕,〔301 其他危险化学品,需申报仅用于工业用途不用于食品添加剂无检疫要求〕	5	30	13		千克	AB	M. R/N. S	14. 5%	0	
2833299090	其他硫酸盐①	5	30	13		千克	AB	M. R/N	17. 5%	0	
28333010	---钾铝矾										0
2833301000	钾铝矾〔999 无检疫要求食品添加剂〕	5	45	13		千克				0	
28333090	---其他										0
2833309000	其他矾②	5	30	13		千克			12. 5%	0	
28334000	-过硫酸盐										0
2833400000	过硫酸盐〔301 危险化学品,氧化性物质〕,〔302 危险化学品,毒性物质〕,〔303 其他化工品〕	5	30	13		千克			17. 5%	0	
2834	**亚硝酸盐;硝酸盐:**										
28341000	-亚硝酸盐										0
2834100000	亚硝酸盐〔301 危险化学品,不用作食品添加剂〕,〔302 危险化学品,用作食品添加剂〕,〔303 其他化工品〕	5	30	13		千克	AB	M. R/N. S	17. 5%	0	
28342110	---肥料用										0
2834211000暂0	肥料用硝酸钾〔301 危险化学品,氧化性物质〕,〔302 其他化工品〕	4	11	13		千克	AB	M/N	2. 5%	0	
28342190	---其他										0
2834219000	非肥料用硝酸钾〔301 危险化学品,不用作食品添加剂〕,〔302 危险化学品,用作食品添加剂〕	5	30	13		千克	AB	M/N	32. 5%	0	
28342910	---硝酸钴										0
2834291000	硝酸钴〔999〕	5	30	13		千克	AB	M/N	12. 5%	0	
28342990	---其他										0
2834299001暂2	硝酸钡〔999〕	5	30	13		千克	AB	M/N	9. 5%	0	
2834299090	其他硝酸盐〔301 危险化学品,氧化性物质〕,〔302 危险化学品,毒性物质〕,〔303 其他化工品,不用作食品添加剂〕	5	30	13		千克			12. 5%	0	
2835	**次磷酸盐、亚磷酸盐及磷酸盐;多磷酸盐,不论是否已有化学定义:**										
28351000	-次磷酸盐及亚磷酸盐										0
2835100000	次磷酸盐及亚磷酸盐〔301 危险化学品,易燃固体〕,〔302 其他化工品〕	5	20	13		千克			32. 5%	0	
28352200	--磷酸一钠及磷酸二钠										0
2835220000	磷酸一钠及磷酸二钠〔101 矿物源性饲料添加剂〕,〔102 化工产品〕	5	20	13		千克			27. 5%	0	
28352400	--钾的磷酸盐										0
2835240000	钾的磷酸盐〔101 矿物源性饲料添加剂〕	5	20	13		千克			27. 5%	0	
28352510	---饲料级的										0
2835251000	饲料级的正磷酸氢钙(磷酸二钙)〔101 矿物源性饲料添加剂〕,〔102 化工产品〕	5	20	13		千克	AB	R/S		0	
28352520	---食品级的										13
2835252000	食品级的正磷酸氢钙(磷酸二钙)〔101 矿物源性饲料添加剂〕,〔102 食品添加剂(无检疫要求食品添加剂)〕	5	20	13		千克	A	R/	32. 5%	0	
28352590	---其他										0
2835259000	其他正磷酸氢钙(磷酸二钙)〔999〕	5	20	13		千克			12. 5%	0	
28352600	--其他磷酸钙										0
2835260000	其他磷酸钙〔101 矿物源性饲料添加剂〕,〔104 磷酸钙(无检疫要求食品添加剂)〕	5	20	13		千克			12. 5%	0	
28352910	---磷酸三钠										0
2835291000	磷酸三钠〔301 需申报仅用于工业用途不用于食品添加剂无检疫要求的化学品〕,〔999 其他化工产品〕	5	20	13		千克	A	R/	32. 5%	0	
28352990	---其他										0
2835299000	其他磷酸盐③	5	20	13		千克	A	M. R/	27. 5%	0	
28353110	---食品级的										13
2835311000	食品级的三磷酸钠(三聚磷酸钠)〔999 无检疫要求食品添加剂〕	5	20	13		千克	A	R/	32. 5%	0	
28353190	---其他										13
2835319000	其他三磷酸钠(三聚磷酸钠)〔999〕	5	20	13		千克			12. 5%	0	
28353911	----食品级的										13
2835391100	食品级的六偏磷酸钠〔999 无检疫要求食品添加剂〕	5	20	13		千克	A	R/	12. 5%	0	
28353919	----其他										0
2835391900	其他六偏磷酸钠〔999〕	5	20	13		千克			12. 5%	0	

① 〔101 矿物源性饲料添加剂〕,〔301 危险化学品,毒性物质〕,〔302 危险化学品,腐蚀性物质〕,〔303 其他化工品,不用作食品添加剂〕,〔304 其他化工品,用作食品添加剂〕
② 〔101 其他化工产品〕,〔102 硫酸铝铵(铵明矾)(无检疫要求食品添加剂)〕,〔301 毒性物质和感染性物质〕
③ 〔101 矿物源性饲料添加剂〕,〔301 危险化学品,毒性物质〕,〔302 其他化工品,不用作食品添加剂〕,〔303 其他化工品,用作食品添加剂〕

协定税率(%)																		特惠税率(%)			
智利	新西兰	澳大利亚	瑞士	冰岛	秘鲁	哥斯达	东盟	亚太	新加坡	巴基斯坦	港/澳/台	韩国	格鲁吉亚	毛里求斯	柬埔寨	尼加拉瓜	日/韩/澳/新/东 (RCEP)	亚太2国	老/柬/缅	LDC 98/97/95	Article Description
0	0	0	0	0	0	0	0			0	0/0/	0	0	0	0	0	4/3.9/0/0/0			0/0/0	---Potassium aluminum sulfate
0	0	0	0	0	0	0	0			0	0/0/	0	0	0	0	0	4/3.9/0/0/0			0/0/0	---Other
0	0	0	0	0	0	0	0			0	0/0/	0	0	0	0	0	4/3.9/0/0/0			0/0/0	-Peroxosulphates (persulphates)
																					Nitrites; nitrates:
0	0	0	0	0	0	0	0			0	0/0/	0	0	0	0	0	0/0/0/0/0			0/0/0	-Nitrites
0	0	0	0	0	0	0	0			0	0/0/	0		0	0	0	2.9/0/0/0/0			0/0/0	---For use as fertilizer
0	0	0	0	0	0	0	0			0	0/0/	0	0	0	0	0	0/0/0/0/0			0/0/0	---Other
0	0	0	0	0	0	0	0			0	0/0/	0	0	0	0	0	0/0/0/0/0			0/0/0	---Of cobalt
0	0	0	0	0	0	0	0			0	0/0/	0	0	0	0	0	0/0/0/0/0			0/0/0	---Other
																					Phosphinates (hypophosphites), phosphonates (phosphites) and phosphates; polyphosphates, whether or not chemically defined:
0	0	0	0	0	0	0	0			0	0/0/	0	0	0	0	0	0/0/0/0/0			0/0/0	-Phosphinates (hypophosphites) and phosphonates (phosphites)
0	0	0	0	0	0	0	0			0	0/0/	0	0	0	0	0	4/3.9/0/0/0			0/0/0	--Of mono-or disodium
0	0	0	0	0	0	0	0			0	0/0/	0	0	0	0	0	0/0/0/0/0			0/0/0	--Of potassium
0	0	0	0	0	0	0	0			0	0/0/	0	0	0	0	0	0/0/0/0/0			0/0/0	---Feed grade
0	0	0	0	0	0	0	0			0	0/0/	0	0	0	0	0	0/0/0/0/0			0/0/0	---Food grade
0	0	0	2.2	0	0	0	0			0	0/0/	0	0	0	0	0	4/0/0/0/0			0/0/0	---Other
0	0	0	0	0	0	0	0			0	0/0/	0	0	0	0	0	4/3.9/0/0/0			0/0/0	--Other phosphates of calcium
0	0	0	0	0	0	0	0			0	0/0/	0	0	0	0	0	0/0/0/0/0			0/0/0	---Trisodium phosphate
0	0	0	0	0	0	0	0			0	0/0/	0	0	0	0	0	4/3.9/0/0/0			0/0/0	---Other
0	0	0	0	0	0	0	0			0	0/0/	0	0	0	0	0	0/0/0/0/0			0/0/0	---Food grade
0	0	0	0	0	0	0	0			0	0/0/	0	0	0	0	0	4/3.9/0/0/0			0/0/0	---Other
0	0	0	0	0	0	0	0			0	0/0/	0	0	0	0	0	0/0/0/0/0			0/0/0	----Food grade
0	0	0	0	0	0	0	0			0	0/0/	0	0	0	0	0	4/3.9/0/0/0			0/0/0	----Other

商品编号	商品名称及备注〔检验检疫编码及名称〕	进口关税(%)		增值税率(%)	消费税	计量单位	监管条件	检验检疫类别	对美税率	出口税率(%)	出口退税率(%)
		最惠国	普通								
28353990	---其他										0
2835399000	其他多磷酸盐〔101 矿物源性饲料添加剂〕	5	20	13		千克			17.5%	0	
2836	**碳酸盐;过碳酸盐;含氨基甲酸铵的商品碳酸铵:**										
28362000	-碳酸钠(纯碱)										13
2836200000	碳酸钠(纯碱)①	5	35	13		千克	AG	M.R/	12.5%	0	
28363000	-碳酸氢钠(小苏打)										13
2836300000	碳酸氢钠(小苏打)②	5	45	13		千克	AG	R/	15%	0	
28364000	-钾的碳酸盐										0
2836400000	钾的碳酸盐〔101 碳酸氢钾〕,〔102 碳酸钾〕	5	30	13		千克			12.5%	0	
28365000	-碳酸钙										0
2836500000	碳酸钙③	5	45	13		千克	A	R/	27.5%	0	
28366000	-碳酸钡										0
2836600000暂1	碳酸钡〔999〕	5	40	13		千克			28.5%	0	
28369100	--锂的碳酸盐										0
2836910000暂2	锂的碳酸盐〔999〕	5	30	13		千克			27.5%	0	
28369200	--锶的碳酸盐										0
2836920000暂2	锶的碳酸盐〔999〕	5	30	13		千克			29.5%	0	
28369910	---碳酸镁										0
2836991000	碳酸镁④	5	45	13		千克	A	R/	32.5%	0	
28369930	---碳酸钴										0
2836993000暂2	碳酸钴〔101 矿物源性饲料添加剂〕,〔102 化工产品〕	5	30	13		千克	4xy			0	
28369940	---商品碳酸铵及其他铵的碳酸盐										0
2836994000	商品碳酸铵及其他铵的碳酸盐〔101 矿物源性饲料添加剂〕	5	30	13		千克			32.5%	0	
28369950	---碳酸锆										0
2836995000	碳酸锆〔999〕	5	30	13		千克	AB	R/S		0	
28369990	---其他										13
2836999000	其他碳酸盐及过碳酸盐⑤	5	30	13		千克	A	M.R/	17.5%	0	
2837	**氰化物、氧氰化物及氰络合物:**										
28371110	---氰化钠										0
2837111000	氰化钠(山奈)〔999〕	5	20	13		千克	23AB	M/N		0	
28371120	---氧氰化钠										0
2837112000	氧氰化钠〔999〕	5	30	13		千克				0	
28371910	---氰化钾										0
2837191000	氰化钾〔999〕	5	20	13		千克	23AB	M/N	32.5%	0	
28371990	---其他										0
2837199011	氰化锌、氰化亚铜、氰化铜(氰化高铜)〔999〕	5	30	13		千克			32.5%	0	
2837199012	氰化镍、氰化钙(氰化亚镍)〔999〕	5	30	13		千克			32.5%	0	
2837199013	氰化钡、氰化镉、氰化铅〔999〕	5	30	13		千克			32.5%	0	
2837199014	氰化钴〔氰化钴(Ⅱ)、氰化钴(Ⅲ)〕〔999〕	5	30	13		千克			32.5%	0	
2837199090	其他氰化物及氧氰化物〔999〕	5	30	13		千克			32.5%	0	
28372000	-氰络合物										0
2837200011	氰化镍钾、氰化钠铜锌(氰化钾镍、镍氰化钾、铜盐)〔999〕	5	30	13		千克			32.5%	0	
2837200012	氰化亚铜(三)钠、氰化亚铜(三)钾(紫铜盐、紫铜矾、氰化铜钠、氰化亚铜钾、亚铜氰化钾)〔999〕	5	30	13		千克			32.5%	0	
2837200090	其他氰络合物〔999〕	5	30	13		千克			32.5%	0	
2839	**硅酸盐;商品碱金属硅酸盐:**										
28391100	--偏硅酸钠										0
2839110000	偏硅酸钠〔999〕	5	40	13		千克	AB	M/N	12.5%	0	
28391910	---硅酸钠										0
2839191000	硅酸钠〔999〕	5	30	13		千克	A	M/	17.5%	0	

① 〔101 矿物源性饲料添加剂〕,〔102 食品添加剂(无检疫要求食品添加剂)〕,〔301 需申报仅用于工业用途不用于食品添加剂无检疫要求的化学品〕

② 〔101 矿物源性饲料添加剂〕,〔301 碳酸氢钠(无检疫要求食品添加剂)〕,〔302 复合膨松剂(无检疫要求食品添加剂)〕,〔303 需申报仅用于工业用途不用于食品添加剂无检疫要求的化学品〕

③ 〔101 矿物源性饲料添加剂〕,〔102 碳酸钙(包括轻质和重质碳酸钙)(无检疫要求食品添加剂)〕,〔103 生物碳酸钙(无检疫要求食品添加剂)〕,〔104 活性钙(无检疫要求食品添加剂)〕,〔301 需申报仅用于工业用途不用于食品添加剂无检疫要求的化学品〕

④ 〔301 其他化工品,用作食品添加剂〕,〔302 其他化工品,不用作食品添加剂〕,〔303 危险化学品,用作食品添加剂〕,〔304 危险化学品,不用作食品添加剂〕

⑤ 〔101 矿物源性饲料添加剂〕,〔301 危险化学品,氧化性物质〕,〔302 危险化学品,毒性物质〕,〔303 其他化工品,不用作食品添加剂〕,〔304 其他化工品,用作食品添加剂〕

协定税率(%)																		特惠税率(%)			
智利	新西兰	澳大利亚	瑞士	冰岛	秘鲁	哥斯达	东盟	亚太	新加坡	巴基斯坦	港/澳/台	韩国	格鲁吉亚	毛里求斯	柬埔寨	尼加拉瓜	日/韩/澳/新/东(RCEP)	亚太2国	老/柬/缅	LDC 98/97/95	Article Description
0	0	0	0		0	0	0			0	0/0/	0	0	0	0	0	4/0/0/0/0			0/0/0	---Other
																					Carbonates; peroxocarbonates (percarbonates); commercial ammonium carbonate containing ammonium carbamate:
0	0	0	0	0	0	0	0			0	0/0/	0	0	0	0	0	0/0/0/0/0			0/0/0	-Disodium carbonate
0	0	0	0	0	0	0	0			0	0/0/	0	0	0	0	0	4/3.9/0/0/0			0/0/0	-Sodium hydrogen carbonate (sodium bicarbonate)
0	0	0	0	0	0	0	0			0	0/0/	0	0	0	0	0	0/0/0/0/0			0/0/0	-Potassium carbonates
0	0	0	0	0	0	0	0			0	0/0/	0	0	0	0	0	0/0/0/0/0			0/0/0	-Calcium carbonate
0	0	0	0	0	0	0	0			0	0/0/	0	0	0	0	0	0/0/0/0/0			0/0/0	-Barium carbonate
0	0	0	0	0		0	0			0	0/0/	0	0	0	0	0	4/0/0/0/0			0/0/0	--Lithium carbonates
0	0	0	0	0	0	0	0			0	0/0/	0	0	0	0	0	0/0/0/0/0			0/0/0	--Strontium carbonate
0	0	0	0	0	0	0	0			0	0/0/	0	0	0	0	0	4/3.9/0/0/0			0/0/0	---Magnesium carbonate
0	0	0	0	0	0	0	0	4		0	0/0/	0	0	0	0	0	0/0/0/0/0			0/0/0	---Cobalt carbonate
0	0	0	0	0	0	0	0			0	0/0/	0	0	0	0	0	0/0/0/0/0			0/0/0	---Commercial ammonium carbonate and other ammonium carbonates
0	0	0	0	0	0	0	0			0	0/0/	0	0	0	0	0	0/0/0/0/0			0/0/0	---Zirconium carbonate
0	0	0	0	0	0	0	0			0	0/0/	0	0	0	0	0	0/0/0/0/0			0/0/0	---Other
																					Cyanides, cyanide oxides and complex cyanides:
0	0	0	0	0	0	0	0			0	0/0/	1.8	0	0	0	0	4.5/3.9/3.9/3.9/3.9			0/0/0	---Sodium cyanide
0	0	0	0	0	0	0	0	3.3		0	0/0/	0	0	0	0	0	0/0/0/0/0			0/0/0	---Sodium cyanide oxide
0	0	0	0	0	0	0	0	4		0	0/0/	0	0	0	0	0	0/0/0/0/0			0/0/0	---Potassium cyanide
0	0	0	0	0	0	0	0			0	0/0/	1.8	0	0	0	0	4.5/3.9/3.9/3.9/3.9			0/0/0	---Other
0	0	0	0	0	0	0	0			0	0/0/	0	0	0	0	0	0/0/0/0/0			0/0/0	-Complex cyanides
																					Silicates; commercial alkali metal silicates:
0	0	0	0	0	0	0	0			0	0/0/	0	0	0	0	0	4/3.9/0/0/0			0/0/0	--Sodium metasilicates
0	0	0	0	0	0	0	0			0	0/0/	0	0	0	0	0	4/3.9/0/0/0			0/0/0	---Sodium silicate

商品编号	商品名称及备注［检验检疫编码及名称］	进口关税(%) 最惠国	普通	增值税率(%)	消费税	计量单位	监管条件	检验检疫类别	对美税率	出口税率(%)	出口退税率(%)
28391990	---其他										0
2839199000	其他钠盐［999］	5	30	13		千克			32.5%	0	
28399000	-其他										0
2839900001暂2	锆的硅酸盐［999］	5	30	13		千克			9.5%	0	
2839900010	硅酸铅［999］	5	30	13		千克			12.5%	0	
2839900090	其他硅酸盐；商品碱金属硅酸盐［101 硅酸镁］，［102 硅酸钙铝］	5	30	13		千克			12.5%	0	
2840	**硼酸盐及过硼酸盐：**										
28401100	--无水四硼酸钠										0
2840110000暂2	无水四硼酸钠［999］	5	20	13		千克				0	
28401900	--其他										0
2840190000暂2	其他四硼酸钠［999］	5	20	13		千克				0	
28402000	-其他硼酸盐										0
2840200000	其他硼酸盐［999］	5	30	13		千克			12.5%	0	
28403000	-过硼酸盐										0
2840300000	过硼酸盐［301 危险化学品，氧化性物质］，［302 其他化工品］	5	30	13		千克			17.5%	0	
2841	**金属酸盐及过金属酸盐：**										
28413000	-重铬酸钠										0
2841300000	重铬酸钠［999］	5.5	20	13		千克	AB	M/N	8%	0	
28415000	-其他铬酸盐及重铬酸盐；过铬酸盐										0
2841500000	其他铬酸盐及重铬酸盐，过铬酸盐①	5.5	30	13		千克			33%	0	
28416100	--高锰酸钾										0
2841610000	高锰酸钾［301 危险化学品，不用作食品添加剂］，［302 危险化学品，用作食品添加剂］	5.5	30	13		千克	23AB	M.R/N.S	18%	0	
28416910	---锰酸锂										13
2841691000	锰酸锂［999］	5.5	30	13		千克			8%	0	
28416990	---其他										0
2841699000	亚锰酸盐，其他锰酸盐及其他高锰酸盐［301 危险化学品，氧化性物质］，［302 其他化工品］	5.5	30	13		千克			18%	0	
28417010	---钼酸铵										0
2841701000	钼酸铵［999］	5.5	30	13		千克	4xy		13%	0	
28417090	---其他										0
2841709000	其他钼酸盐［101 矿物源性饲料添加剂］，［102 化工产品］	5.5	30	13		千克	4xy		28%	0	
28418010	---仲钨酸铵										0
2841801000	仲钨酸铵［999］	5.5	30	13		千克	4xy		8%	0	
28418020	---钨酸钠										0
2841802000	钨酸钠［999］	5.5	30	13		千克	4xy		13%	0	
28418030	---钨酸钙										0
2841803000	钨酸钙［999］	5.5	30	13		千克	4xy		8%	0	
28418040	---偏钨酸铵										0
2841804000	偏钨酸铵［999］	5.5	30	13		千克	4xy		8%	0	
28418090	---其他										0
2841809000	其他钨酸盐［999］	5.5	30	13		千克			18%	0	
28419000	-其他										
2841900010暂2	钴酸锂［999］	5.5	30	13		千克			29.5%	0	13
2841900020暂0	铼酸盐及高铼酸盐［999］	5.5	30	13		千克			27.5%	0	0
2841900030暂2	铌酸锂［999］	5.5	30	13		千克			29.5%	0	0
2841900090	其他金属酸盐及过金属酸盐［301 危险化学品，毒性物质］，［302 危险化学品，腐蚀性物质］，［303 其他化工品］	5.5	30	13		千克			33%	0	0
2842	**其他无机酸盐或过氧酸盐（包括不论是否已有化学定义的硅铝酸盐），但叠氮化物除外：**										
28421000	-硅酸复盐或硅酸络盐，包括不论是否已有化学定义的硅铝酸盐										0
2842100000	硅酸复盐及硅酸络盐（包括不论是否已有化学定义的硅铝酸盐）［101 矿物源性饲料添加剂］，［301 其他化工品，不用作食品添加剂］，［302 无检疫要求食品添加剂］	5.5	30	13		千克	AB	M.R/N.S	28%	0	
28429011	----硫氰酸钠										0
2842901100	硫氰酸钠［301］	5.5	30	13		千克			8%	0	
28429019	----其他										0

① ［301 危险化学品，氧化性物质］，［302 危险化学品，毒性物质］，［303 危险化学品，杂项物质］，［304 其他化工品］

协定税率(%)																		特惠税率(%)			Article Description
智利	新西兰	澳大利亚	瑞士	冰岛	秘鲁	哥斯达	东盟	亚太	新加坡	巴基斯坦	港/澳/台	韩国	格鲁吉亚	毛里求斯	柬埔寨	尼加拉瓜	日/韩/澳/新/东(RCEP)	亚太2国	老/柬/缅	LDC 98/97/95	
0	0	0	0	0	0	0	0			0	0/0/	0	0	0	0	0	4/3.9/0/0/0			0/0/0	---Other
0	0	0	0	0	0	0	0			0	0/0/	0	0	0	0	0	4/0/0/0/0			0/0/0	-Other
																					Borates; peroxoborates (perborates):
0	0	0	0	0	0	0	0			0	0/0/	0	0	0	0	0	0/0/0/0/0			0/0/0	--Anhydrous
0	0	0	0	0	0	0	0			0	0/0/	0	0	0	0	0	0/0/0/0/0			0/0/0	--Other
0	0	0	0	0	0	0	0			0	0/0/	0	0	0	0	0	4/3.9/0/0/0			0/0/0	-Other borates
0	0	0	0	0	0	0	0			0	0/0/	0	0	0	0	0	0/0/0/0/0			0/0/0	-Peroxoborates (perborates)
																					Salts of oxometanic or peroxometallicacids:
0	0	0	0	0	0	0	0			0	0/0/	0	0	0	0	0	0/0/0/0/0			0/0/0	-Sodium dichromate
0	0	0	0	0	0	0	0			0	0/0/	0	0	0	0	0	0/0/0/0/0			0/0/0	-Other chromates and dichromates; peroxochromates
0	0	0	0	0	0	0	0			0	0/0/	0	0	0	0	0	0/0/0/0/0			0/0/0	--Potassium permanganate
0	0	0	0	0	0	0	0			0	0/0/	0	0	0	0	0	0/0/0/0/0			0/0/0	---Lithium manganate
0	0	0	0	0	0	0	0			0	0/0/	0	0	0	0	0	0/0/0/0/0			0/0/0	---Other
0	0	0	0	0	0	0	0	2.8		0	0/0/	0	0	0	0	0	0/0/0/0/0			0/0/0	---Ammonium molybdates
0	0	0	0	0	0	0	0			0	0/0/	0	0	0	0	0	0/0/0/0/0			0/0/0	---Other
0	0	0	0	0	0	0	0			0	0/0/	0	0	0	0	0	0/0/0/0/0			0/0/0	---Ammonium paratungstate
0	0	0	0	0	0	0	0			0	0/0/	0	0	0	0	0	0/0/0/0/0			0/0/0	---Sodium tungstate
0	0	0	0	0	0	0	0			0	0/0/	0	0	0	0	0	0/0/0/0/0			0/0/0	---Calcium wolframate
0	0	0	0	0	0	0	0			0	0/0/	0	0	0	0	0	0/0/0/0/0			0/0/0	---Ammonium metatungstate
0	0	0	0	0	0	0	0	2.8		0	0/0/	0	0	0	0	0	0/0/0/0/0			0/0/0	---Other
0	0	0	0	0	0	0	0			0	0/0/	0	0	0	0	0	4/3.9/0/0/0			0/0/0	-Other
																					Other Salts of inorganic acids or peroxoacids (including aluminosilicates whether or not chemically defined), other than azides:
0	0	0	2.2	0	0	0	0			0	0/0/	0	0	0	0	0	4/0/0/0/0			0/0/0	-Double or complex silicates, including aluminosilicates whether or not chemically defined
0	0	0	0	0	0	0	0			0	0/0/	0	0	0	0	0	0/0/0/0/0			0/0/0	----Sodium thiocyanate
0	0	0	0	0	0	0	0			0	0/0/	0	0	0	0	0	0/0/0/0/0			0/0/0	----Other

商品编号	商品名称及备注[检验检疫编码及名称]	进口关税(%) 最惠国	普通	增值税率(%)	消费税	计量单位	监管条件	检验检疫类别	对美税率	出口税率(%)	出口退税率(%)
2842901910	其他硫氰酸盐[301 危险化学品],[302 其他化工品]	5.5	30	13		千克	AB	M/N	8%	0	
2842901990	雷酸盐及氰酸盐[999]	5.5	30	13		千克			8%	0	
28429020	---碲化镉										0
2842902000	碲化镉[999]	5.5	30	13		千克	AB	M/N	8%	0	
28429030	---锂镍钴锰氧化物										13
2842903000	锂镍钴锰氧化物[999]	5.5	30	13		千克	AB	R/S	33%	0	
28429040	---磷酸铁锂										0
2842904000	磷酸铁锂[999]	5.5	30	13		千克			33%	0	
28429050	---硒酸盐及亚硒酸盐										0
2842905000	硒酸盐及亚硒酸盐①	5.5	30	13		千克	AB	M.R/N.S	28%	0	
28429060	---锂镍钴铝氧化物										13
2842906000	锂镍钴铝氧化物[999]	5.5	30	13		千克	AB	M.R/N.S		0	
28429090	---其他										13
2842909013	亚砷酸钠,亚砷酸钾,亚砷酸钙(偏亚砷酸钠)[999]	5.5	30	13		千克			28%	0	
2842909014	亚砷酸锶,亚砷酸钡,亚砷酸铁[999]	5.5	30	13		千克			28%	0	
2842909015	亚砷酸铜,亚砷酸锌,亚砷酸铅(亚砷酸氢铜)[999]	5.5	30	13		千克			28%	0	
2842909016	亚砷酸锑,砷酸铵,砷酸氢二铵[999]	5.5	30	13		千克			28%	0	
2842909017	砷酸钠,砷酸氢二钠,砷酸二氢钠(砷酸三钠)[999]	5.5	30	13		千克			28%	0	
2842909018	砷酸钾,砷酸二氢钾,砷酸镁[999]	5.5	30	13		千克			28%	0	
2842909019	砷酸钙,砷酸钡,砷酸铁(砷酸三钙)[999]	5.5	30	13		千克			28%	0	
2842909021	砷酸亚铁,砷酸铜,砷酸锌[999]	5.5	30	13		千克			28%	0	
2842909022	砷酸铅,砷酸锑,偏砷酸钠[999]	5.5	30	13		千克			28%	0	
2842909023	硒化铅,硒化镉[301 危险化学品,毒性物质],[302 危险化学品,杂项物质]	5.5	30	13		千克			28%	0	
2842909024	硒化镓[999]	5.5	30	13		千克	3AB	M.R/N.S	28%	0	
2842909090	其他无机酸盐及过氧酸盐(迭氮化物除外)②	5.5	30	13		千克	AB	M.R/N.S	28%	0	
2843	**胶态贵金属;贵金属的无机或有机化合物,不论是否已有化学定义;贵金属汞齐:**										
28431000	-胶态贵金属										0
2843100000	胶态贵金属[999]	5.5	30	13		克			33%	0	
28432100	--硝酸银										0
2843210000	硝酸银[999]	5.5	30	13		克	AB	M/N	13%	0	
28432900	--其他										0
2843290010	氰化银,氰化银钾,亚砷酸银(银氰化钾,砷酸银)[999]	5.5	30	13		克			13%	0	
2843290020	2,2,3,3,4,4,5,5,6,6,7,7,8,8,8-十五氟辛酸银(1+)盐(1:1)(CAS 号:335-93-3)[999]	5.5	30	13		克	X		13%	0	
2843290030	全氟辛酸银(45285-51-6)[999]	5.5	30	13		克	X		13%	0	
2843290090	其他银化合物(不论是否已有化学定义)③	5.5	30	13		克			13%	0	
28433000	-金化合物										0
2843300010	氰化金,氰化金钾(含金 40%)等[包括氰化亚金(I)钾(含金 68.3%)、氰化亚金(III)钾(含金 57%)][999]	5.5	30	13		克	J		20.5%	0	
2843300090	其他金化合物(不论是否已有化学定义)[999]	5.5	30	13		克			20.5%	0	
28439000	-其他贵金属化合物;贵金属汞齐										
2843900010	氯化钯[999]	5.5	30	13		克	G		13%	0	0
2843900020	氯化铂[999]	5.5	30	13		克	4xy		13%	0	0
2843900031[暂0]	奥沙利铂、卡铂、奈达铂、顺铂[999]	5.5	30	3		克	4xy		7.5%	0	0
2843900039	其他铂化合物[301 危险化学品,腐蚀性物质],[302 其他化工品]	5.5	30	13		克	4xy		13%	0	0
2843900040[暂2]	燃料电池用氧化铱(铱含量 75%及以上,粒径 40~100 纳米,金属杂质总量小于 500ppm)(不论是否已有化学定义)[999]	5.5	30	13		克	4xy		9.5%	0	0
2843900050	二氯双{三[4-(3,3,4,4,5,5,6,6,7,7,8,8,9,9,10,10,10-十七氟癸基)苯基]膦-κP}合钯"(CAS 号:326475-46-1)[999]	5.5	30	13		克	X		13%	0	
2843900091	贵金属汞齐(不论是否已有化学定义)[999]	5.5	30	13		克	4Xxy		13%	0	0
2843900092	全氟辛酸的盐类和相关化合物(PFOA 类)[999]	5.5	30	13		克	X		13%	0	
2843900099	其他贵金属化合物(不论是否已有化学定义)④	5.5	30	13		克	4xy		13%	0	0

① [301 危险化学品,毒性物质],[302 危险化学品,杂项物质],[303 其他化工品,不用作食品添加剂],[304 其他化工品,用作食品添加剂],[305 危险化学品,用作食品添加剂]
② [101 矿物源性饲料添加剂],[301 危险化学品,氧化性物质],[302 危险化学品,毒性物质],[303 其他化工品,不用作食品添加剂],[304 其他化工品,用作食品添加剂]
③ [301 危险化学品,易燃固体],[302 危险化学品,氧化性物质],[303 危险化学品,毒性物质],[304 危险化学品,腐蚀性物质],[305 其他化工品]
④ [301 危险化学品,氧化性物质],[302 危险化学品,毒性物质],[303 其他危险化学品],[304 其他化工品]

协定税率(%)																		特惠税率(%)			Article Description
智利	新西兰	澳大利亚	瑞士	冰岛	秘鲁	哥斯达	东盟	亚太	新加坡	巴基斯坦	港/澳/台	韩国	格鲁吉亚	毛里求斯	柬埔寨	尼加拉瓜	日/韩/澳/新/东 (RCEP)	亚太2国	老/柬/缅	LDC 98/97/95	
0	0	0	0	0	0	0	0			0	0/0/	0	0	0	0	0	0/0/0/0/0			0/0/0	---Cadmium telluride
0	0	0	0	0	0	0	0			0	0/0/	0	0	0	0	0	0/0/0/0/0			0/0/0	---Lithium nickel cobalt manganese oxides
0	0	0	0	0	0	0	0			0	0/0/	0	0	0	0	0	4/3.9/0/0/0			0/0/0	---Lithium Iron Phosphate
0	0	0	0	0	0	0	0			0	0/0/	0	0	0	0	0	0/0/0/0/0			0/0/0	---Selenate and selenite
0	0	0	0	0	0	0	0			0	0/0/	0	0	0	0	0	0/0/0/0/0			0/0/0	---Lithium nickel cobalt aluminum oxides
0	0	0	0	0	0	0	0			0	0/0/	0	0	0	0	0	0/0/0/0/0			0/0/0	---Other
																					Colloidal precious metals; inorganic or organic compounds of precious metals, whether or not chemically defined; amalgams of precious metals:
0	0	0	0	0	0	0	0			0	0/0/	0	0	0	0	0	0/0/0/0/0			0/0/0	-Colloidal precious metals
0	0	0	0	0	0	0	0			0	0/0/	0	0	0	0	0	0/0/0/0/0			0/0/0	--Silver nitrate
0	0	0	0	0	0	0	0			0	0/0/	0	0	0	0	0	0/0/0/0/0			0/0/0	--Other
0	0	0	0	0	0	0	0	4.4		0	0/0/	0	0	0	0	0	0/0/0/0/0			0/0/0	-Gold compounds
0	0	0		0	0	0	0			0	0/0/	0	0	0	0	0	4/0/0/0/0			0/0/0	-Other compounds; amalgams

商品编号	商品名称及备注［检验检疫编码及名称］	进口关税（%） 最惠国	普通	增值税率（%）	消费税	计量单位	监管条件	检验检疫类别	对美税率	出口税率（%）	出口退税率（%）
2844	**放射性化学元素及放射性同位素（包括可裂变或可转换的化学元素及同位素）及其化合物；含上述产品的混合物及残渣：**										
28441000	-天然铀及其化合物；含天然铀或天然铀化合物的合金、分散体（包括金属陶瓷）、陶瓷产品及混合物										0
2844100010[暂0]	天然铀及其化合物〔999〕	5	30	13		克/百万贝可	23		27.5%	0	
2844100090	含天然铀或天然铀化合物的合金、分散体（包括金属陶瓷）、陶瓷产品及混合物〔999〕	5	30	13		克/百万贝可	23		32.5%	0	
28442000	-铀-235 浓缩铀及其化合物；钚及其化合物；含铀-235 浓缩铀、钚或它们的化合物的合金、分散体（包括金属陶瓷）、陶瓷产品及混合物										0
2844200010[暂0]	含 U235 浓度低于 5%的低浓铀及其化合物〔999〕	5	30	13		克/百万贝可	23		27.5%	0	
2844200090	其他 U235 浓缩铀，钚及其化合物（包括其合金、分散体、陶瓷产品及混合物）〔999〕	5	30	13		克/百万贝可	23		32.5%	0	
28443000	-铀-235 贫化铀及其化合物；钍及其化合物；含铀-235 贫化铀、钍或它们的化合物的合金、分散体（包括金属陶瓷）、陶瓷产品及混合物										0
2844300000	U235 贫化铀，钍及其化合物（包括其合金、分散体、陶瓷产品及混合物）〔999〕	5	30	13		克/百万贝可	23		12.5%	0	
28444100	--氚及其化合物；含氚及其化合物的合金、分散体（包括金属陶瓷）、陶瓷产品及混合物										0
2844410010	氚、氚化物和氚的混合物，以及含有上述任何一种物质的产品［氚-氢原子比超过千分之一的，不包括含氚（任何形态）量小于 1.48×10^{3}GBq 的产品］〔999〕	5	30	13		克/百万贝可	23		17.5%	0	
2844410090	其他氚及其化合物；其他含氚及其化合物的合金、分散体（包括金属陶瓷）、陶瓷产品及混合物〔999〕	5	30	13		克/百万贝可	2		17.5%	0	
28444210	---镭-223 及镭-223 盐										0
2844421010[暂0]	氯化镭［223Ra］注射液（抗癌药）〔999〕	4	14	3		克/百万贝可	2		22.5%	0	
2844421090	其他镭-223 及镭-223 盐〔999〕	4	14	13		克/百万贝可	2		26.5%	0	
28444290	---其他										0
2844429010	发射 α 粒子，其 α 半衰期为 10 天或更长但小于 200 年的放射性核素（1. 单质；2. 含有 α 总活度为 37GBq/kg 或更大的任何这类放射性核素的化合物；3. 含有 α 总活度为 37GBq/kg 或更大的任何这类放射性核素的混合物；4. 含有任何上述物质的产品，不包括所含 α 活度小于 3.7GBq 的产品）〔999〕	5	30	13		克/百万贝可	23		17.5%	0	
2844429090	其他锕-225、锕-227、锎-253、锔-240、锔-241、锔-242、锔-243、锔-244、锿-253、锿-254、钆-148、钋-208、钋-209、钋-210、铀-230 或铀-232 及其化合物，其他镭-223 的化合物；含这些元素及其化合物的合金、分散体（包括金属陶瓷）、陶瓷产品及混合物〔999〕	5	30	13		克/百万贝可	2		17.5%	0	
28444310	---除镭-223 及镭-223 盐外的镭及镭盐										0
2844431010	镭-226 及其盐（两用物项管制商品）〔999〕	4	14	13		克/百万贝可	23		26.5%	0	
2844431090	其他除镭-223、镭-226 及它们的盐外的镭及镭盐〔999〕	4	14	13		克/百万贝可	2		26.5%	0	
28444320	---钴及钴盐										0
2844432000	放射性钴及放射性钴盐（包括其合金，分散体，陶瓷产品等）〔999〕	4	14	13		克/百万贝可	2		31.5%	0	
28444390	---其他										0
2844439010	铀-233 及其化合物（包括呈金属、合金、化合物或浓缩物形态的各种材料）〔999〕	5	30	13		克/百万贝可	23		17.5%	0	
2844439021	镭-226 的化合物（镭-226 的盐除外）〔999〕	5	30	13		克/百万贝可	23		17.5%	0	
2844439029	镭-226 的合金、混合物〔999〕	5	30	13		克/百万贝可	3		17.5%	0	

协定税率(%)																		特惠税率(%)			Article Description
智利	新西兰	澳大利亚	瑞士	冰岛	秘鲁	哥斯达	东盟	亚太	新加坡	巴基斯坦	港/澳/台	韩国	格鲁吉亚	毛里求斯	柬埔寨	尼加拉瓜	日/韩/澳/新/东 (RCEP)	亚太2国	老/柬/缅	LDC 98/97/95	
																					Radioactive chemical elements and radioactive isotopes (including the fissile or fertile chemical elements and isotopes) and their compounds; mixtures and residues containing these products:
0	0	0	0	0	0	0	0			0	0/0/	0	0	0	0	0	0/0/0/0/0			0/0/0	-Natural uranium and its compounds; aloys, dispersions (including cermets), ceramic products and mixtures containing natural uranium or natural uranium compouds
0	0	0	0	0	0	0	0			0	0/0/	0	0	0	0	0	0/0/0/0/0			0/0/0	-Uranium enriched in U235 and its compounds; plutonium and its compounds; alloys dispersion (including cermets), ceramic products and mixtures containing uranium enriched in U235, plutonium or compounds of these products
0	0	0	0	0	0	0	0			0	0/0/	0	0	0	0	0	0/0/0/0/0			0/0/0	-Uranium depleted in U235 and its compounds; thorium and its compounds; alloys, dispersions (including cermets), ceramic products and mixtures containing uranium depleted in U235, thorium or compounds of these products
0	0	0	0	0	0	0	0			0	0/0/	0	0	0	0	0	0/0/0/0/0			0/0/0	--Tritium and its compounds; alloys, dispersions (including cermets), ceramic products and mixtures containing tritium or its compounds
0	0	0	0	0	0	0	0			0	0/0/	0	0	0	0	0	0/0/0/0/0			0/0/0	---Radium-223 and its salts
0	0	0	0	0	0	0	0			0	0/0/	0	0	0	0	0	0/0/0/0/0			0/0/0	---Other
0	0	0	0	0	0	0	0			0	0/0/	0	0	0	0	0	0/0/0/0/0			0/0/0	---Radium and its salts, other than radium-223 and its salts
0	0	0	0	0	0	0	0			0	0/0/	0	0	0	0	0	0/0/0/0/0			0/0/0	---Cobalt and its salts
0	0	0	0	0	0	0	0			0	0/0/	0	0	0	0	0	0/0/0/0/0			0/0/0	---Other

商品编号	商品名称及备注［检验检疫编码及名称］	进口关税（%）		增值税率（%）	消费税	计量单位	监管条件	检验检疫类别	对美税率	出口税率（%）	出口退税率（%）
		最惠国	普通								
2844439030	其他发射α粒子，其α半衰期为10天或更长但小于200年的放射性核素（1. 单质；2. 含有α总活度为37GBq/kg或更大的任何这类放射性核素的化合物；3. 含有α总活度为37GBq/kg或更大的任何这类放射性核素的混合物；4. 含有任何上述物质的产品，不包括所含α活度小于3.7GBq的产品）〔999〕	5	30	13		克/百万贝可	23		17.5%	0	
2844439040[暂0]	钇［90］微球注射液（抗癌药）〔999〕	5	30	3		克/百万贝可			12.5%	0	
2844439090	其他除编号284410、284420及284430以外的放射性元素、同位素及其化合物；含这些元素、同位素及其化合物的合金、分散体（包括金属陶瓷）、陶瓷产品及混合物〔999〕	5	30	13		克/百万贝可	2		17.5%	0	
28444400	--放射性残渣										0
2844440000	放射性残渣〔999〕	5	30	13		克/百万贝可	2		17.5%	0	
28445000	-核反应堆已耗尽（已辐照）的燃料元件（释热元件）										0
2844500000	核反应堆已耗尽的燃料元件〔999〕	5	30	13		克	3		7.5%	0	
2845	**税目28.44以外的同位素；这些同位素的无机或有机化合物，不论是否已有化学定义：**										
28451000	-重水（氧化氘）										0
2845100000	重水（氧化氘）〔999〕	5	30	13		克	3		17.5%	0	
28452000	-硼-10浓缩硼及其化合物										0
2845200010	硼-10浓缩硼及其化合物（硼-10同位素占硼总量>20%的硼及其化合物）〔999〕	5	30	13		克/百万贝可	3			0	
2845200090	其他硼-10浓缩硼及其化合物〔999〕	5	30	13		克/百万贝可				0	
28453000	-锂-6浓缩锂及其化合物										0
2845300010	富集锂-6同位素及其化合物［富集锂-6同位素指锂-6同位素富集度>7.5%（按原子数计）］〔999〕	5	30	13		克	3			0	
2845300090	其他锂-6浓缩锂及其化合物〔999〕	5	30	13		克				0	
28454000	-氦-3										0
2845400000	氦-3〔999〕	5	30	13		克/百万贝可	3			0	
28459000	-其他										0
2845900010	除重水外的氘及氘化物〔301危险化学品，气体〕，〔302其他化工品〕	5	30	13		克	3			0	
2845900020	其他硼-10同位素及其化合物、混合物（硼-10同位素占硼总量>20%的硼及其化合物、混合物）〔999〕	5	30	13		克	3			0	
2845900030	其他富集锂-6同位素及其化合物混合物（富集锂-6同位素指锂-6同位素富集度>7.5%（按原子数计））〔999〕	5	30	13		克	3			0	
2845900040	含有氦-3的混合物（不包括氦-3的含量<1g的产品）〔999〕	5	30	13		克/百万贝可	3			0	
2845900050[暂0]	甲苯磺酸多纳非尼（抗癌药原料）、氘丁苯那嗪（罕见病药）〔999〕	5	30	3		克				0	
2845900090	其他同位素及其他化合物（品目28.44以外的同位素）〔999〕	5	30	13		克				0	
2846	**稀土金属、钇、钪及其混合物的无机或有机化合物：**										
28461010	---氧化铈										0
2846101000[暂0]	氧化铈〔999〕	5	30	13		千克	4Bxy	/N	22.5%	0	
28461020	---氢氧化铈										0
2846102000[暂0]	氢氧化铈〔999〕	5	30	13		千克	4Bxy	/N	7.5%	0	
28461030	---碳酸铈										0
2846103000[暂0]	碳酸铈〔999〕	5	30	13		千克	4Bxy	/N		0	
28461090	---其他										0
2846109010[暂0]	氟化铈〔999〕	5	30	13		千克	4Bxy	/N	7.5%	0	
2846109090[暂0]	铈的其他化合物[1]	5	30	13		千克	4Bxy	/N	7.5%	0	
28469011	----氧化钇										0
2846901100[暂0]	氧化钇〔999〕	5	30	13		千克	4xBy	/N	27.5%	0	
28469012	----氧化镧										0
2846901200[暂0]	氧化镧〔999〕	5	30	13		千克	4Bxy	/N	22.5%	0	
28469013	----氧化钕										0
2846901300[暂0]	氧化钕〔999〕	5	30	13		千克	4Bxy	/N		0	

① 〔101矿物源性饲料添加剂〕，〔301危险化学品，氧化性物质〕，〔302危险化学品，毒性物质〕，〔303其他化工品〕

协定税率(%)																		特惠税率(%)			Article Description
智利	新西兰	澳大利亚	瑞士	冰岛	秘鲁	哥斯达	东盟	亚太	新加坡	巴基斯坦	港/澳/台	韩国	格鲁吉亚	毛里求斯	柬埔寨	尼加拉瓜	日/韩/澳/新/东(RCEP)	亚太2国	老/柬/缅	LDC 98/97/95	
0	0	0	0	0	0	0	0			0	0/0/	0	0	0	0	0	0/0/0/0/0			0/0/0	--Radioactive residues
0	0	0	0	0	0	0	0			0	0/0/	0	0	0	0	0	0/0/0/0/0			0/0/0	-Spent (irradiated) fuel elements (cartridges) of nuclear reactors
																					Isotopes other than those of heading 28.44; compounds, inorganic or organic, of such isotopes, whether or not chemically defined:
0	0	0	0	0	0	0	0			0	0/0/	0	0	0	0	0	0/0/0/0/0			0/0/0	-Heavy water (deuterium oxide)
0	0	0	0	0	0	0	0			0	0/0/	0	0	0	0	0	0/0/0/0/0			0/0/0	-Boron enriched in boron-10 and its compounds
0	0	0	0	0	0	0	0			0	0/0/	0	0	0	0	0	0/0/0/0/0			0/0/0	-Lithium enriched in lithium-6 and its compounds
0	0	0	0	0	0	0	0			0	0/0/	0	0	0	0	0	0/0/0/0/0			0/0/0	-Helium-3
0	0	0	0	0	0	0	0			0	0/0/	0	0	0	0	0	0/0/0/0/0			0/0/0	-Other
																					Compounds, inorganic or organic, of rare-earth metals, of yttrium or of scandium or of mixtures of these metals:
0	0	0	0	0	0	0	0	2.5		0	0/0/	0	0	0	0	0	0/0/0/0/0			0/0/0	---Cerium oxide
0	0	0	0	0	0	0	0	2.5		0	0/0/	0	0	0	0	0	0/0/0/0/0			0/0/0	---Cerium hydroxide
0	0	0	0	0	0	0	0	2.5		0	0/0/	0	0	0	0	0	0/0/0/0/0			0/0/0	---Cerium carbonate
0	0	0	0	0	0	0	0	2.5		0	0/0/	0	0	0	0	0	0/0/0/0/0			0/0/0	---Other
0	0	0	0	0	0	0	0			0	0/0/	0	0	0	0	0	0/0/0/0/0			0/0/0	----Yttrium oxide
0	0	0	0	0	0	0	0			0	0/0/	0	0	0	0	0	0/0/0/0/0			0/0/0	----Lanthanum oxide
0	0	0	0	0	0	0	0			0	0/0/	0	0	0	0	0	0/0/0/0/0			0/0/0	----Neodymium oxide

商品编号	商品名称及备注［检验检疫编码及名称］	进口关税(%)		增值税率(%)	消费税	计量单位	监管条件	检验检疫类别	对美税率	出口税率(%)	出口退税率(%)
		最惠国	普通								
28469014	----氧化铕										0
2846901400[暂0]	氧化铕［999］	5	30	13		千克	4Bxy	/N		0	
28469015	----氧化镝										0
2846901500[暂0]	氧化镝［999］	5	30	13		千克	4Bxy	/N		0	
28469016	----氧化铽										0
2846901600[暂0]	氧化铽［999］	5	30	13		千克	4Bxy	/N		0	
28469017	----氧化镨										0
2846901700[暂0]	氧化镨［999］	5	30	13		千克	4Bxy	/N	27.5%	0	
28469018	----氧化镥										0
2846901800[暂0]	氧化镥［999］	5	30	13		千克	4Bxy	/N	27.5%	0	
28469019	----其他										0
2846901920[暂0]	氧化铒［999］	5	30	13		千克	4Bxy	/N	27.5%	0	
2846901930[暂0]	氧化钆［999］	5	30	13		千克	4Bxy	/N	27.5%	0	
2846901940[暂0]	氧化钐［999］	5	30	13		千克	4Bxy	/N	27.5%	0	
2846901970[暂0]	氧化镱［999］	5	30	13		千克	4Bxy	/N	27.5%	0	
2846901980[暂0]	氧化钪［999］	5	30	13		千克	4Bxy	/N	27.5%	0	
2846901991[暂0]	灯用红粉［999］	5	30	13		千克	4Bxy	/N	27.5%	0	
2846901992[暂0]	按重量计中重稀土总含量≥30%的其他氧化稀土(灯用红粉、氧化铈除外)［999］	5	30	13		千克	4Bxy	/N	27.5%	0	
2846901999[暂0]	其他氧化稀土(灯用红粉、氧化铈除外)［999］	5	30	13		千克	4Bxy	/N	27.5%	0	
28469021	----氯化铽										0
2846902100[暂0]	氯化铽［999］	5	30	13		千克	4Bxy	/N	7.5%	0	
28469022	----氯化镝										0
2846902200[暂0]	氯化镝［999］	5	30	13		千克	4Bxy	/N		0	
28469023	----氯化镧										0
2846902300[暂0]	氯化镧［999］	5	30	13		千克	4Bxy	/N	7.5%	0	
28469024	----氯化钕										0
2846902400[暂0]	氯化钕［999］	5	30	13		千克	4Bxy	/N		0	
28469025	----氯化镨										0
2846902500[暂0]	氯化镨［999］	5	30	13		千克	4Bxy	/N		0	
28469026	----氯化钇										0
2846902600[暂0]	氯化钇［999］	5	30	13		千克	4Bxy	/N	7.5%	0	
28469028	----混合氯化稀土										0
2846902800[暂0]	混合氯化稀土［999］	5	30	13		千克	4Bxy	/N		0	
28469029	----其他										0
2846902900[暂0]	其他未混合氯化稀土［999］	5	30	13		千克	4Bxy	/N	12.5%	0	
28469031	----氟化铽										0
2846903100[暂0]	氟化铽［999］	5	30	13		千克	4Bxy	/N		0	
28469032	----氟化镝										0
2846903200[暂0]	氟化镝［999］	5	30	13		千克	4Bxy	/N		0	
28469033	----氟化镧										0
2846903300[暂0]	氟化镧［999］	5	30	13		千克	4ABxy	M/N		0	
28469034	----氟化钕										0
2846903400[暂0]	氟化钕［999］	5	30	13		千克	4Bxy	/N		0	
28469035	----氟化镨										0
2846903500[暂0]	氟化镨［999］	5	30	13		千克	4Bxy	/N		0	
28469036	----氟化钇										0
2846903600[暂0]	氟化钇［999］	5	30	13		千克	4Bxy	/N		0	
28469039	----其他										0
2846903900[暂0]	其他氟化稀土［999］	5	30	13		千克	4Bxy	/N		0	
28469041	----碳酸镧										0
2846904100[暂0]	碳酸镧［999］	5	30	13		千克	4Bxy	/N		0	
28469042	----碳酸铽										0
2846904200[暂0]	碳酸铽［999］	5	30	13		千克	4Bxy	/N		0	
28469043	----碳酸镝										0
2846904300[暂0]	碳酸镝［999］	5	30	13		千克	4Bxy	/N		0	
28469044	----碳酸钕										0

协定税率(%)																		特惠税率(%)			
智利	新西兰	澳大利亚	瑞士	冰岛	秘鲁	哥斯达	东盟	亚太	新加坡	巴基斯坦	港/澳/台	韩国	格鲁吉亚	毛里求斯	柬埔寨	尼加拉瓜	日/韩/澳/新/东(RCEP)	亚太2国	老/柬/缅	LDC 98/97/95	Article Description
0	0	0	0	0	0	0	0			0	0/0/	0	0	0	0	0	0/0/0/0/0			0/0/0	----Eurapium oxide
0	0	0	0	0	0	0	0			0	0/0/	0	0	0	0	0	0/0/0/0/0			0/0/0	----Dysprosium oxide
0	0	0	0	0	0	0	0			0	0/0/	0	0	0	0	0	0/0/0/0/0			0/0/0	----Terbium oxide
0	0	0	0	0	0	0	0			0	0/0/	0	0	0	0	0	0/0/0/0/0			0/0/0	----Praseodymium oxide (sesquioxide)
0	0	0	0	0	0	0	0			0	0/0/	0	0	0	0	0	0/0/0/0/0			0/0/0	----Lutecia
0	0	0	0	0	0	0	0			0	0/0/	0	0	0	0	0	0/0/0/0/0			0/0/0	----Other
0	0	0	0	0	0	0	0			0	0/0/	0	0	0	0	0	0/0/0/0/0			0/0/0	----Terbium chloride
0	0	0	0	0	0	0	0			0	0/0/	0	0	0	0	0	0/0/0/0/0			0/0/0	----Dysprosium chloride
0	0	0	0	0	0	0	0			0	0/0/	0	0	0	0	0	0/0/0/0/0			0/0/0	----Lanthanum chloride
0	0	0	0	0	0	0	0			0	0/0/	0	0	0	0	0	0/0/0/0/0			0/0/0	----Neodymium chloride
0	0	0	0	0	0	0	0			0	0/0/	0	0	0	0	0	0/0/0/0/0			0/0/0	----Praseodymium chloride
0	0	0	0	0	0	0	0			0	0/0/	0	0	0	0	0	0/0/0/0/0			0/0/0	----Yttrium chloride
0	0	0	0	0	0	0	0			0	0/0/	0	0	0	0	0	0/0/0/0/0			0/0/0	----Mixture of rare-earth chlorides
0	0	0	0	0	0	0	0			0	0/0/	0	0	0	0	0	0/0/0/0/0			0/0/0	----Other
0	0	0	0	0	0	0	0			0	0/0/	0	0	0	0	0	0/0/0/0/0			0/0/0	----Terbium fluoride
0	0	0	0	0	0	0	0			0	0/0/	0	0	0	0	0	0/0/0/0/0			0/0/0	----Dysprosium fluoride
0	0	0	0	0	0	0	0			0	0/0/	0	0	0	0	0	0/0/0/0/0			0/0/0	----Lanthanum fluoride
0	0	0	0	0	0	0	0			0	0/0/	0	0	0	0	0	0/0/0/0/0			0/0/0	----Neodymium fluoride
0	0	0	0	0	0	0	0			0	0/0/	0	0	0	0	0	0/0/0/0/0			0/0/0	----Praseodymium fluoride
0	0	0	0	0	0	0	0			0	0/0/	0	0	0	0	0	0/0/0/0/0			0/0/0	----Yttrium fluoride
0	0	0	0	0	0	0	0			0	0/0/	0	0	0	0	0	0/0/0/0/0			0/0/0	----Other
0	0	0	0	0	0	0	0			0	0/0/	0	0	0	0	0	0/0/0/0/0			0/0/0	----Lanthanum carbonate
0	0	0	0	0	0	0	0			0	0/0/	0	0	0	0	0	0/0/0/0/0			0/0/0	----Terbium carbonate
0	0	0	0	0	0	0	0			0	0/0/	0	0	0	0	0	0/0/0/0/0			0/0/0	----Dysprosium carbonate
0	0	0	0	0	0	0	0			0	0/0/	0	0	0	0	0	0/0/0/0/0			0/0/0	----Neodymium carbonate

商品编号	商品名称及备注[检验检疫编码及名称]	进口关税(%) 最惠国	进口关税(%) 普通	增值税率(%)	消费税	计量单位	监管条件	检验检疫类别	对美税率	出口税率(%)	出口退税率(%)
2846904400[暂0]	碳酸钕〔999〕	5	30	13		千克	4Bxy	/N		0	
28469045	----碳酸镨										0
2846904500[暂0]	碳酸镨〔999〕	5	30	13		千克	4Bxy	/N		0	
28469046	----碳酸钇										0
2846904600[暂0]	碳酸钇〔999〕	5	30	13		千克	4Bxy	/N		0	
28469048	----混合碳酸稀土										0
2846904810[暂0]	按重量计中重稀土总含量≥30%的混合碳酸稀土〔999〕	5	30	13		千克	4Bxy	/N	25%	0	
2846904890[暂0]	其他混合碳酸稀土〔999〕	5	30	13		千克	4Bxy	/N	25%	0	
28469049	----其他										0
2846904900[暂0]	其他未混合碳酸稀土〔999〕	5	30	13		千克	4Bxy	/N		0	
28469091	----镧的其他化合物										0
2846909100[暂0]	镧的其他化合物〔301 危险化学品,氧化性物质〕,〔302 其他化工品〕	5	30	13		千克	4Bxy	/N	7.5%	0	
28469092	----钕的其他化合物										0
2846909200[暂0]	钕的其他化合物〔301 危险化学品,氧化性物质〕,〔302 其他化工品〕	5	30	13		千克	4Bxy	/N	7.5%	0	
28469093	----铽的其他化合物										0
2846909300[暂0]	铽的其他化合物〔999〕	5	30	13		千克	4Bxy	/N	27.5%	0	
28469094	----镝的其他化合物										0
2846909400[暂0]	镝的其他化合物〔301 危险化学品,氧化性物质〕,〔302 其他化工品〕	5	30	13		千克	4Bxy	/N		0	
28469095	----镨的其他化合物										0
2846909500[暂0]	镨的其他化合物〔301 危险化学品,氧化性物质〕,〔302 其他化工品〕	5	30	13		千克	4Bxy	/N		0	
28469096	----钇的其他化合物										0
2846909601[暂0]	LED 用荧光粉(成分含钇的其他化合物)〔999〕	5	30	13		千克	B	/N	27.5%	0	
2846909690[暂0]	钇的其他化合物(LED 用荧光粉除外)〔301 危险化学品,氧化性物质〕,〔302 其他化工品〕	5	30	13		千克	4Bxy	/N	27.5%	0	
28469099	----其他										0
2846909901[暂0]	LED 用荧光粉(成分含稀土金属、钪的其他化合物,铈的化合物除外)〔999〕	5	30	13		千克	B	/N	22.5%	0	
2846909910[暂0]	按重量计中重稀土总含量≥30%的稀土金属、钪的其他化合物(LED 用荧光粉、铈的化合物除外)〔999〕	5	30	13		千克	4Bxy	/N	22.5%	0	
2846909990[暂0]	其他稀土金属、钪的其他化合物(LED 用荧光粉、铈的化合物除外)〔101 饲料添加剂〕,〔301 危险化学品,氧化性物质〕,〔302 其他化工品〕	5	30	13		千克	4Bxy	/N	22.5%	0	
2847	**过氧化氢,不论是否用尿素固化:**										
28470000	过氧化氢,不论是否用尿素固化										0
2847000000	过氧化氢(不论是否用尿素固化)〔301 危险化学品,不用作食品添加剂〕,〔302 危险化学品,用作食品添加剂〕	5.5	30	13		千克	AB	M.R/N.S	33%	0	
2849	**碳化物,不论是否已有化学定义:**										
28491000	-碳化钙										0
2849100000	碳化钙〔999〕	5.5	45	13		千克	AB	M/N	8%	0	
28492000	-碳化硅										0
2849200000	碳化硅〔999〕	5.5	30	13		千克	4xy		28%	0	
28499010	---碳化硼										0
2849901000	碳化硼〔999〕	5.5	30	13		千克			8%	0	
28499020	---碳化钨										0
2849902000	碳化钨〔999〕	5.5	30	13		千克	4xy		13%	0	
28499090	---其他										0
2849909000	其他碳化物〔301 危险化学品,遇水放出易燃气体的物质〕,〔302 其他化工品〕	5.5	30	13		千克			28%	0	
2850	**氢化物、氮化物、叠氮化物、硅化物及硼化物,不论是否已有化学定义,但可归入税目 28.49 的碳化物除外:**										
28500011	----氮化锰										0
2850001100	氮化锰〔999〕	5.5	30	13		千克			8%	0	
28500012	----氮化硼										0
2850001200	氮化硼〔999〕	5.5	30	13		千克				0	
28500019	----其他										0
2850001901	氮化镓〔999〕	5.5	30	13		千克	3		28%	0	
2850001990	其他氮化物〔301 危险化学品,易燃固体〕,〔302 危险化学品,遇水放出易燃气体的物质〕,〔303 其他化工品〕	5.5	30	13		千克			28%	0	

智利	新西兰	澳大利亚	瑞士	冰岛	秘鲁	哥斯达	东盟	亚太	新加坡	巴基斯坦	港/澳/台	韩国	格鲁吉亚	毛里求斯	柬埔寨	尼加拉瓜	日/韩/澳/新/东(RCEP)	亚太2国	老/柬/缅	LDC 98/97/95	Article Description
协定税率(%)																		特惠税率(%)			
0	0	0	0	0	0	0	0			0	0/0/	0	0	0	0	0	0/0/0/0/0			0/0/0	----Praseodymium carbonate
0	0	0	0	0	0	0	0			0	0/0/	0	0	0	0	0	0/0/0/0/0			0/0/0	----Yttrium carbonate
0	0	0	0	0	0	0	0			0	0/0/	0	0	0	0	0	0/0/0/0/0			0/0/0	----Mixture of rare-earth carbonate
0	0	0	0	0	0	0	0			0	0/0/	0	0	0	0	0	0/0/0/0/0			0/0/0	----Other
0	0	0	0	0	0	0	0			0	0/0/	0	0	0	0	0	0/0/0/0/0			0/0/0	----Other compounds of lanthanum
0	0	0	0	0	0	0	0			0	0/0/	0	0	0	0	0	0/0/0/0/0			0/0/0	----Other compounds of neodymium
0	0	0	0	0	0	0	0			0	0/0/	0	0	0	0	0	0/0/0/0/0			0/0/0	----Other compounds of terbium
0	0	0	0	0	0	0	0			0	0/0/	0	0	0	0	0	0/0/0/0/0			0/0/0	----Other compounds of dysprosium
0	0	0	0	0	0	0	0			0	0/0/	0	0	0	0	0	0/0/0/0/0			0/0/0	----Other compounds of praseodymium
0	0	0	0	0	0	0	0			0	0/0/	0	0	0	0	0	0/0/0/0/0			0/0/0	----Other compounds of yttrium
0	0	0	0	0	0	0	0			0	0/0/	0	0	0	0	0	0/0/0/0/0			0/0/0	----Other
																					Hydrogen peroxide, whether or not solidified with urea:
0	0	0	0	0	0	0	0			0	0/0/	1.8	0	0	0	0	4.5/3.9/3.9/3.9/3.9			0/0/0	Hydrogen peroxide, whether or not solidified with urea
																					Carbides, whether or not chemically defined:
0	0	0	0	0	0	0	0			0	0/0/	0	0	0	0	0	0/0/0/0/0			0/0/0	-Of calcium
0	0	0	0	0	0	0	0			0	0/0/	0	0	0	0	0	4/3.9/0/0/0			0/0/0	-Of silicon
0	0	0	0	0	0	0	0			0	0/0/	0	0	0	0	0	0/0/0/0/0			0/0/0	---Of boron
0	0	0	0	0	0	0	0			0	0/0/	0	0	0	0	0	0/0/0/0/0			0/0/0	---Of tungsten
0	0	0	0	0	0	0	0			0	0/0/	0	0	0	0	0	0/0/0/0/0			0/0/0	---Other
																					Hydrides, nitrides, azides, silicides and borides, whether or not chemically defined, other than compounds which are also carbides of heading 28.49:
0	0	0	0	0	0	0	0	3.6		0	0/0/	0	0	0	0	0	0/0/0/0/0			0/0/0	----Manganese nitride
0	0	0	0	0	0	0	0	3.6		0	0/0/	0	0	0	0	0	0/0/0/0/0			0/0/0	----Boron nitride
0	0	0	0	0	0	0	0	3.6		0	0/0/	0	0	0	0	0	0/0/0/0/0			0/0/0	----Other

商品编号	商品名称及备注[检验检疫编码及名称]	进口关税(%)		增值税率(%)	消费税	计量单位	监管条件	检验检疫类别	对美税率	出口税率(%)	出口退税率(%)
		最惠国	普通								
28500090	---其他										0
2850009010[暂3]	砷化氢(砷烷,砷化三氢,胂)〔999〕	5.5	30	13		千克			10.5%	0	
2850009090	其他氢化物、硅化物等(包括硼化物,可归入品目28.49的碳化物除外)〔301〕,〔302〕,〔303〕,〔304〕,〔305〕,〔306〕,〔307〕	5.5	30	13		千克			13%	0	
2852	**汞的无机或有机化合物,不论是否已有化学定义,汞齐除外:**										
28521000	-已有化学定义的										0
2852100000	汞的无机或有机化合物,汞齐除外,已有化学定义的①	5.5	30	13		千克			8%	0	
28529000	-其他										0
2852900000	其他汞的无机或有机化合物,汞齐除外,已有化学定义的除外〔999〕	5.5	30	13		千克			8%	0	
2853	**磷化物,不论是否已有化学定义,但磷铁除外;其他无机化合物(包括蒸馏水、导电水及类似的纯净水);液态空气(不论是否除去稀有气体);压缩空气;汞齐,但贵金属汞齐除外:**										
28531000	-氯化氰										0
2853100000	氯化氰〔999〕	5.5	30	13		千克	23AB	M/N	8%	0	
28539010	---饮用蒸馏水										0
2853901000	饮用蒸馏水〔998 食用〕,〔999 实验用〕	5.5	70	13		千克	AB	R/S	33%	0	
28539030	---镍钴锰氢氧化物										13
2853903000	镍钴锰氢氧化物〔999〕	6.5	30	13		千克			9%	0	
28539040	---磷化物,不论是否已有化学定义,但不包括磷铁										0
2853904010	磷化铝,磷化锌〔999〕	5.5	20	13		千克	S		13%	0	
2853904020[暂3]	磷烷〔999〕	5.5	20	13		千克			10.5%	0	
2853904030	磷化镓〔999〕	5.5	20	13		千克	3		13%	0	
2853904040	磷锗锌〔999〕	5.5	20	13		千克	3		13%	0	
2853904090	其他磷化物(不论是否已有化学定义,但不包括磷铁)〔301 危险化学品,气体〕,〔302 危险化学品,遇水放出易燃气体的物质〕,〔303 其他化工品〕	5.5	20	13		千克			13%	0	
28539050	---镍钴铝氢氧化物										13
2853905000	镍钴铝氢氧化物〔999〕	5.5	30	13		千克			8%	0	
28539090	---其他										0
2853909010	饮用纯净水〔998 食用〕,〔999 实验用〕	5.5	30	13		千克	AB	M/N	13%	0	
2853909021	氰,氰化碘,氰化溴(包括氰气、碘化氰、溴化氰)〔301 危险化学品,气体〕,〔302 危险化学品,毒性物质〕	5.5	30	13		千克			13%	0	
2853909023	铅汞齐〔999〕	5.5	30	13		千克	X		13%	0	
2853909024	其他汞齐〔999〕	5.5	30	13		千克	X		13%	0	
2853909025	单氰胺〔999〕	5.5	30	13		千克	S		13%	0	
2853909026	砷化镓〔999〕	5.5	30	13		千克	3		13%	0	
2853909027	砷化锌〔999〕	5.5	30	13		千克			13%	0	
2853909028	铟镓砷〔999〕	5.5	30	13		千克	3		13%	0	
2853909029	锑化镓〔999〕	5.5	30	13		千克	3		13%	0	
2853909090	其他无机化合物、压缩空气等(包括单导电水、液态空气等)②	5.5	30	13		千克			13%	0	

① 〔301 危险化学品,爆炸品〕,〔302 危险化学品,毒性物质〕,〔303 危险化学品,杂项物质〕,〔304 其他化工品〕

② 〔301 危险化学品,气体〕,〔302 危险化学品,易于自燃的物质〕,〔303 危险化学品,遇水放出易燃气体的物质〕,〔304 危险化学品,氧化性物质〕,〔305 危险化学品,毒性物质〕,〔306 危险化学品,腐蚀性物质〕,〔307 危险化学品,杂项物质〕,〔308 其他化工品〕

智利	新西兰	澳大利亚	瑞士	冰岛	秘鲁	哥斯达	东盟	亚太	新加坡	巴基斯坦	港/澳/台	韩国	格鲁吉亚	毛里求斯	柬埔寨	尼加拉瓜	日/韩/澳/新/东(RCEP)	亚太2国	老/柬/缅	LDC 98/97/95	Article Description
协定税率(%)																		特惠税率(%)			
0	0	0	0	0	0	0	0	3.6		0	0/0/	1.8	0	0	0	0	4.5/3.9/3.9/3.9/3.9			0/0/0	---Other
																					Compounds, inorganic or organic, of mercury, excluding amalgams:
0	0	0	0	0	0	0	0			0	0/0/	0	0	0	0	0	0/0/0/0/0			0/0/0	-Chemically defined
0	0	0	0	0	0	0	0			0	0/0/	0	0	0	0	0	0/0/0/0/0			0/0/0	-Other
																					Phosphides, whether or not chemically defined, excluding ferrophosphorus; other inorganic compounds (including distilled or conductivity water and water of similar purity); liquid air (whether or not rare gases have been removed); compressed air; amalgams, other than amalgams of precious metals:
0	0	0	0	0	0	0	0			0	0/0/	0	0	0	0	0	0/0/0/0/0			0/0/0	-Cyanogen chloride (chlorcyan)
0	0	0	0	0	0	0	0			0	0/0/	0	0	0	0	0	0/0/0/0/0			0/0/0	---Distilled water for human consumption
0	0	0	0	0	0	0	0			2.5	0/0/	0	0	0	0	0	4.7/0/0/0/0			0/0/0	---Nickel cobalt manganese composite hydroxide
0	0	0	0	0	0	0	0			0	0/0/	0	0	0	0	0	4/3.9/0/0/0			0/0/0	---Phosphides, whether or not chemically defined, excluding ferrophosphorus
0	0	0	0	0	0	0	0			0	0/0/	0	0	0	0	0	0/0/0/0/0			0/0/0	---Nickel cobalt aluminum hydroxide
0	0	0	0	0	0	0	0			0	0/0/	0	0	0	0	0	0/0/0/0/0			0/0/0	---Other

第二十九章
有机化学品

注释：

一、除条文另有规定的以外，本章各税目只适用于：

（一）单独的已有化学定义的有机化合物，不论是否含有杂质；

（二）同一有机化合物的两种或两种以上异构体的混合物（不论是否含有杂质），但无环烃异构体的混合物（立体异构体除外），不论是否饱和，应归入第二十七章；

（三）品目29.36至29.39的产品，品目29.40的糖醚、糖缩醛、糖酯及其盐类和品目29.41的产品，不论是否已有化学定义；

（四）上述（一）、（二）、（三）款产品的水溶液；

（五）溶于其他溶剂的上述（一）、（二）、（三）款的产品，但该产品处于溶液状态只是为了安全或运输所采取的正常必要方法，其所用溶剂并不使该产品改变其一般用途而适合于某些特殊用途；

（六）为了保存或运输的需要，加入稳定剂（包括抗结块剂）的上述（一）、（二）、（三）、（四）、（五）各款产品；

（七）为了便于识别或安全起见，加入抗尘剂、着色剂、气味剂或催吐剂的上述（一）、（二）、（三）、（四）、（五）、（六）各款产品，但所加剂料并不使原产品改变其一般用途而适合于某些特殊用途；

（八）为生产偶氮染料而稀释至标准浓度的下列产品：重氮盐，用于重氮盐、可重氮化的胺及其盐类的耦合剂。

二、本章不包括：

（一）品目15.04的货品及品目15.20的粗甘油；

（二）乙醇（品目22.07或22.08）；

（三）甲烷及丙烷（品目27.11）；

（四）第二十八章注释二所述的碳化合物；

（五）品目30.02的免疫制品；

（六）尿素（品目31.02或31.05）；

（七）植物性或动物性着色料（品目32.03）、合成有机着色料、用作荧光增白剂或发光体的合成有机产品（品目为32.04）及零售包装的染料或其他着色料（品目32.12）；

（八）酶（品目35.07）；

（九）聚乙醛、六亚甲基四胺（乌洛托品）及类似物质，制成片、条或类似形状作为燃料用的，以及包装容器的容积不超过300立方厘米的直接灌注香烟打火机及类似打火器用的液体燃料或液化气体燃料（品目36.06）；

（十）灭火器的装配药及已装药的灭火弹（品目38.13）；零售包装的除墨剂（品目38.24）；或

（十一）光学元件，例如，用酒石酸乙二胺制成的（品目90.01）。

三、可以归入本章两个或两个以上税目的货品，应归入有关税目中的最后一个税目。

四、品目29.04至29.06、29.08至29.11及29.13至29.20的卤化、磺化、硝化或亚硝化衍生物均包括复合衍生物，例如，卤磺化、卤硝化、磺硝化及卤磺硝化衍生物。

硝基及亚硝基不作为品目29.29的含氮基官能团。

硝基及亚硝基不作为品目29.29的含氮基官能团。品目29.11、29.12、29.14、29.18及29.22所称“含氧基”，仅限于品目29.05至29.20的各种含氧基（其特征为有机含氧基）。

五、（一）本章第一分章至第七分章的酸基有机化合物与这些分章的有机化合物构成的酯，应归入有关分章的最后一个税目。

（二）乙醇与本章第一分章至第七分章的酸基有机化合物所构成的酯，应按有关酸基化合物归类。

（三）除第六类注释一及第二十八章注释二另有规定的以外：

1. 第一分章至第十分章及品目29.42的有机化合物的无机盐，例如，含酸基、酚基或烯醇基的化合物及有机碱的无机盐，应归入相应的有机化合物的税目；

2. 第一分章至第十分章及品目29.42的有机化合物之间生成的盐，应按生成该盐的碱或酸（包括酚基或烯醇基化合物）归入本章有关税目中的最后一个税目；以及

3. 除第十一分章或品目29.41的产品外，配位化合物应按该化合物所有金属键（金属-碳键除外）“断开”所形成的片段归入第二十九章有关税目中的最后一个税目。

（四）除乙醇外，金属醇化物应按相应的醇归类（品目29.05）。

（五）羧酸酰卤化物应按相应的酸归类。

六、品目29.30及29.31的化合物是指有机化合物，其分子中除含氢、氧或氮原子外，还含有与碳原子直接连接的其他非金属或金属原子（例如，硫、砷或铅）。

品目29.30（有机硫化合物）及品目29.31（其他有机-无机化合物）不包括某些磺化或卤化衍生物（含复合衍生物）。这些衍生物分子中除氢、氧、氮之外，只有具有磺化或卤化衍生物（或复合衍生物）性质的硫原子或卤素原子与碳原子直接连接。

七、品目29.32、29.33及29.34不包括三节环环氧化物、过氧化酮、醛或硫醛的环聚合物、多元羧酸酐、多元醇或酚与多元酸构成的环酯及多元酸酰亚胺。

本条规定只适用于由本条所列环化功能形成环内杂原子的化合物。

八、品目29.37所称：

（一）“激素”，包括激素释放因子、激素刺激和释放因子、激素抑制剂以及激素抗体；

（二）“主要用作激素的”，不仅适用于主要起激素作用的激素衍生物及结构类似物，也适用于在本税目所列产品合成过程中主要用作中间体的激素衍生物及结构类似物。

Chapter 29
Organic chemicals

Chapter Notes:

1. Except where the context otherwise requires, the headings of this Chapter apply only to:
   (a) Separate chemically defined organic compounds, whether or not containing impurities;
   (b) Mixtures of two or more isomers of the same organic compound (whether or not containing impurities), except mixtures of acyclic hydrocarbon isomers (other than stereoisomers), whether or not saturated (Chapter 27);
   (c) The products of headings 29.36 to 29.39 or the sugar ethers, sugar acetals and sugar esters, and their salts, of heading 29.40, or the products of heading 29.41, whether or not chemically defined;
   (d) The products mentioned in (a), (b) or (c) above dissolved in water;
   (e) The products mentioned in (a), (b) or (c) above dissolved in other solvents provided that the solution constitutes a normal and necessary method of putting up these products adopted solely for reasons of safety or for transport and that the solvent does not render the product particularly suitable for specific use rather than for general use;
   (f) The products mentioned in (a), (b), (c), (d) or (e) above with an added stabiliser (including an anti-caking agent) necessary for their preservation or transport;
   (g) The products mentioned in (a), (b), (c), (d), (e) or (f) above with an added anti-dusting agent or a colouring or odoriferous substance or an emetic added to facilitate their identification or for safety reasons, provided that the additions do not render the product particularly suitable for specific use rather than for general use;
   (h) The following products, diluted to standard strengths, for the production of azo dyes: diazonium salts, couplers used for these salts and diazotisable amines and their salts.

2. This Chapter does not cover:
   (a) Goods of heading 15.04 or crude glycerol of heading 15.20;
   (b) Ethyl alcohol (heading 22.07 or 22.08);
   (c) Methane or propane (heading 27.11);
   (d) The compounds of carbon mentioned in Note 2 to Chapter 28;
   (e) Immunological products of heading 30.02;
   (f) Urea (heading 31.02 or 31.05);
   (g) Colouring matter of vegetable or animal origin (heading 32.03), synthetic organic colouring matter, synthetic organic products of a kind used as fluorescent brightening agents or as luminophores (heading 32.04) or dyes or other colouring matter put up in forms or packings for retail sale (heading 32.12);
   (h) Enzymes (heading 35.07);
   (ij) Metaldehyde, hexamethylenetetramine or similar substances, put up in forms (for example, tablets, sticks or similar forms) for use as fuels, or liquid or liquefied-gas fuels in containers of a kind used for filling or refilling cigarette or similar lighters and of a capacity not exceeding $300cm^3$ (heading 36.06);
   (k) Products put up as charges for fire-extinguisher or put up in fire-extinguishing grenades, of heading 38.13; ink removers put up in packings for retail sale of heading 38.24; or
   (l) Optical elements, for example, of ethylenediamine tartrate (heading 90.01).

3. Goods which could be included in two or more of the headings of this Chapter are to be classified in that one of those headings which occurs last in numerical order.

4. In headings 29.04 to 29.06, 29.08 to 29.11 and 29.13 to 29.20, any reference to halogenated, sulphonated nitrated or nitrosated derivatives includes a reference to compound derivatives, such as sulphohalogenated nitrohalogenated, nitroslphonated or nitroslphohalogenated derivatives.
   Nitro or nitroso groups are not to be taken a "nitrogen-functions" for the purpose of heading 29.29.
   For the purposes of headings 29.11, 29.12, 29.14, 29.18 and 29.22, "oxygen function", the characteristic organic oxygen-containing group of those respective headings, is restricted to the oxygen-functions referred to in headings 29.05 to 29.20.

5. (a) The esters of acid-function organic compounds of sub-Chapters I to VII with organic compounds of these sub-Chapters are to be classified with that compound which is classified in the heading which occurs last in numerical order in these sub-Chapters.
   (b) Esters of ethyl alcohol with acid-function organic compounds of sub-Chapters I to VII are to be classified in the same heading as the corresponding acid-function compounds.
   (c) Subject to Note 1 to Section VI and Note 2 to Chapter 28:
      (i) Inorganic salts of organic compounds such as acid-, phenol- or enol-function compounds or organic bases, of sub-Chapters I to X or heading 29.42, are to be classified in the heading appropriate to the organic compound;
      (ii) Salts formed between organic compounds of sub-Chapters I to X or heading 29.42 are to be classified in the heading appropriate to the base or to the acid (including phenol- or enol-function compounds) from which they are formed, whichever occurs last in numerical order in the Chapter; and
      (iii) Co-ordination compounds, other than products classifiable in sub-Chapter XI or heading 29.41, are to be classified in the heading which occurs last in numerical order in Chapter 29, among those appropriate to the fragments formed by "cleaving" of all metal bonds, other than metal-carbon bonds.
   (d) Metal alcoholates are to be classified in the same heading as the corresponding alcohols except in the case of ethanol (heading 29.05).
   (e) Halides of carboxylic acids are to be classified in the same heading as the corresponding acids.

6. The compounds of headings 29.30 and 29.31 are organic compounds the molecules of which contain, in addition to atoms of hydrogen, oxygen or nitrogen, atoms of other nonmetals or of metals (such as sulphur, arsenic or lead) directly linked to carbon atoms.
   Heading 29.30 (organo-sulphur compounds) and heading 29.31 (other organo-inorganic compounds) do not include sulphonated or halogenated derivatives (including compound derivatives) which, apart from hydrogen, oxygen and nitrogen, only have directly linked to carbon the atoms of sulphur or of a halogen which give them their nature of sulphonated or halogenated derivatives (or compound derivatives).

7. Headings 29.32, 29.33 and 29.34 do not include epoxides with a three-membered ring, ketone peroxides, cyclic polymers of aldehydes or of thioaldehydes, anhydrides of polybasic carboxylic acids, cyclic esters of polyhydric alcohols or phenols with polybasic acids, or imides of polybasic acids.
   These provisions apply only when the ring-position hetero-atoms are those resulting solely from the cyclising function or functions here listed.

8. For the purposes of heading 29.37:
   (a) the term "hormones" includes hormone-releasing or hormone-stimulating factors, hormone inhibitors and hormone antagonists (anti-hormones);
   (b) the expression "used primarily as hormones" applies not only to hormone derivatives and structural analogues used primarily for their hormonal effect, but also to those derivatives and structural analogues used primarily as intermediates in the synthesis of products of this heading.

子目注释：

一、属于本章任一税目项下的一种（组）化合物的衍生物，如果该税目其他子目未明确将其包括在内，而且有关的子目中又无列名为“其他”的子目，则应与该种（组）化合物归入同一子目。

二、第二十九章注释三不适用于本章的子目。

商品编号	商品名称及备注[检验检疫编码及名称]	进口关税(%)		增值税率(%)	消费税	计量单位	监管条件	检验检疫类别	对美税率	出口税率(%)	出口退税率(%)
		最惠国	普通								
2901	无环烃：										
29011000	-饱和										13
2901100000	饱和无环烃〔301 危险化学品，气体〕，〔302 危险化学品，易燃液体〕，〔303 其他化工品〕	2	30	13		千克			7%	0	
29012100	--乙烯										13
2901210000[暂1]	乙烯〔999〕	2	20	13		千克	AB	M/N	27%	0	
29012200	--丙烯										13
2901220000[暂1]	丙烯〔999〕	2	20	13		千克	AB	M/N	27%	0	
29012310	---1-丁烯										13
2901231000	1-丁烯〔999〕	2	20	13		千克	AB	M/N		0	
29012320	---2-丁烯										13
2901232000	2-丁烯〔999〕	2	20	13		千克	AB	M/N	7%	0	
29012330	---2-甲基丙烯										13
2901233000	2-甲基丙烯〔999〕	2	20	13		千克			27%	0	
29012410	---1，3-丁二烯										13
2901241000	1，3-丁二烯〔999〕	2	20	13		千克	AB	M/N	27%	0	
29012420	---异戊二烯										13
2901242000	异戊二烯〔999〕	2	20	13		千克			27%	0	
29012910	---异戊烯										13
2901291000	异戊烯〔999〕	2	30	13		千克	AB	M/N		0	
29012920	---乙炔										13
2901292000	乙炔〔999〕	2	45	13		千克	AB	M/N	27%	0	
29012990	---其他										
2901299010	诱虫烯〔999〕	2	30	13		千克	S		7%	0	9，13
2901299090	其他不饱和无环烃①	2	30	13		千克			7%	0	13
2902	环烃：										
29021100	--环己烷										13
2902110000	环己烷〔999〕	2	30	13		千克	AB	M/N	27%	0	
29021910	---蒎烯										13
2902191000	蒎烯〔301 危险化学品，不用作食品添加剂〕，〔302 危险化学品，用作食品添加剂〕	2	30	13		千克			7%	0	
29021920	---4-烷基-4'-烷基双环己烷										13
2902192000	4-烷基-4'-烷基双环己烷〔999〕	2	30	13		千克				0	
29021990	---其他										
2902199011	1-甲基环丙烯〔999〕	2	30	13		千克	S		27%	0	9，13
2902199012	d-柠檬烯〔301 危险化学品，不用作食品添加剂〕，〔302 危险化学品，用作食品添加剂〕	2	30	13		千克			27%	0	9，13
2902199090	其他环烷烃、环烯及环萜烯②	2	30	13		千克			27%	0	13
29022000	-苯										0
2902200000[暂2]	苯〔999〕	2	20	13		千克	AB	M/N	27%	40[0]	
29023000	-甲苯										13
2902300000	甲苯〔999〕	2	30	13		千克	23AB	M/N	27%	0	
29024100	--邻二甲苯										13
2902410000	邻二甲苯〔999〕	2	20	13		千克			27%	0	
29024200	--间二甲苯										13
2902420000	间二甲苯〔999〕	2	20	13		千克			27%	0	
29024300	--对二甲苯										13
2902430000	对二甲苯〔999〕	2	20	13		千克			27%	0	
29024400	--混合二甲苯异构体										13
2902440000	混合二甲苯异构体〔999〕	2	20	13		千克			27%	0	
29025000	-苯乙烯										13
2902500000	苯乙烯〔999〕	2	30	13		千克	AB	M/N	27%	0	
29026000	-乙苯										13
2902600000	乙苯〔999〕	2	30	13		千克	AB	M/N	27%	0	

① 〔301 危险化学品，气体〕，〔302 危险化学品，易燃液体〕，〔303 其他化工品，不用作食品添加剂〕，〔304 其他化工品，用作食品添加剂〕，〔305 危险化学品，用作食品添加剂〕
② 〔301 危险化学品，气体〕，〔302 危险化学品，易燃液体〕，〔303 危险化学品，易燃固体〕，〔304 其他化工品〕

Subheading Notes:

1. Within any one heading of this Chapter, derivatives of a chemical compound (or group of chemical compounds) are to be classified in the same subheading as that compound (or group of compounds) provided that they are not more specifically covered by any other subheading and that there is no residual subheading named "Other" in the series of subheadings concerned.

2. Note 3 to Chapter 29 does not apply to the subheading of this Chapter.

协定税率(%)																		特惠税率(%)			Article Description
智利	新西兰	澳大利亚	瑞士	冰岛	秘鲁	哥斯达	东盟	亚太	新加坡	巴基斯坦	港/澳/台	韩国	格鲁吉亚	毛里求斯	柬埔寨	尼加拉瓜	日/韩/澳/新/东 (RCEP)	亚太2国	老/柬/缅	LDC 98/97/95	
																					Acyclic hydrocarbons:
0	0	0	0	0	0	0	0			0	0/0/	0	0	0	0	0	0/0/1.4/1.4/0			0/0/0	-Saturated
0	0	0	0	0	0	0	0		0	0	0/0/	0	0	0	0	0	1.7/1.4/0/0/0			0/0/0	--Ethylene
0	0	0	0	0	0	0	0			0	0/0/0	0	0	0	0	0	1.7/1.4/0/0/0			0/0/0	--Propene (propylene)
0	0	0	0	0	0	0	0			0	0/0/	0	0	0	0	0	1.5/1.4/0/0/0			0/0/0	---1-Butene
0	0	0	0	0	0	0	0	1.6		0	0/0/	0	0	0	0	0	0/0/0/0/0			0/0/0	---2-Butene
0	0	0	0	0	0	0	0			0	0/0/	0	0	0	0	0	0/0/1.4/1.4/0			0/0/0	---2-methyl-propylene
0	0	0	0	0	0	0	0			0	0/0/0	0	0	0	0	0	1.5/1.4/0/0/0			0/0/0	---Buta-1,3-diene
0	0	0	0	0	0	0	0			0	0/0/0	0.6	0	0	0	0	1.6/1.4/1.4/1.4/1.4			0/0/0	---Isoprene
0	0	0	0	0	0	0	0	1.6		0	0/0/	0	0	0	0	0	0/0/0/0/0			0/0/0	---Isopentene
0	0	0	0	0	0	0	0	1.6		0	0/0/	0	0	0	0	0	0/0/0/0/0			0/0/0	---Acetylene
0	0	0	0	0	0	0	0			0	0/0/	0	0	0	0	0	1.5/1.4/0/0/0			0/0/0	---Other
																					Cyclic hydrocarbons:
0	0	0	0	0	0	0	0			0	0/0/	0	0	0	0	0	0/0/0/0/0			0/0/0	--Cyclohexane
0	0	0	0	0	0	0	0			0	0/0/	0	0	0	0	0	0/0/0/0/0			0/0/0	---Pinene
0	0	0	0	0	0	0	0			0	0/0/	0	0	0	0	0	0/0/0/0/0			0/0/0	---4-Alkyl-4'-alkylbicyclohexane
0	0	0	0	0	0	0	0			0	0/0/	0	0	0	0	0	0/0/1.4/1.4/0			0/0/0	---Other
0	0	0	0	0	0	0	0			0	0/0/	0.6	0	0	0	0	1.6/1.4/1.4/1.4/0			0/0/0	-Benzene
0	0	0	0	0	0	0	0		0	0	0/0/	0.6	0	0	0	0	1.6/1.4/1.4/1.4/1.4			0/0/0	-Toluene
0	0	0	0	0	0	0	0			0	0/0/0	0	0	0	0	0	1.5/1.4/0/0/0			0/0/0	--o-Xylene
0	0	0	0	0	0	0	0			0	0/0/0	0	0	0	0	0	1.5/0/0/0/0			0/0/0	--m-Xylene
0	0	0	0	0	0	0	0		0	0	0/0/0			0	0	0	//1.7/1.7/1.7			0/0/0	--p-Xylene
0	0	0	0	0	0	0	0			0	0/0/0	0	0	0	0	0	1.5/0/0/0/0			0/0/0	--Mixed xylene isomers
0	0	0	0	0	0	0		1.3		0	0/0/	1	0	0	1.7	0	1.7/2/1.7/1.9/1.7			0//	-Styrene
0	0	0	0	0	0	0	0			0	0/0/	0	0	0	0	0	1.6/1.4/1.4/1.4/1.4			0/0/0	-Ethylbenzene

商品编号	商品名称及备注[检验检疫编码及名称]	进口关税(%) 最惠国	普通	增值税率(%)	消费税	计量单位	监管条件	检验检疫类别	对美税率	出口税率(%)	出口退税率(%)
29027000	-异丙基苯										13
2902700000	异丙基苯[999]	2	30	13		千克	AB	M/N	27%	0	
29029010	---四氢萘										13
2902901000	四氢萘[999]	2	11	13		千克			12%	0	
29029020	---精萘										13
2902902000	精萘[999]	2	35	13		千克	AB	M/N	22%	0	
29029030	---十二烷基苯										13
2902903000	十二烷基苯[999]	2	30	13		千克				0	
29029040	---4-(4'-烷基环己基)环己基乙烯										13
2902904000	4-(4'-烷基环己基)环己基乙烯[999]	2	30	13		千克				0	
29029050	---1-烷基-4-(4-烷烯基-1,1'-双环己基)苯										
2902905000	1-烷基-4-(4-烷烯基-1,1'-双环己基)苯[999]	2	30	13		千克				0	9,13
29029090	---其他										
2902909000	其他环烃①	2	30	13		千克			22%	0	9,13
2903	**烃的卤化衍生物:**										
29031100	--一氯甲烷及氯乙烷										13
2903110000	一氯甲烷及氯乙烷[999]	5.5	30	13		千克			10.5%	0	
29031200	--二氯甲烷										13
2903120001	纯度在99%及以上的二氯甲烷[999]	8	30	13		千克			18%	0	
2903120090	其他二氯甲烷[999]	8	30	13		千克			18%	0	
29031300	--氯仿(三氯甲烷)										13
2903130000	三氯甲烷(氯仿)[999]	10	30	13		千克	23AB	M/N		0	
29031400	--四氯化碳										13
2903140010	四氯化碳(受控用途)(CTC)[999]	8	30	13		千克	89			0	
2903140090	四氯化碳(用于受控用途除外)(CTC)[999]	8	30	13		千克	49xy			0	
29031500	--1,2-二氯乙烷(ISO)										0
2903150000暂1	1,2-二氯乙烷(ISO)[301 易燃液体,需申报仅用于工业用途不用于食品添加剂无检疫要求],[302 属于危险化学品的食品添加剂]	5.5	30	13		千克	AB	M.R/N.S	26%	0	
29031910	---1,1,1-三氯乙烷(甲基氯仿)										13
2903191010	1,1,1-三氯乙烷/甲基氯仿(受控用途)(TCA)[999]	8	30	13		千克	18AB	M/N		0	
2903191090	1,1,1-三氯乙烷/甲基氯仿(用于受控用途除外)(TCA)[999]	8	30	13		千克	14Axy	M/		0	
29031990	---其他										13
2903199000	其他无环烃的饱和氯化衍生物②	5.5	30	13		千克			30.5%	0	
29032100	--氯乙烯										13
2903210000暂1	氯乙烯[999]	5.5	30	13		千克	AB	M/N		0	
29032200	--三氯乙烯										13
2903220000	三氯乙烯[999]	8	30	13		千克	AB	M/N	13%	0	
29032300	--四氯乙烯(全氯乙烯)										13
2903230000	四氯乙烯[999]	5.5	30	13		千克	7AB	M/N	30.5%	0	
29032910	---3-氯-1-丙烯(氯丙烯)										13
2903291000	3-氯-1-丙烯(氯丙烯)[999]	5.5	30	13		千克			10.5%	0	
29032990	---其他										13
2903299010	1,1-二氯乙烯[999]	5.5	30	13		千克				0	
2903299020	六氯丁二烯(CAS87-68-3)[999]	5.5	30	13		千克	89			0	
2903299090	其他无环烃的不饱和氯化衍生物③	5.5	30	13		千克				0	
29034100	--三氟甲烷(HFC-23)										13
2903410000	三氟甲烷(HFC-23)[999]	5.5	30	13		千克	14xy			0	
29034200	--二氟甲烷(HFC-32)										13
2903420000	二氟甲烷(HFC-32)[999]	5.5	30	13		千克	14xy			0	
29034300	--一氟甲烷(HFC-41)、1,2-二氟乙烷(HFC-152)及1,1-二氟乙烷(HFC-152a)										13
2903430010	一氟甲烷(HFC-41)[999]	5.5	30	13		千克	14xy			0	
2903430020	1,2-二氟乙烷(HFC-152)及1,1-二氟乙烷(HFC-152a)[301 危险化学品,气体],[302 其他化工品]	5.5	30	13		千克	14xy			0	

① [301 危险化学品,易燃液体],[302 危险化学品,易燃固体],[303 危险化学品,杂项物质],[304 其他危险化学品],[305 其他化工品]
② [301 危险化学品,易燃液体],[302 危险化学品,毒性物质],[303 危险化学品,杂项物质],[304 其他危险化学品],[305 其他化工品]
③ [301 危险化学品,易燃液体],[302 危险化学品,毒性物质],[303 危险化学品,腐蚀性物质],[304 其他化工品]

协定税率(%)																		特惠税率(%)			
智利	新西兰	澳大利亚	瑞士	冰岛	秘鲁	哥斯达	东盟	亚太	新加坡	巴基斯坦	港/澳/台	韩国	格鲁吉亚	毛里求斯	柬埔寨	尼加拉瓜	日/韩/澳/新/东 (RCEP)	亚太2国	老/柬/缅	LDC 98/97/95	Article Description
0	0	0	0	0	0	0	0		0	0	0/0/	0	0	0	0	0	0/0/0/0/0			0/0/0	-Cumene
0	0	0	0	0	0	0	0			0	0/0/	0	0	0	0	0	0/0/0/0/0			0/0/0	---Tetrahydronaphthalene (tetralin)
0	0	0	0	0	0	0	0	1.6		0	0/0/	0.6	0	0	0	0	1.6/1.4/1.4/1.4/1.4			0/0/0	---Naphthalene
0	0	0	0	0	0	0	0			0	0/0/0		0	0	0	0	//1.9/1.9/1.9			0/0/0	---Dodecylbenzene
0	0	0	0	0	0	0	0			0	0/0/	0	0	0	0	0	0/0/0/0/0			0/0/0	---4-(4'-alkylcyclohexyl) cyclohexyl ethylene
0	0	0	0	0	0	0	0			0	0/0/	0	0	0	0	0	0/0/1.4/1.4/0			0/0/0	---1-alkyl-(N-4-enyl-1, 1'-propylcyclohexyl) benzene
0	0	0	0	0	0	0	0			0	0/0/	0	0	0	0	0	0/0/1.4/1.4/0			0/0/0	---Other
																					Halogenated derivatives of hydrocarbons:
0	0	0	0	0	0	0	0			0	0/0/	0	0	0	0	0	0/0/0/0/0			0/0/0	--Chloromethane (methyl chloride) and chloroethane (ethyl chloride)
0	0	0	0	0	0	0	0			0	0/0/	2.6	0	0	0	7.2	6.5/6.4/6.8/6.8/6.4			0/0/0	--Dichloromethane (methylene chloride)
0	0	0	0	0	0	0	0	9		2.5	0/0/0	0	0	0	0	9	7.3/7/0/0/0			0/0/0	--Chloroform (trichloromethane)
0	0	0	0	0	0	0	0			0	0/0/	0	0	0	0	7.2	5.8/0/0/0/0			0/0/0	--Carbon tetrachloride
0	0	0	0	0		0	5				0/0/	0	0	0	0	4.4	//5/5/5			0/0/	--1,2-Dichloroethane (ethylene dichloride)
0	0	0	0	0	0	0	0			0	0/0/	0	0	0	0	7.2	5.8/0/0/0/0			0/0/0	---1,1,1-Trichloroethane (methylchloro form)
0	0	0	0	0	0	0	0			4	0/0/	0	0	0	0	0	4/3.9/0/0/0			0/0/0	---Other
0	0	0	0	0	0	0	0	3.6		0	0/0/0	0	0	0	0	0	4.5/0/0/0/0			0/0/0	--Vinyl chloride (chloroethylene)
0	0	0	0	0	0	0	0			0	0/0/	2.6	0	0	0	7.2	5.8/5.6/5.6/5.6/5.6			0/0/0	--Trichloroethylene
0	0	0	0	0	0	0	0	4.4		0	0/0/	0	0	0	0	0	0/0/0/0/0			0/0/0	--Tetrachloroethylene (perchloroethylene)
0	0	0	0	0	0	0	0			0	0/0/	0	0	0	0	0	0/0/0/0/0			0/0/0	---3-Chloro-1-propene (Chloro propene)
0	0	0	0	0	0	0	0			0	0/0/	0	0	0	0	0	0/0/0/0/0			0/0/0	---Other
0	0	0	0	0	0	0	0			2.5	0/0/	0	0	0	0	0	0/0/3.9/3.9/0			0/0/0	--Trifluoromethane (HFC-23)
0	0	0	0	0	0	0	0			2.5	0/0/	0	0	0	0	0	0/0/3.9/3.9/0			0/0/0	--Difluoromethane (HFC-32)
0	0	0	0	0	0	0	0			2.5	0/0/	0	0	0	0	0	0/0/3.9/3.9/0			0/0/0	--Fluoromethane (HFC-41), 1,2-difluoroethane (HFC-152) and 1, 1-difluoroethane (HFC-152a)

商品编号	商品名称及备注[检验检疫编码及名称]	进口关税(%) 最惠国	进口关税(%) 普通	增值税率(%)	消费税	计量单位	监管条件	检验检疫类别	对美税率	出口税率(%)	出口退税率(%)
29034400	--五氟乙烷(HFC-125)、1,1,1-三氟乙烷(HFC-143a)及1,1,2-三氟乙烷(HFC-143)										13
2903440010	1,1,1-三氟乙烷(HFC-143a)及1,1,2-三氟乙烷(HFC-143)〔301 危险化学品,气体〕,〔302 其他化工品〕	5.5	30	13		千克	14xy			0	
2903440020	五氟乙烷(HFC-125)〔999〕	5.5	30	13		千克	14xy			0	
29034500	--1,1,1,2-四氟乙烷(HFC-134a)及1,1,2,2-四氟乙烷(HFC-134)										13
2903450000	1,1,1,2-四氟乙烷(HFC-134a)及1,1,2,2-四氟乙烷(HFC-134)〔999〕	5.5	30	13		千克	14xy			0	
29034600	--1,1,1,2,3,3,3-七氟丙烷(HFC-227ea)、1,1,1,2,2,3-六氟丙烷(HFC-236cb)、1,1,1,2,3,3-六氟丙烷(HFC-236ea)、1,1,1,3,3,3-六氟丙烷(HFC-236fa)										13
2903460010	1,1,1,2,3,3-六氟丙烷(HFC-236ea)〔999〕	5.5	30	13		千克	14xy			0	
2903460020	1,1,1,3,3,3-六氟丙烷(HFC-236fa)〔999〕	5.5	30	13		千克	14xy			0	
2903460030	1,1,1,2,3,3,3-七氟丙烷(HFC-227ea)〔999〕	5.5	30	13		千克	14xy			0	
2903460040	1,1,1,2,2,3-六氟丙烷(HFC-236cb)〔999〕	5.5	30	13		千克	14xy			0	
29034700	--1,1,1,3,3-五氟丙烷(HFC-245fa)及1,1,2,2,3-五氟丙烷(HFC-245ca)										13
2903470000	1,1,1,3,3-五氟丙烷(HFC-245fa)及1,1,2,2,3-五氟丙烷(HFC-245ca)〔999〕	5.5	30	13		千克	14xy			0	
29034800	--1,1,1,3,3-五氟丁烷(HFC-365mfc)及1,1,1,2,2,3,4,5,5,5-十氟戊烷(HFC-43-10mee)										13
2903480000	1,1,1,3,3-五氟丁烷(HFC-365mfc)及1,1,1,2,2,3,4,5,5,5-十氟戊烷(HFC-43-10mee)〔999〕	5.5	30	13		千克	14xy			0	
29034900	--其他										13
2903490010	全氟辛酸的盐类和相关化合物(PFOA类)〔999〕	5.5	30	13		千克	X			0	
2903490090	其他无环烃的饱和氟化衍生物〔301 危险化学品,气体〕,〔302 其他化工品〕	5.5	30	13		千克				0	
29035100	--2,3,3,3-四氟丙烯(HFO-1234yf)、1,3,3,3-四氟丙烯(HFO-1234ze)及(Z)-1,1,1,4,4,4-六氟-2-丁烯(HFO-1336mzz)										13
2903510000	2,3,3,3-四氟丙烯(HFO-1234yf)、1,3,3,3-四氟丙烯(HFO-1234ze)及(Z)-1,1,1,4,4,4-六氟-2-丁烯(HFO-1336mzz)〔999〕	5.5	30	13		千克					
29035910	---1,1,3,3,3-五氟-2-三氟甲基-1-丙烯(全氟异丁烯;八氟异丁烯)										13
2903591000	1,1,3,3,3-五氟-2-三氟甲基-1-丙烯(全氟异丁烯;八氟异丁烯)〔999〕	5.5	30	13		千克	23				
29035990	---其他										13
2903599000	其他无环烃的不饱和氟化衍生物〔301 危险化学品,气体〕,〔302 其他化工品〕	5.5	30	13		千克					
29036100	--甲基溴(溴甲烷)										0
2903610000	甲基溴(溴甲烷)〔999〕	5.5	30	13		千克	14ABxy	M/N		0	
29036200	--二溴乙烷(ISO)(1,2-二溴乙烷)										0
2903620000	二溴乙烷(ISO)(1,2-二溴乙烷)〔999〕	5.5	30	13		千克	89			0	
29036900	--其他										13
2903690010	二溴甲烷、碘甲烷〔301 危险化学品,毒性物质〕,〔302 其他危险化学品〕	5.5	30	13		千克	AB	M/N		0	
2903690090	其他无环烃的溴化或碘化衍生物①	5.5	30	13		千克				0	
29037100	--一氯二氟甲烷(HCFC-22)										13
2903710000	一氯二氟甲烷(HCFC-22)〔999〕	5.5	30	13		千克	14ABxy	M/N		0	
29037200	--二氯三氟乙烷(HCFC-123)										13
2903720000	二氯三氟乙烷(HCFC-123)〔999〕	5.5	30	13		千克	14xy			0	
29037300	--二氯一氟乙烷(HCFC-141,141b)										13
2903730010	1,1-二氯-1-氟乙烷〔999〕	5.5	30	13		千克	14xy			0	
2903730090	二氯一氟乙烷(1,1-二氯-1-氟乙烷除外)〔999〕	5.5	30	13		千克	14xy			0	
29037400	--一氯二氟乙烷(HCFC-142,142b)										13
2903740010	1-氯-1,1-二氟乙烷〔999〕	5.5	30	13		千克	14xy			0	
2903740090	一氯二氟乙烷(1-氯-1,1-二氟乙烷除外)〔999〕	5.5	30	13		千克	14xy			0	
29037500	--二氯五氟丙烷(HCFC-225,225ca,225cb)										13

① 〔301 危险化学品,气体〕,〔302 危险化学品,易燃液体〕,〔303 危险化学品,毒性物质〕,〔304 危险化学品,杂项物质〕,〔305 其他危险化学品〕,〔306 其他化工品〕

协定税率(%)																		特惠税率(%)			
智利	新西兰	澳大利亚	瑞士	冰岛	秘鲁	哥斯达	东盟	亚太	新加坡	巴基斯坦	港/澳/台	韩国	格鲁吉亚	毛里求斯	柬埔寨	尼加拉瓜	日/韩/澳/新/东(RCEP)	亚太2国	老/柬/缅	LDC 98/97/95	Article Description
0	0	0	0	0	0	0	0			2.5	0/0/	0	0	0	0	0	0/0/3.9/3.9/0			0/0/0	--Pentafluoroethane (HFC-125), 1,1,1-trifluoroethane (HFC-143a) and 1,1,2-trifluoroethane (HFC-143)
0	0	0	0	0	0	0	0			2.5	0/0/	0	0	0	0	0	0/0/3.9/3.9/0			0/0/0	--1,1,1,2-Tetrafluoroethane (HFC-134a) and 1,1,2,2-tetrafluoroethane (HFC-134)
0	0	0	0	0	0	0	0			2.5	0/0/	0	0	0	0	0	0/0/3.9/3.9/0			0/0/0	--1,1,1,2,3,3,3-Heptafluoropropane (HFC-227ea), 1,1,1,2,2,3-hexafluoropropane (HFC-236cb), 1,1,1,2,3,3-hexafluoropropane (HFC-236ea) and 1,1,1,3,3,3-hexafluoropropane (HFC-236fa)
0	0	0	0	0	0	0	0			2.5	0/0/	0	0	0	0	0	0/0/3.9/3.9/0			0/0/0	--1,1,1,3,3-Pentafluoropropane (HFC-245fa) and 1,1,2,2,3-pentafluoropropane (HFC-245ca)
0	0	0	0	0	0	0	0			2.5	0/0/	0	0	0	0	0	0/0/3.9/3.9/0			0/0/0	--1,1,1,3,3-Pentafluorobutane (HFC-365mfc) and 1,1,1,2,2,3,4,5,5,5-decafluoropentane (HFC-43-10mee)
0	0	0	0	0	0	0	0			2.5	0/0/	0	0	0	0	0	0/0/3.9/3.9/0			0/0/0	--Other
0	0	0	0	0	0	0	0			2.5	0/0/	0	0	0	0	0	0/0/3.9/3.9/0			0/0/0	--2,3,3,3-Tetrafluoropropene (HFO-1234yf), 1,3,3,3-tetrafluoropropene (HFO-1234ze) and (Z)-1,1,1,4,4,4-hexafluoro-2-butene (HFO-1336mzz)
0	0	0	0	0	0	0	0			0	0/0/	0	0	0	0	0	0/0/0/0/0			0/0/0	---1,1,3,3,3-Pentafluro-2-trifluromethyl-1-propene (Perfluorolisobutylene, isobutylene octafluoride)
0	0	0	0	0	0	0	0			2.5	0/0/	0	0	0	0	0	0/0/3.9/3.9/0			0/0/0	---Other
0	0	0	0	0	0	0	0			2.5	0/0/	0	0	0	0	0	0/0/3.9/3.9/0			0/0/0	--Methyl bromide (bromomethane)
0	0	0	0	0	0	0	0			2.5	0/0/	0	0	0	0	0	0/0/0/0/0			0/0/0	--Ethylene dibromide (ISO) (1,2-dibromoethane)
0	0	0	0	0	0	0	0			2.5	0/0/	0	0	0	0	0	0/0/3.9/3.9/0			0/0/0	--Other
0	0	0	0	0	0	0	0			2.5	0/0/	0	0	0	0	0	0/0/0/0/0			0/0/0	--Chlorodifluoromethane (HCFC-22)
0	0	0	0	0	0	0	0			2.5	0/0/	0	0	0	0	0	0/0/0/0/0			0/0/0	--Dichlorotrifluoroethanes (HCFC-123)
0	0	0	0	0	0	0	0			2.5	0/0/	0	0	0	0	0	0/0/0/0/0			0/0/0	--Dichlorofluoroethanes (HCFC-141,141b)
0	0	0	0	0	0	0	0			2.5	0/0/	0	0	0	0	0	0/0/0/0/0			0/0/0	--Chlorodifluoroethanes (HCFC-142,142b)
0	0	0	0	0	0	0	0			2.5	0/0/	0	0	0	0	0	0/0/0/0/0			0/0/0	--Dichloropentafluoropropanes (HCFC-225, 225ca, 225cb)

商品编号	商品名称及备注[检验检疫编码及名称]	进口关税(%)		增值税率(%)	消费税	计量单位	监管条件	检验检疫类别	对美税率	出口税率(%)	出口退税率(%)
		最惠国	普通								
2903750000	二氯五氟丙烷(HCFC-225,225ca,225cb)〔999〕	5.5	30	13		千克	14xy			0	
29037600	--溴氯二氟甲烷(Halon-1211)、一溴三氟甲烷(Halon-1301)及二溴四氟乙烷(Halon-2402)										13
2903760010	溴氯二氟甲烷(Halon-1211)〔999〕	5.5	30	13		千克	14xy			0	
2903760020	溴三氟甲烷(Halon-1301)〔999〕	5.5	30	13		千克	14ABxy	M/N		0	
2903760030	二溴四氟乙烷(Halon-2402)〔999〕	5.5	30	13		千克	14xy			0	
29037710	---三氯氟甲烷										13
2903771000	三氯氟甲烷(CFC-11)〔999〕	5.5	30	13		千克	14xy			0	
29037720	---其他仅含氟和氯的甲烷、乙烷及丙烷的全卤化物										13
2903772011	二氯二氟甲烷(CFC-12)〔999〕	5.5	30	13		千克	14ABxy	M/N		0	
2903772012	三氯三氟乙烷(用于受控用途除外)(CFC-113)〔999〕	5.5	30	13		千克	14xy			0	
2903772013	三氯三氟乙烷(受控用途)(CFC-113)〔999〕	5.5	30	13		千克	89			0	
2903772014	二氯四氟乙烷(CFC-114)〔999〕	5.5	30	13		千克	14ABxy	M/N		0	
2903772015	一氯五氟乙烷(CFC-115)〔999〕	5.5	30	13		千克	14ABxy	M/N		0	
2903772016	一氯三氟甲烷(CFC-13)〔999〕	5.5	30	13		千克	14ABxy	M/N		0	
2903772017	五氯一氟乙烷、四氯二氟乙烷(CFC-111、CFC-112)〔999〕	5.5	30	13		千克	14xy			0	
2903772018	七氯一氟丙烷、六氯二氟丙烷、五氯三氟丙烷、四氯四氟丙烷、三氯五氟丙烷、二氯六氟丙烷、一氯七氟丙烷(CFC-211、CFC-212、CFC-213、CFC-214、CFC-215、CFC-216、CFC-217)〔999〕	5.5	30	13		千克	14xy			0	
2903772090	其他仅含氟和氯的甲烷、乙烷及丙烷的全卤化物〔301 危险化学品,易燃液体〕,〔302 其他化工品〕	5.5	30	13		千克				0	
29037790	---其他										13
2903779000	其他无环烃全卤化物(指仅含氟和氯的)〔301 危险化学品,气体〕,〔302 危险化学品,毒性物质〕,〔303 其他化工品〕	5.5	30	13		千克				0	
29037800	--其他全卤化衍生物										13
2903780010	全氟辛酸的盐类和相关化合物(PFOA 类)〔999〕	5.5	30	13		千克	X		10.5%	0	
2903780090	其他无环烃全卤化衍生物(指含两种或两种以上不同卤素的)〔301 危险化学品,气体〕,〔302 其他危险化学品〕,〔303 其他化工品〕	5.5	30	13		千克		M.R/N.S	10.5%	0	
29037910	---其他仅含氟和氯的甲烷、乙烷及丙烷的卤化衍生物										13
2903791011	二氯一氟甲烷(HCFC-21)〔999〕	5.5	30	13		千克	14xy			0	
2903791012	一氯四氟乙烷〔999〕	5.5	30	13		千克	14xy			0	
2903791013	一氯三氟乙烷(HCFC-133)〔999〕	5.5	30	13		千克	14xy			0	
2903791014	1-氟-1,1-二氯乙烷〔999〕	5.5	30	13		千克				0	
2903791015	1,1-二氟-1-氯乙烷〔999〕	5.5	30	13		千克				0	
2903791030	全氟辛酸的盐类和相关化合物(PFOA 类)〔999〕	5.5	30	13		千克	1X			0	
2903791090	其他含氢氯氟烃类物质(这里的烃是指甲烷、乙烷及丙烷)〔999〕	5.5	30	13		千克	14xy			0	
29037990	---其他										13
2903799010	二溴氯丙烷(1,2-二溴-3-氯丙烷)〔999〕	5.5	30	13		千克	89		15.5%	0	
2903799021	其他溴氟代甲烷、乙烷和丙烷〔301 危险化学品,易燃液体〕,〔302 其他化工品〕	5.5	30	13		千克	14xy		15.5%	0	
2903799022	溴氯甲烷〔999〕	5.5	30	13		千克	14xy		15.5%	0	
2903799030	全氟辛酸的盐类和相关化合物(PFOA 类)〔999〕	5.5	30	13		千克	X		15.5%	0	
2903799090	其他无环烃卤化衍生物(含二种或二种以上不同卤素的其他无环烃卤化衍生物)〔301 危险化学品,易燃液体〕,〔302 危险化学品,毒性物质〕,〔303 其他化工品〕	5.5	30	13		千克			15.5%	0	
29038100	--1,2,3,4,5,6-六氯环己烷[六六六(ISO)],包括林丹(ISO,INN)										0
2903810010	林丹(ISO,INN)〔999〕	5.5	30	13		千克	89			0	
2903810020	α-六氯环己烷、β-六氯环己烷〔999〕	5.5	30	13		千克	89			0	
2903810090	其他 1,2,3,4,5,6-六氯环己烷[六六六(ISO)](混合异构体)〔999〕	5.5	30	13		千克				0	
29038200	--艾氏剂(ISO)、氯丹(ISO)及七氯(ISO)										0
2903820010	艾氏剂(ISO)及七氯(ISO)〔301 危险化学品,毒性物质〕,〔302 其他化工品〕	5.5	30	13		千克	89			0	
2903820090	氯丹(ISO)(别名八氯化甲桥茚)〔999〕	5.5	30	13		千克	89			0	
29038300	--灭蚁灵(ISO)										0
2903830000	灭蚁灵〔999〕	5.5	30	13		千克	89			0	
29038900	--其他										
2903890010	毒杀芬〔999〕	5.5	30	13		千克	89		30.5%	0	0
2903890020	六溴环十二烷〔999〕	5.5	30	13		千克	89		30.5%	0	13

协定税率(%)																		特惠税率(%)			
智利	新西兰	澳大利亚	瑞士	冰岛	秘鲁	哥斯达	东盟	亚太	新加坡	巴基斯坦	港/澳/台	韩国	格鲁吉亚	毛里求斯	柬埔寨	尼加拉瓜	日/韩/澳/新/东 (RCEP)	亚太2国	老/柬/缅	LDC 98/97/95	Article Description
0	0	0	0	0	0	0	0			0	0/0/	0	0	0	0	0	0/0/0/0/0			0/0/0	--Bromochlorodifluoromethane (Halon-1211), bromotrifluoromethane (Halon-1301) and dibromotetrafluoroethanes (Halon-2402)
0	0	0	0	0	0	0	0			2.5	0/0/	0	0	0	0	0	0/0/0/0/0			0/0/0	---Trichlorofluoromethane
0	0	0	0	0	0	0	0			0	0/0/	0	0	0	0	0	0/0/0/0/0			0/0/0	---Other methane, ethane and propane perhalogenated derivatives only with fluorine and chlorine
0	0	0	0	0	0	0	0			2.5	0/0/	0	0	0	0	0	4/3.9/0/0/0			0/0/0	---Other
0	0	0	0	0	0	0	0			0	0/0/	0	0	0	0	0	0/0/0/0/0			0/0/0	--Other perhalogenated derivatives
0	0	0	0	0	0	0	0			2.5	0/0/	0	0	0	0	0	0/0/0/0/0			0/0/0	---Other methane, ethane and propane halogenated derivatives only with fluorine and chlorine
0	0	0	0	0	0	0	0			0	0/0/	0	0	0	0	0	0/0/0/0/0			0/0/0	---Other
0	0	0	0	0	0	0	0			0	0/0/	0	0	0	0	0	0/0/0/0/0			0/0/0	--1, 2, 3, 4, 5, 6-Hexachlorocyclohexane (HCH (ISO)), including linadne (ISO, INN)
0	0	0	0	0	0	0	0			0	0/0/	0	0	0	0	0	0/0/0/0/0			0/0/0	--Aldrin (ISO), chlordane (ISO) and heptachlor (ISO)
0	0	0	0	0	0	0	0			0	0/0/	0	0	0	0	0	0/0/0/0/0			0/0/0	--Mirex (ISO)
0	0	0	0	0	0	0	0			0	0/0/	0	0	0	0	0	0/0/0/0/0			0/0/0	--Other

商品编号	商品名称及备注[检验检疫编码及名称]	进口关税(%) 最惠国	普通	增值税率(%)	消费税	计量单位	监管条件	检验检疫类别	对美税率	出口税率(%)	出口退税率(%)
2903890030	得克隆及其顺式异构体和反式异构体〔999〕	5.5	30	13		千克	89		30.5%	0	
2903890090	其他环烷烃、环烯烃或环萜烯烃的卤化衍生物①	5.5	30	13		千克			30.5%	0	13
29039110	---邻二氯苯										13
2903911000	邻二氯苯〔999〕	5.5	30	13		千克				0	
29039190	---其他										
2903919010	1,4-二氯苯(又称对二氯苯)〔999〕	5.5	30	13		千克	S		30.5%	0	9,13
2903919090	氯苯〔999〕	5.5	30	13		千克	AB	M/N	30.5%	0	13
29039200	--六氯苯(ISO)及滴滴涕(ISO,INN)〔1,1,1-三氯-2,2-双(4-氯苯基)乙烷〕										0
2903920000	六氯苯(ISO)及滴滴涕(ISO,INN)〔六氯苯别名过氯苯,滴滴涕别名1,1,1-三氯-2,2-双(4-氯苯基)乙烷〕〔301 危险化学品,毒性物质〕,〔302 危险化学品,杂项物质〕	5.5	30	13		千克	89			0	
29039300	--五氯苯(ISO)										13
2903930000	五氯苯〔999〕	5.5	30	13		千克	89			0	
29039400	--六溴联苯										13
2903940000	六溴联苯〔999〕	5.5	30	13		千克	89			0	
29039910	---对氯甲苯										13
2903991000	对氯甲苯〔999〕	5.5	30	13		千克	AB	M/N		0	
29039920	---3,4-二氯三氟甲苯										13
2903992000	3,4-二氯三氟甲苯〔999〕	5.5	30	13		千克				0	
29039930	---4-(4'-烷基苯基)-1-(4'-烷基苯基)-2-氟苯										13
2903993000	4-(4'-烷基苯基)-1-(4'-烷基苯基)-2-氟苯〔999〕	5.5	30	13		千克				0	
29039990	---其他										
2903999010	多氯联苯、多溴联苯〔301 危险化学品,杂项物质〕,〔302 其他危险化学品〕,〔303 其他化工品〕	5.5	30	13		千克	89		10.5%	0	13
2903999030	多氯三联苯(PCT)〔999〕	5.5	30	13		千克	X		10.5%	0	13
2903999040	稗草烯〔999〕	5.5	30	13		千克	S		10.5%	0	0
2903999050	单一的二氯萘、三氯萘、四氯萘、五氯萘、六氯萘、七氯萘、八氯萘〔999〕	5.5	30	13		千克	89		10.5%	0	
2903999090	其他芳烃卤化衍生物②	5.5	30	13		千克			10.5%	0	13
2904	**烃的磺化、硝化或亚硝化衍生物,不论是否卤化:**										
29041000	-仅含磺基的衍生物及其盐和乙酯										13
2904100000	仅含磺基的衍生物及其盐和乙酯〔301 危险化学品,腐蚀性物质〕,〔302 其他化工品〕	5.5	30	13		千克			15.5%	0	
29042010	---硝基苯										13
2904201000	硝基苯〔999〕	5.5	20	13		千克	AB	M/N		0	
29042020	---硝基甲苯										13
2904202000	硝基甲苯〔301 危险化学品,毒性物质〕,〔302 危险化学品,杂项物质〕	5.5	30	13		千克				0	
29042030	---二硝基甲苯										13
2904203000	二硝基甲苯〔999〕	5.5	20	13		千克	AB	M/N		0	
29042040	---三硝基甲苯(TNT)										13
2904204000	三硝基甲苯(TNT)〔999〕	5.5	40	13		千克	ABk	M/N		0	
29042090	---其他										13
2904209010	六硝基芪〔999〕	5.5	30	13		千克	3		10.5%	0	
2904209020	4-硝基联苯〔999〕	5.5	30	13		千克			10.5%	0	
2904209090	其他仅含硝基或亚硝基衍生物③	5.5	30	13		千克			10.5%	0	
29043100	--全氟辛基磺酸										13
2904310000	全氟辛基磺酸〔999〕	5.5	30	13		千克	89			0	
29043200	--全氟辛基磺酸铵										13
2904320000	全氟辛基磺酸铵〔999〕	5.5	30	13		千克	89			0	
29043300	--全氟辛基磺酸锂										13
2904330000	全氟辛基磺酸锂〔999〕	5.5	30	13		千克	89			0	
29043400	--全氟辛基磺酸钾										13
2904340000	全氟辛基磺酸钾〔999〕	5.5	30	13		千克	89			0	
29043500	--其他全氟辛基磺酸盐										13
2904350000	其他全氟辛基磺酸盐〔999〕	5.5	30	13		千克	89			0	

① 〔301 危险化学品,气体〕,〔302 危险化学品,易燃液体〕,〔303 危险化学品,毒性物质〕,〔304 其他化工品〕
② 〔301 危险化学品,易燃液体〕,〔302 危险化学品,毒性物质〕,〔303 危险化学品,腐蚀性物质〕,〔304 危险化学品,杂项物质〕,〔305 其他危险化学品〕,〔306 其他化工品〕
③ 〔301 危险化学品,爆炸品〕,〔302 危险化学品,易燃液体〕,〔303 危险化学品,易燃固体〕,〔304 危险化学品,毒性物质〕,〔305 危险化学品,杂项物质〕,〔306 其他危险化学品〕,〔307 其他化工品〕

协定税率(%)																		特惠税率(%)			Article Description
智利	新西兰	澳大利亚	瑞士	冰岛	秘鲁	哥斯达	东盟	亚太	新加坡	巴基斯坦	港/澳/台	韩国	格鲁吉亚	毛里求斯	柬埔寨	尼加拉瓜	日/韩/澳/新/东(RCEP)	亚太2国	老/柬/缅	LDC 98/97/95	
0	0	0	0	0	0	0	0			0	0/0/	0	0	0	0	0	4/3.9/0/0/0			0/0/0	---o-Dichlorobenzene
0	0	0	0	0	0	0	0			0	0/0/	0	0	0	0	0	0/0/0/0/0			0/0/0	---Other
0	0	0	0	0	0	0	0			0	0/0/	0	0	0	0	0	0/0/0/0/0			0/0/0	--Hexachlorobenzene (ISO) and DDT (ISO) (clofenotane (INN), 1, 1, 1-trichloro-2, 2-bis (p-chlorophenyl) ethane)
0	0	0	0	0	0	0	0			0	0/0/	0	0	0	0	0	0/0/0/0/0			0/0/0	--Pentachlorobenzene (ISO)
0	0	0	0	0	0	0	0			0	0/0/	0	0	0	0	0	0/0/0/0/0			0/0/0	--Hexabromobiphenyls
0	0	0	0	0	0	0	0			0	0/0/	0	0	0	0	0	0/0/0/0/0			0/0/0	---P-Chlorotoluene
0	0	0	0	0	0	0	0	4.4		0	0/0/	0	0	0	0	0	0/0/0/0/0			0/0/0	---3,4-Dichlorotrifluoride toluene
0	0	0	0	0	0	0	0			0	0/0/	0	0	0	0	0	0/0/0/0/0			0/0/0	---4-(4'-alkylphenyl)-1-(4'-alkylphenyl)-2-fluoroben zene
0	0	0	0	0	0	0	0			0	0/0/	0	0	0	0	0	0/0/0/0/0			0/0/0	---Other
																					Sulphonated, nitrated or nitrosated derivatives of hydrocarbons, whether or not halogenated:
0	0	0	0	0	0	0	0			0	0/0/	0	0	0	0	0	0/0/0/0/0			0/0/0	-Derivatives containing only sulpho groups, their salts and ethyl esters
0	0	0	0	0	0	0	0	4.4		0	0/0/	0	0	0	0	0	0/0/0/0/0			0/0/0	---Nitrobenzene
0	0	0	0	0	0	0	0			0	0/0/	0	0	0	0	0	0/0/0/0/0			0/0/0	---Nitrotoluene and nitrochlorobenzene
0	0	0	0	0	0	0	0	4.4		0	0/0/	0	0	0	0	0	0/0/0/0/0			0/0/0	---Dinitrotoluene and dinitrochlorobenzene
0	0	0	0	0	0	0	0	4.4		0	0/0/	0	0	0	0	0	0/0/0/0/0			0/0/0	---Trinitrotoluene
0	0	0	0	0	0	0	0			0	0/0/	0	0	0	0	0	0/0/0/0/0			0/0/0	---Other
0	0	0	0	0	0	0	0			0	0/0/	0	0	0	0	0	0/0/0/0/0			0/0/0	--Perfluorooctane sulphonic acid
0	0	0	0	0	0	0	0			0	0/0/	0	0	0	0	0	0/0/0/0/0			0/0/0	--Ammonium perfluorooctane sulphonate
0	0	0	0	0	0	0	0			0	0/0/	0	0	0	0	0	0/0/0/0/0			0/0/0	--Lithium perfluorooctane sulphonate
0	0	0	0	0	0	0	0			0	0/0/	0	0	0	0	0	0/0/0/0/0			0/0/0	--Potassium perfluorooctane sulphonate
0	0	0	0	0	0	0	0			0	0/0/	0	0	0	0	0	0/0/0/0/0			0/0/0	--Other salts of perfluorooctane sulphonic acid

商品编号	商品名称及备注[检验检疫编码及名称]	进口关税(%) 最惠国	进口关税(%) 普通	增值税率(%)	消费税	计量单位	监管条件	检验检疫类别	对美税率	出口税率(%)	出口退税率(%)
29043600	--全氟辛基磺酰氟										13
2904360000	全氟辛基磺酰氟〔999〕	5.5	30	13		千克	89			0	0
29049100	--三氯硝基甲烷(氯化苦)										
2904910000	三氯硝基甲烷(氯化苦)〔999〕	5.5	30	13		千克	23S			0	
29049900	--其他										
2904990011	氯硝丙烷〔999〕	5.5	30	13		千克	S		25.5%	0	0
2904990012	四氯硝基苯〔999〕	5.5	30	13		千克	S		25.5%	0	0
2904990013	五氯硝基苯〔999〕	5.5	30	13		千克	S		25.5%	0	0
2904990014	全氟己基磺酸及其盐类和其相关化合物〔全氟己基磺酸及其盐和卤代物(《禁止进口货物目录(第八批)》所列商品)〕〔999〕	5.5	30	13		千克	89		25.5%	0	
2904990090	其他烃的磺化、硝化、亚硝化衍生物(不论是否卤化)①	5.5	30	13		千克			25.5%	0	13
2905	**无环醇及其卤化、磺化、硝化或亚硝化衍生物：**										
29051100	--甲醇										13
2905110000	甲醇〔999〕	5.5	30	13		千克	AB	M/N	30.5%	0	13
29051210	---丙醇										
2905121000	正丙醇〔301 危险化学品,不用作食品添加剂〕,〔302 危险化学品,用作食品添加剂〕	5.5	30	13		千克	AB	M/N	10.5%	0	13
29051220	---异丙醇										
2905122000	异丙醇〔301 危险化学品,不用作食品添加剂〕,〔302 危险化学品,用作食品添加剂〕	5.5	30	13		千克	ABG	M/N	30.5%	0	13
29051300	--正丁醇										
2905130000	正丁醇〔301 危险化学品,不用作食品添加剂〕,〔302 危险化学品,用作食品添加剂〕	5.5	30	13		千克	AB	M.R/N.S	15.5%	0	13
29051410	---异丁醇										
2905141000	异丁醇〔301 危险化学品,不用作食品添加剂〕,〔302 危险化学品,用作食品添加剂〕	5.5	30	13		千克			15.5%	0	13
29051420	---仲丁醇										
2905142000	仲丁醇〔999〕	5.5	30	13		千克				0	13
29051430	---叔丁醇										
2905143000	叔丁醇〔999〕	5.5	30	13		千克			25.5%	0	13
29051610	---正辛醇										
2905161000	正辛醇〔101 2-辛醇〕,〔102 非工业用无检疫要求食品添加剂〕	5.5	30	13		千克			30.5%	0	13
29051690	---其他										
2905169000	辛醇的异构体〔999〕	5.5	30	13		千克			30.5%	0	
29051700	--十二醇、十六醇及十八醇										13
2905170000	十二醇、十六醇及十八醇〔999〕	7	30	13		千克			32%	0	13
29051910	---3,3-二甲基丁-2-醇(频哪基醇)										
2905191000	3,3-二甲基丁-2-醇(频哪基醇)〔999〕	5.5	30	13		千克	23			0	
29051990	---其他										
2905199010	三十烷醇〔999〕	5.5	30	13		千克	S			0	9,13
2905199090	其他饱和一元醇②	5.5	30	13		千克				0	13
29052210	---香叶醇、橙花醇(3,7-二甲基-2,6-辛二烯-1-醇)										13
2905221000	香叶醇、橙花醇(3,7-二甲基-2,6-辛二烯-1-醇)〔101 反式-3-己烯醇〕,〔102 香叶醇〕,〔103 橙花醇〕	5.5	30	13		千克			10.5%	0	13
29052220	---香茅醇(3,7-二甲基-6-辛烯-1-醇)										
2905222000	香茅醇(3,7-二甲基-6-辛烯-1-醇)〔999〕	5.5	30	13		千克			10.5%	0	13
29052230	---芳樟醇										
2905223000	芳樟醇〔102 无检疫要求食品添加剂〕,〔301 需申报仅用于工业用途不用于食品添加剂无检疫要求的化学品〕	5.5	30	13		千克	A	R/	10.5%	0	13
29052290	---其他										
2905229000	其他无环萜烯醇③	5.5	30	13		千克			30.5%	0	13
29052900	--其他										
2905290000	其他不饱和一元醇④	5.5	30	13		千克			30.5%	0	13
29053100	--1,2-乙二醇										
2905310000	1,2-乙二醇〔999〕	5.5	30	13		千克			30.5%	0	

① 〔301 危险化学品,爆炸品〕,〔302 危险化学品,易燃固体〕,〔303 危险化学品,毒性物质〕,〔304 危险化学品,腐蚀性物质〕,〔305 危险化学品,杂项物质〕,〔306 其他危险化学品〕,〔307 其他化工品〕

② 〔301 危险化学品,易燃液体〕,〔302 危险化学品,易于自燃的物质〕,〔303 危险化学品,腐蚀性物质〕,〔304 危险化学品,用作食品添加剂〕,〔305 其他化工品,不用作食品添加剂〕,〔306 其他化工品,用作食品添加剂〕

③ 〔301 危险化学品,易燃液体〕,〔302 其他化工品,不用作食品添加剂〕,〔303 其他化工品,用作食品添加剂〕

④ 〔301 危险化学品,易燃液体〕,〔302 危险化学品,毒性物质〕,〔303 危险化学品,腐蚀性物质〕,〔304 其他化工品,不用作食品添加剂〕,〔305 其他化工品,用作食品添加剂〕

协定税率(%)																		特惠税率(%)			
智利	新西兰	澳大利亚	瑞士	冰岛	秘鲁	哥斯达	东盟	亚太	新加坡	巴基斯坦	港/澳/台	韩国	格鲁吉亚	毛里求斯	柬埔寨	尼加拉瓜	日/韩/澳/新/东(RCEP)	亚太2国	老/柬/缅	LDC 98/97/95	Article Description
0	0	0	0	0	0	0	0			0	0/0/	0	0	0	0	0	0/0/0/0/0			0/0/0	--Perfluorooctane sulphonyl fluoride
0	0	0	0	0	0	0	0			0	0/0/	0	0	0	0	0	0/0/0/0/0			0/0/0	--Trichloronitromethane (chloropicrin)
0	0	0	0	0	0	0	0			0	0/0/	0	0	0	0	0	0/0/0/0/0			0/0/0	--Other
																					Acyclic alcohols and their halogenated, sulphonated, nitrated or nitrosated derivatives:
0	0	0	0	0		0	0			0	0/0/		0	0	0	4.4	//4.7/4.7/4.7			0//	--Methanol (methyl alcohol)
0	0	0	0	0	0	0	0			0	0/0/	1.8	0	0	0	0	4.5/3.9/3.9/3.9/0			0/0/0	---Propan-1-ol (propyl alcohol)
0	0	0	0	0	0	0	0			0	0/0/0	1.8	0	0	0	0	4.5/3.9/3.9/3.9/0			0/0/0	---Propan-2-ol (isopropyl alcohol)
0	0	0	0	0	0	0	0			0	0/0/0	1.8	0	0	0	0	4.5/3.9/3.9/3.9/0			0/0/0	--Butan-1-ol (n-butyl alcohol)
0	0	0	0	0	0	0	0			0	0/0/0	1.8	0	0	0	0	4.5/3.9/3.9/3.9/0			0/0/0	---Isobutanol
0	0	0	0	0	0	0	0			0	0/0/	1.8	0	0	0	0	4.5/3.9/3.9/3.9/0			0/0/0	---Secbutanol
0	0	0	0	0	0	0	0			0	0/0/	1.8	0	0	0	0	4.5/3.9/3.9/3.9/0			0/0/0	---Tertiary butanol
0	0	0	0	0		0	0			0	0/0/		0	0	0	4.4	//5/5/3.9			0//	---n-octanol
0	0	0	0	0		0	0			0	0/0/		0	0	0	4.4	//4.7/4.7/4.7			0//	---Other
0	0	0	0	0	0	0	0			0	0/0/	2.3	0	0	0	0	5.7/4.9/4.9/4.9/0			0/0/0	--Dodecan-1-ol (lauryl alcohol), hexadecan-1-ol (cetyl alcohol) and octadecan-1-ol (stearyl alcohol)
0	0	0	0	0	0	0	0	4.4		0	0/0/	0	0	0	0	0	0/0/0/0/0			0/0/0	---3,3-Dimethyl-2-butanol (pinacolyl alcohol)
0	0	0	0	0	0	0	0			0	0/0/	0	0	0	0	0	4/0/0/0/0			0/0/0	---Other
0	0	0	0	0	0	0	0			0	0/0/	0	0	0	0	0	0/0/0/0/0			0/0/0	---Geraniol, nerol (cis-3,7-Dimethyl-2,6-octadien-1-ol)
0	0	0	0	0	0	0	0			0	0/0/	0	0	0	0	0	0/0/0/0/0			0/0/0	---Citronellol (3,7-Dimethyl-6-octen-1-ol)
0	0	0		0	0	0	0			0	0/0/	0	0	0	0	0	4/0/0/0/0			0/0/0	---Linalool
0	0	0	2.2	0	0	0	0			0	0/0/	0	0	0	0	0	4/0/0/0/0			0/0/0	---Other
0	0	0	0	0	0	0	0			0	0/0/	0	0	0	0	0	0/0/3.9/3.9/0			0/0/0	--Other
0	0	0		0		0	5				0/0/			0	5	4.4	//5/5/5			0//	--Ethylene glycol (ethanediol)

商品编号	商品名称及备注[检验检疫编码及名称]	进口关税(%) 最惠国	普通	增值税率(%)	消费税	计量单位	监管条件	检验检疫类别	对美税率	出口税率(%)	出口退税率(%)
29053200	--1,2-丙二醇										13
2905320000[暂3]	1,2-丙二醇[101 饲料添加剂],[301 无检疫要求食品添加剂],[302 其他化工品]	5.5	30	13		千克			15.5%	0	
29053910	---2,5-二甲基己二醇										13
2905391000	2,5-二甲基己二醇[999]	4	11	13		千克			24%	0	
29053990	---其他										
2905399001[暂3]	1,3-丙二醇[101 饲料添加剂],[102 化工产品]	5.5	30	13		千克	AB	R/S	13%	0	13
2905399002	1,4-丁二醇[999]	5.5	30	13		千克	AB	R/S	15.5%	0	13
2905399010	驱蚊醇[999]	5.5	30	13		千克	S		15.5%	0	9,13
2905399091[暂0]	白消安[301 无检疫要求食品添加剂],[302 需申报仅用于工业用途不用于食品添加剂无检疫要求的化学品]	5.5	30	3		千克	AB	M. R/N. S	10%	0	13
2905399099	其他二元醇①	5.5	30	13		千克	AB	M. R/N. S	15.5%	0	13
29054100	--2-乙基-2-(羟甲基)丙烷-1,3-二醇(三羟甲基丙烷)										13
2905410000	三羟甲基丙烷[2-乙基-2-(羟甲基)丙烷-1,3-二醇][999]	5.5	30	13		千克			30.5%	0	
29054200	--季戊四醇										13
2905420000	季戊四醇[999]	5.5	30	13		千克			30.5%	0	
29054300	--甘露糖醇										13
2905430000	甘露糖醇②	8	30	13		千克	A	R/	33%	0	
29054400	--山梨醇										13
2905440000	山梨醇[101 饲料添加剂],[102 非工业用无检疫要求食品添加剂]	8	40	13		千克				0	
29054500	--丙三醇(甘油)										13
2905450000[暂3]	丙三醇(甘油)③	8	50	13		千克	A	R/	28%	0	
29054910	---木糖醇										13
2905491000	木糖醇[999 无检疫要求食品添加剂]	5.5	30	13		千克	A	R/	10.5%	0	
29054990	---其他										13
2905499000	其他多元醇④	5.5	30	13		千克			10.5%	0	
29055100	--乙氯维诺(INN)										13
2905510000	乙氯维诺(INN)[999]	5.5	30	13		千克	I			0	
29055900	--其他										
2905590010	乙氯维诺的盐[999]	5.5	30	13		千克	I		25.5%	0	13
2905590020	2-氯乙醇[999]	5.5	30	13		千克	3A	M/	25.5%	0	13
2905590040	鼠甘伏,溴硝醇[301 危险化学品,毒性物质],[302 其他化工品]	5.5	30	13		千克	S		25.5%	0	9,13
2905590050	全氟辛酸的盐类和相关化合物(PFOA 类)[999]	5.5	30	13		千克	X		25.5%	0	
2905590090	其他无环醇的卤化、磺化等衍生物[301 危险化学品,易燃液体],[302 危险化学品,毒性物质],[303 其他化工品]	5.5	30	13		千克			25.5%	0	13
2906	**环醇及其卤化、磺化、硝化或亚硝化衍生物：**										
29061100	--薄荷醇										13
2906110000	薄荷醇[301 无检疫要求食品添加剂]	5	70	13		千克			30%	0	
29061200	--环己醇、甲基环己醇及二甲基环己醇										13
2906120010	甲基环己醇[999]	5.5	30	13		千克	AB	M/N	15.5%	0	
2906120090	环己醇,二甲基环己醇[999]	5.5	30	13		千克			15.5%	0	
29061310	---固醇										13
2906131000[暂3]	固醇[999]	5.5	30	13		千克			8%	0	
29061320	---肌醇										13
2906132000	肌醇⑤	5.5	30	13		千克	A	R/	25.5%	0	
29061910	---萜品醇										13
2906191000	萜品醇[101 松油醇],[102 α-松油醇]	5.5	30	13		千克			15.5%	0	
29061990	---其他										13
2906199011	5α-雄烷-3α, 17α-二醇(阿法雄烷二醇)[包括 5α-雄烷-3β, 17β-二醇(倍他雄烷二醇)][999]	5.5	30	13		千克	L		25.5%	0	
2906199012	雄甾-4-烯-3α, 17α-二醇[4-雄烯二醇(3α, 17α)]{包括雄甾-4-烯-3α, 17β-二醇[4-雄烯二醇(3α, 17β)]}[999]	5.5	30	13		千克	L		25.5%	0	

① [301 危险化学品,毒性物质],[302 其他化工品,不用作食品添加剂],[303 其他化工品,用作食品添加剂]
② [101 饲料添加剂],[102 无检疫要求食品添加剂],[103 需申报仅用于工业用途不用于食品添加剂无检疫要求的化学品]
③ [101 饲料添加剂],[102 无检疫要求食品添加剂],[103 需申报仅用于工业用途不用于食品添加剂无检疫要求的化学品]
④ [101 2-苯乙硫醇],[102 赤藓糖醇],[103 2,5-二甲基-3-呋喃硫醇],[104 2-丙硫醇],[105 2-甲基-1-丁硫醇],[106 2-戊基硫醇],[107 3-甲基-2-丁硫醇],[108 3-甲基丁基硫醇],[109 4-甲氧基-2-甲基-2-丁硫醇]
⑤ [101 饲料添加剂],[102 无检疫要求食品添加剂],[103 需申报仅用于工业用途不用于食品添加剂无检疫要求的化学品]

协定税率(%)																			特惠税率(%)			
智利	新西兰	澳大利亚	瑞士	冰岛	秘鲁	哥斯达	东盟	亚太	新加坡	巴基斯坦	港/澳/台	韩国	格鲁吉亚	毛里求斯	柬埔寨	尼加拉瓜	日/韩/澳/新/东(RCEP)		亚太2国	老/柬/缅	LDC 98/97/95	Article Description
0	0	0	0	0	0	0	0			0	0/0/	0	0	0	0	0	4/3.9/3.9/3.9/0				0/0/0	--Propylene glycol (propane-1,2-diol)
0	0	0	0	0	0	0	0			0	0/0/	0	0	0	0	0	0/0/0/0/0				0/0/0	---2,5-dimethyl hexandiol
0	0	0	0	0	0	0	0			0	0/0/		0	0	0	0	//5/5/5				0/0/0	---Other
0	0	0	0	0	0	0	0			0	0/0/	0	0	0	0	0	0/0/0/0/0				0/0/0	--2-Ethyl-2-(hydroxymethyl) propane-1,3-diol (trimethylolpropane)
0	0	0	0	0	0	0	0			0	0/0/	0	0	0	0	0	4/3.9/0/0/0				0/0/0	--Pentaerythritol
0	0	0	0	0	0	0	0			0	0/0/	0	0	0	0	7.2	5.8/0/0/0/0				0/0/0	--Mannitol
0	0	0	0	0	0	0	0		0	11.2	0/0/	0	0	0	0	0	10.2/9.8/0/0/0				0/0/0	--D-glucitol (sorbitol)
0	0	0	0	0	0	0	0	5.2	0	7	0/0/	0	0	0	0	0	10.2/9.8/0/0/0				0/0/0	--Glycerol
0	0	0	0	0	0	0	0			0	0/0/	0	0	0	0	0	0/0/0/0/0				0/0/0	---Xylitol
0	0	0	0	0	0	0	0			0	0/0/	0	0	0	0	0	0/0/0/0/0				0/0/0	---Other
0	0	0	0	0	0	0	0			0	0/0/	0	0	0	0	0	0/0/0/0/0				0/0/0	--Ethchlorvynol (INN)
0	0	0	0	0	0	0	0			0	0/0/	0	0	0	0	0	4/3.9/0/0/0				0/0/0	--Other
																						Cyclic alcohols and their halogenated, snlphonated, nitrated or nitrosated derivatives:
0	0	0	0	0	0	0	0			0	0/0/	0	0	0	0	0	0/0/0/0/0				0/0/0	--Menthol
0	0	0	0	0	0	0	0			0	0/0/	0	0	0	0	0	0/0/0/0/0				0/0/0	--Cyclohexanol, methylcyclohexanols and dimethylcyctohexanols
0	0	0	0	0	0	0	0			0	0/0/	0	0	0	0	0	4/3.9/0/0/0				0/0/0	---Sterol
0	0	0	0	0	0	0	0			0	0/0/	0	0	0	0	0	0/0/0/0/0				0/0/0	---Inositol
0	0	0	0	0	0	0	0			0	0/0/	0	0	0	0	0	0/0/0/0/0				0/0/0	---Terpineols
0	0	0		0	0	0	0			0	0/0/	0	0	0	0	0	4/0/0/0/0				0/0/0	---Other

商品编号	商品名称及备注[检验检疫编码及名称]	进口关税(%) 最惠国	普通	增值税率(%)	消费税	计量单位	监管条件	检验检疫类别	对美税率	出口税率(%)	出口退税率(%)
2906199013	雄甾-5-烯-3α，17α-二醇[5-雄烯二醇(3α，17α]|(包括雄甾-5-烯-3α，17β-二醇[5-雄烯二醇(3α，17β)]|[999]	5.5	30	13		千克	L		25.5%	0	
2906199014	2-雄烯醇(5α-雄甾-2-烯-17-醇)[999]	5.5	30	13		千克	L		25.5%	0	
2906199015	3-雄烯醇(5α-雄甾-3-烯-17-醇)[999]	5.5	30	13		千克	L		25.5%	0	
2906199090	其他环烷醇，环烯醇及环萜烯醇①	5.5	30	13		千克			25.5%	0	
29062100	--苄醇										13
2906210000	苄醇[999]	5	30	13		千克			30%	0	
29062910	---2-苯基乙醇										13
2906291000	2-苯基乙醇[999]	5.5	30	13		千克			10.5%	0	
29062990	---其他										
2906299011	三氯杀螨醇(CAS115-32-2)[999]	5.5	30	13		千克	89		30.5%	0	
2906299021	三氯杀螨醇(CAS10606-46-9)[999]	5.5	30	13		千克	89		30.5%	0	
2906299090	其他芳香醇[301 危险化学品，毒性物质]，[302 其他化工品]	5.5	30	13		千克			30.5%	0	13
2907	**酚；酚醇：**										
29071110	---苯酚										13
2907111000	苯酚[999]	5.5	30	13		千克	AB	M/N	15.5%	0	
29071190	---其他										13
2907119000	苯酚的盐[301 危险化学品，腐蚀性物质]，[302 其他化工品]	5.5	30	13		千克			10.5%	0	
29071211	----间甲酚										13
2907121100	间甲酚[301 危险化学品，不用作食品添加剂]，[302 危险化学品，用作食品添加剂]	5.5	30	13		千克			10.5%	0	
29071212	----邻甲酚										13
2907121200	邻甲酚[301 危险化学品，不用作食品添加剂]，[302 危险化学品，用作食品添加剂]	5.5	30	13		千克			30.5%	0	
29071219	----其他										13
2907121900	其他甲酚[301 危险化学品，不用作食品添加剂]，[302 危险化学品，用作食品添加剂]，[303 其他化工品]	5.5	30	13		千克	AB	M.R/N.S	30.5%	0	
29071290	---其他										13
2907129000	甲酚的盐[101]	5.5	30	13		千克				0	
29071310	---壬基酚										13
2907131000	壬基酚、对壬基酚、支链-4-壬基酚(包括4-壬基苯酚、壬基苯酚)[999]	5.5	30	13		千克	AB	M/N		0	
29071390	---其他										13
2907139000	辛基酚及其异构体(包括辛基酚及其异构体的盐和壬基酚盐)[301 危险化学品，腐蚀性物质]，[302 其他化工品]	5.5	30	13		千克				0	
29071510	---2-萘酚(β-萘酚)										13
2907151000	β-萘酚(2-萘酚)[999]	5.5	30	13		千克				0	
29071590	---其他										13
2907159000	其他萘酚及萘酚盐[301 需申报仅用于工业用途不用于食品添加剂无检疫要求的化学品]，[302 无检疫要求食品添加剂]	5.5	30	13		千克	AB	R/S	15.5%	0	
29071910	---邻仲丁基酚、邻异丙基酚										13
2907191010[暂2]	邻异丙基(苯)酚[999]	4	11	13		千克	AB	M/N	7%	0	
2907191090[暂2]	邻仲丁基酚[999]	4	11	13		千克			7%	0	
29071990	---其他										
2907199012	邻烯丙基苯酚及盐[999]	5.5	30	13		千克	S		15.5%	0	0
2907199090	其他一元酚②	5.5	30	13		千克			15.5%	0	13
29072100	--间苯二酚及其盐										13
2907210001	间苯二酚[301 危险化学品，不用作食品添加剂]，[302 危险化学品，用作食品添加剂]	5.5	30	13		千克			25.5%	0	
2907210090	间苯二酚盐[101 无检疫要求食品添加剂]，[102 化工产品]	5.5	30	13		千克			25.5%	0	
29072210	---对苯二酚										13
2907221000	对苯二酚[999]	5.5	30	13		千克			10.5%	0	
29072290	---其他										13
2907229000	对苯二酚的盐[999]	5.5	30	13		千克			10.5%	0	
29072300	--4,4'-异亚丙基联苯酚(双酚A,二苯基酚丙烷)及其盐										13
2907230001	双酚A(4,4-异亚丙基联苯酚)[999]	5.5	30	13		千克			30.5%	0	
2907230090	双酚A的盐(4,4-异亚丙基联苯酚的盐)[999]	5.5	30	13		千克			30.5%	0	
29072910	---邻苯二酚										13
2907291000	邻苯二酚[999]	4	11	13		千克			14%	0	

① [301 危险化学品，易燃液体]，[302 危险化学品，易燃固体]，[303 其他化工品，不用作食品添加剂]，[304 危险化学品，用作食品添加剂]，[305 其他化工品，用作食品添加剂]

② [301 危险化学品，毒性物质]，[302 危险化学品，腐蚀性物质]，[303 危险化学品，杂项物质]，[304 危险化学品，用作食品添加剂]，[305 其他危险化学品]，[306 其他化工品，不用作食品添加剂]，[307 其他化工品，用作食品添加剂]

协定税率(%)																		特惠税率(%)			Article Description
智利	新西兰	澳大利亚	瑞士	冰岛	秘鲁	哥斯达	东盟	亚太	新加坡	巴基斯坦	港/澳/台	韩国	格鲁吉亚	毛里求斯	柬埔寨	尼加拉瓜	日/韩/澳/新/东(RCEP)	亚太2国	老/柬/缅	LDC 98/97/95	
0	0	0	0	0	0	0	0			0	0/0/	0	0	0	0	0	0/0/0/0/0			0/0/0	--Benzyl alcohol
0	0	0	0	0	0	0	0			0	0/0/	0	0	0	0	0	0/0/0/0/0			0/0/0	---2-Phenylethyl alcohol
0	0	0	2.2	0	0	0	0			0	0/0/	0	0	0	0	0	4/3.9/0/0/0			0/0/0	---Other
																					Phenols; phenol-alcohols:
0	0	0	0	0	0	0	0			0	0/0/		0	0	0	0	//4.7/4.7/4.7			0/0/0	---Phenol
0	0	0	0	0	0	0	0			0	0/0/		0	0	0	0	//5/5/5			0/0/0	---Other
0	0	0	0	0	0	0	0			0	0/0/	0	0	0	0	0	0/0/0/0/0			0/0/0	----m-Cresol
0	0	0	0	0	0	0	0			0	0/0/	0	0	0	0	0	0/0/0/0/0			0/0/0	----o-Cresol
0	0	0	0	0	0	0	0			0	0/0/	0	0	0	0	0	4/3.9/0/0/0			0/0/0	----Other
0	0	0	0	0	0	0	0			0	0/0/	0	0	0	0	0	0/0/0/0/0			0/0/0	---Other
0	0	0	0	0	0	0	0			0	0/0/		0	0	0	0	//5/5/5			0/0/0	---Nonylphenol
0	0	0	0	0	0	0	0			0	0/0/	1.8	0	0	0	0	4.5/3.9/3.9/3.9/3.9			0/0/0	---Other
0	0	0	0	0	0	0	0			0	0/0/	0	0	0	0	0	0/0/0/0/0			0/0/0	---2-Naphthols (β-naphthol)
0	0	0	0	0	0	0	0			0	0/0/	0	0	0	0	0	0/0/0/0/0			0/0/0	---Other
0	0	0	0	0	0	0	0			0	0/0/	0	0	0	0	0	2.9/0/0/0/0			0/0/0	---o-Sec-butyl phenol, o-isopropyl phenol
0	0	0	0	0	0	0	0			0	0/0/	0	0	0	0	0	4/3.9/3.9/3.9/3.9			0/0/0	---Other
0	0	0	0	0	0	0	0			0	0/0/	0	0	0	0	0	4.5/3.9/3.9/3.9/3.9			0/0/0	--m-Dihydroxybenzene (resorcinol) and its salts
0	0	0	0	0	0	0	0			0	0/0/	0	0	0	0	0	0/0/0/0/0			0/0/0	---Hydroquinone
0	0	0	0	0	0	0	0			0	0/0/	0	0	0	0	0	0/0/0/0/0			0/0/0	---Other
0	0	0	0	0	0	0	0			0	0/0/		0	0	0	0	//4.7/4.7/4.7			0/0/0	--4,4'-Isopropylidenediphenol (bisphenol A, diphenylolpropane) and its salts
0	0	0	0	0	0	0	0			0	0/0/		0	0	0	0	//3.7/3.7/3.7			0/0/0	---o-Dihydroxybenzene (catechol, pyrocatechol)

商品编号	商品名称及备注[检验检疫编码及名称]	进口关税(%) 最惠国	进口关税(%) 普通	增值税率(%)	消费税	计量单位	监管条件	检验检疫类别	对美税率	出口税率(%)	出口退税率(%)
29072990	---其他										
2907299001	特丁基对苯二酚〔999〕	5.5	30	13		千克	AB	M.R/N.S	10.5%	0	13
2907299010	毒菌酚〔999〕	5.5	30	13		千克	S		10.5%	0	0
2907299090	其他多元酚;酚醇〔301 危险化学品〕,〔302 其他化工品,不用作食品添加剂〕,〔303 其他化工品,用作食品添加剂〕	5.5	30	13		千克	AB	M.R/N.S	10.5%	0	13
2908	**酚及酚醇的卤化、磺化、硝化或亚硝化衍生物:**										
29081100	--五氯苯酚(ISO)										
2908110000	五氯苯酚(五氯酚,CAS 号:87-86-5)〔999〕	5.5	30	13		千克	89AB	M/N		0	0
29081910	---对氯苯酚										
2908191000	对氯苯酚〔999〕	4	11	13		千克				0	13
29081990	---其他										
2908199021	格螨酯〔999〕	5.5	30	13		千克	S		15.5%	0	0
2908199022	双氯酚〔999〕	5.5	30	13		千克	S		15.5%	0	0
2908199023	五氯酚钠(CAS 号:131-52-2)〔999〕	5.5	30	13		千克	89S		15.5%	0	0
2908199024	五氯酚钠水合物(CAS 号:27735-64-4)〔999〕	5.5	30	13		千克	89		15.5%	0	
2908199090	其他仅含卤素取代基的衍生物及盐①	5.5	30	13		千克			15.5%	0	13
29089100	--地乐酚(ISO)及其盐										
2908910000	地乐酚及其盐和酯〔301 危险化学品,毒性物质〕,〔302 其他化工品〕	5.5	30	13		千克	89			0	0
29089200	--4,6-二硝基邻甲酚〔二硝酚(ISO)〕及其盐										
2908920000	4,6-二硝基邻甲酚〔二硝酚(ISO)〕及其盐〔301〕,〔302〕,〔303〕	5.5	30	13		千克	89			0	13
29089910	---对硝基酚、对硝基酚钠										
2908991010	4-硝基苯酚(对硝基苯酚)〔999〕	5.5	30	13		千克				0	13
2908991090	对硝基苯酚钠〔999〕	5.5	30	13		千克	S			0	0
29089990	---其他										
2908999021	芬螨酯〔999〕	5.5	30	13		千克	S		30.5%	0	0
2908999022	消螨酚〔999〕	5.5	30	13		千克	S		30.5%	0	0
2908999023	戊硝酚〔999〕	5.5	30	13		千克	S		30.5%	0	0
2908999024	特乐酚〔999〕	5.5	30	13		千克	S		30.5%	0	0
2908999025	壬菌铜〔999〕	5.5	30	13		千克	S		30.5%	0	13
2908999030	苦味酸(2,4,6-三硝基苯酚)〔999〕	5.5	30	13		千克	k		30.5%	0	13
2908999090	其他酚及酚醇的卤化等衍生物(包括其磺化、硝化或亚硝化衍生物)②	5.5	30	13		千克			30.5%	0	13
2909	**醚、醚醇、醚酚、醚醇酚、过氧化醇、过氧化醚、缩醛及半缩醛过氧化物、过氧化酮(不论是否已有化学定义)及其卤化、磺化、硝化或亚硝化衍生物:**										
29091100	--乙醚										
2909110000	乙醚〔999〕	5.5	30	13		千克	23AB	M/N	10.5%	0	13
29091910	---甲醚										
2909191000	甲醚〔999〕	5.5	30	13		千克			10.5%	0	9
29091990	---其他										
2909199011	八氯二丙醚〔999〕	5.5	30	13		千克	S		25.5%	0	9,13
2909199012	二氯异丙醚〔999〕	5.5	30	13		千克	S		25.5%	0	9,13
2909199020	十七氟-1-[(2,2,3,3,4,4,5,5,6,6,7,7,8,8,8-十五氟辛基)氧基]壬烯(CAS 号:84029-60-7)〔999〕	5.5	30	13		千克	X		25.5%	0	
2909199090	其他无环醚及其卤化等衍生物(包括其磺化、硝化或亚硝化衍生物)③	5.5	30	13		千克			25.5%	0	9,13
29092000	-环烷醚、环烯醚或环萜烯醚及其卤化、磺化、硝化或亚硝化衍生物										
2909200000	环烷醚、环烯醚或环萜烯醚及其卤化、磺化、硝化或亚硝化衍生物〔999〕	5.5	30	13		千克			25.5%	0	13
29093010	---1-烷氧基-4-(4-乙烯基环己基)-2,3-二氟苯										
2909301000	1-烷氧基-4-(4-乙烯基环己基)-2,3-二氟苯〔999〕	5.5	30	13		千克				0	13

① 〔301 危险化学品,易燃液体〕,〔302 危险化学品,毒性物质〕,〔303 危险化学品,杂项物质〕,〔304 其他危险化学品〕,〔305 其他化工产品〕
② 〔301 危险化学品,爆炸品〕,〔302 危险化学品,易燃固体〕,〔303 危险化学品,毒性物质〕,〔304 危险化学品,腐蚀性物质〕,〔305 危险化学品,杂项物质〕,〔306 其他危险化学品〕,〔307 其他化工品〕
③ 〔301 危险化学品,气体〕,〔302 危险化学品,易燃液体〕,〔303 危险化学品,毒性物质〕,〔304 其他化工品〕

协定税率(%)																		特惠税率(%)			Article Description
智利	新西兰	澳大利亚	瑞士	冰岛	秘鲁	哥斯达	东盟	亚太	新加坡	巴基斯坦	港/澳/台	韩国	格鲁吉亚	毛里求斯	柬埔寨	尼加拉瓜	日/韩/澳/新/东(RCEP)	亚太2国	老/柬/缅	LDC 98/97/95	
0	0	0	0	0	0	0	0			0	0/0/	1.8	0	0	0	0	4.5/3.9/3.9/3.9/3.9			0/0/0	---Other
																					Halogenated, sulphonated, nitrated ornitrosated derivatives of phenols or phenolalcohols:
0	0	0	0	0	0	0	0			0	0/0/	0	0	0	0	0	0/0/0/0/0			0/0/0	--Pentachlorophenol (ISO)
0	0	0	0	0	0	0	0			0	0/0/	0	0	0	0	0	0/0/0/0/0			0/0/0	---p-Chlorophenol
0	0	0	0	0	0	0	0			0	0/0/	0	0	0	0	0	0/0/0/0/0			0/0/0	---Other
0	0	0	0	0	0	0	0			0	0/0/	0	0	0	0	0	0/0/0/0/0			0/0/0	--Dinoseb (ISO) and its salts
0	0	0	0	0	0	0	0			0	0/0/	0	0	0	0	0	0/0/0/0/0			0/0/0	--4,6-Dinitro-o-cresol (DNOC (ISO)) and its salts
0	0	0	0	0	0	0	0			0	0/0/	0	0	0	0	0	0/0/0/0/0			0/0/0	---p-Nitrophenol, sodium p-nitro-phenolate
0	0	0	0	0	0	0	0			0	0/0/	0	0	0	0	0	4/3.9/0/0/0			0/0/0	---Other
																					Ethers, ether-alcohols, ether-phenols, ether-alcohol-phenols, alcohol peroxides, ether peroxides, acetal and hemiacetal peroxides, ketone peroxides (whether or not chemically defined), and their halogenated, sulphonated, nitrated or nitrosated derivatives:
0	0	0	0	0	0	0	0			0	0/0/	0	0	0	0	0	0/0/0/0/0			0/0/0	--Diethyl ether
0	0	0	0	0		0	0			0	0/0/	1.8	0	0	0	4.4	4.5/3.9/3.9/3.9/3.9			0/0/	---Methyl ether
0	0	0	0	0		0	0			0	0/0/	1.8	0	0	0	4.4	4.5/3.9/3.9/3.9/3.9			0/0/	---Other
0	0	0	0	0	0	0	0			0	0/0/	0	0	0	0	0	0/0/0/0/0			0/0/0	-Cyclanic, cyclenic or cycloterpenic ethers and their halogenated, sulphonated, nitrated or nitrosated derivatives
0	0	0	0	0	0	0	0			0	0/0/	0	0	0	0	0	0/0/0/0/0			0/0/0	---1-Alkoxy-4-(4-vinylcyclohexyl)-2, 3-difluorobenzene

商品编号	商品名称及备注[检验检疫编码及名称]	进口关税(%) 最惠国	普通	增值税率(%)	消费税	计量单位	监管条件	检验检疫类别	对美税率	出口税率(%)	出口退税率(%)
29093020	---4-(4-烷氧基苯基)-4'-烷烯基-1,1'-双环己烷及其氟代衍生物										13
2909302000	4-(4-烷氧基苯基)-4'-烷烯基-1,1'-双环己烷及其氟代衍生物〔999〕	5.5	30	13		千克				0	
29093090	---其他										
2909309011	甲氧滴滴涕、除草醚〔999〕	5.5	30	13		千克	S		25.5%	0	0
2909309012	醚菊酯、苄螨醚、三氟醚〔999〕	5.5	30	13		千克	S		25.5%	0	9,13
2909309013	氯苯甲醚、甲氧除草醚〔999〕	5.5	30	13		千克	S		25.5%	0	9,13
2909309014	三氟硝草醚、草枯醚〔999〕	5.5	30	13		千克	S		25.5%	0	9,13
2909309015	氟除草醚、乙氧氟草醚〔999〕	5.5	30	13		千克	S		25.5%	0	9,13
2909309016	四溴二苯醚、五溴二苯醚、六溴二苯醚、七溴二苯醚〔999〕	5.5	30	13		千克	89		25.5%	0	13
2909309017	五氯代苯甲醚(CAS号:1825-21-4)〔999〕	5.5	30	13		千克	89		25.5%	0	
2909309018	十溴二苯醚(CAS号:1163-19-5)〔999〕	5.5	30	13		千克	89		25.5%	0	
2909309090	其他芳香醚及其卤化、磺化、硝化衍生物(包括其亚硝化衍生物)①	5.5	30	13		千克			25.5%	0	13
29094100	--2,2'-氧联二乙醇(二甘醇)										13
2909410000[暂3]	2,2-氧联二乙醇(二甘醇)〔999〕	5.5	30	13		千克			28%	0	
29094300	--乙二醇或二甘醇的单丁醚										13
2909430000	乙二醇或二甘醇的单丁醚〔301 其他危险化学品〕,〔302 其他化工品〕	5.5	30	13		千克			10.5%	0	
29094400	--乙二醇或二甘醇的其他单烷基醚										13
2909440010	乙二醇甲醚、二乙二醇甲醚、乙二醇乙醚、二乙二醇乙醚、乙二醇丙醚、二乙二醇丙醚、乙二醇己醚、二乙二醇己醚、乙二醇异辛醚、二乙二醇异辛醚〔301 危险化学品,易燃液体〕,〔302 其他化工品〕	5.5	30	13		千克			10.5%	0	
2909440020	1,1'-[氧基双[(1-甲基-2,1-乙二基)氧基]]双[4,4,5,5,6,6,7,7,8,8,9,9,10,10,11,11,12,12,13,13,14,14,15,15,15-二十五氟-2-十五醇](CAS号:93776-00-2)〔999〕	5.5	30	13		千克	X	M.R/N.S	10.5%	0	
2909440090	乙二醇或二甘醇的其他单烷基醚〔301 危险化学品,易燃液体〕,〔302 其他化工品〕	5.5	30	13		千克			10.5%	0	
29094910	---间苯氧基苄醇										13
2909491000	间苯氧基苄醇〔999〕	4	11	13		千克				0	
29094990	---其他										13
2909499010	三乙二醇甲醚、四乙二醇甲醚、三乙二醇乙醚、丙二醇乙醚、二丙二醇乙醚、丙二醇丙醚、二丙二醇丙醚、丙二醇丁醚、二丙二醇丁醚、三丙二醇丁醚〔301 危险化学品,易燃液体〕,〔302 其他化工品〕	5.5	30	13		千克			15.5%	0	
2909499020	全氟辛酸的盐类和相关化合物(PFOA类)〔999〕	5.5	30	13		千克	X		15.5%	0	
2909499090	其他醚醇及其衍生物(包括其卤化、磺化、硝化或亚硝化衍生物)〔999〕	5.5	30	13		千克			15.5%	0	
29095000	-醚酚、醚醇酚及其卤化、磺化、硝化或亚硝化衍生物										13
2909500000	醚酚、醚醇酚及其衍生物(包括其卤化、磺化、硝化或亚硝化衍生物)②	5.5	30	13		千克			30.5%	0	
29096010	---缩醛及半缩醛过氧化物,及其卤化、磺化、硝化或亚硝化衍生物										13
2909601000	缩醛及半缩醛过氧化物,及其卤化、磺化、硝化或亚硝化衍生物〔999〕	5.5	30	13		千克			30.5%	0	
29096090	---其他										13
2909609000	过氧化醇、过氧化醚、过氧化酮及其卤化、磺化、硝化或亚硝化衍生物〔301 危险化学品,有机过氧化物〕,〔302 其他化工品〕	5.5	30	13		千克			10.5%	0	
2910	**三节环环氧化物、环氧醇、环氧酚、环氧醚及其卤化、磺化、硝化或亚硝化衍生物:**										
29101000	-环氧乙烷(氧化乙烯)										13
2910100000	环氧乙烷〔999〕	5.5	30	13		千克	AB	M/N		0	
29102000	-甲基环氧乙烷(氧化丙烯)										0
2910200000	甲基环氧乙烷(氧化丙烯)〔999〕	5.5	30	13		千克			15.5%	0	
29103000	-1-氯-2,3-环氧丙烷(表氯醇)										0
2910300000	1-氯-2,3-环氧丙烷(表氯醇)(环氧氯丙烷)〔999〕	5.5	30	13		千克	AB	M/N	30.5%	0	
29104000	-狄氏剂(ISO,INN)										0
2910400000	狄氏剂(ISO、INN)〔999〕	5.5	30	13		千克	89			0	
29105000	-异狄氏剂(ISO)										0
2910500000	异狄氏剂〔999〕	5.5	30	13		千克	89			0	

① 〔101 饲料添加剂〕,〔301〕,〔302 危险化学品,易燃液体〕,〔303 危险化学品,毒性物质〕,〔304 危险化学品,腐蚀性物质〕,〔305〕,〔306 其他危险化学品〕,〔307 其他化工品,不用作食品添加剂〕,〔308 其他化工品,用作食品添加剂〕,〔309 危险化学品,用作食品添加剂〕

② 〔301 危险化学品,不用作食品添加剂〕,〔302 其他化工品,不用作食品添加剂〕,〔303 其他化工品,用作食品添加剂〕,〔304 危险化学品,用作食品添加剂〕

智利	新西兰	澳大利亚	瑞士	冰岛	秘鲁	哥斯达	东盟	亚太	新加坡	巴基斯坦	港/澳/台	韩国	格鲁吉亚	毛里求斯	柬埔寨	尼加拉瓜	日/韩/澳/新/东(RCEP)	亚太2国	老/柬/缅	LDC 98/97/95	Article Description
协定税率(%)																		特惠税率(%)			
0	0	0	0	0	0	0	0			0	0/0/	0	0	0	0	0	0/0/0/0/0			0/0/0	---4-(4-alkoxy)-4'-N-alkenyl-1, 1'-and Fluoro derivatives of cyclohexane
0	0	0	0	0	0	0	0			0	0/0/	0	0	0	0	0	0/0/0/0/0			0/0/0	---Other
0	0	0	0	0		0	0			0	0/0/0	0	0	0	0	4.4	4/0/0/0/0			0/0/	--2, 2'-Oxydiethanol (diethylene glycol, digol)
0	0	0	0	0	0	0	0			0	0/0/0	0	0	0	0	0	0/0/0/0/0			0/0/0	--Monobutyl ethers of ethylene glycol or of diethylene glycol
0	0	0	0	0	0	0	0			0	0/0/	1.8	0	0	0	0	4.5/3.9/3.9/3.9/3.9			0/0/0	--Other monoalkylethers of ethylene glycol or of diethylene glycol
0	0	0	0	0	0	0	0			0	0/0/	0	0	0	0	0	0/0/0/0/0			0/0/0	---m-Phenoxy benzalcohol
0	0	0	0	0	0	0	0			0	0/0/	1.8	0	0	0	0	4.5/3.9/3.9/3.9/3.9			0/0/0	---Other
0	0	0	0		0	0	0			0	0/0/	1.8	0	0	0	0	4.5/3.9/3.9/3.9/3.9			0/0/0	-Ether-phenols, ether-alcohol-phenols and their halogenated, sulphonated, nitrated or nitrosated derivatives
0	0	0	2.2	0	0	0	0			0	0/0/	0	0	0	0	0	4/3.9/0/0/0			0/0/0	---Acetal and hemiacetal peroxides and their halogenated, sulphonated, nitrated or nitrosated derivatives
0	0	0	0	0	0	0	0			0	0/0/	1.8	0	0	0	0	4.5/3.9/3.9/3.9/3.9			0/0/0	---Other
																					Epoxides, epoxyalcohols, epoxyphenols and epoxyethers, with a three-membered ring, and their halogenated, sulphonated, nitrated or nitrosated derivatives:
0	0	0	0	0	0	0	0			0	0/0/	1.8	0	0	0	0	4/3.9/3.9/3.9/3.9			0/0/0	-Oxirane (ethylene oxide)
0	0	0	0	0	0	0	0			0	0/0/	1.8	0	0	0	0	4.5/3.9/3.9/3.9/3.9			0/0/0	-Methyloxirane (propylene oxide)
0	0	0	0	0	0	0	0			0	0/0/0	0	0	0	0	0	4/3.9/3.9/3.9/3.9			0/0/0	-1-Chloro-2,3-epoxypropane (epichlorohydrin)
0	0	0	0	0	0	0	0			0	0/0/	0	0	0	0	0	0/0/0/0/0			0/0/0	-Dieldrin (ISO, INN)
0	0	0	2.2	0	0	0	0			0	0/0/	0	0	0	0	0	4/0/0/0/0			0/0/0	-Endrin (ISO)

商品编号	商品名称及备注[检验检疫编码及名称]	进口关税(%) 最惠国	普通	增值税率(%)	消费税	计量单位	监管条件	检验检疫类别	对美税率	出口税率(%)	出口退税率(%)
29109000	-其他										
2910900020	灭草环〔999〕	5.5	30	13		千克	S		15.5%	0	9,13
2910900030	全氟辛酸的盐类和相关化合物(PFOA 类)〔999〕	5.5	30	13		千克	X		15.5%	0	
2910900090	三节环环氧化物,环氧醇(酚,醚)(包括其卤化、磺化、硝化或亚硝化的衍生物)①	5.5	30	13		千克			15.5%	0	13
2911	**缩醛及半缩醛,不论是否含有其他含氧基,及其卤化、磺化、硝化或亚硝化衍生物:**										
29110000	缩醛及半缩醛,不论是否含有其他含氧基,及其卤化、磺化、硝化或亚硝化衍生物										13
2911000000	缩醛、半缩醛,不论含否其他含氧基(包括其卤化、磺化、硝化或亚硝化的衍生物)〔301 〕,〔302 〕	5.5	30	13		千克			30.5%	0	
2912	**醛,不论是否含有其他含氧基;环聚醛;多聚甲醛:**										
29121100	--甲醛										13
2912110000	甲醛〔301 危险化学品,易燃液体〕,〔302 危险化学品,腐蚀性物质〕	5.5	30	13		千克	AB	M/N	10.5%	0	
29121200	--乙醛										13
2912120000	乙醛〔999〕	5.5	30	13		千克	AB	M/N		0	
29121900	--其他										13
2912190001 暂3	乙二醛〔999〕	5.5	30	13		千克			13%	0	
2912190030	丙烯醛〔999〕	5.5	30	13		千克			15.5%	0	
2912190090	其他无环醛(指不含其他含氧基)②	5.5	30	13		千克			15.5%	0	
29122100	--苯甲醛										13
2912210000	苯甲醛〔101 2-羰基-4-甲基苯甲醛〕,〔102 非工业用无检疫要求食品添加剂〕	5.5	30	13		千克			30.5%	0	
29122910	---铃兰醛(对叔丁基-α-甲基-氧化肉桂醛)										13
2912291000	铃兰醛(即对叔丁基-α-甲基-氧化肉桂醛)〔999〕	5.5	30	13		千克			15.5%	0	
29122990	---其他										13
2912299000	其他环醛(指不含其他含氧基)③	5.5	30	13		千克			10.5%	0	
29124100	--香草醛(3-甲氧基-4-羟基苯甲醛)										13
2912410000	香草醛(3-甲氧基-4-羟基苯甲醛)〔101 双香兰素〕,〔102 香兰素〕	5.5	30	13		千克			25.5%	0	
29124200	--乙基香草醛(3-乙氧基-4-羟基苯甲醛)										13
2912420000	乙基香草醛〔999〕	5.5	30	13		千克			10.5%	0	
29124910	---醛醇										13
2912491000	醛醇(指不含其他含氧基)〔301 危险化学品,毒性物质〕,〔302 其他化工品〕	5.5	30	13		千克			30.5%	0	
29124990	---其他										13
2912499010	间苯氧基苯甲醛〔301 〕	5.5	30	13		千克			30.5%	0	
2912499090	其他醛醚,醛酚(包括含其他含氧基的醛)〔301 危险化学品,易燃液体〕,〔302 危险化学品,毒性物质〕,〔303 其他化工品〕	5.5	30	13		千克			30.5%	0	
29125000	-环聚醛										
2912500010	四聚乙醛〔999〕	5.5	30	13		千克	S			0	9,13
2912500090	其他环聚醛〔301 危险化学品,易燃液体〕,〔302 危险化学品,易燃固体〕,〔303 其他化工品〕	5.5	30	13		千克				0	13
29126000	-多聚甲醛										13
2912600000	多聚甲醛〔999〕	5.5	30	13		千克	AB	M/N	15.5%	0	
2913	**税目 29.12 所列产品的卤化、磺化、硝化或亚硝化衍生物:**										
29130000	税目 29.12 所列产品的卤化、磺化、硝化或亚硝化衍生物										13
2913000010	三氯乙醛〔999〕	5.5	30	13		千克	ABG	M/N	30.5%	0	
2913000020	全氟辛酸的盐类和相关化合物(PFOA 类)〔999〕	5.5	30	13		千克	X		30.5%	0	
2913000090	品目 29.12 所列产品的其他衍生物(指卤化、磺化、硝化或亚硝化的衍生物)〔301 危险化学品,毒性物质〕,〔302 其他化工品〕	5.5	30	13		千克			30.5%	0	

① 〔301 危险化学品,易燃液体〕,〔302 危险化学品,毒性物质〕,〔303 危险化学品,腐蚀性物质〕,〔304 其他危险化学品〕,〔305 其他化工品〕

② 〔301 危险化学品,易燃液体〕,〔302 危险化学品,毒性物质〕,〔303 危险化学品,腐蚀性物质〕,〔304 危险化学品,用作食品添加剂〕,〔305 其他化工品,不用作食品添加剂〕,〔306 其他化工品,用作食品添加剂〕

③ 〔301 危险化学品,不用作食品添加剂〕,〔302 其他化工品,不用作食品添加剂〕,〔303 其他化工品,用作食品添加剂〕,〔304 危险化学品,用作食品添加剂〕

协定税率(%)																		特惠税率(%)			Article Description
智利	新西兰	澳大利亚	瑞士	冰岛	秘鲁	哥斯达	东盟	亚太	新加坡	巴基斯坦	港/澳/台	韩国	格鲁吉亚	毛里求斯	柬埔寨	尼加拉瓜	日/韩/澳/新/东 (RCEP)	亚太2国	老/柬/缅	LDC 98/97/95	
0	0	0	2.2	0	0	0	0			0	0/0/	0	0	0	0	0	4/0/0/0/0			0/0/0	-Other
																					Acetals and hemiacetals, whether or not with other oxygen function, and their halogenated, sulphonated, nitrated or nitrosated derivatives:
0	0	0	2.2	0	0	0	0			0	0/0/	0	0	0	0	0	4/3.9/0/0/0			0/0/0	Acetals and hemiacetals, whether or not with other oxygen function, and their haogenated, sulphonated, nitrated or nitrosated derivatives
																					Aldehydes, whether or not with other oxygen function; cyclic polymers of aldehydes; paraformaldehyde:
0	0	0	0	0	0	0	0			0	0/0/	0	0	0	0	0	0/0/0/0/0			0/0/0	--Methanal (formaldehyde)
0	0	0	0	0	0	0	0			0	0/0/	0	0	0	0	0	0/0/0/0/0			0/0/0	--Ethanal (acetaldehyde)
0	0	0	0	0	0	0	0			0	0/0/	1.8	0	0	0	0	4.5/3.9/3.9/3.9/3.9			0/0/0	--Other
0	0	0	0	0	0	0	0			0	0/0/	0	0	0	0	0	0/0/0/0/0			0/0/0	--Benzaldehyde
0	0	0	0	0	0	0	0	4.4		0	0/0/	0	0	0	0	0	0/0/0/0/0			0/0/0	---Lilial (p-tert-butyl-α-methyl-oxocinn amaldehyde)
0	0	0	2.2	0	0	0	0			0	0/0/	0	0	0	0	0	4/0/0/0/0			0/0/0	---Other
0	0	0	0	0	0	0	0			0	0/0/	0	0	0	0	0	0/0/0/0/0			0/0/0	--Vanillin (4-hydroxy-3-methoxybenzaldehyde)
0	0	0	0	0	0	0	0			0	0/0/	0	0	0	0	0	0/0/0/0/0			0/0/0	--Ethylvanillin (3-ethoxy-4-hydroxyben-zaldehyde)
0	0	0	0	0	0	0	0			0	0/0/	0	0	0	0	0	0/0/0/0/0			0/0/0	---Aldehyde-alcohols
0	0	0	0	0	0	0	0			0	0/0/	0	0	0	0	0	0/0/0/0/0			0/0/0	---Other
0	0	0		0	0	0	0			0	0/0/	1.8	0	0	0	0	4.5/3.9/3.9/3.9/3.9			0/0/0	-Cyclic polymers of aldehydes
0	0	0	0	0	0	0	0			0	0/0/	1.8	0	0	0	0	4.5/3.9/3.9/3.9/3.9			0/0/0	-Paraformaldehyde
																					Halogenated, sulphonated, nitrated or nitrosated derivatives of products of heading 29.12:
0	0	0	0	0	0	0	0			4	0/0/	0	0	0	0	0	0/0/0/0/0			0/0/0	Halogenated, sulphonated, nitrated or nitrosated derivatives of products of heading 29.12

商品编号	商品名称及备注[检验检疫编码及名称]	进口关税(%)		增值税率(%)	消费税	计量单位	监管条件	检验检疫类别	对美税率	出口税率(%)	出口退税率(%)
		最惠国	普通								
2914	**酮及醌,不论是否含有其他含氧基,及其卤化、磺化、硝化或亚硝化衍生物:**										
29141100	--丙酮										13
2914110000	丙酮(二甲基甲酮、二甲酮、醋酮、木酮)〔999〕	5.5	20	13		千克	23AB	M/N	30.5%	0	
29141200	--丁酮[甲基乙基(甲)酮]										13
2914120000	丁酮[甲基乙基(甲)酮](甲乙酮)〔999〕	5.5	30	13		千克	23		30.5%	0	
29141300	--4-甲基-2-戊酮[甲基异丁基(甲)酮]										13
2914130000	4-甲基-2-戊酮(甲基异丁基(甲)酮)〔999〕	5.5	30	13		千克	AB	M/N	25.5%	0	
29141900	--其他										13
2914190010	频哪酮〔999〕	5.5	30	13		千克	23		10.5%	0	
2914190090	其他不含其他含氧基的无环酮①	5.5	30	13		千克			10.5%	0	
29142200	--环己酮及甲基环己酮										13
2914220000	环己酮及甲基环己酮〔999〕	5.5	30	13		千克	AB	M/N	15.5%	0	
29142300	--芷香酮及甲基芷香酮										13
2914230000	芷香酮及甲基芷香酮〔999〕	5.5	30	13		千克			30.5%	0	
29142910	---樟脑										
2914291000	樟脑〔999〕	5.5	40	13		千克	B	/N	10.5%	0	9,13
29142990	---其他										13
2914299010	5α-雄烷-2-烯-17-酮〔304 其他化工产品〕	5.5	30	13		千克	L		15.5%	0	
2914299011	3-雄烯酮(5α-雄甾-3-烯-17-酮)〔999〕	5.5	30	13		千克	L		15.5%	0	
2914299090	其他环烷酮、环烯酮或环萜烯酮(指不含其他含氧基的)②	5.5	30	13		千克			15.5%	0	
29143100	--苯丙酮(苯基丙-2-酮)										13
2914310000	苯丙酮(苯基丙-2-酮)〔999〕	5.5	30	13		千克	23		10.5%	0	
29143910	---苯乙酮										13
2914391000	苯乙酮〔101 4-甲基苯乙酮〕,〔102 非工业用无检疫要求食品添加剂〕	4	11	13		千克			29%	0	
29143990	---其他										
2914399011	杀鼠酮〔999〕	5.5	30	13		千克	S		30.5%	0	9,13
2914399012	鼠完〔999〕	5.5	30	13		千克	S		30.5%	0	0
2914399013	敌鼠〔999〕	5.5	30	13		千克	S		30.5%	0	9,13
2914399014	邻氯苯基环戊酮〔999〕	5.5	30	13		千克	23		30.5%	0	9,13
2914399015	1-苯基-1-丙酮〔999〕	5.5	30	13		千克	23		30.5%	0	13
2914399090	其他不含其他含氧基的芳香酮〔101 2-甲基苯乙酮〕,〔102 二苯甲酮〕	5.5	30	13		千克			30.5%	0	13
29144000	-酮醇及酮醛										
2914400010	敌鼠钠盐〔999〕	5.5	30	13		千克	S		30.5%	0	0
2914400020	表雄酮(3β-羟基-5α-雄烷-17-酮)、表睾酮〔999〕	5.5	30	13		千克	L		30.5%	0	13
2914400030	1-表雄酮(3β-羟基-5α-雄甾-1-烯-17-酮),1-雄酮(3α-羟基-5α-雄甾-1-烯-17-酮)〔999〕	5.5	30	13		千克	L		30.5%	0	13
2914400090	其他酮醇及酮醛〔301 危险化学品,易燃液体〕,〔302 危险化学品,毒性物质〕,〔303 其他化工品〕	5.5	30	13		千克			30.5%	0	13
29145011	----覆盆子酮										13
2914501100	覆盆子酮〔101 覆盆子酮(悬钩子酮)〕,〔102 覆盆子酮〕	5.5	30	13		千克			15.5%	0	
29145019	----其他										13
2914501900	其他酮酚〔999〕	5.5	30	13		千克			30.5%	0	
29145020	---2-羟基-4-甲氧基二苯甲酮										13
2914502000	2-羟基-4-甲氧基二苯甲酮〔999〕	5.5	30	13		千克			30.5%	0	
29145090	---其他										
2914509011	苯草酮,双炔酰菌胺〔999〕	5.5	30	13		千克	S		30.5%	0	9
2914509012	甲氧虫酰肼〔999〕	5.5	30	13		千克	S		30.5%	0	9,13
2914509013	苯丙烯菌酮,14-羟基芸苔素甾醇〔999〕	5.5	30	13		千克	S		30.5%	0	13
2914509090	含其他含氧基的酮〔301 危险化学品,易燃液体〕,〔302 危险化学品,有机过氧化物〕,〔303 其他化工品〕	5.5	30	13		千克			30.5%	0	13
29146100	--蒽醌										13
2914610000	蒽醌〔999〕	5.5	30	13		千克			30.5%	0	
29146200	--辅酶 Q10[癸烯醌(INN)]										13
2914620000	辅酶 Q10〔999〕	5.5	30	13		千克			10.5%	0	
29146900	--其他										13

① 〔301 危险化学品,易燃液体〕,〔302 危险化学品,毒性物质〕,〔303 其他化工品,不用作食品添加剂〕,〔304 其他化工品,用作食品添加剂〕,〔305 危险化学品,用作食品添加剂〕

② 〔301 危险化学品,易燃液体〕,〔302 危险化学品,毒性物质〕,〔303 其他化工品,不用作食品添加剂〕,〔304 其他化工品,用作食品添加剂〕,〔305 危险化学品,用作食品添加剂〕

协定税率(%)																		特惠税率(%)			Article Description
智利	新西兰	澳大利亚	瑞士	冰岛	秘鲁	哥斯达	东盟	亚太	新加坡	巴基斯坦	港/澳/台	韩国	格鲁吉亚	毛里求斯	柬埔寨	尼加拉瓜	日/韩/澳/新/东 (RCEP)	亚太2国	老/柬/缅	LDC 98/97/95	
																					Ketones and quinones, whether or not with other oxygen function, and their halogenated, sulphonated, nitrated or nitrosated derivatives:
0	0	0	0	0	0	0	0			0	0/0/		0	0	0	0	//5/5/5			0/0/0	--Acetone
0	0	0	0	0	0	0	0			0	0/0/		0	0	0	0	//5/5/5			0/0/0	--Butanone (methyl ethyl ketone)
0	0	0	0	0	0	0	0			0	0/0/	1.8	0	0	0	0	4.5/3.9/3.9/3.9/3.9			0/0/0	--4-Methl1-2-pentanone (isobutylmethyl ketone)
0	0	0	0	0	0	0	0			0	0/0/	1.8	0	0	0	0	4.5/3.9/3.9/3.9/3.9			0/0/0	--Other
0	0	0	0	0	0	0	0			0	0/0/	1.8	0	0	0	0	4.5/3.9/3.9/3.9/3.9			0/0/0	--Cyclohexanone and methylcyclohexanone
0	0	0		0	0	0	0			0	0/0/	0	0	0	0	0	4/0/0/0/0			0/0/0	--Ionones and methylionones
0	0	0	0	0	0	0	0			0	0/0/	0	0	0	0	0	0/0/0/0/0			0/0/0	---Camphor
0	0	0		0	0	0	0			0	0/0/	0	0	0	0	0	4/3.9/0/0/0			0/0/0	---Other
0	0	0	0	0	0	0	0			0	0/0/	0	0	0	0	0	0/0/0/0/0			0/0/0	--Propiophenone (phenyl propan-2-one)
0	0	0	0	0	0	0	0			0	0/0/	0	0	0	0	0	0/0/0/0/0			0/0/0	---Acetophenone
0	0	0	0	0	0	0	0			0	0/0/	0	0	0	0	0	4/0/0/0/0			0/0/0	---Other
0	0	0	0	0	0	0	0			0	0/0/	0	0	0	0	0	4/0/0/0/0			0/0/0	-Ketone-alcohols and ketone-aldehydes
0	0	0	0	0	0	0	0			0	0/0/	0	0	0	0	0	0/0/0/0/0			0/0/0	----Raspberry ketone
0	0	0	0	0	0	0	0			0	0/0/	0	0	0	0	0	4/0/0/0/0			0/0/0	----Other
0	0	0	0	0	0	0	0			0	0/0/	0	0	0	0	0	0/0/0/0/0			0/0/0	---2-Hydroxy-4-methoxydibenzophenone
0	0	0	0	0	0	0	0			0	0/0/	0	0	0	0	0	4/3.9/0/0/0			0/0/0	---Other
0	0	0	0	0	0	0	0			0	0/0/	0	0	0	0	0	4/3.9/0/0/0			0/0/0	--Anthraquinone
0	0	0	0	0	0	0	0			0	0/0/	0	0	0	0	0	4.5/3.9/3.9/3.9/3.9			0/0/0	--Coenzyme Q10 (ubidecarenone (INN))
0	0	0	0	0	0	0	0			0	0/0/	0	0	0	0	0	4.5/3.9/3.9/3.9/3.9			0/0/0	--Other

商品编号	商品名称及备注[检验检疫编码及名称]	进口关税(%) 最惠国	进口关税(%) 普通	增值税率(%)	消费税	计量单位	监管条件	检验检疫类别	对美税率	出口税率(%)	出口退税率(%)
2914690010	大黄素甲醚〔999〕	5.5	30	13		千克	S		30.5%	0	
2914690090	其他醌〔301 危险化学品，毒性物质〕,〔302 其他化工品〕	5.5	30	13		千克			30.5%	0	
29147100	--十氯酮(ISO)										13
2914710000	十氯酮〔999〕	5.5	30	13		千克	89		10.5%	0	
29147900	--其他										
2914790011	氯鼠酮、苯菌酮、茚草酮〔301 危险化学品，毒性物质〕,〔302 其他化工品〕	5.5	30	13		千克	S		10.5%	0	0
2914790012	二氯萘醌〔999〕	5.5	30	13		千克	S		10.5%	0	0
2914790013	四氯对醌〔999〕	5.5	30	13		千克	S		10.5%	0	0
2914790015	氯敌鼠钠盐〔999〕	5.5	30	13		千克	S		10.5%	0	9,13
2914790016	1-苯基-2-溴-1-丙酮〔999〕	5.5	30	13		千克	23		10.5%	0	13
2914790017	六氯丙酮〔999〕	5.5	30	13		千克	S		10.5%	0	0
2914790090	其他酮及醌的卤化、磺化衍生物(包括硝化或亚硝化衍生物)①	5.5	30	13		千克			10.5%	0	13
2915	**饱和无环一元羧酸及其酸酐、酰卤化物、过氧化物和过氧酸以及它们的卤化、磺化、硝化或亚硝化衍生物：**										
29151100	--甲酸										13
2915110000	甲酸〔101 饲料添加剂〕,〔301 危险化学品，腐蚀性物质〕	5.5	40	13		千克	AB	M/N	25.5%	0	
29151200	--甲酸盐										13
2915120000	甲酸盐〔101 饲料添加剂〕,〔301 危险化学品，毒性物质〕,〔302 其他化工品〕	5.5	30	13		千克			30.5%	0	
29151300	--甲酸酯										13
2915130000	甲酸酯②	5.5	30	13		千克			30.5%	0	
29152111	----食品级的										13
2915211100	食品级冰乙酸(冰醋酸)(GB 1903-2008)〔101 饲料添加剂〕,〔301 属于危险化学品的食品添加剂〕	5.5	30	13		千克	ABG	M.R/N.S	10.5%	0	
29152119	----其他										13
2915211900	其他冰乙酸(冰醋酸)〔101 饲料添加剂〕,〔301 危险化学品，腐蚀性物质〕	5.5	30	13		千克	G		30.5%	0	
29152190	---其他										13
2915219010	乙酸溶液，80%≥含量>10%〔101 饲料添加剂〕,〔301 危险化学品，腐蚀性物质〕,〔302 其他化工品〕	5.5	50	13		千克	ABG	M/N	30.5%	0	
2915219020	乙酸，含量>80%〔999〕	5.5	50	13		千克	ABG	M/N	30.5%	0	
2915219090	其他乙酸〔301 其他化工品，不用作食品添加剂〕,〔302 无检疫要求食品添加剂〕	5.5	50	13		千克	ABG	M.R/N.S	30.5%	0	
29152400	--乙酸酐										13
2915240000	乙酸酐(醋酸酐)〔999〕	5.5	50	13		千克	23AB	M/N	25.5%	0	
29152910	---乙酸钠										13
2915291000	乙酸钠③	5.5	50	13		千克	AG	R/	15.5%	0	
29152990	---其他										
2915299011	乙酸铜〔999〕	5.5	50	13		千克			15.5%	0	9,13
2915299023	乙酸铅(醋酸铅)〔999〕	5.5	50	13		千克			15.5%	0	13
2915299090	其他乙酸盐④	5.5	50	13		千克	AB	M.R/N.S	15.5%	0	13
29153100	--乙酸乙酯										13
2915310000	乙酸乙酯〔301 危险化学品，不用作食品添加剂〕,〔302 危险化学品，用作食品添加剂〕	5.5	30	13		千克	ABG	M.R/N.S	25.5%	0	
29153200	--乙酸乙烯酯										13
2915320000	乙酸乙烯酯〔999〕	5.5	30	13		千克	AB	M/N	30.5%	0	
29153300	--乙酸(正)丁酯										13
2915330000	乙酸正丁酯〔999〕	5.5	30	13		千克	AB	M/N	15.5%	0	
29153600	--地乐酚(ISO)乙酸酯										0
2915360000	地乐酚(ISO)乙酸酯〔999〕	5.5	30	13		千克	S		10.5%	0	
29153900	--其他										
2915390011	三氯杀虫酯〔999〕	5.5	30	13		千克	S		10.5%	0	9,13
2915390013	特乐酯〔999〕	5.5	30	13		千克	S		10.5%	0	9,13
2915390014	灭螨醌〔999〕	5.5	30	13		千克	S		10.5%	0	0
2915390015	信铃酯〔999〕	5.5	30	13		千克	S		10.5%	0	9,13
2915390016	种衣酯〔999〕	5.5	30	13		千克	S		10.5%	0	9,13
2915390017	全氟辛酸的盐类和相关化合物(PFOA 类)〔999〕	5.5	30	13		千克	ABX		10.5%	0	
2915390090	其他乙酸酯⑤	5.5	30	13		千克	AB	M.R/N.S	10.5%	0	13

① 〔301 危险化学品，爆炸品〕,〔302 危险化学品，气体〕,〔303 危险化学品，易燃液体〕,〔304 危险化学品，易燃固体〕,〔305 危险化学品，毒性物质〕,〔306 危险化学品，腐蚀性物质〕,〔307 其他化工品〕

② 〔301 危险化学品，不用作食品添加剂〕,〔302 危险化学品，用作食品添加剂〕,〔303 其他化工品，不用作食品添加剂〕,〔304 其他化工品，用作食品添加剂〕

③ 〔101 饲料添加剂〕,〔301 无检疫要求食品添加剂〕,〔302 需申报仅用于工业用途不用于食品添加剂无检疫要求的化学品〕

④ 〔101 饲料添加剂〕,〔301 危险化学品，毒性物质〕,〔302 其他化工品，不用作食品添加剂〕,〔303 其他化工品，用作食品添加剂〕

⑤ 〔301 危险化学品，易燃液体〕,〔302 其他危险化学品〕,〔303 危险化学品，用作食品添加剂〕,〔304 其他化工品，不用作食品添加剂〕,〔305 其他化工品，用作食品添加剂〕

协定税率(%)																		特惠税率(%)			
智利	新西兰	澳大利亚	瑞士	冰岛	秘鲁	哥斯达	东盟	亚太	新加坡	巴基斯坦	港/澳/台	韩国	格鲁吉亚	毛里求斯	柬埔寨	尼加拉瓜	日/韩/澳/新/东(RCEP)	亚太2国	老/柬/缅	LDC 98/97/95	Article Description
0	0	0		0	0	0	0			0	0/0/	0	0	0	0	0	4/3.9/0/0/0			0/0/0	--Chlordecone (ISO)
0	0	0		0	0	0	0			0	0/0/	0	0	0	0	0	4/3.9/0/0/0			0/0/0	--Other
																					Saturated acyclic monocarboxylic acids and their anhydrides, halides, peroxides and peroxyacids; their halogenated, sulphonated, nitrated or nitrosated derivatives:
0	0	0	0	0	0	0	0			4	0/0/	0	0	0	0	0	4/3.9/0/0/0			0/0/0	--Formic acid
0	0	0	0	0	0	0	0			4	0/0/	0	0	0	0	0	4/3.9/0/0/0			0/0/0	--Salts of formic acid
0	0	0	0	0	0	0	0			4	0/0/	0	0	0	0	0	0/0/0/0/0			0/0/0	--Esters of formic acid
0	0	0	0	0	0	0	0			4	0/0/0	0	0	0	0	0	0/0/0/0/0			0/0/0	----Food grade
0	0	0	0	0	0	0	0			4	0/0/0	0	0	0	0	0	0/0/0/0/0			0/0/0	----Other
0	0	0	0	0	0	0	0			4	0/0/	0	0	0	0	0	0/0/0/0/0			0/0/0	---Other
0	0	0	0	0	0	0	0	4.4		0	0/0/	0	0	0	0	0	0/0/0/0/0			0/0/0	--Acetic anhydride
0	0	0	0	0	0	0	0			4	0/0/	0	0	0	0	0	0/0/0/0/0			0/0/0	---Sodium acetate
0	0	0	0	0	0	0	0			4	0/0/	0	0	0	0	0	4/3.9/0/0/0			0/0/0	---Other
0	0	0	0	0	0	0	0			4	0/0/	0	0	0	0	0	0/0/0/0/0			0/0/0	--Ethyl acetate
0	0	0	0	0	0	0	0			4	0/0/0	0	0	0	0	0	0/0/3.9/3.9/0			0/0/0	--Vinyl acetate
0	0	0	0	0	0	0	0			0	0/0/	1.8	0	0	0	0	4.5/3.9/3.9/3.9/3.9			0/0/0	--n-Butyl acetate
0	0	0	0	0	0	0	0			4	0/0/	0	0	0	0	0	0/0/0/0/0			0/0/0	--Dinoseb (ISO) acetate
0	0	0	0	0	0	0	0			4	0/0/	1.8	0	0	0	0	4.5/3.9/3.9/3.9/3.9			0/0/0	--Other

商品编号	商品名称及备注[检验检疫编码及名称]	进口关税(%) 最惠国	进口关税(%) 普通	增值税率(%)	消费税	计量单位	监管条件	检验检疫类别	对美税率	出口税率(%)	出口退税率(%)
29154000	-一氯代乙酸、二氯乙酸或三氯乙酸及其盐和酯										
2915400010	一氯醋酸钠〔999〕	5.5	30	13		千克			30.5%	0	0
2915400090	其他一氯代乙酸的盐和酯(包括二氯乙酸或三氯乙酸的盐和酯)①	5.5	30	13		千克			30.5%	0	13
29155010	---丙酸										13
2915501000	丙酸〔101 饲料添加剂〕,〔301 危险化学品,不用作食品添加剂〕,〔302 危险化学品,用作食品添加剂〕	5.5	30	13		千克	AB	M.R/N.S	10.5%	0	
29155090	---其他										13
2915509000	丙酸盐和酯②	5.5	30	13		千克	AB	M.R/N.S	30.5%	0	
29156000	-丁酸、戊酸及其盐和酯										13
2915600000	丁酸、戊酸及其盐和酯③	5.5	30	13		千克			10.5%	0	
29157010	---硬脂酸										13
2915701000	硬脂酸(以干燥重量计,纯度在90%及以上)④	7	50	13		千克	A	R/	32%	0	
29157090	---其他										13
2915709010	全氟辛酸的盐类和相关化合物(PFOA 类)〔999〕	5.5	30	13		千克	X		25.5%	0	
2915709090	棕榈酸及其盐和酯、硬脂酸盐、酯〔101 其他饲料添加剂〕,〔301 其他化工产品〕	5.5	30	13		千克			25.5%	0	
29159000	-其他										
2915900011	茅草枯〔999〕	5.5	30	13		千克	S		25.5%	0	0
2915900012	抑草蓬〔999〕	5.5	30	13		千克	S		25.5%	0	0
2915900013	四氟丙酸〔999〕	5.5	30	13		千克	S		25.5%	0	9,13
2915900014	月桂酸五氯苯酚基酯(CAS 号:3772-94-9)〔999〕	5.5	30	13		千克	89S		25.5%	0	
2915900015	全氟辛酸(CAS 号:335-67-1)〔999〕	5.5	30	13		千克	X		25.5%	0	
2915900020	氟乙酸钠〔999〕	5.5	30	13		千克	89		25.5%	0	13
2915900030	全氟辛酸的盐类和相关化合物(PFOA 类)〔999〕	5.5	30	13		千克	ABX		25.5%	0	
2915900090	其他饱和无环一元羧酸及其酸酐[(酰卤、过氧)化物,过氧酸及其卤化、硝化、磺化、亚硝化衍生物]⑤	5.5	30	13		千克	AB	M.R/N.S	25.5%	0	13
2916	**不饱和无环一元羧酸、环一元羧酸及其酸酐、酰卤化物、过氧化物和过氧酸以及它们的卤化、磺化、硝化或亚硝化衍生物:**										
29161100	--丙烯酸及其盐										13
2916110000	丙烯酸及其盐〔301 危险化学品,腐蚀性物质〕,〔302 其他化工品〕	6.5	30	13		千克			31.5%	0	
29161210	---丙烯酸甲酯										13
2916121000	丙烯酸甲酯〔999〕	6.5	30	13		千克	AB	M/N		0	
29161220	---丙烯酸乙酯										13
2916122000	丙烯酸乙酯〔999〕	6.5	30	13		千克	AB	M/N	16.5%	0	
29161230	---丙烯酸丁酯										13
2916123001	丙烯酸正丁酯〔999〕	6.5	30	13		千克	AB	M/N	11.5%	0	
2916123090	丙烯酸异丁酯〔999〕	6.5	30	13		千克	AB	M/N	11.5%	0	
29161240	---丙烯酸异辛酯										13
2916124000	丙烯酸异辛酯〔301 危险化学品,杂项物质〕,〔302 其他化工品,含丙烯酸异辛酯的混合物〕	6.5	30	13		千克			31.5%	0	
29161290	---其他										13
2916129010	全氟辛酸的盐类和相关化合物(PFOA 类)〔999〕	6.5	30	13		千克	X		26.5%	0	
2916129090	其他丙烯酸酯⑥	6.5	30	13		千克		M.R/N.S	26.5%	0	
29161300	--甲基丙烯酸及其盐										13
2916130010	甲基丙烯酸〔999〕	6.5	80	13		千克	AB	M/N	31.5%	0	
2916130090	甲基丙烯酸盐〔999〕	6.5	80	13		千克			31.5%	0	
29161400	--甲基丙烯酸酯										13
2916140010	甲基丙烯酸甲酯〔999〕	6.5	80	13		千克			31.5%	0	
2916140020	全氟辛酸的盐类和相关化合物(PFOA 类)〔999〕	6.5	80	13		千克	X	M.R/N.S	31.5%	0	
2916140090	其他甲基丙烯酸酯〔301 危险化学品,易燃液体〕,〔302 危险化学品,毒性物质〕,〔303 其他化工品〕	6.5	80	13		千克			31.5%	0	

① 〔301 危险化学品,易燃液体〕,〔302 危险化学品,毒性物质〕,〔303 危险化学品,腐蚀性物质〕,〔304 其他危险化学品〕,〔305 其他化工品〕
② 〔101 饲料添加剂〕,〔301 危险化学品,不用作食品添加剂〕,〔302 危险化学品,用作食品添加剂〕,〔303 其他化工品,不用作食品添加剂〕,〔304 其他化工品,用作食品添加剂〕
③ 〔101 饲料添加剂〕,〔301 危险化学品,易燃液体〕,〔302 危险化学品,腐蚀性物质〕,〔303 其他化工品,不用作食品添加剂〕,〔304 其他化工品,用作食品添加剂〕
④ 〔101 饲料添加剂〕,〔102 化工产品〕,〔301 无检疫要求食品添加剂〕,〔302 需申报仅用于工业用途不用于食品添加剂无检疫要求的化学品〕
⑤ 〔301 危险化学品,气体〕,〔302 危险化学品,易燃液体〕,〔303 危险化学品,有机过氧化物〕,〔304 危险化学品,毒性物质〕,〔305 危险化学品,腐蚀性物质〕,〔306 危险化学品,杂项物质〕,〔307 其他危险化学品〕,〔308 危险化学品,用作食品添加剂〕,〔309 其他化工品,不用作食品添加剂〕,〔310 其他化工品,用作食品添加剂〕
⑥ 〔301 危险化学品,易燃液体〕,〔302 危险化学品,毒性物质〕,〔303 危险化学品,杂项物质〕,〔304 其他化工品〕

协定税率(%)																		特惠税率(%)			Article Description
智利	新西兰	澳大利亚	瑞士	冰岛	秘鲁	哥斯达	东盟	亚太	新加坡	巴基斯坦	港/澳/台	韩国	格鲁吉亚	毛里求斯	柬埔寨	尼加拉瓜	日/韩/澳/新/东(RCEP)	亚太2国	老/柬/缅	LDC 98/97/95	
0	0	0	0	0	0	0	0			4	0/0/	0	0	0	0	0	0/0/0/0/0			0/0/0	-Mono-, di-or trichloroacetic acids, their salts and esters
0	0	0	0	0	0	0	0			4	0/0/	0	0	0	0	0	0/0/0/0/0			0/0/0	---Propionic acid
0	0	0	0	0	0	0	0			4	0/0/	1.8	0	0	0	0	4.5/3.9/3.9/3.9/3.9			0/0/0	---Other
0	0	0	0	0	0	0	0			4	0/0/	0	0	0	0	0	4/3.9/0/0/0			0/0/0	-Butanoic acids, pentanoic acids, their salts and esters
0	0	0	0	0	0	0	0			0	0/0/	0	0	0	0	0	5.1/0/0/0/0			0/0/0	---Stearic acid
0	0	0	0	0	0	0	0			4	0/0/	1.8	0	0	0	0	4.5/3.9/3.9/3.9/3.9			0/0/0	---Other
0	0	0	0	0	0	0	0			0	0/0/	0	0	0	0	0	4/0/0/0/0			0/0/0	-Other
																					Unsaturated acyclie monocarboxylic acids, cyclic monocarboxylie acids, their anhydrides, halides, peroxides and peroxyacids; their halogenated, sulphonated, nitrated or nitrosated derivatives:
0	0	0	0	0	0	0	0				0/0/	2.1	0	0	0	0	5.3/4.6/4.6/4.6/0			0/0/0	--Acrylic acid and its salts
0	0	0	2.6	0	0	0	0		0	4	0/0/	2.1	0	0	0	0	5.3/4.6/4.6/4.6/4.6			0/0/0	---Methyl acrylate
0	0	0	0	0	0	0	0		0	4	0/0/	2.1	0	0	0	0	5.3/4.6/4.6/4.6/4.6			0/0/0	---Ethyl acrylate
0	0	0	0	0	0	0	0		0	4	0/0/		0	0	0	0	//5/5/5			0/0/0	---Butyl acrylate
0	0	0	0	0	0	0	0		0	4	0/0/	2.1	0	0	0	0	5.3/4.6/4.6/4.6/0			0/0/0	---Isooctyl acrylate
0	0	0	0	0	0	0	0		0	4	0/0/		0	0	0	0	//5/5/5			0/0/0	---Other
0	0	0	0	0	0	0	0			4	0/0/0	0	0	0	0	0	0/0/0/0/0			0/0/0	--Methacrylie acid and its salts
0	0	0	0	0	0	0	0			0	0/0/0	0	0	0	0	0	4.7/0/0/0/0			0/0/0	--Esters of methacrylie acid

商品编号	商品名称及备注[检验检疫编码及名称]	进口关税(%) 最惠国	进口关税(%) 普通	增值税率(%)	消费税	计量单位	监管条件	检验检疫类别	对美税率	出口税率(%)	出口退税率(%)
29161500	--油酸、亚油酸或亚麻酸及其盐和酯										13
2916150000	油酸、亚油酸或亚麻酸及其盐和酯①	6.5	30	13		千克			16.5%	0	
29161600	--乐杀螨(ISO)										0
2916160000	乐杀螨(ISO)〔999〕	6.5	30	13		千克	S			0	
29161900	--其他										
2916190011	烯虫乙酯〔999〕	6.5	30	13		千克	S		16.5%	0	9,13
2916190012	烯虫炔酯〔999〕	6.5	30	13		千克	S		16.5%	0	9,13
2916190013	消螨普〔999〕	6.5	30	13		千克	S		16.5%	0	9,13
2916190020	全氟辛酸的盐类和相关化合物(PFOA类)〔999〕	6.5	30	13		千克	ABX		16.5%	0	
2916190090	其他不饱和无环一元羧酸(包括其酸酐、酰卤化物、过氧化物和过氧酸及它们的衍生物)②	6.5	30	13		千克	AB	M. R/N. S	16.5%	0	13
29162010	---二溴菊酸、DV菊酸甲酯										13
2916201000	DV菊酸甲酯、二溴菊酸〔999〕	4	11	13		千克				0	
29162090	---其他										
2916209021	苄菊酯、苯醚菊酯(包括右旋苯醚菊酯、富右旋反式苯醚菊酯)〔999〕	6.5	30	13		千克	S		31.5%	0	9,13
2916209022	苄烯菊酯、氯菊酯(包括生物氯菊酯)〔301 其他化工产品〕	6.5	30	13		千克	S		31.5%	0	9,13
2916209023	氯烯炔菊酯、联苯菊酯〔999〕	6.5	30	13		千克	S		31.5%	0	9,13
2916209024	七氟菊酯、四氟苯菊酯、五氟苯菊酯、七氟甲醚菊酯(包括甲氧苄氟菊酯、氯氟醚菊酯)〔999〕	6.5	30	13		千克	S		31.5%	0	9,13
2916209025	戊菊酯、环螨酯〔999〕	6.5	30	13		千克	S		31.5%	0	9,13
2916209026	四氟甲醚菊酯、烯炔菊酯、四氟醚菊酯(包括右旋烯炔菊酯、富右旋反式烯炔菊酯)〔999〕	6.5	30	13		千克	S		31.5%	0	9,13
2916209027	炔丙菊酯(包括右旋炔丙菊酯、富右旋反式炔丙菊酯)〔999〕	6.5	30	13		千克	S		31.5%	0	9,13
2916209028	氯丙炔菊酯(包括右旋反式氯丙炔菊酯、除虫菊素Ⅰ、瓜叶菊素Ⅰ、茉酮菊素Ⅰ)〔999〕	6.5	30	13		千克	S		31.5%	0	9,13
2916209090	其他(环烷、环烯、环萜烯)一元羧酸(包括酸酐、酰卤化物、过氧化物和过氧酸及其衍生物)③	6.5	30	13		千克	AB	M. R/N. S	31.5%	0	13
29163100	--苯甲酸及其盐和酯										13
2916310000	其他苯甲酸及其盐和酯④	6.5	30	13		千克	AB	M. R/N. S	26.5%	0	
29163200	--过氧化苯甲酰及苯甲酰氯										13
2916320000	过氧化苯甲酰及苯甲酰氯〔301 危险化学品,有机过氧化物〕,〔302 危险化学品,腐蚀性物质〕,〔303 其他化工品〕	6.5	30	13		千克	AB	M. R/N. S	31.5%	0	
29163400	--苯乙酸及其盐										13
2916340010	苯乙酸〔101 苯乙酸乙醇溶液〕	6.5	30	13		千克	23		26.5%	0	
2916340090	苯乙酸盐〔999〕	6.5	30	13		千克			26.5%	0	
29163910	---邻甲基苯甲酸										13
2916391000	邻甲基苯甲酸〔999〕	6.5	30	13		千克			11.5%	0	
29163920	---布洛芬										13
2916392000	布洛芬〔999〕	6.5	30	13		千克			16.5%	0	
29163930	---2-(3-碘-4-乙基苯基)-2-甲基丙酸										13
2916393000	2-(3-碘-4-乙基苯基)-2-甲基丙酸〔999〕	6.5	30	13		千克				0	
29163990	---其他										
2916399012	草芽畏、燕麦酯〔999〕	6.5	30	13		千克	S		16.5%	0	9,13
2916399013	5-硝基邻甲氧基苯酚钠〔999〕	6.5	30	13		千克	S		16.5%	0	0
2916399014	对氯苯氧乙酸及其盐〔999〕	6.5	30	13		千克	S		16.5%	0	9,13
2916399015	三碘苯甲酸〔999〕	6.5	30	13		千克	S		16.5%	0	0
2916399016	萘乙酸〔999〕	6.5	30	13		千克	S		16.5%	0	9,13
2916399017	伐草克〔999〕	6.5	30	13		千克	S		16.5%	0	9,13
2916399018	萘乙酸盐〔999〕	6.5	30	13		千克	S		16.5%	0	9,13
2916399090	其他芳香一元羧酸⑤	6.5	30	13		千克			16.5%	0	13
2917	**多元羧酸及其酸酐、酰卤化物、过氧化物和过氧酸以及它们的卤化、磺化、硝化或亚硝化衍生物:**										
29171110	---草酸										13
2917111000	草酸〔999〕	6.5	40	13		千克			26.5%	0	

① 〔101 亚麻酸〕,〔102 亚油酸〕,〔103 亚油酸甲酯(48%),亚麻酸甲酯(52%)混合物〕,〔104 亚油酸乙酯〕,〔105 油酸乙酯〕,〔106 单,双甘油脂肪酸酯〕

② 〔101 饲料添加剂〕,〔301 危险化学品,爆炸品〕,〔302 危险化学品,易燃液体〕,〔303 危险化学品,有机过氧化物〕,〔304 危险化学品,腐蚀性物质〕,〔305 危险化学品,用作食品添加剂〕,〔306 其他化工品,不用作食品添加剂〕,〔307 其他化工品,用作食品添加剂〕

③ 〔301 危险化学品,易燃固体〕,〔302 其他化工品,不用作食品添加剂〕,〔303 其他化工品,用作食品添加剂〕

④ 〔101 饲料添加剂〕,〔301 危险化学品,不用作食品添加剂〕,〔302 危险化学品,用作食品添加剂〕,〔303 其他化工品,不用作食品添加剂〕,〔304 其他化工品,用作食品添加剂〕

⑤ 〔301 危险化学品,爆炸品〕,〔302 危险化学品,易燃固体〕,〔303 危险化学品,有机过氧化物〕,〔304 危险化学品,腐蚀性物质〕,〔305 其他化工品,不用作食品添加剂〕,〔306 其他化工品,用作食品添加剂〕,〔307 危险化学品,用作食品添加剂〕

协定税率(%)																		特惠税率(%)			Article Description
智利	新西兰	澳大利亚	瑞士	冰岛	秘鲁	哥斯达	东盟	亚太	新加坡	巴基斯坦	港/澳/台	韩国	格鲁吉亚	毛里求斯	柬埔寨	尼加拉瓜	日/韩/澳/新/东(RCEP)	亚太2国	老/柬/缅	LDC 98/97/95	
0	0	0	0	0	0	0	0			4	0/0/	2.1	0	0	0	0	5.3/4.6/4.6/4.6/4.6			0/0/0	--Oleic, linoleic or linotenic acids, their salts and esters
0	0	0	0	0	0	0	0			4	0/0/	0	0	0	0	0	4.7/0/0/0/0			0/0/0	--Binapacryl (ISO)
0	0	0		0	0	0	0			4	0/0/	0	0	0	0	0	4.7/0/0/0/0			0/0/0	--Other
0	0	0	0	0	0	0	0			0	0/0/	0	0	0	0	0	0/0/0/0/0			0/0/0	---Dibromochrysanthermic acid, DVchrysanthemimono carboxylate
0	0	0	2.6	0	0	0	0			4	0/0/	0	0	0	0	0	4.7/4.6/4.6/4.6/4.6			0/0/0	---Other
0	0	0		0	0	0	0			4	0/0/	0	0	0	0	0	4.7/4.6/0/0/0			0/0/0	--Benzoic acid, its salts and esters
0	0	0	0	0	0	0	0			4	0/0/	0	0	0	0	0	4.7/4.6/0/0/0			0/0/0	--Benzoyl peroxied and Benzoyl chloride
0	0	0		0	0	0	0			4	0/0/	0	0	0	0	0	4.7/0/0/0/0			0/0/0	--phenylacetic acid and its salts
0	0	0	0	0	0	0	0			4	0/0/	0	0	0	0	0	4.7/0/0/0/0			0/0/0	---o-Methylbenzoic acid
0	0	0	0	0	0	0	0			4	0/0/	0	0	0	0	0	4.7/0/0/0/0			0/0/0	---Brufen (Ibuprofen)
0	0	0	2.6	0	0	0	0			4	0/0/	0	0	0	0	0	4.7/0/0/0/0			0/0/0	---2-(3-iodo-ethylphenyl)-propionic acid
0	0	0	2.6	0	0	0	0			4	0/0/	0	0	0	0	0	4.7/0/0/0/0			0/0/0	---Other
																					Polycarboxylic acids, their anhydrides, halides, peroxides and peroxyacids; their halogenated, sulphonated, nitrated or nitrosated derivatives:
0	0	0	0	0	0	0	0			4	0/0/	0	0	0	0	0	4.7/4.6/0/0/0			0/0/0	---Oxalie acid

商品编号	商品名称及备注[检验检疫编码及名称]	进口关税(%) 最惠国	进口关税(%) 普通	增值税率(%)	消费税	计量单位	监管条件	检验检疫类别	对美税率	出口税率(%)	出口退税率(%)
29171120	---草酸钴										13
2917112000	草酸钴[999]	9	30	13		千克	4xy			0	
29171190	---其他										13
2917119000	其他草酸盐和酯[301 危险化学品],[302 其他化工品]	6.5	30	13		千克			11.5%	0	
29171200	--己二酸及其盐和酯										13
2917120001	己二酸[999 无检疫要求食品添加剂]	6.5	30	13		千克	A	R/	31.5%	0	
2917120090	己二酸盐和酯①	6.5	30	13		千克	A	R/	31.5%	0	
29171310	---癸二酸及其盐和酯										13
2917131000	癸二酸及其盐和酯[999]	6.5	30	13		千克			31.5%	0	
29171390	---其他										13
2917139000	壬二酸及其盐和酯[999]	6.5	30	13		千克			11.5%	0	
29171400	--马来酐										13
2917140000	马来酐[999]	6.5	30	13		千克			31.5%	0	
29171900	--其他										
2917190010	驱虫特,硝苯菌酯[999]	6.5	30	13		千克	S		16.5%	0	0
2917190020	全氟辛酸的盐类和相关化合物(PFOA 类)[999]	6.5	30	13		千克	X		16.5%	0	
2917190090	其他无环多元羧酸②	6.5	30	13		千克			16.5%	0	13
29172010	---四氢苯酐										13
2917201000	四氢苯酐[301 危险化学品,腐蚀性物质],[302 其他化工品]	4	11	13		千克			29%	0	
29172090	---其他										
2917209010	驱蚊灵(包括除虫菊素 II、瓜叶菊素 II、茉酮菊素 II)[999]	6.5	30	13		千克	S		26.5%	0	0
2917209090	其他(环烷、环烯、环萜烯)多元羧酸[301 其他化工品,不用作食品添加剂],[302 无检疫要求食品添加剂]	6.5	30	13		千克	AB	M. R/N. S	26.5%	0	13
29173200	--邻苯二甲酸二辛酯										13
2917320000	邻苯二甲酸二辛酯[999]	6.5	30	13		千克			31.5%	0	
29173300	--邻苯二甲酸二壬酯及邻苯二甲酸二癸酯										13
2917330000	邻苯二甲酸二壬酯等(包括邻苯二甲酸二癸酯)[999]	6.5	30	13		千克			16.5%	0	
29173410	---邻苯二甲酸二丁酯										
2917341010	驱蚊叮[999]	6.5	30	13		千克	S		26.5%	0	0
2917341090	其他邻苯二甲酸二丁酯[999]	6.5	30	13		千克			26.5%	0	13
29173490	---其他										13
2917349000	其他邻苯二甲酸酯[301 危险化学品,杂项物质],[302 其他危险化学品],[303 其他化工品]	6.5	30	13		千克			16.5%	0	
29173500	--邻苯二甲酸酐										13
2917350000	邻苯二甲酸酐(苯酐)[301 危险化学品,腐蚀性物质],[302 其他化工品]	6.5	30	13		千克	AB	M/N		0	
29173611	----精对苯二甲酸										13
2917361100	精对苯二甲酸[白色针状结晶或粉末,密度 1.510,主要技术指标为 4-羧基苯甲醛(4-CBA)≤25PPM][999]	6.5	30	13		千克			31.5%	0	
29173619	----其他										13
2917361900	其他对苯二甲酸[999]	6.5	30	13		千克			31.5%	0	
29173690	---其他										13
2917369000	对苯二甲酸盐[999]	6.5	30	13		千克			11.5%	0	
29173700	--对苯二甲酸二甲酯										13
2917370000	对苯二甲酸二甲酯[999]	6.5	30	13		千克			31.5%	0	
29173910	---间苯二甲酸										13
2917391000	间苯二甲酸[999]	6.5	30	13		千克			31.5%	0	
29173990	---其他										
2917399011	酞菌酯[999]	6.5	30	13		千克	S		26.5%	0	9,13
2917399012	氯酞酸甲酯[999]	6.5	30	13		千克	S		26.5%	0	9,13
2917399013	氯酞酸[999]	6.5	30	13		千克	S		26.5%	0	9,13
2917399090	其他芳香多元羧酸③	6.5	30	13		千克			26.5%	0	13
2918	**含附加含氧基的羧酸及其酸酐、酰卤化物、过氧化物和过氧酸以及它们的卤化、磺化、硝化或亚硝化衍生物:**										
29181100	--乳酸及其盐和酯										13

① [301 无检疫要求食品添加剂],[302 需申报仅用于工业用途不用于食品添加剂无检疫要求的化学品],[999 其他化工产品]

② [101 饲料添加剂],[301 危险化学品,有机过氧化物],[302 危险化学品,毒性物质],[303 危险化学品,腐蚀性物质],[304 其他化工品,不用作食品添加剂],[305 其他化工品,用作食品添加剂],[306 危险化学品,用作食品添加剂]

③ [301 危险化学品,易燃固体],[302 危险化学品,有机过氧化物],[303 危险化学品,腐蚀性物质],[304 危险化学品,杂项物质],[305 其他危险化学品],[306 其他化工品]

协定税率(%)																		特惠税率(%)			Article Description
智利	新西兰	澳大利亚	瑞士	冰岛	秘鲁	哥斯达	东盟	亚太	新加坡	巴基斯坦	港/澳/台	韩国	格鲁吉亚	毛里求斯	柬埔寨	尼加拉瓜	日/韩/澳/新/东(RCEP)	亚太2国	老/柬/缅	LDC 98/97/95	
0	0	0	0	0	0	0	0			0	0/0/	0	0	0	0	8.1	6.5/0/0/0/0			0/0/0	---Cobalt oxalate
0	0	0	0	0	0	0	0			4	0/0/	0	0	0	0	0	4.7/4.6/0/0/0			0/0/0	---Other
0	0	0	0	0	0	0	0			4	0/0/		0	0	0	0	//5/5/5			0/0/0	--Adipic acid, its salts and esters
0	0	0	0	0	0	0	0			4	0/0/	2.1	0	0	0	0	5.3/4.6/4.6/4.6/4.6			0/0/0	---Sebacic acid, its salts and esters
0	0	0	0	0	0	0	0	5.2		4	0/0/	0	0	0	0	0	4.7/0/0/0/0			0/0/0	---Other
0	0	0	0	0	0	0	0			4	0/0/	0	0	0	0	0	4.7/4.6/0/0/0			0/0/0	--Maleic anhydride
0	0	0	0	0	0	0	0			4	0/0/	0	0	0	0	0	4.7/0/0/0/0			0/0/0	--Other
0	0	0	0	0	0	0	0			0	0/0/	1.3	0	0	0	0	3.3/2.8/2.8/2.8/2.8			0/0/0	---Tetrahydrobenzoic anhydride
0	0	0	0	0	0	0	0			4	0/0/	2.1	0	0	0	0	5.3/4.6/4.6/4.6/4.6			0/0/0	---Other
0	0	0	0	0	0	0	0			0	0/0/0		0	0	0	0	//5/5/5			0/0/0	--Dioctyl orthophthalates
0	0	0	0	0	0	0	0			4	0/0/0	0	0	0	0	0	0/0/0/0/0			0/0/0	--Dinonyl or didecyl orthophthalates
0	0	0	0	0	0	0	0			4	0/0/	0	0	0	0	0	4.7/4.6/0/0/0			0/0/0	---Dibutyl orthophthalates
0	0	0	0	0	0	0	0			4	0/0/0	0	0	0	0	0	0/0/0/0/0			0/0/0	---Other
0	0	0	0	0	0	0	0			0	0/0/		0	0	0	0	//5/5/5			0/0/0	--Phthalic anhydride
0	0	0	2.6	0		0	0	6	0	0	0/0/			0	0	5.2	//5.5/5.5/5.5			0/0/0	----PTA (Purified terephthalic acid)
0	0	0	2.6	0	0	0	0	6	0	0	0/0/		0	0	0	0	//5.5/5.5/5.5			0/0/0	----Other
0	0	0	0	0	0	0	0			4	0/0/		0	0	0	0	//5/5/5			0/0/0	---Other
0	0	0	0	0	0	0	0			4	0/0/	2.1	0	0	0	0	5.3/4.6/4.6/4.6/4.6			0/0/0	--Dimethyl terephthalate
0	0	0	0	0	0	0	0			0	0/0/		0	0	0	0	//5/5/5			0/0/0	---m-phthalic acid
0	0	0	0	0	0	0	0			0	0/0/	2.1	0	0	0	0	5.3/4.6/4.6/4.6/0			0/0/0	---Other
																					Carboxylic acids with additional oxygen function and their anhydrides, halides, peroxides and peroxyacids; their halogenated, sulphonated, nitrated or nitrosated derivatives:
0	0	0	0	0	0	0	0			4	0/0/	0	0	0	0	0	4.7/4.6/0/0/0			0/0/0	--Lactic acid, its salts and esters

商品编号	商品名称及备注[检验检疫编码及名称]	进口关税(%) 最惠国	进口关税(%) 普通	增值税率(%)	消费税	计量单位	监管条件	检验检疫类别	对美税率	出口税率(%)	出口退税率(%)
2918110000	乳酸及其盐和酯①	6.5	30	13		千克	AB	M.R/N.S	26.5%	0	
29181200	--酒石酸										13
2918120000	酒石酸②	6.5	35	13		千克	A	R/	31.5%	0	
29181300	--酒石酸盐及酒石酸酯										13
2918130000	酒石酸盐及酒石酸酯③	6.5	30	13		千克	AB	M.R/N.S	31.5%	0	
29181400	--柠檬酸										13
2918140000	柠檬酸④	6.5	35	13		千克	4Axy	R/	26.5%	0	
29181500	--柠檬酸盐及柠檬酸酯										13
2918150000	柠檬酸盐及柠檬酸酯⑤	6.5	30	13		千克	4Axy	R/	16.5%	0	
29181600	--葡糖酸及其盐和酯										13
2918160000	葡糖酸及其盐和酯〔101 葡萄糖酸钙〕,〔102 葡萄糖酸锌〕,〔103 葡萄糖酸亚铁〕,〔104 葡萄糖酸钠〕	6.5	30	13		千克			16.5%	0	
29181700	--2,2-二苯基-2-羟基乙酸(二苯基乙醇酸)										13
2918170000	2,2-二苯基-2-羟基乙酸(二苯羟乙酸、二苯乙醇酸)〔999〕	6.5	30	13		千克	23			0	
29181800	--乙酯杀螨醇(ISO)										0
2918180000	乙酯杀螨醇(包括其酸酐、酰卤化物、过氧化物和过氧酸及其衍生物)〔301 危险化学品,杂项物质〕,〔302 其他化工品〕	6.5	30	13		千克	S			0	
29181900	--其他:										
2918190010	二苯乙醇酸甲酯(包括其酸酐、酰卤化物、过氧化物和过氧酸及其衍生物)〔999〕	6.5	30	13		千克	23		16.5%	0	13
2918190030	γ-羟基丁酸及其盐〔999〕	6.5	30	13		千克	I		16.5%	0	13
2918190041	丙酯杀螨醇〔999〕	6.5	30	13		千克	S		16.5%	0	0
2918190042	溴螨酯〔999〕	6.5	30	13		千克	S		16.5%	0	9,13
2918190043	劳丁酯〔999〕	6.5	30	13		千克	S		16.5%	0	9,13
2918190044	整形醇〔999〕	6.5	30	13		千克	S		16.5%	0	9,13
2918190090	其他含醇基但不含其他含氧基羧酸(包括其酸酐、酰卤化物、过氧化物和过氧酸及其衍生物)⑥	6.5	30	13		千克			16.5%	0	13
29182110	---水杨酸、水杨酸钠										13
2918211000	水杨酸、水杨酸钠〔999〕	6.5	20	13		千克			26.5%	0	
29182190	---其他										13
2918219000	其他水杨酸盐〔999〕	6.5	30	13		千克			16.5%	0	
29182210	---邻乙酰水杨酸(阿司匹林)										13
2918221000	邻乙酰水杨酸(阿司匹林)〔999〕	6	20	13		千克			11%	0	
29182290	---其他										13
2918229000	邻乙酰水杨酸盐和酯〔999〕	6.5	30	13		千克				0	
29182300	--水杨酸的其他酯及其盐										13
2918230000	水杨酸其他酯及其盐⑦	6.5	30	13		千克			11.5%	0	
29182900	--其他										13
2918290000	其他含酚基但不含其他含氧基羧酸(包括其酸酐、酰卤化物、过氧化物和过氧酸及其衍生物)⑧	6.5	30	13		千克	A	R/		0	
29183000	-含醛基或酮基但不含其他含氧基的羧酸及其酸酐、酰卤化物、过氧化物和过氧酸以及它们的衍生物										
2918300014	环戊烯丙菊酯〔999〕	6.5	30	13		千克	S		16.5%	0	9,13
2918300015	调环酸、抗倒酯、环虫菊酯〔999〕	6.5	30	13		千克	S		16.5%	0	9,13
2918300016	烯丙菊酯(包括右旋烯丙菊酯、富右旋反式烯丙菊酯、右旋反式烯丙菊酯)〔999〕	6.5	30	13		千克	S		16.5%	0	9,13
2918300017	Es-生物烯丙菊酯、生物烯丙菊酯等(包括 S-生物烯丙菊酯)〔999〕	6.5	30	13		千克	S		16.5%	0	9,13
2918300018	乙酰氟菊酯〔999〕	6.5	30	13		千克	S		16.5%	0	9,13
2918300021	3-氧-2-苯基丁酸甲酯(CAS 号:16648-44-5)〔999〕	6.5	30	13		千克	23		16.5%	0	13
2918300090	其他含醛基或酮基不含其他含氧基羧酸(包括酸酐、酰卤化物、过氧化物和过氧酸及其衍生物)⑨	6.5	30	13		千克			16.5%	0	13
29189100	--2,4,5-涕(ISO)(2,4,5-三氯苯氧基乙酸)及其盐和酯										0

① 〔101 饲料添加剂〕,〔301 危险化学品,易燃液体〕,〔302 危险化学品,毒性物质〕,〔303 其他化工品,不用作食品添加剂〕,〔304 其他化工品,用作食品添加剂〕
② 〔101 饲料添加剂〕,〔301 无检疫要求食品添加剂〕,〔302 需申报仅用于工业用途不用于食品添加剂无检疫要求的化学品〕
③ 〔301 危险化学品,毒性物质〕,〔302 其他化工品,不用作食品添加剂〕,〔303 其他化工品,用作食品添加剂〕
④ 〔101 饲料添加剂〕,〔102 无检疫要求食品添加剂〕,〔103 需申报仅用于工业用途不用于食品添加剂无检疫要求的化学品〕
⑤ 〔101 饲料添加剂〕,〔301 无检疫要求食品添加剂〕,〔302 需申报仅用于工业用途不用于食品添加剂无检疫要求的化学品〕
⑥ 〔101 饲料添加剂〕,〔301 危险化学品,易燃液体〕,〔302 危险化学品,有机过氧化物〕,〔303 其他化工品〕
⑦ 〔101 水杨酸苯乙酯〕,〔102 水杨酸苯酯〕,〔103 水杨酸苄酯(柳酸苄酯)〕,〔104 水杨酸甲酯(柳酸甲酯)〕,〔105 水杨酸乙酯(柳酸乙酯)〕,〔106 水杨酸异丁酯〕,〔107 水杨酸异戊酯(柳酸异戊酯)〕,〔108 柳酸丁酯(水杨酸丁酯)〕
⑧ 〔301 危险化学品,用作食品添加剂〕,〔302 危险化学品,不用作食品添加剂〕,〔303 其他化工品,用作食品添加剂〕,〔304 其他化工品,不用作食品添加剂〕
⑨ 〔301 危险化学品,不用作食品添加剂〕,〔302 其他化工品,不用作食品添加剂〕,〔303 其他化工品,用作食品添加剂〕,〔304 危险化学品,用作食品添加剂〕

协定税率(%)																		特惠税率(%)			
智利	新西兰	澳大利亚	瑞士	冰岛	秘鲁	哥斯达	东盟	亚太	新加坡	巴基斯坦	港/澳/台	韩国	格鲁吉亚	毛里求斯	柬埔寨	尼加拉瓜	日/韩/澳/新/东(RCEP)	亚太2国	老/柬/缅	LDC 98/97/95	Article Description
0	0	0	0	0	0	0	0			4	0/0/	0	0	0	0	0	4.7/0/0/0/0			0/0/0	--Tartaric acid
0	0	0	0	0	0	0	0			4	0/0/	0	0	0	0	0	4.7/0/0/0/0			0/0/0	--Salts and esters of tartaric acid
0	0	0	0	0	0	0	0			4	0/0/	0	0	0	0	0	4.7/4.6/0/0/0			0/0/0	--Citric acid
0	0	0	0	0	0	0	0			4	0/0/	0	0	0	0	0	4.7/0/0/0/0			0/0/0	--Salts and esters of citric acid
0	0	0	0	0	0	0	0			4	0/0/	0	0	0	0	0	4.7/0/0/0/0			0/0/0	--Gluconic acid, its salts and esters
0	0	0	0	0	0	0	0			4	0/0/	0	0	0	0	0	4.7/0/0/0/0			0/0/0	--2,2-Diphenyl-2-hydroxyacetic acid (benzilic acid)
0	0	0	0	0	0	0	0			4	0/0/	0	0	0	0	0	4.7/0/0/0/0			0/0/0	--Chlorobenzilate (ISO)
0	0	0	0	0	0	0	0			4	0/0/	0	0	0	0	0	4.7/0/0/0/0			0/0/0	--Other:
0	0	0	2.6	0	0	0	0			4	0/0/	0	0	0	0	0	4.7/4.6/0/0/0			0/0/0	---Salicylic acid and sodium salicylate
0	0	0	0	0	0	0	0			4	0/0/	0	0	0	0	0	4.7/0/0/0/0			0/0/0	---Other
0	0	0	0	0	0	0	0			5	0/0/	0	0	0	0	0	0/0/0/0/0			0/0/0	---Acetylsalicylic acid(Aspirin)
0	0	0	0	0	0	0	0			5	0/0/	0	0	0	0	0	4.7/0/0/0/0			0/0/0	---Other
0	0	0		0	0	0	0			2.5	0/0/	0	0	0	0	0	4.7/0/0/0/0			0/0/0	--Other esters of salicylic acid and their salts
0	0	0	0	0	0	0	0			5	0/0/	2.1	0	0	0	0	5.3/4.6/4.6/4.6/4.6			0/0/0	--Other
0	0	0	2.6	0	0	0	0			5	0/0/	0	0	0	0	0	4.7/0/0/0/0			0/0/0	-Carboxylic acids with aldehyde or ketone function but without other oxygen function, their anhydrides, halides, peroxides, peroxyacids and their derivatives
0	0	0	0	0	0	0	0			5	0/0/	0	0	0	0	0	4.7/0/0/0/0			0/0/0	--2,4,5-T (ISO) (2,4,5-trichlorophenoxyacetic acid), its salts and esters

商品编号	商品名称及备注[检验检疫编码及名称]	进口关税(%) 最惠国	进口关税(%) 普通	增值税率(%)	消费税	计量单位	监管条件	检验检疫类别	对美税率	出口税率(%)	出口退税率(%)
2918910000	2,4,5-涕(ISO)(2,4,5-三氯苯氧乙酸)及其盐或酯〔301 危险化学品,杂项物质〕,〔302 其他化工品〕	6.5	30	13		千克	89			0	
29189900	--其他										
2918990021	2,4-滴及其盐和酯、2,4-滴丙酸、2,4-滴丁酸等(包括精2,4-滴丙酸、苯醚菌酯)〔301 危险化学品,杂项物质〕,〔302 其他化工品〕	6.5	30	13		千克	S		16.5%	0	9,13
2918990022	2 甲 4 氯及其盐和酯、2 甲 4 氯丙酸等(包括精 2 甲 4 氯丙酸)〔999〕	6.5	30	13		千克	S		16.5%	0	9,13
2918990023	2 甲 4 氯丁酸〔999〕	6.5	30	13		千克	S		16.5%	0	9,13
2918990024	麦草畏及其盐、杀草畏〔999〕	6.5	30	13		千克	S		16.5%	0	9,13
2918990025	禾草灵、乳氟禾草灵〔999〕	6.5	30	13		千克	S		16.5%	0	9,13
2918990026	氰萘禾草灵、甲羧除草醚〔999〕	6.5	30	13		千克	S		16.5%	0	9,13
2918990027	三氟羧草醚、乙羧氟草醚〔999〕	6.5	30	13		千克	S		16.5%	0	9,13
2918990028	氟乳醚、调果酸、座果酸〔999〕	6.5	30	13		千克	S		16.5%	0	9,13
2918990029	增糖酯、S-诱抗素(包括烯虫酯)〔999〕	6.5	30	13		千克	S		16.5%	0	9,13
2918990030	调环酸钙〔999〕	6.5	30	13		千克	S		16.5%	0	13
2918990041	2 甲 4 氯异辛酯〔999〕	6.5	30	13		千克	S		16.5%	0	9,13
2918990090	其他含其他附加含氧基羧酸(包括其酸酐、酰卤化物、过氧化物和过氧酸及其衍生物)①	6.5	30	13		千克			16.5%	0	13
2919	**磷酸酯及其盐,包括乳磷酸盐,以及它们的卤化、磺化、硝化或亚硝化衍生物:**										
29191000	-三(2,3-二溴丙基)磷酸酯										13
2919100000	三(2,3-二溴丙基)磷酸酯〔999〕	6.5	30	13		千克	89			0	
29199000	-其他										
2919900020	磷酸三丁酯〔999〕	6.5	30	13		千克	3		26.5%	0	13
2919900031	敌敌钙、敌敌畏〔999〕	6.5	30	13		千克	S		26.5%	0	9,13
2919900032	速灭磷、二溴磷〔301 危险化学品,毒性物质〕,〔302 危险化学品,杂项物质〕	6.5	30	13		千克	S		26.5%	0	9,13
2919900033	巴毒磷、杀虫畏〔999〕	6.5	30	13		千克	S		26.5%	0	0
2919900034	毒虫畏、甲基毒虫畏〔999〕	6.5	30	13		千克	S		26.5%	0	0
2919900035	庚烯磷、特普〔999〕	6.5	30	13		千克	S		26.5%		0
2919900036	三乙膦酸铝、乙膦酸〔999〕	6.5	30	13		千克	S		26.5%	0	9,13
2919900037	氯瘟磷、伐草磷〔999〕	6.5	30	13		千克	S		26.5%	0	0
2919900090	其他磷酸酯及其盐(包括乳磷酸盐)(包括它们的卤化、磺化、硝化或亚硝化衍生物)②	6.5	30	13		千克	AB	M. R/N. S	26.5%	0	9,13
2920	**其他非金属无机酸酯(不包括卤化氢的酯)及其盐以及它们的卤化、磺化、硝化或亚硝化衍生物:**										
29201100	--对硫磷(ISO)及甲基对硫磷(ISO)										0
2920110000	对硫磷(ISO)及甲基对硫磷(ISO)〔999〕	6.5	30	13		千克				0	
29201900	--其他										
2920190012	氯氧磷、虫螨畏〔999〕	6.5	30	13		千克	S		26.5%	0	0
2920190013	杀螟硫磷、除线磷〔301 其他化工产品〕	6.5	30	13		千克	S		26.5%	0	9,13
2920190014	异氯磷、皮蝇磷〔301 其他化工产品〕	6.5	30	13		千克	S		26.5%	0	9,13
2920190015	溴硫磷、乙基溴硫磷、硝虫硫磷〔301 危险化学品,毒性物质〕,〔302 其他化工品〕	6.5	30	13		千克	S		26.5%	0	9,13
2920190017	碘硫磷、苯稻瘟净〔999〕	6.5	30	13		千克	S		26.5%	0	0
2920190018	甲基立枯磷、克菌磷〔999〕	6.5	30	13		千克	S		26.5%	0	9,13
2920190019	速杀硫磷、丰丙磷〔999〕	6.5	30	13		千克	S		26.5%	0	9,13
2920190090	其他硫代磷酸酯及其盐(包括它们的卤化、磺化、硝化或亚硝化衍生物)〔301 危险化学品,杂项物质〕,〔302 其他化工品〕	6.5	30	13		千克			26.5%	0	13
29202100	--亚磷酸二甲酯										13
2920210000	亚磷酸二甲酯〔999〕	6.5	30	13		千克	23			0	
29202200	--亚磷酸二乙酯										13
2920220000	亚磷酸二乙酯〔999〕	6.5	30	13		千克	23			0	
29202300	--亚磷酸三甲酯										13
2920230000	亚磷酸三甲酯〔999〕	6.5	30	13		千克	23AB	M/N	11.5%	0	
29202400	--亚磷酸三乙酯										13
2920240000	亚磷酸三乙酯〔999〕	6.5	30	13		千克	23AB	M/N		0	
29202910	---其他亚磷酸酯										
2920291000	其他亚磷酸酯〔301 危险化学品,易燃液体〕,〔302 危险化学品,杂项物质〕,〔303 其他化工品〕	6.5	30	13		千克			16.5%	0	9,13

① 〔301 危险化学品,易燃液体〕,〔302 危险化学品,有机过氧化物〕,〔303 危险化学品,腐蚀性物质〕,〔304 危险化学品,杂项物质〕,〔305 其他危险化学品〕,〔306 其他化工品〕
② 〔301 危险化学品,毒性物质〕,〔302 危险化学品,腐蚀性物质〕,〔303 其他危险化学品〕,〔304 其他化工品,不用作食品添加剂〕,〔305 其他化工品,用作食品添加剂〕

协定税率(%)																		特惠税率(%)			
智利	新西兰	澳大利亚	瑞士	冰岛	秘鲁	哥斯达	东盟	亚太	新加坡	巴基斯坦	港/澳/台	韩国	格鲁吉亚	毛里求斯	柬埔寨	尼加拉瓜	日/韩/澳/新/东 (RCEP)	亚太2国	老/柬/缅	LDC 98/97/95	Article Description
0	0	0	2.6	0	0	0	0			5	0/0/	0	0	0	0	0	4.7/0/0/0/0			0/0/0	--Other
																					Phosphoric esters and their salts, including lactophosphates; their halogenated, sulphonated, nitrated or nitrosated derivatives:
0	0	0	0	0	0	0	0			5	0/0/	0	0	0	0	0	4.7/0/0/0/0			0/0/0	-Tris (2,3-dibromopropyl) phosphate
0	0	0	0	0	0	0	0			5	0/0/	0	0	0	0	0	4.7/4.6/4.6/4.6/4.6			0/0/0	-Other
																					Esters of other inorganic acids of nonmetals (excluding esters of hydrogen halides) and their salts; their halogenated, sulphonated, nitrated or nitrosated derivatives:
0	0	0	0	0	0	0	0			5	0/0/	0	0	0	0	0	4.7/0/0/0/0			0/0/0	--Parathion (ISO) and parathion-methyl (ISO)(methyl-parathion)
0	0	0	0	0	0	0	0			5	0/0/	0	0	0	0	0	4.7/0/0/0/0			0/0/0	--Other
0	0	0	0	0	0	0	0	5.2		5	0/0/	0	0	0	0	0	4.7/0/0/0/0			0/0/0	--Dimethyl phosphite
0	0	0	0	0	0	0	0	5.2		5	0/0/	0	0	0	0	0	4.7/0/0/0/0			0/0/0	--Diethyl phosphite
0	0	0	0	0	0	0	0	5.2		5	0/0/	0	0	0	0	0	4.7/0/0/0/0			0/0/0	--Trimethyl phosphite
0	0	0	0	0	0	0	0	5.2		5	0/0/	0	0	0	0	0	4.7/0/0/0/0			0/0/0	--Triethyl phosphite
0	0	0	0	0	0	0	0			5	0/0/	0	0	0	0	0	4.7/0/0/0/0			0/0/0	---Other phosphite esters

商品编号	商品名称及备注[检验检疫编码及名称]	进口关税(%)		增值税率(%)	消费税	计量单位	监管条件	检验检疫类别	对美税率	出口税率(%)	出口退税率(%)
		最惠国	普通								
29202990	---其他										
2920299010	浸种磷〔999〕	6.5	30	13		千克	S		11.5%	0	0
2920299090	其他亚磷酸酯及其盐以及它们的卤化、磺化、硝化或亚硝化衍生物〔301 危险化学品，易燃液体〕,〔302 其他化工产品〕	6.5	30	13		千克			11.5%	0	13
29203000	-硫丹(ISO)										0
2920300000	硫丹〔999〕	6.5	30	13		千克	89			0	
29209000	-其他										
2920900011[暂2]	碳酸二苯酯〔999〕	6.5	30	13		千克			12%	0	13
2920900012	治螟磷〔999〕	6.5	30	13		千克	S		16.5%	0	0
2920900013	消螨通〔999〕	6.5	30	13		千克	S		16.5%	0	0
2920900014	炔螨特〔999〕	6.5	30	13		千克	S		16.5%	0	9,13
2920900015	赛松〔999〕	6.5	30	13		千克	S		16.5%	0	0
2920900016	三乙基砷酸酯〔999〕	6.5	30	13		千克			16.5%	0	13
2920900020	太安(PETN)(季戊四醇四硝酸酯)〔999 爆炸品〕	6.5	30	13		千克	k		16.5%	0	13
2920900030	全氟辛酸的盐类和相关化合物(PFOA 类)〔999〕	6.5	30	13		千克	X		16.5%	0	
2920900090	其他无机酸酯(不包括卤化氢的酯)(包括其盐以及它们的卤化、磺化、硝化或亚硝化衍生物)①	6.5	30	13		千克			16.5%	0	13
2921	**氨基化合物：**										
29211100	--甲胺、二甲胺或三甲胺及其盐										13
2921110010	二甲胺〔301 危险化学品，气体〕,〔302 危险化学品，易燃液体〕	6.5	30	13		千克	23		26.5%	0	
2921110020	二甲胺盐酸盐〔999〕	6.5	30	13		千克	23		26.5%	0	
2921110030	甲胺盐〔301 危险化学品，腐蚀性物质〕,〔302 其他化工品〕	6.5	30	13		千克			26.5%	0	
2921110090	甲胺，三甲胺及其盐，其他二甲胺盐〔301 危险化学品，不用作食品添加剂〕,〔302 其他化工品〕,〔303 危险化学品，用作食品添加剂〕	6.5	30	13		千克	AB	M/N	26.5%	0	
29211200	--2-(N,N-二甲基氨基)氯乙烷盐酸盐										13
2921120000	2-(N,N-二甲基氨基)氯乙烷盐酸盐〔999〕	6.5	30	13		千克	23		11.5%	0	
29211300	--2-(N,N-二乙基氨基)氯乙烷盐酸盐										13
2921130000	2-(N,N-二乙基氨基)氯乙烷盐酸盐〔999〕	6.5	30	13		千克	23			0	
29211400	--2-(N,N-二异丙基氨基)氯乙烷盐酸盐										13
2921140000	2-(N,N-二异丙基氨基)氯乙烷盐酸盐〔999〕	6.5	30	13		千克	23			0	
29211910	---二正丙胺										13
2921191000	二正丙胺〔999〕	4	11	13		千克	AB	M/N		0	
29211920	---异丙胺										13
2921192000	异丙胺〔999〕	6.5	30	13		千克				0	
29211930	---N,N-二(2-氯乙基)乙胺										13
2921193000	N,N-二(2-氯乙基)乙胺〔999〕	6.5	30	13		千克	32			0	
29211940	---N,N-二(2-氯乙基)甲胺										13
2921194000	N,N-二(2-氯乙基)甲胺〔999〕	6.5	30	13		千克	32			0	
29211950	---三(2-氯乙基)胺										13
2921195000	三(2-氯乙基)胺〔999〕	6.5	30	13		千克	32			0	
29211960	---二烷(甲、乙、正丙或异丙)氨基乙基-2-氯及其质子化盐										13
2921196000	二烷氨基乙基-2-氯及相应质子盐(其中烷基指甲、乙、正丙或异丙基)〔999〕	6.5	30	13		千克	23			0	
29211990	---其他										
2921199011	三乙胺(单一成分，用作点火剂)〔999〕	6.5	30	13		千克	3A	M/	16.5%	0	13
2921199020	二异丙胺〔999〕	6.5	30	13		千克	3		16.5%	0	13
2921199031	2-氨基丁烷〔999〕	6.5	30	13		千克	S		16.5%	0	0
2921199033	胺鲜酯〔999〕	6.5	30	13		千克	S		16.5%	0	9,13
2921199090	其他无环单胺及其衍生物及其盐②	6.5	30	13		千克			16.5%	0	13
29212110	---乙二胺										13
2921211000	乙二胺〔999〕	6.5	30	13		千克			11.5%	0	
29212190	---其他										13
2921219000	乙二胺盐〔301 危险化学品，腐蚀性物质〕,〔302 其他化工品〕	6.5	30	13		千克			16.5%	0	

① 〔301 危险化学品，爆炸品〕,〔302 危险化学品，气体〕,〔303 危险化学品，易燃液体〕,〔304 危险化学品，有机过氧化物〕,〔305 危险化学品，毒性物质〕,〔306 危险化学品，腐蚀性物质〕,〔307 危险化学品，杂项物质〕,〔308 危险化学品，用作食品添加剂〕,〔309 其他化工品，不用作食品添加剂〕,〔310 其他化工品，用作食品添加剂〕

② 〔301 危险化学品，气体〕,〔302 危险化学品，易燃液体〕,〔303 危险化学品，毒性物质〕,〔304 危险化学品，腐蚀性物质〕,〔305 其他化工品〕

协定税率(%)																		特惠税率(%)			Article Description
智利	新西兰	澳大利亚	瑞士	冰岛	秘鲁	哥斯达	东盟	亚太	新加坡	巴基斯坦	港/澳/台	韩国	格鲁吉亚	毛里求斯	柬埔寨	尼加拉瓜	日/韩/澳/新/东(RCEP)	亚太2国	老/柬/缅	LDC 98/97/95	
0	0	0	0	0	0	0	0			5	0/0/	0	0	0	0	0	4.7/4.6/4.6/4.6/4.6			0/0/0	---Other
0	0	0	0	0	0	0	0			5	0/0/	0	0	0	0	0	4.7/4.6/4.6/4.6/4.6			0/0/0	-Endosulfan (ISO)
0	0	0	0	0	0	0	0			5	0/0/	0	0	0	0	0	4.7/4.6/4.6/4.6/4.6			0/0/0	-Other
																					Amine-function compounds:
0	0	0	0	0	0	0	0			5	0/0/	0	0	0	0	0	4.7/0/0/0/0			0/0/0	--Methylamine, di-or trimethylamine and their salts
0	0	0	0	0	0	0	0			5	0/0/	0	0	0	0	0	4.7/0/0/0/0			0/0/0	--2-(N, N-Dimethylamino) ethylchloride hydrochloride
0	0	0	0	0	0	0	0			5	0/0/	0	0	0	0	0	4.7/0/0/0/0			0/0/0	--2-(N, N-Diethylamino) ethylchloride hydrochloride
0	0	0	0	0	0	0	0			5	0/0/	0	0	0	0	0	4.7/0/0/0/0			0/0/0	--2-(N, N-Diisopropylamino) ethylchloride hydrochloride
0	0	0	0	0	0	0	0	3.6		0	0/0/	0	0	0	0	0	0/0/0/0/0			0/0/0	---Di-n-propylamine
0	0	0	0	0	0	0	0			5	0/0/	0	0	0	0	0	0/0/0/0/0			0/0/0	---Isopropyl amine
0	0	0	0	0	0	0	0	5.2		5	0/0/	0	0	0	0	0	4.7/0/0/0/0			0/0/0	---N, N-Bis (2-chloroethyl) ethylamine
0	0	0	0	0	0	0	0	5.2		5	0/0/	0	0	0	0	0	4.7/0/0/0/0			0/0/0	---N, N-Bis (2-chloroethyl) methylamine
0	0	0	0	0	0	0	0	5.2		5	0/0/	0	0	0	0	0	4.7/0/0/0/0			0/0/0	---Tri-(2-chloroethyl) amine
0	0	0	0	0	0	0	0	5.2		5	0/0/	0	0	0	0	0	4.7/0/0/0/0			0/0/0	---N, N-Dialkyl (Me, Et, n-Pr or i-Pr) aminoethyl-2-chlorides and corresponding protonated salts
0	0	0	0	0	0	0	0			5	0/0/	0	0	0	0	0	4.7/0/0/0/0			0/0/0	---Other
0	0	0	0	0	0	0	0			5	0/0/	2.1	0	0	0	0	5.3/4.6/4.6/4.6/4.6			0/0/0	---Ethylenediamine
0	0	0	2.6	0	0	0	0			5	0/0/	0	0	0	0	0	4.7/4.6/0/0/0			0/0/0	---Other

商品编号	商品名称及备注[检验检疫编码及名称]	进口关税(%) 最惠国	进口关税(%) 普通	增值税率(%)	消费税	计量单位	监管条件	检验检疫类别	对美税率	出口税率(%)	出口退税率(%)
29212210	---己二酸己二胺盐(尼龙-6,6 盐)										13
2921221000	己二酸己二胺盐(尼龙-6,6 盐)〔999〕	6.5	20	13		千克				0	
29212290	---其他										13
2921229000	六亚甲基二胺及其他盐〔301 危险化学品,腐蚀性物质〕,〔302 其他化工品〕	6.5	30	13		千克			11.5%	0	
29212900	--其他										13
2921290010	辛菌胺〔101 饲料添加剂〕,〔304 其他化工产品〕	6.5	30	13		千克	S		16.5%	0	
2921290020	1,1-二氨基-2,2-二硝基乙烯(DADE 或 FOX7)(CAS 号:145250-81-3)〔999〕	6.5	30	13		千克	3		16.5%	0	
2921290090	其他无环多胺及其衍生物(包括它们的盐)①	6.5	30	13		千克			16.5%	0	
29213000	-环烷单胺或多胺、环烯单胺或多胺、环萜烯单胺或多胺及其衍生物以及它们的盐										
2921300010	丙己君及其盐〔999〕	6.5	30	13		千克	I		26.5%	0	13
2921300030	氨基羧酸环丙烷〔999〕	6.5	30	13		千克	S		26.5%	0	9,13
2921300040	乙撑亚胺〔999〕	6.5	30	13		千克	AB	M/N	26.5%	0	13
2921300090	其他环(烷、烯、萜烯)单胺或多胺(包括其衍生物及它们的盐)②	6.5	30	13		千克			26.5%	0	13
29214110	---苯胺										13
2921411000	苯胺〔999〕	6.5	20	13		千克	AB	M/N		0	
29214190	---其他										13
2921419000	苯胺盐〔301 危险化学品,毒性物质〕,〔302 危险化学品,杂项物质〕,〔303 其他化工品〕	6.5	30	13		千克				0	
29214200	--苯胺衍生物及其盐										
2921420012	敌锈钠〔999〕	6.5	30	13		千克	S		31.5%	0	9,13
2921420013	苯草醚〔999〕	6.5	30	13		千克	S		31.5%	0	9,13
2921420020	邻氯对硝基苯胺〔999〕	6.5	30	13		千克			31.5%	0	13
2921420090	其他苯胺衍生物及其盐③	6.5	30	13		千克			31.5%	0	13
29214300	--甲苯胺及其衍生物以及它们的盐										
2921430001	间甲苯胺或对甲苯胺〔999〕	6.5	30	13		千克			26.5%	0	13
2921430010	氟乐灵〔999〕	6.5	30	13		千克	S		26.5%	0	9,13
2921430020	邻甲苯胺〔999〕	6.5	30	13		千克			26.5%	0	13
2921430031	溴鼠胺〔999〕	6.5	30	13		千克	S		26.5%	0	0
2921430032	乙丁氟灵〔999〕	6.5	30	13		千克	S		26.5%	0	9,13
2921430033	氯乙氟灵〔999〕	6.5	30	13		千克	S		26.5%	0	9,13
2921430034	环丙氟灵〔999〕	6.5	30	13		千克	S		26.5%	0	9,13
2921430035	乙丁烯氟灵〔999〕	6.5	30	13		千克	S		26.5%		9,13
2921430036	地乐灵〔999〕	6.5	30	13		千克	S		26.5%	0	9,13
2921430037	氯乙灵〔999〕	6.5	30	13		千克	S		26.5%	0	9,13
2921430038	氟节胺〔999〕	6.5	30	13		千克	S		26.5%	0	9,13
2921430090	甲苯胺盐、甲苯胺衍生物及其盐〔301 危险化学品,毒性物质〕,〔302 其他危险化学品〕,〔303 其他化工品〕	6.5	30	13		千克			26.5%	0	13
29214400	--二苯胺及其衍生物以及它们的盐										13
2921440000	二苯胺及其衍生物,以及它们的盐④	6.5	30	13		千克			31.5%	0	
29214500	--1-萘胺(α-萘胺)、2-萘胺(β-萘胺)及其衍生物以及它们的盐										13
2921450010	2-萘胺〔999〕	6.5	30	13		千克			31.5%	0	
2921450090	1-萘胺和 2-萘胺的衍生物及盐(包括 1-萘胺)⑤	6.5	30	13		千克			31.5%	0	
29214600	--安非他明(INN)、苄非他明(INN)、右苯丙胺(INN)、乙非他明(INN)、芬坎法明(INN)、利非他明(INN)、左苯丙胺(INN)、美芬雷司(INN)、苯丁胺(INN)以及它们的盐										13
2921460011	安非他明、苄非他明、右苯丙胺(包括它们的盐)〔999〕	6.5	30	13		千克	I		11.5%	0	
2921460012	乙非他明、芬坎法明、利非他明(包括它们的盐)〔999〕	6.5	30	13		千克	I		11.5%	0	
2921460013	左苯丙胺、美芬雷司、芬特明(包括它们的盐)〔999〕	6.5	30	13		千克	I		11.5%	0	
29214910	---对异丙基苯胺										13
2921491000	对异丙基苯胺〔999〕	4	11	13		千克				0	
29214920	---二甲基苯胺										13

① 〔101 饲料添加剂〕,〔301 危险化学品,易燃液体〕,〔302 危险化学品,毒性物质〕,〔303 危险化学品,腐蚀性物质〕,〔304 其他化工品〕
② 〔301 危险化学品,易燃液体〕,〔302 危险化学品,易燃固体〕,〔303 危险化学品,毒性物质〕,〔304 危险化学品,腐蚀性物质〕,〔305 其他化工品〕
③ 〔301 危险化学品,爆炸品〕,〔302 危险化学品,易于自燃的物质〕,〔303 危险化学品,毒性物质〕,〔304 危险化学品,杂项物质〕,〔305 其他危险化学品〕,〔306 其他化工品〕
④ 〔301 危险化学品,爆炸品〕,〔302 危险化学品,毒性物质〕,〔303 其他危险化学品〕,〔304 其他化工品〕
⑤ 〔301 危险化学品,爆炸品〕,〔302 危险化学品,毒性物质〕,〔303 危险化学品,杂项物质〕,〔304 其他化工品〕

协定税率(%)																		特惠税率(%)			Article Description
智利	新西兰	澳大利亚	瑞士	冰岛	秘鲁	哥斯达	东盟	亚太	新加坡	巴基斯坦	港/澳/台	韩国	格鲁吉亚	毛里求斯	柬埔寨	尼加拉瓜	日/韩/澳/新/东(RCEP)	亚太2国	老/柬/缅	LDC 98/97/95	
0	0	0	0	0	0	0	0	5.2		5	0/0/	0	0	0	0	0	4.7/0/0/0/0			0/0/0	---Hexamethylene adipamide (nylon-6,6 salt)
0	0	0	0	0	0	0	0			5	0/0/	0	0	0	0	0	4.7/4.6/0/0/0			0/0/0	---Other
0	0	0	0	0	0	0	0			0	0/0/	0	0	0	0	0	4.7/4.6/4.6/4.6/4.6			0/0/0	--Other
0	0	0	0	0	0	0	0			5	0/0/	0	0	0	0	0	4.7/4.6/4.6/4.6/4.6			0/0/0	-Cyclanic, cyclenic or cycloterpenic monoor polyamines, and their derivatives; salts thereof
0	0	0	0	0	0	0	0	5.2		5	0/0/	0	0	0	0	0	4.7/0/0/0/0			0/0/0	---Aniline
0	0	0		0	0	0	0			5	0/0/	0	0	0	0	0	4.7/0/0/0/0			0/0/0	---Other
0	0	0		0	0	0	0			0	0/0/	0	0	0	0	0	4.7/4.6/4.6/4.6/4.6			0/0/0	--Aniline derivatives and their salts
0	0	0	0	0	0	0	0			5	0/0/	2.1	0	0	0	0	5.3/4.6/4.6/4.6/4.6			0/0/0	--Toluidines and their derivatives; salts thereof
0	0	0		0	0	0	0			5	0/0/	0	0	0	0	0	4.7/4.6/0/0/0			0/0/0	--Diphenylamine and its derivatives; salts thereof
0	0	0		0	0	0	0			5	0/0/	0	0	0	0	0	4.7/0/0/0/0			0/0/0	--1-Naphthylamine (α-naphthy lamine), 2-naphthylamine (β-naphthylamine) and their derivatives; salts thereof
0	0	0	0	0	0	0	0			5	0/0/	0	0	0	0	0	4.7/0/0/0/0			0/0/0	--Amfetamine (INN), benzfetamine (INN), dexamfetamine (INN), etilamfetamine (INN), fencamfamin (INN), lefetamine (INN), levamfetamine (INN), mefenorex (INN) and phentermine (INN); salts thereof
0	0	0	0	0	0	0	0			0	0/0/	0	0	0	0	0	0/0/0/0/0			0/0/0	---p-Isopropyl-aniline
0	0	0	0	0	0	0	0			5	0/0/	0	0	0	0	0	4.7/4.6/0/0/0			0/0/0	---Dimethylanilines

商品编号	商品名称及备注[检验检疫编码及名称]	进口关税(%)		增值税率(%)	消费税	计量单位	监管条件	检验检疫类别	对美税率	出口税率(%)	出口退税率(%)
		最惠国	普通								
2921492000	二甲基苯胺〔999〕	6.5	20	13		千克			26.5%	0	
29214930	---2,6-甲基乙基苯胺										13
2921493000	2,6-甲基乙基苯胺〔999〕	4	11	13		千克			9%	0	
29214940	---2,6-二乙基苯胺										13
2921494000	2,6-二乙基苯胺〔999〕	6.5	20	13		千克				0	
29214990	---其他										
2921499011	异丙乐灵〔999〕	6.5	30	13		千克	S		26.5%	0	9,13
2921499012	仲丁灵〔999〕	6.5	30	13		千克	S		26.5%	0	9,13
2921499013	二甲戊灵〔999〕	6.5	30	13		千克	S		26.5%	0	9,13
2921499020	4-氨基联苯〔999〕	6.5	30	13		千克			26.5%	0	13
2921499031	乙环利定、二甲基安非他明(以及它们的盐)〔999〕	6.5	30	13		千克	I		26.5%	0	13
2921499032	芬氟拉明、右旋芬氟拉明(以及它们的盐)〔999〕	6.5	30	13		千克	I		26.5%	0	13
2921499033	西布曲明及其盐〔999〕	6.5	30	13		千克	9I		26.5%	0	
2921499034暂0	盐酸舍曲林〔301〕	6.5	30	13		千克			20%	0	
2921499090	其他芳香单胺及衍生物及它们的盐①	6.5	30	13		千克			26.5%	0	13
29215110	---邻苯二胺										13
2921511000	邻苯二胺〔999〕	4	11	13		千克			9%	0	
29215190	---其他										
2921519011	氨氟灵〔999〕	6.5	30	13		千克	S		31.5%	0	9,13
2921519012	氨氟乐灵〔999〕	6.5	30	13		千克	S		31.5%	0	9,13
2921519020	2,4-二氨基甲苯〔999〕	6.5	30	13		千克			31.5%	0	13
2921519030	二氨基三硝基苯(DATB)(CAS号:1630-08-6)〔999〕	6.5	30	13		千克	3		31.5%	0	13
2921519090	间-、对-苯二胺、二氨基甲苯等(包括衍生物及它们的盐)②	6.5	30	13		千克			31.5%	0	13
29215900	--其他										13
2921590010	三氨基三硝基苯〔999〕	6.5	30	13		千克	3		31.5%	0	
2921590020	联苯胺(4,4'-二氨基联苯)〔999〕	6.5	30	13		千克	89		31.5%	0	
2921590031	4,4'-二氨基-3,3'-二氯二苯基甲烷〔999〕	6.5	30	13		千克			31.5%	0	
2921590032	3,3'-二氯联苯胺〔999〕	6.5	30	13		千克			31.5%	0	
2921590033	4,4'-二氨基二苯基甲烷〔999〕	6.5	30	13		千克			31.5%	0	
2921590034	3,3'-二氨基-2,2',4,4',6,6'-六硝基联苯或二苦酰胺(DIPAM)(CAS号:17215-44-0)〔999〕	6.5	30	13		千克	3		31.5%	0	
2921590090	其他芳香多胺及衍生物及它们的盐〔301 危险化学品,杂项物质〕,〔302 其他危险化学品〕,〔303 其他化工品〕	6.5	30	13		千克			31.5%	0	
2922	**含氧基氨基化合物:**										
29221100	--单乙醇胺及其盐										13
2922110001	单乙醇胺〔301 危险化学品,腐蚀性物质〕,〔302 其他危险化学品〕,〔303 其他化工品〕	6.5	30	13		千克	AB	M.R/N.S	11.5%	0	
2922110090	单乙醇胺盐〔999〕	6.5	30	13		千克			11.5%	0	
29221200	--二乙醇胺及其盐										13
2922120001	二乙醇胺〔999〕	6.5	30	13		千克			16.5%	0	
2922120002	全氟己基磺酸及其盐类和其相关化合物[二乙醇胺盐(《禁止进口货物目录(第八批)》所列商品)]〔999〕	6.5	30	13		千克	89		16.5%	0	
2922120090	二乙醇胺盐〔999 其他化工产品〕	6.5	30	13		千克			16.5%	0	
29221400	--右丙氧吩(INN)及其盐										13
2922140000	右丙氧吩(INN)及其盐〔999〕	6.5	30	13		千克	I			0	
29221500	--三乙醇胺										13
2922150000	三乙醇胺〔999〕	6.5	30	13		千克	23A	R/	11.5%	0	
29221600	--全氟辛基磺酸二乙醇铵										13
2922160000	全氟辛基磺酸二乙醇胺〔999〕	6.5	30	13		千克	89			0	
29221700	--甲基二乙醇胺和乙基二乙醇胺										13
2922170000	甲基二乙醇胺和乙基二乙醇胺〔999〕	6.5	30	13		千克	23		11.5%	0	
29221800	--2-(N,N-二异丙基氨基)乙醇										13
2922180000	2-(N,N-二异丙基氨基)乙醇〔999〕	6.5	30	13		千克	23			0	
29221910	---乙胺丁醇										13
2922191000	乙胺丁醇〔999〕	6.5	30	13		千克				0	
29221921	----二甲氨基乙醇及其质子化盐										13

① 〔301 危险化学品,毒性物质〕,〔302 危险化学品,腐蚀性物质〕,〔303 危险化学品,杂项物质〕,〔304 其他危险化学品〕,〔305 其他化工品〕
② 〔301 危险化学品,毒性物质〕,〔302 危险化学品,杂项物质〕,〔303 其他危险化学品〕,〔304 其他化工品〕

协定税率(%)																		特惠税率(%)			
智利	新西兰	澳大利亚	瑞士	冰岛	秘鲁	哥斯达	东盟	亚太	新加坡	巴基斯坦	港/澳/台	韩国	格鲁吉亚	毛里求斯	柬埔寨	尼加拉瓜	日/韩/澳/新/东(RCEP)	亚太2国	老/柬/缅	LDC 98/97/95	Article Description
0	0	0	0	0	0	0	0	3.2		0	0/0/	0	0	0	0	0	0/0/0/0/0			0/0/0	---2,6-Methyl ethyl aniline
0	0	0		0	0	0	0			5	0/0/	0	0	0	0	0	4.7/0/0/0/0			0/0/0	---2,6-Diethylaniline
0	0	0		0	0	0	0			5	0/0/	0	0	0	0	0	4.7/0/0/0/0			0/0/0	---Other
0	0	0	0	0	0	0	0	3.2		0	0/0/	0	0	0	0	0	0/0/0/0/0			0/0/0	---o-Phenylenediamine
0	0	0	0	0	0	0	0			5	0/0/	0	0	0	0	0	4.7/0/0/0/0			0/0/0	---Other
0	0	0		0	0	0	0			5	0/0/	0	0	0	0	0	4.7/4.6/0/0/0			0/0/0	--Other
																					Oxygen-function amino-compounds:
0	0	0	0	0	0	0	0			5	0/0/		0	0	0	0	//5/5/5			0/0/0	--Monoethanolamine and its salts
0	0	0	0	0	0	0	0			5	0/0/		0	0	0	0	//5/5/5			0/0/0	--Diethanolamine and its salts
0	0	0	0	0	0	0	0			5	0/0/	0	0	0	0	0	4.7/0/0/0/0			0/0/0	--Dextropropoxyphene (INN) and its salts
0	0	0	0	0	0	0	0			5	0/0/	2.1	0	0	0	0	5.3/4.6/4.6/4.6/4.6			0/0/0	--Triethanolamine
0	0	0	0	0	0	0	0			5	0/0/	0	0	0	0	0	4.7/0/0/0/0			0/0/0	--Diethanolammonium perfluorooctane sulphonate
0	0	0	0	0	0	0	0			5	0/0/	0	0	0	0	0	4.7/0/0/0/0			0/0/0	--Methyldiethanolamine and ethyldiethanolamine
0	0	0	0	0	0	0	0			5	0/0/	0	0	0	0	0	4.7/0/0/0/0			0/0/0	--2-(N,N-Diisopropylamino) ethanol
0	0	0	0	0	0	0	0			5	0/0/	0	0	0	0	0	4.7/0/0/0/0			0/0/0	---Ethylamino butanol (Ethambutol)
0	0	0	0	0	0	0	0			5	0/0/	0	0	0	0	0	4.7/0/0/0/0			0/0/0	----N,N-Dimethylaminoethanol and corresponding protonated salts

商品编号	商品名称及备注[检验检疫编码及名称]	进口关税(%) 最惠国	普通	增值税率(%)	消费税	计量单位	监管条件	检验检疫类别	对美税率	出口税率(%)	出口退税率(%)
2922192100	二甲氨基乙醇及其质子化盐〔301 危险化学品,腐蚀性物质〕,〔302 其他化工品〕	6.5	30	13		千克			11.5%	0	
29221922	----二乙氨基乙醇及其质子化盐										13
2922192210	2-二乙氨基乙醇(或称 N,N-二乙基乙醇胺)〔999〕	6.5	30	13		千克	3		16.5%	0	
2922192290	二乙氨基乙醇的质子化盐〔999〕	6.5	30	13		千克			16.5%	0	
29221929	----其他										13
2922192900	其他二烷氨基乙-2-醇及质子化盐(烷基指正丙或异丙基)〔302 其他化工产品〕	6.5	30	13		千克	23			0	
29221930	---乙基二乙醇胺的盐										13
2922193000	乙基二乙醇胺的盐〔999〕	6.5	30	13		千克				0	
29221940	---甲基二乙醇胺的盐										13
2922194000	甲基二乙醇胺的盐〔999〕	6.5	30	13		千克			11.5%	0	
29221950	---本芴醇										13
2922195000	本芴醇〔999〕	6.5	30	13		千克			26.5%	0	
29221990	---其他										
2922199010	增产胺〔999〕	6.5	30	13		千克	S		11.5%	0	9,13
2922199020	克仑特罗〔999〕	6.5	30	13		千克	L		11.5%	0	9,13
2922199031	醋美沙朵、阿醋美沙朵、阿法美沙朵(以及它们的盐)〔999〕	6.5	30	13		千克	I		11.5%	0	9,13
2922199032	倍醋美沙多、倍他美沙多(以及它们的盐)〔999〕	6.5	30	13		千克	I		11.5%	0	9,13
2922199033	地美沙多、地美庚醇、诺美沙多(以及它们的盐)〔999〕	6.5	30	13		千克	I		11.5%	0	9,13
2922199041	三乙醇胺盐酸盐〔999〕	6.5	30	13		千克	23		11.5%	0	13
2922199049	其他三乙醇胺的盐〔999〕	6.5	30	13		千克			11.5%	0	13
2922199050	全氟辛酸的盐类和相关化合物(PFOA 类)〔999〕	6.5	30	13		千克	X		11.5%	0	
2922199090	其他氨基醇及其醚、酯和它们的盐(但含有一种以上含氧基的除外)①	6.5	30	13		千克			11.5%	0	9,13
29222100	--氨基羟基萘磺酸及其盐										13
2922210000	氨基羟基萘磺酸及其盐(但含有一种以上含氧基的除外)〔302 其他化工产品〕	6.5	30	13		千克			16.5%	0	
29222910	---茴香胺、二茴香胺、氨基苯乙醚及其盐										13
2922291000	茴香胺、二茴香胺、氨基苯乙醚等(但含有一种以上含氧基的除外)〔301 危险化学品,毒性物质〕,〔302 其他化工品〕	6.5	30	13		千克				0	
29222990	---其他										13
2922299011	布苯丙胺、二甲氧基乙基安非他明(以及它们的盐)〔999〕	6.5	30	13		千克	I		31.5%	0	
2922299012	二甲氧基安非他明、副甲氧基安非他明(以及它们的盐)〔999〕	6.5	30	13		千克	I		31.5%	0	
2922299013	二甲氧基甲苯异丙胺、三甲氧基安非他明(以及它们的盐)〔999〕	6.5	30	13		千克	I		31.5%	0	
2922299014	2,5-二甲氧基-4-溴苯乙胺、地佐辛(以及它们的盐)〔999〕	6.5	30	13		千克	I		31.5%	0	
2922299015	他喷他多(Tapentadol;CAS 号:175591-23-8)〔999〕	6.5	30	13		千克	I		31.5%	0	
2922299016	2,5-二甲氧基-4-碘苯乙胺(2,5-Dimethoxy-4-iodophenethylamine;CAS 号:69587-11-7)〔999〕	6.5	30	13		千克	I		31.5%	0	
2922299017	2,5-二甲氧基苯乙胺(2,5-Dimethoxy-phenethylamine;CAS 号:3600-86-0)〔999〕	6.5	30	13		千克	I		31.5%	0	
2922299090	其他氨基(萘酚、酚)及醚、酯(包括它们的盐,但含有一种以上含氧基的除外)②	6.5	30	13		千克			31.5%	0	
29223100	--安非拉酮(INN)、美沙酮(INN)和去甲美沙酮(INN)以及它们的盐										13
2922310010	安非拉酮及其盐〔999〕	6.5	30	13		千克	I		11.5%	0	
2922310020	美沙酮、去甲美沙酮及它们的盐〔999〕	6.5	30	13		千克	I		11.5%	0	
29223910	---4-甲基甲卡西酮										13
2922391000	4-甲基甲卡西酮及其盐〔999〕	6.5	30	13		千克	I			0	
29223920	---安非他酮及其盐										
2922392000	安非他酮及其盐〔999〕	6.5	30	13		千克				0	9,13
29223990	---其他										
2922399010	氯胺酮及其盐〔999〕	6.5	30	13		千克	I		31.5%	0	13
2922399020	灭藻醌〔999〕	6.5	30	13		千克	S		31.5%	0	9,13
2922399030	异美沙酮及其盐〔999〕	6.5	30	13		千克	I		31.5%	0	13
2922399040	甲卡西酮及其盐〔301 危险化学品,易燃液体〕,〔302 其他化工品〕	6.5	30	13		千克	I		31.5%	0	13
2922399050	4-甲基乙卡西酮(4-MEC)(4-Methylethcathinone;CAS 号:1225617-18-4)〔999〕	6.5	30	13		千克	I		31.5%	0	13
2922399090	其他氨基醛、氨基酮及其盐(包括氨基醌及其盐,但含有一种以上含氧基的除外)〔101 〕	6.5	30	13		千克			31.5%	0	13
29224110	---赖氨酸										13
2922411000	赖氨酸③	5	20	13		千克	AB	M.P/Q	30%	0	
29224190	---其他										13

① 〔301 危险化学品,易燃液体〕,〔302 危险化学品,毒性物质〕,〔303 危险化学品,腐蚀性物质〕,〔304 其他危险化学品〕,〔305 其他化工品〕
② 〔301 危险化学品,爆炸品〕,〔302 危险化学品,毒性物质〕,〔303 危险化学品,腐蚀性物质〕,〔304 危险化学品,杂项物质〕,〔305 其他危险化学品〕,〔306 其他化工品〕
③ 〔101 饲料添加剂〕,〔301 L-赖氨酸(有检疫要求食品添加剂)〕,〔302 L-盐酸赖氨酸(有检疫要求食品添加剂)〕

智利	新西兰	澳大利亚	瑞士	冰岛	秘鲁	哥斯达	东盟	亚太	新加坡	巴基斯坦	港/澳/台	韩国	格鲁吉亚	毛里求斯	柬埔寨	尼加拉瓜	日/韩/澳/新/东(RCEP)	亚太2国	老/柬/缅	LDC 98/97/95	Article Description
协定税率(%)																		特惠税率(%)			
0	0	0	0	0	0	0	0			5	0/0/	0	0	0	0	0	4.7/0/0/0/0			0/0/0	----N, N-Diethylaminoethanol and corresponding protonated salts
0	0	0	0	0	0	0	0	5.2		5	0/0/	0	0	0	0	0	4.7/0/0/0/0			0/0/0	----Other
0	0	0	0	0	0	0	0	5.2		5	0/0/	0	0	0	0	0	4.7/0/0/0/0			0/0/0	---Salt of ethyldiethanolamine
0	0	0	0	0	0	0	0	5.2		5	0/0/	0	0	0	0	0	4.7/0/0/0/0			0/0/0	---Salt of methyldiethanolamine
0	0	0	0	0	0	0	0			5	0/0/	0	0	0	0	0	4.7/0/0/0/0			0/0/0	---Benflumetol
0	0	0	0	0	0	0	0			5	0/0/	0	0	0	0	0	4.7/0/0/0/0			0/0/0	---Other
0	0	0	0	0	0	0	0			5	0/0/	0	0	0	0	0	4.7/4.6/0/0/0			0/0/0	--Aminohydroxynaphthalenesulphonic acid and their salts
0	0	0	0	0	0	0	0			5	0/0/	0	0	0	0	0	4.7/4.6/0/0/0			0/0/0	---Anisidines, dianisidines, phenetidines, and their salts
0	0	0	0	0	0	0	0			5	0/0/	0	0	0	0	0	4.7/0/0/0/0			0/0/0	---Other
0	0	0	0	0	0	0	0			5	0/0/	0	0	0	0	0	4.7/0/0/0/0			0/0/0	--Amfepramone (INN), methadone (INN) and normethadone (INN); salts thereof
0	0	0	0	0	0	0	0			5	0/0/	0	0	0	0	0	4.7/0/0/0/0			0/0/0	---4-Methylmethcathinone
0	0	0	0	0	0	0	0			5	0/0/	0	0	0	0	0	4.7/0/0/0/0			0/0/0	---Bupropion and its salts
0	0	0	0	0	0	0	0			5	0/0/	0	0	0	0	0	4.7/0/0/0/0			0/0/0	---Other
0	0	0	0	0	0	0	0			0	0/0/	1.6	0	0	0	0	4.1/3.5/3.5/3.5/3.5			0/0/0	---Lysine
0	0	0	0	0	0	0	0			5	0/0/	0	0	0	0	0	0/0/0/0/0			0/0/0	---Other

商品编号	商品名称及备注[检验检疫编码及名称]	进口关税(%) 最惠国	进口关税(%) 普通	增值税率(%)	消费税	计量单位	监管条件	检验检疫类别	对美税率	出口税率(%)	出口退税率(%)
2922419000	赖氨酸酯和赖氨酸盐(包括赖氨酸酯的盐)〔101 饲料添加剂〕,〔102 L-赖氨酸盐酸盐(有检疫要求食品添加剂)〕	6	30	13		千克	AB	M. P. R/Q	11%	0	
29224210	---谷氨酸										13
2922421000	谷氨酸〔101 饲料添加剂〕,〔102 L-谷氨酸(有检疫要求食品添加剂)〕	5	90	13		千克	A	M. P/	30%	0	
29224220	---谷氨酸钠										13
2922422000	谷氨酸钠〔101 饲料添加剂〕,〔102 有检疫要求食品添加剂〕	5	130	13		千克	A	M. P/	30%	0	
29224290	---其他										13
2922429000	其他谷氨酸盐〔101 饲料添加剂〕,〔102 L-谷氨酰胺(有检疫要求食品添加剂)〕	6.5	30	13		千克	A	M. P/	26.5%	0	
29224310	---邻氨基苯甲酸(氨茴酸)										13
2922431000	邻氨基苯甲酸(氨茴酸)〔101 饲料添加剂〕,〔102 化工产品〕	6.5	20	13		千克	23			0	
29224390	---其他										13
2922439000	邻氨基苯甲酸(氨茴酸)盐〔101 饲料添加剂〕	6.5	30	13		千克			11.5%	0	
29224400	--替利定(INN)及其盐										13
2922440000	替利定(INN)及其盐〔999〕	6.5	30	13		千克	I			0	
29224911	----氨甲环酸										13
2922491100	氨甲环酸〔101 饲料添加剂〕,〔102 化工产品〕	6.5	20	13		千克	AB	M. R/S	31.5%	0	
29224919	----其他										13
2922491910	安咪奈丁〔101 饲料添加剂〕,〔102 化工产品〕	6.5	20	13		千克	I		16.5%	0	
2922491990	其他氨基酸①	6.5	20	13		千克	AB	M. P. R/Q	16.5%	0	
29224991	----普鲁卡因及其盐										13
2922499100	普鲁卡因及其盐〔999〕	6	20	13		千克			11%	0	
29224999	----其他										
2922499911	草灭畏〔999〕	6.5	30	13		千克	AS	M. P/	11.5%	0	9,13
2922499912	灭杀威、灭除威、混灭威等(害扑威、速灭威、残杀威、猛杀威)〔301 危险化学品,毒性物质〕,〔302 其他化工品〕	6.5	30	13		千克	ABS	M/N	11.5%	0	9,13
2922499913	兹克威、除害威〔301 危险化学品,毒性物质〕,〔302 其他化工品〕	6.5	30	13		千克	ABS	M/N	11.5%	0	0
2922499914	异丙威〔999〕	6.5	30	13		千克	ABS	M/N	11.5%	0	9,13
2922499915	仲丁威、畜虫威、合杀威〔301 危险化学品,毒性物质〕,〔302 其他化工品〕	6.5	30	13		千克	ABS	M/N	11.5%	0	9,13
2922499916	甲萘威、地麦威、蜱虱威〔999〕	6.5	30	13		千克	AS	M. P/	11.5%	0	9,13
2922499917	除线威〔999〕	6.5	30	13		千克	AS	M. P/	11.5%	0	9,13
2922499918	氨酰丙酸(盐酸盐)〔101 饲料添加剂〕,〔102 化工产品〕	6.5	30	13		千克	AS	M. P/	11.5%	0	9,13
2922499919	安咪奈丁的盐〔999〕	6.5	30	13		千克	I		11.5%	0	13
2922499990	其他氨基酸及其酯及它们的盐(含有一种以上含氧基的除外)〔101 饲料添加剂〕,〔301 危险化学品,毒性物质〕,〔302 其他化工品〕	6.5	30	13		千克	AB	M. R/N. Q	11.5%	0	13
29225010	---对羟基苯甘氨酸及其邓钾盐										13
2922501000	对羟基苯甘氨酸及其邓钾盐〔999〕	6.5	30	13		千克	A	R/		0	
29225020	---莱克多巴胺和盐酸莱克多巴胺										13
2922502010	莱克多巴胺(雷托巴胺)〔999〕	6.5	30	13		千克	L			0	
2922502020	盐酸莱克多巴胺〔999〕	6.5	30	13		千克	89			0	
29225090	---其他										13
2922509010	曲马多〔301 危险化学品,易燃液体〕,〔302 其他化工品〕	6.5	30	13		千克	I		31.5%	0	
2922509020	苏氨酸〔101 饲用〕,〔301 有检疫要求食品添加剂〕,〔999 其他化工产品〕	6.5	30	13		千克	A	R/	31.5%	0	
2922509091 暂0	盐酸米托蒽醌〔301 无检疫要求食品添加剂〕,〔302 需申报仅用于工业用途不用于食品添加剂无检疫要求的化学品〕	6.5	30	3		千克	A	R/	25%	0	
2922509099	其他氨基醇酚、氨基酸酚(包括其他含氧基氨基化合物)〔301 无检疫要求食品添加剂〕,〔302 需申报仅用于工业用途不用于食品添加剂无检疫要求的化学品〕	6.5	30	13		千克	A	R/	31.5%	0	
2923	**季铵盐及季铵碱;卵磷脂及其他磷氨基类脂,不论是否已有化学定义:**										
29231000	-胆碱及其盐										13
2923100000	胆碱及其盐②	6.5	30	13		千克	A	R/	16.5%	0	
29232000	-卵磷脂及其他磷氨基类脂										13
2923200000	卵磷脂及其他磷氨基类脂③	6.5	30	13		千克	A	R/	16.5%	0	
29233000	-全氟辛基磺酸四乙基铵										13
2923300000	全氟辛基磺酸四乙基铵〔301 危险化学品,毒性物质〕,〔302 其他化工品〕	6.5	30	13		千克	89			0	

① 〔101 饲料添加剂〕,〔102 天门冬氨酸钙(有检疫要求食品添加剂)〕,〔103 L-丝氨酸(有检疫要求食品添加剂)〕,〔104 10-十一烯酸烯丙酯(有检疫要求食品添加剂)〕,〔105 dL-缬氨酸(有检疫要求食品添加剂)〕,〔106 L-精氨酸(有检疫要求食品添加剂)〕,〔107 l-组氨酸(有检疫要求食品添加剂)〕,〔108 甘氨酸(有检疫要求食品添加剂)〕,〔109 牛磺酸(2-氨基乙基磺酸)(有检疫要求食品添加剂)〕,〔110 L-酪氨酸(有检疫要求食品添加剂)〕,〔301 需申报仅用于工业用途不用于食品添加剂有检疫要求的化学品〕

② 〔101 饲料添加剂〕,〔102 胆碱(无检疫要求食品添加剂)〕,〔103 需申报仅用于工业用途不用于食品添加剂无检疫要求的化学品〕

③ 〔101 饲料添加剂〕,〔102 具有保健食品批准文号〕,〔301 改性大豆磷脂(无检疫要求食品添加剂)〕,〔302 酶解大豆磷脂(无检疫要求食品添加剂)〕,〔303 需申报仅用于工业用途不用于食品添加剂无检疫要求的化学品〕

协定税率(%)																		特惠税率(%)			
智利	新西兰	澳大利亚	瑞士	冰岛	秘鲁	哥斯达	东盟	亚太	新加坡	巴基斯坦	港/澳/台	韩国	格鲁吉亚	毛里求斯	柬埔寨	尼加拉瓜	日/韩/澳/新/东(RCEP)	亚太2国	老/柬/缅	LDC 98/97/95	Article Description
0	0	0	0	0	0	0	0	3.3	0	2.5	0/0/	0	0	0	0	0	7.3/7/0/0/0			0/0/0	---Glutamic acid
0	0	0	0	0	0	0	0		0	2.5	0/0/	0	0	0	0	0	7.3/7/0/0/0			0/0/0	---Sodium glutamate
0	0	0	0	0	0	0	0			5	0/0/	0	0	0	0	0	4.7/0/0/0/0			0/0/0	---Other
0	0	0	0	0	0	0	0			5	0/0/	0	0	0	0	0	4.7/0/0/0/0			0/0/0	---Anthranilic acid
0	0	0	0	0	0	0	0			5	0/0/	0	0	0	0	0	4.7/0/0/0/0			0/0/0	---Other
0	0	0	0	0	0	0	0			5	0/0/	0	0	0	0	0	4.7/0/0/0/0			0/0/0	--Tilidine (INN) and its salts
0	0	0	0	0	0	0	0			5	0/0/	2.1	0	0	0	0	5.3/4.6/4.6/4.6/4.6			0/0/0	----Tranexamic acid
0	0	0	0	0	0	0	0			5	0/0/	2.1	0	0	0	0	5.3/4.6/4.6/4.6/4.6			0/0/0	----Other
0	0	0	0	0	0	0	0	3.6		5	0/0/	0	0	0	0	0	0/0/0/0/0			0/0/0	----Procaine and its salts
0	0	0	0	0	0	0	0			5	0/0/	0	0	0	0	0	4.7/0/0/0/0			0/0/0	----Other
0	0	0	0	0	0	0	0			5	0/0/	0	0	0	0	0	4.7/0/0/0/0			0/0/0	---D-p-hydroxyphenylglycine and its monopotassium salt
0	0	0	0	0	0	0	0			5	0/0/	2.1	0	0	0	0	4.7/4.6/4.6/4.6/4.6			0/0/0	---Ractopamine and ractopamine hydrochloride
0	0	0	0	0	0	0	0			5	0/0/	0	0	0	0	0	4.7/4.6/0/0/0			0/0/0	---Other
																					Quaternary ammonium salts and hydroxides; lecithins and other phosphoaminolipids, whether or not chemically defined:
0	0	0	0	0	0	0	0			5	0/0/	0	0	0	0	0	4.7/0/0/0/0			0/0/0	-Choline and its salts
0	0	0	0	0	0	0	0			5	0/0/	0	0	0	0	0	4.7/4.6/0/0/0			0/0/0	-Lecithins and other phosphoam-inolipids
0	0	0	0	0	0	0	0			5	0/0/	0	0	0	0	0	4.7/4.6/4.6/4.6/4.6			0/0/0	-Tetraethylammonium perfluorooctane sulphonate

商品编号	商品名称及备注[检验检疫编码及名称]	进口关税(%)		增值税率(%)	消费税	计量单位	监管条件	检验检疫类别	对美税率	出口税率(%)	出口退税率(%)
		最惠国	普通								
29234000	-全氟辛基磺酸二癸基二甲基铵										13
2923400000	全氟辛基磺酸二癸基二甲基铵[999]	6.5	30	13		千克	89			0	
29239000	-其他										
2923900011	矮壮素[101 矮壮素水剂(含量>30%)],[102 其他]	6.5	30	13		千克	S		16.5%	0	9,13
2923900012	菊胺酯[999]	6.5	30	13		千克	S		16.5%	0	9,13
2923900020	全氟辛酸的盐类和相关化合物(PFOA 类)[999]	6.5	30	13		千克	X		16.5%	0	
2923900090	其他季铵盐及季铵碱①	6.5	30	13		千克			16.5%	0	13
2924	**羧基酰胺基化合物；碳酸酰胺基化合物：**										
29241100	--甲丙氨酯(INN)										13
2924110000	甲丙氨酯(INN)[301 危险化学品，易燃液体]，[302 其他化工品]	6.5	30	13		千克	I			0	
29241200	--氟乙酰胺(ISO)、久效磷(ISO)及磷胺(ISO)										0
2924120010	氟乙酰胺(ISO)(氟乙酰胺别名敌蚜胺)[999]	6.5	30	13		千克	89			0	
2924120090	久效磷(ISO)及磷胺(ISO)[999]	6.5	30	13		千克				0	
29241910	---二甲基甲酰胺										13
2924191000	二甲基甲酰胺[999]	6.5	30	13		千克			11.5%	0	
29241990	---其他										
2924199012	百治磷[999]	6.5	30	13		千克	S		26.5%	0	0
2924199013	溴乙酰胺[999]	6.5	30	13		千克	S		26.5%	0	0
2924199014	霜霉威及其盐[999]	6.5	30	13		千克	S		26.5%	0	9,13
2924199015	叶枯炔[999]	6.5	30	13		千克	S		26.5%	0	0
2924199016	二丙烯草胺[101 草毒死颗粒剂(含量>35%)]，[102 草毒死(含量>35%)]	6.5	30	13		千克	S		26.5%	0	9,13
2924199018	驱蚊酯[999]	6.5	30	13		千克	S		26.5%	0	9,13
2924199030	甲丙氨酯的盐[999]	6.5	30	13		千克	I		26.5%	0	13
2924199040	丙烯酰胺[999]	6.5	30	13		千克			26.5%	0	13
2924199050	全氟辛酸的盐类和相关化合物(PFOA 类)[999]	6.5	30	13		千克	X		26.5%	0	
2924199090	其他无环酰胺(包括无环氨基甲酸酯)(包括其衍生物及其盐)②	6.5	30	13		千克			26.5%	0	13
29242100	--烷基脲及其衍生物以及它们的盐										
2924210010	氟环脲[999]	6.5	30	13		千克	S		31.5%	0	9,13
2924210020	绿麦隆[999]	6.5	30	13		千克	S		31.5%	0	13
2924210030	全氟辛酸的盐类和相关化合物(PFOA 类)[999]	6.5	30	13		千克	X		31.5%	0	
2924210090	其他烷基脲及其衍生物以及它们的盐[101 饲料添加剂]，[302 其他化工品]	6.5	30	13		千克			31.5%	0	13
29242300	--2-乙酰氨基苯甲酸(N-乙酰邻氨基苯甲酸)及其盐										13
2924230010	2-乙酰氨基苯甲酸、N-乙酰邻氨基苯酸(包括 N-乙酰邻氨基苯甲酸)[999]	6.5	30	13		千克	23			0	
2924230090	2-乙酰氨基苯甲酸的盐[999]	6.5	30	13		千克				0	
29242400	--炔己蚁胺(INN)										13
2924240000	炔己蚁胺(INN)[999]	6.5	30	13		千克	I			0	
29242500	--甲草胺(ISO)										
2924250000	甲草胺[999]	6.5	30	13		千克	S			0	9,13
29242910	---对乙酰氨基苯乙醚(非那西丁)										13
2924291000	对乙酰氨基苯乙醚(非那西丁)[999]	6	30	13		千克	Q			0	
29242920	---对乙酰氨基酚(扑热息痛)										13
2924292000	对乙酰氨基酚(扑热息痛)[999]	6	30	13		千克	Q		26%	0	
29242930	---阿斯巴甜										13
2924293000	阿斯巴甜[999]	6.5	30	13		千克			31.5%	0	
29242990	---其他										
2924299011	避蚊胺、灭锈胺、叶枯酞、水杨菌胺、氟丁酰草胺(包括苯酰菌胺)[999]	6.5	30	13		千克	S		31.5%	0	9,13
2924299012	萘草胺、新燕灵、非草隆、氯炔灵、苄草隆[301 危险化学品，杂项物质]，[302 其他化工品]	6.5	30	13		千克	S		31.5%	0	9,13
2924299013	燕麦灵、苄胺灵、特草灵、特胺灵、环丙酰亚胺[301 危险化学品，杂项物质]，[302 其他化工品]	6.5	30	13		千克	S		31.5%	0	9,13
2924299014	毒草胺、丁烯草胺、二氯己酰草胺[301 危险化学品，杂项物质]，[302 其他化工品]	6.5	30	13		千克	S		31.5%	0	9,13
2924299015	萘丙胺、牧草胺、溴丁酰草胺[999]	6.5	30	13		千克	S		31.5%	0	9,13
2924299016	氯甲酰草胺、麦草伏 M、麦草伏[999]	6.5	30	13		千克	S		31.5%	0	9,13

① [101 饲料添加剂]，[301 危险化学品，易燃液体]，[302 危险化学品，毒性物质]，[303 危险化学品，腐蚀性物质]，[304 其他化工品，不用作食品添加剂]，[305 其他化工品，用作食品添加剂]

② [101 饲料添加剂]，[301 危险化学品，爆炸品]，[302 危险化学品，毒性物质]，[303 危险化学品，腐蚀性物质]，[304 其他危险化学品]，[305 其他化工品]

协定税率(%)																		特惠税率(%)			
智利	新西兰	澳大利亚	瑞士	冰岛	秘鲁	哥斯达	东盟	亚太	新加坡	巴基斯坦	港/澳/台	韩国	格鲁吉亚	毛里求斯	柬埔寨	尼加拉瓜	日/韩/澳/新/东(RCEP)	亚太2国	老/柬/缅	LDC 98/97/95	Article Description
0	0	0	0	0	0	0	0			5	0/0/	0	0	0	0	0	4.7/4.6/4.6/4.6/4.6			0/0/0	-Didecyldimethylammonium perfluorooctane sulphonate
0	0	0	0	0	0	0	0			5	0/0/	0	0	0	0	0	4.7/4.6/4.6/4.6/4.6			0/0/0	-Other
																					Carboxyamide-function com-pounds; amidefunction compounds of carbonicac-id:
0	0	0	0	0	0	0	0			5	0/0/	0	0	0	0	0	4.7/0/0/0/0			0/0/0	--Meprobamate (INN)
0	0	0	0	0	0	0	0			5	0/0/	0	0	0	0	0	4.7/0/0/0/0			0/0/0	--Fluoroacetamide (ISO), monocrotophos (ISO) and phosphamidon (ISO)
0	0	0	0	0	0	0	0			5	0/0/0	0	0	0	0	0	0/0/0/0/0			0/0/0	---N,N-dimethylformamide
0	0	0	0	0	0	0	0			5	0/0/	2.1	0	0	0	0	5.3/4.6/4.6/4.6/4.6			0/0/0	---Other
0	0	0	0	0	0	0	0			5	0/0/	0	0	0	0	0	4.7/0/0/0/0			0/0/0	--Ureides and their derivatives; salts thereof
0	0	0		0	0	0	0			5	0/0/	0	0	0	0	0	4.7/0/0/0/0			0/0/0	--2-Acetamidobenzoic acid (N-acety-lanthranil-ic acid) and its salts
0	0	0	0	0	0	0	0			5	0/0/	0	0	0	0	0	4.7/0/0/0/0			0/0/0	--Ethinamate (INN)
0	0	0	0	0	0	0	0			0	0/0/	0	0	0	0	0	4.7/0/0/0/0			0/0/0	--Alachlor (ISO)
0	0	0	0	0	0	0	0	4.8		0	0/0/	0	0	0	0	0	0/0/0/0/0			0/0/0	---Phenacetin
0	0	0	0	0	0	0	0	4.8		0	0/0/	0	0	0	0	0	0/0/0/0/0			0/0/0	---p-Acetaminophenol (paracetanol)
0	0	0	0	0	0	0	0			0	0/0/	0	0	0	0	0	4.7/0/0/0/0			0/0/0	---Aspartame
0	0	0	0	0	0	0	0			0	0/0/	0	0	0	0	0	4.7/0/0/0/0			0/0/0	---Other

商品编号	商品名称及备注[检验检疫编码及名称]	进口关税(%)		增值税率(%)	消费税	计量单位	监管条件	检验检疫类别	对美税率	出口税率(%)	出口退税率(%)
		最惠国	普通								
2924299017	氯虫酰肼、异丙甲草胺、苯肽胺酸等(包括精异丙甲草胺、缬霉威)〔999〕	6.5	30	13		千克	S		31.5%	0	9,13
2924299018	灭害威〔999〕	6.5	30	13		千克	S		31.5%	0	9,13
2924299019	苯氧威〔999〕	6.5	30	13		千克	S		31.5%	0	9,13
2924299020	氟酰脲、环丙酰草胺、烯草胺〔999〕	6.5	30	13		千克	S		31.5%	0	9,13
2924299031	苯胺灵、苯霜灵、丙草胺、敌稗等(包括丙炔草胺、草不隆、草完隆、除虫脲、除幼脲)〔101 敌稗〕,〔102 敌稗乳剂(含量>25%)〕	6.5	30	13		千克	S		31.5%	0	9,13
2924299032	敌草胺、敌草隆、二甲苯草胺等(包括丁草胺、丁酰草胺、二甲草胺、氟苯脲、氟草隆)〔999〕	6.5	30	13		千克	S		31.5%	0	9,13
2924299033	庚酰草胺、环丙草胺、环酰草胺等(包括氟虫脲、氟铃脲、氟酰胺、氟蚁灵、氟幼脲)〔999〕	6.5	30	13		千克	S		31.5%	0	9,13
2924299034	甲氯酰草胺、甲霜灵、环草隆等(包括环莠隆、甲氧隆、克草胺、枯草隆)〔999〕	6.5	30	13		千克	S		31.5%	0	9,13
2924299035	甲基杀草隆、枯莠隆、邻酰胺等(包括氯苯胺灵、麦草氟甲酯、麦草氟异丙酯)〔999〕	6.5	30	13		千克	S		31.5%		9,13
2924299036	灭草隆、灭幼脲、炔苯酰草胺等(包括麦锈灵、棉胺宁、灭草灵、炔草隆、杀草胺)〔101 灭草灵〕,〔102 灭草灵乳剂〕	6.5	30	13		千克	S		31.5%	0	9,13
2924299037	虱螨脲、双苯酰草胺、双酰草胺等(包括杀草隆、杀铃脲、杀螺胺及其盐、莎稗磷)〔101 草乃敌(含量>55%)〕,〔102 草乃敌乳剂(含量>10%)〕	6.5	30	13		千克	S		31.5%	0	9,13
2924299038	甜菜安、特丁草胺、乙氧苯草胺等(包括甜菜宁、戊菌隆、酰草隆、乙草胺、乙霉威)〔301 危险化学品,杂项物质〕,〔302 其他化工品〕	6.5	30	13		千克	S		31.5%	0	9,13
2924299039	乙酰甲草胺、异丙隆、异草完隆等(包括异丙草胺、异丁草胺)〔999〕	6.5	30	13		千克	S		31.5%	0	9,13
2924299040	炔已蚁胺的盐〔999〕	6.5	30	13		千克	I		31.5%	0	13
2924299046	溴虫氟苯双酰胺〔999〕	6.5	30	13		千克	S		31.5%	0	13
2924299050	地恩丙胺及其盐〔999〕	6.5	30	13		千克	I		31.5%	0	13
2924299061	3-氧-2-苯基丁酰胺(CAS 号:4433-77-6)〔999〕	6.5	30	13		千克	23		31.5%	0	13
2924299062	缬菌胺〔999〕	6.5	30	13		千克	S		31.5%	0	13
2924299070	全氟辛酸的盐类和相关化合物(PFOA 类)〔999〕	6.5	30	13		千克	X		31.5%	0	
2924299091[暂0]	氟他胺〔999〕	6.5	30	3		千克			25%	0	13
2924299099	其他环酰胺(包括环氨基甲酸酯)(包括其衍生物以及它们的盐)①	6.5	30	13		千克			31.5%	0	13
2925	**羧基酰亚胺化合物(包括糖精及其盐)及亚胺基化合物:**										
29251100	--糖精及其盐										13
2925110000	糖精及其盐②	9	90	13		千克	A	R/	34%	0	
29251200	--格鲁米特(INN)										13
2925120000	格鲁米特(INN)〔999〕	6.5	30	13		千克	I			0	
29251900	--其他										
2925190010	格鲁米特的盐〔999〕	6.5	30	13		千克	I		11.5%	0	13
2925190021	腐霉利〔999〕	6.5	30	13		千克	S		11.5%	0	9,13
2925190022	菌核净、菌核利、甲菌利、乙菌利〔999〕	6.5	30	13		千克	S		11.5%	0	9,13
2925190023	氟烯草酸〔999〕	6.5	30	13		千克	S		11.5%	0	9,13
2925190024	胺菊酯(包括右旋胺菊酯、右旋反式胺菊酯、富右旋反式胺菊酯)〔999〕	6.5	30	13		千克	S		11.5%	0	9,13
2925190090	其他酰亚胺及其衍生物、盐〔301 其他危险化学品〕,〔302 其他化工品〕	6.5	30	13		千克			11.5%	0	13
29252100	--杀虫脒(ISO)										0
2925210000	杀虫脒(ISO)〔999〕	6.5	30	13		千克	89			0	
29252900	--其他										
2925290011	杀螨特、杀螨脒〔999〕	6.5	30	13		千克	S		31.5%	0	9,13
2925290012	单甲脒及其盐、伐虫脒、丙烷脒〔301 危险化学品,毒性物质〕,〔302 其他化工品〕	6.5	30	13		千克	S		31.5%	0	9,13
2925290013	烯肟菌胺、烯肟菌酯、醚菌酯〔999〕	6.5	30	13		千克	S		31.5%	0	9,13
2925290014	双胍辛胺、多果定、双胍辛胺乙酸盐等(包括双胍三辛烷基苯磺酸盐)〔999〕	6.5	30	13		千克	S		31.5%	0	9,13
2925290015	禾草灭、氟草醚、增产肟〔999〕	6.5	30	13		千克	S		31.5%	0	9,13
2925290016	氯代水杨胺、双胍辛乙酸盐、顺己烯醇〔999〕	6.5	30	13		千克	S		31.5%	0	9,13
2925290020	羟亚胺及其盐〔999〕	6.5	30	13		千克	23		31.5%	0	13
2925290030	双甲脒〔999〕	6.5	30	13		千克	S		31.5%	0	9,13
2925290090	其他亚胺及其衍生物以及它们的盐〔301 危险化学品,氧化性物质〕,〔302 危险化学品,毒性物质〕,〔303 其他化工品〕	6.5	30	13		千克			31.5%	0	13
2926	**腈基化合物:**										
29261000	-丙烯腈										13
2926100000[暂3]	丙烯腈(2-丙烯腈、乙烯基氰)〔999〕	6.5	30	13		千克			31.5%	0	
29262000	-1-氰基胍(双氰胺)										13
2926200000	1-氰基胍(双氰胺)〔999〕	6.5	30	13		千克			16.5%	0	

① 〔301 危险化学品,易燃固体〕,〔302 危险化学品,毒性物质〕,〔303 其他危险化学品〕,〔304 其他化工品〕
② 〔101 饲料添加剂〕,〔102 糖精钠(无检疫要求食品添加剂)〕,〔103 需申报仅用于工业用途不用于食品添加剂无检疫要求的化学品〕

协定税率(%)																		特惠税率(%)			Article Description
智利	新西兰	澳大利亚	瑞士	冰岛	秘鲁	哥斯达	东盟	亚太	新加坡	巴基斯坦	港/澳/台	韩国	格鲁吉亚	毛里求斯	柬埔寨	尼加拉瓜	日/韩/澳/新/东 (RCEP)	亚太2国	老/柬/缅	LDC 98/97/95	
																					Carboxyimide-function com-pounds (including saccharin and its salts) and imine-function compounds:
0	0	0	0	0	0	0	0			0	0/0/	0		0	0	8.1	6.5/6.3/0/0/0			0/0/0	--Saccharin and its salts
0	0	0	0	0	0	0	0			5	0/0/	0	0	0	0	0	4.7/0/0/0/0			0/0/0	--Glutethimide (INN)
0	0	0	2.6	0	0	0	0			5	0/0/	0	0	0	0	0	4.7/0/0/0/0			0/0/0	--Other
0	0	0	0	0	0	0	0			5	0/0/	0	0	0	0	0	4.7/0/0/0/0			0/0/0	--Chlordimeform (ISO)
0	0	0	0	0	0	0	0			5	0/0/	0	0	0	0	0	4.7/0/0/0/0			0/0/0	--Other
																					Nitrile-function compounds:
0	0	0	0	0	0	0	5				0/0/			0	0	0	//5/5/5			0/0/0	-Acrylonitrile
0	0	0	0	0	0	0	0			5	0/0/	0	0	0	0	0	4.7/4.6/0/0/0			0/0/0	-1-cyanoguanidine (dicyandiamide)

商品编号	商品名称及备注[检验检疫编码及名称]	进口关税(%) 最惠国	进口关税(%) 普通	增值税率(%)	消费税	计量单位	监管条件	检验检疫类别	对美税率	出口税率(%)	出口退税率(%)
29263000	-芬普雷司(INN)及其盐;美沙酮(INN)中间体(4-氰基-2-二甲氨基-4,4-二苯基丁烷)										13
2926300010	美沙酮中间体(4-氰基-2-二甲氨基-4,4-二苯基丁烷)〔999〕	6.5	30	13		千克	I			0	
2926300020	芬普雷司及其盐〔999〕	6.5	30	13		千克	I			0	
29264000	-α-苯基乙酰基乙腈										13
2926400000	α-苯基乙酰基乙腈〔999〕	6.5	30	13		千克				0	
29269010	---对氯氰苄										13
2926901000	对氯氰苄〔999〕	4	11	13		千克				0	
29269020	---间苯二甲腈										13
2926902000	间苯二甲腈〔999〕	6.5	30	13		千克				0	
29269090	---其他										
2926909010	甲氰菊酯、S-氰戊菊酯、氯氟氰菊酯(包括氰氟虫腙)〔999〕	6.5	30	13		千克	S		11.5%	0	9,13
2926909020[暂1]	己二腈〔999〕	6.5	30	13		千克			6%	0	13
2926909031	氯氰菊酯、氟氯氰菊酯等(包括高效氯氰菊酯、高效反式氯氰菊酯、高效氟氯氰菊酯)〔301 危险化学品,毒性物质〕,〔302 其他化工品〕	6.5	30	13		千克	S		11.5%	0	9,13
2926909032	杀螟腈、甲基辛硫磷等(包括敌草腈、碘苯腈、辛酰碘苯腈、溴苯腈、辛酰溴苯腈)〔301 危险化学品,毒性物质〕,〔302 其他化工品〕	6.5	30	13		千克	S		11.5%	0	9,13
2926909033	氯辛硫磷、戊氰威、苯醚氰菊酯等(包括稻瘟酰胺、丙螨氰、右旋苯醚氰菊酯)〔999〕	6.5	30	13		千克	S		11.5%	0	9,13
2926909034	戊烯氰氯菊酯、溴氯氰菊酯(包括高效氯氟氰菊酯、精高效氯氟氰菊酯)〔999〕	6.5	30	13		千克	S		11.5%	0	9,13
2926909035	溴氰菊酯、四溴菊酯、氟丙菊酯〔999〕	6.5	30	13		千克	S		11.5%		9,13
2926909036	氟氯苯菊酯、氰戊菊酯、乙氰菊酯〔999〕	6.5	30	13		千克	S		11.5%	0	9,13
2926909037	氟氰戊菊酯、溴氟菊酯、溴灭菊酯〔999〕	6.5	30	13		千克	S		11.5%	0	9,13
2926909038	氰菌胺、百菌清、霜脲氰、溴菌腈〔999〕	6.5	30	13		千克	S		11.5%	0	9,13
2926909039	氟胺氰菊酯、氰氟草酯(包括富右旋反式苯氰菊酯)〔999〕	6.5	30	13		千克	S		11.5%	0	9,13
2926909041	氰烯菌酯〔999〕	6.5	30	13		千克	S		11.5%	0	13
2926909050	辛硫磷〔999〕	6.5	30	13		千克	S		11.5%	0	13
2926909060	丁氟螨酯〔999〕	6.5	30	13		千克	S		11.5%	0	13
2926909070	3-氧-2-苯基丁腈〔999〕	6.5	30	13		千克	23		11.5%	0	13
2926909081	苯乙腈(CAS 号:140-29-4)〔999〕	6.5	30	13		千克	23		11.5%	0	13
2926909082	(2S)-3-(4-S-氯-3-氟苯氧基)-N-[4-乙炔基-3-(三氟甲基)苯基]-2-羟基-2-里基丙酰胺(CAS 号:1010396-29-8)〔999〕	6.5	30	13		千克	L		11.5%	0	13
2926909090	其他腈基化合物①	6.5	30	13		千克			11.5%	0	13
2927	**重氮化合物、偶氮化合物及氧化偶氮化合物:**										
29270000	重氮化合物、偶氮化合物及氧化偶氮化合物										
2927000010	敌磺钠(包括氧化偶氮化合物)〔999〕	6.5	30	13		千克	S		31.5%	0	9,13
2927000090	其他重氮化合物、偶氮化合物等(包括氧化偶氮化合物)②	6.5	30	13		千克			31.5%	0	13
2928	**肼(联氨)及胲(羟胺)的有机衍生物:**										
29280000	肼(联氨)及胲(羟胺)的有机衍生物										
2928000010	偏二甲肼〔999〕	6.5	20	13		千克	3		26.5%	0	13
2928000020	甲基肼〔999〕	6.5	20	13		千克	3A	M/	26.5%	0	13
2928000031	抑食肼、虫酰肼、丁酰肼、联苯肼酯(包括肟菌酯、苯氧菌胺)〔999〕	6.5	20	13		千克	S		26.5%	0	9,13
2928000032	绿谷隆、溴谷隆、利谷隆、氯溴隆〔999〕	6.5	20	13		千克	S		26.5%	0	9,13
2928000033	溴酚肟、乙二肟〔999〕	6.5	20	13		千克	S		26.5%	0	9,13
2928000034	苯螨特〔999〕	6.5	20	13		千克	S		26.5%	0	9,13
2928000035	醌肟腙〔999〕	6.5	20	13		千克	S		26.5%		9,13
2928000036	三甲苯草酮〔999〕	6.5	20	13		千克	S		26.5%	0	9,13
2928000037	环氟菌胺〔999〕	6.5	20	13		千克	S		26.5%	0	13
2928000090	其他肼(联氨)及胲(羟胺)的有机衍生物③	6.5	20	13		千克			26.5%	0	13
2929	**其他含氮基化合物:**										
29291010	---2,4-和 2,6-甲苯二异氰酸酯混合物(甲苯二异氰酸酯 TDI)										13
2929101000	甲苯二异氰酸酯(TDI)〔999〕	6.5	30	13		千克	AB	M/N	31.5%	0	
29291020	---二甲苯二异氰酸酯(TODI)										13
2929102000	二甲苯二异氰酸酯(TODI)〔999〕	6.5	30	13		千克				0	
29291030	---二苯基甲烷二异氰酸酯(纯 MDI)										13

① 〔301 危险化学品,易燃液体〕,〔302 危险化学品,毒性物质〕,〔303 危险化学品,腐蚀性物质〕,〔304 其他危险化学品〕,〔305 其他化工品〕
② 〔301 危险化学品,爆炸品〕,〔302 危险化学品,气体〕,〔303 危险化学品,易燃液体〕,〔304 危险化学品,易燃固体〕,〔305 其他危险化学品〕,〔306 其他化工品〕
③ 〔301 危险化学品,爆炸品〕,〔302 危险化学品,易燃液体〕,〔303 危险化学品,易燃固体〕,〔304 危险化学品,毒性物质〕,〔305 危险化学品,杂项物质〕,〔306 其他危险化学品〕,〔307 其他化工品〕

协定税率(%)																		特惠税率(%)			Article Description
智利	新西兰	澳大利亚	瑞士	冰岛	秘鲁	哥斯达	东盟	亚太	新加坡	巴基斯坦	港/澳/台	韩国	格鲁吉亚	毛里求斯	柬埔寨	尼加拉瓜	日/韩/澳/新/东(RCEP)	亚太2国	老/柬/缅	LDC 98/97/95	
0	0	0	0	0	0	0	0			5	0/0/	0	0	0	0	0	4.7/0/0/0/0			0/0/0	-Fenproporex (INN) and its salts; methadone (INN) intermediate (4-cyano-2-dimethylamino-4,4-diphenylbutane)
0	0	0	0	0	0	0	0			0	0/0/	0	0	0	0	0	4.7/4.6/4.6/4.6/4.6			0/0/0	-alpha-Phenylacetoacetonitrile
0	0	0	0	0	0	0	0			0	0/0/	0	0	0	0	0	0/0/0/0/0			0/0/0	---p-Chlorobenzyl cyanide
0	0	0	0	0	0	0	0	5.2		5	0/0/	0	0	0	0	0	4.7/0/0/0/0			0/0/0	---m-Phthalonitrile
0	0	0	0	0	0	0	0			0	0/0/	0	0	0	0	0	4.7/4.6/4.6/4.6/4.6			0/0/0	---Other
																					Diazo-, azo-or azoxy-compounds:
0	0	0	0	0	0	0	0			5	0/0/	0	0	0	0	0	4.7/0/0/0/0			0/0/0	Diazo-, azo-or azoxy-compounds
																					Organic derivatives of hydrazine or of hydroxylamine:
0	0	0	0	0	0	0	0			5	0/0/	0	0	0	0	0	4.7/4.6/0/0/0			0/0/0	Organic derivatives of hydrazine or of hydroxylamine
																					Compounds with other nitrogen function:
0	0	0	0	0	0	0	0			0	0/0/0	2.1	0	0	0	0	5.3/4.6/4.6/4.6/4.6			0/0/0	---Toluene diisocyanate
0	0	0		0	0	0	0			5	0/0/	0	0	0	0	0	4.7/0/0/0/0			0/0/0	---o-Xylene diisocyanate
0	0	0	0	0	0	0	0			0	0/0/		0	0	0	0	//5/5/5			0/0/0	---Diphenylmethane diisocyanate

商品编号	商品名称及备注［检验检疫编码及名称］	进口关税(%)		增值税率(%)	消费税	计量单位	监管条件	检验检疫类别	对美税率	出口税率(%)	出口退税率(%)
		最惠国	普通								
2929103000	二苯基甲烷二异氰酸酯(纯 MDI)〔301 危险化学品〕,〔302 其他化工品,含 MDI 的混合物〕	6.5	30	13		千克			31.5%	0	
29291040	---六亚甲基二异氰酸酯										13
2929104000	六亚基甲烷二异氰酸酯〔999〕	6.5	30	13		千克				0	
29291090	---其他										13
2929109000	其他异氰酸酯①	6.5	30	13		千克			16.5%	0	
29299010	---环己基氨基磺酸钠(甜蜜素)										13
2929901000	环己基氨基磺酸钠(甜蜜素)②	9	90	13		千克	A	R/		0	
29299020	---二烷(甲、乙、正丙或异丙)氨基膦酰二卤										13
2929902000	二烷氨基膦酰二卤(其中烷基指甲、乙、正丙或异丙基)〔999〕	6.5	30	13		千克	23			0	
29299030	---二烷(甲、乙、正丙或异丙)氨基膦酸二烷(甲、乙、正丙或异丙)酯										13
2929903000	二烷氨基膦酸二烷酯(其中烷基指甲、乙、正丙或异丙基)〔999〕	6.5	30	13		千克	23			0	
29299040	---乙酰甲胺磷										
2929904000	乙酰甲胺磷〔999〕	6.5	30	13		千克	S			0	9,13
29299090	---其他										
2929909011	胺丙畏、胺草磷、抑草磷,丁苯草酮等(包括甲基胺草磷)〔999〕	6.5	30	13		千克	S		26.5%	0	9,13
2929909012	异柳磷、甲基异柳磷、丙胺氟磷等〔301 危险化学品,毒性物质〕,〔302 其他危险化学品〕,〔303 其他化工品〕	6.5	30	13		千克	S		26.5%	0	0
2929909013	八甲磷、育畜磷、甘氨硫磷等(包括甲氟磷、毒鼠磷、水胺硫磷)〔301 危险化学品,毒性物质〕,〔302 其他化工品〕	6.5	30	13		千克	S		26.5%	0	9,13
2929909014	N-{1-[二烷基(少于或等于 10 个碳原子的碳链,包括环烷)胺基]亚烷基(氢、少于或等于 10 个碳原子的碳链,包括环烷)}-P-氟膦酰胺和相应的烷基化盐或质子化盐〔999〕	6.5	30	13		千克	23		26.5%	0	13
2929909015	N-[1-二烷基(少于或等于 10 个碳原子的碳链,包括环烷)胺基]亚烷基(氢、少于或等于 10 个碳原子的碳链,包括环烷)胺基氟磷酸烷(氢、少于或等于 10 个碳原子的碳链,包括环烷)酯和相应的烷基化盐或质子化盐〔999〕	6.5	30	13		千克	23		26.5%	0	13
2929909020	全氟辛酸的盐类和相关化合物(PFOA 类)〔999〕	6.5	30	13		千克	X		26.5%	0	
2929909090	其他含氮基化合物③	6.5	30	13		千克			26.5%	0	13
2930	**有机硫化合物:**										
29301000	-2-(N,N-二甲基氨基)乙硫醇										13
2930100000	2-(N,N-二甲基氨基)乙硫醇〔999〕	6.5	30	13		千克			11.5%	0	
29302000	-硫代氨基甲酸盐(或酯)及二硫代氨基甲酸盐										
2930200011	禾草丹、杀螟丹〔101 巴丹〕,〔102 杀草丹颗粒剂〕,〔103 杀草丹〕	6.5	30	13		千克	S		11.5%	0	9,13
2930200012	威百亩、代森钠、丙森锌、福美铁等(包括福美锌、代森福美锌、安百亩)〔301 危险化学品,毒性物质〕,〔302 危险化学品,杂项物质〕,〔303 其他化工品〕	6.5	30	13		千克	S		11.5%	0	9,13
2930200013	燕麦敌、野麦畏、硫草敌〔301 其他化工产品〕	6.5	30	13		千克	S		11.5%	0	9,13
2930200014	苄草丹、戊草丹、坪草丹、仲草丹〔999〕	6.5	30	13		千克	S		11.5%	0	9,13
2930200015	丁草敌、克草敌、茵草敌、灭草敌等(包括环草敌)〔999〕	6.5	30	13		千克	S		11.5%	0	9,13
2930200016	硫菌威、菜草畏〔301 危险化学品,杂项物质〕,〔302 其他化工品〕	6.5	30	13		千克	S		11.5%	0	9,13
2930200090	其他硫代氨基甲酸盐(或酯)(包括二硫代氨基甲酸盐)〔101 草克死颗粒剂〕	6.5	30	13		千克			11.5%	0	13
29303000	-一硫化二烃氨基硫羰、二硫化二烃氨基硫羰及四硫化二烃氨基硫羰										
2930300010	福美双〔999〕	6.5	30	13		千克	S		26.5%	0	9,13
2930300090	其他一硫化二烃氨基硫羰等(包括二硫化二烃氨基硫羰及四硫化二烃氨基硫羰)〔999〕	6.5	30	13		千克			26.5%	0	13
29304000	-甲硫氨酸(蛋氨酸)										13
2930400000暂5	甲硫氨酸(蛋氨酸)〔101 饲料添加剂〕	6.5	30	13		千克	A	M.P/	31.5%	0	
29306000	-2-(N,N-二乙基氨基)乙硫醇										13
2930600000	2-(N,N-二乙基氨基)乙硫醇〔999〕	6.5	30	13		千克	23			0	
29307000	-二(2-羟乙基)硫醚[硫二甘醇(INN)]										13
2930700000	硫二甘醇[二(2-羟乙基)硫醚、硫代双乙醇]〔999〕	6.5	30	13		千克	23			0	
29308000	-涕灭威(ISO)、敌菌丹(ISO)及甲胺磷(ISO)										0
2930800010	甲胺磷(ISO)〔999〕	6.5	30	13		千克				0	
2930800020	敌菌丹(ISO)〔999〕	6.5	30	13		千克	S			0	
2930800030	涕灭威(ISO)〔999〕	6.5	30	13		千克	S			0	
29309010	---双巯丙氨酸(胱氨酸)										13
2930901000	双巯丙氨酸(胱氨酸)〔101 饲料添加剂〕	6.5	30	13		千克	A	M.P/	31.5%	0	

① 〔301 危险化学品,不用作食品添加剂〕,〔302 其他危险化学品〕,〔303 其他化工品,不用作食品添加剂〕,〔304 其他化工品,用作食品添加剂〕,〔305 危险化学品,用作食品添加剂〕

② 〔301 环己基氨基磺酸钙(无检疫要求食品添加剂)〕,〔302 环己基氨基磺酸钠,环己基氨基磺酸钙(甜蜜素)(无检疫要求食品添加剂)〕,〔303 需申报仅用于工业用途不用于食品添加剂无检疫要求的化学品〕

③ 〔301 危险化学品,爆炸品〕,〔302 危险化学品,毒性物质〕,〔303 危险化学品,杂项物质〕,〔304 其他化工品〕

协定税率(%)																		特惠税率(%)			Article Description
智利	新西兰	澳大利亚	瑞士	冰岛	秘鲁	哥斯达	东盟	亚太	新加坡	巴基斯坦	港/澳/台	韩国	格鲁吉亚	毛里求斯	柬埔寨	尼加拉瓜	日/韩/澳/新/东(RCEP)	亚太2国	老/柬/缅	LDC 98/97/95	
0	0	0	0	0	0	0	0			5	0/0/	0	0	0	0	0	5.3/4.6/4.6/4.6/4.6			0/0/0	---Hexamethelene diisocyanate
0	0	0	0	0	0	0	0			0	0/0/	0	0	0	0	0	4.7/4.6/4.6/4.6/4.6			0/0/0	---Other
0	0	0	0	0	0	0	0	7.2		0	0/0/	0	0	0	0	8.1	6.5/0/0/0/0			0/0/0	---Sodium cyclamate
0	0	0	0	0	0	0	0	5.2		5	0/0/	0	0	0	0	0	4.7/0/0/0/0			0/0/0	---N,N-Dialkyl (Me, Et, n-Pr or i-Pr) phosphoramidic dihalides
0	0	0	0	0	0	0	0	5.2		5	0/0/	0	0	0	0	0	4.7/0/0/0/0			0/0/0	---Dialkyl (Me, Et, n-Pr or i-Pr) N, N-dialkyl (Me, Et, n-Pr or i-Pr) -phosphoramidates
0	0	0	0	0	0	0	0			5	0/0/	0	0	0	0	0	4.7/0/0/0/0			0/0/0	---Acephate
0	0	0	0	0	0	0	0			5	0/0/	2.1	0	0	0	0	5.3/4.6/4.6/4.6/4.6			0/0/0	---Other
																					Organo-sulphur compounds:
0	0	0	0	0	0	0	0			5	0/0/	0	0	0	0	0	4.7/0/0/0/0			0/0/0	-2-(N,N-Dimethylamino) ethanethiol
0	0	0	0	0	0	0	0			5	0/0/	0	0	0	0	0	4.7/0/0/0/0			0/0/0	-Thiocarbamates and dithiocarbamates
0	0	0	0	0	0	0	0			5	0/0/	0	0	0	0	0	4.7/0/0/0/0			0/0/0	-Thiuram mono-, di-or tetrasulphide
0	0	0	0	0	0	0	0			0	0/0/	0	0	0	0	0	4.7/0/0/0/0			0/0/0	-Methionine
0	0	0	0	0	0	0	0			5	0/0/	0	0	0	0	0	4.7/0/0/0/0			0/0/0	-2-(N,N-Diethylamino) ethanethiol
0	0	0	0	0	0	0	0			5	0/0/	0	0	0	0	0	4.7/0/0/0/0			0/0/0	-Bis (2-hydroxyethyl) sulfide (thiodiglycol (INN))
0	0	0	0	0	0	0	0			5	0/0/	0	0	0	0	0	4.7/0/0/0/0			0/0/0	-Aldicarb (ISO), captafol (ISO) and methamidophos (ISO)
0	0	0	0	0	0	0	0			5	0/0/	0	0	0	0	0	4.7/0/0/0/0			0/0/0	---Cystine

商品编号	商品名称及备注[检验检疫编码及名称]	进口关税(%) 最惠国	进口关税(%) 普通	增值税率(%)	消费税	计量单位	监管条件	检验检疫类别	对美税率	出口税率(%)	出口退税率(%)
29309020	---二硫代碳酸酯(或盐)[黄原酸酯(或盐)]										13
2930902000	二硫代碳酸酯(或盐)[黄原酸酯(或盐)]〔301 危险化学品,易于自燃的物质〕,〔302 其他化工品〕	6.5	30	13		千克			31.5%	0	
29309090	---其他										
2930909011	烯禾啶、双环磺草酮、氟虫酰胺、氟苯虫酰胺〔999〕	6.5	30	13		千克	S		11.5%	0	9,13
2930909013	2-氯乙基氯甲基硫醚〔999〕	6.5	30	13		千克	32		11.5%	0	13
2930909014	二(2-氯乙基)硫醚(即芥子气)〔999〕	6.5	30	13		千克	32		11.5%	0	13
2930909015	二(2-氯乙硫基)甲烷〔999〕	6.5	30	13		千克	32		11.5%	0	13
2930909016	1,2-二(2-氯乙硫基)乙烷(即倍半芥子气)〔999〕	6.5	30	13		千克	32		11.5%	0	13
2930909017	1,3-二(2-氯乙硫基)正丙烷〔999〕	6.5	30	13		千克	32		11.5%	0	13
2930909018	1,4-二(2-氯乙硫基)正丁烷〔999〕	6.5	30	13		千克	32		11.5%	0	13
2930909019	1,5-二(2-氯乙硫基)正戊烷〔999〕	6.5	30	13		千克	32		11.5%	0	13
2930909021	二(2-氯乙硫基甲基)醚〔999〕	6.5	30	13		千克	32		11.5%	0	13
2930909022	二(2-氯乙硫基乙基)醚(即氧芥气)〔999〕	6.5	30	13		千克	32		11.5%	0	13
2930909023	胺吸膦(硫代膦酸二乙基-S-2-二乙氨基乙酯及烷基化或质子化盐)〔999〕	6.5	30	13		千克	23		11.5%	0	13
2930909024	烷基氨基乙-2-硫醇及相应质子盐〔999〕	6.5	30	13		千克	23		11.5%	0	13
2930909026	烷基硫代膦酸烷 S-2-二烷氨基乙酯(包括相应烷基化盐、质子化盐、烷基指甲、乙、正丙、异丙基)〔999〕	6.5	30	13		千克	23		11.5%	0	13
2930909027	含一磷原子与甲、乙、丙基结合化合物(不包括地虫磷)〔999〕	6.5	30	13		千克	23		11.5%	0	13
2930909028	内吸磷〔999〕	6.5	30	13		千克			11.5%	0	13
2930909031	4-甲基硫基安非他明〔999〕	6.5	30	13		千克	I		11.5%	0	13
2930909032	莫达非尼〔999〕	6.5	30	13		千克	I		11.5%	0	13
2930909051	甲基硫菌灵、硫菌灵、苯螨醚等(包括乙蒜素、敌灭生、丁酮威、丁酮砜威、棉铃威)〔999〕	6.5	30	13		千克	S		11.5%	0	9,13
2930909052	灭多威、乙硫苯威等(包括杀线威、甲硫威、多杀威、涕灭砜威、硫双威)〔301 危险化学品,毒性物质〕,〔302 其他化工品〕	6.5	30	13		千克	S		11.5%	0	0
2930909053	丁醚脲、久效威、苯硫威等(包括敌螨特、2 甲 4 氯乙硫酯)〔301 危险化学品,毒性物质〕,〔302 其他化工品〕	6.5	30	13		千克	S		11.5%	0	9,13
2930909054	杀虫双、杀虫单、灭虫脲等(包括避虫醇、烯虫硫酯、三氯杀螨砜、杀螨醚、杀螨酯)〔101 一氯杀螨砜〕,〔102 杀螨酯〕,〔103 一氯杀螨砜乳剂〕,〔104 杀螨酯乳剂〕	6.5	30	13		千克	S		11.5%	0	9,13
2930909055	代森锌、代森锰、代森锰锌等(包括福美胂、福美甲胂、代森铵、代森联)〔301 危险化学品,易于自燃的物质〕,〔302 其他化工品〕	6.5	30	13		千克	S		11.5%	0	9,13
2930909056	烯草酮、磺草酮、嗪草酸甲酯、硝磺草酮等(包括苯氟磺胺、甲磺乐灵、氯硫酰草胺、脱叶磷)〔301 危险化学品,毒性物质〕,〔302 危险化学品,杂项物质〕,〔303 其他化工品〕	6.5	30	13		千克	S		11.5%	0	9,13
2930909057	灭菌丹、克菌丹、杀螨硫醚等(包括氟杀螨、硫肟醚、莠不生)〔999〕	6.5	30	13		千克	S		11.5%	0	9,13
2930909058	稻瘟净、异稻瘟净、稻丰散等(包括敌瘟磷)〔301 危险化学品,毒性物质〕,〔302 其他化工品〕	6.5	30	13		千克	S		11.5%	0	9,13
2930909059	安妥、灭鼠特、二硫氰基甲烷等(包括灭鼠肼、氟硫隆)〔301 危险化学品,毒性物质〕,〔302 其他化工品〕	6.5	30	13		千克	S		11.5%	0	9,13
2930909061	马拉硫磷、苏硫磷、赛硫磷等(包括丙虫磷、双硫磷、亚砜磷、异亚砜磷)〔301 危险化学品,杂项物质〕,〔302 其他化工品〕	6.5	30	13		千克	S		11.5%	0	9,13
2930909062	丙溴磷、田乐磷、特丁硫磷等(包括硫丙磷、地虫硫膦、乙硫磷、丙硫磷、甲基乙拌磷)〔301 危险化学品,毒性物质〕,〔302 其他化工品〕	6.5	30	13		千克	S		11.5%	0	9,13
2930909063	乐果、益硫磷、氧乐果等(包括甲拌磷、乙拌磷、虫螨磷、果虫磷)〔301 危险化学品,毒性物质〕,〔302 其他化工品〕	6.5	30	13		千克	S		11.5%	0	9,13
2930909064	氯胺磷、家蝇磷、灭蚜磷等(包括安硫磷、四甲磷、丁苯硫磷、苯线磷、蚜灭磷)〔301 危险化学品,毒性物质〕,〔302 其他化工品〕	6.5	30	13		千克	S		11.5%	0	9,13
2930909065	硫线磷、氯甲硫磷、杀虫磺等(包括砜吸磷、砜拌磷、异拌磷、三硫磷、芬硫磷)〔301 危险化学品,毒性物质〕,〔302 其他化工品〕	6.5	30	13		千克	S		11.5%	0	9,13
2930909066	倍硫磷、甲基内吸磷、乙酯磷等(包括丰索磷、内吸磷、发硫磷)〔301 危险化学品,毒性物质〕,〔302 其他化工品〕	6.5	30	13		千克	S		11.5%	0	9,13
2930909067	灭线磷〔999〕	6.5	30	13		千克	S		11.5%	0	9,13
2930909068[暂0]	青霉胺〔999〕	6.5	30	3		千克			5%	0	13
2930909091	DL-羟基蛋氨酸〔101 饲料添加剂〕,〔102 化工产品〕	6.5	30	13		千克	A	M.P/	11.5%	0	13
2930909092[暂0]	比卡鲁胺〔999〕	6.5	30	3		千克			5%	0	13
2930909093	全氟己基磺酸及其盐类和其相关化合物[有机硫化合物(《禁止进口货物目录(第八批)》所列商品)]〔999〕	6.5	30	13		千克	89		11.5%	0	
2930909094	全氟辛酸的盐类和相关化合物(PFOA 类)〔999〕	6.5	30	13		千克	X		11.5%	0	
2930909099	其他有机硫化合物①	6.5	30	13		千克			11.5%	0	13
2931	**其他有机-无机化合物:**										
29311000	-四甲基铅及四乙基铅										13

① 〔301 危险化学品,爆炸品〕,〔302 危险化学品,气体〕,〔303 危险化学品,易燃液体〕,〔304 危险化学品,毒性物质〕,〔305 危险化学品,腐蚀性物质〕,〔306 危险化学品,杂项物质〕,〔307 其他危险化学品〕,〔308 其他化工品,不用作食品添加剂〕,〔309 其他化工品,用作食品添加剂〕,〔310 危险化学品,用作食品添加剂〕

协定税率(%)																		特惠税率(%)			Article Description
智利	新西兰	澳大利亚	瑞士	冰岛	秘鲁	哥斯达	东盟	亚太	新加坡	巴基斯坦	港/澳/台	韩国	格鲁吉亚	毛里求斯	柬埔寨	尼加拉瓜	日/韩/澳/新/东 (RCEP)	亚太2国	老/柬/缅	LDC 98/97/95	
0	0	0	0	0	0	0	0			5	0/0/	0	0	0	0	0	4.7/0/0/0/0			0/0/0	---Dithiocarbonates (xanthates)
0	0	0	0	0	0	0	0			5	0/0/	0	0	0	0	0	4.7/0/0/0/0			0/0/0	---Other
																					Other organo-inorganic compounds:
0	0	0	0	0	0	0	0			5	0/0/	0	0	0	0	0	4.7/0/0/0/0			0/0/0	-Tetramethyl lead and tetraethyl lead

商品编号	商品名称及备注[检验检疫编码及名称]	进口关税(%)		增值税率(%)	消费税	计量单位	监管条件	检验检疫类别	对美税率	出口税率(%)	出口退税率(%)
		最惠国	普通								
2931100000	四甲基铅及四乙基铅〔999〕	6.5	30	13		千克	ABX	M/N		0	
29312000	-三丁基锡化合物										0
2931200000	三丁基锡化合物〔301 危险化学品,毒性物质〕,〔302 其他化工品〕	6.5	30	13		千克	X			0	
29314100	--甲基膦酸二甲酯										13
2931410000	甲基膦酸二甲酯〔999〕	6.5	30	13		千克	23			0	
29314200	--丙基膦酸二甲酯										13
2931420000	丙基膦酸二甲酯〔999〕	6.5	30	13		千克	AB	M. R/N. S		0	
29314300	--乙基膦酸二乙酯										13
2931430000	乙基膦酸二乙酯〔999〕	6.5	30	13		千克	23			0	
29314400	--甲基膦酸										
2931440000	甲基膦酸〔999〕	6.5	30	13		千克	23		31.5%	0	9,13
29314500	--甲基膦酸和脒基尿素(1∶1)生成的盐										13
2931450000	甲基膦酸和脒基尿素(1∶1)生成的盐〔999〕	6.5	30	13		千克	23AB	M. R/N. S		0	
29314600	--1-丙基磷酸环酐										13
2931460000	1-丙基磷酸环酐〔301 危险化学品,易燃液体〕,〔302 其他化工品〕	6.5	30	13		千克	23AB	M. R/N. S		0	
29314700	--(5-乙基-2-甲基-2-氧代-1,3,2-二氧磷杂环己-5-基)甲基膦酸二甲酯										13
2931470000	(5-乙基-2-甲基-2-氧代-1,3,2-二氧磷杂环己-5-基)甲基膦酸二甲酯(CAS 号:41203-81-0)〔999〕	6.5	30	13		千克	23			0	
29314800	--3,9-二甲基-2,4,8,10-四氧杂-3,9-二磷杂螺[5,5]十一烷-3,9 二氧化物										13
2931480000	3,9-二甲基-2,4,8,10-四氧杂-3,9-二磷杂螺[5,5]十一烷-3,9 二氧化物〔999〕	6.5	30	13		千克	AB	M. R/N. S	31.5%	0	
29314910	---双甘膦										0
2931491000	双甘膦〔999〕	6.5	30	13		千克	AB	R/S		0	
29314990	---其他										
2931499010	烷基亚膦酰烷基-2-二烷氨基乙酯(包括相应烷基化盐或质子化盐),二烷氨基氰膦酸烷酯 10 碳原子以下(烷基指甲,乙,正丙,异丙基,例如塔崩)〔999〕	6.5	30	13		千克	23			0	13
2931499020	丙基膦酸,甲基膦酸二聚乙二醇酯(CAS 号:294675-51-7),甲基膦酸二[5-(5-乙基-2-甲基-2-氧代-1,3,2-二氧磷杂环己基)甲基]酯(CAS 号:42595-45-9)〔999〕	6.5	30	13		千克	23			0	9,13
2931499030	草甘膦及其盐、草铵膦、精草铵膦、草硫膦、杀木膦、双丙氨膦、增甘膦、苯硫膦、苯腈膦〔301 危险化学品,毒性物质〕,〔302 其他化工品〕	6.5	30	13		千克	S			0	0,9,13
2931499040	双[(5-乙基-2-甲基-2-氧代-1,3,2-二氧磷杂环己-5-基)甲基]甲基膦酸酯(阻燃剂 FRC-1)(CAS 号:42595-45-9)〔999〕	6.5	30	13		千克	AB	M. R/N. S		0	13
2931499050	3-(三羟基硅烷基)丙基甲基膦酸钠〔999〕	6.5	30	13		千克	AB	M. R/N. S		0	13
2931499090	其他非卤化有机磷衍生物①	6.5	30	13		千克	AB	M. R/N. S		0	9,13
29315100	--甲基膦酰二氯										
2931510000	甲基膦酰二氯〔999〕	6.5	30	13		千克	23		31.5%	0	9,13
29315200	--丙基膦酰二氯										13
2931520000	丙基膦酰二氯〔999〕	6.5	30	13		千克	AB	M. R/N. S	31.5%	0	
29315300	--O-(3-氯丙基)O-[4-硝基-3-(三氟甲基)苯基]甲基硫代膦酸酯										13
2931530000	O-(3-氯丙基)O-[4-硝基-3-(三氟甲基)苯基]甲基硫代膦酸酯〔999〕	6.5	30	13		千克	AB	M. R/N. S	31.5%	0	
29315400	--敌百虫(ISO)										
2931540000	敌百虫(ISO)〔999〕	6.5	30	13		千克	S		31.5%	0	9,13
29315900	--其他										
2931590010	氯沙林(甲基氯膦酸异丙酯)、氯梭曼(甲基氯膦酸频那酯)〔999〕	6.5	30	13		千克	23		31.5%	0	13
2931590020	烷基氟膦酸烷酯,10 碳原子以下(烷基指甲、乙、正丙、异丙基,例如沙林、梭曼)〔999〕	6.5	30	13		千克	23		31.5%	0	13
2931590030	烷基膦酰二氟(烷基指甲、乙、正丙、异丙基,例如,DF:甲基膦酰二氟)〔999〕	6.5	30	13		千克	23		31.5%	0	13
2931590040	三丁氯苄鏻,乙烯利,氟硅菊酯,溴苯膦,丁酯膦〔301 危险化学品,毒性物质〕,〔302 其他化工品〕	6.5	30	13		千克	S		31.5%	0	9,13
2931590050	N-{1-[二烷基(少于或等于 10 个碳原子的碳链,包括环烷)胺基]亚烷基(氢、少于或等于 10 个碳原子的碳链,包括环烷)}-P-烷基(少于或等于 10 个碳原子的碳链,包括环烷)氟膦酰胺和相应的烷基化盐或质子化盐〔999〕	6.5	30	13		千克	23		31.5%	0	9,13
2931590060	[双(二乙胺基)亚甲基]甲氟膦酰胺(CAS:2387496-14-0)〔999〕	6.5	30	13		千克	23		31.5%	0	9,13
2931590070	毒壤膦(壤虫磷)〔999〕	6.5	30	13		千克	23S		31.5%	0	9,13
2931590080	全氟辛酸的盐类和相关化合物(PFOA 类)〔999〕	6.5	30	13		千克	XAB		31.5%	0	
2931590090	其他卤化有机磷衍生物②	6.5	30	13		千克	AB	M. R/N. S	31.5%	0	9,13

① 〔301 危险化学品,易于自燃的物质〕,〔302 危险化学品,腐蚀性物质〕,〔303 其他危险化学品〕,〔304 其他化工品,不用作食品添加剂〕,〔305 其他化工品,用作食品添加剂〕
② 〔301 危险化学品,毒性物质〕,〔302 危险化学品,腐蚀性物质〕,〔303 其他危险化学品〕,〔304 其他化工品,不用作食品添加剂〕,〔305 其他化工品,用作食品添加剂〕

协定税率(%)																		特惠税率(%)			Article Description
智利	新西兰	澳大利亚	瑞士	冰岛	秘鲁	哥斯达	东盟	亚太	新加坡	巴基斯坦	港/澳/台	韩国	格鲁吉亚	毛里求斯	柬埔寨	尼加拉瓜	日/韩/澳/新/东(RCEP)	亚太2国	老/柬/缅	LDC 98/97/95	
0	0	0	0	0	0	0	0			5	0/0/	0	0	0	0	0	4.7/0/0/0/0			0/0/0	-Tributyltin compounds
0	0	0	0	0	0	0	0			5	0/0/	0	0	0	0	0	4.7/0/0/0/0			0/0/0	--Dimethyl methylphosphonate
0	0	0	0	0	0	0	0			5	0/0/	0	0	0	0	0	4.7/0/0/0/0			0/0/0	--Dimethyl propylphosphonate
0	0	0	0	0	0	0	0			5	0/0/	0	0	0	0	0	4.7/0/0/0/0			0/0/0	--Diethyl ethylphosphonate
0	0	0	0	0	0	0	0			5	0/0/	0	0	0	0	0	4.7/0/0/0/0			0/0/0	--Methylphosphonic acid
0	0	0	0	0	0	0	0			5	0/0/	0	0	0	0	0	4.7/0/0/0/0			0/0/0	--Salt of methylphosphonic acid and (aminoiminomethyl)urea (1∶1)
0	0	0	0	0	0	0	0			5	0/0/	0	0	0	0	0	4.7/0/0/0/0			0/0/0	--2,4,6-Tripropyl-1,3,5,2,4,6-trioxatriphosphinane 2,4,6-trioxide
0	0	0	0	0	0	0	0			5	0/0/	0	0	0	0	0	4.7/0/0/0/0			0/0/0	--(5-Ethyl-2-methyl-2-oxido-1,3,2-dioxaphosphinan-5-yl) methyl methyl methylphosphonate
0	0	0	0	0	0	0	0			5	0/0/	0	0	0	0	0	4.7/0/0/0/0			0/0/0	--3,9-Dimethyl-2,4,8,10-tetraoxa-3,9-diphosphaspiro[5.5] undecane 3,9-dioxide
0	0	0	0	0	0	0	0			5	0/0/	0	0	0	0	0	4.7/0/0/0/0			0/0/0	---N-(Phosphonomethyl) iminodiacetic acid
0	0	0	0	0	0	0	0			5	0/0/	0	0	0	0	0	4.7/0/0/0/0			0/0/0	---Other
0	0	0	0	0	0	0	0			5	0/0/	0	0	0	0	0	4.7/0/0/0/0			0/0/0	--Methylphosphonic dichloride
0	0	0	0	0	0	0	0			5	0/0/	0	0	0	0	0	4.7/0/0/0/0			0/0/0	--Propylphosphonic dichloride
0	0	0	0	0	0	0	0			5	0/0/	0	0	0	0	0	4.7/0/0/0/0			0/0/0	--O-(3-chloropropyl) O-[4-nitro-3-(trifluoromethyl)phenyl] methylphosphonothionate
0	0	0	0	0	0	0	0			5	0/0/	0	0	0	0	0	4.7/0/0/0/0			0/0/0	--Trichlorfon (ISO)
0	0	0	0	0	0	0	0			5	0/0/	0	0	0	0	0	4.7/0/0/0/0			0/0/0	--Other

商品编号	商品名称及备注[检验检疫编码及名称]	进口关税(%)		增值税率(%)	消费税	计量单位	监管条件	检验检疫类别	对美税率	出口税率(%)	出口退税率(%)
		最惠国	普通								
29319000	-其他										
2931900001	六甲基环三硅氧烷(包括八甲基环四硅氧烷、十甲基环五硅氧烷、十二甲基环六硅氧烷)〔301 危险化学品,易燃液体〕,〔302 其他化工品〕	6.5	30	13		千克			11.5%	0	13
2931900011	2-氯乙烯基二氯胂〔999〕	6.5	30	13		千克	23		11.5%	0	0
2931900012	二(2-氯乙烯基)氯胂〔999〕	6.5	30	13		千克	23		11.5%	0	0
2931900013	三(2-氯乙烯基)胂〔999〕	6.5	30	13		千克	23		11.5%	0	0
2931900014	锆试剂、二甲胂酸等(包括 4-二甲氨基偶氮苯-4'-胂酸、卡可基酸、二甲基胂酸钠)〔301 危险化学品,毒性物质〕,〔302 其他化工品〕	6.5	30	13		千克			11.5%	0	0
2931900015	4-氨基苯胂酸钠、二氯化苯胂(对氨基苯胂酸钠、二氯苯胂、苯胂化二氯)〔999〕	6.5	30	13		千克			11.5%	0	0
2931900016	蒽醌-1-胂酸、三环锡(普特丹)等(包括月桂酸三丁基锡、醋酸三丁基锡)〔301 危险化学品,毒性物质〕,〔302 其他化工品〕	6.5	30	13		千克			11.5%	0	0
2931900017	硫酸三乙基锡、二丁基氧化锡等(包括氧化二丁基锡、乙酸三乙基锡、三乙基乙酸锡)〔999〕	6.5	30	13		千克			11.5%	0	13
2931900018	四乙基锡、乙酸三甲基锡(四乙锡、醋酸三甲基锡)〔999〕	6.5	30	13		千克			11.5%	0	13
2931900019	毒菌锡[三苯基羟基锡(含量>20%)]〔999〕	6.5	30	13		千克			11.5%	0	13
2931900021	乙酰亚砷酸铜、二苯(基)胺氯胂(祖母绿;翡翠绿;醋酸亚砷酸铜、吩吡嗪化氯;亚当氏气)〔999〕	6.5	30	13		千克			11.5%	0	0
2931900022	3-硝基-4-羟基苯胂酸(4-羟基-3-硝基苯胂酸)〔999〕	6.5	30	13		千克			11.5%	0	0
2931900023	乙基二氯胂、二苯(基)氯胂(包括二氯化乙基胂、氯化二苯胂)〔999〕	6.5	30	13		千克			11.5%	0	0
2931900024	甲(基)胂酸、丙(基)胂酸、二碘化苯胂(苯基二碘胂)〔999〕	6.5	30	13		千克			11.5%	0	0
2931900025	苯胂酸、2-硝基苯胂酸等(包括邻硝基苯胂酸、3-硝基苯胂酸、间硝基苯胂酸等)〔301 危险化学品,毒性物质〕,〔302 其他化工品〕	6.5	30	13		千克			11.5%	0	0
2931900026	4-硝基苯胂酸、2-氨基苯胂酸(对硝基苯胂酸、邻氨基苯胂酸)〔999〕	6.5	30	13		千克			11.5%	0	0
2931900027	3-氨基苯胂酸、4 氨基苯胂酸(间氨基苯胂酸、对氨基苯胂酸)〔999〕	6.5	30	13		千克			11.5%	0	0
2931900028	三苯锡、三苯基乙酸锡等(包括三苯基氯化锡、三苯基氢氧化锡、苯丁锡、三唑锡)〔301 危险化学品,毒性物质〕,〔302 其他化工品〕	6.5	30	13		千克	S		11.5%	0	9,13
2931900029	田安〔999〕	6.5	30	13		千克	S		11.5%	0	9,13
2931900031	乙烯硅〔999〕	6.5	30	13		千克	S		11.5%	0	9,13
2931900040	全氟辛酸的盐类和相关化合物(PFOA 类)〔999〕	6.5	30	13		千克	XAB		11.5%	0	
2931900090	其他有机-无机化合物①	6.5	30	13		千克	AB	M.R/N.S	11.5%	0	13
2932	**仅含有氧杂原子的杂环化合物:**										
29321100	--四氢呋喃										13
2932110000	四氢呋喃〔301 危险化学品,易燃液体〕,〔302 其他化工品,用作食品添加剂〕	6	20	13		千克	AB	M/N	26%	0	
29321200	--2-糠醛										
2932120000	2-糠醛〔999〕	6	20	13		千克	B	/N	31%	0	9,13
29321300	--糠醇及四氢糠醇										13
2932130000	糠醇及四氢糠醇〔301 危险化学品,不用作食品添加剂〕,〔302 危险化学品,用作食品添加剂〕	6	20	13		千克			16%	0	
29321400	--三氯蔗糖										13
2932140000	三氯蔗糖〔999〕	6.5	20	13		千克			11.5%	0	
29321900	--其他										
2932190011	喃烯菊酯、炔呋菊酯等(包括甲呋炔菊酯、溴苄呋菊酯、右旋炔呋菊酯)〔999〕	6.5	20	13		千克	S		16.5%	0	9,13
2932190012	呋菌胺、酯菌胺、抑霉胺等(包括环菌胺、甲呋酰胺、二甲呋酰胺)〔999〕	6.5	20	13		千克	S		16.5%	0	9,13
2932190013	呋氧草醚,环庚草醚,呋草酮等(包括茵多酸,莪术醇,呋喃磺草酮)〔999〕	6.5	20	13		千克	S		16.5%	0	9,13
2932190014	楝素、呋霜灵等(包括呋菌隆、螺螨酯)〔999〕	6.5	20	13		千克	S		16.5%	0	9,13
2932190015	苄呋菊酯(包括右旋苄呋菊酯、生物苄呋菊酯)〔999〕	6.5	20	13		千克	S		16.5%	0	9,13
2932190016	呋虫胺〔999〕	6.5	20	13		千克	S		16.5%	0	9,13
2932190017	全氟已基磺酸及其盐类和其相关化合物[结构上有非稠合呋喃环化合物(《禁止进口货物目录(第八批)》所列商品)]〔999〕	6.5	20	13		千克	89		16.5%	0	
2932190020	呋芬雷司〔999〕	6.5	20	13		千克	I		16.5%	0	13
2932190030暂0	恩格列净〔999〕	6.5	20	13		千克			10%	0	13
2932190090	其他结构上有非稠合呋喃环化合物〔301 危险化学品,易燃液体〕,〔302 危险化学品,腐蚀性物质〕,〔303 其他化工品〕	6.5	20	13		千克			16.5%	0	13
29322010	---香豆素、甲基香豆素及乙基香豆素										13
2932201000	香豆素、甲基香豆素及乙基香豆素〔301 无检疫要求食品添加剂〕,〔302 其他化工产品〕	6.5	20	13		千克			26.5%	0	
29322090	---其他内酯										
2932209011	杀鼠灵、克鼠灵、敌鼠灵、溴鼠灵等(包括氯灭鼠灵、氟鼠灵、鼠得克、杀鼠醚)〔301 危险化学品,毒性物质〕,〔302 其他化工品〕	6.5	20	13		千克	S		26.5%	0	0

① 〔301 危险化学品,气体〕,〔302 危险化学品,易燃液体〕,〔303 危险化学品,易于自燃的物质〕,〔304 危险化学品,遇水放出易燃气体的物质〕,〔305 危险化学品,毒性物质〕,〔306 危险化学品,腐蚀性物质〕,〔307 危险化学品,杂项物质〕,〔308 其他化工品,不用作食品添加剂〕,〔309 其他化工品,用作食品添加剂〕

协定税率(%)																		特惠税率(%)			Article Description
智利	新西兰	澳大利亚	瑞士	冰岛	秘鲁	哥斯达	东盟	亚太	新加坡	巴基斯坦	港/澳/台	韩国	格鲁吉亚	毛里求斯	柬埔寨	尼加拉瓜	日/韩/澳/新/东(RCEP)	亚太2国	老/柬/缅	LDC 98/97/95	
0	0	0	0	0	0	0	0			5	0/0/	0	0	0	0	0	4.7/4.6/4.6/4.6/4.6			0/0/0	-Other
																					Heterocyclic compounds with oxygen hetero-atom(s) only:
0	0	0	0	0	0	0	0			5	0/0/0	0	0	0	0	0	0/0/4.2/4.2/0			0/0/0	--Tetrahydrofuran
0	0	0	0	0	0	0	0			5	0/0/	0	0	0	0	0	0/0/0/0/0			0/0/0	--2-Furaldehyde (furfuraldehyde)
0	0	0	0	0	0	0	0			5	0/0/	0	0	0	0	0	0/0/0/0/0			0/0/0	--Furfuryl alcohol and tetrahydrofurfuryl alcohol
0	0	0		0	0	0	0			5	0/0/	0	0	0	0	0	4.7/0/0/0/0			0/0/0	--Sucralose
0	0	0		0	0	0	0			5	0/0/	0	0	0	0	0	4.7/0/0/0/0			0/0/0	--Other
0	0	0	0	0	0	0	0			5	0/0/	0	0	0	0	0	4.7/0/0/0/0			0/0/0	---Coumarin, methylcoumarins and ethylcoumarins
0	0	0	0	0	0	0	0			5	0/0/	0	0	0	0	0	4.7/4.6/4.6/4.6/4.6			0/0/0	---Other lactones

商品编号	商品名称及备注［检验检疫编码及名称］	进口关税(%)		增值税率(%)	消费税	计量单位	监管条件	检验检疫类别	对美税率	出口税率(%)	出口退税率(%)
		最惠国	普通								
2932209012	赤霉酸〔999〕	6.5	20	13		千克	S		26.5%	0	9,13
2932209013	蝇毒磷、茴蒿素、溴敌隆、呋酰胺等(包括四氯苯酞、畜虫磷)〔301 危险化学品,毒性物质〕,〔302 其他化工品〕	6.5	20	13		千克	S		26.5%	0	0
2932209014	丁香菌酯〔999〕	6.5	20	13		千克	S		26.5%	0	9,13
2932209015	甲氨基阿维菌素及其盐〔999〕	6.5	20	13		千克	S		26.5%	0	9,13
2932209016	阿维菌素〔999〕	6.5	20	13		千克	S		26.5%	0	9,13
2932209017	丙酰芸苔素内酯,螺螨双酯〔999〕	6.5	20	13		千克	S		26.5%	0	13
2932209020	鬼臼毒素〔999〕	6.5	20	13		千克	EF		26.5%	0	13
2932209031	γ-丁内酯(CAS 号:96-48-0)〔999〕	6.5	20	13		千克	23		26.5%	0	13
2932209090	其他内酯①	6.5	20	13		千克			26.5%	0	13
29329100	--4-丙烯基-1,2-亚甲二氧基苯(异黄樟脑)										13
2932910000	4-丙烯基-1,2-亚甲二氧基苯(即异黄樟脑)〔999〕	6.5	20	13		千克	23			0	
29329200	--1-(1,3-苯并二噁茂-5-基)丙烷-2-酮										13
2932920000	1-(1,3-苯并二噁茂-5-基)丙烷-2-酮(即 3,4-亚甲基二氧苯基-2-丙酮)〔999〕	6.5	20	13		千克	23			0	
29329300	--3,4-亚甲二氧基苯甲醛(胡椒醛)										13
2932930000	3,4-亚甲二氧基苯甲醛(胡椒醛)(别名洋茉莉醛、天芥菜精)〔999〕	6.5	20	13		千克	23			0	
29329400	--4-烯丙基-1,2-亚甲二氧基苯(黄樟脑)										13
2932940000	4-烯丙基-1,2-亚甲二氧基苯(即黄樟脑)〔999〕	6.5	20	13		千克	23			0	
29329500	--四氢大麻酚(所有的异构体)										13
2932950000	四氢大麻酚(所有异构体)〔999〕	6.5	20	13		千克	I		11.5%	0	
29329600	--克百威(ISO)										
2932960000	克百威(ISO)〔999〕	6.5	20	13		千克	S		26.5%	0	9,13
29329910	---7-羟基苯并呋喃(呋喃酚)										13
2932991000	呋喃酚〔999〕	4	11	13		千克				0	
29329920	---2,2'-双甲氧羰基-4,4'-双甲氧基-5,5',6,6'-双亚甲二氧基联苯(联苯双酯)										13
2932992000	2,2'-双甲氧羰基-4,4'-双甲氧基-5,5',6,6'-双亚甲二氧基联苯(联苯双酯)〔999〕	6.5	20	13		千克				0	
29329930	---蒿甲醚										13
2932993000	蒿甲醚〔999〕	6.5	20	13		千克			11.5%	0	
29329990	---其他										
2932999012	二氧威,噁虫威,丙硫克百威等(包括丁硫克百威,呋线威)②	6.5	20	13		千克	S		26.5%	0	9,13
2932999013	因毒磷,敌噁磷,碳氯灵〔999〕	6.5	20	13		千克	S		26.5%	0	9,13
2932999014	增效特、增效砜、增效醚、增效酯等(包括增效环、增效散)〔999〕	6.5	20	13		千克			26.5%	0	9,13
2932999015	吡喃灵、吡喃隆、乙氧呋草黄等(包括呋草黄、氟草肟)〔999〕	6.5	20	13		千克	S		26.5%	0	9,13
2932999016	避蚊酮,苯虫醚,鱼藤酮,环虫酰肼〔999〕	6.5	20	13		千克	S		26.5%	0	9,13
2932999017	调呋酸、芸苔素内酯〔999〕	6.5	20	13		千克	S		26.5%	0	9,13
2932999021[暂0]	紫杉醇〔999〕	6.5	20	3		千克	QFE		20%	0	0
2932999022	三尖杉宁碱〔999〕	6.5	20	13		千克	FE		26.5%	0	13
2932999023	十去乙酰基巴卡丁三(红豆杉提取物 10-DAB)〔999〕	6.5	20	13		千克	FE		26.5%	0	13
2932999024	十去乙酰基紫杉醇(红豆杉提取物 10-DAT)〔999〕	6.5	20	13		千克	FE		26.5%	0	0
2932999025	巴卡丁三〔999〕	6.5	20	13		千克	FE		26.5%	0	13
2932999026	7-表紫杉醇〔999〕	6.5	20	13		千克	FE		26.5%	0	0
2932999027	10-去乙酰 7-表紫杉醇〔999〕	6.5	20	13		千克	FE		26.5%	0	0
2932999028	7,10-双(三氯乙酰基)-10-去乙酰基巴卡丁三类似物〔999〕	6.5	20	13		千克	EF		26.5%	0	13
2932999029[暂0]	多烯紫杉醇(多西他赛)〔999〕	6.5	20	3		千克	EF		20%	0	0
2932999031	7,10-双(三氯乙酰基)-多西他赛〔999〕	6.5	20	13		千克	EF		26.5%	0	13
2932999032[暂0]	贝前列素钠〔999〕	6.5	20	13		千克			20%	0	13
2932999033[暂0]	抗癌药原料(淫羊藿素)〔999〕	6.5	20	3		千克			20%	0	13
2932999040	替苯丙胺及其盐〔999〕	6.5	20	13		千克	I		26.5%	0	13
2932999051	(1,2-二甲基庚基)羟基四氢甲基二苯吡喃(包括六氢大麻酚)〔999〕	6.5	20	13		千克	I		26.5%	0	13
2932999052	甲羟芬胺、乙芬胺、羟芬胺〔999〕	6.5	20	13		千克	I		26.5%	0	13
2932999053	二亚甲基双氧安非他明及其盐(MDMA)〔999〕	6.5	20	13		千克	I		26.5%	0	13
2932999054	3,4-亚甲二氧基甲卡西酮(3,4-methylenedioxy-N-methylcathinone;CAS 号:186028-79-5)〔999〕	6.5	20	13		千克	I		26.5%	0	9,13
2932999060	二噁英、呋喃(多氯二苯并对二噁英、多氯二苯并呋喃)〔999〕	6.5	20	13		千克	89		26.5%	0	13
2932999070	1,4-二噁烷〔999〕	6.5	20	13		千克			26.5%	0	13
2932999080	二氢黄樟素〔999〕	6.5	20	13		千克	G		26.5%	0	13
2932999091	其他濒危植物提取的仅含氧杂原子的杂环化合物〔999〕	6.5	20	13		千克	EF		26.5%	0	0

① 〔301 危险化学品,毒性物质〕,〔302 其他化工品,不用作食品添加剂〕,〔303 其他化工品,用作食品添加剂〕

② 〔101 丁硫威粉剂〕,〔102 噁虫威粉剂(含量 5%~65%)〕,〔103 二氧威乳剂(含量>3%)〕,〔104 丁硫威〕,〔105 二氧威粉剂(含量>10%)〕

协定税率(%)																		特惠税率(%)			
智利	新西兰	澳大利亚	瑞士	冰岛	秘鲁	哥斯达	东盟	亚太	新加坡	巴基斯坦	港/澳/台	韩国	格鲁吉亚	毛里求斯	柬埔寨	尼加拉瓜	日/韩/澳/新/东(RCEP)	亚太2国	老/柬/缅	LDC 98/97/95	Article Description
0	0	0	0	0	0	0	0			5	0/0/	0	0	0	0	0	4.7/0/0/0/0			0/0/0	--Isosafrole
0	0	0	0	0	0	0	0			5	0/0/	0	0	0	0	0	4.7/0/0/0/0			0/0/0	--1-(1,3-Benzodioxol-5-yl) propan-2-one
0	0	0	0	0	0	0	0			5	0/0/	0	0	0	0	0	4.7/0/0/0/0			0/0/0	--Piperonal
0	0	0	0	0	0	0	0			5	0/0/	0	0	0	0	0	4.7/0/0/0/0			0/0/0	--Safrole
0	0	0	0	0	0	0	0			5	0/0/	0	0	0	0	0	4.7/0/0/0/0			0/0/0	--Tetrahydrocannabinols (all isomers)
0	0	0	0	0	0	0	0			0	0/0/	0	0	0	0	0	4.7/4.6/4.6/4.6/4.6			0/0/0	--Carbofuran (ISO)
0	0	0	0	0	0	0	0	3.6		0	0/0/	1.3	0	0	0	0	3.3/2.8/2.8/2.8/2.8			0/0/0	---Furan phenol
0	0	0	0	0	0	0	0	5.2		5	0/0/	0	0	0	0	0	4.7/0/0/0/0			0/0/0	---Bifendate
0	0	0	0	0	0	0	0			5	0/0/	0	0	0	0	0	4.7/0/0/0/0			0/0/0	---Artemether
0	0	0	0	0	0	0	0			0	0/0/	0	0	0	0	0	4.7/4.6/4.6/4.6/4.6			0/0/0	---Other

商品编号	商品名称及备注[检验检疫编码及名称]	进口关税(%)		增值税率(%)	消费税	计量单位	监管条件	检验检疫类别	对美税率	出口税率(%)	出口退税率(%)
		最惠国	普通								
2932999092[暂0]	阿卡波糖水合物[999]	6.5	20	13		千克			20%	0	13
2932999093	2-甲基-3-[3,4-(亚甲二氧基)苯基]缩水甘油酸、2-甲基-3-[3,4-(亚甲二氧基)苯基]缩水甘油酸甲酯(CAS 号:2167189-50-4、13605-48-6)[999]	6.5	20	13		千克	23		26.5%	0	13
2932999099	其他仅含氧杂原子的杂环化合物①	6.5	20	13		千克			26.5%	0	9,13
2933	**仅含有氮杂原子的杂环化合物:**										
29331100	--二甲基苯基吡唑酮(安替比林)及其衍生物										13
2933110000	二甲基苯基吡唑酮及其衍生物(二甲基苯基吡唑酮即安替比林)[999]	6.5	20	13		千克			31.5%	0	
29331920	---安乃近										13
2933192000	安乃近[999]	6	20	13		千克	Q			0	
29331990	---其他										
2933199011	吡硫磷、吡唑硫磷、敌蝇威、乙虫腈等(包括异索威、吡唑威)[301 危险化学品,毒性物质],[302 其他化工品]	6.5	20	13		千克	S		31.5%	0	9,13
2933199012	氟虫腈、唑螨酯、吡螨胺等(包括吡唑醚菌酯)[999]	6.5	20	13		千克	S		31.5%	0	9,13
2933199013	吡草醚、吡唑草胺、氟氯草胺等(包括野燕枯、苄草唑、吡唑特、吡草酮)[999]	6.5	20	13		千克	S		31.5%	0	9,13
2933199014	吡唑萘菌胺(包括氟唑菌胺、乙唑螨腈、异丙吡草酯、唑虫酰胺、氟唑环菌胺、氟唑菌酰胺、氟唑菌苯胺)[999]	6.5	20	13		千克	S		31.5%	0	9,13
2933199015	苯并烯氟菌唑[999]	6.5	20	13		千克	S		31.5%	0	13
2933199016	丁虫腈、腈吡螨酯、唑菌酯等(包括氟唑菌酰羟胺、嗪虫唑酰胺、三唑磺草酮、苯唑氟草酮、双唑草酮)[999]	6.5	20	13		千克	S		31.5%	0	13
2933199020[暂0]	抗癌药原料(赛沃替尼)[999]	6.5	20	3		千克			25%	0	13
2933199090	其他结构上有非稠合吡唑环化合物[301 危险化学品,毒性物质],[302 其他化工品]	6.5	20	13		千克			31.5%	0	13
29332100	--乙内酰脲及其衍生物										13
2933210000	乙内酰脲及其衍生物[999]	6.5	30	13		千克			11.5%	0	
29332900	--其他										
2933290011	异菌脲[999]	6.5	20	13		千克	S		26.5%	0	9,13
2933290012	抑霉唑及其盐,咪菌腈,咪鲜胺及其盐等[999]	6.5	20	13		千克	S		26.5%	0	9,13
2933290013	咪草酸、丁咪酰胺[999]	6.5	20	13		千克	S		26.5%	0	9,13
2933290014	果绿啶[999]	6.5	20	13		千克	S		26.5%	0	9,13
2933290015	氰菌唑[999]	6.5	20	13		千克	S		26.5%	0	9,13
2933290020	2,4-二硝基咪唑(DNI)(CAS 号:5213-49-0)[999]	6.5	20	13		千克	3		26.5%	0	13
2933290031	依托咪酯[999]	6.5	20	13		千克	I		26.5%	0	
2933290090	其他结构上有非稠合咪唑环化合物[301 危险化学品,毒性物质],[302 其他化工品]	6.5	20	13		千克			26.5%	0	13
29333100	--吡啶及其盐										13
2933310010	吡啶[999]	6	20	13		千克	AB	M/N		0	
2933310090	吡啶盐[999]	6	20	13		千克				0	
29333210	---六氢吡啶(哌啶)										13
2933321000	哌啶(六氢吡啶)[999]	4	11	13		千克	23		29%	0	
29333220	---六氢吡啶(哌啶)盐										13
2933322000	哌啶(六氢吡啶)盐[999]	6.5	20	13		千克				0	
29333300	--阿芬太尼(INN)、阿尼利定(INN)、苯氰米特(INN)、溴西泮(INN)、卡芬太尼(INN)、地芬诺新(INN)、地芬诺酯(INN)、地匹哌酮(INN)、芬太尼(INN)、凯托米酮(INN)、哌醋甲酯(INN)、喷他左辛(INN)、哌替啶(INN)、哌替啶中间体 A(INN)、苯环利定(INN)、苯哌利定(INN)、哌苯甲醇(INN)、哌氰米特(INN)、哌丙吡胺(INN)、瑞芬太尼(INN)和三甲利定(INN)以及它们的盐										13
2933330040	阿芬太尼(INN)、阿尼利定(INN)、苯氰米特(INN)、溴西泮(INN)、卡芬太尼(INN)、地芬诺新(INN)、地芬诺酯(INN)、地匹哌酮(INN)、芬太尼(INN)、凯托米酮(INN)、哌醋甲酯(INN)、喷他左辛(INN)(以及它们的盐)[999]	6.5	20	13		千克	I		11.5%	0	
2933330050	哌替啶(INN)、哌替啶中间体 A(INN)、苯环利定(INN)、苯哌利定(INN)、哌苯甲醇(INN)、哌氰米特(INN)、哌丙吡胺(INN)、瑞芬太尼(INN)和三甲利定(INN)(以及它们的盐)[999]	6.5	20	13		千克	I		11.5%	0	
29333400	--其他芬太尼及它们的衍生物										13
2933340010	乙酰阿法甲基芬太尼、阿法甲基芬太尼、倍他羟基芬太尼、倍他羟基-3-甲基芬太尼、对氟芬太尼(以及它们的盐)[999]	6.5	20	13		千克	I		14%	0	

① [301 危险化学品,易燃液体],[302 危险化学品,有机过氧化物],[303 危险化学品,毒性物质],[304 其他化工品,不用作食品添加剂],[305 其他化工品,用作食品添加剂],[306 危险化学品,用作食品添加剂]

协定税率(%)																		特惠税率(%)			Article Description
智利	新西兰	澳大利亚	瑞士	冰岛	秘鲁	哥斯达	东盟	亚太	新加坡	巴基斯坦	港/澳/台	韩国	格鲁吉亚	毛里求斯	柬埔寨	尼加拉瓜	日/韩/澳/新/东(RCEP)	亚太2国	老/柬/缅	LDC 98/97/95	
																					Heterocyclic compounds with nitrogen hetero-atom (s) only:
0	0	0	0	0	0	0	0	4.2		5	0/0/	0	0	0	0	0	4.7/0/0/0/0			0/0/0	--Phenazone (antipyrin) and its derivatives
0	0	0	0	0	0	0	0	4.8		5	0/0/	0	0	0	0	0	0/0/0/0/0			0/0/0	---Analgin
0	0	0	0	0	0	0	0			5	0/0/	0	0	0	0	0	4.7/0/0/0/0			0/0/0	---Other
0	0	0	0	0	0	0	0			5	0/0/	0	0	0	0	0	4.7/0/0/0/0			0/0/0	--Hydantoin and its derivatives
0	0	0	2.6	0	0	0	0			5	0/0/	0	0	0	0	0	4.7/4.6/4.6/4.6/4.6			0/0/0	--Other
0	0	0	0	0	0	0	0			5	0/0/0	0	0	0	0	0	0/0/4.2/4.2/0			0/0/0	--Pyridine and its salts
0	0	0	0	0	0	0	0			0	0/0/	0	0	0	0	0	0/0/0/0/0			0/0/0	---Hexahydropyridine (piperidine)
0	0	0	0	0	0	0	0			5	0/0/	0	0	0	0	0	4.7/0/0/0/0			0/0/0	---Isoniazidum
0	0	0	0	0	0	0	0			5	0/0/	1.1	0	0	0	0	4.7/4.6/4.6/4.6/4.6			0/0/0	--Alfentanil (INN), anileridine (INN), bezitramide (INN), bromazepam (INN), carfentanil (INN), difenoxin (INN), diphenoxylate (INN), dipipanone (INN), fentanyl (INN), ketobemidone (INN), methylphenidate (INN), pentazocine (INN), pethidine (INN), pethidine (INN) intermediate A, phencyclidine (INN) (PCP), phenoperidine (INN), pipradrol (INN), piritramide (INN), propiram (INN), remifentanil (INN) and trimeperidine (INN); salts thereof
0	0	0	0	0	0	0	0			0	0/0/	0	0	0	0	0	4.7/4.6/4.6/4.6/4.6			0/0/0	--Other fentanyls and their derivatives

商品编号	商品名称及备注[检验检疫编码及名称]	进口关税(%)		增值税率(%)	消费税	计量单位	监管条件	检验检疫类别	对美税率	出口税率(%)	出口退税率(%)
		最惠国	普通								
2933340090	其他芬太尼及它们的衍生物〔301 危险化学品,毒性物质〕,〔302 其他化工品〕	6.5	20	13		千克			14%	0	
29333500	--奎宁环-3-醇(3-奎宁醇)										13
2933350000	奎宁环-3-醇(3-奎宁醇)〔999〕	6.5	20	13		千克	23			0	
29333600	--4-苯氨基-N-苯乙基哌啶(ANPP)										13
2933360000	4-苯氨基-N-苯乙基哌啶(ANPP)〔999〕	6.5	20	13		千克	23		14%	0	
29333700	--N-苯乙基-4-哌啶酮(NPP)										13
2933370000	N-苯乙基-4-哌啶酮(NPP)〔999〕	6.5	20	13		千克	23		14%	0	
29333910	---二苯乙醇酸-3-奎宁环酯										13
2933391000	二苯乙醇酸-3-奎宁环酯(即 BZ)〔999〕	6.5	20	13		千克	23			0	
29333990	---其他										
2933399011	烯丙罗定、阿法美罗定、倍他美罗定、阿法罗定、苄替啶、倍他罗定、依托利定、羟哌替啶、美他佐辛、1-甲基-4-苯基-4-哌啶丙酸酯、诺匹哌酮,以及它们的盐〔999〕	6.5	20	13		千克	I		14%	0	13
2933399012	1-苯乙基-4-苯基-4-哌啶乙酸酯、哌替啶中间体 B、哌替啶中间体 C、非那丙胺、非那佐辛、匹米诺定、丙哌利定、以及它们的盐;瑞马唑仑及其盐和异构体〔999〕	6.5	20	13		千克	I		14%	0	13
2933399013	氟氯吡啶酯,氟醚菌酰胺,环吡氟草酮,氯氟吡啶酯,哌虫啶,三氟吡啶胺,四唑虫酰胺〔999〕	6.5	20	13		千克			14%	0	9,13
2933399021	精吡氟禾草灵及其酯,毒死蜱,二氯氨基吡啶羧酸(包括二氟吡隆,三氟甲吡醚,氯虫苯甲酰胺,啶酰菌胺,羟哌酯)〔999〕	6.5	20	13		千克	S		14%	0	9,13
2933399022	啶虫脒〔999〕	6.5	20	13		千克	S		14%	0	9,13
2933399023	精喹禾灵〔999〕	6.5	20	13		千克	S		14%	0	9,13
2933399024	喹禾灵、氟吡禾灵、吡氟禾草灵等(包括炔禾灵、氟吡乙禾灵、氟吡菌胺、卤草啶)〔999〕	6.5	20	13		千克	S		14%	0	9,13
2933399025	高效氟吡甲禾灵、氟吡甲禾灵等(包括鼠特灵、灭鼠优、灭鼠安、氟鼠啶)〔301 危险化学品,毒性物质〕,〔302 其他化工品〕	6.5	20	13		千克	S		14%	0	9,13
2933399026	甲基毒死蜱、吡虫啉等(包括吡氯氰菊酯,啶蜱脲,氟啶脲,哒幼酮,吡丙醚)〔999〕	6.5	20	13		千克	S		14%	0	9,13
2933399027	驱蝇啶、烯啶虫胺〔999〕	6.5	20	13		千克	S		14%	0	9,13
2933399028	咪唑烟酸,甲咪唑烟酸,咪唑乙烟酸等(包括氨氯吡啶酸,三氯吡氧乙酸及其盐和酯,氯氟吡氧乙酸及其盐和酯,二氯吡啶酸)〔999〕	6.5	20	13		千克	S		14%	0	9,13
2933399029	炔草酯及其酸,哌草磷,哌草丹,稗草丹等(包括吡氟酰草胺,氟吡酰草胺,氟啶草酮,氟硫草定,甲氧咪草烟)〔999〕	6.5	20	13		千克	S		14%	0	9,13
2933399030	3-羟基-1-甲基哌啶〔999〕	6.5	20	13		千克	23		14%	0	13
2933399040	3-奎宁环酮〔999〕	6.5	20	13		千克	23		14%	0	13
2933399051	甲哌鎓,抗倒胺,氯吡脲,吡啶醇〔999〕	6.5	20	13		千克	S		14%	0	9,13
2933399052	啶菌噁唑,苯锈啶,啶斑肟等(包括啶菌腈)〔999〕	6.5	20	13		千克	S		14%	0	9,13
2933399053	氟啶胺,氟啶虫酰胺,三氯甲基吡啶〔999〕	6.5	20	13		千克	S		14%	0	9,13
2933399054	咪唑嗪,丁硫啶,氯苯吡啶,哌丙灵〔999〕	6.5	20	13		千克	S		14%	0	9,13
2933399055	氟吡菌酰胺〔999〕	6.5	20	13		千克	S		14%	0	9,13
2933399056	氯啶菌酯〔999〕	6.5	20	13		千克	S		14%	0	13
2933399057	氯氨吡啶酸〔999〕	6.5	20	13		千克	S		14%	0	13
2933399058	哌壮素〔999〕	6.5	20	13		千克	S		14%	0	9,13
2933399060	啶氧菌酯(包括氟啶虫胺腈、环啶菌胺、四氯虫酰胺、溴氰虫酰胺、玉雄杀)〔999〕	6.5	20	13		千克	S		14%	0	9,13
2933399071	2,6-双(苦基氨基)-3,5-二硝基吡啶(PYX)(CAS 号:38082-89-2)〔999〕	6.5	20	13		千克	3		14%	0	13
2933399072	全氟辛酸的盐类和相关化合物(PFOA 类)〔999〕	6.5	20	13		千克	X		14%	0	
2933399091[暂0]	抗癌药原料(吉美嘧啶、甲磺酸阿帕替尼、西达本胺、甲苯磺酸尼拉帕利)〔999〕	6.5	20	3		千克			7.5%	0	13
2933399095	氨基甲酸酯类(二甲胺基甲酸吡啶酯类季铵盐和双季铵盐)〔999〕	6.5	20	13		千克	23		14%	0	9,13
2933399099	其他结构上含有一个非稠合吡啶环(不论是否氢化)的化合物①	6.5	20	13		千克			14%	0	9,13
29334100	--左非诺(INN)及其盐										13
2933410000	左非诺(INN)及其盐〔999〕	6.5	20	13		千克	I		11.5%	0	
29334900	--其他										
2933490011	丙烯酸喹啉酯,苯氧喹啉〔999〕	6.5	20	13		千克	S		31.5%	0	9,13
2933490012	咯喹酮〔999〕	6.5	20	13		千克	S		31.5%	0	9,13
2933490013	氯甲喹啉酸、二氯喹啉草酮、喹啉铜〔101 饲料添加剂〕,〔102 化工产品〕	6.5	20	13		千克	S		31.5%	0	9,13
2933490014	二氯喹啉酸〔999〕	6.5	20	13		千克	S		31.5%	0	9,13
2933490015	FG-4592(CAS 号:808118-40-3)(一种缺氧诱导因子-脯氨酸羟化酶抑制剂)〔999〕	6.5	20	13		千克			31.5%	0	13
2933490021	羟蒂巴酚、左美沙芬、左芬啡烷〔999〕	6.5	20	13		千克	I		31.5%	0	13
2933490022	去甲左啡诺、非诺啡烷、消旋甲啡烷、消旋啡烷〔999〕	6.5	20	13		千克	I		31.5%	0	13
2933490030	布托啡诺〔999〕	6.5	20	13		千克	I		31.5%	0	13
2933490040[暂0]	抗癌药原料(马来酸吡咯替尼)〔999〕	6.5	20	3		千克			25%	0	13
2933490090	其他含喹啉或异喹啉环系的化合物(但未进一步稠合的)②	6.5	20	13		千克			31.5%	0	13

① 〔301 危险化学品,易燃液体〕,〔302 危险化学品,易燃固体〕,〔303 危险化学品,毒性物质〕,〔304 危险化学品,杂项物质〕,〔305 其他危险化学品〕,〔306 其他化工品,不用作食品添加剂〕,〔307 其他化工品,用作食品添加剂〕,〔308 危险化学品,用作食品添加剂〕

② 〔301 危险化学品,易燃液体〕,〔302 危险化学品,毒性物质〕,〔303 其他危险化学品〕,〔304 其他化工品〕

协定税率（%）																		特惠税率（%）			Article Description
智利	新西兰	澳大利亚	瑞士	冰岛	秘鲁	哥斯达	东盟	亚太	新加坡	巴基斯坦	港/澳/台	韩国	格鲁吉亚	毛里求斯	柬埔寨	尼加拉瓜	日/韩/澳/新/东（RCEP）	亚太2国	老/柬/缅	LDC 98/97/95	
0	0	0	0	0	0	0	0	5.2		5	0/0/	0	0	0	0	0	4.7/0/0/0/0			0/0/0	--3-Quinuclidinol
0	0	0	0	0	0	0	0			0	0/0/	0	0	0	0	0	4.7/4.6/4.6/4.6/4.6			0/0/0	--4-Anilino-N-phenethylpiperidine（ANPP）
0	0	0	0	0	0	0	0			0	0/0/	0	0	0	0	0	4.7/4.6/4.6/4.6/4.6			0/0/0	--N-Phenethyl-4-piperidone（NPP）
0	0	0	0	0	0	0	0	5.2		5	0/0/	0	0	0	0	0	4.7/0/0/0/0			0/0/0	---Benzilic acid-3-quinuclidinate
0	0	0	0	0	0	0	0			0	0/0/	0	0	0	0	0	4.7/4.6/4.6/4.6/4.6			0/0/0	---Other
0	0	0	0	0	0	0	0			5	0/0/	0	0	0	0	0	4.7/0/0/0/0			0/0/0	--Levorpharol（INN）and its salts
0	0	0	0	0	0	0	0			5	0/0/	0	0	0	0	0	4.7/0/0/0/0			0/0/0	--Other

商品编号	商品名称及备注[检验检疫编码及名称]	进口关税(%)		增值税率(%)	消费税	计量单位	监管条件	检验检疫类别	对美税率	出口税率(%)	出口退税率(%)
		最惠国	普通								
29335200	--丙二酰脲(巴比土酸)及其盐										13
2933520000	丙二酰脲(巴比妥酸)及其盐〔999〕	6.5	20	13		千克			11.5%	0	
29335300	--阿洛巴比妥(INN)、异戊巴比妥(INN)、巴比妥(INN)、布他比妥(INN)、正丁巴比妥(INN)、环己巴比妥(INN)、甲苯巴比妥(INN)、戊巴比妥(INN)、苯巴比妥(INN)、仲丁巴比妥(INN)、司可巴比妥(INN)和乙烯比妥(INN)以及它们的盐										13
2933530011	阿洛巴比妥、仲丁巴比妥(以及它们的盐)〔999〕	6.5	20	13		千克	I		26.5%	0	
2933530012	乙烯比妥、布他比妥、丁巴比妥(以及它们的盐)〔999〕	6.5	20	13		千克	I		26.5%	0	
2933530013	环己巴比妥、甲苯巴比妥(以及它们的盐)〔999〕	6.5	20	13		千克	I		26.5%	0	
2933530014	司可巴比妥、异戊巴比妥(以及它们的盐)〔999〕	6.5	20	13		千克	I		26.5%	0	
2933530015	戊巴比妥、苯巴比妥、巴比妥(以及它们的盐)〔999〕	6.5	20	13		千克	I		26.5%	0	
29335400	--其他丙二酰脲(巴比土酸)的衍生物以及它们的盐										13
2933540000	其他丙二酰脲的衍生物及它们的盐〔999〕	6.5	20	13		千克				0	
29335500	--氯普唑仑(INN)、甲氯喹酮(INN)、甲喹酮(INN)和齐培丙醇(INN)以及它们的盐										13
2933550011	甲氯喹酮、甲喹酮(以及它们的盐)〔999〕	6.5	20	13		千克	I			0	
2933550012	氯普唑仑、齐培丙醇(以及它们的盐)〔999〕	6.5	20	13		千克	I			0	
29335910	---胞嘧啶										13
2933591000	胞嘧啶〔999〕	6.5	20	13		千克			11.5%	0	
29335920	---环丙氟哌酸										13
2933592000	环丙氟哌酸〔999〕	6.5	20	13		千克				0	
29335990	---其他										
2933599011	嘧啶磷、甲基嘧啶磷、二嗪磷、双苯嘧草酮等(包括嘧啶氧磷、乙嘧硫磷)〔101 嘧啶氧磷粉剂〕,〔102 嘧啶氧磷〕	6.5	20	13		千克	S		31.5%	0	9,13
2933599012	烯腺嘌呤、苄腺嘌呤、丁基嘧啶磷、嘧啶肟草醚等(包括苄氨基嘌呤、羟烯腺嘌呤)〔999〕	6.5	20	13		千克	S		31.5%	0	9,13
2933599013	嘧草醚,双草醚,除草定,环草定等(包括异草定,异丙酯草醚,嘧草硫醚,特草定)〔999〕	6.5	20	13		千克	S		31.5%	0	9,13
2933599014	吡菌磷、嘧霉胺、嘧菌胺、嘧菌酯等(包括嘧菌环胺、嘧菌腙)〔999〕	6.5	20	13		千克	S		31.5%	0	9,13
2933599015	嘧啶威、抗蚜威、环虫腈、嘧螨醚等(包括嘧螨酯)〔101 抗蚜威粉剂(含量>75%)〕,〔102 嘧啶威可湿性粉剂、颗粒剂〕,〔103 嘧啶威〕	6.5	20	13		千克	S		31.5%	0	9,13
2933599016	氯苯嘧啶醇、环丙嘧啶醇、呋嘧醇等(包括氟苯嘧啶醇)〔999〕	6.5	20	13		千克	S		31.5%	0	9,13
2933599017	氟蚁腙,鼠立死,三氟苯嘧啶〔301 危险化学品,毒性物质〕,〔302 其他化工品〕	6.5	20	13		千克	S		31.5%	0	9,13
2933599018	二甲嘧酚、乙嘧酚、乙嘧酚磺酸酯〔999〕	6.5	20	13		千克	S		31.5%	0	9,13
2933599019	嗪氨灵、咪唑喹啉酸、丙酯草醚〔999〕	6.5	20	13		千克	S		31.5%	0	9,13
2933599020	氟丙嘧草酯、氯丙嘧啶酸〔999〕	6.5	20	13		千克	S		31.5%	0	9,13
2933599030	溴嘧草醚〔999〕	6.5	20	13		千克	S		31.5%	0	9,13
2933599040	唑嘧菌胺〔999〕	6.5	20	13		千克	S		31.5%	0	13
2933599051	依他喹酮(Etaqualone;CAS 号:7432-25-9)〔999〕	6.5	20	13		千克	I		31.5%	0	13
2933599052	苄基哌嗪(Benzylpiperazine;CAS 号:2759-28-6)〔999〕	6.5	20	13		千克	I		31.5%	0	13
2933599053[暂0]	恩替卡韦〔999〕	6.5	20	13		千克			25%	0	13
2933599060[暂0]	利格列汀〔999〕	6.5	20	13		千克			25%	0	13
2933599070	全氟辛酸的盐类和相关化合物(PFOA 类)〔999〕	6.5	20	13		千克	X		31.5%	0	
2933599091[暂0]	抗癌药原料(甲磺酸伊马替尼、硫唑嘌呤、培美曲塞二钠、左亚叶酸钙、甲磺酸氟马替尼、甲磺酸阿美替尼、泽布替尼、奥雷巴替尼)〔999〕	6.5	20	3		千克			25%	0	13
2933599099	其他结构上有嘧啶环等的化合物(包括其他结构上有哌嗪环的化合物)①	6.5	20	13		千克			31.5%	0	13
29336100	--三聚氰胺(蜜胺)										13
2933610000	三聚氰胺(蜜胺)〔999〕	6.5	20	13		千克			31.5%	0	
29336910	---三聚氰氯										13
2933691000	三聚氰氯〔999〕	6	20	13		千克				0	
29336921	----二氯异氰脲酸										13
2933692100	二氯异氰脲酸〔999〕	6.5	20	13		千克				0	
29336922	----三氯异氰脲酸										13
2933692200	三氯异氰脲酸〔999〕	6.5	20	13		千克	AB	M/N		0	
29336929	----其他										13
2933692910	二氯异氰尿酸钠〔999〕	6.5	20	13		千克	A	R/	31.5%	0	
2933692990	其他异氰脲酸氯化衍生物〔999 其他化工产品〕	6.5	20	13		千克			31.5%	0	

① 〔301 危险化学品,易燃液体〕,〔302 危险化学品,毒性物质〕,〔303 危险化学品,腐蚀性物质〕,〔304 其他化工品〕

协定税率(%)																		特惠税率(%)			Article Description
智利	新西兰	澳大利亚	瑞士	冰岛	秘鲁	哥斯达	东盟	亚太	新加坡	巴基斯坦	港/澳/台	韩国	格鲁吉亚	毛里求斯	柬埔寨	尼加拉瓜	日/韩/澳/新/东(RCEP)	亚太2国	老/柬/缅	LDC 98/97/95	
0	0	0	0	0	0	0	0			5	0/0/	0	0	0	0	0	4.7/0/0/0/0			0/0/0	--Malonylurea (barbituric acid) and its salts
0	0	0	0	0	0	0	0			5	0/0/	0	0	0	0	0	4.7/0/0/0/0			0/0/0	--Allobarbital (INN), amobarbital (INN), barbital (INN), butalbital (INN), butobarbital (INN), cyclobarbital (INN), methylphenobarbital (INN), pentobarbital (INN), phenobarbital (INN), secbutabarbital (INN), secobarbital (INN) and vinylbital (INN); salts thereof
0	0	0	0	0	0	0	0			5	0/0/	0	0	0	0	0	4.7/0/0/0/0			0/0/0	--Other derivatives of malonylurea (barbituric acid); salts thereof
0	0	0	0	0	0	0	0			5	0/0/	0	0	0	0	0	4.7/0/0/0/0			0/0/0	--Loprazolam (INN), mecloqualone (INN), methaqualone (INN) and zipeprol (INN); salts thereof
0	0	0	0	0	0	0	0	4.2		0	0/0/	0	0	0	0	0	4.7/0/0/0/0			0/0/0	---Cytosine
0	0	0	0	0	0	0	0	4.2		5	0/0/	0	0	0	0	0	4.7/0/0/0/0			0/0/0	---Ciprofloxacin
0	0	0	0	0	0	0	0	4.2		0	0/0/	0	0	0	0	0	4.7/0/0/0/0			0/0/0	---Other
0	0	0	0	0	0	0	0			5	0/0/	0	0	0	0	0	4.7/0/0/0/0			0/0/0	--Melamine
0	0	0	0	0	0	0	0	5.4		5	0/0/	0	0	0	0	0	0/0/0/0/0			0/0/0	---Cyanuric chloride
0	0	0	0	0	0	0	0	5.2		5	0/0/	0	0	0	0	0	4.7/0/0/0/0			0/0/0	----Dichloroisooyanurate acid
0	0	0	0	0	0	0	0			5	0/0/	0	0	0	0	0	4.7/0/0/0/0			0/0/0	----Trichloroisocyanurate acid
0	0	0	0	0	0	0	0			5	0/0/	0	0	0	0	0	4.7/0/0/0/0			0/0/0	----Other

商品编号	商品名称及备注[检验检疫编码及名称]	进口关税(%)		增值税率(%)	消费税	计量单位	监管条件	检验检疫类别	对美税率	出口税率(%)	出口退税率(%)
		最惠国	普通								
29336990	---其他										
2933699011	西玛津、莠去津、扑灭津、草达津等(包括特丁津、氰草津、环丙津、甘扑津、甘草津)〔999〕	6.5	20	13		千克	S		16.5%	0	9,13
2933699012	西草净、扑草净、敌草净、莠灭净等(包括特丁净、异丙净、异戊乙净、氰草净、氟草净、甲氧丙净)①	6.5	20	13		千克	S		16.5%	0	9,13
2933699013	扑灭通、仲丁通〔999〕	6.5	20	13		千克	S		16.5%	0	9,13
2933699014	丁嗪草酮、环嗪酮、嗪草酮等(包括苯嗪草酮、乙嗪草酮)〔999〕	6.5	20	13		千克	S		16.5%	0	9,13
2933699015	灭蚜硫磷、灭蝇胺、吡蚜酮等(包括敌菌灵)〔999〕	6.5	20	13		千克	S		16.5%	0	9,13
2933699016	三嗪氟草胺,茚嗪氟草胺〔999〕	6.5	20	13		千克	S		16.5%	0	9,13
2933699091 暂0	奥替拉西钾〔999〕	6.5	20	3		千克			10%	0	13
2933699099	其他结构上含非稠合三嗪环化合物②	6.5	20	13		千克			16.5%	0	13
29337100	--6-己内酰胺										13
2933710000	6-己内酰胺〔999〕	9	35	13		千克				0	
29337200	--氯巴占(INN)及甲乙哌酮(INN)										13
2933720000	氯巴占和甲乙哌酮(INN)〔999〕	9	15	13		千克	I			0	
29337900	--其他内酰胺										
2933790010	氯巴占和甲乙哌酮的盐〔999〕	9	20	13		千克	I		19%	0	13
2933790020	灭菌磷、螺虫乙酯〔999〕	9	20	13		千克	S		19%	0	9,13
2933790030	佐匹克隆(Zopiclone;CAS 号:43200-80-2)〔999〕	9	20	13		千克	I		19%	0	13
2933790041	甲氧哌啶乙酯〔999〕	9	20	13		千克	S		19%	0	13
2933790042 暂0	吡非尼酮〔999〕	9	20	3		千克			10%	0	13
2933790043 暂0	抗新型冠状病毒药原料(奈玛特韦)〔999〕	9	20	13		千克			10%	0	13
2933790051	吡仑帕奈〔999〕	9	20	13		千克	I		19%	0	
2933790091 暂0	来那度胺〔999〕	9	20	3		千克			10%	0	13
2933790099	其他内酰胺〔301 其他危险化学品〕,〔302 其他化工品〕	9	20	13		千克			19%	0	13
29339100	--阿普唑仑(INN)、卡马西泮(INN)、氯氮卓(INN)、氯硝西泮(INN)、氯拉卓酸、地洛西泮(INN)、地西泮(INN)、艾司唑仑(INN)、氯氟卓乙酯(INN)、氟地西泮(INN)、氟硝西泮(INN)、氟西泮(INN)、哈拉西泮(INN)、劳拉西泮(INN)、氯甲西泮(INN)、马吲哚(INN)、美达西泮(INN)、咪达唑仑(INN)、硝甲西泮(INN)、硝西泮(INN)、去甲西泮(INN)、奥沙西泮(INN)、匹那西泮(INN)、普拉西泮(INN)、吡咯戊酮(INN)、替马西泮(INN)、四氢西泮(INN)和三唑仑(INN)以及它们的盐										13
2933910011	阿普唑仑、卡马西泮、氯氮卓(以及它们的盐)〔999〕	6.5	20	13		千克	I		11.5%	0	
2933910012	氯硝西泮、氯拉卓酸、地洛西泮(以及它们的盐)〔999〕	6.5	20	13		千克	I		11.5%	0	
2933910013	地西泮、艾司唑仑、氯氟卓乙酯(以及它们的盐)〔999〕	6.5	20	13		千克	I		11.5%	0	
2933910014	氟地西泮、氟硝西泮、氟西泮(以及它们的盐)〔999〕	6.5	20	13		千克	I		11.5%	0	
2933910015	哈拉西泮、劳拉西泮、氯甲西泮(以及它们的盐)〔999〕	6.5	20	13		千克	I		11.5%	0	
2933910016	马吲哚、咪达唑仑、硝西泮(以及它们的盐)〔999〕	6.5	20	13		千克	I		11.5%	0	
2933910017	奥沙西泮、匹那西泮、普拉西泮(以及它们的盐)〔999〕	6.5	20	13		千克	I		11.5%	0	
2933910018	去甲西泮、三唑仑(以及它们的盐)〔999〕	6.5	20	13		千克	I		11.5%	0	
2933910021	硝甲西泮、美达西泮(以及它们的盐)〔999〕	6.5	20	13		千克	I		11.5%	0	
2933910022	吡咯戊酮、替马西泮、四氢西泮(以及它们的盐)〔999〕	6.5	20	13		千克	I		11.5%	0	
29339200	--甲基谷硫磷(ISO)										13
2933920000	甲基谷硫磷(ISO)〔999〕	6.5	20	13		千克				0	
29339900	--其他										
2933990011	抑芽丹、三唑磷、虫线磷、喹硫磷、唑啶草酮等(包括哒嗪硫磷、亚胺硫磷、氯亚胺硫磷、保棉磷、益棉磷、威菌磷)〔301 危险化学品,毒性物质〕,〔302 其他化工品〕	6.5	20	13		千克	S		31.5%	0	9,13
2933990012	氯唑磷、炔咪菊酯、吲哚酮草酯等(包括呋喃虫酰肼、唑蚜威、不育胺、虫螨腈、抗螨唑、四螨嗪)〔999〕	6.5	20	13		千克	S		31.5%	0	9,13
2933990013	多菌灵,苯菌灵,氰菌灵,麦穗宁,氟哒嗪草酯等(包括咪菌威,丙硫咗,氟氯菌核利,哒菌酮,拌种咯,杀草强)〔301 危险化学品,杂项物质〕,〔302 其他化工品〕	6.5	20	13		千克	S		31.5%	0	9,13
2933990014	三唑酮,醚草敏,三唑醇,唑草酮等(包括四氯喹噁啉,己唑醇,腈苯唑,亚胺唑,四氟醚唑,氟环唑)〔999〕	6.5	20	13		千克	S		31.5%	0	9,13

① 〔101 扑草灭颗粒剂〕,〔102 扑草灭(含量>80%)〕,〔103 西草净〕,〔104 莠灭净〕,〔105 敌草净〕
② 〔301 危险化学品,易燃固体〕,〔302 危险化学品,毒性物质〕,〔303 危险化学品,杂项物质〕,〔304 其他化工品〕

协定税率(%)																		特惠税率(%)			
智利	新西兰	澳大利亚	瑞士	冰岛	秘鲁	哥斯达	东盟	亚太	新加坡	巴基斯坦	港/澳/台	韩国	格鲁吉亚	毛里求斯	柬埔寨	尼加拉瓜	日/韩/澳/新/东 (RCEP)	亚太2国	老/柬/缅	LDC 98/97/95	Article Description
0	0	0	0	0	0	0	0			5	0/0/	0	0	0	0	0	4.7/4.6/4.6/4.6/4.6			0/0/0	---Other
0	0	0	0	0		0	5				0/0/		0	0	5	8.1	//5/5/5			0//	--6-Hexanolactam (epsilon-caprolactam)
0	0	0	0	0	0	0	0			0	0/0/	0	0	0	0	8.1	6.5/0/0/0/0			0/0/0	--Clobazam (INN) and methyprylon (INN)
0	0	0		0	0	0	0			0	0/0/	0	0	0	0	8.1	6.5/0/0/0/0			0/0/0	--Other lactams
0	0	0	0	0	0	0	0			5	0/0/	0	0	0	0	0	4.7/0/0/0/0			0/0/0	--Alprazolam (INN), camazepam (INN), chlordiazepoxide (INN), clonazepam (INN), clorazepate, delorazepam (INN), diazepam (INN), estazolam (INN), ethyl loflazepate (INN), fludiazepam (INN), flunitrazepam (INN), flurazepam (INN), halazepam (INN), lorazepam (INN), lormetazepam (INN), mazindol (INN), medazepam (INN), midazolam (INN), nimetazepam (INN), nitrazepam (INN), nordazepam (INN), oxazepam (INN), pinazepam (INN), prazepam (INN), pyrovalerone (INN), temazepam (INN), tetrazepam (INN) and triazolam (INN); salts thereof
0	0	0	2.6	0	0	0	0			0	0/0/	0	0	0	0	0	4.7/4.6/4.6/4.6/4.6			0/0/0	--Azinphos-methyl (ISO)
0	0	0	2.6	0	0	0	0			0	0/0/	0	0	0	0	0	4.7/4.6/4.6/4.6/4.6			0/0/0	--Other

商品编号	商品名称及备注[检验检疫编码及名称]	进口关税(%) 最惠国	进口关税(%) 普通	增值税率(%)	消费税	计量单位	监管条件	检验检疫类别	对美税率	出口税率(%)	出口退税率(%)
2933990015	苄氯三唑醇,戊菌唑,粉唑醇等(包括联苯三唑醇,腈菌唑,环丙唑醇,戊唑醇,氟硅唑)〔999〕	6.5	20	13		千克	S		31.5%	0	9,13
2933990016	环菌唑、叶菌唑、灭菌唑、种菌唑等(包括申嗪霉素、氟喹唑、哒螨灵、喹螨醚、氟草敏、氟咯草酮)〔999〕	6.5	20	13		千克	S		31.5%	0	9,13
2933990017	唑草酯,四环唑,噁草酸等(包括喹禾糠酯,哒草特,咯草隆,禾草敌,唑草胺,敌草快及其盐,氯草敏,丙硫菌唑,氯氟醚菌唑,烯唑醇)〔301 危险化学品,杂项物质〕,〔302 其他化工品〕	6.5	20	13		千克	S		31.5%	0	9,13
2933990018	氟胺草唑、氨唑草酮、三氟苯唑等(包括吲哚丁酸、溴莠敏、吲熟酯、三唑磺、四唑酰草胺)〔999〕	6.5	20	13		千克	S		31.5%	0	9,13
2933990019	多效唑、烯效唑、抑芽唑等(包括叶枯净、叶锈特、吡喃草酮、吲哚乙酸)〔999〕	6.5	20	13		千克	S		31.5%	0	9,13
2933990021	氯尼他秦〔999〕	6.5	20	13		千克	I		31.5%	0	13
2933990022	依托尼秦〔999〕	6.5	20	13		千克	I		31.5%	0	13
2933990023	普罗庚嗪、布桂嗪〔999〕	6.5	20	13		千克	I		31.5%	0	13
2933990030	扎莱普隆、唑吡坦(以及它们的盐)〔999〕	6.5	20	13		千克	I		31.5%	0	13
2933990040	齐帕特罗,2-(三氟甲基)-4-[(2R)-2-[(1R)-2,2,2-三氟-1-羟基乙基]-1-吡咯烷基]苯甲腈,3-甲基-4-[[(1R,2S)-1-[5-(4-氰基苯基)-1,3,4-口恶二唑-2-基]-2-羟基丙基]氨基]-2-氯苯甲腈〔999〕	6.5	20	13		千克	L		31.5%	0	13
2933990051	二甲基色胺、二乙基色胺〔999〕	6.5	20	13		千克	I		31.5%	0	13
2933990052	乙色胺、咯环利定〔999〕	6.5	20	13		千克	I		31.5%	0	13
2933990053	[1-(5-氟戊基)-1H-吲哚-3-基](2-碘苯基)甲酮{1-[(5-Fluoropentyl)-1H-indol-3-yl]-(2-odophenyl)methanone;CAS 号:335161-03-0}〔999〕	6.5	20	13		千克	I		31.5%	0	13
2933990054	1-(5-氟戊基)-3-(1-萘甲酰基)-1H-吲哚[1-(5-Fluoropentyl)-3-(1-naphthoyl)indole;CAS 号:335161-24-5]〔999〕	6.5	20	13		千克	I		31.5%	0	13
2933990055	1-戊基-3-(1-萘甲酰基)吲哚[1-Pentyl-3-(1-naphthoyl)indole;CAS 号:209414-07-3]〔999〕	6.5	20	13		千克	I		31.5%	0	13
2933990056	1-丁基-3-(1-萘甲酰基)吲哚[1-Butyl-3-(1-naphthoyl)indole;CAS 号:208987-48-8]〔999〕	6.5	20	13		千克	I		31.5%	0	13
2933990057	2-(2-甲氧基苯基)-1-(1-戊基-1H-吲哚-3-基)乙酮[2-(2-Methoxyphenyl)-1-(1-pentyl-1H-indol-3-yl)ethanone;CAS 号:864445-43-2]〔999〕	6.5	20	13		千克	I		31.5%	0	13
2933990058	二硝基甘脲(DNGU 或 DINGU)(CAS 号:55510-04-8)〔999〕	6.5	20	13		千克	3		31.5%	0	13
2933990059	1,4,5,8-四硝基-哒嗪并[4,5-d]哒嗪(TNP)(CAS 号:229176-04-9)〔999〕	6.5	20	13		千克	3		31.5%	0	13
2933990060	(环)四亚甲基四硝胺(俗名奥托金 HMX)〔999〕	6.5	20	13		千克	3k		31.5%	0	13
2933990070	(环)三亚甲基三硝基胺(俗名黑索金 RDX)〔999〕	6.5	20	13		千克	3k		31.5%	0	13
2933990080	丁羟咯酮(包括杀雄啉、杀雄嗪酸、双唑草腈、唑酮草酯)〔999〕	6.5	20	13		千克	S		31.5%	0	13
2933990091 暂0	阿托伐他汀钙〔999〕	6.5	20	13		千克			25%	0	13
2933990092 暂0	抗癌药原料(阿那曲唑、来曲唑、硼替佐米、替莫唑胺、帕米帕利)〔999〕	6.5	20	3		千克			25%	0	13
2933990093 暂0	维格列汀〔999〕	6.5	20	13		千克			25%	0	13
2933990095	全氟已基磺酸及其盐类和其相关化合物[仅含氮杂原子的杂环化合物(《禁止进口货物目录(第八批)》所列商品)]〔999〕	6.5	20	13		千克	89		31.5%	0	
2933990096	依他佐辛〔999〕	6.5	20	13		千克	I		31.5%	0	
2933990099	其他仅含氮杂原子的杂环化合物①	6.5	20	13		千克			31.5%	0	13
2934	**核酸及其盐,不论是否已有化学定义;其他杂环化合物:**										
29341010	---三苯甲基氨噻肟酸										
2934101000	三苯甲基氨噻肟酸〔999〕	6.5	20	13		千克				0	9,13
29341090	---其他										
2934109011	噻螨酮〔999〕	6.5	20	13		千克	S		31.5%	0	9,13
2934109012	噻唑膦、噻唑硫磷〔999〕	6.5	20	13		千克	S		31.5%	0	9,13
2934109013	噻唑烟酸、噻唑菌胺〔999〕	6.5	20	13		千克	S		31.5%	0	9,13
2934109014	氯噻啉、氟螨噻〔999〕	6.5	20	13		千克	S		31.5%	0	9,13
2934109015	噻菌灵,噻菌胺,噻丙腈(包括氟噻唑吡乙酮,氟烯线砜,异噻菌胺)〔999〕	6.5	20	13		千克	S		31.5%	0	9,13
2934109016	噻呋酰胺、噻虫胺、噻虫嗪、噻虫啉〔999〕	6.5	20	13		千克	S		31.5%	0	9,13
2934109017	辛噻酮、拌种灵〔999〕	6.5	20	13		千克	S		31.5%	0	9,13
2934109018	稻瘟灵〔999〕	6.5	20	13		千克	S		31.5%	0	9,13
2934109019	甲噻诱胺〔999〕	6.5	20	13		千克	S		31.5%	0	9,13
2934109091 暂0	达沙替尼〔999〕	6.5	20	3		千克			25%	0	13
2934109099	其他结构上含有非稠合噻唑环的化合物(非稠合噻唑环不论是否氢化)〔301 麦草净〕,〔302 2-氨基噻唑硫酸盐〕,〔303 2-氨基噻唑盐酸盐〕	6.5	20	13		千克			31.5%	0	13
29342000	-结构上含有一个苯并噻唑环系(不论是否氢化)的化合物,但未经进一步稠合的										

① 〔301 危险化学品,爆炸品〕,〔302 危险化学品,易燃液体〕,〔303 危险化学品,易燃固体〕,〔304 危险化学品,毒性物质〕,〔305 危险化学品,杂项物质〕,〔306 其他化工品,不用作食品添加剂〕,〔307 其他化工品,用作食品添加剂〕,〔308 危险化学品,用作食品添加剂〕

协定税率(%)																		特惠税率(%)			
智利	新西兰	澳大利亚	瑞士	冰岛	秘鲁	哥斯达	东盟	亚太	新加坡	巴基斯坦	港/澳/台	韩国	格鲁吉亚	毛里求斯	柬埔寨	尼加拉瓜	日/韩/澳/新/东(RCEP)	亚太2国	老/柬/缅	LDC 98/97/95	Article Description
																					Nucleic acids and their salts, whether or not chemically defined; Other heteroeyclic compounds:
0	0	0	0	0	0	0	0			5	0/0/	2.1	0	0	0	0	5.3/4.6/4.6/4.6/4.6			0/0/0	---Methoxyiminoacetic acid
0	0	0	0	0	0	0	0			5	0/0/	2.1	0	0	0	0	5.3/4.6/4.6/4.6/4.6			0/0/0	---Other
0	0	0	0	0	0	0	0			5	0/0/	0	0	0	0	0	4.7/4.6/0/0/0			0/0/0	-Compounds containing in the structure a benzothiazole ring-system (whether or not hydrogenated), not further fused

商品编号	商品名称及备注[检验检疫编码及名称]	进口关税(%) 最惠国	进口关税(%) 普通	增值税率(%)	消费税	计量单位	监管条件	检验检疫类别	对美税率	出口税率(%)	出口退税率(%)
2934200011	噻螨威、噻霉酮〔999〕	6.5	20	13		千克	S		26.5%	0	9,13
2934200012	苯噻硫氰〔999〕	6.5	20	13		千克	S		26.5%	0	9,13
2934200013	烯丙苯噻唑〔999〕	6.5	20	13		千克	S		26.5%	0	9,13
2934200014	草除灵〔999〕	6.5	20	13		千克	S		26.5%	0	9,13
2934200015	噻唑禾草灵〔999〕	6.5	20	13		千克	S		26.5%	0	9,13
2934200016	苯噻隆〔999〕	6.5	20	13		千克	S		26.5%	0	9,13
2934200017	甲基苯噻隆〔999〕	6.5	20	13		千克	S		26.5%	0	9,13
2934200018	苯噻酰草胺〔999〕	6.5	20	13		千克	S		26.5%	0	9,13
2934200019	苯噻菌酯〔999〕	6.5	20	13		千克	S		26.5%	0	9,13
2934200021 暂0	利鲁唑〔999〕	6.5	20	3		千克			20%	0	13
2934200022	毒氟磷、苯噻菌胺〔999〕	6.5	20	13		千克	S		26.5%	0	13
2934200090	其他含一个苯并噻唑环系的化合物〔999〕	6.5	20	13		千克			26.5%	0	13
29343000	-结构上含有一个吩噻嗪环系(不论是否氢化)的化合物,但未经进一步稠合的										13
2934300000	含一个吩噻嗪环系的化合物(吩噻嗪环系不论是否氢化,化合物未经进一步稠合的)〔999〕	6.5	20	13		千克			26.5%	0	
29349100	--阿米雷司(INN)、溴替唑仑(INN)、氯噻西泮(INN)、氯噁唑仑(INN)、右吗拉胺(INN)、卤噁唑仑(INN)、凯他唑仑(INN)、美索卡(INN)、噁唑仑(INN)、匹莫林(INN)、苯巴曲嗪(INN)、芬美曲嗪(INN)和舒芬太尼(INN)以及它们的盐										13
2934910011	阿米雷司、溴替唑仑、氯噻西泮(以及它们的盐)〔999〕	6.5	20	13		千克	I		11.5%	0	
2934910012	氯噁唑仑、卤沙(噁)唑仑(以及它们的盐)〔999〕	6.5	20	13		千克	I		11.5%	0	
2934910013	凯他唑仑、美索卡、奥沙(噁)唑仑(以及它们的盐)〔999〕	6.5	20	13		千克	I		11.5%	0	
2934910014	匹莫林、苯甲曲嗪、芬美曲嗪(以及它们的盐)〔999〕	6.5	20	13		千克	I		11.5%	0	
2934910020	右吗拉胺、舒芬太尼(以及它们的盐)〔999〕	6.5	20	13		千克	I		11.5%	0	
29349200	--其他芬太尼以及它们的衍生物										13
2934920010	硫代芬太尼、阿法甲基硫代芬太尼、3-甲基硫代芬太尼以及它们的盐〔999〕	6.5	20	13		千克	I		34%	0	
2934920090	其他芬太尼以及它们的衍生物〔999〕	6.5	20	13		千克			34%	0	
29349910	---磺内酯及磺内酰胺										13
2934991000	磺内酯及磺内酰胺〔999〕	6.5	30	13		千克			31.5%	0	
29349920	---呋喃唑酮										13
2934992000	呋喃唑酮〔999〕	6	20	13		千克	A	M/		0	
29349930	---核酸及其盐										13
2934993010	人类核酸及其盐〔999〕	6.5	35	13		千克	ABV		11.5%	0	
2934993090	其他核酸及其盐①	6.5	35	13		千克			11.5%	0	
29349940	---奈韦拉平、依发韦仑、利托那韦及它们的盐										13
2934994000	奈韦拉平、依发韦仑、利托那韦及它们的盐〔999〕	6.5	20	13		千克				0	
29349950	---克拉维酸及其盐										13
2934995000	克拉维酸及其盐〔999〕	6.5	20	13		千克				0	
29349960	---7-苯乙酰氨基-3-氯甲基-4-头孢烷酸对甲氧基苄酯、7-氨基头孢烷酸、7-氨基脱乙酰氧基头孢烷酸										13
2934996000	7-苯乙酰氨基-3-氯甲基-4-头孢烷酸对甲氧基苄酯、7-氨基头孢烷酸、7-氨基脱乙酰氧基头孢烷酸〔999〕	6	20	13		千克				0	
29349970	---6-氨基青霉烷酸(6-APA)										13
2934997000	6-氨基青霉烷酸(6-APA)〔999〕	4	20	13		千克				0	
29349990	---其他										
2934999001	核苷酸类食品添加剂〔301 无检疫要求食品添加剂〕,〔302 需申报仅用于工业用途不用于食品添加剂无检疫要求的化学品〕	6.5	20	13		千克	A	R/	34%	0	13
2934999010	噁草酮,氟噻草胺,活化酯,高效二甲吩草胺(包括吡噻菌胺)〔999〕	6.5	20	13		千克	S		34%	0	9,13
2934999021	噁唑磷,蔬果磷,茂硫磷,除害磷等(包括甲基吡噁磷,丁硫环磷,硫环磷,杀扑磷,伏杀硫磷,地胺磷)〔301 危险化学品,毒性物质〕,〔302 其他化工品〕	6.5	20	13		千克	S		34%	0	9,13
2934999022	环线威,杀虫环,杀虫钉,多噻烷等(包括甲基硫环磷,噻嗪酮,噁虫酮,茚虫威)〔999〕	6.5	20	13		千克	S		34%	0	9,13

① 〔103 动植物核酸〕,〔104 动植物相关致病微生物核酸〕,〔105 动植物相关非致病微生物核酸〕,〔401《人间传染的病原微生物名录》内一类病原微生物的核酸(两用物项管制遗传物质除外)〕,〔402《人间传染的病原微生物名录》内二类病原微生物的核酸(两用物项管制遗传物质除外)〕,〔403《人间传染的病原微生物名录》内三类病原微生物的核酸(两用物项管制遗传物质除外)〕,〔404《人间传染的病原微生物名录》内四类病原微生物的核酸〕,〔405 新发传染病或名录外再现传染病病原微生物的核酸〕,〔406 其他人类医学、生命科学研究用〕,〔407 其他化工产品〕

协定税率(%)																		特惠税率(%)			
智利	新西兰	澳大利亚	瑞士	冰岛	秘鲁	哥斯达	东盟	亚太	新加坡	巴基斯坦	港/澳/台	韩国	格鲁吉亚	毛里求斯	柬埔寨	尼加拉瓜	日/韩/澳/新/东(RCEP)	亚太2国	老/柬/缅	LDC 98/97/95	Article Description
0	0	0	0	0	0	0	0			5	0/0/	0	0	0	0	0	4.7/0/0/0/0			0/0/0	-Compounds containing in the structure a phenothiazine ring-system (whether or not hydrogenated), not further fused
0	0	0	0	0	0	0	0			5	0/0/	0	0	0	0	0	4.7/0/0/0/0			0/0/0	--Aminorex (INN), brotizolam (INN), clotiazepam (INN), cloxazolam (INN), dextromoramide (INN), haloxazolam (INN), ketazolam (INN), mesocarb (INN), oxazolam (INN), pemoline (INN), phendimet razine (INN), phenmetrazine (INN) and sufentanil (INN); salts thereof
0	0	0	0	0	0	0	0			0	0/0/	0	0	0	0	0	4.7/4.6/4.6/4.6/4.6			0/0/0	--Other fentanyls and their derivatives
0	0	0	0	0	0	0	0			5	0/0/	0	0	0	0	0	4.7/0/0/0/0			0/0/0	---Sultones and sultams
0	0	0		0	0	0	0	4.8		5	0/0/	0	0	0	0	0	4.4/0/0/0/0			0/0/0	---Furazolidone
0	0	0	0	0	0	0	0			2.5	0/0/	0	0	0	0	0	4.7/0/0/0/0			0/0/0	---Nucleic acids and their salts
0	0	0	0	0	0	0	0			5	0/0/	0	0	0	0	0	4.7/0/0/0/0			0/0/0	---Nevirapine, efavirenz, ritonavir and their salts
0	0	0	0	0	0	0	0			5	0/0/	0	0	0	0	0	4.7/0/0/0/0			0/0/0	---Clavulanic acid and its salts
0	0	0	0	0	0	0	0	5		0	0/0/	0	0	0	0	0	0/0/0/0/0			0/0/0	---4-methoxybenzyl 3-chloromethyl-7-(2-phenylacetamido)-3-cephem-4-carboxylate, 7-aminocephalosporianic acid, 7-aminodeacetoxycephalosporanic acid
0	0	0	0	0	0	0	0			0	0/0/	0	0	0	0	0	0/0/0/0/0			0/0/0	---6-Aminopenicillanic acid
0	0	0	0	0	0	0	0			0	0/0/	0	0	0	0	0	4.7/4.6/4.6/4.6/4.6			0/0/0	---Other

商品编号	商品名称及备注[检验检疫编码及名称]	进口关税(%)		增值税率(%)	消费税	计量单位	监管条件	检验检疫类别	对美税率	出口税率(%)	出口退税率(%)
		最惠国	普通								
2934999023	噁唑禾草灵，毒鼠硅，噻鼠灵等(包括福拉比，噻节因，糠菌唑，精噁唑禾草灵，砜吡草唑，氟吡呋喃酮，氟嘧菌酯，硅噻菌胺，糠氨基嘌呤，双丙环虫酯)〔301 危险化学品，毒性物质〕，〔302 其他化学品〕	6.5	20	13		千克	S		34%	0	9,13
2934999024	代森硫，代森环，氟吗啉，咯菌腈等(包括稻瘟酯，烯酰吗啉，噻菌腈，土菌灵，噁霜灵，噁霉灵)〔999〕	6.5	20	13		千克	S		34%	0	9,13
2934999025	噻森铜、丙环唑、乙环唑等(包括口恶唑菌酮、金核霉素、呋菌唑、叶枯唑、呋醚唑、苯醚甲环唑)〔999〕	6.5	20	13		千克	S		34%	0	9,13
2934999026	嗪草酸，噻氟隆，丁噻隆，异噁隆等(包括噻苯隆，磺噻隆，噁唑隆，异噁草醚，噻吩草胺，二甲吩草胺)〔999〕	6.5	20	13		千克	S		34%	0	9,13
2934999027	苯草灭，灭草松，灭草唑等(包括异噁草松，噁嗪草酮，环苯草酮，丙炔氟草胺)〔999〕	6.5	20	13		千克	S		34%	0	9,13
2934999028	丙炔噁草酮，噻草酮等(包括糠氨基嘌呤，苯螨噻，异噁酰草胺，异噁唑草酮)〔999〕	6.5	20	13		千克	S		34%	0	9,13
2934999029	噻唑锌(包括噻菌茂、硅丰环)〔999〕	6.5	20	13		千克	S		34%	0	9,13
2934999031	多抗霉素、灰瘟素〔301 危险化学品，毒性物质〕，〔302 其他化工品〕	6.5	20	13		千克	S		34%	0	9,13
2934999032	三环唑、氧环唑〔999〕	6.5	20	13		千克	S		34%	0	9,13
2934999033	灭螨猛、克杀螨、螨蜱胺〔301 危险化学品，杂项物质〕，〔302 其他化工品〕	6.5	20	13		千克	S		34%	0	9,13
2934999034	二氰蒽醌、吗菌威〔101 二噻农〕，〔102 二噻农乳剂(含量>50%)〕	6.5	20	13		千克	S		34%	0	9,13
2934999035	十二环吗啉、十三吗啉〔999〕	6.5	20	13		千克	S		34%		9,13
2934999036	杀螺吗啉、丁苯吗啉〔101 蜗螺净粉剂、颗粒剂〕，〔102 蜗螺净乳剂〕	6.5	20	13		千克	S		34%	0	9,13
2934999037	喹菌酮、肼菌酮〔999〕	6.5	20	13		千克	S		34%	0	9,13
2934999038	萎锈灵、氧化萎锈灵〔999〕	6.5	20	13		千克	S		34%	0	9,13
2934999039	棉隆、乙烯菌核利〔999〕	6.5	20	13		千克	S		34%	0	9,13
2934999041	环酯草醚〔999〕	6.5	20	13		千克	S		34%	0	9,13
2934999042	噻菌铜〔999〕	6.5	20	13		千克	S		34%	0	9,13
2934999043	苯唑草酮〔999〕	6.5	20	13		千克	S		34%	0	9,13
2934999044	丁吡吗啉〔999〕	6.5	20	13		千克	S		34%	0	9,13
2934999045	环戊噁草酮〔999〕	6.5	20	13		千克	S		34%	0	13
2934999046	异噁唑虫酰胺〔999〕	6.5	20	13		千克	S		34%	0	13
2934999050	噁唑酰草胺(包括环氧虫啶、噻嗯菊酯、双苯噁唑酯、乙螨唑、异噁氯草酮、唑啉草酯)〔999〕	6.5	20	13		千克	S		34%	0	9,13
2934999063	甲米雷司、替诺环定、二乙噻丁、二甲噻丁、吗苯丁酯、乙甲噻丁、呋替啶、左吗拉胺、吗拉胺中间体、吗哌利定、苯吗庚酮、消旋吗拉胺，以及它们的盐；亚甲基二氧吡咯戊酮(CAS 号：687603-66-3)〔999〕	6.5	20	13		千克	I		34%	0	13
2934999064	泰吉利定、地达西尼〔999〕	6.5	20	13		千克	I		34%	0	
2934999076[暂0]	抗癌药原料(呋喹替尼)〔999〕	6.5	20	3		千克			27.5%	0	13
2934999081	氨基二硝基苯并氧化呋咱或 7-氨基-4，6-硝基苯并呋咱-1-氧化物(ADNBF)(CAS 号：97096-78-1)〔999〕	6.5	20	13		千克	3		34%	0	13
2934999082	二氨基氧化偶氮呋咱(DAAOF 或 DAAF)(CAS 号：78644-89-0)〔999〕	6.5	20	13		千克	3		34%	0	13
2934999083	二氨基偶氮呋咱(DAAzF)(CAS 号：78644-90-3)〔999〕	6.5	20	13		千克	3		34%	0	13
2934999091[暂0]	抗癌药原料(地西他滨、氟脲苷、环磷酰胺、吉非替尼、卡培他滨、雷替曲塞、磷酸氟达拉滨、替加氟、盐酸阿糖胞苷、盐酸吉西他滨、盐酸埃克替尼、异环磷酰胺)〔999〕	6.5	20	3		千克			27.5%	0	13
2934999092[暂0]	抗癌药原料(阿糖胞苷)〔999〕	6.5	20	3		千克			27.5%	0	13
2934999093	全氟己基磺酸及其盐类和其相关化合物[其他杂环化合物(《禁止进口货物目录(第八批)》所列商品)]〔999〕	6.5	20	13		千克	89		34%	0	
2934999094	奥赛利定、苏沃雷生〔999〕	6.5	20	13		千克	I		34%	0	
2934999099	其他杂环化合物①	6.5	20	13		千克			34%	0	13
2935	**磺(酰)胺：**										
29351000	-N-甲基全氟辛基磺酰胺										
2935100000	N-甲基全氟辛基磺酰胺〔999〕	6.5	35	13		千克	89			0	9,13
29352000	-N-乙基全氟辛基磺酰胺										
2935200000	N-乙基全氟辛基磺酰胺〔999〕	6.5	35	13		千克	89			0	9,13
29353000	-N-乙基-N-(2-羟乙基)全氟辛基磺酰胺										
2935300000	N-乙基-N-(2-羟乙基)全氟辛基磺酰胺〔999〕	6.5	35	13		千克	89			0	9,13
29354000	-N-(2-羟乙基)-N-甲基全氟辛基磺酰胺										
2935400000	N-(2-羟乙基)-N-甲基全氟辛基磺酰胺〔999〕	6.5	35	13		千克	89			0	9,13
29355000	-其他全氟辛基磺酰胺										13
2935500000	其他全氟辛基磺酰胺〔999〕	6.5	35	13		千克				0	
29359000	-其他										

① 〔301 危险化学品，易燃液体〕，〔302 危险化学品，易燃固体〕，〔303 危险化学品，毒性物质〕，〔304 危险化学品，腐蚀性物质〕，〔305 其他化工品〕

协定税率(%)																		特惠税率(%)			Article Description
智利	新西兰	澳大利亚	瑞士	冰岛	秘鲁	哥斯达	东盟	亚太	新加坡	巴基斯坦	港/澳/台	韩国	格鲁吉亚	毛里求斯	柬埔寨	尼加拉瓜	日/韩/澳/新/东 (RCEP)	亚太2国	老/柬/缅	LDC 98/97/95	
																					Sulphonamides:
0	0	0	2.6	0	0	0	0			0	0/0/	0	0	0	0	0	4.7/0/0/0/0			0/0/0	-N-Methylperfluorooctane sulphonamide
0	0	0	2.6	0	0	0	0			0	0/0/	0	0	0	0	0	4.7/0/0/0/0			0/0/0	-N-Ethylperfluorooctane sulphonamide
0	0	0	2.6	0	0	0	0			0	0/0/	0	0	0	0	0	4.7/0/0/0/0			0/0/0	-N-Ethyl-N-(2-hydroxyethyl) perfluorooctane sulphonamide
0	0	0	2.6	0	0	0	0			0	0/0/	0	0	0	0	0	4.7/0/0/0/0			0/0/0	-N-(2-Hydroxyethyl)-N-methylperfluorooctane sulphonamide
0	0	0	2.6	0	0	0	0			0	0/0/	0	0	0	0	0	4.7/0/0/0/0			0/0/0	-Other perfluorooctane sulphonamides
0	0	0	2.6	0	0	0	0			0	0/0/	0	0	0	0	0	4.7/0/0/0/0			0/0/0	-Other

商品编号	商品名称及备注[检验检疫编码及名称]	进口关税(%)		增值税率(%)	消费税	计量单位	监管条件	检验检疫类别	对美税率	出口税率(%)	出口退税率(%)
		最惠国	普通								
2935900011	氟唑磺隆、氟吡磺隆、磺酰磺隆、氯酯磺草胺等(包括甲酰氨基嘧磺隆、乙氧磺隆、氯磺隆、甲磺隆、苯磺隆、胺苯磺隆)〔999〕	6.5	35	13		千克	S		26.5%	0	9,13
2935900012	醚苯磺隆,噻吩磺隆及其酸,醚磺隆,氟啶嘧磺隆等(包括氟胺磺隆,氟磺隆,甲嘧磺隆,氯嘧磺隆,氟嘧磺隆)〔999〕	6.5	35	13		千克	S		26.5%	0	9,13
2935900013	苄嘧磺隆、吡嘧磺隆、烟嘧磺隆、双氯磺草胺等(包括啶嘧磺隆、砜嘧磺隆、唑嘧磺隆)〔999〕	6.5	35	13		千克	S		26.5%	0	9,13
2935900014	四唑嘧磺隆、唑吡嘧磺隆、三氟甲磺隆等(包括氯吡嘧磺隆、酰嘧磺隆、环丙嘧磺隆、甲基二磺隆)〔999〕	6.5	35	13		千克	S		26.5%	0	9,13
2935900015	氟磺酰草胺、甲磺草胺、嘧苯胺磺隆等(包括唑嘧磺草胺、双氟磺草胺、五氟磺草胺)〔999〕	6.5	35	13		千克	S		26.5%	0	9,13
2935900016	氟磺胺草醚,磺草灵,吲唑磺菌胺等(包括单嘧磺酯,磺草唑胺,三氟啶磺隆钠盐,丙嗪嘧磺隆,单嘧磺隆,氟酮磺草胺,嗪吡嘧磺隆)〔999〕	6.5	35	13		千克	S		26.5%	0	9,13
2935900017	磺草膦、氨磺乐灵、三氟啶磺隆、啶磺草胺等(包括甲基碘磺隆钠盐)〔999〕	6.5	35	13		千克	S		26.5%	0	9,13
2935900018	磺菌胺、增糖胺等(包括甲苯氟磺胺、氟虫胺)〔999〕	6.5	35	13		千克	S		26.5%	0	9,13
2935900019	畜蜱磷、伐灭磷、地散磷等(包括磺菌威、氰霜唑)〔301 危险化学品,毒性物质〕,〔302 危险化学品,杂项物质〕,〔303 其他化工品〕	6.5	35	13		千克	S		26.5%	0	9,13
2935900020	环氧嘧磺隆〔999〕	6.5	35	13		千克	S		26.5%	0	9,13
2935900031	苯嘧磺草胺〔999〕	6.5	35	13		千克	S		26.5%	0	9,13
2935900032	噻酮磺隆〔999〕	6.5	35	13		千克	S		26.5%	0	9,13
2935900033	磺胺嘧啶〔999〕	6.5	35	13		千克			26.5%	0	13
2935900034	磺胺双甲基嘧啶〔999〕	6.5	35	13		千克			26.5%	0	13
2935900035	磺胺甲噁唑(磺胺甲基异噁唑、新诺明、新明磺)〔999〕	6.5	35	13		千克			26.5%		13
2935900036 暂0	波生坦〔999〕	6.5	35	3		千克			20%	0	13
2935900037	全氟己基磺酸及其盐类和其相关化合物[磺酰胺化合物(《禁止进口货物目录(第八批)》所列商品)]〔999〕	6.5	35	13		千克	89		26.5%	0	
2935900038	全氟辛酸的盐类和相关化合物(PFOA 类)〔999〕	6.5	35	13		千克	X		26.5%	0	
2935900090	其他磺(酰)胺〔301 危险化学品,易燃固体〕,〔302 危险化学品,毒性物质〕,〔303 其他化工品〕	6.5	35	13		千克			26.5%	0	13
2936	**天然或合成再制的维生素原和维生素(包括天然浓缩物)及其主要用作维生素的衍生物,上述产品的混合物,不论是否溶于溶剂:**										
29362100	--维生素 A 及其衍生物										13
2936210000	未混合的维生素 A 及其衍生物(不论是否溶于溶剂)①	4	20	13		千克	A	R/	29%	0	
29362200	--维生素 B_1 及其衍生物										13
2936220000	未混合的维生素 B_1 及其衍生物(不论是否溶于溶剂)②	4	20	13		千克	A	R/	29%	0	
29362300	--维生素 B_2 及其衍生物										13
2936230000	未混合的维生素 B_2 及其衍生物(不论是否溶于溶剂)③	4	20	13		千克	A	R/	29%	0	
29362400	--D 或 DL-泛酸(维生素 B_5)及其衍生物										13
2936240000	D 或 DL-泛酸(维生素 B_5)及其衍生物(不论是否溶于溶剂)④	4	20	13		千克	A	R/	29%	0	
29362500	--维生素 B_6 及其衍生物										13
2936250000	未混合的维生素 B_6 及其衍生物(不论是否溶于溶剂)⑤	4	20	13		千克	A	R/	24%	0	
29362600	--维生素 B_{12} 及其衍生物										13
2936260000	未混合的维生素 B_{12} 及其衍生物(不论是否溶于溶剂)⑥	4	20	13		千克	A	R/	29%	0	
29362700	--维生素 C 及其衍生物										13
2936270010	未混合的维生素 C 原粉(不论是否溶于溶剂)〔301 无检疫要求食品添加剂〕,〔302 需申报仅用于工业用途不用于食品添加剂无检疫要求的化学品〕	4	20	13		千克	A	R/	24%	0	
2936270020	未混合的维生素 C 钙、维生素 C 钠(不论是否溶于溶剂)⑦	4	20	13		千克	A	R/	24%	0	
2936270030	颗粒或包衣维生素 C(不论是否溶于溶剂)⑧	4	20	13		千克	A	R/	24%	0	
2936270090	维生素 C 酯类及其他(不论是否溶于溶剂)⑨	4	20	13		千克	A	R/	24%	0	
29362800	--维生素 E 及其衍生物										13

① 〔101 饲料添加剂〕,〔301 危险化学品,用作食品添加剂〕,〔302 危险化学品,不用作食品添加剂〕,〔303 其他化工品,用作食品添加剂〕,〔304 其他化工品,不用作食品添加剂〕

② 〔101 饲料添加剂〕,〔301 维生素 B_1(无检疫要求食品添加剂)〕,〔302 盐酸硫胺素(无检疫要求食品添加剂)〕,〔303 需申报仅用于工业用途不用于食品添加剂无检疫要求的化学品〕

③ 〔101 饲料添加剂〕,〔301 维生素 B_2(无检疫要求食品添加剂)〕,〔302 核黄素 5'-磷酸钠(无检疫要求食品添加剂)〕,〔303 需申报仅用于工业用途不用于食品添加剂无检疫要求的化学品〕

④ 〔101 饲料添加剂〕,〔301 维生素 D2(无检疫要求食品添加剂)〕,〔302 烟酸(无检疫要求食品添加剂)〕,〔303 烟酰胺(无检疫要求食品添加剂)〕,〔304 泛酸(无检疫要求食品添加剂)〕,〔305 泛酸钙(无检疫要求食品添加剂)〕,〔306 需申报仅用于工业用途不用于食品添加剂无检疫要求的化学品〕

⑤ 〔101 饲料添加剂〕,〔301 危险化学品,用作食品添加剂〕,〔302 危险化学品,不用作食品添加剂〕,〔303 其他化工品,用作食品添加剂〕,〔304 其他化工品,不用作食品添加剂〕

⑥ 〔101 饲料添加剂〕,〔301 危险化学品,用作食品添加剂〕,〔302 危险化学品,不用作食品添加剂〕,〔303 其他化工品,用作食品添加剂〕,〔304 其他化工品,不用作食品添加剂〕

⑦ 〔103 化工产品〕,〔301 抗坏血酸钙(无检疫要求食品添加剂)〕,〔302 抗坏血酸钠(无检疫要求食品添加剂)〕,〔303 需申报仅用于工业用途不用于食品添加剂无检疫要求的化学品〕

⑧ 〔301 无检疫要求食品添加剂〕,〔302 需申报仅用于工业用途不用于食品添加剂无检疫要求的化学品〕,〔999 其他化工产品〕

⑨ 〔101 饲料添加剂〕,〔301 危险化学品,用作食品添加剂〕,〔302 危险化学品,不用作食品添加剂〕,〔303 其他化工品,不用作食品添加剂〕,〔304 其他化工品,用作食品添加剂〕

协定税率(%)																		特惠税率(%)			Article Description
智利	新西兰	澳大利亚	瑞士	冰岛	秘鲁	哥斯达	东盟	亚太	新加坡	巴基斯坦	港/澳/台	韩国	格鲁吉亚	毛里求斯	柬埔寨	尼加拉瓜	日/韩/澳/新/东 (RCEP)	亚太2国	老/柬/缅	LDC 98/97/95	
																					Provitamins and vitamins, natural or reproduced by synthesis (including natural concentrates), derivatives thereof used primarily as vitamins, and intermixtures of the foregoing, whether or not in any solvent:
0	0	0	1.6	0	0	0	0			0	0/0/	0	0	0	0	0	2.9/0/0/0/0			0/0/0	--Vitamins A and their derivatives
0	0	0	0	0	0	0	0			0	0/0/	0	0	0	0	0	0/0/0/0/0			0/0/0	--Vitamin B_1 and its derivatives
0	0	0	0	0	0	0	0			0	0/0/	0	0	0	0	0	0/0/0/0/0			0/0/0	--Vitamin B_2 and its derivatives
0	0	0	0	0	0	0	0			0	0/0/	0	0	0	0	0	0/0/0/0/0			0/0/0	--D-or DL-Pantothenic acid (Vitamin B_5) and its derivatives
0	0	0	0	0	0	0	0			0	0/0/	0	0	0	0	0	0/0/0/0/0			0/0/0	--Vitamin B_6 and its derivatives
0	0	0	0	0	0	0	0			0	0/0/	0	0	0	0	0	2.9/0/0/0/0			0/0/0	--Vitamin B_{12} and its derivatives
0	0	0	0	0	0	0	0			0	0/0/	0	0	0	0	0	0/0/0/0/0			0/0/0	--Vitamin C and its derivatives
0	0	0	0	0	0	0	0			0	0/0/	0	0	0	0	0	2.9/0/0/0/0			0/0/0	--Vitamin E and its derivatives

商品编号	商品名称及备注[检验检疫编码及名称]	进口关税(%)		增值税率(%)	消费税	计量单位	监管条件	检验检疫类别	对美税率	出口税率(%)	出口退税率(%)
		最惠国	普通								
2936280000	未混合的维生素 E 及其衍生物(不论是否溶于溶剂)①	4	20	13		千克	A	R/	14%	0	
29362900	--其他维生素及其衍生物										13
2936290000	其他未混合的维生素及其衍生物(不论是否溶于溶剂)②	4	20	13		千克	A	R/	14%	0	
29369010	---维生素 AD_3										13
2936901000	维生素 AD_3(包括天然浓缩物,不论是否溶于溶剂)〔101 饲料添加剂〕,〔102 具有保健食品批准文号〕,〔103 无检疫要求食品添加剂〕	4	20	13		千克	A	R/		0	
29369090	---其他										13
2936909000	维生素原、混合维生素原、其他混合维生素及其衍生物(包括天然浓缩物,不论是否溶于溶剂)③	4	20	13		千克	A	R/	14%	0	
2937	**天然或合成再制的激素、前列腺素、血栓烷、血细胞三烯及其衍生物和结构类似物,包括主要用作激素的改性链多肽:**										
29371100	--生长激素及其衍生物和结构类似物										13
2937110010	生长激素(GH)〔999〕	4	20	13		千克	L			0	
2937110020	其他《兴奋剂目录》所列蛋白同化制剂和肽类激素〔999〕	4	20	13		千克	L			0	
2937110090	生长激素的衍生物和结构类似物〔999〕	4	20	13		千克				0	
29371210	---重组人胰岛素及其盐										13
2937121000[暂0]	重组人胰岛素及其盐〔401 治疗人类疾病用〕,〔402 人类医学、生命科学研究用〕	4	20	13		千克	L			0	
29371290	---其他										13
2937129000[暂0]	其他胰岛素及其盐〔999〕	4	20	13		千克	L		25%	0	
29371900	--其他										13
2937190013	绒促性素、促黄体生成素等[包括生长激素释放肽类(GHRPs)、普拉莫瑞林(生长激素释放肽-2)、CJC-1295(CAS 号:863288-34-0)、生长激素释放肽-6、生长激素释放激素及其类似物、生长激素促分泌剂]〔999〕	4	20	13		千克	L		29%	0	
2937190015	促皮质素类等肽类激素(包括艾瑞莫瑞林、布舍瑞林、可的瑞林、海沙瑞林、伊莫瑞林、舍莫瑞林、替莫瑞林、戈那瑞林、葛瑞林(脑肠肽)及葛瑞林模拟物类)〔999〕	4	20	13		千克	L		29%	0	
2937190016	亮丙瑞林〔999〕	4	20	13		千克	L		29%	0	
2937190017	其他《兴奋剂目录》所列蛋白同化制剂和肽类激素〔999〕	4	20	13		千克	L		29%	0	
2937190091[暂0]	醋酸曲普瑞林〔999〕	4	20	3		千克	L		25%	0	
2937190093	卵泡抑素〔999〕	4	20	13		千克	L		29%	0	
2937190099	其他多肽激素及衍生物和结构类似物(包括蛋白激素、糖蛋白激素及其衍生物和结构类似物)〔301 其他化工产品〕,〔401 治疗人类疾病用〕,〔402 人类医学、生命科学研究用〕	4	20	13		千克	Q		29%	0	
29372100	--可的松、氢化可的松、脱氢可的松及脱氢皮质醇										13
2937210000	可的松、氢化可的松等[包括脱氢皮(质甾)醇]〔999〕	4	20	13		千克	Q			0	
29372210	---地塞米松										13
2937221000	地塞米松〔999〕	4	30	13		千克	Q			0	
29372290	---其他										13
2937229000	其他肾上腺皮质激素的卤化衍生物〔999〕	4	30	13		千克	Q		29%	0	
29372311	----孕马结合雌激素										13
2937231100	孕马结合雌激素〔999〕	4	30	13		千克	Q			0	
29372319	----其他										13
2937231910[暂0]	福美坦〔999〕	4	30	3		千克	Q			0	
2937231990	其他动物源雌(甾)激素和孕激素〔999〕	4	30	13		千克	Q			0	
29372390	---其他										13
2937239010	泽仑诺、孕三烯酮、替勃龙(包括四氢孕三烯酮)〔999〕	4	30	13		千克	L		29%	0	
2937239090	其他雌(甾)激素及孕激素〔999〕	4	30	13		千克	Q		29%	0	
29372900	--其他										13
2937290011	1-雄烯二醇;1-雄烯二酮{包括雄甾-4-烯-3β, 17α-二醇[4-雄烯二醇(3β, 17α)];雄甾-5-烯-3β, 17α-二醇[5-雄烯二醇(3β, 17α)]}〔999〕	4	30	13		千克	L		29%	0	
2937290012	4-雄烯二醇;5-雄烯二酮{包括 5α-雄烷-3α, 17β-二醇[雄烷二醇(3α, 17β)];5α-雄烷-3β, 17α-二醇[雄烷二醇(3β, 17α)];勃拉睾酮;5β-雄烷-3α, 17β-二醇[5β-雄烷二醇(3α, 17β)]}〔999〕	4	30	13		千克	L		29%	0	
2937290013	勃地酮、卡芦睾酮(包括氯司替勃、甲基氯司替勃)〔999〕	4	30	13		千克	L		29%	0	

① 〔101 饲料添加剂〕,〔102 具有保健食品批准文号〕,〔301 危险化学品,用作食品添加剂〕,〔302 危险化学品,不用作食品添加剂〕,〔303 其他化工品,用作食品添加剂〕,〔304 其他化工品,不用作食品添加剂〕

② 〔101 饲料添加剂〕,〔301 危险化学品,用作食品添加剂〕,〔302 危险化学品,不用作食品添加剂〕,〔303 其他化工品,用作食品添加剂〕,〔304 其他化工品,不用作食品添加剂〕

③ 〔101 饲料添加剂〕,〔102 具有保健食品批准文号〕,〔301 叶酸(无检疫要求食品添加剂)〕,〔302 需申报仅用于工业用途不用于食品添加剂无检疫要求的化学品〕

协定税率(%)																		特惠税率(%)			Article Description
智利	新西兰	澳大利亚	瑞士	冰岛	秘鲁	哥斯达	东盟	亚太	新加坡	巴基斯坦	港/澳/台	韩国	格鲁吉亚	毛里求斯	柬埔寨	尼加拉瓜	日/韩/澳/新/东(RCEP)	亚太2国	老/柬/缅	LDC 98/97/95	
0	0	0	0	0	0	0	0			0	0/0/	0	0	0	0	0	2.9/0/0/0/0			0/0/0	--Other vitamins and their derivatives
0	0	0	0	0	0	0	0			0	0/0/	0	0	0	0	0	2.9/0/0/0/0			0/0/0	---Vitamin AD_3
0	0	0	0	0	0	0	0			0	0/0/	0	0	0	0	0	2.9/0/0/0/0			0/0/0	---Other, including natural concentrates
																					Hormones, prostaglandins, thromboaxnes and leukotrienes, natural or reproduced by synthesis; derivatives and structural analogues thereof, including chain modified polypeptides, used pri-marily as hormones:
0	0	0	0	0	0	0	0			0	0/0/	0	0	0	0	0	0/0/0/0/0			0/0/0	--Somatotropin, its derivatives and structural analogues
0	0	0	0	0	0	0	0			0	0/0/	0	0	0	0	0	0/0/0/0/0			0/0/0	---Recombinant human insulin and its salts
0	0	0	0	0	0	0	0			0	0/0/	0	0	0	0	0	0/0/0/0/0			0/0/0	---Other
0	0	0	0	0	0	0	0			0	0/0/	0	0	0	0	0	2.9/0/0/0/0			0/0/0	--Other
0	0	0	0	0	0	0	0			0	0/0/	0	0	0	0	0	0/0/0/0/0			0/0/0	--Cortisone, hydrocortisone, prednisone (dehydrocortisone) and prednisolone (dehydrohydrocortisone)
0	0	0	0	0	0	0	0			0	0/0/	0	0	0	0	0	0/0/0/0/0			0/0/0	---Dexamethasone
0	0	0	0	0	0	0	0			0	0/0/	0	0	0	0	0	0/0/0/0/0			0/0/0	---Other
0	0	0	0	0	0	0	0			0	0/0/	0	0	0	0	0	0/0/0/0/0			0/0/0	----Progesterone conjugated equine estrogen
0	0	0	0	0	0	0	0			0	0/0/	0	0	0	0	0	0/0/0/0/0			0/0/0	----Other
0	0	0	0	0	0	0	0			0	0/0/	0	0	0	0	0	0/0/0/0/0			0/0/0	---Other
0	0	0	0	0	0	0	0			0	0/0/	0	0	0	0	0	0/0/0/0/0			0/0/0	--Other

商品编号	商品名称及备注[检验检疫编码及名称]	进口关税(%) 最惠国	进口关税(%) 普通	增值税率(%)	消费税	计量单位	监管条件	检验检疫类别	对美税率	出口税率(%)	出口退税率(%)
2937290014	达那唑、去氢氯甲睾酮(包括普拉睾酮、去氧甲睾酮)〔999〕	4	30	13		千克	L		29%	0	
2937290015	双氢睾酮、屈他雄酮(包括表双氢睾酮、乙雌烯醇、氟甲睾酮、甲酰勃龙)〔999〕	4	30	13		千克	L		29%	0	
2937290016	夫拉扎勃(包括4-羟基睾酮)〔999〕	4	30	13		千克	L		29%	0	
2937290017	美雄诺龙、美睾酮、美雄酮(包括甲基屈他雄酮)〔999〕	4	30	13		千克	L		29%	0	
2937290018	甲基-1-睾酮、甲睾酮、甲诺睾酮(包括甲二烯诺龙、去甲雄酮)〔999〕	4	30	13		千克	L		29%	0	
2937290019	美替诺龙、美雄醇(包括美曲勃龙)〔999〕	4	30	13		千克	L		29%	0	
2937290021	米勃酮、诺龙、诺勃酮、诺司替勃(包括19-去甲雄烯二酮、诺乙雄龙)〔999〕	4	30	13		千克	L		29%	0	
2937290022	19-去甲本胆烷醇酮(包括羟勃龙、氧雄龙)〔999包括羟勃龙;氧雄龙〕	4	30	13		千克	L		29%	0	
2937290023	羟甲睾酮、羟甲烯龙(包括前列他唑)〔999〕	4	30	13		千克	L		29%	0	
2937290024	奎勃龙、司坦唑醇、司腾勃龙(包括1-睾酮、睾酮、群勃龙)〔999〕	4	30	13		千克	L		29%	0	
2937290025	7α-羟基-普拉睾酮〔999〕	4	30	13		千克	L		29%	0	
2937290026	7β-羟基-普拉睾酮〔999〕	4	30	13		千克	L		29%	0	
2937290027	7-羰基-普拉睾酮〔999〕	4	30	13		千克	L		29%	0	
2937290028	胆烷醇酮〔999〕	4	30	13		千克	L		29%	0	
2937290031	雄甾-5-烯-3β,17β-二醇〔5-雄烯二醇(3β, 17β)〕〔999〕	4	30	13		千克	L		29%	0	
2937290032	雄甾-4-烯-3,17-二酮(4-雄烯二酮)〔999〕	4	30	13		千克	L		29%	0	
2937290034	雄酮〔999〕,〔999〕	4	30	13		千克	L		29%	0	
2937290035	1,4-雄烯二酮(雄甾-1,4-二烯-3,17-二酮)〔999〕	4	30	13		千克	L		29%		
2937290036	其他《兴奋剂目录》所列同化制剂和肽类激素〔999〕	4	30	13		千克	L		29%	0	
2937290091[暂0]	依西美坦〔999〕	4	30	3		千克	Q		25%	0	
2937290099	其他甾类激素及其衍生物和结构类似物〔999〕	4	30	13		千克	Q		29%	0	
29375000	-前列腺素、血栓烷和白细胞三烯及其衍生物和结构类似物										13
2937500010[暂0]	罕见病药原料(曲前列尼尔)〔999〕	4	30	3		千克			25%	0	
2937500090	其他前列腺素、血栓烷和白细胞三烯(包括它们的衍生物和结构类似物)〔999〕	4	30	13		千克			29%	0	
29379000	-其他										13
2937900010	氨基酸衍生物〔999需申报仅用于工业用途不用于食品添加剂无检疫要求的化学品〕	4	30	13		千克	AQ	R/	9%	0	
2937900011	马昔瑞林〔999〕	4	30	13		千克	L		9%	0	
2937900090	其他激素及其衍生物和结构类似物〔301危险化学品,毒性物质〕,〔302其他化工品〕	4	30	13		千克	Q		9%	0	
2938	**天然或合成再制的苷(配糖物)及其盐、醚、酯和其他衍生物:**										
29381000	-芸香苷(芦丁)及其衍生物										13
2938100000	芸香苷及其衍生物〔999〕	6.5	20	13		千克	Q			0	
29389010	---齐多夫定、拉米夫定、司他夫定、地达诺新及它们的盐										13
2938901000	齐多夫定、拉米夫定、司他夫定、地达诺新及它们的盐〔999〕	6.5	20	13		千克				0	
29389090	---其他										13
2938909010[暂3]	甘草酸粉〔999〕	6.5	20	13		千克	y4x		28%	0	
2938909020	甘草酸盐类〔301需申报仅用于工业用途不用于食品添加剂无检疫要求的化学品〕,〔302无检疫要求食品添加剂〕	6.5	20	13		千克	4Axy	R/	31.5%	0	
2938909030	甘草次酸及其衍生物〔999〕	6.5	20	13		千克	y4x		31.5%	0	
2938909040[暂3]	其他甘草酸〔999〕	6.5	20	13		千克	4		28%	0	
2938909090	其他天然或合成再制的苷及其盐等(包括醚、酯和其他衍生物)①	6.5	20	13		千克			31.5%	0	
2939	**天然或合成再制的生物碱及其盐、醚、酯和其他衍生物:**										
29391100	--罂粟秆浓缩物、丁丙诺啡(INN)、可待因、双氢可待因(INN)、乙基吗啡、埃托啡(INN)、海洛因、氢可酮(INN)、氢吗啡酮(INN)、吗啡、尼可吗啡(INN)、羟考酮(INN)、羟吗啡酮(INN)、福尔可定(INN)、醋氢可酮(INN)及蒂巴因,以及它们的盐										13
2939110011	罂粟秆浓缩物〔999〕	4	50	13		千克	I		24%	0	
2939110012	可待因、双氢可待因、乙基吗啡(以及它们的盐)〔999〕	4	50	13		千克	I		24%	0	
2939110013	埃托啡、海洛因、氢可酮(以及它们的盐)〔999〕	4	50	13		千克	I		24%	0	
2939110014	氢吗啡酮、吗啡、尼可吗啡(以及它们的盐)〔999〕	4	50	13		千克	I		24%	0	

① 〔301危险化学品,毒性物质〕,〔302危险化学品,杂项物质〕,〔303其他化工品,不用作食品添加剂〕,〔304其他化工品,用作食品添加剂〕

协定税率(%)																		特惠税率(%)			
智利	新西兰	澳大利亚	瑞士	冰岛	秘鲁	哥斯达	东盟	亚太	新加坡	巴基斯坦	港/澳/台	韩国	格鲁吉亚	毛里求斯	柬埔寨	尼加拉瓜	日/韩/澳/新/东 (RCEP)	亚太2国	老/柬/缅	LDC 98/97/95	Article Description
0	0	0	0	0	0	0	0			0	0/0/	0	0	0	0	0	0/0/0/0/0			0/0/0	-Prostaglandins, thromboxanes and leukotrienes, their derivatives and structural analogues
0	0	0	0	0	0	0	0			0	0/0/	0	0	0	0	0	0/0/0/0/0			0/0/0	-Other
																					Glycosides, natural or reproduced bysynthesis, and their salts, ethers, esters and other derivatives:
0	0	0	0	0	0	0	0			5	0/0/	0	0	0	0	0	4.7/0/0/0/0			0/0/0	-Rutoside (rutin) and its derivatives
0	0	0	0	0	0	0	0			5	0/0/	0	0	0	0	0	4.7/0/0/0/0			0/0/0	---Zidovudine, lamivudine, stavudine, didanosine and their salts
0	0	0	0	0	0	0	0			5	0/0/	0	0	0	0	0	4.7/0/0/0/0			0/0/0	---Other
																					Alkaloids, natural or reproduced by synthesis, and their salts, ethers, esters and other derivatives:
0	0	0	0	0	0	0	0			0	0/0/	0	0	0	0	0	0/0/0/0/0			0/0/0	--Concentrates of poppy straw; buprenorphine (INN), codeine, dihydrocodeine (INN), ethylmorphine, etorphine (INN), heroin, hydrocodone (INN), hydromorphone (INN), morphine, nicomorphine (INN), oxycodone (INN), oxymorphone (INN), pholcodine (INN), thebacon (INN) and thebaine; salts thereof

商品编号	商品名称及备注[检验检疫编码及名称]	进口关税(%)		增值税率(%)	消费税	计量单位	监管条件	检验检疫类别	对美税率	出口税率(%)	出口退税率(%)
		最惠国	普通								
2939110015	羟考酮、羟吗啡酮、福尔可定(以及它们的盐)〔999〕	4	50	13		千克	I		24%	0	
2939110016	醋氢可酮、蒂巴因(以及它们的盐)〔999〕	4	50	13		千克	I		24%	0	
2939110020	丁丙诺啡及其盐〔999〕	4	50	13		千克	I		24%	0	
29391900	--其他										13
2939190010	二氢埃托啡及其盐〔999〕	4	50	13		千克	I		29%	0	
2939190021	苄吗啡、可多克辛、地索吗啡、醋托啡(以及它们的盐)〔999〕	4	50	13		千克	I		29%	0	
2939190022	双氢吗啡、氢吗啡醇、甲地索啡、甲二氢吗啡(以及它们的盐)〔999〕	4	50	13		千克	I		29%	0	
2939190023	美托酮、吗啡-N-氧化物、麦罗啡、去甲吗啡(以及它们的盐)〔999〕	4	50	13		千克	I		29%	0	
2939190024	醋氢可待因、尼可待因、尼二氢可待因、去甲可待因(以及它们的盐)〔999〕	4	50	13		千克	I		29%	0	
2939190025	吗啡甲溴化物及其盐〔999〕	4	50	13		千克	I		29%	0	
2939190030	纳布啡及其盐〔999〕	4	50	13		千克	I		29%	0	
2939190040	奥列巴文(Oripavine;CAS 号:467-04-9)〔999〕	4	50	13		千克	I		29%	0	
2939190090	其他鸦片碱及其衍生物及它们的盐〔999〕	4	50	13		千克	Q		29%	0	
29392000	-金鸡纳生物碱及其衍生物以及它们的盐										13
2939200000	金鸡纳生物碱及其衍生物以及它们的盐〔999〕	4	20	13		千克	Q			0	
29393000	-咖啡因及其盐										13
2939300010	咖啡因〔301 无检疫要求食品添加剂〕,〔302 需申报仅用于工业用途不用于食品添加剂无检疫要求的化学品〕	4	20	13		千克	AI	R/	9%	0	
2939300090	咖啡因的盐〔301 需申报仅用于工业用途不用于食品添加剂无检疫要求的化学品〕,〔999 其他化工产品〕	4	20	13		千克	AI	R/	9%	0	
29394100	--麻黄碱及其盐										13
2939410010	麻黄碱(麻黄素、盐酸麻黄碱)〔999〕	4	20	13		千克	23Q			0	
2939410020	硫酸麻黄碱〔999〕	4	20	13		千克	23Q			0	
2939410030	消旋盐酸麻黄碱〔999〕	4	20	13		千克	23Q			0	
2939410040	草酸麻黄碱〔999〕	4	20	13		千克	23Q			0	
2939410090	麻黄碱盐〔999〕	4	20	13		千克	Q			0	
29394200	--假麻黄碱(INN)及其盐										13
2939420010	伪麻黄碱(伪麻黄素、盐酸伪麻黄碱)〔999〕	4	20	13		千克	23Q		9%	0	
2939420020	硫酸伪麻黄碱〔999〕	4	20	13		千克	23Q		9%	0	
2939420090	假麻黄碱盐(D-2-甲胺基-1-苯基丙醇)〔999〕	4	20	13		千克	Q		9%	0	
29394300	--d-去甲假麻黄碱(INN)及其盐										13
2939430000	d-去甲假麻黄碱(INN)及其盐〔999〕	4	20	13		千克	I			0	
29394400	--去甲麻黄碱及其盐										13
2939440000	去甲麻黄碱及其盐〔999〕	4	20	13		千克	23			0	
29394500	--左甲苯丙胺、去氧麻黄碱(INN)、去氧麻黄碱外消旋体以及它们的盐										13
2939450000	左甲苯丙胺、去氧麻黄碱(INN)、去氧麻黄碱外消旋体以及它们的盐〔999〕	4	20	13		千克	I		9%	0	
29394900	--其他										13
2939490010	盐酸甲基麻黄碱〔999〕	4	20	13		千克	Q23			0	
2939490020	消旋盐酸甲基麻黄碱〔999〕	4	20	13		千克	Q23			0	
2939490030	左甲苯丙胺、去氧麻黄碱、去氧麻黄碱外消旋体的其他衍生物(包括酯)〔999〕	4	20	13		千克	I			0	
2939490040	氯代麻黄碱〔999〕	4	20	13		千克	23I			0	
2939490091	其他麻黄生物碱及其盐〔999〕	4	20	13		千克	Q			0	
2939490099	其他麻黄生物碱衍生物,以及它们的盐〔999〕	4	20	13		千克	ABQ	M. R/N		0	
29395100	--芬乙茶碱(INN)及其盐										13
2939510000	芬乙茶碱及其盐〔999〕	4	20	13		千克	I			0	
29395900	--其他										13
2939590000	其他茶碱和氨茶碱及其衍生物、盐〔999〕	4	20	13		千克	Q			0	
29396100	--麦角新碱(INN)及其盐										13
2939610010	麦角新碱〔999〕	4	20	13		千克	3Q2			0	
2939610090	麦角新碱盐〔999〕	4	20	13		千克	Q			0	
29396200	--麦角胺(INN)及其盐										13
2939620010	麦角胺〔999〕	4	20	13		千克	3Q2			0	
2939620090	麦角胺盐〔999〕	4	20	13		千克	Q			0	
29396300	--麦角酸及其盐										13
2939630010	麦角酸〔999〕	4	20	13		千克	3Q2			0	
2939630090	麦角酸盐〔999〕	4	20	13		千克	Q			0	
29396900	--其他										13
2939690010	麦角二乙胺及其盐〔999〕	4	20	13		千克	I			0	

协定税率(%)																		特惠税率(%)			Article Description
智利	新西兰	澳大利亚	瑞士	冰岛	秘鲁	哥斯达	东盟	亚太	新加坡	巴基斯坦	港/澳/台	韩国	格鲁吉亚	毛里求斯	柬埔寨	尼加拉瓜	日/韩/澳/新/东(RCEP)	亚太2国	老/柬/缅	LDC 98/97/95	
0	0	0	0	0	0	0	0			0	0/0/	0	0	0	0	0	0/0/0/0/0			0/0/0	--Other
0	0	0	0	0	0	0	0			0	0/0/	0	0	0	0	0	0/0/0/0/0			0/0/0	-Alkaloids of cinchona and their derivatives; salts thereof
0	0	0	0	0	0	0	0			0	0/0/	0	0	0	0	0	0/0/0/0/0			0/0/0	-Caffeine and its salts
0	0	0	0	0	0	0	0			0	0/0/	0	0	0	0	0	0/0/0/0/0			0/0/0	--Ephedrine and its salts
0	0	0	0	0	0	0	0			0	0/0/	0	0	0	0	0	0/0/0/0/0			0/0/0	--Pseudoephedrine (INN) and its salts
0	0	0	0	0	0	0	0			0	0/0/	0	0	0	0	0	0/0/0/0/0			0/0/0	--Cathine (INN) and its salts
0	0	0	0	0	0	0	0			0	0/0/	0	0	0	0	0	0/0/0/0/0			0/0/0	--Norephedrine and its salts
0	0	0	0	0	0	0	0			0	0/0/	0	0	0	0	0	0/0/0/0/0			0/0/0	--Levometamfetamine, metamfetamine (INN), metamfetamine racemate and their salts
0	0	0	0	0	0	0	0			0	0/0/	0	0	0	0	0	0/0/0/0/0			0/0/0	--Other
0	0	0	0	0	0	0	0			0	0/0/	0	0	0	0	0	0/0/0/0/0			0/0/0	--Fenetylline (INN) and its salts
0	0	0	0	0	0	0	0			0	0/0/	0	0	0	0	0	0/0/0/0/0			0/0/0	--Other
0	0	0	0	0	0	0	0			0	0/0/	0	0	0	0	0	0/0/0/0/0			0/0/0	--Ergometrine (INN) and its salts
0	0	0	0	0	0	0	0			0	0/0/	0	0	0	0	0	0/0/0/0/0			0/0/0	--Ergotamine (INN) and its salts
0	0	0	0	0	0	0	0			0	0/0/	0	0	0	0	0	0/0/0/0/0			0/0/0	--Lysergic acid and its salts
0	0	0	0	0	0	0	0			0	0/0/	0	0	0	0	0	2.9/0/0/0/0			0/0/0	--Other

商品编号	商品名称及备注［检验检疫编码及名称］	进口关税(%)		增值税率(%)	消费税	计量单位	监管条件	检验检疫类别	对美税率	出口税率(%)	出口退税率(%)
		最惠国	普通								
2939690090	其他麦角生物碱及其衍生物(包括它们的盐)〔999〕	4	20	13		千克	Q			0	
29397210	---可卡因及其盐										13
2939721000	可卡因及其盐〔999〕	4	20	13		千克	I			0	
29397290	---其他										13
2939729000	可卡因的酯及其他衍生物,芽子碱及其盐、酯及其他衍生物〔999〕	4	20	13		千克	I		9%	0	
29397910	---烟碱及其盐										13
2939791010	烟碱〔999〕	4	20	13		千克	ABQ	M/N		0	
2939791090	烟碱盐〔999〕	4	20	13		千克	Q			0	
29397920	---番木鳖碱(士的年)及其盐										13
2939792010	番木鳖碱〔999〕	4	17	13		千克	ABQ	M/N		0	
2939792090	番木鳖碱盐〔999〕	4	17	13		千克	Q			0	
29397990	---其他										13
2939799011	卡西酮、麦司卡林(以及它们的盐)〔999〕	4	20	13		千克	I			0	
2939799012	赛洛新、赛洛西宾(以及它们的盐)〔999〕	4	20	13		千克	I			0	
2939799091 暂0	酒石酸长春瑞滨、硫酸长春新碱、盐酸托泊替康、盐酸伊立替康〔301 无检疫要求食品添加剂〕,〔302 需申报仅用于工业用途不用于食品添加剂无检疫要求的化学品〕	4	20	3		千克	ABQ	M. R/N		0	
2939799099	其他植物碱及其衍生物(包括植物碱的盐、酯及其他衍生物)〔301 危险化学品,毒性物质〕,〔302 其他化工品〕	4	20	13		千克	ABQ	M. R/N		0	
29398010	---石房蛤毒素										13
2939801000	石房蛤毒素①	3	20	13		千克	23Q			0	
29398090	---其他										13
2939809010	河豚毒素	4	20	13		千克	3Q	M. R/N	29%	0	
2939809090	其他生物碱及其衍生物(包括生物碱的盐、酯及其他衍生物)〔301 需申报仅用于工业用途不用于食品添加剂无检疫要求的化学品〕,〔302 毒性物质和感染性物质〕	4	20	13		千克	ABQ	M. R/N	29%	0	
2940	**化学纯糖,但蔗糖、乳糖、麦芽糖、葡萄糖及果糖除外;糖醚、糖缩醛和糖酯及其盐,但不包括税目29.37、29.38及29.39的产品:**										
29400010	---木糖										13
2940001000	木糖②	6	30	13		千克	AQ	R/		0	
29400090	---其他										13
2940009010	氨基寡糖素〔999〕	6	30	13		千克	AQS	R/	26%	0	
2940009090	其他化学纯糖,糖醚、糖酯及其盐(蔗糖、乳糖、麦芽糖、葡萄糖、品目29.37~29.39产品除外)〔101〕,〔201〕,〔301 危险化学品,毒性物质〕	6	30	13		千克	AQ	R/	26%	0	
2941	**抗菌素:**										
29411011	----氨苄青霉素										13
2941101100	氨苄青霉素〔999〕	6	20	13		千克	Q			0	
29411012	----氨苄青霉素三水酸										13
2941101200	氨苄青霉素三水酸〔999〕	6	20	13		千克	Q			0	
29411019	----其他										13
2941101900	氨苄青霉素盐〔999〕	6	20	13		千克	Q		11%	0	
29411091	----羟氨苄青霉素										13
2941109100	羟氨苄青霉素〔999〕	4	20	13		千克	Q			0	
29411092	----羟氨苄青霉素三水酸										13
2941109200	羟氨苄青霉素三水酸〔999〕	4	20	13		千克	Q			0	
29411094	----青霉素V										13
2941109400	青霉素V〔999〕	4	20	13		千克	Q			0	
29411095	----磺苄青霉素										13
2941109500	磺苄青霉素〔999〕	4	20	13		千克	Q			0	
29411096	----邻氯青霉素										13
2941109600	邻氯青霉素〔999〕	4	20	13		千克	Q			0	
29411099	----其他										13
2941109900	其他青霉素或衍生物及其盐(包括具有青霉烷酸结构和青霉素衍生物及其盐)〔999〕	4	20	13		千克	Q			0	
29412000	-链霉素及其衍生物以及它们的盐										13
2941200000	链霉素及其衍生物、盐〔999〕	4	20	13		千克	Q		9%	0	
29413011	----四环素										13

① 〔301 危险化学品,毒性物质〕,〔401 治疗人类疾病用〕,〔402 人类医学、生命科学研究用〕,〔403 其他〕

② 〔101 饲料添加剂〕,〔301 蔗糖脂肪酸酯(无检疫要求食品添加剂)〕,〔302 乙酰磺胺酸钾(安赛蜜)(无检疫要求食品添加剂)〕,〔303 蔗糖聚丙烯醚(无检疫要求食品添加剂)〕,〔304 麦芽糖醇液(无检疫要求食品添加剂)〕,〔305 d-核糖(无检疫要求食品添加剂)〕,〔306 d-木糖(无检疫要求食品添加剂)〕,〔307 L-阿戊糖(无检疫要求食品添加剂)〕,〔308 L-鼠李糖(无检疫要求食品添加剂)〕,〔309 八乙酸蔗糖酯(无检疫要求食品添加剂)〕

协定税率(%)																		特惠税率(%)			Article Description
智利	新西兰	澳大利亚	瑞士	冰岛	秘鲁	哥斯达	东盟	亚太	新加坡	巴基斯坦	港/澳/台	韩国	格鲁吉亚	毛里求斯	柬埔寨	尼加拉瓜	日/韩/澳/新/东(RCEP)	亚太2国	老/柬/缅	LDC 98/97/95	
0	0	0	0	0	0	0	0			0	0/0/	0	0	0	0	0	0/0/0/0/0			0/0/0	---Cocaine and its salts
0	0	0	0	0	0	0	0			0	0/0/	0	0	0	0	0	0/0/0/0/0			0/0/0	---Other
0	0	0	0	0	0	0	0			0	0/0/	0	0	0	0		0/0/0/0/0			0/0/0	---Nicotine and its salts
0	0	0	0	0	0	0	0			0	0/0/	0	0	0	0	0	0/0/0/0/0			0/0/0	---Strychnine and its salts
0	0	0	0	0	0	0	0			0	0/0/	0	0	0	0	0	2.9/0/0/0/0			0/0/0	---Other
0	0	0	0	0	0	0	0			0	0/0/	0	0	0	0	0	0/0/0/0/0			0/0/0	---Saxitoxin
0	0	0	0	0	0	0	0			0	0/0/	0	0	0	0	0	2.9/0/0/0/0			0/0/0	---Other
																					Sugars, chemically pure, other than sucrose, lactose, maltose, glucose and fructose; sugar ethers, sugar acetals and sugar esters, and their salts, other than products of heading 29.37, 29.38 or 29.39:
0	0	0	0	0	0	0	0			5	0/0/	0		0	0	0	4.4/4.2/0/0/0			0/0/0	---Xylose
0	0	0	0	0	0	0	0			5	0/0/	0		0	0	0	4.4/4.2/0/0/0			0/0/0	---Other
																					Antibiotics:
0	0	0	0	0	0	0	0	3		0	0/0/	0	0	0	0	0	0/0/0/0/0			0/0/0	----Ampicillin
0	0	0	0	0	0	0	0	3		0	0/0/	0	0	0	0	0	0/0/0/0/0			0/0/0	----Ampicillin trihydrate
0	0	0	0	0	0	0	0	3		0	0/0/	0	0	0	0	0	0/0/0/0/0			0/0/0	----Other
0	0	0	0	0	0	0	0			0	0/0/	0	0	0	0	0	0/0/0/0/0			0/0/0	----Amoxycillin
0	0	0	0	0	0	0	0	3.2		0	0/0/	0	0	0	0	0	0/0/0/0/0			0/0/0	----Amoxycillin trihydrate
0	0	0	0	0	0	0	0			0	0/0/	0	0	0	0	0	0/0/0/0/0			0/0/0	----Penicillin V
0	0	0	0	0	0	0	0			0	0/0/	0	0	0	0	0	0/0/0/0/0			0/0/0	----Sulfobenzylpenicillin
0	0	0	0	0	0	0	0			0	0/0/	0	0	0	0	0	0/0/0/0/0			0/0/0	----Cloxacillin
0	0	0	0	0	0	0	0			0	0/0/	0	0	0	0	0	0/0/2.8/2.8/0			0/0/0	----Other
0	0	0	0	0	0	0	0			0	0/0/	0	0	0	0	0	0/0/0/0/0			0/0/0	-Streptomycins and their derivatives; salts thereof
0	0	0	0	0	0	0	0			0	0/0/	0	0	0	0	0	0/0/0/0/0			0/0/0	----Tetracyclines

商品编号	商品名称及备注[检验检疫编码及名称]	进口关税(%)		增值税率(%)	消费税	计量单位	监管条件	检验检疫类别	对美税率	出口税率(%)	出口退税率(%)
		最惠国	普通								
2941301100	四环素〔999〕	4	20	13		千克	Q			0	
29413012	----四环素盐										13
2941301200	四环素盐〔999〕	4	20	13		千克	Q			0	
29413020	---四环素衍生物及其盐										13
2941302000	四环素衍生物及其盐〔999〕	4	20	13		千克	Q			0	
29414000	-氯霉素及其衍生物以及它们的盐										13
2941400000	氯霉素及其衍生物以及它们的盐〔999〕	4	20	13		千克	Q			0	
29415000	-红霉素及其衍生物以及它们的盐										13
2941500000	红霉素及其衍生物、盐〔999〕	4	20	13		千克	Q			0	
29419010	---庆大霉素及其衍生物以及它们的盐										13
2941901000	庆大霉素及其衍生物、盐〔999〕	4	20	13		千克	Q		29%	0	
29419020	---卡那霉素及其衍生物以及它们的盐										13
2941902000	卡那霉素及其衍生物、盐〔999〕	4	20	13		千克	Q			0	
29419030	---利福平及其衍生物以及它们的盐										13
2941903000	利福平及其衍生物、盐〔999〕	4	20	13		千克	Q			0	
29419040	---林可霉素及其衍生物以及它们的盐										13
2941904000	林可霉素及其衍生物、盐〔999〕	4	20	13		千克	Q			0	
29419052	----头孢氨苄及其盐										13
2941905200	头孢氨苄及其盐〔999〕	6	20	13		千克	Q			0	
29419053	----头孢唑啉及其盐										13
2941905300	头孢唑啉及其盐〔999〕	6	20	13		千克	Q			0	
29419054	----头孢拉啶及其盐										13
2941905400	头孢拉啶及其盐〔999〕	6	20	13		千克	Q			0	
29419055	----头孢三嗪(头孢曲松)及其盐										13
2941905500[暂0]	头孢三嗪(头孢曲松)及其盐〔999〕	6	20	13		千克	Q			0	
29419056	----头孢哌酮及其盐										13
2941905600	头孢哌酮及其盐〔999〕	6	20	13		千克	Q			0	
29419057	----头孢噻肟及其盐										13
2941905700	头孢噻肟及其盐〔999〕	6	20	13		千克	Q			0	
29419058	----头孢克罗及其盐										13
2941905800	头孢克罗及其盐〔999〕	6	20	13		千克	Q		8.5%	0	
29419059	----其他										13
2941905910	放线菌酮〔999〕	6	20	13		千克	QS		31%	0	
2941905990	其他头孢菌素及其衍生物(包括它们的盐)〔999〕	6	20	13		千克	Q		31%	0	
29419060	---麦迪霉素及其衍生物以及它们的盐										13
2941906000	麦迪霉素及其衍生物(包括它们的盐)〔999〕	6	20	13		千克	Q		8.5%	0	
29419070	---乙酰螺旋霉素及其衍生物以及它们的盐										13
2941907000	乙酰螺旋霉素及其衍生物(包括它们的盐)〔999〕	4	20	13		千克	Q			0	
29419090	---其他										13
2941909011	中生菌素〔101〕	6	20	13		千克	QS		11%	0	
2941909012	春雷霉素〔101〕	6	20	13		千克	QS		11%	0	
2941909013[暂0]	吗替麦考酚酯〔999〕	6	20	13		千克	Q		5%	0	
2941909014[暂0]	盐酸阿柔比星〔999〕	6	20	13		千克	Q		5%	0	
2941909091[暂0]	吡柔比星、丝裂霉素、盐酸表柔比星、盐酸多柔比星、盐酸平阳霉素、盐酸柔红霉素、盐酸伊达比星〔301 危险化学品，毒性物质〕,〔302 其他化工品〕	6	20	3		千克	Q		5%	0	
2941909099	其他抗菌素〔301 危险化学品，毒性物质〕,〔302 其他化工品〕	6	20	13		千克	Q		11%	0	
2942	**其他有机化合物：**										
29420000	其他有机化合物										13
2942000000	其他有机化合物①	6.5	30	13		千克			11.5%	0	

① 〔101 饲料添加剂〕,〔301 危险化学品，遇水放出易燃气体的物质〕,〔302 危险化学品，腐蚀性物质〕,〔303 其他危险化学品〕,〔304 其他化工品〕

协定税率(%)																		特惠税率(%)			Article Description
智利	新西兰	澳大利亚	瑞士	冰岛	秘鲁	哥斯达	东盟	亚太	新加坡	巴基斯坦	港/澳/台	韩国	格鲁吉亚	毛里求斯	柬埔寨	尼加拉瓜	日/韩/澳/新/东(RCEP)	亚太2国	老/柬/缅	LDC 98/97/95	
0	0	0	0	0	0	0	0			0	0/0/	0	0	0	0	0	0/0/0/0/0			0/0/0	----Salts of tetracyclines
0	0	0	0	0	0	0	0			0	0/0/	0	0	0	0	0	0/0/0/0/0			0/0/0	---Tetracyclines derivatives and their salts
0	0	0	0	0	0	0	0			0	0/0/	0	0	0	0	0	0/0/0/0/0			0/0/0	-Chloramphenicol and its derivatives; salts thereof
0	0	0	0	0	0	0	0			0	0/0/	0	0	0	0	0	0/0/0/0/0			0/0/0	-Erythromycin and its derivatives; salts thereof
0	0	0	0	0	0	0	0			0	0/0/	0	0	0	0	0	0/0/0/0/0			0/0/0	---Gentamycin and its derivatives; salts thereof
0	0	0	0	0	0	0	0			0	0/0/	0	0	0	0	0	0/0/0/0/0			0/0/0	---Kanamycin and its derivatives; salts thereof
0	0	0	0	0	0	0	0			0	0/0/	0	0	0	0	0	0/0/0/0/0			0/0/0	---Rifampicin (RFP); salts thereof
0	0	0	0	0	0	0	0			0	0/0/	0	0	0	0	0	0/0/0/0/0			0/0/0	---Lincomycin and its derivatives; salts thereof
0	0	0	0	0	0	0	0	3.9		0	0/0/	0	0	0	0	0	0/0/0/0/0			0/0/0	----Cefalexin and its salts
0	0	0	0	0	0	0	0	3		0	0/0/	0	0	0	0	0	0/0/0/0/0			0/0/0	----Cefazolin and its salts
0	0	0	0	0	0	0	0	3		0	0/0/	0	0	0	0	0	0/0/0/0/0			0/0/0	----Cefradine and its salts
0	0	0	2.4	0	0	0	0	3		0	0/0/	0	0	0	0	0	4.4/0/0/0/0			0/0/0	----Ceftriaxone and its salts
0	0	0	0	0	0	0	0	3		0	0/0/	0	0	0	0	0	0/0/0/0/0			0/0/0	----Cefoperazone and its salts
0	0	0	0	0	0	0	0	3		0	0/0/	0	0	0	0	0	0/0/0/0/0			0/0/0	----Cefotaxime and its salts
0	0	0	0	0	0	0	0	5		0	0/0/	0	0	0	0	0	0/0/4.2/4.2/0			0/0/0	----Cefaclor and its salts
0	0	0	0	0	0	0	0	5		0	0/0/	0	0	0	0	0	4.4/4.2/4.2/4.2/4.2			0/0/0	----Other
0	0	0	0	0	0	0	0	3		0	0/0/	0	0	0	0	0	0/0/0/0/0			0/0/0	---Midecamycin and its derivatives; salts thereof
0	0	0	0	0	0	0	0			0	0/0/	0	0	0	0	0	0/0/0/0/0			0/0/0	---Acetyl-spiramycin and its derivatives; salts thereof
0	0	0	0	0	0	0	0	3.9		0	0/0/	0	0	0	0	0	0/0/4.2/4.2/0			0/0/0	---Other
																					Other organic compounds:
0	0	0	0	0	0	0	0			5	0/0/	0	0	0	0	0	4.7/0/0/0/0			0/0/0	Other organic compounds

第三十章
药 品

注释：

一、本章不包括：

（一）食品及饮料（例如，营养品、糖尿病食品、强化食品、保健食品、滋补饮料及矿泉水），但不包括供静脉摄入用的滋养品（第四类）；

（二）含尼古丁并用于帮助吸烟者戒烟的产品，例如，片剂、咀嚼胶或透皮贴片（品目 24.04）；

（三）经特殊煅烧或精细研磨的牙科用熟石膏（品目 25.20）；

（四）适合医药用的精油水馏液及水溶液（品目 33.01）；

（五）品目 33.03 至 33.07 的制品，不论是否具有治疗及预防疾病的作用；

（六）加有药料的肥皂及品目 34.01 的其他产品；

（七）以熟石膏为基本成分的牙科用制品（品目 34.07）；

（八）不作治疗及预防疾病用的血清蛋白（品目 35.02）；或

（九） 品目 38.22 的诊断试剂。

二、品目 30.02 所称的"免疫制品"是指直接参与免疫过程调节的多肽及蛋白质（品目 29.37 的货品除外），例如，单克隆抗体（MAB）、抗体片段、抗体偶联物及抗体片段偶联物、白介素、干扰素（IFN）、趋化因子及特定的肿瘤坏死因子（TNF）、生长因子（GF）、促红细胞生成素及集落刺激因子（CSF）。

三、品目 30.03 及 30.04，以及本章注释四（四）所述的非混合产品及混合产品，按下列规定处理：

（一）非混合产品：

1. 溶于水的非混合产品；
2. 第二十八章及第二十九章的所有货品；以及
3. 品目 13.02 的单一植物浸膏，只经标定或溶于溶剂的。

（二）混合产品：

1. 胶体溶液及悬浮液（胶态硫磺除外）；
2. 从植物性混合物加工所得的植物浸膏；以及
3. 蒸发天然矿质水所得的盐及浓缩物。

四、品目 30.06 仅适用于下列物品（这些物品只能归入品目 30.06，而不得归入本协调制度其他税目）：

（一）无菌外科肠线、类似的无菌缝合材料（包括外科或牙科用无菌可吸收缝线）及外伤创口闭合用的无菌黏合胶布；

（二）无菌昆布及无菌昆布塞条；

（三）外科或牙科用无菌吸收性止血材料；外科或牙科用无菌抗粘连阻隔材料，不论是否可吸收；

（四）用于病人的 X 光检查造影剂及其他诊断试剂，这些药剂是由单一产品配定剂量或由两种以上成分混合而成的；

（五）安慰剂和盲法（或双盲法）临床试验试剂盒，用于经许可的临床试验，已配定剂量，即使它们可能含有活性药物；

（六）牙科粘固剂及其他牙科填料；骨骼粘固剂；

（七）急救药箱、药包；

（八）以激素、品目 29.37 的其他产品或杀精子剂为基本成分的化学避孕药物；

（九）专用于人类或作兽药用的凝胶制品，作为外科手术或体检时躯体部位的润滑剂，或者作为躯体和医疗器械之间的耦合剂；

（十）废药物，即因超过有效保存期等原因而不适合作原用途的药品；以及

（十一）可确定用于造口术的用具，即裁切成型的结肠造口术、回肠造口术、尿道造口术用袋及其具有黏性的片或底盘。

子目注释：

一、子目 3002.13 及 3002.14 所述的非混合产品、纯物质及混合产品，按下列规定处理：

（一）非混合产品或纯物质，不论是否含有杂质；

（二）混合产品：

1. 上述（一）款所述的产品溶于水或其他溶剂的；
2. 为保存或运输需要，上述（一）款及（二）1 项所述的产品加入稳定剂的；以及
3. 上述（一）款、（二）1 项及（二）2 项所述的产品添加其他添加剂的。

二、子目 3003.60 和 3004.60 包括的药品含有与其他药用活性成分配伍的口服用青蒿素（INN），或者含有下列任何一种活性成分，不论是否与其他药用活性成分配伍：阿莫地喹（INN）、蒿醚林酸及其盐（INN）、双氢青蒿素（INN）、蒿乙醚（INN）、蒿甲醚（INN）、青蒿琥酯（INN）、氯喹（INN）、二氢青蒿素（INN）、苯芴醇（INN）、甲氟喹（INN）、哌喹（INN）、乙胺嘧啶（INN）或磺胺多辛（INN）。

商品编号	商品名称及备注[检验检疫编码及名称]	进口关税(%) 最惠国	进口关税(%) 普通	增值税率(%)	消费税	计量单位	监管条件	检验检疫类别	对美税率	出口税率(%)	出口退税率(%)
3001	已干燥的器官疗法用腺体及其他器官，不论是否制成粉末；器官疗法用腺体、其他器官及其分泌物的提取物；肝素及其盐；其他供治疗或预防疾病用的其他税目未列名的人体或动物制品：										
30012000	-腺体、其他器官及其分泌物的提取物										
3001200010	其他濒危野生动物腺体、器官（包括分泌物）①	3	30	13		千克	AQFEB	P/Q		0	0
3001200021	含人类遗传资源的人类腺体、器官及其分泌物的提取物[999]	3	30	13		千克	ABV	V/W		0	13
3001200029	其他人类的腺体、器官及其分泌物的提取物[999]	3	30	13		千克	ABV	V/W		0	13
3001200090	其他腺体、器官及其分泌物提取物②	3	30	13		千克	AB	P/Q		0	13

① [101 动物培养器官]，[102 动物培养细胞]，[103 动物微生物培养培养基]，[104 其他动物器官、细胞、培养基]，[105 未列出的其他动物产品]，[106 其他化工产品]

② [101 动物白蛋白]，[102 动物球蛋白]，[103 动物纤维蛋白原]，[104 其他动物血清蛋白]，[105 动物培养器官]，[106 动物培养细胞]，[107 动物微生物培养培养基]，[108 其他动物器官、细胞、培养基]，[109 未列出的其他动物产品]，[110 其他化工产品]，[113 工业用牛胰腺]，[114 工业用猪胰腺]，[115 牛胆汁]，[116 牛胆粉、牛胆膏]，[117 动物抗原]，[118 动物抗体]，[119 新鲜牛心包膜]，[120 经化学变性处理的牛心包膜]，[121 新鲜猪心包膜]，[122 经化学变性处理的猪心包膜]

Chapter 30
Pharmaceutical products

Chapter Notes:

1. This Chapter does not cover:
   (a) Foods or beverages (such as dietetic, diabetic or fortified foods, food supplements, tonic beverages and mineral waters), other than nutritional preparations for intravenous administration (Section Ⅳ);
   (b) Products, such as tablets, chewing gum or patches (transdermal systems), containing nicotine and intended to assist tobacco use cessation (heading 24.04);
   (c) Plasters specially calcined or finely ground for use in dentistry (heading 25.20);
   (d) Aqueous distillates or aqueous solutions of essential oils, suitable for medicinal uses (heading 33.01);
   (e) Preparations of headings 33.03 to 33.07, even if they have therapeutic or prophylactic properties;
   (f) Soap or other products of heading 34.01 containing added medicaments;
   (g) Preparations with a basis of plaster for use in dentistry (heading 34.07);
   (h) Blood albumin not prepared for therapeutic or prophylactic uses (heading 35.02); or
   (ij) Diagnostic reagents of heading 38.22.

2. For the purposes of heading 30.02, the expression "immunological products" applies to peptides and proteins (other than goods of heading 29.37) which are directly involved in the regulation of immunological processes, such as monoclonal antibodies (MAB), antibody fragments, antibody conjugates and antibody fragment conjugates, interleukins, interferons (IFN), chemokines and certain tumor necrosis factors (TNF), growth factors (GF), hematopoietins and colony stimulating factors (CSF).

3. For the purposes of headings 30.03 and 30.04 and of Note 4 (d) to this Chapter, the following are to be treated:
   (a) As unmixed products:
      (i) Unmixed products dissolved in water;
      (ii) All goods of Chapter 28 or 29; and
      (iii) Simple vegetable extracts of heading 13.02, merely standardised or dissolved in any solvent.
   (b) As products which have been mixed:
      (i) Colloidal solutions and suspensions (other than colloidal sulphur);
      (ii) Vegetable extracts obtained by the treatment of mixtures of vegetable materials; and
      (iii) Salts and concentrates obtained by evaporating natural mineral waters.

4. Heading 30.06 applies only to the following, which are to be classified in that heading and in no other heading of the Nomenclature:
   (a) Sterile surgical catgut, similar sterile suture materials (including sterile absorbable surgical or dental yarns) and sterile tissue adhesives for surgical wound closure;
   (b) Sterile laminaria and sterile laminaria tents;
   (c) Sterile absorbable surgical or dental haemostatics; sterile surgical or dental adhesion barriers, whether or not absorbable;
   (d) Opacifying preparations for X-ray examinations and diagnostic reagents designed to be administered to the patient, being unmixed products put up in measured doses or products consisting of two or more ingredients which have been mixed together for such uses;
   (e) Placebos and blinded (or double-blinded) clinical trial kits for use in recognised clinical trials, put up in measured doses, even if they might contain active medicaments;
   (f) Dental cements and other dental fillings; bone reconstruction cements;
   (g) First-aid boxes and kits;
   (h) Chemical contraceptive preparations based on hormones, on other products of heading 29.37 or on spermicides;
   (ij) Gel preparations designed to be used in human or veterinary medicine as a lubricant for parts of the body for surgical operations or physical examinations or as a coupling agent between the body and medical instruments;
   (k) Waste pharmaceuticals, that is, pharmaceutical products which are unfit for their original intended purpose due to, for example, expiry of shelf life; and
   (l) Appliances identifiable for ostomy use, that is, colostomy, ileostomy and urostomy pouches cut to shape and their adhesive wafers or faceplates.

Subheading Notes:

1. For the purposes of subheadings 3002.13 and 3002.14, the following are to be treated:
   (a) As unmixed products, pure products, whether or not containing impurities;
   (b) As products which have been mixed:
      (i) The products mentioned in (a) above dissolved in water or in other solvents;
      (ii) The products mentioned in (a) and (b) (i) above with an added stabiliser necessary for their preservation or transport; and
      (iii) The products mentioned in (a), (b) (i) and (b) (ii) above with any other additive.

2. Subheadings 3003.60 and 3004.60 cover medicaments containingartemisinin (INN) for oral ingestion combined with other pharmaceutical active ingredients, or containing any of the following active principles, whether or not combined with other pharmaceutical active ingredients: amodiaquine (INN); artelinic acid or its salts (INN); artenimol (INN); artemotil (INN); artemether (INN); artesunate (INN); chloroquine (INN); dihydroartemisinin (INN); lumefantrine (INN); mefloquine (INN); piperaquine (INN); pyrimethamine (INN) or sulfadoxine (INN).

协定税率(%)																		特惠税率(%)			Article Description
智利	新西兰	澳大利亚	瑞士	冰岛	秘鲁	哥斯达	东盟	亚太	新加坡	巴基斯坦	港/澳/台	韩国	格鲁吉亚	毛里求斯	柬埔寨	尼加拉瓜	日/韩/澳/新/东 (RCEP)	亚太2国	老/柬/缅	LDC 98/97/95	
																					Glands and other organs for organotherapeutic uses, dried, whether or not powdered; extracts of glands or other organs or of their secretions for organo-therapeutic uses; heparin and its salts; other human or animal substances prepared for therapeutic or prophylactic uses, not elsewhere specified or included:
0	0	0	0	0	0	0	0			0	0/0/	0	0	0	0	0	0/0/0/0/0			0/0/0	-Extracts of glands or other organs or of their secretions

商品编号	商品名称及备注[检验检疫编码及名称]	进口关税(%)		增值税率(%)	消费税	计量单位	监管条件	检验检疫类别	对美税率	出口税率(%)	出口退税率(%)
		最惠国	普通								
30019010	---肝素及其盐										13
3001901000	肝素及其盐〔999〕	3	30	13		千克	Q			0	
30019090	---其他										
3001909011	濒危蛇毒制品(供治疗或预防疾病用)〔999〕	3	30	13		千克	AQFEB	P. V/Q. W		0	0
3001909019	非濒危蛇毒制品(供治疗或预防疾病用)〔999〕	3	30	13		千克	AQB	P. V/Q. W		0	13
3001909020	含有人类遗传资源的人体制品〔999〕	3	30	13		千克	ABQV	V/W		0	13
3001909091	其他濒危动物制品(供治疗或预防疾病用)〔101 动物性血液制品〕,〔102 其他化工产品〕,〔103 濒危动物源性中药材〕,〔104 药用干制蛤蚧〕	3	30	13		千克	ABFEQ	P/Q		0	0
3001909092	人类腺体、器官、组织(供治疗或预防疾病用)①	3	30	13		千克	AB	V/W		0	13
3001909099	其他未列名的人体或动物制品(供治疗或预防疾病用)②	3	30	13		千克	ABQ	P. V/Q. W		0	9,13
3002	**人血;治病、防病或诊断用的动物血制品;抗血清、其他血份及免疫制品,不论是否修饰或通过生物工艺加工制得;疫苗、毒素、培养微生物(不包括酵母)及类似产品;细胞培养物,不论是否修饰:**										
30021200	--抗血清及其他血份										
3002120023[暂0]	含有人类遗传资源的抗血清及其他血份③	3	20	13		千克	ABV	P. V/Q. W		0	13
3002120030[暂0]	兽用血清制品〔999〕	3	20	13		千克	ABR	P. V/Q. W		0	13
3002120093[暂0]	罕见病药品制剂(包括符合增值税政策规定的罕见病药品清单第一批、第二批、第三批商品)〔301 其他化工产品〕,〔401 含有微生物、人体组织、生物制品、血液及其制品的,治疗人类疾病用〕	3	20	3		千克	AB	P. V/Q. W		0	13
3002120094[暂0]	其他含濒危动物成分的抗血清及血份〔101 猴血浆〕,〔102 其他濒危动物血浆〕,〔103 猴血清〕,〔104 其他濒危动物血清〕	3	20	13		千克	ABEF	P. V/Q. W		0	0
3002120099[暂0]	其他抗血清及其他血份(因拆分抗癌药产生的兜底税号)④	3	20	13		千克	AB	P. V/Q. W		0	13
30021300	--非混合的免疫制品,未配定剂量或制成零售包装										13
3002130010[暂0]	非混合的《兴奋剂目录》所列蛋白同化制剂和肽类激素免疫制品,未配定剂量或制成零售包装⑤	3	20	13		千克	ABL	P. V/Q. W		0	
3002130090[暂0]	其他非混合的免疫制品,未配定剂量或制成零售包装⑥	3	20	13		千克	AB	P. V/Q. W		0	
30021400	--混合的免疫制品,未配定剂量或制成零售包装										13
3002140000[暂0]	混合的免疫制品,未配定剂量或制成零售包装⑦	3	20	13		千克	AB	P. V/Q. W		0	
30021500	--免疫制品,已配定剂量或制成零售包装										13
3002150010[暂0]	抗(防)癌药品制剂(不含癌症辅助治疗药品)(包括符合增值税政策规定的抗癌药品清单第一批、第二批、第三批商品)〔301 其他化工产品〕,〔401 含有微生物、人体组织、生物制品、血液及其制品的,治疗人类疾病用〕	3	20	3		千克	AB	P. V/Q. W		0	
3002150030[暂0]	罕见病药品制剂(包括符合增值税政策规定的罕见病药品清单第一批、第二批、第三批商品)〔401 含有微生物、人体组织、生物制品、血液及其制品的,治疗人类疾病用〕,〔403 其他化工产品〕	3	20	3		千克	AB	P. V/Q. W		0	
3002150040[暂0]	兽用免疫学体内诊断制品(已配剂量的)〔999〕	3	20	13		千克	ABR	P. V/Q. W		0	
3002150050[暂0]	《兴奋剂目录》所列蛋白同化制剂和肽类激素免疫制品,已配定剂量或制成零售包装〔301 其他化工产品〕,〔401 治疗人类疾病用〕,〔402 人类医学、生命科学研究用〕	3	20	13		千克	ABL	P. V/Q. W		0	
3002150090[暂0]	其他免疫制品,已配定剂量或制成零售包装⑧	3	20	13		千克	AB	P. V/Q. W		0	

① 〔401 含《人间传染的病原微生物名录》内一类病原微生物〕,〔402 含《人间传染的病原微生物名录》内二类病原微生物〕,〔403 含《人间传染的病原微生物名录》内三类病原微生物〕,〔404 含《人间传染的病原微生物名录》内四类病原微生物〕,〔405 含《人间传染的病原微生物名录》内含新发传染病或名录外再现传染病病原微生物〕,〔406 含寄生虫〕,〔407 经灭活处理的组织切片〕,〔408 其他人类腺体、器官、组织〕

② 〔101 动物性血液产品〕,〔102 其他化工产品〕,〔103 药用地龙干〕,〔104 其他动物源性中药材〕,〔401 人体制品〕

③ 〔401 含《人间传染的病原微生物名录》内一类病原微生物〕,〔402 含《人间传染的病原微生物名录》内二类病原微生物〕,〔403 含《人间传染的病原微生物名录》内三类病原微生物〕,〔404 含《人间传染的病原微生物名录》内四类病原微生物〕,〔405 含《人间传染的病原微生物名录》内新发传染病或名录外再现传染病病原微生物〕,〔406 含寄生虫〕,〔407 其他抗血清〕,〔408 其他血份〕

④ 〔101 猪血粉〕,〔102 牛血粉〕,〔103 羊血粉〕,〔104 鹿血粉〕,〔105 禽血粉〕,〔106 其他动物血粉〕,〔107 其他饲养偶蹄动物血粉〕,〔108 其他野生偶蹄动物血粉〕,〔109 猪血浆〕,〔110 马血浆〕,〔111 兔血浆〕,〔112 狗血浆〕,〔113 其他动物血浆〕,〔114 胎牛血清成品〕,〔115 胎牛血清半成品〕,〔116 小(犊)牛血清成品〕,〔117 小(犊)牛血清半成品〕,〔118 成牛血清成品〕,〔119 成牛血清半成品〕,〔120 猪血清〕,〔121 马血清〕,〔122 兔血清〕,〔123 小鼠血清〕,〔124 大鼠血清〕,〔125 其他动物血清〕,〔126 动检抗原〕,〔127 动检抗体〕,〔128 动检抗血清〕,〔129 动检补体〕,〔130 动检溶血素〕,〔131 其他动物血份〕,〔132 猪全血〕,〔133 马全血〕,〔134 狗全血〕,〔135 其他动物全血〕,〔301 其他化工产品〕,〔402 临床采集,含《人间传染的病原微生物名录》内一类病原微生物〕,〔403 临床采集,含《人间传染的病原微生物名录》内二类病原微生物〕,〔404 临床采集,含《人间传染的病原微生物名录》内三类病原微生物〕,〔405 临床采集,含《人间传染的病原微生物名录》内四类病原微生物〕,〔406 临床采集,含新发传染病或名录外再现传染病病原微生物〕,〔407 临床采集,含寄生虫〕,〔408 临床采集,经过血液传播病原体筛查为阴性〕,〔409 商品化含《人间传染的病原微生物名录》内一类病原微生物〕,〔410 商品化含《人间传染的病原微生物名录》内二类病原微生物〕,〔411 商品化含《人间传染的病原微生物名录》内三类病原微生物〕,〔412 商品化含《人间传染的病原微生物名录》内四类病原微生物〕,〔413 商品化经过血液传播病原体筛查为阴性〕,〔414 临床用捐献配型的特殊血型血液的血份〕,〔415 按药品管理的人抗血清〕,〔416 其他人抗血清〕,〔417 其他人血份〕,〔418 用于人类医学、生命科学相关领域的多克隆抗体〕,〔419 按药品管理人血浆蛋白制品(白蛋白、球蛋白、纤维蛋白原)〕

⑤ 〔101 动检抗体〕,〔301 其他化工产品〕,〔401 纯化抗体〕,〔402 细胞因子〕,〔403 其他医学免疫实验用试剂〕,〔404 其他〕

⑥ 〔101 动检抗体〕,〔301 其他化工产品〕,〔401 纯化抗体〕,〔402 细胞因子〕,〔403 其他医学免疫实验用试剂〕,〔404 其他〕

⑦ 〔101 动检抗体〕,〔401 纯化抗体〕,〔402 细胞因子〕,〔403 其他医学免疫实验用试剂〕,〔404 其他〕,〔999 其他化工产品〕

⑧ 〔101 动检抗体〕,〔102 其他动检免疫制品〕,〔301 其他化工产品〕,〔401 治疗人类疾病用新型冠状病毒(COVID-19)抗体药〕,〔402 医学科研用新型冠状病毒(COVID-19)抗体药〕,〔403 其他治疗人类疾病用〕,〔404 其他人类医学、生命科学研究用〕

协定税率(%)																		特惠税率(%)			Article Description
智利	新西兰	澳大利亚	瑞士	冰岛	秘鲁	哥斯达	东盟	亚太	新加坡	巴基斯坦	港/澳/台	韩国	格鲁吉亚	毛里求斯	柬埔寨	尼加拉瓜	日/韩/澳/新/东 (RCEP)	亚太2国	老/柬/缅	LDC 98/97/95	
0	0	0	0	0	0	0	0			0	0/0/	0	0	0	0	0	0/0/0/0/0			0/0/0	---Heparin and its salts
0	0	0	0	0	0	0	0			0	0/0/	0	0	0	0	0	0/0/0/0/0			0/0/0	---Other
																					Human blood; animal blood prepared for therapeutic, prophylactic or diagnostic uses; antisera, other blood fractions and immunological products, whether or not modified or obtained by means of biotechnological processes; vaccines, toxins, cultures of micro-organisms (excluding yeasts) and similar products; cell cultures, whether or not modified:
0	0	0	1.2	0	0	0	0			0	0/0/	0	0	0	0	0	2.2/0/0/0/0			0/0/0	--Antisera and other blood fractions
0	0	0	1.2	0	0	0	0			0	0/0/	0	0	0	0	0	2.2/0/0/0/0			0/0/0	--Immunological products, unmixed, not put up in measured doses or in forms or packings for retail sale
0	0	0	1.2	0	0	0	0			0	0/0/	0	0	0	0	0	2.2/0/0/0/0			0/0/0	--Immunological products, mixed, not put up in measured doses or in forms or packings for retail sale
0	0	0	1.2	0	0	0	0			0	0/0/	0	0	0	0	0	2.2/0/0/0/0			0/0/0	--Immunological products, put up in measured doses or in forms or packings for retail sale

商品编号	商品名称及备注[检验检疫编码及名称]	进口关税(%) 最惠国	进口关税(%) 普通	增值税率(%)	消费税	计量单位	监管条件	检验检疫类别	对美税率	出口税率(%)	出口退税率(%)
30024100	--人用疫苗										13
3002410011[暂0]	新型冠状病毒(COVID-19)疫苗,已配定剂量或制成零售包装〔401 预防疾病用〕,〔402 医学科研用〕	3	20	13		千克	QAB	V/W		0	
3002410019[暂0]	新型冠状病毒(COVID-19)疫苗,未配定剂量或制成零售包装〔401 预防疾病用〕,〔402 医学科研用〕	3	20	13		千克	QAB	V/W		0	
3002410090[暂0]	其他人用疫苗〔401 预防疾病用〕,〔402 医学科研用〕	3	20	13		千克	QAB	V/W		0	
30024200	--兽用疫苗										13
3002420000	兽用疫苗①	3	20	13		千克	R			0	
30024920	---蓖麻毒素										13
3002492000	蓖麻毒素〔401 治疗人类疾病用〕,〔402 人类医学、生命科学研究用〕,〔403 其他〕	3	20	13		千克	23Q			0	
30024930	---细菌及病毒										13
3002493010	两用物项管制细菌及病毒②	3	20	13		千克/株	3AB	P. V/Q. W		0	
3002493020	苏云金杆菌、枯草芽孢杆菌③	3	20	13		千克/株	ABS	P. V/Q. W		0	
3002493090	其他细菌及病毒④	3	20	13		千克/株	AB	P. V/Q. W		0	
30024990	---其他										13
3002499010[暂0]	噬菌核霉、淡紫拟青霉、哈茨木霉菌、寡雄腐霉菌〔999〕	3	20	13		千克	ABS	P. V/Q. W		0	
3002499020[暂0]	其他两用物项管制毒素、培养微生物(不包括酵母)及类似产品⑤	3	20	13		千克	3AB	P. V/Q. W		0	
3002499090[暂0]	其他毒素、培养微生物(不包括酵母)及类似产品⑥	3	20	13		千克	AB	P. V/Q. W		0	
30025100	--细胞治疗产品										13
3002510010[暂0]	抗(防)癌药品清单内的细胞治疗产品⑦	3	20	3		千克	AB	P. V/Q. W		0	
3002510090[暂0]	其他细胞治疗产品⑧	3	20	13		千克	AB	P. V/Q. W		0	
30025900	--其他										13
3002590000[暂0]	其他细胞培养物,不论是否修饰⑨	3	20	13		千克	AB	P. V/Q. W		0	
30029040	---遗传物质和基因修饰生物体										13
3002904010[暂0]	两用物项管制遗传物质和基因修饰生物体⑩	3	20	13		千克	3AB	P. V/Q. W		0	
3002904090[暂0]	其他遗传物质和基因修饰生物体⑪	3	20	13		千克	AB	P. V/Q. W		0	
30029090	---其他										
3002909001[暂0]	人血⑫	3	20	13		千克	ABV	V/W		0	13

① 〔101 动检灭活疫苗〕,〔102 动检强毒疫苗〕,〔103 动检弱毒疫苗〕,〔104 动检基因疫苗〕,〔105 动检菌苗〕,〔106 其他动物疫苗〕

② 〔101 动检细菌〕,〔102 动检病毒〕,〔103 动检真菌〕,〔104 动检放线菌〕,〔105 动检螺旋体〕,〔106 动检立克次氏体〕,〔107 动检支原体〕,〔108 动检衣原体〕,〔109 动检菌种〕,〔110 动检毒种〕,〔111 其他动检微生物〕,〔112 动检寄生虫〕,〔113 植物细菌〕,〔114 植物病毒〕,〔401 两用物项管制目录内人及人兽共患病病原体〕

③ 〔401 环保微生物菌剂〕,〔402 环保微生物菌剂样品〕,〔403 人类医学、生命科学研究用〕,〔404 其他〕

④ 〔101 动检细菌〕,〔102 动检病毒〕,〔103 动检真菌〕,〔104 动检放线菌〕,〔105 动检螺旋体〕,〔106 动检立克次氏体〕,〔107 动检支原体〕,〔108 动检衣原体〕,〔109 动检菌种〕,〔110 动检毒种〕,〔111 其他动检微生物〕,〔112 动检寄生虫〕,〔113 植物细菌〕,〔114 植物病毒〕,〔201 食品加工用酵母制品(活性酵母)〕,〔202 食品加工用酵母制品(非活性酵母)〕,〔203 食品加工用酵母衍生制品〕,〔204 食品加工用其他酵母产品〕,〔205 食品加工用乳酸菌〕,〔206 食品加工用乳酸菌产品〕,〔207 其他食品加工用菌种及其产品〕,〔401 两用物项管制外的《人间传染的病原微生物名录》内第一类病毒〕,〔402 两用物项管制外的《人间传染的病原微生物名录》内第二类细菌〕,〔403 两用物项管制外的《人间传染的病原微生物名录》内第二类病毒(含 Prion)〕,〔404 两用物项管制外的《人间传染的病原微生物名录》内第三类细菌〕,〔405 两用物项管制外的《人间传染的病原微生物名录》内第三类病毒(含 Prion)〕,〔406《人间传染的病原微生物名录》内第四类病毒〕,〔407 新发传染病或名录外再现传染病细菌〕,〔408 新发传染病或名录外再现传染病病毒〕,〔409 非菌剂类环保微生物〕,〔410 经基因编辑的治疗人类疾病用细菌及病毒(环保微生物除外)〕,〔411 经基因编辑的人类医学、生命科学研究用细菌及病毒(环保微生物除外)〕,〔412 其他医学相关细菌及病毒〕,〔413 环保用微生物菌剂〕,〔414 环保用微生物菌剂样品〕,〔415 其他〕

⑤ 〔101 动物毒素〕,〔102 含有毒素的动物血液制品〕,〔103 含有毒素的动物组织或器官〕,〔104 含有毒素的其他动物源性材料〕,〔401 人类医学、生命科学研究用〕

⑥ 〔101 非两物项管制其他动物毒素〕,〔102 其他动检微生物〕,〔401 人类医学、生命科学研究用其他毒素〕,〔402 人类医学、生命科学研究用其他类毒素〕,〔403《人间传染的病原微生物名录》内第二类真菌〕,〔404《人间传染的病原微生物名录》内第三类真菌〕,〔405《人间传染的病原微生物名录》内的放线菌〕,〔406《人间传染的病原微生物名录》内的衣原体〕,〔407《人间传染的病原微生物名录》内的支原体〕,〔408 两用物项外的《人间传染的病原微生物名录》内的立克次体〕,〔409《人间传染的病原微生物名录》内的螺旋体〕,〔410 新发传染病或名录外再现传染病真菌、放线菌、衣原体、支原体、立克次体、螺旋体〕,〔411 人类医学、生命科学研究用其他真菌、放线菌、衣原体、支原体、立克次体、螺旋体〕,〔412 治疗人类疾病用〕,〔413 其他〕

⑦ 〔101 普通动物细胞〕,〔102 SPF 级动物细胞〕,〔103 细胞库的动物细胞系〕,〔104 其他动物细胞〕,〔401 治疗人类疾病用〕,〔402 人类医学、生命科学研究用〕

⑧ 〔101 普通动物细胞〕,〔102 SPF 级动物细胞〕,〔103 细胞库的动物细胞系〕,〔104 其他动物细胞〕,〔401 治疗人类疾病用〕,〔402 人类医学、生命科学研究用〕

⑨ 〔101 普通动物细胞〕,〔102 SPF 级动物细胞〕,〔103 细胞库的动物细胞系〕,〔104 其他动物细胞〕,〔105 其他人源干细胞,细胞冻存液含动物源性血份〕,〔106 其他人源干细胞,细胞冻存液含动物源性其他成分〕,〔107 国际知名保藏机构的人源细胞株(系),细胞冻存液含动物源性血份〕,〔108 国际知名保藏机构的人源细胞株(系),细胞冻存液含动物源性其他成分〕,〔109 其他商品化的人源细胞株(系),细胞冻存液含动物源性血份〕,〔110 其他商品化的人源细胞株(系),细胞冻存液含动物源性其他成分〕,〔111 经基因编辑的人源细胞(细胞株),细胞冻存液含动物源性血份〕,〔112 经基因编辑的人源细胞(细胞株),细胞冻存液含动物源性其他成分〕,〔113 其他培养的人源细胞,细胞冻存液含动物源性血份〕,〔114 其他培养的人源细胞,细胞冻存液含动物源性其他成分〕,〔115 临床采集,含《人间传染的病原微生物名录》内一类病原微生物,保存液(介质)含动物源性血份〕,〔116 临床采集,含《人间传染的病原微生物名录》内一类病原微生物,保存液(介质)含动物源性其他成分〕,〔117 临床采集,含《人间传染的病原微生物名录》内二类病原微生物,保存液(介质)含动物源性血份〕,〔118 临床采集,含《人间传染的病原微生物名录》内二类病原微生物,保存液(介质)含动物源性其他成分〕,〔119 临床采集,含《人间传染的病原微生物名录》内三类病原微生物,保存液(介质)含动物源性血份〕,〔120 临床采集,含《人间传染的病原微生物名录》内三类病原微生物,保存液(介质)含动物源性其他成分〕,〔121 临床采集,含《人间传染的病原微生物名录》内四类病原微生物,保存液(介质)含动物源性血份〕,〔122 临床采集,含《人间传染的病原微生物名录》内四类病原微生物,保存液(介质)含动物源性其他成分〕,〔123 临床采集,含新发传染病或名录外再现传染病病原微生物,保存液(介质)含动物源性血份〕,〔124 临床采集,含新发传染病或名录外再现传染病病原微生物,保存液(介质)含动物源性其他成分〕,〔125 临床采集,含寄生虫,保存液(介质)含动物源性血份〕,〔126 临床采集,含寄生虫,保存液(介质)含动物源性其他成分〕,〔127 临床采集,经过血液传播病原体筛查为阴性,保存液(介质)含动物源性血份〕,〔128 临床采集,经过血液传播病原体筛查为阴性,保存液(介质)含动物源性其他成分〕,〔129 商品化含《人间传染的病原微生物名录》内一类病原微生物,保存液(介质)含动物源性血份〕,〔130 商品化含《人间传染的病原微生物名录》内一类病原微生物,保存液(介质)含动物源性其他成分〕,〔131 商品化含《人间传染的病原微生物名录》内二类病原微生物,保存液(介质)含动物源性血份〕,〔132 商品化含《人间传染的病原微生物名录》内二类病原微生物,保存液(介质)含动物源性其他成分〕,〔133 商品化含《人间传染的病原微生物名录》内三类病原微生物,保存液(介质)含动物源性血份〕,〔134 商品化含《人间传染的病原微生物名录》内三类病原微生物,保存液(介质)含动物源性其他成分〕,〔135 商品化含《人间传染的病原微生物名录》内四类病原微生物,保存液(介质)含动物源性血份〕,〔136 商品化含《人间传染的病原微生物名录》内四类病原微生物,保存液(介质)含动物源性其他成分〕,〔137 商品化经过血液传播病原体筛查为阴性,保存液(介质)含动物源性血份〕,〔138 商品化经过血液传播病原体筛查为阴性,保存液(介质)含动物源性其他成分〕,〔401 人源血细胞〕,〔402 临床用捐献配型的骨髓造血干细胞〕,〔403 临床用捐献配型的外周血造血干细胞〕,〔404 临床用捐献配型的脐带血造血干细胞〕,〔405 其他人源干细胞〕,〔406 国际知名保藏机构的人源细胞株(系)〕,〔407 其他商品化的人源细胞株(系)〕,〔408 经基因编辑的人源细胞(细胞株)〕,〔409 其他培养的人源细胞〕,〔410 临床采集,含《人间传染的病原微生物名录》内一类病原微生物〕,〔411 临床采集,含《人间传染的病原微生物名录》内二类病原微生物〕,〔412 临床采集,含《人间传染的病原微生物名录》内三类病原微生物〕,〔413 临床采集,含《人间传染的病原微生物名录》内四类病原微生物〕,〔414 临床采集,含新发传染病或名录外再现传染病病原微生物〕,〔415 临床采集,含寄生虫〕,〔416 临床采集,经过血液传播病原体筛查为阴性〕,〔417 商品化含《人间传染的病原微生物名录》内一类病原微生物〕,〔418 商品化含《人间传染的病原微生物名录》内二类病原微生物〕,〔419 商品化含《人间传染的病原微生物名录》内三类病原微生物〕,〔420 商品化含《人间传染的病原微生物名录》内四类病原微生物〕,〔421 商品化经过血液传播病原体筛查为阴性〕

⑩ 〔101 动检细菌〕,〔102 动检病毒〕,〔103 动检真菌〕,〔104 动检放线菌〕,〔105 动检螺旋体〕,〔106 动检立克次氏体〕,〔107 动检支原体〕,〔108 动检衣原体〕,〔109 动检菌种〕,〔110 动检毒种〕,〔111 其他动检微生物〕,〔112 动检寄生虫〕,〔113 其他化工产品〕,〔401 两用物项管制目录内人及人兽共患病病原体的遗传物质和基因修饰生物体〕

⑪ 〔101 动检细菌〕,〔102 动检病毒〕,〔103 动检真菌〕,〔104 动检放线菌〕,〔105 动检螺旋体〕,〔106 动检立克次氏体〕,〔107 动检支原体〕,〔108 动检衣原体〕,〔109 动检菌种〕,〔110 动检毒种〕,〔111 其他动检微生物〕,〔112 动检寄生虫〕

⑫ 〔401 临床采集,含《人间传染的病原微生物名录》内一类病原微生物的的人全血〕,〔402 临床采集,含《人间传染的病原微生物名录》内二类病原微生物的人全血〕,〔403 临床采集,含《人间传染的病原微生物名录》内三类病原微生物的人全血〕,〔404 临床采集,含《人间传染的病原微生物名录》内四类病原微生物的人全血〕,〔405 临床采集,含新发传染病或名录外再现传染病病原微生物的人全血〕,〔406 临床采集,含寄生虫的人全血〕,〔407 临床采集,经过血液传播病原体筛查为阴性的人全血〕,〔408 商品化含《人间传染的病原微生物名录》内一类病原微生物的的人全血〕,〔409 商品化含《人间传染的病原微生物名录》内二类病原微生物的人全血〕,〔410 商品化含《人间传染的病原微生物名录》内三类病原微生物的人全血〕,〔411 商品化含《人间传染的病原微生物名录》内四类病原微生物的人全血〕,〔412 商品化经过血液传播病原体筛查为阴性的人全血〕,〔413 临床用捐献配型的特殊血型血液〕,〔414 其他〕

协定税率(%)																		特惠税率(%)			Article Description
智利	新西兰	澳大利亚	瑞士	冰岛	秘鲁	哥斯达	东盟	亚太	新加坡	巴基斯坦	港/澳/台	韩国	格鲁吉亚	毛里求斯	柬埔寨	尼加拉瓜	日/韩/澳/新/东(RCEP)	亚太2国	老/柬/缅	LDC 98/97/95	
0	0	0	0	0	0	0	0			0	0/0/	0	0	0	0	0	2.2/0/0/0/0			0/0/0	--Vaccines for human medicine
0	0	0	0	0	0	0	0			0	0/0/	0	0	0	0	0	0/0/0/0/0			0/0/0	--Vaccines for veterinary medicine
0	0	0	0	0	0	0	0			0	0/0/	0	0	0	0	0	0/0/0/0/0			0/0/0	---Ricitoxin
0	0	0	0	0	0	0	0			0	0/0/	0	0	0	0	0	2.2/0/0/0/0			0/0/0	---Bacteria and virus
0	0	0	0	0	0	0	0			0	0/0/	0	0	0	0	0	0/0/0/0/0			0/0/0	---Other
0	0	0	0	0	0	0	0			0	0/0/	0	0	0	0	0	0/0/0/0/0			0/0/0	--Cell therapy products
0	0	0	0	0	0	0	0			0	0/0/	0	0	0	0	0	0/0/0/0/0			0/0/0	--Other
0	0	0	0	0	0	0	0			0	0/0/	0	0	0	0	0	0/0/0/0/0			0/0/0	---Genetics material and gene modified organism
0	0	0	0	0	0	0	0			0	0/0/	0	0	0	0	0	0/0/0/0/0			0/0/0	---Other

商品编号	商品名称及备注[检验检疫编码及名称]	进口关税(%) 最惠国	进口关税(%) 普通	增值税率(%)	消费税	计量单位	监管条件	检验检疫类别	对美税率	出口税率(%)	出口退税率(%)
3002909010[暂0]	治病、防病或诊断用的濒危动物血制品〔101 猴血浆〕,〔102 其他濒危动物血浆〕,〔103 猴血清〕,〔104 其他濒危动物血清〕	3	20	13		千克	ABQFE	P/Q		0	0
3002909090[暂0]	治病、防病或诊断用的其他动物血制品①	3	20	13		千克	ABQ	P/Q		0	13
3003	**两种或两种以上成分混合而成的治病或防病用药品(不包括品目 30.02、30.05 或 30.06 的货品),未配定剂量或制成零售包装:**										
30031011	----氨苄青霉素										13
3003101100	氨苄青霉素(未配定剂量或非零售包装)〔101 其他化工产品〕,〔999 含有青霉素及链霉素的药品(未配定剂量)〕	0	30	13		千克	Q			0	
30031012	----羟氨苄青霉素										13
3003101200	羟氨苄青霉素(未配定剂量或非零售包装)〔101 其他化工产品〕,〔999 含有青霉素及链霉素的药品(未配定剂量)〕	0	30	13		千克	Q			0	
30031013	----青霉素 V										13
3003101300	青霉素 V(未配定剂量或非零售包装)〔101 其他化工产品〕,〔999 含有青霉素及链霉素的药品(未配定剂量)〕	0	30	13		千克	Q			0	
30031019	----其他										13
3003101900	其他青霉素(未配定剂量或非零售包装)〔101 其他化工产品〕,〔999 含有青霉素及链霉素的药品(未配定剂量)〕	0	30	13		千克	Q			0	
30031090	---其他										13
3003109000	其他含有青霉素或链霉素的混合药(未配定剂量或非零售包装,混合指含两种或两种以上成分)〔101 其他化工产品〕,〔999 含有青霉素及链霉素的药品(未配定剂量)〕	0	30	13		千克	Q			0	
30032011	----头孢噻肟										13
3003201100	头孢噻肟(未配定剂量或非零售包装)〔999〕	0	30	13		千克	Q			0	
30032012	----头孢他啶										13
3003201200	头孢他啶(未配定剂量或非零售包装)〔999〕	0	30	13		千克	Q			0	
30032013	----头孢西丁										13
3003201300	头孢西丁(未配定剂量或非零售包装)〔999〕	0	30	13		千克	Q			0	
30032014	----头孢替唑										13
3003201400	头孢替唑(未配定剂量或非零售包装)〔999〕	0	30	13		千克	Q			0	
30032015	----头孢克罗										13
3003201500	头孢克罗(未配定剂量或非零售包装)〔999〕	0	30	13		千克	Q			0	
30032016	----头孢呋辛										13
3003201600	头孢呋辛(未配定剂量或非零售包装)〔999〕	0	30	13		千克	Q			0	
30032017	----头孢三嗪(头孢曲松)										13
3003201700	头孢三嗪(头孢曲松)(未配定剂量或非零售包装)〔999〕	0	30	13		千克	Q			0	
30032018	----头孢哌酮										13
3003201800	头孢哌酮(未配定剂量或非零售包装)〔999〕	0	30	13		千克	Q			0	
30032019	----其他										13
3003201900	其他头孢菌素(未配定剂量或非零售包装)〔999〕	0	30	13		千克	Q			0	
30032090	---其他										13
3003209000	含有其他抗菌素的混合药品(未配定剂量或非零售包装,混合指含两种或两种以上成分)〔999〕	0	30	13		千克	Q			0	
30033100	--含有胰岛素										13
3003310000	含有胰岛素的混合药品(不含抗菌素且未配定剂量或非零售包装,混合指含两种或两种以上成分)〔999〕	0	30	13		千克	Q		2.5%	0	
30033900	--其他										13
3003390000	其他含品目 29.37 激素等的混合药(不含抗菌素且未配定剂量或非零售包装,混合指含两种或两种以上成分)〔101 其他化工产品〕,〔999 其他含有激素的药品(未配定剂量)〕	0	30	13		千克	Q			0	
30034100	--含有麻黄碱及其盐										13
3003410000	含有麻黄碱及其盐的混合药品(未配定剂量或非零售包装,混合指含两种或两种以上成分)〔998 药品〕,〔999 其他化工产品〕	5	35	13		千克	Q			0	
30034200	--含有伪麻黄碱(INN)及其盐										13
3003420000	含有伪麻黄碱(INN)及其盐的混合药品(未配定剂量或非零售包装,混合指含两种或两种以上成分)〔998 药品〕,〔999 其他化工产品〕	5	30	13		千克	Q			0	
30034300	--含有去甲麻黄碱及其盐										13

① 〔101 猪全血〕,〔102 马全血〕,〔103 兔全血〕,〔104 狗全血〕,〔105 其他动物全血〕,〔106 猪血浆〕,〔107 马血浆〕,〔108 兔血浆〕,〔109 狗血浆〕,〔110 其他动物血浆〕,〔111 胎牛血清〕,〔112 小(犊)牛血清〕,〔113 猪血清〕,〔114 马血清〕,〔115 兔血清〕,〔116 小鼠血清〕,〔117 其他动物血清〕,〔118 动检抗原〕,〔119 动检抗体〕,〔120 动检抗血清〕,〔121 动检补体〕,〔122 动检溶血素〕,〔123 动物球蛋白〕,〔124 动物纤维蛋白原〕,〔125 其他动物血清蛋白〕,〔126 其他动物性血液制品〕,〔127 动物微生物培养培养基〕,〔128 牛血清成品〕,〔129 牛血蛋白〕,〔130 牛血清白蛋白〕,〔131 动物体内诊断用试剂〕,〔132 非商品化动物体外诊断用试剂及试剂盒〕,〔133 商品化动物体外诊断用试剂及试剂盒〕

协定税率(%)																		特惠税率(%)			Article Description
智利	新西兰	澳大利亚	瑞士	冰岛	秘鲁	哥斯达	东盟	亚太	新加坡	巴基斯坦	港/澳/台	韩国	格鲁吉亚	毛里求斯	柬埔寨	尼加拉瓜	日/韩/澳/新/东(RCEP)	亚太2国	老/柬/缅	LDC 98/97/95	
																					Medicaments (excluding goods of heading 30.02, 30.05 or 30.06) consisting of two or more constituents which have been mixed together for therapeutic or prophylactic uses, not put up in measured doses or in forms or packings for retail sale:
0	0	0	0	0	0	0	0	0		0	0/0/	0	0	0	0	0	4.4/0/0/0/0			0/0/0	----Ampicillin
0	0	0	0	0	0	0	0	0		0	0/0/	0	0	0	0	0	4.4/0/0/0/0			0/0/0	----Amoxycillin
0	0	0	0	0	0	0	0	0		0	0/0/	0	0	0	0	0	4.4/0/0/0/0			0/0/0	----Penicillin V
0	0	0	0	0	0	0	0	0		0	0/0/	0	0	0	0	0	4.4/0/0/0/0			0/0/0	----Other
0	0	0	0	0	0	0	0	0		0	0/0/	0	0	0	0	0	4.4/0/0/0/0			0/0/0	---Other
0	0	0	0	0	0	0	0	0		0	0/0/	0	0	0	0	0	4.4/0/0/0/0			0/0/0	----Cefotaxime
0	0	0	0	0	0	0	0	0		0	0/0/	0	0	0	0	0	4.4/0/0/0/0			0/0/0	----Ceftazidime
0	0	0	0	0	0	0	0	0		0	0/0/	0	0	0	0	0	4.4/0/0/0/0			0/0/0	----Cefoxitin
0	0	0	0	0	0	0	0	0		0	0/0/	0	0	0	0	0	4.4/0/0/0/0			0/0/0	----Ceftezole
0	0	0	0	0	0	0	0	0		0	0/0/	0	0	0	0	0	4.4/0/0/0/0			0/0/0	----Cefaclor
0	0	0	0	0	0	0	0	0		0	0/0/	0	0	0	0	0	4.4/0/0/0/0			0/0/0	----Cefuroxime
0	0	0	0	0	0	0	0	0		0	0/0/	0	0	0	0	0	4.4/0/0/0/0			0/0/0	----Ceftriaxone
0	0	0	0	0	0	0	0	0		0	0/0/	0	0	0	0	0	4.4/0/0/0/0			0/0/0	----Cefoperazone
0	0	0	0	0	0	0	0	0		0	0/0/	0	0	0	0	0	4.4/0/0/0/0			0/0/0	----Other
0	0	0	0	0	0	0	0	0		0	0/0/	0	0	0	0	0	4.4/0/0/0/0			0/0/0	---Other
0	0	0	0	0	0	0	0	0		0	0/0/	0	0	0	0	0	3.6/0/0/0/0			0/0/0	--Containing insulin
0	0	0	0	0	0	0	0	0		0	0/0/	0	0	0	0	0	4.4/0/0/0/0			0/0/0	--Other
0	0	0	0	0	0	0	0			0	0/0/	0	0	0	0	0	0/0/0/0/0			0/0/0	--Containing ephedrine or its salts
0	0	0	0	0	0	0	0			0	0/0/	0	0	0	0	0	0/0/0/0/0			0/0/0	--Containing pseudoephedrine (INN) or its salts
0	0	0	0	0	0	0	0			0	0/0/	0	0	0	0	0	0/0/0/0/0			0/0/0	--Containing norephedrine or its salts

商品编号	商品名称及备注[检验检疫编码及名称]	进口关税(%)		增值税率(%)	消费税	计量单位	监管条件	检验检疫类别	对美税率	出口税率(%)	出口退税率(%)
		最惠国	普通								
3003430000	含有去甲麻黄碱及其盐的混合药品(未配定剂量或非零售包装,混合指含两种或两种以上成分)〔998 药品〕,〔999 其他化工产品〕	5	35	13		千克	Q			0	
30034900	--其他										13
3003490010	含奎宁或其盐的混合药品(未配定剂量或非零售包装,混合指含两种或两种以上成分)〔998 药品〕,〔999 其他化工产品〕	5	35	13		千克	Q			0	
3003490090	含其他生物碱及衍生物的混合药品(未配定剂量或非零售包装,混合指含两种或两种以上成分)〔998 药品〕,〔999 其他化工产品〕	5	30	13		千克	Q			0	
30036010	---含有青蒿素及其衍生物										13
3003601000	含有青蒿素及其衍生物的混合药品(未配定剂量或非零售包装,混合指含两种或两种以上成分)〔998 药品〕,〔999 其他化工产品〕	0	30	13		千克	Q		2.5%	0	
30036090	---其他										
3003609010	含有磺胺类的混合药品(未配定剂量或非零售包装,混合指含两种或两种以上成分)〔998 药品〕,〔999 其他化工产品〕	0	30	13		千克	Q		2.5%	0	13
3003609020	含濒危动植物的混合药品(未配定剂量或非零售包装,混合指含两种或两种以上成分)〔998 药品〕,〔999 其他化工产品〕	0	30	13		千克	EFQ		2.5%	0	0
3003609090	其他含有本章子目注释二所列抗疟疾活性成分的混合药品(未配定剂量或非零售包装,混合指含两种或两种以上成分)〔998 药品〕,〔999 其他化工产品〕	0	30	13		千克	Q		2.5%	0	13
30039000	-其他										
3003900010	含紫杉醇的混合药品(未配定剂量或非零售包装,混合指含两种或两种以上成分)〔998 药品〕,〔999 其他化工产品〕	0	30	13		千克	EFQ			0	0
3003900020	其他含未列名濒危动植物混合药品(未配定剂量或非零售包装,混合指含两种或两种以上成分)〔998 药品〕,〔999 其他化工产品〕	0	30	13		千克	EFQ			0	0
3003900030	其他含磺胺类的混合药品(未配定剂量或非零售包装,混合指含两种或两种以上成分)〔998 药品〕,〔999 其他化工产品〕	0	30	13		千克	Q			0	13
3003900040	含西布曲明的混合药品(未配定剂量或制成零售包装的)〔999〕	0	30	13		千克	9Q			0	
3003900090	其他含未列名成分混合药品(未配定剂量或非零售包装,混合指含两种或两种以上成分)〔998 药品〕,〔999 其他化工产品〕	0	30	13		千克	Q			0	13
3004	**由混合或非混合产品构成的治病或防病用药品(不包括税目 30.02、30.05 或 30.06 的货品),已配定剂量(包括制成皮肤摄入形式的)或制成零售包装:**										
30041011	----氨苄青霉素制剂										13
3004101100	氨苄青霉素制剂(包括制成零售包装)〔101 其他化工产品〕,〔999 含有青霉素和链霉素及其衍生物的药品(已配定剂量)〕	0	30	13		千克	Q			0	
30041012	----羟氨苄青霉素制剂										13
3004101210	已配剂量兽用制剂(包括进口兽药管理目录的商品,包括零售包装)〔101 含有青霉素和链霉素及其衍生物的药品(已配定剂量)〕,〔999 其他化工产品〕	0	30	13		千克	R			0	
3004101290	其他羟氨苄青霉素制剂(包括零售包装)〔101 含有青霉素和链霉素及其衍生物的药品(已配定剂量)〕,〔999 其他化工产品〕	0	30	13		千克	Q			0	
30041013	----青霉素 V 制剂										13
3004101300	青霉素 V 制剂(包括制成零售包装)〔101 其他化工产品〕,〔999 含有青霉素和链霉素及其衍生物的药品(已配定剂量)〕	0	30	13		千克	Q			0	
30041019	----其他										13
3004101910	已配剂量兽用制剂(包括进口兽药管理目录的商品,包括零售包装)〔999〕	0	30	13		千克	R			0	
3004101990	其他已配剂量青霉素制剂(包括零售包装)〔999 包括零售包装〕	0	30	13		千克	Q			0	
30041090	---其他										13
3004109000	其他已配剂量含有青霉素或链霉素药品(包括制成零售包装)〔999〕	0	30	13		千克	Q			0	
30042011	----头孢噻肟制剂										13
3004201100	已配剂量头孢噻肟制剂(包括制成零售包装)〔999〕	0	30	13		千克	Q			0	
30042012	----头孢他啶制剂										13
3004201200	已配剂量头孢他啶制剂(包括制成零售包装)〔999〕	0	30	13		千克	Q			0	
30042013	----头孢西丁制剂										13
3004201300	已配剂量头孢西丁制剂(包括制成零售包装)〔999〕	0	30	13		千克	Q			0	
30042014	----头孢替唑制剂										13
3004201400	已配剂量头孢替唑制剂(包括制成零售包装)〔999〕	0	30	13		千克	Q			0	
30042015	----头孢克罗制剂										13
3004201500	已配剂量头孢克罗制剂(包括制成零售包装)〔999〕	0	30	13		千克	Q			0	
30042016	----头孢呋辛制剂										13
3004201600	已配剂量头孢呋辛制剂(包括制成零售包装)〔999〕	0	30	13		千克	Q			0	
30042017	----头孢三嗪(头孢曲松)制剂										13
3004201700	已配剂量头孢三嗪(头孢曲松)制剂(包括制成零售包装)〔999〕	0	30	13		千克	Q			0	

协定税率(%)																		特惠税率(%)			
智利	新西兰	澳大利亚	瑞士	冰岛	秘鲁	哥斯达	东盟	亚太	新加坡	巴基斯坦	港/澳/台	韩国	格鲁吉亚	毛里求斯	柬埔寨	尼加拉瓜	日/韩/澳/新/东 (RCEP)	亚太2国	老/柬/缅	LDC 98/97/95	Article Description
0	0	0	0	0	0	0	0			0	0/0/	0	0	0	0	0	0/0/0/0/0			0/0/0	--Other
0	0	0	0	0	0	0	0			0	0/0/	0	0	0	0	0	3.6/0/0/0/0			0/0/0	---Containing artemisinins and their derivatives
0	0	0	0	0	0	0	0			0	0/0/	0	0	0	0	0	3.6/0/0/0/0			0/0/0	---Other
0	0	0	0	0	0	0	0			0	0/0/	0	0	0	0	0	3.6/0/0/0/0			0/0/0	-Other
																					Medicaments (excluding goods of heading 30.02, 30.05 or 30.06) consisting of mixed or unmixed products for therapeutic or prophylactic uses, put up in measured doses (including those in the form of transdermal administration systems) or in forms or packings for retail sale:
0	0	0	0	0	0	0	0	0		0	0/0/	0	0	0	0	0	4.4/0/0/0/0			0/0/0	----Ampicillin
0	0	0	0	0	0	0	0	0		0	0/0/	0	0	0	0	0	4.4/0/0/0/0			0/0/0	----Amoxycillin
0	0	0	0	0	0	0	0	0		0	0/0/	0	0	0	0	0	4.4/0/0/0/0			0/0/0	----Penicillin V
0	0	0	0	0	0	0	0	0		0	0/0/	0	0	0	0	0	4.4/0/0/0/0			0/0/0	----Other
0	0	0	0	0	0	0	0	0		0	0/0/	0	0	0	0	0	4.4/0/0/0/0			0/0/0	---Other
0	0	0	0	0	0	0	0	0		0	0/0/	0	0	0	0	0	4.4/0/0/0/0			0/0/0	----Cefotaxime
0	0	0	0	0	0	0	0	0		0	0/0/	0	0	0	0	0	4.4/0/0/0/0			0/0/0	----Ceftazidime
0	0	0	0	0	0	0	0	0		0	0/0/	0	0	0	0	0	4.4/0/0/0/0			0/0/0	----Cefoxitin
0	0	0	0	0	0	0	0	0		0	0/0/	0	0	0	0	0	4.4/0/0/0/0			0/0/0	----Ceftezole
0	0	0	0	0	0	0	0	0		0	0/0/	0	0	0	0	0	4.4/0/0/0/0			0/0/0	----Cefaclor
0	0	0	0	0	0	0	0	0		0	0/0/	0	0	0	0	0	4.4/0/0/0/0			0/0/0	----Cefuroxime
0	0	0	0	0	0	0	0	0		0	0/0/	0	0	0	0	0	4.4/0/0/0/0			0/0/0	----Ceftriaxone

商品编号	商品名称及备注[检验检疫编码及名称]	进口关税(%)		增值税率(%)	消费税	计量单位	监管条件	检验检疫类别	对美税率	出口税率(%)	出口退税率(%)
		最惠国	普通								
30042018	----头孢哌酮制剂										13
3004201800	已配剂量头孢哌酮制剂(包括制成零售包装)〔999〕	0	30	13		千克	Q			0	
30042019	----其他										13
3004201920	已配剂量兽用制剂(包括进口兽药管理目录的商品,包括零售包装)〔999〕	0	30	13		千克	R			0	
3004201990	其他已配剂量头孢菌素制剂(包括零售包装的制成品)〔999〕	0	30	13		千克	Q			0	
30042090	---其他										13
3004209020	已配剂量兽用制剂(包括进口兽药管理目录的商品,包括零售包装)〔999〕	0	30	13		千克	R			0	
3004209091	抗(防)癌药品制剂(不含癌症辅助治疗药品)(包括抗癌药品清单第一批、第三批相关商品)〔999〕	0	30	3		千克	Q			0	
3004209099	其他已配剂量含有其他抗菌素的药品(包括制成零售包装)(因拆分抗癌药产生的兜底税号)〔999 因拆分抗癌药产生的兜底税号〕	0	30	13		千克	Q			0	
30043110	---含有重组人胰岛素的										13
3004311010	已配剂量含重组人胰岛素的单方制剂(包括零售包装)〔401 治疗人类疾病用〕,〔402 医学科研用〕	0	30	13		千克	L			0	
3004311090	已配剂量含重组人胰岛素的其他药品(不含抗菌素,包括零售包装)〔401 治疗人类疾病用〕,〔402 医学科研用〕	0	30	13		千克	Q			0	
30043190	---其他										13
3004319010	其他已配剂量含胰岛素的单方制剂(包括零售包装)〔999〕	0	30	13		千克	L			0	
3004319090	其他已配剂量含胰岛素的其他药品(不含抗菌素,包括零售包装)〔999〕	0	30	13		千克	Q			0	
30043200	--含有皮质甾类激素及其衍生物或结构类似物										13
3004320011	已配剂量含1-雄烯二醇或1-雄烯二酮的单方制剂(包括其衍生物及结构类似物,包括零售包装)〔999〕	0	30	13		千克	L			0	
3004320012	已配剂量含甲酰勃龙的单方制剂(包括其衍生物及结构类似物,包括零售包装)〔999〕	0	30	13		千克	L			0	
3004320013	已配剂量含雄甾-4-烯-3β, 17α-二醇[4-雄烯二醇(3β, 17α)]的单方制剂(包括其衍生物及结构类似物,包括零售包装)〔999〕	0	30	13		千克	L			0	
3004320014	已配剂量含雄甾-5-烯-3β, 17α-二醇[5-雄烯二醇(3β, 17α)]的单方制剂(包括其衍生物及结构类似物,包括零售包装)〔999〕	0	30	13		千克	L			0	
3004320015	已配剂量含4-雄烯二醇或乙雌烯醇的单方制剂(包括其衍生物及结构类似物,包括零售包装)〔999〕	0	30	13		千克	L			0	
3004320016	已配剂量含5-雄烯二酮的单方制剂(包括其衍生物及结构类似物,包括零售包装)〔999〕	0	30	13		千克	L			0	
3004320017	已配剂量含5α-雄烷-3α, 17β-二醇[雄烷二醇(3α, 17β)]或5β-雄烷-3α, 17β-二醇[5β-雄烷二醇(3α, 17β)]的单方制剂(包括其衍生物及其结构类似物,包括零售包装)〔999〕	0	30	13		千克	L			0	
3004320018	已配剂量5α-雄烷-3β, 17α-二醇[雄烷二醇(3β, 17α)]的单方制剂(包括其衍生物及结构类似物,包括零售包装)〔999〕	0	30	13		千克	L			0	
3004320019	已配剂量含勃拉睾酮的单方制剂(包括其衍生物及结构类似物,包括零售包装)〔999〕	0	30	13		千克	L			0	
3004320021	已配剂量含勃地酮的单方制剂(包括其衍生物及结构类似物,包括零售包装)〔999〕	0	30	13		千克	L			0	
3004320022	已配剂量含勃二酮的单方制剂(包括其衍生物及结构类似物,包括零售包装)〔999〕	0	30	13		千克				0	
3004320023	已配剂量含卡芦睾酮或达那唑的单方制剂(包括其衍生物及结构类似物,包括零售包装)〔999〕	0	30	13		千克	L			0	
3004320024	已配剂量含氯司替勃的单方制剂(包括其衍生物及结构类似物,包括零售包装)〔999〕	0	30	13		千克	L			0	
3004320025	已配剂量含去氢氯甲睾酮的单方制剂(包括其衍生物及结构类似物,包括零售包装)〔999〕	0	30	13		千克	L			0	
3004320026	已配剂量含甲基氯司替勃的单方制剂(包括其衍生物及结构类似物,包括零售包装)〔999〕	0	30	13		千克	L			0	
3004320028	已配剂量含普拉睾酮或屈他雄酮的单方制剂(包括其衍生物及结构类似物,包括零售包装)〔999〕	0	30	13		千克	L			0	
3004320029	已配剂量含去氧甲睾酮或双氢睾酮的单方制剂(包括其衍生物及结构类似物,包括零售包装)〔999〕	0	30	13		千克	L			0	
3004320031	已配剂量含表双氢睾酮或氟甲睾酮的单方制剂(包括其衍生物及结构类似物,包括零售包装)〔999〕	0	30	13		千克	L			0	
3004320032	已配剂量含夫拉扎勃的单方制剂(包括其衍生物及结构类似物,包括零售包装)〔999〕	0	30	13		千克	L			0	
3004320033	已配剂量含孕三烯酮或4-羟基睾酮的单方制剂(包括其衍生物及结构类似物,包括零售包装)〔999〕	0	30	13		千克	L			0	
3004320034	含3α-羟基-5α-雄烷-17-酮的单方制剂(包括其衍生物及结构类似物,已配剂量或制成零售包装)〔999〕	0	30	13		千克				0	
3004320035	已配剂量含美睾酮或美雄酮的单方制剂(包括其衍生物及结构类似物,包括零售包装)〔999〕	0	30	13		千克	L				
3004320036	已配剂量含甲基屈他雄酮的单方制剂(包括其衍生物及结构类似物,包括零售包装)〔999〕	0	30	13		千克	L			0	
3004320037	已配剂量含甲二烯诺龙的单方制剂(包括其衍生物及结构类似物,包括零售包装)〔999〕	0	30	13		千克	L			0	
3004320038	已配剂量含甲基-1-睾酮或甲诺睾酮的单方制剂(包括其衍生物及结构类似物,包括零售包装)〔999〕	0	30	13		千克	L			0	
3004320039	已配剂量含美曲勃龙的单方制剂(包括其衍生物及结构类似物,包括零售包装)〔999〕	0	30	13		千克	L			0	

协定税率(%)																		特惠税率(%)			
智利	新西兰	澳大利亚	瑞士	冰岛	秘鲁	哥斯达	东盟	亚太	新加坡	巴基斯坦	港/澳/台	韩国	格鲁吉亚	毛里求斯	柬埔寨	尼加拉瓜	日/韩/澳/新/东(RCEP)	亚太2国	老/柬/缅	LDC 98/97/95	Article Description
0	0	0	0	0	0	0	0	0		0	0/0/	0	0	0	0	0	4.4/0/0/0/0			0/0/0	----Cefoperazone
0	0	0	0	0	0	0	0	0		0	0/0/	0	0	0	0	0	4.4/4.2/4.2/4.2/4.2			0/0/0	----Other
0	0	0	0	0	0	0	0	0		0	0/0/	0	0	0	0	0	4.4/0/0/0/0			0/0/0	---Other
0	0	0	0	0	0	0	0	0		0	0/0/	0	0	0	0	0	3.6/0/0/0/0			0/0/0	---Containing recombinant human insulin
0	0	0	0	0	0	0	0	0		0	0/0/	0	0	0	0	0	3.6/0/0/0/0			0/0/0	---Other
0	0	0	0	0	0	0	0	0		0	0/0/	0	0	0	0	0	3.6/0/0/0/0			0/0/0	--Containing corticosteroid hormones, their derivatives and structural analogues

商品编号	商品名称及备注[检验检疫编码及名称]	进口关税(%)		增值税率(%)	消费税	计量单位	监管条件	检验检疫类别	对美税率	出口税率(%)	出口退税率(%)
		最惠国	普通								
3004320041	已配剂量含美雄诺龙或美替诺龙的单方制剂(包括其衍生物及结构类似物,包括零售包装)〔999〕	0	30	13		千克	L			0	
3004320042	已配剂量含美雄醇或甲睾酮或米勃酮的单方制剂(包括其衍生物及结构类似物,包括零售包装)〔999〕	0	30	13		千克	L			0	
3004320043	已配剂量含诺龙或诺勃酮或诺司替勃的单方制剂(包括其衍生物及结构类似物,包括零售包装)〔999〕	0	30	13		千克	L			0	
3004320044	已配剂量含19-去甲雄烯二酮的单方制剂(包括其衍生物及结构类似物,包括零售包装)〔999〕	0	30	13		千克	L			0	
3004320045	已配剂量含去甲雄酮或诺乙雄龙的单方制剂(包括其衍生物及结构类似物,包括零售包装)〔999〕	0	30	13		千克	L			0	
3004320046	已配剂量含19-去甲本胆烷醇酮的单方制剂(包括其衍生物及结构类似物,包括零售包装)〔999 包括其衍生物及结构类似物,包括零售包装〕	0	30	13		千克	L			0	
3004320047	已配剂量含羟勃龙或氧雄龙的单方制剂(包括其衍生物及结构类似物,包括零售包装)〔999〕	0	30	13		千克	L			0	
3004320048	已配剂量含羟甲睾酮或羟甲烯龙的单方制剂(包括其衍生物及结构类似物,包括零售包装)〔999〕	0	30	13		千克	L			0	
3004320049	已配剂量含前列他唑的单方制剂(包括其衍生物及结构类似物,包括零售包装)〔999〕	0	30	13		千克	L			0	
3004320051	含奎勃龙或替勃龙或群勃龙的单方制剂(包括其衍生物及结构类似物,已配剂量或制成零售包装)〔999〕	0	30	13		千克	L			0	
3004320052	已配剂量含司坦唑醇或司腾勃龙的单方制剂(包括其衍生物及结构类似物,包括零售包装)〔999〕	0	30	13		千克	L			0	
3004320053	已配剂量含1-睾酮或睾酮的单方制剂(包括其衍生物及结构类似物,包括零售包装)〔999〕	0	30	13		千克	L			0	
3004320054	已配剂量含四氢孕三烯酮或泽仑诺的单方制剂(包括其衍生物及结构类似物,包括零售包装)〔999〕	0	30	13		千克	L			0	
3004320061	已配剂量兽用制剂(包括进口兽药管理目录的商品,包括零售包装)〔999〕	0	30	13		千克	R			0	
3004320071	已配剂量含雄甾-5-烯-3β,17β-二醇[5-雄烯二醇(3β,17β)]的单方制剂(包括其衍生物及结构类似物,不含抗菌素,包括零售包装)〔999〕	0	30	13		千克	L			0	
3004320072	已配剂量含雄甾-4-烯-3,17-二酮(4-雄烯二酮)的单方制剂(包括其衍生物及结构类似物,不含抗菌素,包括零售包装)〔999〕	0	30	13		千克	L			0	
3004320074	已配剂量含7α-羟基-普拉睾酮的单方制剂(包括其衍生物及结构类似物,不含抗菌素,包括零售包装)〔999〕	0	30	13		千克	L			0	
3004320075	已配剂量含7β-羟基-普拉睾酮的单方制剂(包括其衍生物及结构类似物,不含抗菌素,包括零售包装)〔999〕	0	30	13		千克	L			0	
3004320076	已配剂量含7-羰基-普拉睾酮的单方制剂(包括其衍生物及结构类似物,不含抗菌素,包括零售包装)〔999〕	0	30	13		千克	L			0	
3004320077	已配剂量含胆烷醇酮的单方制剂(包括其衍生物及结构类似物,不含抗菌素,包括零售包装)〔999〕	0	30	13		千克	L			0	
3004320078	已配剂量含1,4-雄烯二酮(雄甾-1,4-二烯-3,17-二酮)的单方制剂(包括其衍生物及结构类似物,不含抗菌素,包括零售包装)〔999 包括其衍生物及结构类似物,不含抗菌素,包括零售包装〕	0	30	13		千克	L			0	
3004320099	其他已配剂量含其他皮质甾类激素的药品(包括其衍生物及结构类似物,不含抗菌素,包括零售包装)(因拆分抗癌药产生的兜底税号)〔999 其他〕	0	30	13		千克	Q			0	
30043900	--其他										13
3004390011	已配剂量含克仑特罗的单方制剂(包括零售包装)〔999〕	0	30	13		千克	L			0	
3004390021	已配剂量含醋酸戈舍瑞林、醋酸亮丙瑞林、醋酸曲普瑞林或双羟萘酸曲普瑞林的单方制剂〔999〕	0	30	3		千克	L				
3004390022	重组人生长激素注射液[包括含生长激素释放肽类(GHRPs)、生长激素释放肽-1、普拉莫瑞林(生长激素释放肽-2)、生长激素释放肽-3、生长激素释放肽-4、生长激素释放肽-5、生长激素释放肽-6、生长激素(GH)、生长激素片段类、生长激素释放因子类、生长激素释放激素(GHRH)]〔999〕	0	30	3		千克	L				
3004390025	已配剂量含绒促性素、促黄体生成素等的单方制剂(重组人生长激素注射液除外)[包括含生长激素释放肽类(GHRPs)、普拉莫瑞林(生长激素释放肽-2)、CJC-1295(CAS号863288-34-0)、生长激素释放肽-6、生长激素释放激素及其类似物、生长激素促分泌剂,零售包装]〔999〕	0	30	13		千克	L				
3004390027	已配剂量含亮丙瑞林的单方制剂(醋酸亮丙瑞林除外)	0	30	13		千克	L				
3004390026	已配剂量含促皮质素类等肽类激素的单方制剂[包括零售包装,以及已配剂量或零售包装的艾瑞莫瑞林、阿那瑞林、布舍瑞林、可的瑞林、海沙瑞林、伊莫瑞林、舍莫瑞林、替莫瑞林、戈那瑞林、葛瑞林(脑肠肽)及其模拟物类的单方制剂]〔999〕	0	30	13		千克	L			0	
3004390028	已配剂量含雄酮的单方制剂〔999〕	0	30	13		千克	L			0	
3004390029	其他《兴奋剂目录》所列蛋白同化制剂和肽类激素〔999〕	0	30	13		千克	L			0	
3004390040	已配剂量兽用制剂(包括进口兽药管理目录的商品,包括零售包装)〔999〕	0	30	13		千克	R			0	
3004390091	抗(防)癌药品制剂(不含癌症辅助治疗药品)(包括抗癌药品清单第一批、第二批相关商品)〔999 包括抗癌药品清单第一批、第二批相关商品〕	0	30	3		千克	Q			0	
3004390092	其他已配剂量含卵泡抑素的单方制剂〔999〕	0	30	13		千克	L			0	
3004390093	其他已配剂量含马昔瑞林的单方制剂〔999〕	0	30	13		千克	L			0	

协定税率(%)																		特惠税率(%)			Article Description
智利	新西兰	澳大利亚	瑞士	冰岛	秘鲁	哥斯达	东盟	亚太	新加坡	巴基斯坦	港/澳/台	韩国	格鲁吉亚	毛里求斯	柬埔寨	尼加拉瓜	日/韩/澳/新/东(RCEP)	亚太2国	老/柬/缅	LDC 98/97/95	
0	0	0	0	0	0	0	0	0		0	0/0/	0	0	0	0	0	3.6/3.5/3.5/3.5/3.5			0/0/0	--Other

商品编号	商品名称及备注[检验检疫编码及名称]	进口关税(%)		增值税率(%)	消费税	计量单位	监管条件	检验检疫类别	对美税率	出口税率(%)	出口退税率(%)
		最惠国	普通								
3004390095	罕见病药品制剂(包括罕见病药品清单第一批、第二批相关商品)〔999〕	0	30	3		千克	Q			0	
3004390099	其他已配剂量含激素或品目 2937 产品的药品(不含抗菌素,包括零售包装)(因拆分抗癌药产生的兜底税号)〔999〕	0	30	13		千克	Q			0	
30044100	--含有麻黄碱及其盐										13
3004410010	盐酸麻黄碱片、盐酸麻黄碱注射剂、硫酸麻黄碱片〔998 药品〕,〔999 其他化工产品〕	5	30	13		千克	23Q			0	
3004410020	其他含麻黄碱及其盐的单方制剂(已配定剂量或制成零售包装)〔998 药品〕,〔999 其他化工产品〕	5	30	13		千克	I			0	
3004410090	其他含有麻黄碱及其盐的药品(已配定剂量或制成零售包装)〔998 药品〕,〔999 其他化工产品〕	5	30	13		千克	Q			0	
30044200	--含有伪麻黄碱(INN)及其盐										13
3004420010	盐酸伪麻黄碱片〔998 药品〕,〔999 其他化工产品〕	5	30	13		千克	23Q			0	
3004420020	其他含伪麻黄碱及其盐的单方制剂(已配定剂量或制成零售包装)〔998 药品〕,〔999 其他化工产品〕	5	30	13		千克	I			0	
3004420090	其他含有伪麻黄碱及其盐的药品(已配定剂量或制成零售包装)〔998 药品〕,〔999 其他化工产品〕	5	30	13		千克	Q			0	
30044300	--含有去甲麻黄碱及其盐										13
3004430010	去甲麻黄碱及其盐的单方制剂(已配定剂量或制成零售包装)〔998 药品〕,〔999 其他化工产品〕	5	30	13		千克	I			0	
3004430090	其他含有去甲麻黄碱及其盐的药品(已配定剂量或制成零售包装)〔998 药品〕,〔999 其他化工产品〕	5	30	13		千克	Q			0	
30044900	--其他										13
3004490010	含有奎宁或其盐的药品(已配定剂量或制成零售包装)〔998 药品〕,〔999 其他化工产品〕	5	35	13		千克	Q			0	
3004490020	含可待因及衍生物及盐的复方制剂(已配定剂量或制成零售包装)〔998 药品〕,〔999 其他化工产品〕	5	30	13		千克	I			0	
3004490031	丁丙诺啡透皮贴剂(包括其衍生物,已配定剂量或制成零售包装)〔998 药品〕,〔999 其他化工产品〕	5	30	13		千克	I			0	
3004490039	其他含生物碱类精神药品的单方制剂(包括其衍生物,已配定剂量或制成零售包装)〔998 药品〕,〔999 其他化工产品〕	5	30	13		千克	I			0	
3004490040	含生物碱类麻醉药品的单方制剂(包括其衍生物,已配定剂量或制成零售包装)〔998 药品〕,〔999 其他化工产品〕	5	30	13		千克	I			0	
3004490050	吗啡阿托品注射液〔998 药品〕,〔999 其他化工产品〕	5	30	13		千克	I			0	
3004490061	含有氨酚氢可酮片或其盐〔998 药品〕,〔999 其他化工产品〕	5	30	13		千克	I			0	
3004490062	含有麦角胺咖啡因片/安钠咖或其盐〔998 药品〕,〔999 其他化工产品〕	5	30	13		千克	I			0	
3004490063	阿桔片、复方甘草片(含阿片粉,已配定剂量或制成零售包装)〔998 药品〕,〔999 其他化工产品〕	5	30	13		千克	I			0	
3004490070	氨酚双氢可待因片〔998 药品〕,〔999 其他化工产品〕	5	30	13		千克	I			0	
3004490080	已配剂量兽用制剂(包括进口兽药管理目录的商品,包括零售包装)〔999〕	5	30	13		千克	R			0	
3004490091[暂0]	具有抗癌作用的含有生物碱及其衍生物的药品(包括抗癌药品清单第一批相关商品,混合或非混合,治病或防病用已配定剂量或零售包装)〔999 包括抗癌药品清单第一批相关商品,混合或非混合,治病或防病用已配定剂量或零售包装〕	5	30	3		千克	Q			0	
3004490092[暂0]	噻托溴铵粉吸入剂、噻托溴铵喷雾剂、吸入用异丙托溴铵溶液、吸入用复方异丙托溴铵溶液、异丙托溴铵气雾剂(已配定剂量或制成零售包装)〔999〕	5	30	13		千克	Q			0	
3004490093[暂0]	盐酸羟考酮缓释片(已配定剂量或制成零售包装)〔999〕	5	30	13		千克	I			0	
3004490099	其他含有生物碱及其衍生物的药品(已配定剂量或制成零售包装)〔301 其他化工产品〕,〔999 药品〕	5	30	13		千克	Q			0	
30045000	-其他,含有维生素或税目 29.36 所列产品										13
3004500000	已配剂量含有维生素等的其他药品(包括含有品目 29.36 所列产品的,包括零售包装)〔999〕	0	40	13		千克	Q			0	
30046010	---含有青蒿素及其衍生物										13
3004601000	含有青蒿素及其衍生物的药品(已配定剂量或制成零售包装)〔998 药品〕,〔999 其他化工产品〕	0	30	13		千克	Q		2.5%	0	
30046090	---其他										
3004609010	含有磺胺类的混合药品(已配定剂量或制成零售包装)〔998 药品〕,〔999 其他化工产品〕	0	30	13		千克	Q		2.5%	0	13
3004609021	含濒危动植物成分的中式成药(已配定剂量或零售包装)〔998 药品〕,〔999 其他化工产品〕	0	30	13		千克	EFQ		2.5%	0	0

协定税率(%)																		特惠税率(%)			Article Description
智利	新西兰	澳大利亚	瑞士	冰岛	秘鲁	哥斯达	东盟	亚太	新加坡	巴基斯坦	港/澳/台	韩国	格鲁吉亚	毛里求斯	柬埔寨	尼加拉瓜	日/韩/澳/新/东(RCEP)	亚太2国	老/柬/缅	LDC 98/97/95	
0	0	0	0	0	0	0	0			0	0/0/	0	0	0	0	0	0/0/3. 5/3. 5/0			0/0/0	--Containing ephedrine or its salts
0	0	0	0	0	0	0	0			0	0/0/	0	0	0	0	0	0/0/3. 5/3. 5/0			0/0/0	--Containing pseudoephedrine (INN) or its salts
0	0	0	0	0	0	0	0			0	0/0/	0	0	0	0	0	0/0/3. 5/3. 5/0			0/0/0	--Containing norephedrine or its salts
0	0	0	0	0	0	0	0			0	0/0/	0	0	0	0	0	0/0/0/0/0			0/0/0	--Other
0	0	0	0	0	0	0	0	0		0	0/0/	0	0	0	0	0	4. 4/0/0/0/0			0/0/0	-Other, containing vitamins or other products of heading 29. 36
0	0	0	0	0	0	0	0			0	0/0/	0	0	0	0	0	2. 9/0/0/0/0			0/0/0	---Containing artemisinins and their derivatives
0	0	0	0	0	0	0	0	0		0	0/0/	0	0	0	0	0	2. 2/0/0/0/0			0/0/0	---Other

商品编号	商品名称及备注[检验检疫编码及名称]	进口关税(%)		增值税率(%)	消费税	计量单位	监管条件	检验检疫类别	对美税率	出口税率(%)	出口退税率(%)
		最惠国	普通								
3004609029	含其他成分的中式成药(已配定剂量或零售包装)〔998 药品〕,〔999 其他化工产品〕	0	30	13		千克	Q		2.5%	0	13
3004609030	其他含濒危野生动植物成分的药品(已配定剂量或零售包装)〔998 药品〕,〔999 其他化工产品〕	0	30	13		千克	EFQ		2.5%	0	0
3004609090	其他含有本章子目注释二所列抗疟疾活性成分的药品(已配定剂量或零售包装)〔998 药品〕,〔999 其他化工产品〕	0	30	13		千克	Q		2.5%	0	13
30049010	---含有磺胺类										13
3004901010	已配剂量兽用制剂(包括进口兽药管理目录的商品,包括零售包装)〔999〕	0	40	13		千克	R			0	
3004901020	抗(防)癌药品制剂(不含癌症辅助治疗药品)(包括符合增值税政策规定的抗癌药品清单第二批、第三批商品,包括零售包装)〔999〕	0	40	3		千克	Q			0	
3004901030	罕见病药品制剂(包括罕见病药品清单第二批相关商品,包括零售包装)〔999〕	0	40	3		千克	Q			0	
3004901090	其他已配剂量含有磺胺类的药品(包括零售包装)〔999〕	0	40	13		千克	Q			0	
30049020	---含有联苯双酯										13
3004902000	含联苯双酯的药品(包括零售包装)〔999〕	4	30	13		千克	Q			0	
30049051	----中药酒										
3004905110	含濒危动植物成分的中药酒(已配定剂量或零售包装)〔101 中药酒〕,〔102 具有保健食品批准文号(保健食品)〕,〔999 其他〕	0	30	13		千克	FE		2.5%	0	0
3004905190	含其他成分的中药酒(已配定剂量或零售包装)〔101 中药酒〕,〔102 具有保健食品批准文号〕,〔103 其他化工产品〕,〔999 其他〕	0	30	13		千克			2.5%	0	13
30049052	----片仔癀										
3004905210	含天然麝香的片仔癀(已配定剂量或零售包装)〔101 药品〕,〔102 其他化工产品〕	3	30	13		千克	QFE			0	0
3004905290	其他片仔癀(已配定剂量或零售包装)〔101 药品〕,〔102 其他化工产品〕	3	30	13		千克	Q			0	13
30049053	----白药										
3004905310	含天然麝香的白药(已配定剂量或零售包装)〔999〕	3	30	13		千克	FEQ			0	0
3004905390	含人工麝香的白药(已配定剂量或零售包装)〔999〕	3	30	13		千克	Q			0	13
30049054	----清凉油										13
3004905400	清凉油(已配定剂量或零售包装)〔101 其他化工产品〕,〔999 其他〕	0	30	13		千克	Q		2.5%	0	
30049055	----安宫牛黄丸										
3004905510	含天然麝香的安宫牛黄丸(已配定剂量或零售包装)〔999〕	3	30	13		千克	QFE			0	0
3004905590	其他安宫牛黄丸(已配定剂量或零售包装)〔101 其他化工产品〕,〔999 其他〕	3	30	13		千克	Q			0	13
30049059	----其他										
3004905910	含濒危动植物成分的中式成药(已配定剂量或零售包装)〔999〕	0	30	13		千克	QFE			0	0
3004905920	抗(防)癌药品清单内的中式成药(已配定剂量或零售包装)〔999〕	0	30	3		千克	Q			0	13
3004905990	含其他成分的中式成药(已配定剂量或零售包装)〔101 其他化工产品〕,〔999 其他〕	0	30	13		千克	Q			0	13
30049090	---其他										
3004909010	含濒危野生动植物成分的药品(已配定剂量或零售包装,不含紫杉醇)〔999〕	0	30	13		千克	FEQ			0	0
3004909021	含紫杉醇成分的抗癌药清单药品(已配定剂量或制成零售包装,已批准注册)〔999〕	0	30	3		千克	EFQ			0	0
3004909029	其他含紫杉醇成分的药品(已配定剂量或制成零售包装)〔999〕	0	30	13		千克	EFQ			0	0
3004909030	其他含第二十九章麻醉药品的单方制剂(已配定剂量或制成零售包装)〔101 其他化工产品〕,〔999 其他〕	0	30	13		千克	I			0	13
3004909041	地芬诺酯复方制剂(已配定剂量或制成零售包装)〔101 其他化工产品〕,〔999 其他〕	0	30	13		千克	I			0	13
3004909042	曲马多复方制剂(已配定剂量或制成零售包装)〔999〕	0	30	13		千克	I			0	
3004909049	其他含第二十九章精神药品的单方制剂(已配定剂量或制成零售包装)〔101 其他化工产品〕,〔999 其他〕	0	30	13		千克	I			0	13
3004909050	含右丙氧芬及其盐的复方制剂(已配定剂量或制成零售包装)〔999〕	0	30	13		千克	I			0	13
3004909060	复方樟脑酊(含阿片酊、樟脑、苯甲酸、八角茴香油等,包括零售包装)〔999〕	0	30	13		千克	I			0	13
3004909071	已配剂量含雄甾-4-烯-3α,17β-二醇[4-雄烯二醇(3α,17β)]的单方制剂(包括零售包装)〔999〕	0	30	13		千克	L			0	13
3004909072	已配剂量含雄甾-5-烯-3α,17α-二醇[5-雄烯二醇(3α,17α)]的单方制剂(包括零售包装)〔999〕	0	30	13		千克	L			0	13
3004909073	已配剂量含雄甾-5-烯-3α,17β-二醇[5-雄烯二醇(3α,17β)]的单方制剂(包括零售包装)〔999〕	0	30	13		千克	L			0	13
3004909074	已配剂量含5α-雄烷-3α,17α-二醇(阿法雄烷二醇)或雄甾-4-烯-3α,17α-二醇[4-雄烯二醇(3α,17α)]的单方制剂(包括零售包装)〔999〕	0	30	13		千克	L			0	13

协定税率(%)																		特惠税率(%)			Article Description
智利	新西兰	澳大利亚	瑞士	冰岛	秘鲁	哥斯达	东盟	亚太	新加坡	巴基斯坦	港/澳/台	韩国	格鲁吉亚	毛里求斯	柬埔寨	尼加拉瓜	日/韩/澳/新/东(RCEP)	亚太2国	老/柬/缅	LDC 98/97/95	
0	0	0	0	0	0	0	0	0		0	0/0/	0	0	0	0	0	4.4/0/0/0/0			0/0/0	---Containing sulfa drugs
0	0	0	0	0	0	0	0	2		0	0/0/	0	0	0	0	0	0/0/0/0/0			0/0/0	---Containing biphenyl dicarbxybte
0	0	0	0	0	0	0	0	0		0	0/0/	0	0	0	0	0	2.2/0/0/0/0			0/0/0	----Medicated liquors or wines
0	0	0	0	0	0	0	0	1.5		0	0/0/	0	0	0	0	0	0/0/0/0/0			0/0/0	----Pien Tzu Huang
0	0	0	0	0	0	0	0	1.5		0	0/0/	0	0	0	0	0	0/0/0/0/0			0/0/0	----Bai Yao
0	0	0	0	0	0	0	0	0		0	0/0/	0	0	0	0	0	2.2/0/0/0/0			0/0/0	----Essential balm
0	0	0	0	0	0	0	0	1.5		0	0/0/	0	0	0	0	0	0/0/0/0/0			0/0/0	----Angong niuhuang wan
0	0	0	0	0	0	0	0	0		0	0/0/	0	0	0	0	0	2.2/2.1/2.1/2.1/2.1			0/0/0	----Other
0	0	0	0	0	0	0	0	0		0	0/0/	0	0	0	0	0	2.9/0/0/0/0			0/0/0	---Other

商品编号	商品名称及备注［检验检疫编码及名称］	进口关税(%) 最惠国	进口关税(%) 普通	增值税率(%)	消费税	计量单位	监管条件	检验检疫类别	对美税率	出口税率(%)	出口退税率(%)
3004909075	已配剂量含5α-雄烷-3β，17β-二醇(倍他雄烷二醇)的单方制剂(包括零售包装)〔999〕	0	30	13		千克	L			0	13
3004909077	含表雄酮(3β-羟基-5α-雄烷-17-酮)的单方制剂(已配剂量或制成零售包装)〔101 其他化工产品〕,〔999 其他〕	0	30	13		千克	L			0	13
3004909078	已配剂量含齐帕特罗的单方制剂(包括零售包装)〔999〕	0	30	13		千克	L			0	13
3004909079	已配剂量含表睾酮的单方制剂(包括零售包装)〔999〕	0	30	13		千克	L			0	13
3004909082	已配剂量含西布曲明的制剂〔999〕	0	30	13		千克	9			0	
3004909083	含1-表雄酮(3β-羟基-5α-雄甾-1-烯-17-酮)的单方制剂(包括零售包装)〔999〕	0	30	13		千克	L			0	13
3004909084	已配剂量兽用制剂(包括进口兽药管理目录的商品,包括零售包装)〔999〕	0	30	13		千克	R			0	13
3004909085	其他《兴奋剂目录》所列蛋白同化制剂和肽类激素〔999〕	0	30	13		千克	L			0	13
3004909091	含FG-4592(CAS号:808118-40-3,一种缺氧诱导因子-脯氨酸羟化酶抑制剂)的已配定剂量的制剂(包括零售包装)〔999〕	0	30	13		千克	Q			0	13
3004909092	已配剂量含5α-雄烷-2-烯-17-酮的单方制剂(包括零售包装)〔999〕	0	30	13		千克	L			0	13
3004909093	抗(防)癌药品制剂(不含癌症辅助治疗药品)(包括符合增值税政策规定的抗癌药品清单第一批、第二批、第三批商品)〔401 含有微生物、人体组织、生物制品、血液及其制品的,治疗人类疾病用〕,〔403 其他化工产品〕	0	30	3		千克	Q			0	13
3004909094	已配剂量含2-雄烯醇(5α-雄甾-2-烯-17-醇)的单方制剂(包括零售包装)〔999 包括零售包装〕	0	30	13		千克	L			0	13
3004909095	已配剂量含3-雄烯醇(5α-雄甾-3-烯-17-醇)的单方制剂(包括零售包装)〔999 包括零售包装〕	0	30	13		千克	L			0	13
3004909096	已配剂量含3-雄烯酮(5α-雄甾-3-烯-17-酮)的单方制剂(包括零售包装)〔999 包括零售包装〕	0	30	13		千克	L			0	13
3004909098	罕见病药品制剂(包括符合增值税政策规定的罕见病药品清单第一批、第二批、第三批商品)〔401 含有微生物、人体组织、生物制品、血液及其制品的,治疗人类疾病用〕,〔403 其他化工产品〕	0	30	3		千克	Q			0	13
3004909099	其他已配定剂量的药品(包括零售包装)①	0	30	13		千克	Q			0	13
3005	**软填料、纱布、绷带及类似物品(例如,敷料、橡皮膏、泥罨剂),经过药物浸涂或制成零售包装供医疗、外科、牙科或兽医用:**										
30051010	---橡皮膏										13
3005101000	橡皮膏(制成零售包装供医疗、外科、牙科或兽医用)〔101 其他化工产品〕,〔999 其他〕	5	70	13		千克			32.5%	0	
30051090	---其他										13
3005109000	其他胶粘敷料及有胶粘涂层的物品(经药物浸涂或制成零售包装,供医疗、外科、牙科或兽医用)〔101 其他化工产品〕,〔999 其他〕	5	35	13		千克			12.5%	0	
30059010	---药棉、纱布、绷带										13
3005901000	药棉、纱布、绷带(经药物浸涂或制成零售包装,供医疗、外科、牙科或兽医用)〔999〕	5	70	13		千克			12.5%	0	
30059090	---其他										13
3005909000	其他软填料及类似物品(经药物浸涂或制成零售包装,供医疗、外科、牙科或兽医用)〔301 危险化学品,易燃液体〕,〔302 其他〕	5	35	13		千克			12.5%	0	
3006	**本章注释四所规定的医药用品:**										
30061000	-无菌外科肠线、类似的无菌缝合材料(包括外科或牙科用无菌可吸收缝线)及外伤创口闭合用的无菌黏合胶布;无菌昆布及无菌昆布塞条;外科或牙科用无菌吸收性止血材料;外科或牙科用无菌抗粘连阻隔材料,不论是否可吸收										13
3006100000	无菌外科肠线、类似的无菌缝合材料,无菌昆布及其塞条(无菌吸收性止血材料,无菌抗粘连阻隔材料,外伤创口闭合用无菌黏合胶布)〔101 其他化工产品〕,〔999 其他〕	5	30	13		千克			10%	0	
30063000	-X光检查造影剂;用于病人的诊断试剂										13

① 〔401 含有微生物、人体组织、生物制品、血液及其制品的,治疗人类疾病用〕,〔402 含有微生物、人体组织、生物制品、血液及其制品的,医学科研用〕,〔403 其他化工产品〕

协定税率(%)																		特惠税率(%)			Article Description
智利	新西兰	澳大利亚	瑞士	冰岛	秘鲁	哥斯达	东盟	亚太	新加坡	巴基斯坦	港/澳/台	韩国	格鲁吉亚	毛里求斯	柬埔寨	尼加拉瓜	日/韩/澳/新/东(RCEP)	亚太2国	老/柬/缅	LDC 98/97/95	
																					Wadding, gauze, bandages and similar articles (for example, dressings, adhesive plasters, poultices), impregnated or coated with pharmaceutical substances or put up in forms or packings for retail sale for medical, surgical, dental or veterinary purposes:
0	0	0	0	0	0	0	0	4		0	0/0/	0	0	0	0	0	0/0/0/0/0			0/0/0	---Adhesive plasters
0	0	0	0		0	0	0			0	0/0/	0	0	0	0	0	3. 6/0/0/0/0			0/0/0	---Other
0	0	0	0	0	0	0	0	3		0	0/0/	0	0	0	0	0	0/0/0/0/0			0/0/0	---Absorbent cotton, gauze, bandages
0	0	0	0		0	0	0			0	0/0/	0	0	0	0	0	3. 6/0/0/0/0			0/0/0	---Other
																					Pharmaceutical goods specified in Note 4 to this Chapter:
0	0	0	0	0	0	0	0			0	0/0/	0	0	0	0	0	0/0/3. 5/3. 5/0			0/0/0	-Sterile surgical catgut, similar sterile suture materials (including sterile absorbable surgical or dental yarns) and sterile tissue adhesives for surgical wound closure; sterile laminaria and sterile laminaria tents; sterile absorbable surgical or dental haemostatics; sterile surgical or dental adhesion barriers, whether or not absorbable
0	0	0	0	0	0	0	0			0	0/0/	0	0	0	0	0	0/0/0/0/0			0/0/0	-Opacifying preparations for X-ray examinations; diagnostic reagents designed to be administered to the patient

商品编号	商品名称及备注[检验检疫编码及名称]	进口关税(%)		增值税率(%)	消费税	计量单位	监管条件	检验检疫类别	对美税率	出口税率(%)	出口退税率(%)
		最惠国	普通								
3006300010[暂2]	碘普罗胺注射液、钆布醇注射液〔999〕	4	30	13		千克	ABQ	V/W	29.5%	0	
3006300090	其他X光检查造影剂、诊断试剂〔301 其他化工产品〕,〔401 含有微生物、人体组织、生物制品、血液及其制品的〕	4	30	13		千克	ABQ	V/W	31.5%	0	
30064000	-牙科粘固剂及其他牙科填料;骨骼粘固剂										13
3006400000	牙科粘固剂及其他牙科填料(包括骨骼粘固剂)〔101 其他化工产品〕,〔999 其他〕	5	30	13		千克			17.5%	0	
30065000	-急救药箱、药包										13
3006500000	急救药箱、药包〔101 其他化工产品〕,〔999 其他〕	5	30	13		千克			17.5%	0	
30066010	---以激素为基本成分的避孕药物										0
3006601000	以激素为基本成分的避孕药〔101 其他化工产品〕,〔999 其他〕	0	0			千克	Q		25%	0	
30066090	---其他										0
3006609000	其他化学避孕药(以品目29.37的其他产品或杀精子剂为基本成分)〔101 其他化工产品〕,〔999 其他〕	0	0			千克	Q			0	
30067000	-专用于人类或兽药的凝胶制剂,作为外科手术或体检时躯体部位的润滑剂,或者作为躯体和医疗器械之间的耦合剂										13
3006700000	医用凝胶制品、润滑剂、耦合剂(用于人类或作兽药用,或外科手术,体检时用)〔999〕	6.5	30	13		千克			19%	0	
30069100	--可确定用于造口术的用具										13
3006910000[暂5]	可确定用于造口术的用具〔101 其他化工产品〕,〔999 其他〕	10	80	13		千克			32.5%	0	
30069200	--废药物										13
3006920000	废药物(超过有效保存期等原因而不适于原用途的药品)〔101 其他化工产品〕,〔999 其他〕	5	30	13		千克	9			0	
30069300	--安慰剂和盲法(或双盲法)临床试验试剂盒,用于经许可的临床试验,已配定剂量										13
3006930000	安慰剂和盲法(或双盲法)临床试剂盒,用于经许可的临床试验,已配定剂量〔401 含有微生物、人体组织、生物制品、血液及其制品的〕,〔402 其他化工产品〕	0	34	13		千克	Q			0	

协定税率(%)																		特惠税率(%)			
智利	新西兰	澳大利亚	瑞士	冰岛	秘鲁	哥斯达	东盟	亚太	新加坡	巴基斯坦	港/澳/台	韩国	格鲁吉亚	毛里求斯	柬埔寨	尼加拉瓜	日/韩/澳/新/东(RCEP)	亚太2国	老/柬/缅	LDC 98/97/95	Article Description
0	0	0	0	0	0	0	0			0	0/0/	0	0	0	0	0	3.6/3.5/0/0/0			0/0/0	-Dental cements and other dental fillings; bone reconstruction cements
0	0	0	0	0	0	0	0			0	0/0/	0	0	0	0	0	0/0/0/0/0			0/0/0	-First-aid boxes and kits
0	0	0	0	0	0	0	0			0	0/0/	0	0	0	0	0	0/0/0/0/0			0/0/0	---Contraceptive preparations based on hormones
0	0	0	0	0	0	0	0			0	0/0/	0	0	0	0	0	0/0/0/0/0			0/0/0	---Other
0	0	0	0	0	0	0	0			2.5	0/0/	0	0	0	0	0	4.7/0/0/0/0			0/0/0	-Gel preparations designed to be used in human or veterinary medicine as a lubricant for parts of the body for surgical operations or physical examinations or as a coupling agent between the body and medical instruments
0	0	0	0	0	0	0	0	5	0	9.2	0/0/	0	0	0	0	9	7.3/7/0/0/0			0/0/0	--Appliances identifiable for ostomy use
0	0	0	0	0	0	0	0			0	0/0/	0	0	0	0	0	0/0/0/0/0			0/0/0	--Waste pharmaceuticals
0	0	0	0	0	0	0	0		0	0	0/0/	0	0	0	0	0	0/0/0/0/0			0/0/0	--Placebos and blinded (or double-blinded) clinical trial kits for a recognised clinical trial, put up in measured doses

第三十一章
肥　料

注释：

一、本章不包括：

（一）品目05.11的动物血；

（二）单独的已有化学定义的化合物［符合下列注释二（一）、三（一）、四（一）或五所规定的化合物除外］；或

（三）品目38.24的每颗重量不低于2.5克的氯化钾培养晶体（光学元件除外）；氯化钾光学元件（品目90.01）。

二、品目31.02只适用于下列货品，但未制成品目31.05所述形状或包装：

（一）符合下列任何一条规定的货品：

1. 硝酸钠，不论是否纯净；
2. 硝酸铵，不论是否纯净；
3. 硫酸铵及硝酸铵的复盐，不论是否纯净；
4. 硫酸铵，不论是否纯净；
5. 硝酸钙及硝酸铵的复盐（不论是否纯净）或硝酸钙及硝酸铵的混合物；
6. 硝酸钙及硝酸镁的复盐（不论是否纯净）或硝酸钙及硝酸镁的混合物；
7. 氰氨化钙，不论是否纯净或用油处理；
8. 尿素，不论是否纯净。

（二）由上述（一）款任何货品相互混合的肥料。

（三）由氯化铵或上述（一）或（二）款任何货品与白垩、石膏或其他无肥效无机物混合而成的肥料。

（四）由上述（一）2或8项的货品或其混合物溶于水或液氨的液体肥料。

三、品目31.03只适用于下列货品，但未制成品目31.05所述形状或包装：

（一）符合下列任何一条规定的货品：

1. 碱性熔渣；
2. 品目25.10的天然磷酸盐，已焙烧或经过超出清除杂质范围的热处理；
3. 过磷酸钙（一过磷酸钙、二过磷酸钙或三过磷酸钙）；
4. 磷酸氢钙，按干燥无水产品重量计含氟量不低于0.2%。

（二）由上述（一）款的任何货品相互混合的肥料，不论含氟量多少。

（三）由上述（一）或（二）款的任何货品与白垩、石膏或其他无肥效无机物混合而成的肥料，不论含氟量多少。

四、品目31.04只适用于下列货品，但未制成品目31.05所述形状或包装：

（一）符合下列任何一条规定的货品：

1. 天然粗钾盐（例如，光卤石、钾盐镁矾及钾盐）；
2. 氯化钾，不论是否纯净，但上述注释一（三）所述的产品除外；
3. 硫酸钾，不论是否纯净；
4. 硫酸镁钾，不论是否纯净。

（二）由上述（一）款任何货品相互混合的肥料。

五、磷酸二氢铵及磷酸氢二铵（不论是否纯净）及其相互之间的混合物应归入品目31.05。

六、品目31.05所称"其他肥料"，仅适用于其基本成分至少含有氮、磷、钾中一种肥效元素的肥料用产品。

商品编号	商品名称及备注[检验检疫编码及名称]	进口关税(%)		增值税率(%)	消费税	计量单位	监管条件	检验检疫类别	对美税率	出口税率(%)	出口退税率(%)
		最惠国	普通								
3101	**动物或植物肥料，不论是否相互混合或经化学处理；动植物产品经混合或化学处理制成的肥料：**										
31010011	----鸟粪										0
3101001100	未经化学处理的鸟粪〔999〕	3	11	9		千克	AB	P/Q		0	
31010019	----其他										0
3101001910	未经化学处理的森林凋落物(包括腐叶、腐根、树皮、树叶、树根等森林腐殖质)〔101 树皮(栽培介质)〕,〔102 其他有机栽培介质〕,〔103 植物有机肥〕,〔104 其他动植物肥料〕	6.5	30	9		千克	8AB	P/Q	11.5%	0	
3101001990	未经化学处理的其他动植物肥料	6.5	30	9		千克	AB	P/Q	11.5%	0	
31010090	---其他										0
3101009010	经化学处理的含动物源性成分(如粪、羽毛等)动植物肥料①	4	11	9		千克	AB	P/Q	24%	0	
3101009020	经化学处理的森林凋落物(包括腐叶、腐根、树皮、树叶、树根等森林腐殖质)〔101 其他动物器官、细胞、培养基〕,〔102 植物有机肥〕,〔103 其他化工产品〕	4	11	9		千克	8AB	P/Q	24%	0	
3101009090	经化学处理的其他动植物肥料②	4	11	9		千克	AB	P/Q	24%	0	
3102	**矿物氮肥及化学氮肥：**										
31021000	-尿素，不论是否水溶液										0
3102100010[暂1]	尿素(配额内，不论是否水溶液)〔101 饲料添加剂〕,〔103 车用尿素溶液〕	4	150	9		千克	tAB	M/N	26%	0	
3102100090	尿素(配额外，不论是否水溶液)〔101 饲料添加剂〕,〔102 其他化工产品〕,〔103 车用尿素溶液〕	50	150	9		千克	AB	M/N	75%	0	

① 〔101 其他动物器官、细胞、培养基〕,〔102 猪、牛、羊等偶蹄动物粪便〕,〔103 马等奇蹄动物粪〕,〔104 其他动物粪便〕,〔105 动物性肥料、垃圾〕,〔106 其他动物性废弃物〕,〔107 其他化工产品〕,〔108 禽源性有机肥〕

② 〔101 其他动物器官、细胞、培养基〕,〔102 猪、牛、羊等偶蹄动物粪便〕,〔103 马等奇蹄动物粪〕,〔104 其他动物粪便〕,〔105 动物性肥料、垃圾〕,〔106 其他动物性废弃物〕,〔107 植物有机肥〕,〔108 其他动物源性肥料〕,〔109 其他化工产品〕,〔110 禽源性有机肥〕

Chapter 31
Fertilisers

Chapter Notes:

1. This Chapter does not cover:
   (a) Animal blood of heading 05.11;
   (b) Separate chemically defined compounds (other than those answering to the descriptions in Note 2 (a), 3 (a), 4 (a) or 5 below); or
   (c) Cultured potassium chloride crystals (other than optical elements) weighing not less than 2.5g each, of heading 38.24; optical elements of potassium chloride (heading 90.01).

2. Heading 31.02 applies only to the following goods, provided that they are notput up in the forms or packages described in heading 31.05:
   (a) Goods which answer to one or other of the descriptions given below:
      (i) Sodium nitrate, whether or not pure;
      (ii) Ammonium nitrate, whether or not pure;
      (iii) Double salts, whether or not pure, of ammonium sulphate and ammoniumnitrate;
      (iv) Ammonium sulphate, whether or not pure;
      (v) Double salts (whether or not pure) or mixtures of calcium nitrate and ammonium nitrate;
      (vi) Double salts (whether or not pure) or mixtures of calcium nitrate and magnesium nitrate;
      (vii) Calcium cyanamide, whether or not pure or treated with oil;
      (viii) Urea, whether or not pure.
   (b) Fertilisers consisting of any of the goods described in (a) above mixed together.
   (c) Fertilisers consisting of ammonium chloride or of any of the goods described in (a) or (b) above mixed with chalk, gypsum or other inorganic non-fertilising substances.
   (d) Liquid fertilisers consisting of the goods of subparagraph (a) (ii) or (viii) above, or of mixtures of those goods, in an aqueous or ammoniacal solution.

3. Heading 31.03 applies only to the following goods, provided that they are not put up in the forms or packages described in heading 31.05:
   (a) Goods which answer to one or other of the descriptions given below:
      (i) Basic slag;
      (ii) Natural phosphates of heading 25.10, calcined or further heat-treated than for the removal of impurities;
      (iii) Superphosphates (single, double or triple);
      (iv) Calcium hydrogenorthophosphate containing not less than 0.2% by weight of fluorine calculated on the dry anhydrous product.
   (b) Fertilisers consisting of any of the goods described in (a) above mixed together, but with no account being taken of the fluorine content limit.
   (c) Fertilisers consisting of any of the goods described in (a) or (b) above, but with no account being taken of the fluorine content limit, mixed with chalk, gypsum or other inorganic non-fertilising substances.

4. Heading 31.04 applies only to the following goods, provided that they are not put up in the forms or packages described in heading 31.05:
   (a) Goods which answer to one or other of the descriptions given below:
      (i) Crude natural potassium salts (for example, carnallite, kainite and sylvite);
      (ii) Potassium chloride, whether or not pure, except as provided in Note 1 (c) above;
      (iii) Potassium sulphate, whether or not pure;
      (iv) Magnesium potassium sulphate, whether or not pure.
   (b) Fertilisers consisting of any of the goods described in (a) above mixed together.

5. Ammonium dihydrogenorthophosphate (monoammonium phosphate) and diammonium hydrogenorthophosphate (diammonium phosphate), whether or not pure, and intermixtures thereof, are to be classified in heading 31.05.

6. For the purposes of heading 31.05, the term "other fertilisers" applies only to products of a kind used as fertilisers and containing, as an essential constituent, at least one of the fertilising elements nitrogen, phosphorus or potassium.

协定税率(%)																		特惠税率(%)			Article Description
智利	新西兰	澳大利亚	瑞士	冰岛	秘鲁	哥斯达	东盟	亚太	新加坡	巴基斯坦	港/澳/台	韩国	格鲁吉亚	毛里求斯	柬埔寨	尼加拉瓜	日/韩/澳/新/东 (RCEP)	亚太2国	老/柬/缅	LDC 98/97/95	
																					Animal or vegetable fertilizers, whether or not mixed together or chemically treated; fertilizers produced by the mixing or chemical treatment of animal or vegetable products:
0	0	0	0	0	0	0	0			0	0/0/	0	0	0	0	0	0/0/0/0/0			0/0/0	----Guano
0	0	0	0	0	0	0	0	3.3		2.5	0/0/	0	0	0	0	0	4.7/0/0/0/0			0/0/0	----Other
0	0	0	0	0	0	0	0			0	0/0/	1.3	0	0	0	0	3.3/2.8/2.8/2.8/2.8			0/0/0	---Other
																					Mineral or chemical fertilizers, nitrogenous:
								40		40	0/0/										-Urea, whether or not in aqueous solution

商品编号	商品名称及备注[检验检疫编码及名称]	进口关税(%) 最惠国	进口关税(%) 普通	增值税率(%)	消费税	计量单位	监管条件	检验检疫类别	对美税率	出口税率(%)	出口退税率(%)
31022100	--硫酸铵										0
3102210000	硫酸铵①	4	11	9		千克	7Av	R/	16.5%	0	
31022900	--其他										0
3102290000	硫酸铵和硝酸铵的复盐及混合物	4	11	9		千克	7v		6.5%	0	
31023000	-硝酸铵，不论是否水溶液										0
3102300000	硝酸铵(不论是否水溶液)〔301 危险化学品，爆炸品〕，〔302 危险化学品，氧化性物质〕，〔303 其他化工品〕	4	11	9		千克	9kAB	M/N	6.5%	0	
31024000	-硝酸铵与碳酸钙或其他无肥效无机物的混合物										0
3102400000	硝酸铵与碳酸钙等的混合物(包括硝酸铵与其他无效肥及无机物的混合物)〔999〕	4	11	9		千克	7vB	N	6.5%	0	
31025000	-硝酸钠										0
3102500000	硝酸钠〔301 危险化学品，不用作食品添加剂〕，〔302 危险化学品，用作食品添加剂〕	4	11	9		千克	7ABv	M/N.S	31.5%	0	
31026000	-硝酸钙和硝酸铵的复盐及混合物										0
3102600000	硝酸钙和硝酸铵的复盐及混合物〔999〕	4	11	9		千克	7Bv	N	6.5%	0	
31028000	-尿素及硝酸铵混合物的水溶液或氨水溶液										0
3102800000	尿素及硝酸铵混合物的水溶液(包括氨水溶液)〔301 危险化学品，腐蚀性物质〕，〔302 其他化工品〕	4	11	9		千克	7Bv	N	6.5%	0	
31029010	---氰氨化钙										0
3102901000	氰氨化钙〔301 危险化学品，遇水放出易燃气体的物质〕，〔302 其他化工品〕	4	11	9		千克	7ABv	M/N	6.5%	0	
31029090	---其他										0
3102909000	其他矿物氮肥及化学氮肥(包括上述编号未列名的混合物)〔301 危险化学品，腐蚀性物质〕，〔302 其他化工品〕	4	11	9		千克	7Bv	N	31.5%	0	
3103	**矿物磷肥及化学磷肥：**										
31031110	---重过磷酸钙										0
3103111000[暂1]	重过磷酸钙[按重量计五氧化二磷(P_2O_5)含量在35%及以上]〔999〕	4	11	9		千克	7ABv	M/N	3.5%	0	
31031190	---其他										0
3103119000[暂1]	其他按重量计五氧化二磷(P_2O_5)含量在35%及以上的过磷酸钙〔999〕	4	11	9		千克	7ABv	M/N	3.5%	0	
31031900	--其他										0
3103190000[暂1]	其他过磷酸钙〔999〕	4	11	9		千克	7ABv	M/N	8.5%	0	
31039000	-其他										0
3103900000[暂1]	其他矿物磷肥或化学磷肥〔999〕	4	11	9		千克	7Bv	N	3.5%	0	
3104	**矿物钾肥及化学钾肥：**										
31042020	---纯氯化钾										0
3104202000[暂0]	纯氯化钾(按重量计氯化钾含量≥99.5%)〔999〕	3	11	9		千克	7Bv	N	27.5%	0	
31042090	---其他										0
3104209000[暂0]	其他氯化钾②	3	11	9		千克	7ABv	R/N	27.5%	0	
31043000	-硫酸钾										0
3104300000[暂0]	硫酸钾〔101 矿物源性饲料添加剂〕，〔102 化工产品〕	3	11	9		千克	7ABv	M/N	27.5%	0	
31049010	---光卤石、钾盐及其他天然粗钾盐										0
3104901000[暂0]	光卤石、钾盐及其他天然粗钾盐〔999〕	3	11	9		千克	7Bv	N	2.5%	0	
31049090	---其他										0
3104909000[暂0]	其他矿物钾肥及化学钾肥〔999〕	3	11	9		千克	7Bv	N	7.5%	0	
3105	**含氮、磷、钾中两种或三种肥效元素的矿物肥料或化学肥料；其他肥料；制成片及类似形状或每包毛重不超过 10 千克的本章各项货品：**										
31051000	-制成片及类似形状或每包毛重不超过 10 千克的本章各项货品										0
3105100010[暂1]	制成片状及类似形状或零售包装的硝酸铵(零售包装每包毛重不超过 10 千克)〔999〕	4	11	9		千克	9B	N	26%	0	
3105100090[暂1]	制成片状及类似形状或零售包装的第 31 章其他货品(零售包装每包毛重不超过 10 千克)③	4	11	9		千克	7Bv	N	26%	0	

① 〔101 矿物源性饲料添加剂〕，〔102 无检疫要求食品添加剂〕，〔103 需申报仅用于工业用途不用于食品添加剂无检疫要求的化学品〕
② 〔101 矿物源性饲料添加剂〕，〔102 化工产品〕，〔301 需申报仅用于工业用途不用于食品添加剂无检疫要求的化学品〕
③ 〔301 危险化学品，用作食品添加剂〕，〔302 危险化学品，不用作食品添加剂〕，〔303 其他化工品，用作食品添加剂〕，〔304 其他化工品，不用作食品添加剂〕

协定税率(%)																		特惠税率(%)			Article Description
智利	新西兰	澳大利亚	瑞士	冰岛	秘鲁	哥斯达	东盟	亚太	新加坡	巴基斯坦	港/澳/台	韩国	格鲁吉亚	毛里求斯	柬埔寨	尼加拉瓜	日/韩/澳/新/东(RCEP)	亚太2国	老/柬/缅	LDC 98/97/95	
0	0	0	0	0	0	0	0			0	0/0/	0	0	0	0	0	0/0/0/0/0			0/0/0	--Ammonium sulphate
0	0	0	0	0	0	0	0			0	0/0/	0	0	0	0	0	0/0/0/0/0			0/0/0	--Other
0	0	0	0	0	0	0	0			0	0/0/	0	0	0	0	0	0/0/0/0/0			0/0/0	-Ammonium nitrate, whether or not in aqueous solution
0	0	0	0	0	0	0	0			0	0/0/	0	0	0	0	0	0/0/0/0/0			0/0/0	-Mixtures of ammonium nitrate with calcium carbonate or other inorganic nonfertilizing substances
0	0	0	0	0	0	0	0			0	0/0/	0	0	0	0	0	0/0/0/0/0			0/0/0	-Sodium nitrate
0	0	0	0	0	0	0	0			0	0/0/	0	0	0	0	0	0/0/0/0/0			0/0/0	-Double salts and mixtures of calcium nitrate and ammonium nitrate
0	0	0	0	0	0	0	0			0	0/0/	0	0	0	0	0	2. 9/0/0/0/0			0/0/0	-Mixtures of urea and ammonium nitrate in aqueous or ammoniacal solution
0	0	0	0	0	0	0	0			0	0/0/	0	0	0	0	0	0/0/0/0/0			0/0/0	---Calcium cyanamide
0	0	0	0	0	0	0	0			0	0/0/	0	0	0	0	0	0/0/0/0/0			0/0/0	---Other
																					Mineral or chemical fertilizers, phosphatic:
0	0	0	0	0	0	0	0			0	0/0/	0	0	0	0	0	0/0/0/0/0			0/0/0	---Triple superphosphates
0	0	0	0	0	0	0	0			0	0/0/	0	0	0	0	0	0/0/0/0/0			0/0/0	---Other
0	0	0	0	0	0	0	0			0	0/0/	0	0	0	0	0	0/0/0/0/0			0/0/0	--Other
0	0	0	0	0	0	0	0			0	0/0/	0	0	0	0	0	2. 9/0/0/0/0			0/0/0	-Other
																					Mineral or chemical fertilizers, potassic:
0	0	0	0	0	0	0	0			0	0/0/	0	0	0	0	0	0/0/0/0/0			0/0/0	---Pure potassium chloride
0	0	0	0	0	0	0	0			0	0/0/	0	0	0	0	0	0/0/0/0/0			0/0/0	---Other
0	0	0	0	0	0	0	0			0	0/0/	1	0	0	0	0	2. 4/2. 1/2. 1/2. 1/2. 1			0/0/0	-Potassium sulphate
0	0	0	0	0	0	0	0			0	0/0/	0	0	0	0	0	0/0/0/0/0			0/0/0	---Carnallite, sylvite and other crude natural potassium salts
0	0	0	0	0	0	0	0			0	0/0/	0		0	0	0	2. 2/0/0/0/0			0/0/0	---Other
																					Mineral or chemical fertilizers containing two or three of the fertilizing elements nitrogen, phosphorus and potassium; other fertilizers; goods of this Chapter in tablets or similar forms or in packages of a gross weight not exceeding 10kg:
0	0	0	0	0	0	0	0			0	0/0/	0	0	0	0	0	0/0/0/0/0			0/0/0	-Goods of this Chapter in tablets or similar forms or in packages of a gross weight not exceeding 10kg

商品编号	商品名称及备注[检验检疫编码及名称]	进口关税(%)		增值税率(%)	消费税	计量单位	监管条件	检验检疫类别	对美税率	出口税率(%)	出口退税率(%)
		最惠国	普通								
31052000	-含氮、磷、钾三种肥效元素的矿物肥料或化学肥料										0
3105200010[暂1]	化学肥料或矿物肥料(配额内,含氮、磷、钾三种肥效元素)〔301 危险化学品,腐蚀性物质〕,〔302 其他化工品〕	4	150	9		千克	ABt	M/N	26%	0	
3105200090	化学肥料或矿物肥料(配额外,含氮、磷、钾三种肥效元素)〔301 危险化学品,腐蚀性物质〕,〔302 其他化工品〕	50	150	9		千克	AB	M/N	75%	0	
31053000	-磷酸氢二铵										0
3105300010[暂1]	磷酸氢二铵(配额内)〔101 饲料添加剂〕,〔301 需申报仅用于工业用途不用于食品添加剂无检疫要求的化学品〕	4	150	9		千克	ABt	R/N	11%	0	
3105300090	磷酸氢二铵(配额外)①	50	150	9		千克	AB	R/N	60%	0	
31054000	-磷酸二氢铵及磷酸二氢铵与磷酸氢二铵的混合物										0
3105400000[暂1]	磷酸二氢铵(包括磷酸二氢铵与磷酸氢二铵的混合物)〔101 矿物源性饲料添加剂〕,〔102 化工产品〕	4	11	9		千克	7ABv	M/N	28.5%	0	
31055100	--含有硝酸盐及磷酸盐										0
3105510000[暂1]	含有硝酸盐及磷酸盐的肥料(包括矿物肥料或化学肥料)〔301 危险化学品,腐蚀性物质〕,〔302 其他化工品〕	4	11	9		千克	7ABv	M/N	3.5%	0	
31055900	--其他										0
3105590000[暂1]	其他含氮、磷两种元素肥料(包括矿物肥料或化学肥料)〔101 矿物源性饲料添加剂〕,〔301 危险化学品,腐蚀性物质〕,〔302 其他化工品〕	4	11	9		千克	7ABv	M/N	8.5%	0	
31056000	-含磷、钾两种肥效元素的矿物肥料或化学肥料										0
3105600000[暂1]	含磷、钾两种元素的肥料(包括矿物肥料或化学肥料)〔999〕	4	11	9		千克	7ABv	M/N	23.5%	0	
31059010	---有机-无机复混肥料										0
3105901000[暂1]	有机-无机复混肥料〔301 危险化学品,腐蚀性物质〕,〔302 其他化工品〕	4	11	9		千克	7ABv	M/N	8.5%	0	
31059090	---其他										0
3105909000[暂1]	其他肥料〔301 危险化学品,腐蚀性物质〕,〔302 其他化工品〕	4	11	9		千克	7ABv	M/N	23.5%	0	

① 〔101 矿物源性饲料添加剂〕,〔102 化工产品〕,〔301 需申报仅用于工业用途不用于食品添加剂无检疫要求的化学品〕

协定税率(%)																		特惠税率(%)			Article Description
智利	新西兰	澳大利亚	瑞士	冰岛	秘鲁	哥斯达	东盟	亚太	新加坡	巴基斯坦	港/澳/台	韩国	格鲁吉亚	毛里求斯	柬埔寨	尼加拉瓜	日/韩/澳/新/东(RCEP)	亚太2国	老/柬/缅	LDC 98/97/95	
											0/0/										-Mineral or chemical fertilizers containing the three fertilizing elements nitrogen, phosphorus and potassium
											0/0/										-Diammonium hydrogenorthophosphate (diammonium phosphate)
0	0	0	0	0	0	0	0			0	0/0/	0	0	0	0	0	0/0/0/0/0			0/0/0	-Ammonium dihydrogenorthophosphate (monoammonium phosphate) and mixtures thereof with diammonium hydrogenorthophosphate (diammonium phosphate)
0	0	0	0	0	0	0	0			0	0/0/	0	0	0	0	0	2.9/0/0/0/0			0/0/0	--Containing nitrates and phosphates
0	0	0	0	0	0	0	0			0	0/0/	0	0	0	0	0	2.9/0/0/0/0			0/0/0	--Other
0	0	0	0	0	0	0	0			0	0/0/	0	0	0	0	0	2.9/0/0/0/0			0/0/0	-Mineral or chemical fertilizers containing the two fertilizing elements phosphorus and potassium
0	0	0	0	0	0	0	0			0	0/0/	0	0	0	0	0	2.9/0/0/0/0			0/0/0	---Fertilizers containing the two fertilizing elements organic and inorganic
0	0	0	0	0	0	0	0			0	0/0/	0	0	0	0	0	2.9/0/0/0/0			0/0/0	---Other

第三十二章 鞣料浸膏及染料浸膏；鞣酸及其衍生物；染料、颜料及其他着色料；油漆及清漆；油灰及其他类似胶粘剂；墨水、油墨

注释：

一、本章不包括：

（一）单独的已有化学定义的化学元素及化合物（品目32.03及32.04的货品、品目32.06的用作发光体的无机产品、品目32.07所述形状的熔融石英或其他熔融硅石制成的玻璃及品目32.12的零售形状或零售包装的染料及其他着色料除外）；

（二）品目29.36至29.39、29.41及35.01至35.04的鞣酸盐及其他鞣酸衍生物；或

（三）沥青胶粘剂（品目27.15）。

二、品目32.04包括生产偶氮染料用的稳定重氮盐与耦合物的混合物。

三、品目32.03、32.04、32.05及32.06也包括以着色料为基本成分的制品（例如，品目32.06包括以品目25.30或第二十八章的颜料，金属粉片及金属粉末为基本成分的制品）。该制品是用作原材料着色剂的拼料。但以上税目不包括分散在非水介质中呈液状或浆状的制漆用颜料，例如，品目32.12的瓷漆及品目32.07、32.08、32.09、32.10、32.12、32.13及32.15的其他制品。

四、品目32.08包括由品目39.01至39.13所列产品溶于挥发性有机溶剂的溶液（胶棉除外），但溶剂重量必须超过溶液重量的50%。

五、本章所称"着色料"，不包括作为油漆填料的产品，不论这些产品能否用于水浆涂料的着色。

六、品目32.12所称"压印箔"，只包括用以压印诸如书本封面或帽带之类的薄片，这些薄片由以下材料构成：

（一）金属粉（包括贵金属粉）或颜料经胶水、明胶及其他黏合剂凝结而成的；或

（二）金属（包括贵金属）或颜料沉积于任何材料衬片上的。

商品编号	商品名称及备注［检验检疫编码及名称］	进口关税（%）		增值税率（%）	消费税	计量单位	监管条件	检验检疫类别	对美税率	出口税率（%）	出口退税率（%）
		最惠国	普通								
3201	**植物鞣料浸膏；鞣酸及其盐、醚、酯和其他衍生物：**										
32011000	-坚木浸膏										0
3201100000	坚木浸膏〔999〕	5	35	13		千克			30%	0	
32012000	-荆树皮浸膏										0
3201200000	荆树皮浸膏〔999〕	6.5	35	13		千克			9%	0	
32019010	---其他鞣料浸膏										0
3201901010	其他濒危植物鞣料浸膏〔999〕	6.5	40	13		千克	FE		34%	0	
3201901090	其他植物鞣料浸膏〔999〕	6.5	40	13		千克			34%	0	
32019090	---其他										0
3201909000	鞣酸及其盐、醚、酯和其他衍生物〔101 食用单宁〕,〔102 单宁酸〕,〔103 固化单宁〕	6.5	35	13		千克			34%	0	
3202	**有机合成鞣料；无机鞣料；鞣料制剂，不论是否含有天然鞣料；预鞣用酶制剂：**										
32021000	-有机合成鞣料										0
3202100000	有机合成鞣料〔999〕	6.5	35	13		千克			34%	0	
32029000	-其他										0
3202900010[暂3]	无铬鞣料（不论是否含有天然鞣料，包括预鞣用酶制剂）〔999〕	6.5	35	13		千克			30.5%	0	
3202900090	其他无机鞣料、鞣料制剂等（不论是否含有天然鞣料，包括预鞣用酶制剂）〔999〕	6.5	35	13		千克			34%	0	
3203	**动植物质着色料（包括染料浸膏，但动物碳黑除外），不论是否已有化学定义；本章注释三所述的以动植物质着色料为基本成分的制品：**										
32030011	----天然靛蓝及以其为基本成分的制品										0
3203001100	天然靛蓝及以其为基本成分的制品〔301 无检疫要求食品添加剂〕,〔302 需申报仅用于工业用途不用于食品添加剂无检疫要求的化学品〕	6.5	80	13		千克	A	R/	14%	0	
32030019	----其他										
3203001910	濒危植物质着色料及制品（制品是指以植物质着色料为基本成分的）①	6.5	45	13		千克	ABEF	R/S	34%	0	0
3203001990	其他植物质着色料及制品（制品是指以植物质着色料为基本成分的）②	6.5	45	13		千克	AB	R/S	34%	0	13

① 〔101 饲料添加剂〕,〔302 无检疫要求食品添加剂〕,〔303 需申报仅用于工业用途不用于食品添加剂无检疫要求的化学品〕

② 〔101 饲料添加剂〕,〔302 无检疫要求食品添加剂〕,〔303 需申报仅用于工业用途不用于食品添加剂无检疫要求的化学品〕

Chapter 32
Tanning or dyeing extracts; tannins and their derivatives; dyes, pigments and other colouring matter; paints and varnishes; putty and other mastics; inks

Chapter Notes:

1. This Chapter does not cover:
   (a) Separate chemically defined elements or compounds (except those of heading 32.03 or 32.04, inorganic products of a kind used as luminophores (heading 32.06), glass obtained from fused quartz or other fused silica in the forms provided for in heading 32.07, and also dyes and other colouring matter put up in forms or packings for retail sale, of heading 32.12);
   (b) Tannates or other tannin derivatives of products of headings 29.36 to 29.39, 29.41 or 35.01 to 35.04; or
   (c) Mastics of asphalt or other bituminous mastics (heading 27.15).

2. Heading 32.04 includes mixtures of stabilised diazonium salts and couplers for the production of azo dyes.

3. Headings 32.03, 32.04, 32.05 and 32.06 apply also to preparations based on colouring matter (including, in the case of heading 32.06, colouring pigments of heading 25.30 or Chapter 28, metal flakes and metal powders), of a kind used for colouring any material or used as ingredients in the manufacture of colouring preparations. The headings do not apply, however, to pigments dispersed in non-aqueous media, in liquid or paste form, of a kind used in the manufacture of paints, including enamels (heading 32.12), or to other preparations of heading 32.07, 32.08, 32.09, 32.10, 32.12, 32.13 or 32.15.

4. Heading 32.08 includes solutions (other than collodions) consisting of any of the products specified in headings 39.01 to 39.13 in volatile organic solvents when the weight of the solvent exceeds 50% of the weight of the solution.

5. The expression "colouring matter" in this Chapter does not include products of a kind used as extenders in oil paints, whether or not they are also suitable for colouring distempers.

6. The expression "stamping foils" in heading 32.12 applies only to thin sheets of a kind used for printing, for example, book covers or hat bands, and consisting of:
   (a) Metallic powder (including powder of precious metal) or pigment, agglomerated with glue, gelatin or other binder; or
   (b) Metal (including precious metal) or pigment, deposited on a supporting sheet of any material.

协定税率(%)																		特惠税率(%)			Article Description
智利	新西兰	澳大利亚	瑞士	冰岛	秘鲁	哥斯达	东盟	亚太	新加坡	巴基斯坦	港/澳/台	韩国	格鲁吉亚	毛里求斯	柬埔寨	尼加拉瓜	日/韩/澳/新/东 (RCEP)	亚太2国	老/柬/缅	LDC 98/97/95	
																					Tanning extracts of vegetable origin; tannins and their salts, ethers, esters and other derivatives:
0	0	0	0	0	0	0	0			0	0/0/	0	0	0	0	0	0/0/0/0/0			0/0/0	-Quebracho extract
0	0	0	0	0	0	0	0			2.5	0/0/	0	0	0	0	0	4.7/0/0/0/0			0/0/0	-Wattle extract
0	0	0	0	0	0	0	0			2.5	0/0/	0	0	0	0	0	4.7/0/0/0/0			0/0/0	---Other tanning extracts
0	0	0	0	0	0	0	0			0	0/0/	0	0	0	0	0	4.7/0/0/0/0			0/0/0	---Other
																					Synthetic organic tanning substances; inorganic tanning substances; tanning preparations, whether or not containing natural tanning substances; enzymatic preparations for pre-tanning:
0	0	0	0	0	0	0	0			0	0/0/	0	0	0	0	0	4.7/4.6/4.6/4.6/4.6			0/0/0	-Synthetic organic tanning substances
0	0	0	0	0	0	0	0			0	0/0/	0	0	0	0	0	4.7/0/0/0/0			0/0/0	-Other
																					Colouring matter of vegetable or animal origin (including dyeing extracts but excluding animal black), whether or not chemically defined; preparations as specified in Note 3 to this Chapter based on colouring matter of vegetable or animal origin:
0	0	0	0	0	0.5	0	0			0	0/0/	0	0	0	0	5.2	4.7/0/0/0/0			0/0/0	----Natural indigo and preparations based thereon
0	0	0	0	0	0.5	0	0			4	0/0/	0	0	0	0	5.2	4.7/0/0/0/0			0/0/0	----Other

商品编号	商品名称及备注[检验检疫编码及名称]	进口关税(%)		增值税率(%)	消费税	计量单位	监管条件	检验检疫类别	对美税率	出口税率(%)	出口退税率(%)
		最惠国	普通								
32030020	---动物质着色料及以其为基本成分的制品										13
3203002000	动物质着色料及制品(制品是指以动物质着色料为基本成分的)〔302 无检疫要求食品添加剂〕,〔303 需申报仅用于工业用途不用于食品添加剂无检疫要求的化学品〕	6.5	50	13		千克	A	M. R/	9%	0	
3204	**有机合成着色料,不论是否已有化学定义;本章注释三所述的以有机合成着色料为基本成分的制品;用作荧光增白剂或发光体的有机合成产品,不论是否已有化学定义:**										
32041100	--分散染料及以其为基本成分的制品										0
3204110000	分散染料及以其为基本成分的制品,不论是否有化学定义〔302 无检疫要求食品添加剂〕,〔303 需申报仅用于工业用途不用于食品添加剂无检疫要求的化学品〕	6.5	35	13		千克	AB	R/S	34%	0	
32041200	--酸性染料(不论是否预金属络合)及以其为基本成分的制品;媒染染料及以其为基本成分的制品										0
3204120000	酸性染料及制品、媒染染料及制品(包括以酸性染料或媒染染料为基本成分的制品,不论是否有化学定义)〔302 无检疫要求食品添加剂〕,〔303 需申报仅用于工业用途不用于食品添加剂无检疫要求的化学品〕	6.5	35	13		千克	AB	R/S	34%	0	
32041300	--碱性染料及以其为基本成分的制品										0
3204130000	碱性染料及以其为基本成分的制品〔302 无检疫要求食品添加剂〕,〔303 需申报仅用于工业用途不用于食品添加剂无检疫要求的化学品〕	6.5	35	13		千克	AB	R/S	34%	0	
32041400	--直接染料及以其为基本成分的制品										0
3204140000	直接染料及以其为基本成分的制品〔302 无检疫要求食品添加剂〕,〔303 需申报仅用于工业用途不用于食品添加剂无检疫要求的化学品〕	6.5	35	13		千克	AB	R/S	19%	0	
32041510	---合成靛蓝(还原靛蓝)										0
3204151000	合成靛蓝(还原靛蓝)①	6.5	35	13		千克	A	R/	14%	0	
32041590	---其他										0
3204159000	其他还原染料及以其为基本成分品(包括颜料用的)②	6.5	35	13		千克			29%	0	
32041600	--活性染料及以其为基本成分的制品										0
3204160000	活性染料及以其为基本成分的制品(不论是否有化学定义)〔999〕	6.5	35	13		千克			34%	0	
32041700	--颜料及以其为基本成分的制品										13
3204170010[暂3]	彩色光刻胶用光刻胶颜料分散液〔301 危险化学品,易燃液体〕,〔302 其他化工品〕	6.5	35	13		千克			25.5%	0	
3204170020	酞菁类颜料〔999〕	6.5	35	13		千克			29%	0	
3204170090	其他颜料及以其为基本成分的制品〔301 危险化学品,易燃液体〕,〔302 其他化工品〕	6.5	35	13		千克			29%	0	
32041810	---类胡萝卜素(包括胡萝卜素)										13
3204181000	类胡萝卜素(包括胡萝卜素)〔101 无检疫要求食品添加剂〕,〔301 其他化工产品〕	6.5	20	13		千克			34%	0	
32041820	---以类胡萝卜素(包括胡萝卜素)为基本成分的制品										0
3204182000	以类胡萝卜素(包括胡萝卜素)为基本成分的制品〔301 其他化工品,不用作食品添加剂〕,〔302 其他化工品,用作食品添加剂〕	6.5	35	13		千克	AB	R/S	29%	0	
32041911	----硫化黑(硫化青)及以其为基本成分的制品										0
3204191100	硫化黑及以其为基本成分的制品(硫化黑即硫化青)〔999〕	6.5	35	13		千克			34%	0	
32041919	----其他										0
3204191900	其他硫化染料及以其为基本成分品〔999〕	6.5	35	13		千克			34%	0	
32041990	---其他										0
3204199000	其他着色料组成的混合物③	6.5	35	13		千克	AB	R/S	29%	0	
32042000	-用作荧光增白剂的有机合成产品										13
3204200000	用作荧光增白剂的有机合成产品〔999〕	6.5	40	13		千克	A	M/	14%	0	
32049010	---生物染色剂及染料指示剂										0
3204901000	生物染色剂及染料指示剂〔301 危险化学品,易燃液体〕,〔302 其他化工品〕	6.5	20	13		千克			29%	0	
32049090	---其他										0
3204909000	其他用作发光体的有机合成产品〔301 危险化学品,易燃液体〕,〔302 其他化工品〕	6.5	40	13		千克			29%	0	
3205	**色淀;本章注释三所述的以色淀为基本成分的制品:**										
32050000	色淀;本章注释三所述的以色淀为基本成分的制品										0

① 〔101 靛蓝(无检疫要求食品添加剂)〕,〔102 靛蓝铝色淀(无检疫要求食品添加剂)〕,〔103 需申报仅用于工业用途不用于食品添加剂无检疫要求的化学品〕
② 〔301 危险化学品,不用作食品添加剂〕,〔302 其他化工品,不用作食品添加剂〕,〔303 其他化工品,用作食品添加剂〕,〔304 危险化学品,用作食品添加剂〕
③ 〔101 饲料添加剂〕,〔302 无检疫要求食品添加剂〕,〔303 需申报仅用于工业用途不用于食品添加剂无检疫要求的化学品〕

协定税率(%)																		特惠税率(%)			
智利	新西兰	澳大利亚	瑞士	冰岛	秘鲁	哥斯达	东盟	亚太	新加坡	巴基斯坦	港/澳/台	韩国	格鲁吉亚	毛里求斯	柬埔寨	尼加拉瓜	日/韩/澳/新/东 (RCEP)	亚太2国	老/柬/缅	LDC 98/97/95	Article Description
0	0	0	0	0	0.5	0	0			0	0/0/	0	0	0	0	5.2	4.7/0/0/0/0			0/0/0	---Colouring matter of animal origin and preparations based thereon
																					Synthetic organic colouring matter, whether or not chemically defined; preparations as specified in Note 3 to this Chapter based on synthetic organic colouring natter; synthetic organic products of a kind used as fluorescent brightening agents or as luminophores, whether or not chemically defined:
0	0	0		0	0	0	0	4.2		0	0/0/	0	0	0	0	0	4.7/4.6/4.6/4.6/4.6			0/0/0	--Disperse dyes and preparations based thereon
0	0	0	2.6	0	0	0	0	4.2		0	0/0/0	0	0	0	0	0	4.7/4.6/4.6/4.6/4.6			0/0/0	--Acid dyes, whether or not premetallized, and preparations based thereon; mordant dyes and preparations based thereon
0	0	0	0	0	0	0	0	4.2		0	0/0/	0	0	0	0	0	4.7/0/0/0/0			0/0/0	--Basic dyes and preparations based thereon
0	0	0	0	0	0	0	0	4.2		0	0/0/0	0	0	0	0	0	4.7/0/0/0/0			0/0/0	--Direct dyes and preparations based thereon
0	0	0	0	0	0	0	0	4.2		0	0/0/	0	0	0	0	0	4.7/4.6/0/0/0			0/0/0	---Synthetic indigo (reductive indigo)
0	0	0	0	0	0	0	0	4.2		0	0/0/	0	0	0	0	0	4.7/4.6/0/0/0			0/0/0	---Other
0	0	0	2.6	0	0	0	0	4.2		0	0/0/0	0	0	0	0	0	4.7/0/0/0/0			0/0/0	--Reactive dyes and preparations based thereon
0	0	0	0	0	0	0	0	4.2		0	0/0/0	0	0	0	0	0	4.7/0/0/0/0			0/0/0	--Pigments and preparations based thereon
0	0	0	0	0	0	0	0	4.2		0	0/0/	0	0	0	0	0	4.7/0/0/0/0			0/0/0	---Carotenoid (including carotene)
0	0	0		0	0	0	0	4.2		0	0/0/0	0	0	0	0	0	4.7/0/0/0/0			0/0/0	---Preparations based on carotenoid (including carotene)
0	0	0	0	0	0	0	0	4.2		0	0/0/	0	0	0	0	0	4.7/4.6/0/0/0			0/0/0	----Sulphur black and preparations based thereon
0	0	0	0	0	0	0	0	4.2		0	0/0/	0	0	0	0	0	4.7/4.6/0/0/0			0/0/0	----Other
0	0	0		0	0	0	0	4.2		0	0/0/0	0	0	0	0	0	4.7/0/0/0/0			0/0/0	---Other
0	0	0	2.6	0	0	0	0	4.2		0	0/0/0	0	0	0	0	0	4.7/0/0/0/0			0/0/0	-Synthetic organic products of a kind used as flourescent brightening agents
0	0	0	0	0	0	0	0	4.2		0	0/0/	0	0	0	0	0	5.3/4.6/4.6/4.6/4.6			0/0/0	---Biological stains and dye indicators
0	0	0	0	0	0	0	0	4.2		0	0/0/	0	0	0	0	0	4.7/0/0/0/0			0/0/0	---Other
																					Colour lakes; preparations as specified in Note 3 to this Chapter based on colour lakes:
0	0	0	0	0	0	0	0			0	0/0/	2.1	0	0	0	0	5.3/4.6/4.6/4.6/4.6			0/0/0	Colour lakes; preparations as specified in Note 3 to this Chapter based on colour lakes

商品编号	商品名称及备注[检验检疫编码及名称]	进口关税(%)		增值税率(%)	消费税	计量单位	监管条件	检验检疫类别	对美税率	出口税率(%)	出口退税率(%)
		最惠国	普通								
3205000000	色淀及以色淀为基本成分的制品①	6.5	35	13		千克	A	R/	14%	0	
3206	**其他着色料；本章注释三所述的制品，但税目 32.03、32.04 及 32.05 的货品除外；用作发光体的无机产品，不论是否已有化学定义：**										
32061111	----金红石型含量≥99.8%、明度(干粉 L*)≥99.0										
3206111100	钛白粉，金红石型含量≥99.8%且明度(干粉 L*)≥99.0[999]	6.5	30	13		千克	4xy		19%	0	
32061119	----其他										
3206111900	其他钛白粉，不包括金红石型含量≥99.8%且明度(干粉 L*)≥99.0 的[999]	6.5	30	13		千克	4xy		19%	0	
32061190	---其他										0
3206119000	其他干量计二氧化钛≥80%的颜料[999]	6.5	30	13		千克			29%	0	
32061900	--其他										0
3206190000	其他二氧化钛为基料的颜料及制品[301 危险化学品，易燃液体]，[302 其他化工品]	10	30	13		千克			22.5%	0	
32062000	-以铬化合物为基本成分的颜料及制品										0
3206200000	以铬化合物为基本成分的颜料及制品[301 危险化学品，易燃液体]，[302 其他化工品]	6.5	35	13		千克			19%	0	
32064100	--群青及以其为基本成分的制品										0
3206410000	群青及以其为基本成分的制品[999]	6.5	35	13		千克			34%	0	
32064210	---锌钡白										0
3206421000	锌钡白[999]	6.5	30	13		千克			34%	0	
32064290	---其他										0
3206429000	其他以硫化锌为基本成分的颜料(包括制品)[999]	6.5	30	13		千克			29%	0	
32064911	----以钒酸铋为基本成分的颜料及制品										0
3206491100	以钒酸铋为基本成分的颜料及制品[999]	6.5	35	13		千克			34%	0	
32064919	----其他										0
3206491900	其他以铋化合物为基本成分的颜料及制品[999]	6.5	35	13		千克			14%	0	
32064990	---其他										0
3206499000	其他无机着色料及其制品②	6.5	35	13		千克			19%	0	
32065000	-用作发光体的无机产品										0
3206500000	用作发光体的无机产品[301 危险化学品，毒性物质]，[302 其他化工品]	6.5	35	13		千克			19%	0	
3207	**陶瓷、搪瓷及玻璃工业用的调制颜料、遮光剂、着色剂、珐琅和釉料、釉底料(泥釉)、光瓷釉以及类似产品；搪瓷玻璃料及其他玻璃，呈粉、粒或粉片状的：**										
32071000	-调制颜料、遮光剂、着色剂及类似制品										0
3207100000	调制颜料、遮光剂、着色剂及类似品[301 危险化学品，易燃液体]，[302 其他化工品]	5	50	13		千克			30%	0	
32072000	-珐琅和釉料、釉底料(泥釉)及类似制品										0
3207200000	珐琅和釉料、釉底料及类似制品[999]	5	50	13		千克			30%	0	
32073000	-光瓷釉及类似制品										0
3207300000	光瓷釉及类似制品[301 危险化学品，易燃液体]，[302 其他化工品]	5	50	13		千克			30%	0	
32074000	-搪瓷玻璃料及其他玻璃，呈粉、粒或粉片状的										0
3207400000	呈粉、粒状搪瓷玻璃料及其他玻璃[999]	5	50	13		千克			15%	0	
3208	**以合成聚合物或化学改性天然聚合物为基本成分的油漆及清漆(包括瓷漆及大漆)，分散于或溶于非水介质的；本章注释四所述的溶液：**										
32081000	-以聚酯为基本成分										

① [301 新红(无检疫要求食品添加剂)]，[302 新红铝色淀(无检疫要求食品添加剂)]，[303 需申报仅用于工业用途不用于食品添加剂无检疫要求的化学品]
② [301 其他化工品，不用作食品添加剂]，[302 其他化工品，用作食品添加剂]，[303 危险化学品，易燃液体]，[304 其他化工品]

协定税率(%)																		特惠税率(%)			
智利	新西兰	澳大利亚	瑞士	冰岛	秘鲁	哥斯达	东盟	亚太	新加坡	巴基斯坦	港/澳/台	韩国	格鲁吉亚	毛里求斯	柬埔寨	尼加拉瓜	日/韩/澳/新/东(RCEP)	亚太2国	老/柬/缅	LDC 98/97/95	Article Description
																					Other colouring matter; preparations as specified in Note 3 to this Chapter, other than those of heading 32.03, 32.04 or 32.05; inorganic products of a kind used as luminophores, whether or not chemically defined:
0	0	0	0	0	0	0	0			0	0/0/0	0	0	0	0	0	0/0/0/0/0			0/0/0	----Containing 99.8% or more of rutile, brightness(lightness of powder)≥99.0
0	0	0	0	0	0	0	0			0	0/0/0	0	0	0	0	0	0/0/0/0/0			0/0/0	----Other
0	0	0	0	0	0	0	0			0	0/0/	0	0	0	0	0	4.7/0/0/0/0			0/0/0	---Other
0	0	0	0	0	0	0	0		0	2.5	0/0/0	0	0	0	0	9	7.3/7/7/7/7			0/0/0	--Other
0	0	0	0	0	0	0	0			0	0/0/	0	0	0	0	0	4.7/0/0/0/0			0/0/0	-Pigments and preparations based on chromium compounds
0	0	0	0	0	0	0	0			0	0/0/	0	0	0	0	0	4.7/0/0/0/0			0/0/0	--Ultramarine and preparations based thereon
0	0	0	0	0	0	0	0			0	0/0/	0	0	0	0	0	4.7/0/0/0/0			0/0/0	---Lithopone
0	0	0	0	0	0	0	0			0	0/0/	0	0	0	0	0	4.7/4.6/0/0/0			0/0/0	---Other
0	0	0	0	0	0	0	0	3.3		0	0/0/0	0	0	0	0	0	4.7/4.6/4.6/4.6/4.6			0/0/0	----Pigments and preparations based on bismuth vanadate
0	0	0	0	0	0	0	0	3.3		0	0/0/0	0	0	0	0	0	4.7/4.6/4.6/4.6/4.6			0/0/0	----Other
0	0	0	0	0	0	0	0	3.3		0	0/0/0	0	0	0	0	0	4.7/4.6/4.6/4.6/4.6			0/0/0	---Other
0	0	0	0	0	0	0	0	4.2		4	0/0/	0	0	0	0	0	4.7/4.6/0/0/0			0/0/0	-Inorganic products of a kind used as luminophores
																					Prepared pigments, prepared opacifiers and prepared colours, vitrifiable enamels and glazes, engobes (slips), liquid lustres and similar preparations, of a kind used in the ceramic, enamelling or glass industry; glass frit and other glass, in the form of powder, granules or flakes:
0	0	0	0	0	0	0	0			0	0/0/	0	0	0	0	0	3.6/3.5/0/0/0			0/0/0	-Prepared pigments, prepared opacifiers, prepared colours and similar preparations
0	0	0	0	0	0	0	0			0	0/0/	1.6	0	0	0	0	4.1/3.5/3.5/3.5/3.5			0/0/0	-Vitrifiable enamels and glazes, engobes (slips) and similar preparations
0	0	0	0	0	0	0	0			0	0/0/	0	0	0	0	0	0/0/0/0/0			0/0/0	-Liquid lustres and similar preparations
0	0	0	0	0	0	0	0			0	0/0/	0	0	0	0	0	0/0/0/0/0			0/0/0	-Glass frit and other glass, in the form of powder, granules or flakes
																					Paints and varnishes (including enamels and lacquers) based on synthetic polymers or chemically modified natural polymers, dispersed or dissolved in a nonaqueous medium; solutions as defined in Note 4 to this Chapter:
0	0	0	0	0	0	0	0	9	0	2.5	0/0/0	5	0	0	0	9	8.6/8.5/8.5/8.5/8.5			0/0/0	-based on polyesters

商品编号	商品名称及备注[检验检疫编码及名称]	进口关税(%)		增值税率(%)	消费税	计量单位	监管条件	检验检疫类别	对美税率	出口税率(%)	出口退税率(%)
		最惠国	普通								
3208100010	分散于或溶于非水介质的以聚酯为基本成分的油漆及清漆(包括瓷漆及大漆),施工状态下挥发性有机物含量大于420克/升;以聚酯为基本成分、符合本章注释四的规定,且施工状态下挥发性有机物含量大于420克/升的涂料①	10	50	13	4%	千克	A	M/	37.5%	0	0
3208100090	分散于或溶于非水介质的以聚酯为基本成分的油漆及清漆(包括瓷漆及大漆),施工状态下挥发性有机物含量大于420克/升的除外;以聚酯为基本成分的本章注释四所述的溶液,施工状态下挥发性有机物含量大于420克/升的涂料除外②	10	50	13		千克	A	M/	37.5%	0	0
32082010	---以丙烯酸聚合物为基本成分										
3208201020	分散于或溶于非水介质的以丙烯酸聚合物为基本成分的油漆及清漆(包括瓷漆及大漆),施工状态下挥发性有机物含量大于420克/升;以丙烯酸聚合物为基本成分、符合本章注释四的规定,且施工状态下挥发性有机物含量大于420克/升的涂料③	10	50	13	4%	千克	A	M/	32.5%	0	0
3208201090	分散于或溶于非水介质的以丙烯酸聚合物为基本成分的油漆及清漆(包括瓷漆及大漆),施工状态下挥发性有机物含量大于420克/升的除外;以丙烯酸聚合物为基本成分的本章注释四所述的溶液,施工状态下挥发性有机物含量大于420克/升的涂料除外④	10	50	13		千克	A	M/	32.5%	0	0
32082020	---以乙烯聚合物为基本成分										
3208202010	分散于或溶于非水介质的以乙烯聚合物为基本成分的油漆及清漆(包括瓷漆及大漆),施工状态下挥发性有机物含量大于420克/升;以乙烯聚合物为基本成分、符合本章注释四的规定,且施工状态下挥发性有机物含量大于420克/升的涂料⑤	10	50	13	4%	千克	A	M/	37.5%	0	0
3208202090	分散于或溶于非水介质的以乙烯聚合物为基本成分的油漆及清漆(包括瓷漆及大漆),施工状态下挥发性有机物含量大于420克/升的除外;以乙烯聚合物为基本成分的本章注释四所述的溶液,施工状态下挥发性有机物含量大于420克/升的涂料除外⑥	10	50	13		千克	A	M/	37.5%	0	0
32089010	---以聚胺酯类化合物为基本成分										
3208901011	分散于或溶于非水介质的以聚胺酯类化合物为基本成分的光导纤维用涂料,施工状态下挥发性有机物含量大于420克/升;以聚胺酯类化合物为基本成分、符合本章注释四的规定,且施工状态下挥发性有机物含量大于420克/升的光导纤维用涂料(主要成分为聚胺酯丙烯酸酯类化合物)⑦	10	50	13	4%	千克	A	M/	32.5%	0	0
3208901019	分散于或溶于非水介质的以聚胺酯类化合物为基本成分的光导纤维用涂料,施工状态下挥发性有机物含量大于420克/升的除外;以聚胺酯类化合物为基本成分、符合本章注释四规定的光导纤维用涂料,施工状态下挥发性有机物含量大于420克/升的除外(主要成分为聚胺酯丙烯酸酯类化合物)⑧	10	50	13		千克	A	M/	32.5%	0	0
3208901091	分散于或溶于非水介质的以聚胺酯类化合物为基本成分的油漆及清漆(包括瓷漆及大漆),施工状态下挥发性有机物含量大于420克/升;以聚胺酯类化合物为基本成分、符合本章注释四的规定,且施工状态下挥发性有机物含量大于420克/升的涂料(不包括主要成分为聚胺酯丙烯酸酯类化合物的光导纤维用涂料)⑨	10	50	13	4%	千克	A	L.M/	32.5%	0	0
3208901099	分散于或溶于非水介质的以聚胺酯类化合物为基本成分的油漆及清漆(包括瓷漆及大漆),施工状态下挥发性有机物含量大于420克/升的除外;以聚胺酯类化合物为基本成分的本章注释四所述的溶液,施工状态下挥发性有机物含量大于420克/升的涂料除外(不包括主要成分为聚胺酯丙烯酸酯类化合物的光导纤维用涂料)⑩	10	50	13		千克	A	L.M/	32.5%	0	0
32089090	---其他										
3208909010	分散于或溶于非水介质的以其他合成聚合物或化学改性天然聚合物为基本成分的油漆及清漆(包括瓷漆及大漆),施工状态下挥发性有机物含量大于420克/升;其他符合本章注释四的规定,且施工状态下挥发性有机物含量大于420克/升的涂料⑪	10	50	13	4%	千克	A	L.M/	32.5%	0	0
3208909090	分散于或溶于非水介质的以其他合成聚合物或化学改性天然聚合物为基本成分的油漆及清漆(包括瓷漆及大漆),施工状态下挥发性有机物含量大于420克/升的除外;其他本章注释四所述的溶液,施工状态下挥发性有机物含量大于420克/升的涂料除外⑫	10	50	13		千克	A	L.M/	32.5%	0	0
3209	**以合成聚合物或化学改性天然聚合物为基本成分的油漆及清漆(包括瓷漆及大漆),分散于或溶于水介质的:**										
32091000	-以丙烯酸聚合物或乙烯聚合物为基本成分										
3209100010	分散于或溶于水介质的以丙烯酸聚合物或乙烯聚合物为基本成分的油漆及清漆(包括瓷漆及大漆),施工状态下挥发性有机物含量大于420克/升⑬	10	50	13	4%	千克	A	M/	22.5%	0	0
3209100090	分散于或溶于水介质的以丙烯酸聚合物或乙烯聚合物为基本成分的油漆及清漆(包括瓷漆及大漆),施工状态下挥发性有机物含量大于420克/升的除外⑭	10	50	13		千克	A	M/	22.5%	0	0
32099010	---以环氧树脂为基本成分										
3209901010	分散于或溶于水介质的以环氧树脂为基本成分的油漆及清漆(包括瓷漆及大漆),施工状态下挥发性有机物含量大于420克/升⑮	10	50	13	4%	千克	A	M/	32.5%	0	0

① 〔301 属于危险化学品的涂料,有涂料适用国标的〕,〔302 不属于危险化学品的涂料,有涂料适用国标的〕,〔303 危险化学品,无涂料适用国标的〕,〔304 其他化工品,无涂料适用国标的〕
② 〔301 属于危险化学品的涂料,有涂料适用国标的〕,〔302 不属于危险化学品的涂料,有涂料适用国标的〕,〔303 危险化学品,无涂料适用国标的〕,〔304 其他化工品,无涂料适用国标的〕
③ 〔301 属于危险化学品的涂料,有涂料适用国标的〕,〔302 不属于危险化学品的涂料,有涂料适用国标的〕,〔303 危险化学品,无涂料适用国标的〕,〔304 其他化工品,无涂料适用国标的〕
④ 〔301 属于危险化学品的涂料,有涂料适用国标的〕,〔302 不属于危险化学品的涂料,有涂料适用国标的〕,〔303 危险化学品,无涂料适用国标的〕,〔304 其他化工品,无涂料适用国标的〕
⑤ 〔301 属于危险化学品的涂料,有涂料适用国标的〕,〔302 不属于危险化学品的涂料,有涂料适用国标的〕,〔303 危险化学品,无涂料适用国标的〕,〔304 其他化工品,无涂料适用国标的〕
⑥ 〔301 属于危险化学品的涂料,有涂料适用国标的〕,〔302 不属于危险化学品的涂料,有涂料适用国标的〕,〔303 危险化学品,无涂料适用国标的〕,〔304 其他化工品,无涂料适用国标的〕
⑦ 〔301 属于危险化学品的涂料,有涂料适用国标的〕,〔302 不属于危险化学品的涂料,有涂料适用国标的〕,〔303 危险化学品,无涂料适用国标的〕,〔304 其他化工品,无涂料适用国标的〕
⑧ 〔301 属于危险化学品的涂料,有涂料适用国标的〕,〔302 不属于危险化学品的涂料,有涂料适用国标的〕,〔303 危险化学品,无涂料适用国标的〕,〔304 其他化工品,无涂料适用国标的〕
⑨ 〔301 属于危险化学品的涂料,有涂料适用国标的〕,〔302 不属于危险化学品的涂料,有涂料适用国标的〕,〔303 危险化学品,无涂料适用国标的〕,〔304 其他化工品,无涂料适用国标的〕
⑩ 〔301 属于危险化学品的涂料,有涂料适用国标的〕,〔302 不属于危险化学品的涂料,有涂料适用国标的〕,〔303 危险化学品,无涂料适用国标的〕,〔304 其他化工品,无涂料适用国标的〕
⑪ 〔301 属于危险化学品的涂料,有涂料适用国标的〕,〔302 不属于危险化学品的涂料,有涂料适用国标的〕,〔303 危险化学品,无涂料适用国标的〕,〔304 其他化工品,无涂料适用国标的〕
⑫ 〔301 属于危险化学品的涂料,有涂料适用国标的〕,〔302 不属于危险化学品的涂料,有涂料适用国标的〕,〔303 危险化学品,无涂料适用国标的〕,〔304 其他化工品,无涂料适用国标的〕
⑬ 〔301 属于危险化学品的涂料,有涂料适用国标的〕,〔302 不属于危险化学品的涂料,有涂料适用国标的〕,〔303 危险化学品,无涂料适用国标的〕,〔304 其他化工品,无涂料适用国标的〕
⑭ 〔301 属于危险化学品的涂料,有涂料适用国标的〕,〔302 不属于危险化学品的涂料,有涂料适用国标的〕,〔303 危险化学品,无涂料适用国标的〕,〔304 其他化工品,无涂料适用国标的〕
⑮ 〔301 属于危险化学品的涂料,有涂料适用国标的〕,〔302 不属于危险化学品的涂料,有涂料适用国标的〕,〔303 危险化学品,无涂料适用国标的〕,〔304 其他化工品,无涂料适用国标的〕

智利	新西兰	澳大利亚	瑞士	冰岛	秘鲁	哥斯达	东盟	亚太	新加坡	巴基斯坦	港/澳/台	韩国	格鲁吉亚	毛里求斯	柬埔寨	尼加拉瓜	日/韩/澳/新/东(RCEP)	亚太2国	老/柬/缅	LDC 98/97/95	Article Description
协定税率(%)																		特惠税率(%)			
0	0	0	0	0	0	0	0	9	0	4	0/0/0	5	0	0	0	9	8.6/8.5/8.5/8.5/8.5			0/0/0	---Based on acrylic polymers
0	0	0	0	0	0	0	0	9		2.5	0/0/	0	0	0	0	9	7.3/7/0/0/0			0/0/0	---Based on vinyl polymers
0	0	0	0	0	0	0	0	9	0	2.5	0/0/	0	0	0	0	9	7.3/7/7/7/7			0/0/0	---Based on polyurethane polymers
0	0	0	0	0	0	0	0	9	0	2.5	0/0/0	5	0	0	0	9	8.6/8.5/8.5/8.5/8.5			0/0/0	---Other
																					Paints and varnishes (including enamels and lacquers) based on synthetic polymers or chemically modified natural polymers, dispersed or dissolved in an aqueous medium:
0	0	0	0	0	0	0	0	6.5	0	2.5	0/0/	0	0	0	0	9	7.3/7/0/0/0			0/0/0	-Based on acrylic or vinyl polymers
0	0	0	0	0	0	0	0		0	2.5	0/0/0	5	0	0	0	9	//8.5/8.5/8.5			0/0/0	---Based on epoxy resin

商品编号	商品名称及备注[检验检疫编码及名称]	进口关税(%)		增值税率(%)	消费税	计量单位	监管条件	检验检疫类别	对美税率	出口税率(%)	出口退税率(%)
		最惠国	普通								
3209901090	分散于或溶于水介质的以环氧树脂为基本成分的油漆及清漆(包括瓷漆及大漆),施工状态下挥发性有机物含量大于420克/升的除外①	10	50	13		千克	A	M/	32.5%	0	0
32099020	---以氟树脂为基本成分										
3209902010	分散于或溶于水介质的以氟树脂为基本成分的油漆及清漆(包括瓷漆及大漆),施工状态下挥发性有机物含量大于420克/升②	10	50	13	4%	千克	A	M/	37.5%	0	13
3209902090	分散于或溶于水介质的以氟树脂为基本成分的油漆及清漆(包括瓷漆及大漆),施工状态下挥发性有机物含量大于420克/升的除外③	10	50	13		千克	A	M/	37.5%	0	13
32099090	---其他										
3209909010	分散于或溶于水介质的以其他合成聚合物或化学改性天然聚合物为基本成分的油漆及清漆(包括瓷漆及大漆),施工状态下挥发性有机物含量大于420克/升④	10	50	13	4%	千克	A	M/	32.5%	0	0
3209909090	分散于或溶于水介质的以其他合成聚合物或化学改性天然聚合物为基本成分的油漆及清漆(包括瓷漆及大漆),施工状态下挥发性有机物含量大于420克/升的除外⑤	10	50	13		千克	A	M/	32.5%	0	0
3210	**其他油漆及清漆(包括瓷漆、大漆及水浆涂料);加工皮革用的水性颜料:**										
32100000	其他油漆及清漆(包括瓷漆、大漆及水浆涂料);加工皮革用的水性颜料										
3210000020	其他油漆及清漆(包括瓷漆、大漆及水浆涂料),施工状态下挥发性有机物含量大于420克/升;加工皮革用的水性颜料,施工状态下挥发性有机物含量大于420克/升〔301 危险化学品,易燃液体〕,〔302 其他化工品〕	10	50	13	4%	千克			32.5%	0	0
3210000090	其他油漆及清漆(包括瓷漆、大漆及水浆涂料),施工状态下挥发性有机物含量大于420克/升的除外;加工皮革用的水性颜料,施工状态下挥发性有机物含量大于420克/升的除外〔301 危险化学品,易燃液体〕,〔302 其他化工品〕	10	50	13		千克			32.5%	0	0
3211	**配制的催干剂:**										
32110000	配制的催干剂										0
3211000000	配制的催干剂〔301 危险化学品,易燃液体〕,〔302 其他化工品〕	10	50	13		千克			32.5%	0	
3212	**制造油漆(含瓷漆)用的颜料(包括金属粉末或金属粉片),分散于非水介质中呈液状或浆状的;压印箔;零售形状及零售包装的染料或其他着色料:**										
32121000	-压印箔										0
3212100000	压印箔〔999〕	15	80	13		千克			35%	0	
32129000	-其他										0
3212900010	零售形状及零售包装的酞菁类颜料〔301 危险化学品,易燃液体〕,〔302 其他化工品〕	10	50	13		千克			22.5%	0	
3212900090	制造油漆(含瓷漆)用的颜料(包括金属粉末或金属粉片),分散于非水介质中呈液状或浆状的(其他零售形状及零售包装的染料或其他着色料)〔301 危险化学品,易燃液体〕,〔302 其他化工品〕	10	50	13		千克			22.5%	0	
3213	**艺术家、学生和广告美工用的颜料、调色料、文娱颜料及类似品,片状、管装、罐装、瓶装、扁盒装以及类似形状或包装的:**										
32131000	-成套的颜料										13
3213100000	成套的颜料(艺术家、学生和广告美工用的)〔301 危险化学品,易燃液体〕,〔302 其他化工品〕	6.5	70	13		千克			16.5%	0	
32139000	-其他										13
3213900000	非成套颜料、调色料及类似品(片状、管装、罐装、瓶装、扁盒装等类似形状或包装的)〔301 危险化学品,易燃液体〕,〔302 其他化工品〕	6.5	70	13		千克			11.5%	0	
3214	**安装玻璃用油灰、接缝用油灰、树脂胶泥、嵌缝胶及其他类似胶粘剂;漆工用填料;非耐火涂面制剂,涂门面、内墙、地板、天花板等用:**										
32141010	---半导体器件封装材料										13
3214101000	半导体器件封装材料〔301 危险化学品,易燃液体〕,〔302 其他化工品〕	9	70	13		千克			36.5%	0	
32141090	---其他										13

① 〔301 属于危险化学品的涂料,有涂料适用国标的〕,〔302 不属于危险化学品的涂料,有涂料适用国标的〕,〔303 危险化学品,无涂料适用国标的〕,〔304 其他化工品,无涂料适用国标的〕
② 〔301 属于危险化学品的涂料,有涂料适用国标的〕,〔302 不属于危险化学品的涂料,有涂料适用国标的〕,〔303 危险化学品,无涂料适用国标的〕,〔304 其他化工品,无涂料适用国标的〕
③ 〔301 属于危险化学品的涂料,有涂料适用国标的〕,〔302 不属于危险化学品的涂料,有涂料适用国标的〕,〔303 危险化学品,无涂料适用国标的〕,〔304 其他化工品,无涂料适用国标的〕
④ 〔301 属于危险化学品的涂料,有涂料适用国标的〕,〔302 不属于危险化学品的涂料,有涂料适用国标的〕,〔303 危险化学品,无涂料适用国标的〕,〔304 其他化工品,无涂料适用国标的〕
⑤ 〔301 属于危险化学品的涂料,有涂料适用国标的〕,〔302 不属于危险化学品的涂料,有涂料适用国标的〕,〔303 危险化学品,无涂料适用国标的〕,〔304 其他化工品,无涂料适用国标的〕

协定税率(%)																		特惠税率(%)			Article Description
智利	新西兰	澳大利亚	瑞士	冰岛	秘鲁	哥斯达	东盟	亚太	新加坡	巴基斯坦	港/澳/台	韩国	格鲁吉亚	毛里求斯	柬埔寨	尼加拉瓜	日/韩/澳/新/东(RCEP)	亚太2国	老/柬/缅	LDC 98/97/95	
0	0	0	0	0	0	0	0		0	2.5	0/0/	0	0	0	0	9	7.3/7/7/7/7			0/0/0	---based on fluororesin
0	0	0	0	0	0	0	0		0	2.5	0/0/0	5	0	0	0	9	//8.5/8.5/8.5			0/0/0	---Other
																					Other paints and varnishes (including enamels, lacquers and distempers); prepared water pigments of a kind used for finishing leather:
0	0	0	0	0	0	0	0	6.5	0	4	0/0/0	0	0	0	0	9	7.3/7/7/7/7			0/0/0	Other paints and varnishes (including enamels, lacquers and distempers); prepared water pigments of a kind used for finishing leather
																					Prepared driers:
0	0	0	0	0	0	0	0		0	2.5	0/0/	3.3	0	0	0	9	8.1/8/8.5/8.5/8			0/0/0	Prepared driers
																					Pigments (including metallic powders and flakes) dispersed in non-aqueous media, in liquid or paste form, of a kind used in the manufacture of paints (including enamels); stamping foils; dyes and other colouring matter put up in forms or packings for retail sale:
0	0	0	0	0	0	0	0		0	12	0/0/	0	0	0	0	14	10.9/10.5/10.5/10.5/10.5			0/0/0	-Stamping foils
0	0	0	0	0	0	0	0		0	2.5	0/0/	0	0	0	0	9	7.3/7/7/7/7			0/0/0	-Other
																					Artists, students or signboard painters colours, modifying tints, amusement colours and the like, in tablets, tubes, jars, bottles, pans or in similar forms or packings:
0	0	0	0	0	0	0	0			2.5	0/0/	0	0	0	0	0	7.3/7/0/0/0			0/0/0	-Colours in sets
0	0	0	0	0	0	0	0	4.2		2.5	0/0/	0	0	2	0	0	7.3/7/0/0/0			0/0/0	-Other
																					Glaziers putty, grafting putty, resin cements, caulking compounds and other mastics; painters fillings; non-refractory surfacing preparations for facades, indoor walls, floors, ceilings or the like:
0	0	0	0	0	0	0	0			0	0/0/		0	0	0	8.1	//5/5/5			0/0/0	---Encapsulation material for semiconductor device
0	0	0	0	0	0	0	0			0	0/0/	0	0	0	0	8.1	6.5/6.3/6.3/6.3/6.3			0/0/0	---Other

商品编号	商品名称及备注[检验检疫编码及名称]	进口关税(%)		增值税率(%)	消费税	计量单位	监管条件	检验检疫类别	对美税率	出口税率(%)	出口退税率(%)
		最惠国	普通								
3214109000	其他安装玻璃用油灰等;漆工用填料(包括接缝用油灰、树脂胶泥、嵌缝胶及其他胶粘剂)〔301 危险化学品,易燃液体〕,〔302 其他化工品〕	9	70	13		千克			21.5%	0	
32149000	-其他										
3214900010	非耐火涂面制剂,施工状态下挥发性有机物含量大于420克/升(涂门面、内墙、地板、天花板等用)〔301 危险化学品,易燃液体〕,〔302 其他化工品〕	9	70	13	4%	千克			21.5%	0	0
3214900090	非耐火涂面制剂,施工状态下挥发性有机物含量大于420克/升的除外(涂门面、内墙、地板、天花板等用)〔301 危险化学品,易燃液体〕,〔302 其他化工品〕	9	70	13		千克			21.5%	0	0
3215	**印刷油墨、书写或绘图墨水及其他墨类,不论是否固体或浓缩:**										
32151100	--黑色										0
3215110010	黑色,用于装入编号844331、844332或844339所列设备的工程形态的固体油墨〔301 危险化学品,易燃液体〕,〔302 其他化工品〕	0	45	13		千克	AB	M/N	22.5%	0	
3215110090	其他黑色印刷油墨(不论是否固体或浓缩)〔301 危险化学品,易燃液体〕,〔302 其他化工品〕	6.5	45	13		千克	AB	M/N	29%	0	
32151900	--其他										0
3215190010	其他用于装入编号844331、844332或844339所列设备的工程形态的固体油墨〔999 其他化工产品〕	0	45	13		千克			22.5%	0	
3215190090	其他印刷油墨(不论是否固体或浓缩)〔301 危险化学品,易燃液体〕,〔302 其他化工品〕	6.5	45	13		千克			29%	0	
32159010	---书写墨水										13
3215901000	书写墨水(不论是否固体或浓缩)〔301 危险化学品,易燃液体〕,〔302 其他化工品〕	5	70	13		千克			30%	0	
32159020	---水性喷墨墨水										13
3215902000	水性喷墨墨水〔999〕	10	70	13		千克			17.5%	0	
32159090	---其他										13
3215909000	其他绘图墨水及其他墨类(不论是否固体或浓缩)〔301 危险化学品,易燃液体〕,〔302 其他化工品〕	10	70	13		千克			22.5%	0	

协定税率(%)																		特惠税率(%)			Article Description
智利	新西兰	澳大利亚	瑞士	冰岛	秘鲁	哥斯达	东盟	亚太	新加坡	巴基斯坦	港/澳/台	韩国	格鲁吉亚	毛里求斯	柬埔寨	尼加拉瓜	日/韩/澳/新/东(RCEP)	亚太2国	老/柬/缅	LDC 98/97/95	
0	0	0	0	0	0	0	0			4	0/0/	3	0	0	0	8.1	7.3/7.2/7.7/7.7/7.2			0/0/0	-Other
																					Printing ink, writing or drawing ink and other inks, whether or not concentrated or solid:
0	0	0	0	0	0	0	0	4.2		0	0/0/	0	0	0	0	0	4.7/4.6/4.6/4.6/4.6			0/0/0	--Black
0	0	0	0	0	0	0	0	4.6		0	0/0/0	0	0	0	0	0	5.3/4.6/0/0/0			0/0/0	--Other
0	0	0	0	0	0	0	0			0	0/0/	0	0	0	0	0	4.7/0/0/0/0			0/0/0	---Writing or drawing inks
0	0	0	0	0	0	0	0		0	2.5	0/0/	0	0	0	0	9	7.3/7/7/7/7			0/0/0	---Water-based inkjet inks
0	0	0	0	0	0	0	0		0	2.5	0/0/	0	0	0	0	9	7.3/7/7/7/7			0/0/0	---Other

第三十三章
精油及香膏；芳香料制品及化妆盥洗品

注释：

一、本章不包括：

（一）品目13.01或13.02的天然油树脂或植物浸膏；

（二）品目34.01的肥皂及其他产品；或

（三）品目38.05的脂松节油、木松节油和硫酸盐松节油及其他产品。

二、品目33.02所称"香料"，仅指品目33.01所列的物质、从这些物质离析出来的香料组分，以及合成芳香剂。

三、品目33.03至33.07主要包括适合作这些税目所列用途的零售包装产品，不论其是否混合（精油水馏液及水溶液除外）。

四、品目33.07所称"芳香料制品及化妆盥洗品"，主要适用于下列产品：香袋；通过燃烧散发香气的制品；香纸及用化妆品浸渍或涂布的纸；隐形眼镜片或假眼用的溶液；用香水或化妆品浸渍、涂布、包覆的絮胎、毡呢及无纺织物；动物用盥洗品。

商品编号	商品名称及备注[检验检疫编码及名称]	进口关税(%) 最惠国	进口关税(%) 普通	增值税率(%)	消费税	计量单位	监管条件	检验检疫类别	对美税率	出口税率(%)	出口退税率(%)
3301	精油(无萜或含萜),包括浸膏及净油;香膏;提取的油树脂;用花香吸取法或浸渍法制成的含浓缩精油的脂肪、固定油、蜡及类似品;精油脱萜时所得的萜烯副产品;精油水馏液及水溶液:										
33011200	--橙油										13
3301120000[暂10]	橙油(包括浸膏及净油)①	20	80	13		千克	A	R/	17.5%	0	
33011300	--柠檬油										13
3301130000	柠檬油(包括浸膏及净油)②	20	80	13		千克	A	R/	27.5%	0	
33011910	---白柠檬油(酸橙油)										13
3301191000	白柠檬油(酸橙油)(包括浸膏及净油)③	20	80	13		千克	A	R/	27.5%	0	
33011990	---其他										13
3301199000	其他柑橘属果实的精油(包括浸膏及净油)④	20	80	13		千克	A	R/	27.5%	0	
33012400	--胡椒薄荷油										13
3301240000[暂10]	胡椒薄荷油(包括浸膏及净油)⑤	20	90	13		千克	A	R/	17.5%	0	
33012500	--其他薄荷油										13
3301250000[暂5]	其他薄荷油(包括浸膏及净油)⑥	15	90	13		千克	A	R/	15%	0	
33012910	---樟脑油										13
3301291000	樟脑油(包括浸膏及精油)〔111 面部香精油〕,〔112 发用香精精油〕,〔113 体用香精精油〕,〔999〕	20	90	13		千克	AB	M. R/N	27.5%	0	
33012920	---香茅油										13
3301292000	香茅油(包括浸膏及净油)〔111 面部香精油〕,〔112 发用香精精油〕,〔113 体用香精精油〕,〔301 无检疫要求食品添加剂〕	15	70	13		千克	A	R/	35%	0	
33012930	---茴香油										9
3301293000	茴香油(包括浸膏及净油)〔111 面部香精油〕,〔112 发用香精精油〕,〔113 体用香精精油〕,〔301 无检疫要求食品添加剂〕	20	80	13		千克	A	R/	27.5%	0	
33012940	---桂油										13
3301294000	桂油(包括浸膏及净油)〔111 面部香精油〕,〔112 发用香精精油〕,〔113 体用香精精油〕,〔301 无检疫要求食品添加剂〕	20	80	13		千克	A	R/	47.5%	0	
33012950	---山苍子油										13
3301295000	山苍子油(包括浸膏及净油)〔111 面部香精油〕,〔112 发用香精精油〕,〔113 体用香精精油〕,〔301 无检疫要求食品添加剂〕	20	80	13		千克	A	R/	27.5%	0	
33012960	---桉叶油										13

① 〔111 面部香精油〕,〔112 发用香精精油〕,〔113 体用香精精油〕,〔301 危险化学品,不用作食品添加剂〕,〔302 危险化学品,用作食品添加剂〕,〔303 其他化工品,不用作食品添加剂〕,〔304 其他化工品,用作食品添加剂〕

② 〔111 面部香精油〕,〔112 发用香精精油〕,〔113 体用香精精油〕,〔301 危险化学品,不用作食品添加剂〕,〔302 无检疫要求食品添加剂〕,〔304 危险化学品,用作食品添加剂〕

③ 〔111 面部香精油〕,〔112 发用香精精油〕,〔113 体用香精精油〕,〔301 危险化学品,不用作食品添加剂〕,〔302 无检疫要求食品添加剂〕,〔304 危险化学品,用作食品添加剂〕

④ 〔111 面部香精油〕,〔112 发用香精精油〕,〔113 体用香精精油〕,〔301 危险化学品,不用作食品添加剂〕,〔302 危险化学品,用作食品添加剂〕,〔303 其他化工品,不用作食品添加剂〕,〔304 其他化工品,用作食品添加剂〕

⑤ 〔111 面部香精油〕,〔112 发用香精精油〕,〔113 体用香精精油〕,〔301 危险化学品,不用作食品添加剂〕,〔302 危险化学品,用作食品添加剂〕,〔303 其他化工品,不用作食品添加剂〕,〔304 其他化工品,用作食品添加剂〕

⑥ 〔111 面部香精油〕,〔112 发用香精精油〕,〔113 体用香精精油〕,〔301 无检疫要求食品添加剂〕,〔302 需申报仅用于工业用途不用于食品添加剂无检疫要求的化学品〕

Chapter 33
Essential oils and resinoids; perfumery, cosmetic or toilet preparations

Chapter Notes:

1. This Chapter does not cover:
   (a) Natural oleoresins or vegetable extracts of heading 13.01 or 13.02;
   (b) Soap or other products of heading 34.01; or
   (c) Gum, wood or sulphate turpentine or other products of heading 38.05.

2. The expression "odoriferous substances" in heading 33.02 refers only to the substances of heading 33.01, to odoriferous constituents isolated from those substances or to synthetic aromatics.

3. Headings 33.03 to 33.07 apply, inter alia, to products, whether or not mixed (other than aqueous distillates and aqueous solutions of essential oils), suitable for use as goods of these headings and put up in packings of a kind sold by retail for such use.

4. The expression "perfumery, cosmetic or toilet preparations" in heading 33.07 applies, inter alia, to the following products: scented sachets; odoriferous preparations which operate by burning; perfumed papers and papers impregnated or coated with cosmetics; contact lens or artificial eye solutions; wadding, felt and nonwovens, impregnated, coated or covered with perfume or cosmetics; animal toilet preparations.

协定税率(%)																		特惠税率(%)			Article Description
智利	新西兰	澳大利亚	瑞士	冰岛	秘鲁	哥斯达	东盟	亚太	新加坡	巴基斯坦	港/澳/台	韩国	格鲁吉亚	毛里求斯	柬埔寨	尼加拉瓜	日/韩/澳/新/东(RCEP)	亚太2国	老/柬/缅	LDC 98/97/95	
																					Essential oils (terpeneless or not), including concretes and absolutes; resinoids; extracted oleoresins; concentrates of essential oils in fats, in fixedoils, in waxes or the like, obtained by enfleurage or maceration; terpenic by-products of the deterpenation of essential oils; aqueous distillates and aqueous solutions of essential oils:
0	0	0	1.7	0	0	0	0		0		0/0/	6.6	0	0	0	18.7	16.3/14/14/14/14			0/0/0	--Of orange
0	0	0	0	0	0	0	0		0		0/0/	6.6	0	0	0	18.7	16.3/16/17/17/16			0/0/0	--Of lemon
0	0	0	0	0	0	0	0		0		0/0/	6.6	0	0	0	18.7	16.3/14/14/14/14			0/0/0	---Of lime
0	0	0	0	0	0	0	0		0		0/0/	6.6	0	0	0	18.7	16.3/16/17/17/16			0/0/0	---Other
0	0	0	0	0	0	0	0		0		0/0/	6.6	0	0	0	18.7	16.3/16/17/17/16			0/0/0	--Of peppermint (mentha piperita)
0	0	0	0	0	0	0	0	14	0	12	0/0/	0	0	0	0	14	10.9/10.5/0/0/0			0/0/0	--Of other mints
0	0	0	0	0	0	0	0		0		0/0/	6.6	0	0	0	18.7	16.3/14/14/14/14			0/0/0	---Of camphor
0	0	0	0	0	0	0	0		0	12	0/0/	0	0	0	0	14	10.9/10.5/0/0/0			0/0/0	---Of citronella
0	0	0	0	0	0	0	0		0		0/0/	6.6	0	0	0	18.7	16.3/14/14/14/14			0/0/0	---Of aniseed
0	0	0	0	0	0	0	0		0		0/0/	6.6	0	0	0	18.7	16.3/14/14/14/14			0/0/0	---Of cassia
0	0	0	0	0	0	0	0		0		0/0/	6.6	0	0	0	18.7	16.3/14/14/14/14			0/0/0	---Of litsea cubeba
0	0	0	0	0	0	0	0		0		0/0/	6.6	0	0	0	18.7	16.3/14/14/14/14			0/0/0	---Of eucalyptus

商品编号	商品名称及备注[检验检疫编码及名称]	进口关税(%) 最惠国	进口关税(%) 普通	增值税率(%)	消费税	计量单位	监管条件	检验检疫类别	对美税率	出口税率(%)	出口退税率(%)
3301296000	桉叶油(包括浸膏及净油)①	20	80	13		千克	AB	M. R/N	27.5%	0	
33012991	----老鹳草油(香叶油)										13
3301299100	老鹳草油(香叶油)(包括浸膏及精油)〔101 面部香精油〕,〔102 发用香精精油〕,〔103 体用香精精油〕,〔301 无检疫要求食品添加剂〕	20	80	13		千克	A	R/	42.5%	0	
33012999	----其他										
3301299910[暂7]	黄樟油〔101 面部香精油〕,〔102 发用香精精油〕,〔103 体用香精精油〕,〔301 无检疫要求食品添加剂〕	15	80	13		千克	23A	R/	12%	0	13
3301299991	其他濒危植物精油(柑橘属果实除外)(包括浸膏及净油)〔111 面部香精油〕,〔112 发用香精精油〕,〔113 体用香精精油〕,〔301 无检疫要求食品添加剂〕	15	80	13		千克	AFE	R/	20%	0	0
3301299999	其他非柑橘属果实的精油(包括浸膏及净油)②	15	80	13		千克	A	R/	20%	0	13
33013010	---鸢尾凝脂										13
3301301000[暂10]	鸢尾凝脂(香膏类)〔101 〕	20	80	13		千克			37.5%	0	
33013090	---其他										
3301309010	其他濒危植物香膏〔999〕	20	80	13		千克	FE		42.5%	0	0
3301309090	其他香膏③	20	80	13		千克			42.5%	0	13
33019010	---提取的油树脂										
3301901010	濒危植物提取的油树脂〔999〕	20	80	13		千克	FE		27.5%	0	0
3301901090	其他提取的油树脂④	20	80	13		千克			27.5%	0	13
33019020	---柑橘属果实的精油脱萜的萜烯副产品										13
3301902000	柑橘属果实精油脱萜的萜烯副产品⑤	20	80	13		千克			27.5%	0	
33019090	---其他										13
3301909000	吸取浸渍法制成含浓缩精油的脂肪(含固定油、蜡及类似品,精油水溶液及水馏液)⑥	20	80	13		千克			42.5%	0	
3302	**工业原料用的芳香物质的混合物及以一种或多种芳香物质为基本成分的混合物(包括酒精溶液);生产饮料用的以芳香物质为基本成分的其他制品:**										
33021010	---生产饮料用的以香料为基本成分的制品,按容量计酒精浓度不超过 0.5%的										13
3302101000	以香料为基本成分的制品(生产饮料用,按容量计酒精浓度≤0.5%)〔301 危险化学品,用作食品添加剂〕,〔302 其他化工品〕	15	90	13		千克	A	R/	40%	0	
33021090	---其他										13
3302109001	生产食品、饮料用混合香料及制品(含以香料为基本成分的混合物,按容量计酒精浓度>0.5%)〔301 危险化学品,用作食品添加剂〕,〔302 其他化工品,用作食品添加剂〕	15	130	13	5%	千克	A	R/	20%	0	
3302109090	其他生产食品用混合香料及制品(含以香料为基本成分的混合物)⑦	15	130	13		千克	A	R/	20%	0	
33029000	-其他										13
3302900000	其他工业用混合香料及香料混合物(以一种或多种香料为基本成分的混合物)⑧	10	130	13		千克			30%	0	
3303	**香水及花露水:**										
33030000	香水及花露水										
3303000010	包装标注含量以重量计的香水及花露水⑨	3	150	13	⑩	千克/件	AB	M/N	28%	0	13
3303000020	包装标注含量以体积计的香水及花露水⑪	3	150	13	⑫	千克/件	AB	M/N	28%	0	13
3304	**美容品或化妆品及护肤品(药品除外),包括防晒油或晒黑油;指(趾)甲化妆品:**										
33041000	-唇用化妆品										
3304100011	包装标注含量以重量计的含濒危物种成分唇用化妆品⑬	5	150	13	⑭	千克/件	ABEF	M/N	30%	0	0

① 〔111 面部香精油〕,〔112 发用香精精油〕,〔113 体用香精精油〕,〔301 危险化学品,不用作食品添加剂〕,〔302 危险化学品,用作食品添加剂〕,〔303 其他化工品,不用作食品添加剂〕

② 〔301 危险化学品,易燃液体〕,〔302 危险化学品,毒性物质〕,〔303 危险化学品,用作食品添加剂〕,〔304 其他化工品,不用作食品添加剂〕,〔305 其他化工品,用作食品添加剂〕,〔401 面部香精油〕,〔402 发用香精精油〕,〔403 体用香精精油〕

③ 〔103 吐鲁香膏〕,〔104 晚香玉浸膏〕,〔105 香榧子壳浸膏〕,〔106 秘鲁香膏油〕,〔107 秘鲁香脂〕

④ 〔301 危险化学品,不用作食品添加剂〕,〔302 危险化学品,用作食品添加剂〕,〔303 其他化工品,不用作食品添加剂〕,〔304 其他化工品,用作食品添加剂〕

⑤ 〔301 危险化学品,用作食品添加剂〕,〔302 危险化学品,不用作食品添加剂〕,〔303 其他化工品,用作食品添加剂〕,〔304 其他化工品,不用作食品添加剂〕

⑥ 〔301 危险化学品,不用作食品添加剂〕,〔302 危险化学品,用作食品添加剂〕,〔303 其他化工品,不用作食品添加剂〕,〔304 其他化工品,用作食品添加剂〕

⑦ 〔301 危险化学品,不用作食品添加剂〕,〔302 其他化工品,不用作食品添加剂〕,〔303 其他化工品,用作食品添加剂〕,〔304 危险化学品,用作食品添加剂〕

⑧ 〔301 危险化学品,不用作食品添加剂〕,〔302 其他化工品,不用作食品添加剂〕,〔303 其他化工品,用作食品添加剂〕,〔304 危险化学品,用作食品添加剂〕

⑨ 〔101 液体香水、香氛〕,〔102 固体香膏(粉)〕,〔103 花露水、去痱水〕,〔301 危险化学品,易燃液体〕

⑩ 完税价格≥10000 元/千克:15%。

⑪ 〔101 液体香水、香氛〕,〔102 固体香膏(粉)〕,〔103 花露水、去痱水〕,〔301 危险化学品,易燃液体〕

⑫ 完税价格≥10000 元/千克:15%。

⑬ 〔101 防晒化妆品〕,〔102 婴幼儿驻留类肤用化妆品〕,〔103 成人口唇驻留类化妆品〕,〔104 成人口唇淋洗类化妆品〕,〔105 成人口唇膜类化妆品〕,〔106 成人口唇美容化妆品〕

⑭ 完税价格≥10000 元/千克:15%。

协定税率(%)																		特惠税率(%)			Article Description
智利	新西兰	澳大利亚	瑞士	冰岛	秘鲁	哥斯达	东盟	亚太	新加坡	巴基斯坦	港/澳/台	韩国	格鲁吉亚	毛里求斯	柬埔寨	尼加拉瓜	日/韩/澳/新/东(RCEP)	亚太2国	老/柬/缅	LDC 98/97/95	
0	0	0	0	0	0	0	0		0		0/0/	6.6	0	0	0	18.7	16.3/14/14/14/14			0/0/0	----Of geranium
0	0	0	0	0	0	0	0		0	12	0/0/	5	0	0	0	14	10.9/10.5/12.8/12.8/10.5			0/0/0	----Other
0	0	0	0	0	0	0	0		0		0/0/	6.6	0	0	0	18.7	16.3/14/14/14/14			0/0/0	---Balsam of irises
0	0	0	0	0	0	0	0		0		0/0/	6.6	0	0	0	18.7	16.3/14/14/14/14			0/0/0	---Other
0	0	0	0	0	0	0	0	13	0	18	0/0/	6.6	0	0	0	18.7	16.3/16/17/17/16			0/0/0	---Extracted oleoresins
0	0	0	0	0	0	0	0	13	0	18	0/0/	6.6	0	0	0	18.7	16.3/14/14/14/14			0/0/0	---Terpenic byproducts of the deterpenation of essential oils of citrus fruit
0	0	0	0	0	0	0	0	13	0	18	0/0/	6.6	0	0	0	18.7	16.3/16/17/17/16			0/0/0	---Other
																					Mixtures of odoriferous substances and mixtures (including alcoholic solutions) with a basis of one or more of these substances, of a kind used as raw materials in industry; other preparations based on odoriferous substances, of a kind used for the manufacture of beverages:
0	0	0	0	0	0	0	0	9.8	0	0	0/0/	0	0	0	0	14	10.9/10.5/0/0/0			0/0/0	---Preparations based on odoriferous substances, of a kind used for the manufacture of beverages, alcoholic strength by volume not exceeding 0.5% vol.
0	0	0	0	0	0	0	0		0	0	0/0/	0	0	0	0	14	10.9/10.5/0/0/0			0/0/0	---Other
0	0	0	0	0	0	0	0		0	2.5	0/0/	0	0	0	0	9	7.3/7/0/0/0			0/0/0	-Other
																					Perfumes and toilet waters:
0	0	0	0	0	0	0	0	2	0	2.5	0/0/		0	0	0	0	//3/3/3			0/0/0	Perfumes and toilet waters
																					Beauty or make-up preparations and preparations for the care of the skin (other than medicaments), including sunscreen or sun tan preparations; manicure or pedicure preparations:
0	0	0	0	0	0	0	0		0	2.5	0/0/		0	0	0	0	//5/5/5			0/0/0	-Lip make-up preparations

商品编号	商品名称及备注[检验检疫编码及名称]	进口关税(%)		增值税率(%)	消费税	计量单位	监管条件	检验检疫类别	对美税率	出口税率(%)	出口退税率(%)
		最惠国	普通								
3304100012	包装标注含量以体积计的含濒危物种成分唇用化妆品①	5	150	13	②	千克/件	ABEF	M/N	30%	0	0
3304100013	包装标注规格为“片”或“张”的含濒危物种成分唇用化妆品〔101 成人口唇膜类化妆品〕	5	150	13	③	千克/件	ABEF	M/N	30%	0	0
3304100020	含汞唇用化妆品(含汞量超过百万分之一)〔999〕	5	150	13	④	千克/件	89		30%	0	13
3304100091	包装标注含量以重量计的其他唇用化妆品⑤	5	150	13	⑥	千克/件	AB	M/N	30%	0	13
3304100092	包装标注含量以体积计的其他唇用化妆品⑦	5	150	13	⑧	千克/件	AB	M/N	30%	0	13
3304100093	包装标注规格为“片”或“张”的其他唇用化妆品〔101 成人口唇膜类化妆品〕	5	150	13	⑨	千克/件	AB	M/N	30%	0	13
33042000	-眼用化妆品										
3304200011	包装标注含量以重量计的含濒危物种成分眼用化妆品⑩	5	150	13	⑪	千克/件	ABEF	M/N	30%	0	0
3304200012	包装标注含量以体积计的含濒危物种成分眼用化妆品⑫	5	150	13	⑬	千克/件	ABEF	M/N	30%	0	0
3304200013	包装标注规格为“片”或“张”的含濒危物种成分眼用化妆品〔101 成人眼部膜类化妆品〕	5	150	13	⑭	千克/件	ABEF	M/N	30%	0	0
3304200020	含汞眼用化妆品(含汞量超过百万分之一),不包括以汞为防腐剂且无有效安全替代防腐剂的眼部化妆品〔999〕	5	150	13	⑮	千克/件	89		30%	0	13
3304200091	包装标注含量以重量计的其他眼用化妆品⑯	5	150	13	⑰	千克/件	AB	M/N	30%	0	13
3304200092	包装标注含量以体积计的其他眼用化妆品⑱	5	150	13	⑲	千克/件	AB	M/N	30%	0	13
3304200093	包装标注规格为“片”或“张”的其他眼用化妆品〔101 成人眼部膜类化妆品〕	5	150	13	⑳	千克/件	AB	M/N	30%	0	13
33043000	-指(趾)甲化妆品										
3304300001	包装标注含量以重量计的指(趾)甲化妆品㉑	5	150	13	㉒	千克/件	AB	M/N	30%	0	13
3304300002	包装标注含量以体积计的指(趾)甲化妆品㉓	5	150	13	㉔	千克/件	AB	M/N	30%	0	13
3304300003	包装标注规格为“片”或“张”的指(趾)甲化妆品〔101 成人指(趾)甲护理化妆品〕,〔102 成人指(趾)甲美容化妆品〕,〔103 婴幼儿指(趾)甲化妆品〕	5	150	13	㉕	千克/件	AB	M/N	30%	0	13
3304300004	指(趾)甲化妆品(含汞量超过百万分之一)〔999〕	5	150	13	㉖	千克/件	89		30%	0	13
33049100	--粉,不论是否压紧										
3304910010	粉状含汞化妆品(含汞量超过百万分之一),不论是否压紧〔999〕	5	150	13	㉗	千克/件	89		30%	0	13
3304910090	其他粉状化妆品,不论是否压紧㉘	5	150	13	㉙	千克/件	AB	M/N	30%	0	13
33049900	--其他										
3304990010	其他含汞化妆品(含汞量超过百万分之一)〔999〕	1	150	13	㉚	千克/件	89		28.5%	0	13
3304990021	包装标注含量以重量计含濒危物种成分的美容品或化妆品及护肤品(包括防晒油或晒黑油,但药品除外)㉛	1	150	13	㉜	千克/件	ABEF	M/N	28.5%	0	0
3304990029	包装标注含量以重量计的其他美容品或化妆品及护肤品(包括防晒油或晒黑油,但药品除外)㉝	1	150	13	㉞	千克/件	AB	M/N	28.5%	0	13

① 〔101 防晒化妆品〕,〔102 婴幼儿驻留类肤用化妆品〕,〔103 成人口唇驻留类化妆品〕,〔104 成人口唇淋洗类化妆品〕,〔105 成人口唇膜类化妆品〕,〔106 成人口唇美容化妆品〕
② 完税价格≥10000 元/千克:15%。
③ 完税价格≥15 元/件:15%。
④ 完税价格≥10000 元/千克:15%。
⑤ 〔101 防晒化妆品〕,〔102 婴幼儿驻留类肤用化妆品〕,〔103 成人口唇驻留类化妆品〕,〔104 成人口唇淋洗类化妆品〕,〔105 成人口唇膜类化妆品〕,〔106 成人口唇美容化妆品〕
⑥ 完税价格≥10000 元/千克:15%。
⑦ 〔101 防晒化妆品〕,〔102 婴幼儿驻留类肤用化妆品〕,〔103 成人口唇驻留类化妆品〕,〔104 成人口唇淋洗类化妆品〕,〔105 成人口唇膜类化妆品〕,〔106 成人口唇美容化妆品〕
⑧ 完税价格≥10000 元/千克:15%。
⑨ 完税价格≥15 元/件:15%。
⑩ 〔101 美白化妆品〕,〔102 防晒化妆品〕,〔103 婴幼儿驻留类肤用化妆品〕,〔104 成人眼部驻留类化妆品〕,〔105 成人眼部淋洗类化妆品〕,〔106 成人眼部膜类化妆品〕,〔107 成人眼部美容化妆品〕
⑪ 完税价格≥10000 元/千克:15%。
⑫ 〔101 美白化妆品〕,〔102 防晒化妆品〕,〔103 婴幼儿驻留类肤用化妆品〕,〔104 成人眼部驻留类化妆品〕,〔105 成人眼部淋洗类化妆品〕,〔106 成人眼部膜类化妆品〕,〔107 成人眼部美容化妆品〕
⑬ 完税价格≥10000 元/千克:15%。
⑭ 完税价格≥15 元/件:15%。
⑮ 完税价格≥10000 元/千克:15%。
⑯ 〔101 美白化妆品〕,〔102 防晒化妆品〕,〔103 婴幼儿驻留类肤用化妆品〕,〔104 成人眼部驻留类化妆品〕,〔105 成人眼部淋洗类化妆品〕,〔106 成人眼部膜类化妆品〕,〔107 成人眼部美容化妆品〕
⑰ 完税价格≥10000 元/千克:15%。
⑱ 〔101 美白化妆品〕,〔102 防晒化妆品〕,〔103 婴幼儿驻留类肤用化妆品〕,〔104 成人眼部驻留类化妆品〕,〔105 成人眼部淋洗类化妆品〕,〔106 成人眼部膜类化妆品〕,〔107 成人眼部美容化妆品〕
⑲ 完税价格≥10000 元/千克:15%。
⑳ 完税价格≥15 元/件:15%。
㉑ 〔101 成人指(趾)甲护理化妆品〕,〔102 成人指(趾)甲美容化妆品〕,〔103 婴幼儿指(趾)甲化妆品〕,〔301 危险化学品,易燃液体〕,〔302 其他化工品〕
㉒ 完税价格≥10000 元/千克:15%。
㉓ 〔101 成人指(趾)甲护理化妆品〕,〔102 成人指(趾)甲美容化妆品〕,〔103 婴幼儿指(趾)甲化妆品〕,〔301 危险化学品,易燃液体〕,〔302 其他化工品〕
㉔ 完税价格≥10000 元/千克:15%。
㉕ 完税价格≥15 元/件:15%。
㉖ 完税价格≥10000 元/千克:15%。
㉗ 完税价格≥10000 元/千克:15%。
㉘ 〔101 成人爽身粉〕,〔102 成人面部用美容化妆品〕,〔103 成人体用美容化妆品〕,〔104 婴幼儿美容化妆品〕,〔105 固体香膏(粉)〕,〔106 美白化妆品〕,〔107 防晒化妆品〕,〔108 婴幼儿爽身粉〕,〔109 婴幼儿驻留类肤用化妆品〕,〔110 婴幼儿淋洗类肤用化妆品〕,〔111 成人面部驻留类化妆品〕,〔112 成人面部淋洗类化妆品〕,〔113 婴幼儿淋洗类发用化妆品〕,〔114 成人淋洗类毛发用化妆品〕,〔115 成人驻留类毛发用化妆品〕,〔116 成人眼部美容化妆品〕,〔117 成人眉用美容化妆品〕
㉙ 完税价格≥10000 元/千克:15%。
㉚ 完税价格≥10000 元/千克:15%。
㉛ 〔201 婴幼儿驻留类肤用化妆品〕,〔202 婴幼儿淋洗类肤用化妆品〕,〔203 成人面部驻留类化妆品〕,〔204 成人面部淋洗类化妆品〕,〔205 成人面部膜类化妆品〕,〔206 成人眼部驻留类化妆品〕,〔207 成人口唇驻留类化妆品〕,〔208 成人眼部淋洗类化妆品〕,〔209 成人口唇淋洗类化妆品〕,〔210 成人体用驻留类化妆品〕,〔211 成人体用淋洗类化妆品〕,〔212 成人体用膜类化妆品〕,〔213 成人面部用美容化妆品〕,〔214 成人体用美容化妆品〕,〔215 成人睫毛用美容化妆品〕,〔216 成人眉用美容化妆品〕,〔217 婴幼儿美容化妆品〕,〔218 面部香精油〕,〔219 发用香精精油〕,〔220 体用香精精油〕,〔221 美白化妆品〕,〔222 防晒化妆品〕,〔223 美乳化妆品〕,〔224 健美化妆品〕,〔225 脱毛化妆品〕
㉜ 完税价格≥10000 元/千克:15%。
㉝ 〔201 婴幼儿驻留类肤用化妆品〕,〔202 婴幼儿淋洗类肤用化妆品〕,〔203 成人面部驻留类化妆品〕,〔204 成人面部淋洗类化妆品〕,〔205 成人面部膜类化妆品〕,〔206 成人眼部驻留类化妆品〕,〔207 成人口唇驻留类化妆品〕,〔208 成人眼部淋洗类化妆品〕,〔209 成人口唇淋洗类化妆品〕,〔210 成人体用驻留类化妆品〕,〔211 成人体用淋洗类化妆品〕,〔212 成人体用膜类化妆品〕,〔213 成人面部用美容化妆品〕,〔214 成人体用美容化妆品〕,〔215 成人睫毛用美容化妆品〕,〔216 成人眉用美容化妆品〕,〔217 婴幼儿美容化妆品〕,〔218 面部香精油〕,〔219 发用香精精油〕,〔220 体用香精精油〕,〔221 美白化妆品〕,〔222 防晒化妆品〕,〔223 美乳化妆品〕,〔224 健美化妆品〕,〔225 脱毛化妆品〕,〔226 疤痕凝胶〕
㉞ 完税价格≥10000 元/千克:15%。

协定税率(%)																		特惠税率(%)			
智利	新西兰	澳大利亚	瑞士	冰岛	秘鲁	哥斯达	东盟	亚太	新加坡	巴基斯坦	港/澳/台	韩国	格鲁吉亚	毛里求斯	柬埔寨	尼加拉瓜	日/韩/澳/新/东(RCEP)	亚太2国	老/柬/缅	LDC 98/97/95	Article Description
0	0	0	0	0	0	0	0		0	2.5	0/0/		0	0	0	0	//5/5/5			0/0/0	-Eye make-up preparations
0	0	0	0	0	0	0	0		0	0	0/0/		0	0	0	0	//5/5/5			0/0/0	-Manicture or pedicure preparations
0	0	0	0	0	0	0	0		0	2.5	0/0/		0	0	0	0	//5/5/5			0/0/0	--Powders, whether or not compressed
0	0	0	0	0	0	0	0		0	0	0/0/	5.2	0	0	0	0	//5.5/5.5/5.5			0/0/0	--Other

商品编号	商品名称及备注[检验检疫编码及名称]	进口关税(%)		增值税率(%)	消费税	计量单位	监管条件	检验检疫类别	对美税率	出口税率(%)	出口退税率(%)
		最惠国	普通								
3304990031	包装标注含量以体积计的含濒危物种成分美容品或化妆品及护肤品(包括防晒油或晒黑油,但药品除外)①	1	150	13	②	千克/件	ABFE	M/N	28.5%	0	0
3304990039	包装标注含量以体积计的其他美容品或化妆品及护肤品(包括防晒油或晒黑油,但药品除外)③	1	150	13	④	千克/件	AB	M/N	28.5%	0	13
3304990041	包装标注规格为“片”或“张”的含濒危物种成分美容品或化妆品及护肤品(包括防晒油或晒黑油,但药品除外)⑤	1	150	13	⑥	千克/件	ABFE	M/N	28.5%	0	0
3304990049	包装标注规格为“片”或“张”的其他美容品或化妆品及护肤品(包括防晒油或晒黑油,但药品除外)⑦	1	150	13	⑧	千克/件	AB	M/N	28.5%	0	13
3304990091	其他包装标注规格的含濒危物种成分美容品或化妆品及护肤品(包括防晒油或晒黑油,但药品除外)⑨	1	150	13	⑩	千克/件	ABFE	M/N	28.5%	0	0
3304990099	其他包装标注规格的其他美容品或化妆品及护肤品(包括防晒油或晒黑油,但药品除外)⑪	1	150	13	⑫	千克/件	AB	M/N	28.5%	0	13
3305	**护发品:**										
33051000	-洗发剂(香波)										
3305100010暂2	含濒危物种成分的洗发剂〔102 婴幼儿淋洗类发用化妆品〕,〔107 成人淋洗类毛发用化妆品〕	3	150	13		千克	ABFE	M/N	27%	0	0
3305100090暂2	其他洗发剂(香波)〔102 婴幼儿淋洗类发用化妆品〕,〔107 成人淋洗类毛发用化妆品〕	3	150	13		千克	AB	M/N	27%	0	13
33052000	-烫发剂										13
3305200000	烫发剂〔101 烫发化妆品〕	3	150	13		千克	AB	M/N	28%	0	
33053000	-定型剂										13
3305300000	定型剂〔107 婴幼儿驻留类发用化妆品〕,〔108 成人驻留类毛发用化妆品〕	3	150	13		千克	AB	M/N	28%	0	
33059000	-其他										13
3305900000	其他护发品⑬	3	150	13		千克	AB	M/N	28%	0	
3306	**口腔及牙齿清洁剂,包括假牙稳固剂及粉;清洁牙缝用的纱线(牙线),单独零售包装的:**										
33061010	---牙膏										
3306101010	含濒危物种成分牙膏〔104 成人牙膏〕,〔105 婴幼儿口腔类产品〕	3	150	13		千克	ABEF	R/S	28%	0	0
3306101090	其他牙膏〔104 成人牙膏〕,〔105 婴幼儿口腔类产品〕	3	150	13		千克	AB	R/S	28%	0	13
33061090	---其他										13
3306109000	其他洁齿品〔999〕	3	150	13		千克			28%	0	
33062000	-清洁牙缝用的纱线(牙线)										13
3306200000	清洁牙缝用的纱线(牙线)〔999〕	3	70	13		千克			28%	0	
33069010	---漱口剂										13
3306901000	漱口剂⑭	3	70	13		千克	AB	R/S	28%	0	
33069090	---其他										13
3306909000	其他口腔及牙齿清洁剂(包括假牙稳固剂及粉)⑮	3	70	13		千克	AB	R/S	28%	0	
3307	**剃须用制剂、人体除臭剂、泡澡用制剂、脱毛剂和其他税目未列名的芳香料制品及化妆盥洗品;室内除臭剂,不论是否加香水或消毒剂:**										

① 〔201 婴幼儿驻留类肤用化妆品〕,〔202 婴幼儿淋洗类肤用化妆品〕,〔203 成人面部驻留类化妆品〕,〔204 成人面部淋洗类化妆品〕,〔205 成人面部膜类化妆品〕,〔206 成人眼部驻留类化妆品〕,〔207 成人口唇驻留类化妆品〕,〔208 成人眼部淋洗类化妆品〕,〔209 成人口唇淋洗类化妆品〕,〔210 成人体用驻留类化妆品〕,〔211 成人体用淋洗类化妆品〕,〔212 成人体用膜类化妆品〕,〔213 成人面部用美容化妆品〕,〔214 成人体用美容化妆品〕,〔215 成人睫毛用美容化妆品〕,〔216 成人眉用美容化妆品〕,〔217 婴幼儿美容化妆品〕,〔218 面部香精油〕,〔219 发用香精精油〕,〔220 体用香精精油〕,〔221 美白化妆品〕,〔222 防晒化妆品〕,〔223 美乳化妆品〕,〔224 健美化妆品〕,〔225 脱毛化妆品〕

② 完税价格≥10000 元/千克:15%。

③ 〔129 疤痕凝胶〕,〔201 婴幼儿驻留类肤用化妆品〕,〔202 婴幼儿淋洗类肤用化妆品〕,〔203 成人面部驻留类化妆品〕,〔204 成人面部淋洗类化妆品〕,〔205 成人面部膜类化妆品〕,〔206 成人眼部驻留类化妆品〕,〔207 成人口唇驻留类化妆品〕,〔208 成人眼部淋洗类化妆品〕,〔209 成人口唇淋洗类化妆品〕,〔210 成人体用驻留类化妆品〕,〔211 成人体用淋洗类化妆品〕,〔212 成人体用膜类化妆品〕,〔213 成人面部用美容化妆品〕,〔214 成人体用美容化妆品〕,〔215 成人睫毛用美容化妆品〕,〔216 成人眉用美容化妆品〕,〔217 婴幼儿美容化妆品〕,〔218 面部香精油〕,〔219 发用香精精油〕,〔220 体用香精精油〕,〔221 美白化妆品〕,〔222 防晒化妆品〕,〔223 美乳化妆品〕,〔224 健美化妆品〕,〔225 脱毛化妆品〕,〔226 注射用交联透明质酸钠凝胶〕

④ 完税价格≥10000 元/千克:15%。

⑤ 〔201 成人面部膜类化妆品〕,〔202 成人眼部膜类化妆品〕,〔203 成人口唇膜类化妆品〕,〔204 成人体用膜类化妆品〕,〔205 美白化妆品〕

⑥ 完税价格≥15 元/件:15%。

⑦ 〔201 成人面部膜类化妆品〕,〔202 成人眼部膜类化妆品〕,〔203 成人口唇膜类化妆品〕,〔204 成人体用膜类化妆品〕,〔205 美白化妆品〕

⑧ 完税价格≥15 元/件:15%。

⑨ 〔101 婴幼儿驻留类肤用化妆品〕,〔103 成人面部驻留类化妆品〕,〔104 成人体用驻留类化妆品〕,〔105 婴幼儿淋洗类肤用化妆品〕,〔106 成人面部淋洗类化妆品〕,〔107 成人口唇淋洗类化妆品〕,〔108 成人体用淋洗类化妆品〕,〔112 防晒化妆品〕,〔120 成人面部膜类化妆品〕,〔121 成人眼部驻留类化妆品〕,〔122 成人口唇驻留类化妆品〕,〔123 成人眼部淋洗类化妆品〕,〔124 成人体用膜类化妆品〕,〔125 面部香精油〕,〔126 发用香精精油〕,〔127 体用香精精油〕,〔128 美白化妆品〕

⑩ 完税价格≥10000 元/千克:15%。

⑪ 〔101 婴幼儿驻留类肤用化妆品〕,〔103 成人面部驻留类化妆品〕,〔104 成人体用驻留类化妆品〕,〔105 婴幼儿淋洗类肤用化妆品〕,〔106 成人面部淋洗类化妆品〕,〔107 成人口唇淋洗类化妆品〕,〔108 成人体用淋洗类化妆品〕,〔112 防晒化妆品〕,〔120 成人面部膜类化妆品〕,〔121 成人眼部驻留类化妆品〕,〔122 成人口唇驻留类化妆品〕,〔123 成人眼部淋洗类化妆品〕,〔124 成人体用膜类化妆品〕,〔125 面部香精油〕,〔126 发用香精精油〕,〔127 体用香精精油〕,〔128 美白化妆品〕

⑫ 完税价格≥10000 元/千克:15%。

⑬ 〔108 染发化妆品〕,〔109 育发化妆品〕,〔110 婴幼儿淋洗类发用化妆品〕,〔111 婴幼儿驻留类发用化妆品〕,〔112 成人淋洗类毛发用化妆品〕,〔113 成人驻留类毛发用化妆品〕

⑭ 〔201 包括漱口水、口腔清新喷雾)〕,〔202 成人非液体口腔产品(包括牙粉、牙贴、假牙模膏)〕,〔203 婴幼儿口腔类产品(包括漱口水、口腔清新喷雾)〕

⑮ 〔201 成人非液体口腔产品(包括牙粉、牙贴、假牙模膏)〕,〔202 婴幼儿口腔类产品〕,〔203 其他〕,〔204 牙齿美白胶〕

协定税率(%)																		特惠税率(%)			
智利	新西兰	澳大利亚	瑞士	冰岛	秘鲁	哥斯达	东盟	亚太	新加坡	巴基斯坦	港/澳/台	韩国	格鲁吉亚	毛里求斯	柬埔寨	尼加拉瓜	日/韩/澳/新/东(RCEP)	亚太2国	老/柬/缅	LDC 98/97/95	Article Description
																					Preparations for use on the hair:
0	0	0	0		0	0	0	2	0	0	0/0/	4.2	0	0	0	0	//3/3/3			0/0/0	-Shampoos
0	0	0	0	0	0	0	0		0	12	0/0/		0	0	0	0	//3/3/3			0/0/0	-Preparations for permanent waving or straightening
0	0	0	0	0	0	0	0		0	12	0/0/		0	0	0	0	//3/3/3			0/0/0	-Hair lacquers
0	0	0	0		0	0	0	2	0	4	0/0/	6.5	0	0	0	0	//3/3/3			0/0/0	-Other
																					Preparations for oral or dental hygiene, including denture fixative pastes and powders; yarn used to clean between the teeth (dental floss), in individual retail package:
0	0	0	0	0	0	0	0	2	0	2.5	0/0/	0	0	0	0	0	7.3/7/0/0/0			0/0/0	---Toothpastes
0	0	0	0	0	0	0	0	2	0	2.5	0/0/	0	0	0	0	0	7.3/7/0/0/0			0/0/0	---Other
0	0	0	0	0	0	0	0	2		2.5	0/0/	0	0	0	0	0	7.3/7/0/0/0			0/0/0	-Yarn used to clean between the teeth (dental floss)
0	0	0	0	0	0	0	0		0	2.5	0/0/	0	0	0	0	0	7.3/7/0/0/0			0/0/0	---Gargle
0	0	0	0	0	0	0	0		0	2.5	0/0/	0	0	0	0	0	7.3/7/0/0/0			0/0/0	---Other
																					Pre-shave, shaving or after-shave preparations, personal deodorants, bath preparations, depilatories and other perfumery, cosmetic or toilet preparations, not elsewhere specified or included; prepared room deodorizers, whether or not perfumed or having disinfectant properties:

商品编号	商品名称及备注［检验检疫编码及名称］	进口关税(%)		增值税率(%)	消费税	计量单位	监管条件	检验检疫类别	对美税率	出口税率(%)	出口退税率(%)
		最惠国	普通								
33071000	-剃须用制剂										13
3307100000	剃须用制剂［103 成人面部驻留类化妆品］,［104 成人淋洗类毛发用化妆品］	3	150	13		千克	AB	M/N	28%	0	
33072000	-人体除臭剂及止汗剂										13
3307200000	人体除臭剂及止汗剂［106 除臭化妆品］	3	150	13		千克	AB	M/N	28%	0	
33073000	-香浴盐及其他泡澡用制剂										13
3307300000	香浴盐及其他泡澡用制剂［101 婴幼儿淋洗类肤用化妆品］,［112 成人体用淋洗类化妆品］	3	150	13		千克	AB	M/N	28%	0	
33074100	--神香及其他通过燃烧散发香气的制品										13
3307410000	神香及其他通过燃烧散发香气制品［999］	3	150	13		千克			28%	0	
33074900	--其他										13
3307490000	其他室内除臭制品(不论是否加香水或消毒剂)［301 危险化学品,易燃液体］,［302 其他化工品］	3	150	13		千克			28%	0	
33079000	-其他										13
3307900000	其他编号未列名的芳香料制品(包括化妆盥洗品)［301 危险化学品,易燃液体］,［302 其他化工品］	3	150	13		千克			28%	0	

协定税率(%)																		特惠税率(%)			
智利	新西兰	澳大利亚	瑞士	冰岛	秘鲁	哥斯达	东盟	亚太	新加坡	巴基斯坦	港/澳/台	韩国	格鲁吉亚	毛里求斯	柬埔寨	尼加拉瓜	日/韩/澳/新/东(RCEP)	亚太2国	老/柬/缅	LDC 98/97/95	Article Description
0	0	0	0	0	0	0	0	2	0	2.5	0/0/		0	0	0	0	//3/3/3			0/0/0	-Pre-shave, shaving or after-shave preparations
0	0	0	0	0	0	0	0	2	0	2.5	0/0/		0	0	0	0	//3/3/3			0/0/0	-Personal deodorants and antiperspirants
0	0	0	0	0	0	0	0	2	0	2.5	0/0/	6.5	0	0	0	0	//3/3/3			0/0/0	-Perfumed bath salts and other bath preparations
0	0	0	0	0	0	0	0		0	4	0/0/	0	0	0	0	0	7.3/7/0/0/0			0/0/0	--Agarbatti and other odoriferous preparations which operate by burning
0	0	0	0	0	0	0	0		0	2.5	0/0/	0	0	0	0	0	7.3/7/0/0/0			0/0/0	--Other
0	0	0	0	0	0	0	0	2		4	0/0/	5.8	0	0	0	0	//3/3/3			0/0/0	-Other

第三十四章
肥皂、有机表面活性剂、洗涤剂、润滑剂、人造蜡、调制蜡、光洁剂、蜡烛及类似品、塑型用膏、“牙科用蜡”及牙科用熟石膏制剂

注释：

一、本章不包括：

（一）用作脱模剂的食用动植物或微生物油、脂混合物或制品（品目15.17）；

（二）单独的已有化学定义的化合物；或

（三）含肥皂或其他有机表面活性剂的洗发剂、洁齿品、剃须膏及泡澡用制剂（品目33.05、33.06及33.07）。

二、品目34.01所称“肥皂”，只适用于水溶性肥皂。品目34.01的肥皂及其他产品可以含有添加料（例如，消毒剂、磨料粉、填料或药料）。含磨料粉的产品，只有条状、块状或模制形状可以归入品目34.01。其他形状的应作为“去污粉及类似品”归入品目34.05。

三、品目34.02所称“有机表面活性剂”，是指温度在20℃时与水混合配成0.5%浓度的水溶液，并在同样温度下搁置1小时后与下列规定相符的产品：

（一）成为透明或半透明的液体或稳定的乳浊液而未离析出不溶解物质；以及

（二）将水的表面张力降低到每厘米45达因及以下。

四、品目34.03所称“石油及从沥青矿物提取的油类”，适用于第二十七章注释二所规定的产品。

五、品目34.04所称“人造蜡及调制蜡”，仅适用于：

（一）用化学方法生产的具有蜡质特性的有机产品，不论是否为水溶性的；

（二）各种蜡混合制成的产品；

（三）以一种或几种蜡为基本原料并含有油脂、树脂、矿物质或其他原料的具有蜡质特性的产品。

本税目不包括：

（一）品目15.16、34.02或38.23的产品，不论是否具有蜡质特性；

（二）品目15.21的未混合的动物蜡或未混合的植物蜡，不论是否精制或着色；

（三）品目27.12的矿物蜡或类似产品，不论是否相互混合或仅经着色；或

（四）混合、分散或溶解于液体溶剂的蜡（品目34.05、38.09等）。

商品编号	商品名称及备注[检验检疫编码及名称]	进口关税(%)		增值税率(%)	消费税	计量单位	监管条件	检验检疫类别	对美税率	出口税率(%)	出口退税率(%)
		最惠国	普通								
3401	肥皂;作肥皂用的有机表面活性产品及制品,条状、块状或模制形状的,不论是否含有肥皂;洁肤用的有机表面活性产品及制品,液状或膏状并制成零售包装的,不论是否含有肥皂;用肥皂或洗涤剂浸渍、涂面或包覆的纸、絮胎、毡呢及无纺织物:										
34011100	--盥洗用(包括含有药物的产品)										13
3401110010	盥洗用含汞亮肤肥皂(包括含有药物的产品),条状、块状或模制形状的,以及用肥皂浸渍、涂面或包覆的纸、絮胎、毡呢及无纺织物(含汞量超过百万分之一)①	6.5	130	13		千克	89		31.5%	0	
3401110090	其他盥洗用皂及有机表面活性产品(包括含有药物的产品,呈条状、块状或模制形状)〔101 特殊化妆品功效香皂〕,〔102 非特殊化妆品功效香皂〕	6.5	130	13		千克	AB	M/N	31.5%	0	
34011910	---洗衣皂										13
3401191000	洗衣皂(呈条状、块状或模制形状的)〔999〕	6.5	80	13		千克			31.5%	0	
34011990	---其他										13
3401199010	其他含汞亮肤肥皂,条状、块状或模制形状的,以及用肥皂浸渍、涂面或包覆的纸、絮胎、毡呢及无纺织物(含汞量超过百万分之一)〔999〕	6.5	130	13		千克	89		26.5%	0	
3401199090	其他有机表面活性产品及制品(包括用肥皂或洗涤剂浸、涂或包覆的纸、絮胎及无纺织物)〔999〕	6.5	130	13		千克			26.5%	0	
34012000	-其他形状的肥皂										13
3401200010	其他形状的含汞亮肤肥皂(含汞量超过百万分之一)〔999〕	6.5	130	13		千克	89		31.5%	0	
3401200090	其他形状的肥皂(除条状、块状或模制形状以外的)〔999〕	6.5	130	13		千克			31.5%	0	
34013000	-洁肤用的有机表面活性产品及制剂,液状或膏状并制成零售包装的,不论是否含有肥皂										13
3401300010	洁肤用有机表面活性产品及制品,液状或膏状并制成零售包装的,含有含汞亮肤肥皂(含汞量超过百万分之一)〔101 婴幼儿淋洗类肤用化妆品〕,〔102 成人面部淋洗类化妆品〕,〔103 成人体用淋洗类化妆品〕	6.5	130	13		千克	89		16.5%	0	
3401300090	洁肤用有机表面活性产品及制品(液状或膏状并制成零售包装的,不论是否含有肥皂)②	6.5	130	13		千克	AB	M/N	16.5%	0	

① 〔101 婴幼儿淋洗类肤用化妆品〕,〔102 成人面部淋洗类化妆品〕,〔103 成人体用淋洗类化妆品〕,〔104 其他产品〕

② 〔101 婴幼儿淋洗类肤用化妆品〕,〔102 成人面部淋洗类化妆品〕,〔103 成人体用淋洗类化妆品〕,〔104 抗抑菌洗手液〕,〔105 女性私处护理液〕

Chapter 34
Soap, organic surface-active agents, washing preparations, lubricating preparations, artificial waxes, prepared waxes, polishing or scouring preparations, candles and similar articles, modelling pastes, "dental waxes" and dental preparations with a basis of plaster

Chapter Notes:

1. This Chapter does not cover:
   (a) Edible mixtures or preparations of animal, vegetable or microbial fats or oils of a kind used as mould release preparations (heading 15.17);
   (b) Separate chemically defined compounds; or
   (c) Shampoos, dentifrices, shaving creams and foams, or bath preparations, containing soap or other organic surface-active agents (heading 33.05, 33.06 or 33.07).

2. For the purposes of heading 34.01, the expression "soap" applies only to soap soluble in water. Soap and the other products of heading 34.01 may contain added substances (for example, disinfectants, abrasive powders, fillers or medicaments). Products containing abrasive powders remain classified in heading 34.01 only if in the form of bars, cakes or moulded pieces or shapes. In other forms they are to be classified in heading 34.05 as "scouring powders and similar preparations".

3. For the purposes of heading 34.02, "organic surface-active agents" are products which when mixed with water at a concentration of 0.5% at 20℃ and left to stand for one hour at the same temperature:
   (a) give a transparent or translucent liquid or stable emulsion without separation of insoluble matter; and
   (b) reduce the surface tension of water to 4.5×10^{-2} N/m (45 dyne/cm) or less.

4. In heading 34.03 the expression "petroleum oils and oils obtained from bituminous minerals" applies to the products defined in Note 2 to Chapter 27.

5. In heading 34.04, subject to the exclusions provided below, the expression "artificial waxes and prepared waxes" applies only to:
   (a) Chemically produced organic products of a waxy character, whether or not water-soluble;
   (b) Products obtained by mixing different waxes;
   (c) Products of a waxy character with a basis of one or more waxes and containing fats, resins, mineral substances or other materials.

   The heading does not apply to:

   (a) Products of heading 15.16, 34.02 or 38.23, even if having a waxy character;

   (b) Unmixed animal waxes or unmixed vegetable waxes, whether or not refined or coloured, of heading 15.21;

   (c) Mineral waxes or similar products of heading 27.12, whether or not intermixed or merely coloured; or

   (d) Waxes mixed with, dispersed in or dissolved in a liquid medium (headings 34.05, 38.09, etc.).

协定税率(%)																		特惠税率(%)			
智利	新西兰	澳大利亚	瑞士	冰岛	秘鲁	哥斯达	东盟	亚太	新加坡	巴基斯坦	港/澳/台	韩国	格鲁吉亚	毛里求斯	柬埔寨	尼加拉瓜	日/韩/澳/新/东 (RCEP)	亚太2国	老/柬/缅	LDC 98/97/95	Article Description
																					Soap; organic surface-active products and preparations for use as soap, in the form of bars, cakes, moulded pieces or shapes, whether or not containing soap; organic surface-active products and preparations for washing the skin, in the form of liguid or cream and put up for retail sale, whether or not containing soap; paper, wadding, felt and nonwovens, impregnated, coated or covered with soap or detergent:
0	0	0	0	0	0	0	0	4.2	0	0	0/0/	0	0	0	0	0	7.3/7/0/0/0	0		0/0/0	--For toilet use (including medicated products)
0	0	0	0	0	0	0	0		0	2.5	0/0/		0	0	0	0	//6.5/6.5/6.5			0/0/0	---Laundry soap
0	0	0	0	0	0	0	0			0	0/0/	0	0	0	0	0	10.9/10.5/0/0/0			0/0/0	---Other
0	0	0	0	0	0	0	0	4.2		0	0/0/	0	0	0	0	0	10.9/10.5/10.5/10.5/10.5	0		0/0/0	-Soap in other forms
0	0	0	0	0	0	0	0		0	2.5	0/0/	0	0	0	0	0	7.3/7/0/0/0			0/0/0	-Organic surface-active products and preparations for washing the skin, in the form of liquid or cream and put up for retail sale, whether or not cotaining soap

商品编号	商品名称及备注[检验检疫编码及名称]	进口关税(%)		增值税率(%)	消费税	计量单位	监管条件	检验检疫类别	对美税率	出口税率(%)	出口退税率(%)
		最惠国	普通								
3402	**有机表面活性剂(肥皂除外);表面活性剂制品、洗涤剂(包括助洗剂)及清洁剂,不论是否含有肥皂,但税目34.01的产品除外:**										
34023100	--直链烷基苯磺酸及其盐										13
3402310000	直链烷基苯磺酸及其盐〔301 危险化学品,易燃液体〕,〔302 其他化工品〕	6.5	30	13		千克			11.5%	0	
34023900	--其他										13
3402390000	其他阴离子型有机表面活性剂〔301 危险化学品,易燃液体〕,〔302 其他化工品〕	6.5	30	13		千克			11.5%	0	
34024100	--阳离子型										13
3402410000	阳离子型有机表面活性剂〔301 危险化学品,易燃液体〕,〔302 其他化工品〕	6.5	30	13		千克			11.5%	0	
34024200	--非离子型										13
3402420000	其他非离子型有机表面活性剂〔301 危险化学品,杂项物质〕,〔302 其他化工品〕	6.5	30	13		千克				0	
34024900	--其他										13
3402490000	其他有机表面活性剂〔301 危险化学品,易燃液体〕,〔302 其他化工品〕	6.5	30	13		千克			16.5%	0	
34025010	---合成洗涤粉										13
3402501000	零售包装的合成洗涤粉〔999〕	6.5	80	13		千克			26.5%	0	
34025090	---其他										13
3402509000	其他零售包装有机表面活性剂制品(包括洗涤剂及清洁剂,不论是否含有肥皂)〔301 危险化学品,易燃液体〕,〔302 其他化工品〕	6.5	80	13		千克			16.5%	0	
34029000	-其他										13
3402900001	十二烷基苯磺酸钙甲醇溶液(非零售包装,十二烷基苯磺酸钙含量高于70%)〔999〕	6.5	80	13		千克			16.5%	0	
3402900090	非零售包装有机表面活性剂制品(包括洗涤剂及清洁剂,不论是否含有肥皂)〔301 危险化学品,易燃液体〕,〔302 其他化工品〕	6.5	80	13		千克			16.5%	0	
3403	**润滑剂(包括以润滑剂为基本成分的切削油制剂、螺栓或螺母松开剂、防锈或防腐蚀制剂及脱模剂)及用于纺织材料、皮革、毛皮或其他材料油脂处理的制剂,但不包括以石油或从沥青矿物提取的油类为基本成分(按重量计不低于70%)的制剂:**										
34031100	--处理纺织材料、皮革、毛皮或其他材料的制剂										13
3403110000	含有石油类的处理纺织等材料制剂[指含石油或沥青矿物油(重量<70%)的制剂]〔301 危险化学品,易燃液体〕,〔302 其他化工品〕	10	50	13		千克			30%	0	
34031900	--其他										13
3403190000	其他含有石油或矿物提取油类制剂[指含石油或沥青矿物油(重量<70%)的制剂]〔301 危险化学品,易燃液体〕,〔302 其他化工品〕	10	50	13		千克				0	
34039100	--处理纺织材料、皮革、毛皮或其他材料的制剂										13
3403910000	其他处理纺织等材料的制剂(包括处理皮革、毛皮或其他材料的制剂)〔999〕	10	50	13		千克			35%	0	
34039900	--其他										13
3403990000	其他润滑剂(含油<70%)(包括以润滑剂为基本成分的切削油制剂、螺栓松开剂等)〔301 危险化学品,易燃液体〕,〔302 其他化工品〕	10	50	13		千克				0	
3404	**人造蜡及调制蜡:**										
34042000	-聚氧乙烯(聚乙二醇)蜡										13
3404200000	聚乙二醇蜡〔999〕	10	70	13		千克			15%	0	
34049000	-其他										0
3404900010	短链氯化石蜡(具有人造蜡特性)〔101 其他化工产品〕,〔102 无检疫要求食品添加剂〕	10	70	13		千克	89		20%	0	
3404900090	其他人造蜡及调制蜡①	10	70	13		千克			20%	0	
3405	**鞋靴、家具、地板、车身、玻璃或金属用的光洁剂、擦洗膏、去污粉及类似制品(包括用这类制剂浸渍、涂面或包覆的纸、絮胎、毡呢、无纺织物、泡沫塑料或海绵橡胶),但不包括税目34.04的蜡:**										

① 〔301 危险化学品,不用作食品添加剂〕,〔302 危险化学品,用作食品添加剂〕,〔303 其他化工品,不用作食品添加剂〕,〔304 其他化工品,用作食品添加剂〕

协定税率(%)																		特惠税率(%)			
智利	新西兰	澳大利亚	瑞士	冰岛	秘鲁	哥斯达	东盟	亚太	新加坡	巴基斯坦	港/澳/台	韩国	格鲁吉亚	毛里求斯	柬埔寨	尼加拉瓜	日/韩/澳/新/东 (RCEP)	亚太2国	老/柬/缅	LDC 98/97/95	Article Description
																					Organic surface-active agents (other than soap); surface-active preparations, washing preparations (including auxiliary washing preparations) and cleaning preparations, whether or not containing soap, other than those of heading 34.01:
0	0	0	0	0	0	0	0	4.2		4	0/0/	4.2	0	0	0	0	//5/5/5			0/0/0	--Linear alkylbenzene sulphonic acids and their salts
0	0	0	0	0	0	0	0	4.2		4	0/0/	4.2	0	0	0	0	//5/5/5			0/0/0	--Other
0	0	0	0	0	0	0	0	4.2		0	0/0/	4.2	0	0	0	0	//5/5/5			0/0/0	--Cationic
0	0	0	0	0	0	0	0	4.2	0	0	0/0/0	2.1	0	0	0	0	5.3/4.6/4.6/4.6/4.6			0/0/0	--Non-ionic
0	0	0	0	0	0	0	0	4.2		0	0/0/	4.2	0	0	0	0	//5/5/5			0/0/0	--Other
0	0	0	0	0	0	0	0	4.2	0	2.5	0/0/	6.5	0	0	0	0	//6.5/6.5/6.5			0/0/0	---Synthetic detergents in powder form
0	0	0	0	0	0	0	0	4.2	0	2.5	0/0/	6.5	0	0	0	0	//6.5/6.5/6.5			0/0/0	---Other
0	0	0	0	0	0	0	0	4.2	0	0	0/0/	0	0	0	0	0	6.5/0/0/0/0			0/0/0	-Other
																					Lubricating preparations (including cutting-oil preparations, bolt or nutrelease preparations, anti-rust or anticorrosion preparations and mould release preparations, based on lubricants) and preparations of a kind used for the oil or grease treatment of textile materials, leather, furskins or other materials, but excluding preparations containing, as basic constituents, 70% or more by weight of petroleum oils or of oils obtained from bituminous minerals:
0	0	0	0	0	0	0	0	6.5	0	2.5	0/0/	0	0	0	0	9	8.1/7/0/0/0			0/0/0	--Preparations for the treatment of textile materials, leather, furskins or other materials
0	0	0	0	0	0	0	0		0	4	0/0/	0	0	0	0	9	7.3/7/7/7/7			0/0/0	--Other
0	0	0	0	0	0	0	0		0	2.5	0/0/	0	0	0	0	9	7.3/0/0/0/0			0/0/0	--Preparations for the treatment of textile materials, leather, furskins or other materials
0	0	0	0	0	0	0	0		0	2.5	0/0/	0	0	0	0	9	8.1/0/0/0/0			0/0/0	--Other
																					Artificial waxes and prepared waxes:
0	0	0	0	0	0	0	0			2.5	0/0/		0	0	0	9	//5/5/5			0/0/0	-Of poly(oxyethylene)(polyethyleneglycol)
0	0	0	0	0	0	0	0			0	0/0/	0	0	0	0	9	7.3/0/0/0/0			0/0/0	-Other
																					Polishes and creams for footwear, furniture, floors, coachwork, glass or metal, scouring pastes and powders and similar preparations (whether or not in the form of paper, wadding, felt, nonwovens, cellular plastics or cellular rubber, impregnated, coated or covered with such preparations), excluding waxes of heading 34.04:

商品编号	商品名称及备注[检验检疫编码及名称]	进口关税(%)		增值税率(%)	消费税	计量单位	监管条件	检验检疫类别	对美税率	出口税率(%)	出口退税率(%)
		最惠国	普通								
34051000	-鞋靴或皮革用的上光剂及类似制品										13
3405100000	鞋靴或皮革用的上光剂及类似制品〔301 危险化学品,易燃液体〕,〔302 其他化工品〕	6.5	80	13		千克			26.5%	0	
34052000	-保养木制家具、地板或其他木制品用的上光剂及类似制品										13
3405200000	保养木制品的上光剂及类似制品(指保养木家具、地板或其他木制品的上光剂及类似制品)〔301 危险化学品,易燃液体〕,〔302 其他化工品〕	6.5	80	13		千克			16.5%	0	
34053000	-车身用的上光剂及类似制品,但金属用的光洁剂除外										13
3405300000	车身用的上光剂及类似制品(但金属用的光洁剂除外)〔301 危险化学品,易燃液体〕,〔302 其他化工品〕	6.5	80	13		千克			16.5%	0	
34054000	-擦洗膏、去污粉及类似制品										13
3405400000	擦洗膏、去污粉及类似品〔999〕	6.5	80	13		千克			16.5%	0	
34059000	-其他										13
3405900000	其他玻璃或金属用的光洁剂(不包括擦洗膏、去污粉及类似制品)〔301 危险化学品,易燃液体〕,〔302 其他化工产品〕	6.5	80	13		千克			16.5%	0	
3406	**各种蜡烛及类似品:**										
34060000	各种蜡烛及类似品										
3406000010	含濒危动物成分的蜡烛及类似品〔101 含木制品〕,〔102 不含木制品〕	6.5	130	13		千克	EF		14%	0	0
3406000090	其他各种蜡烛及类似品〔101 含木制品〕,〔102 不含木制品〕	6.5	130	13		千克			14%	0	13
3407	**塑型用膏,包括供儿童娱乐用的在内;通称为"牙科用蜡"或"牙科造形膏"的制品,成套、零售包装或制成片状、马蹄形、条状及类似形状的;以熟石膏(煅烧石膏或硫酸钙)为基本成分的牙科用其他制品:**										
34070010	---牙科用蜡及造型膏										13
3407001000	牙科用蜡及造型膏(成套、零售包装或制成片状、马蹄形、条状及类似形状的)〔999〕	6.5	30	13		千克			16.5%	0	
34070020	---以熟石膏为基本成分的牙科用其他制品										13
3407002000	以熟石膏为成分的牙科用其他制品(包括以煅烧石膏或硫酸钙为基本成分的)〔999〕	6.5	40	13		千克			31.5%	0	
34070090	---其他										13
3407009000	其他塑型用膏(包括供儿童娱乐用物品)〔999〕	10	100	13		千克			30%	0	

协定税率(%)																		特惠税率(%)			Article Description
智利	新西兰	澳大利亚	瑞士	冰岛	秘鲁	哥斯达	东盟	亚太	新加坡	巴基斯坦	港/澳/台	韩国	格鲁吉亚	毛里求斯	柬埔寨	尼加拉瓜	日/韩/澳/新/东 (RCEP)	亚太2国	老/柬/缅	LDC 98/97/95	
0	0	0	0	0	0	0	0		0	2.5	0/0/	0	0	0	0	0	7.3/7/0/0/0			0/0/0	-Polishes, creams and similar preparations for footwear or leather
0	0	0	0	0	0	0	0		0	2.5	0/0/	0	0	0	0	0	7.3/7/0/0/0			0/0/0	-Polishes, creams and similar preparations for the maintenance of wooden furniture, floors or other woodwork
0	0	0	0	0	0	0	0		0	2.5	0/0/	0	0	0	0	0	7.3/7/0/0/0			0/0/0	-Polishes and similar preparations for coachwork, other than metal polishes
0	0	0	0	0	0	0	0			2.5	0/0/	0	0	0	0	0	7.3/7/0/0/0			0/0/0	-Scouring pastes and powders and other scouring preparations
0	0	0	0	0	0	0	0	4.2	0	2.5	0/0/	0	0	0	0	0	7.3/0/0/0/0			0/0/0	-Other
																					Candles, tapers and the like:
0	0	0	0	0	0	0	0		0	2.5	0/0/	0	0	0	0	0	7.3/7/0/0/0			0/0/0	Candles, tapers and the like
																					Modelling pastes, including those put up for children's amusement; preparations known as "dental wax" or as "dental impression compounds", put up in sets, in packings for retail sale or in plates, horseshoe shapes, sticks or similar forms; other preparations for use in dentistry, with a basis of plaster (of calcined gypsum or calcium sulphate):
0	0	0	0	0	0	0	0			0	0/0/	0	0	0	0	0	4.7/4.6/0/0/0			0/0/0	---Preparations of a kind known as "dental wax" or as "dental impression compounds"
0	0	0	0	0	0	0	0			0	0/0/	0	0	0	0	0	4.7/0/0/0/0			0/0/0	---Other preparations for use in dentistry, with a basis of plaster
0	0	0	0	0	0	0	0			2.5	0/0/	0	0	0	0	9	7.3/7/0/0/0			0/0/0	---Other

第三十五章
蛋白类物质；改性淀粉；胶；酶

注释：

一、本章不包括：

（一）酵母（品目21.02）；

（二）第三十章的血份（非治病、防病用的血清白蛋白除外）、药品及其他产品；

（三）预鞣用酶制剂（品目32.02）；

（四）第三十四章的加酶的浸透剂、洗涤剂及其他产品；

（五）硬化蛋白（品目39.13）；或

（六）印刷工业用的明胶产品（第四十九章）。

二、品目35.05所称“糊精”，是指淀粉的降解产品，其还原糖含量以右旋糖的干重量计不超过10%。

如果还原糖含量超过10%，应归入品目17.02。

商品编号	商品名称及备注[检验检疫编码及名称]	进口关税(%)		增值税率(%)	消费税	计量单位	监管条件	检验检疫类别	对美税率	出口税率(%)	出口退税率(%)
		最惠国	普通								
3501	**酪蛋白、酪蛋白酸盐及其他酪蛋白衍生物；酪蛋白胶：**										
35011000	-酪蛋白										13
3501100000	酪蛋白①	10	35	13		千克	AB	R/S	35%	0	
35019000	-其他										13
3501900000	酪蛋白酸盐及其衍生物，酪蛋白胶②	10	35	13		千克	A	R/	30%	0	
3502	**白蛋白（包括按重量计干质成分的乳清蛋白含量超过80%的两种或两种以上的乳清蛋白浓缩物）、白蛋白盐及其他白蛋白衍生物：**										
35021100	--干的										13
3502110000	干的卵清蛋白〔101 食用〕	10	80	13		千克	AB	P/Q	15%	0	
35021900	--其他										13
3502190000	其他卵清蛋白〔101 食用〕	10	80	13		千克	AB	P/Q	15%	0	
35022000	-乳白蛋白，包括两种或两种以上的乳清蛋白浓缩物										13
3502200010暂5	乳清蛋白粉（按重量计干质成分的乳清蛋白含量超过80%）〔101 食用乳清蛋白粉〕，〔999 食用乳清蛋白粉除外〕	10	35	13		千克	AB	P. R/S	10%	0	
3502200020暂5	乳铁蛋白③	10	35	13		千克	AB	R/S	10%	0	
3502200090	其他乳白蛋白（包括两种或两种以上乳清蛋白浓缩物）④	10	35	13		千克	AB	R/S	15%	0	
35029000	-其他										13
3502900000	其他白蛋白及白蛋白盐（包括白蛋白衍生物）⑤	10	35	13		千克	A	R/	30%	0	
3503	**明胶（包括长方形、正方形明胶薄片，不论是否表面加工或着色）及其衍生物；鱼鳔胶；其他动物胶，但不包括税目35.01的酪蛋白胶：**										
35030010	---明胶及其衍生物										13
3503001000	明胶及其衍生物（包括长方形、正方形明胶薄片不论是否表面加工或着色）〔101 饲用〕，〔102 工业用〕，〔103 有检疫要求食品添加剂〕	12	35	13		千克	AB	P. R/Q	19.5%	0	
35030090	---其他										13
3503009000	鱼鳔胶、其他动物胶（但不包括品目35.01的酪蛋白胶）⑥	12	50	13		千克	AB	P. R/Q	14.5%	0	
3504	**蛋白胨及其衍生物；其他税目未列名的蛋白质及其衍生物；皮粉，不论是否加入铬矾：**										
35040010	---蛋白胨										13
3504001000	蛋白胨⑦	3	11	13		千克	A	R/	8%	0	
35040020	---植物蛋白，以干基计蛋白质含量≥90%										
3504002000	植物蛋白，以干基计蛋白质含量≥90%〔999〕	8	35	13		千克	A	R/	18%	0	
35040090	---其他										13

① 〔101 食用〕，〔301 无检疫要求食品添加剂〕，〔302 需申报仅用于工业用途不用于食品添加剂无检疫要求的化学品〕，〔999 非食用性乳品〕

② 〔101 非食用性乳品〕，〔102 酪蛋白酸钠（酪朊酸钠）（无检疫要求食品添加剂）〕，〔103 需申报仅用于工业用途不用于食品添加剂无检疫要求的化学品〕

③ 〔301 无检疫要求食品添加剂〕，〔302 需申报仅用于工业用途不用于食品添加剂无检疫要求的化学品〕，〔999 动物白蛋白〕

④ 〔301 无检疫要求食品添加剂〕，〔302 需申报仅用于工业用途不用于食品添加剂无检疫要求的化学品〕，〔999 动物白蛋白〕

⑤ 〔101 牛血蛋白〕，〔102 牛血清白蛋白〕，〔103 其他动物蛋白〕，〔301 无检疫要求食品添加剂〕，〔302 需申报仅用于工业用途不用于食品添加剂无检疫要求的化学品〕，〔401 用于人类医学、生命科学相关领域，非用于治疗或预防疾病用〕，〔999 动物白蛋白〕

⑥ 〔101 药用龟甲胶〕，〔102 药用阿胶〕，〔103 药用鹿角胶〕，〔104 紫胶（虫胶）（有检疫要求食品添加剂）〕

⑦ 〔101 具有保健食品批准文号〕，〔102 无检疫要求食品添加剂〕，〔103 工业用动物骨蛋白胨〕，〔301 需申报仅用于工业用途不用于食品添加剂无检疫要求的化学品〕

Chapter 35
Albuminoidal substances; modified starches; glues; enzymes

Chapter Notes:

1. This Chapter does not cover:
   (a) Yeasts (heading 21.02);
   (b) Blood fractions (other than blood albumin not prepared for therapeutic or prophylactic uses), medicaments or other products of Chapter 30;
   (c) Enzymatic preparations for pre-tanning (heading 32.02);
   (d) Enzymatic soaking or washing preparations or other products of Chapter 34;
   (e) Hardened proteins (heading 39.13); or
   (f) Gelatin products of the printing industry (Chapter 49).

2. For the purposes of heading 35.05, the term "dextrins" means starch degradation products with a reducing sugar content, expressed as dextrose on the dry substance, not exceeding 10%. Such products with a reducing sugar content exceeding 10% fall in heading 17.02.

协定税率(%)																		特惠税率(%)			
智利	新西兰	澳大利亚	瑞士	冰岛	秘鲁	哥斯达	东盟	亚太	新加坡	巴基斯坦	港/澳/台	韩国	格鲁吉亚	毛里求斯	柬埔寨	尼加拉瓜	日/韩/澳/新/东 (RCEP)	亚太2国	老/柬/缅	LDC 98/97/95	Article Description
																					Casein, caseinates and other casein derivatives; casein glues:
0	0	0	0	0	0	0	0		0	4	0/0/	0	0	0	0	9	7.3/7/0/0/0			0/0/0	-Casein
0	0	0	0	0	0	0	0			2.5	0/0/	0	0	0	0	9	7.3/7/0/0/0			0/0/0	-Other
																					Albumins (including concentrates of two or more whey proteins, containing by weight more than 80% whey proteins, calculated on the dry matter), albuminates and other albumin derivatives:
0	0	0	0	0	0	0	0			2.5	0/0/	0	0	0	0	9	7.3/7/0/0/0			0/0/0	--Dried
0	0	0	0	0	0	0	0			2.5	0/0/	0	0	0	0	9	7.3/7/0/0/0			0/0/0	--Other
0	0	0	0	0	0	0	0			2.5	0/0/	0	0	0	0	9	7.3/7/7/7/7			0/0/0	-Milk albumin, including concentrates of two or more whey proteins
0	0	0	0	0	0	0	0			2.5	0/0/	0	0	0	0	9	7.3/7/0/0/0			0/0/0	-Other
																					Gelatin (including gelatin in rectangular (including square) sheets, whether or not surface-worked or coloured) and gelatin derivatives; isinglass; other glues of animal origin, excluding casein glues of heading 35.01:
0	0	0	0	0	0	0	0	9.6	0	0	0/0/	0	0	0	0	11.2	8.7/8.4/0/0/0			0/0/0	---Gelatin and gelatin derivatives
0	0	0	0	0	0	0	0	9.6	0	6	0/0/	0	0	0	0	11.2	8.7/8.4/0/0/0			0/0/0	---Other
																					Peptones and their derivatives; other protein substances and their derivatives, not elsewhere specified or included; hide powder, whether or not chromed:
0	0	0	0	0	0	0	0			0	0/0/	0	0	0	0	0	0/0/0/0/0			0/0/0	---Peptones
0	0	0	0	0	0	0	0			0	0/0/	0	0	0	0	0	5.8/0/0/0/0			0/0/0	---Proteins of plant, containing 90% or more of proteins, calculated on the dry basis
0	0	0	0	0	0	0	0			0	0/0/	0	0	0	0	0	5.8/0/0/0/0			0/0/0	---Other

商品编号	商品名称及备注［检验检疫编码及名称］	进口关税(%) 最惠国	进口关税(%) 普通	增值税率(%)	消费税	计量单位	监管条件	检验检疫类别	对美税率	出口税率(%)	出口退税率(%)
3504009000	其他编号未列名蛋白质及其衍生物［包括蛋白胨的衍生物及皮粉（不论是否加入铬矾）］①	8	35	13		千克	A	R/	18%	0	
3505	**糊精及其他改性淀粉（例如，预凝化淀粉或酯化淀粉）；以淀粉、糊精或其他改性淀粉为基本成分的胶：**										
35051000	-糊精及其他改性淀粉										13
3505100000[暂6]	糊精及其他改性淀粉②	12	50	13		千克	A	M. R/	18.5%	0	
35052000	-胶										13
3505200000	以淀粉糊精等为基本成分的胶③	20	50	13		千克	A	M. R/	30%	0	
3506	**其他税目未列名的调制胶及其他调制黏合剂；适于作胶或黏合剂用的产品，零售包装每件净重不超过1千克：**										
35061000	-适于作胶或黏合剂用的产品，零售包装每件净重不超过1千克										13
3506100010	硅酮结构密封胶（零售包装每件净重不超过1千克）〔999〕	10	90	13		千克	A	M/	20%	0	
3506100090	其他适于作胶或黏合剂的零售产品（零售包装每件净重不超过1千克）〔301 危险化学品，易燃液体〕，〔302 其他化工品〕	10	90	13		千克			20%	0	
35069110	---以聚酰胺为基本成分的										13
3506911000	以聚酰胺为基本成分的黏合剂〔301 危险化学品，易燃液体〕，〔302 其他化工品〕	10	90	13		千克			20%	0	
35069120	---以环氧树脂为基本成分的										13
3506912000	以环氧树脂为基本成分的黏合剂〔301 危险化学品，易燃液体〕，〔302 其他化工品〕	10	90	13		千克			20%	0	
35069190	---其他										13
3506919010	非零售，硅酮结构密封胶〔999〕	10	90	13		千克	A	M/	35%	0	
3506919020	专门或主要用于显示屏或触摸屏制造的光学透明膜黏合剂和光固化液体黏合剂［包括以人造树脂（环氧树脂除外）为基本成分的］〔301 危险化学品，易燃液体〕，〔302 其他化工品〕	0	90	13		千克			25%	0	
3506919090	其他橡胶或塑料为基本成分的黏合剂［包括以人造树脂（环氧树脂除外）为基本成分的］〔301 危险化学品，易燃液体〕，〔302 其他化工品〕	10	90	13		千克			35%	0	
35069900	--其他										13
3506990000	其他编号未列名的调制胶、黏合剂〔301 〕，〔302 〕	10	90	13		千克			20%	0	
3507	**酶；其他税目未列名的酶制品：**										
35071000	-粗制凝乳酶及其浓缩物										13
3507100000	粗制凝乳酶及其浓缩物④	6	30	13		千克	A	R/		0	
35079010	---碱性蛋白酶										13
3507901000	碱性蛋白酶⑤	6	30	13		千克	A	R/	11%	0	
35079020	---碱性脂肪酶										13
3507902000	碱性脂肪酶⑥	6	30	13		千克	A	R/	16%	0	
35079090	---其他										13
3507909010[暂0]	门冬酰胺酶〔301 其他化工产品〕，〔401 用于人类医学、生命科学相关领域，非用于治疗或预防疾病用〕	6	30	3		千克	AB	R. V/W	10%	0	
3507909090	其他酶及酶制品⑦	6	30	13		千克	AB	R. V/W	16%	0	

① 〔101 具有保健食品批准文号〕，〔102 乳铁蛋白（无检疫要求食品添加剂）〕，〔103 需申报仅用于工业用途不用于食品添加剂无检疫要求的化学品〕，〔105 大豆蛋白〕，〔106 豌豆蛋白〕，〔107 蚕豆蛋白〕，〔108 其他豆类蛋白〕，〔109 小麦蛋白〕，〔110 燕麦蛋白〕，〔111 大米蛋白〕，〔112 玉米蛋白〕，〔113 其他谷类蛋白〕，〔114 花生蛋白〕，〔115 其他坚果及籽类蛋白〕，〔116 马铃薯蛋白〕，〔117 其他薯类蛋白〕，〔118 其他植物蛋白〕，〔119 浓缩牛奶蛋白〕，〔120 饲用羽毛粉〕，〔121 其他动物蛋白〕，〔401 用于人类医学、生命科学相关领域，非用于治疗或预防疾病用〕

② 〔101 饲料添加剂〕，〔102 变性淀粉〕，〔301 危险化学品，爆炸品〕，〔302 其他化工品，不用作食品添加剂〕，〔303 其他化工品，用作食品添加剂〕

③ 〔101 变性淀粉〕，〔301 需申报仅用于工业用途不用于食品添加剂无检疫要求的化学品〕，〔302 无检疫要求食品添加剂〕

④ 〔301 无检疫要求食品添加剂〕，〔302 需申报仅用于工业用途不用于食品添加剂无检疫要求的化学品〕，〔999 饲用酶制剂〕

⑤ 〔301 无检疫要求食品添加剂〕，〔302 需申报仅用于工业用途不用于食品添加剂无检疫要求的化学品〕，〔401 用于人类医学、生命科学相关领域，非用于治疗或预防疾病用〕，〔999 饲用酶制剂〕

⑥ 〔301 无检疫要求食品添加剂〕，〔302 需申报仅用于工业用途不用于食品添加剂无检疫要求的化学品〕，〔401 用于人类医学、生命科学相关领域，非用于治疗或预防疾病用〕，〔999 饲用酶制剂〕

⑦ 〔101 饲用酶制剂〕，〔102 其他动检酶〕，〔301 无检疫要求食品添加剂〕，〔302 需申报仅用于工业用途不用于食品添加剂无检疫要求的化学品〕，〔401 用于人类医学、生命科学相关领域，非用于治疗或预防疾病用〕

协定税率(%)																		特惠税率(%)			
智利	新西兰	澳大利亚	瑞士	冰岛	秘鲁	哥斯达	东盟	亚太	新加坡	巴基斯坦	港/澳/台	韩国	格鲁吉亚	毛里求斯	柬埔寨	尼加拉瓜	日/韩/澳/新/东(RCEP)	亚太2国	老/柬/缅	LDC 98/97/95	Article Description
																					Dextrins and other modified starches (for example, pregelatinized or esterified starches); glues based on starches, or on dextrins or other modified starches:
0	0	0	0	0	0	0	0		0	4.8	0/0/	0	0	0	0	11.2	8.7/8.4/0/0/0			0/0/0	-Dextrins and other modified starches
0	0	0	0	0	0	0	0		0		0/0/	6.6	0	0	0	18.7	16.3/14/14/14/14			0/0/0	-Glues
																					Prepared glues and other prepared adhesives, not elsewhere specified or included; products suitable for use as glues or adhesives, put up for retail sale as glues or adhesives, not exceeding a net weight of 1kg:
0	0	0	0		0	0	0	6.5	0	2.5	0/0/0	0	0	0	0	9	8.1/0/0/0/0			0/0/0	-Products suitable for use as glues or adhesives, put up for retail sale as glues or adhesives, not exceeding a net weight of 1kg
0	0	0	0	0	0	0	0	7	0	2.5	0/0/0	3.3	0	0	0	9	8.1/8/8.5/8.5/8			0/0/0	---based on polyamide
0	0	0	0	0	0	0	0	6.5	0	2.5	0/0/0	5	0	0	0	9	8.6/8.5/8.5/8.5/8.5			0/0/0	---based on epoxy resin
0	0	0	0	0	0	0	0	7	0	2.5	0/0/0	0	0	0	0	9	8.1/7/0/0/0			0/0/0	---Other
0	0	0	0	0	0	0	0	6.5	0	2.5	0/0/0	5	0	0	0	9	8.6/8.5/8.5/8.5/8.5			0/0/0	--Other
																					Enzymes; prepared enzymes not elsewhere specified or included:
0	0	0	0	0	0	0	0			0	0/0/	0	0	0	0	0	0/0/0/0/0			0/0/0	-Rennet and concentrates thereof
0	0	0	0	0	0	0	0			0	0/0/	0	0	0	0	0	4.4/4.2/0/0/0			0/0/0	---Basic proteinase
0	0	0	0	0	0	0	0			0	0/0/	0	0	0	0	0	4.4/4.2/0/0/0			0/0/0	---Basic lipase
0	0	0	0	0	0	0	0			0	0/0/	0	0	0	0	0	4.4/4.2/4.2/4.2/4.2			0/0/0	---Other

第三十六章
炸药；烟火制品；火柴；引火合金；易燃材料制品

注释：

一、本章不包括单独的已有化学定义的化合物，但下列注释二（一）、（二）所述物品除外。

二、品目36.06所称“易燃材料制品”，只适用于：

（一）聚乙醛、六亚甲基四胺（六甲撑四胺）及类似物质，已制成片、棒或类似形状作燃料用的；以酒精为基本成分的固体或半固体燃料及类似的配制燃料；

（二）直接灌注香烟打火机及类似打火器用的液体燃料或液化气体燃料，其包装容器的容积不超过300立方厘米；以及

（三）树脂火炬、引火物及类似品。

商品编号	商品名称及备注[检验检疫编码及名称]	进口关税(%)		增值税率(%)	消费税	计量单位	监管条件	检验检疫类别	对美税率	出口税率(%)	出口退税率(%)
		最惠国	普通								
3601	**发射药：**										
36010000	发射药										0
3601000010	模压的胶质推进剂〔999〕	9	50	13		千克	3		16.5%	0	
3601000020	含硝化粘接剂及铝粉>5%的推进剂〔999〕	9	50	13		千克	3		16.5%	0	
3601000030	黑火药〔999〕	9	50	13		千克	k		16.5%	0	
3601000091	民用推进剂(限于购买、销售、运输管理)〔999〕	9	50	13		千克	k		16.5%	0	
3601000099	其他发射药〔999〕	9	50	13		千克			16.5%	0	
3602	**配制炸药，但发射药除外：**										
36020010	---硝铵炸药										0
3602001010	符合特定标准的硝铵炸药(硝胺类物质超过2%，或密度>1.8g/cm^3、爆速>8000m/s)〔999〕	9	50	13		千克	3		11.5%	0	
3602001091	其他铵梯类炸药、铵油类炸药、膨化硝铵炸药、胶状乳化炸药、粉状乳化炸药、震源药柱、其他工业炸药〔999爆炸品〕	9	50	13		千克	k		11.5%	0	
3602001099	其他硝铵炸药，但发射药除外〔999〕	9	50	13		千克			11.5%	0	
36020090	---其他										0
3602009010	符合特定标准的其他配制炸药[含有超过2%(按重量计)的下述任何一种物质：(环)四亚甲基四硝胺(HMX)；(环)三亚甲基三硝基胺(RDX)；三氨基三硝基苯(TATB)；氨基二硝基苯并氧化呋咱或7-氨基-4,6-硝基苯并呋咱-1-氧化物；六硝基芪(HNS)等；或晶体密度大于1.8g/cm^3、爆速超过8000m/s的各种炸药]〔999〕	9	50	13		千克	3k		11.5%	0	
3602009091	民用的其他配置炸药，但发射药除外〔999〕	9	50	13		千克	k		11.5%	0	
3602009099	其他配制炸药，但发射药除外〔999〕	9	50	13		千克			11.5%	0	
3603	**安全导火索；导爆索；火帽或雷管；引爆器；电雷管：**										
36031000	-安全导火索										0
3603100010	民用的安全导火索〔999〕	9	50	13		千克	k		21.5%	0	
3603100090	其他安全导火索〔999〕	9	50	13		千克			21.5%	0	
36032000	-导爆索										0
3603200010	民用的导爆索〔999〕	9	50	13		千克	k		21.5%	0	
3603200090	其他导爆索〔999〕	9	50	13		千克			21.5%	0	
36033000	-火帽										0
3603300010	民用的火帽〔999〕	9	50	13		千克	k		21.5%	0	
3603300090	其他火帽〔301危险化学品，爆炸品〕，〔302其他化工品〕	9	50	13		千克			21.5%	0	
36034000	-雷管										0
3603400010	使用单个或多个雷管的装置(由单一点火信号同时起爆，不包括仅使用起爆药的雷管)〔999〕	9	50	13		千克	3		21.5%	0	
3603400030	民用的其他雷管〔999〕	9	50	13		千克	k		21.5%	0	
3603400090	其他雷管〔999〕	9	50	13		千克			21.5%	0	
36035000	-引爆器										0
3603500010	炸药雷管点火装置(用于引爆商品编号3603600010所列雷管的)〔999〕	9	50	13		千克	3		21.5%		
3603500020	民用的其他引爆器〔999〕	9	50	13		千克	k		21.5%		
3603500090	其他引爆器〔999〕	9	50	13		千克			21.5%		
36036000	-电雷管										0
3603600010	爆炸桥、爆炸桥丝、冲击片、爆炸箔起爆器〔999〕	9	50	13		千克	3		21.5%	0	
3603600020	民用的其他电雷管〔999〕	9	50	13		千克	k		21.5%	0	
3603600090	其他电雷管〔999〕	9	50	13		千克			21.5%	0	
3604	**烟花、爆竹、信号弹、降雨火箭、浓雾信号弹及其他烟火制品：**										
36041000	-烟花、爆竹										13

Chapter 36
Explosives; pyrotechnic products; matches; pyrophoric alloys; certain combustible preparations

Chapter Notes:

1. This Chapter does not cover separate chemically defined compounds other than those described in Note 2 (a) or (b) below.

2. The expression "articles of combustible materials" in heading 36.06 applies only to:
   (a) Metaldehyde, hexamethylenetetramine and similar substances, put up in forms (for example, tablets, sticks or similar forms) for use as fuels; fuels with a basis of alcohol, and similar prepared fuels, in solid or semi-solid form;
   (b) Liquid or liquefied-gas fuels in containers of a kind used for filling or refilling cigarette or similar lighters and of a capacity not exceeding 300cm[3]; and
   (c) Resin torches, firelighters and the like.

协定税率(%)																		特惠税率(%)			Article Description
智利	新西兰	澳大利亚	瑞士	冰岛	秘鲁	哥斯达	东盟	亚太	新加坡	巴基斯坦	港/澳/台	韩国	格鲁吉亚	毛里求斯	柬埔寨	尼加拉瓜	日/韩/澳/新/东(RCEP)	亚太2国	老/柬/缅	LDC 98/97/95	
																					Propellent powders:
0	0	0	0	0	0	0	0			0	0/0/	0	0	0	0	8.1	6.5/0/0/0/0			0/0/0	Propellent powders
																					Prepared explosives, other than propellent powders:
0	0	0	0	0	0	0	0			0	0/0/	0	0	0	0	8.1	6.5/0/0/0/0			0/0/0	---Based on ammonals nitrate
0	0	0	0	0	0	0	0			0	0/0/	0	0	0	0	8.1	6.5/0/0/0/0			0/0/0	---Other
																					Safety fuses; detonating cords; percussion or detonating caps; igniters; electric detonators:
0	0	0	0	0	0	0	0			0	0/0/	0	0	0	0	8.1	6.5/6.3/6.3/6.3/6.3			0/0/0	-Safety fuses
0	0	0	0	0	0	0	0			0	0/0/	0	0	0	0	8.1	6.5/6.3/6.3/6.3/6.3			0/0/0	-Detonating cords
0	0	0	0	0	0	0	0			0	0/0/	0	0	0	0	8.1	6.5/6.3/6.3/6.3/6.3			0/0/0	-Percussion caps
0	0	0	0	0	0	0	0			0	0/0/	0	0	0	0	8.1	6.5/6.3/6.3/6.3/6.3			0/0/0	-Detonating caps
0	0	0	0	0	0	0	0			0	0/0/	0	0	0	0	8.1	6.5/6.3/6.3/6.3/6.3			0/0/0	-Igniters
0	0	0	0	0	0	0	0			0	0/0/	0	0	0	0	8.1	6.5/6.3/6.3/6.3/6.3			0/0/0	-Electric detonators
																					Fireworks, signalling flares, rain rockets, fog signals and other pyrotechnicarticles:
0	0	0	0	0	0	0	0			0	0/0/	0	0	0	0	0	0/0/0/0/0			0/0/0	-Fireworks

商品编号	商品名称及备注[检验检疫编码及名称]	进口关税(%)		增值税率(%)	消费税	计量单位	监管条件	检验检疫类别	对美税率	出口税率(%)	出口退税率(%)
		最惠国	普通								
3604100000	烟花、爆竹①	6	130	13	15%	千克	AB	M/N	13.5%	0	
36049000	-其他										
3604900010	人工影响天气用燃爆器材、海上救生烟火信号及其他特殊用途烟火制品〔999〕	6	100	13		千克	k		13.5%	0	13
3604900090	其他信号弹,降雨火箭及其他烟火制品〔999〕	6	100	13		千克			13.5%	0	13
3605	**火柴,但税目 36.04 的烟火制品除外:**										
36050000	火柴,但税目 36.04 的烟火制品除外										0
3605000000	火柴,但品目 36.04 的烟火制品除外〔999〕	6	100	13		千克			8.5%	0	
3606	**各种形状的铈铁及其他引火合金;本章注释二所述的易燃材料制品:**										
36061000	-直接灌注香烟打火机及类似打火器用的液体燃料或液化气体燃料,其包装容器的容积不超过 300 立方厘米										0
3606100000	打火机等用液体或液化气体燃料(其包装容器的容积≤300 立方厘米)〔301 危险化学品,易燃液体〕,〔302 其他化工品〕	6	80	13		千克			11%	0	
36069011	----已切成形可直接使用										0
3606901100	已切成形可直接使用的铈铁(包括其他引火合金)〔999〕	6	80	13		千克			11%	0	
36069019	----其他										0
3606901900	未切成形不可直接使用的铈铁(包括其他引火合金)〔301 危险化学品,易燃固体〕,〔302 危险化学品,遇水放出易燃气体的物质〕,〔303 其他化工品〕	6	50	13		千克				0	
36069090	---其他										0
3606909000	其他易燃材料制品(本章注释二所述的)〔301 危险化学品,易燃液体〕,〔302 其他化工品〕	6	80	13		千克				0	

① 〔101 喷花类玩具烟花爆竹〕,〔102 旋转类玩具烟花爆竹〕,〔103 旋转升空类玩具烟花爆竹〕,〔104 火箭类玩具烟花爆竹〕,〔105 吐珠类玩具烟花爆竹〕,〔106 线香类玩具烟花爆竹〕,〔107 摩擦炮类玩具烟花爆竹〕,〔108 造型玩具类玩具烟花爆竹〕,〔109 地面礼花类玩具烟花爆竹〕,〔110 烟雾类玩具烟花爆竹〕,〔111 礼花弹类玩具烟花爆竹〕,〔112 玩具烟花爆竹组合〕,〔113 爆竹〕,〔114 喷花类大型烟花〕,〔115 旋转类大型烟花〕,〔116 火箭类大型烟花〕,〔117 吐珠类大型烟花〕,〔118 地面礼花类大型烟花〕,〔119 礼花弹类大型烟花〕,〔120 大型烟花组合〕

协定税率(%)																		特惠税率(%)			Article Description
智利	新西兰	澳大利亚	瑞士	冰岛	秘鲁	哥斯达	东盟	亚太	新加坡	巴基斯坦	港/澳/台	韩国	格鲁吉亚	毛里求斯	柬埔寨	尼加拉瓜	日/韩/澳/新/东(RCEP)	亚太2国	老/柬/缅	LDC 98/97/95	
0	0	0	0	0	0	0	0			0	0/0/	0	0	0	0	0	0/0/0/0/0			0/0/0	-Other
																					Matches, other than pyrotechnic articles of heading 36.04:
0	0	0	0	0	0	0	0			0	0/0/	0	0	0	0	0	0/0/0/0/0			0/0/0	Matches, other than pyrotechnic articles of heading 36.04
																					Ferro-cerium and other pyrophoric alloys in all forms; articles of combustible materials as specified in Note 2 to this Chapter:
0	0	0	0	0	0	0	0			2.5	0/0/	0	0	0	0	0	7.3/7/0/0/0			0/0/0	-Liquid or liquefied-gas fuels in containers of a kind used for filling or refilling cigarette or similar lighters and of a capacity not exceeding 300cm^3
0	0	0	0	0	0	0	0			0	0/0/	0	0	0	0	0	6.5/0/0/0/0			0/0/0	----Cut to shape, for immediate use
0	0	0	0	0	0	0	0			0	0/0/	0	0	0	0	0	6.5/0/0/0/0			0/0/0	----Other
0	0	0	0	0	0	0	0			0	0/0/	0	0	0	0	0	6.5/0/0/0/0			0/0/0	---Other

第三十七章
照相及电影用品

注释：

一、本章不包括废碎料。

二、本章所称“摄影”，是指光或其他射线作用于感光面（包括热敏面）上直接或间接形成可见影像的过程。

商品编号	商品名称及备注[检验检疫编码及名称]	进口关税(%)		增值税率(%)	消费税	计量单位	监管条件	检验检疫类别	对美税率	出口税率(%)	出口退税率(%)
		最惠国	普通								
3701	**未曝光的摄影感光硬片及平面软片，用纸、纸板及纺织物以外任何材料制成；未曝光的一次成像感光平片，不论是否分装：**										
37011000	-X 光用										13
3701100000暂10	未曝光的 X 光感光硬片及平面软片〔999〕	20	40	13		千克/平方米			22.5%	0	
37012000	-一次成像平片										13
3701200000	未曝光的一次成像感光平片（平面，不论是否分装）〔999〕	5	40	13		千克			30%	0	
37013021	----激光照排片										13
3701302100	未曝光照相制版用激光照排片（任何一边>255 毫米）〔999〕	0	50	13		千克/平方米			2.5%	0	
37013022	----PS 版										13
3701302200	未曝光照相制版用 PS 版（任何一边>255 毫米）〔999〕	0	50	13		千克/平方米			27.5%	0	
37013024	----CTP 版										13
3701302400	未曝光照相制版用 CTP 版（任何一边>255 毫米）〔999〕	0	50	13		千克/平方米			27.5%	0	
37013025	----柔性印刷版										13
3701302500	柔性印刷版（厚度<3 毫米的）（任何一边>255 毫米）〔999〕	0	50	13		千克/平方米			7.5%	0	
37013029	----其他										13
3701302900	其他未曝光照相制版用感光硬软片（任何一边>255 毫米）〔999〕	0	50	13		千克/平方米			12.5%	0	
37013090	---其他										13
3701309000	未曝光其他用途的感光硬片及软片（平面软片，任何一边>255 毫米）〔999〕	0	70	13		千克/平方米			22.5%	0	
37019100	--彩色摄影用										13
3701910000	其他用未曝光彩色硬片及平面软片（边长≤255 毫米）〔999〕	20	70	13		千克			45%	0	
37019920	---照相制版用										13
3701992001	石英玻璃基质的未曝光感光硬片〔999〕	0	40	13		千克/平方米			27.5%	0	
3701992090	照相制版用其他未曝光软片及硬片（非彩色摄影用，边长≤255 毫米）〔999〕	0	40	13		千克/平方米			27.5%	0	
37019990	---其他										13
3701999000	其他用未曝光软片及硬片（非彩色摄影用，边长≤255 毫米）〔999〕	0	70	13		千克/平方米			7.5%	0	
3702	**成卷的未曝光摄影感光胶片，用纸、纸板及纺织物以外任何材料制成；未曝光的一次成像感光卷片：**										
37021000	-X 光用										13
3702100000	成卷的未曝光的 X 光感光胶片〔999〕	10	40	13		千克/平方米			35%	0	

Chapter 37
Photographic or cinematographic goods

Chapter Notes:

1. This Chapter does not cover waste or scrap.

2. In this Chapter the word "photographic" relates to the process by which visible images are formed, directly or indirectly, by the action of light or other forms of radiation on photosensitive, including thermosensitive, surfaces.

协定税率(%)																		特惠税率(%)			Article Description
智利	新西兰	澳大利亚	瑞士	冰岛	秘鲁	哥斯达	东盟	亚太	新加坡	巴基斯坦	港/澳/台	韩国	格鲁吉亚	毛里求斯	柬埔寨	尼加拉瓜	日/韩/澳/新/东 (RCEP)	亚太2国	老/柬/缅	LDC 98/97/95	
																					Photographic plates and film in the flat, sensitized, unexposed, of any material other than paper, paperboard or textiles; instant print film in the flat, sensitized, unexposed, whether or not in packs:
0	0	0	0	0	0	0	5	16			0/0/	16	0	0	0					0/0/0	-For X-ray
0	0	0	2	0	0	0	0			0	0/0/	0	0	0	0	0	3.6/3.5/3.5/3.5/3.5			0/0/0	-Instant print film
0	0	0	0	0	0	0	5				0/0/	0元/平方米	0	0	0	0	0/7/7/7/0			0/0/0	----Laser phototypesetting film
0	0	0	0	0	0	0	5	0			0/0/	0元/平方米	0	0	0	0	0/7/7/7/0			0/0/0	----Precoated sensitized plate
0	0	0	0	0	0	0	0			0	0/0/	0元/平方米	0	0	0	0	0/7/0/0/0			0/0/0	----CTP plate
0	0	0	0	0	0	0	0				0/0/	0元/平方米	0	0	0	0	0/7/0/0/0			0/0/0	----Flexographic printing plates
0	0	0	0	0	0	0	5				0/0/	0元/平方米	0	0	0	0	0/0/7/7/0			0/0/0	----Other
0	0	0	0	0	0	0	0	0	0		0/0/	6.6	0	0	0	0	0/14/14/14/0			0/0/0	---Other
0	0	0	0	0	0	0	0		0		0/0/		0	4.4	0	18.7	//5/5/5			0/0/0	--For colour photography (polychrome)
0	0	0	0	0	0	0	0			2.5	0/0/	0	0	0	0	0	7.3/7/0/0/0			0/0/0	---For preparing printing plates or cylinders
0	0	0	0	0	0	0	0		0		0/0/		0	0	0	8.5	18.2/17.5/0/0/0			0/0/0	---Other
																					Photographic film in rolls, sensitized, unexposed, of any material other than paper, paperboard or textiles; instant print film in rolls, sensitized, unexposed:
0	0	0	0	0	0	0	5	8			0/0/	3.3	0	4.3	0	9	8.6/8.5/8.5/9.3/8.5			0/0/0	-For X-ray

商品编号	商品名称及备注[检验检疫编码及名称]	进口关税(%)		增值税率(%)	消费税	计量单位	监管条件	检验检疫类别	对美税率	出口税率(%)	出口退税率(%)
		最惠国	普通								
37023110	---一次成像卷片										13
3702311000	未曝光无齿孔彩色窄一次成像感光卷片(窄胶卷指宽度≤105毫米,彩色摄影用)〔999〕	5	40	13		千克/平方米				0	
37023190	---其他										13
3702319000	其他未曝光无齿孔彩色窄胶卷(窄胶卷指宽度≤105毫米,彩色摄影用)〔999〕	见附表2	见附表2	13		千克/平方米			56元/平方米+5%	0	
37023210	---一次成像卷片										13
3702321000	照相制版涂卤化银液无齿孔窄一次成像感光卷片(成卷未曝光感光胶片,窄胶卷指宽度≤105毫米)〔999〕	5	40	13		千克/平方米				0	
37023220	---照相制版用										13
3702322000	照相制版涂卤化银液无齿孔窄胶卷(成卷未曝光感光胶片,窄胶卷指宽度≤105毫米)〔999〕	见附表2	见附表2	13		千克/平方米				0	
37023290	---其他										13
3702329000	其他涂卤化银乳液无齿孔窄胶卷(成卷未曝光感光胶片,窄胶卷指宽度≤105毫米)〔999〕	见附表2	见附表2	13		千克/平方米			21元/平方米+10%	0	
37023920	---照相制版用										13
3702392000	照相制版用其他无齿孔窄感光胶卷(成卷未曝光感光胶片,窄胶卷指宽度≤105毫米)〔999〕	见附表2	见附表2	13		千克/平方米			12元/平方米+7.5%	0	
37023990	---其他										13
3702399000	其他用无齿孔窄感光胶卷(成卷未曝光感光胶片,窄胶卷指宽度≤105毫米)〔999〕	见附表2	见附表2	13		千克/平方米			24元/平方米+10%	0	
37024100	--彩色摄影用,宽度超过610毫米,长度超过200米										13
3702410000	未曝光无齿孔宽长彩色胶卷(宽长胶卷指宽度>610毫米,长度>200米)〔999〕	见附表2	见附表2	13		千克/平方米				0	
37024221	----印刷电路板制造用光致抗蚀干膜										13
3702422100	印刷电路板制造用光致抗蚀干膜(指宽度>610毫米,长度>200米)〔999〕	见附表2	见附表2	13		千克/平方米			0.6元/平方米+25%	0	
37024229	----其他										13
3702422900[暂0]	照相制版其他未曝光无齿宽长胶卷(宽长指宽度>610毫米,长度>200米非彩色摄影用)〔999〕	见附表2	见附表2	13		千克/平方米			1元/平方米+25%	0	
37024292	----红色或红外激光胶片										13
3702429201[暂0]	未曝光红色或红外激光胶片(宽长胶卷指宽度>800毫米,长度>1000米)〔999〕	见附表2	见附表2	13		千克/平方米			0.5元/平方米+27.5%	0	
3702429290	其他未曝光红色或红外激光胶片(610毫米<宽度≤800毫米,200米<长度≤1000米)〔999〕	见附表2	见附表2	13		千克/平方米			0.5元/平方米+27.5%	0	
37024299	----其他										13

协定税率(%)																		特惠税率(%)			
智利	新西兰	澳大利亚	瑞士	冰岛	秘鲁	哥斯达	东盟	亚太	新加坡	巴基斯坦	港/澳/台	韩国	格鲁吉亚	毛里求斯	柬埔寨	尼加拉瓜	日/韩/澳/新/东(RCEP)	亚太2国	老/柬/缅	LDC 98/97/95	Article Description
0	0	0	0	0	0	0	0			0	0/0/	0	0	2.1	0	0	0/0/0/0/0			0/0/0	---Instant print film
0	0	0		0	0	0	0		0		0/0/		0	17.1	0		//5/5/5			0/0/0	---Other
0	0	0	0	0	0	0	0			0	0/0/	0	0	2.1	0	0	0/0/0/0/0			0/0/0	---Instant print film
0	0	0	0	0	0	0	0			0	0/0/	0元/平方米	0	4.3	0	9	7.3/7/0/0/0			0/0/0	---For preparing printing plates or cylinders
0	0	0	0	0	0	0	0		0		0/0/	10.5元/平方米	0	9.4	0		/18.7/18.7/18.7/18.7			0/0/0	---Other
0	0	0	0	0	0	0	0			0	0/0/	0元/平方米	0	4.3	0	9	8.1/7/7/7/7			0/0/0	---For preparing printing plates or cylinders
0	0	0	0	0	0	0	0		0		0/0/	12元/平方米	0	9.4	0		/18.7/18.7/18.7/18.7			0/0/0	---Other
0	0	0	0	0	0	0					0/0/		0	6.9	0					0/0/0	--Of a width exceeding 610mm and of a length exceeding 200m, for colour photography (polychrome)
0	0	0	0	0	0	0	0		0	0	0/0/		0	4.3	0	9	//5/5/5			0/0/0	----Wide anticorrosive photographic plate for printed circuit processing
0	0	0	0	0	0	0	0	8		0	0/0/	0元/平方米	0	4.3	0	9	7.3/7/7/7/7			0/0/0	----Other
0	0	0	0	0	0	0	0	12.8	0		0/0/	0元/平方米	0	6.9	0	14.9	11.6/11.2/11.2/11.2/11.2			0/0/0	----Red or infrared laser film
0	0	0	0	0	0	0	0	12.8	0		0/0/	0元/平方米	0	6.9	0	14.9	11.6/11.2/0/0/0			0/0/0	----Other

商品编号	商品名称及备注[检验检疫编码及名称]	进口关税(%)		增值税率(%)	消费税	计量单位	监管条件	检验检疫类别	对美税率	出口税率(%)	出口退税率(%)
		最惠国	普通								
3702429900	其他未曝光无齿孔宽长胶卷(宽长胶卷指宽度>610 毫米,长度>200 米,非彩色摄影用)〔999〕	见附表 2	见附表 2	13		千克/平方米			7 元/平方米+30%	0	
37024321	----激光照排片										13
3702432100	照相制版用激光照排片(宽度>610 毫米,长度≤200 米)〔999〕	10	104 元/每方米	13		千克/平方米					
37024329	----其他										13
3702432900	其他照相制版用未曝光无齿孔胶卷(指宽度>610 毫米,长度≤200 米)〔999〕	见附表 2	见附表 2	13		千克/平方米			3.7 元/平方米+12.5%	0	
37024390	---其他										13
3702439000	其他用未曝光无齿孔中长胶卷(中长胶卷指宽度>610 毫米,长度≤200 米)〔999〕	见附表 2	见附表 2	13		千克/平方米			17 元/平方米+10%	0	
37024421	----激光照排片										13
3702442100	照相制版用未曝光激光照排片(105 毫米<宽度≤610 毫米)〔999〕	见附表 2	见附表 2	13		千克/平方米				0	
37024422	----印刷电路板制造用光致抗蚀干膜										13
3702442200	印刷电路板制造用光致抗蚀干膜(105 毫米<宽度≤610 毫米)〔999〕	见附表 2	见附表 2	13		千克/平方米			5 元/平方米+27.5%	0	
37024429	----其他										13
3702442900	其他照相制版用无齿孔未曝光胶卷(105 毫米<宽度≤610 毫米)〔999〕	见附表 2	见附表 2	13		千克/平方米			2.9 元/平方米+27.5%	0	
37024490	---其他										13
3702449000	其他用无齿孔未曝光中宽胶卷(中宽胶卷指 105 毫米<宽度≤610 毫米)〔999〕	见附表 2	见附表 2	13		千克/平方米			27 元/平方米+27.5%	0	
37025200	--宽度不超过 16 毫米										13
3702520000	未曝光中窄彩色胶卷(中窄胶卷指宽度≤16 毫米)〔999〕	见附表 2	见附表 2	13		千克/平方米			91 元/平方米+5%	0	
37025300	--幻灯片用,宽度超过 16 毫米,但不超过 35 毫米,长度不超过 30 米										13
3702530000	幻灯片用未曝光彩色摄影胶卷(16 毫米<宽度≤35 毫米,长度≤30 米)〔999〕	见附表 2	见附表 2	13		千克/平方米			122.6 元/平方米+5%	0	
37025410	---宽度为 35 毫米,长度不超过 2 米										13
3702541000	非幻灯片用彩色摄影胶卷(宽度=35 毫米,长度≤2 米)〔999〕	见附表 2	见附表 2	13		千克/平方米			10 元/平方米+7.5%	0	
37025490	---其他										13

智利	新西兰	澳大利亚	瑞士	冰岛	秘鲁	哥斯达	东盟	亚太	新加坡	巴基斯坦	港/澳/台	韩国	格鲁吉亚	毛里求斯	柬埔寨	尼加拉瓜	日/韩/澳/新/东(RCEP)	亚太2国	老/柬/缅	LDC 98/97/95	Article Description
协定税率(%)																		特惠税率(%)			
0	0	0	0	0	0	0	0	8		0	0/0/	0元/平方米	0	4.3	0	9	/8.5/8.5/8.5/8.5			0/0/0	----Laser phototypesetting film
0	0	0	0	0	0	0	0	9		0	0/0/	0元/平方米	0	4.3	0	9	7.3/7/0/0/0			0/0/0	----Other
0	0	0	0	0	0	0	0	16	0		0/0/	5.6元/平方米	0	8.6	0	18.7	16.3/14/14/14/14			0/0/0	---Other
0	0	0	0	0	0	0	0	9		0	0/0/	0元/平方米	0	4.3	0	9	7.3/7/0/0/0			0/0/0	----Laser phototypesetting film
0	0	0	0	0	0	0	0			0	0/0/		0	4.3	0	9	//5/5/5			0/0/0	----Narrow anticorrosive photographic plate for printed circuit processing
0	0	0	0	0	0	0	0			0	0/0/	0元/平方米	0	4.3	0	9	7.3/7/0/0/0			0/0/0	----Other
0	0	0	0	0	0	0	0	16	0		0/0/	9元/平方米	0	8.6	0	18.7	16.3/14/14/14/14			0/0/0	---Other
0	0	0		0	0	0	0		0		0/0/		0	20.1	0		//5/5/5			0/0/0	--Of a width not exceeding 16mm
0	0	0		0	0	0	0		0		0/0/		0	20.1	0		//5/5/5			0/0/0	--Of a width exceeding 16mm but not exceeding 35mm and of a length not exceeding 30m, for slides
0	0	0	0	0	0	0	5	8			0/0/	7.3元/平方米	0	7.7	0	9	//16.7/16.7/16.7			0/0/0	---Of a width 35mm and of a length not exceeding 2m
0	0	0	0	0	0	0	5	14.4			0/0/	8元/平方米	0	7.7	0					0/0/0	---Other

商品编号	商品名称及备注[检验检疫编码及名称]	进口关税(%)		增值税率(%)	消费税	计量单位	监管条件	检验检疫类别	对美税率	出口税率(%)	出口退税率(%)
		最惠国	普通								
3702549000	其他非幻灯片用彩色摄影胶卷(16毫米<宽度≤35毫米,长度≤30米)〔999〕	见附表2	见附表2	13		千克/平方米				0	
37025520	---电影胶片										13
3702552000	未曝光的彩色电影胶卷(16毫米<宽度≤35毫米,长度>30米)〔999〕	见附表2	见附表2	13		千克/平方米			8.7元/平方米+10%	0	
37025590	---其他										13
3702559000	其他未曝光窄长彩色胶卷(窄长胶卷指16毫米<宽度≤35毫米,长度>30米)〔999〕	见附表2	见附表2	13		千克/平方米				0	
37025620	---电影胶片										13
3702562000	未曝光的中宽彩色电影胶卷(中宽胶卷指宽度>35毫米)〔999〕	见附表2	见附表2	13		千克/平方米			13元/平方米+10%	0	
37025690	---其他										13
3702569000	其他未曝光的中宽彩色胶卷(中宽胶卷指宽度>35毫米)〔999〕	见附表2	见附表2	13		千克/平方米			74元/平方米+5%	0	
37029600	--宽度不超过35毫米,长度不超过30米										13
3702960000	宽度≤35毫米,长度≤30米有齿孔未曝光非彩色胶卷(用纸、纸板及纺织物以外任何材料制成)〔999〕	见附表2	见附表2	13		千克/平方米			21元/平方米+10%	0	
37029700	--宽度不超过35毫米,长度超过30米										13
3702970000	宽度≤35毫米,长度>30米有齿孔未曝光非彩色胶卷(用纸、纸板及纺织物以外任何材料制成)〔999〕	见附表2	见附表2	13		千克/平方米			9元/平方米+10%	0	
37029800	--宽度超过35毫米										13
3702980000	宽度>35毫米有齿孔未曝光非彩色胶卷(用纸、纸板及纺织物以外任何材料制成)〔999〕	见附表2	见附表2	13		千克/平方米				0	
3703	**未曝光的摄影感光纸、纸板及纺织物:**										
37031010	---感光纸及纸板										13
3703101000	成卷未曝光的宽幅感光纸及纸板(宽幅指成卷宽度>610毫米)〔999〕	18	100	13		千克			23%	0	
37031090	---其他										13
3703109000	成卷未曝光的宽幅感光布(宽幅指成卷宽度>610毫米)〔999〕	18	70	13		千克			23%	0	
37032010	---感光纸及纸板										13
3703201000	未曝光的彩色感光纸及纸板(成卷的宽幅感光纸及纸板除外)〔999〕	35	100	13		千克			45%	0	
37032090	---其他										13
3703209000	未曝光的彩色感光布(成卷的宽幅感光布除外)〔999〕	18	70	13		千克			23%	0	
37039010	---感光纸及纸板										13
3703901000	其他未曝光的非彩色感光纸及纸板(成卷的宽幅感光纸及纸板除外)〔999〕	35	100	13		千克			45%	0	
37039090	---其他										13
3703909000	其他未曝光的非彩色感光布(成卷的宽幅感光布除外)〔999〕	18	70	13		千克			23%	0	
3704	**已曝光未冲洗的摄影硬片、软片、纸、纸板及纺织物:**										
37040010	---电影胶片										13
3704001010	含有人类遗传资源信息资料的电影胶片(已曝光但未冲洗)〔999〕	6.5	30	13		千克	V		9%	0	
3704001020	录有广播电影电视节目的电影胶片(已曝光但未冲洗)〔999〕	6.5	30	13		千克	b		9%	0	
3704001090	其他电影胶片(已曝光但未冲洗)〔999〕	6.5	30	13		千克			9%	0	
37040090	---其他										13
3704009010	含有人类遗传资源信息资料的其他已曝光未冲洗的摄影硬、软片(包括已曝光未冲洗的感光纸、纸板及纺织物)〔999〕	18	70	13		千克	V		28%	0	
3704009090	其他已曝光未冲洗的摄影硬、软片(包括已曝光未冲洗的感光纸、纸板及纺织物)〔999〕	18	70	13		千克			28%	0	

协定税率(%)																		特惠税率(%)			Article Description
智利	新西兰	澳大利亚	瑞士	冰岛	秘鲁	哥斯达	东盟	亚太	新加坡	巴基斯坦	港/澳/台	韩国	格鲁吉亚	毛里求斯	柬埔寨	尼加拉瓜	日/韩/澳/新/东 (RCEP)	亚太2国	老/柬/缅	LDC 98/97/95	
0	0	0		0	0	0	5	20			0/0/		0	11.1	0					0/0/0	---Cinematographic film
0	0	0		0		0	5	32			0/0/		0	17.1	0	37.3				0/0/	---Other
0	0	0	0	0	0	0	0		0		0/0/	6.5元/平方米	0	10.3	0		/20.4/20.4/20.4/20.4			0/0/0	---Cinematographic film
0	0	0		0	0	0	0		0		0/0/		0	17.1	0		//5/5/5			0/0/0	---Other
0	0	0	0	0	0	0	5				0/0/	7元/平方米	0	8.6	0					0/0/0	--Of a width not exceeding 35mm and of a length not exceeding 30m
0	0	0	0	0	0	0	5				0/0/	3元/平方米	0	7.7	0					0/0/0	--Of a width not exceeding 35mm and of a length exceeding 30m
0	0	0	0	0	0	0	0		0	8元/平方米	0/0/	0元/平方米	0	7.7	0	16.8	13.1/12.6/0/0/0			0/0/0	--Of a width exceeding 35mm
																					Photographic paper, paperboard and textiles, sensitized, unexposed:
0	0	0	0	0	0	0	5	14.4			0/0/	6	0	7.7	0	16.8	//16.7/16.7/16.7			0/0/0	---Photographic paper and paperboard
0	0	0	0	0	0	0	5	14.4			0/0/	6	0	7.7	0					0/0/0	---Other
0	0	0		0		0	5				0/0/		0	15	0	32.7				0/0/	---Photographic paper and paperboard
0	0	0	0	0	0	0	5				0/0/	6	0	7.7	0	16.8	//16.7/16.7/16.7			0/0/0	---Other
0	0	0		0		0	5				0/0/		0	15	0	32.7				0/0/	---Photographic paper and paperboard
0	0	0	0	0	0	0	5				0/0/	6	0	7.7	0	16.8	//16.7/16.7/16.7			0/0/0	---Other
																					Photographic plates, film, paper, paperboard and textiles, exposed but not developed:
0	0	0	0	0	0	0	0			0	0/0/	0	0	0	0	0	4.7/0/0/0/0			0/0/0	---Cinematographic film
0	0	0	0	0	0	0	0		0	14.4	0/0/	0	0	0	0	16.8	13.1/12.6/0/0/0			0/0/0	---Other

商品编号	商品名称及备注[检验检疫编码及名称]	进口关税(%)		增值税率(%)	消费税	计量单位	监管条件	检验检疫类别	对美税率	出口税率(%)	出口退税率(%)
		最惠国	普通								
3705	**已曝光已冲洗的摄影硬片及软片，但电影胶片除外：**										
37050010	---教学专用幻灯片										13
3705001010	含有人类遗传资源信息资料的教学专用幻灯片(已曝光已冲洗)〔999〕	0	0	13		千克	V		5%	0	
3705001020	录有广播电影电视节目的教学专用幻灯片(已曝光已冲洗)〔999〕	0	0	13		千克	b		5%	0	
3705001090	其他教学专用幻灯片(已曝光已冲洗)〔999〕	0	0	13		千克			5%	0	
37050021	----书籍、报刊的										13
3705002110	含有人类遗传资源信息资料的书籍、报刊用缩微胶片(已曝光已冲洗)〔999〕	0	0	13		千克	V		5%	0	
3705002190	其他书籍、报刊用缩微胶片(已曝光已冲洗)〔999〕	0	0	13		千克			5%	0	
37050029	----其他										13
3705002910	含有人类遗传资源信息资料的其他缩微胶片(已曝光已冲洗)〔999〕	0	14	13		千克	V		2.5%	0	
3705002990	其他缩微胶片(已曝光已冲洗)〔999〕	0	14	13		千克			2.5%	0	
37050090	---其他										13
3705009010	含有人类遗传资源信息资料的其他摄影硬、软片(已曝光已冲洗)(电影胶片除外)〔999〕	0	70	13		千克	V		7.5%	0	
3705009090	其他摄影硬、软片(已曝光已冲洗)(电影胶片除外)〔999〕	0	70	13		千克			7.5%	0	
3706	**已曝光已冲洗的电影胶片，不论是否配有声道或仅有声道：**										
37061010	---教学专用										13
3706101010	录有广播电影电视节目的已冲洗的教学专用中宽电影胶片〔999〕	0	0	13		千克/米	b		5%	0	
3706101090	其他已冲洗的教学专用中宽电影胶片(中宽胶片指宽度≥35毫米，不论是否配有声道或仅有声道)〔999〕	0	0	13		千克/米			5%	0	
37061090	---其他										13
3706109010	录有广播电影电视节目的已冲洗的其他中宽电影胶片〔999〕	5	14	13		千克/米	b		10%	0	
3706109090	其他已冲洗的其他中宽电影胶片(中宽胶片指宽度≥35毫米，不论是否配有声道或仅有声道)〔999〕	5	14	13		千克/米			10%	0	
37069010	---教学专用										13
3706901010	录有广播电影电视节目的教学专用其他已冲洗的电影胶片〔999〕	0	0	13		千克/米	b			0	
3706901090	其他教学专用其他已冲洗的电影胶片(宽度<35毫米)〔999〕	0	0	13		千克/米				0	
37069090	---其他										13
3706909010	录有广播电影电视节目的其他已冲洗的电影胶片〔999〕	4	14	13		千克/米	b			0	
3706909090	其他已冲洗的电影胶片(宽度<35毫米)〔999〕	4	14	13		千克/米				0	
3707	**摄影用化学制剂(不包括上光漆、胶水、黏合剂及类似制剂)；摄影用未混合产品，定量包装或零售包装可立即使用的：**										
37071000	-感光乳液										13
3707100001[暂4]	不含银的感光乳液剂〔301 危险化学品，易燃液体〕,〔302 其他化工品〕	8	35	13		千克				0	
3707100090	其他感光乳液〔301 危险化学品，易燃液体〕,〔302 其他化工品〕	8	35	13		千克				0	
37079010	---冲洗照相胶卷及相片用										13
3707901000	冲洗胶卷及相片用化学制剂(包括摄影用未混合产品，定量或零售包装即可使用的)〔301 危险化学品，易燃液体〕,〔302 其他化工品〕	0	100	13		千克			27.5%	0	
37079020	---复印机用										13
3707902000	复印机用化学制剂(不包括上光漆、胶水、黏合剂及类似制剂)〔999〕	0	45	13		千克			22.5%	0	
37079090	---其他										13
3707909010	光刻胶(符合《税则》第三十七章章注二)〔301 危险化学品，易燃液体〕,〔302 其他化工品〕	0	35	13		千克			22.5%	0	
3707909090	其他摄影用化学制剂(包括摄影用未混合产品)〔301 危险化学品，易燃液体〕,〔302 其他化工品〕	0	35	13		千克			22.5%	0	

协定税率(%)																		特惠税率(%)			Article Description
智利	新西兰	澳大利亚	瑞士	冰岛	秘鲁	哥斯达	东盟	亚太	新加坡	巴基斯坦	港/澳/台	韩国	格鲁吉亚	毛里求斯	柬埔寨	尼加拉瓜	日/韩/澳/新/东(RCEP)	亚太2国	老/柬/缅	LDC 98/97/95	
																					Photographic plates and film, exposed and developed, other than cinematographic film:
0	0	0	0	0	0	0	0			0	0/0/	0	0	0	0	0	0/0/0/0/0			0/0/0	---Lantern slides, for educational use only
0	0	0	0	0	0	0	0			0	0/0/	0	0	0	0	0	0/0/0/0/0			0/0/0	----For printed books and newspapers
0	0	0	0	0	0	0	0			0	0/0/	0	0	0	0	0	0/0/0/0/0			0/0/0	----Other
0	0	0	0	0	0	0	0		0	14.4	0/0/	0	0	0	0	0	0/12.6/0/0/0			0/0/0	---Other
																					Cinematographic film, exposed and developed, whether or not incorporating sound track or consisting only of sound track:
0	0	0	0	0	0	0	0			0	0/0/	0	0	0	0	0	0/0/0/0/0			0/0/0	---For educational use only
0	0	0	0	0	0	0	0			0	0/0/	1.6	0	0	0	0	4.1/3.5/3.5/3.5/3.5			0/0/0	---Other
0	0	0	0	0	0	0	0			0	0/0/	0	0	0	0	0	0/0/0/0/0			0/0/0	---For educational use only
0	0	0	0	0	0	0	0			0	0/0/	0	0	0	0	0	0/0/0/0/0			0/0/0	---Other
																					Chemical preparations for photographic uses (other than varnishes, glues, adhesives and similar preparations); unmixed products for photographic uses, put up in measured portions or put up for retail sale in a form ready for use:
0	0	0	0	0	0	0	0			0	0/0/	2.6	0	0	0	0	6.5/5.6/5.6/5.6/5.6			0/0/0	-Sensitizing emulsions
0	0	0	0	0	0	0	0		0	12.8	0/0/	5.3	0	0	0	0	11.6/11.2/0/0/0			0/0/0	---For use in developing photographic film and photographs
0	0	0	0	0	0	0	0		0	2.5	0/0/	0	0	0	0	0	7.3/7/0/0/0			0/0/0	---For use in photo-copying apparatus
0	0	0	0	0	0	0	0			0	0/0/	0	0	0	0	0	5.8/5.6/0/0/0			0/0/0	---Other

第三十八章
杂项化学产品

注释：

一、本章不包括：

（一）单独的已有化学定义的元素及化合物，但下列各项除外：

1. 人造石墨（品目 38.01）；
2. 制成品目 38.08 所述的形状或包装的杀虫剂、杀鼠剂、杀菌剂、除草剂、抗萌剂、植物生长调节剂、消毒剂及类似产品；
3. 灭火器的装配药及已装药的灭火弹（品目 38.13）；
4. 下列注释二所规定的有证标准样品；
5. 下列注释三（一）及三（三）所规定的产品。

（二）化学品与食品或其他营养物质的混合物，配制食品用的（一般归入品目 21.06）。

（三）品目 24.04 的产品。

（四）含有金属、砷及其混合物，并符合第二十六章注释三（一）或三（二）的规定的矿渣、矿灰和残渣（包括淤渣，但下水道淤泥除外）（品目 26.20）。

（五）药品（品目 30.03 及 30.04）。

（六）用于提取贱金属或生产贱金属化合物的废催化剂（品目 26.20），主要用于回收贵金属的废催化剂（品目 71.12），或某种形状（例如，精细粉末或纱网状）的金属或金属合金催化剂（第十四类或第十五类）。

二、（一）品目 38.22 所称的"有证标准样品"，是指附有证书的参照物，该证书标明了参照物属性的指标、确定这些指标的方法以及与每一指标相关的确定度，这些参照物适用于分析、校准和比较。

（二）除第二十八章和二十九章的产品外，有证标准样品在本目录中应优先归入品目 38.22。

三、品目 38.24 包括不归入本协调制度其他税目的下列货品：

（一）每颗重量不小于 2.5 克的氧化镁、碱金属或碱土金属卤化物制成的培养晶体（光学元件除外）；

（二）杂醇油；骨焦油；

（三）零售包装的除墨剂；

（四）零售包装的蜡纸改正液、其他改正液及改正带（品目 96.12 的产品除外）；以及

（五）可熔性陶瓷测温器（例如，塞格测温锥）。

四、本目录所称"城市垃圾"，是指从家庭、宾馆、餐厅、医院、商店、办公室等收集来的废物，马路和人行道的垃圾，以及建筑垃圾或拆建垃圾。城市垃圾通常含有大量各种各样的材料，例如，塑料、橡胶、木材、纸张、纺织品、玻璃、金属、食物、破烂家具和其他已损坏或被丢弃的物品。但"城市垃圾"不包括：

（一）已从垃圾中分拣出来的单独的材料或物品，例如，废的塑料、橡胶、木材、纸张、纺织品、玻璃、金属和电子电气废弃物及碎料（包括废电池），这些材料或物品应归入本目录中适当税目；

（二）工业废物；

（三）第三十章注释四（十）所规定的废药物；或

（四）本章注释六（一）所规定的医疗废物。

五、品目 38.25 所称"下水道淤泥"，是指经城市污水处理厂处理的淤泥，包括预处理的废料、刷洗污垢和性质不稳定的淤泥。但适合作为肥料用的性质稳定的淤泥除外（第三十一章）。

六、品目 38.25 所称的"其他废物"适用于：

（一）医疗废物，即医学研究、诊断、治疗，以及其他内科、外科、牙科或兽医治疗所产生的被污染的废物，通常含有病菌和药物，需作专门处理（例如，脏的敷料、用过的手套及注射器）；

（二）废有机溶剂；

（三）废的金属酸洗液、液压油、制动油及防冻液；以及

（四）化学工业及相关工业的其他废物。

但不包括主要含有石油及从沥青矿物提取的油类的废油（品目 27.10）。

七、品目 38.26 所称的"生物柴油"，是指从动植物或微生物油脂（不论是否使用过）得到的用作燃料的脂肪酸单烷基酯。

子目注释：

一、子目 3808.52 及 3808.59 仅包括品目 38.08 的货品，含有一种或多种下列物质：甲草胺（ISO）、涕灭威（ISO）、艾氏剂（ISO）、谷硫磷（ISO）、乐杀螨（ISO）、毒杀芬（ISO）、敌菌丹（ISO）、克百威（ISO）、氯丹（ISO）、杀虫脒（ISO）、乙酯杀螨醇（ISO）、滴滴涕（ISO，INN）[1，1，1-三氯-2，2-双（4-氯苯基）乙烷]、狄氏剂（ISO，INN）、4，6-二硝基邻甲酚[二硝酚（ISO）]及其盐、地乐酚（ISO）及其盐或酯、硫丹（ISO）、1，2-二溴乙烷（ISO）、1，2-二氯乙烷（ISO）、氟乙酰胺（ISO）、七氯（ISO）、六氯苯（ISO）、1，2，3，4，5，6-六氯环己烷[六六六（ISO）]，包括林丹（ISO，INN）、汞化合物、甲胺磷（ISO）、久效磷（ISO）、环氧乙烷（氧化乙烯）、对硫磷（ISO）、甲基对硫磷（ISO）、五氯苯酚（ISO）及其盐或酯、全氟辛基磺酸及其盐、全氟辛基磺胺、全氟辛基磺酰氟、磷胺（ISO）、2，4，5-涕（ISO）（2，4，5-三氯苯氧基乙酸）及其盐或酯、三丁基锡化合物、敌百虫（ISO）。

二、子目 3808.61 至 3808.69 仅包括品目 38.08 项下含有下列物质的货品：α-氯氰菊酯（ISO）、恶虫威（ISO）、联苯菊酯（ISO）、虫螨腈（ISO）、氟氯氰菊酯（ISO）、溴氰菊酯（INN，ISO）、醚菊酯（INN）、杀螟硫磷（ISO）、高效氯氟氰菊酯（ISO）、马拉硫磷（ISO）、甲基嘧啶磷（ISO）、或残杀威（ISO）。

三、子目 3824.81 至 3824.89 仅包括含有下列一种或多种物质的混合物及制品：环氧乙烷（氧化乙烯）、多溴联苯（PBBs）、多氯联苯（PCBs）、多氯三联苯（PCTs）、三（2，3-二溴丙基）磷酸酯、艾氏剂（ISO）、毒杀芬（ISO）、氯丹（ISO）、十氯酮（ISO）、滴滴涕（ISO，INN）[1，1，1-三氯-2，2-双（4-氯苯基）乙烷]、狄氏剂（ISO，INN）、硫丹（ISO）、异狄氏剂（ISO）、七氯（ISO）、灭蚁灵（ISO）、1，2，3，4，5，6-六氯环己烷[六六六（ISO）]，包括林丹（ISO，INN）、五氯苯（ISO）、六氯苯（ISO）、全氟辛基磺酸及其盐、全氟辛基磺胺、全氟辛基磺酰氟，四、五、六、七或八溴联苯醚、短链氯化石蜡。短链氯化石蜡是指分子式为 $C_xH_{(2x-y+2)}Cl_y$（其中 $x=10\text{-}13$，$y=1\text{-}13$），按重量计氯含量大于 48%的化合物的混合物。

四、子目 3825.41 和 3825.49 所称"废有机溶剂"，是指主要含有有机溶剂的废物，不适合再作原产品使用，不论其是否用于回收溶剂。

Chapter 38
Miscellaneous chemical products

Chapter Notes:

1. This Chapter does not cover:
   (a) Separate chemically defined elements or compounds with the exception of the following:
      (i) Artificial graphite (heading 38.01);
      (ii) Insecticides, rodenticides, fungicides, herbicides, anti-sprouting products and plant-growth regulators, disinfectants and similar products, put up as described in heading 38.08;
      (iii) Products put up as charges for fire-extinguishers or put up in fire-extinguishing grenades (heading 38.13);
      (iv) Certified reference materials specified in Note 2 below;
      (v) Products specified in Note 3 (a) or 3 (c) below.
   (b) Mixtures of chemicals with foodstuffs or other substances with nutritive value, of a kind used in the preparation of human foodstuffs (generally heading 21.06) .
   (c) Products of heading 24.04.
   (d) Slag, ash and residues (including sludges, other than sewage sludge), containing metals, arsenic or their mixtures and meeting the requirements of Note 3 (a) or 3 (b) to Chapter 26 (heading 26.20) .
   (e) Medicaments (heading 30.03 or 30.04); or
   (f) Spent catalysts of a kind used for the extraction of base metals or for the manufacture of chemical compounds of base metals (heading 26.20), spent catalysts of a kind used principally for the recovery of precious metal (heading 71.12) or catalysts consisting of metals or metal alloys in the form of, for example, finely divided powder or woven gauze (Section XIV or XV).

2. (a) For the purpose of heading 38.22, the expression "certified reference materials" means reference materials which are accompanied by a certificate which indicates the values of the certified properties, the methods used to determine these values and the degree of certainty associated with each value and which are suitable for analytical, calibrating or referencing purposes.
   (b) With the exception of the products of Chapter 28 or 29, for the classification of certified reference materials, heading 38.22 shall take precedence over any other heading in the Nomenclature.

3. Heading 38.24 includes the following goods which are not to be classified in any other heading of the Nomenclature:
   (a) Cultured crystals (other than optical elements) weighing not less than 2.5g each, of magnesium oxide or of the halides of the alkali or alkaline-earth metals;
   (b) Fusel oil; Dippel's oil;
   (c) Ink removers put up in packings for retail sale;
   (d) Stencil correctors, other correcting fluids and correction tapes (other than those of heading 96.12), put up in packings for retail sale; and
   (e) Ceramic firing testers, fusible (for example, Seger cones).

4. Throughout the Nomenclature, "municipal waste" means waste of a kind collected from households, hotels, restaurants, hospitals, shops, offices, etc., road and pavement sweepings, as well as construction and demolition waste. Municipal waste generally contains a large variety of materials such as plastics, rubber, wood, paper, textiles, glass, metals, food materials, broken furniture and other damaged or discarded articles. The term "municipal waste", however, does not cover:
   (a) Individual materials or articles segregated from the waste, for example wastes of plastics, rubber, wood, paper, textiles, glass or metals, electrical and electronic waste and scrap (including spent batteries) which fall in their appropriate headings of the Nomenclature;
   (b) Industrial waste;
   (c) Waste pharmaceuticals, as defined in Note 4 (k) to Chapter 30; or
   (d) Clinical waste, as defined in Note 6 (a) below.

5. For the purposes of heading 38.25, "sewage sludge" means sludge arising from urban effluent treatment plant and includes pre-treatment waste, scourings and unstabilised sludge. Stabilised sludge when suitable for use as fertiliser is excluded (Chapter 31).

6. For the purposes of heading 38.25, the expression "other wastes" applies to:
   (a) Clinical waste, that is, contaminated waste arising from medical research, diagnosis, treatment or other medical, surgical, dental or veterinary procedures, which often contain pathogens and pharmaceutical substances and require special disposal procedures (for example, soiled dressings, used gloves and used syringes);
   (b) Waste organic solvents;
   (c) Wastes of metal pickling liquors, hydraulic fluids, brake fluids and anti-freezing fluids; and
   (d) Other wastes from chemical or allied industries.
   The expression "other wastes" does not, however, cover wastes which contain mainly petroleum oils or oils obtained from bituminous minerals (heading 27.10).

7. For the purposes of heading 38.26, the term "biodiesel" means mono-alkyl esters of fatty acids of a kind used as a fuel, derived from animal, vegetable or microbial fats and oils whether or not used.

Subheading Notes:

1. Subheadings 3808.52 and 3808.59 cover only goods of heading 38.08, containing one or more of the following substances: alachlor (ISO); aldicarb (ISO); aldrin (ISO); azinphos-methyl (ISO); binapacryl (ISO); camphechlor (ISO) (toxaphene); captafol (ISO); carbofuran (ISO); chlordane (ISO); chlordimeform (ISO); chlorobenzilate (ISO); DDT (ISO) (clofenotane (INN), 1,1,1-trichloro-2,2-bis(p-chlorophenyl)ethane); dieldrin (ISO, INN); 4,6-dinitro-o-cresol (DNOC (ISO)) or its salts; dinoseb (ISO), its salts or its esters; endosulfan (ISO); ethylene dibromide (ISO) (1,2-dibromoethane); ethylene dichloride (ISO) (1,2-dichloroethane); fluoroacetamide (ISO); heptachlor (ISO); hexachlorobenzene (ISO); 1,2,3,4,5,6-hexachlorocyclohexane (HCH (ISO)), including lindane (ISO, INN); mercury compounds; methamidophos (ISO); monocrotophos (ISO); oxirane (ethylene oxide); parathion (ISO); parathion-methyl (ISO) (methyl-parathion); pentachlorophenol (ISO), its salts or its esters; perfluorooctane sulphonic acid and its salts; perfluorooctane sulphonamides; perfluorooctane sulphonyl fluoride; phosphamidon (ISO); 2,4,5-T (ISO) (2,4,5-trichlorophenoxyacetic acid), its salts or its esters; tributyltin compounds; trichlorfon (ISO).

2. Subheadings 3808.61 to 3808.69 cover only goods of heading 38.08, containing alpha-cypermethrin (ISO), bendiocarb (ISO), bifenthrin (ISO), chlorfenapyr (ISO), cyfluthrin (ISO), deltamethrin (INN, ISO), etofenprox (INN), fenitrothion (ISO), lambda-cyhalothrin (ISO), malathion (ISO), pirimiphos-methyl (ISO) or propoxur (ISO).

3. Subheadings 3824.81 to 3824.89 cover only mixtures and preparations containing one or more of the following substances: oxirane (ethylene oxide); polybrominated biphenyls (PBBs); polychlorinated biphenyls (PCBs); polychlorinated terphenyls (PCTs); tris(2,3-dibromopropyl) phosphate; aldrin (ISO); camphechlor (ISO) (toxaphene); chlordane (ISO); chlordecone (ISO); DDT (ISO) (clofenotane (INN); 1,1,1-trichloro-2,2-bis(p-chlorophenyl)ethane); dieldrin (ISO, INN); endosulfan (ISO); endrin (ISO); heptachlor (ISO); mirex (ISO); 1,2,3,4,5,6-hexachlorocyclohexane (HCH (ISO)), including lindane (ISO, INN); pentachlorobenzene (ISO); hexachlorobenzene (ISO); perfluorooctane sulphonic acid, its salts; perfluorooctane sulphonamides; perfluorooctane sulphonyl fluoride; tetra-, penta-, hexa-, hepta-or octabromodiphenyl ethers; short-chain chlorinated paraffins. Short-chain chlorinated paraffins are mixtures of compounds, with a chlorination degree of more than 48 % by weight, with the following molecular formula: $C_xH_{(2x-y+2)}Cl_y$, where x = 10-13 and y = 1-13.

4. For the purposes of subheadings 3825.41 and 3825.49, "waste organic solvents" are wastes containing mainly organic solvents, not fit for further use as presented as primary products, whether or not intended for recovery of the solvents.

商品编号	商品名称及备注［检验检疫编码及名称］	进口关税(%)		增值税率(%)	消费税	计量单位	监管条件	检验检疫类别	对美税率	出口税率(%)	出口退税率(%)
		最惠国	普通								
3801	**人造石墨；胶态或半胶态石墨；以石墨或其他碳为基本成分的糊状、块状、板状制品或其他半制品：**										
38011000	-人造石墨										0
3801100010[暂3]	核级石墨(纯度高于百万分之五硼当量，密度大于1.50g/cm^3)〔999〕	6.5	30	13		千克	3		16.5%	0	
3801100020[暂3]	人造细晶粒整体石墨(20℃下的密度、拉伸断裂应变、热膨胀系数符合特殊要求)〔999〕	6.5	30	13		千克	3		16.5%	0	
3801100030[暂3]	高纯度(>99.9%)、高强度(抗折强度>30MPa)、高密度(>1.73克/立方厘米)的人造石墨〔999〕	6.5	30	13		千克	3		16.5%	0	
3801100090[暂3]	其他人造石墨〔999〕	6.5	30	13		千克			16.5%	0	
38012000	-胶态或半胶态石墨										0
3801200000	胶态或半胶态石墨〔301 危险化学品，易燃液体〕，〔302 其他〕	6.5	30	13		千克			11.5%	0	
38013000	-电极用碳糊及炉衬用的类似糊										0
3801300000	电极用碳糊及炉衬用的类似糊〔999〕	6.5	35	13		千克			16.5%	0	
38019010	---表面处理的球化石墨										13
3801901000	表面处理的球化石墨〔999〕	6.5	35	13		千克	3		31.5%	0	
38019090	---其他										0
3801909010	以高纯度(>99.9%)、高强度(抗折强度>30Mpa)、高密度(>1.73克方厘米)的人造石墨为基本成分的半制品；以天然鳞片石墨为基本成分的半制品〔999〕	6.5	35	13		千克	3		16.5%	0	
3801909090	其他以石墨或其他碳为基本成分的糊状、块状、板状制品或其他半制品〔301 危险化学品，易燃液体〕，〔302 其他〕	6.5	35	13		千克			16.5%	0	
3802	**活性炭；活性天然矿产品；动物炭黑，包括废动物炭黑：**										
38021010	---木质的										0
3802101000	木质的活性炭〔999〕	6.5	20	13		千克	G		14%	0	
38021090	---其他										0
3802109000	其他活性炭〔999〕	6.5	20	13		千克	G		29%	0	
38029000	-其他										0
3802900010	濒危动物炭黑(包括废动物炭黑)〔999〕	10	45	13		千克	FE		15%	0	
3802900090	活性天然矿产品；其他动物炭黑(包括废动物炭黑)〔102 矿产品〕	10	45	13		千克			15%	0	
3803	**妥尔油，不论是否精炼：**										
38030000	妥尔油，不论是否精炼										0
3803000000	妥尔油，不论是否精炼〔999〕	6.5	35	13		千克				0	
3804	**木浆残余碱液，不论是否浓缩、脱糖或经化学处理，包括木素磺酸盐，但不包括税目38.03的妥尔油：**										
38040000	木浆残余碱液，不论是否浓缩、脱糖或经化学处理，包括木素磺酸盐，但不包括税目38.03的妥尔油										0
3804000010	未经浓缩、脱糖或经过化学处理的木浆残余碱液(妥尔油除外)〔999〕	6.5	35	13		千克	9		16.5%	0	
3804000090	经浓缩、脱糖或经过化学处理的木浆残余碱液，包括木素磺酸盐(妥尔油除外)〔999〕	6.5	35	13		千克			16.5%	0	
3805	**脂松节油、木松节油和硫酸盐松节油及其他萜烯油，用蒸馏或其他方法从针叶木制得；粗制二聚戊烯；亚硫酸盐松节油及其他粗制对异丙基苯甲烷；以α萜品醇为基本成分的松油：**										
38051000	-脂松节油、木松节油和硫酸盐松节油										0
3805100000	松节油(包括脂松节油、木松节油和硫酸盐松节油)〔301 危险化学品，易燃液体〕，〔302 其他化工品〕	6.5	50	13		千克	AB	M/N	31.5%	0	
38059010	---松油										0
3805901000	以α萜品醇为基本成分的松油〔301 危险化学品，易燃液体〕，〔302 其他化工品〕	6.5	50	13		千克	AB	M/N	31.5%	0	
38059090	---其他										0
3805909000	粗制二聚戊烯、亚硫酸盐松节油等(包括其他粗制对异丙基苯甲烷及其他萜烯油)〔999〕	6.5	50	13		千克			31.5%	0	
3806	**松香和树脂酸及其衍生物；松香精及松香油；再熔胶：**										
38061010	---松香										0
3806101000	松香(包括松香渣)〔301 危险化学品，易燃固体〕，〔302 其他化工品〕	10	70	13		千克			35%	0	

协定税率(%)																		特惠税率(%)			Article Description
智利	新西兰	澳大利亚	瑞士	冰岛	秘鲁	哥斯达	东盟	亚太	新加坡	巴基斯坦	港/澳/台	韩国	格鲁吉亚	毛里求斯	柬埔寨	尼加拉瓜	日/韩/澳/新/东(RCEP)	亚太2国	老/柬/缅	LDC 98/97/95	
																					Artificial graphite; colloidal or semicolloidal graphite; preparations based on graphite or other carbon in the form of pastes, blocks, plates or other semi-manufactures:
0	0	0	0	0	0	0	0			0	0/0/	0	0	0	0	0	4.7/4.6/0/0/0			0/0/0	-Artificial graphite
0	0	0	0	0	0	0	0			0	0/0/	2.1	0	0	0	0	5.3/4.6/4.6/4.6/4.6			0/0/0	-Colloidal or semi-colloidal graphite
0	0	0	0	0	0	0	0			0	0/0/	0	0	0	0	0	4.7/0/0/0/0			0/0/0	-Carbonaceous pastes for electrodes and similar pastes for furnace linings
0	0	0	0	0	0	0	0			0	0/0/	0	0	0	0	0	4.7/0/0/0/0			0/0/0	---Spheroidized graphite by Surface treatment
0	0	0	0	0	0	0	0			0	0/0/	0	0	0	0	0	4.7/4.6/4.6/4.6/4.6			0/0/0	---Other
																					Activated carbon; activated natural mineral products; animal black, including spent animal black:
0	0	0	0	0	0	0	0	4.2		0	0/0/	0	0	0	0	0	4.7/0/0/0/0			0/0/0	---Wood based
0	0	0	0	0	0	0	0	4.2		0	0/0/	0	0	0	0	0	4.7/4.6/4.6/4.6/4.6			0/0/0	---Other
0	0	0	0	0	0	0	0		0	2.5	0/0/	0	0	0	0	9	7.3/7/0/0/0			0/0/0	-Other
																					Tall oil, whether or not refined:
0	0	0	0	0	0	0	0			0	0/0/	0	0	0	0	0	4.7/0/0/0/0			0/0/0	Tall oil, whether or not refined
																					Residual lyes from the manufacture of wood pulp, whether or not concentrated, desugared or chemically treated, including lignin sulphonates, but excluding tall oil of heading 38.03:
0	0	0	0	0	0	0	0			0	0/0/	0	0	0	0	0	4.7/4.6/0/0/0			0/0/0	Residual lyes from the manufacture of wood pulp, whether or not concentrated, desugared or chemically treated, including lignin sulphonates, but excluding tall oil of heading 38.03
																					Gum, wood or sulphate turpentine and othe terpenic oils produced by the distillation or other treatment of coniferous woods; crude dipentene; sulphite turpentine and other crude paracymene; pine oil containing alpha terpineol as the main constituent:
0	0	0	0	0	0	0	0			0	0/0/	0	0	0	0	0	4.7/0/0/0/0			0/0/0	-Gum, wood or sulphate turpentine oils
0	0	0	0	0	0	0	0			0	0/0/	0	0	0	0	0	4.7/0/0/0/0			0/0/0	---Pine oil
0	0	0	0	0	0	0	0			0	0/0/	0	0	0	0	0	4.7/0/0/0/0			0/0/0	---Other
																					Rosin and resin acids, and derivatives thereof; rosin spirit and rosin oils; run-gums:
0	0	0	0	0	0	0	0		0	2.5	0/0/	0	0	0	0	9	7.3/7/7/7/7			0/0/0	---Rosin

商品编号	商品名称及备注[检验检疫编码及名称]	进口关税(%)		增值税率(%)	消费税	计量单位	监管条件	检验检疫类别	对美税率	出口税率(%)	出口退税率(%)
		最惠国	普通								
38061020	---树脂酸										0
3806102000	树脂酸〔999〕	10	70	13		千克				0	
38062010	---松香盐及树脂酸盐										13
3806201000	松香盐及树脂酸盐〔301 危险化学品,易燃固体〕,〔302 其他化工品〕	6.5	40	13		千克			11.5%	0	
38062090	---其他										13
3806209000	松香或树脂酸衍生物的盐(松香加合物的盐除外)〔999〕	6.5	40	13		千克			11.5%	0	
38063000	-酯胶										0
3806300000	酯胶〔302 有检疫要求食品添加剂〕,〔304 需申报仅用于工业用途不用于食品添加剂有检疫要求食品添加剂〕	6.5	50	13		千克	AB	P. R/Q. S	11.5%	0	
38069000	-其他										0
3806900000	其他松香及树脂酸衍生物(包括松香精及松香油;再熔胶)〔301 危险化学品,易燃液体〕,〔302 其他化工品〕	6.5	40	13		千克			16.5%	0	
3807	**木焦油;精制木焦油;木杂酚油;粗木精;植物沥青;以松香、树脂酸或植物沥青为基本成分的啤酒桶沥青及类似制品:**										
38070000	木焦油;精制木焦油;木杂酚油;粗木精;植物沥青;以松香、树脂酸或植物沥青为基本成分的啤酒桶沥青及类似制品										0
3807000000	木焦油木杂酚油粗木精植物沥青等(包括以松香、树脂酸植物沥青为基料的啤酒桶沥青及类似)〔301 危险化学品,腐蚀性物质〕,〔302 其他危险化学品〕,〔303 其他化工品〕	6.5	35	13		千克			11.5%	0	
3808	**杀虫剂、杀鼠剂、杀菌剂、除草剂、抗萌剂、植物生长调节剂、消毒剂及类似产品,零售形状、零售包装或制成制剂及成品(例如,经硫磺处理的带子、杀虫灯芯、蜡烛及捕蝇纸):**										
38085200	--DDT(ISO)[滴滴涕(INN)],每包净重不超过 300 克										
3808520000	DDT(ISO)[滴滴涕(INN)],每包净重不超过 300 克〔999〕	9	35	9		千克	89			0	9,13
38085920	---零售包装的										
3808592030	零售包装含艾氏剂、毒杀芬、氯丹、滴滴涕、狄氏剂、硫丹、七氯、六氯苯、α-六氯环己烷、β-六氯环己烷或林丹的货品〔999〕	9	37	9		千克	89		14%	0	9,13
3808592040	零售包装的含有克百威或敌百虫的含汞杀虫剂〔999〕	9	37	9		千克	89		14%	0	9,13
3808592050	零售包装的含有克百威或敌百虫,但不含其他第三十八章子目注释一所列物质的杀虫剂成药〔301 危险化学品,易燃液体〕,〔302 其他化工品〕	9	37	9		千克	AS	M/	14%	0	9,13
3808592060	其他零售包装含一种第三十八章子目注释一所列物质的货品〔301 危险化学品,易燃液体〕,〔302 其他化工品〕	9	37	9		千克	S		14%	0	9,13
3808592090	其他零售包装含多种第三十八章子目注释一所列物质的货品〔999〕	9	37	9		千克			14%	0	9,13
38085990	---其他										
3808599030	非零售包装含艾氏剂、毒杀芬、氯丹、滴滴涕、狄氏剂、硫丹、七氯、六氯苯、α-六氯环己烷、β-六氯环己烷或林丹的货品〔999〕	6.5	15	9		千克	89			0	9,13
3808599040	非零售包装的含有克百威或敌百虫的含汞杀虫剂〔999〕	6.5	15	9		千克	89			0	9
3808599050	非零售包装的含有克百威或敌百虫,但不含其他第三十八章子目注释一所列物质的杀虫剂成药〔301 危险化学品,易燃液体〕,〔302 其他化工品〕	6.5	15	9		千克	AS	M/		0	9
3808599060	其他非零售包装含一种第 38 章子目注释一所列物质的货品〔301 危险化学品,易燃液体〕,〔302 其他化工品〕	6.5	15	9		千克	AS	M/		0	9,13
3808599090	其他非零售包装含多种第 38 章子目注释一所列物质的货品〔999〕	6.5	15	9		千克				0	9,13
38086100	--每包净重不超过 300 克										
3808610000	含第三十八章子目注释二所列物质的货品,每包净重不超过 300 克〔999〕	10	35	9		千克	AS	M/		0	9,13
38086200	--每包净重超过 300 克,但不超过 7.5 千克										
3808620000	含第三十八章子目注释二所列物质的货品,每包净重超过 300 克,但不超过 7.5 千克〔999〕	10	35	9		千克	AS	M/		0	9,13
38086900	--其他										9
3808690000	其他含第三十八章子目注释二所列物质的货品〔999〕	6	11	9		千克	AS	M/	31%	0	
38089111	----蚊香										
3808911100	蚊香(不含有一种或多种第三十八章子目注释一所列物质的货品)〔999〕	10	80	13		千克	AS	M/		0	9,13
38089112	----生物杀虫剂										
3808911210	零售包装的含汞生物杀虫剂〔999〕	10	35	9		千克	89			0	9,13
3808911290	零售包装的其他生物杀虫剂〔999〕	10	35	9		千克	AS	M/		0	9,13

协定税率(%)																		特惠税率(%)			Article Description
智利	新西兰	澳大利亚	瑞士	冰岛	秘鲁	哥斯达	东盟	亚太	新加坡	巴基斯坦	港/澳/台	韩国	格鲁吉亚	毛里求斯	柬埔寨	尼加拉瓜	日/韩/澳/新/东(RCEP)	亚太2国	老/柬/缅	LDC 98/97/95	
0	0	0	0	0	0	0	0			2.5	0/0/	0	0	0	0	9	7.3/7/0/0/0			0/0/0	---Resin acides
0	0	0	0	0	0	0	0			0	0/0/	0	0	0	0	0	4.7/0/0/0/0			0/0/0	---Salts of rosin, of resin acids
0	0	0	0	0	0	0	0			0	0/0/	0	0	0	0	0	4.7/0/0/0/0			0/0/0	---Other
0	0	0	0	0	0	0	0			0	0/0/	0	0	0	0	0	4.7/0/0/0/0			0/0/0	-Ester gums
0	0	0	0	0	0	0	0			0	0/0/	0	0	0	0	0	4.7/0/0/0/0			0/0/0	-Other
																					Wood tar; wood tar oils; wood creosote; wood naphtha; vegetable pitch; brewers pitch and similar preparations based on rosin, resin acids or on vegetable pitch:
0	0	0	0	0	0	0	0			0	0/0/	0	0	0	0	0	4.7/0/0/0/0			0/0/0	Wood tar; wood tar oils; wood creosote; wood naphtha; vegetable pitch; brewers pitch and similar preparations based on rosin, resin acids or on vegetable pitch
																					Insecticides, rodenticides, fungicides, herbicides, anti-sprouting products and plant-growth regulators, disinfectants and similar products, put up in forms or packings for retail sale or as preparations or articles (for example, sulphur-treated bands, wicks and candles, and fly-papers):
0	0	0	0	0	0	0	0			0	0/0/	0	0	0	0	8.1	6.5/0/0/0/0			0/0/0	--DDT (ISO) (clofenotane (INN)), in packings of a net weight content not exceeding 300g
0	0	0	0	0	0	0	0			0.8	0/0/	0	0	0	0	8.4	6.5/0/0/0/0			0/0/0	---Put up for retail sale
0	0	0	0	0	0	0	0			0.4	0/0/	0	0	0	0	2.3	0/0/0/0/0			0/0/0	---Other
0	0	0	0	0	0	0	0	6.5		0	0/0/	0	0	0	0	9	7.3/7/0/0/0			0//	--In packings of a net weight content not exceeding 300g
0	0	0	0	0	0	0	0	6.5		0	0/0/	0	0	0	0	9	7.3/7/0/0/0			0/0/0	--In packings of a net weight content exceeding 300g but not exceeding 7.5kg
0	0	0	0	0	0	0	0	3.9		0	0/0/	0	0	0	0	0	4.4/4.2/4.2/4.2/4.2			0/0/0	--Other
0	0	0	0	0	0	0	0	0		0	0/0/	0	0	0	0	9	7.3/0/0/0/0			0/0/0	----Mosquito smudges
0	0	0	0	0	0	0	0	6.5		2.5	0/0/	0	0	0	0	9	7.3/7/0/0/0			0/0/0	----Biopesticide

商品编号	商品名称及备注［检验检疫编码及名称］	进口关税(%) 最惠国	进口关税(%) 普通	增值税率(%)	消费税	计量单位	监管条件	检验检疫类别	对美税率	出口税率(%)	出口退税率(%)
38089119	----其他										
3808911910	零售包装的含有灭蚁灵或十氯酮的杀虫剂〔999〕	10	35	9		千克	89		35%	0	9,13
3808911920	零售包装的其他含汞杀虫剂〔999〕	10	35	9		千克	89		35%	0	9,13
3808911990	其他零售包装的杀虫剂成药〔301 危险化学品,气体〕,〔302 危险化学品,易燃液体〕,〔303 其他化工品〕	10	35	9		千克	AS	M/	35%	0	9,13
38089190	---其他										9
3808919010	非零售包装的含有灭蚁灵或十氯酮的杀虫剂〔999〕	6	11	9		千克	89		11%	0	
3808919020	非零售包装的含汞杀虫剂〔999〕	6	11	9		千克	89		11%	0	
3808919030	多杀霉素,乙基多杀菌素〔999〕	6	11	9		千克	AS	M/	11%	0	
3808919090	其他非零售包装杀虫剂成药〔301 危险化学品,气体〕,〔302 其他化工品〕	6	11	9		千克	AS	M/	11%	0	
38089210	---零售包装										
3808921010	零售包装的含汞杀菌剂〔999〕	9	35	13		千克	89		34%	0	9,13
3808921090	零售包装的其他杀菌剂成药〔301 危险化学品,易燃液体〕,〔302 其他化工品〕	9	35	13		千克	S		34%	0	9,13
38089290	---其他										
3808929010	非零售包装的医用杀菌剂〔999〕	6	11	13		千克			26%	0	9,13
3808929021	经农药杀菌剂浸渍的纸质水果套袋〔999〕	6	11	13		千克	S		26%	0	9,13
3808929029	非零售包装的其他农用杀菌剂成药〔301 危险化学品,易燃液体〕,〔302 其他〕	6	11	9		千克	S		26%	0	9,13
3808929030	非零售包装的含汞杀菌剂〔999〕	6	11	13		千克	89		26%	0	9,13
3808929090	非零售包装的非农用杀菌剂成药(包括非医用杀菌剂)〔301 危险化学品,易燃液体〕,〔302 其他化工品〕	6	11	9		千克			26%	0	9,13
38089311	----零售包装										9
3808931110	零售包装的含汞除草剂〔999〕	9	35	9		千克	89		34%	0	
3808931190	零售包装的除草剂成药〔999〕	9	35	9		千克	AS	M/	34%	0	
38089319	----其他										9
3808931910	非零售包装百草枯母液〔999〕	5	11	9		千克	AS	M/	15%	0	
3808931920	非零售包装的含汞除草剂〔999〕	5	11	9		千克	89		15%	0	
3808931990	其他非零售包装的除草剂成药〔999〕	5	11	9		千克	AS	M/	15%	0	
38089391	----零售包装										9
3808939110	零售包装含汞抗萌剂及植物生长调节剂〔999〕	9	35	9		千克	89		14%	0	
3808939190	零售包装其他抗萌剂及植物生长调节剂〔999〕	9	35	9		千克	S		14%	0	
38089399	----其他										9
3808939910	非零售包装的含汞抗萌剂及植物生长调节剂〔999〕	6	14	9		千克	89		16%	0	
3808939990	非零售包装的其他抗萌剂及植物生长调节剂〔999〕	6	14	9		千克	S		16%	0	
38089400	--消毒剂										13
3808940010	医用消毒剂〔301 危险化学品,易燃液体〕,〔302 其他〕	9	35	13		千克			19%	0	
3808940030	含汞消毒剂〔999〕	9	35	9		千克	89		19%	0	
3808940040	兽用已配剂量消毒剂(进口兽药管理目录的商品)〔999〕	9	35	9		千克	R		19%	0	
3808940090	其他非医用消毒剂〔301 危险化学品,易燃液体〕,〔302 其他化工品〕	9	35	9		千克			19%	0	
38089910	---零售包装										
3808991010	零售包装的农业杀螨剂、杀线虫剂〔999〕	9	35	9		千克	S			0	9
3808991090	零售包装的杀鼠剂及其他农药(包括类似品)〔999〕	9	35	9		千克	S			0	9,13
38089990	---其他										
3808999010	非零售包装的农业杀螨剂、杀线虫剂〔999〕	9	14	9		千克	S		14%	0	9
3808999090	非零售包装的杀鼠剂及其他农药(包括类似品)〔999〕	9	14	9		千克	S		14%	0	9,13
3809	**纺织、造纸、制革及类似工业用的其他税目未列名的整理剂、染料加速着色或固色助剂及其他产品和制剂(例如,修整剂及媒染剂):**										
38091000	-以淀粉物质为基本成分										0
3809100000	以淀粉为基料的纺织等工业用制剂(纺织、造纸、制革等工业用整理剂、固色剂及其他制剂)〔999〕	10	35	13		千克			35%	0	
38099100	--纺织工业及类似工业用										0
3809910000	纺织工业用其他未列名产品和制剂(包括整理剂、染料加速着色或固色助剂及其他制剂)〔301 危险化学品,易燃液体〕,〔302 其他化工品〕	6.5	35	13		千克			26.5%	0	
38099200	--造纸工业及类似工业用										0
3809920000	造纸工业用其他未列名产品和制剂(包括整理剂、染料加速着色或固色助剂及其他制剂)〔301 危险化学品,易燃液体〕,〔302 其他〕	6.5	35	13		千克			11.5%	0	
38099300	--制革工业及类似工业用										0

协定税率(%)																		特惠税率(%)			
智利	新西兰	澳大利亚	瑞士	冰岛	秘鲁	哥斯达	东盟	亚太	新加坡	巴基斯坦	港/澳/台	韩国	格鲁吉亚	毛里求斯	柬埔寨	尼加拉瓜	日/韩/澳/新/东(RCEP)	亚太2国	老/柬/缅	LDC 98/97/95	Article Description
0	0	0	0	0	0	0	0	6.5		2.5	0/0/	0	0	0	0	9	7.3/7/0/0/0			0/0/0	----Other
0	0	0	0	0	0	0	0	3.9		0	0/0/	0	0	0	0	0	4.4/4.2/4.2/4.2/4.2			0/0/0	---Other
0	0	0	0	0	0	0	0			0	0/0/	0	0	0	0	8.1	6.5/0/0/0/0			0/0/0	---Put up for retail sale
0	0	0	0	0	0	0	0			0	0/0/	0	0	0	0	0	4.4/4.2/4.2/4.2/4.2			0/0/0	---Other
0	0	0	0	0	0	0	0			0	0/0/	0	0	0	0	8.1	6.5/6.3/6.3/6.3/6.3			0/0/0	----Put up for retail sale
0	0	0	0	0	0	0	0	3.3		0	0/0/	0	0	0	0	0	3.6/0/0/0/0			0/0/0	----Other
0	0	0	0	0	0	0	0	5.9		0	0/0/	0	0	0	0	8.1	6.5/0/0/0/0			0/0/0	----Put up for retail sale
0	0	0	0	0	0	0	0	3.9		0	0/0/	0	0	0	0	0	0/0/0/0/0			0/0/0	----Other
0	0	0	0	0	0	0	0			2.5	0/0/	0	0	0	0	8.1	6.5/6.3/6.3/6.3/6.3			0/0/0	--Disinfectants
0	0	0	0	0	0	0	0			0	0/0/	0	0	0	0	8.1	6.5/0/0/0/0			0/0/0	---Put up for retail sale
0	0	0	0	0	0	0	0			0	0/0/	0	0	0	0	8.1	6.5/0/0/0/0			0/0/0	---Other
																					Finishing agents, dye carriers to accelerate the dyeing or fixing of dye-stuffs and other products and preparations (for example, dressings and mordants), of a kind used in the textile, paper, leather or like industries, not elsewhere specified or included:
0	0	0	0	0	0	0	0		0	0	0/0/	0	0	0	0	9	7.3/7/0/0/0			0/0/0	-With a basis of amylaceous substances
0	0	0	0	0	0	0	0	6		0	0/0/	0	0	0	0	0	4.7/0/0/0/0			0/0/0	--Of a kind used in the textile or like industries
0	0	0	0	0	0	0	0			0	0/0/	0	0	0	0	0	4.7/4.6/4.6/4.6/4.6			0/0/0	--Of a kind used in the paper or like industries
0	0	0	0	0	0	0	0			0	0/0/	0	0	0	0	0	4.7/4.6/4.6/4.6/4.6			0/0/0	--Of a kind used in the leather or like industries

商品编号	商品名称及备注[检验检疫编码及名称]	进口关税(%)		增值税率(%)	消费税	计量单位	监管条件	检验检疫类别	对美税率	出口税率(%)	出口退税率(%)
		最惠国	普通								
3809930000	制革工业用其他未列名产品和制剂(包括整理剂、染料加速着色或固色助剂及其他制剂)〔301 危险化学品,易燃液体〕,〔302 其他化工品〕	6.5	35	13		千克			26.5%	0	
3810	**金属表面酸洗剂;焊接用的焊剂及其他辅助剂;金属及其他材料制成的焊粉或焊膏;作焊条芯子或焊条涂料用的制品:**										
38101000	-金属表面酸洗剂;金属及其他材料制成的焊粉或焊膏										13
3810100000	金属表面酸洗剂焊粉或焊膏(金属及其他材料制成的焊粉或焊膏)〔301 危险化学品,易燃液体〕,〔302 其他化工品〕	6.5	35	13		千克			26.5%	0	
38109000	-其他										0
3810900000	焊接用的焊剂及其他辅助剂等(包括作焊条芯子或焊条涂料用的制品)〔301 危险化学品,易燃液体〕,〔302 其他化工品〕	6.5	35	13		千克			16.5%	0	
3811	**抗震剂、抗氧剂、防胶剂、黏度改良剂、防腐蚀制剂及其他配制添加剂,用于矿物油(包括汽油)或与矿物油同样用途的其他液体:**										
38111100	--以铅化合物为基本成分										0
3811110000	以铅化合物为基本成分的抗震剂〔999〕	6.5	35	13		千克				0	
38111900	--其他										0
3811190000	其他抗震剂〔301 危险化学品,易燃液体〕,〔302 其他〕	6.5	35	13		千克			16.5%	0	
38112100	--含有石油或从沥青矿物提取的油类										0
3811210000	含有石油的润滑油添加剂(包括含有从沥青矿物提取的油类的润滑油添加剂)〔999〕	6.5	35	13		千克				0	
38112900	--其他										0
3811290000	不含石油的润滑油添加剂〔301 危险化学品,易燃液体〕,〔302 其他〕	6.5	35	13		千克				0	
38119000	-其他										0
3811900000	其他矿物油用的配制添加剂(抗氧剂、防胶剂、黏度改良剂、防腐剂及其他配制添加剂)〔301 危险化学品,易燃液体〕,〔302 其他化工品〕	6.5	35	13		千克			11.5%	0	
3812	**配制的橡胶促进剂;其他税目未列名的橡胶或塑料用复合增塑剂;橡胶或塑料用抗氧制剂及其他复合稳定剂:**										
38121000	-配制的橡胶促进剂										13
3812100000	配制的橡胶促进剂〔301 危险化学品,杂项物质〕,〔302 其他化工品〕	6	20	13		千克			26%	0	
38122000	-橡胶或塑料用复合增塑剂										13
3812200000	橡胶或塑料用复合增塑剂〔301 危险化学品,易燃液体〕,〔302 其他〕	6.5	35	13		千克			16.5%	0	
38123100	--2,2,4-三甲基-1,2-二氢化喹啉(TMQ)低聚体混合物										13
3812310000	2,2,4-三甲基-1,2-二氢化喹啉(TMQ)低聚体混合物〔999〕	6	20	13		千克			31%	0	
38123910	---其他橡胶防老剂										13
3812391000	其他橡胶防老剂〔301 危险化学品,易燃液体〕,〔302 其他化工品〕	6	20	13		千克			16%	0	
38123990	---其他										13
3812399000	其他橡胶或塑料用抗氧制剂及其他复合稳定剂〔301 危险化学品,易燃液体〕,〔302 其他化工品〕	6.5	35	13		千克			16.5%	0	
3813	**灭火器的装配药;已装药的灭火弹:**										
38130010	---灭火器的装配药										0
3813001000	灭火器的装配药〔999〕	6.5	35	13		千克		L/	11.5%	0	
38130020	---已装药的灭火弹										0
3813002000	已装药的灭火弹〔999〕	10	70	13		千克			15%	0	
3814	**其他税目未列名的有机复合溶剂及稀释剂;除漆剂:**										
38140000	其他税目未列名的有机复合溶剂及稀释剂;除漆剂										0

智利	新西兰	澳大利亚	瑞士	冰岛	秘鲁	哥斯达	东盟	亚太	新加坡	巴基斯坦	港/澳/台	韩国	格鲁吉亚	毛里求斯	柬埔寨	尼加拉瓜	日/韩/澳/新/东 (RCEP)	亚太2国	老/柬/缅	LDC 98/97/95	Article Description
协定税率(%)																		特惠税率(%)			
																					Pickling preparations for metal surfaces; fluxes and other auxiliary preparations for soldering, brazing or welding; soldering, brazing or welding powders and pastes consisting of metal and other materials; preparations of a kind used as cores or coatings for welding electrodes or rods:
0	0	0	0	0	0	0	0	6		0	0/0/	2.1	0	0	0	0	5.3/4.6/4.6/4.6/4.6			0/0/0	-Pickling preparations for metal surfaces; soldering, brazing or welding powders and pastes consisting of metal and other materials
0	0	0	0	0	0	0	0			0	0/0/	2.1	0	0	0	0	5.3/4.6/4.6/4.6/4.6			0/0/0	-Other
																					Anti-knock preparations, oxidation inhibitors, gum inhibitors, viscosity improvers, anti-corrosive preparations and other prepared additives, for mineral oils (including gasoline) or for otherliquids used for the same purposes as mineral oils:
0	0	0	0	0	0	0	0			0	0/0/	0	0	0	0	0	4.7/0/0/0/0			0/0/0	--Based on lead compounds
0	0	0	0	0	0	0	0			0	0/0/	0	0	0	0	0	4.7/0/0/0/0			0/0/0	--Other
0	0	0	0	0	0	0	0			0	0/0/	0	0	0	0	0	4.7/0/0/0/0			0/0/0	--Containing petroleum oils or oils obtained from bituminous minerals
0	0	0	0	0	0	0	0	5.5		0	0/0/	0	0	0	0	0	4.7/4.6/4.6/4.6/4.6			0/0/0	--Other
0	0	0	0	0	0	0	0			0	0/0/	0	0	0	0	0	4.7/4.6/4.6/4.6/4.6			0/0/0	-Other
																					Prepared rubber accelerators; compounds plasticizers for rubber or plastics, not elsewhere specified or included; anti-oxidizing preparations and other compound stabilizers for rubber or plastics:
0	0	0	0	0	0	0	0			0	0/0/	2	0	0	0	0	4.9/4.2/4.2/4.2/4.2			0/0/0	-Prepared rubber accelerators
0	0	0	0	0	0	0	0			0	0/0/	2.1	0	0	0	0	5.3/4.6/4.6/4.6/4.6			0/0/0	-Compound plasticizers for rubber or plastics
0	0	0	0	0	0	0	0			0	0/0/	2	0	0	0	0	4.9/4.2/4.2/4.2/4.2			0/0/0	--Mixtures of oligomers of 2,2,4-trimethyl-1,2-dihydroquinoline (TMQ)
0	0	0	0	0	0	0	0			0	0/0/	2	0	0	0	0	4.9/4.2/4.2/4.2/4.2			0/0/0	---Other rubber antioxidants
0	0	0	0	0	0	0	0	4.6		0	0/0/	0	0	0	0	0	4.7/0/0/0/0			0/0/0	---Other
																					Preparations and charges for fire-extinguishers; charged fire-extinguishing grenades:
0	0	0	0	0	0	0	0			0	0/0/	0	0	0	0	0	4.7/4.6/0/0/0			0/0/0	---Preparations and charges for fire-extinguishers
0	0	0	0	0	0	0	0			2.5	0/0/	0	0	0	0	9	7.3/7/0/0/0			0/0/0	---Charged fire-extinguishing grenades
																					Organic composite solvents and thinners, not elsewhere specified or included; prepared paint or varnish removers:
0	0	0	0	0	0	0	0	9	0	2.5	0/0/	5	0	0	0	9	8.6//8.5/8.5/8.5			0/0/0	Organic composite solvents and thinners, not elsewhere specified or included; prepared paint or varnish removers

商品编号	商品名称及备注[检验检疫编码及名称]	进口关税(%)		增值税率(%)	消费税	计量单位	监管条件	检验检疫类别	对美税率	出口税率(%)	出口退税率(%)
		最惠国	普通								
3814000000	有机复合溶剂及稀释剂，除漆剂(指其他编号未列名的)〔301 危险化学品，易燃液体〕，〔302 危险化学品，毒性物质〕，〔303 其他化工品〕	10	50	13		千克			20%	0	
3815	**其他税目未列名的反应引发剂、反应促进剂、催化剂：**										
38151100	--以镍及其化合物为活性物的										13
3815110000	以镍为活性物的载体催化剂(包括以镍化合物为活性物的)①	6.5	35	13		千克			11.5%	0	
38151200	--以贵金属及其化合物为活性物的										13
3815120010[暂4]	载铂催化剂(为了从重水中回收氚或为了生产重水而专门设计或制备，用于加速氢和水之间的氢同位素交换反应)〔999〕	6.5	35	13		千克	3			0	
3815120090[暂5]	其他以贵金属为活性物的载体催化剂〔301 危险化学品，易燃液体〕，〔302 其他化工品〕	6.5	35	13		千克				0	
38151900	--其他										13
3815190000	其他载体催化剂〔302 其他化工产品〕，〔303 危险化学品，易燃液体〕	6.5	35	13		千克				0	
38159000	-其他										13
3815900000	其他未列名的反应引发剂、促进剂(包括反应催化剂)〔301 危险化学品，易燃液体〕，〔302 其他〕	6.5	35	13		千克				0	
3816	**耐火的水泥、灰泥、混凝土及类似耐火混合制品，包括夯混白云石，但税目 38.01 的产品除外：**										
38160010	---夯混白云石										0
3816001000	夯混白云石(包括沥青白云石)〔999〕	3	40	13		千克			5.5%	0	
38160020	---其他										0
3816002000	其他耐火水泥、灰泥及类似耐火材料(耐火混凝土及类似耐火混合制品，但品目 38.01 的产品除外)〔999〕	6.5	35	13		千克			16.5%	0	
3817	**混合烷基苯及混合烷基萘，但税目 27.07 及 29.02 的货品除外：**										
38170000	混合烷基苯及混合烷基萘，但税目 27.07 及 29.02 的货品除外										13
3817000000	混合烷基苯和混合烷基萘(品目 27.07 及 29.02 的货品除外)〔301 危险化学品，易燃液体〕，〔302 其他化工品〕	6.5	35	13		千克			31.5%	0	
3818	**经掺杂用于电子工业的化学元素，已切成圆片、薄片或类似形状；经掺杂用于电子工业的化合物：**										
38180011	----直径在 15.24 厘米及以下的										13
3818001100	7.5 厘米≤直径≤15.24 厘米单晶硅片(经掺杂用于电子工业的)〔999〕	0	11	13		千克/片			10%	0	
38180019	----其他										13
3818001910	经掺杂用于电子工业的单晶硅切片，直径超过 15.24 厘米，但小于 20.32 厘米〔999〕	0	11	13		千克/片				0	
3818001920	经掺杂用于电子工业的单晶硅切片，直径在 20.32 厘米及以上，但小于 30.48 厘米〔999〕	0	11	13		千克/片				0	
3818001990	其他经掺杂用于电子工业的单晶硅切片〔999〕	0	11	13		千克/片				0	
38180090	---其他										13
3818009001	经掺杂用于电子工业的氮化镓〔999〕	0	17	13		千克	3			0	
3818009002	经掺杂用于电子工业的氧化镓〔999〕	0	17	13		千克	3			0	
3818009003	经掺杂用于电子工业的磷化镓〔999〕	0	17	13		千克	3			0	
3818009004	经掺杂用于电子工业的砷化镓〔999〕	0	17	13		千克	3			0	
3818009005	经掺杂用于电子工业的铟镓砷〔999〕	0	17	13		千克	3			0	
3818009006	经掺杂用于电子工业的硒化镓〔999〕	0	17	13		千克	3			0	
3818009007	经掺杂用于电子工业的锑化镓〔999〕	0	17	13		千克	3			0	
3818009008	经掺杂用于电子工业的磷锗锌〔999〕	0	17	13		千克	3			0	
3818009009	经掺杂用于电子工业的二氧化锗〔999〕	0	17	13		千克	3			0	
3818009010	经掺杂用于电子工业的四氯化锗〔999〕	0	17	13		千克	3			0	
3818009090	其他经掺杂用于电子工业的化学元素，已切成圆片、薄片或类似形状；其他经掺杂用于电子工业的化合物〔999〕	0	17	13		千克				0	
3819	**闸用液压油及其他液压传动用液体，不含石油或从沥青矿物提取的油类，或者按重量计石油或从沥青矿物提取的油类含量低于 70%：**										

① 〔301 危险化学品，易燃固体〕，〔302 危险化学品，易于自燃的物质〕，〔303 其他化工品，不用作食品添加剂〕，〔304 危险化学品，用作食品添加剂〕，〔305 其他化工品，用作食品添加剂〕

协定税率(%)																		特惠税率(%)			Article Description
智利	新西兰	澳大利亚	瑞士	冰岛	秘鲁	哥斯达	东盟	亚太	新加坡	巴基斯坦	港/澳/台	韩国	格鲁吉亚	毛里求斯	柬埔寨	尼加拉瓜	日/韩/澳/新/东 (RCEP)	亚太2国	老/柬/缅	LDC 98/97/95	
																					Reaction initiators, reaction accelerators and catalytic preparations, not elsewhere specified or included:
0	0	0	0	0	0	0	0			0	0/0/	0	0	0	0	0	4.7/4.6/0/0/0			0/0/0	--With nickel or nickel compounds as the active substance
0	0	0	0	0	0	0	0			0	0/0/	0	0	0	0	0	4.7/4.6/0/0/0			0/0/0	--With precious metal or precious metal compounds as the active substance
0	0	0	0	0	0	0	0	4.6		0	0/0/	0	0	0	0	0	4.7/0/0/0/0			0/0/0	--Other
0	0	0	0	0	0	0	0	4.2		0	0/0/	0	0	0	0	0	4.7/0/0/0/0			0/0/0	-Other
																					Refractory cements, mortars, concretes and similar compositions, including dolomite ramming mix, other than products of heading 38.01:
0	0	0	0	0	0	0	0			0	0/0/	0	0	0	0	0	0/0/0/0/0			0/0/0	---Dolomite ramming mix
0	0	0	0	0	0	0	0			0	0/0/	0	0	0	0	0	4.7/0/0/0/0			0/0/0	---Other
																					Mixed alkylbenzentes and mixed alkylnaphthalenes, other than those of heading 27.07 or 29.02:
0	0	0	0	0	0	0	0			0	0/0/0	2.1	0	0	0	0	5.3/4.6/4.6/4.6/4.6			0/0/0	Mixed alkylbenzenes and alkylnaphthalenes, other than those of heading 27.07 or 29.02
																					Chemical elements doped for use in electronics, in the form of discs, wafers or similar forms; chemical compouds doped for use in electronics:
0	0	0	0	0	0	0	0			0	0/0/	0	0	0	0	0	0/0/0/0/0			0/0/0	----Diameter not exceeding 15.24cm
0	0	0	0	0	0	0	0			0	0/0/	0	0	0	0	0	0/0/0/0/0			0/0/0	----Other
0	0	0	0	0	0	0	0			0	0/0/	0	0	0	0	0	0/0/0/0/0			0/0/0	---Other
																					Hydraulic brake fluids and other prepared liquids for hydraulic transmission, not containing or containing less than 70% by weight of petroleum oils or oils obtained from bituminous minerals:

商品编号	商品名称及备注[检验检疫编码及名称]	进口关税(%)		增值税率(%)	消费税	计量单位	监管条件	检验检疫类别	对美税率	出口税率(%)	出口退税率(%)
		最惠国	普通								
38190000	闸用液压油及其他液压传动用液体,不含石油或从沥青矿物提取的油类,或者按重量计石油或从沥青矿物提取的油类含量低于70%										0
3819000000	闸用液压油及其他液压传动用液体(按重量计石油或从矿物提取的油类含量低于70%)〔999〕	6.5	35	13		千克			16.5%	0	
3820	**防冻剂及解冻剂:**										
38200000	防冻剂及解冻剂										13
3820000000	防冻剂及解冻剂〔301 危险化学品,易燃液体〕,〔302 其他化工品〕	10	35	13		千克			20%	0	
3821	**制成的供微生物(包括病毒及类似品)或植物细胞、人体细胞、动物细胞生长或维持用的培养基:**										
38210000	制成的供微生物(包括病毒及类似品)或植物细胞、人体细胞、动物细胞生长或维持用的培养基										0
3821000000[暂2]	制成的供微生物(包括病毒及类似品)生长或维持用培养基(及制成的供植物、人体或动物细胞生长或维持用的培养基)①	3	11	13		千克			7%	0	
3822	**附于衬背上的诊断或实验用试剂及不论是否附于衬背上的诊断或实验用配制试剂,不论是否制成试剂盒形式,但税目30.06的货品除外;有证标准样品:**										
38221100	--疟疾用										13
3822110010[暂0]	疟疾诊断试剂盒②	3	20	13		千克	AB	P.V/Q.W		0	
3822110090[暂0]	其他疟疾用的附于衬背上的诊断或实验用试剂及不论是否附于衬背上的诊断或实验用配制试剂,不论是否制成试剂盒形式,但品目30.06的货品除外③	3	20	13		千克	AB	P.V/Q.W		0	
38221200	--寨卡病毒及由伊蚊属蚊子传播的其他疾病用										13
3822120000	寨卡病毒及由伊蚊属蚊子传播的其他疾病用的附于衬背上的诊断或实验用试剂及不论是否附于衬背上的诊断或实验用配制试剂,不论是否制成试剂盒形式,但品目30.06的货品除外④	3	26	13		千克	AB	P.V/Q.W		0	
38221300	--血型鉴定用										13
3822130000	血型鉴定用的附于衬背上的诊断或实验用试剂及不论是否附于衬背上的诊断或实验用配制试剂,不论是否制成试剂盒形式,但品目30.06的货品除外⑤	3	20	13		千克	AB	V/W	10.5%	0	
38221900	--其他										13
3822190010	兽用诊断制品(用于一、二、三类动物疫病诊断的诊断试剂盒、试纸条)(包括已配定剂量或零售包装)〔101 体内诊断用〕,〔102 非商品化体外诊断用〕,〔103 商品化体外诊断用〕	3	26	13		千克	ABR	P.V/Q.W		0	
3822190020	新型冠状病毒检测试剂盒〔401 诊断人类疾病用〕,〔402 人类医学、生命科学研究用〕	3	26	13		千克	AB	P.V/Q.W		0	
3822190090	其他附于衬背上的诊断或实验用试剂及不论是否附于衬背上的诊断或实验用配制试剂,不论是否制成试剂盒形式,但品目30.06的货品除外⑥	3	26	13		千克	AB	V/W		0	
38229000	-其他										13

① 〔101 动物微生物培养培养基〕,〔103 含有牛源性成分的培养基〕,〔104 含人血及其成分、人体组织、细胞、体液、分泌物、排泄物,并含有一级风险动物源性生物材料成分的〕,〔105 含人血及其成分、人体组织、细胞、体液、分泌物、排泄物,并含有二级风险动物源性生物材料成分的〕,〔106 含人血及其成分、人体组织、细胞、体液、分泌物、排泄物,并含有三级风险动物源性生物材料成分的〕,〔107 含人血及其成分、人体组织、细胞、体液、分泌物、排泄物,并含有四级风险动物源性生物材料成分的〕,〔108 含除人血及其成分、人体组织、细胞、体液、分泌物、排泄物外其他特殊物品成分,并含有一级风险动物源性生物材料成分的〕,〔109 含除人血及其成分、人体组织、细胞、体液、分泌物、排泄物外其他特殊物品成分,并含有二级风险动物源性生物材料成分的〕,〔110 含除人血及其成分、人体组织、细胞、体液、分泌物、排泄物外其他特殊物品成分,并含有三级风险动物源性生物材料成分的〕,〔111 含除人血及其成分、人体组织、细胞、体液、分泌物、排泄物外其他特殊物品成分,并含有四级风险动物源性生物材料成分的〕,〔401 含人血及其成分、人体组织、细胞、体液、分泌物、排泄物〕,〔402 含除人血及其成分、人体组织、细胞、体液、分泌物、排泄物外其他特殊物品成分〕,〔403 其他化工产品〕

② 〔101 其他化工产品〕,〔401 含有微生物、人体组织、生物制品、血液及其制品的,诊断人类疾病用〕,〔402 含有微生物、人体组织、生物制品、血液及其制品的,人类医学、生命科学研究用〕

③ 〔401 含有微生物、人体组织、生物制品、血液及其制品的,诊断人类疾病用〕,〔402 含有微生物、人体组织、生物制品、血液及其制品的,人类医学、生命科学研究用〕,〔403 其他化工产品〕

④ 〔401 含有微生物、人体组织、生物制品、血液及其制品的,诊断人类疾病用〕,〔402 含有微生物、人体组织、生物制品、血液及其制品的,人类医学、生命科学研究用〕,〔403 其他化工产品〕

⑤ 〔401 含有微生物、人体组织、生物制品、血液及其制品的,诊断人类疾病用〕,〔402 含有微生物、人体组织、生物制品、血液及其制品的,人类医学、生命科学研究用〕,〔403 其他化工产品〕

⑥ 〔101 非商品化动物体外诊断试剂〕,〔102 商品化动物体外诊断试剂〕,〔103 含动物源性成分的非商品化诊断试剂〕,〔104 含动物源性成分的商品化诊断试剂〕,〔105 含动物源性成分的非商品化实验用试剂〕,〔106 含动物源性成分的商品化实验用试剂〕,〔107 含有微生物、人体组织、生物制品、血液及其制品,并含有一级风险动物源性生物材料成分的,诊断人类疾病用〕,〔108 含有微生物、人体组织、生物制品、血液及其制品,并含有二级风险动物源性生物材料成分的,诊断人类疾病用〕,〔109 含有微生物、人体组织、生物制品、血液及其制品,并含有三级风险动物源性生物材料成分的,诊断人类疾病用〕,〔110 含有微生物、人体组织、生物制品、血液及其制品,并含有四级风险动物源性生物材料成分的,诊断人类疾病用〕,〔111 含人血及其成分,并含有一级风险动物源性生物材料成分的,人类医学、生命科学研究用〕,〔112 含人血及其成分,并含有二级风险动物源性生物材料成分的,人类医学、生命科学研究用〕,〔113 含人血及其成分,并含有三级风险动物源性生物材料成分的,人类医学、生命科学研究用〕,〔114 含人血及其成分,并含有四级风险动物源性生物材料成分的,人类医学、生命科学研究用〕,〔115 含人体组织、细胞、体液、分泌物、排泄物的,并含有一级风险动物源性生物材料成分的,人类医学、生命科学研究用〕,〔116 含人体组织、细胞、体液、分泌物、排泄物的,并含有二级风险动物源性生物材料成分的,人类医学、生命科学研究用〕,〔117 含人体组织、细胞、体液、分泌物、排泄物的,并含有三级风险动物源性生物材料成分的,人类医学、生命科学研究用〕,〔118 含人体组织、细胞、体液、分泌物、排泄物的,并含有四级风险动物源性生物材料成分的,人类医学、生命科学研究用〕,〔119 含人间传染的病原微生物成分,并含有一级风险动物源性生物材料成分的,人类医学、生命科学研究用〕,〔120 含人间传染的病原微生物成分,并含有二级风险动物源性生物材料成分的,人类医学、生命科学研究用〕,〔121 含人间传染的病原微生物成分,并含有三级风险动物源性生物材料成分的,人类医学、生命科学研究用〕,〔122 含人间传染的病原微生物成分,并含有四级风险动物源性生物材料成分的,人类医学、生命科学研究用〕,〔123 含除人血及其成分、人体组织、细胞、体液、分泌物、排泄物外、病原微生物外其他特殊物品成分的,并含有一级风险动物源性生物材料成分的,人类医学、生命科学研究用〕,〔124 含除人血及其成分、人体组织、细胞、体液、分泌物、排泄物外、病原微生物外其他特殊物品成分的,并含有二级风险动物源性生物材料成分的,人类医学、生命科学研究用〕,〔125 含除人血及其成分、人体组织、细胞、体液、分泌物、排泄物外、病原微生物外其他特殊物品成分的,并含有三级风险动物源性生物材料成分的,人类医学、生命科学研究用〕,〔126 含除人血及其成分、人体组织、细胞、体液、分泌物、排泄物外、病原微生物外其他特殊物品成分的,并含有四级风险动物源性生物材料成分的,人类医学、生命科学研究用〕,〔301 危险化学品,易燃液体〕,〔302 其他化工品〕,〔401 含有微生物、人体组织、生物制品、血液及其制品,诊断人类疾病用〕,〔402 含人血及其成分,人类医学、生命科学研究用〕,〔403 含人体组织、细胞、体液、分泌物、排泄物的,人类医学、生命科学研究用〕,〔404 含人间传染的病原微生物成分,人类医学、生命科学研究用〕,〔405 含除人血及其成分、人体组织、细胞、体液、分泌物、排泄物外、病原微生物外其他特殊物品成分的,人类医学、生命科学研究用〕

协定税率(%)																		特惠税率(%)			Article Description
智利	新西兰	澳大利亚	瑞士	冰岛	秘鲁	哥斯达	东盟	亚太	新加坡	巴基斯坦	港/澳/台	韩国	格鲁吉亚	毛里求斯	柬埔寨	尼加拉瓜	日/韩/澳/新/东(RCEP)	亚太2国	老/柬/缅	LDC 98/97/95	
0	0	0	0	0	0	0	0			4	0/0/	0	0	0	0	0	4.7/0/0/0/0			0/0/0	Huydraulic brake fluids and other prepared liquids for hydraulic transmission, not containing or containing less than 70% by weight of petroleum oils or oils obtaines from bituminous minerals
																					Anti-freezing preparations and prepared de-icing fluids:
0	0	0	0	0	0	0	0		0	2.5	0/0/	0	0	0	0	9	7.3/7/0/0/0			0/0/0	Anti-freezing preparations and prepared de-icing fluids
																					Prepared culture media for the development or maintenance of micro-organisms (including viruses and the like) or of plant, human or animal cells:
0	0	0	0	0	0	0	0			0	0/0/	0	0	0	0	0	0/0/0/0/0			0/0/0	Prepared culture media for the development or maintenance of micro-organisms (including viruses and the like) or of plant, human or animal cells
																					Diagnostic or laboratory reagents on a backing, prepared diagnostic or laboratory reagents whether or not on a backing, whether or not put up in the form of kits, other than those of heading 30.06; certified reference materials:
0	0	0	1.2	0	0	0	0			0	0/0/	0	0	0	0	0	2.2/0/0/0/0			0/0/0	--For malaria
0	0	0	1.2	0	0	0	0			0	0/0/	0	0	0	0	0	0/0/0/0/0			0/0/0	--For Zika and other diseases transmitted by mosquitoes of the genus Aedes
0	0	0	0	0	0	0	0			0	0/0/	0	0	0	0	0	2.2/0/0/0/0			0/0/0	--For blood-grouping
0	0	0	1.2	0	0	0	0			0	0/0/	0	0	0	0	0	0/0/0/0/0			0/0/0	--Other
0	0	0	0	0	0	0	0			0	0/0/	0	0	0	0	0	0/0/0/0/0			0/0/0	-Other

商品编号	商品名称及备注[检验检疫编码及名称]	进口关税(%) 最惠国	普通	增值税率(%)	消费税	计量单位	监管条件	检验检疫类别	对美税率	出口税率(%)	出口退税率(%)
3822900000	有证标准样品①	4.5	35	13		千克	AB	V/W		0	
3823	**工业用单羧脂肪酸;精炼所得的酸性油;工业用脂肪醇:**										
38231100	--硬脂酸										13
3823110000	硬脂酸〔101 其他饲料添加剂〕,〔999 其他〕	16	50	13		千克			41%	0	
38231200	--油酸										13
3823120000[暂8]	油酸〔301 无检疫要求食品添加剂〕,〔302 需申报仅用于工业用途不用于食品添加剂无检疫要求的化学品〕	16	50	13		千克	A	R/	33%	0	
38231300	--妥尔油脂肪酸										0
3823130000	妥尔油脂肪酸〔999〕	16	50	13		千克			21%	0	
38231900	--其他										0
3823190001[暂5]	植物酸性油(酸性油仅指精炼所得的)〔999〕	16	50	13		千克			30%	0	
3823190002[暂10]	植物油脱臭馏出物(DD 油)〔999〕	16	50	13		千克			35%	0	
3823190090	其他工业用单羧脂肪酸、酸性油(酸性油仅指精炼所得的)〔301 危险化学品,腐蚀性物质〕,〔302 其他〕	16	50	13		千克			41%	0	
38237000	-工业用脂肪醇										0
3823700000[暂9]	工业用脂肪醇〔999〕	13	50	13		千克			34%	0	
3824	**铸模及铸芯用黏合剂;其他税目未列名的化学工业及其相关工业的化学产品及配制品(包括由天然产品混合组成的):**										
38241000	-铸模及铸芯用黏合剂										13
3824100000	铸模及铸芯用黏合剂〔301 危险化学品,易燃液体〕,〔302 其他化工品〕	6.5	35	13		千克			16.5%	0	
38243000	-自身混合或与金属黏合剂混合的未烧结金属碳化物										0
3824300010	混合的未烧结金属碳化钨(包括自身混合或与金属黏合剂混合的)〔999〕	6.5	35	13		千克	4xy		11.5%	0	
3824300090	其他混合的未烧结金属碳化物(包括自身混合或与金属黏合剂混合的)〔999〕	6.5	35	13		千克			11.5%	0	
38244010	---高效减水剂										13
3824401000	高效减水剂〔301 危险化学品,易燃液体〕,〔302 其他〕	6.5	35	13		千克			31.5%	0	
38244090	---其他										0
3824409000	其他水泥、灰泥及混凝土用添加剂〔301 危险化学品,易燃液体〕,〔302 其他〕	6.5	35	13		千克		L/	16.5%	0	
38245000	-非耐火的灰泥及混凝土										0
3824500000	非耐火的灰泥及混凝土〔999〕	6.5	35	13		千克			26.5%	0	
38246000	-子目 2905.44 以外的山梨醇										0
3824600000	编号 290544 以外的山梨醇〔999〕	14	40	13		千克			24%	0	
38248100	--含环氧乙烷(氧化乙烯)的										0
3824810000	含环氧乙烷(氧化乙烯)的混合物〔999〕	6.5	35	13		千克			31.5%	0	
38248200	--含多氯联苯(PCBs)、多氯三联苯(PCTs)或多溴联苯(PBBs)的										0
3824820010	含多氯联苯(PCBs)或六溴联苯的混合物〔301 〕,〔302 〕	6.5	35	13		千克	89			0	
3824820090	含多氯三联苯(PCTs)或其他多溴联苯(PBBs)的混合物〔301 危险化学品,杂项物质〕,〔302 其他化工产品〕	6.5	35	13		千克				0	
38248300	--含三(2,3-二溴丙基)磷酸酯的										0

① 〔101 动物源性〕,〔102 含有微生物、人体组织、生物制品、血液及其制品,并含有一级风险动物源性生物材料成分的,诊断人类疾病用〕,〔103 含有微生物、人体组织、生物制品、血液及其制品,并含有二级风险动物源性生物材料成分的,诊断人类疾病用〕,〔104 含有微生物、人体组织、生物制品、血液及其制品,并含有三级风险动物源性生物材料成分的,诊断人类疾病用〕,〔105 含有微生物、人体组织、生物制品、血液及其制品,并含有四级风险动物源性生物材料成分的,诊断人类疾病用〕,〔106 含人血及其成分,并含有一级风险动物源性生物材料成分的,人类医学、生命科学研究用〕,〔107 含人血及其成分,并含有二级风险动物源性生物材料成分的,人类医学、生命科学研究用〕,〔108 含人血及其成分,并含有三级风险动物源性生物材料成分的,人类医学、生命科学研究用〕,〔109 含人血及其成分,并含有四级风险动物源性生物材料成分的,人类医学、生命科学研究用〕,〔110 含人体组织、细胞、体液、分泌物、排泄物的,并含有一级风险动物源性生物材料成分的,人类医学、生命科学研究用〕,〔111 (含人体组织、细胞、体液、分泌物、排泄物的,并含有二级风险动物源性生物材料成分的,人类医学、生命科学研究用〕,〔112 含人体组织、细胞、体液、分泌物、排泄物的,并含有三级风险动物源性生物材料成分的,人类医学、生命科学研究用〕,〔113 含人体组织、细胞、体液、分泌物、排泄物的,并含有四级风险动物源性生物材料成分的,人类医学、生命科学研究用〕,〔114 含人间传染的病原微生物成分,并含有一级风险动物源性生物材料成分的,人类医学、生命科学研究用〕,〔115 含人间传染的病原微生物成分,并含有二级风险动物源性生物材料成分的,人类医学、生命科学研究用〕,〔116 含人间传染的病原微生物成分,并含有三级风险动物源性生物材料成分的,人类医学、生命科学研究用〕,〔117 含人间传染的病原微生物成分,并含有四级风险动物源性生物材料成分的,人类医学、生命科学研究用〕,〔118 含除人血及其成分、人体组织、细胞、体液、分泌物、排泄物外、病原微生物外其他特殊物品成分的,并含有一级风险动物源性生物材料成分的,人类医学、生命科学研究用〕,〔119 含除人血及其成分、人体组织、细胞、体液、分泌物、排泄物外、病原微生物外其他特殊物品成分的,并含有二级风险动物源性生物材料成分的,人类医学、生命科学研究用〕,〔120 含除人血及其成分、人体组织、细胞、体液、分泌物、排泄物外、病原微生物外其他特殊物品成分的,并含有三级风险动物源性生物材料成分的,人类医学、生命科学研究用〕,〔121 含除人血及其成分、人体组织、细胞、体液、分泌物、排泄物外、病原微生物外其他特殊物品成分的,并含有四级风险动物源性生物材料成分的,人类医学、生命科学研究用〕,〔301 危险化学品,易燃液体〕,〔302 其他化工品〕,〔401 含有微生物、人体组织、生物制品、血液及其制品,诊断人类疾病用〕,〔402 含人血及其成分,人类医学、生命科学研究用〕,〔403 含人体组织、细胞、体液、分泌物、排泄物的,人类医学、生命科学研究用〕,〔404 含人间传染的病原微生物成分,人类医学、生命科学研究用〕,〔405 含除人血及其成分、人体组织、细胞、体液、分泌物、排泄物外、病原微生物外其他特殊物品成分的,人类医学、生命科学研究用〕

协定税率(%)																		特惠税率(%)			
智利	新西兰	澳大利亚	瑞士	冰岛	秘鲁	哥斯达	东盟	亚太	新加坡	巴基斯坦	港/澳/台	韩国	格鲁吉亚	毛里求斯	柬埔寨	尼加拉瓜	日/韩/澳/新/东(RCEP)	亚太2国	老/柬/缅	LDC 98/97/95	Article Description
																					Industrial monocarboxylic fatty acids; acid oils from refining; industrial fatty alcohols:
0	0	0	0		0	0	0			12.8	0/0/	5.3	0	0	0	14.9	13/12.8/13.6/13.6/12.8			0/0/0	--Stearic acid
0	0	0	0		0	0	0		0	12.8	0/0/	5.3	0	0	0	14.9	13/12.8/13.6/13.6/12.8			0/0/0	--Oleic acid
0	0	0	0	0	0	0	0		0	12.8	0/0/	5.3	0	0	0	14.9	13/11.2/11.2/11.2/11.2			0/0/0	--Tall oil fatty acids
0	0	0	0	0	0	0	0		0	12.8	0/0/	5.3	0	0	0	14.9	13/12.8/13.6/13.6/12.8			0/0/0	--Other
0	0	0	0	0	0	0	0		0	6.5	0/0/	4.3	0	0	0	12.1	10.6/10.4/11.1/11.1/10.4			0/0/0	-Industrial fatty alcohols
																					Prepared binders for foundry moulds or cores; chemical products and preparations of the chemical or allied industries (including those consisting of mixtures of natural products), not elsewhere specified or included:
0	0	0	0	0	0	0	0			0	0/0/	0	0	0	0	0	4.7/4.6/0/0/0			0/0/0	-Prepared binders for foundry moulds or cores
0	0	0	0	0	0	0	0			0	0/0/	0	0	0	0	0	4.7/0/0/0/0			0/0/0	-Non-agglomerated metal carbides mixed together or with metallic binders
0	0	0	0	0	0	0	0			0	0/0/	2.1	0	0	0	0	5.3/4.6/4.6/4.6/4.6			0/0/0	---High efficiency water reducing agent
0	0	0	0	0	0	0	0			0	0/0/	0	0	0	0	0	4.7/0/0/0/0			0/0/0	---Other
0	0	0	0	0	0	0	0			0	0/0/	0	0	0	0	0	4.7/0/0/0/0			0/0/0	-Non-refractory mortars and concretes
0	0	0	0	0	0	0	0		0	11.2	0/0/	0	0	0	0	13.1	10.2/9.8/0/0/0			0/0/0	-Sorbitol other than that of subheading 2905.44
0	0	0	0	0	0	0	0	4.2		0	0/0/	0	0	0	0	0	4.7/0/0/0/0			0/0/0	--Containing oxirane (ethylene oxide)
0	0	0	0	0	0	0	0	4.2		0	0/0/	0	0	0	0	0	4.7/0/0/0/0			0/0/0	--Containing polychlorinated biphenyls (PCBs), polychlorinated terphenyls (PCTs) or polybrominated biphenyls (PBBs)
0	0	0	0	0	0	0	0	4.2		0	0/0/	0	0	0	0	0	4.7/0/0/0/0			0/0/0	--Containing tris (2, 3-dibromopropyl) phosphate

商品编号	商品名称及备注［检验检疫编码及名称］	进口关税(%)		增值税率(%)	消费税	计量单位	监管条件	检验检疫类别	对美税率	出口税率(%)	出口退税率(%)
		最惠国	普通								
3824830000	含三(2,3-二溴丙基)磷酸酯的混合物〔999〕	6.5	35	13		千克				0	
38248400	--含艾氏剂(ISO)、毒杀芬(ISO)、氯丹(ISO)、十氯酮(ISO)、DDT(ISO)［滴滴涕(INN)、1,1,1-三氯-2,2-双(4-氯苯基)乙烷］、狄氏剂(ISO,INN)、硫丹(ISO)、异狄氏剂(ISO)、七氯(ISO)或灭蚁灵(ISO)的										0
3824840000	含艾氏剂(ISO)、毒杀芬(ISO)、氯丹(ISO)、十氯酮(ISO)、DDT(ISO)［滴滴涕(INN)、1,1,1-三氯-2,2-双(4-氯苯基)乙烷］、狄氏剂(ISO,INN)、硫丹(ISO)、异狄氏剂(ISO)、七氯(ISO)或灭蚁灵(ISO)的〔999 其他化工产品〕	6.5	35	13		千克	89			0	
38248500	--含1,2,3,4,5,6-六氯环己烷［六六六(ISO)］,包括林丹(ISO,INN)的										0
3824850000	含1,2,3,4,5,6-六氯环己烷［六六六(ISO)］,包括林丹(ISO,INN)〔999 其他化工产品〕	6.5	35	13		千克	89			0	
38248600	--含五氯苯(ISO)或六氯苯(ISO)的										13
3824860000	含五氯苯(ISO)或六氯苯(ISO)的〔999 其他化工产品〕	6.5	35	13		千克	89			0	
38248700	--含全氟辛基磺酸及其盐,全氟辛基磺胺或全氟辛基磺酰氯的										13
3824870000	含全氟辛基磺酸及其盐,全氟辛基磺胺或全氟辛基磺酰氯的〔999 其他化工产品〕	6.5	35	13		千克				0	
38248800	--含四、五、六、七或八溴联苯醚的										13
3824880010	含四、五、六或七溴联苯醚的〔301 危险化学品,杂项物质〕,〔302 其他化工品〕	6.5	35	13		千克	89			0	
3824880020	含八溴联苯醚的〔999〕	6.5	35	13		千克				0	
38248900	--含短链氯化石蜡的										13
3824890001	不具有人造蜡特性的短链氯化石蜡〔301 危险化学品,杂项物质〕,〔302 其他化工品〕	6.5	35	13		千克	89			0	
3824890090	含短链氯化石蜡的其他编号未列名的化工产品(CAS85535-84-8 等)〔301 危险化学品,杂项物质〕,〔302 其他化工品〕	6.5	35	13		千克	89			0	
38249100	--主要由(5-乙基-2-甲基-2 氧代-1,3,2-二氧磷杂环己-5-基)甲基膦酸二甲酯和双［(5-乙基-2-甲基-2 氧代-1,3,2-二氧磷杂环己-5-基)甲基］甲基膦酸酯(阻燃剂 FRC-1)组成的混合物及制品										13
3824910000	主要由(5-乙基-2-甲基-2 氧代-1,3,2-二氧磷杂环己-5-基)甲基膦酸二甲酯和双［(5-乙基-2-甲基-2 氧代-1,3,2-二氧磷杂环己-5-基)甲基］甲基膦酸酯(阻燃剂 FRC-1)组成的混合物及制品〔301 危险化学品,易燃液体〕,〔302 其他化工品〕	6.5	35	13		千克				0	
38249200	--甲基膦酸聚乙二醇酯										13
3824920000	甲基膦酸聚乙二醇酯〔999〕	6.5	35	13		千克				0	
38249910	---杂醇油										0
3824991000	杂醇油〔301 危险化学品,易燃液体〕,〔302 其他化工品〕	6.5	40	13		千克			16.5%	0	
38249920	---除墨剂、蜡纸改正液及类似品										0
3824992000	除墨剂、蜡纸改正液及类似品〔301 危险化学品,易燃液体〕,〔302 其他化工品〕	9	80	13		千克			29%	0	
38249930	---增炭剂										0
3824993000	增炭剂〔999 其他化工产品〕	6.5	35	13		千克				0	
38249991	----按重量计含滑石 50%以上的混合物										0
3824999100	按重量计含滑石 50%以上的混合物〔999〕	6.5	35	13		千克	4xy		31.5%	0	
38249992	----按重量计含氧化镁 70%以上的混合物										0
3824999200	按重量计含氧化镁 70%以上的混合物〔999〕	6.5	35	13		千克	4xy			0	
38249993	----表面包覆钴化物的氢氧化镍(掺杂碳)										13
3824999300	表层包覆钴化合物的氢氧化镍(掺杂碳)〔999 其他化工产品〕	6.5	35	13		千克				0	
38249999	----其他										
3824999910	粗制碳化硅［其中碳化硅含量大于 15%(按重量计)］〔999〕	6.5	35	13		千克	4xy			0	0
3824999920	混胺(二甲胺和三乙胺混合物的水溶液)〔301 危险化学品,易燃液体〕,〔302 其他化工品〕	6.5	35	13		千克	3			0	0
3824999930	氰化物的混合物〔301 危险化学品,毒性物质〕,〔302 其他化工品〕	6.5	35	13		千克				0	0
3824999940	膨胀石墨〔999〕	6.5	35	13		千克	3			0	0
3824999950	三乙醇胺混合物、甲基二乙醇胺混合物、环状膦酸酯 A 和环状膦酸酯 B 的混合物〔999〕	6.5	35	13		千克	23			0	13
3824999960[暂0]	高钛渣(二氧化钛质量百分含量>70%的)〔999 其他化工产品〕	6.5	35	13		千克				0	0

协定税率(%)																		特惠税率(%)			Article Description
智利	新西兰	澳大利亚	瑞士	冰岛	秘鲁	哥斯达	东盟	亚太	新加坡	巴基斯坦	港/澳/台	韩国	格鲁吉亚	毛里求斯	柬埔寨	尼加拉瓜	日/韩/澳/新/东(RCEP)	亚太2国	老/柬/缅	LDC 98/97/95	
0	0	0		0	0	0	0	4.2	0	0	0/0/	2.1	0	0	0	0	5.3/4.6/4.6/4.6/4.6			0/0/0	--Containing aldrin (ISO), camphechlor (ISO) (toxaphene), chlordane (ISO), chlordecone (ISO), DDT (ISO) (clofenotane (INN), 1,1,1-trichloro-2,2-bis (p-chlorophenyl) ethane), dieldrin (ISO, INN), endosulfan (ISO), endrin (ISO), heptachlor (ISO) or mirex (ISO)
0	0	0		0	0	0	0	4.2	0	0	0/0/	2.1	0	0	0	0	5.3/4.6/4.6/4.6/4.6			0/0/0	--Containing 1,2,3,4,5,6-hexachlorocyclohexane (HCH (ISO)), including lindane (ISO, INN)
0	0	0		0	0	0	0	4.2	0	0	0/0/	2.1	0	0	0	0	5.3/4.6/4.6/4.6/4.6			0/0/0	--Containing pentachlorobenzene (ISO) or hexachlorobenzene (ISO)
0	0	0		0	0	0	0	4.2	0	0	0/0/	2.1	0	0	0	0	5.3/4.6/4.6/4.6/4.6			0/0/0	--Containing perfluorooctane sulphonic acid, its salts, perfluorooctane sulphonamides, or perfluorooctane sulphonyl fluoride
0	0	0		0	0	0	0	4.2	0	0	0/0/	2.1	0	0	0	0	5.3/4.6/4.6/4.6/4.6			0/0/0	--Containing tetra-, penta-, hexa-, hepta-or octabromodiphenyl ethers
0	0	0		0	0	0	0	4.2	0	0	0/0/	2.1	0	0	0	0	5.3/4.6/4.6/4.6/4.6			0/0/0	--Containing short-chain chlorinated paraffins
0	0	0		0	0	0	0	4.2	0	0	0/0/	2.1	0	0	0	0	5.3/4.6/4.6/4.6/4.6			0/0/0	--Mixtures and preparations consisting mainly of (5-ethyl-2-methyl-2-oxido-1,3,2-dioxaphosphinan-5-yl) methyl methyl methylphosphonate and bis ((5-ethyl-2-methyl-2-oxido-1,3,2-dioxaphosphinan-5-yl) methyl) methylphosphonate
0	0	0		0	0	0	0	4.2	0	0	0/0/	2.1	0	0	0	0	5.3/4.6/4.6/4.6/4.6			0/0/0	--Polyglycol esters of methylphosphonic acid
0	0	0	0	0	0	0	0	4.2	0	4	0/0/	0	0	0	0	0	4.7/4.6/0/0/0			0/0/0	---Fusel oil
0	0	0	0	0	0	0	0	5.9	0	0	0/0/	0	0	0	0	8.1	6.5/0/0/0/0			0/0/0	---Ink-removers, stencil correctors and the like
0	0	0	0	0	0	0	0	5.2	0	0	0/0/	0	0	0	0	0	4.7/0/0/0/0			0/0/0	---Carburetant
0	0	0	0	0	0	0	0	4.2	0	0	0/0/	0	0	0	0	0	4.7/0/0/0/0			0/0/0	----Mixtures containing more than 50% by weight of talc
0	0	0	0	0	0	0	0	4.2	0	0	0/0/	0	0	0	0	0	4.7/0/0/0/0			0/0/0	----Mixtures containing more than 70% by weight of magnesium oxide
0	0	0		0	0	0	0	4.2	0	0	0/0/	2.1	0	0	0	0	5.3/4.6/4.6/4.6/4.6			0/0/0	----Nickelous hydroxide (doped carbon) covered on the face side with cobalt compound
0	0	0		0	0	0	0	4.2	0	0	0/0/	2.1	0	0	0	0	5.3/4.6/4.6/4.6/4.6			0/0/0	----Other

商品编号	商品名称及备注[检验检疫编码及名称]	进口关税(%)		增值税率(%)	消费税	计量单位	监管条件	检验检疫类别	对美税率	出口税率(%)	出口退税率(%)
		最惠国	普通								
3824999970	核苷酸类食品添加剂①	6.5	35	13		千克	AB	R/S		0	13
3824999980[暂3]	按重量计氧化锌含量在50%及以上的混合物[999 其他化工产品]	6.5	35	13		千克				0	0
3824999991	短链氯化石蜡(不具有人造蜡特性)[101 危险化学品],[102 其他化工产品]	6.5	35	13		千克	89			0	13
3824999992[暂0]	用于生产聚酰胺的发酵液(含氨基酸、有机酸、有机胺、有机醇、核苷酸、多糖等)②	6.5	35	13		千克				0	13
3824999993[暂0]	载金炭[999]	6.5	35	13		千克				0	13
3824999994	全氟辛酸的盐类和相关化合物(PFOA类)[999]	6.5	35	13		千克	X			0	
3824999995[暂3]	粗氢氧化镍钴[999]	6.5	35	13		千克				0	
3824999999	其他编号未列名的化工产品[包括水解物或水解料、DMC(六甲基环三硅氧烷,八甲基环四硅氧烷,十甲基环五硅氧烷,十二甲基环六硅氧烷中任何2种、3种或4种组成的混合物)]③	6.5	35	13		千克				0	13
3825	**其他税目未列名的化学工业及其相关工业的副产品;城市垃圾;下水道淤泥;本章注释六所规定的其他废物:**										
38251000	-城市垃圾										0
3825100000	城市垃圾(包括未经分拣的混合生活垃圾)[999]	6.5	35	13		千克	9			0	
38252000	-下水道淤泥										0
3825200000	下水道淤泥[999]	6.5	35	13		千克	9			0	
38253000	-医疗废物										0
3825300000	医疗废物[999]	6.5	35	13		千克	9			0	
38254100	--卤化物的										0
3825410000	废卤化物的有机溶剂[999]	6.5	35	13		千克	9			0	
38254900	--其他										0
3825490000	其他废有机溶剂[999]	6.5	35	13		千克	9			0	
38255000	-废的金属酸洗液、液压油、制动油及防冻液										0
3825500000	废的金属酸洗液、液压油及制动油(还包括废的防冻液)[999]	6.5	35	13		千克	9			0	
38256100	--主要含有有机成分的										0
3825610000	主要含有有机成分的化工废物(其他化学工业及相关工业的废物)[999]	6.5	35	13		千克	9			0	
38256900	--其他										0
3825690001	经掺杂的氮化镓废物[999]	6.5	35	13		千克	39			0	
3825690002	经掺杂的氧化镓废物[999]	6.5	35	13		千克	39			0	
3825690003	经掺杂的磷化镓废物[999]	6.5	35	13		千克	39			0	
3825690004	经掺杂的砷化镓废物[999]	6.5	35	13		千克	39			0	
3825690005	经掺杂的铟镓砷废物[999]	6.5	35	13		千克	39			0	
3825690006	经掺杂的硒化镓废物[999]	6.5	35	13		千克	39			0	
3825690007	经掺杂的锑化镓废物[999]	6.5	35	13		千克	39			0	
3825690008	经掺杂的磷锗锌废物[999]	6.5	35	13		千克	39			0	
3825690009	经掺杂的二氧化锗废物[999]	6.5	35	13		千克	39			0	
3825690010	经掺杂的四氯化锗废物[999]	6.5	35	13		千克	39			0	
3825690090	其他化学工业及相关工业的废物[301 危险化学品,腐蚀性物质],[302 其他]	6.5	35	13		千克	9			0	
38259000	-其他										0
3825900010	浓缩糖蜜发酵液[301 无检疫要求食品添加剂],[302 需申报仅用于工业用途不用于食品添加剂无检疫要求的化学品]	6.5	35	13		千克	A	R/	31.5%	0	
3825900090	其他商品编号未列名化工副产品及废物[999]	6.5	35	13		千克	9		31.5%	0	
3826	**生物柴油及其混合物,不含或含有按重量计低于70%的石油或从沥青矿物提取的油类:**										
38260000	生物柴油及其混合物,不含或含有按重量计低于70%的石油或从沥青矿物提取的油类										0
3826000001	纯生物柴油[999]	6.5	35	13		千克/升			31.5%	0	
3826000090	其他生物柴油及其混合物[301 危险化学品,易燃液体],[302 其他]	6.5	35	13	1.2元/升	千克/升			31.5%	0	

① [301 有检疫要求食品添加剂],[302 需申报仅用于工业用途不用于食品添加剂有检疫要求的化学品],[999 其他化工产品]

② [999 包括水解物或水解料、DMC(六甲基环三硅氧烷,八甲基环四硅氧烷,十甲基环五硅氧烷,十二甲基环六硅氧烷中任何2种,3种或4种组成的混合物)]

③ [301 危险化学品,气体],[302 危险化学品,易燃液体],[303 危险化学品,易燃固体],[304 危险化学品,遇水放出易燃气体的物质],[305 危险化学品,有机过氧化物],[306 危险化学品,腐蚀性物质],[307 危险化学品,杂项物质],[308 其他危险化学品],[309 其他化工品,不用作食品添加剂],[310 其他化工品,用作食品添加剂],[311 危险化学品,用作食品添加剂]

协定税率(%)																		特惠税率(%)			Article Description
智利	新西兰	澳大利亚	瑞士	冰岛	秘鲁	哥斯达	东盟	亚太	新加坡	巴基斯坦	港/澳/台	韩国	格鲁吉亚	毛里求斯	柬埔寨	尼加拉瓜	日/韩/澳/新/东(RCEP)	亚太2国	老/柬/缅	LDC 98/97/95	
																					Residual products of the chemical or allied industries, not elsewhere specified or included; municipal waste; sewage sludge; other wastes specified in Note 6 to this Chapter:
0	0	0	0	0	0	0	0			0	0/0/	0	0	0	0	0	4.7/0/0/0/0			0/0/0	-Municipal waste
0	0	0	0	0	0	0	0			0	0/0/	0	0	0	0	0	4.7/0/0/0/0			0/0/0	-Sewage sludge
0	0	0	0	0	0	0	0			0	0/0/	0	0	0	0	0	4.7/0/0/0/0			0/0/0	-Clinical waste
0	0	0	0	0	0	0	0			0	0/0/	0	0	0	0	0	4.7/0/0/0/0			0/0/0	--Halogenated
0	0	0	0	0	0	0	0			0	0/0/	0	0	0	0	0	4.7/0/0/0/0			0/0/0	--Other
0	0	0	0	0	0	0	0		0	0	0/0/	0	0	0	0	0	4.7/0/0/0/0			0/0/0	-Wastes of metal pickling liquors, hydraulic fluids, brake fluids and antifreeze fluids
0	0	0	0	0	0	0	0			0	0/0/	0	0	0	0	0	4.7/0/0/0/0			0/0/0	--Mainly containing organic constituents
0	0	0	0	0	0	0	0			0	0/0/	0	0	0	0	0	4.7/0/0/0/0			0/0/0	--Other
0	0	0	0	0	0	0	0			0	0/0/	0	0	0	0	0	4.7/0/0/0/0			0/0/0	-Other
																					Biodiesel and mixtures thereof, not containing or containing less than 70% by weight of petroleum oils or oils obtained from bituminous minerals:
0	0	0		0	0	0	0	4.2		0	0/0/	2.1	0	0	0	0	5.3/4.6/4.6/4.6/4.6			0/0/0	Biodiesel and mixtures thereof, not containing or containing less than 70% by weight of petroleum oils or oils obtained from bituminous minerals

商品编号	商品名称及备注[检验检疫编码及名称]	进口关税(%)		增值税率(%)	消费税	计量单位	监管条件	检验检疫类别	对美税率	出口税率(%)	出口退税率(%)
		最惠国	普通								
3827	其他税目未列名的，含甲烷、乙烷或丙烷的卤化衍生物的混合物：										
38271100	--含全氯氟烃（CFCs）的，不论是否含氢氯氟烃（HCFCs）、全氟烃（PFCs）或氢氟烃（HFCs）										0
3827110010	二氯二氟甲烷与二氟乙烷的混合物、一氯二氟甲烷与一氯五氟乙烷的混合物、三氟甲烷与一氯三氟甲烷的混合物（R-500、R-502、R-503）〔999〕	6.5	35	13		千克	14ABxy	M/N	11.5%	0	
3827110020	一氯二氟甲烷与二氯二氟甲烷的混合物、二氟甲烷与一氯五氟乙烷的混合物、二氯二氟甲烷与一氯一氟甲烷的混合物、一氯一氟甲烷与二氯四氟乙烷的混合物、二氯二氟甲烷与二氯四氟乙烷的混合物（R-501、R-504、R-505、R-506、R-400）〔999〕	6.5	35	13		千克	14xy		11.5%	0	
3827110090	其他含全氯氟烃（CFCs）的混合物，不论是否含氢氯氟烃（HCFCs）、全氟烃（PFCs）或氢氟烃（HFCs）〔999〕	6.5	35	13		千克	14xy		11.5%	0	
38271200	--含氢溴氟烃（HBFCs）的										0
3827120000	含氢溴氟烃（HBFCs）的混合物〔999〕	6.5	35	13		千克	14xy			0	
38271300	--含四氯化碳的										0
3827130000	含四氯化碳的混合物〔999〕	6.5	35	13		千克			11.5%	0	
38271400	--含1,1,1-三氯乙烷（甲基氯仿）的										0
3827140000	含1,1,1-三氯乙烷（甲基氯仿）的混合物〔301 危险化学品，易燃液体〕，〔302 其他化工品〕	6.5	35	13		千克	1		31.5%	0	
38272000	-含溴氯二氟甲烷（Halon-1211）、三氟溴甲烷（Halon-1301）或二溴四氟乙烷（Halon-2402）的										0
3827200000	含溴氯二氟甲烷（Halon-1211）、三氟溴甲烷（Halon-1301）或二溴四氟乙烷（Halon-2402）的混合物〔999〕	6.5	35	13		千克	14xy			0	
38273100	--含子目2903.41至2903.48物质的										13
3827310011	一氯二氟甲烷、二氟乙烷和一氯四氟乙烷的混合物〔999〕	6.5	35	13		千克	14xy			0	
3827310012	五氟乙烷、丙烷和一氯二氟甲烷的混合物〔301 危险化学品，气体〕，〔302 其他化工品〕	6.5	35	13		千克	14xy			0	
3827310013	一氯二氟甲烷、二氟乙烷、一氯二氟乙烷和八氟环丁烷的混合物〔999〕	6.5	35	13		千克	14xy			0	
3827310014	五氟乙烷、三氟乙烷和一氯二氟甲烷的混合物〔301 危险化学品，气体〕，〔302 其他化工品〕	6.5	35	13		千克	14xy			0	
3827310015	丙烯、一氯二氟甲烷和二氟乙烷的混合物〔999〕	6.5	35	13		千克	14xy			0	
3827310016	一氯二氟甲烷和二氟乙烷的混合物〔999〕	6.5	35	13		千克	14xy			0	
3827310017	四氟乙烷、一氯四氟乙烷和丁烷的混合物〔301 危险化学品，气体〕，〔302 其他化工品〕	6.5	35	13		千克	14xy			0	
3827310018	丙烷、一氯二氟甲烷和二氟乙烷的混合物〔999〕	6.5	35	13		千克	14xy			0	
3827310090	其他含2903430010、2903430020、2903420000、2903410000、2903440010、2903440020、2903450000、2903470000、2903480000、2903460010、2903460020、2903460030、2903460040对应物质的含氢氯氟烃（这里的烃是指甲烷、乙烷及丙烷）混合物，但不含CFCs〔301 危险化学品，气体〕，〔302 其他化工品〕	6.5	35	13		千克	14xy			0	
38273200	--其他，含子目2903.71至2903.75物质的										13
3827320011	丙烷、一氯二氟甲烷和八氟丙烷的混合物〔999〕	6.5	35	13		千克	14xy			0	
3827320012	一氯二氟甲烷、2-甲基丙烷和一氯二氟乙烷的混合物〔999〕	6.5	35	13		千克	14xy			0	
3827320013	一氯二氟甲烷、一氯四氟乙烷和一氯二氟乙烷的混合物〔999〕	6.5	35	13		千克	14xy			0	
3827320014	一氯二氟甲烷、八氟丙烷和一氯二氟乙烷的混合物〔999〕	6.5	35	13		千克	14xy			0	
3827320015	一氯二氟甲烷、一氯四氟乙烷、一氯二氟乙烷和2-甲基丙烷的混合物〔999〕	6.5	35	13		千克	14xy			0	
3827320016	一氯二氟甲烷和八氟丙烷的混合物〔999〕	6.5	35	13		千克	14xy			0	
3827320017	一氯二氟甲烷和一氯二氟乙烷的混合物〔999〕	6.5	35	13		千克	14xy			0	
3827320090	其他含2903710000、2903720000、2903730010、2903730090、2903740010、2903740090、2903750000对应物质的含氢氯氟烃（这里的烃是指甲烷、乙烷及丙烷）混合物，但不含全氯氟烃（CFCs）〔301 危险化学品，气体〕，〔302 其他化工品〕	6.5	35	13		千克	14xy			0	
38273900	--其他										13
3827390000	其他含氢氯氟烃（HCFCs）的混合物，不论是否含全氟烃（PFCs）或氢氟烃（HFCs），但不含全氯氟烃（CFCs）〔999〕	6.5	35	13		千克	14xy			0	
38274000	-含溴化甲烷（甲基溴）或溴氯甲烷的										0
3827400000	含溴化甲烷（甲基溴）或溴氯甲烷的混合物〔999〕	6.5	35	13		千克	14xy			0	
38275100	--含三氟甲烷（HFC-23）的										13
3827510000	含三氟甲烷（HFC-23）的混合物，但不含全氯氟烃（CFCs）或氢氯氟烃（HCFCs）的混合物〔301 危险化学品，气体〕，〔302 其他化工品〕	6.5	35	13		千克	14xy		26.5%	0	

协定税率(%)																		特惠税率(%)			
智利	新西兰	澳大利亚	瑞士	冰岛	秘鲁	哥斯达	东盟	亚太	新加坡	巴基斯坦	港/澳/台	韩国	格鲁吉亚	毛里求斯	柬埔寨	尼加拉瓜	日/韩/澳/新/东(RCEP)	亚太2国	老/柬/缅	LDC 98/97/95	Article Description
																					Mixtures containing halogenated derivatives of methane, ethane or propane, not elsewhere specified or included:
0	0	0	0	0	0	0	0			0	0/0/	0	0	0	0	0	4.7/0/0/0/0			0/0/0	--Containing chlorofluorocarbons (CFCs), whether or not containing hydrochlorofluorocarbons (HCFCs), perfluorocarbons (PFCs) or hydrofluorocarbons (HFCs)
0	0	0	0	0	0	0	0			0	0/0/	0	0	0	0	0	4.7/0/0/0/0			0/0/0	--Containing hydrobromofluorocarbons (HBFCs)
0	0	0	0	0	0	0	0	4.2		0	0/0/	0	0	0	0	0	4.7/0/0/0/0			0/0/0	--Containing carbon tetrachloride
0	0	0	0	0	0	0	0	4.2		0	0/0/	0	0	0	0	0	4.7/0/0/0/0			0/0/0	--Containing 1,1,1-trichloroethane (methyl chloroform)
0	0	0	0	0	0	0	0			0	0/0/	0	0	0	0	0	4.7/0/0/0/0			0/0/0	-Containing bromochlorodifluoromethane (Halon-1211), bromotrifluoromethane (Halon-1301) or dibromotetrafluoroethanes (Halon-2402)
0	0	0	0	0	0	0	0			0	0/0/	0	0	0	0	0	4.7/0/0/0/0			0/0/0	--Containing substances of subheadings 2903.41 to 2903.48
0	0	0	0	0	0	0	0			0	0/0/	0	0	0	0	0	4.7/0/0/0/0			0/0/0	--Other, containing substances of subheadings 2903.71 to 2903.75
0	0	0	0	0	0	0	0			0	0/0/	0	0	0	0	0	4.7/0/0/0/0			0/0/0	--Other
0	0	0	0	0	0	0	0			0	0/0/	0	0	0	0	0	4.7/0/0/0/0			0/0/0	-Containing methyl bromide (bromomethane) or bromochloromethane
0	0	0	0	0	0	0	0	4.2		0	0/0/	0	0	0	0	0	4.7/0/0/0/0			0/0/0	--Containing trifluoromethane (HFC-23)

商品编号	商品名称及备注[检验检疫编码及名称]	进口关税(%)		增值税率(%)	消费税	计量单位	监管条件	检验检疫类别	对美税率	出口税率(%)	出口退税率(%)
		最惠国	普通								
38275900	--其他										13
3827590000	其他含全氟烃(PFCs),但不含全氯氟烃(CFCs)或氢氯氟烃(HCFCs)的混合物〔999〕	6.5	35	13		千克			26.5%	0	
38276100	--按重量计含15%及以上1,1,1-三氟乙烷(HFC-143a)的										13
3827610011	HFC-125,HFC-143a和HFC-134a的混合物,混合比例(质量比)为44:52:4〔999〕	6.5	35	13		千克	14xy		26.5%	0	
3827610012	HFC-125和HFC-143a的混合物,混合比例(质量比)为50:50〔999〕	6.5	35	13		千克	14xy		26.5%	0	
3827610090	其他按重量计含15%及以上HFC-143a的混合物,但不含CFCs或HCFCs〔999〕	6.5	35	13		千克	14xy		26.5%	0	
38276200	--其他,不归入上述子目,按重量计含55%及以上五氟乙烷(HFC-125),但不含无环烃的不饱和氟化衍生物(HFOs)的										13
3827620000	其他不归入上述编号,按重量计含55%及以上五氟乙烷(HFC-125),但不含无环烃的不饱和氟化衍生物(HFOs)的混合物[但不含全氯氟烃(CFCs)或氢氯氟烃(HCFCs)]〔999〕	6.5	35	13		千克	14xy		26.5%	0	
38276300	--其他,不归入上述子目,按重量计含40%及以上五氟乙烷(HFC-125)的										13
3827630010	HFC-125和HFC-32的混合物,混合比例(质量比)为50:50〔999〕	6.5	35	13		千克	14xy		26.5%	0	
3827630090	其他,不归入上述编号,按重量计含40%及以上HFC-125的混合物,但不含CFCs或HCFCs〔999〕	6.5	35	13		千克	14xy		26.5%	0	
38276400	--其他,不归入上述子目,按重量计含30%及以上1,1,1,2-四氟乙烷(HFC-134a)的,但不含无环烃的不饱和氟化衍生物(HFOs)										13
3827640010	HFC-32,HFC-125和HFC-134a的混合物,混合比例(质量比)为23:25:52〔999〕	6.5	35	13		千克	14xy		26.5%	0	
3827640090	其他,不归入上述编号,按重量计含30%及以上HFC-134a,但不含HFOs、CFCs或HCFCs的混合物〔999〕	6.5	35	13		千克	14xy		26.5%	0	
38276500	--其他,不归入上述子目的,按重量计含20%及以上二氟甲烷(HFC-32)和20%及以上五氟乙烷(HFC-125)的										13
3827650000	其他不归入上述编号,按重量计含20%及以上二氟甲烷(HFC-32)和20%及以上五氟乙烷(HFC-125)的混合物[但不含全氯氟烃(CFCs)或氢氯氟烃(HCFCs)]〔999〕	6.5	35	13		千克	14xy		26.5%	0	
38276800	--其他,不归入上述子目,含子目2903.41至2903.48所列物质的										13
3827680000	其他不归入上述编号,含编号290341至290348所列物质的混合物[但不含全氯氟烃(CFCs)或氢氯氟烃(HCFCs)]〔999〕	6.5	35	13		千克	14xy		26.5%	0	
38276900	--其他										13
3827690000	其他含氢氟烃(HFCs),但不含全氯氟烃(CFCs)或氢氯氟烃(HCFCs)的混合物〔999〕	6.5	35	13		千克			26.5%	0	
38279000	-其他										0
3827900000	其他编号未列名的,含甲烷、乙烷或丙烷的卤化衍生物的混合物〔301 危险化学品,气体〕,〔302 其他化工品〕	6.5	35	13		千克			31.5%	0	

协定税率(%)																		特惠税率(%)			Article Description
智利	新西兰	澳大利亚	瑞士	冰岛	秘鲁	哥斯达	东盟	亚太	新加坡	巴基斯坦	港/澳/台	韩国	格鲁吉亚	毛里求斯	柬埔寨	尼加拉瓜	日/韩/澳/新/东 (RCEP)	亚太2国	老/柬/缅	LDC 98/97/95	
0	0	0	0	0	0	0	0	4.2		0	0/0/	0	0	0	0	0	4.7/0/0/0/0			0/0/0	--Other
0	0	0	0	0	0	0	0	4.2		0	0/0/	0	0	0	0	0	4.7/0/0/0/0			0/0/0	--Containing 15 % or more by mass of 1,1,1-trifluoroethane (HFC-143a)
0	0	0	0	0	0	0	0	4.2		0	0/0/	0	0	0	0	0	4.7/0/0/0/0			0/0/0	--Other, not included in the subheading above, containing 55 % or more by mass of pentafluoroethane (HFC-125) but not containing unsaturated fluorinated derivatives of acyclic hydrocarbons (HFOs)
0	0	0	0	0	0	0	0	4.2		0	0/0/	0	0	0	0	0	4.7/0/0/0/0			0/0/0	--Other, not included in the subheadings above, containing 40 % or more by mass of pentafluoroethane (HFC-125)
0	0	0	0	0	0	0	0	4.2		0	0/0/	0	0	0	0	0	4.7/0/0/0/0			0/0/0	--Other, not included in the subheadings above, containing 30 % or more by mass of 1,1,1,2-tetrafluoroethane (HFC-134a) but not containing unsaturated fluorinated derivatives of acyclic hydrocarbons (HFOs)
0	0	0	0	0	0	0	0	4.2		0	0/0/	0	0	0	0	0	4.7/0/0/0/0			0/0/0	--Other, not included in the subheadings above, containing 20 % or more by mass of difluoromethane (HFC-32) and 20 % or more by mass of pentafluoroethane (HFC-125)
0	0	0	0	0	0	0	0	4.2		0	0/0/	0	0	0	0	0	4.7/0/0/0/0			0/0/0	--Other, not included in the subheadings above, containing substances of subheadings 2903.41 to 2903.48
0	0	0	0	0	0	0	0	4.2		0	0/0/	0	0	0	0	0	4.7/0/0/0/0			0/0/0	--Other
0	0	0	0	0	0	0	0			0	0/0/	0	0	0	0	0	4.7/0/0/0/0			0/0/0	-Other

第　七　类
塑料及其制品；橡胶及其制品

注释：

一、由两种或两种以上单独成分配套的货品，其部分或全部成分属于本类范围以内，混合后则构成第六类或第七类的货品，应按混合后产品归入相应的税目，但其组成成分必须同时符合下列条件：

（一）其包装形式足以表明这些成分不需经过改装就可以一起使用的；

（二）一起报验的；以及

（三）这些成分的属性及相互比例足以表明是相互配用的。

二、除品目**39.18**或**39.19**的货品外，印有花纹、文字、图画的塑料、橡胶及其制品，如果所印花纹、字画作为其主要用途，应归入第四十九章。

第三十九章
塑料及其制品

注释：

一、本协调制度所称“塑料”，是指品目39.01至39.14的材料，这些材料能够在聚合时或聚合后在外力（一般是热力和压力，必要时加入溶剂或增塑剂）作用下通过模制、浇铸、挤压、滚轧或其他工序制成一定的形状，成形后除去外力，其形状仍保持不变。

本协调制度所称“塑料”，还应包括钢纸，但不包括第十一类的纺织材料。

二、本章不包括：

（一）品目27.10或34.03的润滑剂；

（二）品目27.12或34.04的蜡；

（三）单独的已有化学定义的有机化合物（第二十九章）；

（四）肝素及其盐（品目30.01）；

（五）品目39.01至39.13所列的任何产品溶于挥发性有机溶剂的溶液（胶棉除外），但溶剂的重量必须超过溶液重量的50%（品目32.08）；品目32.12的压印箔；

（六）有机表面活性剂或品目34.02的制剂；

（七）再熔胶及酯胶（品目38.06）；

（八）矿物油（包括汽油）或与矿物油用途相同的其他液体用的配制添加剂（品目38.11）；

（九）以第三十九章的聚乙二醇、聚硅氧烷或其他聚合物为基本成分配制的液压用液体（品目38.19）；

（十）附于塑料衬背上的诊断或实验用试剂（品目38.22）；

（十一）第四十章规定的合成橡胶及其制品；

（十二）鞍具及挽具（品目42.01）；品目42.02的衣箱、提箱、手提包及其他容器；

（十三）第四十六章的缏条、编结品及其他制品；

（十四）品目48.14的壁纸；

（十五）第十一类的货品(纺织原料及纺织制品)；

（十六）第十二类的物品(例如，鞋靴、帽类、雨伞、阳伞、手杖、鞭子、马鞭及其零件)；

（十七）品目71.17的仿首饰；

（十八）第十六类的物品(机器、机械器具或电气器具)；

（十九）第十七类的航空器零件及车辆零件；

（二十）第九十章的物品(例如，光学元件、眼镜架及绘图仪器)；

（二十一）第九十一章的物品(例如，钟壳及表壳)；

（二十二）第九十二章的物品(例如，乐器及其零件)；

（二十三）第九十四章的物品(例如，家具、灯具、照明装置、灯箱及活动房屋)；

（二十四）第九十五章的物品(例如，玩具、游戏品及运动用品)；或

（二十五）第九十六章的物品(例如，刷子、纽扣、拉链、梳子、烟斗的嘴及柄、香烟嘴及类似品、保温瓶的零件及类似品、钢笔、活动铅笔、独脚架、双脚架、三角架及类似品)。

三、品目39.01至39.11仅适用于化学合成的下列货品：

（一）采用减压蒸馏法，在压力转换为1013毫巴下的温度300℃时，以体积计馏出量小于60%的液体合成聚烯烃(品目39.01及39.02)；

（二）非高度聚合的苯并呋喃-茚树脂(品目39.11)；

（三）平均至少有五个单体单元的其他合成聚合物；

（四）聚硅氧烷(品目39.10)；

（五）甲阶酚醛树脂(品目39.09)及其他预聚物。

四、所称“共聚物”，包括在整个聚合物中按重量计没有一种单体单元的含量在95%及以上的各种聚合物。

在本章中，除条文另有规定的以外，共聚物(包括共缩聚物、共加聚物，嵌段共聚物及接枝共聚物)及聚合物混合体应按聚合物中重量最大的那种共聚单体单元所构成的聚合物归入相应税目。在本注释中，归入同一税目的聚合物的共聚单体单元应作为一种单体单元对待。

如果没有任何一种共聚单体单元重量为最大，共聚物或聚合物混合体应按号列顺序归入其可归入的最末一个税目。

五、化学改性聚合物，即聚合物主链上的支链通过化学反应发生了变化的聚合物，应按未改性的聚合物的相应税目归类。本规定不适用于接枝共聚物。

六、品目39.01至39.14所称“初级形状”，只限于下列各种形状：

（一）液状及糊状，包括分散体(乳浊液及悬浮液)及溶液；

（二）不规则形状的块，团、粉(包括压型粉)、颗粒、粉片及类似的散装形状。

七、品目39.15不适用于已制成初级形状的单一的热塑材料废碎料及下脚料(品目39.01至39.14)。

八、品目39.17所称“管子”，是指通常用于输送或供给气体或液体的空心制品或半制品(例如，肋纹浇花软管、多孔管)，还包括香肠用肠衣及其他扁平管。除肠衣及扁平管外，内截面如果不呈圆形、椭圆形、矩形(其长度不超过宽度的1.5倍)或正几何形，则不能视为管子，而应作为异型材。

SECTION Ⅶ
PLASTICS AND ARTICLES THEREOF; RUBBER AND ARTICLES THEREOF

Section Notes:

1. Goods put up in sets consisting of two or more separate constituents, some or all of which fall in this Section and are intended to be mixed together to obtain a product of Section VI or VII, are to be classified in the heading appropriate to that product, provided that the constituents are:
   (a) having regard to the manner in which they are put up, clearly identifiable as being intended to be used together without first being repacked;
   (b) presented together; and
   (c) identifiable, whether by their nature or by the relative proportions in which they are present, as being complementary one to another.

2. Except for the goods of heading **39.18** or **39.19**, plastics, rubber, and articles thereof, printed with motifs, characters or pictorial representations, which are not merely subsidiary to the primary use of the goods, fall in Chapter **49**.

Chapter 39
Plastics and articles thereof

Chapter Notes:

1. Throughout the Nomenclature the expression "plastics" means those materials of headings 39.01 to 39.14 which are or have been capable, either at the moment of polymerisation or at some subsequent stage, of being formed under external influence (usually heat and pressure, if necessary with a solvent or plasticiser) by moulding, casting, extruding, rolling or other process into shapes which are retained on the removal of the external influence.
   Throughout the Nomenclature any reference to "plastics" also includes vulcanised fibre. The expression, however, does not apply to materials regarded as textile materials of Section XI.

2. This Chapter does not cover:
   (a) Lubricating preparations of heading 27.10 or 34.03;
   (b) Waxes of heading 27.12 or 34.04;
   (c) Separate chemically defined organic compounds (Chapter 29);
   (d) Heparin or its salts (heading 30.01);
   (e) Solutions (other than collodions) consisting of any of the products specified in headings 39.01 to 39.13 in volatile organic solvents when the weight of the solvent exceeds 50% of the weight of the solution (heading 32.08); stamping foils of heading 32.12;
   (f) Organic surface-active agents or preparations of heading 34.02;
   (g) Run gums or ester gums (heading 38.06);
   (h) Prepared additives for mineral oils (including gasoline) or for other liquids used for the same purposes as mineral oils (heading 38.11);
   (ij) Prepared hydraulic fluids based on polyglycols, silicones or other polymers of Chapter 39 (heading 38.19);
   (k) Diagnostic or laboratory reagents on a backing of plastics (heading 38.22);
   (l) Synthetic rubber, as defined for the purposes of Chapter 40, or articles thereof;
   (m) Saddlery or harness (heading 42.01) or trunks, suitcases, handbags or other containers of heading 42.02;
   (n) Plaits, wickerwork or other articles of Chapter 46;
   (o) Wall coverings of heading 48.14;
   (p) Goods of Section XI (textiles and textile articles);
   (q) Articles of Section XII (for example, footwear, headgear, umbrellas, sun umbrellas, walking-sticks, whips, riding-crops or parts thereof);
   (r) Imitation jewellery of heading 71.17;
   (s) Articles of Section XVI (machines and mechanical or electrical appliances);
   (t) Parts of aircraft or vehicles of Section XVII;
   (u) Articles of Chapter 90 (for example, optical elements, spectacle frames, drawing instruments);
   (v) Articles of Chapter 91 (for example, clock or watch cases);
   (w) Articles of Chapter 92 (for example, musical instruments or parts thereof);
   (x) Articles of Chapter 94 (for example, furniture, luminaires and lighting fittings, illuminated signs, prefabricated buildings);
   (y) Articles of Chapter 95 (for example, toys, games, sports requisites); or
   (z) Articles of Chapter 96 (for example, brushes, buttons, slide fasteners, combs, mouthpieces or stems for smoking pipes, cigarette-holders or the like, parts of vacuum flasks or the like, pens, propelling pencils, and monopods, bipods, tripods and similar articles).

3. Headings 39.01 to 39.11 apply only to goods of a kind produced by chemical synthesis, falling in the following categories:
   (a) Liquid synthetic polyolefins of which less than 60% by volume distils at 300℃, after conversion to 1013 milibars when a reduced-pressure distillation method is used (headings 39.01 and 39.02);
   (b) Resins, not highly polymerised, of the coumarone-indene type (heading 39.11);
   (c) Other synthetic polymers with an average of at least 5 monomer units;
   (d) Silicones (heading 39.10);
   (e) Resols (heading 39.09) and other prepolymers.

4. The expression "copolymers" covers all polymers in which no single monomer unit contributes 95% or more by weight to the total polymer content.
   For the purposes of this Chapter, except where the context otherwise requires, copolymers (including co-polycondensates, co-polyaddition products, block copolymers and graft copolymers) and polymer blends are to be classified in the heading covering polymers of that comonomer unit which predominates by weight over every other single comonomer unit. For the purposes of this Note, constituent comonomer units of polymers falling in the same heading shall be taken together.
   If no single comonomer unit predominates, copolymers or polymer blends, as the case may be, are to be classified in the heading which occurs last in numerical order among those which equally merit consideration.

5. Chemically modified polymers, that is those in which only appendages to the main polymer chain have been changed by chemical reaction, are to be classified in the heading appropriate to the unmodified polymer. This provision does not apply to graft copolymers.

6. In headings 39.01 to 39.14, the expression "primary forms" applies only to the following forms:
   (a) Liquids and pastes, including dispersions (emulsions and suspensions) and solutions;

   (b) Blocks of irregular shape, lumps, powders (including moulding powders), granules, flakes and similar bulk forms.

7. Heading 39.15 does not apply to waste, parings and scrap of a single thermoplastic material, transformed into primary forms (headings 39.01 to 39.14).

8. For the purposes of heading 39.17, the expression "tubes, pipes and hoses" means hollow products, whether semi-manufactures or finished products, of a kind generally used for conveying, conducting or distributing gases or liquids (for example, ribbed garden hose, perforated tubes). This expression also includes sausage casings and other lay-flat tubing. However, except for the last-mentioned, those having an internal cross-section other than round, oval, rectangular (in which the length does not exceed 1.5 times the width) or in the shape of a regular polygon are not to be regarded as tubes, pipes and hoses but as profile shapes.

九、品目 39.18 所称"塑料糊墙品"，适用于墙壁或天花板装饰用的宽度不小于 45 厘米的成卷产品，这类产品是将塑料牢固地附着在除纸张以外任何材料的衬背上，并且在塑料面起纹、压花、着色、印制图案或用其他方法装饰。

十、品目 39.20 及 39.21 所称"板、片、膜、箔、扁条"，只适用于未切割或仅切割成矩形（包括正方形）（含切割后即可供使用的），但未经进一步加工的板、片、膜、箔、扁条（第五十四章的物品除外）及正几何形块，不论是否经过印制或其他表面加工。

十一、品目 39.25 只适用于第二分章以前各税目未包括的下列物品：
（一）容积超过 300 升的囤、柜（包括化粪池）、罐、桶及类似容器；
（二）用于地板、墙壁、隔墙、天花板或屋顶等方面的结构件；
（三）槽管及其附件；
（四）门、窗及其框架和门槛；
（五）阳台、栏杆、栅栏、栅门及类似品；
（六）窗板、百叶窗（包括威尼斯式百叶窗）或类似品及其零件、附件；
（七）商店、工棚、仓库等用的拼装式固定大形货架；
（八）建筑用的特色（例如，凹槽、圆顶及鸽棚式）装饰件；以及
（九）固定装于门窗、楼梯、墙壁或建筑物其他部位的附件及架座，例如，球形把手、拉手、挂钩、托架、毛巾架、开关板及其他护板。

子目注释：

一、属于本章任一税目项下的聚合物（包括共聚物）及化学改性聚合物应按下列规则归类：
（一）在同级子目中有一个"其他"子目的：
1. 子目所列聚合物名称冠有"聚（多）"的（例如，聚乙烯及聚酰胺-66），是指列名的该种聚合物单体单元含量在整个聚合物中按重量计必须占 95%及以上。

2. 子目 3901.30、3901.40、3903.20、3903.30 及 3904.30 所列的共聚物，如果该种共聚单体单元含量在整个聚合物中按重量计占 95%及以上，应归入上述子目。

3. 化学改性聚合物如未在其他子目具体列名，应归入列明为"其他"的子目内。

4. 不符合上述 1、2、3 款规定的聚合物，应按聚合物中重量最大的那种单体单元（与其他各种单一的共聚单体单元相比）所构成的聚合物归入该级其他相应子目。为此，归入同一子目的聚合物单体单元应作为一种单体单元对待。只有在同级子目中的聚合物共聚单体单元才可以进行比较。

（二）在同级子目中没有"其他"子目的：
1. 聚合物应按聚合物中重量最大的那种单体单元（与其他各种单一的共聚单体单元相比）所构成的聚合物归入该级相应子目。为此，归入同一子目的聚合物单体单元应作为一种单体单元对待。只有在同级子目中的聚合物共聚单体单元才可以进行比较。

2. 化学改性聚合物应按相应的未改性聚合物的子目归类。

聚合物混合体应按单体单元比例相等、种类相同的聚合物归入相应子目。

二、子目 3920.43 所称"增塑剂"，包括"次级增塑剂"。

商品编号	商品名称及备注[检验检疫编码及名称]	进口关税（%）		增值税率（%）	消费税	计量单位	监管条件	检验检疫类别	对美税率	出口税率（%）	出口退税率（%）
		最惠国	普通								
3901	初级形状的乙烯聚合物：										
39011000	-聚乙烯，比重小于 0.94										13
3901100001[暂3]	初级形状比重<0.94 的聚乙烯（进口 CIF 价高于 3800 美元/吨）〔999〕	6.5	45	13		千克				0	
3901100090	初级形状比重<0.94 的聚乙烯〔999〕	6.5	45	13		千克				0	
39012000	-聚乙烯，比重在 0.94 及以上										13
3901200011[暂3]	茂金属高密度聚乙烯（密度 0.962 克/立方厘米，熔流率 0.85 克/10 分钟）（进口 CIF 价高于 3800 美元/吨）〔999〕	6.5	45	13		千克			30.5%	0	
3901200019	茂金属高密度聚乙烯（密度 0.962 克/立方厘米，熔流率 0.85 克/10 分钟）〔999〕	6.5	45	13		千克			34%	0	
3901200091[暂3]	其他初级形状比重≥0.94 的聚乙烯（进口 CIF 价高于 3800 美元/吨）〔999〕	6.5	45	13		千克			30.5%	0	
3901200099	其他初级形状比重≥0.94 的聚乙烯〔999〕	6.5	45	13		千克			34%	0	
39013000	-乙烯-乙酸乙烯酯共聚物										13
3901300000	初级形状乙烯-乙酸乙烯酯共聚物〔999〕	6.5	45	13		千克			34%	0	
39014010	---乙烯-丙烯共聚物（乙丙橡胶）										13
3901401010	粘指剂，比重小于 0.94（初级形状，乙烯单体单元 65%，丙烯单体单元 35%）〔999〕	6.5	45	13		千克			34%	0	
3901401090	乙烯-丙烯共聚物（乙丙橡胶），比重小于 0.94（初级形状，乙烯单体单元的含量大于丙烯单体单元）〔999〕	6.5	45	13		千克			34%	0	
39014020	---线型低密度聚乙烯										13
3901402010	线型低密度的乙烯与 1-辛烃共聚物，比重小于 0.94（初级形状的）〔999〕	6.5	45	13		千克			34%	0	
3901402090	线型低密度聚乙烯，比重小于 0.94（初级形状的）〔999〕	6.5	45	13		千克			34%	0	
39014090	---其他										13
3901409000	其他乙烯-α-烯烃共聚物，比重小于 0.94〔999〕	6.5	45	13		千克				0	
39019010	---乙烯-丙烯共聚物（乙丙橡胶）										13
3901901000	其他乙烯-丙烯共聚物（乙丙橡胶）（初级形状，乙烯单体单元的含量大于丙烯单体单元）〔999〕	6.5	45	13		千克			34%	0	

9. For the purposes of heading 39. 18, the expression "wall or ceiling coverings of plastics" applies to products in rolls, of a width not less than 45cm, suitable for wall or ceiling decoration, consisting of plastics fixed permanently on a backing of any material other than paper, the layer of plastics (on the face side) being grained, embossed, coloured, design-printed or otherwise decorated.

10. In headings 39. 20 and 39. 21, the expression "plates, sheets, film, foil and strip" applies only to plates, sheets, film, foil and strip (other than those of Chapter 54) and to blocks of regular geometric shape, whether or not printed or otherwise surface-worked, uncut or cut into rectangles (including squares) but not further worked (even if when so cut they become articles ready for use).

11. Heading 39. 25 applies only to the following articles, not being products covered by any of the earlier headings of sub-chapter II:
   (a) Reservoirs, tanks (including septic tanks), vats and similar containers, of a capacity exceeding 300L;
   (b) Structural elements used, for example, in floors, walls or partitions, ceilings or roofs;
   (c) Gutters and fittings thereof;
   (d) Doors, windows and their frames and thresholds for doors;
   (e) Balconies, balustrades, fencing, gates and similar barriers;
   (f) Shutters, blinds (including Venetian blinds) and similar articles and parts and fittings thereof;
   (g) Large-scale shelving for assembly and permanent installation, for example, in shops, workshops, warehouses;
   (h) Ornamental architectural features, for example, flutings, cupolas, dovecotes; and
   (ij) Fittings and mountings intended for permanent installation in or on doors, windows, staircases, walls or other parts of buildings, for example, knobs, handles, hooks, brackets, towel rails, switch-plates and other protective plates.

Subheading Notes:

1. Within any one heading of this Chapter, polymers (including copolymers) and chemically modified polymers are to be classified according to the following provisions:
   (a) Where there is a subheading named "Other" in the same series:
      (i) The designation in a subheading of a polymer by the prefix "poly" (for example, polyethylene and polyamide-66) means that the constituent monomer unit or monomer units of the named polymer taken together must contribute 95% or more by weight of the total polymer content.
      (ii) The copolymers named in subheadings 3901. 30, 3901. 40, 3903. 20, 3903. 30 and 3904. 30 are to be classified in those subheadings, provided that the comonomer units of the named copolymers contribute 95% or more by weight of the total polymer content.
      (iii) Chemically modified polymers are to be classified in the subheading named "Other", provided that the chemically modified polymers are not more specifically covered by another subheading.
      (iv) Polymers not meeting (i), (ii) or (iii) above, are to be classified in the subheading, among the remaining subheadings in the series, covering polymers of that monomer unit which predominates by weight over every other single comonomer unit. For this purpose, constituent monomer units of polymers falling in the same subheading shall be taken together. Only the constituent comonomer units of the polymers in the series of subheadings under consideration are to be compared.
   (b) Where there is no subheading named "Other" in the same series:
      (i) Polymers are to be classified in the subheading covering polymers of that monomer unit which predominates by weight over every other single comonomer unit. For this purpose, constituent monomer units of polymers falling in the same subheading shall be taken together. Only the constituent comonomer units of the polymers in the series under consideration are to be compared.
      (ii) Chemically modified polymers are to be classified in the subheading appropriate to the unmodified polymer.

      Polymer blends are to be classified in the same subheading as polymers of the same monomer units in the same proportions.

2. For the purposes of subheading 3920. 43, the term "plasticisers" includes secondary plasticisers.

协定税率(%)																		特惠税率(%)			
智利	新西兰	澳大利亚	瑞士	冰岛	秘鲁	哥斯达	东盟	亚太	新加坡	巴基斯坦	港/澳/台	韩国	格鲁吉亚	毛里求斯	柬埔寨	尼加拉瓜	日/韩/澳/新/东(RCEP)	亚太2国	老/柬/缅	LDC 98/97/95	Article Description
																					Polymers of ethylene, in primary forms:
0	0	0	2.6	0		0		6		6	0/0/	5.9		0						0//	-Polyethylene having a specific gravity of less than 0. 94
0	0	0	2.6	0		0		6		6	0/0/	5.9		0						0//	-Polyethylene having a specific gravity of 0. 94 or more
0	0	0	0	0	0	0	0	6	0	4	0/0/	5.9		0	0		//5. 5/5. 5/5. 5			0/0/0	-Ethylene-vinyl acetate copolymers
0	0	0	0	0	0	0	0		0	0	0/0/	2. 1	0	0	0	0	5. 3/4. 6/4. 6/4. 6/4. 6			0/0/0	---Ethylene-propylene copolymers
0	0	0		0		0	0		0	0	0/0/			0	0		//5. 5/5. 5/5. 5			0/0/0	---Linearity low density polyethylene
0	0	0	0	0	0	0	0	4. 2	0	0	0/0/	4. 2	0	0	0		//5. 5/5. 5/5. 5			0/0/0	---Other
0	0	0	0	0	0	0	0		0	0	0/0/	2. 1	0	0	0	0	5. 3/4. 6/4. 6/4. 6/4. 6			0/0/0	---Ethylene-propylene copolymers

商品编号	商品名称及备注[检验检疫编码及名称]	进口关税(%)		增值税率(%)	消费税	计量单位	监管条件	检验检疫类别	对美税率	出口税率(%)	出口退税率(%)
		最惠国	普通								
39019090	---其他										13
3901909000	其他初级形状的乙烯聚合物〔301 危险化学品,易燃液体〕,〔302 其他〕	6.5	45	13		千克				0	
3902	**初级形状的丙烯或其他烯烃聚合物:**										
39021000	-聚丙烯										13
3902100010[暂3]	电工级初级形状聚丙烯树脂(灰分含量不大于 30ppm)〔999〕	6.5	45	13		千克			34%	0	
3902100020	共聚抗冲等级初级形状聚丙烯[熔融指数 MI<0.5 克/10 分钟,UL 认证黄卡中 RTI(相当于长期工作温度)115℃,悬臂梁缺口冲击强度(测量方法 ISO 180):23℃时为 $64KJ/m^2$,-40℃时为 $4.0KJ/m^2$]〔999〕	6.5	45	13		千克			34%	0	
3902100090	其他初级形状的聚丙烯〔999〕	6.5	45	13		千克			34%	0	
39022000	-聚异丁烯										13
3902200000	初级形状的聚异丁烯〔101 无检疫要求食品添加剂〕,〔301 需申报仅用于工业用途不用于食品添加剂无检疫要求的化学品〕	6.5	45	13		千克	A	R/	34%	0	
39023010	---乙烯-丙烯共聚物(乙丙橡胶)										13
3902301000	乙烯-丙烯共聚物(乙丙橡胶)(丙烯单体单元的含量大于乙烯单体单元)〔999〕	6.5	45	13		千克			34%	0	
39023090	---其他										13
3902309000	其他初级形状的丙烯共聚物〔301 危险化学品,易燃液体〕,〔302 其他〕	6.5	45	13		千克			34%	0	
39029000	-其他										13
3902900010	端羧基聚丁二烯,CTPB(做粘接剂或燃料)〔301 危险化学品,易燃液体〕,〔302 其他〕	6.5	45	13		千克	3		19%	0	
3902900020	端羟基聚丁二烯,HTPB(做粘接剂或燃料)〔999〕	6.5	45	13		千克	3		19%	0	
3902900090	其他初级形状的烯烃聚合物〔301 危险化学品,易燃液体〕,〔302 其他化工品〕	6.5	45	13		千克			19%	0	
3903	**初级形状的苯乙烯聚合物:**										
39031100	--可发性的										13
3903110000	初级形状的可发性聚苯乙烯〔301 危险化学品,杂项物质〕,〔302 其他化工品〕	6.5	45	13		千克			14%	0	
39031910	---改性的										13
3903191000	改性的初级形状的非可发性的聚苯乙烯〔999〕	6.5	45	13		千克			34%	0	
39031990	---其他										13
3903199000	其他初级形状的聚苯乙烯〔301 危险化学品,易燃液体〕,〔302 其他〕	6.5	45	13		千克			34%	0	
39032000	-苯乙烯-丙烯腈(SAN)共聚物										13
3903200000	初级形状苯乙烯-丙烯腈共聚物〔999〕	12	45	13		千克			39.5%	0	
39033010	---改性的										13
3903301000	改性的丙烯腈-丁二烯-苯乙烯共聚物(初级形状的 ABS 树脂)〔999〕	6.5	45	13		千克			34%	0	
39033090	---其他										13
3903309000	其他丙烯腈-丁二烯-苯乙烯共聚物(初级形状的 ABS 树脂)〔301 危险化学品,易燃液体〕,〔302 其他〕	6.5	45	13		千克			34%	0	
39039000	-其他										13
3903900000	初级形状的其他苯乙烯聚合物〔301 危险化学品,易燃液体〕,〔302 其他〕	6.5	45	13		千克			19%	0	
3904	**初级形状的氯乙烯或其他卤化烯烃聚合物:**										
39041010	---糊树脂										13
3904101000	聚氯乙烯糊树脂(纯指未掺其他物质)〔999〕	6.5	45	13		千克			34%	0	
39041090	---其他										13
3904109001	聚氯乙烯纯粉(纯指未掺其他物质)〔999〕	6.5	45	13		千克	7			0	
3904109090	其他初级形状的纯聚氯乙烯(纯指未掺其他物质)〔999〕	6.5	45	13		千克	7			0	
39042100	--未塑化										13
3904210000	初级形状未塑化的聚氯乙烯〔999〕	6.5	45	13		千克			14%	0	
39042200	--已塑化										13
3904220000	初级形状已塑化的聚氯乙烯〔999〕	6.5	45	13		千克			19%	0	
39043000	-氯乙烯-乙酸乙烯酯共聚物										13
3904300000	氯乙烯-乙酸乙烯酯共聚物(初级形状的)〔999〕	9	45	13		千克			31.5%	0	
39044000	-其他氯乙烯共聚物										13
3904400000	初级形状的其他氯乙烯共聚物〔999〕	12	45	13		千克			37%	0	
39045000	-偏二氯乙烯聚合物										13
3904500010	偏二氯乙烯-氯乙烯共聚树脂〔999〕	6.5	45	13		千克			29%	0	
3904500090	其他偏二氯乙烯聚合物〔999〕	6.5	45	13		千克			29%	0	
39046100	--聚四氟乙烯										13
3904610000	初级形状的聚四氟乙烯〔301 危险化学品,易燃液体〕,〔302 其他化工品〕	10	45	13		千克			17.5%	0	
39046900	--其他										13
3904690010	全氟碘代烷(四氟乙烯与五氟一碘烷的调聚物)(CAS 号:25398-32-7)〔999〕	6.5	45	13		千克	X		14%	0	
3904690090	初级形状的其他氟聚合物〔301 危险化学品,易燃液体〕,〔302 其他〕	6.5	45	13		千克			14%	0	

协定税率(%)																		特惠税率(%)			
智利	新西兰	澳大利亚	瑞士	冰岛	秘鲁	哥斯达	东盟	亚太	新加坡	巴基斯坦	港/澳/台	韩国	格鲁吉亚	毛里求斯	柬埔寨	尼加拉瓜	日/韩/澳/新/东(RCEP)	亚太2国	老/柬/缅	LDC 98/97/95	Article Description
0	0	0	0	0	0	0	0	4.2	0	0	0/0/	4.2	0	0	0		//5.5/5.5/5.5			0/0/0	---Other
																					Polymers of propylene or of other olefins, in primary forms:
0	0	0	2.6	0		0	0		0	4	0/0/			0	0		//5.5/5.5/0			0//	-Polypropylene
0	0	0	0	0	0	0	0			0	0/0/		0	0	0		//5/5/5			0/0/0	-Polyisobutylene
0	0	0	0	0	0	0	0	6	0	0	0/0/0	2.1	0	0	0	0	5.3/4.6/4.6/4.6/0			0/0/0	---Ethylene-propylene copolymers
0	0	0	0	0	0	0	0	6	0	4	0/0/	5.9		0	0		//5/5/0			0/0/0	---Other
0	0	0	0	0	0	0	0		0	0	0/0/0		0	0	0		//5/5/5			0/0/0	-Other
																					Polymers of styrene, in primary forms:
0	0	0	0	0	0	0	0	6	0	0	0/0/	5.9	0	0	0	0	//5/5/5			0/0/0	--Expansible
0	0	0	0	0	0	0	0	6	0	0	0/0/	3.2		0	0	0	5.6/5.5/5.5/5.5/5.5			0/0/0	---Modified
0	0	0	0	0	0	0	0	6	0	0	0/0/	3.2		0	0	0	5.6/5.5/5.5/5.5/5.5			0/0/0	---Other
0	0	0	0	0	0	0	0		0	6	0/0/0	9.6	0	0	0		//5/5/8.4			0/0/0	-Styrene-acrylonitrile (SAN) copolymers
0	0	0	2.6	0	0	0	0	6	0	4	0/0/	3.2		0	0	0	5.6/5.5/5.5/5.5/5.5			0/0/0	---modified
0	0	0	0	0	0	0	0	6	0	4	0/0/	3.2		0	0	0	5.6/5.5/5.5/5.5/5.5			0/0/0	---Other
0	0	0	0	0	0	0	0	6	0	0	0/0/0	2.1	0	0	0	0	5.3/4.6/4.6/4.6/4.6			0/0/0	-Other
																					Polymers of vinyl chloride or of other halogenated olefins, in primary forms:
0	0	0	0	0	0	0	0	4.2	0	0	0/0/	3.2	0	0	0	0	5.6/5.5/5.5/5.5/5.5			0/0/0	---Paste resins
0	0	0	0	0	0	0	0	4.2	0	0	0/0/	4.2		0	0		//5/5/4.6			0/0/0	---Other
0	0	0	0	0	0	0	0		0	0	0/0/	3.2	0	0	0	6.1	//5.5/5.5/5.5			0/0/0	--Non-plasticized
0	0	0	0	0	0	0	0		0		0/0/	3.2		0	0	6.1	//5.5/5.5/5.5			0/0/0	--Plasticized
0	0	0	0	0	0	0	0	8.6		0	0/0/	3	0	0	0	8.1	7.3/7.2/7.7/7.7/7.2			0/0/0	-Vinyl chloride-vinyl acetate copolymers
0	0	0	0	0	0	0	0	7.8	0	6	0/0/	4	0	0	0	11.2	9.8/9.6/10.2/10.2/9.6			0/0/0	-Other vinyl chloride copolymers
0	0	0	0	0	0	0	0			0	0/0/	0	0	0	0	0	0/0/4.6/4.6/0			0/0/0	-Vinylidene chloride polymers
0	0	0	0	0	0	0	0		0	2.5	0/0/	0	0	0	0	9	7.3/7/7/7/7			0/0/0	--Polytetrafluoroethylene
0	0	0	0	0	0	0	0			0	0/0/	0	0	0	0	0	0/0/0/0/0			0/0/0	--Other

商品编号	商品名称及备注[检验检疫编码及名称]	进口关税(%)		增值税率(%)	消费税	计量单位	监管条件	检验检疫类别	对美税率	出口税率(%)	出口退税率(%)
		最惠国	普通								
39049000	-其他										13
3904900000	初级形状的其他卤化烯烃聚合物〔999〕	10	45	13		千克			17.5%	0	
3905	**初级形状的乙酸乙烯酯或其他乙烯酯聚合物；初级形状的其他乙烯基聚合物：**										
39051200	--水分散体										13
3905120000	聚乙酸乙烯酯的水分散体〔999 其他〕	10	45	13		千克			17.5%	0	
39051900	--其他										13
3905190000	其他初级形状聚乙酸乙烯酯〔301 危险化学品，易燃液体〕，〔302 其他〕	10	45	13		千克			37.5%	0	
39052100	--水分散体										13
3905210000	乙酸乙烯酯共聚物的水分散体〔999〕	10	45	13		千克			37.5%	0	
39052900	--其他										13
3905290000	其他初级形状的乙酸乙烯酯共聚物〔301 危险化学品，易燃液体〕，〔302 其他〕	10	45	13		千克			37.5%	0	
39053000	-聚乙烯醇，不论是否含有未水解的乙酸酯基										13
3905300000	初级形状的聚乙烯醇（不论是否含有未水解的乙酸酯基）①	14	45	13		千克	A	R/	34%	0	
39059100	--共聚物										13
3905910000	其他乙烯酯或乙烯基的共聚物（初级形状的）〔301 〕，〔302 〕	10	45	13		千克			17.5%	0	
39059900	--其他										13
3905990000	其他乙烯酯或乙烯基的聚合物（初级形状的，共聚物除外）〔301 危险化学品，易燃液体〕，〔302 其他化工品〕	10	45	13		千克			17.5%	0	
3906	**初级形状的丙烯酸聚合物：**										
39061000	-聚甲基丙烯酸甲酯										13
3906100000	初级形状的聚甲基丙烯酸甲酯〔301 危险化学品，易燃液体〕，〔302 其他化工品〕	6.5	45	13		千克			34%	0	
39069010	---聚丙烯酰胺										13
3906901000	聚丙烯酰胺〔301 无检疫要求食品添加剂〕，〔302 需申报仅用于工业用途不用于食品添加剂无检疫要求的化学品〕	6.5	45	13		千克	A	R/	34%	0	
39069020	---丙烯酸-丙烯酸钠交联共聚物										13
3906902000	丙烯酸-丙烯酸钠交联共聚物〔301 无检疫要求食品添加剂〕，〔302 需申报仅用于工业用途不用于食品添加剂无检疫要求的化学品〕	6.5	45	13		千克				0	
39069090	---其他										13
3906909010	全氟辛酸的盐类和相关化合物（PFOA 类）〔999〕	6.5	45	13		千克	X			0	
3906909090	其他初级形状的丙烯酸聚合物〔101 饲料添加剂〕，〔301 危险化学品，易燃液体〕，〔302 其他化工品〕	6.5	45	13		千克				0	
3907	**初级形状的聚缩醛、其他聚醚及环氧树脂；初级形状的聚碳酸酯、醇酸树脂、聚烯丙基酯及其他聚酯：**										
39071010	---聚甲醛										13
3907101010	聚甲醛（均聚聚甲醛及改性聚甲醛除外）〔999〕	6.5	45	13		千克			29%	0	
3907101090	其他聚甲醛〔999〕	6.5	45	13		千克			29%	0	
39071090	---其他										13
3907109010	共聚聚甲醛（改性聚甲醛除外）〔999〕	6.5	45	13		千克			29%	0	
3907109090	其他聚缩醛〔301 危险化学品，易燃固体〕，〔302 其他〕	6.5	45	13		千克			29%	0	
39072100	--双（聚氧乙烯）甲基膦酸酯										13
3907210000	初级形状的双（聚氧乙烯）甲基膦酸酯〔999〕	6.5	45	13		千克				0	
39072910	---聚四亚甲基醚二醇										13
3907291000[暂3]	初级形状的聚四亚甲基醚二醇〔999〕	6.5	45	13		千克			30.5%	0	
39072990	---其他										13
3907299010	初级形状的聚 2，6-二甲基-1，4-苯醚（包括化学改性或物理改性的）〔301 危险化学品，易燃液体〕，〔302 其他化工品〕	6.5	45	13		千克				0	
3907299020	培尼沙肽〔301 其他化工产品〕，〔401 人类医学、生命科学研究用〕	6.5	45	13		千克	L			0	
3907299030	全氟辛酸的盐类和相关化合物（PFOA 类）〔999〕	6.5	45	13		千克	X			0	
3907299090	初级形状的其他聚醚〔301 危险化学品，易燃液体〕，〔302 其他化工品〕	6.5	45	13		千克				0	
39073000	-环氧树脂										13
3907300001[暂4]	初级形状溴质量≥18%或进口 CIF 价>3800 美元/吨的环氧树脂（如溶于溶剂，以纯环氧树脂折算溴的百分比含量）〔301 危险化学品，易燃液体〕，〔302 其他〕	6.5	45	13		千克	A	M/		0	
3907300090	初级形状的环氧树脂（溴重量百分比含量在 18%以下）〔301 危险化学品，易燃液体〕，〔302 其他〕	6.5	45	13		千克	AB	M/N		0	

① 〔101 聚乙烯醇（无检疫要求食品添加剂）〕，〔301 需申报仅用于工业用途不用于食品添加剂无检疫要求的化学品〕

协定税率(%)																		特惠税率(%)			Article Description
智利	新西兰	澳大利亚	瑞士	冰岛	秘鲁	哥斯达	东盟	亚太	新加坡	巴基斯坦	港/澳/台	韩国	格鲁吉亚	毛里求斯	柬埔寨	尼加拉瓜	日/韩/澳/新/东 (RCEP)	亚太2国	老/柬/缅	LDC 98/97/95	
0	0	0	0	0	0	0	0			2.5	0/0/	3.3	0	0	0	9	8.1/8/8.5/8.5/8			0/0/0	-Other
																					Polymers of vinyl acetate or of other vinyl esters, in primary forms; other vinyl polymers in primary forms:
0	0	0	0	0	0	0	0		0		0/0/	3.3	0	0	0	9	8.1/8/8.5/8.5/8			0/0/0	--In aqueous dispersion
0	0	0	0	0	0	0	0			2.5	0/0/	3.3	0	0	0	9	8.1/8/8.5/8.5/8			0/0/0	--Other
0	0	0	0	0	0	0	0		0	2.5	0/0/0	3.3	0	0	0	9	8.1/8/8.5/8.5/8			0/0/0	--In aqueous dispersion
0	0	0		0	0	0	0		0	2.5	0/0/	3.3	0	0	0	9	8.1/8/8.5/8.5/8			0/0/0	--Other
0	0	0	0	0	0	0	0		0	11.2	0/0/0	0	0	0	0	13.1	//5/5/5			0/0/0	-Poly (vinyl alcohol), whether or not containing unhydrolyzed acetate groups
0	0	0	0	0	0	0	0			2.5	0/0/	3.3	0	0	0	9	8.1/8/8.5/8.5/8			0/0/0	--Copolymers
0	0	0	0	0	0	0	0				0/0/	3.3	0	0	0	9	8.1/8/8.5/8.5/8			0/0/0	--Other
																					Acrylic polymers in primary forms:
0	0	0	0	0	0	0	0	6		0	0/0/0	5.9	0	0	0	0	//5.5/5.5/5.5			0/0/0	-Poly (methyl methacrylate)
0	0	0	0	0	0	0	0	6		0	0/0/0	5.9	0	0	0	0	//5/5/5			0/0/0	---Polyacrylamide
0	0	0	0	0	0	0	0	6		0	0/0/0	0	0	0	0	0	5.3/4.6/0/0/0			0/0/0	---Acrylic acid-acrylic acid sodium cross-linked copolymer
0	0	0	0	0	0	0	0	6		0	0/0/0	0	0	0	0	0	5.3/4.6/0/0/0			0/0/0	---Other
																					Polyacetals, other polyethers and epoxide resins, in primary forms; polycarbonates, alkyd resins, polyallyl esters and other polyesters, in primary forms:
0	0	0	0	0	0	0	0	6.1	0	0	0/0/0	2.1	0	0	0	0	5.3/4.6/4.6/4.6/4.6			0/0/0	---Polyoxymethylene (POM)
0	0	0	0	0	0	0	0	4.2	0	0	0/0/	0	0	0	0	0	4.7/0/0/0/0			0/0/0	---Other
0	0	0	0	0	0	0	0	6.1	0	0	0/0/	2.1	0	0	0	0	5.3/4.6/4.6/4.6/4.6			0/0/0	--Bis(polyoxyethylene) methylphosphonate
0	0	0	0	0	0	0	0	6.1	0	0	0/0/0	0	0	0	0	0	0/0/4.6/4.6/0			0/0/0	---Polytetramethylene ether glycol (PTMEG)
0	0	0	0	0	0	0	0	6.1	0	0	0/0/	2.1	0	0	0	0	5.3/4.6/4.6/4.6/4.6			0/0/0	---Other
0	0	0	2.6	0	0	0	0	6.1	0	0	0/0/0	2.1	0	0	0	0	5.3/4.6/4.6/4.6/4.6			0/0/0	-Epoxide resins

商品编号	商品名称及备注[检验检疫编码及名称]	进口关税(%)		增值税率(%)	消费税	计量单位	监管条件	检验检疫类别	对美税率	出口税率(%)	出口退税率(%)
		最惠国	普通								
39074000	-聚碳酸酯										13
3907400010	聚碳酸酯〔301 危险化学品,有机过氧化物〕,〔302 其他化工品〕	6.5	45	13		千克				0	
3907400090	双酚 A 型聚碳酸酯按重量计含量小于 99%〔301 危险化学品,有机过氧化物〕,〔302 其他化工品〕	6.5	45	13		千克				0	
39075000	-醇酸树脂										13
3907500000	初级形状的醇酸树脂〔301 危险化学品,易燃液体〕,〔302 其他〕	10	45	13		千克	AB	M/N	37.5%	0	
39076110	---切片										13
3907611000	聚对苯二甲酸乙二酯切片,粘数在 78 毫升/克或以上〔999 其他化工产品〕	6.5	45	13		千克			34%	0	
39076190	---其他										13
3907619000	其他初级形状聚对苯二甲酸乙二酯,粘数在 78 毫升/克或以上〔999 其他化工产品〕	6.5	45	13		千克			29%	0	
39076910	---切片										13
3907691000	其他聚对苯二甲酸乙二酯切片,粘数在 78 毫升/克以下〔999 其他化工产品〕	6.5	45	13		千克			19%	0	
39076990	---其他										13
3907699000	其他初级形状聚对苯二甲酸乙二酯,粘数在 78 毫升/克以下〔999 其他化工产品〕	6.5	45	13		千克			29%	0	
39077000	-聚乳酸										13
3907700000暂3	初级形状的聚乳酸〔999〕	6.5	45	13		千克			11.5%	0	
39079100	--不饱和										13
3907910000	初级形状的不饱和聚酯〔301 危险化学品,易燃液体〕,〔302 其他化工品〕	6.5	45	13		千克			29%	0	
39079910	---聚对苯二甲酸丁二酯										13
3907991001	未经增强或改性的初级形状 PBT 树脂〔999〕	6.5	45	13		千克			29%	0	
3907991090	其他聚对苯二甲酸丁二酯〔301 危险化学品,易燃液体〕,〔302 其他〕	6.5	45	13		千克			29%	0	
39079991	----聚对苯二甲酸-己二酸-丁二醇酯										13
3907999110	初级形状的热塑性液晶聚对苯二甲酸-己二酸-丁二醇酯〔999〕	0	45	13		千克	AB	R/S	7.5%	0	
3907999190	其他初级形状的聚对苯二甲酸-己二酸-丁二醇酯〔999〕	6.5	45	13		千克	AB	R/S	14%	0	
39079999	----其他										13
3907999910	初级形状的热塑性液晶其他聚酯〔301 危险化学品,易燃液体〕,〔302 其他化工品〕	0	45	13		千克	AB	R/S		0	
3907999990	初级形状的其他聚酯〔301 危险化学品,易燃液体〕,〔302 其他化工品〕	6.5	45	13		千克	AB	R/S		0	
3908	**初级形状的聚酰胺:**										
39081011	----聚酰胺-6,6 切片										13
3908101101	聚酰胺-6,6 切片〔999〕	6.5	45	13		千克				0	
3908101190	改性聚酰胺-6,6 切片(经螺杆二次混炼加入玻璃纤维、矿物质、增韧剂、阻燃剂的改性聚酰胺-6,6 切片)〔999〕	6.5	45	13		千克				0	
39081012	----聚酰胺-6 切片										13
3908101200	聚酰胺-6 切片(锦纶 6 切片)〔999〕	6.5	45	13		千克			34%	0	
39081019	----其他										13
3908101900	其他聚酰胺切片(包括聚酰胺 -11;-12;-6,9;-6,10;-6,12)〔999〕	6.5	45	13		千克			19%	0	
39081090	---其他										13
3908109000	其他初级形状的聚酰胺-6,6 等(包括聚酰胺-6;-6,9;-6,10;-6,12;-11;-12)〔999〕	6.5	45	13		千克			29%	0	
39089010	---芳香族聚酰胺及其共聚物										13
3908901000	初级形状的芳香族聚酰胺及其共聚物〔301 危险化学品,易燃液体〕,〔302 其他化工品〕	10	45	13		千克				0	
39089020	---半芳香族聚酰胺及其共聚物										13
3908902000	初级形状的半芳香族聚酰胺及其共聚物〔301 危险化学品,易燃液体〕,〔302 其他化工品〕	10	45	13		千克				0	
39089090	---其他										13
3908909000	初级形状的其他聚酰胺〔301 危险化学品,易燃液体〕,〔302 其他化工品〕	10	45	13		千克				0	
3909	**初级形状的氨基树脂、酚醛树脂及聚氨酯类:**										
39091000	-尿素树脂;硫脲树脂										13
3909100000	初级形状的尿素树脂及硫尿树脂〔301 危险化学品,易燃液体〕,〔302 其他化工品〕	6.5	45	13		千克			34%	0	
39092000	-蜜胺树脂										13
3909200000	初级形状的蜜胺树脂〔301 危险化学品,易燃液体〕,〔302 其他化工品〕	6.5	45	13		千克			19%	0	
39093100	--聚(亚甲基苯基异氰酸酯)(粗 MDI、聚合 MDI)										13
3909310000	聚(亚甲基苯基异氰酸酯)(聚合 MDI 或粗 MDI)〔301 危险化学品,易燃液体〕,〔302 其他化工品〕	6.5	35	13		千克			31.5%	0	
39093900	--其他										13
3909390000	其他初级形状的氨基树脂〔301 危险化学品,易燃液体〕,〔302 其他化工品〕	6.5	45	13		千克	AB	M/N	31.5%	0	
39094000	-酚醛树脂										13
3909400000	初级形状的酚醛树脂〔301 危险化学品,易燃液体〕,〔302 其他化工品〕	6.5	45	13		千克	AB	M/N	29%	0	

协定税率(%)																		特惠税率(%)			Article Description
智利	新西兰	澳大利亚	瑞士	冰岛	秘鲁	哥斯达	东盟	亚太	新加坡	巴基斯坦	港/澳/台	韩国	格鲁吉亚	毛里求斯	柬埔寨	尼加拉瓜	日/韩/澳/新/东 (RCEP)	亚太2国	老/柬/缅	LDC 98/97/95	
0	0	0	0	0	0	0	0	6.1	0	0	0/0/0	2.1	0	0	0	0	5.3/4.6/4.6/4.6/4.6			0/0/0	-Polycarbonates
0	0	0	0	0	0	0	0	6.5	0	2.5	0/0/0	0	0	0	0	9	7.3/7/0/0/0			0/0/0	-Alkyd resins
0	0	0	0	0	0	0	5				0/0/	3.2	0	0	0	0	//6/6/5.5			0/0/0	---In the form of slices or chips
0	0	0	0	0	0	0	0		0	0	0/0/	2.1	0	0	0	0	5.3/4.6/4.6/4.6/4.6			0/0/0	---Other
0	0	0	0	0	0	0	5			0	0/0/	3.2		0	0	0	//6/6/5.5			0/0/0	---In the form of slices or chips
0	0	0	0	0	0	0	0		0	0	0/0/	2.1	0	0	0	0	5.3/4.6/4.6/4.6/4.6			0/0/0	---Other
0	0	0	0	0	0	0	0	4.2		0	0/0/	0	0	0	0	0	4.7/0/0/0/0			0/0/0	-Poly (lactic acid)
0	0	0	0	0	0	0	0		0	0	0/0/0	0	0	0	0	0	4.7/4.6/4.6/4.6/4.6			0/0/0	--Unsaturated
0	0	0	0	0	0	0	0	4.2	0	0	0/0/	2.1		0	0	0	5.3/4.6/4.6/4.6/0			0/0/0	---PBT (Polybutylene terephthalate)
0	0	0	0	0	0	0	0	4.2	0	0	0/0/0	0	0	0	0	0	0/0/0/0/0			0/0/0	----Poly (terephthalic acid-hexanediol-butanediol ester)
0	0	0	0	0	0	0	0	4.2	0	0	0/0/0	0	0	0	0	0	4.7/0/0/0/0			0/0/0	----Other
																					Polyamides in primary forms:
0	0	0	0	0	0	0	0		0	0	0/0/			0	0	0	//5.5/5.5/5.5			0/0/0	----Of polyamide -6,6
0	0	0	2.6	0	0	0	0		0	0	0/0/			0	0	0	//5.5/5.5/5.5			0/0/0	----Of polyamide -6
0	0	0	2.6	0	0	0	0		0	0	0/0/			0	0	0	//5/5/5			0/0/0	----Other
0	0	0	0	0	0	0	0		0	0	0/0/			0	0	0	//5/5/5			0/0/0	---Other
0	0	0		0	0	0	0		0	2.5	0/0/			0	0		//5/5/5			0/0/0	---Aromatic polyamides and copolymers thereof
0	0	0		0	0	0	0		0	2.5	0/0/			0	0		//5/5/5			0/0/0	---Semi-aromatic polyamides and copolymers thereof
0	0	0		0	0	0	0		0	2.5	0/0/			0	0		//5/5/5			0/0/0	---Other
																					Amino-resins, phenolic resins and polyurethanes, in primary forms:
0	0	0	0	0	0	0	0	4.2		0	0/0/0	0	0	0	0	0	0/0/0/0/0			0/0/0	-Urea resins; thiourea resins
0	0	0	0	0	0	0	0	4.2		0	0/0/0	0	0	0	0	0	0/0/4.6/4.6/0			0/0/0	-Melamine resins
0	0	0	0	0	0	0	0	6.1	0	0	0/0/	2.1	0	0	0	0	5.3/4.6/4.6/4.6/4.6			0/0/0	--Poly (methylene phenyl isocyanate) (crude MDI, polymeric MDI)
0	0	0	0	0	0	0	0		0	0	0/0/0	0	0	0	0	0	0/0/0/0/0			0/0/0	--Other
0	0	0	0	0	0	0	0	6.1		0	0/0/0	0	0	0	0	0	4.7/4.6/0/0/0			0/0/0	-Phenolic resins

商品编号	商品名称及备注[检验检疫编码及名称]	进口关税(%) 最惠国	进口关税(%) 普通	增值税率(%)	消费税	计量单位	监管条件	检验检疫类别	对美税率	出口税率(%)	出口退税率(%)
39095000	-聚氨基甲酸酯										13
3909500000	初级形状的聚氨基甲酸酯〔301 危险化学品,易燃液体〕,〔302 其他化工品〕	6.5	45	13		千克	AB	M/N	29%	0	
3910	**初级形状的聚硅氧烷:**										
39100000	初级形状的聚硅氧烷										13
3910000000	初级形状的聚硅氧烷〔301 危险化学品,易燃液体〕,〔302 其他化工品〕	6.5	45	13		千克				0	
3911	**初级形状的石油树脂、苯并呋喃-茚树脂、多萜树脂、多硫化物、聚砜及本章注释三所规定的其他税目未列名产品:**										
39111000	-石油树脂、苯并呋喃树脂、茚树脂、苯并呋喃-茚树脂及多萜树脂										13
3911100000	初级形状的石油树脂等(等指苯并呋喃树脂、茚树脂、苯并呋喃-茚树脂及多萜树脂)〔301 危险化学品,易燃液体〕,〔302 其他〕	6.5	45	13		千克			19%	0	
39112000	-聚(1,3-亚苯基甲基膦酸酯)										13
3911200000	初级形状的聚(1,3-亚苯基甲基膦酸酯)〔999〕	6.5	45	13		千克				0	
39119000	-其他										13
3911900001[暂3]	芳基酸与芳基胺预缩聚物〔301 危险化学品,易燃液体〕,〔302 其他化工品〕	6.5	45	13		千克				0	
3911900003[暂3]	改性三羟乙基脲酸酯类预缩聚物〔999〕	6.5	45	13		千克				0	
3911900004	聚苯硫醚〔999〕	6.5	45	13		千克				0	
3911900005[暂3]	偏苯三酸酐和异氰酸预缩聚物〔301 危险化学品,易燃液体〕,〔302 其他〕	6.5	45	13		千克				0	
3911900090	其他初级形状的多硫化物、聚砜等(等包括本章注释三所规定的其他编号未列名产品)〔301 危险化学品,易燃液体〕,〔302 危险化学品,腐蚀性物质〕,〔303 其他化工品〕	6.5	45	13		千克				0	
3912	**初级形状的其他税目未列名的纤维素及其化学衍生物:**										
39121100	--未塑化										
3912110000	初级形状的未塑化醋酸纤维素〔999〕	6.5	40	13		千克				0	0,13
39121200	--已塑化										0
3912120000	初级形状的已塑化醋酸纤维素〔999〕	6.5	40	13		千克			14%	0	
39122000	-硝酸纤维素(包括胶棉)										0
3912200000	初级形状的硝酸纤维素(包括棉胶)〔301 危险化学品,爆炸品〕,〔302 危险化学品,易燃液体〕,〔303 危险化学品,易燃固体〕	6.5	45	13		千克			34%	0	
39123100	--羧甲基纤维素及其盐										0
3912310000	初级形状的羧甲基纤维素及其盐〔101 其他饲料添加剂〕,〔999 其他〕	6.5	45	13		千克			19%	0	
39123900	--其他										0
3912390000	初级形状的其他纤维素醚〔999〕	6.5	45	13		千克			14%	0	
39129000	-其他										0
3912900000	初级形状的其他未列名的纤维素(包括化学衍生物)①	6.5	45	13		千克			14%	0	
3913	**初级形状的其他税目未列名的天然聚合物(例如,藻酸)及改性天然聚合物(例如,硬化蛋白、天然橡胶的化学衍生物):**										
39131000	-藻酸及其盐和酯										0
3913100000	初级形状的藻酸及盐和酯②	10	45	13		千克	AB	R/S	37.5%	0	
39139000	-其他										13
3913900011	香菇多糖〔101 其他饲料添加剂〕,〔999 其他〕	6.5	50	13		千克	S		14%	0	
3913900090	其他初级形状的未列名天然聚合物〔包括改性天然聚合物(如硬化蛋白)〕③	6.5	50	13		千克			14%	0	
3914	**初级形状的离子交换剂,以税目 39.01 至 39.13 的聚合物为基本成分的:**										
39140000	初级形状的离子交换剂,以税目 39.01 至 39.13 的聚合物为基本成分的										13
3914000000	初级形状的离子交换剂(以品目 39.01 至 39.13 的聚合物为基本成分的)〔301 危险化学品,易燃液体〕,〔302 其他〕	6.5	45	13		千克			19%	0	
3915	**塑料的废碎料及下脚料:**										
39151000	-乙烯聚合物的										0
3915100000	乙烯聚合物的废碎料及下脚料〔101 不包括铝塑复合膜〕,〔102 铝塑复合膜〕	6.5	50	13		千克	9		31.5%	0	
39152000	-苯乙烯聚合物的										0
3915200000	苯乙烯聚合物的废碎料及下脚料〔999〕	6.5	50	13		千克	9		31.5%	0	

① 〔301 危险化学品,不用作食品添加剂〕,〔302 其他〕,〔303 其他化工品,用作食品添加剂〕,〔304 危险化学品,用作食品添加剂〕
② 〔101 其他饲料添加剂〕,〔301 需申报仅用于工业用途不用于食品添加剂无检疫要求的化学品〕,〔302 无检疫要求食品添加剂〕
③ 〔101 其他饲料添加剂〕,〔301 危险化学品,不用作食品添加剂〕,〔302 其他化工产品,不用作食品添加剂〕,〔303 其他化工品,用作食品添加剂〕,〔304 危险化学品,用作食品添加剂〕

协定税率(%)																		特惠税率(%)			
智利	新西兰	澳大利亚	瑞士	冰岛	秘鲁	哥斯达	东盟	亚太	新加坡	巴基斯坦	港/澳/台	韩国	格鲁吉亚	毛里求斯	柬埔寨	尼加拉瓜	日/韩/澳/新/东(RCEP)	亚太2国	老/柬/缅	LDC 98/97/95	Article Description
0	0	0	0	0	0	0	0	4.2	0	4	0/0/0	0	0	0	0	0	0/0/0/0/0			0/0/0	-Polyurethanes
																					Silicones in primary forms:
0	0	0	0	0	0	0	0	6.1		4	0/0/0	0	0	0	0	0	5.3/4.6/0/0/0			0/0/0	Silicones in primary forms
																					Petroleum resins, eonmarone-indene resins, polyterpenes, polysulphides, polysulphones and other products specified in Note 3 to this Chapter, not elsewhere specified or included, in primary forms:
0	0	0	0	0	0	0	0	4.2		0	0/0/0	2.1	0	0	0	0	5.3/4.6/4.6/4.6/4.6			0/0/0	-Petroleum resins, coumarone, indene or coumarone-indene resins and polyterpenes
0	0	0	0	0	0	0	0			0	0/0/	0	0	0	0	0	4.7/0/0/0/0			0/0/0	-Poly(1,3-phenylene methylphosphonate)
0	0	0	0	0	0	0	0			0	0/0/	0	0	0	0	0	4.7/0/0/0/0			0/0/0	-Other
																					Cellulose and its chemical derivatives, not elsewhere specified or included, in primary forms:
0	0	0	0	0	0	0	0			0	0/0/	0	0	0	0	0	4.7/4.6/0/0/0			0/0/0	--Non-plasticized
0	0	0	0	0	0	0	0	5.9		0	0/0/	0	0	0	0	0	4.7/0/0/0/0			0/0/0	--Plasticized
0	0	0	0	0	0	0	0			0	0/0/	0	0	0	0	0	4.7/0/0/0/0			0/0/0	-Cellulose nitrates (including collodions)
0	0	0	0	0	0	0	0			0	0/0/	0	0	0	0	0	4.7/0/0/0/0			0/0/0	--Carboxymethylcellulose and its salts
0	0	0	0	0	0	0	0			0	0/0/	0	0	0	0	0	4.7/0/0/0/0			0/0/0	--Other
0	0	0	0	0	0	0	0			0	0/0/	0	0	0	0	0	0/0/0/0/0			0/0/0	-Other
																					Natural polymers (for example, alginic acid) and modified natural polymers (for example, hardened proteins, chemical derivatives of natural rubber), not elsewhere specified or included, in primary forms:
0	0	0	0	0		0	0		0	2.5	0/0/	0	0	0	0	9	7.3/7/0/0/0			0/0/0	-Alginic acid, its salts and esters
0	0	0	0	0	0	0	0			0	0/0/	0	0	0	0	0	4.7/0/0/0/0			0/0/0	-Other
																					Ion-exchangers based on polymers of headings 39.01 to 39.13, in primary forms:
0	0	0	0		0	0	0			0	0/0/	0	0	0	0	0	4.7/4.6/4.6/4.6/4.6			0/0/0	Ion-exchangers based on polymersof headings 39.01 to 39.13, in primary forms
																					Waste, parings and scrap, of plastics:
0	0	0	0	0	0	0	0		0	0	0/0/	2.1	0	0	0	0	5.3/4.6/4.6/4.6/0			0/0/0	-Of polymers of ethylene
0	0	0	0	0	0	0	0		0	4	0/0/	2.1	0	0	0	0	5.3/4.6/4.6/4.6/0			0/0/0	-Of polymers of styrene

商品编号	商品名称及备注[检验检疫编码及名称]	进口关税(%)		增值税率(%)	消费税	计量单位	监管条件	检验检疫类别	对美税率	出口税率(%)	出口退税率(%)
		最惠国	普通								
39153000	-氯乙烯聚合物的										0
3915300000	氯乙烯聚合物的废碎料及下脚料〔999〕	6.5	50	13		千克	9		31.5%	0	
39159010	---聚对苯二甲酸乙二酯的										0
3915901000	聚对苯二甲酸乙二酯废碎料及下脚料〔101 不包括废PET饮料瓶(砖)〕,〔102 废PET饮料瓶(砖)〕	6.5	50	13		千克	9		31.5%	0	
39159090	---其他										0
3915909000	其他塑料的废碎料及下脚料〔101 不包括废光盘破碎料〕,〔102 废光盘破碎料〕,〔301 危险化学品,易于自燃的物质〕	6.5	50	13		千克	9		31.5%	0	
3916	**塑料制的单丝(截面直径超过1毫米)、条、杆、型材及异型材,不论是否经表面加工,但未经其他加工:**										
39161000	-乙烯聚合物制										13
3916100000	乙烯聚合物制单丝、条、杆及型材(包括异型材,单丝截面直径超过1毫米)〔999〕	10	45	13		千克			37.5%	0	
39162010	---异型材										13
3916201000	氯乙烯聚合物制异型材〔999〕	10	45	13		千克			37.5%	0	
39162090	---其他										13
3916209000	其他氯乙烯聚合物制单丝、条、杆及型材(单丝截面直径超过1毫米)〔999〕	10	45	13		千克			37.5%	0	
39169010	---聚酰胺制的										13
3916901000	聚酰胺制的单丝、条、杆及型材(包括异型材,单丝截面直径超过1毫米)〔999〕	10	45	13		千克			37.5%	0	
39169090	---其他										13
3916909000	其他塑料制单丝、条、杆及型材(包括异型材,单丝截面直径超过1毫米)〔999〕	10	45	13		千克			22.5%	0	
3917	**塑料制的管子及其附件(例如,接头、肘管、法兰):**										
39171000	-硬化蛋白或纤维素材料制的人造肠衣(香肠用肠衣)										13
3917100000	硬化蛋白或纤维素材料制人造肠衣(香肠用肠衣)〔999〕	10	50	13		千克	A	R/	37.5%	0	
39172100	--乙烯聚合物制										13
3917210000	乙烯聚合物制的硬管〔999〕	10	45	13		千克			32.5%	0	
39172200	--丙烯聚合物制										13
3917220000	丙烯聚合物制的硬管〔999〕	10	45	13		千克			37.5%	0	
39172300	--氯乙烯聚合物制										13
3917230000	氯乙烯聚合物制的硬管〔999〕	10	45	13		千克			32.5%	0	
39172900	--其他塑料制										13
3917290000	其他塑料制的硬管〔301 危险化学品,易燃固体〕,〔302 其他化工品〕	10	45	13		千克			22.5%	0	
39173100	--软管,最小爆破压力为27.6兆帕斯卡										13
3917310000	塑料制的软管(最小爆破压力为27.6兆帕斯卡)〔999〕	10	45	13		千克			22.5%	0	
39173200	--其他未装有附件的管子,未经加强也未与其他材料合制										13
3917320000	其他未装有附件的塑料制管子(未经加强也未与其他材料合制)〔301 危险化学品,易燃固体〕,〔302 其他化工品〕	6.5	45	13		千克			19%	0	
39173300	--其他装有附件的管子,未经加强也未与其他材料合制										13
3917330000	其他装有附件的塑料管子(未经加强也未与其他材料合制)〔301 危险化学品,易燃固体〕,〔302 其他化工品〕	6.5	45	13		千克			14%	0	
39173900	--其他										13
3917390000	塑料制的其他管子(经加强或与其他材料合制的)〔999〕	6.5	45	13		千克			19%	0	
39174000	-管子附件										13
3917400000	塑料制的管子附件(如接头、衬管及法兰等)〔999〕	10	45	13		千克			22.5%	0	
3918	**块状或成卷的塑料铺地制品,不论是否胶粘;本章注释九所规定的塑料糊墙品:**										
39181010	---糊墙品										13
3918101000	氯乙烯聚合物制糊墙品(本章注释九所规定的糊墙品)〔999〕	10	45	13		千克			17.5%	0	
39181090	---其他										13
3918109000	氯乙烯聚合物制的铺地制品(块状或成卷的,不论是否胶粘)〔999〕	10	45	13		千克			37.5%	0	
39189010	---糊墙品										13
3918901000	其他塑料制的糊墙品(成卷或块状的)〔999〕	10	45	13		千克			17.5%	0	
39189090	---其他										13

协定税率(%)																		特惠税率(%)			
智利	新西兰	澳大利亚	瑞士	冰岛	秘鲁	哥斯达	东盟	亚太	新加坡	巴基斯坦	港/澳/台	韩国	格鲁吉亚	毛里求斯	柬埔寨	尼加拉瓜	日/韩/澳/新/东(RCEP)	亚太2国	老/柬/缅	LDC 98/97/95	Article Description
0	0	0	0	0	0	0	0		0	4	0/0/	2.1	0	0	0	0	5.3/4.6/4.6/4.6/0			0/0/0	-Of polymers of vinyl chloride
0	0	0	0	0	0	0	0		0	0	0/0/	2.1	0	0	0	0	5.3/4.6/4.6/4.6/0			0/0/0	---Of pdyethylene glycol tevephthalate
0	0	0	0	0	0	0	0		0	0	0/0/	2.1	0	0	0	0	5.3/4.6/4.6/4.6/0			0/0/0	---Other
																					Monofilament of which any cross-sectional dimension exceeds 1mm, rods, sticks and profile shapes, whether or not surface-worked but not otherwise worked, of plastics:
0	0	0	0	0	0	0	0		0	2.5	0/0/	0	0	0	0	9	7.3/7/0/0/0			0/0/0	-Of polymers of ethylene
0	0	0	0	0	0	0	0	6.5		2.5	0/0/	0	0	0	0	9	7.3/7/0/0/0			0/0/0	---Sections
0	0	0	0	0	0	0	0	6.5		2.5	0/0/	0	0	0	0	9	7.3/7/0/0/0			0/0/0	---Other
0	0	0	0	0	0	0	0		0	2.5	0/0/	0	0	0	0	9	7.3/7/0/0/0			0/0/0	---Of polyamides
0	0	0	0	0	0	0	0		0	2.5	0/0/	0	0	0	0	9	7.3/7/7/7/7			0/0/0	---Other
																					Tubes, pipes and hoses, and fittings therefor (for example, joints, elbows, flanges), of plastics:
0	0	0	0	0	0	0	0	8		2.5	0/0/	0	0	0	0	9	7.3/7/0/0/0			0/0/0	-Artificial guts (sausage casings) of hardened protein or of cellulosic materials
0	0	0	0	0	0	0	0		0	2.5	0/0/	0	0	0	0	9	7.3/7/0/0/0			0/0/0	--Of polymers of ethylene
0	0	0	0	0	0	0	0			0	0/0/	0	0	0	0	9	7.3/7/0/0/0			0/0/0	--Of polymers of propylene
0	0	0	0	0	0	0	0		0	2.5	0/0/	0	0	0	0	9	7.3/7/0/0/0			0/0/0	--Of polymers of vinyl chloride
0	0	0	0	0	0	0	0		0	2.5	0/0/	0	0	0	0	9	7.3/7/7/7/7			0/0/0	--Of other plastics
0	0	0	0	0	0	0	0	6.5	0	2.5	0/0/	0	0	0	0	9	7.3/7/7/7/7			0/0/0	--Flexible tubes, pipes and hoses, having a minimum burst pressure of 27.6MPa
0	0	0	0	0	0	0	0	4.6		0	0/0/	0	0	0	0	0	4.7/0/0/0/0			0/0/0	--Other, not reinforced or otherwise combined with other materials, without fittings
0	0	0	0	0	0	0	0	4.2		0	0/0/	0	0	0	0	0	4.7/0/0/0/0			0/0/0	--Other, not reinforced or otherwise combined with other materials, with fittings
0	0	0	0	0	0	0	0	4.2	0	0	0/0/	2.1	0	0	0	0	5.3/4.6/4.6/4.6/4.6			0/0/0	--Other
0	0	0	0	0	0	0	0	6.5	0	2.5	0/0/	0	0	0	0	9	7.3/7/7/7/7			0/0/0	-Fittings
																					Floor coverings of plastics, whether or not self-adhesive, in rolls or in the form of tiles; wall or ceiling coverings of plastics, as defined in Note 9 to this Chapter:
0	0	0	0	0	0	0	0			2.5	0/0/	0	0	0	0	9	7.3/7/0/0/0			0/0/0	---Wall or ceiling coverings
0	0	0	0	0	0	0	0			2.5	0/0/		0	0	0	9	//5/5/5			0/0/0	---Other
0	0	0	0	0	0	0	0			2.5	0/0/	0	0	0	0	9	7.3/7/0/0/0			0/0/0	---Wall or ceiling coverings
0	0	0	0	0	0	0	0			2.5	0/0/	0	0	0	0	9	7.3/7/0/0/0			0/0/0	---Other

商品编号	商品名称及备注[检验检疫编码及名称]	进口关税(%)		增值税率(%)	消费税	计量单位	监管条件	检验检疫类别	对美税率	出口税率(%)	出口退税率(%)
		最惠国	普通								
3918909000	其他塑料制的铺地制品(成卷或块状的,不论是否胶粘)〔999〕	10	45	13		千克			22.5%	0	
3919	**自粘的塑料板、片、膜、箔、带、扁条及其他扁平形状材料,不论是否成卷:**										
39191010	---丙烯酸树脂类为基本成分										13
3919101000	丙烯酸树脂类为主的自粘塑料板等(含片、膜、箔、带、扁条及其他扁平形状材料,成卷的,宽≤20厘米)〔999〕	6.5	45	13		千克			19%	0	
39191091	----胶囊型反光膜										13
3919109100	宽度≤20厘米的胶囊型反光膜〔999〕	6.5	45	13		千克			34%	0	
39191099	----其他										13
3919109900	其他宽度≤20厘米的自粘塑料板片等(包括膜、箔、带、扁条及其他扁平形状材料,成卷的)〔999〕	6.5	45	13		千克			19%	0	
39199010	---胶囊型反光膜										13
3919901000	其他胶囊型反光膜〔999〕	6.5	45	13		千克			34%	0	
39199090	---其他										13
3919909010	半导体晶圆制造用自粘式圆形抛光垫〔999〕	0	45	13		千克				0	
3919909090	其他自粘塑料板、片、膜等材料(包括箔、带、扁条及其他扁平形状材料,不论是否成卷)〔101 车身反光标识零部件〕,〔999 其他〕	6.5	45	13		千克				0	
3920	**其他非泡沫塑料的板、片、膜、箔及扁条,未用其他材料强化、层压、支撑或用类似方法合制:**										
39201010	---乙烯聚合物制电池隔膜										13
3920101000[暂3]	乙烯聚合物制电池隔膜〔999〕	6.5	45	13		千克			30.5%	0	
39201090	---其他										
3920109010	农用非泡沫聚乙烯薄膜(未用其他材料强化、层压、支撑或用类似方法合制)〔999〕	6.5	45	9		千克				0	0
3920109090	其他非泡沫乙烯聚合物板、片、膜、箔及扁条(未用其他材料强化、层压、支撑或用类似方法合制,非农用)〔999〕	6.5	45	13		千克				0	13
39202010	---丙烯聚合物制电池隔膜										13
3920201000	丙烯聚合物制电池隔膜〔999〕	6.5	45	13		千克			14%	0	
39202090	---其他										
3920209010	农用非泡沫聚丙烯薄膜(未用其他材料强化、层压、支撑或用类似方法合制)〔999〕	6.5	45	9		千克			29%	0	0
3920209090	非泡沫丙烯聚合物板、片、膜、箔及扁条(未用其他材料强化、层压、支撑或用类似方法合制,非农用)〔999〕	6.5	45	13		千克			29%	0	13
39203000	-苯乙烯聚合物制										13
3920300000	非泡沫苯乙烯聚合物板、片、膜、箔、扁条(未用其他材料强化、层压、支撑或用类似方法合制)〔999〕	6.5	45	13		千克			34%	0	
39204300	--按重量计增塑剂含量不小于6%										
3920430010	农用软质聚氯乙烯薄膜(增塑剂含量≥6%,未用其他材料强化、层压、支撑)〔999〕	6.5	45	9		千克			29%	0	0
3920430090	氯乙烯聚合物板、片、膜、箔及扁条(增塑剂含量≥6%,未用其他材料强化、层压、支撑)〔999〕	6.5	45	13		千克			29%	0	13
39204900	--其他										
3920490010	其他农用软质聚氯乙烯薄膜(非泡沫料的,未用其他材料强化、层压、支撑)〔999〕	6.5	45	9		千克			19%	0	0
3920490090	其他氯乙烯聚合物板、片、膜、箔及扁条(非泡沫料的,未用其他材料强化、层压、支撑、非农用)〔999〕	6.5	45	13		千克			19%	0	13
39205100	--聚甲基丙烯酸甲酯制										13
3920510000	聚甲基丙烯酸甲酯板、片、膜、箔及扁条(非泡沫料的,未用其他材料强化、层压、支撑)〔999〕	6.5	45	13		千克			29%	0	
39205900	--其他										13
3920590000	其他丙烯酸聚合物板、片、膜、箔及扁条(非泡沫料的,未用其他材料强化、层压、支撑)〔999〕	6.5	45	13		千克			29%	0	
39206100	--聚碳酸酯制										13
3920610000	聚碳酸酯制板、片、膜、箔、扁条(非泡沫料的,未用其他材料强化、层压、支撑)〔999〕	6.5	45	13		千克			29%	0	
39206200	--聚对苯二甲酸乙二酯制										13
3920620000	聚对苯二甲酸乙二酯板、片、膜等(包括箔及扁条,非泡沫料,未用其他材料强化、层压、支撑)〔999〕	6.5	45	13		千克				0	
39206300	--不饱和聚酯制										13
3920630000	不饱和聚酯板、片、膜、箔及扁条(非泡沫料的,未用其他材料强化、层压、支撑)〔999〕	10	45	13		千克			37.5%	0	
39206900	--其他聚酯制										13
3920690000	其他聚酯板、片、膜、箔及扁条(非泡沫料的,未用其他材料强化、层压、支撑)〔999〕	10	45	13		千克			22.5%	0	
39207100	--再生纤维素制										13
3920710000	再生纤维素制板、片、膜、箔及扁条(非泡沫料的,未用其他材料强化、层压、支撑)〔999〕	6.5	45	13		千克			19%	0	

协定税率(%)																		特惠税率(%)			
智利	新西兰	澳大利亚	瑞士	冰岛	秘鲁	哥斯达	东盟	亚太	新加坡	巴基斯坦	港/澳/台	韩国	格鲁吉亚	毛里求斯	柬埔寨	尼加拉瓜	日/韩/澳/新/东(RCEP)	亚太2国	老/柬/缅	LDC 98/97/95	Article Description
																					Self-adhesive plates, sheets, film, foil, tape, strip and other flat shapes, of plastics, whether or not in rolls:
0	0	0	0	0	0	0	0			0	0/0/	0	0	0	0	0	4.7/4.6/4.6/4.6/4.6			0/0/0	---Based on acrylic resin
0	0	0	0	0	0	0	0			0	0/0/	0	0	0	0	0	4.7/0/0/0/0			0/0/0	----Encapsulant reflective film
0	0	0	0	0	0	0	0			0	0/0/0		0	0	0	0	4.7//5/5/4.6			0/0/0	----Other
0	0	0	0	0	0	0	0	4.2		0	0/0/	2.1	0	0	0	0	5.3/4.6/4.6/4.6/4.6			0/0/0	---Encapsulant reflective film
0	0	0	0	0	0	0	0	4.6		0	0/0/0	2.1	0	0	0	0	5.3/4.6/4.6/4.6/4.6			0/0/0	---Other
																					Other plates, sheets, film, foil and strip, of plastics, non-cellular and not reinforced, laminated, supported or similarly combined with other materials:
0	0	0	0	0	0	0	0	4.2		0	0/0/	0	0	0	0	0	5.3/4.6/0/0/0			0/0/0	---Battery separator, of polymers of ethylene
0	0	0	0	0	0	0	0	4.6		0	0/0/0	2.1	0	0	0	0	5.3/4.6/4.6/4.6/4.6			0/0/0	---Other
0	0	0	0	0	0	0	0			0	0/0/		0	0	0	0	//5/5/5			0/0/0	---Battery separator, of polymers of propylene
0	0	0	0	0	0	0	0			0	0/0/0	0	0	0	0	0	4.7/4.6/0/0/0			0/0/0	---Other
0	0	0	0	0	0	0	0	4.2		0	0/0/0	0	0	0	0	0	4.7/4.6/4.6/4.6/4.6			0/0/0	-Of polymers of styrene
0	0	0	0	0	0	0	0	4.2	0	0	0/0/0	0	0	0	0	0	4.7/4.6/4.6/4.6/4.6			0/0/0	--Containing by weight not less than 6% of plasticisers
0	0	0	0	0	0	0	0	4.2		0	0/0/0	2.1	0	0	0	0	5.3/4.6/4.6/4.6/4.6			0/0/0	--Other
0	0	0	0	0	0	0	0	4.6		0	0/0/0	0	0	0	0	0	4.7/4.6/0/0/0			0/0/0	--Of poly (methyl methacrylate)
0	0	0	0	0	0	0	0			0	0/0/	2.1	0	0	0	0	5.3/4.6/4.6/4.6/4.6			0/0/0	--Other
0	0	0	0	0	0	0	0	4.6		0	0/0/0	2.1	0	0	0	0	5.3/4.6/4.6/4.6/4.6			0/0/0	--Of polycarbonates
0	0	0	0	0	0	0	0	4.6		0	0/0/0	2.1	0	0	0	0	5.3/4.6/4.6/4.6/4.6			0/0/0	--Of poly (ethylene terephthalate)
0	0	0	0	0	0	0	0			2.5	0/0/	0	0	0	0	9	7.3/7/0/0/0			0/0/0	--Of unsaturated polyesters
0	0	0	0	0	0	0	0	6.5	0	2.5	0/0/0	5	0	0	0	9	8.6//8.5/8.5/8.5			0/0/0	--Of other polyesters
0	0	0	0	0	0	0	0			0	0/0/	0	0	0	0	0	4.7/4.6/0/0/0			0/0/0	--Of regenerated cellulose

商品编号	商品名称及备注［检验检疫编码及名称］	进口关税（%）		增值税率（%）	消费税	计量单位	监管条件	检验检疫类别	对美税率	出口税率（%）	出口退税率（%）
		最惠国	普通								
39207300	--乙酸纤维素制										13
3920730000	醋酸纤维素制板、片、膜、箔及扁条（非泡沫料，未用其他材料强化、层压、支撑）〔999〕	6.5	45	13		千克			34%	0	
39207900	--其他纤维素衍生物制										13
3920790000	其他纤维素衍生物制板、片、膜箔及扁条（非泡沫料的，未用其他村料强化、层压、支撑）〔301 危险化学品，易燃固体〕，〔302 其他化工品〕	10	45	13		千克			37.5%	0	
39209100	--聚乙烯醇缩丁醛制										13
3920910001[暂3]	聚乙烯醇缩丁醛膜（厚度不超过 3 毫米）（非泡沫料的，未用其他材料强化、层压、支撑）〔999〕	6.5	45	13		千克			25.5%	0	
3920910090	聚乙烯醇缩丁醛板、片、箔、扁条及厚度超过 3 毫米的膜（非泡沫料的，未用其他材料强化、层压、支撑）〔999〕	6.5	45	13		千克			29%	0	
39209200	--聚酰胺制										13
3920920000	聚酰胺板、片、膜、箔、扁条（非泡沫料的，未用其他材料强化、层压、支撑）〔999〕	10	45	13		千克			32.5%	0	
39209300	--氨基树脂制										13
3920930000	氨基树脂板、片、膜、箔、扁条（非泡沫料的，未用其他材料强化、层压、支撑）〔999〕	6.5	45	13		千克			14%	0	
39209400	--酚醛树脂制										13
3920940000	酚醛树脂板、片、膜、箔、扁条（非泡沫料的，未用其他材料强化、层压、支撑）〔999〕	10	45	13		千克			32.5%	0	
39209910	---聚四氟乙烯制										13
3920991000	聚四氟乙烯制非泡沫塑料板、片、箔（含膜及扁条，未用其他材料层压、支撑或类似方法合制）〔999〕	6.5	45	13		千克			14%	0	
39209990	---其他塑料制										13
3920999001[暂3]	聚酰亚胺膜，厚度≤0.03 毫米（未用其他材料强化、层压、支撑）〔999〕	6.5	45	13		千克				0	
3920999090	其他非泡沫塑料板、片、膜、箔、扁条（未用其他材料强化、层压、支撑）〔999〕	6.5	45	13		千克				0	
3921	**其他塑料板、片、膜、箔、扁条：**										
39211100	--苯乙烯聚合物制										13
3921110000	泡沫聚苯乙烯板、片、带、箔、扁条〔999〕	10	45	13		千克			17.5%	0	
39211210	---人造革及合成革										13
3921121000	泡沫聚氯乙烯人造革及合成革〔999〕	9	70	13		千克/米			36.5%	0	
39211290	---其他										13
3921129000	泡沫聚氯乙烯板、片、带、箔、扁条〔999〕	6.5	45	13		千克			34%	0	
39211310	---人造革及合成革										13
3921131000	泡沫聚氨酯制人造革及合成革〔999〕	9	70	13		千克/米			36.5%	0	
39211390	---其他										13
3921139000	泡沫聚氨酯板、片、带、箔、扁条〔999〕	6.5	45	13		千克			19%	0	
39211400	--再生纤维素制										13
3921140000	泡沫再生纤维素板、片、膜、箔、扁条〔999〕	10	45	13		千克			17.5%	0	
39211910	---人造革及合成革										13
3921191000	其他泡沫塑料制人造革及合成革〔999〕	9	45	13		千克/米			21.5%	0	
39211990	---其他										13
3921199010[暂3]	电池隔膜〔999〕	6.5	45	13		千克			15.5%	0	
3921199090	其他泡沫塑料板、片、膜、箔、扁条〔999〕	6.5	45	13		千克			19%	0	
39219020	---聚乙烯嵌有玻璃纤维的板、片										13
3921902000	以聚乙烯为基本成分的板片（以玻璃纤维加强的）〔999〕	6.5	45	13		千克			29%	0	
39219030	---聚异丁烯为基本成分的附有人造毛毡的板、片、卷材										13
3921903000	以聚异丁烯为基本成分的板片卷材（附有人造毛毡的）〔999〕	6.5	45	13		千克			29%	0	
39219090	---其他										13
3921909001[暂5]	离子交换膜〔999〕	6.5	45	13		千克				0	
3921909010	两用物项管制结构复合材料的层压板（用纤维和丝材增强而制成的各种预浸件和预成形件，其中增强材料的比拉伸强度大于 7.62×10^{4} 米和比模量大于 3.18×10^{6} 米）〔999〕	6.5	45	13		千克	3			0	
3921909090	未列名塑料板、片、膜、箔、扁条（离子交换膜、两用物项管制结构复合材料的层压板除外）〔301 危险化学品，易燃固体〕，〔302 其他化工品〕	6.5	45	13		千克				0	
3922	**塑料浴缸、淋浴盘、洗涤槽、盥洗盆、坐浴盆、便盆、马桶座圈及盖、抽水箱及类似卫生洁具：**										
39221000	-浴缸、淋浴盘、洗涤槽及盥洗盆										13
3922100000	塑料浴缸、淋浴盘、洗涤槽及盥洗盆〔999〕	6.5	80	13		千克			34%	0	
39222000	-马桶座圈及盖										13
3922200000	塑料马桶座圈及盖〔999〕	6.5	80	13		千克			26.5%	0	
39229000	-其他										13

协定税率(%) 智利	新西兰	澳大利亚	瑞士	冰岛	秘鲁	哥斯达	东盟	亚太	新加坡	巴基斯坦	港/澳/台	韩国	格鲁吉亚	毛里求斯	柬埔寨	尼加拉瓜	日/韩/澳/新/东(RCEP)	特惠税率(%) 亚太2国	老/柬/缅	LDC 98/97/95	Article Description
0	0	0	0	0	0	0	0			0	0/0/	0	0	0	0	0	4.7/4.6/4.6/4.6/4.6			0/0/0	--Of cellulose acetate
0	0	0	0	0	0	0	0			2.5	0/0/	0	0	0	0	9	7.3/7/0/0/0			0/0/0	--Of other cellulose derivatives
0	0	0	0	0	0	0	0			0	0/0/	2.1	0	0	0	0	5.3/4.6/4.6/4.6/4.6			0/0/0	--Of poly (vinyl butyral)
0	0	0	0	0	0	0	0		0	2.5	0/0/	0	0	0	0	9	7.3/7/7/7/7			0/0/0	--Of polyamides
0	0	0	0	0	0	0	0			0	0/0/	0	0	0	0	0	4.7/0/0/0/0			0/0/0	--Of amino-resins
0	0	0	0	0	0	0	0	6.5	0	2.5	0/0/	0	0	0	0	9	7.3/7/0/0/0			0/0/0	--Of phenolic resins
0	0	0	0	0	0	0	0			0	0/0/	2.1	0	0	0	0	5.3/4.6/4.6/4.6/4.6			0/0/0	---Of polytetrafluoroethylene
0	0	0	0	0	0	0	0			0	0/0/0	0	0	0	0	0	5.3/4.6/0/0/0			0/0/0	---Of other plastics
																					Other plates, sheets, film, foil and strip, of plastics:
0	0	0	0	0	0	0	0	6.5		2.5	0/0/	0	0	0	0	9	7.3/7/0/0/0			0/0/0	--Of polymers of styrene
0	0	0	0	0	0	0	0		0	0	0/0/0	3	0	0	0	8.1	7.3/7.2/7.7/7.7/7.2			0/0/0	---Combined with textile fabrics
0	0	0	0	0	0	0	0			0	0/0/	0	0	0	0	0	4.7/0/0/0/0			0/0/0	---Other
0	0	0	0	0	0	0	0	5.9	0	0	0/0/0	3	0	0	0	8.1	7.3/7.2/7.7/7.7/7.2			0/0/0	---Combined with textile fabrics
0	0	0	0	0	0	0	0	4.6		0	0/0/	0	0	0	0	0	4.7/4.6/0/0/0			0/0/0	---Other
0	0	0	0	0	0	0	0			2.5	0/0/	0	0	0	0	9	7.3/7/0/0/0			0/0/0	--Of regenerated cellulose
0	0	0	0	0	0	0	0	6.3		0	0/0/	3	0	0	0	8.1	7.3/7.2/7.7/7.7/7.2			0/0/0	---Combined with textile fabrics
0	0	0	0	0	0	0	0	4.2		0	0/0/0	2.1	0	0	0	0	5.3/4.6/4.6/4.6/4.6			0/0/0	---Other
0	0	0	0	0	0	0	0	4.2		0	0/0/	0	0	0	0	0	4.7/0/0/0/0			0/0/0	---Plates, sheets of polyethylene with glass fibres
0	0	0	0	0	0	0	0	4.2		0	0/0/	0	0	0	0	0	4.7/4.6/0/0/0			0/0/0	---Plates, sheets, coils of poly-isobutylene with man-made felt
0	0	0	0	0	0	0	0	4.6		0	0/0/0	2.1	0	0	0	0	5.3/4.6/4.6/4.6/4.6			0/0/0	---Other
																					Baths, shower-baths, sinks, washbasins, bidets, lavatory pans, seats and covers, flushing cisterns and similar sanitary ware, of plastics:
0	0	0	0	0	0	0	0			2.5	0/0/	0	0	0	0	0	7.3/7/0/0/0		0//	0/0/0	-Baths, shower-baths, sinks and wash-basins
0	0	0	0	0	0	0	0			2.5	0/0/	0	0	0	0	0	7.3/7/0/0/0		0//	0/0/0	-Lavatory seats and covers
0	0	0	0	0	0	0	0			2.5	0/0/	0	0	0	0	0	7.3/7/0/0/0			0/0/0	-Other

商品编号	商品名称及备注[检验检疫编码及名称]	进口关税(%)		增值税率(%)	消费税	计量单位	监管条件	检验检疫类别	对美税率	出口税率(%)	出口退税率(%)
		最惠国	普通								
3922900000	塑料便盆,抽水箱等类似卫生洁具〔999〕	6.5	80	13		千克			26.5%	0	
3923	**供运输或包装货物用的塑料制品;塑料制的塞子、盖子及类似品:**										
39231000	-盒、箱(包括板条箱)及类似品										13
3923100010	具有特定形状或装置,供运输或包装半导体晶圆、掩模或光罩的塑料盒、箱、板条箱及类似物品〔999〕	0	80	13		千克			22.5%	0	
3923100090	其他塑料制盒、箱及类似品(包括塑料制板条箱,供运输或包装货物用的)〔101 食品用其他塑料包装〕,〔999 非食品用塑料制品〕	10	80	13		千克			32.5%	0	
39232100	--乙烯聚合物制										13
3923210000	乙烯聚合物制袋及包(供运输或包装货物用的)〔101 食品用其他塑料包装〕,〔999 非食品用塑料制品〕	10	80	13		千克			22.5%	0	
39232900	--其他塑料制										13
3923290000	其他塑料制的袋及包(供运输或包装货物用的)〔101 食品用其他塑料包装〕,〔999 非食品用塑料制品〕	10	80	13		千克			22.5%	0	
39233000	-坛、瓶及类似品										13
3923300000	塑料制坛、瓶及类似品(供运输或包装货物用的)〔101 食品用其他塑料包装〕,〔999 非食品用塑料制品〕	6.5	80	13		千克			19%	0	
39234000	-卷轴、纡子、筒管及类似品										13
3923400000	塑料制卷轴、纡子、筒管及类似品〔101 食品接触其他塑料产品〕,〔102 食品用其他塑料包装〕,〔999 非食品用塑料制品〕	10	35	13		千克			37.5%	0	
39235000	-塞子、盖子及类似品										13
3923500000	塑料制塞子、盖子及类似品〔101 食品用其他塑料包装〕,〔999 非食品用塑料制品〕	10	80	13		千克			22.5%	0	
39239000	-其他										13
3923900000	供运输或包装货物用其他塑料制品〔101 食品用其他塑料包装〕,〔999 非食品用塑料制品〕	10	80	13		千克			32.5%	0	
3924	**塑料制的餐具、厨房用具、其他家庭用具及卫生或盥洗用具:**										
39241000	-餐具及厨房用具										13
3924100000	塑料制餐具及厨房用具①	6.5	80	13		千克	A	R/	26.5%	0	
39249000	-其他										13
3924900000	塑料制其他家庭用具及卫生或盥洗用具〔999〕	6.5	80	13		千克			34%	0	
3925	**其他税目未列名的建筑用塑料制品:**										
39251000	-囤、柜、罐、桶及类似容器,容积超过 300 升										13
3925100000	塑料制囤、柜、罐、桶及类似容器(容积超过 300 升)〔101 食品用其他塑料包装〕,〔999 非食品用塑料容器〕	6.5	80	13		千克			34%	0	
39252000	-门、窗及其框架、门槛										13
3925200000	塑料制门、窗及其框架、门槛〔999〕	6.5	80	13		千克			11.5%	0	
39253000	-窗板、百叶窗(包括威尼斯式百叶窗)或类似制品及其零件										13
3925300000	塑料制窗板、百叶窗及类似制品(包括威尼斯式百叶窗和塑料制窗零件)〔999〕	6.5	80	13		千克			26.5%	0	
39259000	-其他										13
3925900000	其他未列名的建筑用塑料制品〔999〕	6.5	80	13		千克			11.5%	0	
3926	**其他塑料制品及税目 39.01 至 39.14 所列其他材料的制品:**										
39261000	-办公室或学校用品										13
3926100000	办公室或学校用塑料制品〔999〕	10	80	13		千克			37.5%	0	
39262011	----聚氯乙烯制										13
3926201100	聚氯乙烯制手套(包括分指手套、连指手套及露指手套)〔999〕	6.5	90	13		千克/双			21.5%	0	
39262019	----其他										13
3926201900	其他塑料制手套(包括分指手套、连指手套及露指手套)(聚氯乙烯制除外)〔999〕	6.5	90	13		千克/双			21.5%	0	
39262090	---其他										13
3926209000	其他塑料制衣服及衣着附件[手套(包括分指手套、连指手套及露指手套)除外]〔999〕	6.5	90	13		千克			26.5%	0	
39263000	-家具、车厢或类似品的附件										13

① 〔101 食品接触聚苯乙烯产品〕,〔102 食品接触聚乙烯产品〕,〔103 食品接触聚丙烯产品〕,〔104 食品接触聚氯乙烯产品〕,〔105 食品接触三聚氰胺-甲醛产品〕,〔106 食品接触丙烯腈-丁二烯-苯乙烯产品〕,〔107 食品接触丙烯腈-苯乙烯产品〕,〔108 食品接触不饱和聚酯树脂及其玻璃钢产品〕,〔109 食品接触对苯二甲酸乙二醇酯产品〕,〔110 食品接触尼龙产品〕,〔111 食品接触聚碳酸酯产品〕,〔112 食品接触聚偏二氯乙烯产品〕,〔113 食品接触聚甲基丙烯酸甲酯产品〕,〔114 食品接触聚甲基戊烯产品〕,〔115 食品接触复合塑料(仅指多种塑料材质复合)产品〕,〔116 食品接触其他塑料产品〕,〔117 食品用聚苯乙烯包装〕,〔118 食品用聚乙烯包装〕,〔119 食品用聚丙烯包装〕,〔120 食品用聚氯乙烯瓶盖垫片〕,〔121 食品用其他聚氯乙烯包装〕,〔122 食品用三聚氰胺-甲醛包装〕,〔123 食品用丙烯腈-丁二烯-苯乙烯包装〕,〔124 食品用丙烯腈-苯乙烯包装〕,〔125 食品用不饱和聚酯树脂及其玻璃钢包装〕,〔126 食品用对苯二甲酸乙二醇酯包装〕,〔127 食品用尼龙包装〕,〔128 食品用聚碳酸酯包装〕,〔129 食品用聚偏二氯乙烯包装〕,〔130 食品用聚甲基丙烯酸甲酯包装〕,〔131 食品用聚甲基戊烯包装〕,〔132 食品用复合塑料(仅指多种塑料材质复合)包装〕,〔133 食品用其他塑料包装〕,〔999 非食品用塑料容器用具〕

协定税率(%)																		特惠税率(%)			
智利	新西兰	澳大利亚	瑞士	冰岛	秘鲁	哥斯达	东盟	亚太	新加坡	巴基斯坦	港/澳/台	韩国	格鲁吉亚	毛里求斯	柬埔寨	尼加拉瓜	日/韩/澳/新/东 (RCEP)	亚太2国	老/柬/缅	LDC 98/97/95	Article Description
																					Articles for the conveyance or packing of goods, of plastics; stoppers, lids, caps and other closures, of plastics:
0	0	0	0	0	0	0	0	6.5	0	4	0/0/0	5	0	0	0	9	8.6/8.5/8.5/8.5/8.5			0/0/0	-Boxes, cases, crates and similar articles
0	0	0	0	0	0	0	0		0	0	0/0/	0	0	0	0	9	7.3/7/7/7/7			0/0/0	--Of polymers of ethylene
0	0	0	0	0	0	0	0		0	2.5	0/0/	3.3	0	2	0	9	8.1/8/8.5/8.5/8			0/0/0	--Of other plastics
0	0	0	0	0		0	0		0	4	0/0/	2.1	0	0	0	5.2	5.3/4.6/4.6/4.6/4.6			0/0/0	-Carboys, bottles, flasks and similar articles
0	0	0	0	0	0	0	0	6.5	0	2.5	0/0/	3.3	0	0	0	9	8.1/8/8.5/8.5/8			0/0/0	-Spools, cops, bobbins and similar supports
0	0	0	0	0	0	0	0		0	2.5	0/0/0	0	0	0	0	9	7.3/7/0/0/0			0/0/0	-Stoppers, lids, caps and other closures
0	0	0	0	0	0	0	0	6.5	0	2.5	0/0/0	5	0	0	0	9	8.6/8.5/8.5/8.5/8.5			0/0/0	-Other
																					Tableware, kitchenware, other household articles and hygienic or toilet articles, of plastics:
0	0	0	0	0	0	0	0		0	2.5	0/0/	3.3	0	2	0	0	8.1/8/8.5/8.5/8	0		0/0/0	-Tableware and kitchenware
0	0	0	0	0	0	0	0		0	0	0/0/	0	0	2	0	0	7.3/7/7/7/7			0/0/0	-Other
																					Builders ware of plastics, not elsewhere specified or included:
0	0	0	0	0	0	0	0			2.5	0/0/	0	0	0	0	0	7.3/7/0/0/0			0/0/0	-Reservoirs, tanks, vats and similar containers, of a capacity exceeding 300L
0	0	0	0	0	0	0	0	4.2		2.5	0/0/	0	0	0	0	0	7.3/7/0/0/0			0/0/0	-Doors, windows and their frames and thresholds for doors
0	0	0	0	0	0	0	0			2.5	0/0/	0	0	0	0	0	7.3/7/0/0/0			0/0/0	-Shutters, blinds (including Venetian blinds) and similar articles and parts thereof
0	0	0	4	0	0	0	0			2.5	0/0/	0	0	0	0	0	7.3/7/7/7/7			0/0/0	-Other
																					Other articles of plastics and articles of other materials of headings 39.01 to 39.14:
0	0	0	0	0	0	0	0		0	2.5	0/0/	0	0	0	0	9	7.3/7/0/0/0			0/0/0	-Office or school supplies
0	0	0	0	0	0	0	0		0		0/0/	0	0	0	0	0	7.3/7/0/0/0			0/0/0	----Of poly (vinyl chloride)
0	0	0	0	0	0	0	0		0		0/0/	0	0	0	0	0	7.3/7/0/0/0			0/0/0	----Other
0	0	0	0	0	0	0	0		0		0/0/	0	0	0	0	0	7.3/7/0/0/0			0/0/0	---Other
0	0	0	0	0	0	0	0		0	2.5	0/0/	3.3	0	0	0	9	8.1/8/8.5/8.5/8			0/0/0	-Fittings for furniture, coachwork or the like

商品编号	商品名称及备注[检验检疫编码及名称]	进口关税(%)		增值税率(%)	消费税	计量单位	监管条件	检验检疫类别	对美税率	出口税率(%)	出口退税率(%)
		最惠国	普通								
3926300000	塑料制家具、车厢及类似品的附件〔101 车辆内饰零部件〕,〔999 其他〕	10	80	13		千克			32.5%	0	
39264000	-小雕塑品及其他装饰品										13
3926400000	塑料制小雕塑品及其他装饰品〔999〕	6.5	100	13		千克			26.5%	0	
39269010	---机器及仪器用零件										13
3926901000	塑料制机器及仪器用零件〔999〕	10	35	13		千克			25%	0	
39269090	---其他										
3926909010	两用物项管制结构复合材料的预成形件和制品(用纤维和丝材增强而制成的各种预浸件和预成形件,其中增强材料的比拉伸强度大于 7.62×10^4 米和比模量大于 3.18 米 $\times10^6$ 米)〔999〕	10	80	13		千克	3			0	13
3926909020[暂0]	聚氨酯制避孕套〔999〕	10	80			千克				0	0
3926909090	其他塑料制品(包括品目 39.01 至 39.14 所列材料的制品)〔999 其他〕	10	80	13		千克				0	13

协定税率(%)																			特惠税率(%)			Article Description
智利	新西兰	澳大利亚	瑞士	冰岛	秘鲁	哥斯达	东盟	亚太	新加坡	巴基斯坦	港/澳/台	韩国	格鲁吉亚	毛里求斯	柬埔寨	尼加拉瓜	日/韩/澳/新/东(RCEP)	亚太2国	老/柬/缅	LDC 98/97/95	
0	0	0	0	0	0	0	0	4.2		4	0/0/	0	0	0	0	0	7.3/7/0/0/0			0/0/0	-Statuettes and other ornamental articles
0	0	0	0	0	0	0	0	6.5	0	0	0/0/0	0	0	0	0	9	8.1/7/0/0/0			0/0/0	---Of a kind for used in machines or instruments
0	0	0	0	0	0	0	0	6.5	0	9.2	0/0/0	0	0	0	0	9	8.1/7/0/0/0			0/0/0	---Other

第四十章
橡胶及其制品

注释：

一、除条文另有规定的以外，本协调制度所称“橡胶”，是指不论是否硫化或硬化的下列产品：天然橡胶、巴拉塔胶、古塔波胶、银胶菊胶、糖胶树胶及类似的天然树胶、合成橡胶、从油类中提取的油膏，以及上述物品的再生品。

二、本章不包括：
（一）第十一类的货品（纺织原料及纺织制品）；
（二）第六十四章的鞋靴及其零件；
（三）第六十五章的帽类及其零件（包括游泳帽）；
（四）第十六类的硬质橡胶制的机械器具、电气器具及其零件（包括各种电气用品）；
（五）第九十章、第九十二章、第九十四章或第九十六章的物品；或
（六）第九十五章的物品（运动用分指手套、连指手套及露指手套及品目 40.11 至 40.13 的制品除外）。

三、品目 40.01 至 40.03 及 40.05 所称“初级形状”，只限于下列形状：
（一）液状及糊状，包括胶乳（不论是否预硫化）及其他分散体和溶液；
（二）不规则形状的块，团、包、粉、粒、碎屑及类似的散装形状。

四、本章注释一和品目 40.02 所称“合成橡胶”，适用于：
（一）不饱和合成物质，即用硫磺硫化能使其不可逆地变为非热塑物质，这种物质能在温度 18℃～29℃之间被拉长到其原长度的 3 倍而不致断裂，拉长到原长度的 2 倍时，在 5 分钟内能回复到不超过原长度的 1.5 倍。为了进行上述试验，可以加入交联所需的硫化活化剂或促进剂；也允许含有注释五（二）2 及 3 所述的物质。但不能加入非交联所需的物质，例如，增量剂、增塑剂及填料。

（二）聚硫橡胶（TM）。
（三）与塑料接枝共聚或混合而改性的天然橡胶、解聚天然橡胶，以及不饱和合成物质与饱和合成高聚物的混合物，但这些产品必须符合以上（一）款关于硫化、延伸及回复的要求。

五、（一）品目 40.01 及 40.02 不适用于任何凝结前或凝结后与下列物质相混合的橡胶或橡胶混合物：
1. 硫化剂、促进剂、防焦剂或活性剂（为制造预硫胶乳所加入的除外）；
2. 颜料或其他着色料，但仅为易于识别而加入的除外；
3. 增塑剂或增量剂（用油增量的橡胶中所加的矿物油除外）、填料、增强剂、有机溶剂或其他物质，但以下（二）款所述的除外。

（二）含有下列物质的橡胶或橡胶混合物，只要仍具有原料的基本特性，应归入品目 40.01 或 40.02：

1. 乳化剂或防粘剂；
2. 少量的乳化剂分解产品；
3. 微量的下列物质：热敏剂（一般为制造热敏胶乳用）、阳离子表面活性剂（一般为制造阳性胶乳用）、抗氧剂、凝固剂、碎裂剂、抗冻剂、胶溶剂、保存剂、稳定剂、黏度控制剂或类似的特殊用途添加剂。

六、品目 40.04 所称“废碎料及下脚料”，是指在橡胶或橡胶制品生产或加工过程中由于切割、磨损或其他原因明显不能按橡胶或橡胶制品使用的废橡胶及下脚料。

七、全部用硫化橡胶制成的线，其任一截面的尺寸超过 5 毫米的，应作为带、杆或型材及异型材归入品目 40.08。

八、品目 40.10 包括用橡胶浸渍、涂布、包覆或层压的织物制成的或用橡胶浸渍、涂布、包覆或套裹的纱线或绳制成的传动带、输送带。

九、品目 40.01、40.02、40.03、40.05 及 40.08 所称“板”“片”“带”，仅指未切割或只简单切割成矩形（包括正方形）的板、片、带及正几何形块，不论是否具有成品的特征，也不论是否经过印制或其他表面加工，但未切割成其他形状或进一步加工。

品目 40.08 所称“杆”或“型材及异型材”，仅指不论是否切割成一定长度或表面加工，但未经进一步加工的该类产品。

商品编号	商品名称及备注[检验检疫编码及名称]	进口关税(%)		增值税率(%)	消费税	计量单位	监管条件	检验检疫类别	对美税率	出口税率(%)	出口退税率(%)
		最惠国	普通								
4001	**天然橡胶、巴拉塔胶、古塔波胶、银胶菊胶、糖胶树胶及类似的天然树胶，初级形状或板、片、带：**										
40011000	-天然胶乳，不论是否预硫化										9
4001100000[暂10]	天然胶乳(不论是否预硫化)〔101 天然橡胶(乳胶固形物)(有检疫要求食品添加剂)〕,〔999 其他〕	20	40	13		千克				0	
40012100	--烟胶片										9
4001210000[暂20]	天然橡胶烟胶片〔999〕	20	40	13		千克				0	
40012200	--技术分类天然橡胶(TSNR)										9
4001220000[暂20]	技术分类天然橡胶(TSNR)[初级形状(胶乳,烟胶片除外)或板、片、带]〔999〕	20	40	13		千克				0	
40012900	--其他										9
4001290000	其他初级形状的天然橡胶(胶乳除外的初级形状或板、片、带状)〔999〕	20	40	13		千克			45%	0	
40013000	-巴拉塔胶、古塔波胶、银胶菊胶、糖胶树胶及类似的天然树胶										9

Chapter 40
Rubber and articles thereof

Chapter Notes:

1. Except where the context otherwise requires, throughout the Nomenclature the expression "rubber" means the following products, whether or not vulcanised or hard: natural rubber, balata, gutta-percha, guayule, chicle and similar natural gums, synthetic rubber, factice derived from oils, and such substances reclaimed.

2. This Chapter does not cover:
   (a) Goods of Section XI (textiles and textile articles);
   (b) Footwear or parts thereof of Chapter 64;
   (c) Headgear or parts thereof (including bathing caps) of Chapter 65;
   (d) Mechanical or electrical appliances or parts thereof of Section XVI (including electrical goods of all kinds), of hard rubber;
   (e) Articles of Chapter 90, 92, 94 or 96; or
   (f) Articles of Chapter 95 (other than sports gloves, mittens and mitts and articles of headings 40.11 to 40.13).

3. In headings 40.01 to 40.03 and 40.05, the expression "primary forms" applies only to the following forms:
   (a) Liquids and pastes (including latex, whether or not pre-vulcanised, and other dispersions and solutions);
   (b) Blocks of irregular shape, lumps, bales, powders, granules, crumbs and similar bulk forms.

4. In Note 1 to this Chapter and in heading 40.02, the expression "synthetic rubber" applies to:
   (a) Unsaturated synthetic substances which can be irreversibly transformed by vulcanisation with sulphur into non-thermoplastic substances which, at a temperature between 18℃ and 29℃, will not break on being extended to three times their original length and will return, after being extended to twice their original length, within a period of five minutes, to a length not greater than one and a half times their original length. For the purposes of this test, substances necessary for the cross-linking, such as vulcanising activators or accelerators, may be added; the presence of substances as provided for by Note 5 (b) (ii) and (iii) is also permitted. However, the presence of any substances not necessary for the cross-linking, such as extenders, plasticisers and fillers, is not permitted.
   (b) Thioplasts (TM); and
   (c) Natural rubber modified by grafting or mixing with plastics, depolymerised natural rubber, mixtures of unsaturated synthetic substances with saturated synthetic high polymers provided that all the above-mentioned products comply with the requirements concerning vulcanisation, elongation and recovery in (a) above.

5. (a) Headings 40.01 and 40.02 do not apply to any rubber or mixture of rubbers which has been compounded, before or after coagulation, with:
      (i) vulcanising agents, accelerators, retarders or activators (other than those added for the preparation of pre-vulcanised rubber latex);
      (ii) pigments or other colouring matter, other than those added solely for the purpose of identification;
      (iii) plasticisers or extenders (except mineral oil in the case of oil-extended rubber), fillers, reinforcing agents, organic solvents or any other substances, except those permitted under (b);
   (b) The presence of the following substances in any rubber or mixture of rubbers shall not affect its classification in heading 40.01 or 40.02, as the case may be, provided that such rubber or mixture of rubbers retains its essential character as a raw material:
      (i) emulsifiers or anti-tack agents;
      (ii) small amounts of breakdown products of emulsifiers;
      (iii) very small amounts of the following: heat-sensitive agents (generally for obtaining thermosensitive rubber latexes), cationic surface-active agents (generally for obtaining electro-positive rubber latexes), antioxidants, coagulants, crumbling agents, freeze-resisting agents, peptisers, preservatives, stabilisers, viscosity-control agents, or similar special-purpose additives.

6. For the purposes of heading 40.04, the expression "waste, parings and scrap" means rubber waste, parings and scrap from the manufacture or working of rubber and rubber goods definitely not usable as such because of cutting-up, wear or other reasons.

7. Thread wholly of vulcanised rubber, of which any cross-sectional dimension exceeds 5mm, is to be classified as strip, rods or profile shapes, of heading 40.08.

8. Heading 40.10 includes conveyor or transmission belts or belting of textile fabric impregnated, coated, covered or laminated with rubber or made from textile yarn or cord impregnated, coated, covered or sheathed with rubber.

9. In headings 40.01, 40.02, 40.03, 40.05 and 40.08, the expressions "plates" "sheets" and "strip" apply only to plates, sheets and strip and to blocks of regular geometric shape, uncut or simply cut to rectangular (including square) shape, whether or not having the character of articles and whether or not printed or otherwise surface-worked, but not otherwise cut to shape or further worked.

   In heading 40.08 the expressions "rods" and "profile shapes" apply only to such products, whether or not cut to length or surface-worked but not otherwise worked.

协定税率(%)																		特惠税率(%)			Article Description
智利	新西兰	澳大利亚	瑞士	冰岛	秘鲁	哥斯达	东盟	亚太	新加坡	巴基斯坦	港/澳/台	韩国	格鲁吉亚	毛里求斯	柬埔寨	尼加拉瓜	日/韩/澳/新/东(RCEP)	亚太2国	老/柬/缅	LDC 98/97/95	
																					Natural rubber, balata, gutta-percha, guayule, chicle and similar natural gums, in primary forms or in plates, sheets or strip:
0	0	0	0	0		0					0/0/	6.6									-Natural rubber latex, whether or not prevulcanized
0	0	0	0	0		0		17		17	0/0/	6.6									--Smoked sheets
0	0	0	0	0		0					0/0/										--Technically specified natural rubber (TSNR)
0	0	0	0	0		0		17		17	0/0/										--Other
0	0	0	0	0	0	0	0		0		0/0/	6.6	0		0		16.3/14/14/14/14			0/0/0	-Balata, gutta-percha, guayule, chicleand similar natural gums

商品编号	商品名称及备注[检验检疫编码及名称]	进口关税(%)		增值税率(%)	消费税	计量单位	监管条件	检验检疫类别	对美税率	出口税率(%)	出口退税率(%)
		最惠国	普通								
4001300000	巴拉塔胶等及类似的天然树胶(包括古塔波胶、糖胶树胶等,胶乳外的初级形状或板、片、带)〔999 其他〕	20	40	13		千克				0	
4002	**合成橡胶及从油类提取的油膏,初级形状或板、片、带;税目 40.01 所列产品与本税目所列产品的混合物,初级形状或板、片、带:**										
40021110	---羧基丁苯橡胶										13
4002111000	羧基丁苯橡胶胶乳〔999〕	7.5	14	13		千克			32.5%	0	
40021190	---其他										13
4002119000	其他胶乳〔999〕	7.5	14	13		千克			17.5%	0	
40021911	----未经任何加工的丁苯橡胶(溶聚的除外)										13
4002191100	初级形状未经任何加工丁苯橡胶(溶聚的除外)(胶乳除外)〔999〕	7.5	14	13		千克			17.5%	0	
40021912	----充油丁苯橡胶(溶聚的除外)										13
4002191200	初级形状充油丁苯橡胶(溶聚的除外)(胶乳除外)〔999〕	7.5	14	13		千克			32.5%	0	
40021913	----热塑丁苯橡胶										13
4002191300	初级形状热塑丁苯橡胶(胶乳除外)〔999〕	7.5	14	13		千克			27.5%	0	
40021914	----充油热塑丁苯橡胶										13
4002191400	初级形状充油热塑丁苯橡胶(胶乳除外)〔999〕	7.5	14	13		千克			27.5%	0	
40021915	----未经任何加工的溶聚丁苯橡胶										13
4002191500	初级形状未经任何加工的溶聚丁苯橡胶(胶乳除外)〔999〕	7.5	14	13		千克			32.5%	0	
40021916	----充油溶聚丁苯橡胶										13
4002191600	初级形状充油溶聚丁苯橡胶(胶乳除外)〔999〕	7.5	14	13		千克			32.5%	0	
40021919	----其他										13
4002191900	其他初级形状羧基丁苯橡胶等(胶乳除外)〔999〕	7.5	14	13		千克			12.5%	0	
40021990	---其他										
4002199001	简单处理的丁苯橡胶,热塑或充油热塑丁苯橡胶除外(指为便于运输,对初级形状进行压缩、挤压等简单成型处理)〔999〕	7.5	35	13		千克			27.5%	0	13
4002199090	其他丁苯橡胶及羧基丁苯橡胶板、片、带(4002199001 项下的除外)〔999〕	7.5	35	13		千克			27.5%	0	0
40022010	---初级形状的										13
4002201000	初级形状的丁二烯橡胶〔999〕	7.5	14	13		千克			32.5%	0	
40022090	---其他										0
4002209000	丁二烯橡胶板、片、带〔999〕	7.5	35	13		千克			27.5%	0	
40023110	---初级形状的										13
4002311000	初级形状的异丁烯-异戊二烯橡胶〔999〕	6	14	13		千克			26%	0	
40023190	---其他										0
4002319000	异丁烯-异戊二烯橡胶板、片、带〔999〕	7.5	35	13		千克			17.5%	0	
40023910	---初级形状的										13
4002391000	初级形状的其他卤代丁基橡胶〔999〕	7.5	14	13		千克			12.5%	0	
40023990	---其他										0
4002399000	卤代丁基橡胶板、片、带〔999〕	7.5	35	13		千克			32.5%	0	
40024100	--胶乳										13
4002410000	氯丁二烯橡胶胶乳〔999〕	7.5	14	13		千克			17.5%	0	
40024910	---初级形状的										13
4002491000	初级形状的氯丁二烯橡胶(胶乳除外)〔999〕	7.5	14	13		千克	7		32.5%	0	
40024990	---其他										0
4002499000	氯丁二烯橡胶板、片、带〔999〕	7.5	35	13		千克	7		32.5%	0	
40025100	--胶乳										13
4002510000	丁腈橡胶胶乳〔999〕	7.5	14	13		千克			32.5%	0	
40025910	---初级形状的										13
4002591000	初级形状的丁腈橡胶(胶乳除外)〔999〕	7.5	14	13		千克			27.5%	0	
40025990	---其他										0
4002599000	丁腈橡胶板、片、带〔999〕	7.5	35	13		千克			27.5%	0	
40026010	---初级形状的										13
4002601000	初级形状的异戊二烯橡胶〔999〕	3	14	13		千克			13%	0	
40026090	---其他										0
4002609000	异戊二烯橡胶板、片、带〔999〕	5	35	13		千克			30%	0	
40027010	---初级形状的										13

协定税率(%)																		特惠税率(%)			Article Description
智利	新西兰	澳大利亚	瑞士	冰岛	秘鲁	哥斯达	东盟	亚太	新加坡	巴基斯坦	港/澳/台	韩国	格鲁吉亚	毛里求斯	柬埔寨	尼加拉瓜	日/韩/澳/新/东(RCEP)	亚太2国	老/柬/缅	LDC 98/97/95	
																					Synthetic rubber and factice derivedfrom oils, in primary forms or in plates, sheets or strip; mixtures of any products of heading 40. 01 with any product of this heading, in primary forms or in plates, sheets or strip:
0	0	0	0	0	0	0	0			0	0/0/	2.5	0	0	0	0	6.1/5.3/5.3/5.3/5.3			0/0/0	---Carboxylated styrene-butadiene rubber (XSBR)
0	0	0	0	0	0	0	0			0	0/0/	2.5	0	0	0	0	6.1/5.3/5.3/5.3/5.3			0/0/0	---Other
0	0	0	0	0	0	0	0		0	0	0/0/	2.5	0	0	0	0	6.1/5.3/5.3/5.3/5.3			0/0/0	----SBR, not worked (other than SSBR)
0	0	0	0	0	0	0	0		0	0	0/0/	2.5	0	0	0	0	6.1/5.3/5.3/5.3/5.3			0/0/0	----SBR, oil-fitted (other than SSBR)
0	0	0	0	0	0	0	0		0	0	0/0/	2.5	0	0	0	0	6.1/5.3/5.3/5.3/5.3			0/0/0	----SBR, thermo-plasticated
0	0	0	0	0	0	0	0		0	0	0/0/	2.5	0	0	0	0	6.1/5.3/5.3/5.3/5.3			0/0/0	----SBR, oil-filled and thermo-plasticated
0	0	0	0	0	0	0	0		0	0	0/0/	2.5	0	0	0	0	6.1/5.3/5.3/5.3/5.3			0/0/0	----Solution polymerized styrene-butadiene rubber (SSBR), not worked
0	0	0	0	0	0	0	0		0	0	0/0/	2.5	0	0	0	0	6.1/5.3/5.3/5.3/5.3			0/0/0	----SSBR, oil-fitted
0	0	0	0	0	0	0	5				0/0/	2.5	0	0	0	0	//6.9/6.9/6.4			0/0/0	----Other
0	0	0	0	0	0	0	0	4.9	0	0	0/0/	2.5	0	0	0	0	6.1/5.3/5.3/5.3/5.3			0/0/0	---Other
0	0	0	0	0	0	0	0			0	0/0/	2.5	0	0	0	0	6.1/5.3/5.3/5.3/5.3			0/0/0	---In primary forms
0	0	0	0	0	0	0	0	7		0	0/0/	2.5	0	0	0	0	6.1/5.3/5.3/5.3/5.3			0/0/0	---Other
0	0	0	0	0	0	0	0	3.9		0	0/0/	2	0	0	0	0	4.9/4.2/4.2/4.2/4.2			0/0/0	---In primary forms
0	0	0	0	0	0	0	0	4.9		0	0/0/	2.5	0	0	0	0	6.1/5.3/5.3/5.3/5.3			0/0/0	---Other
0	0	0	0	0	0	0	0			0	0/0/	2.5	0	0	0	0	6.1/5.3/5.3/5.3/5.3			0/0/0	---In pimary forms
0	0	0	0	0	0	0	0	4.9		0	0/0/	2.5	0	0	0	0	6.1/5.3/5.3/5.3/5.3			0/0/0	---Other
0	0	0	0	0	0	0	0	4.9		0	0/0/	0	0	0	0	0	5.5/0/0/0/0			0/0/0	--Latex
0	0	0	0	0	0	0	0			0	0/0/		0	0	0	0	//5/5/5			0/0/0	---In primary forms
0	0	0	0	0	0	0	0	4.9		0	0/0/	2.5	0	0	0	0	6.1/5.3/5.3/5.3/5.3			0/0/0	---Other
0	0	0	0	0	0	0	0	4.9		0	0/0/	2.5	0	0	0	0	6.1/5.3/5.3/5.3/5.3			0/0/0	--Latex
0	0	0	0	0	0	0	0			0	0/0/	2.5	0	0	0	0	6.1/5.3/5.3/5.3/5.3			0/0/0	---In primary forms
0	0	0	0	0	0	0	0			0	0/0/	2.5	0	0	0	0	6.1/5.3/5.3/5.3/5.3			0/0/0	---Other
0	0	0	0	0	0	0	0			0	0/0/	1	0	0	0	0	2.4/2.1/2.1/2.1/2.1			0/0/0	---In primary forms
0	0	0	0	0	0	0	0	3.3		0	0/0/	1.6	0	0	0	0	4.1/3.5/3.5/3.5/3.5			0/0/0	---Other
0	0	0	0	0	0	0	0			0	0/0/	2.5	0	0	0	0	6.1/5.3/5.3/5.3/5.3			0/0/0	---In primary forms

商品编号	商品名称及备注［检验检疫编码及名称］	进口关税(%)		增值税率(%)	消费税	计量单位	监管条件	检验检疫类别	对美税率	出口税率(%)	出口退税率(%)
		最惠国	普通								
4002701000	初级形状的乙丙非共轭二烯橡胶〔999〕	7.5	14	13		千克			12.5%	0	
40027090	---其他										0
4002709000	乙丙非共轭二烯橡胶板、片、带〔999〕	7.5	35	13		千克			12.5%	0	
40028000	-税目40.01所列产品与本税目所列产品的混合物										0
4002800000	天然橡胶与合成橡胶的混合物〔999〕	7.5	35	13		千克			32.5%	0	
40029100	--胶乳										0
4002910000	本编号其他未列名的胶乳〔301 危险化学品，易燃液体〕，〔302 其他〕	7.5	14	13		千克			27.5%	0	
40029911	----初级形状的										13
4002991100	其他初级形状的合成橡胶〔999〕	7.5	14	13		千克			12.5%	0	
40029919	----其他										0
4002991900	其他合成橡胶板、片、带(胶乳除外)〔999〕	7.5	35	13		千克			17.5%	0	
40029990	---其他										13
4002999000	从油类提取的油膏〔999〕	4	14	13		千克			29%	0	
4003	**再生橡胶，初级形状或板、片、带：**										
40030000	再生橡胶，初级形状或板、片、带										13
4003000000	初级形状或板、片、带状再生橡胶〔999〕	8	30	13		千克			28%	0	
4004	**橡胶(硬质橡胶除外)的废碎料、下脚料及其粉、粒：**										
40040000	橡胶(硬质橡胶除外)的废碎料、下脚料及其粉、粒										0
4004000010	废轮胎及其切块〔999〕	8	30	13		千克	9			0	
4004000020	硫化橡胶废碎料、下脚料及其粉、粒(硬质橡胶的除外)(不包括符合GB/T 19208标准的硫化橡胶粉产品)〔999〕	8	30	13		千克	9			0	
4004000030	硫化橡胶废碎料、下脚料及其粉、粒(硬质橡胶的除外)(符合GB/T 19208标准的硫化橡胶粉产品)〔999〕	8	30	13		千克	9			0	
4004000090	未硫化橡胶废碎料、下脚料及其粉、粒〔101 橡胶皮革废碎料〕，〔999 其他〕	8	30	13		千克	9			0	
4005	**未硫化的复合橡胶，初级形状或板、片、带：**										
40051000	-与碳黑或硅石混合										0
4005100000	与碳黑等混合的未硫化复合橡胶(包括与硅石混合，初级形状或板、片、带)〔999〕	8	35	13		千克	A	M/	28%	0	
40052000	-溶液；子目4005.10以外的分散体										0
4005200000	未硫化的复合橡胶溶液及分散体(分散体指编号400510以外的)〔301 危险化学品，易燃液体〕，〔302 其他〕	8	35	13		千克	A	M/	33%	0	
40059100	--板、片、带										0
4005910000	其他未硫化的复合橡胶板、片、带〔999〕	8	35	13		千克	A	M/	18%	0	
40059900	--其他										0
4005990000	其他未硫化的初级形状复合橡胶〔999〕	8	35	13		千克	A	M/	28%	0	
4006	**其他形状(例如，杆、管或型材及异型材)的未硫化橡胶及未硫化橡胶制品(例如，盘、环)：**										
40061000	-轮胎翻新用胎面补料胎条										0
4006100000	未硫化轮胎翻新用胎面补料胎条〔999〕	8	35	13		千克			33%	0	
40069010	---其他形状的未硫化橡胶										0
4006901000	未硫化橡胶的杆、管、型材及异型材(初级形状或板、片、带以外形状)〔999〕	8	35	13		千克			18%	0	
40069020	---未硫化橡胶制品										0
4006902000	未硫化橡胶制品(盘、环等)〔999〕	14	80	13		千克			19%	0	
4007	**硫化橡胶线及绳：**										
40070000	硫化橡胶线及绳										13
4007000000	硫化橡胶线及绳〔999〕	14	80	13		千克			39%	0	
4008	**硫化橡胶(硬质橡胶除外)制的板、片、带、杆或型材及异型材：**										
40081100	--板、片、带										13
4008110000	海绵硫化橡胶制的板、片及带〔999〕	8	35	13		千克			28%	0	
40081900	--其他										13
4008190000	海绵硫化橡胶制型材、异型材及杆〔999〕	8	35	13		千克			18%	0	
40082100	--板、片、带										13

协定税率(%)																		特惠税率(%)			Article Description
智利	新西兰	澳大利亚	瑞士	冰岛	秘鲁	哥斯达	东盟	亚太	新加坡	巴基斯坦	港/澳/台	韩国	格鲁吉亚	毛里求斯	柬埔寨	尼加拉瓜	日/韩/澳/新/东(RCEP)	亚太2国	老/柬/缅	LDC 98/97/95	
0	0	0	0	0	0	0	0	7.1		0	0/0/	2.5	0	0	0	0	6.1/5.3/5.3/5.3/5.3			0/0/0	---Other
0	0	0	0	0	0	0	0			0	0/0/	2.5	0	0	0		6.1/5.3/5.3/5.3/5.3			0/0/0	-Mixtures of any product of heading 40.01 with any product of this heading
0	0	0	0	0	0	0	0			0	0/0/	2.5	0	0	0	0	6.1/5.3/5.3/5.3/5.3			0/0/0	--Latex
0	0	0	0	0	0	0	0			0	0/0/0	2.5	0	0	0	0	6.1/5.3/5.3/5.3/5.3			0/0/0	----In primary forms
0	0	0	0	0	0	0	0			0	0/0/	2.5	0	0	0	0	6.1/5.3/5.3/5.3/5.3			0/0/0	----Other
0	0	0	0	0	0	0	0			0	0/0/	0	0	0	0	0	0/0/0/0/0			0/0/0	---Other
																					Reclaimed rubber in primary forms or in plates, sheets or strip:
0	0	0	0	0	0	0	0			0	0/0/	2.6	0	0	0	0	6.5/6.4/6.8/6.8/6.4			0/0/0	Reclaimed rubber in primary forms or in plates, sheets or strip
																					Waste, parings and scrap of rubber (other than hard rubber) and powders and granules obtained therefrom:
0	0	0	0	0	0	0	0	5.2		0	0/0/	0	0	0	0	7.2	5.8/0/0/0/0			0/0/0	Waste, parings and scrap of rubber (other than hard rubber) and powders and granules obtained therefrom
																					Compounded rubber, unvulcanized, in primary forms or in plates, sheets or strip:
0	0	0	0	0	0	0	0			0	0/0/	2.6		0	0		6.5/5.6/5.6/5.6/5.6			0/0/0	-Compounded with carbon black or silica
0	0	0	0	0	0	0	0			0	0/0/	2.6		0	0		6.5/6.4/6.8/6.8/6.4			0/0/0	-Solutions; dispersions other than those of subheading 4005.10
0	0	0	0	0	0	0	0			0	0/0/	0		0	0		5.8/0/0/0/0			0/0/0	--Plates, sheets and strip
0	0	0	0	0	0	0	0			0	0/0/	2.6		0	0		6.5/5.6/5.6/5.6/5.6			0/0/0	--Other
																					Other forms (for example, rods, tubes and profile shapes) and articles (for example, discs and rings), or unvulcanized rubber:
0	0	0	0	0	0	0	0			0	0/0/	0	0	0	0	0	5.8/0/0/0/0			0/0/0	-Camel-back strips for retreading rubber tyres
0	0	0	0	0	0	0	0			0	0/0/	0	0	0	0	0	5.8/5.6/0/0/0			0/0/0	---Other forms of unvulcanized rubber
0	0	0	0	0	0	0	0		0	11.2	0/0/	0	0	0	0	13.1	10.2/9.8/0/0/0			0/0/0	---Articles of unvulcanized rubber
																					Vulcanized rubber thread and cord:
0	0	0	0	0	0	0	0		0	11.2	0/0/	0	0	0	0	13.1	10.2/9.8/0/0/0			0/0/0	Vulcanized rubber thread and cord
																					Plates, sheets, strip, rods and profile shapes, of vulcanized rubber other than hard rubber:
0	0	0	0	0	0	0	0			0	0/0/	2.6	0	0	0	0	6.5/6.4/6.8/6.8/6.4			0/0/0	--Plates, sheets and strip
0	0	0	0	0	0	0	0			0	0/0/	0	0	0	0	7.2	5.8/0/0/0/0			0/0/0	--Other
0	0	0	0	0	0	0	0			0	0/0/	0	0	0	0	0	5.8/5.6/5.6/5.6/5.6			0/0/0	--Plates, sheets and strip

商品编号	商品名称及备注[检验检疫编码及名称]	进口关税(%) 最惠国	进口关税(%) 普通	增值税率(%)	消费税	计量单位	监管条件	检验检疫类别	对美税率	出口税率(%)	出口退税率(%)
4008210000	非海绵硫化橡胶制板、片及带〔999〕	8	35	13		千克			18%	0	
40082900	--其他										13
4008290000	非海绵硫化橡胶型材、异型材及杆〔999〕	8	35	13		千克			28%	0	
4009	**硫化橡胶(硬质橡胶除外)制的管子,不论是否装有附件(例如,接头、肘管、法兰):**										
40091100	--未装有附件										13
4009110000	未加强或其他材料合制硫化橡胶管(不带附件,硬质橡胶除外)〔999〕	10	40	13		千克			30%	0	
40091200	--装有附件										13
4009120000	未加强或其他材料合制硫化橡胶管(装有附件,硬质橡胶除外)〔999〕	10	40	13		千克			30%	0	
40092100	--未装有附件										13
4009210000	加强或只与金属合制的硫化橡胶管(不带附件,硬质橡胶除外)〔999〕	10	40	13		千克			20%	0	
40092200	--装有附件										13
4009220000	加强或只与金属合制的硫化橡胶管(装有附件,硬质橡胶除外)〔999〕	10	40	13		千克			20%	0	
40093100	--未装有附件										13
4009310000	加强或与纺织材料合制的硫化橡胶管(不带附件,硬质橡胶除外)〔999〕	10	40	13		千克			30%	0	
40093200	--装有附件										13
4009320000	加强或与纺织材料合制的硫化橡胶管(装有附件,硬质橡胶除外)〔999〕	10	40	13		千克			35%	0	
40094100	--未装有附件										13
4009410000	加强或与其他材料合制的硫化橡胶管(不带附件,硬质橡胶除外)〔999〕	10	40	13		千克			20%	0	
40094200	--装有附件										13
4009420000	加强或与其他材料合制的硫化橡胶管(装有附件,硬质橡胶除外)〔999〕	10	40	13		千克			20%	0	
4010	**硫化橡胶制的传动带或输送带及带料:**										
40101100	--仅用金属加强的										13
4010110000	金属加强的硫化橡胶输送带(包括带料)〔999〕	10	35	13		千克			35%	0	
40101200	--仅用纺织材料加强的										13
4010120000	纺织材料加强的硫化橡胶输送带(包括带料)〔999〕	10	35	13		千克			20%	0	
40101900	--其他										13
4010190000	其他硫化橡胶制的输送带及带料〔999〕	10	35	13		千克			20%	0	
40103100	--梯形截面的环形传动带(三角带),V 形肋状的,外周长超过 60 厘米,但不超过 180 厘米										13
4010310000	60 厘米<周长≤180 厘米 V 形肋状三角带(硫化橡胶制梯形截面的环形传动带,不论是否开槽)〔999〕	8	35	13		千克			33%	0	
40103200	--梯形截面的环形传动带(三角带),外周长超过 60 厘米,但不超过 180 厘米,V 形肋状的除外										13
4010320000	60 厘米<周长≤180 厘米三角带(硫化橡胶制梯形截面的环形传动带,V 形肋状带除外)〔999〕	8	35	13		千克			28%	0	
40103300	--梯形截面的环形传动带(三角带),V 形肋状的,外周长超过 180 厘米,但不超过 240 厘米										13
4010330000	180 厘米<周长≤240 厘米 V 形肋状带(硫化橡胶制梯形截面的环形传动带)〔999〕	8	35	13		千克			28%	0	
40103400	--梯形截面的环形传动带(三角带),外周长超过 180 厘米,但不超过 240 厘米,V 形肋状的除外										13
4010340000	180 厘米<周长≤240 厘米 V 形肋状带除外(硫化橡胶制梯形截面的环形传动带)〔999〕	8	35	13		千克			28%	0	
40103500	--环形同步带,外周长超过 60 厘米,但不超过 150 厘米										13
4010350000	60 厘米<周长≤150 厘米的环形同步带(硫化橡胶制)〔999〕	10	35	13		千克			30%		
40103600	--环形同步带,外周长超过 150 厘米,但不超过 198 厘米										13
4010360000	150 厘米<周长≤198 厘米的环形同步带(硫化橡胶制)〔999〕	10	35	13		千克			30%	0	
40103900	--其他										13
4010390000	其他硫化橡胶制的传动带及带料〔999〕	8	35	13		千克			28%	0	
4011	**新的充气橡胶轮胎:**										

协定税率(%)																		特惠税率(%)			Article Description
智利	新西兰	澳大利亚	瑞士	冰岛	秘鲁	哥斯达	东盟	亚太	新加坡	巴基斯坦	港/澳/台	韩国	格鲁吉亚	毛里求斯	柬埔寨	尼加拉瓜	日/韩/澳/新/东(RCEP)	亚太2国	老/柬/缅	LDC 98/97/95	
0	0	0	0	0	0	0	0			0	0/0/	0	0	0	0	0	5.8/0/0/0/0			0/0/0	--Other
																					Tubes, pipes and hoses, of vulcanized rubber other than hard rubber, witn or without their fittings (for example, joints, elbows, flanges):
0	0	0	0	0	0	0	0		0	2.5	0/0/	0	0	0	0	9	7.6/7.4/7.4/7.4/7.4			0/0/0	--Without fittings
0	0	0	0	0	0	0	0			2.5	0/0/	0	0	0	0	9	7.3/7/0/0/0			0/0/0	--With fittings
0	0	0	0	0	0	0	0		0	2.5	0/0/	0	0	0	0	9	7.6/7.4/7.4/7.4/7.4			0/0/0	--Without fittings
0	0	0	0	0	0	0	0		0	2.5	0/0/	0	0	0	0	9	7.3/7/7/7/7			0/0/0	--With fittings
0	0	0	0	0	0	0	0		0	2.5	0/0/	5.2	0	0	0	9	9//8.9/8.9/8.9			0/0/0	--Without fittings
0	0	0	0	0	0	0	0			2.5	0/0/	0	0	0	0	9	7.3/7/7/7/7			0/0/0	--With fittings
0	0	0	0	0	0	0	0		0	2.5	0/0/	0	0	0	0	9	7.6/7.4/0/0/0			0/0/0	--Without fittings
0	0	0	0	0	0	0	0		0	2.5	0/0/	0	0	0	0	9	7.3/7/0/0/0			0/0/0	--With fittings
																					Conveyor or transmission belts or belting, of vulcanized rubber:
0	0	0	0.8	0	0	0	0			2.5	0/0/	0	0	0	0	9	7.3/7/0/0/0			0/0/0	--Reinforced only with metal
0	0	0	0	0	0	0	0			2.5	0/0/	0	0	0	0	9	7.3/7/0/0/0			0/0/0	--Reinforced only with textile materials
0	0	0	0	0	0	0	0			2.5	0/0/	0	0	0	0	9	7.3/7/0/0/0			0/0/0	--Other
0	0	0	0	0	0	0	0			0	0/0/	0	0	0	0	0	5.8/5.6/5.6/5.6/5.6			0/0/0	--Endless transmission belts of trapezoidal cross-section (V-belts), V-ribbed, of an outside circumference exceeding 60cm but not exceeding 180cm
0	0	0	0	0	0	0	0			0	0/0/	0	0	0	0	0	5.8/0/0/0/0			0/0/0	--Endless transmission belts of trapezoidal cross-section (V-belts), other than V-ribbed, of an outside circumference exceeding 60cm but not exceeding 180cm
0	0	0	0	0	0	0	0			0	0/0/	0	0	0	0	0	5.8/0/0/0/0			0/0/0	--Endless transmission belts of trapezoidal cross-section (V-belts), V -ribbed, of an outside circumference exceeding 180cm but not exceeding 240cm
0	0	0	0	0	0	0	0			0	0/0/	0	0	0	0	0	5.8/0/0/0/0			0/0/0	--Endless transmission belts of trapezoidal cross-section (V-belts), other than V-ribbed, of an outside circumference exceeding 180cm but not exceeding 240cm
0	0	0	0	0	0	0	0		0	2.5	0/0/	0	0	0	0	9	7.3/7/0/0/0			0/0/0	--Endless synchronous belts, of an outside circumference exceeding 60cm but not exceeding 150cm
0	0	0	0	0	0	0	0			2.5	0/0/	0	0	0	0	9	7.3/7/0/0/0			0/0/0	--Endless synchronous belts, of an outside circumference exceeding 150cm but not exceeding 198cm
0	0	0	0	0	0	0	0	5.2		0	0/0/	0	0	0	0	0	5.8/0/0/0/0			0/0/0	--Other
																					New pneumatic tyres, of rubber:

商品编号	商品名称及备注［检验检疫编码及名称］	进口关税(%)		增值税率(%)	消费税	计量单位	监管条件	检验检疫类别	对美税率	出口税率(%)	出口退税率(%)
		最惠国	普通								
40111000	-机动小客车(包括旅行小客车及赛车)用										13
4011100000	机动小客车用新的充气轮胎(橡胶轮胎,包括旅行小客车及赛车用)〔101 有内胎〕,〔102 无内胎〕,〔999 其他车辆零部件〕	10	50	13		千克/条	A	L. M/	15%	0	
40112000	-客运机动车辆或货运机动车辆用										13
4011200010	断面宽≥30 英寸客或货车用新充气橡胶轮胎(指机动车辆用橡胶轮胎,断面宽度≥30 英寸)〔101 轻型、微型载重汽车轮胎〕,〔102 其他载重轮胎〕,〔999 其他车辆零部件〕	10	50	13		千克/条	A	M/	15%	0	
4011200090	其他客或货车用新充气橡胶轮胎(指机动车辆用橡胶轮胎)〔101 轻型、微型载重汽车轮胎〕,〔102 其他载重轮胎〕,〔999 其他车辆零部件〕	10	50	13		千克/条	A	L. M/	15%	0	
40113000	-航空器用										13
4011300000	航空器用新的充气橡胶轮胎〔999〕	1	11	13		千克/条			11%	0	
40114000	-摩托车用										13
4011400000	摩托车用新的充气橡胶轮胎〔999〕	15	80	13		千克/条	A	L. M/	40%	0	
40115000	-自行车用										13
4011500000	自行车用新的充气橡胶轮胎〔999〕	20	80	13		千克/条			22. 5%	0	
40117010	---人字形胎面或类似胎面										13
4011701000	人字形胎面轮胎(新充气橡胶轮胎,含胎面类似人字形的,农林车辆及机器用)〔999〕	17	50	13		千克/条	A	M/	44. 5%	0	
40117090	---其他										13
4011709000	其他新的充气橡胶轮胎(非人字形胎面,农林车辆及机器用)〔999〕	25	50	13		千克/条			37. 5%	0	
40118011	----辋圈尺寸不超过 61 厘米										13
4011801110	断面宽≥24 英寸人字形轮胎(建筑业、采矿业或工业搬运车辆及机器用,辋圈≤61 厘米,新充气橡胶胎,含类似人字形)〔999〕	17	50	13		千克/条	A	M/	44. 5%	0	
4011801190	其他人字形胎面轮胎(建筑业、采矿业或工业搬运车辆及机器用,辋圈≤61 厘米,新充气橡胶胎,含类似人字形)〔999〕	17	50	13		千克/条	A	M/	44. 5%	0	
40118012	----辋圈尺寸超过 61 厘米										13
4011801200	人字形胎面轮胎(建筑业、采矿业或工业搬运车辆及机器用,辋圈>61 厘米,新充气橡胶胎,含类人字形)〔999〕	17	50	13		千克/条	A	M/	44. 5%	0	
40118091	----辋圈尺寸不超过 61 厘米										13
4011809100	建筑业、采矿业或工业搬运车辆及机器用,辋圈尺寸≤61 厘米的非人字面的新充气橡胶胎〔999〕	25	50	13		千克/条			52. 5%	0	
40118092	----辋圈尺寸超过 61 厘米										13
4011809200	其他新的充气橡胶轮胎(建筑业、采矿业或工业搬运车辆及机器用,辋圈>61 厘米,新充气橡胶胎,非人字形胎面)〔999〕	25	50	13		千克/条			37. 5%	0	
40119010	---人字形胎面或类似胎面的										13
4011901000	人字形胎面轮胎(其他用途,新充气橡胶轮胎,含胎面类似人字形的)〔999〕	17	50	13		千克/条	A	M/	24. 5%	0	
40119090	---其他										13
4011909010	其他断面宽度≥30 英寸轮胎(其他用途,新充气橡胶轮胎,非人字形胎面)〔999〕	25	50	13		千克/条			52. 5%	0	
4011909090	其他新的充气橡胶轮胎(其他用途,新充气橡胶轮胎,非人字形胎面)〔999〕	25	50	13		千克/条		L/	52. 5%	0	
4012	**翻新的或旧的充气橡胶轮胎;实心或半实心橡胶轮胎、橡胶胎面及橡胶轮胎衬带:**										
40121100	--机动小客车(包括旅行小客车及赛车)用										13
4012110000	机动小客车用翻新轮胎(包括旅行小客车及赛车用翻新轮胎)〔999〕	20	50	13		千克/条	A	M/		0	
40121200	--机动大客车或货运机动车用										13
4012120000	机动大客车或货运车用翻新轮胎〔999〕	20	50	13		千克/条	A	M/	25%	0	
40121300	--航空器用										13
4012130000[暂4]	航空器用翻新轮胎〔999〕	20	50	13		千克/条			29%	0	
40121900	--其他										13
4012190000	其他翻新轮胎〔999〕	20	50	13		千克/条				0	
40122010	---汽车用										13
4012201000	汽车用旧的充气橡胶轮胎〔999〕	25	50	13		千克/条	A	M/	50%	0	
40122090	---其他										13
4012209000	其他用途旧的充气橡胶轮胎〔999〕	25	80	13		千克/条			50%	0	
40129010	---航空器用										13
4012901000	航空器用实心或半实心橡胶轮胎(包括橡胶胎面及橡胶轮胎衬带)〔999〕	3	11	13		千克			8%	0	
40129020	---汽车用										13
4012902000	汽车用实心或半实心轮胎〔101 充气轮胎轮辋实心轮胎〕,〔102 压配式实心轮胎〕,〔999 其他车辆零部件〕	22	50	13		千克	A	M/	29. 5%	0	
40129090	---其他										13
4012909000	其他用实心或半实心轮胎〔999〕	22	50	13		千克			49. 5%	0	

协定税率(%)																		特惠税率(%)			
智利	新西兰	澳大利亚	瑞士	冰岛	秘鲁	哥斯达	东盟	亚太	新加坡	巴基斯坦	港/澳/台	韩国	格鲁吉亚	毛里求斯	柬埔寨	尼加拉瓜	日/韩/澳/新/东(RCEP)	亚太2国	老/柬/缅	LDC 98/97/95	Article Description
0	0	0	0	0		0	0	6.5	0	4	0/0/0	3.3	0	0	0	9	8.1/8/8.5/8.5/8			0/0/0	-Of a kind used on motor cars (including station wagons and racing cars)
0	0	0	0	0	0	0	0	6.5	0	2.5	0/0/0	3.3	0	0	0	9	8.1/8/8.5/8.5/8			0/0/0	-Of a kind used on buses or lorries
0	0	0	0	0	0	0	0			0	0/0/	0	0	0	0	0	0/0/0.7/0.7/0			0/0/0	-Of a kind used on aircraft
0	0	0	0	0	0	0	0		0	12	0/0/0	5	0	0	0	14	12.2/12/12.8/12.8/12			0/0/0	-Of a kind used on motorcycles
0	0	0	0	0	0	0	0		0		0/0/0	6.6	0	0	0	18.7	16.3/16/17/17/16			0/0/0	-Of a kind used on bicycles
0	0	0	0	0	0	0	0		0	14	0/0/0	0	0	0	0	15.9	12.7/12.3/0/0/0			0/0/0	---Having a "herring-bone" or similar tread
0	0	0		0		0	0		0		0/0/0	12.5	0	5	0	23.3	/21.3/21.3/21.3/21.3			0/0/0	---Other
0	0	0	0	0	0	0	0		0	14	0/0/	0	0	0	0	15.9	12.7/12.3/0/0/0			0/0/0	----Rim size exceeding 61cm
0	0	0	0	0	0	0	0		0	14	0/0/	0	0	0	0	15.9	12.7/12.3/0/0/0			0/0/0	----Rim size not exceeding 61cm
0	0	0		0		0	0		0		0/0/	12.5	0	5	0	23.3	//21.3/21.3/21.3			0/0/	----Rim size not exceeding 61cm
0	0	0		0		0	0		0		0/0/	12.5	0	5	0		//5/5/5			0/0/	----Rim size exceeding 61cm
0	0	0	0	0	0	0	0		0	14	0/0/0	0	0	0	0	15.9	12.7/12.3/0/0/0			0/0/0	---Having a "herring-bone" or similar tread:
0	0	0		0		0	0		0		0/0/	12.5	0	5	0	23.3	/21.3/21.3/21.3/21.3			0/0/	---Other
																					Retreaded or used pneumatic tyres of rubber; solid or cushion tyres, tyre treads and tyre flaps, of rubber:
0	0	0	0	0	0	0	0		0		0/0/	6.6	0	0	0	18.7	16.3/14/14/14/14			0/0/0	--Of a kind used on motor cars (including station wagons and racing cars)
0	0	0	0	0	0	0	0		0		0/0/	6.6	0	0	0	18.7	14.5/14/14/14/14			0/0/0	--Of a kind used on buses or lorries
0	0	0	0	0	0	0	0		0		0/0/	6.6	0	0	0	18.7	16.3/16/17/17/16			0/0/0	--Of a kind used on aircraft
0	0	0	0	0	0	0	0		0		0/0/	6.6	0	0	0	18.7	16.3/14/14/14/14			0/0/0	--Other
0	0	0		0		0	0		0		0/0/	12.5	0	5	0	23.3	/21.3/21.3/21.3/21.3				---Of a kind used on motor cars, buses or lorries
0	0	0		0		0	0		0		0/0/	12.5	0	5	0	23.3	/21.3/21.3/21.3/21.3				---Other
0	0	0	0	0	0	0	0			0	0/0/	0	0	0	0	0	0/0/0/0/0			0/0/0	---Of a kind used on aircraft
0	0	0	0	0	0	0	0		0		0/0/	11	0	4.4	0	20.5	//18.7/18.7/18.7			0/0/0	---Of a kind used on motor cars, buses or lorries
0	0	0	0	0	0	0	0		0		0/0/	11	0	4.4	0	20.5	//18.7/18.7/18.7			0/0/0	---Other

商品编号	商品名称及备注[检验检疫编码及名称]	进口关税(%) 最惠国	进口关税(%) 普通	增值税率(%)	消费税	计量单位	监管条件	检验检疫类别	对美税率	出口税率(%)	出口退税率(%)
4013	**橡胶内胎：**										
40131000	-机动小客车(包括旅行小客车及赛车)、客运机动车辆或货运机动车辆用										13
4013100000	汽车用橡胶内胎[机动小客车(包括旅行小客车及赛车)、客运车或货运车用]〔101 轿车轮胎〕,〔102 载重轮胎〕,〔999 其他车辆零部件〕	15	50	13	3%	千克/条	A	M/	20%	0	
40132000	-自行车用										13
4013200000	自行车用橡胶内胎〔999〕	15	80	13		千克/条				0	
40139010	---航空器用										13
4013901000	航空器用橡胶内胎〔999〕	3	11	13		千克/条			8%	0	
40139090	---其他										13
4013909000	其他用橡胶内胎〔999〕	15	50	13	3%	千克/条			40%	0	
4014	**硫化橡胶(硬质橡胶除外)制的卫生及医疗用品(包括奶嘴),不论是否装有硬质橡胶制的附件：**										
40141000	-避孕套										0
4014100000	硫化橡胶制避孕套〔999〕	0	0			千克			25%	0	
40149000	-其他										13
4014900000	硫化橡胶制其他卫生及医疗用品(包括奶嘴,不论有无硬质橡胶配件,硬化橡胶的除外)〔101 其他医疗器具〕,〔102 食品接触橡胶产品〕,〔103 食品用橡胶包装〕	17	50	13		千克	A	M/	29.5%	0	
4015	**硫化橡胶(硬质橡胶除外)制的衣着用品及附件(包括分指手套、连指手套及露指手套)：**										
40151200	--医疗、外科、牙科或兽医用										13
4015120000	硫化橡胶制医疗、外科、牙科或兽医用手套(硬化橡胶的除外)〔301 外科用〕,〔302 其他〕	8	55	13		千克/双			33%	0	
40151900	--其他										13
4015190000	硫化橡胶制其他手套(硬质橡胶的除外)〔999〕	10	80	13		千克/双			35%	0	
40159010	---医疗、外科、牙科或兽医用										13
4015901000	医疗、外科、牙科或兽医用硫化橡胶衣着用品及附件(硬化橡胶的除外)〔999〕	8	30	13		千克			18%	0	
40159090	---其他										13
4015909000	其他硫化橡胶制衣着用品及附件(硬质橡胶的除外)〔999〕	10	90	13		千克			35%	0	
4016	**硫化橡胶(硬质橡胶除外)的其他制品：**										
40161010	---机器及仪器用零件										13
4016101000	硫化海绵橡胶制机器及仪器用零件(硬质橡胶的除外)〔999〕	8	30	13		千克			18%	0	
40161090	---其他										13
4016109000	硫化海绵橡胶制其他制品(硬质橡胶的除外)〔999〕	15	80	13		千克			25%	0	
40169100	--铺地制品及门垫										13
4016910000	硫化橡胶制铺地制品及门垫(硬质橡胶的除外)〔999〕	10	80	13		千克			35%	0	
40169200	--橡皮擦										13
4016920000	硫化橡胶制橡皮擦〔999〕	10	80	13		千克			35%	0	
40169310	---机器及仪器用										13
4016931000	其他硫化橡胶制密封制品(硫化橡胶密封圈,机器、仪器用,硬质橡胶的除外)〔999〕	8	30	13		千克			18%	0	
40169390	---其他										13
4016939000	硫化橡胶制其他用垫片,垫圈(包括密封垫,硬质橡胶除外)〔999〕	15	80	13		千克			25%	0	
40169400	--船舶或码头的碰垫,不论是否可充气										13
4016940000	硫化橡胶制船舶或码头的碰垫(不论是否可充气,硬质橡胶除外)〔999〕	18	80	13		千克			45.5%	0	
40169500	--其他可充气制品										13
4016950010[暂9]	轨道机车用气囊升弓装置〔999〕	18	80	13		千克			21.5%	0	
4016950090	硫化橡胶制其他可充气制品〔999〕	18	80	13		千克			30.5%	0	
40169910	---机器及仪器用零件										13
4016991001[暂4]	奶衬(硬质橡胶除外)〔999〕	8	30	13		千克			24%	0	
4016991090	硫化橡胶制机器及仪器用其他零件(硬质橡胶除外)〔999〕	8	30	13		千克			28%	0	
40169990	---其他										13
4016999001[暂5]	动车组用胶囊,外风挡板(硬质橡胶除外)〔101 硫化橡胶制品〕,〔102 食品接触橡胶产品〕,〔103 食品用橡胶包装〕	10	80	13		千克			15%	0	
4016999090	其他未列名硫化橡胶制品(硬质橡胶除外)〔101 硫化橡胶制品〕,〔103 食品接触橡胶产品〕,〔104 食品用橡胶包装〕	10	80	13		千克			20%	0	

协定税率(%)																		特惠税率(%)			Article Description
智利	新西兰	澳大利亚	瑞士	冰岛	秘鲁	哥斯达	东盟	亚太	新加坡	巴基斯坦	港/澳/台	韩国	格鲁吉亚	毛里求斯	柬埔寨	尼加拉瓜	日/韩/澳/新/东(RCEP)	亚太2国	老/柬/缅	LDC 98/97/95	
																					Inner tubes, of rubber:
0	0	0	0	0	0	0	0	13.1	0	7.5	0/0/	5	0	0	0	14	12.2/10.5/10.5/10.5/10.5			0/0/0	-Of a kind used on motor cars (including staton wagons and racing cars), buses or lorries
0	0	0	0	0	0	0	0		0	12	0/0/	0	0	0	0	14	10.9/10.5/0/0/0			0/0/0	-Of a kind used on bicycles
0	0	0	0	0	0	0	0	1.8		0	0/0/	0	0	0	0	0	0/0/0/0/0			0/0/0	---Of a kind used on aircraft
0	0	0	0	0	0	0	0		0	12	0/0/	0	0	0	0	14	10.9/10.5/0/0/0			0/0/0	---Other
																					Hygienic or pharmaceutical articles (including teats), of vulcanized rubber other than hard rubber, with or without fittings of hard rubber:
0	0	0	0	0	0	0	0			0	0/0/	0	0	0	0	0	0/0/0/0/0			0/0/0	-Sheath contraceptives
0	0	0	0	0	0	0	0		0	14	0/0/	0	0	0	0	15.9	12.7/12.3/0/0/0			0/0/0	-Other
																					Articles of apparel and clothing accessories (including gloves, mittens and mitts), for all purposes, of vulcanized rubber other than hard rubber:
0	0	0	0	0	0	0	0		0	0	0/0/	0	0	0	0	0	5.8/0/0/0/0			0/0/0	--Of a kind used for medical, surgical, dental or veterinary purposes
0	0	0	0	0	0	0	0		0		0/0/	0	0	0	0	9	13.1/12.6/0/0/0			0/0/0	--Other
0	0	0	0		0	0	0			0	0/0/	0	0	0	0	7.2	5.8/0/0/0/0			0/0/0	---Of a kind used for medical, surgical, dental or veterinary purposes
0	0	0	0	0	0	0	0		0		0/0/	0	0	0	0	9	10.9/10.5/0/0/0			0/0/0	---Other
																					Other articles of vulcanized rubber other than hard rubber:
0	0	0	0	0	0	0	0			0	0/0/	2.6	0	0	0	0	6.5/6.4/6.8/6.8/6.4			0/0/0	---Of a kind used in machines or instruments
0	0	0	0	0	0	0	0		0	12	0/0/	0	0	0	0	14	10.9/10.5/0/0/0			0/0/0	---Other
0	0	0	0	0	0	0	0		0		0/0/	0	0	0	0	9	13.1/12.6/0/0/0			0/0/0	--Floor coverings and mats
0	0	0	0	0	0	0	0				0/0/	0	0	0	0	9	13.1/12.6/0/0/0			0/0/0	--Erasers
0	0	0	0	0	0	0	0			4	0/0/	0	0	0	0	0	6.5/0/0/0/0			0/0/0	---Of a kind used in machines or instruments
0	0	0	0	0	0	0	0		0		0/0/	0	0	0	0	14	12.2/0/0/0/0			0/0/0	---Other
0	0	0	0	0	0	0	0		0		0/0/	0	0	0	0	16.8	13.1/12.6/0/0/0			0/0/0	--Boat or dock fenders, whether or not inflatable
0	0	0	0	0	0	0	0		0		0/0/	0	0	0	0	16.8	13.1/12.6/0/0/0			0/0/0	--Other inflatable articles
0	0	0	0	0	0	0	0	7.6		0	0/0/	2.6	0	0	0	0	6.5/5.6/5.6/5.6/5.6			0/0/0	---Of a kind used in machines or instruments
0	0	0	0	0	0	0	0	6.5	0	4	0/0/	0	0	0	0	9	8.1/7/0/0/0			0/0/0	---Other

商品编号	商品名称及备注[检验检疫编码及名称]	进口关税(%)		增值税率(%)	消费税	计量单位	监管条件	检验检疫类别	对美税率	出口税率(%)	出口退税率(%)
		最惠国	普通								
4017	**各种形状的硬质橡胶(例如,纯硬质胶),包括废碎料;硬质橡胶制品:**										
40170010	---各种形状的硬质橡胶,包括废碎料										13
4017001010	各种形状的硬质橡胶废碎料〔999〕	8	35	13		千克	9		33%	0	
4017001090	各种形状的硬质橡胶〔999〕	8	35	13		千克			33%	0	
40170020	---硬质橡胶制品										13
4017002000	硬质橡胶制品〔999〕	15	90	13		千克			25%	0	

协定税率(%)																		特惠税率(%)			Article Description
智利	新西兰	澳大利亚	瑞士	冰岛	秘鲁	哥斯达	东盟	亚太	新加坡	巴基斯坦	港/澳/台	韩国	格鲁吉亚	毛里求斯	柬埔寨	尼加拉瓜	日/韩/澳/新/东(RCEP)	亚太2国	老/柬/缅	LDC 98/97/95	
																					Hard rubber (for example, ebonite) in all forms, including waste and scrap; articles of hard rubber:
0	0	0	0	0	0	0	0	4.8		0	0/0/	0	0	0	0	7.2	5.8/5.6/0/0/0			0/0/0	---Hard rubber in all forms, including waste and scrap
0	0	0	0	0	0	0	0		0	12	0/0/	0	0	0	0	14	10.9/10.5/0/0/0			0/0/0	---Articles of hard rubber

第 八 类
生皮、皮革、毛皮及其制品；鞍具及挽具；旅行用品、手提包及类似容器；动物肠线（蚕胶丝除外）制品

第四十一章
生皮（毛皮除外）及皮革

注释：

一、本章不包括：

（一）生皮的边角废料（品目05.11）。

（二）品目05.05或67.01的带羽毛或羽绒的整张或部分鸟皮。

（三）带毛生皮或已鞣的带毛皮张（第四十三章）；但下列动物的带毛生皮应归入第四十一章：牛（包括水牛）、马、绵羊及羔羊（不包括阿斯特拉罕、喀拉科尔、波斯羔羊或类似羔羊、印度、中国或蒙古羔羊）、山羊或小山羊（不包括也门、蒙古或中国西藏的山羊及小山羊）、猪（包括野猪）、小羚羊、瞪羚、骆驼（包括单峰骆驼）、驯鹿、麋、鹿、狍或狗。

二、（一）品目41.04至41.06不包括经逆鞣（包括预鞣）加工的皮（酌情归入品目41.01至41.03）。

（二）品目41.04至41.06所称“坯革”，包括在干燥前经复鞣、染色或加油（加脂）的皮。

三、本协调制度所称“再生皮革”，仅指品目41.15的皮革。

商品编号	商品名称及备注[检验检疫编码及名称]	进口关税(%)		增值税率(%)	消费税	计量单位	监管条件	检验检疫类别	对美税率	出口税率(%)	出口退税率(%)
		最惠国	普通								
4101	**生牛皮(包括水牛皮)、生马科动物皮(鲜的、盐渍的、干的、石灰浸渍的、浸酸的或以其他方法保藏,但未鞣制、未经羊皮纸化处理或进一步加工的),不论是否去毛或剖层:**										
41012011	----经退鞣处理的										0
4101201110	规定重量退鞣未剖层整张濒危生野牛皮(指每张,简单干燥≤8千克,干盐渍≤10千克,鲜或湿盐≤16千克)〔999〕	8	17	9		千克/张	ABFE	P/Q	13%	0	
4101201190	规定重量未剖层退鞣处理整张生牛皮(包括水牛皮)(指每张,简单干燥≤8千克,干盐渍≤10千克,鲜或湿盐≤16千克)〔101 牛皮〕,〔102 水牛皮〕,〔103 牦牛皮〕	8	17	9		千克/张	AB	P/Q	13%	0	
41012019	----其他										0
4101201910	规定重量非退鞣未剖层整张濒危生野牛皮(指每张,简单干燥≤8千克,干盐渍≤10千克,鲜或湿盐≤16千克)〔999〕	5	17	9		千克/张	ABFE	P/Q	30%	0	
4101201990	规定重量非退鞣未剖层处理整张生牛皮(包括水牛皮)(指每张,简单干燥≤8千克,干盐渍≤10千克,鲜或湿盐≤16千克)〔101 牛皮〕,〔102 水牛皮〕,〔103 牦牛皮〕	5	17	9		千克/张	AB	P/Q	30%	0	
41012020	---马科动物皮										0
4101202011[暂2]	规定重量未剖层整张濒危生野驴皮(指每张,简单干燥≤8千克,干盐渍≤10千克,鲜或湿盐≤16千克)〔999〕	5	30	9		千克/张	ABFE	P/Q	7%	0	
4101202019	规定重量未剖层整张其他濒危生野马科动物皮(指每张,简单干燥≤8千克,干盐渍≤10千克,鲜或湿盐≤16千克)〔999〕	5	30	9		千克/张	ABFE	P/Q	10%	0	
4101202091[暂2]	规定重量未剖层整张生驴皮(指每张,简单干燥≤8千克,干盐渍≤10千克,鲜或湿盐≤16千克)〔999〕	5	30	9		千克/张	AB	P/Q	7%	0	
4101202099	规定重量未剖层整张其他生马科动物皮(指每张,简单干燥≤8千克,干盐渍≤10千克,鲜或湿盐≤16千克)〔999〕	5	30	9		千克/张	AB	P/Q	10%	0	
41015011	----经退鞣处理的										0
4101501110	重>16千克退鞣整张濒危生野牛皮〔999〕	8	17	9		千克/张	ABFE	P/Q		0	
4101501190	重>16千克退鞣处理整张生牛皮(包括水牛皮)〔101 牛皮〕,〔102 水牛皮〕,〔103 牦牛皮〕	8	17	9		千克/张	AB	P/Q		0	
41015019	----其他										0
4101501910	重>16千克非退鞣整张濒危生野牛皮〔999〕	5	17	9		千克/张	ABFE	P/Q	10%	0	
4101501990	重>16千克非退鞣处理整张生牛皮(包括水牛皮)〔101 牛皮〕,〔102 水牛皮〕,〔103 牦牛皮〕	5	17	9		千克/张	AB	P/Q	10%	0	
41015020	---马科动物皮										0
4101502010	重>16千克整张濒危生野马科动物皮〔999〕	5	30	9		千克/张	ABFE	P/Q	10%	0	
4101502090	重>16千克整张生马科动物皮〔999〕	5	30	9		千克/张	AB	P/Q	10%	0	
41019011	----经退鞣处理的										0
4101901110	其他退鞣处理濒危生野牛皮(包括整张或半张的背皮及腹皮)〔999〕	8	17	9		千克	FEAB	P/Q		0	
4101901190	其他退鞣处理生牛皮(包括整张或半张的背皮及腹皮)〔101 牛皮〕,〔102 水牛皮〕,〔103 牦牛皮〕	8	17	9		千克	AB	P/Q		0	
41019019	----其他										0

SECTION Ⅷ
RAW HIDES AND SKINS, LEATHER, FURSKINS AND ARTICLES THEREOF; SADDLERY AND HARNESS; TRAVEL GOODS, HANDBAGS AND SIMILAR CONTAINERS; ARTICLES OF ANIMAL GUT (OTHER THAN SILK-WORM GUT)

Chapter 41
Raw hides and skins (other than furskins) and leather

Chapter Notes:

1. This Chapter does not cover:
   (a) Parings or similar waste, of raw hides or skins (heading 05. 11) .
   (b) Birdskins or parts of birdskins, with their feathers or down, of heading 05. 05 or 67. 01; or
   (c) Hides or skins, with the hair or wool on, raw, tanned or dressed (Chapter 43); the following are, however, to be classified in Chapter 41, namely, raw hides and skins with the hair or wool on, of bovine animals (including buffalo), of equine animals, of sheep or lambs (except Astrakhan, Broadtail, Caracul, Persian or similar lambs, Indian, Chinese, Mongolian or Chinese Tibetan lambs), of goats or kids (except Yemen, Mongolian or Chinese Tibetan goats and kids), of swine (including peccary), of chamois, of gazelle of camels (including dromedaries), of reindeer, of elk, of deer, of roebucks or of dogs.

2. (a) Headings 41. 04 to 41. 06 do not cover hides and skins which have undergone a tanning (including pre-tanning) process which is reversible (headings 41. 01 to 41. 03, as the case may be).
   (b) For the purposes of headings 41. 04 to 41. 06, the term "crust" includes hides and skins that have been retanned, coloured or fat-liquored (stuffed) prior to drying.

3. Throughout the Nomenclature the expression "composition leather" means only substances of the kind referred to in heading 41. 15.

协定税率(%)																		特惠税率(%)			Article Description
智利	新西兰	澳大利亚	瑞士	冰岛	秘鲁	哥斯达	东盟	亚太	新加坡	巴基斯坦	港/澳/台	韩国	格鲁吉亚	毛里求斯	柬埔寨	尼加拉瓜	日/韩/澳/新/东(RCEP)	亚太2国	老/柬/缅	LDC 98/97/95	
																					Raw hides and skins of bovine (in-cluding buffalo) or equine animals (fresh, or salted, dried limed, pickled or otherwise preserved, but not tanned, parchment-dressed or further prepared), whether or not dehaired or split:
0	0	0	0	0	0	0	0	6		0	0/0/	0	0	0	0	0	5. 8/0/5. 6/0/0			0/0/0	----Have undergone a reversible tanning process
0	0	0	0	0	0	0	0			0	0/0/	0	0	0	0	0	0/0/3. 5/0/0		0/0/	0/0/0	----Other
0	0	0	0	0	0	0	0			0	0/0/	0	0	0	0	0	3. 6/0/0/0/0		0/0/	0/0/0	---Of equine animals
0	0	0	0	0	0	0	0	6. 6		0	0/0/	0	0	0	0	7. 2	6. 1/0/5. 9/0/0			0/0/0	----Have undergone a reversible tanning process
0	0	0	0	0	0	0	0			0	0/0/	0	0	0	0	0	0/0/3. 5/0/0		0/0/	0/0/0	----Other
0	0	0	0	0	0	0	0			0	0/0/	0	0	0	0	0	3. 6/0/0/0/0		0/0/	0/0/0	---Of equine animals
0	0	0	0	0	0	0	0	6. 6		0	0/0/	0	0	0	0	7. 2	6. 1/0/5. 9/0/0			0/0/0	----Have undergone a reversible tanning process
0	0	0	0	0	0	0	0			0	0/0/	0	0	0	0	0	0/0/3. 5/0/0		0/0/	0/0/0	----Other

商品编号	商品名称及备注[检验检疫编码及名称]	进口关税(%)		增值税率(%)	消费税	计量单位	监管条件	检验检疫类别	对美税率	出口税率(%)	出口退税率(%)
		最惠国	普通								
4101901910	其他濒危生野牛皮(包括整张或半张的背皮及腹皮)〔999〕	5	17	9		千克	FEAB	P/Q	25%	0	
4101901990	其他生牛皮(包括整张或半张的背皮及腹皮)〔101 牛皮〕,〔102 水牛皮〕,〔103 牦牛皮〕	5	17	9		千克	AB	P/Q	25%	0	
41019020	---马科动物皮										0
4101902010	其他濒危生野马科动物皮(包括整张或半张的背皮及腹皮)〔999〕	5	30	9		千克	FEAB	P/Q	10%	0	
4101902090	其他生马科动物皮(包括整张或半张的背皮及腹皮)〔999〕	5	30	9		千克	AB	P/Q	10%	0	
4102	**绵羊或羔羊生皮(鲜的、盐渍的、干的、石灰浸渍的、浸酸的或经其他方法保藏,但未鞣制、未经羊皮纸化处理或进一步加工的),不论是否带毛或剖层,但本章注释一(三)所述不包括的生皮除外:**										
41021000	-带毛										0
4102100000	带毛的绵羊或羔羊生皮[本章注释一(三)所述不包括的生皮除外]〔999〕	7	30	9		千克/张	AB	P/Q	32%	0	
41022110	---经退鞣处理的										0
4102211000	浸酸退鞣不带毛绵羊或羔羊生皮[本章注释一(三)所述不包括的生皮除外]〔999〕	14	30	9		千克/张	AB	P/Q	19%	0	
41022190	---其他										0
4102219000	浸酸非退鞣不带毛绵羊或羔羊生皮[本章注释一(三)所述不包括的生皮除外]〔999〕	9	30	9		千克/张	AB	P/Q	14%	0	
41022910	---经退鞣处理的										0
4102291000	其他不带毛退鞣绵羊或羔羊生皮[浸酸的及本章注释一(三)所述不包括的生皮除外]〔999〕	14	30	9		千克/张	AB	P/Q	19%	0	
41022990	---其他										0
4102299000	其他不带毛非退鞣绵羊或羔羊生皮[浸酸的及本章注释一(三)所述不包括的生皮除外]〔999〕	7	30	9		千克/张	AB	P/Q	12%	0	
4103	**其他生皮(鲜的、盐渍的、干的、石灰浸渍的、浸酸的或以其他方法保藏,但未鞣制、未经羊皮纸化处理或进一步加工的),不论是否去毛或剖层,但本章注释一(二)或(三)所述不包括的生皮除外:**										
41032000	-爬行动物皮										0
4103200010	濒危爬行动物的生皮〔101 鳄鱼皮〕,〔102 蜥蜴皮〕,〔103 蛇皮〕,〔104 蟒蛇皮〕,〔105 未列出的其他动物皮张〕	9	30	9		千克/张	FEAB	P/Q	14%	0	
4103200090	其他爬行动物的生皮〔101 鳄鱼皮〕,〔102 蜥蜴皮〕,〔103 蛇皮〕,〔104 蟒蛇皮〕,〔105 未列出的其他动物皮张〕	9	30	9		千克/张	AB	P/Q	14%	0	
41033000	-猪皮										0
4103300010	生鹿豚、姬猪皮〔999〕	9	30	9		千克/张	ABFE	P/Q	14%	0	
4103300090	生猪皮〔999〕	9	30	9		千克/张	AB	P/Q	14%	0	
41039011	----经退鞣处理的										0
4103901100	退鞣山羊板皮[本章注释一(三)所述不包括的生皮除外]〔101 山羊皮〕,〔102 野羊皮〕	14	35	9		千克/张	AB	P/Q	19%	20	
41039019	----其他										0
4103901900	非退鞣山羊板皮[本章注释一(三)所述不包括的生皮除外]〔101 山羊皮〕,〔102 野羊皮〕	9	35	9		千克/张	AB	P/Q	14%	20	
41039021	----经退鞣处理的										0
4103902100	其他退鞣山羊或小山羊皮[山羊板皮及本章注释一(三)所述不包括的生皮除外]〔101 山羊皮〕,〔102 野羊皮〕	14	30	9		千克/张	AB	P/Q	19%	0	
41039029	----其他										0
4103902900	其他非退鞣山羊或小山羊皮[山羊板皮及本章注释一(三)所述不包括的生皮除外]〔101 山羊皮〕,〔102 野羊皮〕	9	30	9		千克/张	AB	P/Q	14%	0	
41039090	---其他										0
4103909010	其他濒危野生动物生皮[本章注释一(二)或(三)所述不包括的生皮除外]①	9	30	9		千克/张	ABEF	P/Q	14%	0	
4103909090	其他生皮[本章注释一(二)或(三)所述不包括的生皮除外]②	9	30	9		千克/张	AB	P/Q	14%	0	
4104	**经鞣制的不带毛牛皮(包括水牛皮)、马科动物皮及其坯革,不论是否剖层,但未经进一步加工:**										
41041111	----蓝湿的										0
4104111110[暂3]	蓝湿濒危野牛皮(全粒面未剖或粒面剖层,经鞣制不带毛)〔999〕	6	17	13		千克	ABFE	P/Q	8%	0	
4104111190[暂3]	全粒面未剖层或粒面剖层蓝湿牛皮(经鞣制不带毛)〔999〕	6	17	13		千克	AB	P/Q	8%	0	
41041119	----其他										0

① 〔101 斑马皮〕,〔102 野驴皮〕,〔103 其他野生奇蹄动物皮张〕,〔104 野骆驼皮〕,〔105 野鹿皮〕,〔106 其他野生偶蹄动物皮张〕,〔107 其他禽鸟皮〕,〔108 象皮〕,〔109 袋鼠皮〕,〔110 海豹皮〕,〔111 蛇皮〕,〔112 貂皮〕,〔113 狐狸皮〕,〔114 未列出的其他动物皮张〕,〔115 艾鼬皮〕,〔116 臭鼬皮〕,〔117 短尾猫皮〕,〔118 负鼠皮〕,〔119 海狸皮〕,〔120 旱獭皮〕,〔121 貉子皮〕,〔122 浣熊皮〕,〔123 灰鼠皮〕,〔124 狼皮〕,〔125 猞猁皮〕,〔126 麝鼠皮〕,〔127 水獭皮〕,〔128 松鼠皮〕

② 〔101 驴皮〕,〔102 骡皮〕,〔103 其他饲养奇蹄动物皮张〕,〔104 骆驼皮〕,〔105 鹿皮〕,〔106 其他饲养偶蹄动物皮张〕,〔107 其他禽鸟皮〕,〔108 象皮〕,〔109 袋鼠皮〕,〔110 海豹皮〕,〔111 蛇皮〕,〔112 貂皮〕,〔113 狐狸皮〕,〔114 未列出的其他动物皮张〕,〔115 艾鼬皮〕,〔116 臭鼬皮〕,〔117 短尾猫皮〕,〔118 负鼠皮〕,〔119 海狸皮〕,〔120 旱獭皮〕,〔121 貉子皮〕,〔122 浣熊皮〕,〔123 灰鼠皮〕,〔124 狼皮〕,〔125 猞猁皮〕,〔126 麝鼠皮〕,〔127 水獭皮〕,〔128 松鼠皮〕

协定税率(%)																		特惠税率(%)			
智利	新西兰	澳大利亚	瑞士	冰岛	秘鲁	哥斯达	东盟	亚太	新加坡	巴基斯坦	港/澳/台	韩国	格鲁吉亚	毛里求斯	柬埔寨	尼加拉瓜	日/韩/澳/新/东(RCEP)	亚太2国	老/柬/缅	LDC 98/97/95	Article Description
0	0	0	0	0	0	0	0			0	0/0/	0	0	0	0	0	3.6/0/0/0/0		0/0/	0/0/0	---Of equine animals
																					Raw skins of sheep or lambs (fresh, or salted, dried, limed, pickled or otherwise preserved, but not tanned, parchment-dressed or further prepared), whether or not with wool on or split, other than those excluded by Note 1(c) to this chapter:
0	0	0	0	0		0	0			0	0/0/	0	0	0	0	5.6	5.1/0/0/0/0			0/0/0	-With wool on
0	0	0	0	0		0	0		0	11.2	0/0/	0	0	0	0	13.1	10.2/9.8/9.8/0/0			0/0/0	---Have undergone a reversible tanning process
0	0	0	0	0	0	0	0	8		0	0/0/	0	0	0	0	8.1	6.5/6.3/6.3/6.3/6.3			0/0/0	---Other
0	0	0	0	0	0	0	0		0	7	0/0/	0	0	0	0	13.1	10.2/9.8/9.8/0/0			0/0/0	---Have undergone a reversible tanning process
0	0	0	0	0	0	0	0	6		0	0/0/	0	0	0	0	0	5.1/0/4.9/0/0			0/0/0	---Other
																					Other raw hides and skins (fresh, or salted, dried, limed, pickled or otherwise preserved, but not tanned, parchment-dressed or further prepared), whether or not dehaired or split, other than those excluded by Note 1(b) or 1(c) to this Chapter:
0	0	0	0	0	0	0	0			0	0/0/	0	0	0	0	8.1	6.5/6.3/0/0			0/0/0	-Of reptiles
0	0	0	0	0	0	0	0			0	0/0/	0	0	0	0	8.1	6.5/0/0/0/0		//0	0/0/0	-Of swine
0	0	0	0	0	0	0	0		0	7	0/0/	0	0	0	0	13.1	10.2/9.8/9.8/0/0			0/0/0	----Have undergone a reversible tanning process
0	0	0	0	0	0	0	0			0	0/0/	0	0	0	0	8.1	6.5/0/0/0/0			0/0/0	----Other
0	0	0	0	0	0	0	0		0	7	0/0/	0	0	0	0	13.1	10.2/9.8/9.8/0/0			0/0/0	----Have undergone a reversible tanning process
0	0	0	0	0	0	0	0			0	0/0/	0	0	0	0	8.1	6.5/0/0/0/0			0/0/0	----Other
0	0	0	0	0	0	0	0			0	0/0/	0	0	0	0	8.1	6.5/0/0/0/0		//0	0/0/0	---Other
																					Tanned or crust hides and skins of bovine (including buffalo) or equineanimals, without hair on, whether or not spilt, but not further prepared:
0	0	0	0	0	0	0	0	3		0	0/0/	0	0	0	0	0	5.1/0/0/0/0	1.2		0/0/0	----Wet-blue
0	0	0	0	0	0	0	0	3		0	0/0/	0	0	0	0	0	5.8/0/0/0/0	1.5		0/0/0	----Other

商品编号	商品名称及备注[检验检疫编码及名称]	进口关税(%) 最惠国	进口关税(%) 普通	增值税率(%)	消费税	计量单位	监管条件	检验检疫类别	对美税率	出口税率(%)	出口退税率(%)
4104111910	湿濒危野牛皮(全粒面未剖或粒面剖层,经鞣制不带毛)〔999〕	6	35	13		千克	EF		11%	0	
4104111990	全粒面未剖层或粒面剖层湿牛皮(经鞣制不带毛)〔999〕	6	35	13		千克			11%	0	
41041120	---马科动物皮										0
4104112010	湿濒危野马科动物皮(全粒面未剖或粒面剖层,经鞣制不带毛)〔999〕	5	35	13		千克	EF		10%	0	
4104112090	全粒面未剖层或粒面剖层湿马科动物皮(经鞣制不带毛)〔999〕	5	35	13		千克			10%	0	
41041911	----蓝湿的										0
4104191110[暂3]	其他蓝湿濒危野牛皮(经鞣制不带毛)〔999〕	6	17	13		千克	ABFE	P/Q	28%	0	
4104191190[暂3]	其他蓝湿牛皮(经鞣制不带毛)〔999〕	6	17	13		千克	AB	P/Q	28%	0	
41041919	----其他										0
4104191910	其他湿濒危野牛皮(经鞣制不带毛)〔999〕	7	35	13		千克	EF		12%	0	
4104191990	其他湿牛皮(经鞣制不带毛)〔999〕	7	35	13		千克			12%	0	
41041920	---马科动物皮										0
4104192010	其他湿濒危野马科动物皮(经鞣制不带毛)〔999〕	5	35	13		千克	EF			0	
4104192090	其他湿马科动物皮(经鞣制不带毛)〔999〕	5	35	13		千克				0	
41044100	--全粒面未剖层革;粒面剖层革										0
4104410010[暂3]	濒危野牛马干革(全粒面未剖或粒面剖层,经鞣制不带毛)〔999〕	5	35	13		千克	EF		28%	0	
4104410090[暂3]	全粒面未剖层或粒面剖层干革(经鞣制不带毛)〔999〕	5	35	13		千克			28%	0	
41044910	---机器带用牛、马皮革										0
4104491010	其他机器带用濒危野牛马皮革(经鞣制不带毛)〔999〕	5	20	13		千克	FE		10%	0	
4104491090	其他机器带用牛马皮革(经鞣制不带毛)〔101 马皮革〕,〔102 牛皮革〕	5	20	13		千克			10%	0	
41044990	---其他										0
4104499010	其他濒危野牛马皮革(经鞣制不带毛)〔999〕	7	35	13		千克	EF		32%	0	
4104499090	其他牛马皮革(经鞣制不带毛)〔101 马皮革〕,〔102 牛皮革〕	7	35	13		千克			32%	0	
4105	**经鞣制的不带毛绵羊或羔羊皮革及其坯革,不论是否剖层,但未经进一步加工:**										
41051010	---蓝湿的										0
4105101000[暂10]	蓝湿绵羊或羔羊皮(经鞣制不带毛)〔999〕	14	50	13		千克	AB	P/Q	15%	0	
41051090	---其他										0
4105109000	其他绵羊或羔羊湿革(经鞣制不带毛)〔999〕	10	50	13		千克			15%	0	
41053000	-干革(坯革)										0
4105300000	绵羊或羔羊干革(经鞣制不带毛)〔999〕	8	50	13		千克			13%	0	
4106	**经鞣制的其他不带毛动物皮革及其坯革,不论是否剖层,但未经进一步加工:**										
41062100	--湿革(包括蓝湿皮)										0
4106210001[暂10]	蓝湿山羊皮(经鞣制不带毛)〔999〕	14	50	13		千克			15%	0	
4106210090	其他山羊或小山羊湿革(经鞣制不带毛)〔101 山羊皮革〕,〔102 未列出的其他动物皮革〕	14	50	13		千克			19%	0	
41062200	--干革(坯革)										0
4106220000	山羊或小山羊干革(经鞣制不带毛)〔101 山羊皮革〕,〔102 未列出的其他动物皮革〕	14	50	13		千克			19%	0	
41063110	---蓝湿的										0
4106311010[暂10]	蓝湿鹿豚、姬猪皮(经鞣制不带毛)〔999〕	14	50	13		千克	FEAB	P/Q	35%	0	
4106311090[暂10]	其他蓝湿猪皮(经鞣制不带毛)〔999〕	14	50	13		千克	AB	P/Q	35%	0	
41063190	---其他										0
4106319010	鹿豚、姬猪湿革(经鞣制不带毛)〔999〕	14	50	13		千克	EF		19%	0	
4106319090	其他猪湿革(经鞣制不带毛)〔999〕	14	50	13		千克			19%	0	
41063200	--干革(坯革)										0
4106320010	鹿豚、姬猪干革(经鞣制不带毛,坯革)〔999〕	14	50	13		千克	EF		19%	0	
4106320090	其他猪干革(经鞣制不带毛,坯革)〔999〕	14	50	13		千克			19%	0	
41064000	-爬行动物的										0
4106400010	濒危爬行动物皮革(经鞣制不带毛)①	14	50	13		千克	FE		19%	0	
4106400090	其他爬行动物皮革(经鞣制不带毛)②	14	50	13		千克			19%	0	
41069100	--湿革(包括蓝湿皮)										0
4106910010	其他濒危野生动物湿革(经鞣制不带毛)〔999〕	14	50	13		千克	FE		19%	0	
4106910090	其他动物湿革(经鞣制不带毛)〔999〕	14	50	13		千克			19%	0	
41069200	--干革(坯革)										0
4106920010	其他濒危野生动物干革(经鞣制不带毛)〔999〕	14	50	13		千克	FE		19%	0	

① 〔101 鳄鱼皮〕,〔102 鳄鱼皮革〕,〔103 蜥蜴皮〕,〔104 蟒蛇皮〕,〔105 蛇皮革〕,〔106 未列出的其他动物皮革〕
② 〔101 鳄鱼皮〕,〔102 鳄鱼皮革〕,〔103 蜥蜴皮〕,〔104 蟒蛇皮〕,〔105 蛇皮革〕,〔106 未列出的其他动物皮革〕

协定税率(%)																		特惠税率(%)			
智利	新西兰	澳大利亚	瑞士	冰岛	秘鲁	哥斯达	东盟	亚太	新加坡	巴基斯坦	港/澳/台	韩国	格鲁吉亚	毛里求斯	柬埔寨	尼加拉瓜	日/韩/澳/新/东 (RCEP)	亚太2国	老/柬/缅	**LDC 98/97/95**	**Article Description**
0	0	0	0	0	0	0	0	2.5		0	0/0/	0	0	0	0	0	3.6/0/0/0/0	2		0/0/0	---Of equine animals
0	0	0	0	0	0	0	0	3		3	0/0/	0	0	0	0	0	4.4/4.2/4.2/4.2/4.2	1.5		0/0/0	----Wet-blue
0	0	0	0	0	0	0	0	3.5		0	0/0/	0	0	0	0	0	5.1/0/0/0/0	1.8		0/0/0	----Other
0	0	0	0	0	0	0	0	2.5		0	0/0/	0	0	0	0	0	5.1/0/0/0/0	1.5		0/0/0	---Of equine animals
0	0	0	0	0	0	0	0	3.5		0	0/0/	0	0	0	0	0	3.6/3.5/3.5/3.5/3.5	2		0/0/0	--Full grain, unsplit; grain splits
0	0	0	0	0	0	0	0	3.5		0	0/0/	0	0	0	0	0	3.6/0/0/0/0	0		0/0/0	---For machinery belting
0	0	0	0	0	0	0	0	4.9		0	0/0/	2.3	0	0	0	0	5.7/4.9/4.9/4.9/4.9	2.1		0/0/0	---Other
																					Tanned or crust skins of sheep or lambs, without wool on, whether or not split, but not further prepared:
0	0	0	0	0		0	0	7	0	4	0/0/	0	0	0	0	13.1	10.2/9.8/0/0/0	2.1		0/0/0	---Wet-blue
0	0	0	0	0	0	0	0	5		4	0/0/	0	0	0	0	9	7.3/7/0/0/0	2		0/0/0	---Other
0	0	0	0	0	0	0	0	5.6		5.6	0/0/	0	0	0	0	7.2	5.8/5.6/0/0/0	4.8		0/0/0	-In the dry state (crust)
																					Tanned or crust hides and skins of other animals, without wool or hair on, whether or not split, but not further prepared:
0	0	0	0	0	0	0	0	12	0	12	0/0/	0	0	0	0	13.1	10.2/9.8/0/0/0	2.1		0/0/0	--In the wet state (including wet-blue)
0	0	0	0	0		0	0	9.8	0	0	0/0/	0	0	0	0	13.1	10.2/9.8/0/0/0	8.4		0/0/0	--In the dry state (crust)
0	0	0	0	0	0	0	0		0	11.2	0/0/	0	0	0	0	13.1	10.2/9.8/0/0/0	4.2		0/0/0	---Wet-blue
0	0	0	0	0	0	0	0		0	7	0/0/	0	0	0	0	13.1	10.2/9.8/0/0/0	4.2		0/0/0	---Other
0	0	0	0	0	0	0	0		0	11.2	0/0/	0	0	0	0	13.1	10.2/9.8/0/0/0	4.2		0/0/0	--In the dry state (crust)
0	0	0	0	0	0	0	0		0	7	0/0/	0	0	0	0	13.1	10.2/9.8/0/0/0	0		0/0/0	-Of reptiles
0	0	0	0	0	0	0	0		0	11.2	0/0/	0	0	0	0	13.1	10.2/9.8/0/0/0	0		0/0/0	--In the wet state (including wet-blue)
0	0	0	0	0	0	0	0		0	0	0/0/	0	0	0	0	13.1	10.2/9.8/0/0/0	0		0/0/0	--In the dry state (crust)

商品编号	商品名称及备注[检验检疫编码及名称]	进口关税(%) 最惠国	进口关税(%) 普通	增值税率(%)	消费税	计量单位	监管条件	检验检疫类别	对美税率	出口税率(%)	出口退税率(%)
4106920090	其他动物干革(经鞣制不带毛)〔999〕	14	50	13		千克			19%	0	
4107	**经鞣制或半硝处理后进一步加工的不带毛的牛皮革(包括水牛皮革)或马科动物皮革,包括羊皮纸化处理的皮革,不论是否剖层,但税目41.14的皮革除外:**										
41071110	---牛皮										0
4107111010	全粒面未剖层整张濒危野牛皮(经鞣制或半硝后进一步加工,羊皮纸化处理)〔999〕	6	50	13		千克/张	FE		31%	0	
4107111090	全粒面未剖层整张牛皮(经鞣制或半硝后进一步加工,羊皮纸化处理)〔999〕	6	50	13		千克/张			31%	0	
41071120	---马科动物皮										0
4107112010	全粒面未剖层整张濒危野马科动物皮(经鞣制或半硝后进一步加工,羊皮纸化处理)〔999〕	5	50	13		千克/张	FE		10%	0	
4107112090	全粒面未剖层整张马科动物皮(经鞣制或半硝后进一步加工,羊皮纸化处理)〔999〕	5	50	13		千克/张			10%	0	
41071210	---牛皮										
4107121010	粒面剖层整张濒危野牛皮(经鞣制或半硝后进一步加工,羊皮纸化处理)〔999〕	6	50	13		千克/张	FE		31%	0	0
4107121090	粒面剖层整张牛皮(经鞣制或半硝后进一步加工,羊皮纸化处理)〔999〕	6	50	13		千克/张			31%	0	0
41071220	---马科动物皮										0
4107122010	粒面剖层整张濒危野马科动物皮(经鞣制或半硝后进一步加工,羊皮纸化处理)〔999〕	5	50	13		千克/张	FE		10%	0	
4107122090	粒面剖层整张马科动物皮(经鞣制或半硝后进一步加工,羊皮纸化处理)〔999〕	5	50	13		千克/张			10%	0	
41071910	---机器带用										0
4107191010	其他机器带用整张濒危野牛马皮革(经鞣制或半硝后进一步加工,羊皮纸化处理)〔999〕	5	50	13		千克/张	FE		10%	0	
4107191090	其他机器带用整张牛马皮革(经鞣制或半硝后进一步加工,羊皮纸化处理)〔101 马皮革〕,〔102 牛皮革〕	5	50	13		千克/张			10%	0	
41071990	---其他										
4107199010	其他整张濒危野牛马皮革(经鞣制或半硝后进一步加工,羊皮纸化处理)〔999〕	7	50	13		千克/张	EF		32%	0	0
4107199090	其他整张牛马皮革(经鞣制或半硝后进一步加工,羊皮纸化处理)〔101 马皮革〕,〔102 牛皮革〕	7	50	13		千克/张			32%	0	0
41079100	--全粒面未剖层革										0
4107910010	全粒面未剖层非整张濒危野牛马皮(经鞣制或半硝后进一步加工,羊皮纸化处理)〔999〕	5	50	13		千克	EF		30%	0	
4107910090	全粒面未剖层非整张革(经鞣制或半硝后进一步加工,羊皮纸化处理)〔101 马皮革〕,〔102 牛皮革〕,〔103 未列出的其他动物皮革〕	5	50	13		千克			30%	0	
41079200	--粒面剖层革										0
4107920010	粒面剖层非整张濒危野牛马皮革(经鞣制或半硝后进一步加工,羊皮纸化处理)〔999〕	5	50	13		千克	FE		30%	0	
4107920090	粒面剖层非整张革(经鞣制或半硝后进一步加工,羊皮纸化处理)〔101 马皮革〕,〔102 牛皮革〕,〔103 未列出的其他动物皮革〕	5	50	13		千克			30%	0	
41079910	---机器带用										0
4107991010	其他机器带用非整张濒危野牛马皮(经鞣制或半硝后进一步加工,羊皮纸化处理)〔999〕	5	50	13		千克	FE		10%	0	
4107991090	其他机器带用非整张牛马皮革(经鞣制或半硝后进一步加工,羊皮纸化处理)〔101 马皮革〕,〔102 牛皮革〕	5	50	13		千克			10%	0	
41079990	---其他										0
4107999010	其他非整张濒危野牛马皮革(经鞣制或半硝后进一步加工,羊皮纸化处理)〔999〕	7	50	13		千克	EF		32%	0	
4107999090	其他非整张牛马皮革(经鞣制或半硝后进一步加工,羊皮纸化处理)〔101 马皮革〕,〔102 牛皮革〕	7	50	13		千克			32%	0	
4112	**经鞣制或半硝处理后进一步加工的不带毛的绵羊或羔羊皮革,包括羊皮纸化处理的皮革,不论是否剖层,但税目41.14的皮革除外:**										
41120000	经鞣制或半硝处理后进一步加工的不带毛的绵羊或羔羊皮革,包括羊皮纸化处理的皮革,不论是否剖层,但税目41.14的皮革除外										0
4112000000	加工的绵羊或羔羊皮革(经鞣制或半硝后进一步加工,不带毛,羊皮纸化处理)〔999〕	8	50	13		千克			33%	0	
4113	**经鞣制或半硝处理后进一步加工的不带毛的其他动物皮革,包括羊皮纸化处理的皮革,不论是否剖层,但税目41.14的皮革除外:**										
41131000	-山羊或小山羊的										0
4113100000	加工的山羊或小山羊皮革(经鞣制或半硝后进一步加工,不带毛,羊皮纸化处理)〔101 山羊皮革〕,〔102 未列出的其他动物皮革〕	14	50	13		千克			39%	0	
41132000	-猪的										0
4113200010	加工的鹿豚、姬猪皮革(经鞣制或半硝后进一步加工,不带毛,羊皮纸化处理)〔999〕	14	50	13		千克	EF		39%	0	

协定税率(%)																		特惠税率(%)			
智利	新西兰	澳大利亚	瑞士	冰岛	秘鲁	哥斯达	东盟	亚太	新加坡	巴基斯坦	港/澳/台	韩国	格鲁吉亚	毛里求斯	柬埔寨	尼加拉瓜	日/韩/澳/新/东(RCEP)	亚太2国	老/柬/缅	LDC 98/97/95	Article Description
																					Leather further prepared after tanning or crusting, including parchment-dressed leather, of bovine (including buffalo) or equine animals, without hair on, whether or not split, other than leather of heading 41.14:
0	0	0	0	0		0	0			0	0/0/	2.6	0	1.6	0	4.8	6.5/6.4/6.8/6.8/6.4			0//	---Of bovine animals
0	0	0	0	0	0	0	0			0	0/0/	0	0	0	0	0	3.6/0/0/0/0			0/0/0	---Of equine animals
0	0	0	0	0		0	0			0	0/0/	0	0	0	0	4.8	5.8/5.6/5.6/5.6/5.6			0//	---Of bovine animals
0	0	0	0	0	0	0	0			0	0/0/	0	0	0	0	0	3.6/0/0/0/0			0/0/0	---Of equine animals
0	0	0	0	0	0	0	0			0	0/0/	0	0	0	0	0	3.6/3.5/0/0/0			0/0/0	---For machinery belting
0	0	0	0	0		0	0				0/0/	0	0	0	0	5.6	5.1/4.9/4.9/4.9/4.9			0//	---Other
0	0	0	0	0	0	0	0			0	0/0/	0	0	0	0	0	3.6/3.5/0/0/0			0/0/0	--Full grains, unsplit
0	0	0	0	0	0	0	0			0	0/0/	1.6	0	0	0		4.1/3.5/3.5/3.5/3.5			0/0/0	--Grain splits
0	0	0	0	0	0	0	0			0	0/0/	0	0	0	0	0	3.6/0/0/0/0			0/0/0	---For machinery belting
0	0	0	0	0	0	0	0				0/0/	2.3	0	0	0	0	5.7/4.9/4.9/4.9/4.9			0/0/0	---Other
																					Leather further prepared after tanning or crusting, including parchment-dressed leather, of sheep or lamb, without wool on, whether or not split, other than leather of heading 41.14:
0	0	0	0	0	0	0	0	5.6		0	0/0/	2.6	0	0	0	0	6.5/6.4/6.8/6.8/6.4			0/0/0	Leather further prepared after tanning or crusting, including parchment -dressed leather, of sheep or lamb, without wool on, whether or not split, other than leather of heading 41.14
																					Leather further prepared after tan-ning or crusting, including parchment-dressed leather, of other animals, without wool or hair on, whether or not split, other than leather of heading 41.14:
0	0	0	0			0	0	9.8	0	0	0/0/	0	0	0	0	13.1	10.2/9.8/0/0/0			0/0/0	-Of goats or kids
0	0	0	0	0	0	0	0		0		0/0/	0	0	0	0	13.1	10.2/9.8/0/0/0			0/0/0	-Of swine

商品编号	商品名称及备注[检验检疫编码及名称]	进口关税(%)		增值税率(%)	消费税	计量单位	监管条件	检验检疫类别	对美税率	出口税率(%)	出口退税率(%)
		最惠国	普通								
4113200090	加工的猪皮革(经鞣制或半硝后进一步加工,不带毛,羊皮纸化处理)〔999〕	14	50	13		千克			39%	0	
41133000	-爬行动物的										0
4113300010	加工的濒危爬行动物皮革(经鞣制或半硝后进一步加工,不带毛,羊皮纸化处理)①	14	50	13		千克	FE		34%	0	
4113300090	加工的其他爬行动物皮革(经鞣制或半硝后进一步加工,不带毛,羊皮纸化处理)②	14	50	13		千克			34%	0	
41139000	-其他										0
4113900010	加工的其他濒危野生动物皮革(经鞣制或半硝后进一步加工,不带毛,羊皮纸化处理)③	14	50	13		千克	FE		39%	0	
4113900090	加工的其他动物皮革(经鞣制或半硝后进一步加工,不带毛,羊皮纸化处理)④	14	50	13		千克			39%	0	
4114	**油鞣皮革(包括结合鞣制的油鞣皮革);漆皮及层压漆皮;镀金属皮革:**										
41141000	-油鞣皮革(包括结合鞣制的油鞣皮革)										
4114100010	油鞣其他濒危野生动物皮革(包括结合鞣制的油鞣皮革)〔999〕	14	50	13		千克	FE		34%	0	0
4114100090	油鞣其他动物皮革(包括结合鞣制的油鞣皮革;野生动物皮革除外)〔999〕	14	50	13		千克			34%	0	0
41142000	-漆皮及层压漆皮;镀金属皮革										0
4114200000	漆皮及层压漆皮;镀金属皮革〔999〕	10	50	13		千克			35%	0	
4115	**以皮革或皮革纤维为基本成分的再生皮革,成块、成张或成条的,不论是否成卷;皮革或再生皮革的边角废料,不适宜作皮革制品用;皮革粉末:**										
41151000	-以皮革或皮革纤维为基本成分的再生皮革,成块、成张或成条的,不论是否成卷										0
4115100000	再生皮革(以皮革或皮革纤维为基本成分,成块、张、条,不论是否成卷)〔999〕	14	50	13		千克			39%	0	
41152000	-皮革或再生皮革的边角废料,不适宜作皮革制品用;皮革粉末										0
4115200010	皮革废渣、灰渣、淤渣及粉末〔999〕	14	50	13		千克	9		19%	0	
4115200090	成品皮革、皮革制品或再生皮革的边角料〔101 未列出的其他动物皮革〕,〔102 橡胶皮革废碎料〕	14	50	13		千克	9		19%	0	

① 〔101 鳄鱼皮〕,〔102 鳄鱼皮革〕,〔103 蜥蜴皮〕,〔104 蟒蛇皮〕,〔105 蛇皮革〕,〔106 未列出的其他动物皮革〕
② 〔101 鳄鱼皮〕,〔102 鳄鱼皮革〕,〔103 蜥蜴皮〕,〔104 蟒蛇皮〕,〔105 蛇皮革〕,〔106 未列出的其他动物皮革〕
③ 〔101 其他奇蹄动物皮革〕,〔102 骆驼皮革〕,〔103 鹿皮革〕,〔104 其他偶蹄动物皮革〕,〔105 象皮革〕,〔106 袋鼠皮革〕,〔107 兔皮革〕,〔108 海豹皮革〕,〔109 未列出的其他动物皮革〕
④ 〔101 驴皮革〕,〔102 骡皮革〕,〔103 其他奇蹄动物皮革〕,〔104 骆驼皮革〕,〔105 鹿皮革〕,〔106 其他偶蹄动物皮革〕,〔107 象皮革〕,〔108 袋鼠皮革〕,〔109 兔皮革〕,〔110 未列出的其他动物皮革〕

协定税率(%)																		特惠税率(%)			Article Description
智利	新西兰	澳大利亚	瑞士	冰岛	秘鲁	哥斯达	东盟	亚太	新加坡	巴基斯坦	港/澳/台	韩国	格鲁吉亚	毛里求斯	柬埔寨	尼加拉瓜	日/韩/澳/新/东 (RCEP)	亚太2国	老/柬/缅	LDC 98/97/95	
0	0	0	0		0	0	0		0	0	0/0/	0	0	0	0	13.1	10.2/9.8/0/0/0			0/0/0	-Of reptiles
0	0	0	0	0	0	0	0		0	0	0/0/	0	0	0	0	13.1	10.2/9.8/0/0/0			0/0/0	-Other
																					Chamois (including combination chamois) leather; patent leather and patent laminated leather; metallised leather:
0	0	0	0	0	0	0	0		0		0/0/	0	0	0	0	13.1	10.2/9.8/0/0/0			0/0/0	-Chamois (including combination chamois) leather
0	0	0	0	0		0	0	9	0	9	0/0/	5	0	0	0	9	//8.5/8.5/8.5			0//	-Patent leather and patent laminated leather; metallised leather
																					Composition leather with a basis of leather or leather fibre, in slabs, sheets or strip, whether or not in rolls; parings and other waste of leather or of composition leather, not suitable for the manufacture of leather articles; leather dust, powder and flour:
0	0	0	0	0		0	0		0		0/0/	0	0	0	0	13.1	10.2/9.8/0/0/0			0//	-Composition leather with a basis of leather or leather fibre, in slabs, sheets or strip, whether or not in rolls
0	0	0	0	0	0	0	0		0		0/0/	0	0	0	0	13.1	10.2/9.8/0/0/0	4.2		0/0/0	-Parings and other waste of leather or of composition leather, not suitable for the manufacture of leather articles; leather dust, powder and flour

第四十二章
皮革制品；鞍具及挽具；旅行用品、手提包及类似容器；动物肠线（蚕胶丝除外）制品

注释：

一、本章所称的“皮革”包括油鞣皮革（含结合鞣制的油鞣皮革）、漆皮、层压漆皮和镀金属皮革。

二、本章不包括：

（一）外科用无菌肠线或类似的无菌缝合材料（品目30.06）；

（二）以毛皮或人造毛皮衬里或作面（仅饰边的除外）的衣服及衣着附件（分指手套、连指手套及露指手套除外）（品目43.03或43.04）；

（三）网线袋及类似品（品目56.08）；

（四）第六十四章的物品；

（五）第六十五章的帽类及其零件；

（六）品目66.02的鞭子、马鞭或其他物品；

（七）袖扣、手镯或其他仿首饰（品目71.17）；

（八）单独报验的挽具附件或装饰物，例如，马镫、马嚼子、马铃铛及类似品、带扣（一般归入第十五类）；

（九）弦线、鼓面皮或类似品及其他乐器零件（品目92.09）；

（十）第九十四章的物品（例如，家具，灯具及照明装置）；

（十一）第九十五章的物品（例如，玩具、游戏品及运动用品）；或

（十二）品目96.06的纽扣、揿扣、纽扣芯或这些物品的其他零件、纽扣坯。

三、（一）除上述注释二所规定的以外，品目42. 02也不包括：

1. 非供长期使用的带把手塑料薄膜袋，不论是否印制（品目39.23）；

2. 编结材料制品（品目46.02）。

（二）品目42.02及42.03的制品，如果装有用贵金属、包贵金属、天然或养殖珍珠、宝石或半宝石（天然、合成或再造）制的零件，即使这些零件不是仅作为小配件或小饰物的，只要其未构成物品的基本特征，仍应归入上述税目。但如果这些零件已构成物品的基本特征，则应归入第七十一章。

四、品目42.03所称“衣服及衣着附件”，主要适用于分指手套、连指手套及露指手套（包括运动手套及防护手套）、围裙及其他防护用衣着、裤吊带、腰带、子弹带及腕带，但不包括表带（品目91.13）。

商品编号	商品名称及备注[检验检疫编码及名称]	进口关税(%)		增值税率(%)	消费税	计量单位	监管条件	检验检疫类别	对美税率	出口税率(%)	出口退税率(%)
		最惠国	普通								
4201	**各种材料制成的鞍具及挽具(包括缰绳、挽绳、护膝垫、口套、鞍褥、马褡裢、狗外套及类似品),适合各种动物用:**										
42010000	各种材料制成的鞍具及挽具(包括缰绳、挽绳、护膝垫、口套、鞍褥、马褡裢、狗外套及类似品),适合各种动物用										
4201000010	濒危野生动物材料制的鞍具及挽具(适合各种动物用)〔101 含木制品〕,〔102 不含木制品〕	10	100	13		千克	FE		35%	0	0
4201000090	各种材料制成的鞍具及挽具(野生动物材料制的除外,适合各种动物用)〔101 含木制品〕,〔102 不含木制品〕	10	100	13		千克			35%	0	13
4202	**衣箱、提箱、小手袋、公文箱、公文包、书包、眼镜盒、望远镜盒、照相机套、乐器盒、枪套及类似容器;旅行包、食品或饮料保温包、化妆包、帆布包、手提包、购物袋、钱夹、钱包、地图盒、烟盒、烟袋、工具包、运动包、瓶盒、首饰盒、粉盒、刀叉餐具盒及类似容器,用皮革或再生皮革、塑料片、纺织材料、钢纸或纸板制成,或者全部或主要用上述材料或纸包覆制成:**										
42021110	---衣箱										
4202111010	以含濒危野生动物皮革或再生皮革作面的衣箱〔999〕	8	100	13		千克/个	FE		33%	0	0
4202111090	其他以皮革或再生皮革作面的衣箱〔999〕	8	100	13		千克/个			33%	0	13
42021190	---其他										
4202119010	以含濒危野生动物皮革或再生皮革作面的箱包(包括提箱、小手袋、公文包、书包及类似容器,但不包括衣箱)〔101 皮箱〕,〔102 皮包〕	6	100	13		千克/个	FE		31%	0	0
4202119090	其他以皮革或再生皮革作面的箱包(包括提箱、小手袋、公文包、书包及类似容器,但不包括衣箱)〔101 皮箱〕,〔102 儿童用皮包〕,〔103 非儿童用皮包〕	6	100	13		千克/个			31%	0	13
42021210	---衣箱										13
4202121000	以塑料或纺织材料作面的衣箱〔101 塑料类〕,〔102 纺织材料类〕	10	100	13		千克/个			35%	0	
42021290	---其他										13

Chapter 42

Articles of leather; saddlery and harness; travel goods, handbags and similar containers; articles of animal gut (other than silk-worm gut)

Chapter Notes:

1. For the purposes of this Chapter, the term "leather" includes chamois (including combination chamois) leather, patent leather, patent laminated leather and metallised leather.

2. This Chapter does not cover:
   (a) Sterile surgical catgut or similar sterile suture materials (heading 30.06);
   (b) Articles of apparel or clothing accessories (except gloves, mittens and mitts), lined with furskin or artificial fur or to which furskin or artificial fur is attached on the outside except as mere trimming (heading 43.03 or 43.04);
   (c) Made up articles of netting (heading 56.08);
   (d) Articles of Chapter 64;
   (e) Headgear or parts thereof of Chapter 65;
   (f) Whips, riding-crops or other articles of heading 66.02;
   (g) Cuff-links, bracelets or other imitation jewellery (heading 71.17);
   (h) Fittings or trimmings for harness, such as stirrups, bits, horse brasses and buckles, separately presented (generally Section XV);
   (ij) Strings, skins for drums or the like, or other parts of musical instruments (heading 92.09);
   (k) Articles of Chapter 94 (for example, furniture, luminaires and lighting fittings);
   (l) Articles of Chapter 95 (for example, toys, games, sports requisites); or
   (m) Buttons, press-fasteners, snap-fasteners, press-studs, button moulds or other parts of these articles, button blanks, of heading 96.06.

3. (a) In addition to the provisions of Note 2 above, heading 42.02 does not cover:
      (i) Bags made of sheeting of plastics, whether or not printed, with handles, not designed for prolonged use (heading 39.23);
      (ii) Articles of plaiting materials (heading 46.02).
   (b) Articles of headings 42.02 and 42.03 which have parts of precious metal or metal clad with precious metal, of natural or cultured pearls, of precious or semi-precious stones (natural, synthetic or reconstructed) remain classified in those headings even if such parts constitute more than minor fittings or minor ornamentation, provided that these parts do not give the articles their essential character. If, on the other hand, the parts give the articles their essential character, the articles are to be classified in Chapter 71.

4. For the purposes of heading 42.03, the expression "articles of apparel and clothing accessories" applies, inter alia, to gloves, mittens and mitts (including those for sport or for protection), aprons and other protective clothing, braces, belts, bandoliers and wrist straps, but excluding watch straps (heading 91.13).

协定税率(%)																		特惠税率(%)			Article Description
智利	新西兰	澳大利亚	瑞士	冰岛	秘鲁	哥斯达	东盟	亚太	新加坡	巴基斯坦	港/澳/台	韩国	格鲁吉亚	毛里求斯	柬埔寨	尼加拉瓜	日/韩/澳/新/东 (RCEP)	亚太2国	老/柬/缅	LDC 98/97/95	
																					Saddlery and harness for any animal (including traces, leads, knee pads, muzzles, saddle cloths, saddle bags, dog coats and the like), of any material:
0	0	0	0	0	0	0	0	6	0	10	0/0/	6.6	0	0	0	9	16.3/14/14/14/14	4		0/0/0	Saddlery and harness for any animal (including traces, leads, knee pads, muzzles, saddle cloths, saddle bags, dog coats and the like), of any material
																					Trunks, suit-cases, vanity-cases, executive cases, brief-cases, school satchels, spectacle cases, birocular cases, camera cases, musical instrument cases, gun cases, holsters and similar containers; travelling-bags, insulated food or beverages bags, toilet bags, ruck-sacks, handbags, shopping-bags, wallets, purses, map-cases, cigarett-cases, tobacco-pouches, tool bags, sports bags, bottle-cases, jewellery boxes, powder-boxes, cutlery cases and similar containers, of leather or of composition leather, of sheeting of plastics, of textile materials, of vulcanized fibre or of paperboard, or wholly or mainly covered with such materials or with paper:
0	0	0	0	0	0	0	0		0	12	0/0/	0	0	0	0	7.2	10.9/10.5/0/0/0	4.4		0/0/0	---Trunks
0	0	0	0	0	0	0	0			4	0/0/	0	0	0	0	0	7.3/7/0/0/0	4.8		0/0/0	---Other
0	0	0	0	0	0	0	0	6.5	0	0	0/0/0	6.6	0	0	0	9	16.3//17/17/16			0/0/0	---Trunks
0	0	0	0	0	0	0	0	6.5	0	0	0/0/0	0	0	4	0	8	14.5/14/14/14/14			0/0/0	---Other

商品编号	商品名称及备注[检验检疫编码及名称]	进口关税(%)		增值税率(%)	消费税	计量单位	监管条件	检验检疫类别	对美税率	出口税率(%)	出口退税率(%)
		最惠国	普通								
4202129000	以塑料或纺织材料作面的其他箱包(包括提箱、小手袋、公文箱、公文包、书包及类似容器)①	10	100	13		千克/个			35%	0	
42021900	--其他										13
4202190000	以钢纸或纸板作面的衣箱等(包括提箱、小手袋、公文箱、公文包、书包及类似容器)〔101 其他箱〕,〔102 其他包〕	10	100	13		千克/个			35%	0	
42022100	--以皮革或再生皮革作面										
4202210010	以含濒危野生动物皮革或再生皮革作面的手提包(不论是否有背带,包括无把手的)〔999〕	6	100	13		千克/个	FE		31%	0	0
4202210090	其他以皮革或再生皮革作面的手提包(不论是否有背带,包括无把手的)〔999〕	6	100	13		千克/个			31%	0	13
42022200	--以塑料片或纺织材料作面										13
4202220000	以塑料片或纺织材料作面的手提包(不论是否有背带,包括无把手的)〔101 塑料包〕,〔102 纺织材料包〕	6	100	13		千克/个			31%	0	
42022900	--其他										13
4202290000	以钢纸或纸板作面的手提包(不论是否有背带,包括无把手的)〔999〕	10	100	13		千克/个				0	
42023100	--以皮革或再生皮革作面										
4202310010	以含濒危野生动物皮革或再生皮革作面的钱包等物品(指通常置于口袋或手提包内的物品)〔999〕	6	100	13		千克/个	FE		31%	0	0
4202310090	以皮革或再生皮革作面的钱包等物品(指通常置于口袋或手提包内的物品)〔999〕	6	100	13		千克/个			31%	0	13
42023200	--以塑料片或纺织材料作面										13
4202320000	塑料片或纺织材料作面的钱包等物品(指通常置于口袋或手提包内的物品)〔101 塑料包〕,〔102 纺织材料包〕	10	100	13		千克/个			35%	0	
42023900	--其他										13
4202390000	以钢纸或纸板作面的钱包等物品(指通常置于口袋或手提包内的物品)〔999〕	10	100	13		千克/个			35%	0	
42029100	--以皮革或再生皮革作面										
4202910010	以含濒危野生动物皮革或再生皮革作面的其他容器〔999〕	6	100	13		千克/个	FE		31%	0	0
4202910090	其他皮革或再生皮革作面其他容器〔999〕	6	100	13		千克/个			31%	0	13
42029200	--以塑料片或纺织材料作面										
4202920000	塑料片或纺织材料作面的其他容器〔101 塑料包〕,〔102 纺织材料包〕	6	100	13		千克/个			31%	0	13
42029900	--其他										
4202990000	以钢纸或纸板作面的其他容器〔999〕	10	100	13		千克/个			35%	0	13
4203	**皮革或再生皮革制的衣服及衣着附件:**										
42031000	-衣服										
4203100010	含濒危野生动物皮革制的衣服(包括再生野生动物皮革制作的)〔999〕	6	100	13		千克/件	EF		31%	0	0
4203100090	皮革或再生皮革制的衣服(野生动物皮革制作的除外)〔999〕	6	100	13		千克/件			31%	0	13
42032100	--专供运动用										
4203210010	含濒危野生动物皮革制的运动手套(包括再生野生动物皮革制作的)〔999〕	10	100	13		千克/双	FE		35%	0	0
4203210090	皮革或再生皮革制专供运动用手套(包括连指或露指的,野生动物皮革制作的除外)〔999〕	10	100	13		千克/双			35%	0	13
42032910	---劳保手套										
4203291010	含濒危野生动物皮革制的劳保手套(包括再生野生动物皮革制作的)〔999〕	10	100	13		千克/双	FE		35%	0	0
4203291090	皮革或再生皮革制的劳保手套(野生动物皮革制作的除外)〔999〕	10	100	13		千克/双			35%	0	13
42032990	---其他										
4203299010	含濒危野生动物皮革制的其他手套(包括再生野生动物皮革制作的)〔999〕	10	100	13		千克/双	FE		35%	0	0
4203299090	皮革或再生皮革制的其他手套(包括连指或露指的)〔999〕	10	100	13		千克/双			35%	0	13
42033010	---腰带										
4203301010	含濒危野生动物皮革制的腰带(包括再生野生动物皮革制作的)〔999〕	6	100	13		千克	FE		31%	0	0
4203301090	其他动物皮革制的腰带(包括再生动物皮革制作的)〔999〕	6	100	13		千克			31%	0	13
42033020	---子弹带										
4203302010	含濒危野生动物皮革制的子弹带(包括再生野生动物皮革制作的)〔999〕	6	100	13		千克	FE			0	0
4203302090	其他动物皮革制的子弹带(包括再生动物皮革制作的)〔999〕	6	100	13		千克				0	13
42034000	-其他衣着附件										
4203400010	含濒危野生动物皮革制的衣着附件(包括再生野生动物皮革制作的)〔999〕	10	100	13		千克	FE		35%	0	0
4203400090	皮革或再生皮革制的其他衣着附件〔999〕	10	100	13		千克			35%	0	13

① 〔101 塑料箱〕,〔102 纺织材料箱〕,〔103 儿童用塑料包〕,〔104 非儿童用塑料包〕,〔105 儿童用纺织材料包〕,〔106 非儿童用纺织材料包〕

协定税率(%)																		特惠税率(%)			Article Description
智利	新西兰	澳大利亚	瑞士	冰岛	秘鲁	哥斯达	东盟	亚太	新加坡	巴基斯坦	港/澳/台	韩国	格鲁吉亚	毛里求斯	柬埔寨	尼加拉瓜	日/韩/澳/新/东(RCEP)	亚太2国	老/柬/缅	LDC 98/97/95	
0	0	0	0	0	0	0	0		0	0	0/0/0	6.6	0	0	0	9	16.3/14/14/14/14	4		0/0/0	--Other
0	0	0	0	0	0	0	0	3.9		0	0/0/	0	0	0	0	0	7.3/7/7/7/7			0/0/0	--With outer surface of leather or of composition leather
0	0	0	0	0	0	0	0	3.9	0	0	0/0/0	0	0	2	0	0	7.3/7/0/0/0			0/0/0	--With outer surface of sheeting of plastics or of textile materials
0	0	0	0	0	0	0	0	6.5	0	14	0/0/	6.6	0	0	0	9	16.3/14/14/14/14	4		0/0/0	--Other
0	0	0	0	0	0	0	0	3.9		4	0/0/	0	0	0	0	0	7.3/7/0/0/0			0/0/0	--With outer surface of leather or of composition leather
0	0	0	0	0	0	0	0	6.5	0	14	0/0/	0	0	4	0	9	14.5/14/0/0/0			0/0/0	--With outer surface of sheeting of plastics or of textile materials
0	0	0	0	0	0	0	0	6.5	0	14	0/0/	6.6	0	0	0	9	16.3/14/14/14/14	4		0/0/0	--Other
0	0	0	0	0	0	0	0	3.9		2.5	0/0/	0	0	0	0	0	7.3/7/0/0/0			0/0/0	--With outer surface of leather or of composition leather
0	0	0	0	0	0	0	0	3.9	0	0	0/0/	0	0	0	0	0	7.3/7/7/7/7			0/0/0	--With outer surface of sheeting of plastics or of textile materials
0	0	0	8	0	0	0	0		0		0/0/	6.6	0	4	0	9	16.3/16/17/17/16			0/0/0	--Other
																					Articles of apparel and clothing accessories, of leather or of composition leather:
0	0	0	0	0	0	0	0			0	0/0/	0	0	0	0	0	7.3/7/7/7/7	4.8		0/0/0	-Articles of apparel
0	0	0	0		0	0	0	6.5	0	0	0/0/	6.6	0	0	0	9	16.3/16/17/17/16			0/0/0	--Specially designed for use in sports
0	0	0	0		0	0	0		0	0	0/0/	6.6	0	0	0	9	16.3/16/17/17/16	4		0/0/0	---Working gloves
0	0	0	0		0	0	0		0	0	0/0/	6.6	0	0	0	9	16.3/16/17/17/16	4		0/0/0	---Other
0	0	0	0	0	0	0	0			0	0/0/	0	0	0	0	0	7.3/7/0/0/0	4.8		0/0/0	---Belts
0	0	0	0	0	0	0	0	5.4		0	0/0/	0	0	0	0	0	7.3/7/0/0/0	4.8		0/0/0	---bandoliers
0	0	0	0		0	0	0		0	0	0/0/	6.6	0	0	0	9	16.3//17/17/16	4		0/0/0	-Other clothing accessories

商品编号	商品名称及备注[检验检疫编码及名称]	进口关税(%)		增值税率(%)	消费税	计量单位	监管条件	检验检疫类别	对美税率	出口税率(%)	出口退税率(%)
		最惠国	普通								
4205	**皮革或再生皮革的其他制品：**										
42050010	---座套										
4205001010	含濒危野生动物皮革制的座套(包括再生野生动物皮革制作的)〔999〕	6	100	13		千克	FE		31%	0	0
4205001090	其他动物皮革制的座套(包括再生皮革制作的)〔999〕	6	100	13		千克			31%	0	13
42050020	---机器、机械器具或其他专门技术用途的										
4205002010	含濒危野生动物皮革制工业用皮革或再生皮革制品(工业用指机器、机械器具或其他专门技术用途的)〔999〕	6	35	13		千克	FE		31%	0	0
4205002090	其他工业用皮革或再生皮革制品(工业用指机器、机械器具或其他专门技术用途的)〔999〕	6	35	13		千克			31%	0	13
42050090	---其他										
4205009010	含濒危野生动物皮革的其他制品(包括再生野生动物皮革制作的)〔999〕	6	100	13		千克	FE		31%	0	0
4205009020	皮革或再生皮革制宠物用品〔999〕	6	100	13		千克	AB	P/Q	31%	0	13
4205009090	皮革或再生皮革的其他制品〔999〕	6	100	13		千克			31%	0	13
4206	**肠线(蚕胶丝除外)、肠膜、膀胱或筋腱制品：**										
42060000	肠线(蚕胶丝除外)、肠膜、膀胱或筋腱制品										13
4206000000	肠线、肠膜、膀胱或筋腱制品(不包括外科用无菌肠线或制成乐器弦的肠线，蚕胶丝除外)〔999〕	10	90	13		千克				0	

协定税率(%)																		特惠税率(%)			Article Description
智利	新西兰	澳大利亚	瑞士	冰岛	秘鲁	哥斯达	东盟	亚太	新加坡	巴基斯坦	港/澳/台	韩国	格鲁吉亚	毛里求斯	柬埔寨	尼加拉瓜	日/韩/澳/新/东(RCEP)	亚太2国	老/柬/缅	LDC 98/97/95	
																					Other articles of leather or of composition leather:
0	0	0	0	0	0	0	0		0	0	0/0/		0	0	0	0	//6/6/6	3.9		0/0/0	---Cover of seat
0	0	0	3.2	0	0	0	0			0	0/0/	0	0	0	0	0	5.8/5.6/0/0/0			0/0/0	---Of a kind used in machinery or mechanical appliances or for other technical uses
0	0	0	0	0	0	0	0		0	0	0/0/	4	0	2.4	0	0	9.8/9.6/10.2/10.2/9.6	3.9		0/0/0	---Other
																					Articles of gut (other than silk-wormgut), of goldbeater's skin, of bladders or of tendons:
0	0	0	0	0	0	0	0		0		0/0/	6.6	0	0	0	9	16.3/14/14/14/14			0/0/0	Articles of gut (other than silkwormgut), of goldbeater's skin, of bladders or of tendons

第四十三章
毛皮、人造毛皮及其制品

注释：

一、本协调制度所称“毛皮”，是指已鞣的各种动物的带毛毛皮，但不包括品目43.01的生毛皮。

二、本章不包括：

（一）带羽毛或羽绒的整张或部分鸟皮（品目05.05或67.01）；

（二）第四十一章的带毛生皮［参见该章注释一（三）］；

（三）用皮革与毛皮或用皮革与人造毛皮制成的分指手套、连指手套及露指手套（品目42.03）；

（四）第六十四章的物品；

（五）第六十五章的帽子及其零件；或

（六）第九十五章的物品（例如，玩具、游戏品及运动用品）。

三、品目43.03包括加有其他材料缝合的毛皮和毛皮部分品，以及缝合成衣服、衣服部分品、衣着附件或其他制品的毛皮和毛皮部分品。

四、以毛皮或人造毛皮衬里或作面（仅饰边的除外）的衣服及衣着附件（不包括注释二所述的货品），应分别归入品目43.03或43.04，但毛皮或人造毛皮仅作为装饰的除外。

五、本协调制度所称“人造毛皮”，是指以毛、发或其他纤维粘附或缝合于皮革、织物或其他材料之上而构成的仿毛皮，但不包括以机织或针织方法制得的仿毛皮（一般应归入品目58.01或60.01）。

商品编号	商品名称及备注［检验检疫编码及名称］	进口关税（%）		增值税率（%）	消费税	计量单位	监管条件	检验检疫类别	对美税率	出口税率（%）	出口退税率（%）
		最惠国	普通								
4301	**生毛皮（包括适合加工皮货用的头、尾、爪及其他块、片），但税目41.01、41.02或41.03的生皮除外：**										
43011000	-整张水貂皮，不论是否带头、尾或爪										0
4301100000[暂10]	整张生水貂皮（不论是否带头、尾或爪）〔999〕	15	100	9		千克	AB	P/Q	30%	0	
43013000	-下列羔羊的整张毛皮，不论是否带头、尾或爪：阿斯特拉罕羔羊、大尾羔羊、卡拉库尔羔羊、波斯羔羊及类似羔羊，印度、中国或蒙古羔羊										0
4301300000	阿斯特拉罕等羔羊的整张生毛皮（还包括大尾羔羊、卡拉库尔羔羊、波斯羔羊及类似羔羊，印度、中国或蒙古羔羊）〔101 绵羊皮〕，〔102 山羊皮〕	20	90	9		千克	AB	P/Q	25%	0	
43016000	-整张狐皮，不论是否带头、尾或爪										0
4301600010[暂10]	整张濒危生狐皮（不论是否带头、尾或爪）〔999〕	20	100	9		千克/张	AFEB	P/Q	15%	0	
4301600090[暂10]	其他整张生狐皮（不论是否带头、尾或爪）〔999〕	20	100	9		千克/张	AB	P/Q	15%	0	
43018010	---整张兔皮，不论是否带头、尾或爪										0
4301801010	整张生濒危野兔皮（不论是否带头、尾或爪）〔999〕	20	90	9		千克/张	AFEB	P/Q	25%	0	
4301801090	整张生兔皮（不论是否带头、尾或爪）〔999〕	20	90	9		千克/张	AB	P/Q	25%	0	
43018090	---其他										0
4301809010[暂10]	整张的其他生濒危野生动物毛皮（不论是否带头、尾或爪，包括整张濒危生海豹皮）①	20	90	9		千克/张	ABEF	P/Q	15%	0	
4301809090[暂10]	整张的其他生毛皮（不论是否带头、尾或爪，包括整张生海豹皮）②	20	90	9		千克/张	AB	P/Q	15%	0	
43019010	---黄鼠狼尾										0
4301901000	未鞣制的黄鼠狼尾〔999〕	20	50	9		千克	ABEF	P/Q	25%	0	
43019090	---其他										0
4301909010	其他濒危野生动物未鞣头尾（加工皮货用，包括爪及其他块、片）〔101 松鼠尾〕，〔999 松鼠尾除外〕	20	90	9		千克	ABFE	P/Q	45%	0	
4301909090	适合加工皮货用的其他未鞣头、尾（包括爪及其他块、片）〔101 松鼠尾〕，〔999 松鼠尾除外〕	20	90	9		千克	AB	P/Q	45%	0	
4302	**未缝制或已缝制（不加其他材料）的已鞣毛皮（包括头、尾、爪及其他块、片），但税目43.03的货品除外：**										
43021100	--水貂皮										13
4302110000	已鞣未缝制的整张水貂皮（不论是否带头、尾或爪）〔999〕	12	130	13		千克/张			37%	0	

① 〔101 斑马皮〕，〔102 野驴皮〕，〔103 其他野生奇蹄动物皮张〕，〔104 野猪皮〕，〔105 野羊皮〕，〔106 野骆驼皮〕，〔107 野鹿皮〕，〔108 其他野生偶蹄动物皮张〕，〔109 其他禽鸟皮〕，〔110 象皮〕，〔111 袋鼠皮〕，〔112 海豹皮〕，〔113 鳄鱼皮〕，〔114 蜥蜴皮〕，〔115 蛇皮〕，〔116 蟒蛇皮〕，〔117 未列出的其他动物皮张〕，〔118 艾鼬皮〕，〔119 臭鼬皮〕，〔120 短尾猫皮〕，〔121 负鼠皮〕，〔122 海狸皮〕，〔123 旱獭皮〕，〔124 貉子皮〕，〔125 浣熊皮〕，〔126 灰鼠皮〕，〔127 狼皮〕，〔128 猞猁皮〕，〔129 麝鼠皮〕，〔130 水獭皮〕，〔131 松鼠皮〕

② 〔101 驴皮〕，〔102 骡皮〕，〔103 其他饲养奇蹄动物皮张〕，〔104 猪皮〕，〔105 绵羊皮〕，〔106 山羊皮〕，〔107 骆驼皮〕，〔108 鹿皮〕，〔109 其他饲养偶蹄动物皮张〕，〔110 鸡、鸭、鹅皮〕，〔111 兔皮〕，〔112 未列出的其他动物皮张〕，〔113 艾鼬皮〕，〔114 臭鼬皮〕，〔115 短尾猫皮〕，〔116 负鼠皮〕，〔117 海狸皮〕，〔118 旱獭皮〕，〔119 貉子皮〕，〔120 浣熊皮〕，〔121 灰鼠皮〕，〔122 狼皮〕，〔123 猞猁皮〕，〔124 麝鼠皮〕，〔125 水獭皮〕，〔126 松鼠皮〕

Chapter 43
Furskins and artificial fur; manufactures thereof

Chapter Notes:

1. Throughout the Nomenclature references to "furskins", other than to raw furskins of heading 43. 01, apply to hides or skins of all animals which have been tanned or dressed with the hair or wool on.

2. This Chapter does not cover:
   (a) Birdskins or parts of birdskins, with their feathers or down (heading 05. 05 or 67. 01);
   (b) Raw hides or skins, with the hair or wool on, of Chapter 41 [see Note 1 (c) to that Chapter];
   (c) Gloves, mittens and mitts, consisting of leather and furskin or of leather and artificial fur (heading 42. 03);
   (d) Articles of Chapter 64;
   (e) Headgear or parts thereof of Chapter 65; or
   (f) Articles of Chapter 95 (for example, toys, games, sports requisites).

3. Heading 43. 03 includes furskins and parts thereof, assembled with the addition of other materials, and furskins and parts thereof, sewn together in the form of garments or parts or accessories of garments or in the form of other articles.

4. Articles of apparel and clothing accessories (except those excluded by Note 2) lined with furskin or artificial fur or to which furskin or artificial fur is attached on the outside except as mere trimming are to be classified in heading 43. 03 or 43. 04 as the case may be.

5. Throughout the Nomenclature the expression "artificial fur" means any imitation of furskin consisting of wool, hair or other fibres gummed or sewn on to leather, woven fabric or other materials, but does not include imitation furskins obtained by weaving or knitting (generally, heading 58. 01 or 60. 01).

协定税率(%)																		特惠税率(%)			Article Description
智利	新西兰	澳大利亚	瑞士	冰岛	秘鲁	哥斯达	东盟	亚太	新加坡	巴基斯坦	港/澳/台	韩国	格鲁吉亚	毛里求斯	柬埔寨	尼加拉瓜	日/韩/澳/新/东 (RCEP)	亚太2国	老/柬/缅	LDC 98/97/95	
																					Raw furskins (including heads, tails, paws and other pieces or cuttings, suitable for furriers use), other than raw hides and skins of heading 41. 01, 41. 02 or 41. 03:
0	0	0	0	0	0	0	0	12	0	12	0/0/	0	0	0	0	14	10. 9/10. 5/0/0/0			0/0/0	-Of mink, whole, with or without head, tail or paws
0	0	0	0	0	0	0	0		0		0/0/	6. 6	0	0	0	18. 7	16. 3/14/14/14/14			0/0/0	-Of lamb, the following: Astrakhan, Broadtail, Caracul, Persian and similar lamb, Indian, Chinese, Mongolian or Chinese Tibetan lamb, whole, with or without head, tail or paws
0	0	0	0	0	0	0	0	14	0		0/0/	6. 6	0	0	0	18. 7	16. 3/14/14/14/14			0/0/0	-Of fox, whole, with or without head, tail or paws
0	0	0	0	0	0	0	0	14	0		0/0/	6. 6	0	0	0	18. 7	16. 3/14/14/14/14			0/0/0	---Of rabbit or hare, whole, with or without head, tail or paws
0	0	0	0	0	0	0	0	14	0		0/0/	6. 6	0	0	0	18. 7	16. 3/14/14/14/14			0/0/0	---Other
0	0	0	0	0	0	0	0		0		0/0/	6. 6	0	0	0	18. 7	16. 3/14/14/14/14			0/0/0	---Weasel tails
0	0	0	0	0	0	0	0		0		0/0/	6. 6	0	0	0	18. 7	16. 3/14/14/14/14			0/0/0	---Other
																					Tanned or dressed furskins (including heads, tails, paws and other pieces or cuttings), unassembled, or assembled (without the addition of other materials) other than those of heading 43. 03:
0	0	0	0	0	0	0	0	8. 4	0	6	0/0/	0	0	0	0	11. 2	8. 7/8. 4/0/0/0			0/0/0	--Of mink

商品编号	商品名称及备注[检验检疫编码及名称]	进口关税(%)		增值税率(%)	消费税	计量单位	监管条件	检验检疫类别	对美税率	出口税率(%)	出口退税率(%)
		最惠国	普通								
43021910	---灰鼠皮、白鼬皮、其他貂皮、狐皮、水獭皮、旱獭皮及猞猁皮										
4302191010	已鞣未缝制的濒危狐皮(兰狐皮、银狐皮除外)〔999〕	10	130	13		千克/张	EF		35%	0	0
4302191020	已鞣未缝制的兰狐皮、银狐皮〔999〕	10	130	13		千克/张			35%	0	13
4302191090	已鞣未缝制的其他贵重濒危动物毛皮(灰鼠皮、白鼬皮、其他貂皮、水獭皮、旱獭皮、猞猁皮)〔999〕	10	130	13		千克/张	EF		35%	0	0
43021920	---兔皮										
4302192010	已鞣未缝制的整张濒危野兔皮(不论是否带头、尾或爪)〔999〕	10	100	13		千克/张	FE		15%	0	0
4302192090	已鞣未缝制的整张兔皮(不论是否带头、尾或爪)〔999〕	10	100	13		千克/张			15%	0	13
43021930	---下列羔羊皮：阿斯特拉罕羔羊、大尾羔羊、卡拉库尔羔羊、波斯羔羊及类似羔羊，印度、中国或蒙古羔羊										13
4302193000	已鞣未缝制阿斯特拉罕等羔羊皮(还包括大尾羔羊、卡拉库尔羔羊、波斯羔羊及类似羔羊，印度、中国或蒙古羔羊)〔999〕	20	100	13		千克/张			25%	0	
43021990	---其他										
4302199010	已鞣未缝制其他濒危野生动物毛皮〔999〕	10	100	13		千克/张	EF		35%	0	0
4302199090	已鞣未缝制的其他毛皮〔999〕	10	100	13		千克/张			35%	0	13
43022000	-未缝制的头、尾、爪及其他块、片										
4302200010	已鞣未缝濒危野生动物头、尾、爪等(包括块、片)〔999〕	20	100	13		千克	EF		45%	0	0
4302200090	已鞣未缝制的头、尾、爪及其他块片〔999〕	20	100	13		千克			45%	0	13
43023010	---灰鼠、白鼬、貂、狐、水獭、旱獭及猞猁的整张毛皮及其块、片										0
4302301010	已鞣已缝制濒危貂皮、狐皮及其块、片〔999〕	20	130	13		千克	EF		25%	0	
4302301090	已鞣已缝制的贵重濒危动物毛皮及其块、片(灰鼠皮、白鼬皮、其他貂皮、水獭皮、旱獭皮、猞猁皮及块、片)〔999〕	20	130	13		千克	EF		25%	0	
43023090	---其他										
4302309010	已鞣缝的其他整张濒危野生毛皮(包括块、片)〔999〕	20	100	13		千克	EF		25%	0	0
4302309090	已鞣已缝制的其他整张毛皮及块片〔999〕	20	100	13		千克			25%	0	13
4303	**毛皮制的衣服、衣着附件及其他物品：**										
43031010	---毛皮衣服										
4303101010	含濒危野生动物毛皮衣服〔999〕	10	150	13		千克/件	EF		35%	0	0
4303101090	其他毛皮衣服〔999〕	10	150	13		千克/件			35%	0	13
43031020	---毛皮衣着附件										
4303102010	含濒危野生动物毛皮衣着附件〔999〕	10	150	13		千克	EF		35%	0	0
4303102090	其他毛皮衣着附件〔999〕	10	150	13		千克			35%	0	13
43039000	-其他										
4303900010	含濒危野生动物毛皮制其他物品〔999〕	10	150	13		千克	EF		35%	0	0
4303900090	其他毛皮制物品〔999〕	10	150	13		千克			35%	0	13
4304	**人造毛皮及其制品：**										
43040010	---人造毛皮										13
4304001000	人造毛皮〔999〕	10	130	13		千克				0	
43040020	---人造毛皮制品										13
4304002000	人造毛皮制品〔101 其他装饰用纺织制品〕,〔102 其他纺织制品〕	10	150	13		千克			35%	0	

协定税率(%)																		特惠税率(%)			Article Description
智利	新西兰	澳大利亚	瑞士	冰岛	秘鲁	哥斯达	东盟	亚太	新加坡	巴基斯坦	港/澳/台	韩国	格鲁吉亚	毛里求斯	柬埔寨	尼加拉瓜	日/韩/澳/新/东(RCEP)	亚太2国	老/柬/缅	LDC 98/97/95	
0	0	0	0	0	0	0	0	7		2.5	0/0/	0	0	0	0	9	7.3/7/0/0/0			0/0/0	---Of grey squirrel, ermine, other marten, fox, otter, marmot and lynx
0	0	0	0	0	0	0	0			2.5	0/0/	0	0	0	0	9	7.3/7/0/0/0			0/0/0	---Of rabbit or hare
0	0	0	0		0	0	0		0		0/0/	6.6	0	0	0	18.7	16.3/14/14/14/14			0/0/0	---Of lamb, the following: Astrakhan, Broadtail, Caracul, Persian and similar lamb, Indian, Chinese, Mongolian or Chinese Tibetan lamb
0	0	0	0	0	0	0	0				0/0/	0	0	0	0	9	7.3/7/0/0/0			0/0/0	---Other
0	0	0	0	0	0	0	0		0		0/0/	6.6	0	0	0	18.7	16.3//17/17/16			0/0/0	-Heads, tails, paws and other pieces or cuttings, not assembled
0	0	0	0	0	0	0	0		0		0/0/	6.6	0	0	0	18.7	14.5/14/14/14/14			0/0/0	---Of grey squirrel, ermine, other marten, fox, otter, marmot and lynx
0	0	0	0		0	0	0		0		0/0/	6.6	0	0	0	18.7	16.3/14/14/14/14			0/0/0	---Other
																					Articles of apparel, clothing accessories and other articles of furskin:
0	0	0	0		0	0	0		0		0/0/	11.5	0	4.6	0	9	//19.6/19.6/19.6	4.5		0/0/0	---Articles of appare
0	0	0	0		0	0	0		0		0/0/	0	0	0	0	9	13.1/12.6/0/0/0	5.5		0/0/0	---Clothing accessories
0	0	0	0		0	0	0		0	14.4	0/0/	0	0	0	0	9	13.1/12.6/0/0/0	5.5		0/0/0	-Other
																					Artifieial fur and articles thereof:
0	0	0	0		0	0	0		0		0/0/	0	0	0	0	9	13.1/12.6/0/0/0	6		0/0/0	---Artificial fur
0	0	0	0		0	0	0		0	14.4	0/0/	0	0	0	0	9	13.1/12.6/0/0/0	6		0/0/0	---Articles of artificial fur

第 九 类
木及木制品；木炭；软木及软木制品；稻草、秸秆、针茅或其他编结材料制品；篮筐及柳条编结品

第四十四章
木及木制品；木炭

注释：

一、本章不包括：

（一）主要作香料、药料、杀虫、杀菌或类似用途的木片、刨花、碎木、木粒或木粉（品目 12.11）；

（二）竹或主要作编结用的其他木质材料，呈原木状，不论是否经劈开、纵锯或切段（品目 14.01）；

（三）主要作染料或鞣料用的木片、刨花、木粒或木粉（品目 14.04）；

（四）活性炭（品目 38.02）；

（五）品目 42.02 的物品；

（六）第四十六章的货品；

（七）第六十四章的鞋靴及其零件；

（八）第六十六章的货品（例如，伞、手杖及其零件）；

（九）品目 68.08 的货品；

（十）品目 71.17 的仿首饰；

（十一）第十六类或第十七类的货品（例如，机器零件，机器及器具的箱、罩、壳，车辆部件）；

（十二）第十八类的货品（例如，钟壳、乐器及其零件）；

（十三）火器的零件（品目 93.05）；

（十四）第九十四章的物品（例如，家具、灯具及照明装置、活动房屋）；

（十五）第九十五章的物品（例如，玩具、游戏品及运动用品）；

（十六）第九十六章的物品（例如，烟斗及其零件、纽扣、铅笔、独脚架、双脚架、三脚架及类似品），但品目 96.03 所列物品的木身及木柄除外；或

（十七）第九十七章的物品（例如，艺术品）。

二、本章所称"强化木"，是指经过化学或物理方法处理（对于多层黏合木材，其处理应超出一般黏合需要），从而增加了密度或硬度并改善了机械强度、抗化学或抗电性能的木材。

三、品目 44.14 至 44.21 适用于碎料板或类似木质材料板、纤维板、层压板或强化木的制品。

四、品目 44.10、44.11 或 44.12 的产品，可以加工成品目 44.09 所述的各种形状，也可以加工成弯曲、瓦楞、多孔或其他形状（正方形或矩形除外），以及经其他任何加工，但未具有其他税目所列制品的特性。

五、品目 44.17 不包括装有第八十二章注释一所述材料制成的刀片、工作刃、工作面或其他工作部件的工具。

六、除上述注释一及其他条文另有规定的以外，本章税目中所称"木"，也包括竹及其他木质材料。

子目注释：

一、子目 4401.31 所称"木屑棒"是指由木材加工业、家具制造业及其他木材加工活动中产生的副产品（例如，刨花、锯末及碎木片）直接压制而成或加入按重量计不超过 3%的黏合剂后黏聚而成的产品。此类产品呈圆柱状，其直径不超过 25 毫米，长度不超过 100 毫米。

二、子目 4401.32 所称的"木屑块"是指由木材加工业、家具制造业及其他木材加工活动中产生的副产品（例如，刨花、锯末及碎木片）直接压制而成或加入按重量计不超过 3%的黏合剂后黏聚而成的产品。此类产品呈立方体，多面体或圆柱状，其最小横截面尺寸大于 25 毫米。

三、子目 4407.13 所称"云杉-松木-冷杉"是指来源于云杉、松木、冷杉混合林的木材，其各树种的比例是未知的且各不相同。

四、子目 4407.14 所称"铁杉-冷杉"是指来源于西部铁杉、冷杉混合林的木材，其各树种的比例是未知的且各不相同。

商品编号	商品名称及备注[检验检疫编码及名称]	进口关税(%)		增值税率(%)	消费税	计量单位	监管条件	检验检疫类别	对美税率	出口税率(%)	出口退税率(%)
		最惠国	普通								
4401	**薪柴(圆木段、块、枝、成捆或类似形状);木片或木粒;锯末、木废料及碎片,不论是否粘结成圆木段、块、片或类似形状:**										
44011100	--针叶木										0
4401110010	濒危针叶木薪柴(圆木段,块,枝,成捆或类似形状)〔999〕	0	70	13		千克	ABEF	P/Q		0	
4401110090	其他针叶木薪柴(圆木段,块,枝,成捆或类似形状)〔999〕	0	70	13		千克	AB	P/Q		0	
44011200	--非针叶木										0
4401120010	濒危非针叶木薪柴(圆木段,块,枝,成捆或类似形状)〔999〕	0	70	13		千克	ABEF	P/Q	25%	0	
4401120090	其他非针叶木薪柴(圆木段,块,枝,成捆或类似形状)〔999〕	0	70	13		千克	AB	P/Q	25%	0	
44012100	--针叶木										0
4401210010	濒危针叶木木片或木粒〔999〕	0	8	13		千克	ABFE	P/Q	25%	0	
4401210090	其他针叶木木片或木粒〔999〕	0	8	13		千克	AB	P/Q	25%	0	
44012200	--非针叶木										0
4401220010	濒危非针叶木木片或木粒〔999〕	0	8	13		千克	ABFE	P/Q	25%	0	

SECTION Ⅸ
WOOD AND ARTICLES OF WOOD; WOOD CHARCOAL; CORK AND ARTICLES OF CORK; MANUFACTURES OF STRAW, OF ESPARTO OR OF OTHER PLAITING MATERIALS; BASKETWARE AND WICKERWORK

Chapter 44
Wood and articles of wood; wood charcoal

Chapter Notes:

1. This Chapter does not cover:
   (a) Wood, in chips, in shavings, crushed, ground or powdered, of a kind used primarily in perfumery, in pharmacy, or for insecticidal, fungicidal or similar purposes (heading 12.11);
   (b) Bamboos or other materials of a woody nature of a kind used primarily for plaiting, in the rough, whether or not split, sawn lengthwise or cut to length (heading 14.01);
   (c) Wood, in chips, in shavings, ground or powdered, of a kind used primarily in dyeing or in tanning (heading 14.04);
   (d) Activated charcoal (heading 38.02);
   (e) Articles of heading 42.02;
   (f) Goods of Chapter 46;
   (g) Footwear or parts thereof of Chapter 64;
   (h) Goods of Chapter 66 (for example, umbrellas and walking-sticks and parts thereof);
   (ij) Goods of heading 68.08;
   (k) Imitation jewellery of heading 71.17;
   (l) Goods of Section XVI or Section XVII (for example, machine parts, cases, covers, cabinets for machines and apparatus and wheelwrights' wares);
   (m) Goods of Section XVIII (for example, clock cases and musical instruments and parts thereof);
   (n) Parts of firearms (heading 93.05);
   (o) Articles of Chapter 94 (for example, furniture, luminaires and lighting fittings, prefabricated buildings);
   (p) Articles of Chapter 95 (for example, toys, games, sports requisites);
   (q) Articles of Chapter 96 (for example, smoking pipes and parts thereof, buttons, pencils, and monopods, bipods, tripods and similar articles) excluding bodies and handles, of wood, for articles of heading 96.03; or
   (r) Articles of Chapter 97 (for example, works of art).

2. In this Chapter the expression "densified wood" means wood which has been subjected to chemical or physical treatment (being, in the case of layers bonded together, treatment in excess of that needed to ensure a good bond), and which has thereby acquired increased density or hardness together with improved mechanical strength or resistance to chemical or electrical agencies.

3. Headings 44.14 to 44.21 apply to articles of the respective descriptions of particle board or similar board, fibreboard, laminated wood or densified wood as they apply to such articles of wood.

4. Products of heading 44.10, 44.11 or 44.12 may be worked to form the shapes provided for in respect of the goods of heading 44.09, curved, corrugated, perforated, cut or formed to shapes other than square or rectangular or submitted to any other operation provided it does not give them the character of articles of other headings.

5. Heading 44.17 does not apply to tools in which the blade, working edge, working surface or other working part is formed by any of the materials specified in Note 1 to Chapter 82.

6. Subject to Note 1 above and except where the context otherwise requires, any reference to "wood" in a heading of this Chapter applies also to bamboos and other materials of a woody nature.

Subheading Notes:

1. For the purposes of Subheading 4401.31, the expression "wood pellets" means by-products such as cutter shavings, sawdust or chips, of the mechanical wood processing industry, furniture-making industry or other wood transformation activities, which have been agglomerated either directly by compression or by the addition of a binder in a proportion not exceeding 3% by weight. Such pellets are cylindrical, with a diameter not exceeding 25mm and a length not exceeding 100mm.

2. For the purposes of subheading 4401.32, the expression "wood briquettes" means by products such as cutter shavings, saw dust or chips, of the mechanical wood processing industry, furniture making or other wood transformation activities, which have been agglomerated either directly by compression or by addition of a binder in a proportion not exceeding 3% by weight. Such briquettes are in the form of cubiform, polyhedral or cylindrical units with the minimum cross-sectional dimension greater than 25mm.

3. For the purposes of subheading 4407.13, "S-P-F" refers to wood sourced from mixed stands of spruce, pine and fir where the proportion of each species varies and is unknown.

4. For the purposes of subheading 4407.14, "Hem-fir" refers to wood sourced from mixed stands of Western hemlock and fir where the proportion of each species varies and is unknown.

协定税率(%)																		特惠税率(%)			Article Description
智利	新西兰	澳大利亚	瑞士	冰岛	秘鲁	哥斯达	东盟	亚太	新加坡	巴基斯坦	港/澳/台	韩国	格鲁吉亚	毛里求斯	柬埔寨	尼加拉瓜	日/韩/澳/新/东(RCEP)	亚太2国	老/柬/缅	LDC 98/97/95	
																					Fuel wood, in logs, in billets, in twigs, in faggots or in similar forms; wood in chips or particles; sawdust and wood waste and scrap, whether or not agglomerated in logs, briquettes, pellets or similar forms:
0	0	0	0	0	0	0	0			0	0/0/	0	0	0	0	0	0/0/0/0/0			0/0/0	--Coniferous
0	0	0	0	0	0	0	0			0	0/0/	0	0	0	0	0	0/0/0/0/0			0/0/0	--Non-coniferous
0	0	0	0	0	0	0	0			0	0/0/	0	0	0	0	0	0/0/0/0/0			0/0/0	--Coniferous
0	0	0	0	0	0	0	0			0	0/0/	0	0	0	0	0	0/0/0/0/0			0/0/0	--Non-coniferous

商品编号	商品名称及备注[检验检疫编码及名称]	进口关税(%) 最惠国	进口关税(%) 普通	增值税率(%)	消费税	计量单位	监管条件	检验检疫类别	对美税率	出口税率(%)	出口退税率(%)
4401220090	其他非针叶木木片或木粒〔999〕	0	8	13		千克	AB	P/Q	25%	0	
44013100	--木屑棒										0
4401310000	木屑棒〔999〕	0	8	13		千克	9AB	P/Q	25%	0	
44013200	--木屑块										0
4401320000	木屑块〔999〕	0	8	13		千克	9AB	P/Q	25%	0	
44013900	--其他										0
4401390000	其他锯末、木废料及碎片(粘结成圆木段、片或类似形状)〔999〕	0	8	13		千克	9AB	P/Q	25%	0	
44014100	--锯末										0
4401410000	锯末(未粘结成圆木段、块、片或类似形状)〔999〕	0	8	13		千克	9AB	M. P/Q	25%	0	
44014900	--其他										0
4401490000	其他(未粘结成圆木段、块、片或类似形状)〔999〕	0	8	13		千克	9AB	M. P/Q	25%	0	
4402	**木炭(包括果壳炭及果核炭),不论是否结块:**										
44021000	-竹的										0
4402100000[暂0]	竹炭(不论是否结块)〔999〕	6	70	13		千克				0	
44022000	-果壳的或果核的										0
4402200000[暂0]	果壳炭或果核炭(不论是否结块)〔999〕	6	70	13		千克			25%	0	
44029000	-其他										0
4402900010[暂0]	以木材为原料直接烧制的木炭(不论是否结块)〔999〕	6	70	13		千克	8		25%	0	
4402900090[暂0]	其他木炭(不论是否结块)〔999〕	6	70	13		千克			25%	0	
4403	**原木,不论是否去皮、去边材或粗锯成方:**										
44031100	--针叶木										0
4403110010	油漆,着色剂等处理的濒危红豆杉原木(包括用杂酚油或其他防腐剂处理)〔999〕	0	8	9		千克/立方米	8AEF	P/	25%	0	
4403110020	油漆、着色剂等处理的其他濒危针叶木原木(包括用杂酚油或其他防腐剂处理)〔101 松木〕,〔102 其他针叶木〕	0	8	9		千克/立方米	8AEF	P/Q	25%	0	
4403110090	其他油漆、着色剂等处理的针叶木原木(包括用杂酚油或其他防腐剂处理)〔101 松木〕,〔102 其他针叶木〕	0	8	9		千克/立方米	8A	P/Q	25%	0	
44031200	--非针叶木										0
4403120010	油漆、着色剂等处理的濒危非针叶木原木(包括用杂酚油或其他防腐剂处理)〔999〕	0	8	9		千克/立方米	8AEF	P/Q	20%	0	
4403120090	其他油漆、着色剂等处理的非针叶木原木(包括用杂酚油或其他防腐剂处理)〔999〕	0	8	9		千克/立方米	8A	P/Q	20%	0	
44032110	---红松及樟子松										0
4403211010	最小截面尺寸在15厘米及以上的红松原木(用油漆着色剂,杂酚油或其他防腐剂处理的除外)〔999〕	0	8	9		千克/立方米	8AEF	P/Q	25%	0	
4403211090	最小截面尺寸在15厘米及以上的樟子松原木(用油漆着色剂,杂酚油或其他防腐剂处理的除外)〔999〕	0	8	9		千克/立方米	8A	P/Q	25%	0	
44032120	---辐射松										0
4403212000	最小截面尺寸在15厘米及以上的辐射松原木(用油漆着色剂,杂酚油或其他防腐剂处理的除外)〔999〕	0	8	9		千克/立方米	8A	P/Q		0	
44032190	---其他										0
4403219010	最小截面尺寸在15厘米及以上的濒危松木(松属)原木(用油漆着色剂,杂酚油或其他防腐剂处理的除外)〔999〕	0	8	9		千克/立方米	8AEF	M. P/Q	25%	0	
4403219090	最小截面尺寸在15厘米及以上的其他松木(松属)原木(用油漆着色剂,杂酚油或其他防腐剂处理的除外)〔999〕	0	8	9		千克/立方米	8A	M. P/Q	25%	0	
44032210	---红松及樟子松										0
4403221010	最小截面尺寸在15厘米以下的红松原木(用油漆着色剂,杂酚油或其他防腐剂处理的除外)〔999〕	0	8	9		千克/立方米	8AEF	P/Q		0	
4403221090	最小截面尺寸在15厘米以下的樟子松原木(用油漆着色剂,杂酚油或其他防腐剂处理的除外)〔999〕	0	8	9		千克/立方米	8A	P/Q		0	
44032220	---辐射松										0
4403222000	最小截面尺寸在15厘米以下的辐射松原木(用油漆着色剂,杂酚油或其他防腐剂处理的除外)〔999〕	0	8	9		千克/立方米	8A	P/Q		0	
44032290	---其他										0
4403229010	最小截面尺寸在15厘米以下的濒危其他松木(松属)原木(用油漆着色剂,杂酚油或其他防腐剂处理的除外)〔999〕	0	8	9		千克/立方米	8AEF	M. P/Q	20%	0	
4403229090	最小截面尺寸在15厘米以下的其他松木(松属)原木(用油漆着色剂,杂酚油或其他防腐剂处理的除外)〔999〕	0	8	9		千克/立方米	8A	M. P/Q	20%	0	
44032300	--冷杉及云杉,最小截面尺寸在15厘米及以上										0

协定税率(%)																		特惠税率(%)			Article Description
智利	新西兰	澳大利亚	瑞士	冰岛	秘鲁	哥斯达	东盟	亚太	新加坡	巴基斯坦	港/澳/台	韩国	格鲁吉亚	毛里求斯	柬埔寨	尼加拉瓜	日/韩/澳/新/东(RCEP)	亚太2国	老/柬/缅	LDC 98/97/95	
0	0	0	0	0	0	0	0			0	0/0/	0	0	0	0	0	0/0/0/0/0			0/0/0	--Wood pellets
0	0	0	0	0	0	0	0			0	0/0/	0	0	0	0	0	0/0/0/0/0			0/0/0	--Wood briquettes
0	0	0	0	0	0	0	0			0	0/0/	0	0	0	0	0	0/0/0/0/0			0/0/0	--Other
0	0	0	0	0	0	0	0			0	0/0/	0	0	0	0	0	0/0/0/0/0			0/0/0	--Sawdust
0	0	0	0	0	0	0	0			0	0/0/	0	0	0	0	0	0/0/0/0/0			0/0/0	--Other
																					Wood charcoal (including shell or nut charcoal), whether or not agglomerated:
0	0	0	0	0	0	0	0		0	2.5	0/0/	0		0	0	0	7.6/7.4/0/0/0			0/0/0	-Of bamboo
0	0	0	0	0	0	0	0		0	2.5	0/0/	0		0	0	0	7.6/7.4/7.4/7.4/7.4			0/0/0	-Of shell or nut
0	0	0	0	0	0	0	0		0	2.5	0/0/	0		0	0	0	7.6/7.4/7.4/7.4/7.4			0/0/0	-Other
																					Wood in the rough, whether or not stripped of bark or sapwood, or roughly squared:
0	0	0	0	0	0	0	0			0	0/0/	0	0	0	0	0	0/0/0/0/0			0/0/0	--Coniferous
0	0	0	0	0	0	0	0			0	0/0/	0	0	0	0	0	0/0/0/0/0			0/0/0	--Non-coniferous
0	0	0	0	0	0	0	0			0	0/0/	0	0	0	0	0	0/0/0/0/0			0/0/0	---Korean pine and Mongolian scotch pine
0	0	0	0	0	0	0	0			0	0/0/	0	0	0	0	0	0/0/0/0/0			0/0/0	---Radiata pine
0	0	0	0	0	0	0	0			0	0/0/	0	0	0	0	0	0/0/0/0/0			0/0/0	---Other
0	0	0	0	0	0	0	0			0	0/0/	0	0	0	0	0	0/0/0/0/0			0/0/0	---Korean pine and Mongolian scotch pine
0	0	0	0	0	0	0	0			0	0/0/	0	0	0	0	0	0/0/0/0/0			0/0/0	---Radiata pine
0	0	0	0	0	0	0	0			0	0/0/	0	0	0	0	0	0/0/0/0/0			0/0/0	---Other
0	0	0	0	0	0	0	0			0	0/0/	0	0	0	0	0	0/0/0/0/0			0/0/0	--Of fir (Abies spp.) and spruce (Picea spp.), of which the smallest cross-sectional dimension is 15 cm or more

商品编号	商品名称及备注[检验检疫编码及名称]	进口关税(%)		增值税率(%)	消费税	计量单位	监管条件	检验检疫类别	对美税率	出口税率(%)	出口退税率(%)
		最惠国	普通								
4403230010	最小截面尺寸在15厘米及以上的濒危云杉和冷杉原木(用油漆着色剂,杂酚油或其他防腐剂处理的除外)〔999〕	0	8	9		千克/立方米	8AEF	P/Q	20%	0	
4403230090	最小截面尺寸在15厘米及以上的其他云杉和冷杉原木(用油漆着色剂,杂酚油或其他防腐剂处理的除外)〔999〕	0	8	9		千克/立方米	8A	P/Q	20%	0	
44032400	--其他冷杉及云杉										0
4403240010	最小截面尺寸在15厘米以下的濒危云杉和冷杉原木(用油漆着色剂,杂酚油或其他防腐剂处理的除外)〔999〕	0	8	9		千克/立方米	8AEF	P/Q	25%	0	
4403240090	最小截面尺寸在15厘米以下的其他云杉和冷杉原木(用油漆着色剂,杂酚油或其他防腐剂处理的除外)〔999〕	0	8	9		千克/立方米	8A	P/Q	25%	0	
44032510	---落叶松										0
4403251000	最小截面尺寸在15厘米及以上的落叶松原木(用油漆着色剂,杂酚油或其他防腐剂处理的除外)〔999〕	0	8	9		千克/立方米	8A	P/Q	25%	0	
44032520	---花旗松										0
4403252000	最小截面尺寸在15厘米及以上的花旗松原木(用油漆着色剂,杂酚油或其他防腐剂处理的除外)〔999〕	0	8	9		千克/立方米	8A	P/Q	5%	0	
44032590	---其他										0
4403259010	最小截面尺寸在15厘米及以上的濒危红豆杉原木(用油漆着色剂,杂酚油或其他防腐剂处理的除外)〔999〕	0	8	9		千克/立方米	8AEF	P/Q	5%	0	
4403259020	最小截面尺寸在15厘米及以上的其他濒危针叶木原木(用油漆着色剂,杂酚油或其他防腐剂处理的除外)〔999〕	0	8	9		千克/立方米	8AEF	P/Q	5%	0	
4403259090	最小截面尺寸在15厘米及以上的其他针叶木原木(用油漆着色剂,杂酚油或其他防腐剂处理的除外)〔999〕	0	8	9		千克/立方米	8A	P/Q	5%	0	
44032610	---落叶松										0
4403261000	最小截面尺寸在15厘米以下的落叶松原木(用油漆着色剂,杂酚油或其他防腐剂处理的除外)〔999〕	0	8	9		千克/立方米	8A	P/Q		0	
44032620	---花旗松										0
4403262000	最小截面尺寸在15厘米以下的花旗松原木(用油漆着色剂,杂酚油或其他防腐剂处理的除外)〔999〕	0	8	9		千克/立方米	8A	M. P/	20%	0	
44032690	---其他										0
4403269010	最小截面尺寸在15厘米以下的濒危红豆杉原木(用油漆着色剂,杂酚油或其他防腐剂处理的除外)〔999〕	0	8	9		千克/立方米	8AEF	M. P/	20%	0	
4403269020	最小截面尺寸在15厘米以下的其他濒危针叶木原木(用油漆着色剂,杂酚油或其他防腐剂处理的除外)〔999〕	0	8	9		千克/立方米	8AEF	M. P/	20%	0	
4403269090	最小截面尺寸在15厘米以下的其他针叶木原木(用油漆着色剂,杂酚油或其他防腐剂处理的除外)〔999〕	0	8	9		千克/立方米	8A	M. P/	20%	0	
44034100	--深红色红柳桉木、浅红色红柳桉木及巴栲红柳桉木										0
4403410000	其他红柳桉木原木(指深红色红柳桉木、浅红色红柳桉及巴栲红色红柳桉木)〔999〕	0	8	9		千克/立方米	8AEF	P/Q		0	
44034200	--柚木										0
4403420000	柚木原木(用油漆、着色剂、杂酚油或其他防腐剂处理的除外)〔999〕	0	35	9		千克/立方米	8A	P/Q		0	
44034920	---奥克曼(奥克榄)										0
4403492000	其他奥克曼 OKOUME 原木(奥克榄 Aukoumed klaineana)〔999〕	0	35	9		千克/立方米	8A	P/Q		0	
44034930	---龙脑香木(克隆)										0
4403493000	其他龙脑香木、克隆原木(龙脑香木 Dipterocarpus spp.,克隆 Keruing)〔999〕	0	35	9		千克/立方米	8A	P/Q		0	
44034940	---山樟(香木)										0
4403494000	其他山樟 Kapur 原木(香木 Dryobalanops spp.)〔999〕	0	35	9		千克/立方米	8A	P/Q		0	
44034950	---印茄木(波罗格)										0
4403495000	其他印加木 Intsia spp. 原木(波罗格 Mengaris)〔999〕	0	35	9		千克/立方米	8A	P/Q		0	
44034960	---大干巴豆(门格里斯或康派斯)										0
4403496000	其他大干巴豆 Koompassia spp.(门格里斯 Mengaris 或康派斯 Kempas)〔999〕	0	35	9		千克/立方米	8A	P/Q		0	
44034970	---异翅香木										0
4403497000	其他异翅香木 Anisopter spp.〔999〕	0	35	9		千克/立方米	8A	P/Q		0	
44034980	---红木										0
4403498010	濒危热带红木原木(用油漆、着色剂、杂酚油或其他防腐剂处理的除外)〔999〕	0	35	9		千克/立方米	8AEF	P/Q		0	

协定税率(%)																		特惠税率(%)			Article Description
智利	新西兰	澳大利亚	瑞士	冰岛	秘鲁	哥斯达	东盟	亚太	新加坡	巴基斯坦	港/澳/台	韩国	格鲁吉亚	毛里求斯	柬埔寨	尼加拉瓜	日/韩/澳/新/东(RCEP)	亚太2国	老/柬/缅	LDC 98/97/95	
0	0	0	0	0	0	0	0			0	0/0/	0	0	0	0	0	0/0/0/0/0			0/0/0	--Of fir (Abies spp.) and spruce (Picea spp.), other
0	0	0	0	0	0	0	0			0	0/0/	0	0	0	0	0	0/0/0/0/0			0/0/0	---Larch
0	0	0	0	0	0	0	0			0	0/0/	0	0	0	0	0	0/0/0/0/0			0/0/0	---Douglas fir
0	0	0	0	0	0	0	0			0	0/0/	0	0	0	0	0	0/0/0/0/0			0/0/0	---Other
0	0	0	0	0	0	0	0			0	0/0/	0	0	0	0	0	0/0/0/0/0			0/0/0	---Larch
0	0	0	0	0	0	0	0			0	0/0/	0	0	0	0	0	0/0/0/0/0			0/0/0	---Douglas fir
0	0	0	0	0	0	0	0			0	0/0/	0	0	0	0	0	0/0/0/0/0			0/0/0	---Other
0	0	0	0	0	0	0	0			0	0/0/	0	0	0	0	0	0/0/0/0/0			0/0/0	--Dark Red Meranti, Light Red Meranti and Meranti Bakau
0	0	0	0	0	0	0	0			0	0/0/	0	0	0	0	0	0/0/0/0/0			0/0/0	--Teak
0	0	0	0	0	0	0	0			0	0/0/	0	0	0	0	0	0/0/0/0/0			0/0/0	---Okoume (Aukoumed Klaineana)
0	0	0	0	0	0	0	0			0	0/0/	0	0	0	0	0	0/0/0/0/0			0/0/0	---Dipterocarpus spp. (Keruing)
0	0	0	0	0	0	0	0			0	0/0/	0	0	0	0	0	0/0/0/0/0			0/0/0	---Kapur (Dryobalanops spp.)
0	0	0	0	0	0	0	0			0	0/0/	0	0	0	0	0	0/0/0/0/0			0/0/0	---Intsia spp. (Mengaris)
0	0	0	0	0	0	0	0			0	0/0/	0	0	0	0	0	0/0/0/0/0			0/0/0	---Koompassia spp. (Mengaris or Kempas)
0	0	0	0	0	0	0	0			0	0/0/	0	0	0	0	0	0/0/0/0/0			0/0/0	---Anisopter spp.
0	0	0	0	0	0	0	0			0	0/0/	0	0	0	0	0	0/0/0/0/0			0/0/0	---Of rosewood

商品编号	商品名称及备注［检验检疫编码及名称］	进口关税（%）最惠国	进口关税（%）普通	增值税率（%）	消费税	计量单位	监管条件	检验检疫类别	对美税率	出口税率（%）	出口退税率（%）
4403498090	其他热带红木原木（用油漆、着色剂、杂酚油或其他防腐剂处理的除外）〔999〕	0	35	9		千克/立方米	8A	P/Q		0	
44034990	---其他										0
4403499010	南美蒺藜木（玉檀木）原木（用油漆、着色剂、杂酚油或其他防腐剂处理的除外）〔101 〕	0	8	9		千克/立方米	8AEF	P/Q		0	
4403499020	其他濒危热带原木（用油漆、着色剂、杂酚油或其他防腐剂处理的除外）〔999〕	0	8	9		千克/立方米	8AEF	P/Q		0	
4403499090	其他热带原木（用油漆、着色剂、杂酚油或其他防腐剂处理的除外）①	0	8	9		千克/立方米	8A	P/Q		0	
44039100	--栎木（橡木）										0
4403910010	蒙古栎原木（用油漆、着色剂、杂酚油或其他防腐剂处理的除外）〔999〕	0	8	9		千克/立方米	8AEF	P/Q	25%	0	
4403910020	其他濒危野生栎木（橡木）原木（用油漆、着色剂、杂酚油或其他防腐剂处理的除外，不包括人工培植的）〔999〕	0	8	9		千克/立方米	8AE	P/	25%	0	
4403910090	其他栎木（橡木）原木（用油漆、着色剂、杂酚油或其他防腐剂处理的除外）〔999〕	0	8	9		千克/立方米	8A	P/Q	25%	0	
44039300	--水青冈木（山毛榉木），最小截面尺寸在15厘米及以上										0
4403930010	濒危野生水青冈木（山毛榉木），最小截面尺寸在15厘米及以上（用油漆、着色剂、杂酚油或其他防腐剂处理的除外，不包括人工培植的）〔999〕	0	8	9		千克/立方米	8AE	P/		0	
4403930090	其他水青冈木（山毛榉木），最小截面尺寸在15厘米及以上（用油漆、着色剂、杂酚油或其他防腐剂处理的除外）〔999〕	0	8	9		千克/立方米	8A	P/		0	
44039400	--其他水青冈木（山毛榉木）										0
4403940000	其他水青冈木（山毛榉木）（用油漆、着色剂、杂酚油或其他防腐剂处理的除外）〔999〕	0	8	9		千克/立方米	8A	P/Q		0	
44039500	--桦木，最小截面尺寸在15厘米及以上										0
4403950000	桦木，最小截面尺寸在15厘米及以上（用油漆、着色剂、杂酚油或其他防腐剂处理的除外）〔999〕	0	8	9		千克/立方米	8A	P/	25%	0	
44039600	--其他桦木										0
4403960000	其他桦木（用油漆、着色剂、杂酚油或其他防腐剂处理的除外）〔999〕	0	8	9		千克/立方米	8A	P/		0	
44039700	--杨木										0
4403970000	杨木（用油漆、着色剂、杂酚油或其他防腐剂处理的除外）〔999〕	0	8	9		千克/立方米	8A	P/Q	25%	0	
44039800	--桉木										0
4403980000	桉木（用油漆、着色剂、杂酚油或其他防腐剂处理的除外）〔999〕	0	8	9		千克/立方米	8A	P/Q	25%	0	
44039930	---红木，但税号4403.4980所列热带红木除外										0
4403993010	濒危红木原木，但编号44034980所列热带红木除外（用油漆、着色剂、杂酚油或其他防腐剂处理的除外）〔999〕	0	35	9		千克/立方米	8AEF	P/Q		0	
4403993090	其他红木原木，但编号44034980所列热带红木除外（用油漆、着色剂、杂酚油或其他防腐剂处理的除外）〔999〕	0	35	9		千克/立方米	8A	P/Q		0	
44039940	---泡桐木										0
4403994000	泡桐木原木（用油漆、着色剂、杂酚油或其他防腐剂处理的除外）〔999〕	0	8	9		千克/立方米	8A	P/Q		0	
44039950	---水曲柳										0
4403995000	水曲柳原木（用油漆、着色剂、杂酚油或其他防腐剂处理的除外）〔999〕	0	8	9		千克/立方米	8AEF	P/Q		0	
44039960	---北美硬阔叶木										0
4403996000	其他北美硬阔叶木〔999〕	0	8	9		千克/立方米	8A	P/Q		0	
44039980	---其他未列名的温带非针叶木										0
4403998010	其他未列名温带濒危非针叶木原木（用油漆、着色剂、杂酚油或其他防腐剂处理的除外）②	0	8	9		千克/立方米	8AEF	P/Q	25%	0	
4403998090	其他未列名温带非针叶木原木（用油漆、着色剂、杂酚油或其他防腐剂处理的除外）③	0	8	9		千克/立方米	8A	P/Q	25%	0	
44039990	---其他										0

① 〔101 针叶原木〕，〔102 白柳桉原木及其他柳桉原木〕，〔103 羯布罗香木等原木〕，〔104 安哥拉香桃花心木等原木〕，〔105 其他非针叶原木〕
② 〔101 加蓬榄木、非洲白梧桐木等原木〕，〔102 白柳桉原木及其他柳桉原木〕，〔103 羯布罗香木等原木〕，〔104 安哥拉香桃花心木等原木〕，〔105 其他非针叶原木〕
③ 〔101 加蓬榄木、非洲白梧桐木等原木〕，〔102 白柳桉原木及其他柳桉原木〕，〔103 羯布罗香木等原木〕，〔104 安哥拉香桃花心木等原木〕，〔105 其他非针叶原木〕

协定税率(%)																		特惠税率(%)			Article Description
智利	新西兰	澳大利亚	瑞士	冰岛	秘鲁	哥斯达	东盟	亚太	新加坡	巴基斯坦	港/澳/台	韩国	格鲁吉亚	毛里求斯	柬埔寨	尼加拉瓜	日/韩/澳/新/东(RCEP)	亚太2国	老/柬/缅	LDC 98/97/95	
0	0	0	0	0	0	0	0			0	0/0/	0	0	0	0	0	0/0/0/0/0			0/0/0	---Other
0	0	0	0	0	0	0	0			0	0/0/	0	0	0	0	0	0/0/0/0/0			0/0/0	--Of oak (Quercus spp.)
0	0	0	0	0	0	0	0			0	0/0/	0	0	0	0	0	0/0/0/0/0			0/0/0	--Of beech (Fagus spp.), of which the smallest cross-sectional dimension is 15 cm or more
0	0	0	0	0	0	0	0			0	0/0/	0	0	0	0	0	0/0/0/0/0			0/0/0	--Of beech (Fagus spp.), other
0	0	0	0	0	0	0	0			0	0/0/	0	0	0	0	0	0/0/0/0/0			0/0/0	--Of birch (Betula spp.), of which the smallest cross-sectional dimension is 15 cm or more
0	0	0	0	0	0	0	0			0	0/0/	0	0	0	0	0	0/0/0/0/0			0/0/0	--Of birch (Betula spp.), other
0	0	0	0	0	0	0	0			0	0/0/	0	0	0	0	0	0/0/0/0/0			0/0/0	--Of poplar and aspen (Populus spp.)
0	0	0	0	0	0	0	0			0	0/0/	0	0	0	0	0	0/0/0/0/0			0/0/0	--Of eucalyptus (Eucalyptus spp.)
0	0	0	0	0	0	0	0			0	0/0/	0	0	0	0	0	0/0/0/0/0			0/0/0	---Of rosewood, other than tropical wood of subheading 4403.4980
0	0	0	0	0	0	0	0			0	0/0/	0	0	0	0	0	0/0/0/0/0			0/0/0	---Of Kiri (Paulownia)
0	0	0	0	0	0	0	0			0	0/0/	0	0	0	0	0	0/0/0/0/0			0/0/0	---Ash(Fraxinus mandshurica)
0	0	0	0	0	0	0	0			0	0/0/	0	0	0	0	0	0/0/0/0/0			0/0/0	---North American hard wood
0	0	0	0	0	0	0	0			0	0/0/	0	0	0	0	0	0/0/0/0/0			0/0/0	---Other temperate non-coniferous not specified
0	0	0	0	0	0	0	0			0	0/0/	0	0	0	0	0	0/0/0/0/0			0/0/0	---Other

商品编号	商品名称及备注[检验检疫编码及名称]	进口关税(%) 最惠国	普通	增值税率(%)	消费税	计量单位	监管条件	检验检疫类别	对美税率	出口税率(%)	出口退税率(%)
4403999012	沉香木及拟沉香木原木(用油漆、着色剂、杂酚油或其他防腐剂处理的除外)〔999〕	0	8	9		千克/立方米	8AEF	P/Q	25%	0	
4403999019	其他未列名濒危非针叶原木(用油漆、着色剂、杂酚油或其他防腐剂处理的除外)①	0	8	9		千克/立方米	8AEF	P/Q	25%	0	
4403999090	其他未列名非针叶原木(用油漆、着色剂、杂酚油或其他防腐剂处理的除外)②	0	8	9		千克/立方米	8A	P/Q	25%	0	
4404	**箍木;木劈条;已削尖但未经纵锯的木桩;粗加修整但未经车圆、弯曲或其他方式加工的木棒,适合制手杖、伞柄、工具把柄及类似品;木片条及类似品:**										
44041000	-针叶木的										0
4404100010暂0	濒危针叶木的箍木等及类似品(包括木劈条、棒及类似品)〔999〕	6	50	13		千克	ABFE	P/Q		0	
4404100090暂0	其他针叶木的箍木等及类似品(包括木劈条、棒及类似品)〔999〕	6	50	13		千克	AB	P/Q		0	
44042000	-非针叶木的										0
4404200010暂0	濒危非针叶木箍木等(包括木劈条、棒及类似品)〔999〕	6	50	13		千克	ABFE	P/Q	20%	0	
4404200090暂0	其他非针叶木箍木等(包括木劈条、棒及类似品)〔101 其他木制品〕,〔102 其他碎木料、锯末、刨花〕	6	50	13		千克	AB	P/Q	20%	0	
4405	**木丝;木粉:**										
44050000	木丝;木粉										0
4405000000暂0	木丝及木粉〔999〕	6	40	13		千克	AB	P/Q	25%	0	
4406	**铁道及电车道枕木:**										
44061100	--针叶木										0
4406110000	未浸渍的铁道及电车道针叶木枕木〔999〕	0	14	13		千克/立方米	4ABxy	P/Q		0	
44061200	--非针叶木										0
4406120000	未浸渍的铁道及电车道非针叶木枕木〔999〕	0	14	13		千克/立方米	4ABxy	P/Q		0	
44069100	--针叶木										0
4406910010	濒危已浸渍针叶木铁道及电车道枕木〔999〕	0	14	13		千克/立方米	FE		5%	0	
4406910090	其他已浸渍的针叶木铁道及电车道枕木〔999〕	0	14	13		千克/立方米			5%	0	
44069200	--非针叶木										0
4406920010	濒危已浸渍非针叶木铁道及电车道枕木〔999〕	0	14	13		千克/立方米	FE			0	
4406920090	其他已浸渍的非针叶木铁道及电车道枕木〔999〕	0	14	13		千克/立方米				0	
4407	**经纵锯、纵切、刨切或旋切的木材,不论是否刨平、砂光或端部接合,厚度超过6毫米:**										
44071110	---红松及樟子松										0
4407111011	端部接合的红松厚板材(经纵锯、纵切、刨切或旋切的,厚度超过6毫米)〔999〕	0	14	13		千克/立方米	ABEF	P/Q	25%	0	
4407111019	端部接合的樟子松厚板材(经纵锯、纵切、刨切或旋切的,厚度超过6毫米)〔999〕	0	14	13		千克/立方米	AB	P/Q	25%	0	
4407111091	非端部接合的红松厚板材(经纵锯、纵切、刨切或旋切的,厚度超过6毫米)〔999〕	0	14	13		千克/立方米	4ABEFxy	P/Q	25%	0	
4407111099	非端部接合的樟子松厚板材(经纵锯、纵切、刨切或旋切的,厚度超过6毫米)〔999〕	0	14	13		千克/立方米	4ABxy	P/Q	25%	0	
44071120	---辐射松										0
4407112010	端部接合的辐射松厚板材(经纵锯、纵切、刨切或旋切的,厚度超过6毫米)〔999〕	0	14	13		千克/立方米	AB	P/Q	25%	0	
4407112090	非端部接合的辐射松厚板材(经纵锯、纵切、刨切或旋切的,厚度超过6毫米)〔999〕	0	14	13		千克/立方米	4ABxy	P/Q	25%	0	
44071190	---其他										0
4407119011	端部接合其他濒危松木厚板材(经纵锯、纵切、刨切或旋切的,厚度超过6毫米)〔999〕	0	14	13		千克/立方米	ABEF	P/Q	25%	0	

① 〔101 加蓬榄木、非洲白梧桐木等原木〕,〔102 白柳桉原木及其他柳桉原木〕,〔103 羯布罗香木等原木〕,〔104 安哥拉香桃花心木等原木〕,〔105 其他非针叶原木〕
② 〔101 加蓬榄木、非洲白梧桐木等原木〕,〔102 白柳桉原木及其他柳桉原木〕,〔103 羯布罗香木等原木〕,〔104 安哥拉香桃花心木等原木〕,〔105 其他非针叶原木〕

协定税率(%)																		特惠税率(%)			
智利	新西兰	澳大利亚	瑞士	冰岛	秘鲁	哥斯达	东盟	亚太	新加坡	巴基斯坦	港/澳/台	韩国	格鲁吉亚	毛里求斯	柬埔寨	尼加拉瓜	日/韩/澳/新/东(RCEP)	亚太2国	老/柬/缅	LDC 98/97/95	Article Description
																					Hoopwood; split poles; piles, pickets and stakes of wood, pointed but not sawn lengthwise; wooden sticks, roughly trimmed but not turned, bentor otherwise worked, suitable for the manufacture of walking-sticks, umbrellas, tool handles or the like; chipwood and the like:
0	0	0	0	0	0	0	0		0	0	0/0/	0		0	0	0	5.8/0/0/0/0			0/0/0	-Coniferous
0	0	0	0	0	0	0	0		0	0	0/0/	0		0	0	0	5.8/0/0/0/0			0/0/0	-Non-coniferous
																					Wood wool; wood flour:
0	0	0	0	0	0	0	0		0	0	0/0/	0		0	0	0	5.8/0/0/0/0			0/0/0	Wood wool; wood flour
																					Railway or tramway sleepers (crossties) of wood:
0	0	0	0	0	0	0	0			0	0/0/	0	0	0	0	0	0/0/0/0/0			0/0/0	--Coniferous
0	0	0	0	0	0	0	0			0	0/0/	0	0	0	0	0	0/0/0/0/0			0/0/0	--Non-coniferous
0	0	0	0	0	0	0	0			0	0/0/	0	0	0	0	0	0/0/0/0/0			0/0/0	--Coniferous
0	0	0	0	0	0	0	0			0	0/0/	0	0	0	0	0	0/0/0/0/0			0/0/0	--Non-coniferous
																					Wood sawn or chipped lengthwise, sliced or peeled, whether or not planed, sanded or end-jointed, of a thickness exceeding 6mm:
0	0	0	0	0	0	0	0			0	0/0/	0	0	0	0	0	0/0/0/0/0			0/0/0	---Korean pine and Mongolian scotch pine
0	0	0	0	0	0	0	0			0	0/0/	0	0	0	0	0	0/0/0/0/0			0/0/0	---Rediata pine
0	0	0	0	0	0	0	0			0	0/0/	0	0	0	0	0	0/0/0/0/0			0/0/0	---Other

商品编号	商品名称及备注[检验检疫编码及名称]	进口关税(%) 最惠国	进口关税(%) 普通	增值税率(%)	消费税	计量单位	监管条件	检验检疫类别	对美税率	出口税率(%)	出口退税率(%)
4407119019	端部接合其他松木厚板材(经纵锯、纵切、刨切或旋切的,厚度超过6毫米)〔999〕	0	14	13		千克/立方米	AB	P/Q	25%	0	
4407119091	非端部接合其他濒危松木厚板材(经纵锯、纵切、刨切或旋切的,厚度超过6毫米)〔999〕	0	14	13		千克/立方米	4ABEFxy	P/Q	25%	0	
4407119099	非端部接合的其他松木厚板材(经纵锯、纵切、刨切或旋切的,厚度超过6毫米)〔999〕	0	14	13		千克/立方米	4ABxy	P/Q	25%	0	
44071200	--冷杉及云杉										0
4407120011	端部接合的濒危云杉及冷杉厚板材(经纵锯、纵切、刨切或旋切的,厚度超过6毫米)〔999〕	0	14	13		千克/立方米	ABEF	P/Q	25%	0	
4407120019	端部接合的其他云杉及冷杉厚板材(经纵锯、纵切、刨切或旋切的,厚度超过6毫米)〔999〕	0	14	13		千克/立方米	AB	P/Q	25%	0	
4407120091	非端部接合濒危云杉及冷杉厚板材(经纵锯、纵切、刨切或旋切的,厚度超过6毫米)〔999〕	0	14	13		千克/立方米	4ABEFxy	P/Q	25%	0	
4407120099	非端部接合其他云杉及冷杉厚板材(经纵锯、纵切、刨切或旋切的,厚度超过6毫米)〔999〕	0	14	13		千克/立方米	4ABxy	P/Q	25%	0	
44071300	--云杉-松木-冷杉										0
4407130011	端部接合的濒危云杉-松木-冷杉厚板材(经纵锯、纵切、刨切或旋切的,厚度超过6毫米)〔999〕	0	14	13		千克/立方米	ABEF	P/Q	20%	0	
4407130019	端部接合其他云杉-松木-冷杉厚板材(经纵锯、纵切、刨切或旋切的,厚度超过6毫米)〔999〕	0	14	13		千克/立方米	AB	P/Q	20%	0	
4407130091	非端部接合的濒危云杉-松木-冷杉厚板材(经纵锯、纵切、刨切或旋切的,厚度超过6毫米)〔999〕	0	14	13		千克/立方米	ABEF	P/Q	20%	0	
4407130099	非端部接合的其他云杉-松木-冷杉厚板材(经纵锯、纵切、刨切或旋切的,厚度超过6毫米)〔999〕	0	14	13		千克/立方米	AB	P/Q	20%	0	
44071400	--铁杉-冷杉										0
4407140011	端部接合的濒危铁杉-冷杉厚板材(经纵锯、纵切、刨切或旋切的,厚度超过6毫米)〔999〕	0	14	13		千克/立方米	ABEF	P/Q	20%	0	
4407140019	端部接合其他铁杉-冷杉厚板材(经纵锯、纵切、刨切或旋切的,厚度超过6毫米)〔999〕	0	14	13		千克/立方米	AB	P/Q	20%	0	
4407140091	非端部接合的濒危铁杉-冷杉厚板材(经纵锯、纵切、刨切或旋切的,厚度超过6毫米)〔999〕	0	14	13		千克/立方米	ABEF	P/Q	20%	0	
4407140099	非端部接合的其他铁杉-冷杉厚板材(经纵锯、纵切、刨切或旋切的,厚度超过6毫米)〔999〕	0	14	13		千克/立方米	AB	P/Q	20%	0	
44071910	---花旗松										0
4407191010	端部接合的花旗松厚板材(经纵锯、纵切、刨切或旋切的,厚度超过6毫米)〔999〕	0	14	13		千克/立方米	AB	P/Q	20%	0	
4407191090	非端部接合的花旗松厚板材(经纵锯、纵切、刨切或旋切的,厚度超过6毫米)〔999〕	0	14	13		千克/立方米	4ABxy	P/Q	20%	0	
44071990	---其他										0
4407199011	端部接合其他濒危针叶木厚板材(经纵锯、纵切、刨切或旋切的,厚度超过6毫米)〔999〕	0	14	13		千克/立方米	ABEF	P/Q	25%	0	
4407199019	端部接合其他针叶木厚板材(经纵锯、纵切、刨切或旋切的,厚度超过6毫米)〔999〕	0	14	13		千克/立方米	AB	P/Q	25%	0	
4407199091	非端部接合其他濒危针叶木厚板材(经纵锯、纵切、刨切或旋切的,厚度超过6毫米)〔999〕	0	14	13		千克/立方米	4ABEFxy	P/Q	25%	0	
4407199099	非端部接合的其他针叶木厚板材(经纵锯、纵切、刨切或旋切的,厚度超过6毫米)〔999〕	0	14	13		千克/立方米	4ABxy	P/Q	25%	0	
44072100	--美洲桃花心木										0
4407210011	端部接合濒危桃花心木(经纵锯、纵切、刨切或旋切的,厚度超过6毫米)〔999〕	0	14	13		千克/立方米	FEAB	P/Q		0	
4407210019	端部接合的其他桃花心木(经纵锯、纵切、刨切或旋切的,厚度超过6毫米)〔999〕	0	14	13		千克/立方米	AB	P/Q		0	
4407210091	非端部接合濒危桃花心木(经纵锯、纵切、刨切或旋切的,厚度超过6毫米)〔999〕	0	14	13		千克/立方米	4ABEFxy	P/Q		0	
4407210099	非端部接合的其他桃花心木(经纵锯、纵切、刨切或旋切的,厚度超过6毫米)〔999〕	0	14	13		千克/立方米	4ABxy	P/Q		0	
44072200	--苏里南肉豆蔻木、细孔绿心樟及美洲轻木										0
4407220010	端部接合的苏里南肉豆蔻木、细孔绿心樟及美洲轻木(经纵锯、纵切、刨切或旋切的,厚度超过6毫米)〔999〕	0	14	13		千克/立方米	AB	P/Q		0	
4407220090	非端部接合的苏里南肉豆蔻木、细孔绿心樟及美洲轻木(经纵锯、纵切、刨切或旋切的,厚度超过6毫米)〔999〕	0	14	13		千克/立方米	4ABxy	P/Q		0	
44072300	--柚木										0

协定税率（%）																		特惠税率（%）			Article Description
智利	新西兰	澳大利亚	瑞士	冰岛	秘鲁	哥斯达	东盟	亚太	新加坡	巴基斯坦	港/澳/台	韩国	格鲁吉亚	毛里求斯	柬埔寨	尼加拉瓜	日/韩/澳/新/东（RCEP）	亚太2国	老/柬/缅	LDC 98/97/95	
0	0	0	0	0	0	0	0			0	0/0/	0	0	0	0	0	0/0/0/0/0			0/0/0	--Of fir (Abies spp.) and spruce (Picea spp.)
0	0	0	0	0	0	0	0			0	0/0/	0	0	0	0	0	0/0/0/0/0			0/0/0	--Of S-P-F (spruce (Picea spp.), pine (Pinus spp.) and fir (Abies spp.))
0	0	0	0	0	0	0	0			0	0/0/	0	0	0	0	0	0/0/0/0/0			0/0/0	--Of Hem-fir (Western hemlock (Tsuga heterophylla) and fir (Abies spp.))
0	0	0	0	0	0	0	0			0	0/0/	0	0	0	0	0	0/0/0/0/0			0/0/0	---Douglas fir
0	0	0	0	0	0	0	0			0	0/0/	0	0	0	0	0	0/0/0/0/0			0/0/0	---Other
0	0	0	0	0	0	0	0			0	0/0/	0	0	0	0	0	0/0/0/0/0			0/0/0	--Mahogany (Swietenia spp.)
0	0	0	0	0	0	0	0			0	0/0/	0	0	0	0	0	0/0/0/0/0			0/0/0	--Virola, Imbuia and Balsa
0	0	0	0	0	0	0	0			0	0/0/	0	0	0	0	0	0/0/0/0/0			0/0/0	--Teak

商品编号	商品名称及备注[检验检疫编码及名称]	进口关税(%)		增值税率(%)	消费税	计量单位	监管条件	检验检疫类别	对美税率	出口税率(%)	出口退税率(%)
		最惠国	普通								
4407230010	端部接合的柚木板材(经纵锯、纵切、刨切或旋切的,厚度超过6毫米)〔999〕	0	40	13		千克/立方米	AB	P/Q	25%	0	
4407230090	非端部接合的柚木板材(经纵锯、纵切、刨切或旋切的,厚度超过6毫米)〔999〕	0	40	13		千克/立方米	4ABxy	P/Q	25%	0	
44072500	--深红色红柳桉木、浅红色红柳桉木及巴栲红柳桉木										0
4407250010	端部接合的红柳桉木板材(指深红色、浅红色及巴栲红柳桉木,厚度超过6毫米)〔999〕	0	14	13		千克/立方米	AB	P/Q		0	
4407250090	非端部接合的红柳桉木板材(指深红色、浅红色及巴栲红柳桉木,经纵锯、纵切、刨切或旋切的,厚度超过6毫米)〔999〕	0	14	13		千克/立方米	y4xAB	P/Q		0	
44072600	--白柳桉木、白色红柳桉木、白色柳桉木、黄色红柳桉木及阿兰木										0
4407260010	端部接合的白柳桉、其他柳桉木和阿兰木板材(经纵锯、纵切、刨切或旋切的,厚度超过6毫米)〔999〕	0	14	13		千克/立方米	AB	P/Q		0	
4407260090	非端部接合的白柳桉、其他柳桉木和阿兰木板材(经纵锯、纵切、刨切或旋切的,厚度超过6毫米)〔999〕	0	14	13		千克/立方米	y4xAB	P/Q		0	
44072700	--沙比利										0
4407270010	端部接合的沙比利木板材(经纵锯、纵切、刨切或旋切的,厚度超过6毫米)〔999〕	0	40	13		千克/立方米	AB	P/Q		0	
4407270090	非端部接合的沙比利木板材(经纵锯、纵切、刨切或旋切的,厚度超过6毫米)〔999〕	0	40	13		千克/立方米	4ABxy	P/Q		0	
44072800	--伊罗科木										0
4407280010	端部接合的伊罗科木板材(经纵锯、纵切、刨切或旋切的,厚度超过6毫米)〔999〕	0	14	13		千克/立方米	AB	P/Q		0	
4407280090	非端部接合的伊罗科木板材(经纵锯、纵切、刨切或旋切的,厚度超过6毫米)〔999〕	0	14	13		千克/立方米	4ABxy	P/Q		0	
44072920	---非洲桃花心木										0
4407292010	端部接合的非洲桃花心木板材(经纵锯、纵切、刨切或旋切的,厚度超过6毫米)〔999〕	0	40	13		千克/立方米	AB	P/Q		0	
4407292090	非端部接合的非洲桃花心木板材(经纵锯、纵切、刨切或旋切的,厚度超过6毫米)〔999〕	0	40	13		千克/立方米	AB	P/Q		0	
44072930	---波罗格										0
4407293010	端部接合的波罗格 Merban 板材(经纵锯、纵切、刨切或旋切的,厚度超过6毫米)〔999〕	0	40	13		千克/立方米	AB	P/Q	25%	0	
4407293090	非端部接合的波罗格 Merban 板材(经纵锯、纵切、刨切或旋切的,厚度超过6毫米)〔999〕	0	40	13		千克/立方米	AB	P/Q	25%	0	
44072940	---红木										0
4407294011	端部接合濒危热带红木厚板材(经纵锯、纵切、刨切或旋切的,厚度超过6毫米)〔999〕	0	40	13		千克/立方米	FEAB	P/Q		0	
4407294019	端部接合其他热带红木厚板材(经纵锯、纵切、刨切或旋切的,厚度超过6毫米)〔999〕	0	40	13		千克/立方米	AB	P/Q		0	
4407294091	非端部接合濒危热带红木厚板材(经纵锯、纵切、刨切或旋切的,厚度超过6毫米)〔999〕	0	40	13		千克/立方米	4ABEFxy	P/Q		0	
4407294099	非端部接合其他热带红木厚板材(经纵锯、纵切、刨切或旋切的,厚度超过6毫米)〔999〕	0	40	13		千克/立方米	4ABxy	P/Q		0	
44072990	---其他										0
4407299011	端部接合拉敏木厚板材(经纵锯、纵切、刨切或旋切的,厚度超过6毫米)〔999〕	0	14	13		千克/立方米	FEAB	P/Q	25%	0	
4407299012	端部接合的南美蒺藜木(玉檀木)厚板材(经纵锯、纵切、刨切或旋切的,厚度超过6毫米)〔101〕	0	14	13		千克/立方米	FEAB	P/Q	25%	0	
4407299013	端部接合其他未列名濒危热带木厚板材(经纵锯、纵切、刨切或旋切的,厚度超过6毫米)〔999〕	0	14	13		千克/立方米	FEAB	P/Q	25%	0	
4407299019	端部接合其他未列名热带木厚板材(经纵锯、纵切、刨切或旋切的,厚度超过6毫米)〔101〕	0	14	13		千克/立方米	AB	P/Q	25%	0	
4407299091	非端部接合的南美蒺藜木(玉檀木)厚板材(经纵锯、纵切、刨切或旋切的,厚度超过6毫米)〔101〕	0	14	13		千克/立方米	y4xAFEB	P/Q	25%	0	
4407299092	非端部接合其他未列名濒危热带木板材(经纵锯、纵切、刨切或旋切的,厚度超过6毫米)〔999〕	0	14	13		千克/立方米	y4xAFEB	P/Q	25%	0	
4407299099	非端部接合其他未列名热带木板材(经纵锯、纵切、刨切或旋切的,厚度超过6毫米)〔101 加蓬榄木、非洲白梧桐等木厚板材〕,〔102 其他热带木木材〕,〔103 橡胶木方〕	0	14	13		千克/立方米	y4xAB	P/Q	25%	0	
44079100	--栎木(橡木)										0
4407910011	端部接合的蒙古栎厚板材(经纵锯、纵切、刨切或旋切的,厚度超过6毫米)〔999〕	0	14	13		千克/立方米	ABEF	P/Q	25%	0	
4407910012	端部接合的濒危野生栎木(橡木)厚板材(经纵锯、纵切、刨切或旋切的,厚度超过6毫米,不包括人工培植的)〔999〕	0	14	13		千克/立方米	ABE	P/Q	25%	0	

协定税率(%)																		特惠税率(%)			Article Description
智利	新西兰	澳大利亚	瑞士	冰岛	秘鲁	哥斯达	东盟	亚太	新加坡	巴基斯坦	港/澳/台	韩国	格鲁吉亚	毛里求斯	柬埔寨	尼加拉瓜	日/韩/澳/新/东(RCEP)	亚太2国	老/柬/缅	LDC 98/97/95	
0	0	0	0	0	0	0	0			0	0/0/	0	0	0	0	0	0/0/0/0/0			0/0/0	--Dark Red Meranti, Light Red Metanti and Meranti Bakau
0	0	0	0	0	0	0	0			0	0/0/	0	0	0	0	0	0/0/0/0/0			0/0/0	--White Lauan, White Meranti, White Seraya, Yellow Meranti and Alan
0	0	0	0	0	0	0	0			0	0/0/	0	0	0	0	0	0/0/0/0/0			0/0/0	--Sapelli
0	0	0	0	0	0	0	0			0	0/0/	0	0	0	0	0	0/0/0/0/0			0/0/0	--Iroko
0	0	0	0	0	0	0	0			0	0/0/	0	0	0	0	0	0/0/0/0/0			0/0/0	---Acajou
0	0	0	0	0	0	0	0			0	0/0/	0	0	0	0	0	0/0/0/0/0			0/0/0	---Merbau
0	0	0	0	0	0	0	0			0	0/0/	0	0	0	0	0	0/0/0/0/0			0/0/0	---Of rosewood
0	0	0	0	0	0	0	0			0	0/0/	0	0	0	0	0	0/0/0/0/0			0/0/0	---Other
0	0	0	0	0	0	0	0			0	0/0/	0	0	0	0	0	0/0/0/0/0			0/0/0	--Of oak (Ouercus spp.)

商品编号	商品名称及备注[检验检疫编码及名称]	进口关税(%)		增值税率(%)	消费税	计量单位	监管条件	检验检疫类别	对美税率	出口税率(%)	出口退税率(%)
		最惠国	普通								
4407910019	端部接合的其他栎木(橡木)厚板材(经纵锯、纵切、刨切或旋切的,厚度超过6毫米)〔999〕	0	14	13		千克/立方米	AB	P/Q	25%	0	
4407910091	非端部接合的蒙古栎厚板材(经纵锯、纵切、刨切或旋切的,厚度超过6毫米)〔999〕	0	14	13		千克/立方米	4ABEFxy	P/Q	25%	0	
4407910092	非端部接合的濒危野生栎木(橡木)厚板材(经纵锯、纵切、刨切或旋切的,厚度超过6毫米,不包括人工培植的)〔999〕	0	14	13		千克/立方米	y4xABE	P/Q	25%	0	
4407910099	非端部接合的其他栎木(橡木)厚板材(经纵锯、纵切、刨切或旋切的,厚度超过6毫米)〔999〕	0	14	13		千克/立方米	y4xAB	P/Q	25%	0	
44079200	--水青冈木(山毛榉木)										0
4407920011	端部接合的濒危野生水青冈木(山毛榉木)厚板材(经纵锯、纵切、刨切或旋切的,厚度超过6毫米,不包括人工培植的)〔999〕	0	14	13		千克/立方米	ABE	P/Q	25%	0	
4407920019	端部接合的其他水青冈木(山毛榉木)厚板材(经纵锯、纵切、刨切或旋切的,厚度超过6毫米)〔999〕	0	14	13		千克/立方米	AB	P/Q	25%	0	
4407920091	非端部接合的濒危野生水青冈木(山毛榉木)厚板材(经纵锯、纵切、刨切或旋切的,厚度超过6毫米,不包括人工培植的)〔999〕	0	14	13		千克/立方米	4ABExy	P/Q	25%	0	
4407920099	非端部接合的其他水青冈木(山毛榉木)厚板材(经纵锯、纵切、刨切或旋切的,厚度超过6毫米)〔999〕	0	14	13		千克/立方米	4ABxy	P/Q	25%	0	
44079300	--槭木(枫木)										0
4407930011	端部接合的濒危野生槭木(枫木)厚板材(经纵锯、纵切、刨切或旋切,厚度超过6毫米,不包括人工培植的)〔999〕	0	14	13		千克/立方米	ABE	P/Q	5%	0	
4407930019	端部接合的其他槭木(枫木)厚板材(经纵锯、纵切、刨切或旋切,厚度超过6毫米)〔999〕	0	14	13		千克/立方米	AB	P/Q	5%	0	
4407930091	非端部接合的濒危野生槭木(枫木)厚板材(经纵锯、纵切、刨切或旋切,厚度超过6毫米,不包括人工培植的)〔999〕	0	14	13		千克/立方米	4ABExy	P/Q	5%	0	
4407930099	非端部接合的其他槭木(枫木)厚板材(经纵锯、纵切、刨切或旋切,厚度超过6毫米)〔999〕	0	14	13		千克/立方米	4ABxy	P/Q	5%	0	
44079400	--樱桃木										0
4407940010	端部接合的樱桃木厚板材(经纵锯、纵切、刨切或旋切,厚度超过6毫米)〔999〕	0	14	13		千克/立方米	AB	P/Q		0	
4407940090	非端部接合的樱桃木厚板材(经纵锯、纵切、刨切或旋切,厚度超过6毫米)〔999〕	0	14	13		千克/立方米	4ABxy	P/Q		0	
44079500	--白蜡木										0
4407950011	端部接合的水曲柳厚板材(经纵锯、纵切、刨切或旋切的,厚度超过6毫米)〔999〕	0	14	13		千克/立方米	ABEF	P/Q		0	
4407950019	端部接合的其他白蜡木厚板材(经纵锯、纵切、刨切或旋切的,厚度超过6毫米)〔999〕	0	14	13		千克/立方米	AB	P/Q		0	
4407950091	非端部接合的水曲柳厚板材(经纵锯、纵切、刨切或旋切的,厚度超过6毫米)〔999〕	0	14	13		千克/立方米	4ABEFxy	P/Q		0	
4407950099	非端部接合的其他白蜡木厚板材(经纵锯、纵切、刨切或旋切的,厚度超过6毫米)〔999〕	0	14	13		千克/立方米	4ABxy	P/Q		0	
44079600	--桦木										0
4407960010	端部接合的桦木厚板材(经纵锯、纵切、刨切或旋切,厚度超过6毫米)〔999〕	0	14	13		千克/立方米	AB	P/Q	25%	0	
4407960090	非端部结合的桦木厚板材(经纵锯、纵切、刨切或旋切,厚度超过6毫米)〔999〕	0	14	13		千克/立方米	4ABxy	P/Q	25%	0	
44079700	--杨木										0
4407970010	端部接合的杨木厚板材(经纵锯、纵切、刨切或旋切,厚度超过6毫米)〔999〕	0	14	13		千克/立方米	AB	P/Q	5%	0	
4407970090	非端部接合的杨木厚板材(经纵锯、纵切、刨切或旋切,厚度超过6毫米)〔999〕	0	14	13		千克/立方米	4ABxy	P/Q	5%	0	
44079910	---红木,但税号4407.2940所列热带红木除外										0
4407991011	端部接合濒危红木厚板材,但编号44072940所列热带红木除外(经纵锯、纵切、刨切或旋切的,厚度超过6毫米)〔999〕	0	40	13		千克/立方米	AFEB	P/Q	25%	0	
4407991019	端部接合其他红木厚板材,但编号44072940所列热带红木除外(经纵锯、纵切、刨切或旋切的,厚度超过6毫米)〔999〕	0	40	13		千克/立方米	AB	P/Q	25%	0	
4407991091	非端部接合濒危红木厚板材,但编号44072940所列热带红木除外(经纵锯、纵切、刨切或旋切的,厚度超过6毫米)〔999〕	0	40	13		千克/立方米	y4xAFEB	P/Q	25%	0	
4407991099	非端部接合其他红木厚板材,但编号44072940所列热带红木除外(经纵锯、纵切、刨切或旋切的,厚度超过6毫米)〔999〕	0	40	13		千克/立方米	4ABxy	P/Q	25%	0	
44079920	---泡桐木										13
4407992010	端部接合的泡桐木厚板材(经纵锯、纵切、刨切或旋切的,厚度超过6毫米)〔999〕	0	14	13		千克/立方米	AB	P/Q		0	
4407992090	非端部接合的泡桐木厚板材(经纵锯、纵切、刨切或旋切的,厚度超过6毫米)〔999〕	0	14	13		千克/立方米	AB	P/Q		0	

协定税率(%)																		特惠税率(%)			Article Description
智利	新西兰	澳大利亚	瑞士	冰岛	秘鲁	哥斯达	东盟	亚太	新加坡	巴基斯坦	港/澳/台	韩国	格鲁吉亚	毛里求斯	柬埔寨	尼加拉瓜	日/韩/澳/新/东(RCEP)	亚太2国	老/柬/缅	LDC 98/97/95	
0	0	0	0	0	0	0	0			0	0/0/	0	0	0	0	0	0/0/0/0/0			0/0/0	--Of beech (Fagus spp.)
0	0	0	0	0	0	0	0			0	0/0/	0	0	0	0	0	0/0/0/0/0			0/0/0	--Of maple (Acer spp.)
0	0	0	0	0	0	0	0			0	0/0/	0	0	0	0	0	0/0/0/0/0			0/0/0	--Of cherry (Prunus spp.)
0	0	0	0	0	0	0	0			0	0/0/	0	0	0	0	0	0/0/0/0/0			0/0/0	--Of ash (Fraxinus spp.)
0	0	0	0	0	0	0	0			0	0/0/		0	0	0	0	0/0/0/0/0			0/0/0	--Of birch (Betula spp.)
0	0	0	0	0	0	0	0			0	0/0/		0	0	0	0	0/0/0/0/0			0/0/0	--Of poplar and aspen (Populus spp.)
0	0	0	0	0	0	0	0			0	0/0/	0	0	0	0	0	0/0/0/0/0			0/0/0	---Of rosewood, other than tropical wood of subheading 4407. 2940
0	0	0	0	0	0	0	0			0	0/0/	0	0	0	0	0	0/0/0/0/0			0/0/0	---Of Paulownia

商品编号	商品名称及备注[检验检疫编码及名称]	进口关税(%)		增值税率(%)	消费税	计量单位	监管条件	检验检疫类别	对美税率	出口税率(%)	出口退税率(%)
		最惠国	普通								
44079930	---北美硬阔叶木										0
4407993010	端部接合的北美硬阔叶材厚板材(纵锯纵切刨切或旋切,厚度超过6毫米)〔999〕	0	14	13		千克/立方米	AB	P/Q		0	
4407993090	非端部接合的北美硬阔叶材厚板材(纵锯纵切刨切或旋切,厚度超过6毫米)〔999〕	0	14	13		千克/立方米	AB	P/Q		0	
44079980	---其他未列名的温带非针叶木										0
4407998011	端部接合其他未列名的温带濒危非针叶板材(纵锯、纵切、刨切或旋切的,厚度超过6毫米)〔999〕	0	14	13		千克/立方米	FEAB	P/Q	25%	0	
4407998019	端部接合的其他未列名的温带非针叶厚板材(纵锯、纵切、刨切或旋切的,厚度超过6毫米)〔999〕	0	14	13		千克/立方米	AB	P/Q	25%	0	
4407998091	非端部结合其他未列名的温带濒危非针叶厚板材(纵锯、纵切、刨切或旋切的,厚度超过6毫米)〔999〕	0	14	13		千克/立方米	4ABEFxy	P/Q	25%	0	
4407998099	非端部接合的其他未列名的温带非针叶厚板材(纵锯、纵切、刨切或旋切的,厚度超过6毫米)〔999〕	0	14	13		千克/立方米	4ABxy	P/Q	25%	0	
44079990	---其他										0
4407999012	端部接合的沉香木及拟沉香木厚板材(经纵锯、纵切、刨切或旋切的,厚度超过6毫米)〔999〕	0	14	13		千克/立方米	AFEB	P/Q	20%	0	
4407999015	端部接合的其他濒危木厚板材(经纵锯、纵切、刨切或旋切的,厚度超过6毫米)〔101 针叶木木材〕,〔102 其他非针叶木材〕	0	14	13		千克/立方米	AFEB	P/Q	20%	0	
4407999019	端部接合的其他木厚板材(经纵锯、纵切、刨切或旋切的,厚度超过6毫米)〔101 针叶木木材〕,〔102 其他非针叶木材〕	0	14	13		千克/立方米	AB	P/Q	20%	0	
4407999092	非端部接合的沉香木及拟沉香木厚板材(经纵锯、纵切、刨切或旋切的,厚度超过6毫米)〔999〕	0	14	13		千克/立方米	y4xAFEB	P/Q	20%	0	
4407999095	非端部接合的其他濒危木厚板材(经纵锯、纵切、刨切或旋切的,厚度超过6毫米)〔101 针叶木木材〕,〔102 其他非针叶木材〕	0	14	13		千克/立方米	y4xAFEB	P/Q	20%	0	
4407999099	非端部接合的其他木厚板材(经纵锯、纵切、刨切或旋切的,厚度超过6毫米)〔101 针叶木木材〕,〔102 其他非针叶木材〕	0	14	13		千克/立方米	y4xAB	P/Q	20%	0	
4408	**饰面用单板(包括刨切积层木获得的单板)、制胶合板或类似多层板用单板以及其他经纵锯、刨切或旋切的木材,不论是否刨平、砂光、拼接或端部结合,厚度不超过6毫米:**										
44081011	----用胶合板等多层板制的										0
4408101110 暂0	胶合板等多层板制濒危针叶木单板(厚度≤6毫米,饰面用)〔999〕	6	40	13		千克	ABFE	M. P/Q		0	
4408101190 暂0	其他胶合板等多层板制针叶木单板(厚度≤6毫米,饰面用)〔999〕	6	40	13		千克	AB	M. P/Q		0	
44081019	----其他										0
4408101910 暂0	其他饰面濒危针叶木单板(厚度≤6毫米)〔999〕	4	40	13		千克	ABFE	M. P/Q	20%	0	
4408101990 暂0	其他饰面针叶木单板(厚度≤6毫米)〔999〕	4	40	13		千克	AB	M. P/Q	20%	0	
44081020	---制胶合板用单板										0
4408102010 暂0	制胶合板用濒危针叶木单板(厚度≤6毫米)〔999〕	4	17	13		千克	ABFE	M. P/Q		0	
4408102090 暂0	其他制胶合板用针叶木单板(厚度≤6毫米)〔999〕	4	17	13		千克	AB	M. P/Q		0	
44081090	---其他										0
4408109010 暂0	其他濒危针叶木单板材(经纵锯,刨切或旋切的,厚度≤6毫米)〔999〕	4	30	13		千克	ABFE	P/Q	25%	0	
4408109090 暂0	其他针叶木单板材(经纵锯,刨切或旋切的,厚度≤6毫米)〔999〕	4	30	13		千克	AB	P/Q	25%	0	
44083111	----用胶合板等多层板制的										0
4408311100 暂0	胶合板多层板制饰面红柳桉木单板(指深红色、浅红色红柳桉木及巴栲红柳桉木,厚度≤6毫米)〔999〕	6	40	13		千克	AB	M. P/Q		0	
44083119	----其他										0
4408311900 暂0	其他饰面用红柳桉木单板(深红色、浅红色红柳桉木巴栲红柳桉木,厚度≤6毫米)〔999〕	4	40	13		千克	AB	P/Q	25%	0	
44083120	---制胶合板用单板										0
4408312000 暂0	红柳桉木制的胶合板用单板(深红色、浅红色红柳桉木巴栲红柳桉木,厚度≤6毫米)〔999〕	4	17	13		千克	AB	M. P/Q		0	
44083190	---其他										0
4408319000 暂0	红柳桉木制的其他单板(深红色、浅红色红柳桉木巴栲红柳桉木,厚度≤6毫米)〔999〕	4	30	13		千克	AB	P/Q		0	
44083911	----用胶合板等多层板制的										0
4408391110 暂0	胶合板多层板制饰面濒危桃花心木单板(厚度≤6毫米)〔999〕	6	40	13		千克	ABFE	M. P/Q		0	
4408391120 暂0	胶合板多层板制饰面拉敏木单板(厚度≤6毫米)〔999〕	6	40	13		千克	ABFE	M. P/Q		0	
4408391130 暂0	厚度≤6毫米胶合板多层板制饰面濒危热带木单板〔101 针叶木薄板〕,〔102 非针叶木薄板〕	6	40	13		千克	ABFE	M. P/Q		0	

协定税率(%)																		特惠税率(%)			
智利	新西兰	澳大利亚	瑞士	冰岛	秘鲁	哥斯达	东盟	亚太	新加坡	巴基斯坦	港/澳/台	韩国	格鲁吉亚	毛里求斯	柬埔寨	尼加拉瓜	日/韩/澳/新/东(RCEP)	亚太2国	老/柬/缅	LDC 98/97/95	Article Description
0	0	0	0	0	0	0	0			0	0/0/	0	0	0	0	0	0/0/0/0/0			0/0/0	---North American hard wood
0	0	0	0	0	0	0	0			0	0/0/	0	0	0	0	0	0/0/0/0/0			0/0/0	---Other temperate non-coniferous wood, not elsewhere specified or included
0	0	0	0	0	0	0	0			0	0/0/	0	0	0	0	0	0/0/0/0/0			0/0/0	---Other
																					Sheets for veneering (including those obtained by slicing laminated wood), for plywood or for similar laminated wood and other wood, sawn lengthwise, sliced or peeled, whether or not planed, sanded, spliced or end-jointed, of a thickness not exceeding 6mm:
0	0	0	0	0	0	0	5				0/0/	2.6		0	0	0	//7.4/7.4/7.4			0/0/	----Of laminated plywood
0	0	0	0	0	0	0	0		0	0	0/0/	0		0	0	0	2.9/0/0/0/0			0/0/0	----Other
0	0	0	0	0	0	0	0		0	0	0/0/	0		0	0	0	2.9/0/0/0/0			0/0/0	---Sheets for plywood
0	0	0	0	0	0	0	0		0	0	0/0/	0		0	0	0	2.9/0/0/0/0			0/0/0	---Other
0	0	0	0	0	0	0	5				0/0/	3.3		0	0	0	//9.3/9.3/9.3			0/0/	----Of laminated plywood
0	0	0	0	0	0	0	0		0	0	0/0/	0		0	0	0	2.9/0/0/0/0			0/0/0	----Other
0	0	0	0	0	0	0	0		0	0	0/0/	0		0	0	0	2.9/0/0/0/0			0/0/0	---Sheets for plywood
0	0	0	0	0	0	0	0		0	0	0/0/	0		0	0	0	2.9/0/0/0/0			0/0/0	---Other
0	0	0	0	0	0	0	5	4.2			0/0/	3.3		0	0	0	//3.7/3.7/3.7			0/0/	----Of laminated plywood

商品编号	商品名称及备注［检验检疫编码及名称］	进口关税(%)		增值税率(%)	消费税	计量单位	监管条件	检验检疫类别	对美税率	出口税率(%)	出口退税率(%)
		最惠国	普通								
4408391190[暂0]	厚度≤6毫米胶合板多层板制饰面热带木单板〔101 针叶木薄板〕,〔102 非针叶木薄板〕	6	40	13		千克	AB	M. P/Q		0	
44083919	----其他										0
4408391910[暂0]	其他饰面用濒危桃花心木单板(厚度不超过6毫米)〔999〕	4	40	13		千克	ABFE	P/Q	25%	0	
4408391930[暂0]	厚度≤6毫米其他濒危热带木制饰面用单板〔101 针叶木薄板〕,〔102 非针叶木薄板〕	4	40	13		千克	ABFE	P/Q	25%	0	
4408391990[暂0]	厚度≤6毫米其他热带木饰面用单板〔101 针叶木薄板〕,〔102 非针叶木薄板〕	4	40	13		千克	AB	P/Q	25%	0	
44083920	---制胶合板用单板										0
4408392010[暂0]	其他濒危桃花心木制的胶合板用单板(厚度≤6毫米)〔999〕	4	17	13		千克	ABFE	M. P/Q		0	
4408392020[暂0]	其他拉敏木制的胶合板用单板(厚度≤6毫米)〔999〕	4	17	13		千克	ABFE	M. P/Q		0	
4408392030[暂0]	其他濒危热带木制的胶合板用单板(厚度≤6毫米)〔101 针叶木薄板〕,〔102 非针叶木薄板〕	4	17	13		千克	ABFE	M. P/Q		0	
4408392090[暂0]	其他列名热带木制的胶合板用单板(厚度≤6毫米)〔101 针叶木薄板〕,〔102 非针叶木薄板〕	4	17	13		千克	AB	M. P/Q		0	
44083990	---其他										0
4408399010[暂0]	其他濒危桃花心木制的其他单板(厚度≤6毫米)〔999〕	4	30	13		千克	ABFE	P/Q	25%	0	
4408399030[暂0]	其他列名濒危热带木制的其他单板(厚度≤6毫米)〔101 针叶木薄板〕,〔102 非针叶木薄板〕	4	30	13		千克	ABFE	P/Q	25%	0	
4408399090[暂0]	其他列名的热带木制的其他单板(厚度≤6毫米)〔101 针叶木薄板〕,〔102 非针叶木薄板〕	4	30	13		千克	AB	P/Q	25%	0	
44089011	----用胶合板等多层板制的										0
4408901110[暂0]	胶合板多层板制饰面濒危木单板(厚度≤6毫米)〔101 针叶木薄板〕,〔102 非针叶木薄板〕	4	40	13		千克	ABFE	M. P/Q	20%	0	
4408901190[暂0]	胶合板多层板制饰面其他木单板(厚度≤6毫米,针叶木、热带木除外)〔101 针叶木薄板〕,〔102 非针叶木薄板〕	4	40	13		千克	AB	M. P/Q	20%	0	
44089012	----温带非针叶木制										0
4408901210[暂0]	温带濒危非针叶木制饰面用木单板(厚度≤6毫米,针叶木、热带木除外)〔999〕	3	40	13		千克	ABFE	P/Q	20%	0	
4408901290[暂0]	其他温带非针叶木制饰面用木单板(厚度≤6毫米,针叶木、热带木除外)〔999〕	3	40	13		千克	AB	P/Q	20%	0	
44089013	----竹制										0
4408901310[暂0]	野生濒危竹制饰面用单板(厚度≤6毫米,不包括人工培植的)〔999〕	4	40	13		千克	ABE	P/Q		0	
4408901390[暂0]	其他竹制饰面用单板(厚度≤6毫米)〔999〕	4	40	13		千克	AB	P/Q		0	
44089019	----其他										0
4408901911[暂0]	家具饰面用濒危木单板(厚度≤6毫米)〔101 针叶木薄板〕,〔102 非针叶木薄板〕	3	40	13		千克	ABFE	M. P/Q	5%	0	
4408901919[暂0]	其他家具饰面用单板(厚度≤6毫米)〔101 针叶木薄板〕,〔102 非针叶木薄板〕	3	40	13		千克	AB	M. P/Q	5%	0	
4408901991[暂0]	其他饰面用濒危木单板(厚度≤6毫米)〔101 针叶木薄板〕,〔102 非针叶木薄板〕	3	40	13		千克	ABFE	M. P/Q	5%	0	
4408901999[暂0]	其他饰面用单板(厚度≤6毫米)〔101 针叶木薄板〕,〔102 非针叶木薄板〕	3	40	13		千克	AB	M. P/Q	5%	0	
44089021	----温带非针叶木制										0
4408902110[暂0]	温带濒危非针叶木制胶合板用单板(厚度≤6毫米)〔999〕	3	17	13		千克	ABFE	M. P/Q	25%	0	
4408902190[暂0]	其他温带非针叶木制胶合板用单板(厚度≤6毫米)〔999〕	3	17	13		千克	AB	M. P/Q	25%	0	
44089029	----其他										0
4408902911[暂0]	其他濒危木制胶合板用旋切单板(厚度≤6毫米)〔101 针叶木薄板〕,〔102 非针叶木薄板〕	3	17	13		千克	ABFE	M. P/Q		0	
4408902919[暂0]	其他濒危木制胶合板用其他单板(厚度≤6毫米,旋切单板除外)〔101 针叶木薄板〕,〔102 非针叶木薄板〕	3	17	13		千克	ABFE	M. P/Q		0	
4408902991[暂0]	其他木制胶合板用旋切单板(厚度≤6毫米)〔101 针叶木薄板〕,〔102 非针叶木薄板〕	3	17	13		千克	AB	M. P/Q		0	
4408902999[暂0]	其他木制胶合板用其他单板(厚度≤6毫米,旋切单板除外)〔101 针叶木薄板〕,〔102 非针叶木薄板〕	3	17	13		千克	AB	M. P/Q		0	
44089091	----温带非针叶木制										0
4408909110[暂0]	温带濒危非针叶木制其他单板材(经纵锯,刨切或旋切的,厚度≤6毫米)〔999〕	3	30	13		千克	ABFE	P/Q	25%	0	
4408909190[暂0]	温带非针叶木制其他单板材(经纵锯,刨切或旋切的,厚度≤6毫米)〔999〕	3	30	13		千克	AB	P/Q	25%	0	
44089099	----其他										0
4408909910[暂0]	其他濒危木制的其他单板材(经纵锯,刨切或旋切的,厚度≤6毫米)〔101 针叶木薄板〕,〔102 非针叶木薄板〕	3	30	13		千克	ABFE	P/Q	20%	0	
4408909990[暂0]	其他木材,但针叶木热带木除外(经纵锯,刨切或旋切的,厚度≤6毫米)〔999〕	3	30	13		千克	AB	P/Q	20%	0	
4409	**任何一边、端或面制成连续形状(舌榫、槽榫、半槽榫、斜角、V形接头、珠榫、缘饰、刨圆及类似形状)的木材(包括未装拼的拼花地板用板条及缘板),不论其任意一边或面是否刨平、砂光或端部接合:**										
44091010	---地板条(块)										0

协定税率(%)																		特惠税率(%)			Article Description
智利	新西兰	澳大利亚	瑞士	冰岛	秘鲁	哥斯达	东盟	亚太	新加坡	巴基斯坦	港/澳/台	韩国	格鲁吉亚	毛里求斯	柬埔寨	尼加拉瓜	日/韩/澳/新/东(RCEP)	亚太2国	老/柬/缅	LDC 98/97/95	
0	0	0	0	0	0	0	0		0	0	0/0/	0		0	0	0	2.2/0/0/0/0			0/0/0	----Other
0	0	0	0	0	0	0	0	3.6	0	0	0/0/	0		0	0	0	2.2/0/0/0/0			0/0/0	---Sheets for plywood
0	0	0	0	0	0	0	0		0	0	0/0/	0		0	0	0	2.2/0/0/0/0			0/0/0	---Other
0	0	0	0	0	0	0		2.8			0/0/	1.3		0	0	0	//3.7/3.7/3.7			0/0/	----Of laminated plywood
0	0	0	0	0	0	0	0		0	0	0/0/	0		0	0	0	2.2/0/0/0/0			0/0/0	----Of temperate non-coniferous wood
0	0	0	0	0	0	0		2.8			0/0/	1.3		0	0	0	//3.7/3.7/3.7			0/0/	----Of bamboo
0	0	0	0	0	0	0	0		0	0	0/0/	0		0	0	0	2.2/0/0/0/0			0/0/0	----Other
0	0	0	0	0	0	0	0		0	0	0/0/	0		0	0	0	2.2/0/0/0/0			0/0/0	----Of temperate non-coniferous wood
0	0	0	0	0	0	0	0		0	0	0/0/	0		0	0	0	2.2/2.1/2.1/2.1/2.1			0/0/0	----Other
0	0	0	0	0	0	0	0		0	0	0/0/	0		0	0	0	2.2/0/0/0/0			0/0/0	----Of temperate non-coniferous wood
0	0	0	0	0	0	0	0		0	0	0/0/	0		0	0	0	2.2/0/0/0/0			0/0/0	----Other
																					Wood (including strips and friezes for parquet flooring, not assembled) continuously shaped (tongues, grooved, rebated, chamfered, V-jointed, beaded, moulded, rounded or the like) along any of its "edges, ends or faces, whether or not planed, sanded or end-jointed":
0	0	0	0	0	0	0	0		0	0	0/0/	0		0	0	0	5.5/5.3/0/0/0			0/0/0	---Floor board strips

商品编号	商品名称及备注[检验检疫编码及名称]	进口关税(%)		增值税率(%)	消费税	计量单位	监管条件	检验检疫类别	对美税率	出口税率(%)	出口退税率(%)
		最惠国	普通								
4409101010[暂0]	一边或面制成连续形状的濒危针叶木制地板条、块(包括未装拼的拼花地板用板条及缘板)〔999〕	6	50	13	5%	千克	ABFE	P/Q		0	
4409101090[暂0]	一边或面制成连续形状的其他针叶木地板条,块(包括未装拼的拼花地板用板条及缘板)〔999〕	6	50	13	5%	千克	AB	P/Q		0	
44091090	---其他										0
4409109010[暂0]	一边或面制成连续形状濒危针叶木材〔999〕	6	50	13		千克	ABFE	P/Q		0	
4409109090[暂0]	其他一边或面制成连续形状的针叶木材〔999〕	6	50	13		千克	AB	P/Q		0	
44092110	---地板条(块)										
4409211010[暂0]	一边或面制成连续形状的野生濒危竹地板条(块)(包括未装拼的拼花竹地板用板条及缘板,不包括人工培植的)〔999〕	4	50	13		千克	ABE	P/Q		0	0
4409211090[暂0]	一边或面制成连续形状的竹地板条(块)(包括未装拼的拼花竹地板用板条及缘板)〔999〕	4	50	13		千克	AB	P/Q		0	13
44092190	---其他										
4409219010[暂0]	一边或面制成连续形状的其他野生濒危竹材(不包括人工培植的)〔999〕	4	50	13		千克	ABE	P/Q		0	0
4409219090[暂0]	一边或面制成连续形状的其他竹材〔999〕	4	50	13		千克	AB	P/Q		0	13
44092210	---地板条(块)										0
4409221020[暂0]	一边或面制成连续形状的濒危桃花心木地板条、块(包括未装拼的桃花心木拼花地板用板条及缘板)〔999〕	4	50	13	5%	千克	ABFE	P/Q		0	
4409221030[暂0]	一边或面制成连续形状的其他濒危热带木地板条、块(包括未装拼的其他濒危热带木拼花地板用板条及缘板)〔999〕	4	50	13	5%	千克	ABFE	P/Q		0	
4409221090[暂0]	一边或面制成连续形状的其他热带木地板条、块(包括未装拼的其他热带木拼花地板用板条及缘板)〔999〕	4	50	13	5%	千克	AB	P/Q		0	
44092290	---其他										0
4409229020[暂0]	一边或面制成连续形状的濒危桃花心木〔999〕	4	50	13		千克	ABFE	P/Q		0	
4409229030[暂0]	一边或面制成连续形状的其他濒危热带木〔999〕	4	50	13		千克	ABFE	P/Q		0	
4409229090[暂0]	一边或面制成连续形状的其他热带木〔999〕	4	50	13		千克	AB	P/Q		0	
44092910	---地板条(块)										0
4409291030[暂0]	一边或面制成连续形状的其他濒危木地板条、块(包括未装拼的其他濒危木拼花地板用板条及缘板)〔999〕	4	50	13	5%	千克	ABFE	P/Q	5%	0	
4409291090[暂0]	一边或面制成连续形状的其他非针叶木地板条、块(包括未装拼的其他非针叶木拼花地板用板条及缘板)〔999〕	4	50	13	5%	千克	AB	P/Q	5%	0	
44092990	---其他										0
4409299030[暂0]	一边或面制成连续形状的其他濒危木〔101 针叶木木材〕,〔102 其他非针叶木材〕	4	50	13		千克	ABFE	P/Q	25%	0	
4409299090[暂0]	一边或面制成连续形状的其他非针叶木材〔999〕	4	50	13		千克	AB	P/Q	25%	0	
4410	**碎料板、定向刨花板(OSB)及类似板(例如,华夫板),木或其他木质材料制,不论是否用树脂或其他有机黏合剂黏合:**										
44101100	--碎料板										13
4410110000[暂0]	木制碎料板(不论是否用树脂或其他有机黏合剂黏合)〔101 其他胶合板〕,〔102 其他碎木料、锯末、刨花〕	4	40	13		千克	AB	P/Q	25%	0	
44101200	--定向刨花板(OSB)										13
4410120000[暂0]	木制定向刨花板(OSB)(不论是否用树脂或其他有机黏合剂黏合)〔999〕	4	40	13		千克	AB	P/Q	25%	0	
44101900	--其他										13
4410190000[暂0]	其他木制板(不论是否用树脂或其他有机黏合剂黏合)〔999〕	4	40	13		千克	AB	P/Q	25%	0	
44109011	----麦稻秸秆制										13
4410901100	麦稻秸秆制碎料板(不论是否用树脂或其他有机黏合剂黏合)〔999〕	6	40	13		千克	AB	P/Q		0	
44109019	----其他										13
4410901900	其他碎料板(不论是否用树脂或其他有机黏合剂黏合)〔999〕	6	40	13		千克	AB	P/Q	11%	0	
44109090	---其他										13
4410909000	其他板(不论是否用树脂或其他有机黏合剂黏合)〔101 其他厚度超过 6 毫米的板材、方材、垫木〕,〔102 其他厚度小于或等于 6 毫米的薄板〕	6	40	13		千克	AB	P/Q		0	
4411	**木纤维板或其他木质材料纤维板,不论是否用树脂或其他有机黏合剂黏合:**										
44111211	----未经机械加工或盖面的										13
4411121100[暂0]	密度>0.8 克/立方厘米且厚度≤5 毫米的中密度纤维板(未经机械加工或盖面的)〔101 针叶木纤维板〕,〔102 非针叶木纤维板〕,〔103 其他纤维板〕	4	40	13		千克	AB	P/Q	25%	0	
44111219	----其他										13
4411121900[暂0]	密度>0.8 克/立方厘米且厚度≤5 毫米的其他中密度纤维板〔101 针叶木纤维板〕,〔102 非针叶木纤维板〕,〔103 其他纤维板〕	6	40	13		千克	AB	P/Q	20%	0	

协定税率(%)																		特惠税率(%)			
智利	新西兰	澳大利亚	瑞士	冰岛	秘鲁	哥斯达	东盟	亚太	新加坡	巴基斯坦	港/澳/台	韩国	格鲁吉亚	毛里求斯	柬埔寨	尼加拉瓜	日/韩/澳/新/东(RCEP)	亚太2国	老/柬/缅	LDC 98/97/95	Article Description
0	0	0	0	0	0	0	0		0	0	0/0/	0		0	0	0	5.5/0/0/0/0			0/0/0	---Other
0	0	0	0	0	0	0	0		0	0	0/0/	0		0	0	0	2.9/0/0/0/0			0/0/0	---Floor board strips
0	0	0	0	0	0	0	0		0	0	0/0/	0	0	0	0	0	0/0/0/0/0			0/0/0	---Other
0	0	0	0	0	0	0	0		0	0	0/0/	0		0	0	0	2.9/0/0/0/0			0/0/0	---Floor board strips
0	0	0	0	0	0	0	0		0	0	0/0/	0		0	0	0	2.9/0/0/0/0			0/0/0	---Other
0	0	0	0	0	0	0	0		0	0	0/0/	0		0	0	0	2.9/0/0/0/0			0/0/0	---Floor board strips
0	0	0	0	0	0	0	0		0	0	0/0/	0		0	0	0	2.9/0/0/0/0			0/0/0	---Other
																					Particle board, oriented strand board (OSB) and similar board (for example, waferboard) of wood or other ligneous materials, whether or not agglomerated with resins or other organic binding substances:
0	0		0								0/0/			0	0	3.2				0//	--Particle board
0	0		0								0/0/			0	0	0				0//	--Oriented strand board (OSB)
0	0		0								0/0/			0	0	3.2				0//	--Other
																					----Of wheat or rice straw
																					----Other
																					---Other
																					Fibreboard of wood or other ligneous materials, whether or not bonded with resins or other organic substances:
0	0		0								0/0/	1.3		0	0	3.2	//3.7/3.7/3.7			0//	----Not mechanically worked or surface covered
0	0		0								0/0/	0		0	0	4.8				0//	----Other

商品编号	商品名称及备注［检验检疫编码及名称］	进口关税(%) 最惠国	普通	增值税率(%)	消费税	计量单位	监管条件	检验检疫类别	对美税率	出口税率(%)	出口退税率(%)
44111221	----辐射松制的										13
4411122100[暂0]	辐射松制的0.5克/立方厘米<密度≤0.8克/立方厘米且厚≤5毫米的中密度纤维板〔999〕	4	40	13		千克	AB	P/Q		0	
44111229	----其他										13
4411122900[暂0]	0.5克/立方厘米<密度≤0.8克/立方厘米且厚度≤5毫米的其他中密度纤维板(辐射松制的除外)〔101 针叶木纤维板〕,〔102 非针叶木纤维板〕,〔103 其他纤维板〕	4	40	13		千克	AB	P/Q	20%	0	
44111291	----未经机械加工或盖面的										13
4411129100[暂0]	未经机械加工或盖面的其他厚度≤5毫米的中密度纤维板〔101 针叶木纤维板〕,〔102 非针叶木纤维板〕,〔103 其他纤维板〕	6	40	13		千克	AB	P/Q		0	
44111299	----其他										13
4411129900[暂0]	其他厚度≤5毫米的中密度纤维板〔999〕	4	40	13		千克	AB	P/Q		0	
44111311	----未经机械加工或盖面的										13
4411131100[暂0]	密度>0.8克/立方厘米且5毫米<厚度≤9毫米的中密度纤维板(未经机械加工或盖面的)〔101 针叶木纤维板〕,〔102 非针叶木纤维板〕,〔103 其他纤维板〕	4	40	13		千克	AB	P/Q	20%	0	
44111319	----其他										13
4411131900[暂0]	密度>0.8克/立方厘米且5毫米<厚度≤9毫米的其他中密度纤维板〔101 针叶木纤维板〕,〔102 非针叶木纤维板〕,〔103 其他纤维板〕	6	40	13		千克	AB	M. P/Q	25%	0	
44111321	----辐射松制的										13
4411132100[暂0]	辐射松制的0.5克/立方厘米<密度≤0.8克/立方厘米且5毫米<厚度≤9毫米中密度纤维板〔999〕	4	40	13		千克	AB	P/Q		0	
44111329	----其他										13
4411132900[暂0]	0.5克/立方厘米<密度≤0.8克/立方厘米且5毫米<厚度≤9毫米其他中密度纤维板(辐射松制的除外)〔101 针叶木纤维板〕,〔102 非针叶木纤维板〕,〔103 其他纤维板〕	4	40	13		千克	AB	P/Q		0	
44111391	----未经机械加工或盖面的										13
4411139100[暂0]	未机械加工或盖面的其他5毫米<厚度≤9毫米中密度纤维板〔101 针叶木纤维板〕,〔102 非针叶木纤维板〕,〔103 其他纤维板〕	6	40	13		千克	AB	P/Q		0	
44111399	----其他										13
4411139900[暂0]	其他5毫米<厚度≤9毫米中密度纤维板〔101 针叶木纤维板〕,〔102 非针叶木纤维板〕,〔103 其他纤维板〕	4	40	13		千克	AB	P/Q		0	
44111411	----未经机械加工或盖面的										13
4411141100[暂0]	密度>0.8克/立方厘米且厚度>9毫米的中密度纤维板(未经机械加工或盖面的)〔999〕	4	40	13		千克	AB	P/Q		0	
44111419	----其他										13
4411141900[暂0]	密度>0.8克/立方厘米且厚度>9毫米 的其他中密度纤维板〔999〕	6	40	13		千克	AB	M. P/Q	25%	0	
44111421	----辐射松制的										13
4411142100[暂0]	辐射松制的0.5克/立方厘米<密度≤0.8克/立方厘米且厚度>9毫米中密度纤维板〔999〕	4	40	13		千克	AB	P/Q	25%	0	
44111429	----其他										13
4411142900[暂0]	0.5克/立方厘米<密度≤0.8克/立方厘米且厚度>9毫米其他中密度纤维板(辐射松制的除外)〔101 针叶木纤维板〕,〔102 非针叶木纤维板〕,〔103 其他纤维板〕	4	40	13		千克	AB	P/Q	25%	0	
44111491	----未经机械加工或盖面的										13
4411149100[暂0]	未经机械加工或盖面的其他厚度>9毫米中密度纤维板〔999〕	6	40	13		千克	AB	P/Q		0	
44111499	----其他										13
4411149900[暂0]	其他厚度>9毫米的中密度纤维板〔101 针叶木纤维板〕,〔102 非针叶木纤维板〕,〔103 其他纤维板〕	4	40	13		千克	AB	P/Q	25%	0	
44119210	---未经机械加工或盖面的										13
4411921000[暂0]	密度>0.8克/立方厘米的未经机械加工或盖面的其他纤维板〔101 针叶木纤维板〕,〔102 非针叶木纤维板〕,〔103 其他纤维板〕	4	40	13		千克	AB	P/Q	25%	0	
44119290	---其他										13
4411929000[暂0]	密度>0.8克/立方厘米的其他纤维板〔999〕	6	40	13		千克	AB	M. P/Q	25%	0	
44119310	---辐射松制的										13
4411931000[暂0]	辐射松制的0.5克/立方厘米<密度≤0.8克/立方厘米的其他纤维板〔999〕	4	40	13		千克	AB	P/Q		0	
44119390	---其他										13
4411939000[暂0]	0.5克/立方厘米<密度≤0.8克/立方厘米的其他纤维板(辐射松制的除外)〔101 针叶木纤维板〕,〔102 非针叶木纤维板〕,〔103 其他纤维板〕	4	40	13		千克	AB	P/Q	25%	0	
44119410	---密度超过每立方厘米0.35克,但未超过每立方厘米0.5克										13
4411941000[暂0]	0.35克/立方厘米<密度≤0.5克/立方厘米的其他纤维板〔999〕	6	40	13		千克	AB	P/Q	25%	0	
44119421	----未经机械加工或盖面的										13
4411942100[暂0]	密度≤0.35克/立方厘米的未经机械加工或盖面的木纤维板〔101 针叶木纤维板〕,〔102 非针叶木纤维板〕,〔103 其他纤维板〕	6	40	13		千克	AB	P/Q		0	
44119429	----其他										13
4411942900[暂0]	密度≤0.35克/立方厘米的其他木纤维板〔999〕	4	40	13		千克	AB	P/Q	5%	0	

协定税率(%)																		特惠税率(%)			Article Description
智利	新西兰	澳大利亚	瑞士	冰岛	秘鲁	哥斯达	东盟	亚太	新加坡	巴基斯坦	港/澳/台	韩国	格鲁吉亚	毛里求斯	柬埔寨	尼加拉瓜	日/韩/澳/新/东(RCEP)	亚太2国	老/柬/缅	LDC 98/97/95	
0	0	0	0								0/0/	1.3		0	0	3.2	//3.7/3.7/3.7			0/0/	----Of radiata pine
0	0		0								0/0/	1.3		0	0	3.2	//3.7/3.7/3.7			0//	----Other
0	0		0				5				0/0/	2.5		0	0	4.8	//6.9/6.9/6.9			0//	----Not mechanically worked or surface covered
	0		0								0/0/	1.3		0	0		//3.7/3.7/3.7			0//	----Other
	0		0								0/0/			0	0					0//	----Not mechanically worked or surface covered
	0		3											0						0//	----Other
0	0	0	0								0/0/			0	0	3.2				0/0/	----Of radiata pine
0	0		0								0/0/			0	0	3.2				0//	----Other
0	0		0				5				0/0/			0	0	4.8				0//	----Not mechanically worked or surface covered
0	0		0								0/0/	1.3		0	0	3.2				0//	----Other
	0		0								0/0/	1.3		0	0					0//	----Not mechanically worked or surface covered
	0		3									2.5		0						0//	----Other
0	0	0	0								0/0/	1.3		0	0	3.2	//3.7/3.7/3.7			0/0/	----Of radiata pine
0	0		0								0/0/	1.3		0	0	3.2	//3.7/3.7/3.7			0//	----Other
0	0		0				5				0/0/	2.5		0	0	4.8	//6.9/6.9/6.9			0//	----Not mechanically worked or surface covered
0	0		0								0/0/	1.3		0	0	3.2	//3.7/3.7/3.7			0//	----Other
0	0		0								0/0/	1.3		0	0	3.2	//3.7/3.7/3.7			0//	---Not mechanically worked or surface covered
0	0		0								0/0/	2.5		0	0	4.8				0//	---Other
	0	0	0								0/0/			0	0	3.2				0/0/	---Of radiata pine
0	0		0								0/0/			0	0	3.2				0//	---Other
0	0		0				5				0/0/	2.5		0	0	4.8				0//	---Of a density exceeding 0.35g/cm^3 but not exceeding 0.5g/cm^3
	0		0								0/0/	2.5		0	0					0//	----Not mechanically worked or surface covered
	0		0								0/0/	1.3		0	0					0//	----Other

商品编号	商品名称及备注［检验检疫编码及名称］	进口关税(%) 最惠国	进口关税(%) 普通	增值税率(%)	消费税	计量单位	监管条件	检验检疫类别	对美税率	出口税率(%)	出口退税率(%)
4412	**胶合板、单板饰面板及类似的多层板：**										
44121011	----至少有一表层是热带木										
4412101111[暂0]	至少有一表层为濒危热带木薄板制濒危野生(不包括人工培植的)竹胶合板(每层厚度≤6毫米)〔999〕	6	30	13		千克/立方米	ABFE	M. P/Q	5%	0	0
4412101119[暂0]	至少有一表层为濒危热带木薄板制其他竹胶合板(每层厚度≤6毫米)〔999〕	6	30	13		千克/立方米	ABFE	M. P/Q	5%	0	0
4412101191[暂0]	至少有一表层是其他热带木薄板制濒危野生(不包括人工培植的)竹胶合板(每层厚度≤6毫米)〔999〕	6	30	13		千克/立方米	ABEF	M. P/Q	5%	0	0
4412101199[暂0]	至少有一表层是其他热带木薄板制其他竹胶合板(每层厚度≤6毫米)〔999〕	6	30	13		千克/立方米	AB	M. P/Q	5%	0	13
44121019	----其他										
4412101911[暂0]	至少有一表层为濒危非针叶木薄板制竹胶合板(每层厚度≤6毫米)〔999〕	4	30	13		千克/立方米	ABFE	M. P/Q	25%	0	0
4412101919[暂0]	其他至少有一表层为非针叶木薄板制竹胶合板(每层厚度≤6毫米)〔999〕	4	30	13		千克/立方米	AB	M. P/Q	25%	0	13
4412101991[暂0]	其他薄板制濒危野生竹胶合板(每层厚度≤6毫米,不包括人工培植的)〔999〕	4	30	13		千克/立方米	ABE	M. P/Q	25%	0	0
4412101999[暂0]	其他薄板制竹胶合板(每层厚度≤6毫米)〔999〕	4	30	13		千克/立方米	AB	M. P/Q	25%	0	13
44121020	---其他,至少有一表层是非针叶木										
4412102011[暂0]	至少有一表层是濒危非针叶木的濒危野生(不包括人工培植的)竹制的,其他胶合板、单板饰面板及类似的多层板〔999〕	6	30	13		千克/立方米	ABFE	M. P/Q		0	0
4412102019[暂0]	至少有一表层是其他非针叶木的其他濒危野生(不包括人工培植的)竹制的,其他胶合板、单板饰面板及类似的多层板〔999〕	6	30	13		千克/立方米	ABEF	M. P/Q		0	0
4412102091[暂0]	至少有一表层是濒危非针叶木的其他竹制的,其他胶合板、单板饰面板及类似的多层板〔999〕	6	30	13		千克/立方米	ABEF	M. P/Q		0	0
4412102099[暂0]	至少有一表层是其他非针叶木的其他竹制的,其他胶合板、单板饰面板及类似的多层板〔999〕	6	30	13		千克/立方米	AB	M. P/Q		0	13
44121093	----中间至少有一层是本章本国注释一所列的热带木①										
4412109310[暂0]	中间至少有一层是本章本国注释一所列的热带木的,其他濒危野生(不包括人工培植的)竹制胶合板及类似的多层板〔999〕	6	30	13		千克/立方米	ABEF	M. P/Q		0	0
4412109390[暂0]	中间至少有一层是本章本国注释一所列的热带木的,其他竹制胶合板及类似的多层板〔999〕	6	30	13		千克/立方米	AB	M. P/Q		0	13
44121094	----其他,中间至少有一层是其他热带木										
4412109410[暂0]	中间至少有一层是其他热带木的,其他濒危野生(不包括人工培植的)竹制胶合板及类似的多层板〔999〕	6	30	13		千克/立方米	ABEF	M. P/Q		0	0
4412109490[暂0]	中间至少有一层是其他热带木的,其他竹制胶合板及类似的多层板〔999〕	6	30	13		千克/立方米	AB	M. P/Q		0	13
44121095	----其他,中间至少含有一层木碎料板										
4412109510[暂0]	中间至少含有一层木碎料板的,其他濒危野生(不包括人工培植的)竹制胶合板及类似的多层板〔999〕	6	30	13		千克/立方米	ABEF	M. P/Q		0	0
4412109590[暂0]	中间至少含有一层木碎料板的,其他竹制胶合板及类似的多层板〔999〕	6	30	13		千克/立方米	AB	M. P/Q		0	13
44121099	----其他										
4412109910[暂0]	其他濒危野生(不包括人工培植的)竹制胶合板、单板饰面板及类似的多层板〔999〕	4	30	13		千克/立方米	ABE	M. P/Q		0	0
4412109990[暂0]	其他竹制胶合板、单板饰面板及类似的多层板〔999〕	4	30	13		千克/立方米	AB	M. P/Q		0	13
44123100	--至少有一表层是热带木										
4412310010[暂0]	至少有一表层为濒危桃花心木薄板制胶合板(每层厚度≤6毫米)〔999〕	6	30	13		千克/立方米	ABFE	M. P/Q	25%	0	0
4412310020[暂0]	至少有一表层为拉敏木薄板制胶合板(每层厚度≤6毫米)〔999〕	6	30	13		千克/立方米	ABFE	M. P/Q	25%	0	13
4412310030[暂0]	至少有一表层为濒危热带木薄板制胶合板(每层厚度≤6毫米)〔999〕	6	30	13		千克/立方米	ABFE	M. P/Q	25%	0	0

① 所称“热带木”,是指下列木材:大叶帽柱木、非洲桃花心木、西非红豆木、箭毒木、阿兰木、圭亚那苦油楝木、非洲甘比山榄木、杜楝木、非洲栎柞木、婆罗双木、美洲轻木、白驼峰楝木、黑驼峰楝木、卡蒂沃木、雪松木、西非褐红椴木、深红色红柳桉木、非洲核桃楝木、阿夫苏木、象牙海岸榄仁木、破布木、吉贝木、丝棉木、乔状黄牛木、安哥拉丛花木、巴西胡桃木、皮蚁木、伊罗科木、拟爱神木、夹竹桃木、巴西红木、绒根木、龙脑香木、开姆帕斯木、羯布罗香木、康多非洲楝木、象牙海岸褐红椴木、象牙海岸翼梧桐木、浅红色红柳桉木、非洲榄仁木、南美樟木、圭亚那铁线子木、西印度桃花心木、猴子果木、肖氏夸利亚木、曼孙梧桐木、马来蝴蝶木、巴栲红柳桉木、粗轴坡垒木、印茄木、斯温漆木、异翅香木、非洲梨木、非洲银叶木、胶木、非洲白梧桐木、加蓬榄木、蓖麻木、爱里古夷苏木、奥文科尔木、中非蜡烛木、紫檀木、人面子木、危地马拉黑黄檀木、印度黑黄檀木、巴西黑黄檀木、巴西柚、巴西花梨木、白坚木、鸡骨常山木、印马四出香木、大沃契希亚木、东西亚棱柱木、萨撇列木、萌生木棉木、苏帕楠木、西波木、苏古皮拉木、红椿木、圭亚那考拉玉蕊木、柚木、安哥拉香桃花心木、非洲阿勃木、南美肉豆蔻木、白柳桉木、白色红柳桉木、白色柳桉木、黄色红柳桉木。

协定税率(%)																		特惠税率(%)			
智利	新西兰	澳大利亚	瑞士	冰岛	秘鲁	哥斯达	东盟	亚太	新加坡	巴基斯坦	港/澳/台	韩国	格鲁吉亚	毛里求斯	柬埔寨	尼加拉瓜	日/韩/澳/新/东(RCEP)	亚太2国	老/柬/缅	LDC 98/97/95	Article Description
																					Plywood, veneered panels and similar laminated wood:
0	0	0	0	0	0	0	5				0/0/	4		0	0	0	//4/4/4			0/0/	----With at least one outer ply of tropical wood
	0		0								0/0/	1.3		0	0					0//	----Other
	0	0	0		0	0	5			2.5	0/0/	3.3		0	0	4.8	//9.3/9.3/9.3			0/0/	---Other, with at least one outer ply of non-coniferous wood
	0		0								0/0/	2.6		0	0					0//	----With at least one inner ply of tropical wood, specified in national Note 1 to this Chapter
	0		0								0/0/	2.6		0	0		2.9/0/0/0/0			0//	----Other, with at least one inner ply of other tropical wood
	0		0								0/0/	3.3		0	0					0//	----Other, containing at least one inner layer of particle board
0	0	0	0	0	0	0	0		0	0	0/0/	0		0	0	0	2.9/0/0/0/0			0/0/0	----Other
0	0	0	0	0	0	0	5				0/0/	4		0	0	0	//4/4/4			0/0/	----With at least one outer ply of tropical wood

商品编号	商品名称及备注[检验检疫编码及名称]	进口关税(%)		增值税率(%)	消费税	计量单位	监管条件	检验检疫类别	对美税率	出口税率(%)	出口退税率(%)
		最惠国	普通								
4412310090[暂0]	至少有一表层是其他热带木制的胶合板(每层厚度≤6毫米,竹制除外)〔999〕	6	30	13		千克/立方米	AB	M. P/Q	25%	0	13
44123300	--其他,至少有一表层是下列非针叶木:桤木、白蜡木、水青冈木(山毛榉木)、桦木、樱桃木、栗木、榆木、桉木、山核桃、七叶树、椴木、槭木、栎木(橡木)、悬铃木、杨木、刺槐木、鹅掌楸或核桃木										
4412330010[暂0]	至少有一表层是濒危的下列非针叶木:白蜡木、水青冈木(山毛榉木)、桦木、樱桃木、榆木、椴木、槭木、鹅掌楸木薄板制胶合板(每层厚度≤6毫米,竹制除外)〔999〕	4	30	13		千克/立方米	ABFE	M. P/Q	25%	0	0
4412330090[暂0]	至少有一表层是下列非针叶木:桤木、白蜡木、水青冈木(山毛榉木)、桦木、樱桃木、栗木、榆木、桉木、山核桃、七叶树、椴木、槭木、栎木(橡木)、悬铃木、杨木、刺槐木、鹅掌楸或核桃木薄板制胶合板(每层厚度≤6毫米,竹制除外)〔999〕	4	30	13		千克/立方米	AB	M. P/Q	25%	0	13
44123410	---其他,至少有一表层是温带非针叶木(子目4412.33的非针叶木除外)										
4412341010[暂0]	至少有一表层是濒危温带非针叶木薄板制胶合板(每层厚度≤6毫米,竹制除外)〔999〕	4	30	13		千克/立方米	ABEF	M. P/Q	25%	0	0
4412341090[暂0]	至少有一表层是其他温带非针叶木薄板制胶合板(每层厚度≤6毫米,竹制除外)〔999〕	4	30	13		千克/立方米	AB	M. P/Q	25%	0	13
44123490	---其他										
4412349010[暂0]	至少有一表层是濒危其他非针叶胶合板(每层厚度≤6毫米,竹制除外)〔999〕	4	30	13		千克/立方米	ABEF	M. P/Q	25%	0	0
4412349090[暂0]	至少有一表层是其他非针叶胶合板(每层厚度≤6毫米,竹制除外)〔999〕	4	30	13		千克/立方米	AB	M. P/Q	25%	0	13
44123900	--其他,上下表层均为针叶木										
4412390010[暂0]	其他濒危薄板制胶合板,上下表层均为针叶木(每层厚度≤6毫米,竹制除外)〔101 针叶木胶合板〕,〔102 非针叶木胶合板〕,〔103 其他胶合板〕	4	30	13		千克/立方米	ABFE	M. P/Q	25%	0	0
4412390090[暂0]	其他薄板制胶合板,上下表层均为针叶木(每层厚度≤6毫米,竹制除外)〔101 针叶木胶合板〕,〔102 非针叶木胶合板〕,〔103 其他胶合板〕	4	30	13		千克/立方米	AB	M. P/Q	25%	0	13
44124100	--至少有一表层是热带木										
4412410010[暂0]	至少有一表层是濒危热带木的单板层积材〔999〕	6	30	13		千克/立方米	ABFE	M. P/Q	25%	0	0
4412410090[暂0]	其他至少有一表层是热带木的单板层积材〔999〕	6	30	13		千克/立方米	AB	M. P/Q	25%	0	0,13
44124200	--其他,至少有一表层是非针叶木										
4412420010[暂0]	其他至少有一表层是濒危非针叶木的单板层积材〔999〕	6	30	13		千克/立方米	ABFE	M. P/Q	25%	0	0
4412420090[暂0]	其他至少有一表层是非针叶木的单板层积材〔999〕	6	30	13		千克/立方米	AB	M. P/Q	25%	0	0,13
44124911	----中间至少有一层是本章本国注释一所列的热带木①										
4412491110[暂0]	其他涉濒危的单板层积材,上下表层均为针叶木,中间至少有一层是本章本国注释一所列热带木〔999〕	6	30	13		千克/立方米	ABFE	M. P/Q		0	0
4412491190[暂0]	其他单板层积材,上下表层均为针叶木,中间至少有一层是本章本国注释一所列热带木〔999〕	6	30	13		千克/立方米	AB	M. P/Q		0	13
44124919	----其他,中间至少有一层是其他热带木										
4412491910[暂0]	其他涉濒危的单板层积材,上下表层均为针叶木,中间至少有一层是其他热带木〔999〕	6	30	13		千克/立方米	ABFE	M. P/Q		0	0

① 所称“热带木”,是指下列木材:大叶帽柱木、非洲桃花心木、西非红豆木、箭毒木、阿兰木、圭亚那苦油楝木、非洲甘比山榄木、杜楝木、非洲栎柞木、婆罗双木、美洲轻木、白驼峰楝木、黑驼峰楝木、卡蒂沃木、雪松木、西非褐红椴木、深红色红柳桉木、非洲核桃楝木、阿夫苏木、象牙海岸榄仁木、破布木、吉贝木、丝棉木、乔状黄牛木、安哥拉丛花木、巴西胡桃木、皮蚁木、伊罗科木、拟爱神木、夹竹桃木、巴西红木、绒根木、龙脑香木、开姆帕斯木、羯布罗香木、康多非洲楝木、象牙海岸褐红椴木、象牙海岸翼梧桐木、浅红色红柳桉木、非洲榄仁木、南美樟木、圭亚那铁线子木、西印度桃花心木、猴子果木、肖氏夸利亚木、曼孙梧桐木、马来蝴蝶木、巴栲红柳桉木、粗轴坡垒木、印茄木、斯温漆木、异翅香木、非洲梨木、非洲银叶木、胶木、非洲白梧桐木、加蓬榄木、蓖麻木、爱里古夷苏木、奥文科尔木、中非蜡烛木、紫檀木、人面子木、危地马拉黑黄檀木、印度黑黄檀木、巴西黑黄檀木、巴西柚、巴西花梨木、白坚木、鸡骨常山木、印马四出香木、大沃契希亚木、东西亚棱柱木、萨撇列木、萌生木棉木、苏帕楠木、西波木、苏古皮拉木、红椿木、圭亚那考拉玉蕊木、柚木、安哥拉香桃花心木、非洲阿勃木、南美肉豆蔻木、白柳桉木、白色红柳桉木、白色柳桉木、黄色红柳桉木。

协定税率(%)																		特惠税率(%)			Article Description
智利	新西兰	澳大利亚	瑞士	冰岛	秘鲁	哥斯达	东盟	亚太	新加坡	巴基斯坦	港/澳/台	韩国	格鲁吉亚	毛里求斯	柬埔寨	尼加拉瓜	日/韩/澳/新/东(RCEP)	亚太2国	老/柬/缅	LDC 98/97/95	
	0		0								0/0/	1.3		0	0	0				0//	--Other, with at least one outer ply of non-coniferous wood of the species alder (Alnus spp.), ash (Fraxinus spp.), beech (Fagus spp.), birch (Betula spp.), cherry (Prunus spp.), chestnut (Castanea spp.), elm (Ulmus spp.), eucalyptus (eucalyptus spp.), hickory (Carya spp.), horse chestnut (Aesculus spp.), lime (Tilia spp.), maple (Acer spp.), oak (Quercus spp.), plane tree (Platanus spp.), poplar and aspen (Populus spp.), robinia (robinia spp.), tulipwood (Liriodendron spp.) or walnut (Juglans spp.)
	0		0								0/0/	1.3		0	0					0//	---With at least one outer ply of temperate non-coniferous wood (other than non-coniferous wood of subheading 4412.33)
	0		0								0/0/	1.3		0	0					0//	---Other
0	0	0	0	0	0	0	0		0	0	0/0/	0		0	0	0	2.9/0/0/0/0			0/0/0	--Other, with both outer plies of coniferous wood
0	0		0				5			2.5	0/0/	3.3		0	0	4.8				0//	--With at least one outer ply of tropical wood
0	0		0				5			2.5	0/0/	3.3		0	0	4.8				0//	--Other, with at least one outer ply of non-coniferous wood
0	0		0								0/0/	2.6		0	0	4.8				0//	----With at least one inner ply of tropical wood, specified in national Note 1 to this Chapter
0	0		0								0/0/	2.6		0	0	4.8	2.9/0/0/0/0			0//	----Other, with at least one inner ply of other tropical wood

商品编号	商品名称及备注[检验检疫编码及名称]	进口关税(%)		增值税率(%)	消费税	计量单位	监管条件	检验检疫类别	对美税率	出口税率(%)	出口退税率(%)
		最惠国	普通								
4412491990[暂0]	其他单板层积材,上下表层均为针叶木,中间至少有一层是其他热带木〔999〕	6	30	13		千克/立方米	AB	M. P/Q		0	13
44124920	---其他,中间至少含有一层木碎料板										
4412492010[暂0]	其他涉濒危的单板层积材,上下表层均为针叶木,中间至少含有一层木碎料板〔999〕	6	30	13		千克/立方米	ABFE	M. P/Q		0	0
4412492090[暂0]	其他单板层积材,上下表层均为针叶木,中间至少含有一层木碎料板〔999〕	6	30	13		千克/立方米	AB	M. P/Q		0	13
44124990	---其他										
4412499010[暂0]	其他涉濒危的单板层积材,上下表层均为针叶木〔999〕	4	30	13		千克/立方米	ABFE	M. P/Q	25%	0	0
4412499090[暂0]	其他单板层积材,上下表层均为针叶木〔999〕	4	30	13		千克/立方米	AB	M. P/Q	25%	0	13
44125100	--至少有一表层是热带木										
4412510010[暂0]	至少有一表层是濒危热带木的木块芯胶合板等(还包括侧板条芯胶合板及板条芯胶合板)〔999〕	6	30	13		千克/立方米	ABFE	M. P/Q	25%	0	0
4412510090[暂0]	至少有一表层是其他热带木的木块芯胶合板等(还包括侧板条芯胶合板及板条芯胶合板)〔999〕	6	30	13		千克/立方米	AB	M. P/Q	25%	0	13
44125200	--其他,至少有一表层是非针叶木										
4412520010[暂0]	至少有一表层是濒危非针叶木的木块芯胶合板等(还包括侧板条芯胶合板及板条芯胶合板)〔999〕	6	30	13		千克/立方米	ABFE	M. P/Q	25%	0	0
4412520090[暂0]	至少有一表层是其他非针叶木的木块芯胶合板等(还包括侧板条芯胶合板及板条芯胶合板)〔999〕	6	30	13		千克/立方米	AB	M. P/Q	25%	0	13
44125911	----中间至少有一层是本章本国注释一所列的热带木①										
4412591110[暂0]	其他涉濒危的木块芯胶合板,上下表层均为针叶木,中间至少有一层是本章本国注释一所列的热带木(还包括侧板条芯胶合板及板条芯胶合板)〔999〕	6	30	13		千克/立方米	ABFE	M. P/Q		0	0
4412591190[暂0]	其他木块芯胶合板,上下表层均为针叶木,中间至少有一层是本章本国注释一所列的热带木(还包括侧板条芯胶合板及板条芯胶合板)〔999〕	6	30	13		千克/立方米	AB	M. P/Q		0	13
44125919	----其他,中间至少有一层是其他热带木										
4412591910[暂0]	其他涉濒危的木块芯胶合板,上下表层均为针叶木,中间至少有一层是其他热带木(还包括侧板条芯胶合板及板条芯胶合板)〔999〕	6	30	13		千克/立方米	ABFE	M. P/Q		0	0
4412591990[暂0]	其他木块芯胶合板,上下表层均为针叶木,中间至少有一层是其他热带木(还包括侧板条芯胶合板及板条芯胶合板)〔999〕	6	30	13		千克/立方米	AB	M. P/Q		0	13
44125920	---其他,中间至少含有一层木碎料板										
4412592010[暂0]	其他涉濒危的木块芯胶合板,上下表层均为针叶木,中间至少含有一层木碎料板(还包括侧板条芯胶合板及板条芯胶合板)〔999〕	6	30	13		千克/立方米	ABFE	M. P/Q		0	0
4412592090[暂0]	其他木块芯胶合板,上下表层均为针叶木,中间至少含有一层木碎料板(还包括侧板条芯胶合板及板条芯胶合板)〔999〕	6	30	13		千克/立方米	AB	M. P/Q		0	13
44125990	---其他										
4412599010[暂0]	其他涉濒危的木块芯胶合板,上下表层均为针叶木(还包括侧板条芯胶合板及板条芯胶合板)〔999〕	4	30	13		千克/立方米	ABEF	M. P/Q		0	0
4412599090[暂0]	其他木块芯胶合板,上下表层均为针叶木(还包括侧板条芯胶合板及板条芯胶合板)〔999〕	4	30	13		千克/立方米	AB	M. P/Q		0	13
44129100	--至少有一表层是热带木										
4412910010[暂0]	其他至少有一表层是濒危热带木的多层板〔999〕	6	30	13		千克/立方米	ABFE	M. P/Q	25%	0	0
4412910090[暂0]	其他至少有一表层是热带木的多层板〔999〕	6	30	13		千克/立方米	AB	M. P/Q	25%	0	0,13
44129200	--其他,至少有一表层是非针叶木										

① 所称“热带木”,是指下列木材:大叶帽柱木、非洲桃花心木、西非红豆木、箭毒木、阿兰木、圭亚那苦油楝木、非洲甘比山榄木、杜楝木、非洲栎柞木、婆罗双木、美洲轻木、白驼峰楝木、黑驼峰楝木、卡蒂沃木、雪松木、西非褐红椴木、深红色红柳桉木、非洲核桃楝木、阿夫苏木、象牙海岸榄仁木、破布木、吉贝木、丝棉木、乔状黄牛木、安哥拉丛花木、巴西胡桃木、皮蚁木、伊罗科木、拟爱神木、夹竹桃木、巴西红木、绒根木、龙脑香木、开姆帕斯木、羯布罗香木、康多非洲楝木、象牙海岸褐红椴木、象牙海岸翼梧桐木、浅红色红柳桉木、非洲榄仁木、南美樟木、圭亚那铁线子木、西印度桃花心木、猴子果木、肖氏夸利亚木、曼孙梧桐木、马来蝴蝶木、巴栲红柳桉木、粗轴坡垒木、印茄木、斯温漆木、异翅香木、非洲梨木、非洲银叶木、胶木、非洲白梧桐木、加蓬榄木、蓖麻木、爱里古夷苏木、奥文科尔木、中非蜡烛木、紫檀木、人面子木、危地马拉黑黄檀木、印度黑黄檀木、巴西黑黄檀木、巴西柚、巴西花梨木、白坚木、鸡骨常山木、印马四出香木、大沃契希亚木、东西亚棱柱木、萨撇列木、萌生木棉木、苏帕楠木、西波木、苏古皮拉木、红椿木、圭亚那考拉玉蕊木、柚木、安哥拉香桃花心木、非洲阿勃木、南美肉豆蔻木、白柳桉木、白色红柳桉木、白色柳桉木、黄色红柳桉木。

协定税率(%)																		特惠税率(%)			
智利	新西兰	澳大利亚	瑞士	冰岛	秘鲁	哥斯达	东盟	亚太	新加坡	巴基斯坦	港/澳/台	韩国	格鲁吉亚	毛里求斯	柬埔寨	尼加拉瓜	日/韩/澳/新/东(RCEP)	亚太2国	老/柬/缅	LDC 98/97/95	Article Description
0	0		0								0/0/	3.3		0	0	4.8				0//	---Other, containing at least one inner layer of particle board
0	0	0	0	0	0	0	0	2.8	0	0	0/0/	0		0	0	0	2.9/0/0/0/0			0/0/0	---Other
0	0		0				5			2.5	0/0/	3.3		0	0	4.8				0//	--With at least one outer ply of tropical wood
0	0		0				5			2.5	0/0/	3.3		0	0	4.8				0//	--Other, with at least one outer ply of non-coniferous wood
0	0		0								0/0/	2.6		0	0	4.8				0//	----With at least one inner ply of tropical wood, specified in national Note 1 to this Chapter
0	0		0								0/0/	2.6		0	0	4.8	2.9/0/0/0/0			0//	----Other, with at least one inner ply of other tropical wood
0	0		0								0/0/	3.3		0	0	4.8				0//	---Other, containing at least one inner layer of particle board
0	0	0	0	0	0	0	0		0	0	0/0/	0		0	0	0	2.9/0/0/0/0			0/0/0	---Other
0	0		0				5			2.5	0/0/	3.3		0	0	4.8				0//	--With at least one outer ply of tropical wood
0	0		0				5			2.5	0/0/	3.3		0	0	4.8				0//	--Other, with at least one outer ply of non-coniferous wood

商品编号	商品名称及备注［检验检疫编码及名称］	进口关税（%）		增值税率（%）	消费税	计量单位	监管条件	检验检疫类别	对美税率	出口税率（%）	出口退税率（%）
		最惠国	普通								
4412920010[暂0]	其他至少有一表层濒危非针叶木的多层板［999］	6	30	13		千克/立方米	ABFE	M. P/Q	25%	0	0
4412920090[暂0]	其他至少有一表层是非针叶木的多层板［999］	6	30	13		千克/立方米	AB	M. P/Q	25%	0	0,13
44129920	---中间至少有一层是本章本国注释一所列的热带木①										
4412992010[暂0]	其他涉濒危的多层板，上下表层均为针叶木，中间至少有一层是本章本国注释一所列的热带木［999］	6	30	13		千克/立方米	ABFE	M. P/Q		0	0
4412992090[暂0]	其他多层板，上下表层均为针叶木，中间至少有一层是本章本国注释一所列的热带木［999］	6	30	13		千克/立方米	AB	M. P/Q		0	13
44129930	---其他，中间至少有一层是其他热带木										
4412993010[暂0]	其他涉濒危的多层板，上下表层均为针叶木，中间至少有一层是其他热带木［999］	6	30	13		千克/立方米	ABFE	M. P/Q		0	0
4412993090[暂0]	其他多层板，上下表层均为针叶木，中间至少有一层是其他热带木［999］	6	30	13		千克/立方米	AB	M. P/Q		0	13
44129940	---其他，中间至少含有一层木碎料板										
4412994010[暂0]	其他涉濒危的多层板，上下表层均为针叶木，中间至少含有一层木碎料板［999］	6	30	13		千克/立方米	ABFE	M. P/Q		0	0
4412994090[暂0]	其他多层板，上下表层均为针叶木，中间至少含有一层木碎料板［999］	6	30	13		千克/立方米	AB	M. P/Q		0	13
44129990	---其他										
4412999010[暂0]	其他涉濒危的多层板，上下表层均为针叶木［999］	4	30	13		千克/立方米	ABEF	M. P/Q	25%	0	0
4412999090[暂0]	其他多层板，上下表层均为针叶木［999］	4	30	13		千克/立方米	AB	M. P/Q	25%	0	13
4413	**强化木，成块、板、条或异型的：**										
44130000	强化木，成块、板、条或异型的										13
4413000000[暂0]	强化木（成块、板、条或异型的）［999］	6	20	13		千克	AB	M. P/Q	25%	0	
4414	**木制的画框、相框、镜框及类似品：**										
44141000	-热带木的										
4414100010	濒危热带木制画框、相框、镜框及类似品［999］	7	100	13		千克	ABFE	P/Q	27%	0	0
4414100090	其他热带木制的画框、相框、镜框及类似品［999］	7	100	13		千克	AB	P/Q	27%	0	13
44149010	---辐射松制的										13
4414901000[暂0]	辐射松木制的画框、相框、镜框及类似品［999］	7	100	13		千克	AB	P/Q	20%	0	
44149090	---其他										
4414909010	濒危木制画框、相框、镜框及类似品［999］	7	100	13		千克	ABFE	P/Q	27%	0	0
4414909090	其他木制的画框、相框、镜框及类似品［999］	7	100	13		千克	AB	P/Q	27%	0	13
4415	**包装木箱、木盒、板条箱、圆桶及类似的木制包装容器；木制电缆卷筒；木托板、箱形托盘及其他装载用木板；木制的托盘护框：**										
44151000	-箱、盒、板条箱、圆桶及类似的包装容器；电缆卷筒										
4415100010[暂0]	拉敏木制木箱及类似包装容器（电缆卷筒）［999］	6	80	13		千克/件	ABFE	P/Q	25%	0	13
4415100020[暂0]	濒危木制木箱及类似包装容器（电缆卷筒）［101 针叶木木质包装］，［102 非针叶木木质包装］	6	80	13		千克/件	ABFE	P/Q	25%	0	0
4415100090[暂0]	木箱及类似的包装容器，电缆卷筒［101 针叶木木质包装］，［102 非针叶木木质包装］，［103 其他木质包装］	6	80	13		千克/件	AB	P/Q	25%	0	13
44152010	---辐射松制的										13
4415201000[暂0]	辐射松木制托板、箱形托盘及其他装载用辐射松木板（包括辐射松木制托盘护框）［999］	6	80	13		千克/件	AB	P/Q		0	

① 所称“热带木”，是指下列木材：大叶帽柱木、非洲桃花心木、西非红豆木、箭毒木、阿兰木、圭亚那苦油楝木、非洲甘比山榄木、杜楝木、非洲栎柞木、婆罗双木、美洲轻木、白驼峰楝木、黑驼峰楝木、卡蒂沃木、雪松木、西非褐红椴木、深红色红柳桉木、非洲核桃楝木、阿夫苏木、象牙海岸榄仁木、破布木、吉贝木、丝棉木、乔状黄牛木、安哥拉丛花木、巴西胡桃木、皮蚁木、伊罗科木、拟爱神木、夹竹桃木、巴西红木、绒根木、龙脑香木、开姆帕斯木、羯布罗香木、康多非洲楝木、象牙海岸褐红椴木、象牙海岸翼梧桐木、浅红色红柳桉木、非洲榄仁木、南美樟木、圭亚那铁线子木、西印度桃花心木、猴子果木、肖氏夸利亚木、曼孙梧桐木、马来蝴蝶木、巴栲红柳桉木、粗轴坡垒木、印茄木、斯温漆木、异翅香木、非洲梨木、非洲银叶木、胶木、非洲白梧桐木、加蓬榄木、蓖麻木、爱里古夷苏木、奥文科尔木、中非蜡烛木、紫檀木、人面子木、危地马拉黑黄檀木、印度黑黄檀木、巴西黑黄檀木、巴西柚、巴西花梨木、白坚木、鸡骨常山木、印马四出香木、大沃契希亚木、东西亚棱柱木、萨撇列木、萌生木棉木、苏帕楠木、西波木、苏古皮拉木、红椿木、圭亚那考拉玉蕊木、柚木、安哥拉香桃花心木、非洲阿勃木、南美肉豆蔻木、白柳桉木、白色红柳桉木、白色柳桉木、黄色红柳桉木。

协定税率(%)																		特惠税率(%)			Article Description
智利	新西兰	澳大利亚	瑞士	冰岛	秘鲁	哥斯达	东盟	亚太	新加坡	巴基斯坦	港/澳/台	韩国	格鲁吉亚	毛里求斯	柬埔寨	尼加拉瓜	日/韩/澳/新/东(RCEP)	亚太2国	老/柬/缅	LDC 98/97/95	
0	0		0								0/0/	2.6		0	0	4.8				0//	---With at least one inner ply of tropical wood, specified in national Note 1 to this Chapter
0	0		0								0/0/	2.6		0	0	4.8	2.9/0/0/0/0			0//	---Other, with at least one inner ply of other tropical wood
0	0		0								0/0/	3.3		0	0	4.8				0//	---Other, containing at least one inner layer of particle board
0	0	0	0	0	0	0	0	2.8	0	0	0/0/	0		0	0	0	2.9/0/0/0/0			0/0/0	---Other
																					Densified wood, in blocks, plates, strips or profile shapes:
0	0	0	0	0	0	0	0		0	0	0/0/	0		0	0	0	4.4/4.2/0/0/0			0/0/0	Densified wood, in blocks, plates, strips or profile shapes
																					Wooden frames for paintings, photographs, mirrors or similar objects:
																					-Of tropical wood
0	0	0									0/0/			0	0	5.6				0/0/	---Of radiata pine
																				0//	---Other
																					Packing cases, boxes, crates, drums and similar packings, of wood; cabledrums of wood; pallets, box pallets and other load boards, of wood; pallet collars of wood:
0	0	0	0	0	0	0	0		0	0	0/0/	0		0	0	0	5.5/5.3/0/0/0			0/0/0	-Cases, boxes, crates, drums and similar packing; cable-drums
0	0	0					5				0/0/			0	0	4.8	//5/5/5			0/0/	---of radiata pine

商品编号	商品名称及备注[检验检疫编码及名称]	进口关税(%)		增值税率(%)	消费税	计量单位	监管条件	检验检疫类别	对美税率	出口税率(%)	出口退税率(%)
		最惠国	普通								
44152090	---其他										
4415209010[暂3]	拉敏木托板、箱形托盘及装载木板(包括拉敏木制托盘护框)〔999〕	6	80	13		千克/件	ABFE	P/Q	28%	0	13
4415209020[暂3]	濒危木托板、箱形托盘及装载木板(包括濒危木制托盘护框)〔101 针叶木木质包装〕,〔102 非针叶木木质包装〕,〔103 其他木质包装〕	6	80	13		千克/件	ABFE	P/Q	28%	0	0
4415209090[暂3]	其他木制托板、箱形托盘及其他装载木板(包括其他木制托盘护框)〔101 针叶木木质包装〕,〔102 非针叶木木质包装〕,〔103 其他木质包装〕	6	80	13		千克/件	AB	P/Q	28%	0	13
4416	**木制大桶、琵琶桶、盆和其他木制箍桶及其零件,包括桶板:**										
44160010	---辐射松制的										0
4416001000[暂0]	辐射松木制大桶、琵琶桶、盆和其他箍桶及其零件(包括辐射松木制桶板)〔101 其他木制品〕,〔102 针叶木木质包装〕	12	80	13		千克	AB	P/Q		0	
44160090	---其他										0
4416009010	拉敏木制大桶、琵琶桶、盆和其他箍桶及其零件(包括拉敏木制桶板)〔101 其他木制品〕,〔102 非针叶木木质包装〕	12	80	13		千克	ABFE	P/Q	32%	0	
4416009020	濒危木制大桶、琵琶桶、盆和其他箍桶及其零件(包括濒危木制桶板)〔101 其他木制品〕,〔102 针叶木木质包装〕,〔103 非针叶木木质包装〕,〔104 其他木质包装〕	12	80	13		千克	ABFE	P/Q	32%	0	
4416009030[暂5]	橡木制大桶、琵琶桶、盆和其他箍桶及其零件(包括橡木制桶板)〔101 其他木制品〕,〔102 针叶木木质包装〕	12	80	13		千克	AB	P/Q	25%	0	
4416009090	其他木制大桶、琵琶桶、盆和其他箍桶及其零件(包括其他木制桶板)〔101 其他木制品〕,〔102 针叶木木质包装〕,〔103 非针叶木木质包装〕	12	80	13		千克	AB	P/Q	32%	0	
4417	**木制的工具、工具支架、工具柄、扫帚及刷子的身及柄;木制鞋靴楦及楦头:**										
44170010	---辐射松制的										0
4417001000[暂0]	辐射松木制工具、工具支架、工具柄、扫帚及刷子的身及柄(包括辐射松木制鞋靴楦及楦头)〔999〕	12	80	13		千克	AB	P/Q		0	
44170090	---其他										0
4417009010	拉敏木制工具、工具支架、工具柄、扫帚及刷子的身及柄(包括拉敏木制鞋靴楦及楦头)〔999〕	12	80	13		千克	ABFE	P/Q	37%	0	
4417009020	濒危木制工具、工具支架、工具柄、扫帚及刷子的身及柄(包括濒危木制鞋靴楦及楦头)〔999〕	12	80	13		千克	ABFE	P/Q	37%	0	
4417009090	其他木制工具、工具支架、工具柄、扫帚及刷子的身及柄(包括其他木制鞋靴楦及楦头)〔999〕	12	80	13		千克	AB	P/Q	37%	0	
4418	**建筑用木工制品,包括蜂窝结构木镶板、已装拼的地板、木瓦及盖屋板:**										
44181100	--热带木的										
4418110010[暂0]	濒危热带木制木窗、落地窗及其框架〔999〕	4	70	13		千克	ABFE	P/Q	25%	0	0
4418110090[暂0]	其他热带木制木窗、落地窗及其框架〔999〕	4	70	13		千克	AB	P/Q	25%	0	13
44181910	---辐射松制的										13
4418191000[暂0]	辐射松木制的木窗、落地窗及其框架〔999〕	4	70	13		千克	AB	P/Q		0	
44181990	---其他										
4418199010[暂0]	其他濒危木制木窗、落地窗及其框架〔999〕	4	70	13		千克	ABFE	P/Q	25%	0	0
4418199090[暂0]	其他木制木窗、落地窗及其框架〔999〕	4	70	13		千克	AB	P/Q	25%	0	13
44182100	--热带木的										
4418210010[暂0]	濒危热带木制的木门及其框架和门槛〔999〕	4	70	13		千克	ABFE	P/Q	25%	0	0
4418210090[暂0]	其他热带木制的木门及其框架和门槛〔101 木门〕,〔102 其他木制品〕	4	70	13		千克	AB	P/Q	25%	0	13
44182900	--其他										
4418290010[暂0]	其他濒危木制的木门及其框架和门槛〔999〕	4	70	13		千克	ABFE	P/Q	25%	0	0
4418290090[暂0]	其他木门及其框架和门槛〔101 木门〕,〔102 其他木制品〕	4	70	13		千克	AB	P/Q	25%	0	13
44183000	-柱及梁,子目 4418.81 至 4418.89 的货品除外										
4418300010[暂0]	濒危木制柱和梁,但编号 441881 至 441889 的货品除外〔999〕	4	70	13		千克	ABEF	P/Q	25%	0	0
4418300090[暂0]	其他木制柱和梁,但编号 441881 至 441890 的货品除外〔999〕	4	70	13		千克	AB	P/Q	25%	0	13
44184000	-水泥构件的模板										13
4418400000[暂0]	水泥构件的木模板〔999〕	4	70	13		千克	AB	P/Q		0	
44185000	-木瓦及盖屋板										13
4418500000[暂0]	木瓦及盖屋板〔101 木瓦〕,〔102 其他木制品〕	6	70	13		千克	AB	P/Q		0	
44187310	---马赛克地板用										0
4418731000[暂0]	已装拼的竹的或至少顶层(耐磨层)是竹的马赛克地板〔999〕	4	70	13		千克	AB	P/Q		0	

智利	新西兰	澳大利亚	瑞士	冰岛	秘鲁	哥斯达	东盟	亚太	新加坡	巴基斯坦	港/澳/台	韩国	格鲁吉亚	毛里求斯	柬埔寨	尼加拉瓜	日/韩/澳/新/东(RCEP)	亚太2国	老/柬/缅	LDC 98/97/95	Article Description
协定税率(%)																		特惠税率(%)			
	5						5								5						---Other
																					Casks, barrels, vats, tubs and other coopers' products and parts thereof, of wood, including staves:
0	0	0									0/0/			0	0	11.2				0/0/	---Of radiata pine
																					---Other
																					Tools, tool bodies, tool handles, broom or brush bodies and handles, of wood; boot or shoe lasts and trees, of wood:
0	0	0									0/0/			0	0	11.2				0/0/	---Of radiata pine
																					---Other
																					Builders' joinery and carpentry of wood, including cellular wood panels, assembled flooring panels, shingles and shakes:
											0/0/			0	0					0/0/	--Of tropical wood
	0	0									0/0/			0	0					0/0/	---Of radiata pine
											0/0/			0	0					0/0/	---Other
0	0	0	0	0	0	0	0		0	0	0/0/	0		0	0	0	2.9/0/0/0/0			0/0/0	--Of tropical wood
0	0	0	0	0	0	0	0		0	0	0/0/	0		0	0	0	2.9/0/0/0/0			0/0/0	--Other
0	0	0	0	0	0	0	0		0	0	0/0/	0		0	0	0	2.9/0/0/0/0			0/0/0	-Posts and beams other than products of subheadings 4418.81 to 4418.89
0	0	0	0	0	0	0	0			0	0/0/	0		0	0	0	2.9/0/0/0/0			0/0/0	-Shuttering for concrete constructional work
0	0	0	0	0	0	0	0			0	0/0/	0		0	0	0	5.5/0/0/0/0			0/0/0	-Shingles and shakes
0	0	0	0	0	0	0	0		0	0	0/0/	0		0	0	0	2.9/0/0/0/0			0/0/0	---For mosaic floors

商品编号	商品名称及备注[检验检疫编码及名称]	进口关税(%)		增值税率(%)	消费税	计量单位	监管条件	检验检疫类别	对美税率	出口税率(%)	出口退税率(%)
		最惠国	普通								
44187320	---其他,竹制多层的										13
4418732000[暂0]	已装拼的竹制多层地板〔999〕	4	70	13		千克	AB	P/Q		0	
44187390	---其他										13
4418739000[暂0]	已装拼的竹制其他地板〔999〕	4	70	13		千克	AB	P/Q		0	
44187400	--其他,马赛克地板用										0
4418740010[暂0]	已装拼的拉敏木制马赛克地板〔999〕	4	70	13		千克	ABFE	P/Q		0	
4418740020[暂0]	已装拼的其他濒危木制马赛克地板〔999〕	4	70	13		千克	ABFE	P/Q		0	
4418740090[暂0]	已装拼的其他木制马赛克地板〔999〕	4	70	13		千克	AB	P/Q		0	
44187500	--其他,多层的										0
4418750010[暂0]	已装拼的拉敏木制多层地板〔999〕	4	70	13		千克	ABFE	P/Q	25%	0	
4418750020[暂0]	已装拼的其他濒危木制多层地板〔999〕	4	70	13		千克	ABFE	P/Q	25%	0	
4418750090[暂0]	已装拼的其他木制多层地板〔999〕	4	70	13		千克	AB	P/Q	25%	0	
44187900	--其他										0
4418790010[暂0]	已装拼的拉敏木制其他地板〔999〕	4	70	13		千克	ABFE	P/Q	20%	0	
4418790020[暂0]	已装拼的其他濒危木制地板〔999〕	4	70	13		千克	ABFE	P/Q	20%	0	
4418790090[暂0]	已装拼的木制其他地板〔999〕	4	70	13		千克	AB	P/Q	20%	0	
44188100	--集成材										
4418810010[暂0]	濒危野生竹制的集成材(不包括人工培植的)〔999〕	4	70	13		千克	ABE	P/Q		0	0
4418810020[暂0]	濒危木制的集成材〔999〕	4	70	13		千克	ABEF	P/Q		0	0
4418810090[暂0]	其他木制的集成材(包括竹制的)〔101 竹制的〕,〔102 木制的〕	4	70	13		千克	AB	P/Q		0	13
44188200	--正交胶合木										
4418820010[暂0]	濒危野生竹制的正交胶合木(不包括人工培植的)〔999〕	4	70	13		千克	ABE	P/Q		0	0
4418820020[暂0]	濒危木制的正交胶合木〔999〕	4	70	13		千克	ABEF	P/Q		0	0
4418820090[暂0]	其他木制的正交胶合木(包括竹制的)〔101 竹制的〕,〔102 木制的〕	4	70	13		千克	AB	P/Q		0	13
44188300	--工字梁										
4418830010[暂0]	濒危野生竹制的工字梁(不包括人工培植的)〔999〕	4	70	13		千克	ABE	P/Q		0	0
4418830020[暂0]	濒危木制的工字梁〔999〕	4	70	13		千克	ABEF	P/Q		0	0
4418830090[暂0]	其他木制的工字梁(包括竹制的)〔101 竹制的〕,〔102 木制的〕	4	70	13		千克	AB	P/Q		0	13
44188900	--其他										
4418890010[暂0]	其他濒危野生竹制的工程结构木制品(不包括人工培植的)〔999〕	4	70	13		千克	ABE	P/Q		0	0
4418890020[暂0]	其他濒危木制的工程结构木制品〔999〕	4	70	13		千克	ABEF	P/Q		0	0
4418890090[暂0]	其他木制的工程结构木制品(包括竹制的)〔101 竹制的〕,〔102 木制的〕	4	70	13		千克	AB	P/Q		0	13
44189100	--竹的										
4418910010[暂0]	濒危野生竹制的其他建筑用木工制品(不包括人工培植的)〔999〕	4	70	13		千克	ABE	P/Q		0	0
4418910090[暂0]	其他竹制的其他建筑用木工制品〔999〕	4	70	13		千克	AB	P/Q		0	13
44189200	--蜂窝结构木镶板										
4418920010[暂0]	濒危木制的蜂窝结构木镶板〔999〕	4	70	13		千克	ABEF	P/Q	25%	0	0
4418920090[暂0]	其他蜂窝结构木镶板〔999〕	4	70	13		千克	AB	P/Q	25%	0	13
44189900	--其他										
4418990010[暂0]	濒危木制的其他建筑用木工制品〔999〕	4	70	13		千克	ABEF	P/Q	25%	0	0
4418990090[暂0]	其他建筑用木工制品〔999〕	4	70	13		千克	AB	P/Q	25%	0	13
4419	**木制餐具及厨房用具:**										
44191100	--切面包板、砧板及类似板										
4419110010	濒危野生竹制的切面包板、砧板及类似板(不包括人工培植的)〔999〕	0	100	13		千克	ABE	P.R/Q	5%	0	0
4419110090	其他竹制的切面包板、砧板及类似板〔999〕	0	100	13		千克	AB	P.R/Q	5%	0	13
44191210	---一次性筷子										
4419121020	濒危野生竹制一次性筷子(不包括人工培植的)〔101 竹筷〕,〔102 食品接触木制产品〕	0	100	13		千克	ABE	P.R/Q	5%	0	0
4419121090	其他竹制一次性筷子〔998 竹筷〕,〔999 食品接触木制产品〕	0	100	13		千克	AB	P.R/Q	5%	0	13
44191290	---其他										
4419129010	濒危野生竹制的其他筷子(不包括人工培植的)〔101 竹筷〕,〔102 食品接触木制产品〕	0	100	13		千克	ABE	P.R/Q	5%	0	0
4419129090	其他竹制的其他筷子〔101 竹筷〕,〔102 食品接触木制产品〕	0	100	13		千克	AB	P.R/Q	5%	0	13
44191900	--其他										
4419190010	濒危野生竹制的其他餐具及厨房用具(不包括人工培植的)〔999〕	0	100	13		千克	ABE	P.R/Q	5%	0	0
4419190090	其他竹制的其他餐具及厨房用具〔999〕	0	100	13		千克	AB	P.R/Q	5%	0	13
44192000	-热带木的										

协定税率(%)																		特惠税率(%)			Article Description
智利	新西兰	澳大利亚	瑞士	冰岛	秘鲁	哥斯达	东盟	亚太	新加坡	巴基斯坦	港/澳/台	韩国	格鲁吉亚	毛里求斯	柬埔寨	尼加拉瓜	日/韩/澳/新/东(RCEP)	亚太2国	老/柬/缅	LDC 98/97/95	
0	0	0	0	0	0	0	0		0	0	0/0/	0		0	0	0	2.9/0/0/0/0			0/0/0	---Other, multilayer of bamboo:
0	0	0	0	0	0	0	0		0	0	0/0/	0		0	0	0	2.9/0/0/0/0			0/0/0	---Other
0	0	0	0	0	0	0	0		0	0	0/0/	0		0	0	0	2.9/0/0/0/0			0/0/0	--Other, for mosaic floors
0	0	0	0	0	0	0	0		0	0	0/0/	0	0	0	0	0	2.9/0/0/0/0			0/0/0	--Other, multilayer
0	0	0	0	0	0	0	0		0	0	0/0/	0		0	0	0	2.9/0/0/0/0			0/0/0	--Other
0	0	0	0	0	0	0	0		0	0	0/0/	0		0	0	0	2.9/0/0/0/0			0/0/0	--Glue-laminated timber (glulam)
0	0	0	0	0	0	0	0		0	0	0/0/	0		0	0	0	2.9/0/0/0/0			0/0/0	--Cross-laminated timber (CLT or X-lam)
0	0	0	0	0	0	0	0		0	0	0/0/	0		0	0	0	2.9/0/0/0/0			0/0/0	--I beams
0	0	0	0	0	0	0	0		0	0	0/0/	0		0	0	0	2.9/0/0/0/0			0/0/0	--Other
0	0	0	0	0	0	0	0		0	0	0/0/	0		0	0	0	2.9/0/0/0/0			0/0/0	--Of bamboo
0	0	0	0	0	0	0	0		0	0	0/0/	0		0	0	0	2.9/0/0/0/0			0/0/0	--Cellular wood panels
0	0	0	0	0	0	0	0		0	0	0/0/	0		0	0	0	2.9/0/0/0/0			0/0/0	--Other
																					Tableware and kitchenware, of wood:
0	0	0	0	0	0	0	0			0	0/0/	0	0	0	0	0	0/0/0/0/0			0/0/0	--Bread boards, chopping boards and similar boards
0	0	0	0	0	0	0	0			0	0/0/	0	0	0	0	0	0/0/0/0/0			0/0/0	---One-time chopsticks:
0	0	0	0	0	0	0	0			0	0/0/	0	0	0	0	0	0/0/0/0/0			0/0/0	---Other
0	0	0	0	0	0	0	0			0	0/0/	0	0	0	0	0	0/0/0/0/0			0/0/0	--Other
0	0	0	0	0	0	0	0			0	0/0/	0	0	0	0	0	0/0/0/0/0			0/0/0	-Of tropical wood

商品编号	商品名称及备注[检验检疫编码及名称]	进口关税(%) 最惠国	普通	增值税率(%)	消费税	计量单位	监管条件	检验检疫类别	对美税率	出口税率(%)	出口退税率(%)
4419200010	濒危热带木制的餐具及厨房用具[999]	0	100	13		千克	ABEF	P. R/Q	5%	0	0
4419200090	其他热带木制的餐具及厨房用具[101 木质餐具及厨房用具],[102 食品接触木制产品]	0	100	13		千克	AB	P. R/Q	5%	0	13
44199010	---一次性筷子										0
4419901000	其他木制的一次性筷子[101 木质餐具及厨房用具],[102 食品接触木制产品]	0	100	13	5%	千克	AB	P/Q	5%	0	
44199090	---其他										
4419909030	其他濒危木制的其他餐具及厨房用具[999]	0	100	13		千克	ABEF	P. R/Q	25%	0	0
4419909090	其他木制的其他餐具及厨房用具[999]	0	100	13		千克	AB	P. R/Q	25%	0	13
4420	**镶嵌木(包括细工镶嵌木);装珠宝或刀具用的木制盒子和小匣子及类似品;木制小雕像及其他装饰品;第九十四章以外的木制家具:**										
44201110	---木刻										
4420111010	濒危热带木制的木刻[999]	0	100	13		千克	ABEF	P/Q	25%	0	0
4420111090	其他热带木制的木刻[101 木制工艺品],[102 其他木制品]	0	100	13		千克	AB	P/Q	25%	0	13
44201120	---木扇										
4420112010	濒危热带木制的木扇[999]	0	100	13		千克	ABEF	P/Q		0	0
4420112090	其他热带木制的木扇[999]	0	100	13		千克	AB	P/Q		0	13
44201190	---其他										
4420119010	其他濒危热带木制的小雕像及其他装饰品[999]	0	100	13		千克	ABEF	P/Q	25%	0	0
4420119090	其他热带木制的小雕像及其他装饰品[999]	0	100	13		千克	AB	P/Q	25%	0	13
44201911	----木刻										
4420191110	其他濒危木制的木刻[999]	0	100	13		千克	ABEF	P/Q	25%	0	0
4420191190	其他木制的木刻[101 木制工艺品],[102 其他木制品]	0	100	13		千克	AB	P/Q	25%	0	13
44201912	----竹刻										
4420191210	濒危野生竹刻(不包括人工培植的)[999]	0	100	13		千克	ABE	P/Q		0	0
4420191290	其他竹刻[999]	0	100	13		千克	AB	P/Q		0	13
44201920	---木扇										
4420192010	其他濒危木制的木扇[999]	0	100	13		千克	ABEF	P/Q		0	0
4420192090	其他木制的木扇[999]	0	100	13		千克	AB	P/Q		0	13
44201990	---其他										
4420199010	其他濒危木制的小雕像及其他装饰品[999]	0	100	13		千克	ABEF	P/Q	25%	0	0
4420199090	其他木制的小雕像及其他装饰品[999]	0	100	13		千克	AB	P/Q	25%	0	13
44209010	---镶嵌木										
4420901010	拉敏木制的镶嵌木[999]	0	45	13		千克	FEAB	P/Q	5%	0	13
4420901020	濒危木制的镶嵌木[999]	0	45	13		千克	FEAB	P/Q	5%	0	0
4420901090	镶嵌木[999]	0	45	13		千克	AB	P/Q	5%	0	13
44209090	---其他										
4420909010	拉敏木盒及类似品;非落地木家具(前者用于装珠宝或家具;后者不包括第九十四章的家具)[999]	0	100	13		千克	FEAB	P/Q	25%	0	13
4420909020	濒危木盒及类似品;非落地木家具(前者用于装珠宝或家具;后者不包括第九十四章的家具)[999]	0	100	13		千克	FEAB	P/Q	25%	0	0
4420909090	木盒子及类似品;非落地式木家具(前者用于装珠宝或家具,后者不包括第九十四章的家具)[999]	0	100	13		千克	AB	P/Q	25%	0	13
4421	**其他木制品:**										
44211000	-衣架										
4421100010	拉敏木制木衣架[999]	0	90	13		千克	ABFE	P/Q	25%	0	13
4421100020	濒危木制木衣架[999]	0	90	13		千克	FEAB	P/Q	25%	0	0
4421100090	木衣架[999]	0	90	13		千克	AB	P/Q	25%	0	13
44212000	-棺材										
4421200010	濒危木制的棺材(包括竹制的)[101 竹制的],[102 木制的]	0	35	13		千克	ABEF	P/Q	20%	0	0
4421200090	其他木制的棺材(包括竹制的)[101 竹制的],[102 木制的]	0	35	13		千克	AB	P/Q	20%	0	13
44219110	---圆签、圆棒、冰果棒、压舌片及类似一次性制品										
4421911020	濒危野生竹制圆签、圆棒、冰果棒、压舌片及类似一次性制品(不包括人工培植的)[101 其他竹及竹制品],[102 食品接触竹制产品]	0	35	13		千克	ABE	P/Q	25%	0	0
4421911090	其他竹制圆签、圆棒、冰果棒、压舌片及类似一次性制品[998 其他竹及竹制品],[999 食品接触竹制产品]	0	35	13		千克	AB	P/Q	25%	0	13
44219190	---其他										
4421919010	其他未列名的濒危野生竹制品(不包括人工培植的)[999]	0	90	13		千克	ABE	P/Q	20%	0	0
4421919090	其他未列名的竹制品[999]	0	35	13		千克	AB	P/Q	20%	0	13

协定税率(%)																		特惠税率(%)			Article Description
智利	新西兰	澳大利亚	瑞士	冰岛	秘鲁	哥斯达	东盟	亚太	新加坡	巴基斯坦	港/澳/台	韩国	格鲁吉亚	毛里求斯	柬埔寨	尼加拉瓜	日/韩/澳/新/东(RCEP)	亚太2国	老/柬/缅	LDC 98/97/95	
0	0	0	0	0	0	0	0			0	0/0/	0	0	0	0	0	0/0/0/0/0			0/0/0	---One-time chopsticks:
0	0	0	0	0	0	0	0			0	0/0/	0	0	0	0	0	0/0/0/0/0			0/0/0	---Other:
																					Wood marquetry and inlaid wood; caskets and cases for jewellery or cutlery, and similar articles, of wood; statuettes and other ornaments, of wood; wooden articles or furniture not falling in Chapter 94:
0	0	0	0	0	0	0	0			0	0/0/	0	0	0	0	0	0/0/0/0/0			0/0/0	---Wood carvings
0	0	0	0	0	0	0	0			0	0/0/	0	0	0	0	0	0/0/0/0/0			0/0/0	---Wooden fans
0	0	0	0	0	0	0	0			0	0/0/	0	0	0	0	0	0/0/0/0/0			0/0/0	---Other
0	0	0	0	0	0	0	0			0	0/0/	0	0	0	0	0	0/0/0/0/0			0/0/0	----Wood carvings
0	0	0	0	0	0	0	0			0	0/0/	0	0	0	0	0	0/0/0/0/0			0/0/0	----Bamboo carvings
0	0	0	0	0	0	0	0			0	0/0/	0	0	0	0	0	0/0/0/0/0			0/0/0	---Wooden fans
0	0	0	0	0	0	0	0			0	0/0/	0	0	0	0	0	0/0/0/0/0			0/0/0	---Other
0	0	0	0	0	0	0	0			0	0/0/	0	0	0	0	0	0/0/0/0/0			0/0/0	---Wood marquetry and inlaid wood
0	0	0	0	0	0	0	0			0	0/0/	0	0	0	0	0	0/0/0/0/0			0/0/0	---Other
																					Other articles of wood:
0	0	0	0	0	0	0	0			0	0/0/	0	0	0	0	0	0/0/0/0/0			0/0/0	-Clothes hangers
0	0	0	0	0	0	0	0			0	0/0/	0	0	0	0	0	0/0/0/0/0			0/0/0	-Coffins
0	0	0	0	0	0	0	0			0	0/0/	0	0	0	0	0	0/0/0/0/0			0/0/0	---Circle sticks, circle bars, popsicle sticks, spatula and the like:
0	0	0	0	0	0	0	0			0	0/0/	0	0	0	0	0	0/0/0/0/0			0/0/0	---Other

商品编号	商品名称及备注[检验检疫编码及名称]	进口关税(%)		增值税率(%)	消费税	计量单位	监管条件	检验检疫类别	对美税率	出口税率(%)	出口退税率(%)
		最惠国	普通								
44219910	---木制圆签、圆棒、冰果棒、压舌片及类似一次性制品										0
4421991010	拉敏木制圆签、圆棒、冰果棒、压舌片及类似一次性制品〔998 其他木制品〕,〔999 食品接触木制产品〕	0	35	13		千克	FEAB	P/Q		0	
4421991020	濒危木制圆签、圆棒、冰果棒、压舌片及类似一次性制品〔998 其他木制品〕,〔999 食品接触木制产品〕	0	35	13		千克	FEAB	P/Q		0	
4421991090	其他木制圆签、圆棒、冰果棒、压舌片及类似一次性制品〔998 其他木制品〕,〔999 食品接触木制产品〕	0	35	13		千克	AB	P/Q		0	
44219990	---其他										
4421999030	濒危木制的未列名的木制品〔999〕	0	35	13		千克	ABEF	P/Q	25%	0	0
4421999090	未列名的木制品〔999〕	0	35	13		千克	AB	P/Q	25%	0	13

协定税率(%)																		特惠税率(%)			Article Description
智利	新西兰	澳大利亚	瑞士	冰岛	秘鲁	哥斯达	东盟	亚太	新加坡	巴基斯坦	港/澳/台	韩国	格鲁吉亚	毛里求斯	柬埔寨	尼加拉瓜	日/韩/澳/新/东(RCEP)	亚太2国	老/柬/缅	LDC 98/97/95	
0	0	0	0	0	0	0	0			0	0/0/	0	0	0	0	0	0/0/0/0/0			0/0/0	---Of wood, circle sticks, circle bars, popsicle sticks, spatula and the like
0	0	0	0	0	0	0	0			0	0/0/	0	0	0	0	0	0/0/0/0/0			0/0/0	---Other

第四十五章
软木及软木制品

注释：

本章不包括：

一、第六十四章的鞋靴及其零件；

二、第六十五章的帽类及其零件；或

三、第九十五章的物品（例如，玩具、游戏品及运动用品）。

商品编号	商品名称及备注[检验检疫编码及名称]	进口关税(%) 最惠国	普通	增值税率(%)	消费税	计量单位	监管条件	检验检疫类别	对美税率	出口税率(%)	出口退税率(%)
4501	**未加工或简单加工的天然软木；软木废料；碎的、粒状的或粉状的软木：**										
45011000	-未加工或简单加工的天然软木										0
4501100000[暂0]	未加工或简单加工的天然软木〔999〕	6	17	13		千克	AB	P/Q		0	
45019010	---软木废料										0
4501901000	软木废料〔102 木废料〕	0	17	13		千克	9AB	P/Q	25%	0	
45019020	---碎的、粒状的或粉状的软木（软木碎、软木粒或软木粉）										0
4501902000	碎的、粒状的或粉状的软木（软木碎、软木粒或软木粉）〔999〕	0	17	13		千克	AB	P/Q	25%	0	
4502	**天然软木，除去表皮或粗切成方形，或成长方块、正方块、板、片或条状（包括作塞子用的方块坯料）：**										
45020000	天然软木，除去表皮或粗切成方形，或成长方块、正方块、板、片或条状（包括作塞子用的方块坯料）										0
4502000000[暂0]	块、板、片或条状的天然软木（包括作塞子用的方块坯料）〔999〕	8	30	13		千克	AB	P/Q		0	
4503	**天然软木制品：**										
45031000	-塞子										0
4503100000[暂0]	天然软木塞子〔101 软木、软木粒及软木制品〕,〔102 食品接触木制产品〕	8	50	13		千克	AB	P/Q	25%	0	
45039000	-其他										0
4503900000[暂0]	其他天然软木制品〔999〕	8	50	13		千克	AB	P/Q	20%	0	
4504	**压制软木（不论是否使用黏合剂压成）及其制品：**										
45041000	-块、板、片及条；任何形状的砖、瓦；实心圆柱体，包括圆片										0
4504100010[暂0]	压制软木塞（包括任何形状的压制软木的砖、瓦、实心圆柱体、圆片）〔999〕	8	30	13		千克	AB	P/Q	25%	0	
4504100090[暂0]	块、板、片及条状压制软木，压制软木塞除外（包括任何形状的压制软木的砖、瓦、实心圆柱体、圆片）〔999〕	8	30	13		千克	AB	P/Q	25%	0	
45049000	-其他										0
4504900000	其他压制软木及其制品（不论是否使用黏合剂压成）〔999〕	0	50	13		千克	AB	P/Q	25%	0	

Chapter 45
Cork and articles of cork

Chapter Notes:

This Chapter does not cover:

1. Footwear or parts of footwear of Chapter 64;
2. Headgear or parts of headgear of Chapter 65; or
3. Articles of Chapter 95 (for example, toys, games, sports requisites).

协定税率(%)																		特惠税率(%)			
智利	新西兰	澳大利亚	瑞士	冰岛	秘鲁	哥斯达	东盟	亚太	新加坡	巴基斯坦	港/澳/台	韩国	格鲁吉亚	毛里求斯	柬埔寨	尼加拉瓜	日/韩/澳/新/东(RCEP)	亚太2国	老/柬/缅	LDC 98/97/95	Article Description
																					Natural cork, raw or simply prepared; waste cork; crushed, granulated or ground cork:
0	0	0	0	0	0	0	0			0	0/0/	0		0	0	0	4.4/0/0/0/0			0/0/0	-Natrual cork, raw or simply prepared
0	0	0	0	0	0	0	0			0	0/0/	0	0	0	0	0	0/0/0/0/0			0/0/0	---Waste cork
0	0	0	0	0	0	0	0			0	0/0/	0	0	0	0	0	0/0/0/0/0			0/0/0	---Crushed, granulated or ground cork
																					Natural cork, debarked or roughly squared, or in rectangular (including square) blocks, plates, sheets or strip (including sharp-edged blanks for corks or stoppers):
0	0	0	0	0	0	0	0			0	0/0/	0		0	0	7.2	5.8/0/0/0/0			0/0/0	Natural cork, debarked or roughly squared, or in rectangular (including square) blocks, plates, sheets or strip (including sharp-edged blanks for corks or stoppers)
																					Articles of natural cork:
0	0	0	0	0	0	0	0			0	0/0/	0		0	0	7.2	5.8/0/0/0/0			0/0/0	-Corks and stoppers
0	0	0	0	0	0	0	0		0	2.5	0/0/	0		0	0	7.2	7.6/7.4/0/0/0			0/0/0	-Other
																					Agglomerated cork (with or without a binding substance) and articles of agglomerated cork:
0	0	0	0	0	0	0	0			0	0/0/	0		0	0	7.2	6.1/5.9/0/0/0			0/0/0	-Blocks, plates, sheets and strip; tiles of any shape; solid cylinders, including discs
0	0	0	0	0	0	0	0			0	0/0/	0	0	0	0	0	0/0/0/0/0			0/0/0	-Other

第四十六章
稻草、秸秆、针茅或其他编结材料制品；篮筐及柳条编结品

注释：

一、本章所称“编结材料”，是指其状态或形状适于编结、交织或类似加工的材料，包括稻草、秸秆、柳条、竹、藤、灯芯草、芦苇、木片条、其他植物材料扁条（例如，树皮条、狭叶、酒椰叶纤维或其他从阔叶获取的条）、未纺的天然纺织纤维、塑料单丝及扁条、纸带，但不包括皮革、再生皮革、毡呢或无纺织物的扁条、人发、马毛、纺织粗纱或纱线以及第五十四章的单丝和扁条。

二、本章不包括：
（一）品目 48.14 的壁纸；
（二）不论是否编结而成的线、绳、索、缆（品目 56.07）；
（三）第六十四章和第六十五章的鞋靴、帽类及其零件；
（四）编结而成的车辆或车身（第八十七章）；或
（五）第九十四章的物品（例如，家具、灯具及照明装置）。

三、品目 46.01 所称“平行连结的成片编结材料、缏条或类似的编结材料产品”，是指编结材料、缏条及类似的编结材料产品平行排列连结成片的制品，其连结材料不论是否为纺制的纺织材料。

商品编号	商品名称及备注[检验检疫编码及名称]	进口关税(%)		增值税率(%)	消费税	计量单位	监管条件	检验检疫类别	对美税率	出口税率(%)	出口退税率(%)
		最惠国	普通								
4601	用编结材料编成的缏条及类似产品，不论是否缝合成宽条；平行连结或编织的成片编结材料、缏条或类似的编结材料产品，不论是否制成品（例如，席子、席料、帘子）：										
46012100	--竹制的										13
4601210000[暂0]	竹制的席子、席料及帘子〔101 竹帘〕，〔102 竹席〕	7	90	13		千克/张	AB	P/Q	25%	0	
46012200	--藤制的										13
4601220000[暂0]	藤制的席子、席料及帘子〔999〕	7	100	13		千克/张	AB	P/Q		0	
46012911	----灯芯草属材料制的										13
4601291111[暂0]	蔺草制的提花席、双苜席、垫子(单位面积>1 平方米，不论是否包边)〔999〕	7	90	13		千克/张	4ABxy	P/Q		0	
4601291112[暂0]	蔺草制的其他席子(单位面积>1 平方米，不论是否包边)〔999〕	7	90	13		千克/张	4ABxy	P/Q		0	
4601291119[暂0]	蔺草制的其他席子、席料及帘子(单位面积≤1 平方米，不论是否包边)〔999〕	7	90	13		千克/张	AB	P/Q		0	
4601291190[暂0]	其他灯心草属材料制的席子等(包括席子、席料、帘子、垫子)〔999〕	7	90	13		千克/张	AB	P/Q		0	
46012919	----其他										13
4601291900[暂0]	其他草制的席子、席料及帘子〔101 稻草及其制品〕，〔102 其他草及草制品〕	7	90	13		千克/张	AB	P/Q		0	
46012921	----苇帘										13
4601292100[暂0]	苇帘〔999〕	7	90	13		千克/张	AB	P/Q		0	
46012929	----其他										13
4601292900[暂0]	芦苇制的席子、席料〔999〕	7	90	13		千克/张	AB	P/Q		0	
46012990	---其他										13
4601299000[暂0]	其他植物材料制席子、席料及帘子〔101 其他草及草制品〕，〔102 棕及棕制品〕，〔103 葵及葵制品〕，〔104 其他竹藤柳草类〕	7	90	13		千克/张	AB	P/Q		0	
46019210	---缏条及类似产品，不论是否缝合成宽条										13
4601921000[暂0]	竹制缏条及类似产品(不论是否缝合成宽条)〔101 其他竹及竹制品〕，〔102 其他竹藤柳草类〕	7	100	13		千克	AB	P/Q		0	
46019290	---其他										13
4601929000[暂0]	竹制的其他编结材料产品〔101 其他竹及竹制品〕，〔102 其他竹藤柳草类〕	7	90	13		千克	AB	P/Q		0	
46019310	---缏条及类似产品，不论是否缝合成宽条										13
4601931000[暂0]	藤制的缏条及类似产品(不论是否缝合成宽条)〔999〕	7	100	13		千克	AB	P/Q		0	
46019390	---其他										13
4601939000[暂0]	藤制的其他编结材料产品〔999〕	7	90	13		千克	AB	P/Q		0	
46019411	----缏条(绳)										13
4601941100[暂0]	稻草制的缏条(绳)及类似产品(不论是否缝合成宽条)〔999〕	7	90	13		千克	AB	P/Q		0	
46019419	----其他										13
4601941900[暂0]	稻草制的其他编结材料产品〔101 稻草及其制品〕，〔102 其他草及草制品〕	7	90	13		千克	AB	P/Q		0	
46019491	----缏条及类似产品，不论是否缝合成宽条										13

Chapter 46

Manufactures of straw, of esparto or of other plaiting materials; basketware and wickerwork

Chapter Notes:

1. In this Chapter the expression "plaiting materials" means materials in a state or form suitable for plaiting, interlacing or similar processes; it includes straw, osier or willow, bamboos, rattans, rushes, reeds, strips of wood, strips of other vegetable material (for example, strips of bark, narrow leaves and raffia or other strips obtained from broad leaves), unspun natural textile fibres, monofilament and strip and the like of plastics and strips of paper, but not strips of leather or composition leather or of felt or nonwovens, human hair, horsehair, textile rovings or yarns, or monofilament and strip and the like of Chapter 54.

2. This Chapter does not cover:
   (a) Wall coverings of heading 48.14;
   (b) Twine, cordage, ropes or cables, plaited or not (heading 56.07);
   (c) Footwear or headgear or parts thereof of Chapter 64 or 65;
   (d) Vehicles or bodies for vehicles of basketware (Chapter 87); or
   (e) Articles of Chapter 94 (for example, furniture, luminaires and lighting fittings).

3. For the purposes of heading 46.01, the expression "plaiting materials, plaits and similar products of plaiting materials, bound together in parallel strands" means plaiting materials, plaits and similar products of plaiting materials, placed side by side and bound together, in the form of sheets, whether or not the binding materials are of spun textile materials.

协定税率(%)																		特惠税率(%)			Article Description
智利	新西兰	澳大利亚	瑞士	冰岛	秘鲁	哥斯达	东盟	亚太	新加坡	巴基斯坦	港/澳/台	韩国	格鲁吉亚	毛里求斯	柬埔寨	尼加拉瓜	日/韩/澳/新/东(RCEP)	亚太2国	老/柬/缅	LDC 98/97/95	
																					Plaits and similar products of plaiting materials, whether or not assembled into strips; plaiting materials, plaits and similar products of plaiting materials, bound together in parallel strands or woven, in sheet form, whether or not being finished articles (for example, mats, matting, screens):
0	0	0	0	0	0	0	0			0	0/0/	0	0	0	0	0	6. 5/0/0/0/0		0//	0/0/0	--Of bamboo
0	0	0	0	0	0	0	0			0	0/0/	0	0	0	0	0	6. 5/0/0/0/0		0//	0/0/0	--Of rattan
0	0	0	0	0	0	0	0			0	0/0/	0	0	0	0	0	6. 5/0/0/0/0		0//	0/0/0	----Of rushes
0	0	0	0	0	0	0	0			0	0/0/	0	0	0	0	0	6. 5/0/0/0/0		0//	0/0/0	----Other
0	0	0	0	0	0	0	0			0	0/0/	0	0	0	0	0	6. 5/0/0/0/0		0//	0/0/0	----Screens of reeds
0	0	0	0	0	0	0	0			0	0/0/	0	0	0	0	0	6. 5/0/0/0/0		0//	0/0/0	----Other
0	0	0	0	0	0	0	0			0	0/0/	0	0	0	0	0	6. 5/0/0/0/0		0//	0/0/0	---Other
0	0	0	0	0	0	0	0			0	0/0/	0	0	0	0	0	6. 5/0/0/0/0		0//	0/0/0	---Plaits and similar products of plaiting meterials, whether or not assembled into strips
0	0	0	0	0	0	0	0			0	0/0/	0	0	0	0	0	6. 5/0/0/0/0			0/0/0	---Other
0	0	0	0	0	0	0	0			0	0/0/	0	0	0	0	0	6. 5/0/0/0/0		0//	0/0/0	---Plaits and similar products of plaiting meterials, whether or not assembled into strips
0	0	0	0	0		0	0			0	0/0/	0	0	0	0	5. 6	6. 5/0/0/0/0			0/0/	---Other
0	0	0	0	0	0	0	0			2. 5	0/0/	0	0	0	0	0	7. 3/7/0/0/0			0/0/0	----Plaits
0	0	0	0	0	0	0	0			2. 5	0/0/	0	0	0	0	0	7. 3/7/0/0/0			0/0/0	----Other
0	0	0	0	0	0	0	0			0	0/0/	0	0	0	0	0	6. 5/0/0/0/0		0//	0/0/0	----Plaits and similar products of plaiting meterials, whether or not assembled into strips

商品编号	商品名称及备注[检验检疫编码及名称]	进口关税(%)		增值税率(%)	消费税	计量单位	监管条件	检验检疫类别	对美税率	出口税率(%)	出口退税率(%)
		最惠国	普通								
4601949100暂0	其他植物材料制缏条及类似产品(不论是否缝合成宽条)①	7	100	13		千克	AB	P/Q		0	
46019499	----其他										13
4601949900暂0	其他植物编结材料产品②	7	90	13		千克	AB	P/Q		0	
46019910	---缏条及类似产品,不论是否缝合成宽条										13
4601991000暂0	非植物材料制缏条及类似产品(不论是否缝合成宽条)〔999〕	7	90	13		千克				0	
46019990	---其他										13
4601999000暂0	其他非植物编结材料产品〔999〕	7	90	13		千克			20%	0	
4602	**用编结材料直接编成或用税目46.01所列货品制成的篮筐、柳条编结品及其他制品;丝瓜络制品:**										
46021100	--竹制的										13
4602110000暂0	竹编制的篮筐及其他制品③	7	100	13		千克	AB	P/Q		0	
46021200	--藤制的										13
4602120000暂0	藤编制的篮筐及其他制品〔101 藤及藤制品〕,〔102 其他竹藤柳草类〕	7	100	13		千克	AB	P/Q		0	
46021910	---草制的										13
4602191000暂0	草编制的篮筐及其他制品〔101 蔺草及其制品〕,〔102 稻草及其制品〕,〔103 其他草及草制品〕,〔104 其他竹藤柳草类〕	7	100	13		千克	AB	P/Q	25%	0	
46021920	---玉米皮制的										13
4602192000暂0	玉米皮编制的篮筐及其他制品〔101 其他草及草制品〕,〔102 其他竹藤柳草类〕	7	100	13		千克	AB	P/Q		0	
46021930	---柳条制的										13
4602193000暂0	柳条编制的篮筐及其他制品〔101 柳及柳制品〕,〔102 其他竹藤柳草类〕	7	100	13		千克	AB	P/Q		0	
46021990	---其他										13
4602199000暂0	其他植物材料编制篮筐及其他制品④	7	100	13		千克	AB	P/Q	25%	0	
46029000	-其他										13
4602900000暂0	其他编结材料制品及其他制品(非植物材料制的)〔999〕	7	100	13		千克			25%	0	

① 〔101 其他竹及竹制品〕,〔102 藤及藤制品〕,〔103 柳及柳制品〕,〔104 其他草及草制品〕,〔105 棕及棕制品〕,〔106 葵及葵制品〕,〔107 其他竹藤柳草类〕
② 〔101 藤及藤制品〕,〔102 柳及柳制品〕,〔103 其他草及草制品〕,〔104 棕及棕制品〕,〔105 葵及葵制品〕,〔106 其他竹藤柳草类〕
③ 〔101 竹片、竹地板〕,〔102 竹工艺品〕,〔103 竹叶〕,〔104 竹帘〕,〔105 竹椅〕,〔106 竹席〕,〔107 竹篓〕,〔108 其他竹及竹制品〕
④ 〔101 藤及藤制品〕,〔102 其他草及草制品〕,〔103 棕及棕制品〕,〔104 葵及葵制品〕,〔105 其他竹藤柳草类〕

协定税率(%)																		特惠税率(%)			Article Description
智利	新西兰	澳大利亚	瑞士	冰岛	秘鲁	哥斯达	东盟	亚太	新加坡	巴基斯坦	港/澳/台	韩国	格鲁吉亚	毛里求斯	柬埔寨	尼加拉瓜	日/韩/澳/新/东(RCEP)	亚太2国	老/柬/缅	LDC 98/97/95	
0	0	0	0	0	0	0	0			0	0/0/	0	0	0	0	0	6.5/0/0/0/0			0/0/0	----Other
0	0	0	0	0	0	0	0			0	0/0/	0	0	0	0	0	6.5/0/0/0/0		0//	0/0/0	---Plaits and similar products of plaiting materials, whether or not assembled into strips
0	0	0	0	0	0	0	0			0	0/0/	0	0	0	0	0	6.5/6.3/0/0/0			0/0/0	---Other
																					Basketwork, wickerwork and other articles, made directly to shape from plaiting materials or made up from goods of heading 46.01; articles of loofah:
0	0	0	0	0	0	0	0	4.2		0	0/0/	0	0	0	0	0	6.5/0/0/0/0		/0/	0/0/0	--Of bamboo
0	0	0	0	0		0	0	4.2		0	0/0/	0	0	0	0	5.6	6.5/0/0/0/0		/0/	0/0/0	--Of rattan
0	0	0	0	0	0	0	0			0	0/0/	0	0	0	0	0	6.5/0/0/0/0		/0/	0/0/0	---Of grass or straw
0	0	0	0	0	0	0	0			0	0/0/	0	0	0	0	0	6.5/0/0/0/0		/0/	0/0/0	---Of maize-shuck
0	0	0	0	0	0	0	0			0	0/0/	0	0	0	0	0	6.5/0/0/0/0		/0/	0/0/0	---Of osier
0	0	0	0	0		0	0			0	0/0/	0	0	0	0	5.6	6.5/0/0/0/0		/0/	0/0/0	---Other
0	0	0	0	0	0	0	0	4.6		0	0/0/	0	0	0	0	0	6.5/0/0/0/0		/0/	0/0/0	-Other

第 十 类
木浆及其他纤维状纤维素浆；回收（废碎）纸或纸板；纸、纸板及其制品

第四十七章
木浆及其他纤维状纤维素浆；回收（废碎）纸或纸板

注释：

品目47.02所称“化学木浆，溶解级”，是指温度在20℃时浸入含18%氢氧化钠的苛性碱溶液内，1小时后，按重量计含有92%及以上的不溶级分的碱木浆或硫酸盐木浆，或者含有88%及以上的不溶级分的亚硫酸盐木浆。对于亚硫酸盐木浆，按重量计灰分含量不得超过0.15%。

商品编号	商品名称及备注[检验检疫编码及名称]	进口关税(%) 最惠国	进口关税(%) 普通	增值税率(%)	消费税	计量单位	监管条件	检验检疫类别	对美税率	出口税率(%)	出口退税率(%)
4701	**机械木浆：**										
47010000	机械木浆										0
4701000000	机械木浆[999]	0	8	13		千克			5%	0	
4702	**化学木浆，溶解级：**										
47020000	化学木浆，溶解级										0
4702000001	用于生产粘胶等化学纤维(不含醋酸纤维)的化学木浆，溶解级[浆粕的黏度≥3.7dL/g，且<6.4dL/g，或者≥350mL/g，且<700mL/g，α纤维素含量(R18，硫酸盐法)<95.5%，或者α纤维素含量(R18，亚硫酸盐法)<94%，灰分≤0.15%][999]	0	8	13		千克			5%	0	
4702000090	其他化学木浆，溶解级[999]	0	8	13		千克			5%	0	
4703	**碱木浆或硫酸盐木浆，但溶解级的除外：**										
47031100	--针叶木的										0
4703110000	未漂白针叶木碱木浆或硫酸盐木浆(溶解级的除外)[999]	0	8	13		千克			5%	0	
47031900	--非针叶木的										0
4703190000	未漂白非针叶木碱木浆等(包括硫酸盐木浆，但溶解级的除外)[999]	0	8	13		千克			5%	0	
47032100	--针叶木的										0
4703210001	用于生产粘胶等化学纤维(不含醋酸纤维)的漂白针叶木碱木浆或硫酸盐木浆(包括半漂白的，溶解级的除外)[浆粕的黏度≥3.7dL/g，且<6.4dL/g，或者≥350mL/g，且<700mL/g，α纤维素含量(R18，硫酸盐法)≥88%，且<95.5%，灰分≤0.15%][999]	0	8	13		千克			5%	0	
4703210090	其他漂白针叶木碱木浆或硫酸盐木浆(包括半漂白的，溶解级的除外)[999]	0	8	13		千克			5%	0	
47032900	--非针叶木的										0
4703290000	漂白非针叶木碱木浆或硫酸盐木浆(包括半漂白的，溶解级的除外)[999]	0	8	13		千克			5%	0	
4704	**亚硫酸盐木浆，但溶解级的除外：**										
47041100	--针叶木的										0
4704110000	未漂白的针叶木亚硫酸盐木浆(溶解级的除外)[999]	0	8	13		千克			5%	0	
47041900	--非针叶木的										0
4704190000	未漂白的非针叶木亚硫酸盐木浆(溶解级的除外)[999]	0	8	13		千克			5%	0	
47042100	--针叶木的										0
4704210000	漂白的针叶木亚硫酸盐木浆(包括半漂白的，溶解级的除外)[999]	0	8	13		千克			5%	0	
47042900	--非针叶木的										0
4704290000	漂白的非针叶木亚硫酸盐木浆(包括半漂白的，溶解级的除外)[999]	0	8	13		千克			5%	0	
4705	**用机械和化学联合制浆法制得的木浆：**										
47050000	用机械和化学联合制浆法制得的木浆										0
4705000000	机械与化学联合制浆法制的木浆[999]	0	8	13		千克			5%	0	
4706	**从回收(废碎)纸或纸板提取的纤维浆或其他纤维状纤维素浆：**										
47061000	-棉短绒纸浆										13
4706100001	用于生产粘胶等化学纤维(不含醋酸纤维)的棉短绒浆粕[浆粕的黏度≥3.7dL/g，且<6.4dL/g，或者≥350mL/g，且<700mL/g，α纤维素含量(R18，硫酸盐法)<95.5%，或者α纤维素含量(R18，亚硫酸盐法)<94%，灰分≤0.15%][999]	0	8	13		千克			5%	0	
4706100090	其他棉短绒纸浆[999]	0	8	13		千克			5%	0	
47062000	-从回收(废碎)纸或纸板提取的纤维浆										0

SECTION X
PULP OF WOOD OR OF OTHER FIBROUS CELLULOSIC MATERIAL; RECOVERED (WASTE AND SCRAP) PAPER OR PAPERBOARD; PAPER AND PAPERBOARD AND ARTICLES THEREOF

Chapter 47
Pulp of wood or of other fibrous cellulosic material; recovered (waste and scrap) paper or paperboard

Chapter Note:

For the purposes of heading 47.02, the expression "chemical wood pulp, dissolving grades" means chemical wood pulp having by weight an insoluble fraction of 92% or more for soda or sulphate wood pulp or of 88% or more for sulphite wood pulp after one hour in a caustic soda solution containing 18% sodium hydroxide (NaOH) at 20℃, and for sulphite wood pulp an ash content that does not exceed 0.15% by weight.

协定税率(%)																		特惠税率(%)			Article Description
智利	新西兰	澳大利亚	瑞士	冰岛	秘鲁	哥斯达	东盟	亚太	新加坡	巴基斯坦	港/澳/台	韩国	格鲁吉亚	毛里求斯	柬埔寨	尼加拉瓜	日/韩/澳/新/东 (RCEP)	亚太2国	老/柬/缅	LDC 98/97/95	
																					Mechanical wood pulp:
0	0	0	0	0	0	0	0			0	0/0/	0	0	0	0	0	0/0/0/0/0			0/0/0	Mechanical wood pulp
																					Chemical wood pulp, dissolving grades:
0	0	0	0	0	0	0	0			0	0/0/	0	0	0	0	0	0/0/0/0/0			0/0/0	Chemical wood pulp, dissolving grades
																					Chemical wood pulp, soda or sulphate, other than dissolving grades:
0	0	0	0	0	0	0	0			0	0/0/	0	0	0	0	0	0/0/0/0/0			0/0/0	--Coniferous
0	0	0	0	0	0	0	0			0	0/0/	0	0	0	0	0	0/0/0/0/0			0/0/0	--Non-coniferous
0	0	0	0	0	0	0	0			0	0/0/	0	0	0	0	0	0/0/0/0/0			0/0/0	--Coniferous
0	0	0	0	0	0	0	0			0	0/0/	0	0	0	0	0	0/0/0/0/0			0/0/0	--Non-coniferous
																					Chemical wood pulp, sulphite, other than dissolving grades:
0	0	0	0	0	0	0	0			0	0/0/	0	0	0	0	0	0/0/0/0/0			0/0/0	--Coniferous
0	0	0	0	0	0	0	0			0	0/0/	0	0	0	0	0	0/0/0/0/0			0/0/0	--Non-coniferous
0	0	0	0	0	0	0	0			0	0/0/	0	0	0	0	0	0/0/0/0/0			0/0/0	--Coniferous
0	0	0	0	0	0	0	0			0	0/0/	0	0	0	0	0	0/0/0/0/0			0/0/0	--Non-coniferous
																					Wood pulp obtained by a combination of mechanical and chemical pulping processes:
0	0	0	0	0	0	0	0			0	0/0/	0	0	0	0	0	0/0/0/0/0			0/0/0	Wood pulp obtained by a combination of mechanical and chemical pulping processes
																					Pulps of fibres derived from recovered (waste and scrap) paper or paperboard or of other fibrous cellulosic material:
0	0	0	0	0	0	0	0			0	0/0/	0	0	0	0	0	0/0/0/0/0			0/0/0	-Cotton linters pulp
0	0	0	0	0	0	0	0			0	0/0/	0	0	0	0	0	0/0/0/0/0			0/0/0	-Pulps of fibres derived from recovered (waste and scrap) paper or paperboard

商品编号	商品名称及备注［检验检疫编码及名称］	进口关税(%)		增值税率(%)	消费税	计量单位	监管条件	检验检疫类别	对美税率	出口税率(%)	出口退税率(%)
		最惠国	普通								
4706200000	从回收纸或纸板提取的纤维浆〔999〕	0	8	13		千克				0	
47063000	-其他,竹浆										0
4706300001	用于生产粘胶等化学纤维(不含醋酸纤维)的其他纤维状纤维素竹浆(包括机械浆、化学浆、半化学浆)［浆粕的黏度≥3.7dL/g,且<6.4dL/g,或者≥350mL/g,且<700mL/g,α 纤维素含量(R18,硫酸盐法)<95.5%,或者 α 纤维素含量(R18,亚硫酸盐法)<94%,灰分≤0.15%］〔999〕	0	8	13		千克				0	
4706300090	其他纤维状纤维素竹浆(包括机械浆、化学浆、半化学浆)〔999〕	0	8	13		千克				0	
47069100	--机械浆										0
4706910000	其他纤维状纤维素机械浆〔999〕	0	8	13		千克				0	
47069200	--化学浆										0
4706920000	其他纤维状纤维素化学浆〔999〕	0	8	13		千克			25%	0	
47069300	--用机械和化学联合法制得的浆										0
4706930000	用机械和化学联合法制得的其他纤维状纤维素浆〔999〕	0	8	13		千克				0	
4707	**回收(废碎)纸或纸板:**										
47071000	-未漂白的牛皮纸或纸板及瓦楞纸或纸板										0
4707100000	回收(废碎)的未漂白牛皮、瓦楞纸或纸板〔999〕	0	8	13		千克	9AB	M.P/Q	25%	0	
47072000	-主要由漂白化学木浆制成未经本体染色的其他纸和纸板										0
4707200000	回收(废碎)的漂白化学木浆制的纸和纸板(未经本体染色)〔999〕	0	8	13		千克	9AB	M.P/Q	25%	0	
47073000	-主要由机械浆制成的纸或纸板(例如,报纸、杂志及类似印刷品)										0
4707300000	回收(废碎)的机械木浆制的纸或纸板(例如,废报纸,杂志及类似印刷品)〔999〕	0	8	13		千克	9AB	M.P/Q	25%	0	
47079000	-其他,包括未分选的废碎品										0
4707900010	回收(废碎)墙(壁)纸、涂蜡纸、浸蜡纸、复写纸(包括未分选的废碎品)〔999〕	0	8	13		千克	9AB	M.P/Q	25%	0	
4707900090	其他回收纸或纸板(包括未分选的废碎品)〔999〕	0	8	13		千克	9B	M.P/Q	25%	0	

协定税率(%)																		特惠税率(%)			
智利	新西兰	澳大利亚	瑞士	冰岛	秘鲁	哥斯达	东盟	亚太	新加坡	巴基斯坦	港/澳/台	韩国	格鲁吉亚	毛里求斯	柬埔寨	尼加拉瓜	日/韩/澳/新/东(RCEP)	亚太2国	老/柬/缅	LDC 98/97/95	Article Description
0	0	0	0	0	0	0	0			0	0/0/	0	0	0	0	0	0/0/0/0/0			0/0/0	-Other, of bamboo
0	0	0	0	0	0	0	0			0	0/0/	0	0	0	0	0	0/0/0/0/0			0/0/0	--Mechanical
0	0	0	0	0	0	0	0			0	0/0/	0	0	0	0	0	0/0/0/0/0			0/0/0	--Chemical
0	0	0	0	0	0	0	0			0	0/0/	0	0	0	0	0	0/0/0/0/0			0/0/0	--Obtained by a combination of mechanical and chemical processes
																					Recovered (waste and scrap) paper or paperboard:
0	0	0	0	0	0	0	0			0	0/0/	0	0	0	0	0	0/0/0/0/0			0/0/0	-Unbleached kraft paper or paperboard or of corrugated paper or paperboard
0	0	0	0	0	0	0	0			0	0/0/	0	0	0	0	0	0/0/0/0/0			0/0/0	-Other paper or paperboard made mainly of bleached chemical pulp, not coloured in the mass
0	0	0	0	0	0	0	0			0	0/0/	0	0	0	0	0	0/0/0/0/0			0/0/0	-Paper or paperboard made mainly of mechanical pulp (for example, newspapers, journals and similar printed matter)
0	0	0	0	0	0	0	0			0	0/0/	0	0	0	0	0	0/0/0/0/0			0/0/0	-Other, including unsorted waste and scrap

第四十八章
纸及纸板；纸浆、纸或纸板制品

注释：

一、除条文另有规定外，本章所称“纸”包括纸板（不考虑其厚度或每平方米重量）。

二、本章不包括：

（一）第三十章的物品；

（二）品目32.12的压印箔；

（三）香纸及用化妆品浸渍或涂布的纸（第三十三章）；

（四）用肥皂或洗涤剂浸渍、覆盖或涂布的纸或纤维素絮纸（品目34.01）和用光洁剂、擦光膏及类似制剂浸渍、覆盖或涂布的纸或纤维素絮纸（品目34.05）；

（五）品目37.01至37.04的感光纸或感光纸板；

（六）用诊断或实验用试剂浸渍的纸（品目38.22）；

（七）第三十九章的用纸强化的层压塑料板，用塑料覆盖或涂布的单层纸或纸板（塑料部分占总厚度的一半以上），以及上述材料的制品，但品目48.14的壁纸除外；

（八）品目42.02的物品（例如，旅行用品）；

（九）第四十六章的物品（编结材料制品）；

（十）纸纱线或纸纱线纺织物（第十一类）；

（十一）第六十四章或第六十五章的物品；

（十二）品目68.05的砂纸或品目68.14的用纸或纸板衬底的云母（但涂布云母粉的纸及纸板归入本章）；

（十三）用纸或纸板衬底的金属箔（通常归入第十四类或第十五类）；

（十四）品目92.09的制品；

（十五）第九十五章的物品（例如，玩具、游戏品及运动用品）；或

（十六）第九十六章的物品［例如，纽扣，卫生巾（护垫）及卫生棉条、尿布及尿布衬里］。

三、除注释七另有规定的以外，品目48.01至48.05包括经砑光、高度砑光、釉光或类似处理、仿水印、表面施胶的纸及纸板；同时还包括用各种方法本体着色或染成斑纹的纸、纸板、纤维素絮纸及纤维素纤维网纸。除品目48.03另有规定的以外，上述税目不适用于经过其他方法加工的纸、纸板、纤维素絮纸或纤维素纤维网纸。

四、本章所称“新闻纸”，是指所含用机械或化学-机械方法制得的木纤维不少于全部纤维重量的50%的未经涂布的报刊用纸，未施胶或微施胶，每面粗糙度［帕克印刷表面粗糙度（1兆帕）］超过2.5微米，每平方米重量不小于40克，但不超过65克，并且仅适用于下列规格的纸：

（一）成条或成卷，宽度超过28厘米；或

（二）成张矩形（包括正方形），一边超过28厘米，另一边超过15厘米（以未折叠计）。

五、品目48.02所称“书写、印刷或类似用途的纸及纸板”“未打孔的穿孔卡片和穿孔纸带纸”，是指主要用漂白纸浆或用机械或化学-机械方法制得的纸浆制成的纸及纸板，并且符合下列任一标准：

（一）每平方米重量不超过150克的纸或纸板：

1. 用机械或化学-机械方法制得的纤维含量在10%及以上，并且

（1）每平方米重量不超过80克；或

（2）本体着色；或

2. 灰分含量在8%以上，并且

（1）每平方米重量不超过80克；或

（2）本体着色；或

3. 灰分含量在3%以上，亮度在60%及以上；或

4. 灰分含量在3%以上，但不超过8%，亮度低于60%，耐破指数等于或小于2.5千帕斯卡·平方米/克；或

5. 灰分含量在3%及以下，亮度在60%及以上，耐破指数等于或小于2.5千帕斯卡·平方米/克。

（二）每平方米重量超过150克的纸或纸板：

1. 本体着色；或

2. 亮度在60%及以上，并且

（1）厚度在225微米及以下；或

（2）厚度在225微米以上，但不超过508微米，灰分含量在3%以上；或

3. 亮度低于60%，厚度不超过254微米，灰分含量在8%以上。

品目48.02不包括滤纸及纸板（含茶袋纸）或毡纸及纸板。

六、本章所称“牛皮纸及纸板”，是指所含用硫酸盐法或烧碱法制得的纤维不少于全部纤维重量的80%的纸及纸板。

七、除税目条文另有规定的以外，符合品目48.01至48.11中两个或两个以上税目所规定的纸、纸板、纤维素絮纸及纤维素纤维网纸，应按号列顺序归入有关税目中的最末一个税目。

八、品目48.03至48.09仅适用于下列规格的纸、纸板、纤维素絮纸及纤维素纤维网纸：

（一）成条或成卷，宽度超过36厘米；或

（二）成张矩形（包括正方形），一边超过36厘米，另一边超过15厘米（以未折叠计）。

九、品目48.14所称“壁纸及类似品”，仅限于：

（一）适合作墙壁或天花板装饰用的成卷纸张，宽度不小于45厘米，但不超过160厘米：

1. 起纹、压花、染面、印有图案或经其他装饰的（例如，植绒），不论是否用透明的防护塑料涂布或覆盖；

2. 表面饰有木粒或草粒而凹凸不平的；

3. 表面用塑料涂布或覆盖并起纹、压花、染面、印有图案或经其他装饰的；或

4. 表面用不论是否平行连结或编织的编结材料覆盖的。

（二）适于装饰墙壁或天花板用的经上述加工的纸边及纸条，不论是否成卷。

（三）由几幅拼成的壁纸，成卷或成张，贴到墙上可组成印刷的风景画或图案。

既可作铺地制品，也可作壁纸的以纸或纸板为底的产品，应归入品目48.23。

十、品目48.20不包括切成一定尺寸的活页纸张或卡片，不论是否印制、压花、打孔。

十一、品目48.23主要适用于提花机或类似机器用的穿孔纸或卡片，以及纸花边。

Chapter 48
Paper and paperboard; articles of paper pulp, of paper or of paperboard

Chapter Notes:

1. For the purposes of this Chapter, except where the context otherwise requires, a reference to "paper" includes references to paperboard (irrespective of thickness or weight per square meter).

2. This Chapter does not cover:
   (a) Articles of Chapter 30;
   (b) Stamping foils of heading 32. 12;
   (c) Perfumed papers or papers impregnated or coated with cosmetics (Chapter 33);
   (d) Paper or cellulose wadding impregnated, coated or covered with soap or detergent (heading 34. 01), or with polishes, creams or similar preparations (heading 34. 05);
   (e) Sensitised paper or paperboard of headings 37. 01 to 37. 04;
   (f) Paper impregnated with diagnostic or laboratory reagents (heading 38. 22);
   (g) Paper-reinforced stratified sheeting of plastics, or one layer of paper or paperboard coated or covered with a layer of plastics (the latter constituting more than half the total thickness), or articles of such materials, other than wall coverings of heading 48. 14 (Chapter 39);
   (h) Articles of heading 42. 02 (for example, travel goods);
   (ij) Articles of Chapter 46 (manufactures of plaiting material);
   (k) Paper yarn or textile articles of paper yarn (Section XI);
   (l) Articles of Chapter 64 or Chapter 65;
   (m) Abrasive paper or paperboard (heading 68. 05) or paper-backed or paperboard-backed mica (heading 68. 14) (paper and paperboard coated with mica powder are, however, to be classified in this Chapter);
   (n) Metal foil backed with paper or paperboard (generally to be classified in Section XIV or XV);
   (o) Articles of heading 92. 09;
   (p) Articles of Chapter 95 (for example, toys, games, sports requisites); or
   (q) Articles of Chapter 96 (for example, buttons, sanitary towels (pads) and tampons, napkins (diapers) and napkin liners).

3. Subject to the provisions of Note 7, headings 48. 01 to 48. 05 include paper and paperboard which have been subjected to calendering, super-calendering, glazing or similar finishing, false water-marking or surface sizing, and also paper, paperboard, cellulose wadding and webs of cellulose fibres, coloured or marbled throughout the mass by any method. Except where heading 48. 03 otherwise requires, these headings do not apply to paper, paperboard, cellulose wadding or webs of cellulose fibres which have been otherwise processed.

4. In this Chapter the expression "newsprint" means uncoated paper of a kind used for the printing of newspapers, of which not less than 50% by weight of the total fibre content consists of wood fibres obtained by a mechanical or chemi-mechanical process, unsized or very lightly sized, having a surface roughness Parker Print Surf (1 MPa) on each side exceeding 2. 5 micrometres (microns), weighing not less than $40g/m^2$ and not more than $65g/m^2$, and applies only to paper:
   (a) in strips or rolls of a width exceeding 28cm; or
   (b) in rectangular (including square) sheets with one side exceeding 28cm and the other side exceeding 15cm in the unfolded state.

5. For the purposes of heading 48. 02, the expressions "paper and paperboard, of a kind used for writing, printing or other graphic purposes" and "non perforated punch-cards and punch tape paper" mean paper and paperboard made mainly from bleached pulp or from pulp obtained by a mechanical or chemi-mechanical process and satisfying any of the following criteria:
   (a) For paper or paperboard weighing not more than $150g/m^2$:
      (i) containing 10% or more of fibres obtained by a mechanical or chemi-mechanical process, and
         i) weighing not more than 80 g/m^2, or
         ii) coloured throughout the mass; or
      (ii) containing more than 8% ash, and
         i) weighing not more than $80g/m^2$, or
         ii) coloured throughout the mass; or
      (iii) containing more than 3% ash and having a brightness of 60% or more; or
      (iv) containing more than 3% but not more than 8% ash, having a brightness less than 60%, and a burst index equal to or less than 2. 5 kPa · m^2/g; or
      (v) containing 3% ash or less, having a brightness of 60% or more and a burst index equal to or less than 2. 5 kPa · m^2/g.
   (b) For paper or paperboard weighing more than $150g/m^2$:
      (i) coloured throughout the mass; or
      (ii) having a brightness of 60% or more, and
         i) a caliper of 225 micrometres (microns) or less; or
         ii) a caliper of more than 225 micrometres (microns) but not more than 3%; or
      (iii) having a brightness of less than 60%, a caliper of 254 micrometres (microns) or less and an ash content of more than 8%.
   Heading 48. 02 does not, however, cover filter paper or paperboard (including tea-bag paper) or felt paper or paperboard.

6. In this Chapter "kraft paper and paperboard" means paper and paperboard of which not less than 80% by weight of the total fibre content consists of fibres obtained by the chemical sulphate or soda processes.

7. Except where the terms of the headings otherwise require, paper, paperboard, cellulose wadding and webs of cellulose fibres answering to a description in two or more of the headings 48. 01 to 48. 11 are to be classified under that one of such headings which occurs last in numerical order in the Nomenclature.

8. Headings 48. 03 to 48. 09 apply only to paper, paperboard, cellulose wadding and webs of cellulose fibres:
   (a) in strips or rolls of a width exceeding 36cm; or
   (b) in rectangular (including square) sheets with one side exceeding 36cm and the other side exceeding 15cm in the unfolded state.

9. For the purposes of heading 48. 14, the expression "wallpaper and similar wall coverings" applies only to:
   (a) Paper in rolls, of a width of not less than 45cm and not more than 160cm, suitable for wall or ceiling decoration:
      (i) Grained, embossed, surface-coloured, design-printed or otherwise surface-decorated (for example, with textile flock), whether or not coated or covered with transparent protective plastics;
      (ii) With an uneven surface resulting from the incorporation of particles of wood, straw, etc. ;
      (iii) Coated or covered on the face side with plastics, the layer of plastics being grained, embossed, coloured, design-printed or otherwise decorated; or
      (iv) Covered on the face side with plaiting material, whether or not bound together in parallel strands or woven.
   (b) Borders and friezes, of paper, treated as above, whether or not in rolls, suitable for wall or ceiling decoration.
   (c) Wall coverings of paper made up of several panels, in rolls or sheets, printed so as to make up a scene, design or motif when applied to a wall.
   Products on a base of paper or paperboard, suitable for use both as floor coverings and as wall coverings, are to be classified in heading 48. 23.

10. Heading 48. 20 does not cover loose sheets or cards, cut to size, whether or not printed, embossed or perforated.

11. Heading 48. 23 applies, inter alia, to perforated paper or paperboard cards for Jacquard or similar machines and paper lace.

十二、除品目 48.14 及 48.21 的货品外，印有图案、文字或图画的纸、纸板、纤维素絮纸及其制品，如果所印图案、文字或图画作为其主要用途，应归入第四十九章。

子目注释：

一、子目 4804.11 及 4804.19 所称"牛皮衬纸"，是指所含用硫酸盐法或烧碱法制得的木纤维不少于全部纤维重量的 80%的成卷机器整饰或上光纸及纸板，每平方米重量超过 115 克，并且最低缪伦耐破度符合下表所示（其他重量的耐破度可参照下表换算）：

重量 （克/平方米）	最低耐破度 （千帕斯卡）
115	393
125	417
200	637
300	824
400	961

二、子目 4804.21 及 4804.29 所称"袋用牛皮纸"，是指所含用硫酸盐法或烧碱法制得的木纤维不少于全部纤维重量的 80%的成卷机器上光纸，每平方米重量不少于 60 克，但不超过 115 克，并且符合下列一种规格：

（一）缪伦耐破指数不小于 3.7 千帕斯卡·平方米/克，并且横向伸长率大于 4.5%，纵向伸长率大于 2%；

（二）至少能达到下表所示的最小撕裂度和抗张强度（其他重量的可参照下表换算）：

重　量 （克/平方米）	最小撕裂度 （毫牛顿）		最小抗张强度 （千牛顿/米）	
	纵向	纵向加横向	横向	纵向加横向
60	700	1510	1.9	6
70	830	1790	2.3	7.2
80	965	2070	2.8	8.3
100	1230	2635	3.7	10.6
115	1425	3060	4.4	12.3

三、子目 4805.11 所称"半化学的瓦楞纸"，是指所含用机械和化学联合法制得的未漂白硬木纤维不少于全部纤维重量的 65%的成卷纸张，并且在温度为 23℃和相对湿度为 50%时，经过 30 分钟的瓦楞芯纸平压强度测定（CMT 30），抗压强度超过 1.8 牛顿/克/平方米。

四、子目 4805.12 包括主要用机械和化学联合法制得的草浆制成的成卷纸张，每平方米重量在 130 克及以上，并且在温度为 23℃和相对湿度为 50%时，经过 30 分钟的瓦楞芯纸平压强度测定（CMT30），抗压强度超过 1.4 牛顿/克/平方米。

五、子目 4805.24 和 4805.25 包括全部或主要由回收（废碎）纸或纸板制得的纸浆制成的纸和纸板。强韧箱纸板也可以有一面用染色纸或漂白或未漂白的非再生浆制得的纸做表层。这些产品缪伦耐破指数不小于 2 千帕斯卡·平方米/克。

六、子目 4805.30 所称"亚硫酸盐包装纸"，是指所含用亚硫酸盐法制得的木纤维超过全部纤维重量的 40%的机器研光纸，灰分含量不超过 8%，并且缪伦耐破指数不小于 1.47 千帕卡·平方米/克。

七、子目 4810.22 所称"轻质涂布纸"，是指双面涂布纸，其每平方米总重量不超过 72 克，每面每平方米的涂层重量不超过 15 克，原纸中所含用机械方法制得的木纤维不少于全部纤维重量的 50%。

商品编号	商品名称及备注［检验检疫编码及名称］	进口关税（%）		增值税率（%）	消费税	计量单位	监管条件	检验检疫类别	对美税率	出口税率（%）	出口退税率（%）
		最惠国	普通								
4801	**成卷或成张的新闻纸：**										
48010010	---成卷的										0
4801001000	成卷的新闻纸〔999〕	5	30	13		千克			30%	0	
48010090	---其他										0
4801009000	成张及其他的新闻纸〔999〕	5	30	13		千克			30%	0	
4802	**书写、印刷或类似用途的未经涂布的纸及纸板、未打孔的穿孔卡片及穿孔纸带纸，成卷或成张矩形（包括正方形），任何尺寸，但税目 48.01 或 48.03 的纸除外；手工制纸及纸板：**										
48021010	---宣纸										13
4802101000[暂4]	宣纸〔999〕	6	70	13		千克				0	
48021090	---其他										13
4802109000[暂5]	其他手工制纸及纸板〔999〕	6	70	13		千克			30%	0	
48022010	---照相原纸										0
4802201000[暂0]	照相原纸（未经涂布的，成卷或成张）〔999〕	6	40	13		千克			25%	0	
48022090	---其他										0

12. Except for the goods of heading 48. 14 or 48. 21, paper, paperboard, cellulose wadding and articles thereof, printed with motifs, characters or pictorial representations, which are not merely subsidiary to the primary use of the goods, fall in Chapter 49.

Subheading Notes:

1. For the purposes of subheadings 4804. 11 and 4804. 19, "kraftliner" means machine-finished or machine-glazed paper and paperboard, of which not less than 80% by weight of the total fibre content consists of wood fibres obtained by the chemical sulphate or soda processes, in rolls, weighing more than 115g/m^2 and having a minimum Mullen bursting strength as indicated in the following table or the linearly interpolated or extrapolated equivalent for any other weight.

Weight (g/m^2)	Minimum Mullen bursting strength (kPa)
115	393
125	417
200	637
300	824
400	961

2. For the purposes of subheadings 4804. 21 and 4804. 29, "sack kraft paper" means machine-finished paper, of which not less than 80% by weight of the total fibre content consists of fibres obtained by the chemical sulphate or soda processes, in rolls, weighing not less than 60g/m^2 but not more than 115g/m^2 and meeting one of the following sets of specifications:
   (a) Having a Mullen burst index of not less than 3. 7kPa · m^2/g and a stretch factor of more than 4. 5% in the cross direction and of more than 2% in the machine direction.
   (b) Having minima for tear and tensile as indicated in the following table or the linearly interpolated equivalent for any other weight:

Weight (g/m^2)	Minimum tear (mN)		Minimum tensile (kN/m)	
	Machine direction	Machine direction plus cross direction	Cross direction	Machine direction plus cross direction
60	700	1510	1. 9	6
70	830	1790	2. 3	7. 2
80	965	2070	2. 8	8. 3
100	1230	2635	3. 7	10. 6
115	1425	3060	4. 4	12. 3

3. For the purposes of subheading 4805. 11, "semi-chemical fluting paper" means paper, in rolls, of which not less than 65% by weight of the total fibre content consists of unbleached hardwood fibres obtained by a combination of mechanical and chemical pulping processes, and having a CMT 30 (Corrugated Medium Test with 30minutes of conditioning) crush resistance exceeding 1. 8N/g/m^2 at 50% relative humidity, at 23℃.

4. Subheading 4805. 12 cover paper, in rolls, made mainly of straw pulp obtained by a combination of mechanical and chemical processes, weighing 130g/m^2 or more, and having a CMT 30 (Corrugated Medium Test with 30 minutes of conditioning) crush resistance exceeding 1. 4N/g/m^2 at 50% relative humidity, at 23℃.

5. Subheading 4805. 24 and 4805. 25 cover paper and paperboard made wholly or mainly of pulp of recovered (waste and scrap) paper or paperboard, Testliner may also have a surface layer of dyed paper or of paper made of bleached or unbleached non-recovered pulp. These products have a Mullen burst index of not less than 2kPa · m^2/g.

6. For the purposes of subheading 4805. 30, "sulphite wrapping paper" means machine-glazed paper, of which more than 40% by weight of the total fibre content consists of wood fibres obtained by the chemical sulphite process, having an ash content not exceeding 8% and having a Mullen burst index of not less than 1. 47kPa · m^2/g.

7. For the purposes of subheading 4810. 22, "light-weight coated paper" means paper, coated on both sides, of a total weight not exceeding 72g/m^2, with a coating weight not exceeding 15g/m^2 per side, on a base of which not less than 50% by weight of the total fibre content consists of wood fibres obtained by a mechanical process.

协定税率(%)																		特惠税率(%)			Article Description
智利	新西兰	澳大利亚	瑞士	冰岛	秘鲁	哥斯达	东盟	亚太	新加坡	巴基斯坦	港/澳/台	韩国	格鲁吉亚	毛里求斯	柬埔寨	尼加拉瓜	日/韩/澳/新/东(RCEP)	亚太2国	老/柬/缅	LDC 98/97/95	
																					Newsprint, in rolls or sheets:
																					---In rolls
																					---Other
																					Uncoated paper and paperboard, of a kind used for writing, printing or other graphic purposes, and non perforated punch-cards and punch tape paper, in rolls orrectangular (including square) sheets, of any size, other than paper of heading 48. 01 or 48. 03; hand-made paper and paper-board:
	5						5								5						---Xuan paper
	5						5								5						---Other
											0/0/			0	0					0/0/	---Photo paper base
	0						5				0/0/			0	0					0/0/	---Other

商品编号	商品名称及备注[检验检疫编码及名称]	进口关税(%) 最惠国	进口关税(%) 普通	增值税率(%)	消费税	计量单位	监管条件	检验检疫类别	对美税率	出口税率(%)	出口退税率(%)
4802209000暂0	其他光、热、电敏纸、纸板的原纸[未经涂布的,成卷或成张(包括原纸板)]〔999〕	6	40	13		千克			20%	0	
48024000	-壁纸原纸										0
4802400000暂0	壁纸原纸(未经涂布的,成卷或成张)〔999〕	6	40	13		千克				0	
48025400	--每平方米重量小于40克										0
4802540000暂0	书写、印刷等用未涂布薄纸或纸板(每平方米重<40克,机械或化学-机械法制得的纤维含量≤10%)〔999〕	6	30	13		千克			25%	0	
48025500	--每平方米重量在40克及以上,但不超过150克,成卷的										0
4802550010暂0	40克<每平方米重≤150克的胶版纸(成卷、机械或化学-机械法制得的纤维含量≤10%)〔999〕	5	30	13		千克			25%	0	
4802550090暂0	40克<每平方米重≤150克未涂布中厚纸(书写印刷用、成卷、含机械或化学-机械法制纤维≤10%)〔999〕	5	30	13		千克			25%	0	
48025600	--每平方米重量在40克及以上,但不超过150克,成张的,以未折叠计一边不超过435毫米,另一边不超过297毫米										0
4802560010暂0	成张40克<每平方米重≤150克胶版纸(长≤435毫米,宽≤297毫米含机械或化学-机械法制纤维≤10%)〔999〕	5	30	13		千克			25%	0	
4802560090暂0	40克<每平方米重≤150克未涂布纸,成张(书写印刷,长≤435毫米,宽≤297毫米含机械或半化学浆≤10%)〔999〕	5	30	13		千克			25%	0	
48025700	--其他,每平方米重量在40克及以上,但不超过150克										0
4802570010暂0	其他40克<每平方米重≤150克的胶版纸(机械或化学-机械法制得的纤维含量≤10%)〔999〕	5	30	13		千克			25%	0	
4802570090暂0	其他40克<每平方米重≤150克未涂中厚纸(书写印刷用,含机械或化学-机械法制纤维≤10%)〔999〕	5	30	13		千克			25%	0	
48025800	--每平方米重量超过150克										0
4802580000暂0	书写、印刷等用未涂布厚纸(板)(每平方米重>150克,机械或化学-机械法制得的纤维含量≤10%)〔999〕	5	30	13		千克			20%	0	
48026100	--成卷的										0
4802610000暂0	成卷书写、印刷用未涂布纸(机械或化学-机械法制得的纤维含量>10%)〔999〕	5	30	13		千克			20%	0	
48026200	--成张的,以未折叠计一边不超过435毫米,另一边不超过297毫米										0
4802620000暂0	成张书写、印刷用未涂布纸(长≤435毫米,宽≤297毫米含机械或化学-机械法制纤维>10%)〔999〕	5	30	13		千克			25%	0	
48026900	--其他										0
4802690000暂0	其他书写、印刷用未涂布纸(机械或化学-机械法制得的纤维含量>10%)〔999〕	5	30	13		千克			25%	0	
4803	**卫生纸、面巾纸、餐巾纸以及家庭或卫生用的类似纸、纤维素絮纸和纤维素纤维网纸,不论是否起纹、压花、打孔、染面、饰面或印花,成卷或成张的:**										
48030000	卫生纸、面巾纸、餐巾纸以及家庭或卫生用的类似纸、纤维素絮纸和纤维素纤维网纸,不论是否起纹、压花、打孔、染面、饰面或印花,成卷或成张的										0
4803000000	卫生纸、面巾纸、餐巾纸及类似纸(成条或成卷宽>36厘米,或一边>36厘米,一边>15厘米的成张矩形)〔101 卫生纸原纸、卫生纸〕,〔102 面巾纸、餐巾纸及类似纸〕,〔103 擦拭用纸〕	5	40	13		千克	A	M/	30%	0	
4804	**成卷或成张的未经涂布的牛皮纸及纸板,但不包括税目48.02或48.03的货品:**										
48041100	--未漂白										0
4804110000	未漂白的牛皮挂面纸〔999〕	5	30	13		千克			10%	0	
48041900	--其他										0
4804190000	漂白的牛皮挂面纸(成卷或成张的及未经涂布的)〔999〕	5	30	13		千克			25%	0	
48042100	--未漂白										0
4804210000	未漂白的袋用牛皮纸(成卷或成张的及未经涂布的)〔999〕	5	30	13		千克			10%	0	

智利	新西兰	澳大利亚	瑞士	冰岛	秘鲁	哥斯达	东盟	亚太	新加坡	巴基斯坦	港/澳/台	韩国	格鲁吉亚	毛里求斯	柬埔寨	尼加拉瓜	日/韩/澳/新/东(RCEP)	亚太2国	老/柬/缅	LDC 98/97/95	Article Description
协定税率(%)																		特惠税率(%)			
											0/0/			0	0					0/0/	-Wallpaper base
											0/0/			0	0					0/0/	--Weighing less than $40g/m^2$
											0/0/			0	0					0/0/	--Weighing $40g/m^2$ or more but not more than $150g/m^2$, in rolls
											0/0/			0	0					0/0/	--Weighing $40g/m^2$ or more but not more than $150g/m^2$, in sheets with one side not exceeding 435mm and the other side not exceeding 297mm in the unfolded state
											0/0/			0	0					0/0/	--Other, weighing $40g/m^2$ or more but not more than $150g/m^2$
											0/0/			0	0					0/0/	--Weighing more than $150g/m^2$
											0/0/			0						0/0/	--In rolls
											0/0/			0	0					0/0/	--In sheets with one side not exceeding 435mm and the other side not exceeding 297mm in the unfolded state
											0/0/			0						0/0/	--Other
																					Toilet or facial tissue stock, towel or napkin stock and similar paper of a kind used for household or sanitary purposes, cellulose wadding and webs of cellulose fibres, whether or not creped, crinkled, embossed, perforated, surface-coloured, surface-decorated or printed, in rolls or sheets:
	5.3																				Toilet or facial tissue stock, towel or napkin stock and similar paper of a kind used for household or sanitary purposes, cellulose wadding and webs of cellulose fibres, whether or not creped, crinkled, embossed, perforated, surface-coloured, surface-decorated or printed, in rolls or sheets
																					Uncoated kraft paper and paper-board, in rolls or sheets, other than that of heading 48.02 or 48.03:
																					--Unbleached
																					--Other
																					--Unbleached

商品编号	商品名称及备注［检验检疫编码及名称］	进口关税（%）		增值税率（%）	消费税	计量单位	监管条件	检验检疫类别	对美税率	出口税率（%）	出口退税率（%）
		最惠国	普通								
48042900	--其他										0
4804290000	漂白的袋用牛皮纸（成卷或成张的及未经涂布的）〔999〕	5	30	13		千克			30%	0	
48043100	--未漂白										0
4804310020	未漂白的其他薄牛皮纸及纸板［抗张指数（横向+纵向）大于等于 69N·m/g，撕裂指数（纵向）≥10mN·m^2/g，抗张能量吸收指数（横向）≥1.0J/g，抗张能量吸收指数（纵向）≥0.8J/g，透气度≥3.4μm/（Pa·s），伸长率（纵向）≥2%。定量克重≤115g/m^2（薄纸指每平方米重≤150g，成卷或成张未经涂布的］〔999〕	2	30	13		千克			27%	0	
4804310090	未漂白的其他薄牛皮纸及纸板（薄纸指每平方米重≤150 克，成卷或成张未经涂布的）〔999〕	2	30	13		千克			27%	0	
48043900	--其他										0
4804390000	每平方米重量≤150 克的其他牛皮纸及纸板〔999〕	2	30	13		千克			7%	0	
48044100	--未漂白										0
4804410000	未漂白的其他中厚牛皮纸及纸板（中厚指 150 克<每平方米重<225 克，成卷或成张未涂布的）〔999〕	2	30	13		千克			7%	0	
48044200	--本体均匀漂白，所含用化学方法制得的木纤维超过全部纤维重量的 95%										0
4804420000	本体均匀漂白的中厚牛皮纸及纸板（中厚指 150 克<每平方米重<225 克，成卷或成张未经涂布的）〔999〕	5	30	13		千克			30%	0	
48044900	--其他										0
4804490000	其他漂白的中厚牛皮纸及纸板（中厚指 150 克<每平方米重<225 克，成卷或成张未经涂布）〔999〕	2	30	13		千克			27%	0	
48045100	未漂白										0
4804510000	未漂白的其他厚牛皮纸及纸板（厚纸指每平方米重≥225 克，成卷或成张未经涂布的）〔999〕	2	30	13		千克			7%	0	
48045200	--本体均匀漂白，所含用化学方法制得的木纤维超过全部纤维重量的 95%										0
4804520000	本体均匀漂白的厚牛皮纸及纸板（厚纸指每平方米重≥225 克，成卷或成张未经涂布的）〔999〕	5	30	13		千克			10%	0	
48045900	--其他										0
4804590000	其他漂白的厚牛皮纸及纸板（厚纸指每平方米重≥225 克，成卷或成张未经涂布的）〔999〕	2	30	13		千克			7%	0	
4805	**成卷或成张的其他未经涂布的纸及纸板，加工程度不超过本章注释三所列范围：**										
48051100	--半化学的瓦楞原纸										0
4805110000[暂0]	半化学的瓦楞原纸（成卷或成张的及未经涂布）〔999〕	6	30	13		千克				0	
48051200	--草浆瓦楞原纸										0
4805120000[暂0]	草浆瓦楞原纸（成卷或成张的及未经涂布）〔999〕	6	30	13		千克				0	
48051900	--其他										0
4805190000[暂0]	其他瓦楞原纸（成卷或成张的及未经涂布）〔999〕	6	30	13		千克			25%	0	
48052400	--每平方米重量在 150 克及以下										0
4805240000[暂0]	强韧箱纸板（再生挂面纸板）（成卷或成张的及未经涂布，每平方米重≤150 克）〔999〕	6	30	13		千克				0	
48052500	--每平方米重量超过 150 克										0
4805250000[暂0]	强韧箱纸板（再生挂面纸板）（成卷或成张的及未经涂布，每平方米重>150 克）〔999〕	6	30	13		千克			25%	0	
48053000	-亚硫酸盐包装纸										0
4805300000	亚硫酸盐包装纸（成卷或成张的及未经涂布）〔999〕	6	30	13		千克			31%	0	
48054000	-滤纸及纸板										0
4805400000	滤纸及纸板（成卷或成张的及未经涂布）〔999〕	6	30	13		千克			11%	0	
48055000	-毡纸及纸板										0
4805500000	毡纸及纸板（成卷或成张的及未经涂布）〔999〕	6	30	13		千克				0	
48059110	---电解电容器原纸										0
4805911000	电解电容器原纸（每平方米重≤150 克，成卷或成张的）〔999〕	6	30	13		千克			26%	0	
48059120	---装饰原纸										
4805912000	装饰原纸（薄纸指每平方米重量≤150 克，成卷或成张的）〔999〕	6	30	13		千克			26%	0	
48059190	---其他										0
4805919000[暂0]	其他未经涂布薄纸及纸板（薄纸指每平方米重量≤150 克，成卷或成张的）〔999〕	6	30	13		千克			20%	0	

协定税率(%)																		特惠税率(%)			
智利	新西兰	澳大利亚	瑞士	冰岛	秘鲁	哥斯达	东盟	亚太	新加坡	巴基斯坦	港/澳/台	韩国	格鲁吉亚	毛里求斯	柬埔寨	尼加拉瓜	日/韩/澳/新/东(RCEP)	亚太2国	老/柬/缅	LDC 98/97/95	Article Description
																					--Other
																					--Unbleached
																					--Other
																					--Unbleached
																					--Bleached uniformly throughout the mass and of which more than 95% by weight of the total fibre content consists of wood fibres obtained by a chemical process
																					--Other
																					--Unbleached
																					--Bleached uniformly throughout the mass and of which more than 95% by weight of the total fibre content consists of wood fibres obtained by a chemical process
																					--Other
																					Other uncoated paper and paper-board, in rolls or sheets, not further worked or processed than as specified in Note 3 to this Chapter:
											0/0/			0	0					0/0/	--Semi-chemical fluting paper
											0/0/			0	0					0/0/	--Straw fluting paper
							5				0/0/			0	0					0/0/	--Other
											0/0/			0	0					0/0/	--Weighing 150g/m^2 or less
											0/0/			0	0					0/0/	--Weighing more than 150g/m^2
																					-Sulphite wrapping paper
																					-Filter paper and paperboard
																					-Felt paper and paperboard
	0						5				0/0/			0	0					0/0/	---Paper base for electrolytic capacitor
	0						5				0/0/			0	0					0/0/	---Decorative base paper
	0						5				0/0/			0	0					0/0/	---Other

商品编号	商品名称及备注[检验检疫编码及名称]	进口关税(%)		增值税率(%)	消费税	计量单位	监管条件	检验检疫类别	对美税率	出口税率(%)	出口退税率(%)
		最惠国	普通								
48059200	--每平方米重量在150克以上,但小于225克										0
4805920000	其他未经涂布中厚纸及纸板(中厚指150克<每平方米重<225克成卷或成张的)〔999〕	6	30	13		千克			26%	0	
48059300	--每平方米重量在225克及以上										0
4805930000[暂0]	其他未经涂布厚纸及纸板(厚纸指每平方米重≥225克成卷或成张的)〔999〕	6	30	13		千克			25%	0	
4806	**成卷或成张的植物羊皮纸、防油纸、描图纸、半透明纸及其他高光泽透明或半透明纸:**										
48061000	-植物羊皮纸										0
4806100000[暂5]	植物羊皮纸(成卷或成张的)〔999〕	6	40	13		千克			30%	0	
48062000	-防油纸										0
4806200000[暂5]	防油纸(成卷或成张的)〔999〕	6	40	13		千克			30%	0	
48063000	-描图纸										0
4806300000[暂5]	描图纸(成卷或成张的)〔999〕	6	30	13		千克			10%	0	
48064000	-高光泽透明或半透明纸										0
4806400000[暂5]	高光泽透明或半透明纸(成卷或成张的)〔999〕	6	40	13		千克			25%	0	
4807	**成卷或成张的复合纸及纸板(用黏合剂黏合各层纸或纸板制成),未经表面涂布或未浸渍,不论内层是否有加强材料:**										
48070000	成卷或成张的复合纸及纸板(用黏合剂黏合各层纸或纸板制成),未经表面涂布或未浸渍,不论内层是否有加强材料										0
4807000000[暂5]	成卷或成张的复合纸及纸板(未经表面涂布或未浸渍,不论内层是否有加强材料)〔999〕	6	40	13		千克			30%	0	
4808	**成卷或成张的瓦楞纸及纸板(不论是否与平面纸胶合)、皱纹纸及纸板、压纹纸及纸板、穿孔纸及纸板,但税目48.03的纸除外:**										
48081000	-瓦楞纸及纸板,不论是否穿孔										0
4808100000[暂0]	瓦楞纸及纸板(成卷或成张的,不论是否穿孔)〔999〕	6	30	13		千克			25%	0	
48084000	-皱纹牛皮纸,不论是否压花或穿孔										0
4808400000	皱纹牛皮纸,不论是否压花或穿孔(成卷或成张的)〔999〕	6	40	13		千克			11%	0	
48089000	-其他										0
4808900000	其他皱纹纸及纸板,压纹纸及纸板(包括穿孔纸及纸板)〔999〕	6	40	13		千克			26%	0	
4809	**复写纸、自印复写纸及其他拷贝或转印纸(包括涂布或浸渍的油印蜡纸或胶印版纸),不论是否印制,成卷或成张的:**										
48092000	-自印复写纸										0
4809200000	大张(卷)的自印复写纸[成卷(宽>36厘米),成张(至少有一边>36厘米)]〔999〕	6	40	13		千克			11%	0	
48099000	-其他										0
4809900000	其他大张(卷)的复写纸及类似拷贝纸或转印纸[成卷(宽>36厘米),成张(至少有一边>36厘米)]〔999〕	6	40	13		千克			26%	0	
4810	**成卷或成张矩形(包括正方形)的任何尺寸的单面或双面涂布高岭土或其他无机物质(不论是否加黏合剂)的纸及纸板,但未涂布其他涂料,不论是否染面、饰面或印花:**										
48101300	--成卷的										0
4810130001[暂0]	成卷的铜版纸(所含用机械或化学-机械法制得的纤维≤10%)〔999〕	5	40	13		千克			5%	0	
4810130090[暂0]	涂无机物的其他书写/印刷或类似用途纸/纸板(成卷的,所含用机械或化学-机械法制得的纤维≤10%)〔999〕	5	40	13		千克			5%	0	

协定税率(%)																		特惠税率(%)			
智利	新西兰	澳大利亚	瑞士	冰岛	秘鲁	哥斯达	东盟	亚太	新加坡	巴基斯坦	港/澳/台	韩国	格鲁吉亚	毛里求斯	柬埔寨	尼加拉瓜	日/韩/澳/新/东(RCEP)	亚太2国	老/柬/缅	LDC 98/97/95	Article Description
																					--Weighing more than $150g/m^2$ but less than $225g/m^2$
											0/0/			0	0					0/0/	--Weighing $225g/m^2$ or more
																					Vegetable parchment, greaseproof papers, tracing papers and glassine and other glazed transparent or translucent papers, in rolls or sheets:
	5						5								5						-Vegetable parchment
	5						5								5						-Greaseproof papers
	5						5								5						-Tracing papers
	5						5								5						-Glassine and other glazed transparent or translucent papers
																					Composite paper and paperboard (made by sticking flat layers of paper or paperboard together with an adhesive), not surface-coated or impregnated, whether or not internally reinforced, in rolls or sheets:
																					Composite paper and paperboard (made by sticking flat layers of paper or paperboard together with an adhesive), not surface-coated or impregnated, whether or not internally reinforced, in rolls or sheets
																					Paper and paperboard, corrugated (with or without glued flat surface sheets), creped, crinkled, embossed or perforated, in rolls or sheets, other than paper of the kind described in heading 48.03:
	0		3											0		0				0//	-Corrugated paper and paperboard, whether or not perforated
																					-Kraft paper, creped or crinkled, whether or not embossed or perforated
																					-Other
																					Carbon paper, self-copy paper and other copying or transfer papers (including coated or impregnated paper for duplicator stencils or offset plates), whether or not printed, in rolls or sheets:
																					-Self-copy paper
																					-Other
																					Paper and paperboard, coated on one or both sides with kaolín (China clay) or other inorganic substances, with or without a binder, and with no other coating, whether or not surface-coloured, surface-decorated or printed, in rolls or rectangular (including square) sheets, of any size:
	3.5										0/0/			0	0		////3.5			0/0/	--In rolls

商品编号	商品名称及备注［检验检疫编码及名称］	进口关税(%)		增值税率(%)	消费税	计量单位	监管条件	检验检疫类别	对美税率	出口税率(%)	出口退税率(%)
		最惠国	普通								
48101400	--成张的，一边不超过435毫米，另一边不超过297毫米(以未折叠计)										0
4810140000[暂0]	成张的书写、印刷的纸及纸板(一边≤435毫米，另一边≤297毫米，机械或化学-机械纤维≤10%)〔999〕	5	40	13		千克			20%	0	
48101900	--其他										0
4810190000[暂0]	其他书写、印刷或类似用途的纸及纸板(所含用机械或化学-机械法制得的纤维≤10%)〔999〕	5	40	13		千克			20%	0	
48102200	--轻质涂布纸										0
4810220000	书写、印刷用途的轻质涂布纸(所含用机械或化学-机械法制得的纤维>10%)〔999〕	5	40	13		千克			25%	0	
48102900	--其他										0
4810290000[暂0]	涂无机物的其他书写、印刷用途的纸及纸板(所含用机械或化学-机械法制得的纤维>10%)〔999〕	5	40	13		千克			25%	0	
48103100	--本体均匀漂白，所含用化学方法制得的木纤维超过全部纤维重量的95%，每平方米重量不超过150克										0
4810310010[暂0]	涂无机物的白板纸、白卡纸(薄纸指重量≤150克/平方米，含用化学方法制得木纤维)〔999〕	5	40	13		千克			25%	0	
4810310090[暂0]	涂无机物的薄漂白牛皮纸及纸板(薄纸指重量≤150克/平方米，含用化学方法制得的木纤维)〔999〕	5	40	13		千克			25%	0	
48103200	--本体均匀漂白，所含用化学方法制得的木纤维超过全部纤维重量的95%，每平方米重量超过150克										0
4810320010[暂0]	涂无机物的白板纸、白卡纸(厚纸指重量>150克/平方米，含用化学方法制得的木纤维)〔999〕	5	40	13		千克			5%	0	
4810320090[暂0]	涂无机物的厚漂白牛皮纸及纸板(厚纸指重量>150克/平方米，含用化学方法制得的木纤维)〔999〕	5	40	13		千克			5%	0	
48103900	--其他										0
4810390000[暂0]	涂无机物的其他牛皮纸及纸板(成卷或成张的)〔999〕	5	40	13		千克			5%	0	
48109200	--多层的										0
4810920000[暂0]	其他涂无机物的多层纸及纸板(成卷或成张的)〔999〕	5	40	13		千克			25%	0	
48109900	--其他										0
4810990000[暂0]	其他涂无机物的纸及纸板(成卷或成张的)〔999〕	6	40	13		千克			20%	0	
4811	**成卷或成张矩形(包括正方形)的任何尺寸的经涂布、浸渍、覆面、染面、饰面或印花的纸、纸板、纤维素絮纸及纤维素纤维网纸，但税目48.03、48.09或48.10的货品除外：**										
48111000	-焦油纸及纸板、沥青纸及纸板										0
4811100000[暂0]	焦油纸及纸板，沥青纸及纸板(成卷或成张的，品目48.03、48.09、48.10的货品除外)〔999〕	6	40	13		千克				0	
48114100	--自粘的										0
4811410000[暂0]	自粘的胶粘纸及纸板(成卷或成张的，品目48.03、48.09、48.10的货品除外)〔999〕	6	40	13		千克			20%	0	
48114900	--其他										0
4811490000[暂0]	其他胶粘纸及纸板(成卷或成张的，品目48.03、48.09、48.10的货品除外)〔999〕	6	40	13		千克			5%	0	
48115110	---彩色相纸用双面涂塑纸										0
4811511000[暂0]	漂白的彩色相纸用双面涂塑厚纸(每平方米重量超过150克，成卷或成张的)〔999〕	6	40	13		千克			25%	0	
48115191	----纸塑铝复合材料										13
4811519100[暂0]	漂白的纸塑铝复合材料(厚纸指每平方米重量超过150克，成卷或成张)〔999〕	6	40	13		千克				0	
48115199	----其他										0
4811519900[暂0]	漂白的其他涂，浸，盖厚纸及纸板(厚纸指每平方米重量>150克，成卷或成张，包括以纸或纸板为底制成的铺地制品)〔999〕	6	40	13		千克			20%	0	
48115910	---绝缘纸及纸板										0
4811591000[暂0]	用塑料浸涂的绝缘纸及纸板(成卷或成张任何尺寸的)〔999〕	6	30	13		千克			20%	0	
48115991	----镀铝的										13

协定税率(%)																		特惠税率(%)			
智利	新西兰	澳大利亚	瑞士	冰岛	秘鲁	哥斯达	东盟	亚太	新加坡	巴基斯坦	港/澳/台	韩国	格鲁吉亚	毛里求斯	柬埔寨	尼加拉瓜	日/韩/澳/新/东(RCEP)	亚太2国	老/柬/缅	LDC 98/97/95	Article Description
	3.5										0/0/			0	0		////3.5			0/0/	--In sheets with one side not exceeding 435mm and the other side not exceeding 297mm in the unfolded state
	3.5										0/0/			0	0		////3.5			0/0/	--Other
	3.5																				--Light-weight coated paper
	3.5										0/0/			0	0					0/0/	--Other
											0/0/			0	0					0/0/	--Bleached uniformly throughout the mass and of which more than 95% by weight of the total fibre content consists of wood fibres obtained by a chemical process, and weighing 150g/m^2 or less
	3.5										0/0/			0	0					0/0/	--Bleached uniformly throughout the mass and of which more than 95% by weight of the total fibre content consists of wood fibres obtained by a chemical process, and weighing more than 150g/m^2
	3.5										0/0/			0	0					0/0/	--Other
	3.5										0/0/			0	0					0/0/	--Multiply
	0						5				0/0/			0	0					0/0/	--Other
																					Paper, paperboard, cellulose wadding and webs of cellulose fibres, coated, impregnated, covered, surface coloured, surface-decorated or printed, in rolls or rectangular (including square) sheets, of any size, other than goods of the kind described in heading 48.03, 48.09 or 48.10:
	0						5				0/0/			0	0					0/0/	-Tarred, bituminised or asphalted paper and paperboard
	0						5				0/0/			0	0		////5.3			0/0/	--Self-adhesive
	0						5				0/0/			0	0					0/0/	--Other
	0						5				0/0/			0	0					0/0/	---Paper coated on both sides with plastics for colour photography
	0						5				0/0/			0	0					0/0/	----Aluminium-plastic composite paper and paperboard
											0/0/			0	0					0/0/	----Other
	0						5				0/0/			0	0					0/0/	---Insulating paper and paperboard
	0						5				0/0/			0	0					0/0/	----Aluminium plated

商品编号	商品名称及备注[检验检疫编码及名称]	进口关税(%)		增值税率(%)	消费税	计量单位	监管条件	检验检疫类别	对美税率	出口税率(%)	出口退税率(%)
		最惠国	普通								
4811599100[暂0]	镀铝的用塑料涂布,浸渍的其他纸及纸板(成卷或成张任何尺寸的,包括以纸或纸板为底制成的铺地制品)〔999〕	6	40	13		千克			5%	0	
48115999	----其他										0
4811599900[暂0]	用塑料涂布,浸渍的其他纸及纸板(成卷或成张任何尺寸的,包括以纸或纸板为底制成的铺地制品)〔999〕	6	40	13		千克			5%	0	
48116010	---绝缘纸及纸板										0
4811601000[暂0]	用蜡或油等涂布的绝缘纸及纸板(指用石蜡,硬脂精,油或甘油涂布的,成卷或成张)〔999〕	6	30	13		千克			5%	0	
48116090	---其他										0
4811609000[暂0]	用蜡或油等涂布的其他纸及纸板(用石蜡,硬脂精,油或甘油涂布,成卷或成张,包括以纸或纸板为底制成的铺地制品)〔999〕	6	40	13		千克			20%	0	
48119000	-其他纸、纸板、纤维素絮纸及纤维素纤维网纸										0
4811900000[暂0]	其他经涂布,浸渍,覆盖的纸及纸板(包括纤维素絮纸及纤维素纤维网纸,成卷或成张,包括以纸或纸板为底制成的铺地制品)〔999〕	6	40	13		千克			5%	0	
4812	**纸浆制的滤块、滤板及滤片:**										
48120000	纸浆制的滤块、滤板及滤片										0
4812000000	纸浆制的滤块,滤板及滤片〔999〕	6	40	13		千克			26%	0	
4813	**卷烟纸,不论是否切成一定尺寸、成小本或管状:**										
48131000	-成小本或管状										0
4813100000	成小本或管状的卷烟纸〔999〕	7.5	100	13		千克	7			0	
48132000	-宽度不超过5厘米成卷的										0
4813200000	宽度≤5厘米成卷的卷烟纸〔999〕	7.5	100	13		千克	7			0	
48139000	-其他										0
4813900000	其他卷烟纸(不论是否切成一定尺寸,品目48.13未具体列名的)〔999〕	7.5	100	13		千克	7			0	
4814	**壁纸及类似品;窗用透明纸:**										
48142000	-用塑料涂面或盖面的壁纸及类似品,起纹、压花、着色、印刷图案或经其他装饰										13
4814200000[暂5]	用塑料涂面或盖面的壁纸及类似品(包括起纹,压花,着色,印制图案或经其他装饰)〔999〕	6	50	13		千克			25%	0	
48149000	-其他										0
4814900010[暂5]	用木粒或草粒等饰面的壁纸〔999〕	6	50	13		千克			25%	0	
4814900090[暂5]	其他壁纸及类似品,窗用透明纸〔999〕	6	50	13		千克			25%	0	
4816	**复写纸、自印复写纸及其他拷贝或转印纸(不包括税目48.09的纸)、油印蜡纸或胶印版纸,不论是否盒装:**										
48162000	-自印复写纸										0
4816200000	小卷(张)自印复写纸(不包括品目48.09的纸,宽度≤36厘米,不论是否盒装)〔999〕	6	70	13		千克			31%	0	
48169010	---热敏转印纸										0
4816901000	小卷(张)热敏转印纸(不包括品目48.09的纸,宽度≤36厘米,不论是否盒装)〔999〕	6	40	13		千克			11%	0	
48169090	---其他										0
4816909000	复写纸及其他拷贝纸或转印纸、油印蜡纸或胶印版纸(不包括品目48.09的纸,宽度≤36厘米,不论是否盒装)〔999〕	6	70	13		千克			26%	0	
4817	**纸或纸板制的信封、封缄信片、素色明信片及通信卡片;纸或纸板制的盒子、袋子及夹子,内装各种纸制文具:**										
48171000	-信封										13
4817100000	信封〔999〕	5	80	13		千克			30%	0	
48172000	-封缄信片、素色明信片及通信卡片										13
4817200000	封缄信片、素色明信片及通信卡片〔999〕	5	80	13		千克			30%	0	
48173000	-纸或纸板制的盒子、袋子及夹子,内装各种纸制文具										13

协定税率(%)																		特惠税率(%)			Article Description
智利	新西兰	澳大利亚	瑞士	冰岛	秘鲁	哥斯达	东盟	亚太	新加坡	巴基斯坦	港/澳/台	韩国	格鲁吉亚	毛里求斯	柬埔寨	尼加拉瓜	日/韩/澳/新/东(RCEP)	亚太2国	老/柬/缅	LDC 98/97/95	
	0						5				0/0/			0	0					0/0/	----Other
	0						5				0/0/			0	0					0/0/	---Insulating paper and paperboard
	0						5				0/0/			0	0					0/0/	---Other
	0						5				0/0/			0	0					0/0/	-Other paper, paperboard, cellulose wadding and webs of cellulose fibres
																					Filter blocks, slabs and plates, of paper pulp:
																					Filter blocks, slabs and plates, of paper pulp
																					Cigarette paper, whether or not cut to size or in the form of booklets or tubes:
																					-In the form of booklets or tubes
																					-In rolls of a width not exceeding 5cm
																					-Other
																					Wallpaper and similar wall coverings; window transparencies of paper:
	5						5								5						-Wallpaper and similar wall coverings, consisting of paper coated or covered, on the face side, with a grained, embossed, coloured, design-printed or otherwise decorated layer of plastics
	5						5								5						-Other
																					Carbon paper, self-copy paper and other copying or transfer papers (other than those of heading 48.09), duplicator stencils and offset plates, of paper, whether or not put up in boxes:
																					-Self-copy paper
																					---Heat transfer paper
																					---Other
																					Envelopes, letter cards, plain postcards and correspondence cards, of paper or paperboard; boxes, pouches, wallets and writing compendiums, of paper or paperboard, containing an assortment of paper stationery:
							5								5						-Envelopes
							5								5						-Letter cards, plain postcards and correspondence cards
							5								5						-Boxes, pouches, wallets and writing compendiums, of paper or paperboard, containing an assortment of paper stationery

商品编号	商品名称及备注[检验检疫编码及名称]	进口关税(%) 最惠国	普通	增值税率(%)	消费税	计量单位	监管条件	检验检疫类别	对美税率	出口税率(%)	出口退税率(%)
4817300000	纸或纸板制的盒子,袋子及夹子(内装各种纸制文具的)〔999〕	5	80	13		千克			30%	0	
4818	**卫生纸及类似纸、家庭或卫生用纤维素絮纸及纤维素纤维网纸,成卷宽度不超过36厘米或切成一定尺寸或形状的;纸浆、纸、纤维素絮纸或纤维素纤维网纸制的手帕、面巾、台布、餐巾、床单及类似的家庭、卫生或医院用品、衣服及衣着附件:**										
48181000	-卫生纸										13
4818100000	小卷(张)卫生纸(成卷或矩形成张的宽度≤36厘米,或制成特殊形状的)〔999〕	5	80	13		千克	A	M/	30%	0	
48182000	-纸手帕及纸面巾										13
4818200000	小卷(张)纸手帕及纸面巾(成卷或矩形成张的宽度≤36厘米,或制成特殊形状的)〔101 面巾纸、餐巾纸及类似纸〕,〔102 擦拭用纸〕	5	90	13		千克	A	M/	30%	0	
48183000	-纸台布及纸餐巾										13
4818300000	小卷(张)纸台布及纸餐巾(成卷或矩形成张的宽度≤36厘米,或制成特殊形状的)〔101 面巾纸、餐巾纸及类似纸〕,〔102 擦拭用纸〕	5	90	13		千克	A	M/	30%	0	
48185000	-衣服及衣着附件										13
4818500000暂0	纸制衣服及衣着附件(纸浆,纸,纤维素絮纸和纤维素纤维网纸制的)〔101 服装生产用纸板或衬里〕,〔102 一次性生活用纸〕	5	90	13		千克				0	
48189000	-其他										13
4818900000	纸床单及类似家庭,卫生,医院用品(纸浆,纸,纤维素絮纸和纤维素纤维网纸制的)〔999〕	5	90	13		千克	A	M/	10%	0	
4819	**纸、纸板、纤维素絮纸或纤维素纤维网纸制的箱、盒、匣、袋及其他包装容器;纸或纸板制的卷宗盒、信件盘及类似品,供办公室、商店及类似场所使用的:**										
48191000	-瓦楞纸或纸板制的箱、盒、匣										13
4819100000暂0	瓦楞纸或纸板制的箱、盒、匣〔999〕	5	80	13		千克			25%	0	
48192000	-非瓦楞纸或纸板制的可折叠箱、盒、匣										13
4819200000暂0	非瓦楞纸或纸板制可折叠箱、盒、匣〔999〕	5	80	13		千克			25%	0	
48193000	-底宽40厘米及以上的纸袋										13
4819300000暂0	底宽≥40厘米的纸袋〔999〕	6	80	13		千克			25%	0	
48194000	-其他纸袋,包括锥形袋										13
4819400000	其他纸袋(包括锥形袋)〔999〕	5	80	13		千克			30%	0	
48195000	-其他包装容器,包括唱片套										13
4819500000	其他纸包装容器(包括唱片套)〔999〕	5	80	13		千克	A	R/	30%	0	
48196000	-办公室、商店及类似场所使用的卷宗盒、信件盘、存储盒及类似品										13
4819600000	纸卷宗盒、信件、盘存储盒及类似品(办公室、商店及类似场所使用的)〔999〕	5	80	13		千克			30%	0	
4820	**纸或纸板制的登记本、账本、笔记本、订货本、收据本、信笺本、记事本、日记本及类似品、练习本、吸墨纸本、活动封面(活页及非活页)、文件夹、卷宗皮、多联商业表格纸、页间夹有复写纸的本及其他文具用品;纸或纸板制的样品薄、粘贴簿及书籍封面:**										
48201000	-登记本、账本、笔记本、订货本、收据本、信笺本、记事本、日记本及类似品										13
4820100000	登记本、账本、笔记本等及类似品(包括订货本、收据本、信笺本、记事本、日记本)〔999〕	5	80	13		千克			30%	0	
48202000	-练习本										13

协定税率(%)																		特惠税率(%)			
智利	新西兰	澳大利亚	瑞士	冰岛	秘鲁	哥斯达	东盟	亚太	新加坡	巴基斯坦	港/澳/台	韩国	格鲁吉亚	毛里求斯	柬埔寨	尼加拉瓜	日/韩/澳/新/东(RCEP)	亚太2国	老/柬/缅	LDC 98/97/95	Article Description
																					Toilet paper and similar paper, cellulose wadding or webs of cellulose fibres, of a kind used for household or sanitary purposes, in rolls of a width not exceeding 36cm, or cut to size or shape; handkerchiefs, cleansing tissues, towels, tablecloths, serviettes, napkins for babies, tampons, bed sheets and similar household, sanitary or hospital articles, articles of apparel and clothing accessories, of paper pulp, paper, cellulose wadding or webs of cellulose fibres:
																					-Toilet paper
																					-Handkerchiefs, cleansing or facial tissues and towels
							5								5						-Tablecloths and serviettes
0	0	0	0	0	0	0	0			0	0/0/	0		0	0	0	5.5/0/0/0/0			0/0/0	-Articles of apparel and clothing accessories
																					-Other
																					Cartons, boxes, cases, bags and other packing containers, of paper, paperboard, cellulose wadding or webs of cellulose fibres; box files, letter trays and similar articles, of paper or paperboard of a kind used in offices, shops or the like:
											0/0/			0	0					0/0/	-Cartons, boxes and cases, of corrugated paper or paperboard
											0/0/			0	0					0/0/	-Folding cartons, boxes and cases, of noncorrugated paper or paperboard
0	0	0	0	0	0	0	0		0	0	0/0/	0		0	0	0	5.5/0/0/0/0			0/0/0	-Sacks and hags, having a base of a width of 40cm or more
							5								5						-Other sacks and bags, including cones
							5								5						-Other packing containers, including record sleeves
							5								5						-Box files, letter trays, storage boxes and similar articles, of a kind used in offices, shops or the like
																					Registers, account books, note books, order books, receipt books, letter pads, memorandum pads, diaries and similar articles, exercise books, blotting-pads, binders (loose-leaf or other), folders, file covers, manifold business forms, interleaved carbon sets and other articles of stationery, of paper or paperboard; albums for samples or for collections and book covers, of paper or paperboard:
							5								5						-Registers, account books, note nooks, order books, receipt books, letter pads, memorandum pads, diaries and similar articles
							5								5						-Exercise books

商品编号	商品名称及备注[检验检疫编码及名称]	进口关税(%)		增值税率(%)	消费税	计量单位	监管条件	检验检疫类别	对美税率	出口税率(%)	出口退税率(%)
		最惠国	普通								
4820200000	练习本〔999〕	5	80	13		千克			30%	0	
48203000	-活动封面(书籍封面除外)、文件夹及卷宗皮										13
4820300000	纸制活动封面、文件夹及卷宗皮〔999〕	5	80	13		千克			30%	0	
48204000	-多联商业表格纸、页间夹有复写纸的本										13
4820400000[暂0]	多联商业表格纸(本)(包括页间夹有复写纸的本)〔999〕	5	80	13		千克			25%	0	
48205000	-样品簿及粘贴簿										13
4820500000	纸制样品簿及粘贴簿〔999〕	5	80	13		千克			10%	0	
48209000	-其他										13
4820900000	其他纸制文具用品〔999〕	5	80	13		千克			30%	0	
4821	**纸或纸板制的各种标签,不论是否印制:**										
48211000	-印制										13
4821100000[暂0]	纸或纸板印制的各种标签〔999〕	6	50	13		千克			20%	0	
48219000	-其他										13
4821900000[暂5]	纸或纸板制的其他各种标签〔999〕	6	50	13		千克			25%	0	
4822	**纸浆、纸或纸板(不论是否穿孔或硬化)制的筒管、卷轴、纡子及类似品:**										
48221000	-纺织纱线用										13
4822100000[暂5]	纺织纱线用纸制的筒管、卷轴、纡子(包括类似品)〔999〕	6	35	13		千克			30%	0	
48229000	-其他										13
4822900000[暂5]	纸制的其他筒管、卷轴、纡子(包括类似品)〔999〕	6	70	13		千克			25%	0	
4823	**切成一定尺寸或形状的其他纸、纸板、纤维素絮纸及纤维素纤维网纸;纸浆、纸、纸板、纤维素絮纸及纤维素纤维网纸制的其他物品:**										
48232000	-滤纸及纸板										13
4823200000	切成形的滤纸及纸板〔999〕	6	30	13		千克			26%	0	
48234000	-已印制的自动记录器用打印纸卷、纸张及纸盘										13
4823400000[暂5]	已印制的自动记录器用打印纸(切成一定尺寸或形状的打印纸卷,纸张及纸盘)〔999〕	6	30	13		千克			10%	0	
48236100	--竹浆纸制										13
4823610000[暂0]	竹浆纸制的盘、碟、盆、杯及类似品①	5	90	13		千克	A	M/		0	
48236910	---非木植物浆制										13
4823691000[暂0]	其他非木植物浆纸制的盘、碟、盆、杯及类似品②	5	90	13		千克	A	M/	25%	0	
48236990	---其他										13
4823699000[暂0]	其他纸制的盘、碟、盆、杯及类似品③	5	90	13		千克	A	M/	25%	0	
48237000	-压制或模制纸浆制品										13
4823700000[暂5]	压制或模制纸浆制品〔999〕	6	90	13		千克			30%	0	
48239010	---以纸或纸板为底制成的铺地制品										0
4823901000[暂0]	其他以纸或纸板为底制成的铺地制品〔999〕	6	90	13		千克			25%	0	
48239020	---神纸及类似用品										13
4823902000[暂0]	神纸及类似用品〔999〕	6	180	13		千克				0	
48239030	---纸扇										13
4823903000[暂0]	纸扇〔999〕	5	90	13		千克				0	
48239090	---其他										13
4823909000[暂0]	其他纸及纸制品(包括纤维素絮纸及纤维素纤维网纸制的其他物品)④	6	90	13		千克			20%	0	

① 〔101 食品接触复合纸产品(纸和塑料膜等其他材料复合)〕,〔102 食品接触上蜡纸产品〕,〔103 食品接触其他纸产品〕,〔104 食品用复合纸包装(纸和塑料膜等其他材料复合)〕,〔105 食品用上蜡纸包装〕,〔106 食品用其他纸包装〕

② 〔101 食品接触复合纸产品(纸和塑料膜等其他材料复合)〕,〔102 食品接触上蜡纸产品〕,〔103 食品接触其他纸产品〕,〔104 食品用复合纸包装(纸和塑料膜等其他材料复合)〕,〔105 食品用上蜡纸包装〕,〔106 食品用其他纸包装〕

③ 〔101 食品接触原纸产品〕,〔102 食品接触复合纸产品(纸和塑料膜等其他材料复合)〕,〔103 食品接触上蜡纸产品〕,〔104 食品接触其他纸产品〕,〔105 食品用原纸包装〕,〔106 食品用复合纸包装(纸和塑料膜等其他材料复合)〕,〔107 食品用上蜡纸包装〕,〔108 食品用其他纸包装〕

④ 〔101 其他纸及纸制品〕,〔102 食品接触原纸产品〕,〔103 食品接触复合纸产品(纸和塑料膜等其他材料复合)〕,〔104 食品接触上蜡纸产品〕,〔105 食品接触其他纸产品〕,〔106 食品用原纸包装〕,〔107 食品用复合纸包装(纸和塑料膜等其他材料复合)〕,〔108 食品用上蜡纸包装〕,〔109 食品用其他纸包装〕

协定税率(%)																		特惠税率(%)			Article Description
智利	新西兰	澳大利亚	瑞士	冰岛	秘鲁	哥斯达	东盟	亚太	新加坡	巴基斯坦	港/澳/台	韩国	格鲁吉亚	毛里求斯	柬埔寨	尼加拉瓜	日/韩/澳/新/东(RCEP)	亚太2国	老/柬/缅	LDC 98/97/95	
							5								5						-Binders (other than book covers), folders and file covers
0	0	0	0	0	0	0	0			2.5	0/0/	0		0	0	0	5.5/5.3/0/0/0			0/0/0	-Manifold business forms and interleaved carbon sets
							5								5						-Albums for samples or for collections
							5								5						-Other
																					Paper or paperboard labels of all kinds, whether or not printed:
	0						5				0/0/			0	0		////5.3			0/0/	-Printed
	5						5								5						-Other
																					Bobbins, spools, cops and similar supports of paper pulp, paper or paperboard (whether or not perforated or hardened):
	5						5								5						-Of a kind used for winding textile yarn
	5						5								5						-Other
																					Other paper, paperboard, cellulose wadding and webs of cellulose fibres, cut to size or shape; other articles of paper pulp, paper, paperboard, cellulose wadding or webs of cellulose fibres:
																					-Filter paper and paperboard
							5								5						-Rolls, sheets and dials, printed for self-recording apparatus
0	0	0	0	0	0	0	0			0	0/0/	0		0	0	0	5.5/0/0/0/0			0/0/0	--Of bamboo
0	0	0	0	0	0	0	0			0	0/0/	0		0	0	0	5.5/5.3/0/0/0			0/0/0	---Of vegetable pulp, other than wood pulp
0	0	0	0	0	0	0	0			0	0/0/	0		1.5	0	0	5.5/5.3/0/0/0			0/0/0	---Other
	5						5								5						-Moulded or pressed articles of paper pulp
	0		0				5				0/0/	2.5		0	0					0//	---Floor coverings on a base of paper or of paperboard, whether or not cut to size
0	0	0	0	0	0	0	0			0	0/0/	0		0	0	0	5.5/0/0/0/0			0/0/0	---Joss paper and the like
0	0	0	0	0	0	0	0			0	0/0/	0		0	0	0	5.5/0/0/0/0			0/0/0	---Paper fans
											0/0/				0					0/0/	---Other

第四十九章
书籍、报纸、印刷图画及其他印刷品；手稿、打字稿及设计图纸

注释：

一、本章不包括：

（一）透明基的照相负片或正片（第三十七章）；

（二）立体地图、设计图表或地球仪、天体仪，不论是否印刷（品目90.23）；

（三）第九十五章的游戏纸牌或其他物品；或

（四）雕版画、印刷画、石印画的原本（品目97.02），品目97.04的邮票、印花税票、纪念封、首日封、邮政信笺及类似品，以及第九十七章的超过100年的古物或其他物品。

二、第四十九章所称“印刷”，也包括用胶版复印机、油印机印制，在自动数据处理设备控制下打印绘制，压印、冲印、感光复印、热敏复印或打字。

三、用纸以外材料装订成册的报纸、杂志和期刊，以及一期以上装订在同一封面里的成套报纸、杂志和期刊，应归入品目49.01，不论是否有广告材料。

四、品目49.01还包括：

（一）附有说明文字，每页编有号数以便装订成一册或几册的整集印刷复制品，例如，美术作品、绘画；

（二）随同成册书籍的图画附刊；以及

（三）供装订书籍或小册子用的散页、集页或书帖形式的印刷品，已构成一部作品的全部或部分。

但没有说明文字的印刷图画或图解，不论是否散页或书帖形式，应归入品目49.11。

五、除本章注释三另有规定的以外，品目49.01不包括主要做广告用的出版物（例如，小册子、散页印刷品、商业目录、同业公会出版的年鉴、旅游宣传品），这类出版物应归入品目49.11。

六、品目49.03所称“儿童图画书”，是指以图画为主、文字为辅，供儿童阅览的书籍。

商品编号	商品名称及备注[检验检疫编码及名称]	进口关税(%)		增值税率(%)	消费税	计量单位	监管条件	检验检疫类别	对美税率	出口税率(%)	出口退税率(%)
		最惠国	普通								
4901	**书籍、小册子、散页印刷品及类似印刷品，不论是否单张：**										
49011000	-单张的，不论是否折叠										
4901100000	单张的书籍，小册子及类似印刷品（不论是否折叠，还包括散页印刷品）〔999〕	0	0	9		千克			25%	0	0,9,13
49019100	--字典或百科全书及其连续出版的分册										
4901910000	字典，百科全书（包括连续出版的分册）〔999〕	0	0	9		千克			25%	0	0,9
49019900	--其他										
4901990000	其他书籍，小册子及类似的印刷品（非单张的）〔999〕	0	0	9		千克				0	0,9,13
4902	**报纸、杂志及期刊，不论有无插图或广告材料：**										
49021000	-每周至少出版四次										
4902100000	每周至少出版四次的报纸，杂志（包括期刊，不论有无插图或广告材料）〔999〕	0	0	9		千克				0	9,13
49029000	-其他										
4902900000	其他报纸，杂志及期刊（不论有无插图或广告材料）〔999〕	0	0	9		千克				0	9,13
4903	**儿童图画书、绘画或涂色书：**										
49030000	儿童图画书、绘画或涂色书										
4903000000	儿童图画书、绘画或涂色书〔999〕	0	0	9		千克			5%	0	0,9,13
4904	**乐谱原稿或印本，不论是否装订或印有插图：**										
49040000	乐谱原稿或印本，不论是否装订或印有插图										
4904000000	乐谱原稿或印本（不论是否装订或印有插图）〔999〕	0	0	9		千克			5%	0	0,9,13
4905	**各种印刷的地图、水道图及类似图表，包括地图册、挂图、地形图及地球仪、天体仪：**										
49052000	-成册的										
4905200000	成册的各种印刷的地图及类似图表（包括水道图、地图册、地形图）〔999〕	0	0	13		千克			25%	0	0,9,13
49059000	-其他										

Chapter 49
Printed books, newspapers, pictures and other products of the printing industry; manuscripts, typescripts and plans

Chapter Notes:

1. This Chapter does not cover:
   (a) Photographic negatives or positives on transparent bases (Chapter 37);
   (b) Maps, plans or globes, in relief, whether or not printed (heading 90.23);
   (c) Playing cards or other goods of Chapter 95; or
   (d) Original engravings, prints or lithographs
   (heading 97.02), postage or revenue stamps, stamp-postmarks, first-day covers, postal stationery or the like of heading 97.04, antiques of an age exceeding one hundred years or other articles of Chapter 97.

2. For the purposes of Chapter 49, the term "printed" also means reproduced by means of a duplicating machine, produced under the control of an automatic data processing machine, embossed, photographed, photocopied, thermocopied or typewritten.

3. Newspapers, journals and periodicals which are bound otherwise than in paper, and sets of newspapers, journals or periodicals comprising more than one number under a single cover are to be classified in heading 49.01, whether or not containing advertising material.

4. Heading 49.01 also covers:
   (a) A collection of printed reproductions of, for example, works of art or drawings, with a relative text, put up with numbered pages in a form suitable for binding into one or more volumes;
   (b) A pictorial supplement accompanying, and subsidiary to, a bound volume; and
   (c) Printed parts of books or booklets, in the form of assembled or separate sheets or signatures, constituting the whole or a part of a complete work and designed for binding.
   However, printed pictures or illustrations not bearing a text, whether in the form of signatures or separate sheets, fall in heading 49.11.

5. Subject to Note 3 to this Chapter, heading 49.01 does not cover publications which are essentially devoted to advertising (for example, brochures, pamphlets, leaflets, trade catalogues, year books published by trade associations, tourist propaganda). Such publications are to be classified in heading 49.11.

6. For the purposes of heading 49.03, the expression "children's picture books" means books for children in which the pictures form the principal interest and the text is subsidiary.

协定税率(%)																		特惠税率(%)			
智利	新西兰	澳大利亚	瑞士	冰岛	秘鲁	哥斯达	东盟	亚太	新加坡	巴基斯坦	港/澳/台	韩国	格鲁吉亚	毛里求斯	柬埔寨	尼加拉瓜	日/韩/澳/新/东 (RCEP)	亚太2国	老/柬/缅	LDC 98/97/95	Article Description
																					Printed books, brochures, leaflets and similar printed matter, whether or not in single sheets:
0	0	0	0	0	0	0	0			0	0/0/	0	0	0	0	0	0/0/0/0/0			0/0/0	-In single sheets, whether or not folded
0	0	0	0	0	0	0	0			0	0/0/	0	0	0	0	0	0/0/0/0/0			0/0/0	--Dictionaries and encyclopaedias, and serial instalments thereof
0	0	0	0	0	0	0	0			0	0/0/	0	0	0	0	0	0/0/0/0/0			0/0/0	--Other
																					Newspapers, journals and periodicals, whether or not illustrated or containing advertising material:
0	0	0	0	0	0	0	0			0	0/0/	0	0	0	0	0	0/0/0/0/0			0/0/0	-Appearing at least four times a week
0	0	0	0	0	0	0	0			0	0/0/	0	0	0	0	0	0/0/0/0/0			0/0/0	-Other
																					Children's picture, drawing or colouring books:
0	0	0	0	0	0	0	0			0	0/0/	0	0	0	0	0	0/0/0/0/0			0/0/0	Children's picture, drawing or colouring books
																					Music, printed or in manuscript, whether or not bound or illustrated:
0	0	0	0	0	0	0	0			0	0/0/	0	0	0	0	0	0/0/0/0/0			0/0/0	Music, printed or in manuscript, whether or not bound or illustrated
																					Maps and hydrographic or similar charts of all kinds, including atlases, wall maps, topographical plans and globes, printed:
0	0	0	0	0	0	0	0			0	0/0/	0	0	0	0	0	0/0/0/0/0			0/0/0	-In book form
0	0	0	0	0	0	0	0			0	0/0/	0	0	0	0	0	0/0/0/0/0			0/0/0	-Other

商品编号	商品名称及备注[检验检疫编码及名称]	进口关税(%) 最惠国	普通	增值税率(%)	消费税	计量单位	监管条件	检验检疫类别	对美税率	出口税率(%)	出口退税率(%)
4905900000	其他各种印刷的地图及类似图表(包括地球仪、天体仪、水道图、挂图、地形图,成册的除外)〔999〕	0	0	13		千克			5%	0	0,9,13
4906	**手绘的建筑、工程、工业、商业、地形或类似用途的设计图纸原稿;手稿;用感光纸照相复印或用复写纸誊写的上述物品复制件:**										
49060000	手绘的建筑、工程、工业、商业、地形或类似用途的设计图纸原稿;手稿;用感光纸照相复印或用复写纸誊写的上述物品复制件										13
4906000010	含有人类遗传资源信息的设计图纸原稿或手稿及其复制件(手绘的建筑、工程、工业、商业、地形或类似用途的)〔999〕	0	0	13		千克	V		25%	0	
4906000090	其他设计图纸原稿或手稿及其复制件(手绘的建筑、工程、工业、商业、地形或类似用途的)〔999〕	0	0	13		千克			25%	0	
4907	**在承认或将承认其面值的国家流通或新发行并且未经使用的邮票、印花税票及类似票证;印有邮票或印花税票的纸品;钞票;空白支票;股票、债券及类似所有权凭证:**										
49070010	---邮票										13
4907001000[暂0]	新的邮票〔999〕	6	50	13		千克			5%	0	
49070020	---钞票										13
4907002000	新的钞票〔999〕	0	50	13		千克			20%	0	
49070030	---证券凭证										13
4907003000	证券凭证(包括印花税票,空白支票,债券及类似的所有权凭证)〔999〕	0	50	13		千克				0	
49070090	---其他										13
4907009010	给予存取、安装、复制或使用软件(含游戏)、数据、互联网内容物(含游戏内或应用程序内内容物)、服务或电信服务(含移动服务)权利的印刷品〔999〕	0	50	13		千克			5%	0	
4907009090[暂0]	其他在承认或将承认其面值的国家流通新发行未使用的印花税票及类似票证(包括印有邮票或印花税票的纸品、空白支票)〔999〕	6	50	13		千克			5%	0	
4908	**转印贴花纸(移画印花法用图案纸):**										
49081000	-釉转印贴花纸(移画印花法用图案纸)										13
4908100000[暂0]	釉转印贴花纸(移画印花法用图案纸)〔999〕	6	50	13		千克			20%	0	
49089000	-其他										13
4908900000[暂0]	其他转印贴花纸(移画印花法用图案纸)〔999〕	6	50	13		千克			25%	0	
4909	**印刷或有图画的明信片;印有个人问候、祝贺、通告的卡片,不论是否有图画、带信封或饰边:**										
49090010	---印刷或有图画的明信片										13
4909001000[暂0]	印刷或有图画的明信片〔999〕	6	50	13		千克			20%	0	
49090090	---其他										13
4909009000[暂0]	其他致贺或通告卡片(贺卡及类似卡片,不论是否有图画、带信封或饰边)〔999〕	6	50	13		千克			20%	0	
4910	**印刷的各种日历,包括日历芯:**										
49100000	印刷的各种日历,包括日历芯										13
4910000000[暂0]	印刷的各种日历(包括日历芯)〔999〕	6	50	13		千克			25%	0	
4911	**其他印刷品,包括印刷的图片及照片:**										
49111010	---无商业价值的										13
4911101000	无商业价值的广告品及类似印刷品(包括无商业价值的商品目录)〔999〕	0	0	13		千克			20%	0	
49111090	---其他										13
4911109000[暂0]	其他商业广告品及类似印刷品(包括商品目录)〔999〕	6	50	13		千克			20%	0	
49119100	--图片、设计图样及照片										13
4911910010[暂0]	含有人类遗传资源信息的印刷图片、设计图样及照片〔999〕	6	50	13		千克	V		20%	0	
4911910090[暂0]	其他印刷的图片、设计图样及照片〔999〕	6	50	13		千克			20%	0	
49119910	---纸质的										13

协定税率(%)																		特惠税率(%)			
智利	新西兰	澳大利亚	瑞士	冰岛	秘鲁	哥斯达	东盟	亚太	新加坡	巴基斯坦	港/澳/台	韩国	格鲁吉亚	毛里求斯	柬埔寨	尼加拉瓜	日/韩/澳/新/东 (RCEP)	亚太2国	老/柬/缅	LDC 98/97/95	Article Description
																					Plans and drawings for architectural, engineering, industrial, commercial, topographical or similar purposes, being originals drawn by hand; hand-written text; photographic reproductions on sensitized paper and carbon copies of the foregoing:
0	0	0	0	0	0	0	0			0	0/0/	0	0	0	0	0	0/0/0/0/0			0/0/0	Plans and drawings for architectural, engineering, industrial, commercial topographical or similar purposes, being originals drawn by hand; hand-written text; photographic reqroduetions on sensitized paper and carbon copies of the foregoing
																					Unused postage, revenue or similar stamps of current or new issue in the country in which they have, or will have, a recognised face value; stamp-impressed paper; banknotes; cheque forms; stock, share or bond certificates and similar documents of title:
	0		0				5				0/0/	2.5		0	0		//6.9/6.9/6.9			0/0/0	---Postage
0	0	0	0	0	0	0	0			0	0/0/	0	0	0	0	0	0/0/0/0/0			0/0/0	---Banknotes
0	0	0	0	0	0	0	0			0	0/0/	0	0	0	0	0	0/0/0/0/0			0/0/0	---Documents of title
	0		0				5				0/0/	2.5		0	0		//6.9/6.9/6.9			0/0/0	---Other
																					Transfers (decalcomanias):
	0		0				5				0/0/	2.5		0	0		//6.9/6.9/6.9			0/0/0	-Transfers (decalcomanias), vitrifiable
	0		0				5				0/0/	2.5		0	0		//6.9/6.9/6.9			0/0/0	-Other
																					Printed or illustrated postcards; printed cards bearing personal greetings, messages or announcements, whether or not illustrated, with or without envelopes or trimmings:
	0		0				5				0/0/	2.5		0	0					0/0/0	---Printed or illustrated postcards
	0		0				5				0/0/	2.5		0	0					0/0/0	---Other
																					Calendars of any kind, printed, including calendar blocks:
	0		0				5				0/0/	2.5		1.5	0					0/0/0	Calendars of any kind, printed, including calendar blocks
																					Other printed matter, including printed pictures and photographs:
0	0	0	0	0	0	0	0			0	0/0/	0	0	0	0	0	0/0/0/0/0			0/0/0	---No commercial value
	0		0				5				0/0/	2.5		1.5	0					0/0/0	---Other
	0		0				5				0/0/	2.5		0	0					0/0/0	--Pictures, designs and photographs
	0		3	0			5				0/0/	2.5		0	0					0/0/0	---Of paper

商品编号	商品名称及备注[检验检疫编码及名称]	进口关税(%)		增值税率(%)	消费税	计量单位	监管条件	检验检疫类别	对美税率	出口税率(%)	出口退税率(%)
		最惠国	普通								
4911991010	给予存取、安装、复制或使用软件(含游戏)、数据、互联网内容物(含游戏内或应用程序内内容物)、服务或电信服务(含移动服务)权利的印刷品〔999〕	0	50	13		千克			25%	0	
4911991020[暂0]	含有人类遗传资源信息的纸质印刷品〔999〕	6	50	13		千克	V		25%	0	
4911991090[暂0]	其他纸质的印刷品〔999〕	6	50	13		千克			25%	0	
49119990	---其他										13
4911999010	给予存取、安装、复制或使用软件(含游戏)、数据、互联网内容物(含游戏内或应用程序内内容物)、服务或电信服务(含移动服务)权利的印刷品〔999〕	0	50	13		千克			20%	0	
4911999020[暂0]	含有人类遗传资源信息的其他印刷品〔999〕	6	50	13		千克	V		20%	0	
4911999090[暂0]	其他印刷品〔999〕	6	50	13		千克			20%	0	

协定税率(%)																		特惠税率(%)			Article Description
智利	新西兰	澳大利亚	瑞士	冰岛	秘鲁	哥斯达	东盟	亚太	新加坡	巴基斯坦	港/澳/台	韩国	格鲁吉亚	毛里求斯	柬埔寨	尼加拉瓜	日/韩/澳/新/东(RCEP)	亚太2国	老/柬/缅	LDC 98/97/95	
	0		3	0			5				0/0/	2.5		1.5	0					0/0/0	---Other

第十一类
纺织原料及纺织制品

注释：

一、本类不包括：

（一）制刷用的动物鬃、毛（品目05.02）；马毛及废马毛（品目05.11）；
（二）人发及人发制品（品目05.01、67.03或67.04），但通常用于榨油机或类似机器的滤布除外（品目59.11）；
（三）第十四章的棉短绒或其他植物材料；
（四）品目25.24的石棉、品目68.12或68.13的石棉制品或其他产品；
（五）品目30.05或30.06的物品；品目33.06的用于清洁牙缝的纱线（牙线），单独零售包装的；
（六）品目37.01至37.04的感光布；
（七）截面尺寸超过1毫米的塑料单丝和表面宽度超过5毫米的塑料扁条及类似品（例如，人造草）（第三十九章），以及上述单丝或扁条的缏条、织物、篮筐或柳条编结品（第四十六章）；
（八）第三十九章的用塑料浸渍、涂布、包覆或层压的机织物、针织物或钩编织物、毡呢或无纺织物及其制品；
（九）第四十章的用橡胶浸渍、涂布、包覆或层压的机织物、针织物或钩编织物、毡呢或无纺织物及其制品；
（十）带毛皮张（第四十一章或第四十三章）、品目43.03或43.04的毛皮制品、人造毛皮及其制品；
（十一）品目42.01或42.02的用纺织材料制成的物品；
（十二）第四十八章的产品或物品（例如，纤维素絮纸）；
（十三）第六十四章的鞋靴及其零件、护腿、裹腿及类似品；
（十四）第六十五章的发网、其他帽类及其零件；
（十五）第六十七章的货品；
（十六）涂有研磨料的纺织材料（品目68.05）以及品目68.15的碳纤维及其制品；
（十七）玻璃纤维及其制品，但可见底布的玻璃线刺绣品除外（第七十章）；
（十八）第九十四章的物品（例如，家具、寝具、灯具及照明装置）；
（十九）第九十五章的物品（例如，玩具、游戏品、运动用品及网具）；
（二十）第九十六章的物品［例如：刷子、旅行用成套缝纫用具、拉链、打字机色带、卫生巾（护垫）及卫生棉条、尿布及尿布衬里］；或

（二十一）第九十七章的物品。

二、（一）可归入第五十章至第五十五章及品目58.09或59.02的由两种或两种以上纺织材料混合制成的货品，应按其中重量最大的那种纺织材料归类。

当没有一种纺织材料重量较大时，应按可归入的有关税目中最后一个税目所列的纺织材料归类。

（二）应用上述规定时：

1. 马毛粗松螺旋花线（品目51.10）和含金属纱线（品目56.05）均应作为一种单一的纺织材料，其重量应为它们在纱线中的合计重量；在机织物的归类中，金属线应作为一种纺织材料；
2. 在选择合适的税目时，应首先确定章，然后再确定该章的有关税目，至于不归入该章的其他材料可不予考虑；

3. 当归入第五十四章及第五十五章的货品与其他章的货品进行比较时，应将这两章作为一个单一的章对待；
4. 同一章或同一税目所列各种不同的纺织材料应作为单一的纺织材料对待。

（三）上述（一）、（二）两款规定亦适用于以下注释三、四、五或六所述纱线。

三、（一）本类的纱线（单纱、多股纱线或缆线）除下列（二）款另有规定的以外，凡符合以下规格的应作为“线、绳、索、缆”：

1. 丝或绢丝纱线，细度在20000分特以上。
2. 化学纤维纱线（包括第五十四章的用两根及以上单丝纺成的纱线），细度在10000分特以上。
3. 大麻或亚麻纱线：
   （1）加光或上光的，细度在1429分特及以上；或
   （2）未加光或上光的，细度在20000分特以上。
4. 三股或三股以上的椰壳纤维纱线。
5. 其他植物纤维纱线，细度在20000分特以上。
6. 用金属线加强的纱线。

（二）下列各项不按上述（一）款规定办理：

1. 羊毛或其他动物毛纱线及纸纱线，但用金属线加强的纱线除外；
2. 第五十五章的化学纤维长丝丝束以及第五十四章的未加捻或捻度每米少于5转的复丝纱线；
3. 品目50.06的蚕胶丝及第五十四章的单丝；
4. 品目56.05的含金属纱线；但用金属线加强的纱线按上述（一）款6项规定办理；以及
5. 品目56.06的绳绒线、粗松螺旋花线及纵行起圈纱线。

四、（一）除下列（二）款另有规定的以外，第五十章、第五十一章、第五十二章、第五十四章和第五十五章所称“供零售用”纱线，是指以下列方式包装的纱线（单纱、多股纱线或缆线）：

1. 绕于纸板、线轴、纱管或类似芯子上，其重量（含线芯）符合下列规定：
   （1）丝、绢丝或化学纤维长丝纱线，不超过85克；或
   （2）其他纱线，不超过125克。
2. 绕成团、绞或束，其重量符合下列规定：
   （1）细度在3000分特以下的化学纤维长丝纱线，丝或绢丝纱线，不超过85克；
   （2）细度在2000分特以下的任何其他纱线，不超过125克；或
   （3）其他纱线，不超过500克。
3. 绕成绞或束，每绞或每束中有若干用线分开的小绞或小束，每小绞或小束的重量相等，并且符合下列规定：

   （1）丝、绢丝或化学纤维长丝纱线，不超过85克；或
   （2）其他纱线，不超过125克。

（二）下列各项不按上述（一）款规定办理：

1. 各种纺织材料制的单纱，但下列两种除外：
   （1）未漂白的羊毛或动物细毛单纱；以及
   （2）漂白、染色或印色的羊毛或动物细毛单纱，细度在5000分特以上。
2. 未漂白的多股纱线或缆线：
   （1）丝或绢丝制的，不论何种包装；或
   （2）除羊毛或动物细毛外其他纺织材料制，成绞或成束的。
3. 漂白、染色或印色丝或绢丝制的多股纱线或缆线，细度在133分特及以下。
4. 任何纺织材料制的单纱、多股纱线或缆线：
   （1）交叉绕成绞或束的；或
   （2）绕于纱芯上或以其他方式卷绕，明显用于纺织工业的（例如，绕于纱管、加捻管、纬纱管、锥形筒管或锭子上的或者绕成蚕茧状以供绣花机使用的纱线）。

SECTION XI
TEXTILES AND TEXTILE ARTICLES

Section Notes:

1. This Section does not cover:
   (a) Animal brush-making bristles or hair (heading 05.02); horsehair or horsehair waste (heading 05.11);
   (b) Human hair or articles of human hair (heading 05.01, 67.03 or 67.04), except filtering or straining cloth of a kind commonly used in oil presses or the like (heading 59.11);
   (c) Cotton linters or other vegetable materials of Chapter 14;
   (d) Asbestos of heading 25.24 or articles of asbestos or other products of heading 68.12 or 68.13;
   (e) Articles of heading 30.05 or 30.06; yarn used to clean between the teeth (dental floss), in individual retail packages, of heading 33.06;
   (f) Sensitised textiles of headings 37.01 to 37.04;
   (g) Monofilament of which any cross-sectional dimension exceeds 1mm or strip or the like (for example, artificial straw) of an apparent width exceeding 5mm, of plastics (Chapter 39), or plaits or fabrics or other basketware or wickerwork of such monofilament or strip (Chapter 46);
   (h) Woven, knitted or crocheted fabrics, felt or nonwovens, impregnated, coated, covered or laminated with plastics, or articles thereof, of Chapter 39;
   (ij) Woven, knitted or crocheted fabrics, felt or nonwovens, impregnated, coated, covered or laminated with rubber, or articles thereof, of Chapter 40;
   (k) Hides or skins with their hair or wool on (Chapter 41 or 43) or articles of furskin, artificial fur or articles thereof, of heading 43.03 or 43.04;
   (l) Articles of textile materials of heading 42.01 or 42.02;
   (m) Products or articles of Chapter 48 (for example, cellulose wadding);
   (n) Footwear or parts of footwear, gaiters or leggings or similar articles of Chapter 64;
   (o) Hair-nets or other headgear or parts thereof of Chapter 65;
   (p) Goods of Chapter 67;
   (q) Abrasive-coated textile material (heading 68.05) and also carbon fibres or articles of carbon fibres of heading 68.15;
   (r) Glass fibres or articles of glass fibres, other than embroidery with glass thread on a visible ground of fabric (Chapter 70);
   (s) Articles of Chapter 94 (for example, furniture, bedding, luminaires and lighting fittings);
   (t) Articles of Chapter 95 (for example, toys, games, sports requisites and nets);
   (u) Articles of Chapter 96 (for example, brushes, travel sets for sewing, slide fasteners, typewriter ribbons, sanitary towels (pads) and tampons, napkins (diapers) and napkin liners); or
   (v) Articles of Chapter 97.

2. (a) Goods classifiable in Chapters 50 to 55 or of heading 58.09 or in heading 58.09 or 59.02 and of a mixture of two or more textile materials are to be classified as if consisting wholly of that one textile material which predominates by weight over any other single textile material.
   When no one textile material predominates by weight, the goods are to be classified as if consisting wholly of that one textile material which is covered by the heading which occurs last in numerical order among those which equally merit consideration.
   (b) For the purposes of the above rule:
      (i) Gimped horsehair yarn (heading 51.10) and metallised yarn (heading 56.05) are to be treated as a single textile material the weight of which is to be taken as the aggregate of the weights of its components; for the classification of woven fabrics, metal thread is to be regarded as a textile material;
      (ii) The choice of appropriate heading shall be effected by determining first the Chapter and then the applicable heading within that Chapter, disregarding any materials not classified in that Chapter;
      (iii) When both Chapters 54 and 55 are involved with any other Chapter, Chapters 54 and 55 are to be treated as a single Chapter;
      (iv) Where a Chapter or a heading refers to goods of different textile materials, such materials are to be treated as a single textile material.
   (c) The provisions of paragraphs (a) and (b) above apply also to the yarns referred to in Note 3, 4, 5 or 6 below.

3. (a) For the purposes of this Section, and subject to the exceptions in paragraph (b) below, yarns (single, multiple (folded) or cabled) of the following descriptions are to be treated as "twine, cordage, ropes and cables":
      (i) Of silk or waste silk, measuring more than 20000 decitex.
      (ii) Of man-made fibres (including yarn of two or more monofilaments of Chapter 54), measuring more than 10000 decitex.
      (iii) Of true hemp or flax:
         i) Polished or glazed, measuring 1429 decitex or more; or
         ii) Not polished or glazed, measuring more than 20000 decitex.
      (iv) Of coir, consisting of three or more plies;
      (v) Of other vegetable fibres, measuring more than 20000 decitex; or
      (vi) Reinforced with metal thread.
   (b) Exceptions:
      (i) Yarn of wool or other animal hair and paper yarn, other than yarn reinforced with metal thread;
      (ii) Man-made filament tow of Chapter 55 and multifilament yarn without twist or with a twist of less than 5 turns per metre of Chapter 54;
      (iii) Silk worm gut of heading 50.06, and monofilaments of Chapter 54;
      (iv) Metallised yarn of heading 56.05; yarn reinforced with metal thread is subject to paragraph (a) (vi) above; and
      (v) Chenille yarn, gimped yarn and loop wale-yarn of heading 56.06.

4. (a) For the purposes of Chapters 50, 51, 52, 54 and 55, the expression "put up for retail sale" in relation to yarn means, subject to the exceptions in paragraph (b) below, yarn (single, multiple (folded) or cabled) put up:
      (i) On cards, reels, tubes or similar supports, of a weight (including support) not exceeding:
         i) 85g in the case of silk, waste silk or man-made filaments; or
         ii) 125g in other cases.
      (ii) In balls, hanks or skeins of a weight not exceeding:
         i) 85g in the case of man-made filament yarn of less than 3000 decitex, silk or silk waste;
         ii) 125g in the case of all other yarns of less than 2000 decitex; or
         iii) 500g in other cases.
      (iii) In hanks or skeins comprising several smaller hanks or skeins separated by dividing threads which render them independent one of the other, each of uniform weight not exceeding:
         i) 85g in the case of silk, waste silk or man-made filaments; or
         ii) 125g in other cases.
   (b) Exceptions:
      (i) Single yarn of any textile material, except:
         i) Single yarn of wool or fine animal hair, unbleached; and
         ii) Single yarn of wool or fine animal hair, bleached, dyed or printed, measuring more than 5000 decitex.
      (ii) Multiple (folded) or cabled yarn, unbleached:
         i) Of silk or waste silk, however put up; or
         ii) Of other textile material except wool or fine animal hair, in hanks or skeins.
      (iii) Multiple (folded) or cabled yarn of silk or waste silk, bleached, dyed or printed, measuring 133 decitex or less; and
      (iv) Single, multiple (folded) or cabled yarn of any textile material:
         i) In cross-reeled hanks or skeins; or
         ii) Put up on supports or in some other manner indicating its use in the textile industry (for example, on cops, twisting mill tubes, pirns, conical bobbins or spindles, or reeled in the form of cocoons for embroidery looms).

五、品目52.04、54.01及55.08所称“缝纫线”，是指下列多股纱线或缆线：
（一）绕于芯子（例如，线轴、纱管）上，重量（包括纱芯）不超过1000克；
（二）作为缝纫线上过浆的；以及
（三）终捻为反手（Z）捻的。

六、本类所称“高强力纱”，是指断裂强度大于下列标准的纱线：
尼龙、其他聚酰胺或聚酯制的单纱60厘牛顿/特克斯；
尼龙、其他聚酰胺或聚酯制的多股纱线或缆线53厘牛顿/特克斯；
粘胶纤维制的单纱、多股纱线或缆线27厘牛顿/特克斯。

七、本类所称“制成的”，是指：
（一）裁剪成除正方形或长方形以外的其他形状的；
（二）呈制成状态，无需缝纫或其他进一步加工（或仅需剪断分隔联线）即可使用的（例如，某些抹布、毛巾、台布、方披巾、毯子）；
（三）裁剪成一定尺寸，至少有一边为带有可见的锥形或压平形的热封边，其余各边经本注释其他各项所述加工，但不包括为防止剪边脱纱而用热切法或其他简单方法处理的织物；
（四）已缝边或滚边，或者在任一边带有结制的流苏，但不包括为防止剪边脱纱而锁边或用其他简单方法处理的织物；
（五）裁剪成一定尺寸并经抽纱加工的；
（六）缝合、胶合或用其他方法拼合而成的（将两段或两段以上同样料子的织物首尾连接而成的匹头，以及由两层或两层以上的织物，不论中间有无胎料，层叠而成的匹头除外）；
（七）针织或钩编成一定形状，不论报验时是单件还是以若干件相连成幅的。

八、对于第五十章至第六十章：
（一）第五十章至第五十五章和第六十章，以及除条文另有规定以外的第五十六章至第五十九章，不适用于上述注释七所规定的制成货品；以及
（二）第五十章至第五十五章及第六十章不包括第五十六章至第五十九章的货品。

九、第五十章至第五十五章的机织物包括由若干层平行纱线以锐角或直角相互层叠，在纱线交叉点用黏合剂或以热黏合法黏合而成的织物。

十、以纺织材料和橡胶线制成的弹性产品归入本类。

十一、本类所称“浸渍”，包括“浸泡”。

十二、本类所称“聚酰胺”，包括“芳族聚酰胺”。

十三、本类及本协调制度所称“弹性纱线”，是指合成纤维纺织材料制成的长丝纱线（包括单丝），但变形纱线除外。这些纱线可拉伸至原长的三倍而不断裂，并可在拉伸至原长两倍后五分钟内回复到不超过原长度一倍半。

十四、除条文另有规定的以外，各种服装即使成套包装供零售用，也应按各自税目分别归类。本注释所称“纺织服装”，是指品目61.01至61.14及品目62.01至62.11所列的各种服装。

十五、除本类注释一另有规定的以外，装有用作附加功能的化学、机械或电子组件（无论是作为内置组件还是组合在纤维或织物内）的纺织品、服装和其他纺织物，如果其具有本类货品的基本特征，应归入本类相应税目中。

子目注释：

一、本类及本协调制度所用有关名词解释如下：
（一）未漂白纱线
1. 带有纤维自然色泽并且未经漂染（不论是否整体染色）或印色的纱线；或
2. 从回收纤维制得，色泽未定的纱线（本色纱）。
这种纱线可用无色浆料或易褪色染料（可轻易地用肥皂洗去）处理，如果是化学纤维纱线，则整体用消光剂（例如，二氧化钛）进行处理。

（二）漂白纱线
1. 经漂白加工、用漂白纤维制得或经染白（除条文另有规定的以外）（不论是否整体染色）及用白浆料处理的纱线；
2. 用未漂白纤维和漂白纤维混纺制得的纱线；或
3. 用未漂白纱和漂白纱纺成多股纱线或缆线。

（三）着色（染色或印色）纱线
1. 染成彩色（不论是否整体染色，但白色或易褪色除外）或印色的纱线，以及用染色或印色纤维纺制的纱线；
2. 用各色染色纤维混合纺制或用未漂白或漂白纤维与着色纤维混合制得的纱线（夹色纱或混色纱），以及用一种或几种颜色间隔印色而获得点纹印迹的纱线；
3. 用已经印色的纱条或粗纱纺制的纱线；或
4. 用未漂白纱和漂白纱与着色纱纺成的多股纱线或缆线。
上述定义在必要的地方稍作修改后，可适用于第五十四章的单丝、扁条或类似产品。

（四）未漂白机织物
用未漂白纱线织成后未经漂白、染色或印花的机织物。这类织物可用无色浆料或易褪色染料处理。

（五）漂白机织物
1. 经漂白、染白或用白浆料处理（除条文另有规定的以外）的成匹机织物；
2. 用漂白纱线织成的机织物；或
3. 用未漂白纱线和漂白纱线织成的机织物。

（六）染色机织物
1. 除条文另有规定的以外，染成白色以外的其他单一颜色或用白色以外的其他有色整理剂处理的成匹机织物；或
2. 以单一颜色的着色纱线织成的机织物。

（七）色织机织物
除印花机织物以外的下列机织物：
1. 用各种不同颜色纱线或同一颜色不同深浅（纤维的自然色彩除外）纱线织成的机织物；
2. 用未漂白或漂白纱线与着色纱线织成的机织物；或
3. 用夹色纱线或混色纱线织成的机织物。不论何种情况，布边或布头的纱线均可忽略不计。

（八）印花机织物
成匹印花的机织物，不论是否用各色纱线织成。用刷子或喷枪、经转印纸转印、植绒或蜡防印花等方法印成花纹图案的机织物亦可视为印花机织物。

上述各类纱线或织物如经丝光工艺处理并不影响其归类。
上述第（四）至（八）项的定义在必要的地方稍加修改后，可适用于针织或钩编织物。

5. For the purposes of headings 52.04, 54.01 and 55.08, the expression "sewing thread" means multiple (folded) or cabled yarn:
   (a) Put up on supports (for example, reels, tubes) of a weight (including support) not exceeding 1000g;
   (b) Dressed for use as sewing thread; and
   (c) With a final "Z" twist.

6. For the purposes of this Section, the expression "high tenacity yarn" means yarn having a tenacity, expressed in cN/tex (centinewton per tex), greater than the following:
Single yarn of nylon or other polyamides, or of polyesters 60cN/tex;
Multiple (folded) or cabled yarn of nylon or other polyamides, or of polyesters 53cN/tex;
Single, multiple (folded) or cabled yarn of viscose rayon 27cN/tex.

7. For the purposes of this Section, the expression "made up" means:
   (a) Cut otherwise than into squares or rectangles;
   (b) Produced in the finished state, ready for use (or merely needing separation by cutting dividing threads) without sewing or other working (for example, certain dusters, towels, table cloths, scarf squares, blankets);
   (c) Cut to size and with at least one heat-sealed edge with a visibly tapered or compressed border and the other edges treated as described in any other subparagraph of this Note, but excluding fabrics the cut edges of which have been prevented from unravelling by hot cutting or by other simple means;
   (d) Hemmed or with rolled edges, or with a knotted fringe at any of the edges, but excluding fabrics the cut edges of which have been prevented from unravelling by whipping or by other simple means;
   (e) Cut to size and having undergone a process of drawn thread work;
   (f) Assembled by sewing, gumming or otherwise (other than piece goods consisting of two or more lengths of identical material joined end to end and piece goods composed of two or more textiles assembled in layers, whether or not padded);
   (g) Knitted or crocheted to shape, whether presented as separate items or in the form of a number of items in the length.

8. For the purposes of Chapters 50 to 60:
   (a) Chapters 50 to 55 and 60 and, except where the context otherwise requires, Chapters 56 to 59 do not apply to goods made up within the meaning of Note 7 above; and
   (b) Chapters 50 to 55 and 60 do not apply to goods of Chapters 56 to 59.

9. The woven fabrics of Chapters 50 to 55 include fabrics consisting of layers of parallel textile yarns superimposed on each other at acute or right angles. These layers are bonded at the intersections of the yarns by an adhesive or by thermal bonding.

10. Elastic products consisting of textile materials combined with rubber threads are classified in this Section.

11. For the purposes of this Section, the expression "impregnated" includes "dipped".

12. For the purposes of this Section, the expression "polyamides" includes "aramids".

13. For the purposes of this Section and, where applicable, throughout the Nomenclature, the expression "elastomeric yarn" means filament yarn, including monofilament, of synthetic textile material, other than textured yarn, which does not break on being extended to three times its original length and which returns, after being extended to twice its original length, within a period of five minutes, to a length not greater than one and a half times its original length.

14. Unless the context otherwise requires, textile garments of different headings are to be classified in their own headings even if put up in sets for retail sale. For the purposes of this Note, the expression "textile garments" means garments of headings 61.01 to 61.14 and headings 62.01 to 62.11.

15. Subject to Note 1 to Section XI, textiles, garments and other textile articles, incorporating chemical, mechanical or electronic components for additional functionality, whether incorporated as built-in components or within the fibre or fabric, are classified in their respective headings in Section XI provided that they retain the essential character of the goods of this Section.

Subheading Notes:

1. In this Section and, where applicable, throughout the Nomenclature, the following expressions have the meanings hereby assigned to them:
   (a) Unbleached yarn which:
      (i) has the natural colour of its constituent fibres and has not been bleached, dyed (whether or not in the mass) or printed; or
      (ii) is of indeterminate colour ("grey yarn"), manufactured from garnetted stock.
      Such yarn may have been treated with a colourless dressing or fugitive dye (which disappears after simple washing with soap) and, in the case of man-made fibres, treated in the mass with delustring agents (for example, titanium dioxide).
   (b) Bleached yarn which:
      (i) has undergone a bleaching process, is made of bleached fibres or, unless the context otherwise requires, has been dyed white (whether or not in the mass) or treated with a white dressing;
      (ii) consists of a mixture of unbleached and bleached fibres; or
      (iii) is multiple (folded) or cabled and consists of unbleached and bleached yarns.
   (c) Coloured (dyed or printed) yarn which:
      (i) is dyed (whether or not in the mass) other than white or in a fugitive colour, or printed, or made from dyed or printed fibres;
      (ii) consists of a mixture of dyed fibres of different colours or of a mixture of unbleached or bleached fibres with coloured fibres (marl or mixture yarns), or is printed in one or more colours at intervals to give the impression of dots;
      (iii) is obtained from slivers or rovings which have been printed; or
      (iv) is multiple (folded) or cabled and consists of unbleached or bleached yarn and coloured yarn.
      The above definitions also apply, mutatis mutandis, to monofilament and to strip or the like of Chapter 54.
   (d) Unbleached woven fabric
      Woven fabric made from unbleached yarn and which has not been bleached, dyed or printed. Such fabric may have been treated with a colourless dressing or a fugitive dye.
   (e) Bleached woven fabric
      Woven fabric which:
      (i) has been bleached or, unless the context otherwise requires, dyed white or treated with a white dressing, in the piece;
      (ii) consists of bleached yarn; or
      (iii) consists of unbleached and bleached yarns.
   (f) Dyed woven fabric
      Woven fabric which:
      (i) is dyed a single uniform colour other than white (unless the context otherwise requires) or has been treated with a coloured finish other than white (unless the context otherwise requires), in the piece; or
      (ii) consists of coloured yarn of a single uniform colour.
   (g) Woven fabric of yarns of different colours
      Woven fabric (other than printed woven fabric) which:
      (i) consists of yarns of different colours or yarns of different shades of the same colour (other than the natural colour of the constituent fibres);
      (ii) consists of unbleached or bleached yarn and coloured yarn; or
      (iii) consists of marl or mixture yarns. (In all cases, the yarn used in selvedges and piece ends is not taken into consideration.)
   (h) Printed woven fabric
      Woven fabric which has been printed in the piece, whether or not made from yarns of different colours. The following are also regarded as printed woven fabrics: woven fabrics bearing designs made, for example, with a brush or spray gun, by means of transfer paper, by flocking or by the batik process.
      The process of mercerisation does not affect the classification of yarns or fabrics within the above categories.
      The definitions at (d) to (h) above apply, mutatis mutandis, to knitted or crocheted fabrics.

（九）平纹组织

每根纬纱在并排的经纱间上下交错而过，而每根经纱也在并排的纬纱间上下交错而过的织物组织。

二、（一）含有两种或两种以上纺织材料的第五十六章至第六十三章的产品，应根据本类注释二对第五十章至第五十五章或品目 58.09 的此类纺织材料产品归类的规定来确定归类。

（二）运用本条规定时：

1. 应酌情考虑按归类总规则第三条来确定归类；
2. 对由底布和绒面或毛圈面构成的纺织品，在归类时可不考虑底布的属性；
3. 对品目 58.10 的刺绣品及其制品，归类时应只考虑底布的属性，但不见底布的刺绣品及其制品应根据绣线的属性确定归类。

第五十章
蚕　丝

商品编号	商品名称及备注[检验检疫编码及名称]	进口关税(%)		增值税率(%)	消费税	计量单位	监管条件	检验检疫类别	对美税率	出口税率(%)	出口退税率(%)
		最惠国	普通								
5001	**适于缫丝的蚕茧：**										
50010010	---适于缫丝的桑蚕茧										9
5001001000	适于缫丝的桑蚕茧〔101 未经加工的蚕茧〕,〔999 未经加工的蚕茧除外〕	6	70	13		千克	AB	P/Q	11%	0	
50010090	---其他										9
5001009000	适于缫丝的其他蚕茧〔101 未经加工的蚕茧〕,〔999 未经加工的蚕茧除外〕	6	70	13		千克	AB	P/Q	11%	0	
5002	**生丝(未加捻)：**										
50020011	----厂丝										13
5002001100	未加捻的桑蚕厂丝〔101 生丝〕,〔102 粗丝〕,〔103 初级加工丝〕	9	80	13		千克	AB	P/Q		0	
50020012	----土丝										13
5002001200	未加捻的桑蚕土丝〔999〕	9	80	13		千克	AB	P/Q		0	
50020013	----双宫丝										13
5002001300	未加捻的桑蚕双宫丝〔999〕	9	80	13		千克	AB	P/Q		0	
50020019	----其他										13
5002001900	其他未加捻的桑蚕丝〔999〕	9	80	13		千克	AB	P/Q		0	
50020020	---柞蚕丝										13
5002002000	未加捻柞蚕丝〔999〕	9	80	13		千克	AB	P/Q		0	
50020090	---其他										13
5002009000	未加捻其他生丝〔999〕	9	80	13		千克	AB	P/Q		0	
5003	**废丝(包括不适于缫丝的蚕茧、废纱及回收纤维)：**										
50030011	----下茧、茧衣、长吐、滞头										13
5003001100	未梳的下茧、茧衣、长吐、滞头①	9	70	13		千克	AB	P/Q		0	
50030012	----回收纤维										13
5003001200	未梳的回收纤维〔999〕	9	70	13		千克	AB	P/Q		0	
50030019	----其他										13
5003001900	其他未梳废丝(包括不适于缫丝的废纱)〔999〕	9	70	13		千克	AB	P/Q		0	
50030091	----棉球										13
5003009100	绵球〔999〕	9	70	13		千克	AB	P/Q		0	
50030099	----其他										13
5003009900	其他废丝(包括不适于缫丝的蚕茧、废纱及回收纤维)〔999〕	9	70	13		千克	AB	P/Q		0	
5004	**丝纱线(绢纺纱线除外),非供零售用：**										
50040000	丝纱线(绢纺纱线除外),非供零售用										13
5004000000	非供零售用丝纱线(绢纺纱线除外)〔101 桑蚕捻线丝〕,〔102 双宫捻线丝〕,〔103 土丝捻线丝〕,〔104 特种加工丝〕	6	90	13		千克				0	
5005	**绢纺纱线,非供零售用：**										
50050010	---细丝纱线										13
5005001000	非供零售用细丝纱线〔999〕	6	90	13		千克				0	
50050090	---其他										13
5005009000	非供零售用其他绢纺纱线(含丝及绢丝)〔101 桑蚕绢丝〕,〔102 柞蚕绢丝〕,〔103 木薯绢丝〕	6	90	13		千克				0	
5006	**丝纱线及绢纺纱线,供零售用;蚕胶丝：**										
50060000	丝纱线及绢纺纱线,供零售用;蚕胶丝										13

① 〔101 未经加工的蚕茧、削口茧〕,〔102 未经加工的长吐,滞头〕,〔999 未经加工的蚕茧、削口茧、长吐,滞头除外〕

(ij) Plain weave
A fabric construction in which each yarn of the weft passes alternately over and under successive yarns of the warp and each yarn of the warp passes alternately over and under successive yarns of the weft.

2. (a) Products of Chapters 56 to 63 containing two or more textile materials are to be regarded as consisting wholly of that textile material which would be selected under Note 2 to this Section for the classification of a product of Chapters 50 to 55 consisting of the same textile materials.
(b) For the application of this rule:
(i) where appropriate, only the part which determines the classification under Interpretative Rule 3 shall be taken into account;
(ii) in the case of textile products consisting of a ground fabric and a pile or looped surface no account shall be taken of the ground fabric;
(iii) in the case of embroidery of heading 58.10 and goods thereof, only the ground fabric shall be taken into account. However, embroidery without visible ground, and goods thereof, shall be classified with reference to the embroidering threads alone.

Chapter 50
Silk

协定税率(%)																		特惠税率(%)			Article Description
智利	新西兰	澳大利亚	瑞士	冰岛	秘鲁	哥斯达	东盟	亚太	新加坡	巴基斯坦	港/澳/台	韩国	格鲁吉亚	毛里求斯	柬埔寨	尼加拉瓜	日/韩/澳/新/东(RCEP)	亚太2国	老/柬/缅	LDC 98/97/95	
																					Silk worm cocoons suitable for reeling:
0	0	0	0	0	0	0	0			2.5	0/0/	0	0	0	0	0	0/0/0/0/0			0/0/0	---Bombyx mori cocoons
0	0	0	0	0	0	0	0			4	0/0/	0	0	0	0	0	0/0/0/0/0			0/0/0	---Other
																					Raw silk (not thrown):
0	0	0	0	0	0	0	0			0	0/0/	0	0	0	0	8.1	6.5/0/0/0/0			0/0/0	----Filature silk
0	0	0	0	0	0	0	0			0	0/0/	0	0	0	0	8.1	6.5/0/0/0/0			0/0/0	----Native silk
0	0	0	0	0	0	0	0			0	0/0/	0	0	0	0	8.1	6.5/0/0/0/0			0/0/0	----Duppion silk
0	0	0	0	0	0	0	0			0	0/0/	0	0	0	0	8.1	6.5/0/0/0/0			0/0/0	----Other
0	0	0	0	0	0	0	0			0	0/0/	0	0	0	0	8.1	6.5/0/0/0/0			0/0/0	---Tussah silk
0	0	0	0	0	0	0	0			0	0/0/	0	0	0	0	8.1	6.5/0/0/0/0			0/0/0	---Other
																					Silk waste (including cocoons unsuitable for reeling, yarn waste and garnetted stock):
0	0	0	0	0	0	0	0			0	0/0/	0	0	0	0	8.1	6.5/0/0/0/0			0/0/0	----Spoiledcocoon, cocoon outer floss, frison, frigon
0	0	0	0	0	0	0	0			0	0/0/	0	0	0	0	8.1	6.5/0/0/0/0			0/0/0	----Garnetted stock
0	0	0	0	0	0	0	0			0	0/0/	0	0	0	0	8.1	6.5/0/0/0/0			0/0/0	----Other
0	0	0	0	0	0	0	0			0	0/0/	0	0	0	0	8.1	6.5/0/0/0/0			0/0/0	----Silk top
0	0	0	0	0	0	0	0			0	0/0/	0	0	0	0	8.1	6.5/0/0/0/0			0/0/0	----Other
																					Silk yarn (other than yarn spun from silk waste) not put up for retail sale:
0	0	0	0	0	0	0	0			0	0/0/	0	0	0	0	0	0/0/0/0/0			0/0/0	Silk yarn (other than yarn spun from silk waste) not put up for retail sale
																					Yarn spun from silk waste, not put up for retail sale:
0	0	0	0	0	0	0	0			0	0/0/	0	0	0	0	0	0/0/0/0/0			0/0/0	---Spun from noil silk
0	0	0	0	0	0	0	0			0	0/0/	0	0	0	0	0	0/0/0/0/0			0/0/0	---Other
																					Silk yarn and yarn spun from silk waste, put up for retail sale; silk-worm gut:
0	0	0	0	0	0	0	0			0	0/0/	0	0	0	0	0	0/0/0/0/0			0/0/0	Silk yarn and yarn spun from silk waste, put up for retail sale; silk-worm gut

商品编号	商品名称及备注[检验检疫编码及名称]	进口关税(%)		增值税率(%)	消费税	计量单位	监管条件	检验检疫类别	对美税率	出口税率(%)	出口退税率(%)
		最惠国	普通								
5006000000	零售用丝纱线，绢纺纱线；蚕胶丝(含丝及绢丝)〔999〕	6	100	13		千克				0	
5007	**丝或绢丝机织物：**										
50071010	---未漂白(包括未练白或练白)或漂白										13
5007101000	未漂白或漂白的细丝机织物(未练白或练白)〔999〕	8	130	13		米/千克				0	
50071090	---其他										13
5007109000	其他细丝机织物〔999〕	8	130	13		米/千克				0	
50072011	----未漂白(包括未练白或练白)或漂白										13
5007201100	未漂白或漂白的桑蚕丝机织物(包括未练白或练白，按重量计丝或绢丝含量85%及以上)〔999〕	8	130	13		米/千克			28%	0	
50072019	----其他										13
5007201900	其他桑蚕丝机织物(按重量计丝或绢丝含量在85%及以上)〔999〕	8	130	13		米/千克			33%	0	
50072021	----未漂白(包括未练白或练白)或漂白										13
5007202100	未漂白或漂白的柞蚕丝机织物(包括未练白或练白，按重量计丝或绢丝含量85%及以上)〔999〕	8	130	13		米/千克				0	
50072029	----其他										13
5007202900	其他柞蚕丝机织物(按重量计丝或绢丝含量在85%及以上)〔999〕	8	130	13		米/千克				0	
50072031	----未漂白(包括未练白或练白)或漂白										13
5007203100	未漂白或漂白的绢丝机织物(包括未练白或练白，按重量计丝或绢丝含量85%及以上)〔999〕	8	130	13		米/千克				0	
50072039	----其他										13
5007203900	其他绢丝机织物(按重量计丝或绢丝含量在85%及以上)〔999〕	8	130	13		米/千克			33%	0	
50072090	---其他										13
5007209000	其他丝机织物(按重量计丝或绢丝含量在85%及以上)〔999〕	8	130	13		米/千克			33%	0	
50079010	---未漂白(包括未练白或练白)或漂白										13
5007901000	未漂白或漂白其他丝机织物(未练白或练白，含丝及绢丝在85%以下)〔999〕	8	130	13		米/千克			33%	0	
50079090	---其他										13
5007909000	其他丝机织物(含丝及绢丝在85%以下)〔999〕	8	130	13		米/千克			33%	0	

协定税率(%)																		特惠税率(%)			
智利	新西兰	澳大利亚	瑞士	冰岛	秘鲁	哥斯达	东盟	亚太	新加坡	巴基斯坦	港/澳/台	韩国	格鲁吉亚	毛里求斯	柬埔寨	尼加拉瓜	日/韩/澳/新/东(RCEP)	亚太2国	老/柬/缅	LDC 98/97/95	Article Description
																					Woven fabrics of silk or of silk waste:
0	0	0	0	0	0	0	0			2.5	0/0/	0	0	0	0	7.2	7.3/0/0/0/0		0//	0/0/0	---Unbleaded (including unscoured or scoured) or bleached
0	0	0	0	0	0	0	0			2.5	0/0/	0	0	0	0	7.2	7.3/0/0/0/0		0//	0/0/0	---Other
0	0	0	0	0	0	0	0	5.2		2.5	0/0/	0	0	0	0	0	7.3/0/0/0/0		0//	0/0/0	----Unbleaded (including unscoured or scoured) or bleached
0	0	0	0	0	0	0	0	5.2		2.5	0/0/	3.3	0	0	0	0	8.1/8/8.5/8.5/8		0//	0/0/0	----Other
0	0	0	0	0	0	0	0	5.2		2.5	0/0/	0	0	0	0	0	7.3/0/0/0/0		0//	0/0/0	----Unbleaded (including unscoured or scoured) or bleached
0	0	0	0	0	0	0	0	5.2		2.5	0/0/	0	0	0	0	0	7.3/0/0/0/0		0//	0/0/0	----Other
0	0	0	0	0	0	0	0	5.2		2.5	0/0/	0	0	0	0	0	7.3/0/0/0/0		0//	0/0/0	---Unbleaded (including unscoured or scoured) or bleached
0	0	0	0	0	0	0	0	5.2		2.5	0/0/	0	0	0	0	7.2	7.3/0/0/0/0		0//	0/0/0	----Other
0	0	0	0	0	0	0	0	5.2		2.5	0/0/	0	0	0	0	7.2	7.3/0/0/0/0		0//	0/0/0	---Other
0	0	0	0	0	0	0	0	5.2		2.5	0/0/	0	0	0	0	0	7.3/0/0/0/0		0//	0/0/0	---Unbleaded (including unscoured or scoured) or bleached
0	0	0	0	0	0	0	0	5.2		2.5	0/0/	0	0	0	0	0	7.3/0/0/0/0		0//	0/0/0	---Other

第五十一章 羊毛、动物细毛或粗毛；马毛纱线及其机织物

注释：

本协调制度所称：

一、"羊毛"，是指绵羊或羔羊身上长的天然纤维。

二、"动物细毛"，是指下列动物的毛：羊驼、美洲驼、驼马、骆驼（包括单峰骆驼）、牦牛、安哥拉山羊、西藏山羊、喀什米尔山羊及类似山羊（普通山羊除外）、家兔（包括安哥拉兔）、野兔、海狸、河狸鼠或麝鼠。

三、"动物粗毛"，是指以上未提及的其他动物的毛，但不包括制刷用鬃、毛（品目05.02）以及马毛（品目05.11）。

商品编号	商品名称及备注[检验检疫编码及名称]	进口关税(%)		增值税率(%)	消费税	计量单位	监管条件	检验检疫类别	对美税率	出口税率(%)	出口退税率(%)
		最惠国	普通								
5101	**未梳的羊毛：**										
51011100	--剪羊毛										9
5101110001	未梳的含脂剪羊毛(配额内)〔101 绵羊毛〕,〔102 山羊毛〕	1	50	9		千克	tAB	P/Q	26%	0	
5101110090	未梳的含脂剪羊毛(配额外)〔101 绵羊毛〕,〔102 山羊毛〕	38	50	9		千克	AB	P/Q	63%	0	
51011900	--其他										9
5101190001	未梳的其他含脂羊毛(配额内)〔101 绵羊毛〕,〔102 山羊毛〕	1	50	9		千克	tAB	P/Q	6%	0	
5101190090	未梳的其他含脂羊毛(配额外)〔101 绵羊毛〕,〔102 山羊毛〕	38	50	9		千克	AB	P/Q	43%	0	
51012100	--剪羊毛										13
5101210001	未梳的脱脂剪羊毛(未碳化)(配额内)〔101 洗净绵羊毛〕,〔102 洗净山羊毛〕	1	50	13		千克	tAB	P/Q	6%	0	
5101210090	未梳的脱脂剪羊毛(未碳化)(配额外)〔101 洗净绵羊毛〕,〔102 洗净山羊毛〕	38	50	13		千克	AB	P/Q	43%	0	
51012900	--其他										13
5101290001	未梳的其他脱脂羊毛(未碳化)(配额内)〔101 洗净绵羊毛〕,〔102 洗净山羊毛〕	1	50	13		千克	tAB	P/Q	6%	0	
5101290090	未梳的其他脱脂羊毛(未碳化)(配额外)〔101 洗净绵羊毛〕,〔102 洗净山羊毛〕	38	50	13		千克	AB	P/Q	43%	0	
51013000	-碳化羊毛										13
5101300001	未梳碳化羊毛(配额内)〔999〕	1	50	13		千克	tAB	P/Q	6%	0	
5101300090	未梳碳化羊毛(配额外)〔999〕	38	50	13		千克	AB	P/Q	43%	0	
5102	**未梳的动物细毛或粗毛：**										
51021100	--克什米尔山羊的										0
5102110000	未梳克什米尔山羊的细毛〔101 未洗净山羊毛〕,〔102 洗净山羊毛〕,〔103 山羊绒〕	9	45	13		千克	AB	P/Q	14%	0	
51021910	---兔毛										
5102191010	未梳濒危兔毛〔101 未洗净兔毛〕,〔102 洗净兔毛〕	9	50	13		千克	ABFE	P/Q	14%	0	0
5102191090	其他未梳兔毛〔101 未洗净兔毛〕,〔102 洗净兔毛〕	9	50	13		千克	AB	P/Q	14%	0	9
51021920	---其他山羊绒										0
5102192000	其他未梳山羊绒〔101 未洗净山羊绒〕,〔102 未洗净野羊毛(绒)〕,〔103 洗净山羊绒〕,〔104 洗净野山羊绒)〕	9	45	13		千克	AB	P/Q	14%	0	
51021930	---骆驼毛、骆驼绒										
5102193010	未梳濒危野生骆驼科动物毛、绒②	9	45	13		千克	FEAB	P/Q	14%	0	0
5102193090	其他未梳骆驼毛、绒〔101 未洗净驼毛〕,〔102 未洗净驼绒〕,〔103 洗净驼毛〕,〔104 洗净驼绒〕	9	45	13		千克	AB	P/Q	14%	0	9
51021990	---其他										
5102199010	未梳的其他濒危野生动物细毛③	9	45	13		千克	FEAB	P/Q	14%	0	0
5102199090	未梳的其他动物细毛④	9	45	13		千克	AB	P/Q	14%	0	9
51022000	-粗毛										
5102200010	未梳的濒危野生动物粗毛⑤	9	50	13		千克	FEAB	P/Q	14%	0	0
5102200090	未梳的其他动物粗毛⑥	9	50	13		千克	AB	P/Q	14%	0	9
5103	**羊毛或动物细毛或粗毛的废料，包括废纱线，但不包括回收纤维：**										
51031010	---羊毛落毛										9

① 国别关税配额税率：0

② 〔101 未洗净驼毛〕,〔102 未洗净驼绒〕,〔103 未洗净其他野生偶蹄动物鬃毛〕,〔104 洗净驼毛(绒)〕,〔105 洗净其他野生偶蹄动物鬃毛〕

③ 〔101 未洗净其他野生奇蹄动物鬃毛〕,〔102 未洗净野牛毛(绒)〕,〔103 未洗净其他野生偶蹄动物鬃毛〕,〔104 未洗净兔绒〕,〔105 未洗净未列出的其他动物鬃毛〕,〔106 洗净未列出的野生奇蹄动物鬃毛〕,〔107 洗净野牛毛(绒)〕,〔108 洗净未列出的野生偶蹄动物鬃毛〕,〔109 洗净兔绒〕,〔110 洗净其他动物毛〕

④ 〔101 未洗净其他饲养奇蹄动物鬃毛〕,〔102 未洗净其他野生奇蹄动物鬃毛〕,〔103 未洗净牦牛绒〕,〔104 未洗净其他饲养偶蹄动物鬃毛〕,〔105 未洗净其他野生偶蹄动物鬃毛〕,〔106 未洗净兔绒〕,〔107 未洗净未列出的其他动物鬃毛〕,〔108 洗净未列出的饲养奇蹄动物鬃毛〕,〔109 洗净未列出的野生奇蹄动物鬃毛〕,〔110 洗净牦牛绒〕,〔111 洗净未列出的饲养偶蹄动物鬃毛〕,〔112 洗净未列出的野生偶蹄动物鬃毛〕,〔113 洗净兔绒〕,〔114 洗净其他动物毛〕

⑤ 〔101 未洗净其他野生奇蹄动物鬃毛〕,〔102 未洗净野牛毛(绒)〕,〔103 未洗净其他野生偶蹄动物鬃毛〕,〔104 未洗净未列出的其他动物鬃毛〕,〔105 洗净未列出的野生奇蹄动物鬃毛〕,〔106 洗净未列出的野生偶蹄动物鬃毛〕,〔107 洗净未列出的其他动物鬃毛〕

⑥ 〔101 未洗净其他饲养奇蹄动物鬃毛〕,〔102 未洗净其他野生奇蹄动物鬃毛〕,〔103 未洗净其他饲养偶蹄动物鬃毛〕,〔104 未洗净野牛毛(绒)〕,〔105 未洗净其他野生偶蹄动物鬃毛〕,〔106 未洗净未列出的其他动物鬃毛〕,〔107 洗净未列出的其他动物鬃毛〕

Chapter 51
Wool, fine or coarse animal hair; horsehair yarn and woven fabric

Chapter Notes:

Throughout the Nomenclature:

1. "Wool" means the natural fibre grown by sheep or lambs.

2. "Fine animal hair" means the hair of alpaca, llama, vicuna, camel (including dromedary), yak, Angora, Tibetan, Kashmir or similar goats (but not common goats), rabbit (including Angora rabbit), hare, beaver, nutria or musk-rat.

3. "Coarse animal hair" means the hair of animals not mentioned above, excluding brush-making hair and bristles (heading 05.02) and horsehair (heading 05.11).

协定税率(%)																		特惠税率(%)			
智利	新西兰	澳大利亚	瑞士	冰岛	秘鲁	哥斯达	东盟	亚太	新加坡	巴基斯坦	港/澳/台	韩国	格鲁吉亚	毛里求斯	柬埔寨	尼加拉瓜	日/韩/澳/新/东(RCEP)	亚太2国	老/柬/缅	LDC 98/97/95	Article Description
																					Wool, not carded or combed:
	①	①					5				0/0/										--Shorn wool
	①	①					5				0/0/										--Other
	①	①					5				0/0/										--Shorn wool
	①	①					5				0/0/										--Other
	①	①					5				0/0/										-Carbonized
																					Fine or coarse animal hair, not carded or combed:
0	0	0	0	0	0	0	0			0	0/0/	0	0	0	0	8.1	6.5/0/0/0/0			0/0/0	--Of kashmir (cashmere) goats
0	0	0	0	0	0	0	0			0	0/0/	0	0	0	0	8.1	6.5/0/0/0/0			0/0/0	---Of rabbit and hare
0	0	0	0	0	0	0	0			4	0/0/	0	0	0	0	8.1	6.5/0/0/0/0			0/0/0	---Of other goats
0	0	0	0	0	0	0	0			0	0/0/	0	0	0	0	8.1	6.5/0/0/0/0			0/0/0	---Of camel
0	0	0	0	0	0	0	0			0	0/0/	0	0	0	0	8.1	6.5/0/0/0/0			0/0/0	---Other
0	0	0	0	0	0	0	0			4	0/0/	0	0	0	0	8.1	6.5/0/0/0/0			0/0/0	-Coarse animal hair
																					Waste of wool or of fine or coarse animal hair, including yarn waste but excluding garnetted stock:
	①	①					5				0/0/										---Of wool

商品编号	商品名称及备注[检验检疫编码及名称]	进口关税(%)		增值税率(%)	消费税	计量单位	监管条件	检验检疫类别	对美税率	出口税率(%)	出口退税率(%)
		最惠国	普通								
5103101001	羊毛落毛(配额内)①	1	50	13		千克	tAB	P/Q	26%	0	
5103101090	羊毛落毛(配额外)②	38	50	13		千克	AB	P/Q	63%	0	
51031090	---其他										
5103109010	其他濒危野生动物细毛的落毛③	9	50	13		千克	FEAB	P/Q	34%	0	0
5103109090	其他动物细毛的落毛〔110〕	9	50	13		千克	9B	P/Q	34%	0	9
51032010	---羊毛废料										9
5103201000	羊毛废料(包括废纱线,不包括回收纤维)〔999〕	13.5	20	13		千克	AB	P/Q	18.5%	0	
51032090	---其他										
5103209010	其他濒危野生动物细毛废料(包括废纱线,不包括回收纤维)〔999〕	9	50	13		千克	FEAB	P/Q	34%	0	0
5103209090	其他动物细毛废料(包括废纱线,不包括回收纤维)〔102 废纺织原料〕	9	50	13		千克	9B	P/Q	34%	0	9
51033000	-动物粗毛废料										
5103300010	濒危野生动物粗毛废料(包括废纱线,不包括回收纤维)〔999〕	9	50	13		千克	FEAB	P/Q	34%	0	0
5103300090	其他动物粗毛废料(包括废纱线,不包括回收纤维)〔102 废纺织原料〕	9	50	13		千克	9B	P/Q	34%	0	9
5104	**羊毛或动物细毛或粗毛的回收纤维:**										
51040010	---羊毛的回收纤维										9
5104001000	羊毛的回收纤维〔999〕	15	20	13		千克	AB	P/Q		0	
51040090	---其他										
5104009010	其他濒危野生动物细毛(包括粗毛回收纤维)〔101 毛回收纤维〕,〔102 用于纺织原料的其他动物纤维〕	5	50	13		千克	FEAB	P/Q	30%	0	0
5104009090	其他动物细毛或粗毛的回收纤维〔103 废纺织原料〕	5	50	13		千克	9B	P/Q	30%	0	13
5105	**已梳的羊毛及动物细毛或粗毛(包括精梳片毛):**										
51051000	-粗梳羊毛										13
5105100001	粗梳羊毛(配额内)〔999〕	3	50	13		千克	tAB	P/Q		0	
5105100090	粗梳羊毛(配额外)〔999〕	38	50	13		千克	AB	P/Q		0	
51052100	--精梳片毛										13
5105210001	精梳羊毛片毛(配额内)〔999〕	3	50	13		千克	tAB	P/Q		0	
5105210090	精梳羊毛片毛(配额外)〔999〕	38	50	13		千克	AB	P/Q		0	
51052900	--其他										13
5105290001	羊毛条及其他精梳羊毛(配额内)〔999〕	3	50	13		千克	tAB	P/Q		0	
5105290090	羊毛条及其他精梳羊毛(配额外)〔999〕	38	50	13		千克	AB	P/Q		0	
51053100	--喀什米尔山羊的										0
5105310000	已梳喀什米尔山羊的细毛〔999〕	5	50	13		千克	AB	P/Q		0	
51053910	---兔毛										
5105391010	已梳濒危兔毛〔999〕	5	70	13		千克	ABFE	P/Q		0	0
5105391090	其他已梳兔毛〔999〕	5	70	13		千克	AB	P/Q		0	13
51053921	----无毛山羊绒										0
5105392100	其他已梳无毛山羊绒〔999〕	5	50	13		千克	AB	P/Q		0	
51053929	----其他										0
5105392900	其他已梳山羊绒〔999〕	5	50	13		千克	AB	P/Q		0	
51053990	---其他										
5105399010	其他已梳濒危野生动物细毛〔999〕	5	50	13		千克	ABEF	P/Q		0	0
5105399090	其他已梳动物细毛〔999〕	5	50	13		千克	AB	P/Q		0	13
51054000	-已梳动物粗毛										
5105400010	其他已梳濒危野生动物粗毛〔999〕	5	50	13		千克	FEAB	P/Q		0	0
5105400090	其他已梳动物粗毛〔999〕	5	50	13		千克	AB	P/Q		0	13
5106	**粗梳羊毛纱线,非供零售用:**										
51061000	-按重量计羊毛含量在85%及以上										13
5106100000	非零售用粗梳羊毛纱线(按重量计羊毛含量≥85%)〔999〕	5	70	13		千克				0	
51062000	-按重量计羊毛含量在85%以下										13
5106200000	非零售用粗梳混纺羊毛纱线(混纺以羊毛纱线为主,但羊毛含量<85%)〔999〕	5	70	13		千克			30%	0	
5107	**精梳羊毛纱线,非供零售用:**										
51071000	-按重量计羊毛含量在85%及以上										13

① 〔101 未洗净绵羊毛〕,〔102 未洗净山羊毛〕,〔103 未洗净山羊绒〕,〔104 未洗净野羊毛(绒)〕,〔105 洗净羊毛〕
② 〔101 未洗净绵羊毛〕,〔102 未洗净山羊毛〕,〔103 未洗净山羊绒〕,〔104 未洗净野羊毛(绒)〕,〔105 洗净羊毛〕
③ 〔101 未洗净其他野生奇蹄动物鬃毛〕,〔102 未洗净野牛毛(绒)〕,〔103 未洗净其他野生偶蹄动物鬃毛〕,〔104 未洗净兔绒〕,〔105 未洗净未列出的其他动物鬃毛〕,〔106 洗净濒危野生动物细毛〕
④ 国别关税配额税率:0

协定税率(%)																		特惠税率(%)			Article Description
智利	新西兰	澳大利亚	瑞士	冰岛	秘鲁	哥斯达	东盟	亚太	新加坡	巴基斯坦	港/澳/台	韩国	格鲁吉亚	毛里求斯	柬埔寨	尼加拉瓜	日/韩/澳/新/东(RCEP)	亚太2国	老/柬/缅	LDC 98/97/95	
0	0	0	0	0	0	0	0			0	0/0/	0	0	0	0	8.1	6.5/0/0/0/0			0/0/0	---Other
0	0	0	0	0	0	0	0		0	6.8	0/0/	0	0	0	0	12.6	9.8/9.5/0/0/0			0/0/0	---Of wool
0	0	0	0	0	0	0	0			0	0/0/	0	0	0	0	8.1	6.5/0/0/0/0			0/0/0	---Other
0	0	0	0	0	0	0	0			0	0/0/	0	0	0	0	8.1	6.5/0/0/0/0			0/0/0	-Waste of coarse animal hair
																					Garnetted stock of wool or of fine or coarse animal hair:
0	0	0	0	0	0	0	0		0	12	0/0/	0	0	0	0	14	10.9/10.5/0/0/0			0/0/0	---Of wool
0	0	0	0	0	0	0	0			0	0/0/	0	0	0	0	0	0/0/0/0/0			0/0/0	---Other
																					Wool and fine or coarse animal hair, carded or combed (including combed wool in fragments):
	④										0/0/										-Carded wool
	①										0/0/										--Combed wool in fragments
	①										0/0/										--Other
0	0	0	0	0	0	0	0			0	0/0/	0	0	0	0	0	0/0/0/0/0			0/0/0	--Of kashmir (cashmere) goats
0	0	0	0	0		0	0	3.5		0	0/0/	0	0	0	0	4	3.6/0/0/0/0			0/0/0	---Of rabbit or hare
0	0	0	0	0		0	0	3.5		0	0/0/	0	0	0	0	4	3.6/0/0/0/0			0/0/0	----Dehaired goats wool
0	0	0	0	0		0	0	3.5		0	0/0/	0	0	0	0	4	3.6/0/0/0/0			0/0/0	----Other
0	0	0	0	0		0	0	3.5		0	0/0/	0	0	0	0	4	3.6/0/0/0/0			0/0/0	---Other
0	0	0	0	0		0	0			0	0/0/	0	0	0	0	4	3.6/0/0/0/0			0/0/0	-Coarse animal hair, carded or combed
																					Yarn of carded wool, not put up for retail sale:
0	0	0	0	0	0	0	0			0	0/0/	0	0	0	0	0	0/0/0/0/0			0/0/0	-Containing 85% or more by weight of wool
0	0	0	0	0	0	0	0			0	0/0/	0	0	0	0	0	0/0/0/0/0			0/0/0	-Containing less than 85% by weight of wool
																					Yarn of combed wool, not put up for retail sale:
0	0	0	0		0	0	0	2.5		0	0/0/	0	0	0	0	0	3.6/0/0/0/0			0/0/0	-Containing 85% or more by weight of wool

商品编号	商品名称及备注[检验检疫编码及名称]	进口关税(%)		增值税率(%)	消费税	计量单位	监管条件	检验检疫类别	对美税率	出口税率(%)	出口退税率(%)
		最惠国	普通								
5107100000	非供零售用精梳纯羊毛纱线(按重量计羊毛含量≥85%)〔999〕	5	70	13		千克			30%	0	
51072000	-按重量计羊毛含量在85%以下										13
5107200000	非供零售用精梳混纺羊毛纱线(混纺以羊毛纱线为主,但羊毛含量<85%)〔999〕	5	70	13		千克			30%	0	
5108	**动物细毛(粗梳或精梳)纱线,非供零售用:**										
51081011	----山羊绒的										13
5108101100	非供零售用粗梳山羊绒纱线(按重量计山羊绒含量≥85%)〔999〕	5	70	13		千克			30%	0	
51081019	----其他										
5108101910	非供零售用粗梳其他濒危动物细毛纱线(按重量计其他动物细毛含量≥85%)〔999〕	5	70	13		千克	FE			0	0
5108101990	非供零售用粗梳其他动物细毛纱线(按重量计其他动物细毛含量≥85%)〔999〕	5	70	13		千克				0	13
51081090	---其他										
5108109010	非供零售用粗梳其他濒危动物细毛纱线(按重量计其他粗梳动物细毛含量<85%)〔999〕	5	70	13		千克	FE		30%	0	0
5108109090	非供零售用粗梳其他动物细毛纱线(按重量计其他粗梳动物细毛含量<85%)〔999〕	5	70	13		千克			30%	0	13
51082011	----山羊绒的										13
5108201100	非供零售用精梳山羊绒纱线(按重量计山羊绒含量≥85%)〔999〕	5	70	13		千克				0	
51082019	----其他										
5108201910	非供零售用精梳其他濒危动物细毛纱线(按重量计其他动物细毛含量≥85%)〔999〕	5	70	13		千克	FE			0	0
5108201990	非供零售用精梳其他动物细毛纱线(按重量计其他动物细毛含量≥85%)〔999〕	5	70	13		千克				0	13
51082090	---其他										
5108209010	非供零售用精梳其他濒危动物细毛纱线(按重量计其他精梳动物细毛含量<85%)〔999〕	5	70	13		千克	FE		30%	0	0
5108209090	非供零售用精梳其他动物细毛纱线(按重量计其他精梳动物细毛含量<85%)〔999〕	5	70	13		千克			30%	0	13
5109	**羊毛或动物细毛的纱线,供零售用:**										
51091011	----山羊绒的										13
5109101100	零售用山羊绒纱线(按重量计山羊绒含量≥85%)〔999〕	6	80	13		千克				0	
51091019	----其他										13
5109101900	零售用其他动物细毛纱线(按重量计其他动物细毛含量≥85%)〔999〕	6	80	13		千克				0	
51091090	---其他										13
5109109000	零售用羊毛纱线(按重量计羊毛含量≥85%)〔999〕	6	80	13		千克			26%	0	
51099011	----山羊绒的										13
5109901100	零售用混纺山羊绒纱线(混纺以羊毛纱线为主,但羊毛含量<85%)〔999〕	6	80	13		千克				0	
51099019	----其他										13
5109901900	零售用混纺其他动物细毛纱线(混纺以羊毛纱线为主,但羊毛含量<85%)〔999〕	6	80	13		千克				0	
51099090	---其他										13
5109909000	零售用混纺羊毛纱线(混纺以羊毛纱线为主,但羊毛含量<85%)〔999〕	6	80	13		千克			31%	0	
5110	**动物粗毛或马毛的纱线(包括马毛粗松螺旋花线),不论是否供零售用:**										
51100000	动物粗毛或马毛的纱线(包括马毛粗松螺旋花线),不论是否供零售用										
5110000010	濒危动物粗毛的纱线(包括马毛粗松螺旋花线,不论是否供零售用)〔999〕	6	70	13		千克	FE			0	0
5110000090	其他动物粗毛或马毛的纱线(包括马毛粗松螺旋花线,不论是否供零售用)〔999〕	6	70	13		千克				0	13
5111	**粗梳羊毛或粗梳动物细毛的机织物:**										
51111111	----山羊绒的										13
5111111100	每平方米重≤300克山羊绒机织物(按重量计粗梳山羊绒含量≥85%)〔999〕	10	130	13		米/千克				0	
51111119	----其他										13
5111111900	每平方米重≤300克其他动物细毛机织物(按重量计其他粗梳动物细毛含量≥85%)〔999〕	10	130	13		米/千克			35%	0	
51111190	---其他										13
5111119000	每平方米重≤300克羊毛机织物(按重量计粗梳羊毛含量≥85%)〔999〕	10	130	13		米/千克			35%	0	
51111911	----山羊绒的										13
5111191100	每平方米重>300克山羊绒机织物(按重量计粗梳山羊绒含量≥85%)〔999〕	10	130	13		米/千克				0	
51111919	----其他										13
5111191900	每平方米重>300克其他动物细毛机织物(按重量计其他粗梳动物细毛含量≥85%)〔999〕	10	130	13		米/千克			35%	0	
51111990	---其他										13
5111199000	每平方米重>300克羊毛机织物(按重量计粗梳羊毛含量≥85%)〔999〕	10	130	13		米/千克			35%	0	
51112000	-其他,主要或仅与化学纤维长丝混纺										13

协定税率(%)																		特惠税率(%)			Article Description
智利	新西兰	澳大利亚	瑞士	冰岛	秘鲁	哥斯达	东盟	亚太	新加坡	巴基斯坦	港/澳/台	韩国	格鲁吉亚	毛里求斯	柬埔寨	尼加拉瓜	日/韩/澳/新/东(RCEP)	亚太2国	老/柬/缅	LDC 98/97/95	
0	0	0	0	0	0	0	0			0	0/0/	0	0	0	0	0	0/0/0/0/0			0/0/0	-Containing less than 85% by weight of wool
																					Yarn of fine animal hair (carded or combed), not put up for retail sale:
0	0	0	0	0	0	0	0	3.3		0	0/0/	0	0	0	0	0	0/0/0/0/0			0/0/0	----Of goats
0	0	0	0	0	0	0	0	3.3		0	0/0/	0	0	0	0	0	0/0/0/0/0			0/0/0	----Other
0	0	0	0	0	0	0	0	3.3		0	0/0/	0	0	0	0	0	0/0/0/0/0			0/0/0	---Other
0	0	0	0	0		0	0			0	0/0/	0	0	0	0	4	3.6/0/0/0/0			0/0/0	----Of goats
0	0	0	0	0		0	0			0	0/0/	0	0	0	0	4	3.6/0/0/0/0			0/0/0	----Other
0	0	0	0	0		0	0			0	0/0/	0	0	0	0	4	3.6/0/0/0/0			0/0/0	---Other
																					Yarn of wool or of fine animal hair, put up for retail sale:
0	0	0	0	0	0	0	0			0	0/0/	0	0	0	0	0	0/0/0/0/0			0/0/0	----Of goats
0	0	0	0	0	0	0	0			0	0/0/	0	0	0	0	0	0/0/0/0/0			0/0/0	----Other
0	0	0	0	0	0	0	0			0	0/0/	0	0	0	0	0	0/0/0/0/0			0/0/0	---Other
0	0	0	0	0		0	0	4.2		0	0/0/	0	0	0	0	4.8	4.4/0/0/0/0			0/0/0	----Of goats
0	0	0	0	0		0	0	4.2		0	0/0/	0	0	0	0	4.8	4.4/0/0/0/0			0/0/0	----Other
0	0	0	0	0		0	0			0	0/0/	0	0	0	0	4.8	4.4/0/0/0/0			0/0/0	---Other
																					Yarn of coarse animal hair or of horsehair (including gimped horsehair yarn), whether or not put up for retail sale:
0	0	0	0	0	0	0	0			0	0/0/	0	0	0	0	0	0/0/0/0/0			0/0/0	Yarn of coarse animal hair or of horse hair (including gimped horsehair yarn), whether or not put up for retail sale
																					Woven fabrics of carded wool or of carded fine animal hair:
0	0	0	0	0	0	0	0	6.5	0	2.5	0/0/	0	0	0	0	9	7.3/0/0/0/0			0/0/0	----Of goats
0	0	0	0	0	0	0	0	6.5	0	2.5	0/0/	0	0	0	0	9	7.3/0/0/0/0			0/0/0	----Other
0	0	0	0	0	0	0	0	6.5	0	2.5	0/0/	0	0	0	0	9	7.3/0/0/0/0			0/0/0	---Other
0	0	0	0	0	0	0	0	6.5	0	2.5	0/0/	0	0	0	0	9	7.3/0/0/0/0			0/0/0	----Of goats
0	0	0	0	0	0	0	0	6.5	0	2.5	0/0/	0	0	0	0	9	7.3/0/0/0/0			0/0/0	----Other
0	0	0	0	0	0	0	0	6.5	0	4	0/0/	0	0	0	0	9	7.3/0/0/0/0			0/0/0	---Other
0	0	0	0	0	0	0	0		0	2.5	0/0/	0	0	0	0	0	7.3/0/0/0/0			0/0/0	-Other, mixed mainly or solely with manmade filaments

商品编号	商品名称及备注[检验检疫编码及名称]	进口关税(%)		增值税率(%)	消费税	计量单位	监管条件	检验检疫类别	对美税率	出口税率(%)	出口退税率(%)
		最惠国	普通								
5111200000	其他主要或仅与化学纤维长丝混纺的粗梳羊毛或粗梳动物细毛的机织物(粗梳羊毛或动物细毛含量<85%)〔999〕	8	130	13		米/千克			33%	0	
51113000	-其他,主要或仅与化学纤维短纤混纺										13
5111300000	其他主要或仅与化学纤维短纤混纺的粗梳羊毛或粗梳动物细毛的机织物(粗梳羊毛或动物细毛含量<85%)〔999〕	8	130	13		米/千克			33%	0	
51119000	-其他										13
5111900000	其他粗梳羊毛或粗梳动物细毛的机织物(与其他混纺,粗梳羊毛或动物细毛含量<85%)〔999〕	8	130	13		米/千克			33%	0	
5112	**精梳羊毛或精梳动物细毛的机织物:**										
51121100	--每平方米重量不超过200克										13
5112110000	每平方米重量不超过200克的精梳羊毛或精梳动物细的机织物(精梳羊毛或动物细毛含量≥85%)〔999〕	8	130	13		米/千克			33%	0	
51121900	--其他										13
5112190000	每平方米重量超过200克的精梳羊毛或精梳动物细的机织物(精梳羊毛或动物细毛含量≥85%)〔999〕	8	130	13		米/千克			33%	0	
51122000	-其他,主要或仅与化学纤维长丝混纺										13
5112200000	主要或仅与化学纤维长丝混纺的精梳羊毛或精梳动物细的机织物(精梳羊毛或动物细毛含量<85%)〔999〕	8	130	13		米/千克			33%	0	
51123000	-其他,主要或仅与化学纤维短纤混纺										13
5112300000	主要或仅与化学纤维短纤混纺的精梳羊毛或精梳动物细的机织物(精梳羊毛或动物细毛含量<85%)〔999〕	8	130	13		米/千克			33%	0	
51129000	-其他										13
5112900000	与其他纤维混纺的精梳羊毛或精梳动物细毛的机织物(精梳羊毛或动物细毛含量<85%)〔999〕	8	130	13		米/千克			33%	0	
5113	**动物粗毛或马毛的机织物:**										
51130000	动物粗毛或马毛的机织物										13
5113000000	动物粗毛或马毛的机织物〔999〕	8	130	13		米/千克				0	

协定税率(%)																		特惠税率(%)			Article Description
智利	新西兰	澳大利亚	瑞士	冰岛	秘鲁	哥斯达	东盟	亚太	新加坡	巴基斯坦	港/澳/台	韩国	格鲁吉亚	毛里求斯	柬埔寨	尼加拉瓜	日/韩/澳/新/东(RCEP)	亚太2国	老/柬/缅	LDC 98/97/95	
0	0	0	0	0	0	0	0	5.2	0	2.5	0/0/	0	0	0	0	0	7.3/0/0/0/0			0/0/0	-Other, mixed mainly or solely with manmade staple fibres
0	0	0	0		0	0	0		0	2.5	0/0/	0	0	0	0	0	7.3/0/0/0/0			0/0/0	-Other
																					Woven fabrics of combed wool or of combed fine animal hair:
0	0	0	0	0	0	0	0	4	0	2.5	0/0/	0	0	0	0	7.2	7.3/7/7/7/7			0/0/0	--Of a weight not exceeding 200g/m^2
0	0	0	0	0	0	0	0	4	0	2.5	0/0/	0	0	0	0	7.2	7.3/0/0/0/0		0/0/0	0/0/0	--Other
0	0	0	0	0	0	0	0		0	2.5	0/0/	0	0	0	0	0	7.3/0/0/0/0			0/0/0	-Other, mixed mainly or solely with manmade filaments
0	0	0	0	0	0	0	0		0	2.5	0/0/	0	0	0	0	0	7.3/7/7/7/7			0/0/0	-Other, mixed mainly or solely with manmade staple fibres
0	0	0	0	0	0	0	0		0	2.5	0/0/	0	0	0	0	7.2	7.3/0/0/0/0			0/0/0	-Other
																					Woven fabrics of coarse animal hair or horsehair:
0	0	0	0	0	0	0	0		0	2.5	0/0/	0	0	0	0	7.2	7.3/0/0/0/0			0/0/0	Woven fabrics of coarse animal hair or of horsehair

第五十二章
棉　花

子目注释：

子目 5209.42 及 5211.42 所称“粗斜纹布（劳动布）”，是指用不同颜色的纱线织成的三线或四线斜纹织物，包括破斜纹组织的织物，这种织物以经纱为面，经纱染成一种相同的颜色，纬纱未漂白或经漂白、染成灰色或比经纱稍浅的颜色。

商品编号	商品名称及备注[检验检疫编码及名称]	进口关税(%)		增值税率(%)	消费税	计量单位	监管条件	检验检疫类别	对美税率	出口税率(%)	出口退税率(%)
		最惠国	普通								
5201	**未梳的棉花：**										
52010000	未梳的棉花										9
5201000001	未梳的棉花[包括脱脂棉花(配额内)][999]	1	125	9		千克	t4xAB	M. P/Q	26%	0	
5201000080	未梳的棉花[包括脱脂棉花(关税配额外暂定)][999]	0	0	9		千克	4ABex	M. P/Q	25%	0	
5201000090	未梳的棉花[包括脱脂棉花(配额外)][999]	40	125	9		千克	4xAB	M. P/Q	65%	0	
5202	**废棉(包括废棉纱线及回收纤维)：**										
52021000	-废棉纱线(包括废棉线)										13
5202100000	废棉纱线(包括废棉线)[999]	10	30	13		千克	9		35%	0	
52029100	--回收纤维										13
5202910000	棉的回收纤维[102]	10	30	13		千克	9B	P/Q	35%	0	
52029900	--其他										9
5202990000	其他废棉[102]	10	30	13		千克	9B	P/Q	35%	0	
5203	**已梳的棉花：**										
52030000	已梳的棉花										9
5203000001	已梳的棉花(配额内)[999]	1	125	13		千克	t4xAB	M. P/Q	26%	0	
5203000090	已梳的棉花(配额外)[999]	40	125	13		千克	4xAB	M. P/Q	65%	0	
5204	**棉制缝纫线，不论是否供零售用：**										
52041100	--按重量计含棉量在 85%及以上										13
5204110000	非零售棉缝纫线(按重量计含棉量在 85%及以上)[999]	5	40	13		千克			30%	0	
52041900	--其他										13
5204190000	非零售棉缝纫线(按重量计含棉量在 85%以下)[999]	5	40	13		千克			15%	0	
52042000	-供零售用										13
5204200000	零售用棉制缝纫线[999]	5	50	13		千克			15%	0	
5205	**棉纱线(缝纫线除外)，按重量计含棉量在 85%及以上，非供零售用：**										
52051100	--细度在 714.29 分特及以上(不超过 14 公支)										13
5205110000	非零售粗梳粗支纯棉单纱(粗支指单纱细度≥714.29 分特，含棉量≥85%)[999]	5	40	13		千克			30%	0	
52051200	--细度在 714.29 分特以下，但不细于 232.56 分特(超过 14 公支，但不超过 43 公支)										13
5205120000	非零售粗梳中支纯棉单纱(中支指单纱细度为 232.56~714.29 分特之间，含棉量≥85%)[999]	5	40	13		千克			30%	0	
52051300	--细度在 232.56 分特以下，但不细于 192.31 分特(超过 43 公支，但不超过 52 公支)										13
5205130000	非零售粗梳细支纯棉单纱(细支指单纱细度在 192.31~232.56 分特之间，含棉量≥85%)[999]	5	40	13		千克			25%	0	
52051400	--细度在 192.31 分特以下，但不细于 125 分特(超过 52 公支，但不超过 80 公支)										13
5205140000	非零售粗梳较细支纯棉单纱(较细支指单纱细度在 125~192.31 分特之间，含棉量≥85%)[999]	5	40	13		千克				0	
52051500	--细度在 125 分特以下(超过 80 公支)										13
5205150000	非零售粗梳特细支纯棉单纱(特细支指单纱细度<125 分特，含棉量≥85%)[999]	5	40	13		千克				0	
52052100	--细度在 714.29 分特及以上(不超过 14 公支)										13
5205210000	非零售精梳粗支纯棉单纱(粗支指单纱细度≥714.29 分特，含棉量≥85%)[999]	5	40	13		千克				0	

Chapter 52
Cotton

Subheading Note:

For the purposes of subheadings 5209. 42 and 5211. 42, the expression "denim" means fabrics of yarns of different colours, of 3-thread or 4-thread twill, including broken twill, warp faced, the warp yarns of which are of one and the same colour and the weft yarns of which are unbleached, bleached, dyed grey or coloured a lighter shade of the colour of the warp yarns.

协定税率(%)																		特惠税率(%)			Article Description
智利	新西兰	澳大利亚	瑞士	冰岛	秘鲁	哥斯达	东盟	亚太	新加坡	巴基斯坦	港/澳/台	韩国	格鲁吉亚	毛里求斯	柬埔寨	尼加拉瓜	日/韩/澳/新/东 (RCEP)	亚太2国	老/柬/缅	LDC 98/97/95	
																					Cotton, not carded or combed:
							5				0/0/										Cotton, not carded or combed
																					Cotton waste (including yarn waste and garnetted stock):
0	0	0	0	0	0	0	0		0	0	0/0/	0			0	9	7. 3//7/7/7			0/0/0	-Yarn waste (including thread waste)
0	0	0	0	0	0	0	0		0		0/0/	0			0	9	7. 3/0/0/0/0			0/0/0	--Garnetted stock
0	0	0	0	0		0	0		0	0	0/0/	0			0	9	//7/7/7				--Other
																					Cotton, carded or combed:
											0/0/										Cotton, carded or combed
																					Cotton sewing thread, whether or not put up for retail sale:
0	0	0	0	0	0	0	0			0	0/0/	0	0		0	0	0/0/0/0/0		0//	0/0/0	--Containing 85% or more by weight of cotton
0	0	0	0	0	0	0	0			0	0/0/	0	0		0	0	0/0/0/0/0			0/0/0	--Other
0	0	0	0	0	0	0	0			0	0/0/	0	0		0	0	0/0/0/0/0		0//	0/0/0	-Put up for retail sale
																					Cotton yarn (other than sewing thread), containing 85% or more by weight of cotton, not put up for retail sale:
0	0	0	0	0	0	0	0	3. 5		0	0/0/0	1. 6	0		0	0	4. 1/3. 5/3. 5/3. 5/3. 5		0/0/0	0/0/0	--Measuring 714. 29 decitex or more (not exceeding 14 metric number)
0	0	0	0	0	0	0	0	3. 5		0	0/0/0	1. 6	0		0	0	4. 1/3. 5/3. 5/3. 5/3. 5		0/0/0	0/0/0	--Measuring less than 714. 29 decitex but not less than 232. 56 decitex (exceeding 14 metric number but not exceeding 43 metric number)
0	0	0	0	0	0	0	0	3. 5		0	0/0/	1. 6	0		0	0	4. 1/3. 5/3. 5/3. 5/3. 5			0/0/0	--Measuring less than 232. 56 decitex but not less than 192. 31 decitex (exceeding 43 metric number but not exceeding 52 metric number)
0	0	0	0	0	0	0	0	3. 5		0	0/0/	3. 5	0		0	0	//4. 3/4. 3/4. 3		0//0	0/0/0	--Measuring less than 192. 31 decitex but not less than 125 decitex (exceeding 52 metric number but not exceeding 80 metric number)
0	0	0	0	0	0	0	0	3. 5		3. 5	0/0/	1. 6	0		0	0	4. 1/3. 5/3. 5/3. 5/3. 5			0/0/0	--Measuring less than 125 decitex (exceeding 80 metric number)
0	0	0	0	0	0	0	0	3. 5		0	0/0/	1. 6	0		0	0	4. 1/3. 5/3. 5/3. 5/3. 5		//0	0/0/0	--Measuring 714. 29 decitex or more (not exceeding 14 metric number)

商品编号	商品名称及备注[检验检疫编码及名称]	进口关税(%)		增值税率(%)	消费税	计量单位	监管条件	检验检疫类别	对美税率	出口税率(%)	出口退税率(%)
		最惠国	普通								
52052200	--细度在714.29分特以下,但不细于232.56分特(超过14公支,但不超过43公支)										13
5205220000	非零售精梳中支纯棉单纱(中支指单纱细度为232.56~714.29分特之间,含棉量≥85%)〔999〕	5	40	13		千克			30%	0	
52052300	--细度在232.56分特以下,但不细于192.31分特(超过43公支,但不超过52公支)										13
5205230000	非零售精梳细支纯棉单纱(细支指单纱细度在192.31~232.56分特之间,含棉量≥85%)〔999〕	5	40	13		千克				0	
52052400	--细度在192.31分特以下,但不细于125分特(超过52公支,但不超过80公支)										13
5205240000	非零售精梳较细支纯棉单纱(较细支指单纱细度在125~192.31分特之间,含棉量≥85%)〔999〕	5	40	13		千克			30%	0	
52052600	--细度在125分特以下,但不细于106.38分特(超过80公支,但不超过94公支)										13
5205260000	非零售精梳特细支纯棉单纱(特细支指单纱细度在106.38~125分特之间,含棉量≥85%)〔999〕	5	40	13		千克				0	
52052700	--细度在106.38分特以下,但不细于83.33分特(超过94公支,但不超过120公支)										13
5205270000	非零售精梳超特细支纯棉单纱(超特细支指单纱细度在83.33~106.38分特之间,含棉量≥85%)〔999〕	5	40	13		千克				0	
52052800	--细度在83.33分特以下(超过120公支)										13
5205280000	非零售精梳微支纯棉单纱(微支指单纱细度<83.33分特,含棉量≥85%)〔999〕	5	40	13		千克				0	
52053100	--每根单纱细度在714.29分特及以上(每根单纱不超过14公支)										13
5205310000	非零售粗梳粗支纯棉多股纱(粗支指单纱细度≥714.29分特,含棉量≥85%)〔999〕	5	40	13		千克			25%	0	
52053200	--每根单纱细度在714.29分特以下,但不细于232.56分特(每根单纱超过14公支,但不超过43公支)										13
5205320000	非零售粗梳中支纯棉多股纱(中支指单纱细度为232.56~714.29分特之间,含棉量≥85%)〔999〕	5	40	13		千克				0	
52053300	--每根单纱细度在232.56分特以下,但不细于192.31分特(每根单纱超过43公支,但不超过52公支)										13
5205330000	非零售粗梳细支纯棉多股纱(细支指单纱细度在192.31~232.56分特之间,含棉量≥85%)〔999〕	5	40	13		千克				0	
52053400	--每根单纱细度在192.31分特以下,但不细于125分特(每根单纱超过52公支,但不超过80公支)										13
5205340000	非零售粗梳较细支纯棉多股纱(较细支指单纱细在125~192.31分特之间,含棉量≥85%)〔999〕	5	40	13		千克				0	
52053500	--每根单纱细度在125分特以下(每根单纱超过80公支)										13
5205350000	非零售粗梳特细支纯棉多股纱(特细支指单纱细度<125分特,含棉量≥85%)〔999〕	5	40	13		千克				0	
52054100	--每根单纱细度在714.29分特及以上(每根单纱不超过14公支)										13
5205410000	非零售精梳粗支纯棉多股纱(粗支指单纱细度≥714.29分特,含棉量≥85%)〔999〕	5	40	13		千克				0	
52054200	--每根单纱细度在714.29分特以下,但不细于232.56分特(每根单纱超过14公支,但不超过43公支)										13
5205420000	非零售精梳中支纯棉多股纱(中支指单纱细度为232.56~714.29分特之间,含棉量≥85%)〔999〕	5	40	13		千克				0	

协定税率(%)																		特惠税率(%)			Article Description
智利	新西兰	澳大利亚	瑞士	冰岛	秘鲁	哥斯达	东盟	亚太	新加坡	巴基斯坦	港/澳/台	韩国	格鲁吉亚	毛里求斯	柬埔寨	尼加拉瓜	日/韩/澳/新/东(RCEP)	亚太2国	老/柬/缅	LDC 98/97/95	
0	0	0	0	0	0	0	0	3.5		0	0/0/	1.6	0		0	0	4.1/3.5/3.5/3.5/3.5			0/0/0	--Measuring less than 714.29 decitex but not less than 232.56 decitex (exceeding 14 metric number but not exceeding 43 metric number)
0	0	0	0	0	0	0	0	3.5		0	0/0/	0	0		0	0	//3.5/0/0			0/0/0	--Measuring less than 232.56 decitex but not less than 192.31 decitex (exceeding 43 metric number but not exceeding 52 metric number)
0	0	0	0	0	0	0	0	3.5		0	0/0/	0	0		0	0	//3.5/0/0		0//0	0/0/0	--Measuring less than 192.31 decitex but not less than 125 decitex (exceeding 52 metric number but not exceeding 80 metric number)
0	0	0	0	0	0	0	0			0	0/0/	1.6	0		0	0	4.1/3.5/3.5/3.5/3.5			0/0/0	--Measuring less than 125 decitex but not less than 106.38 decitex (exceeding 80 metric number but not exceeding 94 metric number)
0	0	0	0	0	0	0	0				0/0/	1.6	0		0	0	4.1/3.5/3.5/3.5/3.5			0/0/0	--Measuring less than 106.38 decitex but not less than 83.33 decitex (exceeding 94 metric number but not exceeding 120 metric number)
0	0	0	0	0	0	0	0				0/0/	1.6	0		0	0	4.1/3.5/3.5/3.5/3.5			0/0/0	--Measuring less than 83.33 decitex (exceeding 120 metric number)
0	0	0	0	0		0	0	4.5		0	0/0/	1.6	0		0	4	4.1/3.5/3.5/3.5/3.5			0//	--Measuring per single yarn 714.29 decitex or more (not exceeding 14 metric number per single yarn)
0	0	0	0	0	0	0	0	3.5		0	0/0/	1.6	0		0	0	4.1/3.5/3.5/3.5/3.5			0/0/0	--Measuring per single yarn less than 714.29 decitex but not less than 232.56 decitex (exceeding 14 metric number but not exceeding 43 metric number per single yarn)
0	0	0	0	0	0	0	0				0/0/	1.6	0		0	0	4.1/3.5/3.5/3.5/3.5			0/0/0	--Measuring per single yarn less than 232.56 decitex but not less than 192.31 decitex (exceeding 43 metric number but not exceeding 52 metric number per single yarn)
0	0	0	0	0	0	0	0			0	0/0/	1.6	0		0	0	4.1/3.5/3.5/3.5/3.5			0/0/0	--Measuring per single yarn less than 192.31 decitex but not less than 125 decitex (exceeding 52 metric number but not exceeding 80 metric number per single yarn)
0	0	0	0	0	0	0	0				0/0/	1.6	0		0	0	4.1/3.5/3.5/3.5/3.5			0/0/0	--Measuring per single yarn less than 125 decitex (exceeding 80 metric number per single yarn)
0	0	0	0	0		0	0	4.5		4.5	0/0/	1.6	0		0	4	4.1/3.5/3.5/3.5/3.5			0/0/0	--Measuring per single yarn 714.29 decitex or more (not exceeding 14 metric number per single yarn)
0	0	0	0	0	0	0		3.5		0	0/0/	3.5	0		0	0				0/0/0	--Measuring per single yarn less than 714.29 decitex but not less than 232.56 decitex (exceeding 14 metric number but not exceeding 43 metric number per single yarn)

商品编号	商品名称及备注[检验检疫编码及名称]	进口关税(%)		增值税率(%)	消费税	计量单位	监管条件	检验检疫类别	对美税率	出口税率(%)	出口退税率(%)
		最惠国	普通								
52054300	--每根单纱细度在 232.56 分特以下,但不细于 192.31 分特(每根单纱超过 43 公支,但不超过 52 公支)										13
5205430000	非零售精梳细支纯棉多股纱(细支指单纱细度在 192.31~232.56 分特之间,含棉量≥85%)〔999〕	5	40	13		千克			30%	0	
52054400	--每根单纱细度在 192.31 分特以下,但不细于 125 分特(每根单纱超过 52 公支,但不超过 80 公支)										13
5205440000	非零售精梳较细支纯棉多股纱(较细支指单纱细度在 125~192.31 分特之间,含棉量≥85%)〔999〕	5	40	13		千克				0	
52054600	--每根单纱细度在 125 分特以下,但不细于 106.38 分特(每根单纱超过 80 公支,但不超过 94 公支)										13
5205460000	非零售精梳特细支纯棉多股纱(特细支指单纱细度在 106.38~125 分特之间,含棉量≥85%)〔999〕	5	40	13		千克				0	
52054700	--每根单纱细度在 106.38 分特以下,但不细于 83.33 分特(每根单纱超过 94 公支,但不超过 120 公支)										13
5205470000	非零售精梳超特细支多股纱(超特细支指单纱细度在 83.33~106.38 分特之间,含棉量≥85%)〔999〕	5	40	13		千克				0	
52054800	--每根单纱细度在 83.33 分特以下(每根单纱超过 120 公支)										13
5205480000	非零售精梳微支纯棉多股纱(微支指单纱细度<83.33 分特,含棉量≥85%)〔999〕	5	40	13		千克				0	
5206	**棉纱线(缝纫线除外),按重量计含棉量在 85%以下,非供零售用:**										
52061100	--细度在 714.29 分特及以上(不超过 14 公支)										13
5206110000	非零售粗梳粗支混纺棉单纱(粗支指单纱细度≥714.29 分特,含棉量<85%)〔999〕	5	40	13		千克				0	
52061200	--细度在 714.29 分特以下,但不细于 232.56 分特(超过 14 公支,但不超过 43 公支)										13
5206120000	非零售粗梳中支混纺棉单纱(中支指单纱细度在 232.56~714.29 分特之间,含棉量<85%)〔999〕	5	40	13		千克			30%	0	
52061300	--细度在 232.56 分特以下,但不细于 192.31 分特(超过 43 公支,但不超过 52 公支)										13
5206130000	非零售粗梳细支混纺棉单纱(细支指单纱细度在 192.31~232.56 分特之间,含棉量<85%)〔999〕	5	40	13		千克			15%	0	
52061400	--细度在 192.31 分特以下,但不细于 125 分特(超过 52 公支,但不超过 80 公支)										13
5206140000	非零售粗梳较细支混纺棉单纱(较细支指单纱细在 125~192.31 分特之间,含棉量<85%)〔999〕	5	40	13		千克				0	
52061500	--细度在 125 分特以下(超过 80 公支)										13
5206150000	非零售粗梳特细支混纺棉单纱(特细支指单纱细度<125 分特,含棉量<85%)〔999〕	5	40	13		千克				0	
52062100	--细度在 714.29 分特及以上(不超过 14 公支)										13
5206210000	非零售精梳粗支混纺棉单纱(粗支指单纱细度≥714.29 分特,含棉量<85%)〔999〕	5	40	13		千克				0	
52062200	--细度在 714.29 分特以下,但不细于 232.56 分特(超过 14 公支,但不超过 43 公支)										13
5206220000	非零售精梳中支混纺棉单纱(中支指单纱细度在 232.56~714.29 分特之间,含棉量<85%)〔999〕	5	40	13		千克				0	
52062300	--细度在 232.56 分特以下,但不细于 192.31 分特(超过 43 公支,但不超过 52 公支)										13

协定税率(%)																		特惠税率(%)			
智利	新西兰	澳大利亚	瑞士	冰岛	秘鲁	哥斯达	东盟	亚太	新加坡	巴基斯坦	港/澳/台	韩国	格鲁吉亚	毛里求斯	柬埔寨	尼加拉瓜	日/韩/澳/新/东 (RCEP)	亚太2国	老/柬/缅	LDC 98/97/95	Article Description
0	0	0	0	0		0	0			4	0/0/	1.6	0		0	4	4.1/3.5/3.5/3.5/3.5			0/0/0	--Measuring per singleyarn less than 232.56 decitex but not less than 192.31 decitex (exceeding 43 metric number but not exceeding 52 metric number per single yarn)
0	0	0	0	0	0	0	0			0	0/0/	1.6	0		0	0	4.1/3.5/3.5/3.5/3.5			0/0/0	--Measuring per single yarn less than 192.31 decitex but not less than 125 decitex (exceeding 52 metric number but not exceeding 80 metric number per single yarn)
0	0	0	0	0	0	0	0	4.5		3.6	0/0/	1.6	0		0	0	4.1/3.5/3.5/3.5/3.5			0/0/0	--Measuring per single yarn less than 125 decitex but not less than 106.38 decitex (exceeding 80 metric number but not exceeding 94 metric number per single yarn)
0	0	0	0	0	0	0	0	4.5		3.6	0/0/	1.6	0		0	0	4.1/3.5/3.5/3.5/3.5			0/0/0	--Measuring per singleyarn less than 106.38 decitex but not less than 83.33 decitex (exceeding 94 metric number but not exceeding 120 metric number per single yarn)
0	0	0	0	0	0	0	0	4.5		4.5	0/0/	1.6	0		0	0	4.1/3.5/3.5/3.5/3.5			0/0/0	--Measuring per single yarn less than 83.33 decitex (exceeding 120 metric number per single yarn)
																					Cotton yarn (other than sewing thread), containing less than 85% by weight of cotton, not put up for retail sale:
0	0	0	0	0		0	0	3.5		2.8	0/0/	1.6	0		0	4	4.1/3.5/3.5/3.5/3.5			0//	--Measuring 714.29 decitex or more (not exceeding 14 metric number)
0	0	0	0	0	0	0	0	3.5		0	0/0/0	1.6	0		0	0	4.1/3.5/3.5/3.5/3.5			0/0/0	--Measuring less than 714.29 decitex but not less than 232.56 decitex (exceeding 14 metric number but not exceeding 43 metric number)
0	0	0	0	0	0	0	0				0/0/	1.6	0		0	0	4.1/3.5/3.5/3.5/3.5			0/0/0	--Measuring less than 232.56 decitex but not less than 192.31 decitex (exceeding 43 metric number but not exceeding 52 metric number)
0	0	0	0	0	0	0	0			4	0/0/	1.6	0		0	0	4.1/3.5/3.5/3.5/3.5			0/0/0	--Measuring less than 192.31 decitex but not less than 125 decitex (exceeding 52 metric number but not exceeding 80 metric number)
0	0	0	0	0	0	0	0	3.5		3.5	0/0/	1.6	0		0	0	4.1/3.5/3.5/3.5/3.5			0/0/0	--Measuring less than 125 decitex (exceeding 80 metric number)
0	0	0	0	0	0	0	0	4.5		4.5	0/0/	1.6	0		0	0	4.1/3.5/3.5/3.5/3.5			0/0/0	--Measuring 714.29 decitex or more (not exceeding 14 metric number)
0	0	0	0	0	0	0	0			0	0/0/0	1.6	0		0	0	4.1/3.5/3.5/3.5/3.5			0/0/0	--Measuring less than 714.29 decitex but not less than 232.56 decitex (exceeding 14 metric number but not exceeding 43 metric number)
0	0	0	0	0	0	0	0				0/0/	1.6	0		0	0	4.1/3.5/3.5/3.5/3.5			0/0/0	--Measuring less than 232.56 decitex but not less than 192.31 decitex (exceeding 43 metric number but not exceeding 52 metric number)

商品编号	商品名称及备注[检验检疫编码及名称]	进口关税(%) 最惠国	进口关税(%) 普通	增值税率(%)	消费税	计量单位	监管条件	检验检疫类别	对美税率	出口税率(%)	出口退税率(%)
5206230000	非零售精梳细支混纺棉单纱(细支指单纱细度在192.31~232.56分特之间,含棉量<85%)[999]	5	40	13		千克			30%	0	
52062400	--细度在192.31分特以下,但不细于125分特(超过52公支,但不超过80公支)										13
5206240000	非零售精梳较细支混纺棉单纱(较细支指单纱细度在125~192.31分特之间,含棉量<85%)[999]	5	40	13		千克				0	
52062500	--细度在125分特以下(超过80公支)										13
5206250000	非零售精梳特细支混纺棉单纱(特细支指单纱细度<125分特,含棉量<85%)[999]	5	40	13		千克				0	
52063100	--每根单纱细度在714.29分特及以上(每根单纱不超过14公支)										13
5206310000	非零售粗梳粗支混纺棉多股纱或缆线(粗支指单纱细度≥714.29分特,含棉量<85%)[999]	5	40	13		千克			30%	0	
52063200	--每根单纱细度在714.29分特以下,但不细于232.56分特(每根单纱超过14公支,但不超过43公支)										13
5206320000	非零售粗梳中支混纺棉多股纱或缆线(中支指单纱细度在232.56~714.29分特之间,含棉量<85%)[999]	5	40	13		千克				0	
52063300	--每根单纱细度在232.56分特以下,但不细于192.31分特(每根单纱超过43公支,但不超过52公支)										13
5206330000	非零售粗梳细支其他混纺棉多股纱或缆线(细支指单纱细度在192.31~232.56分特之间,含棉量<85%)[999]	5	40	13		千克				0	
52063400	--每根单纱细度在192.31分特以下,但不细于125分特(每根单纱超过52公支,但不超过80公支)										13
5206340000	非零售粗梳较细混纺棉多股纱或缆线(较细支指单纱细度在125~192.31分特之间,含棉量<85%)[999]	5	40	13		千克				0	
52063500	--每根单纱细度在125分特以下(每根单纱超过80公支)										13
5206350000	非零售粗梳特细混纺棉多股纱或缆线(特细支指单纱细度<125分特,含棉量<85%)[999]	5	40	13		千克				0	
52064100	--每根单纱细度在714.29分特及以上(每根单纱不超过14公支)										13
5206410000	非零售精梳粗支混纺棉多股纱(粗支指单纱细度≥714.29分特,含棉量<85%)[999]	5	40	13		千克				0	
52064200	--每根单纱细度在714.29分特以下,但不细于232.56分特(每根单纱超过14公支,但不超过43公支)										13
5206420000	非零售精梳中支混纺棉多股纱(中支指单纱细度为232.56~714.29分特之间,含棉量<85%)[999]	5	40	13		千克				0	
52064300	--每根单纱细度在232.56分特以下,但不细于192.31分特(每根单纱超过43公支,但不超过52公支)										13
5206430000	非零售精梳细支混纺棉多股纱(细支指单纱细度在192.31~232.56分特之间,含棉量<85%)[999]	5	40	13		千克				0	
52064400	--每根单纱细度在192.31分特以下,但不细于125分特(每根单纱超过52公支,但不超过80公支)										13
5206440000	非零售精梳较细混纺棉多股纱(较细支指单纱细度在125~192.31分特之间,含棉量<85%)[999]	5	40	13		千克				0	
52064500	--每根单纱细度在125分特以下(每根单纱超过80公支)										13
5206450000	非零售精梳特细混纺棉多股纱(特细支指单纱细度<125分特,含棉量<85%)[999]	5	40	13		千克				0	
5207	**棉纱线(缝纫线除外),供零售用:**										
52071000	-按重量计含棉量在85%及以上										13
5207100000	供零售用纯棉纱线(纯棉纱线指按重量计含棉量≥85%,缝纫线除外)[999]	5	50	13		千克			30%	0	

智利	新西兰	澳大利亚	瑞士	冰岛	秘鲁	哥斯达	东盟	亚太	新加坡	巴基斯坦	港/澳/台	韩国	格鲁吉亚	毛里求斯	柬埔寨	尼加拉瓜	日/韩/澳/新/东(RCEP)	亚太2国	老/柬/缅	LDC 98/97/95	Article Description
协定税率(%)																		特惠税率(%)			
0	0	0	0	0	0	0	0			4	0/0/0	1.6	0		0	0	4.1/3.5/3.5/3.5/3.5			0/0/0	--Measuring less than 192.31 decitex but not less than 125 decitex (exceeding 52 metric number but not exceeding 80 metric number)
0	0	0	0	0	0	0	0				0/0/	1.6	0		0	0	4.1/3.5/3.5/3.5/3.5			0/0/0	--Measuring less than 125 decitex (exceeding 80 metric number)
0	0	0	0	0	0	0	0				0/0/	1.6	0		0	0	4.1/3.5/3.5/3.5/3.5			0/0/0	--Measuring per single yarn 714.29 decitex or more (not exceeding 14 metric number per single yarn)
0	0	0	0	0	0	0	0			0	0/0/	1.6	0		0	0	4.1/3.5/3.5/3.5/3.5			0/0/0	--Measuring per single yarn less than 714.29 decitex but not less than 232.56 decitex (exceeding 14 metric number but not exceeding 43 metric number per single yarn)
0	0	0	0	0	0	0	0				0/0/	1.6	0		0	0	4.1/3.5/3.5/3.5/3.5			0/0/0	--Measuring per single yarn less than 232.56 decitex but not less than 192.31 decitex (exceeding 43 metric number but not exceeding 52 metric number per single yarn)
0	0	0	0	0	0	0	0				0/0/	1.6	0		0	0	4.1/3.5/3.5/3.5/3.5			0/0/0	--Measuring per single yarn less than 192.31 decitex but not less than 125 decitex (exceeding 52 metric number but not exceeding 80 metric number per single yarn)
0	0	0	0	0	0	0	0				0/0/	1.6	0		0	0	4.1/3.5/3.5/3.5/3.5			0/0/0	--Measuring per single yarn less than 125 decitex (exceeding 80 metric number per single yarn)
0	0	0	0	0	0	0	0				0/0/	1.6	0		0	0	4.1/3.5/3.5/3.5/3.5			0/0/0	--Measuring per single yarn 714.29 decitex or more (not exceeding 14 metric number per single yarn)
0	0	0	0	0	0	0	0				0/0/	1.6	0		0	0	4.1/3.5/3.5/3.5/3.5			0/0/0	--Measuring per single yarn less than 714.29 deeitex but not less than 232.56 decitex (exceeding 14 metric number but not exceeding 43 metric number per single yarn)
0	0	0	0	0	0	0	0				0/0/	1.6	0		0	0	4.1/3.5/3.5/3.5/3.5			0/0/0	--Measuring per single yarn less than 232.56 decitex but not less then 192.31 decitex (exceeding 43 metric number but not exceeding 52 metric number per single yarn)
0	0	0	0	0	0	0	0				0/0/	1.6	0		0	0	4.1/3.5/3.5/3.5/3.5			0/0/0	--Measuring per single yarn less than 192.31 decitex but not less than 125 decitex (exceeding 52 metric number but not exceeding 80 metric number per single yarn)
0	0	0	0	0	0	0	0				0/0/	1.6	0		0	0	4.1/3.5/3.5/3.5/3.5			0/0/0	--Measuring per single yarn less than 125 decitex (exceeding 80 metric number per single yarn)
																					Cotton yarn (other than sewing thread) put up for retail sale:
0	0	0	0	0	0	0	0	4.2		4	0/0/	0	0		0	0	0/0/0/0/0			0/0/0	-Containing 85% or more by weight of cotton

商品编号	商品名称及备注[检验检疫编码及名称]	进口关税(%)		增值税率(%)	消费税	计量单位	监管条件	检验检疫类别	对美税率	出口税率(%)	出口退税率(%)
		最惠国	普通								
52079000	-其他										13
5207900000	供零售用混纺棉纱线(混棉纱线指按重量计含棉量<85%,缝纫线除外)[999]	5	50	13		千克				0	
5208	**棉机织物,按重量计含棉量在85%及以上,每平方米重量不超过200克:**										
52081100	--平纹机织物,每平方米重量不超过100克										13
5208110000	未漂白棉平纹机织物(每平方米重量不超过100克,含棉85%及以上)[999]	8	70	13		米/千克			33%	0	
52081200	--平纹机织物,每平方米重量超过100克										13
5208120000	未漂白棉平纹机织物(100克<每平方米重量≤200克,含棉85%及以上)[999]	8	70	13		米/千克			33%	0	
52081300	--三线或四线斜纹机织物,包括双面斜纹机织物										13
5208130000	未漂白全棉三、四线斜纹布(每平方米重量≤200克,含棉≥85%,包括双面斜纹机织物)[999]	8	70	13		米/千克				0	
52081900	--其他机织物										13
5208190000	未漂白的其他棉机织物(每平方米重量不超过200克,含棉85%及以上)[999]	8	70	13		米/千克			33%	0	
52082100	--平纹机织物,每平方米重量不超过100克										13
5208210010	漂白全棉平纹府绸及细平布(每平方米重量≤100克,含棉85%及以上)[999]	8	70	13		米/千克				0	
5208210020	漂白全棉平纹机织平布(每平方米重量不超过100克,68号及以下)[999]	8	70	13		米/千克				0	
5208210030	漂白全棉平纹奶酪布(每平方米重量不超过100克,含棉85%及以上)[999]	8	70	13		米/千克				0	
5208210040	漂白全棉平纹印染用布(每平方米重量不超过100克,43~68号)[999]	8	70	13		米/千克				0	
5208210050	漂白全棉平纹巴里纱及薄细布(每平方米重量不超过100克,69号及以上)[999]	8	70	13		米/千克				0	
5208210060	漂白全棉医用纱布(每平方米重量不超过100克,含棉85%及以上)[999]	8	70	13		米/千克				0	
52082200	--平纹机织物,每平方米重量超过100克										13
5208220010	漂白全棉平纹府绸及细平布(100克<每平方米重量≤200克,含棉85%及以上)[999]	8	70	13		米/千克			33%	0	
5208220020	漂白全棉平纹机织平布(100克<每平方米重量≤200克,68号及以下)[999]	8	70	13		米/千克			33%	0	
5208220030	漂白全棉平纹奶酪布(100克<每平方米重量≤200克,含棉85%及以上)[999]	8	70	13		米/千克			33%	0	
5208220040	漂白全棉平纹印染用布(100克<每平方米重量≤200克,43~68号)[999]	8	70	13		米/千克			33%	0	
5208220050	漂白全棉巴里纱及薄细布(100克<每平方米重量≤200克,69号及以上)[999]	8	70	13		米/千克			33%	0	
52082300	--三线或四线斜纹机织物,包括双面斜纹机织物										13
5208230000	漂白的全棉三、四线斜纹布(每平方米重量≤200克,含棉≥85%,包括双面斜纹机织物)[999]	8	70	13		米/千克				0	
52082900	--其他机织物										13
5208290010	漂白其他全棉机织缎布(每平方米重量不超过200克,含棉85%及以上)[999]	8	70	13		米/千克			33%	0	
5208290020	漂白其他全棉机织斜纹布(每平方米重量不超过200克,含棉85%及以上)[999]	8	70	13		米/千克			33%	0	
5208290030	漂白其他全棉机织牛津布(每平方米重量不超过200克,含棉85%及以上)[999]	8	70	13		米/千克			33%	0	
5208290090	漂白其他全棉机织物(每平方米重量不超过200克,含棉85%及以上)[999]	8	70	13		米/千克			33%	0	
52083100	--平纹机织物,每平方米重量不超过100克										13
5208310010	染色全棉手工织布(每平方米重量不超过100克,含棉85%及以上)[999]	8	70	13		米/千克			33%	0	
5208310091	染色全棉平纹府绸及细平布(每平方米重量不超过100克,含棉85%及以上)[999]	8	70	13		米/千克			33%	0	
5208310092	染色全棉平纹机织平布(每平方米重量不超过100克,68号及以下)[999]	8	70	13		米/千克			33%	0	
5208310093	染色全棉平纹奶酪布(每平方米重量不超过100克,含棉85%及以上)[999]	8	70	13		米/千克			33%	0	
5208310094	染色全棉平纹印染用布(每平方米重量不超过100克,43~68号)[999]	8	70	13		米/千克			33%	0	
5208310095	染色全棉巴里纱及薄细布(每平方米重量不超过100克,69号及以上)[999]	8	70	13		米/千克			33%	0	
52083200	--平纹机织物,每平方米重量超过100克										13
5208320010	染色全棉手工织布(100克<每平方米重量≤200克,含棉85%及以上)[999]	8	70	13		米/千克			33%	0	
5208320091	染色全棉平纹府绸及细平布(100克<每平方米重量≤200克,含棉85%及以上)[999]	8	70	13		米/千克			33%	0	
5208320092	染色全棉平纹机织平布(100克<每平方米重量≤200克,68号及以下)[999]	8	70	13		米/千克			33%	0	
5208320093	染色全棉平纹奶酪布(100克<每平方米重量≤200克,含棉85%及以上)[999]	8	70	13		米/千克			33%	0	
5208320094	染色全棉平纹印染用布(100克<每平方米重量≤200克,43~68号)[999]	8	70	13		米/千克			33%	0	
5208320095	染色全棉巴里纱及薄细布(100克<每平方米重量≤200克,69号及以上)[999]	8	70	13		米/千克			33%	0	
52083300	--三线或四线斜纹机织物,包括双面斜纹机织物										13
5208330000	染色的全棉三、四线斜纹布(每平方米重量≤200克,含棉≥85%,包括双面斜纹机织物)[999]	8	70	13		米/千克				0	
52083900	--其他机织物										13
5208390010	染色其他全棉机织缎布(每平方米重量不超过200克,含棉85%及以上)[999]	8	70	13		米/千克			33%	0	
5208390020	染色其他全棉机织斜纹布(每平方米重量不超过200克,含棉85%及以上)[999]	8	70	13		米/千克			33%	0	
5208390030	染色其他全棉机织牛津布(每平方米重量不超过200克,含棉85%及以上)[999]	8	70	13		米/千克			33%	0	

协定税率(%)																		特惠税率(%)			
智利	新西兰	澳大利亚	瑞士	冰岛	秘鲁	哥斯达	东盟	亚太	新加坡	巴基斯坦	港/澳/台	韩国	格鲁吉亚	毛里求斯	柬埔寨	尼加拉瓜	日/韩/澳/新/东(RCEP)	亚太2国	老/柬/缅	LDC 98/97/95	Article Description
0	0	0	0	0	0	0	0			2.5	0/0/	0	0		0	0	0/0/0/0/0			0/0/0	-Other
																					Woven fabrics of cotton, containing 85% or more by weight of cotton, weighing not more than 200g/m²:
0	0	0	0	0	0	0	0			0	0/0/	0	0	0	0	7.2	7.3/0/0/0/0			0/0/0	--Plain weave, weighing not more than 100g/m²
0	0	0	0	0	0	0	0		0	0	0/0/	0	0	0	0	0	7.3/0/0/0/0			0/0/0	--Plain weave, weighing more than 100g/m²
0	0	0	0	0	0	0	0	5.2		0	0/0/	0	0	0	0	0	7.3/7/0/0/0			0/0/0	--3-thread or 4-thread twill, including cross twill
0	0	0	0	0	0	0	0		0	0	0/0/	0	0	0	0	0	7.3/0/0/0/0			0/0/0	--Other fabrics
0	0	0	0	0	0	0	0			0	0/0/	0	0	0	0	7.2	7.3/0/0/0/0			0/0/0	--Plain weave, weighing not more than 100g/m²
0	0	0	0	0	0	0	0		0	0	0/0/	0	0	0	0	0	7.3/0/0/0/0		0/0/0	0/0/0	--Plain weave, weighing more than 100g/m²
0	0	0	4.8	0	0	0	0		0	0	0/0/	0	0	0	0	0	8.7/0/0/0/0			0/0/0	--3-thread or 4-thread twill, inluding cross twill
0	0	0	0	0	0	0	0			0	0/0/	0	0	0	0	0	7.3/0/0/0/0			0/0/0	--Other fabrics
0	0	0	0	0	0	0	0			0	0/0/0	0	0	0	0	0	7.3/0/0/0/0			0/0/0	--Plain weave, weighing not more than 100g/m²
0	0	0	0	0	0	0	0	5.2	0	0	0/0/0	0	0	0	0	0	7.3/0/0/0/0			0/0/0	--Plain weave, weighing more than 100g/m²
0	0	0	0	0	0	0	0	5.2		0	0/0/	0	0	0	0	0	7.3/0/0/0/0		0/0/0	0/0/0	--3-thread or 4-thread twill, including cross twill
0	0	0	0	0	0	0	0	5.2	0	0	0/0/0	0	0	0	0	0	7.3/7/7/7/7			0/0/0	--Other fabrics

商品编号	商品名称及备注[检验检疫编码及名称]	进口关税(%)		增值税率(%)	消费税	计量单位	监管条件	检验检疫类别	对美税率	出口税率(%)	出口退税率(%)
		最惠国	普通								
5208390090	染色其他全棉机织物(每平方米重量不超过 200 克,含棉 85%及以上)〔999〕	8	70	13		米/千克			33%	0	
52084100	--平纹机织物,每平方米重量不超过 100 克										13
5208410010	色织的全棉手工织布(每平方米重量不超过 100 克,含棉 85%及以上)〔999〕	8	70	13		米/千克				0	
5208410090	色织的全棉平纹机织物(每平方米重量不超过 100 克,含棉 85%及以上)〔999〕	8	70	13		米/千克				0	
52084200	--平纹机织物,每平方米重量超过 100 克										13
5208420010	色织的全棉手工织布(100 克<每平方米重量≤200 克,含棉 85%及以上)〔999〕	8	70	13		米/千克			33%	0	
5208420090	色织的全棉平纹机织物(100 克<每平方米重量≤200 克,含棉 85%及以上)〔999〕	8	70	13		米/千克			33%	0	
52084300	--三线或四线斜纹机织物,包括双面斜纹机织物										13
5208430000	色织的全棉三、四线斜纹布(每平方米重量≤200 克,含棉≥85%,包括双面斜纹机织物)〔999〕	8	70	13		米/千克			33%	0	
52084900	--其他机织物										13
5208490010	色织的其他全棉提花机织物(每平方米重量不超过 200 克,含棉 85%及以上)〔999〕	8	70	13		米/千克			33%	0	
5208490090	色织的其他全棉机织物(每平方米重量不超过 200 克,含棉 85%及以上)〔999〕	8	70	13		米/千克			33%	0	
52085100	--平纹机织物,每平方米重量不超过 100 克										13
5208510010	印花全棉手工织布(每平方米重量不超过 100 克,含棉 85%及以上)〔999〕	8	70	13		米/千克			33%	0	
5208510091	印花全棉平纹府绸及细平布(每平方米重量不超过 100 克,含棉 85%及以上)〔999〕	8	70	13		米/千克			33%	0	
5208510092	印花全棉平纹机织平布(每平方米重量不超过 100 克,68 号及以下)〔999〕	8	70	13		米/千克			33%	0	
5208510093	印花全棉平纹奶酪布(每平方米重量不超过 100 克,含棉 85%及以上)〔999〕	8	70	13		米/千克			33%	0	
5208510094	印花全棉平纹印染用布(每平方米重量不超过 100 克,43~68 号)〔999〕	8	70	13		米/千克			33%	0	
5208510095	印花全棉平纹巴里纱及薄细布(每平方米重量不超过 100 克,69 号及以上)〔999〕	8	70	13		米/千克			33%	0	
52085200	--平纹机织物,每平方米重量超过 100 克										13
5208520010	印花的全棉手工织布(100 克<每平方米重量≤200 克,含棉 85%及以上)〔999〕	8	70	13		米/千克			33%	0	
5208520091	印花的全棉平纹府绸及细平布(100 克<每平方米重量≤200 克,含棉 85%及以上)〔999〕	8	70	13		米/千克			33%	0	
5208520092	印花的全棉平纹机织平布(100 克<每平方米重量≤200 克,68 号及以下)〔999〕	8	70	13		米/千克			33%	0	
5208520093	印花的全棉平纹奶酪布(100 克<每平方米重量≤200 克,含棉 85%及以上)〔999〕	8	70	13		米/千克			33%	0	
5208520094	印花的全棉平纹印染用布(100 克<每平方米重量≤200 克,43~68 号)〔999〕	8	70	13		米/千克			33%	0	
5208520095	印花的全棉巴里纱及薄细布(100 克<每平方米重量≤200 克,69 号及以上)〔999〕	8	70	13		米/千克			33%	0	
52085910	---三线或四线斜纹机织物,包括双面斜纹机织物										13
5208591000	印花的全棉三、四线斜纹布(每平方米重量≤200 克,含棉≥85%,包括双面斜纹机织物)〔999〕	8	70	13		米/千克				0	
52085990	---其他										13
5208599010	印花其他全棉机织缎布(每平方米重量不超过 200 克,含棉 85%及以上)〔999〕	8	70	13		米/千克			33%	0	
5208599020	印花其他全棉机织斜纹布(每平方米重量不超过 200 克,含棉 85%及以上)〔999〕	8	70	13		米/千克			33%	0	
5208599030	印花其他全棉机织牛津布(每平方米重量不超过 200 克,含棉 85%及以上)〔999〕	8	70	13		米/千克			33%	0	
5208599090	印花其他全棉机织物(每平方米重量不超过 200 克,含棉 85%及以上)〔999〕	8	70	13		米/千克			33%	0	
5209	**棉机织物,按重量计含棉量在 85%及以上,每平方米重量超过 200 克:**										
52091100	--平纹机织物										13
5209110000	未漂白的棉平纹机织物(指每平方米重超过 200 克,含棉 85%及以上)〔999〕	8	70	13		米/千克			33%	0	
52091200	--三线或四线斜纹机织物,包括双面斜纹机织物										13
5209120000	未漂白的全棉三、四线斜纹布(指每平方米重>200 克,含棉≥85%包括双面斜纹机织物)〔999〕	8	70	13		米/千克			33%	0	
52091900	--其他机织物										13
5209190000	未漂白的其他棉机织物(指每平方米重超过 200 克,含棉 85%及以上)〔999〕	8	70	13		米/千克			33%	0	
52092100	--平纹机织物										13
5209210000	漂白的棉平纹机织物(指每平方米重超过 200 克,含棉 85%及以上)〔999〕	8	70	13		米/千克			33%	0	
52092200	--三线或四线斜纹机织物,包括双面斜纹机织物										13
5209220000	漂白的全棉三、四线斜纹布(指每平方米重超过 200 克,含棉≥85%,包括双面斜纹机织物)〔999〕	8	70	13		米/千克			33%	0	
52092900	--其他机织物										13
5209290000	漂白的其他棉机织物(指每平方米重超过 200 克,含棉 85%及以上)〔999〕	8	70	13		米/千克			33%	0	
52093100	--平纹机织物										13
5209310010	染色全棉手工织布(指每平方米重超过 200 克,含棉 85%及以上)〔999〕	8	70	13		米/千克			33%	0	
5209310091	染色全棉平纹府绸及细平布(指每平方米重超过 200 克,含棉 85%及以上)〔999〕	8	70	13		米/千克			33%	0	

协定税率(%)																		特惠税率(%)			Article Description
智利	新西兰	澳大利亚	瑞士	冰岛	秘鲁	哥斯达	东盟	亚太	新加坡	巴基斯坦	港/澳/台	韩国	格鲁吉亚	毛里求斯	柬埔寨	尼加拉瓜	日/韩/澳/新/东(RCEP)	亚太2国	老/柬/缅	LDC 98/97/95	
0	0	0	0	0	0	0	0		0	0	0/0/	0	0	0	0	7.2	7.3/0/0/0/0			0/0/0	--Plain weave, weighing not more than 100g/m^2
0	0	0	0	0	0	0	0	5.2	0	0	0/0/0	0	0	2	0	0	7.3/7/7/7/7			0/0/0	--Plain weave, weighing more than 100g/m^2
0	0	0	0	0	0	0	0			0	0/0/	0	0	0	0	0	7.3/0/0/0/0			0/0/0	--3-thread or 4-thread twill, including cross twill
0	0	0	0	0	0	0	0	5.2	0	0	0/0/	0	0	2	0	0	7.3/0/0/0/0		0/0/0	0/0/0	--Other fabrics
0	0	0	0	0	0	0	0			0	0/0/	0	0	0	0	7.2	7.3/0/0/0/0			0/0/0	--Plain weave, weighing not more than 100g/m^2
0	0	0	0	0	0	0	0	5.2	0	0	0/0/	5	0	0	0	0	//8.5/8.5/8.5			0/0/0	--Plain weave, weighing more than 100g/m^2
0	0	0	0	0	0	0	0			0	0/0/	0	0	0	0	7.2	7.3/0/0/0/0			0/0/0	---3-thread or 4-thread twill, including cross twill
0	0	0	0	0	0	0	0	5.2		0	0/0/0	0	0	0	0	0	7.3/0/0/0/0			0/0/0	---Other
																					Woven fabrics of cotton, containing 85% or more by weight of cotton, weighing more than 200g/m^2:
0	0	0	0	0		0	5			0	0/0/	5	0	0	0	7.2	//9.3/9.3/9.3			0/0/0	--Plain weave
0	0	0	0	0	0	0	0	5.2	0	0	0/0/	0	0	0	0	0	7.3/0/0/0/0			0/0/0	--3-thread or 4-thread twill, including cross twill
0	0	0	0	0	0	0	0		0	0	0/0/	0	0	0	0	0	7.3/0/0/0/0			0/0/0	--Other fabrics
0	0	0	0	0	0	0	0		0	0	0/0/	0	0	0	0	7.2	8.7/0/0/0/0			0/0/0	--Plain weave
0	0	0	0	0	0	0	0		0	0	0/0/	0	0	0	0	0	8.7/0/0/0/0			0/0/0	--3-thread or 4-thread twill, including cross twill
0	0	0	0	0	0	0	0		0	0	0/0/	0	0	0	0	0	8.7/0/0/0/0			0/0/0	--Other fabrics
0	0	0	0	0	0	0	0	5.2	0	0	0/0/0	0	0	0	0	0	7.3/0/0/0/0		0/0/0	0/0/0	--Plain weave

商品编号	商品名称及备注[检验检疫编码及名称]	进口关税(%)		增值税率(%)	消费税	计量单位	监管条件	检验检疫类别	对美税率	出口税率(%)	出口退税率(%)
		最惠国	普通								
5209310092	染色的全棉平纹机织平布(指每平方米重超过200克,含棉85%及以上)[999]	8	70	13		米/千克			33%	0	
5209310093	染色的全棉平纹机织帆布(指每平方米重超过200克,含棉85%及以上)[999]	8	70	13		米/千克			33%	0	
52093200	--三线或四线斜纹机织物,包括双面斜纹机织物										13
5209320000	染色的全棉三、四线斜纹布(指每平方米重超过200克,含棉≥85%,包括双面斜纹机织物)[999]	8	70	13		米/千克			33%	0	
52093900	--其他机织物										13
5209390010	染色的其他全棉机织缎布(指每平方米重超过200克,含棉85%及以上)[999]	8	70	13		米/千克			33%	0	
5209390020	染色的其他全棉机织斜纹布(指每平方米重超过200克,含棉85%及以上)[999]	8	70	13		米/千克			33%	0	
5209390030	染色的其他全棉机织帆布(指每平方米重超过200克,含棉85%及以上)[999]	8	70	13		米/千克			33%	0	
5209390090	染色的其他全棉机织物(指每平方米重超过200克,含棉85%及以上)[999]	8	70	13		米/千克			33%	0	
52094100	--平纹机织物										13
5209410010	色织的全棉手工织布(指每平方米重超过200克,含棉85%及以上)[999]	8	70	13		米/千克			33%	0	
5209410090	色织的全棉平纹机织物(指每平方米重超过200克,含棉85%及以上)[999]	8	70	13		米/千克			33%	0	
52094200	--粗斜纹布(劳动布)										13
5209420010	色织全棉蓝粗斜纹布(劳动布)(指每平方米重超过200克,含棉85%及以上)[999]	8	70	13		米/千克			33%	0	
5209420090	色织其他全棉粗斜纹布(劳动布)(指每平方米重超过200克,含棉85%及以上)[999]	8	70	13		米/千克			33%	0	
52094300	--其他三线或四线斜纹机织物,包括双面斜纹机织物										13
5209430000	其他色织的全棉三、四线斜纹布(指每平方米重超过200克,含棉≥85%,包括双面斜纹机织物)[999]	8	70	13		米/千克			33%	0	
52094900	--其他机织物										13
5209490010	色织的其他全棉提花机织物(指每平方米重超过200克,含棉85%及以上)[999]	8	70	13		米/千克			33%	0	
5209490090	色织的其他全棉机织物(指每平方米重超过200克,含棉85%及以上)[999]	8	70	13		米/千克			33%	0	
52095100	--平纹机织物										13
5209510010	印花全棉手工织布(指每平方米重超过200克,含棉85%及以上)[999]	8	70	13		米/千克			33%	0	
5209510091	印花全棉平纹府绸及细平布(指每平方米重超过200克,含棉85%及以上)[999]	8	70	13		米/千克			33%	0	
5209510092	印花全棉平纹机织平布(指每平方米重超过200克,含棉85%及以上)[999]	8	70	13		米/千克			33%	0	
5209510093	印花全棉平纹机织帆布(指每平方米重超过200克,含棉85%及以上)[999]	8	70	13		米/千克			33%	0	
52095200	--三线或四线斜纹机织物,包括双面斜纹机织物										13
5209520000	印花的全棉三、四线斜纹布(指每平方米重超过200克,含棉85%及以上,双面斜纹布)[999]	8	70	13		米/千克				0	
52095900	--其他机织物										13
5209590010	印花的其他全棉机织缎布(指每平方米重超过200克,含棉85%及以上)[999]	8	70	13		米/千克			33%	0	
5209590020	印花的其他全棉机织斜纹布(指每平方米重超过200克,含棉85%及以上)[999]	8	70	13		米/千克			33%	0	
5209590030	印花的其他全棉机织帆布(指每平方米重超过200克,含棉85%及以上)[999]	8	70	13		米/千克			33%	0	
5209590090	印花的其他全棉机织物(指每平方米重超过200克,含棉85%及以上)[999]	8	70	13		米/千克			33%	0	
5210	**棉机织物,按重量计含棉量在85%以下,主要或仅与化学纤维混纺,每平方米重量不超过200克:**										
52101100	--平纹机织物										13
5210110011[暂6]	未漂白与聚酯短纤混纺的棉制府绸(指每平方米重≤200克,含棉85%以下,含平细布)[999]	8	90	13		米/千克			31%	0	
5210110012[暂6]	未漂白与聚酯短纤混纺棉机织平布(指每平方米重≤200克,≤68号,含棉85%以下)[999]	8	90	13		米/千克			31%	0	
5210110013[暂6]	未漂白与聚酯短纤混纺棉奶酪布(指每平方米重≤200克,含棉85%以下)[999]	8	90	13		米/千克			31%	0	
5210110014[暂6]	未漂白与聚酯短纤混纺棉印染用布(指每平方米重≤200克,43~68号,含棉85%以下)[999]	8	90	13		米/千克			31%	0	
5210110015[暂6]	未漂白与聚酯短纤混纺棉巴里纱(指每平方米重≤200克,≥69号,含棉85%以下,含薄细布)[999]	8	90	13		米/千克			31%	0	
5210110091[暂6]	未漂白与其他化纤混纺棉府绸(指每平方米重≤200克,含棉85%以下,含细平布)[999]	8	90	13		米/千克			31%	0	
5210110092[暂6]	未漂白与其他化纤混纺棉机织平布(指每平方米重≤200克,≤68号,含棉85%以下)[999]	8	90	13		米/千克			31%	0	
5210110093[暂6]	未漂白与其他化纤混纺棉奶酪布(指每平方米重≤200克,含棉85%以下)[999]	8	90	13		米/千克			31%	0	
5210110094[暂6]	未漂白与其他化纤混纺棉印染用布(指每平方米重≤200克,43~68号,含棉85%以下)[999]	8	90	13		米/千克			31%	0	
5210110095[暂6]	未漂白与其他化纤混纺棉巴里纱(指每平方米重≤200克,≥69号,含棉85%以下,含薄细布)[999]	8	90	13		米/千克			31%	0	
52101910	---三线或四线斜纹机织物,包括双面斜纹机织物										13

协定税率(%)																		特惠税率(%)			
智利	新西兰	澳大利亚	瑞士	冰岛	秘鲁	哥斯达	东盟	亚太	新加坡	巴基斯坦	港/澳/台	韩国	格鲁吉亚	毛里求斯	柬埔寨	尼加拉瓜	日/韩/澳/新/东 (RCEP)	亚太2国	老/柬/缅	LDC 98/97/95	Article Description
0	0	0	0	0	0	0	0	5.2	0	0	0/0/0	0	0	0	0	0	7.3/0/0/0/0		0/0/0	0/0/0	--3-thread or 4-thread twill, including cross twill
0	0	0	0	0	0	0	0	5.2	0	0	0/0/0	0	0	0	0	0	7.3/7/7/7/7		0/0/0	0/0/0	--Other fabrics
0	0	0	0	0	0	0	0		0	0	0/0/0	0	0	0	0	0	7.3/0/0/0/0			0/0/0	--Plain weave
0	0	0	0	0	0	0	0	5.2	0	0	0/0/0	0	0	0	0	0	7.3/7/7/7/7		0/0/0	0/0/0	--Denim
0	0	0	0	0	0	0	0	5.2		0	0/0/	0	0	0	0	0	7.3/0/0/0/0			0/0/0	--Other fabrics of 3-thread or 4-thread twill, including cross twill
0	0	0	0	0	0	0	0		0	0	0/0/	3.3	0	0	0	0	8.1/8/8.5/8.5/8			0/0/0	--Other fabrics
0	0	0	0	0	0	0	0	5.2	0	0	0/0/	0	0	0	0	0	7.3/0/0/0/0			0/0/0	--Plain weave
0	0	0	0	0	0	0	0			0	0/0/	0	0	0	0	7.2	7.3/0/0/0/0			0/0/0	--3-thread or 4-thread twill, including cross twill
0	0	0	0	0	0	0	0	5.2		0	0/0/	0	0	0	0	0	7.3/0/0/0/0			0/0/0	--Other fabrics
																					Woven fabrics of cotton, containing less than 85% by weight of cotton, mixed mainly or solely with manmade fibres, weighing not more than 200g/m^2:
0	0	0	0	0	0	0	0	5.2	0	0	0/0/	0	0	0	0	0	8.7/0/0/0/0			0/0/0	--Plain weave
0	0	0	0	0	0	0	0	4.8	0	0	0/0/	0	0	0	0	0	8.7/0/0/0/0			0/0/0	---3-thread or 4-thread twill, including cross twill

商品编号	商品名称及备注[检验检疫编码及名称]	进口关税(%)		增值税率(%)	消费税	计量单位	监管条件	检验检疫类别	对美税率	出口税率(%)	出口退税率(%)
		最惠国	普通								
5210191000	未漂白与化纤混纺 3/4 线或双面棉斜纹机织物(每平方米重≤200 克,含棉 85%以下)〔999〕	8	90	13		米/千克				0	
52101990	---其他										13
5210199011[暂6]	其他未漂白与聚酯短纤混纺的缎布(每平方米重≤200 克,含棉 85%以下)〔999〕	8	90	13		米/千克			31%	0	
5210199012[暂6]	其他未漂白与聚酯短纤混纺斜纹布(每平方米重≤200 克,含棉 85%以下)〔999〕	8	90	13		米/千克			31%	0	
5210199013[暂6]	其他未漂白与聚酯短纤混纺牛津布(每平方米重≤200 克,含棉 85%以下)〔999〕	8	90	13		米/千克			31%	0	
5210199019[暂6]	其他未漂白与聚酯短纤混纺棉布(每平方米重≤200 克,含棉 85%以下)〔999〕	8	90	13		米/千克			31%	0	
5210199091[暂6]	其他未漂白与其他化纤混纺缎布(每平方米重≤200 克,含棉 85%以下)〔999〕	8	90	13		米/千克			31%	0	
5210199092[暂6]	其他未漂白与其他化纤混纺斜纹布(每平方米重≤200 克,含棉 85%以下)〔999〕	8	90	13		米/千克			31%	0	
5210199093[暂6]	其他未漂白与其他化纤混牛津布(每平方米重≤200 克,含棉 85%以下)〔999〕	8	90	13		米/千克			31%	0	
5210199099[暂6]	其他未漂白与其他化纤混纺棉布(每平方米重≤200 克,含棉 85%以下)〔999〕	8	90	13		米/千克			31%	0	
52102100	--平纹机织物										13
5210210000	漂白与化纤混纺棉平纹机织物(每平方米重≤200 克,含棉 85%以下)〔999〕	8	90	13		米/千克				0	
52102910	---三线或四线斜纹机织物,包括双面斜纹机织物										13
5210291000	漂白与化纤混纺 3/4 线或双面棉斜纹机织物(每平方米重≤200 克,含棉 85%以下)〔999〕	8	90	13		米/千克				0	
52102990	---其他										13
5210299000	漂白与化纤混纺棉机织物(每平方米重≤200 克,含棉 85%以下)〔999〕	8	90	13		米/千克				0	
52103100	--平纹机织物										13
5210310000	染色与化纤混纺棉平纹机织物(每平方米重≤200 克,含棉 85%以下)〔999〕	8	90	13		米/千克			33%	0	
52103200	--三线或四线斜纹机织物,包括双面斜纹机织物										13
5210320000	染色与化纤混纺的 3/4 线斜纹棉机织物(每平方米重不超过 200 克,含棉 85%以下,含双面斜纹机织物)〔999〕	8	90	13		米/千克			33%	0	
52103900	--其他机织物										13
5210390000	其他染色与化纤混纺棉机织物(每平方米重≤200 克,含棉 85%以下)〔999〕	8	90	13		米/千克			33%	0	
52104100	--平纹机织物										13
5210410000	色织与化纤混纺棉平纹机织物(每平方米重≤200 克,含棉 85%以下)〔999〕	8	90	13		米/千克			33%	0	
52104910	---三线或四线斜纹机织物,包括双面斜纹机织物										13
5210491000	色织化纤混纺 3/4 斜纹棉机织物(每平方米重≤200 克,含棉 85%以下,含双面斜纹机织物)〔999〕	8	90	13		米/千克			33%	0	
52104990	---其他										13
5210499000	其他色织与化纤混纺棉机织物(每平方米重不超过 200 克,含棉 85%以下)〔999〕	8	90	13		米/千克			33%	0	
52105100	--平纹机织物										13
5210510000	印花与化纤混纺棉平纹机织物(每平方米重≤200 克,含棉 85%以下)〔999〕	8	90	13		米/千克			33%	0	
52105910	---三线或四线斜纹机织物,包括双面斜纹机织物										13
5210591000	印花化纤混纺 3/4 线斜纹棉机织物(每平方米重不超过 200 克,含棉 85%以下,含双面斜纹机织物)〔999〕	8	90	13		米/千克				0	
52105990	---其他										13
5210599000	其他印花与化纤混纺棉机织物(每平方米重不超过 200 克,含棉 85%以下)〔999〕	8	90	13		米/千克			33%	0	
5211	**棉机织物,按重量计含棉量在 85%以下,主要或仅与化学纤维混纺,每平方米重量超过 200 克:**										
52111100	--平纹机织物										13
5211110011[暂6]	未漂白与聚酯短纤混纺棉府绸(每平方米重>200 克,含棉 85%以下,含细平布)〔999〕	8	90	13		米/千克			31%	0	
5211110012[暂6]	未漂白与聚酯短纤混纺棉机织平布(每平方米重>200 克,含棉 85%以下)〔999〕	8	90	13		米/千克			31%	0	
5211110019[暂6]	未漂白与聚酯短纤混纺棉平纹帆布(每平方米重>200 克,含棉 85%以下)〔999〕	8	90	13		米/千克			31%	0	
5211110091[暂6]	未漂白与其他化纤混纺棉府绸(每平方米重>200 克,含棉 85%以下,含细平布)〔999〕	8	90	13		米/千克			31%	0	
5211110092[暂6]	未漂白与其他化纤混纺棉机织平布(每平方米重>200 克,含棉 85%以下)〔999〕	8	90	13		米/千克			31%	0	
5211110099[暂6]	未漂白与其他化纤混纺棉平纹帆布(每平方米重>200 克,含棉 85%以下)〔999〕	8	90	13		米/千克			31%	0	
52111200	--三线或四线斜纹机织物,包括双面斜纹机织物										13
5211120010[暂6]	未漂白聚酯短纤混纺斜纹棉布(每平方米重>200 克,含棉 85%以下,3/4 线斜纹布,双面斜纹布)〔999〕	8	90	13		米/千克			31%	0	
5211120090[暂6]	未漂白其他化纤混纺斜纹棉布(每平方米重>200 克,含棉 85%以下,3/4 线斜纹布,双面斜纹布)〔999〕	8	90	13		米/千克			31%	0	
52111900	--其他机织物										13

协定税率(%)																		特惠税率(%)			Article Description
智利	新西兰	澳大利亚	瑞士	冰岛	秘鲁	哥斯达	东盟	亚太	新加坡	巴基斯坦	港/澳/台	韩国	格鲁吉亚	毛里求斯	柬埔寨	尼加拉瓜	日/韩/澳/新/东(RCEP)	亚太2国	老/柬/缅	LDC 98/97/95	
0	0	0	0	0	0	0	0		0	0	0/0/	0	0	0	0	0	8.7/0/0/0/0			0/0/0	---Other
0	0	0	0	0	0	0	0		0	0	0/0/	0	0	0	0	0	10.2/9.8/0/0/0			0/0/0	--Plain weave
0	0	0	0	0	0	0	0		0	0	0/0/	0	0	0	0	0	10.2/9.8/0/0/0			0/0/0	---3-thread or 4-thread twill, including cross twill
0	0	0	0	0	0	0	0		0	0	0/0/	0	0	0	0	0	10.2/9.8/0/0/0			0/0/0	---Other
0	0	0	0	0	0	0	0	5.2	0	0	0/0/0	5	0	0	0	0	//8.5/8.5/8.5			0/0/0	--Plain weave
0	0	0	0	0	0	0	0	5.2	0	0	0/0/	0	0	0	0	0	7.3/0/0/0/0			0/0/0	--3-thread or 4-thread twill, including cross twill
0	0	0	0	0	0	0	0	5.2	0	0	0/0/0	3.3	0	0	0	0	8.1/8/8.5/8.5/8			0/0/0	--Other fabrics
0	0	0	0	0	0	0	0		0	0	0/0/0	0	0	0	0	0	7.3/0/0/0/0			0/0/0	--Plain weave
0	0	0	0	0	0	0	0		0	0	0/0/	0	0	0	0	0	7.3/0/0/0/0			0/0/0	---3-thread or 4-thread twill, including cross twill
0	0	0	0	0	0	0	0		0	0	0/0/0	0	0	0	0	0	7.3/0/0/0/0			0/0/0	---Other
0	0	0	0	0	0	0	0			0	0/0/	0	0	0	0	7.2	7.3/0/0/0/0			0/0/0	--Plain weave
0	0	0	0	0	0	0	0			0	0/0/	0	0	0	0	0	7.3/0/0/0/0			0/0/0	---3-thread or 4-thread twill, including cross twill
0	0	0	0	0	0	0	0			0	0/0/	0	0	0	0	7.2	7.3/0/0/0/0			0/0/0	---Other
																					Woven fabrics of cotton, mixed mainly or solely with man-made fibres, containing less than 85% by weight of cotton, weighing more than 200g/m^2:
0	0	0	0	0	0	0	0		0	0	0/0/	4	0	0	0	0	//10.2/10.2/10.2			0/0/0	--Plain weave
0	0	0	0	0	0	0	0		0	0	0/0/	0	0	0	0	0	8.7/0/0/0/0			0/0/0	--3-thread or 4-thread twill, including cross twill
0	0	0	0	0	0	0	0		0	0	0/0/	0	0	0	0	0	8.7/0/0/0/0			0/0/0	--Other fabrics

商品编号	商品名称及备注［检验检疫编码及名称］	进口关税(%)		增值税率(%)	消费税	计量单位	监管条件	检验检疫类别	对美税率	出口税率(%)	出口退税率(%)
		最惠国	普通								
5211190000	其他未漂白与化纤混纺棉机织物(每平方米重>200克,含棉85%以下)〔999〕	8	90	13		米/千克				0	
52112000	-漂白										13
5211200000	漂白主要或仅与其他化纤混纺的棉机织布(每平方米重超过200克,含棉85%以下)〔999〕	8	90	13		米/千克			33%	0	
52113100	--平纹机织物										13
5211310000	染色与化纤混纺的平纹机织物(每平方米重>200克,含棉85%以下)〔999〕	8	90	13		米/千克			33%	0	
52113200	--三线或四线斜纹机织物,包括双面斜纹机织物										13
5211320000	染色与化纤混纺3/4线斜纹棉机织物(每平方米重>200克,含棉85%以下,含双面斜纹布)〔999〕	8	90	13		米/千克			33%	0	
52113900	--其他机织物										13
5211390000	其他染色与化纤混纺棉机织物(每平方米重>200克,含棉85%以下)〔999〕	8	90	13		米/千克			33%	0	
52114100	--平纹机织物										13
5211410000	色织与化纤混纺平纹棉机织物(每平方米重超过200克,含棉85%以下)〔999〕	8	90	13		米/千克			33%	0	
52114200	--粗斜纹布(劳动布)										13
5211420010	色织与化纤混纺蓝色粗斜纹棉布(每平方米重超过200克,含棉85%以下)〔999〕	8	90	13		米/千克			33%	0	
5211420090	色织与化纤混纺非蓝色粗斜纹棉布(每平方米重超过200克,含棉85%以下)〔999〕	8	90	13		米/千克			33%	0	
52114300	--其他三线或四线斜纹机织物,包括双面斜纹机织物										13
5211430000	色织与化纤混纺3/4线斜纹棉机织物(每平方米重超过200克,含棉85%以下,含双面斜纹机织物)〔999〕	8	90	13		米/千克			33%	0	
52114900	--其他机织物										13
5211490000	其他色织与化纤混纺棉机织物(每平方米重超过200克,含棉85%以下)〔999〕	8	90	13		米/千克			33%	0	
52115100	--平纹机织物										13
5211510000	印花与化纤混纺的平纹机织物(每平方米重超过200克,含棉85%以下)〔999〕	8	90	13		米/千克			33%	0	
52115200	--三线或四线斜纹机织物,包括双面斜纹机织物										13
5211520000	印花与化纤混纺3/4线斜纹棉机织物(每平方米重超过200克,含棉85%以下,含双面斜纹机织物)〔999〕	8	90	13		米/千克			28%	0	
52115900	--其他机织物										13
5211590000	其他印花与化纤混纺棉机织物(每平方米重超过200克,含棉85%以下)〔999〕	8	90	13		米/千克			18%	0	
5212	**其他棉机织物：**										
52121100	--未漂白										13
5212110000	未漂白的其他混纺棉机织物(每平方米重≤200克)〔999〕	8	80	13		米/千克				0	
52121200	--漂白										13
5212120000	漂白的其他混纺棉机织物(每平方米重≤200克)〔999〕	8	80	13		米/千克			13%	0	
52121300	--染色										13
5212130000	染色的其他混纺棉机织物(每平方米重≤200克)〔999〕	8	80	13		米/千克			33%	0	
52121400	--色织										13
5212140000	色织的其他混纺棉机织物(每平方米重≤200克)〔999〕	8	80	13		米/千克			33%	0	
52121500	--印花										13
5212150000	印花的其他混纺棉机织物(每平方米重≤200克)〔999〕	8	80	13		米/千克			33%	0	
52122100	--未漂白										13
5212210011[暂6]	未漂白其他混纺棉布(每平方米重>200克,与36%及以上精梳羊毛/动物细毛混纺)〔999〕	8	80	13		米/千克			31%	0	
5212210019[暂6]	未漂白其他混纺棉布(每平方米重>200克,与36%及以下精梳羊毛/动物细毛混纺)〔999〕	8	80	13		米/千克			31%	0	
5212210021[暂6]	未漂白其他混纺棉布(每平方米重>200克,与36%及以上其他羊毛/动物细毛混纺)〔999〕	8	80	13		米/千克			31%	0	
5212210029[暂6]	未漂白其他混纺棉布(每平方米重>200克,与36%及以下其他羊毛/动物细毛混纺)〔999〕	8	80	13		米/千克			31%	0	
5212210030[暂6]	未漂白其他混纺府绸及平细布(每平方米重>200克,与化纤以外其他纤维混纺)〔999〕	8	80	13		米/千克			31%	0	
5212210040[暂6]	未漂白其他混纺棉机织平布(每平方米重>200克,与化纤以外其他纤维混纺)〔999〕	8	80	13		米/千克			31%	0	

协定税率(%)																		特惠税率(%)			
智利	新西兰	澳大利亚	瑞士	冰岛	秘鲁	哥斯达	东盟	亚太	新加坡	巴基斯坦	港/澳/台	韩国	格鲁吉亚	毛里求斯	柬埔寨	尼加拉瓜	日/韩/澳/新/东(RCEP)	亚太2国	老/柬/缅	LDC 98/97/95	Article Description
0	0	0	0	0	0	0	0		0	0	0/0/	0	0	0	0	0	10.2/9.8/0/0/0			0/0/0	-Bleached
0	0	0	0	0	0	0	0	6.8	0	0	0/0/	8.5	0	0	0	7.2	//8.5/8.5/8.5			0/0/0	--Plain weave
0	0	0	0	0	0	0	0	5.2	0	0	0/0/	0	0	0	0	0	7.3/0/0/0/0			0/0/0	--3-thread or 4-thread twill, including cross twill
0	0	0	0	0	0	0	0	5.2	0	0	0/0/0	3.3	0	0	0	0	8.1/8/8.5/8.5/8			0/0/0	--Other fabrics
0	0	0	0	0	0	0	0			0	0/0/	0	0	0	0	7.2	7.3/0/0/0/0			0/0/0	--Plainweave
0	0	0	0	0	0	0	0		0	0	0/0/	0	0	0	0	0	7.3/7/7/7/7			0/0/0	--Denim
0	0	0	0	0	0	0	0			0	0/0/	0	0	0	0	0	7.3/0/0/0/0			0/0/0	--Other fabrics of 3-thread or 4-thread twill, including cross twill
0	0	0	0	0	0	0	0		0	0	0/0/	3.3	0	0	0	0	8.1/8/8.5/8.5/8			0/0/0	--Other fabrics
0	0	0	0	0	0	0	0			0	0/0/	0	0	0	0	0	7.3/0/0/0/0			0/0/0	--Plain weave
0	0	0	0	0	0	0	0			0	0/0/	0	0	0	0	0	7.3/0/0/0/0			0/0/0	--3-thread or 4-thread twill, including cross twill
0	0	0	0	0	0	0	0	5.2		0	0/0/	0	0	0	0	0	7.3/0/0/0/0			0/0/0	--Other fabrics
																					Other woven fabrics of cotton:
0	0	0	0	0	0	0	0		0	0	0/0/	0	0	0	0	0	8.7/0/0/0/0			0/0/0	--Unbleached
0	0	0	0	0	0	0	0		0	0	0/0/	0	0	0	0	7.2	10.2/9.8/0/0/0			0/0/0	--Bleached
0	0	0	0	0	0	0	0			0	0/0/	0	0	0	0	0	7.3/0/0/0/0			0/0/0	--Dyed
0	0	0	0	0	0	0	0			0	0/0/	0	0	0	0	7.2	7.3/0/0/0/0			0/0/0	--Of yarns of different colours
0	0	0	0	0	0	0	0			0	0/0/	0	0	0	0	7.2	7.3/0/0/0/0			0/0/0	--Printed
0	0	0	0	0	0	0	0		0	0	0/0/	0	0	0	0	7.2	8.7/0/0/0/0			0/0/0	--Unbleached

商品编号	商品名称及备注[检验检疫编码及名称]	进口关税(%)		增值税率(%)	消费税	计量单位	监管条件	检验检疫类别	对美税率	出口税率(%)	出口退税率(%)
		最惠国	普通								
5212210050[暂6]	未漂白其他混纺棉帆布(每平方米重>200克,与化纤以外其他纤维混纺)〔999〕	8	80	13		米/千克			31%	0	
5212210060[暂6]	未漂白其他混纺棉缎布(每平方米重>200克,与化纤以外其他纤维混纺)〔999〕	8	80	13		米/千克			31%	0	
5212210070[暂6]	未漂白其他混纺斜纹棉布(每平方米重>200克,与化纤以外其他纤维混纺)〔999〕	8	80	13		米/千克			31%	0	
5212210090[暂6]	未漂白其他混纺棉布(每平方米重>200克,与化纤以外其他纤维混纺)〔999〕	8	80	13		米/千克			31%	0	
52122200	--漂白										13
5212220000	漂白的其他混纺棉机织物(每平方米重>200克)〔999〕	8	80	13		米/千克			28%	0	
52122300	--染色										13
5212230000	染色的其他混纺棉机织物(每平方米重>200克)〔999〕	8	80	13		米/千克			33%	0	
52122400	--色织										13
5212240000	色织的混纺棉机织物(每平方米重>200克)〔999〕	8	80	13		米/千克			33%	0	
52122500	--印花										13
5212250000	印花的其他混纺棉机织物(每平方米重>200克)〔999〕	8	80	13		米/千克			33%	0	

协定税率(%)																		特惠税率(%)			Article Description
智利	新西兰	澳大利亚	瑞士	冰岛	秘鲁	哥斯达	东盟	亚太	新加坡	巴基斯坦	港/澳/台	韩国	格鲁吉亚	毛里求斯	柬埔寨	尼加拉瓜	日/韩/澳/新/东(RCEP)	亚太2国	老/柬/缅	LDC 98/97/95	
0	0	0	0	0	0	0	0		0	0	0/0/	0	0	0	0	0	10.2/9.8/0/0/0			0/0/0	--Bleached
0	0	0	0	0	0	0	0			0	0/0/	0	0	0	0	0	7.3/0/0/0/0			0/0/0	--Dyed
0	0	0	0	0	0	0	0			0	0/0/	0	0	0	0	0	7.3/0/0/0/0			0/0/0	--Of yarns of different colours
0	0	0	0	0	0	0	0			0	0/0/	0	0	0	0	7.2	7.3/0/0/0/0			0/0/0	--Printed

第五十三章
其他植物纺织纤维；纸纱线及其机织物

商品编号	商品名称及备注[检验检疫编码及名称]	进口关税(%)		增值税率(%)	消费税	计量单位	监管条件	检验检疫类别	对美税率	出口税率(%)	出口退税率(%)
		最惠国	普通								
5301	**亚麻,生的或经加工但未纺制的;亚麻短纤及废麻(包括废麻纱线及回收纤维):**										
53011000	-生的或经沤制的亚麻										9
5301100000	生的或沤制的亚麻〔101 亚麻〕,〔102 麻纤维〕	6	30	13		千克	AB	P/Q	11%	0	
53012100	--破开的或打成的										9
5301210000[暂1]	破开或打成的亚麻〔101 亚麻〕,〔102 麻纤维〕	6	30	13		千克	AB	P/Q	6%	0	
53012900	--其他										
5301290000	栉梳或经其他加工未纺制的亚麻〔101 亚麻〕,〔102 麻纤维〕	6	30	13		千克	AB	P/Q	11%	0	9,13
53013000	-亚麻短纤及废麻										
5301300000[暂1]	亚麻短纤及废麻(包括废麻纱线及回收纤维)〔999〕	6	30	13		千克	AB	P/Q	6%	0	9,13
5302	**大麻,生的或经加工但未纺制的;大麻短纤及废麻(包括废麻纱线及回收纤维):**										
53021000	-生的或经沤制的大麻										9
5302100000	生的或经沤制的大麻〔101 麻〕,〔102 麻纤维〕	6	30	13		千克	AB	P/Q	11%	0	
53029000	-其他										9
5302900000	加工未纺的大麻、大麻短纤及废麻(包括废麻纱线及回收纤维)〔999〕	6	30	13		千克	AB	P/Q	11%	0	
5303	**黄麻及其他纺织用韧皮纤维(不包括亚麻、大麻及苎麻),生的或经加工但未纺制的;上述纤维的短纤及废麻(包括废纱线及回收纤维):**										
53031000	-生的或经沤制的黄麻及其他纺织用韧皮纤维										9
5303100000	生或沤制黄麻,其他纺织韧皮纤维(不包括亚麻,大麻,苎麻)〔101 麻〕,〔102 麻纤维〕	5	20	9		千克	AB	P/Q		0	
53039000	-其他										9
5303900000	加工未纺的黄麻及纺织用韧皮纤维(包括短纤、废麻、废纱线及回收纤维,不含亚麻、大麻、苎麻)〔999〕	5	30	13		千克	AB	P/Q		0	
5305	**椰壳纤维、蕉麻(马尼拉麻)、苎麻及其他税目未列名的纺织用植物纤维,生的或经加工但未纺制的;上述纤维的短纤、落麻及废料(包括废纱线及回收纤维):**										
53050011	----生的										9
5305001100	生的苎麻〔101 麻〕,〔102 麻纤维〕	5	30	13		千克	AB	P/Q		0	
53050012	----经加工但未纺制的										9
5305001200	经加工、未纺制的苎麻〔101 麻〕,〔102 麻纤维〕	5	30	13		千克	AB	P/Q		0	
53050013	----短纤及废料										9
5305001300	苎麻短纤及废麻(包括废纱线及回收纤维)〔999〕	5	30	13		千克	AB	P/Q		0	
53050019	----其他										9
5305001900	经加工的未列名纺织用苎麻纤维(包括短纤,落麻,废料,废纱线及回收纤维)〔999〕	5	20	13		千克	AB	P/Q		0	
53050020	---蕉麻										9
5305002000	生的或经加工、未纺制的蕉麻(包括短纤,落麻,废料,废蕉麻纱线及回收纤维)〔999〕	3	20	13		千克	AB	P/Q		0	
53050091	----西沙尔麻及其他纺织用龙舌兰类纤维										9
5305009100	生的或经加工、未纺制的西沙尔麻及纺织用龙舌兰纤维(包括短纤,落麻,废料,废纱线及回收纤维)〔999〕	5	30	13		千克	AB	P/Q		0	
53050092	----椰壳纤维										9
5305009200	生的或经加工、未纺制的椰壳纤维(包括短纤,落麻,废料,废椰壳纱线及回收纤维)〔999〕	5	30	13		千克	AB	P/Q		0	
53050099	----其他										9
5305009900	生的或经加工的未列名纺织用植物纤维(包括短纤,落麻,废料,废纱线及回收纤维)〔999〕	5	30	13		千克	AB	P/Q		0	
5306	亚麻纱线:										
53061000	-单纱										13
5306100000	亚麻单纱〔999〕	5	50	13		千克				0	
53062000	-多股纱线或缆线										13
5306200000	亚麻多股纱线或缆线〔101 麻纱线〕,〔102 绳、索、缆〕	5	50	13		千克			30%	0	

Chapter 53
Other vegetable textile fibres; paper yarn and woven fabrics of paper yarn

协定税率(%)																		特惠税率(%)			
智利	新西兰	澳大利亚	瑞士	冰岛	秘鲁	哥斯达	东盟	亚太	新加坡	巴基斯坦	港/澳/台	韩国	格鲁吉亚	毛里求斯	柬埔寨	尼加拉瓜	日/韩/澳/新/东(RCEP)	亚太2国	老/柬/缅	LDC 98/97/95	Article Description
																					Flax, raw or processed but not spun; flax tow and waste (including yarn waste and garnetted stock):
0	0	0	0	0	0	0	0			0	0/0/	0	0	0	0	0	0/0/0/0/0			0/0/0	-Flax, raw or retted
0	0	0	0	0	0	0	0			0	0/0/	0	0	0	0	0	0/0/0/0/0			0/0/0	--Broken or scutched
0	0	0	0	0	0	0	0			0	0/0/	0	0	0	0	0	0/0/0/0/0			0/0/0	--Other
0	0	0	0	0	0	0	0			0	0/0/	0	0	0	0	0	0/0/0/0/0			0/0/0	-Flax tow and waste
																					True hemp (Cannabis sativa L), raw or processed but not spun; tow and waste of true hemp (including yarn waste and garnetted stock):
0	0	0	0	0	0	0	0			0	0/0/	0	0	0	0	0	0/0/0/0/0			0/0/0	-True hemp, raw or retted
0	0	0	0	0	0	0	0			0	0/0/	0	0	0	0	0	0/0/0/0/0			0/0/0	-Other
																					Jute and other textile bast fibres (excluding flax, true hemp and ramie), raw or processed but not spun; tow and waste of these fibres (including yarn waste and garnetted stock):
0	0	0	0	0	0	0	0			0	0/0/	0	0	0	0	0	0/0/0/0/0	0	0/0/0	0/0/0	-Jute and other textile bast fibres, raw or retted
0	0	0	0	0	0	0	0			0	0/0/	0	0	0	0	0	0/0/0/0/0		0/0/0	0/0/0	-Other
																					Coconut, abaca (Manila hemp or Musatextilis Nee), ramie and other vegetable textile fibres, not elsewhere specified or included, raw or processed but not spun; tow, noils and waste of these fibres (including yarn waste and garnetted stock):
0	0	0	0	0	0	0	0			0	0/0/	0	0	0	0	0	0/0/0/0/0			0/0/0	----Raw
0	0	0	0	0	0	0	0	3		0	0/0/	0	0	0	0	0	0/0/0/0/0			0/0/0	----Processed but not spun
0	0	0	0	0	0	0	0	3		0	0/0/	0	0	0	0	0	0/0/0/0/0			0/0/0	----Tow and waste
0	0	0	0	0	0	0	0			0	0/0/	0	0	0	0	0	0/0/0/0/0			0/0/0	----Other
0	0	0	0	0	0	0	0	1.8		0	0/0/	0	0	0	0	0	0/0/0/0/0			0/0/0	---Of abaca
0	0	0	0	0	0	0	0	3		0	0/0/	0	0	0	0	0	0/0/0/0/0			0/0/0	----Sisal and other textile fibres of the genus Agave, raw
0	0	0	0	0	0	0	0	3.3		0	0/0/	0	0	0	0	0	0/0/0/0/0		0/0/0	0/0/0	----Of coconut (coir)
0	0	0	0	0	0	0	0	3		0	0/0/	0	0	0	0	0	0/0/0/0/0			0/0/0	----Other
																					Flax yarn:
0	0	0	0	0	0	0	0			0	0/0/	0	0	0	0	0	0/0/0/0/0			0/0/0	-Single
0	0	0	0	0	0	0	0			2.5	0/0/	0	0	0	0	0	7.3/0/0/0/0			0/0/0	-Multiple (folded) or cabled

商品编号	商品名称及备注[检验检疫编码及名称]	进口关税(%)		增值税率(%)	消费税	计量单位	监管条件	检验检疫类别	对美税率	出口税率(%)	出口退税率(%)
		最惠国	普通								
5307	**黄麻纱线或税目53.03的其他纺织用韧皮纤维纱线：**										
53071000	-单纱										13
5307100000	黄麻及其他纺织用韧皮纤维单纱〔999〕	5	35	13		千克				0	
53072000	-多股纱线或缆线										13
5307200000	黄麻及其他韧皮纤维多股纱或缆线〔101 麻纱线〕,〔102 绳、索、缆〕	5	35	13		千克				0	
5308	**其他植物纺织纤维纱线；纸纱线：**										
53081000	-椰壳纤维纱线										13
5308100000	椰壳纤维纱线〔999〕	5	45	13		千克				0	
53082000	-大麻纱线										13
5308200000	大麻纱线〔999〕	5	45	13		千克				0	
53089011	----按重量计苎麻含量在85%及以上的未漂白或漂白纱线										13
5308901100	漂白或未漂白的纯苎麻纱线(纯按重量计苎麻含量在85%及以上)〔999〕	5	50	13		千克				0	
53089012	----按重量计苎麻含量在85%及以上的色纱线										13
5308901200	纯苎麻色纱线(纯按重量计苎麻含量在85%及以上)〔999〕	5	50	13		千克				0	
53089013	----按重量计苎麻含量在85%以下的未漂白或漂白纱线										13
5308901300	漂白或未漂白其他苎麻纱线(按重量计苎麻含量在85%以下)〔999〕	5	50	13		千克				0	
53089014	----按重量计苎麻含量在85%以下的色纱线										13
5308901400	其他苎麻色纱线(按重量计苎麻含量在85%以下)〔999〕	5	50	13		千克				0	
53089091	----纸纱线										13
5308909100	纸纱线〔999〕	5	70	13		千克				0	
53089099	----其他										13
5308909900	其他植物纺织纤维纱线〔999〕	5	45	13		千克				0	
5309	**亚麻机织物：**										
53091110	---未漂白										13
5309111000	未漂白的纯亚麻机织物(按重量计亚麻含量在85%及以上)〔999〕	8	80	13		米/千克			33%	0	
53091120	---漂白的纯亚麻机织物										13
5309112000	漂白的纯亚麻机织物(按重量计亚麻含量在85%及以上)〔999〕	8	80	13		米/千克				0	
53091900	--其他										13
5309190000	其他全亚麻机织物(按重量计亚麻含量在85%及以上)〔999〕	8	80	13		米/千克			33%	0	
53092110	---未漂白										13
5309211000	未漂白的混纺亚麻机织物(亚麻含量在85%以下)〔101 棉混纺坯布〕,〔102 亚麻混纺织物〕	8	80	13		米/千克			33%	0	
53092120	---漂白										13
5309212000	漂白的混纺亚麻机织物(亚麻含量在85%以下)〔101 漂白棉混纺布〕,〔102 亚麻混纺织物〕	8	80	13		米/千克				0	
53092900	--其他										13
5309290000	其他混纺亚麻机织物(亚麻含量在85%以下)〔999〕	8	80	13		米/千克			33%	0	
5310	**黄麻或税目53.03的其他纺织用韧皮纤维机织物：**										
53101000	-未漂白										13
5310100000	未漂白黄麻或其他韧皮纤维机织物〔999〕	8	40	13		米/千克				0	
53109000	-其他										13
5310900000	其他黄麻机织物或其他韧皮纤维机织物〔999〕	8	40	13		米/千克				0	
5311	**其他纺织用植物纤维机织物；纸纱线机织物：**										
53110012	----按重量计苎麻含量在85%及以上的未漂白机织物										13
5311001200	未漂白的苎麻机织物(苎麻含量在85%及以上)〔999〕	8	80	13		米/千克				0	
53110013	----按重量计苎麻含量在85%及以上的其他机织物										13
5311001300	其他苎麻机织物(苎麻含量≥85%)〔999〕	8	80	13		米/千克				0	
53110014	----按重量计苎麻含量在85%以下的未漂白机织物										13
5311001400	未漂白的苎麻机织物(苎麻含量在85%以下)〔101 棉混纺坯布〕,〔102 苎麻混纺织物〕,〔103 其他麻织物〕	8	80	13		米/千克				0	
53110015	----按重量计苎麻含量在85%以下的其他机织物										13

协定税率(%)																		特惠税率(%)			Article Description
智利	新西兰	澳大利亚	瑞士	冰岛	秘鲁	哥斯达	东盟	亚太	新加坡	巴基斯坦	港/澳/台	韩国	格鲁吉亚	毛里求斯	柬埔寨	尼加拉瓜	日/韩/澳/新/东(RCEP)	亚太2国	老/柬/缅	LDC 98/97/95	
																					Yarn of jute or of other textile bast fibres of heading 53.03:
0	0	0	0	0	0	0	0			0	0/0/	0	0	0	0	0	0/0/0/0/0	2.5	/0/	0/0/0	-Single
0	0	0	0	0	0	0	0			0	0/0/	0	0	0	0	0	0/0/0/0/0	2.5	/0/	0/0/0	-Multiple (folded) or cabled
																					Yarn of other vegetable textile fibres; paper yarn:
0	0	0	0	0	0	0	0			0	0/0/	0	0	0	0	0	0/0/0/0/0			0/0/0	-Coir yarn
0	0	0	0	0	0	0	0			0	0/0/	0	0	0	0	0	0/0/0/0/0			0/0/0	-True hemp yarn
0	0	0	0	0	0	0	0	3.5		0	0/0/	0	0	0	0	0	0/0/0/0/0			0/0/0	----Unbleached or bleached yarn, containing 85% or more by weight of ramie
0	0	0	0	0	0	0	0	3.5		0	0/0/	0	0	0	0	0	0/0/0/0/0			0/0/0	----Coloured yarn, containing 85% or more by weight of ramie
0	0	0	0	0	0	0	0	3.5		0	0/0/	0	0	0	0	0	0/0/0/0/0			0/0/0	----Unbleached or bleached yarn, containing less than 85% by weight of ramie
0	0	0	0	0	0	0	0	3.5		0	0/0/	0	0	0	0	0	0/0/0/0/0			0/0/0	----Coloured yarn, containing less than 85% by weight of ramie
0	0	0	0	0	0	0	0	3.5		0	0/0/	0	0	0	0	0	0/0/0/0/0			0/0/0	----Paper yarn
0	0	0	0	0	0	0	0			0	0/0/	0	0	0	0	0	0/0/0/0/0			0/0/0	----Other
																					Woven fabrics of flax:
0	0	0	0	0	0	0	0			0	0/0/	0	0	0	0	7.2	7.3/0/0/0/0			0/0/0	---Unbleached
0	0	0	0	0	0	0	0			0	0/0/	0	0	0	0	7.2	7.3/0/0/0/0			0/0/0	---Woven fabrics of flax, bleached
0	0	0	0	0	0	0	0	5.2		0	0/0/	0	0	0	0	0	7.3/0/0/0/0			0/0/0	--Other
0	0	0	0	0	0	0	0			0	0/0/	0	0	0	0	0	7.3/0/0/0/0			0/0/0	---Unbleached
0	0	0	0	0	0	0	0			0	0/0/	0	0	0	0	7.2	7.3/0/0/0/0			0/0/0	---Bleached
0	0	0	0	0	0	0	0	5.2		0	0/0/	0	0	0	0	0	7.3/0/0/0/0			0/0/0	--Other
																					Woven fabrics of jute or of other textilebast fibres of heading 53.03:
0	0	0	0	0	0	0	0			2.5	0/0/	0	0	0	0	6.4	7.3/0/0/0/0	4	/0/	0/0/0	-Unbleached
0	0	0	0	0	0	0	0			2.5	0/0/	0	0	0	0	0	7.3/0/0/0/0	4	/0/	0/0/0	-Other
																					Woven fabrics of other vegetable textile fibres; woven fabrics of paper yarn:
0	0	0	0	0	0	0	0			2.5	0/0/	0	0	0	0	6.4	7.3/0/0/0/0			0/0/0	----Woven fabrics of ramie, unbleached, containing 85% or more by weight of ramie
0	0	0	0	0	0	0	0		0	6	0/0/	0	0	0	0	6.4	8.7/0/0/0/0			0/0/0	----Other woven fabrics of ramie, containing 85% or more by weight of ramie
0	0	0	0	0	0	0	0	4.8		2.5	0/0/	0	0	0	0	0	7.3/0/0/0/0			0/0/0	----Woven fabrics of ramie, unbleached, containing less than 85% by weight of ramie
0	0	0	0	0	0	0	0		0	6	0/0/	0	0	0	0	0	8.7/0/0/0/0			0/0/0	----Other woven fabrics, containing less than 85% by weight of ramie

商品编号	商品名称及备注[检验检疫编码及名称]	进口关税(%)		增值税率(%)	消费税	计量单位	监管条件	检验检疫类别	对美税率	出口税率(%)	出口退税率(%)
		最惠国	普通								
5311001500	其他苎麻机织物(指按重量计苎麻含量在85%以下)〔101 苎麻混纺织物〕,〔102 其他麻织物〕	8	80	13		米/千克				0	
53110020	---纸纱线的										13
5311002000	纸纱线机织物〔999〕	8	90	13		米/千克				0	
53110030	---大麻的										13
5311003000	大麻机织物〔999〕	8	50	13		米/千克				0	
53110090	---其他										13
5311009000	其他纺织用植物纤维其他机织物〔999〕	8	50	13		米/千克				0	

协定税率(%)																		特惠税率(%)			Article Description
智利	新西兰	澳大利亚	瑞士	冰岛	秘鲁	哥斯达	东盟	亚太	新加坡	巴基斯坦	港/澳/台	韩国	格鲁吉亚	毛里求斯	柬埔寨	尼加拉瓜	日/韩/澳/新/东(RCEP)	亚太2国	老/柬/缅	LDC 98/97/95	
0	0	0	0	0	0	0	0	4.8		2.5	0/0/	0	0	0	0	6.4	7.3/0/0/0/0			0/0/0	---Of paper yarn
0	0	0	0	0	0	0	0	5.2		2.5	0/0/	0	0	0	0	0	7.3/0/0/0/0			0/0/0	---Of true hemp
0	0	0	0	0	0	0	0	5.2		2.5	0/0/	0	0	0	0	0	7.3/0/0/0/0			0/0/0	---Other

第五十四章
化学纤维长丝；化学纤维纺织材料制扁条及类似品

注释：

一、本协调制度所称"化学纤维"，是指通过下列任一方法加工制得的有机聚合物的短纤或长丝：

（一）将有机单体物质加以聚合而制成的聚合物，例如，聚酰胺、聚酯、聚烯烃、聚氨基甲酸酯；或通过上述加工得到的聚合物经化学改性制得（例如，聚乙酸乙烯酯水解制得的聚乙烯醇）；或

（二）将天然有机聚合物（例如，纤维素）溶解或化学处理制成聚合物，例如，铜铵纤维或粘胶纤维；或将天然有机聚合物（例如，纤维素、酪蛋白及其他蛋白质或藻酸）经化学改性制成聚合物，例如，醋酸纤维素纤维或藻酸盐纤维。

对于化学纤维，所称"合成"，是指（一）款所述的纤维；所称"人造"，是指（二）款所述的纤维。品目54.04或54.05的扁条及类似品不视作化学纤维。

对于纺织材料，所称"化学纤维""合成纤维"及"人造纤维"，其含义应与上述解释相同。

二、品目54.02及54.03不适用于第五十五章的合成纤维或人造纤维的长丝丝束。

商品编号	商品名称及备注[检验检疫编码及名称]	进口关税(%) 最惠国	进口关税(%) 普通	增值税率(%)	消费税	计量单位	监管条件	检验检疫类别	对美税率	出口税率(%)	出口退税率(%)
5401	**化学纤维长丝纺制的缝纫线，不论是否供零售用：**										
54011010	---非供零售用										13
5401101000	非供零售用合成纤维长丝缝纫线〔999〕	5	70	13		千克			25%	0	
54011020	---供零售用										13
5401102000	供零售用合成纤维长丝缝纫线〔999〕	5	90	13		千克			30%	0	
54012010	---非供零售用										13
5401201000	非供零售用人造纤维长丝缝纫线〔999〕	5	35	13		千克				0	
54012020	---供零售用										13
5401202000	供零售用人造纤维长丝缝纫线〔999〕	5	90	13		千克				0	
5402	**合成纤维长丝纱线（缝纫线除外），非供零售用，包括细度在67分特以下的合成纤维单丝：**										
54021110	---聚间苯二甲酰间苯二胺纺制										13
5402111000	聚间苯二甲酰间苯二胺纺制的高强力纱（非供零售用）〔999〕	5	70	13		千克			15%	0	
54021120	---聚对苯二甲酰对苯二胺纺制										13
5402112000	聚对苯二甲酰对苯二胺纺制的高强力纱（非供零售用）〔999〕	5	70	13		千克			15%	0	
54021190	---其他										13
5402119000	其他芳香族聚酰胺纺制的高强力纱（非供零售用）〔999〕	5	70	13		千克			30%	0	
54021910	---聚酰胺-6（尼龙-6）纺制的										13
5402191000	聚酰胺-6（尼龙-6）纺制高强力纱（非供零售用）〔999〕	5	70	13		千克			30%	0	
54021920	---聚酰胺-6,6（尼龙-6,6）纺制的										13
5402192000	聚酰胺-6,6（尼龙6,6）纺制的高强力纱（非供零售用）〔999〕	5	70	13		千克			30%	0	
54021990	---其他										13
5402199000	其他尼龙或其他聚酰胺制高强力纱（非供零售用）〔999〕	5	70	13		千克			30%	0	
54022000	-聚酯高强力纱，不论是否经变形加工										13
5402200010	非零售聚酯高强力纱，不论是否经变形加工（单丝/未捻或捻度<5转/米的复丝单纱）〔999〕	5	70	13		千克			30%	0	
5402200020	非零售聚酯高强力纱，不论是否经变形加工（捻度≥5转/米的复丝单纱）〔999〕	5	70	13		千克			30%	0	
5402200090	非零售聚酯高强力多股纱，不论是否经变形加工〔999〕	5	70	13		千克			30%	0	
54023111	----聚酰胺-6（尼龙-6）纺制的										13
5402311100	聚酰胺-6（尼龙-6）纺制弹力丝（非供零售用，指每根单纱细度不超过50特）〔999〕	5	80	13		千克			30%	0	
54023112	----聚酰胺-6,6（尼龙-6,6）纺制的										13
5402311200	聚酰胺-6,6纺制的弹力丝（非供零售用，尼龙-6,6指每根单纱细度不超过50特）〔999〕	5	80	13		千克			30%	0	
54023113	----芳香族聚酰胺纺制的										13
5402311300	芳香族聚酰胺纺制弹力丝（非供零售用，指每根单纱细度不超过50特）〔999〕	5	80	13		千克				0	
54023119	----其他										13
5402311900	其他尼龙或其他聚酰胺制弹力丝（指每根单纱细度不超过50特，非供零售用）〔999〕	5	80	13		千克			30%	0	
54023190	---其他										13
5402319000	非零售其他细尼龙变形纱线（指每根单纱细度不超过50特，包括其他聚酰胺变形丝）〔999〕	5	70	13		千克			30%	0	
54023211	----聚酰胺-6（尼龙-6）纺制的										13
5402321100	聚酰胺-6（尼龙-6）纺制的弹力丝（指每根单纱细度超过50特，非供零售用）〔999〕	5	80	13		千克			15%	0	
54023212	----聚酰胺-6,6（尼龙-6,6）纺制的										13
5402321200	聚酰胺-6,6纺制的弹力丝（指每根单纱细度超过50特，尼龙-6,6非供零售用）〔999〕	5	80	13		千克			15%	0	
54023213	----芳香族聚酰胺纺制的										13

Chapter 54
Man-made filaments; strip and the like of man-made textile materials

Chapter Notes:

1. Throughout the Nomenclature, the term "man-made fibres" means staple fibres and filaments of organic polymers produced by manufacturing processes, either:
   (a) By polymerisation of organic monomers to produce polymers such as polyamides, polyesters, polyolefins or polyurethanes, or by chemical modification of polymers produced by this process (for example, poly (vinyl alcohol) prepared by the hydrolysis of poly (vinyl acetate)); or
   (b) By dissolution or chemical treatment of natural organic polymers (for example, cellulose) to produce polymers such as cuprammonium rayon (cupro) or viscose rayon, or by chemical modification of natural organic polymers (for example, cellulose, casein and other proteins, or alginic acid), to produce polymers such as cellulose acetate or alginates.

   The terms "synthetic"and "artificial", used in relation to fibres, mean: synthetic: fibres as defined at (a); artificial: fibres as defined at (b). Strip and the like of heading 54.04 or 54.05 are not considered to be man-made fibres.

   The terms "man-made""synthetic" and "artificial" shall have the same meanings when used in relation to "textile materials".

2. Headings 54.02 and 54.03 do not apply to synthetic or artificial filament tow of Chapter 55.

协定税率(%)																		特惠税率(%)			Article Description
智利	新西兰	澳大利亚	瑞士	冰岛	秘鲁	哥斯达	东盟	亚太	新加坡	巴基斯坦	港/澳/台	韩国	格鲁吉亚	毛里求斯	柬埔寨	尼加拉瓜	日/韩/澳/新/东 (RCEP)	亚太2国	老/柬/缅	LDC 98/97/95	
																					Sewing thread of man-made fila-ments, whether or not put up for retail sale:
0	0	0	0	0	0	0	0			0	0/0/0	1.6	0	0	0	0	4.1/3.5/3.5/3.5/3.5			0/0/0	---Not put up for retail sale
0	0	0	0	0	0	0	0			0	0/0/	0	0	0	0	0	0/0/0/0/0			0/0/0	---Put up for retail sale
0	0	0	0	0	0	0	0			0	0/0/	0	0	0	0	0	0/0/0/0/0			0/0/0	---Not put up for retail sale
0	0	0	0	0	0	0	0			0	0/0/	0	0	0	0	0	0/0/0/0/0			0/0/0	---Put up for retail sale
																					Synthetic filament yarn (other than sewing thread), not put up for retail sale, inclu-ding synthetic monofilament of less than 67 decitex:
0	0	0	0	0	0	0	0			0	0/0/	1.6	0	0	0	0	//4.6/4.6/4.6			0/0/0	---Of polyisophthaloyl metaphenylene diamine
0	0	0	0	0	0	0	0			0	0/0/	1.6	0	0	0	0	//4.3/4.3/4.3			0/0/0	---Of poly-p-phenylene terephthamide
0	0	0	0	0	0	0	0			0	0/0/	1.6	0	0	0	0	//4.3/4.3/4.3			0/0/0	---Other
0	0	0	0	0	0	0	0			0	0/0/		0	0	0	0	//4.3/4.3/4.3			0/0/0	---Of nylon-6
0	0	0	0	0	0	0	0			0	0/0/		0	0	0	0	//4.3/4.3/4.3			0/0/0	---Of nylon-6,6
0	0	0	0	0	0	0	0			0	0/0/	1.6	0	0	0	0	4.1/3.5/3.5/3.5/3.5			0/0/0	---Other
0	0	0	0	0	0	0	0			0	0/0/0	1.6	0	0	0	0	4.1/3.5/3.5/3.5/3.5			0/0/0	-High tenacity yarn of polyesters, whether or not through texturing processing
0	0	0	0	0	0	0	0			0	0/0/		0	0	0	0	//4.3/4.3/4.3			0/0/0	----Of nylon-6
0	0	0	0	0	0	0	0			0	0/0/		0	0	0	0	//4.3/4.3/4.3			0/0/0	----Of nylon-6,6
0	0	0	0	0	0	0	0	3		0	0/0/		0	0	0	0	//4.6/4.6/4.6			0/0/0	----Of aramides
0	0	0	0	0	0	0	0			0	0/0/	1.6	0	0	0	0	4.1/3.5/3.5/3.5/3.5			0/0/0	----Other
0	0	0	0	0	0	0	0			0	0/0/	1.6	0	0	0	0	4.1/3.5/3.5/3.5/3.5			0/0/0	---Other
0	0	0	0	0	0	0	0			0	0/0/		0	0	0	0	//4.3/4.3/4.3			0/0/0	----Of nylon-6
0	0	0	0	0	0	0	0			0	0/0/		0	0	0	0	//4.3/4.3/4.3			0/0/0	----Of nylon-6,6
0	0	0	0	0	0	0	0			0	0/0/	1.6	0	0	0	0	//4.6/4.6/4.6			0/0/0	----Of aramides

商品编号	商品名称及备注[检验检疫编码及名称]	进口关税(%)		增值税率(%)	消费税	计量单位	监管条件	检验检疫类别	对美税率	出口税率(%)	出口退税率(%)
		最惠国	普通								
5402321300	芳香族聚酰胺纺制的弹力丝(指每根单纱细度超过 50 特，非供零售用)〔999〕	5	80	13		千克				0	
54023219	----其他										13
5402321900	其他尼龙或其他聚酰胺制弹力丝(指每根单纱细度超过 50 特,非供零售用)〔999〕	5	80	13		千克			30%	0	
54023290	---其他										13
5402329000	非零售其他粗尼龙变形纱线(粗指每根单纱细度超过 50 特,包括其他聚酰胺变形丝)〔999〕	5	70	13		千克			15%	0	
54023310	---弹力丝										13
5402331000	非零售聚酯弹力丝〔999〕	5	90	13		千克			30%	0	
54023390	---其他										13
5402339000	非零售聚酯变形纱线〔999〕	5	70	13		千克			30%	0	
54023400	--聚丙烯纺制										13
5402340000	聚丙烯长丝变形纱线(非供零售用)〔101 合成纤维纱线〕,〔102 绳、索、缆〕	5	70	13		千克			30%	0	
54023900	--其他										13
5402390000	其他合成纤维长丝变形纱线(非供零售用)〔999〕	5	70	13		千克			30%	0	
54024410	---氨纶纱线										13
5402441000	氨纶弹性单纱(未加捻或捻度每米不超过 50 转,非供零售用)〔101 合成纤维纱线〕,〔102 绳、索、缆〕	5	70	13		千克			30%	0	
54024490	---其他										13
5402449000	其他合成纤维长丝弹性单纱(非供零售用,未加捻或捻度每米不超过 50 转)〔999〕	5	70	13		千克				0	
54024510	---聚酰胺-6(尼龙-6)纺制的										13
5402451000	聚酰胺-6(尼龙-6)纺制的其他单纱(非供零售用,未加捻或捻度每米不超过 50 转)〔101 合成纤维纱线〕,〔102 绳、索、缆〕	5	70	13		千克			30%	0	
54024520	---聚酰胺-6,6(尼龙-6,6)纺制的										13
5402452000	聚酰胺-6,6(尼龙-6,6)纺制的其他单纱(非供零售用,未加捻或捻度每米不超过 50 转)〔101 合成纤维纱线〕,〔102 绳、索、缆〕	5	70	13		千克			15%	0	
54024530	---芳香族聚酰胺纺制的										13
5402453000	芳香族聚酰胺纺制的其他单纱(非供零售用,未加捻或捻度每米不超过 50 转)〔101 合成纤维纱线〕,〔102 绳、索、缆〕	5	70	13		千克			15%	0	
54024590	---其他										13
5402459000	其他尼龙或其他聚酰胺单纱纺制的其他单纱(非供零售用,未加捻或捻度每米不超过 50 转)〔101 合成纤维纱线〕,〔102 绳、索、缆〕	5	70	13		千克			15%	0	
54024600	--其他,部分定向聚酯纱线										13
5402460000	其他部分定向聚酯单纱(非供零售用,未加捻或捻度每米不超过 50 转)〔999〕	5	70	13		千克			15%	0	
54024700	--其他,聚酯纱线										13
5402470000	其他聚酯单纱(非供零售用,未加捻或捻度每米不超过 50 转)〔999〕	5	70	13		千克			30%	0	
54024800	--其他,聚丙烯纱线										13
5402480000	其他聚丙烯单纱(非供零售用,未加捻或捻度每米不超过 50 转)〔101 合成纤维纱线〕,〔102 绳、索、缆〕	5	70	13		千克			30%	0	
54024910	---断裂强度大于等于 22 厘牛/分特,且初始模量大于等于 750 厘牛/分特的聚乙烯纱线										13
5402491000	聚乙烯长丝纱线(单纱)(断裂强度在 22cN/dtex 及以上,且初始模量在 750cN/dtex 及以上,非供零售用,未加捻或捻度每米不超过 50 转,缝纫线除外)〔999〕	5	70	13		千克			15%	0	
54024990	---其他										13
5402499001	非弹性氨纶单纱(非供零售用,未加捻或捻度每米不超过 50 转,缝纫线除外)〔999〕	5	70	13		千克			15%	0	
5402499090	其他合成纤维长丝单纱(非供零售用,未加捻或捻度每米不超过 50 转,缝纫线除外)〔999〕	5	70	13		千克			15%	0	
54025110	---聚酰胺-6(尼龙-6)纺制的										13
5402511000	聚酰胺-6(尼龙-6)纺制的单纱(指捻度每米超过 50 转，非供零售用)〔999〕	5	70	13		千克			30%	0	
54025120	---聚酰胺-6,6(尼龙-6,6)纺制的										13
5402512000	聚酰胺-6,6 纺制的单纱(指捻度每米超过 50 转,尼龙-6,6 非供零售用)〔999〕	5	70	13		千克				0	
54025130	---芳香族聚酰胺纺制的										13
5402513000	芳香族聚酰胺纺制的单纱(指捻度每米超过 50 转，非供零售用)〔999〕	5	70	13		千克				0	
54025190	---其他										13
5402519000	其他尼龙或其他聚酰胺单纱(指捻度每米超过 50 转，非供零售用)〔999〕	5	70	13		千克				0	
54025200	--聚酯纱线										13
5402520000	非零售加捻的其他聚酯纱线(加捻指捻度每米超过 50 转)〔999〕	5	70	13		千克			30%	0	
54025300	--聚丙烯纱线										13
5402530000	聚丙烯纱线(捻度每米超过 50 转,非供零售用)〔999〕	5	70	13		千克			30%	0	
54025920	---断裂强度大于等于 22 厘牛/分特,且初始模量大于等于 750 厘牛/分特的聚乙烯纱线										13

协定税率(%)																		特惠税率(%)			Article Description
智利	新西兰	澳大利亚	瑞士	冰岛	秘鲁	哥斯达	东盟	亚太	新加坡	巴基斯坦	港/澳/台	韩国	格鲁吉亚	毛里求斯	柬埔寨	尼加拉瓜	日/韩/澳/新/东(RCEP)	亚太2国	老/柬/缅	LDC 98/97/95	
0	0	0	0	0	0	0	0			0	0/0/		0	0	0	0	//4.3/4.3/4.3			0/0/0	----Other
0	0	0	0	0	0	0	0	3.3		0	0/0/	3.2	0	0	0	0	//4.3/4.3/4.3			0/0/0	---Other
0	0	0	0	0	0	0	0			0	0/0/0	0	0	0	0	0	0/0/3.5/3.5/0			0/0/0	---Elastic filament
0	0	0	0	0	0	0				0	0/0/	0	0	0	0	0	//4.6/4.6/4.6			0/0/0	---Other
0	0	0	0	0	0	0	0			0	0/0/	0	0	0	0	0	3.6/3.5/0/0/0			0/0/0	--Of polypropylene
0	0	0	0	0	0	0	0			0	0/0/	0	0	0	0	0	3.6/3.5/0/0/0			0/0/0	--Other
0	0	0	0	0	0	0	0			0	0/0/		0	0	0	0	//4.3/4.3/4.3			0/0/0	---Of polyurethane
0	0	0	0	0	0	0	0	3.3		0	0/0/	0	0	0	0	0	0/0/0/0/0			0/0/0	---Other
0	0	0	0	0	0	0	0	3.3		0	0/0/	3.2	0	0	0	0	//4.3/4.3/4.3			0/0/0	---Of nylon-6
0	0	0	0	0	0	0	0	3.3		0	0/0/	3.2	0	0	0	0	//4.3/4.3/4.3			0/0/0	---Of nylon-6,6
0	0	0	0	0	0	0	0	3.3		0	0/0/	1.6	0	0	0	0	//4.3/4.3/4.3			0/0/0	---Of aramides
0	0	0	0	0	0	0	0	3.3		0	0/0/	3.2	0	0	0	0	//4.3/4.3/4.3			0/0/0	---Other
0	0	0	0	0	0	0				0	0/0/	0	0	0	0	0	//4.6/4.6/4.6			0/0/0	--Other, of polyesters, partially oriented
0	0	0	0	0	0	0		3.3		0	0/0/	3.2	0	0	0	0	//4.6/4.6/4.6			0/0/0	--Other, of polyesters
0	0	0	0	0	0	0	0			0	0/0/	0	0	0	0	0	0/0/0/0/0			0/0/0	--Other, of polypropylene
0	0	0	0	0	0	0	0			0	0/0/		0	0	0	0	//4.6/4.6/4.6			0/0/0	---Of polyethylene, with a breaking strength of 22cN/dtex or more and initial modulus of 750cN/dtex or more
0	0	0	0	0	0	0	0			0	0/0/		0	0	0	0	//4.3/4.3/4.3			0/0/0	---Other
0	0	0	0	0	0	0				0	0/0/		0	0	0	0	//4.6/4.6/4.6			0/0/0	---Of nylon-6
0	0	0	0	0	0	0	0	4.5		0	0/0/		0	0	0	0	//4.3/4.3/4.3			0/0/0	---Of nylon-6,6
0	0	0	0	0	0	0	0	3.5		0	0/0/	1.6	0	0	0	0	//4.6/4.6/4.6			0/0/0	---Of aramides
0	0	0	0	0	0	0	0			0	0/0/	1.6	0	0	0	0	4.1/3.5/3.5/3.5/3.5			0/0/0	---Other
0	0	0	0	0	0	0		3.3		0	0/0/	0	0	0	0	0	//4.6/4.6/4.6			0/0/0	--Of polyesters
0	0	0	0	0	0	0	0			0	0/0/	0	0	0	0	0	3.6/0/0/0/0			0/0/0	---Of polypropylene
0	0	0	0	0	0	0	0			0	0/0/	0	0	0	0	0	0/0/0/0/0			0/0/0	---Of polyethylene, with a breaking strength of 22cN/dtex or more and initial modulus of 750cN/dtex or more

商品编号	商品名称及备注[检验检疫编码及名称]	进口关税(%)		增值税率(%)	消费税	计量单位	监管条件	检验检疫类别	对美税率	出口税率(%)	出口退税率(%)
		最惠国	普通								
5402592000	聚乙烯长丝纱线(单纱)(断裂强度≥22cN/dtex,且初始模量≥ 750cN/dtex,非供零售用,捻度每米超过50转,缝纫线除外)〔999〕	5	70	13		千克			15%	0	
54025990	---其他										13
5402599000	其他合成纤维长丝纱线(捻度每米超过50转,非供零售用)〔999〕	5	70	13		千克			15%	0	
54026110	---聚酰胺-6(尼龙-6)纺制的										13
5402611000	聚酰胺-6(尼龙-6)纺制的纱线(包括多股纱线或缆线,非供零售用)〔101 合成纤维纱线〕,〔102 绳、索、缆〕	5	70	13		千克			30%	0	
54026120	---聚酰胺-6,6(尼龙-6,6)纺制的										13
5402612000	聚酰胺-6,6纺制的纱线(包括多股纱线或缆线,尼龙-6,6非供零售用)〔101 合成纤维纱线〕,〔102 绳、索、缆〕	5	70	13		千克			30%	0	
54026130	---芳香族聚酰胺纺制的										13
5402613000	芳香族聚酰胺纺制的纱线(包括多股纱线或缆线,非供零售用)〔101 合成纤维纱线〕,〔102 绳、索、缆〕	5	70	13		千克			25%	0	
54026190	---其他										13
5402619000	其他尼龙或其他聚酰胺纺制纱线(包括多股纱线或缆线,非供零售用)〔101 合成纤维纱线〕,〔102 绳、索、缆〕	5	70	13		千克			30%	0	
54026200	--聚酯纺制										13
5402620000	非零售聚酯多股纱线(包括缆线)〔101 合成纤维纱线〕,〔102 绳、索、缆〕	5	70	13		千克			30%	0	
54026300	--聚丙烯纺制										13
5402630000	聚丙烯纱线(包括多股纱线或缆线,非供零售用)〔999〕	5	70	13		千克			30%	0	
54026920	---氨纶纱线										13
5402692000	氨纶纱线(包括多股纱线或缆线,非供零售用)〔101 合成纤维纱线〕,〔102 绳、索、缆〕	5	70	13		千克			30%	0	
54026990	---其他										13
5402699000	其他合成纤维长丝多股纱线或缆线(非供零售用)〔101 合成纤维纱线〕,〔102 绳、索、缆〕	5	70	13		千克			25%	0	
5403	**人造纤维长丝纱线(缝纫线除外),非供零售用,包括细度在67分特以下的人造纤维单丝:**										
54031000	-粘胶纤维纺制的高强力纱										13
5403100000	非零售粘胶纤维高强力纱〔999〕	5	35	13		千克			15%	0	
54033110	---竹制										13
5403311000	非零售竹制粘胶纤维单纱(未捻或捻度≤120转/米的单纱,包括变形纱线)〔999〕	5	35	13		千克				0	
54033190	---其他										13
5403319000	其他非零售粘胶纤维单纱(未捻或捻度≤120转/米的单纱,包括变形纱线)〔999〕	5	35	13		千克				0	
54033210	---竹制										13
5403321000	非零售的竹制粘胶纤维单纱(加捻捻度>120转/米包括变形纱线)〔999〕	5	35	13		千克				0	
54033290	---其他										13
5403329000	其他非零售粘胶纤维单纱(加捻捻度>120转/米包括变形纱线)〔999〕	5	35	13		千克				0	
54033310	---二醋酸纤维纺制										13
5403331010	非零售二醋酸纤维单纱(单丝/未捻或捻度<5转/米以下的复丝单纱,包括变形纱线)〔999〕	5	40	13		千克			15%	0	
5403331020	非零售二醋酸纤维单纱(5转/米≤捻度≤250转/米,包括变形纱线)〔999〕	5	40	13		千克			15%	0	
5403331090	非零售二醋酸纤维单纱(捻度>250转/米)〔999〕	5	40	13		千克			15%	0	
54033390	---其他										13
5403339000	非零售其他醋酸纤维单纱〔999〕	5	35	13		千克			15%	0	
54033900	--其他										13
5403390000	非零售其他人造纤维长丝单纱〔999〕	5	35	13		千克				0	
54034100	--粘胶纤维纺制										13
5403410000	非零售粘胶长丝多股纱线或缆线(包括变形纱线)〔999〕	5	35	13		千克				0	
54034200	--醋酸纤维纺制										13
5403420000	非零售醋酸长丝多股纱线或缆线(包括变形纱线)〔999〕	5	35	13		千克				0	
54034900	--其他										13
5403490000	非零售其他人造纤维长丝多股纱或缆线(包括变形纱线)〔999〕	5	35	13		千克			30%	0	
5404	**截面尺寸不超过1毫米,细度在67分特及以上的合成纤维单丝;表观宽度不超过5毫米的合成纤维纺织材料制扁条及类似品(例如,人造草):**										
54041100	--弹性										13
5404110010	细度≥67分特的涤纶纤维弹性单丝(截面尺寸≤1毫米,细度<67分特的合成纤维单丝归入品目54.02)〔999〕	5	80	13		千克			15%	0	

协定税率(%)																		特惠税率(%)			Article Description
智利	新西兰	澳大利亚	瑞士	冰岛	秘鲁	哥斯达	东盟	亚太	新加坡	巴基斯坦	港/澳/台	韩国	格鲁吉亚	毛里求斯	柬埔寨	尼加拉瓜	日/韩/澳/新/东(RCEP)	亚太2国	老/柬/缅	LDC 98/97/95	
0	0	0	0	0	0	0	0			0	0/0/	0	0	0	0	0	0/0/0/0/0			0/0/0	---Other
0	0	0	0	0	0	0	0			0	0/0/	1.6	0	0	0	0	4.1/3.5/3.5/3.5/3.5			0/0/0	---Of nylon-6
0	0	0	0	0	0	0	0			0	0/0/	1.6	0	0	0	0	4.1/3.5/3.5/3.5/3.5			0/0/0	---Of nylon-6,6
0	0	0	0	0	0	0	0			0	0/0/	1.6	0	0	0	0	//4.3/4.3/4.3			0/0/0	---Of aramides
0	0	0	0	0	0	0	0			0	0/0/	0	0	0	0	0	0/0/0/0/0			0/0/0	---Other
0	0	0	0	0	0	0	0			0	0/0/0	0	0	0	0	0	0/0/0/0/0			0/0/0	--Of polyesters
0	0	0	0	0	0	0	0			0	0/0/	1.6	0	0	0	0	4.1/3.5/3.5/3.5/3.5			0/0/0	--Of polypropylene
0	0	0	0	0	0	0	0			0	0/0/		0	0	0	0	//4.6/4.6/4.6			0/0/0	---Of polyurethane
0	0	0	0	0	0	0	0			0	0/0/	0	0	0	0	0	3.6/3.5/0/0/0			0/0/0	---Other
																					Artificial filament yarn (other than sewing thread), not put up for retail sale, including artificial monofilament of less than 67 decitex:
0	0	0	0	0	0	0	0			0	0/0/	0	0	0	0	0	0/0/0/0/0			0/0/0	-High tenacity yarn of viscose rayon
0	0	0	0	0	0	0	0			0	0/0/	0	0	0	0	0	0/0/0/0/0			0/0/0	---Of bamboo
0	0	0	0	0	0	0	0			0	0/0/	0	0	0	0	0	0/0/0/0/0			0/0/0	---Other
0	0	0	0	0	0	0	0			0	0/0/	0	0	0	0	0	0/0/0/0/0			0/0/0	---Of bamboo
0	0	0	0	0	0	0	0			0	0/0/	0	0	0	0	0	0/0/0/0/0			0/0/0	---Other
0	0	0	0	0	0	0	0			0	0/0/	0	0	0	0	0	0/0/0/0/0			0/0/0	---Of cellulose diacetate
0	0	0	0	0	0	0	0			0	0/0/	0	0	0	0	0	0/0/0/0/0			0/0/0	---Other
0	0	0	0	0	0	0	0			0	0/0/	0	0	0	0	0	0/0/3.5/3.5/0			0/0/0	--Other
0	0	0	0	0	0	0	0			0	0/0/	0	0	0	0	0	0/0/0/0/0			0/0/0	--Of viscose rayon
0	0	0	0	0	0	0	0			0	0/0/	0	0	0	0	0	0/0/0/0/0			0/0/0	--Of cellulose acetate
0	0	0	0	0	0	0	0			0	0/0/	0	0	0	0	0	0/0/0/0/0			0/0/0	--Other
																					Synthetic monofilament of 67 decitex or more and of which no cross-sectional dimension exceeding 1mm; strip and the like (for example, artificial straw) of synthetic textile materials of an apparent width not exceeding 5mm:
0	0	0	0	0	0	0	0			0	0/0/	1.6	0	0	0	0	4.1/3.5/3.5/3.5/3.5			0/0/0	--Elastomeric

商品编号	商品名称及备注[检验检疫编码及名称]	进口关税(%) 最惠国	普通	增值税率(%)	消费税	计量单位	监管条件	检验检疫类别	对美税率	出口税率(%)	出口退税率(%)
5404110090	细度≥67 分特的其他合成纤维弹性单丝(截面尺寸≤1 毫米,细度<67 分特的合成纤维单丝归入品目 54.02)[999]	5	80	13		千克			15%	0	
54041200	--其他,聚丙烯制										13
5404120000	细度≥67 分特的其他聚丙烯单丝(截面尺寸≤1 毫米, 细度<67 分特的合成纤维单丝归入品目 54.02)[999]	5	80	13		千克				0	
54041900	--其他										13
5404190010	细度≥67 分特的涤纶纤维单丝(截面尺寸≤1 毫米,细度<67 分特的合成纤维单丝归入品目 54.02)[999]	5	80	13		千克			25%	0	
5404190090	细度≥67 分特的其他合成纤维单丝(截面尺寸≤1 毫米,细度<67 分特的合成纤维单丝归入品目 54.02)[999]	5	80	13		千克			25%	0	
54049000	-其他										13
5404900000	其他合成纺织材料制扁条及类似品(表观宽度≤5 毫米,例如人造草)[999]	5	80	13		千克			25%	0	
5405	**截面尺寸不超过 1 毫米,细度在 67 分特及以上的人造纤维单丝;表观宽度不超过 5 毫米的人造纤维纺织材料制扁条及类似品(例如,人造草):**										
54050000	截面尺寸不超过 1 毫米,细度在 67 分特及以上的人造纤维单丝;表观宽度不超过 5 毫米的人造纤维纺织材料制扁条及类似品(例如,人造草)										13
5405000000	细度≥67 分特其他人纤单丝及其扁条(单丝截面尺寸≤1 毫米,扁条及其类似品宽度≤5 毫米)[999]	5	80	13		千克			25%	0	
5406	**化学纤维长丝纱线(缝纫线除外),供零售用:**										
54060010	---合成纤维长丝纱线										13
5406001000	供零售用合成纤维长丝纱线(缝纫线除外)[999]	5	90	13		千克			25%	0	
54060020	---人造纤维长丝纱线										13
5406002000	供零售用人造纤维长丝纱线(缝纫线除外)[999]	5	90	13		千克				0	
5407	**合成纤维长丝纱线的机织物,包括税目 54.04 所列材料的机织物:**										
54071010	---尼龙或其他聚酰胺高强力纱纺制										13
5407101000	高强力纱纺制机织物(由尼龙或其他聚酰胺高强力纱纺制的)[999]	8	130	13		米/千克			33%	0	
54071020	---聚酯高强力纱纺制										13
5407102010	聚酯高强力纱纺制机织物(重量≤170 克/平方米)[999]	8	130	13		米/千克			33%	0	
5407102090	聚酯高强力纱纺制机织物(重量>170 克/平方米)[999]	8	130	13		米/千克			33%	0	
54072000	-扁条及类似品的机织物										13
5407200000	合成纤维扁条及类似品机织物[999]	8	130	13		米/千克			28%	0	
54073000	-第十一类注释九所列的机织物										13
5407300000	平行纱线相互层叠并黏合织物(第十一类注释九所列的机织物)[999]	8	130	13		米/千克			23%	0	
54074100	--未漂白或漂白										13
5407410000	未漂白的或漂白的尼龙或其他聚酰胺长丝机织物(尼龙或其他聚酰胺长丝含量≥85%)[999]	8	130	13		米/千克			33%	0	
54074200	--染色										13
5407420000	染色的纯尼龙机织物(按重量计尼龙或其他聚酰胺长丝含量≥85%)[999]	8	130	13		米/千克			33%	0	
54074300	--色织										13
5407430000	色织的纯尼龙机织物(按重量计尼龙或其他聚酰胺长丝含量≥85%)[999]	8	130	13		米/千克			33%	0	
54074400	--印花										13
5407440000	印花的纯尼龙机织物(按重量计尼龙或其他聚酰胺长丝含量≥85%)[999]	8	130	13		米/千克			33%	0	
54075100	--未漂白或漂白										13
5407510000	未漂白或漂白纯聚酯变形长丝机织物(聚酯变形长丝含量≥85%)[999]	8	130	13		米/千克			33%	0	
54075200	--染色										13
5407520000	染色的聚酯变形长丝机织物(聚酯变形长丝含量≥85%)[999]	8	130	13		米/千克			33%	0	
54075300	--色织										13
5407530000	色织的聚酯变形长丝机织物(聚酯变形长丝含量≥85%)[999]	8	130	13		米/千克			33%	0	
54075400	--印花										13
5407540000	印花的聚酯变形长丝机织物(聚酯变形长丝含量≥85%)[999]	8	130	13		米/千克			33%	0	
54076100	--按重量计聚酯非变形长丝含量在 85%及以上										13
5407610000	聚酯非变形长丝机织物(聚酯非变形长丝含量≥85%)[999]	8	130	13		米/千克			33%	0	

协定税率(%) 智利	新西兰	澳大利亚	瑞士	冰岛	秘鲁	哥斯达	东盟	亚太	新加坡	巴基斯坦	港/澳/台	韩国	格鲁吉亚	毛里求斯	柬埔寨	尼加拉瓜	日/韩/澳/新/东(RCEP)	特惠税率(%) 亚太2国	老/柬/缅	LDC 98/97/95	Article Description
0	0	0	0	0	0	0	0			0	0/0/	0	0	0	0	0	0/0/0/0/0			0/0/0	--Other, of polypropylene
0	0	0	0	0	0	0	0			0	0/0/	0	0	0	0	0	3.6/3.5/0/0/0			0/0/0	--Other
0	0	0	0	0	0	0	0			0	0/0/	0	0	0	0	0	3.6/3.5/0/0/0			0/0/0	-Other
																					Artificial monofilament of 67 decitex or more and of which no cross-sectional dimension exceeds 1mm; strip and the like (for example, artificial straw) of artificial textile materials of an apparent width not exceeding 5mm:
0	0	0	0	0	0	0	0			0	0/0/	0	0	0	0	0	0/0/0/0/0			0/0/0	Artificial monofilament of 67 decitex or more and of which no cross-sectional dimension exceeds 1mm; strip and the like (for example, artificial straw) of artificial textile materials of an apparent width not exceeding 5mm
																					Man-made filament yarn, other than sewing thread, put up for retail sale:
0	0	0	0	0	0	0	0			0	0/0/	0	0	0	0	0	0/0/0/0/0			0/0/0	---Synthetic filament yarn
0	0	0	0	0	0	0	0			0	0/0/	0	0	0	0	0	0/0/0/0/0			0/0/0	---Artificial filament yarn
																					Woven fabrics of synthetic filament yarn, including woven fabrics obtained from materials of heading 54.04:
0	0	0	0	0	0	0	0		0	0	0/0/0	0	0	0	0	0	7.3/7/7/7/7			0/0/0	---Of nylon or other polyamides
0	0	0	0	0	0	0	0		0	0	0/0/0	0	0	0	0	0	7.3/0/0/0/0			0/0/0	---Of polyesters
0	0	0	0	0	0	0	0		0	0	0/0/	5	0	0	0	0	//8.5/8.5/8.5			0/0/0	-Woven fabrics obtained from strip or the like
0	0	0	0	0	0	0	0		0	0	0/0/	0	0	0	0	0	7.3/0/0/0/0			0/0/0	-Fabrics specified in Note 9 to Section XI
0	0	0	0	0	0	0	0		0	0	0/0/0	0	0	0	0	0	7.3/0/0/0/0			0/0/0	--Unbleached or bleached
0	0	0	0	0	0	0	0	5.2	0	0	0/0/0	5	0	0	0	0	8.6/8.5/8.5/8.5/8.5		0/0/0	0/0/0	--Dyed
0	0	0	0	0	0	0	0	5.2	0	0	0/0/0	0	0	0	0	0	7.3/0/0/0/0			0/0/0	--Of yarns of different colours
0	0	0	0	0	0	0	0		0	0	0/0/	5	0	0	0	0	//8.5/8.5/8.5			0/0/0	--Printed
0	0	0	0	0	0	0	0	5.2	0	0	0/0/0	0	0	0	0	0	7.3/0/0/0/0			0/0/0	--Unbleached or bleached
0	0	0	0	0	0	0	0	5.2	0	0	0/0/0	5	0	0	0	0	8.6/8.5/8.5/8.5/8.5		0/0/0	0/0/0	--Dyed
0	0	0	0	0	0	0	0		0	0	0/0/0	0	0	0	0	0	7.3/0/0/0/0			0/0/0	--Of yarns of different colours
0	0	0	0	0	0	0	0		0	0	0/0/0	3.3	0	0	0	0	8.1/8/8.5/8.5/8			0/0/0	--Printed
0	0	0	0	0	0	0	0	5.2	0	0	0/0/0	5	0	0	0	0	8.6/8.5/8.5/8.5/8.5			0/0/0	--Containing 85% or more by weight of non-textured polyester filaments

商品编号	商品名称及备注[检验检疫编码及名称]	进口关税(%) 最惠国	普通	增值税率(%)	消费税	计量单位	监管条件	检验检疫类别	对美税率	出口税率(%)	出口退税率(%)
54076900	--其他										13
5407690000	其他聚酯长丝机织物(聚酯长丝含量≥85%)〔999〕	8	130	13		米/千克			33%	0	
54077100	--未漂白或漂白										13
5407710000	未漂白或漂白其他纯合成纤维长丝机织物(按重量计其他合成纤维长丝含量≥85%)〔999〕	8	130	13		米/千克			33%	0	
54077200	--染色										13
5407720000	染色的其他纯合成纤维长丝布(纯合纤布指按重量计其他合成纤维长丝含量≥85%)〔999〕	8	130	13		米/千克			33%	0	
54077300	--色织										13
5407730000	色织的其他纯合成纤维长丝布(纯合纤布指按重量计其他合成纤维长丝含量≥85%)〔999〕	8	130	13		米/千克			33%	0	
54077400	--印花										13
5407740000	印花的其他纯合成纤维长丝布(纯合纤布指按重量计其他合成纤维长丝含量≥85%)〔999〕	8	130	13		米/千克			33%	0	
54078100	--未漂白或漂白										13
5407810000	未漂白或漂白与棉混纺其他合成纤维长丝机织物(按重量计其他合成纤维长丝含量在85%以下)〔101 棉混纺坯布〕,〔102 漂白棉混纺布〕,〔103 合成纤维混纺机织物〕	8	130	13		米/千克			33%	0	
54078200	--染色										13
5407820000	染色的与棉混纺其他合成纤维长丝机织物(按重量计其他合成纤维长丝含量在85%以下)〔101 棉混纺染色布〕,〔102 合成纤维混纺机织物〕	8	130	13		米/千克			33%	0	
54078300	--色织										13
5407830000	色织的与棉混纺其他合成纤维长丝机织物(按重量计其他合成纤维长丝含量在85%以下)〔101 色织棉混纺布〕,〔102 合成纤维混纺机织物〕	8	130	13		米/千克			33%	0	
54078400	--印花										13
5407840000	印花的与棉混纺其他合成纤维长丝机织物(按重量计其他合成纤维长丝含量在85%以下)〔101 棉混纺印花布〕,〔102 合成纤维混纺机织物〕	8	130	13		米/千克			28%	0	
54079100	--未漂白或漂白										13
5407910000	未漂白或漂白的其他混纺合成纤维长丝机织物(按重量计其他合成纤维长丝含量在85%以下)〔999〕	8	130	13		米/千克			33%	0	
54079200	--染色										13
5407920000	染色的其他混纺合成纤维长丝机织物(按重量计其他合成纤维长丝含量在85%以下)〔999〕	8	130	13		米/千克			33%	0	
54079300	--色织										13
5407930000	色织的其他混纺合成纤维长丝机织物(按重量计其他合成纤维长丝含量在85%以下)〔999〕	8	130	13		米/千克			28%	0	
54079400	--印花										13
5407940000	印花的其他混纺合成纤维长丝机织物(按重量计其他合成纤维长丝含量在85%以下)〔999〕	8	130	13		米/千克			33%	0	
5408	**人造纤维长丝纱线的机织物,包括税目54.05所列材料的机织物:**										
54081000	-粘胶纤维高强力纱的机织物										13
5408100000	粘胶纤维高强力纱的机织物〔999〕	8	130	13		米/千克			18%	0	
54082110	---粘胶长丝制										13
5408211000	未漂白或漂白粘胶长丝机织物(按重量计粘胶纤维长丝、扁条或类似品含量≥85%)〔999〕	8	130	13		米/千克			33%	0	
54082120	---醋纤长丝制										13
5408212000	未漂白或漂白醋酸长丝机织物(按重量计醋酸纤维长丝、扁条或类似品含量≥85%)〔999〕	8	130	13		米/千克				0	
54082190	---其他										13
5408219000	未漂白或漂白其他纯人造纤维长丝机织物(包括扁条布,按重量计其他人造纤维长丝含量≥85%)〔999〕	8	130	13		米/千克			33%	0	
54082210	---粘胶长丝制										13
5408221000	染色的粘胶长丝机织物(按重量计粘胶纤维长丝、扁条或类似品含量≥85%)〔999〕	8	130	13		米/千克			33%	0	
54082220	---醋纤长丝制										13
5408222000	染色的醋酸长丝机织物(按重量计醋酸纤维长丝、扁条或类似品含量≥85%)〔999〕	8	130	13		米/千克				0	
54082290	---其他										13
5408229000	染色的其他人造纤维长丝机织物(按重量计其他人造纤维长丝,扁条含量≥85%)〔999〕	8	130	13		米/千克			33%	0	
54082310	---粘胶长丝制										13
5408231000	色织的粘胶长丝机织物(按重量计粘胶纤维长丝、扁条或类似品含量≥85%)〔999〕	8	130	13		米/千克			33%	0	
54082320	---醋纤长丝制										13
5408232000	色织的醋酸长丝机织物(按重量计醋酸纤维长丝、扁条或类似品含量≥85%)〔999〕	8	130	13		米/千克				0	

协定税率(%)																		特惠税率(%)			Article Description
智利	新西兰	澳大利亚	瑞士	冰岛	秘鲁	哥斯达	东盟	亚太	新加坡	巴基斯坦	港/澳/台	韩国	格鲁吉亚	毛里求斯	柬埔寨	尼加拉瓜	日/韩/澳/新/东(RCEP)	亚太2国	老/柬/缅	LDC 98/97/95	
0	0	0	0	0	0	0	0	5.2	0	0	0/0/0	5	0	0	0	0	//8.5/8.5/8.5			0/0/0	--Other
0	0	0	0	0	0	0	0	5.2	0	0	0/0/0	0	0	0	0	0	7.3/0/0/0/0			0/0/0	--Unbleached or bleached
0	0	0	0	0	0	0	0	5.2	0	0	0/0/0	5	0	0	0	0	8.6/10/8.5/8.5/8.5		0/0/0	0/0/0	--Dyed
0	0	0	0	0	0	0	0		0	0	0/0/	5	0	0	0	0	//8.5/8.5/8.5			0/0/0	--Of yarns of different colours
0	0	0	0	0	0	0	0	5.2	0	0	0/0/	0	0	0	0	0	7.3/0/0/0/0			0/0/0	--Printed
0	0	0	0	0	0	0	0		0	0	0/0/	0	0	0	0	0	7.3/0/0/0/0			0/0/0	--Unbleached or bleached
0	0	0	0	0	0	0	0		0	0	0/0/0	5	0	0	0	0	8.6//8.5/8.5/8.5			0/0/0	--Dyed
0	0	0	0	0	0	0	0		0	0	0/0/0	0	0	0	0	0	7.3/0/0/0/0			0/0/0	--Of yarns of different colours
0	0	0	0	0	0	0	0		0	0	0/0/	0	0	0	0	0	7.3/0/0/0/0			0/0/0	--Printed
0	0	0	0	0	0	0	0		0	0	0/0/	5	0	0	0	6.4	//8.5/8.5/8.5			0/0/0	--Unbleached or bleached
0	0	0	0	0	0	0	0		0	0	0/0/0	5	0	0	0	0	//8.5/8.5/8.5		0/0/0	0/0/0	--Dyed
0	0	0	0	0	0	0	0		0	0	0/0/0	0	0	0	0	0	7.3/0/0/0/0			0/0/0	--Of yarns of different colours
0	0	0	0	0	0	0	0		0	0	0/0/	0	0	0	0	0	7.3/0/0/0/0			0/0/0	--Printed
																					Woven fabrics of artificial filament yarn, including woven fabrics obtained from materials of heading 54.05:
0	0	0	0	0	0	0	0		0	0	0/0/	0	0	0	0	6.4	7.3/0/0/0/0			0/0/0	-Woven fabrics obtained from high tenacity yarn of viscose rayon
0	0	0	0	0	0	0	0		0	0	0/0/	0	0	0	0	0	8.7/0/0/0/0			0/0/0	---Of yarns of viscose rayon
0	0	0	0	0	0	0	0		0	0	0/0/	6	0	0	0	6.4	//10.2/10.2/10.2			0/0/0	---Of yarns of cellulose acetate
0	0	0	0	0	0	0	0		0	0	0/0/	0	0	0	0	6.4	8.7/0/0/0/0			0/0/0	---Other
0	0	0	0	0	0	0	0		0	0	0/0/	0	0	0	0	0	7.3/0/0/0/0			0/0/0	---Of yarns of viscose rayon
0	0	0	0	0	0	0	0		0	0	0/0/0	0	0	0	0	0	7.3/0/0/0/0			0/0/0	---Of yarns of cellulose acetate
0	0	0	0	0	0	0	0		0	0	0/0/0	0	0	0	0	0	7.3/7/7/7/7			0/0/0	---Other
0	0	0	0	0	0	0	0		0	0	0/0/	0	0	0	0	0	7.3/0/0/0/0			0/0/0	---Of yarns of viscose rayon
0	0	0	0	0	0	0	0		0	0	0/0/	0	0	0	0	0	7.3/0/0/0/0			0/0/0	---Of yarns of cellulose acetate

商品编号	商品名称及备注［检验检疫编码及名称］	进口关税(%)		增值税率(%)	消费税	计量单位	监管条件	检验检疫类别	对美税率	出口税率(%)	出口退税率(%)
		最惠国	普通								
54082390	---其他										13
5408239000	色织的其他人造纤维长丝机织物(按重量计其他人造纤维长丝,扁条含量≥85%)〔999〕	8	130	13		米/千克			33%	0	
54082410	---粘胶长丝制										13
5408241000	印花的粘胶长丝机织物(按重量计粘胶纤维长丝、扁条或类似品含量≥85%)〔999〕	8	130	13		米/千克				0	
54082420	---醋纤长丝制										13
5408242000	印花的醋酸长丝机织物(按重量计醋酸纤维长丝、扁条或类似品含量≥85%)〔999〕	8	130	13		米/千克				0	
54082490	---其他										13
5408249000	其他印花人造纤维长丝,扁条机织物(按重量计人造纤维长丝、扁条或类似品含量≥85%)〔999〕	8	130	13		米/千克				0	
54083100	--未漂白或漂白										13
5408310000	未漂白或漂白人造纤维长丝其他混纺机织物(按重量计人造纤维长丝、扁条或类似品含量在85%以下)〔999〕	8	130	13		米/千克				0	
54083200	--染色										13
5408320000	染色的人造纤维长丝其他机织物(按重量计人造纤维长丝、扁条或类似品含量在85%以下)〔999〕	8	130	13		米/千克			33%	0	
54083300	--色织										13
5408330000	色织的人造纤维长丝其他机织物(按重量计人造纤维长丝、扁条或类似品含量在85%以下)〔999〕	8	130	13		米/千克			33%	0	
54083400	--印花										13
5408340000	印花的人造纤维长丝其他机织物(按重量计人造纤维长丝、扁条或类似品含量在85%以下)〔999〕	8	130	13		米/千克			33%	0	

智利	新西兰	澳大利亚	瑞士	冰岛	秘鲁	哥斯达	东盟	亚太	新加坡	巴基斯坦	港/澳/台	韩国	格鲁吉亚	毛里求斯	柬埔寨	尼加拉瓜	日/韩/澳/新/东 (RCEP)	亚太2国	老/柬/缅	LDC 98/97/95	Article Description
协定税率(%)																		特惠税率(%)			
0	0	0	0	0	0	0	0		0	0	0/0/0	0	0	0	0	0	7.3/0/0/0/0			0/0/0	---Other
0	0	0	0	0	0	0	0		0	0	0/0/	0	0	0	0	0	7.3/0/0/0/0			0/0/0	---Of yarns of viscose rayon
0	0	0	0	0	0	0	0		0	0	0/0/	0	0	0	0	6.4	7.3/0/0/0/0			0/0/0	---Of yarns of cellulose acetate
0	0	0	0	0	0	0	0		0	0	0/0/	0	0	0	0	6.4	7.3/0/0/0/0			0/0/0	---Other
0	0	0	0	0	0	0	0		0	0	0/0/	0	0	0	0	0	7.3/0/0/0/0			0/0/0	--Unbleached or bleached
0	0	0	0	0	0	0	0	5.2	0	0	0/0/0	3.3	0	0	0	6.4	8.1/8/8.5/8.5/8			0/0/0	--Dyed
0	0	0	0	0	0	0	0		0	0	0/0/	0	0	0	0	0	7.3/0/0/0/0			0/0/0	--Of yarns of different colours
0	0	0	0	0	0	0	0		0	0	0/0/	0	0	0	0	0	7.3/0/0/0/0			0/0/0	--Printed

第五十五章
化学纤维短纤

注释：

品目 55.01 和 55.02 仅适用于每根与丝束长度相等的平行化学纤维长丝丝束。前述丝束应同时符合下列规格：

一、丝束长度超过 2 米；

二、捻度每米少于 5 转；

三、每根长丝细度在 67 分特以下；

四、合成纤维长丝丝束，须经拉伸处理，即本身不能被拉伸至超过本身长度的一倍；

五、丝束总细度大于 20000 分特。

丝束长度不超过 2 米的归入品目 55.03 或 55.04。

商品编号	商品名称及备注［检验检疫编码及名称］	进口关税(%)		增值税率(%)	消费税	计量单位	监管条件	检验检疫类别	对美税率	出口税率(%)	出口退税率(%)
		最惠国	普通								
5501	**合成纤维长丝丝束：**										
55011100	--芳族聚酰胺制										13
5501110000	芳族聚酰胺长丝丝束〔999〕	5	70	13		千克			30%	0	
55011900	--其他										13
5501190000	其他尼龙或聚酰胺长丝丝束〔999〕	5	70	13		千克			30%	0	
55012000	-聚酯制										13
5501200000	聚酯长丝丝束〔999〕	5	70	13		千克			15%	0	
55013000	-聚丙烯腈或变性聚丙烯腈制										13
5501300010	聚丙烯腈制长丝丝束（不包括变性聚丙烯腈长丝丝束和聚丙烯腈基碳纤维原丝）〔999〕	5	35	13		千克			30%	0	
5501300090	变性聚丙烯腈长丝丝束和聚丙烯腈基碳纤维原丝〔999〕	5	35	13		千克			30%	0	
55014000	-聚丙烯制										13
5501400000	聚丙烯长丝丝束〔999〕	5	70	13		千克				0	
55019000	-其他										13
5501900000	其他合成纤维长丝丝束〔999〕	5	70	13		千克			30%	0	
5502	**人造纤维长丝丝束：**										
55021010	---二醋酸纤维丝束										13
5502101000	二醋酸纤维丝束〔999〕	3	40	13		千克	7		13%	0	
55021090	---其他										13
5502109000	其他醋酸纤维丝束〔999〕	5	35	13		千克				0	
55029000	-其他										13
5502900000	其他人造纤维长丝丝束〔999〕	5	35	13		千克				0	
5503	**合成纤维短纤，未梳或未经其他纺前加工：**										
55031110	---聚间苯二甲酰间苯二胺纺制										13
5503111000	未梳的聚间苯二甲酰间苯二胺纺制的短纤（包括未经其他纺前加工的）〔999〕	5	70	13		千克			30%	0	
55031120	---聚对苯二甲酰对苯二胺纺制										13
5503112000	未梳的聚对苯二甲酰对苯二胺纺制的短纤（包括未经其他纺前加工的）〔999〕	5	70	13		千克			15%	0	
55031190	---其他										13
5503119000	未梳的其他芳香族聚酰胺纺制的短纤（包括未经其他纺前加工的）〔999〕	5	70	13		千克			30%	0	
55031900	--其他										13
5503190000	未梳的尼龙或其他聚酰胺短纤（包括未经其他纺前加工的）〔999〕	5	70	13		千克			15%	0	
55032000	-聚酯制										13
5503200000	未梳的聚酯短纤（包括未经其他纺前加工的）〔999〕	5	70	13		千克			30%	0	
55033000	-聚丙烯腈或变性聚丙烯腈制										13
5503300010	未梳或未经其他纺前加工的聚丙烯腈制短纤维（不包括变性聚丙烯腈制）〔999〕	5	35	13		千克			30%	0	
5503300090	未梳或未经其他纺前加工的变性聚丙烯腈制短纤维〔999〕	5	35	13		千克			30%	0	
55034000	-聚丙烯制										13
5503400000	未梳的聚丙烯短纤（包括未经其他纺前加工的）〔999〕	5	70	13		千克			30%	0	
55039010	---聚苯硫醚制										13
5503901000	未梳的聚苯硫醚短纤（包括未经其他纺前加工的）〔999〕	5	70	13		千克			30%	0	
55039090	---其他										13
5503909000	未梳的其他合成纤维短纤（包括未经其他纺前加工的）〔999〕	5	70	13		千克			30%	0	
5504	**人造纤维短纤，未梳或未经其他纺前加工：**										
55041010	---竹制										13
5504101000	未梳的竹制粘胶短纤（包括未经其他纺前加工的）〔999〕	5	35	13		千克				0	
55041021	----阻燃的										13
5504102100	未梳的木制阻燃粘胶短纤（包括未经其他纺前加工的）〔999〕	5	35	13		千克				0	
55041029	----其他										13
5504102900	其他未梳的木制非阻燃粘胶短纤〔999〕	5	35	13		千克				0	

Chapter 55
Man-made staple fibres

Chapter Note:

Headings 55. 01 and 55. 02 apply only to man-made filament tow, consisting of parallel filaments of a uniform length equal to the length of the tow, meeting the following specifications:

1. Length of tow exceeding 2m;
2. Twist less than 5 turns per metre;
3. Measuring per filament less than 67 decitex;
4. Synthetic filament tow only: the tow must be drawn, that is to say, be incapable of being stretched by more than 100% of its length;
5. Total measurement of tow more than 20000 decitex.

Tow of a length not exceeding 2m is to be classified in heading 55. 03 or 55. 04.

协定税率(%)																		特惠税率(%)			Article Description
智利	新西兰	澳大利亚	瑞士	冰岛	秘鲁	哥斯达	东盟	亚太	新加坡	巴基斯坦	港/澳/台	韩国	格鲁吉亚	毛里求斯	柬埔寨	尼加拉瓜	日/韩/澳/新/东(RCEP)	亚太2国	老/柬/缅	LDC 98/97/95	
																					Synthetic filament tow:
0	0	0	0	0	0	0	0			0	0/0/	0	0	0	0	0	0/0/0/0/0			0/0/0	--Of aramids
0	0	0	0	0	0	0	0			0	0/0/	0	0	0	0	0	0/0/0/0/0			0/0/0	--Other
0	0	0	0	0	0	0				0	0/0/	0	0	0	0	0				0/0/0	-Of polyesters
0	0	0	0	0		0		3. 3		0	0/0/	1. 6	0	0	0	4	//4. 6/4. 6/4. 6			0/0/0	-Acrylic or modacrylic
0	0	0	0	0	0	0	0			0	0/0/	0	0	0	0	0	0/0/0/0/0			0/0/0	-Of polypropylene
0	0	0	0	0	0	0	0			0	0/0/	0	0	0	0	0	3. 6/3. 5/0/0/0			0/0/0	-Other
																					Artificial filament tow:
0	0	0	0	0	0	0	0	2		0	0/0/	0	0	0	0	2. 8	2. 2/0/0/0/0			0/0/0	---Cellulose diacetate filament tow
0	0	0	0	0	0	0	0	3. 3		0	0/0/	1. 6	0	0	0	0	4. 1/3. 5/3. 5/3. 5/3. 5			0/0/0	---Other
0	0	0	0	0	0	0	0	3. 3		0	0/0/	1. 6	0	0	0	0	4. 1/3. 5/3. 5/3. 5/3. 5			0/0/0	-Other
																					Synthetic staple fibres, not carded, combed or otherwise processed for spinning:
0	0	0	0	0	0	0	0			0	0/0/		0	0	0	0	//4. 6/4. 6/4. 6			0/0/0	---Of polyisophthaloyl metaphenylene diamine
0	0	0	0	0	0	0	0			0	0/0/		0	0	0	0	//4. 6/4. 6/4. 6			0/0/0	---Of poly-p-phenylene terephthamide
0	0	0	0	0	0	0	0			0	0/0/		0	0	0	0	//4. 6/4. 6/4. 6			0/0/0	---Other
0	0	0	0	0	0	0	0			0	0/0/	0	0	0	0	0	3. 6/3. 5/0/0/0			0/0/0	--Other
0	0	0	0	0	0	0		3. 3		0	0/0/	1. 6	0	0	0	0	//4. 6/4. 6/4. 6			0/0/0	-Of polyesters
0	0	0	0	0	0	0		3. 3		0	0/0/	0	0	0	0	0				0/0/0	-Acrylic or modacrylie
0	0	0	0	0	0	0	0			0	0/0/	0	0	0	0	0	3. 6/3. 5/0/0/0			0/0/0	-Of polypropylene
0	0	0	0	0	0	0	0			0	0/0/0	0	0	0	0	0	3. 6/3. 5/3. 5/3. 5/3. 5			0/0/0	---Of polyphenylene sulfide
0	0	0	0	0	0	0	0			0	0/0/0	0	0	0	0	0	0/0/3. 5/3. 5/0			0/0/0	---Other
																					Artificial staple fibres, not carded, combed or otherwise processed for spinning:
0	0	0	0	0	0	0	0	4. 5		0	0/0/	0	0	0	0	0	0/0/0/0/0			0/0/0	---Of bamboo
0	0	0	0	0	0	0	0	4		0	0/0/	0	0	0	0	0	3. 6/3. 5/0/0/0			0/0/0	----Flame resistant
0	0	0	0	0	0	0	0			0	0/0/	0	0	0	0	0	3. 6/3. 5/3. 5/3. 5/3. 5			0/0/0	----Other

商品编号	商品名称及备注［检验检疫编码及名称］	进口关税（%）		增值税率（%）	消费税	计量单位	监管条件	检验检疫类别	对美税率	出口税率（%）	出口退税率（%）
		最惠国	普通								
55041090	---其他										13
5504109000	其他未梳的粘胶短纤（包括未经其他纺前加工的）［999］	5	35	13		千克			30%	0	
55049000	-其他										13
5504900000	未梳的其他人造纤维短纤（包括未经其他纺前加工的）［999］	5	35	13		千克			30%	0	
5505	**化学纤维废料（包括落绵、废纱及回收纤维）：**										
55051000	-合成纤维的										13
5505100000	合成纤维废料（包括落绵、废纱及回收纤维）［999］	5	70	13		千克	9		30%	0	
55052000	-人造纤维的										13
5505200000	人造纤维废料（包括落绵、废纱及回收纤维）［999］	5	70	13		千克	9		30%	0	
5506	**合成纤维短纤，已梳或经其他纺前加工：**										
55061011	----聚间苯二甲酰间苯二胺纺制										13
5506101100	已梳聚间苯二甲酰间苯二胺纺制的短纤（包括经其他纺前加工的）［999］	5	70	13		千克			30%	0	
55061012	----聚对苯二甲酰对苯二胺纺制										13
5506101200	已梳聚对苯二甲酰对苯二胺纺制的短纤（包括经其他纺前加工的）［999］	5	70	13		千克			15%	0	
55061019	----其他										13
5506101900	其他已梳芳香族聚酰胺纺制的短纤（包括经其他纺前加工的）［999］	5	70	13		千克				0	
55061090	---其他										13
5506109000	其他已梳的尼龙或其他聚酰胺短纤（包括经其他纺前加工的）［999］	5	70	13		千克			30%	0	
55062000	-聚酯制										13
5506200000	已梳的聚酯短纤（包括经其他纺前加工的）［999］	5	70	13		千克			30%	0	
55063000	-聚丙烯腈或变性聚丙烯腈制										13
5506300010	已梳或经其他纺前加工的聚丙烯腈制短纤（不包括变性聚丙烯腈制）［999］	5	35	13		千克			25%	0	
5506300090	已梳或经其他纺前加工的变性聚丙烯腈制短纤［999］	5	35	13		千克			25%	0	
55064000	-聚丙烯制										13
5506400000	已梳的聚丙烯短纤（包括经其他纺前加工的）［999］	5	70	13		千克				0	
55069010	---聚苯硫醚制										13
5506901000	已梳的聚苯硫醚短纤（包括经其他纺前加工的）［999］	5	70	13		千克				0	
55069090	---其他										13
5506909000	已梳的其他合成纤维短纤（包括经其他纺前加工的）［999］	5	70	13		千克			15%	0	
5507	**人造纤维短纤，已梳或经其他纺前加工：**										
55070000	人造纤维短纤，已梳或经其他纺前加工										13
5507000000	已梳的人造纤维短纤（包括经其他纺前加工的）［999］	5	35	13		千克			30%	0	
5508	**化学纤维短纤纺制的缝纫线，不论是否供零售用：**										
55081000	-合成纤维短纤纺制										13
5508100000	合成纤维短纤制缝纫线［999］	5	90	13		千克			30%	0	
55082000	-人造纤维短纤纺制										13
5508200000	人造纤维短纤制缝纫线［999］	5	70	13		千克				0	
5509	**合成纤维短纤纺制的纱线（缝纫线除外），非供零售用：**										
55091100	--单纱										13
5509110000	非零售纯尼龙短纤单纱（纯指按重量计尼龙或其他聚酰胺短纤含量≥85%）［999］	5	90	13		千克			15%	0	
55091200	--多股纱线或缆线										13
5509120000	非零售纯尼龙短纤多股纱线（包括缆线，纯指按重量计尼龙或其他聚酰胺短纤含量≥85%）［999］	5	90	13		千克			30%	0	
55092100	--单纱										13
5509210000	非零售纯聚酯短纤单纱（纯指按重量计聚酯短纤含量≥85%）［999］	5	90	13		千克			30%	0	
55092200	--多股纱线或缆线										13
5509220000	非零售聚酯短纤多股纱线或缆线（聚酯短纤含量≥85%，缝纫线除外）［999］	5	90	13		千克			30%	0	
55093100	--单纱										13
5509310000	非零售纯聚丙烯腈短纤单纱（纯指按重量计聚丙烯腈或变性聚丙烯腈短纤含量≥85%）［999］	5	90	13		千克				0	
55093200	--多股纱线或缆线										13
5509320000	非零售纯聚丙烯腈短纤多股纱线（包括缆线，纯指按重量计聚丙烯腈或其变性短纤含量≥85%）［999］	5	90	13		千克			30%	0	
55094100	--单纱										13
5509410000	非零售纯合成纤维短纤单纱（纯指按重量计其他合成纤维短纤含量≥85%）［999］	5	90	13		千克				0	

协定税率(%)																		特惠税率(%)			
智利	新西兰	澳大利亚	瑞士	冰岛	秘鲁	哥斯达	东盟	亚太	新加坡	巴基斯坦	港/澳/台	韩国	格鲁吉亚	毛里求斯	柬埔寨	尼加拉瓜	日/韩/澳/新/东(RCEP)	亚太2国	老/柬/缅	LDC 98/97/95	Article Description
0	0	0	0	0	0	0	0			0	0/0/	0	0	0	0	0	3. 6/3. 5/0/0/0			0/0/0	---Other
0	0	0	0	0	0	0	0			0	0/0/0	0	0	0	0	0	0/0/0/0/0			0/0/0	-Other
																					Waste (including noils, yarn waste and garnetted stock) of man-made fibres:
0	0	0	0	0	0	0	0			0	0/0/	0	0	0	0	0	3. 6/3. 5/3. 5/3. 5/3. 5			0/0/0	-Of synthetic fibres
0	0	0	0	0	0	0	0	3. 5		0	0/0/	0	0	0	0	0	3. 6/3. 5/0/0/0			0/0/0	-Of artificial fibres
																					Synthetic staple fibres, carded, combed or otherwise processed for spinning:
0	0	0	0	0	0	0	0			0	0/0/		0	0	0	0	//4. 6/4. 6/4. 6			0/0/0	----Of polyisophthaloyl metaphenylene diamine
0	0	0	0	0	0	0	0			0	0/0/		0	0	0	0	//4. 6/4. 6/4. 6			0/0/0	----Of poly-p-phenylene terephthamide
0	0	0	0	0	0	0	0			0	0/0/	1. 6	0	0	0	0	//4. 6/4. 6/4. 6			0/0/0	----Other
0	0	0	0	0	0	0	0			0	0/0/	0	0	0	0	0	0/0/0/0/0			0/0/0	---Other
0	0	0	0	0	0	0		3. 3		4. 5	0/0/	0	0	0	0	0				0/0/0	-Of polyesters
0	0	0	0	0	0	0		3. 3		4. 5	0/0/	0	0	0	0	0				0/0/0	-Acrylic or modacrylic
0	0	0	0	0	0	0	0			0	0/0/	1. 6	0	0	0	0	4. 1/3. 5/3. 5/3. 5/3. 5			0/0/0	-Of polypropylene
0	0	0	0	0	0	0	0			0	0/0/	1. 6	0	0	0	0	/4. 3/4. 3/4. 3/4. 3			0/0/0	---Of polyphenylene sulfide
0	0	0	0	0	0	0	0			0	0/0/	1. 6	0	0	0	0	4. 1/3. 5/3. 5/3. 5/3. 5			0/0/0	---Other
																					Artificial staple fibres, carded, combed or otherwise processed for spinning:
0	0	0	0	0	0	0	0			0	0/0/	0	0	0	0	0	0/0/0/0/0			0/0/0	Artificial staple fibres, carded, combed or otherwise processed for spinning
																					Sewing thread of man-made staple fibres, whether or not put up for retail sale:
0	0	0	0	0	0	0	0	3. 3		0	0/0/	0	0	0	0	0	0/0/0/0/0			0/0/0	-Of synthetic staple fibres
0	0	0	0	0	0	0	0			0	0/0/	0	0	0	0	0	0/0/0/0/0			0/0/0	-Of artificial staple fibres
																					Yarn (other than sewing thread) of synthetic staple fibres, not put up for retail sale:
0	0	0	0	0	0	0	0			0	0/0/	0	0	0	0	0	0/0/0/0/0			0/0/0	--Single yarn
0	0	0	0	0	0	0	0			0	0/0/	0	0	0	0	0	0/0/0/0/0			0/0/0	--Multiple (folded) or cabled yarn
0	0	0	0	0	0	0	0			0	0/0/	0	0	0	0	0	0/0/0/0/0			0/0/0	--Single yarn
0	0	0	0	0	0	0	0			0	0/0/	0	0	0	0	0	0/0/0/0/0			0/0/0	--Multiple (folded) or cabled yarn
0	0	0	0	0	0	0	0			0	0/0/	0	0	0	0	0	0/0/0/0/0			0/0/0	--Single yarn
0	0	0	0	0	0	0	0	3. 3		0	0/0/0	0	0	0	0	0	0/0/0/0/0			0/0/0	--Multiple (folded) or cabled yarn
0	0	0	0	0	0	0	0			0	0/0/	0	0	0	0	0	0/0/0/0/0			0/0/0	--Single yarn

商品编号	商品名称及备注[检验检疫编码及名称]	进口关税(%)		增值税率(%)	消费税	计量单位	监管条件	检验检疫类别	对美税率	出口税率(%)	出口退税率(%)
		最惠国	普通								
55094200	--多股纱线或缆线										13
5509420000	非零售纯合成纤维短纤多股纱线(包括缆线,纯指按重量计含其他合成纤维含量≥85%)〔999〕	5	90	13		千克			30%	0	
55095100	--主要或仅与人造纤维短纤混纺										13
5509510000	非零售与人造纤维短纤混纺聚酯短纤纱(混纺指按重量计聚酯短纤含量<85%)〔999〕	5	90	13		千克			30%	0	
55095200	--主要或仅与羊毛或动物细毛混纺										13
5509520000	非零售与毛混纺聚酯短纤纱线(混纺指按重量计聚酯短纤含量<85%)〔999〕	5	90	13		千克			30%	0	
55095300	--主要或仅与棉混纺										13
5509530000	非零售与棉混纺聚酯短纤纱线(混纺指按重量计聚酯短纤含量<85%)〔999〕	5	90	13		千克			30%	0	
55095900	--其他										13
5509590000	非零售与其他混纺聚酯短纤纱线(混纺指按重量计聚酯短纤含量<85%)〔999〕	5	90	13		千克			15%	0	
55096100	--主要或仅与羊毛或动物细毛混纺										13
5509610000	非零售与毛混纺腈纶短纤纱线(混纺指按重量计聚丙烯腈及其变性短纤含量<85%)〔999〕	5	90	13		千克			30%	0	
55096200	--主要或仅与棉混纺										13
5509620000	非零售与棉混纺腈纶短纤纱线(混纺指按重量计聚丙烯腈及其变性短纤含量<85%)〔999〕	5	90	13		千克				0	
55096900	--其他										13
5509690000	非零售与其他混纺腈纶短纤纱线(混纺指按重量计聚丙烯腈及其变性短纤含量<85%)〔999〕	5	90	13		千克				0	
55099100	--主要或仅与羊毛或动物细毛混纺										13
5509910000	非零售与毛混纺其他合成纤维短纤纱线(混纺指按重量计其他合成纤维短纤含量<85%)〔999〕	5	90	13		千克				0	
55099200	--主要或仅与棉混纺										13
5509920000	非零售与棉混纺其他合成纤维短纤纱线(混纺指按重量计其他合成纤维短纤含量<85%)〔999〕	5	90	13		千克				0	
55099900	--其他										13
5509990000	非零售与其他混纺合成纤维短纤纱线(混纺指按重量计其他合成纤维短纤含量<85%)〔999〕	5	90	13		千克			25%	0	
5510	**人造纤维短纤纺制的纱线(缝纫线除外),非供零售用:**										
55101100	--单纱										13
5510110000	非零售其他纯人造纤维短纤单纱(纯指按重量计其纤维短纤含量≥85%)〔999〕	5	70	13		千克				0	
55101200	--多股纱线或缆线										13
5510120000	非零售其他纯人造纤维短纤多股纱线(包括缆线,纯指按重量计其他人造纤维短纤含量≥85%)〔999〕	5	70	13		千克			30%	0	
55102000	-其他纱线,主要或仅与羊毛或动物细毛混纺										13
5510200000	非零售与毛混纺其他人造纤维短纤纱线(混纺指按重量计其他人造纤维短纤含量<85%)〔999〕	5	70	13		千克			30%	0	
55103000	-其他纱线,主要或仅与棉混纺										13
5510300000	非零售与棉混纺其他人造纤维短纤纱线(混纺指按重量计其他人造纤维短纤含量<85%)〔999〕	5	70	13		千克				0	
55109000	-其他										13
5510900000	非零售与其他混纺人造纤维短纤纱线(混纺指按重量计其他人造纤维短纤含量<85%)〔999〕	5	70	13		千克				0	
5511	**化学纤维短纤纺制的纱线(缝纫线除外),供零售用:**										
55111000	-按重量计合成纤维短纤含量在85%及以上										13
5511100000	零售用纯合成纤维短纤纱线(纯指按重量计其他合成纤维短纤含量≥85%)〔999〕	5	90	13		千克			25%	0	
55112000	-按重量计合成纤维短纤含量在85%以下										13
5511200000	零售用混纺合成纤维短纤纱线(混纺指重量计其他合成纤维含量<85%)〔999〕	5	90	13		千克			30%	0	
55113000	-人造纤维短纤纺制										13
5511300000	零售用人造纤维短纤纱线〔999〕	5	90	13		千克				0	
5512	**合成纤维短纤纺制的机织物,按重量计合成纤维短纤含量在85%及以上:**										
55121100	--未漂白或漂白										13

协定税率(%)																		特惠税率(%)			Article Description
智利	新西兰	澳大利亚	瑞士	冰岛	秘鲁	哥斯达	东盟	亚太	新加坡	巴基斯坦	港/澳/台	韩国	格鲁吉亚	毛里求斯	柬埔寨	尼加拉瓜	日/韩/澳/新/东(RCEP)	亚太2国	老/柬/缅	LDC 98/97/95	
0	0	0	0	0	0	0	0			0	0/0/	0	0	0	0	0	3.6/3.5/0/0/0			0/0/0	--Multiple (folded) or cabled yarn
0	0	0	0	0	0	0	0			0	0/0/	0	0	0	0	0	3.6/3.5/0/0/0			0/0/0	--Mixed mainly or solely with artificial staple fibres
0	0	0	0	0	0	0	0			0	0/0/	0	0	0	0	0	0/0/0/0/0			0/0/0	--Mixed mainly or solely with wool or fine animal hair
0	0	0	0	0	0	0	0	3.3		0	0/0/0	0	0	0	0	0	0/0/3.5/3.5/0			0/0/0	--Mixed mainly or solely with cotton
0	0	0	0	0	0	0	0			0	0/0/	0	0	0	0	0	0/0/0/0/0			0/0/0	--Other
0	0	0	0	0	0	0	0			0	0/0/	0	0	0	0	0	0/0/0/0/0			0/0/0	--Mixed mainly or solely with wool or fine animal hair
0	0	0	0	0	0	0	0	3.3		0	0/0/	0	0	0	0	0	0/0/0/0/0			0/0/0	--Mixed mainly or solely with cotton
0	0	0	0	0	0	0	0			0	0/0/	0	0	0	0	0	0/0/0/0/0			0/0/0	--Other
0	0	0	0		0	0	0			0	0/0/	0	0	0	0	0	3.6/0/0/0/0			0/0/0	--Mixed mainly or solely with wool or fine animal hair
0	0	0	0	0	0	0	0			0	0/0/0	0	0	0	0	0	0/0/0/0/0			0/0/0	--Mixed mainly or solely with cotton
0	0	0	0	0	0	0	0			0	0/0/	0	0	0	0	0	0/0/0/0/0			0/0/0	--Other
																					Yarn (other than sewing thread) of artificial staple fibres, not put up for retail sale:
0	0	0	0	0	0	0	0	3.3		0	0/0/0	1.6	0	0	0	0	4.1/3.5/3.5/3.5/3.5			0/0/0	--Single yarn
0	0	0	0	0	0	0	0			0	0/0/0	1.6	0	0	0	0	4.1/3.5/3.5/3.5/3.5			0/0/0	--Multiple (folded) or cabled yarn
0	0	0	0	0	0	0	0			0	0/0/	0	0	0	0	0	0/0/0/0/0			0/0/0	-Other yarn, mixed mainly or solely with wool or fine animal hair
0	0	0	0	0	0	0	0	3.3		0	0/0/0	0	0	0	0	0	0/0/0/0/0			0/0/0	-Other yarn, mixed mainly or solely with cotton
0	0	0	0	0	0	0	0	3.3		0	0/0/	0	0	0	0	0	3.6/3.5/0/0/0			0/0/0	-Other yarn
																					Yarn (other than sewing thread) of man-made staple fibres, put up for retail sale:
0	0	0	0	0	0	0	0			0	0/0/	0	0	0	0	0	0/0/0/0/0			0/0/0	-Of synthetic staple fibres, containing 85% or more by weight of such fibres
0	0	0	0	0	0	0	0			0	0/0/	0	0	0	0	0	0/0/0/0/0			0/0/0	-Of synthetic staple fibres, containing less than 85% by weight of such fibres
0	0	0	0	0	0	0	0			0	0/0/	0	0	0	0	0	0/0/0/0/0			0/0/0	-Of artificial staple fibres
																					Woven fabrics of synthetic staple fibres, containing 85% or more by weight of synthetic staple fibres:
0	0	0	0	0	0	0	0	5.2	0	0	0/0/0	0	0	0	0	0	10.9/10.5/0/0/0			0/0/0	--Unbleached or bleached

商品编号	商品名称及备注［检验检疫编码及名称］	进口关税(%)		增值税率(%)	消费税	计量单位	监管条件	检验检疫类别	对美税率	出口税率(%)	出口退税率(%)
		最惠国	普通								
5512110000	未漂或漂白聚酯短纤机织物(按重量计聚酯短纤含量≥85%)〔999〕	8	130	13		米/千克			33%	0	
55121900	--其他										13
5512190000	聚酯短纤其他机织物(按重量计聚酯短纤含量≥85%)〔999〕	8	130	13		米/千克			33%	0	
55122100	--未漂白或漂白										13
5512210000	未漂白或漂白腈纶短纤机织物(按重量计腈纶短纤含量≥85%)〔999〕	8	130	13		米/千克			28%	0	
55122900	--其他										13
5512290000	腈纶短纤其他机织物(按重量计腈纶短纤含量≥85%)〔999〕	8	130	13		米/千克			18%	0	
55129100	--未漂白或漂白										13
5512910000	未漂白或漂白其他合成纤维短纤其他机织物(按重量计其他合成纤维短纤含量≥85%)〔999〕	8	130	13		米/千克			33%	0	
55129900	--其他										13
5512990000	其他合成纤维短纤其他机织物(按重量计其他合成纤维短纤含量≥85%)〔999〕	8	130	13		米/千克			33%	0	
5513	**合成纤维短纤纺制的机织物,按重量计合成纤维短纤含量在85%以下,主要或仅与棉混纺,每平方米重量不超过170克:**										
55131110	---未漂白										13
5513111000	与棉混纺未漂白聚酯短纤平纹机织物(含聚酯短纤<85%)〔101 棉混纺坯布〕,〔102 合成纤维混纺机织物〕	8	130	13		米/千克			13%	0	
55131120	---漂白										13
5513112010	与棉混纺漂白聚酯短纤平纹府绸(含聚酯短纤<85%,每平方米重≤170克,含细平布)〔101 漂白棉混纺布〕,〔102 合成纤维混纺机织物〕	8	130	13		米/千克			13%	0	
5513112020	与棉混纺漂白聚酯短纤机织平布(混纺为含聚酯短纤<85%,轻质指每平方米重≤170克)〔101 漂白棉混纺布〕,〔102 合成纤维混纺机织物〕	8	130	13		米/千克			13%	0	
5513112030	与棉混纺漂白聚酯平纹印染用布(混纺为含聚酯短纤<85%,轻质指每平方米重≤170克)〔101 漂白棉混纺布〕,〔102 合成纤维混纺机织物〕	8	130	13		米/千克			13%	0	
5513112040	与棉混纺漂白聚酯短纤平纹奶酪布等(含聚酯短纤<85%,每平方米重≤170克,含薄细布,巴里纱)〔101 漂白棉混纺布〕,〔102 合成纤维混纺机织物〕	8	130	13		米/千克			13%	0	
55131210	---未漂白										13
5513121000	与棉混纺未漂白的轻质聚酯斜纹布(混纺为含聚酯短纤<85%,轻质指每平方米重≤170克)〔101 棉混纺坯布〕,〔102 漂白棉混纺布〕,〔103 合成纤维混纺机织物〕	8	130	13		米/千克			13%	0	
55131220	---漂白										13
5513122000	与棉混纺漂白的轻质聚酯斜纹布(混纺为含聚酯短纤<85%,轻质指每平方米重≤170克)〔101 漂白棉混纺布〕,〔102 合成纤维混纺机织物〕	8	130	13		米/千克			13%	0	
55131310	---未漂白										13
5513131000	与棉混纺未漂聚酯短纤其他机织物(含聚酯短纤<85%)〔101 棉混纺坯布〕,〔102 合成纤维混纺机织物〕	8	130	13		米/千克			13%	0	
55131320	---漂白										13
5513132000	与棉混纺漂白聚酯短纤其他机织物(含聚酯短纤<85%)〔101 漂白棉混纺布〕,〔102 合成纤维混纺机织物〕	8	130	13		米/千克			13%	0	
55131900	--其他机织物										13
5513190000	与棉混纺的未漂白或漂白的其他合成纤维短纤机织物(其他合成纤维短纤含量<85%)〔101 棉混纺坯布〕,〔102 漂白棉混纺布〕,〔103 合成纤维混纺机织物〕	8	130	13		米/千克			13%	0	
55132100	--聚酯短纤纺制的平纹机织物										13
5513210000	与棉混染色聚酯短纤平纹机织物(聚酯短纤85%以下)〔101 棉混纺染色布〕,〔102 合成纤维混纺机织物〕	8	130	13		米/千克			33%	0	
55132310	---聚酯短纤纺制的三线或四线斜纹机织物,包括双面斜纹机织物										13
5513231000	与棉混纺染色的轻质聚酯斜纹机织物(包括三线或四线、双面斜纹机织物,聚酯短纤<85%,轻质指每平方米重≤170克)〔101 棉混纺染色布〕,〔102 合成纤维混纺机织物〕	8	130	13		米/千克				0	
55132390	---其他										13
5513239000	与棉混纺染色聚酯短纤其他机织物(混纺为含聚酯短纤<85%,每平方米重≤170克)〔101 棉混纺染色布〕,〔102 合成纤维混纺机织物〕	8	130	13		米/千克			33%	0	
55132900	--其他机织物										13
5513290000	与棉混纺染色其他合成纤维短纤其他布(含其他合成纤维短纤<85%)〔101 棉混纺染色布〕,〔102 合成纤维混纺机织物〕	8	130	13		米/千克			33%	0	
55133100	--聚酯短纤纺制的平纹机织物										13
5513310000	与棉混纺色织的聚酯短纤平纹布(含聚酯短纤<85%,每平方米重≤170克)〔101 色织棉混纺布〕,〔102 合成纤维混纺机织物〕	8	130	13		米/千克			33%	0	
55133910	---聚酯短纤纺制的三线或四线斜纹机织物,包括双面斜纹机织物										13
5513391000	与棉混纺色织的聚酯短纤三线或四线斜纹布(含聚酯短纤<85%,每平方米重≤170克,包括双面斜纹机织物)〔101 色织棉混纺布〕,〔102 合成纤维混纺机织物〕	8	130	13		米/千克				0	
55133920	---其他聚酯短纤纺制的机织物										13

协定税率(%)																		特惠税率(%)			Article Description
智利	新西兰	澳大利亚	瑞士	冰岛	秘鲁	哥斯达	东盟	亚太	新加坡	巴基斯坦	港/澳/台	韩国	格鲁吉亚	毛里求斯	柬埔寨	尼加拉瓜	日/韩/澳/新/东(RCEP)	亚太2国	老/柬/缅	LDC 98/97/95	
0	0	0	0	0	0	0	0		0	0	0/0/0	5	0	0	0	0	8. 6/8. 5/8. 5/8. 5/8. 5			0/0/0	--Other
0	0	0	0	0	0	0	0		0	0	0/0/	0	0	0	0	6. 4	9. 5/9. 1/0/0/0			0/0/0	--Unbleached or bleached
0	0	0	0	0	0	0	0	5. 2	0	0	0/0/	0	0	0	0	6. 4	7. 3/0/0/0/0			0/0/0	--Other
0	0	0	0	0	0	0	0		0	0	0/0/	0	0	0	0	6. 4	13. 1/12. 6/0/0/0			0/0/0	--Unbleached or bleached
0	0	0	0	0	0	0	0		0	0	0/0/0	3. 3	0	0	0	0	8. 1/8/8. 5/8. 5/8		0/0/0	0/0/0	--Other
																					Woven fabrics of synthetic staple fibres, containing less than 85% by weight of such fibres, mixed mainly or solely with cotton, of a weight not exceeding 170g/m^2:
0	0	0	0	0	0	0	0	4. 8	0	0	0/0/	0	0	0	0	0	11. 6/11. 2/0/0/0			0/0/0	---Unbleached
0	0	0	0	0	0	0	0	4. 8	0	0	0/0/	0	0	0	0	0	10. 9/10. 5/0/0/0			0/0/0	---Bleached
0	0	0	0	0	0	0	0		0	0	0/0/	0	0	0	0	0	11. 6/11. 2/0/0/0			0/0/0	---Unbleached
0	0	0	0	0	0	0	0		0	0	0/0/	0	0	0	0	6. 4	13. 1/12. 6/0/0/0			0/0/0	---Bleached
0	0	0	0	0	0	0	0	7. 2	0	0	0/0/	0	0	0	0	0	11. 6/11. 2/0/0/0			0/0/0	---Unbleached
0	0	0	0	0	0	0	0		0	0	0/0/	0	0	0	0	0	13. 1/12. 6/0/0/0			0/0/0	---Bleached
0	0	0	0	0	0	0	0	4. 8	0	0	0/0/	0	0	0	0	6. 4	13. 1/12. 6/0/0/0			0/0/0	--Other woven fabrics
0	0	0	0	0	0	0	0	5. 2	0	0	0/0/0	0	0	0	0	0	7. 3/0/0/0/0			0/0/0	--Of polyester staple fibres, plain weave
0	0	0	0	0	0	0	0		0	0	0/0/	0	0	0	0	6. 4	7. 3/0/0/0/0			0/0/0	---3-thread or 4-thread twill, including cross twill, of polyester staple fibres
0	0	0	0	0	0	0	0		0	0	0/0/	0	0	0	0	0	7. 3/7/0/0/0			0/0/0	---Other
0	0	0	0	0	0	0	0		0	0	0/0/	0	0	0	0	0	7. 3/0/0/0/0			0/0/0	--Other woven fabrics
0	0	0	0	0	0	0	0		0	0	0/0/	0	0	0	0	0	7. 3/0/0/0/0			0/0/0	--Of polyester staple fibres, plain weave
0	0	0	0	0	0	0	0	5. 2	0	0	0/0/	0	0	0	0	0	7. 3/0/0/0/0			0/0/0	---3-thread or 4-thread twill, including cross twill, of polyester staple fibres
0	0	0	0	0	0	0	0		0	0	0/0/	0	0	0	0	0	7. 3/0/0/0/0			0/0/0	---Other woven fabrics of polyester staple fibres

商品编号	商品名称及备注[检验检疫编码及名称]	进口关税(%)		增值税率(%)	消费税	计量单位	监管条件	检验检疫类别	对美税率	出口税率(%)	出口退税率(%)
		最惠国	普通								
5513392000	与棉混纺色织聚酯短纤其他机织物(混纺为含聚酯短纤<85%,每平方米重≤170克)〔101 色织棉混纺布〕,〔102 合成纤维混纺机织物〕	8	130	13		米/千克				0	
55133990	---其他										13
5513399000	与棉混纺色织其他合成纤维短纤其他布(混纺为含其他合成纤维短纤<85%,每平方米重≤170克)〔101 色织棉混纺布〕,〔102 合成纤维混纺机织物〕	8	130	13		米/千克				0	
55134100	--聚酯短纤纺制的平纹机织物										13
5513410000	与棉混印花聚酯短纤平纹机织物(含聚酯短纤<85%,指每平方米重≤170克)〔101 棉混纺印花布〕,〔102 合成纤维混纺机织物〕	8	130	13		米/千克				0	
55134910	---聚酯短纤纺制的三线或四线斜纹机织物,包括双面斜纹机织物										13
5513491000	与棉混纺印花的轻质聚酯三线或四线斜纹布(混纺为含聚酯短纤<85%,轻质指每平方米重≤170克,包括双面斜纹机织物)〔101 棉混纺印花布〕,〔102 合成纤维混纺机织物〕	8	130	13		米/千克				0	
55134920	---其他聚酯短纤纺制的机织物										13
5513492000	与棉混纺印花聚酯短纤其他机织物(混纺为含聚酯短纤<85%,每平方米重≤170克)〔101 棉混纺印花布〕,〔102 合成纤维混纺机织物〕	8	130	13		米/千克				0	
55134990	---其他										13
5513499000	与棉混纺印花其他合成纤维纤短纤其他布(混纺为含其他合成纤维短纤<85%,轻质指每平方米重≤170克)〔101 棉混纺印花布〕,〔102 合成纤维混纺机织物〕	8	130	13		米/千克				0	
5514	**合成纤维短纤纺制的机织物,按重量计合成纤维短纤含量在85%以下,主要或仅与棉混纺,每平方米重量超过170克:**										
55141110	---未漂白										13
5514111000	与棉混纺未漂白聚酯短纤平纹机织物(含聚酯短纤<85%,每平方米重>170克)〔101 棉混纺坯布〕,〔102 合成纤维混纺机织物〕	8	130	13		米/千克			13%	0	
55141120	---漂白										13
5514112000	与棉混纺漂白聚酯短纤平纹机织物(含聚酯短纤<85%,每平方米重>170克)〔101 漂白棉混纺布〕,〔102 合成纤维混纺机织物〕	8	130	13		米/千克			33%	0	
55141210	---未漂白										13
5514121000	与棉混纺未漂白的重质聚酯斜纹布(混纺为含聚酯短纤<85%,重质指每平方米重>170克)〔101 棉混纺坯布〕,〔102 合成纤维混纺机织物〕	8	130	13		米/千克			13%	0	
55141220	---漂白										13
5514122000	与棉混纺漂白的聚酯短纤斜纹布(含聚酯短纤<85%,每平方米重>170克)〔101 漂白棉混纺布〕,〔102 合成纤维混纺机织物〕	8	130	13		米/千克			13%	0	
55141911	----未漂白										13
5514191100	与棉混纺未漂白聚酯短纤其他机织物(混纺为含聚酯短纤<85%,每平方米重>170克)〔101 棉混纺坯布〕,〔102 合成纤维混纺机织物〕	8	130	13		米/千克			18%	0	
55141912	----漂白										13
5514191200	与棉混纺漂白聚酯短纤其他机织物(混纺为含聚酯短纤<85%,每平方米重>170克)〔101 漂白棉混纺布〕,〔102 合成纤维混纺机织物〕	8	130	13		米/千克			13%	0	
55141990	---其他										13
5514199000	与棉混纺未漂白或漂白其他合成纤维短纤布(其他合成纤维短纤<85%,每平方米重>170克,指其他机织物)〔101 棉混纺坯布〕,〔102 漂白棉混纺布〕,〔103 合成纤维混纺机织物〕	8	130	13		米/千克			33%	0	
55142100	--聚酯短纤纺制的平纹机织物										13
5514210000	与棉混纺染色聚酯短纤平纹机织物(聚酯短纤<85%,每平方米重>170克)〔101 棉混纺染色布〕,〔102 合成纤维混纺机织物〕	8	130	13		米/千克			33%	0	
55142200	--聚酯短纤纺制的三线或四线斜纹机织物,包括双面斜纹机织物										13
5514220000	与棉混纺染色的重质聚酯斜纹布(混纺为含聚酯短纤<85%,重质指每平方米重>170克)〔101 棉混纺染色布〕,〔102 合成纤维混纺机织物〕	8	130	13		米/千克			33%	0	
55142300	--其他聚酯短纤纺制的机织物										13
5514230000	与棉混纺染色聚酯短纤其他机织物(聚酯短纤<85%,每平方米重>170克)〔101 棉混纺染色布〕,〔102 合成纤维混纺机织物〕	8	130	13		米/千克			33%	0	
55142900	--其他机织物										13
5514290000	与棉混纺染色其他合成纤维短纤其他机织物(混纺为含其他合成纤维短纤<85%,重质指每平方米重>170克)〔101 棉混纺染色布〕,〔102 合成纤维混纺机织物〕	8	130	13		米/千克			33%	0	
55143010	---聚酯短纤纺制的平纹机织物										13
5514301000	与棉混纺色织的重质聚酯平纹布(混纺为含聚酯短纤<85%,重质指每平方米重>170克)〔101 色织棉混纺布〕,〔102 合成纤维混纺机织物〕	8	130	13		米/千克			33%	0	
55143020	---聚酯短纤纺制的三线或四线斜纹机织物,包括双面斜纹机织物										13
5514302000	与棉混纺色织聚酯短纤三四线斜纹布(聚酯短纤<85%,每平方米重>170克,包括双面斜纹机织物)〔101 色织棉混纺布〕,〔102 合成纤维混纺机织物〕	8	130	13		米/千克				0	
55143030	---其他聚酯短纤纺制的机织物										13

协定税率(%)																		特惠税率(%)			Article Description
智利	新西兰	澳大利亚	瑞士	冰岛	秘鲁	哥斯达	东盟	亚太	新加坡	巴基斯坦	港/澳/台	韩国	格鲁吉亚	毛里求斯	柬埔寨	尼加拉瓜	日/韩/澳/新/东 (RCEP)	亚太2国	老/柬/缅	LDC 98/97/95	
0	0	0	0	0	0	0	0		0	0	0/0/	0	0	0	0	6.4	7.3/0/0/0/0			0/0/0	---Other
0	0	0	0	0	0	0	0		0	0	0/0/	0	0	0	0	0	7.3/0/0/0/0		0/0/0	0/0/0	--Of polyester staple fibres, plain weave
0	0	0	0	0	0	0	0		0	0	0/0/	0	0	0	0	6.4	7.3/0/0/0/0			0/0/0	---3-thread or 4-thread twill, including cross twill, of polyester staple fibres
0	0	0	0	0	0	0	0		0	0	0/0/	0	0	0	0	0	7.3/0/0/0/0			0/0/0	---Other woven fabrics of polyester staple fibres
0	0	0	0	0	0	0	0		0	0	0/0/	0	0	0	0	6.4	7.3/0/0/0/0			0/0/0	---Other
																					Woven fabrics of synthetic staple fibres, containing less than 85% by weight of such fibres, mixed mainly or solely with cotton, of a weight exceeding 170g/m^2:
0	0	0	0	0	0	0	0	5.2	0	0	0/0/	0	0	0	0	6.4	11.6/11.2/0/0/0			0/0/0	---Unbleached
0	0	0	0	0	0	0	0		0	0	0/0/	0	0	0	0	0	13.1/12.6/0/0/0			0/0/0	---Bleached
0	0	0	0	0	0	0	0		0	0	0/0/	0	0	0	0	0	11.6/11.2/0/0/0			0/0/0	---Unbleached
0	0	0	0	0	0	0	0		0	0	0/0/	0	0	0	0	0	13.1/12.6/0/0/0			0/0/0	---Bleached
0	0	0	0	0	0	0	0		0	0	0/0/	0	0	0	0	0	11.6/11.2/0/0/0			0/0/0	----Unbleached
0	0	0	0	0	0	0	0		0	0	0/0/	0	0	0	0	6.4	13.1/12.6/0/0/0			0/0/0	----Bleached
0	0	0	0	0	0	0	0	5.2	0	0	0/0/	0	0	0	0	6.4	11.6/11.2/0/0/0			0/0/0	---Other
0	0	0	0	0	0	0	0		0	0	0/0/	0	0	0	0	0	7.3/0/0/0/0			0/0/0	--Of polyester staple fibres, plain weave
0	0	0	0	0	0	0	0		0	0	0/0/	0	0	0	0	0	7.3/7/8.5/8.5/7			0/0/0	--3-thread or 4-thread twill, including cross twill, of polyester staple fibres
0	0	0	0	0	0	0	0		0	0	0/0/	0	0	0	0	0	7.3/0/0/0/0		0/0/0	0/0/0	--Other woven fabrics of polyester staple fibres
0	0	0	0	0	0	0	0		0	0	0/0/	0	0	0	0	0	7.3/0/0/0/0			0/0/0	--Other woven fabrics
0	0	0	0	0	0	0	0		0	0	0/0/	0	0	0	0	0	7.3/0/0/0/0			0/0/0	---Of polyester staple fibres, plain weave
0	0	0	0	0	0	0	0		0	0	0/0/	0	0	0	0	6.4	7.3/0/0/0/0			0/0/0	---3-thread or 4-thread twill, including cross twill, of polyester staple fibres
0	0	0	0	0	0	0	0		0	0	0/0/	0	0	0	0	0	7.3/0/0/0/0			0/0/0	---Other woven fabrics of polyester staple fibres

商品编号	商品名称及备注[检验检疫编码及名称]	进口关税(%)		增值税率(%)	消费税	计量单位	监管条件	检验检疫类别	对美税率	出口税率(%)	出口退税率(%)
		最惠国	普通								
5514303000	与棉混纺色织聚酯短纤其他机织物(混纺为含聚酯短纤<85%,每平方米重>170 克)〔101 色织棉混纺布〕,〔102 合成纤维混纺机织物〕	8	130	13		米/千克			28%	0	
55143090	---其他机织物										13
5514309000	与棉混纺色织合成纤维短纤其他机织物(混纺为含其他合成纤维短纤<85%,每平方米重>170 克)〔101 色织棉混纺布〕,〔102 合成纤维混纺机织物〕	8	130	13		米/千克			33%	0	
55144100	--聚酯短纤纺制的平纹机织物										13
5514410000	与棉混纺印花聚酯短纤平纹机织物(混纺为含聚酯短纤<85%,重质指每平方米重>170 克)〔101 棉混纺印花布〕,〔102 合成纤维混纺机织物〕	8	130	13		米/千克			18%	0	
55144200	--聚酯短纤纺制的三线或四线斜纹机织物,包括双面斜纹机织物										13
5514420000	与棉混纺印花的重质聚酯斜纹布(混纺为含聚酯短纤<85%,重质指每平方米重>170 克)〔101 棉混纺印花布〕,〔102 合成纤维混纺机织物〕	8	130	13		米/千克				0	
55144300	--其他聚酯短纤纺制的机织物										13
5514430000	与棉混纺印花聚酯短纤其他机织物(混纺为含聚酯短纤<85%,重质指每平方米重>170 克)〔101 棉混纺印花布〕,〔102 合成纤维混纺机织物〕	8	130	13		米/千克			18%	0	
55144900	--其他机织物										13
5514490000	与棉混纺印花其他合成纤维纤短纤其他机织物(混纺为含其他合成纤维短纤<85%,重质指每平方米重>170 克)〔101 棉混纺印花布〕,〔102 合成纤维混纺机织物〕	8	130	13		米/千克				0	
5515	**合成纤维短纤纺制的其他机织物:**										
55151100	--主要或仅与粘胶纤维短纤混纺										13
5515110000	主要或仅与粘胶纤维短纤混纺聚酯短纤其他机织物(聚酯短纤含量<85%,主要或仅与粘胶纤维短纤混纺)〔999〕	8	130	13		米/千克			33%	0	
55151200	--主要或仅与化学纤维长丝混纺										13
5515120000	主要或仅与化学纤维长丝混纺聚酯短纤其他机织物(聚酯短纤含量<85%,与化纤长丝混纺)〔999〕	8	130	13		米/千克			33%	0	
55151300	--主要或仅与羊毛或动物细毛混纺										13
5515130000	主要或仅与羊毛或动物细毛混纺聚酯短纤其他机织物(聚酯短纤含量<85%)〔999〕	8	130	13		米/千克			33%	0	
55151900	--其他										13
5515190000	其他聚酯短纤其他机织物(聚酯短纤含量<85%,与其他纤维混纺)〔999〕	8	130	13		米/千克			33%	0	
55152100	--主要或仅与化学纤维长丝混纺										13
5515210000	主要或仅与化学纤维长丝混纺腈纶短纤机织物(腈短纤含量<85%,主要或仅与化纤长丝混纺)〔999〕	8	130	13		米/千克			18%	0	
55152200	--主要或仅与羊毛或动物细毛混纺										13
5515220000	主要或仅与羊毛或动物细毛混纺腈纶短纤机织物(腈短纤含量<85%)〔999〕	8	130	13		米/千克				0	
55152900	--其他										13
5515290000	其他腈纶短纤与其他纤维混机织物(腈短纤含量<85%,与其他纤维混纺)〔999〕	8	130	13		米/千克			33%	0	
55159100	--主要或仅与化学纤维长丝混纺										13
5515910000	主要或仅与化学纤维长丝混纺其他合成纤维短纤其他机织物(与化学纤维长丝混纺,合成纤维短纤含量<85%)〔999〕	8	130	13		米/千克			33%	0	
55159900	--其他										13
5515990000	其他合成纤维短纤其他机织物(合成纤维短纤含量<85%,与其他纤维混纺)〔999〕	8	130	13		米/千克			28%	0	
5516	**人造纤维短纤纺制的机织物:**										
55161100	--未漂白或漂白										13
5516110000	未漂白或漂白的纯人造纤维短纤机织物(按重量计人造纤维短纤含量≥85%)〔999〕	8	130	13		米/千克			33%	0	
55161200	--染色										13
5516120000	染色的纯人造纤维短纤布(纯人造纤维布指按重量计人造纤维短纤含量≥85%)〔999〕	8	130	13		米/千克			28%	0	
55161300	--色织										13
5516130000	色织的纯人造纤维短纤布(纯人造纤维布指按重量计人造纤维短纤含量≥85%)〔999〕	8	130	13		米/千克			33%	0	
55161400	--印花										13
5516140000	印花的纯人造纤维短纤布(纯人造纤维布指按重量计人造纤维短纤含量≥85%)〔999〕	8	130	13		米/千克			33%	0	
55162100	--未漂白或漂白										13
5516210000	未漂白或漂白的人造纤维短纤机织物(人造纤维短纤含量<85%,与化学纤维长丝混纺)〔999〕	8	130	13		米/千克			28%	0	
55162200	--染色										13
5516220000	染色人造纤维短纤机织物(人造纤维短纤含量<85%,与化学纤维长丝混纺)〔999〕	8	130	13		米/千克			33%	0	
55162300	--色织										13

智利	新西兰	澳大利亚	瑞士	冰岛	秘鲁	哥斯达	东盟	亚太	新加坡	巴基斯坦	港/澳/台	韩国	格鲁吉亚	毛里求斯	柬埔寨	尼加拉瓜	日/韩/澳/新/东(RCEP)	亚太2国	老/柬/缅	LDC 98/97/95	Article Description
协定税率(%)																		特惠税率(%)			
0	0	0	0	0	0	0	0		0	0	0/0/	0	0	0	0	6.4	7.3/0/0/0/0			0/0/0	---Other woven fabrics
0	0	0	0	0	0	0	0		0	0	0/0/	0	0	0	0	6.4	7.3/0/0/0/0			0/0/0	--Of polyester staple fibres, plain weave
0	0	0	0	0	0	0	0		0	0	0/0/	0	0	0	0	0	7.3/0/0/0/0			0/0/0	--3-thread or 4-thread twill, including cross twill, of polyester staple fibres
0	0	0	0	0	0	0	0		0	0	0/0/	0	0	0	0	0	7.3/0/0/0/0			0/0/0	--Other woven fabrics of polyester staple fibres
0	0	0	0	0	0	0	0		0	0	0/0/	0	0	0	0	6.4	7.3/0/0/0/0			0/0/0	--Other woven fabrics
																					Other woven fabrics of synthetic staple fibres:
0	0	0	0	0	0	0	0	5.2	0	0	0/0/0	0	0	0	0	0	7.3/0/0/0/0			0/0/0	--Mixed mainly or solely with viscose rayon staple fibres
0	0	0	0	0	0	0	0	5.2	0	0	0/0/0	0	0	0	0	0	7.3/0/0/0/0			0/0/0	--Mixed mainly or solely with man-made filaments
0	0	0	0	0	0	0	0		0	0	0/0/	0	0	0	0	0	7.3/7/7/7/7			0/0/0	--Mixed mainly or solely with wool or fine animal hair
0	0	0	0	0	0	0	0	5.2	0	0	0/0/	0	0	0	0	0	7.3/0/0/0/0			0/0/0	--Other
0	0	0	0	0	0	0	0		0	0	0/0/	0	0	0	0	6.4	7.3/0/0/0/0			0/0/0	--Mixed mainly or solely with man-made filaments
0	0	0	0	0	0	0	0		0	0	0/0/	0	0	0	0	6.4	8.7/0/0/0/0			0/0/0	--Mixed mainly or solely with wool or fine animal hair
0	0	0	0	0	0	0	0		0	0	0/0/	0	0	0	0	6.4	7.3/0/0/0/0			0/0/0	--Other
0	0	0	0	0	0	0	0		0	0	0/0/	0	0	0	0	0	7.3/0/0/0/0			0/0/0	--Mixed mainly or solely with man-made filaments
0	0	0	0	0	0	0	0	5.2	0	0	0/0/	0	0	0	0	0	7.3/0/0/0/0			0/0/0	--Other
																					Woven fabrics of artificial staple fibres:
0	0	0	0	0	0	0	0		0	0	0/0/	0	0	0	0	0	8.7/0/0/0/0			0/0/0	--Unbleached or bleached
0	0	0	0	0	0	0	0		0	0	0/0/0	0	0	0	0	0	7.3/0/0/0/0			0/0/0	--Dyed
0	0	0	0	0	0	0	0		0	0	0/0/	0	0	0	0	0	7.3/0/0/0/0			0/0/0	--Of yarns of different colours
0	0	0	0	0	0	0	0		0	0	0/0/	0	0	0	0	0	7.3/0/0/0/0			0/0/0	--Printed
0	0	0	0	0	0	0	0		0	0	0/0/	0	0	0	0	0	8.7/0/0/0/0			0/0/0	--Unbleached or bleached
0	0	0	0	0	0	0	0	5.2	0	0	0/0/0	3.3	0	0	0	0	8.1/8/8.5/8.5/8			0/0/0	--Dyed
0	0	0	0	0	0	0	0		0	0	0/0/	0	0	0	0	0	7.3/0/0/0/0			0/0/0	--Of yarns of different colours

商品编号	商品名称及备注[检验检疫编码及名称]	进口关税(%)		增值税率(%)	消费税	计量单位	监管条件	检验检疫类别	对美税率	出口税率(%)	出口退税率(%)
		最惠国	普通								
5516230000	色织人造纤维短纤机织物(人造纤维短纤含量<85%,与化学纤维长丝混纺)〔999〕	8	130	13		米/千克			28%	0	
55162400	--印花										13
5516240000	印花人造纤维短纤机织物(人造纤维短纤含量<85%,与化学纤维长丝混纺)〔999〕	8	130	13		米/千克				0	
55163100	--未漂白或漂白										13
5516310000	未漂白或漂白人造纤维短纤机织物(按重量计人造纤维短纤含量<85%,主要或仅与羊毛或动物细毛混纺)〔999〕	8	130	13		米/千克				0	
55163200	--染色										13
5516320000	染色人造纤维短纤机织物(按重量计人造纤维短纤含量<85%,主要或仅与羊毛或动物细毛混纺)〔999〕	8	130	13		米/千克				0	
55163300	--色织										13
5516330000	色织人造纤维短纤机织物(按重量计人造纤维短纤含量<85%,主要或仅与羊毛或动物细毛混纺)〔999〕	8	130	13		米/千克			33%	0	
55163400	--印花										13
5516340000	印花人造纤维短纤机织物(按重量计人造纤维短纤含量<85%,主要或仅与羊毛或动物细毛混纺)〔999〕	8	130	13		米/千克				0	
55164100	--未漂白或漂白										13
5516410000	与棉混纺的未漂白或漂白人造纤维短纤机织物(按重量计人造纤维短纤含量<85%,主要或仅与棉混纺)〔101 棉混纺坯布〕,〔102 漂白棉混纺布〕,〔103 人造纤维混纺机织物〕	8	130	13		米/千克			33%	0	
55164200	--染色										13
5516420000	与棉混纺的染色人造纤维短纤机织物(按重量计人造纤维短纤含量<85%,主要或仅与棉混纺)〔101 棉混纺染色布〕,〔102 人造纤维混纺机织物〕	8	130	13		米/千克			33%	0	
55164300	--色织										13
5516430000	与棉混纺的色织人造纤维短纤机织物(按重量计人造纤维短纤含量<85%,主要或仅与棉混纺)〔101 色织棉混纺布〕,〔102 人造纤维混纺机织物〕	8	130	13		米/千克			28%	0	
55164400	--印花										13
5516440000	与棉混纺的印花人造纤维短纤机织物(按重量计人造纤维短纤含量<85%,主要或仅与棉混纺)〔101 棉混纺印花布〕,〔102 人造纤维混纺机织物〕	8	130	13		米/千克				0	
55169100	--未漂白或漂白										13
5516910000	未漂或漂白人造纤维短纤其他机织物(与其他纤维混纺,人造纤维短纤含量<85%以下)〔999〕	8	130	13		米/千克				0	
55169200	--染色										13
5516920000	染色人造纤维短纤其他机织物(与其他纤维混纺,人造纤维短纤含量<85%)〔999〕	8	130	13		米/千克			33%	0	
55169300	--色织										13
5516930000	色织人造纤维短纤其他机织物(与其他纤维混纺,人造纤维短纤含量<85%)〔999〕	8	130	13		米/千克			33%	0	
55169400	--印花										13
5516940000	印花人造纤维短纤府绸、细平布、平布、印染用布、奶酪布、帆布、缎纹或斜纹机织物、牛津布(与其他纤维混纺,人造纤维短纤含量<85%)〔999〕	8	130	13		米/千克			33%	0	

协定税率(%)																		特惠税率(%)			
智利	新西兰	澳大利亚	瑞士	冰岛	秘鲁	哥斯达	东盟	亚太	新加坡	巴基斯坦	港/澳/台	韩国	格鲁吉亚	毛里求斯	柬埔寨	尼加拉瓜	日/韩/澳/新/东 (RCEP)	亚太2国	老/柬/缅	LDC 98/97/95	Article Description
0	0	0	0	0	0	0	0		0	0	0/0/	0	0	0	0	0	7.3/0/0/0/0			0/0/0	--Printed
0	0	0	0	0	0	0	0		0	0	0/0/	0	0	0	0	0	8.7/0/0/0/0			0/0/0	--Unbleached or bleached
0	0	0	0	0	0	0	0		0	0	0/0/	0	0	0	0	6.4	7.3/0/0/0/0			0/0/0	--Dyed
0	0	0	0	0	0	0	0		0	0	0/0/	0	0	0	0	0	7.3/0/0/0/0			0/0/0	--Of yarns of different colours
0	0	0	0	0	0	0	0		0	0	0/0/	0	0	0	0	6.4	7.3/0/0/0/0			0/0/0	--Printed
0	0	0	0	0	0	0	0		0	0	0/0/	0	0	0	0	0	8.7/0/0/0/0			0/0/0	--Unbleached or bleached
0	0	0	0	0	0	0	0		0	0	0/0/	0	0	0	0	0	8.7/0/0/0/0			0/0/0	--Dyed
0	0	0	0	0	0	0	0		0	0	0/0/	0	0	0	0	6.4	7.3/0/0/0/0			0/0/0	--Of yarns of different colours
0	0	0	0	0	0	0	0		0	0	0/0/	0	0	0	0	0	7.3/0/0/0/0			0/0/0	--Printed
0	0	0	0	0	0	0	0		0	0	0/0/	0	0	0	0	0	8.7/0/0/0/0			0/0/0	--Unbleached or bleached
0	0	0	0	0	0	0	0		0	0	0/0/	3.3	0	0	0	0	8.1/8/8.5/8.5/8			0/0/0	--Dyed
0	0	0	0	0	0	0	0		0	0	0/0/	0	0	0	0	0	7.3/0/0/0/0			0/0/0	--Of yarns of different colours
0	0	0	0	0	0	0	0	5.2	0	0	0/0/	0	0	0	0	0	7.3/0/0/0/0			0/0/0	--Printed

第五十六章
絮胎、毡呢及无纺织物；特种纱线；线、绳、索、缆及其制品

注释：

一、本章不包括：

（一）用各种物质或制剂（例如，第三十三章的香水或化妆品、税目34.01的肥皂或洗涤剂、税目34.05的光洁剂、擦洗膏及类似制剂、税目38.09的织物柔软剂）浸渍、涂布、包覆的絮胎、毡呢或无纺织物，其中的纺织材料仅作为承载介质；

（二）品目58.11的纺织产品；

（三）以毡呢或无纺织物为底的砂布及类似品（品目68.05）；

（四）以毡呢或无纺织物为底的黏聚或复制云母（品目68.14）；

（五）以毡呢或无纺织物为底的金属箔（通常归入第十四类或第十五类）；或

（六）品目96.19的卫生巾（护垫）及卫生棉条、尿布及尿布衬里和类似品。

二、所称“毡呢”，包括针刺机制毡呢以及纤维本身通过缝编工序增强了抱合力的纺织纤维网状织物。

三、品目56.02及56.03分别包括用各种性质（紧密结构或泡沫状）的塑料或橡胶浸渍、涂布、包覆或层压的毡呢及无纺织物。

品目56.03还包括用塑料或橡胶作黏合材料的无纺织物。

但品目56.02及56.03不包括：

（一）用塑料或橡胶浸渍、涂布、包覆或层压，按重量计纺织材料含量在50%及以下的毡呢或者完全嵌入塑料或橡胶之内的毡呢（第三十九章或第四十章）；

（二）完全嵌入塑料或橡胶之内的无纺织物，以及用肉眼可辨别出两面都用塑料或橡胶涂布、包覆的无纺织物，涂布或包覆所引起的颜色变化可不予考虑（第三十九章或第四十章）；或

（三）与毡呢或无纺织物混制的泡沫塑料或海绵橡胶板、片或扁条，纺织材料仅在其中起增强作用（第三十九章或第四十章）。

四、品目56.04不包括用肉眼无法辨别出是否经过浸渍、涂布或包覆的纺织纱线或品目54.04或54.05的扁条及类似品（通常归入第五十章至第五十五章）；运用本条规定，可不考虑浸渍、涂布或包覆所引起的颜色变化。

商品编号	商品名称及备注[检验检疫编码及名称]	进口关税(%) 最惠国	普通	增值税率(%)	消费税	计量单位	监管条件	检验检疫类别	对美税率	出口税率(%)	出口退税率(%)
5601	**纺织材料絮胎及其制品；长度不超过5毫米的纺织纤维（纤维屑）、纤维粉末及球结：**										
56012100	--棉制										13
5601210000	棉制的絮胎及絮胎制品〔999〕	8	50	13		千克			33%	0	
56012210	---卷烟滤嘴										13
5601221000	化学纤维制的卷烟滤嘴〔999〕	8	100	13		千克	7			0	
56012290	---其他										13
5601229000	化学纤维制的絮胎及絮胎制品〔999〕	8	100	13		千克			18%	0	
56012900	--其他										13
5601290000	其他纺织材料制絮胎及制品〔999〕	8	90	13		千克			33%	0	
56013000	-纤维屑、纤维粉末及球结										13
5601300010[暂5]	由两种或以上有机聚合物纺制的纤维（横截面为皮芯结构或并列结构或海岛结构，长度不超过5毫米）〔999〕	8	100	13		千克			15%	0	
5601300090	纺织纤维屑、纤维粉末及球结（纺织纤维长度不超过5毫米）〔999〕	8	100	13		千克			18%	0	
5602	**毡呢，不论是否浸渍、涂布、包覆或层压：**										
56021000	-针刺机制毡呢及纤维缝编织物										13
5602100000	针刺机制毡呢及纤维缝编织物（不论是否浸渍、涂布、包覆或层压）〔999〕	8	100	13		千克			18%	0	
56022100	--羊毛或动物细毛制										13
5602210000	羊毛及动物细毛制其他毡呢（未浸渍、涂布、包覆或层压）〔999〕	8	100	13		千克			33%	0	
56022900	--其他纺织材料制										13
5602290000	其他纺织材料制其他毡呢（未浸渍、涂布、包覆或层压）〔999〕	8	100	13		千克			28%	0	
56029000	-其他										13
5602900000	其他纺织材料制其他毡呢（浸渍、涂布、包覆或层压）〔999〕	8	100	13		千克			28%	0	
5603	**无纺织物，不论是否浸渍、涂布、包覆或层压：**										
56031110	---经浸渍、涂布、包覆或层压										13
5603111000	化学纤维长丝制无纺织物（浸渍、涂布、包覆或层压，每平方米重≤25克）〔999〕	8	70	13		千克			33%	0	
56031190	---其他										13
5603119000	其他化学纤维长丝制无纺织物（每平方米重≤25克）〔999〕	8	130	13		千克			33%	0	
56031210	---经浸渍、涂布、包覆或层压										13
5603121000	25克<每平方米重≤70克浸渍长丝无纺布（浸渍包括涂布、包覆或压层；长丝指化学纤维长丝）〔999〕	8	70	13		千克			18%	0	
56031290	---其他										13
5603129000	25克<每平方米重≤70克其他长丝无纺布（长丝指化学纤维长丝）〔999〕	8	130	13		千克				0	
56031310	---经浸渍、涂布、包覆或层压										13

Chapter 56
Wadding, felt and nonwovens; special yarns; twine, cordage, ropes and cables and articles thereof

Chapter Notes:

1. This Chapter does not cover:
   (a) Wadding, felt or nonwovens, impregnated, coated or covered with substances or preparations (for example, perfumes or cosmetics of Chapter 33, soaps or detergents of heading 34.01, polishes, creams or similar preparations of heading 34.05, fabric softeners of heading 38.09) where the textile material is present merely as a carrying medium;
   (b) Textile products of heading 58.11;
   (c) Natural or artificial abrasive powder or grain, on a backing of felt or nonwovens (heading 68.05);
   (d) Agglomerated or reconstituted mica, on a backing of felt or nonwovens (heading 68.14);
   (e) Metal foil on a backing of felt or nonwovens (generally Section XIV or XV); or
   (f) Sanitary towels (pads) and tampons, napkins (diapers) and napkin liners and similar articles of heading 96.19.

2. The term "felt" includes needleloom felt and fabrics consisting of a web of textile fibres the cohesion of which has been enhanced by a stitch-bonding process using fibres from the web itself.

3. Headings 56.02 and 56.03 cover respectively felt and nonwovens, impregnated, coated, covered or laminated with plastics or rubber whatever the nature of these materials (compact or cellular).
   Heading 56.03 also includes nonwovens in which plastics or rubber forms the bonding substance.
   Headings 56.02 and 56.03 do not, however, cover:
   (a) Felt impregnated, coated, covered or laminated with plastics or rubber, containing 50% or less by weight of textile material or felt completely embedded in plastics or rubber (Chapter 39 or 40);
   (b) Nonwovens, either completely embedded in plastics or rubber, or entirely coated or covered on both sides with such materials, provided that such coating or covering can be seen with the naked eye with no account being taken of any resulting change of colour (Chapter 39 or 40); or
   (c) Plates, sheets or strip of cellular plastics or cellular rubber combined with felt or nonwovens, where the textile material is present merely for reinforcing purposes (Chapter 39 or 40).

4. Heading 56.04 does not cover textile yarn, or strip or the like of heading 54.04 or 54.05, in which the impregnation, coating or covering cannot be seen with the naked eye (usually Chapters 50 to 55); for the purpose of this provision, no account should be taken of any resulting change of colour.

协定税率(%)																		特惠税率(%)			Article Description
智利	新西兰	澳大利亚	瑞士	冰岛	秘鲁	哥斯达	东盟	亚太	新加坡	巴基斯坦	港/澳/台	韩国	格鲁吉亚	毛里求斯	柬埔寨	尼加拉瓜	日/韩/澳/新/东 (RCEP)	亚太2国	老/柬/缅	LDC 98/97/95	
																					Wadding of textile materials and articles thereof; textile fibres, not exceeding 5mm in length (flock), textile dust and mill neps:
0	0	0	0	0	0	0	0		0	2.5	0/0/	0	0	0	0	0	7.3/0/0/0/0			0/0/0	--Of cotton
0	0		0	0	0	0	0		0	4.8	0/0/			0	0					0/0/0	---Cigarette filter tips
0	0	0	0	0	0	0	0		0		0/0/0	4	0	0	0	0	9.8/9.6/10.2/ 10.2/9.6			0/0/0	---Other
0	0	0	0	0	0	0	0		0	2.5	0/0/	0	0	0	0	0	7.3/0/0/0/0			0/0/0	--Other
0	0	0	0	0	0	0	0		0	2.5	0/0/	0	0	0	0	0	7.3/0/0/0/0			0/0/0	-Textile flock and dust and mill neps
																					Felt, whether or not impregnated, coated, covered or laminated:
0	0	0	0	0	0	0	0		0	2.5	0/0/	0	0	0	0	0	7.3/0/0/0/0			0/0/0	-Needleloom felt and stitch-bonded fibre fabrics
0	0	0	0	0	0	0	0		0	2.5	0/0/	0	0	0	0	6.4	7.3/0/0/0/0			0/0/0	--Of wool or fine animal hair
0	0	0	0	0	0	0	0		0	2.5	0/0/	0	0	0	0	0	7.3/0/0/0/0			0/0/0	--Of other textile materials
0	0	0	0	0	0	0	0		0	2.5	0/0/	0	0	0	0	0	7.3/0/0/0/0			0/0/0	-Other
																					Nonwovens, whether or not impregnated, coated, covered or laminated:
0	0	0	0	0	0	0	0	5.2	0	0	0/0/0	0	0	0	0	0	7.3/0/0/0/0		0/0/0	0/0/0	---Impregnated, coated, covered or laminated
0	0	0	0	0	0	0	0	6.8	0	0	0/0/	0	0	0	0	0	7.3/7/7/7/7			0/0/0	---Other
0	0	0	0	0	0	0	0	5.2	0	0	0/0/	3.3	0	0	0	0	8.1/8/8.5/8.5/8		0/0/0	0/0/0	---Impregnated, coated, covered or laminated
0	0	0	0	0	0	0	0		0	0	0/0/0	0	0	0	0	0	7.3/0/0/0/0			0/0/0	---Other
0	0	0	0	0	0	0	0	5.2	0	0	0/0/0	0	0	0	0	0	7.3/0/0/0/0			0/0/0	---Impregnated, coated, covered or laminated

商品编号	商品名称及备注[检验检疫编码及名称]	进口关税(%)		增值税率(%)	消费税	计量单位	监管条件	检验检疫类别	对美税率	出口税率(%)	出口退税率(%)
		最惠国	普通								
5603131000	70 克<每平方米重≤150 克浸渍长丝无纺(浸渍包括涂布、包覆或压层;长丝指化学纤维长丝)〔999〕	8	70	13		千克				0	
56031390	---其他										13
5603139000	70 克<每平方米重≤150 克其他长丝无纺(长丝指化学纤维长丝)〔999〕	8	130	13		千克				0	
56031410	---经浸渍、涂布、包覆或层压										13
5603141000	每平方米重>150 克经浸渍长丝无纺布(浸渍包括涂布、包覆或压层;长丝指化纤长丝)〔999〕	8	70	13		千克			28%	0	
56031490	---其他										13
5603149000	每平方米重>150 克的其他长丝无纺布(长丝指化学纤维长丝)〔999〕	8	130	13		千克			28%	0	
56039110	---经浸渍、涂布、包覆或层压										13
5603911010[暂5]	每平方米重≤25 克经浸渍的乙烯聚合物制电池隔膜基布(浸渍包括涂布、包覆或压层)〔999〕	8	70	13		千克			25%	0	
5603911090	每平方米重≤25 克经浸渍其他无纺布(浸渍包括涂布、包覆或压层)〔999〕	8	70	13		千克			28%	0	
56039190	---其他										13
5603919000	每平方米重≤25 克的其他无纺布〔999〕	8	85	13		千克			33%	0	
56039210	---经浸渍、涂布、包覆或层压										13
5603921010[暂5]	25 克<每平方米重≤70 克浸渍的乙烯聚合物制电池隔膜基布(浸渍包括涂布、包覆或压层)〔999〕	8	70	13		千克			15%	0	
5603921090	25 克<每平方米重≤70 克浸渍其他无纺布(浸渍包括涂布、包覆或压层)〔999〕	8	70	13		千克			18%	0	
56039290	---其他										13
5603929000	25 克<每平方米重≤70 克其他无纺布〔999〕	8	85	13		千克			18%	0	
56039310	---经浸渍、涂布、包覆或层压										13
5603931010[暂5]	70 克<每平方米重≤150 克浸渍的乙烯聚合物制电池隔膜基布(浸渍包括涂布、包覆或压层)〔999〕	8	70	13		千克			25%	0	
5603931090	70 克<每平方米重≤150 克浸渍其他无纺布(浸渍包括涂布、包覆或压层)〔999〕	8	70	13		千克			28%	0	
56039390	---其他										13
5603939000	70 克<每平方米重≤150 克的其他无纺布〔999〕	8	85	13		千克			28%	0	
56039410	---经浸渍、涂布、包覆或层压										13
5603941000	其他材料制无纺织物(浸渍、涂布、包覆或压层,每平方米重>150 克)〔999〕	8	70	13		千克			28%	0	
56039490	---其他										13
5603949000	其他材料制无纺织物(每平方米重>150 克)〔999〕	8	85	13		千克			28%	0	
5604	**用纺织材料包覆的橡胶线及绳;用橡胶或塑料浸渍、涂布、包覆或套裹的纺织纱线及税目 54.04 或 54.05 的扁条及类似品:**										
56041000	-用纺织材料包覆的橡胶线及绳										13
5604100000	用纺织材料包覆的橡胶线及绳〔999〕	5	80	13		千克			15%	0	
56049000	-其他										13
5604900000	其他纺织纱线及品目 54.04 或 54.05 的扁条及类似品(用橡胶或塑料浸渍、涂布、包覆、套裹)〔999〕	5	80	13		千克			15%	0	
5605	**含金属纱线,不论是否螺旋花线,由纺织纱线或税目 54.04 或 54.05 的扁条及类似品与金属线、扁条或粉末混合制得或用金属包覆制得:**										
56050000	含金属纱线,不论是否螺旋花线,由纺织纱线或税目 54.04 或 54.05 的扁条及类似品与金属线、扁条或粉末混合制得或用金属包覆制得										13
5605000000	含金属纱线,不论是否螺旋花线,由纺织纱线或品目 54.04 或 54.05 的扁条及类似品与金属线、扁条或粉末混合制得或用金属包覆制得〔999〕	5	70	13		千克			30%	0	
5606	**粗松螺旋花线,税目 54.04 或 54.05 的扁条及类似品制的螺旋花线(税目 56.05 的货品及马毛粗松螺旋花线除外);绳绒线(包括植绒绳绒线);纵行起圈纱线:**										
56060000	粗松螺旋花线,税目 54.04 或 54.05 的扁条及类似品制的螺旋花线(税目 56.05 的货品及马毛粗松螺旋花线除外);绳绒线(包括植绒绳绒线);纵行起圈纱线										13
5606000000	绳绒线及粗松螺旋花线(包括纵行起圈纱线,但品目 56.05 的货品及马毛粗松线除外)〔999〕	5	70	13		千克			30%	0	

协定税率(%)																		特惠税率(%)			Article Description
智利	新西兰	澳大利亚	瑞士	冰岛	秘鲁	哥斯达	东盟	亚太	新加坡	巴基斯坦	港/澳/台	韩国	格鲁吉亚	毛里求斯	柬埔寨	尼加拉瓜	日/韩/澳/新/东(RCEP)	亚太2国	老/柬/缅	LDC 98/97/95	
0	0	0	0	0	0	0	0		0	0	0/0/0	0	0	0	0	0	7.3/7/7/7/7			0/0/0	---Other
0	0	0	0	0	0	0	0	5.2	0	0	0/0/0	3.3	0	0	0	0	8.1/8/8.5/8.5/8			0/0/0	---Impregnated, coated, covered or laminated
0	0	0	0	0	0	0	0	5.2	0	0	0/0/0	0	0	0	0	0	7.3/7/7/7/7			0/0/0	---Other
0	0	0	0	0	0	0	0	5.2	0	0	0/0/	0	0	0	0	6.4	7.3/7/0/0/0			0/0/0	---Impregnated, coated, covered or laminated
0	0	0	0	0	0	0	0	6.8	0	0	0/0/	0	0	0	0	0	7.3/7/0/0/0			0/0/0	---Other
0	0	0	0	0	0	0	0	5.2	0	0	0/0/	0	0	0	0	6.4	7.3/7/0/0/0			0/0/0	---Impregnated, coated, covered or laminated
0	0	0	0	0	0	0	0	5.2		0	0/0/0	0	0	0	0	0	7.3/7/7/7/7		0/0/0	0/0/0	---Other
0	0	0	0	0	0	0	0	5.2	0	0	0/0/	0	0	0	0	6.4	7.3/7/7/7/7			0/0/0	---Impregnated, coated, covered or laminated
0	0	0	0	0	0	0	0	5.2	0	0	0/0/0	0	0	0	0	0	7.3/0/0/0/0			0/0/0	---Other
0	0	0	0	0	0	0	0	5.2	0	0	0/0/0	0	0	0	0	0	7.3/7/7/7/7			0/0/0	---Impregnated, coated, covered or laminated
0	0	0	0	0	0	0	0	5.2	0	0	0/0/0	3.3	0	0	0	0	8.1/8/8.5/8.5/8		0/0/0	0/0/0	---Other
																					Rubber thread and cord, textile covered; textile yarn, and strip and the like of heading 54.04 or 54.05, impregnated, coated, covered or sheathed with rubber or plastics:
0	0	0	0	0	0	0	0			0	0/0/	0	0	0	0	0	0/0/0/0/0		0/0/0	0/0/0	-Rubber thread and cord, textile covered
0	0	0	0	0	0	0	0			0	0/0/	0	0	0	0	0	4.1/3.5/3.5/3.5/3.5			0/0/0	-Other
																					Metallized yarn, whether or not gimped, being textile yarn, or strip or the like of heading 54.04 or 54.05, combined with metal in the form of thread, strip or powder or covered with metal:
0	0	0	0	0	0	0	0			0	0/0/	0	0	0	0	0	0/0/0/0/0			0/0/0	Metallized yarn, whether or not gimped, being textile yarn, or strip or the like of heading 54.04 or 54.05, combined with metal in the form of thread, strip or powder or covered with metal
																					Gimped yarn, and strip and the like of heading 54.04 or 54.05, gimped, other than those of heading 56.05 and gimped horsehair yarn; chenille yarn, including flock chenille yarn; loopwale yarn:
0	0	0	0	0	0	0	0			0	0/0/	0	0	0	0	0	0/0/0/0/0			0/0/0	Gimped yarn, and strip and the like of heading 54.04 or 54.05, gimped, other than those of heading 56.05 and gimped horsehair yarn; chenille yarn, including flock chenille yarn; loopwale yarn

商品编号	商品名称及备注[检验检疫编码及名称]	进口关税(%)		增值税率(%)	消费税	计量单位	监管条件	检验检疫类别	对美税率	出口税率(%)	出口退税率(%)
		最惠国	普通								
5607	**线、绳、索、缆,不论是否编织或编结而成,也不论是否用橡胶或塑料浸渍、涂布、包覆或套裹:**										
56072100	--包扎用绳										13
5607210000	西沙尔麻或其他纺织用龙舌兰类纤维纺制包扎用绳(农机用,可编织或编结,可用橡胶或塑料浸涂包套)〔999〕	5	50	13		千克				0	
56072900	--其他										13
5607290000	剑麻或龙舌兰纤维制其他线绳索缆(可编织或编结,可用橡胶或塑料浸渍、涂布,包覆,套裹)〔999〕	5	50	13		千克				0	
56074100	--包扎用绳										13
5607410000	聚乙烯或聚丙烯纺制包扎用绳(可编织或编结,可用橡胶或塑料浸渍、涂布,包覆,套裹)〔999〕	5	100	13		千克			15%	0	
56074900	--其他										13
5607490000	其他聚乙烯或聚丙烯制线绳索缆(可编织或编结,可用橡胶或塑料浸渍、涂布,包覆,套裹)〔999〕	5	100	13		千克			15%	0	
56075000	-其他合成纤维纺制										13
5607500000	其他合纤制线绳索缆(不论是否编织或编结而成,可用橡胶或塑料浸渍、涂布,包覆,套裹)〔999〕	5	100	13		千克			15%	0	
56079010	---蕉麻(马尼拉麻)或其他硬质(叶)纤维纺制										13
5607901000	蕉麻或硬质(叶)纤维制线,绳,索,缆(可编织或编结,可用橡胶或塑料浸渍、涂布,包覆,套裹)〔999〕	5	50	13		千克				0	
56079090	---其他										13
5607909000	其他纺织材料制线,绳,索,缆(可编织或编结,可用橡胶或塑料浸渍、涂布,包覆,套裹)〔999〕	5	100	13		千克			25%	0	
5608	**线、绳或索结制的网料;纺织材料制成的渔网及其他网:**										
56081100	--制成的渔网										13
5608110000	化学纤维材料制成的渔网〔999〕	8	50	13		千克				0	
56081900	--其他										13
5608190000	化学纤维材料制成的网料和其他网(包括化学纤维线、绳、索结制的网料,罗网及篓状网除外)〔999〕	8	100	13		千克			28%	0	
56089000	-其他										13
5608900000	其他纺织纤维制成的渔网、其他网及网料(罗网及篓状网除外)〔999〕	8	100	13		千克			28%	0	
5609	**用纱线、税目54.04或54.05的扁条及类似品或线、绳、索、缆制成的其他税目未列名物品:**										
56090000	用纱线、税目54.04或54.05的扁条及类似品或线、绳、索、缆制成的其他税目未列名物品										13
5609000000	用纱线,扁条,绳,索,缆制其他物品(扁条及类似品指品目54.04或54.05的物品)〔999〕	8	100	13		千克			33%	0	

协定税率(%)																		特惠税率(%)			Article Description
智利	新西兰	澳大利亚	瑞士	冰岛	秘鲁	哥斯达	东盟	亚太	新加坡	巴基斯坦	港/澳/台	韩国	格鲁吉亚	毛里求斯	柬埔寨	尼加拉瓜	日/韩/澳/新/东(RCEP)	亚太2国	老/柬/缅	LDC 98/97/95	
																					Twine, cordage, rope sand cables, whether or not plaited or braided and whether or not impregnated, coated, covered or sheathed with rubber or plastics:
0	0	0	0	0	0	0	0			0	0/0/	0	0	0	0	0	0/0/0/0/0			0/0/0	--Binder or baler twine
0	0	0	0	0	0	0	0			0	0/0/	0	0	0	0	0	0/0/0/0/0			0/0/0	--Other
0	0	0	0	0	0	0	0			0	0/0/	0	0	0	0	0	0/0/0/0/0			0/0/0	--Binder or baler twine
0	0	0	0	0	0	0	0			0	0/0/	0	0	0	0	0	0/0/0/0/0			0/0/0	--Other
0	0	0	0	0	0	0	0			0	0/0/0	0	0	0	0	0	0/0/0/0/0			0/0/0	-Of other synthetic fibres
0	0	0	0	0	0	0	0			0	0/0/	0	0	0	0	0	0/0/0/0/0			0/0/0	---Of abaca (Manila hemp or Muse textilis Nee) or other hard (leaf) fibres
0	0	0	0	0	0	0	0			0	0/0/	0	0	0	0	0	0/0/0/0/0	2.5	0/0/0	0/0/0	---Other
																					Knotted netting of twine, cordage or rope; made up fishing nets and other made up nets, of textile materials:
0	0	0	0	0	0	0	0			2.5	0/0/	0	0	0	0	0	7.3/0/0/0/0			0/0/0	--Made up fishing nets
0	0	0	0	0	0	0	0		0	0	0/0/0	0	0	0	0	0	8.7/0/0/0/0			0/0/0	--Other
0	0	0	0	0	0	0	0			2.5	0/0/	0	0	0	0	0	7.3/0/0/0/0			0/0/0	-Other
																					Articles of yarn, strip or the like of heading 54.04 or 54.05, twine, cordage, rope or cables, not elsewhere specified or included:
0	0	0	0	0	0	0	0			4	0/0/	0	0	2	0	0	7.3/0/0/0/0	0		0/0/0	Articles of yarn, strip or the like of heading 54.04 or 54.05, twine, cordage, rope or cables, not elsewhere specified or included

第五十七章
地毯及纺织材料的其他铺地制品

注释：

一、本章所称“地毯及纺织材料的其他铺地制品”，是指使用时以纺织材料作面的铺地制品，也包括具有纺织材料铺地制品特征但作其他用途的物品。

二、本章不包括铺地制品衬垫。

商品编号	商品名称及备注[检验检疫编码及名称]	进口关税(%)		增值税率(%)	消费税	计量单位	监管条件	检验检疫类别	对美税率	出口税率(%)	出口退税率(%)
		最惠国	普通								
5701	**结织栽绒地毯及纺织材料的其他结织栽绒铺地制品，不论是否制成的：**										
57011000	-羊毛或动物细毛制										13
5701100000	羊毛或动物细毛制的结织栽绒地毯(包括羊毛或动物细毛制的其他结织栽绒铺地制品)〔999〕	6	130	13		千克/平方米			31%	0	
57019010	---化学纤维制										13
5701901000	化学纤维制的结织栽绒地毯(包括化学纤维制的结织栽绒铺地制品)〔999〕	6	130	13		千克/平方米			31%	0	
57019020	---丝制										13
5701902000	丝制结织栽绒铺地制品(其他铺地制品，未簇绒或未植绒，不论是否制成)〔999〕	6	100	13		千克/平方米			31%	0	
57019090	---其他										13
5701909000	其他纺织材料制结织栽绒地毯(包括其他纺织材料制结织栽绒铺地制品)〔999〕	6	100	13		千克/平方米			31%	0	
5702	**机织地毯及纺织材料的其他机织铺地制品，未簇绒或未植绒，不论是否制成的，包括“开来姆”“苏麦克”“卡拉马尼”及类似的手织地毯：**										
57021000	-“开来姆”“苏麦克”“卡拉马尼”及类似的手织地毯										13
5702100000	“开来姆”“苏麦克”“卡拉马尼”地毯(包括类似的手织地毯)〔999〕	6	130	13		千克/平方米			31%	0	
57022000	-椰壳纤维制的铺地制品										13
5702200000	椰壳纤维制的铺地制品(未簇绒或未植绒，不论是否制成的)〔999〕	6	100	13		千克/平方米				0	
57023100	--羊毛或动物细毛制										13
5702310000	未制成的羊毛起绒地毯及铺地制品(包括动物细毛制，未簇绒或未植绒)〔999〕	4	130	13		千克/平方米			29%	0	
57023200	--化学纤维制										13
5702320000	未制成的化学纤维起绒地毯及铺地制品(未簇绒或未植绒)〔999〕	6	130	13		千克/平方米			31%	0	
57023900	--其他纺织材料制										13
5702390000	其他纺织料未制成起绒铺地制品(未簇绒或未植绒)〔999〕	6	100	13		千克/平方米				0	
57024100	--羊毛或动物细毛制										13
5702410000	制成的羊毛起绒地毯及铺地制品(包括动物细毛制，未簇绒或未植绒)〔999〕	4	130	13		千克/平方米			29%	0	
57024200	--化学纤维制										13
5702420000	制成的化学纤维起绒地毯及铺地制品(未簇绒或未植绒)〔999〕	4	130	13		千克/平方米			29%	0	
57024900	--其他纺织材料制										13
5702490000	其他纺织材料制成的起绒铺地制品〔999〕	6	100	13		千克/平方米				0	
57025010	---羊毛或动物细毛制										13
5702501000	未制成羊毛非起绒地毯及铺地制品(包括动物细毛制，未簇绒或未植绒)〔999〕	6	130	13		千克/平方米				0	
57025020	---化学纤维制										13
5702502000	未制成化学纤维非起绒地毯及铺地制品(未簇绒或未植绒)〔999〕	6	130	13		千克/平方米				0	
57025090	---其他纺织材料制										13
5702509000	未制成其他纺织料制非起绒铺地制品〔999〕	6	100	13		千克/平方米				0	
57029100	--羊毛或动物细毛制										13
5702910000	制成的毛制非起绒铺地制品(指羊毛或动物细毛)〔999〕	6	130	13		千克/平方米			31%	0	

Chapter 57
Carpets and other textile floor coverings

Chapter Notes:

1. For the purposes of this Chapter, the term "carpets and other textile floor coverings" means floor coverings in which textile materials serve as the exposed surface of the article when in use and includes articles having the characteristics of textile floor coverings but intended for use for other purposes.

2. This Chapter does not cover floor covering underlays.

协定税率(%)																		特惠税率(%)			Article Description
智利	新西兰	澳大利亚	瑞士	冰岛	秘鲁	哥斯达	东盟	亚太	新加坡	巴基斯坦	港/澳/台	韩国	格鲁吉亚	毛里求斯	柬埔寨	尼加拉瓜	日/韩/澳/新/东(RCEP)	亚太2国	老/柬/缅	LDC 98/97/95	
																					Carpets and other textile floor coverings knotted, whether or not made up:
0	0	0	0	0	0	0	0		0	0	0/0/	0	0	0	0	0	10.2/9.8/0/0/0			0/0/0	-Of wool or fine animal hair
0	0	0	0	0	0	0	0		0	12.8	0/0/	0	0	0	0	0	11.6/11.2/0/0/0			0/0/0	---Of man-made textile materials
0	0	0	0	0	0	0	0		0	7	0/0/	0	0	0	0	0	10.2/9.8/0/0/0			0/0/0	---Of silk
0	0	0	0	0	0	0	0		0	7	0/0/	0	0	0	0	0	10.2/9.8/0/0/0			0/0/0	---Other
																					Carpets and other textile floor coverings, woven, not tufted or flocked, whether or not made up, including "Kelem" "Schumacks" "Karamanie" and similar hand-woven rugs:
0	0	0	0	0	0	0	0		0	0	0/0/	0	0	0	0	0	10.2/9.8/0/0/0	0		0/0/0	-"Kelem" "Schumacks" "Karamanie" and similar handwoven rugs
0	0	0	0	0	0	0	0		0	0	0/0/	0	0	0	0	0	10.2/9.8/0/0/0			0/0/0	-Floor coverings of coconut fibres (coir)
0	0	0	0	0	0	0	0		0	0	0/0/	0	0	0	0	0	7.3/0/0/0/0			0/0/0	--Of wool or fine animal hair
0	0	0	0	0	0	0	0		0	0	0/0/	0	0	0	0	0	11.6/11.2/0/0/0			0/0/0	--Of man-made textile materials
0	0	0	0	0	0	0	0		0	0	0/0/	0	0	0	0	0	10.2/9.8/0/0/0	0		0/0/0	--Of other textile materials
0	0	0	0	0	0	0	0		0	0	0/0/	0	0	0	0	0	7.3/0/0/0/0			0/0/0	--Of wool or fine animal hair
0	0	0	0	0	0	0	0		0	0	0/0/	0	0	0	0	0	7.3/0/0/0/0			0/0/0	--Of man-made textile materials
0	0	0	0	0	0	0	0	4	0	0	0/0/	0	0	0	0	0	10.2/9.8/0/0/0			0/0/0	--Of other textile materials
0	0	0	0	0	0	0	0		0	0	0/0/	0	0	0	0	0	10.2/9.8/0/0/0			0/0/0	---Of wool or fine animal hair
0	0	0	0	0	0	0	0		0	0	0/0/	0	0	0	0	0	11.6/11.2/0/0/0			0/0/0	---Of man-made textile materials
0	0	0	0	0	0	0	0		0	0	0/0/	0	0	0	0	0	10.2/9.8/0/0/0			0/0/0	---Of other textile materials
0	0	0	0	0	0	0	0		0	0	0/0/	0	0	0	0	0	10.2/9.8/0/0/0			0/0/0	--Of wool or fine animal hair

商品编号	商品名称及备注[检验检疫编码及名称]	进口关税(%)		增值税率(%)	消费税	计量单位	监管条件	检验检疫类别	对美税率	出口税率(%)	出口退税率(%)
		最惠国	普通								
57029200	--化学纤维制										13
5702920000	制成的化学纤维非起绒地毯及铺地制品(未簇绒或未植绒)〔999〕	6	130	13		千克/平方米			31%	0	
57029900	--其他纺织材料制										13
5702990000	制成的其他纺材制非起绒铺地制品〔999〕	6	100	13		千克/平方米			31%	0	
5703	**簇绒地毯及纺织材料的其他簇绒铺地制品(包括人造草皮),不论是否制成的:**										
57031000	-羊毛或动物细毛制										13
5703100000	羊毛簇绒地毯及其他簇绒铺地制品(包括动物细毛制,不论是否制成)〔999〕	6	130	13		千克/平方米			16%	0	
57032100	--人造草皮										13
5703210000	尼龙人造草皮(包括其他聚酰胺制,不论是否制成)〔999〕	4	130	13		千克/平方米			14%	0	
57032900	--其他										13
5703290000	其他尼龙簇绒地毯及其他簇绒铺地制品(包括其他聚酰胺制,不论是否制成)〔999〕	4	130	13		千克/平方米			14%	0	
57033100	--人造草皮										13
5703310000	化纤人造草皮(尼龙制的除外,不论是否制成)〔999〕	4	130	13		千克/平方米			29%	0	
57033900	--其他										13
5703390000	其他化纤簇绒地毯及其他簇绒铺地制品(尼龙制的除外,不论是否制成)〔999〕	4	130	13		千克/平方米			29%	0	
57039000	-其他纺织材料制										13
5703900000	其他簇绒地毯及其他簇绒铺地制品(羊毛、化学纤维制除外,不论是否制成)〔999〕	6	100	13		千克/平方米			16%	0	
5704	**毡呢地毯及纺织材料的其他毡呢铺地制品,未簇绒或未植绒,不论是否制成的:**										
57041000	-最大表面面积不超过0.3平方米										13
5704100000	毡呢铺地制品,最大面积≤0.3平方米(未簇绒或未植绒)〔999〕	6	130	13		千克/平方米				0	
57042000	-最大表面积超过0.3平方米但不超过1平方米										13
5704200000	毡呢铺地制品,0.3平方米<最大面积≤1平方米(未簇绒或未植绒)〔999〕	4	130	13		千克/平方米			29%	0	
57049000	-其他										13
5704900000	毡呢铺地制品,最大面积>1平方米(未簇绒或未植绒)〔999〕	4	130	13		千克/平方米			29%	0	
5705	**其他地毯及纺织材料的其他铺地制品,不论是否制成的:**										
57050010	---羊毛或动物细毛制										13
5705001000	羊毛制其他地毯及其他铺地制品(包括动物细毛制,不论是否制成的)〔999〕	6	130	13		千克/平方米			31%	0	
57050020	---化学纤维制										13
5705002000	化学纤维制其他地毯及其他铺地制品(不论是否制成的)〔999〕	4	130	13		千克/平方米			14%	0	
57050090	---其他纺织材料制										13
5705009000	其他纺材制未列名地毯及铺地制品〔999〕	6	100	13		千克/平方米			31%	0	

协定税率(%)																		特惠税率(%)			Article Description
智利	新西兰	澳大利亚	瑞士	冰岛	秘鲁	哥斯达	东盟	亚太	新加坡	巴基斯坦	港/澳/台	韩国	格鲁吉亚	毛里求斯	柬埔寨	尼加拉瓜	日/韩/澳/新/东(RCEP)	亚太2国	老/柬/缅	LDC 98/97/95	
0	0	0	0	0	0	0	0		0	0	0/0/	0	0	0	0	0	11.6/11.2/0/0/0			0/0/0	--Of man-made textile materials
0	0	0	0	0	0	0	0		0	0	0/0/	0	0	0	0	0	10.2/9.8/0/0/0			0/0/0	--Of other textile materials
																					Carpets and other textile floor coverings (including turf), tufted, whether or not made up:
0	0	0	0	0	0	0	0		0		0/0/	0	0	0	0	0	10.2/9.8/0/0/0			0/0/0	-Of wool or fine animal hair
0	0	0	0	0	0	0	0		0	2.5	0/0/	5	0	0	0	0	//8.5/8.5/8.5			0/0/0	--Turf
0	0	0	0	0	0	0	0		0	2.5	0/0/	5	0	0	0	0	//8.5/8.5/8.5			0/0/0	--Other
0	0	0	0	0	0	0	0		0		0/0/	0	0	0	0	0	7.3/0/0/0/0			0/0/0	--Turf
0	0	0	0	0	0	0	0		0		0/0/	0	0	0	0	0	7.3/0/0/0/0			0/0/0	--Other
0	0	0	0	0	0	0	0		0	11.2	0/0/	0	0	0	0	0	10.2/9.8/0/0/0	0		0/0/0	-Of other textile materials
																					Carpets and other textile floor coverings, of felt, not tufted or flocked, whether or not made up:
0	0	0	0	0	0	0	0		0	7	0/0/	0	0	0	0	0	10.2/9.8/0/0/0			0/0/0	-Tiles, having a maximum surface area of 0.3m^2
0	0	0	0	0	0	0	0		0	0	0/0/	0	0	0	0	0	7.3/0/0/0/0			0/0/0	-Tiles, having a maximum surface area more then 0.3m^2 but not more thern 1m^2
0	0	0	0	0	0	0	0		0	0	0/0/	0	0	0	0	0	7.3/0/0/0/0			0/0/0	-Other
																					Other carpets and other textile floor coverings, whether or not made up:
0	0	0	0	0	0	0	0		0	11.2	0/0/	0	0	0	0	0	10.2/9.8/0/0/0	0		0/0/0	---Of wool or fine animal hair
0	0	0	0	0	0	0	0		0	4	0/0/	0	0	0	0	0	7.3/0/0/0/0	0		0/0/0	---Of man-made textile materials
0	0	0	0	0	0	0	0		0	11.2	0/0/	0	0	0	0	0	10.2/9.8/0/0/0	0		0/0/0	---Other

第五十八章
特种机织物；簇绒织物；花边；装饰毯；装饰带；刺绣品

注释：

一、本章不适用于经浸渍、涂布、包覆或层压的第五十九章注释一所述的纺织物或第五十九章的其他货品。

二、品目58.01也包括因未将浮纱割断而使表面无竖绒的纬起绒织物。

三、品目58.03所称"纱罗"，是指经线全部或部分由地经纱和绞经纱构成的织物，其中绞经纱绕地经纱半圈、一圈或几圈而形成圈状，纬纱从圈中穿过。

四、品目58.04不适用于品目56.08的线、绳、索结制的网状织物。

五、品目58.06所称"狭幅机织物"，是指：

（一）幅宽不超过30厘米的机织物，不论是否织成或从宽幅料剪成，但两侧必须有织成的、胶粘的或用其他方法制成的布边；

（二）压平宽度不超过30厘米的圆筒机织物；以及

（三）折边的斜裁滚条布，其未折边时的宽度不超过30厘米。

流苏状的狭幅机织物归入品目58.08。

六、品目58.10所称"刺绣品"，除了一般纺织材料绣线绣制的刺绣品外，还包括在可见底布上用金属线或玻璃线刺绣的刺绣品，也包括用珠片、饰珠、纺织材料或其他材料制的装饰用花纹图案所缝绣的贴花织物。该税目不包括手工针绣嵌花装饰毯（品目58.05）。

七、除品目58.09的产品外，本章还包括金属线制的用于衣着、装饰及类似用途的物品。

商品编号	商品名称及备注[检验检疫编码及名称]	进口关税(%)		增值税率(%)	消费税	计量单位	监管条件	检验检疫类别	对美税率	出口税率(%)	出口退税率(%)
		最惠国	普通								
5801	**起绒机织物及绳绒织物，但税目58.02或58.06的织物除外：**										
58011000	-羊毛或动物细毛制										13
5801100000	毛制起绒机织物及绳绒织物(品目58.02或58.06的织物除外)〔999〕	8	130	13		米/千克			33%	0	
58012100	--不割绒的纬起绒织物										13
5801210000	不割绒的棉制纬起绒织物(品目58.02或58.06的织物除外)〔101 棉混纺坯布〕,〔102 其他特种机织物〕	8	70	13		米/千克				0	
58012200	--割绒的灯芯绒										13
5801220000	割绒的棉制灯芯绒(品目58.02或58.06的织物除外)〔999〕	8	70	13		米/千克			33%	0	
58012300	--其他纬起绒织物										13
5801230000	其他棉制纬起绒织物(品目58.02或58.06的织物除外)〔101 棉混纺坯布〕,〔102 其他特种机织物〕	8	70	13		米/千克				0	
58012600	--绳绒织物										13
5801260000	棉制绳绒织物(品目58.02或58.06的织物除外)〔101 棉混纺坯布〕,〔102 其他特种机织物〕	8	70	13		米/千克			18%	0	
58012710	---不割绒的(棱纹绸)										13
5801271000	棉制不割绒的经起绒织物(棱纹绸)(品目58.02或58.06的织物除外)〔999〕	8	70	13		米/千克			33%	0	
58012720	---割绒的										13
5801272000	棉制割绒的经起绒织物(品目58.02或58.06的织物除外)〔101 棉混纺坯布〕,〔102 其他特种机织物〕	8	70	13		米/千克			33%	0	
58013100	--不割绒的纬起绒织物										13
5801310000	不割绒的化学纤维制纬起绒织物(品目58.02或58.06的织物除外)〔999〕	8	130	13		米/千克			33%	0	
58013200	--割绒的灯芯绒										13
5801320000	割绒的化学纤维制灯芯绒(品目58.02或58.06的织物除外)〔999〕	8	130	13		米/千克			33%	0	
58013300	--其他纬起绒织物										13
5801330000	其他化学纤维纬起绒织物(品目58.02或58.06的织物除外)〔999〕	8	130	13		米/千克			33%	0	
58013600	--绳绒织物										13
5801360000	化学纤维绳绒织物(品目58.02或58.06的织物除外)〔999〕	8	130	13		米/千克			28%	0	
58013710	---不割绒的(棱纹绸)										13
5801371000	化学纤维制不割绒经起绒织物(棱纹绸)(品目58.02或58.06的织物除外)〔999〕	8	130	13		米/千克			28%	0	
58013720	---割绒的										13
5801372000	化学纤维制割绒的经起绒织物(品目58.02或58.06的织物除外)〔999〕	8	130	13		米/千克			28%	0	
58019010	---丝及绢丝制										13
5801901000	丝及绢丝制起绒机织物及绳绒织物(品目58.02或58.06的织物除外)〔999〕	8	130	13		米/千克			33%	0	
58019090	---其他										13
5801909000	其他材料制起绒机织物及绳绒织物(品目58.02或58.06的织物除外)〔101 亚麻混纺织物〕,〔102 其他特种机织物〕	8	80	13		米/千克			33%	0	

Chapter 58
Special woven fabrics; tufted textile fabrics; lace; tapestries; trimmings; embroidery

Chapter Notes:

1. This Chapter does not apply to textile fabrics referred to in Note 1 to Chapter 59, impregnated, coated, covered or laminated, or to other goods of Chapter 59.

2. Heading 58.01 also includes woven weft pile fabrics which have not yet had the floats cut, at which stage they have no pile standing up.

3. For the purposes of heading 58.03, "gauze" means a fabric with a warp composed wholly or in part of standing or ground threads and crossing or doup threads which cross the standing or ground threads making a half turn, a complete turn or more to form loops through which weft threads pass.

4. Heading 58.04 does not apply to knotted net fabrics of twine, cordage or rope, of heading 56.08.

5. For the purposes of heading 58.06, the expression "narrow woven fabrics" means:
   (a) Woven fabrics of a width not exceeding 30cm, whether woven as such or cut from wider pieces, provided with selvedges (woven, gummed or otherwise made) on both edges;
   (b) Tubular woven fabrics of a flattened width not exceeding 30cm; and
   (c) Bias binding with folded edges, of a width when unfolded not exceeding 30cm.
   Narrow woven fabrics with woven fringes are to be classified in heading 58.08.

6. In heading 58.10, the expression "embroidery" means, inter alia, embroidery with metal or glass thread on a visible ground of textile fabric, and sewn applique work of sequins, beads or ornamental motifs of textile or other materials. The heading does not apply to needlework tapestry (heading 58.05).

7. In addition to the products of heading 58.09, this Chapter also includes articles made of metal thread and of a kind used in apparel, as furnishing fabrics or for similar purposes.

协定税率(%)																		特惠税率(%)			Article Description
智利	新西兰	澳大利亚	瑞士	冰岛	秘鲁	哥斯达	东盟	亚太	新加坡	巴基斯坦	港/澳/台	韩国	格鲁吉亚	毛里求斯	柬埔寨	尼加拉瓜	日/韩/澳/新/东(RCEP)	亚太2国	老/柬/缅	LDC 98/97/95	
																					Woven pile fabrics and chenille fabrics, other than fabrics of heading 58.02 or 58.06:
0	0	0	0	0	0	0	0		0	0	0/0/	0	0	0	0	6.4	7.3/0/0/0/0			0/0/0	-Of wool or fine animal hair
0	0	0	0	0	0	0	0		0	0	0/0/	0	0	0	0	0	8.7/0/0/0/0			0/0/0	--Uncut weft pile fabrics
0	0	0	0	0	0	0	0			0	0/0/0	0	0	0	0	0	7.3/0/0/0/0			0/0/0	--Cut corduroy
0	0	0	0	0	0	0	0			0	0/0/	0	0	0	0	6.4	7.3/7/0/0/0			0/0/0	--Other weft pile fabrics
0	0	0	0	0	0	0	0			0	0/0/	0	0	0	0	6.4	7.3/0/0/0/0			0/0/0	--Chenille fabrics
0	0	0	0	0	0	0	0			0	0/0/	0	0	0	0	6.4	7.3/0/0/0/0			0/0/0	---Uncut (èpinglè)
0	0	0	0	0	0	0	0			0	0/0/	0	0	0	0	6.4	7.3/0/0/0/0			0/0/0	---Cut
0	0	0	0	0	0	0	0		0	0	0/0/	3.3	0	0	0	0	8.1/8/8.5/8.5/8			0/0/0	--Uncut weft pile fabrics
0	0	0	0	0	0	0	0		0	0	0/0/	0	0	0	0	0	7.3/0/0/0/0			0/0/0	--Cut corduroy
0	0	0	0	0	0	0	0		0	0	0/0/0	0	0	0	0	0	7.3/0/0/0/0		0/0/0	0/0/0	--Other weft pile fabrics
0	0	0	0	0	0	0	0		0	0	0/0/	0	0	0	0	6.4	7.3/0/0/0/0			0/0/0	--Chenille fabrics
0	0	0	0	0	0	0	0		0	0	0/0/	0	0	0	0	6.4	7.3/0/0/0/0			0/0/0	---Uncut (èpinglè)
0	0	0	0	0	0	0	0		0	0	0/0/	0	0	0	0	0	7.3/0/0/0/0			0/0/0	---Cut
0	0	0	0	0	0	0	0		0	0	0/0/	0	0	0	0	6.4	7.3/0/0/0/0			0/0/0	---Of silk or silk waste
0	0	0	0	0	0	0	0		0	0	0/0/	0	0	0	0	6.4	7.3/0/0/0/0			0/0/0	---Other

商品编号	商品名称及备注[检验检疫编码及名称]	进口关税(%)		增值税率(%)	消费税	计量单位	监管条件	检验检疫类别	对美税率	出口税率(%)	出口退税率(%)
		最惠国	普通								
5802	**毛巾织物及类似的毛圈机织物,但税目 58.06 的狭幅织物除外;簇绒织物,但税目 57.03 的产品除外:**										
58021010	---未漂白										13
5802101000	未漂棉毛巾织物及类似毛圈机织物(品目 58.06 的狭幅织物除外)[999]	8	70	13		米/千克				0	
58021090	---其他										13
5802109000	其他棉毛巾织物及类似毛圈机织物(品目 58.06 的狭幅织物除)[999]	8	70	13		米/千克				0	
58022010	---丝及绢丝制										13
5802201000	丝及绢丝毛巾织物及类似毛圈织物(品目 58.06 的狭幅织物除外)[999]	8	130	13		米/千克				0	
58022020	---羊毛或动物细毛制										13
5802202000	羊毛等毛巾织物及类似毛圈机织物(指羊毛或动物细毛制,品目 58.06 的狭幅织物除外)[999]	8	130	13		米/千克				0	
58022030	---化学纤维制										13
5802203000	化学纤维毛巾织物及类似毛圈机织物(品目 58.06 的狭幅织物除外)[999]	8	130	13		米/千克			13%	0	
58022090	---其他										13
5802209000	其他材料毛巾织物及类似毛圈织物(品目 58.06 的狭幅织物除外)[999]	8	80	13		米/千克				0	
58023010	---丝及绢丝制										13
5802301000	丝及绢丝制簇绒织物(品目 57.03 的产品除外)[999]	8	130	13		米/千克				0	
58023020	---羊毛或动物细毛制										13
5802302000	羊毛或动物细毛制簇绒织物(品目 57.03 的产品除外)[999]	8	130	13		米/千克				0	
58023030	---棉或麻制										13
5802303000	棉或麻制簇绒织物(品目 57.03 的产品除外)[999]	8	70	13		米/千克				0	
58023040	---化学纤维制										13
5802304000	化学纤维制簇绒织物(品目 57.03 的产品除外)[999]	8	130	13		米/千克			33%	0	
58023090	---其他纺织材料制										13
5802309000	其他纺织材料制簇绒织物(品目 57.03 的产品除外)[999]	8	80	13		米/千克				0	
5803	**纱罗,但税目 58.06 的狭幅织物除外:**										
58030010	---棉制										13
5803001000	棉制纱罗(品目 58.06 的狭幅织物除外)[999]	8	70	13		米/千克				0	
58030020	---丝及绢丝制										13
5803002000	丝及绢丝制纱罗(品目 58.06 的狭幅织物除外)[999]	8	130	13		米/千克				0	
58030030	---化学纤维制										13
5803003000	化学纤维制纱罗(品目 58.06 的狭幅织物除外)[999]	8	130	13		米/千克				0	
58030090	---其他纺织材料制										13
5803009000	其他纺织材料制纱罗(品目 58.06 的狭幅织物除外)[999]	8	80	13		米/千克			18%	0	
5804	**网眼薄纱及其他网眼织物,但不包括机织物、针织物或钩编织物;成卷、成条或成小块图案的花边,但税目 60.02 至 60.06 的织物除外:**										
58041010	---丝及绢丝制										13
5804101000	丝及绢丝网眼薄纱及其他网眼织物(不包括机织物,针织物或钩编织物)[999]	8	130	13		千克				0	
58041020	---棉制										13
5804102000	棉制网眼薄纱及其他网眼织物(不包括机织物,针织物或钩编织物)[999]	8	70	13		千克			33%	0	
58041030	---化学纤维制										13
5804103000	化学纤维制网眼薄纱及其他网眼织物(不包括机织物,针织物或钩编织物)[999]	8	130	13		千克			33%	0	
58041090	---其他纺织材料制										13
5804109000	其他材料网眼薄纱及其他网眼织物(不包括机织物,针织物或钩编织物)[999]	8	90	13		千克			18%	0	
58042100	--化学纤维制										13
5804210000	化学纤维机制花边(成卷成条或成小块图案的,但品目 60.02 的织物除外)[999]	8	130	13		千克			33%	0	
58042910	---丝及绢丝制										13
5804291000	丝及绢丝机制花边(成卷成条或成小块图案的,但品目 60.02 的织物除外)[999]	8	130	13		千克				0	
58042920	---棉制										13
5804292000	棉机制花边(成卷成条或成小块图案的,但品目 60.02 的织物除外)[999]	8	70	13		千克			33%	0	
58042990	---其他										13
5804299000	其他纺织材料制机制花边(成卷成条或成小块图案的,但品目 60.02 的织物除外)[999]	8	90	13		千克				0	
58043000	-手工制花边										13
5804300000	手工制花边(成卷成条或成小块图案的,但品目 60.02 的织物除外)[999]	8	100	13		千克				0	

协定税率(%)																		特惠税率(%)			Article Description
智利	新西兰	澳大利亚	瑞士	冰岛	秘鲁	哥斯达	东盟	亚太	新加坡	巴基斯坦	港/澳/台	韩国	格鲁吉亚	毛里求斯	柬埔寨	尼加拉瓜	日/韩/澳/新/东(RCEP)	亚太2国	老/柬/缅	LDC 98/97/95	
																					Terry towelling and similar woven terry fabrics, other than narrow fabrics of heading 58.06; tufted textile fabrics, other than products of heading 57.03:
0	0	0	0	0	0	0	0		0	0	0/0/	0	0	0	0	0	8.7/0/0/0/0	0		0/0/0	---Unbleached
0	0	0	0	0	0	0	0			0	0/0/	0	0	0	0	0	7.3/0/0/0/0			0/0/0	---Other
0	0	0	0	0	0	0	0		0	0	0/0/	0	0	0	0	0	8.7/0/0/0/0	0		0/0/0	---Of silk or silk waste
0	0	0	0	0	0	0	0		0	0	0/0/	0	0	0	0	6.4	8.7/0/0/0/0	0		0/0/0	---Of wool or fine animal hair
0	0	0	0	0	0	0	0		0	0	0/0/	0	0	0	0	0	10.2/9.8/0/0/0	0		0/0/0	---Of man-made fibres
0	0	0	0	0	0	0	0		0	0	0/0/	0	0	0	0	6.4	8.7/0/0/0/0	0		0/0/0	---Other
0	0	0	0	0	0	0	0		0	0	0/0/	0	0	0	0	6.4	7.3/0/0/0/0			0/0/0	---Of silk or silk waste
0	0	0	0	0	0	0	0		0	0	0/0/	0	0	0	0	6.4	7.3/0/0/0/0			0/0/0	---Of wool or fine animal hair
0	0	0	0	0	0	0	0			0	0/0/	0	0	0	0	6.4	7.3/0/0/0/0			0/0/0	---Of cotton or bast fibres
0	0	0	0	0	0	0	0		0	0	0/0/	0	0	0	0	6.4	7.3/0/0/0/0			0/0/0	---Of man-made fibres
0	0	0	0	0	0	0	0		0	0	0/0/	0	0	0	0	6.4	7.3/0/0/0/0			0/0/0	---Of other textile materials
																					Gauze, other than narrow fabrics of heading 58.06:
0	0	0	0	0	0	0	0			0	0/0/	0	0	0	0	6.4	7.3/0/0/0/0			0/0/0	---Of cotton
0	0	0	0	0	0	0	0		0	0	0/0/	0	0	0	0	6.4	7.3/0/0/0/0			0/0/0	---Of silk or silk waste
0	0	0	0	0	0	0	0		0	5	0/0/	0	0	0	0	6.4	7.3/0/0/0/0			0/0/0	---Of man-made fibres
0	0	0	0	0	0	0	0		0	0	0/0/	0	0	0	0	0	7.3/0/0/0/0			0/0/0	---Of other textile materials
																					Tulles and other net fabrics, not including woven, knitted or crocheted fabrics; lace in the piece, in strips or in motifs, other than fabrics of headings 60.02 to 60.06:
0	0	0	0	0	0	0	0	5.2	0	0	0/0/	0	0	0	0	0	7.3/0/0/0/0			0/0/0	---Of silk or silk waste
0	0	0	4	0	0	0	0	5.2		0	0/0/	0	0	0	0	0	7.3/0/0/0/0			0/0/0	---Of cotton
0	0	0	0	0	0	0	0	5.2	0	2.5	0/0/0	6	0	0	0	0	//10.2/10.2/10.2		0/0/0	0/0/0	---Of man-made fibres
0	0	0	0	0	0	0	0	5.2	0	0	0/0/0	0	0	0	0	0	7.3/0/0/0/0			0/0/0	---Of other textile materials
0	0	0	0	0	0	0	0		0	4	0/0/0	0	0	0	0	0	7.3/7/7/7/7			0/0/0	--Of man-made fibres
0	0	0	0	0	0	0	0		0	0	0/0/	0	0	0	0	6.4	7.3/0/0/0/0			0/0/0	---Of silk or silk waste
0	0	0	0	0	0	0	0			0	0/0/	0	0	0	0	0	7.3/0/0/0/0		0/0/0	0/0/0	---Of cotton
0	0	0	0	0	0	0	0		0	0	0/0/	0	0	0	0	0	7.3/0/0/0/0			0/0/0	---Other
0	0	0	0	0	0	0	0		0	0	0/0/	0	0	0	0	6.4	7.3/0/0/0/0			0/0/0	-Hand-made lace

商品编号	商品名称及备注［检验检疫编码及名称］	进口关税(%)		增值税率(%)	消费税	计量单位	监管条件	检验检疫类别	对美税率	出口税率(%)	出口退税率(%)
		最惠国	普通								
5805	**“哥白林”“弗朗德”“奥步生”“波威”及类似式样的手织装饰毯，以及手工针绣嵌花装饰毯（例如，小针脚或十字绣），不论是否制成的：**										
58050010	---手工针绣嵌花装饰毯										13
5805001000	手工针绣嵌花装饰毯（不论是否制成的）〔999〕	6	130	13		平方米/千克				0	
58050090	---其他										13
5805009000	其他手织装饰毯（包括“哥白林”“弗朗德”“奥步生”“波威”及类似式样的；不论是否制成的）〔999〕	6	130	13		平方米/千克				0	
5806	**狭幅机织物，但税目58.07的货品除外；用黏合剂黏合制成的有经纱而无纬纱的狭幅织物（包扎匹头用带）：**										
58061010	---棉或麻制										13
5806101000	棉或麻制狭幅起绒机织物及绳绒织物（包括狭幅毛巾织物及类似毛圈织物，品目58.07的货品除外）〔999〕	8	70	13		千克			33%	0	
58061090	---其他纺织材料制										13
5806109000	其他材料狭幅起绒织物及绳绒织物（包括狭幅毛巾织物及类似毛圈织物，品目58.07的货品除外）〔999〕	8	80	13		千克			18%	0	
58062000	-按重量计弹性纱线或橡胶线含量在5%及以上的其他机织物										13
5806200000	含弹性纱线≥5%狭幅织物（包括含橡胶线，品目58.07的货品除外）〔999〕	8	100	13		千克			33%	0	
58063100	--棉制										13
5806310000	棉制未列名狭幅机织物（品目58.07的货品除外）〔999〕	8	70	13		千克			33%	0	
58063200	--化学纤维制										13
5806320000	化学纤维制狭幅机织物（品目58.07的货品除外）〔999〕	8	130	13		千克			28%	0	
58063910	---丝及绢丝制										13
5806391000	含丝量≥85%制其他狭幅机织物（品目58.07的货品除外）〔999〕	8	130	13		千克			18%	0	
58063920	---羊毛或动物细毛制										13
5806392000	羊毛制其他狭幅机织物（品目58.07的货品除外）〔999〕	8	130	13		千克				0	
58063990	---其他										13
5806399000	其他材料制其他狭幅机织物（品目58.07的货品除外）〔999〕	8	80	13		千克			33%	0	
58064010	---棉或麻制										13
5806401000	棉或麻黏合有经纱无纬纱狭幅织物（包括扎匹头用带，品目58.07的货品除外）〔999〕	8	70	13		千克				0	
58064090	---其他纺织材料制										13
5806409000	其他材料黏合有经无纬狭幅织物（包括扎匹头用带，品目58.07的货品除外）〔999〕	8	80	13		千克			28%	0	
5807	**非绣制的纺织材料制标签、徽章及类似品，成匹、成条或裁成一定形状或尺寸：**										
58071000	-机织										13
5807100000	纺织材料制机织非绣制标签、徽章及类似品（包括徽章及类似品，成匹、成条或裁成一定形状或尺寸）〔999〕	8	100	13		千克			33%	0	
58079000	-其他										13
5807900000	纺织材料制非机织非绣制标签、徽章及类似品（包括徽章及类似品，成匹、成条或裁成一定形状或尺寸）〔999〕	8	100	13		千克			28%	0	
5808	**成匹的编带；非绣制的成匹装饰带，但针织或钩编的除外；流苏、绒球及类似品：**										
58081000	-成匹的编带										13
5808100020	蕉麻或苎麻制成匹的编带（适合制造或装饰帽类用）〔999〕	8	100	13		千克			33%	0	
5808100090	其他纺织材料制成匹的编带〔999〕	8	100	13		千克			33%	0	
58089000	-其他										13
5808900000	非绣制的成匹装饰带，但针织或钩编的除外；流苏、绒球及类似品〔999〕	8	100	13		千克			33%	0	
5809	**其他税目未列名的金属线机织物及税目56.05所列含金属纱线的机织物，用于衣着、装饰及类似用途：**										
58090010	---与棉混制										13
5809001000	金属线及含金属纱线与棉混制的布（用于衣着，装饰及类似用途，布指机织物）〔999〕	8	90	13		米/千克				0	
58090020	---与化学纤维混制										13

协定税率(%)																		特惠税率(%)			Article Description
智利	新西兰	澳大利亚	瑞士	冰岛	秘鲁	哥斯达	东盟	亚太	新加坡	巴基斯坦	港/澳/台	韩国	格鲁吉亚	毛里求斯	柬埔寨	尼加拉瓜	日/韩/澳/新/东 (RCEP)	亚太2国	老/柬/缅	LDC 98/97/95	
																					Hand-woven tapestries of the type Gobelins, Flanders, Aubusson, Beauvais and the like, and needle-worked tapestries (for example, petit point, cross stitch), whether or not made up:
0	0	0	0	0	0	0	0		0	6	0/0/	0	0	0	0	0	8.7/0/0/0/0			0/0/0	---Needle-worked tapestries
0	0	0	0	0	0	0	0		0	6	0/0/	0	0	0	0	0	8.7/0/0/0/0			0/0/0	---Other
																					Narrow woven fabrics, other than goods of heading 58.07; narrow fabrics consisting of warp without weft assembled by means of an adhesive (bolducs):
0	0	0	0	0	0	0	0	6.4		0	0/0/	0	0	0	0	6.4	7.3/0/0/0/0			0/0/0	---Of cotton or bast fibres
0	0	0	0	0	0	0	0	5.2	0	0	0/0/0	0	0	0	0	0	7.3/0/0/0/0		0/0/0	0/0/0	---Of other textile materials
0	0	0	0	0	0	0	0		0	0	0/0/0	0	0	0	0	0	7.3/0/0/0/0		0/0/0	0/0/0	-Other woven fabrics, containing 5% or more by weight of elastomeric yarn or rubber thread
0	0	0	0	0	0	0	0			4	0/0/	0	0	0	0	0	7.3/0/0/0/0		0/0/0	0/0/0	--Of cotton
0	0	0	0	0	0	0	0	5.2	0	4	0/0/0	0	0	0	0	0	7.3/0/0/0/0		0/0/0	0/0/0	--Of man-made fibres
0	0	0	0	0	0	0	0		0	0	0/0/	0	0	0	0	0	7.3/0/0/0/0			0/0/0	---Of silk or silk waste
0	0	0	0	0	0	0	0		0	0	0/0/	0	0	0	0	6.4	7.3/0/0/0/0			0/0/0	---Of wool or fine animal hair
0	0	0	0	0	0	0	0		0	0	0/0/	0	0	0	0	6.4	7.3/0/0/0/0			0/0/0	---Other
0	0	0	0	0	0	0	0	4.8		0	0/0/	0	0	0	0	0	7.3/0/0/0/0			0/0/0	---Of cotton or bast fibres
0	0	0	0	0	0	0	0		0	0	0/0/	0	0	0	0	0	7.3/0/0/0/0			0/0/0	---Of other textile materials
																					Labels, badges and similar articles of textile materials, in the piece, in strips or cut to shape or size, not embroidered:
0	0	0	0	0	0	0	0	5.2	0	0	0/0/0	0	0	0	0	0	7.3/7/7/7/7		0/0/0	0/0/0	-Woven
0	0	0	0	0	0	0	0		0	0	0/0/	0	0	0	0	0	7.3/0/0/0/0			0/0/0	-Other
																					Braids in the piece; ornamental trimmings in the piece, without embroidery, other than knitted or crocheted; tassels, pompons and similar articles:
0	0	0	0	0	0	0	0		0		0/0/	0	0	0	0	0	7.3/0/0/0/0			0/0/0	-Braids in the piece
0	0	0	0	0	0	0	0		0	4	0/0/	0	0	0	0	0	7.3/0/0/0/0		0/0/0	0/0/0	-Other
																					Woven fabrics of metal thread and woven fabrics of metallized yarn of heading 56.05, of a kind used in apparel, as furni-shing fabrics or for similar purposes, not else-where specified or included:
0	0	0	0	0	0	0	0		0	0	0/0/	0	0	0	0	6.4	7.3/0/0/0/0			0/0/0	---Mixed with cotton
0	0	0	0	0	0	0	0		0	0	0/0/	0	0	0	0	6.4	7.3/0/0/0/0			0/0/0	---Mixed with man-made fibres

商品编号	商品名称及备注[检验检疫编码及名称]	进口关税(%)		增值税率(%)	消费税	计量单位	监管条件	检验检疫类别	对美税率	出口税率(%)	出口退税率(%)
		最惠国	普通								
5809002000	金属线及含金属纱线与化学纤维混制布(用于衣着,装饰及类似用途,布指机织物)〔999〕	8	130	13		米/千克			18%	0	
58090090	---其他										13
5809009000	金属线与其他纤维混制的布(含金属纱线,用于衣着,装饰及类似用途,布指机织物)〔999〕	8	100	13		米/千克			18%	0	
5810	**成匹、成条或成小块图案的刺绣品:**										
58101000	-不见底布的刺绣品										13
5810100000	不见底布的刺绣品(成匹,成条或成小块图案)〔999〕	8	130	13		千克			33%	0	
58109100	--棉制										13
5810910000	棉制见底布的刺绣品(成批、成条或成小块图案)〔999〕	8	130	13		千克				0	
58109200	--化学纤维制										13
5810920000	化学纤维制见底布刺绣品(成匹,成条或成小块图案)〔999〕	8	130	13		千克			33%	0	
58109900	--其他纺织材料制										13
5810990000	其他纺织材料制见底布刺绣品(成匹,成条或成小块图案)〔999〕	8	130	13		千克			33%	0	
5811	**用一层或几层纺织材料与胎料经绗缝或其他方法组合制成的被褥状纺织品,但税目58.10的刺绣品除外:**										
58110010	---丝及绢丝制										13
5811001000	丝及绢丝制被褥状纺织品(经绗缝等法用一层或几层织物与胎料组合不含品目58.10刺绣品)〔101 被子〕,〔102 褥垫〕	8	130	13		千克				0	
58110020	---羊毛或动物细毛制										13
5811002000	羊毛或动物细毛制被褥状纺织品(经绗缝等法用一层或几层织物与胎料组合不含品目58.10刺绣品)〔101 被子〕,〔102 褥垫〕	8	130	13		千克				0	
58110030	---棉制										13
5811003000	棉制被褥状纺织品(经绗缝等法用一层或几层织物与胎料组合不含品目58.10刺绣品)〔101 被子〕,〔102 褥垫〕	8	80	13		千克			28%	0	
58110040	---化学纤维制										13
5811004000	化学纤维制被褥状纺织品(经绗缝等法用一层或几层织物与胎料组合不含品目58.10刺绣品)〔101 被子〕,〔102 褥垫〕,〔103 毯子〕	8	130	13		千克			28%	0	
58110090	---其他纺织材料制										13
5811009000	其他纺织材料制被褥状纺织品(经绗缝等法用一层或几层织物与胎料组合不含品目58.10刺绣品)〔101 被子〕,〔102 褥垫〕	8	90	13		千克				0	

协定税率(%)																		特惠税率(%)			
智利	新西兰	澳大利亚	瑞士	冰岛	秘鲁	哥斯达	东盟	亚太	新加坡	巴基斯坦	港/澳/台	韩国	格鲁吉亚	毛里求斯	柬埔寨	尼加拉瓜	日/韩/澳/新/东(RCEP)	亚太2国	老/柬/缅	LDC 98/97/95	Article Description
0	0	0	0	0	0	0	0		0	0	0/0/	0	0	0	0	6.4	7.3/0/0/0/0			0/0/0	---Other
																					Embroidery in the piece, in strips or in motifs:
0	0	0	0	0	0	0	0		0	0	0/0/	0	0	0	0	0	7.3/0/0/0/0			0/0/0	-Embroidery without visible ground
0	0	0	0	0	0	0	0		0		0/0/	0	0	0	0	0	7.3/0/0/0/0			0/0/0	--Of cotton
0	0	0	0	0	0	0	0		0	4	0/0/0	3.3	0	0	0	0	8.1/8/8.5/8.5/8			0/0/0	--Of man-made fibres
0	0	0	0	0	0	0	0		0	4	0/0/	0	0	0	0	0	7.3/0/0/0/0			0/0/0	--Of other textile materials
																					Quilted textile products in the piece, composed of one or more layers of textile materials assembled with padding by stitching or otherwise, other than embroidery of heading 58.10:
0	0	0	0	0	0	0	0	5.6	0	0	0/0/	0	0	0	0	6.4	7.3/0/0/0/0			0/0/0	---Of silk or silk waste
0	0	0	0	0	0	0	0		0	0	0/0/	0	0	0	0	0	7.3/0/0/0/0			0/0/0	---Of wool or fine animal hair
0	0	0	0	0	0	0	0			0	0/0/	0	0	0	0	0	7.3/0/0/0/0			0/0/0	---Of cotton
0	0	0	0	0	0	0	0		0	0	0/0/	6	0	0	0	6.4	//10.2/10.2/10.2			0/0/0	---Of man-made fibres
0	0	0	0	0	0	0	0		0	0	0/0/	0	0	0	0	0	7.3/0/0/0/0			0/0/0	---Of other textile materials

第五十九章
浸渍、涂布、包覆或层压的纺织物；工业用纺织制品

注释：

一、除条文另有规定的以外，本章所称“纺织物”，仅适用于第五十章至第五十五章、品目58.03及58.06的机织物、品目58.08的成匹编带和装饰带及品目60.02至60.06的针织物或钩编织物。

二、品目59.03适用于：

（一）用塑料浸渍、涂布、包覆或层压的纺织物，不论每平方米重量多少以及塑料的性质如何（紧密结构或泡沫状的），但下列各项除外：

1. 用肉眼无法辨别出是否经过浸渍、涂布、包覆或层压的织物（通常归入第五十章至第五十五章、第五十八章或第六十章），但由于浸渍、涂布、包覆或层压所引起的颜色变化可不予考虑；
2. 温度在15℃~30℃时，用手工将其绕于直径7毫米的圆柱体上会发生断裂的产品（通常归入第三十九章）；
3. 纺织物完全嵌入塑料内或在其两面均用塑料完全包覆或涂布，而这种包覆或涂布用肉眼是能够辨别出的产品（但由于包覆或涂布所引起的颜色变化可不予考虑）（第三十九章）；
4. 用塑料部分涂布或包覆并由此而形成图案的织物（通常归入第五十章至第五十五章、第五十八章或第六十章）；
5. 与纺织物混制而其中纺织物仅起增强作用的泡沫塑料板、片或带（第三十九章）；或
6. 品目58.11的纺织品。

（二）由品目56.04的用塑料浸渍、涂布、包覆或套裹的纱线、扁条或类似品制成的织物。

三、品目59.03所称“用塑料层压的纺织物”是指由一层或多层纺织物与一层或多层塑料片或膜以任何方式结合在一起的产品，不论其塑料片或膜从横截面上是否肉眼可见。

四、品目59.05所称“糊墙织物”，是指以纺织材料作面，固定在一衬背上或在背面进行处理（浸渍或涂布以便于裱糊），适于装饰墙壁或天花板，且宽度不小于45厘米的成卷产品。

但本税目不适用于以纺织纤维屑或粉末直接粘于纸上（品目48.14）或布底上（通常归入品目59.07）的糊墙物品。

五、品目59.06所称“用橡胶处理的纺织物”是指：

（一）用橡胶浸渍、涂布、包覆或层压的纺织物：

1. 每平方米重量不超过1500克；或
2. 每平方米重量超过1500克，按重量计纺织材料含量在50%以上；

（二）由品目56.04的用橡胶浸渍、涂布、包覆或套裹的纱线、扁条或类似品制成的织物；以及

（三）平行纺织纱线经橡胶黏合的织物，不论每平方米重量多少。

但本税目不包括与纺织物混制而其中纺织物仅起增强作用的海绵橡胶板、片或带（第四十章），也不包括品目58.11的纺织品。

六、品目59.07不适用于：

（一）用肉眼无法辨别出是否经过浸渍、涂布或包覆的织物（通常归入第五十章至第五十五章、第五十八章或第六十章），但由于浸渍、涂布或包覆所引起的颜色变化可不予考虑；

（二）绘有图画的织物（作为舞台、摄影布景或类似品的已绘制的画布除外）；

（三）用短绒、粉末、软木粉或类似品部分覆面并由此而形成图案的织物，但仿绒织物仍归入本税目；

（四）以淀粉或类似物质为基本成分的普通浆料上浆整理的织物；

（五）以纺织物为底的木饰面板（品目44.08）；

（六）以纺织物为底的砂布及类似品（品目68.05）；

（七）以纺织物为底的黏聚或复制云母片（品目68.14）；或

（八）以纺织物为底的金属箔（通常归入第十四类或第十五类）。

七、品目59.10不适用于：

（一）厚度小于3毫米的纺织材料制传动带料或输送带料；或

（二）用橡胶浸渍、涂布、包覆或层压的织物制成的或用橡胶浸渍、涂布、包覆或套裹的纱线或绳制成的传动带料及输送带料（品目40.10）。

八、品目59.11适用于下列不能归入第十一类其他税目的货品：

（一）下列成匹的、裁成一定长度或仅裁成矩形（包括正方形）的纺织产品（具有品目59.08至59.10所列产品特征的产品除外）：

1. 用橡胶、皮革或其他材料涂布、包覆或层压的作针布用的纺织物、毡呢及毡呢衬里机织物，以及其他专门技术用途的类似织物，包括用橡胶浸渍的用于包覆纺锤（织轴）的狭幅丝绒织物；
2. 筛布；
3. 用于榨油机器或类似机器的纺织材料制或人发制滤布；

Chapter 59
Impregnated, coated, covered or laminated textile fabrics; textile articles of a kind suitable for industrial use

Chapter Notes:

1. Except where the context otherwise requires, for the purposes of this Chapter the expression "textile fabrics" applies only to the woven fabrics of Chapters 50 to 55 and headings 58.03 and 58.06, the braids and ornamental trimmings in the piece of heading 58.08 and the knitted or crocheted fabrics of headings 60.02 to 60.06.

2. Heading 59.03 applies to:
   (a) Textile fabrics, impregnated, coated, covered or laminated with plastics, whatever the weight per square metre and whatever the nature of the plastic material (compact or cellular), other than:
      (i) Fabrics in which the impregnation, coating or covering cannot be seen with the naked eye (usually Chapters 50 to 55, 58 or 60); for the purpose of this provision, no account should be taken of any resulting change of colour;
      (ii) Products which cannot, without fracturing, be bent manually around a cylinder of a diameter of 7mm, at a temperature between 15℃ and 30℃ (usually Chapter 39);
      (iii) Products in which the textile fabric is either completely embedded in plastics or entirely coated or covered on both sides with such material, provided that such coating or covering can be seen with the naked eye with no account being taken of any resulting change of colour (Chapter 39);
      (iv) Fabrics partially coated or partially covered with plastics and bearing designs resulting from these treatments (usually Chapters 50 to 55, 58 or 60);
      (v) Plates, sheets or strip of cellular plastics, combined with textile fabric, where the textile fabric is present merely for reinforcing purposes (Chapter 39); or
      (vi) Textile products of heading 58.11.
   (b) Fabrics made from yarn, strip or the like, impregnated, coated, covered or sheathed with plastics, of heading 56.04.

3. For the purposes of heading 59.03, "textile fabrics laminated with plastics" means products made by the assembly of one or more layers of fabrics with one or more sheets or film of plastics which are combined by any process that bonds the layers together, whether or not the sheets or film of plastics are visible to the naked eye in the cross section.

4. For the purposes of heading 59.05, the expression "textile wall coverings" applies to products in rolls, of a width of not less than 45cm, suitable for wall or ceiling decoration, consisting of a textile surface which has been fixed on a backing or has been treated on the back (impregnated or coated to permit pasting).
   This heading does not, however, apply to wall coverings consisting of textile flock or dust fixed directly on a backing of paper (heading 48.14) or on a textile backing (generally heading 59.07).

5. For the purposes of heading 59.06, the expression "rubberised textile fabrics" means:
   (a) Textile fabrics impregnated, coated, covered or laminated with rubber:
      (i) Weighing not more than $1500g/m^2$; or
      (ii) Weighing more than $1500g/m^2$ and containing more than 50% by weight of textile material;
   (b) Fabrics made from yarn, strip or the like, impregnated, coated, covered or sheathed with rubber, of heading 56.04; and
   (c) Fabrics composed of parallel textile yarns agglomerated with rubber, irrespective of their weight per square metre.
   This heading does not, however, apply to plates, sheets or strips of cellular rubber, combined with textile fabric, where the textile fabric is present merely for reinforcing purposes (Chapter 40), or textile products of heading 58.11.

6. Heading 59.07 does not apply to:
   (a) Fabrics in which the impregnation, coating or covering cannot be seen with the naked eye (usually Chapters 50 to 55, 58 or 60); for the purpose of this provision, no account should be taken of any resulting change of colour;
   (b) Fabrics painted with designs (other than painted canvas being theatrical scenery, studio back-cloths or the like);
   (c) Fabrics partially covered with flock, dust, powdered cork or the like and bearing designs resulting from these treatments; however, imitation pile fabrics remain classified in this heading;
   (d) Fabrics starched with normal dressings having a basis of amylaceous or similar substances;
   (e) Wood veneered on a backing of textile fabrics (heading 44.08);
   (f) Natural or artificial abrasive powder or grain, on a backing of textile fabrics (heading 68.05);
   (g) Agglomerated or reconstituted mica, on a backing of textile fabrics (heading 68.14); or
   (h) Metal foil on a backing of textile fabrics (generally Section XIV or XV).

7. Heading 59.10 does not apply to:
   (a) Transmission or conveyor belting, of textile material, of a thickness of less than 3mm; or
   (b) Transmission or conveyor belts or belting of textile fabric impregnated, coated, covered or laminated with rubber or made from textile yarn or cord impregnated, coated, covered or sheathed with rubber (heading 40.10).

8. Heading 59.11 applies to the following goods, which do not fall in any other heading of Section XI:
   (a) Textile products in the piece, cut to length or simply cut to rectangular (including square) shape (other than those having the character of the products of headings 59.08 to 59.10), the following only:
      (i) Textile fabrics, felt and felt-lined woven fabrics, coated, covered or laminated with rubber, leather or other material, of a kind used for card clothing, and similar fabrics of a kind used for other technical purposes, including narrow fabrics made of velvet impregnated with rubber, for covering weaving spindles (weaving beams);
      (ii) Bolting cloth;
      (iii) Filtering or straining cloth of a kind used in oil presses or the like, of textile material or of human hair;

4. 用多股经纱或纬纱平织而成的纺织物，不论是否毡化、浸渍或涂布，通常用于机械或其他专门技术用途；

5. 专门技术用途的增强纺织物；

6. 工业上用作填塞或润滑材料的线绳、编带及类似品，不论是否涂布、浸渍或用金属加强。

（二）专门技术用途的纺织制品（品目59.08至59.10的货品除外），例如，造纸机器或类似机器（如制浆机或制石棉水泥的机器）用的环状或装有连接装置的纺织物或毡呢、密封垫、垫圈、抛光盘及其他机器零件。

商品编号	商品名称及备注[检验检疫编码及名称]	进口关税(%)		增值税率(%)	消费税	计量单位	监管条件	检验检疫类别	对美税率	出口税率(%)	出口退税率(%)
		最惠国	普通								
5901	**用胶或淀粉物质涂布的纺织物，作书籍封面及类似用途的；描图布；制成的油画布；作帽里的硬衬布及类似硬挺纺织物：**										
59011010	---棉或麻制										13
5901101010	胶或淀粉涂布的棉纺织物(作书籍封面，棉织物重≥50%，经漂染印花)〔101 棉混纺印花布〕,〔999〕	8	80	13		千克			18%	0	
5901101090	胶或淀粉涂布的麻及其他棉纺织(作书籍封面及类似用途的)〔999〕	8	80	13		千克			18%	0	
59011020	---化学纤维制										13
5901102010	胶或淀粉涂布的涤棉短纤混纺织品(书籍封面及类似用途，聚酯短纤棉混纺漂染织物重>50%)〔999〕	8	130	13		千克			33%	0	
5901102090	胶或淀粉涂布的其他化学纤维纺织物(作书籍封面及类似用途的)〔999〕	8	130	13		千克			33%	0	
59011090	---其他										13
5901109010	用胶或淀粉涂布的精梳毛纺织物(书籍封面及类似用途，精梳羊毛或动物细毛织物重≥50%)〔999〕	8	100	13		千克			28%	0	
5901109090	用胶或淀粉涂布的其他纺织物(作书籍封面及类似用途的)〔999〕	8	100	13		千克			28%	0	
59019010	---制成的油画布										13
5901901000	其他纺织物制成的油画布(织物重≥50%)〔999〕	8	50	13		千克			33%	0	
59019091	----棉或麻制										13
5901909110	棉制描图布、帽里硬衬布等(包括类似硬挺纺织物，棉织物重≥50%经漂染印花)〔101 棉混纺印花布〕,〔102 服装衬布〕,〔999〕	8	80	13		千克			33%	0	
5901909190	麻及其他棉制描图布、帽里硬衬布(包括类似硬挺纺织物)〔101 服装衬布〕,〔999〕	8	80	13		千克			33%	0	
59019092	----化学纤维制										13
5901909210	聚酯短纤与棉混纺织物制描图布(含帽里硬衬类似硬挺纺织物，织物重≥50%，经漂染印)〔101 服装衬布〕,〔999〕	8	130	13		千克				0	
5901909290	其他化学纤维制描图布，帽里硬衬布等(包括类似硬挺纺织物)〔101 服装衬布〕,〔999〕	8	130	13		千克				0	
59019099	----其他										13
5901909910	精梳毛纺织物制描图布，帽里硬衬(包括类似硬挺纺织物，精梳羊毛或动物细毛织物重≥50%)〔101 服装衬布〕,〔999〕	8	100	13		千克			33%	0	
5901909990	其他纺织物制描图布，帽里硬衬布(包括类似硬挺纺织物)〔101 服装衬布〕,〔999〕	8	100	13		千克			33%	0	
5902	**尼龙或其他聚酰胺、聚酯或粘胶纤维高强力纱制的帘子布：**										
59021010	---聚酰胺-6(尼龙-6)制										13
5902101000	聚酰胺-6(尼龙-6)制的帘子布〔999〕	8	40	13		千克			33%	0	
59021020	---聚酰胺-6,6(尼龙-6,6)制										13
5902102000	聚酰胺-6,6(尼龙-6,6)制的帘子布〔999〕	8	40	13		千克			33%	0	
59021090	---其他										13
5902109000	其他聚酰胺制的帘子布〔999〕	8	40	13		千克			33%	0	
59022000	-聚酯制										13
5902200000	聚酯高强力纱制的帘子布〔999〕	8	40	13		千克				0	
59029000	-其他										13
5902900000	粘胶纤维高强力纱制帘子布〔999〕	8	40	13		千克			33%	0	
5903	**用塑料浸渍、涂布、包覆或层压的纺织物，但税目59.02的货品除外：**										
59031010	---绝缘布或带										13
5903101000	用聚氯乙烯浸渍的其他绝缘布或带〔999〕	8	40	13		千克			18%	0	
59031020	---人造革										13
5903102000	用聚氯乙烯浸渍的其他人造革〔101 棉混纺印花布〕,〔999〕	8	70	13		千克/米			33%	0	
59031090	---其他										13
5903109000	聚氯乙烯浸渍的其他纺织物(包括用聚氯乙烯涂布，包覆或层压的)〔101 棉混纺印花布〕,〔999〕	8	90	13		千克			28%	0	
59032010	---绝缘布或带										13
5903201000	聚氨基甲酸酯浸渍其他绝缘布或带〔999〕	8	40	13		千克			18%	0	

(iv) Flat woven textile fabrics with multiple warp or weft, whether or not felted, impregnated or coated, of a kind used in machinery or for other technical purposes;

(v) Textile fabrics reinforced with metal, of a kind used for technical purposes;

(vi) Cords, braids and the like, whether or not coated, impregnated or reinforced with metal, of a kind used in industry as packing or lubricating materials.

(b) Textile articles (other than those of headings 59.08 to 59.10) of a kind used for technical purposes, for example, textile fabrics and felts, endless or fitted with linking devices, of a kind used in paper-making or similar machines (for example, for pulp or asbestos-cement), gaskets, washers, polishing discs and other machinery parts.

协定税率(%)																		特惠税率(%)			Article Description
智利	新西兰	澳大利亚	瑞士	冰岛	秘鲁	哥斯达	东盟	亚太	新加坡	巴基斯坦	港/澳/台	韩国	格鲁吉亚	毛里求斯	柬埔寨	尼加拉瓜	日/韩/澳/新/东(RCEP)	亚太2国	老/柬/缅	LDC 98/97/95	
																					Textile fabrics coated with gum or amylaceous substances, of a kind used for the outer covers of books or the like; tracing cloth; prepared painting canvas; buckram and similar stiffened textile fabrics of a kind used for hat foundations:
0	0	0	0	0	0	0	0		0	0	0/0/	0	0	0	0	0	7.3/7/0/0/0			0/0/0	---Of cotton or bast fibres
0	0	0	0	0	0	0	0		0	0	0/0/	0	0	0	0	0	7.3/0/0/0/0			0/0/0	---Of man-made fibres
0	0	0	0	0	0	0	0		0	0	0/0/	0	0	0	0	0	7.3/0/0/0/0			0/0/0	---Other
0	0	0	0	0	0	0	0			2.5	0/0/	0	0	0	0	0	7.3/0/0/0/0			0/0/0	---Prepared painting canvas
0	0	0	0	0	0	0	0			2.5	0/0/	0	0	0	0	0	7.3/0/0/0/0		0/0/0	0/0/0	----Of cotton or bast fibres
0	0	0	0	0	0	0	0			2.5	0/0/	0	0	0	0	0	7.3/0/0/0/0			0/0/0	----Of man-made fibres
0	0	0	0	0	0	0	0			2.5	0/0/	0	0	0	0	6.4	7.3/0/0/0/0			0/0/0	----Other
																					Tyre cord fabric of high tenacity yarn of nylon or other polyamides polyesters or viscose rayon:
0	0	0	0	0	0	0	0	5.2	0	0	0/0/	6.5	0	0	0	6.4	//5/5/5			0/0/0	---Of polyamide-6 (nylon-6)
0	0	0	0	0	0	0	0	5.2	0	0	0/0/	6.5	0	0	0	0	//5/5/5			0/0/0	---Of polyamide-6,6 (nylon-6,6)
0	0	0	0	0	0	0	0	5.2	0	0	0/0/	0	0	0	0	6.4	7.3/7/0/0/0			0/0/0	---Other
0	0	0	0	0	0	0	0	5.2	0	0	0/0/	5	0	0	0	0	//8.5/8.5/8.5			0/0/0	-Of polyesters
0	0	0	0	0	0	0	0			0	0/0/	0	0	0	0	0	7.3/0/0/0/0			0/0/0	-Other
																					Textile fabrics impregnated, coated, covered or laminated with plastics, other than those of heading 59.02:
0	0	0	0	0	0	0	0	5.2		0	0/0/	0	0	0	0	0	7.3/0/0/0/0			0/0/0	---Insulating cloth or tape
0	0	0	0	0	0	0	0	5.2	0	4	0/0/0	5	0	0	0	0	8.6//8.5/8.5/8.5			0/0/0	---Imitation leather
0	0	0	0	0	0	0	0	5.2	0	4	0/0/0	5	0	0	0	0	//8.5/8.5/8.5			0/0/0	---Other
0	0	0	0	0	0	0	0	5.2		2.5	0/0/	0	0	0	0	0	7.3/0/0/0/0			0/0/0	---Insulating cloth or tape

商品编号	商品名称及备注[检验检疫编码及名称]	进口关税(%)		增值税率(%)	消费税	计量单位	监管条件	检验检疫类别	对美税率	出口税率(%)	出口退税率(%)
		最惠国	普通								
59032020	---人造革										13
5903202000	用聚氨基甲酸酯浸渍的其他人造革〔999〕	8	70	13		千克/米			33%	0	
59032090	---其他										13
5903209000	用聚氨基甲酸酯浸渍的其他纺织物(包括用聚氨基甲酸酯涂布,包覆或层压的)〔999〕	8	90	13		千克			33%	0	
59039010	---绝缘布或带										13
5903901000	用其他塑料浸渍的绝缘布或带〔999〕	8	40	13		千克			18%	0	
59039020	---人造革										13
5903902000	用其他塑料浸渍的人造革〔101 棉混纺印花布〕,〔999〕	8	70	13		千克/米			28%	0	
59039090	---其他										13
5903909000	用其他塑料浸渍的其他纺织物(包括用其他塑料涂布、包覆或层压的)〔101 棉混纺印花布〕,〔999〕	8	90	13		千克			28%	0	
5904	**列诺伦(亚麻油地毡),不论是否剪切成形;以织物为底布经涂布或覆面的铺地制品,不论是否剪切成形:**										
59041000	-列诺伦(亚麻油地毡)										13
5904100000	列诺伦(亚麻油地毡)(不论是否剪切成形)〔999〕	6	90	13		千克/平方米				0	
59049000	-其他										13
5904900000	以纺织物为底涂布或覆面的铺地品(不论是否剪切成形)〔999〕	6	90	13		千克/平方米				0	
5905	**糊墙织物:**										
59050000	糊墙织物										13
5905000000	糊墙织物〔999〕	8	80	13		千克/平方米			28%	0	
5906	**用橡胶处理的纺织物,但税目 59.02 的货品除外:**										
59061010	---绝缘带										13
5906101000	用橡胶处理宽≤20 厘米纺织绝缘带(纺织物胶粘绝缘带)〔999〕	8	40	13		千克			33%	0	
59061090	---其他										13
5906109000	用橡胶处理宽≤20 厘米其他纺织物胶粘带〔999〕	8	100	13		千克			28%	0	
59069100	--针织或钩编的										13
5906910000	用橡胶处理的针织或钩编其他纺织物〔999〕	8	130	13		千克			33%	0	
59069910	---绝缘布或带										13
5906991000	用橡胶处理的绝缘布或带(非针织或钩编,宽>20 厘米)〔101 棉混纺印花布〕,〔999〕	8	40	13		千克			33%	0	
59069990	---其他										13
5906999000	用橡胶处理的其他纺织物(非针织或钩编,宽>20 厘米)〔101 棉混纺印花布〕,〔999〕	8	100	13		千克			18%	0	
5907	**用其他材料浸渍、涂布或包覆的纺织物;作舞台、摄影布景或类似用途的已绘制画布:**										
59070010	---绝缘布或带										13
5907001000	其他材料浸涂纺织绝缘布或带(用橡胶、塑料、浆料以外材料浸涂或包覆)〔999〕	8	40	13		千克			33%	0	
59070020	---已绘制画布										13
5907002000	其他材料浸涂已绘制画布(用橡胶、塑料、浆料以外材料浸涂或包覆)〔999〕	8	50	13		千克			28%	0	
59070090	---其他										13
5907009000	用其他材料浸涂的纺织物(用橡胶、塑料、浆料以外材料浸涂或包覆)〔999〕	8	100	13		千克			18%	0	
5908	**用纺织材料机织、编结或针织而成的灯芯、炉芯、打火机芯、烛芯或类似品;煤气灯纱筒及纱罩,不论是否浸渍:**										
59080000	用纺织材料机织、编结或针织而成的灯芯、炉芯、打火机芯、烛芯或类似品;煤气灯纱筒及纱罩,不论是否浸渍										13
5908000000	灯芯、炉芯等和煤气灯纱筒及纱罩(包括打火机芯、烛芯或类似品,用纺织材料机织,编结,针织)〔999〕	8	70	13		千克			18%	0	
5909	**纺织材料制的水龙软管及类似的管子,不论有无其他材料作衬里、护套或附件:**										
59090000	纺织材料制的水龙软管及类似的管子,不论有无其他材料作衬里、护套或附件										13

协定税率(%)																		特惠税率(%)			Article Description
智利	新西兰	澳大利亚	瑞士	冰岛	秘鲁	哥斯达	东盟	亚太	新加坡	巴基斯坦	港/澳/台	韩国	格鲁吉亚	毛里求斯	柬埔寨	尼加拉瓜	日/韩/澳/新/东(RCEP)	亚太2国	老/柬/缅	LDC 98/97/95	
0	0	0	0	0	0	0	0	5.2	0	0	0/0/0	5	0	0	0	0	8.6/8.5/8.5/8.5/8.5			0/0/0	---Imitation leather
0	0	0	0	0	0	0	0	5.2	0	0	0/0/0	5	0	0	0	0	8.6/8.5/8.5/8.5/8.5			0/0/0	---Other
0	0	0	0	0	0	0	0	5.2		0	0/0/	0	0	0	0	0	7.3/0/0/0/0			0/0/0	---Insulating cloth or tape
0	0	0	0	0	0	0	0	5.2	0	2.5	0/0/0	3.3	0	0	0	6.4	8.1/8/8.5/8.5/8			0/0/0	---Imitation leather
0	0	0	0	0	0	0	0	5.2	0	8.5	0/0/0	5	0	0	0	0	8.6/8.5/8.5/8.5/8.5		0/0/0	0/0/0	---Other
																					Linoleum, whether or not cut to shape; floor coverings consisting of a coating or covering applied on a textile backing, whether or not cut to shape:
0	0	0	0	0	0	0	0		0	11.2	0/0/	0	0	0	0	0	10.2/9.8/0/0/0			0/0/0	-Linoleum
0	0	0	0	0	0	0	0		0	7	0/0/	0	0	0	0	0	10.2/9.8/0/0/0			0/0/0	-Other
																					Textile wall coverings:
0	0	0	0	0	0	0	0		0	0	0/0/	0	0	0	0	0	7.3/0/0/0/0			0/0/0	Textile wall coverings
																					Rubberized textile fabrics, other than those of heading 59.02:
0	0	0	0	0	0	0	0			0	0/0/	0	0	0	0	0	7.3/0/0/0/0			0/0/0	---Insulating tape
0	0	0	0		0	0	0		0	0	0/0/	0	0	0	0	0	7.3/0/0/0/0			0/0/0	---Other
0	0	0	0	0	0	0	0		0	0	0/0/0	0	0	0	0	0	7.3/0/0/0/0			0/0/0	--Knitted or crocheted
0	0	0	0	0	0	0	0			0	0/0/	0	0	0	0	6.4	7.3/0/0/0/0			0/0/0	---Insulating cloth or tape
0	0	0	0	0	0	0	0		0	0	0/0/0	0	0	0	0	6.4	7.3/0/0/0/0			0/0/0	---Other
																					Textile fabrics otherwise impregnated, coated or covered; painted canvas being theatrical scenery, studio backcloths or the like:
0	0	0	0	0	0	0	0	5.2		2.5	0/0/	0	0	0	0	6.4	7.3/0/0/0/0			0/0/0	---Insulating cloth or tape
0	0	0	0	0	0	0	0	5.2		2.5	0/0/	0	0	0	0	6.4	7.3/0/0/0/0			0/0/0	---Painted canvas
0	0	0	0	0	0	0	0	5.2	0	2.5	0/0/	5	0	2	0	6.4	//8.5/8.5/8.5			0/0/0	---Other
																					Textile wicks, woven, platied or knitted, for lamps, stoves, lighters, candles or the like; incandescent gas mantles and tubular knitted gas mantle fabric therefor, whether or not impregnated:
0	0	0	0	0	0	0	0			0	0/0/	0	0	0	0	6.4	7.3/0/0/0/0			0/0/0	Textile wicks, woven, plaited or knitted, for lamps, stoves, lighters, candles or the like; incandescent gas mantles and tubular knitted gas mantle fabric therefor, whether or not impregnated
																					Textile hosepiping and similar textile tubing, with or without lining, armour or accessories of other materials:
0	0	0	0	0	0	0	0			0	0/0/	0	0	0	0	6.4	5.8/0/0/0/0			0/0/0	Textile hosepiping and similar textile tubing, with or without lining, armour or accessories of other materials

商品编号	商品名称及备注［检验检疫编码及名称］	进口关税（%）		增值税率（%）	消费税	计量单位	监管条件	检验检疫类别	对美税率	出口税率（%）	出口退税率（%）
		最惠国	普通								
5909000000	纺织材料制水龙软管及类似管子（不论有无其他材料作衬里，护套或附件）〔999〕	8	35	13		千克			18%	0	
5910	**纺织材料制的传动带或输送带及带料，不论是否用塑料浸渍、涂布、包覆或层压，也不论是否用金属或其他材料加强：**										
59100000	纺织材料制的传动带或输送带及带料，不论是否用塑料浸渍、涂布、包覆或层压，也不论是否用金属或其他材料加强										13
5910000000	纺织材料制的传动带或输送带及带料（不论是否用塑料浸渍、涂布、包覆，层压或用金属等加强）〔999〕	8	35	13		千克			28%	0	
5911	**本章注释八所规定的作专门技术用途的纺织产品及制品：**										
59111010	---用橡胶浸渍的、用于包覆纺锤（织轴）的狭幅丝绒织物										13
5911101000	包覆纺锤用浸胶的狭幅丝绒织物（包括用橡胶、皮革等材料包覆，压层的毡呢及类似织物）〔999〕	8	75	13		千克			28%	0	
59111090	---其他										13
5911109000	其他起绒狭幅织物（包括用橡胶、皮革等材料包覆，压层的毡呢及类似织物）〔999〕	8	35	13		千克			33%	0	
59112000	-筛布，不论是否制成的										13
5911200010	丝制筛布（不论是否制成的）〔101 网料与筛布〕，〔999〕	8	35	13		千克			28%	0	
5911200090	其他纺织材料制筛布（不论是否制成的，刻版筛网印布除外）〔101 网料与筛布〕，〔999〕	8	35	13		千克			28%	0	
59113100	--每平方米重量在650克以下										13
5911310000	轻的环状或有连接装置的布或毡呢（每平方米重量在650克以下，用于造纸机器或类似机器）〔101 毡呢〕，〔999〕	8	35	13		千克			28%	0	
59113200	--每平方米重量在650克及以上										13
5911320000	重的环状或有连接装置的布或毡呢（每平方米重量在650克及以上，用于造纸机器或类似机器）〔101 毡呢〕，〔999〕	8	35	13		千克			28%	0	
59114000	-用于榨油机器或类似机器的滤布，包括人发制滤布										13
5911400000	用于榨油机器或类似机器的滤布（包括人发制滤布）〔101 网料与筛布〕，〔999〕	8	35	13		千克			28%	0	
59119000	-其他										13
5911900010	半导体晶圆制造用自粘式圆形抛光垫（见第59章注释八）〔999〕	0	35	13		千克			10%	0	
5911900020[暂3]	体外膜肺氧合机用聚甲基戊烯中空纤维膜（见第59章注释八）〔999〕	8	35	13		千克			13%	0	
5911900090	其他专门技术用途纺织产品及制品（见第59章注释八）〔101 网料与筛布〕，〔102 其他产业用纺织制品〕	8	35	13		千克			18%	0	

协定税率(%)																		特惠税率(%)			
智利	新西兰	澳大利亚	瑞士	冰岛	秘鲁	哥斯达	东盟	亚太	新加坡	巴基斯坦	港/澳/台	韩国	格鲁吉亚	毛里求斯	柬埔寨	尼加拉瓜	日/韩/澳/新/东(RCEP)	亚太2国	老/柬/缅	LDC 98/97/95	Article Description
																					Transmission or conveyor belts or belting, of textile material, whether or not impregnated, coated, covered or laminated with plastics, or reinforced with metal or other material:
0	0	0	0	0	0	0	0			0	0/0/0	0	0	0	0	6.4	5.8/0/0/0/0			0/0/0	Transmission or conveyor belts or belting, of textile material, whether or not impregnated, coated, covered or laminated with plastics, or reinforced with metal or other material
																					Textile products and articles, for technical uses, specified in Note 8 to this Chapter:
0	0	0	0	0	0	0	0	5.2		0	0/0/	0	0	0	0	6.4	5.8/0/0/0/0			0/0/0	---Narrow fabrics made of velvet impregnated with rubber, for covering weaving spindles (weaving beams)
0	0	0	0	0	0	0	0			0	0/0/	0	0	0	0	6.4	5.8/0/0/0/0			0/0/0	---Other
0	0	0	0	0	0	0	0			0	0/0/	0	0	0	0	6.4	5.8/5.6/5.6/5.6/5.6			0/0/0	-Bolting cloth, whether or not made up
0	0	0	0	0	0	0	0			0	0/0/	0	0	0	0	6.4	5.8/0/0/0/0			0/0/0	--Weighing less than 650g/m^2
0	0	0	0	0	0	0	0			0	0/0/	0	0	0	0	6.4	5.8/5.6/5.6/5.6/5.6			0/0/0	--Weighing 650g/m^2 or more
0	0	0	0	0	0	0	0			0	0/0/	0	0	0	0	6.4	5.8/0/0/0/0			0/0/0	-Filtering or straining cloth of a kind used in oil presses or the like, including that of human hair
0	0	0	0	0	0	0	0			0	0/0/		0	0	0	6.4	5.8/6.8/5/5/5.6			0/0/0	-Other

第六十章
针织物及钩编织物

注释:

一、本章不包括:

(一)品目58.04的钩编花边;

(二)品目58.07的针织或钩编的标签、徽章及类似品;或

(三)第五十九章的经浸渍、涂布、包覆或层压的针织物及钩编织物。但经浸渍、涂布、包覆或层压的起绒针织物及起绒钩编织物仍归入品目60.01。

二、本章还包括用金属线制的用于衣着、装饰或类似用途的织物。

三、本协调制度所称“针织物”,包括由纺织纱线用链式针法构成的缝编织物。

子目注释:

一、子目6005.35包括由聚乙烯单丝或涤纶复丝制成的织物,重量不小于30克/平方米,但不超过55克/平方米,网眼尺寸不小于20孔/平方厘米,但不超过100孔/平方厘米,并且用α-氯氰菊酯(ISO)、虫螨腈(ISO)、溴氰菊酯(INN,ISO)、高效氯氟氰菊酯(ISO)、除虫菊酯(ISO)或甲基嘧啶磷(ISO)浸渍或涂层。

商品编号	商品名称及备注[检验检疫编码及名称]	进口关税(%)		增值税率(%)	消费税	计量单位	监管条件	检验检疫类别	对美税率	出口税率(%)	出口退税率(%)
		最惠国	普通								
6001	**针织或钩编的起绒织物,包括“长毛绒”织物及毛圈织物:**										
60011000	-“长毛绒”织物										13
6001100000	针织或钩编“长毛绒”织物〔999〕	8	130	13		米/千克			33%	0	
60012100	--棉制										13
6001210000	棉制针织或钩编的毛圈绒头织物〔999〕	8	70	13		米/千克			33%	0	
60012200	--化学纤维制										13
6001220000	化学纤维制针织或钩编毛圈绒头织物〔999〕	8	130	13		米/千克			28%	0	
60012900	--其他纺织材料制										13
6001290000	其他材料制针织或钩编毛圈绒头织物〔999〕	8	130	13		米/千克				0	
60019100	--棉制										13
6001910000	棉制针织或钩编起绒织物〔999〕	8	70	13		米/千克			33%	0	
60019200	--化学纤维制										13
6001920000	化学纤维制针织或钩编起绒织物〔999〕	8	130	13		米/千克			33%	0	
60019900	--其他纺织材料制										13
6001990000	其他纺织材料制针织或钩编起绒织物〔999〕	8	130	13		米/千克			33%	0	
6002	**宽度不超过30厘米,按重量计弹性纱线或橡胶线含量在5%及以上的针织物或钩编织物,但税目60.01的货品除外:**										
60024010	---棉制										13
6002401000	棉制宽≤30厘米弹性针织或钩编织物(按重量计弹性纱线含量在5%及以上且不含橡胶线)〔999〕	8	70	13		米/千克				0	
60024020	---丝及绢丝制										13
6002402000	丝及绢丝制宽≤30厘米针织或钩编织物(按重量计弹性纱线含量在5%及以上且不含橡胶线)〔999〕	8	130	13		米/千克				0	
60024030	---合成纤维制										13
6002403000	合成纤维制宽≤30厘米针织或钩编织物(按重量计弹性纱线含量在5%及以上且不含橡胶线)〔999〕	8	130	13		米/千克				0	
60024040	---人造纤维制										13
6002404000	人造纤维制宽≤30厘米针织或钩编织物(按重量计弹性纱线含量在5%及以上且不含橡胶线)〔999〕	8	130	13		米/千克				0	
60024090	---其他										13
6002409000	其他纺材宽≤30厘米针织或钩编织物(按重量计弹性纱线含量在5%及以上且不含橡胶线)〔999〕	8	130	13		米/千克				0	
60029010	---棉制										13
6002901000	棉制宽≤30厘米弹性针织或钩编织物(按重量计含弹性纱线或橡胶线≥5%)〔999〕	8	70	13		米/千克			18%	0	
60029020	---丝及绢丝制										13
6002902000	丝及绢丝宽≤30厘米针织或钩编织物(按重量计含弹性纱线或橡胶线≥5%)〔999〕	8	130	13		米/千克				0	
60029030	---合成纤维制										13
6002903000	合成纤维制宽≤30厘米针织或钩编织(按重量计含弹性纱线或橡胶线≥5%)〔999〕	8	130	13		米/千克			33%	0	
60029040	---人造纤维制										13
6002904000	人造纤维制宽≤30厘米针织或钩编织物(按重量计含弹性纱线或橡胶线≥5%)〔999〕	8	130	13		米/千克			18%	0	
60029090	---其他										13
6002909000	其他纺织材料宽≤30厘米针织或钩编织物(按重量计含弹性纱线或橡胶线≥5%)〔999〕	8	130	13		米/千克			33%	0	

Chapter 60
Knitted or crocheted fabrics

Chapter Notes:

1. This Chapter does not cover:
   (a) Crochet lace of heading 58.04;
   (b) Labels, badges or similar articles, knitted or crocheted, of heading 58.07; or
   (c) Knitted or crocheted fabrics, impregnated, coated, covered or laminated, of Chapter 59. However, knitted or crocheted pile fabrics, impregnated, coated, covered or laminated, remain classified in heading 60.01.

2. This Chapter also includes fabrics made of metal thread and of a kind used in apparel, as furnishing fabrics or for similar purposes.

3. Throughout the Nomenclature any reference to "knitted" goods includes a reference to stitch-bonded goods in which the chain stitches are formed of textile yarn.

Subheading Note:

1. Subheading 6005.35 covers fabrics of polyethylene monofilament or of polyester multifilament, weighing not less than $30g/m^2$ and not more than $55g/m^2$, having a mesh size of not less than 20 holes/cm^2 and not more than 100 holes/cm^2, and impregnated or coated with alpha-cypermethrin (ISO), chlorfenapyr (ISO), deltamethrin (INN, ISO), lambda-cyhalothrin (ISO), permethrin (ISO) or pirimiphos-methyl (ISO).

协定税率(%)																		特惠税率(%)			Article Description
智利	新西兰	澳大利亚	瑞士	冰岛	秘鲁	哥斯达	东盟	亚太	新加坡	巴基斯坦	港/澳/台	韩国	格鲁吉亚	毛里求斯	柬埔寨	尼加拉瓜	日/韩/澳/新/东 (RCEP)	亚太2国	老/柬/缅	LDC 98/97/95	
																					Pile fabrics, including "long pile" fabrics and terry fabrics, knitted or crocheted:
0	0	0	0	0	0	0	0	5.2	0	0	0/0/	3.3	0	0	0	6.4	8.1/8.5/8.5/8			0/0/0	-"Long pile" fabrics
0	0	0	0	0	0	0	0	5.2		0	0/0/	0	0	0	0	6.4	7.3/0/0/0/0			0/0/0	--Of cotton
0	0	0	0	0	0	0	0	5.2	0	0	0/0/	0	0	0	0	6.4	7.3/0/0/0/0			0/0/0	--Of man-made fibres
0	0	0	0	0	0	0	0		0	0	0/0/	0	0	0	0	6.4	8.7/0/0/0/0			0/0/0	--Of other textile materials
0	0	0	0	0	0	0	0	5.2		0	0/0/	0	0	0	0	6.4	7.3/0/0/0/0			0/0/0	--Of cotton
0	0	0	0	0	0	0	0	5.2	0	0	0/0/0	5	0	0	0	6.4	//8.5/8.5/8.5			0/0/0	--Of man-made fibres
0	0	0	0	0	0	0	0		0	0	0/0/	0	0	0	0	6.4	8.7/0/0/0/0			0/0/0	--Of other textile materials
																					Knitted or crochete fabrics of a width not exceeding 30cm, containing 5% or more by weight of elastomeric yarn or rubber thread, other than those of heading 60.01:
0	0	0	0	0	0	0	0	5.2		0	0/0/	0	0	0	0	6.4	7.3/0/0/0/0			0/0/0	---Of cotton
0	0	0	0	0	0	0	0	5.2	0	0	0/0/	0	0	0	0	6.4	7.3/0/0/0/0			0/0/0	---Of silk or silk waste
0	0	0	0	0	0	0	0		0	0	0/0/	0	0	0	0	6.4	7.3/0/0/0/0			0/0/0	---Of synthetic fibres
0	0	0	0	0	0	0	0		0	0	0/0/	0	0	0	0	6.4	7.3/0/0/0/0			0/0/0	---Of artificial fibres
0	0	0	0	0	0	0	0	5.2	0	0	0/0/	0	0	0	0	6.4	7.3/0/0/0/0			0/0/0	---Other
0	0	0	0	0	0	0	0	5.2		0	0/0/	0	0	0	0	6.4	7.3/0/0/0/0		0/0/0	0/0/0	---Of cotton
0	0	0	0	0	0	0	0	5.2	0	0	0/0/	0	0	0	0	6.4	7.3/0/0/0/0			0/0/0	---Of silk or silk waste
0	0	0	0	0	0	0	0	4	0	0	0/0/	3.3	0	0	0	6.4	8.1/8.5/8.5/8		0/0/0	0/0/0	---Of synthetic fibres
0	0	0	0	0	0	0	0	4	0	0	0/0/	0	0	0	0	6.4	7.3/0/0/0/0			0/0/0	---Of artificial fibres
0	0	0	0	0	0	0	0	5.2	0	0	0/0/	0	0	0	0	6.4	7.3/0/0/0/0			0/0/0	---Other

商品编号	商品名称及备注[检验检疫编码及名称]	进口关税(%) 最惠国	进口关税(%) 普通	增值税率(%)	消费税	计量单位	监管条件	检验检疫类别	对美税率	出口税率(%)	出口退税率(%)
6003	**宽度不超过 30 厘米的针织或钩编织物,但税目 60.01 或 60.02 的货品除外:**										
60031000	-羊毛或动物细毛制										13
6003100000	毛制宽≤30 厘米针织或钩编织物(按重量计弹性纱线或橡胶线含量<5%)[999]	8	130	13		米/千克				0	
60032000	-棉制										13
6003200000	棉制宽≤30 厘米针织或钩编织物(按重量计弹性纱线或橡胶线含量<5%)[999]	8	70	13		米/千克			33%	0	
60033000	-合成纤维制										13
6003300000	合纤制宽≤30 厘米针织或钩编织物(按重量计弹性纱线或橡胶线含量<5%)[999]	8	130	13		米/千克			33%	0	
60034000	-人造纤维制										13
6003400000	人造纤维制宽≤30 厘米针织或钩编织物(按重量计弹性纱线或橡胶线含量<5%)[999]	8	130	13		米/千克				0	
60039000	-其他										13
6003900000	其他纺织材料宽≤30 厘米针织或钩编织物(按重量计弹性纱线或橡胶线含量<5%)[999]	8	130	13		米/千克			18%	0	
6004	**宽度超过 30 厘米,按重量计弹性纱线或橡胶线含量在 5%及以上的针织物或钩编织物,但税目 60.01 的货品除外:**										
60041010	---棉制										13
6004101000	棉制宽>30 厘米弹性针织或钩编织物(按重量计弹性纱线含量≥5%且不含橡胶线)[999]	8	70	13		米/千克			33%	0	
60041020	---丝及绢丝制										13
6004102000	丝及绢丝宽>30 厘米针织或钩编织物(按重量计弹性纱线含量≥5%且不含橡胶线)[999]	8	130	13		米/千克				0	
60041030	---合成纤维制										13
6004103000	合成纤维制宽>30 厘米针织或钩编织物(按重量计弹性纱线含量≥5%且不含橡胶线)[999]	8	130	13		米/千克			33%	0	
60041040	---人造纤维制										13
6004104000	人造纤维制宽>30 厘米针织或钩编织物(按重量计弹性纱线含量≥5%且不含橡胶线)[999]	8	130	13		米/千克			33%	0	
60041090	---其他										13
6004109000	其他纺材宽>30 厘米针织或钩编织物(按重量计弹性纱线含量≥5%且不含橡胶线)[999]	8	130	13		米/千克			33%	0	
60049010	---棉制										13
6004901000	棉制宽>30 厘米弹性针织或钩编织物(按重量计含弹性纱线或橡胶线≥5%)[999]	8	70	13		米/千克			33%	0	
60049020	---丝及绢丝制										13
6004902000	丝及绢丝宽>30 厘米针织或钩编织物(按重量计含弹性纱线或橡胶线≥5%)[999]	8	130	13		米/千克				0	
60049030	---合成纤维制										13
6004903000	合成纤维制宽>30 厘米针织或钩编织物(按重量计含弹性纱线或橡胶线≥5%)[999]	8	130	13		米/千克			33%	0	
60049040	---人造纤维制										13
6004904000	人造纤维制宽>30 厘米针织或钩编织物(按重量计含弹性纱线或橡胶线≥5%)[999]	8	130	13		米/千克			33%	0	
60049090	---其他										13
6004909000	其他纺织材料宽>30 厘米针织或钩编织物(按重量计含弹性纱线或橡胶线≥5%)[999]	8	130	13		米/千克			33%	0	
6005	**经编针织物(包括由镶边针织机织成的),但税目 60.01 至 60.04 的货品除外:**										
60052100	--未漂白或漂白										13
6005210000	漂白或未漂白棉制经编织物(包括由花边针织机织成的经编织物)[999]	8	70	13		米/千克				0	
60052200	--染色										13
6005220000	染色棉制经编织物(包括由花边针织机织成的经编织物)[999]	8	70	13		米/千克				0	
60052300	--色织										13
6005230000	色织棉制经编织物(包括由花边针织机织成的经编织物)[999]	8	70	13		米/千克				0	
60052400	--印花										13
6005240000	印花棉制经编织物(包括由花边针织机织成的经编织物)[999]	8	70	13		米/千克				0	
60053500	--本章子目注释一所列织物										13
6005350000	本章子目注释一所列织物(包括由花边针织机织成的经编织物)[999]	8	130	13		米/千克			33%	0	
60053600	--其他,未漂白或漂白										13
6005360000	其他漂白或未漂白合成纤维制经编织物(包括由花边针织机织成的经编织物)[999]	8	130	13		米/千克			28%	0	
60053700	--其他,染色										13
6005370000	其他染色合成纤维制经编织物(包括由花边针织机织成的经编织物)[999]	8	130	13		米/千克			33%	0	
60053800	--其他,色织										13

协定税率(%)																		特惠税率(%)			Article Description
智利	新西兰	澳大利亚	瑞士	冰岛	秘鲁	哥斯达	东盟	亚太	新加坡	巴基斯坦	港/澳/台	韩国	格鲁吉亚	毛里求斯	柬埔寨	尼加拉瓜	日/韩/澳/新/东(RCEP)	亚太2国	老/柬/缅	LDC 98/97/95	
																					Knitted or crocheted fabrics of a width not exceeding 30cm, other than those of heading 60.01 or 60.02:
0	0	0	0	0	0	0	0		0	0	0/0/	0	0	0	0	6.4	7.3/0/0/0/0			0/0/0	-Of wool or fine animal hair
0	0	0	0	0	0	0	0			0	0/0/	0	0	0	0	6.4	7.3/0/0/0/0			0/0/0	-Of cotton
0	0	0	0	0	0	0	0	5.2	0	0	0/0/	0	0	0	0	6.4	7.3/0/0/0/0			0/0/0	-Of synthetic fibres
0	0	0	0	0	0	0	0	5.2	0	0	0/0/	0	0	0	0	6.4	7.3/0/0/0/0			0/0/0	-Of artificial fibres
0	0	0	0	0	0	0	0		0	0	0/0/	0	0	0	0	6.4	7.3/0/0/0/0			0/0/0	-Other
																					Knitted or crocheted fabrics of a width exceeding 30cm, containing by weight 5% or more elastomeric yarn or rubber thread, other than those of heading 60.01:
0	0	0	0	0	0	0	0	5.2	0	0	0/0/	0	0	0	0	6.4	7.3/0/0/0/0		0/0/0	0/0/0	---Of cotton
0	0	0	0	0	0	0	0	5.2	0	0	0/0/	0	0	0	0	6.4	7.3/0/0/0/0			0/0/0	---Of silk or silk waste
0	0	0	0	0	0	0	0		0	0	0/0/0	5	0	0	0	6.4	8.6/8.5/8.5/8.5/8.5			0/0/0	---Of synthetic fibres
0	0	0	0	0	0	0	0		0	0	0/0/	3.3	0	0	0	6.4	8.1/8/8.5/8.5/8			0/0/0	---Of artificial fibres
0	0	0	0	0	0	0	0	5.2	0	0	0/0/0	0	0	0	0	6.4	7.3/0/0/0/0			0/0/0	---Other
0	0	0	0	0	0	0	0	5.2		0	0/0/	0	0	0	0	6.4	7.3/0/0/0/0			0/0/0	---Of cotton
0	0	0	0	0	0	0	0	5.2	0	0	0/0/	0	0	0	0	6.4	7.3/0/0/0/0			0/0/0	---Of silk or silk waste
0	0	0	0	0	0	0	0		0	0	0/0/0	5	0	0	0	6.4	//8.5/8.5/8.5			0/0/0	---Of synthetic fibres
0	0	0	0	0	0	0	0		0	0	0/0/	0	0	0	0	6.4	7.3/0/0/0/0			0/0/0	---Of artificial fibres
0	0	0	0	0	0	0	0	5.2	0	0	0/0/0	0	0	0	0	6.4	7.3/0/0/0/0			0/0/0	---Other
																					Warp knit fabrics (including those made on galloon knitting machines), other than those of headings 60.01 to 60.04:
0	0	0	0	0	0	0	0			0	0/0/	0	0	0	0	6.4	7.3/0/0/0/0			0/0/0	--Unbleached or bleached
0	0	0	0	0	0	0	0			0	0/0/	0	0	0	0	6.4	7.3/0/0/0/0			0/0/0	--Dyed
0	0	0	0	0	0	0	0			0	0/0/	0	0	0	0	6.4	7.3/0/0/0/0			0/0/0	--Of yarns of different colours
0	0	0	0	0	0	0	0			0	0/0/	0	0	0	0	6.4	7.3/0/0/0/0			0/0/0	--Printed
0	0	0	0	0	0	0	0	5.2	0	0	0/0/0	0	0	0	0	6.4	7.3/0/0/0/0			0/0/0	--Fabrics specified in Subheading Note 1 to this Chapter
0	0	0	0	0	0	0	0	5.2	0	0	0/0/0	0	0	0	0	6.4	7.3/0/0/0/0			0/0/0	--Other, unbleached or bleached
0	0	0	0	0	0	0	0	5.2	0	0	0/0/0	5	0	0	0	6.4	//8.5/8.5/8.5		0/0/0	0/0/0	--Other, dyed
0	0	0	0	0	0	0	0	5.2	0	0	0/0/	0	0	0	0	6.4	7.3/0/0/0/0			0/0/0	--Other, of yarns of different colours

商品编号	商品名称及备注[检验检疫编码及名称]	进口关税(%)		增值税率(%)	消费税	计量单位	监管条件	检验检疫类别	对美税率	出口税率(%)	出口退税率(%)
		最惠国	普通								
6005380000	其他色织合成纤维制经编织物(包括由花边针织机织成的经编织物)〔999〕	8	130	13		米/千克			33%	0	
60053900	--其他,印花										13
6005390000	其他印花合成纤维制经编织物(包括由花边针织机织成的经编织物)〔999〕	8	130	13		米/千克				0	
60054100	--未漂白或漂白										13
6005410000	漂白或未漂白人造纤维制经编织物(包括由花边针织机织成的经编织物)〔999〕	8	130	13		米/千克				0	
60054200	--染色										13
6005420000	染色人造纤维制经编织物(包括由花边针织机织成的经编织物)〔999〕	8	130	13		米/千克			33%	0	
60054300	--色织										13
6005430000	色织人造纤维制经编织物(包括由花边针织机织成的经编织物)〔999〕	8	130	13		米/千克			33%	0	
60054400	--印花										13
6005440000	印花人造纤维制经编织物(包括由花边针织机织成的经编织物)〔999〕	8	130	13		米/千克				0	
60059010	---羊毛或动物细毛制										13
6005901000	羊毛或动物细毛制经编织物(包括由花边针织机织成的经编织物)〔999〕	8	130	13		米/千克				0	
60059090	---其他										13
6005909000	其他纺织材料制经编织物(包括由花边针织机织成的经编织物)〔999〕	8	130	13		米/千克			33%	0	
6006	**其他针织或钩编织物:**										
60061000	-羊毛或动物细毛制										13
6006100000	毛制其他针织或钩编织物(羊毛或动物细毛制)〔999〕	8	130	13		米/千克			33%	0	
60062100	--未漂白或漂白										13
6006210000	棉制其他漂或未漂针织或钩编织物(漂白或未漂白)〔999〕	8	70	13		米/千克			33%	0	
60062200	--染色										13
6006220000	棉制其他染色针织或钩编织物〔999〕	8	70	13		米/千克			33%	0	
60062300	--色织										13
6006230000	棉制其他色织针织或钩编织物〔999〕	8	70	13		米/千克			33%	0	
60062400	--印花										13
6006240000	棉制其他印花针织或钩编织物〔999〕	8	70	13		米/千克			33%	0	
60063100	--未漂白或漂白										13
6006310000	合成纤维制其他针织或钩编织物(漂白或未漂白)〔999〕	8	130	13		米/千克			33%	0	
60063200	--染色										13
6006320000	合成纤维其他染色针织或钩编织物(染色)〔999〕	8	130	13		米/千克			33%	0	
60063300	--色织										13
6006330000	合成纤维其他色织针织或钩编织物(色织)〔999〕	8	130	13		米/千克			33%	0	
60063400	--印花										13
6006340000	合成纤维制其他针织或钩编织物(印花)〔999〕	8	130	13		米/千克			33%	0	
60064100	--未漂白或漂白										13
6006410000	人造纤维制其他针织或钩编织物(漂白或未漂白)〔999〕	8	130	13		米/千克				0	
60064200	--染色										13
6006420000	人造纤维制其他针织或钩编织物(染色)〔999〕	8	130	13		米/千克			33%	0	
60064300	--色织										13
6006430000	人造纤维制其他针织或钩编织物(色织)〔999〕	8	130	13		米/千克			33%	0	
60064400	--印花										13
6006440000	人造纤维制其他针织或钩编织物(印花)〔999〕	8	130	13		米/千克				0	
60069000	-其他										13
6006900000	其他纺材制其他针织或钩编织物〔999〕	8	130	13		米/千克			33%	0	

协定税率(%)																		特惠税率(%)			
智利	新西兰	澳大利亚	瑞士	冰岛	秘鲁	哥斯达	东盟	亚太	新加坡	巴基斯坦	港/澳/台	韩国	格鲁吉亚	毛里求斯	柬埔寨	尼加拉瓜	日/韩/澳/新/东(RCEP)	亚太2国	老/柬/缅	LDC 98/97/95	Article Description
0	0	0	0	0	0	0	0	5.2	0	0	0/0/	0	0	0	0	6.4	7.3/0/0/0/0			0/0/0	--Other, printed
0	0	0	0	0	0	0	0	5.2	0	0	0/0/	0	0	0	0	6.4	7.3/0/0/0/0			0/0/0	--Unbleached or bleached
0	0	0	0	0	0	0	0	5.2	0	0	0/0/	0	0	0	0	6.4	7.3/0/0/0/0			0/0/0	--Dyed
0	0	0	0	0	0	0	0	5.2	0	0	0/0/	0	0	0	0	6.4	7.3/0/0/0/0			0/0/0	--Of yarns of different colours
0	0	0	0	0	0	0	0	5.2	0	0	0/0/	0	0	0	0	6.4	7.3/0/0/0/0			0/0/0	--Printed
0	0	0	0	0	0	0	0		0	0	0/0/	0	0	0	0	6.4	8.7/0/0/0/0			0/0/0	---Of wool or fine animal hair
0	0	0	0	0	0	0	0		0	0	0/0/	0	0	0	0	6.4	8.7/0/0/0/0			0/0/0	---Of other textile materials
																					Other knitted or crocheted fabrics:
0	0	0	0	0	0	0	0		0	0	0/0/	0	0	0	0	6.4	8.7/8.4/8.4/8.4/8.4			0/0/0	-Of wool or fine animal hair
0	0	0	0	0	0	0	0	5.2		0	0/0/	3.3	0	0	0	6.4	8.1/8/8.5/8.5/8			0/0/0	--Unbleached or bleached
0	0	0	0	0	0	0	0	5.2	0	0	0/0/	0	0	2	0	6.4	7.3/7/7/7/7		0/0/0	0/0/0	--Dyed
0	0	0	0	0	0	0	0	5.2	0	0	0/0/	0	0	0	0	6.4	7.3/0/0/0/0		0/0/0	0/0/0	--Of yarns Of different colours
0	0	0	0	0	0	0	0	5.2		0	0/0/0	0	0	0	0	6.4	7.3/0/0/0/0			0/0/0	--Printed
0	0	0	0	0	0	0	0	5.2	0	0	0/0/0	0	0	0	0	6.4	7.3/0/0/0/0			0/0/0	--Unbleached or bleached
0	0	0	0	0	0	0	0	5.2	0	0	0/0/0	5	0	0	0	6.4	8.6/8.5/8.5/8.5/8.5			0/0/0	--Dyed
0	0	0	0	0	0	0	0	5.2	0	0	0/0/0	5	0	0	0	6.4	//8.5/8.5/8.5			0/0/0	--Of yarns Of different colours
0	0	0	0	0	0	0	0	5.2	0	0	0/0/0	5	0	0	0	6.4	//8.5/8.5/8.5			0/0/0	--Printed
0	0	0	0	0	0	0	0	5.2	0	0	0/0/	0	0	0	0	6.4	7.3/0/0/0/0			0/0/0	--Unbleached or bleached
0	0	0	0	0	0	0	0	5.2	0	0	0/0/0	3.3	0	0	0	6.4	8.1/8/8.5/8.5/8			0/0/0	--Dyed
0	0	0	0	0	0	0	0	5.2	0	0	0/0/	0	0	0	0	6.4	7.3/0/0/0/0			0/0/0	--Of yarns Of different colours
0	0	0	0	0	0	0	0	5.2	0	0	0/0/	0	0	0	0	6.4	7.3/0/0/0/0			0/0/0	--Printed
0	0	0	0	0	0	0	0	5.2	0	0	0/0/	0	0	0	0	6.4	8.7/0/0/0/0			0/0/0	-Other

第六十一章
针织或钩编的服装及衣着附件

注释：

一、本章仅适用于制成的针织品或钩编织品。

二、本章不包括：
（一）品目62.12的货品；
（二）品目63.09的旧衣着或其他旧物品；或
（三）矫形器具、外科手术带、疝气带及类似品（品目90.21）。

三、品目61.03及61.04所称：
（一）“西服套装”，是指面料用相同的织物制成的两件套或三件套的下列成套服装：
一件人体上半身穿着的外套或短上衣，除袖子外，其面料应由四片或四片以上组成；也可附带一件马甲（西服背心），这件马甲（西服背心）的前片面料应与套装其他各件的面料相同，后片面料则应与外套或短上衣的衬里料相同；以及

一件人体下半身穿着的服装，即不带背带或护胸的长裤、马裤、短裤（游泳裤除外）、裙子或裙裤。
西服套装各件面料质地、颜色及构成必须相同，其款式也必须相同，尺寸大小还须相互般配，但可以用不同织物滚边（在缝口上缝入长条织物）。

如果数件人体下半身穿着的服装同时报验（例如，两条长裤、长裤与短裤、裙子或裙裤与长裤），构成西服套装下装的应是一条长裤，而对于女式西服套装，应是裙子或裙裤，其他服装应分别归类。
所称“西服套装”，包括不论是否完全符合上述条件的下列配套服装：
1. 常礼服，由一件后襟下垂并下端开圆弧形叉的素色短上衣和一条条纹长裤组成；
2. 晚礼服（燕尾服），一般用黑色织物制成，上衣前襟较短且不闭合，背后有燕尾；

3. 无燕尾套装夜礼服，其中上衣款式与普通上衣相似（可以更为显露衬衣前胸），但有光滑丝质或仿丝质的翻领。
（二）“便服套装”，是指面料相同并作零售包装的下列成套服装（西服套装及品目61.07、61.08或61.09的物品除外）：

一件人体上半身穿着的服装，但套头衫及背心除外，因为套头衫可在两件套服装中作为内衣，背心也可作为内衣；以及

一件或两件不同的人体下半身穿着的服装，即长裤、护胸背带工装裤、马裤、短裤（游泳裤除外）、裙子或裙裤。

便服套装各件面料质地、款式、颜色及构成必须相同；尺寸大小也须相互般配。所称“便服套装”，不包括品目61.12的运动服及滑雪服。

四、品目61.05及61.06不包括在腰围以下有口袋的服装、带有罗纹腰带及以其他方式收紧下摆的服装或其织物至少在10厘米×10厘米的面积内沿各方向的直线长度上平均每厘米少于10针的服装。品目61.05不包括无袖服装。
衬衫及仿男式女衬衫是指人体上身穿着并从领口处全开襟或半开襟的长袖或短袖衣服；罩衫也是上半身穿着的宽松服装，但可以无袖，领口处也可以不开襟。衬衫、仿男式女衬衫及罩衫可有衣领。

五、品目61.09不包括带有束带、罗纹腰带或其他方式收紧下摆的服装。

六、对于品目61.11：
（一）所称“婴儿服装及衣着附件”，是指用于身高不超过86厘米幼儿的服装；
（二）既可归入品目61.11，也可归入本章其他税目的物品，应归入品目61.11。

七、品目61.12所称“滑雪服”，是指从整个外观和织物质地来看，主要在滑雪（速度滑雪或高山滑雪）时穿着的下列服装或成套服装：

（一）“滑雪连身服”，即上下身连在一起的单件服装；除袖子和领子外，滑雪连身服可有口袋或脚带；或

（二）“滑雪套装”，即由两件或三件构成一套并作零售包装的下列服装：
一件用一条拉链扣合的带风帽的厚夹克、防风衣、防风短上衣或类似的服装，可以附带一件背心（滑雪背心）；以及
一条不论是否过腰的长裤、一条马裤或一条护胸背带工装裤。
“滑雪套装”也可由一件类似以上（一）款所述的连身服和一件可套在连身服外面的有胎料背心组成。
“滑雪套装”各件颜色可以不同，但面料质地、款式及构成必须相同；尺寸大小也须相互般配。

八、既可归入品目61.13，也可归入本章其他税目的服装，除品目61.11所列的仍归入该税目外，其余的应一律归入品目61.13。

九、本章的服装，凡门襟为左压右的，应视为男式；右压左的，应视为女式。但本规定不适用于其式样已明显为男式或女式的服装。

无法区别是男式还是女式的服装，应按女式服装归入有关税目。

十、本章物品可用金属线制成。

商品编号	商品名称及备注[检验检疫编码及名称]	进口关税(%)		增值税率(%)	消费税	计量单位	监管条件	检验检疫类别	对美税率	出口税率(%)	出口退税率(%)
		最惠国	普通								
6101	**针织或钩编的男式大衣、短大衣、斗篷、短斗篷、带风帽的防寒短上衣（包括滑雪短上衣）、防风衣、防风短上衣及类似品，但税目61.03的货品除外：**										
61012000	-棉制										13
6101200000	棉制针织或钩编的男式大衣、短大衣、斗篷、短斗篷、带风帽的防寒短上衣(包括滑雪短上衣)、防风衣、防风短上衣及类似品[999]	8	90	13		件/千克			33%	0	
61013000	-化学纤维制										13
6101300000	化学纤维制针织或钩编的男式大衣、短大衣、斗篷、短斗篷、带风帽的防寒短上衣(包括滑雪短上衣)、防风衣、防风短上衣及类似品[999]	8	130	13		件/千克			33%	0	
61019010	---羊毛或动物细毛制										13

Chapter 61
Articles of apparel and clothing accessories, knitted or crocheted

Chapter Notes:

1. This Chapter applies only to made up knitted or crocheted articles.

2. This Chapter does not cover:
   (a) Goods of heading 62. 12;
   (b) Worn clothing or other worn articles of heading 63. 09; or
   (c) Orthopaedic appliances, surgical belts, trusses or the like (heading 90. 21).

3. For the purposes of headings 61. 03 and 61. 04:
   (a) The term "suit" means a set of garments composed of two or three pieces made up, in respect of their outer surface, in identical fabric and comprising:
   One suit coat or jacket the outer shell of which, exclusive of sleeves, consists of four or more panels, designed to cover the upper part of the body, possibly with a tailored waistcoat in addition whose front is made from the same fabric as the outer surface of the other components of the set and whose back is made from the same fabric as the lining of the suit coat or jacket; and
   One garment designed to cover the lower part of the body and consisting of trousers, breeches or shorts (other than swimwear), a skirt or a divided skirt, having neither braces nor bibs.
   All of the components of a "suit" must be of the same fabric construction, colour and composition; they must also be of the same style and of corresponding or compatible size. However, these components may have piping (a strip of fabric sewn into the seam) in a different fabric.
   If several separate components to cover the lower part of the body are presented together (for example, two pairs of trousers or trousers and shorts, or a skirt or divided skirt and trousers), the constituent lower part shall be one pair of trousers or, in the case of women's or girls' suits, the skirt or divided skirt, the other garments being considered separately.
   The term "suit" includes the following sets of garments, whether or not they fulfil all the above conditions:
   (i) Morning dress, comprising a plain jacket (cutaway) with rounded tails hanging well down at the back and striped trousers;
   (ii) Evening dress (tailcoat), generally made of black fabric, the jacket of which is relatively short at the front, does not close and has narrow skirts cut in at the hips and hanging down behind;
   (iii) Dinner jacket suits, in which the jacket is similar in style to an ordinary jacket (though perhaps revealing more of the shirt front), but has shiny silk or imitation silk lapels.
   (b) The term "ensemble" means a set of garments (other than suits and articles of heading 61. 07, 61. 08 or 61. 09), composed of several pieces made up in identical fabric, put up for retail sale, and comprising:
   One garment designed to cover the upper part of the body, with the exception of pullovers which may form a second upper garment in the sole context of twin sets, and of waistcoats which may also form a second upper garment; and
   One or two different garments, designed to cover the lower part of the body and consisting of trousers, bib and brace overalls, breeches, shorts (other than swimwear), a skirt or a divided skirt.
   All of the components of an ensemble must be of the same fabric construction, style, colour and composition; they also must be of corresponding or compatible size. The term "ensemble" does not apply to track suits or ski suits, of heading 61. 12.

4. Headings 61. 05 and 61. 06 do not cover garments with pockets below the waist, with a ribbed waistband or other means of tightening at the bottom of the garment, or garments having an average of less than 10 stitches per linear centimeter in each direction counted on an area measuring at least 10cm×10cm. Heading 61. 05 does not cover sleeveless garments.
   "Shirts" and "shirt-blouses" are garments designed to cover the upper part of the body, having long or short sleeves and a full or partial opening starting at the neckline. "Blouses" are loose-fitting garments also designed to cover the upper part of the body but may be sleeveless and with or without an opening at the neckline. "Shirts", "shirt-blouses" and "blouses" may also have a collar.

5. Heading 61. 09 does not cover garments with a drawstring, ribbed waistband or other means of tightening at the bottom of the garment.

6. For the purposes of heading 61. 11:
   (a) The expression "babies' garments and clothing accessories" means articles for young children of a body height not exceeding 86cm;
   (b) Articles which are, prima facie, classifiable both in heading 61. 11 and in other headings of this Chapter are to be classified in heading 61. 11.

7. For the purposes of heading 61. 12, "ski suits" means garments or sets of garments which, by their general appearance and texture, are identifiable as intended to be worn principally for skiing (cross-country or alpine). They consist either of:
   (a) A "ski overall", that is, a one-piece garment designed to cover the upper and the lower parts of the body; in addition to sleeves and a collar the ski overall may have pockets or foot-straps; or
   (b) A "ski ensemble", that is, a set of garments composed of two or three pieces, put up for retail sale and comprising:
   one garment such as an anorak, wind-cheater, wind-jacket or similar article, closed by a slide fastener (zipper), possibly with a waistcoat in addition; and
   one pair of trousers whether or not extending above waist-level, one pair of breeches or one bib and brace overall.
   The "ski ensemble" may also consist of an overall similar to the one mentioned in paragraph (a) above and a type of padded, sleeveless jacket worn over the overall.
   All the components of a "ski ensemble" must be made up in a fabric of the same texture, style and composition whether or not of the same colour; they also must be of corresponding or compatible size.

8. Garments which are, prima facie, classifiable both in heading 61. 13 and in other headings of this Chapter, excluding heading 61. 11, are to be classified in heading 61. 13.

9. Garments of this Chapter designed for left over right closure at the front shall be regarded as men's or boys' garments, and those designed for right over left closure at the front as women's or girls' garments. These provisions do not apply where the cut of the garment clearly indicates that it is designed for one or other of the sexes.
   Garments which cannot be identified as either men's or boys' garments or as women's or girls' garments are to be classified in the headings covering women's or girls' garments.

10. Articles of this Chapter may be made of metal thread.

协定税率(%)																		特惠税率(%)			Article Description
智利	新西兰	澳大利亚	瑞士	冰岛	秘鲁	哥斯达	东盟	亚太	新加坡	巴基斯坦	港/澳/台	韩国	格鲁吉亚	毛里求斯	柬埔寨	尼加拉瓜	日/韩/澳/新/东 (RCEP)	亚太2国	老/柬/缅	LDC 98/97/95	
																					Men's or boys' overcoats, car-coats, capes, cloaks, anoraks (including ski-jackets), wind-cheaters, wind-jackets and similar knitted or cro-cheted articles, other than those of heading 61. 03:
0	0	0	0	0	0	0	0	5. 2	0	14	0/0/	0	0	0	0	0	12. 7/12. 3/0/0/0			0/0/0	-Of cotton
0	0	0	0	0	0	0	0	5. 2	0	0	0/0/	0	0	3. 5	0	0	12. 7/12. 3/0/0/0			0/0/0	-Of man-made fibres
0	0	0	0	0	0	0	0	6. 5	0	0	0/0/	12. 5	0	5	0	9	/21. 3/21. 3/21. 3/21. 3			0/0/0	---Of wool or fine animal hair

商品编号	商品名称及备注[检验检疫编码及名称]	进口关税(%)		增值税率(%)	消费税	计量单位	监管条件	检验检疫类别	对美税率	出口税率(%)	出口退税率(%)
		最惠国	普通								
6101901010	毛制针织或钩编非手工制男式防风衣(包括防寒短上衣、防风短上衣及类似品)〔999〕	10	130	13		件/千克				0	
6101901090	毛制针织或钩编其他男大衣、斗篷、防风衣等(包括防寒短上衣、防风短上衣、短大衣、短斗篷及类似品)〔999〕	10	130	13		件/千克				0	
61019090	---其他纺织材料制										13
6101909000	其他纺织材料制男大衣、斗篷、防风衣等(包括防寒短上衣、防风短上衣、短大衣、短斗篷及类似品)〔999〕	8	130	13		件/千克			33%	0	
6102	**针织或钩编的女式大衣、短大衣、斗篷、短斗篷、带风帽的防寒短上衣(包括滑雪短上衣)、防风衣、防风短上衣及类似品,但税目61.04的货品除外:**										
61021000	-羊毛或动物细毛制										13
6102100010	毛制针织或钩编女式大衣等(包括短大衣、斗篷、短斗篷及类似品,雨衣除外)〔999〕	10	130	13		件/千克			35%	0	
6102100021	毛制针织或钩编手工制女式防风衣(包括防寒短上衣,防风短上衣及类似品)〔999〕	10	130	13		件/千克			35%	0	
6102100029	毛制针织或钩编女式防风衣(包括防寒短上衣,防风短上衣及类似品)〔999〕	10	130	13		件/千克			35%	0	
6102100030	毛制针织或钩编女式雨衣〔999〕	10	130	13		件/千克			35%	0	
61022000	-棉制										13
6102200000	棉制针织或钩编的女式大衣、短大衣、斗篷、短斗篷、带风帽的防寒短上衣(包括滑雪短上衣)、防风衣、防风短上衣及类似品(品目61.04的货品除外)〔999〕	8	90	13		件/千克			33%	0	
61023000	-化学纤维制										13
6102300000	化学纤维制针织或钩编的女式大衣、短大衣、斗篷、短斗篷、带风帽的防寒短上衣(包括滑雪短上衣)、防风衣、防风短上衣及类似品(品目61.04的货品除外)〔999〕	8	130	13		件/千克			33%	0	
61029000	-其他纺织材料制										13
6102900000	其他纺织材料制针织或钩编的女式大衣、短大衣、斗篷、短斗篷、带风帽的防寒短上衣(包括滑雪短上衣)、防风衣、防风短上衣及类似品(品目61.04的货品除外)〔999〕	10	130	13		件/千克				0	
6103	**针织或钩编的男式西服套装、便服套装、上衣、长裤、护胸背带工装裤、马裤及短裤(游泳裤除外):**										
61031010	---羊毛或动物细毛制										13
6103101000	毛制针织或钩编男式西服套装〔999〕	10	130	13		套/千克				0	
61031020	---合成纤维制										13
6103102000	合成纤维制针织或钩编男式西服套装〔999〕	10	130	13		套/千克				0	
61031090	---其他纺织材料制										13
6103109000	其他纺织材料制针织或钩编男式西服套装〔999〕	8	130	13		套/千克				0	
61032200	--棉制										13
6103220000	棉制针织或钩编男式便服套装〔999〕	10	90	13		套/千克			35%	0	
61032300	--合成纤维制										13
6103230000	其他合成纤维制针织或钩编其他男便服套装〔999〕	10	130	13		套/千克				0	
61032910	---羊毛或动物细毛制										13
6103291000	毛制针织或钩编男式便服套装〔999〕	10	130	13		套/千克				0	
61032990	---其他纺织材料制										13
6103299000	其他纺织材料制针织或钩编男便服套装〔999〕	10	130	13		套/千克			35%	0	
61033100	--羊毛或动物细毛制										13
6103310000	毛制针织或钩编男式上衣〔999〕	6	130	13		件/千克			31%	0	
61033200	--棉制										13
6103320000	棉制针织或钩编男式上衣〔999〕	6	90	13		件/千克			31%	0	
61033300	--合成纤维制										13
6103330000	合成纤维制针织或钩编男式上衣〔999〕	8	130	13		件/千克			33%	0	
61033900	--其他纺织材料制										13
6103390000	其他纺织材料制针织或钩编男式上衣〔999〕	6	130	13		件/千克			31%	0	
61034100	--羊毛或动物细毛制										13
6103410000	毛制长裤、护胸背带工装裤、马裤及短裤〔101 针织外衣〕,〔102 针织童装〕,〔999 针织裤子〕	6	130	13		条/千克			31%	0	
61034200	--棉制										13
6103420012	棉针织钩编男童非保暖背带工装裤(2~7号男童护胸背带工装裤)〔999〕	6	90	13		条/千克	A	M/	31%	0	
6103420021	棉制针织或钩编男童游戏套装长裤(指男童8~18号)〔999〕	6	90	13		条/千克	A	M/	31%	0	
6103420029	棉针织或钩编其他男童游戏套装裤(包括长裤、马裤、短裤)〔999〕	6	90	13		条/千克	A	M/	31%	0	
6103420090	棉制针织或钩编其他男裤等(包括马裤、短裤及其他长裤)〔999〕	6	90	13		条/千克			31%	0	
61034300	--合成纤维制										13
6103430090	其他合成纤维制针织或钩编其他男裤(包括马裤、短裤及其他长裤)〔101 针织童装〕,〔999 针织裤子〕	8	130	13		条/千克			33%	0	

协定税率(%)																		特惠税率(%)			Article Description
智利	新西兰	澳大利亚	瑞士	冰岛	秘鲁	哥斯达	东盟	亚太	新加坡	巴基斯坦	港/澳/台	韩国	格鲁吉亚	毛里求斯	柬埔寨	尼加拉瓜	日/韩/澳/新/东(RCEP)	亚太2国	老/柬/缅	LDC 98/97/95	
0	0	0	0	0	0	0	0	5.2	0	8.8	0/0/	0	0	0	0	6.4	12.7/12.3/0/0/0			0/0/0	---Of other textile materials
																					Women's or girls' overcoats, car-coats, capes, cloaks, anoraks (including ski-jackets), wind-cheaters, wind-jackets and similar articles, knitted or crocheted, other than those of heading 61.04:
0	0	0	0	0	0	0	0	6.5	0	18	0/0/	12.5	0	5	0	9	//21.3/21.3/21.3			0/0/0	-Of wool or fine animal hair
0	0	0	0	0		0	0	5.2	0	14	0/0/	0	0	3.5	0	6.4	12.7/12.3/0/0/0			0/0/0	-Of cotton
0	0	0	0	0	0	0	0	5.2	0	0	0/0/	0	0	0	0	0	12.7/12.3/0/0/0			0/0/0	-Of man-made fibres
0	0	0	0	0	0	0	0	6.5	0	10	0/0/	6.6	0	0	0	9	16.3/14/14/14/14			0/0/0	-Of other textile materials
																					Men's or boys' suits, ensembles, jackets, blazers, trousers, bib and brace overalls, breeches and shorts (other than swimwear), knitted or crocheted:
0	0	0	0	0	0	0	0	6.5	0	18	0/0/	12.5	0	5	0	9	/21.3/21.3/21.3/21.3			0/0/0	---Of wool or fine animal hair
0	0	0	0	0	0	0	0	6.5	0	18	0/0/	12.5	0	5	0	9	/21.3/21.3/21.3/21.3			0/0/0	---Of synthetic fibres
0	0	0	0	0	0	0	0	5.2	0	8.8	0/0/	0	0	0	0	6.4	12.7/12.3/0/0/0		0//	0/0/0	---Of other textile materials
0	0	0	0	0	0	0	0	6.5	0	14.8	0/0/	6.6	0	0	0	9	//17/17/17		0//	0/0/0	--Of cotton
0	0	0	0	0	0	0	0	6.5	0	18	0/0/	12.5	0	5	0	9	/21.3/21.3/21.3/21.3			0/0/0	--Of synthetic fibres
0	0	0	0	0	0	0	0	6.5	0	18	0/0/	12.5	0	5	0	9	/21.3/21.3/21.3/21.3			0/0/0	---Of wool or fine animal hair
0	0	0	0	0	0	0	0	6.5	0	18	0/0/	12.5	0	5	0	9	/21.3/21.3/21.3/21.3		0//	0/0/0	---Of other textile materials
0	0	0	0	0	0	0	0	3.9	0	8	0/0/	0	0	3.2	0	0	11.6/11.2/0/0/0			0/0/0	--Of wool or fine animal hair
0	0	0	0	0	0	0	0	3.9	0	0	0/0/	0	0	0	0	0	11.6/11.2/0/0/0		0/0/0	0/0/0	--Of cotton
0	0	0	0	0	0	0	0	5.2	0	0	0/0/	0	0	3.8	0	0	13.8/13.3/0/0/0		/0/	0/0/0	--Of synthetic fibres
0	0	0	0	0	0	0	0	3.9	0	0	0/0/	0	0	0	0	0	11.6/11.2/0/0/0		0/0/	0/0/0	--Of other textile materials
0	0	0	0	0	0	0	0	3.9	0	8	0/0/	0	0	3.2	0	0	11.6/11.2/0/0/0	0		0/0/0	--Of wool or fine animal hair
0	0	0	0	0	0	0	0	3.9	0	0	0/0/	0	0	0	0	0	11.6/11.2/0/0/0	2.4	0/0/0	0/0/0	--Of cotton
0	0	0	0	0	0	0	0	5.2	0	0	0/0/	0	0	0	0	0	12.7/12.3/0/0/0	0	/0/	0/0/0	--Of synthetic fibres

商品编号	商品名称及备注[检验检疫编码及名称]	进口关税(%)		增值税率(%)	消费税	计量单位	监管条件	检验检疫类别	对美税率	出口税率(%)	出口退税率(%)
		最惠国	普通								
6103430092	其他合成纤维制男童游戏套装长裤(针织或钩编,指男童 8~18 号)〔999〕	8	130	13		条/千克	A	M/	33%	0	
6103430093	其他合纤制男童游戏套装长裤(针织或钩编,包括马裤、短裤及其他长裤)〔999〕	8	130	13		条/千克	A	M/	33%	0	
61034900	--其他纺织材料制										13
6103490013	丝制针织或钩编其他男童长裤、马裤(丝及绢丝含量在 70%及以上)〔999〕	6	130	13		条/千克	A	M/	31%	0	
6103490023	人造纤维制针织或钩编其他男童长裤、马裤(含毛 23%及以上)〔999〕	6	130	13		条/千克	A	M/	31%	0	
6103490026	其他人造纤维制针织或钩编其他男童长裤(包括马裤)〔999〕	6	130	13		条/千克	A	M/	31%	0	
6103490051	其他纺织材料制其他男童长裤马裤(针织或钩编,棉限内)〔999〕	6	130	13		条/千克	A	M/	31%	0	
6103490052	其他纺织材料制其他男童长裤马裤(针织或钩编,羊毛限内)〔999〕	6	130	13		条/千克	A	M/	31%	0	
6103490053	其他纺织材料制其他男童长裤马裤(针织或钩编,化学纤维限内)〔999〕	6	130	13		条/千克	A	M/	31%	0	
6103490059	其他纺织材料制其他男童长裤马裤(针织或钩编)〔999〕	6	130	13		条/千克	A	M/	31%	0	
6103490090	其他纺材制针织或钩编其他男式长裤、护胸背带工装裤、马裤及短裤〔101 针织童装〕,〔999 针织裤子〕	6	130	13		条/千克			31%	0	
6104	**针织或钩编的女式西服套装、便服套装、上衣、连衣裙、裙子、裙裤、长裤、护胸背带工装裤、马裤及短裤(游泳服除外):**										
61041300	--合成纤维制										13
6104130000	合成纤维制针织或钩编女西服套装〔999〕	10	130	13		套/千克				0	
61041910	---羊毛或动物细毛制										13
6104191000	毛制针织或钩编女式西服套装〔999〕	8	130	13		套/千克				0	
61041920	---棉制										13
6104192000	棉针织或钩编女西服套装〔999〕	8	90	13		套/千克				0	
61041990	---其他										13
6104199000	其他纺织材料制针织或钩编女式西服套装〔999〕	8	130	13		套/千克				0	
61042200	--棉制										13
6104220000	棉针织或钩编女便服套装〔999〕	8	90	13		套/千克			33%	0	
61042300	--合成纤维制										13
6104230000	合成纤维制针织或钩编女便服套装〔999〕	10	130	13		套/千克				0	
61042910	---羊毛或动物细毛制										13
6104291000	毛制针织或钩编女式便服套装〔999〕	8	130	13		套/千克				0	
61042990	---其他										13
6104299000	其他纺织材料制针织或钩编其他女式便服套装〔999〕	6	130	13		套/千克				0	
61043100	--羊毛或动物细毛制										13
6104310000	毛制针织或钩编女式上衣〔999〕	6	130	13		件/千克			31%	0	
61043200	--棉制										13
6104320000	棉制针织或钩编女式上衣〔999〕	6	90	13		件/千克			31%	0	
61043300	--合成纤维制										13
6104330000	合成纤维制针织或钩编女式上衣〔999〕	10	130	13		件/千克			35%	0	
61043900	--其他纺织材料制										13
6104390000	其他纺织材料制针织或钩编女式上衣〔999〕	6	130	13		件/千克			31%	0	
61044100	--羊毛或动物细毛制										13
6104410000	毛制针织或钩编连衣裙〔999〕	6	130	13		件/千克			31%	0	
61044200	--棉制										13
6104420000	棉制针织或钩编连衣裙〔999〕	6	90	13		件/千克			31%	0	
61044300	--合成纤维制										13
6104430000	合成纤维制针织或钩编连衣裙〔999〕	8	130	13		件/千克			33%	0	
61044400	--人造纤维制										13
6104440000	人造纤维制针织或钩编连衣裙〔999〕	6	130	13		件/千克			31%	0	
61044900	--其他纺织材料制										13
6104490000	其他纺织材料制针织或钩编连衣裙〔999〕	6	130	13		件/千克			31%	0	
61045100	--羊毛或动物细毛制										13
6104510000	毛制针织或钩编裙子及裙裤〔999〕	6	130	13		件/千克			31%	0	
61045200	--棉制										13
6104520000	棉制针织裙子及裙裤〔999〕	6	90	13		件/千克			31%	0	
61045300	--合成纤维制										13
6104530000	合成纤维制针织或钩编裙子及裙裤〔999〕	6	130	13		件/千克			31%	0	
61045900	--其他纺织材料制										13
6104590000	其他纺织材料制针织或钩编裙子及裙裤〔999〕	6	130	13		件/千克			31%	0	
61046100	--羊毛或动物细毛制										13
6104610000	毛制针织或钩编女长裤、护胸背带工装裤、马裤及短裤〔101 针织童装〕,〔999 针织裤子〕	6	130	13		条/千克			31%	0	

协定税率(%)																		特惠税率(%)			Article Description
智利	新西兰	澳大利亚	瑞士	冰岛	秘鲁	哥斯达	东盟	亚太	新加坡	巴基斯坦	港/澳/台	韩国	格鲁吉亚	毛里求斯	柬埔寨	尼加拉瓜	日/韩/澳/新/东(RCEP)	亚太2国	老/柬/缅	LDC 98/97/95	
0	0	0	0	0	0	0	0	3.9	0	0	0/0/	0	0	0	0	0	11.6/11.2/0/0/0	0	0/0/	0/0/0	--Of other textile materials
																					Women's or girls' suits, ensembles, jackets, blazers, dresses, skirts, divided skirts, trousers, bib and brace overalls, breeches and shorts (other than swimwear), knitted or crocheted:
0	0	0	0	0	0	0	0	6.5	0	18	0/0/	12.5	0	5	0	9	/21.3/21.3/21.3/21.3			0/0/0	--Of synthetic fibres
0	0	0	0	0	0	0	0	5.2	0	8.8	0/0/	0	0	0	0	6.4	12.7/12.3/0/0/0			0/0/0	---Of wool or fine animal hair
0	0	0	0	0	0	0	0	5.2	0	14	0/0/	0	0	0	0	6.4	12.7/12.3/0/0/0		0//	0/0/0	---Of cotton
0	0	0	0	0	0	0	0	5.2	0	8.8	0/0/	0	0	0	0	6.4	12.7/12.3/0/0/0		0//	0/0/0	---Other
0	0	0	0	0	0	0	0	5.2	0	14	0/0/	0	0	0	0	6.4	12.7/12.3/0/0/0		0//	0/0/0	--Of cotton
0	0	0	0	0	0	0	0	6.5	0	18	0/0/	12.5	0	5	0	9	/21.3/21.3/21.3/21.3			0/0/0	--Of synthetic fibres
0	0	0	0	0	0	0	0	5.2	0	8.8	0/0/	0	0	0	0	6.4	12.7/12.3/0/0/0			0/0/0	---Of wool or fine animal hair
0	0	0	0	0	0	0	0	3.9	0	7.5	0/0/	0	0	0	0	0	10.9/10.5/0/0/0			0/0/0	---Other
0	0	0	0	0	0	0	0	3.9	0	8	0/0/	0	0	3.2	0	0	11.6/11.2/0/0/0			0/0/0	--Of wool or fine animal hair
0	0	0	0	0	0	0	0	3.9	0	0	0/0/	0	0	0	0	0	11.6/11.2/0/0/0		0/0/0	0/0/0	--Of cotton
0	0	0	0	0	0	0	0	6.5	0	7.6	0/0/	0	0	0	0	8	13.8/13.3/0/0/0		/0/	0/0/0	--Of synthetic fibres
0	0	0	0	0	0	0	0	3.9	0	0	0/0/	0	0	0	0	0	11.6/11.2/0/0/0		/0/	0/0/0	--Of other textile materials
0	0	0	0	0	0	0	0	3.9	0	8	0/0/	0	0	3.2	0	0	11.6/11.2/0/0/0			0/0/0	--Of wool or fine animal hair
0	0	0	0	0	0	0	0	3.9	0	0	0/0/	0	0	0	0	0	11.6/11.2/0/0/0			0/0/0	--Of cotton
0	0	0	0	0	0	0	0	5.2	0	7	0/0/	0	0	0	0	6.4	12.7/12.3/0/0/0		/0/	0/0/0	--Of synthetic fibres
0	0	0	0	0	0	0	0	3.9	0	8	0/0/	0	0	0	0	0	11.6/11.2/0/0/0		/0/	0/0/0	--Of artificial fibres
0	0	0	0	0	0	0	0	3.9	0	0	0/0/	0	0	0	0	0	11.6/11.2/0/0/0		/0/	0/0/0	--Of other textile materials
0	0	0	0	0	0	0	0	3.9	0	7	0/0/	0	0	6	0	0	10.2/9.8/0/0/0			0/0/0	--Of wool or fine animal hair
0	0	0	0	0	0	0	0	3.9	0	5.6	0/0/	0	0	2.8	0	0	10.2/9.8/0/0/0			0/0/0	--Of cotton
0	0	0	0	0	0	0	0	3.9	0	8	0/0/	0	0	0	0	0	11.6/11.2/0/0/0		/0/	0/0/0	--Of synthetic fibres
0	0	0	0	0	0	0	0	3.9	0	7	0/0/	0	0	2.8	0	0	10.2/9.8/0/0/0		0/0/0	0/0/0	--Of other textile materials
0	0	0	0	0	0	0	0	3.9	0	8	0/0/	0	0	3.2	0	0	11.6/11.2/0/0/0			0/0/0	--Of wool or fine animal hair

商品编号	商品名称及备注[检验检疫编码及名称]	进口关税(%)		增值税率(%)	消费税	计量单位	监管条件	检验检疫类别	对美税率	出口税率(%)	出口退税率(%)
		最惠国	普通								
61046200	--棉制										13
6104620030	棉制针织或钩编女童游戏套装长裤(指女童7~16号,包括马裤)〔999〕	6	90	13		条/千克	A	M/	31%	0	
6104620040	棉针织或钩编其他女童游戏套装裤(包括马裤、短裤、非保暖护胸背带工装裤及其他长裤)〔999〕	6	90	13		条/千克	A	M/	31%	0	
6104620090	棉制针织或钩编其他女裤〔101 针织裤子〕,〔102 针织童装〕	6	90	13		条/千克			31%	0	
61046300	--合成纤维制										13
6104630090	其他合成纤维制针织或钩编女裤〔101 针织裤子〕,〔102 针织童装〕	8	130	13		条/千克			33%	0	
6104630091	其他合成纤维制女童游戏套装长裤、马裤(针织或钩编,指女童7~16号)〔999〕	8	130	13		条/千克	A	M/	33%	0	
6104630092	其他合成纤维制女童游戏套装裤(针织或钩编,包括短裤及其他长裤)〔999〕	8	130	13		条/千克	A	M/	33%	0	
61046900	--其他纺织材料制										13
6104690000	其他纺织材料制针织或钩编女裤〔101 针织童装〕,〔999 针织裤子〕	6	130	13		条/千克			31%	0	
6105	**针织或钩编的男衬衫:**										
61051000	-棉制										13
6105100011	棉制针织或钩编男童游戏套装衬衫(不带缝制领,指男童8~18号)〔999〕	6	90	13		件/千克	A	M/	31%	0	
6105100019	棉制其他男童游戏套装衬衫(针织或钩编)〔999〕	6	90	13		件/千克	A	M/	31%	0	
6105100090	其他棉制针织或钩编其他男衬衫〔101 针织童装〕,〔999 针织衬衫〕	6	90	13		件/千克			31%	0	
61052000	-化学纤维制										13
6105200021	化学纤维制针织或钩编男童游戏套装衬衫(不带缝制领,指男童8~18号)〔999〕	8	130	13		件/千克	A	M/	33%	0	
6105200029	化学纤维制其他男童游戏套装衬衫(针织或钩编)〔999〕	8	130	13		件/千克	A	M/	33%	0	
6105200090	其他化学纤维制针织或钩编其他男衬衫〔101 针织童装〕,〔999 针织衬衫〕	8	130	13		件/千克			33%	0	
61059000	-其他纺织材料制										13
6105900000	其他纺织材料制针织或钩编男衬衫〔101 针织童装〕,〔102 针织或钩编〕,〔999 针织衬衫〕	6	130	13		件/千克			31%	0	
6106	**针织或钩编的女衬衫:**										
61061000	-棉制										13
6106100010	棉制针织或钩编女童游戏套装衬衫〔999〕	6	90	13		件/千克	A	M/	31%	0	
6106100090	棉制针织或钩编其他女衬衫〔999〕	6	90	13		件/千克			31%	0	
61062000	-化学纤维制										13
6106200020	其他化学纤维制女童游戏套装衬衫(针织或钩编)〔999〕	8	130	13		件/千克	A	M/	33%	0	
6106200090	其他化学纤维针织或钩编未列名女衬衫(针织或钩编)〔999〕	8	130	13		件/千克			33%	0	
61069000	-其他纺织材料制										13
6106900000	其他纺织材料制针织或钩编女衬衫〔101 毛衫〕,〔999 针织衬衫〕	6	130	13		件/千克			31%	0	
6107	**针织或钩编的男式内裤、三角裤、长睡衣、睡衣裤、浴衣、晨衣及类似品:**										
61071100	--棉制										13
6107110000	棉制针织或钩编男内裤及三角裤〔999〕	6	90	13		件/千克	A	M/	31%	0	
61071200	--化学纤维制										13
6107120000	化学纤维制针织或钩编男内裤及三角裤〔999〕	6	130	13		件/千克	A	M/		0	
61071910	---丝及绢丝制										13
6107191010	丝及绢丝制男内裤及三角裤(含丝70%及以上,针织或钩编)〔999〕	6	130	13		件/千克	A	M/		0	
6107191090	其他丝及绢丝制男内裤及三角裤(含丝70%以下,针织或钩编)〔999〕	6	130	13		件/千克	A	M/		0	
61071990	---其他										13
6107199010	羊毛或动物细毛制男内裤及三角裤(针织或钩编)〔999〕	6	130	13		件/千克	A	M/	31%	0	
6107199090	其他纺织材料制男内裤及三角裤(针织或钩编)〔999〕	6	130	13		件/千克	A	M/	31%	0	
61072100	--棉制										13
6107210000	棉制针织或钩编男长睡衣及睡衣裤〔999〕	6	90	13		件/千克	A	M/		0	
61072200	--化学纤维制										13
6107220000	化学纤维制针织或钩编男睡衣裤(包括长睡衣)〔999〕	6	130	13		件/千克	A	M/		0	
61072910	---丝及绢丝制										13
6107291010	丝及绢丝制针织或钩编男睡衣裤(含丝70%及以上,包括长睡衣)〔999〕	6	130	13		件/千克	A	M/		0	
6107291090	其他丝及绢丝制针织或钩编男睡衣裤(含丝70%以下,包括长睡衣)〔999〕	6	130	13		件/千克	A	M/		0	
61072990	---其他										13
6107299000	其他纺织材料制针织或钩编男睡衣裤(包括长睡衣)〔999〕	6	130	13		件/千克	A	M/		0	
61079100	--棉制										13
6107910010	棉制针织或钩编其他睡衣裤〔999〕	6	90	13		件/千克	A	M/		0	
6107910090	棉制针织或钩编男浴衣、晨衣等(包括类似品)〔999〕	6	90	13		件/千克	A	M/		0	
61079910	---化学纤维制										13

协定税率(%)																		特惠税率(%)			Article Description
智利	新西兰	澳大利亚	瑞士	冰岛	秘鲁	哥斯达	东盟	亚太	新加坡	巴基斯坦	港/澳/台	韩国	格鲁吉亚	毛里求斯	柬埔寨	尼加拉瓜	日/韩/澳/新/东(RCEP)	亚太2国	老/柬/缅	LDC 98/97/95	
0	0	0	0	0	0	0	0	3.9	0	0	0/0/	0	0	0	0	0	11.6/11.2/11.2/11.2/11.2	2.4		0/0/0	--Of cotton
0	0	0	0	0	0	0	0	5.2	0	0	0/0/	0	0	0	0	0	12.7/12.3/0/0/0			0/0/0	--Of synthetic fibres
0	0	0	0	0	0	0	0	3.9	0	0	0/0/	0	0	3.2	0	0	11.6/11.2/0/0/0	0		0/0/0	--Of other textile materials
																					Men's or boys' shirts, knitted or crocheted:
0	0	0	0	0		0	0	3.9	0	0	0/0/0	0	0	0	0	4.8	11.6/11.2/11.2/11.2/11.2	4.2	0/0/0	0/0/0	-Of cotton
0	0	0	0	0	0	0	0	5.2	0	0	0/0/	0	0	0	0	0	12.7/12.3/0/0/0	0		0/0/0	-Of man-made fibres
0	0	0	0	0	0	0	0	3.9	0	0	0/0/	0	0	0	0	0	11.6/11.2/0/0/0	0		0/0/0	-Of other textile materials
																					Women's or girls' blouses, shirts and shirt-blouses, knitted or crocheted:
0	0	0	0	0	0	0	0	3.9	0	0	0/0/	0	0	3.2	0	0	11.6/11.2/0/0/0	2.4	0/0/0	0/0/0	-Of cotton
0	0	0	0	0	0	0	0	5.2	0	8.8	0/0/	0	0	3.5	0	0	12.7/12.3/0/0/0	0		0/0/0	-Of man-made fibres
0	0	0	0	0	0	0	0	3.9	0	0	0/0/0	0	0	3.2	0	0	11.6/11.2/0/0/0	0		0/0/0	-Of other textile materials
																					Men's or boys' underpants, briefs, nightshirts, pyjamas, bathrobes, dressing gowns and similar articles, knitted or crocheted:
0	0	0	0	0	0	0	0		0	0	0/0/	0	0	2.8	0	0	10.2/9.8/0/0/0	2.4	0/0/0	0/0/0	--Of cotton
0	0	0	0	0	0	0	0	3.9	0	6.4	0/0/	0	0	3.2	0	0	11.6/11.2/0/0/0			0/0/0	--Of man-made fibres
0	0	0	0	0	0	0	0	3.9	0	7	0/0/	0	0	0	0	0	10.2/9.8/0/0/0			0/0/0	---Of silk or silk waste
0	0	0	0	0	0	0	0	3.9	0	7	0/0/	0	0	0	0	0	10.2/9.8/0/0/0			0/0/0	---Other
0	0	0	0	0		0	0		0	0	0/0/	0	0	0	0	4.8	10.2/9.8/0/0/0	2.4	0/0/0	0/0/0	--Of cotton
0	0	0	0	0	0	0	0	3.9	0	8	0/0/	0	0	0	0	0	11.6/11.2/0/0/0	0		0/0/0	--Of man-made fibres
0	0	0	0	0	0	0	0	3.9	0	7	0/0/	0	0	0	0	0	10.2/9.8/0/0/0	0		0/0/0	---Of silk or silk waste
0	0	0	0	0	0	0	0	3.9	0	7	0/0/	0	0	0	0	0	10.2/9.8/0/0/0	0	0/0/0	0/0/0	---Other
0	0	0	0	0	0	0	0		0	5.6	0/0/	0	0	0	0	0	10.2/9.8/0/0/0			0/0/0	--Of cotton
0	0	0	0	0	0	0	0	3.9	0	8	0/0/	0	0	0	0	0	11.6/11.2/0/0/0			0/0/0	---Of man-made fibres

商品编号	商品名称及备注[检验检疫编码及名称]	进口关税(%) 最惠国	进口关税(%) 普通	增值税率(%)	消费税	计量单位	监管条件	检验检疫类别	对美税率	出口税率(%)	出口退税率(%)
6107991000	化学纤维制其他男睡衣裤、浴衣、晨衣等(包括类似品)〔999〕	6	130	13		件/千克	A	M/	31%	0	
61079990	---其他										13
6107999000	其他纺织材料制其他男睡衣裤、浴衣、晨衣等(包括类似品,针织或钩编)〔999〕	6	130	13		件/千克	A	M/	31%	0	
6108	**针织或钩编的女式长衬裙、衬裙、三角裤、短衬裤、睡衣、睡衣裤、浴衣、晨衣及类似品:**										
61081100	--化学纤维制										13
6108110000	化学纤维制针织或钩编长衬裙及衬裙〔999〕	6	130	13		件/千克				0	
61081910	---棉制										13
6108191000	棉制针织或钩编女式长衬裙及衬裙〔999〕	6	90	13		件/千克				0	
61081920	---丝及绢丝制										13
6108192000	丝及绢丝制女式长衬裙及衬裙〔999〕	6	130	13		件/千克				0	
61081990	---其他										13
6108199000	其他纺织材料制女式长衬裙及衬裙(针织或钩编)〔999〕	6	130	13		件/千克				0	
61082100	--棉制										13
6108210000	棉制针织或钩编女三角裤及短衬裤〔999〕	6	90	13		件/千克	A	M/	31%	0	
61082200	--化学纤维制										13
6108220010	化学纤维制一次性女三角裤及短衬裤(针织或钩编)〔999〕	6	130	13		件/千克	A	M/	31%	0	
6108220090	化纤制其他女三角裤及短衬裤(针织或钩编)〔999〕	6	130	13		件/千克	A	M/	31%	0	
61082910	---丝及绢丝制										13
6108291010	丝及绢丝制女三角裤及短衬裤(针织或钩编,含丝70%及以上)〔999〕	6	130	13		件/千克	A	M/		0	
6108291090	其他丝及绢丝制女三角裤及短衬裤(针织或钩编,含丝70%以下)〔999〕	6	130	13		件/千克	A	M/		0	
61082990	---其他										13
6108299010	羊毛制女三角裤及短衬裤(针织或钩编)〔999〕	6	130	13		件/千克	A	M/		0	
6108299090	其他纺织材料制女三角裤及短衬裤(针织或钩编)〔999〕	6	130	13		件/千克	A	M/		0	
61083100	--棉制										13
6108310000	棉制针织或钩编女睡衣及睡衣裤〔999〕	6	90	13		件/千克	A	M/	31%	0	
61083200	--化学纤维制										13
6108320000	化学纤维制针织或钩编女睡衣及睡衣裤〔999〕	6	130	13		件/千克	A	M/	31%	0	
61083910	---丝及绢丝制										13
6108391010	丝及绢丝制女睡衣及睡衣裤(针织或钩编,含丝70%及以上)〔999〕	6	130	13		件/千克	A	M/		0	
6108391090	其他丝及绢丝制女睡衣及睡衣裤(针织或钩编,含丝70%以下)〔999〕	6	130	13		件/千克	A	M/		0	
61083990	---其他										13
6108399010	羊毛或动物细毛制女睡衣及睡衣裤(针织或钩编)〔999〕	6	130	13		件/千克	A	M/		0	
6108399090	其他纺织材料制女睡衣及睡衣裤(针织或钩编)〔999〕	6	130	13		件/千克	A	M/		0	
61089100	--棉制										13
6108910010	棉制针织或钩编女内裤、内衣〔999〕	6	90	13		件/千克	A	M/	31%	0	
6108910090	其他棉制针织或钩编女浴衣、晨衣等(包括类似品)〔999〕	6	90	13		件/千克	A	M/	31%	0	
61089200	--化学纤维制										13
6108920010	化学纤维制针织或钩编女内裤,内衣〔999〕	6	130	13		件/千克	A	M/	31%	0	
6108920090	其他化纤制针织或钩编女浴衣、晨衣等(包括类似品)〔999〕	6	130	13		件/千克	A	M/	31%	0	
61089900	--其他纺织材料制										13
6108990010	丝及绢丝制制女浴衣、晨衣等(针织或钩编,包括类似品,含丝70%及以上)〔999〕	6	130	13		件/千克	A	M/		0	
6108990020	羊毛或动物细毛制女浴衣、晨衣等(针织或钩编,包括类似品)〔999〕	6	130	13		件/千克	A	M/		0	
6108990090	其他纺织材料制女浴衣、晨衣等(针织或钩编,包括类似品)〔999〕	6	130	13		件/千克	A	M/		0	
6109	**针织或钩编的T恤衫、汗衫及其他内衣背心:**										
61091000	-棉制										13
6109100010	棉制针织或钩编T恤衫、汗衫等(内衣式,包括其他背心)〔999〕	6	90	13		件/千克	A	M/	31%	0	
6109100021	其他棉制针织或钩编男式T恤衫(内衣除外)〔999〕	6	90	13		件/千克	A	M/	31%	0	
6109100022	其他棉制针织或钩编女式T恤衫(内衣除外)〔999〕	6	90	13		件/千克	A	M/	31%	0	
6109100091	其他棉制男式汗衫及其他背心(针织或钩编,内衣除外,包括男童8~18号)〔101 针织外衣〕,〔102 针织童装〕	6	90	13		件/千克	A	M/	31%	0	
6109100092	其他棉制男式汗衫及其他背心(针织或钩编,内衣除外)〔999〕	6	90	13		件/千克	A	M/	31%	0	
6109100099	其他棉制女式汗衫及其他背心(针织或钩编,内衣除外)〔999〕	6	90	13		件/千克	A	M/	31%	0	
61099010	---丝及绢丝制										13
6109901011	丝及绢丝针织或钩编T恤衫、汗衫、背心(内衣式,含丝≥70%)〔999〕	6	130	13		件/千克	A	M/	31%	0	
6109901019	其他丝及绢丝针织或钩编T恤衫、背心(包括汗衫,内衣式,含丝70%以下)〔999〕	6	130	13		件/千克	A	M/	31%	0	
6109901021	丝及绢丝针织钩编汗衫、背心(内衣除外,含丝≥70%,男童8~18号,女童7~16号)〔101 针织外衣〕,〔102 针织童装〕	6	130	13		件/千克	A	M/	31%	0	

协定税率(%)																		特惠税率(%)			Article Description
智利	新西兰	澳大利亚	瑞士	冰岛	秘鲁	哥斯达	东盟	亚太	新加坡	巴基斯坦	港/澳/台	韩国	格鲁吉亚	毛里求斯	柬埔寨	尼加拉瓜	日/韩/澳/新/东(RCEP)	亚太2国	老/柬/缅	LDC 98/97/95	
0	0	0	0	0	0	0	0	3.9	0	7	0/0/	0	0	0	0	0	10.2/9.8/0/0/0			0/0/0	---Other
																					Women's or girls' slips, petticoats, briefs, panties, nightdresses, pyjamas, nèligès, bathrobes, dressing gowns and similar articles, knitted or crocheted:
0	0	0	0	0	0	0	0	3.9	0	8	0/0/	0	0	0	0	0	11.6/11.2/0/0/0			0/0/0	--Of man-made fibres
0	0	0	0	0	0	0	0		0	7	0/0/	0	0	0	0	0	10.2/9.8/0/0/0			0/0/0	---Of cotton
0	0	0	0	0	0	0	0		0	7	0/0/	0	0	0	0	0	10.2/9.8/0/0/0			0/0/0	---Of silk or silk waste
0	0	0	0	0	0	0	0	3.9	0	7	0/0/	0	0	0	0	0	10.2/9.8/0/0/0			0/0/0	---Other
0	0	0	0	0	0	0	0		0	0	0/0/	0	0	0	0	0	10.2/9.8/0/0/0		0/0/0	0/0/0	--Of cotton
0	0	0	0	0	0	0	0	3.9	0	8	0/0/	0	0	3.2	0	0	11.6/11.2/0/0/0			0/0/0	--Of man-made fibres
0	0	0	0	0	0	0	0	3.9	0	7	0/0/	0	0	0	0	0	10.2/9.8/0/0/0			0/0/0	---Of silk or silk waste
0	0	0	0	0	0	0	0	3.9	0	7	0/0/	0	0	0	0	0	10.2/9.8/0/0/0			0/0/0	---Other
0	0	0	0	0	0	0	0		0	0	0/0/	0	0	2.8	0	0	10.2/9.8/0/0/0	2.4	0/0/0	0/0/0	--Of cotton
0	0	0	0	0	0	0	0	3.9	0	8	0/0/	0	0	3.2	0	0	11.6/11.2/0/0/0	0		0/0/0	--Of man-made fibres
0	0	0	0	0	0	0	0	3.9	0	7	0/0/	0	0	0	0	0	10.2/9.8/0/0/0	0		0/0/0	---Of silk or silk waste
0	0	0	0	0	0	0	0	3.9	0	7	0/0/	0	0	0	0	0	10.2/9.8/0/0/0	0		0/0/0	---Other
0	0	0	0	0	0	0	0		0	11.2	0/0/	0	0	2.8	0	0	10.2/9.8/0/0/0		0/0/0	0/0/0	--Of cotton
0	0	0	0	0	0	0	0	3.9	0	8	0/0/	0	0	3.2	0	0	11.6/11.2/0/0/0			0/0/0	--Of man-made fibres
0	0	0	0	0	0	0	0	3.9	0	7	0/0/	0	0	0	0	0	10.2/9.8/0/0/0			0/0/0	--Of other textile materials
																					T-shirts, singlets and other vests, knitted or crocheted:
0	0	0	0	0	0	0	0	3.9	0	0	0/0/	0	0	0	0	0	10.2/9.8/9.8/9.8/9.8		0/0/0	0/0/0	-Of cotton
0	0	0	0	0	0	0	0	3.9	0	0	0/0/	0	0	0	0	0	10.2/9.8/0/0/0	0		0/0/0	---Of silk or silk waste

商品编号	商品名称及备注[检验检疫编码及名称]	进口关税(%)		增值税率(%)	消费税	计量单位	监管条件	检验检疫类别	对美税率	出口税率(%)	出口退税率(%)
		最惠国	普通								
6109901029	其他丝及绢丝针织钩编汗衫、背心(内衣除外,含丝<70%,男童8~18号,女童7~16号)〔101 针织外衣〕,〔102 针织童装〕	6	130	13		件/千克	A	M/	31%	0	
6109901091	其他丝及绢丝针织或钩编T恤衫、汗衫(含丝≥70%,包括其他背心)〔999〕	6	130	13		件/千克	A	M/	31%	0	
6109901099	其他丝及绢丝针织或钩编T恤衫、汗衫(含丝<70%,包括其他背心)〔999〕	6	130	13		件/千克	A	M/	31%	0	
61099090	---其他										13
6109909011	毛制针织或钩编T恤衫、汗衫等(内衣式,长袖衫)〔999〕	6	130	13		件/千克	A	M/	31%	0	
6109909012	毛制针织或钩编男式T恤衫、汗衫(内衣式,长袖衫除外)〔999〕	6	130	13		件/千克	A	M/	31%	0	
6109909013	毛制针织或钩编女式T恤衫、汗衫(内衣式,长袖衫除外)〔999〕	6	130	13		件/千克	A	M/	31%	0	
6109909021	毛制针织或钩编男式其他T恤衫(内衣除外)〔999〕	6	130	13		件/千克	A	M/	31%	0	
6109909022	毛制针织或钩编女式其他T恤衫(内衣除外)〔999〕	6	130	13		件/千克	A	M/	31%	0	
6109909031	毛制男式汗衫及其他背心(针织或钩编,内衣除外,含男童8~18号)〔101 毛衫〕,〔102 针织童装〕	6	130	13		件/千克	A	M/	31%	0	
6109909032	其他毛制男式汗衫及其他背心(针织或钩编,内衣除外)〔999〕	6	130	13		件/千克	A	M/	31%	0	
6109909033	其他毛制女式汗衫及其他背心(针织或钩编,内衣除外)〔999〕	6	130	13		件/千克	A	M/	31%	0	
6109909040	化学纤维制针织或钩编内衣〔999〕	6	130	13		件/千克	A	M/	31%	0	
6109909050	化学纤维制针织或钩编T恤衫(内衣除外)〔999〕	6	130	13		件/千克	A	M/	31%	0	
6109909060	化学纤维制针织或钩编汗衫及其他背心(内衣除外)〔101 针织外衣〕,〔102 针织童装〕	6	130	13		件/千克	A	M/	31%	0	
6109909091	其他纺织材料制T恤衫、汗衫等(针织或钩编,内衣式,包括其他背心)〔999〕	6	130	13		件/千克	A	M/	31%	0	
6109909092	其他纺织材料制针织或钩编汗衫及其他背心(内衣除外,包括男童8~18号,女童7~16号)〔101 针织外衣〕,〔102 针织童装〕	6	130	13		件/千克	A	M/	31%	0	
6109909093	其他纺织材料制针织或钩编T恤衫、汗衫(内衣除外,包括其他背心)〔999〕	6	130	13		件/千克	A	M/	31%	0	
6110	**针织或钩编的套头衫、开襟衫、马甲(背心)及类似品:**										
61101100	--羊毛制										13
6110110000	羊毛制针织或钩编的套头衫、开襟衫、马甲(背心)及类似品〔999〕	6	130	13		件/千克			31%	0	
61101200	--喀什米尔山羊细毛制										13
6110120011[暂5]	喀什米尔山羊细毛手工起绒男套头衫(针织或钩编,包括开襟衫、外穿背心及类似品)〔999〕	6	130	13		件/千克			30%	0	
6110120019[暂5]	喀什米尔山羊细毛制起绒男套头衫(针织或钩编,包括开襟衫、外穿背心及类似品)〔999〕	6	130	13		件/千克			30%	0	
6110120021[暂5]	喀什米尔山羊细毛手工起绒女套头衫(针织或钩编,包括开襟衫、外穿背心及类似品)〔999〕	6	130	13		件/千克			30%	0	
6110120029[暂5]	喀什米尔山羊细毛制起绒女套头衫(针织或钩编,包括开襟衫、外穿背心及类似品)〔999〕	6	130	13		件/千克			30%	0	
6110120031[暂5]	喀什米尔山羊细毛手工非起绒男套头衫(针织或钩编,包括开襟衫、外穿背心及类似品)〔999〕	6	130	13		件/千克			30%	0	
6110120039[暂5]	喀什米尔山羊细毛非起绒男套头衫(针织或钩编,包括开襟衫、外穿背心及类似品)〔999〕	6	130	13		件/千克			30%	0	
6110120041[暂5]	喀什米尔山羊细毛手工非起绒女套头衫(针织或钩编,包括开襟衫、外穿背心及类似品)〔999〕	6	130	13		件/千克			30%	0	
6110120049[暂5]	喀什米尔山羊细毛非起绒女套头衫(针织或钩编,包括开襟衫、外穿背心及类似品)〔999〕	6	130	13		件/千克			30%	0	
61101910	---其他山羊细毛制										13
6110191000	其他山羊细毛制针织或钩编的套头衫、开襟衫、马甲(背心)及类似品〔999〕	6	130	13		件/千克			31%	0	
61101920	---兔毛制										13
6110192000	其他兔毛制针织或钩编的套头衫、开襟衫、马甲(背心)及类似品〔999〕	6	130	13		件/千克				0	
61101990	---其他										13
6110199000	其他动物细毛制针织或钩编的套头衫、开襟衫、马甲(背心)及类似品〔999〕	6	130	13		件/千克			31%	0	
61102000	-棉制										13
6110200011	棉制儿童游戏套装紧身衫及套头衫(针织起绒,轻薄细针翻领、开领、高领,含亚麻36%以下)〔999〕	6	90	13		件/千克	A	M/	31%	0	
6110200012	棉制其他起绒儿童游戏套头衫等(针织钩编,包括开襟衫、背心及类似品,含亚麻36%以下)〔999〕	6	90	13		件/千克	A	M/	31%	0	
6110200051	其他棉儿童游戏套装紧身及套头衫(针织、非起绒、轻薄细针翻领、开领、高领)〔999〕	6	90	13		件/千克	A	M/	31%	0	
6110200052	其他棉儿童游戏套装套头衫等(针织或钩编、非起绒、包括开襟衫、背心及类似品)〔999〕	6	90	13		件/千克	A	M/	31%	0	
6110200090	其他棉制针织或钩编的套头衫、开襟衫、马甲(背心)及类似品〔999〕	6	90	13		件/千克			31%	0	
61103000	-化学纤维制										13
6110300011	化学纤维儿童游戏套装紧身衫及套头衫(针织起绒轻薄细针翻领开领高领毛<23%、丝<30%)〔999〕	6	130	13		件/千克	A	M/	31%	0	
6110300012	化学纤维起绒儿童游戏套装及套头衫等(针织或钩编包括开襟衫、背心及类似品含毛<23%、含丝<30%)〔999〕	6	130	13		件/千克	A	M/	31%	0	
6110300041	化学纤维其他童游戏套装紧身及套头衫(针织非起绒,轻薄细针翻领、开领、高领)〔999〕	6	130	13		件/千克	A	M/	31%	0	

协定税率(%)																		特惠税率(%)			
智利	新西兰	澳大利亚	瑞士	冰岛	秘鲁	哥斯达	东盟	亚太	新加坡	巴基斯坦	港/澳/台	韩国	格鲁吉亚	毛里求斯	柬埔寨	尼加拉瓜	日/韩/澳/新/东(RCEP)	亚太2国	老/柬/缅	LDC 98/97/95	Article Description
0	0	0	0	0	0	0	0	3.9	0	0	0/0/	0	0	0	0	0	10.2/9.8/9.8/9.8/9.8	0	0/0/0	0/0/0	---Other
																					Jerseys, pullovers, cardigans, waistcoats and similar articles, knitted or crocheted:
0	0	0	0	0	0	0	0	3.9	0	0	0/0/0	0	0	2.8	0	0	10.2/0/0/0/0	0	0/0/0	0/0/0	--Of wool
0	0	0	0	0	0	0	0	3.9	0	0	0/0/	0	0	2.8	0	0	10.2/9.8/0/0/0			0/0/0	--Of kashmir (cashmere) goats
0	0	0	0	0	0	0	0	3.9	0	0	0/0/	0	0	0	0	0	10.2/9.8/0/0/0			0/0/0	---Of other goats
0	0	0	0	0	0	0	0	3.9	0	0	0/0/	0	0	0	0	0	10.2/9.8/0/0/0			0/0/0	---Of rabbit and hare
0	0	0	0	0	0	0	0	3.9	0	0	0/0/	0	0	6	0	0	10.2/9.8/0/0/0			0/0/0	---Other
0	0	0	0	0	0	0	0	3.9	0	0	0/0/0	0	0	0	0	0	10.2/9.8/9.8/9.8/9.8	2.4	0/0/0	0/0/0	-Of cotton
0	0	0	0	0	0	0	0	3.9	0	0	0/0/0	5.3	0	0	0	0	13/12.8/13.6/13.6/12.8	0		0/0/0	-Of man-made fibres

商品编号	商品名称及备注[检验检疫编码及名称]	进口关税(%) 最惠国	进口关税(%) 普通	增值税率(%)	消费税	计量单位	监管条件	检验检疫类别	对美税率	出口税率(%)	出口退税率(%)
6110300042	化学纤维制其他童游戏套装套头衫等(针织或钩编,非起绒,包括开襟衫、背心及类似品)〔999〕	6	130	13		件/千克	A	M/	31%	0	
6110300090	其他化纤制针织或钩编的套头衫、开襟衫、马甲(背心)及类似品〔999〕	6	130	13		件/千克			31%	0	
61109010	---丝及绢丝制										13
6110901000	丝及绢丝制针织或钩编的套头衫、开襟衫、马甲(背心)及类似品〔999〕	6	130	13		件/千克			31%	0	
61109090	---其他										13
6110909000	其他纺织材料制针织或钩编的套头衫、开襟衫、马甲(背心)及类似品〔999〕	6	130	13		件/千克			31%	0	
6111	**针织或钩编的婴儿服装及衣着附件:**										
61112000	-棉制										13
6111200010[暂6]	棉制针织或钩编婴儿袜〔999〕	10	90	13		千克	A	M/	31%	0	
6111200020[暂6]	棉制婴儿分指、连指、露指手套(针制或钩编)〔999〕	10	90	13		千克	A	M/	31%	0	
6111200040[暂6]	棉制针织婴儿外衣、雨衣、滑雪装(针制或钩编,包括夹克类似品)〔999〕	10	90	13		千克	A	M/	31%	0	
6111200050[暂6]	棉制针织钩编婴儿其他服装〔999〕	10	90	13		千克	A	M/	31%	0	
6111200090[暂6]	棉制针织钩编婴儿衣着附件〔999〕	10	90	13		千克	A	M/	31%	0	
61113000	-合成纤维制										13
6111300010[暂6]	合成纤维制针织或钩编婴儿袜〔999〕	10	130	13		千克	A	M/	31%	0	
6111300020[暂6]	合成纤维制婴儿分指、连指及露指手套(针制或钩编)〔999〕	10	130	13		千克	A	M/	31%	0	
6111300040[暂6]	合成纤维制婴儿外衣、雨衣、滑雪装(针制或钩编,包括夹克类似服装)〔999〕	10	130	13		千克	A	M/	31%	0	
6111300050[暂6]	合成纤维制针织或钩编婴儿其他服装(包括衣着附件)〔999〕	10	130	13		千克	A	M/	31%	0	
6111300090[暂6]	合成纤维制针织或钩编婴儿衣着附件〔999〕	10	130	13		千克	A	M/	31%	0	
61119010	---羊毛或动物细毛制										13
6111901000[暂6]	毛制针织或钩编婴儿服装及衣着附件(羊毛或动物细毛制)〔999〕	10	130	13		千克	A	M/		0	
61119090	---其他										13
6111909010[暂6]	人造纤维针织或钩编婴儿袜〔999〕	10	130	13		千克	A	M/		0	
6111909090[暂6]	其他纺织材料制婴儿服装及衣着附件(针织或钩编)〔999〕	10	130	13		千克	A	M/		0	
6112	**针织或钩编的运动服、滑雪服及游泳服:**										
61121100	--棉制										13
6112110000	棉制针织或钩编运动服〔999〕	6	90	13		套/千克			31%	0	
61121200	--合成纤维制										13
6112120000	合成纤维制针织或钩编运动服〔999〕	8	130	13		套/千克			33%	0	
61121900	--其他纺织材料制										13
6112190000	其他纺织材料制针织或钩编运动服〔999〕	6	130	13		套/千克			31%	0	
61122010	---棉制										13
6112201000	棉制针织或钩编滑雪服〔999〕	6	90	13		套/千克				0	
61122090	---其他										13
6112209000	其他纺织材料制针织或钩编滑雪服〔999〕	10	130	13		套/千克				0	
61123100	--合成纤维制										13
6112310000	合成纤维制针织或钩编男式游泳服〔999〕	8	130	13		件/千克				0	
61123900	--其他纺织材料制										13
6112390000	其他纺织材料制针织或钩编男式游泳服〔999〕	6	130	13		件/千克				0	
61124100	--合成纤维制										13
6112410000	合成纤维制针织或钩编女式游泳服〔999〕	8	130	13		件/千克			33%	0	
61124900	--其他纺织材料制										13
6112490000	其他纺织材料制针织或钩编女式游泳服〔999〕	6	130	13		件/千克			31%	0	
6113	**用税目 59.03、59.06 或 59.07 的针织物或钩编织物制成的服装:**										
61130000	用税目 59.03、59.06 或 59.07 的针织物或钩编织物制成的服装										13
6113000000	用品目 59.03、59.06 或 59.07 的针织物或钩编织物制成的服装〔999〕	6	130	13		件/千克			31%	0	
6114	**针织或钩编的其他服装:**										
61142000	-棉制										13
6114200011	棉制针织或钩编儿童非保暖连身裤〔999〕	6	90	13		件/千克	A	M/	31%	0	
6114200021	棉制针织或钩编男成人及男童 TOPS(指 8~18 号男童 TOPS)〔101 针织童装〕,〔102 其他针织服装〕	6	90	13		件/千克	A	M/	31%	0	
6114200022	棉制针织或钩编其他男童 TOPS〔101 针织童装〕,〔102 其他针织服装〕	6	90	13		件/千克	A	M/	31%	0	
6114200040	棉制针织或钩编夏服、水洗服(包括女成人、女童及男童)〔101 针织外衣〕,〔102 针织童装〕	6	90	13		件/千克	A	M/	31%	0	

协定税率(%)																		特惠税率(%)			Article Description
智利	新西兰	澳大利亚	瑞士	冰岛	秘鲁	哥斯达	东盟	亚太	新加坡	巴基斯坦	港/澳/台	韩国	格鲁吉亚	毛里求斯	柬埔寨	尼加拉瓜	日/韩/澳/新/东 (RCEP)	亚太2国	老/柬/缅	LDC 98/97/95	
0	0	0	0	0	0	0	0	3.9	0	0	0/0/	0	0	0	0	0	10.2/9.8/0/0/0	0		0/0/0	---Of silk or silk waste
0	0	0	0	0	0	0	0	3.9	0	0	0/0/	0	0	0	0	0	10.2/9.8/0/0/0	0		0/0/0	---Other
																					Babies' garments and clothing accessories, knitted or crocheted:
0	0	0	0	0	0	0	0		0	0	0/0/	0	0	0	0	9	10.2/9.8/9.8/9.8/9.8			0/0/0	-Of cotton
0	0	0	0	0	0	0	0	6.5	0	6.4	0/0/	0	0	3.2	0	9	11.6/11.2/0/0/0			0/0/0	-Babies' knitted or crocheted hosiery, of cotton
0	0	0	0	0	0	0	0	6.5	0	7	0/0/	0	0	6	0	9	10.2/9.8/0/0/0			0/0/0	---Of wool or fine animal hair
0	0	0	0	0	0	0	0	6.5	0	7	0/0/	0	0	0	0	0	10.2/9.8/0/0/0			0/0/0	---Other
																					Track suits, ski suits and swimwear, knitted or crocheted:
0	0	0	0	0	0	0	0	3.9	0	6.4	0/0/	0	0	0	0	0	11.6/11.2/0/0/0			0/0/0	--Of cotton
0	0	0	0	0	0	0	0	5.2	0	0	0/0/	0	0	0	0	6.4	12.7/12.3/0/0/0			0/0/0	--Of synthetic fibres
0	0	0	0	0	0	0	0	3.9	0	8	0/0/	0	0	0	0	0	11.6/11.2/0/0/0			0/0/0	--Of other textile materials
0	0	0	0	0	0	0	0	3.9	0	8	0/0/	0	0	0	0	0	11.6/11.2/0/0/0			0/0/0	---Of cotton
0	0	0	0	0	0	0	0	6.5	0	9.5	0/0/	0	0	0	0	9	13.8/13.3/0/0/0			0/0/0	---Other
0	0	0	0	0	0	0	0	5.2	0	8.8	0/0/	0	0	0	0	6.4	12.7/12.3/0/0/0			0/0/0	--Of synthetic fibres
0	0	0	0	0	0	0	0	3.9	0	8	0/0/	0	0	0	0	0	11.6/11.2/0/0/0			0/0/0	--Of other textile materials
0	0	0	0	0	0	0	0	5.2	0	8.8	0/0/0	0	0	0	0	6.4	12.7/12.3/0/0/0			0/0/0	--Of synthetic fibres
0	0	0	0	0	0	0	0	3.9	0	8	0/0/	0	0	0	0	0	11.6/11.2/0/0/0			0/0/0	--Of other textile materials
																					Garments, made up of knitted or crocheted fabrics of heading 59.03, 59.06 or 59.07:
0	0	0	0	0	0	0	0	3.9	0	8	0/0/	0	0	0	0	0	11.6/11.2/0/0/0	0		0/0/0	Garments, made up of knitted or crocheted fabrics of heading 59.03, 59.06 or 59.07
																					Other garments, knitted or crocheted:
0	0	0	0	0		0	0		0	0	0/0/	0	0	0	0	4.8	11.6/11.2/0/0/0	2.4		0/0/0	-Of cotton

商品编号	商品名称及备注[检验检疫编码及名称]	进口关税(%) 最惠国	进口关税(%) 普通	增值税率(%)	消费税	计量单位	监管条件	检验检疫类别	对美税率	出口税率(%)	出口退税率(%)
6114200090	棉制针织或钩编其他服装〔999〕	6	90	13		件/千克			31%	0	
61143000	-化学纤维制										13
6114300021	化学纤维针织或钩编男成人及男童 TOPS(指 8~18 号男童 TOPS)〔101 针织童装〕,〔102 其他针织服装〕	8	130	13		件/千克	A	M/	33%	0	
6114300022	化学纤维针织或钩编其他男童 TOPS〔999〕	8	130	13		件/千克	A	M/	33%	0	
6114300090	化学纤维制针织或钩编其他服装①	8	130	13		件/千克			33%	0	
61149010	---羊毛或动物细毛制										13
6114901000	毛制针织或钩编其他服装(指羊毛或动物细毛)〔999〕	6	130	13		件/千克			31%	0	
61149090	---其他										13
6114909000	其他纺织材料制其他服装〔999〕	6	130	13		件/千克			31%	0	
6115	**针织或钩编的连裤袜、紧身裤袜、长筒袜、短袜及其他袜类,包括渐紧压袜类(例如,用以治疗静脉曲张的长筒袜)和无外绱鞋底的鞋类:**										
61151000	-渐紧压袜类(例如,用以治疗静脉曲张的长筒袜)										13
6115100000	渐紧压袜类(例如,用以治疗静脉曲张的长筒袜,针织或钩编)〔999〕	6	130	13		双/千克			31%	0	
61152100	--每根单丝细度在 67 分特以下的合成纤维制										13
6115210000	每根单丝细度<67 分特的合成纤维制连裤袜及紧身裤袜(针织或钩编)〔999〕	6	130	13		双/千克			31%	0	
61152200	--每根单丝细度在 67 分特及以上的合成纤维制										13
6115220000	每根单丝细度≥67 分特的合成纤维制连裤袜及紧身裤袜(针织或钩编)〔999〕	6	130	13		双/千克			31%	0	
61152910	---棉制										13
6115291000	棉制针织或钩编连裤袜及紧身裤袜〔999〕	6	90	13		双/千克				0	
61152990	---其他										13
6115299000	其他纺织材料制针织或钩编连裤袜及紧身裤袜(除合成纤维、棉外其他纺织材料制)〔999〕	6	130	13		双/千克			31%	0	
61153000	-其他女式长筒袜或中筒袜,每根单丝细度在 67 分特以下										13
6115300000	其他材料制女式长统袜或中统袜(单丝细度<67 分特)〔999〕	6	130	13		双/千克			31%	0	
61159400	--羊毛或动物细毛制										13
6115940000	毛制针织或钩编短袜及其他袜类〔999〕	6	130	13		双/千克			16%	0	
61159500	--棉制										13
6115950011	棉制针织或钩编矫正袜(外科用带压缩刻度)〔999〕	6	90	13		双/千克			31%	0	
6115950019	棉制针织或钩编短袜及其他袜类〔999〕	6	90	13		双/千克			31%	0	
61159600	--合成纤维制										13
6115960000	合成纤维制短袜及其他袜类(针织或钩编)〔999〕	6	130	13		双/千克			31%	0	
61159900	--其他纺织材料制										13
6115990000	其他纺织材料制短袜及其他袜类(针织或钩编)〔999〕	6	130	13		双/千克				0	
6116	**针织或钩编的分指手套、连指手套及露指手套:**										
61161000	-用塑料或橡胶浸渍、涂布、包覆或层压的										13
6116100000	塑料或橡胶浸渍、涂布、包覆或层压的手套〔999〕	6	122	13		双/千克			31%	0	
61169100	--羊毛或动物细毛制										13
6116910000	毛制其他针织或钩编手套〔999〕	6	130	13		双/千克				0	
61169200	--棉制										13
6116920000	棉制其他针织或钩编手套(非运动手套)〔999〕	6	90	13		双/千克			16%	0	
61169300	--合成纤维制										13
6116930010	合成纤维制其他针织或钩编手套(含羊毛或动物细毛≥23%)〔999〕	6	130	13		双/千克			31%	0	
6116930090	合成纤维制其他针织或钩编手套(含羊毛或动物细毛<23%)〔999〕	6	130	13		双/千克			31%	0	
61169900	--其他纺织材料制										13
6116990000	其他纺织材料制其他针织或钩编手套〔999〕	6	130	13		双/千克			31%	0	
6117	**其他制成的针织或钩编的衣着附件;服装或衣着附件的针织或钩编的零件:**										
61171011	----山羊绒制										13
6117101100	山羊绒制披巾、头巾、围巾、披纱、面纱及类似品(针织或钩编)〔999〕	6	130	13		条/千克			31%	0	

① 〔101 针织外衣〕,〔102 针织衬衫〕,〔103 针织运动服〕,〔104 针织童装〕,〔999 其他针织服装〕

协定税率(%)																		特惠税率(%)			Article Description
智利	新西兰	澳大利亚	瑞士	冰岛	秘鲁	哥斯达	东盟	亚太	新加坡	巴基斯坦	港/澳/台	韩国	格鲁吉亚	毛里求斯	柬埔寨	尼加拉瓜	日/韩/澳/新/东 (RCEP)	亚太2国	老/柬/缅	LDC 98/97/95	
0	0	0	0	0	0	0	0		0	0	0/0/	0	0	0	0	0	12.7/12.3/0/0/0			0/0/0	-Of man-made fibres
0	0	0	0	0	0	0	0		0	0	0/0/	0	0	0	0	0	11.6/11.2/0/0/0			0/0/0	---Of wool or fine animal hair
0	0	0	0	0	0	0	0		0	0	0/0/	0	0	3.2	0	0	11.6/11.2/0/0/0			0/0/0	---Other
																					Panty hose, tights, stockings, socks and other hosiery, including graduated compression hosiery (for example, stockings for varicose veins) and footwear without applied soles, knitted or crocheted:
0	0	0	6	0	0	0	0	3.5	0	0	0/0/	0	0	0	0	0	11.6/11.2/0/0/0			0/0/0	-Graduated compression hosiery (for example, stockings for varicose veins)
0	0	0	0	0	0	0	0	3.9	0	12.8	0/0/	0	0	0	0	0	11.6/11.2/0/0/0			0/0/0	--Of synthetic fibres, measuring per single yarn less than 67 decitex
0	0	0	0	0	0	0	0	3.9	0	8	0/0/0	0	0	0	0	0	11.6/11.2/0/0/0			0/0/0	--Of synthetic fibres, measuring per single yarn 67 decitex or more
0	0	0	0	0	0	0	0		0	11.2	0/0/	0	0	0	0	0	10.2/9.8/0/0/0			0/0/0	---Of cotton
0	0	0	0	0	0	0	0	3.9	0	7	0/0/0	0	0	0	0	0	10.2/9.8/0/0/0			0/0/0	---Other
0	0	0	0	0	0	0	0	3.9	0	0	0/0/	0	0	0	0	0	10.2/9.8/0/0/0	0		0/0/0	-Other women's full-length or knee-length hosiery, measuring per single yarn less than 67 decitex
0	0	0	0	0	0	0	0		0	11.2	0/0/	0	0	0	0	0	10.2/9.8/0/0/0			0/0/0	--Of wool or fine animal hair
0	0	0	0	0	0	0	0		0	0	0/0/	0	0	0	0	0	10.2/9.8/0/0/0			0/0/0	--Of cotton
0	0	0	0	0	0	0	0	3.9	0	0	0/0/	0	0	0	0	0	11.6/11.2/0/0/0			0/0/0	--Of synthetic fibres
0	0	0	0	0	0	0	0	3.9	0	0	0/0/0	0	0	0	0	0	10.2/9.8/0/0/0			0/0/0	--Of other textile materials
																					Gloves, mittens and mitts, knitted or crocheted:
0	0	0	0	0	0	0	0		0	0	0/0/	0	0	0	0	0	10.2/9.8/0/0/0			0/0/0	-Impregnated, coated, covered or laminated with plastics or rubber
0	0	0	0	0	0	0	0		0	0	0/0/	0	0	0	0	0	10.2/9.8/0/0/0			0/0/0	--Of wool of fine animal hair
0	0	0	0	0	0	0	0		0	0	0/0/	0	0	0	0	0	10.2/9.8/0/0/0			0/0/0	--Of cotton
0	0	0	0	0	0	0	0	3.9	0	0	0/0/	0	0	0	0	0	11.6/11.2/0/0/0			0/0/0	--Of synthetic fibres
0	0	0	0	0	0	0	0	3.9	0	0	0/0/	0	0	0	0	0	10.2/9.8/0/0/0			0/0/0	--Of other textile materials
																					Other made up clothing accessories, knitted or crocheted; knitted or crocheted parts of garments or of clothing accessories:
0	0	0	0	0	0	0	0	3.9	0	0	0/0/	0	0	0	0	0	10.2/9.8/0/0/0			0/0/0	----Of goats

商品编号	商品名称及备注[检验检疫编码及名称]	进口关税(%)		增值税率(%)	消费税	计量单位	监管条件	检验检疫类别	对美税率	出口税率(%)	出口退税率(%)
		最惠国	普通								
61171019	----其他										13
6117101900	其他动物细毛制披巾、头巾、围巾、披纱、面纱及类似品(针织或钩编)〔999〕	6	130	13		条/千克			31%	0	
61171020	---羊毛制										13
6117102000	羊毛制披巾、头巾、围巾、披纱、面纱及类似品(针织或钩编)〔999〕	6	130	13		条/千克			31%	0	
61171090	---其他										13
6117109000	其他纺织材料制披巾、头巾、围巾、披纱、面纱及类似品(针织或钩编)〔999〕	6	130	13		条/千克			31%	0	
61178010	---领带及领结										13
6117801000	领带及领结(针织或钩编)〔999〕	6	130	13		千克/条			31%	0	
61178090	---其他										13
6117809000	其他衣着附件(针织或钩编)〔999〕	6	130	13		千克			31%	0	
61179000	-零件										13
6117900000	服装或衣着附件的零件(针织或钩编)〔999〕	6	130	13		千克			31%	0	

协定税率(%)																		特惠税率(%)			Article Description
智利	新西兰	澳大利亚	瑞士	冰岛	秘鲁	哥斯达	东盟	亚太	新加坡	巴基斯坦	港/澳/台	韩国	格鲁吉亚	毛里求斯	柬埔寨	尼加拉瓜	日/韩/澳/新/东 (RCEP)	亚太2国	老/柬/缅	LDC 98/97/95	
0	0	0	0	0	0	0	0	3.9	0	0	0/0/	0	0	6	0	0	10. 2/9. 8/0/0/0			0/0/0	----Other
0	0	0	0	0	0	0	0	3.9	0	0	0/0/	0	0	6	0	0	10. 2/9. 8/0/0/0			0/0/0	---Of wool
0	0	0	0	0	0	0	0	3.9	0	0	0/0/	0	0	2.8	0	0	10. 2/9. 8/0/0/0			0/0/0	---Other
0	0	0	0	0	0	0	0	3.9	0	0	0/0/0	0	0	0	0	0	10. 2/9. 8/0/0/0			0/0/0	---Ties, bow ties and cravats
0	0	0	0	0	0	0	0	3.9	0	0	0/0/0	0	0	0	0	0	10. 2/9. 8/0/0/0			0/0/0	---Other accessories
0	0	0	0	0	0	0	0	3	0	0	0/0/0	0	0	0	0	0	10. 2/9. 8/0/0/0			0/0/0	-Parts

第六十二章
非针织或非钩编的服装及衣着附件

注释：

一、本章仅适用于除絮胎以外任何纺织物的制成品，但不适用于针织品或钩编织品（品目62.12的除外）。

二、本章不包括：

（一）品目63.09的旧衣着或其他旧物品；或

（二）矫形器具、外科手术带、疝气带及类似品（品目90.21）。

三、品目62.03及62.04所称：

（一）“西服套装”，是指面料用完全相同织物制成的两件套或三件套的下列成套服装：

一件人体上半身穿着的外套或短上衣，除袖子外，应由四片或四片以上面料组成；也可附带一件马甲（西服背心），这件马甲（西服背心）的前片面料应与套装其他各件的面料相同，后片面料则应与外套或短上衣的衬里料相同；以及

一件人体下半身穿着的服装，即不带背带或护胸的长裤、马裤、短裤（游泳裤除外）、裙子或裙裤。

西服套装各件面料质地、颜色及构成必须完全相同，其款式、尺寸大小也须相互般配。但套装的各件可以有不同织物的滚边（缝入夹缝中的成条织物）。

如果数件人体下半身穿着的服装同时报验（例如，两条长裤、长裤与短裤、裙子或裙裤与长裤），构成西服套装下装的应是一条长裤，而对于女式西服套装，应是裙子或裙裤，其他服装应分别归类。

所称“西服套装”，包括不论是否完全符合上述条件的下列配套服装：

1. 常礼服，由一件后襟下垂并下端开圆弧形叉的素色短上衣和一条条纹长裤组成；

2. 晚礼服（燕尾服），一般用黑色织物制成，上衣前襟较短且不闭合，背后有燕尾；

3. 无燕尾套装夜礼服，其中上衣款式与普通上衣相似（可以更为显露衬衣前胸），但有光滑丝质或仿丝质的翻领。

（二）“便服套装”，是指面料相同并作零售包装的下列成套服装（西服套装及品目62.07或62.08的物品除外）：

一件人体上半身穿着的服装，但背心除外，因为背心可作为内衣；以及

一件或两件不同的人体下半身穿着的服装，即长裤、护胸背带工装裤、马裤、短裤（游泳裤除外）、裙子或裙裤。

便服套装各件面料质地、款式、颜色及构成必须相同；尺寸大小也须相互般配。所称“便服套装”，不包括品目62.11的运动服及滑雪服。

四、品目62.05及62.06不包括在腰围以下有口袋的服装、带有罗纹腰带及以其他方式收紧下摆的服装。品目62.05不包括无袖服装。

衬衫及仿男式女衬衫是指人体上身穿着并从领口处全开襟或半开襟的长袖或短袖衣服；罩衫也是上半身穿着的宽松服装，但可以无袖，领口处也可以不开襟。衬衫、仿男式女衬衫及罩衫可有衣领。

五、对于品目62.09：

（一）所称“婴儿服装及衣着附件”，是指用于身高不超过86厘米幼儿的服装；

（二）既可归入品目62.09，也可归入本章其他税目的物品，应归入品目62.09。

六、既可归入品目62.10，也可归入本章其他税目的服装，除品目62.09所列的仍归入该税目外，其余的应一律归入品目62.10。

七、品目62.11所称“滑雪服”，是指从整个外观和织物质地来看，主要在滑雪（速度滑雪和高山滑雪）时穿着的下列服装或成套服装：

（一）“滑雪连身服”，即上下身连在一起的单件服装；除袖子和领子外，滑雪连身服可有口袋或脚带；或

（二）“滑雪套装”，即由两件或三件构成一套并作零售包装的下列服装：

一件用一条拉链扣合的带风帽的厚夹克、防风衣、防风短上衣或类似的服装，可以附带一件背心（滑雪背心）；以及

一条不论是否过腰的长裤、一条马裤或一条护胸背带工装裤。

“滑雪套装”也可由一件类似以上（一）款所述的连身服和一件可套在连身服外面的有胎料背心组成。

“滑雪套装”各件颜色可以不同，但面料质地、款式及构成必须相同；尺寸大小也须相互般配。

八、正方形或近似正方形的围巾及围巾式样的物品，如果每边均不超过60厘米，应作为手帕归类（品目62.13）。任何一边超过60厘米的手帕，应归入品目62.14。

九、本章的服装，凡门襟为左压右的，应视为男式；右压左的，应视为女式。但本规定不适用于其式样已明显为男式或女式的服装。

无法区别是男式还是女式的服装，应按女式服装归入有关税目。

十、本章物品可用金属线制成。

商品编号	商品名称及备注[检验检疫编码及名称]	进口关税(%)		增值税率(%)	消费税	计量单位	监管条件	检验检疫类别	对美税率	出口税率(%)	出口退税率(%)
		最惠国	普通								
6201	**男式大衣、短大衣、斗篷、短斗篷、带风帽的防寒短上衣(包括滑雪短上衣)、防风衣、防风短上衣及类似品,但税目62.03的货品除外:**										
62012000	-羊毛或动物细毛制										13
6201200010[暂5]	毛制男式大衣、斗篷〔999〕	6	130	13		件/千克			30%	0	
6201200090	毛制男式短大衣、短斗篷[含带风帽的防寒短上衣(包括滑雪短上衣)、防风衣、防风短上衣及类似品,但品目62.03的货品除外]〔101 大衣、短大衣〕,〔102 上衣〕	6	130	13		件/千克			31%	0	
62013010	---羽绒服										13
6201301000	棉制男式羽绒服〔999〕	6	90	13		件/千克				0	
62013090	---其他										13

Chapter 62
Articles of apparel and clothing accessories, not knitted or crocheted

Chapter Notes:

1. This Chapter applies only to made up articles of any textile fabric other than wadding, excluding knitted or crocheted articles (other than those of heading 62. 12).

2. This Chapter does not cover:
   (a) Worn clothing or other worn articles of heading 63. 09; or
   (b) Orthopaedic appliances, surgical belts, trusses or the like (heading 90. 21).

3. For the purposes of headings 62. 03 and 62. 04:
   (a) The term "suit" means a set of garments composed of two or three pieces made up, in respect of their outer surface, in identical fabric and comprising:
   One suit coat or jacket the outer shell of which, exclusive of sleeves, consists of four or more panels, designed to cover the upper part of the body, possibly with a tailored waistcoat in addition whose front is made from the same fabric as the outer surface of the other components of the set and whose back is made from the same fabric as the lining of the suit coat or jacket; and
   One garment designed to cover the lower part of the body and consisting of trousers, breeches or shorts (other than swimwear), a skirt or a divided skirt, having neither braces nor bibs.
   All of the components of a "suit" must be of the same fabric construction, colour and composition; they must also be of the same style and of corresponding or compatible size. However, these components may have piping (a strip of fabric sewn into the seam) in a different fabric.
   If several separate components to cover the lower part of the body are presented together (for example, two pairs of trousers or trousers and shorts, or a skirt or divided skirt and trousers), the constituent lower part shall be one pair of trousers or, in the case of women's or girls' suits, the skirt or divided skirt, the other garments being considered separately.
   The term "suit" includes the following sets of garments, whether or not they fulfil all the above conditions:
   (i) Morning dress, comprising a plain jacket (cutaway) with rounded tails hanging well down at the back and striped trousers;
   (ii) Evening dress (tailcoat), generally made of black fabric, the jacket of which is relatively short at the front, does not close and has narrow skirts cut in at the hips and hanging down behind;
   (iii) Dinner jacket suits, in which the jacket is similar in style to an ordinary jacket (though perhaps revealing more of the shirt front), but has shiny silk or imitation silk lapels.
   (b) The term "ensemble" means a set of garments (other than suits and articles of heading 62. 07 or 62. 08) composed of several pieces made up in identical fabric, put up for retail sale, and comprising:
   One garment designed to cover the upper part of the body, with the exception of waistcoats which may also form a second upper garment; and
   One or two different garments, designed to cover the lower part of the body and consisting of trousers, bib and brace overalls, breeches, shorts (other than swimwear), a skirt or a divided skirt.
   All of the components of an ensemble must be of the same fabric construction, style, colour and composition; they also must be of corresponding or compatible size. The term "ensemble" does not apply to track suits or ski suits, of heading 62. 11.

4. Headings 62. 05 and 62. 06 do not cover garments with pockets below the waist, with a ribbed waistband or other means of tightening at the bottom of the garment. Heading 62. 05 does not cover sleeveless garments.
   "Shirts" and "shirt-blouses" are garments designed to cover the upper part of the body, having long or short sleeves and a full or partial opening starting at the neckline. "Blouses" are loose-fitting garments also designed to cover the upper part of the body but may be sleeveless and with or without an opening at the neckline. "Shirts", "shirt-blouses" and "blouses" may also have a collar.

5. For the purposes of heading 62. 09:
   (a) The expression "babies'garments and clothing accessories" means articles for young children of a body height not exceeding 86cm;
   (b) Articles which are, prima facie, classifiable both in heading 62. 09 and in other headings of this Chapter are to be classified in heading 62. 09.

6. Garments which are, prima facie, classifiable both in heading 62. 10 and in other headings of this Chapter, excluding heading 62. 09, are to be classified in heading 62. 10.

7. For the purposes of heading 62. 11, "ski suits" means garments or sets of garments which, by their general appearance and texture, are identifiable as intended to be worn principally for skiing (cross-country or alpine). They consist either of:
   (a) A "ski overall", that is, a one-piece garment designed to cover the upper and the lower parts of the body; in addition to sleeves and a collar the ski overall may have pockets or footstraps; or
   (b) A "ski ensemble", that is, a set of garments composed of two or three pieces, put up for retail sale and comprising:
   One garment such as an anorak, wind-cheater, wind-jacket or similar article, closed by a slide fastener (zipper), possibly with a waistcoat in addition; and
   One pair of trousers whether or not extending above waist-level, one pair of breeches or one bib and brace overall.
   The "ski ensemble" may also consist of an overall similar to the one mentioned in paragraph (a) above and a type of padded, sleeveless jacket worn over the overall.
   All the components of a "ski ensemble" must be made up in a fabric of the same texture, style and composition whether or not of the same colour; they also must be of corresponding or compatible size.

8. Scarves and articles of the scarf type, square or approximately square, of which no side exceeds 60cm, are to be classified as handkerchiefs (heading 62. 13). Handkerchiefs of which any side exceeds 60cm are to be classified in heading 62. 14.

9. Garments of this Chapter designed for left over right closure at the front shall be regarded as men's or boys' garments, and those designed for right over left closure at the front as women's or girls' garments. These provisions do not apply where the cut of the garment clearly indicates that it is designed for one or other of the sexes.
   Garments which cannot be identified as either men's or boys' garments or as women's or girls' garments are to be classified in the headings covering women's or girls' garments.

10. Articles of this Chapter may be made of metal thread.

协定税率(%)																		特惠税率(%)			Article Description
智利	新西兰	澳大利亚	瑞士	冰岛	秘鲁	哥斯达	东盟	亚太	新加坡	巴基斯坦	港/澳/台	韩国	格鲁吉亚	毛里求斯	柬埔寨	尼加拉瓜	日/韩/澳/新/东(RCEP)	亚太2国	老/柬/缅	LDC 98/97/95	
																					Men's or boys' overcoats, car-coats, capes, cloaks, anoraks (including ski-jackets), wind-cheaters, wind-jackets and similar articles, other than those of heading 62. 03:
0	0	0	0	0	0	0	0	3.9	0	8	0/0/	0	0	1.6	0	0	11.6/11.2/0/0/0			0/0/0	-Of wool or fine animal hair
0	0	0	0	0	0	0	0		0	12.8	0/0/	0	0	0	0	0	11.6/11.2/0/0/0			0/0/0	---Padded with feathers or down
0	0	0	0	0	0	0	0		0	12.8	0/0/	0	0	0	0	0	11.6/11.2/0/0/0		0/0/0	0/0/0	---Other

商品编号	商品名称及备注[检验检疫编码及名称]	进口关税(%)		增值税率(%)	消费税	计量单位	监管条件	检验检疫类别	对美税率	出口税率(%)	出口退税率(%)
		最惠国	普通								
6201309010[暂5]	棉制男式大衣、斗篷[999]	6	90	13		件/千克			30%	0	
6201309090	棉制男式短大衣、短斗篷[含带风帽的防寒短上衣(包括滑雪短上衣)、防风衣、防风短上衣及类似品,但品目62.03的货品除外][101 大衣、短大衣],[102 上衣]	6	90	13		件/千克			31%	0	
62014010	---羽绒服										13
6201401000	化纤制男式羽绒服[999]	8	130	13		件/千克			33%	0	
62014090	---其他										13
6201409000	化纤制男式大衣、短大衣、斗篷、短斗篷等[含带风帽的防寒短上衣(包括滑雪短上衣)、防风衣、防风短上衣及类似品,但品目62.03的货品除外][101 大衣、短大衣],[102 上衣]	8	130	13		件/千克			33%	0	
62019000	-其他纺织材料制										13
6201900000	其他材料制男式大衣、短大衣、斗篷、短斗篷等[含带风帽的防寒短上衣(包括滑雪短上衣)、防风衣、防风短上衣及类似品,但品目62.03的货品除外][999]	6	100	13		件/千克			31%	0	
6202	**女式大衣、短大衣、斗篷、短斗篷、带风帽的防寒短上衣(包括滑雪短上衣)、防风衣、防风短上衣及类似品,但税目62.04的货品除外:**										
62022000	-羊毛或动物细毛制										13
6202200010[暂5]	毛制女式大衣、斗篷[999]	6	130	13		件/千克			30%	0	
6202200090	毛制女式短大衣、短斗篷[含带风帽的防寒短上衣(包括滑雪短上衣)、防风衣、防风短上衣及类似品,但品目62.03的货品除外][999]	6	130	13		件/千克			31%	0	
62023010	---羽绒服										13
6202301000	棉制女式羽绒服[999]	6	90	13		件/千克				0	
62023090	---其他										13
6202309010[暂5]	棉制女式大衣、斗篷[999]	6	90	13		件/千克			30%	0	
6202309090	棉制女式短大衣、短斗篷[含带风帽的防寒短上衣(包括滑雪短上衣)、防风衣、防风短上衣及类似品,但品目62.03的货品除外][999]	6	90	13		件/千克			31%	0	
62024010	---羽绒服										13
6202401000	化纤制女式羽绒服[999]	9	130	13		件/千克			34%	0	
62024090	---其他										13
6202409000	化纤制女式大衣、短大衣、斗篷、短斗篷等[含带风帽的防寒短上衣(包括滑雪短上衣)、防风衣、防风短上衣及类似品,但品目62.03的货品除外][999]	9	130	13		件/千克			34%	0	
62029000	-其他纺织材料制										13
6202900000	其他材料制女式大衣、短大衣、斗篷、短斗篷等[含带风帽的防寒短上衣(包括滑雪短上衣)、防风衣、防风短上衣及类似品,但品目62.03的货品除外][999]	6	100	13		件/千克			31%	0	
6203	**男式西服套装、便服套装、上衣、长裤、护胸背带工装裤、马裤及短裤(游泳裤除外):**										
62031100	--羊毛或动物细毛制										13
6203110000[暂5]	毛制男式西服套装(羊毛或动物细毛制)[999]	8	130	13		套/千克			25%	0	
62031200	--合成纤维制										13
6203120010	合成纤维制男式西服套装(含羊毛或动物细毛36%及以上)[999]	8	130	13		套/千克				0	
6203120090	其他合成纤维制男式西服套装[999]	8	130	13		套/千克				0	
62031910	---丝及绢丝制										13
6203191000	丝及绢丝制男式西服套装[999]	8	100	13		套/千克				0	
62031990	---其他										13
6203199000	其他材料制其他男式西服套装[999]	8	100	13		套/千克			33%	0	
62032200	--棉制										13
6203220000	棉制男式便服套装[999]	8	90	13		套/千克			33%	0	
62032300	--合成纤维制										13
6203230000	合成纤维制男式便服套装[999]	8	130	13		套/千克			33%	0	
62032910	---丝及绢丝制										13
6203291000	丝制男式便服套装[999]	8	130	13		套/千克				0	
62032920	---羊毛或动物细毛制										13
6203292000	羊毛或动物细毛制男式便服套装(羊毛或动物细毛制)[999]	8	130	13		套/千克				0	
62032990	---其他										13
6203299000	其他材料制其他男式便服套装[999]	8	100	13		套/千克				0	
62033100	--羊毛或动物细毛制										13
6203310010[暂5]	毛制男式西服式上衣(羊毛或动物细毛制)[999]	6	130	13		件/千克			30%	0	
6203310090[暂5]	毛制男式其他上衣(羊毛或动物细毛制)[999]	6	130	13		件/千克			30%	0	
62033200	--棉制										13

协定税率(%)																		特惠税率(%)			Article Description
智利	新西兰	澳大利亚	瑞士	冰岛	秘鲁	哥斯达	东盟	亚太	新加坡	巴基斯坦	港/澳/台	韩国	格鲁吉亚	毛里求斯	柬埔寨	尼加拉瓜	日/韩/澳/新/东(RCEP)	亚太2国	老/柬/缅	LDC 98/97/95	
0	0	0	0	0	0	0	0	5.2	0	4.4	0/0/	0		0	0	3.2	12.7/12.3/0/0/0			0/0/0	---Padded with feathers or down
0	0	0	0	0	0	0	0	5.2	0	4.4	0/0/	0	0	0	0	3.2	12.7/12.3/0/0/0			0/0/0	---Other
0	0	0	0	0	0	0	0	3.9	0	8	0/0/	0	0	0	0	0	11.6/11.2/0/0/0		//0	0/0/0	-Of other textile materials
																					Women's or girls' overcoats, car-coats, capes, cloaks, anoraks (including ski-jackets), wind-cheaters, wind-jackets and similar articles, other than those of heading 62.04:
0	0	0	0	0	0	0	0	3.9	0	8	0/0/	0	0	0	0	0	11.6/11.2/0/0/0			0/0/0	-Of wool or fine animal hair
0	0	0	0	0	0	0	0		0	12.8	0/0/	0		0	0	0	11.6/11.2/0/0/0			0/0/0	---Padded with feathers or down
0	0	0	0	0	0	0	0		0	12.8	0/0/	0	0	0	0	0	11.6/11.2/0/0/0			0/0/0	---Other
0	0	0	0	0	0	0	0	5.9	0	9.2	0/0/	0		0	0	7.7	12.7/12.3/0/0/0			0/0/0	---Padded with feathers or down
0	0	0	0	0	0	0	0	5.9	0	8.3	0/0/	0	0	0	0	7.7	12.7/12.3/0/0/0			0/0/0	---Other
0	0	0	0	0	0	0	0	3.9	0	8	0/0/	0	0	0	0	0	11.6/11.2/0/0/0			0/0/0	-Of other textile materials
																					Men's or boys' suits, ensembles, jackets, blazers, trousers, bib and brace overalls, breeches and shorts (other than swimwear):
0	0	0	0	0	0	0	0	5.2	0	8.8	0/0/	0	0	3.5	0	6.4	12.7/12.3/0/0/0			0/0/0	--Of wool or fine animal hair
0	0	0	0	0	0	0	0	5.2	0	8.8	0/0/	0	0	0	0	6.4	12.7/12.3/0/0/0			0/0/0	--Of synthetic fibres
0	0	0	0	0	0	0	0	5.2	0	0	0/0/	0	0	0	0	6.4	12.7/12.3/0/0/0			0/0/0	---Of silk or silk waste
0	0	0	7	0	0	0	0	5.2	0	0	0/0/	0	0	3.5	0	6.4	12.7/12.3/0/0/0			0/0/0	---Other
0	0	0	0	0	0	0	0		0	0	0/0/	0	0	0	0	0	12.7/12.3/0/0/0			0/0/0	--Of cotton
0	0	0	0	0	0	0	0	5.2	0	8.8	0/0/	0	0	0	0	0	12.7/12.3/0/0/0			0/0/0	--Of synthetic fibres
0	0	0	0	0	0	0	0	5.2	0	8.8	0/0/	0	0	0	0	0	12.7/12.3/0/0/0			0/0/0	---Of silk or silk waste
0	0	0	0	0	0	0	0	5.2	0	8.8	0/0/	0	0	0	0	0	12.7/12.3/0/0/0			0/0/0	---Of wool or fine animal hair
0	0	0	0	0	0	0	0	5.2	0	8.8	0/0/	0	0	0	0	0	12.7/12.3/0/0/0			0/0/0	---Other
0	0	0	0	0	0	0	0	3.9	0	8	0/0/	0	0	3.2	0	0	11.6/11.2/0/0/0	3.6	0/0/0	0/0/0	--Of wool or fine animal hair
0	0	0	0	0	0	0	0	3.9	0	0	0/0/	0	0	0	0	0	11.6/11.2/0/0/0	4.2	0/0/0	0/0/0	--Of cotton

商品编号	商品名称及备注[检验检疫编码及名称]	进口关税(%)		增值税率(%)	消费税	计量单位	监管条件	检验检疫类别	对美税率	出口税率(%)	出口退税率(%)
		最惠国	普通								
6203320010	棉制工业及职业用男式上衣[999]	6	90	13		件/千克			31%	0	
6203320090	棉制其他男式上衣[999]	6	90	13		件/千克			31%	0	
62033300	--合成纤维制										13
6203330000	合成纤维制男式上衣[999]	12	130	13		件/千克			37%	0	
62033910	---丝及绢丝制										13
6203391010	丝制男式上衣(含丝≥70%)[999]	6	130	13		件/千克			31%	0	
6203391090	丝制男式上衣(含丝<70%)[999]	6	130	13		件/千克			31%	0	
62033990	---其他										13
6203399000	其他材料制男式上衣[999]	6	100	13		件/千克			31%	0	
62034100	--羊毛或动物细毛制										13
6203410022	毛制男式长裤、马裤(羊毛或动物细毛制,含8~18号男童)[101 裤子],[102 童装]	6	130	13		条/千克	A	M/	31%	0	
6203410029	毛制其他男童长裤、马裤(羊毛或动物细毛制)[999]	6	130	13		条/千克	A	M/	31%	0	
6203410090	毛制其他男式长裤、护胸背带工装裤、马裤及短裤[999]	6	130	13		条/千克			31%	0	
62034210	---阿拉伯裤										13
6203421000	棉制男式阿拉伯裤[999]	6	90	13		条/千克				0	
62034290	---其他										13
6203429015	棉制其他男童护胸背带工装裤(带防寒衬里)[999]	6	90	13		条/千克	A	M/	31%	0	
6203429019	棉制其他男童护胸背带工装裤[999]	6	90	13		条/千克	A	M/	31%	0	
6203429049	棉制其他男童长裤、马裤(游戏装,不带防寒衬里)[999]	6	90	13		条/千克	A	M/	31%	0	
6203429062	棉制男式长裤、马裤(非游戏装,不带防寒衬里,含8~18号男童)[101 裤子],[102 童装]	6	90	13		条/千克	A	M/	31%	0	
6203429069	棉制其他男童长裤、马裤(非游戏装,不带防寒衬里)[999]	6	90	13		条/千克	A	M/	31%	0	
6203429090	棉制其他男式长裤、护胸背带工装裤、马裤及短裤[101 裤子],[102 童装]	6	90	13		条/千克			31%	0	
62034310	---阿拉伯裤										13
6203431000	合成纤维制男式阿拉伯裤[999]	8	130	13		条/千克				0	
62034390	---其他										13
6203439015	其他合成纤维制男童护胸背带工装裤(带防寒衬里)[999]	12	130	13		条/千克	A	M/	37%	0	
6203439019	其他合成纤维制男童护胸背带工装裤[999]	12	130	13		条/千克	A	M/	37%	0	
6203439049	其他合成纤维制男童长裤、马裤(不带防寒衬里,含羊/动物细毛≥36%)[999]	12	130	13		条/千克	A	M/	37%	0	
6203439061	其他合成纤维制男式长裤、马裤(不带防寒衬里,游戏装,含8~18号男童)[101 裤子],[102 童装]	12	130	13		条/千克	A	M/	37%	0	
6203439069	其他合成纤维制其他男童长裤、马裤(不带防寒衬里,游戏装)[999]	12	130	13		条/千克	A	M/	37%	0	
6203439082	其他合成纤维制男童长裤、马裤(不带防寒衬里,非游戏装和滑雪裤,指8~18号男童)[999]	12	130	13		条/千克	A	M/	37%	0	
6203439089	其他合成纤维制其他男童长裤、马裤(不带防寒衬里,非游戏装和滑雪裤)[999]	12	130	13		条/千克	A	M/	37%	0	
6203439090	合成纤维制其他男式长裤、护胸背带工装裤、马裤及短裤[101 裤子],[102 童装]	12	130	13		条/千克			37%	0	
62034910	---阿拉伯裤										13
6203491000	其他材料制男式阿拉伯裤[999]	6	100	13		条/千克				0	
62034990	---其他										13
6203499012	人造纤维制男童护胸背带工装裤(带防寒衬里)[999]	6	100	13		条/千克	A	M/	31%	0	
6203499019	人造纤维制男童护胸背带工装裤[999]	6	100	13		条/千克	A	M/	31%	0	
6203499090	其他材料制其他男式长裤、护胸背带工装裤、马裤及短裤[999]	6	100	13		条/千克			31%	0	
6204	**女式西服套装、便服套装、上衣、连衣裙、裙子、裙裤、长裤、护胸背带工装裤、马裤及短裤(游泳服除外):**										
62041100	--羊毛或动物细毛制										13
6204110000[暂5]	毛制女式西服套装(羊毛或动物细毛制)[999]	8	130	13		套/千克				0	
62041200	--棉制										13
6204120010	含裤子的棉制女式西服套装[999]	8	90	13		套/千克				0	
6204120090	不含裤子的棉制女式西服套装[999]	8	90	13		套/千克				0	
62041300	--合成纤维制										13
6204130010	合成纤维制女式西服套装(含羊毛或动物细毛≥36%)[999]	8	130	13		套/千克				0	
6204130090	其他合纤制女式西服套装[999]	8	130	13		套/千克				0	
62041910	---丝及绢丝制										13
6204191000	丝及绢丝制女式西服套装[999]	8	100	13		套/千克				0	
62041990	---其他										13
6204199000	其他材料制其他女式西服套装[999]	8	100	13		套/千克				0	
62042100	--羊毛或动物细毛制										13

协定税率(%)																		特惠税率(%)			Article Description
智利	新西兰	澳大利亚	瑞士	冰岛	秘鲁	哥斯达	东盟	亚太	新加坡	巴基斯坦	港/澳/台	韩国	格鲁吉亚	毛里求斯	柬埔寨	尼加拉瓜	日/韩/澳/新/东(RCEP)	亚太2国	老/柬/缅	LDC 98/97/95	
0	0	0	0	0	0	0	0	7.8	0	0	0/0/	0	0	0	0	0	12.7/0/0/0/0			0/0/0	--Of synthetic fibres
0	0	0	0	0	0	0	0	3.9	0	0	0/0/	0	0	0	0	0	11.6/11.2/0/0/0	3.6		0/0/0	---Of silk or silk waste
0	0	0	0	0	0	0	0	3.9	0	0	0/0/	0	0	3.2	0	0	11.6/11.2/0/0/0	3.6		0/0/0	---Other
0	0	0	0	0	0	0	0	3.9	0	0	0/0/	0	0	3.2	0	0	11.6/11.2/0/0/0	0		0/0/0	--Of wool or fine animal hair
0	0	0	0	0	0	0	0	3.9	0	0	0/0/	0	0	0	0	0	11.6/11.2/0/0/0	4.2		0/0/0	---Arabian trousers
0	0	0	0	0	0	0	0	3.9	0	0	0/0/	0	0	0	0	0	11.6/11.2/11.2/11.2/11.2	4.2	0/0/0	0/0/0	---Other
0	0	0	0	0	0	0	0	5.2	0	8.8	0/0/	0	0	0	0	0	12.7/12.3/0/0/0			0/0/0	---Arabian trousers
0	0	0	0	0	0	0	0	7.8	0	0	0/0/	0	0	3.5	0	0	12.7/12.3/12.3/12.3/12.3			0/0/0	---Other
0	0	0	0	0	0	0	0	3.9	0	8	0/0/	0	0	0	0	0	11.6/11.2/0/0/0	0		0/0/0	---Arabian trousers
0	0	0	0	0	0	0	0	3.9	0	0	0/0/	0	0	0	0	0	11.6/11.2/0/0/0	0		0/0/0	---Other
																					Women's or girls' suits, ensembles, jackets, blazers, dresses, skirts, divided skirts, trousers, bib and brace overalls, breeches and shorts (other than swimwear):
0	0	0	0	0	0	0	0	5.2	0	8.8	0/0/	0	0	0	0	6.4	12.7/12.3/0/0/0			0/0/0	--Of wool or fine animal hair
0	0	0	0	0	0	0	0		0	14	0/0/	0	0	0	0	6.4	12.7/12.3/0/0/0			0/0/0	--Of cotton
0	0	0	0	0	0	0	0	5.2	0	8.8	0/0/	0	0	0	0	6.4	12.7/12.3/0/0/0			0/0/0	--Of synthetic fibres
0	0	0	0	0	0	0	0	5.2	0	8.8	0/0/	0	0	0	0	6.4	12.7/12.3/0/0/0			0/0/0	---Of silk or silk waste
0	0	0	0	0	0	0	0	5.2	0	8.8	0/0/	0	0	0	0	6.4	12.7/12.3/0/0/0			0/0/0	---Other
0	0	0	0	0	0	0	0	5.2	0	8.8	0/0/	0	0	0	0	6.4	12.7/12.3/0/0/0			0/0/0	--Of wool or fine animal hair

商品编号	商品名称及备注[检验检疫编码及名称]	进口关税(%)		增值税率(%)	消费税	计量单位	监管条件	检验检疫类别	对美税率	出口税率(%)	出口退税率(%)
		最惠国	普通								
6204210000	羊毛或动物细毛制女式便服套装[999]	8	130	13		套/千克				0	
62042200	--棉制										13
6204220000	棉制女式便服套装[999]	8	90	13		套/千克				0	
62042300	--合成纤维制										13
6204230000	合成纤维制女式便服套装[999]	10	130	13		套/千克			35%	0	
62042910	---丝及绢丝制										13
6204291010	丝制女式便服套装(含丝及绢丝≥70%)[999]	10	130	13		套/千克				0	
6204291090	丝制其他女式便服套装(含丝及绢丝<70%)[999]	10	130	13		套/千克				0	
62042990	---其他										13
6204299000	其他材料制女式便服套装[999]	6	100	13		套/千克				0	
62043100	--羊毛或动物细毛制										13
6204310000[暂5]	毛制女式上衣(羊毛或动物细毛制)[999]	6	130	13		件/千克			30%	0	
62043200	--棉制										13
6204320010	棉制女式上衣(工业及职业用)[999]	6	90	13		件/千克			31%	0	
6204320090	棉制其他女式上衣[999]	6	90	13		件/千克			31%	0	
62043300	--合成纤维制										13
6204330000	合成纤维制女式上衣[999]	12	130	13		件/千克			37%	0	
62043910	---丝及绢丝制										13
6204391010	丝制女式上衣(含丝及绢丝≥70%)[999]	6	130	13		件/千克			31%	0	
6204391090	丝制其他女式上衣(含丝及绢丝70%以下)[999]	6	130	13		件/千克			31%	0	
62043990	---其他										13
6204399000	其他材料制女式上衣[999]	6	100	13		件/千克			31%	0	
62044100	--羊毛或动物细毛制										13
6204410000	毛制女式连衣裙(羊毛或动物细毛制)[999]	6	130	13		件/千克			31%	0	
62044200	--棉制										13
6204420000	棉制女式连衣裙[999]	6	90	13		件/千克			31%	0	
62044300	--合成纤维制										13
6204430010	合成纤维制女式连衣裙(含羊毛或动物细毛≥36%)[999]	8	130	13		件/千克			33%	0	
6204430090	合成纤维制其他女式连衣裙[999]	8	130	13		件/千克			33%	0	
62044400	--人造纤维制										13
6204440010	人造纤维制女式连衣裙(含羊毛或动物细毛≥36%)[999]	6	130	13		件/千克			31%	0	
6204440090	人造纤维制其他女式连衣裙[999]	6	130	13		件/千克			31%	0	
62044910	---丝及绢丝制										13
6204491010	丝制女式连衣裙(含丝及绢丝70%及以上)[999]	6	130	13		件/千克			31%	0	
6204491090	丝制其他女式连衣裙(含丝及绢丝70%以下)[999]	6	130	13		件/千克			31%	0	
62044990	---其他										13
6204499000	其他材料制女式连衣裙[999]	6	100	13		件/千克			31%	0	
62045100	--羊毛或动物细毛制										13
6204510000	毛制女式裙子及裙裤(羊毛或动物细毛制)[999]	6	130	13		件/千克			31%	0	
62045200	--棉制										13
6204520000	棉制女式裙子及裙裤[999]	6	90	13		件/千克			31%	0	
62045300	--合成纤维制										13
6204530010	合成纤维制女式裙子及裙裤(含羊毛或动物细毛≥36%)[999]	6	130	13		件/千克			31%	0	
6204530090	合成纤维制其他女式裙子及裙裤[999]	6	130	13		件/千克			31%	0	
62045910	---丝及绢丝制										13
6204591010	丝制女式裙子及裙裤(含丝≥70%)[999]	6	130	13		件/千克			31%	0	
6204591090	其他丝制女式裙子及裙裤(含丝<70%)[999]	6	130	13		件/千克			31%	0	
62045990	---其他										13
6204599000	其他材料制女式裙子及裙裤[999]	6	100	13		件/千克			31%	0	
62046100	--羊毛或动物细毛制										13
6204610000	毛制长裤、护胸背带工装裤、马裤及短裤[999]	6	130	13		条/千克			31%	0	
62046200	--棉制										13
6204620000	棉制长裤、护胸背带工装裤、马裤及短裤[999]	6	90	13		条/千克			31%	0	
62046300	--合成纤维制										13
6204630000	合成纤维制长裤、护胸背带工装裤、马裤及短裤[999]	12	130	13		条/千克			37%	0	
62046900	--其他纺织材料制										13
6204690000	其他材料制长裤、护胸背带工装裤、马裤及短裤[999]	6	100	13		条/千克			31%	0	
6205	**男衬衫:**										

协定税率(%)																		特惠税率(%)			Article Description
智利	新西兰	澳大利亚	瑞士	冰岛	秘鲁	哥斯达	东盟	亚太	新加坡	巴基斯坦	港/澳/台	韩国	格鲁吉亚	毛里求斯	柬埔寨	尼加拉瓜	日/韩/澳/新/东(RCEP)	亚太2国	老/柬/缅	LDC 98/97/95	
0	0	0	0	0	0	0	0		0	0	0/0/	0	0	0	0	6.4	12.7/12.3/0/0/0			0/0/0	--Of cotton
0	0	0	0	0	0	0	0	6.5	0	10	0/0/	6.6	0	0	0	9	16.3/14/14/14/14			0/0/0	--Of synthetic fibres
0	0	0	0	0	0	0	0	6.5	0	10	0/0/	6.6	0	0	0	9	16.3/14/14/14/14			0/0/0	---Of silk or silk waste
0	0	0	0	0	0	0	0	3.9	0	7	0/0/	0	0	0	0	0	10.2/9.8/0/0/0			0/0/0	---Other
0	0	0	0	0	0	0	0	3.9	0	8	0/0/	0	0	3.2	0	0	11.6/11.2/0/0/0			0/0/0	--Of wool or fine animal hair
0	0	0	0	0	0	0	0		0	0	0/0/	0	0	3.2	0	0	11.6/11.2/0/0/0	2.4	0/0/0	0/0/0	--Of cotton
0	0	0	0	0	0	0	0	7.8	0	7	0/0/	5.8	0	3.5	0	11.2	14.2/14/14.9/14.9/14	0		0/0/0	--Of synthetic fibres
0	0	0	0	0	0	0	0	3.9	0	0	0/0/	0	0	0	0	0	11.6/11.2/0/0/0	0		0/0/0	---Of silk or silk waste
0	0	0	0	0	0	0	0	3.9	0	0	0/0/	0	0	0	0	0	11.6/11.2/0/0/0	0		0/0/0	---Other
0	0	0	0	0	0	0	0	3.9	0	8	0/0/	0	0	0	0	0	11.6/11.2/0/0/0			0/0/0	--Of wool or fine animal hair
0	0	0	0	0	0	0	0		0	0	0/0/	0	0	3.2	0	0	11.6/11.2/0/0/0		0/0/0	0/0/0	--Of cotton
0	0	0	0	0	0	0	0	5.2	0	0	0/0/	5.8	0	0	0	6.4	14.2/14/14.9/14.9/14			0/0/0	--Of synthetic fibres
0	0	0	0	0	0	0	0	3.9	0	6.4	0/0/	0	0	0	0	0	11.6/11.2/0/0/0			0/0/0	--Of artificial fibres
0	0	0	0	0	0	0	0	3.9	0	0	0/0/	0	0	0	0	0	11.6/11.2/0/0/0			0/0/0	---Of silk or silk waste
0	0	0	0	0	0	0	0	3.9	0	8	0/0/	0	0	0	0	0	11.6/11.2/0/0/0			0/0/0	---Other
0	0	0	0	0	0	0	0	3.9	0	7	0/0/	0	0	0	0	0	10.2/9.8/0/0/0			0/0/0	--Of wool or fine animal hair
0	0	0	0	0	0	0	0		0	0	0/0/	0	0	2.8	0	0	10.2/9.8/0/0/0			0/0/0	--Of cotton
0	0	0	0	0	0	0	0	3.9	0	6.4	0/0/	0	0	0	0	0	11.6/11.2/0/0/0			0/0/0	--Of synthetic fibres
0	0	0	0	0	0	0	0	3.9	0	0	0/0/	0	0	0	0	0	10.2/9.8/0/0/0			0/0/0	---Of silk or silk waste
0	0	0	0	0	0	0	0	3.9	0	0	0/0/	0	0	0	0	0	10.2/9.8/0/0/0			0/0/0	---Other
0	0	0	0	0	0	0	0	3.9	0	8	0/0/	0	0	3.2	0	0	11.6/11.2/0/0/0			0/0/0	--Of wool or fine animal hair
0	0	0	0	0	0	0	0	3.9	0	0	0/0/	0	0	0	0	0	11.6/11.2/11.2/11.2/11.2	4.2	0/0/0	0/0/0	--Of cotton
0	0	0	0	0	0	0	0	7.8	0	0	0/0/	0	0	3.5	0	0	12.7/12.3/0/0/0			0/0/0	--Of synthetic fibres
0	0	0	0	0	0	0	0	3.9	0	0	0/0/	0	0	3.2	0	0	11.6/11.2/0/0/0			0/0/0	--Of other textile materials
																					Men's or boys' shirts:

商品编号	商品名称及备注[检验检疫编码及名称]	进口关税(%)		增值税率(%)	消费税	计量单位	监管条件	检验检疫类别	对美税率	出口税率(%)	出口退税率(%)
		最惠国	普通								
62052000	-棉制										13
6205200010	不带特制领的棉制男成人衬衫(含男童8~18号衬衫)〔101 衬衫〕,〔102 童装〕	6	90	13		件/千克	A	M/	31%	0	
6205200091	其他棉制男童游戏套装衬衫(不包括长衬衫)〔999〕	6	90	13		件/千克	A	M/	31%	0	
6205200099	其他棉制男式衬衫〔999〕	6	90	13		件/千克			31%	0	
62053000	-化学纤维制										13
6205300011	不带特制领的化学纤维制男式衬衫(含羊毛或动物细毛≥36%,含男童8~18号衬衫)〔101 衬衫〕,〔102 童装〕	6	130	13		件/千克	A	M/	31%	0	
6205300019	不带特制领的化纤制其他男童衬衫(含羊毛或动物细毛≥36%)〔999〕	6	130	13		件/千克	A	M/	31%	0	
6205300091	化学纤维制其他男成人及男童衬衫(不带特制领,男童衬衫指8~18号)〔101 衬衫〕,〔102 童装〕	6	130	13		件/千克	A	M/	31%	0	
6205300092	化学纤维制其他男童游戏套装衬衫〔999〕	6	130	13		件/千克	A	M/	31%	0	
6205300099	化学纤维制其他男成人衬衫〔999〕	6	130	13		件/千克			31%	0	
62059010	---丝及绢丝制										13
6205901011	不带特制领的丝制非针织男式衬衫(含丝≥70%,含男童8~18号衬衫)〔101 衬衫〕,〔102 童装〕	6	130	13		件/千克	A	M/	31%	0	
6205901019	丝制非针织其他男式衬衫(含丝≥70%)〔999〕	6	130	13		件/千克	A	M/	31%	0	
6205901021	丝制其他非针织男式衬衫(棉限内,不带特制领的,含男童8~18号衬衫)〔101 衬衫〕,〔102 童装〕	6	130	13		件/千克	A	M/	31%	0	
6205901029	丝制其他非针织其他男式衬衫(棉限内)〔999〕	6	130	13		件/千克	A	M/	31%	0	
6205901031	丝制其他非针织男式衬衫(羊毛限内,不带特制领的,含男童8~18号衬衫)〔101 衬衫〕,〔102 童装〕	6	130	13		件/千克	A	M/	31%	0	
6205901039	丝制其他非针织其他男式衬衫(羊毛限内)〔999〕	6	130	13		件/千克	A	M/	31%	0	
6205901041	丝制非针织男式衬衫(化学纤维限内,不带特制领的,含男童8~18号衬衫)〔101 衬衫〕,〔102 童装〕	6	130	13		件/千克	A	M/	31%	0	
6205901049	丝制其他非针织其他男式衬衫(化学纤维限内)〔999〕	6	130	13		件/千克	A	M/	31%	0	
6205901091	未列名丝制非针织男式衬衫(含丝<70%,不带特制领的,含男童8~18号衬衫)〔101 衬衫〕,〔102 童装〕	6	130	13		件/千克	A	M/	31%	0	
6205901099	未列名丝制非针织其他男式衬衫(含丝70%以下)〔999〕	6	130	13		件/千克	A	M/	31%	0	
62059020	---羊毛或动物细毛制										13
6205902000	羊毛或动物细毛制男式衬衫(含男童8~18号衬衫)〔101 衬衫〕,〔102 童装〕	6	100	13		件/千克	A	M/	31%	0	
62059090	---其他										13
6205909011	其他纺织材料制男式衬衫(棉限内,不带特制领的,含男童8~18号衬衫)〔101 衬衫〕,〔102 童装〕	6	100	13		件/千克	A	M/	31%	0	
6205909019	其他纺织材料制其他男式衬衫(棉纤限内)〔999〕	6	100	13		件/千克	A	M/	31%	0	
6205909021	其他纺织材料制男式衬衫(羊毛限内,不带特制领的,含男童8~18号衬衫)〔101 衬衫〕,〔102 童装〕	6	100	13		件/千克	A	M/	31%	0	
6205909029	其他纺织材料制其他男式衬衫(羊毛限内)〔999〕	6	100	13		件/千克	A	M/	31%	0	
6205909031	其他纺织材料制男式衬衫(化学纤维限内,不带特制领的,含男童8~18号衬衫)〔101 衬衫〕,〔102 童装〕	6	100	13		件/千克	A	M/	31%	0	
6205909039	其他纺织材料制其他男式衬衫(化学纤维限内)〔999〕	6	100	13		件/千克	A	M/	31%	0	
6205909091	未列名纺织材料制男式衬衫(不带特制领的,含男童8~18号衬衫)〔101 衬衫〕,〔102 童装〕	6	100	13		件/千克	A	M/	31%	0	
6205909099	未列名纺织材料制其他男式衬衫〔999〕	6	100	13		件/千克	A	M/	31%	0	
6206	女衬衫:										
62061000	-丝或绢丝制										13
6206100011	丝及绢丝制女式衬衫(棉限内,成人及7~16号女童衬衫)〔101 衬衫〕,〔102 童装〕	6	130	13		件/千克	A	M/	31%	0	
6206100019	丝及绢丝制其他女童衬衫(棉限内)〔999〕	6	130	13		件/千克	A	M/	31%	0	
6206100021	丝及绢丝制女式衬衫(羊毛限内,成人及7~16号女童衬衫)〔101 衬衫〕,〔102 童装〕	6	130	13		件/千克	A	M/	31%	0	
6206100029	丝及绢丝制其他女童衬衫(羊毛限内)〔999〕	6	130	13		件/千克	A	M/	31%	0	
6206100031	丝及绢丝制女式衬衫(化学纤维限内,成人及7~16号女童衬衫)〔101 衬衫〕,〔102 童装〕	6	130	13		件/千克	A	M/	31%	0	
6206100039	丝及绢丝制其他女童衬衫(化学纤维限内)〔999〕	6	130	13		件/千克	A	M/	31%	0	
6206100041	丝制女成人及7~16号女童衬衫(含丝≥70%)〔101 衬衫〕,〔102 童装〕	6	130	13		件/千克	A	M/	31%	0	
6206100049	其他丝及绢丝制女童衬衫(含丝≥70%)〔999〕	6	130	13		件/千克	A	M/	31%	0	
6206100091	丝制女成人及7~16号女童衬衫(含丝<70%)〔101 衬衫〕,〔102 童装〕	6	130	13		件/千克	A	M/	31%	0	
6206100099	其他丝及绢丝制女童衬衫(含丝<70%)〔999〕	6	130	13		件/千克	A	M/	31%	0	
62062000	-羊毛或动物细毛制										13
6206200010	毛制女成人及7~16号女童衬衫〔101 衬衫〕,〔102 童装〕	6	130	13		件/千克	A	M/	31%	0	
6206200090	其他羊毛或动物细毛制女童衬衫〔999〕	6	130	13		件/千克	A	M/	31%	0	
62063000	-棉制										13

协定税率(%)																		特惠税率(%)			
智利	新西兰	澳大利亚	瑞士	冰岛	秘鲁	哥斯达	东盟	亚太	新加坡	巴基斯坦	港/澳/台	韩国	格鲁吉亚	毛里求斯	柬埔寨	尼加拉瓜	日/韩/澳/新/东(RCEP)	亚太2国	老/柬/缅	LDC 98/97/95	Article Description
0	0	0	0	0	0	0	0	3	0	0	0/0/	0	0	0	0	0	11.6/11.2/11.2/11.2/11.2	2.4	0/0/0	0/0/0	-Of cotton
0	0	0	0	0	0	0	0	3.9	0	6.4	0/0/	0	0	0	0	0	11.6/11.2/0/0/0	0		0/0/0	-Of man-made fibres
0	0	0	0	0	0	0	0	3.9	0	0	0/0/	0	0	0	0	0	11.6/11.2/0/0/0	0		0/0/0	---Of silk or silk waste
0	0	0	0	0	0	0	0	3.9	0	8	0/0/	0	0	0	0	0	11.6/11.2/0/0/0	0		0/0/0	---Of wool or fine animal hair
0	0	0	0	0	0	0	0	3.9	0	0	0/0/	0	0	3.2	0	0	11.6/11.2/0/0/0	0		0/0/0	---Other
																					Women's or girls' blouses, shirts and shirt-blouses:
0	0	0	0	0	0	0	0	3.9	0	8	0/0/	0	0	0	0	0	11.6/11.2/0/0/0			0/0/0	-Of silk or silk waste
0	0	0	0	0	0	0	0	3.9	0	8	0/0/	0	0	0	0	0	11.6/11.2/0/0/0			0/0/0	-Of wool or fine animal hair
0	0	0	0	0	0	0	0	3.9	0	0	0/0/	0	0	3.2	0	0	11.6/11.2/11.2/11.2/11.2	2.4	0/0/0	0/0/0	-Of cotton

商品编号	商品名称及备注[检验检疫编码及名称]	进口关税(%)		增值税率(%)	消费税	计量单位	监管条件	检验检疫类别	对美税率	出口税率(%)	出口退税率(%)
		最惠国	普通								
6206300010	棉制女成人及7~16号女童衬衫〔101 衬衫〕,〔102 童装〕	6	90	13		件/千克	A	M/	31%	0	
6206300020	棉制女童游戏套装衫(含游戏套装衬衫)〔999〕	6	90	13		件/千克	A	M/	31%	0	
6206300090	其他棉制女式衬衫〔999〕	6	90	13		件/千克	A	M/	31%	0	
62064000	-化学纤维制										13
6206400011	化学纤维制女成人及女童衬衫(含羊毛或动物细毛≥36%,成人及7~16号女童衬衫)〔101 衬衫〕,〔102 童装〕	8	130	13		件/千克	A	M/	33%	0	
6206400019	化学纤维制女成人及女童衬衫(含羊毛或动物细毛≥36%)〔101 衬衫〕,〔102 童装〕	8	130	13		件/千克	A	M/	33%	0	
6206400020	化学纤维制女成人及7~16号女童衬衫〔101 衬衫〕,〔102 童装〕	8	130	13		件/千克	A	M/	33%	0	
6206400030	化学纤维制女童游戏套装衫〔999〕	8	130	13		件/千克	A	M/	33%	0	
6206400090	其他化学纤维制女式衬衫〔999〕	8	130	13		件/千克	A	M/	33%	0	
62069000	-其他纺织材料制										13
6206900010	其他纺织材料制女式衬衫(棉限内)〔999〕	6	100	13		件/千克	A	M/		0	
6206900020	其他纺织材料制女式衬衫(羊毛限内)〔999〕	6	100	13		件/千克	A	M/		0	
6206900030	其他纺织材料制女式衬衫(化学纤维限内)〔999〕	6	100	13		件/千克				0	
6206900091	其他纺织材料制女成人及女童衬衫(女童衬衫指7~16号)〔101 衬衫〕,〔102 童装〕	6	100	13		件/千克	A	M/		0	
6206900099	其他纺织材料制女成人及女童衬衫〔101 衬衫〕,〔102 童装〕	6	100	13		件/千克	A	M/		0	
6207	**男式汗衫及其他内衣背心、内裤、三角裤、长睡衣、睡衣裤、浴衣、晨衣及类似品：**										
62071100	--棉制										13
6207110000	棉制男式内裤及三角裤〔999〕	6	90	13		件/千克	A	M/	31%	0	
62071910	---丝及绢丝制										13
6207191010	含丝≥70%男式内裤及三角裤〔999〕	6	130	13		件/千克	A	M/		0	
6207191090	含丝<70%男式内裤及三角裤〔999〕	6	130	13		件/千克	A	M/		0	
62071920	---化学纤维制										13
6207192000	化纤制男式内裤及三角裤〔999〕	6	130	13		件/千克	A	M/		0	
62071990	---其他										13
6207199010	毛制男式内裤及三角裤〔999〕	6	100	13		件/千克	A	M/		0	
6207199090	其他材料制男式内裤及三角裤〔999〕	6	100	13		件/千克	A	M/		0	
62072100	--棉制										13
6207210000	棉制男式长睡衣及睡衣裤〔101 内衣〕,〔102 内裤〕	6	90	13		件/千克	A	M/	31%	0	
62072200	--化学纤维制										13
6207220000	化纤制男式长睡衣及睡衣裤〔101 内衣〕,〔102 内裤〕	6	130	13		件/千克	A	M/		0	
62072910	---丝及绢丝制										13
6207291011	含丝≥70%男式长睡衣/睡衣裤(含8~18号男童长睡衣/睡衣裤)〔101 内衣〕,〔102 内裤〕,〔103 童装〕	6	130	13		件/千克	A	M/		0	
6207291019	含丝<70%男式长睡衣/睡衣裤(含8~18号男童长睡衣/睡衣裤)〔101 内衣〕,〔102 内裤〕,〔103 童装〕	6	130	13		件/千克	A	M/		0	
6207291091	其他含丝≥70%男童长睡衣/睡衣裤〔999〕	6	130	13		件/千克	A	M/		0	
6207291099	其他含丝<70%男童长睡衣/睡衣裤〔999〕	6	130	13		件/千克	A	M/		0	
62072990	---其他										13
6207299010	毛制男式长睡衣及睡衣裤〔101 内衣〕,〔102 内裤〕	6	100	13		件/千克	A	M/		0	
6207299091	其他材料制男式长睡衣及睡衣裤(含8~18号男童长睡衣及睡衣裤)〔101 内衣〕,〔102 内裤〕,〔103 童装〕	6	100	13		件/千克	A	M/		0	
6207299099	其他材料制男童长睡衣及睡衣裤〔999〕	6	100	13		件/千克	A	M/		0	
62079100	--棉制										13
6207910011	棉制男式内衣式背心〔999〕	6	90	13		件/千克	A	M/	31%	0	
6207910012	棉制男式非内衣式背心(男成人及8~18号男童背心)〔101 内衣〕,〔102 童装〕	6	90	13		件/千克	A	M/	31%	0	
6207910019	棉制其他男童非内衣式背心〔999〕	6	90	13		件/千克	A	M/	31%	0	
6207910091	棉制男式浴衣、晨衣及类似品〔999〕	6	90	13		件/千克	A	M/	31%	0	
6207910092	棉制男式睡衣、睡裤(男成人及8~18号男童背心)〔101 内衣〕,〔102 内裤〕,〔103 童装〕	6	90	13		件/千克	A	M/	31%	0	
6207910099	棉制男式其他内衣(男成人及8~18号男童背心)〔101 内衣〕,〔102 童装〕	6	90	13		件/千克	A	M/	31%	0	
62079910	---丝及绢丝制										13
6207991011	丝制男式内衣式背心(含丝≥70%)〔999〕	6	130	13		件/千克	A	M/		0	
6207991019	丝制其他男式内衣式背心〔999〕	6	130	13		件/千克	A	M/		0	
6207991021	丝制男式非内衣式背心(含丝≥70%)〔999〕	6	130	13		件/千克	A	M/		0	
6207991029	丝制其他男式非内衣式背心〔999〕	6	130	13		件/千克	A	M/		0	
6207991091	丝制男睡衣、浴衣、晨衣及类似品(含丝≥70%)〔999〕	6	130	13		件/千克	A	M/		0	
6207991099	丝制其他男睡衣、浴衣、晨衣(含类似品)〔999〕	6	130	13		件/千克	A	M/		0	
62079920	---化学纤维制										13

智利	新西兰	澳大利亚	瑞士	冰岛	秘鲁	哥斯达	东盟	亚太	新加坡	巴基斯坦	港/澳/台	韩国	格鲁吉亚	毛里求斯	柬埔寨	尼加拉瓜	日/韩/澳/新/东(RCEP)	亚太2国	老/柬/缅	LDC 98/97/95	Article Description
协定税率(%)																		特惠税率(%)			
0	0	0	0	0	0	0	0	5.2	0	8.8	0/0/	0	0	3.5	0	0	12.7/12.3/0/0/0			0/0/0	-Of man-made fibres
0	0	0	0	0	0	0	0	3.9	0	0	0/0/	0	0	0	0	0	11.6/11.2/0/0/0	0		0/0/0	-Of other textile materials
																					Men's or boys' singlets and other vests, underpants, briefs, nightshirts, pyjamas, bathrobes, dressing gowns and similar articles:
0	0	0	0	0	0	0	0	3.9	0	7	0/0/	0	0	0	0	0	10.2/9.8/0/0/0			0/0/0	--Of cotton
0	0	0	0	0	0	0	0		0	7	0/0/	0	0	0	0	0	10.2/9.8/0/0/0			0/0/0	---Of silk or silk waste
0	0	0	0	0	0	0	0		0	12.8	0/0/	0	0	0	0	0	11.6/11.2/0/0/0			0/0/0	---Of man-made fibres
0	0	0	0	0	0	0	0		0	7	0/0/	0	0	0	0	0	10.2/9.8/0/0/0			0/0/0	---Other
0	0	0	0	0	0	0	0		0	11.2	0/0/	0	0	0	0	0	10.2/9.8/0/0/0		0/0/0	0/0/0	--Of cotton
0	0	0	0	0	0	0	0		0	12.8	0/0/	0	0	0	0	0	11.6/11.2/0/0/0			0/0/0	--Of man-made fibres
0	0	0	0	0	0	0	0		0	7	0/0/	0	0	0	0	0	10.2/9.8/0/0/0			0/0/0	---Of silk or silk waste
0	0	0	0	0	0	0	0		0	7	0/0/	0	0	0	0	0	10.2/9.8/0/0/0		0/0/0	0/0/0	---Other
0	0	0	0	0	0	0	0		0	0	0/0/	0	0	0	0	0	10.2/9.8/0/0/0			0/0/0	--Of cotton
0	0	0	0	0	0	0	0	3.9	0	7	0/0/	0	0	0	0	0	10.2/9.8/0/0/0			0/0/0	---Of silk or silk waste
0	0	0	0	0	0	0	0		0	12.8	0/0/	0	0	0	0	0	11.6/11.2/0/0/0			0/0/0	---Of man-made fibres

商品编号	商品名称及备注[检验检疫编码及名称]	进口关税(%) 最惠国	进口关税(%) 普通	增值税率(%)	消费税	计量单位	监管条件	检验检疫类别	对美税率	出口税率(%)	出口退税率(%)
6207992011	化学纤维制男式内衣式背心〔999〕	6	130	13		件/千克	A	M/	31%	0	
6207992012	化学纤维制男式非内衣式背心(男成人及8~18号男童背心)〔101 童装〕,〔102 其他服装〕	6	130	13		件/千克	A	M/	31%	0	
6207992019	化学纤维制其他男式非内衣式背心〔999〕	6	130	13		件/千克	A	M/	31%	0	
6207992021	化纤制男式浴衣、晨衣(含羊毛或动物细毛≥36%,含类似品)〔999〕	6	130	13		件/千克	A	M/	31%	0	
6207992029	其他化纤制男浴衣、晨衣(含类似品)〔999〕	6	130	13		件/千克	A	M/	31%	0	
6207992091	化纤制男睡衣、睡裤(含类似品)〔101 内衣〕,〔102 内裤〕	6	130	13		件/千克	A	M/	31%	0	
6207992099	化纤制男式其他内衣(含类似品)〔999〕	6	130	13		件/千克	A	M/	31%	0	
62079990	---其他										13
6207999011	毛制男式内衣式背心〔999〕	6	100	13		件/千克	A	M/		0	
6207999012	毛制男式非内衣式背心(男成人及8~18号男童背心)〔101 内衣〕,〔102 童装〕	6	100	13		件/千克	A	M/		0	
6207999013	毛制其他男式非内衣式背心〔999〕	6	100	13		件/千克	A	M/		0	
6207999019	毛制男睡衣、浴衣、晨衣及类似品〔999〕	6	100	13		件/千克	A	M/		0	
6207999091	其他材料制男式内衣式背心〔999〕	6	100	13		件/千克	A	M/		0	
6207999092	其他材料制男式非内衣式背心〔999〕	6	100	13		件/千克	A	M/		0	
6207999099	其他材料制男睡衣、浴衣、晨衣(含类似品)〔999〕	6	100	13		件/千克	A	M/		0	
6208	**女式汗衫及其他内衣背心、长衬裙、衬裙、三角裤、短衬裤、睡衣、睡衣裤、浴衣、晨衣及类似品:**										
62081100	--化学纤维制										13
6208110000	化纤制长衬裙及衬裙〔999〕	6	130	13		件/千克			31%	0	
62081910	---丝及绢丝制										13
6208191000	丝制女式长衬裙及衬裙〔101 裙子〕,〔102 童装〕	6	130	13		件/千克				0	
62081920	---棉制										13
6208192000	棉制长衬裙及衬裙〔999〕	6	90	13		件/千克				0	
62081990	---其他										13
6208199010	毛制女式长衬裙及衬裙〔999〕	6	100	13		件/千克				0	
6208199090	其他材料制女式长衬裙及衬裙〔999〕	6	100	13		件/千克				0	
62082100	--棉制										13
6208210000	棉制女式睡衣及睡衣裤〔101 内衣〕,〔102 内裤〕	6	90	13		件/千克	A	M/	31%	0	
62082200	--化学纤维制										13
6208220000	化纤制女式睡衣及睡衣裤〔101 内衣〕,〔102 内裤〕	6	130	13		件/千克	A	M/	31%	0	
62082910	---丝及绢丝制										13
6208291010	丝及绢丝≥70%女式睡衣及睡衣裤〔101 内衣〕,〔102 内裤〕	6	130	13		件/千克	A	M/	31%	0	
6208291090	丝及绢丝<70%女式睡衣及睡衣裤〔101 内衣〕,〔102 内裤〕	6	130	13		件/千克	A	M/	31%	0	
62082990	---其他										13
6208299010	毛制女式睡衣及睡衣裤〔101 内衣〕,〔102 内裤〕	6	100	13		件/千克	A	M/		0	
6208299090	其他材料制女式睡衣及睡衣裤〔101 内衣〕,〔102 内裤〕	6	100	13		件/千克	A	M/		0	
62089100	--棉制										13
6208910010	棉制女式内衣式背心、三角裤等(包括短衬裤)〔101 内衣〕,〔102 内裤〕	6	90	13		件/千克	A	M/	31%	0	
6208910021	棉制女式非内衣式背心(女成人及7~16号女童背心)〔101 内衣〕,〔102 童装〕	6	90	13		件/千克	A	M/	31%	0	
6208910029	棉制其他女式非内衣式背心〔999〕	6	90	13		件/千克	A	M/	31%	0	
6208910090	棉制女式浴衣、晨衣及类似品〔999〕	6	90	13		件/千克	A	M/	31%	0	
62089200	--化学纤维制										13
6208920010	化纤制女式内衣式背心、三角裤(含短衬裤)〔101 内衣〕,〔102 内裤〕	6	130	13		件/千克	A	M/	31%	0	
6208920021	化纤制女式非内衣式背心(女成人及7~16号女童背心)〔101 内衣〕,〔102 童装〕	6	130	13		件/千克	A	M/	31%	0	
6208920029	化纤制其他女式非内衣式背心〔999〕	6	130	13		件/千克	A	M/	31%	0	
6208920090	化纤制女式浴衣、晨衣及类似品〔999〕	6	130	13		件/千克	A	M/	31%	0	
62089910	---丝及绢丝制										13
6208991011	丝制女内衣式背心、三角裤等(含丝及绢丝≥70%,包括短衬裤)〔101 内衣〕,〔102 内裤〕	6	130	13		件/千克	A	M/		0	
6208991019	丝制女内衣式背心、三角裤等(含丝及绢丝< 70%,包括短衬裤)〔101 内衣〕,〔102 内裤〕	6	130	13		件/千克	A	M/		0	
6208991021	丝制女式非内衣式背心(含丝及绢丝≥70%)〔999〕	6	130	13		件/千克	A	M/		0	
6208991029	丝制女式非内衣式背心(含丝<70%)〔999〕	6	130	13		件/千克	A	M/		0	
6208991091	丝制女式浴衣、晨衣及类似品(含丝及绢丝≥70%)〔999〕	6	130	13		件/千克	A	M/		0	
6208991099	丝制女式浴衣、晨衣及类似品(含丝及绢丝<70%)〔999〕	6	130	13		件/千克	A	M/		0	
62089990	---其他										13
6208999011	毛制女式内衣式背心、三角裤等(包括短衬裤)〔101 内衣〕,〔102 内裤〕	6	100	13		件/千克	A	M/	31%	0	
6208999012	毛制女式非内衣式背心(女成人及7~16号女童背心)〔101 内衣〕,〔102 童装〕	6	100	13		件/千克	A	M/	31%	0	
6208999013	毛制其他女式非内衣式背心〔999〕	6	100	13		件/千克	A	M/	31%	0	

智利	新西兰	澳大利亚	瑞士	冰岛	秘鲁	哥斯达	东盟	亚太	新加坡	巴基斯坦	港/澳/台	韩国	格鲁吉亚	毛里求斯	柬埔寨	尼加拉瓜	日/韩/澳/新/东（RCEP）	亚太2国	老/柬/缅	LDC 98/97/95	Article Description
协定税率（%）																		特惠税率（%）			
0	0	0	0	0	0	0	0	3.9	0	7	0/0/	0	0	0	0	0	10.2/9.8/0/0/0			0/0/0	---Other
																					Women's or girls' singlets and other vests, slips, petticoats, briefs, panties, nightdresses, pyjamas, nègligès, bathrobes, dressing gowns and similar articles:
0	0	0	0	0	0	0	0		0	12.8	0/0/	0	0	0	0	0	11.6/11.2/0/0/0			0/0/0	--Of man-made fibres
0	0	0	0	0	0	0	0	4.2	0	7	0/0/	0	0	0	0	0	10.2/9.8/0/0/0			0/0/0	---Of silk or silk waste
0	0	0	0	0	0	0	0		0	7	0/0/	0	0	0	0	0	10.2/9.8/0/0/0			0/0/0	---Of cotton
0	0	0	0	0	0	0	0		0	7	0/0/	0	0	0	0	0	10.2/9.8/0/0/0			0/0/0	---Other
0	0	0	0	0	0	0	0	3.9	0	5.6	0/0/	0	0	0	0	0	10.2/9.8/0/0/0		0/0/0	0/0/0	--Of cotton
0	0	0	0	0	0	0	0		0	12.8	0/0/	0	0	0	0	0	11.6/11.2/0/0/0		0/0/0	0/0/0	--Of man-made fibres
0	0	0	0	0	0	0	0		0	7	0/0/	0	0	0	0	0	10.2/9.8/0/0/0			0/0/0	---Of silk or silk waste
0	0	0	0	0	0	0	0		0	7	0/0/	0	0	0	0	0	10.2/9.8/0/0/0			0/0/0	---Other
0	0	0	0	0	0	0	0		0	0	0/0/	0	0	0	0	0	10.2/9.8/0/0/0		0/0/0	0/0/0	--Of cotton
0	0	0	0	0	0	0	0		0	12.8	0/0/0	0	0	3.2	0	0	11.6/11.2/0/0/0		0/0/0	0/0/0	--Of man-made fibres
0	0	0	0	0	0	0	0	3.9	0	7	0/0/	0	0	0	0	0	10.2/9.8/0/0/0			0/0/0	---Of silk or silk waste
0	0	0	0	0	0	0	0	3.9	0	7	0/0/	0	0	2.8	0	0	10.2/9.8/0/0/0			0/0/0	---Other

商品编号	商品名称及备注[检验检疫编码及名称]	进口关税(%)		增值税率(%)	消费税	计量单位	监管条件	检验检疫类别	对美税率	出口税率(%)	出口退税率(%)
		最惠国	普通								
6208999019	毛制女式浴衣、晨衣及类似品〔999〕	6	100	13		件/千克	A	M/	31%	0	
6208999090	其他材料制女式背心、三角裤、短衬裤、浴衣、晨衣及类似品〔101 内衣〕,〔102 内裤〕	6	100	13		件/千克	A	M/	31%	0	
6209	**婴儿服装及衣着附件:**										
62092000	-棉制										13
6209200000[暂6]	棉制婴儿服装及衣着附件〔999〕	10	90	13		千克	A	M/	31%	0	
62093000	-合成纤维制										13
6209300010[暂6]	合成纤维制婴儿手套、袜子(含分指、连指及露指手套、长袜、短袜及其他袜)〔999〕	10	130	13		千克	A	M/	31%	0	
6209300020[暂6]	合成纤维婴儿外衣、雨衣、滑雪装(包括夹克类似服装)〔999〕	10	130	13		千克	A	M/	31%	0	
6209300030[暂6]	合成纤维制婴儿其他服装(含裤子、衬衫、裙子、睡衣、内衣等)〔999〕	10	130	13		千克	A	M/	31%	0	
6209300090[暂6]	合成纤维制婴儿衣着附件〔999〕	10	130	13		千克	A	M/	31%	0	
62099010	---羊毛或动物细毛制										13
6209901000[暂6]	羊毛或动物细毛制婴儿服装衣及衣着附件〔999〕	10	130	13		千克	A	M/		0	
62099090	---其他纺织材料制										13
6209909000[暂6]	其他纺织材料制婴儿服装及衣着附件(除棉、合成纤维、羊毛或动物细毛外其他纺织材料制)〔999〕	10	100	13		千克	A	M/		0	
6210	**用税目 56.02、56.03、59.03、59.06 或 59.07 的织物制成的服装:**										
62101010	---羊毛或动物细毛制										13
6210101000	毛制用品目 56.02 或 56.03 的织物制成的服装(羊毛或动物细毛制)〔999〕	6	130	13		件/千克				0	
62101020	---棉或麻制										13
6210102000	棉或麻制用品目 56.02 或 56.03 的织物制成的服装〔999〕	6	90	13		件/千克			31%	0	
62101030	---化学纤维制										13
6210103010	化纤制防护服〔999〕	8	130	13		件/千克			33%	0	
6210103090	其他化纤制用品目 56.02 或 56.03 的织物制成的服装〔999〕	8	130	13		件/千克			33%	0	
62101090	---其他纺织材料制										13
6210109000	其他纺织材料制用品目 56.02 或 56.03 的织物制成的服装〔999〕	6	100	13		件/千克			16%	0	
62102000	-税目 62.01 所列类型的其他服装										13
6210200000	税目 62.01 所列类型的其他服装〔999〕	6	100	13		件/千克			31%	0	
62103000	-税目 62.02 所列类型的其他服装										13
6210300000	税目 62.02 所列类型的其他服装〔999〕	6	100	13		件/千克				0	
62104000	-其他男式服装										13
6210400000	用塑料等处理的其他纺材制男服装(含用橡胶及其他材料处理的织物)〔999〕	6	100	13		件/千克			31%	0	
62105000	-其他女式服装										13
6210500000	用塑料等处理的其他纺材制女服装(含用橡胶及其他材料处理的其他纺材制女服装)〔999〕	6	100	13		件/千克			31%	0	
6211	**运动服、滑雪服及游泳服;其他服装:**										
62111100	--男式										13
6211110010	羊毛或动物细毛制男式游泳服〔999〕	6	130	13		件/千克			31%	0	
6211110041	丝制男式游泳服(含丝≥70%)〔999〕	6	130	13		件/千克			31%	0	
6211110049	丝制男式游泳服(含丝<70%)〔999〕	6	130	13		件/千克			31%	0	
6211110090	其他纺织材料制男式游泳服〔999〕	6	130	13		件/千克			31%	0	
62111200	--女式										13
6211120010	羊毛或动物细毛制女式游泳服〔999〕	6	130	13		件/千克			31%	0	
6211120041	丝制女式游泳服(含丝≥70%)〔999〕	6	130	13		件/千克			31%	0	
6211120049	丝制女式游泳服(含丝<70%)〔999〕	6	130	13		件/千克			31%	0	
6211120090	其他纺织材料制女式游泳服〔999〕	6	130	13		件/千克			31%	0	
62112010	---棉制										13
6211201000	棉制滑雪套装〔999〕	6	90	13		套/千克				0	
62112090	---其他纺织材料制										13
6211209000	其他纺织材料制滑雪服〔999〕	10	130	13		套/千克			35%	0	
62113210	---阿拉伯袍										13
6211321000	棉制男式阿拉伯袍〔999〕	6	90	13		件/千克				0	
62113220	---运动服										13
6211322000	棉制男式运动服〔999〕	6	90	13		套/千克			31%	0	
62113290	---其他										13

协定税率(%)																		特惠税率(%)			Article Description
智利	新西兰	澳大利亚	瑞士	冰岛	秘鲁	哥斯达	东盟	亚太	新加坡	巴基斯坦	港/澳/台	韩国	格鲁吉亚	毛里求斯	柬埔寨	尼加拉瓜	日/韩/澳/新/东(RCEP)	亚太2国	老/柬/缅	LDC 98/97/95	
																					Babies' garments and clothing accessories:
0	0	0	0	0	0	0	0		0	0	0/0/	0	0	0	0	9	10.2/9.8/0/0/0			0/0/0	-Of cotton
0	0	0	0	0	0	0	0		0	0	0/0/	0	0	0	0	9	11.6/11.2/0/0/0			0/0/0	-Of synthetic fibres
0	0	0	0	0	0	0	0		0	7	0/0/	0	0	0	0	9	10.2/9.8/0/0/0			0/0/0	---Of wool or fine animal hair
0	0	0	0	0	0	0	0		0	5.6	0/0/	0	0	0	0	9	10.2/9.8/0/0/0			0/0/0	---Of other textile materials
																					Garments, made up of fabrics of heading 56.02, 56.03, 59.03, 59.06 or 59.07:
0	0	0	0	0	0	0	0	3.9	0	8	0/0/	0	0	0	0	0	11.6/11.2/0/0/0	0		0/0/0	---Of wool or fine animal hair
0	0	0	0	0	0	0	0		0	12.8	0/0/	0	0	0	0	0	11.6/11.2/0/0/0	2.4		0/0/0	---Of cotton or bast fibres
0	0	0	0	0	0	0	0	5.2	0	8.8	0/0/	0	0	0	0	6.4	12.7/12.3/0/0/0	0		0/0/0	---Of man-made fibres
0	0	0	0	0	0	0	0		0	12.8	0/0/	0	0	0	0	0	11.6/11.2/0/0/0	0		0/0/0	---Of other textile materials
0	0	0	0	0	0	0	0	3.9	0	8	0/0/	0	0	0	0	0	11.6/11.2/0/0/0	0		0/0/0	-Other garments, of the type described in headings 62.01
0	0	0	0	0	0	0	0	3.9	0	8	0/0/	0	0	0	0	0	11.6/11.2/0/0/0			0/0/0	-Other garments, of the type described in headings 62.02
0	0	0	0	0	0	0	0	3.9	0	0	0/0/	0	0	0	0	0	11.6/11.2/11.2/11.2/11.2	0		0/0/0	-Other men's or boys' garments
0	0	0	0	0	0	0	0	3.9	0	6.4	0/0/	0	0	0	0	0	11.6/11.2/0/0/0	0		0/0/0	-Other women's or girl's garments
																					Track suits, ski suits and swimwear; other garments:
0	0	0	0	0	0	0	0	3.9	0	8	0/0/	0	0	3.2	0	0	11.6/11.2/0/0/0			0/0/0	--Men's or boys'
0	0	0	0	0	0	0	0	3.9	0	8	0/0/	0	0	3.2	0	0	11.6/11.2/0/0/0			0/0/0	--Women's or girls'
0	0	0	0	0	0	0	0		0	12.8	0/0/	0	0	0	0	0	11.6/11.2/0/0/0			0/0/0	---Of cotton
0	0	0	0	0	0	0	0	6.5	0	9.5	0/0/	0	0	0	0	9	13.8/13.3/0/0/0			0/0/0	---Of other textile materials
0	0	0	0	0	0	0	0		0	12.8	0/0/	0	0	0	0	0	11.6/11.2/0/0/0			0/0/0	---Arabian robes
0	0	0	0	0	0	0	0		0	0	0/0/	0	0	3.2	0	0	11.6/11.2/0/0/0			0/0/0	---Track suits
0	0	0	0	0	0	0	0		0	0	0/0/	0	0	0	0	0	11.6/11.2/0/0/0			0/0/0	---Other

商品编号	商品名称及备注[检验检疫编码及名称]	进口关税(%)		增值税率(%)	消费税	计量单位	监管条件	检验检疫类别	对美税率	出口税率(%)	出口退税率(%)
		最惠国	普通								
6211329000	棉制男式其他服装①	6	90	13		件/千克			31%	0	
62113310	---阿拉伯袍										13
6211331000	化纤制男式阿拉伯袍〔999〕	8	130	13		件/千克			33%	0	
62113320	---运动服										13
6211332000	化纤制男式运动服〔999〕	8	130	13		套/千克			33%	0	
62113390	---其他										13
6211339000	化纤制男式其他服装〔101 大衣、短大衣〕,〔102 上衣〕,〔103 衬衫〕,〔104 童装〕,〔999 其他梭织服装〕	8	130	13		件/千克			33%	0	
62113910	---丝及绢丝制										13
6211391000	丝或绢丝制男式其他服装〔101 大衣、短大衣〕,〔102 上衣〕,〔103 裤子〕,〔104 运动服〕,〔999 其他梭织服装〕	6	130	13		件/千克				0	
62113920	---羊毛或动物细毛制										13
6211392000	毛制男式其他服装〔999〕	6	130	13		件/千克			31%	0	
62113990	---其他										13
6211399000	其他纺织材料制男式其他服装〔101 大衣、短大衣〕,〔102 上衣〕,〔103 裤子〕,〔104 运动服〕,〔999 其他梭织服装〕	6	100	13		件/千克			31%	0	
62114210	---运动服										13
6211421000	棉制其他女式运动服〔999〕	6	90	13		套/千克			31%	0	
62114290	---其他										13
6211429000	棉制女式其他服装〔999〕	6	90	13		件/千克			31%	0	
62114310	---运动服										13
6211431000	化纤制其他女式运动服〔999〕	8	130	13		套/千克			33%	0	
62114390	---其他										13
6211439000	化纤制其他女式服装〔999〕	8	130	13		件/千克			33%	0	
62114910	---丝及绢丝制										13
6211491000	丝制女式服装〔101 大衣、短大衣〕,〔102 上衣〕,〔103 裤子〕,〔104 运动服〕,〔999 其他梭织服装〕	6	130	13		件/千克			31%	0	
62114990	---其他										13
6211499000	其他纺织材料制女式似服〔101 运动服〕,〔998 其他梭织服装〕,〔999 其他服装〕	6	100	13		件/千克			31%	0	
6212	**胸罩、束腰带、紧身胸衣、吊裤带、吊袜带、束袜带和类似品及其零件,不论是否针织或钩编的:**										
62121010	---化学纤维制										13
6212101000	化纤制其他胸罩(不论是否针织或钩编)〔999〕	6	130	13		件/千克	A	M/	31%	0	
62121090	---其他纺织材料制										13
6212109010	毛制其他胸罩(不论是否针织或钩编)〔999〕	6	100	13		件/千克	A	M/	31%	0	
6212109020	棉制其他胸罩(不论是否针织或钩编)〔999〕	6	100	13		件/千克	A	M/	31%	0	
6212109031	丝制胸罩(不论是否针织或钩编,含丝≥70%)〔999〕	6	100	13		件/千克	A	M/	31%	0	
6212109039	丝制其他胸罩(不论是否针织或钩编,含丝<70%)〔999〕	6	100	13		件/千克	A	M/	31%	0	
6212109090	其他纺织材料制其他胸罩(不论是否针织或钩编)〔999〕	6	100	13		件/千克	A	M/	31%	0	
62122010	---化学纤维制										13
6212201000	化纤制束胸带及腹带(不论是否针织或钩编)〔999〕	6	130	13		件/千克	A	M/	31%	0	
62122090	---其他纺织材料制										13
6212209010	毛制束胸带及腹带(不论是否针织或钩编)〔999〕	6	100	13		件/千克	A	M/	31%	0	
6212209020	棉制束腰带及腹带(不论是否针织或钩编)〔999〕	6	100	13		件/千克	A	M/	31%	0	
6212209031	丝制束腰带及腹带(不论是否针织或钩编,含丝≥70%)〔999〕	6	100	13		件/千克	A	M/	31%	0	
6212209039	丝制束腰带及腹带(不论是否针织或钩编,含丝<70%)〔999〕	6	100	13		件/千克	A	M/	31%	0	
6212209090	其他材料制束胸带及腹带(不论是否针织或钩编)〔999〕	6	100	13		件/千克	A	M/	31%	0	
62123010	---化学纤维制										13
6212301000	化纤制紧身胸衣(不论是否针织或钩编)〔999〕	6	130	13		件/千克	A	M/	31%	0	
62123090	---其他纺织材料制										13
6212309010	毛制紧身胸衣(不论是否针织或钩编)〔999〕	6	100	13		件/千克	A	M/	31%	0	
6212309020	棉制紧身胸衣(不论是否针织或钩编)〔999〕	6	100	13		件/千克	A	M/	31%	0	
6212309031	丝制紧身胸衣(不论是否针织或钩编,含丝≥70%)〔999〕	6	100	13		件/千克	A	M/	31%	0	
6212309039	丝制其他紧身胸衣(不论是否针织或钩编,含丝<70%)〔999〕	6	100	13		件/千克	A	M/	31%	0	
6212309090	其他材料制紧身胸衣(不论是否针织或钩编)〔999〕	6	100	13		件/千克	A	M/	31%	0	
62129010	---化学纤维制										13

① 〔101 大衣、短大衣〕,〔102 上衣〕,〔103 裤子〕,〔104 衬衫〕,〔105 童装〕,〔999 其他梭织服装〕

协定税率(%)																		特惠税率(%)			Article Description
智利	新西兰	澳大利亚	瑞士	冰岛	秘鲁	哥斯达	东盟	亚太	新加坡	巴基斯坦	港/澳/台	韩国	格鲁吉亚	毛里求斯	柬埔寨	尼加拉瓜	日/韩/澳/新/东(RCEP)	亚太2国	老/柬/缅	LDC 98/97/95	
0	0	0	0	0	0	0	0	5.2	0	8.8	0/0/	0	0	0	0	6.4	12.7/12.3/0/0/0			0/0/0	---Arabian robes
0	0	0	0	0	0	0	0	5.2	0	0	0/0/	0	0	0	0	6.4	13.1/12.6/0/0/0			0/0/0	---Track suits
0	0	0	0	0	0	0	0	5.2	0	0	0/0/	0	0	0	0	0	12.7/12.3/0/0/0			0/0/0	---Other
0	0	0	0	0	0	0	0	3.9	0	8	0/0/	0	0	0	0	0	11.6/11.2/0/0/0			0/0/0	---Of silk or silk waste
0	0	0	0	0	0	0	0	3.9	0	8	0/0/	0	0	6.9	0	0	11.6/11.2/0/0/0			0/0/0	---Of wool or fine animal hair
0	0	0	0	0	0	0	0	3.9	0	6.4	0/0/	0	0	0	0	0	11.6/11.2/0/0/0			0/0/0	---Other
0	0	0	0	0	0	0	0		0	12.8	0/0/	0	0	0	0	0	11.6/11.2/0/0/0			0/0/0	---Track suits
0	0	0	0	0	0	0	0		0	12.8	0/0/	0	0	3.2	0	0	11.6/11.2/0/0/0			0/0/0	---Other
0	0	0	0	0	0	0	0	5.2	0	8.8	0/0/	0	0	0	0	6.4	12.7/12.3/0/0/0			0/0/0	---Track suits
0	0	0	0	0	0	0	0	5.2	0	7	0/0/	0	0	3.5	0	0	12.7/12.3/0/0/0			0/0/0	---Other
0	0	0	0	0	0	0	0	3.9	0	0	0/0/	0	0	0	0	0	11.6/11.2/0/0/0			0/0/0	---Of silk or silk waste
0	0	0	0	0	0	0	0	3.9	0	0	0/0/	0	0	0	0	0	11.6/11.2/0/0/0			0/0/0	---Other
																					Brassières, girdles, corsets, braces, suspenders, garters and similar articles and parts thereof, whether or not knitted or crocheted:
0	0	0	0	0	0	0	0	3.9	0	12.8	0/0/0	0	0	3.2	0	0	11.6/11.2/11.2/11.2/11.2		0/0/0	0/0/0	---Of man-made fibres
0	0	0	0	0	0	0	0	3.9	0	7	0/0/0	0	0	2.8	0	0	10.2/9.8/0/0/0			0/0/0	---Of other textile materials
0	0	0	0	0	0	0	0		0	12.8	0/0/0	0	0	0	0	0	11.6/11.2/0/0/0			0/0/0	---Of man-made fibres
0	0	0	0	0	0	0	0		0	11.2	0/0/0	0	0	0	0	0	10.2/9.8/0/0/0			0/0/0	---Of Other textile materials
0	0	0	0	0	0	0	0		0	12.8	0/0/	0	0	3.2	0	0	11.6/11.2/0/0/0			0/0/0	---Of man-made fibres
0	0	0	0	0	0	0	0		0	7	0/0/	0	0	0	0	0	10.2/9.8/0/0/0			0/0/0	---Of other textile materials
0	0	0	0	0	0	0	0	3.9	0	12.8	0/0/0	0	0	3.2	0	0	11.6/11.2/0/0/0			0/0/0	---Of man-made fibres

商品编号	商品名称及备注[检验检疫编码及名称]	进口关税(%)		增值税率(%)	消费税	计量单位	监管条件	检验检疫类别	对美税率	出口税率(%)	出口退税率(%)
		最惠国	普通								
6212901000	化纤制吊裤带、吊袜带等(不论是否针织或钩编,含化纤与橡胶/塑料制的)〔999〕	6	130	13		件/千克			31%	0	
62129090	---其他纺织材料制										13
6212909000	其他材料制的吊裤带、吊袜带、束袜带等(不论是否针织或钩编)〔999〕	6	100	13		件/千克				0	
6213	**手帕:**										
62132010	---刺绣的										13
6213201000	棉制刺绣手帕〔999〕	6	90	13		条/千克				0	
62132090	---其他										13
6213209000	其他棉制手帕〔999〕	6	90	13		条/千克			31%	0	
62139020	---刺绣的										13
6213902000	其他纺织材料制刺绣手帕〔999〕	6	100	13		条/千克				0	
62139090	---其他										13
6213909000	其他材料制手帕〔999〕	6	100	13		条/千克			31%	0	
6214	**披巾、领巾、围巾、披纱、面纱及类似品:**										
62141000	-丝或绢丝制										13
6214100010[暂5]	含丝70%及以上的披巾、头巾、围巾(包括披纱、面纱等及类似品)〔999〕	6	130	13		条/千克			30%	0	
6214100090[暂5]	含丝70%以下的披巾、头巾、围巾(包括披纱、面纱等及类似品)〔999〕	6	130	13		条/千克			30%	0	
62142010	---羊毛制										13
6214201000[暂5]	羊毛制披巾、头巾、围巾及类似品(包括披纱、面纱等)〔999〕	6	130	13		条/千克			30%	0	
62142020	---山羊绒制										13
6214202000[暂5]	山羊绒制披巾、头巾、围巾及类似品(包括披纱、面纱等)〔999〕	6	130	13		条/千克			30%	0	
62142090	---其他										13
6214209000	其他动物细毛制披巾、头巾、围巾及类似品(包括披纱、面纱等)〔999〕	6	130	13		条/千克				0	
62143000	-合成纤维制										13
6214300000	合纤制披巾、头巾及类似品(包括围巾、披纱、面纱等)〔999〕	6	130	13		条/千克			31%	0	
62144000	-人造纤维制										13
6214400000	人纤制披巾、头巾及类似品(包括围巾、披纱、面纱等)〔999〕	6	130	13		条/千克				0	
62149000	-其他纺织材料制										13
6214900010	棉制披巾、头巾及类似品(包括围巾、披纱、面纱)〔999〕	6	100	13		条/千克			31%	0	
6214900090	其他材料制披巾、头巾及类似品(包括围巾、披纱、面纱及类似品)〔999〕	6	100	13		条/千克			31%	0	
6215	**领带及领结:**										
62151000	-丝或绢丝制										13
6215100000	丝及绢丝制领带及领结(非丝纺织材料含量≥50%;或非丝纺织材料含量<50%,外层织物含丝≥70%)〔999〕	6	130	13		条/千克			31%	0	
62152000	-化学纤维制										13
6215200000	化学纤维制领带及领结〔999〕	6	130	13		条/千克			31%	0	
62159000	-其他纺织材料制										13
6215900000	其他材料制的领带及领结〔999〕	6	100	13		条/千克			31%	0	
6216	**分指手套、连指手套及露指手套:**										
62160000	分指手套、连指手套及露指手套										13
6216000000	分指手套、连指手套及露指手套〔999〕	6	100	13		双/千克			31%	0	
6217	**其他制成的衣着附件;服装或衣着附件的零件,但税目62.12的货品除外:**										
62171010	---袜子及袜套										13
6217101000	非针织非钩编袜子及袜套〔999〕	6	130	13		千克/双			31%	0	
62171020	---和服腰带										13
6217102000	非针织非钩编和服腰带〔999〕	6	100	13		千克/条				0	
62171090	---其他										13
6217109000	其他服装或衣着附件(指非针织非钩编)〔999〕	6	100	13		千克			31%	0	
62179000	-零件										13
6217900000	服装或衣着零件(指非针织非钩编)〔999〕	6	100	13		千克			31%	0	

协定税率(%)																		特惠税率(%)			
智利	新西兰	澳大利亚	瑞士	冰岛	秘鲁	哥斯达	东盟	亚太	新加坡	巴基斯坦	港/澳/台	韩国	格鲁吉亚	毛里求斯	柬埔寨	尼加拉瓜	日/韩/澳/新/东 (RCEP)	亚太2国	老/柬/缅	LDC 98/97/95	Article Description
0	0	0	0	0	0	0	0	3.9	0	7	0/0/0	0	0	2.8	0	0	10.2/9.8/0/0/0			0/0/0	---Of Other textile materials
																					Handkerchiefs:
0	0	0	0	0	0	0	0		0	7	0/0/	0	0	0	0	0	10.2/9.8/0/0/0		0//	0/0/0	---Embroidered
0	0	0	0	0	0	0	0		0	11.2	0/0/	0	0	0	0	0	10.2/9.8/0/0/0		0//	0/0/0	---Other
0	0	0	0	0	0	0	0		0	7	0/0/	0	0	0	0	0	10.2/9.8/0/0/0		0//	0/0/0	---Embroidered
0	0	0	0	0	0	0	0		0	7	0/0/	0	0	0	0	0	10.2/9.8/0/0/0		0//	0/0/0	---Other
																					Shawls, scarves, mufflers, mantillas, veils and the like:
0	0	0	0	0	0	0	0		0	11.2	0/0/	0	0	0	0	0	10.2/9.8/0/0/0			0/0/0	-Of silk or silk waste
0	0	0	0	0	0	0	0		0	11.2	0/0/	0	0	0	0	0	10.2/9.8/0/0/0			0/0/0	---Of wool
0	0	0	0	0	0	0	0		0	11.2	0/0/	0	0	0	0	0	10.2/9.8/0/0/0			0/0/0	---Of goats
0	0	0	0	0	0	0	0		0	11.2	0/0/	0	0	0	0	0	10.2/9.8/0/0/0			0/0/0	---Other
0	0	0	0	0	0	0	0		0	12.8	0/0/	0	0	0	0	0	11.6/11.2/0/0/0			0/0/0	-Of synthetic fibres
0	0	0	0	0	0	0	0		0	11.2	0/0/	0	0	0	0	0	10.2/9.8/0/0/0			0/0/0	-Of artificial fibres
0	0	0	0	0	0	0	0		0	0	0/0/	0	0	0	0	0	10.2/9.8/0/0/0			0/0/0	-Of other textile materials
																					Ties, bow ties and cravats:
0	0	0	0	0	0	0	0		0	11.2	0/0/	0	0	0	0	0	10.2/9.8/0/0/0			0/0/0	-Of silk or silk waste
0	0	0	0	0	0	0	0	3.9	0	12.8	0/0/	0	0	0	0	0	11.6/11.2/0/0/0			0/0/0	-Of man-made fibres
0	0	0	0	0	0	0	0		0	7	0/0/	0	0	0	0	0	10.2/9.8/0/0/0			0/0/0	-Of other textile materials
																					Gloves, mittens and mitts:
0	0	0	0	0	0	0	0		0	0	0/0/	0	0	0	0	0	10.2/9.8/0/0/0			0/0/0	Gloves, mittens and mitts
																					Other made up clothing accessories; parts of garments or of clothing accessories, other than those of heading 62.12:
0	0	0	0	0	0	0	0	3.9	0	7	0/0/0	0	0	0	0	0	10.2/9.8/0/0/0			0/0/0	---Stocking, socks and socketes
0	0	0	0	0	0	0	0	3.9	0	5.6	0/0/0	0	0	0	0	0	10.2/9.8/0/0/0			0/0/0	---Kimono belts
0	0	0	0	0	0	0	0	3.9	0	0	0/0/0	0	0	0	0	0	10.2/9.8/0/0/0		0/0/0	0/0/0	---Other
0	0	0	0	0	0	0	0	3.9	0	0	0/0/0	4.6	0	0	0	0	11.4/11.2/11.9/11.9/11.2		0/0/0	0/0/0	-Parts

第六十三章
其他纺织制成品；成套物品；旧衣着及旧纺织品；碎织物

注释：

一、第一分章仅适用于各种纺织物制成的物品。

二、第一分章不包括：
（一）第五十六章至第六十二章的货品；或
（二）品目 63.09 的旧衣着或其他旧物品。

三、品目 63.09 仅适用于下列货品：
（一）纺织材料制品：
1. 衣着和衣着附件及其零件；
2. 毯子及旅行毯；
3. 床上、餐桌、盥洗及厨房用的织物制品；
4. 装饰用织物制品，但品目 57.01 至 57.05 的地毯及品目 58.05 的装饰毯除外。
（二）用石棉以外其他任何材料制成的鞋帽类。
上述物品只有同时符合下列两个条件才能归入本税目：
1. 必须明显看得出穿用过；以及
2. 必须以散装、捆装、袋装或类似的大包装形式报验。

子目注释：

一、子目 6304.20 包括用 α-氯氰菊酯（ISO）、虫螨腈（ISO）、溴氰菊酯（INN，ISO）、高效氯氟氰菊酯（ISO）、除虫菊酯（ISO）或甲基嘧啶磷（ISO）浸渍或涂层的经编针织物制品。

商品编号	商品名称及备注[检验检疫编码及名称]	进口关税(%) 最惠国	普通	增值税率(%)	消费税	计量单位	监管条件	检验检疫类别	对美税率	出口税率(%)	出口退税率(%)
6301	**毯子及旅行毯：**										
63011000	-电暖毯										13
6301100000	电暖毯〔101 其他电热器具及其零件〕,〔102 毯子〕	6	100	13		条/千克	A	M/	16%	0	
63012000	-羊毛或动物细毛制的毯子(电暖毯除外)及旅行毯										13
6301200010[暂5]	毛制毯子及旅行毯(羊毛或动物细毛制,非电暖的,长度不超过 3 米)〔999〕	6	130	13		条/千克			30%	0	
6301200020[暂5]	其他毛制毯子及旅行毯(羊毛或动物细毛制,非电暖的,长度超过 3 米)〔999〕	6	130	13		条/千克			30%	0	
63013000	-棉制的毯子(电暖毯除外)及旅行毯										13
6301300000	棉制毯子及旅行毯〔999〕	6	90	13		条/千克			31%	0	
63014000	-合成纤维制的毯子(电暖毯除外)及旅行毯										13
6301400000	合成纤维制毯子及旅行毯〔999〕	8	130	13		条/千克			33%	0	
63019000	-其他毯子及旅行毯										13
6301900000	其他纺织材料制毯子及旅行毯(非电暖的)〔999〕	6	90	13		条/千克			31%	0	
6302	**床上、餐桌、盥洗及厨房用的织物制品：**										
63021010	---棉制										13
6302101000	棉制针织或钩编的床上用织物制品〔999〕	6	90	13		条/千克				0	
63021090	---其他纺织材料制										13
6302109000	其他材料制床上用织物制品(指针织或钩编类制品)〔999〕	6	130	13		条/千克				0	
63022110	---床单										13
6302211000	棉制印花床单〔999〕	6	90	13		条/千克			31%	0	
63022190	---其他										13
6302219000	其他棉制印花床上用织物制品〔101 枕芯、枕套〕,〔999 其他日用纺织制品〕	6	90	13		条/千克			31%	0	
63022210	---床单										13
6302221000	化学纤维制印花床单〔999〕	6	130	13		条/千克			31%	0	
63022290	---其他										13
6302229000	化学纤维制其他印花床用织物制品〔101 枕芯、枕套〕,〔999 其他日用纺织制品〕	6	130	13		条/千克			31%	0	
63022910	---丝及绢丝制										13
6302291000	丝及绢丝制印花床上用织物制品〔999〕	6	130	13		条/千克			31%	0	
63022920	---麻制										13
6302292000	麻制印花床上用织物制品〔999〕	6	90	13		条/千克			16%	0	
63022990	---其他										13
6302299000	其他材料制印花床上用织物制品〔101 床单、床罩〕,〔102 其他日用纺织制品〕	6	100	13		条/千克				0	
63023110	---刺绣的										13
6302311000	棉制刺绣其他床上用织物制品〔999〕	6	90	13		条/千克			31%	0	
63023191	----床单										13
6302319100	棉制其他床单〔999〕	6	90	13		条/千克			31%	0	
63023192	----毛巾被										13
6302319200	棉制其他毛巾被〔999〕	6	90	13		条/千克				0	

Chapter 63
Other made up textile articles; sets; worn clothing and worn textile articles; rags

Chapter Notes:

1. Sub-chapter I applies only to made up articles, of any textile fabric.

2. Sub-chapter I does not cover:
   (a) Goods of Chapters 56 to 62; or
   (b) Worn clothing or other worn articles of heading 63.09.

3. Heading 63.09 applies only to the following goods:
   (a) Articles of textile materials:
      (i) Clothing and clothing accessories, and parts thereof;
      (ii) Blankets and travelling rugs;
      (iii) Bed linen, table linen, toilet linen and kitchen linen;
      (iv) Furnishing articles, other than carpets of headings 57.01 to 57.05 and tapestries of heading 58.05.
   (b) Footwear and headgear of any material other than asbestos.
   In order to be classified in this heading, the articles mentioned above must comply with both of the following requirements:
      (i) They must show signs of appreciable wear; and
      (ii) They must be presented in bulk or in bales, sacks or similar packings.

Subheading Note:

1. Subheading 6304.20 covers articles made from fabrics, impregnated or coated with alpha-cypermethrin (ISO), chlorfenapyr (ISO), deltamethrin (INN, ISO), lambda-cyhalothrin (ISO), permethrin (ISO) or pirimiphos-methyl (ISO).

协定税率(%)																		特惠税率(%)			Article Description
智利	新西兰	澳大利亚	瑞士	冰岛	秘鲁	哥斯达	东盟	亚太	新加坡	巴基斯坦	港/澳/台	韩国	格鲁吉亚	毛里求斯	柬埔寨	尼加拉瓜	日/韩/澳/新/东(RCEP)	亚太2国	老/柬/缅	LDC 98/97/95	
																					Blankets and travelling rugs:
0	0	0	0	0	0	0	0		0	12.8	0/0/	0	0	0	0	0	11.6/11.2/0/0/0			0/0/0	-Electric blankets
0	0	0	0	0	0	0	0		0	12.8	0/0/	0	0	6.9	0	0	11.6/11.2/0/0/0			0/0/0	-Blankets (other than electric blankets) and travelling rugs, of wool or of fine animal hair
0	0	0	0	0	0	0	0		0	12.8	0/0/	0	0	0	0	0	11.6/11.2/0/0/0			0/0/0	-Blankets (other than electric blankets) and travelling rugs, of cotton
0	0	0	0	0	0	0	0		0	0	0/0/	0	0	0	0	6.4	12.7/12.3/0/0/0			0/0/0	-Blankets (other than electric blankets) and travelling rugs, of synthetic fibres
0	0	0	0	0	0	0	0		0	12.8	0/0/0	0	0	0	0	0	11.6/11.2/0/0/0			0/0/0	-Other blankets and travelling rugs
																					Bed linen, table linen, toilet linen and kitchen linen:
0	0	0	0	0	0	0	0		0	0	0/0/	0	0	0	0	0	10.2/9.8/0/0/0			0/0/0	---Of cotton
0	0	0	0	0	0	0	0		0	0	0/0/	0	0	0	0	0	10.2/9.8/0/0/0			0/0/0	---Of other textile materials
0	0	0	5.6	0	0	0	0		0	0	0/0/	0	0	0	0	0	10.2/9.8/0/0/0			0/0/0	---Bed sheets
0	0	0	0	0	0	0	0		0	0	0/0/	0	0	0	0	0	10.2/9.8/0/0/0			0/0/0	---Other
0	0	0	0	0	0	0	0		0	0	0/0/	0	0	0	0	0	11.6/11.2/0/0/0			0/0/0	---Bed sheets
0	0	0	0	0	0	0	0		0	0	0/0/	0	0	0	0	0	11.6/11.2/0/0/0			0/0/0	---Other
0	0	0	0	0	0	0	0		0	0	0/0/	0	0	0	0	0	10.2/9.8/0/0/0			0/0/0	---Of silk or silk waste
0	0	0	0	0	0	0	0		0	0	0/0/	0	0	0	0	0	10.2/9.8/0/0/0			0/0/0	---Of bast fibres
0	0	0	0	0	0	0	0		0	0	0/0/	0	0	0	0	0	10.2/9.8/0/0/0			0/0/0	---Other
0	0	0	0	0	0	0	0		0	0	0/0/	0	0	0	0	0	10.2/9.8/0/0/0			0/0/0	---Embroidered
0	0	0	0	0	0	0	0		0	0	0/0/	0	0	0	0	0	10.2/9.8/0/0/0			0/0/0	----Bed sheets
0	0	0	0	0	0	0	0		0	0	0/0/	0	0	0	0	0	10.2/9.8/0/0/0			0/0/0	----Towelling coverlets

商品编号	商品名称及备注[检验检疫编码及名称]	进口关税(%)		增值税率(%)	消费税	计量单位	监管条件	检验检疫类别	对美税率	出口税率(%)	出口退税率(%)
		最惠国	普通								
63023199	----其他										13
6302319900	棉制其他床上用织物制品〔101 被子〕,〔102 枕芯、枕套〕,〔999 其他日用纺织制品〕	6	90	13		条/千克			31%	0	
63023210	---刺绣的										13
6302321000	化学纤维制刺绣其他床上用织物制品〔999〕	6	130	13		条/千克				0	
63023290	---其他										13
6302329000	化学纤维制其他床上用织物制品〔101 床单、床罩〕,〔102 被子〕,〔103 枕芯、枕套〕,〔999 其他日用纺织制品〕	6	130	13		条/千克			31%	0	
63023910	---丝及绢丝制										13
6302391010	丝及绢丝制其他床上用织物制品(含丝≥85%)〔999〕	6	130	13		条/千克				0	
6302391090	丝及绢丝制其他床上用织物制品(含丝<85%)〔999〕	6	130	13		条/千克				0	
63023921	----刺绣的										13
6302392110	亚麻或苎麻制其他床上用织物制品(刺绣的)〔999〕	6	90	13		条/千克			31%	0	
6302392190	其他麻制其他床上用织物制品(刺绣的)〔999〕	6	90	13		条/千克			31%	0	
63023929	----其他										13
6302392910	亚麻或苎麻制其他床上用织物制品〔999〕	6	90	13		条/千克			16%	0	
6302392990	其他麻制其他床上用织物制品〔999〕	6	90	13		条/千克			16%	0	
63023991	----刺绣的										13
6302399110	毛制刺绣床上用织物制品〔999〕	6	100	13		条/千克				0	
6302399190	其他材料制刺绣床上用织物制品〔999〕	6	100	13		条/千克				0	
63023999	----其他										13
6302399910	毛制非刺绣床上用织物制品〔999〕	6	100	13		条/千克				0	
6302399990	其他材料制其他床上用织物制品〔999〕	6	100	13		条/千克				0	
63024010	---手工制										13
6302401000	手工制餐桌用织物制品(指针织或钩编类的)〔999〕	6	100	13		件/千克				0	
63024090	---其他										13
6302409000	其他餐桌用织物制品(针织或钩编的,非手工)〔999〕	6	100	13		件/千克				0	
63025110	---刺绣的										13
6302511000	棉制刺绣其他餐桌用织物制品〔999〕	6	90	13		件/千克				0	
63025190	---其他										13
6302519000	棉制其他餐桌用织物制品〔999〕	6	90	13		件/千克			31%	0	
63025310	---刺绣的										13
6302531000	化学纤维制刺绣其他餐桌织物制品〔999〕	6	130	13		件/千克				0	
63025390	---其他										13
6302539010	化学纤维无纺织物制餐桌用织物制品〔999〕	6	130	13		件/千克			31%	0	
6302539090	化纤制其他餐桌用织物制品〔999〕	6	130	13		件/千克			31%	0	
63025911	----刺绣的										13
6302591100	亚麻制刺绣其他餐桌用织物制品〔999〕	6	90	13		件/千克				0	
63025919	----其他										13
6302591900	亚麻制其他餐桌用织物制品〔999〕	6	90	13		件/千克				0	
63025990	---其他										13
6302599010	羊毛或动物细毛制餐桌用织物制品〔999〕	6	100	13		件/千克				0	
6302599090	其他纺织材料制餐桌用织物制品〔999〕	6	100	13		件/千克				0	
63026010	---浴巾										13
6302601010	棉制针织或钩编毛巾织物浴巾(含类似毛圈织物的制品)〔999〕	6	90	13		条/千克			31%	0	
6302601090	棉制非针织或非钩编毛巾织物浴巾(含类似毛圈织物的制品)〔999〕	6	90	13		条/千克			31%	0	
63026090	---其他										13
6302609000	棉制盥洗及厨房用棉制毛巾制品或类似的毛圈织物的制品(含类似毛圈织物的制品,非针织或非钩编)〔999〕	6	90	13		条/千克			31%	0	
63029100	--棉制										13
6302910000	棉制盥洗及厨房织物制品(毛巾织物或类似毛圈织物的除外)〔999〕	6	90	13		条/千克			31%	0	
63029300	--化学纤维制										13
6302930010	化学纤维无纺织物制盥洗及厨房制品〔999〕	6	130	13		条/千克			31%	0	
6302930090	化学纤维制其他盥洗及厨房织物制品〔999〕	6	130	13		条/千克			31%	0	
63029910	---亚麻制										13
6302991000	亚麻制盥洗及厨房织物制品〔999〕	6	90	13		条/千克				0	
63029990	---其他										13
6302999010	毛制盥洗及厨房用织物制品〔999〕	6	100	13		条/千克				0	
6302999090	其他材料制盥洗及厨房织物制品〔999〕	6	100	13		条/千克				0	
6303	**窗帘(包括帷帘)及帐幔;帘帷或床帷:**										

协定税率(%)																		特惠税率(%)			Article Description
智利	新西兰	澳大利亚	瑞士	冰岛	秘鲁	哥斯达	东盟	亚太	新加坡	巴基斯坦	港/澳/台	韩国	格鲁吉亚	毛里求斯	柬埔寨	尼加拉瓜	日/韩/澳/新/东(RCEP)	亚太2国	老/柬/缅	LDC 98/97/95	
0	0	0	0	0	0	0	0		0	0	0/0/	0	0	0	0	0	10.2/9.8/0/0/0			0/0/0	----Other
0	0	0	0	0	0	0	0		0	0	0/0/	0	0	0	0	0	11.6/11.2/0/0/0			0/0/0	---Embroidered
0	0	0	0	0	0	0	0		0	0	0/0/	0	0	0	0	0	11.6/11.2/0/0/0			0/0/0	---Other
0	0	0	0	0	0	0	0		0	0	0/0/	0	0	0	0	0	10.2/9.8/0/0/0			0/0/0	---Of silk or silk waste
0	0	0	0	0	0	0	0		0	0	0/0/	0	0	0	0	0	10.2/9.8/0/0/0			0/0/0	----Embroidered
0	0	0	0	0	0	0	0		0	0	0/0/	0	0	0	0	0	10.2/9.8/0/0/0			0/0/0	----Other
0	0	0	0	0	0	0	0		0	0	0/0/	0	0	0	0	0	10.2/9.8/0/0/0			0/0/0	----Embroidered
0	0	0	0	0	0	0	0		0	0	0/0/	0	0	2.8	0	0	10.2/9.8/0/0/0			0/0/0	----Other
0	0	0	0	0	0	0	0		0	0	0/0/	0	0	0	0	0	10.2/9.8/0/0/0			0/0/0	---Hand-worked
0	0	0	0	0	0	0	0		0	0	0/0/	0	0	0	0	0	10.2/9.8/0/0/0			0/0/0	---Other
0	0	0	0	0	0	0	0		0	0	0/0/	0	0	0	0	0	10.2/9.8/0/0/0			0/0/0	---Embroidered
0	0	0	0	0	0	0	0		0	0	0/0/	0	0	0	0	0	10.2/9.8/0/0/0			0/0/0	---Other
0	0	0	0	0	0	0	0		0	0	0/0/	0	0	0	0	0	10.2/9.8/0/0/0			0/0/0	---Embroidered
0	0	0	0	0	0	0	0		0	0	0/0/	0	0	0	0	0	11.6/11.2/0/0/0			0/0/0	---Other
0	0	0	0	0	0	0	0		0	0	0/0/	0	0	0	0	0	10.2/9.8/0/0/0			0/0/0	----Embroidered
0	0	0	0	0	0	0	0		0	0	0/0/	0	0	0	0	0	10.2/9.8/0/0/0			0/0/0	----Other
0	0	0	0	0	0	0	0		0	0	0/0/	0	0	0	0	0	10.2/9.8/0/0/0			0/0/0	---Other
0	0	0	0	0	0	0	0		0	0	0/0/0	0	0	0	0	0	10.2/9.8/0/0/0			0/0/0	---Bath towels
0	0	0	0	0	0	0	0		0	0	0/0/0	0	0	0	0	0	10.2/9.8/0/0/0			0/0/0	---Other
0	0	0	0	0	0	0	0		0	0	0/0/	0	0	0	0	0	10.2/9.8/0/0/0			0/0/0	--Of cotton
0	0	0	0	0	0	0	0		0	0	0/0/	0	0	0	0	0	11.6/11.2/0/0/0			0/0/0	--Of man-made fibres
0	0	0	0	0	0	0	0		0	0	0/0/	0	0	0	0	0	10.2/9.8/0/0/0			0/0/0	---Of flax
0	0	0	0	0	0	0	0		0	0	0/0/	0	0	0	0	0	10.2/9.8/0/0/0			0/0/0	---Other
																					Curtains (including drapes) and interior blinds; curtain or bed valances:

商品编号	商品名称及备注[检验检疫编码及名称]	进口关税(%) 最惠国	普通	增值税率(%)	消费税	计量单位	监管条件	检验检疫类别	对美税率	出口税率(%)	出口退税率(%)
63031210	---针织的										13
6303121010	合成纤维制针织百叶窗,卷帘和窗幔〔999〕	6	130	13		千克			31%	0	
6303121090	其他合成纤维制针织窗帘等(包括帷帘、帐幔、帘帷及床帷)〔999〕	6	130	13		千克			31%	0	
63031220	---钩编的										13
6303122010	合成纤维制钩编百叶窗,卷帘和窗幔〔999〕	6	130	13		千克				0	
6303122090	其他合成纤维制钩编的窗帘等(包括帷帘、帐幔、帘帷及床帷)〔999〕	6	130	13		千克				0	
63031931	----针织的										13
6303193100	棉制针织的窗帘等(包括帷帘、帐幔、帘帷及床帷)〔999〕	6	90	13		千克			16%	0	
63031932	----钩编的										13
6303193200	棉制钩编的窗帘等(包括帷帘、帐幔、帘帷及床帷)〔999〕	6	90	13		千克				0	
63031991	----针织的										13
6303199100	其他纺织材料制针织的窗帘等(包括帷帘、帐幔、帘帷及床帷)〔999〕	6	130	13		千克			16%	0	
63031992	----钩编的										13
6303199200	其他纺织材料制钩编的窗帘等(包括帷帘、帐幔、帘帷及床帷)〔999〕	6	130	13		千克				0	
63039100	--棉制										13
6303910010	棉制非针织网眼窗帘(包括帷帘、帐幔、帘帷及床帷)〔999〕	6	90	13		千克			31%	0	
6303910090	棉制非针织非钩编窗帘(包括帷帘、帐幔、帘帷及床帷)〔999〕	6	90	13		千克			31%	0	
63039200	--合成纤维制										13
6303920010	合成纤维百叶窗,卷帘和窗幔(非针织非钩编)〔999〕	6	130	13		千克			31%	0	
6303920090	其他合成纤维制非针织非钩编窗帘等(包括帷帘、帐幔、帘帷及床帷)〔999〕	6	130	13		千克			31%	0	
63039900	--其他纺织材料制										13
6303990000	其他纺织材料制非针织非钩编窗帘(包括帷帘、帐幔、帘帷及床帷)〔999〕	6	100	13		千克			31%	0	
6304	**其他装饰用织物制品,但税目94.04的货品除外:**										
63041121	----手工制										13
6304112100	手工针织床罩〔999〕	6	100	13		件/千克				0	
63041129	----其他										13
6304112900	非手工针织床罩〔999〕	6	100	13		件/千克			31%	0	
63041131	----手工制										13
6304113100	手工钩编床罩〔999〕	6	100	13		件/千克				0	
63041139	----其他										13
6304113900	非手工钩编床罩〔999〕	6	100	13		件/千克			31%	0	
63041910	---丝及绢丝制										13
6304191010	丝及绢丝制非针织非钩编床罩(含丝≥85%)〔999〕	6	130	13		件/千克				0	
6304191090	丝及绢丝制非针织非钩编床罩(含丝<85%)〔999〕	6	130	13		件/千克				0	
63041921	----刺绣的										13
6304192100	棉或麻制非针织非钩编刺绣床罩〔999〕	6	90	13		件/千克				0	
63041929	----其他										13
6304192900	棉或麻制其他非针织非钩编床罩〔999〕	6	90	13		件/千克			31%	0	
63041931	----刺绣的										13
6304193100	化学纤维制非针织非钩编刺绣床罩〔999〕	6	130	13		件/千克				0	
63041939	----其他										13
6304193900	化学纤维制其他非针织非钩编床罩〔999〕	6	130	13		件/千克				0	
63041991	----刺绣的										13
6304199110	毛制非针织非钩编刺绣床罩(羊毛或动物细毛制)〔999〕	6	100	13		件/千克				0	
6304199190	其他纺织材料制非针织刺绣床罩(含非钩编的)〔999〕	6	100	13		件/千克				0	
63041999	----其他										13
6304199910	毛制其他非针织非钩编床罩(羊毛或动物细毛制)〔999〕	6	100	13		件/千克				0	
6304199990	其他材料制非针织非钩编其他床罩〔999〕	6	100	13		件/千克				0	
63042010	---手工制										13
6304201000	手工制的本章子目注释一所列的蚊帐〔999〕	6	100	13		件/千克	S			0	
63042090	---其他										13
6304209000	其他本章子目注释一所列的蚊帐〔999〕	6	100	13		件/千克	S			0	
63049121	----手工制										13
6304912100	手工针织其他装饰制品〔999〕	6	100	13		千克				0	
63049129	----其他										13
6304912900	非手工针织其他装饰制品〔999〕	6	100	13		千克			31%	0	
63049131	----手工制										13
6304913100	手工钩编的其他装饰制品〔999〕	6	100	13		千克				0	
63049139	----其他										13

协定税率(%)																		特惠税率(%)			Article Description
智利	新西兰	澳大利亚	瑞士	冰岛	秘鲁	哥斯达	东盟	亚太	新加坡	巴基斯坦	港/澳/台	韩国	格鲁吉亚	毛里求斯	柬埔寨	尼加拉瓜	日/韩/澳/新/东(RCEP)	亚太2国	老/柬/缅	LDC 98/97/95	
0	0	0	0	0	0	0	0		0	0	0/0/	0	0	0	0	0	11. 6/11. 2/0/0/0			0/0/0	---Knitted
0	0	0	0	0	0	0	0		0	0	0/0/	0	0	0	0	0	11. 6/11. 2/0/0/0			0/0/0	---Crocheted
0	0	0	0	0	0	0	0		0	0	0/0/	0	0	0	0	0	10. 2/9. 8/0/0/0			0/0/0	----Knitted
0	0	0	0	0	0	0	0		0	0	0/0/	0	0	0	0	0	10. 2/9. 8/0/0/0			0/0/0	----Crocheted
0	0	0	0	0	0	0	0		0	0	0/0/	0	0	0	0	0	10. 2/9. 8/0/0/0			0/0/0	----Knitted
0	0	0	0	0	0	0	0		0	0	0/0/	0	0	0	0	0	10. 2/9. 8/0/0/0			0/0/0	----Crocheted
0	0	0	0	0	0	0	0		0	0	0/0/	0	0	0	0	0	10. 2/9. 8/0/0/0			0/0/0	--Of cotton
0	0	0	0	0	0	0	0		0	0	0/0/	0	0	0	0	0	11. 6/11. 2/0/0/0			0/0/0	--Of synthetic fibres
0	0	0	0	0	0	0	0		0	0	0/0/	0	0	0	0	0	10. 2/9. 8/0/0/0			0/0/0	--Of other textile materials
																					Other furnishing articles, excluding those of heading 94. 04:
0	0	0	0	0	0	0	0		0	7	0/0/	0	0	0	0	0	10. 2/9. 8/0/0/0			0/0/0	----Hand-worked
0	0	0	0	0	0	0	0		0	5. 6	0/0/	0	0	0	0	0	10. 2/9. 8/0/0/0			0/0/0	----Other
0	0	0	0	0	0	0	0		0	7	0/0/	0	0	0	0	0	10. 2/9. 8/0/0/0			0/0/0	----Hand-worked
0	0	0	0	0	0	0	0		0	7	0/0/	0	0	0	0	0	10. 2/9. 8/0/0/0			0/0/0	----Other
0	0	0	0	0	0	0	0		0	0	0/0/	0	0	0	0	0	10. 2/9. 8/0/0/0			0/0/0	---Of silk or silk waste
0	0	0	0	0	0	0	0		0	0	0/0/	0	0	0	0	0	10. 2/9. 8/0/0/0			0/0/0	----Embroidered
0	0	0	0	0	0	0	0		0	0	0/0/	0	0	0	0	0	10. 2/9. 8/0/0/0			0/0/0	----Other
0	0	0	0	0	0	0	0		0	12. 8	0/0/	0	0	0	0	0	11. 6/11. 2/0/0/0			0/0/0	Embroidered
0	0	0	0	0	0	0	0		0	12. 8	0/0/	0	0	0	0	0	11. 6/11. 2/0/0/0			0/0/0	----Other
0	0	0	0	0	0	0	0		0	7	0/0/	0	0	0	0	0	10. 2/9. 8/0/0/0			0/0/0	----Embroidered
0	0	0	0	0	0	0	0		0	7	0/0/	0	0	0	0	0	10. 2/9. 8/0/0/0			0/0/0	----Other
0	0	0	0	0	0	0	0		0	7	0/0/	0	0	0	0	0	10. 2/9. 8/0/0/0			0/0/0	---Hand-worked
0	0	0	0	0	0	0	0		0	7	0/0/	0	0	0	0	0	10. 2/9. 8/0/0/0			0/0/0	---Other
0	0	0	0	0	0	0	0		0	7	0/0/	0	0	0	0	0	10. 2/9. 8/0/0/0			0/0/0	----Hand-worked
0	0	0	0	0	0	0	0		0	7	0/0/	0	0	0	0	0	10. 2/9. 8/0/0/0			0/0/0	----Other
0	0	0	0	0	0	0	0		0	11. 2	0/0/	0	0	0	0	0	10. 2/9. 8/0/0/0			0/0/0	----Hand-worked
0	0	0	0	0	0	0	0		0	5. 6	0/0/	0	0	0	0	0	10. 2/9. 8/0/0/0			0/0/0	----Other

商品编号	商品名称及备注［检验检疫编码及名称］	进口关税(%)最惠国	进口关税(%)普通	增值税率(%)	消费税	计量单位	监管条件	检验检疫类别	对美税率	出口税率(%)	出口退税率(%)
6304913900	非手工钩编的其他装饰制品〔999〕	6	100	13		千克				0	
63049210	---刺绣的										13
6304921000	棉制非针织的其他刺绣装饰制品(非钩编)〔999〕	6	90	13		千克			31%	0	
63049290	---其他										13
6304929000	棉制非针织或钩编的其他装饰制品〔999〕	6	90	13		千克			31%	0	
63049310	---刺绣的										13
6304931000	合成纤维制其他刺绣装饰制品(指非针织非钩编装饰制品)〔999〕	6	130	13		千克				0	
63049390	---其他										13
6304939000	合成纤维制其他非针织装饰制品(包括非钩编装饰制品)〔999〕	6	130	13		千克			16%	0	
63049910	---丝及绢丝制										13
6304991010	丝制非针织非钩编的装饰制品(含绢丝制品,含丝≥85%)〔999〕	6	130	13		千克				0	
6304991090	丝制非针织非钩编的装饰制品(含绢丝制品,含丝<85%)〔999〕	6	130	13		千克				0	
63049921	----刺绣的										13
6304992110	亚麻或苎麻非针织其他刺绣装饰品(含非钩编制品)〔999〕	6	90	13		千克				0	
6304992190	其他麻制非针织其他刺绣装饰品(包括非钩编的)〔999〕	6	90	13		千克				0	
63049929	----其他										13
6304992910	亚麻或苎麻制其他非针织的装饰品(含非钩编制品)〔999〕	6	90	13		千克			16%	0	
6304992990	其他麻制其他非针织的装饰制品(含非钩编制品)〔999〕	6	90	13		千克			16%	0	
63049990	---其他										13
6304999000	其他纺织材料制非针织非钩编装饰品〔999〕	6	100	13		千克			16%	0	
6305	**货物包装用袋:**										
63051000	-黄麻或税目53.03的其他韧皮纺织纤维制										13
6305100010	黄麻制旧的货物包装袋(含品目53.03的其他韧皮纤维制)〔999〕	4	40	13		条/千克				0	
6305100090	黄麻制其他货物包装袋(含品目53.03的其他韧皮纤维制)〔999〕	4	40	13		条/千克				0	
63052000	-棉制										13
6305200000	棉制货物包装袋〔999〕	6	90	13		条/千克			31%	0	
63053200	--散装货物储运软袋										13
6305320000	化学纤维制散装货物储运软袋(扁条及类似材料制成,散装货物周转用)〔999〕	6	100	13		条/千克			31%	0	
63053300	--其他,聚乙烯、聚丙烯扁条或类似材料制										13
6305330010	聚乙烯或聚丙烯制其他货物包装袋(针织或钩编的,用扁条及类似材料制成)〔999〕	6	100	13		条/千克			31%	0	
6305330090	聚乙烯或聚丙烯制其他货物包装袋(非针织或钩编的,用扁条及类似材料制成)〔999〕	6	100	13		条/千克			31%	0	
63053900	--其他										13
6305390000	其他化学纤维制货物包装袋〔999〕	6	100	13		条/千克			31%	0	
63059000	-其他纺织材料制										13
6305900000	其他纺织材料制货物包装袋〔999〕	6	90	13		条/千克			31%	0	
6306	**油苫布、天篷及遮阳篷;帐篷(包括临时顶篷及类似品);风帆;野营用品:**										
63061200	--合成纤维制										13
6306120000	合成纤维制油苫布、天篷及遮阳篷〔999〕	6	130	13		件/千克			31%	0	
63061910	---麻制										13
6306191000	麻制油苫布、天篷及遮阳篷〔999〕	6	80	13		件/千克			16%	0	
63061920	---棉制										13
6306192000	棉制油毡布、天篷及遮阳篷〔999〕	6	80	13		件/千克				0	
63061990	---其他										13
6306199010	人造纤维制油苫布、天篷及遮阳篷〔999〕	6	100	13		件/千克			16%	0	
6306199090	其他材料制油苫布、天篷及遮阳篷〔999〕	6	100	13		件/千克			16%	0	
63062200	--合成纤维制										13
6306220010	合纤制移动帐篷(包括临时顶篷及类似品)〔999〕	6	130	13		件/千克			31%	0	
6306220090	其他合纤制帐篷(包括临时顶篷及类似品)〔999〕	6	130	13		件/千克			31%	0	
63062910	---棉制										13
6306291000	棉制帐篷(包括临时顶篷及类似品)〔999〕	6	80	13		件/千克			31%	0	
63062990	---其他										13
6306299000	其他纺织材料制帐篷(包括临时顶篷及类似品)〔999〕	6	100	13		件/千克			31%	0	
63063010	---合成纤维制										13
6306301000	合成纤维制风帆〔999〕	6	130	13		件/千克			16%	0	
63063090	---其他纺织材料制										13

协定税率(%)																		特惠税率(%)			Article Description
智利	新西兰	澳大利亚	瑞士	冰岛	秘鲁	哥斯达	东盟	亚太	新加坡	巴基斯坦	港/澳/台	韩国	格鲁吉亚	毛里求斯	柬埔寨	尼加拉瓜	日/韩/澳/新/东(RCEP)	亚太2国	老/柬/缅	LDC 98/97/95	
0	0	0	0	0	0	0	0		0	7	0/0/	0	0	0	0	0	10.2/9.8/0/0/0			0/0/0	---Embroidered
0	0	0	0	0	0	0	0		0	0	0/0/	0	0	0	0	0	10.2/9.8/0/0/0			0/0/0	---Other
0	0	0	0	0	0	0	0		0	12.8	0/0/	0	0	0	0	0	11.6/11.2/0/0/0			0/0/0	---Embroidered
0	0	0	0	0	0	0	0		0	12.8	0/0/	0	0	0	0	0	11.6/11.2/0/0/0			0/0/0	---Other
0	0	0	0	0	0	0	0		0	7	0/0/	0	0	0	0	0	10.2/9.8/0/0/0			0/0/0	---Of silk or silk waste
0	0	0	0	0	0	0	0		0	7	0/0/	0	0	0	0	0	10.2/9.8/0/0/0			0/0/0	----Embroidered
0	0	0	0	0	0	0	0		0	7	0/0/	0	0	0	0	0	10.2/9.8/0/0/0			0/0/0	----Other
0	0	0	0	0	0	0	0		0	0	0/0/	0	0	0	0	0	10.2/9.8/0/0/0			0/0/0	---Other
																					Sacks and bags, of a kind used for the packing of goods:
0	0	0	0	0	0	0	0			2.5	0/0/	0	0	0	0	0	7.3/0/0/0/0	0		0/0/0	-Of jute or of other textile bast fibres of heading 53.03
0	0	0	0	0	0	0	0		0	0	0/0/	0	0	0	0	0	11.6/11.2/0/0/0			0/0/0	-Of cotton
0	0	0	0	0	0	0	0		0	12.8	0/0/	0	0	0	0	0	11.6/11.2/0/0/0			0/0/0	--Flexible intermediate bulk containers
0	0	0	0	0	0	0	0	3.9	0	0	0/0/	0	0	0	0	0	11.6/11.2/0/0/0			0/0/0	--Other, of polyethylene or poly-propylene strip or the like
0	0	0	0	0	0	0	0		0	0	0/0/	0	0	0	0	0	11.6/11.2/0/0/0			0/0/0	--Other
0	0	0	0	0	0	0	0		0	0	0/0/	0	0	0	0	0	10.2/9.8/0/0/0			0/0/0	-Of other textile materials
																					Tarpaulins, awnings and sunblinds; tents (including temporary canopies and similar articles); sails for boats, sailboards or landcraft; camping goods:
0	0	0	0	0	0	0	0		0	0	0/0/	0	0	0	0	0	11.6/11.2/0/0/0			0/0/0	--Of synthetic fibres
0	0	0	0	0	0	0	0		0	0	0/0/	0	0	0	0	0	10.2/9.8/0/0/0			0/0/0	---Of bast fibres
0	0	0	0	0	0	0	0		0	0	0/0/	0	0	0	0	0	10.2/9.8/0/0/0			0/0/0	---Of cotton
0	0	0	0	0	0	0	0		0	0	0/0/	0	0	0	0	0	10.2/9.8/0/0/0			0/0/0	---Other
0	0	0	0	0	0	0	0		0	0	0/0/	0	0	0	0	0	11.6/11.2/0/0/0			0/0/0	--Of synthetic fibres
0	0	0	0	0	0	0	0		0	0	0/0/	0	0	0	0	0	10.2/9.8/0/0/0			0/0/0	---Of cotton
0	0	0	0	0	0	0	0		0	0	0/0/	0	0	0	0	0	10.2/9.8/0/0/0			0/0/0	---Other
0	0	0	0	0	0	0	0		0	0	0/0/	0	0	0	0	0	11.6/11.2/0/0/0			0/0/0	---Of synthetic fibres
0	0	0	0	0	0	0	0		0	0	0/0/	0	0	0	0	0	10.2/9.8/0/0/0			0/0/0	---Of other textile materials

商品编号	商品名称及备注［检验检疫编码及名称］	进口关税(%)		增值税率(%)	消费税	计量单位	监管条件	检验检疫类别	对美税率	出口税率(%)	出口退税率(%)
		最惠国	普通								
6306309000	其他纺织材料制风帆〔999〕	6	100	13		件/千克				0	
63064010	---棉制										13
6306401000	棉制充气褥垫〔999〕	6	80	13		件/千克				0	
63064020	---化学纤维制										13
6306402000	化学纤维制充气褥垫〔999〕	6	130	13		件/千克			31%	0	
63064090	---其他										13
6306409000	其他纺织材料制充气褥垫〔999〕	6	100	13		件/千克			16%	0	
63069010	---棉制										13
6306901000	棉制其他野营用品〔999〕	6	80	13		件/千克				0	
63069020	---麻制										13
6306902000	麻制其他野营用品〔999〕	6	80	13		件/千克				0	
63069030	---化学纤维制										13
6306903000	化学纤维制其他野营用品〔999〕	6	130	13		件/千克			31%	0	
63069090	---其他										13
6306909000	其他材料制其他野营用品〔999〕	6	100	13		件/千克				0	
6307	**其他制成品，包括服装裁剪样：**										
63071000	-擦地布、擦碗布、抹布及类似擦拭用布										13
6307100000	擦地布、擦碗布、抹布及类似擦拭用布〔999〕	6	130	13		千克			31%	0	
63072000	-救生衣及安全带										13
6307200000	救生衣及安全带〔999〕	6	70	13		千克/件			16%	0	
63079010	---口罩										13
6307901010	医疗或外科口罩(C)〔999〕	6	100	13		千克/个			31%	0	
6307901090	其他口罩(C)〔999〕	6	100	13		千克/个			31%	0	
63079090	---其他										13
6307909000	其他纺织材料制未列名制品〔999〕	6	100	13		千克/个			31%	0	
6308	**由机织物及纱线构成的零售包装成套物品，不论是否带附件，用以制作小地毯、装饰毯、绣花台布、餐巾或类似的纺织物品：**										
63080000	由机织物及纱线构成的零售包装成套物品，不论是否带附件，用以制作小地毯、装饰毯、绣花台布、餐巾或类似的纺织物品										13
6308000000	由机织物及纱线构成的零售包装成套物品，不论是否带附件，用以制作小地毯、装饰毯、绣花台布、餐巾或类似的纺织物品〔998 其他装饰用纺织制品〕,〔999 其他纺织制品〕	6	130	13		千克			31%	0	
6309	旧衣物：										
63090000	旧衣物										0
6309000000	旧衣物〔999〕	6	130	13		千克	9			0	
6310	**纺织材料的新的或旧的碎织物及废线、绳、索、缆及其制品：**										
63101000	-经分拣的										13
6310100010	新的或未使用过的纺织材料制经分拣的碎织物等(新的或未使用过的，包括废线、绳、索、缆及其制品)〔999〕	6	50	13		千克	9		31%	0	
6310100090	其他纺织材料制经分拣的碎织物等(包括废线、绳、索、缆及其制品)〔999〕	6	50	13		千克	9		31%	0	
63109000	-其他										13
6310900010	新的或未使用过的纺织材料制其他碎织物等(新的或未使用过的，包括废线、绳、索、缆及其制品)〔999〕	6	50	13		千克	9		31%	0	
6310900090	其他纺织材料制碎织物等(包括废线、绳、索、缆及其制品)〔999〕	6	50	13		千克	9		31%	0	

协定税率(%)																		特惠税率(%)			Article Description
智利	新西兰	澳大利亚	瑞士	冰岛	秘鲁	哥斯达	东盟	亚太	新加坡	巴基斯坦	港/澳/台	韩国	格鲁吉亚	毛里求斯	柬埔寨	尼加拉瓜	日/韩/澳/新/东(RCEP)	亚太2国	老/柬/缅	LDC 98/97/95	
0	0	0	0	0	0	0	0		0	0	0/0/	0	0	0	0	0	10.2/9.8/0/0/0			0/0/0	---Of cotton
0	0	0	0	0	0	0	0		0	0	0/0/	0	0	0	0	0	11.6/11.2/0/0/0			0/0/0	---Of man-made fibres
0	0	0	0	0	0	0	0		0	0	0/0/	0	0	0	0	0	10.2/9.8/0/0/0			0/0/0	---Other
0	0	0	0	0	0	0	0		0	0	0/0/	0	0	0	0	0	10.2/9.8/0/0/0			0/0/0	---Of cotton
0	0	0	0	0	0	0	0		0	0	0/0/	0	0	0	0	0	10.2/9.8/0/0/0			0/0/0	---Of bast fibres
0	0	0	0	0	0	0	0		0	0	0/0/	0	0	0	0	0	11.6/11.2/0/0/0			0/0/0	---Of man-made fibres
0	0	0	0	0	0	0	0		0	0	0/0/	0	0	0	0	0	10.2/9.8/0/0/0			0/0/0	---Other
																					Other made up articles, including dress patterns:
0	0	0	0	0	0	0	0	3.9	0	0	0/0/0	0	0	0	0	0	10.2/9.8/0/0/0			0/0/0	-Floor-cloths, dish-cloths, dus-ters and similar cleaning cloths
0	0	0	0	0	0	0	0		0	11.2	0/0/	0	0	0	0	0	10.2/9.8/0/0/0			0/0/0	-Life-jackets and life-belts
0	0	0	0	0	0	0	0		0	0	0/0/	4.6	0	0	0	0	11.4/11.2/11.9/11.9/11.2		0/0/0	0/0/0	---Masks
0	0	0	0	0	0	0	0		0	0	0/0/	4.6	0	0	0	0	11.4/11.2/11.9/11.9/11.2		0/0/0	0/0/0	---Other
																					Sets consisting of woven fabric and yarn, whether or not with accessories, for making up into rugs, tapestries, embroidered table cloths or serviettes, or similar textile articles, put up in packings for retail sale:
0	0	0	0	0	0	0	0		0	7	0/0/	0	0	0	0	0	10.2/9.8/0/0/0			0/0/0	Sets consisting of woven fabric and yarn, whether or not with accessories, for making up into rugs, tapestries, embroidered table cloths or serviettes, or similar textile articles, put up in packings for retail sale
																					Worn clothing and other worn articles:
0	0	0	0	0	0	0	0		0	7	0/0/	0	0	0	0	0	10.2/9.8/0/0/0			0/0/0	Worn clothing and other worn articles
																					Used or new rags, scrap twine, cordage, rope and cables and worn out articles of twine, cordage, rope or cables, of textile materials:
0	0	0	0	0	0	0	0		0	0	0/0/	0	0	2.8	0	0	10.2/9.8/9.8/9.8/9.8			0/0/0	-Sorted
0	0	0	0	0	0	0	0		0	0	0/0/	0	0	0	0	0	10.2/9.8/9.8/9.8/9.8		0/0/0	0/0/0	-Other

第十二类
鞋、帽、伞、杖、鞭及其零件；已加工的羽毛及其制品；人造花；人发制品

第六十四章
鞋靴、护腿和类似品及其零件

注释：

一、本章不包括：

（一）易损材料（例如，纸、塑料薄膜）制的无外绱鞋底的一次性鞋靴罩或套。这些产品应按其构成材料归类；

（二）纺织材料制的鞋靴，没有用粘、缝或其他方法将外底固定或安装在鞋面上的（第十一类）；

（三）品目63.09的旧鞋靴；

（四）石棉制品（品目68.12）；

（五）矫形鞋靴或其他矫形器具及其零件（品目90.21）；或

（六）玩具鞋及装有冰刀或轮子的滑冰鞋；护胫或类似的运动防护服装（第九十五章）。

二、品目64.06所称"零件"，不包括鞋钉、护鞋铁掌、鞋眼、鞋钩、鞋扣、饰物、编带、鞋带、绒球或其他装饰带（应分别归入相应税目）及品目96.06的纽扣或其他货品。

三、本章所称：

（一）"橡胶"及"塑料"，包括能用肉眼辨出其外表有一层橡胶或塑料的机织物或其他纺织产品；运用本款时，橡胶或塑料仅引起颜色变化的不计在内；以及

（二）"皮革"，是指品目41.07及41.12至41.14的货品。

四、除本章注释三另有规定的以外：

（一）鞋面的材料应以占表面面积最大的那种材料为准，计算表面面积可不考虑附件及加固件，例如，护踝、裹边、饰物、扣子、拉襻、鞋眼或类似附属件；

（二）外底的主要材料应以与地面接触最广的那种材料为准，计算接触面时可不考虑鞋底钉、铁掌或类似附属件。

子目注释：

子目6402.12、6402.19、6403.12、6403.19及6404.11所称"运动鞋靴"，仅适用于：

一、带有或可装鞋底钉、止滑柱、夹钳、马蹄掌或类似品的体育专用鞋靴；

二、滑冰靴、滑雪靴及越野滑雪用鞋靴、滑雪板靴、角力靴、拳击靴及赛车鞋。

商品编号	商品名称及备注[检验检疫编码及名称]	进口关税(%)		增值税率(%)	消费税	计量单位	监管条件	检验检疫类别	对美税率	出口税率(%)	出口退税率(%)
		最惠国	普通								
6401	**橡胶或塑料制外底及鞋面的防水鞋靴，其鞋面不是用缝、铆、钉、旋、塞或类似方法固定在鞋底上的：**										
64011010	---橡胶制鞋面的										13
6401101000	橡胶制鞋面的装金属护头的防水鞋靴（鞋面与鞋底非用缝铆钉旋塞等类似方法连结的）〔999〕	10	100	13		千克/双				0	
64011090	---塑料制鞋面的										13
6401109000	塑料制鞋面的装金属护头的防水鞋靴（鞋面与鞋底非用缝铆钉旋塞等类似方法连结的）〔999〕	10	100	13		千克/双			35%	0	
64019210	---橡胶制鞋面的										13
6401921000	橡胶制鞋面的过踝但未到膝防水鞋靴（鞋面与鞋非用缝铆钉旋塞等类似方法连结的）〔999〕	10	100	13		千克/双			35%	0	
64019290	---塑料制鞋面的										13
6401929000	塑料制鞋面的过踝但未到膝防水鞋靴（鞋面与鞋非用缝铆钉旋塞等类似方法连结的）〔999〕	10	100	13		千克/双				0	
64019900	--其他										13
6401990000	其他橡胶塑料制外底及鞋面防水靴（鞋面与鞋底非用缝铆钉旋塞等类似方法连结的）〔999〕	10	100	13		千克/双			35%	0	
6402	**橡胶或塑料制外底及鞋面的其他鞋靴：**										
64021200	--滑雪靴、越野滑雪鞋靴及滑雪板靴										
6402120010	含濒危动物毛皮橡胶/塑料底及面滑雪靴（包括越野滑雪鞋靴及滑雪板靴）〔999〕	4	100	13		千克/双	EF		29%	0	0
6402120090	其他橡胶/塑料底及面滑雪靴（包括越野滑雪鞋靴及滑雪板靴）〔101 橡塑类鞋靴〕,〔102 运动类鞋靴〕	4	100	13		千克/双			29%	0	13

SECTION XII
FOOTWEAR, HEADGEAR, UMBRELLAS, SUN UMBRELLAS, WALKING-STICKS, SEAT-STICKS, WHIPS, RIDING-CROPS AND PARTS THEREOF; PREPARED FEATHERS AND ARTICLES MADE THEREWITH; ARTIFICIAL FLOWERS; ARTICLES OF HUMAN HAIR

Chapter 64
Footwear, gaiters and the like; parts of such articles

Chapter Notes:

1. This Chapter does not cover:
   (a) Disposable foot or shoe coverings of flimsy material (for example, paper, sheeting of plastics) without applied soles. These products are classified according to their constituent material;
   (b) Footwear of textile material, without an outer sole glued, sewn or otherwise affixed or applied to the upper (Section XI);
   (c) Worn footwear of heading 63.09;
   (d) Articles of asbestos (heading 68.12);
   (e) Orthopaedic footwear or other orthopaedic appliances, or parts thereof (heading 90.21); or
   (f) Toy footwear or skating boots with ice or roller skates attached; shin-guards or similar protective sportswear (Chapter 95).

2. For the purposes of heading 64.06, the term "parts" does not include pegs, protectors, eyelets, hooks, buckles, ornaments, braid, laces, pompons or other trimmings (which are to be classified in their appropriate headings) or buttons or other goods of heading 96.06.

3. For the purposes of this Chapter:
   (a) The terms "rubber" and "plastics" include woven fabrics or other textile products with an external layer of rubber or plastics being visible to the naked eye; for the purpose of this provision, no account should be taken of any resulting change of colour; and
   (b) The term "leather" refers to the goods of headings 41.07 and 41.12 to 41.14.

4. Subject to Note 3 to this Chapter:
   (a) The material of the upper shall be taken to be the constituent material having the greatest external surface area, no account being taken of accessories or reinforcements such as ankle patches, edging, ornamentation, buckles, tabs, eyelet stays or similar attachments;
   (b) The constituent material of the outer sole shall be taken to be the material having the greatest surface area in contact with the ground, no account being taken of accessories or reinforcements such as spikes, bars, nails, protectors or similar attachments.

Subheading Notes:

For the purposes of subheadings 6402.12, 6402.19, 6403.12, 6403.19 and 6404.11, the expression "sports footwear" applies only to:

1. Footwear which is designed for a sporting activity and has, or has provision for the attachment of, spikes, sprigs, stops, clips, bars or the like;

2. Skating boots, ski-boots and cross-country ski footwear, snowboard boots, wrestling boots, boxing boots and cycling shoes.

协定税率(%)																		特惠税率(%)			Article Description
智利	新西兰	澳大利亚	瑞士	冰岛	秘鲁	哥斯达	东盟	亚太	新加坡	巴基斯坦	港/澳/台	韩国	格鲁吉亚	毛里求斯	柬埔寨	尼加拉瓜	日/韩/澳/新/东 (RCEP)	亚太2国	老/柬/缅	LDC 98/97/95	
																					Waterproof footwear with outer soles and uppers of rubber or of plastics, the uppers of which are neither fixed to the sole nor assembled by stitching, riveting, nailing, screwing, plugging or similar processes:
0	0	0	0	0	0	0	0	5	0	12	0/0/	12	0	4.8	0	9	20.6/20.4/20.4/20.4/20.4			0/0/0	---With uppers of rubber
0	0	0	0	0	0	0	0	5	0	12	0/0/	12	0	4.8	0	9	20.6/20.4/20.4/20.4/20.4			0/0/0	---With uppers of plastics
0	0	0	0	0	0	0	0	5	0	12	0/0/	12	0	4.8	0	9	20.6/20.4/20.4/20.4/20.4			0/0/0	---With uppers of rubber
0	0	0	0	0	0	0	0	5	0	12	0/0/	12	0	4.8	0	9	20.6/20.4/20.4/20.4/20.4			0/0/0	---With uppers of plastics
0	0	0	0	0	0	0	0	5	0	12	0/0/	12	0	4.8	0	9	20.6/20.4/20.4/20.4/20.4			0/0/0	--Other
																					Other footwear with outer soles and uppers of rubber or plastics:
0	0	0	0	0	0	0	0	2		0	0/0/	0	0	0	0	0	7.3/7/0/0/0			0/0/0	--Ski-boots, cross-country ski footwear and snowboard boots

商品编号	商品名称及备注[检验检疫编码及名称]	进口关税(%)		增值税率(%)	消费税	计量单位	监管条件	检验检疫类别	对美税率	出口税率(%)	出口退税率(%)
		最惠国	普通								
64021900	--其他										
6402190010	含濒危动物毛皮其他运动鞋靴(橡胶、塑料制底及面)〔999〕	10	100	13		千克/双	EF		35%	0	0
6402190090	橡胶、塑料制底及面的其他运动鞋靴〔999〕	10	100	13		千克/双			35%	0	13
64022000	-用栓塞方法将鞋面条带装配在鞋底上的鞋										13
6402200000	将鞋面条带栓塞在鞋底上的鞋(橡胶或塑料制外底及鞋面)〔101 内底长度小于等于17cm〕,〔102 内底长度大于 17cm〕	10	100	13		千克/双			35%	0	
64029100	--鞋靴(过踝)										13
6402910000	其他橡胶、塑料过踝鞋靴(橡胶或塑料制外底及鞋面,防水及运动鞋靴除外,包括其他装金属护鞋头的橡胶、塑料鞋靴)〔101 内底长度小于等于 17cm〕,〔102 内底长度大于 17cm的橡塑类鞋靴〕	10	100	13		千克/双			35%	0	
64029910	---橡胶制鞋面的										13
6402991000	其他橡胶制鞋面的鞋靴(橡胶制外底及鞋面,防水及运动鞋靴除外,包括其他装金属护鞋头的橡胶、塑料鞋靴)〔101 内底长度小于等于 17cm〕,〔102 内底长度大于 17cm〕	10	100	13		千克/双			35%	0	
64029921	----以机织物或其他纺织材料作衬底的										13
6402992100	其他以机织物或其他纺织材料做衬底的鞋靴[塑料制鞋面,防水及运动鞋靴除外(包括其他装金属护鞋头的橡胶、塑料鞋靴)]①	10	100	13		千克/双				0	
64029929	----其他										13
6402992900	其他塑料制鞋面的鞋靴[塑料制鞋面,防水及运动鞋靴除外(包括其他装金属护鞋头的橡胶、塑料鞋靴)]②	10	100	13		千克/双			35%	0	
6403	**橡胶、塑料、皮革或再生皮革制外底,皮革制鞋面的鞋靴:**										
64031200	--滑雪靴、越野滑雪鞋靴及滑雪板靴										
6403120010[暂4]	含濒危野生动物皮革制鞋面的滑雪靴〔999〕	14	100	13		千克/双	EF			0	0
6403120090[暂4]	其他皮革制鞋面的滑雪靴(包括橡胶、塑料、皮革制外底和越野滑雪鞋靴及板靴)〔999〕	14	100	13		千克/双				0	13
64031900	--其他										
6403190010	含濒危野生动物皮革制鞋面其他运动鞋靴〔999〕	10	100	13		千克/双	EF		35%	0	0
6403190090	皮革制鞋面的其他运动鞋靴(橡胶、塑料、皮革或再生皮革制外底)〔999〕	10	100	13		千克/双			35%	0	13
64032000	-皮革制外底,由交叉于脚背并绕大脚趾的皮革条带构成鞋面的鞋										
6403200010	含濒危野生动物皮革条带为鞋面的皮底鞋〔101 内底长度小于等于 17cm〕,〔102 内底长度大于 17cm〕	14	100	13		千克/双	EF			0	0
6403200090	其他皮革条带为鞋面的皮底鞋(皮革条带交叉于脚背并绕大脚趾的)〔999〕	14	100	13		千克/双				0	13
64034000	-装有金属防护鞋头的其他鞋靴										
6403400010	其他含濒危野生动物皮革面鞋靴(装有金属护鞋头的)〔999〕	14	100	13		千克/双	FE		24%	0	0
6403400090	装有金属护鞋头的其他皮革面鞋靴(橡胶、塑料、皮革或再生皮革制外底)〔999〕	14	100	13		千克/双			24%	0	13
64035111	----小于 24 厘米的										
6403511110	含濒危野生动物皮革制外底皮革面过脚踝但低于小腿的鞋靴(内底长度小于 24 厘米,运动用靴除外)〔101 内底长度小于等于 17cm〕,〔102 内底长度大于 17cm〕	8	100	13		千克/双	FE		33%		0
6403511190	皮革制外底皮革面过脚踝但低于小腿的鞋靴(内底长度小于 24 厘米,运动用靴除外)③	8	100	13		千克/双	A	M/	33%		13
64035119	----其他										
6403511910	其他含濒危野生动物皮革制外底皮革面过脚踝但低于小腿的鞋靴(运动用靴除外)〔101 内底长度小于等于 17cm〕,〔102 内底长度大于 17cm〕	8	100	13		千克/双	EF		33%		0
6403511990	其他皮革制外底皮革面过脚踝但低于小腿的鞋靴(运动用靴除外)〔101 内底长度小于等于 17cm〕,〔102 内底长度大于 17cm〕	8	100	13		千克/双			33%		13
64035191	----小于 24 厘米的										
6403519110	含濒危野生动物皮革制外底皮革面的鞋靴(过踝)(内底长度小于 24 厘米,运动用靴除外)〔101 内底长度小于等于 17cm〕,〔102 内底长度大于 17cm〕	8	100	13		千克/双	EF				0
6403519190	皮革制外底的皮革面的鞋靴(过踝)(内底长度小于 24 厘米,运动用靴除外)④	8	100	13		千克/双	A	M/			13
64035199	----其他										
6403519910	含濒危野生动物皮革制外底皮革面的鞋靴(过踝)(运动用靴除外)〔101 内底长度小于等于 17cm〕,〔102 内底长度大于 17cm〕	8	100	13		千克/双	FE		33%		0

① 〔101 靴除外,包括其他装金属护鞋头的橡胶、塑料鞋靴(内底长度小于等于 17cm)〕,〔102 靴除外,包括其他装金属护鞋头的橡胶、塑料鞋靴(内底长度大于 17cm)〕
② 〔101 靴除外,包括其他装金属护鞋头的橡胶、塑料鞋靴(内底长度小于等于 17cm)〕,〔102 靴除外,包括其他装金属护鞋头的橡胶、塑料鞋靴(内底长度大于 17cm)〕
③ 〔101 内底长度小于等于 17cm〕,〔102 内底长度大于 17cm,适用于 14 周岁及以下儿童穿用〕,〔103 内底长度大于 17cm,不适用于 14 周岁及以下儿童穿用〕
④ 〔101 内底长度小于等于 17cm〕,〔102 内底长度大于 17cm,适用于 14 周岁及以下儿童穿用〕,〔103 内底长度大于 17cm,不适用于 14 周岁及以下儿童穿用〕

协定税率(%)																		特惠税率(%)			Article Description
智利	新西兰	澳大利亚	瑞士	冰岛	秘鲁	哥斯达	东盟	亚太	新加坡	巴基斯坦	港/澳/台	韩国	格鲁吉亚	毛里求斯	柬埔寨	尼加拉瓜	日/韩/澳/新/东(RCEP)	亚太2国	老/柬/缅	LDC 98/97/95	
0	0	0	0	0	0	0	0	5	0	12	0/0/	12	0	4.8	0	9	//20.4/20.4/20.4			0/0/0	--Other
0	0	0	0	0	0	0	0	5	0	12	0/0/	12	0	4.8	0	9	/20.4/20.4/20.4/20.4			0/0/0	-Footwear with upper straps or thongs assembled to the soles by means of plugs
0	0	0	0	0	0	0	0	5	0	12	0/0/	12	0	4.8	0	9	//20.4/20.4/20.4			0/0/0	--Covering the ankle
0	0	0	0	0	0	0	0	5	0	12	0/0/	12	0	4.8	0	9	20.6/20.4/20.4/20.4/20.4			0/0/0	---With uppers of rubber
0	0	0	0	0	0	0	0	5	0	0	0/0/	12	0	4.8	0	9	/20.4/20.4/20.4/20.4			0/0/0	----On a base of woven fabric or other textile materials
0	0	0	0	0	0	0	0	5	0	0	0/0/	12	0	4.8	0	0	20.6/20.4/20.4/20.4/20.4			0/0/0	----Other
																					Footwear with outer soles of rubber, plastics, leather or composition leather and uppers of leather:
0	0	0	0	0	0	0	0		0		0/0/	12	0	4.8	0	13.1	20.6/20.4/20.4/20.4/20.4		/0/	0/0/0	--Ski-boots, cross-country ski footwear and snowboard boots
0	0	0	0	0	0	0	0		0	12	0/0/	0	0	0	0	9	10.9/10.5/0/0/0		/0/	0/0/0	--Other
0	0	0	0	0	0	0	0		0	0	0/0/	12	0	4.8	0	12.6	20.6/20.4/20.4/20.4/20.4		/0/	0/0/0	-Footwear with outer soles of leather, and uppers which consist of leather straps across the instep and around the big toe
0	0	0	0	0	0	0	0		0		0/0/	12	0	4.8	0	13.1	//20.4/20.4/20.4		/0/	0/0/0	-Other footwear, incorporating a protective metal toe-cap
0	0	0	0	0	0	0	0			0	0/0/	0	0	0	0	6.4	7.3/7/0/0/0		/0/	0/0/0	----Less than 24cm
0	0	0	0	0	0	0	0			0	0/0/	0	0	0	0	6.4	7.3/7/0/0/0		/0/	0/0/0	----Other
0	0	0	0	0	0	0	0			0	0/0/	0	0	0	0	6.4	7.3/7/0/0/0		/0/	0/0/0	----Less than 24cm
0	0	0	0	0	0	0	0			0	0/0/	0	0	0	0	6.4	7.3/7/0/0/0		/0/	0/0/0	----Other

商品编号	商品名称及备注[检验检疫编码及名称]	进口关税(%)		增值税率(%)	消费税	计量单位	监管条件	检验检疫类别	对美税率	出口税率(%)	出口退税率(%)
		最惠国	普通								
6403519990	皮革制外底的皮革面短筒靴(过踝)(运动用靴除外)〔101 内底长度小于等于 17cm〕,〔102 内底长度大于 17cm〕	8	100	13		千克/双			33%		13
64035900	--其他										
6403590010	含濒危野生动物皮革制外底皮革面其他鞋(包括靴,运动用鞋靴除外)〔101 内底长度小于等于 17cm〕,〔102 内底长度大于 17cm〕	8	100	13		千克/双	EF		33%		0
6403590090	皮革制外底的皮革面其他鞋靴(运动用鞋靴除外)〔101 内底长度小于等于 17cm〕,〔102 内底长度大于 17cm〕	8	100	13		千克/双			33%		13
64039111	----小于 24 厘米的										
6403911110	其他含濒危野生动物皮革制面过脚踝但低于小腿的鞋靴(内底<24 厘米,橡胶、塑料、再生皮革制外底,运动用靴除外)〔101 内底长度小于等于 17cm〕,〔102 内底长度大于 17cm〕	8	100	13		千克/双	EF		33%	0	0
6403911190	其他皮革制面过脚踝但低于小腿的鞋靴(内底<24 厘米,橡胶、塑料、再生皮革制外底,运动用靴除外)①	8	100	13		千克/双	A	M/	33%	0	13
64039119	----其他										
6403911910	其他含濒危野生动物皮革制面过脚踝但低于小腿的鞋靴(橡胶、塑料、再生皮革制外底,运动用靴除外)〔101 内底长度小于等于 17cm〕,〔102 内底长度大于 17cm〕	8	100	13		千克/双	EF		33%	0	0
6403911990	其他皮革制面过脚踝但低于小腿的鞋靴(橡胶、塑料、再生皮革制外底,运动用靴除外)〔101 内底长度小于等于 17cm〕,〔102 内底长度大于 17cm〕	8	100	13		千克/双			33%	0	13
64039191	----小于 24 厘米的										
6403919110	其他含濒危野生皮革制面的鞋靴(过踝)(内底<24 厘米,橡胶、塑料、再生皮革制外底,运动用靴除外)〔101 内底长度小于等于 17cm〕,〔102 内底长度大于 17cm〕	8	100	13		千克/双	EF		33%	0	0
6403919190	其他皮革制面的鞋靴(过踝)(内底<24 厘米,橡胶、塑料、再生皮革制外底,运动用靴除外)②	8	100	13		千克/双	A	M/	33%	0	13
64039199	----其他										
6403919910	其他含濒危野生皮革制面的鞋靴(过踝)(橡胶、塑料、再生皮革制外底,运动用靴除外)〔101 内底长度小于等于 17cm〕,〔102 内底长度大于 17cm〕	8	100	13		千克/双	EF		33%	0	0
6403919990	其他皮革制面的鞋靴(过踝)(橡胶、塑料、再生皮革制外底,运动用靴除外)〔101 内底长度小于等于 17cm〕,〔102 内底长度大于 17cm〕	8	100	13		千克/双			33%	0	13
64039900	--其他										
6403990010	含濒危野生动物皮革制面的其他鞋靴(橡胶、塑料、再生皮革制外底,运动用鞋靴除外)〔101 内底长度小于等于 17cm〕,〔102 内底长度大于 17cm〕	8	100	13		千克/双	EF		33%	0	0
6403990090	其他皮革制面的其他鞋靴(橡胶、塑料、再生皮革制外底,运动用鞋靴除外)〔101 内底长度小于等于 17cm〕,〔102 内底长度大于 17cm〕	8	100	13		千克/双			33%	0	13
6404	**橡胶、塑料、皮革或再生皮革制外底,用纺织材料制鞋面的鞋靴:**										
64041100	--运动鞋靴;网球鞋、篮球鞋、体操鞋、训练鞋及类似鞋										13
6404110000	纺织材料制鞋面的运动鞋靴(橡胶或塑料制外底,包括球类、体操、训练鞋及类似鞋)〔999〕	10	100	13		千克/双			35%	0	
64041910	---拖鞋										13
6404191000	纺织材料制鞋面胶底的拖鞋[拖鞋,指没有后帮(带),露趾或不露趾的、日常穿用的鞋]〔101 内底长度小于等于 17cm〕,〔102 内底长度大于 17cm〕	10	100	13		千克/双			35%	0	
64041990	---其他										13
6404199000	纺织材料制鞋面胶底的其他鞋靴(橡胶或塑料制外底,运动用鞋靴除外)〔101 内底长度小于等于 17cm〕,〔102 内底长度大于 17cm〕	10	100	13		千克/双			35%	0	
64042010	---拖鞋										13
6404201000	纺织材料制鞋面皮革底的拖鞋[拖鞋,指没有后帮(带),露趾或不露趾的、日常穿用的鞋]〔101 内底长度小于等于 17cm〕,〔102 内底长度大于 17cm,非运动鞋〕,〔103 运动类鞋靴〕	10	100	13		千克/双				0	
64042090	---其他										13
6404209000	纺织材料制鞋面皮革底的其他鞋靴(皮革或再生皮革制外底,包括运动用鞋靴)〔101 内底长度小于等于 17cm〕,〔102 内底长度大于 17cm,非运动鞋〕,〔103 运动类鞋靴〕	10	100	13		千克/双			35%	0	
6405	**其他鞋靴:**										
64051010	---橡胶、塑料、皮革及再生皮革制外底的										13
6405101000	再生皮革制面的,橡胶、塑料、皮革及再生皮革制外底的其他鞋靴〔101 内底长度小于等于 17cm〕,〔102 内底长度大于 17cm〕	12	100	13		千克/双				0	

① 〔101 内底长度小于等于 17cm〕,〔102 内底长度大于 17cm,适用于 14 周岁及以下儿童穿用〕,〔103 内底长度大于 17cm,不适用于 14 周岁及以下儿童穿用〕
② 〔101 内底长度小于等于 17cm〕,〔102 内底长度大于 17cm,适用于 14 周岁及以下儿童穿用〕,〔103 内底长度大于 17cm,不适用于 14 周岁及以下儿童穿用〕

协定税率(%)																		特惠税率(%)			Article Description
智利	新西兰	澳大利亚	瑞士	冰岛	秘鲁	哥斯达	东盟	亚太	新加坡	巴基斯坦	港/澳/台	韩国	格鲁吉亚	毛里求斯	柬埔寨	尼加拉瓜	日/韩/澳/新/东(RCEP)	亚太2国	老/柬/缅	LDC 98/97/95	
0	0	0	0	0	0	0	0			0	0/0/	0	0	0	0	6.4	7.3/7/0/0/0		/0/	0/0/0	--Other
0	0	0	0	0	0	0	0		0	2.5	0/0/	0	0	0	0	6.4	7.3/7/0/0/0		/0/	0/0/0	----Less than 24cm
0	0	0	0	0	0	0	0		0	0	0/0/	0	0	0	0	6.4	7.3/7/7/7/7		/0/	0/0/0	----Other
0	0	0	0	0	0	0	0		0	0	0/0/	0	0	0	0	6.4	7.3/7/0/0/0		/0/	0/0/0	----Less than 24cm
0	0	0	0	0	0	0	0		0	0	0/0/	0	0	0	0	6.4	7.3/7/0/0/0		/0/	0/0/0	----Other
0	0	0	0	0	0	0	0	5.2	0	0	0/0/	0	0	2	0	0	7.3/7/0/0/0		/0/	0/0/0	--Other
																					Footwear with outer soles of rubber, plastics, leather or composition leather and uppers of textile materials:
0	0	0	0	0	0	0	0	5	0	0	0/0/	12	0	4.8	0	9	//20.4/ 20.4/20.4			0/0/0	--Sports footwear; tennis shoes, basketball shoes, gym shoes, training shoes and the like
0	0	0	0	0	0	0	0	5	0	9.6	0/0/	12	0	4.8	0	9	20.6/20.4/20.4/ 20.4/20.4			0//	---Other
0	0	0	0	0	0	0	0	5	0	9.6	0/0/	12	0	4.8	0	0	20.6/20.4/20.4/ 20.4/20.4			0//	---Other
0	0	0	0	0	0	0	0	5	0	12	0/0/	12	0	4.8	0	9	20.6/20.4/20.4/ 20.4/20.4			0//	---Slippers
0	0	0	0	0	0	0	0	5	0	12	0/0/	12	0	4.8	0	9	20.6/20.4/20.4/ 20.4/20.4			0//	---Other
																					Other footwear:
0	0	0	0	0	0	0	0	6	0	12	0/0/	12	0	4.8	0	11.2	20.6//20.4/ 20.4/20.4			0/0/0	---With outer soles of rubber, plastics, leather or composition leather

商品编号	商品名称及备注[检验检疫编码及名称]	进口关税(%)		增值税率(%)	消费税	计量单位	监管条件	检验检疫类别	对美税率	出口税率(%)	出口退税率(%)
		最惠国	普通								
64051090	---其他材料制外底的										
6405109010	含濒危野生动物皮革制面的其他鞋靴(外底用橡胶、塑料、皮革及再生皮革以外材料制成)〔101 内底长度小于等于 17cm〕,〔102 内底长度大于 17cm〕	12	100	13		千克/双	EF			0	0
6405109090	其他皮革或再生皮革制面的其他鞋靴(外底用橡胶、塑料、皮革及再生皮革以外材料制成)〔101 内底长度小于等于 17cm〕,〔102 内底长度大于 17cm〕	12	100	13		千克/双				0	13
64052000	-纺织材料制鞋面的										13
6405200010	羊毛毡呢制内底及鞋面的鞋靴(外底用橡胶、塑料、皮革或再生皮革制以外材料制成)〔101 内底长度小于等于 17cm〕,〔102 内底长度大于 17cm〕	10	100	13		千克/双			35%	0	
6405200090	纺织材料制鞋面的其他鞋靴(外底用橡胶、塑料、皮革或再生皮革制以外材料制成)〔101 内底长度小于等于 17cm〕,〔102 内底长度大于 17cm〕	10	100	13		千克/双			35%	0	
64059010	---橡胶、塑料、皮革及再生皮革制外底的										13
6405901000	其他材料制面的橡胶、塑料、皮革及再生皮革制外底的鞋靴(面用皮革、再生皮革及纺织材料以外的材料制成)〔101 日常穿着用〕,〔102 非日常穿着用〕	6	100	13		千克/双			31%	0	
64059090	---其他材料制外底的										13
6405909000	其他材料制面非橡胶、塑料、皮革及再生皮革制外底的鞋靴(面用皮革、再生皮革及纺织材料以外的材料制成)〔101 日常穿着用〕,〔102 非日常穿着用〕	6	100	13		千克/双			31%	0	
6406	**鞋靴零件(包括鞋面,不论是否带有除外底以外的其他鞋底);活动式鞋内底、跟垫及类似品;护腿、裹腿和类似品及其零件:**										
64061000	-鞋面及其零件,但硬衬除外										
6406100010	含濒危野生动物皮的鞋面及其零件〔999〕	6	90	13		千克/个	FE		31%	0	0
6406100090	其他鞋面及其零件(不包括硬衬及毡呢制品)〔999〕	6	90	13		千克/个			31%	0	13
64062010	---橡胶制的										13
6406201000	橡胶制的外底及鞋跟〔999〕	6	90	13		千克/个			31%	0	
64062020	---塑料制的										13
6406202000	塑料制的外底及鞋跟〔999〕	6	90	13		千克/个			31%	0	
64069010	---木制										13
6406901000	其他木制鞋靴零件,活动式鞋内底等(包括跟垫及类似品,护腿、裹腿和类似品及其零件)〔999〕	6	90	13		千克/个				0	
64069091	----活动式鞋内底、跟垫及类似品										13
6406909100	其他材料制活动式鞋内底,跟垫及类似品〔999〕	6	90	13		千克/个			31%	0	
64069092	----护腿、裹腿和类似品及其零件										13
6406909200	其他材料制护腿、裹腿和类似品及其零件〔999〕	6	90	13		千克/个			31%	0	
64069099	----其他										13
6406909900	其他材料制其他鞋靴零件〔999〕	6	90	13		千克/个			16%	0	

协定税率(%)																		特惠税率(%)			Article Description
智利	新西兰	澳大利亚	瑞士	冰岛	秘鲁	哥斯达	东盟	亚太	新加坡	巴基斯坦	港/澳/台	韩国	格鲁吉亚	毛里求斯	柬埔寨	尼加拉瓜	日/韩/澳/新/东(RCEP)	亚太2国	老/柬/缅	LDC 98/97/95	
0	0	0	0	0	0	0	0	6	0	12	0/0/	12	0	4.8	0	11.2	20.6/20.4/20.4/20.4/20.4			0/0/0	---Other
0	0	0	0	0	0	0	0	5	0	11	0/0/	11	0	4.4	0	9	18.9//18.7/18.7/18.7			0/0/0	-With uppers of textile materials
0	0	0	0	0	0	0	0	3.9	0	0	0/0/	0	0	0	0	0	10.9/10.5/0/0/0			0/0/0	---With outer soles of rubber, plastics, leather or composition leather
0	0	0	0	0	0	0	0	3.9	0	7.5	0/0/	0	0	0	0	0	10.9/10.5/0/0/0			0/0/0	---Other
																					Parts of footwear (including uppers whether or not attached to soles other than outer soles); removable in-soles, heel cushions and similar articles; gaiters, leggings and similar articles, and parts thereof:
0	0	0	0	0	0	0	0	3.9	0	7.5	0/0/0	7.5	0	0	0	0	//12.8/12.8/12.8			0/0/0	-Uppers and parts thereof, other than stiffeners
0	0	0	0	0	0	0	0		0	12	0/0/0	0	0	0	0	0	10.9/10.5/10.5/10.5/10.5			0/0/0	---Of rubber
0	0	0	0	0	0	0	0		0	12	0/0/	0	0	0	0	0	10.9/10.5/0/0/0			0/0/0	---Of plastics
0	0	0	0	0	0	0	0	3.9	0	7.5	0/0/	0	0	0	0	0	10.9/10.5/0/0/0			0/0/0	---Of wood
0	0	0	0	0	0	0	0	3.9	0	7.5	0/0/0	7.5	0	0	0	0	//12.8/12.8/12.8			0/0/0	----Removable in-soles, heel cushions and similar articles
0	0	0	0	0	0	0	0	3.9	0	6	0/0/0	7.5	0	0	0	0	//12.8/12.8/12.8			0/0/0	----Gaiters, leggings and similar articles, and parts thereof
0	0	0	0	0	0	0	0	3.9	0	6	0/0/0	7.5	0	0	0	0	//12.8/12.8/12.8			0/0/0	----Other

第六十五章
帽类及其零件

注释：

一、本章不包括：

（一）品目63.09的旧帽类；

（二）石棉制帽类（品目68.12）；或

（三）第九十五章的玩偶帽、其他玩具帽或狂欢节用品。

二、品目65.02不包括缝制的帽坯，但仅将条带缝成螺旋形的除外。

商品编号	商品名称及备注[检验检疫编码及名称]	进口关税(%)		增值税率(%)	消费税	计量单位	监管条件	检验检疫类别	对美税率	出口税率(%)	出口退税率(%)
		最惠国	普通								
6501	**毡呢制的帽坯、帽身及帽兜，未楦制成形，也未加帽边；毡呢制的圆帽片及制帽用的毡呢筒（包括裁开的毡呢筒）：**										
65010000	毡呢制的帽坯、帽身及帽兜，未楦制成形，也未加帽边；毡呢制的圆帽片及制帽用的毡呢筒（包括裁开的毡呢筒）										13
6501000000	毡呢制帽坯及圆帽片（包括帽身、帽兜及不论是否裁开的制帽毡呢筒）〔101 纤维素纤维制生活帽〕,〔102 动物纤维制生活帽〕,〔103 化学纤维制生活帽〕	10	100	13		千克			30%	0	
6502	**编结的帽坯或用任何材料的条带拼制而成的帽坯，未楦制成形，也未加帽边、衬里或装饰物：**										
65020000	编结的帽坯或用任何材料的条带拼制而成的帽坯，未楦制成形，也未加帽边、衬里或装饰物										13
6502000000	编结或用条带拼制的帽坯（未楦制成形，未加帽边、衬里或装饰物）①	8	100	13		千克				0	
6504	**编结帽或用任何材料的条带拼制而成的帽类，不论有无衬里或装饰物：**										
65040000	编结帽或用任何材料的条带拼制而成的帽类，不论有无衬里或装饰物										13
6504000000	编结或用条带拼制成的帽类（不论有无衬里或饰物）②	8	130	13		个/千克			28%	0	
6505	**针织或钩编的帽类，用成匹的花边、毡呢或其他纺织物（条带除外）制成的帽类，不论有无衬里或装饰物；任何材料制的发网，不论有无衬里或装饰物：**										
65050010	---发网										13
6505001000	发网（不论有无衬里或装饰物）〔999〕	4	130	13		个/千克			29%	0	
65050020	---钩编的帽类										13
6505002000	钩编的帽类〔101 纤维素纤维制生活帽〕,〔102 动物纤维制生活帽〕,〔103 化学纤维制生活帽〕	8	130	13		个/千克			33%	0	
65050091	----用税目65.01的帽身、帽兜或圆帽片制成的毡呢帽类，无论有无衬里或装饰物										13
6505009100	成品毡呢制帽类（用品目65.01的帽身、帽兜或圆帽片制成，不论有无衬里或装饰物）③	8	130	13		个/千克			18%	0	
65050099	----其他										13
6505009900	针织帽类及用其他纺织物（条带除外）制成帽类（包括用成匹的花边、毡呢制成的，不论有无衬里或装饰物）④	8	130	13		个/千克			33%	0	
6506	**其他帽类，不论有无衬里或装饰物：**										
65061000	-安全帽										13
6506100010	防护罩（带有能够滤除生物因子滤器的面罩）〔999〕	4	100	13		个/千克	3		29%	0	
6506100090	其他安全帽（不论有无衬里或饰物）〔101 工业用安全帽〕,〔102 非工业用安全帽〕	4	100	13		个/千克			29%	0	
65069100	--橡胶或塑料制										13
6506910000	橡胶或塑料制帽类（不论有无衬里或饰物，不包括安全帽）〔999〕	4	100	13		个/千克			14%	0	

① 〔101 皮革制生活帽〕,〔102 纤维素纤维制生活帽〕,〔103 动物纤维制生活帽〕,〔104 化学纤维制生活帽〕

② 〔101 皮革制生活帽〕,〔102 纤维素纤维制生活帽〕,〔103 动物纤维制生活帽〕,〔104 化学纤维制生活帽〕

③ 〔101 不论有无衬里或装饰物（纤维素纤维制生活帽）〕,〔102 不论有无衬里或装饰物（动物纤维制生活帽）〕,〔103 不论有无衬里或装饰物（化学纤维制生活帽）〕

④ 〔101 呢制成的，不论有无衬里或装饰物（纤维素纤维制生活帽）〕,〔102 呢制成的，不论有无衬里或装饰物（动物纤维制生活帽）〕,〔103 呢制成的，不论有无衬里或装饰物（化学纤维制生活帽）〕

Chapter 65
Headgear and parts thereof

Chapter Notes:

1. This Chapter does not cover:
   (a) Worn headgear of heading 63.09;
   (b) Asbestos headgear (heading 68.12); or
   (c) "Dolls" hats, other toy hats or carnival articles of Chapter 95.

2. Heading 65.02 does not cover hat-shapes made by sewing other than those obtained simply by sewing strips in spirals.

协定税率(%)																		特惠税率(%)			Article Description
智利	新西兰	澳大利亚	瑞士	冰岛	秘鲁	哥斯达	东盟	亚太	新加坡	巴基斯坦	港/澳/台	韩国	格鲁吉亚	毛里求斯	柬埔寨	尼加拉瓜	日/韩/澳/新/东 (RCEP)	亚太2国	老/柬/缅	LDC 98/97/95	
																					Hat-forms, hat bodies and hoods of felt, neither blocked to shape nor with made brims; plateaux and manchons (including slit manchons), of felt:
0	0	0	0	0	0	0	0		0		0/0/	11	0	4.4	0	9	18.9/18.7/18.7/18.7/18.7			0/0/0	Hat-forms, hat bodies and hoods of felt, neither blocked to shape nor with made brims; plateaux and manc hons (including slit manchons), of felt
																					Hat-shapes, plaited or made by assembling strips of any material, neither blocked to shape, nor with made brims, nor lined, nor trimmed:
0	0	0	0	0	0	0	0		0		0/0/	6.6	0	0	0	6.4	16.3/14/14/14/14			0/0/0	Hat-shapes, plaited or made by assembling strips of any material, neither blocked to shape, nor with made brims, nor lined, nor trimmed
																					Hats and other headgear, plaited or made by assembling strips of any material, whether or not lined or trimmed:
0	0	0	0	0	0	0	0		0		0/0/	6.6	0	0	0	6.4	16.3/14/14/14/14			0/0/0	Hats and other headgear, plaited or made by assembling strips of any material, whether or not lined or trimmed
																					Hats and other headgear, knitted or crocheted, or made up from lace, felt or other textile fabric, in the piece (by not in strips), whether or not lined or trimmed; hair-nets of any material, whether or not lined or trimmed:
0	0	0	0	0	0	0	0			0	0/0/	0	0	0	0	0	7.3/7/0/0/0			0/0/0	---Hair-nets
0	0	0	0	0	0	0	0	5.2	0	19	0/0/	6.6	0	4	0	6.4	16.3/14/14/14/14			0/0/0	Hats and other headgear, crocheted
0	0	0	0	0	0	0	0	4.8	0		0/0/	11	0	4.4	0	6.4	18.9/18.7/18.7/18.7/18.7			0/0/0	----Felt hats and other felt headgear, made from the hat bodies, hoods or plateaux of heading 65.01, whether or not lined or trimmed
0	0	0	0	0	0	0	0	5.2	0	19	0/0/	0	0	4	0	0	14.5/14/0/0/0			0/0/0	----Other
																					Other headgear, whether or not lined or trimmed:
0	0	0	0	0	0	0	0			4	0/0/	0	0	0	0	0	7.3/7/0/0/0			0/0/0	-Safety headgear
0	0	0	0	0	0	0	0			0	0/0/	0	0	0	0	0	7.3/7/0/0/0			0/0/0	--Of rubber or of plastics

商品编号	商品名称及备注[检验检疫编码及名称]	进口关税(%)		增值税率(%)	消费税	计量单位	监管条件	检验检疫类别	对美税率	出口税率(%)	出口退税率(%)
		最惠国	普通								
65069910	---皮革制										
6506991010	含濒危野生动物皮革制帽类〔999〕	8	130	13		个/千克	EF		28%	0	0
6506991090	其他皮革制帽类〔999〕	8	130	13		个/千克			28%	0	13
65069920	---毛皮制										
6506992010	含濒危野生动物毛皮制的帽类(无论有无衬里或饰物)〔999〕	4	130	13		个/千克	EF		14%	0	0
6506992090	其他毛皮制的帽类(无论有无衬里或饰物)〔999〕	4	130	13		个/千克			14%	0	13
65069990	---其他										13
6506999000	其他材料制的未列名帽类(不论有无衬里或饰物)〔999〕	10	100	13		个/千克			35%	0	
6507	**帽圈、帽衬、帽套、帽帮、帽骨架、帽舌及帽颏带：**										
65070000	帽圈、帽衬、帽套、帽帮、帽骨架、帽舌及帽颏带										
6507000010	含濒危野生动物成分的帽类附件(指帽圈、衬、套、帮、骨架、舌及颏带)〔999〕	10	100	13		千克	FE		20%	0	0
6507000090	其他帽类附件(指帽圈、衬、套、帮、骨架、舌及颏带)〔999〕	10	100	13		千克			20%	0	13

协定税率(%)																		特惠税率(%)			Article Description
智利	新西兰	澳大利亚	瑞士	冰岛	秘鲁	哥斯达	东盟	亚太	新加坡	巴基斯坦	港/澳/台	韩国	格鲁吉亚	毛里求斯	柬埔寨	尼加拉瓜	日/韩/澳/新/东(RCEP)	亚太2国	老/柬/缅	LDC 98/97/95	
0	0	0	0	0	0	0	0			4	0/0/	0	0	0	0	6.4	7.3/7/0/0/0			0/0/0	---Of leather
0	0	0	0	0	0	0	0			0	0/0/	0	0	0	0	0	7.3/7/0/0/0			0/0/0	---Of furskin
0	0	0	0	0	0	0	0		0		0/0/	12	0	4.8	0	9	//20.4/20.4/20.4			0/0/0	---Other
																					Head-bands, linings, covers, hat foundations, hat frames, peaks and chinstraps, for headgear:
0	0	0	0	0	0	0	0		0		0/0/	12	0	4.8	0	9	//20.4/20.4/20.4			0/0/0	Head-bands, linings, covers, hat foundations, hat frames, peaks and chinstraps, for headgear

第六十六章
雨伞、阳伞、手杖、鞭子、马鞭及其零件

注释：

一、本章不包括：

（一）丈量用杖及类似品（品目 90.17）；

（二）火器手杖、刀剑手杖、灌铅手杖及类似品（第九十三章）；或

（三）第九十五章的货品（例如，玩具雨伞、玩具阳伞）。

二、品目 66.03 不包括纺织材料制的零件、附件及装饰品或者任何材料制的罩套、流苏、鞭梢、伞套及类似品。此类货品即使与品目 66.01 或 66.02 的物品一同报验，只要未装配在一起，则不应视为上述税目所列物品的组成零件，而应分别归入各有关税目。

商品编号	商品名称及备注[检验检疫编码及名称]	进口关税(%)		增值税率(%)	消费税	计量单位	监管条件	检验检疫类别	对美税率	出口税率(%)	出口退税率(%)
		最惠国	普通								
6601	**雨伞及阳伞(包括手杖伞、庭园用伞及类似伞)：**										
66011000	-庭园用伞及类似伞										13
6601100000	庭院用伞及类似品(玩具伞除外)〔101 含木制品〕,〔102 不含木制品〕	6	130	13		千克/把			16%	0	
66019100	--折叠伞										13
6601910000	折叠伞(玩具伞除外)〔101 含木制品〕,〔102 不含木制品〕	4	130	13		千克/把			29%	0	
66019900	--其他										13
6601990000	其他伞(玩具伞除外)〔101 含木制品〕,〔102 不含木制品〕	4	130	13		千克/把			29%	0	
6602	**手杖、带座手杖、鞭子、马鞭及类似品：**										
66020000	手杖、带座手杖、鞭子、马鞭及类似品										
6602000011	含濒危野生动物成分的手杖、带座手杖(包括马鞭、鞭子及类似品)〔101 含木制品〕,〔102 不含木制品〕	4	130	13		千克/把	EF		29%	0	0
6602000019	动植物材料制手杖、鞭子及类似品(包括带座手杖)〔101 含木制品〕,〔102 不含木制品〕	4	130	13		千克/把			29%	0	13
6602000090	其他手杖、带座手杖、鞭子及类似品〔101 含木制品〕,〔102 不含木制品〕	4	130	13		千克/把			29%	0	13
6603	**税目 66.01 或 66.02 所列物品的零件及装饰品：**										
66032000	-伞骨,包括装在伞柄上的伞骨										13
6603200000	伞骨(包括装在伞柄上的伞骨)〔101 含木制品〕,〔102 不含木制品〕	6	130	13		千克			31%	0	
66039000	-其他										
6603900010	含濒危野生动物成分的伞、手杖的零件及装饰品(包括鞭子的其他零件及饰品)〔101 含木制品〕,〔102 不含木制品〕	6	130	13		千克	EF		31%	0	0
6603900090	伞、手杖及鞭子的其他零件及饰品(罩套、流苏、鞭梢及纺织材料制品除外)〔101 含木制品〕,〔102 不含木制品〕	6	130	13		千克			31%	0	13

Chapter 66
Umbrellas, sun umbrellas, walking-sticks, seat-sticks, whips, riding-crops and parts thereof

Chapter Notes:

1. This Chapter does not cover:
   (a) Measure walking-sticks or the like (heading 90.17);
   (b) Firearm-sticks, sword-sticks, loaded walking-sticks or the like (Chapter 93); or
   (c) Goods of Chapter 95 (for example, toy umbrellas, toy sun umbrellas).

2. Heading 66.03 does not cover parts, trimmings or accessories of textile material, or covers, tassels, thongs, umbrella cases or the like, of any material. Such goods presented with, but not fitted to, articles of heading 66.01 or 66.02 are to be classified separately and are not to be treated as forming part of those articles.

协定税率(%)																		特惠税率(%)			Article Description
智利	新西兰	澳大利亚	瑞士	冰岛	秘鲁	哥斯达	东盟	亚太	新加坡	巴基斯坦	港/澳/台	韩国	格鲁吉亚	毛里求斯	柬埔寨	尼加拉瓜	日/韩/澳/新/东 (RCEP)	亚太2国	老/柬/缅	LDC 98/97/95	
																					Umbrellas and sun umbrellas (including walking-stick umbrellas, garden umbrellas and similar umbrellas):
0	0	0	0	0	0	0	0		0	7	0/0/	0	0	0	0	0	10.2/9.8/0/0/0			0/0/0	-Garden or similar umbrellas
0	0	0	0	0	0	0	0			0	0/0/	0	0	0	0	0	7.3/7/0/0/0			0/0/0	--Having a telescopic shaft
0	0	0	0	0	0	0	0			0	0/0/	0	0	0	0	0	7.3/7/0/0/0			0/0/0	--Other
																					Walking-sticks, seat-sticks, whips, riding-crops and the like:
0	0	0	0	0	0	0	0			0	0/0/	0	0	0	0	0	7.3/7/0/0/0			0/0/0	Walking-sticks, seat-sticks, whips, riding-crops and the like
																					Parts, trimmings and accessories of articles of heading 66.01 or 66.02:
0	0	0	0	0	0	0	0		0	11.2	0/0/	0	0	0	0	0	10.2/9.8/0/0/0			0/0/0	-Umbrella frames, including frames mounted on shafts (sticks)
0	0	0	0	0	0	0	0		0	11.2	0/0/	0	0	0	0	0	10.2/9.8/0/0/0			0/0/0	-Other

第六十七章
已加工羽毛、羽绒及其制品；人造花；人发制品

注释：

一、本章不包括：

（一）人发制滤布（品目 59.11）；
（二）花边、刺绣品或其他纺织物制成的花卉图案（第十一类）；
（三）鞋靴（第六十四章）；
（四）帽类及发网（第六十五章）；
（五）玩具、运动用品或狂欢节用品（第九十五章）；或
（六）羽毛掸帚、粉扑及人发制的筛子（第九十六章）。

二、品目 67.01 不包括：

（一）羽毛或羽绒仅在其中作为填充料的物品（例如，品目 94.04 的寝具）；
（二）羽毛或羽绒仅作为饰物或填充料的衣服或衣着附件；或
（三）品目 67.02 的人造花、叶及其部分品，以及它们的制成品。

三、品目 67.02 不包括：

（一）玻璃制品（第七十章）；或
（二）用陶器、石料、金属、木料或其他材料经模铸、锻造、雕刻、冲压或其他方法整件制成形的人造花、叶或果实，用捆扎、胶粘及类似方法以外的其他方法将部分品组合而成的上述制品。

商品编号	商品名称及备注[检验检疫编码及名称]	进口关税(%)		增值税率(%)	消费税	计量单位	监管条件	检验检疫类别	对美税率	出口税率(%)	出口退税率(%)
		最惠国	普通								
6701	**带羽毛或羽绒的鸟皮及鸟体其他部分、羽毛、部分羽毛、羽绒及其制品(税目 05.05 的货品和经加工的羽管及羽轴除外)：**										
67010000	带羽毛或羽绒的鸟皮及鸟体其他部分、羽毛、部分羽毛、羽绒及其制品(税目 05.05 的货品和经加工的羽管及羽轴除外)										
6701000010	已加工濒危野禽羽毛、羽绒及其制品〔999〕	8	130	13		千克	AFEB	P/Q	18%	0	0
6701000090	其他已加工羽毛、羽绒及其制品(品目 05.05 的货品及经加工的羽管及羽轴除外)〔999〕	8	130	13		千克	AB	P/Q	18%	0	13
6702	**人造花、叶、果实及其零件；用人造花、叶或果实制成的物品：**										
67021000	-塑料制										13
6702100000	塑料制花、叶、果实及其制品(包括花、叶、果实的零件)〔101 含木制品〕,〔102 不含木制品〕	8	130	13		千克			18%	0	
67029010	---羽毛制										
6702901010	濒危野禽羽毛制花、叶、果实及其制品〔101 含木制品〕,〔102 不含木制品〕	8	130	13		千克	AFEB	P/Q		0	0
6702901090	其他羽毛制花、叶、果实及其制品(包括花、叶、果实的零件)〔101 含木制品〕,〔102 不含木制品〕	8	130	13		千克	AB	P/Q		0	13
67029020	---丝及绢丝制										13
6702902000	丝或绢丝制花、叶、果实及其制品(包括花、叶、果实的零件)〔101 含木制品〕,〔102 不含木制品〕	8	130	13		千克			33%	0	
67029030	---化学纤维制										13
6702903000	化学纤维制花、叶、果实及其制品(包括花、叶、果实的零件)〔101 含木制品〕,〔102 不含木制品〕	8	130	13		千克			23%	0	
67029090	---其他										13
6702909000	其他材料制花、叶、果实及其制品(包括花、叶、果实的零件)①	8	130	13		千克			33%	0	
6703	**经梳理、稀疏、脱色或其他方法加工的人发；作假发及类似品用的羊毛、其他动物毛或其他纺织材料：**										
67030000	经梳理、稀疏、脱色或其他方法加工的人发；作假发及类似品用的羊毛、其他动物毛或其他纺织材料										13
6703000000	经梳理、稀疏等方法加工的人发(包括作假发及类似品用羊毛、其他动物毛或其他纺织材料)〔101 含木制品〕,〔102 不含木制品〕	8	100	13		千克			33%	0	

① 〔101 含新鲜植物和木制品〕,〔102 含新鲜植物,不含木制品〕,〔103 不含新鲜植物,含木制品〕,〔104 不含新鲜植物或木制品〕

Chapter 67
Prepared feathers and down and articles made of feathers or of down; artificial flowers; articles of human hair

Chapter Notes:

1. This Chapter does not cover:
   (a) Filtering or straining cloth of human hair (heading 59. 11);
   (b) Floral motifs of lace, of embroidery or other textile fabric (Section XI);
   (c) Footwear (Chapter 64);
   (d) Headgear or hair-nets (Chapter 65);
   (e) Toys, sports requisites or carnival articles (Chapter 95); or
   (f) Feather dusters, powder-puffs or hair sieves (Chapter 96).

2. Heading 67. 01 does not cover:
   (a) Articles in which feathers or down constitute only filling or padding (for example, bedding of heading 94. 04);
   (b) Articles of apparel or clothing accessories in which feathers or down constitute no more than mere trimming or padding; or
   (c) Artificial flowers or foliage or parts thereof or made up articles of heading 67. 02.

3. Heading 67. 02 does not cover:
   (a) Articles of glass (Chapter 70); or
   (b) Artificial flowers, foliage or fruit of pottery, stone, metal, wood or other materials, obtained in one piece by moulding, forging, carving, stamping or other process, or consisting of parts assembled otherwise than by binding, gluing, fitting into one another or similar methods.

协定税率(%)																		特惠税率(%)			Article Description
智利	新西兰	澳大利亚	瑞士	冰岛	秘鲁	哥斯达	东盟	亚太	新加坡	巴基斯坦	港/澳/台	韩国	格鲁吉亚	毛里求斯	柬埔寨	尼加拉瓜	日/韩/澳/新/东 (RCEP)	亚太2国	老/柬/缅	LDC 98/97/95	
																					Skins and other parts of birds with their feathers or down, feathers, parts of feathers, down and articles thereof (other than goods of heading 05. 05 and worked quills and scapes):
0	0	0	0	0	0	0	0		0		0/0/	6. 6	0	0	0	6. 4	16. 3//17/17/16			0/0/0	Skins and other parts of birds with their feathers or down, feathers, parts of feathers, down and articles thereof (other than goods of heading 05. 05 and worked quills and scapes)
																					Artificial flowers, foliage and fruit and parts thereof; articles made of artificial flowers, foliage or fruit:
0	0	0	0	0	0	0	0		0		0/0/	6. 6	0	0	0	6. 4	16. 3/14/14/14/14			0/0/0	-Of plastics
0	0	0	0	0	0	0	0	4. 8	0		0/0/	6. 6	0	0	0	6. 4	16. 3/14/14/14/14			0/0/0	---Of feathers or down
0	0	0	0	0	0	0	0		0		0/0/	12	0	4. 8	0	6. 4	20. 6/20. 4/20. 4/20. 4/20. 4			0/0/0	---Of silk or silk waste
0	0	0	0	0	0	0	0		0		0/0/	12	0	4. 8	0	6. 4	20. 6/20. 4/20. 4/20. 4/20. 4			0/0/0	---Of man-made fibres
0	0	0	0	0	0	0	0		0		0/0/	6. 6	0	0	0	6. 4	16. 3/14/14/14/14			0/0/0	---Other
																					Human hair, dressed, thinned, bleached or otherwise worked; wool or other animal hair or other textile materials, prepared for use in making wigs or the like:
0	0	0	0	0	0	0	0	5. 2	0	18	0/0/	0	0	0	0	6. 4	14. 5/14/0/0/0			0/0/0	Human hair, dressed, thinned, bleached or otherwise worked; wool or other animal hair or other textile materials, prepared for use in making wigs or the like

商品编号	商品名称及备注[检验检疫编码及名称]	进口关税(%)		增值税率(%)	消费税	计量单位	监管条件	检验检疫类别	对美税率	出口税率(%)	出口退税率(%)
		最惠国	普通								
6704	**人发、动物毛或纺织材料制的假发、假胡须、假眉毛、假睫毛及类似品;其他税目未列名的人发制品:**										
67041100	--整头假发										13
6704110000	合成纺织材料制整头假发〔101 含木制品〕,〔102 不含木制品〕	8	130	13		千克			28%	0	
67041900	--其他										13
6704190000	合成纺织材料制其他假发、须等(不包括整头假发)〔101 含木制品〕,〔102 不含木制品〕	8	130	13		千克			33%	0	
67042000	-人发制										13
6704200000	人发制假发、须、眉及类似品(包括整头假发)〔101 含木制品〕,〔102 不含木制品〕	6	130	13		千克			16%	0	
67049000	-其他材料制										13
6704900000	其他材料制假发、须、眉及类似品(包括整头假发)〔101 含木制品〕,〔102 不含木制品〕	8	130	13		千克			33%	0	

协定税率(%)																		特惠税率(%)			Article Description
智利	新西兰	澳大利亚	瑞士	冰岛	秘鲁	哥斯达	东盟	亚太	新加坡	巴基斯坦	港/澳/台	韩国	格鲁吉亚	毛里求斯	柬埔寨	尼加拉瓜	日/韩/澳/新/东(RCEP)	亚太2国	老/柬/缅	LDC 98/97/95	
																					Wigs, false beards, eyebrows and eyelashes, switches and the like, of human or animal hair or of textile materials; articles of human hair not elsewhere specified or included:
0	0	0	8	0	0	0	0		0		0/0/	12.5	0	5	0	6.4	21.4/21.3/21.3/21.3/21.3			0/0/0	--Complete wigs
0	0	0	8	0	0	0	0		0		0/0/	12.5	0	5	0	6.4	//21.3/21.3/21.3			0/0/0	--Other
0	0	0	0	0	0	0	0		0	12	0/0/	0	0	0	0	0	10.9/10.5/0/0/0			0/0/0	-Of human hair
0	0	0	8	0	0	0	0		0		0/0/	12.5	0	5	0	6.4	//21.3/21.3/21.3			0/0/0	-Of other materials

第十三类
石料、石膏、水泥、石棉、云母及类似材料的制品；陶瓷产品；玻璃及其制品

第六十八章
石料、石膏、水泥、石棉、云母及类似材料的制品

注释：

一、本章不包括：

（一）第二十五章的货品；

（二）品目 48.10 或 48.11 的经涂布、浸渍或覆盖的纸及纸板（例如，用云母粉或石墨涂布的纸及纸板、沥青纸及纸板）；

（三）第五十六章或第五十九章的经涂布、浸渍或包覆的纺织物（例如，用云母粉、沥青涂布或包覆的织物）；

（四）第七十一章的物品；

（五）第八十二章的工具及其零件；

（六）品目 84.42 的印刷用石板；

（七）绝缘子（品目 85.46）或绝缘材料制的零件（品目 85.47）；

（八）牙科用磨锉（品目 90.18）；

（九）第九十一章的物品（例如，钟及钟壳）；

（十）第九十四章的物品（例如，家具、灯具及照明装置、活动房屋）；

（十一）第九十五章的物品（例如，玩具、游戏品及运动用品）；

（十二）用第九十六章注释二（二）所述材料制成的品目 96.02 的物品或品目 96.06 的物品（例如，纽扣）、品目 96.09 的物品（例如，石笔）、品目 96.10 的物品（例如，绘画石板）或品目 96.20 的物品（独脚架、双脚架、三脚架及类似品）；或

（十三）第九十七章的物品（例如，艺术品）。

二、品目 68.02 所称"已加工的碑石或建筑用石"，不仅适用于已加工的品目 25.15、25.16 的各种石料，也适用于所有经类似加工的其他天然石料（例如，石英岩、燧石、白云石及冻石），但不适用于板岩。

商品编号	商品名称及备注[检验检疫编码及名称]	进口关税(%)		增值税率(%)	消费税	计量单位	监管条件	检验检疫类别	对美税率	出口税率(%)	出口退税率(%)
		最惠国	普通								
6801	**天然石料(不包括板岩)制的长方砌石、路缘石、扁平石：**										
68010000	天然石料(不包括板岩)制的长方砌石、路缘石、扁平石										0
6801000000	长方砌石,路缘石,扁平石[由天然石料(不包括板岩)所制]〔999〕	12	70	13		千克				0	
6802	**已加工的碑石或建筑用石(不包括板岩)及其制品,但税目 68.01 的货品除外;天然石料(包括板岩)制的镶嵌石(马赛克)及类似品,不论是否有衬背;天然石料(包括板岩)制的人工染色石粒、石片及石粉：**										
68021010	---大理石										0
6802101000	大理石制砖、瓦、方块及类似品,不论是否为矩形(包括正方形),其最大面以可置入边长小于 7 厘米的方格为限;大理石制人工染色的石粒、石片及石粉〔999〕	15	90	13		千克				0	
68021090	---其他										0
6802109000	其他石料制砖、瓦、方块及类似品,不论是否为矩形(包括正方形),其最大面以可置入边长小于 7 厘米的方格为限;其他石料制人工染色的石粒、石片及石粉〔999〕	15	90	13		千克				0	
68022110	---大理石										0
6802211000	经简单切削或锯开的大理石及制品(具有一个平面)〔999〕	10	90	13		千克			35%	0	
68022120	---石灰华										13
6802212000	经简单切削或锯开的石灰华及制品(具有一个平面)〔999〕	15	90	13		千克				0	
68022190	---其他										0
6802219000	经简单切削或锯开的蜡石及制品(具有一个平面)〔999〕	15	90	13		千克				0	
68022300	--花岗岩										0
6802230000	经简单切削或锯开的花岗岩及制品(具有一个平面)〔999〕	10	90	13		千克	A	M/		0	
68022910	---其他石灰石										0
6802291000	经简单切削或锯开的其他石灰石(包括制品)〔999〕	15	90	13		千克				0	
68022990	---其他										0
6802299000	经简单切削或锯开的其他石及制品(不包括板岩及制品)〔999〕	15	90	13		千克				0	
68029110	---石刻										13

SECTION XIII
ARTICLES OF STONE, PLASTER, CEMENT, ASBESTOS, MICA OR SIMILAR MATERIALS; CERAMIC PRODUCTS; GLASS AND GLASSWARE

Chapter 68
Articles of stone, plaster, cement, asbestos, mica or similar materials

Chapter Notes:

1. This Chapter does not cover:
   (a) Goods of Chapter 25;
   (b) Coated, impregnated or covered paper and paperboard of heading 48.10 or 48.11 (for example, paper and paperboard coated with mica powder or graphite, bituminised or asphalted paper and paperboard);
   (c) Coated, impregnated or covered textile fabric of Chapter 56 or 59 (for example, fabric coated or covered with mica powder, bituminised or asphalted fabric);
   (d) Articles of Chapter 71;
   (e) Tools or parts of tools, of Chapter 82;
   (f) Lithographic stones of heading 84.42;
   (g) Electrical insulators (heading 85.46) or fittings of insulating material of heading 85.47;
   (h) Dental burrs (heading 90.18);
   (ij) Articles of Chapter 91 (for example, clocks and clock cases);
   (k) Articles of Chapter 94 (for example, furniture, luminaires and lighting fittings, prefabricated buildings);
   (l) Articles of Chapter 95 (for example, toys, games and sports requisites);
   (m) Articles of heading 96.02, if made of materials specified in Note 2 (b) to Chapter 96, or of heading 96.06 (for example, buttons), of heading 96.09 (for example, slate pencils), heading 96.10 (for example, drawing slates) or of heading 96.20 (monopods, bipods, tripods and similar articles); or
   (n) Articles of Chapter 97 (for example, works of art).
2. In heading 68.02 the expression "worked monumental or building stone" applies not only to the varieties of stone referred to in heading 25.15 or 25.16 but also to all other natural stone (for example, quartzite, flint, dolomite and steatite) similarly worked; it does not, however, apply to slate.

协定税率(%)																		特惠税率(%)			Article Description
智利	新西兰	澳大利亚	瑞士	冰岛	秘鲁	哥斯达	东盟	亚太	新加坡	巴基斯坦	港/澳/台	韩国	格鲁吉亚	毛里求斯	柬埔寨	尼加拉瓜	日/韩/澳/新/东(RCEP)	亚太2国	老/柬/缅	LDC 98/97/95	
																					Setts, curbstones and flagstones, of natural stone (except slate):
0	0	0	0	0	0	0	0		0	6	0/0/	0	0	0	0	11.2	8.7/8.4/0/0/0			0/0/0	Setts, curbstones and flagstones, of natural stone (except slate)
																					Worked monumental or building stone (except slate) and articles thereof, other than goods of heading 68.01; mosaic cubes and the like, of natural stone (including slate), whether or not on a backing; artificially coloured granules, chippings and powder, of natural stone (including slate):
0	0	0	0	0	0	0	0	9.8	0	0	0/0/	12	0	4.8	0	14	20.6/20.4/20.4/20.4/20.4			0/0/0	---Marble
0	0	0	0	0	0	0	0	9.8	0	0	0/0/	6.6	0	0	0	14	16.3/14/14/14/14			0/0/0	---Other
0	0	0	0	0	0	0	0			0	0/0/	0	0	0	0	9	7.3/7/0/0/0			0/0/0	---Marble
0	0	0	0	0	0	0	0	10.5	0	0	0/0/	12	0	4.8	0	14	20.6/20.4/20.4/20.4/20.4			0/0/0	---Travertine
0	0	0	0	0	0	0	0	10.5	0	0	0/0/	12	0	4.8	0	14	20.6/20.4/20.4/20.4/20.4			0/0/0	---Other
0	0	0	0	0	0	0	0	6.5		0	0/0/	0	0	0	0	9	7.3/7/0/0/0			0/0/0	--Granite
0	0	0	0	0	0	0	0		0	0	0/0/	12	0	4.8	0	14	20.6/20.4/20.4/20.4/20.4			0/0/0	---Other calcareous stone
0	0	0	0	0	0	0	0		0	0	0/0/	0	0	0	0	14	10.9/10.5/0/0/0			0/0/0	---Other
0	0	0	0	0	0	0	0		0	0	0/0/	12	0	4.8	0	14	20.6/20.4/20.4/20.4/20.4			0/0/0	---Carvings

商品编号	商品名称及备注[检验检疫编码及名称]	进口关税(%)		增值税率(%)	消费税	计量单位	监管条件	检验检疫类别	对美税率	出口税率(%)	出口退税率(%)
		最惠国	普通								
6802911000	大理石、石灰华及蜡石制石刻〔999〕	15	90	13		千克			40%	0	
68029190	---其他										13
6802919000	其他已加工大理石及蜡石及制品(包括已加工石灰华及制品)〔999〕	10	90	13		千克			35%	0	
68029210	---石刻										13
6802921000	其他石灰石制石刻〔999〕	15	90	13		千克			25%	0	
68029290	---其他										13
6802929000	其他已加工石灰石及制品〔999〕	10	90	13		千克			30%	0	
68029311	----墓碑石										13
6802931100	花岗岩制石刻墓碑石〔999〕	15	90	13		千克	A	M/		0	
68029319	----其他										13
6802931900	其他花岗岩制石刻〔999〕	15	90	13		千克	A	M/		0	
68029390	---其他										13
6802939000	其他已加工花岗岩及制品〔999〕	10	90	13		千克	A	M/	35%	0	
68029910	---石刻										13
6802991000	其他石制成的石刻(不包括板岩制成的石刻)〔101 含木制品的工艺品〕,〔102 不含木制品的工艺品〕,〔103 其他石材、石料〕	15	90	13		千克			40%	0	
68029990	---其他										13
6802999000	其他已加工的石及制品(不包括板岩及制品)〔999〕	15	90	13		千克			40%	0	
6803	**已加工的板岩及板岩或黏聚板岩的制品:**										
68030010	---板岩制										13
6803001000	已加工板岩及板岩制品〔999〕	15	80	13		千克				0	
68030090	---其他										13
6803009000	黏聚板岩制品〔999〕	15	80	13		千克				0	
6804	**未装支架的石磨、石碾、砂轮和类似品及其零件,用于研磨、磨刃、抛光、整形或切割,以及手用磨石、抛光石及其零件,用天然石料、黏聚的天然磨料、人造磨料或陶瓷制成,不论是否装有由其他材料制成的零件:**										
68041000	-碾磨或磨浆用石磨、石碾										13
6804100000	碾磨或磨浆用石磨、石碾〔999〕	8	40	13		千克			18%	0	
68042110	---砂轮										13
6804211000	黏聚合成或天然金刚石制的砂轮〔999〕	8	17	13		千克				0	
68042190	---其他										13
6804219000	黏聚合成或天然金刚石制的其他石磨、石碾及类似品〔101 石磨或石碾〕,〔102 其他磨具〕,〔103 其他石材、石料〕	8	17	13		千克				0	
68042210	---砂轮										13
6804221000	其他砂轮(由其他黏聚磨料或陶瓷所制)〔999〕	8	17	13		千克			28%	0	
68042290	---其他										13
6804229000	其他石磨、石碾及类似品(由其他黏聚磨料或陶瓷所制)〔999〕	8	40	13		千克			33%	0	
68042310	---砂轮										13
6804231000	天然石料制的砂轮〔999〕	8	17	13		千克			28%	0	
68042390	---其他										13
6804239000	天然石料制其他石磨、石碾等(包括类似品)〔999〕	8	40	13		千克			28%	0	
68043010	---琢磨油石										13
6804301000	手用琢磨油石〔999〕	8	17	13		千克			18%	0	
68043090	---其他										13
6804309000	手用其他磨石及抛光石〔999〕	8	40	13		千克			28%	0	
6805	**砂布、砂纸及以其他材料为底的类似品,不论是否裁切、缝合或用其他方法加工成形:**										
68051000	-砂布										13
6805100000	砂布(不论是否裁切,缝合或用其他方法加工成型)〔999〕	8	40	13		千克			18%	0	

协定税率(%)																		特惠税率(%)			
智利	新西兰	澳大利亚	瑞士	冰岛	秘鲁	哥斯达	东盟	亚太	新加坡	巴基斯坦	港/澳/台	韩国	格鲁吉亚	毛里求斯	柬埔寨	尼加拉瓜	日/韩/澳/新/东(RCEP)	亚太2国	老/柬/缅	LDC 98/97/95	Article Description
0	0	0	0	0	0	0	0			0	0/0/	0	0	0	0	9	7.3/7/0/0/0			0/0/0	---Other
0	0	0	0	0	0	0	0		0	0	0/0/	12	0	4.8	0	14	20.6/20.4/20.4/20.4/20.4			0/0/0	---Carvings
0	0	0	0	0	0	0	0			0	0/0/	0	0	0	0	9	7.3/7/0/0/0			0/0/0	---Other
0	0	0	0	0	0	0	0		0	0	0/0/	12	0	4.8	0	14	/20.4/20.4/20.4/20.4			0/0/0	----Gravestone
0	0	0	0	0	0	0	0	10.5	0	0	0/0/	12	0	4.8	0	14	/20.4/20.4/20.4/20.4			0/0/0	----Other
0	0	0	0	0	0	0	0	6.5		0	0/0/	0	0	0	0	9	7.3/7/0/0/0			0/0/0	---Other
0	0	0	0	0	0	0	0		0	0	0/0/	12	0	4.8	0	14	/20.4/20.4/20.4/20.4			0/0/0	---Carvings
0	0	0	0	0	0	0	0		0	0	0/0/	12	0	4.8	0	14	/20.4/20.4/20.4/20.4			0/0/0	---Other
																					Worked slate and articles of slate or of agglomerated slate:
0	0	0	0	0	0	0	0		0		0/0/	6.6	0	0	0	14	16.3/14/14/14/14			0/0/0	---Of slate
0	0	0	0	0	0	0	0		0		0/0/	6.6	0	0	0	14	16.3/14/14/14/14			0/0/0	---Other
																					Millstones, grindstones, grinding wheels and the like, without frameworks, for grinding, sharpening, polishing, trueing or cutting, hand sharpening or polishing stones, and parts thereof, of natural stone, of agglomerated natural or artificial abrasives, or of ceramics, with or without parts of other materials:
0	0	0	0	0	0	0	0			0	0/0/	0	0	0	0	6.4	5.8/0/0/0/0			0/0/0	-Millstones and grindstones for milling, grinding or pulping
0	0	0	0	0	0	0	0			0	0/0/	0	0	0	0	6.4	5.8/5.6/5.6/5.6/5.6			0/0/0	---Grinding wheels
0	0	0	0	0	0	0	0			0	0/0/	0	0	0	0	6.4	5.8/5.6/5.6/5.6/5.6			0/0/0	---Other
0	0	0	0	0	0	0	0			0	0/0/	0	0	0	0	6.4	5.8/5.6/5.6/5.6/5.6			0/0/0	---Grinding wheels
0	0	0	0	0	0	0	0			0	0/0/	0	0	0	0	6.4	5.8/0/0/0/0			0/0/0	---Other
0	0	0	0	0	0	0	0			0	0/0/	0	0	0	0	6.4	5.8/0/0/0/0			0/0/0	---Grinding wheels
0	0	0	0	0	0	0	0			0	0/0/	0	0	0	0	6.4	5.8/5.6/0/0/0			0/0/0	---Other
0	0	0	0	0	0	0	0	5.2		0	0/0/	0	0	0	0	6.4	5.8/0/0/0/0			0/0/0	---Oilstones
0	0	0	0	0	0	0	0	6.4		0	0/0/	0	0	0	0	6.4	5.8/5.6/0/0/0			0/0/0	---Other
																					Natural or artificial abrasive powder or grain, on a base of textile material, of paper, of paperboard or of other materials, whether or not cut to shape or sewn or otherwise made up:
0	0	0	0	0	0	0	0			0	0/0/	2.6	0	0	0	6.4	6.5/6.4/6.8/6.8/6.4			0/0/0	-On a base of woven textile fabric only

商品编号	商品名称及备注[检验检疫编码及名称]	进口关税(%)		增值税率(%)	消费税	计量单位	监管条件	检验检疫类别	对美税率	出口税率(%)	出口退税率(%)
		最惠国	普通								
68052000	-砂纸										13
6805200000	砂纸(不论是否裁切,缝合或用其他方法加工成型)〔999〕	8	40	13		千克			18%	0	
68053000	-其他										13
6805300000	不以布或纸为底的砂纸类似品〔999〕	8	40	13		千克			18%	0	
6806	**矿渣棉、岩石棉及类似的矿质棉;页状蛭石、膨胀黏土、泡沫矿渣及类似的膨胀矿物材料;具有隔热、隔音或吸音性能的矿物材料的混合物及制品,但税目 68.11、68.12 或第六十九章的货品除外:**										
68061010	---硅酸铝纤维及其制品										13
6806101000	硅酸铝纤维及其制品〔999〕	10	40	13		千克			20%	0	
68061090	---其他										13
6806109001[暂5]	其他矿物纤维,渣球含量小于 5%〔999〕	10	40	13		千克			25%	0	
6806109090	其他矿渣棉,岩石棉及类似矿质棉(包括相互混合物,块状、成片或成卷)〔999〕	10	40	13		千克			30%	0	
68062000	-页状蛭石、膨胀黏土、泡沫矿渣及类似的膨胀矿物材料(包括其相互混合物)										0
6806200000	页状硅石、膨胀黏土、泡沫矿渣(包括类似膨胀矿物材料及相互混合物)〔999〕	10	40	13		千克			20%	0	
68069000	-其他										0
6806900000	其他矿物材料的混合物及制品(指具有隔热、隔音或吸音性能的矿物材料的混合物)〔999〕	10	50	13		千克			20%	0	
6807	**沥青或类似原料(例如,石油沥青或煤焦油沥青)的制品:**										
68071000	-成卷										0
6807100000	成卷的沥青或类似原料的制品(如石油沥青或煤焦油沥青)〔999〕	10	50	13		千克			35%	0	
68079000	-其他										0
6807900000	其他形状的沥青或类似原料的制品(如石油沥青或煤焦油沥青)〔999 其他沥青或类似原料的制品〕	10	50	13		千克			35%	0	
6808	**镶板、平板、瓦、砖及类似品,用水泥、石膏及其他矿物黏合材料黏合植物纤维、稻草、刨花、木片屑、木粉、锯末或木废料制成:**										
68080000	镶板、平板、瓦、砖及类似品,用水泥、石膏及其他矿物黏合材料黏合植物纤维、稻草、刨花、木片屑、木粉、锯末或木废料制成										13
6808000000	镶板、平板、瓦、砖及类似品(以水泥等矿物为材料将植物纤维、稻草、刨花等黏合而成)〔999〕	8	40	13		千克			33%	0	
6809	**石膏制品及以石膏为基本成分的混合材料制品:**										
68091100	--仅用纸、纸板贴面或加强的										13
6809110000	未饰的石膏板、片、砖、瓦及类似品(包含以石膏为主成分的混合物制品,用纸、纸板贴面或加强)〔999〕	15	100	13		千克			40%	0	
68091900	--其他										13
6809190000	以其他材料贴面加强的未饰石膏板(含片、砖、瓦及类似品,包含以石膏为主成分的混合物制品)〔999〕	15	100	13		千克			35%	0	
68099000	-其他制品										13
6809900000	其他石膏制品(包括以石膏为主成分的混合材料制品)〔999〕	15	100	13		千克			40%	0	
6810	**水泥、混凝土或人造石制品,不论是否加强:**										
68101100	--建筑用砖及石砌块										13
6810110000	水泥制建筑用砖及石砌块(包括混凝土或人造石制,不论是否加强)〔999〕	10	40	13		千克			20%	0	
68101910	---人造石制										13
6810191000	人造石制砖、瓦、扁平石(含类似品,不论是否加强)〔999〕	10	70	13		千克			35%	0	
68101990	---其他										13
6810199000	水泥或混凝土制其他砖、瓦、扁平石(含类似品,不论是否加强)〔999〕	10	70	13		千克			35%	0	

智利	新西兰	澳大利亚	瑞士	冰岛	秘鲁	哥斯达	东盟	亚太	新加坡	巴基斯坦	港/澳/台	韩国	格鲁吉亚	毛里求斯	柬埔寨	尼加拉瓜	日/韩/澳/新/东(RCEP)	亚太2国	老/柬/缅	LDC 98/97/95	Article Description
协定税率(%)																		特惠税率(%)			
0	0	0	0	0	0	0	0			0	0/0/	0	0	0	0	6.4	5.8/5.6/5.6/5.6/5.6			0/0/0	-On a base of paper or paperboard only
0	0	0	0	0	0	0	0			0	0/0/	0	0	0	0	6.4	5.8/5.6/5.6/5.6/5.6			0/0/0	-On a base of other materials
																					Slag wool, rock wool and similar mineral wools; exfoliated vermiculite, expanded clays, foamed slag and similar expanded mineral materials; mixtures and articles of heat insulating, sound insulating or sound absorbing mineral materials, other than those of heading 68.11 or 68.12 or of Chapter 69:
0	0	0	0	0	0	0	0		0	2.5	0/0/	0	0	0	0	9	7.6/7.4/0/0/0			0/0/0	---Alumino-silicate fibre and articles of alumino-silicate fibre
0	0	0	0	0	0	0	0		0	2.5	0/0/	0	0	0	0	9	7.6/7.4/7.4/7.4/7.4			0/0/0	---Other
0	0	0	0	0	0	0	0		0	2.5	0/0/	0	0	0	0	9	7.6/7.4/0/0/0			0/0/0	-Exfoliated vermiculite, expanded clays, foamed slag and similar expanded mineral materials (including intermixtures thereof)
0	0	0	0	0	0	0	0			0	0/0/	3.3	0	0	0	9	8.1/8/8.5/8.5/8			0/0/0	-Other
																					Articles of asphalt or of similarmaterial (for example, petroleum bitumen or coal tar pitch):
0	0	0	0	0	0	0	0		0	6	0/0/	0	0	0	0	9	8.7/8.4/0/0/0			0/0/0	-In rolls
0	0	0	0	0	0	0	0	8	0	2.5	0/0/	0	0	0	0	9	8.7/8.4/0/0/0			0/0/0	-Other
																					Panels, boards, tiles, blocks and similar articles of vegetable fibre, of straw or of shavings, chips, particles, sawdust or other waste, of wood, agglomerated with cement, plaster or other mineral binders:
0	0	0	0	0	0	0	0		0	2.5	0/0/	0	0	0	0	6.4	7.6/7.4/0/0/0			0/0/0	Panels, boards, tiles, blocks and similar articles of vegetable fibre, of straw or of shavings, chips, particles, sawdust or other waste, of wood, agglomerated with cement, plaster or other mineral binders
																					Articles of plaster or of compositions based on plaster:
0	0	0	0	0	0	0	0		0		0/0/		0	5.6	0	14	//5/5/5			0/0/0	--Faced or reinforced with paper or paper board only
0	0	0		0	0	0	0		0		0/0/	12.5	0	5	0	14	//21.3/21.3/21.3			0/0/0	--Other
0	0	0		0	0	0	0		0		0/0/	12.5	0	5	0	14	21.4/21.3/21.3/21.3/21.3			0/0/0	-Other articles
																					Articles of cement, of concrete or of artificial stone, whether or not reinforced:
0	0	0	0	0	0	0	0	6.5	0	2.5	0/0/	0	0	0	0	9	7.6/7.4/0/0/0			0/0/0	--Building blocks and bricks
0	0	0	0	0	0	0	0	6.5	0	2.5	0/0/	0	0	0	0	9	7.6/7.4/0/0/0			0/0/0	---Of artificial stone
0	0	0	0	0	0	0	0	6.5	0	2.5	0/0/	0	0	0	0	9	7.6/7.4/0/0/0			0/0/0	---Other

商品编号	商品名称及备注[检验检疫编码及名称]	进口关税(%)		增值税率(%)	消费税	计量单位	监管条件	检验检疫类别	对美税率	出口税率(%)	出口退税率(%)
		最惠国	普通								
68109110	---钢筋混凝土和预应力混凝土管、杆、板、桩等										13
6810911000	钢筋混凝土和预应力混凝土管等(包括杆、板、桩等,无论是否加强)〔999〕	10	40	13		千克				0	
68109190	---其他										13
6810919000	水泥制建筑或土木工程用预制构件(包括混凝土或人造石制,不论是否加强)〔999〕	10	40	13		千克			20%	0	
68109910	---铁道用水泥枕										13
6810991000	铁道用水泥枕〔999〕	8	14	13		千克				0	
68109990	---其他										13
6810999000	水泥,混凝土或人造石制其他制品〔999〕	10	70	13		千克			35%	0	
6811	**石棉水泥、纤维素水泥或类似材料的制品:**										
68114010	---瓦楞板										13
6811401000	含石棉的瓦楞板〔999〕	5	40	13		千克				0	
68114020	---其他片、板、砖、瓦及类似制品										13
6811402000	含石棉的片、板、砖、瓦及类似品〔999〕	8	40	13		千克			33%	0	
68114030	---管子及管子附件										13
6811403000	含石棉的管子及管子附件〔999〕	8	40	13		千克				0	
68114090	---其他制品										13
6811409000	含石棉的其他制品〔999〕	8	40	13		千克			18%	0	
68118100	--瓦楞板										13
6811810000	不含石棉的瓦楞板〔999〕	5	40	13		千克				0	
68118200	--其他片、板、砖、瓦及类似制品										13
6811820000	不含石棉的片、板、砖、瓦及类似品〔999〕	8	40	13		千克			33%	0	
68118910	---管子及管子附件										13
6811891000	不含石棉的管子及管子附件〔999〕	8	40	13		千克				0	
68118990	---其他										13
6811899000	不含石棉的其他制品〔999〕	8	40	13		千克			33%	0	
6812	**已加工的石棉纤维;以石棉为基本成分或以石棉和碳酸镁为基本成分的混合物;上述混合物或石棉的制品(例如,纱线、机织物、服装、帽类、鞋靴、衬垫),不论是否加强,但税目68.11或68.13的货品除外:**										
68128000	-青石棉的										13
6812800000	青石棉或青石棉混合物及其制品(包含服装、衣着附件、帽及鞋靴、毡子、接合纤维及其他青石棉制品)〔999〕	10	40	13		千克				0	
68129100	--服装、衣着附件、鞋靴及帽类										13
6812910000	其他石棉或石棉混合物制的服装(包含衣着附件、帽子及鞋靴)〔999〕	10	40	13		千克			35%	0	
68129910	---纸、麻丝板及毡子										13
6812991000	其他石棉或石棉混合物制的纸、麻丝板及毡子〔999〕	10	40	13		千克			20%	0	
68129920	---成片或成卷的压缩石棉纤维接合材料										13
6812992000	成片或成卷的压缩石棉纤维接合材料(不含青石棉制品)〔999〕	10	40	13		千克			20%	0	
68129990	---其他										13
6812999000	其他石棉或石棉混合物制品〔999〕	10	40	13		千克			20%	0	
6813	**以石棉、其他矿物质或纤维素为基本成分的未装配摩擦材料及其制品(例如,片、卷、带、盘、圈、垫及扇形),适于作制动器、离合器及类似品,不论是否与织物或其他材料结合而成:**										
68132010	---闸衬、闸垫										13
6813201000	含石棉的闸衬、闸垫(由石棉为基本成分的摩擦材料所制)〔999〕	10	40	13		千克			20%	0	
68132090	---其他										13
6813209000	含石棉的摩擦材料及其他用于制动等用途的制品(摩擦材料由石棉为主原料构成)〔999〕	10	40	13		千克			20%	0	
68138100	--闸衬、闸垫										13

协定税率(%)																		特惠税率(%)			Article Description
智利	新西兰	澳大利亚	瑞士	冰岛	秘鲁	哥斯达	东盟	亚太	新加坡	巴基斯坦	港/澳/台	韩国	格鲁吉亚	毛里求斯	柬埔寨	尼加拉瓜	日/韩/澳/新/东(RCEP)	亚太2国	老/柬/缅	LDC 98/97/95	
0	0	0	0	0	0	0	0		0	2.5	0/0/	0	0	0	0	9	7.6/7.4/0/0/0			0/0/0	---Reinforced concrete and prestressed concrete tubes, pipes, rods, plates, piles and similar articles
0	0	0	0	0	0	0	0		0	2.5	0/0/	0	0	0	0	9	7.6/7.4/0/0/0			0/0/0	---Other
0	0	0	0	0	0	0	0			0	0/0/	0	0	0	0	6.4	5.8/0/0/0/0			0/0/0	---Railway sleepers of concrete
0	0	0	0	0	0	0	0		0	2.5	0/0/	0	0	0	0	9	7.6/7.4/0/0/0			0/0/0	---Other
																					Articles of asbestos-cement, of cellulose fibre-cement or the like:
0	0	0	0	0	0	0	0			0	0/0/	0	0	0	0	0	0/0/0/0/0			0/0/0	---Corrugated sheets
0	0	0	0	0	0	0	0		0	2.5	0/0/	0	0	0	0	6.4	7.6/7.4/0/0/0			0/0/0	---Other sheets, panels, tiles and similar articles
0	0	0	0	0	0	0	0			0	0/0/	0	0	0	0	6.4	5.8/0/0/0/0			0/0/0	---Tubes, pipes and tube or pipe fittings
0	0	0	0	0	0	0	0			0	0/0/	0	0	0	0	6.4	6.1/5.9/0/0/0			0/0/0	---Other articles
0	0	0	0	0	0	0	0			0	0/0/	0	0	0	0	0	0/0/0/0/0			0/0/0	--Corrugated sheets
0	0	0	4.2	0	0	0	0		0	2.5	0/0/	0	0	0	0	6.4	7.6/7.4/0/0/0			0/0/0	--Other sheets, panels, tiles and similar articles
0	0	0	0	0	0	0	0			0	0/0/	0	0	0	0	6.4	5.8/0/0/0/0			0/0/0	---Tubes, pipes and tube or pipe fittings
0	0	0	0	0	0	0	0			0	0/0/	0	0	0	0	6.4	6.1/0/0/0/0			0/0/0	---Other
																					Fabricated asbestos fibres; mixtures with a basis of asbestos or with a basis of asbestos and magnesium carbonate; articles of such mixtures or of asbestos (for example, thread, woven fabric, clothing, headgear, footwear, gaskets), whether or not reinforced, other than goods of heading 68.11 or 68.13:
0	0	0	0	0	0	0	0		0	2.5	0/0/	0	0	0	0	9	7.6/7.4/0/0/0			0/0/0	-Of crocidolite
0	0	0	0	0	0	0	0		0	2.5	0/0/	0	0	0	0	9	7.6/7.4/0/0/0			0/0/0	--Clothing, clothing accessories, footwear and headgear
0	0	0	0	0	0	0	0		0	2.5	0/0/	0	0	0	0	9	7.6/7.4/0/0/0			0/0/0	---Paper, millboard and felt
0	0	0	0	0	0	0	0		0	2.5	0/0/	0	0	0	0	9	7.6/7.4/0/0/0			0/0/0	---Compressed asbestos fibre jointing, in sheets or rolls
0	0	0	0	0	0	0	0			0	0/0/	0	0	0	0	9	7.3/7/0/0/0			0/0/0	---Other
																					Friction material and articles thereof (for example, sheets, rolls, strips, segments, discs, washers, pads), not mounted, for brakes, for clutches or the like, with a basis of asbestos, of other mineral substances or of cellulose, whether or not combined with textile or other materials:
0	0	0	0	0	0	0	0			0	0/0/	0	0	0	0	9	7.3/7/0/0/0			0/0/0	---Brake linings and pads
0	0	0	0	0	0	0	0		0	6	0/0/	0	0	0	0	9	8.7/8.4/0/0/0			0/0/0	---Other
0	0	0	0	0	0	0	0			0	0/0/	0	0	0	0	9	7.3/7/0/0/0			0/0/0	--Brake linings and pads

商品编号	商品名称及备注[检验检疫编码及名称]	进口关税(%)		增值税率(%)	消费税	计量单位	监管条件	检验检疫类别	对美税率	出口税率(%)	出口退税率(%)
		最惠国	普通								
6813810000	其他闸衬、闸垫(其他矿物或纤维素为基本成分的摩擦材料所制)〔999〕	10	40	13		千克			35%	0	
68138900	--其他										13
6813890000	其他摩擦材料及用于制动等用途的制品(摩擦材料由其他矿物或纤维素为主原料构成)〔999〕	10	40	13		千克			20%	0	
6814	**已加工的云母及其制品,包括黏聚或复制的云母,不论是否附于纸、纸板或其他材料上:**										
68141000	-黏聚或复制云母制的板、片、带,不论是否附于其他材料上										13
6814100000	黏聚或复制云母制的板、片、带(不论是否附于其他材料上)〔999〕	8	35	13		千克			33%	0	
68149000	-其他										13
6814900000	其他已加工的云母及其制品(包括黏聚或复制的云母及其他制品)〔999〕	8	35	13		千克			33%	0	
6815	**其他税目未列名的石制品及其他矿物制品(包括碳纤维及其制品和泥煤制品):**										
68151100	--碳纤维										13
6815110010	两用物项管制的碳纤维(比模量≥12.7×10^{6}米,或比抗拉强度≥23.5×10^{4}米)〔999〕	17	70	13		千克	3			0	
6815110090	其他碳纤维〔999〕	17	70	13		千克				0	
68151200	--碳纤维织物										13
6815120000	碳纤维织物〔999〕	17	70	13		千克			27%	0	
68151310	---碳纤维预浸料										13
6815131010	两用物项管制的碳纤维预浸料(制品)〔999〕	17	70	13		千克	3		27%	0	
6815131090	其他碳纤维预浸料(制品)〔999〕	17	70	13		千克			27%	0	
68151390	---其他										13
6815139010[暂9]	燃料电池用气体扩散层〔999〕	17	70	13		千克			29%	0	
6815139090	其他碳纤维制品〔999〕	17	70	13		千克			37%	0	
68151900	--其他										0
6815190010[暂5]	碳化硅外延生产设备用石墨配件(金属含量≤5ppm)[高纯度(>99.9%)、高强度(抗折强度>30Mpa)、高密度(>1.73克/立方厘米)制品除外]〔999〕	10	70	13		千克				0	
6815190020	高纯度(>99.9%)、高强度(抗折强度>30Mpa)、高密度(>1.73克/立方厘米)的人造石墨制品;天然鳞片石墨制品〔999〕	10	70	13		千克	3			0	
6815190090	其他非电气用的石墨或其他碳精制品〔999〕	10	70	13		千克				0	
68152000	-泥煤制品										0
6815200000	泥煤制品〔999〕	10	70	13		千克				0	
68159100	--含有菱镁矿、方镁石形态的氧化镁、白云石(包括煅烧形态)或铬铁矿的										0
6815910000	含有菱镁矿、方镁石形态的氧化镁、白云石(包括煅烧形态)或铬铁矿的制品〔999〕	10	70	13		千克			35%	0	
68159940	---玄武岩纤维及其制品										13
6815994000	玄武岩纤维及其制品〔999〕	17	70	13		千克			42%	0	
68159990	---其他										0
6815999010[暂8]	电熔高锆质砖,氧化锆含量大于87%〔999〕	10	70	13		千克			28%	0	
6815999090	其他未列名石制品及矿物制品〔999〕	10	70	13		千克			30%	0	

协定税率(%)																		特惠税率(%)			Article Description
智利	新西兰	澳大利亚	瑞士	冰岛	秘鲁	哥斯达	东盟	亚太	新加坡	巴基斯坦	港/澳/台	韩国	格鲁吉亚	毛里求斯	柬埔寨	尼加拉瓜	日/韩/澳/新/东(RCEP)	亚太2国	老/柬/缅	LDC 98/97/95	
0	0	0	0	0	0	0	0		0	6	0/0/	0	0	0	0	9	8.7/8.4/8.4/8.4/8.4			0/0/0	--Other
																					Worked mica and articles of mica, including agglomerated or reconstituted mica, whether or not on a support of paper, paperboard or other materials:
0	0	0	0	0	0	0	0		0	2.5	0/0/	0	0	0	0	6.4	7.6/7.4/0/0/0			0/0/0	-Plates, sheets and strips of agglomerated or reconstituted mica, whether or not on a support
0	0	0	0	0	0	0	0		0	2.5	0/0/	0	0	0	0	6.4	7.6/7.4/0/0/0			0/0/0	-Other
																					Articles of stone or of other mineral substances (including carbon fibres, articles of carbon fibres and articles of peat), not elsewhere specified or included:
0	0	0	0	0	0	0	0		0		0/0/		0	0	0	15.9	//5/5/5			0/0/0	--Carbon fibres
0	0	0	0	0	0	0	0		0		0/0/		0	0	0	15.9	//5/5/5			0/0/0	--Fabrics of carbon fibres
0	0	0	0	0	0	0	0		0		0/0/		0	0	0	15.9	//5/5/5			0/0/0	---Pre-preg material of carbon fibres
0	0	0	0	0	0	0	0		0		0/0/		0	0	0	15.9	//5/5/5			0/0/0	---Other
0	0	0	0	0	0	0	0		0	12	0/0/		0	0	0	9	//5/5/5			0/0/0	--Other
0	0	0	0	0	0	0	0		0	12	0/0/	0	0	0	0	9	10.9/10.5/0/0/0			0/0/0	-Articles of peat
0	0	0	0	0	0	0	0		0	12	0/0/	0	0	0	0	9	10.9/10.5/0/0/0			0/0/0	--Containing magnesite, magnesia in the form of periclase, dolomite including in the form of dolime, or chromite
0	0	0	0	0	0	0	0		0	0	0/0/	0	0	0	0	15.9	12.7/12.3/0/0/0			0/0/0	---Basalt fiber and articles thereof
0	0	0	0	0	0	0	0		0	0	0/0/	0	0	0	0	9	12.7/12.3/0/0/0			0/0/0	---Other

第六十九章
陶瓷产品

注释：

一、本章仅适用于成形后经过烧制的陶瓷产品：

（一）品目69.04至69.14仅适用于不能归入品目69.01至69.03的产品；

（二）为树脂固化、加速水合作用、除去水分或其他挥发成分等目的而将其加热至低于800℃的物品，不应视为经过烧制。这些物品不应归入第六十九章；以及

（三）陶瓷制品是用通常在室温下预先调制成形的无机非金属材料烧制而成的。原料主要包括：黏土、含硅材料（包括熔融硅石）、高熔点的材料（例如，氧化物、碳化物、氮化物、石墨或其他碳），有时还有诸如耐火黏土或磷酸盐的黏合剂。

二、本章不包括：

（一）品目28.44的产品；

（二）品目68.04的物品；

（三）第七十一章的物品（例如，仿首饰）；

（四）品目81.13的金属陶瓷；

（五）第八十二章的物品；

（六）绝缘子（品目85.46）或绝缘材料制的零件（品目85.47）；

（七）假牙（品目90.21）；

（八）第九十一章的物品（例如，钟及钟壳）；

（九）第九十四章的物品（例如，家具、灯具及照明装置、活动房屋）；

（十）第九十五章的物品（例如，玩具、游戏品及运动用品）；

（十一）品目96.06的物品（例如，纽扣）或品目96.14的物品（例如，烟斗）；或

（十二）第九十七章的物品（例如，艺术品）。

商品编号	商品名称及备注［检验检疫编码及名称］	进口关税（%）		增值税率（%）	消费税	计量单位	监管条件	检验检疫类别	对美税率	出口税率（%）	出口退税率（%）
		最惠国	普通								
6901	**硅质化石粉（例如，各种硅藻土）或类似硅土制的砖、块、瓦及其他陶瓷制品：**										
69010000	硅质化石粉（例如，各种硅藻土）或类似硅土制的砖、块、瓦及其他陶瓷制品										0
6901000000	硅质化石粉或类似硅土制的砖、瓦（包括硅质化石粉或类似硅土制的其他陶瓷制品）［999］	8	50	13		千克			33%	0	
6902	**耐火砖、块、瓦及类似耐火陶瓷建材制品，但硅质化石粉及类似硅土制的除外：**										
69021000	-单独或同时含有按重量计超过50%的镁、钙或铬（分别以氧化镁、氧化钙或三氧化二铬的含量计）										0
6902100000	镁、钙、铬含量超过50%的耐火砖及类似品［999］	8	30	13		千克			18%	0	
69022000	-含有按重量计超过50%的三氧化二铝、二氧化硅或其混合物或化合物										0
6902200000	铝、硅含量超过50%的耐火砖及类似品（指超过50%的三氧化二铝、二氧化硅等耐火陶瓷建材制品）［999］	8	30	13		千克			18%	0	
69029000	-其他										0
6902900000	其他耐火砖及耐火陶瓷建材制品（包括类似耐火陶瓷制品，品目69.01的制品除外）［999］	8	30	13		千克			33%	0	
6903	**其他耐火陶瓷制品（例如，甑、坩埚、马弗罩、喷管、栓塞、支架、烤钵、管子、护套、棒条及滑阀式水口），但硅质化石粉及类似硅土制的除外：**										
69031000	-含有按重量计超过50%的单体碳										0
6903100000	单体碳含量>50%的其他耐火陶瓷制品［999］	8	20	13		千克			18%	0	
69032000	-含有按重量计超过50%的三氧化二铝或三氧化二铝和二氧化硅的混合物或化合物										0
6903200000	氧化铝含量超过50%的其他耐火陶瓷制品（氧化铝包括三氧化二铝和二氧化硅的混合物或化合物）［999］	8	20	13		千克			28%	0	
69039000	-其他										13
6903900000	其他耐火陶瓷制品［999］	8	20	13		千克			18%	0	
6904	**陶瓷制建筑用砖、铺地砖、支撑或填充用砖及类似品：**										

Chapter 69
Ceramic products

Chapter Notes:

1. This Chapter applies only to ceramic products which have been fired after shaping:
   (a) Headings 69. 04 to 69. 14 apply only to such products other than those classifiable in headings 69. 01 to 69. 03;
   (b) Articles heated to temperatures less than 800℃ for purposes such as curing of resins, accelerating hydration reactions, or for the removal of water or other volatile components, are not considered to be fired. Such articles are excluded from Chapter 69; and
   (c) Ceramic articles are obtained by firing inorganic, non-metallic materials which have been prepared and shaped previously at, in general, room temperature. Raw materials comprise, inter alia, clays, siliceous materials including fused silica, materials with a high melting point, such as oxides, carbides, nitrides, graphite or other carbon, and in some cases binders such as refractory clays or phosphates.

2. This Chapter does not cover:
   (a) Products of heading 28. 44;
   (b) Articles of heading 68. 04;
   (c) Articles of Chapter 71 (for example, imitation jewellery);
   (d) Cermets of heading 81. 13;
   (e) Articles of Chapter 82;
   (f) Electrical insulators (heading 85. 46) or fittings of insulating material of heading 85. 47;
   (g) Artificial teeth (heading 90. 21);
   (h) Articles of Chapter 91 (for example, clocks and clock cases);
   (ij) Articles of Chapter 94 (for example, furniture, luminaires and lighting fittings, prefabricated buildings);
   (k) Articles of Chapter 95 (for example, toys, games and sports requisites);
   (l) Articles of heading 96. 06 (for example, buttons) or of heading 96. 14 (for example, smoking pipes); or
   (m) Articles of Chapter 97 (for example, works of art).

协定税率(%)																		特惠税率(%)			Article Description
智利	新西兰	澳大利亚	瑞士	冰岛	秘鲁	哥斯达	东盟	亚太	新加坡	巴基斯坦	港/澳/台	韩国	格鲁吉亚	毛里求斯	柬埔寨	尼加拉瓜	日/韩/澳/新/东(RCEP)	亚太2国	老/柬/缅	LDC 98/97/95	
																					Bricks, blocks, tiles and other ceramic goods of siliceous fossil meals (for example, kieselguhr, tripolite or diatomite) or of similar siliceous earths:
0	0	0	0	0	0	0	0	5. 2		0	0/0/	0	0	0	0	6. 4	5. 8/0/0/0/0			0/0/0	Bricks, blocks, tiles and other ceramic goods of siliceous fossil meals (for example, kieselguhr, tripolite or diatomite) or of similar siliceous earths
																					Refractory bricks, blocks, tiles and similar refractory ceramic constructional goods, other than those of siliceous fossil meals or similar siliceous earths:
0	0	0	0	0	0	0	0			0	0/0/	0	0	0	0	6. 4	5. 8/0/0/0/0			0/0/0	-Containing by weight, singly or together, more than 50% of the elements Mg, Ca or Cr, expressed as MgO, CaO or Cr_2O_3
0	0	0	0	0	0	0	0			0	0/0/	0	0	0	0	6. 4	5. 8/0/0/0/0			0/0/0	-Containing by weight more than 50% of alumina (Al_2O_3), of silica (SiO_2) or of a mixture or compound of these products
0	0	0	0	0	0	0	0			0	0/0/	0	0	0	0	6. 4	5. 8/5. 6/0/0/0			0/0/0	-Other
																					Other refractory ceramic goods (for example, retorts, crucibles, muffles, nozzles, plugs, supports, cupels, tubes, pipes, sheaths, rods and slide gates), other than those of siliceous fossil meals or of similar siliceous earths:
0	0	0	0	0	0	0	0			0	0/0/	0	0	0	0	6. 4	5. 8/5. 6/0/0/0		0//	0/0/0	-Containing, by weight, more than 50 % of free carbon
0	0	0	0	0	0	0	0			0	0/0/	0	0	0	0	6. 4	5. 8/0/0/0/0		0//	0/0/0	-Containing by weight more than 50% of alumina (Al_2O_3) or of a mixture of compound of alumina and of silica(SiO_2)
0	0	0	0	0	0	0	0			0	0/0/	0	0	0	0	6. 4	5. 8/0/0/0/0		0//	0/0/0	-Other
																					Ceramic building bricks, flooring blocks, support or filler tiles and the like:

商品编号	商品名称及备注[检验检疫编码及名称]	进口关税(%) 最惠国	进口关税(%) 普通	增值税率(%)	消费税	计量单位	监管条件	检验检疫类别	对美税率	出口税率(%)	出口退税率(%)
69041000	-建筑用砖										13
6904100000	陶瓷制建筑用砖[999]	15	90	13		千克/千块		L/		0	
69049000	-其他										13
6904900000	陶瓷制铺地砖、支撑或填充用砖(包括类似品)[999]	15	90	13		千克		L/	35%	0	
6905	**屋顶瓦、烟囱罩、通风帽、烟囱衬壁、建筑装饰物及其他建筑用陶瓷制品：**										
69051000	-屋顶瓦										13
6905100000	陶瓷制屋顶瓦[999]	15	90	13		千克			20%	0	
69059000	-其他										13
6905900000	其他建筑用陶瓷制品(包括烟囱罩通风帽,烟囱衬壁,建筑装饰物)[999]	15	90	13		千克		L/	30%	0	
6906	**陶瓷套管、导管、槽管及管子附件：**										
69060000	陶瓷套管、导管、槽管及管子附件										13
6906000000[暂10]	陶瓷套管,导管,槽管及管子配件[999]	15	90	13		千克			30%	0	
6907	**陶瓷贴面砖、铺面砖,包括炉面砖及墙面砖;陶瓷镶嵌砖(马赛克)及其类似品,不论是否有衬背;饰面陶瓷：**										
69072110	---不论是否矩形,其最大表面积以可置入边长小于7厘米的方格为限										13
6907211000	不论是否矩形,其最大表面积以可置入边长<7厘米的方格的贴面砖、铺面砖,包括炉面砖及墙面砖,但编号690730和690740所列商品除外(按重量计吸水率不超过0.5%)[999]	7	100	13		千克/平方米		L/	22%	0	
69072190	---其他										13
6907219000	其他贴面砖、铺面砖,包括炉面砖及墙面砖,但编号690730和690740所列商品除外(按重量计吸水率不超过0.5%)[999]	7	100	13		千克/平方米		L/	32%	0	
69072210	---不论是否矩形,其最大表面积以可置入边长小于7厘米的方格为限										13
6907221000	不论是否矩形,其最大表面积以可置入边长<7厘米的方格的贴面砖、铺面砖,包括炉面砖及墙面砖,但编号690730和690740所列商品除外(按重量计吸水率超过0.5%,但不超过10%)[999]	7	100	13		千克/平方米			32%	0	
69072290	---其他										13
6907229000	其他贴面砖、铺面砖,包括炉面砖及墙面砖,但编号690730和690740所列商品除外(按重量计吸水率超过0.5%,但不超过10%)[999]	7	100	13		千克/平方米			32%	0	
69072310	---不论是否矩形,其最大表面积以可置入边长小于7厘米的方格为限										13
6907231000	不论是否矩形,其最大表面积以可置入边长<7厘米的方格的贴面砖、铺面砖,包括炉面砖及墙面砖,但编号690730和690740所列商品除外(按重量计吸水率超过10%)[999]	7	100	13		千克/平方米				0	
69072390	---其他										13
6907239000	其他贴面砖、铺面砖,包括炉面砖及墙面砖,但编号690730和690740所列商品除外(按重量计吸水率超过10%)[999]	7	100	13		千克/平方米			32%	0	
69073010	---不论是否矩形,其最大表面积以可置入边长小于7厘米的方格为限										13
6907301000	不论是否矩形,其最大表面积以可置入边长<7厘米的方格的镶嵌砖(马赛克)及其类似品,但编号690740的货品除外[999]	7	100	13		千克/平方米		L/		0	
69073090	---其他										13
6907309000	其他镶嵌砖(马赛克)及其类似品,但编号690740的货品除外[999]	7	100	13		千克/平方米		L/		0	
69074010	---不论是否矩形,其最大表面积以可置入边长小于7厘米的方格为限										13
6907401000	不论是否矩形,其最大表面积以可置入边长<7厘米的方格的饰面陶瓷[999]	7	100	13		千克/平方米		L/		0	

智利	新西兰	澳大利亚	瑞士	冰岛	秘鲁	哥斯达	东盟	亚太	新加坡	巴基斯坦	港/澳/台	韩国	格鲁吉亚	毛里求斯	柬埔寨	尼加拉瓜	日/韩/澳/新/东(RCEP)	亚太2国	老/柬/缅	LDC 98/97/95	Article Description
协定税率(%)																		特惠税率(%)			
0	0	0	0	0	0	0	0		0	12	0/0/	0	0	0	0	14	10.9/10.5/0/0/0			0/0/0	-Building bricks
0	0	0	0	0	0	0	0		0		0/0/	12.2	0	4.9	0	14	21/20.8/20.8/20.8/20.8			0/0/0	-Other
																					Roofing tiles, chimney-pots, cowls, chimney liners, architectural ornaments and other ceramic constructional goods:
0	0	0	0	0	0	0	0		0		0/0/	12.2	0	4.9	0	14	/20.8/20.8/20.8/20.8			0/0/0	-Roofing tiles
0	0	0	0	0	0	0	0		0		0/0/	12.2	0	4.9	0	14	21/20.8/20.8/20.8/20.8			0/0/0	-Other
																					Ceramic pipes, conduits, guttering and pipe fittings:
0	0	0	0	0	0	0	0		0	12	0/0/	0	0	0	0	14	10.9/10.5/0/0/0			0/0/0	Ceramic pipes, conduits, guttering and pipe fittings
																					Ceramic flags and paving, hearth or wall tiles; ceramic mosaic cubes and the like, whether or not on a backing; finishing ceramic:
0	0	0	0	0	0	0	0	4.6	0	2.5	0/0/	0	0	0	0	0	8.7/8.4/0/0/0			0/0/0	---Whether or not rectangular, the largest surface area of which is capable of being enclosed in a square the side of which is less than 7cm
0	0	0	0	0	0	0	0		0	6	0/0/	0	0	0	0	0	8.7/8.4/0/0/0			0/0/0	---Other
0	0	0	0	0	0	0	0	4.6	0	2.5	0/0/	0	0	0	0	0	8.7/8.4/0/0/0			0/0/0	---Whether or not rectangular, the largest surface area of which is capable of being enclosed in a square the side of which is less than 7cm
0	0	0	0	0	0	0	0		0	6	0/0/	0	0	0	0	0	8.7/8.4/0/0/0			0/0/0	---Other
0	0	0	0	0	0	0	0	4.6	0	2.5	0/0/	0	0	0	0	0	8.7/8.4/0/0/0			0/0/0	---Whether or not rectangular, the largest surface area of which is capable of being enclosed in a square the side of which is less than 7cm
0	0	0	0	0	0	0	0		0	6	0/0/	0	0	0	0	0	8.7/8.4/0/0/0			0/0/0	---Other
0	0	0	0	0	0	0	0	4.6	0	2.5	0/0/	0	0	0	0	0	8.7/8.4/0/0/0			0/0/0	---Whether or not rectangular, the largest surface area of which is capable of being enclosed in a square the side of which is less than 7cm
0	0	0	0	0	0	0	0		0	6	0/0/	0	0	0	0	0	8.7/8.4/0/0/0			0/0/0	---Other
0	0	0	0	0	0	0	0	4.6	0	2.5	0/0/	0	0	0	0	0	8.7/8.4/0/0/0			0/0/0	---Whether or not rectangular, the largest surface area of which is capable of being enclosed in a square the side of which is less than 7cm

商品编号	商品名称及备注[检验检疫编码及名称]	进口关税(%)		增值税率(%)	消费税	计量单位	监管条件	检验检疫类别	对美税率	出口税率(%)	出口退税率(%)
		最惠国	普通								
69074090	---其他										13
6907409000	其他饰面陶瓷〔999〕	7	100	13		千克/平方米		L/	32%	0	
6909	**实验室、化学或其他专门技术用途的陶瓷器；农业用陶瓷槽、缸及类似容器；通常供运输及盛装货物用的陶瓷罐、坛及类似品：**										
69091100	--瓷制										13
6909110000	实验室、化学或其他技术用瓷器〔999〕	8	30	13		千克				0	
69091200	--莫氏硬度为9或以上的物品										13
6909120000	摩氏硬度≥9的技术用陶瓷器（实验室、化学或其他专门技术用途的）〔999〕	8	30	13		千克				0	
69091900	--其他										13
6909190000	其他实验室、化学用陶瓷器（包括其他技术用）〔999〕	8	30	13		千克			18%	0	
69099000	-其他										13
6909900000	农业、运输或盛装货物用陶瓷容器〔999〕	15	90	13		千克			25%	0	
6910	**陶瓷洗涤槽、脸盆、脸盆座、浴缸、坐浴盆、抽水马桶、水箱、小便池及类似的固定卫生设备：**										
69101000	-瓷制										13
6910100000	瓷制脸盆、浴缸及类似卫生器具（包括洗涤槽、抽水马桶、小便池等）①	7	100	13		千克/件			32%	0	
69109000	-其他										13
6910900000	陶制脸盆、浴缸及类似卫生器具（包括洗涤槽、抽水马桶、小便池等）②	7	100	13		千克/件	A	M/	32%	0	
6911	**瓷餐具、厨房器具及其他家用或盥洗用瓷器：**										
69111011	----骨瓷										13
6911101100	骨瓷餐具〔101 食品接触陶瓷产品〕，〔102 食品用陶瓷包装〕	7	100	13		千克	A	R/	32%	0	
69111019	----其他										13
6911101900	其他瓷餐具〔101 食品接触陶瓷产品〕，〔102 食品用陶瓷包装〕	7	100	13		千克	A	R/	32%	0	
69111021	----刀具										13
6911102100	瓷厨房刀具〔101 食品接触陶瓷产品〕，〔102 食品用陶瓷包装〕	7	100	13		千克	A	R/		0	
69111029	----其他										13
6911102900	其他瓷厨房器具〔101 食品接触陶瓷产品〕，〔102 食品用陶瓷包装〕	7	100	13		千克	A	R/	32%	0	
69119000	-其他										13
6911900000	其他家用或盥洗用瓷器〔999〕	7	100	13		千克			32%	0	
6912	**陶餐具、厨房器具及其他家用或盥洗用陶器：**										
69120010	---餐具										13
6912001000	陶餐具〔101 食品接触陶瓷产品〕，〔102 食品用陶瓷包装〕	7	100	13		千克	A	R/	32%	0	
69120090	---其他										13
6912009000	陶制厨房器具（包括家用或盥洗用的）〔101 食品接触陶瓷产品〕，〔102 食品用陶瓷包装〕	7	100	13		千克	A	R/	32%	0	
6913	**塑像及其他装饰用陶瓷制品：**										
69131000	-瓷制										13
6913100000	瓷塑像及其他装饰用瓷制品〔999〕	7	100	13		千克			32%	0	
69139000	-其他										13
6913900000	陶塑像及其他装饰用陶制品〔999〕	7	100	13		千克			32%	0	
6914	**其他陶瓷制品：**										
69141000	-瓷制										13
6914100000	其他瓷制品〔101 其他陶瓷及制品〕，〔102 食品接触陶瓷产品〕，〔103 食品用陶瓷包装〕	15	100	13		千克			35%	0	
69149000	-其他										13
6914900000	其他陶制品〔101 其他陶瓷及制品〕，〔102 食品接触陶瓷产品〕，〔103 食品用陶瓷包装〕	10	100	13		千克			20%	0	

① 〔101 洗涤槽〕，〔102 面盆〕，〔103 浴缸〕，〔104 座便器〕，〔105 小便器〕，〔106 其他卫生瓷〕
② 〔101 洗涤槽〕，〔102 面盆〕，〔103 浴缸〕，〔104 座便器〕，〔105 小便器〕，〔106 其他卫生陶〕

协定税率(%)																		特惠税率(%)			Article Description
智利	新西兰	澳大利亚	瑞士	冰岛	秘鲁	哥斯达	东盟	亚太	新加坡	巴基斯坦	港/澳/台	韩国	格鲁吉亚	毛里求斯	柬埔寨	尼加拉瓜	日/韩/澳/新/东 (RCEP)	亚太2国	老/柬/缅	LDC 98/97/95	
0	0	0	0	0	0	0	0		0	6	0/0/	0	0	0	0	0	8.7/8.4/0/0/0			0/0/0	---Other
																					Ceramic wares for laboratory, chemical or other technical uses; ceramic troughs, tubs and similar receptacles of a kind used in agriculture; ceramic pots, jars and similar articles of a kind used for the conveyance or packing of goods:
0	0	0	0	0	0	0	0			0	0/0/	0	0	0	0	6.4	5.8/0/0/0/0			0/0/0	--Of porcelain or china
0	0	0	0	0	0	0	0			0	0/0/	0	0	0	0	6.4	5.8/0/0/0/0			0/0/0	--Articles having a hardness equivalent to 9 or more on the Mohs scale
0	0	0	0	0	0	0	0			0	0/0/	0	0	0	0	6.4	5.8/5.6/5.6/5.6/5.6			0/0/0	--Other
0	0	0	0	0	0	0	0		0		0/0/	10.5	0	0	0	14	/17.9/17.9/17.9/17.9			0/0/0	-Other
																					Ceramic sinks, wash basins, wash basin pedestals, baths, bidets, water closet pans, flushing cisterns, urinals and similar sanitary fixtures:
0	0	0	0	0	0	0	0	4.6	0	0	0/0/	0	0	0	0	0	7.3/7/0/0/0			0/0/0	-Of porcelain or china
0	0	0	0	0	0	0	0		0	0	0/0/	0	0	0	0	0	7.3/7/0/0/0			0/0/0	-Other
																					Tableware, kitchenware, other household articles and toilet articles, of porcelain or china:
0	0	0	0	0	0	0	0	4.6	0	2.5	0/0/	0	0	0	0	0	8.7/8.4/0/0/0			0/0/0	----Bone china
0	0	0	0	0	0	0	0	4.6	0	2.5	0/0/	0	0	0	0	0	8.7/8.4/0/0/0			0/0/0	----Other
0	0	0	0	0	0	0	0	4.6	0	7.5	0/0/	0	0	0	0	0	10.9/10.5/0/0/0			0/0/0	----Knives and the like
0	0	0	0	0	0	0	0	4.6	0	7.5	0/0/	0	0	0	0	0	10.9/10.5/0/0/0			0/0/0	----Other
0	0	0	0	0	0	0	0	4.6	0	20	0/0/	12.2	0	4.9	0	0	21/20.8/20.8/20.8/20.8			0/0/0	-Other
																					Ceramic tableware, kitchenware, other household articles and toilet articles, other than of procelain or china:
0	0	0	0	0	0	0	0		0	12	0/0/	0	0	0	0	0	10.9/10.5/0/0/0			0/0/0	---Tableware
0	0	0	0	0	0	0	0		0	12	0/0/	0	0	0	0	0	10.9/10.5/0/0/0			0/0/0	---Other
																					Statuettes and other ornamental ceramic articles:
0	0	0	0	0	0	0	0		0	12	0/0/	0	0	0	0	0	10.9/10.5/0/0/0			0/0/0	-Of porcelain or china
0	0	0	0	0	0	0	0		0	12	0/0/	0	0	0	0	0	10.9/10.5/0/0/0			0/0/0	-Other
																					Other ceramic articles:
0	0	0	0	0	0	0	0		0		0/0/	12.2	0	4.9	0	14	//20.8/20.8/20.8			0/0/0	-Of porcelain or china
0	0	0	0	0	0	0	0		0	2.5	0/0/	3.3	0	0	0	9	8.1/8/8.5/8.5/8			0/0/0	-Other

第七十章
玻璃及其制品

注释：

一、本章不包括：

（一）品目 32.07 的货品（例如，珐琅和釉料、搪瓷玻璃料及其他玻璃粉、粒或粉片）；

（二）第七十一章的物品（例如，仿首饰）；

（三）品目 85.44 的光缆、品目 85.46 的绝缘子或品目 85.47 所列绝缘材料制的零件；

（四）第八十六章至第八十八章的运输工具用的带框的前挡风玻璃、后窗或其他窗；

（五）第八十六章至第八十八章的运输工具用的前挡风玻璃、后窗或其他窗，装有加热装置或其他电气或电子装置的，不论是否带框；

（六）光导纤维、经光学加工的光学元件、注射用针管、假眼、温度计、气压计、液体比重计或第九十章的其他物品；

（七）有永久固定电光源的灯具及照明装置、灯箱标志或铭牌和类似品及其零件（品目 94.05）；

（八）玩具、游戏品、运动用品、圣诞树装饰品及第九十五章的其他物品（供玩偶或第九十五章其他物品用的无机械装置的玻璃假眼除外）；或

（九）纽扣、保温瓶、香水喷雾器和类似的喷雾器及第九十六章的其他物品。

二、对于品目 70.03、70.04 及 70.05：

（一）玻璃在退火前的各种处理都不视为"已加工"；

（二）玻璃切割成一定形状并不影响其作为板片归类；

（三）所称"吸收、反射或非反射层"，是指极薄的金属或化合物（例如，金属氧化物）镀层，该镀层可以吸收红外线等光线或可以提高玻璃的反射性能，同时仍然使玻璃具有一定程度的透明性或半透明性；或者该镀层可以防止光线在玻璃表面的反射。

三、品目 70.06 所述产品，不论是否具有制成品的特性仍归入该税目。

四、品目 70.19 所称"玻璃棉"，是指：

（一）按重量计二氧化硅的含量在 60%及以上的矿质棉；

（二）按重量计二氧化硅的含量在 60%以下，但碱性氧化物（氧化钾或氧化钠）的含量在 5%以上或氧化硼的含量在 2%以上的矿质棉。

不符合上述规定的矿质棉归入品目 68.06。

五、本协调制度所称"玻璃"，包括熔融石英及其他熔融硅石。

子目注释：

子目 7013.22、7013.33、7013.41 及 7013.91 所称"铅晶质玻璃"，仅指按重量计氧化铅含量不低于 24%的玻璃。

商品编号	商品名称及备注[检验检疫编码及名称]	进口关税(%) 最惠国	普通	增值税率(%)	消费税	计量单位	监管条件	检验检疫类别	对美税率	出口税率(%)	出口退税率(%)
7001	**碎玻璃及废玻璃，来源于阴极射线管或税目 85.49 的其他活化玻璃除外；玻璃块料：**										
70010010	---无色光学玻璃块料										13
7001001000	无色光学玻璃块料〔999〕	12	50	13		千克			22%	0	
70010090	---其他										13
7001009010	废碎玻璃(来源于阴极射线管或税目 85.49 的其他活化玻璃除外)〔999〕	12	50	13		千克	9		22%	0	
7001009090	其他玻璃块料〔999〕	12	50	13		千克			22%	0	
7002	**未加工的玻璃球、棒及管(税目 70.18 的微型玻璃球除外)：**										
70021000	-玻璃球										0
7002100000	未加工的玻璃球(品目 70.18 的微型玻璃球除外)〔999〕	12	50	13		千克			37%	0	
70022010	---光导纤维预制棒										13
7002201010	直径≥60 毫米的光导纤维预制棒〔999〕	6	50	13		千克			31%	0	
7002201090	其他光导纤维预制棒〔999〕	6	50	13		千克			31%	0	
70022090	---其他										0
7002209000	其他未加工的玻璃棒〔999〕	12	50	13		千克			22%	0	
70023110	---光导纤维用波导级石英玻璃管										13
7002311000[暂1]	光导纤维用波导级石英玻璃管(未经加工，熔凝石英或其他熔凝硅石制)〔999〕	5	17	13		千克			26%	0	
70023190	---其他										0
7002319000	熔凝石英或熔凝硅石制其他玻璃管〔999〕	12	50	13		千克			22%	0	
70023200	--温度在 0℃至 300℃时线膨胀系数不超过 5×10^{-6}/开尔文的其他玻璃制										13
7002320010[暂7]	药用硼硅玻璃管(三氧化二硼含量≥8%)(0℃~300℃时线膨胀系数不超过 5×10^{-6}/开尔文的玻璃制)〔999〕	12	50	13		千克			27%	0	
7002320090	其他未加工的玻璃管(0℃~300℃时线膨胀系数不超过 5×10^{-6}/开尔文的玻璃制)〔999〕	12	50	13		千克			32%	0	
70023900	--其他										13
7002390000	未列名、未加工的玻璃管〔999〕	12	50	13		千克			32%	0	

Chapter 70
Glass and glassware

Chapter Notes:

1. This Chapter does not cover:
   (a) Goods of heading 32.07 (for example, vitrifiable enamels and glazes, glass frit, other glass in the form of powder, granules or flakes);
   (b) Articles of Chapter 71 (for example, imitation jewellery);
   (c) Optical fibre cables of heading 85.44, electrical insulators (heading 85.46) or fittings of insulating material of heading 85.47;
   (d) Front windscreens (windshields), rear windows and other windows, framed, for vehicles of Chapters 86 to 88;
   (e) Front windscreens (windshields), rear windows and other windows, whether or not framed, incorporating heating devices or other electrical or electronic devices, for vehicles of Chapters 86 to 88;
   (f) Optical fibres, optically worked optical elements, hypodermic syringes, artificial eyes, thermometers, barometers, hydrometers or other articles of Chapter 90;
   (g) Luminaires and lighting fittings, illuminated signs, illuminated name-plates or the like, having a permanently fixed light source, or parts thereof of heading 94.05;
   (h) Toys, games, sports requisites, Christmas tree ornaments or other articles of Chapter 95 (excluding glass eyes without mechanisms for dolls or for other articles of Chapter 95); or
   (ij) Buttons, fitted vacuum flasks, scent or similar sprays or other articles of Chapter 96.

2. For the purposes of headings 70.03, 70.04 and 70.05:
   (a) Glass is not regarded as "worked" by reason of any process it has undergone before annealing;
   (b) Cutting to shape does not affect the classification of glass in sheets;
   (c) The expression "absorbent, reflecting or non-reflecting layer" means a microscopically thin coating of metal or of a chemical compound (for example, metal oxide) which absorbs, for example, infra-red light or improves the reflecting qualities of the glass while still allowing it to retain a degree of transparency or translucency; or which prevents light from being reflected on the surface of the glass.

3. The products referred to in heading 70.06 remain classified in that heading whether or not they have the character of articles.

4. For the purposes of heading 70.19, the expression "glass wool" means:
   (a) Mineral wools with a silica (SiO_2) content not less than 60% by weight;
   (b) Mineral wools with a silica (SiO_2) content less than 60% but with an alkaline oxide (K_2O or Na_2O) content exceeding 5% by weight or a boric oxide (B_2O_3) content exceeding 2% by weight.

   Mineral wools which do not comply with the above specifications fall in heading 68.06.

5. Throughout the Nomenclature, the expression "glass" includes fused quartz and other fused silica.

Subheading Note:

For the purposes of subheadings 7013.22、7013.33、7013.41 and 7013.91, the expression "lead crystal" means only glass having a minimum lead monoxide (PbO) content by weight of 24%.

协定税率(%)																		特惠税率(%)			Article Description
智利	新西兰	澳大利亚	瑞士	冰岛	秘鲁	哥斯达	东盟	亚太	新加坡	巴基斯坦	港/澳/台	韩国	格鲁吉亚	毛里求斯	柬埔寨	尼加拉瓜	日/韩/澳/新/东 (RCEP)	亚太2国	老/柬/缅	LDC 98/97/95	
																					Cullet and other waste and scrap of glass, excluding glass from cathode ray tubes or other activated glass of heading 85.49; glass in the mass:
0	0	0	0	0	0	0	0		0	6	0/0/	0	0	0	0	11.2	8.7/8.4/8.4/8.4/8.4			0/0/0	---Colourless optical glass in the mass
0	0	0	0	0	0	0	0		0	6	0/0/	0	0	0	0	11.2	8.7/8.4/8.4/8.4/8.4			0/0/0	---Other
																					Glass in balls (other than microspheres of heading 70.18), rods or tubes, unworked:
0	0	0	0	0	0	0	0		0	6	0/0/	0	0	0	0	11.2	8.7/8.4/0/0/0			0/0/0	-Balls
0	0	0	0	0	0	0	0			0	0/0/	0	0	0	0	0	4.4/0/0/0/0			0/0/0	---Preformed bars for drawing optical fibre
0	0	0	0	0	0	0	0		0	6	0/0/	0	0	0	0	11.2	8.7/8.4/0/0/0			0/0/0	---Other
0	0	0	0	0	0	0	0			0	0/0/	0	0	0	0	0	0/0/0/0/0			0/0/0	---Waveguide quartz tubes for optical fibres use
0	0	0	0	0	0	0	0		0	11.2	0/0/	0	0	0	0	11.2	10.2/9.8/0/0/0			0/0/0	---Other
0	0	0	0	0	0	0	0		0	6	0/0/	0	0	0	0	11.2	8.7/8.4/0/0/0			0/0/0	--Of other glass having a linear coefficient of expansion not exceeding 5×10^{-6}per Kelvin within a temperature range of 0℃ to 300℃
0	0	0	0	0	0	0	0		0	6	0/0/	0	0	0	0	11.2	8.7/8.4/0/0/0			0/0/0	--Other

商品编号	商品名称及备注[检验检疫编码及名称]	进口关税(%) 最惠国	进口关税(%) 普通	增值税率(%)	消费税	计量单位	监管条件	检验检疫类别	对美税率	出口税率(%)	出口退税率(%)
7003	**铸制或轧制玻璃板、片或型材及异型材，不论是否有吸收、反射或非反射层，但未经其他加工：**										
70031200	--整块着色、不透明、镶色或具有吸收、反射或非反射层的										0
7003120000	铸、轧制着色的非夹丝玻璃板、片(不透明、镶色或有吸收反射或非反射层的，未经其他加工)〔999〕	15	50	13		千克/平方米			40%	0	
70031900	--其他										
7003190001[暂3]	液晶或有机发光二极管(OLED)显示屏基板用原板玻璃(铸、轧制的非夹丝玻璃板、片，未着色，透明及不具吸收层的，未经其他加工)〔999〕	15	50	13		千克/平方米			13%	0	13
7003190002[暂5]	手机或平板电脑盖板(包括前盖、后盖)用原板玻璃(未着色、透明及不具吸收层的，未经其他加工)〔999〕	15	50	13		千克/平方米			15%	0	0
7003190090	铸、轧制的其他非夹丝玻璃板、片(未着色、透明及不具吸收层的，未经其他加工)〔999〕	15	50	13		千克/平方米			25%	0	0
70032000	-夹丝玻璃板、片										0
7003200000	铸、轧制的夹丝玻璃板、片(未经其他加工)〔999〕	15	50	13		千克/平方米				0	
70033000	-型材及异型材										0
7003300000	铸、轧制的玻璃型材及异型材(未经其他加工)〔999〕	15	50	13		千克/平方米			25%	0	
7004	**拉制或吹制玻璃板、片，不论是否有吸收、反射或非反射层，但未经其他加工：**										
70042000	-整块着色、不透明、镶色或具有吸收、反射或非反射层的										0
7004200000	拉、吹制的着色玻璃板、片(不透明、镶色或有吸收反射或非反射层的，未经其他加工)〔999〕	15	50	13		千克/平方米			40%	0	
70049000	-其他玻璃										0
7004900001[暂9]	光学平板玻璃，厚度0.7毫米以下(未着色、透明及不具吸收层的，未经其他加工)〔999〕	15	50	13		千克/平方米			19%	0	
7004900002[暂3]	液晶或有机发光二极管(OLED)显示屏基板用原板玻璃(未着色，透明及不具吸收层的，未经其他加工)〔999〕	15	50	13		千克/平方米			13%	0	
7004900003[暂5]	手机或平板电脑盖板(包括前盖、后盖)用原板玻璃(未着色，透明及不具吸收层的，未经其他加工)〔999〕	15	50	13		千克/平方米			15%	0	
7004900090	拉、吹制的其他玻璃板、片(未着色、透明及不具吸收层的，未经其他加工)〔999〕	15	50	13		千克/平方米			25%	0	
7005	**浮法玻璃板、片及表面研磨或抛光玻璃板、片，不论是否有吸收、反射或非反射层，但未经其他加工：**										
70051000	-具有吸收、反射或非反射层的非夹丝玻璃										0
7005100000	有吸收层非夹丝浮法或抛光玻璃板(包括有反射或非反射层的玻璃板、片)〔999〕	15	50	13		千克/平方米			25%	0	
70052100	--整块着色、不透明、镶色或仅表面研磨的										0
7005210000	其他着色非夹丝浮法玻璃板、片(整块着色、不透明，镶色或仅表面研磨的)〔999〕	15	50	13		千克/平方米			35%	0	
70052900	--其他										
7005290002[暂3]	液晶或有机发光二极管(OLED)显示屏基板用原板玻璃(非夹丝浮法玻璃板、片)〔999〕	10	50	13		千克/平方米			23%	0	13
7005290003[暂5]	手机或平板电脑盖板(包括前盖、后盖)用原板玻璃〔999〕	10	50	13		千克/平方米			25%	0	0
7005290090	其他非夹丝浮法玻璃板、片〔999〕	10	50	13		千克/平方米			30%	0	0
70053000	-夹丝玻璃										0
7005300000	夹丝浮法玻璃板、片(包括表面研磨或抛光的，不论是否有吸收或反射层)〔999〕	15	50	13		千克/平方米			40%	0	
7006	**经弯曲、磨边、镂刻、钻孔、涂珐琅或其他加工的税目70.03、70.04或70.05的玻璃，但未用其他材料镶框或装配：**										

协定税率(%)																		特惠税率(%)			
智利	新西兰	澳大利亚	瑞士	冰岛	秘鲁	哥斯达	东盟	亚太	新加坡	巴基斯坦	港/澳/台	韩国	格鲁吉亚	毛里求斯	柬埔寨	尼加拉瓜	日/韩/澳/新/东(RCEP)	亚太2国	老/柬/缅	LDC 98/97/95	Article Description
																					Cast glass and rolled glass, in sheets or profiles, whether or not having an absorbent, reflecting or non-reflecting layer:
0	0	0	0	0	0	0	0		0	12	0/0/	0	0	0	0	14	10.9/10.5/0/0/0			0/0/0	--Coloured throughout the mass (body tinted), opacified, flashed or having an absorbent, reflecting or non-reflecting layer
0	0	0	0	0	0	0	0		0	14	0/0/0	0	0	0	0	14	14.2/12.3/0/0/0			0/0/0	--Other
0	0	0	0	0	0	0	0		0	12	0/0/	0	0	0	0	14	10.9/10.5/0/0/0			0/0/0	-Wired sheets
0	0	0	0	0	0	0	0		0	12	0/0/	0	0	0	0	14	10.9/10.5/0/0/0			0/0/0	-Profiles
																					Drawn glass and blown glass, in sheets, whether or not having an absorbent, reflecting or non-reflecting layer, but not otherwise worked:
0	0	0	0	0	0	0	0		0	14	0/0/	0	0	0	0	14	12.7/12.3/0/0/0			0/0/0	-Glass, coloured throughout the mass (body tinted), opacified, flashed or having an absorbent, reflecting or non-reflecting layer
0	0	0	0	0	0	0	0		0	14	0/0/	8.7	0	0	0	14	15/14.9/14.9/14.9/14.9			0/0/0	-Other glass
																					Float glass and surface ground or polished glass, in sheets, whether or not having an absorbent, reflecting or non-reflecting layer, but not otherwise worked:
0	0	0	0	0	0	0	0		0	12	0/0/	0	0	0	0	14	10.9/10.5/0/0/0			0/0/0	-Non-wired glass, having an absorbent, reflecting or non-reflecting layer
0	0	0	0	0	0	0	0		0	12	0/0/	0	0	0	0	14	10.9/10.5/0/0/0			0/0/0	--Coloured throughout the mass (body tinted), opacified, flashed or merely surface ground
0	0	0	0	0	0	0	0		0	0	0/0/	0	0	0	0	9	12.2/10.5/0/0/0			0/0/0	--Other
0	0	0	0	0	0	0	0		0	14	0/0/	0	0	0	0	14	14.2/12.3/12.3/12.3/12.3			0/0/0	-Wired glass
																					Glass of heading 70.03, 70.04 or 70.05, bent, edge-worked, engraved, drilled, enamelled or otherwise worked, but not framed or fitted with other materials:

商品编号	商品名称及备注[检验检疫编码及名称]	进口关税(%) 最惠国	进口关税(%) 普通	增值税率(%)	消费税	计量单位	监管条件	检验检疫类别	对美税率	出口税率(%)	出口退税率(%)
70060000	经弯曲、磨边、镂刻、钻孔、涂珐琅或其他加工的税目 70.03、70.04 或 70.05 的玻璃，但未用其他材料镶框或装配										13
7006000001[暂4]	液晶玻璃基板，6代(1850毫米×1500毫米)以上，不含6代(经弯曲、磨边、镂刻、钻孔、涂珐琅等加工，未镶框或装配)〔999〕	10	50	13		千克			29%	0	
7006000090	经其他加工品目 70.03～70.05 的玻璃(经弯曲、磨边、镂刻、钻孔、涂珐琅等加工，未镶框或装配)〔999〕	10	50	13		千克			35%	0	
7007	**钢化或层压玻璃制的安全玻璃：**										
70071110	---航空器、航天器及船舶用										13
7007111001[暂1]	空载重量≥25吨飞机的挡风玻璃〔999〕	2	11	13		千克				0	
7007111090	航空航天器及船舶用钢化安全玻璃(其他规格及形状适于安装在航空航天器及船上的)〔999〕	2	11	13		千克				0	
70071190	---其他										13
7007119000	车辆用钢化安全玻璃(规格及形状适于安装在车辆上的)〔101 其他车辆零部件〕,〔102 钢化玻璃〕	10	50	13		千克	A	L/	20%	0	
70071900	--其他										13
7007190000	其他钢化安全玻璃〔999〕	14	50	13		千克/平方米		L/	39%	0	
70072110	---航空器、航天器及船舶用										13
7007211000	航空航天器及船舶用层压安全玻璃(规格及形状适于安装在航空航天器及船上的)〔999〕	2	11	13		千克			12%	0	
70072190	---其他										13
7007219000	车辆用层压安全玻璃(规格及形状适于安装在车辆上的)〔101 其他车辆零部件〕,〔102 钢化玻璃〕	14	50	13		千克	A	L/	24%	0	
70072900	--其他										13
7007290000	其他层压安全玻璃〔999〕	14	50	13		千克/平方米		L/	39%	0	
7008	**多层隔温、隔音玻璃组件：**										
70080010	---中空或真空隔温、隔音玻璃										13
7008001000	中空或真空隔温、隔音玻璃组件〔101 其他车辆零部件〕,〔102 钢化玻璃〕,〔103 其他玻璃及制品〕	14	50	13		千克		L/	24%	0	
70080090	---其他										13
7008009000	其他多层隔温、隔音玻璃组件〔101 其他车辆零部件〕,〔102 钢化玻璃〕,〔103 其他玻璃及制品〕	14	50	13		千克		L/	39%	0	
7009	**玻璃镜(包括后视镜)，不论是否镶框：**										
70091000	-车辆后视镜										13
7009100000	车辆后视镜(不论是否镶框)〔101 其他车辆零部件〕,〔102 玻璃镜〕	10	100	13		千克		L/	20%	0	
70099100	--未镶框										13
7009910000	未镶框玻璃镜(包括后视镜)〔999〕	14	70	13		千克		L/	24%	0	
70099200	--已镶框										13
7009920000	其他镶框玻璃镜(包括后视镜)〔999〕	12	100	13		千克			37%	0	
7010	**玻璃制的坛、瓶、缸、罐、安瓿及其他容器，用于运输或盛装货物；玻璃制保藏罐；玻璃塞、盖及类似的封口器：**										
70101000	-安瓿										13
7010100000	玻璃安瓿〔999〕	14	50	13		千克			39%	0	
70102000	-塞、盖及类似的封口器										13
7010200000	玻璃制的塞、盖及类似封口器〔101 非食品用玻璃器皿〕,〔102 食品用玻璃包装〕	14	50	13		千克			39%	0	
70109010	---超过1升										13
7010901000	装运货物或保藏用的玻璃大容器(指超过1升的坛、瓶、缸、罐及其他容器)〔101 非食品用玻璃器皿〕,〔102 食品用玻璃包装〕	14	50	13		千克			39%	0	
70109020	---超过0.33升，但不超过1升										13
7010902000	装运货物或保藏用的玻璃中容器(指超过0.33升，但不超过1升的坛、瓶、缸、罐及其他容器)〔101 非食品用玻璃器皿〕,〔102 食品用玻璃包装〕	14	50	13		千克			24%	0	
70109030	---超过0.15升，但不超过0.33升										13
7010903000	装运货物或保藏用的玻璃小容器(指超过0.15升，但不超过0.33升的坛、瓶、缸、罐及其他容器)〔101 非食品用玻璃器皿〕,〔102 食品用玻璃包装〕	14	50	13		千克			39%	0	
70109090	---不超过0.15升										13

协定税率(%)																		特惠税率(%)			Article Description
智利	新西兰	澳大利亚	瑞士	冰岛	秘鲁	哥斯达	东盟	亚太	新加坡	巴基斯坦	港/澳/台	韩国	格鲁吉亚	毛里求斯	柬埔寨	尼加拉瓜	日/韩/澳/新/东(RCEP)	亚太2国	老/柬/缅	LDC 98/97/95	
0	0	0	0	0	0	0	0		0	12	0/0/0	5	0	0	0	9	12.2/12/12.8/12.8/12			0/0/0	Glass of heading 70.03, 70.04 or 70.05, bent, edge-worked, engraved, drilled, enamelled or otherwise worked, but not framed or fitted with other materials
																					Safety glass, consisting of toughened (tempered) or laminated glass:
0	0	0	0	0	0	0	0			0	0/0/	0	0	0	0	0	0/0/0/0/0			0/0/0	---For aircraft, spacecraft or vessels
0	0	0	0	0	0	0	0			0	0/0/	3.3	0	0	0	9	8.1/8/8.5/8.5/8			0/0/0	---Other
0	0	0	0	0	0	0	0		0	11.2	0/0/	0	0	0	0	13.1	10.2/9.8/0/0/0			0/0/0	--Other
0	0	0	0	0	0	0	0			0	0/0/	0	0	0	0	0	0/0/0/0/0			0/0/0	---for aircraft, spacecraft or vessels
0	0	0	0	0	0	0	0		0	16	0/0/	10	0	0	0	13.1	//17/17/17			0/0/0	---Other
0	0	0	0	0	0	0	0		0	9	0/0/	0	0	0	0	13.1	10.2/9.8/0/0/0			0/0/0	--Other
																					Multiple-walled insulating units of glass:
0	0	0	0	0	0	0	0		0	5.6	0/0/	0	0	0	0	13.1	10.2/9.8/0/0/0			0/0/0	---Sealed or vacuum insulating glass
0	0	0	0	0	0	0	0		0	5.6	0/0/	0	0	0	0	13.1	10.2/9.8/0/0/0			0/0/0	---Other
																					Glass mirrors, whether or not framed, including rear-view mirrors:
0	0	0	0	0	0	0	0		0	4	0/0/0	5	0	0	0	9	//8.5/8.5/8.5			0/0/0	-Rear-view mirrors for vehicles
0	0	0	0	0	0	0	0		0	16.8	0/0/	10.5	0	0	0	13.1	//17.9/17.9/17.9			0/0/0	--Unframed
0	0	0	0	0	0	0	0	7.8	0	4	0/0/	0	0	0	0	11.2	8.7/8.4/0/0/0			0/0/0	--Framed
																					Carboys, bottles, flasks, jars, pots, phials, ampoules and other containers, of glass, of a kind used for the conveyance or packing of goods; preserving jars of glass; stoppers, lids and other closures, of glass:
0	0	0	0	0	0	0	0		0	9	0/0/	0	0	0	0	13.1	10.2/9.8/0/0/0			0/0/0	-Ampoules
0	0	0	0	0	0	0	0		0	5.6	0/0/	0	0	0	0	13.1	10.2/9.8/0/0/0			0/0/0	-Stoppers, lids and other closures
0	0	0	0	0	0	0	0		0	5.6	0/0/	0	0	0	0	13.1	10.2/9.8/0/0/0			0/0/0	---Exceeding 1L
0	0	0	0	0	0	0	0		0	5.6	0/0/	0	0	0	0	13.1	10.2/9.8/0/0/0			0/0/0	---Exceeding 0.33L but not exceeding 1L
0	0	0	0	0	0	0	0		0	9	0/0/	0	0	0	0	13.1	10.2/9.8/0/0/0			0/0/0	---Exceeding 0.15L but not exceeding 0.33L
0	0	0	0	0	0	0	0		0	9	0/0/	0	0	0	0	13.1	10.2/9.8/0/0/0			0/0/0	---Not exceeding 0.15L

商品编号	商品名称及备注[检验检疫编码及名称]	进口关税(%)		增值税率(%)	消费税	计量单位	监管条件	检验检疫类别	对美税率	出口税率(%)	出口退税率(%)
		最惠国	普通								
7010909000	装运货物或保藏用的玻璃特小容器(指不超过0.15升的坛、瓶、缸、罐及其他容器)〔101 非食品用玻璃器皿〕,〔102 食品用玻璃包装〕	14	50	13		千克			39%	0	
7011	**制灯泡和光源、阴极射线管及类似品用的未封口玻璃外壳(包括玻璃泡及管)及其玻璃零件,但未装有配件:**										
70111000	-电灯用										0
7011100000	电灯用未封口玻璃外壳及玻璃零件(未装有配件)〔999〕	12	80	13		千克			37%	0	
70112010	---显像管玻壳及其零件										13
7011201000	显像管玻壳及其零件(未装有配件)〔101 其他电光源及其零件〕,〔102 其他显像管及其零件〕	10	35	13		千克	6			0	
70112090	---其他										13
7011209000	其他阴极射线管用的未封口玻壳(包括零件,但未装有配件)〔101 其他电光源及其零件〕,〔102 其他显像管及其零件〕	10	35	13		千克	6		20%	0	
70119010	---电子管用(阴极射线管用的除外)										13
7011901000	电子管未封口玻璃外壳及玻璃零件(未装有配件)〔999〕	8	35	13		千克			28%	0	
70119090	---其他										0
7011909000	其他类似品用未封口玻璃外壳零件(未装有配件)〔999〕	14	80	13		千克			24%	0	
7013	**玻璃器,供餐桌、厨房、盥洗室、办公室、室内装饰或类似用途(税目70.10或70.18的货品除外):**										
70131000	-玻璃陶瓷制										13
7013100000	玻璃陶瓷制玻璃器皿(供餐桌、厨房、办公室及室内装饰等用)〔999〕	7	100	13		千克			32%	0	
70132200	--铅晶质玻璃制										13
7013220000	铅晶质玻璃制高脚杯(玻璃陶瓷制的除外)〔101 非食品用玻璃器皿〕,〔102 食品接触玻璃产品〕	7	100	13		千克			32%	0	
70132800	--其他										13
7013280000	其他玻璃制高脚杯(玻璃陶瓷制的除外)〔101 非食品用玻璃器皿〕,〔102 食品接触玻璃产品〕	7	100	13		千克	A	R/	32%	0	
70133300	--铅晶质玻璃制										13
7013330000	铅晶质玻璃制其他杯(玻璃陶瓷制的除外)〔101 非食品用玻璃器皿〕,〔102 食品接触玻璃产品〕,〔103 食品用玻璃包装〕	7	100	13		千克			32%	0	
70133700	--其他										13
7013370000	其他玻璃杯(玻璃陶瓷制的除外)〔101 非食品用玻璃器皿〕,〔102 食品接触玻璃产品〕,〔103 食品用玻璃包装〕	7	100	13		千克	A	R/	32%	0	
70134100	--铅晶质玻璃制										13
7013410000	铅晶质玻璃制餐桌、厨房用器皿[(不包括杯子)玻璃陶瓷制的除外]〔101 非食品用玻璃器皿〕,〔102 食品接触玻璃产品〕,〔103 食品用玻璃包装〕	7	100	13		千克	A	R/	32%	0	
70134200	--温度在0℃至300℃时线膨胀系数不超过5×10^{-6}/开尔文的其他玻璃制										13
7013420000	低膨胀系数玻璃制餐桌厨房用器皿(低膨胀系数指温度0℃~300℃膨胀系数<5×10^{-6}/开尔文)〔101 非食品用玻璃器皿〕,〔102 食品接触玻璃产品〕,〔103 食品用玻璃包装〕	7	100	13		千克	A	R/	22%	0	
70134900	--其他										13
7013490000	其他玻璃制餐桌、厨房用器皿(不包括杯子,玻璃陶瓷制的除外)〔101 非食品用玻璃器皿〕,〔102 食品接触玻璃产品〕,〔103 食品用玻璃包装〕	7	100	13		千克	A	R/	32%	0	
70139100	--铅晶质玻璃制										13
7013910000	其他铅晶质玻璃器皿〔101 非食品用玻璃器皿〕,〔102 (食品接触玻璃产品)〕,〔103 食品用玻璃包装〕	7	100	13		千克			32%	0	
70139900	--其他										13
7013990000	其他玻璃器皿〔101 非食品用玻璃器皿〕,〔102 食品接触玻璃产品〕,〔103 食品用玻璃包装〕	7	100	13		千克			32%	0	
7014	**未经光学加工的信号玻璃器及玻璃制光学元件(税目70.15的货品除外):**										
70140010	---光学仪器用光学元件毛坯										13
7014001000	光学仪器用光学元件毛坯(未经光学加工的,品目70.15的物品除外)〔999〕	10	40	13		千克			35%	0	
70140090	---其他										13

协定税率(%)																		特惠税率(%)			Article Description
智利	新西兰	澳大利亚	瑞士	冰岛	秘鲁	哥斯达	东盟	亚太	新加坡	巴基斯坦	港/澳/台	韩国	格鲁吉亚	毛里求斯	柬埔寨	尼加拉瓜	日/韩/澳/新/东(RCEP)	亚太2国	老/柬/缅	LDC 98/97/95	
																					Glass envelopes (including bulbs and tubes), open, and glass parts thereof, without fittings, for electric lamps and light sources, cathode-ray tubes or the like:
0	0	0	0	0	0	0	0		0		0/0/	10.5	0	0	0	11.2	//17.9/17.9/17.9			0/0/0	-For electric lighting
0	0	0	0	0	0	0	0	6.5		2.5	0/0/	0	0	0	0	9	7.3/7/7/7/7			0/0/0	---Glass envelopes for kinescope and glass parts thereof
0	0	0	0	0	0	0	0	6.5		2.5	0/0/		0	0	0	9	//5/5/5			0/0/0	---Other
0	0	0	0	0	0	0	0			0	0/0/	0	0	0	0	6.4	5.8/0/0/0/0			0/0/0	---For electronic tubes and valves (other than cathode-ray tubes)
0	0	0	0	0	0	0	0		0		0/0/	10.5	0	0	0	13.1	//17.9/17.9/17.9			0/0/0	---Other
																					Glassware of a kind used for table, kitchen, toilet, office, indoor decoration or similar purposes (other than that of heading 70.10 or 70.18):
0	0	0	0	0	0	0	0		0		0/0/	12.2	0	4.9	0	0	21/20.8/20.8/20.8/20.8			0/0/0	-Of glass-ceramics
0	0	0	0	0	0	0	0		0		0/0/	12.2	0	4.9	0	0	21/20.8/20.8/20.8/20.8			0/0/0	--Of lead crystal
0	0	0	0	0	0	0	0		0	0	0/0/	0	0	0	0	0	5.8/0/0/0/0			0/0/0	--Other
0	0	0	0	0	0	0	0		0		0/0/	12.2	0	4.9	0	0	/20.8/20.8/20.8/20.8			0/0/0	--Of lead crystal
0	0	0	0	0	0	0	0		0	0	0/0/	0	0	0	0	0	5.8/0/0/0/0			0/0/0	--Other
0	0	0	0	0	0	0	0		0		0/0/	12.2	0	4.9	0	0	/20.8/20.8/20.8/20.8			0/0/0	--Of lead crystal
0	0	0	0	0	0	0	0		0	0	0/0/	0	0	0	0	0	7.3/7/0/0/0			0/0/0	--Of glass having a linear coefficient of expansion not exceeding 5×10^{-6} per Kelvin within a temperature range of 0℃ to 300℃
0	0	0	0	0	0	0	0		0	0	0/0/	0	0	0	0	0	7.3/7/7/7/7			0/0/0	--Other
0	0	0	0	0	0	0	0		0	0	0/0/	0	0	0	0	0	7.3/7/0/0/0			0/0/0	--Of lead crystal
0	0	0	0	0	0	0	0		0	0	0/0/	0	0	2	0	0	7.3/7/0/0/0			0/0/0	--Other
																					Signalling glassware and optical elements of glass (other than those of heading 70.15), not optically worked:
0	0	0	0	0	0	0	0		0	0	0/0/	0	0	0	0	9	7.3/0/0/0/0			0/0/0	---Blanks of optical elements, for optical instruments
0	0	0	0	0	0	0	0		0	14	0/0/	0	0	0	0	14	12.7/12.3/12.3/12.3/12.3			0/0/0	---Other

商品编号	商品名称及备注[检验检疫编码及名称]	进口关税(%)		增值税率(%)	消费税	计量单位	监管条件	检验检疫类别	对美税率	出口税率(%)	出口退税率(%)
		最惠国	普通								
7014009000	其他未经光学加工的信号玻璃器(包括玻璃制光学元件,品目 7015 的物品除外)〔999〕	15	80	13		千克			40%	0	
7015	**钟表玻璃及类似玻璃、视力矫正或非视力矫正眼镜用玻璃,呈弧面、弯曲、凹形或类似形状但未经光学加工的;制造上述玻璃用的凹面圆形及扇形玻璃:**										
70151010	---变色镜片坯件										13
7015101000	视力矫正眼镜用变色镜片坯件(未经光学加工的)〔999〕	15	80	13		千克			25%	0	
70151090	---其他										13
7015109000	其他视力矫正眼镜用镜片坯件(未经光学加工的)〔999〕	15	70	13		千克				0	
70159010	---钟表玻璃										0
7015901000	钟表玻璃(未经光学加工的)〔999〕	15	70	13		千克			40%	0	
70159020	---平光变色镜片坯件										13
7015902000	平光变色镜片坯件(未经光学加工的)〔999〕	15	80	13		千克				0	
70159090	---其他										0
7015909000	品目 70.15 的其他未经光学加工玻璃〔999〕	12	80	13		千克			37%	0	
7016	**建筑用压制或模制的铺面用玻璃块、砖、片、瓦及其他制品,不论是否夹丝;供镶嵌或类似装饰用的玻璃马赛克及其他小件玻璃品,不论是否有衬背;花饰铅条窗玻璃及类似品;多孔或泡沫玻璃块、板、片及类似品:**										
70161000	-供镶嵌或类似装饰用的玻璃马赛克及其他小件玻璃品,不论是否有衬背										13
7016100000	供镶嵌或装饰用玻璃马赛克(包括其他小件玻璃品,不论是否有衬背)〔999〕	15	100	13		千克			40%	0	
70169010	---花饰铅条窗玻璃及类似品										13
7016901000	花饰铅条窗玻璃及类似品〔999〕	15	90	13		千克			40%	0	
70169090	---其他										13
7016909000	建筑用压制或模制铺面玻璃块、砖(包括瓦等,不论是否夹丝以及多孔或泡沫玻璃块、板等)〔999〕	15	90	13		千克			25%	0	
7017	**实验室、卫生及配药用的玻璃器,不论有无刻度或标量:**										
70171000	-熔融石英或其他熔融硅石制										13
7017100000	实验室,卫生及配药用玻璃器(熔凝石英或熔凝硅石制,不论有无刻度或标量)〔999〕	0	30	13		千克			10%	0	
70172000	-温度在 0℃ 至 300℃ 时线膨胀系数不超过 5×10^{-6}/开尔文的其他玻璃制										13
7017200000	其他玻璃制实验室等用玻璃器(0℃～300℃时线膨胀系数≤5×10^{-6}/开尔文的玻璃制)〔999〕	8	30	13		千克			18%	0	
70179000	-其他										13
7017900000	其他实验室、卫生及配药用玻璃器〔999〕	8	30	13		千克			18%	0	
7018	**玻璃珠、仿珍珠、仿宝石或仿半宝石和类似小件玻璃品及其制品,但仿首饰除外;玻璃假眼,但医用假眼除外;灯工方法制作的玻璃塑像及其他玻璃装饰品,但仿首饰除外;直径不超过 1 毫米的微型玻璃球:**										
70181000	-玻璃珠、仿珍珠、仿宝石或仿半宝石及类似小件玻璃品										13
7018100000	玻璃珠,仿珍珠及类似小件玻璃品(包括仿宝石,仿首饰除外)〔999〕	10	100	13		千克			35%	0	
70182000	-直径不超过 1 毫米的微型玻璃球										13
7018200001 暂5.5	熔融球形二氧化硅微粉,直径≤100 微米〔999〕	15	100	13		千克			30.5%	0	
7018200090	其他直径≤1 毫米的玻璃珠〔999〕	15	100	13		千克			40%	0	
70189000	-其他										13

协定税率(%)																		特惠税率(%)			Article Description
智利	新西兰	澳大利亚	瑞士	冰岛	秘鲁	哥斯达	东盟	亚太	新加坡	巴基斯坦	港/澳/台	韩国	格鲁吉亚	毛里求斯	柬埔寨	尼加拉瓜	日/韩/澳/新/东 (RCEP)	亚太2国	老/柬/缅	LDC 98/97/95	
																					Clock or watch glasses and similar glasses, glasses for non-corrective or corrective spectacles, curved, bent, hollowed or the like, not optically worked; hollow glass spheres and their segments, for the manufacture of such glasses:
0	0	0	0	0	0	0	0		0		0/0/	7	0	0	0	14	17.1/14.7/14.7/14.7/14.7			0/0/0	---Blanks for photochromic spectacles
0	0	0	0	0	0	0	0		0	14	0/0/	0	0	0	0	14	12.7/12.3/0/0/0			0/0/0	---Other
0	0	0	0	0	0	0	0		0	14	0/0/	0	0	3.5	0	14	12.7/12.3/0/0/0			0/0/0	---Clock and watch glasses
0	0	0	0	0	0	0	0	10.5	0	14.4	0/0/	0	0	0	0	14	13.1/12.6/0/0/0			0/0/0	---Blanks for plane photochromic spectacles
0	0	0	4.8	0	0	0	0	10.8	0	3	0/0/	0	0	0	0	11.2	8.7/8.4/0/0/0			0/0/0	---Other
																					Paving blocks, slabs, bricks, squares, tiles and other articles of pressed or moulded glass, whether or not wired, of a kind used for building or construction purposes; glass cubes and other glass smallwares, whether or not on a backing, for mosaics or similar decorative purposes; leaded lights and the like; multicellular or foam glass in blocks, panels, plates, shells or similar forms:
0	0	0	0	0	0	0	0		0		0/0/	11	0	4.4	0	14	/18.7/18.7/18.7/18.7			0/0/0	-Glass cubes and other glass smallwares, whether or not on a backing, for mosaics or similar decorative purposes
0	0	0	0	0	0	0	0	10.5	0		0/0/	12	0	4.8	0	14	20.6/20.4/20.4/20.4/20.4			0/0/0	---Leaded lights and the like
0	0	0	0	0	0	0	0	10.5	0		0/0/	0	0	0	0	14	13.1/12.6/0/0/0			0/0/0	---Other
																					Laboratory, hygienic or pharmaceutical glassware, whether or not graduated or calibrated:
0	0	0	0	0	0	0	0			0	0/0/	0	0	0	0	0	0/0/0/0/0			0/0/0	-Of fused quartz or other fused silica
0	0	0	3.2	0	0	0	0			0	0/0/	0	0	0	0	6.4	5.8/0/0/0/0			0/0/0	-Of other glass having a linear coefficient of expansion not exceeding 5×10^{-6} per Kelvin within a temperature range of 0℃ to 300℃
0	0	0	0	0	0	0	0			0	0/0/	0	0	0	0	6.4	5.8/5.6/0/0/0			0/0/0	-Other
																					Glass beads, imitation pearls, imitation precious or semi-precious stones and similar glass smallwares, and articles thereof other than imitation jewellery; glass eyes other than prosthetic articles; statuettes and other ornaments of lampworked glass, other than imitation jewellery; glass microspheres not exceeding 1mm in diameter:
0	0	0	0	0	0	0	0		0	4	0/0/	0	0	0	0	9	7.3/0/0/0/0			0/0/0	-Glass beads, imitation pearls, imitation precious or semi-precious stones and similar glass smallwares
0	0	0	0	0	0	0	0		0		0/0/	6.6	0	0	0	14	16.3/16/17/17/16			0/0/0	-Glass microspheres not exceeding 1mm in diameter
0	0	0	0	0	0	0	0		0		0/0/	6.6	0	0	0	14	16.3/14/14/14/14			0/0/0	-Other

商品编号	商品名称及备注[检验检疫编码及名称]	进口关税(%) 最惠国	进口关税(%) 普通	增值税率(%)	消费税	计量单位	监管条件	检验检疫类别	对美税率	出口税率(%)	出口退税率(%)
7018900000暂10	灯工方法制的玻璃塑像及玻璃饰品，玻璃假眼（仿首饰除外，医用假眼除外）〔999〕	15	100	13		千克			35%	0	
7019	**玻璃纤维（包括玻璃棉）及其制品（例如，纱线、无捻粗纱及机织物）：**										
70191100	--长度不超过50毫米的短切原丝										13
7019110010	两用物项管制的长度不超过50mm的短切原丝（比模量≥3.18×10^6 m，以及比抗拉强度≥7.62×10^4m）〔999〕	10	50	13		千克	3		30%	0	
7019110090	其他长度不超过50mm的短切原丝〔999〕	10	50	13		千克			30%	0	
70191200	--无捻粗纱										13
7019120020	两用物项管制的玻璃纤维无捻粗纱（比模量≥3.18×10^6 m，以及比抗拉强度≥7.62×10^4m）〔999〕	10	50	13		千克	3		35%	0	
7019120090	其他玻璃纤维无捻粗纱〔999〕	10	50	13		千克			35%	0	
70191300	--其他纱线，定长纤维纱条										13
7019130010	两用物项管制的其他纱线、定长纤维纱条（比模量≥3.18×10^6 m，以及比抗拉强度≥7.62×10^4m）〔999〕	8	50	13		千克	3		18%	0	
7019130090	其他纱线、定长纤维纱条〔999〕	8	50	13		千克			18%	0	
70191400	--机械结合毡										13
7019140010	两用物项管制的玻璃纤维制的机械结合毡（比模量≥3.18×10^6 m，以及比抗拉强度≥7.62×10^4m）〔999〕	5	40	13		千克	3		15%	0	
7019140090	其他玻璃纤维制的机械结合毡〔999〕	5	40	13		千克			15%	0	
70191500	--化学黏合毡										13
7019150010	两用物项管制的玻璃纤维制的化学黏合毡（比模量≥3.18×10^6 m，以及比抗拉强度≥7.62×10^4m）〔999〕	5	40	13		千克	3		15%	0	
7019150090	其他玻璃纤维制的化学黏合毡〔999〕	5	40	13		千克			15%	0	
70191900	--其他										13
7019190012	两用物项管制的其他短切原丝（比模量≥3.18×10^6 m，以及比抗拉强度≥7.62×10^4m）〔999〕	8	50	13		千克	3		18%	0	
7019190090	其他短切原丝〔999〕	8	50	13		千克			18%	0	
70196100	--紧密粗纱机织物										13
7019610010	两用物项管制的紧密粗纱机织物（比模量≥3.18×10^6 m，以及比抗拉强度≥7.62×10^4m，机械结合的）〔999〕	10	40	13		千克	3		20%	0	
7019610090	其他紧密粗纱机织物（机械结合的）〔999〕	10	40	13		千克			20%	0	
70196200	--其他紧密粗纱织物										13
7019620010	两用物项管制的其他紧密粗纱织物（比模量≥3.18×10^6 m，以及比抗拉强度≥7.62×10^4m，机械结合的，机织物除外）〔999〕	10	40	13		千克	3		20%	0	
7019620090	其他紧密粗纱织物（机械结合的，机织物除外）〔999〕	10	40	13		千克			20%	0	
70196310	---宽度不超过30厘米的										13
7019631010	两用物项管制的宽度≤30cm的玻璃纤维纱线制紧密平纹机织物，未经涂布或层压（比模量≥3.18×10^6 m，以及比抗拉强度≥7.62×10^4m，机械结合的）〔999〕	10	40	13		千克	3		20%	0	
7019631090	其他宽度≤30厘米的玻璃纤维纱线制紧密平纹机织物，未经涂布或层压（机械结合的）〔999〕	10	40	13		千克			20%	0	
70196320	---宽度超过30厘米的长丝平纹织物，每平方米重量不超过110克，单根纱线细度不超过22特克斯										13
7019632010	两用物项管制的玻璃纤维制宽度超过30厘米的长丝平纹织物，每平方米重量不超过110克，单根纱线细度不超过22特克斯（比模量≥3.18×10^6 m，以及比抗拉强度≥7.62×10^4m，机械结合的）〔999〕	10	40	13		千克	3		35%	0	
7019632090	玻璃纤维制宽度超过30厘米的长丝平纹织物，每平方米重量不超过110克，单根纱线细度不超过22特克斯（机械结合的）〔999〕	10	40	13		千克			35%	0	
70196390	---其他										13
7019639010	两用物项管制的其他玻璃纤维纱线制紧密平纹机织物，未经涂布或层压（比模量≥3.18×10^6 m，以及比抗拉强度≥7.62×10^4m，机械结合的）〔999〕	10	40	13		千克	3		20%	0	
7019639090	其他玻璃纤维纱线制紧密平纹机织物，未经涂布或层压（机械结合的）〔999〕	10	40	13		千克			20%	0	
70196410	---宽度不超过30厘米的										13
7019641010	两用物项管制的宽度≤30cm的玻璃纤维纱线制紧密平纹机织物，经涂布或层压（比模量≥3.18×10^6 m，以及比抗拉强度≥7.62×10^4m，机械结合的）〔999〕	10	40	13		千克	3		20%	0	
7019641090	其他宽度≤30厘米的玻璃纤维纱线制紧密平纹机织物，经涂布或层压（机械结合的）〔999〕	10	40	13		千克			20%	0	
70196490	---其他										13

协定税率(%)																		特惠税率(%)			Article Description
智利	新西兰	澳大利亚	瑞士	冰岛	秘鲁	哥斯达	东盟	亚太	新加坡	巴基斯坦	港/澳/台	韩国	格鲁吉亚	毛里求斯	柬埔寨	尼加拉瓜	日/韩/澳/新/东(RCEP)	亚太2国	老/柬/缅	LDC 98/97/95	
																					Glass fibres (including glass wool) and articles thereof (for example, yarn, rovings, woven fabrics):
0	0	0	0	0	0	0	0		0	3	0/0/0	0	0	0	0	9	8.7/8.4/0/0/0			0/0/0	--Chopped strands, of a length of not more than 50mm
0	0	0	0	0	0	0	0		0	3	0/0/		0	0	0	9	//5/5/5			0/0/0	--Rovings
0	0	0	0	0	0	0	0			2.5	0/0/0	0	0	0	0	6.4	7.3/7/7/7/7			0/0/0	--Other yarn, slivers
0	0	0	0	0	0	0	0			0	0/0/	0	0	0	0	0	0/0/0/0/0			0/0/0	--Mechanically bonded mats
0	0	0	0	0	0	0	0			0	0/0/	0	0	0	0	0	0/0/0/0/0			0/0/0	--Chemically bonded mats
0	0	0	0	0	0	0	0			2.5	0/0/0	0	0	0	0	6.4	7.3/7/7/7/7			0/0/0	--Other
0	0	0	0	0	0	0	0		0	3	0/0/	0	0	0	0	9	8.7/8.4/0/0/0			0/0/0	--Closed woven fabrics of rovings
0	0	0	0	0	0	0	0		0	2.5	0/0/0	0	0	0	0	9	7.6/7.4/0/0/0			0/0/0	--Other closed fabrics of rovings
0	0	0	0	0	0	0	0		0	3	0/0/	0	0	0	0	9	8.7/8.4/0/0/0			0/0/0	---Of a width not exceeding 30cm
0	0	0	0	0	0	0	0		0	3	0/0/		0	0	0	9	//5/5/5			0/0/0	---Of a width exceeding 30cm, plain weave, weighing not more than 110g/m^2, of filaments measuring per single yarn not more than 22tex
0	0	0	0	0	0	0	0		0	2.8	0/0/		0	0	0	9	//5/5/5			0/0/0	---Other
0	0	0	0	0	0	0	0		0	3	0/0/	0	0	0	0	9	8.7/8.4/0/0/0			0/0/0	---Of a width not exceeding 30cm
0	0	0	0	0	0	0	0		0	2.8	0/0/		0	0	0	9	//5/5/5			0/0/0	---Other

商品编号	商品名称及备注[检验检疫编码及名称]	进口关税(%)		增值税率(%)	消费税	计量单位	监管条件	检验检疫类别	对美税率	出口税率(%)	出口退税率(%)
		最惠国	普通								
7019649010	两用物项管制的其他玻璃纤维纱线制紧密平纹机织物，经涂布或层压(比模量≥3.18×10^6 m，以及比抗拉强度≥7.62×10^{4}m，机械结合的)〔999〕	10	40	13		千克	3		20%	0	
7019649090	其他玻璃纤维纱线制紧密平纹机织物，经涂布或层压(机械结合的)〔999〕	10	40	13		千克			20%	0	
70196510	---粗纱机织物										13
7019651010	两用物项管制的宽度≤30cm 的玻璃纤维粗纱制网孔机织物(比模量≥3.18×10^6 m，以及比抗拉强度≥7.62×10^{4}m，机械结合的)〔999〕	10	40	13		千克	3		20%	0	
7019651090	宽度≤30cm 的玻璃纤维粗纱制网孔机织物(机械结合的)〔999〕	10	40	13		千克			20%	0	
70196590	---其他										13
7019659010	两用物项管制的宽度≤30mm 的玻璃纤维网孔机织物(比模量≥3.18×10^6 m，以及比抗拉强度≥7.62×10^{4}m，机械结合的，但粗纱制的除外)〔999〕	10	40	13		千克	3		20%	0	
7019659090	其他宽度≤30 厘米的玻璃纤维网孔机织物(机械结合的，但粗纱制的除外)〔999〕	10	40	13		千克			20%	0	
70196610	---粗纱机织物										13
7019661010	两用物项管制的宽度>30cm 的玻璃纤维粗纱制网孔机织物(比模量≥3.18×10^6 m，以及比抗拉强度≥7.62×10^{4}m，机械结合的)〔999〕	10	40	13		千克	3		20%	0	
7019661090	宽度>30cm 的玻璃纤维粗纱制网孔机织物(机械结合的)〔999〕	10	40	13		千克			20%	0	
70196690	---其他										13
7019669010	两用物项管制的宽度>30cm 的其他玻璃纤维纱线制网孔机织物(比模量≥3.18×10^6 m，以及比抗拉强度≥7.62×10^{4}m，机械结合的)〔999〕	10	40	13		千克	3		20%	0	
7019669090	其他玻璃纤维纱线制网孔机织物(机械结合的)〔999〕	10	40	13		千克			20%	0	
70196910	---垫										13
7019691010	两用物项管制的其他玻璃纤维制的垫(比模量≥3.18×10^6 m，以及比抗拉强度≥7.62×10^{4}m，机械结合的)〔999〕	10	40	13		千克	3		20%	0	
7019691090	其他玻璃纤维制的垫(机械结合的)〔999〕	10	40	13		千克			20%	0	
70196920	---纤维网、板及类似无纺产品										13
7019692010	两用物项管制的其他玻璃纤维制的网、板及类似无纺产品(比模量≥3.18×10^6 m，以及比抗拉强度≥7.62×10^{4}m，机械结合的)〔999〕	10	40	13		千克	3		20%	0	
7019692090	其他玻璃纤维制的网、板及类似无纺产品(机械结合的)〔999〕	10	40	13		千克			20%	0	
70196930	---宽度不超过 30 厘米的机织物										13
7019693010	两用物项管制的宽度≤30mm 的其他玻璃纤维机织物(比模量≥3.18×10^6 m，以及比抗拉强度≥7.62×10^{4}m，机械结合的)〔999〕	10	40	13		千克	3		20%	0	
7019693090	其他宽度≤30 厘米的玻璃纤维机织物(机械结合的)〔999〕	10	40	13		千克			20%	0	
70196990	---其他										13
7019699010	两用物项管制的其他玻璃纤维织物(比模量≥3.18×10^6 m，以及比抗拉强度≥7.62×10^{4}m，机械结合的)〔999〕	10	40	13		千克	3		20%	0	
7019699090	其他玻璃纤维织物(机械结合的)〔999〕	10	40	13		千克			20%	0	
70197100	--覆面毡(薄毡)										13
7019710010	两用物项管制的玻璃纤维制的覆面毡(薄毡)(比模量≥3.18×10^6 m，以及比抗拉强度≥7.62×10^{4}m，化学黏合的)〔999〕	10	40	13		千克	3		20%	0	
7019710090	玻璃纤维制的覆面毡(薄毡)(化学黏合的)〔999〕	10	40	13		千克			20%	0	
70197210	---垫										13
7019721010	两用物项管制的紧密玻璃纤维垫(比模量≥3.18×10^6 m，以及比抗拉强度≥7.62×10^{4}m，化学黏合的)〔999〕	10	40	13		千克	3		20%	0	
7019721090	紧密玻璃纤维垫(化学黏合的)〔999〕	10	40	13		千克			20%	0	
70197290	---其他										13
7019729010	两用物项管制的其他玻璃纤维制紧密织物(比模量≥3.18×10^6 m，以及比抗拉强度≥7.62×10^{4}m，化学黏合的，不包括垫)〔999〕	10	40	13		千克	3		20%	0	
7019729090	其他玻璃纤维制紧密织物(化学黏合的，不包括垫)〔999〕	10	40	13		千克			20%	0	
70197310	---垫										13
7019731010	两用物项管制的网孔玻璃纤维垫(比模量≥3.18×10^6 m，以及比抗拉强度≥7.62×10^{4}m，化学黏合的)〔999〕	10	40	13		千克	3		20%	0	
7019731090	网孔玻璃纤维垫(化学黏合的)〔999〕	10	40	13		千克			20%	0	
70197390	---其他										13
7019739010	两用物项管制的其他玻璃纤维制网孔织物(比模量≥3.18×10^6 m，以及比抗拉强度≥7.62×10^{4}m，化学黏合的，不包括垫)〔999〕	10	40	13		千克	3		20%	0	
7019739090	其他玻璃纤维制网孔织物(化学黏合的，不包括垫)〔999〕	10	40	13		千克			20%	0	
70198010	---垫										13
7019801000	玻璃棉制的垫〔999〕	10	40	13		千克			20%	0	
70198020	---纤维网、板及类似无纺产品										13

协定税率(%)																		特惠税率(%)			Article Description
智利	新西兰	澳大利亚	瑞士	冰岛	秘鲁	哥斯达	东盟	亚太	新加坡	巴基斯坦	港/澳/台	韩国	格鲁吉亚	毛里求斯	柬埔寨	尼加拉瓜	日/韩/澳/新/东(RCEP)	亚太2国	老/柬/缅	LDC 98/97/95	
0	0	0	0	0	0	0	0		0	3	0/0/	0	0	0	0	9	8.7/8.4/0/0/0			0/0/0	---Woven fabrics of rovings
0	0	0	0	0	0	0	0		0	3	0/0/	0	0	0	0	9	8.7/8.4/0/0/0			0/0/0	---Other
0	0	0	0	0	0	0	0		0	3	0/0/	0	0	0	0	9	8.7/8.4/0/0/0			0/0/0	---Woven fabrics of rovings
0	0	0	0	0	0	0	0		0	2.8	0/0/		0	0	0	9	//5/5/5			0/0/0	---Other
0	0	0	0	0	0	0	0		0	2.5	0/0/0	0	0	0	0	9	7.6/7.4/0/0/0			0/0/0	---Mattresses
0	0	0	0	0	0	0	0		0	2.5	0/0/0	0	0	0	0	9	7.6/7.4/0/0/0			0/0/0	---Webs, boards and similar nonwoven products
0	0	0	0	0	0	0	0		0	3	0/0/	0	0	0	0	9	8.7/8.4/0/0/0			0/0/0	---Woven fabrics of a width not exceeding 30cm
0	0	0	0	0	0	0	0	6.5	0	2.5	0/0/	7.8	0	0	0	9	//5/5/5			0/0/0	---Other
0	0	0	0	0	0	0	0		0	5.6	0/0/	0	0	0	0	9	10.2/9.8/0/0/0			0/0/0	--Veils (thin sheets)
0	0	0	0	0	0	0	0		0	2.5	0/0/0	0	0	0	0	9	7.6/7.4/0/0/0			0/0/0	---Mattresses
0	0	0	0	0	0	0	0		0	2.5	0/0/0	0	0	0	0	9	7.6/7.4/0/0/0			0/0/0	---Other
0	0	0	0	0	0	0	0		0	2.5	0/0/0	0	0	0	0	9	7.6/7.4/0/0/0			0/0/0	---Mattresses
0	0	0	0	0	0	0	0		0	2.5	0/0/0	0	0	0	0	9	7.6/7.4/0/0/0			0/0/0	---Other
0	0	0	0	0	0	0	0		0	2.5	0/0/0	0	0	0	0	9	7.6/7.4/0/0/0			0/0/0	---Mattresses
0	0	0	0	0	0	0	0		0	2.5	0/0/0	0	0	0	0	9	7.6/7.4/0/0/0			0/0/0	---Webs, boards and similar nonwoven products

商品编号	商品名称及备注［检验检疫编码及名称］	进口关税(%)		增值税率(%)	消费税	计量单位	监管条件	检验检疫类别	对美税率	出口税率(%)	出口退税率(%)
		最惠国	普通								
7019802000	玻璃棉制的网、板及类似无纺产品〔999〕	10	40	13		千克			20%	0	
70198090	---其他										13
7019809000	玻璃棉及其他玻璃棉制品〔999〕	7	40	13		千克			17%	0	
70199021	----每平方米重量小于 450 克										13
7019902110	两用物项管制的玻璃纤维布浸胶的宽度不超过 15mm 的带(预浸料坯)(用比模量≥3.18×10^6 m 以及比抗拉强度≥7.62×10^4m 的玻璃纤维制成并浸渍了热固性树脂，每平方米重量<450 克)〔999〕	7	40	13		千克	3		17%	0	
7019902190	玻璃纤维布浸胶制品(每平方米重量<450 克)〔999〕	7	40	13		千克			17%	0	
70199029	----其他										13
7019902910	两用物项管制的其他玻璃纤维布浸胶的宽度不超过 15mm 的带(预浸料坯)(用比模量≥3.18×10^6 m 以及比抗拉强度≥7.62×10^4m 的玻璃纤维制成并浸渍了热固性树脂，每平方米重量≥450 克)〔999〕	7	40	13		千克	3		17%	0	
7019902990	其他玻璃纤维布浸胶制品(每平方米重量≥450 克)〔999〕	7	40	13		千克			17%	0	
70199091	----垫										13
7019909110	两用物项管制的其他玻璃纤维制的垫(比模量≥3.18×10^6 m，以及比抗拉强度≥7.62×10^4m)〔999〕	10	40	13		千克	3		20%	0	
7019909190	其他玻璃纤维制的垫〔999〕	10	40	13		千克			20%	0	
70199092	----其他纤维网、板及类似无纺织产品										13
7019909210	两用物项管制的其他玻璃纤维制的网、板及类似无纺产品(比模量≥3.18×10^6 m，以及比抗拉强度≥7.62×10^4m)〔999〕	10	40	13		千克	3		20%	0	
7019909290	其他玻璃纤维制的网、板及类似无纺产品〔999〕	10	40	13		千克			20%	0	
70199099	----其他										13
7019909910	两用物项管制的其他玻璃纤维及其制品(比模量≥3.18×10^6 m，以及比抗拉强度≥7.62×10^4m)〔999〕	7	40	13		千克	3		17%	0	
7019909920	两用物项管制的其他玻璃纤维及其制品(用比模量≥3.18×10^6 m 以及比抗拉强度≥7.62×10^4m 的玻璃纤维制成并浸渍了热固性树脂的连续的细线、粗纱、纱或宽度不超过 15mm 的带(预浸料坯))〔999〕	7	40	13		千克	3		17%	0	
7019909990	其他玻璃纤维及其制品〔999〕	7	40	13		千克			17%	0	
7020	**其他玻璃制品：**										
70200011	----导电玻璃										13
7020001100[暂7]	导电玻璃〔999〕	10	40	13		千克			35%	0	
70200012	----绝缘子用玻璃伞盘										0
7020001200	绝缘子用玻璃伞盘〔999〕	10	40	13		千克				0	
70200013	----熔融石英或其他熔融硅石制										13
7020001301	半导体晶片生产用石英反应管及夹持器(熔融石英或其他熔融硅石制)(用于插入熔化和氧化炉内)〔999〕	0	40	13		千克			10%	0	
7020001390	熔融石英或其他熔融硅石制工业用其他玻璃制品(导电玻璃及绝缘子用玻璃伞盘除外)〔999〕	10	40	13		千克			20%	0	
70200019	----其他										0
7020001901	半导体晶片生产用石英反应管及夹持器(用于插入熔化和氧化炉内)〔999〕	0	40	13		千克			10%	0	
7020001990	其他工业用玻璃制品〔999〕	10	40	13		千克			20%	0	
70200091	----保温瓶或其他保温容器用的玻璃胆										13
7020009100	保温瓶或其他保温容器用玻璃胆〔999〕	20	100	13		千克/个	A	R/	25%	0	
70200099	----其他										0
7020009901[暂4]	石英玻璃，平整度小于等于 1 微米〔999〕	10	100	13		千克			14%	0	
7020009990	其他非工业用玻璃制品〔999〕	10	100	13		千克			20%	0	

协定税率(%)																		特惠税率(%)			Article Description
智利	新西兰	澳大利亚	瑞士	冰岛	秘鲁	哥斯达	东盟	亚太	新加坡	巴基斯坦	港/澳/台	韩国	格鲁吉亚	毛里求斯	柬埔寨	尼加拉瓜	日/韩/澳/新/东(RCEP)	亚太2国	老/柬/缅	LDC 98/97/95	
0	0	0	0	0	0	0	0			0	0/0/	2.3	0	0	0	0	5.7/4.9/4.9/4.9/4.9			0/0/0	---Other
0	0	0	0	0	0	0	0			0	0/0/	2.3	0	0	0	0	5.7/4.9/4.9/4.9/4.9			0/0/0	----Weighing less than 450g/m^2
0	0	0	0	0	0	0	0			0	0/0/	2.3	0	0	0	0	5.7/4.9/4.9/4.9/4.9			0/0/0	----Other
0	0	0	0	0	0	0	0		0	2.5	0/0/0	0	0	0	0	9	7.6/7.4/0/0/0			0/0/0	----Mattresses
0	0	0	0	0	0	0	0		0	2.5	0/0/0	0	0	0	0	9	7.6/7.4/0/0/0			0/0/0	----Other webs, boards and similar nonwoven products
0	0	0	0	0	0	0	0			0	0/0/	2.3	0	0	0	0	5.7/4.9/4.9/4.9/4.9			0/0/0	----Other
																					Other articles of glass:
0	0	0	0	0	0	0	0		0	2.5	0/0/		0	0	0	9	//5/5/5			0/0/0	----Conductivity glass
0	0	0	0	0	0	0	0	6.5	0	2.5	0/0/	0	0	0	0	9	7.6/7.4/0/0/0			0/0/0	----Glass umbrella for insulator
0	0	0	0	0	0	0	0	6.5	0	2.5	0/0/	0	0	0	0	9	7.6/7.4/7.4/7.4/7.4			0/0/0	----Of fused quartz or other fused silica
0	0	0	0	0	0	0	0	6.5	0	2.5	0/0/	0	0	0	0	9	7.6/0/0/0/0			0/0/0	----Other
0	0	0	0	0	0	0	0		0		0/0/	7	0	0	0	18.7	17.1/16.8/17.9/17.9/16.8			0/0/0	----Glass inners for vacuum flasks or for other vacuum vessels
0	0	0	0	0	0	0	0	6.5	0	3.8	0/0/	0	0	0	0	9	10.9/10.5/10.5/10.5/10.5			0/0/0	----Other

第十四类
天然或养殖珍珠、宝石或半宝石、贵金属、包贵金属及其制品；仿首饰；硬币

第七十一章
天然或养殖珍珠、宝石或半宝石、贵金属、包贵金属及其制品；仿首饰；硬币

注释：

一、除第六类注释一（一）及下列各款另有规定的以外，凡制品的全部或部分由下列物品构成，均应归入本章：
（一）天然或养殖珍珠、宝石或半宝石（天然、合成或再造）；或
（二）贵金属或包贵金属。

二、（一）品目71.13、71.14及71.15不包括带有贵金属或包贵金属制的小零件或小装饰品（例如，交织字母、套、圈、套环）的制品，上述注释一（二）也不适用于这类制品①；
（二）品目71.16不包括含有贵金属或包贵金属（仅作为小零件或小装饰品的除外）的制品。

三、本章不包括：
（一）贵金属汞齐及胶态贵金属（品目28.43）；
（二）第三十章的外科用无菌缝合材料、牙科填料或其他货品；
（三）第三十二章的货品（例如，光瓷釉）；
（四）载体催化剂（品目38.15）；
（五）第四十二章注释三（二）所述的品目42.02或42.03的物品；
（六）品目43.03或43.04的物品；
（七）第十一类的货品（纺织原料及纺织制品）；
（八）第六十四章或第六十五章的鞋靴、帽类及其他物品；
（九）第六十六章的伞、手杖及其他物品；
（十）品目68.04或68.05及第八十二章含有宝石或半宝石（天然或合成）粉末的研磨材料制品；第八十二章装有宝石或半宝石（天然、合成或再造）工作部件的器具；第十六类的机器、机械器具、电气设备及其零件。然而，完全以宝石或半宝石（天然、合成或再造）制成的物品及其零件，除未安装的唱针用已加工蓝宝石或钻石外（品目85.22），其余仍应归入本章；
（十一）第九十章、第九十一章或第九十二章的物品（科学仪器、钟表及乐器）；
（十二）武器及其零件（第九十三章）；
（十三）第九十五章注释二所述物品；
（十四）根据第九十六章注释四应归入该章的物品；或
（十五）雕塑品原件（品目97.03）、收藏品（品目97.05）或超过100年的古物（品目97.06），但天然或养殖珍珠、宝石及半宝石除外。

四、（一）所称“贵金属”，是指银、金及铂。
（二）所称“铂”，是指铂、铱、锇、钯、铑及钌。
（三）所称“宝石或半宝石”，不包括第九十六章注释二（二）所述任何物质。

五、含有贵金属的合金（包括烧结及化合的），只要其中任何一种贵金属的含量达到合金重量的2%，即应视为本章的贵金属合金。贵金属合金应按下列规则归类：
（一）按重量计含铂量在2%及以上的合金，应视为铂合金；
（二）按重量计含金量在2%及以上，但不含铂或按重量计含铂量在2%以下的合金，应视为金合金；
（三）按重量计含银量在2%及以上的其他合金，应视为银合金。

六、除条文另有规定的以外，本协调制度所称贵金属应包括上述注释五所规定的贵金属合金，但不包括包贵金属或表面镀以贵金属的贱金属及非金属。

七、本协调制度所称“包贵金属”，是指以贱金属为底料，在其一面或多面用焊接、熔接、热轧或类似机械方法覆盖一层贵金属的材料。除条文另有规定的以外，也包括镶嵌贵金属的贱金属。

八、除第六类注释一（一）另有规定的以外，凡符合品目71.12规定的货品，应归入该税目而不归入本协调制度的其他税目。

九、品目71.13所称“首饰”，是指：
（一）个人用小饰物（例如，戒指、手镯、项圈、饰针、耳环、表链、表链饰物、垂饰、领带别针、袖扣、饰扣、宗教性或其他勋章及徽章）；以及
（二）通常放置在衣袋、手提包或佩戴在身上的个人用品（例如，雪茄盒或烟盒、鼻烟盒、口香糖盒或药丸盒、粉盒、链袋、念珠）。

这些物品可以和下列物品组合或镶嵌：例如，天然或养殖珍珠、宝石或半宝石、合成或再造的宝石或半宝石、玳瑁壳、珍珠母、兽牙、天然或再生琥珀、黑玉或珊瑚。

十、品目71.14所称“金银器”，包括装饰品、餐具、梳妆用具、吸烟用具及类似的家庭、办公室或宗教用的其他物品。

十一、品目71.17所称“仿首饰”，是指不含天然或养殖珍珠、宝石或半宝石（天然、合成或再造）及贵金属或包贵金属（仅作为镀层或小零件、小装饰品的除外）的上述注释九（一）所述的首饰（不包括品目96.06的纽扣及其他物品或品目96.15的梳子、发夹及类似品）。

---

① 在本章注释中划有黑线的条文属选择性规定。
② The underlined portion of this Note constitutes an optional text.

SECTION XIV
NATURAL OR CULTURED PEARLS, PRECIOUS OR SEMI-PRECIOUS STONES, PRECIOUS METALS, METALS CLAD WITH PRECIOUS METAL, AND ARTICLES THEREOF; IMITATION JEWELLERY; COIN

Chapter 71
Natural or cultured pearls, precious or semi-precious stones, precious metals, metals clad with precious metal, and articles thereof; imitation jewellery; coin

Chapter Notes:

1. Subject to Note 1 (a) to Section VI and except as provided below, all articles consisting wholly or partly:
   (a) Of natural or cultured pearls or of precious or semi-precious stones (natural, synthetic or reconstructed); or
   (b) Of precious metal or of metal clad with precious metal, are to be classified in this Chapter.

2. (a) Headings 71.13, 71.14 and 71.15 do not cover articles in which precious metal or metal clad with precious metal is present as minor constituents only, such as minor fittings or minor ornamentation (for example, monograms, ferrules and rims), and Note 1 (b) of the foregoing Note does not apply to such articles②;
   (b) Heading 71.16 does not cover articles containing precious metal or metal clad with precious metal (other than as minor constituents).

3. This Chapter does not cover:
   (a) Amalgams of precious metal, or colloidal precious metal (heading 28.43);
   (b) Sterile surgical suture materials, dental fillings or other goods of Chapter 30;
   (c) Goods of Chapter 32 (for example, lustres);
   (d) Supported catalysts (heading 38.15);
   (e) Articles of heading 42.02 or 42.03 referred to in Note 3 (b) to Chapter 42;
   (f) Articles of heading 43.03 or 43.04;
   (g) Goods of Section XI (textiles and textile articles);
   (h) Footwear, headgear or other articles of Chapter 64 or 65;
   (ij) Umbrellas, walking-sticks or other articles of Chapter 66;
   (k) Abrasive goods of heading 68.04 or 68.05 or Chapter 82, containing dust or powder of precious or semi-precious stones (natural or synthetic); articles of Chapter 82 with a working part of precious or semi-precious stones (natural, synthetic or reconstructed); machinery, mechanical appliances or electrical goods, or parts thereof, of Section XVI. However, articles and parts thereof, wholly of precious or semi-precious stones (natural, synthetic or reconstructed) remain classified in this Chapter, except unmounted worked sapphires and diamonds for styli (heading 85.22);
   (l) Articles of Chapter 90, 91 or 92 (scientific instruments, clocks and watches, musical instruments);
   (m) Arms or parts thereof (Chapter 93);
   (n) Articles covered by Note 2 to Chapter 95;
   (o) Articles classified in Chapter 96 by virtue of Note 4 to that Chapter; or
   (p) Original sculptures or statuary (heading 97.03), collectors' pieces (heading 97.05) or antiques of an age exceeding one hundred years (heading 97.06), other than natural or cultured pearls or precious or semi-precious stones.

4. (a) The expression "precious metal" means silver, gold and platinum.
   (b) The expression "platinum" means platinum, iridium, osmium, palladium, rhodium and ruthenium.
   (c) The expression "precious or semi-precious stones" does not include any of the substances specified in Note 2 (b) to Chapter 96.

5. For the purposes of this Chapter, any alloy (including a sintered mixture and an inter-metallic compound) containing precious metal is to be treated as an alloy of precious metal if any one precious metal constitutes as much as 2%, by weight, of the alloy. Alloys of precious metal are to be classified according to the following rules:
   (a) An alloy containing 2% or more, by weight, of platinum is to be treated as an alloy of platinum;
   (b) An alloy containing 2% or more, by weight, of gold but no platinum, or less than 2%, by weight, of platinum, is to be treated as an alloy of gold;
   (c) Other alloys containing 2% or more, by weight, of silver are to be treated as alloys of silver.

6. Except where the context otherwise requires, any reference in the Nomenclature to precious metal or to any particular precious metal includes a reference to alloys treated as alloys of precious metal or of the particular metal in accordance with the rules in Note 5 above, but not to metal clad with precious metal or to base metal or non-metals plated with precious metal.

7. Throughout the Nomenclature the expression "metal clad with precious metal" means material made with a base of metal upon one or more surfaces of which there is affixed by soldering, brazing, welding, hot-rolling or similar mechanical means a covering of precious metal. Except where the context otherwise requires, the expression also covers base metal inlaid with precious metal.

8. Subject to Note 1 (a) to Section VI, goods answering to a description in heading 71.12 are to be classified in that heading and in no other heading of the Nomenclature.

9. For the purposes of heading 71.13, the expression "articles of jewellery" means:
   (a) Any small objects of personal adornment (for example, rings, bracelets, necklaces, brooches, ear-rings, watch-chains, fobs, pendants, tie-pins, cuff-links, dress-studs, religious or other medals and insignia); and
   (b) Articles of personal use of a kind normally carried in the pocket, in the handbag or on the person (for example, cigar or cigarette cases, snuff boxes, cachou or pill boxes, powderboxes, chain purses or prayer beads).

   These articles may be combined or set, for example, with natural or cultured pearls, precious or semi-precious stones, synthetic or reconstructed precious or semi-precious stones, tortoise shell, mother-of-pearl, ivory, natural or reconstituted amber, jet or coral.

10. For the purposes of heading 71.14, the expression "articles of goldsmiths' or silversmiths' wares" includes such articles as ornaments, tableware, toilet-ware, smokers' requisites and other articles of household, office or religious use.

11. For the purposes of heading 71.17, the expression "imitation jewellery" means articles of jewellery within the meaning of Note 9 (a) above (but not including buttons or other articles of heading 96.06, or dress-combs, hair-slides or the like, or hairpins, of heading 96.15), not incorporating natural or cultured pearls, precious or semi-precious stones (natural, synthetic or reconstructed) nor (except as plating or as minor constituents) precious metal or metal clad with precious metal.

子目注释：

一、子目 7106.10、7108.11、7110.11、7110.21、7110.31 及 7110.41 所称“粉末”，是指按重量计 90%及以上可从网眼孔径为 0.5 毫米的筛子通过的产品。

二、子目 7110.11 及 7110.19 所称“铂”，可不受本章注释四（二）的规定约束，不包括铱、锇、钯、铑及钌。

三、对于品目 71.10 项下的子目所列合金的归类，按其所含铂、钯、铑、铱、锇或钌中重量最大的一种金属归类。

商品编号	商品名称及备注[检验检疫编码及名称]	进口关税(%)		增值税率(%)	消费税	计量单位	监管条件	检验检疫类别	对美税率	出口税率(%)	出口退税率(%)
		最惠国	普通								
7101	**天然或养殖珍珠，不论是否加工或分级，但未成串或镶嵌；天然或养殖珍珠，为便于运输而暂穿成串：**										
71011011	----黑珍珠										
7101101100[暂0]	未分级的天然黑珍珠（不论是否加工，但未制成制品）〔999〕	21	100	13	10%	克	AB	P/Q		0	9,13
71011019	----其他										
7101101900	其他未分级的天然珍珠（不论是否加工，但未制成制品）〔999〕	21	100	13	10%	克	AB	P/Q		0	9,13
71011091	----黑珍珠										
7101109100[暂0]	其他天然黑珍珠（不论是否加工，但未制成制品）〔999〕	21	130	13	10%	克	AB	P/Q		0	9,13
71011099	----其他										
7101109900	其他天然珍珠（不论是否加工，但未制成制品）〔101 药用天然珍珠〕，〔999 天然珍珠〕	21	130	13	10%	克	AB	P/Q		0	9,13
71012110	---未分级										9
7101211001[暂0]	未分级，未加工的养殖黑珍珠（未制成制品）〔999〕	21	100	13	10%	千克	AB	P/Q		0	
7101211090	其他未分级，未加工的养殖珍珠（未制成制品）〔999〕	21	100	13	10%	千克	AB	P/Q		0	
71012190	---其他										9
7101219001[暂0]	其他未加工的养殖黑珍珠（未制成制品）〔999〕	21	130	13	10%	千克	AB	P/Q		0	
7101219090	其他未加工的养殖珍珠（未制成制品）〔101 药用未加工养殖珍珠〕，〔999 未加工养殖珍珠〕	21	130	13	10%	千克	AB	P/Q		0	
71012210	---未分级										13
7101221001[暂0]	未分级，已加工的养殖黑珍珠（未制成制品）〔999〕	21	100	13	10%	千克				0	
7101221090	其他未分级，已加工的养殖珍珠（未制成制品）〔999〕	21	100	13	10%	千克				0	
71012290	---其他										13
7101229001[暂0]	其他已加工的养殖黑珍珠（未制成制品）〔999〕	21	130	13	10%	千克			25%	0	
7101229090	其他已加工的养殖珍珠（未制成制品）〔101 药用已加工珍珠〕，〔999 已加工养殖珍珠〕	21	130	13	10%	千克			46%	0	
7102	**钻石，不论是否加工，但未镶嵌：**										
71021000	-未分级										0
7102100000	未分级钻石（未镶嵌）〔999〕	3	14	13		克拉	D			0	
71022100	--未加工或经简单锯开、劈开或粗磨										
7102210000	工业用钻石（未加工或经简单锯开，劈开或粗磨未镶嵌）〔999〕	0	14	13		克拉	D		25%	0	9,13
71022900	--其他										
7102290000	工业用其他钻石（未镶嵌）〔999〕	0	14	13		克拉			25%	0	9,13
71023100	--未加工或经简单锯开、劈开或粗磨										0
7102310000	非工业用钻石（未加工或经简单锯开，劈开或粗磨，未镶嵌）〔999〕	3	14	13		克拉	D		28%	0	
71023900	--其他										0
7102390000	非工业用其他钻石（未镶嵌）〔999〕	4	35	13		克拉			29%	0	
7103	**宝石（钻石除外）或半宝石，不论是否加工或分级，但未成串或镶嵌；未分级的宝石（钻石除外）或半宝石，为便于运输而暂穿成串：**										
71031000	-未加工或经简单锯开或粗制成形										
7103100000	未加工宝石或半宝石（经简单锯开或粗制成形，未成串或镶嵌）〔999〕	3	14	13	10%	千克			28%	0	9,13
71039100	--红宝石、蓝宝石、祖母绿										13

Subheading Notes:

1. For the purposes of subheadings 7106.10, 7108.11, 7110.11, 7110.21, 7110.31 and 7110.41, the expressions "powder" and "in powder form" mean products of which 90% or more by weight passes through a sieve having a mesh aperture of 0.5mm.

2. Notwithstanding the provisions of Chapter Note 4 (b), for the purposes of subheadings 7110.11 and 7110.19, the expression "platinum" does not include iridium, osmium, palladium, rhodium or ruthenium.

3. For the classification of alloys in the subheadings of heading 71.10, each alloy is to be classified with that metal, platinum, palladium, rhodium, iridium, osmium or ruthenium which predominates by weight over each other of these metals.

协定税率(%)																		特惠税率(%)			Article Description
智利	新西兰	澳大利亚	瑞士	冰岛	秘鲁	哥斯达	东盟	亚太	新加坡	巴基斯坦	港/澳/台	韩国	格鲁吉亚	毛里求斯	柬埔寨	尼加拉瓜	日/韩/澳/新/东 (RCEP)	亚太2国	老/柬/缅	LDC 98/97/95	
																					Pearls, natural or cultured, whether or not worked or graded but not strung, mounted or set; ungraded pearls, natural or cultured, temporarily strung for convenience of transport:
0	0	0	0	0	0	0	0		0		0/0/	7	0	0	0	19.6	17.1/14.7/14.7/14.7/14.7			0/0/0	----Tahitian pearls
0	0	0	0	0	0	0	0		0		0/0/	7	0	0	0	19.6	17.1/14.7/14.7/14.7/14.7			0/0/0	----Other
0	0	0	0	0	0	0	0		0		0/0/	7	0	0	0	19.6	17.1/14.7/14.7/14.7/14.7			0/0/0	----Tahitian pearls
0	0	0	0	0	0	0	0		0		0/0/	7	0	0	0	19.6	17.1/14.7/14.7/14.7/14.7			0/0/0	----Other
0	0	0	0	0	0	0	0		0		0/0/	7	0	0	0	19.6	17.1/14.7/14.7/14.7/14.7			0/0/0	---Ungraded
0	0	0	0	0	0	0	0		0		0/0/	7	0	0	0	19.6	17.1/14.7/14.7/14.7/14.7			0/0/0	---Other
0	0	0	0	0	0	0	0		0		0/0/	10.5	0	0	0	19.6	/17.9/17.9/17.9/17.9			0/0/0	---Ungraded
0	0	0	0	0	0	0	0		0		0/0/	10.5	0	0	0	19.6	/17.9/17.9/17.9/17.9			0/0/0	---Other
																					Diamonds, whether or not worked, but not mounted or set:
0	0	0	0	0	0	0	0			0	0/0/	0	0	0	0	0	0/0/0/0/0			0/0/0	-Unsorted
0	0	0	0	0	0	0	0			0	0/0/	0	0	0	0	0	0/0/0/0/0			0/0/0	--Unworked or simply sawn, cleaved or bruted
0	0	0	0	0	0	0	0			0	0/0/	0	0	0	0	0	0/0/0/0/0			0/0/0	--Other
0	0	0	0	0	0	0	0			0	0/0/	0	0	0	0	0	2.2/0/0/0/0			0/0/0	--Unworked or simply sawn, cleaved or bruted
0	0	0	0	0	0	0	0	0		0	0/0/	0	0	0	0	0	5.8/0/0/0/0			0/0/0	--Other
																					Precious stones (other than diamonds) and semi-precious stones, whether or not worked or graded but not strung, mounted or set; ungraded precious stones (other than diamonds) and semi-precious stones, temporarily strung for convenience of transport:
0	0	0	0	0	0	0	0	2		0	0/0/	0	0	0	0	0	2.2/0/0/0/0		0//	0/0/0	-Unworked or simply sawn or roughly shaped
0	0	0	0	0	0	0	0	2		0	0/0/	0	0	0	0	0	5.8/0/0/0/0		0//	0/0/0	--Rubies, sapphires and emeralds

商品编号	商品名称及备注[检验检疫编码及名称]	进口关税(%)		增值税率(%)	消费税	计量单位	监管条件	检验检疫类别	对美税率	出口税率(%)	出口退税率(%)
		最惠国	普通								
7103910000	经其他加工的红宝石、蓝宝石、祖母绿(未成串或镶嵌)〔999〕	4	35	13	10%	克拉			29%	0	
71039910	---翡翠										13
7103991000	经其他加工的翡翠(未成串或镶嵌)〔999〕	4	35	13	10%	克拉				0	
71039920	---水晶										13
7103992000	经其他加工的水晶(未成串或镶嵌)〔999〕	4	35	13	10%	克拉			29%	0	
71039930	---碧玺										13
7103993000	经其他加工的碧玺(未成串或镶嵌)〔999〕	4	35	13	10%	克拉				0	
71039940	---软玉										13
7103994000	经其他加工的软玉(未成串或镶嵌)〔999〕	4	35	13	10%	克拉				0	
71039990	---其他										13
7103999000	经其他加工的其他宝石或半宝石(未成串或镶嵌)〔999〕	4	35	13	10%	克拉			29%	0	
7104	**合成或再造的宝石或半宝石,不论是否加工或分级,但未成串或镶嵌的;未分级的合成或再造的宝石或半宝石,为便于运输而暂穿成串:**										
71041000	-压电石英										13
7104100000	压电石英〔999〕	4	14	13		克			29%	0	
71042100	--钻石										0
7104210000	未加工合成或再造钻石(经简单锯开或粗制成形,未成串或镶嵌)〔999〕	0	14	13		克			10%	0	
71042900	--其他										13
7104290000	未加工合成或再造其他宝石半宝石(经简单锯开或粗制成形,未成串或镶嵌)〔999〕	0	14	13	10%	克			25%	0	
71049110	---工业用										13
7104911000	其他工业用合成或再造的钻石〔999〕	4	14	13		克			19%	0	
71049190	---其他										0
7104919000	其他非工业用合成钻石(未成串或镶嵌)〔999〕	4	35	13		克				0	
71049911	----蓝宝石										13
7104991100	其他工业用蓝宝石(合成或再造宝石、半宝石)〔999〕	4	14	13	10%	克			29%	0	
71049919	----其他										13
7104991900	其他工业用合成或再造宝石半宝石〔999〕	4	14	13	10%	克			14%	0	
71049990	---其他										13
7104999000	其他非工业用合成宝石或半宝石(未成串或镶嵌)〔999〕	4	35	13	10%	克			29%	0	
7105	**天然或合成的宝石或半宝石的粉末:**										
71051010	---天然的										0
7105101000	天然的钻石粉末〔999〕	0	17	13		克拉				0	
71051020	---人工合成的										13
7105102000	人工合成的钻石粉末〔999〕	0	17	13		克拉			10%	0	
71059000	-其他										13
7105900000	其他天然或合成宝石或半宝石粉末〔999〕	0	17	13	10%	克			25%	0	
7106	**银(包括镀金、镀铂的银),未锻造、半制成或粉末状:**										
71061011	----平均粒径小于3微米										0
7106101100	平均粒径<3微米非片状银粉〔999〕	0	0	13		克	4xy		25%	0	
71061019	----其他										0
7106101900	平均粒径≥3微米的非片状银粉〔301危险化学品,易燃固体〕,〔302其他〕	0	0	13		克	4xy		20%	0	
71061021	----平均粒径小于10微米										0
7106102100	平均粒径<10微米片状银粉〔999〕	0	0	13		克	4xy		10%	0	
71061029	----其他										0
7106102900	平均粒径≥10微米的片状银粉〔999〕	0	0	13		克	4xy		10%	0	
71069110	---纯度达99.99%及以上										0
7106911000	纯度达99.99%及以上未锻造银(包括镀金、镀铂的银)〔999〕	0	0	13		克	4xy		25%	0	
71069190	---其他										0
7106919000	其他未锻造银(包括镀金、镀铂的银)〔999〕	0	0	13		克	4xy		25%	0	
71069210	---纯度达99.99%及以上										0
7106921000	纯度达99.99%及以上的半制成银(包括镀金、镀铂的银)〔999〕	0	50	13		克	4xy		25%	0	
71069290	---其他										0
7106929000	其他半制成银(包括镀金、镀铂的银)〔999〕	0	50	13		克	4xy		20%	0	

协定税率(%)																		特惠税率(%)			Article Description
智利	新西兰	澳大利亚	瑞士	冰岛	秘鲁	哥斯达	东盟	亚太	新加坡	巴基斯坦	港/澳/台	韩国	格鲁吉亚	毛里求斯	柬埔寨	尼加拉瓜	日/韩/澳/新/东(RCEP)	亚太2国	老/柬/缅	LDC 98/97/95	
0	0	0	0	0	0	0	0	2		0	0/0/	0	0	0	0	0	5.8/5.6/5.6/5.6/5.6			0/0/0	---Jadeite
0	0	0	0	0	0	0	0	2		0	0/0/	0	0	0	0	0	5.8/5.6/0/0/0			0/0/0	---Crystal
0	0	0	0	0	0	0	0	2		0	0/0/	0	0	0	0	0	5.8/5.6/0/0/0			0/0/0	---Tourmaline
0	0	0	0	0	0	0	0	2		0	0/0/	0	0	0	0	0	5.8/5.6/0/0/0			0/0/0	---Nephrite
0	0	0	0	0	0	0	0	2		0	0/0/	0	0	0	0	0	5.8/5.6/0/0/0			0/0/0	---Other
																					Synthetic or reconstructed precious or semi-precious stones, whether or not worked or graded but not strung, mounted or set; ungraded synthetic or reconstruct-ed precious or semi-precious stones, temporarily strung for convenience of transport:
0	0	0	0	0	0	0	0			0	0/0/		0	0	0	0	//5/5/5			0/0/0	-Piezo-electric quartz
0	0	0	0	0	0	0	0			0	0/0/	0	0	0	0	0	0/0/0/0/0			0/0/0	--Diamonds
0	0	0	0	0	0	0	0			0	0/0/	0	0	0	0	0	0/0/0/0/0			0/0/0	--Other
0	0	0	0	0	0	0	0			0	0/0/	0	0	0	0	0	0/0/0/0/0			0/0/0	---For industrial use
0	0	0	0	0	0	0	0	2.8		0	0/0/	0	0	0	0	3.2	5.8/0/0/0/0			0/0/0	---Other
0	0	0	0	0	0	0	0			0	0/0/	0	0	0	0	0	0/0/4.2/4.2/0			0/0/0	----Sapphires
0	0	0	0	0	0	0	0			0	0/0/	0	0	0	0	3.2	4.4/4.2/0/0/0			0/0/0	----Other
0	0	0	0	0	0	0	0	3.6		0	0/0/	0	0	0	0	3.2	5.8/0/0/0/0			0/0/0	---Other
																					Dust and powder of natural or synthetic precious or semi-precious stones:
0	0	0	0	0	0	0	0			0	0/0/	0	0	0	0	0	0/0/0/0/0			0/0/0	---Natural
0	0	0	0	0	0	0	0			0	0/0/	0	0	0	0	0	0/0/0/0/0			0/0/0	---Synthetic
0	0	0	0	0	0	0	0			0	0/0/	0	0	0	0	0	0/0/0/0/0			0/0/0	-Other
																					Silver (including silver plated with gold or platinum), unwrought or in semi-manufactured forms, or in powder form:
0	0	0	0	0	0	0	0			0	0/0/	0	0	0	0	0	0/0/0/0/0			0/0/0	----Average diameter less than 3μm
0	0	0	0	0	0	0	0			0	0/0/	0	0	0	0	0	0/0/0/0/0			0/0/0	----Other
0	0	0	0	0	0	0	0			0	0/0/	0	0	0	0	0	0/0/0/0/0			0/0/0	----Average diameter less than 10μm
0	0	0	0	0	0	0	0			0	0/0/	0	0	0	0	0	0/0/0/0/0			0/0/0	----Other
0	0	0	0	0	0	0	0			0	0/0/	0	0	0	0	0	0/0/0/0/0			0/0/0	---Of a purity of 99.99% or more
0	0	0	0	0	0	0	0			0	0/0/	0	0	0	0	0	0/0/0/0/0			0/0/0	---Other
0	0	0	0	0	0	0	0			0	0/0/	0	0	0	0	0	0/0/0/0/0			0/0/0	---Of a purity of 99.99% or more
0	0	0	0	0	0	0	0			0	0/0/	0	0	0	0	0	0/0/0/0/0			0/0/0	---Other

商品编号	商品名称及备注[检验检疫编码及名称]	进口关税(%)		增值税率(%)	消费税	计量单位	监管条件	检验检疫类别	对美税率	出口税率(%)	出口退税率(%)
		最惠国	普通								
7107	**以贱金属为底的包银材料：**										
71070000	以贱金属为底的包银材料										13
7107000000	以贱金属为底的包银材料〔999〕	8	50	13		千克			23%	0	
7108	**金(包括镀铂的金),未锻造、半制成或粉末状：**										
71081100	--金粉										0
7108110000	非货币用金粉〔999〕	0	0			克	J			0	
71081200	--其他未锻造形状										0
7108120000	非货币用未锻造金(包括镀铂的金)〔999〕	0	0			克	J			0	
71081300	--其他半制成形状										0
7108130000	非货币用半制成金(包括镀铂的金)〔999〕	0	50			克	J			0	
71082000	-货币用										0
7108200000	货币用未锻造金(包括镀铂的金)〔999〕	0	0			克	J			0	
7109	**以贱金属或银为底的包金材料,加工程度未超过半制成：**										
71090000	以贱金属或银为底的包金材料,加工程度未超过半制成										13
7109000000	以贱金属或银为底的包金材料,加工程度未超过半制成〔999〕	8	50	13		克			33%	0	
7110	**铂,未锻造、半制成或粉末状：**										
71101100	--未锻造或粉末状										0
7110110000	未锻造或粉末状铂〔999〕	0	0			克	8x			0	
71101910	---板、片										0
7110191000	板、片状铂〔999〕	0	0			克	8x			0	
71101990	---其他										0
7110199000	其他半制成铂〔999〕	3	11			克	4xy			0	
71102100	--未锻造或粉末状										0
7110210000	未锻造或粉末状钯〔999〕	0	10	13		克	4xy		25%	0	
71102910	---板、片										0
7110291000	板、片状钯〔999〕	0	0	13		克	4xy		10%	0	
71102990	---其他										0
7110299000	其他半制成钯〔999〕	3	11	13		克	4xy		23%	0	
71103100	--未锻造或粉末状										0
7110310000	未锻造或粉末状铑〔999〕	0	0	13		克	4xy		25%	0	
71103910	---板、片										0
7110391000	板、片状铑〔999〕	0	0	13		克	4xy		25%	0	
71103990	---其他										0
7110399000	其他半制成铑〔999〕	3	11	13		克	4xy		13%	0	
71104100	--未锻造或粉末状										0
7110410000	未锻造或粉末状铱、锇、钌〔999〕	0	0	13		克	4xy		25%	0	
71104910	---板、片										0
7110491000	板、片状铱、锇、钌〔999〕	0	0	13		克	4xy		25%	0	
71104990	---其他										0
7110499000	其他半制成铱、锇、钌〔999〕	3	11	13		克	4xy		28%	0	
7111	**以贱金属、银或金为底的包铂材料,加工程度未超过半制成：**										
71110000	以贱金属、银或金为底的包铂材料,加工程度未超过半制成										
7111000000	以贱金属,银或金为底的包铂材料,加工程度未超过半制成〔999〕	3	11	13		克	4xy		28%	0	0,13
7112	**贵金属或包贵金属的废碎料;含有贵金属或贵金属化合物的其他废碎料,主要用于回收贵金属,税目85.49的货品除外：**										
71123010	---含有银或银化合物的										13
7112301000	含有银或银化合物的灰(主要用于回收银)〔999〕	8	50	13		克	9			0	
71123090	---其他										0

协定税率(%)																		特惠税率(%)			Article Description
智利	新西兰	澳大利亚	瑞士	冰岛	秘鲁	哥斯达	东盟	亚太	新加坡	巴基斯坦	港/澳/台	韩国	格鲁吉亚	毛里求斯	柬埔寨	尼加拉瓜	日/韩/澳/新/东 (RCEP)	亚太2国	老/柬/缅	LDC 98/97/95	
																					Base metals clad with silver, not further worked than semi-manufactured:
0	0	0	0	0	0	0	0		0	2.5	0/0/	0	0	0	0	6.4	7.6/7.4/0/0/0		0//	0/0/0	Base metals clad with silver, not further worked than semi-manufactured
																					Gold (including gold plated with platinum) unwrought or in semi-manufactured forms, or in powder form:
0	0	0	0	0	0	0	0			0	0/0/	0	0	0	0	0	0/0/0/0/0			0/0/0	--Powder
0	0	0	0	0	0	0	0			0	0/0/	0	0	0	0	0	0/0/0/0/0			0/0/0	--Other unwrought forms
0	0	0	0	0	0	0	0			0	0/0/	0	0	0	0	0	0/0/0/0/0		0//	0/0/0	--Other semi-manufactured forms
0	0	0	0	0	0	0	0			0	0/0/	0	0	0	0	0	0/0/0/0/0			0/0/0	-Monetary
																					Base metals or silver, clad with gold, not further worked than semi-manufactured:
0	0	0	0	0	0	0	0		0	2.5	0/0/	0	0	0	0	6.4	7.6/7.4/0/0/0			0/0/0	Base metals or silver, clad with gold, not further worked than semi-manufactured
																					Platinum, unwrought or in semi-manufactured forms, or in powder form:
0	0	0	0	0	0	0	0			0	0/0/	0	0	0	0	0	0/0/0/0/0			0/0/0	--Unwrought or in powder form
0	0	0	0	0	0	0	0			0	0/0/	0	0	0	0	0	0/0/0/0/0			0/0/0	---Plates and sheets
0	0	0	0	0	0	0	0			0	0/0/	0	0	0	0	0	0/0/0/0/0			0/0/0	---Other
0	0	0	0	0	0	0	0			0	0/0/	0	0	0	0	0	0/0/0/0/0			0/0/0	--Unwrought or In powder form
0	0	0	0	0	0	0	0			0	0/0/	0	0	0	0	0	0/0/0/0/0			0/0/0	---Plates and sheets
0	0	0	0	0	0	0	0			0	0/0/	0	0	0	0	0	0/0/0/0/0			0/0/0	---Other
0	0	0	0	0	0	0	0			0	0/0/	0	0	0	0	0	0/0/0/0/0			0/0/0	--Unwrought or in powder form
0	0	0	0	0	0	0	0			0	0/0/	0	0	0	0	0	0/0/0/0/0			0/0/0	---Plates and sheets
0	0	0	0	0	0	0	0			0	0/0/	0	0	0	0	0	0/0/0/0/0			0/0/0	---Other
0	0	0	0	0	0	0	0			0	0/0/	0	0	0	0	0	0/0/0/0/0			0/0/0	--Unwrought or in powder form
0	0	0	0	0	0	0	0			0	0/0/	0	0	0	0	0	0/0/0/0/0			0/0/0	---Plates and sheets
0	0	0	0	0	0	0	0			0	0/0/	0	0	0	0	0	0/0/0/0/0			0/0/0	---Other
																					Base metals, silver or gold, clad with platinum, not further worked than semi-manufactured:
0	0	0	0	0	0	0	0			0	0/0/	0	0	0	0	0	0/0/0/0/0			0/0/0	Base metals, silver or gold, clad with platinum, not further worked than semi-manufactured
																					Waste and scrap of precious metal or of metal clad with precious metal; other waste and scrap containing precious metal or precious metal compounds, of a kind used principally for the recovery of precious metal other than goods of heading 85.49:
0	0	0	0	0	0	0	0			0	0/0/	0	0	0	0	6.4	5.8/0/0/0/0			0/0/0	---Of silver or silver compounds
0	0	0	0	0	0	0	0			0	0/0/	0	0	0	0	0	0/0/0/0/0			0/0/0	---Other

商品编号	商品名称及备注[检验检疫编码及名称]	进口关税(%) 最惠国	进口关税(%) 普通	增值税率(%)	消费税	计量单位	监管条件	检验检疫类别	对美税率	出口税率(%)	出口退税率(%)
7112309000	含其他贵金属或贵金属化合物的灰(主要用于回收贵金属)〔999〕	6	50	13		克	9			0	
71129110	---金及包金的废碎料										0
7112911000	金及包金的废碎料(但含有其他贵金属的地脚料除外)〔999〕	0	0	13		克	9		25%	0	
71129120	---含有金或金化合物的废碎料										0
7112912000	含有金及金化合物的废碎料(但税目85.49的货品及含有其他贵金属的地脚料除外,主要用于回收金)〔999〕	6	35	13		克	9			0	
71129210	---铂及包铂的废碎料										0
7112921000	铂及包铂的废碎料(但含有其他贵金属的地脚料除外)〔999〕	0	0	13		克	49xy		25%	0	
71129220	---含有铂或铂化合物的废碎料										0
7112922001[暂0]	铂含量在3%以上的其他含有铂或铂化合物的废碎料(但税目85.49的货品及含有其他贵金属的地脚料除外,主要用于回收铂)〔999〕	6	35	13		克	4xy		10%	0	
7112922090	其他含有铂及铂化合物的废碎料(但税目85.49的货品及含有其他贵金属的地脚料除外,主要用于回收铂)〔999〕	6	35	13		克	4xy		16%	0	
71129910	---含有银或银化合物的废碎料										13
7112991000	含有银及银化合物的废碎料(主要用于回收银,但税目85.49的货品除外)〔999〕	8	35	13		克	9			0	
71129920	---含有其他贵金属或贵金属化合物的废碎料										0
7112992000	含有其他贵金属或贵金属化合物的废碎料(主要用于回收贵金属,但税目85.49的货品除外)〔999〕	6	35	13		克	9			0	
71129990	---其他										0
7112999000	其他贵金属或贵金属化合物废碎料(主要用于回收贵金属,但税目85.49的货品除外)〔999〕	0	50	13		克				0	
7113	**贵金属或包贵金属制的首饰及其零件:**										
71131110	---镶嵌钻石的										0
7113111000	镶嵌钻石的银首饰及其零件(不论是否包、镀其他贵金属)〔999〕	8	130	13		克			18%	0	
71131190	---其他										
7113119010	镶嵌濒危物种制品的银首饰及零件(不论是否包、镀其他贵金属)〔999〕	8	130	13		克	FE		33%	0	0
7113119090	其他银首饰及其零件(不论是否包、镀其他贵金属)〔999〕	8	130	13		克			33%	0	13
71131911	----镶嵌钻石的										0
7113191100	镶嵌钻石的黄金制首饰及其零件(不论是否包、镀其他贵金属)〔999〕	8	130	13		克			28%	0	
71131919	----其他										
7113191910	镶嵌濒危物种制品的金首饰及零件(不论是否包、镀其他贵金属)〔999〕	8	130	13		克	EF		28%	0	0
7113191990	其他黄金制首饰及其零件(不论是否包、镀其他贵金属)〔999〕	8	130	13		克	J		28%	0	0
71131921	----镶嵌钻石的										0
7113192100	镶嵌钻石的铂金制首饰及其零件(不论是否包、镀其他贵金属)〔999〕	10	130	13		克			20%	0	
71131929	----其他										
7113192910	镶嵌濒危物种制品的铂金首饰及零件(不论是否包、镀其他贵金属)〔999〕	10	130	13		克	EF		20%	0	0
7113192990	其他铂金制首饰及其零件(不论是否包、镀其他贵金属)〔999〕	10	130	13		克			20%	0	0
71132010	---镶嵌钻石的										0
7113201000	镶嵌钻石贱金属为底包贵金属首饰(不论是否包、镀其他贵金属,包括零件)〔999〕	10	130	13		克			35%	0	
71132090	---其他										
7113209010	镶嵌濒危物种制品以贱金属为底的包贵金属制首饰(包括零件)〔999〕	10	130	13	10%	克	FE		35%	0	0
7113209090	其他以贱金属为底的包贵金属制首饰(包括零件)〔999〕	10	130	13	10%	克			35%	0	13
7114	**贵金属或包贵金属制的金银器及其零件:**										
71141100	--银制,不论是否包、镀其他贵金属										
7114110010	镶嵌濒危物种制品的银器及零件(不论是否包、镀贵金属)〔999〕	10	100	13		克	FE		20%	0	0
7114110090	其他银器及零件(不论是否包、镀贵金属)〔999〕	10	100	13		克			20%	0	13
71141900	--其他贵金属制,不论是否包、镀贵金属										
7114190010	镶嵌濒危物种制品的金银器及零件(不论是否包、镀贵金属)〔999〕	10	100	13		克	FE		35%	0	0
7114190020	其他贵金属制金器及零件(工艺金章、摆件等,不论是否包、镀贵金属)〔999〕	10	100	13		克	J		35%	0	0
7114190090	其他贵金属制银器及零件(不论是否包、镀贵金属)〔999〕	10	100	13		克			35%	0	0
71142000	-以贱金属为底的包贵金属制										
7114200010	以贱金属为底的包贵金属制金银器(镶嵌濒危物种制品,包括零件)〔999〕	10	100	13		克	FE			0	0
7114200090	其他贱金属为底包贵金属制金银器(包括零件)〔999〕	10	100	13		克				0	0,13

协定税率(%)																		特惠税率(%)			Article Description
智利	新西兰	澳大利亚	瑞士	冰岛	秘鲁	哥斯达	东盟	亚太	新加坡	巴基斯坦	港/澳/台	韩国	格鲁吉亚	毛里求斯	柬埔寨	尼加拉瓜	日/韩/澳/新/东(RCEP)	亚太2国	老/柬/缅	LDC 98/97/95	
0	0	0	0	0	0	0	0			0	0/0/	0	0	0	0	0	0/0/0/0/0			0/0/0	---Of gold or gold compounds
0	0	0	0	0	0	0	0			0	0/0/	0	0	0	0	4.8	0/0/0/0/0			0/0/0	---Waste and scrap with gold or gold compounds
0	0	0	0	0	0	0	0			0	0/0/	0	0	0	0	0	0/0/0/0/0			0/0/0	---Of platinum
0	0	0	0	0	0	0	0			0	0/0/	0	0	0	0	4.8	0/0/0/0/0			0/0/0	---Wasted and scrap with platinum
0	0	0	0	0	0	0	0			0	0/0/	0	0	0	0	6.4	5.8/0/0/0/0			0/0/0	---Waste and scrap with silver or silver compounds
0	0	0	0	0	0	0	0			0	0/0/	0	0	0	0	0	0/0/0/0/0			0/0/0	---Waste and scrap with other precious metals
0	0	0	0	0	0	0	0			0	0/0/	0	0	0	0	0	0/0/0/0/0			0/0/0	---Other
																					Articles of jewellery and parts thereof, of precious metal or of metal clad with precious metal:
0	0	0	8	0	0	0	0	5.2	0	0	0/0/	6.6	0	0	0	6.4	16.3/14/14/14/14			0/0/0	---Diamond mounted or set
0	0	0	0	0	0	0	0	5.2	0	0	0/0/	6.6	0	0	0	6.4	16.3/16/17/17/16			0/0/0	---Other
0	0	0	1.7	0	0	0	0	5.2	0	0	0/0/	6.6	0	0	0	6.4	16.3/16/17/17/16			0/0/0	----Diamond mounted
0	0	0	0	0	0	0	0	5.2	0	0	0/0/	0	0	0	0	6.4	14.5/14/0/0/0			0/0/0	----Other
0	0	0		0	0	0	0	6.5	0	0	0/0/		0	7	0	9	//29.8/29.8/29.8			0/0/0	----Diamond mounted
0	0	0	0	0	0	0	0	6.5	0	0	0/0/		0	7	0	9	//29.8/29.8/29.8			0/0/0	----Other
0	0	0	10		0	0	0	6.5	0	30	0/0/		0	7	0	9	//32.4/32.4/32.4			0/0/0	---Diamond mounted or set
0	0	0		0	0	0	0	6.5	0	30	0/0/		0	7	0	9	//32.4/32.4/32.4			0/0/0	---Other
																					Articles of goldsmiths' or silversmiths' wares and parts thereof, of precious metal or of metal clad with precious metal:
0	0	0	0	0	0	0	0		0		0/0/		0	7	0	9	//32.4/32.4/32.4			0/0/0	--Of silver, whether or not plated or clad with other precious metal
0	0	0	2.9	0	0	0	0		0		0/0/		0	7	0	9	//32.4/32.4/32.4			0/0/0	--Of other precious metal, whether or not plated or clad with precious metal
0	0	0	10	0	0	0	0	8	0		0/0/		0	7	0	9	//32.4/32.4/32.4			0/0/0	-Of base metal clad with precious metal

商品编号	商品名称及备注[检验检疫编码及名称]	进口关税(%)		增值税率(%)	消费税	计量单位	监管条件	检验检疫类别	对美税率	出口税率(%)	出口退税率(%)
		最惠国	普通								
7115	**贵金属或包贵金属的其他制品：**										
71151000	-金属丝布或格栅形状的铂催化剂										0
7115100000	金属丝布或格栅状的铂催化剂〔999〕	3	11	13		克	4xy		13%	0	
71159010	---工业或实验室用										
7115901010[暂0]	银制工业、实验室用制品〔999〕	3	11	13		克			10%	0	13
7115901020[暂0]	金制工业、实验室用制品〔999〕	3	11	13		克			10%	0	0
7115901090[暂0]	其他工业、实验室用贵或包贵金制品〔999〕	3	11	13		克			10%	0	0,13
71159090	---其他										
7115909000	其他用途的贵或包贵金属制品〔999〕	10	100	13		克			30%	0	0,13
7116	**用天然或养殖珍珠、宝石或半宝石(天然、合成或再造)制成的物品：**										
71161000	-天然或养殖珍珠制										13
7116100000	天然或养殖珍珠制品〔101 具有保健食品批准文号〕,〔102 珍珠宝石制品〕	10	130	13	10%	千克			35%	0	
71162000	-宝石或半宝石(天然、合成或再造)制										
7116200000	宝石或半宝石制品(包括天然、合成或再造的)〔999〕	10	130	13	10%	千克			35%	0	0,13
7117	**仿首饰：**										
71171100	--袖扣、饰扣										13
7117110000	贱金属制袖扣、饰扣(不论是否镀贵金属)①	10	130	13		千克			35%	0	
71171900	--其他										13
7117190000	其他贱金属制仿首饰②	8	130	13		千克			33%	0	
71179000	-其他										13
7117900000	未列名材料制仿首饰③	18	130	13		千克			43%	0	
7118	**硬币：**										
71181000	-非法定货币的硬币(金币除外)										13
7118100000	非法定货币的硬币(金币除外)〔999〕	0	0	13		千克			20%	0	
71189000	-其他										0
7118900010	金质铸币(金质贵金属纪念币)〔999〕	0	0	13		千克	J			0	
7118900090	其他硬币〔999〕	0	0	13		千克				0	

---

① 〔101 锌合金制儿童用仿真首饰〕,〔102 铜合金制儿童用仿真首饰〕,〔103 不锈钢制儿童用仿真首饰〕,〔104 其他材料制儿童用仿真首饰〕,〔105 接触皮肤的成人用仿真首饰〕,〔106 非接触皮肤的成人用仿真首饰〕

② 〔101 锌合金制儿童用仿真首饰〕,〔102 铜合金制儿童用仿真首饰〕,〔103 不锈钢制儿童用仿真首饰〕,〔104 其他材料制儿童用仿真首饰〕,〔105 接触皮肤的成人用仿真首饰〕,〔106 非接触皮肤的成人用仿真首饰〕

③ 〔101 其他材料制儿童用仿真首饰〕,〔102 接触皮肤的成人用仿真首饰〕,〔103 非接触皮肤的成人用仿真首饰〕

协定税率(%)																		特惠税率(%)			Article Description
智利	新西兰	澳大利亚	瑞士	冰岛	秘鲁	哥斯达	东盟	亚太	新加坡	巴基斯坦	港/澳/台	韩国	格鲁吉亚	毛里求斯	柬埔寨	尼加拉瓜	日/韩/澳/新/东(RCEP)	亚太2国	老/柬/缅	LDC 98/97/95	
																					Other articles of precious metal or of metal clad with precious metal:
0	0	0	0	0	0	0	0			0	0/0/	0	0	0	0	0	0/0/0/0/0			0/0/0	-Catalysts in the form of wire cloth or grill, of platinum
0	0	0	0	0	0	0	0			0	0/0/	0	0	0	0	0	0/0/0/0/0			0/0/0	---For industrial or laboratory use
0	0	0		0	0	0	0		0		0/0/		0	7	0	9	//29. 8/29. 8/29. 8			0/0/0	---Other
																					Articles of natural or cultured pearls, precious or semi-precious stones (natural, synthetic or reconstructed):
0	0	0	0	0	0	0	0		0		0/0/		0	7	0	9	//32. 4/32. 4/32. 4			0/0/0	-Of natural or cultured pearls
0	0	0	0	0	0	0	0		0	0	0/0/		0	7	0	9	//29. 8/29. 8/29. 8			0/0/0	-Of precious or semi-precious stones (natural, synthetic or reconstructed)
																					Imitation jewellery:
0	0	0	10	0	0	0	0		0		0/0/		0	7	0	9	//32. 4/32. 4/32. 4			0/0/0	--Cuff-links and studs
0	0	0	0	0	0	0	0	5. 2	0	13. 6	0/0/	0	0	3. 4	0	6. 4	12. 4/11. 9/11. 9/11. 9/11. 9			0/0/0	--Other
0	0	0			0	0	0	11. 7	0	30	0/0/	22. 7	0	7	0	16. 8	//29. 8/29. 8/29. 8			0/0/0	-Other
																					Coin:
0	0	0	0	0	0	0	0			0	0/0/	0	0	0	0	0	0/0/0/0/0			0/0/0	-Coin (other than gold coin), not being legal tender
0	0	0	0	0	0	0	0			0	0/0/	0	0	0	0	0	0/0/0/0/0			0/0/0	-Other

第十五类
贱金属及其制品

注释：

一、本类不包括：

（一）以金属粉末为基本成分的调制油漆、油墨或其他产品（品目 32.07 至 32.10、32.12、32.13 或 32.15）；
（二）铈铁或其他引火合金（品目 36.06）；
（三）品目 65.06 或 65.07 的帽类及其零件；
（四）品目 66.03 的伞骨及其他物品；
（五）第七十一章的货品（例如，贵金属合金、以贱金属为底的包贵金属、仿首饰）；
（六）第十六类的物品（机器、机械器具及电气设备）；
（七）已装配的铁道或电车道轨道（品目 86.08）或第十七类的其他物品（车辆、船舶、航空器）；
（八）第十八类的仪器及器具，包括钟表发条；
（九）做弹药用的铅弹（品目 93.06）或第十九类的其他物品（武器、弹药）；
（十）第九十四章的物品（例如，家具、弹簧床垫，灯具及照明装置、发光标志、活动房屋）；
（十一）第九十五章的物品（例如，玩具、游戏品及运动用品）；
（十二）手用筛子、纽扣、钢笔、铅笔套、钢笔尖、独脚架、双脚架、三脚架及类似品或第九十六章的其他物品（杂项制品）；或
（十三）第九十七章的物品（例如，艺术品）。

二、本协调制度所称"通用零件"，是指：

（一）品目 73.07、73.12、73.15、73.17 或 73.18 的物品及其他贱金属制的类似品，不包括专用于医疗、外科、牙科或兽医的植入物（品目 90.21）；

（二）贱金属制的弹簧及弹簧片，但钟表发条（品目 91.14）除外；以及
（三）品目 83.01、83.02、83.08、83.10 的物品及品目 83.06 的贱金属制的框架及镜子。
第七十三章至第七十六章（品目 73.15 除外）及第七十八章至第八十二章所列货品的零件，不包括上述的通用零件。
除上段及第八十三章注释一另有规定的以外，第七十二章至第七十六章及第七十八章至第八十一章不包括第八十二章、第八十三章的物品。

三、本协调制度所称"贱金属"是指：铁及钢、铜、镍、铝、铅、锌、锡、钨、钼、钽、镁、钴、铋、镉、钛、锆、锑、锰、铍、铬、锗、钒、镓、铪、铟、铌（钶）、铼及铊。

四、本协调制度所称"金属陶瓷"，是指金属与陶瓷成分以极细微粒不均匀结合而成的产品。"金属陶瓷"包括硬质合金（金属碳化物与金属烧结而成）。

五、合金的归类规则（第七十二章、第七十四章所规定的铁合金及母合金除外）：

（一）贱金属的合金按其所含重量最大的金属归类；
（二）由本类的贱金属和非本类的元素构成的合金，如果所含贱金属的总重量等于或超过所含其他元素的总重量，应作为本类贱金属合金归类；

（三）本类所称"合金"，包括金属粉末的烧结混合物、熔化而得的不均匀紧密混合物（金属陶瓷除外）及金属间化合物。

六、除条文另有规定的以外，本协调制度所称的贱金属包括贱金属合金，这类合金应按上述注释五的规则进行归类。

七、复合材料制品的归类规则：

除各税目另有规定的以外，贱金属制品（包括根据"归类总规则"作为贱金属制品的混合材料制品）如果含有两种或两种以上贱金属的，按其所含重量最大的贱金属的制品归类。
为此：
（一）钢、铁或不同种类的钢铁，均视为一种金属；
（二）按照注释五的规定作为某一种金属归类的合金，应视为一种金属；以及
（三）品目 81.13 的金属陶瓷，应视为一种贱金属。

八、本类所用有关名词解释如下：

（一）废碎料
1. 所有金属废碎料；
2. 因破裂、切断、磨损或其他原因而明显不能作为原物使用的金属货品。
（二）粉末
按重量计 90% 及以上可从网眼孔径为 1 毫米的筛子通过的产品。

九、第七十四章至第七十六章以及第七十八章至第八十一章所述有关名词解释如下：

（一）条、杆

轧、挤、拔或锻制的实心产品，非成卷的，其全长截面均为圆形、椭圆形、矩形（包括正方形）、等边三角形或规则外凸多边形（包括相对两边为弧拱形，另外两边为等长平行直线的"扁圆形"及"变形矩形"）。对于矩形（包括正方形）、三角形或多边形截面的产品，其全长边角可经磨圆。矩形（包括"变形矩形"）截面的产品，其厚度应大于宽度的十分之一。所述条、杆也包括同样形状及尺寸的铸造或烧结产品。该产品在铸造或烧结后再经加工（简单剪修或去氧化皮的除外），但不具有其他税目所列制品或产品的特征。

第七十四章的线锭及坯段，已具锥形尾端或经其他简单加工以便送入机器制成盘条或管子等的，仍应作为未锻轧铜归入品目 74.03。此条注释在必要的地方稍加修改后，适用于第八十一章的产品。

（二）型材及异型材
轧、挤、拔、锻制的产品或其他成型产品，不论是否成卷，其全长截面相同，但与条、杆、丝、板、片、带、箔、管的定义不相符合。同时也包括同样形状的铸造或烧结产品。该产品在铸造或烧结后再经加工（简单剪修或去氧化皮的除外），但不具有其他税目所列制品或产品的特征。

（三）丝

SECTION XV
BASE METALS AND ARTICLES OF BASE METAL

Section Notes:

1. This Section does not cover:
   (a) Prepared paints, inks or other products with a basis of metallic flakes or powder (headings 32. 07 to 32. 10, 32. 12, 32. 13 or 32. 15);
   (b) Ferro-cerium or other pyrophoric alloys (heading 36. 06);
   (c) Headgear or parts thereof of heading 65. 06 or 65. 07;
   (d) Umbrella frames or other articles of heading 66. 03;
   (e) Goods of Chapter 71 (for example, precious metal alloys, base metal clad with precious metal, imitation jewellery);
   (f) Articles of Section XVI (machinery, mechanical appliances and electrical goods);
   (g) Assembled railway or tramway track (heading 86. 08) or other articles of Section XVII (vehicles, ships and boats, aircraft);
   (h) Instruments or apparatus of Section XVIII, including clock or watch springs;
   (ij) Lead shot prepared for ammunition (heading 93. 06) or other articles of Section XIX (arms and ammunition);
   (k) Articles of Chapter 94 (for example, furniture, mattress supports, luminaires and lighting fittings, illuminated signs, prefabricated buildings);
   (l) Articles of Chapter 95 (for example, toys, games, sports requisites);
   (m) Hand sieves, buttons, pens, pencil-holders, pen nibs, monopods, bipods, tripods and similar articles or other articles of Chapter 96 (miscellaneous manufactured articles); or
   (n) Articles of Chapter 97 (for example, works of art).

2. Throughout the Nomenclature, the expression "parts of general use" means:
   (a) Articles of heading 73. 07, 73. 12, 73. 15, 73. 17 or 73. 18 and similar articles of other base metal, other than articles specially designed for use exclusively in implants in medical, surgical, dental or veterinary sciences (heading 90. 21);
   (b) Springs and leaves for springs, of base metal, other than clock or watch springs (heading 91. 14); and
   (c) Articles of headings 83. 01, 83. 02, 83. 08, 83. 10 and frames and mirrors, of base metal, of heading 83. 06.
   In Chapters 73 to 76 and 78 to 82 (but not in heading 73. 15) references to parts of goods do not include references to parts of general use as defined above.
   Subject to the preceding paragraph and to Note 1 to Chapter 83, the articles of Chapter 82 or 83 are excluded from Chapters 72 to 76 and 78 to 81.

3. Throughout the Nomenclature, the expression "base metals" means: iron and steel, copper, nickel, aluminium, lead, zinc, tin, tungsten (wolfram), molybdenum, tantalum, magnesium, cobalt, bismuth, cadmium, titanium, zirconium, antimony, manganese, beryllium, chromium, germanium, vanadium, gallium, hafnium, indium, niobium (columbium), rhenium and thallium.

4. Throughout the Nomenclature, the term "cermets" means products containing a microscopic heterogeneous combination of a metallic component and a ceramic component. The term "cermets" includes sintered metal carbides (metal carbides sintered with a metal).

5. Classification of alloys (other than ferro-alloys and master alloys as defined in Chapters 72 and 74):
   (a) An alloy of base metals is to be classified as an alloy of the metal which predominates by weight over each of the other metals;
   (b) An alloy composed of base metals of this Section and of elements not falling within this Section is to be treated as an alloy of base metals of this Section if the total weight of such metals equals or exceeds the total weight of the other elements present;
   (c) In this Section the term "alloys" includes sintered mixtures of metal powders, heterogeneous intimate mixtures obtained by melting (other than cermets) and intermetallic compounds.

6. Unless the context otherwise requires, any reference in the Nomenclature to a base metal includes a reference to alloys which, by virtue of Note 5 above, are to be classified as alloys of that metal.

7. Classification of composite articles:
   Except where the headings otherwise require, articles of base metal (including articles of mixed materials treated as articles of base metal under the General Interpretative Rules) containing two or more base metals are to be treated as articles of the base metal predominating by weight over each of the other metals.
   For this purpose:
   (a) Iron and steel, or different kinds of iron or steel, are regarded as one and the same metal;
   (b) An alloy is regarded as being entirely composed of that metal as an alloy of which, by virtue of Note 5, it is classified; and
   (c) A cermet of heading 81. 13 is regarded as a single base metal.

8. In this Section, the following expressions have the meanings hereby assigned to them:
   (a) Waste and scrap
      (i) All metal waste and scrap;
      (ii) Metal goods definitely not usable as such because of breakage, cutting-up, wear or other reasons.
   (b) Powders
      Products of which 90% or more by weight passes through a sieve having a mesh aperture of 1mm.

9. For the purposes of Chapters 74 to 76 and 78 to 81, the following expressions have the meanings hereby assigned to them:
   (a) Bars and rods

      Rolled, extruded, drawn or forged products, not in coils, which have a uniform solid cross-section along their whole length in the shape of circles, ovals, rectangles (including squares), equilateral triangles or regular convex polygons (including "flattened circles" and "modified rectangles", of which two opposite sides are convex arcs, the other two sides being straight, of equal length and parallel). Products with a rectangular (including square), triangular or polygonal cross-section may have corners rounded along their whole length. The thickness of such products which have a rectangular (including "modified rectangular") cross-section exceeds one-tenth of the width. The expression also covers cast or sintered products, of the same forms and dimensions, which have been subsequently worked after production (otherwise than by simple trimming or descaling), provided that they have not thereby assumed the character of articles or products of other headings.
      Wire-bars and billets of Chapter 74 with their ends tapered or otherwise worked simply to facilitate their entry into machines for converting them into, for example, drawing stock (wire-rod) or tubes, are however to be taken to be unwrought copper of heading 74. 03. This provision applies mutatis mutandis to the products of Chapter 81.
   (b) Profiles
      Rolled, extruded, drawn, forged or formed products, coiled or not, of a uniform cross-section along their whole length, which do not conform to any of the definitions of bars, rods, wire, plates, sheets, strip, foil, tubes or pipes. The expression also covers cast or sintered products, of the same forms, which have been subsequently worked after production (otherwise than by simple trimming or descaling), provided that they have not thereby assumed the character of articles or products of other headings.
   (c) Wire

盘卷的轧、挤或拔制实心产品，其全长截面均为圆形、椭圆形、矩形（包括正方形）、等边三角形或规则外凸多边形（包括相对两边为弧拱形，另外两边为等长平行直线的“扁圆形”及“变形矩形”）。对于矩形（包括正方形）、三角形或多边形截面的产品，其全长边角可经磨圆。矩形（包括“变形矩形”）截面的产品，其厚度应大于宽度的十分之一。

（四）板、片、带、箔

成卷或非成卷的平面产品（未锻轧产品除外），截面均为厚度相同的实心矩形（不包括正方形），不论边角是否磨圆（包括相对两边为弧拱形，另外两边为等长平行直线的“变形矩形”），并且符合以下规格：

1. 矩形（包括正方形）的，厚度不超过宽度的十分之一；

2. 矩形或正方形以外形状的，任何尺寸，但不具有其他税目所列制品或产品的特征。

这些税目还适用于具有花样（例如，凹槽、肋条形、格槽、珠粒及菱形）的板、片、带、箔以及穿孔、抛光、涂层或制成瓦楞形的这类产品，但不具有其他税目所列制品或产品的特征。

（五）管

全长截面及管壁厚度相同并只有一个闭合空间的空心产品，成卷或非成卷的，其截面为圆形、椭圆形、矩形（包括正方形）、等边三角形或规则外凸多边形。对于截面为矩形（包括正方形）、等边三角形或规则外凸多边形的产品，不论全长边角是否磨圆，只要其内外截面为同一圆心并为同样形状及同一轴向，也可视为管子。上述截面的管子可经抛光、涂层、弯曲、攻丝、钻孔、缩腰、胀口、成锥形或装法兰、颈圈或套环。

第七十二章
钢 铁

注释：

一、本章所述有关名词解释如下［本条注释（四）、（五）、（六）适用于本协调制度其他各章］：

（一）生铁

无实用可锻性的铁碳合金，按重量计含碳量在2%以上并可含有一种或几种下列含量范围的其他元素：

铬不超过10%；

锰不超过6%；

磷不超过3%；

硅不超过8%；

其他元素合计不超过10%。

（二）镜铁

按重量计含锰量在6%以上，但不超过30%的铁碳合金，其他方面符合上述（一）款所列标准。

（三）铁合金

锭、块、团或类似初级形状、连续铸造而形成的各种形状及颗粒、粉末状的合金，不论是否烧结，通常用于其他合金生产过程中的添加剂或在黑色金属冶炼中作除氧剂、脱硫剂及类似用途，一般无实用可锻性，按重量计铁元素含量在4%及以上并含有下列一种或几种元素：

铬超过10%；

锰超过30%；

磷超过3%；

硅超过8%；

除碳以外的其他元素，合计超过10%，但最高含铜量不得超过10%。

（四）钢

除品目72.03以外的黑色金属材料（某些铸造而成的种类除外），具有实用可锻性，按重量计含碳量在2%及以下，但铬钢可具有较高的含碳量。

（五）不锈钢

按重量计含碳量在1.2%及以下，含铬量在10.5%及以上的合金钢，不论是否含有其他元素。

（六）其他合金钢

不符合以上不锈钢定义的钢，含有一种或几种按重量计符合下列含量比例的元素：

铝0.3%及以上；

硼0.0008%及以上；

铬0.3%及以上；

钴0.3%及以上；

铜0.4%及以上；

铅0.4%及以上；

锰1.65%及以上；

钼0.08%及以上；

镍0.3%及以上；

铌0.06%及以上；

硅0.6%及以上；

钛0.05%及以上；

钨0.3%及以上；

钒0.1%及以上；

锆0.05%及以上；

其他元素（硫、磷、碳及氮除外）单项含量在0.1%及以上。

（七）供再熔的碎料钢铁锭

粗铸成形无缩孔或冒口的锭块产品，表面有明显瑕疵，化学成分不同于生铁、镜铁及铁合金。

（八）颗粒

按重量计不到90%可从网眼孔径为1毫米的筛子通过，而90%及以上可从网眼孔径为5毫米的筛子通过的产品。

（九）半制成品

连续铸造的实心产品，不论是否初步热轧；其他实心产品，除经初步热轧或锻造粗制成形以外未经进一步加工，包括角材、型材及异型材的坯件。

本类产品不包括成卷的产品。

（十）平板轧材

截面为矩形（正方形除外）并且不符合以上第（九）款所述定义的下列形状实心轧制产品：

1. 层叠的卷材；或

Rolled, extruded or drawn products, in coils, which have a uniform solid cross-section along their whole length in the shape of circles, ovals, rectangles (including squares), equilateral triangles or regular convex polygons (including "flattened circles" and "modified rectangles", of which two opposite sides are convex arcs, the other two sides being straight, of equal length and parallel). Products with a rectangular (including square), triangular or polygonal cross-section may have corners rounded along their whole length. The thickness of such products which have a rectangular (including "modified rectangular") cross-section exceeds one-tenth of the width.

(d) Plates, sheets, strip and foil

Flat-surfaced products (other than the unwrought products of heading 80.01), coiled or not, of solid rectangular (other than square) cross-section with or without rounded corners (including "modified rectangles" of which two opposite sides are convex arcs, the other two sides being straight, of equal length and parallel) of a uniform thickness, which are:

(i) of rectangular (including square) shape with a thickness not exceeding one-tenth of the width;

(ii) of a shape other than rectangular or square, of any size, provided that they do not assume the character of articles or products of other headings.

Headings for plates, sheets, strip, and foil apply, inter alia, to plates, sheets, strip, and foil with patterns (for example, grooves, ribs, chequers, tears, buttons, lozenges) and to such products which have been perforated, corrugated, polished or coated, provided that they do not thereby assume the character of articles or products of other headings.

(e) Tubes and pipes

Hollow products, coiled or not, which have a uniform cross-section with only one enclosed void along their whole length in the shape of circles, ovals, rectangles (including squares), equilateral triangles or regular convex polygons, and which have a uniform wall thickness. Products with a rectangular (including square), equilateral triangular or regular convex polygonal cross-section, which may have corners rounded along their whole length, are also to be considered as tubes and pipes provided the inner and outer cross-sections are concentric and have the same form and orientation. Tubes and pipes of the foregoing cross-sections may be polished, coated, bent, threaded, drilled, waisted, expanded, cone-shaped or fitted with flanges, collars or rings.

Chapter 72
Iron and steel

Chapter Notes:

1. In this Chapter and, in the case of Notes (d), (e) and (f) throughout the Nomenclature, the following expressions have the meanings hereby assigned to them:

(a) Pig iron

Iron-carbon alloys not usefully malleable, containing more than 2% by weight of carbon and which may contain by weight one or more other elements within the following limits:

not more than 10% of chromium;

not more than 6% of manganese;

not more than 3% of phosphorus;

not more than 8% of silicon;

a total of not more than 10% of other elements.

(b) Spiegeleisen

Iron-carbon alloys containing by weight more than 6% but not more than 30% of manganese and otherwise conforming to the specification at (a) above.

(c) Ferro-alloys

Alloys in ingots, blocks, lumps or similar primary forms, in forms obtained by continuous casting and also in granular or powder forms, whether or not agglomerated, commonly used as an additive in the manufacture of other alloys or as deoxidants, de-sulphurising agents or for similar uses in ferrous metallurgy and generally not usefully malleable, containing by weight 4% or more of the element iron and one or more of the following:

more than 10% of chromium;

more than 30% of manganese;

more than 3% of phosphorus;

more than 8% of silicon;

a total of more than 10% of other elements, excluding carbon, subject to a maximum content of 10% in the case of copper.

(d) Steel

Ferrous materials other than those of heading 72.03 which (with the exception of certain types produced in the form of castings) are usefully malleable and which contain by weight 2% or less of carbon. However, chromium steels may contain higher proportions of carbon.

(e) Stainless steel

Alloy steels containing, by weight, 1.2% or less of carbon and 10.5% or more of chromium, with or without other elements.

(f) Other alloy steel

Steels not complying with the definition of stainless steel and containing by weight one or more of the following elements in the proportion shown:

0.3% or more of aluminium;

0.0008% or more of boron;

0.3% or more of chromium;

0.3% or more of cobalt;

0.4% or more of copper;

0.4% or more of lead;

1.65% or more of manganese;

0.08% or more of molybdenum;

0.3% or more of nickel;

0.06% or more of niobium;

0.6% or more of silicon;

0.05% or more of titanium;

0.3% or more of tungsten (wolfram);

0.1% or more of vanadium;

0.05% or more of zirconium;

0.1% or more of other elements (except sulphur, phosphorus, carbon and nitrogen) taken separately.

(g) Remelting scrap ingots of iron or steel

Products roughly cast in the form of ingots without feeder-heads or hot tops, or of pigs, having obvious surface faults and not complying with the chemical composition of pig iron, spiegeleisen or ferro-alloys.

(h) Granules

Products of which less than 90% by weight passes through a sieve with a mesh aperture of 1mm and of which 90% or more by weight passes through a sieve with a mesh aperture of 5mm.

(ij) Semi-finished products

Continuous cast products of solid Section, whether or not subjected to primary hot-rolling; and other products of solid Section, which have not been further worked than subjected to primary hot-rolling or roughly shaped by forging, including blanks for angles, shapes or Sections.

These products are not presented in coils.

(k) Flat-rolled products

Rolled products of solid rectangular (other than square) cross-section, which do not conform to the definition at (i) above in the form of:

(i) Coils of successively superimposed layers, or

2. 平直形状，其厚度如果在4.75毫米以下，则宽度至少是厚度的十倍；其厚度如果在4.75毫米及以上，其宽度应超过150毫米，并且至少应为厚度的两倍。

平板轧材包括直接轧制而成并有凸起式样（例如，凹槽、肋条形、格槽、珠粒、菱形）的产品以及穿孔、抛光或制成瓦楞形的产品，但不具有其他税目所列制品或产品的特征。

各种规格的平板轧材（矩形或正方形除外），但不具有其他税目所列制品或产品的特征，都应作为宽度为600毫米及以上的产品归类。

（十一）不规则盘绕的热轧条、杆

经热轧不规则盘绕的实心产品，其截面为圆形、扇形、椭圆形、矩形（包括正方形）、三角形或其他外凸多边形（包括"扁圆形"及"变形矩形"，即相对两边为弧拱形，另外两边为等长平行直线形）。这类产品可带有在轧制过程中产生的凹痕、凸缘、槽沟或其他变形（钢筋）。

（十二）其他条、杆

不符合上述（九）、（十）、（十一）款或"丝"定义的实心产品，其全长截面均为圆形、扇形、椭圆形、矩形（包括正方形）、三角形或其他外凸多边形（包括"扁圆形"及"变形矩形"，即相对两边为弧拱形，另外两边为等长平行直线形）。这些产品可以：

1. 带有在轧制过程中产生的凹痕、凸缘、槽沟或其他变形（钢筋）；
2. 轧制后扭曲的。

（十三）角材、型材及异型材

不符合上述（九）、（十）、（十一）、（十二）款或"丝"定义，但其全长截面均为同样形状的实心产品。

第七十二章不包括品目73.01或73.02的产品。

（十四）丝

不符合平板轧材定义但全长截面均为同样形状的盘卷冷成形实心产品。

（十五）空心钻钢

适合钻探用的各种截面的空心条、杆，其最大外形尺寸超过15毫米但不超过52毫米，最大内孔尺寸不超过最大外形尺寸的二分之一。不符合本定义的钢铁空心条、杆应归入品目73.04。

二、用一种黑色金属包覆不同种类的黑色金属，应按其中重量最大的材料归类。

三、用电解沉积法、压铸法或烧结法所得的钢铁产品，应按其形状、成分及外观归入本章类似热轧产品的相应税目。

子目注释：

一、本章所用有关名词解释如下：

（一）合金生铁

按重量计含有一种或几种下列比例的元素的生铁：

铬0.2%以上；

铜0.3%以上；

镍0.3%以上；

0.1%以上的任何下列元素：铝、钼、钛、钨、钒。

（二）非合金易切削钢

按重量计含有一种或几种下列比例的元素的非合金钢：

硫0.08%及以上；

铅0.1%及以上；

硒0.05%以上；

碲0.01%以上；

铋0.05%以上。

（三）硅电钢

按重量计含硅量至少为0.6%但不超过6%，含碳量不超过0.08%的合金钢。这类钢还可含有按重量计不超过1%的铝，但所含其他元素的比例并不使其具有其他合金钢的特性。

（四）高速钢

不论是否含有其他元素，但至少含有按重量计合计含量在7%及以上的钼、钨、钒中两种元素的合金钢，按重量计其含碳量在0.6%及以上，含铬量在3%~6%。

（五）硅锰钢

按重量计同时含有下列元素的合金钢：

碳不超过0.7%；

锰0.5%及以上，但不超过1.9%；以及

硅0.6%及以上，但不超过2.3%。但所含其他元素的比例并不使其具有其他合金钢的特性。

二、品目72.02项下的子目所列铁合金，归类：

对于只有一种元素超出本章注释一（三）规定的最低百分比的铁合金，应作为二元合金归入相应的子目。以此类推，如果有两种或三种合金元素超出了最低百分比的，则可分别作为三元或四元合金。

在运用本规定时，本章注释一（三）所述的未列名的"其他元素"，按重量计单项含量必须超过10%。

商品编号	商品名称及备注[检验检疫编码及名称]	进口关税(%)		增值税率(%)	消费税	计量单位	监管条件	检验检疫类别	对美税率	出口税率(%)	出口退税率(%)
		最惠国	普通								
7201	**生铁及镜铁，锭、块或其他初级形状：**										
72011000	-非合金生铁，按重量计含磷量在0.5%及以下										0
7201100000[暂0]	非合金生铁，按重量计含磷量在0.5%及以下〔999〕	1	8	13		千克	B	/N		20	
72012000	-非合金生铁，按重量计含磷量在0.5%以上										0
7201200000[暂0]	非合金生铁，按重量计含磷量>0.5%〔999〕	1	8	13		千克	B	/N		20	
72015000	-合金生铁；镜铁										0

(ii) Straight lengths, which if of a thickness less than 4.75mm are of a width measuring at least ten times the thickness or if of a thickness of 4.75mm or more are of a width which exceeds 150mm and measures at least twice the thickness.

Flat-rolled products include those with patterns in relief derived directly from rolling (for example, grooves, ribs, chequers, tears, buttons, lozenges) and those which have been perforated, corrugated or polished, provided that they do not thereby assume the character of articles or products of other headings.

Flat-rolled products of a shape other than rectangular or square, of any size, are to be classified as products of a width of 600mm or more, provided that they do not assume the character of articles or products of other headings.

(l) Bars and rods, hot-rolled, in irregularly wound coils

Hot-rolled products in irregularly wound coils, which have a solid cross-section in the shape of circles, segments of circles, ovals, rectangles (including squares), triangles or other convex polygons (including "flattened circles" and "modified rectangles", of which two opposite sides are convex arcs, the other two sides being straight, of equal length and parallel). These products may have indentations, ribs, grooves or other deformations produced during the rolling process (reinforcing bars and rods).

(m) Other bars and rods

Products which do not conform to any of the definitions at (ij), (k) or (l) above or to the definition of wire, which have a uniform solid cross-section along their whole length in the shape of circles, segments of circles, ovals, rectangles (including squares), triangles or other convex polygons (including "flattened circles" and "modified rectangles", of which two opposite sides are convex arcs, the other two sides being straight, of equal length and parallel). These products may:

(i) Have indentations, ribs, grooves or other deformations produced during the rolling process (reinforcing bars and rods);

(ii) Be twisted after rolling.

(n) Angles, shapes and Sections

Products having a uniform solid cross-section along their whole length which do not conform to any of the definitions at (ij), (k), (l) or (m) above or to the definition of wire.

Chapter 72 does not include products of heading 73.01 or 73.02.

(o) Wire

Cold-formed products in coils, of any uniform solid cross-section along their whole length, which do not conform to the definition of flat-rolled products.

(p) Hollow drill bars and rods

Hollow bars and rods of any cross-section, suitable for drills, of which the greatest external dimension of the cross-section exceeds 15mm but does not exceed 52mm, and of which the greatest internal dimension does not exceed one half of the greatest external dimension. Hollow bars and rods of iron or steel not conforming to this definition are to be classified in heading 73.04.

2. Ferrous metals clad with another ferrous metal are to be classified as products of the ferrous metal predominating by weight.

3. Iron or steel products obtained by electrolytic deposition, by pressure casting or by sintering are to be classified, according to their form, their composition and their appearance, in the headings of this Chapter appropriate to similar hot-rolled products.

Subheading Notes:

1. In this Chapter the following expressions have the meanings hereby assigned to them:

(a) Alloy pig iron

Pig iron containing, by weight, one or more of the following elements in the specified proportions:

more than 0.2% of chromium;

more than 0.3% of copper;

more than 0.3% of nickel;

more than 0.1% of any of the following elements: aluminium, molybdenum, titanium, tungsten (wolfram), vanadium.

(b) Non-alloy free-cutting steel

Non-alloy steel containing, by weight, one or more of the following elements in the specified proportions:

0.08% or more of sulphur;

0.1% or more of lead;

more than 0.05% of selenium;

more than 0.01% of tellurium;

more than 0.05% of bismuth.

(c) Silicon-electrical steel

Alloy steels containing by weight at least 0.6% but not more than 6% of silicon and not more than 0.08% of carbon. They may also contain by weight not more than 1% of aluminium but no other element in a proportion that would give the steel the characteristics of another alloy steel.

(d) High speed steel

Alloy steels containing, with or without other elements, at least two of the three elements molybdenum, tungsten and vanadium with a combined content by weight of 7% or more, 0.6% or more of carbon and 3% to 6% of chromium.

(e) Silico-manganese steel

Alloy steels containing by weight:

not more than 0.7% of carbon;

0.5% or more but not more than 1.9% of manganese; and

0.6% or more but not more than 2.3% of silicon, but no other element in a proportion that would give the steel the characteristics of another alloy steel.

2. For the classification of ferro-alloys in the subheadings of heading 72.02, the following rule should be observed:

A ferro-alloy is considered as binary and classified under the relevant subheading (if it exists) if only one of the alloy elements exceeds the minimum percentage laid down in Chapter Note 1 (c); by analogy, it is considered respectively as ternary or quaternary if two or three alloy elements exceed the minimum percentage.

For the application of this rule the unspecified "other elements" referred to in Chapter Note 1 (c) must each exceed 10% by weight.

协定税率(%)																		特惠税率(%)			Article Description
智利	新西兰	澳大利亚	瑞士	冰岛	秘鲁	哥斯达	东盟	亚太	新加坡	巴基斯坦	港/澳/台	韩国	格鲁吉亚	毛里求斯	柬埔寨	尼加拉瓜	日/韩/澳/新/东(RCEP)	亚太2国	老/柬/缅	LDC 98/97/95	
																					Pig iron and spiegeleisen in ingots, blocks or other primary forms:
0	0	0	0	0	0	0	0			0	0/0/	0	0	0	0	0	0/0/0.7/0.7/0			0/0/0	-Non-alloy pig iron containing by weight 0.5% or less of phosphorus
0	0	0	0	0	0	0	0			0	0/0/	0	0	0	0	0	0/0/0/0/0			0/0/0	-Non-alloy pig iron containing by weight more than 0.5% of phosphorus
0	0	0	0	0	0	0	0			0	0/0/	0	0	0	0	0	0/0/0/0/0			0/0/0	-Alloy pig iron; spiegeleisen

商品编号	商品名称及备注[检验检疫编码及名称]	进口关税(%)		增值税率(%)	消费税	计量单位	监管条件	检验检疫类别	对美税率	出口税率(%)	出口退税率(%)
		最惠国	普通								
7201500010[暂0]	合金生铁〔999〕	1	8	13		千克	B	/N	25%	20	
7201500090[暂0]	镜铁〔999〕	1	8	13		千克	B	/N	25%	20	
7202	铁合金：										
72021100	--按重量计含碳量在2%以上										0
7202110000	锰铁，按重量计含碳量>2%〔999〕	2	11	13		千克	4xy			20	
72021900	--其他										0
7202190000	锰铁，按重量计含碳量≤2%〔999〕	2	11	13		千克	4xy		27%	20	
72022100	--按重量计含硅量在55%以上										0
7202210010	硅铁，含硅量大于55%，小于90%〔999〕	2	11	13		千克	4xy		27%	25	
7202210090	硅铁，含硅量大于90%〔999〕	2	11	13		千克	4xy		27%	25	
72022900	--其他										0
7202290010	硅铁，含硅量大于等于30%且不超过55%〔999〕	2	11	13		千克	4xy		22%	25	
7202290090	硅铁，含硅量小于30%〔999〕	2	11	13		千克	4xy		22%	25	
72023000	-硅锰铁										0
7202300000	硅锰铁〔999〕	2	11	13		千克	4xy			20	
72024100	--按重量计含碳量在4%以上										0
7202410000[暂0]	铬铁，按重量计含碳量在4%以上〔999〕	2	8	13		千克	4xy			40	
72024900	--其他										0
7202490000[暂0]	铬铁，按重量计含碳量不超过4%〔999〕	2	8	13		千克	4xy		25%	40	
72025000	-硅铬铁										0
7202500000	硅铬铁〔999〕	2	11	13		千克	4xy			0	
72026000	-镍铁										0
7202600000[暂0]	镍铁〔999〕	2	11	13		千克	4xy		25%	0	
72027000	-钼铁										0
7202700000[暂1]	钼铁〔999〕	2	11	13		千克	4xy			0	
72028010	---钨铁										0
7202801000[暂1]	钨铁〔999〕	2	11	13		千克	4xy			0	
72028020	---硅钨铁										0
7202802000	硅钨铁〔999〕	2	11	13		千克	4xy			0	
72029100	--钛铁及硅钛铁										0
7202910000	钛铁及硅钛铁〔101 硅钛铁〕，〔102 钛铁〕	2	11	13		千克	4xy		27%	0	
72029210	---按重量计含钒量在75%及以上										0
7202921000	按重量含钒≥75%的钒铁〔999〕	5	30	13		千克	4xy		30%	0	
72029290	---其他										0
7202929000	其他钒铁〔999〕	5	30	13		千克	4xy			0	
72029300	--铌铁										0
7202930010[暂0]	铁钽铌合金(钽含量<10%)〔999〕	2	11	13		千克	4xy			0	
7202930090[暂0]	其他铌铁〔101 铌铁〕，〔102 其他铁合金〕	2	11	13		千克	4xy			0	
72029911	----速凝永磁片										0
7202991100	钕铁硼合金速凝永磁片〔999〕	2	11	13		千克	4xy		12%	0	
72029912	----磁粉										0
7202991200	钕铁硼合金磁粉〔999〕	2	11	13		千克	4xy		27%	0	
72029919	----其他										0
7202991900	其他钕铁硼合金〔999〕	2	11	13		千克	4xy			0	
72029991	----按重量计稀土元素总含量在10%以上的										0
7202999110	按重量计中重稀土总含量≥ 30%的铁合金(按重量计稀土元素总含量>10%)〔104 稀土金属〕	2	11	13		千克	4xy			0	
7202999191	稀土硅铁合金(按重量计稀土元素总含量>10%)〔104 稀土金属〕	2	11	13		千克	4xy			0	
7202999199	其他按重量计稀土元素总含量>10%的铁合金〔104 稀土金属〕	2	11	13		千克	4xy			0	
72029999	----其他										0
7202999900	其他铁合金〔301〕	2	11	13		千克	4xy		12%	0	
7203	**直接从铁矿还原所得的铁产品及其他海绵铁产品，块、团、团粒及类似形状；按重量计纯度在99.94%及以上的铁，块、团、团粒及类似形状：**										

协定税率(%)																		特惠税率(%)			Article Description
智利	新西兰	澳大利亚	瑞士	冰岛	秘鲁	哥斯达	东盟	亚太	新加坡	巴基斯坦	港/澳/台	韩国	格鲁吉亚	毛里求斯	柬埔寨	尼加拉瓜	日/韩/澳/新/东 (RCEP)	亚太2国	老/柬/缅	LDC 98/97/95	
																					Ferro-alloys:
0	0	0	0	0	0	0	0			0	0/0/	0	0	0	0	0	0/0/0/0/0			0/0/0	--Containing by weight more than 2% of carbon
0	0	0	0	0	0	0	0			0	0/0/	0	0	0	0	0	0/0/0/0/0			0/0/0	--Other
0	0	0	0	0	0	0	0			0	0/0/	0	0	0	0	0	0/0/0/0/0			0/0/0	--Containing by weight more than 55% of silicon
0	0	0	0	0	0	0	0			0	0/0/	0	0	0	0	0	0/0/0/0/0			0/0/0	--Other
0	0	0	0	0	0	0	0			0	0/0/	0	0	0	0	0	0/0/0/0/0			0/0/0	-Ferro-silicon-manganese
0	0	0	0	0	0	0	0			0	0/0/	0	0	0	0	0	0/0/0/0/0			0/0/0	--Containing by weight more than 4% of carbon
0	0	0	0	0	0	0	0			0	0/0/	0	0	0	0	0	0/0/0/0/0			0/0/0	--Other
0	0	0	0	0	0	0	0			0	0/0/	0	0	0	0	0	0/0/0/0/0			0/0/0	-Ferro-silicon-chromium
0	0	0	0	0	0	0	0			0	0/0/	0	0	0	0	0	0/0/0/0/0			0/0/0	-Ferro-nickel
0	0	0	0	0	0	0	0			0	0/0/	0	0	0	0	0	0/0/0/0/0			0/0/0	-Ferro-molybdenum
0	0	0	0	0	0	0	0			0	0/0/	0	0	0	0	0	0/0/0/0/0			0/0/0	---Ferro-tungsten
0	0	0	0	0	0	0	0			0	0/0/	0	0	0	0	0	0/0/0/0/0			0/0/0	---Ferro-silicon-tungsten
0	0	0	0	0	0	0	0			0	0/0/	0	0	0	0	0	0/0/0/0/0			0/0/0	--Ferro-titanium and ferro-silicon-titanium
0	0	0	0	0	0	0	0			0	0/0/	0	0	0	0	4	6. 5/0/0/0/0			0/0/0	---Containing by weight more than 75% of vanadium
0	0	0	0	0	0	0	0			0	0/0/	0	0	0	0	4	6. 5/0/0/0/0			0/0/0	---Other
0	0	0	0	0	0	0	0			0	0/0/	0	0	0	0	0	0/0/0/0/0			0/0/0	--Ferro-niobium
0	0	0	0	0	0	0	0			0	0/0/	0	0	0	0	0	0/0/0/0/0			0/0/0	----Rapidly solidified permanent magnetic sheet
0	0	0	0	0	0	0	0			0	0/0/	0	0	0	0	0	0/0/0/0/0			0/0/0	----Magnetic powder
0	0	0	0	0	0	0	0			0	0/0/	0	0	0	0	0	0/0/0/0/0			0/0/0	----Other
0	0	0	0	0	0	0	0			0	0/0/	0	0	0	0	0	0/0/0/0/0			0/0/0	----Containing by weight more than 10% of rare-earth
0	0	0	0	0	0	0	0			0	0/0/	0	0	0	0	0	0/0/0/0/0			0/0/0	----Other
																					Ferrous products obtained by direct reduction of iron ore and other spongy ferrous products, in lumps, pellets or similar forms; iron having a minimum purity by weight of 99. 94%, in lumps, pellets or similar forms:

商品编号	商品名称及备注[检验检疫编码及名称]	进口关税(%) 最惠国	普通	增值税率(%)	消费税	计量单位	监管条件	检验检疫类别	对美税率	出口税率(%)	出口退税率(%)
72031000	-直接从铁矿还原所得的铁产品										0
7203100000[暂0]	直接从铁矿还原的铁产品(铁团、铁粒及类似形状)[999]	2	8	13		千克			25%	0	
72039000	-其他										0
7203900000[暂0]	其他海绵铁产品或纯度≥99.94%的铁(包括块、团、团粒及类似形状)[999]	2	8	13		千克			20%	0	
7204	**钢铁废碎料；供再熔的碎料钢铁锭：**										
72041000	-铸铁废碎料										0
7204100010[暂0]	符合 GB/T 39733—2020 标准要求的再生钢铁原料[999]	2	8	13		千克	A	M/	25%	40	
7204100090	其他铸铁废碎料[999]	2	8	13		千克	9A	M/	27%	40	
72042100	--不锈钢废碎料										0
7204210010	其他符合 GB/T 39733—2020 标准要求的再生钢铁原料[999]	0	8	13		千克	A	M/	25%	40	
7204210090	其他不锈钢废碎料[999]	0	8	13		千克	9A	M/	25%	40	
72042900	--其他										0
7204290010	其他符合 GB/T 39733—2020 标准要求的再生钢铁原料[999]	0	8	13		千克	A	M/	25%	40	
7204290090	其他合金钢废碎料[999]	0	8	13		千克	9A	M/	25%	40	
72043000	-镀锡钢铁废碎料										0
7204300000	镀锡钢铁废碎料[999]	2	8	13		千克	9		27%	40	
72044100	--车、刨、铣、磨、锯、锉、剪、冲加工过程中产生的废料，不论是否成捆										0
7204410010[暂0]	符合 GB/T 39733—2020 标准要求的机械加工中产生的再生钢铁原料(机械加工指车、刨、铣、磨、锯、锉、剪、冲加工)[999]	2	8	13		千克	A	M/	25%	40	
7204410090	其他机械加工中产生的钢铁废料(机械加工指车、刨、铣、磨、锯、锉、剪、冲加工)[999]	2	8	13		千克	9A	M/	27%	40	
72044900	--其他										0
7204490010	废汽车压件[999]	0	8	13		千克	9		25%	40	
7204490020	以回收钢铁为主的废五金电器[999]	0	8	13		千克	9		25%	40	
7204490030	符合 GB/T 39733—2020 标准要求的未列名再生钢铁原料[999]	0	8	13		千克	A	M/	25%	40	
7204490090	其他未列名钢铁废碎料[999]	0	8	13		千克	9A		25%	40	
72045000	-供再熔的碎料钢铁锭										0
7204500000	供再熔的碎料钢铁锭[999]	0	8	13		千克	9		25%	40	
7205	**生铁、镜铁及钢铁的颗粒和粉末：**										
72051000	-颗粒										0
7205100000	生铁、镜铁及钢铁颗粒[101 非合金生铁],[102 合金生铁],[103 其他铁合金]	2	30	13		千克	B	/N	27%	0	
72052100	--合金钢的										0
7205210000	合金钢粉末[999]	2	17	13		千克	B	/N	12%	0	
72052910	---铁粉，平均粒径小于 10 微米										0
7205291000	平均粒径<10 微米的铁粉[999]	2	17	13		千克	B	/N	22%	0	
72052990	---其他										0
7205299000	其他生铁、镜铁及其他钢铁粉末[999]	2	17	13		千克	B	/N	22%	0	
7206	**铁及非合金钢，锭状或其他初级形状(税目 72.03 的铁除外)：**										
72061000	-锭状										0
7206100000[暂0]	铁及非合金钢锭[999]	2	11	13		千克	B	/N	25%	0	
72069000	-其他										0
7206900000[暂0]	其他初级形状的铁及非合金钢[101 板坯],[102 其他钢坯(锭)]	2	11	13		千克	B	/N	10%	0	
7207	**铁及非合金钢的半制成品：**										
72071100	--矩形(包括正方形)截面，宽度小于厚度的两倍										0
7207110000[暂0]	宽度小于厚度两倍的矩形截面钢坯(含碳量<0.25%)[999]	2	11	13		千克	B	/N	25%	0	
72071200	--其他矩形(正方形除外)截面的										0
7207120010[暂0]	其他矩形截面的厚度>400 毫米的连铸板坯[含碳量<0.25%(正方形截面除外)][999]	2	11	13		千克	B	/N		0	
7207120090[暂0]	其他矩形截面钢坯[含碳量<0.25%(正方形截面除外)][999]	2	11	13		千克	B	/N		0	
72071900	--其他										0
7207190010[暂0]	其他含碳量<0.25%的厚度>400 毫米的连铸板坯[999]	2	11	13		千克	B	/N	25%	0	

协定税率(%)																		特惠税率(%)			Article Description
智利	新西兰	澳大利亚	瑞士	冰岛	秘鲁	哥斯达	东盟	亚太	新加坡	巴基斯坦	港/澳/台	韩国	格鲁吉亚	毛里求斯	柬埔寨	尼加拉瓜	日/韩/澳/新/东(RCEP)	亚太2国	老/柬/缅	LDC 98/97/95	
0	0	0	0	0	0	0	0			0	0/0/	0	0	0	0	0	0/0/1.4/1.4/0			0/0/0	-Ferrous products obtained by direct reduction of iron ore
0	0	0	0	0	0	0	0			0	0/0/	0	0	0	0	0	0/0/0/0/0			0/0/0	-Other
																					Ferrous waste and scrap; remelting scrap ingots of iron steel:
0	0	0	0	0	0	0	0			0	0/0/	0	0	0	0	0	0/0/0/0/0			0/0/0	-Waste and scrap of cast iron
0	0	0	0	0	0	0	0			0	0/0/	0	0	0	0	0	0/0/0/0/0			0/0/0	--Of stainless steel
0	0	0	0	0	0	0	0			0	0/0/	0	0	0	0	0	0/0/0/0/0			0/0/0	--Other
0	0	0	0	0	0	0	0			0	0/0/	0	0	0	0	0	0/0/0/0/0			0/0/0	-Waste and scrap of tinned iron or steel
0	0	0	0	0	0	0	0			0	0/0/	0	0	0	0	0	1.5/1.4/1.4/1.4/1.4			0/0/0	--Turnings, shavings, chips, milling waste, sawdust, filings, trimmings and stampings, whether or not in bundles
0	0	0	0	0	0	0	0			0	0/0/	0	0	0	0	0	0/0/0/0/0			0/0/0	--Other
0	0	0	0	0	0	0	0			0	0/0/	0	0	0	0	0	0/0/0/0/0			0/0/0	-Remelting scrap ingots
																					Granules and powders, of pig iron, spiegeleisen, iron or steel:
0	0	0	0	0	0	0	0			0	0/0/	0	0	0	0	0	0/0/0/0/0			0/0/0	-Granules
0	0	0	0	0	0	0	0			0	0/0/	0	0	0	0	0	0/0/1.4/1.4/0			0/0/0	--Of alloy steel
0	0	0	0	0	0	0	0			0	0/0/	0	0	0	0	0	1.5/1.4/1.4/1.4/1.4			0/0/0	---Iron powders, average diameter less than 10μm
0	0	0	0	0	0	0	0			0	0/0/	0	0	0	0	0	1.5/1.4/1.4/1.4/1.4			0/0/0	Other
																					Iron and non-alloy steel in ingots or other primary forms (excluding iron of heading 72.03):
0	0	0	0	0	0	0	0			0	0/0/	0	0	0	0	0	0/0/0/0/0			0/0/0	-Ingots
0	0	0	0	0	0	0	0			0	0/0/	0	0	0	0	0	0/0/0/0/0			0/0/0	-Other
																					Semi-finished products of iron or non-alloy steel:
0	0	0	0	0	0	0	0			0	0/0/	0	0	0	0	0	0/0/1.4/1.4/0			0/0/0	--Of rectangular (including square) cross-section, the width measuring less than twice the thickness
0	0	0	0	0	0	0	0			0	0/0/	0	0	0	0	0	0/0/1.4/1.4/0			0/0/0	--Other, of rectangular (other than square) cross-section
0	0	0	0	0	0	0	0			0	0/0/	0.6	0	0	0	0	1.6/1.4/1.4/1.4/1.4			0/0/0	--Other

商品编号	商品名称及备注[检验检疫编码及名称]	进口关税(%)		增值税率(%)	消费税	计量单位	监管条件	检验检疫类别	对美税率	出口税率(%)	出口退税率(%)
		最惠国	普通								
7207190090[暂0]	其他含碳量<0.25%的钢坯〔999〕	2	11	13		千克	B	/N	25%	0	
72072000	-按重量计含碳量在0.25%及以上										0
7207200010[暂0]	车轮用连铸圆坯(直径为380毫米和450毫米,公差±1.2%,含碳量:0.38%~0.85%,含锰量:0.68%~1.2%,含磷量≤0.012%,总氧化物含量≤0.0012%)〔999〕	2	11	13		千克	B	/N		0	
7207200090[暂0]	其他含碳量≥0.25%的钢坯〔999〕	2	11	13		千克	B	/N		0	
7208	**宽度在600毫米及以上的铁或非合金钢平板轧材,经热轧,但未经包覆、镀层或涂层:**										
72081000	-已轧压花纹的卷材,除热轧外未经进一步加工										0
7208100000	轧有花纹的热轧卷材(除热轧外未进一步加工的)〔999〕	5	14	13		千克			30%	0	
72082500	--厚度在4.75毫米及以上										0
7208250000	厚度≥4.75毫米其他经酸洗的热轧卷材(除热轧外未进一步加工,宽度≥600毫米,未包、镀、涂层)〔999〕	5	14	13		千克			30%	0	
72082610	---屈服强度大于355牛顿/平方毫米										0
7208261000	3毫米≤厚度<4.75毫米其他大强度热轧卷材(经酸洗,宽度≥600毫米,屈服强度>355牛顿/平方毫米)〔999〕	5	14	13		千克			10%	0	
72082690	---其他										0
7208269000	其他3毫米≤厚度<4.75毫米热轧卷材(经酸洗,宽度≥600毫米,屈服强度≤355牛顿/平方毫米)〔999〕	5	14	13		千克			30%	0	
72082710	---厚度小于1.5毫米										0
7208271000	厚度<1.5毫米其他的热轧卷材(经酸洗,宽度≥600毫米,未包、镀、涂层)〔999〕	5	14	13		千克			30%	0	
72082790	---其他										0
7208279000	1.5毫米≤厚度<3毫米其他的热轧卷材(经酸洗,宽度≥600毫米,未包、镀、涂层)〔999〕	5	14	13		千克			30%	0	
72083600	--厚度超过10毫米										0
7208360000	厚度>10毫米的其他热轧卷材(除热轧外未进一步加工,宽度≥600毫米,未包、镀、涂层)〔999〕	6	14	13		千克				0	
72083700	--厚度在4.75毫米及以上,但不超过10毫米										0
7208370000	4.75毫米≤厚度≤10毫米的其他热轧卷材(除热轧外未进一步加工,宽度≥600毫米,未包、镀、涂层)〔999〕	5	14	13		千克			10%	0	
72083810	---屈服强度大于355牛顿/平方毫米										0
7208381000	3毫米≤厚度<4.75毫米的大强度卷材(宽度≥600毫米,屈服强度>355牛顿/平方毫米)〔999〕	5	14	13		千克			10%	0	
72083890	---其他										0
7208389000	其他3毫米≤厚度<4.75毫米的卷材(宽度≥600毫米,屈服强度≤355牛顿/平方毫米)〔999〕	5	14	13		千克			10%	0	
72083910	---厚度小于1.5毫米										0
7208391000	厚度<1.5毫米的其他热轧卷材(除热轧外未进一步加工,宽度≥600毫米,未包、镀、涂层)〔999〕	3	14	13		千克			28%	0	
72083990	---其他										0
7208399000	1.5毫米≤厚度<3毫米的其他热轧卷材(除热轧外未进一步加工,宽度≥600毫米,未包、镀、涂层)〔999〕	3	14	13		千克			28%	0	
72084000	-已轧压花纹的非卷材,除热轧外未经进一步加工										0
7208400000	轧有花纹的热轧非卷材(除热轧外未进一步加工,宽度≥600毫米,未包、镀、涂层)〔999〕	6	17	13		千克			26%	0	
72085110	---厚度超过50毫米										0
7208511000	厚度>50毫米的其他热轧非卷材(宽度≥600毫米,未包、镀、涂层)〔999〕	6	17	13		千克			31%	0	
72085121	----屈服强度不小于500牛顿/平方毫米										
7208512100	20mm<厚≤50mm的其他热轧非卷材,屈服强度不小于500牛顿/平方毫米(宽≥600mm,未包、镀、涂层)〔999〕	6	17	13		千克			31%	0	
72085129	----其他										
7208512900	20mm<厚≤50mm的其他热轧非卷材,屈服强度小于500牛顿/平方毫米(宽≥600mm,未包、镀、涂层)〔999〕	6	17	13		千克			31%	0	
72085191	----屈服强度不小于500牛顿/平方毫米										
7208519100	10mm<厚≤20mm的其他热轧非卷材,屈服强度不小于500牛顿/平方毫米(宽≥600mm,未包、镀、涂层)〔999〕	6	17	13		千克			31%	0	
72085199	----其他										
7208519900	10mm<厚≤20mm的其他热轧非卷材,屈服强度小于500牛顿/平方毫米(宽≥600mm,未包、镀、涂层)〔999〕	6	17	13		千克			31%	0	
72085200	--厚度在4.75毫米及以上,但不超过10毫米										0

协定税率(%)																		特惠税率(%)			Article Description
智利	新西兰	澳大利亚	瑞士	冰岛	秘鲁	哥斯达	东盟	亚太	新加坡	巴基斯坦	港/澳/台	韩国	格鲁吉亚	毛里求斯	柬埔寨	尼加拉瓜	日/韩/澳/新/东(RCEP)	亚太2国	老/柬/缅	LDC 98/97/95	
0	0	0	0	0	0	0	0			0	0/0/	0	0	0	0	0	0/0/0/0/0			0/0/0	-Containing by weight 0.25% or more of carbon
																					Flat-rolled products of iron or non-alloy steel of a width of 600mm or more, hot-rolled, not clad, plated or coated:
0	0	0	0	0	0	0	0			0	0/0/	0	0	0	0	4	4.1/3.5/3.5/3.5/3.5			0/0/0	-In coils, not further worked than hot-rolled, with patterns in relief
0	0	0	0	0	0	0	0			0	0/0/		0	0	0	4	//4.3/4.3/4.3			0/0/0	--Of a thickness of 4.75mm or more
0	0	0	0	0	0	0	0			0	0/0/		0	0	0	4	//4.3/4.3/4.3			0/0/0	---Of a yield strength exceeding 355N/mm^2
0	0	0	0	0	0	0	0			0	0/0/		0	0	0	4	//4.3/4.3/4.3			0/0/0	---Other
0	0	0	0	0	0	0	0			0	0/0/	1.6	0	0	0	0	4.1/3.5/3.5/3.5/3.5			0/0/0	---Of a thickness of less than 1.5mm
0	0	0	0	0	0	0	0			0	0/0/0		0	0	0	0	//4.3/4.3/4.3			0/0/0	---Other
0	0	0	0	0	0	0	0			0	0/0/	0	0	0	0	0	4.4/4.2/0/0/0			0/0/0	--Of a thickness exceeding 10mm
0	0	0	0	0	0	0	0			0	0/0/	0	0	0	0	0	3.6/3.5/3.5/3.5/3.5			0/0/0	--Of a thickness of 4.75mm or more but not exceeding 10mm
0	0	0	0	0	0	0	0			0	0/0/	0	0	0	0	0	4.1/3.5/3.5/3.5/3.5			0/0/0	---Of a yield strength exceeding 355N/mm^2
0	0	0	0	0	0	0	0			0	0/0/0	0	0	0	0	0	4.3/4.3/4.3/4.3/4.3			0/0/0	---Other
0	0	0	0	0	0	0	0			0	0/0/	0	0	0	0	0	2.2/2.1/2.1/2.1/2.1			0/0/0	---Of a thickness of less than 1.5mm
0	0	0	0	0	0	0	0			0	0/0/0	0	0	0	0	0	2.4/2.1/0/0/0			0/0/0	---Other
0	0	0	0	0	0	0	0			0	0/0/	0	0	0	0	5.4	4.4/4.2/0/0/0			0/0/0	-Not in coils, not further worked than hot-rolled, with patterns in relief
0	0	0	0	0	0	0	0			0	0/0/	2	0	0	0	5.4	4.9/4.2/4.2/4.2/4.2			0/0/0	---Of a thickness exceeding 50mm
0	0	0	0	0	0	0	0			0	0/0/	2	0	0	0	5.4	4.9/4.2/4.2/4.2/4.2			0/0/0	---Of a yield strength not less than 500N/mm^2
0	0	0	0	0	0	0	0			0	0/0/	2	0	0	0	5.4	4.9/4.2/4.2/4.2/4.2			0/0/0	----Other
0	0	0	0	0	0	0	0			0	0/0/	0	0	0	0	5.4	4.9/4.2/0/0/0			0/0/0	----Of a yield strength not less than 500N/mm^2
0	0	0	0	0	0	0	0			0	0/0/	0	0	0	0	5.4	4.9/4.2/0/0/0			0/0/0	----Other
0	0	0	0	0	0	0	0			0	0/0/	0	0	0	0	5.4	4.4/4.2/4.2/4.2/4.2			0/0/0	--Of a thickness of 4.75mm or more but not exceeding 10mm

商品编号	商品名称及备注[检验检疫编码及名称]	进口关税(%)		增值税率(%)	消费税	计量单位	监管条件	检验检疫类别	对美税率	出口税率(%)	出口退税率(%)
		最惠国	普通								
7208520000	4.75 毫米≤厚度≤10 毫米的热轧非卷材(除热轧外未进一步加工,宽度≥600 毫米,未包、镀、涂层)[999]	6	17	13		千克			31%	0	
72085310	---屈服强度大于 355 牛顿/平方毫米										0
7208531000	3 毫米≤厚度<4.75 毫米大强度热轧非卷材(宽度≥600 毫米,屈服强度>355 牛顿/平方毫米)[999]	6	17	13		千克				0	
72085390	---其他										0
7208539000	其他 3 毫米≤厚度<4.75 的热轧非卷材(宽度≥600 毫米,屈服强度≤355 牛顿/平方毫米)[999]	6	17	13		千克			16%	0	
72085410	---厚度小于 1.5 毫米										0
7208541000	厚度<1.5 毫米的热轧非卷材(除热轧外未进一步加工,宽度≥600 毫米,未包、镀、涂层)[999]	6	17	13		千克			31%	0	
72085490	---其他										0
7208549000	1.5 毫米≤厚度<3 毫米的热轧非卷材(除热轧外未进一步加工,宽度≥600 毫米,未包、镀、涂层)[999]	6	17	13		千克			31%	0	
72089000	-其他										0
7208900000	其他热轧铁或非合金钢宽平板轧材(除热轧外经进一步加工,宽度≥600 毫米,未经包、渡、涂层)[999]	6	17	13		千克			31%	0	
7209	**宽度在 600 毫米及以上的铁或非合金钢平板轧材,经冷轧,但未经包覆、镀层或涂层:**										
72091510	---屈服强度大于 355 牛顿/平方毫米										0
7209151000	厚度≥3 毫米的大强度冷轧卷材(宽度≥600 毫米,屈服强度>355 牛顿/平方毫米)[999]	6	17	13		千克				0	
72091590	---其他										0
7209159000	其他厚度≥3 毫米的冷轧卷材(宽度≥600 毫米,屈服强度≤355 牛顿/平方毫米)[999]	6	17	13		千克			31%	0	
72091610	---屈服强度大于 275 牛顿/平方毫米										0
7209161000	1 毫米<厚度<3 毫米的大强度冷轧卷材(宽度≥600 毫米,屈服强度>275 牛顿/平方毫米)[999]	6	17	13		千克			31%	0	
72091691	----断后伸长率不小于 40%										
7209169100	3mm>厚>1mm 小强度冷轧卷材,断后伸长率不小于 40%(宽≥600mm,屈服强度小于等于 275 牛顿/平方毫米)[999]	6	17	13		千克			31%	0	
72091699	----其他										
7209169900	3mm>厚>1mm 小强度冷轧卷材,断后伸长率小于 40%(宽≥600mm,屈服强度小于等于 275 牛顿/平方毫米)[999]	6	17	13		千克			31%	0	
72091710	---屈服强度大于 275 牛顿/平方毫米										0
7209171000	0.5 毫米≤厚度≤1 毫米大强度冷轧卷材(宽度≥600 毫米,屈服强度>275 牛顿/平方毫米)[999]	3	17	13		千克			28%	0	
72091791	----断后伸长率不小于 38%										
7209179100	1mm≥厚度≥0.5mm 小强度冷轧卷材,断后伸长率不小于 38%(宽≥600mm,屈服强度小于等于 275 牛顿/平方毫米)[999]	3	17	13		千克			28%	0	
72091799	----其他										
7209179900	1mm≥厚度≥0.5mm 小强度冷轧卷材,断后伸长率小于 38%(宽≥600mm,屈服强度小于等于 275 牛顿/平方毫米)[999]	3	17	13		千克			28%	0	
72091810	---厚度小于 0.3 毫米										0
7209181000暂4	厚度<0.3 毫米的非合金钢冷轧卷材(未进一步加工,宽≥600 毫米,未包、镀、涂层)[999]	6	17	13		千克				0	
72091890	---其他										0
7209189000	0.3 毫米≤厚<0.5 毫米非合金钢冷轧卷材(未进一步加工,宽度≥600 毫米,未包、镀、涂层)[999]	6	17	13		千克			31%	0	
72092500	--厚度在 3 毫米及以上										0
7209250000	厚度≥3 毫米的冷轧非卷材(除冷轧外未进一步加工,宽度≥600 毫米,未包、镀、涂层)[999]	6	17	13		千克			16%	0	
72092600	--厚度超过 1 毫米,但小于 3 毫米										0
7209260000	1 毫米<厚度<3 毫米的冷轧非卷材(除冷轧外未进一步加工,宽度≥600 毫米,未包、镀、涂层)[999]	6	17	13		千克			26%	0	
72092700	--厚度在 0.5 毫米及以上,但不超过 1 毫米										0
7209270000	0.5 毫米≤厚度≤1 毫米的冷轧非卷材(未进一步加工,宽度≥600 毫米,未包、镀、涂层)[999]	6	17	13		千克			31%	0	
72092800	--厚度小于 0.5 毫米										0

协定税率(%)																		特惠税率(%)			
智利	新西兰	澳大利亚	瑞士	冰岛	秘鲁	哥斯达	东盟	亚太	新加坡	巴基斯坦	港/澳/台	韩国	格鲁吉亚	毛里求斯	柬埔寨	尼加拉瓜	日/韩/澳/新/东(RCEP)	亚太2国	老/柬/缅	LDC 98/97/95	Article Description
0	0	0	0	0	0	0	0	5.1		0	0/0/	0	0	0	0	5.4	4.4/4.2/0/0/0			0/0/0	---Of a yield strength exceeding 355N/mm^2
0	0	0	0	0	0	0	0	5.1		0	0/0/	0	0	0	0	5.4	4.4/4.2/0/0/0			0/0/0	---Other
0	0	0	0	0	0	0	0	5.1		0	0/0/	0	0	0	0	5.4	0/0/0/0/0			0/0/0	---Of a thickness of less than 1.5mm
0	0	0	0	0	0	0	0	5.1		0	0/0/	2	0	0	0	0	4.9/4.2/4.2/4.2/4.2			0/0/0	---Other
0	0	0	0	0	0	0	0			0	0/0/		0	0	0	0	//5.1/5.1/5.1			0/0/0	-Other
																					Flat-rolled products of iron or non-alloy steel, of a width of 600mm or more, cold-rolled (cold-reduced), not clad, plated or coated:
0	0	0	0	0	0	0	0			0	0/0/	0	0	0	0	0	4.4/4.2/0/0/0			0/0/0	---Of a yield strength exceeding 355N/mm^2
0	0	0	0	0	0	0	0			0	0/0/	0	0	0	0	0	4.4/4.2/0/0/0			0/0/0	---Other
0	0	0	0	0	0	0	0	4.2		0	0/0/	0	0	0	0	0	4.4/4.2/0/0/0			0/0/0	---Of a yield strength exceeding 275N/mm^2
0	0	0	0	0	0	0	0	4.2		0	0/0/0	4.2	0	0	0	0	//5/5/5			0/0/0	----Of a percentage elongation after fracture not less than 40%
0	0	0	0	0	0	0	0	4.2		0	0/0/0	4.2	0	0	0	0	//5/5/5			0/0/0	----Other
0	0	0	0	0	0	0	0	2.1		0	0/0/	1	0	0	0	0	2.4/2.1/2.1/2.1/2.1			0/0/0	---Of a yield strength exceeding 275N/mm^2
0	0	0	0	0	0	0	0	2.1		0	0/0/0	0	0	0	0	0	2.4/2.1/0/0/0			0/0/0	----Of a percentage elongation after fracture not less than 38%
0	0	0	0	0	0	0	0	2.1		0	0/0/0	0	0	0	0	0	2.4/2.1/0/0/0			0/0/0	----Other
0	0	0	0	0	0	0	0	4.2		0	0/0/	4.2	0	0	0	0	//5.1/5.1/5.1			0/0/0	---Of a thickness of less than 0.3mm
0	0	0	0	0	0	0	0	4.2		0	0/0/0	4.2	0	0	0	0	//5.1/5.1/5.1			0/0/0	---Other
0	0	0	0	0	0	0	0			0	0/0/	0	0	0	0	0	4.4/4.2/0/0/0			0/0/0	--Of a thickness of 3mm or more
0	0	0	0	0	0	0	0			0	0/0/		0	0	0	0	//5.1/5.1/5.1			0/0/0	--Of a thickness exceeding 1mm but less than 3mm
0	0	0	0	0	0	0	0	4.2		0	0/0/	4.2	0	0	0	0	//5.1/5.1/5.1			0/0/0	--Of a thickness of 0.5mm or more but not exceeding 1mm
0	0	0	0	0	0	0	0			0	0/0/		0	0	0	0	//5/5/5			0/0/0	--Of a thickness of less than 0.5mm

商品编号	商品名称及备注[检验检疫编码及名称]	进口关税(%)		增值税率(%)	消费税	计量单位	监管条件	检验检疫类别	对美税率	出口税率(%)	出口退税率(%)
		最惠国	普通								
7209280000	厚度小于0.5毫米的冷轧非卷材(除冷轧外未进一步加工,宽度≥600毫米,未包、镀、涂层)〔999〕	6	17	13		千克			31%	0	
72099000	-其他										0
7209900000	其他冷轧铁或非合金钢宽平轧材(除冷轧外,未进一步加工,宽度≥600毫米,未包、镀、涂层)〔999〕	6	17	13		千克			31%	0	
7210	**宽度在600毫米及以上的铁或非合金钢平板轧材,经包覆、镀层或涂层:**										
72101100	--厚度在0.5毫米及以上										0
7210110000	镀(涂)锡的非合金钢厚宽平板轧材(厚度≥0.5毫米,宽度≥600毫米)〔999〕	9	20	13		千克				0	
72101200	--厚度小于0.5毫米										0
7210120000	镀(涂)锡的非合金钢薄宽平板轧材(厚度<0.5毫米,宽度≥600毫米)〔999〕	5	20	13		千克				0	
72102000	-镀或涂铅的,包括镀铅锡钢板										0
7210200000	镀或涂铅的铁或非合金钢平板轧材(包括镀铅锡钢板,宽度≥600毫米)〔999〕	4	20	13		千克				0	
72103000	-电镀锌的										0
7210300000	电镀锌的铁或非合金钢宽板材(宽度≥600毫米)〔999〕	8	20	13		千克			33%	0	
72104100	--瓦楞形										0
7210410000	镀锌的瓦楞形铁或非合金钢宽板材(电镀锌的除外,宽度≥600毫米)〔999〕	8	20	13		千克				0	
72104910	---抗拉强度不小于440牛顿/平方毫米										
7210491000	镀锌的其他形铁或非合金钢宽板材,抗拉强度不小于440牛顿/平方毫米(电镀锌的除外,宽≥600mm)〔999〕	4	20	13		千克			29%	0	
72104990	---其他										
7210499000	镀锌的其他形铁或非合金钢宽板材,抗拉强度小于440牛顿/平方毫米(电镀锌的除外,宽≥600mm)〔999〕	4	20	13		千克			29%	0	
72105000	-镀或涂氧化铬或铬及氧化铬的										0
7210500000	镀或涂氧化铬的铁或非合金钢宽板材(宽度≥600毫米)〔999〕	8	20	13		千克			33%	0	
72106100	--镀或涂铝锌合金的										0
7210610000	镀或涂铝锌合金的铁宽平板轧材(包括非合金钢的,宽度≥600毫米)〔999〕	8	20	13		千克			33%	0	
72106900	--其他										0
7210690000	其他镀或涂铝的铁宽平板轧材(包括非合金钢的,宽度≥600毫米)〔999〕	8	20	13		千克			33%	0	
72107010	---厚度小于1.5毫米										0
7210701000	厚度<1.5毫米的涂漆或涂塑的宽度≥600毫米的铁或非合金钢平板轧材〔999〕	4	20	13		千克			29%	0	
72107090	---其他										0
7210709000	其他涂漆或涂塑的宽度≥600毫米的铁或非合金钢平板轧材〔999〕	4	20	13		千克			29%	0	
72109000	-其他										0
7210900000	经包覆或涂镀其他材料的宽度≥600毫米的铁或非合金钢平板轧材〔999〕	8	20	13		千克			18%	0	
7211	**宽度小于600毫米的铁或非合金钢平板轧材,但未经包覆、镀层或涂层:**										
72111300	--经四面轧制或在闭合匣内轧制的非卷材,宽度超过150毫米,厚度不小于4毫米,未轧压花纹										0
7211130000	未轧花纹的四面轧制的热轧非卷材(150毫米<宽度<600毫米,厚度≥4毫米,未包、镀、涂层)〔999〕	6	30	13		千克			16%	0	
72111400	--其他,厚度在4.75毫米及以上										0
7211140000	厚度≥4.75毫米的其他热轧板材(宽度<600毫米,未包、镀、涂层)〔999〕	6	30	13		千克			16%	0	
72111900	--其他										0
7211190000	其他热轧铁或非合金钢窄板材(宽度<600毫米,未包、镀、涂层)〔999〕	6	30	13		千克			16%	0	
72112300	--按重量计含碳量低于0.25%										0
7211230000	含碳量<0.25%的冷轧板材(宽度<600毫米,未包、镀、涂层)〔999〕	6	30	13		千克			26%	0	
72112900	--其他										0
7211290000	其他冷轧铁或非合金钢窄板材(宽度<600毫米,未经包、镀、涂层,含碳量≥0.25%)〔999〕	6	30	13		千克			31%	0	
72119000	-其他										0
7211900000	冷轧的铁或非合金钢其他窄板材(宽度<600毫米,未经包、镀、涂层)〔999〕	6	30	13		千克			26%	0	
7212	**宽度小于600毫米的铁或非合金钢平板轧材,经包覆、镀层或涂层:**										

协定税率(%)																		特惠税率(%)			
智利	新西兰	澳大利亚	瑞士	冰岛	秘鲁	哥斯达	东盟	亚太	新加坡	巴基斯坦	港/澳/台	韩国	格鲁吉亚	毛里求斯	柬埔寨	尼加拉瓜	日/韩/澳/新/东(RCEP)	亚太2国	老/柬/缅	LDC 98/97/95	Article Description
0	0	0	0	0	0	0	0	4.2		0	0/0/	0	0	0	0	0	4.4/4.2/0/0/0			0/0/0	-Other
																					Flat-rolled products of iron or non-alloy steel, of a width of 600mm or more, clad, plated or coated:
0	0	0	0	0	0	0	0		0	0	0/0/	0	0	0	0	8.1	7.3/7/0/0/0			0/0/0	--Of a thickness of 0.5mm or more
0	0	0	0	0	0	0	0			0	0/0/		0	0	0	0	//4.6/4.6/4.6			0/0/0	--Of a thickness of less than 0.5mm
0	0	0	0	0	0	0	0			0	0/0/	0	0	0	0	0	0/0/0/0/0			0/0/0	-Plated or coated with lead, including terne-plate
0	0	0	0	0	0	0	0			0	0/0/0		0	0	0	6.4	//6.8/6.8/6.8			0/0/0	-Electrolytically plated or coated with zinc
0	0	0	0	0	0	0	0			0	0/0/	0	0	0	0	6.4	5.8/0/0/0/0			0/0/0	--Corrugated
0	0	0	0	0	0	0	0			0	0/0/0		0	0	0	0	//3.4/3.4/3.4			0/0/0	---Of a tensile strength not less than 440N/mm^2
0	0	0	0	0	0	0	0			0	0/0/0		0	0	0	0	//3.4/3.4/3.4			0/0/0	---Other
0	0	0	0	0	0	0	0			0	0/0/	0	0	0	0	6.4	5.8/5.6/0/0/0			0/0/0	-Plated or coated with chromium oxides or with chromium and chromium oxides
0	0	0	0	0	0	0	0			0	0/0/		0	0	0	6.4	//6.8/6.8/6.8			0/0/0	--Plated or coated with aluminium-zinc alloys
0	0	0	0	0	0	0	0			0	0/0/		0	0	0	6.4	5.8//6.8/6.8/5.6			0/0/0	--Other
0	0	0	0	0	0	0	0			0	0/0/	1.3	0	0	0	0	3.3/2.8/2.8/2.8/2.8			0/0/0	---Of a thickness of less than 1.5mm
0	0	0	0	0	0	0	0			0	0/0/	1.3	0	0	0	0	3.3/2.8/2.8/2.8/2.8			0/0/0	---Other
0	0	0	0	0	0	0	0			0	0/0/	2.6	0	0	0	6.4	6.5/5.6/5.6/5.6/5.6			0/0/0	-Other
																					Flat-rolled products of iron or non-alloy steel, of a width of less than 600mm, not clad, plated or coated:
0	0	0	0	0	0	0	0			0	0/0/	0	0	0	0	0	4.4/4.2/0/0/0			0/0/0	--Rolled on four faces or in a closed box pass, of a width exceeding 150mm and a thickness of not less than 4mm, not in coils and without patterns in relief
0	0	0	0	0	0	0	0			0	0/0/	0	0	0	0	0	4.4/4.2/0/0/0			0/0/0	--Other, of a thickness of 4.75mm or more
0	0	0	0	0	0	0	0			0	0/0/	2	0	0	0	0	4.9/4.2/4.2/4.2/4.2			0/0/0	--Other
0	0	0	0	0	0	0	0			0	0/0/	2	0	0	0	0	4.9/4.2/4.2/4.2/4.2			0/0/0	--Containing by weight less than 0.25% of carbon
0	0	0	0	0	0	0	0			0	0/0/	2	0	0	0	0	4.9/4.2/4.2/4.2/4.2			0/0/0	--Other
0	0	0	0	0	0	0	0			0	0/0/	0	0	0	0	0	4.4/4.2/0/0/0			0/0/0	-Other
																					Flat-rolled products of iron or non-alloy steel, of a width of less than 600mm, clad, plated or coated:

商品编号	商品名称及备注[检验检疫编码及名称]	进口关税(%)		增值税率(%)	消费税	计量单位	监管条件	检验检疫类别	对美税率	出口税率(%)	出口退税率(%)
		最惠国	普通								
72121000	-镀或涂锡的										0
7212100000	镀(涂)锡的铁或非合金钢窄板材(宽度<600毫米)[999]	5	20	13		千克			25%	0	
72122000	-电镀锌的										0
7212200000	电镀锌的铁或非合金钢窄板材(宽度<600毫米)[999]	8	20	13		千克			28%	0	
72123000	-用其他方法镀或涂锌的										0
7212300000	其他镀或涂锌的铁窄板材(包括非合金钢的,宽度<600毫米)[999]	8	20	13		千克			28%	0	
72124000	-涂漆或涂塑的										0
7212400000	涂漆或涂塑的铁或非合金钢窄板材(宽度<600毫米)[999]	4	20	13		千克			24%	0	
72125000	-镀或涂其他材料的										0
7212500000	涂镀其他材料的铁或非合金钢窄板材(宽度<600毫米)[999]	8	20	13		千克			18%	0	
72126000	-经包覆的										0
7212600000	经包覆的铁或非合金钢窄板材(宽度<600毫米)[999]	8	20	13		千克			28%	0	
7213	**不规则盘卷的铁及非合金钢的热轧条、杆:**										
72131000	-带有轧制过程中产生的凹痕、凸缘、槽沟及其他变形的										0
7213100000	铁或非合金钢制热轧盘条(带有轧制过程中产生的变形)[999]	3	20	13		千克				0	
72132000	-其他,易切削钢制										0
7213200000	其他易切削钢制热轧盘条(不带有轧制过程中产生的变形)[999]	3	20	13		千克				0	
72139100	--直径小于14毫米圆形截面的										0
7213910000	圆截面直径<14毫米的其他热轧盘条(不带有轧制过程中产生的变形)[999]	5	20	13		千克				0	
72139900	--其他										0
7213990000	其他热轧盘条(不带有轧制过程中产生的变形)[999]	5	20	13		千克				0	
7214	**铁或非合金钢的其他条、杆,除锻造、热轧、热拉拔或热挤压外未经进一步加工,包括轧制后扭曲的:**										
72141000	-锻造的										0
7214100000	铁或非合金钢的锻造条、杆(除热加工外未进一步加工)[999]	7	10	13		千克				0	
72142000	-带有轧制过程中产生的凹痕、凸缘、槽沟或其他变形以及轧制后扭曲的										0
7214200000	铁或非合金钢的热加工条、杆(带有轧制过程中产生变形,热加工指热轧、热拉拔或热挤压)[101螺纹钢],[102其他型钢]	3	20	13		千克			28%	0	
72143000	-其他,易切削钢制										0
7214300000	易切削钢的热加工条、杆(不带有轧制过程中产生变形,热加工指热轧、热拉拔、热挤压)[999]	7	20	13		千克			32%	0	
72149100	--矩形(正方形除外)截面的										0
7214910000	其他矩形截面的热加工条、杆(正方形除外)[999]	3	20	13		千克			23%	0	
72149900	--其他										0
7214990000	其他热加工条、杆[101螺纹钢],[102其他型钢]	3	20	13		千克			28%	0	
7215	**铁及非合金钢的其他条、杆:**										
72151000	-易切削钢制,除冷成形或冷加工外未经进一步加工										0
7215100000	其他易切削钢制冷加工条、杆(包括冷成形)[999]	7	20	13		千克			32%	0	
72155000	-其他,除冷成形或冷加工外未经进一步加工										0
7215500000	其他冷加工或冷成形的条、杆[101螺纹钢],[102其他型钢]	7	20	13		千克			32%	0	
72159000	-其他										0
7215900000	铁及非合金钢的其他条、杆[999]	3	20	13		千克			28%	0	
7216	**铁或非合金钢的角材、型材及异型材:**										
72161010	---H型钢										0
7216101000	截面高度<80毫米H型钢(除热加工外未经进一步加工)[999]	3	14	13		千克			8%	0	
72161020	---工字钢										0
7216102000	截面高度<80毫米工字钢(除热加工外未经进一步加工)[999]	3	14	13		千克			8%	0	
72161090	---其他										0
7216109000	截面高度<80毫米槽钢(除热加工外未经进一步加工)[999]	3	14	13		千克			28%	0	
72162100	--角钢										0

协定税率(%)																		特惠税率(%)			Article Description
智利	新西兰	澳大利亚	瑞士	冰岛	秘鲁	哥斯达	东盟	亚太	新加坡	巴基斯坦	港/澳/台	韩国	格鲁吉亚	毛里求斯	柬埔寨	尼加拉瓜	日/韩/澳/新/东(RCEP)	亚太2国	老/柬/缅	LDC 98/97/95	
0	0	0	0	0	0	0	0			0	0/0/	0	0	0	0	0	3.6/3.5/0/0/0			0/0/0	-Plated or coated with tin
0	0	0	0	0	0	0	0			0	0/0/	2.6	0	0	0	6.4	6.5/6.4/6.8/6.8/6.4			0/0/0	-Electrolytically plated or coated with zinc
0	0	0	0	0	0	0	0			0	0/0/	0	0	0	0	6.4	5.8/5.6/0/0/0			0/0/0	-Otherwise plated or coated with zinc
0	0	0	0	0	0	0	0			0	0/0/	1.3	0	0	0	0	3.3/2.8/2.8/2.8/2.8			0/0/0	-Painted, varnished or coated with plastics
0	0	0	0	0	0	0	0			0	0/0/	2.6	0	0	0	6.4	6.5/6.4/6.8/6.8/6.4			0/0/0	-Otherwise plated or coated
0	0	0	0	0	0	0	0			0	0/0/	0	0	0	0	6.4	5.8/5.6/0/0/0			0/0/0	-Clad
																					Bars and rods, hot-rolled, in irregularly wound coils, of iron or non-alloy steel:
0	0	0	0	0	0	0	0			0	0/0/	0	0	0	0	0	0/0/0/0/0			0/0/0	-Containing indentations, ribs, grooves or other deformations produced during the rolling process
0	0	0	0	0	0	0	0			0	0/0/	1	0	0	0	0	2.4/2.1/2.1/2.1/2.1			0/0/0	-Other, of free-cutting steel
0	0	0	0	0	0	0	0	4.3		0	0/0/	0	0	0	0	0	4.1/3.5/0/0/0			0/0/0	--Of circular cross-section measuring less than 14mm in diameter
0	0	0	0	0	0	0	0			0	0/0/	1.6	0	0	0	0	4.1/3.5/3.5/3.5/3.5			0/0/0	--Other
																					Other bars and rods of iron or non-alloy steel, not further worked than forged, hot rolled, hot-drawn or hot-extruded, but including those twisted after rolling:
0	0	0	0	0	0	0	0			0	0/0/	0	0	0	0	0	5.1/4.9/0/0/0			0/0/0	-Forged
0	0	0	0	0	0	0	0	0		0	0/0/	0	0	0	0	0	0/0/0/0/0			0/0/0	-Containing indentations, ribs, grooves or other deformations produced during the rolling process or twisted after rolling
0	0	0	0	0	0	0	0			0	0/0/	0	0	0	0	0	5.1/4.9/0/0/0			0/0/0	-Other, of free-cutting steel
0	0	0	0	0	0	0	0			0	0/0/	0	0	0	0	0	0/0/0/0/0			0/0/0	--Of rectangular cross section (other than square)
0	0	0	0	0	0	0	0			0	0/0/	0	0	0	0	0	2.6/2.1/2.1/2.1/2.1			0/0/0	--Other
																					Other bars and rods of iron or non-alloy steel:
0	0	0	0	0	0	0	0			0	0/0/	0	0	0	0	0	5.1/4.9/0/0/0			0/0/0	-Of free-cutting steel, not further worked than cold-formed or cold-finished
0	0	0	0	0	0	0	0			0	0/0/	2.3	0	0	0	0	5.7/4.9/4.9/4.9/4.9			0/0/0	-Other not further worked than cold-formed or cold-finished
0	0	0	0	0	0	0	0			0	0/0/	0	0	0	0	0	0/0/0/0/0			0/0/0	-Other
																					Angles, shapes and sections of iron or non-alloy steel:
0	0	0	0	0	0	0	0			0	0/0/	0	0	0	0	0	0/0/0/0/0			0/0/0	---H sections
0	0	0	0	0	0	0	0			0	0/0/	0	0	0	0	0	0/0/0/0/0			0/0/0	---I sections
0	0	0	0	0	0	0	0			0	0/0/	0	0	0	0	0	0/0/0/0/0			0/0/0	---Other
0	0	0	0	0	0	0	0			0	0/0/	0	0	0	0	0	4.4/4.2/0/0/0			0/0/0	--L sections

商品编号	商品名称及备注[检验检疫编码及名称]	进口关税(%)		增值税率(%)	消费税	计量单位	监管条件	检验检疫类别	对美税率	出口税率(%)	出口退税率(%)
		最惠国	普通								
7216210000	截面高度<80 毫米角钢(除热加工外未经进一步加工)〔999〕	6	17	13		千克			31%	0	
72162200	--丁字钢										0
7216220000	截面高度<80 毫米丁字钢(除热加工外未经进一步加工)〔999〕	6	14	13		千克			31%	0	
72163100	--槽钢										0
7216310000	截面高度≥80 毫米槽钢(除热加工外未经进一步加工)〔999〕	6	14	13		千克			31%	0	
72163210	---截面高度在 200 毫米以上										0
7216321000	截面高度>200 毫米工字钢(除热加工外未经进一步加工)〔999〕	6	14	13		千克			31%	0	
72163290	---其他										0
7216329000	80 毫米≤截面高度≤200 毫米工字钢(除热加工外未经进一步加工)〔999〕	6	14	13		千克			31%	0	
72163311	----截面高度在 800 毫米以上										0
7216331100	截面高度>800 毫米 H 型钢(除热加工外未经进一步加工)〔999〕	6	14	13		千克			11%	0	
72163319	----其他										0
7216331900	200 毫米<截面高度≤800 毫米 H 型钢(除热加工外未经进一步加工)〔999〕	6	14	13		千克			31%	0	
72163390	---其他										0
7216339000	80 毫米≤截面高度≤200 毫米 H 型钢(除热加工外未经进一步加工)〔999〕	6	14	13		千克			31%	0	
72164010	---角钢										0
7216401000	截面高度≥80 毫米角钢(除热加工外未经进一步加工)〔999〕	3	17	13		千克			28%	0	
72164020	---丁字钢										0
7216402000	截面高度≥80 毫米丁字钢(除热加工外未经进一步加工)〔999〕	3	14	13		千克			8%	0	
72165010	---乙字钢										0
7216501000	乙字钢(除热加工外未经进一步加工)〔999〕	6	14	13		千克				0	
72165020	---球扁钢										0
7216502000	球扁钢(除热加工外未经进一步加工)〔999〕	3	20	13		千克			8%	0	
72165090	---其他										0
7216509000	其他角材、型材及异型材(除热加工外未经进一步加工)〔101 方钢〕,〔102 其他型钢〕,〔103 其他异型钢〕	3	20	13		千克			28%	0	
72166100	--平板轧材制的										0
7216610000	平板轧材制的角材、型材及异型材(除冷加工外未经进一步加工)〔101 方钢〕,〔102 其他型钢〕,〔103 其他异型钢〕	3	20	13		千克			8%	0	
72166900	--其他										0
7216690000	冷加工的角材、型材及异型材(除冷加工外未经进一步加工)〔101 方钢〕,〔102 其他型钢〕,〔103 其他异型钢〕	3	20	13		千克			28%	0	
72169100	--平板轧材经冷成形或冷加工制的										0
7216910000	其他平板轧材制角材、型材、异型材(冷成型或冷加工制的)〔101 方钢〕,〔102 其他型钢〕,〔103 其他异型钢〕	3	20	13		千克			28%	0	
72169900	--其他										0
7216990000	其他角材、型材及异型材(除冷加工或热加工外经进一步加工)〔101 方钢〕,〔102 其他型钢〕,〔103 其他异型钢〕	3	20	13		千克			23%	0	
7217	**铁丝或非合金钢丝:**										
72171000	-未经镀或涂层,不论是否抛光										0
7217100000	未镀或涂层的铁或非合金钢丝(不论是否抛光)〔999〕	8	40	13		千克			33%	0	
72172000	-镀或涂锌的										0
7217200000	镀或涂锌的铁或非合金钢丝〔999〕	8	40	13		千克			33%	0	
72173010	---镀或涂铜的										0
7217301000	镀或涂铜的铁或非合金钢丝〔999〕	8	40	13		千克			33%	0	
72173090	---其他										0
7217309000	镀或涂其他贱金属的铁或非合金钢丝〔999〕	8	40	13		千克			33%	0	
72179000	-其他										0
7217900000	其他铁丝或非合金钢丝〔101 表面有镀层铁丝或钢丝〕,〔102 其他线材〕	8	40	13		千克			28%	0	
7218	**不锈钢,锭状或其他初级形状;不锈钢半制成品:**										
72181000	-锭状及其他初级形状										0
7218100000暂0	不锈钢锭及其他初级形状产品〔999〕	2	11	13		千克	B	/N	25%	0	
72189100	--矩形(正方形除外)截面的										0
7218910000暂0	矩形截面的不锈钢半制成品(正方形截面除外)〔999〕	2	11	13		千克	B	/N	25%	0	
72189900	--其他										0
7218990010暂0	正方形截面的不锈钢半制成品〔999〕	2	11	13		千克	B	/N	25%	0	
7218990090暂0	其他不锈钢半制成品〔999〕	2	11	13		千克	B	/N	25%	0	

协定税率(%)																		特惠税率(%)			Article Description
智利	新西兰	澳大利亚	瑞士	冰岛	秘鲁	哥斯达	东盟	亚太	新加坡	巴基斯坦	港/澳/台	韩国	格鲁吉亚	毛里求斯	柬埔寨	尼加拉瓜	日/韩/澳/新/东 (RCEP)	亚太2国	老/柬/缅	LDC 98/97/95	
0	0	0	0	0	0	0	0			0	0/0/	0	0	0	0	0	0/0/0/0/0			0/0/0	--T sections
0	0	0	0	0	0	0	0			0	0/0/	0	0	0	0	0	4. 4/4. 2/0/0/0			0/0/0	--U sections
0	0	0	0	0	0	0	0			0	0/0/	0	0	0	0	0	4. 4/4. 2/0/0/0			0/0/0	---Of a height exceeding 200mm
0	0	0	0	0	0	0	0			0	0/0/	0	0	0	0	0	4. 4/4. 2/0/0/0			0/0/0	---Other
0	0	0	0	0	0	0	0			0	0/0/	0	0	0	0	0	0/0/0/0/0			0/0/0	----Of a height exceeding 800mm
0	0	0	0	0	0	0	0			0	0/0/	2	0	0	0	0	4. 9/4. 2/4. 2/4. 2/4. 2			0/0/0	----Other
0	0	0	0	0	0	0	0			0	0/0/	0	0	0	0	0	4. 4/4. 2/0/0/0			0/0/0	---Other
0	0	0	0	0	0	0	0			0	0/0/	0	0	0	0	0	0/0/0/0/0			0/0/0	---L sections
0	0	0	0	0	0	0	0			0	0/0/	0	0	0	0	0	0/0/0/0/0			0/0/0	---T sections
0	0	0	0	0	0	0	0			0	0/0/	0	0	0	0	0	0/0/0/0/0			0/0/0	---Z sections
0	0	0	0	0	0	0	0			0	0/0/	0	0	0	0	0	0/0/0/0/0			0/0/0	---Bulb flat steel
0	0	0	0	0	0	0	0			0	0/0/	0	0	0	0	0	0/0/0/0/0			0/0/0	---Other
0	0	0	0	0	0	0	0			0	0/0/	0	0	0	0	0	0/0/0/0/0			0/0/0	--Obtained from flat-rolled products
0	0	0	0	0	0	0	0			0	0/0/	0	0	0	0	0	0/0/0/0/0			0/0/0	--Other
0	0	0	0	0	0	0	0			0	0/0/	0	0	0	0	0	0/0/0/0/0			0/0/0	--Cold-formed or cold-finished from flatrolled products
0	0	0	0	0	0	0	0			0	0/0/	0	0	0	0	0	0/0/0/0/0			0/0/0	--Other
																					Wire of iron or non-alloy steel:
0	0	0	0	0	0	0	0			0	0/0/0		0	0	0	6. 4	//5/5/5			0/0/0	-Not plated or coated, whether or not polished
0	0	0	0	0	0	0	0			0	0/0/	0	0	0	0	6. 4	5. 8/5. 6/0/0/0			0/0/0	-Plated or coated with zinc
0	0	0	0	0	0	0	0	6. 4		0	0/0/	6. 4	0	0	0	6. 4	//5/5/5			0/0/0	---Plated or coated with copper
0	0	0	0	0	0	0	0	6. 4		0	0/0/	2. 6	0	0	0	6. 4	6. 5/6. 4/6. 8/6. 8/6. 4			0/0/0	---Other
0	0	0	0	0	0	0	0			0	0/0/	0	0	0	0	6. 4	5. 8/5. 6/0/0/0			0/0/0	-Other
																					Stainless steel in ingots or other peimary forms; semi-finished products of stainless steel:
0	0	0	0	0	0	0	0			0	0/0/	0	0	0	0	0	0/0/0/0/0			0/0/0	-Ingots and other primary forms
0	0	0	0	0	0	0	0			0	0/0/	0	0	0	0	0	0/0/0/0/0			0/0/0	--Of rectangular (other than square) crosssec-tion
0	0	0	0	0	0	0	0			0	0/0/	0	0	0	0	0	0/0/0/0/0			0/0/0	--Other

商品编号	商品名称及备注[检验检疫编码及名称]	进口关税(%) 最惠国	进口关税(%) 普通	增值税率(%)	消费税	计量单位	监管条件	检验检疫类别	对美税率	出口税率(%)	出口退税率(%)
7219	**不锈钢平板轧材,宽度在600毫米及以上:**										
72191100	--厚度超过10毫米										0
7219110000	厚度>10毫米热轧不锈钢卷板(除热轧外未经进一步加工,宽度≥600毫米)〔999〕	4	14	13		千克			29%	0	
72191210	---宽度在600毫米及以上,但不超过1800毫米										0
7219121000	4.75毫米≤厚度≤10毫米且600毫米≤宽度≤1800毫米热轧不锈钢卷板(除热轧外未经进一步加工,宽度≥600毫米)〔999〕	4	14	13		千克			29%	0	
72191290	---其他										0
7219129000	其他4.75毫米≤厚度≤10毫米热轧不锈钢卷板(除热轧外未经进一步加工,宽度≥600毫米)〔999〕	4	14	13		千克			29%	0	
72191312	----按重量计含锰量在5.5%及以上的铬锰系不锈钢										0
7219131200	3毫米≤厚度<4.75毫米未经酸洗的热轧不锈钢卷板(除热轧外未经进一步加工,宽度≥600毫米,含锰≥5.5%铬锰系不锈钢)〔999〕	4	14	13		千克			9%	0	
72191319	----其他										0
7219131900	3毫米≤厚度<4.75毫米未经酸洗的其他热轧不锈钢卷板(除热轧外未经进一步加工,宽度≥600毫米)〔999〕	4	14	13		千克			29%	0	
72191322	----按重量计含锰量在5.5%及以上的铬锰系不锈钢										0
7219132200	3毫米≤厚度<4.75毫米经酸洗的热轧不锈钢卷板(除热轧外未经进一步加工,宽度≥600毫米,含锰≥5.5%铬锰系不锈钢)〔999〕	4	14	13		千克			9%	0	
72191329	----其他										0
7219132900	3毫米≤厚度<4.75毫米经酸洗的其他热轧不锈钢卷板(除热轧外未经进一步加工,宽度≥600毫米)〔999〕	4	14	13		千克			29%	0	
72191412	----按重量计含锰量在5.5%及以上的铬锰系不锈钢										0
7219141200	厚度<3毫米未经酸洗的热轧不锈钢卷板(除热轧外未经进一步加工,宽度≥600毫米,含锰≥5.5%铬锰系不锈钢)〔999〕	4	14	13		千克			9%	0	
72191419	----其他										0
7219141900	厚度<3毫米未经酸洗的其他热轧不锈钢卷板(除热轧外未经进一步加工,宽度≥600毫米)〔999〕	4	14	13		千克			29%	0	
72191422	----按重量计含锰量在5.5%及以上的铬锰系不锈钢										0
7219142200	厚度<3毫米经酸洗的热轧不锈钢卷板(除热轧外未经进一步加工,宽度≥600毫米,含锰≥5.5%铬锰系不锈钢)〔999〕	4	14	13		千克			9%	0	
72191429	----其他										0
7219142900	厚度<3毫米经酸洗的其他热轧不锈钢卷板(除热轧外未经进一步加工,宽度≥600毫米)〔999〕	4	14	13		千克			9%	0	
72192100	--厚度超过10毫米										0
7219210000	厚度>10毫米热轧不锈钢平板(除热轧外未经进一步加工,宽度≥600毫米)〔999〕	6	40	13		千克			16%	0	
72192200	--厚度在4.75毫米及以上,但不超过10毫米										0
7219220000	4.75毫米≤厚度≤10毫米热轧不锈钢平板(除热轧外未经进一步加工,宽度≥600毫米)〔999〕	6	40	13		千克			31%	0	
72192300	--厚度在3毫米及以上,但小于4.75毫米										0
7219230000	3毫米≤厚度<4.75毫米热轧不锈钢平板(除热轧外未经进一步加工,宽度≥600毫米)〔999〕	6	40	13		千克			31%	0	
72192410	---厚度超过1毫米但小于3毫米										0
7219241000	1毫米<厚度<3毫米热轧不锈钢平板(除热轧外未经进一步加工,宽度≥600毫米)〔999〕	6	40	13		千克			26%	0	
72192420	---厚度在0.5毫米及以上,但不超过1毫米										0
7219242000	0.5毫米≤厚度≤1毫米热轧不锈钢平板(除热轧外未经进一步加工,宽度≥600毫米)〔999〕	6	40	13		千克			16%	0	
72192430	---厚度小于0.5毫米										0
7219243000	厚度<0.5毫米热轧不锈钢平板(除热轧外未经进一步加工,宽度≥600毫米)〔999〕	6	40	13		千克			31%	0	
72193100	--厚度在4.75毫米及以上										0
7219310000	厚度≥4.75毫米冷轧不锈钢板(除冷轧外未经进一步加工,宽度≥600毫米)〔999〕	6	40	13		千克			26%	0	

协定税率(%)																		特惠税率(%)			Article Description
智利	新西兰	澳大利亚	瑞士	冰岛	秘鲁	哥斯达	东盟	亚太	新加坡	巴基斯坦	港/澳/台	韩国	格鲁吉亚	毛里求斯	柬埔寨	尼加拉瓜	日/韩/澳/新/东(RCEP)	亚太2国	老/柬/缅	LDC 98/97/95	
																					Flat-rolled products of stainless steel, of a width of 600mm or more:
0	0	0	0	0	0	0	0			0	0/0/	0	0	0	0	0	0/0/0/0/0			0/0/0	--Of a thickness exceeding 10mm:
0	0	0	0	0	0	0	0			0	0/0/0	0	0	0	0	0	2.9/2.8/2.8/2.8/2.8			0/0/0	---Of a width of 600 mm or more but not exceeding 1800mm
0	0	0	0	0	0	0	0			0	0/0/0	0	0	0	0	0	2.9/2.8/2.8/2.8/2.8			0/0/0	---Other
0	0	0	0	0	0	0	0			0	0/0/	0	0	0	0	0	0/0/0/0/0			0/0/0	----Containing more than 5.5% or more by weight of manganese of Ferro-chromium-manganese steel
0	0	0	0	0	0	0	0			0	0/0/0	0	0	0	0	0	2.9/2.8/2.8/2.8/2.8			0/0/0	----Other
0	0	0	0	0	0	0	0			0	0/0/	0	0	0	0	0	0/0/0/0/0			0/0/0	----Containing more than 5.5% or more by weight of manganese of Ferro-chromium-manganese steel
0	0	0	0	0	0	0	0			0	0/0/0	0	0	0	0	0	2.9/2.8/0/0/0			0/0/0	----Other
0	0	0	0	0	0	0	0			0	0/0/	0	0	0	0	0	0/0/0/0/0			0/0/0	----Containing more than 5.5% or more by weight of manganese of Ferro-chromium-manganese steel
0	0	0	0	0	0	0	0			0	0/0/	0	0	0	0	0	0/0/0/0/0			0/0/0	----Other
0	0	0	0	0	0	0	0			0	0/0/	0	0	0	0	0	0/0/0/0/0			0/0/0	----Containing more than 5.5% or more by weight of manganese of Ferro-chromium-manganese steel
0	0	0	0	0	0	0	0			0	0/0/	0	0	0	0	0	0/0/0/0/0			0/0/0	----Other
0	0	0	0	0	0	0	0	5.6	0	0	0/0/	3.3	0	0	0	0	8.6//8.5/8.5/8.5			0/0/0	--Of a thickness exceeding 10mm
0	0	0	0	0	0	0	0	5.6	0	0	0/0/	5	0	0	0	0	//8.5/8.5/8.5			0/0/0	--Of a thickness of 4.75mm or more but not exceeding 10mm
0	0	0	0	0	0	0	0	5.6	0	0	0/0/0	3.3	0	0	0	0	0/7/8.5/8.5/0			0/0/0	--Of a thickness of 3mm or more but less than 4.75mm
0	0	0	0	0	0	0	0	5.6	0	0	0/0/0	3.3	0	0	0	0	0/7/8.5/8.5/0			0/0/0	--Of a thickness exceeding 1mm but less than 3mm
0	0	0	0	0	0	0	0	5.6	0	0	0/0/	5	0	0	0	0	0/8/8.5/8.5/0			0/0/0	---Of a thickness of 0.5mm or more but not exceeding 1mm
0	0	0	0	0	0	0	0	5.6	0	0	0/0/	3.3	0	0	0	0	0/7/8.5/8.5/0			0/0/0	---Of a thickness of less than 0.5mm
0	0	0	0	0	0	0	0		0	0	0/0/0	0	0	0	0	0	7.3/7/0/0/0			0/0/0	--Of a thickness of 4.75mm or more

商品编号	商品名称及备注[检验检疫编码及名称]	进口关税(%)		增值税率(%)	消费税	计量单位	监管条件	检验检疫类别	对美税率	出口税率(%)	出口退税率(%)
		最惠国	普通								
72193210	---宽度在 600 毫米及以上,但不超过 1800 毫米										0
7219321000	3 毫米≤厚度<4.75 毫米且 600 毫米≤宽度≤1800 毫米冷轧不锈钢板材(除冷轧外未经进一步加工,宽度≥600 毫米)〔999〕	6	40	13		千克			31%	0	
72193290	---其他										0
7219329000	其他 3 毫米≤厚度<4.75 毫米冷轧不锈钢板材(除冷轧外未经进一步加工,宽度≥600 毫米)〔999〕	6	40	13		千克			31%	0	
72193310	---按重量计含锰量在 5.5%及以上的铬锰系不锈钢										0
7219331000	1 毫米<厚度<3 毫米,按重量计含锰量在 5.5%及以上的铬锰系不锈钢(除冷轧外未经进一步加工,宽度≥600 毫米)〔101 硅锰铁〕,〔102 冷轧不锈钢板〕	6	40	13		千克			16%	0	
72193390	---其他										0
7219339000	其他 1 毫米<厚度<3 毫米冷轧不锈钢板材(除冷轧外未经进一步加工,宽度≥600 毫米)〔999〕	6	40	13		千克			31%	0	
72193400	--厚度在 0.5 毫米及以上,但不超过 1 毫米										0
7219340000	0.5 毫米≤厚度≤1 毫米冷轧不锈钢板材(除冷轧外未经进一步加工,宽度≥600 毫米)〔999〕	6	40	13		千克			31%	0	
72193500	--厚度小于 0.5 毫米										0
7219350000	厚度<0.5 毫米冷轧不锈钢板材(除冷轧外未经进一步加工,宽度≥600 毫米)〔999〕	6	40	13		千克			26%	0	
72199000	-其他										0
7219900000	其他不锈钢冷轧板材(热轧或冷轧后经进一步加工,非卷材,宽度≥600 毫米)〔999〕	6	40	13		千克			16%	0	
7220	**不锈钢平板轧材,宽度小于 600 毫米:**										
72201100	--厚度在 4.75 毫米及以上										0
7220110000	热轧不锈钢带材厚度≥4.75 毫米(除热轧外未经进一步加工,宽度<600 毫米)〔999〕	6	20	13		千克			31%	0	
72201200	--厚度小于 4.75 毫米										0
7220120000	热轧不锈钢带材厚度<4.75 毫米(除热轧外未经进一步加工,宽度<600 毫米)〔999〕	6	20	13		千克			16%	0	
72202020	---厚度在 0.35 毫米及以下										0
7220202000	厚度≤0.35 毫米冷轧不锈钢带材(除冷轧外未经进一步加工,宽度<600 毫米)〔999〕	6	20	13		千克			31%	0	
72202030	---厚度在 0.35 毫米以上但小于 3 毫米										0
7220203000	0.35 毫米<厚度<3 毫米的冷轧不锈钢带材(除冷轧外未经进一步加工,宽度<600 毫米)〔999〕	6	20	13		千克			26%	0	
72202040	---厚度在 3 毫米及以上										0
7220204000	厚度≥3 毫米的冷轧不锈钢带材(除冷轧外未经进一步加工,宽度<600 毫米)〔999〕	6	20	13		千克			31%	0	
72209000	-其他										0
7220900000	其他不锈钢带材(热轧或冷轧后经进一步加工,宽度<600 毫米)〔101 冷轧不锈钢板〕,〔102 热轧不锈钢板〕	6	20	13		千克			16%	0	
7221	**不规则盘卷的不锈钢热轧条、杆:**										
72210000	不规则盘卷的不锈钢热轧条、杆										0
7221000000	不锈钢热轧条、杆(不规则盘卷的不锈钢热轧条、杆)〔999〕	6	20	13		千克			31%	0	
7222	**不锈钢其他条、杆;不锈钢角材、型材及异型材:**										
72221100	--圆形截面的										0
7222110000	圆形截面的热加工不锈钢条、杆(除热加工外未经进一步加工)〔999〕	6	40	13		千克			26%	0	
72221900	--其他										0
7222190000	其他截面形状的热加工不锈钢条、杆(除热加工外未进一步加工)〔999〕	6	40	13		千克			31%	0	
72222000	-条、杆,除冷成形或冷加工外未经进一步加工										0
7222200000	冷成形或冷加工的不锈钢条、杆(除冷加工外未进一步加工的不锈钢条、杆)〔999〕	6	40	13		千克			16%	0	
72223000	-其他条、杆										0
7222300000	其他不锈钢条、杆(除热加工或冷加工外未进一步加工的不锈钢条、杆)〔999〕	6	40	13		千克			26%	0	
72224000	-角材、型材及异型材										0
7222400000	不锈钢角材、型材及异型材〔101 其他型钢〕,〔102 其他异型钢〕	6	17	13		千克			26%	0	
7223	**不锈钢丝:**										
72230000	不锈钢丝										0
7223000000	不锈钢丝〔102 其他金属及制品〕	6	20	13		千克			31%	0	

协定税率(%)																		特惠税率(%)			Article Description
智利	新西兰	澳大利亚	瑞士	冰岛	秘鲁	哥斯达	东盟	亚太	新加坡	巴基斯坦	港/澳/台	韩国	格鲁吉亚	毛里求斯	柬埔寨	尼加拉瓜	日/韩/澳/新/东(RCEP)	亚太2国	老/柬/缅	LDC 98/97/95	
0	0	0	0	0	0	0	0		0	0	0/0/0	0	0	0	0	0	7.3/7/0/0/0			0/0/0	---Of a width of 600 mm or more but not exceeding 1800mm
0	0	0	0	0	0	0	0		0	0	0/0/0	0	0	0	0	0	7.3/7/0/0/0			0/0/0	---Other
0	0	0	0	0	0	0	0		0	0	0/0/0	0	0	0	0	0	7.3/7/0/0/0			0/0/0	---Of chromium-manganese stainless steel, containing by weight 5.5% of manganese or more
0	0	0	0	0	0	0	0		0	2.5	0/0/0	3.3	0	0	0	0	8.1/8/8.5/8.5/8			0/0/0	---Other
0	0	0	0	0	0	0	0		0	0	0/0/0	5	0	0	0	0	8.6/8.5/8.5/8.5/8.5			0/0/0	--Of a thickness of 0.5mm or more but not exceeding 1mm
0	0	0	0	0	0	0	0		0	0	0/0/0	5	0	0	0	0	//8.5/8.5/8.5			0/0/0	--Of a thickness of less than 0.5mm
0	0	0	0	0	0	0	0		0	0	0/0/0	0	0	0	0	0	7.3/7/0/0/0			0/0/0	-Other
																					Flat-rolled products stainless steel, of a width of less than 600mm:
0	0	0	0	0	0	0	0		0	0	0/0/		0	0	0	0	//8.5/8.5/8.5			0/0/0	--Of a thickness of 4.75mm or more
0	0	0	0	0	0	0	0		0	0	0/0/	0	0	0	0	0	7.3/7/0/0/0			0/0/0	--Of a thickness of less than 4.75mm
0	0	0	0	0	0	0	0		0	0	0/0/	3.3	0	0	0	0	8.1/8/8.5/8.5/8			0/0/0	---Of a thickness of 0.35mm or less
0	0	0	0	0	0	0	0		0	0	0/0/	3.3	0	0	0	0	8.1/8/8.5/8.5/8			0/0/0	---Of a thickness of more than 0.35mm but less than 3mm
0	0	0	0	0	0	0	0		0	0	0/0/	0	0	0	0	0	7.3//8.5/8.5/7			0/0/0	---Of a thickness of 3mm or more
0	0	0	0	0	0	0	0		0	0	0/0/0	0	0	0	0	0	7.3/7/7/7/7			0/0/0	-Other
																					Bars and rods, hot-rolled, in irregularly wound coils, of stainless steel:
0	0	0	0	0	0	0	0	4.8	0	2.5	0/0/	8	0	0	0	0	7.3/8.5/8.5/8.5/7			0/0/0	Bars and rods, hot-rolled, in irregularly wound coils, of stainless steel
																					Other bars and rods of stainless steel; angles, shapes and sections of stainless steel:
0	0	0	0	0	0	0	0	5.4	0	0	0/0/	9	0	0	0	0	//8.5/8.5/8.5			0/0/0	--Of circular cross-section
0	0	0	0	0	0	0	0	5.4	0	0	0/0/	9	0	0	0	0	//5/5/5			0/0/0	--Other
0	0	0	0	0	0	0	0		0	2.5	0/0/		0	0	0	0	//8.5/8.5/8.5			0/0/0	-Bars and rods, not further worked than cold-formed or cold-finished
0	0	0	0	0	0	0	0	5.3	0	0	0/0/	9	0	0	0	0	//8.5/8.5/8.5			0/0/0	-Other bars and rods
0	0	0	0	0	0	0	0		0	0	0/0/		0	0	0	0	//8.5/8.5/8.5			0/0/0	-Angles, shapes and sections
																					Wire of stainless steel:
0	0	0	0	0	0	0	0		0	2.5	0/0/		0	0	0	0	7.3//8.5/8.5/7			0/0/0	Wire of stainless steel

商品编号	商品名称及备注[检验检疫编码及名称]	进口关税(%)		增值税率(%)	消费税	计量单位	监管条件	检验检疫类别	对美税率	出口税率(%)	出口退税率(%)
		最惠国	普通								
7224	**其他合金钢,锭状或其他初级形状;其他合金钢制的半制成品:**										
72241000	-锭状及其他初级形状										0
7224100000[暂0]	其他合金钢锭及其他初级形状〔999〕	2	11	13		千克	B	/N	25%	0	
72249010	---单件重量在10吨及以上的粗铸锻件坯										0
7224901000[暂0]	粗铸锻件坯(单件重量在10吨及以上)〔999〕	2	11	13		千克	B	/N		0	
72249090	---其他										0
7224909010[暂0]	其他合金钢圆坯,直径≥700毫米(其他合金钢锭及其他初级形态的)〔999〕	2	11	13		千克	B	/N	25%	0	
7224909090[暂0]	其他合金钢坯,直径≥700毫米的合金钢圆坯除外(其他合金钢锭及其他初级形态的)〔999〕	2	11	13		千克	B	/N	25%	0	
7225	**其他合金钢平板轧材,宽度在600毫米及以上:**										
72251100	--取向性硅电钢										0
7225110010	宽度在600毫米及以上的取向电工钢(按重量计含硅量至少为0.6%,含碳量不超过0.08%,可含有不超过1.0%的铝,所含其他元素的比例并不使其具有其他合金钢的特性;厚度不超过0.56毫米;呈卷状的,则其可为任何宽度;呈板状的,则其宽度至少是厚度的十倍)〔999〕	3	20	13		千克	7		28%	0	
7225110090	其他宽度在600毫米及以上的取向性硅电钢〔999〕	3	20	13		千克	7		28%	0	
72251900	--其他										0
7225190000	其他硅电钢宽板(宽度≥600毫米)〔999〕	6	20	13		千克			31%	0	
72253010	---厚度在2毫米及以下										0
7225301000	宽度≥600毫米热轧其他合金钢卷材,厚度在2毫米及以下(除热轧外未经进一步加工)〔999〕	3	14	13		千克			28%	0	
72253090	---其他										0
7225309000	宽度≥600毫米热轧其他合金钢卷材,厚度在2毫米以上(除热轧外未经进一步加工)〔999〕	3	14	13		千克			28%	0	
72254010	---工具钢										0
7225401000	宽度≥600毫米热轧工具钢材(除热轧外未经进一步加工)〔999〕	3	17	13		千克			28%	0	
72254091	----含硼合金钢										0
7225409100	宽度≥600毫米热轧含硼合金钢材(除热轧外未经进一步加工)〔999〕	3	17	13		千克			28%	0	
72254099	----其他										0
7225409900	宽度≥600毫米热轧其他合金钢材(除热轧外未经进一步加工)〔999〕	3	17	13		千克			23%	0	
72255000	-其他,除冷轧外未经进一步加工										0
7225500000	宽度≥600毫米冷轧其他合金钢板材(除冷轧外未经进一步加工)〔999〕	3	17	13		千克			28%	0	
72259100	--电镀或涂锌的										0
7225910000	电镀锌的其他合金钢宽平板轧材(宽度≥600毫米)〔999〕	7	17	13		千克			32%	0	
72259200	--用其他方法镀或涂锌的										0
7225920000	其他镀或涂锌的其他合金钢宽板材(宽度≥600毫米)〔999〕	7	17	13		千克			32%	0	
72259910	---高速钢制										0
7225991000	宽度≥600毫米的高速钢制平板轧材〔999〕	3	17	13		千克				0	
72259990	---其他										0
7225999000	宽度≥600毫米的其他合金钢平板轧材〔999〕	7	17	13		千克			32%	0	
7226	**其他合金钢平板轧材,宽度小于600毫米:**										
72261100	--取向性硅电钢										0
7226110010	宽度小于600毫米的取向电工钢(按重量计含硅量至少为0.6%,含碳量不超过0.08%,可含有不超过1.0%的铝,所含其他元素的比例并不使其具有其他合金钢的特性;厚度不超过0.56毫米;呈卷状的,则其可为任何宽度;呈板状的,则其宽度至少是厚度的十倍)〔999〕	3	20	13		千克			13%	0	
7226110090	其他宽度小于600毫米的取向性硅电钢〔999〕	3	20	13		千克			13%	0	
72261900	--其他										0

协定税率(%)																		特惠税率(%)			
智利	新西兰	澳大利亚	瑞士	冰岛	秘鲁	哥斯达	东盟	亚太	新加坡	巴基斯坦	港/澳/台	韩国	格鲁吉亚	毛里求斯	柬埔寨	尼加拉瓜	日/韩/澳/新/东(RCEP)	亚太2国	老/柬/缅	LDC 98/97/95	Article Description
																					Other alloy steel in ingots or otherprimary forms; semi-finished products of other alloy steel:
0	0	0	0	0	0	0	0			0	0/0/	0	0	0	0	0	0/0/0/0/0			0/0/0	-Ingots and other primary forms
0	0	0	0	0	0	0	0			0	0/0/	0	0	0	0	0	0/0/1.4/1.4/0			0/0/0	---Raw casting forging stocks, individual piece weight of 10t or more
0	0	0	0	0	0	0	0			0	0/0/	0	0	0	0	0	1.7/0/0/0/0			0/0/0	---Other
																					Flat-rolled products of other alloy steel, of a width of 600mm or more:
0	0	0	0	0	0	0	0	2.1		0	0/0/	2.1	0	0	0	0	//2.6/2.6/2.6			0/0/0	--Grain-oriented
0	0	0	0	0	0	0	0			0	0/0/0		0	0	0	0	//5/5/5			0/0/0	--Other
0	0	0	0	0	0	0	0			0	0/0/		0	0	0	0	//2.6/2.6/2.6			0/0/0	---Of a thickness of 2mm or less
0	0	0	0	0	0	0	0			0	0/0/		0	0	0	0	//2.6/2.6/2.6			0/0/0	---Other
0	0	0	0	0	0	0	0			0	0/0/	0	0	0	0	0	0/0/2.1/2.1/0			0/0/0	---Of tool steels
0	0	0	0	0	0	0	0			0	0/0/	0	0	0	0	0	0/0/2.1/2.1/0			0/0/0	----Of boron-containing alloy steel
0	0	0	0	0	0	0	0			0	0/0/	0	0	0	0	0	0/0/2.1/2.1/0			0/0/0	----Other
0	0	0	0	0	0	0	0			0	0/0/		0	0	0	0	//2.8/2.8/2.8			0/0/0	-Other, not further worked than cold-rolled (cold-reduced)
0	0	0	0	0	0	0	0			0	0/0/	0	0	0	0	0	5.1/4.9/0/0/0			0/0/0	--Electrolytically plated or coated with zinc
0	0	0	0	0	0	0	0			0	0/0/	2.3	0	0	0	0	5.7/4.9/4.9/4.9/4.9			0/0/0	--Otherwise plated or coated with zinc
0	0	0	0	0	0	0	0			0	0/0/	0	0	0	0	0	0/0/0/0/0			0/0/0	---Of high speed steel
0	0	0	0	0	0	0	0			0	0/0/	0	0	0	0	0	5.1/4.9/0/0/0			0/0/0	---Other
																					Flat-rolled products of other alloy steel, of a width of less than 600mm:
0	0	0	0	0	0	0	0			0	0/0/		0	0	0	0	//2.8/2.8/2.8			0/0/0	--Grain-oriented
0	0	0	0	0	0	0	0			0	0/0/		0	0	0	0	//2.8/2.8/2.8			0/0/0	--Other

商品编号	商品名称及备注[检验检疫编码及名称]	进口关税(%)		增值税率(%)	消费税	计量单位	监管条件	检验检疫类别	对美税率	出口税率(%)	出口退税率(%)
		最惠国	普通								
7226190000	其他硅电钢窄板(宽度<600 毫米)〔999〕	3	20	13		千克			23%	0	
72262000	-高速钢制										0
7226200000	宽度<600 毫米的高速钢平板轧材〔999〕	3	20	13		千克			28%	0	
72269110	---工具钢										0
7226911000	宽度<600 毫米热轧工具钢材(除热轧外未经进一步加工)〔999〕	3	20	13		千克			28%	0	
72269191	----含硼合金钢										0
7226919100	宽度<600 毫米热轧含硼合金钢板材(除热轧外未经进一步加工)〔999〕	3	20	13		千克			28%	0	
72269199	----其他										0
7226919910	宽度<600 毫米的铁基非晶合金带材(除热轧外未经进一步加工)〔999〕	3	20	13		千克			28%	0	
7226919990	宽度<600 毫米热轧其他合金钢板材(除热轧外未经进一步加工)〔999〕	3	20	13		千克			28%	0	
72269200	--除冷轧外未经进一步加工										0
7226920000	宽度<600 毫米冷轧其他合金钢板材(除冷轧外未经进一步加工)〔999〕	3	20	13		千克			23%	0	
72269910	---电镀或涂锌的										0
7226991000	电镀或涂锌的其他合金钢窄平板轧材(宽度<600 毫米)〔999〕	7	20	13		千克			32%	0	
72269920	---用其他方法镀或涂锌的										0
7226992000	用其他方法镀或涂锌的其他合金钢窄板材(宽度<600 毫米)〔101 镀锌板〕,〔102 涂层板〕	7	20	13		千克			27%	0	
72269990	---其他										0
7226999001 暂4	铁镍合金带材(生产集成电路框架用或显示面板精密金属掩膜版用)(宽度<600 毫米)〔999〕	7	20	13		千克			24%	0	
7226999090	其他合金板材(宽度<600 毫升)〔999〕	7	20	13		千克			27%	0	
7227	**不规则盘卷的其他合金钢热轧条、杆:**										
72271000	-高速钢制										0
7227100000	高速钢的热轧盘条(不规则盘卷的)〔999〕	3	20	13		千克				0	
72272000	-硅锰钢制										0
7227200000	硅锰钢的热轧盘条(不规则盘卷的)〔999〕	6	20	13		千克				0	
72279010	---含硼合金钢制										0
7227901000	不规则盘卷的含硼合金钢热轧条杆〔999〕	3	20	13		千克			28%	0	
72279091	----截面为圆形的										0
7227909100	不规则盘卷的其他合金钢热轧条杆,截面为圆形的〔999〕	3	20	13		千克				0	
72279099	----其他										0
7227909900	不规则盘卷的其他合金钢热轧条杆,截面为圆形的除外〔999〕	3	20	13		千克				0	
7228	**其他合金钢条、杆;其他合金钢角材、型材及异型材;合金钢或非合金钢制的空心钻钢:**										
72281000	-高速钢条、杆										0
7228100000	其他高速钢的条、杆〔999〕	3	20	13		千克			28%	0	
72282000	-硅锰钢条、杆										0
7228200000	其他硅锰钢的条、杆〔999〕	6	20	13		千克			31%	0	
72283010	---含硼合金钢制										0
7228301000	含硼合金钢热加工条、杆(除热轧、热拉拔或热挤压外未经进一步加工的)〔999〕	3	20	13		千克			28%	0	
72283091	----截面为圆形的										0
7228309100	其他合金钢热加工条、杆,截面为圆形的(除热轧,热拉拔或热挤压外未经进一步加工的)〔999〕	3	20	13		千克			28%	0	
72283099	----其他										0
7228309900	其他合金钢热加工条、杆,截面为圆形的除外(除热轧,热拉拔或热挤压外未经进一步加工的)〔999〕	3	20	13		千克			28%	0	
72284000	-其他条、杆,除锻造外未经进一步加工										0
7228400000	其他合金钢锻造条、杆(除锻造外未经进一步加工的)〔999〕	3	20	13		千克			28%	0	

协定税率(%)																		特惠税率(%)			Article Description
智利	新西兰	澳大利亚	瑞士	冰岛	秘鲁	哥斯达	东盟	亚太	新加坡	巴基斯坦	港/澳/台	韩国	格鲁吉亚	毛里求斯	柬埔寨	尼加拉瓜	日/韩/澳/新/东 (RCEP)	亚太2国	老/柬/缅	LDC 98/97/95	
0	0	0	0	0	0	0	0			0	0/0/	0	0	0	0	0	2.2/2.1/0/0/0			0/0/0	-Of high speed steel
0	0	0	0	0	0	0	0			0	0/0/	0	0	0	0	0	2.2/2.1/0/0/0			0/0/0	---Of tool steels
0	0	0	0	0	0	0	0			0	0/0/	0	0	0	0	0	2.2/2.1/0/0/0			0/0/0	----Of boron-containing alloy steel
0	0	0	0	0	0	0	0			0	0/0/	0	0	0	0	0	2.2/2.1/0/0/0			0/0/0	----Other
0	0	0	0	0	0	0	0			0	0/0/	1	0	0	0	0	2.4/2.1/2.1/2.1/2.1			0/0/0	--Not further worked than cold-rolled (cold-reduced)
0	0	0	0	0	0	0	0			0	0/0/	0	0	0	0	0	5.1/4.9/0/0/0			0/0/0	---Electrolytically plated or coated with zinc
0	0	0	0	0	0	0	0			0	0/0/	0	0	0	0	0	5.1/4.9/0/0/0			0/0/0	---Otherwise plated or coated with zinc
0	0	0	0	0	0	0	0			0	0/0/	0	0	0	0	0	5.1/4.9/4.9/4.9/4.9			0/0/0	---Other
																					Bars and rods, hot-rolled, in irregularly wound coils, of other alloy steel:
0	0	0	0	0	0	0	0			0	0/0/	0	0	0	0	0	0/0/0/0/0			0/0/0	-Of high speed steel
0	0	0	0	0	0	0	0			0	0/0/	2	0	0	0	0	4.9/4.2/4.2/4.2/4.2			0/0/0	-Of silico-manganese steel
0	0	0	0	0	0	0	0			0	0/0/	0	0	0	0	0	0/0/2.1/2.1/0			0/0/0	---Of boron-containing alloy steel
0	0	0	0	0	0	0	0			0	0/0/	0	0	0	0	0	0/0/2.1/2.1/0			0/0/0	----Of circular cross-section
0	0	0	0	0	0	0	0			0	0/0/	0	0	0	0	0	0/0/2.1/2.1/0			0/0/0	----Other
																					Other bars and rods of other alloy steel; angles, shapes and sections, of other alloy steel; hollow drill bars and rods, of alloy or non-alloy steel:
0	0	0	0	0	0	0	0			0	0/0/	0	0	0	0	0	2.2/2.1/0/0/0			0/0/0	-Bars and rods, of high speed steel
0	0	0	0	0	0	0	0			0	0/0/	0	0	0	0	0	4.4/4.2/0/0/0			0/0/0	-Bars and rods, of silico-manganese steel
0	0	0	0	0	0	0	0			0	0/0/	0	0	0	0	0	//2.6/2.6/2.6			0/0/0	---Of boron-containing alloy steel
0	0	0	0	0	0	0	0			0	0/0/	0	0	0	0	0	2.6/2.6/2.6/2.6/2.6			0/0/0	----Of circular cross-section
0	0	0	0	0	0	0	0			0	0/0/	0	0	0	0	0	2.6/2.6/2.6/2.6/2.6			0/0/0	----Other
0	0	0	0	0	0	0	0			0	0/0/	0	0	0	0	0	2.4/2.1/2.1/2.1/2.1			0/0/0	-Other bars and rods, not further worked than forged

商品编号	商品名称及备注[检验检疫编码及名称]	进口关税(%)		增值税率(%)	消费税	计量单位	监管条件	检验检疫类别	对美税率	出口税率(%)	出口退税率(%)
		最惠国	普通								
72285000	-其他条、杆,除冷成形或冷加工外未经进一步加工										0
7228500000	其他合金钢冷成形或冷加工条、杆(除冷成形或冷加工外未进一步加工)〔999〕	3	20	13		千克			28%	0	
72286000	-其他条、杆										0
7228600000	其他合金钢条、杆(热加工或冷加工后经进一步加工)〔999〕	3	20	13		千克			28%	0	
72287010	---履带板型钢										0
7228701000	履带板合金型钢〔999〕	6	17	13		千克				0	
72287090	---其他										0
7228709000	其他合金钢角材、型材及异型材〔999〕	5	17	13		千克			30%	0	
72288000	-空心钻钢										0
7228800000	其他合金钢空心钻钢(包括非合金钢)〔999〕	7	35	13		千克				0	
7229	**其他合金钢丝:**										
72292000	-硅锰钢制										0
7229200000	硅锰钢丝〔999〕	7	20	13		千克			32%	0	
72299010	---高速钢制										0
7229901000	高速钢丝〔999〕	3	20	13		千克				0	
72299090	---其他										0
7229909000	其他合金钢丝〔999〕	7	20	13		千克			32%	0	

协定税率(%)																		特惠税率(%)			Article Description
智利	新西兰	澳大利亚	瑞士	冰岛	秘鲁	哥斯达	东盟	亚太	新加坡	巴基斯坦	港/澳/台	韩国	格鲁吉亚	毛里求斯	柬埔寨	尼加拉瓜	日/韩/澳/新/东(RCEP)	亚太2国	老/柬/缅	LDC 98/97/95	
0	0	0	0	0	0	0	0			0	0/0/	0	0	0	0	0	2. 2/2. 1/2. 1/2. 1/2. 1			0/0/0	-Other bars and rods, not further worked than cold-formed of cold-finished
0	0	0	0	0	0	0	0			0	0/0/	0	0	0	0	0	2. 2/2. 1/0/0/0			0/0/0	-Other bars and rods
0	0	0	0	0	0	0	0			0	0/0/	0	0	0	0	0	0/0/0/0/0			0/0/0	---Shapes of crawler tread
0	0	0	0	0	0	0	0			0	0/0/	0	0	0	0	0	4. 9/4. 2/4. 2/4. 2/4. 2			0/0/0	---Other
0	0	0	0	0	0	0	0			0	0/0/	0	0	0	0	0	5. 1/0/0/0/0			0/0/0	-Hollow drill bars and rods
																					Wire of other alloy steel:
0	0	0	0	0	0	0	0			0	0/0/	2. 3	0	0	0	0	5. 7/4. 9/4. 9/4. 9/4. 9			0/0/0	-Of silico-manganese steel
0	0	0	0	0	0	0	0			0	0/0/	0	0	0	0	0	2. 2/2. 1/0/0/0			0/0/0	---Of high speed steel
0	0	0	0	0	0	0	0			0	0/0/		0	0	0	0	//6/6/6			0/0/0	---Other

第七十三章
钢铁制品

注释：

一、本章所称“铸铁”，适用于经铸造而得的产品，按重量计其铁元素含量超过其他元素单项含量并与第七十二章注释一（四）所述的钢的化学成分不同。

二、本章所称“丝”，是指热或冷成形的任何截面形状的产品，但其截面尺寸均不超过16毫米。

商品编号	商品名称及备注[检验检疫编码及名称]	进口关税(%)		增值税率(%)	消费税	计量单位	监管条件	检验检疫类别	对美税率	出口税率(%)	出口退税率(%)
		最惠国	普通								
7301	钢铁板桩，不论是否钻孔、打眼或组装；焊接的钢铁角材、型材及异型材：										
73011000	-钢铁板桩										0
7301100000	钢铁板桩（不论是否钻孔、扎眼或组装）〔999〕	7	20	13		千克			32%	0	
73012000	-角材、型材及异型材										0
7301200000	焊接的钢铁角材、型材及异型材〔999〕	7	30	13		千克			32%	0	
7302	铁道及电车道铺轨用钢铁材料（钢轨、护轨、齿轨、道岔尖轨、辙叉、尖轨拉杆及其他岔道段体、轨枕、鱼尾板、轨座、轨座楔、钢轨垫板、钢轨夹、底板、固定板及其他专门用于连接或加固路轨的材料）：										
73021000	-钢轨										0
7302100000	钢轨〔999〕	6	14	13		千克			31%	0	
73023000	-道岔尖轨、辙叉、尖轨拉杆及其他叉道段体										0
7302300000	道岔尖轨、辙叉、尖轨拉杆及其他岔道段体〔999〕	8	17	13		千克				0	
73024000	-鱼尾板及钢轨垫板										0
7302400000	钢铁制鱼尾板、钢轨垫板〔999〕	7	17	13		千克				0	
73029010	---轨枕										0
7302901000	钢铁轨枕〔999〕	6	14	13		千克				0	
73029090	---其他										0
7302909000	其他铁道电车道铺轨用钢铁材料〔999〕	7	17	13		千克			32%	0	
7303	铸铁管及空心异型材：										
73030010	---内径在500毫米及以上的圆形截面管										0
7303001000	内径≥500毫米的铸铁圆型截面管〔101 铸铁管压力管道〕	4	40	13		千克				0	
73030090	---其他										0
7303009000	其他铸铁管及空心异型材〔101 铸铁管压力管道〕	4	40	13		千克			29%	0	
7304	无缝钢铁管及空心异型材（铸铁的除外）：										
73041110	---外径大于等于215.9毫米，但不超过406.4毫米										0
7304111000	不锈钢制215.9毫米≤外径≤406.4毫米的管道管（石油或天然气无缝钢铁管道管）〔101 无缝钢管压力管道〕，〔102 无缝钢管〕	5	17	13		千克			30%/20%	0	
73041120	---外径超过114.3毫米，但小于215.9毫米										0
7304112000	不锈钢制114.3毫米<外径<215.9毫米的管道管（石油或天然气无缝钢铁管道管）〔101 无缝钢管压力管道〕，〔102 无缝钢管〕	5	17	13		千克			30%/20%	0	
73041130	---外径不超过114.3毫米										0
7304113000	不锈钢制外径≤114.3毫米的管道管（石油或天然气无缝钢铁管道管）〔101 无缝钢管压力管道〕，〔102 无缝钢管〕	5	17	13		千克			30%/20%	0	
73041190	---其他										0
7304119000	其他不锈钢制管道管（石油或天然气无缝钢铁管道管）〔101 无缝钢管压力管道〕，〔102 无缝钢管〕	5	17	13		千克			30%/20%	0	
73041910	---外径大于等于215.9毫米，但不超过406.4毫米										0
7304191000	其他215.9毫米≤外径≤406.4毫米的管道管（石油或天然气无缝钢铁管道管铸铁的除外）〔101 无缝钢管压力管道〕，〔102 无缝钢管〕	5	17	13		千克			45%/20%	0	

Chapter 73
Articles of iron or steel

Chapter Notes:

1. In this Chapter the expression "cast iron" applies to products obtained by casting in which iron predominates by weight over each of the other elements and which do not comply with the chemical composition of steel as defined in Note 1 (d) to Chapter 72.

2. In this Chapter the word "wire" means hot or cold-formed products of any cross-sectional shape, of which no cross-sectional dimension exceeds 16mm.

协定税率(%)																		特惠税率(%)			
智利	新西兰	澳大利亚	瑞士	冰岛	秘鲁	哥斯达	东盟	亚太	新加坡	巴基斯坦	港/澳/台	韩国	格鲁吉亚	毛里求斯	柬埔寨	尼加拉瓜	日/韩/澳/新/东(RCEP)	亚太2国	老/柬/缅	LDC 98/97/95	Article Description
																					Sheet piling of iron or steel, whether or not drilled, punched or made from assembled elements; welded angles, shapes and sections, of iron or steel:
0	0	0	0	0	0	0	0	6.3		0	0/0/	0	0	0	0	0	5.1/4.9/4.9/4.9/4.9			0/0/0	-Sheet piling
0	0	0	0	0	0	0	0			0	0/0/	0	0	0	0	0	5.1/4.9/4.9/4.9/4.9			0/0/0	-Angles, shapes and sections
																					Railway or tramway track construction material of iron or steel, the following: rails, check-rails and rack rails, switch blades, crossing frogs, point rods and other crossing pieces, sleepers (cross-ties), fishplates, chairs, chair wedges, sole plates (base plates), rail clips, bedplates, ties and other material specialized for jointing or fixing rails:
0	0	0	0	0	0	0	0			0	0/0/	0	0	0	0	0	4.4/4.2/0/0/0			0/0/0	-Rails
0	0	0	0	0	0	0	0			0	0/0/	0	0	0	0	6.4	5.8/0/0/0/0			0/0/0	-Switch blades, crossing frogs, point rods and other crossing pieces
0	0	0	0	0	0	0	0			0	0/0/	0	0	0	0	0	5.1/4.9/0/0/0			0/0/0	-Fish-plates and sole plates
0	0	0	0	0	0	0	0	5.1		0	0/0/	0	0	0	0	0	0/0/0/0/0			0/0/0	---Sleepers (cross-ties)
0	0	0	0	0	0	0	0	6		0	0/0/	0	0	0	0	0	5.1/0/0/0/0			0/0/0	---Other
																					Tubes, pipes and hollow profiles, of cast iron:
0	0	0	0	0	0	0	0			0	0/0/	0	0	0	0	0	0/0/0/0/0			0/0/0	---Tubes and pipes of circular cross-section, of the internal diameter of 500mm or more
0	0	0	0	0	0	0	0			0	0/0/	0	0	0	0	0	0/0/0/0/0			0/0/0	---Other
																					Tubes, pipes and hollow profiles, seamless, of iron (other than cast iron) or steel:
0	0	0	0	0	0	0	0			0	0/0/	0	0	0	0	0	3.6/3.5/0/0/0			0/0/0	---Having an outside diameter of 215.9mm or more but not exceeding 406.4mm
0	0	0	0	0	0	0	0			0	0/0/	0	0	0	0	0	3.6/3.5/0/0/0			0/0/0	---Having an outside diameter exceeding 114.3mm but less than 215.9mm
0	0	0	0	0	0	0	0			0	0/0/	0	0	0	0	0	3.6/3.5/0/0/0			0/0/0	---Having an outside diament not exceeding 114.3mm
0	0	0	0	0	0	0	0			0	0/0/	0	0	0	0	0	0/0/0/0/0			0/0/0	---Other
0	0	0	0	0	0	0	0			0	0/0/	0	0	0	0	0	3.6/3.5/0/0/0			0/0/0	---Having an outside diameter of 215.9mm or more but not exceeding 406.4mm

商品编号	商品名称及备注[检验检疫编码及名称]	进口关税(%)		增值税率(%)	消费税	计量单位	监管条件	检验检疫类别	对美税率	出口税率(%)	出口退税率(%)
		最惠国	普通								
73041920	---外径超过 114.3 毫米，但小于 215.9 毫米										0
7304192000	其他 114.3 毫米<外径<215.9 毫米的管道管(石油或天然气无缝钢铁管道管铸铁的除外)〔101 无缝钢管压力管道〕,〔102 无缝钢管〕	5	17	13		千克			20%/20%	0	
73041930	---外径不超过 114.3 毫米										0
7304193000	其他外径≤114.3 毫米的管道管(石油或天然气无缝钢铁管道管铸铁的除外)〔101 无缝钢管压力管道〕,〔102 无缝钢管〕	5	17	13		千克			45%/20%	0	
73041990	---其他										0
7304199000	其他管道管(石油或天然气无缝钢铁管道管铸铁的除外)〔101 无缝钢管压力管道〕,〔102 无缝钢管〕	5	17	13		千克			45%/20%	0	
73042210	---外径不超过 168.3 毫米										0
7304221000	不锈钢制外径≤168.3 毫米钻管(钻探石油及天然气用)〔101 无缝钢管压力管道〕,〔102 无缝钢管〕	4	17	13		千克			19%/19%	0	
73042290	---其他										0
7304229000	其他不锈钢制钻管(钻探石油及天然气用)〔101 无缝钢管压力管道〕,〔102 无缝钢管〕	4	17	13		千克			19%/19%	0	
73042310	---外径不超过 168.3 毫米										0
7304231000	其他外径≤168.3 毫米钻管(钻探石油及天然气用，铸铁的除外)〔101 无缝钢管压力管道〕,〔102 无缝钢管〕	4	17	13		千克			29%/19%	0	
73042390	---其他										0
7304239000	其他钻管(钻探石油及天然气用铸铁的除外)〔101 无缝钢管压力管道〕,〔102 无缝钢管〕	4	17	13		千克			19%/19%	0	
73042400	--其他不锈钢管										0
7304240000	其他不锈钢制钻探石油及天然气用的套管及导管〔101 无缝钢管压力管道〕,〔102 无缝钢管〕	4	17	13		千克			44%/19%	0	
73042910	---屈服强度小于 552 兆帕的										0
7304291000	屈服强度<552 兆帕的其他钻探石油及天然气用的套管及导管(铸铁的除外)〔101 无缝钢管压力管道〕,〔102 无缝钢管〕	4	17	13		千克			44%/19%	0	
73042920	---屈服强度大于等于 552 兆帕，但小于 758 兆帕的										0
7304292000	552 兆帕≤屈服强度<758 兆帕的其他钻探石油及天然气用的套管及导管(铸铁的除外)〔101 无缝钢管压力管道〕,〔102 无缝钢管〕	4	17	13		千克			19%/19%	0	
73042930	---屈服强度大于等于 758 兆帕的										0
7304293000	屈服强度≥758 兆帕的其他钻探石油及天然气用的套管及导管(铸铁的除外)〔101 无缝钢管压力管道〕,〔102 无缝钢管〕	4	17	13		千克			19%/19%	0	
73043110	---锅炉管										0
7304311000	冷轧的钢铁制无缝锅炉管(冷拔或冷轧的铁或非合金钢制的，包括内螺纹)〔101 无缝钢管压力管道〕,〔102 无缝钢管〕	4	17	13		千克			44%/19%	0	
73043120	---地质钻管、套管										0
7304312000	冷轧的铁制无缝地质钻管、套管(冷拔或冷轧的铁或非合金钢制的)〔101 无缝钢管压力管道〕,〔102 无缝钢管〕	8	17	13		千克			23%/23%	0	
73043190	---其他										0
7304319000	其他冷轧的铁制无缝圆形截面管(冷拔或冷轧的铁或非合金钢制的)〔101 无缝钢管压力管道〕,〔102 无缝钢管〕	4	17	13		千克			29%/19%	0	
73043910	---锅炉管										0
7304391000	非冷拔或冷轧的铁制无缝锅炉管〔101 无缝钢管压力管道〕,〔102 无缝钢管〕	4	17	13		千克			44%/19%	0	
73043920	---地质钻管、套管										0
7304392000	非冷轧的铁制无缝地质钻管、套管(非冷拔或冷轧的铁或非合金钢制的)〔101 无缝钢管压力管道〕,〔102 无缝钢管〕	5	17	13		千克			20%/20%	0	
73043990	---其他										0
7304399000	非冷轧的铁制其他无缝管(非冷拔或冷轧的铁或非合金钢制的)〔101 无缝钢管压力管道〕,〔102 无缝钢管〕	4	17	13		千克			29%/19%	0	
73044110	---锅炉管										0
7304411000	冷轧的不锈钢制无缝锅炉管(冷拔或冷轧的，包括内螺纹)〔101 无缝钢管压力管道〕,〔102 无缝钢管〕	8	17	13		千克			48%/23%	0	
73044190	---其他										0
7304419000	冷轧的不锈钢制的其他无缝管(冷拔或冷轧的)〔101 无缝钢管压力管道〕,〔102 无缝钢管〕	8	40	13		千克			43%/23%	0	
73044910	---锅炉管										0
7304491000	非冷轧(拔)不锈钢制无缝锅炉管(包括内螺纹)〔101 无缝钢管压力管道〕,〔102 无缝钢管〕	8	17	13		千克			43%/23%	0	
73044990	---其他										0

协定税率(%)																		特惠税率(%)			Article Description
智利	新西兰	澳大利亚	瑞士	冰岛	秘鲁	哥斯达	东盟	亚太	新加坡	巴基斯坦	港/澳/台	韩国	格鲁吉亚	毛里求斯	柬埔寨	尼加拉瓜	日/韩/澳/新/东(RCEP)	亚太2国	老/柬/缅	LDC 98/97/95	
0	0	0	0	0	0	0	0			0	0/0/	0	0	0	0	0	3.6/3.5/0/0/0			0/0/0	---Having an outside diameter exceeding 114.3mm but less than 215.9mm
0	0	0	0	0	0	0	0			0	0/0/	0	0	0	0	0	3.6/3.5/0/0/0			0/0/0	---Having an outside diament not exceeding 114.3mm
0	0	0	0	0	0	0	0			0	0/0/	0	0	0	0	0	0/0/0/0/0			0/0/0	---Other
0	0	0	0	0	0	0	0			0	0/0/	0	0	0	0	0	0/0/0/0/0			0/0/0	---Having an outside diameter not exceeding 168.3mm
0	0	0	0	0	0	0	0			0	0/0/	0	0	0	0	0	0/0/0/0/0			0/0/0	---Other
0	0	0	0	0	0	0	0			0	0/0/	0	0	0	0	0	0/0/0/0/0			0/0/0	---Having an outside diameter not exceeding 168.3mm
0	0	0	0	0	0	0	0			0	0/0/	0	0	0	0	0	0/0/0/0/0			0/0/0	---Other
0	0	0	0	0	0	0	0	2		0	0/0/	0	0	0	0	0	3.4/0/0/0/0			0/0/0	--Other, of stainless steel
0	0	0	0	0	0	0	0	2		0	0/0/	0	0	0	0	0	0/0/2.8/2.8/0			0/0/0	---Having an yield strength less than 552MPa
0	0	0	0	0	0	0	0	2		0	0/0/	0	0	0	0	0	0/0/2.8/2.8/0			0/0/0	---Having an yield strength of 552MPa or more but less than 758MPa
0	0	0	0	0	0	0	0	2		0	0/0/	0	0	0	0	0	0/0/2.8/2.8/0			0/0/0	---Having an yield strength of 758MPa or more
0	0	0	0	0	0	0	0			0	0/0/	0	0	0	0	0	0/0/0/0/0			0/0/0	---Boiler tubes and pipes
0	0	0	0	0	0	0	0			0	0/0/	0	0	0	0	6.4	5.8/0/0/0/0			0/0/0	---Geologicalcasing and drill pipes
0	0	0	0	0	0	0	0			0	0/0/	0	0	0	0	0	3.4/0/0/0/0			0/0/0	---Other
0	0	0	0	0	0	0	0			0	0/0/	0	0	0	0	0	0/0/0/0/0			0/0/0	---Boiler tubes and pipes
0	0	0	0	0	0	0	0			0	0/0/	0	0	0	0	0	0/0/0/0/0			0/0/0	---Geological casinganddrill pipes
0	0	0	0	0	0	0	0			0	0/0/	0	0	0	0	0	2.9/2.8/0/0/0			0/0/0	---Other
0	0	0	0	0	0	0	0		0	0	0/0/	0	0	0	0	6.4	8.6/8.5/8.5/8.5/8.5			0/0/0	---Boiler tubes and pipes
0	0	0	0	0	0	0	0		0	0	0/0/	5	0	0	0	6.4	//8.5/8.5/8.5			0/0/0	---Other
0	0	0	0	0	0	0	0		0	0	0/0/	0	0	0	0	6.4	7.3/7/0/0/0			0/0/0	---Boiler tubes and pipes
0	0	0	0	0	0	0	0		0	0	0/0/	0	0	0	0	6.4	7.3/7/7/7/7			0/0/0	---Other

商品编号	商品名称及备注[检验检疫编码及名称]	进口关税(%)		增值税率(%)	消费税	计量单位	监管条件	检验检疫类别	对美税率	出口税率(%)	出口退税率(%)
		最惠国	普通								
7304499000	非冷轧的不锈钢制其他无缝管(冷拔或冷轧的除外)〔101 无缝钢管压力管道〕,〔102 无缝钢管〕	8	40	13		千克			48%/23%	0	
73045110	---锅炉管										0
7304511001	高温承压用合金钢无缝钢管(抗拉强度≥620 兆帕、屈服强度≥440 兆帕)[外径在 127 毫米以上(含 127 毫米),化学成分(wt%)中碳(C)的含量≥0.07 且≤0.13、铬(Cr)的含量≥8.5 且≤9.5、钼(Mo)的含量≥0.3 且≤0.6、钨(W)的含量≥1.5 且≤2.0、抗拉强度≥620 兆帕、屈服强度≥440 兆帕]〔101 无缝钢管压力管道〕,〔102 无缝钢管〕	4	17	13		千克			19%/19%	0	
7304511090	冷轧的其他合金钢无缝锅炉管(冷拔或冷轧的,包括内螺纹)〔101 无缝钢管压力管道〕,〔102 无缝钢管〕	4	17	13		千克			19%/19%	0	
73045120	---地质钻管、套管										0
7304512000	冷轧的其他合金钢无缝地质钻管、套管(冷拔或冷轧的)〔101 无缝钢管压力管道〕,〔102 无缝钢管〕	4	17	13		千克			19%/19%	0	
73045190	---其他										0
7304519001	高温承压用合金钢无缝钢管(抗拉强度≥620 兆帕、屈服强度≥440 兆帕)[外径在 127 毫米以上(含 127 毫米),化学成分(wt%)中碳(C)的含量≥0.07 且≤0.13、铬(Cr)的含量≥8.5 且≤9.5、钼(Mo)的含量≥0.3 且≤0.6、钨(W)的含量≥1.5 且≤2.0、抗拉强度≥620 兆帕、屈服强度≥440 兆帕]〔101 无缝钢管压力管道〕,〔102 无缝钢管〕	4	17	13		千克			44%/19%	0	
7304519090	冷轧的其他合金钢制其他无缝管(冷拔或冷轧的)〔101 无缝钢管压力管道〕,〔102 无缝钢管〕	4	17	13		千克			44%/19%	0	
73045910	---锅炉管										0
7304591001	高温承压用合金钢无缝钢管(抗拉强度≥620 兆帕、屈服强度≥440 兆帕)[外径在 127 毫米以上(含 127 毫米),化学成分(wt%)中碳(C)的含量≥0.07 且≤0.13、铬(Cr)的含量≥8.5 且≤9.5、钼(Mo)的含量≥0.3 且≤0.6、钨(W)的含量≥1.5 且≤2.0、抗拉强度≥620 兆帕、屈服强度≥440 兆帕]〔101 无缝钢管压力管道〕,〔102 无缝钢管〕	4	17	13		千克			29%/19%	0	
7304591090	非冷轧其他合金钢无缝锅炉管(非冷拔或冷轧的)〔101 无缝钢管压力管道〕,〔102 无缝钢管〕	4	17	13		千克			29%/19%	0	
73045920	---地质钻管、套管										0
7304592000	非冷轧其他合金钢无缝地质钻管、套管(冷拔或冷轧的除外)〔101 无缝钢管压力管道〕,〔102 无缝钢管〕	4	17	13		千克			19%/19%	0	
73045990	---其他										0
7304599001	高温承压用合金钢无缝钢管(抗拉强度≥620 兆帕、屈服强度≥440 兆帕)[外径在 127 毫米以上(含 127 毫米),化学成分(wt%)中碳(C)的含量≥0.07 且≤0.13、铬(Cr)的含量≥8.5 且≤9.5、钼(Mo)的含量≥0.3 且≤0.6、钨(W)的含量≥1.5 且≤2.0、抗拉强度≥620 兆帕、屈服强度≥440 兆帕]〔101 无缝钢管压力管道〕,〔102 无缝钢管〕	4	17	13		千克			44%/19%	0	
7304599090	非冷轧其他合金钢制无缝圆形截面管(非冷拔或冷轧的)〔101 无缝钢管压力管道〕,〔102 无缝钢管〕	4	17	13		千克			44%/19%	0	
73049000	-其他										0
7304900000	未列名无缝钢铁管及空心异型材(铸铁除外)〔101 无缝钢管压力管道〕,〔102 无缝钢管〕	4	17	13		千克			39%/19%	0	
7305	**其他圆形截面钢铁管(例如,焊、铆及用类似方法接合的管),外径超过 406.4 毫米:**										
73051100	--纵向埋弧焊接的										0
7305110000	纵向埋弧焊接石油、天然气粗钢管(粗钢管指外径>406.4 毫米〔101 焊接钢管压力管道〕,〔102 焊接钢管〕	7	17	13		千克			32%	0	
73051200	--其他纵向焊接的										0
7305120000	其他纵向焊接石油、天然气粗钢管(粗钢管指外径>406.4 毫米)〔101 焊接钢管压力管道〕,〔102 焊接钢管〕	3	17	13		千克				0	
73051900	--其他										0
7305190000	其他石油、天然气粗钢管(粗钢管指外径>406.4 毫米)〔101 焊接钢管压力管道〕,〔102 焊接钢管〕	7	17	13		千克				0	
73052000	-钻探石油或天然气用套管										0
7305200000	其他钻探石油、天然气用粗套管(粗套管指外径>406.4 毫米)〔101 焊接钢管压力管道〕,〔102 焊接钢管〕	7	17	13		千克				0	
73053100	--纵向焊接的										0
7305310000	纵向焊接的其他粗钢铁管(粗钢铁管指外径>406.4 毫米)〔101 焊接钢管压力管道〕,〔102 焊接钢管〕	6	30	13		千克			31%	0	
73053900	--其他										0
7305390000	其他方法焊接其他粗钢铁管(粗钢铁管指外径>406.4 毫米)〔101 焊接钢管压力管道〕,〔102 焊接钢管〕	6	30	13		千克			26%	0	
73059000	-其他										0
7305900000	未列名圆形截面粗钢铁管(粗钢铁管指外径>406.4 毫米)〔101 焊接钢管压力管道〕,〔102 焊接钢管〕	6	30	13		千克				0	

智利	新西兰	澳大利亚	瑞士	冰岛	秘鲁	哥斯达	东盟	亚太	新加坡	巴基斯坦	港/澳/台	韩国	格鲁吉亚	毛里求斯	柬埔寨	尼加拉瓜	日/韩/澳/新/东(RCEP)	亚太2国	老/柬/缅	LDC 98/97/95	Article Description
协定税率(%)																		特惠税率(%)			
0	0	0	0	0	0	0	0			0	0/0/	0	0	0	0	0	0/0/0/0/0			0/0/0	---Boiler tubes and pipes
0	0	0	0	0	0	0	0			0	0/0/	0	0	0	0	0	0/0/0/0/0			0/0/0	---Geological casing and drill pipes
0	0	0	0	0	0	0	0			0	0/0/	0	0	0	0	0	0/0/0/0/0			0/0/0	---Other
0	0	0	0	0	0	0	0			0	0/0/	0	0	0	0	0	0/0/2. 8/2. 8/0			0/0/0	---Boiler tubes and pipes
0	0	0	0	0	0	0	0			0	0/0/	0	0	0	0	0	0/0/0/0/0			0/0/0	---Geological casing and drill pipes
0	0	0	0	0	0	0	0			0	0/0/	0	0	0	0	0	0/0/2. 8/2. 8/0			0/0/0	---Other
0	0	0	0	0	0	0	0			0	0/0/	0	0	0	0	0	0/0/0/0/0			0/0/0	-Other
																					Other tubes and pipes (for example, welded, riveted or similarly closed), having circular cross-sections, the external diameter of which exceeds 406. 4mm, of iron or steel:
0	0	0	0	0	0	0	0			0	0/0/	2,3	0	0	0	0	5. 7/4. 9/4. 9/4. 9/4. 9			0/0/0	--Longitudinally submerged arc welded
0	0	0	0	0	0	0	0			0	0/0/	0	0	0	0	0	0/0/0/0/0			0/0/0	--Other, longitudinally welded
0	0	0	0	0	0	0	0			0	0/0/	0	0	0	0	0	5. 1/0/0/0/0			0/0/0	--Other
0	0	0	0	0	0	0	0			0	0/0/	0	0	0	0	0	5. 1/0/0/0/0			0/0/0	-Casing of a kind used in drilling for oil or gas
0	0	0	0	0	0	0	0			0	0/0/	2	0	0	0	0	4. 9/4. 2/4. 2/4. 2/4. 2			0/0/0	--Longitudinally welded
0	0	0	0	0	0	0	0			0	0/0/	2	0	0	0	0	4. 9/4. 2/4. 2/4. 2/4. 2			0/0/0	--Other
0	0	0	0	0	0	0	0			0	0/0/	0	0	0	0	0	0/0/0/0/0			0/0/0	-Other

商品编号	商品名称及备注[检验检疫编码及名称]	进口关税(%)		增值税率(%)	消费税	计量单位	监管条件	检验检疫类别	对美税率	出口税率(%)	出口退税率(%)
		最惠国	普通								
7306	**其他钢铁管及空心异型材(例如,辊缝、焊、铆及类似方法接合的):**										
73061100	--不锈钢焊缝管										0
7306110000	不锈钢焊缝石油及天然气管道管〔101 焊接钢管压力管道〕,〔102 焊接钢管〕	7	17	13		千克				0	
73061900	--其他										0
7306190000	非不锈钢焊缝石油及天然气管道管〔101 焊接钢管压力管道〕,〔102 焊接钢管〕	7	17	13		千克			32%	0	
73062100	--不锈钢焊缝管										0
7306210000	不锈钢焊缝钻探石油及天然气用套管及导管〔101 焊接钢管压力管道〕,〔102 焊接钢管〕	3	17	13		千克			23%	0	
73062900	--其他										0
7306290000	其他钻探石油及天然气用套管及导管〔101 无缝钢管压力管道〕,〔102 焊接钢管压力管道〕,〔103 无缝钢管〕,〔104 焊接钢管〕	3	17	13		千克			23%	0	
73063011	----壁厚在 0.7 毫米及以下										0
7306301100	其他铁或非合金钢圆形截面焊缝管外径≤10 毫米,壁厚≤0.7 毫米(细焊缝管指外径≤406.4 毫米)〔101 焊接钢管压力管道〕	3	30	13		千克			28%	0	
73063019	----其他										0
7306301900	其他铁或非合金钢圆形截面焊缝管外径≤10 毫米,壁厚>0.7 毫米(细焊缝管指外径≤406.4 毫米)〔101 焊接钢管压力管道〕	3	30	13		千克			23%	0	
73063090	---其他										0
7306309000	其他铁或非合金钢圆形截面焊缝管,外径>10 毫米(细焊缝管指外径≤406.4 毫米)〔101 焊接钢管压力管道〕	3	30	13		千克			28%	0	
73064000	-不锈钢制的其他圆形截面焊缝管										0
7306400000	不锈钢其他圆形截面细焊缝管(细焊缝管指外径≤406.4 毫米)〔101 焊接钢管压力管道〕	6	30	13		千克			16%	0	
73065000	-其他合金钢的圆形截面焊缝管										0
7306500000	其他合金钢的圆形截面细焊缝管(细焊缝管指外径≤406.4 毫米)〔101 焊接钢管压力管道〕	3	30	13		千克			28%	0	
73066100	--矩形或正方形截面的										0
7306610000	矩形或正方形截面的其他焊缝管〔101 焊接钢管压力管道〕,〔102 铸铁管压力管道〕,〔103 其他铸铁管压力管道〕	3	30	13		千克			23%	0	
73066900	--其他非圆形截面的										0
7306690000	其他非圆形截面的其他焊缝管〔101 焊接钢管压力管道〕,〔102 铸铁管压力管道〕	3	30	13		千克			23%	0	
73069000	-其他										0
7306900010	多壁式管道(直接与化学品接触表面由特殊耐腐蚀材料制成)①	6	30	13		千克/个	3		26%	0	
7306900090	未列名其他钢铁管及空心异型材②	6	30	13		千克/个			26%	0	
7307	**钢铁管子附件(例如,接头、肘管、管套):**										
73071100	--无可锻性铸铁制										0
7307110000	无可锻性铸铁制管子附件〔101 其他金属制法兰及管件压力管件〕,〔102 其他金属制法兰及管件〕	5	20	13		千克			15%	0	
73071900	--其他										0
7307190000	可锻性铸铁及铸钢管子附件〔101 其他金属制法兰及管件压力管件〕,〔102 其他金属制法兰及管件〕,〔103 其他金属及制品〕	8	20	13		千克			18%	0	
73072100	--法兰										0
7307210000	不锈钢制法兰〔999〕	8	20	13		千克			18%	0	
73072200	--螺纹肘管、弯管及管套										0
7307220000	不锈钢制螺纹肘管、弯管、管套〔101 不锈钢制螺纹管子附件压力管件〕,〔102 不锈钢制其他管子附件〕	8	20	13		千克			18%	0	
73072300	--对焊件										0
7307230000	不锈钢制对焊件〔101 不锈钢制对焊件管子附件压力管件〕,〔102 不锈钢制其他管子附件〕	8	20	13		千克			18%	0	
73072900	--其他										0
7307290000	不锈钢制其他管子附件〔101 不锈钢制对焊件管子附件压力管件〕,〔102 不锈钢制其他管子附件〕	8	20	13		千克			18%	0	
73079100	--法兰										0
7307910000	未列名钢铁制法兰(不锈钢除外)〔101 其他金属制法兰及管件压力管件〕,〔102 其他金属制法兰及管件〕	7	20	13		千克			27%	0	
73079200	--螺纹肘管、弯管及管套										0

① 〔101 无缝钢管压力管道〕,〔102 焊接钢管压力管道〕,〔103 铸铁管压力管道〕,〔104 无缝钢管〕,〔105 焊接钢管〕,〔106 铸铁管〕,〔107 其他钢铁及制品〕
② 〔101 无缝钢管压力管道〕,〔102 焊接钢管压力管道〕,〔103 铸铁管压力管道〕,〔104 无缝钢管〕,〔105 焊接钢管〕,〔106 铸铁管〕,〔107 其他钢铁及制品〕

协定税率(%)																		特惠税率(%)			Article Description
智利	新西兰	澳大利亚	瑞士	冰岛	秘鲁	哥斯达	东盟	亚太	新加坡	巴基斯坦	港/澳/台	韩国	格鲁吉亚	毛里求斯	柬埔寨	尼加拉瓜	日/韩/澳/新/东(RCEP)	亚太2国	老/柬/缅	LDC 98/97/95	
																					Other tubes, pipes and hollow profiles (for example, open seam or welded, riveted or similarly closed), of iron or steel:
0	0	0	0	0	0	0	0			0	0/0/	0	0	0	0	0	5. 1/4. 9/0/0/0			0/0/0	--Welded, of stainless steel
0	0	0	0	0	0	0	0			0	0/0/	2. 3	0	0	0	0	5. 7/4. 9/4. 9/4. 9/4. 9			0/0/0	--Other
0	0	0	0	0	0	0	0			0	0/0/	0	0	0	0	0	0/0/0/0/0			0/0/0	--Welded, of stainless steel
0	0	0	0	0	0	0	0			0	0/0/	0	0	0	0	0	0/0/0/0/0			0/0/0	--Other
0	0	0	0	0	0	0	0			0	0/0/	0	0	0	0	0	0/0/2. 1/2. 1/0			0/0/0	----Having a wall thickness of 0. 7mm or less
0	0	0	0	0	0	0	0			0	0/0/	1	0	0	0	0	2. 4/2. 1/2. 1/2. 1/2. 1			0/0/0	----Other
0	0	0	0	0	0	0	0			0	0/0/	1	0	0	0	0	2. 4/2. 1/2. 1/2. 1/2. 1			0/0/0	---Other
0	0	0	0	0	0	0	0			0	0/0/		0	0	0	0	//5/5/5			0/0/0	-Other, welded, of circular cross-section, of stainless steel
0	0	0	0	0	0	0	0			0	0/0/	1	0	0	0	0	2. 4/2. 1/2. 1/2. 1/2. 1			0/0/0	-Other, welded, of circular cross-section, of other alloy steel
0	0	0	0	0	0	0	0			0	0/0/	0	0	0	0	0	0/0/0/0/0			0/0/0	--Of square or rectangular cross-section
0	0	0	0	0	0	0	0			0	0/0/	1	0	0	0	0	2. 4/2. 1/2. 1/2. 1/2. 1			0/0/0	--Of other non-circular cross-section
0	0	0	0	0	0	0	0			0	0/0/		0	0	0	0	//5/5/5			0/0/0	-Other
																					Tube or pipe fittings (for example, couplings, elbows, sleeves), of iron or steel:
0	0	0	0	0	0	0	0			0	0/0/	0	0	0	0	0	0/0/0/0/0			0/0/0	--Of non-malleable cast iron
0	0	0	0	0	0	0	0			0	0/0/	0	0	0	0	6. 4	5. 8/0/0/0/0			0/0/0	--Other
0	0	0	0	0	0	0	0	6. 4		4	0/0/	0	0	0	0	6. 4	6. 1/0/0/0/0			0/0/0	--Flanges
0	0	0	0	0	0	0	0			0	0/0/	0	0	0	0	6. 4	6. 1/0/0/0/0			0/0/0	--Threaded elbows, bends and sleeves
0	0	0	0	0	0	0	0			0	0/0/	0	0	0	0	6. 4	6. 1/0/0/0/0			0/0/0	--Butt welding fittings
0	0	0	0	0	0	0	0			0	0/0/		0	0	0	6. 4	//5/5/5			0/0/0	--Other
0	0	0	0	0	0	0	0			4	0/0/	2. 3	0	0	0	0	5. 7/4. 9/4. 9/4. 9/4. 9			0/0/0	--Flanges
0	0	0	0	0	0	0	0			0	0/0/	0	0	0	0	0	0/0/2. 8/2. 8/0			0/0/0	--Threaded elbows, bends and sleeves

商品编号	商品名称及备注[检验检疫编码及名称]	进口关税(%)		增值税率(%)	消费税	计量单位	监管条件	检验检疫类别	对美税率	出口税率(%)	出口退税率(%)
		最惠国	普通								
7307920000	未列名钢铁制螺纹肘管、弯管、管套(不锈钢除外)〔101 其他金属制法兰及管件压力管件〕,〔102 其他金属制法兰及管件〕,〔103 其他金属及制品〕	4	20	13		千克			24%	0	
73079300	--对焊件										0
7307930000	未列名钢铁制对焊件(不锈钢除外)〔101 其他金属制法兰及管件压力管件〕,〔102 其他金属制法兰及管件〕	7	20	13		千克			32%	0	
73079900	--其他										0
7307990000	未列名钢铁制其他管子附件(不锈钢除外)〔101 其他金属制法兰及管件压力管件〕,〔102 其他金属制法兰及管件〕	4	20	13		千克			14%	0	
7308	**钢铁结构体(税目 94.06 的活动房屋除外)及其部件(例如,桥梁及桥梁体段、闸门、塔楼、格构杆、屋顶、屋顶框架、门窗及其框架、门槛、百叶窗、栏杆、支柱及立柱);上述结构体用的已加工钢铁板、杆、角材、型材、异型材、管子及类似品:**										
73081000	-桥梁及桥梁体段										13
7308100000	钢铁制桥梁及桥梁体段〔999〕	8	30	13		千克				0	
73082000	-塔楼及格构杆										13
7308200000	钢铁制塔楼及格构杆〔999〕	8	30	13		千克			28%	0	
73083000	-门窗及其框架、门槛										13
7308300000	钢铁制门窗及其框架、门槛〔999〕	8	50	13		千克			33%	0	
73084000	-脚手架、模板或坑道支撑用的支柱及类似设备										13
7308400000	钢铁制脚手架模板坑凳用支柱及类似设备〔999〕	8	30	13		千克			28%	0	
73089000	-其他										13
7308900000	其他钢铁结构体及部件(包括结构体用的已加工钢板、型材、管子及类似品)〔999〕	4	30	13		千克			29%	0	
7309	**盛装物料用的钢铁囤、柜、罐、桶及类似容器(装压缩气体或液化气体的除外),容积超过 300 升,不论是否衬里或隔热,但无机械或热力装置:**										
73090000	盛装物料用的钢铁囤、柜、罐、桶及类似容器(装压缩气体或液化气体的除外),容积超过 300 升,不论是否衬里或隔热,但无机械或热力装置										13
7309000000	容积>300 升钢铁制盛物容器(容积>300 升的囤、柜、桶、罐、听及类似容器)〔999〕	8	35	13		千克/个			28%	0	
7310	**盛装物料用的钢铁柜、桶、罐、听、盒及类似容器(装压缩气体或液化气体的除外),容积不超过 300 升,不论是否衬里或隔热,但无机械或热力装置:**										
73101000	-容积在 50 升及以上										13
7310100010	100 升<总容积≤300 升的容器(与所处理或盛放的化学品接触表面由特殊耐腐蚀材料制成)〔999〕	8	40	13		千克/个	3		33%	0	
7310100090	50 升≤容积≤300 升的其他钢铁制盛物容器(钢铁柜、桶、罐、听及类似容器)〔999〕	8	40	13		千克/个			33%	0	
73102110	---易拉罐及罐体										13
7310211000	容积<50 升的焊边或卷边接合钢铁易拉罐及罐体〔999〕	8	70	13		千克	A	R/	33%	0	
73102190	---其他										13
7310219000	容积<50 升的其他焊边或卷边接合钢铁罐〔999〕	8	70	13		千克			18%	0	
73102910	---易拉罐及罐体										13
7310291000	容积<50 升的其他易拉罐及罐体(焊边或卷边接合的除外)〔999〕	8	70	13		千克	A	R/	28%	0	
73102990	---其他										13
7310299000	容积<50 升的其他盛物容器(钢铁柜、桶、罐、听及类似容器)〔999〕	8	70	13		千克	A	R/	18%	0	
7311	**装压缩气体或液化气体用的钢铁容器:**										
73110010	---零售包装用										13

协定税率(%)																		特惠税率(%)			Article Description
智利	新西兰	澳大利亚	瑞士	冰岛	秘鲁	哥斯达	东盟	亚太	新加坡	巴基斯坦	港/澳/台	韩国	格鲁吉亚	毛里求斯	柬埔寨	尼加拉瓜	日/韩/澳/新/东(RCEP)	亚太2国	老/柬/缅	LDC 98/97/95	
0	0	0	0	0	0	0	0			0	0/0/	0	0	0	0	0	5.1/0/0/0/0			0/0/0	--Butt welding fittings
0	0	0	0	0	0	0	0			0	0/0/	0	0	0	0	0	0/0/0/0/0			0/0/0	--Other
																					Structures (excluding prefabricated buildings of heading 94.06) and parts of structures (for example, bridges and bridge-sections, lock-gates, towers, lattice masts, roofs, roofing frameworks, doors and windows and their frames and thresholds for doors, shutters, balustrades, pillars and columns), of iron or steel; plates, rods, angles, shapes, sections, tubes and the like, prepared for use in structures, of iron or steel:
0	0	0	0	0	0	0	0			0	0/0/	0	0	0	0	6.4	5.8/0/0/0/0			0/0/0	-Bridges and bridge-sections
0	0	0	0	0	0	0	0			0	0/0/	0	0	0	0	6.4	6.1/5.9/0/0/0			0/0/0	-Towers and lattice masts
0	0	0	0	0	0	0	0		0	0	0/0/	0	0	0	0	6.4	7.3/7/0/0/0			0/0/0	-Doors, windows and their frames and thresholds for doors
0	0	0	0	0	0	0	0			0	0/0/	0	0	0	0	6.4	6.1/0/0/0/0			0/0/0	-Equipment for scaffolding, shuttering, propping or pit-propping
0	0	0	0	0	0	0	0			0	0/0/	0	0	0	0	0	0/0/0/0/0			0/0/0	-Other
																					Reservoirs, tanks, vats and similar containers for any material (other than compressed or liquefied gas), of iron or steel, of a capacity exceeding 300L, whether or not lined or heat-insulated, but not fitted with mechanical or thermal equipment:
0	0	0	0	0	0	0	0		0	2.5	0/0/	0	0	0	0	6.4	7.6/7.4/7.4/7.4/7.4			0/0/0	Reservoirs, tanks, vats and similar containers for any material (other than compressed or liquefied gas), of iron or steel, of a capacity exceeding 300L, whether or not lined or heat-insulated, but not fitted with mechanical or thermal equipment
																					Tanks, casks, drums, cans, boxes and similar containers, for any material (other than compressed or liquefied gas), of iron or steel, of a capacity not exceeding 300L, whether or not lined or heat-insulated, but not fitted with mechanical or thermal equipment:
0	0	0	0	0	0	0	0		0	2.5	0/0/	5.2	0	0	0	6.4	//8.9/8.9/8.9			0/0/0	-Of a capacity of 50L or more
0	0	0	0	0	0	0	0		0	14	0/0/	0	0	0	0	6.4	12.7/12.3/0/0/0			0/0/0	---Tear tab ends and bodies
0	0	0	0	0	0	0	0		0	14	0/0/	0	0	0	0	6.4	12.7/12.3/0/0/0			0/0/0	---Other
0	0	0	1.5	0	0	0	0		0	14	0/0/	0	0	0	0	6.4	12.7/12.3/0/0/0			0/0/0	---Tear tab ends and bodies
0	0	0	1.5	0	0	0	0		0	14	0/0/	0	0	0	0	6.4	12.7/12.3/0/0/0			0/0/0	---Other
																					Containers for compressed or liquefied gas, of iron or steel:
0	0	0	0	0	0	0	0		0	14	0/0/	0	0	0	0	6.4	12.7/12.3/0/0/0			0/0/0	---For retail packing

商品编号	商品名称及备注［检验检疫编码及名称］	进口关税(%)		增值税率(%)	消费税	计量单位	监管条件	检验检疫类别	对美税率	出口税率(%)	出口退税率(%)
		最惠国	普通								
7311001000	装压缩或液化气的钢铁容器(指零售包装用)〔999〕	8	70	13		千克	6A	M/	18%	0	
73110090	---其他										13
7311009000	其他装压缩或液化气的容器(指非零售包装用)〔999〕	8	17	13		千克	6A	M/	18%	0	
7312	**非绝缘的钢铁绞股线、绳、缆、编带、吊索及类似品：**										
73121000	-绞股线、绳、缆										13
7312100000	非绝缘的钢铁绞股线、绳、缆〔101 其他深加工金属制品〕,〔102 钢丝绳〕,〔103 其他钢铁及制品〕	4	20	13		千克			29%	0	
73129000	-其他										13
7312900000	非绝缘钢铁编带、吊索及类似品〔101 其他深加工金属制品〕	4	20	13		千克			14%	0	
7313	**带刺钢铁丝；围篱用的钢铁绞带或单股扁丝(不论是否带刺)及松绞的双股丝：**										
73130000	带刺钢铁丝；围篱用的钢铁绞带或单股扁丝(不论是否带刺)及松绞的双股丝										13
7313000000	带刺钢铁丝、围篱用钢铁绞带(还包括单股扁丝及松绞的双股丝)〔101 其他深加工金属制品〕	7	70	13		千克			17%	0	
7314	**钢铁丝制的布(包括环形带)、网、篱、格栅；网眼钢铁板：**										
73141200	--不锈钢制的机器用环形带										13
7314120000	不锈钢制的机器环形带〔101 其他深加工金属制品〕	8	20	13		千克			28%	0	
73141400	--不锈钢制的其他机织品										13
7314140000	不锈钢制的其他机织品〔101 其他深加工金属制品〕	8	20	13		千克			33%	0	
73141900	--其他										13
7314190000	其他钢丝制机织品〔101 其他深加工金属制品〕	7	20	13		千克			27%	0	
73142000	-交点焊接的网、篱及格栅，其丝的最大截面尺寸在 3 毫米及以上，网眼尺寸在 100 平方厘米及以上										13
7314200000	交点焊接的粗钢铁丝网、篱及格栅(其丝的最大截面尺寸≥3 毫米，网眼尺寸≥100 平方厘米)〔101 其他深加工金属制品〕	7	70	13		千克			27%	0	
73143100	--镀或涂锌的										13
7314310000	交点焊接的镀或涂锌细钢铁丝网、篱及隔栅(其丝的最大截面尺寸<3 毫米，网眼尺寸<100 平方厘米)〔101 其他深加工金属制品〕	7	70	13		千克			32%	0	
73143900	--其他										13
7314390000	交点焊接的其他细钢铁丝网、篱及隔栅(其丝的最大截面尺寸<3 毫米，网眼尺寸<100 平方厘米)〔101 其他深加工金属制品〕	7	70	13		千克			17%	0	
73144100	--镀或涂锌的										13
7314410000	镀或涂锌的钢铁丝网、篱及格栅〔101 其他深加工金属制品〕	8	20	13		千克			18%	0	
73144200	--涂塑的										13
7314420000	涂塑的钢铁丝网、篱及格栅〔101 其他深加工金属制品〕	8	20	13		千克			18%	0	
73144900	--其他										13
7314490000	其他钢铁丝网、篱及格栅〔101 其他深加工金属制品〕	8	20	13		千克			33%	0	
73145000	-网眼钢铁板										13
7314500000	网眼钢铁板〔101 其他深加工金属制品〕	8	70	13		千克			33%	0	
7315	**钢铁链及其零件：**										
73151110	---自行车用										13
7315111000	自行车滚子链〔999〕	8	80	13		千克				0	
73151120	---摩托车用										13
7315112000	摩托车滚子链〔101 其他车辆零部件〕,〔102 滚子链〕	8	80	13		千克				0	
73151190	---其他										13
7315119000	其他滚子链(自行车链、摩托车链除外)〔999〕	8	80	13		千克			33%	0	
73151200	--其他链										13
7315120000	其他铰接链(滚子链除外)〔999〕	8	80	13		千克			18%	0	
73151900	--零件										13
7315190000	铰接链零件(包括自行车链、摩托车链、其他滚子链零件)〔999〕	8	80	13		千克			28%	0	
73152000	-防滑链										13

协定税率(%)																		特惠税率(%)			
智利	新西兰	澳大利亚	瑞士	冰岛	秘鲁	哥斯达	东盟	亚太	新加坡	巴基斯坦	港/澳/台	韩国	格鲁吉亚	毛里求斯	柬埔寨	尼加拉瓜	日/韩/澳/新/东(RCEP)	亚太2国	老/柬/缅	LDC 98/97/95	Article Description
0	0	0	0	0	0	0	0			0	0/0/	2.6	0	0	0	6.4	6.5/6.4/6.8/6.8/6.4			0/0/0	---Other
																					Stranded wire, ropes, cables, plaited bands, slings and the like, of iron or steel, not electrically insulated:
0	0	0	0	0	0	0	0			0	0/0/	0	0	0	0	0	0/0/0/0/0			0/0/0	-Stranded wire, ropes and cables
0	0	0	0	0	0	0	0			0	0/0/	0	0	0	0	0	0/0/2.8/2.8/0			0/0/0	-Other
																					Barbed wire of iron or steel; twisted hoop or single flat wire, barbed or not, and loosely twisted double wire, of a kind used for fencing, of iron or steel:
0	0	0	0	0	0	0	0	6.3		0	0/0/	0	0	0	0	0	5.1/0/0/0/0			0/0/0	Barbed wire of iron or steel; twisted hoop or single flat wire, barbed or not, and loosely twisted double wire, of a kind used for fencing, of iron or steel
																					Cloth (including endless bands), grill, netting and fencing, of iron or steel wire; expanded metal of iron or steel:
0	0	0	4.8	0	0	0	0		0	3	0/0/	0	0	0	0	6.4	8.7/8.4/0/0/0			0/0/0	--Endless bands for machinery, of stainless steel
0	0	0	0	0	0	0	0		0	3	0/0/	0	0	0	0	6.4	8.7/8.4/8.4/8.4/8.4			0/0/0	--Other woven cloth, of stainless steel
0	0	0		0	0	0	0			1.8	0/0/	0	0	0	0	0	5.1/0/0/0/0			0/0/0	--Other
0	0	0	0	0	0	0	0			0	0/0/	0	0	0	0	0	5.1/0/0/0/0			0/0/0	-Grill, netting and fencing, welded at the intersection, of wire with a maximum cross-sectional dimension of 3mm or more and having a mesh size of $100cm^2$ or more
0	0	0	0	0	0	0	0			0	0/0/	0	0	0	0	0	5.1/0/0/0/0			0/0/0	--Plated or coated with zinc
0	0	0	0	0	0	0	0			0	0/0/	0	0	0	0	0	5.1/4.9/0/0/0			0/0/0	--Other
0	0	0	0	0	0	0	0	6		0	0/0/	0	0	0	0	6.4	5.8/0/0/0/0			0/0/0	--Plated or coated with zinc
0	0	0	0	0	0	0	0			0	0/0/	0	0	0	0	6.4	5.8/5.6/0/0/0			0/0/0	--Coated whith plastics
0	0	0	0	0	0	0	0			0	0/0/	0	0	0	0	6.4	5.8/5.6/5.6/5.6/5.6			0/0/0	--Other
0	0	0	0	0	0	0	0			0	0/0/	0	0	0	0	6.4	5.8/0/0/0/0			0/0/0	-Expanded metal
																					Chain and parts thereof, of iron or steel:
0	0	0	0	0	0	0	0		0	4.8	0/0/	0	0	0	0	6.4	8.7/8.4/0/0/0			0/0/0	---For bicycles
0	0	0	0	0	0	0	0		0	3	0/0/	4	0	0	0	6.4	9.8/9.6/10.2/10.2/9.6			0/0/0	---For motorcycles
0	0	0	0	0	0	0	0		0	3	0/0/	0	0	0	0	0	8.7/8.4/8.4/8.4/8.4			0/0/0	---Other
0	0	0	0	0	0	0	0		0	3	0/0/	6	0	0	0	6.4	10.3//10.2/10.2/10.2			0/0/0	--Other chain
0	0	0	0	0	0	0	0		0	3	0/0/	0	0	0	0	6.4	8.7/8.4/8.4/8.4/8.4			0/0/0	--Parts
0	0	0	0	0	0	0	0		0	3	0/0/	0	0	0	0	6.4	8.7/8.4/0/0/0			0/0/0	-Skid chain

商品编号	商品名称及备注[检验检疫编码及名称]	进口关税(%)		增值税率(%)	消费税	计量单位	监管条件	检验检疫类别	对美税率	出口税率(%)	出口退税率(%)
		最惠国	普通								
7315200000	防滑链〔999〕	8	80	13		千克			28%	0	
73158100	--日字环节链										13
7315810000	日字环节链〔999〕	8	80	13		千克			33%	0	
73158200	--其他焊接链										13
7315820000	其他焊接链(日字环节链除外)〔999〕	8	80	13		千克			33%	0	
73158900	--其他										13
7315890000	未列名链〔999〕	8	80	13		千克			33%	0	
73159000	-其他零件										13
7315900000	非铰接链零件〔999〕	8	80	13		千克			33%	0	
7316	**钢铁锚、多爪锚及其零件:**										
73160000	钢铁锚、多爪锚及其零件										13
7316000000	钢铁锚、多爪锚及其零件〔999〕	8	40	13		千克			28%	0	
7317	**钢铁制的钉、平头钉、图钉、波纹钉、U形钉(税目83.05的货品除外)及类似品,不论钉头是否用其他材料制成,但不包括铜头钉:**										
73170000	钢铁制的钉、平头钉、图钉、波纹钉、U形钉(税目83.05的货品除外)及类似品,不论钉头是否用其他材料制成,但不包括铜头钉										13
7317000000	铁钉、图钉、平头钉及类似品(不论钉头是否用其他材料制成,但不包括铜头钉)〔999〕	8	80	13		千克			18%	0	
7318	**钢铁制的螺钉、螺栓、螺母、方头螺钉、钩头螺钉、铆钉、销、开尾销、垫圈(包括弹簧垫圈)及类似品:**										
73181100	--方头螺钉										13
7318110000	方头螺钉〔999〕	8	80	13		千克			18%	0	
73181200	--其他木螺钉										13
7318120001	非用于民用航空器维护和修理的其他木螺钉(不包括不锈钢紧固件)〔999 不包括不锈钢紧固件〕	8	80	13		千克			33%	0	
7318120090	其他木螺钉〔999〕	8	80	13		千克			33%	0	
73181300	--钩头螺钉及环头螺钉										13
7318130000	钩头螺钉及环头螺钉〔999〕	8	80	13		千克			18%	0	
73181400	--自攻螺钉										13
7318140001	非用于民用航空器维护和修理的自攻螺钉(不包括不锈钢紧固件)〔999 不包括不锈钢紧固件〕	8	80	13		千克			28%	0	
7318140090	其他自攻螺钉〔999〕	8	80	13		千克			28%	0	
73181510	---抗拉强度在800兆帕及以上的										13
7318151001	抗拉强度≥800兆帕,杆径>6毫米的其他螺钉及螺栓(不包括不锈钢紧固件)(不论是否带有螺母或垫圈,非用于民用航空器维护和修理的)〔999〕	8	80	13		千克				0	
7318151090	其他抗拉强度≥800兆帕的螺钉及螺栓(不论是否带有螺母或垫圈)〔999〕	8	80	13		千克				0	
73181590	---其他										13
7318159001	杆径>6毫米的其他螺钉及螺栓(不包括不锈钢紧固件)(不论是否带有螺母或垫圈,非用于民用航空器维护和修理的)〔101 螺钉〕,〔102 螺栓〕	8	80	13		千克			28%	0	
7318159090	其他螺钉及螺栓(不论是否带有螺母或垫圈)〔101 螺钉〕,〔102 螺栓〕	8	80	13		千克			28%	0	
73181600	--螺母										13
7318160000	螺母〔999〕	8	80	13		千克			18%	0	
73181900	--其他										13
7318190000	未列名螺纹制品〔999〕	5	80	13		千克			15%	0	
73182100	--弹簧垫圈及其他防松垫圈										13
7318210001	弹簧垫圈及其他防松垫圈(不包括不锈钢紧固件)(非用于民用航空器维护和修理的)〔999〕	8	80	13		千克			28%	0	
7318210090	其他弹簧垫圈及其他防松垫圈〔999〕	8	80	13		千克			28%	0	
73182200	--其他垫圈										13
7318220001	其他垫圈(不包括不锈钢紧固件)(非用于民用航空器维护和修理的)〔999〕	8	80	13		千克			18%	0	
7318220090	其他垫圈〔999〕	8	80	13		千克			18%	0	
73182300	--铆钉										13
7318230000	铆钉〔999〕	8	80	13		千克			28%	0	

协定税率(%)																		特惠税率(%)			Article Description
智利	新西兰	澳大利亚	瑞士	冰岛	秘鲁	哥斯达	东盟	亚太	新加坡	巴基斯坦	港/澳/台	韩国	格鲁吉亚	毛里求斯	柬埔寨	尼加拉瓜	日/韩/澳/新/东(RCEP)	亚太2国	老/柬/缅	LDC 98/97/95	
0	0	0	0	0	0	0	0		0	3	0/0/	0	0	0	0	6.4	8.7/8.4/0/0/0			0/0/0	--Stud-link
0	0	0	0	0	0	0	0		0	3	0/0/	0	0	0	0	6.4	8.7/8.4/0/0/0			0/0/0	--Other, welded link
0	0	0	0	0	0	0	0		0	3	0/0/	0	0	0	0	6.4	8.7/8.4/0/0/0			0/0/0	--Other
0	0	0	0	0	0	0	0			0	0/0/	0	0	0	0	6.4	7.3/7/0/0/0			0/0/0	-Other parts
																					Anchors, grapnels and parts thereof, of iron or steel:
0	0	0	0	0	0	0	0			0	0/0/	0	0	0	0	6.4	7.3/7/0/0/0			0/0/0	Anchors, grapnels and parts thereof, of iron or steel
																					Nails, tacks, drawing pins, corrugated nails, staples (other than those of heading 83.05) and similar articles, of iron or steel, whether or not with heads of other material, but excluding such articles with heads of copper:
0	0	0	0	0	0	0	0			2.5	0/0/	0	0	0	0	6.4	7.3/7/0/0/0			0/0/0	Nails, tacks, drawing pins, corrugated nails, staples (other than those of heading 83.05) and similar articles, of iron or steel, whether or not with heads of other material, but excluding such articles with heads of copper
																					Screws, bolts, nuts, coach screws, screw hooks, rivets, cotters, cotterpins, washers (including spring washers) and similar articles, of iron or steel:
0	0	0	0	0	0	0	0			0	0/0/		0	0	0	6.4	//5/5/5			0/0/0	--Coach screws
0	0	0	0	0	0	0	0			0	0/0/	0	0	0	0	6.4	7.3/7/0/0/0			0/0/0	--Other wood screws
0	0	0	0	0	0	0	0			0	0/0/		0	0	0	6.4	//5/5/5			0/0/0	--Screw hooks and screw rings
0	0	0	0	0	0	0	0		0	0	0/0/		0	0	0	6.4	7.3//5/5/7			0/0/0	--self-tapping screws
0	0	0	0	0	0	0	0	4		0	0/0/	2.6	0	0	0	6.4	6.5/5.6/5.6/5.6/5.6			0/0/0	---Tensile strength≥800MPa
0	0	0	0	0	0	0	0	4		0	0/0/	2.6	0	0	0	6.4	6.5/5.6/5.6/5.6/5.6			0/0/0	---Other
0	0	0	0	0	0	0	0			4	0/0/		0	0	0	6.4	//5/5/5			0/0/0	--Nuts
0	0	0	0	0	0	0	0			0	0/0/	0	0	0	0	0	0/0/3.5/3.5/0			0/0/0	--Other
0	0	0	0	0	0	0	0		0	0	0/0/		0	0	0	6.4	7.3//5/5/7			0/0/0	--Spring washers and other lock washers
0	0	0	0	0	0	0	0		0	2.5	0/0/		0	0	0	7.2	//5/5/5			0/0/0	--Other washers
0	0	0	0	0	0	0	0		0	0	0/0/		0	0	0	6.4	7.3//5/5/7			0/0/0	--Rivets

商品编号	商品名称及备注[检验检疫编码及名称]	进口关税(%)		增值税率(%)	消费税	计量单位	监管条件	检验检疫类别	对美税率	出口税率(%)	出口退税率(%)
		最惠国	普通								
73182400	--销及开尾销										13
7318240000	销及开尾销〔999〕	8	80	13		千克			18%	0	
73182900	--其他										13
7318290000	其他无螺纹紧固件〔999〕	8	80	13		千克			18%	0	
7319	**钢铁制手工缝针、编织针、引针、钩针、刺绣穿孔锥及类似制品；其他税目未列名的钢铁制安全别针及其他别针：**										
73194010	---安全别针										13
7319401000	安全别针（钢铁制）〔999〕	7	90	13		千克			22%	0	
73194090	---其他										13
7319409000	其他别针（钢铁制）〔999〕	7	90	13		千克			32%	0	
73199000	-其他										13
7319900000	未列名钢铁制针及类似品〔999〕	7	80	13		千克			22%	0	
7320	**钢铁制弹簧及弹簧片：**										
73201010	---铁道车辆用										13
7320101000	铁道车辆用片簧及簧片〔999〕	6	14	13		千克			31%	0	
73201020	---汽车用										13
7320102000	汽车用片簧及簧片〔999〕	8	14	13		千克				0	
73201090	---其他										13
7320109000	其他片簧及簧片〔999〕	8	50	13		千克			28%	0	
73202010	---铁道车辆用										13
7320201000	铁道车辆用螺旋弹簧〔999〕	6	14	13		千克			26%	0	
73202090	---其他										13
7320209000	其他螺旋弹簧〔999〕	8	50	13		千克			18%	0	
73209010	---铁道车辆用										13
7320901000	铁道车辆用其他弹簧〔999〕	6	14	13		千克			31%	0	
73209090	---其他										13
7320909000	其他弹簧〔999〕	8	50	13		千克			28%	0	
7321	**非电热的钢铁制家用炉、灶（包括附有集中供暖用的热水锅的炉）烤肉架、烤炉、煤气灶、加热板和类似非电热的家用器具及其零件：**										
73211100	--使用气体燃料或可使用气体燃料及其他燃料的										13
7321110000	可使用气体燃料的家用炉灶〔999〕	7	80	13		千克/个	6		32%	0	
73211210	---煤油炉										13
7321121000	煤油炉〔999〕	7	80	13		千克/个				0	
73211290	---其他										13
7321129000	其他使用液体燃料的家用炉灶〔999〕	7	80	13		千克/个				0	
73211900	--其他，包括使用固体燃料的										13
7321190000	其他炊事器具及加热板，包括使用固体燃料的〔999〕	7	80	13		千克/个			17%	0	
73218100	--使用气体燃料或可使用气体燃料及其他燃料的										13
7321810000	可使用气体燃料的其他家用器具〔999〕	7	80	13		千克/个	6		27%	0	
73218200	--使用液体燃料的										13
7321820000	使用液体燃料的其他家用器具〔999〕	7	80	13		千克/个			17%	0	
73218900	--其他，包括使用固体燃料的										13
7321890000	其他器具，包括使用固体燃料的〔999〕	7	80	13		千克/个			32%	0	
73219000	-零件										13
7321900000	非电热家用器具零件〔999〕	8	80	13		千克			33%	0	
7322	**非电热的钢铁制集中供暖用散热器及其零件；非电热的钢铁制空气加热器、暖气分布器（包括可分布新鲜空气或调节空气的）及其零件，装有电动风扇或鼓风机：**										
73221100	--铸铁制										13
7322110000	非电热铸铁制集中供暖用散热器（包括零件）〔999〕	8	80	13		千克				0	

协定税率(%)																		特惠税率(%)			Article Description
智利	新西兰	澳大利亚	瑞士	冰岛	秘鲁	哥斯达	东盟	亚太	新加坡	巴基斯坦	港/澳/台	韩国	格鲁吉亚	毛里求斯	柬埔寨	尼加拉瓜	日/韩/澳/新/东(RCEP)	亚太2国	老/柬/缅	LDC 98/97/95	
0	0	0	0	0	0	0	0		0	2.5	0/0/	5	0	0	0	6.4	8.6/8.5/8.5/8.5/8.5			0/0/0	--Cotters and cotter-pins
0	0	0	0	0	0	0	0		0	2.5	0/0/		0	0	0	7.2	//5/5/5			0/0/0	--Other
																					Sewing needles, knitting needles, bod-kins, crochet hooks, embroidery stilettos and similar articles, for use in the hand, of iron or steel; safety pins and other pins of iron or steel, not elsewhere specified or included:
0	0	0	0	0	0	0	0			0	0/0/	0	0	0	0	0	7.3/7/0/0/0			0/0/0	---Safety pins
0	0	0	0	0	0	0	0			0	0/0/	0	0	0	0	0	7.3/7/0/0/0			0/0/0	---Other
0	0	0	0	0	0	0	0			0	0/0/		0	0	0	0	//7/7/7			0/0/0	-Other
																					Springs and leaves for springs, of iron or steel:
0	0	0	0	0	0	0	0			0	0/0/	0	0	0	0	0	0/0/0/0/0			0/0/0	---For railway locomotives and rollingstock
0	0	0	0	0	0	0	0			0	0/0/	5	0	0	0	6.4	8.6//8.5/8.5/8.5			0/0/0	---For motor vehicles
0	0	0	0	0	0	0	0		0	0	0/0/		0	0	0	6.4	7.3//5/5/7			0/0/0	---Other
0	0	0	0	0	0	0	0			0	0/0/	0	0	0	0	0	0/0/0/0/0			0/0/0	---For railway locomotives and rollingstock
0	0	0	0	0	0	0	0	6.8	0	4	0/0/	5	0	0	0	6.4	8.6/8.5/8.5/8.5/8.5			0/0/0	---Other
0	0	0	0	0	0	0	0			0	0/0/	0	0	0	0	0	0/0/0/0/0			0/0/0	---For railway locomotives and rollingstock
0	0	0	0	0	0	0	0		0	4.8	0/0/		0	0	0	7.2	//5/5/5			0/0/0	---Other
																					Stoves, ranges, grates, cookers (including those with subsidiary boilers for central heating), barbecues, braziers, gas-rings, plate warmers and similar non-electric domestic appliances, and parts thereof, of iron or steel:
0	0	0	0	0	0	0	0		0	6	0/0/	0	0	0	0	0	10.9/10.5/0/0/0			0/0/0	--For gas fuel or for both gas and other fuels
0	0	0	0	0	0	0	0		0		0/0/	10.5	0	0	0	0	/17.9/17.9/17.9/17.9			0/0/0	---Kerosene cooking stoves
0	0	0	0	0	0	0	0		0		0/0/	10.5	0	0	0	0	/17.9/17.9/17.9/17.9			0/0/0	---Other
0	0	0	0	0	0	0	0		0		0/0/	10.5	0	0	0	0	//17.9/17.9/17.9			0/0/0	--Other, including appliances for solid fuel
0	0	0	0	0	0	0	0	4.2	0	5.8	0/0/	11.5	0	4.6	0	0	//19.6/19.6/19.6			0/0/0	--For gas fuel or for both gas and other fuels
0	0	0	0	0	0	0	0		0		0/0/	10.5	0	0	0	0	/17.9/17.9/17.9/17.9			0/0/0	--For liquid fuel
0	0	0	0	0	0	0	0		0		0/0/	10.5	0	0	0	0	/17.9/17.9/17.9/17.9			0/0/0	--Other, including appliances for solid fuel
0	0	0	0	0	0	0	0	6.4	0	2.5	0/0/	0	0	0	0	6.4	8.7/8.4/0/0/0			0/0/0	-Parts
																					Radiators for central heating, not electrically heated, and parts thereof, of iron or steel; air heaters and hot air distributors (including distributors which can also distribute fresh or con-ditioned air), not electrically heated, incorporating a motor-dirven fan or blower, and parts thereof, of iron or steel:
0	0	0	0	0	0	0	0		0		0/0/	10.5	0	0	0	6.4	/17.9/17.9/17.9/17.9			0/0/0	--Of cast iron

商品编号	商品名称及备注[检验检疫编码及名称]	进口关税(%)		增值税率(%)	消费税	计量单位	监管条件	检验检疫类别	对美税率	出口税率(%)	出口退税率(%)
		最惠国	普通								
73221900	--其他										13
7322190000	非电热钢制集中供暖用散热器(包括零件)〔999〕	8	80	13		千克			33%	0	
73229000	-其他										13
7322900000	非电热空气加热器、暖气分布器(包括零件)〔999〕	8	80	13		千克			18%	0	
7323	**餐桌、厨房或其他家用钢铁器具及其零件;钢铁丝绒;钢铁制擦锅器、洗刷擦光用的块垫、手套及类似品:**										
73231000	-钢铁丝绒;擦锅器及洗刷擦光用的块垫、手套及类似品										13
7323100000	钢铁丝绒、擦锅器、洗擦用块垫等〔999〕	7	80	13		千克	A	R/	27%	0	
73239100	--铸铁制,未搪瓷										13
7323910000	餐桌、厨房等家用铸铁制器具(包括零件、非搪瓷的)〔101 食品接触铸铁产品〕,〔102 食品用铸铁包装〕	7	80	13		千克	A	R/	27%	0	
73239200	--铸铁制,已搪瓷										13
7323920000	餐桌、厨房等家用铸铁制搪瓷器(包括零件、已搪瓷的)〔101 食品接触铸铁产品〕,〔102 食品用铸铁包装〕	7	100	13		千克	A	R/	32%	0	
73239300	--不锈钢制										13
7323930000	餐桌、厨房等家用不锈钢器具(包括零件、已搪瓷的)〔101 食品接触不锈钢产品〕,〔102 食品用不锈钢包装〕	7	80	13		千克	A	R/	32%	0	
73239410	---面盆										13
7323941000	面盆,钢铁制,已搪瓷(铸铁的除外)〔101 食品接触搪瓷产品〕,〔102 食品用搪瓷包装〕	7	100	13		千克	A	R/		0	
73239420	---烧锅										13
7323942000	烧锅,钢铁制,已搪瓷(铸铁的除外)〔999〕	7	100	13		千克	A	R/		0	
73239490	---其他										13
7323949000	其他餐桌、厨房等家用钢铁制搪器(铸铁除外)〔101 食品接触搪瓷产品〕,〔102 食品用搪瓷包装〕	7	100	13		千克	A	R/	32%	0	
73239900	--其他										13
7323990000	其他餐桌、厨房等用钢铁器具〔101 食品接触铁产品〕,〔102 食品用铁包装〕	7	80	13		千克	A	R/	32%	0	
7324	**钢铁制卫生器具及其零件:**										
73241000	-不锈钢制洗涤槽及脸盆										13
7324100000	不锈钢制洗涤槽及脸盆〔999〕	7	80	13		千克			27%	0	
73242100	--铸铁制,不论是否搪瓷										13
7324210000	铸铁制浴缸(不论是否搪瓷)〔999〕	7	100	13		千克			32%	0	
73242900	--其他										13
7324290000	其他钢铁制浴缸(不论是否搪瓷)〔999〕	7	100	13		千克			32%	0	
73249000	-其他,包括零件										13
7324900000	其他钢铁制卫生器具及零件〔999〕	7	100	13		千克			17%	0	
7325	**其他钢铁铸造制品:**										
73251010	---工业用										13
7325101000	工业用无可锻性铸铁制品〔999〕	7	40	13		千克			27%	0	
73251090	---其他										13
7325109000	其他无可锻性铸铁制品〔999〕	8	90	13		千克			33%	0	
73259100	--研磨机用的研磨球及类似品										13
7325910000	可锻性铸铁及铸钢研磨机的研磨球(包括其类似品)〔999〕	8	40	13		千克				0	
73259910	---工业用										13
7325991000	工业用未列名可锻性铸铁制品(包括铸钢制品)〔999〕	8	40	13		千克			18%	0	
73259990	---其他										13
7325999000	非工业用未列名可锻性铸铁制品(包括铸钢制品)〔999〕	8	90	13		千克			33%	0	
7326	**其他钢铁制品:**										
73261100	--研磨机用的研磨球及类似品										13
7326110000	钢铁制研磨机用研磨球及类似品(经锻造或冲压后,未经进一步加工)〔999〕	8	40	13		千克			18%	0	
73261910	---工业用										13
7326191000	工业用未列名钢铁制品(经锻造或冲压后,未经进一步加工)〔999〕	8	40	13		千克			18%	0	
73261990	---其他										13
7326199000	非工业用钢铁制品(经锻造或冲压后,未经进一步加工)〔999〕	8	90	13		千克			28%	0	
73262010	---工业用										13
7326201000	工业用钢铁丝制品〔999〕	8	40	13		千克			18%	0	
73262090	---其他										13
7326209000	非工业用钢铁丝制品〔999〕	8	90	13		千克			28%	0	

协定税率(%)																		特惠税率(%)			Article Description
智利	新西兰	澳大利亚	瑞士	冰岛	秘鲁	哥斯达	东盟	亚太	新加坡	巴基斯坦	港/澳/台	韩国	格鲁吉亚	毛里求斯	柬埔寨	尼加拉瓜	日/韩/澳/新/东(RCEP)	亚太2国	老/柬/缅	LDC 98/97/95	
0	0	0	0	0	0	0	0		0		0/0/	10.5	0	0	0	6.4	//17.9/17.9/17.9			0/0/0	--Other
0	0	0	0	0	0	0	0		0		0/0/	6.6	0	0	0	6.4	16.3/16/17/17/16			0/0/0	-Other
																					Table, kitchen or other household articles and parts thereof, of iron or steel; iron or steel wool; pot scourers and scouring or polishing pads, gloves and the like, of iron or steel:
0	0	0	0	0	0	0	0		0	5.6	0/0/	0	0	0	0	0	10.2/9.8/0/0/0			0/0/0	-Iron or steel wool; pot scourers and scouring or polishing pads, gloves and the like
0	0	0	0	0	0	0	0		0		0/0/	6.6	0	0	0	0	//17/17/17			0/0/0	--Of cast iron, not enamelled
0	0	0	0	0	0	0	0		0		0/0/	6.6	0	0	0	0	16.3/14/14/14/14			0/0/0	--Of cast iron, enamelled
0	0	0	0	0	0	0	0	4.9	0	2.5	0/0/	0	0	0	0	0	8.7/8.4/8.4/8.4/8.4			0/0/0	--Of stainless steel
0	0	0	0	0	0	0	0		0		0/0/	6.6	0	0	0	0	16.3/14/14/14/14			0/0/0	---Basin
0	0	0	0	0	0	0	0		0		0/0/	6.6	0	0	0	0	/17/17/17/17			0/0/0	---Casserole
0	0	0	0	0	0	0	0		0		0/0/	6.6	0	0	0	0	/17/17/17/17			0/0/0	---Other
0	0	0	0	0	0	0	0		0		0/0/	6.6	0	0	0	0	16.3/16/17/17/16			0/0/0	--Other
																					Sanitary ware and parts thereof, of iron or steel:
0	0	0	0	0	0	0	0		0		0/0/	0	0	0	0	0	13.1/12.6/0/0/0			0/0/0	-Sinks and wash basins, of stainless steel
0	0	0	0	0	0	0	0		0	0	0/0/	0	0	0	0	0	7.3/7/0/0/0			0/0/0	--Of cast iron, whether or not enamelled
0	0	0	0	0	0	0	0		0		0/0/	15	0	6	0	0	/25.5/25.5/25.5/25.5			0/0/0	--Other
0	0	0	0	0	0	0	0		0		0/0/	12.5	0	5	0	0	/21.3/21.3/21.3/21.3			0/0/0	-Other, including parts
																					Other cast articles of iron or steel:
0	0	0	0		0	0	0			0	0/0/	2.3	0	0	0	0	5.7/4.9/4.9/4.9/4.9			0/0/0	---For industrial use
0	0	0	0	0	0	0	0		0		0/0/	6.6	0	0	0	6.4	16.3/16/17/17/16			0/0/0	---Other
0	0	0	0	0	0	0	0		0	2.5	0/0/	0	0	0	0	6.4	7.6/7.4/0/0/0			0/0/0	--Grinding balls and similar articles for mills
0	0	0	0	0	0	0	0	6.8	0	2.5	0/0/	0	0	0	0	6.4	7.6/7.4/0/0/0			0/0/0	---For industrial use
0	0	0	0	0	0	0	0	4.8	0	5	0/0/	6.6	0	0	0	6.4	//17/17/17			0/0/0	---Other
																					Other articles of iron or steel:
0	0	0	0	0	0	0	0		0	2.5	0/0/	0	0	0	0	6.4	7.6/7.4/0/0/0			0/0/0	--Grinding balls and similar articles for mills
0	0	0	0	0	0	0	0		0	0	0/0/		0	0	0	7.2	//5/5/5			0/0/0	---For industrial use
0	0	0	0	0	0	0	0		0	0	0/0/	0	0	0	0	6.4	14.5/14/0/0/0			0/0/0	---Other
0	0	0	0	0	0	0	0	4		4	0/0/	0	0	0	0	6.4	7.3/7/0/0/0			0/0/0	---For industrial use
0	0	0	0	0	0	0	0	5.6	0	4.5	0/0/	0	0	0	0	6.4	13.1/12.6/0/0/0			0/0/0	---Other

商品编号	商品名称及备注[检验检疫编码及名称]	进口关税(%)		增值税率(%)	消费税	计量单位	监管条件	检验检疫类别	对美税率	出口税率(%)	出口退税率(%)
		最惠国	普通								
73269011	----钢铁纤维及其制品										13
7326901100	其他工业用钢铁纤维及其制品〔999〕	8	40	13		千克			18%	0	
73269019	----其他										13
7326901900	其他工业用钢铁制品〔999〕	8	40	13		千克			33%	0	
73269090	---其他										13
7326909000	其他非工业用钢铁制品〔999〕	8	90	13		千克			33%	0	

协定税率(%)																		特惠税率(%)			Article Description
智利	新西兰	澳大利亚	瑞士	冰岛	秘鲁	哥斯达	东盟	亚太	新加坡	巴基斯坦	港/澳/台	韩国	格鲁吉亚	毛里求斯	柬埔寨	尼加拉瓜	日/韩/澳/新/东(RCEP)	亚太2国	老/柬/缅	LDC 98/97/95	
0	0	0	0	0	0	0	0	6.8	0	0	0/0/	0	0	0	0	6.4	8.5/7.4/0/0/0			0/0/0	----Steel fibres and articles thereof
0	0	0	0	0	0	0	0	6.8	0	0	0/0/	0	0	0	0	6.4	8.5/7.4/0/0/0			0/0/0	----Other
0	0	0	0	0	0	0	0	6.8	0	0	0/0/	0	0	1.6	0	6.4	6.9/0/0/0/0			0/0/0	---Other

第七十四章
铜及其制品

注释：

本章所用有关名词解释如下：

一、精炼铜

按重量计含铜量至少为99.85%的金属；或

按重量计含铜量至少为97.5%，但其他各种元素的含量不超过下表中规定的限量的金属：

其他元素表

元	素	所含重量百分比
Ag	银	0.25
As	砷	0.5
Cd	镉	1.3
Cr	铬	1.4
Mg	镁	0.8
Pb	铅	1.5
S	硫	0.7
Sn	锡	0.8
Te	碲	0.8
Zn	锌	1
Zr	锆	0.3
其他元素①，每种		0.3

①其他元素，例如，铝、铍、钴、铁、锰、镍、硅。

二、铜合金

除未精炼铜以外的金属物质，按重量计含铜量大于其他元素单项含量，但：

（一）按重量计至少有一种其他元素的含量超过上表中规定的限量；或

（二）按重量计其他元素的总含量超过2.5%。

三、铜母合金

含有其他元素，但按重量计含铜量超过10%的合金，该合金无实用可锻性，通常用作生产其他合金的添加剂或用作冶炼有色金属的脱氧剂、脱硫剂及类似用途。但按重量计含磷量超过15%的磷化铜（磷铜）归入税目28.53。

子目注释：

本章所用有关名词解释如下：

一、铜锌合金（黄铜）

铜与锌的合金，不论是否含有其他元素。含有其他元素时：

（一）按重量计含锌量应大于其他各种元素的单项含量；

（二）按重量计含镍量应低于5%［参见铜镍锌合金（德银）］；以及

（三）按重量计含锡量应低于3%［参见铜锡合金（青铜）］。

二、铜锡合金（青铜）

铜与锡的合金，不论是否含有其他元素。含有其他元素时，按重量计含锡量应大于其他各种元素的单项含量。当按重量计含锡量在3%及以上时，锌的含量可大于锡的含量，但必须小于10%。

三、铜镍锌合金（德银）

铜、镍、锌的合金，不论是否含有其他元素，按重量计含镍量在5%及以上［参见铜锌合金（黄铜）］。

四、铜镍合金

铜与镍的合金，不论是否含有其他元素，但按重量计含锌量不得大于1%。含有其他元素时，按重量计含镍量应大于其他各种元素的单项含量。

商品编号	商品名称及备注[检验检疫编码及名称]	进口关税(%)		增值税率(%)	消费税	计量单位	监管条件	检验检疫类别	对美税率	出口税率(%)	出口退税率(%)
		最惠国	普通								
7401	铜锍；沉积铜（泥铜）：										
74010000	铜锍；沉积铜（泥铜）										0
7401000010	沉积铜（泥铜）〔999〕	2	11	13		千克	9			0	
7401000090暂0	铜锍〔999〕	2	11	13		千克				0	

Chapter 74
Copper and articles thereof

Chapter Notes:

In this Chapter the following expressions have the meanings hereby assigned to them:

1. Refined copper

Metal containing at least **99.85%** by weight of copper; or

Metal containing at least **97.5%** by weight of copper, provided that the content by weight of any other element does not exceed the limit specified in the following table:

TABLE-Other elements

Element		Limiting content % by weight
Ag	Silver	**0.25**
As	Arsenic	**0.5**
Cd	Cadmium	**1.3**
Cr	Chromium	**1.4**
Mg	Magnesium	**0.8**
Pb	Lead	**1.5**
S	Sulphur	**0.7**
Sn	Tin	**0.8**
Te	Tellurium	**0.8**
Zn	Zinc	**1**
Zr	Zirconium	**0.3**
Other elements①, each		**0.3**

①Other elements are, for example, Al, Be, Co, Fe, Mn, Ni, Si.

2. Copper alloys

Metallic substances other than unrefined copper in which copper predominates by weight over each of the other elements, provided that:

(a) The content by weight of at least one of the other elements is greater than the limit specified in the foregoing table; or

(b) The total content by weight of such other elements exceeds **2.5%**.

3. Master alloys

Alloys containing with other elements more than **10%** by weight of copper, not usefully malleable and commonly used as an additive in the manufacture of other alloys or as deoxidants, desulphurising agents or for similar uses in the metallurgy of non-ferrous metals. However, copper phosphide (phosphor copper) containing more than **15%** by weight of phosphorus falls in heading **28.53.**

Subheading Notes:

In this Chapter the following expressions have the meanings hereby assigned to them:

1. Copper-zinc base alloys (brasses)

Alloys of copper and zinc, with or without other elements. When other elements are present:

(a) Zinc predominates by weight over each of such other elements;

(b) Any nickel content by weight is less than **5%** (see copper-nickel-zinc alloys (nickel silvers)); and

(c) Any tin content by weight is less than **3%** (see copper-tin alloys (bronzes)).

2. Copper-tin base alloys (bronzes)

Alloys of copper and tin, with or without other elements. When other elements are present, tin predominates by weight over each of such other elements, except that when the tin content is **3%** or more the zinc content by weight may exceed that of tin but must be less than **10%**.

3. Copper-nickel-zinc base alloys (nickel silvers)

Alloys of copper, nickel and zinc, with or without other elements. The nickel content is **5%** or more by weight (see copper-zinc alloys (brasses)).

4. Copper-nickel base alloys

Alloys of copper and nickel, with or without other elements but in any case containing by weight not more than **1%** of zinc. When other elements are present, nickel predominates by weight over each of such other elements.

协定税率(%)																		特惠税率(%)			Article Description
智利	新西兰	澳大利亚	瑞士	冰岛	秘鲁	哥斯达	东盟	亚太	新加坡	巴基斯坦	港/澳/台	韩国	格鲁吉亚	毛里求斯	柬埔寨	尼加拉瓜	日/韩/澳/新/东 (RCEP)	亚太2国	老/柬/缅	LDC 98/97/95	
																					Copper mattes; cement copper (precipitated copper):
0	0	0	0	0	0	0	0			0	0/0/	0	0	0	0	0	0/0/1.4/1.4/0		0//	0/0/0	Copper mattes; cement copper (precipitated copper)

商品编号	商品名称及备注［检验检疫编码及名称］	进口关税(%)		增值税率(%)	消费税	计量单位	监管条件	检验检疫类别	对美税率	出口税率(%)	出口退税率(%)
		最惠国	普通								
7402	**未精炼铜；电解精炼用的铜阳极：**										
74020000	未精炼铜；电解精炼用的铜阳极										0
7402000001[暂0]	锭状未精炼铜(含黄金价值部分)〔101 粗铜〕,〔102 电解铜〕	2	11			千克			25%	30	
7402000090[暂0]	其他未精炼铜、电解精炼用铜阳极〔101 粗铜〕,〔102 电解铜〕	2	11	13		千克			25%	30	
7403	**未锻轧的精炼铜及铜合金：**										
74031111	----按重量计铜含量超过 99.9935%的										0
7403111101[暂0]	高纯阴极铜(99.9999%>铜含量>99.9935%)（未锻轧的)〔999〕	2	11	13		千克			25%	30[5]	
7403111190[暂0]	高纯阴极铜(铜含量≥99.9999%)（未锻轧的)〔999〕	2	11	13		千克			25%	30[0]	
74031119	----其他										0
7403111900[暂0]	其他精炼铜的阴极(未锻轧的)〔999〕	2	11	13		千克			25%	30[10]	
74031190	---阴极型材										0
7403119000[暂0]	精炼铜的阴极型材(未锻轧的)〔999〕	2	11	13		千克				30[10]	
74031200	--线锭										0
7403120000[暂0]	精炼铜的线锭(未锻轧的)〔999〕	2	11	13		千克				30[10]	
74031300	--坯段										0
7403130000[暂0]	精炼铜的坯段(未锻轧的)〔999〕	2	11	13		千克			25%	30[10]	
74031900	--其他										0
7403190000[暂0]	其他未锻轧的精炼铜〔999〕	2	11	13		千克			25%	30[10]	
74032100	--铜锌合金(黄铜)										0
7403210000[暂1]	未锻轧的铜锌合金(黄铜)〔999〕	1	14	13		千克			26%	30[5]	
74032200	--铜锡合金(青铜)										0
7403220000[暂1]	未锻轧的铜锡合金(青铜)〔999〕	1	17	13		千克			26%	30[5]	
74032900	--其他铜合金(税目 74.05 的铜母合金除外)										0
7403290000[暂1]	未锻轧的其他铜合金(铜母合金除外,包括未锻轧的白铜或德银)〔301 危险化学品,遇水放出易燃气体的物质〕,〔302 其他化工品〕	1	17	13		千克			26%	30[5]	
7404	**铜废碎料：**										
74040000	铜废碎料										0
7404000010[暂1.5]	以回收铜为主的废电机等(包括废电机、电线、电缆、五金电器)〔999〕	1.5	11	13		千克	9		26.5%	30[15]	
7404000020[暂0]	符合标准 GB/T 38470-2019 规定的再生黄铜原料〔999〕	1.5	11	13		千克	A	M/	25%	30[15]	
7404000030[暂0]	符合标准 GB/T 38471-2019 规定的再生铜原料〔999〕	1.5	11	13		千克	A	M/	25%	30[15]	
7404000090[暂1.5]	其他铜废碎料〔999〕	1.5	11	13		千克	9		26.5%	30[15]	
7405	**铜母合金：**										
74050000	铜母合金										0
7405000000	铜母合金〔999〕	4	17	13		千克			29%	0	
7406	**铜粉及片状粉末：**										
74061010	---精炼铜制										0
7406101000	精炼铜制非片状粉末〔999〕	3	14	13		千克			13%	0	
74061020	---铜镍合金(白铜)或铜镍锌合金(德银)制										0
7406102000	白铜或德银制非片状粉末〔999〕	6	40	13		千克			16%	0	
74061030	---铜锌合金(黄铜)制										0
7406103000	铜锌合金(黄铜)制非片状粉末〔999〕	6	30	13		千克			16%	0	
74061040	---铜锡合金(青铜)制										0
7406104000	铜锡合金(青铜)制非片状粉末〔999〕	6	30	13		千克			16%	0	
74061090	---其他铜合金制										0
7406109000	其他铜合金制非片状粉末〔999〕	6	30	13		千克			16%	0	
74062010	---精炼铜制										0
7406201000	精炼铜制片状粉末〔999〕	4	14	13		千克			14%	0	
74062020	---铜镍合金(白铜)或铜镍锌合金(德银)制										0
7406202000	白铜或德银制片状粉末〔999〕	6	40	13		千克				0	
74062090	---其他铜合金制										0
7406209000	其他铜合金制片状粉末〔999〕	6	30	13		千克			31%	0	

协定税率(%)																		特惠税率(%)			
智利	新西兰	澳大利亚	瑞士	冰岛	秘鲁	哥斯达	东盟	亚太	新加坡	巴基斯坦	港/澳/台	韩国	格鲁吉亚	毛里求斯	柬埔寨	尼加拉瓜	日/韩/澳/新/东(RCEP)	亚太2国	老/柬/缅	LDC 98/97/95	Article Description
																					Unrefined copper; copper anodes for electrolytic refining:
0	0	0	0	0		0	0			0	0/0/	0	0	0.9	0	1.6	1.5/1.4/1.4/1.4/1.4			0/0/0	Unrefined copper; copper anodes for electrolytic refining
																					Refined copper and copper alloys, unwrought:
0	0	0	0	0	0	0	0	1		0	0/0/	0	0	0	0	0	0/0/0/0/0			0/0/0	----Containing more than 99.9935% by weight of copper
0	0	0	0	0	0	0	0			0	0/0/	0	0	0	0	0	0/0/0/0/0			0/0/0	----Other
0	0	0	0	0	0	0	0			0	0/0/	0	0	0	0	0	0/0/1.4/1.4/0			0/0/0	---Sections of cathodes
0	0	0	0	0	0	0	0			0	0/0/	0	0	0	0	0	1.5/0/0/0/0			0/0/0	--Wire-bars
0	0	0	0	0	0	0	0			0	0/0/	0	0	0	0	0	1.5/0/0/0/0			0/0/0	--Billets
0	0	0	0	0	0	0	0			0	0/0/	0	0	0	0	0	1.5/0/0/0/0			0/0/0	--Other
0	0	0	0	0	0	0	0	0.5		0	0/0/	0	0	0	0	0	0.7/0.7/0.7/0.7/0.7			0/0/0	--Copper-zinc base alloys (brass)
0	0	0	0	0	0	0	0			0	0/0/	0	0	0	0	0	0/0/0.7/0.7/0			0/0/0	--Copper-tin base alloys (bronze)
0	0	0	0	0	0	0	0			0	0/0/	0	0	0	0	0	0/0/0/0/0			0/0/0	--Other copper alloys other than master alloys of (heading 74.05)
																					Copper waste and scrap:
0	0	0	0	0		0	0	0.8		0	0/0/	0	0	0	0	0	1.1/0/0/0/0		0//	0/0/0	Copper waste and scrap
																					Master alloys of copper:
0	0	0	0	0	0	0	0			0	0/0/	0	0	0	0	0	0/0/0/0/0			0/0/0	Master alloys of copper
																					Copper powders and flakes:
0	0	0	0	0	0	0	0			0	0/0/	0	0	0	0	0	0/0/0/0/0			0/0/0	---Of refined copper
0	0	0	0	0	0	0	0	4.2		0	0/0/	0	0	0	0	0	0/0/0/0/0			0/0/0	---Of copper-nickel base alloys (cupronickel) or copper-nickel-zinc ase alloys (nickel silver)
0	0	0	0	0	0	0	0			0	0/0/	0	0	0	0	0	4.4/4.2/0/0/0			0/0/0	---Of copper-zinc base alloys (brass)
0	0	0	0	0	0	0	0			0	0/0/	0	0	0	0	0	0/0/0/0/0			0/0/0	---Of copper-tin base alloys (bronze)
0	0	0	0	0	0	0	0			0	0/0/	0	0	0	0	0	0/0/0/0/0			0/0/0	---Other
0	0	0	0	0	0	0	0			0	0/0/	0	0	0	0	0	0/0/0/0/0			0/0/0	---Of refined copper
0	0	0	0	0	0	0	0	4.2		0	0/0/	0	0	0	0	0	0/0/0/0/0			0/0/0	---Of copper-nickel base alloys (cupronickel) or copper-nickel-zinc base alloys (nickel silver)
0	0	0	0	0	0	0	0	4.2		0	0/0/	0	0	0	0	0	0/0/0/0/0			0/0/0	---Other

商品编号	商品名称及备注[检验检疫编码及名称]	进口关税(%)		增值税率(%)	消费税	计量单位	监管条件	检验检疫类别	对美税率	出口税率(%)	出口退税率(%)
		最惠国	普通								
7407	**铜条、杆、型材及异型材:**										
74071010	---铬锆铜制										13
7407101000[暂4]	铬锆铜制的条、杆、型材及异型材[999]	4	14	13		千克				30[0]	
74071090	---其他										0
7407109000[暂4]	其他精炼铜条、杆、型材及异型材[999]	4	14	13		千克			29%	30[0]	
74072111	----直线度不大于0.5毫米/米										13
7407211100[暂7]	铜锌合金(黄铜)条、杆(直线度≤0.5毫米/米)[999]	7	20	13		千克			32%	30[0]	
74072119	----其他										13
7407211900[暂7]	其他铜锌合金(黄铜)条、杆(直线度>0.5毫米/米)[999]	7	20	13		千克			32%	30[0]	
74072190	---其他										13
7407219000[暂7]	铜锌合金(黄铜)型材及异型材[999]	7	20	13		千克			32%	30[0]	
74072900	--其他										13
7407290000[暂7]	其他铜合金条、杆、型材及异型材(包括白铜或德银的条、杆、型材及异型材)[999]	7	20	13		千克			17%	30[0]	
7408	**铜丝:**										
74081100	--最大截面尺寸超过6毫米										13
7408110000[暂4]	最大截面尺寸>6毫米的精炼铜丝[999]	4	14	13		千克			29%	30[0]	
74081900	--其他										13
7408190001[暂2]	其他含氧量<5PPM的精炼铜丝(截面尺寸≤6毫米)[999]	4	14	13		千克			27%	30[0]	
7408190090[暂4]	其他截面尺寸≤6毫米的精炼铜丝[999]	4	14	13		千克			29%	30[0]	
74082100	--铜锌合金(黄铜)										13
7408210000[暂7]	铜锌合金(黄铜)丝[999]	7	20	13		千克			27%	30[0]	
74082210	---铜镍锌铅合金(加铅德银)										13
7408221000[暂8]	铜镍锌铅合金(加铅德银)丝[999]	8	40	13		千克			33%	30[0]	
74082290	---其他										0
7408229000[暂8]	其他铜镍合金(白铜)丝或铜镍锌合金(德银)丝[999]	8	40	13		千克			18%	30[0]	
74082900	--其他										13
7408290000[暂7]	其他铜合金丝[999]	7	20	13		千克			17%	30[0]	
7409	**铜板、片及带,厚度超过0.15毫米:**										
74091110	---含氧量不超过10PPM的										13
7409111000[暂4]	成卷的精炼铜板、片、带(厚度>0.15毫米,含氧量不超过10PPM的)[999]	4	14	13		千克			14%	30[0]	
74091190	---其他										13
7409119000[暂4]	其他成卷的精炼铜板、片、带(厚度>0.15毫米)[999]	4	14	13		千克			29%	30[0]	
74091900	--其他										13
7409190000[暂4]	其他精炼铜板、片、带(厚度>0.15毫米)[999]	4	14	13		千克			29%	30[0]	
74092100	--盘卷的										13
7409210000[暂7]	成卷的铜锌合金(黄铜)板、片、带(厚度>0.15毫米)[999]	7	20	13		千克			32%	30[0]	
74092900	--其他										13
7409290000[暂7]	其他铜锌合金(黄铜)板、片、带(厚度>0.15毫米)[999]	7	20	13		千克			32%	30[0]	
74093100	--盘卷的										13
7409310000[暂7]	成卷的铜锡合金(青铜)板、片、带(厚度>0.15毫米)[999]	7	20	13		千克			32%	30[0]	
74093900	--其他										13
7409390000[暂7]	其他铜锡合金板、片、带(厚度>0.15毫米)[999]	7	20	13		千克			32%	30[0]	
74094000	-铜镍合金(白铜)或铜镍锌合金(德银)制										13
7409400000[暂7]	白铜或德银制板、片、带(厚度>0.15毫米)[999]	7	40	13		千克			32%	30[0]	
74099000	-其他铜合金制										13
7409900000[暂7]	其他铜合金板、片、带(厚度>0.15毫米)[999]	7	20	13		千克			27%	30[0]	
7410	**铜箔(不论是否印花或用纸、纸板、塑料或类似材料衬背),厚度(衬背除外)不超过0.15毫米:**										
74101100	--精炼铜制										13
7410110000	无衬背的精炼铜箔(厚度≤0.15毫米)[999]	4	14	13		千克				0	

协定税率(%)																		特惠税率(%)			Article Description
智利	新西兰	澳大利亚	瑞士	冰岛	秘鲁	哥斯达	东盟	亚太	新加坡	巴基斯坦	港/澳/台	韩国	格鲁吉亚	毛里求斯	柬埔寨	尼加拉瓜	日/韩/澳/新/东 (RCEP)	亚太2国	老/柬/缅	LDC 98/97/95	
																					Copper bars, rods and profiles:
0	0	0	0	0	0	0	0			0	0/0/0	0	0	0	0	0	0/0/0/0/0			0/0/0	---Of chromium zirconium copper
0	0	0	0	0	0	0	0			0	0/0/0	0	0	0	0	0	0/0/2.8/2.8/0			0/0/0	---Other
0	0	0	0	0	0	0	0			0	0/0/0		0	0	0	0	//5/5/5			0/0/0	----Straightness≤0.5mm/m
0	0	0	0	0	0	0	0			0	0/0/0		0	0	0	0	//5/5/5			0/0/0	----Other
0	0	0	0	0	0	0	0			0	0/0/0		0	0	0	0	//5/5/5			0/0/0	---Other
0	0	0	0	0	0	0	0			0	0/0/0	0	0	0	0	0	5.1/0/0/0/0			0/0/0	--Other
																					Copper wire:
0	0	0	0	0	0	0	0	2.6		0	0/0/0	0	0	0	0	0	0/0/0/0/0			0/0/0	--Of which the maximum cross-sectional dimension exceeds 6mm
0	0	0	0	0	0	0	0	2.6		0	0/0/0	0	0	0	0	0	0/0/0/0/0			0/0/0	--Other
0	0	0	0	0	0	0	0			0	0/0/0	2.3	0	0	0	0	5.7/4.9/4.9/4.9/4.9			0/0/0	--Of copper-zinc base alloys (brass)
0	0	0	0	0	0	0	0			0	0/0/	0	0	0	0	6.4	5.8/0/0/0/0			0/0/0	---Of copper-nickel-zinc-lead base alloys (leaded nickel silver)
0	0	0	0	0	0	0	0			0	0/0/	0	0	0	0	6.4	5.8/0/0/0/0			0/0/0	---Other
0	0	0	0	0	0	0	0			0	0/0/	0	0	0	0	0	5.1/4.9/0/0/0			0/0/0	--Other
																					Copper plates, sheets and strip, of a thickness exceeding 0.15mm:
0	0	0	0	0	0	0	0			0	0/0/	0	0	0	0	0	0/0/2.8/2.8/0			0/0/0	---Containing oxygen not exceeding 10PPM
0	0	0	0	0	0	0	0			0	0/0/	0	0	0	0	0	0/0/0/0/0			0/0/0	---Other
0	0	0	0	0	0	0	0			0	0/0/0	0	0	0	0	0	0/0/0/0/0			0/0/0	--Other
0	0	0	0	0	0	0	0			0	0/0/0	2.3	0	0	0	0	5.7/4.9/4.9/4.9/4.9			0/0/0	--In coils
0	0	0	0	0	0	0	0			0	0/0/0	2.3	0	0	0	0	5.7/4.9/4.9/4.9/4.9			0/0/0	--Other
0	0	0	0	0	0	0	0			0	0/0/0	0	0	0	0	0	5.1/4.9/0/0/0			0/0/0	--In coils
0	0	0	0	0	0	0	0			0	0/0/0	0	0	0	0	0	0/0/0/0/0			0/0/0	--Other
0	0	0	0	0	0	0	0			0	0/0/0	0	0	0	0	0	0/0/4.9/4.9/0			0/0/0	-Of copper-nickel base alloys (cupronickel) or copper-nickel-zinc base alloys (nickel silver)
0	0	0	0	0	0	0	0			0	0/0/0	0	0	0	0	0	5.1/4.9/0/0/0			0/0/0	-Of other copper alloys
																					Copper foil (whether or not printed or backed with paper, paperboard, plastics or similar backing materials) of a thickness (excluding any backing) not exceeding 0.15mm:
0	0	0	0	0	0	0	0	2.6		0	0/0/0	0	0	0	0	0	0/0/0/0/0			0/0/0	--Of refined copper

商品编号	商品名称及备注[检验检疫编码及名称]	进口关税(%) 最惠国	普通	增值税率(%)	消费税	计量单位	监管条件	检验检疫类别	对美税率	出口税率(%)	出口退税率(%)
74101210	---铜镍合金(白铜)或铜镍锌合金(德银)										13
7410121000	无衬背铜镍合金箔或铜镍锌合金箔(厚度≤0.15毫米)〔999〕	7	40	13		千克				0	
74101290	---其他										13
7410129000	无衬背的其他铜合金箔(厚度≤0.15毫米)〔999〕	7	20	13		千克			27%	0	
74102110	---印制电路用覆铜板										13
7410211000	有衬背的精炼铜制印刷电路用覆铜板[厚度(衬背除外)≤0.15毫米]〔999〕	4	14	13		千克				0	
74102190	---其他										13
7410219000	有衬背的其他精炼铜箔[厚度(衬背除外)≤0.15毫米]〔999〕	4	14	13		千克			29%	0	
74102210	---铜镍合金(白铜)或铜镍锌合金(德银)										13
7410221000	有衬背铜镍合金箔或铜镍锌合金箔[厚度(衬背除外)≤0.15毫米]〔999〕	7	40	13		千克			32%	0	
74102290	---其他										13
7410229000	有衬背的其他铜合金箔[厚度(衬背除外)≤0.15毫米]〔999〕	7	20	13		千克			32%	0	
7411	**铜管：**										
74111011	----带有螺纹或翅片的										13
7411101100	外径≤25毫米的带有内(外)螺纹或翅片的精炼铜管〔101 铜管压力管道〕	4	14	13		千克			29%	0	
74111019	----其他										13
7411101901[暂2]	其他含氧量<5PPM,外径≤25毫米的精炼铜管〔101 铜管压力管道〕	4	14	13		千克			27%	0	
7411101990	外径≤25毫米的其他精炼铜管〔101 铜管压力管道〕	4	14	13		千克			29%	0	
74111020	---外径超过70毫米的										13
7411102000	外径>70毫米的精炼铜管〔101 铜管压力管道〕	4	14	13		千克			29%	0	
74111090	---其他										13
7411109000	其他精炼铜管〔101 铜管压力管道〕	4	14	13		千克			24%	0	
74112110	---盘卷的										13
7411211000	盘卷的铜锌合金(黄铜)管〔101 铜管压力管道〕	7	20	13		千克			32%	0	
74112190	---其他										13
7411219000	其他铜锌合金(黄铜)管〔101 铜管压力管道〕	7	20	13		千克			32%	0	
74112200	--铜镍合金(白铜)或铜镍锌合金(德银)										13
7411220000	白铜或德银管〔101 铜管压力管道〕	7	40	13		千克			17%	0	
74112900	--其他										13
7411290000	其他铜合金管〔101 铜管压力管道〕	7	20	13		千克			27%	0	
7412	**铜制管子附件(例如,接头、肘管、管套)：**										
74121000	-精炼铜制										0
7412100000	精炼铜管子附件〔101 其他金属制法兰及管件压力管件〕,〔102 其他金属制法兰及管件〕	4	14	13		千克			24%	0	
74122010	---铜镍合金(白铜)或铜镍锌合金(德银)										0
7412201000	铜镍合金或铜镍锌合金管子配件〔101 其他金属制法兰及管件压力管件〕,〔102 其他金属制法兰及管件〕	7	40	13		千克			32%	0	
74122090	---其他										0
7412209000	其他铜合金管子配件〔101 其他金属制法兰及管件压力管件〕,〔102 其他金属制法兰及管件〕	7	20	13		千克			27%	0	
7413	**非绝缘的铜丝绞股线、缆、编带及类似品：**										
74130000	非绝缘的铜丝绞股线、缆、编带及类似品										0
7413000000	非绝缘的铜丝绞股线、缆、编带等〔999〕	5	14	13		千克			30%	0	
7415	**铜制或钢铁制带铜头的钉、平头钉、图钉、U形钉(税目83.05的货品除外)及类似品;铜制螺钉、螺栓、螺母、钩头螺钉、铆钉、销、开尾销、垫圈(包括弹簧垫圈)及类似品：**										
74151000	-钉、平头钉、图钉、U形钉及类似品										0
7415100000	铜钉,平头钉,图钉U形钉及类似品(包括钢铁制带铜头的)〔999〕	8	80	13		千克			18%	0	

协定税率(%)																		特惠税率(%)			
智利	新西兰	澳大利亚	瑞士	冰岛	秘鲁	哥斯达	东盟	亚太	新加坡	巴基斯坦	港/澳/台	韩国	格鲁吉亚	毛里求斯	柬埔寨	尼加拉瓜	日/韩/澳/新/东 (RCEP)	亚太2国	老/柬/缅	LDC 98/97/95	Article Description
0	0	0	0	0	0	0	0			0	0/0/0	0	0	0	0	0	0/0/4.9/4.9/0			0/0/0	---Of copper-nickel base alloys (cupronickel) or copper-nickel-zinc base alloys (nickel silver)
0	0	0	0	0	0	0	0			0	0/0/0	0	0	0	0	0	0/0/0/0/0			0/0/0	---Other
0	0	0	0	0	0	0	0	2.6		0	0/0/0	0	0	0	0	0	3.3/0/0/0/0			0/0/0	---Copper-clad board used to print circuit
0	0	0	0	0	0	0	0	2.6		0	0/0/0	0	0	0	0	0	0/0/2.8/2.8/0			0/0/0	---Other
0	0	0	0	0	0	0	0			0	0/0/	0	0	0	0	0	5.1/0/0/0/0			0/0/0	---Of copper-nickel base alloys (cupronickel) or copper-nickel-zin cbase alloys (nickel silver)
0	0	0	0	0	0	0	0			0	0/0/	0	0	0	0	0	5.1/0/0/0/0			0/0/0	---Other
																					Copper tubes and pipes:
0	0	0	0	0	0	0	0	2.6		0	0/0/	0	0	0	0	0	0/0/0/0/0			0/0/0	----Threaded or with fins
0	0	0	0	0	0	0	0	2.6		0	0/0/	0	0	0	0	0	0/0/2.8/2.8/0			0/0/0	----Other
0	0	0	0	0	0	0	0	2.6		0	0/0/	0	0	0	0	0	0/0/0/0/0			0/0/0	---Having an outside diameter exceeding 70mm
0	0	0	0	0	0	0	0	2.6		0	0/0/	0	0	0.8	0	0	2.9/2.8/2.8/2.8/2.8			0/0/0	---Other
0	0	0	0	0	0	0	0	6.3		0	0/0/	0	0	0	0	0	5.1/0/0/0/0			0/0/0	---In coils
0	0	0	0	0	0	0	0			0	0/0/	2.3	0	0	0	0	5.7/4.9/4.9/4.9/4.9			0/0/0	---Other
0	0	0	0	0	0	0	0			0	0/0/	0	0	0	0	0	5.1/0/0/0/0			0/0/0	--Of copper-nickel base alloys (cupronickel) or copper-nickel-zinc base alloys (nickel silver)
0	0	0	0	0	0	0	0			0	0/0/	0	0	0	0	0	5.1/0/0/0/0			0/0/0	--Other
																					Copper tube or pipe fittings (for example, couplings, elbows, sleeves):
0	0	0	0	0	0	0	0			0	0/0/	0	0	0	0	0	2.9/0/0/0/0			0/0/0	-Of refined copper
0	0	0	0	0	0	0	0	4.6		0	0/0/	0	0	0	0	0	5.1/0/0/0/0			0/0/0	---Of copper-nickel base alloys (cupronickel) or copper-nickel-zinc base alloys (nickel silver)
0	0	0	0	0	0	0	0	4.6		0	0/0/	0	0	0	0	0	5.1/4.9/4.9/4.9/4.9			0/0/0	---Other
																					Stranded wire, cables, plaited bands and the like, of copper, not electrically insulated:
0	0	0	0	0	0	0	0			0	0/0/	1.6	0	0	0	0	4.1/3.5/3.5/3.5/3.5			0/0/0	Stranded wire, cables plaited bands and the like, of copper, not electrically insulated
																					Nails, tacks, drawing pins, staples (other than those of heading 83.05) and similar articles, of copper or of iron or steel with heads of copper; screws, bolts, nuts, screw hooks, rivets, cotters, cotter-pins, washers (including spring washers) and similar articles, of copper:
0	0	0	0	0	0	0	0			0	0/0/	0	0	0	0	6.4	5.8/0/0/0/0			0/0/0	-Nails and tacks, drawing pins, staples and similar articles

商品编号	商品名称及备注[检验检疫编码及名称]	进口关税(%)		增值税率(%)	消费税	计量单位	监管条件	检验检疫类别	对美税率	出口税率(%)	出口退税率(%)
		最惠国	普通								
74152100	--垫圈(包括弹簧垫圈)										0
7415210000	铜垫圈(包括弹簧垫圈)〔999〕	8	80	13		千克			28%	0	
74152900	--其他										0
7415290000	铜制其他无螺纹制品〔999〕	8	80	13		千克			28%	0	
74153310	---木螺钉										0
7415331000	铜制木螺钉(包括钢铁制带铜头的)〔999〕	8	80	13		千克				0	
74153390	---其他										0
7415339000	铜制其他螺钉螺栓螺母(包括钢铁制带铜头的)〔101 螺钉〕,〔102 螺栓〕,〔103 螺母〕	8	80	13		千克			28%	0	
74153900	--其他										0
7415390000	其他铜制螺纹制品〔999〕	8	80	13		千克			18%	0	
7418	**餐桌、厨房或其他家用铜制器具及其零件;铜制擦锅器、洗刷擦光用的块垫、手套及类似品;铜制卫生器具及其零件:**										
74181010	---擦锅器及洗刷擦光用的块垫、手套及类似品										13
7418101000	擦锅器及洗刷擦光用的块垫、手套(包括类似品,铜制)〔999〕	7	80	13		千克	A	R/	17%	0	
74181020	---非电热的铜制家用烹饪器具及其零件										13
7418102000	非电热的铜制家用烹饪器具及其零件〔101 食品接触铜产品〕,〔102 食品用铜包装〕	7	80	13		千克	A	R/		0	
74181090	---其他										13
7418109000	其他餐桌厨房等家用铜制器具及其零件〔101 食品接触铜产品〕,〔102 食品用铜包装〕	7	80	13		千克	A	R/	32%	0	
74182000	-卫生器具及其零件										13
7418200000	铜制卫生器具及其零件〔999〕	9	80	13		千克			34%	0	
7419	**其他铜制品:**										
74192010	---链条及其零件										0
7419201000	铜链条及其零件(铸造、模压、冲压或锻造,但未经进一步加工的)〔999〕	9	80	13		千克			34%	0	
74192020	---其他,工业用										0
7419202000	工业用其他铜制品(铸造、模压、冲压或锻造,但未经进一步加工的)〔999〕	9	40	13		千克			29%	0	
74192090	---其他										13
7419209000	非工业用其他铜制品(铸造、模压、冲压或锻造,但未经进一步加工的)〔999〕	9	80	13		千克			19%	0	
74198010	---链条及其零件										0
7419801000	其他铜链条及其零件〔999〕	9	80	13		千克			34%	0	
74198020	---铜弹簧										13
7419802000	铜弹簧〔999〕	9	40	13		千克			34%	0	
74198030	---铜丝制的布(包括环形带)										13
7419803000	铜丝制的布(包括环形带)〔999〕	7	20	13		千克			32%	0	
74198040	---铜丝制的网、格栅,网眼铜板										13
7419804000	铜丝制的网、格栅,网眼铜板〔999〕	8	20	13		千克			18%	0	
74198050	---非电热的铜制家用供暖器具及其零件										13
7419805000	非电热的铜制家用供暖器及其零件〔101 其他装压缩或液化气的容器及其零件〕,〔102 深加工铜制品〕	9	80	13		千克				0	
74198091	----工业用										0
7419809100	工业用其他铜制品〔101 其他装压缩或液化气的容器及其零件〕,〔102 深加工铜制品〕	9	40	13		千克			29%	0	
74198099	----其他										13
7419809900	非工业用其他铜制品〔101 其他装压缩或液化气的容器及其零件〕,〔102 深加工铜制品〕	9	80	13		千克			29%	0	

协定税率(%)																		特惠税率(%)			
智利	新西兰	澳大利亚	瑞士	冰岛	秘鲁	哥斯达	东盟	亚太	新加坡	巴基斯坦	港/澳/台	韩国	格鲁吉亚	毛里求斯	柬埔寨	尼加拉瓜	日/韩/澳/新/东(RCEP)	亚太2国	老/柬/缅	LDC 98/97/95	Article Description
0	0	0	0	0	0	0	0		0	0	0/0/	0	0	0	0	6.4	7.3/7/0/0/0			0/0/0	--Washers (including spring washers)
0	0	0	0	0	0	0	0		0	0	0/0/	0	0	0	0	6.4	7.3/7/0/0/0			0/0/0	--Other
0	0	0	0	0	0	0	0	6.4		0	0/0/	0	0	0	0	6.4	5.8/0/0/0/0			0/0/0	---Screws for wood
0	0	0	0	0	0	0	0			4	0/0/	0	0	0	0	6.4	5.8/5.6/5.6/5.6/5.6			0/0/0	---Other
0	0	0	0	0	0	0	0			0	0/0/	0	0	0	0	6.4	7.3/7/0/0/0			0/0/0	--Other
																					Table, kitchen or other household articles and parts thereof, of copper; potscourers and scouring or polishing pads, gloves and the like, of copper; sanitary ware and parts thereof, of copper:
0	0	0	0	0	0	0	0		0	7.2	0/0/	0	0	0	0	0	13.1/12.6/0/0/0			0/0/0	---Pot scourers and scouring or polishing pads, gloves and the like
0	0	0	0	0	0	0	0		0		0/0/	6.6	0	0	0	0	16.3/14/14/14/14			0/0/0	---Cooking apparatus of a kind used for domestic purposes, non-electric, and parts thereof, of copper
0	0	0	0	0	0	0	0		0	7.2	0/0/	0	0	0	0	0	13.1/12.6/0/0/0			0/0/0	---Other
0	0	0	0	0	0	0	0		0	0	0/0/	0	0	0	0	8.1	13.1/12.6/0/0/0			0/0/0	-Sanitary ware and parts thereof
																					Other articles of copper:
0	0	0	0	0	0	0	0		0	5.6	0/0/	0	0	0	0	8.1	10.2/9.8/0/0/0			0/0/0	---Chain and parts thereof
0	0	0	0	0	0	0	0		0	0	0/0/	0	0	0	0	8.1	7.3/7/7/7/7			0/0/0	---Other, for industrial use
0	0	0	0	0	0	0	0		0	16	0/0/	6.6	0	0	0	8.1	16.3//17/17/16			0/0/0	---Other
0	0	0	0	0	0	0	0		0	5.6	0/0/	0	0	0	0	8.1	10.2/9.8/0/0/0			0/0/0	---Chain and parts thereof
0	0	0	0	0	0	0	0			2.5	0/0/	0	0	0	0	8.1	7.3/7/0/0/0			0/0/0	---Copper springs
0	0	0	0	0	0	0	0			2.8	0/0/	0	0	0	0	0	5.1/0/0/0/0			0/0/0	---Cloth (including endless hands), of copper wire
0	0	0	0	0	0	0	0			3.2	0/0/	0	0	0	0	6.4	5.8/5.6/0/0/0			0/0/0	---Grill and netting, of copper wire; expanded metal, of copper
0	0	0	0	0	0	0	0	6.3	0	16	0/0/	6.6	0	0	0	8.1	14.5/14/14/14/14			0/0/0	---Heating apparatus of a kind used for domestic purposes, non-electric, and parts thereof, of copper
0	0	0	0		0	0	0	5.9	0	2.5	0/0/	0	0	0	0	8.1	7.3/0/0/0/0			0/0/0	----For industrial use
0	0	0	0	0	0	0	0	5.9	0	16	0/0/	10	0	0	0	8.1	//17/17/17			0/0/0	----Other

第七十五章
镍及其制品

子目注释：

一、本章所用有关名词解释如下：

（一）非合金镍

按重量计镍及钴的含量至少为99%的金属，但：

1. 按重量计含钴量不超过1.5%；以及
2. 按重量计其他各种元素的含量不超过下表中规定的限量：

其他元素表

元　　素		所含重量百分比
Fe	铁	0.5
O	氧	0.4
其他元素，每种		0.3

（二）镍合金

按重量计含镍量大于其他元素单项含量的金属物质，但：

1. 按重量计含钴量超过1.5%；
2. 按重量计至少有一种其他元素的含量超过上表中规定的限量；或
3. 除镍及钴以外，按重量计其他元素的总含量超过1%。

二、子目7508.10所称"丝"，不受第十五类注释九（三）的限制，仅适用于截面尺寸不超过6毫米的任何截面形状的产品，不论是否盘卷。

商品编号	商品名称及备注[检验检疫编码及名称]	进口关税(%) 最惠国	普通	增值税率(%)	消费税	计量单位	监管条件	检验检疫类别	对美税率	出口税率(%)	出口退税率(%)
7501	**镍锍、氧化镍烧结物及镍冶炼的其他中间产品：**										
75011000	-镍锍										0
7501100000[暂0]	镍锍〔999〕	3	11	13		千克	4xy			0	
75012010	---镍湿法冶炼中间品										0
7501201000[暂0]	镍湿法冶炼中间品〔999〕	3	11	13		千克	4xy			0	
75012090	---其他										0
7501209000[暂0]	其他氧化镍烧结物、镍的其他中间产品〔999〕	3	11	13		千克	4xy		25%	0	
7502	**未锻轧镍：**										
75021010	---按重量计镍、钴总量在99.99%及以上的，但钴含量不超过0.005%										0
7502101000[暂1]	未锻轧非合金镍，按重量计镍、钴总量≥99.99%，但钴含量≤0.005%〔999〕	3	11	13		千克	4xy		26%	40[5]	
75021090	---其他										0
7502109000[暂1]	其他未锻轧非合金镍〔999〕	3	11	13		千克	4xy		26%	40[15]	
75022000	-镍合金										0
7502200000[暂3]	未锻轧镍合金〔999〕	3	11	13		千克	4xy			40[15]	
7503	**镍废碎料：**										
75030000	镍废碎料										0
7503000000	镍废碎料〔999〕	1.5	11	13		千克	49xy		26.5%	0	
7504	**镍粉及片状粉末：**										
75040010	---非合金镍粉及片状粉末										13
7504001000[暂1]	非合金镍粉及片状粉末〔999〕	4	17	13		千克	3		26%	0	
75040020	---合金镍粉及片状粉末										13
7504002000	合金镍粉及片状粉末〔999〕	4	17	13		千克			14%	0	
7505	**镍条、杆、型材及异型材或丝：**										
75051100	--非合金镍制										13
7505110000	纯镍条、杆、型材〔999〕	6	14	13		千克			16%	0	
75051200	--镍合金制										13
7505120000	合金镍条、杆、型材〔999〕	6	14	13		千克			16%	0	
75052100	--非合金镍制										13
7505210000	纯镍丝〔999〕	6	17	13		千克			26%	0	
75052200	--镍合金制										13
7505220000	合金镍丝〔999〕	6	17	13		千克				0	
7506	**镍板、片、带、箔：**										
75061000	-非合金镍制										13
7506100000	纯镍板、片、带、箔〔999〕	6	14	13		千克			26%	0	

Chapter 75
Nickel and articles thereof

Subheading Notes:

1. In this Chapter the following expressions have the meanings hereby assigned to them:
   (a) Nickel, not alloyed
   Metal containing by weight at least 99% of nickel plus cobalt, provided that:
   (i) the cobalt content by weight does not exceed 1.5%; and
   (ii) the content by weight of any other element does not exceed the limit specified in the following table:

TABLE-Other elements

Element		Limiting content % by weight
Fe	Iron	0.5
O	Oxygen	0.4
Other elements, each		0.3

   (b) Nickel alloys
   Metallic substances in which nickel predominates by weight over each of the other elements provided that:
   (i) the content by weight of cobalt exceeds 1.5%;
   (ii) the content by weight of at least one of the other elements is greater than the limit specified in the foregoing table; or
   (iii) the total content by weight of elements other than nickel plus cobalt exceeds 1%.

2. Notwithstanding the provisions of Note 9 (c) to Section XV, for the purposes of subheading 7508.10 the term "wire" applies only to products, whether or not in coils, of any cross-sectional shape, of which no cross-sectional dimension exceeds 6mm.

协定税率(%)																		特惠税率(%)			Article Description
智利	新西兰	澳大利亚	瑞士	冰岛	秘鲁	哥斯达	东盟	亚太	新加坡	巴基斯坦	港/澳/台	韩国	格鲁吉亚	毛里求斯	柬埔寨	尼加拉瓜	日/韩/澳/新/东 (RCEP)	亚太2国	老/柬/缅	LDC 98/97/95	
																					Nickel mattes, nickel oxide sinters and other intermediate products of nickel metallurgy:
0	0	0	0	0	0	0	0			0	0/0/	0	0	0	0	0	0/0/0/0/0			0/0/0	-Nickel mattes
0	0	0	0	0	0	0	0			0	0/0/	0	0	0	0	0	0/0/0/0/0			0/0/0	---Intermediate products of nickel metallurgy by wet process
0	0	0	0	0	0	0	0			0	0/0/	0	0	0	0	0	0/0/0/0/0			0/0/0	---Other
																					Unwrought nickel:
0	0	0	0	0	0	0	0			0	0/0/	0	0	0	0	0	0/0/0/0/0			0/0/0	---Containing 99.99% or more by total weight of nickel and cobalt, but containing cobalt not exceeding 0.005%
0	0	0	0	0	0	0	0			0	0/0/	0	0	0	0	0	0/0/0/0/0			0/0/0	---Other
0	0	0	0	0	0	0	0			0	0/0/	0	0	0	0	0	0/0/0/0/0			0/0/0	-Nickel, alloys
																					Nickel waste and scrap:
0	0	0	0	0	0	0	0			0	0/0/	0	0	0	0	0	0/0/0/0/0			0/0/0	Nickel waste and scrap
																					Nickel powders and flakes:
0	0	0	0	0	0	0	0			0	0/0/	0	0	0	0	0	0/0/0/0/0			0/0/0	---Nickel powders and flakes, not alloyed
0	0	0	0	0	0	0	0			0	0/0/	0	0	0	0	0	0/0/0/0/0			0/0/0	---Nickel powders and flakes, alloys
																					Nickel bars, rods, profiles and wire:
0	0	0	0	0	0	0	0			0	0/0/	0	0	0	0	0	4.4/4.2/0/0/0			0/0/0	--Of nickel, not alloyed
0	0	0	0	0	0	0	0			0	0/0/	0	0	0	0	0	4.4/4.2/0/0/0			0/0/0	--Of nickel alloys
0	0	0	0	0	0	0	0			0	0/0/	0	0	0	0	0	4.4/0/0/0/0			0/0/0	--Of nickel, not alloyed
0	0	0	0	0	0	0	0			0	0/0/	0	0	0	0	0	0/0/0/0/0			0/0/0	--Of nickel alloys
																					Nickel plates, sheets, strip and foil:
0	0	0	0	0	0	0	0			0	0/0/	0	0	0	0	0	4.4/4.2/4.2/4.2/4.2			0/0/0	-Of nickel, not alloyed

商品编号	商品名称及备注[检验检疫编码及名称]	进口关税(%) 最惠国	进口关税(%) 普通	增值税率(%)	消费税	计量单位	监管条件	检验检疫类别	对美税率	出口税率(%)	出口退税率(%)
75062000	-镍合金制										0
7506200000	镍合金板、片、带、箔〔999〕	6	14	13		千克				0	
7507	**镍管及管子附件(例如,接头、肘管、管套):**										
75071100	--非合金镍制										0
7507110000	纯镍管〔101 镍管压力管道〕	6	17	13		千克				0	
75071200	--镍合金制										13
7507120000	合金镍管〔101 镍管压力管道〕	6	17	13		千克				0	
75072000	-管子附件										0
7507200000	镍及镍合金管子附件〔101 镍管压力管道〕,〔102 其他金属制法兰及管件〕	6	17	13		千克			16%	0	
7508	**其他镍制品:**										
75081010	---镍丝布										0
7508101000	镍丝制的布〔101 深加工镍制品〕	6	20	13		千克			31%	0	
75081080	---其他工业用镍制品										0
7508108000	工业用镍丝制的网及格栅〔101 深加工镍制品〕	6	40	13		千克			31%	0	
75081090	---其他										0
7508109000	其他镍丝制的网及格栅〔101 深加工镍制品〕	6	70	13		千克			16%	0	
75089010	---电镀用镍阳极										0
7508901000[暂4]	电镀用镍阳极〔101 深加工镍制品〕	4	14	13		千克			29%	40[15]	
75089080	---其他工业用镍制品										0
7508908000	其他工业用镍制品(镍丝布、网及格栅除外)〔101 深加工镍制品〕	6	40	13		千克			16%	0	
75089090	---其他										0
7508909000	其他非工业用镍制品(镍丝布、网及格栅除外)〔101 深加工镍制品〕	6	70	13		千克			16%	0	

协定税率(%)																		特惠税率(%)			Article Description
智利	新西兰	澳大利亚	瑞士	冰岛	秘鲁	哥斯达	东盟	亚太	新加坡	巴基斯坦	港/澳/台	韩国	格鲁吉亚	毛里求斯	柬埔寨	尼加拉瓜	日/韩/澳/新/东(RCEP)	亚太2国	老/柬/缅	LDC 98/97/95	
0	0	0	0	0	0	0	0			0	0/0/	0	0	0	0	0	0/0/4. 2/4. 2/0			0/0/0	-Of nickel alloys
																					Nickel tubes, pipes and tube or pipe fittings (for example, couplings, elbows, sleeves):
0	0	0	2. 4	0	0	0	0			0	0/0/	0	0	0	0	0	4. 4/0/0/0/0			0/0/0	--Of nickel, not alloyed
0	0	0	0	0	0	0	0			0	0/0/	0	0	0	0	0	4. 4/4. 2/4. 2/4. 2/4. 2			0/0/0	--Of nickel alloys
0	0	0	0	0	0	0	0			0	0/0/	0	0	0	0	0	0/0/0/0/0			0/0/0	-Tube or pipe fittings
																					Other articles of nickel:
0	0	0	0	0	0	0	0			0	0/0/	0	0	0	0	0	0/0/0/0/0			0/0/0	---Wire cloth
0	0	0	0	0	0	0	0			0	0/0/	0	0	0	0	0	0/0/0/0/0			0/0/0	---Other articles of nickel, for industrial use
0	0	0	0	0	0	0	0			0	0/0/	0	0	0	0	0	0/0/0/0/0			0/0/0	---Other
0	0	0	0	0	0	0	0			0	0/0/	0	0	0	0	0	0/0/0/0/0			0/0/0	---Electroplating anodes
0	0	0	0	0	0	0	0			0	0/0/	0	0	0	0	0	0/0/4. 2/4. 2/0			0/0/0	---Other articles of nickel, for industrial use
0	0	0	0	0	0	0	0			4	0/0/	0	0	0	0	0	0/0/0/0/0			0/0/0	---Other

第七十六章
铝及其制品

子目注释：

一、本章所用有关名词解释如下：

（一）非合金铝

按重量计含铝量至少为99%的金属，但其他各种元素的含量不超过下表中规定的限量：

其他元素表

元　　素	所含重量百分比
Fe+Si（铁+硅）	1
其他元素①，每种	0.1②

①其他元素，例如，铬、铜、镁、锰、镍、锌。

②含铜成分可大于0.1%，但不得大于0.2%，且铬和锰的含量均不得超过0.05%。

（二）铝合金

按重量计含铝量大于其他元素单项含量的金属物质，但：

1. 按重量计至少有一种其他元素或铁加硅的含量大于上表中规定的限量；或
2. 按重量计其他元素的总含量超过1%。

二、子目7616.91所称"丝"，不受第十五类注释九（三）的限制，仅适用于截面尺寸不超过6毫米的任何截面形状的产品，不论是否盘卷。

商品编号	商品名称及备注[检验检疫编码及名称]	进口关税(%) 最惠国	普通	增值税率(%)	消费税	计量单位	监管条件	检验检疫类别	对美税率	出口税率(%)	出口退税率(%)
7601	**未锻轧铝：**										
76011010	---按重量计含铝量在99.95%及以上										0
7601101010[暂5]	未锻轧非合金铝(按重量计含铝量在99.995%及以上)〔999〕	5	14	13		千克			30%	30[0]	
7601101090	未锻轧非合金铝(按重量计含铝量在99.95%及以上,但小于99.995%的)〔999〕	5	14	13		千克			30%	30	
76011090	---其他										0
7601109000[暂0]	其他未锻轧非合金铝〔999〕	5	14	13		千克			25%	30	
76012000	-铝合金										0
7601200000[暂7]	未锻轧铝合金〔999〕	7	14	13		千克			32%	30[15]	
7602	**铝废碎料：**										
76020000	铝废碎料										0
7602000010[暂1.5]	以回收铝为主的废电线等(包括废电线、电缆、五金电器)〔999〕	1.5	14	13		千克	9		51.5%/26.5%	30[15]	
7602000020[暂0]	符合标准GB/T 38472-2019规定的再生铸造铝合金原料〔999〕	1.5	14	13		千克	A	M/	50%/25%	30[15]	
7602000090[暂1.5]	其他铝废碎料〔999〕	1.5	14	13		千克	9		51.5%/26.5%	30[15]	
7603	**铝粉及片状粉末：**										
76031000	-非片状粉末										0
7603100010	颗粒<500微米的微细球形铝粉(颗粒均匀,铝含量≥97%)〔301 危险化学品,易燃固体〕,〔302 危险化学品,遇水放出易燃气体的物质〕,〔303 其他〕	6	30	13		千克	3A	M/	16%	0	
7603100090	其他非片状铝粉〔301 危险化学品,易燃固体〕,〔302 其他〕	6	30	13		千克	AB	M/N	16%	0	
76032000	-片状粉末										0
7603200000	片状铝粉末〔301 危险化学品,易燃固体〕,〔302 其他化工品〕	7	30	13		千克			32%	0	
7604	**铝条、杆、型材及异型材：**										
76041010	---铝条、杆										0
7604101000[暂5]	非合金制铝条、杆〔999〕	5	30	13		千克			25%	20[0]	
76041090	---其他										0
7604109000[暂5]	非合金制铝型材、异型材〔999〕	5	30	13		千克			30%	20[0]	
76042100	--空心异型材										13
7604210000[暂5]	铝合金制空心异型材〔999〕	5	30	13		千克			15%	20[0]	
76042910	---铝合金条、杆										
7604291010[暂5]	柱形实心体铝合金[在293K(20摄氏度)时的极限抗拉强度能达到460兆帕(0.46×10^{9}牛顿/平方米)或更大]〔999〕	5	30	13		千克	3		15%	20[0]	13
7604291090[暂5]	其他铝合金制条、杆〔101 铝条〕,〔102 其他铝及制品〕	5	30	13		千克			15%	20[0]	0
76042990	---其他										13
7604299000[暂5]	其他铝合金制型材、异型材〔999〕	5	30	13		千克			25%	20[0]	
7605	**铝丝：**										

Chapter 76
Aluminium and articles thereof

Subheading Notes:

1. In this Chapter the following expressions have the meanings hereby assigned to them:

(a) Aluminium, not alloyed

Metal containing by weight at least 99% of aluminium, provided that the content by weight of any other element does not exceed the limit specified in the following table:

TABLE-Other elements

Element	Limiting content % by weight
Fe+Si (iron plus silicon)	1
Other elements①, each	0.1②

①Other elements are, for example, Cr, Cu, Mg, Mn, Ni, Zn.

②Copper is permitted in a proportion greater than 0.1% but not more than 0.2%, provided that neither the chromium nor manganese content exceeds 0.05%.

(b) Aluminium alloys

Metallic substances in which aluminium predominates by weight over each of the other elements, provided that:

(i) the content by weight of at least one of the other elements or of iron plus silicon taken together is greater than the limit specified in the foregoing table; or

(ii) the total content by weight of such other elements exceeds 1%.

2. Notwithstanding the provisions of Note 9 (c) to Section XV, for the purposes of subheading 7616.91 the term "wire" applies only to products, whether or not in coils, of any cross-sectional shape, of which no cross-sectional dimension exceeds 6mm.

协定税率(%)																		特惠税率(%)			Article Description
智利	新西兰	澳大利亚	瑞士	冰岛	秘鲁	哥斯达	东盟	亚太	新加坡	巴基斯坦	港/澳/台	韩国	格鲁吉亚	毛里求斯	柬埔寨	尼加拉瓜	日/韩/澳/新/东 (RCEP)	亚太2国	老/柬/缅	LDC 98/97/95	
																					Unwrought aluminium:
0	0	0	0	0	0	0	0			0	0/0/	0	0	0	0	0	3.6/3.5/0/0/0			0/0/0	---Containing by weight 99.95% or more of aluminium
0	0	0	0	0	0	0	0	2.5		0	0/0/	0	0	0	0	0	0/0/0/0/0			0/0/0	---Other
0	0	0	0	0	0	0	0	4.6		0	0/0/	0	0	0	0	0	5.1/4.9/4.9/4.9/4.9			0/0/0	-Aluminium alloys
																					Aluminium waste and scrap:
0	0	0	0	0		0	0			0	0/0/	0	0	0	0	1.2	1.1/0/0/0/0			0/0/0	Aluminium waste and scrap
																					Aluminium powders and flakes:
0	0	0	0	0	0	0	0			0	0/0/	0	0	0	0	0	0/0/0/0/0			0/0/0	-Powders of non-lamellar structure
0	0	0	0	0	0	0	0			0	0/0/	0	0	0	0	0	5.1/0/0/0/0			0/0/0	-Powders of lamellar structure; flakes
																					Aluminium bars, rods and profiles:
0	0	0	0	0	0	0	0			0	0/0/	0	0	0	0	0	0/0/0/0/0			0/0/0	---Bars and rods
0	0	0	0	0	0	0	0			0	0/0/	1.6	0	0	0	0	4.1/3.5/3.5/3.5/3.5			0/0/0	---Other
0	0	0	0	0	0	0	0			0	0/0/	1.6	0	0	0	0	4.1/3.5/3.5/3.5/3.5			0/0/0	--Hollow profiles
0	0	0	0	0	0	0	0	3.3		0	0/0/	1.6	0	0	0	0	4.1/3.5/3.5/3.5/3.5			0/0/0	---Bars and rods
0	0	0	0	0	0	0	0	3.3		0	0/0/	0	0	0	0	0	0/0/3.5/3.5/0			0/0/0	---Other
																					Aluminium wire:

商品编号	商品名称及备注［检验检疫编码及名称］	进口关税(%) 最惠国	普通	增值税率(%)	消费税	计量单位	监管条件	检验检疫类别	对美税率	出口税率(%)	出口退税率(%)
76051100	--最大截面尺寸超过7毫米										0
7605110000[暂8]	最大截面尺寸>7毫米的非合金铝丝〔999〕	8	17	13		千克			33%	20[0]	
76051900	--其他										0
7605190000[暂8]	最大截面尺寸≤7毫米的非合金铝丝〔999〕	8	17	13		千克			33%	20[0]	
76052100	--最大截面尺寸超过7毫米										0
7605210000[暂8]	最大截面尺寸>7毫米的铝合金丝〔999〕	8	17	13		千克			18%	20[0]	
76052900	--其他										0
7605290000[暂8]	最大截面尺寸≤7毫米的铝合金丝〔999〕	8	17	13		千克			18%	20[0]	
7606	**铝板、片及带,厚度超过0.2毫米:**										
76061121	----铝塑复合的										13
7606112100[暂6]	非合金铝制铝塑复合矩形板、片及带(包括正方形)(0.3毫米≤厚度≤0.36毫米)〔101 铝板〕,〔102 其他铝及制品〕	6	50	13		千克			31%	20[0]	
76061129	----其他										13
7606112900[暂6]	其他非合金铝制矩形板、片及带(包括正方形)(0.3毫米≤厚度≤0.36毫米)〔999〕	6	50	13		千克			31%	20[0]	
76061191	----铝塑复合的										13
7606119100[暂6]	0.2毫米<厚<0.3毫米或厚>0.36毫米非合金铝制铝塑复合矩形板、片及带(包括正方形)〔101 铝板〕,〔102 其他铝及制品〕	6	30	13		千克			16%	20[0]	
76061199	----其他										13
7606119900[暂6]	0.2毫米<厚<0.3毫米或厚>0.36毫米非合金铝制矩形其他板、片及带(包括正方形)〔999〕	6	30	13		千克			31%	20[0]	
76061220	---厚度小于0.28毫米										13
7606122000[暂6]	铝合金制矩形的薄板、片及带(包括正方形)(薄板指0.2毫米<厚度<0.28毫米)〔999〕	6	30	13		千克			31%	20[0]	
76061230	---厚度在0.28毫米及以上,但不超过0.35毫米										13
7606123000[暂6]	铝合金制矩形的中厚板、片及带(包括正方形)(中厚板指0.28毫米≤厚度≤0.35毫米)〔999〕	6	30	13		千克			26%	20[0]	
76061251	----铝塑复合的										13
7606125100[暂6]	0.35毫米<厚度≤4毫米 铝合金制铝塑复合的矩形厚板、片及带(包括正方形)〔101 铝板〕,〔102 其他铝及制品〕	6	50	13		千克			31%	20[0]	
76061259	----其他										13
7606125900[暂6]	其他0.35毫米<厚度≤4毫米铝合金制矩形厚板、片及带(包括正方形)〔999〕	6	50	13		千克			31%	20[0]	
76061290	---其他										13
7606129000[暂6]	厚度>4毫米铝合金制矩形的厚板、片及带(包括正方形)〔999〕	6	50	13		千克			16%	20[0]	
76069100	--非合金铝制										13
7606910000[暂6]	非合金铝制非矩形的板、片及带(厚度>0.2毫米)〔999〕	6	30	13		千克			31%	20[0]	
76069200	--铝合金制										13
7606920000[暂8]	铝合金制非矩形的板、片及带(厚度>0.2毫米)〔999〕	8	30	13		千克			28%	20[0]	
7607	**铝箔(不论是否印花或用纸、纸板、塑料或类似材料衬背),厚度(衬背除外)不超过0.2毫米:**										
76071110	---厚度不超过0.007毫米										13
7607111000	轧制后未进一步加工的无衬背铝箔(厚度≤0.007毫米)〔999〕	6	35	13		千克			31%	0	
76071120	---厚度大于0.007毫米,但不超过0.01毫米										13
7607112000	轧制后未进一步加工的无衬背铝箔(0.007毫米<厚度≤0.01毫米)〔999〕	6	35	13		千克			16%	0	
76071190	---其他										13
7607119000	轧制后未进一步加工的无衬背铝箔(0.01毫米<厚度≤0.2毫米)〔999〕	6	35	13		千克			31%	0	
76071900	--其他										13
7607190000	其他无衬背铝箔(厚度≤0.2毫米)〔999〕	6	35	13		千克			31%	0	
76072000	-有衬背										13
7607200000	有衬背铝箔(厚度≤0.2毫米)〔999〕	6	35	13		千克			26%	0	
7608	**铝管:**										
76081000	-非合金铝制										13
7608100000	纯铝管〔101 铝管压力管道〕	8	30	13		千克			33%	0	
76082010	---外径不超过10厘米的										13

协定税率(%)																		特惠税率(%)			
智利	新西兰	澳大利亚	瑞士	冰岛	秘鲁	哥斯达	东盟	亚太	新加坡	巴基斯坦	港/澳/台	韩国	格鲁吉亚	毛里求斯	柬埔寨	尼加拉瓜	日/韩/澳/新/东(RCEP)	亚太2国	老/柬/缅	LDC 98/97/95	Article Description
0	0	0	0	0	0	0	0			0	0/0/	0	0	0	0	6.4	5.8/0/0/0/0			0/0/0	--Of which the maximum cross-sectional dimension exceeding 7mm
0	0	0	0	0	0	0	0	5.2		0	0/0/	0	0	0	0	6.4	5.8/0/0/0/0			0/0/0	--Other
0	0	0	0	0	0	0	0			0	0/0/	0	0	0	0	6.4	5.8/0/0/0/0			0/0/0	--Of which the maximum cross-sectional dimension exceeding 7mm
0	0	0	0	0	0	0	0			0	0/0/	0	0	0	0	6.4	5.8/0/0/0/0			0/0/0	--Other
																					Aluminium plates, sheets and strip, of a thickness exceeding 0.2mm:
0	0	0	0	0	0	0	0	4.2		0	0/0/	0	0	0	0	0	0/0/0/0/0			0/0/0	----Aluminium-plastic composite
0	0	0	0	0	0	0	0	4.2		0	0/0/	2	0	0	0	0	4.9/4.2/4.2/4.2/4.2			0/0/0	----Other
0	0	0	0	0	0	0	0	3.9		0	0/0/0	0	0	0	0	0	0/0/0/0/0			0/0/0	----Aluminium-plastic composite
0	0	0	0	0	0	0	0	3.9		0	0/0/0	0	0	0	0	0	4.4/4.2/4.2/4.2/4.2			0/0/0	----Other
0	0	0	0	0	0	0	0	4.2		0	0/0/0	2	0	0	0	0	4.9/4.2/4.2/4.2/4.2			0/0/0	---Of a thickness less than 0.28mm
0	0	0	0	0	0	0	0	4.2		0	0/0/0	2	0	0	0	0	4.9/4.2/4.2/4.2/4.2			0/0/0	---Of a thickness of 0.28mm or more but not exceeding 0.35mm
0	0	0	0	0	0	0	0	3.9		0	0/0/	0	0	0	0	0	4.4/4.2/0/0/0			0/0/0	----Aluminium-plastic composite
0	0	0	0	0	0	0	0	3.9		0	0/0/	2	0	0	0	0	4.9/4.2/4.2/4.2/4.2			0/0/0	----Other
0	0	0	0	0	0	0	0	3.9		0	0/0/	0	0	0	0	0	4.4/4.2/4.2/4.2/4.2			0/0/0	---Other
0	0	0	0	0	0	0	0			0	0/0/0	2	0	0	0	0	4.9/4.2/4.2/4.2/4.2			0/0/0	--Of aluminium, not alloyed
0	0	0	0	0	0	0	0		0	0	0/0/0	3.3	0	0	0	6.4	8.1/8/8.5/8.5/8			0/0/0	--Of aluminium alloys
																					Aluminium foil (whether or not printed or backed with paper, paperboard, plastics or similar backing materials) of a thickness (excluding any backing) not exceeding 0.2mm:
0	0	0	0	0	0	0	0	3.9		0	0/0/	2	0	0	0	0	4.9/4.2/4.2/4.2/4.2			0/0/0	---Of a thickness not exceeding 0.007mm
0	0	0	0	0	0	0	0	3.9		0	0/0/	0	0	0	0	0	0/0/0/0/0			0/0/0	---Of a thickness exceeding 0.007mm but not exceeding 0.01mm
0	0	0	0		0	0	0	3.9		0	0/0/0	0	0	0	0	0	4.4/4.2/4.2/4.2/4.2			0/0/0	---Other
0	0	0	0		0	0	0	3.9		0	0/0/0	0	0	0	0	0	4.9/4.2/0/0/0			0/0/0	--Other
0	0	0	0		0	0	0			0	0/0/0	2	0	0	0	0	4.9/4.2/4.2/4.2/4.2			0/0/0	-Backed
																					Aluminium tubes and pipes:
0	0	0	0	0	0	0	0			0	0/0/	2.6	0	0	0	6.4	6.5/6.4/6.8/6.8/6.4			0/0/0	-Of aluminium, not alloyed
0	0	0	0	0	0	0	0			0	0/0/	2.6	0	0	0	6.4	6.5/6.4/6.8/6.8/6.4			0/0/0	---Having an outside diameter not exceeding 10cm

商品编号	商品名称及备注[检验检疫编码及名称]	进口关税(%)		增值税率(%)	消费税	计量单位	监管条件	检验检疫类别	对美税率	出口税率(%)	出口退税率(%)
		最惠国	普通								
7608201010	外径≤10厘米的管状铝合金[在293K(20摄氏度)时的极限抗拉强度能达到460兆帕(0.46×10^9牛顿/平方米)或更大]〔101 铝管压力管道〕,〔102 铝管〕	8	30	13		千克	3			0	
7608201090	外径≤10厘米的其他合金制铝管〔101 铝管压力管道〕,〔102 铝管〕	8	30	13		千克				0	
76082091	----壁厚不超过25毫米										13
7608209110	外径>10厘米,壁厚≤25毫米的管状铝合金[在293K(20摄氏度)时的极限抗拉强度能达到460兆帕(0.46×10^9牛顿/平方米)或更大]〔101 铝管压力管道〕,〔102 铝管〕	8	30	13		千克	3		33%	0	
7608209190	外径>10厘米,壁厚≤25毫米的其他合金制铝管〔101 铝管压力管道〕,〔102 铝管〕	8	30	13		千克			33%	0	
76082099	----其他										13
7608209910	外径>10厘米,其他管状铝合金[在293K(20摄氏度)时的极限抗拉强度能达到460兆帕(0.46×10^9牛顿/平方米)或更大]〔101 铝管压力管道〕,〔102 铝管〕	8	30	13		千克	3		18%	0	
7608209990	外径>10厘米,其他合金制铝管〔101 铝管压力管道〕,〔102 铝管〕	8	30	13		千克			18%	0	
7609	**铝制管子附件(例如,接头、肘管、管套):**										
76090000	铝制管子附件(例如,接头、肘管、管套)										13
7609000000	铝制管子附件①	8	35	13		千克			18%	0	
7610	**铝制结构体(税目94.06的活动房屋除外)及其部件(例如,桥梁及桥梁体段、塔、格构杆、屋顶、屋顶框架、门窗及其框架、门槛、栏杆、支柱及立柱);上述结构体用的已加工铝板、杆、型材、异型材、管子及类似品:**										
76101000	-门窗及其框架、门槛										13
7610100000	铝制门窗及其框架、门槛〔999〕	9	80	13		千克			29%	0	
76109000	-其他										13
7610900000	其他铝制结构体及其部件(包括结构体用的已加工铝板、型材、管子及类似品)〔999〕	6	50	13		千克			26%	0	
7611	**盛装物料用的铝制囤、柜、罐、桶及类似容器(装压缩气体或液化气体的除外),容积超过300升,不论是否衬里或隔热,但无机械或热力装置:**										
76110000	盛装物料用的铝制囤、柜、罐、桶及类似容器(装压缩气体或液化气体的除外),容积超过300升,不论是否衬里或隔热,但无机械或热力装置										13
7611000000	容积>300升的铝制囤、罐等容器(盛装物料用的,装压缩气体或液化气体的除外)〔999〕	9	35	13		千克			19%	0	
7612	**盛装物料用的铝制桶、罐、听、盒及类似容器,包括软管容器及硬管容器(装压缩气体或液化气体的除外),容积不超过300升,不论是否衬里或隔热,但无机械或热力装置:**										
76121000	-软管容器										13
7612100000	铝制软管容器〔999〕	9	50	13		千克			34%	0	
76129010	---易拉罐及罐体										13
7612901000	铝制易拉罐及罐体〔101 深加工铝制品〕,〔102 食品用铝包装〕	9	100	13		千克	A	R/	34%	0	
76129090	---其他										13
7612909000	容积≤300升的铝制囤、罐等容器(盛装物料用的,装压缩气体或液化气体的除外)〔999〕	9	70	13		千克			19%	0	
7613	**装压缩气体或液化气体用的铝制容器:**										
76130010	---零售包装用										13
7613001000	零售包装装压缩、液化气体铝容器(铝及铝合金制)〔101 装压缩或液化气的铝容器〕,〔102 深加工铝制品〕	9	70	13		千克			19%	0	
76130090	---其他										13

① 〔101 其他金属制法兰及管件压力管件〕,〔102 深加工铝制品压力管件〕,〔103 其他金属制法兰及管件〕,〔104 深加工铝制品〕

协定税率(%)																		特惠税率(%)			Article Description
智利	新西兰	澳大利亚	瑞士	冰岛	秘鲁	哥斯达	东盟	亚太	新加坡	巴基斯坦	港/澳/台	韩国	格鲁吉亚	毛里求斯	柬埔寨	尼加拉瓜	日/韩/澳/新/东(RCEP)	亚太2国	老/柬/缅	LDC 98/97/95	
0	0	0	0	0	0	0	0			0	0/0/	0	0	0	0	6.4	5.8/0/0/0/0			0/0/0	----Having a wall thickness not exceeding 25mm
0	0	0	0	0	0	0	0			0	0/0/	0	0	0	0	6.4	5.8/0/0/0/0			0/0/0	----Other
																					Aluminium tube or pipe fittings (for example, couplings, elbows, sleeves):
0	0	0	0	0	0	0	0			0	0/0/	0	0	0	0	6.4	5.8/5.6/5.6/5.6/5.6			0/0/0	Aluminium tube or pipe fittings (for example, couplings, elbows, sleeves)
																					Aluminium structures (excluding prefabricated buildings of heading 94.06) and parts of structures (for example, bridges and bridge-sections, towers, lattice masts, roofs, roofing frameworks, doors and windows and their frames and thresholds for doors, balustrades, pillars and columns); aluminium plates, rods profiles, tubes and the like, prepared for use in structures:
0	0	0	0	0	0	0	0		0	20	0/0/	12.5	0	5	0	8.1	//21.3/21.3/21.3			0/0/0	-Doors, windows and their frames and thresholds for doors
0	0	0	0	0	0	0	0			0	0/0/	0	0	0	0	0	0/0/4.2/4.2/0			0/0/0	-Other
																					Aluminium reservoirs, tanks, vats and similar containers, for any material (other than compressed or liquefied gas), of a capacity exceeding 300L, whether or not lined or heat-insulated, but not fitted with mechanical or thermal equipment:
0	0	0	0	0	0	0	0		0	3	0/0/	0	0	0	0	8.1	8.7/8.4/0/0/0			0/0/0	Aluminium reservoirs, tanks, vats and similar containers, for any material (other than compressed or liquefied gas), of a capacity exceeding 300L, whether or not lined or heat-insulated, but not fitted with mechanical or thermal equipment
																					Aluminium casks, drums, cans, boxes and similar containers (including rigid or collapsible tubular containers), for any material (other than compressed or liquefied gas), of a capacity not exceeding 300L, whether or not lined or heat-insulated, but not fitted with mechanical or thermal equipment:
0	0	0	0	0	0	0	0		0	4.8	0/0/	0	0	0	0	8.1	8.7/8.4/0/0/0			0/0/0	-Collapsible tubular containers
0	0	0	0	0	0	0	0		0	24	0/0/		0	6	0	8.1	//5/5/5			0/0/0	---Tear tab ends and bodies thereof
0	0	0	0	0	0	0	0		0	3	0/0/	0	0	0	0	8.1	8.7/8.4/0/0/0			0/0/0	---Other:
																					Aluminium containers for compressed or liquefied gas:
0	0	0	4.8	0	0	0	0	7.2	0	3	0/0/	0	0	0	0	8.1	8.7/8.4/0/0/0			0/0/0	---For retail packing
0	0	0	0	0	0	0	0			0	0/0/	0	0	0	0	0	0/0/0/0/0			0/0/0	---Other

商品编号	商品名称及备注[检验检疫编码及名称]	进口关税(%)		增值税率(%)	消费税	计量单位	监管条件	检验检疫类别	对美税率	出口税率(%)	出口退税率(%)
		最惠国	普通								
7613009000	非零售装装压缩、液化气体铝容器(铝及铝合金制)〔101 装压缩或液化气的铝容器〕,〔102 深加工铝制品〕	6	17	13		千克	6		16%	0	
7614	**非绝缘的铝制绞股线、缆、编带及类似品:**										
76141000	-带钢芯的										13
7614100000	带钢芯的铝制绞股线、缆、编带(非绝缘的)〔999〕	6	20	13		千克			16%	0	
76149000	-其他										13
7614900000	不带钢芯的铝制绞股线、缆、编带(非绝缘的)〔999〕	6	20	13		千克			26%	0	
7615	**餐桌、厨房或其他家用铝制器具及其零件;铝制擦锅器、洗刷擦光用的块垫、手套及类似品;铝制卫生器具及其零件:**										
76151010	---擦锅器、洗刷、擦光用的块垫、手套及类似品										13
7615101000	擦锅器及洗刷擦光用的块垫、手套(包括类似品,铝制)〔999〕	7	90	13		千克	A	R/		0	
76151090	---其他										13
7615109010	铝制高压锅〔101 深加工铝制品〕,〔102 食品接触铝产品〕	7	90	13		千克	A	R/	32%	0	
7615109090	其他餐桌厨房等家用铝制器具及其零件〔101 深加工铝制品〕,〔102 食品接触铝产品〕,〔103 食品用铝包装〕	7	90	13		千克	A	R/	32%	0	
76152000	-卫生器具及其零件										13
7615200000	铝制卫生器具及其零件〔101 深加工铝制品〕,〔102 食品接触铝产品〕,〔103 食品用铝包装〕	8	90	13		千克			18%	0	
7616	**其他铝制品:**										
76161000	-钉、平头钉、U 形钉(税目 83.05 的货品除外)、螺钉、螺栓、螺母、钩头螺钉、铆钉、销、开尾销、垫圈及类似品										13
7616100000	铝钉、螺钉、螺母、垫圈等紧固件①	8	40	13		千克			18%	0	
76169100	--铝丝制的布、网、篱及格栅										13
7616910000	铝丝制的布、网、篱及格栅(包括栅栏)〔101 深加工铝制品〕	8	40	13		千克			18%	0	
76169910	---工业用										13
7616991010	高度小于直径的柱形实心体铝合金[在 293K(20 摄氏度)时的极限抗拉强度能达到 460 兆帕(0.46×10^9 牛顿/平方米)或更大]〔101 深加工铝制品〕	8	40	13		千克	3		18%	0	
7616991090	其他工业用铝制品(不包括铝丝布、网、格栅及栅栏)〔101 深加工铝制品〕	8	40	13		千克			18%	0	
76169990	---其他										13
7616999000	其他非工业用铝制品(不包括铝丝布、网、格栅及栅栏)〔101 深加工铝制品〕	8	80	13		千克			18%	0	

① 〔101 螺钉〕,〔102 螺栓〕,〔103 螺母〕,〔104 垫圈〕,〔105 其他紧固件〕,〔106 深加工铝制品〕

协定税率(%)																		特惠税率(%)			Article Description
智利	新西兰	澳大利亚	瑞士	冰岛	秘鲁	哥斯达	东盟	亚太	新加坡	巴基斯坦	港/澳/台	韩国	格鲁吉亚	毛里求斯	柬埔寨	尼加拉瓜	日/韩/澳/新/东 (RCEP)	亚太2国	老/柬/缅	LDC 98/97/95	
																					Stranded wire, cables, plaited bands and the like, of aluminium, not electrically insulated:
0	0	0	0	0	0	0	0			0	0/0/	0	0	0	0	0	0/0/0/0/0			0/0/0	-With steel core
0	0	0	0	0	0	0	0	4.8		0	0/0/	0	0	0	0	0	0/0/0/0/0			0/0/0	-Other
																					Table, kitchen or other household articles and parts thereof, of aluminium; pot scourers and scouring or polishing pads, gloves and the like, of aluminium; sanitary ware and parts thereof, of aluminium:
0	0	0	0	0	0	0	0		0	7.2	0/0/	0	0	0	0	0	13.1/12.6/0/0/0			0/0/0	---Pot scourers and scouring or polishing pads, gloves and the like
0	0	0	0	0	0	0	0		0	6	0/0/	7.5	0	3	0	0	//12.8/12.8/12.8			0/0/0	---Other
0	0	0	0	0	0	0	0		0	7.2	0/0/	0	0	0	0	6.4	13.1/12.6/0/0/0			0/0/0	-Sanitary ware and parts thereof
																					Other articles of aluminium:
0	0	0	0	0	0	0	0	5.2	0	0	0/0/	0	0	0	0	6.4	7.3/7/7/7/7			0/0/0	-Nails, tacks, staples (other than those of heading 83.05), screws, bolts, nuts, screw hooks, rivets, cotters, cotter-pins, washers and similar articles
0	0	0	0	0	0	0	0		0	8	0/0/	0	0	0	0	6.4	7.3/7/0/0/0			0/0/0	--Cloth, grill, netting and fencing, of aluminium wire
0	0	0	0	0	0	0	0	5.2	0	2.5	0/0/	5	0	0	0	6.4	8.6/8.5/8.5/8.5/8.5			0/0/0	---For industrial use
0	0	0	0	0	0	0	0	5.2	0	6	0/0/	0	0	0	0	6.4	10.9/10.5/10.5/10.5/10.5			0/0/0	---Other

第七十八章
铅及其制品

子目注释：

本章所称"精炼铅"，是指：

按重量计含铅量至少为99.9%的金属，但其他各种元素的含量不超过下表中规定的限量：

其他元素表

元 素		所含重量百分比
Ag	银	0.02
As	砷	0.005
Bi	铋	0.05
Ca	钙	0.002
Cd	镉	0.002
Cu	铜	0.08
Fe	铁	0.002
S	硫	0.002
Sb	锑	0.005
Sn	锡	0.005
Zn	锌	0.002
其他（例如碲），每种		0.001

商品编号	商品名称及备注[检验检疫编码及名称]	进口关税(%)		增值税率(%)	消费税	计量单位	监管条件	检验检疫类别	对美税率	出口税率(%)	出口退税率(%)
		最惠国	普通								
7801	**未锻轧铅：**										
78011000	-精炼铅										0
7801100000	未锻轧精炼铅〔999〕	3	20	13		千克				0	
78019100	--按重量计所含其他元素是以锑为主的										0
7801910000	未锻轧铅锑合金(锑元素在合金元素中是最主要的元素)〔999〕	3	20	13		千克			28%	0	
78019900	--其他										0
7801990000	未锻轧的其他铅合金〔999〕	3	20	13		千克			28%	0	
7802	**铅废碎料：**										
78020000	铅废碎料										0
7802000000	铅废碎料〔999〕	1.5	10	13		千克	9			0	
7804	**铅板、片、带、箔；铅粉及片状粉末：**										
78041100	--片、带及厚度(衬背除外)不超过0.2毫米的箔										13
7804110000	铅片、带及厚度≤0.2毫米的箔(铅箔衬背厚度不受0.2毫米限制)〔999〕	6	30	13		千克			16%	0	
78041900	--其他										0
7804190000	铅及铅合金板(包括厚度>0.2毫米的箔)〔999〕	6	30	13		千克			31%	0	
78042000	-粉末及片状粉末										0
7804200000	铅及铅合金粉末、片状粉末〔999〕	6	35	13		千克			16%	0	
7806	**其他铅制品：**										
78060010	---铅条、杆、型材及异型材或丝										0
7806001000	铅及铅合金条、杆、丝、型材、异型材〔101 深加工铅制品〕	6	30	13		千克			16%	0	
78060090	---其他										0
7806009000	其他铅制品〔101 其他装压缩或液化气的容器及其零件〕,〔102 深加工铅制品〕	6	40	13		千克			16%	0	

Chapter 78
Lead and articles thereof

Subheading Note:

In this Chapter the expression "refined lead" means:

Metal containing by weight at least 99.9% of lead, provided that the content by weight of any other element does not exceed the limit specified in the following table:

TABLE-Other elements

Element		Limiting conten % by weight
Ag	Silver	0.02
As	Arsenic	0.005
Bi	Bismuth	0.05
Ca	Calcium	0.002
Cd	Cadmium	0.002
Cu	Copper	0.08
Fe	Iron	0.002
S	Sulphur	0.002
Sb	Antimony	0.005
Sn	Tin	0.005
Zn	Zinc	0.002
Other (for example Te), each		0.001

协定税率(%)																		特惠税率(%)			Article Description
智利	新西兰	澳大利亚	瑞士	冰岛	秘鲁	哥斯达	东盟	亚太	新加坡	巴基斯坦	港/澳/台	韩国	格鲁吉亚	毛里求斯	柬埔寨	尼加拉瓜	日/韩/澳/新/东(RCEP)	亚太2国	老/柬/缅	LDC 98/97/95	
																					Unwrought lead:
0	0	0	0	0	0	0	0			0	0/0/	0	0	0	0	0	0/0/0/0/0			0/0/0	-Refined lead
0	0	0	0	0	0	0	0			0	0/0/	0	0	0	0	0	2.2/0/0/0/0			0/0/0	--Containing by weight antimony as the principal other element
0	0	0	0	0	0	0	0	2.7		0	0/0/	0	0	0	0	0	0/0/0/0/0			0/0/0	--Other
																					Lead waste and scrap:
0	0	0	0	0	0	0	0			0	0/0/	0	0	0	0	0	0/0/0/0/0			0/0/0	Lead waste and scrap
																					Lead plates sheets, strip and foil; lead powders and flakes:
0	0	0	0	0	0	0	0			0	0/0/	0	0	0	0	0	0/0/0/0/0			0/0/0	--Sheets, strip and foil of a thickness (excluding any backing) not exceeding 0.2mm
0	0	0	0	0	0	0	0			0	0/0/	0	0	0	0	0	0/0/0/0/0			0/0/0	--Other
0	0	0	0	0	0	0	0			0	0/0/	0	0	0	0	0	0/0/0/0/0			0/0/0	-Powders and flakes
																					Other articles of lead:
0	0	0	0	0	0	0	0			0	0/0/	0	0	0	0	0	4.4/4.2/0/0/0			0/0/0	---Lead bars, rods, profiles and wire
0	0	0	0	0	0	0	0			2.5	0/0/	0	0	0	0	0	0/0/0/0/0			0/0/0	---Other

第七十九章
锌及其制品

子目注释：

本章所用有关名词解释如下：

一、非合金锌

按重量计含锌量至少为 97.5%的金属。

二、锌合金

按重量计含锌量大于其他元素单项含量的金属物质，但按重量计其他元素的总含量超过 2.5%。

三、锌末

冷凝锌雾所得的锌末。该产品由球形微粒组成，比锌粉更为精细，按重量计至少 80%的微粒可以通过孔径为 63 微米的筛子，而且必须含有按重量计至少为 85%的金属锌。

商品编号	商品名称及备注[检验检疫编码及名称]	进口关税(%)		增值税率(%)	消费税	计量单位	监管条件	检验检疫类别	对美税率	出口税率(%)	出口退税率(%)
		最惠国	普通								
7901	**未锻轧锌：**										
79011110	---按重量计含锌量在 99.995%及以上										0
7901111000[暂1]	含锌量≥99.995%的未锻轧锌〔999〕	3	20	13		千克			26%	20^{0}	
79011190	---其他										0
7901119000[暂1]	99.99%≤含锌量<99.995%的未锻轧锌〔999〕	3	20	13		千克				20^{5}	
79011200	--按重量计含锌量低于 99.99%										0
7901120000[暂1]	含锌量<99.99%的未锻轧锌〔999〕	3	20	13		千克			21%	20^{15}	
79012000	-锌合金										0
7901200000[暂1]	未锻轧锌合金〔999〕	3	20	13		千克			26%	20^{0}	
7902	**锌废碎料：**										
79020000	锌废碎料										0
7902000000	锌废碎料〔999〕	1.5	20	13		千克	9		26.5%	0	
7903	**锌末、锌粉及片状粉末：**										
79031000	-锌末										0
7903100000	锌末(包括锌合金)〔301 危险化学品，遇水放出易燃气体的物质〕，〔302 其他〕	6	20	13		千克	A	M/	31%	0	
79039000	-其他										0
7903900010	颗粒<500 微米的锌及其合金(含量≥97%，不论球形，椭球体，雾化，片状，研碎金属燃料)〔301 危险化学品，遇水放出易燃气体的物质〕，〔302 其他〕	6	20	13		千克	3A	M/	16%	0	
7903900090	其他锌粉及片状粉末〔301 危险化学品，遇水放出易燃气体的物质〕，〔302〕	6	20	13		千克	AB	M/N	16%	0	
7904	**锌条、杆、型材及异型材或丝：**										
79040000	锌条、杆、型材及异型材或丝										0
7904000000	锌及锌合金条、杆、型材、丝〔999〕	6	30	13		千克			31%	0	
7905	**锌板、片、带、箔：**										
79050000	锌板、片、带、箔										0
7905000000	锌板、片、带、箔〔999〕	6	30	13		千克			16%	0	
7907	**其他锌制品：**										
79070020	---锌管及锌制管子附件(例如，接头、肘管、管套)										0
7907002000	锌管及锌制管子附件(例如，接头、肘管、管套)〔101 其他装压缩或液化气的容器及其零件〕，〔102 深加工锌制品〕	6	30	13		千克			16%	0	
79070030	---电池壳体坯料(锌饼)										0
7907003000	电池壳体坯料(锌饼)〔101 深加工锌制品〕	6	40	13		千克				0	
79070090	---其他										0
7907009000	其他锌制品〔101 其他装压缩或液化气的容器及其零件〕，〔102 深加工锌制品〕	6	40	13		千克			31%	0	

Chapter 79
Zinc and articles thereof

Subheading Notes:

In this Chapter the following expressions have the meanings hereby assigned to them:

1. Zinc, not alloyed

   Metal containing by weight at least 97. 5% of zinc.

2. Zinc alloys

   Metallic substances in which zinc predominates by weight over each of the other elements, provided that the total content by weight of such other elements exceeds 2. 5%.

3. Zinc dust

   Dust obtained by condensation of zinc vapour, consisting of spherical particles which are finer than zinc powders. At least 80% by weight of the particles pass through a sieve with 63 micrometre (microns) mesh. It must contain at least 85% by weight of metallic zinc.

协定税率(%)																		特惠税率(%)			Article Description
智利	新西兰	澳大利亚	瑞士	冰岛	秘鲁	哥斯达	东盟	亚太	新加坡	巴基斯坦	港/澳/台	韩国	格鲁吉亚	毛里求斯	柬埔寨	尼加拉瓜	日/韩/澳/新/东 (RCEP)	亚太2国	老/柬/缅	LDC 98/97/95	
																					Unwrought zinc:
0	0	0	0	0	0	0	0			0	0/0/	0	0	0	0	0	0/0/0/0/0			0/0/0	---Containing by weight 99. 995% or more of zinc
0	0	0	0	0	0	0	0			0	0/0/	0	0	0	0	0	0/0/0/0/0			0/0/0	---Other
0	0	0	0	0	0	0	0			0	0/0/	0	0	0	0	0	0/0/0/0/0			0/0/0	--Containing by weight less than 99. 99% of zinc
0	0	0	0	0	0	0	0			0	0/0/	0	0	0	0	0	0/0/0/0/0			0/0/0	-Zinc alloys
																					Zinc waste and scrap:
0	0	0	0	0	0	0	0			0	0/0/	0	0	0	0	0	0/0/0/0/0			0/0/0	Zinc waste and scrap
																					Zinc dust, powders and flakes:
0	0	0	0	0	0	0	0			0	0/0/	0	0	0	0	0	4. 4/4. 2/0/0/0			0/0/0	-Zinc dust
0	0	0	0	0	0	0	0			0	0/0/	0	0	0	0	0	4. 4/4. 2/0/0/0			0/0/0	-Other
																					Zinc bars, rods, profiles and wire:
0	0	0	0	0	0	0	0			0	0/0/	2	0	0	0	0	4. 9/4. 2/4. 2/4. 2/4. 2			0/0/0	Zinc bars, rods, profiles and wire
																					Zinc plates, sheets, strip and foil:
0	0	0	0	0	0	0	0			0	0/0/	0	0	0	0	0	0/0/0/0/0			0/0/0	Zinc plates, sheets, strip and foil
																					Other articles of zinc:
0	0	0	0	0	0	0	0			0	0/0/	0	0	0	0	0	0/0/0/0/0			0/0/0	---Zinc tubes, pipes and tube or pipe fittings (for example couplings, elbows, sleeves)
0	0	0	0	0	0. 4	0	0	4. 2		0	0/0/	0	0	0	0	4. 8	4. 4/0/0/0/0			0/0/0	---Cellpacking blanks (zinc biscuits)
0	0	0	0	0	0	0	0			0	0/0/	0	0	0	0	0	0/0/0/0/0			0/0/0	---Other

第八十章
锡及其制品

子目注释：

本章所用有关名词解释如下：

一、非合金锡

按重量计含锡量至少为99%的金属，但含铋量或含铜量不超过下表中规定的限量：

其他元素表

元　素		所含重量百分比
Bi	铋	0.1
Cu	铜	0.4

二、锡合金

按重量计含锡量大于其他元素单项含量的金属物质，但：

（一）按重量计其他元素的总含量超过1%；或

（二）按重量计含铋量或含铜量应等于或大于上表中规定的限量。

商品编号	商品名称及备注[检验检疫编码及名称]	进口关税(%)		增值税率(%)	消费税	计量单位	监管条件	检验检疫类别	对美税率	出口税率(%)	出口退税率(%)
		最惠国	普通								
8001	**未锻轧锡：**										
80011000	-非合金锡										0
8001100000	未锻轧非合金锡〔999〕	3	20	13		千克	4xy		28%	0	
80012010	---锡基巴毕脱合金										0
8001201000	锡基巴毕脱合金〔999〕	3	20	13		千克	4xy		13%	0	
80012021	----按重量计含铅量在0.1%以下的										0
8001202100	按重量计含铅量在0.1%以下的焊锡〔101 焊锡〕,〔102 锡合金〕	3	30	13		千克	4xy		28%	0	
80012029	----其他										0
8001202900	其他焊锡〔101 焊锡〕,〔102 锡合金〕	3	30	13		千克	4xy		28%	0	
80012090	---其他										0
8001209000	其他锡合金〔999〕	3	30	13		千克	4xy		28%	0	
8002	**锡废碎料：**										
80020000	锡废碎料										0
8002000000	锡废碎料〔999〕	1.5	30	13		千克	49xy		26.5%	0	
8003	**锡条、杆、型材及异型材或丝：**										
80030000	锡条、杆、型材及异型材或丝										0
8003000000	锡及锡合金条、杆、型材、丝〔999〕	8	40	13		千克	4xy		33%	0	
8007	**其他锡制品：**										
80070020	---锡板、片及带，厚度超过0.2毫米										0
8007002000	锡板、片及带，厚度>0.2毫米〔101 深加工锡制品〕	8	40	13		千克	4xy		33%	0	
80070030	---锡箔(不论是否印花或用纸、纸板、塑料或类似材料衬背)，厚度(衬背除外)不超过0.2毫米；锡粉及片状粉末										13
8007003000	锡箔，厚度(衬背除外)≤0.2毫米，锡粉及片状粉末(锡箔不论是否印花或用纸、纸板、塑料或类似材料衬背)〔101 深加工锡制品〕	8	40	13		千克			28%	0	
80070040	---锡管及管子附件(例如，接头、肘管、管套)										0
8007004000	锡管及管子附件(例如，接头、肘管、管套)〔101 其他装压缩或液化气的容器及其零件〕,〔102 深加工锡制品〕	8	45	13		千克	4xy		18%	0	
80070090	---其他										0
8007009000	其他锡制品〔101 其他装压缩或液化气的容器及其零件〕,〔102 深加工锡制品〕	8	80	13		千克			33%	0	

Chapter 80
Tin and articles thereof

Subheading Notes:

In this Chapter the following expressions have the meanings hereby assigned to them:

1. Tin, not alloyed

Metal containing by weight at least 99% of tin, provided that the content by weight of any bismuth or copper is less than the limit specified in the following table:

TABLE-Other elements

Element		Limiting content % by weight
Bi	Bismuth	0. 1
Cu	Copper	0. 4

2. Tin alloys

Metallic substances in which tin predominates by weight over each of the other elements, provided that:

(a) The total content by weight of such other elements exceeds 1%; or

(b) The content by weight of either bismuth or copper is equal to or greater than the limit specified in the foregoing table.

协定税率(%)																		特惠税率(%)			Article Description
智利	新西兰	澳大利亚	瑞士	冰岛	秘鲁	哥斯达	东盟	亚太	新加坡	巴基斯坦	港/澳/台	韩国	格鲁吉亚	毛里求斯	柬埔寨	尼加拉瓜	日/韩/澳/新/东(RCEP)	亚太2国	老/柬/缅	LDC 98/97/95	
																					Unwrought tin:
0	0	0	0	0	0	0	0			0	0/0/	0	0	0	0	0	0/0/0/0/0			0/0/0	-Tin, not alloyed:
0	0	0	0	0	0	0	0	2. 4		0	0/0/	0	0	0	0	0	0/0/0/0/0			0/0/0	---Babbitt metal
0	0	0	0	0	0	0	0			0	0/0/	0	0	0	0	0	0/0/0/0/0			0/0/0	----Containing by weight less than 0. 1% of lead
0	0	0	0	0	0	0	0			0	0/0/	0	0	0	0	0	0/0/0/0/0			0/0/0	----Other
0	0	0	0	0	0	0	0			0	0/0/	0	0	0	0	0	0/0/0/0/0			0/0/0	---Other
																					Tin waste and scrap:
0	0	0	0	0	0	0	0			0	0/0/	0	0	0	0	0	0/0/0/0/0			0/0/0	Tin waste and scrap
																					Tin bars, rods, profiles and wire:
0	0	0	0	0	0	0	0			0	0/0/	0	0	0	0	6. 4	5. 8/5. 6/0/0/0			0/0/0	Tin bars, rods, profiles and wire
																					Other articles of tin:
0	0	0	0	0	0	0	0			0	0/0/	0	0	0	0	6. 4	5. 8/0/0/0/0			0/0/0	---Tin plates, sheets and strip, of a thickness exceeding 0. 2mm
0	0	0	0	0	0	0	0			0	0/0/	0	0	0	0	6. 4	5. 8/0/0/0/0			0/0/0	---Tin foil (whether or not printed or backed with paper, paperboard, plastics or similar backing materials), of a thickness (excluding any backing) not exceeding 0. 2mm; tin powders and flakes
0	0	0	0	0	0	0	0	6. 4		0	0/0/	0	0	0	0	6. 4	5. 8/0/0/0/0			0/0/0	---Tin tubes, pipes and tube or pipe fittings (for example, couplings, elbows, sleeves)
0	0	0	0	0	0	0	0			5. 1	0/0/	2. 6	0	0	0	6. 4	6. 5/6. 4/6. 8/6. 8/6. 4			0/0/0	---Other

第八十一章
其他贱金属、金属陶瓷及其制品

商品编号	商品名称及备注[检验检疫编码及名称]	进口关税(%) 最惠国	进口关税(%) 普通	增值税率(%)	消费税	计量单位	监管条件	检验检疫类别	对美税率	出口税率(%)	出口退税率(%)
8101	**钨及其制品,包括废碎料:**										
81011000	-粉末										0
8101100010	颗粒<500 微米的钨及其合金(含量≥97%,不论球形,椭球体,雾化,片状,研碎金属燃料)〔999〕	6	20	13		千克	3		26%	0	
8101100090	其他钨粉末〔999〕	6	20	13		千克	4xy		26%	0	
81019400	--未锻轧钨,包括简单烧结而成的条、杆										0
8101940000	未锻轧钨(包括简单烧结的条、杆)〔999〕	3	20	13		千克	4xy		23%	0	
81019600	--丝										13
8101960000	钨丝〔999〕	8	20	13		千克			28%	0	
81019700	--废碎料										0
8101970000	钨废碎料〔999〕	3	20	13		千克	49xy		28%	0	
81019910	---条、杆,但简单烧结而成的除外;型材及异型材、板、片、带、箔										0
8101991000	锻轧钨条、杆,但简单烧结而成的除外;锻轧钨型材及异型材、板、片、带、箔〔999〕	5	30	13		千克			15%	0	
81019990	---其他										0
8101999000	其他钨制品〔999〕	8	70	13		千克			18%	0	
8102	**钼及其制品,包括废碎料:**										
81021000	-粉末										0
8102100000	钼粉〔999〕	6	20	13		千克	4xy		16%	0	
81029400	--未锻轧钼,包括简单烧结而成的条、杆										0
8102940000	未锻轧钼(包括简单烧结的条、杆)〔999〕	3	20	13		千克	4xy		28%	0	
81029500	--条、杆,但简单烧结而成的除外;型材及异型材、板、片、带、箔										0
8102950000	锻轧钼条、杆,但简单烧结而成的除外;锻轧钼型材及异型材、板、片、带、箔〔999〕	8	30	13		千克			33%	0	
81029600	--丝										13
8102960000	钼丝〔101 其他深加工金属制品〕	8	20	13		千克			33%	0	
81029700	--废碎料										0
8102970000	钼废碎料〔999〕	3	20	13		千克	49xy			0	
81029900	--其他										0
8102990000	钼制品〔101 其他深加工金属制品〕	8	70	13		千克	4xy		18%	0	
8103	**钽及其制品,包括废碎料:**										
81032011	----松装密度小于 2.2 克/立方厘米的										13
8103201100	松装密度<2.2 克/立方厘米的钽粉〔999〕	6	14	13		千克	4xy		31%	0	
81032019	----其他										0
8103201900	其他钽粉〔999〕	6	14	13		千克	4xy		16%	0	
81032090	---其他										0
8103209000	其他未锻轧钽,包括简单烧结而成的条、杆〔999〕	6	14	13		千克	4xy		26%	0	
81033000	-废碎料										0
8103300000	钽废碎料〔999〕	6	14	13		千克	49xy		31%	0	
81039100	--坩埚										
8103910010	钽坩埚(容积在 50 毫升至 2 升之间)[用纯度为 99.9%或更高的钽制造或作衬里,或用纯度 98%或更高的钽制造或作衬里并用碳化钽、氮化钽或硼化钽(或其任何组合)涂层]〔999〕	8	30	13		千克	3		18%	0	0
8103910090	其他钽坩埚〔999〕	8	30	13		千克			18%	0	13
81039911	----直径小于 0.5 毫米										13
8103991100	直径小于 0.5 毫米的钽丝〔999〕	8	30	13		千克	4xy			0	
81039919	----其他										13
8103991900	其他钽丝〔999〕	8	30	13		千克	4xy		18%	0	
81039990	---其他										13
8103999000	其他锻轧钽及其制品〔999〕	8	30	13		千克	4xy		18%	0	
8104	**镁及其制品,包括废碎料:**										

Chapter 81
Other base metals, cermets, articles thereof

协定税率(%)																		特惠税率(%)			Article Description
智利	新西兰	澳大利亚	瑞士	冰岛	秘鲁	哥斯达	东盟	亚太	新加坡	巴基斯坦	港/澳/台	韩国	格鲁吉亚	毛里求斯	柬埔寨	尼加拉瓜	日/韩/澳/新/东(RCEP)	亚太2国	老/柬/缅	LDC 98/97/95	
																					Tungsten (wolfram) and articles thereof, including waste and scrap:
0	0	0	0	0	0	0	0			0	0/0/	0	0	0	0	0	0/0/0/0/0			0/0/0	-Powders
0	0	0	0	0	0	0	0			0	0/0/	0	0	0	0	0	2.2/0/0/0/0			0/0/0	--Unwrought tungsten, including bars and rods obtained simply by sintering
0	0	0	0	0	0	0	0			0	0/0/	0	0	0	0	6.4	5.8/0/0/0/0			0/0/0	--Wire
0	0	0	0	0	0	0	0			0	0/0/	0	0	0	0	0	0/0/0/0/0			0/0/0	--Waste and scrap
0	0	0	0	0	0	0	0			0	0/0/	0	0	0	0	0	0/0/0/0/0			0/0/0	---Bars and rods, other than those obtained simply by sintering, profiles, plates, sheets, strip and foil
0	0	0	0	0	0	0	0			0	0/0/	0	0	0	0	6.4	5.8/0/0/0/0			0/0/0	---Other
																					Molybdenum and articles thereof, including waste and scrap:
0	0	0	0	0	0	0	0			0	0/0/	0	0	0	0	0	0/0/0/0/0			0/0/0	-Powders
0	0	0	0	0	0	0	0			0	0/0/	0	0	0	0	0	0/0/0/0/0			0/0/0	--Unwrought molybdenum, including bars and rods obtained simply bysintering
0	0	0	0	0	0	0	0			0	0/0/	0	0	0	0	6.4	5.8/5.6/0/0/0			0/0/0	--Bars and rods, other than those obtained simply by sintering, profiles, plates, sheets, strip and foil
0	0	0	0	0	0	0	0			0	0/0/	0	0	0	0	6.4	5.8/0/0/0/0			0/0/0	--Wire
0	0	0	0	0	0	0	0			0	0/0/	0	0	0	0	0	0/0/0/0/0			0/0/0	--Waste and scrap
0	0	0	0	0	0	0	0			0	0/0/	0	0	0	0	6.4	5.8/0/0/0/0			0/0/0	--Other
																					Tantalum and articles thereof, including waste and scrap:
0	0	0	0	0	0	0	0	4.2		0	0/0/	0	0	0	0	0	4.4/4.2/4.2/4.2/4.2			0/0/0	----Loose density less than 2.2g/cm^3
0	0	0	0	0	0	0	0			0	0/0/	0	0	0	0	0	0/0/0/0/0			0/0/0	----Other
0	0	0	0	0	0	0	0			0	0/0/	0	0	0	0	0	0/0/0/0/0			0/0/0	---Other
0	0	0	0	0	0	0	0			0	0/0/	0	0	0	0	0	0/0/0/0/0			0/0/0	-Waste and scrap
0	0	0	0	0	0	0	0	7.2		0	0/0/	0	0	0	0	6.4	5.8/0/0/0/0			0/0/0	--Crucibles
0	0	0	0	0	0	0	0	5.6		0	0/0/	0	0	0	0	6.4	5.8/0/0/0/0			0/0/0	----Less than 0.5mm in diameter
0	0	0	0	0	0	0	0	5.6		0	0/0/	0	0	0	0	6.4	5.8/0/0/0/0			0/0/0	----Other
0	0	0	0	0	0	0	0	7.2		0	0/0/	0	0	0	0	6.4	5.8/0/0/0/0			0/0/0	---Other
																					Magnesium and articles thereof, including waste and scrap:

商品编号	商品名称及备注[检验检疫编码及名称]	进口关税(%)		增值税率(%)	消费税	计量单位	监管条件	检验检疫类别	对美税率	出口税率(%)	出口退税率(%)
		最惠国	普通								
81041100	--按重量计含镁量至少为 99.8%										0
8104110000	含镁量≥99.8%的未锻轧镁〔301 危险化学品，易燃固体〕,〔302 其他〕	6	20	13		千克			31%	0	
81041900	--其他										0
8104190000	其他未锻轧的镁及镁合金〔301 危险化学品，易燃固体〕,〔302 不属于危险化学品的金属〕	6	20	13		千克			16%	0	
81042000	-废碎料										0
8104200000	镁废碎料〔999〕	1.5	20	13		千克	9		26.5%	0	
81043000	-锉屑、车屑及颗粒，已按规格分级的；粉末										0
8104300010	颗粒<500 微米的镁及其合金（含量≥97%，不论球形，椭球体，雾化，片状，研碎金属燃料）〔301 危险化学品，遇水放出易燃气体的物质〕,〔302 其他〕	8	30	13		千克	3		33%	0	
8104300090	其他已分级的镁锉屑，车屑，颗粒；粉末〔301 危险化学品，易燃固体〕,〔302 不属于危险化学品的金属〕	8	30	13		千克			33%	0	
81049010	---锻轧镁										0
8104901000	锻轧镁〔301 危险化学品，易燃固体〕,〔302 其他〕	8	30	13		千克			18%	0	
81049020	---镁制品										
8104902010	镁金属基复合材料（包括各种结构件和制品、各种预成形件，其中增强材料的比拉伸强度>7.62×10^{4} 米和比模量>3.18×10^{6} 米）〔101 其他深加工金属制品〕	8	70	13		千克	3		33%	0	13
8104902090	其他镁制品〔301 危险化学品，易燃固体〕,〔302 其他〕	8	70	13		千克			33%	0	0
8105	**钴锍及其他冶炼钴时所得的中间产品；钴及其制品，包括废碎料：**										
81052010	---钴湿法冶炼中间品										0
8105201000[暂0]	钴湿法冶炼中间品〔999〕	4	14	13		千克	4xy			0	
81052020	---未锻轧钴										0
8105202000[暂0]	未锻轧钴〔999〕	4	14	13		千克	4xy			0	
81052090	---其他										0
8105209001[暂0]	钴锍及其他冶炼钴时所得中间产品〔999〕	4	14	13		千克	4xy		25%	0	
8105209010	钴≥99.5%的超细钴粉（费氏粒度 0.8～1.5 微米，松装密度 0.4～0.8 克/立方厘米）〔999〕	4	14	13		千克			29%	0	
8105209090	其他钴锍、粉末〔999〕	4	14	13		千克	4xy		29%	0	
81053000	-废碎料										0
8105300000	钴废碎料〔999〕	4	14	13		千克	49xy			0	
81059000	-其他										0
8105900010[暂4]	外科植入用钴铬钼合金棒（钴≥55%，铬 26%～30%，钼 5%～7%）〔999〕	8	30	13		千克	4xy		14%	0	
8105900020[暂2]	血管支架用钴铬合金管（钴含量 45%及以上，铬含量 19%-21%，钨含量 14%-16%，镍含量 9%-11%）〔999〕	8	30	13		千克	4xy		12%	0	
8105900090	其他钴及制品〔999〕	8	30	13		千克	4xy		18%	0	
8106	**铋及其制品，包括废碎料：**										
81061010	---未锻轧铋；废碎料；粉末										0
8106101011[暂1]	高纯度未锻轧的铋（纯度>99.99%，含银量低于十万分之一）〔999〕	3	20	13		千克	3		26%	0	
8106101019	高纯度未锻轧的铋废料、粉末（纯度>99.99%，含银量低于十万分之一）〔999〕	3	20	13		千克	3		28%	0	
8106101091[暂1]	其他未锻轧铋（纯度>99.99%）〔999〕	3	20	13		千克	4xy		26%	0	
8106101092	其他未锻轧铋废碎料（纯度>99.99%）〔999〕	3	20	13		千克	49xy		28%	0	
8106101099	其他未锻轧铋粉末（纯度>99.99%）〔999〕	3	20	13		千克	4xy		28%	0	
81061090	---其他										
8106109010	其他高纯度铋及其制品（纯度>99.99%，含银量低于十万分之一）〔999〕	8	30	13		千克	3		18%	0	13
8106109090	其他铋及铋制品（纯度>99.99%）〔999〕	8	30	13		千克	4xy		18%	0	0
81069010	---未锻轧铋；废碎料；粉末										0
8106901011[暂1]	其他未锻轧铋（纯度为 99.99%，含银量低于十万分之一）〔999〕	3	20	13		千克	3		26%	0	
8106901019[暂1]	其他未锻轧铋〔999〕	3	20	13		千克	4xy		26%	0	
8106901021	其他未锻轧铋废碎料（纯度为 99.99%，含银量低于十万分之一）〔999〕	3	20	13		千克	39		28%	0	
8106901029	其他未锻轧铋废碎料〔999〕	3	20	13		千克	49xy		28%	0	
8106901091	其他未锻轧铋粉末（纯度为 99.99%，含银量低于十万分之一）〔999〕	3	20	13		千克	3		28%	0	
8106901099	其他未锻轧铋粉末〔999〕	3	20	13		千克	4xy		28%	0	
81069090	---其他										0

协定税率(%)																		特惠税率(%)			Article Description
智利	新西兰	澳大利亚	瑞士	冰岛	秘鲁	哥斯达	东盟	亚太	新加坡	巴基斯坦	港/澳/台	韩国	格鲁吉亚	毛里求斯	柬埔寨	尼加拉瓜	日/韩/澳/新/东(RCEP)	亚太2国	老/柬/缅	LDC 98/97/95	
0	0	0	0	0	0	0	0	3		0	0/0/	0	0	0	0	0	0/0/0/0/0			0/0/0	--Containing at least 99.8% by weight of magnesium
0	0	0	0	0	0	0	0			0	0/0/	0	0	0	0	0	0/0/0/0/0			0/0/0	--Other
0	0	0	0	0	0	0	0			0	0/0/	0	0	0	0	0	0/0/0/0/0			0/0/0	-Waste and scrap
0	0	0	0	0	0	0	0			0	0/0/	0	0	0	0	6.4	5.8/0/0/0/0			0/0/0	-Raspings, turnings and granules, graded according to size; powders
0	0	0	0	0	0	0	0			0	0/0/	0	0	0	0	6.4	5.8/0/0/0/0			0/0/0	---Wrought magnesium
0	0	0	0	0	0	0	0			0	0/0/	0	0	0	0	6.4	6.1/0/0/0/0			0/0/0	---Magnesium articles
																					Cobalt mattes and other intermediate products of cobalt matallurgy; cobalt and articles thereof, including waste and scrap:
0	0	0	0	0	0	0	0			0	0/0/	0	0	0	0	0	0/0/0/0/0			0/0/0	---Intermediate products of cobalt metallurgy by wet process
0	0	0	0	0	0	0	0			0	0/0/	0	0	0	0	0	0/0/0/0/0			0/0/0	---Unwrought cobalt
0	0	0	0	0	0	0	0			0	0/0/	0	0	0	0	0	0/0/2.8/2.8/0			0/0/0	---Other
0	0	0	0	0	0	0	0			0	0/0/	0	0	0	0	0	0/0/0/0/0			0/0/0	-Waste and scrap
0	0	0	0	0	0	0	0			0	0/0/	0	0	0	0	6.4	5.8/5.6/0/0/0			0/0/0	-Other
																					Bismuth and articles thereof, including waste and scrap:
0	0	0	0	0	0	0	0			0	0/0/	0	0	0	0	0	0/0/0/0/0			0/0/0	---Unwrought bismuth; waste and scrap; powders
0	0	0	0	0	0	0	0			0	0/0/	0	0	0	0	6.4	5.8/5.6/0/0/0			0/0/0	---Other
0	0	0	0	0	0	0	0			0	0/0/	0	0	0	0	0	0/0/0/0/0			0/0/0	---Unwrought bismuth; waste and scrap; powders
0	0	0	0	0	0	0	0			0	0/0/	0	0	0	0	6.4	5.8/5.6/0/0/0			0/0/0	---Other

商品编号	商品名称及备注[检验检疫编码及名称]	进口关税(%)		增值税率(%)	消费税	计量单位	监管条件	检验检疫类别	对美税率	出口税率(%)	出口退税率(%)
		最惠国	普通								
8106909010	其他铋及铋制品(纯度为99.99%,含银量低于十万分之一)〔999〕	8	30	13		千克	3		18%	0	
8106909090	其他铋及铋制品〔999〕	8	30	13		千克	4xy		18%	0	
8108	**钛及其制品,包括废碎料:**										
81082021	----海绵钛										0
8108202100	未锻轧海绵钛〔301 金属钛粒〕	3	14	13		千克	4xy		28%	0	
81082029	----其他										0
8108202910	颗粒<500微米的钛及其合金(含量≥97%,不论球形,椭球体,雾化,片状,研碎金属燃料)〔301 危险化学品,易于自燃的物质〕,〔302 低风险金属材料〕	3	14	13		千克	3A	M/	13%	0	
8108202990	其他未锻轧钛〔999〕	3	14	13		千克	4xy		13%	0	
81082030	---粉末										0
8108203000	钛的粉末〔301 危险化学品,易于自燃的物质〕,〔302 其他〕	3	14	13		千克	4Axy	M/	28%	0	
81083000	-废碎料										0
8108300000	钛废碎料〔999〕	3	14	13		千克	49xy		28%	0	
81089010	---条、杆、型材及异型材										13
8108901010	钛合金,实心圆柱体,包括锻件(20℃下极限抗拉强度≥900兆帕,外径>75毫米)〔999〕	8	30	13		千克	3		18%	0	
8108901020	钛金属基复合材料的条,杆,型材及异型材(其中增强材料的比拉伸强度>7.62×10^6米和比模量>3.18×10^7米)〔999〕	8	30	13		千克	3		18%	0	
8108901030[暂4]	外科植入用钛合金条、杆、型材及异型材(钛≥88%,5.5%≤铝≤6.75%,3.5%≤钒≤4.5%),复合材料除外〔999〕	8	30	13		千克			14%	0	
8108901090	其他钛条、杆、型材及异型材〔999〕	8	30	13		千克			18%	0	
81089020	---丝										13
8108902000	钛丝〔101 其他深加工金属制品〕	8	30	13		千克			18%	0	
81089031	----厚度不超过0.8毫米										13
8108903100[暂4]	厚度≤0.8毫米钛板、片、带、箔〔101 其他深加工金属制品〕	8	30	13		千克			24%	0	
81089032	----厚度超过0.8毫米										13
8108903210[暂4]	钛金属基复合材料的板、片、带、箔(其中增强材料的比拉伸强度大于7.62×10^4m和比模量大于3.18×10^7m,厚度大于0.8mm)〔999〕	8	30	13		千克	3		14%	0	
8108903290[暂4]	其他厚度>0.8毫米钛板、片、带、箔〔101 其他深加工金属制品〕	8	30	13		千克			14%	0	
81089040	---管										13
8108904010	钛合金管(20℃下极限抗拉强度≥900兆帕,外径>75毫米)〔999〕	8	30	13		千克	3			0	
8108904090	其他钛管〔999〕	8	30	13		千克				0	
81089090	---其他										13
8108909000	其他钛及钛制品〔101 其他深加工金属制品〕	8	30	13		千克			18%	0	
8109	**锆及其制品,包括废碎料:**										
81092100	--按重量计铪与锆之比低于1:500										0
8109210010	颗粒<500μm的锆及其合金,按重量计铪与锆之比低于1:500(含量≥97%,不论球形,椭球体,雾化,片状,研碎金属燃料)〔301 危险化学品,易燃固体〕,〔302 其他〕	3	20	13		千克	3A	M/	28%	0	
8109210090	其他未锻轧锆及粉末,按重量计铪与锆之比<1:500〔301 危险化学品,易燃固体〕,〔302 其他〕	3	20	13		千克	3A	M/	28%	0	
81092900	--其他										0
8109290010	其他颗粒<500μm的锆及其合金(含量≥97%,不论球形,椭球体,雾化,片状,研碎金属燃料)〔301 危险化学品,易燃固体〕,〔302 其他〕	3	20	13		千克	3A	M/	28%	0	
8109290090	其他未锻轧锆及粉末〔301 危险化学品,易燃固体〕,〔302 其他〕	3	20	13		千克	3A	M/	28%	0	
81093100	--按重量计铪与锆之比低于1:500										0
8109310000	锆废碎料,按重量计铪与锆之比<1:500〔999〕	3	20	13		千克	39		28%	0	
81093900	--其他										0
8109390000	其他锆废碎料〔999〕	3	20	13		千克	39		28%	0	
81099100	--按重量计铪与锆之比低于1:500										
8109910010	锆管(铪与锆重量比<1:500的锆金属和合金的管或组件)〔999〕	8	20	13		千克	3		18%	0	13
8109910090	其他锻轧锆及锆制品,按重量计铪与锆之比<1:500〔999〕	8	20	13		千克	3		18%	0	0
81099900	--其他										0
8109990000	其他锻轧锆及锆制品〔301 危险化学品,易燃固体〕,〔302 其他〕	8	20	13		千克	3		18%	0	
8110	**锑及其制品,包括废碎料:**										
81101010	---未锻轧锑										0
8110101000[暂1]	未锻轧锑〔101 高铅锑〕,〔102 锑合金〕,〔103 其他锑及其制品〕	3	30	13		千克	4xy		26%	20[5]	

协定税率(%)																		特惠税率(%)			Article Description
智利	新西兰	澳大利亚	瑞士	冰岛	秘鲁	哥斯达	东盟	亚太	新加坡	巴基斯坦	港/澳/台	韩国	格鲁吉亚	毛里求斯	柬埔寨	尼加拉瓜	日/韩/澳/新/东(RCEP)	亚太2国	老/柬/缅	LDC 98/97/95	
																					Titanium and articles thereof, including waste and scrap:
0	0	0	0	0	0	0	0			0	0/0/	0	0	0	0	0	0/0/0/0/0			0/0/0	----Sponge titanium
0	0	0	0	0	0	0	0			0	0/0/	0	0	0	0	0	0/0/0/0/0			0/0/0	----Other
0	0	0	0	0	0	0	0			0	0/0/	0	0	0	0	0	0/0/0/0/0			0/0/0	---Powders
0	0	0	0	0	0	0	0			0	0/0/	0	0	0	0	0	0/0/0/0/0			0/0/0	-Waste and scrap
0	0	0	0	0	0	0	0			0	0/0/	0	0	0	0	6.4	5.8/5.6/0/0/0			0/0/0	---Bars, rods, shapes and sections
0	0	0	0	0	0	0	0	6.4		0	0/0/	0	0	0	0	6.4	5.8/0/0/0/0			0/0/0	---Wire
0	0	0	0	0	0	0	0			0	0/0/	0	0	0	0	6.4	5.8/5.6/5.6/5.6/5.6			0/0/0	----Of a thickness not more than 0.8mm
0	0	0	0	0	0	0	0			0	0/0/	0	0	0	0	6.4	5.8/0/0/0/0			0/0/0	----Of a thickness more than 0.8mm
0	0	0	0	0	0	0	0			0	0/0/	0	0	0	0	6.4	6.5/6.4/6.8/6.8/6.4			0/0/0	---Tubes or pipes
0	0	0	0	0	0	0	0			4	0/0/	0	0	0	0	6.4	5.8/0/0/0/0			0/0/0	---Other
																					Zirconium and articles thereof, including waste and scrap:
0	0	0	0	0	0	0	0			0	0/0/	0	0	0	0	0	0/0/0/0/0			0/0/0	--Containing less than 1 part hafnium to 500 parts zirconium by weight
0	0	0	0	0	0	0	0			0	0/0/	0	0	0	0	0	0/0/0/0/0			0/0/0	--Other
0	0	0	0	0	0	0	0			0	0/0/	0	0	0	0	0	0/0/0/0/0			0/0/0	--Containing less than 1 part hafnium to 500 parts zirconium by weight
0	0	0	0	0	0	0	0			0	0/0/	0	0	0	0	0	0/0/0/0/0			0/0/0	--Other
0	0	0	0	0	0	0	0			0	0/0/	0	0	0	0	6.4	5.8/5.6/0/0/0			0/0/0	--Containing less than 1 part hafnium to 500 parts zirconium by weight
0	0	0	0	0	0	0	0			0	0/0/	0	0	0	0	6.4	5.8/5.6/0/0/0			0/0/0	--Other
																					Antimony and articles thereof, including waste and scrap:
0	0	0	0	0	0	0	0			0	0/0/	0	0	0	0	0	0/0/0/0/0			0/0/0	---Unwrought antimony

商品编号	商品名称及备注[检验检疫编码及名称]	进口关税(%)		增值税率(%)	消费税	计量单位	监管条件	检验检疫类别	对美税率	出口税率(%)	出口退税率(%)
		最惠国	普通								
81101020	---粉末										0
8110102000	锑粉末〔301 其他危险化学品〕,〔302 其他〕	3	30	13		千克	4Axy	M/	28%	20	
81102000	-废碎料										0
8110200000	锑废碎料〔999〕	3	30	13		千克	49xy			20	
81109000	-其他										0
8110900000	其他锑及锑制品〔101 锑合金〕,〔102 其他锑及其制品〕	8	40	13		千克	4xy		18%	0	
8111	**锰及其制品,包括废碎料:**										
81110010	---未锻轧锰;废碎料;粉末										0
8111001010	锰废碎料〔999〕	3	20	13		千克	49xy		28%	0	
8111001090	未锻轧锰、粉末〔301 危险化学品,易燃固体〕,〔302 其他〕	3	20	13		千克	4Axy	M/	28%	0	
81110090	---其他										0
8111009000	其他锰及制品〔101 其他深加工金属制品〕	8	30	13		千克	4xy		18%	0	
8112	**铍、铬、铪、铼、铊、镉、锗、钒、镓、铟、铌及其制品,包括废碎料:**										
81121200	--未锻轧铍;粉末										0
8112120000	未锻轧铍、铍粉末〔301 危险化学品,毒性物质〕,〔302 其他〕	3	30	13		千克	3A	M/	28%	0	
81121300	--废碎料										0
8112130000	铍废碎料〔999〕	3	30	13		千克	39			0	
81121900	--其他										0
8112190000	其他铍及其制品〔101 其他深加工金属制品〕	8	30	13		千克	3		18%	0	
81122100	--未锻轧铬;粉末										0
8112210000	未锻轧铬、铬粉末〔999〕	3	20	13		千克	4xy		13%	0	
81122200	--废碎料										0
8112220000	铬废碎料〔999〕	3	20	13		千克	49xy			0	
81122900	--其他										0
8112290000	其他铬及其制品〔999〕	3	20	13		千克	4xy		23%	0	
81123100	--未锻轧铪;废碎料;粉末										0
8112310011	铪废碎料,按重量计铪含量超过 60%〔999〕	3	20	13		千克	39		28%	0	
8112310019	其他铪废碎料〔999〕	3	20	13		千克	9		28%	0	
8112310091	未锻轧的铪或粉末,按重量计铪含量超过 60%〔301 危险化学品,易于自燃的物质〕,〔302 其他〕	3	20	13		千克	3A	M/	28%	0	
8112310099	其他未锻轧的铪或粉末〔301 危险化学品,易于自燃的物质〕,〔302 其他〕	3	20	13		千克	A	M/	28%	0	
81123900	--其他										0
8112390010	锻轧的铪及铪制品,按重量计铪含量超过 60%〔999〕	8	30	13		千克	3		18%	0	
8112390090	其他锻轧的铪及铪制品〔999〕	8	30	13		千克			18%	0	
81124100	--未锻轧铼;废碎料;粉末										0
8112410010	未锻轧的铼废碎料〔999〕	3	20	13		千克	49Axy	M/	28%	0	
8112410090	未锻轧的铼、粉末〔999〕	3	20	13		千克	4xy		28%	0	
81124900	--其他										0
8112490000	锻轧的铼及铼制品〔999〕	8	30	13		千克	4xy		18%	0	
81125100	--未锻轧铊;粉末										0
8112510000	未锻轧铊、铊粉末〔301 危险化学品,毒性物质〕,〔302 其他〕	3	20	13		千克	AB	M/N		0	
81125200	--废碎料										0
8112520000	铊废碎料〔999〕	3	20	13		千克	9			0	
81125900	--其他										0
8112590000	其他铊及其制品〔999〕	8	30	13		千克			18%	0	
81126100	--废碎料										0
8112610000	镉废碎料〔999〕	3	14	13		千克	9			0	
81126910	---未锻轧镉;粉末										0
8112691000	未锻轧镉、粉末〔301 危险化学品,毒性物质〕,〔302 其他〕	3	14	13		千克			28%	0	
81126990	---其他										0
8112699000	其他镉及镉制品〔999〕	8	30	13		千克			18%	0	
81129210	---锗										0
8112921010[暂1]	未锻轧锗废碎料〔999〕	3	20	13		千克	39A		26%	0	
8112921090[暂1]	未锻轧的锗、锗粉末〔999〕	3	20	13		千克	3		26%	0	
81129220	---钒										0

协定税率(%)																		特惠税率(%)			
智利	新西兰	澳大利亚	瑞士	冰岛	秘鲁	哥斯达	东盟	亚太	新加坡	巴基斯坦	港/澳/台	韩国	格鲁吉亚	毛里求斯	柬埔寨	尼加拉瓜	日/韩/澳/新/东(RCEP)	亚太2国	老/柬/缅	LDC 98/97/95	Article Description
0	0	0	0	0	0	0	0			0	0/0/	0	0	0	0	0	0/0/0/0/0			0/0/0	---powders
0	0	0	0	0	0	0	0			0	0/0/	0	0	0	0	0	0/0/0/0/0			0/0/0	-Antimony waste and scrap
0	0	0	0	0	0	0	0			0	0/0/	0	0	0	0	6.4	5.8/0/0/0/0			0/0/0	-Other
																					Manganese and articles thereof, including waste and scrap:
0	0	0	0	0	0	0	0			0	0/0/	0	0	0	0	0	0/0/0/0/0			0/0/0	---Unwrought manganese; waste and scrap; powders
0	0	0	0	0	0	0	0			0	0/0/	0	0	0	0	6.4	5.8/0/0/0/0			0/0/0	---Other
																					Beryllium, chromium, hafnium, rhenium, thallium, cadmium, germanium, vanadium, gallium, indium and niobium (columbium), articles of these metals, including waste and scrap:
0	0	0	0	0	0	0	0			0	0/0/	0	0	0	0	0	0/0/0/0/0			0/0/0	--Unwrought;powders
0	0	0	0	0	0	0	0			0	0/0/	0	0	0	0	0	0/0/0/0/0			0/0/0	--Waste and scrap
0	0	0	0	0	0	0	0			0	0/0/	0	0	0	0	6.4	5.8/0/0/0/0			0/0/0	--Other
0	0	0	0	0	0	0	0			0	0/0/	0	0	0	0	0	0/0/0/0/0			0/0/0	--Unwrought;powders
0	0	0	0	0	0	0	0			0	0/0/	0	0	0	0	0	0/0/0/0/0			0/0/0	--Waste and scrap
0	0	0	0	0	0	0	0			0	0/0/	0	0	0	0	0	2.2/0/0/0/0			0/0/0	--Other
0	0	0	0	0	0	0	0	2.7		0	0/0/	0	0	0	0	0	0/0/0/0/0			0/0/0	--Unwrought; waste and scrap; powders
0	0	0	0	0	0	0	0	5.6		0	0/0/	0	0	0	0	6.4	5.8/0/0/0/0			0/0/0	--Other
0	0	0	0	0	0	0	0	2.7		0	0/0/	0	0	0	0	0	0/0/0/0/0			0/0/0	--Unwrought; waste and scrap; powders
0	0	0	0	0	0	0	0	5.6		0	0/0/	0	0	0	0	6.4	5.8/0/0/0/0			0/0/0	--Other
0	0	0	0	0	0	0	0			0	0/0/	0	0	0	0	0	0/0/0/0/0			0/0/0	--Unwrought;powders
0	0	0	0	0	0	0	0			0	0/0/	0	0	0	0	0	0/0/0/0/0			0/0/0	--Waste and scrap
0	0	0	0	0	0	0	0			0	0/0/	0	0	0	0	6.4	5.8/0/0/0/0			0/0/0	--Other
0	0	0	0	0	0	0	0			0	0/0/	0	0	0	0	0	0/0/0/0/0			0/0/0	--Waste and scrap
0	0	0	0	0		0	0			0	0/0/	0	0	0	0	2.4	2.2/0/0/0/0			0/0/0	---Unwrought cadmium;powders
0	0	0	0	0	0	0	0	5.6		0	0/0/	0	0	0	0	6.4	5.8/0/0/0/0			0/0/0	---Other
0	0	0	0	0	0	0	0			0	0/0/	0	0	0	0	0	0/0/0/0/0			0/0/0	---Germanium
0	0	0	0	0	0	0	0			0	0/0/	0	0	0	0	0	0/0/0/0/0			0/0/0	---Vanadium

商品编号	商品名称及备注[检验检疫编码及名称]	进口关税(%) 最惠国	进口关税(%) 普通	增值税率(%)	消费税	计量单位	监管条件	检验检疫类别	对美税率	出口税率(%)	出口退税率(%)
8112922010	未锻轧的钒废碎料[999]	3	20	13		千克	49Axy		28%	0	
8112922090	未锻轧的钒、钒粉末[999]	3	20	13		千克	4xy		28%	0	
81129230	---铟										0
8112923010[暂1]	未锻轧铟、铟粉末[999]	3	20	13		千克	4xy		26%	0	
8112923090[暂1]	未锻轧铟废碎料[999]	3	20	13		千克	49xy		26%	0	
81129240	---铌										0
8112924010	铌废碎料[999]	3	20	13		千克	49xy		28%	0	
8112924090[暂0]	未锻轧的铌、铌粉末[999]	3	20	13		千克	4xy		25%	0	
81129290	---其他										0
8112929010	未锻轧的镓废碎料[999]	3	20	13		千克	39A	M/	28%	0	
8112929090	未锻轧的镓、粉末[301 危险化学品,腐蚀性物质],[302 其他]	3	20	13		千克	3A	M/	28%	0	
81129910	---锗										13
8112991000[暂1]	其他锗及其制品[101 其他深加工金属制品]	3	20	13		千克	3		26%	0	
81129920	---钒										0
8112992001	其他钒氮合金[101 其他深加工金属制品]	3	20	13		千克	4xy		25%	0	
8112992090	其他钒及其制品[101 其他深加工金属制品]	3	20	13		千克	4xy		28%	0	
81129930	---铟										0
8112993000[暂1]	锻轧的铟及其制品[101 其他深加工金属制品]	8	20	13		千克	4xy		11%	0	
81129940	---铌										0
8112994000	锻轧的铌及其制品[101 其他深加工金属制品]	8	20	13		千克	4xy		18%	0	
81129990	---其他										0
8112999000	锻轧的镓及镓制品[301 危险化学品,腐蚀性物质],[302 其他]	8	30	13		千克	3		18%	0	
8113	**金属陶瓷及其制品,包括废碎料:**										
81130010	---颗粒;粉末										0
8113001010	颗粒或粉末状碳化钨废碎料[999]	8	30	13		千克	9		33%	0	
8113001090	颗粒或粉末状其他金属陶瓷及其制品[999]	8	30	13		千克			33%	0	
81130090	---其他										0
8113009010	其他碳化钨废碎料,颗粒或粉末除外[999]	8	30	13		千克	9		33%	0	
8113009020[暂4]	铝碳化硅(AlSiC)基板(包括废料)[999]	8	30	13		千克			29%	0	
8113009090	其他金属陶瓷及其制品,颗粒或粉末除外(包括废料)[999]	8	30	13		千克			33%	0	

协定税率(%)																		特惠税率(%)			
智利	新西兰	澳大利亚	瑞士	冰岛	秘鲁	哥斯达	东盟	亚太	新加坡	巴基斯坦	港/澳/台	韩国	格鲁吉亚	毛里求斯	柬埔寨	尼加拉瓜	日/韩/澳/新/东(RCEP)	亚太2国	老/柬/缅	LDC 98/97/95	Article Description
0	0	0	0	0	0	0	0			0	0/0/	0	0	0	0	0	0/0/0/0/0			0/0/0	---Indium
0	0	0	0	0	0	0	0			0	0/0/	0	0	0	0	0	0/0/0/0/0			0/0/0	---Niobium
0	0	0	0	0	0	0	0	2.7		0	0/0/	0	0	0	0	0	0/0/0/0/0			0/0/0	---Other
0	0	0	0	0	0	0	0			0	0/0/	0	0	0	0	0	0/0/0/0/0			0/0/0	---Germanium
0	0	0	0	0	0	0	0			0	0/0/	0	0	0	0	0	0/0/0/0/0			0/0/0	---Vanadium
0	0	0	0	0	0	0	0			0	0/0/	0	0	0	0	6.4	5.8/0/0/0/0			0/0/0	---Indium
0	0	0	0	0	0	0	0			0	0/0/	0	0	0	0	6.4	5.8/0/0/0/0			0/0/0	---Niobium
0	0	0	0	0	0	0	0	5.6		0	0/0/	0	0	0	0	6.4	5.8/0/0/0/0			0/0/0	---Other
																					Cermets and articles thereof, including waste and scrap:
0	0	0	0	0	0	0	0			0	0/0/0		0	0	0	6.4	//5/5/5			0/0/0	---Granules, powders
0	0	0	0	0	0	0	0			0	0/0/0		0	0	0	6.4	//5/5/5			0/0/0	---Other

第八十二章
贱金属工具、器具、利口器、餐匙、餐叉及其零件

注释：

一、除喷灯、轻便锻炉、带支架的砂轮、修指甲和修脚用器具及品目82.09的货品外，本章仅包括带有用下列材料制成的刀片、工作刃、工作面或其他工作部件的物品：

（一）贱金属；
（二）硬质合金或金属陶瓷；
（三）装于贱金属、硬质合金或金属陶瓷底座上的宝石或半宝石（天然、合成或再造）；或
（四）附于贱金属底座上的磨料，当附上磨料后，所具有的切齿、沟、槽或类似结构仍保持其特性及功能。

二、本章所列物品的贱金属零件，应与该制品归入同一税目，但具体列名的零件及手工工具的工具夹具（品目84.66）除外。第十五类注释二所述的通用零件，均不归入本章。

电动剃须刀及电动毛发推剪的刀头、刀片应归入品目85.10。

三、由品目82.11的一把或多把刀具与品目82.15至少数量相同的物品构成的成套货品应归入品目82.15。

商品编号	商品名称及备注[检验检疫编码及名称]	进口关税(%)		增值税率(%)	消费税	计量单位	监管条件	检验检疫类别	对美税率	出口税率(%)	出口退税率(%)
		最惠国	普通								
8201	**锹、铲、镐、锄、叉及耙；斧子、钩刀及类似砍伐工具；各种修枝用剪刀；镰刀、秣刀、树篱剪、伐木楔子及其他农业、园艺或林业用手工工具：**										
82011000	-锹及铲										
8201100010	含植物性材料的锹及铲〔101 其他木制品〕,〔102 农用手工具〕	8	50	9		千克/把	AB	P/Q	28%	0	9,13
8201100090	其他锹及铲〔999〕	8	50	9		千克/把			28%	0	9,13
82013000	-镐、锄及耙										
8201300010	含植物性材料的镐、锄、耙〔101 其他木制品〕,〔102 农用手工具〕	8	50	9		千克/把	AB	P/Q	33%	0	9,13
8201300090	其他镐、锄、耙〔999〕	8	50	9		千克/把			33%	0	9,13
82014000	-斧子、钩刀及类似砍伐工具										
8201400010	含植物性材料的砍伐工具(包括斧子、钩刀及类似砍伐工具)〔101 其他木制品〕,〔102 农用手工具〕	8	50	9		千克/把	AB	P/Q	18%	0	9,13
8201400090	其他斧子、钩刀及类似砍伐工具〔999〕	8	50	9		千克/把			18%	0	9,13
82015000	-修枝剪及类似的单手操作剪刀(包括家禽剪)										
8201500010	含植物性材料的单手操作农用剪(包括家禽剪)〔101 其他木制品〕,〔102 农用手工具〕	8	50	9		千克/把	AB	P/Q	33%	0	9,13
8201500090	其他修枝剪等单手操作农用剪(包括家禽剪)〔999〕	8	50	9		千克/把			33%	0	9,13
82016000	-树篱剪、双手修枝剪及类似的双手操作剪刀										
8201600010	含植物性材料的双手操作农用剪〔101 其他木制品〕,〔102 农用手工具〕	8	50	9		千克/把	AB	P/Q	33%	0	9
8201600090	其他修枝等双手操作农用剪〔999〕	8	50	9		千克/把			33%	0	9,13
82019010	---叉										
8201901010	含植物性材料的农业、园艺、林业用叉〔101 其他木制品〕,〔102 农用手工具〕	8	50	9		千克/把	AB	P/Q	18%	0	9
8201901090	其他农业、园艺、林业用叉〔999〕	8	50	9		千克/把			18%	0	9,13
82019090	---其他										
8201909010	含植物性材料的农业、园艺、林业用手工工具〔101 其他木制品〕,〔102 农用手工具〕	8	50	9		千克/把	AB	P/Q	18%	0	9,13
8201909090	其他农业、园艺、林业用手工工具〔999〕	8	50	9		千克/把			18%	0	9,13
8202	**手工锯；各种锯的锯片(包括切条、切槽或无齿锯片)：**										
82021000	-手工锯										
8202100000	手工锯〔999〕	8	50	13		千克/把			33%	0	9,13
82022010	---双金属带锯条										13
8202201000	双金属带锯条〔999〕	8	20	13		千克			28%	0	
82022090	---其他										13
8202209000	其他带锯片〔999〕	8	20	13		千克			28%	0	
82023100	--带有钢制工作部件										13
8202310000	带有钢制工作部件的圆锯片(包括切条或切槽锯片)〔999〕	8	20	13		千克			33%	0	
82023910	---带有天然或合成金刚石、立方氮化硼制的工作部件										13
8202391000	带有天然或合成金刚石、立方氮化硼制的工作部件的圆锯片(包括切条或切槽锯片,包括部件)〔999〕	8	20	13		千克			33%	0	

Chapter 82
Tools, implements, cutlery, spoons and forks, of base metal; parts thereof of base metal

Chapter Notes:

1. Apart from blow lamps, portable forges, grinding wheels with frameworks, manicure or pedicure sets, and goods of heading 82.09, this Chapter covers only articles with a blade, working edge, working surface or other working part of:
   (a) Base metal;
   (b) Metal carbides or cermets;
   (c) Precious or semi-precious stones (natural, synthetic or reconstructed) on a support of base metal, metal carbide or cermet; or
   (d) Abrasive materials on a support of base metal, provided that the articles have cutting teeth, flutes, grooves, or the like, of base metal, which retain their identity and function after the application of the abrasive.

2. Parts of base metal of the articles of this Chapter are to be classified with the articles of which they are parts, except parts separately specified as such and tool-holders for hand tools (heading 84.66). However, parts of general use as defined in Note 2 to Section XV are in all cases excluded from this Chapter.
   Heads, blades and cutting plates for electric shavers and electric hair clippers are to be classified in heading 85.10.

3. Sets consisting of one or more knives of heading 82.11 and at least an equal number of articles of heading 82.15 are to be classified in heading 82.15.

协定税率(%)																		特惠税率(%)			
智利	新西兰	澳大利亚	瑞士	冰岛	秘鲁	哥斯达	东盟	亚太	新加坡	巴基斯坦	港/澳/台	韩国	格鲁吉亚	毛里求斯	柬埔寨	尼加拉瓜	日/韩/澳/新/东 (RCEP)	亚太2国	老/柬/缅	LDC 98/97/95	Article Description
																					Hand tools, the following: spades, shovels, mattocks, picks, hoes, forks and rakes; axes, bill hooks and similar hewing tools; secateurs and prundrs of any kind; scythes, hay knives, hedge shears, timber wedges and other tools of a kind used in agricul-ture, horticul-ture or forestry:
0	0	0	0	0	0	0	0			4	0/0/	0	0	0	0	6.4	5.8/0/0/0/0			0/0/0	-Spades and shovels
0	0	0	0	0	0	0	0			0	0/0/	0	0	0	0	6.4	5.8/0/0/0/0			0/0/0	-Mattocks, picks, hoes and rakes
0	0	0	0	0	0	0	0			4	0/0/	0	0	0	0	6.4	5.8/0/0/0/0			0/0/0	-Axes, bill hooks and similar hewing tools
0	0	0	0	0	0	0	0			0	0/0/	0	0	0	0	6.4	5.8/0/0/0/0			0/0/0	-Secateurs and similar one-handed pruners and shears (including poultry shears)
0	0	0	0	0	0	0	0			0	0/0/	0	0	0	0	6.4	5.8/0/0/0/0			0/0/0	-Hedge shears, two-handed pruning shears and similar two-handed shears
0	0	0	0	0	0	0	0			0	0/0/	0	0	0	0	6.4	5.8/0/0/0/0			0/0/0	---Forks
0	0	0	0	0	0	0	0			0	0/0/	0	0	0	0	6.4	5.8/5.6/0/0/0			0/0/0	---Other
																					Hand saws; blades for saws of all kinds (including slitting, slotting or toothless saw blades):
0	0	0	0	0	0	0	0			0	0/0/	0	0	0	0	6.4	6.1/5.9/0/0/0			0/0/0	-Hand saws
0	0	0	0	0	0	0	0			0	0/0/	0	0	0	0	6.4	5.8/5.6/0/0/0			0/0/0	---Bimetal band saw blades
0	0	0	0	0	0	0	0			0	0/0/	0	0	0	0	6.4	5.8/5.6/0/0/0			0/0/0	---Other
0	0	0	0	0	0	0	0			0	0/0/	0	0	0	0	6.4	5.8/5.6/0/0/0			0/0/0	--With working part of steel
0	0	0	0	0	0	0	0			0	0/0/	0	0	0	0	6.4	5.8/0/0/0/0			0/0/0	---With working part of natural or synthetic diamonds or cubic boron nitride

商品编号	商品名称及备注[检验检疫编码及名称]	进口关税(%)		增值税率(%)	消费税	计量单位	监管条件	检验检疫类别	对美税率	出口税率(%)	出口退税率(%)
		最惠国	普通								
82023990	---其他										13
8202399000	其他圆锯片，包括部件（包括切条或切槽锯片）〔999〕	8	20	13		千克			33%	0	
82024000	-链锯片										13
8202400000	链锯片〔999〕	8	20	13		千克			18%	0	
82029110	---机械锯用										13
8202911000	加工金属用的机械锯的直锯片〔999〕	8	20	13		千克			18%	0	
82029190	---其他										13
8202919000	加工金属用的非机械锯的直锯片〔999〕	8	50	13		千克			18%	0	
82029910	---机械锯用										13
8202991000	机械锯用的其他锯片〔999〕	8	20	13		千克			28%	0	
82029990	---其他										13
8202999000	非机械锯用的其他锯片〔999〕	8	50	13		千克			18%	0	
8203	**钢锉、木锉、钳子（包括剪钳）、镊子、白铁剪、切管器、螺栓切头器、打孔冲子及类似手工工具：**										
82031000	-钢锉、木锉及类似工具										13
8203100000	钢锉、木锉及类似工具〔999〕	8	50	13		千克/把			33%	0	
82032000	-钳子（包括剪钳）、镊子及类似工具										13
8203200000	钳子、镊子及类似工具〔999〕	8	50	13		千克/把			28%	0	
82033000	-白铁剪及类似工具										13
8203300000	白铁剪及类似工具〔999〕	8	50	13		千克/把			28%	0	
82034000	-切管器、螺栓切头器、打孔冲子及类似工具										13
8203400000	切管器、螺栓切头器、打孔冲子等〔999〕	8	50	13		千克/把			18%	0	
8204	**手动扳手及扳钳（包括转矩扳手，但不包括丝锥扳手）；可互换的扳手套筒，不论是否带手柄：**										
82041100	--固定的										13
8204110000	固定式的手动扳手及板钳〔999〕	8	50	13		千克/把			28%	0	
82041200	--可调的										13
8204120000	可调式的手动扳手及板钳〔999〕	8	50	13		千克/把			18%	0	
82042000	-可互换的扳手套筒，不论是否带手柄										13
8204200000	可互换的扳手套筒（不论是否带手柄）〔999〕	8	50	13		千克/套			33%	0	
8205	**其他税目未列名的手工工具（包括玻璃刀）；喷灯；台钳、夹钳及类似品，但作为机床或水射流切割机附件或零件的除外；砧；轻便锻炉；带支架的手摇或脚踏砂轮：**										
82051000	-钻孔或攻丝工具										13
8205100000	手工钻孔或攻丝工具〔999〕	8	50	13		千克/个			18%	0	
82052000	-锤子										13
8205200000	手工锤子〔999〕	8	50	13		千克/个			28%	0	
82053000	-木工用刨子、凿子及类似切削工具										13
8205300000	木工用刨子、凿子及类似切削工具〔999〕	8	50	13		千克/个			28%	0	
82054000	-螺丝刀										13
8205400000	螺丝刀〔999〕	8	50	13		千克/个			28%	0	
82055100	--家用工具										13
8205510000	其他家用手工工具〔999〕	7	50	13		千克/个			22%	0	
82055900	--其他										13
8205590000	其他手工工具（包括玻璃刀）〔999〕	8	50	13		千克/个			18%	0	
82056000	-喷灯										13
8205600000	喷灯〔999〕	8	50	13		千克/个			28%	0	
82057000	-台钳、夹钳及类似品										13
8205700000	台钳、夹钳及类似品〔101 台钳、夹钳及类似品〕，〔102 其他五金工具〕	8	50	13		千克/个			28%	0	
82059000	-其他，包括由本税目项下两个或多个子目所列物品组成的成套货品										13

协定税率(%)																		特惠税率(%)			
智利	新西兰	澳大利亚	瑞士	冰岛	秘鲁	哥斯达	东盟	亚太	新加坡	巴基斯坦	港/澳/台	韩国	格鲁吉亚	毛里求斯	柬埔寨	尼加拉瓜	日/韩/澳/新/东(RCEP)	亚太2国	老/柬/缅	LDC 98/97/95	Article Description
0	0	0	0	0	0	0	0			0	0/0/	0	0	0	0	6.4	5.8/0/0/0/0			0/0/0	---Other
0	0	0	0	0	0	0	0			0	0/0/	0	0	0	0	6.4	5.8/0/0/0/0			0/0/0	-Chain saw blades
0	0	0	0	0	0	0	0	5.2		0	0/0/	0	0	0	0	6.4	5.8/5.6/0/0/0			0/0/0	---For sawing machines
0	0	0	0	0	0	0	0			0	0/0/	0	0	0	0	6.4	5.8/0/0/0/0			0/0/0	---Other
0	0	0	0	0	0	0	0			0	0/0/	0	0	0	0	6.4	6.1/5.9/0/0/0			0/0/0	---For sawing machines
0	0	0	0	0	0	0	0		0	2.5	0/0/	0	0	0	0	6.4	7.6/7.4/0/0/0			0/0/0	---Other
																					Files, rasps, pliers (including cutting pliers), pincers, tweezers, metal cutting shears, pipe-cutters, bolt croppers, perforating punches and similar hand tools:
0	0	0	0	0	0	0	0		0	4	0/0/	0	0	0	0	6.4	7.6/7.4/0/0/0			0/0/0	-Files, rasps and similar tools
0	0	0	0	0	0	0	0		0		0/0/0	0	0	0	0	6.4	7.6/7.4/0/0/0			0/0/0	-Pliers (including cutting pliers), pincers, tweezers and similar tools
0	0	0	0	0	0	0	0		0	4	0/0/	0	0	0	0	6.4	7.6/7.4/0/0/0			0/0/0	-Metal cutting shears and similar tools
0	0	0	0	0	0	0	0		0	2.5	0/0/	0	0	0	0	6.4	7.6/7.4/0/0/0			0/0/0	-Pipe-cutters, bolt croppers, perforating punches and similar tools
																					Hand-operated spanners and wrenches (including torque meter wrenches but not including tap wrenches); interchangeable spanner sockets, with or without handles:
0	0	0	0	0	0	0	0		0	2.5	0/0/	0	0	0	0	6.4	7.6/7.4/0/0/0			0/0/0	--Non-adjustable
0	0	0	0	0	0	0	0			0	0/0/0	0	0	0	0	6.4	7.3/7/0/0/0			0/0/0	--Adjustable
0	0	0	0	0	0	0	0			0	0/0/	0	0	0	0	6.4	7.3/7/0/0/0			0/0/0	-Interchangeable spanner sockets, with or without handles
																					Hand tools (including glaziers diamonds), not elsewhere specified or included; blow lamps; vices, clamps and the like, other than accessories for and parts of, machine-tools or water-jet cutting machines; anvils; portable forges; hand or pedal operated grinding wheels with frameworks:
0	0	0	0	0	0	0	0			0	0/0/	0	0	0	0	6.4	7.3/7/0/0/0			0/0/0	-Drilling, threading or tapping tools
0	0	0	0	0	0	0	0			2.5	0/0/0	0	0	0	0	6.4	7.3/7/0/0/0			0/0/0	-Hammers and sledge hammers
0	0	0	0	0	0	0	0		0	4	0/0/	0	0	0	0	6.4	7.6/7.4/0/0/0			0/0/0	-Planes, chisels, gouges and similar cutting tools for working wood
0	0	0	0	0	0	0	0		0	2.5	0/0/0	0	0	0	0	6.4	7.6/7.4/0/0/0			0/0/0	-Screwdrivers
0	0	0	0	0	0	0	0		0	4	0/0/	0	0	0	0	0	7.6/7.4/0/0/0			0/0/0	--Household tools
0	0	0	0	0	0	0	0	5.2		0	0/0/0	0	0	0	0	6.4	7.3/7/0/0/0			0/0/0	--Other
0	0	0	0	0	0	0	0			0	0/0/	0	0	0	0	6.4	7.3/7/0/0/0			0/0/0	-Blow lamps
0	0	0	4.2	0	0	0	0		0	4	0/0/	0	0	0	0	6.4	7.6/7.4/0/0/0			0/0/0	-Vices, clamps and the like
0	0	0	0	0	0	0	0		0	4	0/0/	0	0	0	0	6.4	7.6/7.4/0/0/0			0/0/0	-Other, including sets of articles of two or more subheadings of this heading

商品编号	商品名称及备注[检验检疫编码及名称]	进口关税(%)		增值税率(%)	消费税	计量单位	监管条件	检验检疫类别	对美税率	出口税率(%)	出口退税率(%)
		最惠国	普通								
8205900000	其他,包括由本品目项下两个或多个编号所列物品组成的成套货品(包括砧、轻便锻炉、带支架的手摇或脚踏砂轮)〔999〕	8	50	13		千克			18%	0	
8206	**由税目82.02至82.05中两个或多个税目所列工具组成的零售包装成套货品:**										
82060000	由税目82.02至82.05中两个或多个税目所列工具组成的零售包装成套货品										13
8206000000	成套工具组成的零售包装货品(由品目82.02至82.05中两个或多个品目所列工具组成的)〔999〕	8	50	13		千克			18%	0	
8207	**手工工具(不论是否有动力装置)及机床(例如,锻压、冲压、攻丝、钻孔、镗孔、铰孔及铣削、车削或上螺丝用的机器)的可互换工具,包括金属拉拔或挤压用模以及凿岩或钻探工具:**										
82071300	--带有金属陶瓷制的工作部件										13
8207130000	带金属陶瓷工作部件的凿岩工具(包括钻探工具)〔999〕	8	20	13		千克			28%	0	
82071910	---带有天然或合成金刚石、立方氮化硼制的工作部件										13
8207191000	带金刚石等工作部件的凿岩工具(金刚石等包括立方氮化硼,本编号包括钻探工具)〔999〕	8	20	13		千克			18%	0	
82071990	---其他										13
8207199000	带其他材料工作部件的凿岩工具(包括钻探工具)〔999〕	8	20	13		千克			18%	0	
82072010	---带有天然或合成金刚石、立方氮化硼制的工作部件										13
8207201000	带金刚石等工作部件的金属拉拔模(金刚石等包括立方氮化硼,本编号包括金属挤压用模)〔999〕	8	20	13		千克/套			33%	0	
82072090	---其他										13
8207209000	带其他材料工作部件的金属模(包括金属挤压用模)〔999〕	8	20	13		千克/套			33%	0	
82073000	-锻压或冲压工具										13
8207300010[暂6]	加工品目87.03所列车辆车身冲压件用的4种关键模具(侧围外板、翼子板、拼接整体侧围内板、拼焊整体侧围加强板用模具)〔999〕	8	20	13		千克			31%	0	
8207300020[暂6]	加工品目87.03所列车辆车身冲压件用的4种特种模具(σb≥980牛顿/平方米的冷冲压、热成型、内高压成型和铝板用模具)〔999〕	8	20	13		千克			31%	0	
8207300090	其他锻压或冲压工具〔999〕	8	20	13		千克			33%	0	
82074000	-攻丝工具										13
8207400000	攻丝工具〔999〕	8	20	13		千克/件			33%	0	
82075010	---带有天然或合成金刚石、立方氮化硼制的工作部件										13
8207501000	带金刚石等工作部件的钻孔工具(凿岩或钻探用的除外,金刚石等包括立方氧化硼)〔999〕	8	20	13		千克/件			28%	0	
82075090	---其他										13
8207509000	带其他材料工作部件的钻孔工具(凿岩或钻探用的除外)〔999〕	8	20	13		千克/件			33%	0	
82076010	---带有天然或合成金刚石、立方氮化硼制的工作部件										13
8207601000	带金刚石等工作部件的镗孔工具(金刚石等包括立方氮化硼,本编号包括铰孔工具)〔999〕	8	20	13		千克/件			33%	0	
82076090	---其他										13
8207609000	带其他材料工作部件的镗孔工具(包括铰孔工具)〔999〕	8	20	13		千克/件			33%	0	
82077010	---带有天然或合成金刚石、立方氮化硼制的工作部件										13
8207701000	带有天然或合成金刚石、立方氮化硼制的工作部件的铣削工具〔999〕	8	20	13		千克/件			33%	0	
82077090	---其他										13
8207709000	其他铣削工具〔999〕	8	20	13		千克/件			33%	0	
82078010	---带有天然或合成金刚石、立方氮化硼制的工作部件										13
8207801000	带有天然或合成金刚石、立方氮化硼制的工作部件的车削工具〔999〕	8	20	13		千克/件			18%	0	
82078090	---其他										13
8207809000	其他车削工具〔999〕	8	20	13		千克/件			28%	0	
82079010	---带有天然或合成金刚石、立方氮化硼制的工作部件										13
8207901000	带金刚石工作部件的其他互换工具(金刚石包括立方氮化硼)〔999〕	8	20	13		千克/件			18%	0	
82079090	---其他										13

协定税率(%)																		特惠税率(%)			
智利	新西兰	澳大利亚	瑞士	冰岛	秘鲁	哥斯达	东盟	亚太	新加坡	巴基斯坦	港/澳/台	韩国	格鲁吉亚	毛里求斯	柬埔寨	尼加拉瓜	日/韩/澳/新/东(RCEP)	亚太2国	老/柬/缅	LDC 98/97/95	Article Description
																					Tools of two or more of the headings 82.02 to 82.05, put up in sets for retail sale:
0	0	0	0.9	0	0	0	0		0	4	0/0/	0	0	0	0	6.4	7.6/7.4/0/0/0			0/0/0	Tools of two or more of the headings 82.02 to 82.05, put up in sets for retail sale
																					Interchangeable tools for hand tools, whether or not power-operated, or for machine-tools (for example, for pressing, stamping, punching, tapping, threading, drilling, boring, broaching, milling, turning or screw driving), including dies for drawing or extruding metal, and rock drilling or earth boring tools:
0	0	0	0	0	0	0	0			0	0/0/	0	0	0	0	6.4	5.8/0/0/0/0			0/0/0	--With working part of cermets
0	0	0	0	0	0	0	0			0	0/0/	0	0	0	0	6.4	5.8/0/0/0/0			0/0/0	---With working part of natural or synthetic diamonds or cubic boron nitride
0	0	0	0	0	0	0	0			0	0/0/	0	0	0	0	6.4	5.8/5.6/0/0/0			0/0/0	---Other
0	0	0	0	0	0	0	0			0	0/0/0	0	0	0	0	6.4	5.8/0/0/0/0			0/0/0	---With working part of natural or synthetic diamonds or cubic boron nitride
0	0	0	0	0	0	0	0			0	0/0/0	0	0	0	0	6.4	5.8/5.6/5.6/5.6/5.6			0/0/0	---Other
0	0	0	0	0	0	0	0	6.8		0	0/0/0	2.6	0	0	0	6.4	6.5/5.6/5.6/5.6/5.6			0/0/0	-Tools for pressing, stamping or punching
0	0	0	0	0	0	0	0			0	0/0/0		0	0	0	6.4	//5/5/5			0/0/0	-Tools for tapping or threading
0	0	0	0	0	0	0	0			0	0/0/0		0	0	0	6.4	//5/5/5			0/0/0	---With working part of natural or synthetic diamonds or cubic boron nitride
0	0	0	0	0	0	0	0			0	0/0/0		0	0	0	6.4	//5/5/5			0/0/0	---Other
0	0	0	0	0	0	0	0			0	0/0/0		0	0	0	6.4	//5/5/5			0/0/0	---With working part of natural or synthetic diamonds or cubic boronnitride
0	0	0	0	0	0	0	0			0	0/0/	2.6	0	0	0	6.4	6.5/6.4/6.8/6.8/6.4			0/0/0	---Other
0	0	0	0	0	0	0	0			0	0/0/0		0	0	0	6.4	//5/5/5			0/0/0	---With working part of natural or synthetic diamonds or cubic boronnitride
0	0	0	0	0	0	0	0			0	0/0/0		0	0	0	6.4	//5/5/5			0/0/0	---Other
0	0	0	0	0	0	0	0	5.2		0	0/0/0	5.2	0	0	0	6.4	//5/5/5			0/0/0	---With working part of natural or synthetic diamonds or cubic boronnitride
0	0	0	0	0	0	0	0	5.2		0	0/0/0	5.2	0	0	0	6.4	//5/5/5			0/0/0	---Other
0	0	0	0	0	0	0	0	5.2		0	0/0/0	5.2	0	0	0	6.4	//5/5/5			0/0/0	---With working part of natural or synthetic diamonds or cubic boron nitride
0	0	0	0	0	0	0	0	5.2		0	0/0/0	5.2	0	0	0	6.4	//5/5/5			0/0/0	---Other

商品编号	商品名称及备注[检验检疫编码及名称]	进口关税(%)		增值税率(%)	消费税	计量单位	监管条件	检验检疫类别	对美税率	出口税率(%)	出口退税率(%)
		最惠国	普通								
8207909000	其他可互换工具(带有其他材料制的工作部件)〔999〕	8	20	13		千克/件			28%	0	
8208	**机器或机械器具的刀及刀片:**										
82081011	----经镀或涂层的										13
8208101100	经镀或涂层的硬质合金制的金工机械用刀及刀片(金属加工用)〔999〕	8	20	13		千克			28%	0	
82081019	----其他										13
8208101900	其他硬质合金制的金工机械用刀及刀片(金属加工用)〔999〕	8	20	13		千克			33%	0	
82081090	---其他										13
8208109000	其他金工机械用刀及刀片(金属加工用)〔999〕	8	20	13		千克			28%	0	
82082000	-木器(材)加工用										13
8208200000	木工机械用刀及刀片(木器加工用)〔999〕	8	20	13		千克			33%	0	
82083000	-厨房器具或食品工业机器用										13
8208300000	厨房或食品加工机器用刀及刀片(厨房器具或食品加工机器用)〔999〕	8	20	13		千克	A	R/	18%	0	
82084000	-农业、园艺或林业机器用										
8208400000	农、林业机器用刀及刀片(农业、园艺、林业机器用)〔999〕	8	20	9		千克			18%	0	9,13
82089000	-其他										13
8208900000	其他机器或机械器具用刀及刀片(其他用途)〔999〕	8	20	13		千克			33%	0	
8209	**未装配的工具用金属陶瓷板、杆、刀头及类似品:**										
82090010	---板										13
8209001000	未装配的工具用金属陶瓷板〔999〕	8	20	13		千克			33%	0	
82090021	----晶粒度小于0.8微米的										13
8209002100	未装配的工具用金属陶瓷条、杆(晶粒度<0.8微米)〔999〕	8	20	13		千克			33%	0	
82090029	----其他										13
8209002900	其他未装配的工具用金属陶瓷条、杆(晶粒度≥0.8微米)〔999〕	8	20	13		千克			33%	0	
82090030	---刀头										13
8209003000	未装配的工具用金属陶瓷刀头〔999〕	8	20	13		千克			33%	0	
82090090	---其他										13
8209009000	未装配的工具用金属陶瓷板、条、杆、刀头的类似品〔999〕	8	20	13		千克			18%	0	
8210	**用于加工或调制食品或饮料的手动机械器具,重量不超过10千克:**										
82100000	用于加工或调制食品或饮料的手动机械器具,重量不超过10千克										13
8210000000	加工调制食品、饮料用手动机械(重量≤10千克)〔999〕	8	80	13		千克/台	A	R/	28%	0	
8211	**有刃口的刀及其刀片,不论是否有锯齿(包括整枝刀),但税目82.08的刀除外:**										
82111000	-成套货品										13
8211100000	以刀为主的成套货品〔999〕	8	80	13		千克/套			33%	0	
82119100	--刃面固定的餐刀										13
8211910000	刃面固定的餐刀①	7	80	13		千克/把	A	R/	32%	0	
82119200	--刃面固定的其他刀										13
8211920000	刃面固定的其他刀②	7	80	13		千克/把			22%	0	
82119300	--刃面不固定的刀										13
8211930000	刃面不固定的刀③	7	80	13		千克/把			32%	0	
82119400	--刀片										13
8211940000	品目82.11所列刀的刀片④	7	80	13		千克			27%	0	
82119500	--贱金属制的刀柄										13
8211950000	贱金属制的刀柄〔101 其他食品加工机器及其零件〕,〔102 食品接触其他金属产品〕	7	80	13		千克			32%	0	
8212	**剃刀及其刀片(包括未分开的刀片条):**										
82121000	-剃刀										13
8212100000	剃刀〔999〕	7	80	13		千克/把			22%	0	

① 〔101 餐桌用具〕,〔102 食品接触不锈钢产品〕,〔103 食品接触铁产品〕,〔104 食品接触铝产品〕,〔105 食品接触其他金属产品〕
② 〔101 其他食品加工机器及其零件〕,〔102 食品接触不锈钢产品〕,〔103 食品接触铁产品〕,〔104 食品接触铝产品〕,〔105 食品接触其他金属产品〕
③ 〔101 其他食品加工机器及其零件〕,〔102 食品接触不锈钢产品〕,〔103 食品接触铝产品〕,〔104 食品接触其他金属产品〕,〔105 食品接触铁产品〕
④ 〔101 其他食品加工机器及其零件〕,〔102 食品接触不锈钢产品〕,〔103 食品接触铁产品〕,〔104 食品接触铝产品〕,〔105 食品接触其他金属产品〕

协定税率(%)																		特惠税率(%)			Article Description
智利	新西兰	澳大利亚	瑞士	冰岛	秘鲁	哥斯达	东盟	亚太	新加坡	巴基斯坦	港/澳/台	韩国	格鲁吉亚	毛里求斯	柬埔寨	尼加拉瓜	日/韩/澳/新/东(RCEP)	亚太2国	老/柬/缅	LDC 98/97/95	
																					Knives and cutting blades, for machines or for mechanical appliances:
0	0	0	0	0	0	0	0			0	0/0/	2.6	0	0	0	6.4	6.5/6.4/6.8/6.8/6.4			0/0/0	----Plated or coated
0	0	0	0	0	0	0	0			0	0/0/	2.6	0	0	0	6.4	6.5/5.6/5.6/5.6/5.6			0/0/0	----Other
0	0	0	0	0	0	0	0			0	0/0/	2.6	0	0	0	6.4	6.5/6.4/6.8/6.8/6.4			0/0/0	---Other
0	0	0	0	0	0	0	0			0	0/0/0	0	0	0	0	6.4	5.8/0/0/0/0			0/0/0	-For wood working
0	0	0	0	0	0	0	0			0	0/0/	0	0	0	0	6.4	5.8/5.6/0/0/0			0/0/0	-For kitchen appliances or for machines used by the food industry
0	0	0	0	0	0	0	0			0	0/0/0	0	0	0	0	6.4	5.8/0/0/0/0			0/0/0	-For agricultural, horticultural or forestry machines
0	0	0	0	0	0	0	0	5.2		0	0/0/0	0	0	0	0	6.4	5.8/0/0/0/0			0/0/0	-Other
																					Plates, sticks, tips and the like for tools, unmounted, of cermets:
0	0	0	0	0	0	0	0	5.2		0	0/0/	0	0	0	0	6.4	5.8/5.6/0/0/0			0/0/0	---Plates
0	0	0	0	0	0	0	0	5.2		0	0/0/	0	0	0	0	6.4	5.8/0/0/0/0			0/0/0	----Grain size<0.8μm
0	0	0	0	0	0	0	0	5.2		0	0/0/	0	0	0	0	6.4	5.8/0/0/0/0			0/0/0	----Other
0	0	0	0	0	0	0	0	5.2		0	0/0/	2.6	0	0	0	6.4	6.5/6.4/6.8/6.8/6.4			0/0/0	---Tips
0	0	0	0	0	0	0	0	5.2		0	0/0/	0	0	0	0	6.4	5.8/0/0/0/0			0/0/0	---Other
																					Hand-operated mechanical appliances, weighing 10kg or less, used in the preparation, conditioning or serving of food or drink:
0	0	0	0	0	0	0	0	5.2	0	7.2	0/0/	0	0	0	0	6.4	13.1/12.6/0/0/0			0/0/0	Hand-operated mechanical appliances, weighing 10kg or less, used in the preparation, conditioning or serving of food or drink
																					Knives with cutting blades, serrated or not (including pruning knives), other than knives of heading 82.08, and blades therefor:
0	0	0	0	0	0	0	0		0	0	0/0/	0	0	0	0	6.4	13.1/12.6/0/0/0			0/0/0	-Sets of assorted articles
0	0	0	0	0	0	0	0		0	0	0/0/	0	0	0	0	0	13.1/12.6/0/0/0			0/0/0	--Table knives having fixed blades
0	0	0	1	0	0	0	0		0	0	0/0/	0	0	0	0	0	8.7/8.4/0/0/0			0/0/0	--Other knives having fixed blades
0	0	0	0	0	0	0	0		0	0	0/0/	0	0	0	0	0	13.1/12.6/0/0/0			0/0/0	--Knives having other than fixed blades
0	0	0	0	0	0	0	0		0	0	0/0/	0	0	0	0	0	10.2/9.8/0/0/0			0/0/0	--Blades
0	0	0	4.8	0	0	0	0		0	0	0/0/	0	0	0	0	0	8.7/8.4/0/0/0			0/0/0	--Handles of base metal
																					Razors and razor blades (including razor blade blanks in strips):
0	0	0	0	0	0	0	0		0	0	0/0/	0	0	0	0	0	8.7/8.4/0/0/0			0/0/0	-Razors

商品编号	商品名称及备注[检验检疫编码及名称]	进口关税(%)		增值税率(%)	消费税	计量单位	监管条件	检验检疫类别	对美税率	出口税率(%)	出口退税率(%)
		最惠国	普通								
82122000	-安全刀片,包括未分开的刀片条										13
8212200000	安全剃刀片(包括未分开的刀片条)〔999〕	7	80	13		千克/片			17%	0	
82129000	-其他零件										13
8212900000	剃刀零件〔999〕	7	80	13		千克			22%	0	
8213	**剪刀、裁缝剪刀及类似品、剪刀片：**										
82130000	剪刀、裁缝剪刀及类似品、剪刀片										13
8213000000	剪刀、裁缝剪刀及类似品、剪刀片〔101 其他机电产品及其零件〕,〔103 其他金属及制品〕	7	80	13		千克			32%	0	
8214	**其他利口器(例如,理发推剪、屠刀、砍骨刀、切肉刀、切菜刀、裁纸刀);修指甲及修脚用具(包括指甲锉):**										
82141000	-裁纸刀、开信刀、改错刀、铅笔刀及其刀片										13
8214100000	裁纸刀、信刀、改错刀、铅笔刀及刀片〔999〕	7	80	13		千克			27%	0	
82142000	-修指甲及修脚用具(包括指甲锉)										13
8214200000	修指甲及修脚用具(包括指甲锉)〔999〕	7	90	13		千克			32%	0	
82149000	-其他										13
8214900010	切菜刀等厨房用利口器①	7	80	13		千克	A	R/	32%	0	
8214900090	理发推子等其他利口器〔999〕	7	80	13		千克			32%	0	
8215	**餐匙、餐叉、长柄勺、漏勺、糕点夹、鱼刀、黄油刀、糖块夹及类似的厨房或餐桌用具：**										
82151000	-成套货品,至少其中一件物品是镀贵金属的										13
8215100000	成套含镀贵金属制厨房或餐桌用具(成套货品,至少其中一件是镀贵金属的)〔101 厨房用具〕,〔102 餐桌用具〕,〔103 食品接触其他金属产品〕,〔104 食品用其他金属包装〕	7	80	13		千克	A	R/	32%	0	
82152000	-其他成套货品										13
8215200000	成套的其他厨房或餐桌用具(成套货品,没有一件是镀贵金属的)〔101 厨房用具〕,〔102 餐桌用具〕,〔103 食品接触其他金属产品〕,〔104 食品用其他金属包装〕	7	80	13		千克	A	R/	27%	0	
82159100	--镀贵金属的										13
8215910000	非成套镀贵金属制厨房或餐桌用具(非成套货品,镀贵金属的)〔101 厨房用具〕,〔102 餐桌用具〕,〔103 食品接触其他金属产品〕,〔104 食品用其他金属包装〕	7	80	13		千克	A	R/	32%	0	
82159900	--其他										13
8215990000	其他非成套的厨房或餐桌用具(非成套货品,没镀贵金属的)〔101 厨房用具〕,〔102 餐桌用具〕,〔103 食品接触其他金属产品〕,〔104 食品用其他金属包装〕	7	80	13		千克	A	R/	32%	0	

① 〔101 厨房用具〕,〔102 食品接触不锈钢产品〕,〔103 食品接触铁产品〕,〔104 食品接触铝产品〕,〔105 食品接触其他金属产品〕

协定税率(%)																		特惠税率(%)			Article Description
智利	新西兰	澳大利亚	瑞士	冰岛	秘鲁	哥斯达	东盟	亚太	新加坡	巴基斯坦	港/澳/台	韩国	格鲁吉亚	毛里求斯	柬埔寨	尼加拉瓜	日/韩/澳/新/东(RCEP)	亚太2国	老/柬/缅	LDC 98/97/95	
0	0	0	0	0	0	0	0		0	0	0/0/	0	0	0	0	0	10.2/9.8/0/0/0			0/0/0	-Safety razor blades, including razor blade blanks in strips
0	0	0	0	0	0	0	0		0	0	0/0/	0	0	0	0	0	8.7/8.4/0/0/0			0/0/0	-Other parts
																					Scissors, tailors shears and similar shears, and blades therefor:
0	0	0	0	0	0	0	0	4.6	0	0	0/0/	0	0	0	0	0	8.7/8.4/0/0/0			0/0/0	Scissors, tailors shears and similar shears, and blades therefor
																					Other articles of cutlery (for example, hair clippers, butchers or kitchen cleavers, choppers and mincing knives, paper knives); manicure or pedicure sets and instruments (including nail files):
0	0	0	0	0	0	0	0	4.6	0	2.5	0/0/	0	0	0	0	0	8.7/8.4/0/0/0			0/0/0	-Paper knives, letter openers, erasing knives, pencil sharpeners and blades therefor
0	0	0	0	0	0	0	0	4.6	0	0	0/0/	0	0	0	0	0	13.1/12.6/0/0/0			0/0/0	-Manicure or pedicure sets and instruments (including nail files)
0	0	0	0	0	0	0	0		0		0/0/	0	0	0	0	0	13.1/12.6/0/0/0			0/0/0	-Other
																					Spoons, forks, ladles, skimmers, cakeservers, fish-knives, butter-knives, sugar tongs and similar kitchen or tableware:
0	0	0	0	0	0	0	0		0	0	0/0/	0	0	0	0	0	13.1/12.6/0/0/0			0/0/0	-Sets of assorted articles containing at least one article plated with precious metal
0	0	0	0	0	0	0	0		0	0	0/0/	0	0	0	0	0	13.1/12.6/0/0/0			0/0/0	-Other sets of assorted articles
0	0	0	0	0	0	0	0		0	0	0/0/	0	0	0	0	0	13.1/12.6/0/0/0			0/0/0	--Plated with precious metal
0	0	0	0	0	0	0	0		0	0	0/0/	0	0	0	0	0	13.1/12.6/0/0/0			0/0/0	--Other

第八十三章
贱金属杂项制品

注释：

一、在本章，贱金属零件应与制品一同归类。但品目73.12、73.15、73.17、73.18及73.20的钢铁制品或其他贱金属（第七十四章至第七十六章及第七十八章至第八十一章）制的类似物品不应视为本章制品的零件。

二、品目83.02所称"脚轮"，是指直径（对于有胎的，连胎计算在内，下同）不超过75毫米的或直径虽超过75毫米，但所装轮或胎的宽度必须小于30毫米的脚轮。

商品编号	商品名称及备注[检验检疫编码及名称]	进口关税(%)		增值税率(%)	消费税	计量单位	监管条件	检验检疫类别	对美税率	出口税率(%)	出口退税率(%)
		最惠国	普通								
8301	**贱金属制的锁(钥匙锁、数码锁及电动锁);贱金属制带锁的扣环及扣环框架;上述锁的贱金属制钥匙:**										
83011000	-挂锁										13
8301100000	挂锁〔999〕	7	80	13		千克/把			22%	0	
83012010	---中央控制门锁										13
8301201000	机动车用中央控制门锁〔101 其他车辆零部件〕,〔102 机动车锁〕	9	80	13		千克/套			19%	0	
83012090	---其他										13
8301209000	其他机动车用锁〔101 其他车辆零部件〕,〔102 机动车锁〕	9	80	13		千克/套			19%	0	
83013000	-家具用锁										13
8301300000	家具用锁〔999〕	7	80	13		千克/个			27%	0	
83014000	-其他锁										13
8301400000	其他锁〔999〕	9	80	13		千克/个			19%	0	
83015000	-带锁的扣环及扣环框架										13
8301500000	带锁的扣环及扣环框架〔999〕	9	80	13		千克			19%	0	
83016000	-零件										13
8301600000	锁零件〔999〕	9	80	13		千克			29%	0	
83017000	-钥匙										13
8301700000	钥匙〔999〕	7	80	13		千克			32%	0	
8302	**用于家具、门窗、楼梯、百叶窗、车厢、鞍具、衣箱、盒子及类似品的贱金属附件及架座;贱金属制帽架、帽钩、托架及类似品;用贱金属做支架的小脚轮;贱金属制的自动闭门器:**										
83021000	-铰链(折叶)										13
8302100000	铰链(折叶)〔101 其他车辆零部件〕,〔102 其他深加工金属制品〕	9	80	13		千克			34%	0	
83022000	-小脚轮										13
8302200000	用贱金属做支架的小脚轮〔999〕	9	80	13		千克			34%	0	
83023000	-机动车辆用的其他附件及架座										13
8302300000	机车用贱金属附件及架座〔101 其他车辆零部件〕,〔102 其他深加工金属制品〕	9	80	13		千克			19%	0	
83024100	--建筑用										13
8302410000	建筑用贱金属配件及架座〔999〕	9	80	13		千克			34%	0	
83024200	--其他,家具用										13
8302420000	家具用贱金属配件及架座〔999〕	9	80	13		千克			34%	0	
83024900	--其他										13
8302490000	其他用贱金属配件及架座〔999〕	9	80	13		千克			19%	0	
83025000	-帽架、帽钩、托架及类似品										13
8302500000	帽架、帽钩、托架及类似品〔999〕	7	80	13		千克			27%	0	
83026000	-自动闭门器										13
8302600000	自动闭门器〔999〕	9	80	13		千克/个			34%	0	
8303	**装甲或加强的贱金属制保险箱、保险柜及保险库的门和带锁保险储存橱、钱箱、契约箱及类似品:**										

Chapter 83
Miscellaneous articles of base metal

Chapter Notes:

1. For the purposes of this Chapter, parts of base metal are to be classified with their parent articles. However, articles of iron or steel of heading 73.12, 73.15, 73.17, 73.18 or 73.20, or similar articles of other base metal (Chapters 74 to 76 and 78 to 81) are not to be taken as parts of articles of this Chapter.

2. For the purposes of heading 83.02, the word "castors" means those having a diameter (including, where appropriate, tyres) not exceeding 75mm, or those having a diameter (including, where appropriate, tyres) exceeding 75mm provided that the width of the wheel or tyre fitted thereto is less than 30mm.

协定税率(%)																		特惠税率(%)			Article Description
智利	新西兰	澳大利亚	瑞士	冰岛	秘鲁	哥斯达	东盟	亚太	新加坡	巴基斯坦	港/澳/台	韩国	格鲁吉亚	毛里求斯	柬埔寨	尼加拉瓜	日/韩/澳/新/东(RCEP)	亚太2国	老/柬/缅	LDC 98/97/95	
																					Padlocks and locks (key, combination or electrically operated), of base metal; clasps and frames with clasps, incorporating locks, of base metal; keys for any of the foregoing articles, of base metal:
0	0	0	0	0	0	0	0		0	5.6	0/0/	0	0	0	0	0	10.2/9.8/0/0/0			0/0/0	-Padlocks
0	0	0	0	0	0	0	5			8	0/0/	5	0	0	0	8.1	//9.3/9.3/9.3			0/0/0	---Central control door lock
0	0	0	0	0	0	0	5			8	0/0/	5	0	0	0	8.1	//9.3/9.3/9.3			0/0/0	---Other
0	0	0	0	0	0	0	0		0	5.6	0/0/	0	0	0	0	0	10.2/9.8/0/0/0			0/0/0	-Locks of a kind used for furniture
0	0	0	0	0	0	0	0		0	9	0/0/	0	0	0	0		10.2/9.8/9.8/9.8/9.8			0/0/0	-Other locks
0	0	0	0	0	0	0	0		0	5.6	0/0/	0	0	0	0	8.1	10.2/9.8/0/0/0			0/0/0	-Clasps and frames with clasps, incorporating locks
0	0	0	0	0	0	0	0		0	3	0/0/	0	0	0	0	8.1	8.7/8.4/0/0/0			0/0/0	-Parts
0	0	0	0	0	0	0	0			0	0/0/	3.3	0	0	0	0	8.1/8/8.5/8.5/8			0/0/0	-Keys presented separately
																					Base metal mountings, fittings and similar articles suitable for furniture, doors, staircases, windows, blinds, coachwork, saddlery, trunks, chests, caskets, or the like; base metal hat-racks, hat-pegs, brackets and similar fixtures; castors with mountings of base metal; automatic door closers of base metal:
0	0	0	0	0	0	0	0			2.5	0/0/	0	0	0	0	8.1	0/0/7/7/0			0/0/0	-Hinges
0	0	0	0	0	0	0	0		0	3	0/0/	0	0	0	0	8.1	8.7/8.4/0/0/0			0/0/0	-Castors
0	0	0	0	0	0	0	0			0	0/0/	3.3	0	0	0	8.1	8.1/8/8.5/8.5/8			0/0/0	-Other mountings, fittings and similar ticles suitable for motor vehicles
0	0	0	0	0	0	0	0		0	5.6	0/0/	0	0	0	0	8.1	10.2/9.8/0/0/0			0/0/0	--Suitable for buildings
0	0	0	0	0	0	0	0		0	3	0/0/	0	0	0	0	8.1	8.7/8.4/0/0/0			0/0/0	--Other, suitable for furniture
0	0	0	0	0	0	0	0		0	3	0/0/	0	0	0	0	8.1	8.7/8.4/0/0/0			0/0/0	--Other
0	0	0	0	0	0	0	0		0	5.6	0/0/	0	0	2.8	0	0	10.2/9.8/0/0/0			0/0/0	-Hat-racks, hat-pegs, brackets and similar fixtures
0	0	0	0	0	0	0	0		0	3	0/0/	0	0	0	0	8.1	8.7/8.4/0/0/0			0/0/0	-Automatic door closets
																					Armoured or reinforced safes, strongboxes and doors and safe deposit lockers for strong-rooms, cash or deed boxes and the like, of base metal:

商品编号	商品名称及备注[检验检疫编码及名称]	进口关税(%)		增值税率(%)	消费税	计量单位	监管条件	检验检疫类别	对美税率	出口税率(%)	出口退税率(%)
		最惠国	普通								
83030000	装甲或加强的贱金属制保险箱、保险柜及保险库的门和带锁保险储存橱、钱箱、契约箱及类似品										13
8303000000	保险箱、柜、保险库的门(及带锁保险储存橱、钱箱、契约箱及类似品)〔999〕	9	50	13		千克/个			34%	0	
8304	**贱金属制的档案柜、卡片索引柜、文件盘、文件篮、笔盘、公章架及类似的办公用具,但税目94.03的办公室家具除外:**										
83040000	贱金属制的档案柜、卡片索引柜、文件盘、文件篮、笔盘、公章架及类似的办公用具,但税目94.03的办公室家具除外										13
8304000000	贱金属档案柜、文件箱等办公用具(品目94.03的办公室家具除外)〔999〕	9	80	13		千克			29%	0	
8305	**活页夹、卷宗夹的贱金属附件,贱金属制的信夹、信角、文件夹、索引标签及类似的办公用品;贱金属制的成条订书钉(例如,供办公室、室内装饰或包装用):**										
83051000	-活页夹或卷宗夹的附件										13
8305100000	活页夹或宗卷夹的附件〔999〕	9	80	13		千克				0	
83052000	-成条订书钉										13
8305200000	成条订书钉〔999〕	7	80	13		千克			32%	0	
83059000	-其他,包括零件										13
8305900000	信夹、信角、文件夹等办公用品及零件〔999〕	7	80	13		千克			27%	0	
8306	**非电动的贱金属铃、钟、锣及类似品;贱金属雕塑像及其他装饰品;贱金属相框或画框及类似框架;贱金属镜子:**										
83061000	-铃、钟、锣及类似品										13
8306100000	非电动铃、钟、锣及其类似品〔999〕	8	80	13		千克				0	
83062100	--镀贵金属的										13
8306210000	镀贵金属的雕塑像及其他装饰品(贱金属制)〔999〕	7	100	13		千克			32%	0	
83062910	---景泰蓝的										13
8306291000	景泰蓝雕塑像及其他装饰品(贱金属制)〔999〕	7	100	13		千克				0	
83062990	---其他										13
8306299000	其他雕塑像及其他装饰品(贱金属制)〔999〕	7	100	13		千克			22%	0	
83063000	-相框、画框及类似框架;镜子										13
8306300000	相框、画框及类似框架;镜子〔999〕	7	100	13		千克			32%	0	
8307	**贱金属软管,不论是否有附件:**										
83071000	-钢铁制										13
8307100000	钢铁制软管,可有配件〔999〕	8	35	13		千克			18%	0	
83079000	-其他贱金属制										13
8307900000	其他贱金属软管,可有配件〔999〕	8	35	13		千克			18%	0	
8308	**贱金属制的扣、钩、环、眼及类似品,用于衣着或衣着附件、鞋靴、珠宝首饰、手表、书籍、天篷、皮革制品、旅行用品或马具或其他制成品;贱金属制的管形铆钉及开口铆钉;贱金属制的珠子及亮晶片:**										
83081000	-钩、环及眼										13
8308100000	贱金属制钩、环及眼〔999〕	9	80	13		千克			29%	0	
83082000	-管形铆钉及开口铆钉										13
8308200000	贱金属制管形铆钉及开口铆钉〔999〕	9	80	13		千克			19%	0	
83089000	-其他,包括零件										13
8308900000	贱金属制珠子及亮晶片〔999〕	9	80	13		千克			29%	0	

协定税率(%)																		特惠税率(%)			Article Description
智利	新西兰	澳大利亚	瑞士	冰岛	秘鲁	哥斯达	东盟	亚太	新加坡	巴基斯坦	港/澳/台	韩国	格鲁吉亚	毛里求斯	柬埔寨	尼加拉瓜	日/韩/澳/新/东(RCEP)	亚太2国	老/柬/缅	LDC 98/97/95	
0	0	0	0	0	0	0	0		0	5.6	0/0/	0	0	0	0	8.1	10.2/9.8/0/0/0			0/0/0	Armoured or reinforced safes, strong boxes and doors and safe deposit lockers for strong-rooms, cash or deed boxes and the like, of base metal
																					Filing cabinets, card-index cabinets, paper trays, paper rests, pen trays, office-stamp stands and similar office or desk equipment, of base metal, other than office furniture of heading 94.03:
0	0	0	0	0	0	0	0		0	2.5	0/0/	0	0	0	0	8.1	7.6/7.4/0/0/0			0/0/0	Filing cabinets, card-index cabinets, paper trays, paper rests, pen trays, office-stamp stands and similar office or desk equipment, of base metal, other than office furniture of heading 94.03
																					Fittings for loose-leaf binders or files, letter clips, letter corners, paper clips, indexing tags and similar office articles, of base metal; staples in strips (for example, for offices, upholstery, packaging), of base metal:
0	0	0	0	0	0	0	0		0	2.5	0/0/	0	0	0	0	8.1	7.6/7.4/0/0/0			0/0/0	-Fittings for loose-leaf binders of files
0	0	0	0	0	0	0	0		0	2.5	0/0/	0	0	0	0	0	8.5/8.4/8.9/8.9/8.4			0/0/0	-Staples in strips
0	0	0	0	0	0	0	0		0	2.5	0/0/	0	0	2.1	0	0	7.6/7.4/0/0/0			0/0/0	-Other, including parts
																					Bells, gongs and the like, non-electric, of base metal; statuettes and other ornaments, of base metal; photograph, picture or similar frames, of base metal; mirrors of base metal:
0	0	0	0	0	0	0	0			4	0/0/	0	0	0	0	6.4	5.8/5.6/0/0/0			0/0/0	-Bells, gongs and the like
0	0	0	0	0	0	0	0			0	0/0/	0	0	0	0	0	5.8/0/0/0/0			0/0/0	--Plated with precious metal
0	0	0	0	0	0	0	0			0	0/0/	0	0	0	0	0	5.8/0/0/0/0			0/0/0	---Cloisonne
0	0	0	0	0	0	0	0		0	4	0/0/	0	0	0	0	0	5.8/5.6/0/0/0			0/0/0	---Other
0	0	0	0	0	0	0	0			0	0/0/	0	0	0	0	0	5.8/5.6/0/0/0			0/0/0	-Photograph, picture or similar frames; mirrors
																					Flexible tubing of base metal, with or without fittings:
0	0	0	0	0	0	0	0			0	0/0/	0	0	0	0	6.4	6.1/5.9/5.9/5.9/5.9			0/0/0	-Of iron or steel
0	0	0	0	0	0	0	0			0	0/0/	0	0	0	0	6.4	6.1/5.9/0/0/0			0/0/0	-Of other base metal
																					Clasps, frames with clasps, buckles, buckle-clasps, hooks, eyes, eyelets and the like, of base metal, of a kind used for clothing and clothing accessories, footwear, jewellry, wrist watches, books, awnings, leather goods, travel goods, or saddlery or for other made up articles; tubular or bifurcated rivets, of base metal; beads and spangles, of base metal:
0	0	0	0	0	0	0	0		0	0	0/0/	5.2	0	2.1	0	8.1	//8.9/8.9/8.9			0/0/0	-Hooks, eyes and eyelets
0	0	0	0	0	0	0	0		0	2.5	0/0/	0	0	0	0	8.1	7.6/7.4/0/0/0			0/0/0	-Tubular or bifurcated rivets
0	0	0	0	0	0	0	0		0	2.5	0/0/	5.2	0	0	0	8.1	//8.9/8.9/8.9			0/0/0	-Other, including parts

商品编号	商品名称及备注[检验检疫编码及名称]	进口关税(%)		增值税率(%)	消费税	计量单位	监管条件	检验检疫类别	对美税率	出口税率(%)	出口退税率(%)
		最惠国	普通								
8309	**贱金属制的塞子、盖子(包括冠形瓶塞、螺口盖及倒水塞)、瓶帽、螺口塞、塞子帽、封志及其他包装用附件：**										
83091000	-冠形瓶塞										13
8309100000	贱金属制冠形瓶塞〔999〕	9	90	13		千克			29%	0	
83099000	-其他										13
8309900000	盖子、瓶帽、螺口塞封志等包装用附件(贱金属制)〔999〕	9	80	13		千克			19%	0	
8310	**贱金属制的标志牌、铭牌、地名牌及类似品、号码、字母及类似标志，但税目94.05的货品除外：**										
83100000	贱金属制的标志牌、铭牌、地名牌及类似品、号码、字母及类似标志，但税目94.05的货品除外										13
8310000000	标志牌、铭牌、号码、字母等标志(贱金属制，品目94.05的货品除外)〔999〕	9	80	13		千克			29%	0	
8311	**贱金属或硬质合金制的丝、条、管、板、电极及类似品，以焊剂涂面或以焊剂为芯，用于焊接或沉积金属、硬质合金；贱金属粉黏聚而成的丝或条，供金属喷镀用：**										
83111000	-以焊剂涂面的贱金属制电极，电弧焊用										13
8311100000	以焊剂涂面的贱金属电极，电弧焊用〔999〕	8	30	13		千克			18%	0	
83112000	-以焊剂为芯的贱金属制焊丝，电弧焊用										13
8311200000	以焊剂为芯的贱金属制焊丝(电弧焊用)〔999〕	8	30	13		千克			28%	0	
83113000	-以焊剂涂面的贱金属条和以焊剂为芯的贱金属丝，钎焊或气焊用										13
8311300000	以焊剂涂面的贱金属条和以焊剂为芯的贱金属丝，钎焊或气焊用〔999〕	8	30	13		千克			18%	0	
83119000	-其他										13
8311900000	贱金属黏聚成的丝或条(供金属喷镀用)〔999〕	8	30	13		千克			18%	0	

协定税率(%)																		特惠税率(%)			Article Description
智利	新西兰	澳大利亚	瑞士	冰岛	秘鲁	哥斯达	东盟	亚太	新加坡	巴基斯坦	港/澳/台	韩国	格鲁吉亚	毛里求斯	柬埔寨	尼加拉瓜	日/韩/澳/新/东 (RCEP)	亚太2国	老/柬/缅	LDC 98/97/95	
																					Stoppers, caps and lids (including crown corks, screw caps and pouring stoppers), capsules for bottles, threaded bungs, bung covers, seals and other packing accessories, of base metal:
0	0	0	0	0	0	0	0		0	11.5	0/0/	0	0	0	0	8.1	13.1/12.6/0/0/0			0/0/0	-Crown corks
0	0	0	0	0	0	0	0		0	4.8	0/0/	0	0	0	0	8.1	8.7/8.4/8.4/8.4/8.4			0/0/0	-Other
																					Sign-plates, name-plates, address plates and similar plates, numbers, letters and other symbols, of base metal, excluding those of heading 94.05:
0	0	0	0	0	0	0	0		0		0/0/	0	0	0	0	8.1	13.1/12.6/12.6/12.6/12.6			0/0/0	Sign-plates, name-plates, address-plates and similar plates, numbers, letters and other symbols, of base metal, excluding those of heading 94.05
																					Wire, rods, tubes, plates, electrodes and similar products, of base metal or of metal carbides, coated or cored with flux material, of a kind used for soldering, brazing, welding or deposition of metal or of metal carbides; wire and rods, of agglomerated basemetal powder, used for metal spraying:
0	0	0	0	0	0	0	0			0	0/0/	0	0	0	0	6.4	5.8/0/0/0/0			0/0/0	-Coated electrodes of base metal, for electric arc-welding
0	0	0	0	0	0	0	0			0	0/0/	2.6	0	0	0	6.4	6.5/6.4/6.8/6.8/6.4			0/0/0	-Cored wire of base metal, for electric arcwelding
0	0	0	0	0	0	0	0			0	0/0/		0	0	0	6.4	//5/5/5			0/0/0	-Coated rods and cored wire, of base metal, for soldering, brazing or welding by flame
0	0	0	0	0	0	0	0	5.2		0	0/0/	0	0	0	0	6.4	5.8/0/0/0/0			0/0/0	-Other

第十六类
机器、机械器具、电气设备及其零件；录音机及放声机、电视图像、声音的录制和重放设备及其零件、附件

注释：

一、本类不包括：

（一）第三十九章的塑料或税目 40.10 的硫化橡胶制的传动带、输送带及其带料，除硬质橡胶以外的硫化橡胶制的机器、机械器具、电气器具或其他专门技术用途的物品（税目 40.16）

（二）机器、机械器具或其他专门技术用途的皮革、再生皮革（品目 42.05）或毛皮（品目 43.03）的制品；

（三）各种材料（例如，第三十九章、第四十章、第四十四章、第四十八章及第十五类的材料）制的筒管、卷轴、纡子、锥形筒管、芯子、线轴及类似品；

（四）提花机及类似机器用的穿孔卡片（例如，归入第三十九章、第四十八章或第十五类的）；

（五）纺织材料制的传动带、输送带及其带料（品目 59.10）或专门技术用途的其他纺织材料制品（品目 59.11）；

（六）品目 71.02 至 71.04 的宝石或半宝石（天然、合成或再造）或品目 71.16 的完全以宝石或半宝石制成的物品，但已加工未装配的唱针用蓝宝石和钻石除外（品目 85.22）；

（七）第十五类注释二所规定的贱金属制通用零件（第十五类）及塑料制的类似品（第三十九章）；

（八）钻管（品目 73.04）；

（九）金属丝、带制的环形带（第十五类）；

（十）第八十二章或第八十三章的物品；

（十一）第十七类的物品；

（十二）第九十章的物品；

（十三）第九十一章的钟、表及其他物品；

（十四）品目 82.07 的可互换工具及作为机器零件的刷子（品目 96.03）；类似的可互换工具应按其构成工作部件的材料归类（例如，归入第四十章、第四十二章、第四十三章、第四十五章、第五十九章或品目 68.04、69.09）；

（十五）第九十五章的物品；或

（十六）打字机色带或类似色带，不论是否带轴或装盒（应按其材料属性归类；如已上油或经其他方法处理能着色的，应归入品目 96.12），或品目 96.20 的独脚架、双脚架、三脚架及类似品。

二、除本类注释一、第八十四章注释一及第八十五章注释一另有规定的以外，机器零件（不属于品目 84.84、85.44、85.45、85.46 或 85.47 所列物品的零件）应按下列规定归类：

（一）凡在第八十四章、第八十五章的税目（品目 84.09、84.31、84.48、84.66、84.73、84.87、85.03、85.22、85.29、85.38 及 85.48 除外）列名的货品，均应归入该两章的相应税目；

（二）专用于或主要用于某一种机器或同一税目的多种机器（包括品目 84.79 或 85.43 的机器）的其他零件，应与该种机器一并归类，或酌情归入品目 84.09、84.31、84.48、84.66、84.73、85.03、85.22、85.29 或 85.38。但能同时主要用于品目 85.17 和 85.25 至 85.28 所列货品的零件应归入品目 85.17，专用于或主要用于品目 85.24 所列货品的零件应归入品目 85.29；

（三）所有其他零件应酌情归入品目 84.09、84.31、84.48、84.66、84.73、85.03、85.22、85.29 或 85.38，如不能归入上述税目，则应归入品目 84.87 或 85.48。

三、由两部及两部以上机器装配在一起形成的组合式机器，或具有两种及两种以上互补或交替功能的机器，除条文另有规定的以外，应按具有主要功能的机器归类。

四、由不同独立部件（不论是否分开或由管道、传动装置、电缆或其他装置连接）组成的机器（包括机组），如果组合后明显具有一种第八十四章或第八十五章某个税目所列功能，则全部机器应按其功能归入有关税目。

五、上述各注释所称“机器”，是指第八十四章或第八十五章各税目所列的各种机器、设备、装置及器具。

六、（一）本协调制度所称“电子电气废弃物及碎料”，是指下列电气和电子组件、印刷电路板以及电气或电子产品：

1. 因破损、拆解或其他处理而无法用于其原用途，或通过维修、翻新或修理以使其仍用作原用途是不经济的；以及

2. 其包装或运输方式不是为了保护单件物品在运输、装卸过程中不受损坏的。

（二）“电子电气废弃物及碎料”与其他废物、废料的混合物归入品目 85.49。

（三）本类不包括第三十八章注释四所规定的城市垃圾。

第八十四章
核反应堆、锅炉、机器、机械器具及其零件

注释：

一、本章不包括：

（一）第六十八章的石磨、石碾及其他物品；

（二）陶瓷材料制的机器或器具（例如，泵）及供任何材料制的机器或器具用的陶瓷零件（第六十九章）；

（三）实验室用玻璃器（品目 70.17）；玻璃制的机器、器具或其他专门技术用途的物品及其零件（品目 70.19 或 70.20）；

（四）品目 73.21 或 73.22 的物品或其他贱金属制的类似物品（第七十四章至第七十六章或第七十八章至第八十一章）；

（五）品目 85.08 的真空吸尘器；

（六）品目 85.09 的家用电动器具；品目 85.25 的数字照相机；

（七）第十七类物品用的散热器；或

（八）非机动的手工操作地板清扫器（品目 96.03）。

二、除第十六类注释三及本章注释十一另有规定以外，如果某种机器或器具既符合品目 84.01 至 84.24 中一个或几个税目的规定，或符合品目 84.86 的规定，又符合品目 84.25 至 84.80 中一个或几个税目的规定，则应酌情归入品目 84.01 至 84.24 中的相应税目或品目 84.86，而不归入品目 84.25 至 84.80 中的有关税目。

（一）但品目 84.19 不包括：

SECTION XVI
MACHINERY AND MECHANICAL APPLIANCES; ELECTRICAL EQUIPMENT; PARTS THEREOF; SOUND RECORDERS AND REPRODUCERS, TELEVISION IMAGE AND SOUND RECORDERS AND REPRODUCERS, AND PARTS AND ACCESSORIES OF SUCH ARTICLES

Section Notes:

1. This Section does not cover:
   (a) Transmission or conveyor belts or belting, of plastics of Chapter 39, or of vulcanised rubber (heading 40. 10), or other articles of a kind used in machinery or mechanical or electrical appliances or for other technical uses, of vulcanised rubber other than hard rubber (heading 40. 16);
   (b) Articles of leather or of composition leather (heading 42. 05) or of furskin (heading 43. 03), of a kind used in machinery or mechanical appliances or for other technical uses;
   (c) Bobbins, spools, cops, cones, cores, reels or similar supports, of any material (for example, Chapter 39, 40, 44 or 48 or Section XV);
   (d) Perforated cards for Jacquard or similar machines (for example, Chapter 39 or 48 or Section XV);
   (e) Transmission or conveyor belts or belting of textile material (heading 59. 10) or other articles of textile material for technical uses (heading 59. 11);
   (f) Precious or semi-precious stones (natural, synthetic or reconstructed) of headings 71. 02 to 71. 04, or articles wholly of such stones of heading 71. 16, except unmounted worked sapphires and diamonds for styli (heading 85. 22);
   (g) Parts of general use, as defined in Note 2 to Section XV, of base metal (Section XV), or similar goods of plastics (Chapter 39);
   (h) Drill pipe (heading 73. 04);
   (ij) Endless belts of metal wire or strip (Section XV);
   (k) Articles of Chapter 82 or 83;
   (l) Articles of Section XVII;
   (m) Articles of Chapter 90;
   (n) Clocks, watches or other articles of Chapter 91;
   (o) Interchangeable tools of heading 82. 07 or brushes of a kind used as parts of machines (heading 96. 03); similar interchangeable tools are to be classified according to the constituent material of their working part (for example, in Chapter 40, 42, 43, 45 or 59 or heading 68. 04 or 69. 09);
   (p) Articles of Chapter 95; or
   (q) Typewriter or similar ribbons, whether or not on spools or in cartridges (classified according to their constituent material, or in heading 96. 12 if inked or otherwise prepared for giving impressions), or monopods, bipods, tripods and similar articles, of heading 96. 20.

2. Subject to Note 1 to this Section, Note 1 to Chapter 84 and Note 1 to Chapter 85, parts of machines (not being parts of the articles of heading 84. 84, 85. 44, 85. 45, 85. 46 or 85. 47) are to be classified according to the following rules:
   (a) Parts which are goods included in any of the headings of Chapters 84 or 85 (other than headings 84. 09, 84. 31, 84. 48, 84. 66, 84. 73, 84. 87, 85. 03, 85. 22, 85. 29, 85. 38 and 85. 48) are in all cases to be classified in their respective headings;
   (b) Other parts, if suitable for use solely or principally with a particular kind of machine, or with a number of machines of the same heading (including a machine of heading 84. 79 or 85. 43) are to be classified with the machines of that kind or in heading 84. 09, 84. 31, 84. 48, 84. 66, 84. 73, 85. 03, 85. 22, 85. 29 or 85. 38 as appropriate. However, parts which are equally suitable for use principally with the goods of headings 85. 17 and 85. 25 to 85. 28 are to be classified in heading 85. 17, and parts which are suitable for use solely or principally with the goods of heading 85. 24 are to be classified in heading 85. 29;
   (c) All other parts are to be classified in heading 84. 09, 84. 31, 84. 48, 84. 66, 84. 73, 85. 03, 85. 22, 85. 29 or 85. 38 as appropriate or, failing that, in heading 84. 87 or 85. 48.

3. Unless the context otherwise requires, composite machines consisting of two or more machines fitted together to form a whole and other machines designed for the purpose of performing two or more complementary or alternative functions are to be classified as if consisting only of that component or as being that machine which performs the principal function.

4. Where a machine (including a combination of machines) consists of individual components (whether separate or interconnected by piping, by transmission devices, by electric cables or by other devices) intended to contribute together to a clearly defined function covered by one of the headings in Chapter 84 or Chapter 85, then the whole falls to be classified in the heading appropriate to that function.

5. For the purposes of these Notes, the expression "machine" means any machine, machinery, plant, equipment, apparatus or appliance cited in the headings of Chapter 84 or 85.

6. (a) Throughout the Nomenclature, the expression "electrical and electronic waste and scrap" means electrical and electronic assemblies, printed circuit boards, and electrical or electronic articles that:
      (i) have been rendered unusable for their original purposes by breakage, cutting-up or other processes or are economically unsuitable for repair, refurbishment or renovation to render them fit for their original purposes; and
      (ii) are packaged or shipped in a manner not intended to protect individual articles from damage during transportation, loading and unloading operations.
   (b) Mixed consignments of "electrical and electronic waste and scrap" and other waste and scrap are to be classified in heading 85. 49.
   (c) This Section does not cover municipal waste, as defined in Note 4 to Chapter 38.

Chapter 84
Nuclear reactors, boilers, machinery and mechanical appliances; parts thereof

Chapter Notes:

1. This Chapter does not cover:
   (a) Millstones, grindstones or other articles of Chapter 68;
   (b) Machinery or appliances (for example, pumps) of ceramic material and ceramic parts of machinery or appliances of any material (Chapter 69);
   (c) Laboratory glassware (heading 70. 17); machinery, appliances or other articles for technical uses or parts thereof, of glass (heading 70. 19 or 70. 20);
   (d) Articles of heading 73. 21 or 73. 22 or similar articles of other base metals (Chapters 74 to 76 or 78 to 81);
   (e) Vacuum cleaners of heading 85. 08;
   (f) Electro-mechanical domestic appliance of heading 85. 09; digital cameras of heading 85. 25;
   (g) Radiators for the articles of Section XVII; or
   (h) Hand-operated mechanical floor sweepers, not motorised (heading 96. 03).

2. Subject to the operation of Note 3 to Section XVI and subject to Note 11 to this Chapter, a machine or appliance which answers to a description in one or more of the headings 84. 01 to 84. 24, or heading 84. 86 and at the same time to a description in one or more of the headings 84. 25 to 84. 80 is to be classified under the appropriate heading of the former group or under heading 84. 86, as the case may be, and not the latter group.
   (a) Heading 84. 19 does not, however, cover:

1. 催芽装置、孵卵器或育雏器（品目 84.36）；
2. 谷物调湿机（品目 84.37）；
3. 萃取糖汁的浸提装置（品目 84.38）；
4. 纱线、织物及纺织制品的热处理机器（品目 84.51）；或
5. 温度变化（即使必不可少）仅作为辅助功能的机器、设备或实验室设备。

（二）品目 84.22 不包括：
1. 缝合袋子或类似品用的缝纫机（品目 84.52）；或
2. 品目 84.72 的办公室用机器。

（三）品目 84.24 不包括：
1. 喷墨印刷（打印）机器（品目 84.43）；或
2. 水射流切割机（品目 84.56）。

三、如果用于加工各种材料的某种机床既符合品目 84.56 的规定，又符合品目 84.57、84.58、84.59、84.60、84.61、84.64 或 84.65 的规定，则应归入品目 84.56。

四、品目 84.57 仅适用于可以完成下列不同形式机械操作的金属加工机床，但车床（包括车削中心）除外：
（一）按照机械加工程序从刀具库中自动更换刀具（加工中心）；
（二）同时或顺序地自动使用不同的动力头对固定不动的工件进行加工（单工位组合机床）；或
（三）自动将工件送向不同的动力头（多工位组合机床）。

五、品目 84.62 用于板材的"纵剪线"是由开卷机、矫平机、纵剪机和收卷机组成的生产线。用于板材的"定尺剪切线"是由开卷机、矫平机和剪切机组成的生产线。

六、（一）品目 84.71 所称"自动数据处理设备"，是指具有以下功能的机器：
1. 存储处理程序及执行程序直接需要的起码的数据；
2. 按照用户的要求随意编辑程序；
3. 按照用户指令进行算术计算；以及
4. 在运行过程中，可不需人为干预而通过逻辑判断，执行一个处理程序，这个处理程序可改变计算机指令的执行。

（二）自动数据处理设备可以是一套由若干单独部件所组成的系统。

（三）除本条注释（四）及（五）另有规定的以外，一个部件如果符合下列所有规定，即可视为自动数据处理系统的一部分：
1. 专用于或主要用于自动数据处理系统；
2. 可以直接或通过一个或几个其他部件同中央处理器相连接；以及
3. 能够以本系统所使用的方式（代码或信号）接收或传送数据。

自动数据处理设备的部件如果单独报验，应归入品目 84.71。

但是，键盘、X-Y 坐标输入装置及盘（片）式存储部件，只要符合上述注释（三）2、3 所列的规定，应一律作为税目 84.71 的部件归类。

（四）品目 84.71 不包括单独报验的下述设备，即使它们符合上述注释六（三）的所有规定：
1. 打印机、复印机及传真机，不论是否组合在一起；
2. 发送或接收声音、图像或其他数据的设备，包括无线或有线网络的通信设备（如局域网或广域网）；
3. 扬声器及传声器（麦克风）；
4. 电视摄像机、数字照相机及视频摄录一体机；
5. 监视器及投影机，未装有电视接收装置。

（五）装有自动数据处理设备或与自动数据处理设备连接使用，但却从事数据处理以外的某项专门功能的机器，应按其功能归入相应的税目，对于无法按功能归类的，应归入未列名税目。

七、品目 84.82 还包括最大直径及最小直径与标称直径相差均不超过 1%或 0.05 毫米（以相差数值较小的为准）的抛光钢珠，其他钢珠归入品目 73.26。

八、具有一种以上用途的机器在归类时，其主要用途可作为唯一的用途对待。

除本章注释二、第十六类注释三另有规定的以外，凡任何税目都未列明其主要用途的机器，以及没有哪一种用途是主要用途的机器，均应归入品目 84.79。品目 84.79 还包括将金属丝、纺织纱线或其他各种材料以及它们的混合材料制成绳、缆的机器（例如，捻股机、绞扭机、制缆机）。

九、品目 84.70 所称"袖珍式"，仅适用于外形尺寸不超过 170 毫米×100 毫米×45 毫米的机器。

十、品目 84.85 所称"增材制造"（也称 3D 打印）指以数字模型为基础，将介质材料（例如，金属、塑料或陶瓷）通过连续添加、堆叠、凝结和固化形成物体。

除第十六类注释一及第八十四章注释一另有规定的以外，符合品目 84.85 规定的设备，应归入该税目而不归入本协调制度的其他税目。

十一、（一）第八十五章注释十二（一）及（二）同样适用于本条注释及品目 84.86 中所称的"半导体器件"及"集成电路"。但本条注释及品目 84.86 所称"半导体器件"，也包括光敏半导体器件及发光二极管（LED）。

（二）本条注释及品目 84.86 所称"平板显示器的制造"，包括将各层基片制造成一层平板，但不包括玻璃的制造或将印刷电路板或其他电子元件装配在平板上。所称"平板显示"不包括阴极射线管技术。

（三）税目 84.86 也包括下列机器及装置，其专用或主要用于：
1. 制造或修补掩膜版及投影掩膜版；
2. 组装半导体器件或集成电路；
3. 升降、搬运、装卸单晶柱、晶圆、半导体器件、集成电路及平板显示器。

（四）除第十六类注释一及第八十四章注释一另有规定的以外，符合品目 84.86 规定的设备及装置，应归入该税目而不归入本协调制度的其他税目。

子目注释：

一、子目 8465.20 所称"加工中心"，仅适用于加工木材、软木、骨、硬质橡胶、硬质塑料或类似硬质材料的加工机床。这些设备可根据机械加工程序，从刀具库或类似装置中自动更换刀具，以完成不同形式的机械加工。

(i) Germination plant, incubators or brooders (heading 84.36);
(ii) Grain dampening machines (heading 84.37);
(iii) Diffusing apparatus for sugar juice extraction (heading 84.38);
(iv) Machinery for the heat-treatment of textile yarns, fabrics or made up textile articles (heading 84.51); or
(v) Machinery or plant, designed for a mechanical operation, in which a change of temperature, even if necessary, is subsidiary.

(b) Heading 84.22 does not cover:
(i) Sewing machines for closing bags or similar containers (heading 84.52); or
(ii) Office machinery of heading 84.72.

(c) Heading 84.24 does not cover:
(i) Ink-jet printing machines (heading 84.43); or
(ii) Water-jet cutting machines (heading 84.56).

3. A machine-tool for working any material which answers to a description in heading 84.56 and at the same time to a description in heading 84.57, 84.58, 84.59, 84.60, 84.61, 84.64 or 84.65 is to be classified in heading 84.56.

4. Heading 84.57 applies only to machine-tools for working metal, other than lathes (including turning centres), which can carry out different types of machining operations either:
(a) by automatic tool change from a magazine or the like in conformity with a machining programme (machining centres);
(b) by the automatic use, simultaneously or sequentially, of different unit heads working on a fixed position workpiece (unit construction machines, single station); or
(c) by the automatic transfer of the workpiece to different unit heads (multi-station transfer machines).

5. For the purposes of heading 84.62, a "slitting line" for flat products is a processing line composed of an uncoiler, a coil flattener, a slitter and a recoiler. A "cut-to-length line" for flat products is a processing line composed of an uncoiler, a coil flattener, and a shear.

6. (a) For the purposes of heading 84.71, the expres sion "automatic data processing machines" means machines capable of:
(i) Storing the processing program or programs and at least the data immediately necessary for the execution of the program;
(ii) Being freely programmed in accordance with the requirements of the user;
(iii) Performing arithmetical computations specified by the user; and
(iv) Executing, without human intervention, a processing program which requires them to modify their execution, by logical decision during the processing run.

(b) Automatic data processing machines may be in the form of systems consisting of a variable number of separate units.

(c) Subject to paragraphs (d) and (e) below, a unit is to be regarded as being part of an automatic data processing system if it meets all of the following conditions:
(i) It is of a kind solely or principally used in an automatic data processing system;
(ii) It is connectable to the central processing unit either directly or through one or more other units; and
(iii) It is able to accept or deliver data in a form (codes or signals) which can be used by the system.

Separately presented units of an automatic data processing machine are to be classified in heading 84.71.

However, keyboards, X-Y co-ordinate input devices and disk storage units which satisfy the conditions of paragraphs (c) (ii) and (c) (iii) above, are in all cases to be classified as units of heading 84.71.

(d) Heading 84.71 does not cover the following when presented separately, even if they meet all of the conditions set forth in Note 6 (c) above:
(i) Printers, copying machines, facsimile machines, whether or not combined;
(ii) Apparatus for the transmission or reception of voice, images or other data, including apparatus for communication in a wired or wireless network (such as a local or wide area network);
(iii) Loudspeakers and microphones;
(iv) Television cameras, digital cameras and video camera recorders;
(v) Monitors and projectors, not incorporating television reception apparatus.

(e) Machines incorporating or working in conjunction with an automatic data processing machine and performing a specific function other than data processing are to be classified in the headings appropriate to their respective functions or, failing that, in residual headings.

7. Heading 84.82 applies, inter alia, to polished steel balls, the maximum and minimum diameters of which do not differ from the nominal diameter by more than 1% or by more than 0.05mm, whichever is less. Other steel balls are to be classified in heading 73.26.

8. A machine which is used for more than one purpose is, for the purposes of classification, to be treated as if its principal purpose were its sole purpose.

Subject to Note 2 to this Chapter and Note 3 to Section XVI, a machine the principal purpose of which is not described in any heading or for which no one purpose is the principal purpose is, unless the context otherwise requires, to be classified in heading 84.79. Heading 84.79 also covers machines for making rope or cable (for example, stranding, twisting or cabling machines) from metal wire, textile yarn or any other material or from a combination of such materials.

9. For the purposes of heading 84.70, the term "pocket-size" applies only to machines the dimensions of which do not exceed 170mm×100mm×45mm.

10. For the purposes of heading 84.85, the expression "additive manufacturing" (also referred to as 3D printing) means the formation of physical objects, based on a digital model, by the successive addition and layering, and consolidation and solidification, of material (for example, metal, plastics or ceramics).

Subject to Note 1 to Section XVI and Note 1 to Chapter 84, machines answering to the description in heading 84.85 are to be classified in that heading and in no other heading of the Nomenclature.

11. (a) Notes 12 (a) and 12 (b) to Chapter 85 also apply with respect to the expressions "semiconductor devices" and "electronic integrated circuits", respectively, as used in this Note and in heading 84.86. However, for the purposes of this Note and of heading 84.86, the expression "semiconductor devices" also covers photosensitive semiconductor devices and light-emitting diodes (LED).

(b) For the purposes of this Note and of heading 84.86, the expression "manufacture of flat panel displays" covers the fabrication of substrates into a flat panel. It does not cover the manufacture of glass or the assembly of printed circuit boards or other electronic components onto the flat panel. The expression "flat panel display" does not cover cathode-ray tube technology.

(c) Heading 84.86 also includes machines and apparatus solely or principally of a kind used for:
(i) the manufacture or repair of masks and reticles;
(ii) assembling semiconductor devices or electronic integrated circuits;
(iii) lifting, handling, loading or unloading of boules, wafers, semiconductor devices, electronic integrated circuits and flat panel displays.

(d) Subject to Note 1 to Section XVI and Note 1 to Chapter 84, machines and apparatus answering to the description in heading 84.86 are to be classified in that heading and in no other heading of the Nomenclature.

Subheading Notes:

1. For the purposes of subheading 8465.20, the term "machining centres" applies only to machine-tools for working wood, cork, bone, hard rubber, hard plastics or similar hard materials, which can carry out different types of machining operations by automatic tool change from a magazine or the like in conformity with a machining programme.

二、子目 8471.49 所称“系统”，是指各部件符合第八十四章注释六（三）所列条件，并且至少由一个中央处理部件、一个输入部件（例如，键盘或扫描器）及一个输出部件（例如，视频显示器或打印机）组成的自动数据处理设备。

三、子目 8481.20 所称“油压或气压传动阀”，是指在液压或气压系统中专用于传递“流体动力”的阀门，其能源以加压流体（液体或气体）的形式供给。这些阀门可以具有各种形式（例如减压阀、止回阀）。子目 8481.20 优先于品目 84.81 的所有其他子目。

四、子目 8482.40 仅包括滚柱直径相同，最大不超过 5 毫米，且长度至少是直径三倍的圆滚柱轴承，滚柱的两端可以磨圆。

商品编号	商品名称及备注[检验检疫编码及名称]	进口关税(%)		增值税率(%)	消费税	计量单位	监管条件	检验检疫类别	对美税率	出口税率(%)	出口退税率(%)
		最惠国	普通								
8401	**核反应堆;核反应堆的未辐照燃料元件(释热元件);同位素分离机器及装置:**										
84011000	-核反应堆										13
8401100000	核反应堆〔999〕	2	8	13		千克/台	3			0	
84012000	-同位素分离机器、装置及其零件										13
8401200000	同位素分离机器、装置及其零件〔999〕	1	8	13		个/千克	3			0	
84013010	---未辐照燃料元件										13
8401301000[暂1]	未辐照燃料元件(释热元件)〔999〕	2	8	13		千克	3			0	
84013090	---未辐照燃料元件的零件										13
8401309000	未辐照燃料元件(释热元件)的零件〔999〕	1	8	13		千克				0	
84014010	---未辐照相关组件										13
8401401000	核反应堆未辐照相关组件〔999〕	1	8	13		千克/台				0	
84014020	---堆内构件										13
8401402000	核反应堆堆内构件〔999〕	1	8	13		千克/台	3			0	
84014090	---其他										13
8401409010	核反应堆压力容器(包括其顶板)(专门设计或制造来用于容纳核反应堆的堆芯)〔999〕	1	8	13		千克/台	3			0	
8401409020	核反应堆控制棒和设备(专用于核反应堆裂变控制棒、支承结构或悬吊结构等)〔999〕	1	8	13		千克/台	3			0	
8401409030	核反应堆压力管(专用于容纳核燃料元件和一次冷却剂的,压力>5.1MPa)〔999〕	1	8	13		千克/台	3			0	
8401409090	其他核反应堆零件〔999〕	1	8	13		千克/台				0	
8402	**蒸汽锅炉(能产生低压水蒸气的集中供暖用的热水锅炉除外);过热水锅炉:**										
84021110	---蒸发量在 900 吨/时及以上的发电用锅炉										13
8402111000	蒸发量≥900 吨/时发电用蒸汽水管锅炉〔999〕	3	11	13		台/千克	6A	M/		0	
84021190	---其他										13
8402119000	其他蒸发量>45 吨/时的蒸汽水管锅炉〔999〕	10	35	13		台/千克	6A	M/		0	
84021200	--蒸发量不超过 45 吨/时的水管锅炉										13
8402120010	纸浆厂废料锅炉(蒸发≤45 吨/时蒸汽水管锅炉)〔999〕	5	35	13		台/千克	6A	M/		0	
8402120090	其他蒸发量≤45 吨/时水管锅炉〔999〕	5	35	13		台/千克	6A	M/		0	
84021900	--其他蒸汽锅炉,包括混合式锅炉										13
8402190000	其他蒸汽锅炉(包括混合式锅炉)〔999〕	5	35	13		台/千克	6A	M/	30%	0	
84022000	-过热水锅炉										13
8402200000	过热水锅炉〔999〕	10	35	13		台/千克	6A	M/	15%	0	
84029000	-零件										13
8402900000	蒸汽锅炉及过热水锅炉的零件〔999〕	2	11	13		千克			27%	0	
8403	**集中供暖用的热水锅炉,但税目 84.02 的货品除外:**										
84031010	---家用型										13
8403101000	家用型热水锅炉(但品目 84.02 的货品除外)〔999〕	8	80	13		台/千克	6A	M/	33%	0	
84031090	---其他										13
8403109000	其他集中供暖用的热水锅炉(但品目 84.02 的货品除外)〔101 承压热水锅炉〕,〔102 沼气锅炉〕	8	80	13		台/千克	6A	M/	18%	0	
84039000	-零件										13
8403900000	集中供暖用热水锅炉的零件〔999〕	6	80	13		千克			16%	0	

2. For the purposes of subheading 8471.49, the term "systems" means automatic data processing machines whose units satisfy the conditions laid down in Note 6 (c) to Chapter 84 and which comprise at least a central processing unit, one input unit (for example, a keyboard or a scanner), and one output unit (for example, a visual display unit or a printer).

3. For the purposes of subheading 8481.20, the expression "valves for oleohydraulic or pneumatic transmissions" means valves which are used specifically in the transmission of "fluid power" in a hydraulic or pneumatic system, where the energy source is supplied in the form of pressurised fluids (liquid or gas). These valves may be of any type (for example, pressure-reducing type, check type). Subheading 8481.20 takes precedence over all other subheadings of heading 84.81.

4. Subheading 8482.40 applies only to bearings with cylindrical rollers of a uniform diameter not exceeding 5mm and having a length which is at least three times the diameter. The ends of the rollers may be rounded.

协定税率(%)																		特惠税率(%)			Article Description
智利	新西兰	澳大利亚	瑞士	冰岛	秘鲁	哥斯达	东盟	亚太	新加坡	巴基斯坦	港/澳/台	韩国	格鲁吉亚	毛里求斯	柬埔寨	尼加拉瓜	日/韩/澳/新/东 (RCEP)	亚太2国	老/柬/缅	LDC 98/97/95	
																					Nuclear reactors; fuel elements (cartridges), non-irradiated, for nuclear reactors; machinery and apparatus for isotopic separation:
0	0	0	0	0	0	0	0			0	0/0/	0	0	0	0	0	0/0/0/0/0			0/0/0	-Nuclear reactors
0	0	0	0	0	0	0	0			0	0/0/	0	0	0	0	0	0/0/0/0/0			0/0/0	-Machinery and apparatus for isotopic separation, and parts thereof
0	0	0	0	0	0	0	0			0	0/0/	0	0	0	0	0	0/0/0/0/0			0/0/0	---Fuel elements, non-irradiated
0	0	0	0	0	0	0	0			0	0/0/	0	0	0	0	0	0/0/0/0/0			0/0/0	---Parts for fuel elements non-irradiated
0	0	0	0	0	0	0	0			0	0/0/	0	0	0	0	0	0/0/0/0/0			0/0/0	---Non-irradiated Associated Assembly
0	0	0	0	0	0	0	0			0	0/0/	0	0	0	0	0	0/0/0/0/0			0/0/0	---Reactor internals
0	0	0	0	0	0	0	0			0	0/0/	0	0	0	0	0	0/0/0/0/0			0/0/0	---Other
																					Steam or other vapour generating boilers (other than central heating hot water boilers capable also of producting low pressure steam); super-heated water boilers:
0	0	0	0	0	0	0	0	2		0	0/0/	0	0	0	0	0	0/0/0/0/0			0/0/0	---Boilers for generating electricity with a steam production 900t or more per hour
0	0	0	0	0	0	0	0	6.5	0	3.5	0/0/	0	0	0	0	9	10.2/9.8/0/0/0			0/0/0	---Other
0	0	0	0	0	0	0	0	3.3		0	0/0/	1.6	0	0	0	0	4.1/3.5/3.5/3.5/3.5			0/0/0	--Watertube boilers with a steam production not exceeding 45t per hour
0	0	0	0	0	0	0	0			0	0/0/	1.6	0	0	0	0	4.1/3.5/3.5/3.5/3.5			0/0/0	--Other vapour generating boilers, including hybrid boilers
0	0	0	0	0	0	0	0		0	6.4	0/0/	0	0	0	0	9	11.6/11.2/0/0/0			0/0/0	-Super-heated water boilers
0	0	0	0	0	0	0	0			0	0/0/	0	0	0	0	0	0/0/0/0/0			0/0/0	-Parts
																					Central heating boilers other than those of heading 84.02:
0	0	0	0	0	0	0	0	5.2		2.5	0/0/	0	0	0	0	6.4	7.3/7/0/0/0			0/0/0	---Household type
0	0	0	0	0	0	0	0	5.2		0	0/0/	0	0	0	0	6.4	7.3/7/0/0/0			0/0/0	---Other
0	0	0	0	0	0	0	0			0	0/0/	0	0	0	0	0	4.4/4.2/0/0/0			0/0/0	-Parts

商品编号	商品名称及备注[检验检疫编码及名称]	进口关税(%) 最惠国	普通	增值税率(%)	消费税	计量单位	监管条件	检验检疫类别	对美税率	出口税率(%)	出口退税率(%)
8404	**税目84.02或84.03所列锅炉的辅助设备(例如,节热器、过热器、除灰器、气体回收器);水蒸气或其他蒸汽动力装置的冷凝器:**										
84041010	---税目84.02所列锅炉的辅助设备										13
8404101010[暂5]	使用(可再生)生物质燃料的非水管蒸汽锅炉的辅助设备(例如,节热器、过热器、除灰器、气体回收器)〔999〕	7	35	13		千克	6			0	
8404101090	其他蒸汽锅炉、过热水锅炉的辅助设备(例如,节热器、过热器、除灰器、气体回收器)〔999〕	7	35	13		千克	6			0	
84041020	---税目84.03所列锅炉的辅助设备										13
8404102000[暂5]	集中供暖用热水锅炉的辅助设备(例如,节热器、过热器、除灰器、气体回收器)〔999〕	8	80	13		千克	6			0	
84042000	-水蒸气或其他蒸汽动力装置的冷凝器										13
8404200000[暂5]	水及其他蒸汽动力装置的冷凝器〔999〕	8	35	13		千克	6		30%	0	
84049010	---税号8404.1020所列设备的零件										13
8404901000[暂5]	集中供暖热水锅炉辅助设备的零件〔999〕	7	80	13		千克			30%	0	
84049090	---其他										13
8404909010[暂5]	使用(可再生)生物质燃料的非水管蒸汽锅炉的辅助设备的零件;水蒸气或其他蒸汽动力装置的冷凝器的零件(编号84041010、84042000所列辅助设备的)〔999〕	7	35	13		千克			30%	0	
8404909090	其他辅助设备用零件(编号84041010、84042000所列辅助设备的)〔999〕	7	35	13		千克			32%	0	
8405	**煤气发生器,不论有无净化器;乙炔发生器及类似的水解气体发生器,不论有无净化器:**										
84051000	-煤气发生器,不论有无净化器;乙炔发生器及类似的水解气体发生器,不论有无净化器										13
8405100000	煤气、乙炔及类似水解气体发生器(不论有无净化器)〔999〕	10	30	13		千克	A	M/	20%	0	
84059000	-零件										13
8405900000	煤气、乙炔等气体发生器的零件〔999〕	6	30	13		千克			26%	0	
8406	**汽轮机:**										
84061000	-船舶动力用汽轮机										13
8406100000	船舶动力用汽轮机〔999〕	5	35	13		台/千克				0	
84068110	---输出功率不超过100兆瓦的										13
8406811000	40兆瓦<功率≤100兆瓦的其他汽轮机(功率指输出功率)〔999〕	5	35	13		台/千克			30%	0	
84068120	---输出功率超过100兆瓦,但不超过350兆瓦的										13
8406812000	100兆瓦<功率≤350兆瓦的其他汽轮机(功率指输出功率)〔999〕	5	35	13		台/千克				0	
84068130	---输出功率超过350兆瓦的										13
8406813000	功率>350兆瓦的其他汽轮机(功率指输出功率)〔999〕	6	11	13		台/千克				0	
84068200	--输出功率不超过40兆瓦的										13
8406820000	功率≤40兆瓦的其他汽轮机(功率指输出功率)〔999〕	5	35	13		台/千克			15%	0	
84069000	-零件										13
8406900000	汽轮机用的零件〔999〕	2	11	13		千克			27%	0	
8407	**点燃往复式或旋转式活塞内燃发动机:**										
84071010	---输出功率不超过298千瓦										13
8407101010	16千瓦<输出功率≤298千瓦的两用物项管制的无人机专用航空器内燃引擎(指点燃往复式或旋转式)〔999〕	2	11	13		台/千克	3		12%	0	
8407101090	其他输出功率≤298千瓦航空器内燃引擎(指点燃往复式或旋转式)〔999〕	2	11	13		台/千克			12%	0	
84071020	---输出功率超过298千瓦										13
8407102010	输出功率>298千瓦的两用物项管制无人驾驶航空飞行器、无人驾驶飞艇用高效率内燃引擎、无人机专用汽油发动机(设计或改型后用于在15420米以上高空飞行的吸气活塞式或转子式内燃发动机)〔999〕	2	11	13		台/千克	3			0	
8407102090	其他输出功率>298千瓦航空器内燃引擎(指点燃往复式或旋转式)〔999〕	2	11	13		台/千克				0	
84072100	--舷外发动机										13
8407210000	船舶用舷外点燃式引擎(指点燃往复式或旋转式活塞内燃发动机)〔999〕	8	35	13		台/千克			18%	0	
84072900	--其他										13
8407290000	船舶用其他未列名点燃式引擎(指点燃往复式或旋转式活塞内燃发动机,舷外式的除外)〔999〕	8	20	13		台/千克			13%	0	

协定税率(%)																		特惠税率(%)			
智利	新西兰	澳大利亚	瑞士	冰岛	秘鲁	哥斯达	东盟	亚太	新加坡	巴基斯坦	港/澳/台	韩国	格鲁吉亚	毛里求斯	柬埔寨	尼加拉瓜	日/韩/澳/新/东(RCEP)	亚太2国	老/柬/缅	LDC 98/97/95	Article Description
																					Auxiliary plant for use with boilers of heading 84.02 or 84.03 (for example, economizers, super-heaters, soot removers, gas recoverers); condensers for steam or other vapour power units:
0	0	0	0	0	0	0	0	3.5		0	0/0/	0	0	0	0	0	5.1/0/0/0/0			0/0/0	---For use with boilers of heading 84.02
0	0	0	0	0	0	0	0	4		0	0/0/	0	0	0	0	6.4	7.3/7/0/0/0			0/0/0	---For use with boilers of heading 84.03
0	0	0	0	0	0	0	0		0	5.6	0/0/	0	0	0	0	6.4	10.2/9.8/0/0/0			0/0/0	-Condensers for steam or other vapour power units
0	0	0	0	0	0	0	0	0		0	0/0/	0	0	0	0	0	7.3/0/0/0/0			0/0/0	---Of the auxiliary plant of subheading 8404.1020
0	0	0	0	0	0	0	0	0		0	0/0/	0	0	0	0	0	0/0/0/0/0			0/0/0	---Other
																					Producer gas or water gas generators, with or without their purifiers; acetylene gas generators and similar water process gas generators, with or without their purifiers:
0	0	0	0	0	0	0	0		0	5.6	0/0/	7	0	0	0	9	/14/11.9/11.9/11.9			0/0/0	-Producer gas or water gas generators, with or without their purifiers; acetylene gas generators and similar water process gas generators, with or without their purifiers
0	0	0	0	0	0	0	0			0	0/0/	0	0	0	0	0	5.8/0/0/0/0			0/0/0	-Parts
																					Steam turbines and other vapour turbines:
0	0	0	0	0	0	0	0	3.5		0	0/0/	0	0	0	0	0	3.6/3.5/0/0/0			0/0/0	-Turbines for marine propulsion
0	0	0	0	0	0	0	0			0	0/0/	0	0	0	0	0	4.1/0/0/0/0			0/0/0	---Of an output not exceeding 100MW
0	0	0	0	0	0	0	0	3.5		0	0/0/	0	0	0	0	0	4.3/0/0/0/0			0/0/0	---Of an output exceeding 100MW but not exceeding 350MW
0	0	0	0	0	0	0	0	4.2		0	0/0/	0	0	0	0	0	0/0/0/0/0			0/0/0	---Of an output exceeding 350MW
0	0	0	2	0	0	0	0	3.5		0	0/0/	0	0	0	0	0	3.6/0/0/0/0			0/0/0	--Of an output not exceeding 40MW
0	0	0	0	0	0	0	0			0	0/0/	0	0	0	0	0	1.5/0/0/0/0			0/0/0	-Parts
																					Spark-ignition reciprocating or rotary internal combustion piston engines:
0	0	0	0	0	0	0	0			0	0/0/	0	0	0	0	0	0/0/0/0/0			0/0/0	---Of an output not exceeding 298kW
0	0	0	0	0	0	0	0			0	0/0/	0	0	0	0	0	0/0/0/0/0			0/0/0	---Of an output exceeding 298kW
0	0	0	0	0	0	0	0			0	0/0/		0	0	0	6.4	//6.8/6.8/6.8			0/0/0	--Outboard motors
0	0	0	0	0	0	0	0			0	0/0/		0	0	0	7.2	//6.8/6.8/6.8			0/0/0	--Other

商品编号	商品名称及备注[检验检疫编码及名称]	进口关税(%)		增值税率(%)	消费税	计量单位	监管条件	检验检疫类别	对美税率	出口税率(%)	出口退税率(%)
		最惠国	普通								
84073100	--气缸容量(排气量)不超过 50 毫升										13
8407310000	排气量≤50 毫升往复式活塞引擎(第八十七章所列车辆用的点燃往复式活塞发动机,不超过 50 毫升)〔101 其他车辆零部件〕,〔102 汽油发动机〕	10	35	13		台/千克	y4xA6	M/		0	
84073200	--气缸容量(排气量)超过 50 毫升,但不超过 250 毫升										13
8407320000	50 毫升<排气量≤250 毫升往复式活塞引擎(第八十七章所列车辆用的点燃往复式活塞发动机)〔101 其他车辆零部件〕,〔102 汽油发动机〕	10	35	13		台/千克	y4xA6	M/		0	
84073300	--气缸容量(排气量)超过 250 毫升,但不超过 1000 毫升										13
8407330000	250 毫升<排气量≤1000 毫升往复活塞引擎(第八十七章所列车辆的点燃往复式活塞发动机)〔101 其他车辆零部件〕,〔102 汽油发动机〕	10	70	13		台/千克	A6	M/		0	
84073410	---气缸容量(排气量)超过 1000 毫升,但不超过 3000 毫升										13
8407341000	1000 毫升<排气量≤3000 毫升车辆的往复式活塞引擎(第八十七章所列车辆的点燃往复式活塞发动机)〔101 其他车辆零部件〕,〔102 汽油发动机〕	10	70	13		台/千克	A6	M/		0	
84073420	---气缸容量(排气量)超过 3000 毫升										13
8407342010	排气量≥5.9 升的天然气发动机(第八十七章所列车辆用的点燃往复式活塞发动机)〔101 其他车辆零部件〕,〔102 汽油发动机〕	10	35	13		台/千克	6			0	
8407342090	其他超 3000 毫升车用往复式活塞引擎(第八十七章所列车辆用的点燃往复式活塞发动机)〔101 其他车辆零部件〕,〔102 汽油发动机〕	10	35	13		台/千克	6			0	
84079010	---沼气发动机										13
8407901000	沼气发动机〔999〕	10	35	13		台/千克				0	
84079090	---其他										13
8407909010	转速<3600 转/分汽油发动机(发电机用,立式输出轴汽油发动机除外)〔999〕	18	35	13		台/千克			23%	0	
8407909020	转速<4650 转/分汽油发动机(品目 84.26、84.28 至 84.30 所列机械用,立式输出轴汽油发动机除外)〔999〕	18	35	13		台/千克			23%	0	
8407909031[暂9]	叉车用汽油发动机(800 转/分≤转速≤3400 转/分钟)(立式输出轴汽油发动机除外)〔999 立式输出轴汽油发动机除外〕	18	35	13		台/千克			14%	0	
8407909039	其他转速<4650/转/分汽油发动机(品目 84.27 所列机械用,立式输出轴汽油发动机除外)〔999〕	18	35	13		台/千克			23%	0	
8407909040[暂9]	立式输出轴汽油发动机(非第八十七章所列车辆用其他往复式活塞发动机)〔999〕	18	35	13		台/千克			14%	0	
8407909090	其他往复或旋转式活塞内燃引擎(非第八十七章所列车辆用其他点燃往复式或旋转式活塞发动机)〔999〕	18	35	13		台/千克			23%	0	
8408	**压燃式活塞内燃发动机(柴油或半柴油发动机):**										
84081000	-船舶发动机										13
8408100000	船舶用柴油发动机(指压燃式活塞内燃发动机)〔999〕	5	11	13		台/千克			30%	0	
84082010	---输出功率在 132.39 千瓦(180 马力)及以上										13
8408201001[暂4]	输出功率在 441 千瓦及以上的柴油发动机(600 马力)〔101 其他车辆零部件〕,〔102 柴油发动机〕	9	14	13		台/千克	6			0	
8408201010	功率≥132.39 千瓦拖拉机用柴油机〔101 其他车辆零部件〕,〔102 柴油发动机〕	9	14	9		台/千克	6			0	
8408201090	功率≥132.39 千瓦其他用柴油机(指第八十七章车辆用压燃式活塞内燃发动机(132.39 千瓦=180 马力))〔101 其他车辆零部件〕,〔102 柴油发动机〕	9	14	13		台/千克	6			0	
84082090	---其他										
8408209010	功率<132.39 千瓦拖拉机用柴油机〔101 其他车辆零部件〕,〔102 柴油发动机〕	25	35	9		台/千克	6			0	9,13
8408209090	功率<132.39 千瓦其他用柴油机(指第八十七章车辆用压燃式活塞内燃发动机)〔101 其他车辆零部件〕,〔102 柴油发动机〕	25	35	13		台/千克	6			0	13
84089010	---机车发动机										13
8408901000	机车用柴油发动机(压燃式活塞内燃发动机)〔101 其他车辆零部件〕,〔102 柴油发动机〕	6	11	13		台/千克			11%	0	
84089091	----输出功率不超过 14 千瓦										9
8408909111	功率≤14 千瓦农业用单缸柴油机[非第八十七章车辆用压燃式活塞内燃发动机(14 千瓦=19.05 马力)]〔999〕	5	35	9		台/千克			10%	0	
8408909119	功率≤14 千瓦农业用柴油发动机[非第八十七章车辆用压燃式活塞内燃发动机(14 千瓦=19.05 马力)]〔999〕	5	35	9		台/千克			10%	0	
8408909191	功率≤14 千瓦其他用单缸柴油机[非第八十七章车辆用压燃式活塞内燃发动机(14 千瓦=19.05 马力)]〔999〕	5	35	13		台/千克			10%	0	
8408909199	功率≤14 千瓦其他用柴油发动机[非第八十七章车辆用压燃式活塞内燃发动机(14 千瓦=19.05 马力)]〔999〕	5	35	13		台/千克			10%	0	
84089092	----输出功率超过 14 千瓦,但小于 132.39 千瓦(180 马力)										
8408909210	转速<4650 转/分柴油发动机,14<功率<132.39 千瓦(品目 84.26 至 84.30 所列工程机械用)〔999〕	8	35	13		台/千克			33%	0	13

协定税率(%)																		特惠税率(%)			Article Description
智利	新西兰	澳大利亚	瑞士	冰岛	秘鲁	哥斯达	东盟	亚太	新加坡	巴基斯坦	港/澳/台	韩国	格鲁吉亚	毛里求斯	柬埔寨	尼加拉瓜	日/韩/澳/新/东(RCEP)	亚太2国	老/柬/缅	LDC 98/97/95	
0	0	0	0	0	0	0	0			0	0/0/	5	0	0	0	9	8.6/10/8.5/8.5/8.5			0/0/0	--Of a cylinder capacity not exceeding 50cc
0	0	0	0	0	0	0	0			0	0/0/	5	0	0	0	9	0/10/8.5/8.5/0			0/0/0	--Of a cylinder capacity exceeding 50cc but not exceeding 250cc
0	0	0	0	0	0	0	0		0	4	0/0/	5	0	0	0	9	8.6/10/8.5/8.5/8.5			0/0/0	--Of a cylinder capacity exceeding 250cc but not exceeding 1000cc
0	0	0	0	0		0	5	6.5		7	0/0/	5	0	0	5	9	/10/9.3/9.3/9.3			0//	---Of a cylinder capacity exceeding 1000cc but not exceeding 3000cc
0	0	0	0	0		0	5	6.5		7	0/0/	5	0	0	0					0/0/	---Of a cylinder capacity exceeding 3000cc
0	0	0	0	0	0	0	0	7	0	3	0/0/	0	0	0	0	9	8.7/8.4/0/0/0			0/0/0	---Firedamp engines
0	0	0	0	0	0	0	0		0		0/0/	6	0	0	0	16.8	14.6/14.4/15.3/15.3/14.4			0/0/0	---Other
																					Compression-ignition internal combustion piston engines (diesel or semidiesel engines):
0	0	0	0	0	0	0	0	2.5	0	0	0/0/	2.5	0	0	0	0	//4.3/4.3/4.3			0/0/0	-Marine propulsion engines
0	0	0	0	0	0	0	5	6.3		6.3	0/0/	3	0	0	0	8.1	7.7/9/7.7/8.3/7.7			0/0/0	---Of an output of 132.39kW (180hp) or more
0	0	0		0		0	5	17.5		17.5	0/0/	12.5	0	5	0					0/0/	---Other
0	0	0	0	0	0	0	0	3.9		0	0/0/	0	0	0	0	0	0/0/0/0/0			0/0/0	---Locomotive engines
0	0	0	0	0	0	0	0	3.3		0	0/0/	1.6	0	0	0	0	/5/4.3/4.3/4.3			0/0/0	----Of an output not exceeding 14kW
0	0	0	0	0	0	0	0	7.2		0	0/0/	2.8	0	0	0	6.4	6.8/6.7/7.1/7.1/6.7			0/0/0	----Of an output exceeding 14kW but not exceeding 132.39kW (180hp)

商品编号	商品名称及备注[检验检疫编码及名称]	进口关税(%)		增值税率(%)	消费税	计量单位	监管条件	检验检疫类别	对美税率	出口税率(%)	出口退税率(%)
		最惠国	普通								
8408909220	14<功率<132.39 千瓦的农业用柴油机[非第八十七章车辆用压燃式活塞内燃发动机(1 千瓦=1.36 马力)]〔999〕	8	35	9		台/千克			33%	0	9,13
8408909230	16 千瓦<功率<132.39 千瓦的两用物项管制的无人机专用柴油机[非第八十七章车辆用压燃式活塞内燃发动机(1 千瓦=1.36 马力)]〔999〕	8	35	13		台/千克	3		33%	0	
8408909290	14 千瓦<功率<132.39 千瓦的其他用柴油机[非第八十七章车辆用压燃式活塞内燃发动机(1 千瓦=1.36 马力)]〔999〕	8	35	13		台/千克			33%	0	13
84089093	----输出功率在 132.39 千瓦(180 马力)及以上										13
8408909310	功率≥132.39 千瓦的农业用柴油机[非第八十七章用压燃式活塞内燃发动机(132.39 千瓦=180 马力)]〔999〕	5	14	9		台/千克			10%	0	
8408909320	功率≥132.39 千瓦两用物项管制的无人机专用柴油发动机[非第八十七章用压燃式活塞内燃发动机(132.39 千瓦=180 马力)]〔999〕	5	14	13		台/千克	3		10%	0	
8408909390	功率≥132.39 千瓦其他用柴油发动机[非第八十七章用压燃式活塞内燃发动机(132.39 千瓦=180 马力)]〔999〕	5	14	13		台/千克			10%	0	
8409	**专用于或主要用于税目 84.07 或 84.08 所列发动机的零件:**										
84091000	-航空器发动机用										13
8409100000	航空器发动机用零件(指专用于或主要用于品目 84.07 或 84.08 所列航空器发动机的零件)〔999〕	2	11	13		千克				0	
84099110	---船舶发动机用										13
8409911000	船舶用点燃式发动机专用零件(指专用于或主要用于点燃式活塞内燃发动机的)〔999〕	6	17	13		千克			16%	0	
84099191	----电控燃油喷射装置										13
8409919100	电控燃油喷射装置(指专用于或主要用于点燃式活塞内燃发动机的)〔101 其他车辆零部件〕,〔102 其他动力设备及其零部件〕	5	35	13		千克/套				0	
84099199	----其他										13
8409919910[暂3]	汽车用电子节气门〔301 其他车辆零部件〕,〔302 其他动力设备及其零部件〕	5	35	13		千克				0	
8409919920	废气再循环(EGR)装置(专用或主要用于内燃发动机)〔101 其他车辆零部件〕,〔102 其他动力设备及其零部件〕	5	35	13		千克				0	
8409919930	连杆(专用或主要用于内燃发动机)〔101 其他车辆零部件〕,〔102 其他动力设备及其零部件〕	5	35	13		千克				0	
8409919940	喷嘴(专用或主要用于内燃发动机)〔101 其他车辆零部件〕,〔102 其他动力设备及其零部件〕	5	35	13		千克				0	
8409919950	气门摇臂(专用或主要用于内燃发动机)〔101 其他车辆零部件〕,〔102 其他动力设备及其零部件〕	5	35	13		千克				0	
8409919990	其他点燃式活塞内燃发动机用零件〔101 其他车辆零部件〕,〔102 其他动力设备及其零部件〕	5	35	13		千克				0	
84099910	---船舶发动机用										13
8409991000	其他船舶发动机专用零件〔999〕	5	11	13		千克			30%	0	
84099920	---机车发动机用										13
8409992000	其他机车发动机专用零件〔101 其他车辆零部件〕,〔102 其他动力设备及其零部件〕	2	11	13		千克			7%	0	
84099991	----输出功率在 132.39 千瓦(180 马力)及以上的发动机用										13
8409999100	其他功率≥132.39 千瓦发动机的专用零件(132.39 千瓦=180 马力)〔101 其他车辆零部件〕,〔102 其他动力设备及其零部件〕	2	11	13		千克				0	
84099999	----其他										13
8409999910[暂5]	电控柴油喷射装置及其零件(指品目 84.08 所列的其他发动机用)〔101 其他车辆零部件〕,〔102 其他动力设备及其零部件〕	8	35	13		千克				0	
8409999990	其他发动机的专用零件(指品目 84.07 或 84.08 所列的其他发动机)〔101 其他车辆零部件〕,〔102 其他动力设备及其零部件〕	8	35	13		千克				0	
8410	**水轮机、水轮及其调节器:**										
84101100	--功率不超过 1000 千瓦										13
8410110000	功率≤1000 千瓦的水轮机及水轮〔999〕	8	35	13		台/千克			33%	0	
84101200	--功率超过 1000 千瓦,但不超过 10000 千瓦										13
8410120000	功率 1000 千瓦至 10000 千瓦的水轮机及水轮(指超过 1000 千瓦,但不超过 10000 千瓦的)〔999〕	8	35	13		台/千克				0	
84101310	---功率超过 30000 千瓦的冲击式水轮机及水轮										13
8410131000	功率>3 万千瓦冲击式水轮机及水轮〔999〕	8	35	13		台/千克				0	
84101320	---功率超过 35000 千瓦的贯流式水轮机及水轮										13
8410132000	功率>35000 千瓦贯流水轮机及水轮〔999〕	8	35	13		台/千克				0	
84101330	---功率超过 200000 千瓦的水泵水轮机及水轮										13

协定税率(%)																		特惠税率(%)			Article Description
智利	新西兰	澳大利亚	瑞士	冰岛	秘鲁	哥斯达	东盟	亚太	新加坡	巴基斯坦	港/澳/台	韩国	格鲁吉亚	毛里求斯	柬埔寨	尼加拉瓜	日/韩/澳/新/东(RCEP)	亚太2国	老/柬/缅	LDC 98/97/95	
0	0	0	0	0	0	0	0	3.3		0	0/0/	1.6	0	0	0	0	4.1/3.5/3.5/3.5/3.5			0/0/0	----Of an output of 132.39kW (180hp) or more
																					Parts suitable for use solely or principally with the engines of heading 84.07 or 84.08:
0	0	0	0	0	0	0	0			0	0/0/	0	0	0	0	0	0/0/0/0/0			0/0/0	-For aircraft engines
0	0	0	0	0	0	0	0	3.9		0	0/0/	3.9	0	0	0	0	//5.1/5.1/5.1			0/0/0	---For marine propulsion engines
0	0	0	0	0	0	0	0	3.3	0	0	0/0/	1.6	0	0	0	0	4.1/3.5/3.5/3.5/3.5			0/0/0	----Electric fuel injection devices
0	0	0	0	0	0	0	0	3.3	0	0	0/0/	0	0	0	0	0	4.1/3.5/0/0/0			0/0/0	----Other
0	0	0	0	0	0	0	0	3.3	0	0	0/0/	1.6	0	0	0	0	4.1/3.5/3.5/3.5/3.5			0/0/0	---For marine propulsion engines
0	0	0	0	0	0	0	0	1.3		0	0/0/	0	0	0	0	0	1.5/0/0/0/0			0/0/0	---For locomotive engines
0	0	0	0	0	0	0	0	1.3		0	0/0/	0	0	0.4	0	0	1.5/1.4/0/0/0			0/0/0	----For engines with an output of 132.39kW (180hp) or more
0	0	0	0	0	0	0	0	5.2	0	4	0/0/	2.8	0	0	0	6.4	6.8/6.7/7.1/7.1/6.7			0/0/0	----Other
																					Hydraulic turbines, water wheels, and regulators therefor:
0	0	0	0	0	0	0	0			0	0/0/	0	0	0	0	6.4	7.3/7/0/0/0			0/0/0	--Of a power not exceeding 1000kW
0	0	0	0	0	0	0	0		0	0	0/0/	0	0	0	0	6.4	7.3/7/0/0/0			0/0/0	--Of a power exceeding 1000kW but not exceeding 10000kW
0	0	0	0	0	0	0	0	5.6	0	0	0/0/	0	0	0	0	6.4	7.3/7/0/0/0			0/0/0	---Impulse hydraulic turbines and water wheels of a power exceeding 30000kW
0	0	0	0	0	0	0	0	5.6	0	0	0/0/	0	0	0	0	6.4	7.3/7/0/0/0			0/0/0	---Radial hydraulic turbines and water wheels of a power exceeding 35000kW
0	0	0	0	0	0	0	0	5.6		0	0/0/	0	0	0	0	6.4	7.3/7/0/0/0			0/0/0	---Pumping hydraulic turbines and water wheels of a power exceeding 200000kW

商品编号	商品名称及备注〔检验检疫编码及名称〕	进口关税(%)		增值税率(%)	消费税	计量单位	监管条件	检验检疫类别	对美税率	出口税率(%)	出口退税率(%)
		最惠国	普通								
8410133000	功率>200000 千瓦水泵式水轮机及水轮〔999〕	8	35	13		台/千克				0	
84101390	---其他										13
8410139000	功率>10000 千瓦的其他水轮机及水轮〔999〕	8	35	13		台/千克				0	
84109010	---调节器										13
8410901000	水轮机及水轮的调节器〔999〕	6	35	13		千克/套				0	
84109090	---其他										13
8410909000	水轮机及水轮的其他零件(不包括调节器)〔999〕	6	35	13		千克				0	
8411	**涡轮喷气发动机、涡轮螺桨发动机及其他燃气轮机：**										
84111110	---涡轮风扇发动机										13
8411111010	两用物项管制的无人机专用涡轮风扇发动机,功率大于 16 千瓦,且推力≤25 千牛顿〔999〕	1	11	13		台/千克	3			0	
8411111090	其他涡轮风扇发动机推力≤25 千牛顿〔999〕	1	11	13		台/千克	3			0	
84111190	---其他										13
8411119010	功率>16 千瓦两用物项管制的无人机专用涡轮喷气发动机(推力不超过 25 千牛顿)〔999〕	1	11	13		台/千克	3			0	
8411119090	其他涡轮喷气发动机(推力不超过 25 千牛顿)〔999〕	1	11	13		台/千克				0	
84111210	---涡轮风扇发动机										13
8411121010	两用物项管制的无人机专用涡轮风扇发动机,功率大于 16 千瓦,且推力>25 千牛顿〔999〕	1	11	13		台/千克	3			0	
8411121090	涡轮风扇发动机推力>25 千牛顿〔999〕	1	11	13		台/千克	3			0	
84111290	---其他										13
8411129010	小型燃烧率高轻型涡轮喷气发动机(推力≥90 千牛顿的涡轮喷气发动机)〔999〕	1	11	13		台/千克	3			0	
8411129020	功率>16 千瓦两用物项管制的无人机专用小型燃烧率高轻型涡轮喷气发动机(推力大于或等于 90 千牛顿的涡轮喷气发动机)〔999〕	1	11	13		台/千克	3			0	
8411129090	其他涡轮喷气发动机(推力>25 千牛顿)〔999〕	1	11	13		台/千克				0	
84112100	--功率不超过 1100 千瓦										13
8411210010	16 千瓦<功率≤1100 千瓦的两用物项管制的无人机专用涡轮螺桨发动机〔999〕	2	11	13		台/千克	3			0	
8411210090	功率≤1100 千瓦的其他涡轮螺桨发动机〔999〕	2	11	13		台/千克				0	
84112210	---功率超过 1100 千瓦,但不超过 2238 千瓦										13
8411221010	1100<功率≤2238 千瓦两用物项管制的无人机专用涡轮螺桨引擎〔999〕	2	11	13		台/千克	3			0	
8411221090	1100<功率≤2238 千瓦其他涡轮螺桨引擎〔999〕	2	11	13		台/千克				0	
84112220	---功率超过 2238 千瓦,但不超过 3730 千瓦										13
8411222010	2238<功率≤3730 千瓦两用物项管制的无人机专用涡轮螺桨引擎〔999〕	2	11	13		台/千克	3			0	
8411222090	2238<功率≤3730 千瓦其他涡轮螺桨引擎〔999〕	2	11	13		台/千克				0	
84112230	---功率超过 3730 千瓦										13
8411223010	功率>3730 千瓦两用物项管制的无人机专用涡轮螺桨引擎〔999〕	2	11	13		台/千克	3			0	
8411223090	功率>3730 千瓦其他涡轮螺桨引擎〔999〕	2	11	13		台/千克				0	
84118100	--功率不超过 5000 千瓦										13
8411810001[暂1]	涡轮轴航空发动机,不包括 8411810002、8411810003 所列商品(功率≤5000 千瓦)〔999 功率≤5000 千瓦〕	15	35	13		台/千克				0	
8411810002	两用物项管制的无人机专用涡轮轴航空发动机(16 千瓦<功率≤5000 千瓦)(功率≤5000 千瓦)〔999〕	15	35	13		台/千克	3			0	
8411810010[暂3]	功率≥3500 千瓦的涡轮轴发动机(航空发动机除外)〔999〕	15	35	13		台/千克				0	
8411810090	功率≤5000 千瓦的其他燃气轮机〔999〕	15	35	13		台/千克				0	
84118200	--功率超过 5000 千瓦										13
8411820000	功率>5000 千瓦的其他燃气轮机〔999〕	3	35	13		台/千克				0	
84119100	--涡轮喷气发动机或涡轮螺桨发动机用										13
8411910000	涡轮喷气或涡轮螺桨发动机用零件〔999〕	1	11	13		千克				0	
84119910	---涡轮轴发动机用										13
8411991010[暂1]	涡轮轴航空发动机用零件〔999〕	5	35	13		千克				0	
8411991090	其他涡轮轴发动机用零件〔999〕	5	35	13		千克				0	
84119990	---其他										13
8411999000	其他燃气轮机用零件〔999〕	5	35	13		千克				0	
8412	**其他发动机及动力装置：**										
84121010	---航空器及航天器用										13
8412101010	冲压喷气发动机(包括超燃冲压喷气发动机)〔999〕	3	11	13		台/千克	3			0	
8412101020	脉冲喷气发动机〔999〕	3	11	13		台/千克	3			0	
8412101030	组合循环发动机〔999〕	3	11	13		台/千克	3			0	

智利	新西兰	澳大利亚	瑞士	冰岛	秘鲁	哥斯达	东盟	亚太	新加坡	巴基斯坦	港/澳/台	韩国	格鲁吉亚	毛里求斯	柬埔寨	尼加拉瓜	日/韩/澳/新/东 (RCEP)	亚太2国	老/柬/缅	LDC 98/97/95	Article Description
协定税率(%)																		特惠税率(%)			
0	0	0	0	0	0	0	0	5.6		0	0/0/	0	0	0	0	6.4	7.3/7/0/0/0			0/0/0	---Other
0	0	0	0	0	0	0	0	4.2		0	0/0/	0	0	0	0	0	0/0/0/0/0			0/0/0	---Regulators
0	0	0	0	0	0	0	0			0	0/0/	0	0	0	0	0	4.4/4.2/0/0/0			0/0/0	---Other
																					Turbo-jets, turbo-propellers and other gas turbines:
0	0	0	0	0	0	0	0			0	0/0/	0	0	0	0	0	0/0/0/0/0			0/0/0	---Turbofan engines
0	0	0	0	0	0	0	0			0	0/0/	0	0	0	0	0	0/0/0/0/0			0/0/0	---Other
0	0	0	0	0	0	0	0	0		0	0/0/	0	0	0	0	0	0/0/0/0/0			0/0/0	---Turbofan engines
0	0	0	0	0	0	0	0	0.5		0	0/0/	0	0	0	0	0	0/0/0/0/0			0/0/0	---Other
0	0	0	0	0	0	0	0			0	0/0/	0	0	0	0	0	0/0/0/0/0			0/0/0	--Of a power not exceeding 1100kW
0	0	0	0	0	0	0	0	1.4		0	0/0/	0	0	0	0	0	0/0/0/0/0			0/0/0	---Of a power exceeding 1100kW but not exceeding 2238kW
0	0	0	0	0	0	0	0	1.4		0	0/0/	0	0	0	0	0	0/0/0/0/0			0/0/0	---Of a power exceeding 2238kW but not exceeding 3730kW
0	0	0	0	0	0	0	0	1.4		0	0/0/	0	0	0	0	0	0/0/0/0/0			0/0/0	---Of a power exceeding 3730kW
0	0	0	0	0	0	0	0		0	6	0/0/	0	0	0	0	14	10.9/10.5/0/0/0			0/0/0	Of a power not exceeding 5000kW
0	0	0	0	0	0	0	0	2.1		0	0/0/	0	0	0	0	0	0/0/0/0/0			0/0/0	--Of a power exceeding 5000kW
0	0	0	0	0	0	0	0			0	0/0/	0	0	0	0	0	0/0/0/0/0			0/0/0	--Of turbo-jets or turbo-propellers
0	0	0	0	0	0	0	0	3.5		0	0/0/	0	0	0	0	0	0/0/0/0/0			0/0/0	---Of turboshaft engines
0	0	0	0	0	0	0	0			0	0/0/	0	0	0	0	0	4.1/3.5/0/0/0			0/0/0	---Other
																					Other engines and motors:
0	0	0	0	0	0	0	0			0	0/0/	0	0	0	0	0	0/0/0/0/0			0/0/0	---For aircraft or spacecraft

商品编号	商品名称及备注[检验检疫编码及名称]	进口关税(%) 最惠国	进口关税(%) 普通	增值税率(%)	消费税	计量单位	监管条件	检验检疫类别	对美税率	出口税率(%)	出口退税率(%)
8412101090	其他航空、航天器用喷气发动机(涡轮喷气发动机除外)〔999〕	3	11	13		台/千克				0	
84121090	---其他										13
8412109000	非航空、航天器用喷气发动机(涡轮喷气发动机除外)〔999〕	10	35	13		台/千克			15%	0	
84122100	--直线作用(液压缸)的										13
8412210010[暂1]	飞机发动机用作动筒〔999〕	12	35	13		台/千克				0	
8412210090	其他直线作用的液压动力装置(液压缸)〔999〕	12	35	13		台/千克				0	
84122910	---液压马达										13
8412291000	液压马达〔999〕	10	35	13		台/千克				0	
84122990	---其他										13
8412299010[暂7]	抓桩器(抱桩器)〔999〕	14	35	13		台/千克			17%	0	
8412299020[暂1]	飞机发动机用液压作动器〔999〕	14	35	13		台/千克			11%	0	
8412299090	其他液压动力装置〔999〕	14	35	13		台/千克			24%	0	
84123100	--直线作用(气压缸)的										13
8412310001[暂7]	三坐标测量机用平衡气缸〔999〕	14	35	13		台/千克				0	
8412310010[暂1]	飞机舱门气动作动筒〔999〕	14	35	13		台/千克				0	
8412310090	其他直线作用的气压动力装置(气压缸)〔999〕	14	35	13		台/千克				0	
84123900	--其他										13
8412390010[暂1]	飞机发动机用气压作动器〔999〕	14	35	13		台/千克			11%	0	
8412390090	其他气压动力装置〔999〕	14	35	13		台/千克			24%	0	
84128000	-其他										13
8412800010	液体火箭发动机(推力≥90千牛顿可贮存推进剂的)〔999〕	10	35	13		台/千克	3		20%	0	
8412800020	固体火箭发动机(总冲≥1100千牛顿秒的)〔999〕	10	35	13		台/千克	3		20%	0	
8412800090	其他发动机及动力装置〔999〕	10	35	13		台/千克			20%	0	
84129010	---税号8412.1010所列机器的零件										13
8412901010	燃烧调节装置(冲压或脉冲喷气发动机的)〔999〕	2	11	13		千克	3			0	
8412901020	火箭发动机的壳体〔999〕	2	11	13		千克	3			0	
8412901090	航空、航天器用喷气发动机的零件(涡轮喷气发动机的零件,编号8412901010除外)〔999〕	2	11	13		千克				0	
84129090	---其他										13
8412909010[暂5]	风力发动机零件〔999〕	8	35	13		千克				0	
8412909020[暂1]	飞机发动机用作动筒壳体〔999〕	8	35	13		千克				0	
8412909090	其他发动机及动力装置的零件〔999〕	8	35	13		千克				0	
8413	**液体泵,不论是否装有计量装置;液体提升机:**										
84131100	--分装燃料或润滑油的泵,用于加油站或车库										13
8413110000[暂6]	分装燃料或润滑油的泵,用于加油站或车库(其装有或可装计量装置)〔999〕	10	30	13		台/千克			26%	0	
84131900	--其他										13
8413190000[暂6]	其他装有或可装计量装置的泵〔999〕	10	30	13		台/千克			16%	0	
84132000	-手泵,但子目8413.11或8413.19的货品除外										13
8413200000	手泵(但编号841311或841319的货品除外)〔999〕	10	30	13		台/千克			30%	0	
84133021	----输出功率在132.39千瓦(180马力)及以上的发动机用燃油泵										13
8413302100	180马力及以上发动机用燃油泵(活塞式内燃发动机用的)〔101 其他车辆零部件〕,〔102 燃油泵〕	3	30	13		台/千克			23%	0	
84133029	----其他										13
8413302900	其他燃油泵(活塞式内燃发动机用的)〔101 其他车辆零部件〕,〔102 燃油泵〕	3	30	13		台/千克			23%	0	
84133030	---润滑油泵										13
8413303000	润滑油泵(活塞式内燃发动机用的)〔101 其他车辆零部件〕,〔102 燃油泵〕	3	30	13		台/千克			23%	0	
84133090	---其他										13
8413309000	冷却剂泵(活塞式内燃发动机用的)〔101 其他车辆零部件〕,〔102 燃油泵〕	3	30	13		台/千克			23%	0	
84134000	-混凝土泵										13
8413400000	混凝土泵〔999〕	8	30	13		台/千克			33%	0	
84135010	---气动式										
8413501010	农业用气动往复式排液泵〔999〕	10	40	9		台/千克			15%	0	9
8413501020	气动式耐腐蚀波纹或隔膜泵(流量>0.6立方米/时,接触表面由特殊耐腐蚀材料制成)〔999〕	10	40	13		台/千克	3		15%	0	13

协定税率(%)																		特惠税率(%)			Article Description
智利	新西兰	澳大利亚	瑞士	冰岛	秘鲁	哥斯达	东盟	亚太	新加坡	巴基斯坦	港/澳/台	韩国	格鲁吉亚	毛里求斯	柬埔寨	尼加拉瓜	日/韩/澳/新/东 (RCEP)	亚太2国	老/柬/缅	LDC 98/97/95	
0	0	0	0	0	0	0	0			0	0/0/	0	0	0	0	9	7.3/7/0/0/0			0/0/0	---Other
0	0	0	0	0	0	0	0		0	3	0/0/0	6	0	0	0	11.2	10.3/10.2/10.2/10.2/10.2			0/0/0	--Linear acting (cylinders)
0	0	0	0	0	0	0	0		0	2.5	0/0/	5	0	0	0	9	8.6/8.5/8.5/8.5/8.5			0/0/0	---Hydraulic motors
0	0	0	0	0	0	0	0		0	5.6	0/0/	4.6	0	0	0	13.1	11.4/11.2/11.9/11.9/11.2			0/0/0	---Other
0	0	0	0	0	0	0	0	9.1	0	3.5	0/0/0	0	0	0	0	13.1	10.2/0/0/0/0			0/0/0	--Linear acting (cylinders)
0	0	0	0	0	0	0	0		0	5.6	0/0/	0	0	0	0	13.1	10.2/9.8/0/0/0			0/0/0	--Other
0	0	0	0	0	0	0	0			0	0/0/	0	0	0	0	9	7.3/7/0/0/0			0/0/0	-Other
0	0	0	0	0	0	0	0			0	0/0/	0	0	0	0	0	0/0/0/0/0			0/0/0	---For machines of subheading 8412.1010
0	0	0	0	0	0	0	0			0	0/0/	2.6	0	0	0	6.4	6.5/5.6/5.6/5.6/5.6			0/0/0	---Other
																					Pumps for liquids, whether or not fitted with a measuring device; liquid elevators:
0	0	0	0	0	0	0	0		0	0	0/0/	0	0	0	0	9	7.3/7/0/0/0			0/0/0	--Pumps for dispensing fuel or lubricants, of the type used in filling-stations or in garages
0	0	0	0	0	0	0	0		0	2.5	0/0/	5	0	0	0	9	8.6/10/8.5/8.5/8.5			0/0/0	--Other
0	0	0	0	0	0	0	0		0	4	0/0/	0	0	0	0	9	7.3/7/0/0/0			0/0/0	-Hand pumps, other than those of subheading 8413.11 or 8413.19
0	0	0	0	0	0	0	0	2		0	0/0/	0	0	0	0	0	0/0/2.1/2.1/0			0/0/0	----Fuel pumps for enginesof an output of 132.39kW (180hp) or more
0	0	0	0	0	0	0	0			0	0/0/	0	0	0	0	0	2.6/0/0/0/0			0/0/0	----Other
0	0	0	0	0	0	0	0			0	0/0/	0	0	0.6	0	0	0/0/2.1/2.1/0			0/0/0	---Lubricating oil pumps
0	0	0	0	0	0	0	0	2		0	0/0/	0	0	0.6	0	0	0/0/2.1/2.1/0			0/0/0	---Other
0	0	0	0	0	0	0	0			0	0/0/	0	0	0	0	6.4	5.8/5.6/0/0/0			0/0/0	-Concrete pumps
0	0	0	0	0	0	0	0		0	0	0/0/	3.3	0	0	0	9	8.1/8/8.5/8.5/8			0/0/0	---Pneumatic

商品编号	商品名称及备注[检验检疫编码及名称]	进口关税(%) 最惠国	进口关税(%) 普通	增值税率(%)	消费税	计量单位	监管条件	检验检疫类别	对美税率	出口税率(%)	出口退税率(%)
8413501090	其他非农业用气动往复式排液泵〔999〕	10	40	13		台/千克			15%	0	13
84135020	---电动式										
8413502010	农业用电动往复式排液泵〔999〕	10	40	9		台/千克			30%	0	9
8413502020	电动式耐腐蚀波纹或隔膜泵(流量>0.6 立方米/时,接触表面由特殊耐腐蚀材料制成)〔999〕	10	40	13		台/千克	3		30%	0	13
8413502030	电动往复式排液多重密封泵(两用物项管制)〔999〕	10	40	13		台/千克	3		30%	0	13
8413502040[暂5]	电动吸奶器〔999〕	10	40	13		台/千克			25%	0	13
8413502090	其他非农业用电动往复式排液泵〔999〕	10	40	13		台/千克			30%	0	13
84135031	----柱塞泵										
8413503101[暂6]	农业用柱塞泵〔999〕	10	40	9		台/千克			16%	0	9
8413503110[暂1]	飞机用液压柱塞泵〔999〕	10	40	13		台/千克			11%	0	13
8413503190[暂6]	其他非农业用柱塞泵〔999〕	10	40	13		台/千克			16%	0	13
84135039	----其他										
8413503901	其他农业用液压往复式排液泵〔999〕	10	40	9		台/千克			30%	0	9
8413503920	液压式耐腐蚀波纹或隔膜泵(流量>0.6 立方米/时,接触表面由特殊耐腐蚀材料制成)〔999〕	10	40	13		台/千克	3		30%	0	13
8413503990	其他非农业用液压往复式排液泵〔999〕	10	40	13		台/千克			30%	0	13
84135090	---其他										
8413509010	其他农用往复式排液泵〔999〕	10	40	9		台/千克			35%	0	9
8413509020	其他耐腐蚀波纹或隔膜泵(流量>0.6 立方米/时,接触表面由特殊耐腐蚀材料制成)〔999〕	10	40	13		台/千克	3		35%	0	13
8413509090	其他非农用往复式排液泵〔999〕	10	40	13		台/千克			35%	0	13
84136021	----电动式										
8413602101[暂6]	农业用电动齿轮泵(回转式排液泵)〔999〕	10	40	9		台/千克			11%	0	9
8413602110[暂6]	电动齿轮多重密封泵(非农业用回转式排液泵)〔999〕	10	40	13		台/千克	3		11%	0	13
8413602190[暂6]	其他非农业用电动齿轮泵(回转式排液泵,多重密封泵除外)〔999〕	10	40	13		台/千克			11%	0	13
84136022	----液压式										
8413602201[暂3]	农业用回转式液压油泵(输入转速>2000 转/分,输入功率>190 千瓦,最大流量>2×280 升/分)〔999〕	10	40	9		台/千克			23%	0	9
8413602202[暂3]	非农业用回转式液压油泵(输入转速>2000 转/分,输入功率>190 千瓦,最大流量>2×280 升/分)〔999〕	10	40	13		台/千克			23%	0	13
8413602210[暂6]	其他农业用液压齿轮泵(回转式排液泵)〔999〕	10	40	9		台/千克			26%	0	9
8413602220[暂6]	液压齿轮多重密封泵(非农业用回转式排液泵)〔999〕	10	40	13		台/千克	3		26%	0	13
8413602290[暂6]	其他非农业用液压齿轮泵(回转式排液泵,多重密封泵除外)〔999〕	10	40	13		台/千克			26%	0	13
84136029	----其他										
8413602901	其他农业用齿轮泵(回转式排液泵)〔999〕	10	40	9		台/千克			35%	0	9
8413602990	其他非农业用齿轮泵(回转式排液泵)〔999〕	10	40	13		台/千克			35%	0	13
84136031	----电动式										
8413603101	农业用电动叶片泵(回转式排液泵)〔999〕	10	40	9		台/千克				0	9
8413603110	电动叶片多重密封泵(非农业用回转式排液泵)〔999〕	10	40	13		台/千克	3			0	13
8413603120	出口管制高压水炮用的电动叶片泵〔999〕	10	40	13		台/千克	3			0	13
8413603190	其他非农业用电动叶片泵(回转式排液泵,多重密封泵除外)〔999〕	10	40	13		台/千克				0	13
84136032	----液压式										
8413603201[暂6]	农业用液压叶片泵(回转式排液泵)〔999〕	10	40	9		台/千克			26%	0	9
8413603210[暂6]	液压叶片多重密封泵(非农业用回转式排液泵)〔999〕	10	40	13		台/千克	3		26%	0	13
8413603290[暂6]	其他非农业用液压叶片泵(回转式排液泵,多重密封泵除外)〔999〕	10	40	13		台/千克			26%	0	13
84136039	----其他										
8413603901[暂6]	其他农业用叶片泵(回转式排液泵)〔999〕	10	40	9		台/千克			31%	0	9
8413603902[暂6]	出口管制高压水炮用的其他叶片泵〔999〕	10	40	13		台/千克	3		31%	0	13
8413603990[暂6]	其他非农业用叶片泵(回转式排液泵)〔999〕	10	40	13		台/千克			31%	0	13
84136040	---螺杆泵										
8413604001[暂6]	农业用螺杆泵(回转式排液泵)〔999〕	10	40	9		台/千克			16%	0	9
8413604010[暂6]	螺杆多重密封泵(非农业用回转式排液泵)〔999〕	10	40	13		台/千克	3		20%	0	13
8413604090[暂6]	其他非农业用螺杆泵(回转式排液泵,多重密封泵除外)〔999〕	10	40	13		台/千克			20%	0	13
84136050	---径向柱塞泵										
8413605001[暂6]	农业用径向柱塞泵(回转式排液泵)〔999〕	10	40	9		台/千克			31%	0	9
8413605090[暂6]	其他非农业用径向柱塞泵(回转式排液泵)〔999〕	10	40	13		台/千克			31%	0	13
84136060	---轴向柱塞泵										

协定税率(%)																		特惠税率(%)			Article Description
智利	新西兰	澳大利亚	瑞士	冰岛	秘鲁	哥斯达	东盟	亚太	新加坡	巴基斯坦	港/澳/台	韩国	格鲁吉亚	毛里求斯	柬埔寨	尼加拉瓜	日/韩/澳/新/东(RCEP)	亚太2国	老/柬/缅	LDC 98/97/95	
0	0	0	0.8	0	0	0	0		0	2.5	0/0/	0	0	0	0	9	7.3/7/7/7/7			0/0/0	---Electric
0	0	0	0	0	0	0	0		0	2.5	0/0/	5	0	0	0	9	8.6/10/8.5/8.5/8.5			0/0/0	----Plunger pumps
0	0	0	0	0	0	0	0		0	0	0/0/	3.3	0	0	0	9	8.1/8/8.5/8.5/8			0/0/0	----Other
0	0	0	0	0	0	0	0		0	2.5	0/0/	5	0	0	0	9	8.6/10/8.5/8.5/8.5			0/0/0	---Other
0	0	0	0		0	0	0		0	2.5	0/0/	5	0	0	0	9	8.6/10/8.5/8.5/8.5			0/0/0	----Electric
0	0	0	0	0	0	0	0			0	0/0/	3.3	0	0	0	9	8.1/8/8.5/8.5/8			0/0/0	----Hydraulic
0	0	0	0	0	0	0	0			2.5	0/0/	0	0	0	0	9	7.3/7/7/7/7			0/0/0	----Other
0	0	0	0	0	0	0	0			0	0/0/	0	0	0	0	9	7.3/7/0/0/0			0/0/0	----Electric
0	0	0	0	0	0	0	0			0	0/0/	5	0	0	0	9	8.6/10/8.5/8.5/8.5			0/0/0	----Hydraulic
0	0	0	0	0	0	0	0			0	0/0/	5	0	0	0	9	8.6/10/8.5/8.5/8.5			0/0/0	----Other
0	0	0	0	0	0	0	0			0	0/0/	5	0	0	0	9	8.6/10/8.5/8.5/8.5			0/0/0	---Helicoidal pumps (screw pumps)
0	0	0	0	0	0	0	0			0	0/0/	5	0	0	0	9	8.6/10/8.5/8.5/8.5			0/0/0	---Radial plunger pumps
0	0	0	0	0	0	0	0			2.5	0/0/	3.3	0	0	0	9	8.1/8/8.5/8.5/8			0/0/0	---Axial plunger pumps

商品编号	商品名称及备注[检验检疫编码及名称]	进口关税(%)		增值税率(%)	消费税	计量单位	监管条件	检验检疫类别	对美税率	出口税率(%)	出口退税率(%)
		最惠国	普通								
8413606001[暂6]	农业用轴向柱塞泵(回转式排液泵)〔999〕	10	40	9		台/千克			31%	0	9
8413606090[暂6]	其他非农业用轴向柱塞泵(回转式排液泵)〔999〕	10	40	13		台/千克			31%	0	13
84136090	---其他										
8413609010	农业用其他回转式排液泵〔999〕	10	40	9		台/千克			15%	0	9
8413609090	其他回转式排液泵〔999〕	10	40	13		台/千克			15%	0	13
84137010	---转速在10000转/分及以上										
8413701010	农业用其他离心泵(转速≥10000转/分)〔999〕	8	40	9		台/千克			13%	0	9
8413701020	液体推进剂用泵(转速≥10000转/分,出口压力≥7000千帕的)〔999〕	8	40	13		台/千克	3		13%	0	13
8413701030	离心泵多重密封泵(两用物项管制)〔999〕	8	40	13		台/千克	3		13%	0	13
8413701090	其他非农用离心泵(转速≥10000转/分)〔999〕	8	40	13		台/千克			13%	0	13
84137091	----电动潜油泵及潜水电泵										
8413709110	农业用电动潜油泵及潜水电泵(转速<10000转/分)〔999〕	8	40	9		台/千克			23%	0	9
8413709190	其他非农业用电动潜油泵及潜水电泵(转速<10000转/分)〔999〕	8	40	13		台/千克			23%	0	13
84137099	----其他										
8413709910	其他农业用离心泵(转速<10000转/分)〔999〕	8	40	9		台/千克			13%	0	9
8413709920	一次冷却剂泵(全密封驱动泵,有惯性质量系统的泵,及鉴定为NC-1泵等)〔999〕	8	40	13		台/千克	3		13%	0	13
8413709930	转速<10000转/分的离心式屏蔽泵(流量>0.6立方米/时,接触表面由特殊耐腐蚀材料制成)〔999〕	8	40	13		台/千克	3		13%	0	13
8413709940	转速<10000转/分的离心式磁力泵(流量>0.6立方米/时,接触表面由特殊耐腐蚀材料制成)〔999〕	8	40	13		台/千克	3		13%	0	13
8413709950	液体推进剂用泵(8000<转速<10000转/分,出口压力≥7000千帕的)〔999〕	8	40	13		台/千克	3		13%	0	13
8413709960	其他离心泵多重密封泵(两用物项管制)〔999〕	8	40	13		台/千克	3		13%	0	13
8413709970[暂1]	飞机发动机用燃油泵〔999〕	8	40	13		台/千克			6%	0	13
8413709990	其他非农业用离心泵(转速<10000转/分)〔999〕	8	40	13		台/千克			13%	0	13
84138100	--泵										
8413810010	农业用其他液体泵〔999〕	8	40	9		台/千克			28%	0	9
8413810020	生产重水用多级泵(专门为利用氨-氢交换法生产重水而设计或制造的多级泵)〔999〕	8	40	13		台/千克	3		28%	0	13
8413810090	其他非农用液体泵〔999〕	8	40	13		台/千克			28%	0	13
84138200	--液体提升机										13
8413820000	液体提升机〔999〕	8	30	13		台/千克			28%	0	
84139100	--泵用										13
8413910000	泵用零件〔999〕	5	30	13		千克			15%	0	
84139200	--液体提升机用										13
8413920000	液体提升机用零件〔999〕	6	30	13		千克			26%	0	
8414	**空气泵或真空泵、空气及其他气体压缩机、风机、风扇;装有风扇的通风罩或循环气罩,不论是否装有过滤器;气密生物安全柜,不论是否装有过滤器:**										
84141000	-真空泵										13
8414100010[暂5]	耐腐蚀真空泵(流量大于5立方米/时,接触表面由特殊耐腐蚀材料制成)①	8	30	13		台/千克	3		33%	0	
8414100020[暂5]	真空泵(抽气口≥38厘米,速度≥15立方米/秒,产生<10^{-4}托极限真空度)〔999〕	8	30	13		台/千克	3		33%	0	
8414100030[暂5]	能在含UF6气氛中使用的真空泵(用耐UF6腐蚀的材料制成或保护。这些泵可以是旋转式或正压式,可有排代式密封和碳氟化合物密封并且可以有特殊工作流体存在)〔999〕	8	30	13		台/千克	3		33%	0	
8414100040[暂5]	专门设计或制造的抽气能力≥5立方米/分的真空泵(专用于同位素气体扩散浓缩)〔999〕	8	30	13		台/千克	3		33%	0	
8414100050[暂5]	能在含UF6气氛中使用的真空泵(耐UF6腐蚀的,也可用氟碳密封和特殊工作流体)〔999〕	8	30	13		台/千克	3		33%	0	
8414100060	专门或主要用于半导体或平板显示屏制造的真空泵(P)〔999〕	0	30	13		台/千克			25%	0	
8414100090[暂5]	其他真空泵〔999〕	8	30	13		台/千克			33%	0	
84142000	-手动或脚踏式空气泵										13
8414200000	手动或脚踏式空气泵〔999〕	8	30	13		台/千克			28%	0	
84143011	----冷藏箱或冷冻箱用,电动机额定功率不超过0.4千瓦										13
8414301100	电动机额定功率≤0.4千瓦冷藏或冷冻箱用压缩机〔999〕	8	80	13		台/千克	A	L. M/	33%	0	

① 〔101 其他空气压缩机(站)及零件I类器具〕,〔102 其他空气压缩机(站)及零件II类器具〕,〔103 其他空气压缩机(站)及零件III类器具〕,〔104 其他空气压缩机(站)及零件0I类器具〕,〔105 其他空气压缩机(站)及零件0类器具〕

协定税率(%)																		特惠税率(%)			Article Description
智利	新西兰	澳大利亚	瑞士	冰岛	秘鲁	哥斯达	东盟	亚太	新加坡	巴基斯坦	港/澳/台	韩国	格鲁吉亚	毛里求斯	柬埔寨	尼加拉瓜	日/韩/澳/新/东(RCEP)	亚太2国	老/柬/缅	LDC 98/97/95	
0	0	0	0	0	0	0	0		0	2.5	0/0/	3.3	0	0	0	9	8.1/8/8.5/8.5/8			0/0/0	---Other
0	0	0	0	0	0	0	0	5.2		0	0/0/	0	0	0	0	6.4	5.8/0/0/0/0			0/0/0	---Rotational speed no less than 10000r/min
0	0	0	0	0	0	0	0		0	0	0/0/	0	0	0	0	6.4	7.3/7/0/0/0			0/0/0	----Electric submersible oil pumps and electric submersible pumps
0	0	0	0	0	0	0	0	5.2		0	0/0/	0	0	0	0	6.4	6.5/0/0/0/0			0/0/0	----Other
0	0	0	0	0	0	0	0	4		0	0/0/0	0	0	0	0	6.4	5.8/0/0/0/0			0/0/0	--Pumps
0	0	0	3.2	0	0	0	0			0	0/0/	0	0	0	0	6.4	5.8/5.6/0/0/0			0/0/0	--Liquid elevators
0	0	0	0	0	0	0	0	2.5		0	0/0/0	0	0	0	0	0	4.1/0/0/0/0			0/0/0	--Of pumps
0	0	0	0	0	0	0	0			0	0/0/	0	0	0	0	0	0/0/0/0/0			0/0/0	--Of liquid elevators
																					Air or vacuum pumps, air or other gas compressors and fans; ventilating or recycling hoods incorporating a fan, whether or not fitted with filters; gas-tight biological safety cabinets, whether or not fitted with filters:
0	0	0	0	0	0	0	0			0	0/0/0	0	0	0	0	6.4	6.9/5.6/0/0/0			0/0/0	-Vacuum pumps
0	0	0	0	0	0	0	0			0	0/0/	0	0	0	0	6.4	5.8/0/0/0/0			0/0/0	-Hand-or foot-operated pumps
0	0	0	0	0	0	0	0	5.2	0	0	0/0/	2.6	0	0	0	6.4	6.5/6.4/6.8/6.8/6.4			0/0/0	----For refrigerators or freezers, of a motor power not exceeding 0.4kW

商品编号	商品名称及备注[检验检疫编码及名称]	进口关税(%)		增值税率(%)	消费税	计量单位	监管条件	检验检疫类别	对美税率	出口税率(%)	出口退税率(%)
		最惠国	普通								
84143012	----冷藏箱或冷冻箱用,电动机额定功率超过0.4千瓦,但不超过5千瓦										13
8414301200	其他电驱动冷藏或冷冻箱用压缩机(指0.4千瓦<电动机额定功率≤5千瓦)〔999〕	8	80	13		台/千克	A	L.M/	33%	0	
84143013	----空气调节器用,电动机额定功率超过0.4千瓦,但不超过5千瓦										13
8414301300	0.4千瓦<电动机额定功率≤5千瓦的空调器用压缩机〔999〕	8	80	13		台/千克	A	L.M/	33%	0	
84143014	----空气调节器用,电动机额定功率超过5千瓦										13
8414301400	电动机额定功率>5千瓦的空调器用压缩机〔999〕	8	80	13		台/千克			18%	0	
84143015	----冷冻或冷藏设备用,电动机额定功率超过5千瓦										13
8414301500	电动机额定功率>5千瓦的冷冻或冷藏设备用压缩机〔999〕	8	30	13		台/千克			28%	0	
84143019	----其他										13
8414301900	电动机驱动其他用于制冷设备的压缩机〔999〕	8	30	13		台/千克	A	L.M/	23%	0	
84143090	---非电动机驱动的压缩机										13
8414309000	非电动机驱动的制冷设备用压缩机〔101 其他车辆零部件〕,〔102 其他制冷设备用压缩机及其零件〕	8	80	13		台/千克			33%	0	
84144000	-装在拖车底盘上的空气压缩机										13
8414400000	装在拖车底盘上的空气压缩机〔999〕	8	30	13		台/千克			28%	0	
84145110	---吊扇										13
8414511000	功率≤125瓦的吊扇(本身装有一个输出功率不超过125瓦的电动机)①	6	130	13		台/千克	A	L.M/	11%	0	
84145120	---换气扇										13
8414512000	其他功率≤125瓦的换气扇(装有一输出功率≤125瓦电动机)②	6	130	13		台/千克	A	L.M/	31%	0	
84145130	---具有旋转导风轮的风扇										13
8414513000	功率≤125瓦有旋转导风轮的风扇(本身装有一个输出功率≤125瓦的电动机)③	6	130	13		台/千克		L/	31%	0	
84145191	----台扇										13
8414519100	功率≤125瓦的台扇(本身装有一个输出功率≤125瓦的电动机)④	6	130	13		台/千克	A	L.M/		0	
84145192	----落地扇										13
8414519200	功率≤125瓦的落地扇(本身装有一个输出功率≤125瓦的电动机)⑤	6	130	13		台/千克	A	L.M/		0	
84145193	----壁扇										13
8414519300	功率≤125瓦的壁扇(本身装有一个输出功率≤125瓦的电动机)⑥	6	130	13		台/千克	A	L.M/	31%	0	
84145199	----其他										13
8414519900	其他功率≤125瓦其他风机、风扇(本身装有一个输出功率≤125瓦的电动机)⑦	6	130	13		台/千克		L/	31%	0	
84145910	---吊扇										13
8414591000	其他吊扇(电动机输出功率>125瓦的)⑧	8	30	13		台/千克	A	L.M/	33%	0	
84145920	---换气扇										13
8414592000	其他换气扇(电动机输出功率>125瓦的)⑨	8	30	13		台/千克	A	L.M/	33%	0	
84145930	---离心通风机										13
8414593000	其他离心通风机〔999〕	8	30	13		台/千克			33%	0	
84145990	---其他										13
8414599010	罗茨式鼓风机〔999〕	8	30	13		台/千克			33%	0	
8414599020	吸气≥1立方米/分的耐UF6腐蚀的鼓风机(出口压力高达500千帕,设计成在UF6环境中长期运行。这种鼓风机的压力比为10:1或更低,用耐UF6的材料制成或用这种材料进行保护)〔999〕	8	30	13		台/千克	3		33%	0	
8414599030	吸气≥2立方米/分的耐UF6腐蚀鼓风机(轴向离心式或正排气量鼓风机,压力比在1.2:1和6:1之间)〔999〕	8	30	13		台/千克	3		33%	0	
8414599040	吸气≥56立方米/秒的鼓风机(用于循环硫化氢气体的单级、低压头离心式鼓风机)〔999〕	8	30	13		台/千克	3		33%	0	
8414599050	电子产品散热用轴流风扇⑩	8	30	13		台/千克			33%	0	
8414599060	专门或主要用于微处理器、电信设备、自动数据处理设备或装置的散热扇⑪	0	30	13		台/千克			25%	0	

① 〔101 吊扇I类器具〕,〔102 吊扇II类器具〕,〔103 吊扇III类器具〕,〔104 吊扇0I类器具〕,〔105 吊扇0类器具〕

② 〔101 换气扇I类器具〕,〔102 换气扇II类器具〕,〔103 换气扇III类器具〕,〔104 换气扇0I类器具〕,〔105 换气扇0类器具〕,〔106 其他电扇及其零件I类器具〕,〔107 其他电扇及其零件II类器具〕,〔108 其他电扇及其零件III类器具〕,〔109 其他电扇及其零件0I类器具〕,〔110 其他电扇及其零件0类器具〕

③ 〔101 有旋转导风轮的风扇I类器具〕,〔102 有旋转导风轮的风扇II类器具〕,〔103 有旋转导风轮的风扇III类器具〕,〔104 有旋转导风轮的风扇0I类器具〕,〔105 有旋转导风轮的风扇0类器具〕

④ 〔101 台扇I类器具〕,〔102 台扇II类器具〕,〔103 台扇III类器具〕,〔104 台扇0I类器具〕,〔105 台扇0类器具〕

⑤ 〔101 落地扇I类器具〕,〔102 落地扇II类器具〕,〔103 落地扇III类器具〕,〔104 落地扇0I类器具〕,〔105 落地扇0类器具〕

⑥ 〔101 壁扇I类器具〕,〔102 壁扇II类器具〕,〔103 壁扇III类器具〕,〔104 壁扇0I类器具〕,〔105 壁扇0类器具〕

⑦ 〔101 其他电扇及其零件I类器具〕,〔102 其他电扇及其零件II类器具〕,〔103 其他电扇及其零件III类器具〕,〔104 其他电扇及其零件0I类器具〕,〔105 其他电扇及其零件0类器具〕

⑧ 〔101 吊扇I类器具〕,〔102 吊扇II类器具〕,〔103 吊扇III类器具〕,〔104 吊扇0I类器具〕,〔105 吊扇0类器具〕,〔106 其他电扇及其零件I类器具〕,〔107 其他电扇及其零件II类器具〕,〔108 其他电扇及其零件III类器具〕,〔109 其他电扇及其零件0I类器具〕,〔110 其他电扇及其零件0类器具〕

⑨ 〔101 换气扇I类器具〕,〔102 换气扇II类器具〕,〔103 换气扇III类器具〕,〔104 换气扇0I类器具〕,〔105 换气扇0类器具〕,〔106 其他电扇及其零件I类器具〕,〔107 其他电扇及其零件II类器具〕,〔108 其他电扇及其零件III类器具〕,〔109 其他电扇及其零件0I类器具〕,〔110 其他电扇及其零件0类器具〕

⑩ 〔101 换气扇I类器具〕,〔102 换气扇II类器具〕,〔103 换气扇III类器具〕,〔104 换气扇0I类器具〕,〔105 换气扇0类器具〕

⑪ 〔101 换气扇I类器具〕,〔102 换气扇II类器具〕,〔103 换气扇III类器具〕,〔104 换气扇0I类器具〕,〔105 换气扇0类器具〕

协定税率(%)																		特惠税率(%)			
智利	新西兰	澳大利亚	瑞士	冰岛	秘鲁	哥斯达	东盟	亚太	新加坡	巴基斯坦	港/澳/台	韩国	格鲁吉亚	毛里求斯	柬埔寨	尼加拉瓜	日/韩/澳/新/东(RCEP)	亚太2国	老/柬/缅	LDC 98/97/95	Article Description
0	0	0	0	0	0	0	0	5.2	0	0	0/0/	5	0	0	0	6.4	7.3/10/8.5/8.5/7			0/0/0	----For refrigerators or freezers, of a motor power exceeding 0.4kW but not exceeding 5kW
0	0	0	0	0	0	0	0	5.2	0	0	0/0/0	0	0	0	0	6.4	7.3/0/0/0/0			0/0/0	----For air conditioning machines, of a motor power exceeding 0.4kW but not exceeding 5kW
0	0	0	0	0	0	0	0	5.2	0	0	0/0/0	0	0	0	0	6.4	7.3/7/0/0/0			0/0/0	----For air conditioning machines, of a motor power exceeding 5kW
0	0	0	0	0	0	0	0	5.2		0	0/0/	0	0	0	0	6.4	7.3/7/7/7/7			0/0/0	----For refrigerators or freezers, of a motor power exceeding 5kW
0	0	0	0	0	0	0	0	5.2	0	0	0/0/	5	0	0	0	6.4	8.6/10/8.5/8.5/8.5			0/0/0	----Other
0	0	0	0	0	0	0	0	5.2	0	0	0/0/	3	0	0	0	6.4	7.3/7.2/7.7/7.7/7.2			0/0/0	---Driven by a non-motor
0	0	0	0	0	0	0	0			0	0/0/	0	0	0	0	6.4	5.8/5.6/0/0/0			0/0/0	-Air compressors mounted on a wheeled chassis for towing
0	0	0	0	0	0	0	0	4.2	0	16	0/0/	6.6	0	0	0	0	14.5/14/14/14/14		0//	0/0/0	---Ceiling or roof fans
0	0	0	0	0	0	0	0	4.8	0	0	0/0/0	6.6	0	0	0	0	16.3/16/17/17/16		0//	0/0/0	---Window fans
0	0	0	0	0	0	0	0		0	3	0/0/	0	0	0	0	0	8.7/8.4/0/0/0		0//	0/0/0	---Repeating front louver fan
0	0	0	0	0	0	0	0	4.2		0	0/0/	0	0	0	0	0	7.3/7/0/0/0		0//	0/0/0	----Table fans
0	0	0	0	0	0	0	0	4.2		0	0/0/	0	0	0	0	0	7.3/7/0/0/0		0//	0/0/0	----Floor fans
0	0	0	0	0	0	0	0	4.8		0	0/0/	0	0	0	0	0	7.3/7/0/0/0		0//	0/0/0	----Wall fans
0	0	0	0	0	0	0	0		0	0	0/0/0	0	0	0	0	0	7.3/7/7/7/7		0//	0/0/0	----Other
0	0	0	0	0	0	0	0	5.2		0	0/0/	0	0	0	0	6.4	5.8/0/0/0/0			0/0/0	---Ceiling or roof fans
0	0	0	0	0	0	0	0	5.2		0	0/0/	0	0	0	0	6.4	5.8/0/0/0/0			0/0/0	---Window fans
0	0	0	0	0	0	0	0	5.2	0	2.5	0/0/	0	0	0	0	6.4	7.3/7/7/7/7			0/0/0	---Centrifugal ventilation fans
0	0	0	0	0	0	0	0	5.2		0	0/0/0	0	0	0	0	6.4	5.8/0/0/0/0			0/0/0	---Other

商品编号	商品名称及备注[检验检疫编码及名称]	进口关税(%) 最惠国	普通	增值税率(%)	消费税	计量单位	监管条件	检验检疫类别	对美税率	出口税率(%)	出口退税率(%)
8414599091	其他台扇、落地扇、壁扇(电动机输出功率>125 瓦的)①	8	30	13		台/千克	A	M/	33%	0	
8414599099	其他风机、风扇②	8	30	13		台/千克		L/	33%	0	
84146010	---抽油烟机										13
8414601000[暂6]	抽油烟机(指罩的平面最大边长≤120 厘米,装有风扇的)〔999〕	8	130	13		台/千克		L/	31%	0	
84146090	---其他										13
8414609012	活动(柔软的)隔离装置(具有与三级生物安全柜类似标准,罩的最大边长≤120 厘米)〔101 非家用过滤及净化装置〕,〔102 气体纯化过滤、净化机器及装置〕	8	130	13		台/千克	3		33%	0	
8414609014	吸收塔(两用物项管制,罩的最大边长≤120 厘米)〔101 非家用过滤及净化装置〕,〔102 气体纯化过滤、净化机器及装置〕	8	130	13		台/千克	3		33%	0	
8414609015	带有风扇的高效空气粒子过滤单元的封闭洁净设备[高效空气粒子过滤单元(HEPA),罩的最大边长≤120 厘米]〔101 非家用过滤及净化装置〕,〔102 气体纯化过滤、净化机器及装置〕	8	130	13		台/千克	3		33%	0	
8414609090	其他≤120 厘米的通风罩或循环气罩(指罩的平面最大边长≤120 厘米,装有风扇的)〔999〕	8	130	13		台/千克			33%	0	
84147010	---罩的平面最大边长不超过 120 厘米的										13
8414701010	三级生物安全柜(具有与三级生物安全柜类似标准,罩的最大边长≤120 厘米)〔101 非家用过滤及净化装置〕,〔102 气体纯化过滤、净化机器及装置〕	8	130	13		台/千克	3		33%	0	
8414701090	其他气密生物安全柜(符合世界卫生组织规定的生物安全水平三级标准,罩的最大边长≤120 厘米)〔101 非家用过滤及净化装置〕,〔102 气体纯化过滤、净化机器及装置〕,〔999〕	8	130	13		台/千克			33%	0	
84147090	---其他										13
8414709010	三级生物安全柜(具有与三级生物安全柜类似标准,平面边长>120 厘米)〔101 非家用过滤及净化装置〕,〔102 气体纯化过滤、净化机器及装置〕	7	30	13		台/千克	3		22%	0	
8414709090	其他气密生物安全柜(符合世界卫生组织规定的生物安全水平三级标准,平面边长>120 厘米)〔101 非家用过滤及净化装置〕,〔102 气体纯化过滤、净化机器及装置〕	7	30	13		台/千克			22%	0	
84148010	---燃气轮机用的自由活塞式发生器										13
8414801000	燃气轮机用的自由活塞式发生器〔999〕	8	50	13		台/千克				0	
84148020	---二氧化碳压缩机										13
8414802000	二氧化碳压缩机〔999〕	7	30	13		台/千克			27%	0	
84148030	---发动机用增压器										13
8414803001[暂5]	乘用车机械增压器〔999〕	7	30	13		台/千克			30%	0	
8414803090	发动机用增压器〔101 其他车辆零部件〕,〔102 其他风机及其零件〕,〔103 其他空气压缩机(站)及零件〕	7	30	13		台/千克			32%	0	
84148041	----螺杆空压机										13
8414804100	螺杆空压机〔999〕	7	30	13		台/千克			12%	0	
84148049	----其他										13
8414804910	吸气≥1 立方米/分的耐 UF6 腐蚀压缩机(出口压力高达 500 千帕,设计成在 UF6 环境中长期运行。这种压缩机的压力比为 10：1 或更低,用耐 UF6 的材料制成或用这种材料进行保护)〔999〕	7	30	13		台/千克	3		12%	0	
8414804920	MLIS 用 UF6/载气压缩机(能在 UF6 环境中长期操作 UF6/载气混合气压缩机)〔999〕	7	30	13		台/千克	3		12%	0	
8414804930	吸气≥56 立方米/秒的压缩机(用于循环硫化氢气体的单级、低压头离心式压缩机)〔999〕	7	30	13		台/千克	3		12%	0	
8414804940	吸气≥2 立方米/分的耐 UF6 腐蚀压缩机(轴向离心式或正排气量压缩机,压力比在 1.2：1 和 6：1 之间)〔999〕	7	30	13		台/千克	3		12%	0	
8414804950[暂5]	燃料电池增压器〔999〕	7	30	13		台/千克			10%	0	
8414804960[暂1]	飞机用离心式氮气系统压缩机〔999〕	7	30	13		台/千克			6%	0	
8414804990	其他空气及气体压缩机〔999〕	7	30	13		台/千克			12%	0	
84148090	---其他										13
8414809052	其他活动(柔软的)隔离装置(具有与三级生物安全柜类似标准)〔101 非家用过滤及净化装置〕,〔102 气体纯化过滤、净化机器及装置〕	7	30	13		台/千克	3		22%	0	
8414809054	其他吸收塔(两用物项管制)〔999〕	7	30	13		台/千克	3		22%	0	
8414809055	其他带有风扇的高效空气粒子过滤单元的封闭洁净设备(高效空气粒子过滤单元(HEPA))〔101 非家用过滤及净化装置〕,〔102 气体纯化过滤、净化机器及装置〕	7	30	13		台/千克	3		22%	0	

① 〔101 台扇 I 类器具〕,〔102 台扇 II 类器具〕,〔103 台扇 III 类器具〕,〔104 台扇 0I 类器具〕,〔105 台扇 0 类器具〕,〔106 落地扇 I 类器具〕,〔107 落地扇 II 类器具〕,〔108 落地扇 III 类器具〕,〔109 落地扇 0I 类器具〕,〔110 落地扇 0 类器具〕,〔111 壁扇 I 类器具〕,〔112 壁扇 II 类器具〕,〔113 壁扇 III 类器具〕,〔114 壁扇 0I 类器具〕,〔115 壁扇 0 类器具〕,〔116 其他电扇及其零件 I 类器具〕,〔117 其他电扇及其零件 II 类器具〕,〔118 其他电扇及其零件 III 类器具〕,〔119 其他电扇及其零件 0I 类器具〕,〔120 其他电扇及其零件 0 类器具〕

② 〔101 其他电扇及其零件 I 类器具〕,〔102 其他电扇及其零件 II 类器具〕,〔103 其他电扇及其零件 III 类器具〕,〔104 其他电扇及其零件 0I 类器具〕,〔105 其他电扇及其零件 0 类器具〕

协定税率(%)																		特惠税率(%)			Article Description
智利	新西兰	澳大利亚	瑞士	冰岛	秘鲁	哥斯达	东盟	亚太	新加坡	巴基斯坦	港/澳/台	韩国	格鲁吉亚	毛里求斯	柬埔寨	尼加拉瓜	日/韩/澳/新/东 (RCEP)	亚太2国	老/柬/缅	LDC 98/97/95	
0	0	0	0	0	0	0	0			0	0/0/	0	0	0	0	6.4	7.3/7/0/0/0		0//	0/0/0	---Range hoods
0	0	0	0	0	0	0	0		0	0	0/0/	0	0	0	0	6.4	7.3/7/0/0/0		0//	0/0/0	---Other
0	0	0	0	0	0	0	0		0	0	0/0/	0	0	0	0	6.4	7.3/7/0/0/0		0//	0/0/0	---Hoods having a maximum horizontal side not exceeding 120cm
0	0	0	2.8	0	0	0	0	4.6		0	0/0/0	0	0	0	0	0	5.7/0/0/0/0			0/0/0	---Other
0	0	0	0	0	0	0	0	5.2		0	0/0/	0	0	0	0	6.4	5.8/0/0/0/0			0/0/0	---Free piston generators for gas turbines
0	0	0	0	0	0	0	0	4.6		0	0/0/	0	0	0	0	0	5.1/4.9/0/0/0			0/0/0	---CO_2 compressors
0	0	0		0		0	0	4.6		0	0/0/	2.3	0	0	0	5.6	5.7/4.9/4.9/4.9/4.9			0/0/	---Superchargers for engines
0	0	0	2.8	0	0	0	0	4.6		0	0/0/0	0	0	0	0	0	5.7/0/0/0/0			0/0/0	----Screw air compressor
0	0	0	2.8	0	0	0	0	4.6		0	0/0/0	0	0	0	0	0	5.7/0/0/0/0			0/0/0	----Other
0	0	0	2.8	0	0	0	0	4.6		0	0/0/0	0	0	0	0	0	5.7/0/0/0/0			0/0/0	---Other

商品编号	商品名称及备注[检验检疫编码及名称]	进口关税(%) 最惠国	进口关税(%) 普通	增值税率(%)	消费税	计量单位	监管条件	检验检疫类别	对美税率	出口税率(%)	出口退税率(%)
8414809057暂2	燃料电池循环泵〔999〕	7	30	13		台/千克			17%	0	
8414809090	其他空气泵及通风罩(通风罩指装有风扇的通风罩或循环气罩,平面边长>120 厘米)〔101 其他风机及其零件〕,〔102 其他空气压缩机(站)及零件〕	7	30	13		台/千克			22%	0	
84149011	----压缩机进、排气阀片										13
8414901100暂5	压缩机进、排气阀片(用于制冷设备的)〔999〕	8	80	13		千克			25%	0	
84149019	----其他										13
8414901900暂5	编号 84143011 至 84143014 及 84143090 的零件(指编号 84143011 至 84143014 及 84143090 所列机器的其他零件)〔999〕	8	80	13		千克			15%	0	
84149020	---税号 8414. 5110 至 8414. 5199 及 8414. 6000 所列机器的零件										13
8414902000暂6	编号 84145110 至 84145199 及 84146000 机器零件(指上述编号内的吊扇换气扇等,还包括编号 84146000 机器零件)〔101 其他风机及其零件〕,〔102 其他电扇及其零件〕	7	130	13		千克			27%	0	
84149090	---其他										13
8414909010暂4	分子泵(气体离心机的静态部件,专门设计或制造的内部有已加工或挤压的螺纹槽和已加工的腔的泵体)①	7	30	13		千克	3		24%	0	
8414909090暂4	品目 84. 14 其他未列名零件〔101 其他风机及其零件〕,〔102 其他电扇及其零件〕,〔103 其他空气压缩机(站)及零件〕	7	30	13		千克			24%	0	
8415	**空气调节器,装有电扇及调温、调湿装置,包括不能单独调湿的空调器:**										
84151010	---独立式										13
8415101000	独立式空气调节器,窗式、壁式、置于天花板或地板上的(装有电扇及调温、调湿装置,包括不能单独调湿的空调器)〔999〕	8	130	13		台/千克	A	L. M/	28%	0	
84151021	----制冷量不超过 4000 大卡/时										13
8415102100	制冷量≤4 千大卡/时分体式空调,窗式、壁式、置于天花板或地板上的(装有电扇及调温、调湿装置,包括不能单独调湿的空调器)〔999〕	8	130	13		台/千克	A	L. M/	28%	0	
84151022	----制冷量超过 4000 大卡/时										13
8415102210	4000 大卡/时<制冷量≤12046 大卡/时(14000 瓦)分体式空调,窗式、壁式、置于天花板或地板上的(装有电扇及调温、调湿装置,包括不能单独调湿的空调器)〔999 分体空调调节器 I 类器具〕	8	90	13		台/千克	A	L. M/	28%	0	
8415102290	其他制冷量>12046 大卡/时(14000 瓦)分体式空调,窗式、壁式、置于天花板或地板上的(装有电扇及调温、调湿装置,包括不能单独调湿的空调器)〔999〕	8	90	13		台/千克	A	L. M/	28%	0	
84152000	-机动车辆上供人使用的										13
8415200000	机动车辆上供人使用的空气调节器(指机动车辆上供人使用的空气调节器)②	10	110	13		台/千克			30%	0	
84158110	---制冷量不超过 4000 大卡/时										13
8415811000	制冷量≤4 千大卡/时热泵式空调器(装有制冷装置及一个冷热循环换向阀的)③	8	130	13		台/千克	A	L. M/	28%	0	
84158120	---制冷量超过 4000 大卡/时										13
8415812001	4000 大卡/时<制冷量≤12046 大卡/时(14000 瓦)热泵式空调器(装有制冷装置及一个冷热循环换向阀的)④	10	90	13		台/千克	A	L. M/	30%	0	
8415812090	其他制冷量>12046 大卡/时(14000 瓦)热泵式空调器(装有制冷装置及一个冷热循环换向阀的)⑤	10	90	13		台/千克	A	L. M/	30%	0	

① 〔101 其他风机及其零件〕,〔102 其他电扇及其零件 I 类器具〕,〔103 其他电扇及其零件 II 类器具〕,〔104 其他电扇及其零件 III 类器具〕,〔105 其他电扇及其零件 0I 类器具〕,〔106 其他电扇及其零件 0 类器具〕,〔107 带有迷宫式密封装置往复式压缩机〕,〔108 其他空气压缩机(站)及零件〕,〔109 其他制冷设备用压缩机及其零件〕

② 〔101 车用空气调节器 I 类器具〕,〔102 车用空气调节器 II 类器具〕,〔103 车用空气调节器 III 类器具〕,〔104 车用空气调节器 0I 类器具〕,〔105 车用空气调节器 0 类器具〕

③ 〔101 独立窗式空调调节器 I 类器具〕,〔102 独立窗式空调调节器 II 类器具〕,〔103 独立窗式空调调节器 III 类器具〕,〔104 独立窗式空调调节器 0I 类器具〕,〔105 独立窗式空调调节器 0 类器具〕,〔106 分体空调调节器 I 类器具〕,〔107 分体空调调节器 II 类器具〕,〔108 分体空调调节器 III 类器具〕,〔109 分体空调调节器 0I 类器具〕,〔110 分体空调调节器 0 类器具〕,〔111 其他空气调节装置及其零件 I 类器具〕,〔112 其他空气调节装置及其零件 II 类器具〕,〔113 其他空气调节装置及其零件 III 类器具〕,〔114 其他空气调节装置及其零件 0I 类器具〕,〔115 其他空气调节装置及其零件 0 类器具〕

④ 〔101 冷热循环换向阀的(独立窗式空调调节器 I 类器具)〕,〔102 冷热循环换向阀的(独立窗式空调调节器 II 类器具)〕,〔103 冷热循环换向阀的(独立窗式空调调节器 III 类器具)〕,〔104 冷热循环换向阀的(独立窗式空调调节器 0I 类器具)〕,〔105 冷热循环换向阀的(独立窗式空调调节器 0 类器具)〕,〔106 冷热循环换向阀的(分体空调调节器 I 类器具)〕,〔107 冷热循环换向阀的(分体空调调节器 II 类器具)〕,〔108 冷热循环换向阀的(分体空调调节器 III 类器具)〕,〔109 冷热循环换向阀的(分体空调调节器 0I 类器具)〕,〔110 冷热循环换向阀的(分体空调调节器 0 类器具)〕,〔111 冷热循环换向阀的(其他空气调节装置及其零件 I 类器具)〕,〔112 冷热循环换向阀的(其他空气调节装置及其零件 II 类器具)〕,〔113 冷热循环换向阀的(其他空气调节装置及其零件 III 类器具)〕,〔114 冷热循环换向阀的(其他空气调节装置及其零件 0I 类器具)〕,〔115 冷热循环换向阀的(其他空气调节装置及其零件 0 类器具)〕

⑤ 〔101 冷热循环换向阀的(独立窗式空调调节器 I 类器具)〕,〔102 冷热循环换向阀的(独立窗式空调调节器 II 类器具)〕,〔103 冷热循环换向阀的(独立窗式空调调节器 III 类器具)〕,〔104 冷热循环换向阀的(独立窗式空调调节器 0I 类器具)〕,〔105 冷热循环换向阀的(独立窗式空调调节器 0 类器具)〕,〔106 冷热循环换向阀的(分体空调调节器 I 类器具)〕,〔107 冷热循环换向阀的(分体空调调节器 II 类器具)〕,〔108 冷热循环换向阀的(分体空调调节器 III 类器具)〕,〔109 冷热循环换向阀的(分体空调调节器 0I 类器具)〕,〔110 冷热循环换向阀的(分体空调调节器 0 类器具)〕,〔111 冷热循环换向阀的(其他空气调节装置及其零件 I 类器具)〕,〔112 冷热循环换向阀的(其他空气调节装置及其零件 II 类器具)〕,〔113 冷热循环换向阀的(其他空气调节装置及其零件 III 类器具)〕,〔114 冷热循环换向阀的(其他空气调节装置及其零件 0I 类器具)〕,〔115 冷热循环换向阀的(其他空气调节装置及其零件 0 类器具)〕

协定税率(%)																		特惠税率(%)			
智利	新西兰	澳大利亚	瑞士	冰岛	秘鲁	哥斯达	东盟	亚太	新加坡	巴基斯坦	港/澳/台	韩国	格鲁吉亚	毛里求斯	柬埔寨	尼加拉瓜	日/韩/澳/新/东(RCEP)	亚太2国	老/柬/缅	LDC 98/97/95	Article Description
0	0	0	0	0	0	0	0	5.6		0	0/0/	0	0	0	0	6.4	5.8/0/0/0/0		0//	0/0/0	----In take valve leaf or discharge valve leaf
0	0	0	0	0	0	0	0	5.6		0	0/0/0	0	0	0	0	6.4	6.5/0/0/0/0			0/0/0	----Other
0	0	0	0	0	0	0	0	4.6	0	3	0/0/0	0	0	0	0	0	8.7/8.4/0/0/0			0/0/0	---Of the machines of subheadings 84145110 to 84145199 or 84146000
0	0	0	2.8	0	0	0	0	4.6		2.5	0/0/0	0	0	0	0	0	5.7/0/0/0/0			0/0/0	---Other
																					Air conditioning machines, comprising a motor-driven fan and elements for changing the temperature and humidity, including those machines in which the humidity cannot be separately regulated:
0	0	0	0	0	0	0	0	5.2	0	0	0/0/	0	0	0	0	6.4	10.9/10.5/0/0/0			0/0/0	---Self-contained
0	0	0	0	0	0	0	0	5.2	0	0	0/0/	0	0	0	0	6.4	10.9/10.5/0/0/0			0/0/0	----Of a refrigerating effect not exceeding 4000 Cal per hour
0	0	0	0	0	0	0	0	5.2	0	0	0/0/	0	0	0	0	6.4	10.9/10.5/0/0/0			0/0/0	----Of a refrigerating effect exceeding 4000 Cal per hour
0	0	0	0	0		0	5				0/0/	10	0	0	0	9	10/20/18.5/18.5/10			0/0/	-Of a kind used for persons, in motor vehicles
0	0	0	0	0	0	0	0		0	6	0/0/	0	0	0	0	6.4	10.9/10.5/0/0/0			0/0/0	---Of a refrigerating effect not exceeding 4000 Cal per hour
0	0	0	0	0	0	0	0		0		0/0/	10	0	0	0	9	/20/17/17/17			0/0/0	---Of a refrigerating effect exceeding 4000 Cal per hour

商品编号	商品名称及备注[检验检疫编码及名称]	进口关税(%)		增值税率(%)	消费税	计量单位	监管条件	检验检疫类别	对美税率	出口税率(%)	出口退税率(%)
		最惠国	普通								
84158210	---制冷量不超过 4000 大卡/时										13
8415821000	制冷量≤4 千大卡/时的其他空调器(仅装有制冷装置,而无冷热循环装置的)①	8	130	13		台/千克	A	L. M/	28%	0	
84158220	---制冷量超过 4000 大卡/时										13
8415822001	4000 大卡/时<制冷量≤12046 大卡/时(14000 瓦)的其他空调(仅装有制冷装置,而无冷热循环装置的)②	10	90	13		台/千克	A	L. M/	30%	0	
8415822090	其他制冷量>12046 大卡/时(14000 瓦)的其他空调(仅装有制冷装置,而无冷热循环装置的)③	10	90	13		台/千克	A	L. M/	30%	0	
84158300	--未装有制冷装置的										13
8415830000	未装有制冷装置的空调器④	8	90	13		台/千克			28%	0	
84159010	---税号 8415. 1010、8415. 1021、8415. 8110 及 8415. 8210 所列设备的零件										13
8415901000[暂6]	其他制冷量≤4 千大卡/时空调的零件(指编号 84151010、84151021、84158110、84158210 所列设备的零件)〔999〕	8	130	13		千克			31%	0	
84159090	---其他										13
8415909000[暂6]	其他制冷量>4 千大卡/时空调的零件(指编号 84151022、84152000、84158120、84158220、84158300 所列设备的零件)〔999〕	8	90	13		千克			26%	0	
8416	**使用液体燃料、粉状固体燃料或气体燃料的炉用燃烧器;机械加煤机,包括其机械炉箅、机械出灰器及类似装置:**										
84161000	-使用液体燃料的炉用燃烧器										13
8416100000	使用液体燃料的炉用燃烧器〔999〕	10	35	13		千克/台	6		30%	0	
84162011	----使用天然气的										13
8416201101[暂5]	溴化锂空调用天然气燃烧机〔999〕	10	35	13		千克/台	6		25%	0	
8416201190	其他使用天然气的炉用燃烧器〔999〕	10	35	13		千克/台	6		30%	0	
84162019	----其他										13
8416201900	使用其他气的炉用燃烧器〔999〕	10	35	13		千克/台	6		35%	0	
84162090	---其他										13
8416209000	使用粉状固体燃料炉用燃烧器(包括其他复式燃烧器)	10	35	13		千克/台	6		35%	0	
84163000	-机械加煤机,包括其机械炉箅、机械出灰器及类似装置										13
8416300000	机械加煤机及类似装置(包括机械炉箅、机械出灰器)〔101 煤炭行业成套设备〕,〔102 其他行业成套设备〕	8	35	13		千克/台	6			0	
84169000	-零件										13
8416900000	炉用燃烧器、机械加煤机等的零件(包括机械炉箅、机械出灰器及类似装置用的零件)〔999〕	6	35	13		千克			16%	0	
8417	**非电热的工业或实验室用炉及烘箱,包括焚烧炉:**										
84171000	-矿砂、黄铁矿或金属的焙烧、熔化或其他热处理用炉及烘箱										13
8417100000	矿砂、金属的焙烧、熔化用炉(含烘箱及黄铁矿的焙烧、溶化或其他热处理用炉及烘箱)〔999〕	10	35	13		台/千克	6		30%	0	
84172000	-面包房用烤炉及烘箱,包括做饼干用的										13
8417200000	面包房用烤炉及烘箱等(包括做饼干用的)〔999〕	10	35	13		台/千克	A	R/	20%	0	
84178010	---炼焦炉										13
8417801000	炼焦炉〔999〕	10	35	13		台/千克	6			0	

① 〔101 独立窗式空调调节器 I 类器具〕,〔102 独立窗式空调调节器 II 类器具〕,〔103 独立窗式空调调节器 III 类器具〕,〔104 独立窗式空调调节器 0I 类器具〕,〔105 独立窗式空调调节器 0 类器具〕,〔106 分体空调调节器 I 类器具〕,〔107 分体空调调节器 II 类器具〕,〔108 分体空调调节器 III 类器具〕,〔109 分体空调调节器 0I 类器具〕,〔110 分体空调调节器 0 类器具〕,〔111 其他空气调节装置及其零件 I 类器具〕,〔112 其他空气调节装置及其零件 II 类器具〕,〔113 其他空气调节装置及其零件 III 类器具〕,〔114 其他空气调节装置及其零件 0I 类器具〕,〔115 其他空气调节装置及其零件 0 类器具〕

② 〔101 热循环装置的(独立窗式空调调节器 I 类器具)〕,〔102 热循环装置的(独立窗式空调调节器 II 类器具)〕,〔103 热循环装置的(独立窗式空调调节器 III 类器具)〕,〔104 热循环装置的(独立窗式空调调节器 0I 类器具)〕,〔105 热循环装置的(独立窗式空调调节器 0 类器具)〕,〔106 热循环装置的(分体空调调节器 I 类器具)〕,〔107 热循环装置的(分体空调调节器 II 类器具)〕,〔108 热循环装置的(分体空调调节器 III 类器具)〕,〔109 热循环装置的(分体空调调节器 0I 类器具)〕,〔110 热循环装置的(分体空调调节器 0 类器具)〕,〔111 热循环装置的(其他空气调节装置及其零件 I 类器具)〕,〔112 热循环装置的(其他空气调节装置及其零件 II 类器具)〕,〔113 热循环装置的(其他空气调节装置及其零件 III 类器具)〕,〔114 热循环装置的(其他空气调节装置及其零件 0I 类器具)〕,〔115 热循环装置的(其他空气调节装置及其零件 0 类器具)〕

③ 〔101 热循环装置的(独立窗式空调调节器 I 类器具)〕,〔102 热循环装置的(独立窗式空调调节器 II 类器具)〕,〔103 热循环装置的(独立窗式空调调节器 III 类器具)〕,〔104 热循环装置的(独立窗式空调调节器 0I 类器具)〕,〔105 热循环装置的(独立窗式空调调节器 0 类器具)〕,〔106 热循环装置的(分体空调调节器 I 类器具)〕,〔107 热循环装置的(分体空调调节器 II 类器具)〕,〔108 热循环装置的(分体空调调节器 III 类器具)〕,〔109 热循环装置的(分体空调调节器 0I 类器具)〕,〔110 热循环装置的(分体空调调节器 0 类器具)〕,〔111 热循环装置的(其他空气调节装置及其零件 I 类器具)〕,〔112 热循环装置的(其他空气调节装置及其零件 II 类器具)〕,〔113 热循环装置的(其他空气调节装置及其零件 III 类器具)〕,〔114 热循环装置的(其他空气调节装置及其零件 0I 类器具)〕,〔115 热循环装置的(其他空气调节装置及其零件 0 类器具)〕

④ 〔101 未装有制冷装置的空调器 I 类器具〕,〔102 未装有制冷装置的空调器 II 类器具〕,〔103 未装有制冷装置的空调器 III 类器具〕,〔104 未装有制冷装置的空调器 0I 类器具〕,〔105 未装有制冷装置的空调器 0 类器具〕

智利	新西兰	澳大利亚	瑞士	冰岛	秘鲁	哥斯达	东盟	亚太	新加坡	巴基斯坦	港/澳/台	韩国	格鲁吉亚	毛里求斯	柬埔寨	尼加拉瓜	日/韩/澳/新/东(RCEP)	亚太2国	老/柬/缅	LDC 98/97/95	Article Description
协定税率(%)																		特惠税率(%)			
0	0	0	0	0	0	0	0		0	6	0/0/		0	0	0	6.4	//8/8/8			0/0/0	---Of a refrigerating effect not exceeding 4000 Cal per hour
0	0	0	0	0	0	0	0		0		0/0/		0	0	0	9	//5/5/5			0/0/0	---Of a refrigerating effect exceeding 4000 Cal per hour
0	0	0	0	0	0	0	0		0	0	0/0/	0	0	0	0	6.4	7.3/7/0/0/0			0/0/0	--Not incorporating a refrigerating unit
0	0	0	0	0	0	0	0	5.2	0	4	0/0/	0	0	0	0	6.4	7.3/7/7/7/7			0/0/0	---Of the machines of subheadings 8415.1010, 8415.1021, 8415.8110 and 8415.8210
0	0	0	0	0	0	0	0	5.2	0	0	0/0/0	0	0	0	0	6.4	8.1/7/0/0/0			0/0/0	---Other
																					Furnace burners for liquid fuel, for pulverzied solid fuel or for gas; mechanical stokers, including their mechanical grates, mechanical ash dischargers and similar appliances:
0	0	0	0	0	0	0	0	6.5	0	0	0/0/	0	0	0	0	9	7.3/7/0/0/0			0/0/0	-Furnace burners for liquid fuel
0	0	0	0	0	0	0	0		0	2.5	0/0/	0	0	0	0	9	7.6/7.4/0/0/0			0/0/0	----Of using natural gas
0	0	0	0	0	0	0	0		0	2.5	0/0/	0	0	0	0	9	7.6/7.4/0/0/0			0/0/0	----Other
0	0	0	0	0	0	0	0		0	2.5	0/0/	0	0	0	0	9	7.6/7.4/0/0/0			0/0/0	---Other
0	0	0	0	0	0	0	0			0	0/0/	0	0	0	0	6.4	6.1/0/0/0/0			0/0/0	-Mechanical stokers, including their mechanical grates, mechanical ash dischargers and similar appliances
0	0	0	0	0	0	0	0			0	0/0/	0	0	0	0	0	0/0/0/0/0			0/0/0	-Parts
																					Industrial or laboratory furnaces and ovens, including incinerators, non-electric:
0	0	0	0	0	0	0	0		0	0	0/0/	0	0	0	0	9	7.3/7/7/7/7			0/0/0	-Furnaces and ovens for the roasting, melting or other heat-treatment of ores, pyrites or of metals
0	0	0	0	0	0	0	0			0	0/0/	0	0	0	0	9	7.3/7/0/0/0			0/0/0	-Bakery ovens, including biscuit ovens
0	0	0	0	0	0	0	0			0	0/0/	0	0	0	0	9	7.3/7/0/0/0			0/0/0	---Coke ovens

商品编号	商品名称及备注[检验检疫编码及名称]	进口关税(%)		增值税率(%)	消费税	计量单位	监管条件	检验检疫类别	对美税率	出口税率(%)	出口退税率(%)
		最惠国	普通								
84178020	---放射性废物焚烧炉										13
8417802000	放射性废物焚烧炉〔999〕	5	35	13		台/千克	6			0	
84178030	---水泥回转窑										13
8417803000	水泥回转窑〔999〕	10	35	13		台/千克				0	
84178040	---石灰石分解炉										13
8417804000	石灰石分解炉〔999〕	10	35	13		台/千克				0	
84178050	---垃圾焚烧炉										13
8417805000[暂5]	垃圾焚烧炉〔999〕	10	35	13		台/千克	6			0	
84178090	---其他										13
8417809010	平均温度>1000℃的耐腐蚀焚烧炉(为销毁管制化学品或化学弹药用)〔999〕	10	35	13		台/千克	36		35%	0	
8417809090	其他非电热的工业用炉及烘箱(包括实验室用炉、烘箱和焚烧炉)〔999〕	10	35	13		台/千克	6		35%	0	
84179010	---海绵铁回转窑用										13
8417901000	海绵铁回转窑的零件〔999〕	7	35	13		千克				0	
84179020	---炼焦炉用										13
8417902000	炼焦炉的零件〔999〕	7	35	13		千克				0	
84179090	---其他										13
8417909010[暂5]	垃圾焚烧炉和放射性废物焚烧炉的零件〔999〕	7	35	13		千克			25%	0	
8417909090	其他非电热工业用炉及烘箱的零件(包括实验室用炉及烘箱的零件和焚烧炉零件)〔999〕	7	35	13		千克			27%	0	
8418	**电气或非电气的冷藏箱、冷冻箱及其他制冷设备;热泵,但税目84.15的空气调节器除外:**										
84181010	---容积超过500升										13
8418101000	容积>500升冷藏-冷冻组合机(各自装有单独外门或抽屉,或其组合的)①	9	100	13		台/千克	A	L.M/	34%	0	
84181020	---容积超过200升,但不超过500升										13
8418102000	200<容积≤500升冷藏冷冻组合机(各自装有单独外门或抽屉,或其组合的)②	8	130	13		台/千克	A	L.M/	33%	0	
84181030	---容积不超过200升										13
8418103000	容积≤200升冷藏-冷冻组合机(各自装有单独外门或抽屉,或其组合的)③	8	130	13		台/千克	A	L.M/	18%	0	
84182110	---容积超过150升										13
8418211000	容积>150升压缩式家用型冷藏箱④	8	130	13		台/千克	A	L.M.R/	33%	0	
84182120	---容积超过50升,但不超过150升										13
8418212000	压缩式家用型冷藏箱(50升<容积≤150升)⑤	8	130	13		台/千克	A	L.M.R/	33%	0	
84182130	---容积不超过50升										13
8418213000	容积≤50升压缩式家用型冷藏箱⑥	8	130	13		台/千克	A	L.M.R/	18%	0	
84182910	---半导体制冷式										13
8418291000	半导体制冷式家用型冷藏箱〔999〕	8	130	13		台/千克	A	L.M.R/		0	
84182920	---电气吸收式										13
8418292000	电气吸收式家用型冷藏箱⑦	8	130	13		台/千克	A	L.R/	13%	0	
84182990	---其他										13
8418299000	其他家用型冷藏箱〔999〕	8	130	13		台/千克	A	L.M.R/		0	
84183010	---制冷温度在-40℃及以下										13
8418301000	制冷温度≤-40℃的柜式冷冻箱(容积不超过800升)〔999〕	9	50	13		台/千克	A	M/	14%	0	
84183021	----容积超过500升										13
8418302100	制冷温度>-40℃大的其他柜式冷冻箱(大的指500升<容积≤800升)〔999〕	9	100	13		台/千克	A		29%	0	
84183029	----其他										13
8418302900	制冷温度>-40℃小的其他柜式冷冻箱(小的指容积≤500升)〔999〕	8	130	13		台/千克	A	L.M/	28%	0	
84184010	---制冷温度在-40℃及以下										13
8418401000	制冷温度≤-40℃的立式冷冻箱(容积≤900升)〔999〕	9	50	13		台/千克	A	M/	14%	0	

① 〔101 冷藏冷冻组合机 I 类器具〕,〔102 冷藏冷冻组合机 II 类器具〕,〔103 冷藏冷冻组合机 III 类器具〕,〔104 冷藏冷冻组合机 0I 类器具〕,〔105 冷藏冷冻组合机 0 类器具〕
② 〔101 冷藏冷冻组合机 I 类器具〕,〔102 冷藏冷冻组合机 II 类器具〕,〔103 冷藏冷冻组合机 III 类器具〕,〔104 冷藏冷冻组合机 0I 类器具〕,〔105 冷藏冷冻组合机 0 类器具〕
③ 〔101 冷藏冷冻组合机 I 类器具〕,〔102 冷藏冷冻组合机 II 类器具〕,〔103 冷藏冷冻组合机 III 类器具〕,〔104 冷藏冷冻组合机 0I 类器具〕,〔105 冷藏冷冻组合机 0 类器具〕
④ 〔101 压缩式家用型冷藏箱 I 类器具〕,〔102 压缩式家用型冷藏箱 II 类器具〕,〔103 压缩式家用型冷藏箱 III 类器具〕,〔104 压缩式家用型冷藏箱 0I 类器具〕,〔105 压缩式家用型冷藏箱 0 类器具〕
⑤ 〔101 压缩式家用型冷藏箱 I 类器具〕,〔102 压缩式家用型冷藏箱 II 类器具〕,〔103 压缩式家用型冷藏箱 III 类器具〕,〔104 压缩式家用型冷藏箱 0I 类器具〕,〔105 压缩式家用型冷藏箱 0 类器具〕
⑥ 〔101 压缩式家用型冷藏箱 I 类器具〕,〔102 压缩式家用型冷藏箱 II 类器具〕,〔103 压缩式家用型冷藏箱 III 类器具〕,〔104 压缩式家用型冷藏箱 0I 类器具〕,〔105 压缩式家用型冷藏箱 0 类器具〕
⑦ 〔101 电气吸收式家用型冷藏箱 I 类器具〕,〔102 电气吸收式家用型冷藏箱 II 类器具〕,〔103 电气吸收式家用型冷藏箱 III 类器具〕,〔104 电气吸收式家用型冷藏箱 0I 类器具〕,〔105 电气吸收式家用型冷藏箱 0 类器具〕

协定税率(%)																		特惠税率(%)			Article Description
智利	新西兰	澳大利亚	瑞士	冰岛	秘鲁	哥斯达	东盟	亚太	新加坡	巴基斯坦	港/澳/台	韩国	格鲁吉亚	毛里求斯	柬埔寨	尼加拉瓜	日/韩/澳/新/东(RCEP)	亚太2国	老/柬/缅	LDC 98/97/95	
0	0	0	0	0	0	0	0	3. 5		0	0/0/	0	0	0	0	0	0/0/0/0/0			0/0/0	---Burn furnaces for radioactive waste
0	0	0	0	0	0	0	0	7	0	0	0/0/	0	0	0	0	9	7. 3/7/0/0/0			0/0/0	---Cement rotary kilns
0	0	0	0	0	0	0	0			0	0/0/	0	0	0	0	9	7. 3/7/0/0/0			0/0/0	---Limestone decomposition furnace
0	0	0	0. 8	0	0	0	0		0	0	0/0/0	5	0	0	0	9	7. 3/8/0/0/0			0/0/0	---Incinerators for waste
0	0	0	0. 8	0	0	0	0		0	2. 5	0/0/0	5	0	0	0	9	8. 6/10/8. 5/8. 5/8. 5			0/0/0	---Other
0	0	0	0	0	0	0	0	4. 9		0	0/0/	0	0	0	0	0	5. 1/0/0/0/0			0/0/0	---For sponge iron rotary kiln
0	0	0	0	0	0	0	0	4. 9		0	0/0/	0	0	0	0	0	5. 1/0/0/0/0			0/0/0	---For coke ovens
0	0	0	0	0	0	0	0			0	0/0/	0	0	0	0	0	5. 1/0/0/0/0			0/0/0	---Other
																					Refrigerators, freezers and other refrigerating or freezing equipment, electric or other; heat pumps other than air conditioning machines of heading 84. 15:
0	0	0	0	0	0	0	0		0	0	0/0/	5	0	0	0	8. 1	7. 3/10/8. 5/8. 5/7			0/0/0	---Of a capacity exceeding 500L
0	0	0	0	0	0	0	0		0	0	0/0/	0	0	0	0	6. 4	10. 9/10. 5/10. 5/10. 5			0/0/0	---Of a capacity exceeding 200L, not exceeding 500L
0	0	0	0	0	0	0	0		0	0	0/0/		0	0	0	6. 4	//8/8/8			0/0/0	---Of a capacity not exceeding 200L
0	0	0	0	0	0	0	0		0	0	0/0/	0	0	0	0	6. 4	7. 3/7/0/0/0			0/0/0	---Of a capacity exceeding 150L
0	0	0	0	0	0	0	0	5. 2	0	0	0/0/	0	0	0	0	6. 4	7. 3/7/0/0/0			0/0/0	---Of a capacity exceeding 50L, not exceeding 150L
0	0	0	0	0	0	0	0	5. 2	0	0	0/0/	0	0	0	0	6. 4	7. 3/7/0/0/0			0/0/0	---Of a capacity not exceeding 50L
0	0	0	0	0	0	0	0		0		0/0/		0	6	0	6. 4	//5/5/5			0/0/0	---Semiconductor freezing type
0	0	0	0	0	0	0	0		0	6	0/0/	0	0	0	0	6. 4	10. 9/10. 5/0/0/0			0/0/0	---Absorption-type, electrical
0	0	0	0	0	0	0	0		0		0/0/		0	6	0	6. 4	//8/8/8			0/0/0	---Other
0	0	0	0	0	0	0	0			0	0/0/		0	0	0	8. 1	//5/5/5			0/0/0	---Of a refrigerating temperature of -40℃ or lower
0	0	0	0	0	0	0	0		0	18. 4	0/0/	11. 5	0	4. 6	0	8. 1	0/23/19. 6/19. 6/0			0/0/0	----Of a capacity exceeding 500L
0	0	0	8	0	0	0	0		0		0/0/		0	6	0	6. 4	//8/8/8			0/0/0	----Other
0	0	0	0	0	0	0	0			0	0/0/		0	0	0	8. 1	//5/5/5			0/0/0	---Of a refrigerating temperature of -40℃ or lower

商品编号	商品名称及备注[检验检疫编码及名称]	进口关税(%)		增值税率(%)	消费税	计量单位	监管条件	检验检疫类别	对美税率	出口税率(%)	出口退税率(%)
		最惠国	普通								
84184021	----容积超过 500 升										13
8418402100	制冷温度>-40℃大的立式冷冻箱(大的指 500 升<容积≤900 升)〔999〕	9	100	13		台/千克	A		14%	0	
84184029	----其他										13
8418402900	制冷温度>-40℃小的立式冷冻箱(小的指容积≤500 升)〔999〕	8	130	13		台/千克	A	L. M/	28%	0	
84185000	-装有冷藏或冷冻装置的其他设备(柜、箱、展示台、陈列箱及类似品),用于存储及展示										13
8418500000	装有冷藏或冷冻装置的其他设备,用于存储及展示(包括柜、箱、展示台、陈列箱及类似品)①	9	100	13		台/千克	A	L. M/	19%	0	
84186120	---压缩式										13
8418612010	压缩式制冷机组的热泵(介质为氢、氦的可冷却到≤23K 且排热>150 瓦)〔999〕	9	90	13		台/千克	3		34%	0	
8418612090	其他压缩式热泵,品目 84.15 的空气调节器除外〔999〕	9	90	13		台/千克			34%	0	
84186190	---其他										13
8418619000	其他热泵,品目 84.15 的空气调节器除外〔999〕	9	130	13		台/千克			34%	0	
84186920	---制冷机组										13
8418692010	其他压缩式制冷设备(介质为氢或氦,可冷却到≤23K 且排热>150 瓦)〔999〕	9	90	13		台/千克	3		34%	0	
8418692090	其他制冷机组〔999〕	9	90	13		台/千克			34%	0	
84186990	---其他										13
8418699010	带制冷装置的发酵罐(不发散气溶胶,且容积>20 升)〔999〕	9	130	13		台/千克	3		14%	0	
8418699020	制冰机、冰激凌机②	9	130	13		台/千克			14%	0	
8418699090	其他制冷设备〔999〕	9	130	13		台/千克			14%	0	
84189100	--冷藏或冷冻设备专用的特制家具										13
8418910000	冷藏或冷冻设备专用的特制家具〔999〕	9	130	13		千克			34%	0	
84189910	---制冷机组及热泵用										13
8418991000[暂6]	制冷机组及热泵用零件〔999〕	9	90	13		千克			16%	0	
84189991	----制冷温度在-40℃及以下的冷冻设备用										13
8418999100[暂6]	制冷温度≤-40℃冷冻设备零件〔999〕	9	50	13		千克			11%	0	
84189992	----制冷温度在-40℃以上,但容积超过 500 升的冷藏或冷冻设备用										13
8418999200[暂6]	制冷温度>-40℃大冷藏设备零件(大仅指容积超过 500 升的冷藏或冷冻设备用的零件)〔999〕	9	100	13		千克			31%	0	
84189999	----其他										13
8418999910[暂6]	耐腐蚀冷凝器(0.15 平方米<换热面积<20 平方米)〔999〕	9	130	13		千克	3		11%	0	
8418999990[暂6]	品目 84.18 其他制冷设备用零件〔999〕	9	130	13		千克			11%	0	
8419	**利用温度变化处理材料的机器、装置及类似的实验室设备,例如,加热、烹煮、烘炒、蒸馏、精馏、消毒、灭菌、汽蒸、干燥、蒸发、气化、冷凝、冷却的机器设备,不论是否电热的(不包括税目 85.14 的炉、烘箱及其他设备),但家用的除外;非电热的快速热水器或贮备式热水器:**										
84191100	--燃气快速热水器										13
8419110000	非电热燃气快速热水器〔999〕	8	100	13		台/千克	A	M/	33%	0	
84191200	--太阳能热水器										13
8419120000[暂5]	太阳能热水器〔999〕	8	100	13		台/千克	A	L. M/	10%	0	
84191900	--其他										13
8419190000	其他非电热的快速或贮备式热水器〔101 燃气热水器〕,〔102 其他非电热热水器及其零件〕	8	100	13		台/千克	A	M/	13%	0	
84192000	-医用或实验室用消毒器具										13
8419200000	医用或实验室用其他消毒器具〔999〕	4	30	13		台/千克	A	M/	24%	0	
84193310	---农产品干燥用										

① 〔101 制冰机 I 类器具〕,〔102 制冰机 II 类器具〕,〔103 制冰机 III 类器具〕,〔104 制冰机 0I 类器具〕,〔105 制冰机 0 类器具〕,〔106 其他冷藏冷冻柜设备及其零件〕

② 〔101 制冰机 I 类器具〕,〔102 制冰机 II 类器具〕,〔103 制冰机 III 类器具〕,〔104 制冰机 0 类器具〕,〔105 制冰机 0I 类器具〕,〔106 冰激凌机 I 类器具〕,〔107 冰激凌机 II 类器具〕,〔108 冰激凌机 III 类器具〕,〔109 冰激凌机 0 类器具〕,〔110 冰激凌机 0I 类器具〕

协定税率(%)																		特惠税率(%)			Article Description
智利	新西兰	澳大利亚	瑞士	冰岛	秘鲁	哥斯达	东盟	亚太	新加坡	巴基斯坦	港/澳/台	韩国	格鲁吉亚	毛里求斯	柬埔寨	尼加拉瓜	日/韩/澳/新/东(RCEP)	亚太2国	老/柬/缅	LDC 98/97/95	
0	0	0	0	0	0	0	0	6.3	0	6	0/0/		0	0	0	8.1	//5/5/5			0/0/0	----Of a capacity exceeding 500L
0	0	0		0	0	0	0		0	0	0/0/		0	6	0	6.4	//8/8/8			0/0/0	----Other
0	0	0	0	0	0	0	0		0	0	0/0/	0	0	0	0	8.1	7.3/7/0/0/0			0/0/0	-Other furniture (chests, cabinets, display counters, show-cases and the like) for storage and display, incorporating refrigerating or freezing equipment
0	0	0	0	0	0	0	0	5.9	0	0	0/0/	0	0	0	0	8.1	7.3/7/0/0/0			0/0/0	---Compression-type
0	0	0	0	0	0	0	0	4.5	0	3.5	0/0/	0	0	0	0	8.1	10.9/10.5/0/0/0			0/0/0	---Other
0	0	0	0	0	0	0	0	5.9	0	2.5	0/0/	0	0	0	0	8.1	7.3/7/0/0/0			0/0/0	---Refrigerating units
0	0	0	0	0	0	0	0	5.9	0	0	0/0/	0	0	0	0	8.1	7.3/7/7/7/7			0/0/0	---Other
0	0	0	0	0	0	0	0	5.9	0	14.4	0/0/	0	0	0	0	8.1	13.1/12.6/0/0/0			0/0/0	--Furniture designed to receive refrigerating or freezing equipment
0	0	0	0	0	0	0	0		0	0	0/0/	0	0	0	0	8.1	7.3/7/0/0/0			0/0/0	---Of refrigerating units and heat pumps
0	0	0	0	0	0	0	0			0	0/0/	0	0	0	0	8.1	6.9/0/0/0/0			0/0/0	----Of freezing equipment of a refrigerating temperature of -40℃ or lower
0	0	0	0	0	0	0	0			0	0/0/	0	0	0	0	8.1	7.3/7/0/0/0			0/0/0	----Of refrigerating or freezing equipment of a refrigerating temperature higher than -40℃ and a capacity exceeding 500L
0	0	0	0	0	0	0	0		0	4	0/0/	0	0	0	0	8.1	7.3/7/7/7/7			0/0/0	----Other
																					Machinery, plant or laboratory equipment, whether or not electrically heated (excluding furnaces, ovens and other equipment of heading 85.14), for the treatment of materials by a process involving a change of temperaturesuch as heating, cooking, roasting, distilling, rectifying, sterilizing, pasteurizing, steaming, drying, evaporating, vaporizing, condensing or cooling, other than machinery or plant of a kind used for domestic purposes; instantaneous or storage water heaters, non-electric:
0	0	0	8	0	0	0	0		0	28	0/0/	17.5	0	7	0	6.4	/35/29.8/29.8/29.8			0/0/0	--Instantaneous gas water heaters
0	0	0	0	0	0	0	0	6.4	0	28	0/0/0		0	7	0	6.4	25.5/24.5/0/0/0			0/0/0	--Solar water heaters
0	0	0	8	0	0	0	0		0		0/0/0		0	7	0	6.4	//5/5/5			0/0/0	--Other
0	0	0	0	0	0	0	0			0	0/0/	0	0	0	0	0	0/0/0/0/0			0/0/0	-Medical, surgical or laboratory sterilizers
0	0	0	0	0	0	0	0			0	0/0/	0	0	0	0	6.4	5.8/5.6/0/0/0		0//	0/0/0	---For agricultural products

商品编号	商品名称及备注[检验检疫编码及名称]	进口关税(%)		增值税率(%)	消费税	计量单位	监管条件	检验检疫类别	对美税率	出口税率(%)	出口退税率(%)
		最惠国	普通								
8419331000	农产品用冷冻干燥装置、冷冻干燥单元和喷雾式干燥器〔999〕	8	30	9		台/千克			33%	0	9,13
84193320	---木材、纸浆、纸或纸板干燥用										13
8419332000	木材、纸浆、纸或纸板用冷冻干燥装置、冷冻干燥单元和喷雾式干燥器〔999〕	9	30	13		台/千克			34%	0	
84193390	---其他										13
8419339010	其他冻干设备(10千克≤24小时凝冰量≤1000千克,并可蒸汽消毒)〔999〕	9	30	13		台/千克	3		29%	0	
8419339020	冷冻或喷雾式烟丝烘干机〔999〕	9	30	13		台/千克	O		29%	0	
8419339030	其他冷冻或喷雾式干燥箱(具有与三级生物安全柜类似标准)〔999〕	9	30	13		台/千克	3		29%	0	
8419339050[暂5]	冷冻或喷雾式污泥干燥机〔999〕	9	30	13		台/千克			25%	0	
8419339090	其他冷冻干燥装置、冷冻干燥单元和喷雾式干燥器〔999〕	9	30	13		台/千克			29%	0	
84193400	--其他,农产品干燥用										
8419340000	其他农产品用干燥器〔999〕	8	30	9		台/千克			33%	0	9,13
84193500	--其他,木材、纸浆、纸或纸板干燥用										13
8419350000	其他木材、纸浆、纸或纸板用干燥器〔999〕	9	30	13		台/千克			34%	0	
84193910	---微空气流动陶瓷坯件干燥器										13
8419391000	微空气流动陶瓷坯件干燥器〔999〕	9	30	13		台/千克				0	
84193990	---其他										13
8419399020	其他烟丝烘干机〔999〕	9	30	13		台/千克	O		29%	0	
8419399030	其他干燥箱(具有与三级生物安全柜类似标准)〔999〕	9	30	13		台/千克	3		29%	0	
8419399050[暂5]	其他污泥干燥机(冷冻式、喷雾式除外)〔999〕	9	30	13		台/千克			25%	0	
8419399090	其他用途的干燥器〔999〕	9	30	13		台/千克			29%	0	
84194010	---提净塔										13
8419401000	提净塔〔999〕	10	30	13		台/千克	A	R/	35%	0	
84194020	---精馏塔										13
8419402000	精馏塔〔999〕	10	30	13		台/千克	A	R/	35%	0	
84194090	---其他										13
8419409010	氢-低温蒸馏塔(温度≤-238℃,压力为0.5~5兆帕,内径≥1米等条件)〔999〕	10	30	13		台/千克	3		35%	0	
8419409020	耐腐蚀蒸馏塔(内径>0.1米,接触表面由特殊耐腐蚀材料制成)〔999〕	10	30	13		台/千克	3		35%	0	
8419409090	其他蒸馏或精馏设备〔999〕	10	30	13		台/千克			35%	0	
84195000	-热交换装置										13
8419500010	热交换器(专用于核反应堆的一次冷却剂回路的)〔101 螺旋板式交换器〕,〔102 其他热交换装置〕	10	30	13		台/千克	3		20%	0	
8419500020	蒸汽发生器(专用于核反应堆内生成的热量输送到进水以产生蒸汽的)〔999〕	10	30	13		台/千克	3		20%	0	
8419500030	冷却UF6的热交换器(专门设计或制造的用耐UF6材料制成或保护的热交换器,在压差为100千帕下渗透压力变化率小于10帕/时)〔999〕	10	30	13		台/千克	3		20%	0	
8419500040	冷却气体用热交换器(用耐UF6腐蚀材料制成或加以保护的)〔999〕	10	30	13		台/千克	3		20%	0	
8419500050	耐腐蚀热交换器(0.15平方米<换热面积<20平方米)〔999〕	10	30	13		台/千克	3A	M/	20%	0	
8419500060	用氟聚合物制造的、入口管和出口管内径不超过3厘米的热交换装置〔999〕	0	30	13		台/千克	A	M/	10%	0	
8419500090	其他热交换装置〔101 废热锅炉〕,〔102 螺旋板式交换器〕,〔103 其他热交换装置〕	10	30	13		台/千克	A	M/	20%	0	
84196011	----制氧量在15000立方米/小时及以上										13
8419601100	制氧机(制氧量在15000立方米/小时及以上)〔999〕	12	30	13		台/千克	A	M/		0	
84196019	----其他										13
8419601900	其他制氧机(制氧量在15000立方米/小时以下)〔999〕	13	30	13		台/千克	A	M/	18%	0	
84196090	---其他										13
8419609010	液化器(将来自级联的UF6气体压缩并冷凝成液态UF6)〔999〕	10	30	13		台/千克	3		15%	0	
8419609020[暂5]	通过冷凝分离和去除污染物的气体液化设备〔101 其他液化空气或其他气体用的机器〕,〔102 其他液化空气或气体用的机器及其零件〕	10	30	13		台/千克	A	M/	10%	0	
8419609090	其他液化空气或其他气体用的机器〔101 其他液化空气或其他气体用的机器〕,〔102 其他液化空气或气体用的机器及其零件〕	10	30	13		台/千克	A	M/	15%	0	
84198100	--加工热饮料或烹调、加热食品用										13
8419810000[暂8]	加工热饮料,烹调,加热食品的机器〔999〕	10	30	13		台/千克	A	L.M.R/	18%	0	
84198910	---加氢反应器										13
8419891000	加氢反应器〔999〕	0	30	13		台/千克			5%	0	
84198990	---其他										13
8419899010	带加热装置的发酵罐(不发散气溶胶,且容积大于20升)〔999〕	0	30	13		台/千克	3		20%	0	
8419899021	凝华器(或冷阱)(从扩散级联中取出UF6并可再蒸发转移)〔101 氨气提法二氧化碳气提塔等〕,〔102 其他利用温度变化处理材料的机器〕	0	30	13		台/千克	3		20%	0	
8419899022	低温制冷设备(能承受-120℃或更低的温度)〔101 氨气提法二氧化碳气提塔等〕,〔102 其他利用温度变化处理材料的机器〕	0	30	13		台/千克	3A	M/	20%	0	

协定税率(%)																		特惠税率(%)			
智利	新西兰	澳大利亚	瑞士	冰岛	秘鲁	哥斯达	东盟	亚太	新加坡	巴基斯坦	港/澳/台	韩国	格鲁吉亚	毛里求斯	柬埔寨	尼加拉瓜	日/韩/澳/新/东(RCEP)	亚太2国	老/柬/缅	LDC 98/97/95	Article Description
0	0	0	0	0	0	0	0			0	0/0/0	0	0	0	0	8.1	6.5/0/0/0/0		0//	0/0/0	---For wood, paper pulp, paper or paperboard
0	0	0	0	0	0	0	0	4.5		0	0/0/0	0	0	0	0	8.1	6.5/6.3/0/0/0			0/0/0	---Other
0	0	0	0	0	0	0	0			0	0/0/	0	0	0	0	6.4	5.8/5.6/0/0/0		0//	0/0/0	--Other, for agricultural products
0	0	0	0	0	0	0	0			0	0/0/0	0	0	0	0	8.1	6.5/0/0/0/0		0//	0/0/0	--Other, for wood, paper pulp, paper or paperboard
0	0	0	0	0	0	0	0	4.5		0	0/0/	0	0	0	0	8.1	6.5/0/0/0/0			0/0/0	---Breeze pottery blanks dryers
0	0	0	0	0	0	0	0	4.5		0	0/0/0	0	0	0	0	8.1	6.5/6.3/0/0/0			0/0/0	---Other
0	0	0	0	0	0	0	0		0	0	0/0/	0	0	0	0	9	7.3/7/0/0/0			0/0/0	---Stripping towers
0	0	0	0	0	0	0	0		0	0	0/0/	0	0	0	0	9	7.3/7/0/0/0			0/0/0	---Rectifying towers
0	0	0	0	0	0	0	0		0	0	0/0/	0	0	0	0	9	7.3/7/0/0/0			0/0/0	---Other
0	0	0	0.8	0	0	0	0	6.5	0	0	0/0/0	0	0	0	0	9	8.1/0/0/0/0		0//	0/0/0	-Heat exchange units
0	0	0	0	0	0	0	0		0	3	0/0/	0	0	0	0	11.2	8.7/8.4/0/0/0			0/0/0	----Oxygen preparation volume no less than 15000m^3/h
0	0	0	0	0	0	0	0		0	3.3	0/0/	0	0	0	0	12.1	9.5/9.1/0/0/0			0/0/0	----Other
0	0	0	0	0	0	0	0		0	0	0/0/	0	0	0	0	9	7.3/7/7/7/7			0/0/0	---Other
0	0	0	0	0	0	0	0		0	2.5	0/0/	0	0	0	0	9	7.3/7/7/7/7		0//	0/0/0	--For making hot drinks or for cooking or heating food
0	0	0	0	0	0	0	0			0	0/0/	0	0	0	0	0	0/0/0/0/0		0//	0/0/0	---Hydroformer vessels
0	0	0	0	0	0	0	0			0	0/0/	0	0	0	0	0	0/0/0/0/0		0//	0/0/0	---Other

商品编号	商品名称及备注[检验检疫编码及名称]	进口关税(%)		增值税率(%)	消费税	计量单位	监管条件	检验检疫类别	对美税率	出口税率(%)	出口退税率(%)
		最惠国	普通								
8419899023	UF6冷阱(能冻结分离出UF6的冷阱)〔101 氨气提法二氧化碳气提塔等〕,〔102 其他利用温度变化处理材料的机器〕	0	30	13		台/千克	3		20%	0	
8419899090	其他利用温度变化处理材料的机器(包括类似的实验室设备)〔101 氨气提法二氧化碳气提塔等〕,〔102 其他利用温度变化处理材料的机器〕,〔103 非压力容器产品〕	0	30	13		台/千克	A	M/	20%	0	
84199010	---热水器用										13
8419901000	热水器用零件〔999〕	0	100	13		千克			25%	0	
84199090	---其他										13
8419909000	品目84.19的机器设备用零件(其他利用温度变化处理材料的机器等用零件)〔999〕	4	30	13		千克			24%	0	
8420	**研光机或其他滚压机器及其滚筒,但加工金属或玻璃用的除外:**										
84201000	-研光机或其他滚压机器										13
8420100001[暂6]	织物轧光机〔999〕	8	30	13		台/千克			31%	0	
8420100020	专门或主要用于印刷电路板基板或印刷电路制造的滚压机(加工金属或玻璃用的除外)〔999〕	0	30	13		台/千克			25%	0	
8420100090	其他研光机或滚压机器(加工金属或玻璃用的除外)①	8	30	13		台/千克			33%	0	
84209100	--滚筒										13
8420910000	研光机或其他滚压机器的滚筒②	8	30	13		个/千克			33%	0	
84209900	--其他										13
8420990000	研光机或其他滚压机的未列名零件〔999〕	8	30	13		千克			28%	0	
8421	**离心机,包括离心干燥机;液体或气体的过滤、净化机器及装置:**										
84211100	--奶油分离器										13
8421110000	奶油分离器〔999〕	8	30	13		台/千克	A	R/		0	
84211210	---干衣量不超过10千克										13
8421121000	干衣量不超过10千克的离心干衣机③	7	70	13		台/千克		L/	32%	0	
84211290	---其他										13
8421129000	干衣量大于10千克的离心干衣机④	8	30	13		台/千克			28%	0	
84211910	---脱水机										13
8421191000[暂6]	脱水机〔999〕	10	30	13		台/千克		L/	31%	0	
84211920	---固液分离机										13
8421192000	固液分离机〔999〕	10	30	13		台/千克			35%	0	
84211990	---其他										13
8421199020	液-液离心接触器(为化学交换过程的铀浓缩而专门设计或制造的)〔999〕	10	30	13		台/千克	3		20%	0	
8421199030	离心分离器,包括倾析器(不发散气溶胶、可对致病性微生物进行连续分离的)〔999〕	10	30	13		台/千克	3		20%	0	
8421199090	其他离心机及离心干燥机〔101 其他干燥器及其零件〕,〔102 其他离心机及类似装置及其零件〕	10	30	13		台/千克			20%	0	
84212110	---家用型										13
8421211000[暂5]	家用型过滤或净化水的机器及装置⑤	7	63	13		台/千克	A	R/	20%	0	
84212191	----船舶压载水处理设备										13
8421219100	船舶压载水处理设备〔999〕	5	50	13		台/千克			30%	0	
84212199	----其他										13
8421219910[暂1]	喷灌设备用叠式净水过滤器〔999〕	5	50	13		台/千克			21%	0	
8421219920[暂2]	船舶压载水处理设备用过滤器〔999〕	5	50	13		台/千克			22%	0	
8421219990	其他非家用型过滤或净化水的装置〔999〕	5	50	13		台/千克			25%	0	
84212200	--过滤或净化饮料(水除外)用										13
8421220000	过滤或净化饮料的机器及装置(过滤或净化水的装置除外)⑥	8	40	13		台/千克	A	R/	28%	0	
84212300	--内燃发动机的滤油器										13
8421230000	内燃发动机的滤油器〔101 其他车辆零部件〕,〔102 动力设备零部件〕,〔103 非家用过滤及净化装置〕	8	40	13		个/千克				0	
84212910	---压滤机										13
8421291010	用氟聚合物制造的厚度不超过140微米的过滤膜或净化膜的压滤机〔999〕	0	40	13		个/千克			25%	0	

① 〔101 纺织行业成套设备〕,〔102 轻工行业成套设备〕,〔103 印刷行业成套设备〕,〔104 其他行业成套设备〕

② 〔101 纺织行业成套设备〕,〔102 轻工行业成套设备〕,〔103 印刷行业成套设备〕,〔104 其他行业成套设备〕

③ 〔101 干衣机Ⅰ类器具〕,〔102 干衣机Ⅱ类器具〕,〔103 干衣机Ⅲ类器具〕,〔104 干衣机0Ⅰ类器具〕,〔105 干衣机0类器具〕

④ 〔101 干衣机Ⅰ类器具〕,〔102 干衣机Ⅱ类器具〕,〔103 干衣机Ⅲ类器具〕,〔104 干衣机0Ⅰ类器具〕,〔105 干衣机0类器具〕

⑤ 〔101 非家用过滤及净化装置〕,〔102 家用型过滤或净化水的机器及装置Ⅰ类器具〕,〔103 家用型过滤或净化水的机器及装置Ⅱ类器具〕,〔104 家用型过滤或净化水的机器及装置Ⅲ类器具〕,〔105 家用型过滤或净化水的机器及装置0Ⅰ类器具〕,〔106 家用型过滤或净化水的机器及装置0类器具〕

⑥ 〔101 非家用过滤及净化装置〕,〔102 其他过滤及其喷射装置及其零件Ⅰ类器具〕,〔103 其他过滤及其喷射装置及其零件Ⅱ类器具〕,〔104 其他过滤及其喷射装置及其零件Ⅲ类器具〕,〔105 其他过滤及其喷射装置及其零件0Ⅰ类器具〕,〔106 其他过滤及其喷射装置及其零件0类器具〕

协定税率(%)																		特惠税率(%)			Article Description
智利	新西兰	澳大利亚	瑞士	冰岛	秘鲁	哥斯达	东盟	亚太	新加坡	巴基斯坦	港/澳/台	韩国	格鲁吉亚	毛里求斯	柬埔寨	尼加拉瓜	日/韩/澳/新/东 (RCEP)	亚太2国	老/柬/缅	LDC 98/97/95	
0	0	0	0	0	0	0	0			0	0/0/	0	0	0	0	0	0/0/0/0/0			0/0/0	---Of water heaters
0	0	0	0	0	0	0	0			0	0/0/0	0	0	0	0	0	0/0/0/0/0			0/0/0	---Other
																					Calendering or other rolling machines, other than for metals or glass, and cylinders therefor:
0	0	0	0	0	0	0	0			0	0/0/0	0	0	0	0	6.4	7.2/0/0/0/0			0/0/0	-Calendering or other rolling machines
0	0	0	0	0	0	0	0			4	0/0/	0	0	0	0	6.4	5.8/0/0/0/0			0/0/0	--Cylinders
0	0	0	0	0	0	0	0			0	0/0/	0	0	0	0	6.4	5.8/0/0/0/0			0/0/0	--Other
																					Centrifuges, including centrifugal dryers; filtering or purifying machinery and apparatus, for liquids or gases:
0	0	0	0	0	0	0	0			0	0/0/	0	0	0	0	6.4	6.1/0/0/0/0			0/0/0	--Cream separators
0	0	0	0	0	0	0	0		0	7	0/0/	0	0	0	0	0	12.7/12.3/0/0/0			0/0/0	---Of a dry linen capacity not exceeding 10kg
0	0	0	0	0	0	0	0			0	0/0/	0	0	0	0	6.4	5.8/5.6/0/0/0			0/0/0	---Other
0	0	0	0	0	0	0	0			4	0/0/	0	0	0	0	9	7.3/7/0/0/0			0/0/0	---Dewaterers
0	0	0	0	0	0	0	0		0	2.5	0/0/	0	0	0	0	9	7.3/7/7/7/7			0/0/0	---Solid-liquor separators
0	0	0	0	0	0	0	0		0	2.5	0/0/	0	0	0	0	9	7.3/7/7/7/7			0/0/0	---Other
0	0	0	7	0	0	0	0	4.6	0	14	0/0/	12.5	0	5	0	0	18.2/20/0/0/0			0/0/0	---Of the household type
0	0	0	0	0	0	0	0	3.3		0	0/0/0	1.6	0	0	0	0	3.6/3.5/3.5/3.5/3.5			0/0/0	----Ship ballast water treatment equipments
0	0	0	0	0	0	0	0	3.3		0	0/0/0	1.6	0	0	0	0	3.6/3.5/3.5/3.5/3.5			0/0/0	----Other
0	0	0	0	0	0	0	0		0	3	0/0/	0	0	0	0	6.4	8.7/8.4/0/0/0			0/0/0	--For filtering or purifying beverages other than water
0	0	0	0	0	0	0	0		0	2.5	0/0/	0	0	0	0	6.4	7.3/7/0/0/0			0/0/0	--Oil or petrol-filters for internal combustion engines
0	0	0	0	0	0	0	0	3.3		0	0/0/	0	0	0	0	0	3.6/3.5/0/0/0			0/0/0	---Press filters

商品编号	商品名称及备注[检验检疫编码及名称]	进口关税(%) 最惠国	进口关税(%) 普通	增值税率(%)	消费税	计量单位	监管条件	检验检疫类别	对美税率	出口税率(%)	出口退税率(%)
8421291090	其他压滤机〔999〕	5	40	13		个/千克			30%	0	
84212990	---其他										13
8421299010	用氟聚合物制造的厚度不超过140微米的过滤膜或净化膜的其他液体过滤或净化机器及装置〔999〕	0	40	13		个/千克			10%	0	
8421299040	液体截流过滤设备(可连续分离致病性微生物、毒素和细胞培养物)〔999〕	5	40	13		个/千克	3		15%	0	
8421299090	其他液体的过滤、净化机器及装置①	5	40	13		个/千克			15%	0	
84213100	--内燃发动机的进气过滤器										13
8421310000	内燃发动机的进气过滤器②	10	40	13		个/千克			15%	0	
84213200	--用于净化或过滤内燃机所排出废气的催化转化器或微粒过滤器,不论是否组合										13
8421320010[暂3]	摩托车发动机排气过滤及净化装置(装备不锈钢外壳、入口管和出口管内径不超过1.3厘米的气体过滤或净化机器及装置除外)〔101 其他车辆零部件〕,〔102 非家用过滤及净化装置〕,〔103 气体纯化过滤、净化机器及装置〕	5	40	13		个/千克			13%	0	
8421320020	装备不锈钢外壳、入口管和出口管内径不超过1.3厘米的其他内燃发动机排气过滤及净化装置〔999〕	0	40	13		个/千克			10%	0	
8421320030[暂3]	柴油发动机排气过滤及净化装置(装备不锈钢外壳、入口管和出口管内径不超过1.3厘米的气体过滤或净化机器及装置除外)〔101 其他车辆零部件〕,〔102 非家用过滤及净化装置〕,〔103 气体纯化过滤、净化机器及装置〕	5	40	13		个/千克			13%	0	
8421320040[暂3]	汽油机颗粒捕集器(装备不锈钢外壳、入口管和出口管内径不超过1.3厘米的气体过滤或净化机器及装置除外)〔999〕	5	40	13		个/千克			13%	0	
8421320090	其他用于净化或过滤内燃机所排出废气的催化转化器或微粒过滤器(不论是否组合式)〔101 其他车辆零部件〕,〔102 非家用过滤及净化装置〕,〔103 气体纯化过滤、净化机器及装置〕	5	40	13		个/千克			15%	0	
84213910	---家用型										13
8421391000[暂5]	家用型气体过滤、净化机器及装置③	7	100	13		个/千克			30%	0	
84213921	----静电除尘器										13
8421392110	装备不锈钢外壳、入口管和出口管内径不超过1.3厘米的工业用静电除尘器〔999〕	0	40	13		个/千克			20%	0	
8421392190	其他工业用静电除尘器〔999〕	5	40	13		个/千克			25%	0	
84213922	----袋式除尘器										13
8421392210	装备不锈钢外壳、入口管和出口管内径不超过1.3厘米的工业用袋式除尘器〔999〕	0	40	13		个/千克			20%	0	
8421392290	其他工业用袋式除尘器〔999〕	5	40	13		个/千克			25%	0	
84213923	----旋风式除尘器										13
8421392310	装备不锈钢外壳、入口管和出口管内径不超过1.3厘米的工业用旋风式除尘器〔999〕	0	40	13		个/千克			10%	0	
8421392390	其他工业用旋风式除尘器〔999〕	5	40	13		个/千克			15%	0	
84213924	----电袋复合除尘器										13
8421392410	装备不锈钢外壳、入口管和出口管内径不超过1.3厘米的电袋复合除尘器〔999〕	0	40	13		个/千克			25%	0	
8421392490	其他电袋复合除尘器〔999〕	5	40	13		个/千克			30%	0	
84213929	----其他										13
8421392910	装备不锈钢外壳、入口管和出口管内径不超过1.3厘米的其他工业用除尘器〔999〕	0	40	13		个/千克			25%	0	
8421392990	其他工业用除尘器〔999〕	5	40	13		个/千克			30%	0	
84213940	---烟气脱硫装置										13
8421394010	装备不锈钢外壳、入口管和出口管内径不超过1.3厘米的烟气脱硫装置〔999〕	0	40	13		个/千克			25%	0	
8421394090	其他烟气脱硫装置〔101 非家用过滤及净化装置〕,〔102 气体纯化过滤、净化机器及装置〕	5	40	13		个/千克			30%	0	
84213950	---烟气脱硝装置										13
8421395010	装备不锈钢外壳、入口管和出口管内径不超过1.3厘米的烟气脱硝装置〔999〕	0	40	13		个/千克			10%	0	
8421395090	其他烟气脱硝装置〔101 非家用过滤及净化装置〕,〔102 气体纯化过滤、净化机器及装置〕	5	40	13		个/千克			15%	0	
84213990	---其他										13
8421399010	装备不锈钢外壳、入口管和出口管内径不超过1.3厘米的其他气体过滤或净化机器及装置〔999〕	0	40	13		个/千克			10%	0	
8421399090	其他气体过滤、净化机器及装置〔101 非家用过滤及净化装置〕,〔102 气体纯化过滤、净化机器及装置〕	5	40	13		个/千克			15%	0	
84219110	---干衣量不超过10千克的干衣机用										13

① 〔101 非家用过滤及净化装置〕,〔102 其他过滤及其喷射装置及其零件I类器具〕,〔103 其他离心机及类似装置及其零件〕,〔104 其他过滤及其喷射装置及其零件II类器具〕,〔105 其他过滤及其喷射装置及其零件III类器具〕,〔106 其他过滤及其喷射装置及其零件0I类器具〕,〔107 其他过滤及其喷射装置及其零件0类器具〕

② 〔101 其他车辆零部件〕,〔102 动力设备零部件〕,〔103 非家用过滤及净化装置〕,〔104 其他离心机及类似装置及其零件〕

③ 〔101 其他离心机及类似装置及其零件〕,〔102 家用型气体过滤、净化机器及装置I类器具〕,〔103 家用型气体过滤、净化机器及装置II类器具〕,〔104 家用型气体过滤、净化机器及装置III类器具〕,〔105 家用型气体过滤、净化机器及装置0I类器具〕,〔106 家用型气体过滤、净化机器及装置0类器具〕

协定税率(%)																		特惠税率(%)			Article Description
智利	新西兰	澳大利亚	瑞士	冰岛	秘鲁	哥斯达	东盟	亚太	新加坡	巴基斯坦	港/澳/台	韩国	格鲁吉亚	毛里求斯	柬埔寨	尼加拉瓜	日/韩/澳/新/东(RCEP)	亚太2国	老/柬/缅	LDC 98/97/95	
0	0	0	0	0	0	0	0	3.3		0	0/0/0	0	0	0	0	0	4.1/0/0/0/0			0/0/0	---Other
0	0	0	0	0	0	0	0			0	0/0/	5	0	0	0	9	8.6/10/8.5/8.5/8.5			0/0/0	--Intake air filters for internal combustion engines
0	0	0	0	0	0	0	0	3.3		0	0/0/	1.6	0	0	0	0	4.1/3.5/3.5/3.5/3.5			0/0/0	--Catalytic converters or particulate filters, whether or not combined, for purifying or filtering exhaust gases from internal combustion engines
0	0	0	0	0	0	0	0	4.6	0	3.8	0/0/0	9.7	0	0	0	6.5	10.9/12.8/10.5/10.5/10.5			0/0/0	---Of the household type
0	0	0	0	0	0	0	0	3.3		0	0/0/0	0	0	0	0	0	0/0/0/0/0			0/0/0	----Electrostatic
0	0	0	0	0	0	0	0	3.3		0	0/0/	0	0	0	0	0	0/0/0/0/0			0/0/0	----Baghoused
0	0	0	0	0	0	0	0	3.3		0	0/0/0	0	0	0	0	0	0/0/0/0/0			0/0/0	----Cyclone
0	0	0	0	0	0	0	0	3.3		0	0/0/0	1.6	0	0	0	0	3.6/3.5/0/0/0			0/0/0	----Bag filter electrostatic
0	0	0	0	0	0	0	0	3.3		0	0/0/0	1.6	0	0	0	0	3.6/3.5/0/0/0			0/0/0	----Other
0	0	0	0	0	0	0	0	3.3		0	0/0/0	0	0	0	0	0	0/0/0/0/0			0/0/0	---Flue gas desulfurization apparatus
0	0	0	0	0	0	0	0	3.3		0	0/0/0	0	0	0	0	0	0/0/3.5/3.5/0			0/0/0	---Flue gas denitration apparatus
0	0	0	0	0	0	0	0	3.3		0	0/0/0	0	0	0	0	0	4.3/3.5/0/0/0			0/0/0	---Other
0	0	0	0	0	0	0	0			0	0/0/	0	0	0	0	0	0/0/0/0/0			0/0/0	---Of clothes-dryers of a dry linen capacity not exceeding 10kg

商品编号	商品名称及备注[检验检疫编码及名称]	进口关税(%)		增值税率(%)	消费税	计量单位	监管条件	检验检疫类别	对美税率	出口税率(%)	出口退税率(%)
		最惠国	普通								
8421911000	干衣量≤10 千克离心干衣机零件〔999〕	0	70	13		千克			5%	0	
84219190	---其他										13
8421919011	离心机壳/收集器(容纳气体离心机的转筒组件的耐 UF6 部件)〔999〕	0	30	13		千克	3		20%	0	
8421919012	收集器(由内径不同的同心管组成用于供取 UF6 气体的管件)〔999〕	0	30	13		千克	3		20%	0	
8421919013	气体扩散膜(由耐 UF6 材料制成 的多细孔过滤薄膜)〔999〕	0	30	13		千克	3		20%	0	
8421919014	扩散室(专门设计或制造的密闭式容器,用于容纳气体扩散膜,由耐 UF6 的材料制成或用这种材料进行保护)〔999〕	0	30	13		千克	3		20%	0	
8421919090	其他离心机用零件〔999〕	0	30	13		千克			20%	0	
84219910	---家用型过滤、净化装置用										13
8421991000[暂5]	家用型过滤、净化装置用零件〔999〕	7	100	13		千克			10%	0	
84219990	---其他										13
8421999010	用氟聚合物制造的厚度不超过 140 微米的过滤膜或净化膜的液体过滤或净化机器及装置的零件;装备不锈钢外壳、入口管和出口管内径不超过 1.3 厘米的气体过滤或净化机器及装置的零件〔999〕	0	40	13		千克			5%	0	
8421999090	其他过滤、净化装置用零件①	5	40	13		千克			10%	0	
8422	**洗碟机;瓶子及其他容器的洗涤或干燥机器;瓶、罐、箱、袋或其他容器装填、封口、密封、贴标签的机器;瓶、罐、管、筒或类似容器的包封机器;其他包装或打包机器(包括热缩包装机器);饮料充气机:**										
84221100	--家用型										13
8422110000[暂4]	家用型洗碟机②	8	90	13		台/千克			29%	0	
84221900	--其他										13
8422190000	非家用型洗碟机③	8	90	13		台/千克			33%	0	
84222000	-瓶子或其他容器的洗涤或干燥机器										13
8422200000	瓶子及其他容器的洗涤或干燥机器④	8	35	13		台/千克			28%	0	
84223010	---饮料及液体食品灌装设备										13
8422301010[暂8]	乳品加工用自动化灌装设备〔999〕	12	45	13		台/千克	A	R/	33%	0	
8422301090	其他饮料及液体食品灌装设备〔999〕	12	45	13		台/千克	A	R/	37%	0	
84223021	----全自动灌包机										13
8422302100	全自动水泥灌包机〔999〕	8	45	13		台/千克				0	
84223029	----其他										13
8422302900	其他水泥包装机〔999〕	8	45	13		台/千克			13%	0	
84223030	---其他包装机										13
8422303001[暂6]	全自动无菌灌装生产线用包装机(加工速度≥20000 只/小时)〔999〕	8	35	13		台/千克	A	R/	31%	0	
8422303090	其他包装机〔999〕	8	35	13		台/千克	A	R/	33%	0	
84223090	---其他										13
8422309001[暂6]	全自动无菌灌装生产线用贴吸管机(加工速度≥22000 只/小时)〔999〕	8	35	13		台/千克	A	R/	31%	0	
8422309010	充装设备(两用物项管制)〔999〕	8	35	13		台/千克	3		33%	0	
8422309090	其他瓶、罐、箱、袋或其他容器的封口、密封、贴标签的机器;其他瓶、罐、管、筒或类似容器的包封机器;饮料充气机〔999〕	8	35	13		台/千克	A	R/	33%	0	
84224000	-其他包装或打包机器(包括热缩包装机器)										
8422400010[暂5]	半导体检测分选编带机〔999〕	8	35	13		台/千克			30%	0	13
8422400090	其他包装或打包机器(包括热缩包装机器)〔999〕	8	35	13		台/千克			33%	0	9,13
84229010	---洗碟机用										13
8422901000[暂4]	洗碟机用零件〔999〕	8	90	13		千克			29%	0	
84229020	---饮料及液体食品灌装设备用										13
8422902010[暂4]	乳品加工用自动化灌装设备用零件〔999〕	8.5	45	13		千克			29%	0	

① 〔101 其他工业用旋除尘器及其零件〕,〔102 非家用过滤及净化装置〕,〔103 气体纯化过滤、净化机器及装置〕,〔104 其他过滤及其喷射装置及其零件〕

② 〔101 洗碟机及其零件 I 类器具〕,〔102 洗碟机及其零件 II 类器具〕,〔103 洗碟机及其零件 III 类器具〕,〔104 洗碟机及其零件 0I 类器具〕,〔105 洗碟机及其零件 0 类器具〕

③ 〔101 洗碟机及其零件 I 类器具〕,〔102 洗碟机及其零件 II 类器具〕,〔103 洗碟机及其零件 III 类器具〕,〔104 洗碟机及其零件 0I 类器具〕,〔105 洗碟机及其零件 0 类器具〕

④ 〔101 其他食品加工机器及其零件〕,〔102 其他餐具清洗机及其零件 I 类器具〕,〔103 其他餐具清洗机及其零件 II 类器具〕,〔104 其他餐具清洗机及其零件 III 类器具〕,〔105 其他餐具清洗机及其零件 0I 类器具〕,〔106 其他餐具清洗机及其零件 0 类器具〕,〔107 其他大型家用及其类似用途电器及其零件 I 类器具〕,〔108 其他大型家用及其类似用途电器及其零件 II 类器具〕,〔109 其他大型家用及其类似用途电器及其零件 III 类器具〕,〔110 其他大型家用及其类似用途电器及其零件 0I 类器具〕,〔111 其他大型家用及其类似用途电器及其零件 0 类器具〕

协定税率(%)																		特惠税率(%)			Article Description
智利	新西兰	澳大利亚	瑞士	冰岛	秘鲁	哥斯达	东盟	亚太	新加坡	巴基斯坦	港/澳/台	韩国	格鲁吉亚	毛里求斯	柬埔寨	尼加拉瓜	日/韩/澳/新/东(RCEP)	亚太2国	老/柬/缅	LDC 98/97/95	
0	0	0	0	0	0	0	0			0	0/0/	0	0	0	0	0	0/0/0/0/0			0/0/0	---Other
0	0	0	0	0	0	0	0	4.6	0	0	0/0/	0	0	0	0	6.5	7.3/7/7/7/7			0/0/0	---Of household-type filtering or purifying machines
0	0	0	0	0	0	0	0	3.3		0	0/0/0	0	0	0	0	0	0/0/0/0/0			0/0/0	---Other
																					Dish washing machines; machinery for cleaning or drying bottles or other containers; machinery for filling, closing, sealing or labelling bottles, cans, boxes, bags or other containers; machinery for capsuling booties, jars, tubes and similar containers; other packing or wrapping machinery (including heat-shrink wrapping machinery); machinery for aerating beverages:
0	0	0	0	0	0	0	0			0	0/0/		0	0	0	6.4	//5/5/5			0/0/0	--Of the household type
0	0	0	0	0	0	0	0		0	5.6	0/0/	0	0	0	0	6.4	10.2/9.8/0/0/0			0/0/0	--Other
0	0	0	0	0	0	0	0		0	0	0/0/	0	0	0	0	6.4	7.3/7/0/0/0			0/0/0	-Machinery for cleaning or drying bottles or other containers
0	0	0	0	0	0	0	0	7.8	0	2.5	0/0/	0	0	0	0	11.2	8.7/8.4/0/0/0			0/0/0	---Bottling or canning machinery for beverages or liquid food
0	0	0	0	0	0	0	0	5.2	0	2.5	0/0/	0	0	0	0	6.4	8.7/8.4/0/0/0			0/0/0	----Automatic filling and sacking machines
0	0	0	0	0	0	0	0	5.2	0	2.5	0/0/	0	0	0	0	6.4	8.7/8.4/0/0/0			0/0/0	----Other
0	0	0	0	0	0	0	0	5.2	0	2.5	0/0/	0	0	0	0	6.4	7.3/7/7/7/7			0/0/0	---Other packing machines
0	0	0	0	0	0	0	0	5.2	0	2.5	0/0/	0	0	0	0	6.4	7.3/7/7/7/7			0/0/0	---Other
0	0	0	0	0	0	0	0	5.2	0	0	0/0/	0	0	0	0	6.4	8.1/7/0/0/0			0/0/0	-Other packing or wrapping machinery (including heat-shrink wrapping machinery)
0	0	0	0	0	0	0	0		0	2.5	0/0/	0	0	0	0	6.4	7.6/7.4/0/0/0			0/0/0	---Of dish washing machines
0	0	0	0	0	0	0	0			0	0/0/	0	0	0	0	7.7	6.2/6/0/0/0			0/0/0	---Of bottling or canning machinery for beverages or liquid food

商品编号	商品名称及备注[检验检疫编码及名称]	进口关税(%) 最惠国	进口关税(%) 普通	增值税率(%)	消费税	计量单位	监管条件	检验检疫类别	对美税率	出口税率(%)	出口退税率(%)
8422902090	其他饮料及液体食品灌装设备用零件〔999〕	8.5	45	13		千克			33.5%	0	
84229090	---其他										13
8422909010[暂4]	全自动无菌灌装生产线用包装机(加工速度≥20000 只/小时)、贴吸管机(加工速度≥22000 只/小时)用零件〔101 建材行业成套设备〕,〔102 包装行业成套设备〕,〔103 其他餐具清洗机及其零件〕	8.5	35	13		千克			29%	0	
8422909020[暂2]	半导体检测分选编带机专用零件〔999〕	8.5	35	13		千克			27%	0	
8422909090	品目 84.22 其他未列名机器零件〔101 建材行业成套设备〕,〔102 包装行业成套设备〕,〔103 其他餐具清洗机及其零件〕	8.5	35	13		千克			33.5%	0	
8423	**衡器(感量为 50 毫克或更精密的天平除外),包括计数或检验用的衡器;衡器用的各种砝码、秤砣:**										
84231000	-体重计,包括婴儿秤;家用秤										13
8423100000	体重计、婴儿秤及家用秤〔101 电子衡器〕,〔102 机械衡器〕	6	80	13		台/千克			31%	0	
84232010	---电子皮带秤										13
8423201000	输送带上连续称货的电子皮带秤〔999〕	0	80	13		台/千克			25%	0	
84232090	---其他										13
8423209000	输送带上连续称货的其他秤〔999〕	10	80	13		台/千克			35%	0	
84233010	---定量包装秤										13
8423301010	以电子方式称重的定量包装秤〔999〕	0	80	13		台/千克			25%	0	
8423301090	其他定量包装秤〔999 机械衡器〕	10	80	13		台/千克			35%	0	
84233020	---定量分选秤										13
8423302000	定量分选秤〔101 电子衡器〕,〔102 机械衡器〕	10	80	13		台/千克			35%	0	
84233030	---配料秤										13
8423303010	以电子方式称重的配料秤〔999〕	0	80	13		台/千克			25%	0	
8423303090	其他配料秤〔999〕	10	80	13		台/千克			35%	0	
84233090	---其他										13
8423309010	以电子方式称重的恒定秤,库秤及其他包装秤,分选秤〔999〕	0	80	13		台/千克			25%	0	
8423309090	其他恒定秤,库秤及其他包装秤,分选秤〔999〕	10	80	13		台/千克			35%	0	
84238110	---计价秤										13
8423811000	最大称量≤30 千克的计价秤〔101 电子衡器〕,〔102 机械衡器〕	0	80	13		台/千克			25%	0	
84238120	---弹簧秤										13
8423812000	最大称量≤30 千克的弹簧秤〔999〕	10	80	13		台/千克			35%	0	
84238190	---其他										13
8423819010	其他以电子方式称重的衡器,最大称量≤30 千克〔999〕	0	80	13		台/千克			20%	0	
8423819090	最大称量≤30 千克的其他衡器〔999〕	10	80	13		台/千克			30%	0	
84238210	---地中衡										13
8423821010	其他以电子方式称重的地中衡,30 千克<最大称量≤5000 千克,但对车辆称重的衡器除外〔999〕	0	80	13		台/千克			20%	0	
8423821090	30 千克<最大称量≤5000 千克的其他地中衡〔999〕	10	80	13		台/千克			30%	0	
84238290	---其他										13
8423829010	其他以电子方式称重的衡器,30 千克<最大称量≤5000 千克,但对车辆称重的衡器除外〔999〕	0	80	13		台/千克			20%	0	
8423829090	30 千克<最大称量≤5000 千克的其他衡器〔999〕	10	80	13		台/千克			30%	0	
84238910	---地中衡										13
8423891010	其他以电子方式称重的地中衡,最大称量>5000 千克,但对车辆称重的衡器除外〔999〕	0	80	13		台/千克			25%	0	
8423891090	最大秤量>5000 千克的其他地中衡〔999〕	10	80	13		台/千克			35%	0	
84238920	---轨道衡										13
8423892010	其他以电子方式称重的轨道衡,最大称量>5000 千克,但对车辆称重的衡器除外〔999〕	0	80	13		台/千克			25%	0	
8423892090	最大秤量>5000 千克的其他轨道衡〔999〕	10	80	13		台/千克			35%	0	
84238930	---吊秤										13
8423893010	其他以电子方式称重的吊秤,最大称量>5000 千克,但对车辆称重的衡器除外〔999〕	0	80	13		台/千克			10%	0	
8423893090	最大秤量>5000 千克的其他吊秤〔999〕	10	80	13		台/千克			20%	0	
84238990	---其他										13
8423899010	其他以电子方式称重的衡器,最大称量>5000 千克,但对车辆称重的衡器除外〔999〕	0	80	13		台/千克			10%	0	
8423899090	最大秤量>5000 千克的其他衡器〔999〕	10	80	13		台/千克			20%	0	
84239000	-衡器用的各种砝码、秤砣;衡器的零件										13
8423900010	以电子方式称重的衡器的零件,但对车辆称重的衡器零件除外〔999〕	0	80	13		千克/台			20%	0	
8423900090	其他衡器用的各种砝码、秤砣及其零件〔999〕	8	80	13		千克/台			28%	0	

协定税率(%)																		特惠税率(%)			Article Description
智利	新西兰	澳大利亚	瑞士	冰岛	秘鲁	哥斯达	东盟	亚太	新加坡	巴基斯坦	港/澳/台	韩国	格鲁吉亚	毛里求斯	柬埔寨	尼加拉瓜	日/韩/澳/新/东(RCEP)	亚太2国	老/柬/缅	LDC 98/97/95	
0	0	0	0		0	0	0			0	0/0/	0	0	0	0	7.7	6.2/6/6/6/6			0/0/0	---Other
																					Weighing machinery (excluding balances of a sensitivity of 50mg or better), including weight operated counting or checking machines; weighing machine weights of all kinds:
0	0	0	0	0	0	0	0		0	2.5	0/0/	0	0	0	0	0	7.6/7.4/0/0/0			0/0/0	-Personal weighing machines, including baby scales; household scales
0	0	0	0	0	0	0	0			0	0/0/	0	0	0	0	0	0/7/0/0/0			0/0/0	---Electronic belt weighing machines
0	0	0	0	0	0	0	0			0	0/0/	0	0	0	0	9	7.3/7/0/0/0			0/0/0	---Other
0	0	0	0	0	0	0	0		0	2.5	0/0/	0	0	0	0	9	8.5/8.4/8.9/8.9/8.4			0/0/0	---Rationed packing scales
0	0	0	0	0	0	0	0		0	2.5	0/0/	0	0	0	0	9	7.6/7.4/0/0/0			0/0/0	---Rationed sorting scales
0	0	0	0	0	0	0	0		0	2.5	0/0/	0	0	0	0	9	7.6/7.4/0/0/0			0/0/0	---Proporating scales
0	0	0	0	0	0	0	0		0	2.5	0/0/	0	0	0	0	9	7.6/7.4/0/0/0			0/0/0	---Other
0	0	0	0	0	0	0	0		0	2.5	0/0/	0	0	0	0	0	0/7.4/0/0/0			0/0/0	---Account balances
0	0	0	0	0	0	0	0		0	2.5	0/0/	0	0	0	0	9	7.6/7.4/0/0/0			0/0/0	---Spring balances
0	0	0	4.2	0	0	0	0		0	2.5	0/0/	0	0	0	0	9	7.6/7.4/0/0/0			0/0/0	---Other
0	0	0	0	0	0	0	0		0	2.5	0/0/	0	0	0	0	9	7.6/7.4/0/0/0			0/0/0	---Weighbridges
0	0	0	0	0	0	0	0		0	2.5	0/0/	0	0	0	0	9	7.6/7.4/0/0/0			0/0/0	---Other
0	0	0	0	0	0	0	0			0	0/0/	0	0	0	0	9	7.3/7/0/0/0			0/0/0	---Weighbridges
0	0	0	0	0	0	0	0			0	0/0/	0	0	0	0	9	7.3/7/0/0/0			0/0/0	---Track scales
0	0	0	0	0	0	0	0			0	0/0/	0	0	0	0	9	7.3/7/0/0/0			0/0/0	---Hanging scales
0	0	0	0	0	0	0	0			0	0/0/	0	0	0	0	9	7.3/7/0/0/0			0/0/0	---Other
0	0	0	0	0	0	0	0		0	0	0/0/	0	0	0	0	6.4	7.3/7/0/0/0			0/0/0	-Weighing machine weights of all kinds; parts of weighing machinery

商品编号	商品名称及备注［检验检疫编码及名称］	进口关税(%)		增值税率(%)	消费税	计量单位	监管条件	检验检疫类别	对美税率	出口税率(%)	出口退税率(%)
		最惠国	普通								
8424	**液体或粉末的喷射、散布或喷雾的机械器具（不论是否手工操作）；灭火器，不论是否装药；喷枪及类似器具；喷汽机、喷砂机及类似的喷射机器：**										
84241000	-灭火器，不论是否装药										13
8424100010[暂1]	飞机用灭火器（不论是否装药）〔999〕	8	70	13		个/千克			11%	0	
8424100090	其他灭火器（不论是否装药）〔999〕	8	70	13		个/千克	A	L. M/	18%	0	
84242000	-喷枪及类似器具										13
8424200000	喷枪及类似器具〔999〕	8	40	13		个/千克			13%	0	
84243000	-喷汽机、喷砂机及类似的喷射机器										13
8424300000	喷汽机、喷砂机及类似喷射机器〔999〕	8	40	13		台/千克			28%	0	
84244100	--便携式喷雾器										
8424410000	农业或园艺用便携式喷雾器〔999〕	8	30	9		台/千克		L/	33%	0	9,13
84244900	--其他										
8424490000	农业或园艺用非便携式喷雾器〔999〕	8	30	9		台/千克		L/	13%	0	9,13
84248200	--农业或园艺用										
8424820000	农业或园艺用其他喷射器具（喷雾器除外）〔999〕	8	30	9		台/千克		L/	28%	0	9,13
84248910	---家用型										13
8424891000	家用型喷射、喷雾机械器具①	0	80	13		台/千克			10%	0	
84248920	---喷涂机器人										13
8424892000	喷涂机器人〔999〕	0	80	13		台/千克			10%	0	
84248991	----船用洗舱机										13
8424899100	船用洗舱机〔999〕	0	30	13		台/千克			25%	0	
84248999	----其他										13
8424899910	分离喷嘴（由狭缝状、曲率半径极小的弯曲通道组成，内有分离楔尖）②	0	30	13		台/千克	3		10%	0	
8424899920	出口管制的高压水炮③	0	30	13		台/千克	3		10%	0	
8424899990	其他用途的喷射、喷雾机械器具④	0	30	13		台/千克		L/	10%	0	
84249010	---税号 8424.1000 所列器具用的零件										13
8424901000	灭火器用的零件〔999〕	0	70	13		千克			5%	0	
84249020	---税号 8424.8910 所列器具用的零件										13
8424902000	家用型喷射、喷雾器具的零件〔101 蒸脸器〕,〔102 家用型喷射、喷雾机械器具〕	0	80	13		千克			5%	0	
84249090	---其他										
8424909010	出口管制的高压水炮本体〔999〕	0	30	13		千克	3		10%	0	13
8424909090	其他喷雾器具及喷汽机等用零件（编号 84242000，84243000，84248991、84248999 所列器具的零件）〔999〕	0	30	13		千克			10%	0	9,13
8425	**滑车及提升机，但倒卸式提升机除外；卷扬机及绞盘；千斤顶：**										
84251100	--电动的										13
8425110000	电动滑车及提升机（倒卸式提升机及提升车辆用的提升机除外）〔999〕	6	30	13		台/千克			16%	0	
84251900	--其他										13
8425190000	非电动滑车及提升机（倒卸式提升机及提升车辆用的提升机除外）〔999〕	5	30	13		台/千克			15%	0	
84253110	---矿井口卷扬装置；专为井下使用设计的卷扬机										13
8425311000	矿井口卷扬装置及专为井下使用设计的卷扬机，电动的〔999〕	10	30	13		台/千克				0	
84253190	---其他										13
8425319000	其他电动卷扬机及绞盘〔999〕	5	30	13		台/千克			25%	0	
84253910	---矿井口卷扬装置；专为井下使用设计的卷扬机										13
8425391000	矿井口卷扬装置及专为井下使用设计的卷扬机，非电动的〔999〕	10	30	13		台/千克			30%	0	
84253990	---其他										13
8425399000	其他非电动卷扬机及绞盘〔999〕	5	30	13		台/千克			30%	0	

① 〔101 家用型喷射、喷雾机械器具 I 类器具〕,〔102 家用型喷射、喷雾机械器具 II 类器具〕,〔103 家用型喷射、喷雾机械器具 III 类器具〕,〔104 家用型喷射、喷雾机械器具 0I 类器具〕,〔105 家用型喷射、喷雾机械器具 0 类器具〕

② 〔101 其他过滤及其喷射装置及其零件 I 类器具〕,〔102 其他过滤及其喷射装置及其零件 II 类器具〕,〔103 其他过滤及其喷射装置及其零件 III 类器具〕,〔104 其他过滤及其喷射装置及其零件 0I 类器具〕,〔105 其他过滤及其喷射装置及其零件 0 类器具〕

③ 〔301 其他过滤及其喷射装置及其零件 I 类器具〕,〔302 其他过滤及其喷射装置及其零件 II 类器具〕,〔303 其他过滤及其喷射装置及其零件 III 类器具〕,〔304 其他过滤及其喷射装置及其零件 0I 类器具〕,〔305 其他过滤及其喷射装置及其零件 0 类器具〕

④ 〔101 其他过滤及其喷射装置及其零件 I 类器具〕,〔102 其他过滤及其喷射装置及其零件 II 类器具〕,〔103 其他过滤及其喷射装置及其零件 III 类器具〕,〔104 其他过滤及其喷射装置及其零件 0I 类器具〕,〔105 其他过滤及其喷射装置及其零件 0 类器具〕

协定税率(%)																		特惠税率(%)			Article Description
智利	新西兰	澳大利亚	瑞士	冰岛	秘鲁	哥斯达	东盟	亚太	新加坡	巴基斯坦	港/澳/台	韩国	格鲁吉亚	毛里求斯	柬埔寨	尼加拉瓜	日/韩/澳/新/东 (RCEP)	亚太2国	老/柬/缅	LDC 98/97/95	
																					Mechanical appliances (whether or not hand-operated) for projecting, dispersing or spraying liquidsor powders; fire extinguishers, whether or not charged; spray guns and similar appliances; steam or sand blasting machines and similar jet projecting machines:
0	0	0	0	0	0	0	0			0	0/0/	2.8	0	0	0	6.4	6.8/6.7/7.1/7.1/6.7			0/0/0	-Fire extinguishers, whether or not charged
0	0	0	0	0	0	0	0	5.2		0	0/0/	0	0	0	0	6.4	6.1/5.9/5.9/5.9/5.9			0/0/0	-Spray guns and similar appliances
0	0	0	0	0	0	0	0			0	0/0/0	0	0	0	0	6.4	6.1/5.9/0/0/0			0/0/0	-Steam or sand blasting machines and similar jet projecting machines
0	0	0	0	0	0	0	0	5.2		0	0/0/	0	0	0	0	6.4	5.8/0/0/0/0			0/0/0	--Portable sprayers
0	0	0	0	0	0	0	0	5.2		0	0/0/	0	0	0	0	6.4	5.8/0/0/0/0			0/0/0	--Other
0	0	0	0	0	0	0	0	5.2		0	0/0/	0	0	0	0	6.4	5.8/0/0/0/0			0/0/0	--Agricultural or horticultural
0	0	0	0	0	0	0	0			0	0/0/	0	0	0	0	0	0/0/0/0/0			0/0/0	---Of the household type
0	0	0	0	0	0	0	0			0	0/0/	0	0	0	0	0	0/0/0/0/0			0/0/0	---Spray painting robots
0	0	0	0	0	0	0	0			0	0/0/	0	0	0	0	0	0/0/0/0/0			0/0/0	----Marine cabinet washer
0	0	0	0	0	0	0	0			0	0/0/	0	0	0	0	0	0/0/0/0/0			0/0/0	----Other
0	0	0	0	0	0	0	0			0	0/0/	0	0	0	0	0	0/0/0/0/0			0/0/0	---Of the apparatus of subheading 8424.1000
0	0	0	0	0	0	0	0			0	0/0/	0	0	0	0	0	0/0/0/0/0			0/0/0	---Of the apparatus of subheading 8424.8910
0	0	0	0	0	0	0	0			0	0/0/	0	0	0	0	0	0/0/0/0/0			0/0/0	---Other
																					Pulley tackle and hoists other than skip hoists; winches and capstans; jacks:
0	0	0	0	0	0	0	0			0	0/0/	2	0	0	0	0	4.9/4.2/4.2/4.2/4.2			0/0/0	--Powered by electric motor
0	0	0	0	0	0	0	0			0	0/0/	0	0	0	0	0	3.6/3.5/0/0/0			0/0/0	--Other
0	0	0	0	0	0	0	0	7		0	0/0/	0	0	0	0	9	7.3/7/0/0/0			0/0/0	---Pit-head winding gear; winches specially designed for use underground
0	0	0	0	0	0	0	0			0	0/0/	1.6	0	0	0	0	4.1/3.5/3.5/3.5/3.5			0/0/0	---Other
0	0	0	0	0	0	0	0	7		0	0/0/	0	0	0	0	9	7.3/7/0/0/0			0/0/0	---Pit-head winding gear; winches specially designed for use underground
0	0	0	0	0	0	0	0			0	0/0/	1.6	0	0	0	0	4.1/3.5/3.5/3.5/3.5			0/0/0	---Other

商品编号	商品名称及备注［检验检疫编码及名称］	进口关税(%)		增值税率(%)	消费税	计量单位	监管条件	检验检疫类别	对美税率	出口税率(%)	出口退税率(%)
		最惠国	普通								
84254100	--车库中使用的固定千斤顶系统										13
8425410000	车库中使用的固定千斤顶系统［999］	3	30	13		台/千克			23%	0	
84254210	---液压千斤顶										13
8425421000	液压千斤顶［999］	3	30	13		台/千克				0	
84254290	---其他										13
8425429000	提升车辆用液压提升机［999］	5	30	13		台/千克			30%	0	
84254910	---其他千斤顶										13
8425491000	其他千斤顶［999］	5	30	13		台/千克			15%	0	
84254990	---其他										13
8425499000	其他提升车辆用提升机［999］	10	30	13		台/千克			30%	0	
8426	**船用桅杆式起重机；起重机，包括缆式起重机；移动式吊运架、跨运车及装有起重机的工作车：**										
84261120	---通用桥式起重机										13
8426112000	通用桥式起重机［999］	8	30	13		台/千克			33%	0	
84261190	---其他										13
8426119000	其他固定支架的高架移动式起重机［999］	8	30	13		台/千克			28%	0	
84261200	--带胶轮的移动式吊运架及跨运车										13
8426120000	胶轮移动式吊运架及跨运车［999］	6	30	13		台/千克			26%	0	
84261910	---装船机										13
8426191000	装船机［999］	5	30	13		台/千克				0	
84261921	----抓斗式										13
8426192100	抓斗式卸船机［999］	5	30	13		台/千克				0	
84261929	----其他										13
8426192900	其他卸船机［999］	5	30	13		台/千克	O			0	
84261930	---龙门式起重机										13
8426193000	龙门式起重机［999］	10	30	13		台/千克			35%	0	
84261941	----门式装卸桥										13
8426194100	门式装卸桥［999］	10	30	13		台/千克				0	
84261942	----集装箱装卸桥										13
8426194200	集装箱装卸桥［999］	10	30	13		台/千克				0	
84261943	----其他动臂式装卸桥										13
8426194300	其他动臂式装卸桥［999］	10	30	13		台/千克				0	
84261949	----其他										13
8426194900	其他装卸桥［999］	10	30	13		台/千克				0	
84261990	---其他										13
8426199000	其他高架移动式起重吊运设备［999］	10	30	13		台/千克				0	
84262000	-塔式起重机										13
8426200000	塔式起重机［999］	10	30	13		台/千克	O			0	
84263000	-门座式起重机及座式旋臂起重机										13
8426300000	门座式起重机及座式旋臂起重机［999］	6	30	13		台/千克			31%	0	
84264110	---轮胎式起重机										13
8426411000	轮胎式起重机［999］	5	30	13		台/千克	O			0	
84264190	---其他										13
8426419000	其他带胶轮的自推进起重机械［999］	5	30	13		台/千克			30%	0	
84264910	---履带式起重机										13
8426491000	履带式自推进起重机械［999］	8	30	13		台/千克	O		33%	0	
84264990	---其他										13
8426499000	其他不带胶轮的自推进起重机械［999］	8	30	13		台/千克				0	
84269100	--供装于公路车辆的										13
8426910000	供装于公路车辆的其他起重机械［999］	8	30	13		台/千克				0	
84269900	--其他										13
8426990000	其他起重机械［999］	6	30	13		台/千克			31%	0	
8427	**叉车；其他装有升降或搬运装置的工作车：**										
84271010	---有轨巷道堆垛机										13
8427101000	有轨巷道堆垛机［999］	9	30	13		台/千克	A	M/		0	
84271020	---无轨巷道堆垛机										13
8427102000	无轨巷道堆垛机［999］	9	30	13		台/千克	A	M/	29%	0	

协定税率(%)																		特惠税率(%)			Article Description
智利	新西兰	澳大利亚	瑞士	冰岛	秘鲁	哥斯达	东盟	亚太	新加坡	巴基斯坦	港/澳/台	韩国	格鲁吉亚	毛里求斯	柬埔寨	尼加拉瓜	日/韩/澳/新/东(RCEP)	亚太2国	老/柬/缅	LDC 98/97/95	
0	0	0	0	0	0	0	0	2		0	0/0/	0	0	0	0	0	0/0/0/0/0			0/0/0	--Built-in jacking systems of a type used in garages
0	0	0	0	0	0	0	0			0	0/0/	0	0	0	0	0	0/0/0/0/0			0/0/0	---Hydraulic jacks
0	0	0	0	0	0	0	0			0	0/0/	1.6	0	0	0	0	4.1/3.5/3.5/3.5/3.5			0/0/0	---Other
0	0	0	0	0	0	0	0			0	0/0/	0	0	0	0	0	3.6/3.5/0/0/0			0/0/0	---Other jacks
0	0	0	0	0	0	0	0			0	0/0/	0	0	0	0	9	7.3/7/0/0/0			0/0/0	---Other
																					Ships derricks; cranes, including cable cranes; mobile lifting frames, straddle carriers and works trucks fitted with a crane:
0	0	0	0	0	0	0	0			0	0/0/	2.6	0	0	0	6.4	6.5/6.4/6.8/6.8/6.4			0/0/0	---Bridge cranes, all-purpose
0	0	0	0	0	0	0	0			0	0/0/	2.6	0	0	0	6.4	6.5/6.4/6.8/6.8/6.4			0/0/0	---Other
0	0	0	0	0	0	0	0			0	0/0/	2	0	0	0	0	4.9/4.2/4.2/4.2/4.2			0/0/0	--Mobile lifting frames on tyres and straddle carriers
0	0	0	0	0	0	0	0	2.5		0	0/0/	1.6	0	0	0	0	4.1/3.5/3.5/3.5/3.5			0/0/0	---Ship loading cranes
0	0	0	0	0	0	0	0	3.3		0	0/0/	1.6	0	0	0	0	3.6/3.5/3.5/3.5/3.5			0/0/0	----Grab ship unloading cranes
0	0	0	0	0	0	0	0	3.3		0	0/0/	1.6	0	0	0	0	3.6/3.5/3.5/3.5/3.5			0/0/0	----Other
0	0	0	0	0	0	0	0	6.5		0	0/0/	3.3	0	0	0	9	8.1/7/7/7/7			0/0/0	---Gantry cranes
0	0	0	0	0	0	0	0	6.5		0	0/0/	3.3	0	0	0	9	7.3/7/7/7/7			0/0/0	----Frame loading and unloading bridges
0	0	0	0	0	0	0	0	6.5		0	0/0/	3.3	0	0	0	9	7.3/7/7/7/7			0/0/0	----Container loading and unloading bridges
0	0	0	0	0	0	0	0	6.5		0	0/0/	5	0	0	0	9	0/10/8.5/8.5/0			0/0/0	----Derrick loading and unloading bridges
0	0	0	0	0	0	0	0	6.5		0	0/0/	3.3	0	0	0	9	7.3/7/7/7/7			0/0/0	----Other
0	0	0	0	0	0	0	0	6.5	0	0	0/0/	5	0	0	0	9	0/10/8.5/8.5/0			0/0/0	---Other
0	0	0	0	0	0	0	0			0	0/0/	5	0	0	0	9	0/10/8.5/8.5/0			0/0/0	-Tower cranes
0	0	0	0	0	0	0	0			0	0/0/	2	0	0	0	0	4.9/4.2/4.2/4.2/4.2			0/0/0	-Portal or pedestal jib cranes
0	0	0	0	0	0	0	0	3.5		0	0/0/	1.6	0	0	0	0	4.1/3.5/3.5/3.5/3.5			0/0/0	---Wheel-mounted cranes
0	0	0	0	0	0	0	0			0	0/0/	1.6	0	0	0	0	4.1/3.5/3.5/3.5/3.5			0/0/0	---Other
0	0	0	0	0	0	0	0	5.6		0	0/0/	2.6	0	0	0	6.4	6.5/5.6/5.6/5.6/5.6			0/0/0	---Crawler cranes
0	0	0	0	0	0	0	0	5.6	0	3.3	0/0/	4.3	0	0	0	6.4	10.6/9.1/9.1/9.1/9.1			0/0/0	---Other
0	0	0	0	0	0	0	0			0	0/0/	5	0	0	0	6.4	0/10/8.5/8.5/0			0/0/0	--Designed for mounting on road vehicles
0	0	0	0	0	0	0	0			0	0/0/	2	0	0	0	0	4.9/4.2/4.2/4.2/4.2			0/0/0	--Other
																					Fork-lift trucks; other works trucks fitted with lifting or handing equipment:
0	0	0	0	0	0	0	0			0	0/0/	0	0	0	0	8.1	6.5/0/0/0/0			0/0/0	---Track alleyway stackers
0	0	0	0	0	0	0	0			0	0/0/	3	0	0	0	8.1	7.3/6.3/6.3/6.3/6.3			0/0/0	---Trackless alleyway stackers

商品编号	商品名称及备注[检验检疫编码及名称]	进口关税(%) 最惠国	进口关税(%) 普通	增值税率(%)	消费税	计量单位	监管条件	检验检疫类别	对美税率	出口税率(%)	出口退税率(%)
84271090	---其他										13
8427109000	其他电动机推动的机动叉车或升降搬运车〔999〕	9	30	13		台/千克	A	M/	19%	0	
84272010	---集装箱叉车										13
8427201000	集装箱叉车〔999〕	9	30	13		台/千克	A	M/		0	
84272090	---其他										13
8427209000	其他机动叉车及有升降装置工作车(包括装有搬运装置的机动工作车)〔999〕	9	30	13		台/千克	A	M/	19%	0	
84279000	-其他车										13
8427900000	其他叉车及可升降的工作车(工作车指装有升降或搬运装置)〔999〕	9	30	13		台/千克	A	M/	19%	0	
8428	**其他升降、搬运、装卸机械(例如,升降机、自动梯、输送机、缆车):**										
84281010	---载客电梯										13
8428101001[暂4]	无障碍升降机〔999〕	8	30	13		台/千克	A	M/		0	
8428101090	其他载客电梯〔999〕	8	30	13		台/千克	A	M/		0	
84281090	---其他										13
8428109000	其他升降机及倒卸式起重机①	6	30	13		台/千克	A	M/	31%	0	
84282000	-气压升降机及输送机										
8428200000	气压升降机及输送机〔101 载货电梯、升降机〕,〔102 其他装卸桥、提升、起重设备及零件〕	5	30	13		台/千克			15%	0	9,13
84283100	--地下专用的										13
8428310000	地下连续运货或材料升降、输送机〔101 载货电梯、升降机〕,〔102 其他装卸桥、提升、起重设备及零件〕	5	30	13		台/千克				0	
84283200	--其他,斗式										13
8428320000	其他斗式连续运货升降、输送机〔101 载货电梯、升降机〕,〔102 其他装卸桥、提升、起重设备及零件〕	5	30	13		台/千克			15%	0	
84283300	--其他,带式										13
8428330000	其他带式连续运货升降、输送机〔101 载货电梯、升降机〕,〔102 其他装卸桥、提升、起重设备及零件〕	5	30	13		台/千克			30%	0	
84283910	---链式										13
8428391000	其他链式连续运送货升降、输送机〔101 载货电梯、升降机〕,〔102 其他装卸桥、提升、起重设备及零件〕	5	30	13		台/千克			25%	0	
84283920	---辊式										13
8428392000	辊式连续运送货升降、输送机〔101 载货电梯、升降机〕,〔102 其他装卸桥、提升、起重设备及零件〕	5	30	13		台/千克			30%	0	
84283990	---其他										13
8428399000	其他未列名连续运货升降、输送机②	5	30	13		台/千克			25%	0	
84284000	-自动梯及自动人行道										13
8428400000	自动梯及自动人行道〔999〕	5	30	13		台/千克	A	M/		0	
84286010	---货运架空索道										13
8428601000	货运架空索道〔999〕	8	30	13		台/千克				0	
84286021	----单线循环式										13
8428602100	单线循环式客运架空索道〔999〕	8	30	13		台/千克				0	
84286029	----其他										13
8428602900	非单线循环式客运架空索道〔999〕	8	30	13		台/千克				0	
84286090	---其他										13
8428609000	缆车、座式升降机等用牵引装置(包括滑雪拉索)〔101 载货电梯、升降机〕,〔102 客货运缆车〕	8	30	13		台/千克				0	
84287000	-工业机器人										13
8428700000	工业机器人〔999〕	5	30	13		台/千克			30%	0	
84289010	---矿车推动机、铁道机车或货车的转车台、货车倾卸装置及类似的铁道货车搬运装置										13
8428901000	矿车推动机、铁道机车等的转车台(包括货车转车台、货车倾卸装置及类似铁道货车搬运装置)〔999〕	10	30	13		台/千克				0	
84289020	---机械式停车设备										13
8428902000	机械式停车设备〔999〕	5	30	13		台/千克				0	
84289031	----堆取料机械										13
8428903100	堆取料机械〔999〕	5	30	13		台/千克			30%	0	
84289039	----其他										13

① 〔101 载货电梯、升降机〕,〔102 起重机〕,〔103 机械式停车设备及其他装卸、储运设备及其零件〕,〔104 集装箱装卸桥〕,〔105 其他装卸桥、提升、起重设备及零件〕
② 〔101 载货电梯、升降机〕,〔102 机械式停车设备及其他装卸、储运设备及其零件〕,〔103 其他装卸桥、提升、起重设备及零件〕

协定税率(%)																		特惠税率(%)			Article Description
智利	新西兰	澳大利亚	瑞士	冰岛	秘鲁	哥斯达	东盟	亚太	新加坡	巴基斯坦	港/澳/台	韩国	格鲁吉亚	毛里求斯	柬埔寨	尼加拉瓜	日/韩/澳/新/东(RCEP)	亚太2国	老/柬/缅	LDC 98/97/95	
0	0	0	0	0	0	0	0			0	0/0/	0	0	0	0	8.1	6.5/6.3/6.3/6.3/6.3			0/0/0	---Other
0	0	0	0	0	0	0	0	5.9		0	0/0/	0	0	0	0	8.1	6.5/0/0/0/0			0/0/0	---Fork-lift trucks cranes
0	0	0	0	0	0	0	0	5.9		0	0/0/	0	0	0	0	8.1	6.5/0/0/0/0			0/0/0	---Other
0	0	0	0	0	0	0	0			0	0/0/	0	0	0	0	8.1	6.5/0/0/0/0			0/0/0	-Other trucks
																					Other lifting, handling, loading or unloading machinery (for example, lifts, escalators, conveyors, teleferics):
0	0	0	0	0	0	0	0	5.2	0	0	0/0/	0	0	0	0	6.4	6.9/6.8/6.8/6.8/6.8			0/0/0	---Designed for the transport of persons
0	0	0	0	0	0	0	0	3.9		0	0/0/0	0	0	0	0	0	0/0/0/0/0			0/0/0	---Other
0	0	0	0	0	0	0	0			0	0/0/	1.6	0	0	0	0	4.1/3.5/3.5/3.5/3.5			0/0/0	-Pneumatic elevators and conveyors
0	0	0	0	0	0	0	0			0	0/0/	0	0	0	0	0	0/0/0/0/0			0/0/0	--Specially designed for underground use
0	0	0		0	0	0	0			0	0/0/	0	0	0	0	0	3.6/3.5/0/0/0			0/0/0	--Other, bucket type
0	0	0	0	0	0	0	0	3.3		0	0/0/0	1.6	0	0	0	0	4.1/3.5/3.5/3.5/3.5			0/0/0	--Other, belt type
0	0	0	0	0	0	0	0	3.3		0	0/0/0	1.6	0	0	0	0	4.1/3.5/3.5/3.5/3.5			0/0/0	---Chain type
0	0	0	0	0	0	0	0	3.3		0	0/0/0	0	0	0	0	0	3.6/3.5/0/0/0			0/0/0	---Roller type
0	0	0	2	0	0	0	0	3.3		0	0/0/0	0	0	0	0	0	3.6/0/0/0/0			0/0/0	---Other
0	0	0	0	0	0	0	0			0	0/0/	0	0	0	0	0	0/0/0/0/0			0/0/0	-Escalators and moving walkways
0	0	0	0	0	0	0	0	5.6		0	0/0/	0	0	0	0	6.4	5.8/0/0/0/0			0/0/0	---Cargo aerial cableways
0	0	0	0	0	0	0	0	5.6		0	0/0/	0	0	0	0	6.4	5.8/0/0/0/0			0/0/0	----Monocable endless
0	0	0	0	0	0	0	0	5.6		0	0/0/	0	0	0	0	6.4	5.8/0/0/0/0			0/0/0	----Other
0	0	0	0	0	0	0	0			0	0/0/	0	0	0	0	6.4	5.8/5.6/0/0/0			0/0/0	---Other
0	0	0	0	0	0	0	0			0	0/0/0	1.6	0	0	0	0	4.1/3.5/3.5/3.5/3.5			0/0/0	-Industrial robots
0	0	0	0	0	0	0	0			2.5	0/0/	0	0	0	0	9	7.3/7/0/0/0			0/0/0	---Mine wagon pushers, locmotive or wagon traversers, wagon tippers and similar railway wagon handing equipment
0	0	0	0	0	0	0	0			0	0/0/	0	0	0	0	0	3.6/3.5/0/0/0			0/0/0	---Mechanical parking equipment
0	0	0	0	0	0	0	0			0	0/0/0	1.6	0	0	0	0	4.1/3.5/3.5/3.5/3.5			0/0/0	----Stacker-reclaimers
0	0	0	0	0	0	0	0			0	0/0/0	1.6	0	0	0	0	4.1/3.5/3.5/3.5/3.5			0/0/0	----Other

商品编号	商品名称及备注[检验检疫编码及名称]	进口关税(%)		增值税率(%)	消费税	计量单位	监管条件	检验检疫类别	对美税率	出口税率(%)	出口退税率(%)
		最惠国	普通								
8428903900	其他装卸机械〔999〕	5	30	13		台/千克			30%	0	
84289090	---其他										13
8428909010	放化分离作业和热室用遥控机械手(能贯穿0.6米以上热室壁或壁厚为0.6米以上热室顶)〔999〕	5	30	13		台/千克	3		25%	0	
8428909020	核反应堆燃料装卸机(用于在核反应堆中插入或取出燃料的操作设备)〔999〕	5	30	13		台/千克	3		25%	0	
8428909090	其他升降、搬运、装卸机械〔999〕	5	30	13		台/千克			25%	0	
8429	**机动推土机、侧铲推土机、筑路机、平地机、铲运机、机械铲、挖掘机、机铲装载机、捣固机械及压路机：**										
84291110	---发动机输出功率超过235.36千瓦(320马力)的										13
8429111000	功率>235.36千瓦的履带式推土机(包括侧铲推土机,发动机输出功率235.36千瓦=320马力)〔999〕	7	17	13		台/千克	A	M/	27%	0	
84291190	---其他										13
8429119000	功率≤235.36千瓦的履带式推土机(包括侧铲推土机,发动机输出功率235.36千瓦=320马力)〔999〕	7	30	13		台/千克	A	M/	32%	0	
84291910	---发动机输出功率超过235.36千瓦(320马力)的										13
8429191000	功率>235.36千瓦其他推土机(非履带式,包括侧铲推土机,功率235.36千瓦=320马力)〔999〕	7	17	13		台/千克	A	M/		0	
84291990	---其他										13
8429199000	功率≤235.36千瓦的其他推土机(非履带式,包括侧铲推土机,功率235.36千瓦=320马力)〔999〕	7	30	13		台/千克	A	M/		0	
84292010	---发动机输出功率超过235.36千瓦(320马力)的										
8429201000	功率>235.36千瓦的筑路机及平地机(发动机输出功率235.36千瓦=320马力)〔999〕	5	17	13		台/千克	A	M/		0	9,13
84292090	---其他										
8429209000	其他筑路机及平地机(发动机输出功率≤235.36千瓦的)〔999〕	5	30	13		台/千克	A	M/	15%	0	9,13
84293010	---斗容量超过10立方米的										13
8429301000	斗容量>10立方米的铲运机〔999〕	3	17	13		台/千克	A	M/		0	
84293090	---其他										13
8429309000	斗容量≤10立方米的铲运机〔999〕	5	30	13		台/千克	A	M/		0	
84294011	----机重18吨及以上的振动压路机										13
8429401100	机重≥18吨的振动压路机〔999〕	7	20	13		台/千克	OA	M/		0	
84294019	----其他										13
8429401900	其他机动压路机〔999〕	8	40	13		台/千克	OA	M/	33%	0	
84294090	---其他										13
8429409000	其他未列名捣固机械及压路机〔101压路机〕,〔102捣固机〕	6	30	13		台/千克	A	M/		0	
84295100	--前铲装载机										13
8429510000	前铲装载机〔999〕	5	30	13		台/千克	A	M/	10%	0	
84295211	----轮胎式										13
8429521100	轮胎式挖掘机(上部结构可转360度的)〔999〕	8	30	13		台/千克	OA	M/		0	
84295212	----履带式										13
8429521200	履带式挖掘机(上部结构可转360度的)〔999〕	8	30	13		台/千克	OA	M/	33%	0	
84295219	----其他										13
8429521900	其他挖掘机(上部结构可转360度的)〔999〕	8	30	13		台/千克	OA	M/		0	
84295290	---其他										13
8429529000	其他上部结构可转360度的机械(包括机械铲及机铲装载机)〔999〕	8	30	13		台/千克	OA	M/		0	
84295900	--其他										13
8429590000	其他机械铲、挖掘机及机铲装载机〔999〕	8	30	13		台/千克	OA	M/	28%	0	
8430	**泥土、矿物或矿石的运送、平整、铲运、挖掘、捣固、压实、开采或钻探机械；打桩机及拔桩机；扫雪机及吹雪机：**										
84301000	-打桩机及拔桩机										13
8430100000	打桩机及拔桩机〔999〕	10	30	13		台/千克			15%	0	
84302000	-扫雪机及吹雪机										13
8430200000	扫雪机及吹雪机〔999〕	10	30	13		台/千克			15%	0	
84303110	---采(截)煤机										13
8430311000	自推进采(截)煤机〔999〕	10	30	13		台/千克	O		30%	0	

协定税率(%)																		特惠税率(%)			
智利	新西兰	澳大利亚	瑞士	冰岛	秘鲁	哥斯达	东盟	亚太	新加坡	巴基斯坦	港/澳/台	韩国	格鲁吉亚	毛里求斯	柬埔寨	尼加拉瓜	日/韩/澳/新/东（RCEP）	亚太2国	老/柬/缅	LDC 98/97/95	Article Description
0	0	0	0	0	0	0	0			0	0/0/0	1.6	0	0	0	0	4.1/3.5/3.5/3.5/3.5			0/0/0	---Other
																					Self－peopelled bulldozers, angledozers, graders, levellers, scrapers, mechanical shovels, excavators, shovel loaders, tamping machines and road rollers:
0	0	0	0	0	0	0	0	4.9		0	0/0/	0	0	0	0	6.5	5.1/4.9/4.9/4.9/4.9			0/0/0	---With an engine of an output exceeding 235.36kW (320hp)
0	0	0	0	0	0	0	0	4.9		0	0/0/	0	0	0	0	6.5	5.1/0/0/0/0			0/0/0	---Other
0	0	0	0	0	0	0	0			0	0/0/	0	0	0	0	6.5	5.1/0/0/0/0			0/0/0	---With an engine of an output exceeding 235.36kW (320hp)
0	0	0	0	0	0	0	0			0	0/0/	0	0	0	0	6.5	5.1/0/0/0/0			0/0/0	---Other
0	0	0	0	0	0	0	0	3.5		0	0/0/	0	0	0	0	0	0/0/0/0/0			0/0/0	---With an engine of an output exceeding 235.36kW (320hp)
0	0	0	0	0	0	0	0	3.5		0	0/0/	0	0	0	0	0	0/0/0/0/0			0/0/0	---Other
0	0	0	0	0	0	0	0	2.1		0	0/0/	0	0	0	0	0	0/0/0/0/0			0/0/0	---Having a capacity of shovel exceeding $10m^3$
0	0	0	0	0	0	0	0	3.5		0	0/0/	0	0	0	0	0	0/0/0/0/0			0/0/0	---Other
0	0	0	0	0	0	0	0	4.9		0	0/0/	0	0	0	0	6.5	5.1/0/0/0/0			0/0/0	----Vibration type, of a deadweight of 18t or more
0	0	0	0	0	0	0	0	5.6		0	0/0/	0	0	0	0	6.4	5.8/0/0/0/0			0/0/0	----Other
0	0	0	0	0	0	0	0	4.2		0	0/0/	0	0	0	0	0	0/0/0/0/0			0/0/0	---Other
0	0	0	0	0	0	0	0			0	0/0/	0	0	0	0	0	3.6/3.5/0/0/0			0/0/0	--Front-end shovel loaders
0	0	0	0	0	0	0	0	7.2		0	0/0/	7.2	0	0	0	6.4	//6.8/6.8/6.8			0/0/0	----Tyre-mounted
0	0	0	0	0	0	0	0			0	0/0/		0	0	0	6.4	//6.8/6.8/6.8			0/0/0	----Track-mounted
0	0	0	0	0	0	0	0	5.2		0	0/0/	5.2	0	0	0	6.4	//6.8/6.8/6.8			0/0/0	----Other
0	0	0	0	0	0	0	0	5.2		0	0/0/	5.2	0	0	0	6.4	//6.8/6.8/6.8			0/0/0	---Other
0	0	0	0	0	0	0	0			0	0/0/	0	0	0	0	6.4	5.8/0/0/0/0			0/0/0	--Other
																					Other moving, grading, levelling, scraping, excavating, tamping, compacting, extracting or boring machinery, for earth, minerals or ores; piledrivers and pile－extractors; snow－ploughs and snow－blowers:
0	0	0	0	0	0	0	0			0	0/0/	0	0	0	0	9	7.3/7/0/0/0			0/0/0	-Pile-drivers and pile-extractors
0	0	0	0	0	0	0	0			0	0/0/	0	0	0	0	9	7.3/7/0/0/0			0/0/0	-Snow-ploughs and snow-blowers
0	0	0	0	0	0	0	0		0	0	0/0/	0	0	0	0	9	7.3/7/0/0/0			0/0/0	---Coal cutters

商品编号	商品名称及备注[检验检疫编码及名称]	进口关税(%)		增值税率(%)	消费税	计量单位	监管条件	检验检疫类别	对美税率	出口税率(%)	出口退税率(%)
		最惠国	普通								
84303120	---凿岩机										13
8430312000	自推进凿岩机〔999〕	10	30	13		台/千克	O			0	
84303130	---隧道掘进机										13
8430313000	自推进隧道掘进机〔999〕	10	30	13		台/千克	O			0	
84303900	--其他										13
8430390000	其他非自推进截煤机凿岩机(包括非自推隧道掘进机)〔999〕	6	30	13		台/千克			26%	0	
84304111	----钻探深度在6000米及以上的										13
8430411100	钻探深度≥6000米其他石油钻探机(自推进的,包括天然气钻探机)〔999〕	5	11	13		台/千克			10%	0	
84304119	----其他										13
8430411900	其他自推进石油及天然气钻探机(钻探深度在6000米以下的)〔999〕	5	17	13		台/千克			25%	0	
84304121	----钻探深度在6000米及以上的										13
8430412100	钻探深度≥6000米的其他钻探机(自推进的)〔999〕	5	11	13		台/千克			10%	0	
84304122	----钻探深度在6000米以下的履带式自推进钻机										13
8430412200	深度< 6000米履带式自推进钻机(指石油及天然气钻探机)〔999〕	5	17	13		台/千克			15%	0	
84304129	----钻探深度在6000米以下的其他钻探机										13
8430412900	钻探深度<6000米的其他钻探机(自推进的)〔999〕	5	17	13		台/千克			25%	0	
84304190	---其他										13
8430419000	其他自推进的凿井机械〔999〕	5	30	13		台/千克			10%	0	
84304900	--其他										13
8430490000	非自推进的其他钻探或凿井机械〔999〕	5	30	13		台/千克			30%	0	
84305010	---其他采油机械										13
8430501000	其他自推进采油机械〔999〕	3	17	13		台/千克			8%	0	
84305020	---矿用电铲										13
8430502000	矿用电铲〔999〕	7	30	13		台/千克				0	
84305031	----牙轮直径380毫米及以上										13
8430503100	牙轮直径≥380毫米的采矿钻机(自推进的)〔999〕	5	30	13		台/千克			10%	0	
84305039	----其他										13
8430503900	牙轮直径<380毫米的采矿钻机(自推进的)〔999〕	5	30	13		台/千克			10%	0	
84305090	---其他										13
8430509000	其他自推进未列名平整、压实等机械〔999〕	5	30	13		台/千克			30%	0	
84306100	--捣固或压实机械										13
8430610000	非自推进捣固或压实机械〔999〕	6	30	13		台/千克				0	
84306911	----钻筒直径在3米以上										13
8430691100	转筒直径≥3米的工程钻机(非自动推进)〔999〕	6	30	13		台/千克				0	
84306919	----其他										13
8430691900	转筒直径<3米的工程钻机(非自动推进)〔999〕	6	30	13		台/千克			31%	0	
84306920	---铲运机										13
8430692000	非自推进铲运机〔101 铲运机〕,〔102 其他工程机械及其零件〕,〔103 建筑工业行业成套设备〕	6	30	13		台/千克			26%	0	
84306990	---其他										13
8430699000	其他非自推进未列名机械〔999〕	6	30	13		台/千克			26%	0	
8431	**专用于或主要用于税目84.25至84.30所列机械的零件：**										
84311000	-税目84.25所列机械的零件										13
8431100000	滑车、绞盘、千斤顶等机械用零件(品目84.25所列机械用的)〔999〕	3	30	13		千克			13%	0	
84312010	---装有差速器的驱动桥及其零件,不论是否装有其他传动部件										13
8431201000	装有差速器的驱动桥及其零件,不论是否装有其他传动部件(品目84.27所列机械用的)〔999〕	6	30	13		千克/个			31%	0	
84312090	---其他										13
8431209000[暂3]	叉车及装有升降装置工作车用其他零件(品目84.27所列机械用的)〔999〕	6	30	13		千克			23%	0	
84313100	--升降机、倒卸式起重机或自动梯的零件										13
8431310001[暂1]	无障碍升降机的零件〔999〕	3	30	13		千克			21%	0	
8431310090	其他升降机、倒卸式起重机零件(包括自动梯零件)〔999〕	3	30	13		千克			23%	0	
84313900	--其他										13
8431390000	品目84.28所列其他机械的零件(升降机,倒卸式起重机,自动梯的零件除外)〔999〕	5	30	13		千克			25%	0	
84314100	--戽斗、铲斗、抓斗及夹斗										13

协定税率(%)																		特惠税率(%)			Article Description
智利	新西兰	澳大利亚	瑞士	冰岛	秘鲁	哥斯达	东盟	亚太	新加坡	巴基斯坦	港/澳/台	韩国	格鲁吉亚	毛里求斯	柬埔寨	尼加拉瓜	日/韩/澳/新/东(RCEP)	亚太2国	老/柬/缅	LDC 98/97/95	
0	0	0	0	0	0	0	0		0	0	0/0/	0	0	0	0	9	7.3/7/0/0/0			0/0/0	---Rock cutters
0	0	0	0	0	0	0	0		0	0	0/0/	0	0	0	0	9	7.3/7/0/0/0			0/0/0	---tunnelling machinery
0	0	0	0	0	0	0	0			0	0/0/	0	0	0	0	0	4.4/4.2/0/0/0			0/0/0	--Other
0	0	0	0	0	0	0	0	3.5		0	0/0/	0	0	0	0	0	0/0/0/0/0			0/0/0	----Of drilling depth of 6000m or more
0	0	0	0	0	0	0	0	3.5		0	0/0/	0	0	0	0	0	0/0/0/0/0			0/0/0	----Other
0	0	0	0	0	0	0	0	3.5		0	0/0/	0	0	0	0	0	0/0/0/0/0			0/0/0	----Of drilling depth of 6000m or more
0	0	0	0	0	0	0	0			0	0/0/	0	0	0	0	0	3.6/3.5/0/0/0			0/0/0	----Crawler boring machinery of drilling depth not exceeding 6000m
0	0	0	0	0	0	0	0			0	0/0/	0	0	0	0	0	0/0/0/0/0			0/0/0	----Other boring machinery of drilling depth exceeding 6000m
0	0	0	0	0	0	0	0			0	0/0/	0	0	0	0	0	0/0/0/0/0			0/0/0	---Other
0	0	0	0	0	0	0	0			0	0/0/	0	0	0	0	0	3.6/3.5/0/0/0			0/0/0	--Other
0	0	0	0	0	0	0	0	2.1		0	0/0/	0	0	0	0	0	0/0/0/0/0			0/0/0	---For oil production
0	0	0	0	0	0	0	0			0	0/0/	0	0	0	0	6.5	5.1/0/0/0/0			0/0/0	---Mining power shovels
0	0	0	0	0	0	0	0	3.5		0	0/0/	0	0	0	0	0	0/0/0/0/0			0/0/0	----Gear wheel diameter more than 380mm
0	0	0	0	0	0	0	0	3.5		0	0/0/	0	0	0	0	0	0/0/0/0/0			0/0/0	----Other
0	0	0	0	0	0	0	0			0	0/0/	1.6	0	0	0	0	4.1/3.5/3.5/3.5/3.5			0/0/0	---Other
0	0	0	0	0	0	0	0			0	0/0/	0	0	0	0	0	0/0/0/0/0			0/0/0	--Tamping or compacting machinery
0	0	0	0	0	0	0	0	4.2		0	0/0/	0	0	0	0	0	0/0/0/0/0			0/0/0	----Boring casing diameter more than 3m
0	0	0	0	0	0	0	0			0	0/0/	0	0	0	0	0	4.4/4.2/0/0/0			0/0/0	----Other
0	0	0	0	0	0	0	0	4.2		0	0/0/	0	0	0	0	0	0/0/0/0/0			0/0/0	---Scrapers
0	0	0	0	0	0	0	0			0	0/0/	0	0	0	0	0	0/0/0/0/0			0/0/0	---Other
																					Parts suitable for use solely or principally with the machinery of headings 84.25 to 84.30:
0	0	0	0	0	0	0	0			0	0/0/	0	0	0	0	0	0/0/0/0/0			0/0/0	-Of machinery of heading 84.25
0	0	0	0	0	0	0	0	3.9		0	0/0/	2	0	0	0	0	4.9/4.2/4.2/4.2/4.2			0/0/0	---Drive-axles with differential and parts thereof, whether or not provided with other transmission components
0	0	0	0	0	0	0	0	3.9		0	0/0/	2	0	0	0	0	4.9/4.2/4.2/4.2/4.2			0/0/0	---Other
0	0	0	0	0	0	0	0			0	0/0/	0	0	0	0	0	0/0/2.1/2.1/0			0/0/0	--Of lifts, skip hoists or escalators
0	0	0	0	0	0	0	0	2.5		0	0/0/	1.6	0	0	0	0	4.1/3.5/3.5/3.5/3.5			0/0/0	--Other
0	0	0	0	0	0	0	0	3.9		0	0/0/	0	0	0	0	0	4.4/4.2/0/0/0			0/0/0	--Buckets, shovels, grabs and grips

商品编号	商品名称及备注[检验检疫编码及名称]	进口关税(%)		增值税率(%)	消费税	计量单位	监管条件	检验检疫类别	对美税率	出口税率(%)	出口退税率(%)
		最惠国	普通								
8431410000	戽斗、夹斗、抓斗及其他铲斗〔101 其他工程机械及其零件〕,〔102 其他装卸桥、提升、起重设备及零件〕	6	17	13		千克/个			31%	0	
84314200	--推土机或侧铲推土机用铲										13
8431420000	推土机或侧铲推土机用铲〔999〕	6	17	13		千克/个			26%	0	
84314310	---石油或天然气钻探机用										13
8431431000	石油或天然气钻探机用零件〔999〕	4	11	13		千克			9%	0	
84314320	---其他钻探机用										13
8431432000	其他钻探机用零件〔999〕	4	11	13		千克			14%	0	
84314390	---其他										13
8431439000	其他凿井机用零件(编号 843041、843049 所列机械的)〔999〕	5	17	13		千克			30%	0	
84314920	---装有差速器的驱动桥及其零件,不论是否装有其他传动部件										13
8431492000	装有差速器的驱动桥及其零件,不论是否装有其他传动部件〔999〕	5	17	13		千克/个			30%	0	
84314991	----矿用电铲用										13
8431499100	矿用电铲用零件〔101 其他工程机械及其零件〕,〔102 其他装卸桥、提升、起重设备及零件〕	5	17	13		千克			25%	0	
84314999	----其他										13
8431499900	品目 84.26、84.29、84.30 的其他零件(前述具体列名的机械零件除外)〔101 其他工程机械及其零件〕,〔102 其他装卸桥、提升、起重设备及零件〕	5	17	13		千克			25%	0	
8432	**农业、园艺及林业用整地或耕作机械;草坪及运动场地滚压机:**										
84321000	-犁										9
8432100000	犁〔999〕	5	30	9		台/千克				0	
84322100	--圆盘耙										9
8432210000	圆盘耙〔999〕	5	30	9		台/千克			25%	0	
84322900	--其他										9
8432290000	其他耙、松土机等耕作机械(包括中耙机、除草机及耕耘机)〔101 耕作机〕,〔102 其他农牧业机械及其零件〕	4	30	9		台/千克			24%	0	
84323111	----谷物播种机										9
8432311100	免耕直接谷物播种机〔999〕	4	30	9		台/千克			24%	0	
84323119	----其他										9
8432311900	其他免耕直接播种机〔999〕	4	30	9		台/千克			24%	0	
84323121	----马铃薯种植机										9
8432312100	免耕直接马铃薯种植机〔999〕	4	30	9		台/千克				0	
84323129	----其他										9
8432312900	其他免耕直接种植机〔999〕	4	30	9		台/千克			29%	0	
84323131	----水稻插秧机										9
8432313100	免耕直接水稻插秧机〔999〕	4	30	9		台/千克				0	
84323139	----其他										9
8432313900	其他免耕直接移植机(栽植机)〔999〕	4	30	9		台/千克			29%	0	
84323911	----谷物播种机										9
8432391100	非免耕直接谷物播种机〔999〕	4	30	9		台/千克			24%	0	
84323919	----其他										
8432391900	其他非免耕直接播种机〔999〕	4	30	9		台/千克			24%	0	9,13
84323921	----马铃薯种植机										9
8432392100	非免耕直接马铃薯种植机〔999〕	4	30	9		台/千克				0	
84323929	----其他										9
8432392900	其他非免耕直接种植机〔999〕	4	30	9		台/千克				0	
84323931	----水稻插秧机										9
8432393100	非免耕直接水稻插秧机〔999〕	4	30	9		台/千克				0	
84323939	----其他										9
8432393900	其他非免耕直接移植机(栽植机)〔999〕	4	30	9		台/千克				0	
84324100	--粪肥施肥机										9
8432410000	粪肥施肥机〔999〕	4	30	9		台/千克			14%	0	
84324200	--化肥施肥机										9
8432420000	化肥施肥机〔999〕	4	30	9		台/千克			29%	0	
84328010	---草坪及运动场地滚压机										13
8432801000	草坪及运动场地滚压机〔999〕	7	40	13		台/千克			27%	0	
84328090	---其他										

协定税率(%)																		特惠税率(%)			Article Description
智利	新西兰	澳大利亚	瑞士	冰岛	秘鲁	哥斯达	东盟	亚太	新加坡	巴基斯坦	港/澳/台	韩国	格鲁吉亚	毛里求斯	柬埔寨	尼加拉瓜	日/韩/澳/新/东(RCEP)	亚太2国	老/柬/缅	LDC 98/97/95	
0	0	0	0	0	0	0	0			0	0/0/	0	0	0	0	0	0/0/0/0/0			0/0/0	--Bulldozer or angledozer blades
0	0	0	0	0	0	0	0	2.6		0	0/0/	0	0	0	0	0	0/0/0/0/0			0/0/0	---Of oil and natural gas drilling machinery
0	0	0	0	0	0	0	0	2.6		0	0/0/	0	0	0	0	0	0/0/0/0/0			0/0/0	---Of other drilling machinery
0	0	0	0	0	0	0	0	3.3		0	0/0/	0	0	0	0	0	3.6/3.5/0/0/0			0/0/0	---Other
0	0	0	0	0	0	0	0	3.3		0	0/0/	1.6	0	0	0	0	4.1/3.5/3.5/3.5/3.5			0/0/0	---Drive-axles with differential and parts thereof, whether or not provided with other transmission components
0	0	0	0	0	0	0	0	3.3		0	0/0/	0	0	0	0	0	3.6/3.5/0/0/0			0/0/0	----For mining power shovels
0	0	0	0	0	0	0	0	3.3		0	0/0/	1.6	0	0	0	0	4.1/3.5/3.5/3.5/3.5			0/0/0	----Other
																					Agricultural, horticultural or forestry machinery for soil preparationor cultivation; lawn or sports-ground rollers:
0	0	0	0	0	0	0	0			0	0/0/	0	0	0	0	0	3.6/3.5/0/0/0			0/0/0	-Ploughs
0	0	0	0	0	0	0	0			0	0/0/	0	0	0	0	0	0/0/0/0/0			0/0/0	--Disc harrows
0	0	0	0	0	0	0	0			0	0/0/	0	0	0	0	0	0/0/0/0/0			0/0/0	--Other
0	0	0	0	0	0	0	0	2.6		0	0/0/	0	0	0	0	0	2.9/0/0/0/0			0/0/0	----Seeders for grain
0	0	0	0	0	0	0	0	2.6		0	0/0/	0	0	0	0	0	2.9/2.8/0/0/0			0/0/0	----Other
0	0	0	0	0	0	0	0	2.6		0	0/0/	0	0	0	0	0	2.9/0/0/0/0			0/0/0	----Planters for potato
0	0	0	0	0	0	0	0	2.6		0	0/0/	0	0	0	0	0	2.9/0/0/0/0			0/0/0	----Other
0	0	0	0	0	0	0	0	2.6		0	0/0/	0	0	0	0	0	2.9/2.8/2.8/2.8/2.8			0/0/0	----Tansplanters for rice
0	0	0	0	0	0	0	0	2.6		0	0/0/	1.3	0	0	0	0	3.4/4/3.4/3.4/3.4			0/0/0	----Other
0	0	0	0	0	0	0	0	2.6		0	0/0/	0	0	0	0	0	2.9/0/0/0/0			0/0/0	----Seeders for grain
0	0	0	0	0	0	0	0	2.6		0	0/0/	0	0	0	0	0	2.9/2.8/0/0/0			0/0/0	----Other
0	0	0	0	0	0	0	0	2.6		0	0/0/	0	0	0	0	0	2.9/0/0/0/0			0/0/0	----Planters for potato
0	0	0	0	0	0	0	0	2.6		0	0/0/	0	0	0	0	0	2.9/0/0/0/0			0/0/0	----Other
0	0	0	0	0	0	0	0	2.6		0	0/0/	0	0	0	0	0	2.9/2.8/2.8/2.8/2.8			0/0/0	----Tansplanters for rice
0	0	0	0	0	0	0	0	2.6		0	0/0/	1.3	0	0	0	0	3.4/4/3.4/3.4/3.4			0/0/0	----Other
0	0	0	0	0	0	0	0			0	0/0/	0	0	0	0	0	2.9/0/0/0/0			0/0/0	--Manure spreaders
0	0	0	0	0	0	0	0			0	0/0/	0	0	0	0	0	2.9/0/0/0/0			0/0/0	--Fertilizer distributors
0	0	0	0	0	0	0	0	5.6		0	0/0/	2.3	0	0	0	6.5	5.7/4.9/4.9/4.9/4.9			0/0/0	---Lawn or sports-ground rollers
0	0	0	0	0	0	0	0			0	0/0/	0	0	0	0	0	0/0/0/0/0			0/0/0	---Other

商品编号	商品名称及备注[检验检疫编码及名称]	进口关税(%)		增值税率(%)	消费税	计量单位	监管条件	检验检疫类别	对美税率	出口税率(%)	出口退税率(%)
		最惠国	普通								
8432809000	其他未列名整地或耕作机械[999]	4	30	9		台/千克			14%	0	9,13
84329000	-零件										13
8432900000	整地或耕作机械、滚压机零件(品目 84.32 所列机械用的)[999]	4	17	13		千克			29%	0	
8433	**收割机、脱粒机,包括草料打包机;割草机;蛋类、水果或其他农产品的清洁、分选、分级机器,但税目 84.37 的机器除外:**										
84331100	--机动的,切割装置在同一水平面上旋转的										
8433110000	机动旋转式割草机(旋转式指切割装置在同一水平面上旋转。用于草坪、公园)[999]	6	30	9		台/千克			11%	0	9,13
84331900	--其他										13
8433190000	草坪、公园等用其他割草机(包括运动场地)[999]	6	30	13		台/千克			11%	0	
84332000	-其他割草机,包括牵引装置用的刀具杆										9
8433200000	其他割草机(包括牵引装置用的刀具杆)[999]	4	30	9		台/千克			14%	0	
84333000	-其他干草切割、翻晒机器										9
8433300000	其他干草切割、翻晒机器[999]	5	30	9		台/千克			25%	0	
84334000	-草料打包机,包括收集打包机										9
8433400000	草料打包机(包括收集打包机)[999]	5	30	9		台/千克			15%	0	
84335100	--联合收割机										9
8433510001[暂6]	功率≥200 马力的联合收割机[999]	8	17	9		台/千克			26%	0	
8433510090	功率<200 马力的联合收割机[999]	8	17	9		台/千克			28%	0	
84335200	--其他脱粒机										9
8433520000	其他脱粒机[999]	8	30	9		台/千克				0	
84335300	--根茎或块茎收获机										9
8433530001	功率≥160 马力的土豆、甜菜收获机[999]	8	30	9		台/千克			28%	0	
8433530090	其他根茎或块茎收获机[999]	8	30	9		台/千克			28%	0	
84335910	---甘蔗收获机										9
8433591001	功率≥160 马力的甘蔗收获机[999]	8	30	9		台/千克			13%	0	
8433591090	其他甘蔗收获机[999]	8	30	9		台/千克			13%	0	
84335920	---棉花采摘机										9
8433592000[暂5]	棉花采摘机[999]	8	30	9		台/千克	A	M/		0	
84335990	---其他										9
8433599001[暂6]	自走式青储饲料收获机[999]	8	30	9		台/千克			31%	0	
8433599090	其他收割机及脱粒机[101 收割机],[102 脱粒机]	8	30	9		台/千克			33%	0	
84336010	---蛋类清洁、分选、分级机器										9
8433601000	蛋类清洁、分选、分级机器[999]	5	30	9		台/千克				0	
84336090	---其他										
8433609000	水果等其他农产品的清洁、分选、分级机器(品目 84.37 的机器除外)[999]	5	30	9		台/千克			25%	0	9,13
84339010	---联合收割机用										13
8433901000	联合收割机用零件[999]	5	11	13		千克			25%	0	
84339090	---其他										13
8433909000	品目 84.33 所列其他机械零件[999]	3	17	13		千克			8%	0	
8434	**挤奶机及乳品加工机器:**										
84341000	-挤奶机										9
8434100000[暂4]	挤奶机[999]	8	20	9		台/千克			9%	0	
84342000	-乳品加工机器										13
8434200000[暂2]	乳品加工机器[999]	6	30	13		台/千克	A	R/	27%	0	
84349000	-零件										13
8434900000[暂2]	挤奶机及乳品加工机器用零件[999]	5	17	13		千克			7%	0	
8435	**制酒、制果汁或制类似饮料用的压榨机、轧碎机及类似机器:**										
84351000	-机器										13
8435100000	制酒、果汁等的压榨、轧碎机(包括制类似饮料用机器)[999]	8	30	13		台/千克	A	R/	28%	0	
84359000	-零件										13
8435900000	制酒、果汁等压榨、轧碎机零件[999]	6	30	13		千克			26%	0	

协定税率(%)																		特惠税率(%)			Article Description
智利	新西兰	澳大利亚	瑞士	冰岛	秘鲁	哥斯达	东盟	亚太	新加坡	巴基斯坦	港/澳/台	韩国	格鲁吉亚	毛里求斯	柬埔寨	尼加拉瓜	日/韩/澳/新/东(RCEP)	亚太2国	老/柬/缅	LDC 98/97/95	
0	0	0	0	0	0	0	0			0	0/0/	0	0	0	0	0	0/0/2.8/2.8/0			0/0/0	-Parts
																					Harvesting or threshing machinery, including straw or fodder balers; grass or hay mowers; machines for cleaning, sorting or grading eggs, fruit or other agricultural produce, other than machinery of heading 84.37:
0	0	0	0	0	0	0	0			0	0/0/	0	0	0	0	0	0/0/0/0/0			0/0/0	--Powered, with the cutting device rotating in a horizontal plane
0	0	0	0	0	0	0	0			0	0/0/	0	0	0	0	0	0/0/0/0/0			0/0/0	--Other
0	0	0	0	0	0	0	0			0	0/0/	0	0	0	0	0	0/0/0/0/0			0/0/0	-Other mowers, including cutter bars for tractor mounting
0	0	0	0	0	0	0	0			0	0/0/	0	0	0	0	0	0/0/0/0/0			0/0/0	-Other haymaking machinery
0	0	0	0	0	0	0	0			0	0/0/	1.6	0	0	0	0	4.1/3.5/3.5/3.5/3.5			0/0/0	-Straw or fodder balers, including pickup balers
0	0	0	0	0	0	0	0	5.2		0	0/0/	2.6	0	0	0	6.4	6.5/6.4/6.8/6.8/6.4			0/0/0	--Combine harvester-threshers
0	0	0	0	0	0	0	0			0	0/0/	0	0	0	0	6.4	5.8/0/0/0/0			0/0/0	--Other threshing machinery
0	0	0	0	0	0	0	0			0	0/0/	0	0	0	0	6.4	5.8/5.6/0/0/0			0/0/0	--Root or tuber harvesting machines
0	0	0	0	0	0	0	0	5.6		0	0/0/	0	0	0	0	6.4	5.8/0/0/0/0			0/0/0	---Sugarcane harvesters
0	0	0	0	0	0	0	0	5.6		0	0/0/	0	0	0	0	6.4	5.8/0/0/0/0			0/0/0	---Cotton picker
0	0	0	0	0	0	0	0			0	0/0/	0	0	0	0	6.4	5.8/0/0/0/0			0/0/0	---Other
0	0	0	0	0	0	0	0			0	0/0/	0	0	0	0	0	3.6/3.5/0/0/0			0//	---Machines for cleaning, sorting or grading eggs
0	0	0	0	0	0	0	0			0	0/0/	0	0	0	0	0	3.6/3.5/0/0/0			0//	---Other
0	0	0	0	0	0	0	0			0	0/0/	1.6	0	0	0	0	4.1/3.5/3.5/3.5/3.5			0/0/0	---Of combine harvester-threshers
0	0	0	0	0	0	0	0			0	0/0/	0	0	0	0	0	0/0/0/0/0			0/0/0	---Other
																					Milking machines and dairy machinery:
0	0	0	0	0		0	0			0	0/0/	0	0	0	0	6.4	7.3/7/0/0/0			0/0/0	-Milking machines
0	0	0	0	0	0	0	0	4.2		0	0/0/	0	0	0	0	0	0/0/0/0/0			0/0/0	-Dairy machinery
0	0	0	0	0	0	0	0			0	0/0/	0	0	0	0	0	0/0/0/0/0			0/0/0	-Parts
																					Presses, crushers and similar machinery used in the manufacture of wine, cider, fruit juices or similar beverages:
0	0	0	0	0	0	0	0			0	0/0/	0	0	0	0	6.4	7.3/7/0/0/0			0/0/0	-Machinery
0	0	0	0	0	0	0	0			0	0/0/	0	0	0	0	0	0/0/0/0/0			0/0/0	-Parts

商品编号	商品名称及备注[检验检疫编码及名称]	进口关税(%) 最惠国	进口关税(%) 普通	增值税率(%)	消费税	计量单位	监管条件	检验检疫类别	对美税率	出口税率(%)	出口退税率(%)
8436	**农业、园艺、林业、家禽饲养业或养蜂业用的其他机器，包括装有机械或热力装置的催芽设备；家禽孵卵器及育雏器：**										
84361000	-动物饲料配制机										9
8436100000	动物饲料配制机[999]	7	30	9		台/千克			27%	0	
84362100	--家禽孵卵器及育雏器										9
8436210000	家禽孵卵器及育雏器[999]	5	30	9		台/千克			15%	0	
84362900	--其他										9
8436290000	家禽饲养用机器[999]	8	30	9		台/千克			28%	0	
84368000	-其他机器										
8436800000	农、林业、园艺等用的其他机器(包括装有机械或热力装置的催芽设备)[999]	8	30	9		台/千克			13%	0	9,13
84369100	--家禽饲养用机器的零件或家禽孵卵器及育雏器的零件										13
8436910000	家禽饲养机，孵卵器及育雏器零件[999]	6	17	13		千克			16%	0	
84369900	--其他										13
8436990000	品目84.36所列其他机器的零件[999]	6	17	13		千克			16%	0	
8437	**种子、谷物或干豆的清洁、分选或分级机器；谷物磨粉业加工机器或谷物、干豆加工机器，但农业用机器除外：**										
84371010	---光学色差颗粒选别机(色选机)										
8437101000	光学色差颗粒选别机(色选机)[999]	8	30	9		台/千克				0	9,13
84371090	---其他										9
8437109000	种子谷物其他清洁、清选、分级机(包括干豆的清洁、分选或分级机)[999]	8	30	9		台/千克			13%	0	
84378000	-其他机器										9
8437800000	谷物磨粉业加工机器(包括谷物、干豆加工机器，但农业用机器除外)[999]	8	30	13		台/千克	A	R/	28%	0	
84379000	-零件										13
8437900000	品目84.37所列机械的零件[999]	6	30	13		千克			26%	0	
8438	**本章其他税目未列名的食品、饮料工业用的生产或加工机器，但提取、加工动物油脂、植物固定油脂或微生物油脂的机器除外：**										
84381000	-糕点加工机器及生产通心粉、面条或类似产品的机器										13
8438100010	糕点生产线[999]	7	30	13		台/千克	A	R/	27%	0	
8438100090	通心粉、面条的生产加工机器(包括类似产品的加工机)[999]	7	30	13		台/千克	A	R/	27%	0	
84382000	-生产糖果、可可粉、巧克力的机器										13
8438200000	生产糖果、可可粉、巧克力的机器[999]	8	30	13		台/千克	A	R/	33%	0	
84383000	-制糖机器										13
8438300000	制糖机器[999]	8	30	13		台/千克	A	R/	33%	0	
84384000	-酿酒机器										13
8438400000	酿酒机器[999]	7	30	13		台/千克	A	R/	32%	0	
84385000	-肉类或家禽加工机器										13
8438500000	肉类或家禽加工机器[999]	7	30	13		台/千克	A	R/	27%	0	
84386000	-水果、坚果或蔬菜加工机器										13
8438600000	水果、坚果或蔬菜加工机器[999]	8	30	13		台/千克	A	R/	18%	0	
84388000	-其他机器										
8438800000	本章其他未列名食品等加工机器(包括饮料工业用加工机器，加工动、植物油脂或微生物油脂的机器除外)[999]	8	30	13		台/千克	A	R/	28%	0	9,13
84389000	-零件										13
8438900000	食品、饮料工业用机器的零件(品目84.38所列机械的)[999]	5	30	13		千克			25%	0	
8439	**纤维素纸浆、纸及纸板的制造或整理机器：**										

协定税率(%)																		特惠税率(%)			
智利	新西兰	澳大利亚	瑞士	冰岛	秘鲁	哥斯达	东盟	亚太	新加坡	巴基斯坦	港/澳/台	韩国	格鲁吉亚	毛里求斯	柬埔寨	尼加拉瓜	日/韩/澳/新/东(RCEP)	亚太2国	老/柬/缅	LDC 98/97/95	Article Description
																					Other agricultural, horticultural, forestry, poultry-keeping or bee-keeping machinery, including germination plant fitted with mechanical or thermal equipment; poultry incubators and brooders:
0	0	0	2.8	0	0	0	0			0	0/0/	2.3	0	0	0	6.5	5.7/4.9/4.9/4.9/4.9			0/0/0	-Machinery for preparing animal feeding stuffs
0	0	0	0	0	0	0	0			0	0/0/	1.6	0	0	0	0	4.1/3.5/3.5/3.5/3.5			0/0/0	--Poultry incubators and brooders
0	0	0	0	0	0	0	0			0	0/0/	5	0	0	0	6.4	0/10/8.5/8.5/0			0/0/0	--Other
0	0	0	0	0	0	0	0			0	0/0/	0	0	0	0	6.4	7.3/7/0/0/0			0/0/0	-Other machinery
0	0	0	0	0	0	0	0			0	0/0/	2	0	0	0	0	4.9/4.2/4.2/4.2/4.2			0/0/0	--Of poultry-keeping machinery or poultry incubators and brooders
0	0	0	2.4	0	0	0	0			0	0/0/	0	0	0	0	0	4.4/4.2/0/0/0			0/0/0	--Other
																					Machines for cleaning, sorting or grading seed, grain or dried leguminous vegetables; machinery used in the milling industry or for the working of cereals or dried leguminous vegetables, other than farm-type machinery:
0	0	0	0	0	0	0	0			0	0/0/	0	0	0	0	6.4	7.3/7/0/0/0			0/0/0	---Color sorters
0	0	0	0	0	0	0	0			0	0/0/	5	0	0	0	6.4	8.6/10/8.5/8.5/8.5			0/0/0	---Other
0	0	0	0	0	0	0	0	5.2		4	0/0/	5	0	0	0	6.4	0/10/8.5/8.5/0			0/0/0	-Other machinery
0	0	0	0	0	0	0	0			0	0/0/	0	0	0	0	0	4.4/4.2/0/0/0			0/0/0	-Parts
																					Machinery, not specified or included elsewhere in this Chapter, for the industrial preparation or manufacture of food or drink, other than machinery for the extraction or preparation of animal or fixed vegetable or microbial fats or oils:
0	0	0	0	0	0	0	0			0	0/0/	2.3	0	0	0	6.5	5.7/4.9/4.9/4.9/4.9			0/0/0	-Bakery machinery and machinery for the manufacture of macaroni, spaghetti or similar products
0	0	0	0	0	0	0	0			0	0/0/	0	0	0	0	6.4	5.8/0/0/0/0			0/0/0	-Machinery for the manufacture of confectionery, cocoa or chocolate
0	0	0		0	0	0	0			0	0/0/	0	0	0	0	6.4	7.3/7/0/0/0			0/0/0	-Machinery for sugar manufacture
0	0	0	0	0	0	0	0			0	0/0/	0	0	0	0	6.5	5.1/4.9/0/0/0			0/0/0	-Brewery machinery
0	0	0	0	0	0	0	0			0	0/0/	0	0	0	0	6.5	5.1/4.9/0/0/0			0/0/0	-Machinery for the preparation of meat or poultry
0	0	0	0	0	0	0	0		0	0	0/0/	0	0	0	0	6.4	7.3/7/0/0/0			0/0/0	-Machinery for the preparation of fruits, nuts or vegetables
0	0	0	0	0	0	0	0	5.2		0	0/0/0	0	0	0	0	6.4	6.2/6/6/6/6			0/0/0	-Other machinery
0	0	0	0	0	0	0	0			0	0/0/	0	0	0	0	0	0/0/0/0/0			0/0/0	-Parts
																					Machinery for making pulp of fibrous cellulosic material or for making or finishing paper or paperboard:

商品编号	商品名称及备注[检验检疫编码及名称]	进口关税(%)		增值税率(%)	消费税	计量单位	监管条件	检验检疫类别	对美税率	出口税率(%)	出口退税率(%)
		最惠国	普通								
84391000	-制造纤维素纸浆的机器										13
8439100000	制造纤维素纸浆的机器[999]	8	30	13		台/千克			33%	0	
84392000	-纸或纸板的抄造机器										13
8439200000	纸或纸板的抄造机器[999]	8	30	13		台/千克				0	
84393000	-纸或纸板的整理机器										13
8439300000	纸或纸板的整理机器[999]	8	30	13		台/千克			33%	0	
84399100	--制造纤维素纸浆的机器用										13
8439910000	制造纤维素纸浆的机器零件[999]	6	30	13		千克			11%	0	
84399900	--其他										13
8439990000	制造或整理纸及纸板的机器零件[999]	6	30	13		千克			31%	0	
8440	**书本装订机器，包括锁线订书机：**										
84401010	---锁线装订机										13
8440101000	锁线订书机[999]	10	35	13		台/千克			35%	0	
84401020	---胶订机										13
8440102000	胶订机[999]	12	35	13		台/千克				0	
84401090	---其他										13
8440109000	其他书本装订机[999]	12	35	13		台/千克			37%	0	
84409000	-零件										13
8440900000	书本装订机器的零件(包括锁线订书机的零件)[999]	8	35	13		千克			33%	0	
8441	**其他制造纸浆制品、纸制品或纸板制品的机器，包括各种切纸机：**										
84411000	-切纸机										13
8441100000	切纸机[999]	12	50	13		台/千克			37%	0	
84412000	-制造包、袋或信封的机器										13
8441200000	制造包、袋或信封的机器[999]	12	30	13		台/千克				0	
84413010	---制造纸塑铝复合罐的生产设备										13
8441301000	纸塑铝复合罐生产设备(但模制成型机器除外)[999]	12	30	13		台/千克				0	
84413090	---其他										13
8441309000	其他制造箱、盒及类似容器的机器(但模制成型机器除外)[999]	12	30	13		台/千克			17%	0	
84414000	-纸浆、纸或纸板制品模制成型机器										13
8441400000	纸浆、纸或纸板制品模制成型机器[999]	12	30	13		台/千克			37%	0	
84418010	---制造纸塑铝软包装的生产设备										13
8441801000	制造纸塑铝软包装生产设备[999]	12	30	13		台/千克			22%	0	
84418090	---其他										13
8441809000	其他制造纸浆制品、纸制品的机器(包括制造纸板制品的机器)[999]	12	30	13		台/千克			37%	0	
84419010	---切纸机用										13
8441901001[暂4]	切纸机用弧形辊[999]	8	50	13		千克			24%	0	
8441901002[暂3]	切纸机用横切刀单元[999]	8	50	13		千克			23%	0	
8441901090	其他切纸机零件[999]	8	50	13		千克			28%	0	
84419090	---其他										13
8441909000	其他制造纸浆、纸制品的机器零件[999]	8	30	13		千克			28%	0	
8442	**制印刷版(片)、滚筒及其他印刷部件用的机器、器具及设备(税目84.56至84.65的机器除外)；印刷用版(片)、滚筒及其他印刷部件；制成供印刷用(例如，刨平、压纹或抛光)的版(片)、滚筒及石板：**										
84423010	---铸字机										13
8442301000	铸字机[999]	0	35	13		台/千克			20%	0	
84423021	----计算机直接制版设备										13
8442302110	凹版式计算机直接制版设备(CTP)[999]	0	35	13		台/千克			25%	0	
8442302190	除凹版式以外的其他计算机直接制版设备(CTP)[999]	0	35	13		台/千克			25%	0	
84423029	----其他										13

协定税率(%)																		特惠税率(%)			Article Description
智利	新西兰	澳大利亚	瑞士	冰岛	秘鲁	哥斯达	东盟	亚太	新加坡	巴基斯坦	港/澳/台	韩国	格鲁吉亚	毛里求斯	柬埔寨	尼加拉瓜	日/韩/澳/新/东(RCEP)	亚太2国	老/柬/缅	LDC 98/97/95	
0	0	0	0	0	0	0	0			0	0/0/	0	0	0	0	6.4	6.1/5.9/0/0/0			0/0/0	-Machinery for making pulp of fibrous cellulosic material
0	0	0	0	0	0	0	0	5.6		0	0/0/0	0	0	0	0	6.4	6.1/0/0/0/0			0/0/0	-Machinery for making paper or paper board
0	0	0	0	0	0	0	0			0	0/0/0	0	0	0	0	6.4	6.1/0/0/0/0			0/0/0	-Machinery for finishing paper or paper board
0	0	0	0	0	0	0	0			0	0/0/	2	0	0	0	0	4.9/4.2/4.2/4.2/4.2			0/0/0	--Of machinery for making pulp of fibrous cellulosic material
0	0	0	0	0	0	0	0	3		0	0/0/	2	0	0	0	0	4.9/4.2/4.2/4.2/4.2			0/0/0	--Other
																					Book-binding machinery, including book-sewing machines:
0	0	0	0	0	0	0	0	7		0	0/0/	0	0	0	0	9	7.3/7/0/0/0			0/0/0	---Sewing bookbinders
0	0	0	0	0	0	0	0		0	3	0/0/	0	0	0	0	11.2	8.7/8.4/0/0/0			0/0/0	---Glueing bookbinders
0	0	0	0	0	0	0	0		0	3	0/0/	0	0	0	0	11.2	8.7/8.4/0/0/0			0/0/0	---Other
0	0	0	0	0	0	0	0			0	0/0/	0	0	0	0	6.4	5.8/0/0/0/0			0/0/0	-Parts
																					Other machinery for making up paper pulp, paper or paperboard, including cutting machines of all kinds:
0	0	0		0	0	0	0		0	3	0/0/0	0	0	0	0	11.2	8.7/8.4/0/0/0			0/0/0	-Cutting machines
0	0	0	0	0	0	0	0	7.8	0	3	0/0/	0	0	0	0	11.2	8.7/8.4/0/0/0			0/0/0	-Machines for making bags, sacks or envelopes
0	0	0	0	0	0	0	0	7.8	0	3.4	0/0/	0	0	0	0	11.2	9.8/9.5/0/0/0			0/0/0	---Machines for paper, plastic and aluminium composite can manufacture
0	0	0	0	0	0	0	0	7.8	0	3.4	0/0/	6.7	0	0	0	11.2	/13.5/11.5/11.5/11.5			0/0/0	---Other
0	0	0	0	0	0	0	0		0	3	0/0/	6	0	0	0	11.2	/12/10.2/10.2/10.2			0/0/0	-Machines for moulding articles in paper pulp, paper or paperboard
0	0	0	0	0	0	0	0	7.8	0	3	0/0/	0	0	0	0	11.2	8.7/8.4/0/0/0			0/0/0	---Machines for paper plastic and aluminium flexible packaging manufacture
0	0	0	0	0	0	0	0	7.8	0	3	0/0/0	0	0	0	0	11.2	8.7/8.4/0/0/0			0/0/0	---Other
0	0	0	0	0	0	0	0			0	0/0/	0	0	0	0	6.4	5.8/5.6/0/0/0			0/0/0	---Of cutting machines
0	0	0		0	0	0	0			0	0/0/	0	0	0	0	6.4	6.1/0/0/0/0			0/0/0	---Other
																					Machinery, apparatus and equipment (other than the machine of headings 84.56 to 84.65) for preparing or making plates, cylinders or other printing components; plates, cylinders and other printing components; plates, cylinders and lithographic stones, prepared for printing purposes (for example, planed, grained or polished):
0	0	0	0	0	0	0	0			0	0/0/	0	0	0	0	0	0/0/0/0/0			0/0/0	---Type casters
0	0	0	0	0	0	0	0			0	0/0/	0	0	0	0	0	0/0/0/0/0			0/0/0	----Machines for preparing CTP plates
0	0	0	0	0	0	0	0			0	0/0/	3	0	0	0	0	0/6.3/0/0/0			0/0/0	----Other

商品编号	商品名称及备注[检验检疫编码及名称]	进口关税(%) 最惠国	进口关税(%) 普通	增值税率(%)	消费税	计量单位	监管条件	检验检疫类别	对美税率	出口税率(%)	出口退税率(%)
8442302900	其他制版机器、器具及设备〔999〕	0	35	13		台/千克			25%	0	
84423090	---其他										13
8442309000	制作滚筒及其他印刷部件用机器、器具及设备(品目 84.56 至 84.65 所列机器除外)〔999〕	0	35	13		台/千克			25%	0	
84424000	-上述机器、器具及设备的零件										13
8442400010	计算机直接制版机器用零件〔999〕	0	20	13		千克			25%	0	
8442400090	其他铸字、排字、制版机器的零件〔999〕	0	20	13		千克			25%	0	
84425000	-印刷用版(片)、滚筒及其他印刷部件;制成供印刷用(例如,刨平、压纹或抛光)的板(片)、滚筒及石板										13
8442500000	印刷用版、滚筒及其他印刷部件[包括制成供印刷用(如刨平、压纹或抛光)的板、滚筒及石板]〔999〕	0	35	13		千克			25%	0	
8443	**用税目 84.42 的印刷用版(片)、滚筒及其他印刷部件进行印刷的机器;其他印刷(打印)机、复印机及传真机,不论是否组合式;上述机器的零件及附件:**										
84431100	--卷取进料式胶印机										13
8443110000	卷取进料式胶印机(用品目 84.42 项下商品进行印刷的机器)〔999〕	10	35	13		台/千克				0	
84431200	--办公室用片取进料式胶印机(以未折叠计,片尺寸一边长不超过 22 厘米,另一边长不超过 36 厘米)										13
8443120000	办公室用片取进料式胶印机(片尺寸≤22 厘米×36 厘米,用品目 84.42 项下商品进行印刷的机器)〔999〕	10	35	13		台/千克				0	
84431311	----单色机										13
8443131100	平张纸进料式单色胶印机(用品目 84.42 项下商品进行印刷的机器)〔999〕	10	35	13		台/千克				0	
84431312	----双色机										13
8443131200	平张纸进料式双色胶印机(用品目 84.42 项下商品进行印刷的机器)〔999〕	10	35	13		台/千克				0	
84431313	----四色机										13
8443131301[暂7]	四色平张纸胶印机(对开单张单面印刷速度≥17000 张/小时)〔999〕	10	35	13		台/千克				0	
8443131302[暂7]	四色平张纸胶印机(对开单张双面印刷速度≥13000 张/小时)〔999〕	10	35	13		台/千克				0	
8443131303[暂7]	四色平张纸胶印机(全张或超全张单张单面印刷速度≥13000 张/小时)〔999〕	10	35	13		台/千克				0	
8443131390	其他四色平张纸胶印机(用品目 84.42 项下商品进行印刷的机器)〔999〕	10	35	13		台/千克				0	
84431319	----其他										13
8443131901[暂7]	五色及以上平张纸胶印机(对开单张单面印刷速度≥17000 张/小时)〔999〕	10	35	13		台/千克				0	
8443131902[暂7]	五色及以上平张纸胶印机(对开单张双面印刷速度≥13000 张/小时)〔999〕	10	35	13		台/千克				0	
8443131903[暂7]	五色及以上平张纸胶印机(全张或超全张单张单面印刷速度≥13000 张/小时)〔999〕	10	35	13		台/千克				0	
8443131990	其他平张纸进料式胶印机(用品目 84.42 项下商品进行印刷的机器)〔999〕	10	35	13		台/千克				0	
84431390	---其他										13
8443139000	其他胶印机(用品目 84.42 项下商品进行印刷的机器)〔999〕	10	35	13		台/千克			15%	0	
84431400	--卷取进料式凸版印刷机,但不包括苯胺印刷机										13
8443140000	卷取进料式凸版印刷机,但不包括苯胺印刷机(用品目 84.42 项下商品进行印刷的机器)〔999〕	10	35	13		台/千克			15%	0	
84431500	--除卷取进料式以外的凸版印刷机,但不包括苯胺印刷机										13
8443150000	除卷取进料式以外的凸版印刷机,但不包括苯胺印刷机(用品目 84.42 项下商品进行印刷的机器)〔999〕	10	35	13		台/千克			15%	0	
84431600	--苯胺印刷机										13
8443160001[暂3]	苯胺印刷机,线速度≥350 米/分钟,幅宽≥800 毫米(柔性版印刷机,用品目 84.42 项下商品进行印刷的机器)〔999〕	10	35	13		台/千克			23%	0	
8443160002[暂5]	机组式柔性版印刷机,线速度≥160 米/分钟,250 毫米≤幅宽<800 毫米(具有烫印或全息或丝网印刷功能单元的)〔999〕	10	35	13		台/千克			25%	0	
8443160090	其他苯胺印刷机(柔性版印刷机,用品目 84.42 项下商品进行印刷的机器)〔999〕	10	35	13		台/千克			30%	0	
84431700	--凹版印刷机										13
8443170001[暂9]	凹版印刷机,印刷速度≥350 米/分钟(用品目 84.42 项下商品进行印刷的机器)〔999〕	10	35	13		台/千克			34%	0	
8443170090	其他凹版印刷机(用品目 84.42 项下商品进行印刷的机器)〔999〕	10	35	13		台/千克			35%	0	
84431921	----圆网印刷机										13
8443192101[暂6]	纺织用圆网印花机〔999〕	10	35	13		台/千克			31%	0	

协定税率(%)																		特惠税率(%)			Article Description
智利	新西兰	澳大利亚	瑞士	冰岛	秘鲁	哥斯达	东盟	亚太	新加坡	巴基斯坦	港/澳/台	韩国	格鲁吉亚	毛里求斯	柬埔寨	尼加拉瓜	日/韩/澳/新/东(RCEP)	亚太2国	老/柬/缅	LDC 98/97/95	
0	0	0	0	0	0	0	0			0	0/0/	3	0	0	0	0	0/6.3/0/0/0			0/0/0	---Other
0	0	0	0	0	0	0	0			0	0/0/	0	0	0	0	0	0/0/0/0/0			0/0/0	-Parts of the foregoing machinery, apparatus or equipment
0	0	0	0	0	0	0	0			0	0/0/	0	0	0	0	0	0/0/0/0/0			0/0/0	-Plates, cylinders and other printing components; plates, cylinders and lithographic stones, prepared for printing purposes (for example, planed, grained or polished)
																					Printing machinery used for printing by means of plates, cylinders and other printing components of heading 84.42; other printers, copying machines and facsimile machines, whether or not combined; parts and accessories thereof:
0	0	0	0	0	0	0	0	7		0	0/0/	0	0	0	0	9	7.3/7/0/0/0			0/0/0	--Offset printing machinery, reel-fed
0	0	0	0	0	0	0	0		0	3	0/0/	0	0	0	0	9	8.7/8.4/0/0/0			0/0/0	--Offset printing machinery, sheet-fed, office type (using sheets with one side not exceeding 22cm and the other side not exceeding 36cm in the unfolded state)
0	0	0	0	0	0	0	0	7		0	0/0/	0	0	0	0	9	8.1/7/7/7/7			0/0/0	----Single color
0	0	0	0	0	0	0	0	7		0	0/0/	0	0	0	0	9	7.3/7/0/0/0			0/0/0	----Two colors
0	0	0	0	0	0	0	0	7		2.5	0/0/	0	0	0	0	9	8.1/7/0/0/0			0/0/0	----Four colors
0	0	0	0	0	0	0	0	7		2.5	0/0/	0	0	0	0	9	7.3/7/7/7/7			0/0/0	----Other
0	0	0	0	0	0	0	0	7		0	0/0/	0	0	0	0	9	7.3/7/7/7/7			0/0/0	---Other
0	0	0	0	0	0	0	0		0	3	0/0/		0	0	0	9	//5/5/5			0/0/0	--Letterpress printing machinery, reel fed, excluding flexographic printing
0	0	0	0	0	0	0	0		0	3	0/0/		0	0	0	9	//5/5/5			0/0/0	--Letterpress printing machinery, other than reel fed, excluding flexographic printing
0	0	0	0	0	0	0	0			0	0/0/		0	0	0	9	//5/5/5			0/0/0	--Flexographic printing machinery
0	0	0	0	0	0	0	0	6.5	0	11.5	0/0/	11.7	0	0	0	9	//5/5/5			0/0/0	--Gravure printing machinery
0	0	0	0	0	0	0	0	6.5		0	0/0/	0	0	0	0	9	7.3/10/8.5/8.5/7			0/0/0	----Cylinder screen press

商品编号	商品名称及备注[检验检疫编码及名称]	进口关税(%)		增值税率(%)	消费税	计量单位	监管条件	检验检疫类别	对美税率	出口税率(%)	出口退税率(%)
		最惠国	普通								
8443192190	其他圆网印刷机(用品目84.42项下商品进行印刷的机器)〔999〕	10	35	13		台/千克			35%	0	
84431922	----平网印刷机										13
8443192201[暂6]	纺织用平网印花机〔999〕	10	35	13		台/千克			31%	0	
8443192210	用于光盘生产的盘面印刷机(用品目84.42项下商品进行印刷的机器)〔999〕	10	35	13		台/千克			35%	0	
8443192290	其他平网印刷机(用品目84.42项下商品进行印刷的机器)〔999〕	10	35	13		台/千克			35%	0	
84431929	----其他										13
8443192900	其他网式印刷机(用品目84.42项下商品进行印刷的机器)〔999〕	10	35	13		台/千克				0	
84431980	---其他										13
8443198000	未列名印刷机(网式印刷机除外,用品目84.42项下商品进行印刷的机器)〔999〕	8	35	13		台/千克	O		18%	0	
84433110	---静电感光式										13
8443311010	静电感光式多功能一体加密传真机(可与自动数据处理设备或网络连接)①	0	70	13		台/千克	2	L/	25%	0	
8443311090	其他静电感光式多功能一体机(可与自动数据处理设备或网络连接)②	0	70	13		台/千克		L/	25%	0	
84433190	---其他										13
8443319010	其他具有打印和复印两种功能的机器(可与自动数据处理设备或网络连接)③	0	17	13		台/千克	A	L/	25%	0	
8443319020	其他多功能一体加密传真机(兼有打印、复印中一种及以上功能的机器)④	0	17	13		台/千克	2A	L.M/	25%	0	
8443319090	其他具有打印、复印或传真中两种及以上功能的机器(具有打印和复印两种功能的机器除外,可与自动数据处理设备或网络连接)〔101 打印机〕,〔102 复印机〕,〔103 电话机〕,〔104 传真机〕,〔105 电传打字机〕	0	17	13		台/千克	A	L.M/	25%	0	
84433211	----针式打印机										13
8443321100	专用于品目84.71所列设备的针式打印机(可与自动数据处理设备或网络连接)〔999〕	0	14	13		台/千克	A	L/	25%	0	
84433212	----激光打印机										13
8443321200	专用于品目84.71所列设备的激光打印机(可与自动数据处理设备或网络连接)〔999〕	0	14	13		台/千克	A	L/	25%	0	
84433213	----喷墨打印机										13
8443321300	专用于品目84.71所列设备的喷墨打印机(可与自动数据处理设备或网络连接)〔999〕	0	14	13		台/千克	A	L/	25%	0	
84433214	----热敏打印机										13
8443321400	专用于品目84.71所列设备的热敏打印机(可与自动数据处理设备或网络连接)〔999〕	0	14	13		台/千克	A	L/	20%	0	
84433219	----其他										13
8443321900	专用于品目84.71所列设备的其他打印机(可与自动数据处理设备或网络连接)〔999〕	0	14	13		台/千克	A	L/	20%	0	
84433221	----喷墨印刷机										13
8443322100	数字式喷墨印刷机(可与自动数据处理设备或网络连接)〔999〕	0	30	13		台/千克			20%	0	
84433222	----静电照相印刷机(激光印刷机)										13
8443322200	数字式静电照相印刷机(激光印刷机)(可与自动数据处理设备或网络连接)〔999〕	0	35	13		台/千克			20%	0	
84433229	----其他										13
8443322900	其他数字式印刷设备(可与自动数据处理设备或网络连接)〔999〕	0	30	13		台/千克			20%	0	
84433290	---其他										13
8443329010	其他加密传真机(可与自动数据处理设备或网络连接)〔999〕	0	17	13		台/千克	2A	L.M/	25%	0	
8443329090	其他印刷(打印)机、复印机、传真机和电传打字机(可与自动数据处理设备或网络连接)〔101 打印机〕,〔102 油印机〕,〔103 复印机〕,〔104 电话机〕,〔105 电传打字机〕	0	17	13		台/千克	A	L.M/	25%	0	
84433911	----将原件直接复印的(直接法)										13
8443391100	将原件直接复印(直接法)的静电感光复印设备(不可与自动数据处理设备或网络连接)〔101 印刷行业成套设备〕,〔102 打印机〕,〔103 复印机〕	0	70	13		台/千克				0	
84433912	----将原件通过中间体转印的(间接法)										13
8443391200	将原件通过中间体转印(间接法)的静电感光复印设备(不可与自动数据处理设备或网络连接)〔101 印刷行业成套设备〕,〔102 打印机〕,〔103 复印机〕	0	70	13		台/千克				0	
84433921	----带有光学系统的										13
8443392100	带有光学系统的其他感光复印设备(不可与自动数据处理设备或网络连接)〔101 印刷行业成套设备〕,〔102 打印机〕,〔103 复印机〕	0	70	13		台/千克				0	
84433922	----接触式的										13
8443392200	接触式的其他感光复印设备(不可与自动数据处理设备或网络连接)〔101 印刷行业成套设备〕,〔102 打印机〕,〔103 复印机〕	0	70	13		台/千克				0	
84433923	----热敏复印设备										13
8443392300	热敏的其他感光复印设备(不可与自动数据处理设备或网络连接)〔999〕	0	70	13		台/千克			10%	0	
84433924	----热升华复印设备										13

① 〔101 多功能一体打印机〕,〔102 打印机〕,〔103 复印机〕,〔104 电话机〕,〔105 传真机〕,〔106 电传打字机〕
② 〔101 多功能一体打印机〕,〔102 打印机〕,〔103 复印机〕,〔104 电话机〕,〔105 传真机〕,〔106 电传打字机〕
③ 〔101 多功能一体打印机〕,〔102 打印机〕,〔103 复印机〕,〔104 电话机〕,〔105 传真机〕,〔106 电传打字机〕
④ 〔101 多功能一体打印机〕,〔102 打印机〕,〔103 复印机〕,〔104 电话机〕,〔105 传真机〕,〔106 电传打字机〕

协定税率(%)																		特惠税率(%)			Article Description
智利	新西兰	澳大利亚	瑞士	冰岛	秘鲁	哥斯达	东盟	亚太	新加坡	巴基斯坦	港/澳/台	韩国	格鲁吉亚	毛里求斯	柬埔寨	尼加拉瓜	日/韩/澳/新/东(RCEP)	亚太2国	老/柬/缅	LDC 98/97/95	
0	0	0	0	0	0	0	0	9		2.5	0/0/0	3.3	0	0	0	9	8.1/8/8.5/8.5/8			0/0/0	----Platen screen press
0	0	0	0	0	0	0	0	6.5	0	0	0/0/0	0	0	0	0	9	7.3/7/0/0/0			0/0/0	----Other
0	0	0	0	0	0	0	0	5.2		0	0/0/0	0	0	0	0	6.4	5.8/0/0/0/0			0/0/0	---Other
0	0	0	0	0	0	0	0		0	2.5	0/0/		0	0	0	0	7.3/7/0/0/0			0/0/0	---Electrostatic photosensitive-type
0	0	0	0	0	0	0	0			0	0/0/	0	0	0	0	0	0/0/0/0/0			0/0/0	---Other
0	0	0	0	0	0	0	0			0	0/0/	0	0	0	0	0	0/0/0/0/0			0/0/0	----Stylus printers
0	0	0	0	0	0	0	0			0	0/0/	0	0	0	0	0	0/0/0/0/0			0/0/0	----Laser printers
0	0	0	0	0	0	0	0			0	0/0/	0	0	0	0	0	0/0/0/0/0			0/0/0	----Ink-jet printers
0	0	0	0	0	0	0	0			0	0/0/	0	0	0	0	0	0/0/0/0/0			0/0/0	----Thermal printers
0	0	0	0	0	0	0	0			0	0/0/	0	0	0	0	0	0/0/0/0/0			0/0/0	----Other
0	0	0	0	0	0	0	0		0	0	0/0/	0	0	0	0	0	5.8/5.6/0/0/0			0/0/0	----Ink-jet printing machines
0	0	0	0	0	0	0	0	0		0	0/0/	2.6	0	0	0	0	5.8/5.6/5.6/5.6/5.6			0/0/0	----Electrostatic photographic printing machines (laser printing machines)
0	0	0	0	0	0	0	0	0		0	0/0/	0	0	0	0	0	5.8/5.6/0/0/0			0/0/0	----Other
0	0	0	0	0	0	0	0			0	0/0/	0	0	0	0	0	0/0/0/0/0			0/0/0	---Other
0	0	0	0	0	0	0	0			0	0/0/	0	0	0	0	0	0/0/0/0/0			0/0/0	----Operating by reproducing the original image directly onto the copy (direct process)
0	0	0	0	0	0	0	0		0	0	0/0/		0	0	0	0	7.3/7/0/0/0			0/0/0	----Operating by reproducing the original image via an intermediate onto the copy (indirect process)
0	0	0	0	0	0	0	0			0	0/0/	0	0	0	0	0	0/0/0/0/0			0/0/0	----Incorporating an optical system
0	0	0	0	0	0	0	0		0		0/0/	0	0	0	0	7.5	14.5/0/0/0/0			0/0/0	----Of the contact type
0	0	0	0	0	0	0	0		0		0/0/	0	0	0	0	7.5	14.5/0/0/0/0			0/0/0	----Thermo-copying apparatus
0	0	0	0	0	0	0	0		0		0/0/	0	0	0	0	7.5	14.5/0/0/0/0			0/0/0	----Thermo-sublime copying apparatus

商品编号	商品名称及备注［检验检疫编码及名称］	进口关税(%)		增值税率(%)	消费税	计量单位	监管条件	检验检疫类别	对美税率	出口税率(%)	出口退税率(%)
		最惠国	普通								
8443392400	热升华的其他感光复印设备(不可与自动数据处理设备或网络连接)〔101 印刷行业成套设备〕,〔102 打印机〕,〔103 复印机〕	0	70	13		台/千克				0	
84433931	----喷墨印刷机										13
8443393100	数字式喷墨印刷机(不可与自动数据处理设备或网络连接)〔999〕	0	30	13		台/千克			10%	0	
84433932	----静电照相印刷机(激光印刷机)										13
8443393200	数字式静电照相印刷机(激光印刷机)(不可与自动数据处理设备或网络连接)〔999〕	0	35	13		台/千克				0	
84433939	----其他										13
8443393900	其他数字式印刷设备(不可与自动数据处理设备或网络连接)〔999〕	0	30	13		台/千克			20%	0	
84433990	---其他										13
8443399000	其他印刷(打印)机、复印机(不可与自动数据处理设备或网络连接)〔999〕	0	30	13		台/千克			25%	0	
84439111	----卷筒料给料机										13
8443911110	卷筒料自动给料机,给料线速度≥12 米/秒〔999〕	0	35	13		千克/台	0		5%	0	
8443911190	其他卷筒料给料机〔999〕	0	35	13		千克/台	0		5%	0	
84439119	----其他										13
8443911900	其他印刷用辅助机器(用品目 84.42 项下商品进行印刷的机器附件)〔999〕	0	35	13		千克/台	0		20%	0	
84439190	---其他										13
8443919010	胶印机用墨量遥控装置(包括墨色控制装置,墨量调节装置、墨斗体等组成部分)〔999〕	0	20	13		千克/个	0		25%	0	
8443919090	传统印刷机用零件及附件(胶印机用墨量遥控装置除外)〔999〕	0	20	13		千克/个			25%	0	
84439910	---数字印刷设备用辅助机器										13
8443991000	数字印刷设备用辅助机器(非用品目 84.42 项下商品进行印刷的机器附件)〔999〕	0	35	13		千克/台	0		25%	0	
84439921	----热敏打印头										13
8443992100	热敏打印头〔999〕	0	20	13		千克/个			25%	0	
84439929	----其他										13
8443992910	压电式喷墨头(非用品目 84.42 项下商品进行印刷的机器零件)〔999〕	0	20	13		千克			5%	0	
8443992990	其他数字印刷设备的零件(非用品目 84.42 项下商品进行印刷的机器零件)〔999〕	0	20	13		千克			5%	0	
84439990	---其他										13
8443999010	其他印刷(打印)机、复印机及传真机的感光鼓和含感光鼓的碳粉盒〔999〕	0	35	13		千克			25%	0	
8443999090	其他印刷(打印)机、复印机及传真机的零件和附件〔999〕	0	35	13		千克			25%	0	
8444	**化学纺织纤维挤压、拉伸、变形或切割机器:**										
84440010	---合成纤维长丝纺丝机										13
8444001000	合成纤维长丝纺丝机〔999〕	8	30	13		台/千克				0	
84440020	---合成纤维短纤纺丝机										13
8444002000	合成纤维短丝纺丝机〔999〕	8	30	13		台/千克				0	
84440030	---人造纤维纺丝机										13
8444003000	人造纤维纺丝机〔999〕	8	30	13		台/千克				0	
84440040	---化学纤维变形机										13
8444004000	化学纤维变形机〔999〕	8	30	13		台/千克			33%	0	
84440050	---化学纤维切断机										13
8444005000	化学纤维切断机〔999〕	8	30	13		台/千克			33%	0	
84440090	---其他										13
8444009000	其他化纤挤压、拉伸、切割机器〔999〕	8	30	13		台/千克			33%	0	
8445	**纺织纤维的预处理机器;纺纱机、并线机、加捻机及其他生产纺织纱线的机器;摇纱机、络纱机(包括卷纬机)及处理税目 84.46 或 84.47 所列机器用的纺织纱线的机器:**										
84451111	----清梳联合机										13
8445111100	棉纤维型清梳联合机〔999〕	8	30	13		台/千克				0	
84451112	----自动抓棉机										13
8445111200	棉纤维型自动抓棉机〔999〕	8	30	13		台/千克				0	
84451113	----梳棉机										13
8445111300	棉纤维型梳棉机〔999〕	8	30	13		台/千克				0	
84451119	----其他										13
8445111900	其他棉纤维型梳理机〔999〕	8	30	13		台/千克				0	
84451120	---毛纤维型										13
8445112000	毛纤维型梳理机〔999〕	8	30	13		台/千克			28%	0	
84451190	---其他										13

协定税率(%)																		特惠税率(%)			Article Description
智利	新西兰	澳大利亚	瑞士	冰岛	秘鲁	哥斯达	东盟	亚太	新加坡	巴基斯坦	港/澳/台	韩国	格鲁吉亚	毛里求斯	柬埔寨	尼加拉瓜	日/韩/澳/新/东(RCEP)	亚太2国	老/柬/缅	LDC 98/97/95	
0	0	0	0	0	0	0	0		0	0	0/0/	0	0	0	0	0	5.8/0/0/0/0			0/0/0	----Ink-jet printing machines
0	0	0	0	0	0	0	0	0		0	0/0/	0	0	0	0	0	5.8/0/0/0/0			0/0/0	----Electrostatic photographic printing machines (laser printing machines)
0	0	0	0	0	0	0	0	0	0	0	0/0/	0	0	0	0	0	5.8/5.6/0/0/0			0/0/0	----Other
0	0	0	0	0	0	0	0			0	0/0/	0	0	0	0	0	0/0/0/0/0			0/0/0	---Other
0	0	0	0	0	0	0	0		0	3	0/0/	0	0	0	0	0	8.7/8.4/0/0/0			0/0/0	----Web feeder
0	0	0	0	0	0	0	0		0	3	0/0/	0	0	0	0	0	8.7/8.4/0/0/0			0/0/0	----Other
0	0	0	0	0	0	0	0			0	0/0/	0	0	0	0	0	4.4/4.2/4.2/4.2/4.2			0/0/0	---Other
0	0	0	0	0	0	0	0	0	0	3	0/0/	0	0	0	0	0	8.7/8.4/0/0/0			0/0/0	---Machines for uses ancillary to digital printing machines
0	0	0	0	0	0	0	0			0	0/0/	0	0	0	0	0	4.4/4.2/4.2/4.2/4.2			0/0/0	----Thermal print heads
0	0	0	0	0	0	0	0			0	0/0/	3	0	0	0	0	4.4/4.2/0/0/0			0/0/0	----Other
0	0	0	0	0	0	0	0			0	0/0/	0	0	0	0	0	0/0/0/0/0			0/0/0	---Other
																					Machines for extruding, drawing, texturing or cutting man-made textile materials:
0	0	0		0	0	0	0	5.6		2.5	0/0/0	0	0	0	0	6.4	8.1/0/0/0/0			0/0/0	---Synthetic filaments spinning jets
0	0	0	0	0	0	0	0	5.2		2.5	0/0/	0	0	0	0	6.4	7.3/7/0/0/0			0/0/0	---Synthetic staple fibres spinning jets
0	0	0	0	0	0	0	0	5.2		2.5	0/0/	0	0	0	0	6.4	7.3/7/0/0/0			0/0/0	---Artificial fibres spinning jets
0	0	0	0	0	0	0	0	5.2		2.5	0/0/	0	0	0	0	6.4	8.6/10/8.5/8.5/8.5			0/0/0	---Man-made filaments crimping machinery
0	0	0	0	0	0	0	0	5.2		2.5	0/0/	0	0	0	0	6.4	7.3/7/0/0/0			0/0/0	---Man-made filaments cutting machinery
0	0	0	0	0	0	0	0	5.2		2.5	0/0/	0	0	0	0	6.4	8.1/7/0/0/0			0/0/0	---Other
																					Machines for preparing textile fibres; spinning, doubling or twisting machines and other machinery for producing textile yarns; textile reeling or winding (including weft-winding) machines and machines for preparing textile yarns for use on the machines of heading 84.46 or 84.47:
0	0	0	0	0	0	0	0	5.2		0	0/0/	0	0	0	0	6.4	7.3/7/0/0/0			0/0/0	----Blowing-carding Machinery
0	0	0		0	0	0	0	5.2		0	0/0/	0	0	0	0	6.4	7.3/7/0/0/0			0/0/0	----Bale Plucker
0	0	0	0	0	0	0	0	5.2		2.5	0/0/	0	0	0	0	6.4	7.3/7/0/0/0			0/0/0	----Card or Carding Machine
0	0	0	0	0	0	0	0	5.2		0	0/0/	0	0	0	0	6.4	7.3/7/0/0/0			0/0/0	----Other
0	0	0	0	0	0	0	0	5.2		2.5	0/0/	0	0	0	0	6.4	7.3/7/0/0/0			0/0/0	---For wool type fibres
0	0	0	0	0	0	0	0	5.2		2.5	0/0/		0	0	0	6.4	//5/5/5			0/0/0	---Other

商品编号	商品名称及备注[检验检疫编码及名称]	进口关税(%)		增值税率(%)	消费税	计量单位	监管条件	检验检疫类别	对美税率	出口税率(%)	出口退税率(%)
		最惠国	普通								
8445119001[暂6]	宽幅非织造布梳理机(工作幅宽>3.5米,工作速度>120米/分钟)〔999〕	8	30	13		台/千克			31%	0	
8445119090	其他纺织纤维梳理机〔999〕	8	30	13		台/千克			33%	0	
84451210	---棉精梳机										13
8445121000	棉精梳机〔999〕	8	30	13		台/千克				0	
84451220	---毛精梳机										13
8445122000	毛精梳机〔999〕	8	30	13		台/千克				0	
84451290	---其他										13
8445129000	其他纺织纤维精梳机〔999〕	8	30	13		台/千克				0	
84451310	---拉伸机										13
8445131000	纺织纤维拉伸机〔999〕	8	30	13		台/千克				0	
84451321	----棉纺粗纱机										13
8445132100	棉纺粗纱机〔999〕	8	30	13		台/千克				0	
84451322	----毛纺粗纱机										13
8445132200	毛纺粗纱机〔999〕	8	30	13		台/千克				0	
84451329	----其他										13
8445132900	其他纺织纤维粗纱机〔999〕	8	30	13		台/千克				0	
84451900	--其他										13
8445190000	纺织纤维的其他预处理机器〔999〕	8	30	13		台/千克			28%	0	
84452031	----转杯纺纱机										13
8445203101[暂5]	全自动转杯纺纱机〔999〕	8	30	13		台/千克				0	
8445203190	其他自由端转杯纺纱机〔999〕	8	30	13		台/千克				0	
84452032	----喷气纺纱机										13
8445203200[暂5]	自由端喷气纺纱机〔999〕	8	30	13		台/千克				0	
84452039	----其他										13
8445203900	其他自由端纺纱机〔999〕	8	30	13		台/千克				0	
84452041	----棉细纱机										13
8445204100	环锭棉细纱机〔999〕	8	40	13		台/千克				0	
84452042	----毛细纱机										13
8445204200	环锭毛细纱机〔999〕	8	40	13		台/千克				0	
84452049	----其他										13
8445204900	其他环锭细纱机〔999〕	8	40	13		台/千克				0	
84452090	---其他										13
8445209000	其他纺纱机〔999〕	8	30	13		台/千克				0	
84453000	-并线机或加捻机										13
8445300000	并线机或加捻机〔999〕	8	30	13		台/千克			33%	0	
84454010	---自动络筒机										13
8445401000	自动络筒机〔999〕	8	30	13		台/千克	O		33%	0	
84454090	---其他										13
8445409000	卷纬机及摇纱机、络纱机〔101 自动络筒机〕,〔102 卷纬机及遥纱机〕,〔103 其他纺织机械及其零件〕	8	30	13		台/千克			33%	0	
84459010	---整经机										13
8445901000	整经机〔999〕	8	30	13		台/千克				0	
84459020	---浆纱机										13
8445902000	浆纱机〔999〕	8	30	13		台/千克				0	
84459090	---其他										13
8445909000	其他生产及处理纺织纱线的机器(处理品目84.46或84.47所列机器用的纺织纱线的机器)〔999〕	8	30	13		台/千克				0	
8446	织机:										
84461000	-所织织物宽度不超过30厘米的织机										13
8446100000	所织织物宽度≤30厘米的织机〔999〕	8	30	13		台/千克			33%	0	
84462110	---地毯织机										13
8446211000	织物宽>30厘米的梭织动力地毯织机〔999〕	8	35	13		台/千克				0	
84462190	---其他										13
8446219000	织物宽>30厘米的其他梭织动力织机〔999〕	8	30	13		台/千克				0	
84462900	--其他										13
8446290000	织物宽>30厘米的梭织非动力织机〔999〕	8	30	13		台/千克				0	
84463020	---剑杆织机										13
8446302000	织物宽度>30厘米的剑杆织机〔999〕	8	30	13		台/千克				0	
84463030	---片梭织机										13

协定税率(%)																		特惠税率(%)			
智利	新西兰	澳大利亚	瑞士	冰岛	秘鲁	哥斯达	东盟	亚太	新加坡	巴基斯坦	港/澳/台	韩国	格鲁吉亚	毛里求斯	柬埔寨	尼加拉瓜	日/韩/澳/新/东(RCEP)	亚太2国	老/柬/缅	LDC 98/97/95	Article Description
0	0	0		0	0	0	0	5.6		0	0/0/	0	0	0	0	6.4	7.3/7/0/0/0			0/0/0	---Cotton Comber
0	0	0	0	0	0	0	0	5.6		0	0/0/	0	0	0	0	6.4	7.3/7/0/0/0			0/0/0	---Worsted Comber
0	0	0	0	0	0	0	0	5.6		0	0/0/	0	0	0	0	6.4	7.3/7/0/0/0			0/0/0	---Other
0	0	0	0	0	0	0	0			0	0/0/	0	0	0	0	6.4	7.3/7/0/0/0			0/0/0	---Drawing machines
0	0	0		0	0	0	0	5.6		0	0/0/	0	0	0	0	6.4	7.3/7/0/0/0			0/0/0	----Cotton Roving Frames
0	0	0	0	0	0	0	0	5.6		0	0/0/	0	0	0	0	6.4	7.3/7/0/0/0			0/0/0	----Worsted Roving Machines
0	0	0	0	0	0	0	0	5.6		0	0/0/	0	0	0	0	6.4	7.3/7/0/0/0			0/0/0	----Other
0	0	0		0	0	0	0	5.2		0	0/0/		0	0	0	6.4	//5/5/5			0/0/0	--Other
0	0	0	0	0	0	0	0	5.2		0	0/0/	0	0	0	0	6.4	7.3/7/0/0/0			0/0/0	----Rotor Spinning Machine
0	0	0		0	0	0	0	5.6		0	0/0/	0	0	0	0	6.4	8.6/10/8.5/8.5/8.5			0/0/0	----Jet spinner
0	0	0	0	0	0	0	0	5.6		0	0/0/	0	0	0	0	6.4	8.6/10/8.5/8.5/8.5			0/0/0	----Other
0	0	0	0	0	0	0	0	7.2	0	2.5	0/0/	0	0	0	0	6.4	7.6/7.4/0/0/0			0/0/0	----Cotton Ring Spinning Frame
0	0	0	0	0	0	0	0			0	0/0/	0	0	0	0	6.4	7.3/7/0/0/0			0/0/0	----Worsted Ring Spinning Frame
0	0	0	0	0	0	0	0			0	0/0/	0	0	0	0	6.4	7.3/7/0/0/0			0/0/0	----Other
0	0	0		0	0	0	0	5.2		0	0/0/	0	0	0	0	6.4	7.3/7/0/0/0			0/0/0	---Other
0	0	0	0	0	0	0	0	5.2		0	0/0/	0	0	0	0	6.4	7.3/7/0/0/0			0/0/0	-Textile doubling or twisting machines
0	0	0	0	0	0	0	0	7.2		2.5	0/0/	5	0	0	0	6.4	8.6/8.5/8.5/8.5/8.5			0/0/0	---Automatic bobbin winders
0	0	0	0	0	0	0	0	5.2		0	0/0/	6.5	0	0	0	6.4	//5/5/5			0/0/0	---Other
0	0	0		0	0	0	0	5.2		0	0/0/	0	0	0	0	6.4	7.3/7/0/0/0			0/0/0	---Warping machines
0	0	0		0	0	0	0	5.2		0	0/0/	0	0	0	0	6.4	7.3/7/0/0/0			0/0/0	---Sizing machines
0	0	0	0	0	0	0	0	5.2		0	0/0/	6.5	0	0	0	6.4	//5/5/5			0/0/0	---Other
																					Weaving machines (looms):
0	0	0	0	0	0	0	0	5.2		0	0/0/	0	0	0	0	6.4	5.8/5.6/0/0/0			0/0/0	-For weaving fabrics of a width not exceeding 30cm
0	0	0	0	0	0	0	0	5.2	0	2.5	0/0/	0	0	0	0	6.4	8.7/8.4/0/0/0			0/0/0	---For making carpets or rugs
0	0	0		0	0	0	0	5.2	0	0	0/0/	0	0	0	0	6.4	7.3/7/0/0/0			0/0/0	---Other
0	0	0	0	0	0	0	0			0	0/0/	0	0	0	0	6.4	7.3/7/0/0/0			0/0/0	--Other
0	0	0	0	0	0	0	0	5.2		0	0/0/	0	0	0	0	6.4	5.8/5.6/0/0/0			0/0/0	---Rapier looms
0	0	0		0	0	0	0	5.2		0	0/0/	0	0	0	0	6.4	5.8/0/0/0/0			0/0/0	---Carrier looms

商品编号	商品名称及备注［检验检疫编码及名称］	进口关税（%）		增值税率（%）	消费税	计量单位	监管条件	检验检疫类别	对美税率	出口税率（%）	出口退税率（%）
		最惠国	普通								
8446303000	织物宽度>30 厘米的片梭织机［999］	8	30	13		台/千克				0	
84463040	---喷水织机										13
8446304000	织物宽度>30 厘米的喷水织机［999］	8	30	13		台/千克	0			0	
84463050	---喷气织机										13
8446305000	织物宽>30 厘米的喷气织机［999］	8	30	13		台/千克	0		33%	0	
84463090	---其他										13
8446309000	织物宽>30 厘米的其他无梭织机［999］	8	30	13		台/千克				0	
8447	**针织机、缝编机及制粗松螺旋花线、网眼薄纱、花边、刺绣品、装饰带、编织带或网的机器及簇绒机：**										
84471100	--圆筒直径不超过 165 毫米										13
8447110000	圆筒直径≤165 毫米的圆型针织机［999］	8	30	13		台/千克			33%	0	
84471200	--圆筒直径超过 165 毫米										13
8447120000	圆筒直径>165 毫米的圆型针织机［999］	8	30	13		台/千克			33%	0	
84472011	----特里科经编机										13
8447201100	特里科经编机［999］	8	30	13		台/千克				0	
84472012	----拉舍尔经编机										13
8447201200	拉舍尔经编机［999］	8	30	13		台/千克				0	
84472019	----其他										13
8447201900	其他经编机［999］	8	30	13		台/千克				0	
84472020	---平型纬编机										13
8447202000	平型纬编机［999］	8	30	13		台/千克			33%	0	
84472030	---缝编机										13
8447203000	缝编机［999］	8	30	13		台/千克			18%	0	
84479011	----地毯织机										13
8447901100	地毯织机［999］	7	35	13		台/千克			12%	0	
84479019	----其他										13
8447901900	其他簇绒机（地毯织机除外）［999］	8	30	13		台/千克			13%	0	
84479020	---绣花机										13
8447902000	绣花机［999］	8	30	13		台/千克				0	
84479090	---其他										13
8447909000	品目 84.47 其他编号未列名机器（包括制粗松螺旋花线，网眼薄纱，编织带或网的机器）［101 采棉机］，［102 清花机］，［103 其他纺织机械及其零件］	8	30	13		台/千克			28%	0	
8448	**税目 84.44、84.45、84.46 或 84.47 所列机器的辅助机器（例如，多臂机、提花机、自停装置及换梭装置）；专用于或主要用于税目 84.44、84.45、84.46 或 84.47 所列机器的零件、附件（例如，锭子、锭壳、钢丝针布、梳、喷丝头、梭子、综丝、综框、针织机用针）：**										
84481100	--多臂机或提花机及其所用的卡片缩小、复制、穿孔或汇编机器										13
8448110001[暂3]	多臂机或提花机（转速指标 500 转/分以上）［999］	8	20	13		千克				0	
8448110090	多臂机或提花机所用卡片缩小、复制、穿孔或汇编机器（包括其所用的卡片缩小，复制，穿孔或汇编机器）［999］	8	20	13		千克				0	
84481900	--其他										13
8448190000	品目 84.44 至 84.47 的机器的辅助机器［999］	8	20	13		千克			33%	0	
84482020	---喷丝头或喷丝板										13
8448202000	喷丝头或喷丝板［999］	6	14	13		个/千克			31%	0	
84482090	---其他										13
8448209000	纤维挤压机及辅助机器的其他零件（包括附件，品目 84.44 的机器用）［999］	6	17	13		千克			31%	0	
84483100	--钢丝针布										13
8448310000	钢丝针布［999］	6	17	13		千克			31%	0	
84483200	--纺织纤维预处理机器的零件、附件，但钢丝针布除外										13
8448320000	其他纺织纤维预处理机器的零件、附件（钢丝针布除外）［999］	6	17	13		千克			31%	0	
84483310	---络筒锭										13

协定税率(%)																		特惠税率(%)			Article Description
智利	新西兰	澳大利亚	瑞士	冰岛	秘鲁	哥斯达	东盟	亚太	新加坡	巴基斯坦	港/澳/台	韩国	格鲁吉亚	毛里求斯	柬埔寨	尼加拉瓜	日/韩/澳/新/东(RCEP)	亚太2国	老/柬/缅	LDC 98/97/95	
0	0	0	0	0	0	0	0	5.2		0	0/0/0	0	0	0	0	6.4	5.8/5.6/6.8/6.8/5.6			0/0/0	---Water jet looms
0	0	0	0	0	0	0	0	6.8		0	0/0/	2.6	0	0	0	6.4	6.5/5.6/5.6/5.6/5.6			0/0/0	---Air jet looms
0	0	0	0	0	0	0	0	5.2		0	0/0/	0	0	0	0	6.4	5.8/0/0/0/0			0/0/0	---Other
																					Knitting machines, stitch-bonding machines and machines for making gimped yarn, tulle lace, embroidery, trimmings, braid or net and machines for tufting:
0	0	0	0	0	0	0	0	7		0	0/0/0	0	0	0	0	6.4	5.8/0/0/0/0			0/0/0	--With cylinder diameter not exceeding 165mm
0	0	0	0	0	0	0	0			0	0/0/0	0	0	0	0	6.4	5.8/0/0/0/0			0/0/0	--With cylinder diameter exceeding 165mm
0	0	0	0	0	0	0	0	5.2		0	0/0/	0	0	0	0	6.4	5.8/0/0/0/0			0/0/0	----Tricot machines
0	0	0	0	0	0	0	0	5.2		0	0/0/	0	0	0	0	6.4	5.8/5.6/0/0/0			0/0/0	----Rashel machines
0	0	0	0	0	0	0	0	5.2		0	0/0/	0	0	0	0	6.4	5.8/5.6/0/0/0			0/0/0	----Other
0	0	0	0	0	0	0	0	5.2		0	0/0/0	0	0	0	0	6.4	5.8/0/0/0/0			0/0/0	---Flat weft knitting machines
0	0	0	0	0	0	0	0	5.2		0	0/0/	0	0	0	0	6.4	5.8/0/0/0/0			0/0/0	---Stitch-bonding machines
0	0	0	0	0	0	0	0	4.6		0	0/0/	0	0	0	0	6.5	5.1/0/0/0/0			0/0/0	----For making carpets or rugs
0	0	0	0	0	0	0	0	5.2		0	0/0/	0	0	0	0	6.4	5.8/0/0/0/0			0/0/0	----Other
0	0	0		0	0	0	0	5.2		0	0/0/	0	0	0	0	6.4	5.8/5.6/0/0/0			0/0/0	---Embroidery machines
0	0	0		0	0	0	0	4		0	0/0/	5	0	0	0	6.4	//5/5/5			0/0/0	---Other
																					Auxiliary machinery for use with machines of heading 84.44, 84.45, 84.46 or 84.47 (for example, dobbies, Jacquards, automatic stop motions, shuttle changing mechanisms); parts and accessories suitable for use solely or principally with the machines of this heading or of heading 84.44, 84.45, 84.46 or 84.47 (for example, spindles and spindle flyers, card clothing, combs, extruding nipples, shuttles, healds and heald-frames, hosiery needles):
0	0	0	0	0	0	0	0			0	0/0/	0	0	0	0	6.4	5.8/5.6/0/0/0			0/0/0	--Dobbies and Jacquards; card reducing, copying, punching or assembling machines for use there with
0	0	0	0	0	0	0	0			4	0/0/	0	0	0	0	6.4	5.8/5.6/0/0/0			0/0/0	--Other
0	0	0	0	0	0	0	0			0	0/0/	0	0	0	0	0	4.4/4.2/0/0/0			0/0/0	---Extruding nipples or spinnerets
0	0	0	0	0	0	0	0			0	0/0/	2	0	0	0	0	4.9/4.2/4.2/4.2/4.2			0/0/0	---Other
0	0	0	1.6	0	0	0	0			0	0/0/	0	0	0	0	0	4.4/4.2/0/0/0			0/0/0	--Card clothing
0	0	0	0	0	0	0	0			0	0/0/	2	0	0	0	0	4.9/4.2/4.2/4.2/4.2			0/0/0	--Of machines for preparing textile fibres, other than card clothing
0	0	0	0	0	0	0	0	4.8		0	0/0/	0	0	0	0	0	0/0/0/0/0			0/0/0	---Winding spindle

商品编号	商品名称及备注[检验检疫编码及名称]	进口关税(%)		增值税率(%)	消费税	计量单位	监管条件	检验检疫类别	对美税率	出口税率(%)	出口退税率(%)
		最惠国	普通								
8448331000	络筒锭〔999〕	6	17	13		个/千克				0	
84483390	---其他										13
8448339000	其他锭子、锭壳、纺丝环、钢丝圈〔999〕	6	17	13		千克			26%	0	
84483910	---气流杯										13
8448391000	气流杯〔999〕	6	14	13		个/千克				0	
84483920	---电子清纱器										13
8448392000[暂3]	电子清纱器〔999〕	6	17	13		个/千克				0	
84483930	---空气捻接器										13
8448393000[暂3]	空气捻接器〔999〕	6	17	13		个/千克			28%	0	
84483940	---环锭细纱机紧密纺装置										13
8448394000	环锭细纱机紧密纺装置〔101 细纱机〕,〔102 其他纺织机械及其零件〕	6	17	13		个/千克				0	
84483990	---其他										13
8448399000[暂3]	品目 84.45 所列机器的其他零、附件(指纺织纱线机器及预处理机的零件、附件)〔999〕	6	17	13		千克			28%	0	
84484200	--织机用筘、综丝及综框										13
8448420000	织机用筘、综丝、综框〔999〕	6	50	13		千克			31%	0	
84484910	---接、投梭箱										13
8448491000	接、投梭箱〔999〕	6	17	13		个/千克				0	
84484920	---引纬、送经装置										13
8448492000[暂3]	引纬、送经装置〔999〕	6	17	13		个/千克				0	
84484930	---梭子										13
8448493000	梭子〔999〕	6	50	13		个/千克			26%	0	
84484990	---其他										13
8448499000[暂3]	织机及其辅助机器用其他零、附件〔999〕	6	17	13		千克			28%	0	
84485120	---针织机用 28 号以下的弹簧针、钩针及复合针										13
8448512000	针织机用 28 号以下的弹簧针、钩针(包括复合针)〔999〕	6	50	13		千克			31%	0	
84485190	---其他										13
8448519000	沉降片、其他织针及成圈机件〔999〕	6	17	13		千克			31%	0	
84485900	--其他										13
8448590000[暂3]	品目 84.47 机器用的其他零件、附件(指针织等机器及其辅助机器的零件、附件)〔999〕	6	17	13		千克			28%	0	
8449	**成匹、成形的毡呢或无纺织物制造或整理机器,包括制毡呢帽机器;帽模:**										
84490010	---针刺机										13
8449001001[暂6]	高速针刺机,针刺频率>2000 次/分钟〔999〕	8	30	13		台/千克			31%	0	
8449001090	其他针刺机〔999〕	8	30	13		台/千克			33%	0	
84490020	---水刺设备										13
8449002000	水刺设备	8	30	13		台/千克				0	
84490090	---其他										13
8449009000	其他成匹、成形的毡呢制造或整理机器(包括无纺织物制造或整理机,制毡呢帽机,帽模)〔999〕	8	30	13		千克			28%	0	
8450	**家用型或洗衣房用洗衣机,包括洗涤干燥两用机:**										
84501110	---波轮式										13
8450111000	干衣量≤10 千克全自动波轮式洗衣机①	7	130	13		台/千克	A	L. M/	32%	0	
84501120	---滚筒式										13
8450112000	干衣量≤10 千克全自动滚筒式洗衣机②	7	130	13		台/千克	A	L. M/	32%	0	
84501190	---其他										13
8450119000	其他干衣量≤10 千克的全自动洗衣机③	7	130	13		台/千克	A	L. M/	32%	0	
84501200	--其他机器,装有离心甩干机										13
8450120000	装有离心甩干机的非全自动洗衣机(干衣量≤10 千克)④	7	130	13		台/千克	A	L. M/		0	
84501900	--其他										13

① 〔101 洗衣机 I 类器具〕,〔102 洗衣机 II 类器具〕,〔103 洗衣机 III 类器具〕,〔104 洗衣机 0I 类器具〕,〔105 洗衣机 0 类器具〕
② 〔101 洗衣机 I 类器具〕,〔102 洗衣机 II 类器具〕,〔103 洗衣机 III 类器具〕,〔104 洗衣机 0I 类器具〕,〔105 洗衣机 0 类器具〕
③ 〔101 洗衣机 I 类器具〕,〔102 洗衣机 II 类器具〕,〔103 洗衣机 III 类器具〕,〔104 洗衣机 0I 类器具〕,〔105 洗衣机 0 类器具〕
④ 〔101 洗衣机 I 类器具〕,〔102 洗衣机 II 类器具〕,〔103 洗衣机 III 类器具〕,〔104 洗衣机 0I 类器具〕,〔105 洗衣机 0 类器具〕

协定税率(%)																		特惠税率(%)			Article Description
智利	新西兰	澳大利亚	瑞士	冰岛	秘鲁	哥斯达	东盟	亚太	新加坡	巴基斯坦	港/澳/台	韩国	格鲁吉亚	毛里求斯	柬埔寨	尼加拉瓜	日/韩/澳/新/东(RCEP)	亚太2国	老/柬/缅	LDC 98/97/95	
0	0	0	0	0	0	0	0			0	0/0/	0	0	0	0	0	4.4/4.2/0/0/0			0/0/0	---Other
0	0	0	0	0	0	0	0	4.2		0	0/0/	0	0	0	0	0	0/0/0/0/0			0/0/0	---Open-end rotors
0	0	0	1.6	0	0	0	0			0	0/0/	0	0	0	0	0	4.4/0/0/0/0			0/0/0	---Electronic yarn clearers
0	0	0	0	0	0	0	0			0	0/0/	0	0	0	0	0	0/0/0/0/0			0/0/0	---Air twisting devices
0	0	0	2.4	0	0	0	0	4.8		0	0/0/	0	0	0	0	0	4.4/0/0/0/0			0/0/0	---Compact set of ring spinning frames
0	0	0	1.6	0	0	0	0			0	0/0/	2	0	0	0	0	4.9/4.2/4.2/4.2/4.2			0/0/0	---Other
0	0	0	0	0	0	0	0			0	0/0/	2	0	0	0	0	4.9/4.2/4.2/4.2/4.2			0/0/0	--Reeds for looms, healds and heald-frames
0	0	0	0	0	0	0	0	4.2		0	0/0/	0	0	0	0	0	4.4/0/0/0/0			0/0/0	---Catching and throwing shuttle boxes
0	0	0	0	0	0	0	0			0	0/0/	0	0	0	0	0	4.4/4.2/0/0/0			0/0/0	---Weft insertion and let-off motions
0	0	0	0	0	0	0	0			0	0/0/	0	0	0	0	0	0/0/0/0/0			0/0/0	---Shuttles
0	0	0	0	0	0	0	0			0	0/0/	2	0	0	0	0	4.9/4.2/4.2/4.2/4.2			0/0/0	---Other
0	0	0	0	0	0	0	0			0	0/0/	0	0	0	0	0	4.4/4.2/0/0/0			0/0/0	---Barbered needles, crotchet hooks and complex needles for knitting machines, smaler than gauge No. 28
0	0	0	0	0	0	0	0			0	0/0/	2	0	0	0	0	4.9/4.2/4.2/4.2/4.2			0/0/0	---Other
0	0	0	0	0	0	0	0			4	0/0/0	0	0	0	0	0	4.4/4.2/4.2/4.2/4.2			0/0/0	--Other
																					Machinery for the manufacture or finishing of felt or nonwovens in the piece or in shapes, including machinery for making felt hats; blocks for making hats:
0	0	0	0	0	0	0	0			0	0/0/	0	0	0	0	6.4	5.8/5.6/0/0/0			0/0/0	---Machinery for stitch
0	0	0	0	0	0	0	0			0	0/0/	0	0	0	0	6.4	5.8/0/0/0/0			0/0/0	---Spunlaced Equipment
0	0	0	0	0	0	0	0			0	0/0/	2.6	0	0	0	6.4	6.5/6.4/6.8/6.8/6.4			0/0/0	---Other
																					Household or laundry-type washing machines, including machines which both wash and dry:
0	0	0	0	0	0	0	0	4.6	0	0	0/0/	0	0	0	0	0	7.3/7/0/0/0			0/0/0	---Of the continuously rotating impeller
0	0	0	0	0	0	0	0	4.6	0	0	0/0/	6.5	0	0	0	0	//7/7/7			0/0/0	---Of the drum type
0	0	0	0	0	0	0	0	4.6	0	0	0/0/		0	0	0	0	//7/7/7			0/0/0	---Other
0	0	0	7	0	0	0	0	4.6	0	0	0/0/		0	6	0	0	//7/7/7			0/0/0	--Other machines, with built-in centrifugal drier
0	0	0	7	0	0	0	0		0	0	0/0/		0	6	0	0	//7/7/7			0/0/0	--Other

商品编号	商品名称及备注〔检验检疫编码及名称〕	进口关税(%)		增值税率(%)	消费税	计量单位	监管条件	检验检疫类别	对美税率	出口税率(%)	出口退税率(%)
		最惠国	普通								
8450190000	干衣量≤10 千克的其他洗衣机①	7	130	13		台/千克	A	L. M/		0	
84502011	----波轮式										13
8450201100	全自动的波轮式洗衣机(干衣量>10 千克)②	10	80	13		台/千克			20%	0	
84502012	----滚筒式										13
8450201200	全自动的滚筒式洗衣机(干衣量>10 千克)③	10	80	13		台/千克			30%	0	
84502019	----其他										13
8450201900	其他全自动的洗衣机(干衣量>10 千克)④	10	80	13		台/千克			15%	0	
84502090	---其他										13
8450209000	其他洗衣机(干衣量>10 千克)⑤	10	80	13		台/千克			30%	0	
84509010	---干衣量不超过 10 千克的洗衣机用										13
8450901000	其他干衣量≤10 千克的洗衣机零件〔999〕	5	130	13		千克			30%	0	
84509090	---其他										13
8450909000暂5	干衣量>10 千克的洗衣机零件〔999〕	8	80	13		千克			15%	0	
8451	**纱线、织物及纺织制品的洗涤、清洁、绞拧、干燥、熨烫、挤压(包括熔压)、漂白、染色、上浆、整理、涂布或浸渍机器(税目 84.50 的机器除外);列诺伦(亚麻油地毡)及类似铺地制品的布基或其他底布的浆料涂布机器;纺织物的卷绕、退绕、折叠、剪切或剪齿边机器:**										
84511000	-干洗机										13
8451100000	干洗机⑥	10	80	13		台/千克			35%	0	
84512100	--干衣量不超过 10 千克										13
8451210000	干衣量≤10 千克的干燥机⑦	8	80	13		台/千克			33%	0	
84512900	--其他										13
8451290000	干衣量>10 千克的其他干燥机⑧	8	30	13		台/千克			18%	0	
84513000	-熨烫机及挤压机(包括熔压机)										13
8451300000	熨烫机及挤压机(包括熔压机)⑨	8	30	13		台/千克			33%	0	
84514000	-洗涤、漂白或染色机器										13
8451400000	其他洗涤,漂白或染色机器〔101 染色机〕,〔102 其他印染机械及其零件〕,〔103 纺织行业成套设备〕	8	20	13		台/千克			33%	0	
84515000	-纺织物的卷绕、退绕、折叠、剪切或剪齿边机器										13
8451500000	织物的卷绕、退绕、折叠、剪切机器(包括剪齿边机)〔999〕	8	20	13		台/千克			18%	0	
84518000	-其他机器										13
8451800001	服装定型焙烘炉;服装液氨整理机;预缩机;罐蒸机⑩	8	30	13		台/千克			28%	0	
8451800002	剪绒、洗缩联合机;剪毛联合机;柔软整理机⑪	8	30	13		台/千克			28%	0	
8451800003	定型机;精炼机;丝光机;磨毛机⑫	8	30	13		台/千克			28%	0	
8451800004	涂层机〔999〕	8	30	13		台/千克			28%	0	

① 〔101 洗衣机 I 类器具〕,〔102 洗衣机 II 类器具〕,〔103 洗衣机 III 类器具〕,〔104 洗衣机 0I 类器具〕,〔105 洗衣机 0 类器具〕
② 〔101 洗衣机 I 类器具〕,〔102 洗衣机 II 类器具〕,〔103 洗衣机 III 类器具〕,〔104 洗衣机 0I 类器具〕,〔105 洗衣机 0 类器具〕
③ 〔101 洗衣机 I 类器具〕,〔102 洗衣机 II 类器具〕,〔103 洗衣机 III 类器具〕,〔104 洗衣机 0I 类器具〕,〔105 洗衣机 0 类器具〕
④ 〔101 洗衣机 I 类器具〕,〔102 洗衣机 II 类器具〕,〔103 洗衣机 III 类器具〕,〔104 洗衣机 0I 类器具〕,〔105 洗衣机 0 类器具〕
⑤ 〔101 洗衣机 I 类器具〕,〔102 洗衣机 II 类器具〕,〔103 洗衣机 III 类器具〕,〔104 洗衣机 0I 类器具〕,〔105 洗衣机 0 类器具〕
⑥ 〔101 干洗机 I 类器具〕,〔102 干洗机 II 类器具〕,〔103 干洗机 III 类器具〕,〔104 干洗机 0I 类器具〕,〔105 干洗机 0 类器具〕
⑦ 〔101 干衣机 I 类器具〕,〔102 干衣机 II 类器具〕,〔103 干衣机 III 类器具〕,〔104 干衣机 0I 类器具〕,〔105 干衣机 0 类器具〕
⑧ 〔101 干衣机 I 类器具〕,〔102 干衣机 II 类器具〕,〔103 干衣机 III 类器具〕,〔104 干衣机 0I 类器具〕,〔105 干衣机 0 类器具〕
⑨ 〔101 印花机〕,〔102 纺织行业成套设备〕,〔103 熨烫机 I 类器具〕,〔104 熨烫机 II 类器具〕,〔105 熨烫机 III 类器具〕,〔106 熨烫机 0I 类器具〕,〔107 熨烫机 0 类器具〕
⑩ 〔101 其他印染机械及其零件〕,〔102 纺织行业成套设备〕,〔103 其他衣物处理设备及其零件 I 类器具〕,〔104 其他衣物处理设备及其零件 II 类器具〕,〔105 其他衣物处理设备及其零件 III 类器具〕,〔106 其他衣物处理设备及其零件 0I 类器具〕,〔107 其他衣物处理设备及其零件 0 类器具〕,〔108 其他大型家用及其类似用途电器及其零件 I 类器具〕,〔109 其他大型家用及其类似用途电器及其零件 II 类器具〕,〔110 其他大型家用及其类似用途电器及其零件 III 类器具〕,〔111 其他大型家用及其类似用途电器及其零件 0I 类器具〕,〔112 其他大型家用及其类似用途电器及其零件 0 类器具〕
⑪ 〔101 其他印染机械及其零件〕,〔102 纺织行业成套设备〕,〔103 其他衣物处理设备及其零件 I 类器具〕,〔104 其他衣物处理设备及其零件 II 类器具〕,〔105 其他衣物处理设备及其零件 III 类器具〕,〔106 其他衣物处理设备及其零件 0I 类器具〕,〔107 其他衣物处理设备及其零件 0 类器具〕,〔108 其他大型家用及其类似用途电器及其零件 I 类器具〕,〔109 其他大型家用及其类似用途电器及其零件 II 类器具〕,〔110 其他大型家用及其类似用途电器及其零件 III 类器具〕,〔111 其他大型家用及其类似用途电器及其零件 0I 类器具〕,〔112 其他大型家用及其类似用途电器及其零件 0 类器具〕
⑫ 〔101 其他印染机械及其零件〕,〔102 纺织行业成套设备〕,〔103 其他衣物处理设备及其零件 I 类器具〕,〔104 其他衣物处理设备及其零件 II 类器具〕,〔105 其他衣物处理设备及其零件 III 类器具〕,〔106 其他衣物处理设备及其零件 0I 类器具〕,〔107 其他衣物处理设备及其零件 0 类器具〕,〔108 其他大型家用及其类似用途电器及其零件 I 类器具〕,〔109 其他大型家用及其类似用途电器及其零件 II 类器具〕,〔110 其他大型家用及其类似用途电器及其零件 III 类器具〕,〔111 其他大型家用及其类似用途电器及其零件 0I 类器具〕,〔112 其他大型家用及其类似用途电器及其零件 0 类器具〕

协定税率(%)																		特惠税率(%)			
智利	新西兰	澳大利亚	瑞士	冰岛	秘鲁	哥斯达	东盟	亚太	新加坡	巴基斯坦	港/澳/台	韩国	格鲁吉亚	毛里求斯	柬埔寨	尼加拉瓜	日/韩/澳/新/东(RCEP)	亚太2国	老/柬/缅	LDC 98/97/95	Article Description
0	0	0	0	0	0	0	0			0	0/0/		0	0	0	9	//5/5/5			0/0/0	----Of the continuously rotating impeller
0	0	0	0	0	0	0	0			0	0/0/		0	0	0	9	//5/5/5			0/0/0	----Of the drum type
0	0	0	0	0	0	0	0			0	0/0/		0	0	0	9	//5/5/5			0/0/0	----Other
0	0	0	0	0	0	0	0			0	0/0/		0	0	0	9	//5/5/5			0/0/0	---Other
0	0	0	0	0	0	0	0	3.3		0	0/0/	1.6	0	0	0	0	4.1/3.5/3.5/3.5/3.5			0/0/0	---Of the machines of subheadings 8450.1110 to 8450.1900
0	0	0	0	0	0	0	0	5.2	0	6.4	0/0/	0	0	0	0	6.4	11.6/11.2/0/0/0			0/0/0	---Other
																					Machinery (other than machines of heading 84.50) for washing, cleaning, wringing, drying, ironing, pressing (including fusing presses), bleaching, dyeing, dressing, finishing, coating or impregnating textile yarns, fabrics or made up textile articles and machines for applying the paste to the base fabric or other support used in the manufacture of floor coverings such as linoleum; machines for reeing, unreeling, folding, cutting or pinking textile fabrics:
0	0	0	0	0	0	0	0	6.5	0	8	0/0/	7	0	0	0	9	17.1/14.7/14.7/14.7/14.7			0/0/0	-Dry-cleaning machines
0	0	0	0	0	0	0	0	5.2	0	3.8	0/0/	0	0	0	0	6.4	10.9/10.5/0/0/0			0/0/0	--Each of a dry linen capacity not exceeding 10kg
0	0	0	0	0	0	0	0	5.2		0	0/0/	0	0	0	0	6.4	5.8/5.6/0/0/0			0/0/0	--Other
0	0	0	0	0	0	0	0	5.2	0	0	0/0/	0	0	0	0	6.4	5.8/5.6/0/0/0			0/0/0	-Ironing machines and presses (including fusing presses)
0	0	0	0	0	0	0	0	5.2		0	0/0/0	0	0	0	0	6.4	6.1/5.9/5.9/5.9/5.9			0/0/0	-Washing, bleaching or dyeing machines
0	0	0	0	0	0	0	0	5.2		0	0/0/0	0	0	0	0	6.4	5.8/0/0/0/0			0/0/0	-Machines for reeling, unreeling, folding, cutting or pinking textile fabrics
0	0	0		0	0	0	0	7.2	0	2.5	0/0/0	6	0	0	0	6.4	/12/10.2/10.2/10.2			0/0/0	-Other machinery

商品编号	商品名称及备注[检验检疫编码及名称]	进口关税(%)		增值税率(%)	消费税	计量单位	监管条件	检验检疫类别	对美税率	出口税率(%)	出口退税率(%)
		最惠国	普通								
8451800090	品目 84.51 未列名的其他机器①	8	30	13		台/千克			28%	0	
84519000	-零件										13
8451900000	品目 84.51 所列机器的零件〔101 其他印染机械及其零件〕,〔102 纺织行业成套设备〕,〔103 其他衣物处理设备及其零件〕	8	20	13		千克			28%	0	
8452	**缝纫机,但税目 84.40 的锁线订书机除外;缝纫机专用的特制家具、底座及罩盖;缝纫机针:**										
84521010	---多功能家用缝纫机										13
8452101000	多功能家用型缝纫机〔999〕	9	80	13		台/千克			34%	0	
84521091	----手动式										13
8452109100	其他家用型手动式缝纫机〔999〕	9	80	13		台/千克			34%	0	
84521099	----其他										13
8452109900	其他家用型缝纫机〔101 电动家用缝纫机〕,〔102 机械家用缝纫机〕	9	80	13		台/千克				0	
84522110	---平缝机										13
8452211000	非家用自动平缝机〔101 电动工业用缝纫机〕,〔102 机械工业用缝纫机〕	9	40	13		台/千克			34%	0	
84522120	---包缝机										13
8452212000	非家用自动包缝机〔101 电动工业用缝纫机〕,〔102 机械工业用缝纫机〕	9	40	13		台/千克			34%	0	
84522130	---绷缝机										13
8452213000	非家用自动绷缝机〔101 电动工业用缝纫机〕,〔102 机械工业用缝纫机〕	9	40	13		台/千克			34%	0	
84522190	---其他										13
8452219000	其他非家用自动缝纫机〔101 电动工业用缝纫机〕,〔102 机械工业用缝纫机〕,〔103 其他缝纫机〕	9	40	13		台/千克			34%	0	
84522900	--其他										13
8452290000	其他非自动缝纫机(家用型除外)〔101 电动工业用缝纫机〕,〔102 机械工业用缝纫机〕,〔103 其他缝纫机〕	9	40	13		台/千克			34%	0	
84523000	-缝纫机针										13
8452300000	缝纫机针〔999〕	9	100	13		千克			34%	0	
84529011	----旋梭										13
8452901100	家用缝纫机用旋梭〔999〕	8	80	13		千克				0	
84529019	----其他										13
8452901900	家用缝纫机用其他零件(旋梭除外)〔999〕	8	80	13		千克			33%	0	
84529091	----旋梭										13
8452909100	非家用缝纫机用旋梭〔999〕	8	80	13		千克				0	
84529092	----缝纫机专用的特制家具、底座和罩盖及其零件										13
8452909200	非家用缝纫机用特制家具、底座和罩盖及其零件〔999〕	8	100	13		千克			13%	0	
84529099	----其他										13
8452909900	非家用缝纫机用其他零件(旋梭除外)〔999〕	8	80	13		千克			33%	0	
8453	**生皮、皮革的处理、鞣制或加工机器,鞋靴、毛皮及其他皮革制品的制作或修理机器,但缝纫机除外:**										
84531000	-生皮、皮革的处理、鞣制或加工机器										13
8453100000	生皮、皮革的处理或加工机器(包括鞣制机)〔999〕	8	30	13		台/千克			33%	0	
84532000	-鞋靴制作或修理机器										13
8453200000	鞋靴制作或修理机器(缝纫机除外)〔999〕	8	30	13		台/千克			33%	0	
84538000	-其他机器										13
8453800000	毛皮及其他皮革的制作或修理机器(缝纫机除外)〔999〕	8	30	13		台/千克				0	
84539000	-零件										13
8453900000	品目 84.53 所列机器的零件(皮革等处理,加工或修理机器的)〔999〕	8	30	13		千克			33%	0	
8454	**金属冶炼及铸造用的转炉、浇包、锭模及铸造机:**										

① 〔101 印花机〕,〔102 染色机〕,〔103 其他印染机械及其零件〕,〔104 纺织行业成套设备〕,〔105 其他衣物处理设备及其零件 I 类器具〕,〔106 其他衣物处理设备及其零件 II 类器具〕,〔107 其他衣物处理设备及其零件 III 类器具〕,〔108 其他衣物处理设备及其零件 0I 类器具〕,〔109 其他衣物处理设备及其零件 0 类器具〕,〔110 其他大型家用及其类似用途电器及其零件 I 类器具〕,〔111 其他大型家用及其类似用途电器及其零件 II 类器具〕,〔112 其他大型家用及其类似用途电器及其零件 III 类器具〕,〔113 其他大型家用及其类似用途电器及其零件 0I 类器具〕,〔114 其他大型家用及其类似用途电器及其零件 0 类器具〕

协定税率(%)																		特惠税率(%)			Article Description
智利	新西兰	澳大利亚	瑞士	冰岛	秘鲁	哥斯达	东盟	亚太	新加坡	巴基斯坦	港/澳/台	韩国	格鲁吉亚	毛里求斯	柬埔寨	尼加拉瓜	日/韩/澳/新/东(RCEP)	亚太2国	老/柬/缅	LDC 98/97/95	
0	0	0	0	0	0	0	0	5.2		0	0/0/	0	0	0	0	6.4	5.8/5.6/0/0/0			0/0/0	-Parts
																					Sewing machines, other than book-sewing machines of heading 84.40; furniture, bases and covers specially designed for sewing machines; sewing machine needles:
0	0	0	0	0	0	0	0	5.9	0	13.4	0/0/	7	0	0	0	8.1	17.1/16.8/17.9/17.9/16.8			0/0/0	---Multifunctional sewing machines of household type
0	0	0	0	0	0	0	0	5.9	0	13.4	0/0/	7	0	0	0	8.1	15.3/14.7/14.7/14.7/14.7			0/0/0	----Hand operated
0	0	0	0	0	0	0	0	5.9	0	13.4	0/0/	7	0	0	0	8.1	17.1/14.7/14.7/14.7/14.7			0/0/0	----Other
0	0	0	0	0	0	0	0	5.9	0	2.5	0/0/	0	0	0	0	8.1	9.8/9.6/10.2/10.2/9.6			0/0/0	---Flatseam
0	0	0	0	0	0	0	0	5.9	0	2.5	0/0/0	0	0	0	0	8.1	8.7/8.4/0/0/0			0/0/0	---Overlock machine
0	0	0	0	0	0	0	0	5.9	0	2.5	0/0/0	0	0	0	0	8.1	8.7/8.4/0/0/0			0/0/0	---Interlock machine
0	0	0	0	0	0	0	0	5.9	0	2.5	0/0/0	0	0	0	0	8.1	8.7/8.4/8.4/8.4/8.4			0/0/0	---Other
0	0	0	0	0	0	0	0	5.9	0	2.5	0/0/	0	0	0	0	8.1	8.7/8.4/0/0/0			0/0/0	--Other
0	0	0	0	0	0	0	0	5.9	0	3.5	0/0/	0	0	0	0	8.1	10.2/9.8/0/0/0			0/0/0	-Sewing machine needles
0	0	0	0	0	0	0	0	5.2	0	3.5	0/0/	0	0	0	0	6.4	10.2/9.8/0/0/0			0/0/0	----Rotating shuttles
0	0	0	0	0	0	0	0	5.2	0	5.6	0/0/	0	0	0	0	6.4	10.2/9.8/0/0/0			0/0/0	----Other
0	0	0	0	0	0	0	0	5.6	0	3.5	0/0/	0	0	0	0	6.4	//5/5/5			0/0/0	----Rotating shuttles
0	0	0	0	0	0	0	0		0	5.6	0/0/	0	0	0	0	6.4	10.2/9.8/0/0/0			0/0/0	----Furniture, bases and covers for sewing machines and parts thereof
0	0	0	0	0	0	0	0	5.2	0	3.5	0/0/0	0	0	0	0	6.4	10.2/9.8/9.8/9.8/9.8			0/0/0	----Other
																					Machinery for preparing, tanning or working hides, skins or leather or for making or repairing footwear or other articles of hides, skins or leather, other than sewing machines:
0	0	0	0	0	0	0	0	5.2		0	0/0/	0	0	0	0	6.4	6.1/5.9/0/0/0			0/0/0	-Machinery for preparing, tanning or working hides, skins or leather
0	0	0	0	0	0	0	0	5.2		0	0/0/	0	0	0	0	6.4	6.1/5.9/0/0/0			0/0/0	-Machinery for making or repairing footwear
0	0	0	0	0	0	0	0			0	0/0/	0	0	0	0	6.4	6.1/5.9/0/0/0			0/0/0	-Other machinery
0	0	0	0	0	0	0	0			2.5	0/0/	0	0	0	0	6.4	5.8/5.6/0/0/0			0/0/0	-Parts
																					Converters, ladles, ingot moulds and casting machines, of a kind used in metallurgy or in metal foundries:

商品编号	商品名称及备注[检验检疫编码及名称]	进口关税(%) 最惠国	普通	增值税率(%)	消费税	计量单位	监管条件	检验检疫类别	对美税率	出口税率(%)	出口退税率(%)
84541000	-转炉										13
8454100000	金属冶炼及铸造用转炉[999]	8	35	13		台/千克			28%	0	
84542010	---炉外精炼设备										13
8454201010	VOD炉(真空脱气炉)[999]	8	35	13		台/千克	0		28%	0	
8454201090	其他炉外精炼设备[999]	8	35	13		台/千克	0		28%	0	
84542090	---其他										13
8454209000	其他金属冶炼及铸造用锭模及浇包[999]	8	35	13		台/千克			33%	0	
84543010	---冷室压铸机										13
8454301000	冷室压铸机[999]	12	35	13		台/千克	0			0	
84543021	----方坯连铸机										13
8454302100	方坯连铸机[999]	10	35	13		台/千克				0	
84543022	----板坯连铸机										13
8454302200	板坯连铸机[999]	12	35	13		台/千克	0			0	
84543029	----其他										13
8454302900	其他钢坯连铸机[999]	12	35	13		台/千克	0			0	
84543090	---其他										13
8454309000	其他金属冶炼及铸造用铸造机[999]	12	35	13		台/千克			17%	0	
84549010	---炉外精炼设备用										13
8454901000	炉外精炼设备的零件[999]	8	20	13		千克			28%	0	
84549021	----结晶器										13
8454902100	钢坯连铸机用结晶器[999]	8	20	13		千克				0	
84549022	----振动装置										13
8454902200	钢坯连铸机用振动装置[999]	8	20	13		千克				0	
84549029	----其他										13
8454902900	钢坯连铸机用其他零件[999]	8	20	13		千克			33%	0	
84549090	---其他										13
8454909000	其他冶炼等用转炉及铸造机的零件(包括浇包、锭模的零件)[999]	8	20	13		千克			28%	0	
8455	**金属轧机及其轧辊：**										
84551010	---热轧管机										13
8455101000	热轧管机[999]	12	35	13		台/千克				0	
84551020	---冷轧管机										13
8455102000	冷轧管机[999]	12	35	13		台/千克	0		32%	0	
84551030	---定减径轧管机										13
8455103000	定、减径轧管机[999]	12	35	13		台/千克	0			0	
84551090	---其他										13
8455109000	其他金属轧管机[999]	12	35	13		台/千克	0			0	
84552110	---板材热轧机										13
8455211000	其他金属板材热轧机[999]	15	35	13		台/千克				0	
84552120	---型钢轧机										13
8455212000	型钢轧机[999]	15	35	13		台/千克	0			0	
84552130	---线材轧机										13
8455213000	金属线材轧机[999]	15	35	13		台/千克	0		20%	0	
84552190	---其他										13
8455219000	其他金属热轧或冷热联合轧机[999]	15	35	13		台/千克	0			0	
84552210	---板材冷轧机										13
8455221000	金属板材冷轧机[999]	10	35	13		台/千克	0		30%	0	
84552290	---其他										13
8455229010	铝箔粗轧机[999]	15	35	13		台/千克			35%	0	
8455229090	其他金属冷轧机[999]	15	35	13		台/千克			35%	0	
84553000	-轧机用轧辊										13
8455300000	金属轧机用轧辊[999]	8	20	13		个/千克			18%	0	
84559000	-其他零件										13
8455900000	金属轧机的其他零件[999]	8	20	13		千克			28%	0	
8456	**用激光、其他光、光子束、超声波、放电、电化学法、电子束、离子束或等离子弧处理各种材料的加工机床；水射流切割机：**										

协定税率(%)																		特惠税率(%)			
智利	新西兰	澳大利亚	瑞士	冰岛	秘鲁	哥斯达	东盟	亚太	新加坡	巴基斯坦	港/澳/台	韩国	格鲁吉亚	毛里求斯	柬埔寨	尼加拉瓜	日/韩/澳/新/东(RCEP)	亚太2国	老/柬/缅	LDC 98/97/95	Article Description
0	0	0	0	0	0	0	0			0	0/0/	0	0	0	0	6.4	6.1/0/0/0/0			0/0/0	-Converters
0	0	0	0	0	0	0	0			0	0/0/	0	0	0	0	6.4	6.1/0/0/0/0			0/0/0	---Fining equipments, outside of converters
0	0	0		0	0	0	0			0	0/0/	0	0	0	0	6.4	6.1/5.9/0/0/0			0/0/0	---Other
0	0	0	0	0	0	0	0	7.8	0	3	0/0/	0	0	0	0	11.2	//5/5/5			0/0/0	---Cold chamber die-casting machines
0	0	0	0	0	0	0	0	6.5		0	0/0/	0	0	0	0	9	7.3/7/0/0/0			0/0/0	----Ingot block
0	0	0	0	0	0	0	0	7.8	0	3	0/0/	0	0	0	0	11.2	8.7/8.4/0/0/0			0/0/0	----Ingot slab
0	0	0	0	0	0	0	0	7.8	0	3	0/0/	0	0	0	0	11.2	8.7/8.4/0/0/0			0/0/0	----Other
0	0	0	0	0	0	0	0	7.8	0	3	0/0/	6	0	0	0	11.2	10.3/12/10.2/10.2/10.2			0/0/0	---Other
0	0	0	0	0	0	0	0			0	0/0/	0	0	0	0	6.4	5.8/5.6/0/0/0			0/0/0	---For the fining equipments outside of converters
0	0	0	0	0	0	0	0			0	0/0/	0	0	0	0	6.4	5.8/0/0/0/0			0/0/0	----Crystallizers
0	0	0	0	0	0	0	0			0	0/0/	0	0	0	0	6.4	5.8/0/0/0/0			0/0/0	----Vibrating devices
0	0	0	0	0	0	0	0			0	0/0/	0	0	0	0	6.4	5.8/5.6/0/0/0			0/0/0	----Other
0	0	0	0	0	0	0	0			0	0/0/	0	0	0	0	6.4	5.8/0/0/0/0			0/0/0	---Other
																					Metal-rolling mills and rolls therefor:
0	0	0	0	0	0	0	0	7.8	0	2.5	0/0/	0	0	0	0	11.2	8.7/8.4/0/0/0			0/0/0	---Tube mills, for hot-rolled
0	0	0	0	0	0	0	0	7.8	0	2.5	0/0/	0	0	0	0	11.2	//5/5/5			0/0/0	---Tube mills for cold-rolled
0	0	0	0	0	0	0	0	7.8	0	2.5	0/0/	0	0	0	0	11.2	8.7/8.4/0/0/0			0/0/0	---Fixed and reduced tube mills
0	0	0	0	0	0	0	0	7.8	0	2.5	0/0/	0	0	0	0	11.2	8.7/8.4/0/0/0			0/0/0	---Other
0	0	0	0	0	0	0	0	9.8	0	3.8	0/0/	0	0	0	0	14	10.9/10.5/0/0/0			0/0/0	---Sheet mills, hot-rolled
0	0	0	0	0	0	0	0	9.8	0	3.8	0/0/	0	0	0	0	14	10.9/10.5/0/0/0			0/0/0	---Rolled-steel section mills
0	0	0	0	0	0	0	0	9.8	0	3.8	0/0/	0	0	0	0	14	10.9/10.5/0/0/0			0/0/0	---Wire mills
0	0	0	0	0	0	0	0	10.5	0	3.8	0/0/	0	0	0	0	14	10.9/10.5/0/0/0			0/0/0	---Other
0	0	0	0	0	0	0	0			0	0/0/	0	0	0	0	9	7.3/7/0/0/0			0/0/0	---Sheet mills
0	0	0	0	0	0	0	0		0	6	0/0/	0	0	0	0	14	10.9/10.5/0/0/0			0/0/0	---Other
0	0	0	0	0	0	0	0			0	0/0/	0	0	0	0	6.4	6.1/5.9/5.9/5.9/5.9			0/0/0	-Rolls for rolling mills
0	0	0	0	0	0	0	0	4		0	0/0/	0	0	0	0	6.4	5.8/5.6/5.6/5.6/5.6			0/0/0	-Other parts
																					Machine-tools for working any material by removal of material, by laser or other light or photon beam, ultrasonic, electro-discharge, electro-chemical, electron beam, ionic-beam or or plasma arc processes; water-jet cutting machines:

商品编号	商品名称及备注［检验检疫编码及名称］	进口关税(%)		增值税率(%)	消费税	计量单位	监管条件	检验检疫类别	对美税率	出口税率(%)	出口退税率(%)
		最惠国	普通								
84561100	--用激光处理的										13
8456110010	辐照元件激光切割机(切割燃料包壳以使辐照核材料能溶解,含遥控设备)〔999〕	0	30	13		台/千克	3			0	
8456110090	其他用激光处理的机床〔999〕	0	30	13		台/千克				0	
84561200	--用其他光或光子束处理的										13
8456120000	用其他光或光子束处理的机床〔999〕	0	30	13		台/千克				0	
84562000	-用超声波处理的										13
8456200000	用超声波处理各种材料的加工机床〔999〕	10	30	13		台/千克			35%	0	
84563010	---数控的										13
8456301010	数控放电加工机床(2轴或多轴成形控制的无丝型放电加工机床)〔999〕	9	30	13		台/千克	30		34%	0	
8456301090	其他数控的放电处理加工机床〔999〕	9	30	13		台/千克	0		34%	0	
84563090	---其他										13
8456309010	非数控放电加工机床(2轴或多轴成形控制的无丝型放电加工机床)〔999〕	10	30	13		台/千克	3		20%	0	
8456309090	其他非数控的放电处理加工机床〔999〕	10	30	13		台/千克			20%	0	
84564010	---等离子切割机										13
8456401000	等离子切割机〔999〕	0	30	13		台/千克	A	L/		0	
84564090	---其他										13
8456409000	其他用等离子弧处理的机床〔999〕	0	30	13		台/千克				0	
84565000	-水射流切割机										13
8456500000	水射流切割机〔999〕	0	30	13		台/千克			5%	0	
84569000	-其他										13
8456900000	其他方法处理材料的加工机床(包括电化学法、电子束、离子束等的加工机床)〔101 电化学处理加工机床〕,〔102 火焰切割机〕,〔103 其他特种加工机床〕	0	30	13		台/千克			20%	0	
8457	**加工金属的加工中心、单工位组合机床及多工位组合机床:**										
84571010	---立式										13
8457101000	立式加工金属的加工中心〔999〕	9	20	13		台/千克	0		34%	0	
84571020	---卧式										13
8457102000	卧式加工金属的加工中心〔999〕	9	20	13		台/千克	0		34%	0	
84571030	---龙门式										13
8457103000	龙门式加工金属的加工中心〔999〕	9	20	13		台/千克	0		34%	0	
84571091	----铣车复合										13
8457109100	铣车复合加工中心〔999〕	9	20	13		台/千克	0		34%	0	
84571099	----其他										13
8457109900	其他加工金属的加工中心〔999〕	9	20	13		台/千克	0			0	
84572000	-单工位组合机床										13
8457200000	加工金属的单工位组合机床〔999〕	8	20	13		台/千克	0		33%	0	
84573000	-多工位组合机床										13
8457300000	加工金属的多工位组合机床〔999〕	5	20	13		台/千克	0		30%	0	
8458	**切削金属的车床(包括车削中心):**										
84581100	--数控的										13
8458110010	两用物项管制的切削金属的卧式数控车床(包括车削中心)〔999〕	9	20	13		台/千克	30		34%	0	
8458110090	其他切削金属的卧式数控车床(包括车削中心)〔999〕	9	20	13		台/千克	0		34%	0	
84581900	--其他										13
8458190000	切削金属的其他卧式车床〔999〕	9	50	13		台/千克			29%	0	
84589110	---立式										13
8458911010	两用物项管制的切削金属立式数控车床(包括车削中心)〔999〕	5	20	13		台/千克	30		30%	0	
8458911090	其他切削金属的立式数控车床(包括车削中心)〔999〕	5	20	13		台/千克	0		30%	0	
84589120	---其他										13
8458912010	其他两用物项管制的切削金属数控车床(包括车削中心)〔999〕	5	20	13		台/千克	30		30%	0	
8458912090	其他切削金属的数控车床(包括车削中心)〔999〕	5	20	13		台/千克	0		30%	0	
84589900	--其他										13
8458990000	切削金属的其他车床〔999〕	9	50	13		台/千克			34%	0	
8459	**切削金属的钻床、镗床、铣床、攻丝机床(包括直线移动式动力头机床),但税目84.58的车床(包括车削中心)除外:**										
84591000	-直线移动式动力头机床										13

协定税率(%)																		特惠税率(%)			Article Description
智利	新西兰	澳大利亚	瑞士	冰岛	秘鲁	哥斯达	东盟	亚太	新加坡	巴基斯坦	港/澳/台	韩国	格鲁吉亚	毛里求斯	柬埔寨	尼加拉瓜	日/韩/澳/新/东(RCEP)	亚太2国	老/柬/缅	LDC 98/97/95	
0	0	0	0	0	0	0	0			0	0/0/	0	0	0	0	0	0/0/0/0/0			0/0/0	--Operated by laser processes
0	0	0	0	0	0	0	0			0	0/0/	0	0	0	0	0	0/0/0/0/0			0/0/0	--Operated by other light or photon beam processes
0	0	0		0	0	0	0		0	0	0/0/		0	0	0		//5/5/5			0/0/0	-Operated by ultrasonic processes
0	0	0		0	0	0	0			4	0/0/			0	0		//5/5/5			0/0/0	---Numerically controlled
0	0	0	0	0	0	0	0		0	0	0/0/		0	0	0	9	//5/5/5			0/0/0	---Other
0	0	0	0	0	0	0	0			0	0/0/	0	0	0	0	0	0/0/0/0/0			0/0/0	---Cutting machines of plasma arc
0	0	0	0	0	0	0	0			0	0/0/	0	0	0	0	0	0/0/0/0/0			0/0/0	---Other
0	0	0	0	0	0	0	0			0	0/0/	0	0	0	0	0	0/0/0/0/0			0/0/0	-Water-jet cutting machines
0	0	0	0	0	0	0	0			0	0/0/	0	0	0	0	0	0/0/0/0/0			0/0/0	-Other
																					Machining centres, unit construction machines (single station) and multistation transfer machines, for working metal:
0	0	0		0	0	0	0	6.3		4	0/0/	6.7			0		//8.2/8.2/8.2			0/0/0	---Vertical
0	0	0		0	0	0	0	6.3		4	0/0/	6.7			0		//8.2/8.2/8.2			0/0/0	---Horizontal
0	0	0	0	0	0	0	0	6.3		4	0/0/	6.7			0		//5/5/5			0/0/0	---Plano
0	0	0		0	0	0	0	6.3		4	0/0/	6.7			0		//5/5/5			0/0/0	----Mill-Turn centres
0	0	0		0	0	0	0	6.3		4	0/0/	6.7			0		//5/5/5			0/0/0	----Other
0	0	0	0	0	0	0	0			0	0/0/	4			0	6.4	6.9/8/6.8/6.8/6.8			0/0/0	-Unit construction machines (single station)
0	0	0		0	0	0	0			0	0/0/				0	0	//4.6/4.6/4.6			0/0/0	-Multi-station transfer machines
																					Lathes (including turning centres) for removing metal:
0	0	0	3.9	0	0	0	0			0	0/0/0		0		0		//5/5/5			0/0/0	--Numerically controlled
0	0	0	0	0	0	0	0		0	3	0/0/	6	0		0	8.1	/12/10.2/10.2/10.2			0/0/0	--Other
0	0	0	0	0	0	0	0			0	0/0/0		0		0	0	//4.6/4.6/4.6			0/0/0	---Vertical
0	0	0	0	0	0	0	0			0	0/0/0		0		0	0	//4.6/4.6/4.6			0/0/0	---Other
0	0	0	0	0	0	0	0		0	3	0/0/	6	0		0	8.1	/12/10.2/10.2/10.2			0/0/0	--Other
																					Machine-tools (including way-type unit head machines) for drilling, boring, milling, threading or tapping by removing metal, other than lathes (including turning centres) of heading 84.58:
0	0	0	0	0	0	0	0		0	6	0/0/	7.5	0		0		/15/12.8/12.8/12.8			0/0/0	-Way-type unit head machines

商品编号	商品名称及备注[检验检疫编码及名称]	进口关税(%)		增值税率(%)	消费税	计量单位	监管条件	检验检疫类别	对美税率	出口税率(%)	出口退税率(%)
		最惠国	普通								
8459100000	切削金属的直线移动式动力头钻床(但品目84.58的车床除外)〔999〕	9	50	13		台/千克			14%	0	
84592100	--数控的										13
8459210000	切削金属的其他数控钻床(但品目84.58的车床除外)〔999〕	9	20	13		台/千克	O		34%	0	
84592900	--其他										13
8459290000	切削金属的其他钻床(但品目84.58的车床除外)〔999〕	9	50	13		台/千克			34%	0	
84593100	--数控的										13
8459310000	切削金属的其他数控镗铣机床(但品目84.58的车床除外)〔999〕	9	20	13		台/千克	O			0	
84593900	--其他										13
8459390000	切削金属的其他镗铣机床(但品目84.58的车床除外)〔999〕	9	50	13		台/千克				0	
84594100	--数控的										13
8459410000	切削金属的其他数控镗床(但品目84.58的车床除外)〔999〕	9	20	13		台/千克	O		34%	0	
84594900	--其他										13
8459490000	切削金属的其他镗床(但品目84.58的车床除外)〔999〕	9	50	13		台/千克			34%	0	
84595100	--数控的										13
8459510000	切削金属的升降台式数控铣床(但品目84.58的车床除外)〔999〕	9	20	13		台/千克	O			0	
84595900	--其他										13
8459590000	切削金属的其他升降台式铣床(但品目84.58的车床除外)〔999〕	9	50	13		台/千克			14%	0	
84596110	---龙门铣床										13
8459611000	切削金属的其他龙门数控铣床〔999〕	5	20	13		台/千克	O			0	
84596190	---其他										13
8459619000	切削金属的其他数控铣床(但品目84.58的车床及龙门铣床除外)〔999〕	5	20	13		台/千克	O		30%	0	
84596910	---龙门铣床										13
8459691000	切削金属的其他龙门非数控铣床(但品目84.58的车床除外)〔999〕	9	50	13		台/千克				0	
84596990	---其他										13
8459699000	切削金属的其他非数控铣床(但品目84.58的车床及龙门铣床除外)〔999〕	9	50	13		台/千克			29%	0	
84597000	-其他攻丝机床										13
8459700000	切削金属的其他攻丝机床(但品目84.58的车床除外)〔999〕	9	50	13		台/千克			29%	0	
8460	**用磨石、磨料或抛光材料对金属或金属陶瓷进行去毛刺、刃磨、磨削、珩磨、研磨、抛光或其他精加工的机床，但税目84.61的切齿机、齿轮磨床或齿轮精加工机床除外：**										
84601210	---在任一坐标的定位精度至少是0.01毫米										13
8460121000	加工金属的数控平面磨床(含加工金属陶瓷，任一坐标定位精度至少0.01毫米)〔999〕	9	20	13		台/千克	O		34%	0	
84601290	---其他										13
8460129000	加工金属的其他数控平面磨床(含加工金属陶瓷)〔999〕	9	50	13		台/千克				0	
84601910	---在任一坐标的定位精度至少是0.01毫米										13
8460191000	加工金属的非数控平面磨床(含加工金属陶瓷，任一坐标定位精度至少0.01毫米)〔999〕	9	50	13		台/千克			34%	0	
84601990	---其他										13
8460199000	加工金属的其他非数控平面磨床(含加工金属陶瓷)〔999〕	9	50	13		台/千克			14%	0	
84602210	---在任一坐标的定位精度至少是0.01毫米										13
8460221000	加工金属的数控无心磨床(含加工金属陶瓷，任一坐标定位精度至少是0.01毫米)〔999〕	9	20	13		台/千克	O		34%	0	
84602290	---其他										13
8460229000	加工金属的其他数控无心磨床(含加工金属陶瓷)〔999〕	9	50	13		台/千克			19%	0	
84602311	----曲轴磨床										13
8460231100	加工金属的数控曲轴磨床(属外圆磨床，含加工金属陶瓷，任一坐标定位精度至少是0.01毫米)〔999〕	9	20	13		台/千克	O		34%	0	
84602319	----其他										13
8460231900	加工金属的其他数控外圆磨床(含加工金属陶瓷，任一坐标定位精度至少是0.01毫米)〔999〕	9	20	13		台/千克	O		34%	0	
84602390	---其他										13
8460239000	加工金属的其他数控外圆磨床(含加工金属陶瓷)〔999〕	9	50	13		台/千克				0	
84602411	----内圆磨床										13
8460241100	加工金属的数控内圆磨床(含加工金属陶瓷，任一坐标定位精度至少是0.01毫米)〔999〕	9	20	13		台/千克	O		34%	0	

协定税率(%)																		特惠税率(%)			Article Description
智利	新西兰	澳大利亚	瑞士	冰岛	秘鲁	哥斯达	东盟	亚太	新加坡	巴基斯坦	港/澳/台	韩国	格鲁吉亚	毛里求斯	柬埔寨	尼加拉瓜	日/韩/澳/新/东(RCEP)	亚太2国	老/柬/缅	LDC 98/97/95	
0	0	0	0	0	0	0	0			0	0/0/0		0		0		//5/5/5			0/0/0	--Numerically controlled
0	0	0	0	0	0	0	0		0	6	0/0/	7.5	0		0	8.1	/15/12.8/12.8/12.8			0/0/0	--Other
0	0	0	0	0	0	0	0			4	0/0/				0		//5/5/5			0/0/0	--Numerically controlled
0	0	0	0	0	0	0	0			0	0/0/				0	8.1	//5/5/5			0/0/0	--Other
0	0	0	0	0	0	0	0			0	0/0/				0		//5/5/5			0/0/0	--Numerically controlled
0	0	0	0	0	0	0	0		0	6	0/0/		0		0	8.1	//5/5/5			0/0/0	--Other
0	0	0		0	0	0	0			0	0/0/				0	8.1	//5/5/5			0/0/0	--Numerically controlled
0	0	0	0	0	0	0	0		0	6	0/0/		0		0	8.1	//5/5/5			0/0/0	--Other
0	0	0	0	0	0	0	0			0	0/0/				0	0	//4.6/4.6/4.6			0/0/0	---Planomilling machines
0	0	0	0	0	0	0	0			0	0/0/				0	0	//4.6/4.6/4.6			0/0/0	---Other
0	0	0	0	0	0	0	0	7.5	0	2.5	0/0/		0		0	8.1	//5/5/5			0/0/0	---Planomilling machines
0	0	0	0	0	0	0	0	8.3	0	3	0/0/	11	0		0	8.1	//5/5/5			0/0/0	---Other
0	0	0		0	0	0	0		0	3	0/0/		0		0	8.1	//5/5/5			0/0/0	-Other threading or tapping machines
																					Machine-tools for deburring, sharpenling, grinding, honing, lapping, polishing or otherwise finishing metal or cermets by means of grinding stones, abrasives or polishing products, other than gear cutting, gear grinding or gear finishing machines of heading 84.61:
0	0	0	0	0	0	0	0			0	0/0/0				0		//5/5/5			0/0/0	---The positioning in any one axis can be set up to an accuracy of at least 0.01mm
0	0	0	0	0	0	0	0		0	6	0/0/	7.5	0		0		/15/12.8/12.8/12.8			0/0/0	---Other
0	0	0	0	0	0	0	0		0	6	0/0/		0		0		//5/5/5			0/0/0	---The positioning in any one axis can be set up to an accuracy of at least 0.01mm
0	0	0	0	0	0	0	0		0	6	0/0/	7.5	0		0		/15/12.8/12.8/12.8			0/0/0	---Other
0	0	0	3.9	0	0	0	0			0	0/0/				0		//5/5/5			0/0/0	---The positioning in any one axis can be set up to an accuracy of at least 0.01mm
0	0	0	0	0	0	0	0		0	6	0/0/	7.5	0		0		/15/12.8/12.8/12.8			0/0/0	---Other
0	0	0		0	0	0	0			0	0/0/				0		//5/5/5			0/0/0	----Crank shaft grinding machines
0	0	0		0	0	0	0			0	0/0/				0		//5/5/5			0/0/0	----Other
0	0	0	0	0	0	0	0		0	6	0/0/	7.5	0		0		/15/12.8/12.8/12.8			0/0/0	---Other
0	0	0		0	0	0	0			0	0/0/				0		//5/5/5			0/0/0	----Internal grinding machines

商品编号	商品名称及备注[检验检疫编码及名称]	进口关税(%)		增值税率(%)	消费税	计量单位	监管条件	检验检疫类别	对美税率	出口税率(%)	出口退税率(%)
		最惠国	普通								
84602419	----其他										13
8460241900	加工金属的其他数控磨床(含加工金属陶瓷,任一坐标定位精度至少是0.01毫米)〔999〕	9	20	13		台/千克	O		34%	0	
84602490	---其他										13
8460249000	加工金属的其他数控磨床(含加工金属陶瓷)〔999〕	9	50	13		台/千克				0	
84602911	----外圆磨床										13
8460291100	加工金属的非数控外圆磨床(含加工金属陶瓷,任一坐标定位精度至少是0.01毫米)〔999〕	12	50	13		台/千克				0	
84602912	----内圆磨床										13
8460291200	加工金属的非数控内圆磨床(含加工金属陶瓷,任一坐标定位精度至少是0.01毫米)〔999〕	9	50	13		台/千克				0	
84602913	----轧辊磨床										13
8460291300	加工金属的非数控轧辊磨床(含加工金属陶瓷,任一坐标定位精度至少是0.01毫米)〔999〕	9	50	13		台/千克			19%	0	
84602919	----其他										13
8460291900	加工金属的其他非数控磨床(含加工金属陶瓷,任一坐标定位精度至少是0.01毫米)〔999〕	12	50	13		台/千克				0	
84602990	---其他										13
8460299000	加工金属的其他非数控磨床(含加工金属陶瓷)〔999〕	9	50	13		台/千克				0	
84603100	--数控的										13
8460310000	加工金属的数控刃磨机床(含加工金属陶瓷)〔999〕	9	20	13		台/千克			34%	0	
84603900	--其他										13
8460390000	加工金属的其他刃磨机床(含加工金属陶瓷)〔999〕	12	50	13		台/千克			37%	0	
84604010	---珩磨										13
8460401000[暂6]	金属珩磨机床〔999〕	12	50	13		台/千克			16%	0	
84604020	---研磨										13
8460402000	金属研磨机床〔999〕	12	50	13		台/千克			37%	0	
84609010	---砂轮机										13
8460901000	加工金属的砂轮机(含加工金属陶瓷)〔101 磨床〕,〔102 砂磨工具〕	12	50	13		台/千克			37%	0	
84609020	---抛光机床										13
8460902000	金属抛光机床〔999〕	12	50	13		台/千克			22%	0	
84609090	---其他										13
8460909000	其他用磨石、磨料加工金属的机床〔999〕	12	50	13		台/千克			37%	0	
8461	**切削金属或金属陶瓷的刨床、牛头刨床、插床、拉床、切齿机、齿轮磨床或齿轮精加工机床、锯床、切断机及其他税目未列名的切削机床:**										
84612010	---牛头刨床										13
8461201000	切削金属或金属陶瓷的牛头刨床〔999〕	12	50	13		台/千克				0	
84612020	---插床										13
8461202000	切削金属或金属陶瓷的插床〔999〕	12	50	13		台/千克				0	
84613000	-拉床										13
8461300000	切削金属或金属陶瓷的拉床〔999〕	12	50	13		台/千克			37%	0	
84614011	----齿轮磨床										13
8461401100	切削金属的数控齿轮磨床(含加工金属陶瓷)〔999〕	9	20	13		台/千克	O		34%	0	
84614019	----其他										13
8461401900	切削金属的数控切齿机、数控齿轮精加工机床(含加工金属陶瓷)〔999〕	9	20	13		台/千克	O		34%	0	
84614090	---其他										13
8461409000	切削金属的其他切齿机,齿轮磨床(含加工金属陶瓷,包括其他齿轮精加工机床)〔999〕	9	50	13		台/千克			34%	0	
84615000	-锯床或切断机										13
8461500010	辐照元件刀具切割机(切割燃料包壳以使辐照核材料能溶解(含遥控设备))〔999〕	12	50	13		台/千克	3			0	
8461500090	其他锯床或切断机〔999〕	12	50	13		台/千克				0	
84619011	----龙门刨床										13
8461901100	切削金属或金属陶瓷的龙门刨床〔999〕	12	50	13		台/千克				0	
84619019	----其他										13
8461901900	切削金属或金属陶瓷的其他刨床〔999〕	12	50	13		台/千克				0	
84619090	---其他										13
8461909000	切削金属或金属陶瓷的未列名机床〔999〕	12	50	13		台/千克			37%	0	

协定税率(%)																		特惠税率(%)			Article Description
智利	新西兰	澳大利亚	瑞士	冰岛	秘鲁	哥斯达	东盟	亚太	新加坡	巴基斯坦	港/澳/台	韩国	格鲁吉亚	毛里求斯	柬埔寨	尼加拉瓜	日/韩/澳/新/东(RCEP)	亚太2国	老/柬/缅	LDC 98/97/95	
0	0	0	3.9	0	0	0	0			0	0/0/				0		//5/5/5			0/0/0	----Other
0	0	0	0	0	0	0	0		0	6	0/0/	7.5	0		0		/15/12.8/12.8/12.8			0/0/0	---Other
0	0	0	0	0	0	0	0		0	6	0/0/				0		//5/5/5			0/0/0	----Cylindrical grinding machines
0	0	0	0	0	0	0	0		0	6	0/0/				0		//5/5/5			0/0/0	----Internal grinding machines
0	0	0	0	0	0	0	0		0	3.3	0/0/		0		0	8.1	//5/5/5			0/0/0	----Grinding machines of roll
0	0	0		0	0	0	0		0	3.3	0/0/				0		//5/5/5			0/0/0	----Other
0	0	0		0	0	0	0		0	6	0/0/	7.5	0		0		/15/12.8/12.8/12.8			0/0/0	---Other
0	0	0		0	0	0	0			4	0/0/				0		//5/5/5			0/0/0	--Numerically controlled
0	0	0		0	0	0	0		0	6	0/0/		0		0		//5/5/5			0/0/0	--Other
0	0	0	0	0	0	0	0		0	3.3	0/0/		0		0		//5/5/5			0/0/0	---Honing
0	0	0	0	0	0	0	0		0	3.3	0/0/0		0		0		//5/5/5			0/0/0	---Lapping
0	0	0	0	0	0	0	0		0	6	0/0/0	0	0		0	11.2	10.9/10.5/0/0/0			0/0/0	---Grinding wheel machines
0	0	0	0	0	0	0	0		0	6	0/0/0	0	0		0	11.2	10.9/10.5/10.5/10.5/10.5			0/0/0	---Polishing machines
0	0	0	0	0	0	0	0		0	6	0/0/	7.5	0		0		/15/12.8/12.8/12.8			0/0/0	---Other
																					Machine-tools for planing, shaping, slotting, broaching, gear cutting, gear grinding or gear finishing, sawing, cutting-off and other machine-tools, working by removing metal or cermets, not elsewhere specified or included:
0	0	0	0	0	0	0	0		0	6	0/0/	0	0		0	11.2	10.9/10.5/0/0/0			0/0/0	---Shaping machines
0	0	0	0	0	0	0	0		0	6	0/0/0	0	0		0	11.2	10.9/10.5/0/0/0			0/0/0	---Slotting machines
0	0	0	0	0	0	0	0		0	3	0/0/0	0	0		0	11.2	8.7/8.4/8.4/8.4/8.4			0/0/0	-Broaching machines
0	0	0		0	0	0	0			4	0/0/				0		//5/5/5			0/0/0	----Gear grinding machines
0	0	0		0	0	0	0			4	0/0/				0		//5/5/5			0/0/0	----Other
0	0	0		0	0	0	0		0	6	0/0/		0		0	8.4	//5/5/5			0/0/0	---Other
0	0	0	0	0	0	0	0		0	3	0/0/0		0		0	11.2	//5/5/5			0/0/0	-Sawing or cutting-off machines
0	0	0	0	0	0	0	0		0	6	0/0/0	0	0		0	11.2	10.9/10.5/0/0/0			0/0/0	----Double-column (open-side) planing machines
0	0	0	0	0	0	0	0		0	6	0/0/0	0	0		0	11.2	10.9/10.5/0/0/0			0/0/0	----Other
0	0	0	0	0	0	0	0		0	3	0/0/	6	0		0	11.2	/12/10.2/10.2/10.2			0/0/0	---Other

商品编号	商品名称及备注[检验检疫编码及名称]	进口关税(%)		增值税率(%)	消费税	计量单位	监管条件	检验检疫类别	对美税率	出口税率(%)	出口退税率(%)
		最惠国	普通								
8462	**加工金属的锻造、锻锤或模锻(但轧机除外)机床(包括压力机);加工金属的弯曲、折叠、矫直、矫平、剪切、冲孔、开槽或步冲机床(包括压力机、纵剪线及定尺剪切线,但拉拔机除外);其他加工金属或硬质合金的压力机:**										
84621110	---数控的										13
8462111000	加工金属的数控的闭式锻造机(模锻机)〔999〕	9	20	13		台/千克				0	
84621190	---其他										13
8462119000	加工金属的非数控闭式锻造机(模锻机)〔999〕	9	50	13		台/千克				0	
84621910	---数控的										13
8462191000	其他数控的热锻设备、热模锻设备(包括压力机)及热锻锻锤〔101 锻造机床〕,〔102 冲压机床〕	9	20	13		台/千克				0	
84621990	---其他										13
8462199000	其他非数控的热锻设备、热模锻设备(包括压力机)及热锻锻锤〔101 锻造机床〕,〔102 冲压机床〕	9	50	13		台/千克				0	
84622210	---数控的										13
8462221000	用于加工金属板材的数控型材成型机〔101 折叠机〕,〔102 矫直机或矫平机〕,〔103 折弯机〕	9	20	13		台/千克			34%	0	
84622290	---其他										13
8462229000	用于加工金属板材的非数控型材成型机〔101 折叠机〕,〔102 矫直机或矫平机〕,〔103 折叠机〕	9	50	13		台/千克			34%	0	
84622300	--数控折弯机										13
8462230000	用于加工金属板材的数控折弯机〔999〕	9	20	13		台/千克			34%	0	
84622400	--数控多边折弯机										13
8462240000	用于加工金属板材的数控多边折弯机〔999〕	9	20	13		台/千克			34%	0	
84622500	--数控卷板机										13
8462250000	用于加工金属板材的数控卷板机〔999〕	9	20	13		台/千克			34%	0	
84622610	---矫直机										13
8462261000	用于加工金属板材的其他数控矫直机〔999〕	9	20	13		台/千克			34%	0	
84622690	---其他										13
8462269000	用于加工金属板材的其他数控弯曲、折叠或矫平机床〔101 折叠机〕,〔102 矫直机或矫平机〕,〔103 折弯机〕	9	20	13		台/千克			34%	0	
84622910	---矫直机										13
8462291000	用于加工金属板材的非数控矫直机床〔999〕	9	50	13		台/千克			29%	0	
84622990	---其他										13
8462299000	用于加工金属板材的非数控弯曲、折叠或矫平机床(包括折弯机)〔101 折叠机〕,〔102 矫直机或矫平机〕,〔103 折弯机〕	9	50	13		台/千克			34%	0	
84623210	---数控的										13
8462321000	用于加工金属板材的数控纵剪线和定尺剪切线(冲剪两用机、压力机除外)〔999〕	7	20	13		台/千克				0	
84623290	---其他										13
8462329000	用于加工金属板材的非数控纵剪线和定尺剪切线(冲剪两用机、压力机除外)〔999〕	9	50	13		台/千克				0	
84623300	--数控剪切机床										13
8462330000	用于加工金属板材的数控剪切机床(冲剪两用机、压力机除外)〔999〕	7	20	13		台/千克				0	
84623900	--其他										13
8462390000	用于加工金属板材的非数控剪切机床(冲剪两用机、压力机除外)〔999〕	9	50	13		台/千克				0	
84624211	----自动模式数控步冲压力机										13
8462421100	用于加工金属板材的自动模式数控步冲压力机(包括冲剪两用机)〔101 冲压机床〕,〔102 开槽机〕,〔103 冲孔机〕,〔104 组合机床〕	9	20	13		台/千克			34%	0	
84624212	----其他										13
8462421200	用于加工金属板材的其他数控冲床(包括冲剪两用机)〔101 冲压机床〕,〔102 组合机床〕	9	20	13		台/千克			34%	0	
84624290	---其他										13
8462429000	用于加工金属板材的数控冲剪两用机〔999〕	9	20	13		台/千克			34%	0	
84624900	--其他										13
8462490000	用于加工金属板材的非数控冲孔、开槽或步冲机床(不包括压力机)(包括冲剪两用机)〔101 开槽机〕,〔102 冲孔机〕,〔103 组合机床〕	9	50	13		台/千克			34%	0	
84625100	--数控的										13
8462510010	数控金属管道、管材、型材、空心型材和棒材的锻造或冲压机床及锻锤[压力机除外(P)]〔101 锻造机床〕,〔102 冲压机床〕,〔103 挤压机〕	8.5	20	13		台/千克			33.5%	0	

协定税率(%)																		特惠税率(%)			
智利	新西兰	澳大利亚	瑞士	冰岛	秘鲁	哥斯达	东盟	亚太	新加坡	巴基斯坦	港/澳/台	韩国	格鲁吉亚	毛里求斯	柬埔寨	尼加拉瓜	日/韩/澳/新/东(RCEP)	亚太2国	老/柬/缅	LDC 98/97/95	Article Description
																					Machine - tools (including presses) for working metal by forging, hammering or die forging (excluding rolling mills); machine-tools (including presses, slitting lines and cut-to-length lines) for working metal by bending, folding, straightening, flattening, shearing, punching, notching or nibbling (excluding draw-benches); presses for working metal or metal carbides, not specified above:
0	0	0	0	0	0	0	0	6.3		0	0/0/0	6.7			0		//5/5/5			0/0/0	---Numerically controlled
0	0	0	0	0	0	0	0	6.3	0	2.5	0/0/0	8.4	0		0		//5/5/5			0/0/0	---Other
0	0	0	0	0	0	0	0	6.3		0	0/0/0	6.7			0		//5/5/5			0/0/0	---Numerically controlled
0	0	0	0	0	0	0	0	6.3	0	2.5	0/0/0	8.4	0		0		//5/5/5			0/0/0	---Other
0	0	0	0	0	0	0	0			4	0/0/				0		//5/5/5			0/0/0	---Numerically controlled
0	0	0	0	0	0	0	0		0	0	0/0/		0		0	8.1	//5/5/5			0/0/0	---Other
0	0	0	0	0	0	0	0			4	0/0/				0		//5/5/5			0/0/0	--Numerically controlled press brakes
0	0	0	0	0	0	0	0			4	0/0/				0		//5/5/5			0/0/0	--Numerically controlled panel benders
0	0	0	0	0	0	0	0			4	0/0/				0		//5/5/5			0/0/0	--Numerically controlled roll forming machines
0	0	0	0	0	0	0	0			4	0/0/				0		//5/5/5			0/0/0	---Straightening machines
0	0	0	0	0	0	0	0			4	0/0/				0		//5/5/5			0/0/0	---Other
0	0	0	4	0	0	0	0			0	0/0/		0		0	8.1	//5/5/5			0/0/0	---Straightening machines
0	0	0	0	0	0	0	0		0	0	0/0/		0		0	8.1	//5/5/5			0/0/0	---Other
0	0	0	0	0	0	0	0			4	0/0/				0		//5/5/5			0/0/0	---Numerically controlled
0	0	0	0	0	0	0	0	8.6		0	0/0/		0		0	8.1	//5/5/5			0/0/0	---Other
0	0	0	0	0	0	0	0			2.7	0/0/				0		//5/5/5			0/0/0	--Numerically controlled shearing machines
0	0	0	0	0	0	0	0	8.6		0	0/0/		0		0	8.1	//5/5/5			0/0/0	--Other
0	0	0	0	0	0	0	0			0	0/0/				0		//5/5/5			0/0/0	----CNC automatic tool change punch press
0	0	0	0	0	0	0	0			4	0/0/				0		//5/5/5			0/0/0	----Other
0	0	0	0	0	0	0	0		0	0	0/0/				0		//5/5/5			0/0/0	---Other
0	0	0	0	0	0	0	0		0	0	0/0/0		0		0		//5/5/5			0/0/0	--Other
0	0	0	0	0	0	0	0			1.7	0/0/				0		//5/5/5			0/0/0	--Numerically controlled

商品编号	商品名称及备注[检验检疫编码及名称]	进口关税(%) 最惠国	进口关税(%) 普通	增值税率(%)	消费税	计量单位	监管条件	检验检疫类别	对美税率	出口税率(%)	出口退税率(%)
8462510090	其他金属管道、管材、型材、空心型材和棒材的数控加工机床(压力机除外)〔999〕	8.5	20	13		台/千克			33.5%	0	
84625900	--其他										13
8462590010	非数控金属管道、管材、型材、空心型材和棒材的锻造或冲压机床及锻锤[压力机除外(P)]〔101 锻造机床〕,〔102 冲压机床〕,〔103 挤压机〕	9	50	13		台/千克			19%	0	
8462590090	其他金属管道、管材、型材、空心型材和棒材的非数控加工机床(压力机除外)〔999〕	9	50	13		台/千克			19%	0	
84626110	---数控的										13
8462611010	数控液压式锻造或冲压机床及锻锤[加工金属或硬质合金(P)]〔101 锻造机床〕,〔102 冲压机床〕,〔103 挤压机〕	9	40	13		台/千克			34%	0	
8462611090	其他数控液压压力机(加工金属或硬质合金)〔101 冲压机床〕,〔102 锻造机床〕,〔103 挤压机〕	9	40	13		台/千克			34%	0	
84626190	---其他										13
8462619010	非数控液压式锻造或冲压机床及锻锤[加工金属或硬质合金(P)]〔101 锻造机床〕,〔102 冲压机床〕,〔103 挤压机〕	9	50	13		台/千克			34%	0	
8462619090	其他非数控液压压力机(加工金属或硬质合金)〔101 冲压机床〕,〔102 锻造机床〕,〔103 挤压机〕	9	50	13		台/千克			34%	0	
84626210	---数控的										13
8462621010	数控机械式锻造或冲压机床及锻锤[加工金属或硬质合金(P)]〔101 锻造机床〕,〔102 冲压机床〕,〔103 挤压机〕	9	35	13		台/千克			34%	0	
8462621090	其他数控机械压力机(加工金属或硬质合金)〔101 冲压机床〕,〔102 锻造机床〕,〔103 挤压机〕	9	35	13		台/千克			34%	0	
84626290	---其他										13
8462629010	非数控机械式锻造或冲压机床及锻锤[加工金属或硬质合金(P)]〔101 锻造机床〕,〔102 冲压机床〕,〔103 挤压机〕	9	50	13		台/千克			34%	0	
8462629090	其他非数控机械压力机(加工金属或硬质合金)〔101 冲压机床〕,〔102 锻造机床〕,〔103 挤压机〕	9	50	13		台/千克			34%	0	
84626300	--伺服压力机										13
8462630010	伺服锻造或冲压机床及锻锤[加工金属或硬质合金(P)]〔101 锻造机床〕,〔102 冲压机床〕,〔103 挤压机〕	9	35	13		台/千克			34%	0	
8462630090	其他伺服压力机(加工金属或硬质合金)〔101 冲压机床〕,〔102 锻造机床〕,〔103 挤压机〕	9	35	13		台/千克			34%	0	
84626910	---数控的										13
8462691010	其他锻造或冲压机床及锻锤[加工金属或硬质合金(P)]〔101 锻造机床〕,〔102 冲压机床〕,〔103 挤压机〕	9	35	13		台/千克			34%	0	
8462691090	其他数控压力机(加工金属或硬质合金)〔101 冲压机床〕,〔102 锻造机床〕,〔103 挤压机〕	9	35	13		台/千克			34%	0	
84626990	---其他										13
8462699010	其他非数控锻造或冲压机床及锻锤[加工金属或硬质合金(P)]〔101 锻造机床〕,〔102 冲压机床〕	9	50	13		台/千克			34%	0	
8462699090	其他非数控压力机(加工金属或硬质合金)〔101 冲压机床〕,〔102 锻造机床〕,〔103 挤压机〕	9	50	13		台/千克			34%	0	
84629010	---数控的										13
8462901010	品目 84.62 的其他数控的金属管道、管材、型材、空心型材和棒材的数控锻造或冲压机床及锻锤(P)〔101 锻造机床〕,〔102 冲压机床〕,〔103 挤压机〕	9	35	13		台/千克			34%	0	
8462901090	品目 84.62 的其他数控机床〔999〕	9	35	13		台/千克			34%	0	
84629090	---其他										13
8462909010	品目 84.62 的其他非数控的金属管道、管材、型材、空心型材和棒材的数控锻造或冲压机床及锻锤(P)〔101 锻造机床〕,〔102 冲压机床〕,〔103 挤压机〕	9	50	13		台/千克			34%	0	
8462909090	品目 84.62 的其他非数控机床〔999〕	9	50	13		台/千克			34%	0	
8463	**金属或金属陶瓷的其他非切削加工机床:**										
84631011	----拉拔力为 300 吨及以下										13
8463101100	拉拔力为 300 吨及以下的金属冷拔管机(包括金属陶瓷的冷拔管机)〔999〕	9	50	13		台/千克				0	
84631019	----其他										13
8463101900	300 吨以上的金属冷拔管机(包括金属陶瓷的冷拔管机)〔999〕	9	50	13		台/千克				0	
84631020	---拔丝机										13
8463102000	金属及金属陶瓷的拔丝机〔999〕	9	50	13		台/千克			34%	0	
84631090	---其他										13
8463109000	其他金属或金属陶瓷的拉拔机〔999〕	9	50	13		台/千克			19%	0	
84632000	-螺纹滚轧机										13
8463200000	金属或金属陶瓷的螺纹滚轧机〔999〕	9	50	13		台/千克			34%	0	
84633000	-金属丝加工机										13
8463300000	金属或金属陶瓷丝的加工机〔999〕	9	50	13		台/千克			34%	0	
84639000	-其他										13

协定税率(%)																		特惠税率(%)			Article Description
智利	新西兰	澳大利亚	瑞士	冰岛	秘鲁	哥斯达	东盟	亚太	新加坡	巴基斯坦	港/澳/台	韩国	格鲁吉亚	毛里求斯	柬埔寨	尼加拉瓜	日/韩/澳/新/东 (RCEP)	亚太2国	老/柬/缅	LDC 98/97/95	
0	0	0	0.8	0	0	0	0		0	0.5	0/0/0		0		0		//5/5/5			0/0/0	--Other
0	0	0	0	0	0	0	0	8.3	0	2.7	0/0/	8.4	3.2		0	8.6	//5/5/5			0/0/0	---Numerically controlled
0	0	0	0	0	0	0	0	8.3	0	3.5	0/0/	8.9	0		0	8.6	//5/5/5			0/0/0	---Other
0	0	0	0	0	0	0	0	8.6	0	0	0/0/0	8			0		//5/5/5			0/0/0	---Numerically controlled
0	0	0	0	0	0	0	0	8.6	0	1.3	0/0/0	8.8	0		0	8.7	//5/5/5			0/0/0	---Other
0	0	0	0	0	0	0	0	8.6	0	0	0/0/0	8			0		//5/5/5			0/0/0	--Servo-presses
0	0	0	0	0	0	0	0	8.6	0	0	0/0/	8			0		//5/5/5			0/0/0	---Numerically controlled
0	0	0	0	0	0	0	0	8.6	0	1.3	0/0/	8.8	0		0		//5/5/5			0/0/0	---Other
0	0	0	0	0	0	0	0	8.6	0	0	0/0/	8			0		//5/5/5			0/0/0	---Numerically controlled
0	0	0	0	0	0	0	0	8.6	0	1.3	0/0/	8.8	0		0		//5/5/5			0/0/0	---Other
																					Other machine-tools for working metal or cermets, without removing material:
0	0	0	0	0	0	0	0			0	0/0/	5	0	0	0	8.1	7.3/10/8.5/8.5/7			0/0/0	----With drawing force not more than 300t
0	0	0	0	0	0	0	0		0	0	0/0/0		0	0	0	8.1	//5/5/5			0/0/0	----Other
0	0	0	0	0	0	0	0			0	0/0/		0	0	0	8.1	//5/5/5			0/0/0	---Wiredrawing machines
0	0	0	0	0	0	0	0			0	0/0/		0	0	0		//5/5/5			0/0/0	---Other
0	0	0	0	0	0	0	0		0	6	0/0/		0	0	0		//5/5/5			0/0/0	-Thread rolling machines
0	0	0	0	0	0	0	0			0	0/0/		0	0	0	8.1	//5/5/5			0/0/0	-Machines for working wire
0	0	0	0	0	0	0	0			4	0/0/		0	0	0		//5/5/5			0/0/0	-Other

商品编号	商品名称及备注[检验检疫编码及名称]	进口关税(%)		增值税率(%)	消费税	计量单位	监管条件	检验检疫类别	对美税率	出口税率(%)	出口退税率(%)
		最惠国	普通								
8463900010	滚压成形机床(数控,装3个以上压辊)〔999〕	9	50	13		台/千克	3		29%	0	
8463900020	具有滚压功能的旋压成形机床(数控,装3个以上压辊)〔999〕	9	50	13		台/千克	3		29%	0	
8463900090	其他非切削加工机床(是指加工金属或金属陶瓷的)〔999〕	9	50	13		台/千克			29%	0	
8464	**石料、陶瓷、混凝土、石棉水泥或类似矿物材料的加工机床、玻璃冷加工机床：**										
84641010	---圆盘锯										13
8464101000	圆盘锯(加工石料、陶瓷、混凝土、石棉水泥或类似矿物材料)〔999〕	0	30	13		台/千克			10%	0	
84641020	---钢丝锯										13
8464102000	钢丝锯(加工石料、陶瓷、混凝土、石棉水泥或类似矿物材料)〔999〕	0	30	13		台/千克			25%	0	
84641090	---其他										13
8464109000	加工矿物等材料的其他锯床(加工石料、陶瓷、混凝土、石棉水泥或类似矿物材料)〔999〕	0	30	13		台/千克			25%	0	
84642010	---玻璃研磨或抛光机床										13
8464201000	玻璃研磨或抛光机床〔999〕	0	30	13		台/千克			25%	0	
84642090	---其他										13
8464209000	加工矿物等材料的研磨或抛光机床(加工石料、陶瓷、混凝土、石棉水泥等似矿物材料)〔999〕	0	30	13		台/千克			25%	0	
84649011	----切割机										13
8464901100	玻璃切割机(玻璃冷加工机床)〔999〕	0	30	13		台/千克			25%	0	
84649012	----刻花机										13
8464901200	玻璃刻花机(玻璃冷加工机床)〔999〕	0	30	13		台/千克			25%	0	
84649019	----其他										13
8464901900	其他玻璃冷加工机床〔999〕	0	30	13		台/千克			25%	0	
84649090	---其他										13
8464909000	其他加工矿物等材料的机床〔999〕	0	30	13		台/千克			25%	0	
8465	**木材、软木、骨、硬质橡胶、硬质塑料或类似硬质材料的加工机床(包括用打钉或打U形钉、胶粘或其他方法组合前述材料的机器)：**										
84651000	-不需更换工具即可进行不同机械加工的机器										13
8465100000	不需变换工具即可进行加工的机床(加工木材、软木、骨、硬质橡胶、硬质塑料及其他硬质材料)〔999〕	9	30	13		台/千克			34%	0	
84652010	---以刨、铣、钻孔、研磨、抛光、凿榫及其他切削为主的加工中心,加工木材及类似硬质材料的										13
8465201000	以刨、铣、钻孔、研磨、抛光、凿榫及其他切削为主的加工中心,加工木材及类似硬质材料的〔999〕	9	30	13		台/千克				0	
84652090	---其他										13
8465209000	其他加工木材等材料的加工中心(加工木材、软木、骨、硬质橡胶,硬质塑料及其他硬质材料)〔999〕	9	30	13		台/千克				0	
84659100	--锯床										13
8465910000	加工木材等材料的锯床(加工木材、软木、骨、硬质橡胶、硬质塑料及其他硬质材料)〔999〕	9	30	13		台/千克			34%	0	
84659200	--刨、铣或切削成形机器										13
8465920000	加工木材等材料的刨,铣,切削机器(加工木材、软木、骨、硬质橡胶、硬质塑料及其他硬质材料)〔999〕	9	30	13		台/千克			34%	0	
84659300	--研磨、砂磨或抛光机器										13
8465930000	加工木材等材料的研磨或抛光机器,含砂磨(加工木材、软木、骨、硬质橡胶、硬质塑料及其他硬质材料)〔101 研磨或抛光机器〕,〔102 加工木材等材料的其他机床〕	9	30	13		台/千克			19%	0	
84659400	--弯曲或装配机器										13
8465940000	加工木材等材料的弯曲或装配机器(加工木材、软木、骨、硬质橡胶、硬质塑料及其他硬质材料)〔999〕	9	30	13		台/千克			34%	0	
84659500	--钻孔或凿榫机器										13
8465950000	加工木材等材料的钻孔或凿榫机器(加工木材、软木、骨、硬质橡胶、硬质塑料及其他硬质材料)〔999〕	9	30	13		台/千克			34%	0	
84659600	--剖开、切片或刮削机器										13
8465960000	加工木材等材料的剖,切,刮削机器(加工木材、软木、骨、硬质橡胶、硬质塑料及其他硬质材料)〔999〕	9	30	13		台/千克			34%	0	

协定税率(%)																		特惠税率(%)			
智利	新西兰	澳大利亚	瑞士	冰岛	秘鲁	哥斯达	东盟	亚太	新加坡	巴基斯坦	港/澳/台	韩国	格鲁吉亚	毛里求斯	柬埔寨	尼加拉瓜	日/韩/澳/新/东(RCEP)	亚太2国	老/柬/缅	LDC 98/97/95	Article Description
																					Machine-tools for working stone, ceramics, concrete, asbestos-cement or like mineral materials or for cold working glass:
0	0	0	0	0	0	0	0			0	0/0/	0	0	0	0	0	0/0/0/0/0			0/0/0	---Of disk saw
0	0	0	0	0	0	0	0			0	0/0/	0	0	0	0	0	0/0/0/0/0			0/0/0	---Of scroll saw
0	0	0	0	0	0	0	0			0	0/0/	0	0	0	0	0	0/0/0/0/0			0/0/0	---Other
0	0	0	0	0	0	0	0			0	0/0/	0	0	0	0	0	0/0/0/0/0			0/0/0	---Machines for grinding or polishing glass or glassware
0	0	0	0	0	0	0	0			0	0/0/	0	0	0	0	0	0/0/0/0/0			0/0/0	---Other
0	0	0	0	0	0	0	0			0	0/0/	0	0	0	0	0	0/0/0/0/0			0/0/0	----Cutting-off machines
0	0	0	0	0	0	0	0			0	0/0/	0	0	0	0	0	0/0/0/0/0			0/0/0	----Carving machines
0	0	0	0	0	0	0	0			0	0/0/	0	0	0	0	0	0/0/0/0/0			0/0/0	----Other
0	0	0	0	0	0	0	0			0	0/0/	0	0	0	0	0	0/0/0/0/0			0/0/0	---Other
																					Machine-tools (including machines for nailing, stapling, glueing or otherwise assembling) for working wood, cork, bone, hard rubber, hard plastics or similar hard materials:
0	0	0	0	0	0	0	0		0	0	0/0/	5	0	0	0	8. 1	0/10/8. 5/8. 5/0			0/0/0	-Machines which can carry out different types of machining operations without tool change between such operations
0	0	0	0	0	0	0	0		0	0	0/0/	5	0	0	0	8. 1	8. 6/10/8. 5/8. 5/8. 5			0/0/0	---Machining centres for working wood and similar hard materials byplaning, milling, drilling, grinding, polishing, mortising and mainlycutting
0	0	0	0	0	0	0	0		0	0	0/0/	5	0	0	0	8. 1	/10/8. 5/8. 5/8. 5			0/0/0	---Other
0	0	0	0	0	0	0	0			0	0/0/	5	0	0	0	8. 1	7. 3/10/8. 5/8. 5/7			0/0/0	--Sawing machines
0	0	0	0	0	0	0	0		0	0	0/0/	5	0	0	0	8. 1	8. 6/10/8. 5/8. 5/8. 5			0/0/0	--Planing, milling or moulding (by cutting) machines
0	0	0	0	0	0	0	0			0	0/0/	5	0	0	0	8. 1	8. 6/10/8. 5/8. 5/8. 5			0/0/0	--Grinding, sanding or polishing machines
0	0	0	0	0	0	0	0		0	0	0/0/	5	0	0	0	8. 1	8. 6/10/8. 5/8. 5/8. 5			0/0/0	--Bending or assembling machines
0	0	0	0	0	0	0	0		0	0	0/0/	5	0	0	0	8. 1	8. 6/10/8. 5/8. 5/8. 5			0/0/0	--Drilling or mortising machines
0	0	0	0	0	0	0	0		0	0	0/0/	5	0	0	0	8. 1	/10/8. 5/8. 5/8. 5			0/0/0	--Splitting, slicing or paring machines

商品编号	商品名称及备注[检验检疫编码及名称]	进口关税(%) 最惠国	进口关税(%) 普通	增值税率(%)	消费税	计量单位	监管条件	检验检疫类别	对美税率	出口税率(%)	出口退税率(%)
84659900	--其他										13
8465990000	加工木材等材料的其他机床(加工木材、软木、骨、硬质橡胶、硬质塑料及其他硬质材料)〔999〕	9	30	13		台/千克			34%	0	
8466	**专用于或主要用于税目84.56至84.65所列机器的零件、附件,包括工件或工具的夹具、自启板牙切头、分度头及其他专用于机器的附件;各种手提工具的工具夹具:**										
84661000	-工具夹具及自启板牙切头										13
8466100000	工具夹具及自启板牙切头(用于品目84.56~84.65所列机器的)〔999〕	7	17	13		千克			32%	0	
84662000	-工件夹具										13
8466200000	工件夹具(用于品目84.56~84.65所列机器的)〔999〕	7	17	13		千克			32%	0	
84663000	-分度头及其他专用于机器的附件										13
8466300000	分度头及其他专用于机器的附件(用于品目84.56~84.65所列机器的)〔999〕	7	17	13		千克			32%	0	
84669100	--税目84.64所列机器用										13
8466910000	品目84.64所列机器用的零件(加工石料等机器用零件,附件)〔101 机床附件〕,〔102 机床零件〕	0	17	13		千克			20%	0	
84669200	--税目84.65所列机器用										13
8466920000	税目84.65所列机器用的零件(加工木材等机器用零件,附件)〔101 机床附件〕,〔102 机床零件〕	6	17	13		千克			31%	0	
84669310	---刀库及自动换刀装置										13
8466931000	刀库及自动换刀装置(品目84.56~84.61机器用)〔101 机床附件〕,〔102 机床零件〕	0	17	13		千克			25%	0	
84669390	---其他										13
8466939000	品目84.56~84.61机器用其他零件〔101 机床附件〕,〔102 机床零件〕	0	17	13		千克			20%	0	
84669400	--税目84.62或84.63所列机器用										13
8466940010	滚压成形机床用芯轴(转筒成形用的芯轴,内径在75毫米至400毫米之间)〔999〕	6	17	13		千克	3		26%	0	
8466940020	有滚压功能的旋压成形机用芯轴(转筒成形用的芯轴,内径在75毫米至400毫米之间)〔999〕	6	17	13		千克	3		26%	0	
8466940090	税目84.62-84.63机器用其他零件〔101 机床附件〕,〔102 机床零件〕	6	17	13		千克			26%	0	
8467	**手提式风动或液压工具及本身装有电动或非电动动力装置的手提式工具:**										
84671100	--旋转式(包括旋转冲击式的)										13
8467110000	旋转式手提风动工具(包括旋转冲击式的)〔999〕	8	30	13		台/千克			18%	0	
84671900	--其他										13
8467190000	其他手提式风动工具〔999〕	8	30	13		台/千克			18%	0	
84672100	--各种钻										13
8467210000	手提式电动钻〔999〕	8	30	13		台/千克	A	L/	33%	0	
84672210	---链锯										13
8467221000	手提式电动链锯〔999〕	8	30	13		台/千克			13%	0	
84672290	---其他										13
8467229000	其他手提式电锯〔999〕	8	30	13		台/千克			33%	0	
84672910	---砂磨工具(包括磨光机、砂光机、砂轮机等)										13
8467291000	手提式电动砂磨工具〔999〕	8	30	13		台/千克	A	L/	33%	0	
84672920	---电刨										13
8467292000	手提式电刨〔999〕	8	30	13		台/千克				0	
84672990	---其他										13
8467299000	其他手提式电动工具〔999〕	8	30	13		台/千克	A	L/	28%	0	
84678100	--链锯										13
8467810000	手提式液压或其他动力链锯(电动和风动的除外)〔999〕	8	30	13		台/千克			28%	0	
84678900	--其他										13
8467890000	其他手提式液压或其他动力工具(电动和风动的除外)〔101 手提式液压工具〕,〔102 其他手提式动力工具及其零件〕	8	30	13		台/千克			13%	0	
84679110	---电动的										13
8467911000	编号84672210的链锯用零件〔999〕	6	30	13		千克			16%	0	
84679190	---其他										13
8467919000	编号846781的链锯用的零件〔999〕	6	30	13		千克			16%	0	
84679200	--风动工具用										13

协定税率(%)																		特惠税率(%)			
智利	新西兰	澳大利亚	瑞士	冰岛	秘鲁	哥斯达	东盟	亚太	新加坡	巴基斯坦	港/澳/台	韩国	格鲁吉亚	毛里求斯	柬埔寨	尼加拉瓜	日/韩/澳/新/东(RCEP)	亚太2国	老/柬/缅	LDC 98/97/95	Article Description
0	0	0	0	0	0	0	0		0	0	0/0/	5	0	0	0	8.1	/10/8.5/8.5/8.5			0/0/0	--Other
																					Parts and accessories suitable for use solely or principally with the machines of headings 84.56 to 84.65, including work or tool holders, self-opening dieheads, dividing heads and other special attachments for machines; tool holders for any type of tool for working in the hand:
0	0	0	0	0	0	0	0			0	0/0/	2.3	0	0	0	0	5.7/4.9/4.9/4.9/4.9			0/0/0	-Tool holders and self-opening dieheads
0	0	0	0	0	0	0	0	4.9		0	0/0/0	0	0	0	0	0	5.1/4.9/0/0/0			0/0/0	-Work holders
0	0	0	0	0	0	0	0			0	0/0/	2.3	0	0	0	0	5.7/4.9/4.9/4.9/4.9			0/0/0	-Dividing heads and other special attachments for machines
0	0	0	0	0	0	0	0			0	0/0/	0	0	0	0	0	0/0/0/0/0			0/0/0	--For machines of heading 84.64
0	0	0	0	0	0	0	0			0	0/0/	2	0	0	0	0	4.9/4.2/4.2/4.2/4.2			0/0/0	--For machines of heading 84.65
0	0	0	0	0	0	0	0			0	0/0/	0	0	0	0	0	0/0/0/0/0			0/0/0	---Tool magazine and tool change device
0	0	0	0	0	0	0	0			0	0/0/	0	0	0	0	0	0/0/0/0/0			0/0/0	---Other
0	0	0	0	0	0	0	0			0	0/0/0	0	0	0	0	0	4.4/0/0/0/0			0/0/0	--For machines of heading 84.62 or 84.63
																					Tools for working in the hand, pneumatic and hydraulic and with self-contained electric or non-electric motor:
0	0	0	0	0	0	0	0			0	0/0/	2.6	0	0	0	6.4	6.5/6.4/6.8/6.8/6.4			0/0/0	--Rotary type (including combined rotaryper-cussion)
0	0	0	0	0	0	0	0			0	0/0/	0	0	0	0	6.4	5.8/0/0/0/0			0/0/0	--Other
0	0	0	0	0	0	0	0	5.2	0	0	0/0/	0	0	0	0	6.4	7.3/7/7/7/7			0/0/0	--Drills of all kinds
0	0	0	0	0	0	0	0	5.2		0	0/0/	0	0	0	0	6.4	7.3/7/0/0/0			0/0/0	---Chain saws
0	0	0	0	0	0	0	0	5.2	0	0	0/0/	0	0	0	0	6.4	7.3/7/0/0/0			0/0/0	---Other
0	0	0	4	0	0	0	0	5.2	0	0	0/0/	0	0	0	0	6.4	7.3/7/0/0/0			0/0/0	---Grinding tools (including burnisher, belt sander, wheel-sander)
0	0	0	0	0	0	0	0	5.2		0	0/0/	0	0	0	0	6.4	7.3/7/0/0/0			0/0/0	---Planings
0	0	0	0	0	0	0	0	5.2	0	0	0/0/	0	0	0	0	6.4	7.3/7/0/0/0			0/0/0	---Other
0	0	0	0	0	0	0	0			0	0/0/	0	0	0	0	6.4	5.8/0/0/0/0			0/0/0	--Chain saws
0	0	0	0	0	0	0	0			0	0/0/	2.6	0	0	0	6.4	6.5/6.4/6.8/6.8/6.4			0/0/0	--Other
0	0	0	0	0	0	0	0	3.9		0	0/0/	0	0	0	0	0	0/0/0/0/0			0/0/0	---With self-contained electric motor
0	0	0	0	0	0	0	0	4.2		0	0/0/	0	0	0	0	0	4.4/0/0/0/0			0/0/0	---Other
0	0	0	0		0	0	0			0	0/0/	0	0	0	0	0	4.4/0/0/0/0			0/0/0	--Of pneumatic tools

商品编号	商品名称及备注[检验检疫编码及名称]	进口关税(%)		增值税率(%)	消费税	计量单位	监管条件	检验检疫类别	对美税率	出口税率(%)	出口退税率(%)
		最惠国	普通								
8467920000	风动的工具零件〔999〕	6	30	13		千克			16%	0	
84679910	---电动工具用										13
8467991000	其他手提式电动工具用零件〔999〕	8	30	13		千克			33%	0	
84679990	---其他										13
8467999000	其他手提式动力工具用的零件〔999〕	6	30	13		千克			16%	0	
8468	**焊接机器及装置，不论是否兼有切割功能，但税目85.15的货品除外；气体加温表面回火机器及装置：**										
84681000	-手提喷焊器										13
8468100000	手提喷焊器〔999〕	9	30	13		台/千克			29%	0	
84682000	-其他气体焊接或表面回火机器及装置										13
8468200010	自动焊接机[将端塞焊接于燃料细棒（或棒）的自动焊接机]〔999〕	9	30	13		台/千克	3		29%	0	
8468200090	其他气体焊接或表面回火机器及装置〔999〕	9	30	13		台/千克			29%	0	
84688000	-其他机器及装置										13
8468800000	其他焊接机器及装置（品目85.15的货品除外）〔101 波峰焊设备〕，〔102 其他焊接设备及其零件〕	9	30	13		台/千克			34%	0	
84689000	-零件										13
8468900000[暂3]	焊接机器用零件〔999〕	7	30	13		千克			23%	0	
8470	**计算机器及具有计算功能的袖珍式数据记录、重现及显示机器；装有计算装置的会计计算机、邮资盖戳机、售票机及类似机器；现金出纳机：**										
84701000	-不需外接电源的电子计算器及具有计算功能的袖珍式数据记录、重现及显示机器										13
8470100000	电子计算器及袖珍式数据录放机器（不需外接电源，录放指具计算功能的数据记录，重现及显示）〔999〕	0	80	13		台/千克			25%	0	
84702100	--装有打印装置的										13
8470210000	装有打印装置的电子计算器〔999〕	0	80	13		台/千克				0	
84702900	--其他										13
8470290000	其他电子计算器〔999〕	0	80	13		台/千克			25%	0	
84703000	-其他计算机器										13
8470300000	其他计算机器〔999〕	0	40	13		台/千克			5%	0	
84705010	---销售点终端出纳机										13
8470501000	销售点终端出纳机〔999〕	0	40	13		台/千克		L/	25%	0	
84705090	---其他										13
8470509000	其他现金出纳机〔999〕	0	40	13		台/千克		L/	10%	0	
84709000	-其他										13
8470900000	会计计算机、邮资盖戳机、售票机及类似机器〔999〕	0	40	13		台/千克			25%	0	
8471	**自动数据处理设备及其部件；其他税目未列名的磁性或光学阅读机、将数据以代码形式转录到数据记录媒体的机器及处理这些数据的机器：**										
84713010	---平板电脑										13
8471301000	平板电脑（重量≤10千克，至少由一个中央处理器、键盘和显示器组成）〔101 便携数字自动数据处理机〕，〔102 掌上电脑〕	0	70	13		台/千克	A	L/	25%	0	
84713090	---其他										13
8471309000	其他便携式自动数据处理设备（重量≤10千克，至少由一个中央处理器、键盘和显示器组成）〔101 便携数字自动数据处理机〕，〔102 掌上电脑〕	0	70	13		台/千克	A	L/	25%	0	
84714110	---巨型机、大型机及中型机										13
8471411010	高性能数字计算机[高性能数字计算机是指调整后峰值性能（APP）大于8.0加权每秒万亿次浮点运算的数字计算机]〔999〕	0	14	13		台/千克	3		20%	0	
8471411090	其他巨大中型自动数据处理设备〔999〕	0	14	13		台/千克			20%	0	
84714120	---小型机										13
8471412000	小型自动数据处理设备〔999〕	0	14	13		台/千克		L/	5%	0	

协定税率(%)																		特惠税率(%)			Article Description
智利	新西兰	澳大利亚	瑞士	冰岛	秘鲁	哥斯达	东盟	亚太	新加坡	巴基斯坦	港/澳/台	韩国	格鲁吉亚	毛里求斯	柬埔寨	尼加拉瓜	日/韩/澳/新/东(RCEP)	亚太2国	老/柬/缅	LDC 98/97/95	
0	0	0	0	0	0	0	0	5.2	0	2.5	0/0/	0	0	0	0	6.4	7.3/7/7/7/7			0/0/0	---With self-contained electric motor
0	0	0	0	0	0	0	0			0	0/0/	0	0	0	0	0	4.4/4.2/0/0/0			0/0/0	---Other
																					Machinery and apparatus for soldering, brazing or welding, whether or not capable of cutting, other than those of heading 85.15; gas-operated surface tempering machines and appliances:
0	0	0	0	0	0	0	0		0	3	0/0/	0	0	0	0	8.1	8.7/8.4/0/0/0			0/0/0	-Hand-held blow pipes
0	0	0	0	0	0	0	0		0	3	0/0/	0	0	0	0	8.1	8.7/8.4/0/0/0			0/0/0	-Other gas-operated machinery and apparatus
0	0	0	0	0	0	0	0		0	3	0/0/		0	0	0	8.1	//5/5/5			0/0/0	-Other machinery and apparatus
0	0	0	0	0	0	0	0			0	0/0/	0	0	0	0	0	5.1/0/0/0/0			0/0/0	-Parts
																					Calculating machines and pocket-size data recording, reproducing and displaying machines with calculating functions; accounting machines, postage-franking machines, ticket-is-suing machines and similar machines, incorporating a calculating device; cash registers:
0	0	0	0	0	0	0	0			0	0/0/	0	0	0	0	0	0/0/0/0/0			0/0/0	-Electronic calculators capable of operation without an external source of electric power and pocket-size data recording, reproducing and displaying machines with calculating functions
0	0	0	0	0	0	0	0			0	0/0/	0	0	0	0	0	0/0/0/0/0			0/0/0	--Incorporating a printing device
0	0	0	0	0	0	0	0			0	0/0/	0	0	0	0	0	0/0/0/0/0			0/0/0	--Other
0	0	0	0	0	0	0	0			0	0/0/	0	0	0	0	0	0/0/0/0/0			0/0/0	-Other calculating machines
0	0	0	0	0	0	0	0			0	0/0/	0	0	0	0	0	0/0/0/0/0			0/0/0	---Terminal registers for market
0	0	0	0	0	0	0	0			0	0/0/	0	0	0	0	0	0/0/0/0/0			0/0/0	---Other
0	0	0	0	0	0	0	0			0	0/0/	0	0	0	0	0	0/0/0/0/0			0/0/0	-Other
																					Automatic data processing machines and units thereof; magnetic or optical readers, machines for transcribing, data onto data media in coded form and machines for processing such data, not elsewhere specified or included:
0	0	0	0	0	0	0	0			0	0/0/	0	0	0	0	0	0/0/0/0/0			0/0/0	---Tablet computers
0	0	0	0	0	0	0	0			0	0/0/	0	0	0	0	0	0/0/0/0/0			0/0/0	---Other
0	0	0	0	0	0	0	0			0	0/0/	0	0	0	0	0	0/0/0/0/0			0/0/0	---Mainframes
0	0	0	0	0	0	0	0			0	0/0/	0	0	0	0	0	0/0/0/0/0			0/0/0	---Mini-computers

商品编号	商品名称及备注［检验检疫编码及名称］	进口关税(%) 最惠国	进口关税(%) 普通	增值税率(%)	消费税	计量单位	监管条件	检验检疫类别	对美税率	出口税率(%)	出口退税率(%)
84714140	---微型机										13
8471414000	微型机〔999〕	0	70	13		台/千克	A	L/	5%	0	
84714190	---其他										13
8471419000	其他数据处理设备(同一机壳内至少有一个 CPU 和一个输入输出部件;包括组合式)〔999〕	0	70	13		台/千克		L/	10%	0	
84714910	---巨型机、大型机及中型机										13
8471491010	系统形式报验的高性能数字计算机［计算机指自动数据处理设备,高性能数字计算机是指调整后峰值性能(APP)大于 8.0 加权每秒万亿次浮点运算的数字计算机］〔999〕	0	29	13		台/千克	3		5%	0	
8471491090	其他系统形式报验的巨、大、中型机(计算机指自动数据处理设备)〔999〕	0	29	13		台/千克			5%	0	
84714920	---小型机										13
8471492000	以系统形式报验的小型计算机(计算机指自动数据处理设备)〔999〕	0	29	13		台/千克		L/	20%	0	
84714940	---微型机										13
8471494000	以系统形式报验的微型机〔999〕	0	70	13		台/千克		L/	20%	0	
84714991	----分散型工业过程控制设备										13
8471499100	其他分散型工业过程控制设备(以系统形式报验的)〔999〕	0	70	13		台/千克			20%	0	
84714999	----其他										13
8471499900	以系统形式报验的其他计算机〔999〕	0	70	13		台/千克		L/	10%	0	
84715010	---巨型机、大型机及中型机的										13
8471501010	高性能数字计算机处理部件［不论是否在同一机壳内有一或两个存储,输入或输出部件,高性能数字计算机是指调整后峰值性能(APP)大于 8.0 加权每秒万亿次浮点运算的数字计算机］〔999〕	0	14	13		台/千克	3		10%	0	
8471501090	其他巨、大、中型机处理部件(不论是否在同一机壳内有一或两个存储,输入或输出部件)〔999〕	0	14	13		台/千克			10%	0	
84715020	---小型机的										13
8471502000	小型机的处理部件(不论是否在同一机壳内有一或两个存储,输入或输出部件)〔999〕	0	14	13		台/千克			10%	0	
84715040	---微型机的										13
8471504001	含显示器和主机的微型机(不论是否在同一机壳内有一或两个存储,输入或输出部件)〔999〕	0	70	13		台/千克		L/	20%	0	
8471504090	其他的微型机的处理部件(不论是否在同一机壳内有一或两个存储,输入或输出部件)〔999〕	0	70	13		台/千克			20%	0	
84715090	---其他										13
8471509000	847141 或 847149 以外设备的处理部件(不论是否在同一机壳内有一或两个存储,输入或输出部件)〔999〕	0	70	13		台/千克			10%	0	
84716040	---巨型机、大型机、中型机及小型机用终端										13
8471604000	巨、大、中及小型计算机用终端(输入或输出部件,不论是否在同一机壳内有存储部件)〔999〕	0	14	13		台/千克			25%	0	
84716050	---扫描仪										13
8471605000	自动数据处理设备的扫描器〔999〕	0	14	13		台/千克		L/	25%	0	
84716060	---数字化仪										13
8471606000	自动数据处理设备的数字化仪〔999〕	0	14	13		台/千克			10%	0	
84716071	----键盘										13
8471607100	键盘〔999〕	0	40	13		个/千克			25%	0	
84716072	----鼠标器										13
8471607200	鼠标器〔999〕	0	40	13		个/千克			25%	0	
84716090	---其他										13
8471609000	计算机的其他输入或输出部件(计算机指自动数据处理设备)〔999〕	0	14	13		台/千克			25%	0	
84717011	----固态硬盘(SSD)										13
8471701100	固态硬盘(SSD)〔999〕	0	14	13		台/千克			25%	0	
84717019	----其他										13
8471701900	其他计算机硬盘驱动器(计算机指自动数据处理设备)〔999〕	0	14	13		台/千克			25%	0	
84717020	---软盘驱动器										13
8471702000	自动数据处理设备的软盘驱动器〔999〕	0	14	13		台/千克			5%	0	
84717030	---光盘驱动器										13
8471703000	光盘驱动器(自动数据处理设备的光盘驱动器)〔999〕	0	14	13		台/千克			25%	0	
84717090	---其他										13
8471709000	自动数据处理设备的其他存储部件〔999〕	0	14	13		台/千克			20%	0	
84718000	-自动数据处理设备的其他部件										13
8471800000	其他自动数据处理设备的部件〔999〕	0	40	13		台/千克			25%	0	
84719000	-其他										13

协定税率(%)																		特惠税率(%)			Article Description
智利	新西兰	澳大利亚	瑞士	冰岛	秘鲁	哥斯达	东盟	亚太	新加坡	巴基斯坦	港/澳/台	韩国	格鲁吉亚	毛里求斯	柬埔寨	尼加拉瓜	日/韩/澳/新/东(RCEP)	亚太2国	老/柬/缅	LDC 98/97/95	
0	0	0	0	0	0	0	0			0	0/0/	0	0	0	0	0	0/0/0/0/0			0/0/0	---Microprocessings
0	0	0	0	0	0	0	0			0	0/0/	0	0	0	0	0	0/0/0/0/0			0/0/0	---Other
0	0	0	0	0	0	0	0			0	0/0/	0	0	0	0	0	0/0/0/0/0			0/0/0	---Mainframes
0	0	0	0	0	0	0	0			0	0/0/	0	0	0	0	0	0/0/0/0/0			0/0/0	---Mini-computers
0	0	0	0	0	0	0	0			0	0/0/	0	0	0	0	0	0/0/0/0/0			0/0/0	---Microprocessings
0	0	0	0	0	0	0	0			0	0/0/	0	0	0	0	0	0/0/0/0/0			0/0/0	----Processing machines for the distributed control system
0	0	0	0	0	0	0	0			0	0/0/	0	0	0	0	0	0/0/0/0/0			0/0/0	----Other
0	0	0	0	0	0	0	0			0	0/0/	0	0	0	0	0	0/0/0/0/0			0/0/0	---Mainframes
0	0	0	0	0	0	0	0			0	0/0/	0	0	0	0	0	0/0/0/0/0			0/0/0	---Mini-computers
0	0	0	0	0	0	0	0			0	0/0/	0	0	0	0	0	0/0/0/0/0			0/0/0	---Microprocessings
0	0	0	0	0	0	0	0			0	0/0/	0	0	0	0	0	0/0/0/0/0			0/0/0	---Other
0	0	0	0	0	0	0	0			0	0/0/	0	0	0	0	0	0/0/0/0/0			0/0/0	---Terminating machines for the huge computers, mainframes and minicomputers
0	0	0	0	0	0	0	0			0	0/0/	0	0	0	0	0	0/0/0/0/0			0/0/0	---Scanner
0	0	0	0	0	0	0	0			0	0/0/	0	0	0	0	0	0/0/0/0/0			0/0/0	---Digitizer
0	0	0	0	0	0	0	0			0	0/0/	0	0	0	0	0	0/0/0/0/0			0/0/0	----Keyboards
0	0	0	0	0	0	0	0			0	0/0/	0	0	0	0	0	0/0/0/0/0			0/0/0	----Mouses
0	0	0	0	0	0	0	0			0	0/0/	0	0	0	0	0	0/0/0/0/0			0/0/0	---Other
0	0	0	0	0	0	0	0			0	0/0/	0	0	0	0	0	0/0/0/0/0			0/0/0	----Solid state disks
0	0	0	0	0	0	0	0			0	0/0/	0	0	0	0	0	0/0/0/0/0			0/0/0	----Other
0	0	0	0	0	0	0	0			0	0/0/	0	0	0	0	0	0/0/0/0/0			0/0/0	---Floppy disk drivers
0	0	0	0	0	0	0	0			0	0/0/	0	0	0	0	0	0/0/0/0/0			0/0/0	---CD drivers
0	0	0	0	0	0	0	0			0	0/0/	0	0	0	0	0	0/0/0/0/0			0/0/0	---Other
0	0	0	0	0	0	0	0			0	0/0/	0	0	0	0	0	0/0/0/0/0			0/0/0	-Other units of automatic data processing machines
0	0	0	0	0	0	0	0			0	0/0/	0	0	0	0	0	0/0/0/0/0			0/0/0	-Other

商品编号	商品名称及备注[检验检疫编码及名称]	进口关税(%)		增值税率(%)	消费税	计量单位	监管条件	检验检疫类别	对美税率	出口税率(%)	出口退税率(%)
		最惠国	普通								
8471900010	专用于复制的光盘刻录机(也称光盘复读机)〔999〕	0	40	13		台/千克			20%	0	
8471900090	未列名的磁性或光学阅读器(包括将数据以代码形式转录的机器及处理这些数据的机器)〔999〕	0	40	13		台/千克		L/	20%	0	
8472	**其他办公室用机器(例如,胶版复印机、油印机、地址印写机、自动付钞机、硬币分类、计数及包装机、削铅笔机、打洞机或订书机):**										
84721000	-胶版复印机、油印机										13
8472100000	胶版复印机、油印机〔999〕	0	40	13		台/千克		L/		0	
84723010	---邮政信件分拣及封装设备										13
8472301000	邮政信件分拣及封装设备〔999〕	8	40	13		台/千克			28%	0	
84723090	---其他										13
8472309000	其他信件折叠、分类、开或闭封机(包括信件装封机及粘贴邮票机和盖销邮票机)〔999〕	8	40	13		台/千克				0	
84729010	---自动柜员机										13
8472901000	自动柜员机〔999〕	0	40	13		台/千克		L/	25%	0	
84729021	----打洞机										13
8472902100	办公室用打洞机〔999〕	0	40	13		台/千克			25%	0	
84729022	----订书机										13
8472902200	办公室用订书机〔999〕	0	40	13		台/千克			25%	0	
84729029	----其他										13
8472902900	其他装订用办公室机器〔999〕	0	40	13		台/千克			5%	0	
84729030	---碎纸机										13
8472903000	碎纸机〔999〕	0	40	13		台/千克			20%	0	
84729040	---地址印写机及地址铭牌压印机										13
8472904000	地址印写机及地址铭牌压印机〔999〕	0	40	13		台/千克				0	
84729050	---文字处理机										13
8472905000	文字处理机〔101 打印机〕,〔102 打字机〕	0	40	13		台/千克			5%	0	
84729060	---打字机,但税目 84.43 的打印机除外										13
8472906000	打字机(品目 84.43 的打印机除外)〔101 打印机〕,〔102 打字机〕	8	40	13		台/千克			13%	0	
84729090	---其他										13
8472909000	其他办公室用机器(包括硬币分类、计数、包装机和削笔机等)〔999〕	0	40	13		台/千克			25%	0	
8473	**专用于或主要用于税目 84.70 至 84.72 所列机器的零件、附件(罩套、提箱及类似品除外):**										
84732100	--子目 8470.10、8470.21 或 8470.29 所列电子计算器的零件、附件										13
8473210000	品目 84.70 所列电子计算器的零附件(系指编号 847010、847021 及 847029 所列的电子计算器的)〔999〕	0	50	13		千克			25%	0	
84732900	--其他										13
8473290000	品目 84.70 所列其他机器的零附件(系指编号 847030、847040、847050 及 847090 所列机器的)〔999〕	0	35	13		千克			25%	0	
84733010	---税号 8471.4110、8471.4120、8471.4910、8471.4920、8471.5010、8471.5020、8471.6090、8471.7011、8471.7019、8471.7020、8471.7030 及 8471.7090 所列机器及装置的零件、附件										13
8473301000	子目 8471.4110、8471.4120、8471.4910、8471.4920、8471.5010、8471.5020、8471.6090、8471.7011、8471.7019、8471.7020、8471.7030 及 8471.7090 所列机器及装置的零件、附件〔999〕	0	14	13		千克			25%	0	
84733090	---其他										13
8473309000	品目 84.71 所列其他机器零附件〔999〕	0	40	13		千克			25%	0	
84734010	---自动柜员机用出钞器和循环出钞器										13
8473401000	自动柜员机用出钞器和循环出钞器〔999〕	0	35	13		千克			25%	0	
84734020	---税号 8472.9050、8472.9060 所列机器的零件、附件										13
8473402000	子目 8472.9050、8472.9060 所列机器的零件、附件〔999〕	0	35	13		千克			25%	0	
84734090	---其他										13
8473409010	钞票清分机零附件〔999〕	0	35	13		千克			25%	0	
8473409090	其他办公室用机器零附件〔999〕	0	35	13		千克			25%	0	

协定税率(%)																		特惠税率(%)			Article Description
智利	新西兰	澳大利亚	瑞士	冰岛	秘鲁	哥斯达	东盟	亚太	新加坡	巴基斯坦	港/澳/台	韩国	格鲁吉亚	毛里求斯	柬埔寨	尼加拉瓜	日/韩/澳/新/东(RCEP)	亚太2国	老/柬/缅	LDC 98/97/95	
																					Other office machines (for example, hectograph or stencil duplicating machines, addressing machines, automatic banknote dispensers, coin-sorting machines, coincounting or wrapping machines, pencil-sharpening machines, perforating or stapling machines):
0	0	0	0	0	0	0	0		0	5.6	0/0/	0	0	0	0	0	0/9.8/0/0/0			0/0/0	-Duplicating machines
0	0	0		0	0	0	0			0	0/0/	0	0	0	0	6.4	7.3/7/0/0/0			0/0/0	---Machines for sorting or banding mail
0	0	0	0	0	0	0	0		0	3.5	0/0/	0	0	0	0	6.4	10.2/9.8/0/0/0			0/0/0	---Other
0	0	0	0	0	0	0	0			0	0/0/	0	0	0	0	0	0/0/0/0/0			0/0/0	---Automated teller
0	0	0	0	0	0	0	0			0	0/0/	0	0	0	0	0	0/0/0/0/0			0/0/0	----Perforator
0	0	0	0	0	0	0	0			0	0/0/	0	0	0	0	0	0/0/0/0/0			0/0/0	----Stapler
0	0	0	0	0	0	0	0			0	0/0/	0	0	0	0	0	0/0/0/0/0			0/0/0	----Other
0	0	0	0	0	0	0	0			0	0/0/	0	0	0	0	0	0/0/0/0/0			0/0/0	---Paper shrudders
0	0	0	0	0	0	0	0		0	5.6	0/0/	0	0	0	0	0	0/9.8/0/0/0			0/0/0	---Addressing machines and address plate embossing machines
0	0	0	0	0	0	0	0			0	0/0/	0	0	0	0	0	0/0/0/0/0			0/0/0	---Word-processing machines
0	0	0	0	0	0	0	0		0	3	0/0/		0	0	0	6.4	8.7/8.4/0/0/0			0/0/0	---Typewriters other than printers of heading No. 84.43
0	0	0	0	0	0	0	0			0	0/0/	0	0	0	0	0	0/0/0/0/0			0/0/0	---Other
																					Parts and accessories (other than covers, carrying cases and the like) suitable for use solely or principally with machines of headings 84.70 to 84.72:
0	0	0	0	0	0	0	0			0	0/0/	0	0	0	0	0	0/0/0/0/0			0/0/0	--Of the electronic calculating machines of subheadings 8470.10, 8470.21 or 8470.29
0	0	0	0	0	0	0	0			0	0/0/	0	0	0	0	0	0/0/0/0/0			0/0/0	--Other
0	0	0	0	0	0	0	0			0	0/0/	0	0	0	0	0	0/0/0/0/0			0/0/0	
0	0	0	0	0	0	0	0			0	0/0/	0	0	0	0	0	0/0/0/0/0			0/0/0	---Other
0	0	0	0	0	0	0	0		0	2.5	0/0/	5.2	0	0	0	0	0/8.4/7.4/7.4/0			0/0/0	---Banknote dispenser of automated teller
0	0	0	0	0	0	0	0			0	0/0/	2.6	0	0	0	0	0/5.6/0/0/0			0/0/0	---Parts and accessories of the subheadings 8472.9050 and 8472.9060
0	0	0	0	0	0	0	0		0	2.5	0/0/	0	0	0	0	0	0/0/0/0/0			0/0/0	---Other

商品编号	商品名称及备注[检验检疫编码及名称]	进口关税(%) 最惠国	进口关税(%) 普通	增值税率(%)	消费税	计量单位	监管条件	检验检疫类别	对美税率	出口税率(%)	出口退税率(%)
84735000	-同样适用于税目84.70至84.72中两个或两个以上税目所列机器的零件、附件										13
8473500000	品目84.70至84.72中所列机器零附件(用于品目84.70至84.72中两个或两个以上品目所列机器的)〔101 其他计算机、辅助设备及其零件〕,〔102 其他办公机器及其零件〕	0	35	13		千克			25%	0	
8474	**泥土、石料、矿石或其他固体(包括粉状、浆状)矿物质的分类、筛选、分离、洗涤、破碎、磨粉、混合或搅拌机器;固体矿物燃料、陶瓷坯泥、未硬化水泥、石膏材料或其他粉状、浆状矿产品的黏聚或成形机器;铸造用砂模的成形机器:**										
84741000	-分类、筛选、分离或洗涤机器										13
8474100000	分类、筛选、分离或洗涤机器(用于泥土、石料、矿石或其他固体物质的)〔101 其他工程机械及其零件〕,〔102 建筑工业行业成套设备〕	5	30	13		台/千克			25%	0	
84742010	---齿辊式										13
8474201000	齿辊式破碎及磨粉机器(用于泥土、石料、矿石或其他固体物质的)〔101 其他工程机械及其零件〕,〔102 建筑工业行业成套设备〕	5	30	13		台/千克			25%	0	
84742020	---球磨式										13
8474202000	球磨式破碎或磨粉机(用于泥土、石料、矿石或其他固体物质的)〔101 其他工程机械及其零件〕,〔102 建筑工业行业成套设备〕	5	30	13		台/千克			30%	0	
84742090	---其他										13
8474209000	破碎或磨粉用机器(用于泥土、石料、矿石或其他固体物质的)〔101 其他工程机械及其零件〕,〔102 建筑工业行业成套设备〕	5	30	13		台/千克			30%	0	
84743100	--混凝土或砂浆混合机器										13
8474310000	混凝土或砂浆混合机器(用于泥土、石料、矿石或其他固体物质的)〔101 其他工程机械及其零件〕,〔102 建筑工业行业成套设备〕	7	30	13		台/千克			32%	0	
84743200	--矿物与沥青的混合机器										13
8474320000	矿物与沥青的混合机器(用于泥土、石料、矿石或其他固体物质的)〔101 其他工程机械及其零件〕,〔102 建筑工业行业成套设备〕	7	30	13		台/千克			12%	0	
84743900	--其他										13
8474390000	其他混合或搅拌机器(用于泥土、石料、矿石或其他固体物质的)〔101 其他工程机械及其零件〕,〔102 建筑工业行业成套设备〕	5	30	13		台/千克			25%	0	
84748010	---辊压成型机										13
8474801000	其他辊压成型机〔101 其他工程机械及其零件〕,〔102 建筑工业行业成套设备〕	5	30	13		台/千克			30%	0	
84748020	---模压成型机										13
8474802000	其他模压成型机①	5	30	13		台/千克			25%	0	
84748090	---其他										13
8474809010	纸面角线石膏板搅拌成型机〔101 其他工程机械及其零件〕,〔102 建筑工业行业成套设备〕	5	30	13		台/千克			25%	0	
8474809090	税目84.74未列名的其他机器(如矿产品的粘聚或成型机器及铸造用砂模的成型机器)②	5	30	13		台/千克			25%	0	
84749000	-零件										13
8474900000	税目84.74所列机器的零件〔101 其他工程机械及其零件〕,〔102 建筑工业行业成套设备〕	5	30	13		千克			25%	0	
8475	**白炽灯泡、灯管、放电灯管、电子管、闪光灯泡及类似品的封装机器;玻璃或玻璃制品的制造或热加工机器:**										
84751000	-白炽灯泡、灯管、放电灯管、电子管、闪光灯泡及类似品的封装机器										13
8475100000	白炽灯泡、灯管等的封装机(包括放电灯管、电子管、闪光灯泡等)〔999〕	8	30	13		台/千克				0	
84752100	--制造光导纤维及其预制棒的机器										13
8475210000	制造光导纤维及预制棒的机器〔999〕	0	30	13		台/千克			25%	0	
84752911	----连续式玻璃热弯炉										13
8475291100	连续式玻璃热弯炉〔999〕	8	30	13		台/千克			33%	0	

① 〔101 其他工程机械及其零件〕,〔102 建材行业成套设备〕,〔103 建筑工业行业成套设备〕,〔104 其他行业成套设备〕
② 〔101 其他工程机械及其零件〕,〔102 建材行业成套设备〕,〔103 建筑工业行业成套设备〕,〔104 其他行业成套设备〕

智利	新西兰	澳大利亚	瑞士	冰岛	秘鲁	哥斯达	东盟	亚太	新加坡	巴基斯坦	港/澳/台	韩国	格鲁吉亚	毛里求斯	柬埔寨	尼加拉瓜	日/韩/澳/新/东(RCEP)	亚太2国	老/柬/缅	LDC 98/97/95	Article Description
协定税率(%)																		特惠税率(%)			
0	0	0	0	0	0	0	0			0	0/0/	0	0	0	0	0	0/0/0/0/0			0/0/0	-Parts and accessories equally suitable for use with machines of two or more of the headings 84.70 to 84.72
																					Machinery for sorting, screening, separating, washing, crushing, grinding, mixing or kneading earth, stone, ores or other mineral substances, in solid (including powder or paste) form; machinery for agglomerating, shaping or moulding solid mineral fuels, ceramic paste, unhardened cements, plastering materials or other mineral products in powder or paste form; machines for forming foundry moulds of sand:
0	0	0	0	0	0	0	0			0	0/0/	0	0	0	0	0	3.6/3.5/3.5/3.5/3.5			0/0/0	-Sorting, screening, separating or washing machines
0	0	0	0	0	0	0	0			0	0/0/	0	0	0	0	0	3.6/3.5/0/0/0			0/0/0	---Toothing roller type
0	0	0	0	0	0	0	0			0	0/0/	1.6	0	0	0	0	4.1/3.5/3.5/3.5/3.5			0/0/0	---Em-Peters type
0	0	0	0	0	0	0	0			0	0/0/	0	0	0	0	0	3.6/3.5/0/0/0			0/0/0	---Other
0	0	0	0	0	0	0	0			0	0/0/	0	0	0	0	0	5.1/4.9/0/0/0			0/0/0	--Concrete or mortar mixers
0	0	0		0	0	0	0			0	0/0/	0	0	0	0	0	5.1/4.9/0/0/0			0/0/0	--Machines for mixing mineral substances with bitumen
0	0	0	2	0	0	0	0			0	0/0/	0	0	0	0	0	3.6/3.5/0/0/0			0/0/0	--Other
0	0	0	0	0	0	0	0	3.3		0	0/0/	0	0	0	0	0	3.6/3.5/0/0/0			0/0/0	---Rolling forming machines
0	0	0	0	0	0	0	0	3.3		0	0/0/	1.6	0	0	0	0	4.1/3.5/3.5/3.5/3.5			0/0/0	---Moulding forming machines
0	0	0	0	0	0	0	0	3.3		0	0/0/	0	0	0	0	0	3.6/3.5/3.5/3.5/3.5			0/0/0	---Other
0	0	0	0	0	0	0	0			0	0/0/	0	0	0	0	0	3.6/3.5/3.5/3.5/3.5			0/0/0	-Parts
																					Machines for assembling electric or electronic lamps, tubes or valves or flashbulbs, in glass envelopes; machines for manufacturing or hot working glass or glassware:
0	0	0	0	0	0	0	0			0	0/0/	0	0	0	0	6.4	5.8/5.6/0/0/0			0/0/0	-Machines for assembling electric or electronic lamps, tubes or valves or flashbulbs, in glass envelopes
0	0	0	0	0	0	0	0		0	0	0/0/	0	0	0	0	0	7.3/7/7/7/7			0/0/0	--Machines for making optical fibres and preforms thereof
0	0	0	0	0	0	0	0	5.2		0	0/0/	0	0	0	0	6.4	7.3/7/0/0/0			0/0/0	----Continuous hot bending furnaces

商品编号	商品名称及备注[检验检疫编码及名称]	进口关税(%)		增值税率(%)	消费税	计量单位	监管条件	检验检疫类别	对美税率	出口税率(%)	出口退税率(%)
		最惠国	普通								
84752912	----玻璃纤维拉丝机(光纤拉丝机除外)										13
8475291200	玻璃纤维拉丝机(光纤拉丝机除外)〔999〕	8	30	13		台/千克			33%	0	
84752919	----其他										13
8475291900	其他玻璃及制品热加工机器〔999〕	8	30	13		台/千克			33%	0	
84752990	---其他										13
8475299000	其他玻璃及制品的制造加工机器〔999〕	8	30	13		台/千克			33%	0	
84759000	-零件										13
8475900010	编号 847521 所列机器的零件〔999〕	0	30	13		千克			10%	0	
8475900090	其他税目 84.75 所列机器的零件(灯泡等封装机及玻璃等制造机器的零件)〔999〕	8	30	13		千克			18%	0	
8476	**自动售货机(例如,出售邮票、香烟、食品或饮料的机器),包括钱币兑换机:**										
84762100	--装有加热或制冷装置的										13
8476210000	可加热或制冷的饮料自动销售机〔999〕	11	50	13		台/千克	A	R/	36%	0	
84762900	--其他										13
8476290000	其他饮料自动销售机(装有加热或制冷装置的除外)〔999〕	12	50	13		台/千克	A	R/		0	
84768100	--装有加热或制冷装置的										13
8476810000	装有加热或制冷装置的自动售货机(饮料自动销售机除外)〔999〕	11	50	13		台/千克			16%	0	
84768900	--其他										13
8476890010	钱币兑换机〔999〕	0	50	13		台/千克			5%	0	
8476890090	其他无加热或制冷装置的自动售货机〔999〕	12	50	13		台/千克			17%	0	
84769000	-零件										13
8476900010	钱币兑换机的零件〔999〕	0	50	13		千克			25%	0	
8476900090	其他品目 84.76 所列机器的零件〔999〕	8	50	13		千克			33%	0	
8477	**本章其他税目未列名的橡胶或塑料及其产品的加工机器:**										
84771010	---注塑机										13
8477101010	用于光盘生产的精密注塑机(加工塑料的)〔999〕	0	45	13		台/千克			25%	0	
8477101090	其他注塑机〔101 电子行业成套设备〕,〔102 化工行业成套设备〕,〔103 轻工行业成套设备〕	0	45	13		台/千克			25%	0	
84771090	---其他										13
8477109000	其他注射机〔101 电子行业成套设备〕,〔102 化工行业成套设备〕,〔103 轻工行业成套设备〕	0	30	13		台/千克			25%	0	
84772010	---塑料造粒机										13
8477201000	塑料造粒机〔101 电子行业成套设备〕,〔102 化工行业成套设备〕,〔103 轻工行业成套设备〕	5	30	13		台/千克			30%	0	
84772090	---其他										13
8477209000	其他加工塑料或橡胶的挤出机〔101 电子行业成套设备〕,〔102 化工行业成套设备〕,〔103 轻工行业成套设备〕	5	30	13		台/千克			25%	0	
84773010	---挤出吹塑机										13
8477301000	挤出吹塑机〔101 电子行业成套设备〕,〔102 化工行业成套设备〕,〔103 轻工行业成套设备〕	5	30	13		台/千克			25%	0	
84773020	---注射吹塑机										13
8477302000	注射吹塑机〔101 电子行业成套设备〕,〔102 化工行业成套设备〕,〔103 轻工行业成套设备〕	5	30	13		台/千克				0	
84773090	---其他										13
8477309000	其他吹塑机〔101 电子行业成套设备〕,〔102 化工行业成套设备〕,〔103 轻工行业成套设备〕	5	30	13		台/千克			25%	0	
84774010	---塑料中空成型机										13
8477401000	塑料中空成型机〔101 电子行业成套设备〕,〔102 化工行业成套设备〕,〔103 轻工行业成套设备〕	5	30	13		台/千克			30%	0	
84774020	---塑料压延成型机										13
8477402000	塑料压延成型机〔101 电子行业成套设备〕,〔102 化工行业成套设备〕,〔103 轻工行业成套设备〕	5	30	13		台/千克			30%	0	
84774090	---其他										13
8477409000	真空模塑及其他热成型机器〔101 电子行业成套设备〕,〔102 化工行业成套设备〕,〔103 轻工行业成套设备〕	5	30	13		台/千克			30%	0	
84775100	--用于充气轮胎模塑或翻新的机器及内胎模塑或用其他方法成型的机器										13

协定税率(%)																		特惠税率(%)			
智利	新西兰	澳大利亚	瑞士	冰岛	秘鲁	哥斯达	东盟	亚太	新加坡	巴基斯坦	港/澳/台	韩国	格鲁吉亚	毛里求斯	柬埔寨	尼加拉瓜	日/韩/澳/新/东(RCEP)	亚太2国	老/柬/缅	LDC 98/97/95	Article Description
0	0	0	0	0	0	0	0	5.2		0	0/0/	0	0	0	0	6.4	7.3/7/0/0/0			0/0/0	----Fiber glass winder (excluding Opticaefiber winder)
0	0	0	0	0	0	0	0		0	0	0/0/	0	0	0	0	6.4	7.3/7/0/0/0			0/0/0	----Other
0	0	0	0	0	0	0	0			0	0/0/	0	0	0	0	6.4	7.3/7/0/0/0			0/0/0	---Other
0	0	0	0	0	0	0	0			4	0/0/	0	0	0	0	6.4	5.8/5.6/0/0/0			0/0/0	-Parts
																					Automatic goods-vending machines (for example, postage stamp, cigarette, food or beverage machines), including money-changing machines:
0	0	0	0	0	0	0	0		0	5.6	0/0/	0	0	0	0	9.9	10.2/9.8/0/0/0			0/0/0	--Incorporating heating or refrigerating devices
0	0	0	0	0	0	0	0		0	6	0/0/	0	0	0	0	11.2	10.9/10.5/0/0/0			0/0/0	--Other
0	0	0	0	0	0	0	0		0	3.5	0/0/	0	0	0	0	9.9	10.2/9.8/0/0/0			0/0/0	--Incorporating heating or refrigerating devices
0	0	0	0	0	0	0	0		0	6	0/0/	0	0	0	0	11.2	10.9/10.5/0/0/0			0/0/0	--Other
0	0	0	0	0	0	0	0			0	0/0/	0	0	0	0	6.4	7.3/7/0/0/0			0/0/0	-Parts
																					Machinery for working rubber or plastics or for the manufacture of products from these materials, not specified or included elsewhere in this Chapter:
0	0	0	0	0	0	0	0			0	0/0/	0	0	0	0	0	0/0/0/0/0			0/0/0	---For working plastics
0	0	0	0	0	0	0	0			0	0/0/	0	0	0	0	0	0/0/0/0/0			0/0/0	---Other
0	0	0	0	0	0	0	0	3.3		0	0/0/0	0	0	0	0	0	0/0/3.5/3.5/0			0/0/0	---Plastic pelletizers
0	0	0	2	0	0	0	0	3.3		0	0/0/0	0	0	0	0	0	3.6/0/0/0/0			0/0/0	---Other
0	0	0	0	0	0	0	0			0	0/0/	0	0	0	0	0	3.6/3.5/0/0/0			0/0/0	---Extrusion blow moulding machines
0	0	0	0	0	0	0	0			0	0/0/	0	0	0	0	0	0/0/0/0/0			0/0/0	---Injection blow moulding machines
0	0	0	0	0	0	0	0			0	0/0/	0	0	0	0	0	3.6/3.5/0/0/0			0/0/0	---Other
0	0	0		0	0	0	0	3.3		0	0/0/0	0	0	0	0	0	3.6/0/0/0/0			0/0/0	---Plastics brideg-die-forming machines
0	0	0	0	0	0	0	0	3.3		0	0/0/0	0	0	0	0	0	3.6/0/0/0/0			0/0/0	---Plastics calender-forming machines
0	0	0	2	0	0	0	0	3.3		0	0/0/0	0	0	0	0	0	3.6/3.5/3.5/3.5/3.5			0/0/0	---Other
0	0	0	0	0	0	0	0			0	0/0/	0	0	0	0	0	3.6/3.5/3.5/3.5/3.5			0/0/0	--For moulding or retreading pneumatic tyres or for moulding or otherwise forming inner tubes

商品编号	商品名称及备注[检验检疫编码及名称]	进口关税(%)		增值税率(%)	消费税	计量单位	监管条件	检验检疫类别	对美税率	出口税率(%)	出口退税率(%)
		最惠国	普通								
8477510000	用于充气轮胎模塑或翻新的机器(包括内胎模塑或用其他方法成型的机器)〔999〕	5	30	13		台/千克			30%	0	
84775900	--其他										13
8477590000	其他模塑机、成型机〔101 电子行业成套设备〕,〔102 化工行业成套设备〕,〔103 轻工行业成套设备〕	5	30	13		台/千克			30%	0	
84778000	-其他机器										13
8477800000	未列名的橡胶或塑料加工机器〔101 电子行业成套设备〕,〔102 化工行业成套设备〕,〔103 轻工行业成套设备〕	5	30	13		台/千克			30%	0	
84779000	-零件										13
8477900000	橡胶、塑料等加工机机器的零件〔101 电子行业成套设备〕,〔102 化工行业成套设备〕,〔103 轻工行业成套设备〕	0	30	13		千克			20%	0	
8478	**本章其他税目未列名的烟草加工及制作机器:**										
84781000	-机器										13
8478100000	其他的烟草加工及制作机器(本章其他编号未列名的)〔999〕	5	30	13		台/千克	O		25%	0	
84789000	-零件										13
8478900000[暂5]	烟草加工及制作机器用的零件〔999〕	8	30	13		千克	O			0	
8479	**本章其他税目未列名的具有独立功能的机器及机械器具:**										
84791021	----沥青混凝土摊铺机										13
8479102100	沥青混凝土摊铺机〔999〕	8	30	13		台/千克	O		33%	0	
84791022	----稳定土摊铺机										13
8479102200	稳定土摊铺机〔999〕	8	30	13		台/千克				0	
84791029	----其他										13
8479102900	其他摊铺机〔999〕	8	30	13		台/千克	O			0	
84791090	---其他										13
8479109000	其他公共工程用的机器〔999〕	8	30	13		台/千克			18%	0	
84792000	-提取、加工动物油脂、植物固定油脂或微生物油脂的机器										13
8479200000	提取、加工动物油脂、植物固定油脂或微生物油脂的机器〔101 食品加工机器〕,〔102 其他〕	8	30	13		台/千克	A	R/	33%	0	
84793000	-木碎料板或木纤维板的挤压机及其他木材或软木处理机										13
8479300000	木碎料板或木纤维板的其他挤压机(包括其他木材或软木处理机器)〔999〕	8	30	13		台/千克				0	
84794000	-绳或缆的制造机器										13
8479400000	绳或缆的制造机器〔999〕	7	30	13		台/千克			32%	0	
84795011	----协作机器人										13
8479501100	协作机器人〔101 电子行业成套设备〕,〔102 其他行业成套设备〕	0	20	13		台/千克			25%	0	
84795019	----其他										13
8479501900	其他多功能工业机器人〔101 电子行业成套设备〕,〔102 其他行业成套设备〕	0	20	13		台/千克			25%	0	
84795090	---其他										13
8479509010	机器人,末端操纵装置[能处理高能炸药或能抗大于 5×10^4 戈瑞(硅)辐射的]〔999〕	0	30	13		台/千克	3		20%	0	
8479509090	其他工业机器人(多功能工业机器人除外)〔101 电子行业成套设备〕,〔102 其他行业成套设备〕	0	30	13		台/千克			20%	0	
84796000	-蒸发式空气冷却器										13
8479600000	蒸发式空气冷却器①	8	30	13		台/千克			28%	0	
84797100	--用于机场的										13
8479710000	机场用旅客登机桥〔999〕	0	30	13		台/千克				0	
84797900	--其他										13
8479790000	非机场用旅客登机(船)桥〔999〕	0	30	13		台/千克	A	M/	25%	0	
84798110	---绕线机										13
8479811000	处理金属的其他绕线机〔101 机械行业成套设备〕,〔102 电子行业成套设备〕	9	30	13		台/千克			34%	0	
84798190	---其他										13
8479819000	其他处理金属的机械〔101 机械行业成套设备〕,〔102 电子行业成套设备〕	9	30	13		台/千克			29%	0	
84798200	--混合、搅拌、轧碎、研磨、筛选、均化或乳化机器										13

① 〔101 蒸发式空气冷却器 I 类器具〕,〔102 蒸发式空气冷却器 II 类器具〕,〔103 蒸发式空气冷却器 III 类器具〕,〔104 蒸发式空气冷却器 0I 类器具〕,〔105 蒸发式空气冷却器 0 类器具〕

协定税率(%)																		特惠税率(%)			Article Description
智利	新西兰	澳大利亚	瑞士	冰岛	秘鲁	哥斯达	东盟	亚太	新加坡	巴基斯坦	港/澳/台	韩国	格鲁吉亚	毛里求斯	柬埔寨	尼加拉瓜	日/韩/澳/新/东 (RCEP)	亚太2国	老/柬/缅	LDC 98/97/95	
0	0	0	0	0	0	0	0	3. 3		0	0/0/0	1. 6	0	0	0	0	4. 1/3. 5/3. 5/3. 5/3. 5			0/0/0	--Other
0	0	0	2	0	0	0	0	3. 3		0	0/0/0	0	0	0	0	0	4. 1/0/0/0/0			0/0/0	-Other machinery
0	0	0	0	0	0	0	0			0	0/0/	0	0	0	0	0	0/0/0/0/0			0/0/0	-Parts
																					Machinery for preparing or making up tobacco, not specified or included elsewhere in this Chapter:
0	0		0	0	0	0	0	2. 5		0	0/0/			0	0					0/0/0	-Machinery
0	0		0	0	0	0	0			4	0/0/			0	0					0/0/0	-Parts
																					Machines and mechanical appliances having individual functions, not specified or included elsewhere in this Chapter:
0	0	0	0	0	0	0	0	5. 2		0	0/0/	0	0	0	0	6. 4	5. 8/0/0/0/0			0/0/0	----Machines for spreading bituminous concrete
0	0	0	0	0	0	0	0	5. 2		0	0/0/	0	0	0	0	6. 4	5. 8/0/0/0/0			0/0/0	----Stabilizer spreading machines
0	0	0	0	0	0	0	0	5. 2		0	0/0/	0	0	0	0	6. 4	5. 8/0/0/0/0			0/0/0	----Other
0	0	0	0	0	0	0	0	5. 2		0	0/0/	0	0	0	0	6. 4	5. 8/5. 6/0/0/0			0/0/0	---Other
0	0	0	0	0	0	0	0		0	0	0/0/	0	0	0	0	6. 4	6. 2/6/0/0/0			0/0/0	-Machinery for the extraction or preparation of animal or fixed vegetable or microbial fats or oils
0	0	0	0	0	0	0	0			0	0/0/	0	0	0	0	6. 4	7. 3/7/0/0/0			0/0/0	-Presses for the manufacture of particle board or fibre building board of wood or other ligneous materials and other machinery for treating wood or cork
0	0	0	0	0	0	0	0			0	0/0/	0	0	0	0	0	5. 1/0/0/0/0			0/0/0	-Rope or cable-making machines
0	0	0	0	0	0	0	0			0	0/0/	0	0	0	0	0	0/0/0/0/0			0/0/0	----Cooperative robots
0	0	0	0	0	0	0	0			0	0/0/	0	0	0	0	0	0/0/0/0/0			0/0/0	----Other
0	0	0	0	0	0	0	0			0	0/0/	0	0	0	0	0	0/0/0/0/0			0/0/0	---Other
0	0	0	0	0	0	0	0	5. 2		0	0/0/	0	0	0	0	6. 4	7. 3/7/0/0/0			0/0/0	-Evaporative air coolers
0	0	0	0	0	0	0	0			0	0/0/	0	0	0	0	0	0/0/0/0/0			0/0/0	--Of a kind used in airports
0	0	0	0	0	0	0	0			0	0/0/	0	0	0	0	0	0/0/0/0/0			0/0/0	--Other
0	0	0	0	0	0	0	0	6. 3		0	0/0/0	0	0	0	0	8. 1	7. 7/6. 7/0/0/0			0/0/0	---Filament winding machines
0	0	0	0	0	0	0	0	5. 9		0	0/0/0	0	0	0	0	8. 1	7. 7/6. 7/0/0/0			0/0/0	---Other
0	0	0		0	0	0	0	4. 6		0	0/0/0	0	0	0	0	0	5. 1/0/0/0/0			0/0/0	--Mixing, kneading, crushing, grinding, screening, sifting, homogenizing, emulsifying or stirring machines

商品编号	商品名称及备注[检验检疫编码及名称]	进口关税(%)		增值税率(%)	消费税	计量单位	监管条件	检验检疫类别	对美税率	出口税率(%)	出口退税率(%)
		最惠国	普通								
8479820010	两用物项管制搅拌器(耐腐蚀热交换器、搅拌器用,带搅拌的发酵罐)〔101 轻工行业成套设备〕,〔102 其他行业成套设备〕	7	30	13		台/千克	3		17%	0	
8479820020[暂5]	用于废物和废水处理的混合、搅拌、轧碎、研磨、筛选、均化或乳化机器〔101 轻工行业成套设备〕,〔102 其他行业成套设备〕	7	30	13		台/千克			15%	0	
8479820090	其他混合、搅拌、轧碎、研磨机器(包括筛选、均化、乳化机器)〔101 轻工行业成套设备〕,〔102 其他行业成套设备〕	7	30	13		台/千克			17%	0	
84798310	---处理金属的										13
8479831010	处理金属的冷等静压机(两用物项管制机器及机械器具)〔101 机械行业成套设备〕,〔102 电子行业成套设备〕	9	30	13		台/千克	3		29%	0	
8479831090	处理金属的冷等静压机〔101 机械行业成套设备〕,〔102 电子行业成套设备〕	9	30	13		台/千克			29%	0	
84798390	---其他										13
8479839010	其他冷等静压压力机(两用物项管制机器及机械器具)〔999〕	0	30	13		台/千克	3		20%	0	
8479839090	其他冷等静压压力机〔999〕	0	30	13		台/千克			20%	0	
84798910	---船舶用舵机及陀螺稳定器										13
8479891000	船用舵机及陀螺稳定器〔101 船舶用零部件〕,〔102 船舶行业成套设备〕	0	14	13		台/千克			25%	0	
84798920	---空气增湿器及减湿器										13
8479892000	空气增湿器及减湿器①	0	70	13		台/千克		L/	10%	0	
84798940	---邮政用包裹、印刷品分拣设备										13
8479894000	其他邮政用包裹、印刷品分拣设备〔999〕	0	30	13		台/千克			10%	0	
84798950	---放射性废物压实机										13
8479895000	放射性废物压实机〔999〕	0	30	13		台/千克				0	
84798961	----自动插件机										13
8479896100	自动插件机〔999〕	0	30	13		台/千克			25%	0	
84798962	----自动贴片机										13
8479896200	自动贴片机〔999〕	0	30	13		台/千克			25%	0	
84798969	----其他										13
8479896900	其他印刷电路板上装配元器件机器〔999〕	0	30	13		台/千克			20%	0	
84798992	----自动化立体仓储设备										13
8479899200	自动化立体仓储设备(具有独立功能的)②	0	30	13		台/千克	A	M/	25%	0	
84798999	----其他										13
8479899910	用于光盘生产的金属母盘生产设备(具有独立功能的)〔999〕	0	30	13		台/千克			20%	0	
8479899920	用于光盘生产的黏合机(具有独立功能的)〔999〕	0	30	13		台/千克			20%	0	
8479899930	用于光盘生产的真空金属溅镀机(具有独立功能的)〔999〕	0	30	13		台/千克			20%	0	
8479899940	保护胶涂覆机及染料层旋涂机(光盘生产用,具有独立功能的)〔999〕	0	30	13		台/千克			20%	0	
8479899952	生物反应器(两用物项管制机器及机械器具)〔999〕	0	30	13		台/千克	3		20%	0	
8479899953	恒化器(两用物项管制机器及机械器具)〔999〕	0	30	13		台/千克	3		20%	0	
8479899954	连续灌流系统(两用物项管制机器及机械器具)〔999〕	0	30	13		台/千克	3		20%	0	
8479899955	三坐标或多坐标联动和程控的纤维缠绕机(两用物项管制机器及机械器具)〔999〕	0	30	13		台/千克	3		20%	0	
8479899959	其他两用物项管制机器及机械器具〔999〕	0	30	13		台/千克	3		20%	0	
8479899960	绕线机(能卷绕直径在 75 毫米至 400 毫米、长度为 600 毫米或更长的)〔999〕	0	30	13		台/千克	3		20%	0	
8479899990	本章其他未列名机器及机械器具(具有独立功能的)③	0	30	13		台/千克	A	M/	20%	0	
84799010	---船舶用舵机及陀螺稳定器用										13
8479901000	船舶用舵机及陀螺稳定器零件〔101 船舶用零部件〕,〔102 船舶行业成套设备〕	0	14	13		千克			20%	0	
84799020	---空气增湿器及减湿器用										13
8479902000	空气增湿器及减湿器零件〔999〕	0	70	13		千克			5%	0	
84799090	---其他										13
8479909010	绕线机的精密芯轴(专用于编号 8479899060 绕线机的精密芯轴)④	0	20	13		千克	3		20%	0	
8479909090	税目 84.79 所列机器的其他零件⑤	0	20	13		千克			20%	0	

---

① 〔101 空气增湿器及减湿器 I 类器具〕,〔102 空气增湿器及减湿器 II 类器具〕,〔103 空气增湿器及减湿器 III 类器具〕,〔104 空气增湿器及减湿器 0I 类器具〕,〔105 空气增湿器及减湿器 0 类器具〕

② 〔101 机械行业成套设备〕,〔102 石油化工行业成套设备〕,〔103 铁路运输行业成套设备〕,〔104 交通行业成套设备〕,〔105 电子行业成套设备〕,〔106 通讯行业成套设备〕,〔107 电力行业成套设备〕,〔108 化工行业成套设备〕,〔109 石油天然气行业成套设备〕,〔110 冶金行业成套设备〕,〔111 纺织行业成套设备〕,〔112 轻工行业成套设备〕,〔113 建材行业成套设备〕,〔114 水利行业成套设备〕,〔115 兵工民品行业成套设备〕,〔116 劳动和劳动安全行业成套设备〕,〔117 公共安全行业成套设备〕,〔118 广播电影电视行业成套设备〕,〔119 船舶行业成套设备〕,〔120 环保行业成套设备〕,〔121 包装行业成套设备〕,〔122 煤炭行业成套设备〕,〔123 建筑工业行业成套设备〕,〔124 海洋行业成套设备〕,〔125 地质矿产行业成套设备〕,〔126 地震行业成套设备〕,〔127 印刷行业成套设备〕,〔128 其他行业成套设备〕

③ 〔101 机械行业成套设备〕,〔102 石油化工行业成套设备〕,〔103 铁路运输行业成套设备〕,〔104 交通行业成套设备〕,〔105 电子行业成套设备〕,〔106 通讯行业成套设备〕,〔107 电力行业成套设备〕,〔108 化工行业成套设备〕,〔109 石油天然气行业成套设备〕,〔110 冶金行业成套设备〕,〔111 纺织行业成套设备〕,〔112 轻工行业成套设备〕,〔113 建材行业成套设备〕,〔114 水利行业成套设备〕,〔115 兵工民品行业成套设备〕,〔116 劳动和劳动安全行业成套设备〕,〔117 公共安全行业成套设备〕,〔118 广播电影电视行业成套设备〕,〔119 船舶行业成套设备〕,〔120 环保行业成套设备〕,〔121 包装行业成套设备〕,〔122 煤炭行业成套设备〕,〔123 建筑工业行业成套设备〕,〔124 海洋行业成套设备〕,〔125 地质矿产行业成套设备〕,〔126 地震行业成套设备〕,〔127 印刷行业成套设备〕,〔128 其他行业成套设备〕

④ 〔101 船舶用零部件〕,〔102 机械行业成套设备〕,〔103 电子行业成套设备〕,〔104 船舶行业成套设备〕,〔105 其他行业成套设备〕,〔106 其他过滤及其喷射装置及其零件 I 类器具〕,〔107 其他过滤及其喷射装置及其零件 II 类器具〕,〔108 其他过滤及其喷射装置及其零件 III 类器具〕,〔109 其他过滤及其喷射装置及其零件 0I 类器具〕,〔110 其他过滤及其喷射装置及其零件 0 类器具〕

⑤ 〔101 船舶用零部件〕,〔102 机械行业成套设备〕,〔103 电子行业成套设备〕,〔104 船舶行业成套设备〕,〔105 其他行业成套设备〕,〔106 其他过滤及其喷射装置及其零件〕

协定税率(%)																		特惠税率(%)			Article Description
智利	新西兰	澳大利亚	瑞士	冰岛	秘鲁	哥斯达	东盟	亚太	新加坡	巴基斯坦	港/澳/台	韩国	格鲁吉亚	毛里求斯	柬埔寨	尼加拉瓜	日/韩/澳/新/东(RCEP)	亚太2国	老/柬/缅	LDC 98/97/95	
0	0	0	0	0	0	0	0	5.9		0	0/0/0	0	0	0	0	8.1	7.7/6.7/0/0/0			0/0/0	---For treating metal
0	0	0	0	0	0	0	0			0	0/0/	0	0	0	0	0	0/0/0/0/0			0/0/0	---Other
0	0	0	0	0	0	0	0			0	0/0/	0	0	0	0	0	0/0/0/0/0			0/0/0	---Steering and rudder equipment or gyroscopic stabilizers for ships
0	0	0	0	0	0	0	0			0	0/0/	0	0	0	0	0	0/0/0/0/0			0/0/0	---Air humidifiers or dehumidifiers
0	0	0	0	0	0	0	0			0	0/0/	0	0	0	0	0	0/0/0/0/0			0/0/0	---Bundle and printed matter sortingmachines used in post offices
0	0	0	0	0	0	0	0			0	0/0/	0	0	0	0	0	0/0/0/0/0			0/0/0	---Presses for radioactive waste material
0	0	0	0	0	0	0	0			0	0/0/	0	0	0	0	0	0/0/0/0/0			0/0/0	----Automatic plug-in machines
0	0	0	0	0	0	0	0			0	0/0/	0	0	0	0	0	0/0/0/0/0			0/0/0	----Automatic coreslice adhering machines
0	0	0	0	0	0	0	0			0	0/0/	0	0	0	0	0	0/0/0/0/0			0/0/0	----Other
0	0	0	0	0	0	0	0			0	0/0/	0	0	0	0	0	0/0/0/0/0			0/0/0	----Three-dimensional automatic warehouse equipment
0	0	0	0	0	0	0	0			0	0/0/	0	0	0	0	0	0/0/0/0/0			0/0/0	----Other
0	0	0	0	0	0	0	0			0	0/0/	0	0	0	0	0	0/0/0/0/0			0/0/0	---Of the machines of subheading 8479.8910
0	0	0	0	0	0	0	0			0	0/0/	0	0	0	0	0	0/0/0/0/0			0/0/0	---Of the machines of subheading 8479.8920
0	0	0	0	0	0	0	0			0	0/0/	0	0	0	0	0	0/0/0/0/0			0/0/0	---Other

商品编号	商品名称及备注[检验检疫编码及名称]	进口关税(%) 最惠国	进口关税(%) 普通	增值税率(%)	消费税	计量单位	监管条件	检验检疫类别	对美税率	出口税率(%)	出口退税率(%)
8480	**金属铸造用型箱;型模底板;阳模;金属用型模(锭模除外)、硬质合金、玻璃、矿物材料、橡胶或塑料用型模:**										
84801000	-金属铸造用型箱										13
8480100000	金属铸造用型箱〔999〕	8	20	13		千克			33%	0	
84802000	-型模底板										13
8480200000	型模底板〔999〕	8	20	13		千克			33%	0	
84803000	-阳模										13
8480300000	阳模〔999〕	8	20	13		千克			28%	0	
84804110	---压铸模										13
8480411000	压铸模(金属、硬质合金用)〔101 机械行业成套设备〕,〔102 电子行业成套设备〕,〔103 轻工行业成套设备〕	8	20	13		千克			33%	0	
84804120	---粉末冶金用压模										13
8480412000	粉末冶金用压模〔101 机械行业成套设备〕,〔102 电子行业成套设备〕,〔103 轻工行业成套设备〕	8	20	13		千克			33%	0	
84804190	---其他										13
8480419000	其他金属、硬质合金用注模或压模〔101 机械行业成套设备〕,〔102 电子行业成套设备〕,〔103 轻工行业成套设备〕	8	20	13		千克			28%	0	
84804900	--其他										13
8480490000	其他金属、硬质合金用其他型模(注模或压模除外)〔101 机械行业成套设备〕,〔102 电子行业成套设备〕,〔103 轻工行业成套设备〕	8	20	13		千克			18%	0	
84805000	-玻璃用型模										13
8480500000	玻璃用型模〔101 轻工行业成套设备〕,〔102 其他行业成套设备〕	8	20	13		套/千克				0	
84806000	-矿物材料用型模										13
8480600000	矿物材料用型模〔999〕	8	20	13		套/千克			13%	0	
84807110	---硫化轮胎用囊式型模										13
8480711000	硫化轮胎用囊式型模(注模或压模)〔999〕	0	20	13		套/千克			25%	0	
84807190	---其他										13
8480719010	用于光盘生产的专用模具(注模或压模)〔999〕	0	20	13		套/千克			25%	0	
8480719090	其他塑料或橡胶用注模或压模〔101 机械行业成套设备〕,〔102 电子行业成套设备〕,〔103 轻工行业成套设备〕	0	20	13		套/千克			25%	0	
84807900	--其他										13
8480790010	农用双壁波纹管生产线用其他模具〔999〕	5	20	13		套/千克			30%	0	
8480790090	塑料或橡胶用其他型模〔101 机械行业成套设备〕,〔102 电子行业成套设备〕,〔103 轻工行业成套设备〕	5	20	13		套/千克			30%	0	
8481	**用于管道、锅炉、罐、桶或类似品的龙头、旋塞、阀门及类似装置,包括减压阀及恒温控制阀:**										
84811000	-减压阀										13
8481100001[暂2]	喷灌设备用减压阀(用于管道、锅炉、罐、桶或类似品的)〔101 减压阀(安全附件)〕,〔102 减压阀〕	5	30	13		套/千克			12%	0	
8481100090	其他减压阀(用于管道、锅炉、罐、桶或类似品的)〔101 减压阀(安全附件)〕,〔102 减压阀〕	5	30	13		套/千克			15%	0	
84812010	---油压的										13
8481201010[暂1]	飞机发动机用液压传动阀(用于管道、锅炉、罐、桶或类似品的)〔101 传动阀(安全附件)〕,〔102 传动阀〕	5	30	13		套/千克				0	
8481201090	其他油压传动阀(用于管道、锅炉、罐、桶或类似品的)〔101 传动阀(安全附件)〕,〔102 传动阀〕	5	30	13		套/千克				0	
84812020	---气压的										13
8481202010[暂1]	飞机发动机用气压传动阀(用于管道、锅炉、罐、桶或类似品的)〔101 传动阀(安全附件)〕,〔102 传动阀〕	5	30	13		套/千克			21%	0	
8481202090	其他气压传动阀(用于管道、锅炉、罐、桶或类似品的)〔101 传动阀(安全附件)〕,〔102 传动阀〕	5	30	13		套/千克			25%	0	
84813000	-止回阀										13
8481300000	止回阀(用于管道、锅炉、罐、桶或类似品的)〔101 止回阀(安全附件)〕,〔102 止回阀〕	5	30	13		套/千克			15%	0	
84814000	-安全阀或溢流阀										13
8481400000	安全阀或溢流阀(用于管道、锅炉、罐、桶或类似品的)〔101 安全阀或溢流阀(安全附件)〕,〔102 安全阀或溢流阀〕	5	30	13		套/千克			10%	0	
84818021	----电磁式										13
8481802110	两用物项管制的电磁式换向阀〔101 其他阀门及类似品(安全附件)〕,〔102 其他阀门及类似品〕	7	30	13		套/千克	3		27%	0	

协定税率(%)																		特惠税率(%)			
智利	新西兰	澳大利亚	瑞士	冰岛	秘鲁	哥斯达	东盟	亚太	新加坡	巴基斯坦	港/澳/台	韩国	格鲁吉亚	毛里求斯	柬埔寨	尼加拉瓜	日/韩/澳/新/东(RCEP)	亚太2国	老/柬/缅	LDC 98/97/95	Article Description
																					Moulding boxes for metal foundry; mould bases; moulding patterns; moulds for metal (other than ingot moulds), metal carbides, glass, mineral materials, rubber or plastics:
0	0	0	0	0	0	0	0			0	0/0/	0	0	0	0	6.4	7.3/7/0/0/0			0/0/0	-Moulding boxes for metal foundry
0	0	0	0	0	0	0	0			0	0/0/	0	0	0	0	6.4	5.8/5.6/0/0/0			0/0/0	-Mould bases
0	0	0	0	0	0	0	0		0	0	0/0/	0	0	0	0	6.4	7.3/7/0/0/0			0/0/0	-Moulding patterns
0	0	0	0	0	0	0	0	5.2		0	0/0/0	2.6	0	0	0	6.4	6.5/6.4/6.8/6.8/6.4			0/0/0	---Pressure-casting moulds
0	0	0	0	0	0	0	0	5.2		0	0/0/0	2.6	0	0	0	6.4	6.5/6.4/6.8/6.8/6.4			0/0/0	---Moulds for powder metallurgy
0	0	0	0	0	0	0	0	5.2		0	0/0/0	2.6	0	0	0	6.4	6.5/6.4/6.8/6.8/6.4			0/0/0	---Other
0	0	0	0	0	0	0	0	5.2		0	0/0/	2.6	0	0	0	6.4	6.5/6.4/6.8/6.8/6.4			0/0/0	--Other
0	0	0	0	0	0	0	0			4	0/0/	2.8	0	0	0	6.4	6.8/6.7/7.1/7.1/6.7			0/0/0	-Moulds for glass
0	0	0	0	0	0	0	0			4	0/0/	0	0	0	0	6.4	6.1/5.9/0/0/0			0/0/0	-Moulds for mineral materials
0	0	0	0	0	0	0	0			0	0/0/	0	0	0	0	0	0/0/0/0/0			0/0/0	---"Bladder" moulds for vulcanising tyres
0	0	0	0	0	0	0	0			0	0/0/	0	0	0	0	0	0/0/0/0/0			0/0/0	---Other
0	0	0	0		0	0	0	3.3		0	0/0/0	0	0	0	0	0	3.6/3.5/3.5/3.5/3.5			0/0/0	--Other
																					Taps, cocks, valves and similar appliances for pipes, boilershells, tanks, vats or the like, including pressure-reducing valves and thermostatically controlled valves:
0	0	0	0	0	0	0	0			0	0/0/	1.6	0	0	0	0	4.1/3.5/3.5/3.5/3.5			0/0/0	-Pressure-reducing valves
0	0	0	0	0	0	0	0			0	0/0/0	1.6	0	0	0	0	4.1/3.5/3.5/3.5/3.5			0/0/0	---For oleohydraulic transmissions
0	0	0	0	0	0	0	0			0	0/0/	1.6	0	0	0	0	4.1/3.5/3.5/3.5/3.5			0/0/0	---For pneumatic transmissions
0	0	0	0	0	0	0	0			0	0/0/0	1.6	0	0	0	0	4.1/3.5/3.5/3.5/3.5			0/0/0	-Check (nonreturn) valves
0	0	0	0	0	0	0	0			0	0/0/0	1.6	0	0	0	0	4.1/3.5/3.5/3.5/3.5			0/0/0	-Safety or relief valves
0	0	0	0	0	0	0	0	4.6		0	0/0/0	2.3	0	0	0	0	5.7/4.9/4.9/4.9/4.9			0/0/0	----Electromagnetic

商品编号	商品名称及备注［检验检疫编码及名称］	进口关税(%) 最惠国	普通	增值税率(%)	消费税	计量单位	监管条件	检验检疫类别	对美税率	出口税率(%)	出口退税率(%)
8481802190	其他电磁式换向阀(用于管道、锅炉、罐、桶或类似品的)〔101 其他阀门及类似品(安全附件)〕,〔102 其他阀门及类似品〕	7	30	13		套/千克			27%	0	
84818029	----其他										13
8481802910	两用物项管制的其他换向阀〔101 其他阀门及类似品(安全附件)〕,〔102 其他阀门及类似品〕	7	30	13		套/千克	3		17%	0	
8481802990	其他换向阀(用于管道、锅炉、罐、桶或类似品的)〔101 其他阀门及类似品(安全附件)〕,〔102 其他阀门及类似品〕	7	30	13		套/千克			17%	0	
84818031	----电子膨胀阀										13
8481803110	两用物项管制的电子膨胀流量阀〔101 其他阀门及类似品(安全附件)〕,〔102 其他阀门及类似品〕	7	30	13		套/千克	3		32%	0	
8481803190	其他电子膨胀流量阀(用于管道、锅炉、罐、桶或类似品的)〔101 其他阀门及类似品(安全附件)〕,〔102 其他阀门及类似品〕	7	30	13		套/千克			32%	0	
84818039	----其他										13
8481803910	两用物项管制的其他流量阀〔101 其他阀门及类似品(安全附件)〕,〔102 其他阀门及类似品〕	7	30	13		套/千克	3		17%	0	
8481803920[暂1]	飞机发动机用流量阀(用于管道、锅炉、罐、桶或类似品的)〔101 其他阀门及类似品(安全附件)〕,〔102 其他阀门及类似品〕	7	30	13		套/千克			11%	0	
8481803990	其他流量阀(用于管道、锅炉、罐、桶或类似品的)〔101 其他阀门及类似品(安全附件)〕,〔102 其他阀门及类似品〕	7	30	13		套/千克			17%	0	
84818040	---其他阀门										13
8481804010[暂5]	两用物项管制的其他阀门〔101 其他阀门及类似品(安全附件)〕,〔102 其他阀门及类似品〕	7	30	13		套/千克	3		15%	0	
8481804020[暂1]	高压涡轮间隙控制阀门(用于管道、锅炉、罐、桶或类似品的)〔101 安全附件〕,〔102 安全附件〕	7	30	13		套/千克			11%	0	
8481804030[暂5]	废气再循环阀(用于管道、锅炉、罐、桶或类似品的)〔101 其他阀门及类似品(安全附件)〕,〔102 其他阀门及类似品〕	7	30	13		套/千克			15%	0	
8481804040[暂1]	飞机发动机用预冷控制阀门(用于管道、锅炉、罐、桶或类似品的)〔101 其他阀门及类似品(安全附件)〕,〔102 其他阀门及类似品〕	7	30	13		套/千克			11%	0	
8481804090[暂5]	其他阀门(用于管道、锅炉、罐、桶或类似品的)〔101 其他阀门及类似品(安全附件)〕,〔102 其他阀门及类似品〕	7	30	13		套/千克			15%	0	
84818090	---其他										13
8481809000	未列名龙头、旋塞及类似装置(用于管道、锅炉、罐、桶或类似品的)〔101 其他阀门及类似品(安全附件)〕,〔102 其他阀门及类似品〕	5	50	13		套/千克			15%	0	
84819010	---阀门用										13
8481901000[暂4]	阀门用零件(用于管道、锅炉、罐、桶或类似品的)〔101 其他阀门及类似品零件(安全附件)〕,〔102 其他阀门及类似品零件〕	8	30	13		千克			14%	0	
84819090	---其他										13
8481909000	龙头,旋塞及类似装置的零件(用于管道、锅炉、罐、桶或类似品的)〔101 其他阀门及类似品零件(安全附件)〕,〔102 其他阀门及类似品零件〕	8	50	13		千克			28%	0	
8482	**滚动轴承:**										
84821010	---调心球轴承										13
8482101010[暂4]	绝缘调心球轴承(高铁电机用,绝缘电阻>1 吉欧姆,直流耐压≥3000 伏,额定动载荷≥210000 牛顿)〔999〕	8	20	13		套/千克				0	
8482101090	其他调心球轴承(滚珠轴承)〔999〕	8	20	13		套/千克				0	
84821020	---深沟球轴承										13
8482102000	深沟球轴承(滚珠轴承)〔999〕	8	20	13		套/千克			33%	0	
84821030	---角接触轴承										13
8482103000	角接触轴承(滚珠轴承)〔999〕	8	20	13		套/千克			33%	0	
84821040	---推力球轴承										13
8482104011[暂1]	飞机发动机用外径 30 厘米的推力球轴承(滚珠轴承)〔999〕	8	20	13		套/千克			21%	0	
8482104019[暂1]	飞机发动机用其他推力球轴承(滚珠轴承)〔999〕	8	20	13		套/千克			21%	0	
8482104090	其他推力球轴承(滚珠轴承)〔999〕	8	20	13		套/千克			28%	0	
84821090	---其他										13
8482109000	其他滚珠轴承〔999〕	8	20	13		套/千克			28%	0	
84822000	-锥形滚子轴承,包括锥形滚子组件										13
8482200010[暂5]	6 兆瓦及以上风力发电机用锥形滚子轴承(包括锥形滚子组件)〔999〕	8	20	13		套/千克			25%	0	
8482200090	其他锥形滚子轴承(包括锥形滚子组件)〔999〕	8	20	13		套/千克			28%	0	
84823000	-鼓形滚子轴承										13
8482300000[暂6]	鼓形滚子轴承〔999〕	8	20	13		套/千克			26%	0	
84824000	-滚针轴承,包括保持架和滚针组件										13
8482400010[暂1]	飞机发动机用滚针轴承(包括保持架和滚针组件)〔999〕	8	20	13		套/千克			11%	0	

协定税率(%)																		特惠税率(%)			Article Description
智利	新西兰	澳大利亚	瑞士	冰岛	秘鲁	哥斯达	东盟	亚太	新加坡	巴基斯坦	港/澳/台	韩国	格鲁吉亚	毛里求斯	柬埔寨	尼加拉瓜	日/韩/澳/新/东(RCEP)	亚太2国	老/柬/缅	LDC 98/97/95	
0	0	0	0	0	0	0	0	4.6		0	0/0/0	2.3	0	0	0	0	5.7/4.9/4.9/4.9/4.9			0/0/0	----Other
0	0	0	0	0	0	0	0	4.6		0	0/0/0	2.3	0	0	0	0	5.7/4.9/4.9/4.9/4.9			0/0/0	----Electronic expansion valves
0	0	0	0	0	0	0	0	4.6		0	0/0/0	2.3	0	0	0	0	5.7/4.9/4.9/4.9/4.9			0/0/0	----Other
0	0	0	0	0	0	0	0	4.6		0	0/0/0	0	0	0	0	0	5.7/0/0/0/0			0/0/0	---Other valves
0	0	0	0	0	0	0	0			0	0/0/	0	0	0	0	0	4.3/3.5/3.5/3.5/3.5			0/0/0	---Other
0	0	0	0	0	0	0	0			4	0/0/0	0	0	0	0	0	6.5/0/0/0/0			0/0/0	---Of valves
0	0	0	0	0	0	0	0			0	0/0/0	0	0	0	0	6.4	5.8/5.6/5.6/5.6/5.6			0/0/0	---Other
																					Ball or roller bearings:
0	0	0	0	0	0	0	0	5.2	0	0	0/0/	0	0	0	0	6.4	5.8/5.6/5.6/5.6/5.6			0/0/0	---Self-aligning ball bearing
0	0	0	0	0	0	0	0	5.2	0	0	0/0/	0	0	0	0	6.4	6.9/0/0/0/0			0/0/0	---Deep groove ball bearing
0	0	0	0	0	0	0	0	5.2	0	0	0/0/	0	0	0	0	6.4	5.8/0/0/0/0			0/0/0	---Angular contact bearing
0	0	0	0	0	0	0	0	5.2	0	0	0/0/	0	0	0	0	6.4	5.8/5.6/5.6/5.6/5.6			0/0/0	---Thrust ball bearing
0	0	0	0	0	0	0	0	5.2	0	4	0/0/	0	0	0	0	6.4	6.9/0/0/0/0			0/0/0	---Other
0	0	0	0	0	0	0	0			0	0/0/	0	0	0	0	6.4	6.9/0/0/0/0			0/0/0	-Tapered roller bearings, including cone and tapered roller assemblies
0	0	0	0	0	0	0	0			0	0/0/	0	0	0	0	6.4	5.8/5.6/5.6/5.6/5.6			0/0/0	-Spherical roller bearings
0	0	0	0		0	0	0			0	0/0/0	0	0	0	0	6.4	5.8/5.6/5.6/5.6/5.6			0/0/0	-Needle roller bearings, including cage and needle roller assemblies

商品编号	商品名称及备注[检验检疫编码及名称]	进口关税(%)		增值税率(%)	消费税	计量单位	监管条件	检验检疫类别	对美税率	出口税率(%)	出口退税率(%)
		最惠国	普通								
8482400090[暂6]	其他滚针轴承(包括保持架和滚针组件)〔999〕	8	20	13		套/千克			16%	0	
84825000	-其他圆柱形滚子轴承,包括保持架和滚针组件										13
8482500010[暂4]	三环、二环偏心滚动轴承,飞机发动机主推进轴用滚子轴承除外(包括保持架和滚子组件)〔999〕	8	20	13		套/千克			24%	0	
8482500020[暂1]	飞机发动机主推进轴用滚子轴承(包括保持架和滚子组件)〔999〕	8	20	13		套/千克			21%	0	
8482500090	其他圆柱形滚子轴承(包括保持架和滚子组件)〔999〕	8	20	13		套/千克			28%	0	
84828000	-其他,包括球、柱混合轴承										13
8482800000	其他滚动轴承及球、柱混合轴承〔999〕	8	20	13		套/千克			28%	0	
84829100	--滚珠、滚针及滚柱										13
8482910000[暂6]	滚珠、滚针及滚柱〔999〕	8	20	13		千克			26%	0	
84829900	--其他										13
8482990000[暂3]	滚动轴承的其他零件〔999〕	6	20	13		千克			26%	0	
8483	**传动轴(包括凸轮轴及曲柄轴)及曲柄;轴承座及滑动轴承;齿轮及齿轮传动装置;滚珠或滚子螺杆传动装置;齿轮箱及其他变速装置,包括扭矩变换器;飞轮及滑轮,包括滑轮组;离合器及联轴器(包括万向节):**										
84831011	----柴油机曲轴										13
8483101100	船舶用柴油机曲轴〔999〕	6	14	13		个/千克			31%	0	
84831019	----其他										13
8483101900	其他船舶用传动轴〔999〕	6	14	13		个/千克			16%	0	
84831090	---其他										13
8483109010[暂1]	飞机发动机用传动轴〔999〕	6	30	13		个/千克			21%	0	
8483109090	其他传动轴及曲柄(包括凸轮轴及曲柄轴)〔999〕	6	30	13		个/千克			26%	0	
84832000	-装有滚珠或滚子轴承的轴承座										13
8483200000	装有滚珠或滚子轴承的轴承座〔999〕	6	30	13		个/千克			16%	0	
84833000	-未装有滚珠或滚子轴承的轴承座;滑动轴承										13
8483300010[暂4]	磁悬浮轴承(轴承组合件,由悬浮在充满阻尼介质的环形磁铁组成)〔999〕	6	30	13		个/千克	3		26%	0	
8483300020[暂4]	轴承/阻尼器(安装在阻尼器上的具有枢轴/盖的轴承)〔999〕	6	30	13		个/千克	3		26%	0	
8483300090[暂4]	其他未装有滚珠或滚子轴承的轴承座;其他滑动轴承〔999〕	6	30	13		个/千克			26%	0	
84834010	---滚子螺杆传动装置										13
8483401010[暂1]	飞机水平尾翼螺旋杆〔999〕	8	30	13		个/千克			21%	0	
8483401090	其他滚子螺杆传动装置〔999〕	8	30	13		个/千克			28%	0	
84834020	---行星齿轮减速器										13
8483402000	行星齿轮减速器〔999〕	8	30	13		个/千克			33%	0	
84834090	---其他										13
8483409010[暂1]	飞机发动机用齿轮传动装置(齿轮箱)〔999〕	8	30	13		个/千克			21%	0	
8483409090	其他传动装置及变速装置(指齿轮及齿轮传动装置,齿轮箱和扭矩变换器)〔999〕	8	30	13		个/千克			28%	0	
84835000	-飞轮及滑轮,包括滑轮组										13
8483500000	飞轮及滑轮(包括滑轮组)〔999〕	8	30	13		个/千克			33%	0	
84836000	-离合器及联轴器(包括万向节)										13
8483600001[暂4]	压力机用组合式湿式离合/制动器(离合扭矩为60KNM~300KNM,制动扭矩为30KNM~100KNM)〔999〕	8	30	13		个/千克			24%	0	
8483600020[暂4]	高速轴联轴器(风力发电机组用),扭矩保护值为160KNM~1000KNM〔999〕	8	30	13		个/千克			24%	0	
8483600090	离合器及联轴器(包括万向节)〔999〕	8	30	13		个/千克			28%	0	
84839000	-单独进口或出口的带齿的轮、链轮及其他传动元件;零件										13
8483900010[暂4]	车用凸轮轴相位调节器(汽车发动机用)〔999〕	8	30	13		千克			24%	0	
8483900020[暂1]	飞机发动机用齿轮箱用单个齿轮〔999〕	8	30	13		千克			21%	0	
8483900090	品目84.83所列货品用其他零件(包括单独报验的带齿的轮、链轮及其他传动元件)〔999〕	8	30	13		千克			28%	0	

协定税率(%)																		特惠税率(%)			Article Description
智利	新西兰	澳大利亚	瑞士	冰岛	秘鲁	哥斯达	东盟	亚太	新加坡	巴基斯坦	港/澳/台	韩国	格鲁吉亚	毛里求斯	柬埔寨	尼加拉瓜	日/韩/澳/新/东(RCEP)	亚太2国	老/柬/缅	LDC 98/97/95	
0	0	0	0	0	0	0	0		0	0	0/0/	2.6	0	0	0	6.4	6.5/5.6/5.6/5.6/5.6			0/0/0	-Other cylindrical roller bearings, including cage and roller assemblies
0	0	0	0	0	0	0	0	5.2		0	0/0/	2.6	0	0	0	6.4	6.5/6.4/6.8/6.8/6.4			0/0/0	-Other, including combined ball/roller bearings
0	0	0	0	0	0	0	0			0	0/0/	0	0	0	0	6.4	5.8/0/0/0/0			0/0/0	--Balls, needles and rollers
0	0	0	0	0	0	0	0			0	0/0/0	0	0	0	0	0	4.9/4.2/4.2/4.2/4.2			0/0/0	--Other
																					Transmission shafts (including cam shafts and crand shafts) and cranks; bearing housings and plain shaft bearings; gears and gearing; ball or roller screws; gear boxes and other speed changers, including torque converters; flywheels and pulleys, including pulley blocks; clutches and shaft couplings (including universal joints):
0	0	0	0	0	0	0	0	3.9		0	0/0/	3.9	0	0	0	0	//5/5/5			0/0/0	----Crank shafts of diesel engine
0	0	0	0	0	0	0	0	3.9		4	0/0/	2	0	0	0	0	4.9/4.2/4.2/4.2/4.2			0/0/0	----Other
0	0	0	0	0	0	0	0	3.9		4	0/0/	2	0	0	0	0	4.9/4.2/4.2/4.2/4.2			0/0/0	---Other
0	0	0	0	0	0	0	0			0	0/0/	0	0	0	0	0	4.4/4.2/4.2/4.2/4.2			0/0/0	-Bearing housings, incorporating ball or roller bearings
0	0	0	0	0	0	0	0			0	0/0/	0	0	0	0	0	4.9/0/0/0/0			0/0/0	-Bearing housings, not incorporating ball or roller bearings; plain shaft bearings
0	0	0	0	0	0	0	0	5.2		0	0/0/0	0	0	0	0	6.4	5.8/5.6/5.6/5.6/5.6			0/0/0	---Roller Screws
0	0	0	0	0	0	0	0	5.2		0	0/0/	5.2	0	0	0	6.4	//5/5/5			0/0/0	---Planet decelerators
0	0	0	0	0	0	0	0	5.2		0	0/0/0	2.6	0	0	0	6.4	6.5/5.6/5.6/5.6/5.6			0/0/0	---Other
0	0	0	0	0	0	0	0			0	0/0/	0	0	0	0	6.4	5.8/5.6/5.6/5.6/5.6			0/0/0	-Flywheels and pulleys, including pulley blocks
0	0	0	0	0	0	0	0			4	0/0/	2.6	0	0	0	6.4	6.5/6.4/6.8/6.8/6.4			0/0/0	-Clutches and shaft couplings (including universal joints)
0	0	0	0	0	0	0	0			4	0/0/0	0	0	0	0	6.4	6.5/0/0/0/0			0/0/0	-Toothed wheels, chain sprockets and other transmission elements presented separately; parts

商品编号	商品名称及备注[检验检疫编码及名称]	进口关税(%) 最惠国	普通	增值税率(%)	消费税	计量单位	监管条件	检验检疫类别	对美税率	出口税率(%)	出口退税率(%)
8484	**密封垫或类似接合衬垫，用金属片与其他材料制成或用双层或多层金属片制成；成套或各种不同材料的密封垫或类似接合衬垫，装于袋、套或类似包装内；机械密封件：**										
84841000	-密封垫或类似接合衬垫，用金属片与其他材料制成或用双层或多层金属片制成										13
8484100000[暂5]	密封垫或类似接合衬垫(用金属片与其他材料制成或用双层及多层金属片制成)〔999〕	8	30	13		千克			15%	0	
84842000	-机械密封件										13
8484200010[暂5]	耐 UF6 腐蚀的转动轴封(专门设计的真空密封装置，缓冲气体泄漏率 1000 立方厘米/分钟)〔999〕	8	30	13		千克	3		25%	0	
8484200020[暂5]	转动轴封(专门设计的带有密封式进气口和出气口的转动轴封)〔999〕	8	30	13		千克	3		25%	0	
8484200030[暂5]	MLIS 用转动轴封(专门设计的带密封进气口和出气口的转动轴封)〔999〕	8	30	13		千克	3		25%	0	
8484200090[暂5]	其他机械密封件〔999〕	8	30	13		千克			25%	0	
84849000	-其他										13
8484900000[暂5]	其他材料制密封垫及类似接合衬垫(成套或各种不同材料制，装于袋、套或类似包装内)〔999〕	8	30	13		千克			10%	0	
8485	**增材制造设备：**										
84851000	-用金属材料的										13
8485100000	用金属材料的增材制造设备〔999〕	9	50	13		台/千克			29%	0	
84852000	-用塑料或橡胶材料的										13
8485200000	用塑料或橡胶材料的增材制造设备〔999〕	5	30	13		台/千克			10%	0	
84853010	---用玻璃材料的										13
8485301000	用玻璃材料的增材制造设备〔999〕	8	30	13		台/千克			33%	0	
84853020	---用石膏、水泥、陶瓷材料的										13
8485302000	用石膏、水泥、陶瓷材料的增材制造设备〔999〕	5	30	13		台/千克			25%	0	
84858010	---用纸或纸浆的										13
8485801000	用纸或纸浆的增材制造设备〔999〕	12	30	13		台/千克			37%	0	
84858020	---用木材、软木的										13
8485802000	用木材、软木的增材制造设备〔999〕	9	30	13		台/千克			34%	0	
84858090	---其他										13
8485809000	其他增材制造设备〔999〕	0	30	13		台/千克			20%	0	
84859010	---用金属材料的										13
8485901000	用金属材料的增材制造设备的零件〔101 机床附件〕,〔102 机床零件〕	6	17	13		千克			26%	0	
84859020	---用玻璃材料的										13
8485902000	用玻璃材料的增材制造设备的零件〔999〕	8	30	13		千克			18%	0	
84859030	---用橡胶或塑料材料的										13
8485903000	用塑料或橡胶材料的增材制造设备的零件〔101 电子行业成套设备〕,〔102 化工行业成套设备〕,〔103 轻工行业成套设备〕	0	30	13		千克			20%	0	
84859040	---用石膏、水泥、陶瓷材料的										13
8485904000	用石膏、水泥、陶瓷材料的增材制造设备的零件〔999〕	5	30	13		千克			25%	0	
84859050	---用纸或纸浆的										13
8485905000	用纸或纸浆的增材制造设备的零件〔999〕	8	30	13		千克			28%	0	
84859060	---用木材、软木的										13
8485906000	用木材、软木的增材制造设备的零件〔101 机床附件〕,〔102 机床零件〕	6	17	13		千克			31%	0	
84859090	---其他										13
8485909000	其他增材制造设备的零件〔999〕	0	20	13		千克			20%	0	
8486	**专用于或主要用于制造半导体单晶柱或晶圆、半导体器件、集成电路或平板显示器的机器及装置；本章注释十一(三)规定的机器及装置；零件及附件：**										
84861010	---利用温度变化处理单晶硅的机器及装置										13
8486101000	利用温度变化处理单晶硅的机器及装置(制造单晶柱或晶圆用的)〔999〕	0	30	13		台/千克				0	
84861020	---研磨设备										13
8486102000	制造单晶柱或晶圆用的研磨设备〔999〕	0	30	13		台/千克				0	
84861030	---切割设备										13

协定税率(%)																		特惠税率(%)			Article Description
智利	新西兰	澳大利亚	瑞士	冰岛	秘鲁	哥斯达	东盟	亚太	新加坡	巴基斯坦	港/澳/台	韩国	格鲁吉亚	毛里求斯	柬埔寨	尼加拉瓜	日/韩/澳/新/东 (RCEP)	亚太2国	老/柬/缅	LDC 98/97/95	
																					Gaskets and similar joints of metal sheeting combined with other material or of two or more layers of metal; sets or assortments of gaskets and similar joints, dissimilar in composition, put up in pouches, envelopes or similar packings; mechanical seals:
0	0	0	0	0	0	0	0			0	0/0/0	2.6	0	0	0	6.4	6.5/6.4/6.8/6.8/6.4			0/0/0	-Gaskets and similar joints of metal sheeting combined with other material or of two or more layers of metal
0	0	0	0	0	0	0	0			0	0/0/	2.6	0	0	0	6.4	6.5/6.4/6.8/6.8/6.4			0/0/0	-Mechanical seals
0	0	0	0	0	0	0	0			0	0/0/	2.6	0	0	0	6.4	6.5/6.4/6.8/6.8/6.4			0/0/0	-Other
																					Machines for additive manufacturing:
0	0	0	0	0	0	0	0			4	0/0/		0	0	0		//5/5/5			0/0/0	-By metal deposit
0	0	0	0	0	0	0	0	3.3		0	0/0/0	1.6	0	0	0	0	4.1/3.5/3.5/3.5/3.5			0/0/0	-By plastics or rubber deposit
0	0	0	0	0	0	0	0		0	0	0/0/	0	0	0	0	6.4	7.3/7/0/0/0			0/0/0	---By glass deposit
0	0	0	0	0	0	0	0	3.3		0	0/0/	0	0	0	0	0	3.6/3.5/3.5/3.5/3.5			0/0/0	---By plaster, cement, ceramics deposit
0	0	0	0	0	0	0	0	7.8	0	3	0/0/0	0	0	0	0	11.2	8.7/8.4/0/0/0			0/0/0	---By paper or paper pulp deposit
0	0	0	0	0	0	0	0		0	0	0/0/	5	0	0	0	8.1	/10/8.5/8.5/8.5			0/0/0	---By wood or cork deposit
0	0	0	0	0	0	0	0			0	0/0/	0	0	0	0	0	0/0/0/0/0			0/0/0	---Other
0	0	0	0	0	0	0	0			0	0/0/0	0	0	0	0	0	4.4/0/0/0/0			0/0/0	---By metal deposit
0	0	0	0	0	0	0	0			4	0/0/	0	0	0	0	6.4	5.8/5.6/0/0/0			0/0/0	---By glass deposit
0	0	0	0	0	0	0	0			0	0/0/	0	0	0	0	0	0/0/0/0/0			0/0/0	---By rubber or plastics deposit
0	0	0	0	0	0	0	0			0	0/0/	0	0	0	0	0	3.6/3.5/3.5/3.5/3.5			0/0/0	---By plaster, cement, ceramics deposit
0	0	0		0	0	0	0			0	0/0/	0	0	0	0	6.4	6.1/0/0/0/0			0/0/0	---By paper or paper pulp deposit
0	0	0	0	0	0	0	0			0	0/0/	2	0	0	0	0	4.9/4.2/4.2/4.2/4.2			0/0/0	---By wood or cork deposit
0	0	0	0	0	0	0	0			0	0/0/	0	0	0	0	0	0/0/0/0/0			0/0/0	---Other
																					Machines and apparatus of a kind used solely or principally for the manufacture of semiconductor boules or wafers, semiconductor devices, electronic integrated circuits or flat panel displays; machines and apparatus specified in Note11 (c) to this chapter; parts and accessories:
0	0	0	0	0	0	0	0			0	0/0/	0	0	0	0	0	0/0/0/0/0		0//	0/0/0	---Machines and apparatus for the treatment of monocrystalline sillicon by a process involving a change of temperature
0	0	0	0	0	0	0	0			0	0/0/	0	0	0	0	0	0/0/0/0/0			0/0/0	---Grinding machines
0	0	0	0	0	0	0	0			0	0/0/	0	0	0	0	0	0/0/0/0/0			0/0/0	---Sawing machines

商品编号	商品名称及备注［检验检疫编码及名称］	进口关税（%）		增值税率（%）	消费税	计量单位	监管条件	检验检疫类别	对美税率	出口税率（%）	出口退税率（%）
		最惠国	普通								
8486103000	制造单晶柱或晶圆用的切割设备〔999〕	0	30	13		台/千克				0	
84861040	---化学机械抛光设备（CMP）										13
8486104000	制造单晶柱或晶圆用的化学机械抛光设备（CMP）〔999〕	0	30	13		台/千克				0	
84861090	---其他										13
8486109000	其他制造单晶柱或晶圆用的机器及装置〔999〕	0	30	13		台/千克				0	
84862010	---氧化、扩散、退火及其他热处理设备										13
8486201000	氧化、扩散、退火及其他热处理设备（制造半导体器件或集成电路用的）〔999〕	0	30	13		台/千克				0	
84862021	----化学气相沉积装置（CVD）										13
8486202100	制造半导体器件或集成电路用化学气相沉积装置［化学气相沉积装置（CVD）］〔999〕	0	30	13		台/千克				0	
84862022	----物理气相沉积装置（PVD）										13
8486202200	制造半导体器件或集成电路用物理气相沉积装置［物理气相沉积装置（PVD）］〔999〕	0	30	13		台/千克				0	
84862029	----其他										13
8486202900	其他制造半导体器件或集成电路用薄膜沉积设备〔999〕	0	30	13		台/千克				0	
84862031	----分步重复光刻机（步进光刻机）										13
8486203110	制造半导体器件或集成电路用分布重复光刻机（后道用）〔999〕	0	100	13		台/千克				0	
8486203120	制造半导体器件或集成电路用分布重复光刻机（前道用 I 线光刻机）〔999〕	0	100	13		台/千克				0	
8486203130	制造半导体器件或集成电路用分布重复光刻机［前道用氟化氪（KrF）光刻机］〔999〕	0	100	13		台/千克				0	
8486203190	其他制造半导体器件或集成电路用分布重复光刻机〔999〕	0	100	13		台/千克				0	
84862039	----其他										13
8486203910	制造半导体器件或集成电路用的 I 线光刻机（步进式除外）〔101 其他机床〕，〔102 电子行业成套设备〕	0	100	13		台/千克				0	
8486203920	制造半导体器件或集成电路用的氟化氪（ KrF ）光刻机（步进式除外）〔101 其他机床〕，〔102 电子行业成套设备〕	0	100	13		台/千克				0	
8486203930	制造半导体器件或集成电路用的氟化氩（ ArF ）光刻机（步进式除外）〔101 其他机床〕，〔102 电子行业成套设备〕	0	100	13		台/千克				0	
8486203940	制造半导体器件或集成电路用的氟化氩浸没式（ ArFi ）光刻机（步进式除外）〔101 其他机床〕，〔102 电子行业成套设备〕	0	100	13		台/千克				0	
8486203950	制造半导体器件或集成电路用的极紫外（ EUV ）光刻机（步进式除外）〔101 其他机床〕，〔102 电子行业成套设备〕	0	100	13		台/千克				0	
8486203990	未列名制造半导体器件或集成电路用的光刻机〔101 其他机床〕，〔102 电子行业成套设备〕	0	100	13		台/千克				0	
84862041	----等离子体干法刻蚀机										13
8486204100	制造半导体器件或集成电路用等离子体干法刻蚀机〔101 其他机床〕，〔102 电子行业成套设备〕	0	30	13		台/千克				0	
84862049	----其他										13
8486204900	其他制造半导体器件或集成电路用刻蚀及剥离设备〔101 其他机床〕，〔102 电子行业成套设备〕	0	30	13		台/千克				0	
84862050	---离子注入机										13
8486205000	制造半导体器件或集成电路用离子注入机〔999〕	0	11	13		台/千克				0	
84862090	---其他										13
8486209000	其他制造半导体器件或集成电路用机器及装置〔101 其他机床〕，〔102 电子行业成套设备〕	0	30	13		台/千克				0	
84863010	---扩散、氧化、退火及其他热处理设备										13
8486301000	制造平板显示器用扩散、氧化、退火及其他热处理设备〔999〕	0	30	13		台/千克				0	
84863021	----化学气相沉积设备（CVD）										13
8486302100	制造平板显示器用化学气相沉积装置（CVD）〔999〕	0	30	13		台/千克				0	
84863022	----物理气相沉积设备（PVD）										13
8486302200	制造平板显示器用物理气相沉积装置（PVD）〔999〕	0	30	13		台/千克				0	
84863029	----其他										13
8486302900	其他制造平板显示器用薄膜沉积设备〔999〕	0	30	13		台/千克				0	
84863031	----分步重复光刻机										13
8486303100	制造平板显示器用分步重复光刻机〔999〕	0	100	13		台/千克				0	
84863039	----其他										13
8486303900	其他将电路图投影或绘制到感光半导体材料上的装置（制造平板显示器用的机器及装置）〔101 其他机床〕，〔102 电子行业成套设备〕	0	100	13		台/千克				0	
84863041	----超声波清洗装置										13

协定税率(%)																		特惠税率(%)			Article Description
智利	新西兰	澳大利亚	瑞士	冰岛	秘鲁	哥斯达	东盟	亚太	新加坡	巴基斯坦	港/澳/台	韩国	格鲁吉亚	毛里求斯	柬埔寨	尼加拉瓜	日/韩/澳/新/东(RCEP)	亚太2国	老/柬/缅	LDC 98/97/95	
0	0	0	0	0	0	0	0			0	0/0/	0	0	0	0	0	0/0/0/0/0			0/0/0	---Chemical mechanical polishers (CMP)
0	0	0	0	0	0	0	0			0	0/0/	0	0	0	0	0	0/0/0/0/0			0/0/0	---Other
0	0	0	0	0	0	0	0			0	0/0/	0	0	0	0	0	0/0/0/0/0		0//	0/0/0	---Oxidation, diffusion, annealing and other heat treatment equipment
0	0	0	0	0	0	0	0			0	0/0/	0	0	0	0	0	0/0/0/0/0			0/0/0	----Chemical Vapour Deposition (CVD) equipment
0	0	0	0	0	0	0	0			0	0/0/	0	0	0	0	0	0/0/0/0/0			0/0/0	----Physical Vapour Deposition (PVD) equipment
0	0	0	0	0	0	0	0			0	0/0/	0	0	0	0	0	0/0/0/0/0			0/0/0	----Other
0	0	0	0	0	0	0	0			0	0/0/	0	0	0	0	0	0/0/0/0/0			0/0/0	----Steppers
0	0	0	0	0	0	0	0			0	0/0/	0	0	0	0	0	0/0/0/0/0			0/0/0	----Other
0	0	0	0	0	0	0	0			0	0/0/	0	0	0	0	0	0/0/0/0/0			0/0/0	----Dry plasma etching
0	0	0	0	0	0	0	0			0	0/0/	0	0	0	0	0	0/0/0/0/0			0/0/0	----Other
0	0	0	0	0	0	0	0			0	0/0/	0	0	0	0	0	0/0/0/0/0			0/0/0	---Ion implanters
0	0	0	0	0	0	0	0			0	0/0/	0	0	0	0	0	0/0/0/0/0			0/0/0	---Other
0	0	0	0	0	0	0	0			0	0/0/	0	0	0	0	0	0/0/0/0/0		0//	0/0/0	---Oxidation, diffusion, annealing and other heat treatment equipment
0	0	0	0	0	0	0	0			0	0/0/	0	0	0	0	0	0/0/0/0/0			0/0/0	----Chemical Vapour Deposition (CVD) equipment
0	0	0	0	0	0	0	0			0	0/0/	0	0	0	0	0	0/0/0/0/0			0/0/0	----Physical Vapour Deposition (PVD) equipment
0	0	0	0	0	0	0	0			0	0/0/	0	0	0	0	0	0/0/0/0/0			0/0/0	----Other
0	0	0	0	0	0	0	0			0	0/0/	0	0	0	0	0	0/0/0/0/0			0/0/0	----Steppers
0	0	0	0	0	0	0	0			0	0/0/	0	0	0	0	0	0/0/0/0/0			0/0/0	----Other
0	0	0	0	0	0	0	0		0	0	0/0/		0	0	0	0	7.3/7/0/0/0			0/0/0	----Ultrasonic apparatus for cleaning

商品编号	商品名称及备注[检验检疫编码及名称]	进口关税(%)		增值税率(%)	消费税	计量单位	监管条件	检验检疫类别	对美税率	出口税率(%)	出口退税率(%)
		最惠国	普通								
8486304100	制造平板显示器用超声波清洗装置〔101 电子行业成套设备〕,〔102 非家用过滤及净化装置〕	0	30	13		台/千克				0	
84863049	----其他										13
8486304900	其他制造平板显示器用湿法蚀刻、显影、剥离、清洗装置〔101 其他机床〕,〔102 电子行业成套设备〕,〔103 非家用过滤及净化装置〕	0	30	13		台/千克				0	
84863090	---其他										13
8486309000	其他制造平板显示器用的机器及装置〔101 其他机床〕,〔102 电子行业成套设备〕	0	30	13		台/千克				0	
84864010	---主要用于或专用于制作和修复掩膜版或投影掩膜版的装置										13
8486401000	主要用于或专用于制作和修复掩膜版或投影掩膜版的装置〔掩膜版(Mask),投影掩膜版(Reticle)〕〔999〕	0	70	13		台/千克				0	
84864021	----塑封机										13
8486402100	塑封机(主要用于或专用于装配与封装半导体器件和集成电路的设备)〔999〕	0	30	13		台/千克				0	
84864022	----引线键合装置										13
8486402200	引线键合装置(主要用于或专用于装配与封装半导体器件和集成电路的设备)〔999〕	0	30	13		台/千克				0	
84864029	----其他										13
8486402900	其他主要或专用于装配封装半导体器件和集成电路的设备〔999〕	0	17	13		台/千克				0	
84864031	----集成电路工厂专用的自动搬运机器人										13
8486403100	IC 工厂专用的自动搬运机器人〔101 电子行业成套设备〕,〔102 机械式停车设备及其他装卸、储运设备及其零件〕	0	20	13		台/千克				0	
84864039	----其他										13
8486403900	其他用于升降、装卸、搬运集成电路等的设备(升降、装卸、搬运单晶柱、晶圆、半导体器件、集成电路和平板显示器的装置)①	0	30	13		台/千克				0	
84869010	---升降、搬运、装卸机器用(自动搬运设备用除外)										13
8486901000	升降、搬运、装卸机器用零件或附件(编号 848640 项下商品用,但自动搬运设备用除外)〔101 机械式停车设备及其他装卸、储运设备及其零件〕,〔102 其他装卸桥、提升、起重设备及零件〕	0	30	13		千克				0	
84869020	---引线键合装置用										13
8486902000	引线键合装置用零件或附件(编号 848640 项下商品用)〔999〕	0	30	13		千克				0	
84869091	----带背板的溅射靶材组件										13
8486909100	带背板的溅射靶材组件〔999〕	0	17	13		千克				0	
84869099	----其他										13
8486909910	制造半导体器件或集成电路用光刻设备用零件及附件〔999〕	0	17	13		千克				0	
8486909990	其他品目 84.86 所列设备用零件及附件〔999〕	0	17	13		千克				0	
8487	**本章其他税目未列名的机器零件,不具有电气接插件、绝缘体、线圈、触点或其他电气器材特征的:**										
84871000	-船用推进器及桨叶										13
8487100000	船用推进器及桨叶〔999〕	6	14	13		千克			26%	0	
84879000	-其他										13
8487900000	本章其他编号未列名的机器零件(不具有电气接插件、绝缘体、线圈或其他电气器材特征的)〔999〕	8	30	13		千克			28%	0	

① 〔101 起重机〕,〔102 机械式停车设备及其他装卸、储运设备及其零件〕,〔103 升降机〕,〔104 其他装卸桥、提升、起重设备及零件〕

协定税率(%)																		特惠税率(%)			Article Description
智利	新西兰	澳大利亚	瑞士	冰岛	秘鲁	哥斯达	东盟	亚太	新加坡	巴基斯坦	港/澳/台	韩国	格鲁吉亚	毛里求斯	柬埔寨	尼加拉瓜	日/韩/澳/新/东(RCEP)	亚太2国	老/柬/缅	LDC 98/97/95	
0	0	0	0	0	0	0	0			0	0/0/	0	0	0	0	0	0/0/0/0/0			0/0/0	----Other
0	0	0	0	0	0	0	0			0	0/0/	0	0	0	0	0	0/0/0/0/0			0/0/0	---Other
0	0	0	0	0	0	0	0			0	0/0/	0	0	0	0	0	0/0/0/0/0			0/0/0	---Apparatus solely or principally of a kind used for the manufacture or repair of masks and reticles
0	0	0	0	0	0	0	0	0		0	0/0/	4.5	0	0	0	0	3.6/4.3/3.5/3.5/3.5			0/0/0	----Plastics encapsulating machines
0	0	0	0	0	0	0	0	0		0	0/0/		0	0	0	0	5.8/5.6/0/0/0			0/0/0	----Wire bonders
0	0	0	0	0	0	0	0			0	0/0/	0	0	0	0	0	0/0/0/0/0			0/0/0	----Other
0	0	0	0	0	0	0	0			0	0/0/	0	0	0	0	0	0/0/0/0/0			0/0/0	----Automated material handling machines solely or principally of a kind used in the electronic integrated circuits factories
0	0	0	0	0	0	0	0	0		0	0/0/	3.5	0	0	0	0	3.6/3.5/0/0/0			0/0/0	----Other
0	0	0	0	0	0	0	0	0		0	0/0/	0	0	0	0	0	4.3/0/0/0/0			0/0/0	---Of machines for lifting, handling, loading or unloading (other than automated material handling machines)
0	0	0	0	0	0	0	0	0		0	0/0/	0	0	0	0	0	0/0/4.2/4.2/0			0/0/0	---Of wire bonders
0	0	0	0	0	0	0	0			0	0/0/	0	0	0	0	0	0/0/0/0/0			0/0/0	----Componets of sputtering target material with backing
0	0	0	0	0	0	0	0			0	0/0/	0	0	0	0	0	0/0/0/0/0			0/0/0	----Other
																					Machinery parts, not containing electrical connectors, insulators, coils, contacts or other electrical features, not specified or included elsewhere in this Chapter:
0	0	0	0	0	0	0	0			0	0/0/	2	0	0	0	0	4.9/4.2/4.2/4.2/4.2			0/0/0	-Ships or boats propellers and blades therefor
0	0	0	0	0	0	0	0			0	0/0/0	0	0	0	0	6.4	5.8/5.6/0/0/0			0/0/0	-Other

第八十五章
电机、电气设备及其零件；录音机及放声机、电视图像、声音的录制和重放设备及其零件、附件

注释：

一、本章不包括：

（一）电暖的毯子、褥子、足套及类似品，电暖的衣服、靴、鞋、耳套或其他供人穿戴的电暖物品；

（二）品目70.11的玻璃制品；

（三）品目84.86的机器及装置；

（四）用于医疗、外科、牙科或兽医的真空设备（品目90.18）；或

（五）第九十四章的电热家具。

二、品目85.01至85.04不适用于品目85.11、85.12、85.40、85.41或85.42的货品。

但金属槽汞弧整流器仍归入品目85.04。

三、品目85.07所称“蓄电池”，包括与其一同报验的辅助元件，这些辅助元件具有储电、供电功能，或保护蓄电池免遭损坏，例如，电路连接器、温控装置（例如，热敏电阻）及电路保护装置，也可包括蓄电池的部分保护外壳。

四、品目85.09仅包括通常供家用的下列电动器具：

（一）任何重量的地板打蜡机、食品研磨机及食品搅拌器、水果或蔬菜的榨汁器；

（二）重量不超过20千克的其他机器。

但该税目不适用于风机、风扇或装有风扇的通风罩及循环气罩（不论是否装有过滤器）（品目84.14）、离心干衣机（品目84.21）、洗碟机（品目84.22）、家用洗衣机（品目84.50）、滚筒式或其他形式的熨烫机器（品目84.20或84.51）、缝纫机（品目84.52）、电剪子（品目84.67）或电热器具（品目85.16）。

五、品目85.17所称“智能手机”是指使用蜂窝网络的电话机，其安装有移动操作系统，设计用于实现自动数据处理设备功能，例如，可下载并同时执行多个应用程序（包括第三方应用程序），并且不论是否集成了如数字照相机、辅助导航系统等其他特征。

六、品目85.23所称：

（一）“固态、非易失性存储器件”（例如，“闪存卡”或“电子闪存卡”），是指带有接口的存储器件，其在同一壳体内包含一个或多个闪存（FLASH E^2PROM），以集成电路的形式装配在一块印刷电路板上。它们可以包括一个集成电路形式的控制器及多个分立无源元件，例如，电容器及电阻器；

（二）所称“智能卡”，是指装有一个或多个集成电路［微处理器、随机存取存储器（RAM）或只读存储器（ROM）］芯片的卡。这些卡可带有触点、磁条或嵌入式天线，但不包含任何其他有源或无源电路元件。

七、品目85.24所称“平板显示模组”，是指用于显示信息的装置或器具，至少有一个显示屏，设计为在使用前安装于其他税目所列货品中。平板显示模组的显示屏包括但不限于平面、曲面、柔性、可折叠或可拉伸等类型。平板显示模组可装有附加元件，包括接收视频信号所需并将这些信号分配给显示器像素的元件。但是，品目85.24不包括装有转换视频信号的组件（例如，图像缩放集成电路，解码集成电路或程序处理器）的显示模组，或具有其他税目所列货品特征的显示模组。

本注释所述平板显示模组在归类时，品目85.24优先于其他税目。

八、品目85.34所称“印刷电路”，是指采用各种印制方法（例如，压印、覆镀、腐蚀）或采用“膜电路”工艺，将导线、接点或其他印制元件（例如，电感器、电阻器、电容器）按预定的图形单独或互相连接地印制在绝缘基片上的电路，但能够产生、整流、调制或放大电信号的元件（例如，半导体元件）除外。

所称“印刷电路”，不包括装有非印制元件的电路，也不包括单个的分立式电阻器、电容器及电感器。但印刷电路可配有非经印刷的连接元件。

用同样工艺制得的无源元件及有源元件组成的薄膜电路或厚膜电路应归入品目85.42。

九、品目85.36所称“光导纤维、光导纤维束或光缆用连接器”，是指在有线数字通讯设备中，简单机械地把光纤端部相连成一线的连接器。它们不具备诸如对信号进行放大、再生或修正等其他功能。

十、品目85.37不包括电视接收机或其他电气设备用的无绳红外遥控器（品目85.43）。

十一、品目85.39所称“发光二极管（LED）光源”包括：

（一）“发光二极管（LED）模块”，是基于发光二极管的电路构成的电光源，模块中包含电气、机械、热力或者光学等其他元件。模块还装有分立的有源或无源元件，或用于提供或控制电源的品目85.36、85.42的物品。发光二极管（LED）模块没有便于在灯具中安装或更换并确保机械和电气连接的灯头设计。

（二）“发光二极管（LED）灯泡（管）”，是由一个或多个带有电气、机械、热力或者光学元件的LED模块组成的电光源。发光二极管（LED）模块与发光二极管（LED）灯泡（管）的区别在于后者有便于在灯具中安装或更换并确保机械和电气连接的灯头设计。

十二、品目85.41及85.42所称：

（一）1.“半导体器件”是指那些依靠外加电场引起电阻率的变化而进行工作的半导体器件，或半导体基换能器。

半导体器件也可以包括由多个元件组装在一起的组件，无论是否有起辅助功能的有源和无源元件。

本定义所称“半导体基换能器”是指半导体基传感器、半导体基执行器、半导体基谐振器和半导体基振荡器。这些是不同类型的半导体基分立器件，能实现固有的功能，即可以将任何物理、化学现象或活动转换为电信号，或者将电信号转换为任何物理现象或活动。

半导体基换能器内的所有元件都不可分割地组合在一起，它们也包括为实现其结构或功能而不可分割地连接在一起的必要材料。

下列名词的含义是：

(1)“半导体基”是指用半导体技术，在半导体基片上构建、制造或由半导体材料制造。半导体基片或材料在换能器的作用和性能中起到不可替代的关键作用，其工作是基于半导体的物理、电气、化学和光学等特性。

(2)“物理或化学现象”是指诸如压力、声波、加速度、振动、运动、方向、张力、磁场强度、电场强度、光、放射性、湿度、流量和化学浓度等。

(3)半导体基传感器是一种半导体器件，其由在半导体材料内部或表面制作的微电子或机械结构组成，具有探测物理量和化学量并将其转换成电信号（因电特性变化或机械结构位移而产生）的功能。

Chapter 85
Electrical machinery and equipment and parts thereof; sound recorders and reproducers, television image and sound recorders and reproducers, and parts and accessories of such articles

Chapter Notes:

1. This Chapter does not cover:
   (a) Electrically warmed blankets, bed pads, foot-muffs or the like; electrically warmed clothing, footwear or ear pads or other electrically warmed articles worn on or about the person;
   (b) Articles of glass of heading 70.11;
   (c) Machines and apparatus of heading 84.86;
   (d) Vacuum apparatus of a kind used in medical, surgical, dental or veterinary sciences (heading 90.18); or
   (e) Electrically heated furniture of Chapter 94.

2. Headings 85.01 to 85.04 do not apply to goods described in heading 85.11, 85.12, 85.40, 85.41 or 85.42.
   However, metal tank mercury arc rectifiers remain classified in heading 85.04.

3. For the purposes of heading 85.07, the expression "electric accumulators" includes those presented with ancillary components which contribute to the accumulator's function of storing and supplying energy or protect it from damage, such as electrical connectors, temperature control devices (for example, thermistors) and circuit protection devices. They may also include a portion of the protective housing of the goods in which they are to be used.

4. Heading 85.09 covers only the following electro-mechanical machines of the kind commonly used for domestic purposes:
   (a) Floor polishers, food grinders and mixers, and fruit or vegetable juice extractors, of any weight;
   (b) Other machines provided that the weight of such machines does not exceed 20kg.
   The heading does not, however, apply to fans or ventilating or recycling hoods incorporating a fan, whether or not fitted with filters (heading 84.14), centrifugal clothes-dryers (heading 84.21), dish washing machines (heading 84.22), household washing machines (heading 84.50), roller or other ironing machines (heading 84.20 or 84.51), sewing machines (heading 84.52), electric scissors (heading 84.67) or to electrothermic appliances (heading 85.16).

5. For the purposes of heading 85.17, the term "smartphones" means telephones for cellular networks, equipped with a mobile operating system designed to perform the functions of an automatic data processing machine such as downloading and running multiple applications simultaneously, including third-party applications, and whether or not integrating other features such as digital cameras and navigational aid systems.

6. For the purposes of heading 85.23:
   (a) "Solid-state non-volatile storage devices" (for example, "flash memory cards" or "flash electronic storage cards") are storage devices with a connecting socket, comprising in the same housing one or more flash memories (for example, FLASH E^2PROM) in the form of integrated circuits mounted on a printed circuit board. They may include a controller in the form of an integrated circuit and discrete passive components, such as capacitors and resistors;
   (b) The term "smart cards" means cards which have embedded in them one or more electronic integrated circuits (a microprocessor, random access memory (RAM) or read-only memory (ROM)) in the form of chips. These cards may contain contacts, a magnetic stripe or an embedded antenna but do not contain any other active or passive circuit elements.

7. For the purposes of heading 85.24, "flat panel display modules" refer to devices or apparatus for the display of information, equipped at a minimum with a display screen, which are designed to be incorporated into articles of other headings prior to use. Display screens for flat panel display modules include, but are not limited to, those which are flat, curved, flexible, foldable or stretchable in form. Flat panel display modules may incorporate additional elements, including those necessary for receiving video signals and the allocation of those signals to pixels on the display. However, heading 85.24 does not include display modules which are equipped with components for converting video signals (e.g., a scaler IC, decoder IC or application processer) or have otherwise assumed the character of goods of other headings.
   For the classification of flat panel display modules defined in this Note, heading 85.24 shall take precedence over any other heading in the Nomenclature.

8. For the purposes of heading 85.34, "printed circuits" are circuits obtained by forming on an insulating base, by any printing process (for example, embossing, plating-up, etching) or by the "film circuit" technique, conductor elements, contacts or other printed components (for example, inductances, resistors, capacitors) alone or interconnected according to a pre-established pattern, other than elements which can produce, rectify, modulate or amplify an electrical signal (for example, semiconductor elements).
   The expression "printed circuits" does not cover circuits combined with elements other than those obtained during the printing process, nor does it cover individual, discrete resistors, capacitors or inductances. Printed circuits may, however, be fitted with non-printed connecting elements.
   Thin-or-thick-film circuits comprising passive and active elements obtained during the same technological process are to be classified in heading 85.42.

9. For the purpose of heading 85.36, "connectors for optical fibres, optical fibre bundles or cables" means connectors that simply mechanically align optical fibres end to end in a digital line system. They perform no other functions, such as the amplification, regeneration or modification of a signal.

10. Heading 85.37 does not include cordless infrared devices for the remote control of television receivers or other electrical equipment (heading 85.43).

11. For the purposes of heading 85.39, the expression "light-emitting diode (LED) light sources" covers:
    (a) "Light-emitting diode (LED) modules" which are electrical light sources based on light-emitting diodes (LED) arranged in electrical circuits and containing further elements like electrical, mechanical, thermal or optical elements. They also contain discrete active elements, discrete passive elements, or articles of heading 85.36 or 85.42 for the purposes of providing power supply or power control. Light-emitting diode (LED) modules do not have a cap designed to allow easy installation or replacement in a luminaire and ensure mechanical and electrical contact.
    (b) "Light-emitting diode (LED) lamps" which are electrical light sources containing one or more LED modules containing further elements like electrical, mechanical, thermal or optical elements. The distinction between light-emitting diode (LED) modules and light-emitting diode (LED) lamps is that lamps have a cap designed to allow easy installation or replacement in a luminaire and ensure mechanical and electrical contact.

12. For the purposes of headings 85.41 and 85.42:
    (a) (i) "Semiconductor devices" are semiconductor devices the operation of which depends on variations in resistivity on the application of an electric field or semiconductor-based transducers.
    Semiconductor devices may also include assembly of plural elements, whether or not equipped with active and passive device ancillary functions.
    "Semiconductor-based transducers" are, for the purposes of this definition, semiconductor-based sensors, semiconductor-based actuators, semiconductor-based resonators and semiconductor-based oscillators, which are types of discrete semiconductor-based devices, which perform an intrinsic function, which are able to convert any kind of physical or chemical phenomena or an action into an electrical signal or an electrical signal into any type of physical phenomenon or an action.
    All the elements in semiconductor-based transducers are indivisibly combined, and may also include necessary materials indivisibly attached, that enable their construction or function.
    The following expressions mean :
    i) "Semiconductor-based" means built or manufactured on a semiconductor substrate or made of semiconductor materials, manufactured by semiconductor technology, in which the semiconductor substrate or material plays a critical and unreplaceable role of transducer function and performance, and the operation of which is based on semiconductor properties including physical, electrical, chemical and optical properties.
    ii) "Physical or chemical phenomena" relate to phenomena, such as pressure, acoustic waves, acceleration, vibration, movement, orientation, strain, magnetic field strength, electric field strength, light, radioactivity, humidity, flow, chemicals concentration, etc.
    iii) "Semiconductor-based sensor" is a type of semiconductor device, which consists of microelectronic or mechanical structures that are created in the mass or on the surface of a semiconductor and that have the function of detecting physical or chemical quantities and converting these into electric signals caused by resulting variations in electric prop-

(4) 半导体基执行器是一种半导体器件，其由在半导体材料内部或表面制作的微电子或机械结构组成，具有将电信号转换成物理运动的功能。

(5) 半导体基谐振器是一种半导体器件，其由在半导体材料内部或表面制作的微电子或机械结构组成，具有按预先设定的频率产生机械或电振荡的功能，频率取决于响应外部输入的结构的物理参数。

(6) 半导体基振荡器是一种半导体器件，其由在半导体材料内部或表面制作的微电子或机械结构组成，具有按预先设定的频率产生机械或电振荡的功能，频率取决于这些结构的物理参数。

2. “发光二极管（LED）”是半导体器件，基于可将电能变成可见光、红外线或紫外线的半导体材料，不论这些器件之间是否通过电路连接以及不论是否带有保护二极管。品目 85.41 的发光二极管（LED）不装有以提供或控制电源为目的的元件。

（二）“集成电路”，是指：
1. 单片集成电路，即电路元件（二极管、晶体管、电阻器、电容器、电感器等）主要整体制作在一片半导体材料或化合物半导体材料（例如，掺杂硅、砷化镓、硅锗或磷化铟）基片的表面，并不可分割地连接在一起的电路。
2. 混合集成电路，即通过薄膜或厚膜工艺制得的无源元件（电阻器、电容器、电感器等）和通过半导体工艺制得的有源元件（二极管、晶体管、单片集成电路等）用互连或连接线实际上不可分割地组合在同一绝缘基片（玻璃、陶瓷等）上的电路。这种电路也可包括分立元件。

3. 多芯片集成电路是由两个或多个单片集成电路实际上不可分割地组合在一片或多片绝缘基片上构成的电路，不论是否带有引线框架，但不带有其他有源或无源的电路元件。
4. 多元件集成电路（MCOs）：由一个或多个单片、混合或多芯片集成电路以及下列至少一个元件组成：硅基传感器、执行器、振荡器、谐振器或其组件所构成的组合体，或者具有品目 85.32、85.33、85.41 所列货品功能的元件，或品目 85.04 的电感器。其像集成电路一样实际上不可分割地组合成一体，作为一种元件，通过引脚、引线、焊球、底面触点、凸点或导电压点进行连接，组装到印刷电路板（PCB）或其他载体上。

在本定义中：
(1) 元件可以是分立的，独立制造后组装到多元件（MCO）的其余部分上，或者集成到其他元件内。
(2) “硅基”是指在硅基片上制造，或由硅材料制造而成，或者制造在集成电路裸片上。
(3) ①硅基传感器是由在半导体材料内部或表面制作的微电子或机械结构组成，具有探测物理或化学现象并将其转换成电信号（因电特性变化或机械结构位移而产生）的功能。“物理或化学现象”是指诸如压力、声波、加速度、振动、运动、方向、张力、磁场强度、电场强度、光、放射性、湿度、流量和化学浓度等现象。

②硅基执行器是由在半导体材料内部或表面制作的微电子或机械结构组成，具有将电信号转换成物理运动的功能。

③硅基谐振器是由在半导体材料内部或表面制作的微电子或机械结构组成，具有按预先设定的频率产生机械或电振荡的功能，频率取决于响应外部输入的结构的物理参数。

④硅基振荡器是由在半导体材料内部或表面制作的微电子或机械结构组成，具有按预先设定的频率产生机械或电振荡的功能，频率取决于这些结构的物理参数。

本注释所述物品在归类时，即使本协调制度其他税目涉及上述物品，尤其是物品的功能，仍应优先考虑归入品目 85.41 及 85.42，但涉及品目 85.23 的情况除外。

子目注释：

一、子目 8525.81 仅包括具有以下一项或多项特征的高速电视摄像机、数字照相机及视频摄录一体机：
——写入速度超过 0.5 毫米/微秒；
——时间分辨率 50 纳秒或更短；
——帧速率超过 225000 帧/秒。

二、子目 8525.82 所称抗辐射或耐辐射电视摄像机、数字照相机及视频摄录一体机，是指经设计或防护以能在高辐射环境中工作。这些设备可承受至少 50×10^3 Gy（Si）［5×10^6 RAD（Si）］的总辐射剂量而不会使其操作性能退化。

三、子目 8525.83 包括夜视电视摄像机、数字照相机及视频摄录一体机，这些设备通过光阴极将捕获的光转换为电子，再将其放大和转换以形成可见图像。本子目不包括热成像的摄像机或照相机（通常归入子目 8525.89）。

四、子目 8527.12 仅包括有内置放大器但无内置扬声器的盒式磁带放声机，它不需外接电源即能工作，且外形尺寸不超过 170 毫米×100 毫米×45 毫米。

五、子目 8549.11 至 8549.19 所称“废原电池、废原电池组及废蓄电池”是指因破损、拆解、耗尽或其他原因而不能再使用或不能再充电的电池。

商品编号	商品名称及备注［检验检疫编码及名称］	进口关税(%)		增值税率(%)	消费税	计量单位	监管条件	检验检疫类别	对美税率	出口税率(%)	出口退税率(%)
		最惠国	普通								
8501	**电动机及发电机(不包括发电机组)：**										
85011010	---玩具用										13
8501101000	输出功率≤37.5 瓦玩具电动机［999］	12	80	13		台/千克				0	
85011091	----微电机，机座尺寸在 20 毫米及以上，但不超过 39 毫米										13
8501109101[暂5]	激光视盘机机芯精密微型电机(1 瓦≤功率≤18 瓦，20 毫米≤直径≤30 毫米)［999］	9	70	13		台/千克			30%	0	
8501109102[暂5]	摄像机、摄录一体机用精密微型电机(0.5 瓦≤功率≤10 瓦，20 毫米≤直径≤39 毫米)［999］	9	70	13		台/千克			30%	0	
8501109190	其他微电机，机座尺寸在 20 毫米及以上，但不超过 39 毫米(输出功率不超过 37.5 瓦)［999］	9	70	13		台/千克			34%	0	
85011099	----其他										13
8501109901[暂5]	功率≤0.5 瓦非用于激光视盘机机芯的微型电机(圆柱形直径≤6 毫米，高≤25 毫米；扁圆型直径≤15 毫米，厚≤5 毫米)［999］	9	35	13		台/千克			30%	0	

erties or displacement of a mechanical structure.

iv) "Semiconductor-based actuator" is a type of semiconductor device, which consists of microelectronic or mechanical structures that are created in the mass or on the surface of a semiconductor and that have the function of converting electric signals into physical movement.

v) "Semiconductor-based resonator" is a type of semiconductor device, which consists of microelectronic or mechanical structures that are created in the mass or on the surface of a semiconductor and that have the function of generating a mechanical or electrical oscillation of a predefined frequency that depends on the physical geometry of these structures in response to an external input.

vi) "Semiconductor-based oscillator" is a type of semiconductor device, which consists of microelectronic or mechanical structures that are created in the mass or on the surface of a semiconductor and that have the function of generating a mechanical or electrical oscillation of a predefined frequency that depends on the physical geometry of these structures.

(ii) "Light-emitting diodes (LED)" are semiconductor devices based on semiconductor materials which convert electrical energy into visible, infra-red or ultra-violet rays, whether or not electrically connected among each other and whether or not combined with protective diodes. Light-emitting diodes (LED) of heading 85. 41 do not incorporate elements for the purposes of providing power supply or power control.

(b) "Electronic integrated circuits" are:

(i) Monolithic integrated circuits in which the circuit elements (diodes, transistors, resistors, capacitors, inductances, etc.) are created in the mass (essentially) and on the surface of a semiconductor or compound semiconductor material (for example, doped silicon, gallium arsenide, silicon germanium, indium phosphide) and are inseparably associated.

(ii) Hybrid integrated circuits in which passive elements (resistors, capacitors, inductances, etc.), obtained by thin-or-thick-film technology, and active elements (diodes, transistors, monolithic integrated circuits, etc.), obtained by semiconductor technology, are combined to all intents and purposes indivisibly, by interconnections or interconnecting cables, on a single insulating substrate (glass, ceramic, etc.). These circuits may also include discrete components.

(iii) Multichip integrated circuits consisting of two or more interconnected monolithic integrated circuits combined to all intents and purposes indivisibly, whether or not on one or more insulating substrates, with or without leadframes, but with no other active or passive circuit elements.

(iv) Multi-component integrated circuits (MCOs), a combination of one or more monolithic, hybrid, or multi-chip integrated circuits with at least one of the following components: silicon-based sensors, actuators, oscillators, resonators or combinations thereof, or components performing the functions of articles classifiable under heading 85. 32, 85. 33, 85. 41, or inductors classifiable under heading 85. 04, formed to all intents and purposes indivisibly into a single body like an integrated circuit, as a component of a kind used for assembly onto a printed circuit board (PCB) or other carrier, through the connecting of pins, leads, balls, lands, bumps, or pads.

For the purpose of this definition:

i) "Components" may be discrete, manufactured independently then assembled onto the rest of the MCO, or integrated into other components.

ii) "Silicon based" means built on a silicon substrate, or made of silicon materials, or manufactured onto integrated circuit die.

iii) a) "Silicon based sensors" consist of microelectronic or mechanical structures that are created in the mass or on the surface of a semiconductor and that have the function of detecting physical or chemical quantities and transducing these into electric signals, caused by resulting variations in electric properties or displacement of a mechanical structure. "Physical or chemical quantities" relates to real world phenomena, such as pressure, acoustic waves, acceleration, vibration, movement, orientation, strain, magnetic field strength, electric field strength, light, radioactivity, humidity, flow, chemicals concentration, etc.

b) "Silicon based actuators" consist of microelectronic and mechanical structures that are created in the mass or on the surface of a semiconductor and that have the function of converting electrical signals into physical movement.

c) "Silicon based resonators" are components that consist of microelectronic or mechanical structures that are created in the mass or on the surface of a semiconductor and have the function of generating a mechanical or electrical oscillation of a predefined frequency that depends on the physical geometry of these structures in response to an external input.

d) "Silicon based oscillators" are active components that consist of microelectronic or mechanical structures that are created in the mass or on the surface of a semiconductor and that have the function of generating a mechanical or electrical oscillation of a predefined frequency that depends on the physical geometry of these structures.

For the classification of the articles defined in this Note, headings 85. 41 and 85. 42 shall take precedence over any other headings in the Nomenclature, except in the case of heading 85. 23, which might cover them by reference to, in particular, their function.

Subheading Notes:

1. Subheading 8525. 81 covers only high-speed television cameras, digital cameras and video camera recorders having one or more of the following characteristics:
   —writing speed exceeding 0. 5 mm per microsecond;
   —time resolution 50 nanoseconds or less;
   —frame rate exceeding 225000 frames per second.

2. In respect of subheading 8525. 82, radiation-hardened or radiation-tolerant television cameras, digital cameras and video camera recorders are designed or shielded to enable operation in a high-radiation environment. These cameras are designed to withstand a total radiation dose of at least 50×10^3 Gy (silicon) (5×10^6 RAD (silicon)), without operational degradation.

3. Subheading 8525. 83 covers night vision television cameras, digital cameras and video camerarecorders which use a photocathode to convert available light to electrons, which can beamplified and converted to yield a visible image. This subheading excludes thermal imagingcameras (generally subheading 8525. 89).

4. Subheading 8527. 12 covers only cassette-players with built-in amplifier, without built-in loudspeaker, capable of operating without an external source of electric power and the dimensions of which do not exceed 170mm×100mm×45mm.

5. For the purposes of subheadings 8549. 11 to 8549. 19, "spent primary cells, spent primary batteries and spent electric accumulators" are those which are neither usable as such because of breakage, cutting-up, wear or other reasons, nor capable of being recharged.

协定税率(%)																		特惠税率(%)			Article Description
智利	新西兰	澳大利亚	瑞士	冰岛	秘鲁	哥斯达	东盟	亚太	新加坡	巴基斯坦	港/澳/台	韩国	格鲁吉亚	毛里求斯	柬埔寨	尼加拉瓜	日/韩/澳/新/东(RCEP)	亚太2国	老/柬/缅	LDC 98/97/95	
																					Electric motors and generators (excluding generating sets):
0	0	0	0	0	0	0	0	7. 8	0	18. 6	0/0/0	12. 2	0	4. 9	0	11. 2	21//20. 8/20. 8/20. 8			0/0/0	---For use in toys
0	0	0	0	0	0	0	0	5. 9	0	0	0/0/	3	0	0	0	8. 1	7. 3/7. 2/7. 7/7. 7/7. 2			0/0/0	----Micromotors with a housing size of 20mm or more but not exceeding 39mm
0	0	0	0	0	0	0	0	5. 9	0	2. 5	0/0/0	3	0	0	0	8. 1	7. 3/7. 2/7. 7/7. 7/7. 2			0/0/0	----Other

商品编号	商品名称及备注[检验检疫编码及名称]	进口关税(%)		增值税率(%)	消费税	计量单位	监管条件	检验检疫类别	对美税率	出口税率(%)	出口退税率(%)
		最惠国	普通								
8501109902[暂5]	激光视盘机机芯用精密微型电机(0.5瓦≤功率≤2瓦,5毫米≤直径<20毫米)〔999〕	9	35	13		台/千克			30%	0	
8501109903[暂5]	摄像机、摄录一体机用精密微型电机(0.5瓦≤功率≤10瓦,5毫米≤直径<20毫米或39毫米<直径≤40毫米)〔999〕	9	35	13		台/千克			30%	0	
8501109990	其他微电机(输出功率不超过37.5瓦)〔101 玩具电机〕,〔102 微电机〕	9	35	13		台/千克			34%	0	
85012000	-交直流两用电动机,输出功率超过37.5瓦										13
8501200010	输出功率大于16kW的两用物项管制的无人机专用交直两用电动机〔999〕	12	35	13		台/千克	3		32%	0	
8501200090	其他输出功率>37.5W的交直流两用电动机〔999〕	12	35	13		台/千克			32%	0	
85013100	--输出功率不超过750瓦										13
8501310000	其他输出功率≤750瓦的直流电动机、发电机(不包括光伏发电机)〔101 微电机〕,〔102 直流电动机〕,〔103 其他发电机(组)及其零件〕	12	35	13		台/千克		L/		0	
85013200	--输出功率超过750瓦,但不超过75千瓦										13
8501320010	16kW<输出功率≤75kW的两用物项管制的无人机专用直流电动机(不包括光伏发电机)〔101 直流电动机〕,〔102 其他发电机(组)及其零件〕	10	35	13		台/千克	3		25%	0	
8501320090	其他750W<输出功率≤75kW的直流电动机、发电机(不包括光伏发电机)〔101 直流电动机〕,〔102 其他发电机(组)及其零件〕	10	35	13		台/千克			25%	0	
85013300	--输出功率超过75千瓦,但不超过375千瓦										13
8501330010	75kW<输出功率≤375kW的两用物项管制的无人机专用直流电动机(不包括光伏发电机)〔101 直流电动机〕,〔102 其他发电机(组)及其零件〕	5	35	13		台/千克	3		25%	0	
8501330090	其他75kW<输出功率≤375kW的直流电动机,发电机(不包括光伏发电机)〔101 直流电动机〕,〔102 其他发电机(组)及其零件〕	5	35	13		台/千克			25%	0	
85013400	--输出功率超过375千瓦										13
8501340010	输出功率>375kW的两用物项管制的无人机专用直流电动机(不包括光伏发电机)〔101 直流电动机〕,〔102 其他发电机(组)及其零件〕	10	35	13		台/千克	3		30%	0	
8501340090	其他输出功率>375kW的直流电动机、发电机(不包括光伏发电机)〔101 直流电动机〕,〔102 其他发电机(组)及其零件〕	10	35	13		台/千克			30%	0	
85014000	-其他单相交流电动机										13
8501400010	输出功率大于16kW的两用物项管制的无人机专用单相交流电动机〔999〕	10	35	13		台/千克	3		30%	0	
8501400090	其他单相交流电动机〔999〕	10	35	13		台/千克			30%	0	
85015100	--输出功率不超过750瓦										13
8501510010	发电机(功率≥40瓦,频率600赫兹至2000赫兹,谐波畸变低于10%等)〔999〕	5	35	13		台/千克	3		30%	0	
8501510090	其他输出功率≤750瓦多相交流电动机〔999〕	5	35	13		台/千克		L/	30%	0	
85015200	--输出功率超过750瓦,但不超过75千瓦										13
8501520010	750W<输出功率≤75kW的两用物项管制的无人机专用多相交流电动机〔999〕	10	35	13		台/千克	3			0	
8501520090	其他750W<输出功率≤75kW的多相交流电动机〔999〕	10	35	13		台/千克				0	
85015300	--输出功率超过75千瓦										13
8501530010	其他功率>75kW两用物项管制的无人机专用多相交流电动机〔999〕	10	35	13		台/千克	3		30%	0	
8501530090	其他功率>75kW多相交流电动机〔999〕	10	35	13		台/千克			30%	0	
85016100	--输出功率不超过75千伏安										13
8501610000	输出功率≤75kVA交流发电机(不包括光伏发电机)〔999〕	5	30	13		台/千克			25%	0	
85016200	--输出功率超过75千伏安,但不超过375千伏安										13
8501620000	75kVA<输出功率≤375kVA交流发电机(不包括光伏发电机)〔999〕	10	30	13		台/千克			15%	0	
85016300	--输出功率超过375千伏安,但不超过750千伏安										13
8501630000	375kVA<输出功率≤750kVA交流发电机(不包括光伏发电机)〔999〕	10	30	13		台/千克			30%	0	
85016410	---输出功率超过750千伏安,但不超过350兆伏安										13
8501641010[暂5]	由使用可再生燃料锅炉和涡轮机组驱动的交流发电机,750千伏安<输出功率≤350兆伏安〔999〕	10	30	13		台/千克	0		25%	0	
8501641090	其他750kVA<输出功率≤350MVA的交流发电机(不包括光伏发电机)〔999〕	10	30	13		台/千克	0		30%	0	
85016420	---输出功率超过350兆伏安,但不超过665兆伏安										13
8501642010[暂5]	由使用可再生燃料锅炉和涡轮机组驱动的交流发电机,350兆伏安<输出功率≤665兆伏安〔999〕	5.5	14	13		台/千克				0	
8501642090	其他350MVA<输出功率≤665MVA交流发电机(不包括光伏发电机)〔999〕	5.5	14	13		台/千克	0			0	
85016430	---输出功率超过665兆伏安										13
8501643010[暂5]	由使用可再生燃料锅炉和涡轮机组驱动的交流发电机,输出功率>665兆伏安〔999〕	6	11	13		台/千克			10%	0	

协定税率(%)																		特惠税率(%)			Article Description
智利	新西兰	澳大利亚	瑞士	冰岛	秘鲁	哥斯达	东盟	亚太	新加坡	巴基斯坦	港/澳/台	韩国	格鲁吉亚	毛里求斯	柬埔寨	尼加拉瓜	日/韩/澳/新/东(RCEP)	亚太2国	老/柬/缅	LDC 98/97/95	
0	0	0	0	0	0	0	0		0	3	0/0/	0	0	0	0	11.2	8.7/8.4/0/0/0			0/0/0	-Universal AC/DC motors of an output exceeding 37.5W
0	0	0	0	0	0	0	0	7.8	0	4.8	0/0/0	7.8	0	0	0	11.2	6/6/5/5/5			0/0/0	--Of an output not exceeding 750W
0	0	0	0	0	0	0	0		0	0	0/0/	0	0	0	0	9	7.3/7/0/0/0			0/0/0	--Of an output exceeding 750W but not exceeding 75kW
0	0	0	0	0	0	0	0			0	0/0/	0	0	0	0	0	0/0/0/0/0			0/0/0	--Of an output exceeding 75kW but not exceeding 375kW
0	0	0	0	0	0	0	0		0	3	0/0/	6	0	0	0	9	//10.2/10.2/10.2			0/0/0	--Of an output exceeding 375kW
0	0	0	0	0	0	0	0		0	3	0/0/	4	0	0	0	9	9.8/9.6/10.2/10.2/9.6			0/0/0	-Other AC motors, single-phase
0	0	0	0	0	0	0	0			0	0/0/		0	0	0	0	//4.6/4.6/4.6			0/0/0	--Of an output not exceeding 750W
0	0	0	0	0	0	0	0		0	2.5	0/0/	5	0	0	0	9	8.6/8.5/8.5/8.5/8.5			0/0/0	--Of an output exceeding 750W but not exceeding 75kW
0	0	0	0	0	0	0	0	6.5	0	3	0/0/	4	0	0	0	9	9.8/9.6/10.2/10.2/9.6			0/0/0	--Of an output exceeding 75kW
0	0	0	0	0	0	0	0			0	0/0/	0	0	0	0	0	3.6/3.5/0/0/0			0/0/0	--Of an output not exceeding 75kVA
0	0	0	0	0	0	0	0		0	3	0/0/	6	0	0	0	9	//10.2/10.2/10.2			0/0/0	--Of an output exceeding 75kVA but not exceeding 375kVA
0	0	0	0	0	0	0	0		0	3	0/0/	6	0	0	0	9	//10.2/10.2/10.2			0/0/0	--Of an output exceeding 375kVA but not exceeding 750kVA
0	0	0	0	0	0	0	0		0	0	0/0/	5	0	0	0	9	8.6//8.5/8.5/8.5			0/0/0	---Of an output exceeding 750kVA but not exceeding 350MVA
0	0	0	0	0	0	0	0	3.6		0	0/0/	0	0	0	0	0	0/0/4.1/4.1/0			0/0/0	---Of an output exceeding 350MVA but not exceeding 665MVA
0	0	0	0	0	0	0	0	3.9		0	0/0/	0	0	0	0	0	4.9/4.2/4.2/4.2/4.2			0/0/0	---Of an output exceeding 665MVA

商品编号	商品名称及备注[检验检疫编码及名称]	进口关税(%)		增值税率(%)	消费税	计量单位	监管条件	检验检疫类别	对美税率	出口税率(%)	出口退税率(%)
		最惠国	普通								
8501643090	其他输出功率>665MVA 交流发电机(不包括光伏发电机)〔999〕	6	11	13		台/千克			11%	0	
85017100	--输出功率不超过 50 瓦										13
8501710000	输出功率≤50 瓦的光伏直流发电机〔101 微电机〕,〔102 直流电动机〕,〔103 其他发电机(组)及其零件〕	12	35	13		台/千克		L/		0	
85017210	---输出功率超过 50 瓦,但不超过 750 瓦										13
8501721000	50 瓦<输出功率≤750 瓦的光伏直流发电机〔101 微电机〕,〔102 直流电动机〕,〔103 其他发电机(组)及其零件〕	12	35	13		台/千克		L/		0	
85017220	---输出功率超过 750 瓦,但不超过 75 千瓦										13
8501722000	750 瓦<输出功率≤75 千瓦的光伏直流发电机〔101 直流电动机〕,〔102 其他发电机(组)及其零件〕	10	35	13		台/千克		L/	25%	0	
85017230	---输出功率超过 75 千瓦,但不超过 375 千瓦										13
8501723000	75 千瓦<输出功率≤375 千瓦的光伏直流发电机〔101 直流电动机〕,〔102 其他发电机(组)及其零件〕	5	35	13		台/千克			25%	0	
85017240	---输出功率超过 375 千瓦										13
8501724000	输出功率>375 千瓦的光伏直流发电机〔101 直流电动机〕,〔102 其他发电机(组)及其零件〕	10	35	13		台/千克			30%	0	
85018010	---输出功率不超过 75 千伏安										13
8501801000	输出功率≤75 千伏安的光伏交流发电机〔999〕	5	30	13		台/千克			25%	0	
85018020	---输出功率超过 75 千伏安,但不超过 375 千伏安										13
8501802000	75 千伏安<输出功率≤375 千伏安的光伏交流发电机〔999〕	10	30	13		台/千克			15%	0	
85018030	---输出功率超过 375 千伏安,但不超过 750 千伏安										13
8501803000	375 千伏安<输出功率≤750 千伏安的光伏交流发电机〔999〕	10	30	13		台/千克			30%	0	
85018041	----输出功率超过 750 千伏安,但不超过 350 兆伏安										13
8501804100	其他 750 千伏安<输出功率≤350 兆伏安的光伏交流发电机〔999〕	10	30	13		台/千克	O		30%	0	
85018042	----输出功率超过 350 兆伏安,但不超过 665 兆伏安										13
8501804200	其他 350 兆伏安<输出功率≤665 兆伏安的光伏交流发电机〔999〕	5.5	14	13		台/千克	O			0	
85018043	----输出功率超过 665 兆伏安										13
8501804300	其他输出功率>665 兆伏安的光伏交流发电机〔999〕	6	11	13		台/千克			11%	0	
8502	**发电机组及旋转式变流机:**										
85021100	--输出功率不超过 75 千伏安										13
8502110000	输出功率≤75 千伏安柴油发电机组(包括半柴油发电机组)〔999〕	10	45	13		台/千克			15%	0	
85021200	--输出功率超过 75 千伏安,但不超过 375 千伏安										13
8502120000	75 千伏安<输出功率≤375 千伏安柴油发电机组(包括半柴油发电机组)〔999〕	10	45	13		台/千克	O		30%	0	
85021310	---输出功率超过 375 千伏安,但不超过 2 兆伏安										13
8502131000	375 千伏安<输出功率≤2 兆伏安柴油发电机组(包括半柴油发电机组)〔999〕	10	45	13		台/千克	O		25%	0	
85021320	---输出功率超过 2 兆伏安										13
8502132000	输出功率>2 兆伏安柴油发电机组(包括半柴油发电机组)〔999〕	10	30	13		台/千克	O		30%	0	
85022000	-装有点燃式活塞内燃发动机的发电机组										13
8502200010[暂5]	以沼气为燃料的装有点燃式活塞内燃发动机的发电机组(功率≥1000 千瓦,发电效率≥40%)〔999〕	10	45	13		台/千克			30%	0	
8502200090	其他装有点燃式活塞发动机的发电机组(内燃的)〔999〕	10	45	13		台/千克			35%	0	
85023100	--风力驱动的										13
8502310000[暂5]	风力发电设备〔999〕	8	30	13		台/千克			30%	0	
85023900	--其他										13
8502390010[暂5]	依靠可再生能源(太阳能、小水电、潮汐、沼气、地热能、生物质/余热驱动的汽轮机)生产电力的发电机组〔999〕	10	30	13		台/千克			10%	0	
8502390090	其他发电机组(风力驱动除外)〔999〕	10	30	13		台/千克			15%	0	
85024000	-旋转式变流机										13
8502400000	旋转式变流机〔999〕	10	30	13		台/千克				0	
8503	**专用于或主要用于税目 85.01 或 85.02 所列机器的零件:**										

协定税率(%)																		特惠税率(%)			Article Description
智利	新西兰	澳大利亚	瑞士	冰岛	秘鲁	哥斯达	东盟	亚太	新加坡	巴基斯坦	港/澳/台	韩国	格鲁吉亚	毛里求斯	柬埔寨	尼加拉瓜	日/韩/澳/新/东(RCEP)	亚太2国	老/柬/缅	LDC 98/97/95	
0	0	0	0	0	0	0	0	7.8	0	4.8	0/0/0	7.8	0	0	0	11.2	6/6/5/5/5			0/0/0	--Of an output not exceeding 50W
0	0	0	0	0	0	0	0	7.8	0	4.8	0/0/0	7.8	0	0	0	11.2	6/6/5/5/5			0/0/0	---Of an output exceeding 50W but not exceeding 750W
0	0	0	0	0	0	0	0		0	0	0/0/	0	0	0	0	9	7.3/7/0/0/0			0/0/0	---Of an output exceeding 750W but not exceeding 75kW
0	0	0	0	0	0	0	0			0	0/0/	0	0	0	0	0	0/0/0/0/0			0/0/0	---Of an output exceeding 75kW but not exceeding 375kW
0	0	0	0	0	0	0	0		0	3	0/0/	6	0	0	0	9	//10.2/10.2/10.2			0/0/0	---Of an output exceeding 375kW
0	0	0	0	0	0	0	0			0	0/0/	0	0	0	0	0	3.6/3.5/0/0/0			0/0/0	---Of an outputnot exceeding 75kVA
0	0	0	0	0	0	0	0		0	3	0/0/	6	0	0	0	9	//10.2/10.2/10.2			0/0/0	---Of an output exceeding 75kVA but not exceeding 375kVA
0	0	0	0	0	0	0	0		0	3	0/0/	6	0	0	0	9	//10.2/10.2/10.2			0/0/0	---Of an output exceeding 375kVA but not exceeding 750kVA
0	0	0	0	0	0	0	0		0	0	0/0/	5	0	0	0	9	8.6//8.5/8.5/8.5			0/0/0	----Of an output exceeding 750kVA but not exceeding 350MVA
0	0	0	0	0	0	0	0	3.6		0	0/0/	0	0	0	0	0	0/0/4.1/4.1/0			0/0/0	----Of an output exceeding 350MVA but not exceeding 665MVA
0	0	0	0	0	0	0	0	3.9		0	0/0/	0	0	0	0	0	4.9/4.2/4.2/4.2/4.2			0/0/0	----Of an output exceeding 665MVA
																					Electric generating sets and rotary converters:
0	0	0	0	0	0	0	0		0	0	0/0/	0	0	0	0	9	7.3/7/0/0/0			0/0/0	--Of an output not exceeding 75kVA
0	0	0	0	0	0	0	0		0	0	0/0/	3.3	0	0	0	9	8.1/8/8.5/8.5/8			0/0/0	--Of an output exceeding 75 kVA but not exceeding 375kVA
0	0	0	0	0	0	0	0	6.5	0	0	0/0/	5	0	0	0	9	8.6/8.5/8.5/8.5/8.5			0/0/0	---Of an output exceeding 375kVA but not exceeding 2MVA
0	0	0	0	0	0	0	0	7	0	0	0/0/	5	0	0	0	9	8.6/8.5/8.5/8.5/8.5			0/0/0	---Of an output exceeding 2MVA
0	0	0	0	0	0	0	0		0	2.5	0/0/	0	0	0	0	9	7.3/7/0/0/0			0/0/0	-Generating sets with spark-ignition internal combustion piston engines
0	0	0	0	0	0	0	0			0	0/0/	2.6	0	0	0	6.4	5.8/5.6/0/0/0			0/0/0	--Wind-powered
0	0	0	0	0	0	0	0			0	0/0/	3.3	0	0	0	9	8.1/8/8.5/8.5/8			0/0/0	--Other
0	0	0	0	0	0	0	0			0	0/0/	0	0	0	0	9	7.3/7/0/0/0			0/0/0	-Electric rotary converters
																					Parts suitable for use solely or principally with the machines of heading 85.01 or 85.02:

商品编号	商品名称及备注[检验检疫编码及名称]	进口关税(%)		增值税率(%)	消费税	计量单位	监管条件	检验检疫类别	对美税率	出口税率(%)	出口退税率(%)
		最惠国	普通								
85030010	---税号 8501.1010 及 8501.1091 所列电动机用										13
8503001000	玩具用电动机等微电动机零件(编号 85011010 及 85011091 所列电动机零件)〔999〕	8	70	13		千克			33%	0	
85030020	---税号 8501.6420 及 8501.6430 所列发电机用										13
8503002000	输出功率>350 兆伏安交流发电机零件(编号 85016420 及 85016430 所列发电机零件)〔999〕	3	11	13		千克			28%	0	
85030030	---税号 8502.3100 所列发电机组用										13
8503003000[暂1]	风力发电设备的零件(编号 85023100 所列发电机组零件)〔999〕	3	30	13		千克			26%	0	
85030090	---其他										13
8503009010	电动机定子(用于真空中频率 600 赫兹~2000 赫兹、功率 50 伏安~1000 伏安条件下)〔999〕	8	30	13		千克	3		33%	0	
8503009020[暂5]	由使用可再生燃料锅炉和涡轮机组驱动的输出功率超过 750 千伏安不超过 350 兆伏安的交流发电机的零件〔999〕	8	30	13		千克			30%	0	
8503009030[暂5]	靠可再生能源(太阳能、小水电、潮汐、沼气、地热能、生物质/余热驱动的汽轮机)生产电力发电机组的零件〔999〕	8	30	13		千克			30%	0	
8503009040[暂1]	飞机发动机用交流发电机定子〔999〕	8	30	13		千克			26%	0	
8503009050[暂4]	燃料电池用膜电极组件(主要由质子交换膜、催化剂和气体扩散层构成)〔999〕	8	30	13		千克			29%	0	
8503009060[暂4]	燃料电池用双极板〔999〕	8	30	13		千克			29%	0	
8503009090	其他电动机、发电机(组)零件〔999〕	8	30	13		千克			33%	0	
8504	**变压器、静止式变流器(例如,整流器)及电感器:**										
85041010	---电子镇流器										13
8504101000	电子镇流器〔999〕	10	35	13		个/千克		L/	30%	0	
85041090	---其他										13
8504109000	其他放电灯或放电管用镇流器〔101 电子镇流器〕,〔102 其他镇流器及其零件〕	10	35	13		个/千克		L/	30%	0	
85042100	--额定容量不超过 650 千伏安										13
8504210000	额定容量≤650 千伏安液体介质变压器〔999〕	10	50	13		个/千克			30%	0	
85042200	--额定容量超过 650 千伏安,但不超过 10 兆伏安										13
8504220000	650 千伏安<额定电压≤10 兆伏安液体介质变压器〔999〕	10	50	13		个/千克			35%	0	
85042311	----额定容量超过 10 兆伏安,但小于 220 兆伏安										13
8504231100	10 兆伏安<额定容量<220 兆伏安液体变压器〔999〕	10	50	13		个/千克			35%	0	
85042312	----额定容量在 220 兆伏安及以上,但小于 330 兆伏安										13
8504231200	220 兆伏安≤额定容量<330 兆伏安液体变压器〔999〕	10	50	13		个/千克				0	
85042313	----额定容量在 330 兆伏安及以上,但小于 400 兆伏安										13
8504231300	330 兆伏安≤额定容量<400 兆伏安液体变压器〔999〕	10	50	13		个/千克				0	
85042321	----额定容量在 400 兆伏安及以上,但小于 500 兆伏安										13
8504232100	400 兆伏安≤额定容量<500 兆伏安液体变压器〔999〕	6	11	13		个/千克				0	
85042329	----其他										13
8504232900	额定容量≥500 兆伏安液体变压器〔999〕	6	11	13		个/千克			31%	0	
85043110	---互感器										13
8504311000	额定容量不超过 1 千伏安的互感器〔999〕	5	50	13		个/千克			25%	0	
85043190	---其他										13
8504319000	额定容量≤1 千伏安的其他变压器〔999〕	5	50	13		个/千克			30%	0	
85043210	---互感器										13
8504321000	1 千伏安<额定容量≤16 千伏安的互感器〔999〕	5	50	13		个/千克			25%	0	
85043290	---其他										13
8504329000	1 千伏安<额定容量≤16 千伏安的其他变压器〔999〕	5	50	13		个/千克			30%	0	
85043310	---互感器										13
8504331000	16 千伏安<额定容量≤500 千伏安互感器〔999〕	5	50	13		个/千克			25%	0	
85043390	---其他										13
8504339000	16 千伏安<额定容量≤500 千伏安其他变压器〔999〕	5	50	13		个/千克			15%	0	
85043410	---互感器										13
8504341000	额定容量>500 千伏安的互感器〔999〕	10	50	13		个/千克				0	

协定税率(%)																		特惠税率(%)			Article Description
智利	新西兰	澳大利亚	瑞士	冰岛	秘鲁	哥斯达	东盟	亚太	新加坡	巴基斯坦	港/澳/台	韩国	格鲁吉亚	毛里求斯	柬埔寨	尼加拉瓜	日/韩/澳/新/东(RCEP)	亚太2国	老/柬/缅	LDC 98/97/95	
0	0	0	0	0	0	0	0	5.2	0	3	0/0/0	7.8	0	0	0	6.4	//5/5/5			0/0/0	---Of the motors of subheading 8501.1010 or 8501.1091
0	0	0	0	0	0	0	0	2		0	0/0/	0	0	0	0	0	2.2/2.1/2.1/2.1/2.1			0/0/0	---Of the generators of subheading 8501.6420 or 8501.6430
0	0	0	0	0	0	0	0	2.5		0	0/0/	0	0	0	0	0	0/0/0/0/0			0/0/0	---Of the generating sets of subheading 8502.3100
0	0	0	0		0	0	0	5.2		2.5	0/0/0	0	0	0	0	6.4	6.5/0/0/0/0			0/0/0	---Other
																					Electrical transformers, static converters (for example, rectifiers) and inductors:
0	0	0	0	0	0	0	0		0	0	0/0/	0	0	0	0	9	7.3/7/7/7/7			0/0/0	---Electronic ballasts
0	0	0	0	0	0	0	0			0	0/0/	0	0	0	0	9	7.3/7/0/0/0			0/0/0	---Other
0	0	0	0	0	0	0	0		0	2.5	0/0/	0	0	0	0	9	7.6/7.4/0/0/0			0/0/0	--Having a power handling capacity not exceeding 650kVA
0	0	0	0	0	0	0	0		0	3.2	0/0/	0	0	0	0	9	9.2/8.8/0/0/0			0/0/0	--Having a power handling capacity exceeding 650kVA but not exceeding 10MVA
0	0	0		0	0	0	0	6.5		0	0/0/	3.3	0	0	0	9	8.1/8/8.5/8.5/8			0/0/0	----Having a power handing capacity exceeding 10MVA but less than 220MVA
0	0	0	0	0	0	0	0	6.5		0	0/0/	0	0	0	0	9	7.3/7/0/0/0			0/0/0	----Having a power handling capacity exceeding 220MVA but less than 330MVA
0	0	0	0	0	0	0	0	6.5		0	0/0/	0	0	0	0	9	/8.5/8.5/8.5/8.5			0/0/0	----Having a power handling capacity exceeding 330MVA but less than 400MVA
0	0	0	0	0	0	0	0	3.9		0	0/0/	0	0	0	0	0	0/0/0/0/0			0/0/0	----Having a power handling capacity exceeding 400MVA but less than 500MVA
0	0	0	0	0	0	0	0	3.9		0	0/0/	0	0	0	0	0	0/0/0/0/0			0/0/0	----Other
0	0	0	0	0	0	0	0	3.3		0	0/0/0	0	0	0	0	0	0/0/0/0/0			0/0/0	---Mutual inductor
0	0	0	0	0	0	0	0	3.3	0	0	0/0/0	0	0	0	0	0	0/0/0/0/0			0/0/0	---Other
0	0	0	0	0	0	0	0			0	0/0/	1.6	0	0	0	0	4.1/3.5/3.5/3.5/3.5			0/0/0	---Mutual inductor
0	0	0	0	0	0	0	0			0	0/0/	0	0	0	0	0	0/0/0/0/0			0/0/0	---Other
0	0	0	0	0	0	0	0			0	0/0/	1.6	0	0	0	0	4.1/3.5/3.5/3.5/3.5			0/0/0	---Mutual inductor
0	0	0	0	0	0	0	0			0	0/0/	1.6	0	0	0	0	4.1/3.5/3.5/3.5/3.5			0/0/0	---Other
0	0	0	0	0	0	0	0		0	11.2	0/0/	4.6	0	0	0	9	11.4/11.2/11.9/11.9/11.2			0/0/0	---Mutual inductor

商品编号	商品名称及备注[检验检疫编码及名称]	进口关税(%)		增值税率(%)	消费税	计量单位	监管条件	检验检疫类别	对美税率	出口税率(%)	出口退税率(%)
		最惠国	普通								
85043490	---其他										13
8504349000	额定容量>500千伏安的其他变压器〔999〕	10	50	13		个/千克			30%	0	
85044013	----税目84.71所列机器用										13
8504401300	品目84.71所列机器用的稳压电源〔101 Ⅰ类稳压电源〕,〔102 Ⅱ类稳压电源〕,〔103 Ⅲ类稳压电源〕	0	40	13		个/千克	A	L/	25%	0	
85044014	----其他直流稳压电源,功率小于1千瓦,精度低于万分之一										13
8504401400	功率<1千瓦直流稳压电源(稳压系数低于万分之一,品目84.71所列机器用除外)〔101 Ⅰ类稳压电源〕,〔102 Ⅱ类稳压电源〕,〔103 Ⅲ类稳压电源〕	0	80	13		个/千克				0	
85044015	----其他交流稳压电源,功率小于10千瓦,精度低于千分之一										13
8504401500	功率<10千瓦其他交流稳压电源(精度低于千分之一)〔101 Ⅰ类稳压电源〕,〔102 Ⅱ类稳压电源〕,〔103 Ⅲ类稳压电源〕	0	80	13		个/千克			10%	0	
85044019	----其他										13
8504401910	同位素电磁分离器离子源磁体电源(高功率直流型)〔101 Ⅰ类稳压电源〕,〔102 Ⅱ类稳压电源〕,〔103 Ⅲ类稳压电源〕	0	50	13		个/千克	3		20%	0	
8504401920	直流高功率电源(能8小时连续产生100伏,500安电流,稳定度优于0.1%)〔101 Ⅰ类稳压电源〕,〔102 Ⅱ类稳压电源〕,〔103 Ⅲ类稳压电源〕	0	50	13		个/千克	3		20%	0	
8504401930	高压直流电源(能8小时连续产生20千伏,1安电流,稳定度优于0.2%)〔101 Ⅰ类稳压电源〕,〔102 Ⅱ类稳压电源〕,〔103 Ⅲ类稳压电源〕	0	50	13		个/千克	3		20%	0	
8504401940	同位素电磁分离器离子源高压电源〔101 Ⅰ类稳压电源〕,〔102 Ⅱ类稳压电源〕,〔103 Ⅲ类稳压电源〕	0	50	13		个/千克	3		20%	0	
8504401990	其他稳压电源〔101 Ⅰ类稳压电源〕,〔102 Ⅱ类稳压电源〕,〔103 Ⅲ类稳压电源〕	0	50	13		个/千克		L/	20%	0	
85044020	---不间断供电电源										13
8504402000	不间断供电电源(UPS)〔999〕	0	50	13		个/千克			20%	0	
85044030	---逆变器										13
8504403010	两用物项管制的逆变器(功率≥40瓦特,频率600赫兹至2000赫兹,谐波畸变低于10%等)〔999〕	0	30	13		个/千克	3		25%	0	
8504403020	纯电动或混合动力汽车用逆变器模块,功率密度≥8千瓦/升〔999〕	0	30	13		个/千克			25%	0	
8504403090	其他逆变器〔999〕	0	30	13		个/千克			25%	0	
85044091	----具有变流功能的半导体模块										13
8504409110	具有变流功能的半导体模块(自动数据处理设备机器及组件、电讯设备用的)〔999〕	0	30	13		个/千克				0	
8504409190	其他具有变流功能的半导体模块〔999〕	0	30	13		个/千克				0	
85044099	----其他										13
8504409930	专用编号8503009010电动机定子的频率变换器[1.多相输出600赫兹或更高;2.高稳定性(频率控制优于0.2%)]〔999〕	0	30	13		个/千克	3		20%	0	
8504409940	两用物项管制的频率变换器(功率≥40瓦特,频率600赫兹至2000赫兹,谐波畸变低于10%等)〔999〕	0	30	13		个/千克	3		20%	0	
8504409950	电源(真空或受控环境感应炉用电源,额定输出功率≥5千瓦)〔999〕	0	30	13		个/千克	3		20%	0	
8504409960	模块式电脉冲发生器(在15毫秒内输出电流>100安,密封在防尘罩内,温宽范围大)〔999〕	0	30	13		个/千克	3		20%	0	
8504409970	高速(200千米/时及以上)电力机车的牵引变流器〔999〕	0	30	13		个/千克			20%	0	
8504409980	汽车冲压线用压力机变频调速装置〔999〕	0	30	13		个/千克			20%	0	
8504409992	纯电动汽车或插电式混合动力汽车用车载充电机〔999〕	0	30	13		个/千克			20%	0	
8504409999	其他未列名静止式变流器〔999〕	0	30	13		个/千克			20%	0	
85045000	-其他电感器										13
8504500000	其他电感器〔999〕	0	35	13		个/千克			25%	0	
85049011	----税号8504.2321和8504.2329所列变压器用										13
8504901100	额定容量>400兆伏安液体介质变压器零件〔999〕	0	11	13		千克			25%	0	
85049019	----其他										13
8504901900	其他变压器零件〔999〕	0	50	13		千克			25%	0	
85049020	---稳压电源及不间断供电电源用										13
8504902000	稳压电源及不间断供电电源零件〔999〕	0	50	13		千克			20%	0	
85049090	---其他										13
8504909010	用于将可再生能源发电机组输出的直流电转换成交流电的逆变器的零件〔999〕	0	30	13		千克			25%	0	
8504909090	其他静止式变流器及电感器零件〔999〕	0	30	13		千克			25%	0	

协定税率(%)																		特惠税率(%)			Article Description
智利	新西兰	澳大利亚	瑞士	冰岛	秘鲁	哥斯达	东盟	亚太	新加坡	巴基斯坦	港/澳/台	韩国	格鲁吉亚	毛里求斯	柬埔寨	尼加拉瓜	日/韩/澳/新/东(RCEP)	亚太2国	老/柬/缅	LDC 98/97/95	
0	0	0	0	0	0	0	0		0	5.6	0/0/	4.6	0	0	0	9	11.4/11.2/11.9/11.9/11.2			0/0/0	---Other
0	0	0	0	0	0	0	0			0	0/0/	0	0	0	0	0	0/0/0/0/0			0/0/0	----Of the machines of heading 84.71
0	0	0	0	0	0	0	0	0		0	0/0/	2.3	0	0	0	0	5.1/4.9/0/0/0			0/0/0	----Other DC voltage-stabilized suppliers, of a power of less than 1kW and an accuracy of not better than 0.0001
0	0	0	0	0	0	0	0			0	0/0/	0	0	0	0	0	0/0/0/0/0			0/0/0	----Other AC voltage-stabilized suppliers, of a power of less than 10kW and an accuracy of not better than 0.001
0	0	0	0	0	0	0	0			0	0/0/	0	0	0	0	0	0/0/0/0/0			0/0/0	----Other
0	0	0		0	0	0	0	0	0	2.5	0/0/	3.3	0	0	0	0	7.3/7/7/7/7			0/0/0	---Uninterrupted power suppliers
0	0	0	0	0	0	0	0		0	2.5	0/0/	3.3	0	0	0	0	7.3/7/0/0/0			0/0/0	---Inverter
0	0	0	0	0	0	0	0		0	2.5	0/0/	0	0	0	0	0	7.3/0/0/0/0			0/0/0	----Semiconductor modules with converting function
0	0	0	0	0	0	0	0		0	2.5	0/0/	3.3	0	3.6	0	0	7.3/7/0/0/0			0/0/0	----Other
0	0	0	0	0	0	0	0			0	0/0/	0	0	0	0	0	0/0/0/0/0			0/0/0	-Other inductors
0	0	0	0	0	0	0	0	0		0	0/0/	1.6	0	0	0	0	3.6/3.5/0/0/0			0/0/0	----Of the transformers of subheadings 8504.2321 and 8504.2329
0	0	0	0	0	0	0	0	0		0	0/0/0	2.6	0	0	0	0	5.8/5.6/0/0/0			0/0/0	----Other
0	0	0	0	0	0	0	0	0		0	0/0/0	2.6	0	0	0	0	5.8/5.6/5.6/5.6/5.6			0/0/0	---Of voltage-stabilized suppliers and uninterrupted power suppliers
0	0	0	0	0	0	0	0	0		0	0/0/0	2.6	0	0	0	0	5.8/5.6/0/0/0			0/0/0	---Other

商品编号	商品名称及备注[检验检疫编码及名称]	进口关税(%)		增值税率(%)	消费税	计量单位	监管条件	检验检疫类别	对美税率	出口税率(%)	出口退税率(%)
		最惠国	普通								
8505	**电磁铁;永磁铁及磁化后准备制永磁铁的物品;电磁铁或永磁铁卡盘、夹具及类似的工件夹具;电磁联轴节、离合器及制动器;电磁起重吸盘:**										
85051110	---稀土的										13
8505111000	稀土永磁铁及稀土永磁体〔999〕	7	20	13		千克			32%	0	
85051190	---其他										13
8505119000	其他金属的永磁铁及永磁体〔999〕	7	20	13		千克			27%	0	
85051900	--其他										13
8505190010	磁极块(直径大于2米,用在同位素电磁分离器内)〔999〕	7	20	13		千克	3		32%	0	
8505190090	其他非金属的永磁铁及永磁体〔999〕	7	20	13		千克			32%	0	
85052000	-电磁联轴节、离合器及制动器										13
8505200000	电磁联轴节、离合器及制动器〔999〕	8	20	13		千克				0	
85059010	---电磁起重吸盘										13
8505901000	电磁起重吸盘〔999〕	8	20	13		个/千克			28%	0	
85059090	---其他										13
8505909010	超导螺线电磁体(产生超过2个泰斯拉磁场,长径比≥2,内径≥300毫米等)〔999〕	8	20	13		个/千克	3		33%	0	
8505909020	专门或主要用于核磁共振成像装置的电磁体,但品目90.18所列其他电磁铁除外〔999〕	0	20	13		个/千克			25%	0	
8505909090	其他电磁铁;电磁铁或永磁铁卡盘、夹具及类似的工件夹具;品目85.05的零件〔999〕	8	20	13		个/千克			33%	0	
8506	**原电池及原电池组:**										
85061011	----扣式										
8506101110	扣式无汞碱性锌锰的原电池及原电池组(汞含量<电池重量的0.0005%)①	8	80	13		个/千克			28%	0	13
8506101190	扣式含汞碱性锌锰的原电池及原电池组(汞含量≥电池重量的0.0005%)②	8	80	13	4%	个/千克	89		28%	0	0
85061012	----圆柱形										
8506101210	圆柱形无汞碱性锌锰的原电池及原电池组(汞含量<电池重量的0.0001%)③	8	80	13		个/千克			28%	0	13
8506101290	圆柱形含汞碱性锌锰的原电池及原电池组(汞含量≥电池重量的0.0001%)④	8	80	13	4%	个/千克	89		28%	0	0
85061019	----其他										
8506101910	其他无汞碱性锌锰的原电池及原电池组(汞含量<电池重量的0.0001%)⑤	8	80	13		个/千克			33%	0	13
8506101990	其他含汞碱性锌锰的原电池及原电池组(汞含量≥电池重量的0.0001%)⑥	8	80	13	4%	个/千克	89		33%	0	13
85061090	---其他										
8506109010	其他无汞二氧化锰的原电池及原电池组(汞含量<电池重量的0.0001%,扣式电池的汞含量<电池重量的0.0005%)⑦	8	80	13		个/千克			33%	0	13
8506109090	其他含汞二氧化锰的原电池及原电池组(汞含量≥电池重量的0.0001%,扣式电池的汞含量≥电池重量的0.0005%)⑧	8	80	13	4%	个/千克	89		33%	0	13
85063000	-氧化汞的										0
8506300000	氧化汞的原电池及原电池组〔999〕	8	40	13	4%	个/千克	89			0	
85064000	-氧化银的										
8506400010	氧化银的原电池及原电池组(无汞)(汞含量<电池重量的0.0001%,扣式电池的汞含量<电池重量的0.0005%)〔101 锌银扣式电池〕,〔102 锌银其他电池〕,〔103 其他氧化银的原电池及原电池组〕	8	40	13		个/千克			33%	0	13
8506400090	氧化银的原电池及原电池组(含汞)(汞含量≥电池重量的0.0001%,扣式电池的汞含量≥电池重量的0.0005%)〔101 锌银扣式电池〕,〔102 锌银其他电池〕,〔103 其他氧化银的原电池及原电池组〕	8	40	13	4%	个/千克	89		33%	0	13
85065000	-锂的										13
8506500000	锂的原电池及原电池组〔101 锂-二氧化锰扣式电池〕,〔102 锂-二氧化锰其他电池〕,〔103 其他锂的原电池及原电池组〕	8	40	13		个/千克	A	M/	33%	0	
85066000	-锌空气的										
8506600010	锌空气的原电池及原电池组(无汞)(汞含量<电池重量的0.0001%,扣式电池的汞含量<电池重量的0.0005%)〔999 汞含量<电池重量的0.0001%,扣式电池的汞含量<电池重量的0.0005%〕	8	40	13		个/千克			33%	0	13
8506600090	锌空气的原电池及原电池组(含汞)(汞含量≥电池重量的0.0001%,扣式电池的汞含量≥电池重量的0.0005%)〔999 汞含量≥电池重量的0.0001%,扣式电池的汞含量≥电池重量的0.0005%〕	8	40	13	4%	个/千克	89		33%	0	13

① 〔101 锌-锰原电池及原电池组〕,〔102 碱性锌-锰原电池及原电池组〕,〔103 其他二氧化锰的原电池及原电池组〕
② 〔101 锌-锰原电池及原电池组〕,〔102 碱性锌-锰原电池及原电池组〕,〔103 其他二氧化锰的原电池及原电池组〕
③ 〔101 锌-锰原电池及原电池组〕,〔102 碱性锌-锰原电池及原电池组〕,〔103 其他二氧化锰的原电池及原电池组〕
④ 〔101 锌-锰原电池及原电池组〕,〔102 碱性锌-锰原电池及原电池组〕,〔103 其他二氧化锰的原电池及原电池组〕
⑤ 〔101 锌-锰原电池及原电池组〕,〔102 碱性锌-锰原电池及原电池组〕,〔103 其他二氧化锰的原电池及原电池组〕,〔104 电池液(碱性的)〕
⑥ 〔101 锌-锰原电池及原电池组〕,〔102 碱性锌-锰原电池及原电池组〕,〔103 其他二氧化锰的原电池及原电池组〕,〔104 电池液(碱性的)〕
⑦ 〔101 锌-锰原电池及原电池组〕,〔102 碱性锌-锰原电池及原电池组〕,〔103 其他二氧化锰的原电池及原电池组〕
⑧ 〔101 锌-锰原电池及原电池组〕,〔102 碱性锌-锰原电池及原电池组〕,〔103 其他二氧化锰的原电池及原电池组〕

协定税率(%)																		特惠税率(%)			Article Description
智利	新西兰	澳大利亚	瑞士	冰岛	秘鲁	哥斯达	东盟	亚太	新加坡	巴基斯坦	港/澳/台	韩国	格鲁吉亚	毛里求斯	柬埔寨	尼加拉瓜	日/韩/澳/新/东 (RCEP)	亚太2国	老/柬/缅	LDC 98/97/95	
																					Electro-magnets; permanent magnets and articles intended to become permanent magnets after magnetization; electro-magnetic or permanent magnet chucks, clamps and similar holding devices; electro-magnetic couplings, clutches and brakes; electro-magnetic lifting heads:
0	0	0	0	0	0	0	0			0	0/0/0	0	0	0	0	0	5.1/0/0/0/0			0/0/0	---Of rare-earth metals
0	0	0	0	0	0	0	0			0	0/0/0	0	0	0	0	0	6/0/0/0/0			0/0/0	---Other
0	0	0	0	0	0	0	0	4.6		0	0/0/	0	0	0	0	0	5.1/4.9/0/0/0			0/0/0	--Other
0	0	0	0	0	0	0	0	5.2		0	0/0/	2.6	0	0	0	6.4	6.5/6.4/6.8/6.8/6.4			0/0/0	-Electro-magnetic couplings, clutches and brakes
0	0	0	0	0	0	0	0			0	0/0/	0	0	0	0	6.4	5.8/0/0/0/0			0/0/0	---Electro-magnetic lifting heads
0	0	0	0	0	0	0	0	5.6		0	0/0/	0	0	0	0	6.4	5.8/0/0/0/0			0/0/0	---Other
																					Primary cells and primary batteries:
0	0	0	0	0	0	0	0		0	16	0/0/	10	0	0	0	6.4	//17/17/17			0/0/0	----Button shape
0	0	0	0	0	0	0	0		0	16	0/0/	10	0	0	0	6.4	//17/17/17			0/0/0	----Cylindrical shape
0	0	0	0	0	0	0	0		0	16	0/0/		0	0	0	6.4	//8/8/8			0/0/0	----Other
0	0	0	0	0	0	0	0		0	16	0/0/	10	0	0	0	6.4	/17/17/17/17			0/0/0	---Other
0	0	0	0	0	0	0	0		0	5.6	0/0/	0	0	0	0	6.4	10.2/9.8/0/0/0			0/0/0	-Mercuric oxide
0	0	0	0	0	0	0	0	5.2	0	5.6	0/0/	0	0	0	0	6.4	//8/8/8			0/0/0	-Silver oxide
0	0	0	0	0	0	0	0		0	5.6	0/0/		0	0	0	6.4	//11.9/11.9/11.9			0/0/0	-Lithium
0	0	0		0	0	0	0		0	5.6	0/0/	0	0	0	0	6.4	10.2/9.8/0/0/0			0/0/0	-Air-zinc

商品编号	商品名称及备注[检验检疫编码及名称]	进口关税(%)		增值税率(%)	消费税	计量单位	监管条件	检验检疫类别	对美税率	出口税率(%)	出口退税率(%)
		最惠国	普通								
85068000	-其他原电池及原电池组										
8506800011	无汞燃料电池（汞含量<电池重量的 0.0001%，扣式电池的汞含量<电池重量的 0.0005%）〔999〕	8	40	13		个/千克			28%	0	13
8506800019	其他无汞原电池及原电池组（汞含量<电池重量的 0.0001%，扣式电池的汞含量<电池重量的 0.0005%）〔999〕	8	40	13		个/千克			28%	0	13
8506800091	含汞燃料电池（汞含量≥电池重量的 0.0001%，扣式电池的汞含量≥电池重量的 0.0005%）〔999〕	8	40	13	4%	个/千克	89		28%	0	13
8506800099	其他含汞原电池及原电池组（汞含量≥电池重量的 0.0001%，扣式电池的汞含量≥电池重量的 0.0005%）〔999〕	8	40	13	4%	个/千克	89		28%	0	13
85069010	---子目 8506.10 所列电池用										13
8506901000	二氧化锰原电池或原电池组的零件〔999〕	8	80	13		千克			28%	0	
85069090	---其他										13
8506909000	其他原电池组或原电池组的零件〔302 其他〕	8	40	13		千克			28%	0	
8507	**蓄电池，包括隔板，不论是否矩形（包括正方形）：**										
85071000	-铅酸蓄电池，用于启动活塞式发动机										0
8507100000	启动活塞式发动机用铅酸蓄电池①	10	90	13	4%	个/千克			35%	0	
85072000	-其他铅酸蓄电池										0
8507200000	其他铅酸蓄电池（启动活塞式发动机用铅酸蓄电池除外）②	10	90	13	4%	个/千克			30%	0	
85073000	-镍镉蓄电池										0
8507300010[暂1]	飞机用镍镉蓄电池〔101 圆柱镍镉电池〕，〔102 方形开口镉镍单体蓄电池〕，〔103 其他镍镉电池〕	10	40	13	4%	个/千克				0	
8507300090	其他镍镉蓄电池〔101 圆柱镍镉电池〕，〔102 方形开口镉镍单体蓄电池〕，〔103 其他镍镉电池〕	10	40	13	4%	个/千克				0	
85075000	-镍氢蓄电池										13
8507500000	镍氢蓄电池〔101 密封金属氢化物镍可充单体电池〕，〔102 其他镍氢蓄电池〕	10	40	13		个/千克			35%	0	
85076000	-锂离子蓄电池										13
8507600010	纯电动汽车或插电式混合动力汽车用锂离子蓄电池单体（容量≥10Ah，比能量≥110Wh/kg）〔999〕	10	40	13		个/千克	A	M/	35%	0	
8507600020	纯电动汽车或插电式混合动力汽车用锂离子蓄电池系统（包含蓄电池模块、容器、盖、冷却系统、管理系统等，比能量≥80Wh/kg）〔999〕	10	40	13		个/千克	A	M/	35%	0	
8507600030[暂1]	飞机用锂离子蓄电池〔999〕	10	40	13		个/千克			26%	0	
8507600090	其他锂离子蓄电池〔101 蜂窝电话用锂离子蓄电池〕，〔102 其他锂离子蓄电池〕	10	40	13		个/千克	A	M/	35%	0	
85078030	---全钒液流电池										13
8507803000	全钒液流电池〔999〕	10	40	13		个/千克				0	
85078090	---其他										
8507809000	其他蓄电池〔101 其他蓄电池及其零件〕，〔102 注有碱液的〕，〔103 含氢氧化钾固体〕	10	40	13	4%	个/千克			30%	0	
85079010	---铅酸蓄电池用										0
8507901000	铅酸蓄电池零件〔999〕	10	90	13		千克			30%	0	
85079090	---其他										13
8507909000[暂5]	其他蓄电池零件〔999〕	8	40	13		千克			30%	0	
8508	**真空吸尘器：**										
85081100	--功率不超过 1500 瓦，且带有容积不超过 20 升的集尘袋或其他集尘容器										13
8508110000	电动的真空吸尘器（功率不超过 1500 瓦，且带有容积不超过 20 升的集尘袋或其他集尘容器）③	8	130	13		台/千克			33%	0	
85081900	--其他										13
8508190000	其他电动的真空吸尘器④	0	30	13		台/千克			25%	0	
85086000	-其他真空吸尘器										13
8508600000	其他真空吸尘器（非电动）⑤	0	30	13		台/千克			25%	0	
85087010	---税号 8508.1100 所列吸尘器用										13
8508701000	编号 85081100 所列吸尘器用零件〔999〕	6	100	13		千克			31%	0	
85087090	---其他										13
8508709000	其他真空吸尘器零件〔999〕	0	20	13		千克			5%	0	

① 〔101 起动用铅酸蓄电池〕，〔102 牵引用铅酸蓄电池〕，〔103 摩托车用铅酸蓄电池〕，〔104 固定型防酸式铅酸蓄电池〕，〔105 内燃机车用铅酸蓄电池〕，〔106 其他铅酸蓄电池〕，〔107 蓄电池（注有酸液）〕

② 〔101 起动用铅酸蓄电池〕，〔102 牵引用铅酸蓄电池〕，〔103 摩托车用铅酸蓄电池〕，〔104 固定型防酸式铅酸蓄电池〕，〔105 内燃机车用铅酸蓄电池〕，〔106 其他铅酸蓄电池〕

③ 〔101 真空吸尘器 I 类器具〕，〔102 真空吸尘器 II 类器具〕，〔103 真空吸尘器 III 类器具〕，〔104 真空吸尘器 0I 类器具〕，〔105 真空吸尘器 0 类器具〕

④ 〔101 真空吸尘器 I 类器具〕，〔102 真空吸尘器 II 类器具〕，〔103 真空吸尘器 III 类器具〕，〔104 真空吸尘器 0I 类器具〕，〔105 真空吸尘器 0 类器具〕

⑤ 〔101 真空吸尘器 I 类器具〕，〔102 真空吸尘器 II 类器具〕，〔103 真空吸尘器 III 类器具〕，〔104 真空吸尘器 0I 类器具〕，〔105 真空吸尘器 0 类器具〕

协定税率(%)																		特惠税率(%)			Article Description
智利	新西兰	澳大利亚	瑞士	冰岛	秘鲁	哥斯达	东盟	亚太	新加坡	巴基斯坦	港/澳/台	韩国	格鲁吉亚	毛里求斯	柬埔寨	尼加拉瓜	日/韩/澳/新/东(RCEP)	亚太2国	老/柬/缅	LDC 98/97/95	
0	0	0	0	0	0	0	0		0	5.6	0/0/	0	0	0	0	6.4	10.2/9.8/0/0/0			0/0/0	-Other primary cells and primary batteries
0	0	0	0	0	0	0	0	5.2	0	5.6	0/0/		0	0	0	6.4	//5/5/5			0/0/0	---Of the cells of subheading 8506.10
0	0	0	0	0	0	0	0		0	0	0/0/	5	0	0	0	6.4	/8.5/8.5/8.5/8.5			0/0/0	---Other
																					Electric accumulators, including separators therefor, whether or not rectangular (including square):
0	0	0	0	0	0	0	0	6.5	0	0	0/0/	5	0	0	0	9	8.6//8.5/8.5/8.5			0/0/0	-Lead-acid, of a kind used for starting piston engines
0	0	0	0	0	0	0	0	6.5	0	0	0/0/	0	0	0	0	9	7.3/7/7/7/7			0/0/0	-Other lead-acid accumulators
0	0	0	0	0	0	0	0	6.5	0	0	0/0/	0	0	0	0	9	7.3/7/0/0/0			0/0/0	-Nickel-cadmium
0	0	0	0	0	0	0	0	6.5	0	2.5	0/0/	0	0	0	0	9	8.7/8.4/8.4/8.4/8.4			0/0/0	-Nickel-metal hydride
0	0	0	0	0	0	0	0	8	0	5	0/0/0	9.6	0	0	0		//10.2/10.2/10.2			0/0/0	-Lithium-ion
0	0	0	0	0	0	0	0	6.5	0	2.5	0/0/	0	0	0	0	9	8.7/8.4/0/0/0			0/0/0	---Vanadium redox flow batteries
0	0	0	0	0	0	0	0	6.5	0	2.5	0/0/	0	0	0	0	9	8.7/8.4/0/0/0			0/0/0	---Other
0	0	0	0	0	0	0	0			0	0/0/	0	0	0	0	9	7.3/7/0/0/0	5		0/0/0	---Of lead-acid accumulators
0	0	0	0	0	0	0	0			0	0/0/	2.6	0	0	0	6.4	6.5/5.6/5.6/5.6/5.6	4		0/0/0	---Other
																					Vacuum cleaners:
0	0	0	0	0	0	0	0	5.2	0	0	0/0/0	0	0	0	0	6.4	7.3/7/0/0/0			0/0/0	--Of a power not exceeding 1500W and having a dust bag or other receptacle capacity not exceeding 20L
0	0	0	0	0	0	0	0			0	0/0/	0	0	0	0	0	0/0/0/0/0			0/0/0	--Other
0	0	0	0	0	0	0	0			0	0/0/	0	0	0	0	0	0/0/0/0/0			0/0/0	-Other vacuum cleaners
0	0	0	0	0	0	0	0		0	3	0/0/	0	0	0	0	0	8.7/8.4/0/0/0			0/0/0	---Of the cleaners of subheading 8508.1100
0	0	0	0	0	0	0	0			0	0/0/	0	0	0	0	0	0/0/0/0/0			0/0/0	---Other

商品编号	商品名称及备注[检验检疫编码及名称]	进口关税(%)		增值税率(%)	消费税	计量单位	监管条件	检验检疫类别	对美税率	出口税率(%)	出口退税率(%)
		最惠国	普通								
8509	**家用电动器具，税目85.08的真空吸尘器除外：**										
85094010	---水果或蔬菜的榨汁机										13
8509401000[暂5]	水果或蔬菜的榨汁机①	7	100	13		台/千克	A	L.R/	30%	0	
85094090	---其他										13
8509409000[暂5]	食品研磨机，搅拌器②	7	100	13		台/千克	A	L.R/	10%	0	
85098010	---地板打蜡机										13
8509801000	地板打蜡机③	8	100	13		台/千克				0	
85098020	---厨房废物处理器										13
8509802000	厨房废物处理器④	8	100	13		台/千克			33%	0	
85098090	---其他										13
8509809000	其他家用电动器具⑤	8	100	13		台/千克	A	L/	33%	0	
85099000	-零件										13
8509900000	家用电动器具的零件〔101 其他电动器具及其零件〕，〔102 其他小型家用及类似用途电器及其零件〕	6	100	13		千克			31%	0	
8510	**电动剃须刀、电动毛发推剪及电动脱毛器：**										
85101000	-剃须刀										13
8510100000	电动剃须刀⑥	8	100	13		个/千克			33%	0	
85102000	-毛发推剪										13
8510200000	电动毛发推剪⑦	8	100	13		个/千克			33%	0	
85103000	-脱毛器										13
8510300000	电动脱毛器⑧	8	100	13		个/千克			33%	0	
85109000	-零件										13
8510900000	品目85.10所列货品的零件〔999〕	8	100	13		千克			33%	0	
8511	**点燃式或压燃式内燃发动机用的电点火及电启动装置（例如，点火磁电机、永磁直流发电机、点火线圈、火花塞、电热塞及启动电机）；附属于上述内燃发动机的发电机（例如，直流发电机、交流发电机）及断流器：**										
85111000	-火花塞										13
8511100000	火花塞〔101 其他车辆零部件〕，〔102 动力设备零部件〕	8	30	13		个/千克			18%	0	
85112010	---机车、航空器及船舶用										13
8511201000	点火磁电机，永磁直流发电机（包括磁飞轮、指机车、航空器及船舶用）⑨	5	11	13		个/千克				0	
85112090	---其他										13
8511209000	其他点火磁电机、磁飞轮（包括永磁直流发电机）〔999〕	8	30	13		个/千克			33%	0	
85113010	---机车、航空器及船舶用										13
8511301000	分电器及点火线圈（指机车、航空器、船舶用）〔101 航空器用零部件〕，〔102 船舶用零部件〕，〔103 铁道机车用零部件〕	5	11	13		个/千克				0	
85113090	---其他										13
8511309000	其他用途用分电器、点火线圈〔101 其他车辆零部件〕，〔102 其他发电机（组）及其零件〕	8	30	13		个/千克			13%	0	
85114010	---机车、航空器及船舶用										13
8511401010[暂1]	飞机辅助动力装置电源启动马达〔101 其他电动机及其零件〕，〔102 其他发电机（组）及其零件〕	5	11	13		个/千克			6%	0	
8511401090	其他启动电机及两用启动发电机（指机车、航空器、船舶用）〔101 其他电动机及其零件〕，〔102 其他发电机（组）及其零件〕	5	11	13		个/千克			10%	0	

① 〔101 食品研磨机，搅拌机及果、菜榨汁器 I 类器具〕，〔102 食品研磨机，搅拌机及果、菜榨汁器 II 类器具〕，〔103 食品研磨机，搅拌机及果、菜榨汁器 III 类器具〕，〔104 食品研磨机，搅拌机及果、菜榨汁器 0I 类器具〕，〔105 食品研磨机，搅拌机及果、菜榨汁器 0 类器具〕，〔106 豆浆机 I 类器具〕，〔107 豆浆机 II 类器具〕，〔108 豆浆机 III 类器具〕，〔109 豆浆机 0I 类器具〕，〔110 豆浆机 0 类器具〕

② 〔101 食品研磨机，搅拌机及果、菜榨汁器 I 类器具〕，〔102 食品研磨机，搅拌机及果、菜榨汁器 II 类器具〕，〔103 食品研磨机，搅拌机及果、菜榨汁器 III 类器具〕，〔104 食品研磨机，搅拌机及果、菜榨汁器 0I 类器具〕，〔105 食品研磨机，搅拌机及果、菜榨汁器 0 类器具〕

③ 〔101 地板打蜡机 I 类器具〕，〔102 地板打蜡机 II 类器具〕，〔103 地板打蜡机 III 类器具〕，〔104 地板打蜡机 0I 类器具〕，〔105 地板打蜡机 0 类器具〕

④ 〔101 厨房废物处理器 I 类器具〕，〔102 厨房废物处理器 II 类器具〕，〔103 厨房废物处理器 III 类器具〕，〔104 厨房废物处理器 0I 类器具〕，〔105 厨房废物处理器 0 类器具〕

⑤ 〔101 其他电动器具及其零件 I 类器具〕，〔102 其他电动器具及其零件 II 类器具〕，〔103 其他电动器具及其零件 III 类器具〕，〔104 其他电动器具及其零件 0I 类器具〕，〔105 其他电动器具及其零件 0 类器具〕，〔106 其他小型家用及类似用途电器及其零件 I 类器具〕，〔107 其他小型家用及类似用途电器及其零件 II 类器具〕，〔108 其他家用电动器具（其他小型家用及类似用途电器及其零件 III 类器具）〕，〔109 其他小型家用及类似用途电器及其零件 0I 类器具〕，〔110 其他家用电动器具（其他小型家用及类似用途电器及其零件 0 类器具）〕

⑥ 〔101 电动剃须刀 I 类器具〕，〔102 电动剃须刀 II 类器具〕，〔103 电动剃须刀 III 类器具〕，〔104 电动剃须刀 0I 类器具〕，〔105 电动剃须刀 0 类器具〕

⑦ 〔101 电动毛发推剪 I 类器具〕，〔102 电动毛发推剪 II 类器具〕，〔103 电动毛发推剪 III 类器具〕，〔104 电动毛发推剪 0I 类器具〕，〔105 电动毛发推剪 0 类器具〕

⑧ 〔101 电动脱毛机 I 类器具〕，〔102 电动脱毛机 II 类器具〕，〔103 电动脱毛机 III 类器具〕，〔104 电动脱毛机 0I 类器具〕，〔105 电动脱毛机 0 类器具〕

⑨ 〔101 航空器用零部件〕，〔102 船舶用零部件〕，〔103 铁道机车用零部件〕，〔104 其他发电机（组）及其零件〕

智利	新西兰	澳大利亚	瑞士	冰岛	秘鲁	哥斯达	东盟	亚太	新加坡	巴基斯坦	港/澳/台	韩国	格鲁吉亚	毛里求斯	柬埔寨	尼加拉瓜	日/韩/澳/新/东(RCEP)	亚太2国	老/柬/缅	LDC 98/97/95	Article Description
协定税率(%)																		特惠税率(%)			
																					Electro-mechanical domestic appliances, with selfcontained electric motor, other than vacuum cleaners of heading 85.08:
0	0	0	0	0	0	0	0		0	0	0/0/	5	0	0	0	0	//8.5/8.5/8.5			0/0/0	---Fruit or vegetable juice extractors
0	0	0	0	0	0	0	0		0	0	0/0/0	0	0	0	0	0	7.3/7/0/0/0			0/0/0	---Other
0	0	0	8	0	0	0	0		0	24	0/0/		0	6	0	6.4	//8/8/8			0/0/0	---Floor polishers
0	0	0	0	0	0	0	0		0	16	0/0/	10	0	0	0	6.4	//17/17/17			0/0/0	---Kitchen waste disposers
0	0	0		0	0	0	0		0	24	0/0/		0	6	0	6.4	//8/8/8			0/0/0	---Other
0	0	0	0	0	0	0	0		0	3	0/0/	0	0	0	0	0	8.7/8.4/8.4/8.4/8.4			0/0/0	-Parts
																					Shavers, hair clippers and hair-removing appliances, with self-contained electric motor:
0	0	0	8		0	0	0		0	24	0/0/		0	6	0	0	//8/8/8			0/0/0	-Shavers
0	0	0	8	0	0	0	0		0	24	0/0/		0	6	0	6.4	//8/8/8			0/0/0	-Hair clippers
0	0	0	0	0	0	0	0		0	16	0/0/	6.6	0	0	0	6.4	16.3/14/14/14/14			0/0/0	-Hair-removing appliances
0	0	0	0	0	0	0	0		0	19.6	0/0/	12.2	0	4.9	0	6.4	21//20.8/20.8/20.8			0/0/0	-Parts
																					Electrical ignition or starting equipment of a kind used for spark-ignition or compression-ignition internal combustion engines (for example, ignition magnetos, magnetodynamos, ignition coils, sparking plugs and glow plugs, starter motors); generators (for example, dynamos, alternators) and cutouts of a kind used in conjunction with such engines:
0	0	0	0	0	0	0	0		0	2.5	0/0/	0	0	0	0	6.4	7.3/7/0/0/0			0/0/0	-Sparking plugs
0	0	0	0	0	0	0	0			0	0/0/	0	0	0	0	0	0/0/0/0/0			0/0/0	---For locomotives, aircraft or ships
0	0	0	0	0	0	0	0			0	0/0/	0	0	0	0	6.4	7.3/7/0/0/0			0/0/0	---Other
0	0	0	0	0	0	0	0			0	0/0/	0	0	0	0	0	0/0/0/0/0			0/0/0	---For locomotives, aircraft or ships
0	0	0	0	0	0	0	0			0	0/0/	2.8	0	0	0	6.4	6.8/6.7/7.1/7.1/6.7			0/0/0	---Other
0	0	0	0	0	0	0	0			0	0/0/	0	0	0	0	0	3.6/3.5/0/0/0			0/0/0	---For locomotives, aircraft or ships

商品编号	商品名称及备注[检验检疫编码及名称]	进口关税(%) 最惠国	普通	增值税率(%)	消费税	计量单位	监管条件	检验检疫类别	对美税率	出口税率(%)	出口退税率(%)
85114091	----输出功率在132.39千瓦(180马力)及以上的发动机用启动电机										13
8511409100	输出功率≥132.39千瓦启动电机(输出功率在180马力及以上的发动机用)〔999〕	8	30	13		个/千克			33%	0	
85114099	----其他										13
8511409900	其他用途的启动电机(包括两用启动发电机)〔999〕	8	30	13		个/千克			33%	0	
85115010	---机车、航空器及船舶用										13
8511501000	其他机车、航空器、船舶用发电机〔999〕	5	11	13		个/千克			10%	0	
85115090	---其他										13
8511509000	其他附属于内燃发动机的发电机〔999〕	8	30	13		个/千克			33%	0	
85118000	-其他装置										13
8511800000	发动机用电点火,启动的其他装置(指点燃式或压燃式内燃发动机用的)〔999〕	8	30	13		个/千克			13%	0	
85119010	---本税目所列供机车、航空器及船舶用各种装置的零件										13
8511901010[暂1]	飞机发动机用三相交流发电机用壳体〔999〕	4.5	11	13		千克			6%	0	
8511901090	车船飞机用其他电点火,启动装置零件(指品目85.11所列供机车、航空器及船舶用各种装置的零件)〔101 航空器用零部件〕,〔102 船舶用零部件〕,〔103 铁道机车用零部件〕	4.5	11	13		千克			9.5%	0	
85119090	---其他										13
8511909000	其他用电点火,电启动装置的零件(指品目85.11所列供其他用途的各种装置的零件)〔999〕	5	30	13		千克			30%	0	
8512	**自行车或机动车辆用的电气照明或信号装置(税目85.39的物品除外)、风挡刮水器、除霜器及去雾器:**										
85121000	-自行车用照明或视觉信号装置										13
8512100000	自行车用照明或视觉信号装置〔999〕	10	45	13		个/千克			35%	0	
85122010	---机动车辆用照明装置										13
8512201000	机动车辆用照明装置〔999〕	10	45	13		个/千克		L/	15%	0	
85122090	---其他										13
8512209000	其他照明或视觉信号装置(包括机动车辆用视觉装置)〔999〕	10	45	13		个/千克		L/	15%	0	
85123011	----喇叭、蜂鸣器										13
8512301100	机动车辆用喇叭、蜂鸣器〔999〕	10	45	13		个/千克			15%	0	
85123012	----防盗报警器										13
8512301200	机动车辆用防盗报警器〔999〕	10	40	13		个/千克			15%	0	
85123019	----其他										13
8512301900	机动车辆用其他音响信号装置〔999〕	10	45	13		个/千克			15%	0	
85123090	---其他										13
8512309000	其他车辆用电器音响信号装置〔999〕	10	45	13		个/千克			20%	0	
85124000	-风挡刮水器、除霜器及去雾器										13
8512400000	车辆风挡刮水器、除霜器及去雾器〔999〕	10	45	13		个/千克			15%	0	
85129000	-零件										13
8512900000	品目85.12所列装置的零件(指车辆等用照明、信号装置、风挡刮水器、除霜器等零件)〔999〕	8	45	13		千克			13%	0	
8513	**自供能源(例如,使用干电池、蓄电池、永磁发电机)的手提式电灯,但税目85.12的照明装置除外:**										
85131010	---手电筒										13
8513101000	手电筒〔999〕	5	100	13		个/千克			15%	0	
85131090	---其他										13
8513109000	其他自供能源手提式电灯(但品目85.12的照明装置除外)〔999〕	6	70	13		个/千克			31%	0	
85139010	---手电筒用										13
8513901000	手电筒零件〔999〕	5	100	13		千克			30%	0	
85139090	---其他										13
8513909000	其他自供能源手提式电灯零件〔999〕	5	70	13		千克			30%	0	

协定税率(%)																		特惠税率(%)			Article Description
智利	新西兰	澳大利亚	瑞士	冰岛	秘鲁	哥斯达	东盟	亚太	新加坡	巴基斯坦	港/澳/台	韩国	格鲁吉亚	毛里求斯	柬埔寨	尼加拉瓜	日/韩/澳/新/东(RCEP)	亚太2国	老/柬/缅	LDC 98/97/95	
0	0	0	0	0	0	0	0			0	0/0/	0	0	0	0	6.4	6.1/5.9/0/0/0			0/0/0	----Starter motors for engines of an output of 132.39kW (180hp) or more
0	0	0	0	0	0	0	0			4	0/0/	2.8	0	0	0	6.4	6.8/6.7/7.1/7.1/6.7			0/0/0	----Other
0	0	0	0	0	0	0	0			0	0/0/	0	0	0	0	0	3.6/3.5/0/0/0			0/0/0	---For locomotives, aircraft or ships
0	0	0	0	0	0	0	0			0	0/0/		0	0	0	6.4	//5/5/5			0/0/0	---Other
0	0	0	0	0	0	0	0			0	0/0/	0	0	0	0	6.4	6.1/5.9/0/0/0			0/0/0	-Other equipment
0	0	0	0	0	0	0	0			0	0/0/		0	0	0	0	//4.2/4.2/4.2			0/0/0	---Of the equipment of heading 85.11 used for locomotives, aircraft or ships
0	0	0	0	0	0	0	0			0	0/0/	0	0	0	0	0	4.1/3.5/0/0/0			0/0/0	---Other
																					Electrical lighting or signalling equipment (excluding articles of heading 85.39), windscreen wipers, defrosters and demisters, of a kind used for cycles or motor vehicles:
0	0	0	0	0	0	0	0		0	2.5	0/0/	0	0	0	0	9	7.6/7.4/0/0/0			0/0/0	-Lighting or visual signalling equipment of a kind used on bicycles
0	0	0	0	0	0	0	5			8	0/0/0	5	0	0	0	9	7.3/10/9.3/9.3/7			0/0/0	---Lighting equipment of a kind used for motor vehicles
0	0	0	0	0	0	0	5			8	0/0/	5	0	0	0	9	8.6//9.3/9.3/8.5			0/0/0	---Other
0	0	0	0	0	0	0	5	6.5		4.3	0/0/	3.3	0	0	0	9	7.3//8.5/9.3/7			0/0/0	----Loudspeaker, buzzers
0	0	0	0	0	0	0	0	6.5		0	0/0/	3.3	0	0	0	9	8.1/7/7/7/7			0/0/0	----Burglar alarm
0	0	0	0	0	0	0	5	6.5		4.3	0/0/	3.3	0	0	0	9	7.3/10/8.5/9.3/7			0/0/0	----Other
0	0	0	0	0	0	0	5	6.5		4.3	0/0/		0	0	0	9	7.3////7			0/0/0	---Other
0	0	0	0	0	0	0	5			8	0/0/		0	0	0	9				0/0/0	-Windscreen wipers, defrosters and demisters
0	0	0	0	0	0	0	0			4	0/0/0	0	0	0	0	6.4	6.5/5.6/0/0/0			0/0/0	-Parts
																					Portable electric lamps designed to function by their own source of energy (for example, dry batteries, accumulators, magnetos), other than lighting equipment of heading 85.12:
0	0	0	0	0	0	0	0	3.3	0	6	0/0/	0	0	0	0	0	10.9/10.5/0/0/0			0/0/0	---Portable electric torches designed to function by dry batteries
0	0	0	0	0	0	0	0		0	7	0/0/	0	0	0	0	0	12.7/12.3/0/0/0			0/0/0	---Other
0	0	0	0	0	0	0	0		0	5.6	0/0/	0	0	0	0	0	10.2/9.8/0/0/0			0/0/0	---Of the torches
0	0	0	0	0	0	0	0		0	5.6	0/0/	0	0	0	0	0	10.2/9.8/0/0/0			0/0/0	---Other

商品编号	商品名称及备注[检验检疫编码及名称]	进口关税(%) 最惠国	进口关税(%) 普通	增值税率(%)	消费税	计量单位	监管条件	检验检疫类别	对美税率	出口税率(%)	出口退税率(%)
8514	**工业或实验室用电炉及电烘箱(包括通过感应或介质损耗工作的);工业或实验室用其他通过感应或介质损耗对材料进行热处理的设备:**										
85141100	--热等静压机										13
8514110010	热等静压机(两用物项管制机器及机械器具)〔999〕	0	30	13		台/千克	3		10%	0	
8514110090	热等静压机〔999〕	0	30	13		台/千克			10%	0	
85141910	---可控气氛热处理炉										13
8514191000	可控气氛热处理炉〔999〕	0	30	13		台/千克			25%	0	
85141990	---其他										13
8514199000	工业用其他电阻加热炉及烘箱(包括实验室用)〔999〕	0	30	13		台/千克			10%	0	
85142000	-通过感应或介质损耗工作的炉及烘箱										13
8514200010	真空感应炉或受控环境感应炉(工作温度>850摄氏度,感应线圈直径≤600毫米,功率≥5千瓦)〔999〕	0	30	13		台/千克	3		10%	0	
8514200090	其他感应或介质损耗工作炉及烘箱(包括实验室用)〔999〕	0	30	13		台/千克			10%	0	
85143100	--电子束炉										13
8514310010	电子束熔化炉(功率≥50千瓦,能在>1200摄氏度的熔化温度工作)〔999〕	0	30	13		台/千克	3		10%	0	
8514310090	其他电子束炉(包括实验室用)〔999〕	0	30	13		台/千克			10%	0	
85143200	--等离子及真空电弧炉										13
8514320010	真空电弧重熔炉、真空电弧熔炉和真空电弧融化铸造炉(容量1000立方厘米~2万立方厘米,使用自耗电极,工作温度1700摄氏度以上)〔999〕	0	30	13		台/千克	3		10%	0	
8514320020	等离子体雾化炉和等离子体熔化炉(功率≥50千瓦,能在>1200摄氏度的熔化温度工作)〔999〕	0	30	13		台/千克	3		10%	0	
8514320090	其他等离子及真空电弧炉(包括实验室用)〔999〕	0	30	13		台/千克			10%	0	
85143900	--其他										13
8514390010	其他电弧重熔炉、电弧熔炉和电弧融化铸造炉(容量1000立方厘米~2万立方厘米,使用自耗电极,工作温度1700摄氏度以上)〔999〕	0	30	13		台/千克	3		10%	0	
8514390090	工业用其他电炉及电烘箱(包括实验室用)〔999〕	0	30	13		台/千克			10%	0	
85144000	-其他通过感应或介质损耗对材料进行热处理的设备										13
8514400001[暂7]	焊缝中频退火装置〔999〕	10	30	13		台/千克			27%	0	
8514400090	其他感应或介质损耗的加热设备(包括实验室用)〔999〕	10	30	13		台/千克			30%	0	
85149010	---炼钢电炉用										13
8514901000	炼钢电炉用零件〔999〕	8	30	13		千克			33%	0	
85149090	---其他										13
8514909000	工业用电阻加热炉及烘箱等零件(指品目85.14所列货品的零件)〔999〕	0	30	13		千克			10%	0	
8515	**电气(包括电热气体)、激光、其他光、光子束、超声波、电子束、磁脉冲或等离子弧焊接机器及装置,不论是否兼有切割功能;用于热喷金属或金属陶瓷的电气机器及装置:**										
85151100	--烙铁及焊枪										13
8515110000	钎焊机器及装置用烙铁及焊枪〔101 钎焊机器及装置〕,〔102 钎焊烙铁及焊枪〕	10	30	13		个/千克			30%	0	
85151900	--其他										13
8515190010	专门或主要用于印刷电路组件制造的其他波峰焊接机器〔999〕	0	30	13		台/千克			25%	0	
8515190090	其他钎焊机器及装置〔999〕	10	30	13		台/千克			35%	0	
85152120	---机器人										13
8515212001[暂5]	汽车生产线电阻焊接机器人〔999〕	10	30	13		台/千克	0		30%	0	
8515212090	其他电阻焊接机器人〔999〕	10	30	13		台/千克	0		35%	0	
85152191	----直缝焊管机										13
8515219100	直缝焊管机(电阻焊接式、全自动或半自动的)〔999〕	10	30	13		台/千克			30%	0	
85152199	----其他										13
8515219900	其他电阻焊接机器(全自动或半自动的)〔999〕	10	30	13		台/千克	0		30%	0	
85152900	--其他										13
8515290000	其他电阻焊接机器及装置〔999〕	10	30	13		台/千克			35%	0	
85153120	---机器人										13

协定税率(%)																		特惠税率(%)			Article Description
智利	新西兰	澳大利亚	瑞士	冰岛	秘鲁	哥斯达	东盟	亚太	新加坡	巴基斯坦	港/澳/台	韩国	格鲁吉亚	毛里求斯	柬埔寨	尼加拉瓜	日/韩/澳/新/东(RCEP)	亚太2国	老/柬/缅	LDC 98/97/95	
																					Industrial or laboratory electric furnaces and ovens (including those functioning by induction or dielectric loss); other industrial or laboratory equipment for the heat treatment of materials by induction or dielectric loss:
0	0	0	0	0	0	0	0			0	0/0/	0	0	0	0	0	0/0/0/0/0			0/0/0	--Hot isostatic presses
0	0	0	0	0	0	0	0			0	0/0/	0	0	0	0	0	0/0/0/0/0			0/0/0	---Furnaces for heat treatment, atmosphere controllable
0	0	0	0	0	0	0	0			0	0/0/	0	0	0	0	0	0/0/0/0/0			0/0/0	---Other
0	0	0	0	0	0	0	0			0	0/0/	0	0	0	0	0	0/0/0/0/0			0/0/0	-Furnaces and ovens functioning by induction or dielectric loss
0	0	0	0	0	0	0	0			0	0/0/	0	0	0	0	0	0/0/0/0/0			0/0/0	--Electron beam furnaces
0	0	0	0	0	0	0	0			0	0/0/	0	0	0	0	0	0/0/0/0/0			0/0/0	--Plasma and vacuum arc furnaces
0	0	0	0	0	0	0	0			0	0/0/	0	0	0	0	0	0/0/0/0/0			0/0/0	--Other
0	0	0	0	0	0	0	0		0	2.5	0/0/	0	0	0	0	9	7.3/7/7/7/7			0/0/0	-Other equipment for the heat treatment of materials by induction or dielectric loss
0	0	0	0	0	0	0	0			0	0/0/	0	0	0	0	6.4	5.8/0/0/0/0			0/0/0	---Of steel making electric furnaces
0	0	0	0	0	0	0	0			0	0/0/	0	0	0	0	0	0/0/0/0/0			0/0/0	---Other
																					Electric (including electrically heated gas), laser or other light or photon beam, ultrasonic, electron beam, magnetic pulse or plasma arc soldering, brazing or welding machines and apparatus, whether or not capable of cutting; electric machines and apparatus for hot spraying of metals or cermets:
0	0	0	0	0	0	0	0		0	0	0/0/	0	0	0	0	9	7.3/7/0/0/0			0/0/0	--Soldering irons and guns
0	0	0	2.7	0	0	0	0		0	0	0/0/		0	0	0	9	//5/5/5			0/0/0	--Other
0	0	0		0	0	0	0		0	2.5	0/0/	5	0	0	0	9	//8.5/8.5/8.5			0/0/0	---Robots
0	0	0	0	0	0	0	0			0	0/0/	5	0	0	0	9	//8.5/8.5/8.5			0/0/0	----Aligning tube welding machines
0	0	0		0	0	0	0		0	2.5	0/0/	5	0	0	0	9	//8.5/8.5/8.5			0/0/0	----Other
0	0	0	0	0	0	0	0	6.5	0	0	0/0/	5	0	0	0	9	//8.5/8.5/8.5			0/0/0	--Other
0	0	0	0	0	0	0	5			8	0/0/	5	0	0	0	9				0/0/0	---Robots

商品编号	商品名称及备注[检验检疫编码及名称]	进口关税(%)		增值税率(%)	消费税	计量单位	监管条件	检验检疫类别	对美税率	出口税率(%)	出口退税率(%)
		最惠国	普通								
8515312000	电弧(包括等离子弧)焊接机器人〔999〕	10	30	13		台/千克	AO	L/	35%	0	
85153191	----螺旋焊管机										13
8515319100	螺旋焊管机[电弧(包括等离子弧)焊接式、全自动或半自动的]〔999〕	10	30	13		台/千克			35%	0	
85153199	----其他										13
8515319900	其他电弧(包括等离子弧)焊接机及装置(全自动或半自动的)〔999〕	10	30	13		台/千克	AO	L/	30%	0	
85153900	--其他										13
8515390000	其他电弧(等离子弧)焊接机器及装置(非全自动或半自动的)〔999〕	10	30	13		台/千克	A	L/	30%	0	
85158010	---激光焊接机器人										13
8515801001[暂5]	汽车生产线激光焊接机器人〔999〕	8	30	13		台/千克			30%	0	
8515801090	其他激光焊接机器人〔999〕	8	30	13		台/千克			33%	0	
85158090	---其他										13
8515809010	电子束、激光自动焊接机[将端塞焊接于燃料细棒(或棒)的自动焊接机]〔101 波峰焊设备〕,〔102 其他焊接设备及其零件〕	8	30	13		台/千克	3		28%	0	
8515809090	其他焊接机器及装置〔101 波峰焊设备〕,〔102 其他焊接设备及其零件〕	8	30	13		台/千克		L/	28%	0	
85159000	-零件										13
8515900010	专门或主要用于印刷电路组件制造的其他波峰焊接机器的零件〔999〕	0	30	13		千克			20%	0	
8515900090[暂3]	其他电气等焊接机器及装置零件(包括激光、其他光、光子束、超声波、电子束磁脉冲等)〔999〕	6	30	13		千克			23%	0	
8516	**电热的快速热水器、储存式热水器、浸入式液体加热器;电气空间加热器及土壤加热器;电热的理发器具(例如,电吹风机、电卷发器、电热发钳)及干手器;电熨斗;其他家用电热器具;加热电阻器,但税目85.45的货品除外:**										
85161010	---储存式电热水器										13
8516101000	储存式电热水器①	7	100	13		个/千克	A	L/	22%	0	
85161020	---即热式电热水器										13
8516102000	即热式电热水器②	7	100	13		个/千克	A	L/	12%	0	
85161090	---其他										13
8516109000	其他电热水器③	7	100	13		个/千克	A	L/	12%	0	
85162100	--储存式散热器										13
8516210000	电气储存式散热器④	7	100	13		个/千克			32%	0	
85162910	---土壤加热器										13
8516291000	电气土壤加热器⑤	7	40	13		个/千克			17%	0	
85162920	---辐射式空间加热器										13
8516292000	辐射式空间加热器⑥	7	100	13		个/千克		L/	32%	0	
85162931	----风扇式										13
8516293100	风扇式对流空间加热器⑦	7	100	13		个/千克		L/	32%	0	
85162932	----充液式										13
8516293200	充液式对流空间加热器⑧	7	100	13		个/千克		L/	32%	0	
85162939	----其他										13
8516293900	其他对流式空间加热器⑨	7	100	13		个/千克		L/	22%	0	
85162990	---其他										13
8516299000	电气空间加热器⑩	7	100	13		个/千克		L/	32%	0	
85163100	--吹风机										13

① 〔101 电热水器 I 类器具〕,〔102 电热水器 II 类器具〕,〔103 电热水器 III 类器具〕,〔104 电热水器 0I 类器具〕,〔105 电热水器 0 类器具〕

② 〔101 电热水器 I 类器具〕,〔102 电热水器 II 类器具〕,〔103 电热水器 III 类器具〕,〔104 电热水器 0I 类器具〕,〔105 电热水器 0 类器具〕

③ 〔101 电热水器 I 类器具〕,〔102 电热水器 II 类器具〕,〔103 电热水器 III 类器具〕,〔104 电热水器 0I 类器具〕,〔105 电热水器 0 类器具〕

④ 〔101 电气储存式散热器 I 类器具〕,〔102 电气储存式散热器 II 类器具〕,〔103 电气储存式散热器 III 类器具〕,〔104 电气储存式散热器 0I 类器具〕,〔105 电气储存式散热器 0 类器具〕

⑤ 〔101 其他电热器具及其零件 I 类器具〕,〔102 其他电热器具及其零件 II 类器具〕,〔103 其他电热器具及其零件 III 类器具〕,〔104 其他电热器具及其零件 0I 类器具〕,〔105 其他电热器具及其零件 0 类器具〕

⑥ 〔101 其他电热器具及其零件 I 类器具〕,〔102 其他电热器具及其零件 II 类器具〕,〔103 其他电热器具及其零件 III 类器具〕,〔104 其他电热器具及其零件 0I 类器具〕,〔105 其他电热器具及其零件 0 类器具〕,〔106 其他小型家用及类似用途电器及其零件 I 类器具〕,〔107 其他小型家用及类似用途电器及其零件 II 类器具〕,〔108 其他小型家用及类似用途电器及其零件 III 类器具〕,〔109 其他小型家用及类似用途电器及其零件 0I 类器具〕,〔110 其他小型家用及类似用途电器及其零件 0 类器具〕

⑦ 〔101 其他电热器具及其零件 I 类器具〕,〔102 其他电热器具及其零件 II 类器具〕,〔103 其他电热器具及其零件 III 类器具〕,〔104 其他电热器具及其零件 0I 类器具〕,〔105 其他电热器具及其零件 0 类器具〕,〔106 其他小型家用及类似用途电器及其零件 I 类器具〕,〔107 其他小型家用及类似用途电器及其零件 II 类器具〕,〔108 其他小型家用及类似用途电器及其零件 III 类器具〕,〔109 其他小型家用及类似用途电器及其零件 0I 类器具〕,〔110 其他小型家用及类似用途电器及其零件 0 类器具〕

⑧ 〔101 其他电热器具及其零件 I 类器具〕,〔102 其他电热器具及其零件 II 类器具〕,〔103 其他电热器具及其零件 III 类器具〕,〔104 其他电热器具及其零件 0I 类器具〕,〔105 其他电热器具及其零件 0 类器具〕,〔106 其他小型家用及类似用途电器及其零件 I 类器具〕,〔107 其他小型家用及类似用途电器及其零件 II 类器具〕,〔108 其他小型家用及类似用途电器及其零件 III 类器具〕,〔109 其他小型家用及类似用途电器及其零件 0I 类器具〕,〔110 其他小型家用及类似用途电器及其零件 0 类器具〕

⑨ 〔101 其他电热器具及其零件 I 类器具〕,〔102 其他电热器具及其零件 II 类器具〕,〔103 其他电热器具及其零件 III 类器具〕,〔104 其他电热器具及其零件 0I 类器具〕,〔105 其他电热器具及其零件 0 类器具〕,〔106 其他小型家用及类似用途电器及其零件 I 类器具〕,〔107 其他小型家用及类似用途电器及其零件 II 类器具〕,〔108 其他小型家用及类似用途电器及其零件 III 类器具〕,〔109 其他小型家用及类似用途电器及其零件 0I 类器具〕,〔110 其他小型家用及类似用途电器及其零件 0 类器具〕

⑩ 〔101 电气空间加热器 I 类器具〕,〔102 电气空间加热器 II 类器具〕,〔103 电气空间加热器 III 类器具〕,〔104 电气空间加热器 0I 类器具〕,〔105 电气空间加热器 0 类器具〕

协定税率(%)																		特惠税率(%)			Article Description
智利	新西兰	澳大利亚	瑞士	冰岛	秘鲁	哥斯达	东盟	亚太	新加坡	巴基斯坦	港/澳/台	韩国	格鲁吉亚	毛里求斯	柬埔寨	尼加拉瓜	日/韩/澳/新/东(RCEP)	亚太2国	老/柬/缅	LDC 98/97/95	
0	0	0	0	0	0	0	0			0	0/0/	0	0	0	0	9	7.3/7/0/0/0			0/0/0	----Spiralling tube welding machines
0	0	0	0	0	0	0				8	0/0/	5	0	0	0	9				0/0/0	----Other
0	0	0	0	0	0	0	0			0	0/0/	0	0	0	0	9	7.3/7/0/0/0			0/0/0	--Other
0	0	0	2.1	0	0	0	0	5.2		0	0/0/0	0	0	0	0	6.4	6.9/0/0/0/0			0/0/0	---Laser welding robots
0	0	0	2.1	0	0	0	0	5.2		0	0/0/0	0	0	0	0	6.4	5.8/0/0/0/0			0/0/0	---Other
0	0	0	0	0	0	0	0	3.9		0	0/0/	0	0	0	0	0	4.4/4.2/4.2/4.2/4.2			0/0/0	-Parts
																					Electric instantaneous or storage water heaters and immersion heaters; electric space heating apparatus and soil heating apparatus; electro-thermic hair-dressing apparatus (for example, hair dryers, hair curlers, curling tong heaters) and hand dryers; electric smoothing irons; other electro-thermic appliances of a kind used for domestic purposes; electric heating resistors, other than those of heading 85.45:
0	0	0	0	0	0	0	0		0	0	0/0/	0	0	0	0	0	7.3/7/0/0/0			0/0/0	---Electric storage waterheaters
0	0	0	0	0	0	0	0		0	0	0/0/	0	0	0	0	0	7.3/7/0/0/0			0/0/0	---Electric instantaneous waterheaters
0	0	0	0	0	0	0	0		0	0	0/0/		0	0	0	0	//7/7/7			0/0/0	---Other
0	0	0	7	0	0	0	0		0		0/0/0		0	7	0	0	//7/7/7			0/0/0	--Storage heating radiators
0	0	0	0	0	0	0	0	5.6		0	0/0/	0	0	0	0	0	7.3/7/0/0/0			0/0/0	---Electric soil heating apparatus
0	0	0	0	0	0	0	0		0	0	0/0/	0	0	0	0	0	7.3/7/0/0/0			0/0/0	---Radiant space heating apparatus
0	0	0	0	0	0	0	0		0	0	0/0/	0	0	0	0	0	7.3/7/0/0/0			0/0/0	----Fan type
0	0	0	0	0	0	0	0		0	0	0/0/	0	0	0	0	0	7.3/7/0/0/0			0/0/0	----Oil-filled type
0	0	0	0	0	0	0	0		0	0	0/0/	0	0	0	0	0	7.3/7/0/0/0			0/0/0	----Other
0	0	0	0	0	0	0	0		0	4	0/0/	0	0	0	0	0	7.3/7/0/0/0			0/0/0	---Other
0	0	0	0	0	0	0	0		0	0	0/0/	0	0	0	0	0	7.3/7/0/0/0			0/0/0	--Hair dryers

商品编号	商品名称及备注[检验检疫编码及名称]	进口关税(%) 最惠国	进口关税(%) 普通	增值税率(%)	消费税	计量单位	监管条件	检验检疫类别	对美税率	出口税率(%)	出口退税率(%)
8516310000[暂5]	电吹风机①	7	100	13		个/千克	A	L. M/	30%	0	
85163200	--其他理发器具										13
8516320000	其他电热理发器具②	7	100	13		个/千克	A	L. M/		0	
85163300	--干手器										13
8516330000	电热干手器③	7	100	13		个/千克	A	L. M/		0	
85164000	-电熨斗										13
8516400000	电熨斗④	7	100	13		个/千克	A	L. M/		0	
85165000	-微波炉										13
8516500000	微波炉⑤	7	130	13		台/千克	A	L. M. R/	32%	0	
85166010	---电磁炉										13
8516601000	电磁炉⑥	7	130	13		个/千克	A	L/	32%	0	
85166030	---电饭锅										13
8516603000[暂5]	电饭锅⑦	7	130	13		个/千克	A	L. R/		0	
85166040	---电炒锅										13
8516604000	电炒锅⑧	7	130	13		个/千克	A	R/		0	
85166050	---电烤箱										13
8516605000	电烤箱⑨	7	130	13		个/千克	A	L. M/	32%	0	
85166090	---其他										13
8516609000	其他电热炉(包括电热板、加热环、烧烤炉及烘烤器)⑩	7	130	13		个/千克	A	L. M/	32%	0	
85167110	---滴液式咖啡机										13
8516711000[暂5]	滴液式咖啡机⑪	7	130	13		个/千克	A	L. R/	30%	0	
85167120	---蒸馏渗滤式咖啡机										13
8516712000[暂5]	蒸馏渗滤式咖啡机⑫	7	130	13		个/千克	A	L. R/	30%	0	
85167130	---泵压式咖啡机										13
8516713000[暂5]	泵压式咖啡机⑬	7	130	13		个/千克	A	L. R/	30%	0	
85167190	---其他										13
8516719000	其他电热咖啡机和茶壶⑭	7	130	13		个/千克	A	L. R/	17%	0	
85167210	---家用自动面包机										13
8516721000	家用自动面包机⑮	7	130	13		个/千克	A	L. M. R/		0	
85167220	---片式烤面包机(多士炉)										13
8516722000	片式烤面包机(多士炉)⑯	7	130	13		个/千克	A	L. M. R/	32%	0	
85167290	---其他										13
8516729000	其他电热烤面包器⑰	7	130	13		个/千克	A	L. M. R/	32%	0	
85167910	---电热饮水机										13
8516791000	电热饮水机⑱	7	100	13		台/千克	A	L/	32%	0	
85167990	---其他										13
8516799000	其他电热器具⑲	7	100	13		个/千克	A	L/	32%	0	
85168000	-加热电阻器										13
8516800000	加热电阻器⑳	7	40	13		个/千克				0	

① 〔101 电吹风机 I 类器具〕,〔102 电吹风机 II 类器具〕,〔103 电吹风机 III 类器具〕,〔104 电吹风机 0I 类器具〕,〔105 电吹风机 0 类器具〕

② 〔101 电热理发器具 I 类器具〕,〔102 电热理发器具 II 类器具〕,〔103 电热理发器具 III 类器具〕,〔104 电热理发器具 0I 类器具〕,〔105 电热理发器具 0 类器具〕,〔106 焗油机 I 类器具〕,〔107 焗油机 II 类器具〕,〔108 焗油机 III 类器具〕,〔109 焗油机 0I 类器具〕,〔110 焗油机 0 类器具〕

③ 〔101 电热干手器 I 类器具〕,〔102 电热干手器 II 类器具〕,〔103 电热干手器 III 类器具〕,〔104 电热干手器 0I 类器具〕,〔105 电热干手器 0 类器具〕

④ 〔101 电熨斗 I 类器具〕,〔102 电熨斗 II 类器具〕,〔103 电熨斗 III 类器具〕,〔104 电熨斗 0I 类器具〕,〔105 电熨斗 0 类器具〕

⑤ 〔101 微波炉 I 类器具〕,〔102 微波炉 II 类器具〕,〔103 微波炉 III 类器具〕,〔104 微波炉 0I 类器具〕,〔105 微波炉 0 类器具〕

⑥ 〔101 电磁炉 I 类器具〕,〔102 电磁炉 II 类器具〕,〔103 电磁炉 III 类器具〕,〔104 电磁炉 0I 类器具〕,〔105 电磁炉 0 类器具〕

⑦ 〔101 电饭锅 I 类器具〕,〔102 电饭锅 II 类器具〕,〔103 电饭锅 III 类器具〕,〔104 电饭锅 0I 类器具〕,〔105 电饭锅 0 类器具〕

⑧ 〔101 电炒锅 I 类器具〕,〔102 电炒锅 II 类器具〕,〔103 电炒锅 III 类器具〕,〔104 电炒锅 0I 类器具〕,〔105 电炒锅 0 类器具〕

⑨ 〔101 电热炉 I 类器具〕,〔102 电热炉 II 类器具〕,〔103 电热炉 III 类器具〕,〔104 电热炉 0I 类器具〕,〔105 电热炉 0 类器具〕

⑩ 〔101 电热炉 I 类器具〕,〔102 电热炉 II 类器具〕,〔103 电热炉 III 类器具〕,〔104 电热炉 0I 类器具〕,〔105 电热炉 0 类器具〕,〔106 光波炉 I 类器具〕,〔107 光波炉 II 类器具〕,〔108 光波炉 III 类器具〕,〔109 光波炉 0I 类器具〕,〔110 光波炉 0 类器具〕,〔111 油炸锅 I 类器具〕,〔112 油炸锅 II 类器具〕,〔113 油炸锅 III 类器具〕,〔114 油炸锅 0I 类器具〕,〔115 油炸锅 0 类器具〕

⑪ 〔101 电热咖啡壶或茶壶 I 类器具〕,〔102 电热咖啡壶或茶壶 II 类器具〕,〔103 电热咖啡壶或茶壶 III 类器具〕,〔104 电热咖啡壶或茶壶 0I 类器具〕,〔105 电热咖啡壶或茶壶 0 类器具〕

⑫ 〔101 电热咖啡壶或茶壶 I 类器具〕,〔102 电热咖啡壶或茶壶 II 类器具〕,〔103 电热咖啡壶或茶壶 III 类器具〕,〔104 电热咖啡壶或茶壶 0I 类器具〕,〔105 电热咖啡壶或茶壶 0 类器具〕

⑬ 〔101 电热咖啡壶或茶壶 I 类器具〕,〔102 电热咖啡壶或茶壶 II 类器具〕,〔103 电热咖啡壶或茶壶 III 类器具〕,〔104 电热咖啡壶或茶壶 0I 类器具〕,〔105 电热咖啡壶或茶壶 0 类器具〕

⑭ 〔101 电热咖啡壶或茶壶 I 类器具〕,〔102 电热咖啡壶或茶壶 II 类器具〕,〔103 电热咖啡壶或茶壶 III 类器具〕,〔104 电热咖啡壶或茶壶 0I 类器具〕,〔105 电热咖啡壶或茶壶 0 类器具〕,〔106 电热水壶 I 类器具〕,〔107 电热水壶 II 类器具〕,〔108 电热水壶 III 类器具〕,〔109 电热水壶 0I 类器具〕,〔110 电热水壶 0 类器具〕

⑮ 〔101 电热烤面包器 I 类器具〕,〔102 电热烤面包器 II 类器具〕,〔103 电热烤面包器 III 类器具〕,〔104 电热烤面包器 0I 类器具〕,〔105 电热烤面包器 0 类器具〕

⑯ 〔101 电热烤面包器 I 类器具〕,〔102 电热烤面包器 II 类器具〕,〔103 电热烤面包器 III 类器具〕,〔104 电热烤面包器 0I 类器具〕,〔105 电热烤面包器 0 类器具〕

⑰ 〔101 电热烤面包器 I 类器具〕,〔102 电热烤面包器 II 类器具〕,〔103 电热烤面包器 III 类器具〕,〔104 电热烤面包器 0I 类器具〕,〔105 电热烤面包器 0 类器具〕

⑱ 〔101 其他电热器具及其零件 I 类器具〕,〔102 其他电热器具及其零件 II 类器具〕,〔103 其他电热器具及其零件 III 类器具〕,〔104 其他电热器具及其零件 0I 类器具〕,〔105 其他电热器具及其零件 0 类器具〕,〔106 其他小型家用及类似用途电器及其零件 I 类器具〕,〔107 其他小型家用及类似用途电器及其零件 II 类器具〕,〔108 其他小型家用及类似用途电器及其零件 III 类器具〕,〔109 其他小型家用及类似用途电器及其零件 0I 类器具〕,〔110 其他小型家用及类似用途电器及其零件 0 类器具〕

⑲ 〔101 电蒸炉 I 类器具〕,〔102 电蒸炉 II 类器具〕,〔103 电蒸炉 III 类器具〕,〔104 电蒸炉 0I 类器具〕,〔105 电蒸炉 0 类器具〕,〔106 电子炖盅 I 类器具〕,〔107 电子炖盅 II 类器具〕,〔108 电子炖盅 III 类器具〕,〔109 电子炖盅 0I 类器具〕,〔110 电子炖盅 0 类器具〕,〔111 其他电热器具及其零件 I 类器具〕,〔112 其他电热器具及其零件 II 类器具〕,〔113 其他电热器具及其零件 III 类器具〕,〔114 其他电热器具及其零件 0I 类器具〕,〔115 其他电热器具及其零件 0 类器具〕,〔116 其他小型家用及类似用途电器及其零件 I 类器具〕,〔117 其他小型家用及类似用途电器及其零件 II 类器具〕,〔118 其他小型家用及类似用途电器及其零件 III 类器具〕,〔119 其他小型家用及类似用途电器及其零件 0I 类器具〕,〔120 其他小型家用及类似用途电器及其零件 0 类器具〕

⑳ 〔101 其他电热器具及其零件 I 类器具〕,〔102 其他电热器具及其零件 II 类器具〕,〔103 其他电热器具及其零件 III 类器具〕,〔104 其他电热器具及其零件 0I 类器具〕,〔105 其他电热器具及其零件 0 类器具〕

协定税率(%)																		特惠税率(%)			Article Description
智利	新西兰	澳大利亚	瑞士	冰岛	秘鲁	哥斯达	东盟	亚太	新加坡	巴基斯坦	港/澳/台	韩国	格鲁吉亚	毛里求斯	柬埔寨	尼加拉瓜	日/韩/澳/新/东 (RCEP)	亚太2国	老/柬/缅	LDC 98/97/95	
0	0	0	7	0	0	0	0		0	28	0/0/	17.5	0	7	0	0	/29.8/29.8/29.8/29.8			0/0/0	--Other hair-dressing apparatus
0	0	0	7	0	0	0	0		0	28	0/0/		0	7	0	0	//5/5/5			0/0/0	--Hand-drying apparatus
0	0	0	0	0	0	0	0		0	28	0/0/0		0	7	0	0	//7/7/7			0/0/0	-Electric smoothing irons
0	0	0	0	0	0	0	0	4.6	0	3.8	0/0/	0	0	0	0	0	10.9/10.5/0/0/0			0/0/0	-Microwave ovens
0	0	0	0	0	0	0	0	5.6	0	6	0/0/	0	0	0	0	0	10.9/10.5/0/0/0			0/0/0	---Electromagnetic ovens
0	0	0	0	0	0	0	0		0	6	0/0/0	0	0	0	0	0	10.9/10.5/10.5/10.5/10.5			0/0/0	---Electric rice cookers
0	0	0	0	0	0	0	0		0	6	0/0/	0	0	0	0	0	10.9/10.5/0/0/0			0/0/0	---Electric frying pans
0	0	0	0	0	0	0	0			6	0/0/0	0	0	0	0	0	10.9/10.5/0/0/0			0/0/0	---Roaster oven
0	0	0	0	0	0	0	0		0	6	0/0/	0	0	0	0	0	10.9/10.5/0/0/0			0/0/0	---Other
0	0	0	0		0	0	0		0	25.6	0/0/		0	6.4	0	0	//7/7/7			0/0/0	---Drip coffee makers
0	0	0	0		0	0	0		0	25.6	0/0/		0	6.4	0	0	//7/7/7			0/0/0	---Steam espresso makers
0	0	0	0	0	0	0	0		0	25.6	0/0/		0	6.4	0	0	//7/7/7			0/0/0	---Pump espresso makers
0	0	0	0	0	0	0	0		0	25.6	0/0/		0	6.4	0	0	//7/7/7			0/0/0	---Other
0	0	0	7		0	0	0		0	25.6	0/0/0		0	6.4	0	0	//7/7/7			0/0/0	---Household automated bread makers
0	0	0	7		0	0	0		0	25.6	0/0/		0	6.4	0	0	//7/7/7			0/0/0	---Slice pop-up toasters
0	0	0	7		0	0	0		0	25.6	0/0/		0	6.4	0	0	//7/7/7			0/0/0	---Other
0	0	0	0		0	0	0		0	25.6	0/0/		0	6.4	0	0	//7/7/7			0/0/0	---Electro-thermic water dispensers
0	0	0			0	0	0		0		0/0/		0	6.4	0	0	//7/7/7			0/0/0	---Other
0	0	0	0	0	0	0	0		0	0	0/0/	0	0	0	0	0	7.3/7/0/0/0			0/0/0	-Electric heating resistors

商品编号	商品名称及备注[检验检疫编码及名称]	进口关税(%)		增值税率(%)	消费税	计量单位	监管条件	检验检疫类别	对美税率	出口税率(%)	出口退税率(%)
		最惠国	普通								
85169010	---土壤加热器及加热电阻器用										13
8516901000	土壤加热器及加热电阻器零件〔999〕	6	40	13		千克			16%	0	
85169090	---其他										13
8516909000	品目 85.16 所列货品的其他零件〔999〕	6	100	13		千克			31%	0	
8517	**电话机，包括用于蜂窝网络或其他无线网络的智能手机及其他电话机；其他发送或接收声音、图像或其他数据用的设备，包括有线或无线网络（例如，局域网或广域网）的通信设备，但税目 84.43、85.25、85.27 或 85.28 的发送或接收设备除外：**										
85171100	--无绳电话机										13
8517110010	无绳加密电话机〔999〕	0	30	13		台/千克	2A	L/	25%	0	
8517110090	其他无绳电话机〔999〕	0	30	13		台/千克	A	L/	25%	0	
85171300	--智能手机										13
8517130000	智能手机〔101 不带附件及包装〕,〔102 包含附件及包装〕	0	20	13		台/千克	A	L/	25%	0	
85171410	---手持（包括车载）式无线电话机										13
8517141011	GSM 数字式手持无线电话整套散件〔101 不带附件及包装〕,〔102 包含附件及包装〕	0	20	13		台/千克			25%	0	
8517141019	其他 GSM 数字式手持无线电话机〔101 不带附件及包装〕,〔102 包含附件及包装〕	0	20	13		台/千克	A	L/	25%	0	
8517141021	CDMA 数字式手持无线电话整套散件〔101 不带附件及包装〕,〔102 包含附件及包装〕	0	20	13		台/千克			25%	0	
8517141029	其他 CDMA 数字式手持无线电话机〔101 不带附件及包装〕,〔102 包含附件及包装〕	0	20	13		台/千克	A	L/	25%	0	
8517141090	其他手持式无线电话机（包括车载式无线电话机）〔101 不带附件及包装〕,〔102 包含附件及包装〕	0	20	13		台/千克	A	L/	25%	0	
85171420	---对讲机										13
8517142000	对讲机（用于蜂窝网络或其他无线网络的）〔101 对讲机〕,〔102 其他通讯设备及其零件〕	0	17	13		台/千克			25%	0	
85171490	---其他										13
8517149000	其他用于蜂窝网络或其他无线网络的电话机〔101 不带附件及包装〕,〔102 包含附件及包装〕,〔103 其他通讯设备及其零件〕	0	14	13		台/千克		L/	25%	0	
85171800	--其他										13
8517180010	其他加密电话机〔999〕	0	30	13		台/千克	2		25%	0	
8517180090	其他电话机〔999〕	0	30	13		台/千克			25%	0	
85176110	---移动通信基站										13
8517611010	GSM 式移动通信基地站〔999〕	0	14	13		台/千克	O		25%	0	
8517611020	CDMA 式移动通信基地站〔999〕	0	14	13		台/千克	O		25%	0	
8517611030	TACS 式移动通信基地站〔999〕	0	14	13		台/千克			25%	0	
8517611090	其他移动通信基地站〔999〕	0	14	13		台/千克	O		25%	0	
85176190	---其他										13
8517619000	其他基站〔101 不带附件及包装〕,〔102 包含附件及包装〕,〔103 其他通讯设备及其零件〕	0	14	13		台/千克	O		20%	0	
85176211	----局用电话交换机；长途电话交换机；电报交换机										13
8517621100	局用电话交换机、长途电话交换机、电报交换机，数字式〔101 电话交换机〕,〔102 网络交换机〕,〔103 其他通讯设备及其零件〕	0	17	13		台/千克			10%	0	
85176212	----移动通信交换机										13
8517621200	数字移动通信交换机〔101 网络交换机〕,〔102 其他通讯设备及其零件〕	0	40	13		台/千克	O		5%	0	
85176219	----其他电话交换机										13
8517621900	其他数字式程控电话交换机〔999〕	0	40	13		台/千克			20%	0	
85176221	----光端机及脉冲编码调制设备（PCM）										13
8517622100	光端机及脉冲编码调制设备（PCM）〔101 调制解调器〕,〔102 光通信数字同步设备〕,〔103 其他通讯设备及其零件〕	0	17	13		台/千克	O	L/	20%	0	
85176222	----波分复用光传输设备										13
8517622200	波分复用光传输设备〔999〕	0	30	13		台/千克	O	L/	25%	0	
85176229	----其他										13
8517622910	光通讯加密路由器〔101 光通信数字同步设备〕,〔102 其他通讯设备及其零件〕	0	30	13		台/千克	AO	L/	5%	0	
8517622920	光通讯加密 VPN 设备〔101 光通信数字同步设备〕,〔102 其他通讯设备及其零件〕	0	30	13		台/千克	23A	L.M/	5%	0	
8517622990	其他光通讯设备〔101 光通信数字同步设备〕,〔102 其他通讯设备及其零件〕	0	30	13		台/千克	A	L/	5%	0	

协定税率(%)																		特惠税率(%)			Article Description
智利	新西兰	澳大利亚	瑞士	冰岛	秘鲁	哥斯达	东盟	亚太	新加坡	巴基斯坦	港/澳/台	韩国	格鲁吉亚	毛里求斯	柬埔寨	尼加拉瓜	日/韩/澳/新/东(RCEP)	亚太2国	老/柬/缅	LDC 98/97/95	
0	0	0	0	0	0	0	0			0	0/0/	0	0	0	0	0	5.8/5.6/0/0/0			0/0/0	---Of apparatus of subheading 8516.2910 or 8516.8000
0	0	0	0	0	0	0	0		0	3	0/0/	0	0	0	0	0	8.7/8.4/8.4/8.4/8.4			0/0/0	---Other
																					Telephone sets, including smartphones and other telephones for cellular networks or for other wireless networks; other apparatus for the transmission or reception of voice, images or other data, including apparatus for communication in a wired or wireless network (such as a local or wide area network), other than transmission or reception apparatus of heading 84.43, 85.25, 85.27 or 85.28:
0	0	0	0	0	0	0	0			0	0/0/	0	0	0	0	0	0/0/0/0/0			0/0/0	--Line telephone sets with cordless handsets
0	0	0	0	0	0	0	0			0	0/0/	0	0	0	0	0	0/0/0/0/0			0/0/0	--Smartphones
0	0	0	0	0	0	0	0			0	0/0/	0	0	0	0	0	0/0/0/0/0			0/0/0	---Wireless telephone handsets (including installed in the vehicle)
0	0	0	0	0	0	0	0			0	0/0/	0	0	0	0	0	0/0/0/0/0			0/0/0	---Walkie-talkie
0	0	0	0	0	0	0	0			0	0/0/	0	0	0	0	0	0/0/0/0/0			0/0/0	---Other
0	0	0	0	0	0	0	0			0	0/0/	0	0	0	0	0	0/0/0/0/0			0/0/0	--Other
0	0	0	0	0	0	0	0			0	0/0/	0	0	0	0	0	0/0/0/0/0			0/0/0	---Mobile communication base stations
0	0	0	0	0	0	0	0			0	0/0/	0	0	0	0	0	0/0/0/0/0			0/0/0	---Other
0	0	0	0	0	0	0	0			0	0/0/	0	0	0	0	0	0/0/0/0/0			0/0/0	----Public telephonic switching apparatus; toll telephonic switching apparatus; telegraphic switching apparatus
0	0	0	0	0	0	0	0			0	0/0/	0	0	0	0	0	0/0/0/0/0			0/0/0	----Mobile communication switching system
0	0	0	0	0	0	0	0			0	0/0/	0	0	0	0	0	0/0/0/0/0			0/0/0	----Other telephonic switching apparatus
0	0	0	0	0	0	0	0			0	0/0/	0	0	0	0	0	0/0/0/0/0			0/0/0	----Optical line terminal equipments and pulse code modulation equipments
0	0	0	0	0	0	0	0			0	0/0/	0	0	0	0	0	0/0/0/0/0			0/0/0	----Optical transmission equipments for wave-division multiplexing
0	0	0	0	0	0	0	0			0	0/0/	0	0	0	0	0	0/0/0/0/0			0/0/0	----Other

商品编号	商品名称及备注[检验检疫编码及名称]	进口关税(%)		增值税率(%)	消费税	计量单位	监管条件	检验检疫类别	对美税率	出口税率(%)	出口退税率(%)
		最惠国	普通								
85176231	----通信网络时钟同步设备										13
8517623100	非光通讯网络时钟同步设备[999]	0	30	13		台/千克		L/	5%	0	
85176232	----以太网络交换机										13
8517623200	非光通讯以太网络交换机[999]	0	30	13		台/千克			20%	0	
85176233	----IP 电话信号转换设备										13
8517623300	IP 电话信号转换设备[999]	0	30	13		台/千克			25%	0	
85176234	----调制解调器										13
8517623400	调制解调器[999]	0	30	13		台/千克			5%	0	
85176235	----集线器										13
8517623500	集线器[999]	0	40	13		台/千克	A	L/	20%	0	
85176236	----路由器										13
8517623600	路由器[999]	0	40	13		台/千克			25%	0	
85176237	----有线网络接口卡										13
8517623710	为聚合高性能数字计算机性能而专门设计的有线网络接口卡[单链路单向通信速率超过2.0GB/S,自定义通信协议。高性能数字计算机是指调整后峰值性能(APP)大于8.0加权每秒万亿次泛点运算的数字计算机][999]	0	30	13		台/千克	3		25%	0	
8517623790	其他有线网络接口卡[999]	0	30	13		台/千克		L/	25%	0	
85176239	----其他										13
8517623910	为聚合高性能数字计算机性能而专门设计的交换机[单链路单向通信速率超过2.0GB/s,自定义通信协议。高性能数字计算机是指调整后峰值性能(APP)大于8.0加权每秒万亿次浮点运算的数字计算机][999]	0	30	13		台/千克	3O		10%	0	
8517623920	其他加密 VPN 设备[999]	0	30	13		台/千克	23		10%	0	
8517623990	其他有线数字通信设备[999]	0	30	13		台/千克		L/	10%	0	
85176292	----无线网络接口卡										13
8517629200	无线网络接口卡[999]	0	14	13		台/千克		L/	25%	0	
85176293	----无线接入固定台										13
8517629300	无线接入固定台[999]	0	14	13		台/千克		L/	25%	0	
85176294	----无线耳机										13
8517629400	无线耳机[101 Ⅰ类其他扬声器及其零件],[102 Ⅱ类其他扬声器及其零件],[103 Ⅲ类其他扬声器及其零件]	0	14	13		个/千克			25%	0	
85176299	----其他										13
8517629910	两用物项管制的无人机专用有发送且有接收功能的无线通讯设备[999]	0	14	13		台/千克	3		25%	0	
8517629990	其他接收、转换并发送或再生音像或其他数据用的设备[999]	0	14	13		台/千克			25%	0	
85176910	---其他无线设备										13
8517691001	用于呼叫、提示和寻呼的便携式接收器[101 无线接收装置],[102 无线寻呼机],[103 其他通讯设备及其零件]	0	14	13		台/千克			10%	0	
8517691002	两用物项管制的无人机专用的无线通讯发送或接收设备[999]	0	14	13		台/千克	3		10%	0	
8517691091	卫星地球站(含终端地球站)无线电发射设备(无线电广播、电视用卫星地面站设备除外)[101 不带附件及包装],[102 包含附件及包装]	0	14	13		台/千克	O		10%	0	
8517691099	其他无线通信设备[101 不带附件及包装],[102 包含附件及包装]	0	14	13		台/千克	A	L/	10%	0	
85176990	---其他有线设备										13
8517699000	其他有线通信设备[101 其他办公机器及其零件],[102 其他通讯设备及其零件]	0	30	13		台/千克		L/	10%	0	
85177100	--各种天线和天线反射器及其零件										13
8517710000	各种天线和天线反射器及其零件[999]	0	20	13		千克			25%	0	
85177910	---数字式程控电话或电报交换机用										13
8517791000	数字式程控电话或电报交换机零件[999]	0	14	13		千克			25%	0	
85177920	---光端机及脉冲编码调制设备(PCM)用										13
8517792000	光端机、脉冲编码调制设备的零件[999]	0	14	13		千克			25%	0	
85177930	---智能手机及其他手持(包括车载)式无线电话机用(天线除外)										13
8517793000	智能手机及其他手持(包括车载)式无线电话机用(天线除外)[999]	0	17	13		千克			25%	0	
85177940	---对讲机用(天线除外)										13
8517794000	对讲机用零件(天线除外)[101 移动通讯设备],[102 其他通讯设备及其零件]	0	20	13		千克			25%	0	
85177950	---光通信设备的激光收发模块										13
8517795000	光通信设备的激光收发模块[999]	0	30	13		千克				0	
85177990	---其他										13

协定税率(%)																		特惠税率(%)			Article Description
智利	新西兰	澳大利亚	瑞士	冰岛	秘鲁	哥斯达	东盟	亚太	新加坡	巴基斯坦	港/澳/台	韩国	格鲁吉亚	毛里求斯	柬埔寨	尼加拉瓜	日/韩/澳/新/东(RCEP)	亚太2国	老/柬/缅	LDC 98/97/95	
0	0	0	0	0	0	0	0			0	0/0/	0	0	0	0	0	0/0/0/0/0			0/0/0	----Communication network synchronizing equipments
0	0	0	0	0	0	0	0			0	0/0/	0	0	0	0	0	0/0/0/0/0			0/0/0	----Ethernet exchangers
0	0	0	0	0	0	0	0			0	0/0/	0	0	0	0	0	0/0/0/0/0			0/0/0	----IP telephone signal converters
0	0	0	0	0	0	0	0			0	0/0/	0	0	0	0	0	0/0/0/0/0			0/0/0	----Modem
0	0	0	0	0	0	0	0			0	0/0/	0	0	0	0	0	0/0/0/0/0			0/0/0	----Hubs
0	0	0	0	0	0	0	0			0	0/0/	0	0	0	0	0	0/0/0/0/0			0/0/0	----Routers
0	0	0	0	0	0	0	0			0	0/0/	0	0	0	0	0	0/0/0/0/0			0/0/0	----Wired network interface cards
0	0	0	0	0	0	0	0			0	0/0/	0	0	0	0	0	0/0/0/0/0			0/0/0	----Other
0	0	0	0	0	0	0	0			0	0/0/	0	0	0	0	0	0/0/0/0/0			0/0/0	----Wireless network interface cards
0	0	0	0	0	0	0	0			0	0/0/	0	0	0	0	0	0/0/0/0/0			0/0/0	----Fixed wireless access station
0	0	0	0	0	0	0	0			0	0/0/	0	0	0	0	0	0/0/0/0/0			0/0/0	----Wireless headphones
0	0	0	0	0	0	0	0			0	0/0/	0	0	0	0	0	0/0/0/0/0			0/0/0	----Other
0	0	0	0	0	0	0	0			0	0/0/	0	0	0	0	0	6.5/0/0/0/0			0/0/0	---Other equipments in a wireless network
0	0	0	0	0	0	0	0			0	0/0/	0	0	0	0	0	0/0/0/0/0			0/0/0	---Other equipments in a wired network
0	0	0	0	0	0	0	0			0	0/0/	0	0	0	0	0	0/0/0/0/0			0/0/0	--Aerials and aerial reflectors of all kinds; parts suitable for use therewith
0	0	0	0	0	0	0	0			0	0/0/	0	0	0	0	0	0/0/0/0/0			0/0/0	---Of digital program-controlled telephonic or telegraphic switching apparatus
0	0	0	0	0	0	0	0			0	0/0/	0	0	0	0	0	0/0/0/0/0			0/0/0	---Of optical line terminal equipments and pulse code modulation equipments
0	0	0	0	0	0	0	0			0	0/0/	0	0	0	0	0	0/0/0/0/0			0/0/0	---Of smartphones and other wireless telephone handsets (including installed in the vehicle) (other than aerials)
0	0	0	0	0	0	0	0	0		0	0/0/	0	0	0	0	0	0/5.6/0/0/0			0/0/0	---Of walkie-talkie (other than aerials)
0	0	0	0	0	0	0	0			0	0/0/	0	0	0	0	0	0/0/0/0/0			0/0/0	---Laser transmitting and receiving unit of optical communication equipments
0	0	0	0	0	0	0	0			0	0/0/	0	0	0	0	0	0/0/0/0/0			0/0/0	---Other

商品编号	商品名称及备注[检验检疫编码及名称]	进口关税(%)		增值税率(%)	消费税	计量单位	监管条件	检验检疫类别	对美税率	出口税率(%)	出口退税率(%)
		最惠国	普通								
8517799000	品目85.17所列其他通信设备零件〔999〕	0	20	13		千克			25%	0	
8518	**传声器(麦克风)及其座架;扬声器,不论是否装成音箱;耳机及耳塞机,不论是否装有传声器,以及由传声器及一个或多个扬声器组成的组合机;音频扩大器;电气扩音机组:**										
85181000	-传声器(麦克风)及其座架										13
8518100000	传声器(麦克风)及其座架〔101 Ⅰ类其他扬声器及其零件〕,〔102 Ⅱ类其他扬声器及其零件〕,〔103 Ⅲ类其他扬声器及其零件〕	0	40	13		个/千克			25%	0	
85182100	--单喇叭音箱										13
8518210000	单喇叭音箱〔101 Ⅰ类单喇叭音箱〕,〔102 Ⅱ类单喇叭音箱〕,〔103 Ⅲ类单喇叭音箱〕	0	40	13		个/千克			25%	0	
85182200	--多喇叭音箱										13
8518220000	多喇叭音箱〔101 Ⅰ类多喇叭音箱〕,〔102 Ⅱ类多喇叭音箱〕,〔103 Ⅲ类多喇叭音箱〕	0	40	13		个/千克			20%	0	
85182900	--其他										13
8518290000	其他扬声器〔101 Ⅰ类其他扬声器及其零件〕,〔102 Ⅱ类其他扬声器及其零件〕,〔103 Ⅲ类其他扬声器及其零件〕	0	40	13		个/千克			25%	0	
85183000	-耳机及耳塞机,不论是否装有传声器,以及由传声器及一个或多个扬声器组成的组合机										13
8518300000	耳机、耳塞机(包括传声器与扬声器的组合机)〔101 Ⅰ类其他扬声器及其零件〕,〔102 Ⅱ类其他扬声器及其零件〕,〔103 Ⅲ类其他扬声器及其零件〕	0	40	13		个/千克			25%	0	
85184000	-音频扩大器										13
8518400001	电话扩音器(列入ITA的有线电话重复器用的)〔101 Ⅰ类音频功率放大器〕,〔102 Ⅱ类音频功率放大器〕,〔103 Ⅲ类音频功率放大器〕	0	40	13		台/千克			20%	0	
8518400090	其他音频扩大器〔101 Ⅰ类音频功率放大器〕,〔102 Ⅱ类音频功率放大器〕,〔103 Ⅲ类音频功率放大器〕	0	40	13		台/千克			20%	0	
85185000	-电气扩音机组										13
8518500000	电气扩音机组〔101 Ⅰ类电气扩音机组〕,〔102 Ⅱ类电气扩音机组〕,〔103 Ⅲ类电气扩音机组〕	0	40	13		套/千克		L/	20%	0	
85189000	-零件										13
8518900000	税目8518所列货品的零件①	0	40	13		千克			25%	0	
8519	**声音录制或重放设备:**										
85192000	-用硬币、钞票、银行卡、代币或其他支付方式使其工作的设备										13
8519200010	以特定支付方式使其工作的激光唱机(用硬币、钞票、银行卡、代币或其他支付方式使其工作)〔101 Ⅰ类激光唱机〕,〔102 Ⅱ类激光唱机〕,〔103 Ⅲ类激光唱机〕	12	80	13		台/千克			17%	0	
8519200090	其他以特定支付方式使其工作的声音录制或重放设备(用硬币、钞票、银行卡、代币或其他支付方式使其工作)②	12	80	13		台/千克		L/	17%	0	
85193000	-转盘(唱机唱盘)										13
8519300000	转盘(唱机唱盘)③	7	130	13		台/千克			32%	0	
85198111	----未装有声音录制装置的盒式磁带型声音重放装置,编辑节目用放声机除外										13
8519811100	未装有声音录制装置的盒式磁带型声音重放装置(编辑节目用放声机除外)〔101 Ⅰ类放音机〕,〔102 Ⅱ类放音机〕,〔103 Ⅲ类放音机〕	0	130	13		台/千克	A	L/	5%	0	
85198112	----装有声音重放装置的盒式磁带型录音机										13
8519811200	装有声音重放装置的盒式磁带型录音机〔101 Ⅰ类录音机〕,〔102 Ⅱ类录音机〕,〔103 Ⅲ类录音机〕	0	130	13		台/千克	A	L/	25%	0	
85198119	----其他										13
8519811900	其他使用磁性媒体的声音录制或重放设备〔101 Ⅰ类录音机〕,〔102 Ⅱ类录音机〕,〔103 Ⅲ类录音机〕	0	80	13		台/千克	6A	L/		0	
85198121	----激光唱机,未装有声音录制装置										13

① 〔101 Ⅰ类其他扬声器及其零件〕,〔102 Ⅱ类其他扬声器及其零件〕,〔103 Ⅲ类其他扬声器及其零件〕,〔104 Ⅰ类其他收录放音装置及其零件〕,〔105 Ⅱ类其他收录放音装置及其零件〕,〔106 Ⅲ类其他收录放音装置及其零件〕

② 〔101 Ⅰ类录音机走带机构〕,〔102 Ⅱ类录音机走带机构〕,〔103 Ⅲ类录音机走带机构类〕,〔104 Ⅰ类收音机〕,〔105 Ⅱ类收音机〕,〔106 收音机〕,〔107 Ⅰ类收录(放)音组合机〕,〔108 Ⅱ类收录(放)音组合机〕,〔109 Ⅲ类收录(放)音组合机〕,〔110 Ⅰ类其他收录放音装置及零件〕,〔111 Ⅱ类其他收录放音装置及其零件〕,〔112 Ⅲ类其他收录放音装置及其零件〕

③ 〔101 Ⅰ类放音机〕,〔102 Ⅱ类放音机〕,〔103 Ⅲ类放音机〕,〔104 Ⅰ类激光唱机〕,〔105 Ⅱ类激光唱机〕,〔106 Ⅲ类激光唱机〕

协定税率(%)																		特惠税率(%)			Article Description
智利	新西兰	澳大利亚	瑞士	冰岛	秘鲁	哥斯达	东盟	亚太	新加坡	巴基斯坦	港/澳/台	韩国	格鲁吉亚	毛里求斯	柬埔寨	尼加拉瓜	日/韩/澳/新/东(RCEP)	亚太2国	老/柬/缅	LDC 98/97/95	
																					Microphones and stands therefor; loudspeakers, whether or not mounted in their enclosures; headphones, earphones, whether or not combined with a microphone, and sets consisting of a microphone and one or more loudspeakers; audio-frequency electric amplifiers; electric sound amplifier sets:
0	0	0	0	0	0	0	0		0	2.5	0/0/0	0	0	0	0	0	7.3/0/0/0/0			0/0/0	-Microphones and stands therefor
0	0	0	0	0	0	0	0		0	0	0/0/	0	0	0	0	0	0/7/0/0/0			0/0/0	--Single loudspeakers, mounted in their enclosures
0	0	0	0	0	0	0	0		0	0	0/0/	0	0	0	0	0	0/7/0/0/0			0/0/0	--Multiple loudspeakers, mounted in the same enclosure
0	0	0	0	0	0	0	0			0	0/0/	0	0	0	0	0	0/0/0/0/0			0/0/0	--Other
0	0	0	0	0	0	0	0			0	0/0/	0	0	0	0	0	0/0/0/0/0			0/0/0	-Headphones and earphones, whether or not combined with a microphone, and sets consisting of a microphone and one or more loudspeakers
0	0	0	0	0	0	0	0		0	3	0/0/0	0	0	0	0	0	8.7/8.4/0/0/0			0/0/0	-Audio-frequency electric amplifiers
0	0	0	0	0	0	0	0		0	0	0/0/	5	0	0	0	0	0/8/0/0/0			0/0/0	-Electric sound amplifier sets
0	0	0	0	0	0	0	0		0	4	0/0/0	8.4	0	0	0	0	7.6/7.4/0/0/0			0/0/0	-Parts
																					Sound recording or reproducing apparatus:
0	0	0	0	0	0	0	0	7.8	0	8.2	0/0/	6.6	0	0	0	11.2	16.3/14/14/14/14			0/0/0	-Apparatus operated by coins, banknotes, bank cards, tokens or by other means of payment
0	0	0	7	0	0	0	0		0	24	0/0/		0	6	0	0	//7/7/7			0/0/0	-Turntables (record-decks)
0	0	0	0	0	0	0	0		0	6.8	0/0/	0	0	0	0	0	0/11.9/0/0/0			0/0/0	----Cassette-type sound reproducing apparatus, not incorporating a sound recording device, other than transcribing machines
0	0	0	0	0	0	0	0		0	24	0/0/	15	0	4.5	0	0	0/24/0/0/0			0/0/0	----Cassette-type recorders, incorporating sound reproducing apparatus
0	0	0	0	0	0	0	0	0	0	8.2	0/0/	6.6	0	0	0	0	0/0/0/0/0			0/0/0	----Other
0	0	0	0	0	0	0	0	0	0	20.8	0/0/	15	0	4.5	0	0	0/24/0/0/0			0/0/0	----Compact disc players, not incorporating a sound recording device

商品编号	商品名称及备注［检验检疫编码及名称］	进口关税(%) 最惠国	进口关税(%) 普通	增值税率(%)	消费税	计量单位	监管条件	检验检疫类别	对美税率	出口税率(%)	出口退税率(%)
8519812100	激光唱机,未装有声音录制装置［101 Ⅰ类激光唱机］,［102 Ⅱ类激光唱机］,［103 Ⅲ类激光唱机］	0	80	13		台/千克	A	L/	25%	0	
85198129	----其他										13
8519812910	具有录音功能的激光唱机［101 Ⅰ类录音机］,［102 Ⅱ类录音机］,［103 Ⅲ类录音机］	0	80	13		台/千克	6A	L/	15%	0	
8519812990	其他使用光学媒体的声音录制或重放设备［101 Ⅰ类录音机］,［102 Ⅱ类录音机］,［103 Ⅲ类录音机］	0	80	13		台/千克	A	L/	15%	0	
85198131	----装有声音重放装置的闪速存储器型声音录制设备										13
8519813100	装有声音重放装置的闪速存储器型声音录制设备［101 电子行业成套设备］,［102 Ⅰ类录音机］,［103 Ⅱ类录音机］,［104 Ⅲ类录音机］	0	80	13		台/千克	6A	L/	25%	0	
85198139	----其他										13
8519813900	其他使用半导体媒体的声音录制或重放设备［101 Ⅰ类录音机］,［102 Ⅱ类录音机］,［103 Ⅲ类录音机］	0	80	13		台/千克	6A	L/	5%	0	
85198910	---不带录制装置的其他唱机,不论是否带有扬声器										13
8519891000	不带录制装置的其他唱机,不论是否带有扬声器(使用磁性、光学或半导体媒体的除外)［101 Ⅰ类放音机］,［102 Ⅱ类放音机］,［103 Ⅲ类放音机］	0	130	13		台/千克	A	L/	25%	0	
85198990	---其他声音录制或重放设备										13
8519899000	其他声音录制或重放设备(使用磁性、光学或半导体媒体的除外)［101 Ⅰ类录音机］,［102 Ⅱ类录音机］,［103 Ⅲ类录音机］	0	80	13		台/千克	6A	L/	20%	0	
8521	**视频信号录制或重放设备,不论是否装有高频调谐器:**										
85211011	----广播级										13
8521101100	广播级磁带录像机(不论是否装有高频调谐放大器)［101 Ⅰ类磁带录放像机］,［102 Ⅱ类磁带录放像机］,［103 Ⅲ类磁带录放像机］	0	0	13		台/千克				0	
85211019	----其他										13
8521101900	其他磁带型录像机(不论是否装有高频调谐放大器)［101 Ⅰ类磁带录放像机］,［102 Ⅱ类磁带录放像机］,［103 Ⅲ类磁带录放像机］	0	0	13		台/千克				0	
85211020	---放像机										13
8521102000	磁带放像机(不论是否装有高频调谐放大器)［101 Ⅰ类磁带录放像机］,［102 Ⅱ类磁带录放像机］,［103 Ⅲ类磁带录放像机］	0	0	13		台/千克			5%	0	
85219011	----视频高密光盘(VCD)播放机										13
8521901110	具有录制功能的视频高密光盘(VCD)播放机(不论是否装有高频调谐放大器)［101 Ⅰ类激光视盘放像机］,［102 Ⅱ类激光视盘放像机］,［103 Ⅲ类激光视盘放像机］	0	130	13		台/千克	A	L/		0	
8521901190	其他视频高密光盘(VCD)播放机(不论是否装有高频调谐放大器)［101 Ⅰ类激光视盘放像机］,［102 Ⅱ类激光视盘放像机］,［103 Ⅲ类激光视盘放像机］	0	130	13		台/千克	A	L/		0	
85219012	----数字化视频光盘(DVD)播放机										13
8521901210	具有录制功能的数字化视频光盘(DVD)播放机(不论是否装有高频调谐放大器)［101 Ⅰ类激光视盘放像机］,［102 Ⅱ类激光视盘放像机］,［103 Ⅲ类激光视盘放像机］	0	130	13		台/千克	A	L/	25%	0	
8521901290	其他数字化视频光盘(DVD)播放机(不论是否装有高频调谐放大器)［101 Ⅰ类激光视盘放像机］,［102 Ⅱ类激光视盘放像机］,［103 Ⅲ类激光视盘放像机］	0	130	13		台/千克	A	L/	25%	0	
85219019	----其他										13
8521901910	具有录制功能的其他激光视盘播放机(不论是否装有高频调谐放大器)［101 Ⅰ类激光视盘放像机］,［102 Ⅱ类激光视盘放像机］,［103 Ⅲ类激光视盘放像机］	0	130	13		台/千克	A	L/	25%	0	
8521901990	其他激光视盘播放机(不论是否装有高频调谐放大器)［101 Ⅰ类激光视盘放像机］,［102 Ⅱ类激光视盘放像机］,［103 Ⅲ类激光视盘放像机］	0	130	13		台/千克	A	L/	25%	0	
85219090	---其他										13
8521909010	用于光盘生产的金属母盘生产设备(不论是否装有高频调谐放大器)［999］	0	130	13		台/千克			20%	0	
8521909020	光盘型广播级录像机［999］	0	130	13		台/千克	6		20%	0	
8521909090	其他视频信号录制或重放设备(不论是否装有高频调谐放大器)⑦	0	130	13		台/千克	6A	L/	20%	0	
8522	**专用于或主要用于税目85.19或85.21所列设备的零件、附件:**										
85221000	-拾音头										13
8522100000	拾音头⑧	12	130	13		个/千克				0	

① 完税价格≤2000美元/台:8.0%;完税价格>2000美元/台:3.0%+808.8元
② 完税价格≤2000美元/台:15%;完税价格>2000美元/台:1.5%+2187元/台
③ 完税价格≤2000美元/台:12.3%;完税价格>2000美元/台:3.0%+1506.6元
④ 完税价格≤2000美元/台:15%;完税价格>2000美元/台:1.5%+2187元/台
⑤ 完税价格≤2000美元/台:9.0%;完税价格>2000美元/台:3.0%+972.0元
⑥ 完税价格≤2000美元/台:15%;完税价格>2000美元/台:1.5%+2187元/台
⑦ ［101 Ⅰ类其他摄录放像装置及其零件］,［102 Ⅱ类其他摄录放像装置及其零件］,［103 Ⅲ类其他摄录放像装置及其零件］
⑧ ［101 Ⅰ类其他收录放音装置及其零件］,［102 Ⅱ类其他收录放音装置及其零件］,［103 Ⅲ类其他收录放音装置及其零件］

协定税率(%)																		特惠税率(%)			Article Description
智利	新西兰	澳大利亚	瑞士	冰岛	秘鲁	哥斯达	东盟	亚太	新加坡	巴基斯坦	港/澳/台	韩国	格鲁吉亚	毛里求斯	柬埔寨	尼加拉瓜	日/韩/澳/新/东(RCEP)	亚太2国	老/柬/缅	LDC 98/97/95	
0	0	0	0	0	0	0	0	0	0	8	0/0/	6.6	0	0	0	0	0/0/0/0/0			0/0/0	----Other
0	0	0	0	0	0	0	0		0	16	0/0/	10	0	0	0	0	0/16/0/0/0			0/0/0	----Flash memory type recorders, incorporating sound reproducing apparatus
0	0	0	0	0	0	0	0	0	0	8.2	0/0/	6.6	0	0	0	0	0/0/0/0/0			0/0/0	----Other
0	0	0	0	0	0	0	0		0	24	0/0/	15	0	4.5	0	0	0/24/0/0/0			0/0/0	---Other record-players, not incorporating a sound recording device, with or without loudspeakers
0	0	0	0	0	0	0	0	0	0	8	0/0/	6.6	0	0	0	0	0/14/0/0/0			0/0/0	---Other sound recording or reproducing apparatus
																					Video recording or reproducing apparatus, whether or not incorporating a video tuner:
0	0	0	0	0	0	0	0	0	0	①	0/0/	②	0	4.5	0	0	0/24/0/0/0			0/0/0	----Broadcast quality
0	0	0	0	0	0	0	0	0	0	③	0/0/	④	0	4.5	0	0	0/24/0/0/0			0/0/0	----Other
0	0	0	0	0	0	0	0	0	0	⑤	0/0/	⑥	0	4.5	0	0	0/24/0/0/0			0/0/0	---Video tape reproducers
0	0	0	0	0	0	0	0	0	0	8	0/0/	6.6	0	0	0	0	0/14/0/0/0			0/0/0	----Video Compact Disc player
0	0	0	0	0	0	0	0	0	0	8	0/0/	10	0	0	0	0	0/16/0/0/0			0/0/0	----Digital Video Disc player
0	0	0	0	0	0	0	0	0	0	8	0/0/	6.6	0	0	0	0	0/14/0/0/0			0/0/0	----Other
0	0	0	0	0	0	0	0	0	0	8	0/0/	10	0	0	0	0	0/16/0/0/0			0/0/0	---Other
																					Parts and accessories suitable for use solely or principally with the apparatus of headings 85.19 to 85.21:
0	0	0	12	0	0	0	0		0	28	0/0/		0	7	0	11.2	//5/5/5			0/0/0	-Pick-up cartridges

商品编号	商品名称及备注[检验检疫编码及名称]	进口关税(%)		增值税率(%)	消费税	计量单位	监管条件	检验检疫类别	对美税率	出口税率(%)	出口退税率(%)
		最惠国	普通								
85229010	---转盘或唱机用										13
8522901000	转盘或唱机用零件、附件①	0	130	13		千克			25%	0	
85229021	----走带机构(机芯),不论是否装有磁头										13
8522902100	录音机走带机构(机芯)(不论是否装有磁头)〔101 Ⅰ类录音机走带机构〕,〔102 Ⅱ类录音机走带机构〕,〔103 Ⅲ类录音机走带机构〕	0	100	13		千克				0	
85229022	----磁头										13
8522902200	磁头②	0	100	13		个/千克			25%	0	
85229023	----磁头零件										13
8522902300	磁头零件③	0	100	13		千克			10%	0	
85229029	----其他										13
8522902900	盒式磁带录音机或放声机其他零件④	0	100	13		千克				0	
85229031	----激光视盘机的机芯										13
8522903110	车载导航仪视频播放机机芯〔999〕	0	100	13		千克			25%	0	
8522903190	其他激光视盘机的机芯⑤	0	100	13		千克			25%	0	
85229039	----其他										13
8522903900	其他视频信号录制或重放设备的零件〔999〕	0	100	13		千克			25%	0	
85229091	----车载音频转播器或发射器										13
8522909100	车载音频转播器或发射器⑥	0	80	13		台/千克			5%	0	
85229099	----其他										13
8522909900	税目 85.19 或 85.21 所列设备的其他零件⑦	0	80	13		千克			25%	0	
8523	**录制声音或其他信息用的圆盘、磁带、固态非易失性数据存储器件、“智能卡”及其他媒体,不论是否已录制,包括供复制圆盘用的母片及母带,但不包括第三十七章的产品:**										
85232110	---未录制										13
8523211000	未录制的磁条卡〔999〕	0	70	13		个/千克			20%	0	
85232120	---已录制										
8523212000	已录制的磁条卡〔999〕	0	130	9		个/千克			15%	0	9,13
85232911	----未录制										13
8523291100	未录制磁盘〔999〕	0	14	13		个/千克			25%	0	
85232919	----其他										
8523291900	已录制磁盘〔999〕	0	14	9		个/千克			5%	0	9,13
85232921	----未录制的宽度不超过 4 毫米的磁带										13
8523292100	未录制的宽度不超过 4 毫米的磁带〔999〕	0	130	13		盘/千克				0	
85232922	----未录制的宽度超过 4 毫米,但不超过 6.5 毫米的磁带										13
8523292200	未录制的宽度超过 4 毫米,但不超过 6.5 毫米的磁带〔999〕	0	130	13		盘/千克				0	
85232923	----未录制的宽度超过 6.5 毫米的磁带										13
8523292300	未录制的宽度超过 6.5 毫米的磁带〔999〕	0	20	13		盘/千克			25%	0	
85232928	----重放声音或图像信息的磁带										
8523292810	含人类遗传资源信息资料的重放声音或图像信息的磁带〔999〕	0	130	9		盘/千克	V		15%	0	9,13
8523292820	录有广播电影电视节目的重放声音或图像信息的磁带〔999〕	0	130	9		盘/千克	b		15%	0	9,13
8523292890	其他重放声音或图像信息的磁带〔999〕	0	130	9		盘/千克	f		15%	0	9,13
85232929	----已录制的其他磁带										
8523292910	其他含人类遗传资源信息资料的磁带〔999〕	0	14	13		盘/千克	V			0	9,13
8523292920	录有广播电影电视节目的其他磁带〔999〕	0	14	13		盘/千克	b			0	9,13
8523292990	已录制的其他磁带〔999〕	0	14	13		盘/千克	f			0	9,13
85232990	---其他										
8523299010	其他含人类遗传资源信息资料的磁性媒体〔999〕	0	14	13		盘/千克	V		25%	0	9,13
8523299020	其他录有广播电影电视节目的磁性媒体〔999〕	0	14	13		盘/千克	b		25%	0	9,13

① 〔101 Ⅰ类其他收录放音装置及其零件〕,〔102 Ⅱ类其他收录放音装置及其零件〕,〔103 Ⅲ类其他收录放音装置及其零件〕
② 〔101 Ⅰ类其他收录放音装置及其零件〕,〔102 Ⅱ类其他收录放音装置及其零件〕,〔103 Ⅲ类其他收录放音装置及其零件〕
③ 〔101 Ⅰ类其他收录放音装置及其零件〕,〔102 Ⅱ类其他收录放音装置及其零件〕,〔103 Ⅲ类其他收录放音装置及其零件〕
④ 〔101 Ⅰ类其他收录放音装置及其零件〕,〔102 Ⅱ类其他收录放音装置及其零件〕,〔103 Ⅲ类其他收录放音装置及其零件〕
⑤ 〔101 Ⅰ类其他收录放音装置及其零件〕,〔102 Ⅱ类其他收录放音装置及其零件〕,〔103 Ⅲ类其他收录放音装置及其零件〕
⑥ 〔101 Ⅰ类其他收录放音装置及其零件〕,〔102 Ⅱ类其他收录放音装置及其零件〕,〔103 Ⅲ类其他收录放音装置及其零件〕
⑦ 〔101 Ⅰ类其他收录放音装置及其零件〕,〔102 Ⅱ类其他收录放音装置及其零件〕,〔103 Ⅲ类其他收录放音装置及其零件〕

协定税率(%)																		特惠税率(%)			Article Description
智利	新西兰	澳大利亚	瑞士	冰岛	秘鲁	哥斯达	东盟	亚太	新加坡	巴基斯坦	港/澳/台	韩国	格鲁吉亚	毛里求斯	柬埔寨	尼加拉瓜	日/韩/澳/新/东(RCEP)	亚太2国	老/柬/缅	LDC 98/97/95	
0	0	0	0	0	0	0	0	0	0	10	0/0/	8.3	0	0	0	8.5	18.2/17.5/0/0/0			0/0/0	---Of turntables (record decks) or record-players
0	0	0	0	0	0	0	0	0	0	18	0/0/	8.3	0	0	0	8.5	18.2/17.5/0/0/0			0/0/0	----Transport mechanisms, whether or not incorporating a magnetic head
0	0	0	0	0	0	0	0	0	0	18	0/0/	16.2	0	0	0	8.5	18.2/17.5/0/0/0			0/0/0	----Magnetic heads
0	0	0	0	0	0	0	0	0	0	9	0/0/	6.6	0	0	0	0	14.5/14/0/0/0			0/0/0	----Parts of magnetic heads
0	0	0	0	0	0	0	0	0	0	21.6	0/0/	19.5	0	5.3	0	10.2	21.8/21/0/0/0			0/0/0	----Other
0	0	0	0	0	0	0	0	0	0	10.5	0/0/	19.5	0	5.3	0	10.2	21.8/25.5/21/21/21			0/0/0	----Movements for Laser video compact disk player
0	0	0		0	0	0	0	0	0	10.5	0/0/	19.5	0	5.3	0	10.2	21.8/21/0/0/0			0/0/0	----Other
0	0	0	0	0	0	0	0	0	0	8	0/0/	6.6	0	0	0	0	14.5/14/0/0/0			0/0/0	----Tone converters or transmission apparatus of a kind used for vehicles
0	0	0	0	0	0	0	0	0	0	8	0/0/	6.6	0	0	0	0	14.5/14/0/0/0			0/0/0	----Other
																					Discs, tapes, solid-state non-volatile storage devices, smart cards and other media for the recording of sound or of other phenomena, whether or not recorded, including matrices and masters for the production of discs, but excluding products of Chapter 37:
0	0	0	0	0	0	0	0		0	7	0/0/	0	0	0	0	0	0/12.3/0/0/0			0/0/0	---Unrecorded
0	0	0	0	0	0	0	0		0	6	0/0/	0	0	0	0	0	0/10.5/0/0/0			0/0/0	---Recorded
0	0	0	0	0	0	0	0			0	0/0/	0	0	0	0	0	0/0/0/0/0			0/0/0	----Unrecorded
0	0	0	0	0	0	0	0			0	0/0/	0	0	0	0	0	0/0/0/0/0			0/0/0	----Other
0	0	0	0	0	0	0	0			0	0/0/	0	0	0	0	0	0/0/0/0/0			0/0/0	----Of a width not exceeding 4mm, unrecorded
0	0	0	0	0	0	0	0			0	0/0/	0	0	0	0	0	0/0/0/0/0			0/0/0	----Of a width exceeding 4mm but not exceeding 6.5mm, unrecorded
0	0	0	0	0	0	0	0			0	0/0/	0	0	0	0	0	0/0/0/0/0			0/0/0	----Of a width exceeding 6.5mm, unrecorded
0	0	0	0	0	0	0	0		0	0	0/0/	3.3	0	0	0	0	0/7/0/0/0			0/0/0	----For reproducing sound or image phenomena
0	0	0	0	0	0	0	0			0	0/0/	0	0	0	0	0	0/0/0/0/0			0/0/0	----Other recorded magnetic tapes
0	0	0	0	0	0	0	0			0	0/0/	0	0	0	0	0	0/0/0/0/0			0/0/0	---Other

商品编号	商品名称及备注[检验检疫编码及名称]	进口关税(%)		增值税率(%)	消费税	计量单位	监管条件	检验检疫类别	对美税率	出口税率(%)	出口退税率(%)
		最惠国	普通								
8523299090	其他磁性媒体[999]	0	14	13		盘/千克	f		25%	0	9,13
85234100	--未录制										13
8523410000	未录制光学媒体[999]	0	14	13		张/千克			25%	0	
85234910	---仅用于重放声音信息的										
8523491010	含人类遗传资源信息资料的仅用于重放声音信息的光学媒体[999]	0	130	9		张/千克	V		20%	0	9,13
8523491020	录有广播电影电视节目的仅用于重放声音信息的光学媒体[999]	0	130	9		张/千克	b		20%	0	9,13
8523491090	其他仅用于重放声音信息的已录制光学媒体[999]	0	130	9		张/千克	f		20%	0	9,13
85234920	---用于重放声音、图像以外信息的,税目84.71所列机器用										
8523492010	含人类遗传资源信息资料的用于重放声音、图像以外信息的光学媒体[999]	0	14	9		张/千克	V		5%	0	9,13
8523492090	其他用于重放声音、图像以外信息的光学媒体(品目84.71所列机器用,已录制)[999]	0	14	9		张/千克			5%	0	9,13
85234990	---其他										
8523499010	其他含人类遗传资源信息资料的光学媒体[999]	0	14	13		张/千克	V		5%	0	9,13
8523499020	其他录有广播电影电视节目的光学媒体[999]	0	14	13		张/千克	b		5%	0	9,13
8523499030	其他赴境外加工并返回境内的已录制光盘[999]	0	14	13		张/千克	Z		5%	0	9,13
8523499090	其他已录制光学媒体[999]	0	14	13		张/千克	f		5%	0	9,13
85235110	---未录制										13
8523511000	未录制的固态非易失性存储器件(闪速存储器)[101 其他计算机、辅助设备及其零件],[102 磁带、磁盘]	0	70	13		个/千克			25%	0	
85235120	---已录制										
8523512010	含人类遗传资源信息资料的固态非易失性存储器件(闪速存储器)[999]	0	14	9		个/千克	V		10%	0	9,13
8523512020	录有广播电影电视节目的固态非易失性存储器件(闪速存储器)[999]	0	14	9		个/千克	b		10%	0	9,13
8523512030	赴境外加工并返回境内的已录制的固态非易失性存储器件(闪速存储器)[999]	0	14	9		个/千克	Z		10%	0	9,13
8523512090	其他已录制的固态非易失性存储器件(闪速存储器)[999]	0	14	9		个/千克			10%	0	9,13
85235210	---未录制										13
8523521000	未录制的"智能卡"[101 软、硬、光盘驱动器],[102 其他计算机、辅助设备及其零件],[103 磁带、磁盘]	0	21	9		个/千克			25%	0	
85235290	---其他										
8523529000	其他"智能卡"[101 软、硬、光盘驱动器],[102 其他计算机、辅助设备及其零件],[103 磁带、磁盘]	0	21	9		个/千克			20%	0	9,13
85235910	---未录制										13
8523591000	其他未录制的半导体媒体[999]	0	70	13		个/千克			25%	0	
85235920	---已录制										
8523592010	其他含人类遗传资源信息资料的半导体媒体[999]	0	14	9		个/千克	V		10%	0	9,13
8523592020	其他录有广播电影电视节目的半导体媒体[999]	0	14	9		个/千克	b		10%	0	9,13
8523592030	其他赴境外加工并返回境内的已录制的半导体媒体[999]	0	14	9		个/千克	Z		10%	0	9,13
8523592090	其他已录制的半导体媒体[999]	0	14	9		个/千克			10%	0	9,13
85238011	----已录制										
8523801110	录有广播电影电视节目的唱片[101 磁带、磁盘],[102 其他视听设备及其零件]	0	130	9		张/千克	b		20%	0	9,13
8523801120	赴境外加工并返回境内的已录制唱片[101 磁带、磁盘],[102 其他视听设备及其零件]	0	130	9		张/千克	Z		20%	0	9,13
8523801190	其他已录制唱片[101 磁带、磁盘],[102 其他视听设备及其零件]	0	130	9		张/千克	f		20%	0	9,13
85238019	----其他										
8523801900	其他唱片[101 磁带、磁盘],[102 其他视听设备及其零件]	0	70	13		张/千克			5%	0	9,13
85238021	----未录制										13
8523802100	未录制的品目84.71所列机器用其他媒体(磁性、光学或半导体媒体除外)[101 软、硬、光盘驱动器],[102 磁带、磁盘]	0	14	13		张/千克			20%	0	
85238029	----其他										
8523802910	其他含人类遗传资源信息资料的品目84.71所列机器用其他媒体[999]	0	14	13		张/千克	V		5%	0	9,13
8523802990	其他品目84.71所列机器用其他媒体(磁性、光学或半导体媒体除外)[999]	0	14	13		张/千克			5%	0	9,13
85238091	----未录制										13
8523809100	未录制的其他媒体(磁性、光学或半导体媒体除外)[101 软、硬、光盘驱动器],[102 磁带、磁盘]	0	14	9		张/千克			5%	0	
85238099	----其他										
8523809910	其他含人类遗传资源信息资料的媒体[999]	0	14	9		张/千克	V			0	9,13
8523809920	其他录有广播电影电视节目的媒体[999]	0	14	9		张/千克	b			0	9,13
8523809990	其他媒体(磁性、光学或半导体媒体除外)[999]	0	14	9		张/千克	f			0	9,13
8524	**平板显示模组,不论是否装有触摸屏:**										
85241100	--液晶的										13
8524110000	不含驱动器或控制电路的液晶模组(不论是否装有触摸屏)[999]	5	50	13		个/千克			30%	0	

协定税率(%)																		特惠税率(%)			
智利	新西兰	澳大利亚	瑞士	冰岛	秘鲁	哥斯达	东盟	亚太	新加坡	巴基斯坦	港/澳/台	韩国	格鲁吉亚	毛里求斯	柬埔寨	尼加拉瓜	日/韩/澳/新/东(RCEP)	亚太2国	老/柬/缅	LDC 98/97/95	Article Description
0	0	0	0	0	0	0	0			0	0/0/	0	0	0	0	0	0/0/0/0/0			0/0/0	--Unrecorded
0	0	0	0	0	0	0	0			2.5	0/0/	0	0	0	0	0	0/7/0/0/0			0/0/0	---For reproducing sound only
0	0	0	0	0	0	0	0			0	0/0/	0	0	0	0	0	0/0/0/0/0			0/0/0	---For reproducing phenomena other than sound or image, for the machines of heading 84.71
0	0	0	0	0	0	0	0			0	0/0/	0	0	0	0	0	0/0/0/0/0			0/0/0	---Other
0	0	0	0	0	0	0	0			0	0/0/	0	0	0	0	0	0/0/0/0/0			0/0/0	---Unrecorded
0	0	0	0	0	0	0	0			0	0/0/	0	0	0	0	0	0/0/0/0/0			0/0/0	---Recorded
0	0	0	0	0	0	0	0			0	0/0/	0	0	0	0	0	0/0/0/0/0			0/0/0	---Unrecorded
0	0	0	0	0	0	0	0			0	0/0/	0	0	0	0	0	0/0/0/0/0			0/0/0	---Other
0	0	0	0	0	0	0	0			0	0/0/	0	0	0	0	0	0/0/0/0/0			0/0/0	---Unrecorded
0	0	0	0	0	0	0	0			0	0/0/	0	0	0	0	0	0/0/0/0/0			0/0/0	---Recorded
0	0	0	0	0	0	0	0		0	6	0/0/	0	0	0	0	0	0/10.5/0/0/0			0/0/0	----Recorded
0	0	0	0	0	0	0	0			0	0/0/	0	0	0	0	0	0/0/0/0/0			0/0/0	----Other
0	0	0	0	0	0	0	0			0	0/0/	0	0	0	0	0	0/0/0/0/0			0/0/0	----Unrecorded
0	0	0	0	0	0	0	0			0	0/0/	0	0	0	0	0	0/0/0/0/0			0/0/0	----Other
0	0	0	0	0	0	0	0			0	0/0/	0	0	0	0	0	0/0/0/0/0			0/0/0	----Unrecorded
0	0	0	0	0	0	0	0			0	0/0/	0	0	0	0	0	0/0/0/0/0			0/0/0	----Other
																					Flat panel display modules, whether or not incorporating touch-sensitive screens:
0	0	1.7		0			0			0	0/0/	0		0	0	4	5/5/3.5/3.5/3.5			0//	--Of liquid crystals

商品编号	商品名称及备注［检验检疫编码及名称］	进口关税(%)		增值税率(%)	消费税	计量单位	监管条件	检验检疫类别	对美税率	出口税率(%)	出口退税率(%)
		最惠国	普通								
85241200	--有机发光二极管的(OLED)										13
8524120000	不含驱动器或控制电路的有机发光二极管(OLED)模组(不论是否装有触摸屏)〔999〕	8	40	13		个/千克			33%	0	
85241910	---电视机用等离子显像组件										13
8524191000	不含驱动器或控制电路的电视机用等离子显像组件(不论是否装有触摸屏)①	0	80	13		个/千克			25%	0	
85241921	----电视机用										13
8524192100	不含驱动器或控制电路的电视机用发光二极管模组(不论是否装有触摸屏)②	5	80	13		个/千克			30%	0	
85241929	----其他										13
8524192900	不含驱动器或控制电路的其他发光二极管模组(不论是否装有触摸屏)〔999〕	0	64	13		个/千克			20%	0	
85241990	---其他										13
8524199010暂0	未切割的电子墨水屏(不论是否装有触摸屏)〔999〕	8	40	13		个/千克			25%	0	
8524199090	不含驱动器或控制电路的其他平板模组(不论是否装有触摸屏)〔999〕	8	40	13		个/千克			33%	0	
85249110	---专用于或主要用于税目85.17所列装置的										13
8524911000	专用于或主要用于品目85.17所列装置的液晶模组(含驱动器或控制电路,不论是否装有触摸屏)〔999〕	0	16	13		个/千克			25%	0	
85249120	---专用于或主要用于税目85.19、85.21、85.25、85.26或85.27所列设备的										13
8524912010	非特种用途的电视摄像机、视频摄录一体机、数字照相机用液晶平板显示模组(含驱动器或控制电路,不论是否装有触摸屏)③	0	67	13		个/千克			5%	0	
8524912020	用于雷达设备及无线电导航设备用的液晶平板显示模组［含驱动器或控制电路,不论是否装有触摸屏(P)］〔999〕	0	67	13		个/千克			5%	0	
8524912090	其他专用于或主要用于品目85.19、85.21、85.25、85.26或85.27所列设备的液晶模组(含驱动器或控制电路,不论是否装有触摸屏)〔999〕	0	67	13		个/千克			5%	0	
85249130	---专用于或主要用于税目85.35、85.36或85.37所列装置的										13
8524913000	专用或主要用于品目85.35、85.36或85.37所列装置的液晶模组(含驱动器或控制电路,不论是否装有触摸屏)〔101 其他高压电器及其零件(高压电器及其零件)〕,〔102 其他低压电器及其零件(低压电器及其零件)〕	7	50	13		个/千克			32%	0	
85249140	---专用于或主要用于税目87.01至87.05所列车辆的										13
8524914000	专用于或主要用于品目87.01至87.05所列车辆的液晶模组(含驱动器或控制电路,不论是否装有触摸屏)〔999〕	6	100	13		个/千克	6			0	
85249190	---其他										13
8524919010暂0	专用于平板电脑和笔记本电脑的带触摸屏的液晶模组(含驱动器或控制电路,不论是否装有触摸屏)〔999〕	5	50	13		个/千克			25%	0	
8524919090	其他液晶模组(含驱动器或控制电路,不论是否装有触摸屏)〔999〕	5	50	13		个/千克			30%	0	
85249210	---专用于或主要用于税目85.17所列装置的										13
8524921000	专用于或主要用于品目85.17所列装置的有机发光二极管(OLED)模组(含驱动器或控制电路,不论是否装有触摸屏)〔999〕	0	16	13		个/千克			25%	0	
85249220	---专用于或主要用于税目85.19、85.21、85.25、85.26或85.27所列设备的										13
8524922010	非特种用途的电视摄像机、视频摄录一体机、数字照相机用有机发光二极管平板显示模组(含驱动器或控制电路,不论是否装有触摸屏)④	0	67	13		个/千克			5%	0	
8524922020	用于雷达设备及无线电导航设备用的有机发光二极管平板显示模组［含驱动器或控制电路,不论是否装有触摸屏(P)］〔999〕	0	67	13		个/千克			5%	0	
8524922090	其他专用于或主要用于品目85.19、85.21、85.25、85.26或85.27所列设备的有机发光二极管(OLED)模组(含驱动器或控制电路,不论是否装有触摸屏)〔999〕	0	67	13		个/千克			5%	0	
85249230	---专用于或主要用于税目85.35、85.36或85.37所列装置的										13
8524923000	专用于或主要用于品目85.35、85.36或85.37所列装置的有机发光二极管(OLED)模组(含驱动器或控制电路,不论是否装有触摸屏)〔101 其他高压电器及其零件(高压电器及其零件)〕,〔102 其他低压电器及其零件(低压电器及其零件)〕	7	50	13		个/千克			32%	0	
85249240	---专用于或主要用于税目87.01至87.05所列车辆的										13

① 〔101 Ⅰ类其他电视接收、发送装置及其零件〕,〔102 Ⅱ类其他电视接收、发送装置及其零件〕,〔103 Ⅲ类其他电视接收、发送装置及其零件〕

② 〔101 Ⅰ类其他电视接收、发送装置及其零件〕,〔102 Ⅱ类其他电视接收、发送装置及其零件〕,〔103 Ⅲ类其他电视接收、发送装置及其零件〕

③ 〔101 家用型摄录一体机(Ⅰ类家用型摄录一体机)〕,〔102 家用型摄录一体机(Ⅱ类家用型摄录一体机)〕,〔103 家用型摄录一体机(Ⅲ类家用型摄录一体机)〕,〔104 其他摄录放像装置及其零件(Ⅰ类其他摄录放像装置及其零件)〕,〔105 其他摄录放像装置及其零件(Ⅱ类其他摄录放像装置及其零件)〕,〔106 其他摄录放像装置及其零件(Ⅲ类其他摄录放像装置及其零件)〕

④ 〔101 家用型摄录一体机(Ⅰ类家用型摄录一体机)〕,〔102 家用型摄录一体机(Ⅱ类家用型摄录一体机)〕,〔103 家用型摄录一体机(Ⅲ类家用型摄录一体机)〕,〔104 其他摄录放像装置及其零件(Ⅰ类其他摄录放像装置及其零件)〕,〔105 其他摄录放像装置及其零件(Ⅱ类其他摄录放像装置及其零件)〕,〔106 其他摄录放像装置及其零件(Ⅲ类其他摄录放像装置及其零件)〕

协定税率(%)																		特惠税率(%)			Article Description
智利	新西兰	澳大利亚	瑞士	冰岛	秘鲁	哥斯达	东盟	亚太	新加坡	巴基斯坦	港/澳/台	韩国	格鲁吉亚	毛里求斯	柬埔寨	尼加拉瓜	日/韩/澳/新/东(RCEP)	亚太2国	老/柬/缅	LDC 98/97/95	
0	0	0	0	0	0	0	0		0	3	0/0/	6	0	0	0	6.4	10.3/10.2/10.2/10.2/10.2			0/0/0	--Of organic light-emitting diodes (OLED)
0	0	0	0	0			0	0		3.8	0/0/	12	0	0	0	6	//12.8/12.8/12.8			0//	---Plasma display modules of television
0	0	0	0	0	0		0	3.3	0	3.8	0/0/			0	0	14	//5/5/5			0/0/0	----Of television
0	0	0	0	0	0	0	0			0	0/0/	0	0	0	0	0	0/0/0/0/0			0/0/0	----Other
0	0	0	0	0	0	0	0		0	3	0/0/	6	0	0	0	6.4	10.3/10.2/10.2/10.2/10.2			0/0/0	---Other
0	0	0	0	0	0	0	0			0	0/0/	0	0	0	0	0	0/0/0/0/0			0/0/0	---For use solely or principally withapparatus of heading 85.17
0	0	0	0	0	0	0	0	0	0	2.9	0/0/0	3.2	0	0	0	0	1.1/1.1/0/0/0			0/0/0	---For use solely or principally withapparatus of heading 85.19, 85.21, 85.25, 85.26 or 85.27
0	0	0	1.9	0	0	0	0			4	0/0/0	0	0	1.4	0	0	5.1/0/0/0/0			0/0/0	---For use solely or principally withapparatus of heading 85.35, 85.36 or 85.37
0	0	0	0	0	0	0	0	5.4	0	2.5	0/0/0	9	0	4.3	0	0	6/6/6/6/6			0/0/0	---For use solely or principally with vehicles of heading 87.01 to 87.05
0	0	1.7		0			0			0	0/0/	0		0	0	4	5/5/3.5/3.5/3.5			0//	---Other
0	0	0	0	0	0	0	0			0	0/0/	0	0	0	0	0	0/0/0/0/0			0/0/0	---For use solely or principally withapparatus of heading 85.17
0	0	0	0	0	0	0	0	0	0	2.9	0/0/	3.2	0	0	0	0	1.1/1.1/0/0/0			0/0/0	---For use solely or principally withapparatus of heading 85.19, 85.21, 85.25, 85.26 or 85.27
0	0	0	1.9	0	0	0	0			4	0/0/0	0	0	1.4	0	0	5.1/0/0/0/0			0/0/0	---For use solely or principally withapparatus of heading 85.35, 85.36 or 85.37
0	0	0	0	0	0	0	0	5.4	0	2.5	0/0/0	9	0	4.3	0	0	6/6/6/6/6			0/0/0	---For use solely or principally with vehicles of heading 87.01 to 87.05

商品编号	商品名称及备注[检验检疫编码及名称]	进口关税(%)		增值税率(%)	消费税	计量单位	监管条件	检验检疫类别	对美税率	出口税率(%)	出口退税率(%)
		最惠国	普通								
8524924000	专用于或主要用于品目87.01至87.05所列车辆的有机发光二极管(OLED)模组(含驱动器或控制电路,不论是否装有触摸屏)〔999〕	6	100	13		个/千克	6			0	
85249250	---电视接收机用										13
8524925000暂5	电视接收机用的有机发光二极管(OLED)模组(含驱动器或控制电路,不论是否装有触摸屏)〔999〕	15	80	13		个/千克			30%	0	
85249260	---专用于或主要用于税目85.28所列其他监视器的										13
8524926000	专用于或主要用于品目85.28所列其他监视器的有机发光二极管(OLED)模组(含驱动器或控制电路,不论是否装有触摸屏)〔999〕	0	57	13		个/千克			25%	0	
85249290	---其他										13
8524929000	其他有机发光二极管(OLED)模组(含驱动器或控制电路,不论是否装有触摸屏)〔999〕	8	40	13		个/千克			33%	0	
85249910	---电视机用等离子显像组件										13
8524991000	电视机用等离子显像组件(含驱动器或控制电路,不论是否装有触摸屏)①	0	80	13		个/千克			25%	0	
85249921	----电视机用										13
8524992100	电视机用发光二极管模组(含驱动器或控制电路,不论是否装有触摸屏)②	5	80	13		个/千克			30%	0	
85249929	----其他										13
8524992900	其他发光二极管模组(含驱动器或控制电路,不论是否装有触摸屏)〔999〕	0	64	13		个/千克			20%	0	
85249990	---其他										13
8524999000	其他平板显示模组(含驱动器或控制电路,不论是否装有触摸屏)〔999〕	8	40	13		个/千克			33%	0	
8525	**无线电广播、电视发送设备,不论是否装有接收装置或声音的录制、重放装置;电视摄像机、数字照相机及视频摄录一体机:**										
85255000	-发送设备										13
8525500000	无线电广播、电视用发送设备③	0	30	13		台/千克	O		5%	0	
85256010	---卫星地面站设备										13
8525601000	无线电广播、电视用卫星地面站设备(装有接收装置的发送设备)〔101 Ⅰ类卫星电视接收机〕,〔102 Ⅱ类卫星电视接收机〕,〔103 Ⅲ类卫星电视接收机〕	0	14	13		台/千克	O		20%	0	
85256090	---其他										13
8525609000	其他装有接收装置的无线电广播、电视发送设备④	0	30	13		台/千克			5%	0	
85258110	---电视摄像机										13
8525811000	本章子目注释一所列高速电视摄像机〔101 Ⅰ类电视摄像机〕,〔102 Ⅱ类电视摄像机〕,〔103 Ⅲ类电视摄像机〕	0	17	13		台/千克				0	
85258120	---数字照相机										13
8525812000	本章子目注释一所列高速数字照相机〔999〕	0	17	13		台/千克				0	
85258130	---视频摄录一体机										13
8525813000	本章子目注释一所列高速视频摄录一体机⑤	0	17	13		台/千克			10%	0	
85258210	---电视摄像机										13
8525821010	抗辐射电视摄像机(能抗 5×10^4 戈瑞(硅)以上辐射而又不会降低使用质量)〔101 Ⅰ类电视摄像机〕,〔102 Ⅱ类电视摄像机〕,〔103 Ⅲ类电视摄像机〕	0	17	13		台/千克	3			0	
8525821090	其他本章子目注释二所列抗辐射或耐辐射电视摄像机〔101 Ⅰ类电视摄像机〕,〔102 Ⅱ类电视摄像机〕,〔103 Ⅲ类电视摄像机〕	0	17	13		台/千克				0	
85258220	---数字照相机										13
8525822000	本章子目注释二所列抗辐射或耐辐射数字照相机〔999〕	0	17	13		台/千克				0	
85258230	---视频摄录一体机										13
8525823000	本章子目注释二所列抗辐射或耐辐射视频摄录一体机⑥	0	17	13		台/千克			10%	0	
85258310	---电视摄像机										13
8525831000	本章子目注释三所列夜视电视摄像机〔101 Ⅰ类电视摄像机〕,〔102 Ⅱ类电视摄像机〕,〔103 Ⅲ类电视摄像机〕	0	17	13		台/千克				0	
85258320	---数字照相机										13
8525832000	本章子目注释三所列夜视数字照相机〔999〕	0	17	13		台/千克				0	
85258330	---视频摄录一体机										13
8525833000	本章子目注释三所列夜视视频摄录一体机⑦	0	17	13		台/千克			10%	0	

① 〔101 Ⅰ类其他电视接收、发送装置及其零件〕,〔102 Ⅱ类其他电视接收、发送装置及其零件〕,〔103 Ⅲ类其他电视接收、发送装置及其零件〕
② 〔101 Ⅰ类其他电视接收、发送装置及其零件〕,〔102 Ⅱ类其他电视接收、发送装置及其零件〕,〔103 Ⅲ类其他电视接收、发送装置及其零件〕
③ 〔101 Ⅰ类其他电视接收、发送装置及其零件〕,〔102 Ⅱ类其他电视接收、发送装置及其零件〕,〔103 Ⅲ类其他电视接收、发送装置及其零件〕
④ 〔101 Ⅰ类其他电视接收、发送装置及其零件〕,〔102 Ⅱ类其他电视接收、发送装置及其零件〕,〔103 Ⅲ类其他电视接收、发送装置及其零件〕
⑤ 〔101 Ⅰ类电视摄像机〕,〔102 Ⅱ类电视摄像机〕,〔103 Ⅲ类电视摄像机〕,〔104 Ⅰ类家用型摄录一体机〕,〔105 Ⅱ类家用型摄录一体机〕,〔106 Ⅲ类家用型摄录一体机〕
⑥ 〔101 Ⅰ类电视摄像机〕,〔102 Ⅱ类电视摄像机〕,〔103 Ⅲ类电视摄像机〕,〔104 Ⅰ类家用型摄录一体机〕,〔105 Ⅱ类家用型摄录一体机〕,〔106 Ⅲ类家用型摄录一体机〕
⑦ 〔101 Ⅰ类电视摄像机〕,〔102 Ⅱ类电视摄像机〕,〔103 Ⅲ类电视摄像机〕,〔104 Ⅰ类家用型摄录一体机〕,〔105 Ⅱ类家用型摄录一体机〕,〔106 Ⅲ类家用型摄录一体机〕

协定税率(%)																		特惠税率(%)			Article Description
智利	新西兰	澳大利亚	瑞士	冰岛	秘鲁	哥斯达	东盟	亚太	新加坡	巴基斯坦	港/澳/台	韩国	格鲁吉亚	毛里求斯	柬埔寨	尼加拉瓜	日/韩/澳/新/东(RCEP)	亚太2国	老/柬/缅	LDC 98/97/95	
0	0		0	0	0		0	9.8	0	3.8	0/0/			0	0					0/0/0	---Of television reception apparatus
0	0	0	0	0	0	0	0			0	0/0/	0	0	0	0	0	0/0/0/0/0			0/0/0	---For use solely or principally withother monitors of heading 85.28
0	0	0	0	0	0	0	0		0	3	0/0/	6	0	0	0	6.4	10.3/10.2/10.2/10.2/10.2			0/0/0	---Other
0	0	0	0	0			0	0		3.8	0/0/	12	0	0	0	6	//12.8/12.8/12.8			0//	---Plasma display modules of television
0	0	0	0	0	0		0	3.3	0	3.8	0/0/			0	0	14	//5/5/5			0/0/0	----Of television
0	0	0	0	0	0	0	0			0	0/0/	0	0	0	0	0	0/0/0/0/0			0/0/0	----Other
0	0	0	0	0	0	0	0		0	3	0/0/	6	0	0	0	6.4	10.3/10.2/10.2/10.2/10.2			0/0/0	---Other
																					Transmission apparatus for radio-broadcasting or television, whether or not incorporating reception apparatus or sound recording or reproducing apparatus; television cameras, digital cameras and video camera recorders:
0	0	0	0	0	0	0	0			0	0/0/	0	0	0	0	0	0/0/0/0/0			0/0/0	-Transmission apparatus
0	0	0	0	0	0	0	0			0	0/0/	0	0	0	0	0	0/0/0/0/0			0/0/0	---Satellite earth station
0	0	0	0	0	0	0	0			0	0/0/	0	0	0	0	0	0/0/0/0/0			0/0/0	---Other
0	0	0	0	0	0	0	0	0	0	0	0/0/		0	0	0	0	7.3/7/0/0/0			0/0/0	---Television cameras
0	0	0	0	0	0	0	0			0	0/0/	0	0	0	0	0	0/0/0/0/0			0/0/0	---Digital cameras
0	0	0	0	0	0	0	0			0	0/0/	0	0	0	0	0	0/0/0/0/0			0/0/0	---Video camera recorders
0	0	0	0	0	0	0	0	0	0	0	0/0/		0	0	0	0	7.3/7/0/0/0			0/0/0	Television cameras
0	0	0	0	0	0	0	0			0	0/0/	0	0	0	0	0	0/0/0/0/0			0/0/0	---Digital cameras
0	0	0	0	0	0	0	0			0	0/0/	0	0	0	0	0	0/0/0/0/0			0/0/0	---Video camera recorders
0	0	0	0	0	0	0	0	0	0	0	0/0/		0	0	0	0	7.3/7/0/0/0			0/0/0	---Television cameras
0	0	0	0	0	0	0	0			0	0/0/	0	0	0	0	0	0/0/0/0/0			0/0/0	---Digital cameras
0	0	0	0	0	0	0	0			0	0/0/	0	0	0	0	0	0/0/0/0/0			0/0/0	---Video camera recorders

商品编号	商品名称及备注[检验检疫编码及名称]	进口关税(%)		增值税率(%)	消费税	计量单位	监管条件	检验检疫类别	对美税率	出口税率(%)	出口退税率(%)
		最惠国	普通								
85258911	----其他,特种用途的										13
8525891110	两用物项管制的无人机专用热成像电视摄像机〔101 Ⅰ类电视摄像机〕,〔102 Ⅱ类电视摄像机〕,〔103 Ⅲ类电视摄像机〕	0	17	13		台/千克	3			0	
8525891190	其他特种用途电视摄像机〔101 Ⅰ类电视摄像机〕,〔102 Ⅱ类电视摄像机〕,〔103 Ⅲ类电视摄像机〕	0	17	13		台/千克				0	
85258912	----非特种用途的广播级										13
8525891200	非特种用途广播级电视摄像机〔101 Ⅰ类电视摄像机〕,〔102 Ⅱ类电视摄像机〕,〔103 Ⅲ类电视摄像机〕	0	130	13		台/千克			25%	0	
85258919	----非特种用途的其他类型										13
8525891900	其他非特种用途电视摄像机及摄像组件(其他摄像组件由非广播级镜头+CCD/CMOS+数字信号处理电路构成)〔101 Ⅰ类电视摄像机〕,〔102 Ⅱ类电视摄像机〕,〔103 Ⅲ类电视摄像机〕	0	130	13		台/千克			25%	0	
85258921	----其他,特种用途的										13
8525892110	两用物项管制的无人机专用热成像数字照相机〔999〕	0	17	13		台/千克	3			0	
8525892190	其他特种用途的数字照相机〔999〕	0	17	13		台/千克				0	
85258922	----非特种用途的单镜头反光型										13
8525892200	非特种用途的单镜头反光型数字照相机〔999〕	0	130	13		台/千克			25%	0	
85258923	----非特种用途的,其他可换镜头的										13
8525892300	非特种用途其他可换镜头数字照相机〔999〕	0	130	13		台/千克			25%	0	
85258929	----非特种用途的其他类型										13
8525892900	其他非特种用途的数字照相机(单镜头反光型除外)〔999〕	0	130	13		台/千克			25%	0	
85258931	----其他,特种用途的										13
8525893110	两用物项管制的无人机专用热成像摄录一体机④	0	17	13		台/千克	3		10%	0	
8525893190	其他特种用途视频摄录一体机⑤	0	17	13		台/千克			10%	0	
85258932	----非特种用途的广播级										13
8525893200	非特种用途的广播级视频摄录一体机〔101 Ⅰ类电视摄像机〕,〔102 Ⅱ类电视摄像机〕,〔103 Ⅲ类电视摄像机〕	0	130	13		台/千克			25%	0	
85258933	----非特种用途的家用型										13
8525893300	非特种用途的家用型视频摄录一体机〔101 Ⅰ类家用型摄录一体机〕,〔102 Ⅱ类家用型摄录一体机〕,〔103 Ⅲ类家用型摄录一体机〕	0	130	13		台/千克			25%	0	
85258939	----非特种用途的其他类型										13
8525893900	其他非特种用途的视频摄录一体机(非广播级、非多用途)〔101 Ⅰ类电视摄像机〕,〔102 Ⅱ类电视摄像机〕,〔103 Ⅲ类电视摄像机〕	0	130	13		台/千克			25%	0	
8526	**雷达设备、无线电导航设备及无线电遥控设备:**										
85261010	---导航用										13
8526101010	用于导弹、火箭等的导航雷达设备(用于弹道导弹、运载火箭、探空火箭、巡航导弹、无人驾驶航空飞行器的目标探测)〔999〕	0	8	13		台/千克	3			0	
8526101090	其他导航用雷达设备〔999〕	0	8	13		台/千克				0	
85261090	---其他										13
8526109011	两用物项管制的无人机专用飞机机载雷达(包括气象雷达,地形雷达和空中交通管制应答系统)〔999〕	0	14	13		台/千克	3		5%	0	
8526109019	其他飞机机载雷达(包括气象雷达,地形雷达和空中交通管制应答系统)〔999〕	0	14	13		台/千克			5%	0	
8526109020	雷达生命探测仪〔999〕	0	14	13		台/千克	0		5%	0	
8526109030	用于导弹、火箭等的机载雷达设备(用于弹道导弹、运载火箭、探空火箭、巡航导弹、无人驾驶航空飞行器的目标探测)〔999〕	0	14	13		台/千克	3		5%	0	
8526109040	用于导弹、火箭等的其他雷达设备(用于弹道导弹、运载火箭、探空火箭、巡航导弹、无人驾驶航空飞行器的目标探测)〔999〕	0	14	13		台/千克	3		5%	0	
8526109090	其他雷达设备〔999〕	0	14	13		台/千克			5%	0	
85269110	---机动车辆用										13
8526911000	机动车辆用无线电导航设备〔999〕	0	8	13		台/千克			5%	0	
85269190	---其他										13
8526919010	制导装置(使300千米射程导弹达到≤10千米圆公算偏差)〔999〕	0	8	13		台/千克	3		5%	0	
8526919090	其他无线电导航设备〔999〕	0	8	13		台/千克			5%	0	
85269200	--无线电遥控设备										13
8526920010	两用物项管制的无人机专用无线电遥控设备〔999〕	0	14	13		台/千克	30		20%	0	

① 完税价格≤5000美元/台,14.9%;完税价格>5000美元/台:3.0%+4819.5元
② 完税价格≤5000美元/台,14.9%;完税价格>5000美元/台:3.0%+4819.5元
③ 完税价格≤5000美元/台:17.5%;完税价格>5000美元/台:1.5%+6480元/台
④ 〔101 Ⅰ类电视摄像机〕,〔102 Ⅱ类电视摄像机〕,〔103 Ⅲ类电视摄像机〕,〔104 Ⅰ类家用型摄录一体机〕,〔105 Ⅱ类家用型摄录一体机〕,〔106 Ⅲ类家用型摄录一体机〕
⑤ 〔101 Ⅰ类电视摄像机〕,〔102 Ⅱ类电视摄像机〕,〔103 Ⅲ类电视摄像机〕,〔104 Ⅰ类家用型摄录一体机〕,〔105 Ⅱ类家用型摄录一体机〕,〔106 Ⅲ类家用型摄录一体机〕

协定税率(%)																		特惠税率(%)			
智利	新西兰	澳大利亚	瑞士	冰岛	秘鲁	哥斯达	东盟	亚太	新加坡	巴基斯坦	港/澳/台	韩国	格鲁吉亚	毛里求斯	柬埔寨	尼加拉瓜	日/韩/澳/新/东(RCEP)	亚太2国	老/柬/缅	LDC 98/97/95	Article Description
0	0	0	0	0	0	0	0	0	0	0	0/0/		0	0	0	0	7.3/7/0/0/0			0/0/0	----Other, for special purposes
0	0	0	0	0	0	0	0	0	0	①	0/0/		0	5.8	0	0	25.5/29.8/24.5/24.5/24.5			0/0/0	----Broadcast quality, not for special purposes
0	0	0	0	0	0	0	0	0	0	②	0/0/0	③	0	5.8	0	0	25.5/28/0/0/0			0/0/0	----Other, not for special purposes
0	0	0	0	0	0	0	0			0	0/0/	0	0	0	0	0	0/0/0/0/0			0/0/0	----Other, for special purposes
0	0	0	0	0	0	0	0			0	0/0/	0	0	0	0	0	0/0/0/0/0			0/0/0	----Single lens reflex, not for special purposes
0	0	0	0	0	0	0	0			0	0/0/	0	0	0	0	0	0/0/0/0/0			0/0/0	----Other changeable lens, not for special purposes
0	0	0	0	0	0	0	0			0	0/0/	0	0	0	0	0	0/0/0/0/0			0/0/0	----Other, not for special purposes
0	0	0	0	0	0	0	0			0	0/0/	0	0	0	0	0	0/0/0/0/0			0/0/0	----Other, for special purposes
0	0	0	0	0	0	0	0			0	0/0/	0	0	0	0	0	0/0/0/0/0			0/0/0	----Broadcast quality, not for special purposes
0	0	0	0	0	0	0	0			0	0/0/	0	0	0	0	0	0/0/0/0/0			0/0/0	----Household-type, not for special purposes
0	0	0	0	0	0	0	0			0	0/0/	0	0	0	0	0	0/0/0/0/0			0/0/0	----Other, not for special purposes
																					Radar apparatus, radio navigational aid apparatus and radio remote control apparatus:
0	0	0	0	0	0	0	0			0	0/0/	0.6	0	0	0	0	0/1.4/1.4/1.4/0			0/0/0	---For navigational aid
0	0	0	0	0	0	0	0			0	0/0/	1.6	0	0	0	0	0/3.5/0/0/0			0/0/0	---Other
0	0	0	0	0	0	0	0			0	0/0/	0	0	0	0	0	0/0/0/0/0			0/0/0	---For motor vehicles
0	0	0	0	0	0	0	0			0	0/0/	0	0	0.3	0	0	0/1.4/1.4/1.4/0			0/0/0	---Other
0	0	0	0	0	0	0	0			0	0/0/	0	0	0	0	0	3.6/3.5/0/0/0			0/0/0	--Radio remote control apparatus

商品编号	商品名称及备注[检验检疫编码及名称]	进口关税(%) 最惠国	进口关税(%) 普通	增值税率(%)	消费税	计量单位	监管条件	检验检疫类别	对美税率	出口税率(%)	出口退税率(%)
8526920090	无线电遥控设备〔999〕	0	14	13		台/千克	0		20%	0	
8527	**无线电广播接收设备,不论是否与声音的录制、重放装置或时钟组合在同一机壳内:**										
85271200	--袖珍盒式磁带收放机										13
8527120000	不需外接电源袖珍盒式磁带收放机〔101 Ⅰ类放音机〕,〔102 Ⅱ类放音机〕,〔103 Ⅲ类放音机〕	0	130	13		台/千克				0	
85271300	--其他收录(放)音组合机										13
8527130000	不需外接电源收录(放)音组合机〔101 Ⅰ类收录(放)音组合机〕,〔102 Ⅱ类收录(放)音组合机〕,〔103 Ⅲ类收录(放)音组合机〕	0	130	13		台/千克				0	
85271900	--其他										13
8527190000	不需外接电源无线电收音机〔101 Ⅰ类收音机〕,〔102 Ⅱ类收音机〕,〔103 Ⅲ类收音机〕	0	130	13		台/千克			20%	0	
85272100	--收录(放)音组合机										13
8527210010	具备接收和转换数字广播数据系统信号功能需外接电源的汽车用收录(放)音组合机〔101 Ⅰ类收录(放)音组合机〕,〔102 Ⅱ类收录(放)音组合机〕,〔103 Ⅲ类收录(放)音组合机〕	0	130	13		台/千克			5%	0	
8527210090	其他需外接电源汽车收录(放)音组合机〔101 Ⅰ类收录(放)音组合机〕,〔102 Ⅱ类收录(放)音组合机〕,〔103 Ⅲ类收录(放)音组合机〕	15	130	13		台/千克			20%	0	
85272900	--其他										13
8527290000	需外接电源汽车用无线电收音机〔101 Ⅰ类收音机〕,〔102 Ⅱ类收音机〕,〔103 Ⅲ类收音机〕	0	130	13		台/千克			5%	0	
85279100	--收录(放)音组合机										13
8527910000	其他收录(放)音组合机①	0	130	13		台/千克			25%	0	
85279200	--带时钟的收音机										13
8527920000	带时钟的收音机②	0	130	13		台/千克			25%	0	
85279900	--其他										13
8527990000	其他收音机〔101 Ⅰ类收音机〕,〔102 Ⅱ类收音机〕,〔103 Ⅲ类收音机〕	0	130	13		台/千克			25%	0	
8528	**监视器及投影机,未装电视接收装置;电视接收装置,不论是否装有无线电收音装置或声音、图像的录制或重放装置:**										
85284200	--可直接连接且设计用于税目 84.71 的自动数据处理设备的										13
8528420000	可直接连接且设计用于品目 84.71 的自动数据处理设备的阴极射线管监视器〔101 彩色视频监视器〕,〔102 黑白或其他单色视频监视器〕	0	40	13		台/千克	6		20%	0	
85284910	---彩色的										13
8528491000	其他彩色的阴极射线管监视器〔101 Ⅰ类彩色视频监视器〕,〔102 Ⅱ类彩色视频监视器〕,〔103 Ⅲ类彩色视频监视器〕	0	130	13		台/千克	6		5%	0	
85284990	---单色的										13
8528499000	其他单色的阴极射线管监视器③	0	100	13		台/千克	6		5%	0	
85285211	----专用于或主要用于税目 84.71 的自动数据处理设备的										13
8528521100	专用或主要用于品目 84.71 商品的液晶监视器〔999〕	0	40	13		台/千克			10%	0	
85285212	----其他,彩色的										13
8528521200	其他可直接连接且设计用于品目 84.71 的自动数据处理设备的彩色液晶监视器〔999〕	15	130	13		台/千克	6		40%	0	
85285219	----其他,单色的										13
8528521900	其他可直接连接且设计用于品目 84.71 的自动数据处理设备的单色液晶监视器〔999〕	10	100	13		台/千克	6		20%	0	
85285291	----专用于或主要用于税目 84.71 的自动数据处理设备的,彩色的										13
8528529100	专用或主要用于品目 84.71 商品的其他彩色监视器〔999〕	0	40	13		台/千克			25%	0	
85285292	----其他,彩色的										13
8528529200	其他可直接连接且设计用于品目 84.71 的自动数据处理设备的其他彩色监视器〔999〕	15	130	13		台/千克	6		25%	0	

① 〔101 Ⅰ类收录(放)音组合机〕,〔102 Ⅱ类收录(放)音组合机〕,〔103 Ⅲ类收录(放)音组合机〕,〔104 其他收录放音装置及其零件〕
② 〔101 Ⅰ类其他收录放音装置及其零件〕,〔102 Ⅱ类其他收录放音装置及其零件〕,〔103 Ⅲ类其他收录放音装置及其零件〕,〔104 其他收录放音装置及其零件〕
③ 〔101 Ⅰ类黑白或其他单色视频监视器〕,〔102 Ⅱ类黑白或其他单色视频监视器〕,〔103 Ⅲ类黑白或其他单色视频监视器〕

协定税率(%)																		特惠税率(%)			Article Description
智利	新西兰	澳大利亚	瑞士	冰岛	秘鲁	哥斯达	东盟	亚太	新加坡	巴基斯坦	港/澳/台	韩国	格鲁吉亚	毛里求斯	柬埔寨	尼加拉瓜	日/韩/澳/新/东 (RCEP)	亚太2国	老/柬/缅	LDC 98/97/95	
																					Reception apparatus for radio-broadcasting, whether or not combined, in the same housing, with sound recording or reproducing apparatus or a clock:
0	0	0	0	0	0	0	0		0	16	0/0/	6.6	0	0	0	0	0/14/0/0/0			0/0/0	--Pocket-size radio cassette-players
0	0	0	0	0	0	0	0		0	6	0/0/	0	0	0	0	0	0/10.5/0/0/0			0/0/0	--Other apparatus combined with sound recording or reproducing apparatus
0	0	0	0	0	0	0	0		0	6	0/0/	5	0	0	0	0	0/10.5/0/0/0			0/0/0	--Other
0	0	0	0	0	0	0	0		0	6	0/0/	5	0	0	0	14	12.2/12/12.8/12.8/12			0/0/0	--Combined with sound recording or reproducing apparatus
0	0	0	0	0	0	0	0		0	6	0/0/	5	0	0	0	0	0/10.5/0/0/0			0/0/0	--Other
0	0	0	0	0	0	0	0		0	6	0/0/	0	0	0	0	0	0/10.5/0/0/0			0/0/0	--Combined with sound recording or reproducing apparatus
0	0	0	0	0	0	0	0		0	6	0/0/	0	0	0	0	0	0/10.5/0/0/0			0/0/0	--Not combined with sound recording or reproducing apparatus but combined with a clock
0	0	0	0	0	0	0	0		0	21.6	0/0/	13.5	0	4.5	0	0	0/21.6/0/0/0			0/0/0	--Other
																					Monitors and projectors, not incorporating television reception apparatus; reception apparatus for television, whether or not incorporating radio-broadcast receivers or sound or video recording or reproducing apparatus:
0	0	0	0	0	0	0	0			0	0/0/	0	0	0	0	0	0/0/0/0/0			0/0/0	--Capable of directly connecting to and designed for use with an automatic data processing machine of heading 84.71
0	0	0	0	0	0	0	0	0	0	20.8	0/0/	15	0	4.5	0	0	0/24/0/0/0			0/0/0	---Colour
0	0	0	0	0	0	0	0	0	0	7.6	0/0/	0	0	0	0	0	0/13.3/0/0/0			0/0/0	---Monochrome
0	0	0	0	0	0	0	0			0	0/0/	0	0	0	0	0	0/0/0/0/0			0/0/0	----Of a kind solely or principally used in an automatic data processing machine of heading 84.71
0	0	0		0	0		0	9.8	0	13	0/0/	19.5	0	6	0	14	//5/5/5			0/0/0	----Other, colour
0	0	0	0	0	0	0	0	6.5	0	7.6	0/0/		0	0	0	9	//5/5/5			0/0/0	----Other, monochrome
0	0	0	0	0	0	0	0			0	0/0/	0	0	0	0	0	0/0/0/0/0			0/0/0	----Of a kind solely or principally used in an automatic data processing machine of heading 84.71, colour
0	0	0		0	0		0	9.8	0	13	0/0/	19.5	0	6	0	14	//5/5/5			0/0/0	----Other, colour

商品编号	商品名称及备注[检验检疫编码及名称]	进口关税(%)		增值税率(%)	消费税	计量单位	监管条件	检验检疫类别	对美税率	出口税率(%)	出口退税率(%)
		最惠国	普通								
85285299	----其他,单色的										13
8528529900	其他可直接连接且设计用于品目 84.71 的自动数据处理设备的其他单色监视器〔999〕	10	100	13		台/千克	6			0	
85285910	---彩色的										13
8528591010[暂10]	车载液晶显示器〔999〕	20	130	13		台/千克	6		30%	0	
8528591020[暂1]	航空器用显示器〔999〕	20	130	13		台/千克	6		21%	0	
8528591090	其他彩色的监视器〔101 Ⅰ类彩色视频监视器〕,〔102 Ⅱ类彩色视频监视器〕,〔103 Ⅲ类彩色视频监视器〕	20	130	13		台/千克	6		40%	0	
85285990	---单色的										13
8528599000	其他单色的监视器①	10	100	13		台/千克	6		35%	0	
85286210	---专用于或主要用于税目 84.71 的自动数据处理设备的										13
8528621010	专用或主要用于品目 84.71 商品的彩色投影机〔999〕	0	14	13		台/千克			20%	0	
8528621090	其他专用或主要用于品目 84.71 商品的投影机〔999〕	0	14	13		台/千克			20%	0	
85286220	---其他,彩色的										13
8528622000	其他可直接连接且设计用于品目 84.71 的自动数据处理设备的彩色投影机〔999〕	15	130	13		台/千克	6		40%	0	
85286290	---其他,单色的										13
8528629000	其他可直接连接且设计用于品目 84.71 的自动数据处理设备的单色投影机〔999〕	10	100	13		台/千克				0	
85286910	---彩色的										13
8528691000	其他彩色的投影机〔101 Ⅰ类视频投影机〕,〔102 Ⅱ类视频投影机〕,〔103 Ⅲ类视频投影机〕	15	130	13		台/千克	6		40%	0	
85286990	---单色的										13
8528699000	其他单色的投影机〔101 Ⅰ类视频投影机〕,〔102 Ⅱ类视频投影机〕,〔103 Ⅲ类视频投影机〕	10	100	13		台/千克			15%	0	
85287110	---彩色卫星电视接收机										13
8528711000	彩色的卫星电视接收机(在设计上不带有视频显示器或屏幕的)〔101 Ⅰ类卫星电视接收机〕,〔102 Ⅱ类卫星电视接收机〕,〔103 Ⅲ类卫星电视接收机〕	0	130	13		台/千克	O		20%	0	
85287180	---其他彩色的										13
8528718000	其他彩色的电视接收装置(在设计上不带有视频显示器或屏幕的)〔101 Ⅰ类彩色电视机〕,〔102 Ⅱ类彩色电视机〕,〔103 Ⅲ类彩色电视机〕	0	130	13		台/千克			25%	0	
85287190	---单色的										13
8528719000	单色的电视接收装置(在设计上不带有视频显示器或屏幕的)〔101 Ⅰ类单色电视机〕,〔102 Ⅱ类单色电视机〕,〔103 Ⅲ类单色电视机〕	0	100	13		台/千克				0	
85287211	----模拟电视接收机										13
8528721100	其他彩色的模拟电视接收机,带阴极射线显像管的〔101 Ⅰ类彩色电视机〕,〔102 Ⅱ类彩色电视机〕,〔103 Ⅲ类彩色电视机〕	10	130	13		台/千克	6			0	
85287212	----数字电视接收机										13
8528721200	其他彩色的数字电视接收机,阴极射线显像管的〔101 Ⅰ类彩色电视机〕,〔102 Ⅱ类彩色电视机〕,〔103 Ⅲ类彩色电视机〕	10	130	13		台/千克	6			0	
85287219	----其他										13
8528721900	其他彩色的电视接收机,阴极射线显像管的〔101 Ⅰ类彩色电视机〕,〔102 Ⅱ类彩色电视机〕,〔103 Ⅲ类彩色电视机〕	10	130	13		台/千克	6			0	
85287221	----模拟电视接收机										13
8528722100	彩色的液晶显示器的模拟电视接收机〔101 Ⅰ类彩色电视机〕,〔102 Ⅱ类彩色电视机〕,〔103 Ⅲ类彩色电视机〕	15	130	13		台/千克			40%	0	
85287222	----数字电视接收机										13
8528722200	彩色的液晶显示器的数字电视接收机〔101 Ⅰ类彩色电视机〕,〔102 Ⅱ类彩色电视机〕,〔103 Ⅲ类彩色电视机〕	15	130	13		台/千克			40%	0	
85287229	----其他										13
8528722900	其他彩色的液晶显示器的电视接收机〔101 Ⅰ类彩色电视机〕,〔102 Ⅱ类彩色电视机〕,〔103 Ⅲ类彩色电视机〕	15	130	13		台/千克			25%	0	
85287231	----模拟电视接收机										13
8528723100	彩色的等离子显示器的模拟电视接收机〔101 Ⅰ类彩色电视机〕,〔102 Ⅱ类彩色电视机〕,〔103 Ⅲ类彩色电视机〕	10	130	13		台/千克				0	
85287232	----数字电视接收机										13
8528723200	彩色的等离子显示器的数字电视接收机〔101 Ⅰ类彩色电视机〕,〔102 Ⅱ类彩色电视机〕,〔103 Ⅲ类彩色电视机〕	15	130	13		台/千克			25%	0	
85287239	----其他										13
8528723900	其他彩色的等离子显示器的电视接收机〔101 Ⅰ类彩色电视机〕,〔102 Ⅱ类彩色电视机〕,〔103 Ⅲ类彩色电视机〕	15	130	13		台/千克				0	
85287291	----模拟电视接收机										13

① 〔101 Ⅰ类黑白或其他单色视频监视器〕,〔102 Ⅱ类黑白或其他单色视频监视器〕,〔103 Ⅲ类黑白或其他单色视频监视器〕

协定税率(%)																		特惠税率(%)			Article Description
智利	新西兰	澳大利亚	瑞士	冰岛	秘鲁	哥斯达	东盟	亚太	新加坡	巴基斯坦	港/澳/台	韩国	格鲁吉亚	毛里求斯	柬埔寨	尼加拉瓜	日/韩/澳/新/东 (RCEP)	亚太2国	老/柬/缅	LDC 98/97/95	
0	0	0	0	0	0	0	0	6.5	0	7.6	0/0/		0	0	0	9	//5/5/5			0/0/0	----Other, monochrome
0	0	0		0	0		0	13	0	13	0/0/	19.5	0	6	0	18.7	//5/5/5			0/0/0	---Colour
0	0	0	0	0	0	0	0	6.5	0	7.6	0/0/		0	0	0	9	//5/5/5			0/0/0	---Monochrome
0	0	0	0	0	0	0	0			0	0/0/	0	0	0	0	0	0/0/0/0/0			0/0/0	---Of a kind solely or principally used in an automatic data processing machine of heading 84.71
0	0	0		0	0	0	0	9.8	0	12.8	0/0/	19.5	0	6	0	14	15//5/5/5			0/0/0	---Other, colour
0	0	0	0	0	0	0	0		0	6	0/0/		0	0	0	9	//5/5/5			0/0/0	---Other, monochrome
0	0	0		0	0	0	0	9.8	0	12.8	0/0/	19.5	0	6	0	14	15//5/5/5			0/0/0	---Colour
0	0	0	0	0	0	0	0		0	6	0/0/		0	0	0	9	//5/5/5			0/0/0	---Monochrome
0	0	0		0		0		0		12	0/0/		0	5	0	4	21.8/21/21/21/21			0/0/	---Colour satellite television receivers
0	0	0		0		0	0	0	0	10.5	0/0/			5	0	4	21.8/21/0/0/0			0/0/	---Other, colour
0	0	0	0	0	0	0	0		0	6	0/0/	0	0	0	0	0	10.9/10.5/0/0/0			0/0/0	---Monochrome
0	0	0	10	0		0		6.5		10.5	0/0/			6	0	9				0/0/	----Analogue
0	0	10	10	0		0		6.5		10.5	0/0/			6	0	9				0/0/	----Digital
0	0	0	10	0		0		6.5		10.5	0/0/			6	0	9				0/0/	----Other
0	0	0		0			5	10.5		21	0/0/			6	0					0/0/	----Analogue
0	0	10		0			5	10.5		21	0/0/	21		6	0	14				0/0/	----Digital
0	0	0		0			5	10.5		21	0/0/			6	0					0/0/	----Other
0	0	0		0			5	7		10.5	0/0/			6	0	9				0/0/	----Analogue
0	0	10		0			5	10.5		10.5	0/0/			6	0					0/0/	----Digital
0	0	0		0			5	10.5		10.5	0/0/	21		6	0	14				0/0/	----Other
0	0	0		0	0	0	5	7		10.5	0/0/			6	0	9				0/0/0	----Analogue

商品编号	商品名称及备注[检验检疫编码及名称]	进口关税(%) 最惠国	进口关税(%) 普通	增值税率(%)	消费税	计量单位	监管条件	检验检疫类别	对美税率	出口税率(%)	出口退税率(%)
8528729100	其他彩色的模拟电视接收机〔101 Ⅰ类彩色电视机〕,〔102 Ⅱ类彩色电视机〕,〔103 Ⅲ类彩色电视机〕	10	130	13		台/千克				0	
85287292	----数字电视接收机										13
8528729200	其他彩色的数字电视接收机〔101 Ⅰ类彩色电视机〕,〔102 Ⅱ类彩色电视机〕,〔103 Ⅲ类彩色电视机〕	15	130	13		台/千克			40%	0	
85287299	----其他										13
8528729900	其他彩色的电视接收机〔101 Ⅰ类彩色电视机〕,〔102 Ⅱ类彩色电视机〕,〔103 Ⅲ类彩色电视机〕	15	130	13		台/千克				0	
85287300	--其他,单色的										13
8528730000	其他单色的电视接收机〔101 Ⅰ类单色电视机〕,〔102 Ⅱ类单色电视机〕,〔103 Ⅲ类单色电视机〕	7	100	13		台/千克	6			0	
8529	**专用于或主要用于税目85.24至85.28所列装置或设备的零件:**										
85291010	---雷达设备及无线电导航设备用										13
8529101000	雷达及无线电导航设备天线及零件(包括天线反射器)〔999〕	0	8	13		千克				0	
85291020	---无线电收音机及其组合机、电视接收机用										13
8529102000	收音机、电视机天线及其零件(包括收音机的组合机用的天线及零件)①	0	90	13		千克			25%	0	
85291090	---其他										13
8529109021	卫星电视接收用天线②	0	20	13		千克/个	O		20%	0	
8529109029	其他无线广播电视用天线(品目85.25至85.28所列其他装置或设备的,包括天线反射器)③	0	20	13		千克/个	O		20%	0	
8529109090	其他无线电设备天线及其零件(品目85.25至85.28所列其他装置或设备的,包括天线反射器)④	0	20	13		千克/个			20%	0	
85299010	---电视发送、差转设备及卫星电视地面接收转播设备用										13
8529901011	卫星电视接收用解码器⑤	0	30	13		千克/个	O		20%	0	
8529901012	卫星电视接收用收视卡⑥	0	30	13		千克/个	O		20%	0	
8529901013	卫星电视接收用器件板卡⑦	0	30	13		千克/个	O		20%	0	
8529901014	卫星电视接收用专用零件⑧	0	30	13		千克/个	O		20%	0	
8529901090	其他电视发送,差转等设备零件(包括其他卫星电视地面接收转播设备零件)⑨	0	30	13		千克/个			20%	0	
85299020	---税目85.24所列设备用										13
8529902010	税目85.24所列设备用零件,用于雷达设备及无线电导航设备〔999〕	0	53	13		千克/个			5%	0	
8529902090	其他税目85.24所列设备用零件〔999〕	0	53	13		千克/个			5%	0	
85299041	----特种用途的										13
8529904100	特种用途的电视摄像机等设备用零件(也包括视频摄录一体机、数字照相机的零件)⑩	0	17	13		千克			5%	0	
85299042	----非特种用途的取像模块										13
8529904200	非特种用途的取像模块⑪	0	100	13		千克			25%	0	
85299049	----其他										13
8529904900	摄像机、摄录一体机、数码相机的其他零件⑫	0	100	13		千克			25%	0	
85299050	---雷达设备及无线电导航设备用										13
8529905000	雷达及无线电导航设备零件〔999〕	0	8	13		千克				0	
85299060	---无线电收音机及其组合机用										13
8529906000	收音机及其组合机的其他零件⑬	0	130	13		千克			25%	0	
85299081	----彩色电视接收机用										13

① 〔101 Ⅰ类其他收录放音装置及其零件〕,〔102 Ⅱ类其他收录放音装置及其零件〕,〔103 Ⅲ类其他收录放音装置及其零件〕,〔104 Ⅰ类其他电视接收、发送装置及其零件〕,〔105 Ⅱ类其他电视接收、发送装置及其零件〕,〔106 Ⅲ类其他电视接收、发送装置及其零件〕

② 〔101 Ⅰ类其他电视接收、发送装置及其零件〕,〔102 Ⅱ类其他电视接收、发送装置及其零件〕,〔103 Ⅲ类其他电视接收、发送装置及其零件〕

③ 〔101 Ⅰ类其他收录放音装置及其零件〕,〔102 Ⅱ类其他收录放音装置及其零件〕,〔103 Ⅲ类其他收录放音装置及其零件〕,〔104 Ⅰ类其他电视接收、发送装置及其零件〕,〔105 Ⅱ类其他电视接收、发送装置及其零件〕,〔106 Ⅲ类其他电视接收、发送装置及其零件〕

④ 〔101 Ⅰ类其他收录放音装置及其零件〕,〔102 Ⅱ类其他收录放音装置及其零件〕,〔103 Ⅲ类其他收录放音装置及其零件〕,〔104 Ⅰ类其他电视接收、发送装置及其零件〕,〔105 Ⅱ类其他电视接收、发送装置及其零件〕,〔106 Ⅲ类其他电视接收、发送装置及其零件〕

⑤ 〔101 Ⅰ类其他电视接收、发送装置及其零件〕,〔102 Ⅱ类其他电视接收、发送装置及其零件〕,〔103 Ⅲ类其他电视接收、发送装置及其零件〕

⑥ 〔101 Ⅰ类其他电视接收、发送装置及其零件〕,〔102 Ⅱ类其他电视接收、发送装置及其零件〕,〔103 Ⅲ类其他电视接收、发送装置及其零件〕

⑦ 〔101 Ⅰ类其他电视接收、发送装置及其零件〕,〔102 Ⅱ类其他电视接收、发送装置及其零件〕,〔103 Ⅲ类其他电视接收、发送装置及其零件〕

⑧ 〔101 Ⅰ类其他电视接收、发送装置及其零件〕,〔102 Ⅱ类其他电视接收、发送装置及其零件〕,〔103 Ⅲ类其他电视接收、发送装置及其零件〕

⑨ 〔101 Ⅰ类其他电视接收、发送装置及其零件〕,〔102 Ⅱ类其他电视接收、发送装置及其零件〕,〔103 Ⅲ类其他电视接收、发送装置及其零件〕

⑩ 〔101 Ⅰ类其他摄录放像装置及其零件〕,〔102 Ⅱ类其他摄录放像装置及其零件〕,〔103 Ⅲ类其他摄录放像装置及其零件〕

⑪ 〔101 Ⅰ类家用型摄录一体机〕,〔102 Ⅱ类家用型摄录一体机〕,〔103 Ⅲ类家用型摄录一体机〕,〔104 Ⅰ类其他摄录放像装置及其零件〕,〔105 Ⅱ类其他摄录放像装置及其零件〕,〔106 Ⅲ类其他摄录放像装置及其零件〕

⑫ 〔101 家用型摄录一体机(Ⅰ类家用型摄录一体机)〕,〔102 家用型摄录一体机(Ⅱ类家用型摄录一体机)〕,〔103 家用型摄录一体机(Ⅲ类家用型摄录一体机)〕,〔104 其他摄录放像装置及其零件(Ⅰ类其他摄录放像装置及其零件)〕,〔105 其他摄录放像装置及其零件(Ⅱ类其他摄录放像装置及其零件)〕,〔106 其他摄录放像装置及其零件(Ⅲ类其他摄录放像装置及其零件)〕

⑬ 〔101 Ⅰ类其他收录放音装置及其零件〕,〔102 Ⅱ类其他收录放音装置及其零件〕,〔103 Ⅲ类其他收录放音装置及其零件〕

协定税率(%)																		特惠税率(%)			Article Description
智利	新西兰	澳大利亚	瑞士	冰岛	秘鲁	哥斯达	东盟	亚太	新加坡	巴基斯坦	港/澳/台	韩国	格鲁吉亚	毛里求斯	柬埔寨	尼加拉瓜	日/韩/澳/新/东(RCEP)	亚太2国	老/柬/缅	LDC 98/97/95	
0	0	10		0			5	10.5		10.5	0/0/			6	0	14				0/0/	----Digital
0	0	0		0		0	5	10.5		10.5	0/0/			6	0	14				0/0/	----Other
0	0	0	0	0	0	0	0		0	6	0/0/	0	0	0	0	0	10.9/10.5/0/0/0			0/0/0	--Other, monochrome
																					Parts suitable for use solely or principally with the apparatus of headings 85.24 to 85.28:
0	0	0	0	0	0	0	0			0	0/0/	0	0	0	0	0	0/1.1/0/0/0			0/0/0	---For radar apparatus and radio navigational aid apparatus
0	0	0	0	0	0	0	0			0	0/0/	0	0	0	0	0	0/0/0/0/0			0/0/0	---For radio-broadcast receivers and their combinations, television receivers
0	0	0	0	0	0	0	0			0	0/0/	0	0	0	0	0	0/0/1.4/1.4/0			0/0/0	---Other
0	0	0	0	0	0	0	0			0	0/0/	0	0	0	0	0	0/0/0/0/0			0/0/0	---Of television transmission or translation apparatus, satellite television ground receiving and relaying apparatus
0	0	0	0	0	0.9	1.8	0	0	0	1.8	0/0/	3.6	0.3	0.3	0	1.6	0/0/0/0/0			0/0/0	---Of apparatus of heading 85.24
0	0	0	0	0	0	0	0	0		0	0/0/	5.2	0	0	0	0	//5/5/5			0/0/0	----Of special purposes
0	0	0	0	0	0	0	0	0	0	2.5	0/0/0	0	0	0	0	0	8.7/8.4/0/0/0			0/0/0	----Camera modules without special purposes
0	0	0	0	0	0	0	0	0	0	2.5	0/0/0	4	0	0	0	0	9.8/9.6/10.2/10.2/9.6			0/0/0	----Other
0	0	0	0	0	0	0	0	0		0	0/0/	0	0	0	0	0	1.1/1.1/0/0/0			0/0/0	---Of radar apparatus and radio navigational aid apparatus
0	0	0	0	0	0	0	0	0	0	3.8	0/0/	0	0	0	0	0	10.9/10.5/0/0/0			0/0/0	---Of radio-broadcast receivers and their combinations
0	0	0	0	0	0		0	0	0	3.8	0/0/			0	0	14	//5/5/5			0/0/0	----Of colour television receivers

商品编号	商品名称及备注[检验检疫编码及名称]	进口关税(%) 最惠国	进口关税(%) 普通	增值税率(%)	消费税	计量单位	监管条件	检验检疫类别	对美税率	出口税率(%)	出口退税率(%)
8529908100	彩色电视机零件(高频调谐器除外)①	0	80	13		千克			25%	0	
85299089	----其他										13
8529908900	其他电视机零件(高频调谐器除外)②	0	50	13		千克			10%	0	
85299090	---其他										13
8529909011	卫星电视接收用高频调谐器③	0	57	13		千克/个	O		25%	0	
8529909090	品目 85.25 至 85.28 所列装置或设备其他零件[999]	0	57	13		千克/个			25%	0	
8530	**铁道、电车道、道路或内河航道、停车场、港口或机场用的电气信号、安全或交通管理设备(税目 86.08 的货品除外):**										
85301000	-铁道或电车道用的设备										13
8530100000	铁道或电车道用电气信号等设备(包括安全或交通管理设备)[999]	8	20	13		个/千克				0	
85308000	-其他设备										13
8530800000	其他用电气信号、安全、交通设备(指道路或内河航道、停车场、港口、机场用)[999]	8	20	13		个/千克			28%	0	
85309000	-零件										13
8530900000	品目 85.30 所列设备的零件(包括电车道、道路、港口、机场用电气信号安全、交管设备)[999]	6	20	13		千克			26%	0	
8531	**电气音响或视觉信号装置(例如,电铃、电笛、显示板、防盗或防火报警器),但税目 85.12 或 85.30 的货品除外:**										
85311000	-防盗或防火报警器及类似装置										13
8531100000	防盗或防火报警器及类似装置[101 防盗报警装置],[102 防火报警装置]	10	40	13		个/千克	A	L/	20%	0	
85312000	-装有液晶装置(LCD)或发光二极管(LED)的显示板										13
8531200000	有液晶装置或发光管的显示板[999]	0	70	13		个/千克			25%	0	
85318010	---蜂鸣器										13
8531801001[暂7.5]	音量不超过 110db 的小型蜂鸣器[999]	10	70	13		个/千克			32.5%	0	
8531801090	其他蜂鸣器[999]	10	70	13		个/千克			35%	0	
85318090	---其他										13
8531809000	其他电气音响或视觉信号装置[101 可燃气体报警器],[102 有毒气体报警器],[103 其他视听设备及其零件]	0	70	13		个/千克			10%	0	
85319010	---防盗或防火报警器及类似装置用										13
8531901000	防盗、防火及类似装置用零件[999]	0	40	13		千克			10%	0	
85319090	---其他										13
8531909000	其他音响或视觉信号装置用零件[101 可燃气体报警器],[102 有毒气体报警器],[103 其他视听设备及其零件]	0	70	13		千克			20%	0	
8532	**固定、可变或可调(微调)电容器:**										
85321000	-固定电容器,用于 50/60 赫兹电路,其额定无功功率不低于 0.5 千瓦(电力电容器)										13
8532100000	固定电容器,电力电容器(用于 50/60 赫兹电路,额定无功功率不低于 0.5 千瓦)[999]	0	20	13		千克/千个			25%	0	
85322110	---片式										13
8532211000	片式钽电容器[999]	0	35	13		千克/千个			25%	0	
85322190	---其他										13
8532219000	其他钽电容器[999]	0	35	13		千克/千个			25%	0	
85322210	---片式										13
8532221000	片式铝电解电容器[999]	0	35	13		千克/千个			25%	0	
85322290	---其他										13
8532229000	其他铝电解电容器[999]	0	35	13		千克/千个			25%	0	
85322300	--单层瓷介电容器										13

① [101 Ⅰ类其他电视接收、发送装置及其零件],[102 Ⅱ类其他电视接收、发送装置及其零件],[103 Ⅲ类其他电视接收、发送装置及其零件]
② [101 Ⅰ类其他电视接收、发送装置及其零件],[102 Ⅱ类其他电视接收、发送装置及其零件],[103 Ⅲ类其他电视接收、发送装置及其零件]
③ [101 Ⅰ类其他电视接收、发送装置及其零件],[102 Ⅱ类其他电视接收、发送装置及其零件],[103 Ⅲ类其他电视接收、发送装置及其零件]

协定税率(%)																		特惠税率(%)			Article Description
智利	新西兰	澳大利亚	瑞士	冰岛	秘鲁	哥斯达	东盟	亚太	新加坡	巴基斯坦	港/澳/台	韩国	格鲁吉亚	毛里求斯	柬埔寨	尼加拉瓜	日/韩/澳/新/东(RCEP)	亚太2国	老/柬/缅	LDC 98/97/95	
0	0	0	0	0	0	0	0			0	0/0/	0	0	0	0	0	0/0/0/0/0			0/0/0	----Other
0	0	0	0	0	0	0	0			0	0/0/	0	0	0	0	0	0/0/0/0/0			0/0/0	---Other
																					Electrical signalling, safety or traffic control equipment for railways, tramways, roads, inland waterways, parking facilities, port installations or airfields (other than those of heading 86.08):
0	0	0	0	0	0	0	0	5.2		0	0/0/	0	0	0	0	6.4	7.3/7/0/0/0			0/0/0	-Equipment for railways or tramways
0	0	0	0	0	0	0	0			0	0/0/	0	0	0	0	6.4	5.8/5.6/0/0/0			0/0/0	-Other equipment
0	0	0	0	0	0	0	0			0	0/0/	0	0	0	0	0	5.8/5.6/0/0/0			0/0/0	-Parts
																					Electric sound or visual signalling apparatus (for example, bells, sirens, indicator panels, burglar or fire alarms), other than those of heading 85.12 or 85.30:
0	0	0	0	0	0	0	0		0	0	0/0/	0	0	0	0	9	7.3/7/7/7/7			0/0/0	-Burglar or fire alarms and similar apparatus
0	0	0	0	0	0	0	0			0	0/0/	0	0	0	0	0	0/0/0/0/0			0/0/0	-Indicator panels incorporating liquid crystal devices (LCD) or light-emitting diodes (LED)
0	0	0	0	0	0	0	0		0	6	0/0/	7.5	0	0	0	9	//5/5/5			0/0/0	---Buzzers
0	0	0	0	0	0	0	0		0	0	0/0/	0	0	0	0	0	7.3/7/0/0/0			0/0/0	---Other
0	0	0	0	0	0	0	0			0	0/0/	0	0	0	0	0	0/0/0/0/0			0/0/0	---Of burglar or fire alarms and similar apparatus
0	0	0	0	0	0	0	0			0	0/0/	0	0	0	0	0	0/0/0/0/0			0/0/0	---Other
																					Electrical capacitors, fixed, variable or adjustable (pre-set):
0	0	0	0	0	0	0	0			0	0/0/	0	0	0	0	0	0/0/0/0/0			0/0/0	-Fixed capacitors designed for use in 50/60Hz circuits and having a reactive power handling capacity of not less than 0.5kW (power capacitors)
0	0	0	0	0	0	0	0			0	0/0/	0	0	0	0	0	0/0/0/0/0			0/0/0	---Laminate
0	0	0	0	0	0	0	0			0	0/0/	0	0	0	0	0	0/0/0/0/0			0/0/0	---Other
0	0	0	0	0	0	0	0			0	0/0/	0	0	0	0	0	0/0/0/0/0			0/0/0	---Laminate
0	0	0	0	0	0	0	0			0	0/0/	0	0	0	0	0	0/0/0/0/0			0/0/0	---Other
0	0	0	0	0	0	0	0			0	0/0/	0	0	0	0	0	0/0/0/0/0			0/0/0	--Ceramic dielectric, single layer

商品编号	商品名称及备注[检验检疫编码及名称]	进口关税(%) 最惠国	进口关税(%) 普通	增值税率(%)	消费税	计量单位	监管条件	检验检疫类别	对美税率	出口税率(%)	出口退税率(%)
8532230000	单层瓷介电容器〔999〕	0	35	13		千克/千个			25%	0	
85322410	---片式										13
8532241000	片式多层瓷介电容器〔999〕	0	35	13		千克/千个			25%	0	
85322490	---其他										13
8532249000	其他多层瓷介电容器〔999〕	0	35	13		千克/千个			25%	0	
85322510	---片式										13
8532251000	片式纸介质或塑料介质电容器〔999〕	0	35	13		千克/千个			25%	0	
85322590	---其他										13
8532259000	其他纸介质或塑料介质电容器〔999〕	0	35	13		千克/千个			25%	0	
85322900	--其他										13
8532290000	其他固定电容器〔999〕	0	35	13		千克/千个			25%	0	
85323000	-可变或可调(微调)电容器										13
8532300000	其他可变或可调(微调)电容器〔999〕	0	35	13		千克/千个			25%	0	
85329010	---税号 8532.1000 所列电容器用										13
8532901000	子目 85321000 所列电容器零件〔999〕	0	20	13		千克			5%	0	
85329090	---其他										13
8532909000	其他电容器零件(编号 85321000 所列电容器零件除外)〔999〕	0	35	13		千克			10%	0	
8533	**电阻器(包括变阻器及电位器),但加热电阻器除外:**										
85331000	-固定碳质电阻器,合成或薄膜式										13
8533100000	合成或薄膜式固定碳质电阻器〔999〕	0	50	13		千克/千个			25%	0	
85332110	---片式										13
8533211000	额定功率≤20 瓦片式固定电阻器〔999〕	0	50	13		千克/千个			25%	0	
85332190	---其他										13
8533219000	额定功率≤20 瓦其他固定电阻器(额定功率≤20 瓦片式电阻除外)〔999〕	0	50	13		千克/千个			25%	0	
85332900	--其他										13
8533290000	其他额定功率>20 瓦固定电阻器〔999〕	0	50	13		千克/千个			20%	0	
85333100	--额定功率不超过 20 瓦										13
8533310000	额定功率≤20 瓦线绕可变电阻器(包括变阻器及电位器)〔999〕	0	50	13		千克/千个			25%	0	
85333900	--其他										13
8533390000	额定功率>20 瓦电位器(包括变阻器及电位器)〔999〕	0	50	13		千克/千个			25%	0	
85334000	-其他可变电阻器,包括变阻器及电位器										13
8533400000	其他可变电阻器(包括变阻器及电位器)〔999〕	0	50	13		千克/千个			25%	0	
85339000	-零件										13
8533900000	各种电阻器零件(包括变阻器及电位器)〔999〕	0	50	13		千克			25%	0	
8534	**印刷电路:**										
85340010	---四层以上的										13
8534001000	四层以上的印刷电路〔999〕	0	35	13		块/千克			25%	0	
85340090	---其他										13
8534009000	四层及以下的印刷电路〔999〕	0	50	13		块/千克			25%	0	
8535	**电路的开关、保护或连接用的电气装置(例如,开关、熔断器、避雷器、电压限幅器、电涌抑制器、插头及其他连接器、接线盒),用于电压超过 1000 伏的线路:**										

协定税率(%)																		特惠税率(%)			Article Description
智利	新西兰	澳大利亚	瑞士	冰岛	秘鲁	哥斯达	东盟	亚太	新加坡	巴基斯坦	港/澳/台	韩国	格鲁吉亚	毛里求斯	柬埔寨	尼加拉瓜	日/韩/澳/新/东(RCEP)	亚太2国	老/柬/缅	LDC 98/97/95	
0	0	0	0	0	0	0	0			0	0/0/	0	0	0	0	0	0/0/0/0/0			0/0/0	---Laminate
0	0	0	0	0	0	0	0			0	0/0/	0	0	0	0	0	0/0/0/0/0			0/0/0	---Other
0	0	0	0	0	0	0	0			0	0/0/	0	0	0	0	0	0/0/0/0/0			0/0/0	---Laminate
0	0	0	0	0	0	0	0			0	0/0/	0	0	0	0	0	0/0/0/0/0			0/0/0	---Other
0	0	0	0	0	0	0	0			0	0/0/	0	0	0	0	0	0/0/0/0/0			0/0/0	--Other
0	0	0	0	0	0	0	0			0	0/0/	0	0	0	0	0	0/0/0/0/0			0/0/0	-Variable or adjustable (pre-set) capacitors
0	0	0	0	0	0	0	0			0	0/0/	0	0	0	0	0	0/0/0/0/0			0/0/0	---Of the capacitors of subheading 8532. 1000
0	0	0	0	0	0	0	0			0	0/0/	0	0	0	0	0	0/0/0/0/0			0/0/0	---Other
																					Electrical resistors (including rheostats and potentiometers), other than heating resistors:
0	0	0	0	0	0	0	0			0	0/0/	0	0	0	0	0	0/0/0/0/0			0/0/0	-Fixed carbon resistors, composition or film types
0	0	0	0	0	0	0	0			0	0/0/	0	0	0	0	0	0/0/0/0/0			0/0/0	---Laminate
0	0	0	0	0	0	0	0			0	0/0/	0	0	0	0	0	0/0/0/0/0			0/0/0	---Other
0	0	0	0	0	0	0	0			0	0/0/	0	0	0	0	0	0/0/0/0/0			0/0/0	--Other
0	0	0	0	0	0	0	0			0	0/0/	0	0	0	0	0	0/0/0/0/0			0/0/0	--For a power handling capacity not exceeding 20W
0	0	0	0	0	0	0	0			0	0/0/	0	0	0	0	0	0/0/0/0/0			0/0/0	--Other
0	0	0	0	0	0	0	0			0	0/0/	0	0	0	0	0	0/0/0/0/0			0/0/0	-Other variable resistors, including rheostats and potentiometers
0	0	0	0	0	0	0	0			0	0/0/	0	0	0	0	0	0/0/0/0/0			0/0/0	-Parts
																					Printed circuits:
0	0	0	0	0	0	0	0			0	0/0/	0	0	0	0	0	0/0/0/0/0			0/0/0	---Of more than 4 layers
0	0	0	0	0	0	0	0			0	0/0/	0	0	0	0	0	0/0/0/0/0			0/0/0	---Other
																					Electrical apparatus for switching or protecting electrical circuits, or for making connections to or in electrical circuits (for example, switches, fuses, lightning arresters, voltage limiters, surge suppressors, plugs and other connectors, junction boxes), for a voltage exceeding 1000V:

商品编号	商品名称及备注[检验检疫编码及名称]	进口关税(%)		增值税率(%)	消费税	计量单位	监管条件	检验检疫类别	对美税率	出口税率(%)	出口退税率(%)
		最惠国	普通								
85351000	-熔断器										13
8535100000	电路熔断器(电压>1000伏)〔999〕	10	50	13		个/千克	A	L/	35%	0	
85352100	--用于电压低于72.5千伏的线路										13
8535210000	电压<72.5千伏自动断路器(用于电压>1000伏的线路)〔999〕	10	50	13		个/千克	A	L/	35%	0	
85352910	---用于电压在72.5千伏及以上,但不高于220千伏的线路										13
8535291000	72.5千伏≤电压≤220千伏的自动断路器〔999〕	10	50	13		个/千克			35%	0	
85352920	---用于电压高于220千伏,但不高于750千伏的线路										13
8535292000	220千伏<电压≤750千伏的自动断路器〔999〕	10	50	13		个/千克			35%	0	
85352990	---其他										13
8535299000	电压>750千伏的其他自动断路器〔999〕	10	50	13		个/千克				0	
85353010	---用于电压在72.5千伏及以上,但不高于220千伏的线路										13
8535301010	72.5千伏≤电压≤220千伏的隔离开关及断续开关,含汞〔999〕	10	50	13		个/千克	89			0	
8535301090	其他72.5千伏≤电压≤220千伏的隔离开关及断续开关〔999〕	10	50	13		个/千克				0	
85353020	---用于电压高于220千伏,但不高于750千伏的线路										13
8535302010	220千伏<电压≤750千伏隔离开关及断续开关,含汞〔999〕	10	50	13		个/千克	89			0	
8535302090	其他220千伏<电压≤750千伏隔离开关及断续开关〔999〕	10	50	13		个/千克				0	
85353090	---其他										13
8535309010	其他隔离开关及断续开关,含汞(用于电压>1000伏的线路)〔999〕	10	50	13		个/千克	89		35%	0	
8535309090	其他隔离开关及断续开关(用于电压>1000伏的线路)〔999〕	10	50	13		个/千克		L/	35%	0	
85354000	-避雷器、电压限幅器及电涌抑制器										13
8535400000	避雷器,电压限幅器及电涌抑制器(用于电压>1000伏的线路)〔999〕	10	50	13		个/千克			35%	0	
85359000	-其他										13
8535900010	触发式火花隙(阳极延迟时间≤15ms,阳极峰值额定电流≥500A)〔101 高压开关装置〕,〔102 其他高压电器及其零件〕	10	50	13		千克	3		30%	0	
8535900020	具有快速开关功能的模件或组件(阳极峰值电压≥2千伏;电流≥500A;接通时间为1微秒或更短)〔101 高压开关装置〕,〔102 其他高压电器及其零件〕	10	50	13		千克	3		30%	0	
8535900030[暂5]	受电弓〔101 高压开关装置〕,〔102 其他高压电器及其零件〕	10	50	13		千克			25%	0	
8535900040[暂6]	250千米/小时及以上高速动车组用高压电缆接头〔301 高压开关装置〕,〔302 其他高压电器及其零件〕	10	50	13		千克			26%	0	
8535900090	其他电压>1000伏电路开关等电气装置〔101 高压开关装置〕,〔102 其他高压电器及其零件〕	10	50	13		千克			30%	0	
8536	**电路的开关、保护或连接用的电器装置(例如,开关、继电器、熔断器、电涌抑制器、插头、插座、灯座及其他连接器、接线盒),用于电压不超过1000伏的线路;光导纤维、光导纤维束或光缆用连接器:**										
85361000	-熔断器										13
8536100000	熔断器(电压≤1000伏)〔999〕	10	50	13		个/千克	A	L/	35%	0	
85362000	-自动断路器										13
8536200000	电压≤1000伏自动断路器〔101 断路器〕,〔102 其他低压电器及其零件〕	9	50	13		个/千克	A	L/	34%	0	
85363000	-其他电路保护装置										13
8536300000	电压≤1000伏其他电路保护装置〔999〕	0	50	13		个/千克	A	L/	25%	0	
85364110	---用于电压不超过36伏的线路										13
8536411010	电压≤36伏的继电器,含汞〔999〕	10	50	13		个/千克	89		35%	0	
8536411090	其他电压≤36伏的继电器〔999〕	10	50	13		个/千克			35%	0	
85364190	---其他										13
8536419010	36伏<电压≤60伏的继电器,含汞〔999〕	10	50	13		个/千克	89		35%	0	
8536419090	其他36伏<电压≤60伏的继电器〔999〕	10	50	13		个/千克		L/	35%	0	
85364900	--其他										13
8536490010	电压>60伏的继电器,含汞(用于电压≤1000伏的线路)〔999〕	10	50	13		个/千克	89		35%	0	
8536490090	其他电压大于60伏的继电器(用于电压不超过1000伏的线路)〔999〕	10	50	13		个/千克		L/	35%	0	
85365000	-其他开关										13
8536500010	电压≤1000伏的其他开关,含汞〔999〕	0	50	13		个/千克	89		25%	0	

协定税率(%)																		特惠税率(%)			Article Description
智利	新西兰	澳大利亚	瑞士	冰岛	秘鲁	哥斯达	东盟	亚太	新加坡	巴基斯坦	港/澳/台	韩国	格鲁吉亚	毛里求斯	柬埔寨	尼加拉瓜	日/韩/澳/新/东(RCEP)	亚太2国	老/柬/缅	LDC 98/97/95	
0	0	0	0	0	0	0	0		0	5.6	0/0/	0	0	0	0	9	10.2/9.8/0/0/0			0/0/0	-Fuses
0	0	0	0	0	0	0	0		0	5.6	0/0/	0	0	0	0	9	10.2/9.8/9.8/9.8/9.8			0/0/0	--For a voltage of less than 72.5kV
0	0	0	0	0	0	0	0			2.5	0/0/	0	0	0	0	9	7.3/7/0/0/0			0/0/0	---For a voltage of 72.5kV or more, but not exeeding 220kV
0	0	0	0	0	0	0	0			2.5	0/0/	0	0	0	0	9	7.3/7/0/0/0			0/0/0	---For a voltage exceeding 220kV, but not exeeding 750kV
0	0	0	0	0	0	0	0			0	0/0/	0	0	0	0	9	/8.5/8.5/8.5/8.5			0/0/0	---Other
0	0	0	0.8	0	0	0	0	8		0	0/0/	0	0	0	0	9	7.3/7/0/0/0			0/0/0	---For a voltage of 72.5kV or more, but not exeeding 220kV
0	0	0	0.8	0	0	0	0			0	0/0/	0	0	0	0	9	7.3/7/0/0/0			0/0/0	---For a voltage exceeding 220kV, but not exeeding 750kV
0	0	0	0.8	0	0	0	0			0	0/0/	0	0	0	0	9	7.3/7/0/0/0			0/0/0	---Other
0	0	0	0	0	0	0	0		0	14.4	0/0/	0	0	0	0	9	13.1/12.6/0/0/0			0/0/0	-Lightning arresters, voltage limiters and surge suppressors
0	0	0	0	0	0	0	0	6.5	0	2.5	0/0/	5	0	0	0	9	8.6//8.5/8.5/8.5			0/0/0	-Other
																					Electrical apparatus for switching or protecting electrical circuits, or for making connections to or in electrical circuits (for example, switches, relays, fuses, surge suppressors, plugs, sockets, lamp-holders and other connectors, junction boxes), for a voltage not exceeding 1000V; connectors for optical fibres, optical fibre bundles or cables:
0	0	0	0	0	0	0	0		0	2.5	0/0/0		0	0	0	9	//8.5/8.5/8.5			0/0/0	-Fuses
0	0	0	0	0	0	0	0			0	0/0/	0	0	0	0	8.1	6.5/0/0/0/0			0/0/0	-Automatic circuit breakers
0	0	0	0	0	0	0	0			0	0/0/	3	0	0	0	0	6.5/6.3/0/0/0			0/0/0	-Other apparatus for protecting electrical circuits
0	0	0	0	0	0	0	0		0	2.5	0/0/	3.3	0	0	0	9	8.1/8/8.5/8.5/8			0/0/0	---For a voltage not exceeding 36V
0	0	0	0	0	0	0	0		0	0	0/0/	5	0	0	0	9	//5/5/5			0/0/0	---Other
0	0	0	0	0	0	0	0		0	2.5	0/0/	3.3	0	0	0	9	8.1/8/8.5/8.5/8			0/0/0	--Other
0	0	0	0	0	0	0	0			0	0/0/	0	0	0	0	0	0/0/0/0/0			0/0/0	-Other switches

商品编号	商品名称及备注[检验检疫编码及名称]	进口关税(%)		增值税率(%)	消费税	计量单位	监管条件	检验检疫类别	对美税率	出口税率(%)	出口退税率(%)
		最惠国	普通								
8536500090	其他电压≤1000伏的其他开关[999]	0	50	13		个/千克		L/	25%	0	
85366100	--灯座										13
8536610000	电压≤1000伏的灯座[999]	10	50	13		个/千克			30%	0	
85366900	--其他										13
8536690000	电压≤1000伏的插头及插座[101 插头],[102 插座],[103 转换器]	0	50	13		个/千克		L/	25%	0	
85367000	-光导纤维、光导纤维束或光缆用连接器										13
8536700000	光导纤维、光导纤维束或光缆用连接器[101 其他低压电器及其零件],[102 路由器],[103 光缆],[104 光通信数字同步设备]	8	30	13		千克			23%	0	
85369011	----工作电压不超过36伏的										13
8536901100	工作电压≤36伏的接插件[999]	0	50	13		千克			25%	0	
85369019	----其他										13
8536901900	其他36伏<电压≤1000伏的接插件[999]	0	50	13		千克	A	L/	25%	0	
85369090	---其他										13
8536909000	其他电压≤1000伏电路连接器等电气装置[999]	0	50	13		千克	A	L/	20%	0	
8537	**用于电气控制或电力分配的盘、板、台、柜及其他基座，装有两个或多个税目85.35或85.36所列的装置，包括装有第九十章所列的仪器或装置，以及数控装置，但税目85.17的交换机除外：**										
85371011	----可编程序控制器										13
8537101101[暂3]	机床用可编程序控制器(PLC)[101 低压电器及其零件],[102 集成电路],[103 其他电子元器件]	5	14	13		个/千克				0	
8537101110	调节和编程控制器(8479899960 绕线机用)[101 集成电路],[102 其他电子元器件]	5	14	13		个/千克	3			0	
8537101190	其他可编程控制器(用于电压≤1000伏的线路)[999]	5	14	13		个/千克				0	
85371019	----其他										13
8537101901[暂3]	机床用其他数控单元(包括单独进口的CNC操作单元)[999]	5	14	13		个/千克			28%	0	
8537101990	其他非机床用数控装置(用于电压≤1000伏的线路)[999]	5	14	13		个/千克			30%	0	
85371090	---其他										13
8537109001[暂4]	电梯用控制柜及控制柜专用印刷电路板(电压不超过1000伏的线路)[999]	8	50	13		个/千克			24%	0	
8537109021	控制器(用于机器人或末端操纵装置(详见核两用清单))[999]	8	50	13		个/千克	3		28%	0	
8537109022	数字控制器(专用于编号8479899959电动式振动试验系统)[999]	8	50	13		个/千克	3		28%	0	
8537109030[暂1]	飞机用控制模块(电压不超过1000伏的线路)[999]	8	50	13		个/千克			21%	0	
8537109040	出口管制的高压水炮操控系统(用于电压不超过1000伏的线路)[999]	8	50	13		个/千克	3A	L/	28%	0	
8537109090	其他电力控制或分配的装置(电压≤1000伏的线路)[999]	8	50	13		个/千克	A	L/	28%	0	
85372010	---全封闭组合式高压开关装置，用于电压在500千伏及以上的线路										13
8537201000	电压≥500千伏高压开关装置(全封闭组合式高压开关装置电压≥500千伏的线路)[101 高压开关装置],[102 其他高压电器及其零件]	8	30	13		台/千克			33%	0	
85372090	---其他										13
8537209000	其他电力控制或分配装置[包括盘、板(含数控装置)][999]	8	50	13		千克			28%	0	
8538	**专用于或主要用于税目85.35、85.36或85.37所列装置的零件：**										
85381010	---税号8537.2010所列货品用										13
8538101000	编号85372010所列装置的零件(电压≥500千伏线路用全封闭组合式高压开关装置用)[999]	0	50	13		千克			25%	0	
85381090	---其他										13
8538109000	品目85.37货品用的其他盘、板等(未装有开关装置)[999]	0	50	13		千克			20%	0	
85389000	-其他										13
8538900000	品目85.35、85.36、85.37装置的零件(专用于或主要用于)[101 其他高压电器及其零件(高压电器及其零件)],[102 其他低压电器及其零件(低压电器及其零件)]	7	50	13		千克			32%	0	
8539	**白炽灯泡、放电灯管，包括封闭式聚光灯及紫外线灯管或红外线灯泡；弧光灯；发光二极管(LED)光源：**										
85391000	-封闭式聚光灯										13
8539100000	封闭式聚光灯[999]	8	45	13		只/千克			13%	0	
85392110	---科研、医疗专用										13
8539211000	科研、医疗专用卤钨灯[999]	8	20	13		只/千克			33%	0	

协定税率(%)																		特惠税率(%)			Article Description
智利	新西兰	澳大利亚	瑞士	冰岛	秘鲁	哥斯达	东盟	亚太	新加坡	巴基斯坦	港/澳/台	韩国	格鲁吉亚	毛里求斯	柬埔寨	尼加拉瓜	日/韩/澳/新/东 (RCEP)	亚太2国	老/柬/缅	LDC 98/97/95	
0	0	0	0	0	0	0	0		0	0	0/0/	3.3	0	0	0	9	8.1/8/8.5/8.5/8			0/0/0	--Lamp-holders
0	0	0	0	0	0	0	0			0	0/0/	0	0	0	0	0	0/0/0/0/0			0/0/0	--Other
0	0	0	0	0	0	0	0			0	0/0/		0	0	0	6.4	//5/5/5			0/0/0	-Connectors for optical fibres, optical fibre bundles or cables
0	0	0	0	0	0	0	0			0	0/0/	0	0	0	0	0	0/0/0/0/0			0/0/0	----For a voltage not exceeding 36V
0	0	0	0	0	0	0	0			0	0/0/	0	0	0	0	0	0/0/0/0/0			0/0/0	----Other
0	0	0	0	0	0	0	0			0	0/0/	0	0	0	0	0	0/0/0/0/0			0/0/0	---Other
																					Boards, panels, consoles, desks, cabinets and other bases, equipped with two or more apparatus of heading 85.35 or 85.36, for electric control or the distribution of electricity, including those incorporating instruments or apparatus of Chapter 90, and numerical control apparatus, other than switching apparatus of heading 85.17:
0	0	0	0	0	0	0	0	2.5		0	0/0/0	2.5	0	0	0	0	//4.3/4.3/4.3			0/0/0	----Programmable logic controller (PLC)
0	0	0	2	0	0	0	0	2.5		0	0/0/0	2.5	0	0	0	0	//4.6/4.6/4.6			0/0/0	----Other
0	0	0	3.4	0	0	0	0	4		0	0/0/	2.8	0	0	0	6.4	6.8/6.7/7.1/7.1/6.7			0/0/0	---Other
0	0	0	0.7	0	0	0	0	4		0	0/0/	2.8	0	0	0	6.4	6.8/5.9/5.9/5.9/5.9			0/0/0	---Gas insulated switch gear, for a voltage of 500kV or more
0	0	0	0	0	0	0	0	4		0	0/0/	2.8	0	0	0	6.4	6.8/6.7/7.1/7.1/6.7			0/0/0	---Other
																					Parts suitable for use solely or principally with the apparatus of heading 85.35, 85.36 or 85.37:
0	0	0	0	0	0	0	0	0		0	0/0/	0	0	0	0	0	6.1/5.9/0/0/0			0/0/0	---For the goods of subheading 8537.2010
0	0	0	0	0	0	0	0	0		0	0/0/	3.5	0	0	0	0	5.1/6/4.9/4.9/4.9			0/0/0	---Other
0	0	0	1.9	0	0	0	0			4	0/0/0	0	0	1.4	0	0	5.1/0/0/0/0			0/0/0	-Other
																					Electric filament or discharge lamps, including sealed beam lamp units and ultra-violet or infra-red lamps; arclamps; light-emitting diode (LED) light sources:
0	0	0	0	0	0	0	0			0	0/0/	0	0	0	0	6.4	7.3/7/0/0/0			0/0/0	-Sealed beam lamp units
0	0	0	0	0	0	0	0			4	0/0/	0	0	0	0	6.4	5.8/0/0/0/0			0/0/0	---For scientific or medical uses only

商品编号	商品名称及备注[检验检疫编码及名称]	进口关税(%)		增值税率(%)	消费税	计量单位	监管条件	检验检疫类别	对美税率	出口税率(%)	出口退税率(%)
		最惠国	普通								
85392120	---火车、航空器及船舶用										13
8539212000	火车、航空器及船舶用卤钨灯〔999〕	8	20	13		只/千克				0	
85392130	---机动车辆用										13
8539213000	机动车辆用卤钨灯〔999〕	8	45	13		只/千克			13%	0	
85392190	---其他										13
8539219000	其他用卤钨灯〔999〕	6	70	13		只/千克				0	
85392210	---科研、医疗专用										13
8539221000	科研、医疗用功率≤200 瓦白炽灯泡(功率≤200 瓦,额定电压>100 伏)〔999〕	5	20	13		只/千克			10%	0	
85392290	---其他										13
8539229000	其他用功率不超过 200 瓦白炽灯泡(功率不超过 200 瓦,额定电压超过 100 伏)〔999〕	5	70	13		只/千克			30%	0	
85392910	---科研、医疗专用										13
8539291000	科研,医疗专用其他白炽灯泡〔999〕	5	20	13		只/千克			25%	0	
85392920	---火车、航空器及船舶用										13
8539292000	火车,航空及船舶用其他白炽灯泡〔999〕	5	20	13		只/千克			10%	0	
85392930	---机动车辆用										13
8539293000	机动车辆用其他白炽灯泡〔999〕	5	45	13		只/千克			10%	0	
85392991	----12 伏及以下的										13
8539299100	12 伏及以下未列名的白炽灯泡〔999〕	6	70	13		只/千克			31%	0	
85392999	----其他										13
8539299900	其他未列名的白炽灯泡〔999〕	6	70	13		只/千克			16%	0	
85393110	---科研、医疗专用										13
8539311000	科研、医疗专用热阴极荧光灯〔999〕	8	20	13		只/千克			18%	0	
85393120	---火车、航空器及船舶用										13
8539312000	火车,航空器,船舶用热阴极荧光灯〔999〕	8	20	13		只/千克			13%	0	
85393191	----紧凑型										13
8539319110	紧凑型热阴极荧光灯(不超过 30 瓦、单支含汞量超过 5 毫克的)〔999〕	8	70	13		只/千克	89		28%	0	
8539319190	其他紧凑型热阴极荧光灯〔999〕	8	70	13		只/千克			28%	0	
85393199	----其他										13
8539319910	直管型热阴极荧光灯[低于 60 瓦、单支含汞量超过 5 毫克的直管型荧光灯(使用三基色荧光粉)]〔999〕	8	70	13		只/千克	89		28%	0	
8539319920	直管型热阴极荧光灯[低于 40 瓦(含 40 瓦)、单支含汞量超过 10 毫克的直管型荧光灯(使用卤磷酸盐荧光粉)]〔999〕	8	70	13		只/千克	89		28%	0	
8539319990	其他用途用其他热阴极荧光灯〔999〕	8	70	13		只/千克			28%	0	
85393230	---钠蒸气灯										13
8539323000	钠蒸汽灯〔999〕	8	20	13		只/千克			33%	0	
85393240	---汞蒸气灯										13
8539324001[暂3]	彩色投影机用的照明光源(汞蒸汽灯)〔999〕	8	20	13		只/千克			28%	0	
8539324010	用于普通照明用途的高压汞灯〔999〕	8	20	13		只/千克	89		33%	0	
8539324020[暂4]	光刻机用高压汞灯(功率≥1 千瓦)〔999〕	8	20	13		只/千克			29%	0	
8539324090	其他汞蒸汽灯〔999〕	8	20	13		只/千克			33%	0	
85393290	---其他										13
8539329000	金属卤化物灯〔999〕	8	70	13		只/千克			33%	0	
85393910	---科研、医疗专用										13
8539391000	科研,医疗专用其他放电灯〔999〕	8	20	13		只/千克			18%	0	
85393920	---火车、航空器及船舶用										13
8539392000	火车,航空器,船舶用其他放电灯〔999〕	8	20	13		只/千克			13%	0	
85393990	---其他										13
8539399011	用于电子显示的冷阴极管荧光灯(长度不超过 500 毫米的,单支含汞量超过 3.5 毫克;长度超过 500 毫米但不超过 1500 毫米的,单支含汞量超过 5 毫克;长度超过 1500 毫米的,单支含汞量超过 13 毫克)〔999〕	0	70	13		只/千克	89		25%	0	
8539399019	其他用于平板显示器背光源的冷阴极管荧光灯〔999〕	0	70	13		只/千克			25%	0	
8539399020	其他紧凑型冷阴极管荧光灯(不超过 30 瓦、单支含汞量超过 5 毫克的)〔999〕	8	70	13		只/千克	89		33%	0	
8539399030	其他直管型荧光灯[低于 60 瓦、单支含汞量超过 5 毫克的直管型荧光灯(使用三基色荧光粉)]〔999〕	8	70	13		只/千克	89		33%	0	
8539399040	其他直管型荧光灯[低于 40 瓦(含 40 瓦)、单支含汞量超过 10 毫克的直管型荧光灯(使用卤磷酸盐荧光粉)]〔999〕	8	70	13		只/千克	89		33%	0	

协定税率(%)																		特惠税率(%)			Article Description
智利	新西兰	澳大利亚	瑞士	冰岛	秘鲁	哥斯达	东盟	亚太	新加坡	巴基斯坦	港/澳/台	韩国	格鲁吉亚	毛里求斯	柬埔寨	尼加拉瓜	日/韩/澳/新/东 (RCEP)	亚太2国	老/柬/缅	LDC 98/97/95	
0	0	0	0	0	0	0	0			0	0/0/	0	0	0	0	6.4	5.8/5.6/0/0/0			0/0/0	---For locomotives and rolling-stock, aircraft or ships
0	0	0	0	0	0	0	0			2.5	0/0/	5	0	0	0	6.4	//8.5/8.5/8.5			0/0/0	---For motor vehicles
0	0	0	0	0	0	0	0		0	8.4	0/0/	0	0	0	0	0	7.6/7.4/0/0/0			0/0/0	---Other
0	0	0	0	0	0	0	0		0	2.5	0/0/		0	0	0	0	//5/5/5			0/0/0	---For scientific or medical uses only
0	0	0	0	0	0	0	0			0	0/0/	0	0	0	0	0	0/0/0/0/0			0/0/0	---Other
0	0	0	0	0	0	0	0	4		0	0/0/	0	0	0	0	0	0/0/0/0/0			0/0/0	---For scientific or medical uses only
0	0	0	0	0	0	0	0		0	2.5	0/0/	0	0	0	0	0	7.6/7.4/0/0/0			0/0/0	---For locomotives and roiling-stock, aircraft or ships
0	0	0	0	0	0	0	0			0	0/0/	1.6	0	0	0	0	4.1/3.5/3.5/3.5/3.5			0/0/0	---For motor vehicles
0	0	0	0	0	0	0	0		0	3	0/0/	0	0	0	0	0	8.7/8.4/0/0/0			0/0/0	----Of a voltage 12V or less
0	0	0	0	0	0	0	0		0	3	0/0/	0	0	0	0	0	8.7/8.4/0/0/0			0/0/0	----Other
0	0	0	0	0	0	0	0	6.4		0	0/0/		0	0	0	6.4	//5/5/5			0/0/0	---For scientific or medical uses only
0	0	0	0	0	0	0	0			0	0/0/		0	0	0	6.4	//5/5/5			0/0/0	---For locomotives and rolling-stock, aircraft or ships
0	0	0	0	0	0	0	0			4	0/0/	0	0	0	0	6.4	5.8/0/0/0/0			0/0/0	----Compact type
0	0	0	0	0	0	0	0			0	0/0/	0	0	0	0	6.4	5.8/0/0/0/0			0/0/0	----Other
0	0	0	0	0	0	0	0			0	0/0/	0	0	0	0	6.4	5.8/5.6/0/0/0			0/0/0	---Sodium vapour lamps
0	0	0	0	0	0	0	0			0	0/0/	0	0	0	0	6.4	5.8/5.6/5.6/5.6/5.6			0/0/0	---Mercury vapour lamps
0	0	0	0	0	0	0	0			4	0/0/	0	0	0	0	6.4	5.8/0/0/0/0			0/0/0	---Other
0	0	0	0	0	0	0	0	6.4		0	0/0/		0	0	0	6.4	//5/5/5			0/0/0	---For scientific or medical uses only
0	0	0	0	0	0	0	0			0	0/0/		0	0	0	6.4	//5/5/5			0/0/0	---For locomotives and rolling-stock, aircraft or ships
0	0	0	0	0	0	0	0			0	0/0/0	2.6	0	0	0	6.4	6.5/5.6/5.6/5.6/5.6			0/0/0	---Other

商品编号	商品名称及备注[检验检疫编码及名称]	进口关税(%)		增值税率(%)	消费税	计量单位	监管条件	检验检疫类别	对美税率	出口税率(%)	出口退税率(%)
		最惠国	普通								
8539399050	用于电子显示的外置电极荧光灯(长度不超过500毫米的,单支含汞量超过3.5毫克;长度超过500毫米但不超过1500毫米的,单支含汞量超过5毫克;长度超过1500毫米的,单支含汞量超过13毫克)〔999〕	8	70	13		只/千克	89		33%	0	
8539399090	其他用途的其他放电灯管〔999〕	8	70	13		只/千克			33%	0	
85394100	--弧光灯										13
8539410000	弧光灯〔999〕	8	20	13		只/千克			28%	0	
85394900	--其他										13
8539490000	紫外线或红外线灯〔999〕	8	20	13		只/千克				0	
85395100	--发光二极管(LED)模块										13
8539510000	发光二极管(LED)模块〔999〕	6	80	13		个/千克			16%	0	
85395210	---发光二极管(LED)灯泡										13
8539521000	发光二极管(LED)灯泡〔999〕	8	80	13		只/千克			33%	0	
85395220	---发光二极管(LED)灯管										13
8539522000	发光二极管(LED)灯管〔999〕	8	80	13		只/千克			33%	0	
85399010	---发光二极管(LED)模块的										13
8539901000	发光二极管(LED)模块的零件〔999〕	8	70	13		千克			28%	0	
85399090	---其他										13
8539909000	其他品目85.39所列货品的零件〔999〕	8	20	13		千克			33%	0	
8540	**热电子管、冷阴极管或光阴极管(例如,真空管或充气管、汞弧整流管、阴极射线管、电视摄像管):**										
85401100	--彩色的										13
8540110000	彩色阴极射线电视显像管(包括视频监视器用阴极射线管)〔999〕	8	40	13		只/千克	6			0	
85401200	--单色的										13
8540120000	单色阴极射线电视显像管(包括视频监视器用阴极射线管)〔999〕	8	40	13		只/千克	6		13%	0	
85402010	---电视摄像管										13
8540201000	电视摄像管〔999〕	8	35	13		只/千克				0	
85402090	---其他										13
8540209010	电子条纹相机的条纹显像管〔999〕	8	17	13		只/千克			33%	0	
8540209090	其他电视摄像管;其他变像管及图像增强管;其他光阴极管〔999〕	8	17	13		只/千克			33%	0	
85404010	---彩色的数据/图形显示管,屏幕荧光点间距小于0.4毫米										13
8540401000	点距小于0.4毫米彩色数据/图形显示管(指屏幕荧光点间距小于0.4毫米)〔999〕	8	17	13		只/千克	6			0	
85404020	---单色的数据/图形显示管										13
8540402000	单色数据/图形显示管〔999〕	8	17	13		只/千克	6		18%	0	
85406010	---雷达显示管										13
8540601000	雷达显示管〔999〕	6	14	13		只/千克				0	
85406090	---其他										13
8540609000	其他阴极射线管〔999〕	8	17	13		只/千克	6		28%	0	
85407100	--磁控管										13
8540710000	磁控管〔999〕	8	17	13		只/千克			33%	0	
85407910	---速调管										13
8540791000	速调管〔999〕	8	17	13		只/千克				0	
85407990	---其他										13
8540799000	其他微波管(不包括栅控管)〔999〕	8	17	13		只/千克			18%	0	
85408100	--接收管或放大管										13
8540810000	接收管或放大管〔999〕	8	17	13		只/千克			28%	0	
85408900	--其他										13
8540890010	光电倍增管(光电阴极面积大于20平方厘米,并且阳极脉冲上升时间小于1纳秒)〔999〕	8	17	13		只/千克	3		33%	0	
8540890090	其他电子管(包括光阴极管或汞弧整流管)〔999〕	8	17	13		只/千克			33%	0	
85409110	---电视显像管用										13
8540911000	电视显像管零件〔999〕	6	40	13		千克				0	
85409120	---雷达显示管用										13
8540912000	雷达显示管零件〔999〕	5	14	13		千克				0	
85409190	---其他										13
8540919000	其他阴极射线管零件〔999〕	8	17	13		千克			13%	0	
85409910	---电视摄像管用										13

协定税率(%)																		特惠税率(%)			Article Description
智利	新西兰	澳大利亚	瑞士	冰岛	秘鲁	哥斯达	东盟	亚太	新加坡	巴基斯坦	港/澳/台	韩国	格鲁吉亚	毛里求斯	柬埔寨	尼加拉瓜	日/韩/澳/新/东 (RCEP)	亚太2国	老/柬/缅	LDC 98/97/95	
0	0	0	0	0	0	0	0			0	0/0/		0	0	0	6.4	//5/5/5			0/0/0	--Arc-lamps
0	0	0	0	0	0	0	0			0	0/0/		0	0	0	6.4	//5/5/5			0/0/0	--Other
0	0	0	0	0	0	0	0		0	0	0/0/	0	0	0	0	0	7.3/7/7/7/7			0/0/0	--Light-emitting diode (LED) modules
0	0	0	0	0	0	0	0		0	0	0/0/	0	0	0	0	6.4	7.3/7/7/7/7			0/0/0	---Light-emitting diode (LED) bulbs
0	0	0	0	0	0	0	0		0	0	0/0/	0	0	0	0	6.4	7.3/7/7/7/7			0/0/0	---Light-emitting diode (LED) lamps
0	0	0	0	0	0	0	0		0		0/0/	6.6	0	0	0	6.4	16.3/16/17/17/16			0/0/0	---Of light-emitting diode (LED) modules
0	0	0	0	0	0	0	0			4	0/0/0		0	0	0	6.4	//5/5/5			0/0/0	---Other
																					Thermionic, cold cathode or photocathode valves and tubes (for example, vacuum or vapour or gas filled valves and tubes, mercury arc rectifying valves and tubes, cathode-ray tubes, television camera tubes):
0	0	0	0	0	0	0	0		0	3	0/0/	4	0	0	0	6.4	9.8/9.6/10.2/10.2/9.6			0/0/0	--Colour
0	0	0	0	0	0	0	0		0	6	0/0/	0	0	0	0	6.4	10.9/10.5/0/0/0			0/0/0	--Monochrome
0	0	0	0	0	0	0	0		0	3	0/0/	0	0	0	0	6.4	9.8/8.4/8.4/8.4/8.4			0/0/0	---Television camera tubes
0	0	0	0	0	0	0	0			0	0/0/	0	0	0	0	6.4	5.8/0/0/0/0			0/0/0	---Other
0	0	0	0	0	0	0	0			0	0/0/	0	0	0	0	6.4	5.8/0/0/0/0			0/0/0	---Data/graphic displaytubes, colour, with a phosphor dot screen pitch smaller than 0.4mm
0	0	0	0	0	0	0	0			0	0/0/	0	0	0	0	6.4	5.8/0/0/0/0			0/0/0	---Data/graphic display tubes, monochrome
0	0	0	0	0	0	0	0	3.9		0	0/0/	0	0	0	0	0	0/0/0/0/0			0/0/0	---Radar display tubes
0	0	0	0	0	0	0	0			0	0/0/	0	0	0	0	6.4	5.8/0/0/0/0			0/0/0	---Other
0	0	0	0	0	0	0	0			0	0/0/	2.6	0	0	0	6.4	6.5/6.4/6.8/6.8/6.4			0/0/0	--Magnetrons
0	0	0	0	0	0	0	0			0	0/0/	0	0	0	0	6.4	5.8/0/0/0/0			0/0/0	---Klystrons
0	0	0	0	0	0	0	0			0	0/0/	0	0	0	0	6.4	5.8/0/0/0/0			0/0/0	---Other
0	0	0	0	0	0	0	0			0	0/0/		0	0	0	6.4	//5/5/5			0/0/0	--Receiver or amplifier valves and tubes
0	0	0	0	0	0	0	0			0	0/0/0	0	0	0	0	6.4	5.8/5.6/5.6/5.6/5.6			0/0/0	--Other
0	0	0	0	0	0	0	0			0	0/0/	0	0	0	0	0	0/0/0/0/0			0/0/0	---Of television picture tubes
0	0	0	0	0	0	0	0	3.3		0	0/0/	0	0	0	0	0	0/0/0/0/0			0/0/0	---Of radar display tubes
0	0	0	0	0	0	0	0			0	0/0/		0	0	0	6.4	//5/5/5			0/0/0	---Other
0	0	0	0	0	0	0	0	5.2		0	0/0/	0	0	0	0	6.4	5.8/0/0/0/0			0/0/0	---Of television camera tubes

商品编号	商品名称及备注[检验检疫编码及名称]	进口关税(%)		增值税率(%)	消费税	计量单位	监管条件	检验检疫类别	对美税率	出口税率(%)	出口退税率(%)
		最惠国	普通								
8540991000	电视摄像管零件[999]	8	35	13		千克				0	
85409990	---其他										13
8540999000	其他热电子管、冷阴极管零件(包括光阴极管或汞弧整流管)[999]	8	17	13		千克			33%	0	
8541	**半导体器件(例如,二极管、晶体管,半导体基换能器);光敏半导体器件,包括不论是否装在组件内或组装成块的光电池;发光二极管(LED),不论是否与其他发光二极管(LED)组装;已装配的压电晶体:**										
85411000	-二极管,但光敏二极管或发光二极管除外										13
8541100000	二极管(光敏、发光二极管除外)[999]	0	30	13		个/千克			25%	0	
85412100	--耗散功率小于1瓦的										13
8541210000	耗散功率小于1瓦的晶体管(不含光敏晶体管)[999]	0	30	13		个/千克			25%	0	
85412900	--其他										13
8541290000	耗散功率不小于1瓦的晶体管(不含光敏晶体管)[999]	0	30	13		个/千克			25%	0	
85413000	-半导体开关元件、两端交流开关元件及三端双向可控硅开关元件,但光敏器件除外										13
8541300000	半导体及可控硅等开关元件(不含光敏器件)[999]	0	30	13		个/千克			25%	0	
85414100	--发光二极管(LED)										13
8541410000	发光二极管[999]	0	30	13		个/千克			25%	0	
85414200	--未装在组件内或组装成块的光电池										13
8541420000	未装在组件内或组装成块的光电池[999]	0	30	13		个/千克			25%	0	
85414300	--已装在组件内或组装成块的光电池										13
8541430000	已装在组件内或组装成块的光电池[999]	0	30	13		个/千克			25%	0	
85414900	--其他										13
8541490000	其他光敏半导体器件(包括不论是否装在组件内或组装成块的光电池)[999]	0	30	13		个/千克			25%	0	
85415111	----检测湿度、气压及其组合指标的										13
8541511100	用于检测湿度、气压及其组合指标的半导体基传感器[999]	11	30	13		个/千克			31%	0	
85415112	----用于检测温度、电量、理化指标的;利用光学检测其他指标的										13
8541511210	用于检测温度的半导体基传感器(P)[999]	0	31	13		个/千克			10%	0	
8541511290	用于检测电量、理化指标的半导体基传感器;利用光学检测其他指标的半导体基传感器[999]	0	31	13		个/千克			10%	0	
85415113	----液体或气体的流量、液位、压力或其他变化量的										13
8541511300	液体或气体的流量、液位、压力或其他变化量的半导体基传感器[999]	0	17	13		个/千克			10%	0	
85415119	----其他										13
8541511900	其他半导体基传感器[999]	0	17	13		个/千克				0	
85415121	----电动机										13
8541512100	半导体基电动机[999]	9	35	13		个/千克			34%	0	
85415129	----其他										13
8541512900	其他半导体基执行器[999]	0	30	13		个/千克			20%	0	
85415130	---振荡器										13
8541513000	半导体基振荡器[999]	8	40	13		个/千克			33%	0	
85415140	---谐振器										13
8541514010[暂4]	满足谐振器定义的半导体基滤波器[999]	8	40	13		个/千克			29%	0	
8541514090	其他半导体基谐振器[999]	8	40	13		个/千克			33%	0	
85415900	--其他										13
8541590000	其他半导体器件[999]	0	30	13		个/千克			20%	0	
85416000	-已装配的压电晶体										13
8541600000	已装配的压电晶体[999]	0	30	13		个/千克			25%	0	
85419000	-零件										13
8541900000	品目85.41所列货品零件[999]	0	30	13		千克			20%	0	

协定税率(%)																		特惠税率(%)			Article Description
智利	新西兰	澳大利亚	瑞士	冰岛	秘鲁	哥斯达	东盟	亚太	新加坡	巴基斯坦	港/澳/台	韩国	格鲁吉亚	毛里求斯	柬埔寨	尼加拉瓜	日/韩/澳/新/东(RCEP)	亚太2国	老/柬/缅	LDC 98/97/95	
0	0	0	0	0	0	0	0			0	0/0/		0	0	0	6.4	//5/5/5			0/0/0	---Other
																					Semiconductor devices (for example, diodes, transistors, semiconductor based transducers); photosensitive semiconductor devices, including photovoltaic cells whether or not assembled in modules or made up into panels; light-emitting diodes (LED), whether or not assembled with other light-emitting diodes (LED); mounted piezo-electric crystals:
0	0	0	0	0	0	0	0			0	0/0/	0	0	0	0	0	0/0/0/0/0			0/0/0	-Diodes, other than photosensitive or light-emitting diodes (LED)
0	0	0	0	0	0	0	0			0	0/0/	0	0	0	0	0	0/0/0/0/0			0/0/0	--With a dissipation rate of less than 1W
0	0	0	0	0	0	0	0			0	0/0/	0	0	0	0	0	0/0/0/0/0			0/0/0	--Other
0	0	0	0	0	0	0	0			0	0/0/	0	0	0	0	0	0/0/0/0/0			0/0/0	-Thyristors, diacs and triacs, other than photosensitive devices
0	0	0	0	0	0	0	0			0	0/0/	0	0	0	0	0	0/0/0/0/0			0/0/0	--Light-emitting diodes (LED)
0	0	0	0	0	0	0	0			0	0/0/	0	0	0	0	0	0/0/0/0/0			0/0/0	--Photovoltaic cells not assembled in modules or made up into panels
0	0	0	0	0	0	0	0			0	0/0/	0	0	0	0	0	0/0/0/0/0			0/0/0	--Photovoltaic cells assembled in modules or made up into panels
0	0	0	0	0	0	0	0			0	0/0/	0	0	0	0	0	0/0/0/0/0			0/0/0	--Other
0	0	0	0	0	0	0	0		0	2.5	0/0/	5.5	0	0	0	9.9	//9.4/9.4/9.4			0/0/0	----For measuring humidity, gas pressure and combination parameters
0	0	0	0	0	0	0	0	0		0	0/0/	2.1	0	0	0	0	0/0/0/0/0			0/0/0	----For measuring temperature, electrical quantities physical and chemical parameters; for measuring other parameters by optical method
0	0	0	0	0	0	0	0			0	0/0/	0	0	0	0	0	0/0/0/0/0			0/0/0	----For measuringthe flow, level, pressure or other variables of liquids or gases
0	0	0	0		0	0	0	0		0	0/0/0	0	0	0	0	0	4.1/3.5/0/0/0			0/0/0	----Other
0	0	0	0	0	0	0	0	5.9	0	2.5	0/0/0	3	0	0	0	8.1	7.3/7.2/7.7/7.7/7.2			0/0/0	----Electrical motors
0	0	0	0	0	0	0	0			0	0/0/	0	0	0	0	0	0/0/0/0/0			0/0/0	----Other
0	0	0	0	0	0	0	0		0	3	0/0/	6	0	0	0	6.4	10.3/10.2/10.2/10.2/10.2			0/0/0	---Oscillators
0	0	0	0	0	0	0	0		0	3	0/0/	6	0	0	0	6.4	10.3/10.2/10.2/10.2/10.2			0/0/0	---Resonators
0	0	0	0	0	0	0	0			0	0/0/	0	0	0	0	0	0/0/0/0/0			0/0/0	--Other
0	0	0	0	0	0	0	0			0	0/0/	0	0	0	0	0	0/0/0/0/0			0/0/0	-Mounted piezo-electrie crystals
0	0	0	0	0	0	0	0			0	0/0/	0	0	0	0	0	0/0/0/0/0			0/0/0	-Parts

商品编号	商品名称及备注[检验检疫编码及名称]	进口关税(%)		增值税率(%)	消费税	计量单位	监管条件	检验检疫类别	对美税率	出口税率(%)	出口退税率(%)
		最惠国	普通								
8542	**集成电路:**										
85423111	----具有变流功能的半导体模块										13
8542311100	多元件集成电路中的具有变流功能的半导体模块〔999〕	0	30	13		个/千克				0	
85423119	----其他										13
8542311910	安全芯片(不论是否带有存储器、转换器、逻辑电路、放大器、时钟及时序电路或其他电路)〔999〕	0	46	13		个/千克	3			0	
8542311991	其他微处理器(MPU)[不论是否带有存储器、转换器、逻辑电路、放大器、时钟及时序电路或其他电路]〔999〕	0	46	13		个/千克	0			0	
8542311992	其他微控制单元(MCU)[不论是否带有存储器、转换器、逻辑电路、放大器、时钟及时序电路或其他电路]〔999〕	0	46	13		个/千克	0			0	
8542311999	其他用作处理器及控制器的多元件集成电路[不论是否带有存储器、转换器、逻辑电路、放大器、时钟及时序电路或其他电路]〔999〕	0	46	13		个/千克	0			0	
85423190	---其他										13
8542319010	安全芯片(不论是否带有存储器、转换器、逻辑电路、放大器、时钟及时序电路或其他电路)〔999〕	0	24	13		个/千克	3			0	
8542319091	其他微处理器(MPU)[不论是否带有存储器、转换器、逻辑电路、放大器、时钟及时序电路或其他电路]〔999〕	0	24	13		个/千克	0			0	
8542319092	其他微控制单元(MCU)[不论是否带有存储器、转换器、逻辑电路、放大器、时钟及时序电路或其他电路]〔999〕	0	24	13		个/千克	0			0	
8542319099	其他用作处理器及控制器的集成电路[不论是否带有存储器、转换器、逻辑电路、放大器、时钟及时序电路或其他电路]〔999〕	0	24	13		个/千克	0			0	
85423210	---多元件集成电路										13
8542321000	用作存储器的多元件集成电路〔999〕	0	45	13		个/千克				0	
85423290	---其他										13
8542329000	其他用作存储器的集成电路〔999〕	0	24	13		个/千克				0	
85423310	---多元件集成电路										13
8542331000	用作放大器的多元件集成电路〔999〕	0	45	13		个/千克				0	
85423390	---其他										13
8542339000	其他用作放大器的集成电路〔999〕	0	24	13		个/千克				0	
85423910	---多元件集成电路										13
8542391020	含硅基换能器的多元件集成电路〔999〕	0	45	13		个/千克	0			0	
8542391090	其他多元件集成电路〔999〕	0	0	13		个/千克	0			0	
85423990	---其他										13
8542399000	其他集成电路〔999〕	0	24	13		个/千克				0	
85429000	-零件										13
8542900000	其他集成电路及微电子组件零件〔999〕	0	30	13		千克				0	
8543	**本章其他税目未列名的具有独立功能的电气设备及装置:**										
85431000	-粒子加速器										13
8543100010	脉冲电子加速器(峰值能量为500千电子伏或更高)〔999〕	5	11	13		台/千克	3		30%	0	
8543100020	中子发生器系统,包括中子管(真空下,利用静电加速来诱发氚-氘核反应)〔999〕	5	11	13		台/千克	3		30%	0	
8543100090	其他粒子加速器〔999〕	5	11	13		台/千克			30%	0	
85432010	---输出信号频率在1500兆赫兹以下的通用信号发生器										13
8543201000	输出信号频率<1500兆赫兹的通用信号发生器〔999〕	0	80	13		台/千克			10%	0	
85432090	---其他										13
8543209010	高速脉冲发生器(脉冲上升时间小于500ps)〔999〕	0	20	13		台/千克	3		20%	0	
8543209090	其他输出信号频率≥1500兆赫兹的通用信号发生器〔999〕	0	20	13		台/千克			20%	0	
85433000	-电镀、电解或电泳设备及装置										13
8543300010	电化学还原槽;锂汞齐电解槽(电化学还原槽为化学交换过程的铀浓缩设计的)〔999〕	0	35	13		台/千克	3		10%	0	
8543300020	产氟电解槽(每小时产250克以上)〔999〕	0	35	13		台/千克	3		10%	0	
8543300090	其他电镀、电解或电泳设备及装置〔999〕	0	35	13		台/千克			10%	0	
85434000	-电子烟及类似的个人电子雾化设备										
8543400010	可将税目24041200所列产品中的雾化物雾化为可吸入气溶胶的设备及装置,无论是否配有烟弹〔999〕	0	35	13	36%	台/千克			10%	0	13
8543400090	其他电子烟及类似的个人电子雾化设备〔999〕	0	35	13		台/千克			10%	0	13
85437091	----金属、矿藏探测器										13
8543709100	金属,矿藏探测器〔101 机电产品及其零件〕,〔102 电子测量分析设备及其零件〕	0	17	13		台/千克			20%	0	
85437092	----高、中频放大器										13

协定税率(%)																		特惠税率(%)			
智利	新西兰	澳大利亚	瑞士	冰岛	秘鲁	哥斯达	东盟	亚太	新加坡	巴基斯坦	港/澳/台	韩国	格鲁吉亚	毛里求斯	柬埔寨	尼加拉瓜	日/韩/澳/新/东(RCEP)	亚太2国	老/柬/缅	LDC 98/97/95	Article Description
																					Electronic integrated circuits:
0	0	0	0	0	0	0	0		0	2.5	0/0/	0	0	0	0	0	7.3/0/0/0/0			0/0/0	----Semiconductor modules with converting function
0	0	0	0	0	0	0	0	0	0	0	0/0/	0	0	0	0	0	0/0/0/0/0			0/0/0	----Other
0	0	0	0	0	0	0	0			0	0/0/	0	0	0	0	0	0/0/0/0/0			0/0/0	---Other
0	0	0	0	0	0	0	0	0	0	0	0/0/	0	0	0	0	0	0/0/0/0/0			0/0/0	---Multi-component integrated circuits
0	0	0	0	0	0	0	0			0	0/0/	0	0	0	0	0	0/0/0/0/0			0/0/0	---Other
0	0	0	0	0	0	0	0	0	0	0	0/0/	0	0	0	0	0	0/0/0/0/0			0/0/0	---Multi-component integrated circuits
0	0	0	0	0	0	0	0			0	0/0/	0	0	0	0	0	0/0/0/0/0			0/0/0	---Other
0	0	0	0	0	0	0	0	0	0	0	0/0/	0	0	0	0	0	0/0/0/0/0			0/0/0	---Multi-component integrated circuits
0	0	0	0	0	0	0	0			0	0/0/	0	0	0	0	0	0/0/0/0/0			0/0/0	---Other
0	0	0	0	0	0	0	0			0	0/0/	0	0	0	0	0	0/0/0/0/0			0/0/0	-Parts
																					Electrical machines and apparatus, having individual functions, not specified or included elsewhere in this Chapter:
0	0	0	0	0	0	0	0			0	0/0/	0	0	0	0	0	3.6/3.5/0/0/0			0/0/0	-Particle accelerators
0	0	0	0	0	0	0	0		0	6	0/0/0		0	0	0	0	10.9/12.8/10.5/10.5/10.5			0/0/0	---Universal signal generators, with a frequency range of less than 1500MHz
0	0	0	0	0	0	0	0			0	0/0/0	0	0	0	0	0	0/0/5.6/5.6/0			0/0/0	---Other
0	0	0	0	0	0	0	0			0	0/0/	0	0	0	0	0	0/0/0/0/0			0/0/0	-Machines and apparatus for electroplating, electrolysis or electrophoresis
0	0	0	0	0	0	0	0			0	0/0/	0	0	0	0	0	0/0/0/0/0			0/0/0	-Electronic cigarettes and similar personal electric vaporising devices
0	0	0	0	0	0	0	0			0	0/0/	0	0	0	0	0	0/0/0/0/0			0/0/0	----Metal or mine detectors
0	0	0	0	0	0	0	0			0	0/0/	0	0	0	0	0	0/0/0/0/0			0/0/0	----High or intermediate frequency amplifiers

商品编号	商品名称及备注[检验检疫编码及名称]	进口关税(%)		增值税率(%)	消费税	计量单位	监管条件	检验检疫类别	对美税率	出口税率(%)	出口退税率(%)
		最惠国	普通								
8543709200	其他高,中频放大器〔999〕	0	17	13		台/千克			5%	0	
85437093	----电篱网激发器										13
8543709300	电篱网激发器〔999〕	8	35	13		台/千克			13%	0	
85437099	----其他										
8543709910	飞行数据记录器、报告器〔101 机电产品及其零件〕,〔102 电子测量分析设备及其零件〕	0	35	13		台/千克			10%	0	13
8543709920	无线广播电视用激励器(具有独立功能)〔101 机电产品及其零件〕,〔102 电视接收、发送装置及其零件〕	0	35	13		台/千克	O		10%	0	13
8543709930	模/数转换器(能设计或改进成军用,或设计成抗辐射的)〔101 机电产品及其零件〕,〔102 调制解调器〕	0	35	13		台/千克	3		10%	0	13
8543709940	质谱仪用的离子源(原子质量单位≥230, 分辨率>2/230)〔999〕	0	35	13		台/千克	3		10%	0	13
8543709950	密码机、密码卡、密钥管理产品(不包括数字电视智能卡、蓝牙模块、用于知识产权保护的加密狗)〔101 电话密码机〕,〔102 传真密码机〕,〔103 其他密码机〕,〔104 密码卡〕	0	35	13		台/千克	23		10%	0	13
8543709960	两用物项管制的民用反无人机系统专用电子干扰设备〔999〕	0	35	13		台/千克	3		10%	0	
8543709990	其他未列名的具有独立功能的电气设备及装置〔999〕	0	35	13		台/千克			10%	0	9,13
85439010	---粒子加速器用										13
8543901000	粒子加速器用零件〔999〕	0	11	13		千克			5%	0	
85439021	----输出信号频率在 1500 兆赫兹以下的通用信号发生器用										13
8543902100	输出信号频率<1500 兆赫兹通用信号发生器零件〔999〕	0	80	13		千克				0	
85439029	----其他										13
8543902900	输出信号频率≥1500 兆赫兹通用信号发生器零件〔999〕	0	20	13		千克			10%	0	
85439030	---金属、矿藏探测器用										13
8543903000	金属,矿藏探测器用零件〔999〕	0	17	13		千克			25%	0	
85439040	---高、中频放大器用										13
8543904000	高、中频放大器用零件〔999〕	0	17	13		千克			10%	0	
85439090	---其他										13
8543909000	税目 85.43 项下其他电气设备零件〔999〕	0	35	13		千克			25%	0	
8544	**绝缘(包括漆包或阳极化处理)电线、电缆(包括同轴电缆)及其他绝缘电导体,不论是否有接头;由多根具有独立保护套的光纤组成的光缆,不论是否与电导体装配或装有接头:**										
85441100	--铜制										13
8544110000	铜制绕组电线〔999〕	10	70	13		千克/米			30%	0	
85441900	--其他										13
8544190000	其他绕组电线(非铜制)〔101 电线〕,〔102 其他电线电缆〕	10	70	13		千克/米			30%	0	
85442000	-同轴电缆及其他同轴电导体										13
8544200000	同轴电缆及其他同轴电导体〔101 绞股线〕,〔102 电缆〕,〔103 同轴电缆〕,〔104 其他电线电缆〕	10	20	13		千克			20%	0	
85443020	---机动车辆用										13
8544302001[暂5]	车辆用电控柴油机的线束〔999〕	10	20	13		千克			10%	0	
8544302090	机动车辆用其他点火布线组及其他布线组〔999〕	10	20	13		千克			15%	0	
85443090	---其他										13
8544309000	其他用点火布线组及其他用布线组〔101 绞股线〕,〔102 电线〕,〔103 电缆〕,〔104 其他电线电缆〕	5	70	13		千克			15%	0	
85444211	----电缆										13
8544421100	额定电压≤80 伏有接头电缆〔101 电缆〕,〔102 电脑连接线〕,〔103 游戏机线〕,〔104 其他电线电缆〕	0	20	13		千克/米			25%	0	
85444219	----其他										13
8544421900	额定电压≤80 伏有接头电导体〔101 绞股线〕,〔102 电线〕,〔103 电脑连接线〕,〔104 游戏机线〕,〔105 其他电线电缆〕	0	70	13		千克			25%	0	
85444221	----电缆										13
8544422100	80 伏<额定电压≤1000 伏有接头电缆〔101 电线〕,〔102 电缆〕,〔103 其他电线电缆〕	0	20	13		千克/米	A	L/	15%	0	
85444229	----其他										13
8544422900	80 伏<额定电压≤1000 伏有接头电导体〔101 绞股线〕,〔102 电线〕,〔103 其他电线电缆〕	0	70	13		千克	A	L/	25%	0	
85444911	----电缆										13
8544491100	额定电压≤80 伏其他电缆〔101 电缆〕,〔102 电脑连接线〕,〔103 游戏机线〕,〔104 其他电线电缆〕	0	20	13		千克/米			15%	0	
85444919	----其他										13

协定税率(%)																		特惠税率(%)			Article Description
智利	新西兰	澳大利亚	瑞士	冰岛	秘鲁	哥斯达	东盟	亚太	新加坡	巴基斯坦	港/澳/台	韩国	格鲁吉亚	毛里求斯	柬埔寨	尼加拉瓜	日/韩/澳/新/东(RCEP)	亚太2国	老/柬/缅	LDC 98/97/95	
0	0	0	0	0	0	0	0		0	0	0/0/	0	0	0	0	6.4	7.3/7/0/0/0			0/0/0	----Electric fence energizers
0	0	0	0	0	0	0	0			0	0/0/	0	0	0	0	0	0/0/0/0/0			0/0/0	----Other
0	0	0	0	0	0	0	0			0	0/0/	0	0	0	0	0	0/0/0/0/0			0/0/0	---Of particle accelerators
0	0	0	0	0	0	0	0			0	0/0/	0	0	0	0	0	0/0/0/0/0			0/0/0	----Of the generators of subheading 8543.2010
0	0	0	0	0	0	0	0			0	0/0/	0	0	0	0	0	0/0/0/0/0			0/0/0	----Other
0	0	0	0	0	0	0	0			0	0/0/	0	0	0	0	0	0/0/0/0/0			0/0/0	---Of metal or mine detectors
0	0	0	0	0	0	0	0			0	0/0/	0	0	0	0	0	0/0/0/0/0			0/0/0	---Of high or intermediate frequency amplifiers
0	0	0	0	0	0	0	0			0	0/0/	0	0	0	0	0	0/0/0/0/0			0/0/0	---Other
																					Insulated (including enamelled or anodized) wire, cable (including co-axial cable) and other insulated electric conductors, whether or not fitted with connectors; optical fibre cables, made up of individually sheathed fibres, whether or not assembled with electric conductors or fitted with connectors:
0	0	0	0	0	0	0	0	6.5	0	0	0/0/0	3.3	0	0	0	9	8.1/8/8.5/8.5/8			0/0/0	--Of copper
0	0	0	0	0	0	0	0		0	16	0/0/	10	0	0	0	9	//17/17/17			0/0/0	--Other
0	0	0	2.7	0	0	0	0	6.5	0	0	0/0/0	0	0	0	0	9	7.3/7/0/0/0			0/0/0	-Co-axial cable and other co-axial electric conductors
0	0	0	0	0	0	0	5			8	0/0/	3.3	0	0	0	0	7.3//9.3/9.3/7			0/0/0	---For motor vehicles
0	0	0	0	0	0	0				4	0/0/	1.6	0	0	0	0				0/0/0	---Other
0	0	0	0	0	0	0	0			0	0/0/	0	0	0	0	0	0/0/0/0/0			0/0/0	----Electric cable
0	0	0	0	0	0	0	0			0	0/0/	0	0	0	0	0	0/0/0/0/0			0/0/0	----Other
0	0	0	0	0	0	0	0			0	0/0/	0	0	0	0	0	0/0/0/0/0			0/0/0	----Electric cable
0	0	0	0	0	0	0	0			0	0/0/	0	0	0	0	0	0/0/0/0/0			0/0/0	----Other
0	0	0	0	0	0	0	0			0	0/0/	0	0	0	0	0	0/0/0/0/0			0/0/0	----Electric cable
0	0	0	0	0	0	0	0			0	0/0/	0	0	0	0	0	0/0/0/0/0			0/0/0	----Other

商品编号	商品名称及备注[检验检疫编码及名称]	进口关税(%) 最惠国	普通	增值税率(%)	消费税	计量单位	监管条件	检验检疫类别	对美税率	出口税率(%)	出口退税率(%)
8544491900	额定电压≤80 伏其他电导体〔101 绞股线〕,〔102 电线〕,〔103 电脑连接线〕,〔104 游戏机线〕,〔105 其他电线电缆〕	0	70	13		千克			25%	0	
85444921	----电缆										13
8544492100	1000 伏≥额定电压>80 伏其他电缆〔101 电缆〕,〔102 其他电线电缆〕	6	20	13		千克/米	A	L/	21%	0	
85444929	----其他										13
8544492900	1000 伏≥额定电压>80 伏其他电导体〔101 绞股线〕,〔102 电线〕,〔103 其他电线电缆〕	8	70	13		千克			18%	0	
85446012	----额定电压不超过 35 千伏										13
8544601210[暂4]	250 千米/小时及以上高速动车组用高压电缆〔999〕	8	50	13		千克/米			14%	0	
8544601290	其他 1 千伏<额定电压≤35 千伏的电缆〔999〕	8	50	13		千克/米			18%	0	
85446013	----额定电压超过 35 千伏,但不超过 110 千伏										13
8544601300	35 千伏<额定电压≤110 千伏的电缆〔999〕	8	20	13		千克/米			33%	0	
85446014	----额定电压超过 110 千伏,但不超过 220 千伏										13
8544601400	110 千伏<额定电压≤220 千伏的电缆〔999〕	8	20	13		千克/米			28%	0	
85446019	----其他										13
8544601900	额定电压>220 千伏的电缆〔101 电缆〕,〔102 其他电线电缆〕	8	20	13		千克/米			33%	0	
85446090	---其他										13
8544609001[暂10]	额定电压≥500 千伏的气体绝缘金属封闭输电线〔101 绞股线〕,〔102 电线〕,〔103 其他电线电缆〕	15	70	13		千克			30%	0	
8544609090	额定电压>1 千伏的其他电导体〔101 绞股线〕,〔102 电线〕,〔103 其他电线电缆〕	15	70	13		千克			35%	0	
85447000	-光缆										13
8544700000	光缆〔999〕	0	20	13		千克/米			15%	0	
8545	**碳电极、碳刷、灯碳棒、电池碳棒及电气设备用的其他石墨或碳精制品,不论是否带金属:**										
85451100	--炉用										0
8545110000	炉用碳电极(不论是否带金属)〔999〕	8	35	13		千克			33%	0	
85451900	--其他										0
8545190010[暂5]	燃料电池用碳电极片(不论是否带金属)〔999〕	10	35	13		千克			10%	0	
8545190090	其他碳电极(不论是否带金属)〔999〕	10	35	13		千克			15%	0	
85452000	-碳刷										13
8545200000	碳刷(不论是否带金属)〔999〕	10	35	13		千克			35%	0	
85459000	-其他										13
8545900000	灯碳棒,电池碳棒及其他石墨制品(不论是否带金属)〔999〕	10	35	13		千克			20%	0	
8546	**各种材料制的绝缘子:**										
85461000	-玻璃制										13
8546100000	玻璃制绝缘子〔999〕	10	35	13		千克			35%	0	
85462010	---输变电线路绝缘瓷套管										13
8546201000	输变电线路绝缘瓷套管〔999〕	6	35	13		千克			31%	0	
85462090	---其他										13
8546209001[暂3]	输变电架空线路用长棒形瓷绝缘子瓷件(单支长度为 1 米~2 米,实芯)〔999〕	12	35	13		千克			13%	0	
8546209090	其他陶瓷制绝缘子(包括非输变电线路绝缘瓷套管)〔999〕	12	35	13		千克			22%	0	
85469000	-其他										13
8546900000	其他材料制绝缘子〔999〕	10	35	13		千克			35%	0	
8547	**电气机器、器具或设备用的绝缘零件,除了为装配需要而在模制时装入的小金属零件(例如,螺纹孔)以外,全部用绝缘材料制成,但税目 85.46 的绝缘子除外;内衬绝缘材料的贱金属制线路导管及其接头:**										
85471000	-陶瓷制绝缘零件										13
8547100000	陶瓷制绝缘零件〔999〕	7	35	13		千克			17%	0	
85472000	-塑料制绝缘零件										13
8547200000	塑料制绝缘零件〔999〕	7	35	13		千克			27%	0	
85479010	---内衬绝缘材料的贱金属制线路导管及其接头										13
8547901000	内衬绝缘材料的贱金属导管,接头〔999〕	7	50	13		千克			12%	0	
85479090	---其他										13
8547909000	其他材料制绝缘配件〔999〕	7	35	13		千克			32%	0	

协定税率(%)																		特惠税率(%)			Article Description
智利	新西兰	澳大利亚	瑞士	冰岛	秘鲁	哥斯达	东盟	亚太	新加坡	巴基斯坦	港/澳/台	韩国	格鲁吉亚	毛里求斯	柬埔寨	尼加拉瓜	日/韩/澳/新/东(RCEP)	亚太2国	老/柬/缅	LDC 98/97/95	
0	0	0	0	0	0	0	0	3.9		0	0/0/	3.9	0	0	0	0	//5/5/5			0/0/0	----Electric cable
0	0	0	0	0	0	0	0	5.2	0	0	0/0/0	0	0	0	0	0	9.8/0/0/0/0			0/0/0	----Other
0	0	0	0	0	0	0	0	5.2	0	0	0/0/	0	0	0	0	0	7.3/7/0/0/0			0/0/0	----For a voltage not exceeding 35kV
0	0	0	0	0	0	0	0	5.2		0	0/0/	0	0	0	0	0	6.1/5.9/0/0/0			0/0/0	----For a voltage exceeding 35kV but not exceeding 110kV
0	0	0	0	0	0	0	0	5.2		0	0/0/	0	0	0	0	0	6.1/0/0/0/0			0/0/0	----For a voltage exceeding 110kV but not exceeding 220kV
0	0	0		0	0	0	0	5.2		0	0/0/	5.4	0	0	0	0	//5/5/5			0/0/0	----Other
0	0	0	0	0	0	0	0	9.8	0	10	0/0/	10.5	0	0	0	0	18//17.9/17.9/17.9			0/0/0	---Other
0	0	0	0	0	0	0	0			0	0/0/	0	0	0	0	0	0/0/0/0/0			0/0/0	-Optical fibre cables
																					Carbon electrodes, carbon brushes, lamp carbons, battery carbons and other articles of graphite or other carbon, with or without metal, of a kind used for electrical purposes:
0	0	0	0	0	0	0	0			0	0/0/	0	0	0	0	6.4	5.8/5.6/5.6/5.6/5.6			0/0/0	--Of a kind used for furnaces
0	0	0	0	0	0	0	0		0	2.5	0/0/	0	0	0	0	9	7.6/7.4/0/0/0			0/0/0	--Other
0	0	0	0	0	0	0	0		0	2.5	0/0/	0	0	0	0	9	7.6/7.4/7.4/7.4/7.4			0/0/0	-Brushes
0	0	0	0	0	0	0	0		0	2.5	0/0/	0	0	0	0	9	7.6/7.4/7.4/7.4/7.4			0/0/0	-Other
																					Electrical insulators of any material:
0	0	0	0	0	0	0	0		0	2.5	0/0/	0	0	0	0	9	7.6/7.4/0/0/0			0/0/0	-Of glass
0	0	0	0	0	0	0	0			0	0/0/	0	0	0	0	0	4.4/4.2/0/0/0			0/0/0	---Power transmission and converting ceramic bushings
0	0	0	0	0	0	0	0		0	3	0/0/	0	0	0	0	11.2	8.7/8.4/0/0/0			0/0/0	---Other
0	0	0	0	0	0	0	0		0	2.5	0/0/	0	0	0	0	9	7.3/7/7/7/7			0/0/0	-Other
																					Insulating fittings for electrical machines, appliances or equipment, being fittings wholly of insulating material apart from any minor components of metal (for example, threaded sockets) incorporated during moulding solely for purposes of assembly, other than insulators of heading 85.46; electrical conduit tubing and joints therefor, of base metal lined with insulating material:
0	0	0	0	0	0	0	0			0	0/0/	2.6	0	0	0	0	6.5/6.4/6.8/6.8/6.4			0/0/0	-Insulating fittings of ceramics
0	0	0	0	0	0	0	0			0	0/0/	2.6	0	0	0	0	6.5/5.6/5.6/5.6/5.6			0/0/0	-Insulating fittings of plastics
0	0	0	0	0	0	0	0		0	0	0/0/	0	0	0	0	0	7.3/7/0/0/0			0/0/0	---Electrical conduit tubing and joints therefor, of base metal lined with insulating material
0	0	0	0	0	0	0	0			0	0/0/	0	0	0	0	0	5.8/5.6/5.6/5.6/5.6			0/0/0	---Other

商品编号	商品名称及备注[检验检疫编码及名称]	进口关税(%)		增值税率(%)	消费税	计量单位	监管条件	检验检疫类别	对美税率	出口税率(%)	出口退税率(%)
		最惠国	普通								
8548	**机器或设备的本章其他税目未列名的电气零件：**										
85480000	机器或设备的本章其他税目未列名的电气零件										13
8548000001[暂1]	电磁干扰滤波器〔101 其他机电产品及其零件〕,〔102 集成电路〕,〔103 其他电子元器件〕	8	40	13		千克			26%	0	
8548000002[暂1]	非电磁干扰滤波器〔999〕	8	40	13		千克			26%	0	
8548000010	可调脉冲单模染料振荡器(平均输出功率>lw,重复率>1kHz,脉宽<100ns 可见光范围)〔999〕	8	40	13		千克	3		33%	0	
8548000020	可调脉冲染料激光放大器和振荡器(不包括单模振荡器)(平均输出功率>30w,重复率>1kHz,脉宽<100ns 可见光范围)〔999〕	8	40	13		千克	3		33%	0	
8548000030	触摸感应数据输入装置(即触摸屏)无显示的性能,安装于有显示屏的设备中,通过检测显示区域内触摸动作的发生及位置进行工作。触摸感应可通过电阻、静电电容、声学脉冲识别、红外光或其他触摸感应技术来获得〔999〕	0	40	13		千克			25%	0	
8548000090	第八十五章其他编号未列名的电气零件〔999〕	8	40	13		千克			33%	0	
8549	**电子电气废弃物及碎料：**										
85491100	--铅酸蓄电池的废物、废料;废铅酸蓄电池										13
8549110000	铅酸蓄电池的废物、废料;废铅酸蓄电池〔999〕	8	36	13		千克	9			0	
85491200	--其他,含铅、镉或汞的										13
8549120000	其他原电池、原电池组及蓄电池的废物、废料;废原电池、废原电池组及废蓄电池(含铅、镉或汞的)〔999〕	8	36	13		千克	9			0	
85491300	--按化学类型分拣且不含铅、镉或汞的										13
8549130000	其他原电池、原电池组及蓄电池的废物、废料;废原电池、废原电池组及废蓄电池(按化学类型分拣且不含铅、镉或汞的)〔999〕	8	36	13		千克	9			0	
85491400	--未分拣且不含铅、镉或汞的										13
8549140000	其他原电池、原电池组及蓄电池的废物、废料;废原电池、废原电池组及废蓄电池(未分拣且不含铅、镉或汞的)〔999〕	8	36	13		千克	9			0	
85491900	--其他										13
8549190000	其他原电池、原电池组及蓄电池的废物、废料;废原电池、废原电池组及废蓄电池〔999〕	8	36	13		千克	9			0	
85492100	--含有原电池、原电池组、蓄电池、汞开关、源于阴极射线管的玻璃或其他活化玻璃,或含有镉、汞、铅或多氯联苯(PCBs)的电气或电子元件										0
8549210000	其他主要用于回收贵金属且含有原电池、原电池组、蓄电池、汞开关、源于阴极射线管的玻璃或其他活化玻璃,或含有镉、汞、铅或多氯联苯(PCBs)的电气或电子元件的电子电气废弃物及碎料〔999〕	5	31	13		千克	9			0	
85492900	--其他										0
8549290000	其他主要用于回收贵金属的电子电气废弃物及碎料〔999〕	4	21	13		千克	9			0	
85493100	--含有原电池、原电池组、蓄电池、汞开关、源于阴极射线管的玻璃或其他活化玻璃,或含有镉、汞、铅或多氯联苯(PCBs)的电气或电子元件										0
8549310000	其他含有原电池、原电池组、蓄电池、汞开关、源于阴极射线管的玻璃或其他活化玻璃,或含有镉、汞、铅或多氯联苯(PCBs)的电气、电子组件及印刷电路板(电子电气废弃物及碎料)〔999〕	8	40	13		千克	9			0	
85493900	--其他										0
8549390000	其他电气、电子组件及印刷电路板(电子电气废弃物及碎料)〔999〕	6.5	35	13		千克	9			0	
85499100	--含有原电池、原电池组、蓄电池、汞开关、源于阴极射线管的玻璃或其他活化玻璃,或含有镉、汞、铅或多氯联苯(PCBs)的电气或电子元件										0
8549910000	其他含有原电池、原电池组、蓄电池、汞开关、源于阴极射线管的玻璃或其他活化玻璃,或含有镉、汞、铅或多氯联苯(PCBs)的电气或电子元件(电子电气废弃物及碎料)〔999〕	8	40	13		千克	9			0	
85499900	--其他										0
8549990000	其他电子电气废弃物及碎料〔999〕	6.5	35	13		千克	9			0	

协定税率(%)																		特惠税率(%)			Article Description
智利	新西兰	澳大利亚	瑞士	冰岛	秘鲁	哥斯达	东盟	亚太	新加坡	巴基斯坦	港/澳/台	韩国	格鲁吉亚	毛里求斯	柬埔寨	尼加拉瓜	日/韩/澳/新/东(RCEP)	亚太2国	老/柬/缅	LDC 98/97/95	
																					Electrical parts of machinery or apparatus, not specified or included elsewhere in this Chapter:
0	0	0	0	0	0	0	0		0	3	0/0/	6	0	0	0	6.4	10.3/10.2/10.2/10.2/10.2			0/0/0	Electrical parts of machinery or apparatus, not specified or included elsewhere in this Chapter
																					Electrical and electronic waste and scrap:
0	0	0	0	0	0	0	0			0	0/0/	0	0	0	0	6.4	5.8/0/0/0/0	4		0/0/0	--Waste and scrap of lead-acid accumulators; spent lead-acid accumulators
0	0	0	0	0	0	0	0			0	0/0/	0	0	0	0	6.4	5.8/0/0/0/0	4		0/0/0	--Other, containing lead, cadmium or mercury
0	0	0	0	0	0	0	0			0	0/0/	0	0	0	0	6.4	5.8/0/0/0/0	4		0/0/0	--Sorted by chemical type and not containing lead, cadmium or mercury
0	0	0	0	0	0	0	0			0	0/0/	0	0	0	0	6.4	5.8/0/0/0/0	4		0/0/0	--Unsorted and not containing lead, cadmium or mercury
0	0	0	0	0	0	0	0			0	0/0/	0	0	0	0	6.4	5.8/0/0/0/0	4		0/0/0	--Other
0	0	0	0	0	0	0	0		0	0.6	0/0/	0	0	0	0	2.7	0/0/0/0/0			0/0/0	--Containing primary cells, primary batteries, electric accumulators, mercury-switches, glass from cathode ray tubes or other activated glass, or electrical or electronic components containing cadmium, mercury, lead or polychlorinated biphenyls (PCBs)
0	0	0	0	0	0	0	0			0	0/0/	0	0	0	0	1.3	0/0/0/0/0			0/0/0	--Other
0	0	0	0	0	0	0	0		0	2	0/0/	0	0	0	0	3.7	4.7/0/0/0/0			0/0/0	--Containing primary cells, primary batteries, electric accumulators, mercury-switches, glass from cathode ray tubes or other activated glass, or electrical or electronic components containing cadmium, mercury, lead or polychlorinated biphenyls (PCBs)
0	0	0	0	0	0	0	0			0	0/0/	0	0	0	0	0	4.7/0/0/0/0			0/0/0	--Other
0	0	0	0	0	0	0	0		0	2	0/0/	0	0	0	0	3.7	4.7/0/0/0/0			0/0/0	--Containing primary cells, primary batteries, electric accumulators, mercury-switches, glass from cathode ray tubes or other activated glass, or electrical or electronic components containing cadmium, mercury, lead or polychlorinated biphenyls (PCBs)
0	0	0	0	0	0	0	0			0	0/0/	0	0	0	0	0	4.7/0/0/0/0			0/0/0	--Other

第十七类
车辆、航空器、船舶及有关运输设备

注释：

一、本类不包括品目95.03或95.08的物品以及品目95.06的长雪橇、平底雪橇及类似品。

二、本类所称“零件”及“零件、附件”，不适用于下列货品，不论其是否确定为供本类货品使用：

(一) 各种材料制的接头、垫圈或类似品（按其构成材料归类或归入品目84.84）或硫化橡胶（硬质橡胶除外）的其他制品（品目40.16）；

(二) 第十五类注释二所规定的贱金属制通用零件（第十五类）或塑料制的类似品（第三十九章）；

(三) 第八十二章的物品（工具）；

(四) 品目83.06的物品；

(五) 品目84.01至84.79的机器或装置及其零件，但供本类所列货品使用的散热器除外；品目84.81或84.82的物品及品目84.83的物品（这些物品是构成发动机或其他动力装置所必需的）；

(六) 电机或电气设备（第八十五章）；

(七) 第九十章的物品；

(八) 第九十一章的物品；

(九) 武器（第九十三章）；

(十) 品目94.05的灯具、照明装置及其零件；或

(十一) 作为车辆零件的刷子（品目96.03）。

三、第八十六章至第八十八章所称“零件”或“附件”，不适用于那些非专用于或非主要用于这几章所列物品的零件、附件。同时符合这几章内两个或两个以上税目规定的零件、附件，应按其主要用途归入相应的税目。

四、在本类中：

(一) 既可在道路上，又可在轨道上行驶的特殊构造的车辆，应归入第八十七章的相应税目；

(二) 水陆两用的机动车辆，应归入第八十七章的相应税目；

(三) 可兼作地面车辆使用的特殊构造的航空器，应归入第八十八章的相应税目。

五、气垫运输工具应按本类最相似的运输工具归类，其规定如下：

(一) 在导轨上运行的（气垫火车），归入第八十六章；

(二) 在陆地行驶或水陆两用的，归入第八十七章；

(三) 在水上航行的，不论能否在海滩或浮码头登陆及能否在冰上行驶，一律归入第八十九章。

气垫运输工具的零件、附件，应按照上述规定，与最相类似的运输工具的零件、附件一并归类。

气垫火车的导轨固定装置及附件应与铁道轨道固定装置及附件一并归类。气垫火车运行系统的信号、安全或交通管理设备应与铁路的信号、安全或交通管理设备一并归类。

第八十六章
铁道及电车道机车、车辆及其零件；铁道及电车道轨道固定装置及其零件、附件；各种机械（包括电动机械）交通信号设备

注释：

一、本章不包括：

(一) 木制或混凝土制的铁道或电车道轨枕及气垫火车用的混凝土导轨（品目44.06或68.10）；

(二) 品目73.02的铁道及电车道铺轨用钢铁材料；或

(三) 品目85.30的电气信号、安全或交通管理设备。

二、品目86.07主要适用于：

(一) 轴、轮、行走机构、金属轮箍、轮圈、毂及轮子的其他零件；

(二) 车架、底架、转向架；

(三) 轴箱；制动装置；

(四) 车辆缓冲器；钩或其他联结器及车厢走廊联结装置；

(五) 车身。

三、除上述注释一另有规定的以外，品目86.08包括：

(一) 已装配的轨道、转车台、站台缓冲器、量载规；

(二) 铁道、电车道、道路、内河航道、停车设施、港口装置或机场用的臂板信号机、机械信号盘、平交道口控制器、信号及道岔控制器，及其他机械（包括电动机械）信号、安全或交通管理设备，不论其是否装有电力照明装置。

商品编号	商品名称及备注[检验检疫编码及名称]	进口关税(%)		增值税率(%)	消费税	计量单位	监管条件	检验检疫类别	对美税率	出口税率(%)	出口退税率(%)
		最惠国	普通								
8601	**铁道电力机车，由外部电力或蓄电池驱动：**										
86011011	----微型机控制的										13
8601101100	微机控制的外部直流电动铁道机车〔999〕	3	11	13		辆/千克				0	
86011019	----其他										13
8601101900	由外部直流电驱动的其他铁道机车〔999〕	3	11	13		辆/千克				0	
86011020	---交流电机驱动的										13
8601102000	由外部交流电驱动的铁道机车〔999〕	3	11	13		辆/千克				0	
86011090	---其他										13
8601109000	由其他外部电力驱动的铁道机车〔999〕	3	11	13		辆/千克				0	
86012000	-由蓄电池驱动										13
8601200000	由蓄电池驱动的铁道电力机车〔999〕	3	11	13		辆/千克				0	
8602	**其他铁道机车；机车煤水车：**										

SECTION XVII
VEHICLES, AIRCRAFT, VESSELS AND ASSOCIATED TRANSPORT EQUIPMENT

Section Notes:

1. This Section does not cover articles of heading 95. 03 or 95. 08, or bobsleighs, toboggans or the like of heading 95. 06.

2. The expressions "parts" and "parts and accessories" do not apply to the following articles, whether or not they are identifiable as for the goods of this Section:
   - (a) Joints, washers or the like of any material (classified according to their constituent material or in heading 84. 84) or other articles of vulcanised rubber other than hard rubber (heading 40. 16);
   - (b) Parts of general use, as defined in Note 2 to Section XV, of base metal (Section XV), or similar goods of plastics (Chapter 39);
   - (c) Articles of Chapter 82 (tools);
   - (d) Articles of heading 83. 06;
   - (e) Machines or apparatus of headings 84. 01 to 84. 79, or parts thereof, other than the radiators for the articles of this Section; articles of heading 84. 81 or 84. 82 or provided they constitute integral parts of engines or motors, articles of heading 84. 83;
   - (f) Electrical machinery or equipment (Chapter 85);
   - (g) Articles of Chapter 90;
   - (h) Articles of Chapter 91;
   - (ij) Arms (Chapter 93);
   - (k) Luminaires and lighting fittings and parts thereof of heading 94. 05; or
   - (l) Brushes of a kind used as parts of vehicles (heading 96. 03).

3. References in Chapters 86 to 88 to "parts" or "accessories" do not apply to parts or accessories which are not suitable for use solely or principally with the articles of those Chapters. A part or accessory which answers to a description in two or more of the headings of those Chapters is to be classified under that heading which corresponds to the principal use of that part or accessory.

4. For the purposes of this Section:
   - (a) Vehicles specially constructed to travel on both road and rail are classified under the appropriate heading of Chapter 87;
   - (b) Amphibious motor vehicles are classified under the appropriate heading of Chapter 87;
   - (c) Aircraft specially constructed so that they can also be used as road vehicles are classified under the appropriate heading of Chapter 88.

5. Air-cushion vehicles are to be classified within this Section with the vehicles to which they are most akin as follows:
   - (a) In Chapter 86 if designed to travel on a guide-track (hovertrains);
   - (b) In Chapter 87 if designed to travel over land or over both land and water;
   - (c) In Chapter 89 if designed to travel over water, whether or not able to land on beaches or landing-stages or also able to travel over ice.

   Parts and accessories of air-cushion vehicles are to be classified in the same way as those of vehicles of the heading in which the air-cushion vehicles are classified under the above provisions. Hovertrain track fixtures and fittings are to be classified as railway track fixtures and fittings, and signalling, safety or traffic control equipment for hovertrain transport systems as signalling, safety or traffic control equipment for railways.

Chapter 86
Railway or trainway locomotives, rolling-stock and parts thereof; railway or trainway track fixtures and fittings and parts thereof; mechanical (including electro-mechanical) traffic signalling equipment of all kinds

Chapter Notes:

1. This Chapter does not cover:
   - (a) Railway or trainway sleepers of wood or of concrete, or concrete guide-track Sections for hovertrains (heading 44. 06 or 68. 10);
   - (b) Railway or trainway track construction material of iron or steel of heading 73. 02; or
   - (c) Electrical signalling, safety or traffic control equipment of heading 85. 30.

2. Heading 86. 07 applies, inter alia, to:
   - (a) Axles, wheels, wheel sets (running gear), metal tyres, hoops and hubs and other parts of wheels;
   - (b) Frames, underframes, bogies and bissel-bogies;
   - (c) Axle boxes; brake gear;
   - (d) Buffers for rolling-stock; hooks and other coupling gear and corridor connections;
   - (e) Coachwork.

3. Subject to the provisions of Note 1 above, heading 86. 08 applies, inter alia, to:
   - (a) Assembled track, turntables, platform buffers, loading gauges;
   - (b) Semaphores, mechanical signal discs, level crossing control gear, signal and point controls, and other mechanical (including electro-mechanical) signalling, safety or traffic control equipment, whether or not fitted for electric lighting, for railways, trainways, roads, inland waterways, parking facilities, port installations or airfields.

协定税率(%)																		特惠税率(%)			Article Description
智利	新西兰	澳大利亚	瑞士	冰岛	秘鲁	哥斯达	东盟	亚太	新加坡	巴基斯坦	港/澳/台	韩国	格鲁吉亚	毛里求斯	柬埔寨	尼加拉瓜	日/韩/澳/新/东 (RCEP)	亚太2国	老/柬/缅	LDC 98/97/95	
																					Rail locomotives powered from an external source of electricity or by electric accumulators:
0	0	0	0	0	0	0	0	2		0	0/0/	0	0	0	0	0	0/0/0/0/0			0/0/0	----Controlled by microprocess-ings
0	0	0	0	0	0	0	0	2		0	0/0/	0	0	0	0	0	0/0/0/0/0			0/0/0	----Other
0	0	0	0	0	0	0	0	2		0	0/0/	0	0	0	0	0	0/0/0/0/0			0/0/0	---Drived by AC motors
0	0	0	0	0	0	0	0	2		0	0/0/	0	0	0	0	0	0/0/0/0/0			0/0/0	---Other
0	0	0	0	0	0	0	0			0	0/0/	0	0	0	0	0	0/0/0/0/0			0/0/0	-Powered by electric accumulators
																					Other rail locomotives; locomotive tenders:

商品编号	商品名称及备注[检验检疫编码及名称]	进口关税(%)		增值税率(%)	消费税	计量单位	监管条件	检验检疫类别	对美税率	出口税率(%)	出口退税率(%)
		最惠国	普通								
86021010	---微型机控制的										13
8602101000	微机控制的柴油电力铁道机车〔999〕	3	11	13		辆/千克				0	
86021090	---其他										13
8602109000	其他柴油电力铁道机车〔999〕	3	11	13		辆/千克			8%	0	
86029000	-其他										13
8602900000	其他铁道机车及机车煤水车〔999〕	3	11	13		辆/千克				0	
8603	**铁道或电车道用的机动客车、货车、敞车，但税目 86.04 的货品除外：**										
86031000	-由外部电力驱动										13
8603100000	由外电力驱动铁道用机动客，货车（包括电车道用的，但品目 86.04 的货品除外）〔999〕	3	11	13		辆/千克				0	
86039000	-其他										13
8603900000	其他铁道用机动客车，货车，敞车（包括电车道用的，但品目 86.04 的货品除外）〔999〕	3	11	13		辆/千克				0	
8604	**铁道或电车道用的维修或服务车，不论是否机动（例如，工场车、起重机车、道碴捣固车、轨道校正车、检验车及查道车）：**										
86040011	----隧道限界检查车										13
8604001100	隧道限界检查车（不论是否机动）〔999〕	3	14	13		辆/千克				0	
86040012	----钢轨在线打磨列车										13
8604001200	钢轨在线打磨列车（不论是否机动）〔999〕	3	14	13		辆/千克			8%	0	
86040019	----其他										13
8604001900	铁道或电车道用其他检验、查道车（不论是否机动）〔999〕	5	14	13		辆/千克				0	
86040091	----电气化接触网架线机（轨行式）										13
8604009100	电气化接触网架线机（轨行式）（不论是否机动）〔999〕	5	20	13		辆/千克				0	
86040099	----其他										13
8604009900	铁道或电车道用其他维修车辆（包括服务车，不论是否机动）〔999〕	5	20	13		辆/千克				0	
8605	**铁道或电车道用的非机动客车；行李车、邮政车和其他铁道或电车道用的非机动特殊用途车辆（税目 86.04 的货品除外）：**										
86050010	---铁道客车										13
8605001000	铁道用非机动客车〔999〕	5	14	13		辆/千克				0	
86050090	---其他										13
8605009000	电车道用的非机动客车，行李车等（还包括邮政车和其他铁道用的非机动特殊车辆）〔999〕	5	14	13		辆/千克				0	
8606	**铁道或电车道用的非机动有篷及无篷货车：**										
86061000	-油罐货车及类似车										13
8606100000	铁道用非机动油罐货车及类似车（包括电车道用，但不包括容积 50 立方米液化气铁路槽车）〔999〕	5	14	13		辆/千克				0	
86063000	-自卸货车，但子目 8606.10 的货品除外										13
8606300000	铁道用非机动自卸货车（包括电车道用，但编号 860610 的货品除外）〔999〕	5	14	13		辆/千克				0	
86069100	--带篷及封闭的										13
8606910000	铁道用非机动带篷及封闭货车（包括电车道用）〔999〕	5	14	13		辆/千克				0	
86069200	--敞篷的，厢壁固定且高度超过 60 厘米										13
8606920000	铁道用非机动厢高超过 60 厘米敞篷货车（包括电车道用）〔999〕	5	14	13		辆/千克				0	
86069900	--其他										13
8606990000	品目 86.06 所列其他未列名非机动车〔999〕	5	14	13		辆/千克				0	
8607	**铁道或电车道机车或其他车辆的零件：**										
86071100	--驾驶转向架										13
8607110000	铁道或电车道机车的驾驶转向架〔999〕	3	11	13		套/千克				0	
86071200	--其他转向架										13
8607120000	铁道或电车道机车非驾驶转向架〔999〕	3	11	13		套/千克			28%	0	
86071910	---轴										13
8607191000	铁道或电车道机车用轴〔999〕	3	11	13		根/千克			28%	0	
86071990	---其他										13

协定税率(%)																		特惠税率(%)			Article Description
智利	新西兰	澳大利亚	瑞士	冰岛	秘鲁	哥斯达	东盟	亚太	新加坡	巴基斯坦	港/澳/台	韩国	格鲁吉亚	毛里求斯	柬埔寨	尼加拉瓜	日/韩/澳/新/东(RCEP)	亚太2国	老/柬/缅	LDC 98/97/95	
0	0	0	0	0	0	0	0	2		0	0/0/	0	0	0	0	0	0/0/0/0/0			0/0/0	---Controled by microprocessings
0	0	0	0	0	0	0	0	2		0	0/0/	0	0	0	0	0	0/0/0/0/0			0/0/0	---Other
0	0	0	0	0	0	0	0			0	0/0/	0	0	0	0	0	0/0/0/0/0			0/0/0	-Other
																					Self-propelled railway or trainway coaches, vans and trucks, other than those of heading 86.04:
0	0	0	0	0	0	0	0	2		0	0/0/	0	0	0	0	0	0/0/0/0/0			0/0/0	-Powered from an external source of electricity
0	0	0	0	0	0	0	0			0	0/0/	0	0	0	0	0	0/0/0/0/0			0/0/0	-Other
																					Railway or trainway maintenance or service vehicles, whether or not self-propelled (for example, workshops, cranes, ballast tampers, trackliners, testing coaches and track inspection vehicles):
0	0	0	0	0	0	0	0	2		0	0/0/	0	0	0	0	0	0/0/0/0/0			0/0/0	----Inspection vehicles for tunnel clearance
0	0	0	0	0	0	0	0	2		0	0/0/	0	0	0	0	0	0/0/0/0/0			0/0/0	----Sanding vehicles for on-line rails
0	0	0	0	0	0	0	0	3.3		0	0/0/	0	0	0	0	0	0/0/0/0/0			0/0/0	----Other
0	0	0	0	0	0	0	0	3.3		0	0/0/	0	0	0	0	0	0/0/0/0/0			0/0/0	----Installing vehicles for suspension of contact wire (running on rails)
0	0	0	0	0	0	0	0			0	0/0/	0	0	0	0	0	5.1/0/0/0/0			0/0/0	----Other
																					Railway or trainway passenger coaches, not self-propelled; luggage vans, post office coaches and other special purpose railway or trainway coaches, not self-propelled (excluding those of heading 86.04):
0	0	0	0	0	0	0	0			0	0/0/	0	0	0	0	0	0/0/0/0/0			0/0/0	---Railway passenger coaches
0	0	0	0	0	0	0	0			0	0/0/	0	0	0	0	0	0/0/0/0/0			0/0/0	---Other
																					Railway or trainway goods vans and wagons, not self-propelled:
0	0	0	0	0	0	0	0			0	0/0/	0	0	0	0	0	0/0/0/0/0			0/0/0	-Tank wagons and the like
0	0	0	0	0	0	0	0			0	0/0/	0	0	0	0	0	0/0/0/0/0			0/0/0	-Self-discharging wans and wagons, other than those of subheading 8606.10
0	0	0	0	0	0	0	0			0	0/0/	0	0	0	0	0	0/0/0/0/0			0/0/0	--Covered and closed
0	0	0	0	0	0	0	0			0	0/0/	0	0	0	0	0	0/0/0/0/0			0/0/0	--Open, with non-removable sides of a height exceeding 60cm
0	0	0	0	0	0	0	0			0	0/0/	0	0	0	0	0	0/0/0/0/0			0/0/0	--Other
																					Parts of railway or trainway locomotives or rolling-stock:
0	0	0	0	0	0	0	0			0	0/0/	0	0	0	0	0	0/0/0/0/0			0/0/0	--Driving bogies and bissel-bogies
0	0	0	0	0	0	0	0	2		0	0/0/	0	0	0	0	0	0/0/0/0/0			0/0/0	--Other bogies and bissel-bogies
0	0	0	0	0	0	0	0			0	0/0/	0	0	0	0	0	0/0/0/0/0			0/0/0	---Axles
0	0	0	0	0	0	0	0			0	0/0/	0	0	0	0	0	0/0/0/0/0			0/0/0	---Other

商品编号	商品名称及备注[检验检疫编码及名称]	进口关税(%)		增值税率(%)	消费税	计量单位	监管条件	检验检疫类别	对美税率	出口税率(%)	出口退税率(%)
		最惠国	普通								
8607199000	铁道或电车道机车用轮(包括转向架、轴、轮的零件)〔999〕	3	11	13		千克			28%	0	
86072100	--空气制动器及其零件										13
8607210000	铁道或电车道机车用空气制动器(包括零件)〔999〕	3	11	13		千克			28%	0	
86072900	--其他										13
8607290000	铁道或电车道机车用非空气制动器(包括零件)〔999〕	3	11	13		千克			13%	0	
86073000	-钩、其他联结器、缓冲器及其零件										13
8607300000	铁道或电车道机车用钩、其他联结器、缓冲器(包括零件)〔999〕	3	11	13		千克			28%	0	
86079100	--机车用										13
8607910000	铁道或电车道机车用其他零件〔999〕	3	11	13		千克			28%	0	
86079910	---铁道或电车道车辆用车体及端墙、侧墙、底架、车顶、脚蹬、翻板										
8607991000	铁道或电车道车辆用车体及端墙、侧墙、底架、车顶、脚蹬、翻板〔999〕	3	11	13		千克			23%	0	
86079990	---其他										
8607999000	铁道或电车道非机车用其他零件〔999〕	3	11	13		千克			23%	0	
8608	**铁道或电车道轨道固定装置及附件；供铁道、电车道、道路、内河航道、停车设施、港口装置或机场用的机械(包括电动机械)信号、安全或交通管理设备；上述货品的零件：**										
86080010	---轨道自动计轴设备										13
8608001000	轨道自动计轴设备〔999〕	3	20	13		千克/台				0	
86080090	---其他										13
8608009000	铁道或电车道轨道固定装置及配件(包括交通机械信号,安全或交通管理设备及其零件)〔999〕	4	20	13		千克			29%	0	
8609	**集装箱(包括运输液体的集装箱),经特殊设计、装备适用于各种运输方式：**										
86090011	----保温式										13
8609001100	20 英尺的保温式集装箱〔101 新〕,〔102 旧〕	10	35	13		个/千克	AB	P/Q		0	
86090012	----罐式										13
8609001200	20 英尺的罐式集装箱〔101 新〕,〔102 旧〕	10	35	13		个/千克	AB	P/Q	20%	0	
86090019	----其他										13
8609001900	其他 20 英尺集装箱〔101 新〕,〔102 旧〕	10	35	13		个/千克	AB	P/Q	35%	0	
86090021	----保温式										13
8609002100	40 英尺的保温式集装箱〔101 新〕,〔102 旧〕	10	35	13		个/千克	AB	P/Q		0	
86090022	----罐式										13
8609002200	40 英尺的罐式集装箱〔101 新〕,〔102 旧〕	10	35	13		个/千克	AB	P/Q		0	
86090029	----其他										13
8609002900	其他 40 英尺的集装箱〔101 新〕,〔102 旧〕	10	35	13		个/千克	AB	P/Q		0	
86090030	---45、48、53 英尺的										13
8609003000	45、48、53 英尺的集装箱〔101 新〕,〔102 旧〕	10	35	13		个/千克	AB	P/Q		0	
86090090	---其他										13
8609009000	其他集装箱(包括运输液体的集装箱)〔101 新〕,〔102 旧〕	10	35	13		个/千克	AB	P/Q	35%	0	

协定税率(%)																		特惠税率(%)			
智利	新西兰	澳大利亚	瑞士	冰岛	秘鲁	哥斯达	东盟	亚太	新加坡	巴基斯坦	港/澳/台	韩国	格鲁吉亚	毛里求斯	柬埔寨	尼加拉瓜	日/韩/澳/新/东(RCEP)	亚太2国	老/柬/缅	LDC 98/97/95	Article Description
0	0	0	0	0	0	0	0			0	0/0/	0	0	0	0	0	0/0/2. 1/2. 1/0			0/0/0	--Air brakes and parts thereof
0	0	0	0	0	0	0	0			0	0/0/	0	0	0	0	0	0/0/0/0/0			0/0/0	--Other
0	0	0	0	0	0	0	0			0	0/0/	0	0	0	0	0	2. 4/2. 1/2. 1/2. 1/2. 1			0/0/0	-Hooks and other coupling devices, uffers, and parts there of
0	0	0	0	0	0	0	0			0	0/0/	0	0	0	0	0	0/0/2. 1/2. 1/0			0/0/0	--Of locomotives
0	0	0	0	0	0	0	0			0	0/0/	0	0	0	0	0	2. 2/2. 1/2. 1/2. 1/2. 1			0/0/0	---Car body, end wall, side wall, underframe, roof, foot step and platform trap door of railway or trainway rolling-stock
0	0	0	0	0	0	0	0			0	0/0/	0	0	0	0	0	2. 2/2. 1/2. 1/2. 1/2. 1			0/0/0	---Other
																					Railway or trainway track fixtures and fittings; mechanical (including electro-mechanical) signalling, safety or traffic control equipment for railways, trainways, roads, inland water-ways, parking facilities, port installations or airfields; parts of the foregoing:
0	0	0	0	0	0	0	0	2		0	0/0/	0	0	0	0	0	0/0/0/0/0			0/0/0	---Rail automatic axle counting equipments
0	0	0	0	0	0	0	0			0	0/0/	0	0	0	0	0	0/0/0/0/0			0/0/0	---Other
																					Containers (including containers for the transport of fluids) specially designed and equipped for carriage by one or more modes of transport:
0	0	0	0	0	0	0	0		0	2. 5	0/0/	0	0	0	0	9	7. 6/7. 4/0/0/0			0/0/0	----Insulated
0	0	0	0	0	0	0	0	6. 5	0	2. 5	0/0/	0	0	0	0	9	7. 6/7. 4/0/0/0			0/0/0	----Tank type
0	0	0	0	0	0	0	0	6. 5	0	2. 5	0/0/	0	0	0	0	9	7. 6/7. 4/0/0/0			0/0/0	----Other
0	0	0	0	0	0	0	0		0	2. 5	0/0/	0	0	0	0	9	7. 6/7. 4/0/0/0			0/0/0	----Insulated
0	0	0	0	0	0	0	0		0	2. 5	0/0/	0	0	0	0	9	7. 6/7. 4/0/0/0			0/0/0	----Tank type
0	0	0	0	0	0	0	0		0	2. 5	0/0/	0	0	0	0	9	7. 6/7. 4/0/0/0			0/0/0	----Other
0	0	0	0	0	0	0	0		0	2. 5	0/0/	0	0	0	0	9	7. 6/7. 4/0/0/0			0/0/0	---Of 45, 48, 53 feet
0	0	0	0	0	0	0	0		0	2. 5	0/0/	0	0	0	0	9	7. 6/7. 4/0/0/0			0/0/0	---Other

第八十七章
车辆及其零件、附件，但铁道及电车道车辆除外

注释：

一、本章不包括仅可在钢轨上运行的铁道及电车道车辆。

二、本章所称“牵引车、拖拉机”，是指主要为牵引或推动其他车辆、器具或重物的车辆。除了上述主要用途以外，不论其是否还具有装运工具、种子、肥料或其他货品的辅助装置。

用于安装在品目 87.01 的牵引车或拖拉机上，作为可替换设备的机器或作业工具，即使与牵引车或拖拉机一同报验，不论其是否已安装在车（机）上，仍应归入其各自相应的税目。

三、装有驾驶室的机动车辆底盘，应归入品目 87.02 至 87.04，而不归入品目 87.06。

四、品目 87.12 包括所有儿童两轮车。其他儿童脚踏车归入品目 95.03。

子目注释：

一、子目 8708. 22 包括：

（一）带框的前挡风玻璃、后窗及其他窗；以及

（二）装有加热器件或者其他电气或电子装置的前挡风玻璃、后窗及其他窗，不论是否带框。上述货品专用于或主要用于品目 87.01 至 87.05 的机动车辆。

商品编号	商品名称及备注[检验检疫编码及名称]	进口关税(%) 最惠国	进口关税(%) 普通	增值税率(%)	消费税	计量单位	监管条件	检验检疫类别	对美税率	出口税率(%)	出口退税率(%)
8701	**牵引车、拖拉机(税目 87.09 的牵引车除外)：**										
87011000	-单轴拖拉机										9
8701100000	单轴拖拉机[999]	9	20	9		辆/千克	6		14%	0	
87012100	--仅装有压燃式活塞内燃发动机(柴油或半柴油发动机)的车辆										13
8701210000	仅装有压燃式活塞内燃发动机(柴油或半柴油发动机)的半挂车用的公路牵引车[999]	6	20	13		辆/千克	46Axy	L. M/	31%	0	
87012200	--同时装有压燃式活塞内燃发动机(柴油或半柴油发动机)及驱动电动机的车辆										13
8701220000	同时装有压燃式活塞内燃发动机(柴油或半柴油发动机)及驱动电动机的半挂车用的公路牵引车[999]	6	20	13		辆/千克	46Axy	L. M/	31%	0	
87012300	--同时装有点燃式活塞内燃发动机及驱动电动机的车辆										13
8701230000	同时装有点燃式活塞内燃发动机及驱动电动机的半挂车用的公路牵引车[999]	6	20	13		辆/千克	46Axy	L. M/	31%	0	
87012400	--仅装有驱动电动机的车辆										13
8701240000	仅装有驱动电动机的半挂车用的公路牵引车[999]	6	20	13		辆/千克	46Axy	L. M/	31%	0	
87012900	--其他										13
8701290000	其他半挂车用的公路牵引车[999]	6	20	13		辆/千克	46Axy	L. M/		0	
87013000	-履带式牵引车、拖拉机										
8701300010	履带式拖拉机[999]	6	20	9		辆/千克	6A	M/	31%	0	9,13
8701300090	履带式牵引车[999]	6	20	13		辆/千克	6A	M/	31%	0	9,13
87019110	---拖拉机										
8701911000	其他发动机功率不超过 18 千瓦的拖拉机[999]	8	20	13		辆/千克	6A	L. M/	13%	0	9,13
87019190	---其他										
8701919000	其他发动机功率不超过 18 千瓦的牵引车(不包括品目 87.09 的牵引车)[999]	8	20	13		辆/千克	6A	L. M/	33%	0	9,13
87019210	---拖拉机										
8701921000	其他发动机功率超过 18 千瓦但不超过 37 千瓦的拖拉机[999]	8	20	13		辆/千克	6A	L. M/	13%	0	9,13
87019290	---其他										
8701929000	其他发动机功率超过 18 千瓦但不超过 37 千瓦的牵引车(不包括品目 87.09 的牵引车)[999]	8	20	13		辆/千克	6A	L. M/	33%	0	9,13
87019310	---拖拉机										
8701931000	其他发动机功率超过 37 千瓦但不超过 75 千瓦的拖拉机[999]	8	20	13		辆/千克	6A	M/	13%	0	9,13
87019390	---其他										
8701939000	其他发动机功率超过 37 千瓦但不超过 75 千瓦的牵引车(不包括品目 87.09 的牵引车)[999]	8	20	13		辆/千克	6A	L. M/	33%	0	9,13
87019410	---拖拉机										
8701941010[暂5]	发动机功率超过 110 千瓦但不超过 130 千瓦的轮式拖拉机[999]	8	20	13		辆/千克	6A	M/	10%	0	9,13
8701941090	发动机功率超过 75 千瓦但不超过 130 千瓦的其他拖拉机[999]	8	20	13		辆/千克	6A	M/	13%	0	9,13
87019490	---其他										
8701949000	其他发动机功率超过 75 千瓦但不超过 130 千瓦的牵引车(不包括品目 87.09 的牵引车)[999]	8	20	13		辆/千克	6A	L. M/	33%	0	9,13
87019510	---拖拉机										

Chapter 87
Vehicles other than railway or trainway rolling-stock, and parts and accessories thereof

Chapter Notes:

1. This Chapter does not cover railway or trainway rolling-stock designed solely for running on rails.

2. For the purposes of this Chapter, "tractors" means vehicles constructed essentially for hauling or pushing another vehicle, appliance or load, whether or not they contain subsidiary provision for the transport, in connection with the main use of the tractor, of tools, seeds, fertilisers or other goods.
Machines and working tools designed for fitting to tractors of heading 87. 01 as interchangeable equipment remain classified in their respective headings even if presented with the tractor, and whether or not mounted on it.

3. Motor chassis fitted with cabs fall in headings 87. 02 to 87. 04, and not in heading 87. 06.

4. Heading 87. 12 includes all children's bicycles. Other children's cycles fall in heading 95. 03.

Subheading Notes:

1. Subheading 8708. 22 covers:
   (a) front windscreens (windshields), rear windows and other windows, framed; and
   (b) front windscreens (windshields), rear windows and other windows, whether or not framed, incorporating heating devices or other electrical or electronic devices, when suitable for use solely or principally with the motor vehicles of headings 87. 01 to 87. 05.

协定税率(%)																		特惠税率(%)			Article Description
智利	新西兰	澳大利亚	瑞士	冰岛	秘鲁	哥斯达	东盟	亚太	新加坡	巴基斯坦	港/澳/台	韩国	格鲁吉亚	毛里求斯	柬埔寨	尼加拉瓜	日/韩/澳/新/东 (RCEP)	亚太2国	老/柬/缅	LDC 98/97/95	
																					Tractors (other than tractors of heading 87. 09):
0	0	0	0	0	0	0	0			0	0/0/	0	0	0	0	8. 1	6. 5/6. 3/0/0/0			0/0/0	-Single axle tractors
0	0	0	0	0		0	5			4. 8	0/0/	2	0	0	0	4. 8	//5/5/5			0/0/	--With only compression-ignition internal combustion piston engine (diesel or semidiesel)
0	0	0	0	0		0	5			4. 8	0/0/	2	0	0	0	4. 8	//5/5/5			0/0/	--With both compression-ignition internal combustion piston engine (diesel or semi-diesel) and electric motor as motors for propulsion
0	0	0	0	0		0	5			4. 8	0/0/	2	0	0	0	4. 8	//5/5/5			0/0/	--With both spark-ignition internal combustion piston engine and electric motor as motors for propulsion
0	0	0	0	0		0	5			4. 8	0/0/	2	0	0	0	4. 8	//5/5/5			0/0/	--With only electric motor for propulsion
0	0	0	0	0		0	5			4. 8	0/0/	2	0	0	0	4. 8	//5/5/5			0/0/	--Other
0	0	0	0	0	0	0	0			0	0/0/	0	0	0	0	0	0/0/0/0/0			0/0/0	-Track-laying tractors
0	0	0	0	0	0	0	0			0	0/0/	0	0	0	0	6. 4	5. 8/0/0/0/0			0/0/0	---Tractors
0	0	0	0	0	0	0	0			0	0/0/	0	0	0	0	6. 4	5. 8/0/0/0/0			0/0/0	---Other
0	0	0	0	0	0	0	0			0	0/0/	0	0	0	0	6. 4	5. 8/0/0/0/0			0/0/0	---Tractors
0	0	0	0	0	0	0	0			0	0/0/	0	0	0	0	6. 4	5. 8/0/0/0/0			0/0/0	---Other
0	0	0	0	0	0	0	0			0	0/0/	0	0	0	0	6. 4	5. 8/0/0/0/0			0/0/0	---Tractors
0	0	0	0	0	0	0	0			0	0/0/	0	0	0	0	6. 4	5. 8/0/0/0/0			0/0/0	---Other
0	0	0	0	0	0	0	0			0	0/0/	0	0	0	0	6. 4	5. 8/0/0/0/0			0/0/0	---Tractors
0	0	0	0	0	0	0	0			0	0/0/	0	0	0	0	6. 4	5. 8/0/0/0/0			0/0/0	---Other
0	0	0	0	0	0	0	0			0	0/0/	0	0	0	0	6. 4	5. 8/0/0/0/0			0/0/0	---Tractors

商品编号	商品名称及备注[检验检疫编码及名称]	进口关税(%)		增值税率(%)	消费税	计量单位	监管条件	检验检疫类别	对美税率	出口税率(%)	出口退税率(%)
		最惠国	普通								
8701951010[暂5]	发动机功率超过130千瓦的轮式拖拉机〔999〕	8	20	13		辆/千克	6A	M/	10%	0	9,13
8701951090	发动机功率超过130千瓦的其他拖拉机〔999〕	8	20	13		辆/千克	6A	M/	13%	0	9,13
87019590	---其他										
8701959000	其他发动机功率超过130千瓦的牵引车(不包括品目87.09的牵引车)〔999〕	8	20	13		辆/千克	6A	L. M/	33%	0	9,13
8702	**客运机动车辆,10座及以上(包括驾驶座):**										
87021020	---机坪客车										13
8702102000	仅装有压燃式活塞内燃发动机(柴油或半柴油发动机)的机坪客车(机场专用车)〔999〕	4	90	13		辆/千克	6AO	M/		0	
87021091	----30座及以上(大型客车)										13
8702109100	30座及以上仅装有压燃式活塞内燃发动机(柴油或半柴油发动机)的大型客车〔999〕	15	90	13		辆/千克	46AOxy	L. M/		0	
87021092	----20座及以上,但不超过29座										
8702109210	20座及以上但不超过23座的仅装有压燃式活塞内燃发动机(柴油或半柴油发动机)的客车〔999〕	15	230	13	5%	辆/千克	46AOxy	L. M/		0	13
8702109290	24座及以上但不超过29座的仅装有压燃式活塞内燃发动机(柴油或半柴油发动机)的客车〔999〕	15	230	13		辆/千克	46AOxy	L. M/		0	13
87021093	----10座及以上,但不超过19座										13
8702109300	10≤座位数≤19仅装有压燃式活塞内燃发动机(柴油或半柴油发动机)的客车〔999〕	15	230	13	5%	辆/千克	46AOxy	L. M/	20%	0	
87022010	---机坪客车										13
8702201000	同时装有压燃式活塞内燃发动机(柴油或半柴油发动机)及驱动电动机的机坪客车(机场专用车)〔999〕	4	90	13		辆/千克	6AO	M/		0	
87022091	----30座及以上(大型客车)										13
8702209100	30座及以上同时装有压燃式活塞内燃发动机(柴油或半柴油发动机)及驱动电动机的大型客车(指装有柴油或半柴油发动机的30座及以上的客运车)〔999〕	15	90	13		辆/千克	46AOxy	L. M/		0	
87022092	----20座及以上,但不超过29座										
8702209210	20≤座位数≤23同时装有压燃式活塞内燃发动机(柴油或半柴油发动机)及驱动电动机的客车〔999〕	15	230	13	5%	辆/千克	46AOxy	L. M/		0	13
8702209290	24≤座位数≤29同时装有压燃式活塞内燃发动机(柴油或半柴油发动机)及驱动电动机的客车〔999〕	15	230	13	0%	辆/千克	46AOxy	L. M/		0	13
87022093	----10座及以上,但不超过19座										13
8702209300	10≤座位数≤19同时装有压燃式活塞内燃发动机(柴油或半柴油发动机)及驱动电动机的客车〔999〕	15	230	13	5%	辆/千克	46AOxy	L. M/		0	
87023010	---30座及以上(大型客车)										13
8702301000	30座及以上同时装有点燃式活塞内燃发动机及驱动电动机的大型客车〔999〕	15	90	13		辆/千克	46AOxy	L. M/		0	
87023020	---20座及以上,但不超过29座										
8702302010	20≤座≤23同时装有点燃式活塞内燃发动机及驱动电动机的客车〔999〕	15	230	13	5%	辆/千克	46AOxy	L. M/		0	13
8702302090	24≤座≤29同时装有点燃式活塞内燃发动机及驱动电动机的客车〔999〕	15	230	13	0%	辆/千克	46AOxy	L. M/		0	13
87023030	---10座及以上,但不超过19座										13
8702303000	10≤座≤19同时装有点燃式活塞内燃发动机及驱动电动机的客车〔999〕	15	230	13	5%	辆/千克	46AOxy	L. M/		0	
87024010	---30座及以上(大型客车)										13
8702401010[暂4]	纯电动机坪客车〔999〕	15	90	13		辆/千克	6AO	M/		0	
8702401090	其他30座及以上仅装有驱动电动机的大型客车〔999〕	15	90	13		辆/千克	46AOxy	M/		0	
87024020	---20座及以上,但不超过29座										
8702402010	20≤座位数≤23仅装有驱动电动机的客车〔999〕	15	230	13	5%	辆/千克	46AOxy	L. M/		0	13
8702402090	24≤座位数≤29仅装有驱动电动机的客车〔999〕	15	230	13	0%	辆/千克	46AOxy	L. M/		0	13
87024030	---10座及以上,但不超过19座										13
8702403000	10≤座位数≤19仅装有驱动电动机的客车〔999〕	15	230	13	5%	辆/千克	46AOxy	L. M/		0	
87029010	---30座及以上(大型客车)										13
8702901000	30座及以上大型客车(其他型)(指装有其他发动机的30座及以上的客运车)〔999〕	15	90	13		辆/千克	46AOxy	L. M/		0	
87029020	---20座及以上,但不超过29座										
8702902001	20≤座位数≤23装有非压燃式活塞内燃发动机的客车〔999〕	15	230	13	5%	辆/千克	46AOxy	L. M/		0	13
8702902090	24≤座位数≤29装有非压燃式活塞内燃发动机的客车〔999〕	15	230	13		辆/千克	46AOxy	L. M/		0	13
87029030	---10座及以上,但不超过19座										13
8702903000	10≤座位数≤19装有非压燃式活塞内燃发动机的客车〔999〕	15	230	13	5%	辆/千克	46AOxy	L. M/		0	

协定税率(%)																		特惠税率(%)			Article Description
智利	新西兰	澳大利亚	瑞士	冰岛	秘鲁	哥斯达	东盟	亚太	新加坡	巴基斯坦	港/澳/台	韩国	格鲁吉亚	毛里求斯	柬埔寨	尼加拉瓜	日/韩/澳/新/东(RCEP)	亚太2国	老/柬/缅	LDC 98/97/95	
0	0	0	0	0	0	0	0			0	0/0/	0	0	0	0	6.4	5.8/0/0/0/0			0/0/0	---Other
																					Motor vehicles for the transport of ten or more persons, including the driver:
0	0	0	0	0	0	0	0			0	0/0/	1.3	0	0	0	0	2.9/2.8/2.8/2.8/2.8			0/0/0	---Buses for transport passengers at airport
0	0	0		0		0					0/0/	12.5	0	10.7	0					0/0/	----With 30 seats or more
0	0	0		0		0					0/0/	12.5	0	10.7	0					0/0/	----With 20 seats or more, but not exceeding 29 seats
0	0	0		0		0					0/0/	12.5	0	10.7	0					0/0/	----With 10 seats or more, but not exceeding 19 seats
0	0	0	0	0	0	0	0			0	0/0/	1.3	0	0	0	0	2.9/2.8/2.8/2.8/2.8			0/0/0	---Buses for transport passengers at airport
0	0	0		0		0					0/0/	12.5	0	10.7	0					0/0/	----With 30 seats or more
0	0	0		0		0					0/0/	12.5	0	10.7	0					0/0/	----With 20 seats or more, but not exceeding 29 seats
0	0	0		0		0					0/0/	12.5	0	10.7						0//	----With 10 seats or more, but not exceeding 19 seats
0	0	0		0		0	5				0/0/	12.5	0	10.7	0					0/0/	---With 30 seats or more
0	0	0		0		0	5				0/0/	12.5	0	10.7	0					0/0/	---With 20 seats or more, but not exceeding 29 seats
0	0	0		0	0	0	5				0/0/	12.5	0	10.7	0	14				0/0/0	---With 10 seats or more, but not exceeding 19 seats
0	0	0		0		0	5				0/0/	12.5	0	10.7	0					0/0/	---With 30 seats or more
0	0	0		0		0	5				0/0/	12.5	0	10.7	0					0/0/	---With 20 seats or more, but not exceeding 29 seats
0	0	0		0	0	0	5				0/0/	12.5	0	10.7	0	14				0/0/0	---With 10 seats or more, but not exceeding 19 seats
0	0	0		0		0	5				0/0/	12.5	0	10.7	0					0/0/	---With 30 seats or more
0	0	0		0		0	5				0/0/	12.5	0	10.7	0					0/0/	---With 20 seats or more, but not exceeding 29 seats
0	0	0		0	0	0	5				0/0/	12.5	0	10.7	0	14				0/0/0	---With 10 seats or more, but not exceeding 19 seats

商品编号	商品名称及备注[检验检疫编码及名称]	进口关税(%)		增值税率(%)	消费税	计量单位	监管条件	检验检疫类别	对美税率	出口税率(%)	出口退税率(%)
		最惠国	普通								
8703	**主要用于载人的机动车辆(税目 87.02 的货品除外),包括旅行小客车及赛车:**										
87031011	----全地形车										13
8703101100	全地形车①	15	150	13		辆/千克	46xy			0	
87031019	----其他										13
8703101900	高尔夫球车及其他类似车〔999〕	15	150	13		辆/千克	6			0	
87031090	---其他										13
8703109000	其他,雪地行走专用车〔999〕	15	150	13		辆/千克	6			0	
87032130	---小轿车										
8703213010	仅装有排量≤1 升的点燃式活塞内燃发动机的小轿车〔999〕	15	230	13	1%	辆/千克	46AOxy	L. M/		0	13
8703213090	仅装有排量≤1 升的点燃式活塞内燃发动机小轿车的成套散件〔999〕	15	230	13		辆/千克	46Oxy			0	13
87032140	---越野车(4 轮驱动)										
8703214010	仅装有排量≤1 升的点燃式活塞内燃发动机的越野车(4 轮驱动)〔999〕	15	230	13	1%	辆/千克	46AOxy	L. M/		0	13
8703214090	仅装有排量≤1 升的点燃式活塞内燃发动机的越野车(4 轮驱动)的成套散件〔999〕	15	230	13		辆/千克	46Oxy			0	13
87032150	---9 座及以下的小客车										
8703215010	仅装有排量≤1 升的点燃式活塞内燃发动机的小客车(9 座及以下)〔999〕	15	230	13	1%	辆/千克	46AOxy	L. M/		0	13
8703215090	仅装有排量≤1 升的点燃式活塞内燃发动机的小客车的成套散件(9 座及以下)〔999〕	15	230	13		辆/千克	46Oxy			0	13
87032190	---其他										
8703219010	仅装有排量≤1 升的点燃式活塞内燃发动机的其他载人车辆〔999〕	15	230	13	1%	辆/千克	46AOxy	L. M/		0	13
8703219090	仅装有排量≤1 升的点燃式活塞内燃发动机的其他载人车辆的成套散件〔999〕	15	230	13		辆/千克	46Oxy			0	13
87032230	---小轿车										
8703223010	仅装有 1 升<排量≤1.5 升点燃式活塞内燃发动机小轿车〔999〕	15	230	13	3%	辆/千克	46AOxy	L. M/		0	13
8703223090	仅装有 1 升<排量≤1.5 升点燃式活塞内燃发动机小轿车的成套散件〔999〕	15	230	13		辆/千克	46Oxy			0	13
87032240	---越野车(4 轮驱动)										
8703224010	仅装有 1 升<排量≤1.5 升点燃式活塞内燃发动机四轮驱动越野车〔999〕	15	230	13	3%	辆/千克	46AOxy	L. M/		0	13
8703224090	仅装有 1 升<排量≤1.5 升点燃式活塞内燃发动机四轮驱动越野车的成套散件〔999〕	15	230	13		辆/千克	46Oxy			0	13
87032250	---9 座及以下的小客车										
8703225010	仅装有 1 升<排量≤1.5 升点燃式活塞内燃发动机小客车(≤9 座)〔999〕	15	230	13	3%	辆/千克	46AOxy	L. M/		0	13
8703225090	仅装有 1 升<排量≤1.5 升点燃式活塞内燃发动机小客车的成套散件(≤9 座)〔999〕	15	230	13		辆/千克	46Oxy			0	13
87032290	---其他										
8703229010	仅装有 1 升<排量≤1.5 升点燃式活塞内燃发动机其他载人车辆〔999〕	15	230	13	3%	辆/千克	46AOxy	L. M/		0	13
8703229090	仅装有 1 升<排量≤1.5 升点燃式活塞内燃发动机其他载人车的成套散件〔999〕	15	230	13		辆/千克	46Oxy			0	13
87032341	----小轿车										
8703234110	仅装有 1.5 升<排量≤2 升的点燃式活塞内燃发动机小轿车〔999〕	15	230	13	5%	辆/千克	46AOxy	L. M/		0	13
8703234190	仅装有 1.5 升<排量≤2 升的点燃式活塞内燃发动机小轿车的成套散件〔999〕	15	230	13		辆/千克	46Oxy			0	13
87032342	----越野车(4 轮驱动)										
8703234210	仅装有 1.5 升<排量≤2 升的点燃式活塞内燃发动机越野车(4 轮驱动)〔999〕	15	230	13	5%	辆/千克	46AOxy	L. M/		0	13
8703234290	仅装有 1.5 升<排量≤2 升的点燃式活塞内燃发动机越野车的成套散件(4 轮驱动)〔999〕	15	230	13		辆/千克	46Oxy			0	13
87032343	----9 座及以下的小客车										
8703234310	仅装有 1.5 升<排量≤2 升的点燃式活塞内燃发动机小客车(9 座及以下的)〔999〕	15	230	13	5%	辆/千克	46AOxy	L. M/		0	13
8703234390	仅装有 1.5 升<排量≤2 升的点燃式活塞内燃发动机小客车的成套散件(9 座及以下的)〔999〕	15	230	13		辆/千克	46Oxy			0	13
87032349	----其他										
8703234910	仅装有 1.5 升<排量≤2 升的点燃式活塞内燃发动机的其他载人车辆〔999〕	15	230	13	5%	辆/千克	46AOxy	L. M/		0	13
8703234990	仅装有 1.5 升<排量≤2 升的点燃式活塞内燃发动机的其他载人车辆的成套散件〔999〕	15	230	13		辆/千克	46Oxy			0	13
87032351	----小轿车										
8703235110	仅装有 2 升<排量≤2.5 升的点燃式活塞内燃发动机小轿车〔999〕	15	230	13	9%	辆/千克	46AOxy	L. M/		0	13
8703235190	仅装有 2 升<排量≤2.5 升的点燃式活塞内燃发动机小轿车的成套散件〔999〕	15	230	13		辆/千克	46Oxy			0	13
87032352	----越野车(4 轮驱动)										
8703235210	仅装有 2 升<排量≤2.5 升的点燃式活塞内燃发动机越野车(4 轮驱动)〔999〕	15	230	13	9%	辆/千克	46AOxy	L. M/		0	13
8703235290	仅装有 2 升<排量≤2.5 升的点燃式活塞内燃发动机越野车的成套散件(4 轮驱动)〔999〕	15	230	13		辆/千克	46Oxy			0	13
87032353	----9 座及以下的小客车										
8703235310	仅装有 2 升<排量≤2.5 升的点燃式活塞内燃发动机小客车(9 座及以下的)〔999〕	15	230	13	9%	辆/千克	46AOxy	L. M/		0	13
8703235390	仅装有 2 升<排量≤2.5 升的点燃式活塞内燃发动机的小客车的成套散件(9 座及以下的)〔999〕	15	230	13		辆/千克	46Oxy			0	13

① 〔101 电动全地形车〕,〔102 内燃机动全地形车〕,〔103 混合动力全地形车〕,〔104 其他能源全地形车〕

协定税率(%)																		特惠税率(%)			Article Description
智利	新西兰	澳大利亚	瑞士	冰岛	秘鲁	哥斯达	东盟	亚太	新加坡	巴基斯坦	港/澳/台	韩国	格鲁吉亚	毛里求斯	柬埔寨	尼加拉瓜	日/韩/澳/新/东(RCEP)	亚太2国	老/柬/缅	LDC 98/97/95	
																					Motor cars and other motor vehicles principally designed for the transport of persons (other than those of heading 87.02), including station wagons and racing cars:
0	0	0		0	0	0	0		0		0/0/	12.5	0	10.7	0	14	/21.3/21.3/21.3/21.3			0/0/0	----All terrain vehicles
0	0	0		0	0	0	0		0	20	0/0/		0	10.7	0	14	//15/15/15			0/0/0	----Other
0	0	0		0	0	0	0		0		0/0/		0	10.7	0	14	//15/15/15			0/0/0	---Other
0	0	0		0		0		13.5		22.5	0/0/			10.7		14				0//	---Saloon cars
0	0	0		0		0		13.5		22.5	0/0/			10.7		14				0//	---Cross-country cars (4WD)
0	0	0		0		0		13.5		22.5	0/0/			10.7		14				0//	---Station wagons (with 9 seats or less)
0	0	0		0		0		13.5		22.5	0/0/			10.7		14				0//	---Other
0	0	0		0		0		13.5		22.5	0/0/	22.5		10.7		14				0//	---Saloon cars
0	0	0		0		0		13.5		22.5	0/0/			10.7		14				0//	---Cross-country cars (4WD)
0	0	0		0		0		13.5		22.5	0/0/			10.7		14				0//	---Station wagons (with 9 seats or less)
0	0	0		0		0		13.5		22.5	0/0/			10.7		14				0//	---Other
0	0	0		0		0		13.5		22.5	0/0/	22.5		10.7						0//	----Saloon cars
0	0	0		0		0		13.5		22.5	0/0/	22.5		10.7						0//	----Cross-country cars (4WD)
0	0	0		0		0		13.5		22.5	0/0/	22.5		10.7						0//	----Station wagons (with 9 seats or less)
0	0	0		0		0		13.5		22.5	0/0/			10.7		14				0//	----Other
0	0	0		0		0		13.5		22.5	0/0/	22.5		10.7						0//	----Saloon cars
0	0	0		0		0		13.5		22.5	0/0/	22.5		10.7						0//	----Cross-country cars (4WD)
0	0	0		0		0		13.5		22.5	0/0/	22.5		10.7						0//	----Station wagons (with 9 seats or less)

商品编号	商品名称及备注[检验检疫编码及名称]	进口关税(%)		增值税率(%)	消费税	计量单位	监管条件	检验检疫类别	对美税率	出口税率(%)	出口退税率(%)
		最惠国	普通								
87032359	----其他										
8703235910	仅装有2升<排量≤2.5升的点燃式活塞内燃发动机的其他载人车辆[999]	15	230	13	9%	辆/千克	46AOxy	L. M/		0	13
8703235990	仅装有2升<排量≤2.5升的点燃式活塞内燃发动机的其他载人车辆的成套散件[999]	15	230	13		辆/千克	46Oxy			0	13
87032361	----小轿车										
8703236110	仅装有2.5升<排量≤3升的点燃式活塞内燃发动机小轿车[999]	15	270	13	12%	辆/千克	46AOxy	L. M/		0	13
8703236190	仅装有2.5升<排量≤3升的点燃式活塞内燃发动机小轿车的成套散件[999]	15	270	13		辆/千克	46Oxy			0	13
87032362	----越野车(4轮驱动)										
8703236210	仅装有2.5升<排量≤3升的点燃式活塞内燃发动机越野车(4轮驱动)[999]	15	270	13	12%	辆/千克	46AOxy	L. M/		0	13
8703236290	仅装有2.5升<排量≤3升的点燃式活塞内燃发动机越野车的成套散件(4轮驱动)[999]	15	270	13		辆/千克	46Oxy			0	13
87032363	----9座及以下的小客车										
8703236310	仅装有2.5升<排量≤3升的点燃式活塞内燃发动机小客车(9座及以下的)[999]	15	270	13	12%	辆/千克	46AOxy	L. M/		0	13
8703236390	仅装有2.5升<排量≤3升的点燃式活塞内燃发动机小客车的成套散件(9座及以下的)[999]	15	270	13		辆/千克	46Oxy			0	13
87032369	----其他										
8703236910	仅装有2.5升<排量≤3升的点燃式活塞内燃发动机的其他载人车辆[999]	15	270	13	12%	辆/千克	46AOxy	L. M/		0	13
8703236990	仅装有2.5升<排量≤3升的点燃式活塞内燃发动机的其他载人车辆的成套散件[999]	15	270	13	12%	辆/千克	46Oxy			0	13
87032411	----小轿车										
8703241110	仅装有3升<排量≤4升的点燃式活塞内燃发动机小轿车[999]	15	270	13	25%	辆/千克	46AOxy	L. M/		0	13
8703241190	仅装有3升<排量≤4升的点燃式活塞内燃发动机小轿车的成套散件[999]	15	270	13		辆/千克	46Oxy			0	13
87032412	----越野车(4轮驱动)										
8703241210	仅装有3升<排量≤4升的点燃式活塞内燃发动机越野车(4轮驱动)[999]	15	270	13	25%	辆/千克	46AOxy	L. M/		0	13
8703241290	仅装有3升<排量≤4升的点燃式活塞内燃发动机越野车的成套散件(4轮驱动)[999]	15	270	13		辆/千克	46Oxy			0	13
87032413	----9座及以下的小客车										
8703241310	仅装有3升<排量≤4升的点燃式活塞内燃发动机的小客车(9座及以下的)[999]	15	270	13	25%	辆/千克	46AOxy	L. M/		0	13
8703241390	仅装有3升<排量≤4升的点燃式活塞内燃发动机的小客车的成套散件(9座及以下的)[999]	15	270	13		辆/千克	46Oxy			0	13
87032419	----其他										
8703241910	仅装有3升<排量≤4升的点燃式活塞内燃发动机的其他载人车辆[101 福特F150猛禽],[102 其他汽车]	15	270	13	25%	辆/千克	46AOxy	L. M/		0	13
8703241990	仅装有3升<排量≤4升的点燃式活塞内燃发动机的其他载人车辆的成套散件[999]	15	270	13	25%	辆/千克	46Oxy			0	13
87032421	----小轿车										
8703242110	仅装有排气量>4升的点燃式活塞内燃发动机小轿车[999]	15	270	13	40%	辆/千克	46AOxy	L. M/		0	13
8703242190	仅装有排气量>4升的点燃式活塞内燃发动机小轿车的成套散件[999]	15	270	13		辆/千克	46Oxy			0	13
87032422	----越野车(4轮驱动)										
8703242210	仅装有排气量>4升的点燃式活塞内燃发动机越野车(4轮驱动)[999]	15	270	13	40%	辆/千克	46AOxy	L. M/		0	13
8703242290	仅装有排气量>4升的点燃式活塞内燃发动机越野车的成套散件(4轮驱动)[999]	15	270	13		辆/千克	46Oxy			0	13
87032423	----9座及以下的小客车										
8703242310	仅装有排气量>4升的点燃式活塞内燃发动机的小客车(9座及以下的)[999]	15	270	13	40%	辆/千克	46AOxy	L. M/		0	13
8703242390	仅装有排气量>4升的点燃式活塞内燃发动机的小客车的成套散件(9座及以下的)[999]	15	270	13		辆/千克	46Oxy			0	13
87032429	----其他										
8703242910	仅装有排气量>4升的点燃式活塞内燃发动机的其他载人车辆[999]	15	270	13	40%	辆/千克	46AOxy	L. M/		0	13
8703242990	仅装有排气量>4升的点燃式活塞内燃发动机的其他载人车辆的成套散件[999]	15	270	13	40%	辆/千克	46Oxy			0	13
87033111	----小轿车										
8703311110	仅装有排气量≤1升的压燃式活塞内燃发动机小轿车[999]	15	230	13	1%	辆/千克	46AOxy	L. M/		0	13
8703311190	仅装有排气量≤1升的压燃式活塞内燃发动机小轿车的成套散件[999]	15	230	13		辆/千克	46Oxy			0	13
87033119	----其他										
8703311910	仅装有排气量≤1升的压燃式活塞内燃发动机的其他载人车辆[999]	15	230	13	1%	辆/千克	46AOxy	L. M/		0	13
8703311990	仅装有排气量≤1升的压燃式活塞内燃发动机的其他载人车辆的成套散件[999]	15	230	13		辆/千克	46Oxy			0	13
87033121	----小轿车										
8703312110	仅装有1升<排气量≤1.5升的压燃式活塞内燃发动机小轿车[999]	15	230	13	3%	辆/千克	46AOxy	L. M/		0	13
8703312190	仅装有1升<排气量≤1.5升的压燃式活塞内燃发动机小轿车的成套散件[999]	15	230	13		辆/千克	46Oxy			0	13
87033122	----越野车(4轮驱动)										
8703312210	仅装有1升<排气量≤1.5升的压燃式活塞内燃发动机越野车(4轮驱动)[999]	15	230	13	3%	辆/千克	46AOxy	L. M/		0	13
8703312290	仅装有1升<排气量≤1.5升的压燃式活塞内燃发动机越野车的成套散件(4轮驱动)[999]	15	230	13		辆/千克	46Oxy			0	13
87033123	----9座及以下的小客车										
8703312310	仅装有1升<排气量≤1.5升的压燃式活塞内燃发动机小客车(9座及以下的)[999]	15	230	13	3%	辆/千克	46AOxy	L. M/		0	13
8703312390	仅装有1升<排气量≤1.5升的压燃式活塞内燃发动机小客车的成套散件(9座及以下的)[999]	15	230	13		辆/千克	46Oxy			0	13

协定税率(%)																		特惠税率(%)			Article Description
智利	新西兰	澳大利亚	瑞士	冰岛	秘鲁	哥斯达	东盟	亚太	新加坡	巴基斯坦	港/澳/台	韩国	格鲁吉亚	毛里求斯	柬埔寨	尼加拉瓜	日/韩/澳/新/东(RCEP)	亚太2国	老/柬/缅	LDC 98/97/95	
0	0	0		0		0		13.5		22.5	0/0/			10.7		14				0//	----Other
0	0	0		0		0		13.5		22.5	0/0/	22.5		10.7			15////15			0//	----Saloon cars
0	0	0		0		0	0	13.5	0	22.5	0/0/			10.7	0		15//15/15/15			0//	----Cross-country cars (4WD)
0	0	0		0		0	0	13.5	0	22.5	0/0/	22.5		10.7	0		15//15/15/15			0//	----Station wagons (with 9 seats or less)
0	0	0		0		0	0	13.5	0	22.5	0/0/			10.7	0	14	15//15/15/15			0//	----Other
0	0	0		0		0		13.5		22.5	0/0/	22.5		10.7	0	14	15////15			0/0/	----Saloon cars
0	0	0		0		0		13.5		22.5	0/0/	22.5		10.7	0	14	15////15			0/0/	----Cross-country cars (4WD)
0	0	0		0		0		13.5		22.5	0/0/			10.7	0	14	15////15			0/0/	----Station wagons (with 9 seats or less)
0	0	0		0		0		13.5		22.5	0/0/			10.7	0	14	15////15			0/0/	----Other
0	0	0		0		0		13.5		22.5	0/0/	22.5		10.7	0	14				0/0/	----Saloon cars
0	0	0		0		0		13.5		22.5	0/0/			10.7	0	14				0/0/	----Cross-country cars (4WD)
0	0	0		0		0		13.5		22.5	0/0/			10.7	0	14				0/0/	----Station wagons (with 9 seats or less)
0	0	0		0		0		13.5		22.5	0/0/			10.7	0	14				0/0/	----Other
0	0	0		0		0					0/0/		0	10.7	0	14				0/0/	----Saloon cars
0	0	0		0	0	0	0		0		0/0/		0	10.7	0	14	//15/15/15			0/0/0	----Other
0	0	0		0		0					0/0/		0	10.7		14				0//	----Saloon cars
0	0	0		0		0					0/0/		0	10.7		14				0//	----Cross-country cars (4WD)
0	0	0		0		0					0/0/		0	10.7		14				0//	----Station wagons (with 9 seats or less)

商品编号	商品名称及备注[检验检疫编码及名称]	进口关税(%)		增值税率(%)	消费税	计量单位	监管条件	检验检疫类别	对美税率	出口税率(%)	出口退税率(%)
		最惠国	普通								
87033129	----其他										
8703312910	仅装有1升<排气量≤1.5升的压燃式活塞内燃发动机的其他载人车辆〔999〕	15	230	13	3%	辆/千克	46AOxy	L. M/		0	13
8703312990	仅装有1升<排气量≤1.5升的装压燃式活塞内燃发动机的其他载人车辆的成套散件〔999〕	15	230	13		辆/千克	46Oxy			0	13
87033211	----小轿车										
8703321110	仅装有1.5升<排气量≤2升的压燃式活塞内燃发动机小轿车〔999〕	15	230	13	5%	辆/千克	46AOxy	L. M/		0	13
8703321190	仅装有1.5升<排气量≤2升的压燃式活塞内燃发动机小轿车的成套散件〔999〕	15	230	13		辆/千克	46Oxy			0	13
87033212	----越野车(4轮驱动)										
8703321210	仅装有1.5升<排气量≤2升的压燃式活塞内燃发动机越野车(4轮驱动)〔999〕	15	230	13	5%	辆/千克	46AOxy	L. M/		0	13
8703321290	仅装有1.5升<排气量≤2升的压燃式活塞内燃发动机越野车的成套散件(4轮驱动)〔999〕	15	230	13		辆/千克	46Oxy			0	13
87033213	----9座及以下的小客车										
8703321310	仅装有1.5升<排气量≤2升的装压燃式活塞内燃发动机小客车(9座及以下的)〔999〕	15	230	13	5%	辆/千克	46AOxy	L. M/		0	13
8703321390	仅装有1.5升<排气量≤2升的压燃式活塞内燃发动机小客车的成套散件(9座及以下的)〔999〕	15	230	13		辆/千克	46Oxy			0	13
87033219	----其他										
8703321910	仅装有1.5升<排气量≤2升的压燃式活塞内燃发动机的其他载人车辆〔999〕	15	230	13	5%	辆/千克	46AOxy	L. M/		0	13
8703321990	仅装有1.5升<排气量≤2升的压燃式活塞内燃发动机的其他载人车辆的成套散件〔999〕	15	230	13		辆/千克	46Oxy			0	13
87033221	----小轿车										
8703322110	仅装有2升<排气量≤2.5升的压燃式活塞内燃发动机小轿车〔999〕	15	230	13	9%	辆/千克	46AOxy	L. M/		0	13
8703322190	仅装有2升<排气量≤2.5升的燃式活塞内燃发动机小轿车的成套散件〔999〕	15	230	13		辆/千克	46Oxy			0	13
87033222	----越野车(4轮驱动)										
8703322210	仅装有2升<排气量≤2.5升的燃式活塞内燃发动机越野车(4轮驱动)〔999〕	15	230	13	9%	辆/千克	46AOxy	L. M/		0	13
8703322290	仅装有2升<排气量≤2.5升的燃式活塞内燃发动机越野车的成套散件(4轮驱动)〔999〕	15	230	13		辆/千克	46Oxy			0	13
87033223	----9座及以下的小客车										
8703322310	仅装有2升<排气量≤2.5升的燃式活塞内燃发动机小客车(9座及以下的)〔999〕	15	230	13	9%	辆/千克	46AOxy	L. M/		0	13
8703322390	仅装有2升<排气量≤2.5升的压燃式活塞内燃发动机小客车的成套散件(9座及以下的)〔999〕	15	230	13		辆/千克	46Oxy			0	13
87033229	----其他										
8703322910	仅装有2升<排气量≤2.5升的压燃式活塞内燃发动机的其他载人车辆〔999〕	15	230	13	9%	辆/千克	46AOxy	L. M/		0	13
8703322990	仅装有2升<排气量≤2.5升的压燃式活塞内燃发动机的其他载人车辆的成套散件〔999〕	15	230	13		辆/千克	46Oxy			0	13
87033311	----小轿车										
8703331110	仅装有2.5升<排气量≤3升的压燃式活塞内燃发动机小轿车〔999〕	15	270	13	12%	辆/千克	46AOxy	L. M/		0	13
8703331190	仅装有2.5升<排气量≤3升的压燃式活塞内燃发动机小轿车的成套散件〔999〕	15	270	13		辆/千克	46Oxy			0	13
87033312	----越野车(4轮驱动)										
8703331210	仅装有2.5升<排气量≤3升的压燃式活塞内燃发动机越野车(4轮驱动)〔999〕	15	270	13	12%	辆/千克	46AOxy	L. M/		0	13
8703331290	仅装有2.5升<排气量≤3升的压燃式活塞内燃发动机越野车的成套散件(4轮驱动)〔999〕	15	270	13		辆/千克	46Oxy			0	13
87033313	----9座及以下的小客车										
8703331310	仅装有2.5升<排气量≤3升的压燃式活塞内燃发动机小客车(9座及以下的)〔999〕	15	270	13	12%	辆/千克	46AOxy	L. M/		0	13
8703331390	仅装有2.5升<排气量≤3升的压燃式活塞内燃发动机小客车的成套散件(9座及以下的)〔999〕	15	270	13		辆/千克	46Oxy			0	13
87033319	----其他										
8703331910	仅装有2.5升<排气量≤3升的压燃式活塞内燃发动机的其他载人车辆〔999〕	15	270	13	12%	辆/千克	46AOxy	L. M/		0	13
8703331990	仅装有2.5升<排气量≤3升的压燃式活塞内燃发动机的其他载人车辆的成套散件〔999〕	15	270	13	12%	辆/千克	46Oxy			0	13
87033321	----小轿车										
8703332110	仅装有3升<排气量≤4升的压燃式活塞内燃发动机小轿车〔999〕	15	270	13	25%	辆/千克	46AOxy	L. M/		0	13
8703332190	仅装有3升<排气量≤4升的压燃式活塞内燃发动机小轿车的成套散件〔999〕	15	270	13		辆/千克	46Oxy			0	13
87033322	----越野车(4轮驱动)										
8703332210	仅装有3升<排气量≤4升的压燃式活塞内燃发动机越野车(4轮驱动)〔999〕	15	270	13	25%	辆/千克	46AOxy	L. M/		0	13
8703332290	仅装有3升<排气量≤4升的压燃式活塞内燃发动机越野车的成套散件(4轮驱动)〔999〕	15	270	13		辆/千克	46Oxy			0	13
87033323	----9座及以下的小客车										
8703332310	仅装有3升<排气量≤4升的压燃式活塞内燃发动机小客车(9座及以下的)〔999〕	15	270	13	25%	辆/千克	46AOxy	L. M/		0	13
8703332390	仅装有3升<排气量≤4升的压燃式活塞内燃发动机小客车的成套散件(9座及以下的)〔999〕	15	270	13		辆/千克	46Oxy			0	13
87033329	----其他										
8703332910	仅装有3升<排气量≤4升的压燃式活塞内燃发动机的其他载人车辆〔999〕	15	270	13	25%	辆/千克	46AOxy	L. M/		0	13

协定税率(%)																		特惠税率(%)			Article Description
智利	新西兰	澳大利亚	瑞士	冰岛	秘鲁	哥斯达	东盟	亚太	新加坡	巴基斯坦	港/澳/台	韩国	格鲁吉亚	毛里求斯	柬埔寨	尼加拉瓜	日/韩/澳/新/东(RCEP)	亚太2国	老/柬/缅	LDC 98/97/95	
0	0	0		0	0	0	0		0		0/0/		0	10.7	0	14	//15/15/15			0/0/0	----Other
0	0	0		0		0		13.5		22.5	0/0/		0	10.7		14				0//	----Saloon cars
0	0	0		0		0		13.5		22.5	0/0/	22.5	0	10.7		14				0//	----Cross-country cars (4WD)
0	0	0		0		0		13.5		22.5	0/0/	22.5	0	10.7		14				0//	----Station wagons (with 9 seats or less)
0	0	0		0		0		13.5		22.5	0/0/		0	10.7		14				0//	----Other
0	0	0		0		0		13.5		22.5	0/0/		0	10.7		14				0//	----Saloon cars
0	0	0		0		0		13.5		22.5	0/0/		0	10.7		14				0//	----Cross-country cars (4WD)
0	0	0		0		0		13.5		22.5	0/0/	22.5	0	10.7		14				0//	----Station wagons (with 9 seats or less)
0	0	0		0		0		13.5		22.5	0/0/		0	10.7		14				0//	----Other
0	0	0		0		0	0	13.5	0	22.5	0/0/		0	10.7	0	14	//15/15/15			0//	----Saloon cars
0	0	0		0		0	0	13.5	0	22.5	0/0/	22.5	0	10.7	0	14	//15/15/15			0//	----Cross-country cars (4WD)
0	0	0		0		0	0	13.5	0	22.5	0/0/		0	10.7	0	14	//15/15/15			0//	----Station wagons (with 9 seats or less)
0	0	0		0		0	0	13.5	0	22.5	0/0/		0	10.7	0	14	//15/15/15			0//	----Other
0	0	0		0		0	0	13.5	0	22.5	0/0/		0	10.7	0	14	//15/15/15			0/0/	----Saloon cars
0	0	0		0		0	0	13.5	0	22.5	0/0/		0	10.7	0	14	//15/15/15			0/0/	----Cross-country cars (4WD)
0	0	0		0		0	0	13.5	0	22.5	0/0/		0	10.7	0	14	//15/15/15			0/0/	----Station wagons (with 9 seats or less)
0	0	0		0		0	0	13.5	0	22.5	0/0/		0	10.7	0	14	//15/15/15			0/0/	----Other

商品编号	商品名称及备注[检验检疫编码及名称]	进口关税(%)		增值税率(%)	消费税	计量单位	监管条件	检验检疫类别	对美税率	出口税率(%)	出口退税率(%)
		最惠国	普通								
8703332990	仅装有3升<排气量≤4升的压燃式活塞内燃发动机的其他载人车辆的成套散件〔999〕	15	270	13	25%	辆/千克	46Oxy			0	13
87033361	----小轿车										
8703336110	仅装有排气量>4升的压燃式活塞内燃发动机小轿车〔999〕	15	270	13	40%	辆/千克	46AOxy	L. M/		0	13
8703336190	仅装有排气量>4升的压燃式活塞内燃发动机小轿车的成套散件〔999〕	15	270	13		辆/千克	46Oxy			0	13
87033362	----越野车(4轮驱动)										
8703336210	仅装有排气量>4升的压燃式活塞内燃发动机越野车(4轮驱动)〔999〕	15	270	13	40%	辆/千克	46AOxy	L. M/		0	13
8703336290	仅装有排气量>4升的压燃式活塞内燃发动机越野车的成套散件(4轮驱动)〔999〕	15	270	13		辆/千克	46Oxy			0	13
87033363	----9座及以下的小客车										
8703336310	仅装有排气量>4升的压燃式活塞内燃发动机小客车(9座及以下的)〔999〕	15	270	13	40%	辆/千克	46AOxy	L. M/		0	13
8703336390	仅装有排气量>4升的压燃式活塞内燃发动机小客车的成套散件(9座及以下的)〔999〕	15	270	13		辆/千克	46Oxy			0	13
87033369	----其他										
8703336910	仅装有排气量>4升的压燃式活塞内燃发动机其他载人车辆〔999〕	15	270	13	40%	辆/千克	46AOxy	L. M/		0	13
8703336990	仅装有排气量>4升的压燃式活塞内燃发动机其他载人车辆的成套散件〔999〕	15	270	13	40%	辆/千克	46Oxy			0	13
87034011	----小轿车										
8703401110	同时装有点燃式活塞内燃发动机(排量≤1升)及驱动电动机的小轿车(可通过接插外部电源进行充电的除外)〔999〕	15	230	13	1%	辆/千克	46AOxy	L. M/		0	13
8703401190	同时装有点燃式活塞内燃发动机(排量≤1升)及驱动电动机的小轿车的成套散件(可通过接插外部电源进行充电的除外)〔999〕	15	230	13		辆/千克	46Oxy			0	13
87034012	----越野车(4轮驱动)										
8703401210	同时装有点燃式活塞内燃发动机(排量≤1升)及驱动电动机的越野车(4轮驱动)(可通过接插外部电源进行充电的除外)〔999〕	15	230	13	1%	辆/千克	46AOxy	L. M/		0	13
8703401290	同时装有点燃式活塞内燃发动机(排量≤1升)及驱动电动机的越野车(4轮驱动)的成套散件(可通过接插外部电源进行充电的除外)〔999〕	15	230	13		辆/千克	46Oxy			0	13
87034013	----9座及以下的小客车										
8703401310	同时装有点燃式活塞内燃发动机(排量≤1升)及驱动电动机的小客车(9座及以下,可通过接插外部电源进行充电的除外)〔999〕	15	230	13	1%	辆/千克	46AOxy	L. M/		0	13
8703401390	同时装有点燃式活塞内燃发动机(排量≤1升)及驱动电动机的小客车的成套散件(9座及以下,可通过接插外部电源进行充电的除外)〔999〕	15	230	13	1%	辆/千克	46Oxy			0	13
87034019	----其他										
8703401910	同时装有点燃式活塞内燃发动机(排量≤1升)及驱动电动机的其他载人车辆(可通过接插外部电源进行充电的除外)〔999〕	15	230	13	1%	辆/千克	46AOxy	L. M/		0	13
8703401990	同时装有点燃式活塞内燃发动机(排量≤1升)及驱动电动机的其他载人车辆的成套散件(可通过接插外部电源进行充电的除外)〔999〕	15	230	13	1%	辆/千克	46Oxy			0	13
87034021	----小轿车										
8703402110	同时装有点燃式活塞内燃发动机(1升<排量≤1.5升)及驱动电动机的小轿车(可通过接插外部电源进行充电的除外)〔999〕	15	230	13	3%	辆/千克	46AOxy	L. M/		0	13
8703402190	同时装有点燃式活塞内燃发动机(1升<排量≤1.5升)及驱动电动机的小轿车的成套散件(可通过接插外部电源进行充电的除外)〔999〕	15	230	13	3%	辆/千克	46Oxy			0	13
87034022	----越野车(4轮驱动)										
8703402210	同时装有点燃式活塞内燃发动机(1升<排量≤1.5升)及驱动电动机的四轮驱动越野车(可通过接插外部电源进行充电的除外)〔999〕	15	230	13	3%	辆/千克	46AOxy	L. M/		0	13
8703402290	同时装有点燃式活塞内燃发动机(1升<排量≤1.5升)及驱动电动机的四轮驱动越野车的成套散件(可通过接插外部电源进行充电的除外)〔999〕	15	230	13	3%	辆/千克	46Oxy			0	13
87034023	----9座及以下的小客车										
8703402310	同时装有点燃式活塞内燃发动机(1升<排量≤1.5升)及驱动电动机的小客车(9座及以下,可通过接插外部电源进行充电的除外)〔999〕	15	230	13	3%	辆/千克	46AOxy	L. M/		0	13
8703402390	同时装有点燃式活塞内燃发动机(1升<排量≤1.5升)及驱动电动机的小客车的成套散件(9座及以下,可通过接插外部电源进行充电的除外)〔999〕	15	230	13	3%	辆/千克	46Oxy			0	13
87034029	----其他										
8703402910	同时装有点燃式活塞内燃发动机(1升<排量≤1.5升)及驱动电动机的其他载人车辆(可通过接插外部电源进行充电的除外)〔999〕	15	230	13	3%	辆/千克	46AOxy	L. M/		0	13
8703402990	同时装有点燃式活塞内燃发动机(1升<排量≤1.5升)及驱动电动机的其他载人车辆的成套散件(可通过接插外部电源进行充电的除外)〔999〕	15	230	13	3%	辆/千克	46Oxy			0	13
87034031	----小轿车										
8703403110	同时装有点燃式活塞内燃发动机(1.5升<排量≤2升)及驱动电动机的小轿车(可通过接插外部电源进行充电的除外)〔999〕	15	230	13	5%	辆/千克	46AOxy	L. M/		0	13
8703403190	同时装有点燃式活塞内燃发动机(1.5升<排量≤2升)及驱动电动机的小轿车的成套散件(可通过接插外部电源进行充电的除外)〔999〕	15	230	13	5%	辆/千克	46Oxy			0	13
87034032	----越野车(4轮驱动)										
8703403210	同时装有点燃式活塞内燃发动机(1.5升<排量≤2升)及驱动电动机的四轮驱动越野车(可通过接插外部电源进行充电的除外)〔999〕	15	230	13	5%	辆/千克	46AOxy	L. M/		0	13
8703403290	同时装有点燃式活塞内燃发动机(1.5升<排量≤2升)及驱动电动机的四轮驱动越野车的成套散件(可通过接插外部电源进行充电的除外)〔999〕	15	230	13	5%	辆/千克	46Oxy			0	13
87034033	----9座及以下的小客车										

协定税率(%)																		特惠税率(%)			Article Description
智利	新西兰	澳大利亚	瑞士	冰岛	秘鲁	哥斯达	东盟	亚太	新加坡	巴基斯坦	港/澳/台	韩国	格鲁吉亚	毛里求斯	柬埔寨	尼加拉瓜	日/韩/澳/新/东(RCEP)	亚太2国	老/柬/缅	LDC 98/97/95	
0	0	0		0		0	0	13.5	0	22.5	0/0/		0	10.7	0	14	//15/15/15			0/0/	----Saloon cars
0	0	0		0		0	0	13.5	0	22.5	0/0/		0	10.7	0	14	//15/15/15			0/0/	----Cross-country cars (4WD)
0	0	0		0		0	0	13.5	0	22.5	0/0/		0	10.7	0	14	//15/15/15			0/0/	----Station wagons (with 9 seats or less)
0	0	0		0		0	0	13.5	0	22.5	0/0/		0	10.7	0	14	//15/15/15			0/0/	----Other
0	0	0		0		0		13.5		22.5	0/0/			10.7						0//	----Saloon cars
0	0	0		0		0		13.5		22.5	0/0/			10.7						0//	----Cross-country cars (4WD)
0	0	0		0		0		13.5		22.5	0/0/			10.7						0//	----Station wagons (with 9 seats or less)
0	0	0		0		0		13.5		22.5	0/0/			10.7		14				0//	----Other
0	0	0		0		0		13.5		22.5	0/0/	22.5		10.7						0//	----Saloon cars
0	0	0		0		0		13.5		22.5	0/0/			10.7						0//	----Cross-country cars (4WD)
0	0	0		0		0		13.5		22.5	0/0/			10.7		14				0//	----Station wagons (with 9 seats or less)
0	0	0		0		0		13.5		22.5	0/0/			10.7		14				0//	----Other
0	0	0		0		0		13.5		22.5	0/0/	22.5		10.7		14				0//	----Saloon cars
0	0	0		0		0		13.5		22.5	0/0/	22.5		10.7						0//	----Cross-country cars (4WD)
0	0	0		0		0		13.5		22.5	0/0/	22.5		10.7						0//	----Station wagons (with 9 seats or less)

商品编号	商品名称及备注[检验检疫编码及名称]	进口关税(%) 最惠国	进口关税(%) 普通	增值税率(%)	消费税	计量单位	监管条件	检验检疫类别	对美税率	出口税率(%)	出口退税率(%)
8703403310	同时装有点燃式活塞内燃发动机(1.5 升<排量≤2 升)及驱动电动机的小客车(9 座及以下,可通过接插外部电源进行充电的除外)[999]	15	230	13	5%	辆/千克	46AOxy	L.M/		0	13
8703403390	同时装有点燃式活塞内燃发动机(1.5 升<排量≤2 升)及驱动电动机的小客车的成套散件(9 座及以下,可通过接插外部电源进行充电的除外)[999]	15	230	13	5%	辆/千克	46Oxy			0	13
87034039	----其他										
8703403910	同时装有点燃式活塞内燃发动机(1.5 升<排量≤2 升)及驱动电动机的其他载人车辆(可通过接插外部电源进行充电的除外)[999]	15	230	13	5%	辆/千克	46AOxy	L.M/		0	13
8703403990	同时装有点燃式活塞内燃发动机(1.5 升<排量≤2 升)及驱动电动机的其他载人车辆的成套散件(可通过接插外部电源进行充电的除外)[999]	15	230	13	5%	辆/千克	46Oxy			0	13
87034041	----小轿车										
8703404110	同时装有点燃式活塞内燃发动机(2 升<排量≤2.5 升)及驱动电动机的小轿车(可通过接插外部电源进行充电的除外)[999]	15	230	13	9%	辆/千克	46AOxy	L.M/		0	13
8703404190	同时装有点燃式活塞内燃发动机(2 升<排量≤2.5 升)及驱动电动机的小轿车的成套散件(可通过接插外部电源进行充电的除外)[999]	15	230	13	9%	辆/千克	46Oxy			0	13
87034042	----越野车(4 轮驱动)										
8703404210	同时装有点燃式活塞内燃发动机(2 升<排量≤2.5 升)及驱动电动机的四轮驱动越野车(可通过接插外部电源进行充电的除外)[999]	15	230	13	9%	辆/千克	46AOxy	L.M/		0	13
8703404290	同时装有点燃式活塞内燃发动机(2 升<排量≤2.5 升)及驱动电动机的四轮驱动越野车的成套散件(可通过接插外部电源进行充电的除外)[999]	15	230	13	9%	辆/千克	46Oxy			0	13
87034043	----9 座及以下的小客车										
8703404310	同时装有点燃式活塞内燃发动机(2 升<排量≤2.5 升)及驱动电动机的小客车(9 座及以下,可通过接插外部电源进行充电的除外)[999]	15	230	13	9%	辆/千克	46AOxy	L.M/		0	13
8703404390	同时装有点燃式活塞内燃发动机(2 升<排量≤2.5 升)及驱动电动机的小客车的成套散件(9 座及以下,可通过接插外部电源进行充电的除外)[999]	15	230	13	9%	辆/千克	46Oxy			0	13
87034049	----其他										
8703404910	同时装有点燃式活塞内燃发动机(2 升<排量≤2.5 升)及驱动电动机的其他载人车辆(可通过接插外部电源进行充电的除外)[999]	15	230	13	9%	辆/千克	46AOxy	L.M/		0	13
8703404990	同时装有点燃式活塞内燃发动机(2 升<排量≤2.5 升)及驱动电动机的其他载人车辆的成套散件(可通过接插外部电源进行充电的除外)[999]	15	230	13	9%	辆/千克	46Oxy			0	13
87034051	----小轿车										
8703405110	同时装有点燃式活塞内燃发动机(2.5 升<排量≤3 升)及驱动电动机的小轿车(可通过接插外部电源进行充电的除外)[999]	15	270	13	12%	辆/千克	46AOxy	L.M/		0	13
8703405190	同时装有点燃式活塞内燃发动机(2.5 升<排量≤3 升)及驱动电动机的小轿车的成套散件(可通过接插外部电源进行充电的除外)[999]	15	270	13	12%	辆/千克	46Oxy			0	13
87034052	----越野车(4 轮驱动)										
8703405210	同时装有点燃式活塞内燃发动机(2.5 升<排量≤3 升)及驱动电动机的四轮驱动越野车(可通过接插外部电源进行充电的除外)[999]	15	270	13	12%	辆/千克	46AOxy	L.M/		0	13
8703405290	同时装有点燃式活塞内燃发动机(2.5 升<排量≤3 升)及驱动电动机的四轮驱动越野车的成套散件(可通过接插外部电源进行充电的除外)[999]	15	270	13	12%	辆/千克	46Oxy			0	13
87034053	----9 座及以下的小客车										
8703405310	同时装有点燃式活塞内燃发动机(2.5 升<排量≤3 升)及驱动电动机的小客车(9 座及以下,可通过接插外部电源进行充电的除外)[999]	15	270	13	12%	辆/千克	46AOxy	L.M/		0	13
8703405390	同时装有点燃式活塞内燃发动机(2.5 升<排量≤3 升)及驱动电动机的小客车的成套散件(9 座及以下,可通过接插外部电源进行充电的除外)[999]	15	270	13	12%	辆/千克	46Oxy			0	13
87034059	----其他										
8703405910	同时装有点燃式活塞内燃发动机(2.5 升<排量≤3 升)及驱动电动机的其他载人车辆(可通过接插外部电源进行充电的除外)[999]	15	270	13	12%	辆/千克	46AOxy	L.M/		0	13
8703405990	同时装有点燃式活塞内燃发动机(2.5 升<排量≤3 升)及驱动电动机的其他载人车辆的成套散件(可通过接插外部电源进行充电的除外)[999]	15	270	13	12%	辆/千克	46Oxy			0	13
87034061	----小轿车										
8703406110	同时装有点燃式活塞内燃发动机(3 升<排量≤4 升)及驱动电动机的小轿车(可通过接插外部电源进行充电的除外)[999]	15	270	13	25%	辆/千克	46AOxy	L.M/		0	13
8703406190	同时装有点燃式活塞内燃发动机(3 升<排量≤4 升)及驱动电动机的小轿车的成套散件(可通过接插外部电源进行充电的除外)[999]	15	270	13	25%	辆/千克	46Oxy			0	13
87034062	----越野车(4 轮驱动)										
8703406210	同时装有点燃式活塞内燃发动机(3 升<排量≤4 升)及驱动电动机的四轮驱动越野车(可通过接插外部电源进行充电的除外)[999]	15	270	13	25%	辆/千克	46AOxy	L.M/		0	13
8703406290	同时装有点燃式活塞内燃发动机(3 升<排量≤4 升)及驱动电动机的四轮驱动越野车的成套散件(可通过接插外部电源进行充电的除外)[999]	15	270	13	25%	辆/千克	46Oxy			0	13
87034063	----9 座及以下的小客车										
8703406310	同时装有点燃式活塞内燃发动机(3 升<排量≤4 升)及驱动电动机的小客车(9 座及以下,可通过接插外部电源进行充电的除外)[999]	15	270	13	25%	辆/千克	46AOxy	L.M/		0	13
8703406390	同时装有点燃式活塞内燃发动机(3 升<排量≤4 升)及驱动电动机的小客车的成套散件(9 座及以下,可通过接插外部电源进行充电的除外)[999]	15	270	13	25%	辆/千克	46Oxy			0	13
87034069	----其他										

协定税率(%)																		特惠税率(%)			Article Description
智利	新西兰	澳大利亚	瑞士	冰岛	秘鲁	哥斯达	东盟	亚太	新加坡	巴基斯坦	港/澳/台	韩国	格鲁吉亚	毛里求斯	柬埔寨	尼加拉瓜	日/韩/澳/新/东(RCEP)	亚太2国	老/柬/缅	LDC 98/97/95	
0	0	0		0		0		13.5		22.5	0/0/			10.7		14				0//	----Other
0	0	0		0		0		13.5		22.5	0/0/	22.5		10.7						0//	----Saloon cars
0	0	0		0		0		13.5		22.5	0/0/	22.5		10.7						0//	----Cross-country cars (4WD)
0	0	0		0		0		13.5		22.5	0/0/	22.5		10.7		14				0//	----Station wagons (with 9 seats or less)
0	0	0		0		0		13.5		22.5	0/0/			10.7		14				0//	----Other
0	0	0		0		0		13.5		22.5	0/0/	22.5		10.7		14	15////15			0//	----Saloon cars
0	0	0		0		0	0	13.5	0	22.5	0/0/			10.7	0	14	15//15/15/15			0//	----Cross-country cars (4WD)
0	0	0		0		0	0	13.5	0	22.5	0/0/	22.5		10.7	0	14	15//15/15/15			0//	----Station wagons (with 9 seats or less)
0	0	0		0		0	0	13.5	0	22.5	0/0/			10.7	0	14	15//15/15/15			0//	----Other
0	0	0		0		0		13.5		22.5	0/0/	22.5		10.7	0	14	15////15			0/0/	----Saloon cars
0	0	0		0		0		13.5		22.5	0/0/	22.5		10.7	0	14	15////15			0/0/	----Cross-country cars (4WD)
0	0	0		0		0		13.5		22.5	0/0/			10.7	0	14	15////15			0/0/	----Station wagons (with 9 seats or less)
0	0	0		0		0		13.5		22.5	0/0/			10.7	0	14	15////15			0/0/	----Other

商品编号	商品名称及备注[检验检疫编码及名称]	进口关税(%)		增值税率(%)	消费税	计量单位	监管条件	检验检疫类别	对美税率	出口税率(%)	出口退税率(%)
		最惠国	普通								
8703406910	同时装有点燃式活塞内燃发动机(3 升<排量≤4 升)及驱动电动机的其他载人车辆(可通过接插外部电源进行充电的除外)〔999〕	15	270	13	25%	辆/千克	46AOxy	L. M/		0	13
8703406990	同时装有点燃式活塞内燃发动机(3 升<排量≤4 升)及驱动电动机的其他载人车辆的成套散件(可通过接插外部电源进行充电的除外)〔999〕	15	270	13	25%	辆/千克	46Oxy			0	13
87034071	----小轿车										
8703407110	同时装有点燃式活塞内燃发动机(排量>4 升)及驱动电动机的小轿车(可通过接插外部电源进行充电的除外)〔999〕	15	270	13	40%	辆/千克	46AOxy	L. M/		0	13
8703407190	同时装有点燃式活塞内燃发动机(排量>4 升)及驱动电动机的小轿车的成套散件(可通过接插外部电源进行充电的除外)〔999〕	15	270	13	40%	辆/千克	46Oxy			0	13
87034072	----越野车(4 轮驱动)										
8703407210	同时装有点燃式活塞内燃发动机(排量>4 升)及驱动电动机的四轮驱动越野车(可通过接插外部电源进行充电的除外)〔999〕	15	270	13	40%	辆/千克	46AOxy	L. M/		0	13
8703407290	同时装有点燃式活塞内燃发动机(排量>4 升)及驱动电动机的四轮驱动越野车的成套散件(可通过接插外部电源进行充电的除外)〔999〕	15	270	13	40%	辆/千克	46Oxy			0	13
87034073	----9 座及以下的小客车										
8703407310	同时装有点燃式活塞内燃发动机(排量>4 升)及驱动电动机的小客车(9 座及以下,可通过接插外部电源进行充电的除外)〔999〕	15	270	13	40%	辆/千克	46AOxy	L. M/		0	13
8703407390	同时装有点燃式活塞内燃发动机(排量>4 升)及驱动电动机的小客车的成套散件(9 座及以下,可通过接插外部电源进行充电的除外)〔999〕	15	270	13	40%	辆/千克	46Oxy			0	13
87034079	----其他										
8703407910	同时装有点燃式活塞内燃发动机(排量>4 升)及驱动电动机的其他载人车辆(可通过接插外部电源进行充电的除外)〔999〕	15	270	13	40%	辆/千克	46AOxy	L. M/		0	13
8703407990	同时装有点燃式活塞内燃发动机(排量>4 升)及驱动电动机的其他载人车辆的成套散件(可通过接插外部电源进行充电的除外)〔999〕	15	270	13	40%	辆/千克	46Oxy			0	13
87035011	----小轿车										
8703501110	同时装有压燃式活塞内燃发动机(柴油或半柴油发动机,排气量≤1 升)及驱动电动机的小轿车(可通过接插外部电源进行充电的除外)〔999〕	15	230	13	1%	辆/千克	46AOxy	L. M/			13
8703501190	同时装有压燃式活塞内燃发动机(柴油或半柴油发动机,排气量≤1 升)及驱动电动机的小轿车的成套散件(可通过接插外部电源进行充电的除外)〔999〕	15	230	13	1%	辆/千克	46Oxy				13
87035019	----其他										
8703501910	同时装有压燃式活塞内燃发动机(柴油或半柴油发动机,排气量≤1 升)及驱动电动机的其他载人车辆(可通过接插外部电源进行充电的除外)〔999〕	15	230	13	1%	辆/千克	46AOxy	L. M/			13
8703501990	同时装有压燃式活塞内燃发动机(柴油或半柴油发动机,排气量≤1 升)及驱动电动机的其他载人车辆的成套散件(可通过接插外部电源进行充电的除外)〔999〕	15	230	13	1%	辆/千克	46Oxy				13
87035021	----小轿车										
8703502110	同时装有压燃式活塞内燃发动机(柴油或半柴油发动机,1 升<排气量≤1.5 升)及驱动电动机的小轿车(可通过接插外部电源进行充电的除外)〔999〕	15	230	13	3%	辆/千克	46AOxy	L. M/			13
8703502190	同时装有压燃式活塞内燃发动机(柴油或半柴油发动机,1 升<排气量≤1.5 升)及驱动电动机的小轿车的成套散件(可通过接插外部电源进行充电的除外)〔999〕	15	230	13	3%	辆/千克	46Oxy				13
87035022	----越野车(4 轮驱动)										
8703502210	同时装有压燃式活塞内燃发动机(柴油或半柴油发动机,1 升<排气量≤1.5 升)及驱动电动机的四轮驱动越野车(可通过接插外部电源进行充电的除外)〔999〕	15	230	13	3%	辆/千克	46AOxy	L. M/			13
8703502290	同时装有压燃式活塞内燃发动机(柴油或半柴油发动机,1 升<排气量≤1.5 升)及驱动电动机的四轮驱动越野车的成套散件(可通过接插外部电源进行充电的除外)〔999〕	15	230	13	3%	辆/千克	46Oxy				13
87035023	----9 座及以下的小客车										
8703502310	同时装有压燃式活塞内燃发动机(柴油或半柴油发动机,1 升<排气量≤1.5 升)及驱动电动机的小客车(9 座及以下,可通过接插外部电源进行充电的除外)〔999〕	15	230	13	3%	辆/千克	46AOxy	L. M/			13
8703502390	同时装有压燃式活塞内燃发动机(柴油或半柴油发动机,1 升<排气量≤1.5 升)及驱动电动机的小客车的成套散件(9 座及以下,可通过接插外部电源进行充电的除外)〔999〕	15	230	13	3%	辆/千克	46Oxy				13
87035029	----其他										
8703502910	同时装有压燃式活塞内燃发动机(柴油或半柴油发动机,1 升<排气量≤1.5 升)及驱动电动机的其他载人车辆(可通过接插外部电源进行充电的除外)〔999〕	15	230	13	3%	辆/千克	46AOxy	L. M/			13
8703502990	同时装有压燃式活塞内燃发动机(柴油或半柴油发动机,1 升<排气量≤1.5 升)及驱动电动机的其他载人车辆的成套散件(可通过接插外部电源进行充电的除外)〔999〕	15	230	13	3%	辆/千克	46Oxy				13
87035031	----小轿车										
8703503110	同时装有压燃式活塞内燃发动机(柴油或半柴油发动机,1.5 升<排气量≤2 升)及驱动电动机的小轿车(可通过接插外部电源进行充电的除外)〔999〕	15	230	13	5%	辆/千克	46AOxy	L. M/			13
8703503190	同时装有压燃式活塞内燃发动机(柴油或半柴油发动机,1.5 升<排气量≤2 升)及驱动电动机的小轿车的成套散件(可通过接插外部电源进行充电的除外)〔999〕	15	230	13	5%	辆/千克	46Oxy				13
87035032	----越野车(4 轮驱动)										
8703503210	同时装有压燃式活塞内燃发动机(柴油或半柴油发动机,1.5 升<排气量≤2 升)及驱动电动机的四轮驱动越野车(可通过接插外部电源进行充电的除外)〔999〕	15	230	13	5%	辆/千克	46AOxy	L. M/			13
8703503290	同时装有压燃式活塞内燃发动机(柴油或半柴油发动机,1.5 升<排气量≤2 升)及驱动电动机的四轮驱动越野车的成套散件(可通过接插外部电源进行充电的除外)〔999〕	15	230	13	5%	辆/千克	46Oxy				13
87035033	----9 座及以下的小客车										

协定税率(%)																		特惠税率(%)			
智利	新西兰	澳大利亚	瑞士	冰岛	秘鲁	哥斯达	东盟	亚太	新加坡	巴基斯坦	港/澳/台	韩国	格鲁吉亚	毛里求斯	柬埔寨	尼加拉瓜	日/韩/澳/新/东(RCEP)	亚太2国	老/柬/缅	LDC 98/97/95	Article Description
0	0	0		0		0		13.5		22.5	0/0/	22.5		10.7	0	14				0/0/	----Saloon cars
0	0	0		0		0		13.5		22.5	0/0/			10.7	0	14				0/0/	----Cross-country cars (4WD)
0	0	0		0		0		13.5		22.5	0/0/			10.7	0	14				0/0/	----Station wagons (with 9 seats or less)
0	0	0		0		0		13.5		22.5	0/0/			10.7	0	14				0/0/	----Other
0	0	0		0		0					0/0/		0	10.7	0					0/0/	----Saloon cars
0	0	0		0	0	0	0		0		0/0/		0	10.7	0	14	//15/15/15			0/0/0	----Other
0	0	0		0		0					0/0/		0	10.7						0//	----Saloon cars
0	0	0		0		0					0/0/		0	10.7						0//	----Cross-country cars (4WD)
0	0	0		0		0					0/0/		0	10.7						0//	----Station wagons (with 9 seats or less)
0	0	0		0	0	0	0		0		0/0/		0	10.7	0	14	//15/15/15			0/0/0	----Other
0	0	0		0		0		13.5		22.5	0/0/		0	10.7						0//	----Saloon cars
0	0	0		0		0		13.5		22.5	0/0/	22.5	0	10.7						0//	----Cross-country cars (4WD)
0	0	0		0		0		13.5		22.5	0/0/	22.5	0	10.7						0//	----Station wagons (with 9 seats or less)

商品编号	商品名称及备注［检验检疫编码及名称］	进口关税(%)		增值税率(%)	消费税	计量单位	监管条件	检验检疫类别	对美税率	出口税率(%)	出口退税率(%)
		最惠国	普通								
8703503310	同时装有压燃式活塞内燃发动机(柴油或半柴油发动机,1.5 升<排气量≤2 升)及驱动电动机的小客车(9 座及以下,可通过接插外部电源进行充电的除外)〔999〕	15	230	13	5%	辆/千克	46AOxy	L. M/			13
8703503390	同时装有压燃式活塞内燃发动机(柴油或半柴油发动机,1.5 升<排气量≤2 升)及驱动电动机的小客车的成套散件(9 座及以下,可通过接插外部电源进行充电的除外)〔999〕	15	230	13	5%	辆/千克	46Oxy				13
87035039	----其他										
8703503910	同时装有压燃式活塞内燃发动机(柴油或半柴油发动机,1.5 升<排气量≤2 升)及驱动电动机的其他载人车辆(可通过接插外部电源进行充电的除外)〔999〕	15	230	13	5%	辆/千克	46AOxy	L. M/			13
8703503990	同时装有压燃式活塞内燃发动机(柴油或半柴油发动机,1.5 升<排气量≤2 升)及驱动电动机的其他载人车辆的成套散件(可通过接插外部电源进行充电的除外)〔999〕	15	230	13	5%	辆/千克	46Oxy				13
87035041	----小轿车										
8703504110	同时装有压燃式活塞内燃发动机(柴油或半柴油发动机,2 升<排气量≤2.5 升)及驱动电动机的小轿车(可通过接插外部电源进行充电的除外)〔999〕	15	230	13	9%	辆/千克	46AOxy	L. M/			13
8703504190	同时装有压燃式活塞内燃发动机(柴油或半柴油发动机,2 升<排气量≤2.5 升)及驱动电动机的小轿车的成套散件(可通过接插外部电源进行充电的除外)〔999〕	15	230	13	9%	辆/千克	46Oxy				13
87035042	----越野车(4 轮驱动)										
8703504210	同时装有压燃式活塞内燃发动机(柴油或半柴油发动机,2 升<排气量≤2.5 升)及驱动电动机的四轮驱动越野车(可通过接插外部电源进行充电的除外)〔999〕	15	230	13	9%	辆/千克	46AOxy	L. M/			13
8703504290	同时装有压燃式活塞内燃发动机(柴油或半柴油发动机,2 升<排气量≤2.5 升)及驱动电动机的四轮驱动越野车的成套散件(可通过接插外部电源进行充电的除外)〔999〕	15	230	13	9%	辆/千克	46Oxy				13
87035043	----9 座及以下的小客车										
8703504310	同时装有压燃式活塞内燃发动机(柴油或半柴油发动机,2 升<排气量≤2.5 升)及驱动电动机的小客车(9 座及以下,可通过接插外部电源进行充电的除外)〔999〕	15	230	13	9%	辆/千克	46AOxy	L. M/			13
8703504390	同时装有压燃式活塞内燃发动机(柴油或半柴油发动机,2 升<排气量≤2.5 升)及驱动电动机的小客车的成套散件(9 座及以下,可通过接插外部电源进行充电的除外)〔999〕	15	230	13	9%	辆/千克	46Oxy				13
87035049	----其他										
8703504910	同时装有压燃式活塞内燃发动机(柴油或半柴油发动机,2 升<排气量≤2.5 升)及驱动电动机的其他载人车辆(可通过接插外部电源进行充电的除外)〔999〕	15	230	13	9%	辆/千克	46AOxy	L. M/			13
8703504990	同时装有压燃式活塞内燃发动机(柴油或半柴油发动机,2 升<排气量≤2.5 升)及驱动电动机的其他载人车辆的成套散件(可通过接插外部电源进行充电的除外)〔999〕	15	230	13	9%	辆/千克	46Oxy				13
87035051	----小轿车										
8703505110	同时装有压燃式活塞内燃发动机(柴油或半柴油发动机,2.5 升<排气量≤3 升)及驱动电动机的小轿车(可通过接插外部电源进行充电的除外)〔999〕	15	270	13	12%	辆/千克	46AOxy	L. M/			13
8703505190	同时装有压燃式活塞内燃发动机(柴油或半柴油发动机,2.5 升<排气量≤3 升)及驱动电动机的小轿车的成套散件(可通过接插外部电源进行充电的除外)〔999〕	15	270	13	12%	辆/千克	46Oxy				13
87035052	----越野车(4 轮驱动)										
8703505210	同时装有压燃式活塞内燃发动机(柴油或半柴油发动机,2.5 升<排气量≤3 升)及驱动电动机的四轮驱动越野车(可通过接插外部电源进行充电的除外)〔999〕	15	270	13	12%	辆/千克	46AOxy	L. M/			13
8703505290	同时装有压燃式活塞内燃发动机(柴油或半柴油发动机,2.5 升<排气量≤3 升)及驱动电动机的四轮驱动越野车的成套散件(可通过接插外部电源进行充电的除外)〔999〕	15	270	13	12%	辆/千克	46Oxy				13
87035053	----9 座及以下的小客车										
8703505310	同时装有压燃式活塞内燃发动机(柴油或半柴油发动机,2.5 升<排气量≤3 升)及驱动电动机的小客车(9 座及以下,可通过接插外部电源进行充电的除外)〔999〕	15	270	13	12%	辆/千克	46AOxy	L. M/			13
8703505390	同时装有压燃式活塞内燃发动机(柴油或半柴油发动机,2.5 升<排气量≤3 升)及驱动电动机的小客车的成套散件(9 座及以下,可通过接插外部电源进行充电的除外)〔999〕	15	270	13	12%	辆/千克	46Oxy				13
87035059	----其他										
8703505910	同时装有压燃式活塞内燃发动机(柴油或半柴油发动机,2.5 升<排气量≤3 升)及驱动电动机的其他载人车辆(可通过接插外部电源进行充电的除外)〔999〕	15	270	13	12%	辆/千克	46AOxy	L. M/			13
8703505990	同时装有压燃式活塞内燃发动机(柴油或半柴油发动机,2.5 升<排气量≤3 升)及驱动电动机的其他载人车辆的成套散件(可通过接插外部电源进行充电的除外)〔999〕	15	270	13	12%	辆/千克	46Oxy				13
87035061	----小轿车										
8703506110	同时装有压燃式活塞内燃发动机(柴油或半柴油发动机,3 升<排气量≤4 升)及驱动电动机的小轿车(可通过接插外部电源进行充电的除外)〔999〕	15	270	13	25%	辆/千克	46AOxy	L. M/			13
8703506190	同时装有压燃式活塞内燃发动机(柴油或半柴油发动机,3 升<排气量≤4 升)及驱动电动机的小轿车的成套散件(可通过接插外部电源进行充电的除外)〔999〕	15	270	13	25%	辆/千克	46Oxy				13
87035062	----越野车(4 轮驱动)										
8703506210	同时装有压燃式活塞内燃发动机(柴油或半柴油发动机,3 升<排气量≤4 升)及驱动电动机的四轮驱动越野车(可通过接插外部电源进行充电的除外)〔999〕	15	270	13	25%	辆/千克	46AOxy	L. M/			13
8703506290	同时装有压燃式活塞内燃发动机(柴油或半柴油发动机,3 升<排气量≤4 升)及驱动电动机的四轮驱动越野车的成套散件(可通过接插外部电源进行充电的除外)〔999〕	15	270	13	25%	辆/千克	46Oxy				13
87035063	----9 座及以下的小客车										
8703506310	同时装有压燃式活塞内燃发动机(柴油或半柴油发动机,3 升<排气量≤4 升)及驱动电动机的小客车(9 座及以下,可通过接插外部电源进行充电的除外)〔999〕	15	270	13	25%	辆/千克	46AOxy	L. M/			13
8703506390	同时装有压燃式活塞内燃发动机(柴油或半柴油发动机,3 升<排气量≤4 升)及驱动电动机的小客车的成套散件(9 座及以下,可通过接插外部电源进行充电的除外)〔999〕	15	270	13	25%	辆/千克	46Oxy				13
87035069	----其他										

协定税率(%)																		特惠税率(%)			Article Description
智利	新西兰	澳大利亚	瑞士	冰岛	秘鲁	哥斯达	东盟	亚太	新加坡	巴基斯坦	港/澳/台	韩国	格鲁吉亚	毛里求斯	柬埔寨	尼加拉瓜	日/韩/澳/新/东 (RCEP)	亚太2国	老/柬/缅	LDC 98/97/95	
0	0	0		0		0		13.5		22.5	0/0/		0	10.7		14				0//	----Other
0	0	0		0		0		13.5		22.5	0/0/		0	10.7						0//	----Saloon cars
0	0	0		0		0		13.5		22.5	0/0/		0	10.7						0//	----Cross-country cars (4WD)
0	0	0		0		0		13.5		22.5	0/0/	22.5	0	10.7						0//	----Station wagons (with 9 seats or less)
0	0	0		0		0		13.5		22.5	0/0/		0	10.7		14				0//	----Other
0	0	0		0		0	0	13.5	0	22.5	0/0/		0	10.7	0		//15/15/15			0//	----Saloon cars
0	0	0		0		0	0	13.5	0	22.5	0/0/	22.5	0	10.7	0		//15/15/15			0//	----Cross-country cars (4WD)
0	0	0		0		0	0	13.5	0	22.5	0/0/		0	10.7	0		//15/15/15			0//	----Station wagons (with 9 seats or less)
0	0	0		0		0	0	13.5	0	22.5	0/0/		0	10.7	0	14	//15/15/15			0//	----Other
0	0	0		0		0	0	13.5	0	22.5	0/0/		0	10.7	0	14	//15/15/15			0/0/	----Saloon cars
0	0	0		0		0	0	13.5	0	22.5	0/0/		0	10.7	0	14	//15/15/15			0/0/	----Cross-country cars (4WD)
0	0	0		0		0	0	13.5	0	22.5	0/0/		0	10.7	0	14	//15/15/15			0/0/	----Station wagons (with 9 seats or less)
0	0	0		0		0	0	13.5	0	22.5	0/0/		0	10.7	0	14	//15/15/15			0/0/	----Other

商品编号	商品名称及备注[检验检疫编码及名称]	进口关税(%)		增值税率(%)	消费税	计量单位	监管条件	检验检疫类别	对美税率	出口税率(%)	出口退税率(%)
		最惠国	普通								
8703506910	同时装有压燃式活塞内燃发动机(柴油或半柴油发动机,3 升<排气量≤4 升)及驱动电动机的其他载人车辆(可通过接插外部电源进行充电的除外)〔999〕	15	270	13	25%	辆/千克	46AOxy	L. M/			13
8703506990	同时装有压燃式活塞内燃发动机(柴油或半柴油发动机,3 升<排气量≤4 升)及驱动电动机的其他载人车辆的成套散件(可通过接插外部电源进行充电的除外)〔999〕	15	270	13	25%	辆/千克	46Oxy				13
87035071	----小轿车										
8703507110	同时装有压燃式活塞内燃发动机(柴油或半柴油发动机,排气量>4 升)及驱动电动机的小轿车(可通过接插外部电源进行充电的除外)〔999〕	15	270	13	40%	辆/千克	46AOxy	L. M/			13
8703507190	同时装有压燃式活塞内燃发动机(柴油或半柴油发动机,排气量>4 升)及驱动电动机的小轿车的成套散件(可通过接插外部电源进行充电的除外)〔999〕	15	270	13	40%	辆/千克	46Oxy				13
87035072	----越野车(4 轮驱动)										
8703507210	同时装有压燃式活塞内燃发动机(柴油或半柴油发动机,排气量>4 升)及驱动电动机的四轮驱动越野车(可通过接插外部电源进行充电的除外)〔999〕	15	270	13	40%	辆/千克	46AOxy	L. M/			13
8703507290	同时装有压燃式活塞内燃发动机(柴油或半柴油发动机,排气量>4 升)及驱动电动机的四轮驱动越野车的成套散件(可通过接插外部电源进行充电的除外)〔999〕	15	270	13	40%	辆/千克	46Oxy				13
87035073	----9 座及以下的小客车										
8703507310	同时装有压燃式活塞内燃发动机(柴油或半柴油发动机,排气量>4 升)及驱动电动机的小客车(9 座及以下,可通过接插外部电源进行充电的除外)〔999〕	15	270	13	40%	辆/千克	46AOxy	L. M/			13
8703507390	同时装有压燃式活塞内燃发动机(柴油或半柴油发动机,排气量>4 升)及驱动电动机的小客车的成套散件(9 座及以下,可通过接插外部电源进行充电的除外)〔999〕	15	270	13	40%	辆/千克	46Oxy				13
87035079	----其他										
8703507910	同时装有压燃式活塞内燃发动机(柴油或半柴油发动机,排气量>4 升)及驱动电动机的其他载人车辆(可通过接插外部电源进行充电的除外)〔999〕	15	270	13	40%	辆/千克	46AOxy	L. M/			13
8703507990	同时装有压燃式活塞内燃发动机(柴油或半柴油发动机,排气量>4 升)及驱动电动机的其他载人车辆的成套散件(可通过接插外部电源进行充电的除外)〔999〕	15	270	13	40%	辆/千克	46Oxy				13
87036011	----小轿车										13
8703601100	同时装有点燃式活塞内燃发动机及驱动电动机、可通过接插外部电源进行充电的小轿车,气缸容量(排气量)不超过 1000 毫升〔999〕	15	270	13	1%	辆/千克	46AO	L. M/		0	
87036012	----越野车(4 轮驱动)										13
8703601200	同时装有点燃式活塞内燃发动机及驱动电动机、可通过接插外部电源进行充电的四轮驱动越野车,气缸容量(排气量)不超过 1000 毫升〔999〕	15	270	13	1%	辆/千克	46AO	L. M/		0	
87036013	----9 座及以下的小客车										13
8703601300	同时装有点燃式活塞内燃发动机及驱动电动机、可通过接插外部电源进行充电的 9 座及以下小客车,气缸容量(排气量)不超过 1000 毫升〔999〕	15	270	13	1%	辆/千克	46AO	L. M/		0	
87036019	----其他										13
8703601900	同时装有点燃式活塞内燃发动机及驱动电动机、可通过接插外部电源进行充电的其他载人车辆,气缸容量(排气量)不超过 1000 毫升〔999〕	15	270	13	1%	辆/千克	46AO	L. M/		0	
87036021	----小轿车										13
8703602100	同时装有点燃式活塞内燃发动机及驱动电动机、可通过接插外部电源进行充电的小轿车,气缸容量(排气量)超过 1000 毫升,但不超过 1500 毫升〔999〕	15	270	13	3%	辆/千克	46AO	L. M/		0	
87036022	----越野车(4 轮驱动)										13
8703602200	同时装有点燃式活塞内燃发动机及驱动电动机、可通过接插外部电源进行充电的四轮驱动越野车,气缸容量(排气量)超过 1000 毫升,但不超过 1500 毫升〔999〕	15	270	13	3%	辆/千克	46AO	L. M/		0	
87036023	----9 座及以下的小客车										13
8703602300	同时装有点燃式活塞内燃发动机及驱动电动机、可通过接插外部电源进行充电的 9 座及以下小客车,气缸容量(排气量)超过 1000 毫升,但不超过 1500 毫升〔999〕	15	270	13	3%	辆/千克	46AO	L. M/		0	
87036029	----其他										13
8703602900	同时装有点燃式活塞内燃发动机及驱动电动机、可通过接插外部电源进行充电的其他载人车辆,气缸容量(排气量)超过 1000 毫升,但不超过 1500 毫升〔999〕	15	270	13	3%	辆/千克	46AO	L. M/		0	
87036031	----小轿车										13
8703603100	同时装有点燃式活塞内燃发动机及驱动电动机、可通过接插外部电源进行充电的小轿车,气缸容量(排气量)超过 1500 毫升,但不超过 2000 毫升〔999〕	15	270	13	5%	辆/千克	46AO	L. M/		0	
87036032	----越野车(4 轮驱动)										13
8703603200	同时装有点燃式活塞内燃发动机及驱动电动机、可通过接插外部电源进行充电的四轮驱动越野车,气缸容量(排气量)超过 1500 毫升,但不超过 2000 毫升〔999〕	15	270	13	5%	辆/千克	46AO	L. M/		0	
87036033	----9 座及以下的小客车										13
8703603300	同时装有点燃式活塞内燃发动机及驱动电动机、可通过接插外部电源进行充电的 9 座及以下小客车,气缸容量(排气量)超过 1500 毫升,但不超过 2000 毫升〔999〕	15	270	13	5%	辆/千克	46AO	L. M/		0	
87036039	----其他										13
8703603900	同时装有点燃式活塞内燃发动机及驱动电动机、可通过接插外部电源进行充电的其他载人车辆,气缸容量(排气量)超过 1500 毫升,但不超过 2000 毫升〔999〕	15	270	13	5%	辆/千克	46AO	L. M/		0	
87036041	----小轿车										13
8703604100	同时装有点燃式活塞内燃发动机及驱动电动机、可通过接插外部电源进行充电的小轿车,气缸容量(排气量)超过 2000 毫升,但不超过 2500 毫升〔999〕	15	270	13	9%	辆/千克	46AO	L. M/		0	
87036042	----越野车(4 轮驱动)										13

协定税率(%)																		特惠税率(%)			Article Description
智利	新西兰	澳大利亚	瑞士	冰岛	秘鲁	哥斯达	东盟	亚太	新加坡	巴基斯坦	港/澳/台	韩国	格鲁吉亚	毛里求斯	柬埔寨	尼加拉瓜	日/韩/澳/新/东 (RCEP)	亚太2国	老/柬/缅	LDC 98/97/95	
0	0	0		0		0	0	13.5	0	22.5	0/0/		0	10.7	0	14	//15/15/15			0/0/	----Saloon cars
0	0	0		0		0	0	13.5	0	22.5	0/0/		0	10.7	0	14	//15/15/15			0/0/	----Cross-country cars (4WD)
0	0	0		0		0	0	13.5	0	22.5	0/0/		0	10.7	0	14	//15/15/15			0/0/	----Station wagons (with 9 seats or less)
0	0	0		0		0	0	13.5	0	22.5	0/0/		0	10.7	0	14	//15/15/15			0/0/	----Other
0	0	0		0		0		13.5		22.5	0/0/			10.7		14				0//	----Saloon cars
0	0	0		0		0		13.5		22.5	0/0/			10.7		14				0//	----Cross-country cars (4WD)
0	0	0		0		0		13.5		22.5	0/0/			10.7		14				0//	----Station wagons (with 9 seats or less)
0	0	0		0		0		13.5		22.5	0/0/			10.7		14				0//	----Other
0	0	0		0		0		13.5		22.5	0/0/			10.7		14				0//	----Saloon cars
0	0	0		0		0		13.5		22.5	0/0/			10.7		14				0//	----Cross-country cars (4WD)
0	0	0		0		0		13.5		22.5	0/0/			10.7		14				0//	----Station wagons (with 9 seats or less)
0	0	0		0		0		13.5		22.5	0/0/			10.7		14				0//	----Other
0	0	0		0		0		13.5		22.5	0/0/			10.7		14				0//	----Saloon cars
0	0	0		0		0		13.5		22.5	0/0/			10.7		14				0//	----Cross-country cars (4WD)
0	0	0		0		0		13.5		22.5	0/0/			10.7		14				0//	----Station wagons (with 9 seats or less)
0	0	0		0		0		13.5		22.5	0/0/			10.7		14				0//	----Other
0	0	0		0		0		13.5		22.5	0/0/			10.7		14				0//	----Saloon cars
0	0	0		0		0		13.5		22.5	0/0/			10.7		14				0//	----Cross-country cars (4WD)

商品编号	商品名称及备注[检验检疫编码及名称]	进口关税(%)		增值税率(%)	消费税	计量单位	监管条件	检验检疫类别	对美税率	出口税率(%)	出口退税率(%)
		最惠国	普通								
8703604200	同时装有点燃式活塞内燃发动机及驱动电动机、可通过接插外部电源进行充电的四轮驱动越野车,气缸容量(排气量)超过2000毫升,但不超过2500毫升〔999〕	15	270	13	9%	辆/千克	46AO	L. M/		0	
87036043	----9座及以下的小客车										13
8703604300	同时装有点燃式活塞内燃发动机及驱动电动机、可通过接插外部电源进行充电的9座及以下小客车,气缸容量(排气量)超过2000毫升,但不超过2500毫升〔999〕	15	270	13	9%	辆/千克	46AO	L. M/		0	
87036049	----其他										13
8703604900	同时装有点燃式活塞内燃发动机及驱动电动机、可通过接插外部电源进行充电的其他载人车辆,气缸容量(排气量)超过2000毫升,但不超过2500毫升〔999〕	15	270	13	9%	辆/千克	46AO	L. M/		0	
87036051	----小轿车										13
8703605100	同时装有点燃式活塞内燃发动机及驱动电动机、可通过接插外部电源进行充电的小轿车,气缸容量(排气量)超过2500毫升,但不超过3000毫升〔999〕	15	270	13	12%	辆/千克	46AO	L. M/		0	
87036052	----越野车(4轮驱动)										13
8703605200	同时装有点燃式活塞内燃发动机及驱动电动机、可通过接插外部电源进行充电的四轮驱动越野车,气缸容量(排气量)超过2500毫升,但不超过3000毫升〔999〕	15	270	13	12%	辆/千克	46AO	L. M/		0	
87036053	----9座及以下的小客车										13
8703605300	同时装有点燃式活塞内燃发动机及驱动电动机、可通过接插外部电源进行充电的9座及以下小客车,气缸容量(排气量)超过2500毫升,但不超过3000毫升〔999〕	15	270	13	12%	辆/千克	46AO	L. M/		0	
87036059	----其他										13
8703605900	同时装有点燃式活塞内燃发动机及驱动电动机、可通过接插外部电源进行充电的其他载人车辆,气缸容量(排气量)超过2500毫升,但不超过3000毫升〔999〕	15	270	13	12%	辆/千克	46AO	L. M/		0	
87036061	----小轿车										13
8703606100	同时装有点燃式活塞内燃发动机及驱动电动机、可通过接插外部电源进行充电的小轿车,气缸容量(排气量)超过3000毫升,但不超过4000毫升〔999〕	15	270	13	25%	辆/千克	46AO	L. M/		0	
87036062	----越野车(4轮驱动)										13
8703606200	同时装有点燃式活塞内燃发动机及驱动电动机、可通过接插外部电源进行充电的四轮驱动越野车,气缸容量(排气量)超过3000毫升,但不超过4000毫升〔999〕	15	270	13	25%	辆/千克	46AO	L. M/		0	
87036063	----9座及以下的小客车										13
8703606300	同时装有点燃式活塞内燃发动机及驱动电动机、可通过接插外部电源进行充电的9座及以下小客车,气缸容量(排气量)超过3000毫升,但不超过4000毫升〔999〕	15	270	13	25%	辆/千克	46AO	L. M/		0	
87036069	----其他										13
8703606900	同时装有点燃式活塞内燃发动机及驱动电动机、可通过接插外部电源进行充电的其他载人车辆,气缸容量(排气量)超过3000毫升,但不超过4000毫升〔999〕	15	270	13	25%	辆/千克	46AO	L. M/		0	
87036071	----小轿车										13
8703607100	同时装有点燃式活塞内燃发动机及驱动电动机、可通过接插外部电源进行充电的小轿车,气缸容量(排气量)超过4000毫升〔999〕	15	270	13	40%	辆/千克	46AO	L. M/		0	
87036072	----越野车(4轮驱动)										13
8703607200	同时装有点燃式活塞内燃发动机及驱动电动机、可通过接插外部电源进行充电的四轮驱动越野车,气缸容量(排气量)超过4000毫升〔999〕	15	270	13	40%	辆/千克	46AO	L. M/		0	
87036073	----9座及以下的小客车										13
8703607300	同时装有点燃式活塞内燃发动机及驱动电动机、可通过接插外部电源进行充电的9座及以下小客车,气缸容量(排气量)超过4000毫升〔999〕	15	270	13	40%	辆/千克	46AO	L. M/		0	
87036079	----其他										13
8703607900	同时装有点燃式活塞内燃发动机及驱动电动机、可通过接插外部电源进行充电的其他载人车辆,气缸容量(排气量)超过4000毫升〔999〕	15	270	13	40%	辆/千克	46AO	L. M/		0	
87037011	----小轿车										13
8703701100	同时装有压燃活塞内燃发动机(柴油或半柴油发动机)及驱动电动机、可通过接插外部电源进行充电的小轿车,气缸容量(排气量)不超过1000毫升〔999〕	15	270	13	1%	辆/千克	46AO	L. M/		0	
87037012	----越野车(4轮驱动)										13
8703701200	同时装有压燃活塞内燃发动机(柴油或半柴油发动机)及驱动电动机、可通过接插外部电源进行充电的四轮驱动越野车,气缸容量(排气量)不超过1000毫升〔999〕	15	270	13	1%	辆/千克	46AO	L. M/		0	
87037013	----9座及以下的小客车										13
8703701300	同时装有压燃活塞内燃发动机(柴油或半柴油发动机)及驱动电动机、可通过接插外部电源进行充电的9座及以下小客车,气缸容量(排气量)不超过1000毫升〔999〕	15	270	13	1%	辆/千克	46AO	L. M/		0	
87037019	----其他										13
8703701900	同时装有压燃活塞内燃发动机(柴油或半柴油发动机)及驱动电动机、可通过接插外部电源进行充电的其他载人车辆,气缸容量(排气量)不超过1000毫升〔999〕	15	270	13	1%	辆/千克	46AO	L. M/		0	
87037021	----小轿车										13
8703702100	同时装有压燃活塞内燃发动机(柴油或半柴油发动机)及驱动电动机、可通过接插外部电源进行充电的小轿车,气缸容量(排气量)超过1000毫升,但不超过1500毫升〔999〕	15	270	13	3%	辆/千克	46AO	L. M/		0	
87037022	----越野车(4轮驱动)										13
8703702200	同时装有压燃活塞内燃发动机(柴油或半柴油发动机)及驱动电动机、可通过接插外部电源进行充电的四轮驱动越野车,气缸容量(排气量)超过1000毫升,但不超过1500毫升〔999〕	15	270	13	3%	辆/千克	46AO	L. M/		0	
87037023	----9座及以下的小客车										13

协定税率(%)																		特惠税率(%)			Article Description
智利	新西兰	澳大利亚	瑞士	冰岛	秘鲁	哥斯达	东盟	亚太	新加坡	巴基斯坦	港/澳/台	韩国	格鲁吉亚	毛里求斯	柬埔寨	尼加拉瓜	日/韩/澳/新/东(RCEP)	亚太2国	老/柬/缅	LDC 98/97/95	
0	0	0		0		0		13.5		22.5	0/0/			10.7		14				0//	----Station wagons (with 9 seats or less)
0	0	0		0		0		13.5		22.5	0/0/			10.7		14				0//	----Other
0	0	0		0		0		13.5		22.5	0/0/			10.7		14	15////15			0//	----Saloon cars
0	0	0		0		0		13.5		22.5	0/0/			10.7		14	15//15/15/15			0//	----Cross-country cars (4WD)
0	0	0		0		0		13.5		22.5	0/0/			10.7		14	15//15/15/15			0//	----Station wagons (with 9 seats or less)
0	0	0		0		0		13.5		22.5	0/0/			10.7		14	15//15/15/15			0//	----Other
0	0	0		0		0		13.5		22.5	0/0/			10.7		14	15////15			0//	----Saloon cars
0	0	0		0		0		13.5		22.5	0/0/			10.7		14	15////15			0//	----Cross-country cars (4WD)
0	0	0		0		0		13.5		22.5	0/0/			10.7		14	15////15			0//	----Station wagons (with 9 seats or less)
0	0	0		0		0		13.5		22.5	0/0/			10.7		14	15////15			0//	----Other
0	0	0		0		0		13.5		22.5	0/0/			10.7		14				0//	----Saloon cars
0	0	0		0		0		13.5		22.5	0/0/			10.7		14				0//	----Cross-country cars (4WD)
0	0	0		0		0		13.5		22.5	0/0/			10.7		14				0//	----Station wagons (with 9 seats or less)
0	0	0		0		0		13.5		22.5	0/0/			10.7		14				0//	----Other
0	0	0		0	0	0	0	13.5	0		0/0/	22.5	0	10.7	0	14				0/0/0	----Saloon cars
0	0	0		0	0	0	0	13.5	0		0/0/	22.5	0	10.7	0	14	//15/15/15			0/0/0	----Cross-country cars (4WD)
0	0	0		0	0	0	0	13.5	0		0/0/	22.5	0	10.7	0	14	//15/15/15			0/0/0	----Station wagons (with 9 seats or less)
0	0	0		0	0	0	0	13.5	0		0/0/	22.5	0	10.7	0	14	//15/15/15			0/0/0	----Other
0	0	0		0	0	0	0	13.5	0		0/0/	22.5	0	10.7	0	14				0/0/0	----Saloon cars
0	0	0		0	0	0	0	13.5	0		0/0/	22.5	0	10.7	0	14				0/0/0	----Cross-country cars (4WD)
0	0	0		0	0	0	0	13.5	0		0/0/	22.5	0	10.7	0	14				0/0/0	----Station wagons (with 9 seats or less)

商品编号	商品名称及备注[检验检疫编码及名称]	进口关税(%)		增值税率(%)	消费税	计量单位	监管条件	检验检疫类别	对美税率	出口税率(%)	出口退税率(%)
		最惠国	普通								
8703702300	同时装有压燃活塞内燃发动机(柴油或半柴油发动机)及驱动电动机、可通过接插外部电源进行充电的9座及以下小客车,气缸容量(排气量)超过1000毫升,但不超过1500毫升〔999〕	15	270	13	3%	辆/千克	46AO	L. M/		0	
87037029	----其他										13
8703702900	同时装有压燃活塞内燃发动机(柴油或半柴油发动机)及驱动电动机、可通过接插外部电源进行充电的其他载人车辆,气缸容量(排气量)超过1000毫升,但不超过1500毫升〔999〕	15	270	13	3%	辆/千克	46AO	L. M/		0	
87037031	----小轿车										13
8703703100	同时装有压燃活塞内燃发动机(柴油或半柴油发动机)及驱动电动机、可通过接插外部电源进行充电的小轿车,气缸容量(排气量)超过1500毫升,但不超过2000毫升〔999〕	15	270	13	5%	辆/千克	46AO	L. M/		0	
87037032	----越野车(4轮驱动)										13
8703703200	同时装有压燃活塞内燃发动机(柴油或半柴油发动机)及驱动电动机、可通过接插外部电源进行充电的四轮驱动越野车,气缸容量(排气量)超过1500毫升,但不超过2000毫升〔999〕	15	270	13	5%	辆/千克	46AO	L. M/		0	
87037033	----9座及以下的小客车										13
8703703300	同时装有压燃活塞内燃发动机(柴油或半柴油发动机)及驱动电动机、可通过接插外部电源进行充电的9座及以下小客车,气缸容量(排气量)超过1500毫升,但不超过2000毫升〔999〕	15	270	13	5%	辆/千克	46AO	L. M/		0	
87037039	----其他										13
8703703900	同时装有压燃活塞内燃发动机(柴油或半柴油发动机)及驱动电动机、可通过接插外部电源进行充电的其他载人车辆,气缸容量(排气量)超过1500毫升,但不超过2000毫升〔999〕	15	270	13	5%	辆/千克	46AO	L. M/		0	
87037041	----小轿车										13
8703704100	同时装有压燃活塞内燃发动机(柴油或半柴油发动机)及驱动电动机、可通过接插外部电源进行充电的小轿车,气缸容量(排气量)超过2000毫升,但不超过2500毫升〔999〕	15	270	13	9%	辆/千克	46AO	L. M/		0	
87037042	----越野车(4轮驱动)										13
8703704200	同时装有压燃活塞内燃发动机(柴油或半柴油发动机)及驱动电动机、可通过接插外部电源进行充电的四轮驱动越野车,气缸容量(排气量)超过2000毫升,但不超过2500毫升〔999〕	15	270	13	9%	辆/千克	46AO	L. M/		0	
87037043	----9座及以下的小客车										13
8703704300	同时装有压燃活塞内燃发动机(柴油或半柴油发动机)及驱动电动机、可通过接插外部电源进行充电的9座及以下小客车,气缸容量(排气量)超过2000毫升,但不超过2500毫升〔999〕	15	270	13	9%	辆/千克	46AO	L. M/		0	
87037049	----其他										13
8703704900	同时装有压燃活塞内燃发动机(柴油或半柴油发动机)及驱动电动机、可通过接插外部电源进行充电的其他载人车辆,气缸容量(排气量)超过2000毫升,但不超过2500毫升〔999〕	15	270	13	9%	辆/千克	46AO	L. M/		0	
87037051	----小轿车										13
8703705100	同时装有压燃活塞内燃发动机(柴油或半柴油发动机)及驱动电动机、可通过接插外部电源进行充电的小轿车,气缸容量(排气量)超过2500毫升,但不超过3000毫升〔999〕	15	270	13	12%	辆/千克	46AO	L. M/		0	
87037052	----越野车(4轮驱动)										13
8703705200	同时装有压燃活塞内燃发动机(柴油或半柴油发动机)及驱动电动机、可通过接插外部电源进行充电的四轮驱动越野车,气缸容量(排气量)超过2500毫升,但不超过3000毫升〔999〕	15	270	13	12%	辆/千克	46AO	L. M/		0	
87037053	----9座及以下的小客车										13
8703705300	同时装有压燃活塞内燃发动机(柴油或半柴油发动机)及驱动电动机、可通过接插外部电源进行充电的9座及以下小客车,气缸容量(排气量)超过2500毫升,但不超过3000毫升〔999〕	15	270	13	12%	辆/千克	46AO	L. M/		0	
87037059	----其他										13
8703705900	同时装有压燃活塞内燃发动机(柴油或半柴油发动机)及驱动电动机、可通过接插外部电源进行充电的其他载人车辆,气缸容量(排气量)超过2500毫升,但不超过3000毫升〔999〕	15	270	13	12%	辆/千克	46AO	L. M/		0	
87037061	----小轿车										13
8703706100	同时装有压燃活塞内燃发动机(柴油或半柴油发动机)及驱动电动机、可通过接插外部电源进行充电的小轿车,气缸容量(排气量)超过3000毫升,但不超过4000毫升〔999〕	15	270	13	25%	辆/千克	46AO	L. M/		0	
87037062	----越野车(4轮驱动)										13
8703706200	同时装有压燃活塞内燃发动机(柴油或半柴油发动机)及驱动电动机、可通过接插外部电源进行充电的四轮驱动越野车,气缸容量(排气量)超过3000毫升,但不超过4000毫升〔999〕	15	270	13	25%	辆/千克	46AO	L. M/		0	
87037063	----9座及以下的小客车										13
8703706300	同时装有压燃活塞内燃发动机(柴油或半柴油发动机)及驱动电动机、可通过接插外部电源进行充电的9座及以下小客车,气缸容量(排气量)超过3000毫升,但不超过4000毫升〔999〕	15	270	13	25%	辆/千克	46AO	L. M/		0	
87037069	----其他										13

协定税率(%)																		特惠税率(%)			Article Description
智利	新西兰	澳大利亚	瑞士	冰岛	秘鲁	哥斯达	东盟	亚太	新加坡	巴基斯坦	港/澳/台	韩国	格鲁吉亚	毛里求斯	柬埔寨	尼加拉瓜	日/韩/澳/新/东(RCEP)	亚太2国	老/柬/缅	LDC 98/97/95	
0	0	0		0	0	0	0	13.5	0		0/0/	22.5	0	10.7	0	14	//15/15/15			0/0/0	----Other
0	0	0		0	0	0	0	13.5	0		0/0/	22.5	0	10.7	0	14				0/0/0	----Saloon cars
0	0	0		0	0	0	0	13.5	0		0/0/	22.5	0	10.7	0	14				0/0/0	----Cross-country cars (4WD)
0	0	0		0	0	0	0	13.5	0		0/0/	22.5	0	10.7	0	14				0/0/0	----Station wagons (with 9 seats or less)
0	0	0		0	0	0	0	13.5	0		0/0/	22.5	0	10.7	0	14				0/0/0	----Other
0	0	0		0	0	0	0	13.5	0		0/0/	22.5	0	10.7	0	14				0/0/0	----Saloon cars
0	0	0		0	0	0	0	13.5	0		0/0/	22.5	0	10.7	0	14				0/0/0	----Cross-country cars (4WD)
0	0	0		0	0	0	0	13.5	0		0/0/	22.5	0	10.7	0	14				0/0/0	----Station wagons (with 9 seats or less)
0	0	0		0	0	0	0	13.5	0		0/0/	22.5	0	10.7	0	14				0/0/0	----Other
0	0	0		0	0	0	0	13.5	0		0/0/	22.5	0	10.7	0	14	//15/15/15			0/0/0	----Saloon cars
0	0	0		0	0	0	0	13.5	0		0/0/	22.5	0	10.7	0	14	//15/15/15			0/0/0	----Cross-country cars (4WD)
0	0	0		0	0	0	0	13.5	0		0/0/	22.5	0	10.7	0	14	//15/15/15			0/0/0	----Station wagons (with 9 seats or less)
0	0	0		0	0	0	0	13.5	0		0/0/	22.5	0	10.7	0	14	//15/15/15			0/0/0	----Other
0	0	0		0	0	0	0	13.5	0		0/0/	22.5	0	10.7	0	14	//15/15/15			0/0/0	----Saloon cars
0	0	0		0	0	0	0	13.5	0		0/0/	22.5	0	10.7	0	14	//15/15/15			0/0/0	----Cross-country cars (4WD)
0	0	0		0	0	0	0	13.5	0		0/0/	22.5	0	10.7	0	14	//15/15/15			0/0/0	----Station wagons (with 9 seats or less)
0	0	0		0	0	0	0	13.5	0		0/0/	22.5	0	10.7	0	14	//15/15/15			0/0/0	----Other

商品编号	商品名称及备注[检验检疫编码及名称]	进口关税(%)		增值税率(%)	消费税	计量单位	监管条件	检验检疫类别	对美税率	出口税率(%)	出口退税率(%)
		最惠国	普通								
8703706900	同时装有压燃活塞内燃发动机(柴油或半柴油发动机)及驱动电动机、可通过接插外部电源进行充电的其他载人车辆,气缸容量(排气量)超过3000毫升,但不超过4000毫升〔999〕	15	270	13	25%	辆/千克	46AO	L. M/		0	
87037071	----小轿车										13
8703707100	同时装有压燃活塞内燃发动机(柴油或半柴油发动机)及驱动电动机、可通过接插外部电源进行充电的小轿车,气缸容量(排气量)超过4000毫升〔999〕	15	270	13	40%	辆/千克	46AO	L. M/		0	
87037072	----越野车(4轮驱动)										13
8703707200	同时装有压燃活塞内燃发动机(柴油或半柴油发动机)及驱动电动机、可通过接插外部电源进行充电的四轮驱动越野车,气缸容量(排气量)超过4000毫升〔999〕	15	270	13	40%	辆/千克	46AO	L. M/		0	
87037073	----9座及以下的小客车										13
8703707300	同时装有压燃活塞内燃发动机(柴油或半柴油发动机)及驱动电动机、可通过接插外部电源进行充电的9座及以下小客车,气缸容量(排气量)超过4000毫升〔999〕	15	270	13	40%	辆/千克	46AO	L. M/		0	
87037079	----其他										13
8703707900	同时装有压燃活塞内燃发动机(柴油或半柴油发动机)及驱动电动机、可通过接插外部电源进行充电的其他载人车辆,气缸容量(排气量)超过4000毫升〔999〕	15	270	13	40%	辆/千克	46AO	L. M/		0	
87038000	-仅装有驱动电动机的其他车辆										13
8703800010	旧的仅装有驱动电动机的其他载人车辆〔999〕	15	270	13		辆/千克	46Axy	M/		0	
8703800090	其他仅装有驱动电动机的其他载人车辆〔999〕	15	270	13		辆/千克	6AO	L. M/		0	
87039000	-其他										
8703900021	其他型排气量≤1升的其他载人车辆〔999〕	15	270	13	1%	辆/千克	46AOxy	L. M/		0	13
8703900022	其他型1升<排气量≤1.5升的其他载人车辆〔999〕	15	270	13	3%	辆/千克	46AOxy	L. M/		0	13
8703900023	其他型1.5升<排气量≤2升的其他载人车辆〔999〕	15	270	13	5%	辆/千克	46AOxy	L. M/		0	13
8703900024	其他型2升<排气量≤2.5升的其他载人车辆〔999〕	15	270	13	9%	辆/千克	46AOxy	L. M/		0	13
8703900025	其他型2.5升<排气量≤3升的其他载人车辆〔999〕	15	270	13	12%	辆/千克	46AOxy	L. M/		0	13
8703900026	其他型3升<排气量≤4升的其他载人车辆〔999〕	15	270	13	25%	辆/千克	46AOxy	L. M/		0	13
8703900027	其他型排气量>4升的其他载人车辆〔999〕	15	270	13	40%	辆/千克	46AOxy	L. M/		0	13
8703900029	其他无法区分排气量的载人车辆〔999〕	15	270	13		辆/千克	6AO	L. M/		0	13
8703900090	编号87039000所列车辆的成套散件〔999〕	15	270	13		辆/千克	6O			0	13
8704	**货运机动车辆:**										
87041030	---电动轮货运自卸车										13
8704103000	非公路用电动轮货运自卸车〔999〕	6	20	13		辆/千克	6A	M/		0	
87041090	---其他										13
8704109000	其他非公路用货运自卸车〔999〕	6	20	13		辆/千克	6A	M/		0	
87042100	--车辆总重量不超过5吨										
8704210000	柴油型其他小型货车(仅装有压燃式活塞内燃发动机,小型指车辆总重量≤5吨)〔999〕	15	70	13		辆/千克	46AOxy	L. M/		0	9,13
87042230	---车辆总重量超过5吨,但小于14吨										13
8704223000	柴油型其他中型货车(仅装有压燃式活塞内燃发动机,中型指5吨<车辆总重量<14吨)〔999〕	15	70	13		辆/千克	46Axy	L. M/		0	
87042240	---车辆总重量在14吨及以上,但不超过20吨										13
8704224000	柴油型其他重型货车(仅装有压燃式活塞内燃发动机,重型指14吨≤车辆总重≤20吨)〔999〕	15	40	13		辆/千克	46Axy	L. M/		0	
87042300	--车辆总重量超过20吨										13
8704230010[暂10]	固井水泥车、压裂车、混砂车、连续油管车、液氮泵车用底盘(动力装置仅装有压燃式活塞内燃发动机,车辆总重量>35吨,装驾驶室)〔999〕	15	40	13		辆/千克	46AOxy	L. M/		0	
8704230020	起重≥55吨汽车起重机用底盘(动力装置仅装有压燃式活塞内燃发动机)〔999〕	15	40	13		辆/千克	46AOxy	L. M/		0	
8704230030[暂10]	车辆总重量≥31吨清障车专用底盘(动力装置仅装有压燃式活塞内燃发动机)〔999〕	15	40	13		辆/千克	46AOxy	L. M/		0	
8704230090	柴油型的其他超重型货车(仅装有压燃式活塞内燃发动机,超重型指车辆总重量>20吨)〔999〕	15	40	13		辆/千克	46AOxy	L. M/		0	
87043100	--车辆总重量不超过5吨										13
8704310000	总重量≤5吨的其他货车(汽油型,仅装有点燃式活塞内燃发动机)〔999〕	15	70	13		辆/千克	46AOxy	L. M/		0	
87043230	---车辆总重量超过5吨,但不超过8吨										13
8704323000	5吨<总重量≤8吨的其他货车(汽油型,仅装有点燃式活塞内燃发动机)〔999〕	15	70	13		辆/千克	46Axy	L. M/		0	
87043240	---车辆总重量超过8吨										13
8704324000	总重量>8吨的其他货车(汽油型,仅装有点燃式活塞内燃发动机)〔999〕	15	70	13		辆/千克	46Axy	L. M/		0	
87044100	--车辆总重量不超过5吨										
8704410000	同时装有压燃式活塞内燃发动机(柴油或半柴油发动机)及驱动电动机的其他货车,车辆总重量不超过5吨〔999〕	15	70	13		辆/千克	46AOxy	L. M/		0	9,13

协定税率(%)																		特惠税率(%)			
智利	新西兰	澳大利亚	瑞士	冰岛	秘鲁	哥斯达	东盟	亚太	新加坡	巴基斯坦	港/澳/台	韩国	格鲁吉亚	毛里求斯	柬埔寨	尼加拉瓜	日/韩/澳/新/东(RCEP)	亚太2国	老/柬/缅	LDC 98/97/95	Article Description
0	0	0		0	0	0	0	13.5	0		0/0/	22.5	0	10.7	0	14	//15/15/15			0/0/0	----Saloon cars
0	0	0		0	0	0	0	13.5	0		0/0/	22.5	0	10.7	0	14	//15/15/15			0/0/0	----Cross-country cars (4WD)
0	0	0		0	0	0	0	13.5	0		0/0/	22.5	0	10.7	0	14	//15/15/15			0/0/0	----Station wagons (with 9 seats or less)
0	0	0		0	0	0	0	13.5	0		0/0/	22.5	0	10.7	0	14	//15/15/15			0/0/0	----Other
0	0	0		0	0	0	0	13.5	0	22.5	0/0/	22.5	0	10.7	0	14	15//15/15/15			0/0/0	-Other vehicles, with only electric motor for propulsion
0	0	0		0	0	0	0	13.5	0	22.5	0/0/	22.5	0	10.7	0	14	15//15/15/15			0/0/0	-Other
																					Motor vehicles for the transport of goods:
0	0	0	0	0	0	0	0			0	0/0/	0	0	0	0	0	4.9/4.2/4.2/4.2/4.2			0/0/0	---Electromobile dumpers for the transport of goods
0	0	0	0	0	0	0	0			0	0/0/	0	0	0	0	0	4.4/4.2/4.2/4.2/4.2			0/0/0	---Other
0	0	0		0		0					0/0/	12.5	0	10.7	0	14				0/0/	--G. v. w. not exceeding 5 tonnes
0	0	0	0	0	0	0	5	13.5		18	0/0/	6.6	0	8.6	0	14				0/0/0	---G. v. w. exceeding 5 tonnes but less than 14 tonnes
0	0	0	0	0	0	0	5	13.5		18	0/0/	6.6	0	8.6	0	14				0/0/0	---G. v. w. of 14 tonnes or more but not exceeding 20 tonnes
0	0	0	0	0		0	5				0/0/	5	0	0	0	14				0/0/	--G. v. w. exceeding 20 tonnes
0	0	0		0		0	5				0/0/	12.5	0	10.7	0	14				0/0/	--G. v. w. not exceeding 5 tonnes
0	0	0	0	0	0	0	5				0/0/	6.6	0	8.6	0	14				0/0/0	---G. v. w. exceeding 5 tonnes, but not exceeding 8 tonnes
0	0	0	0	0	0	0	5				0/0/	6.6	0	8.6	0	14				0/0/0	---G. v. w. exceeding 8 tonnes
0	0	0		0		0					0/0/	12.5	0	10.7	0	14				0/0/	--G. v. w. not exceeding 5 tonnes

商品编号	商品名称及备注［检验检疫编码及名称］	进口关税(%)		增值税率(%)	消费税	计量单位	监管条件	检验检疫类别	对美税率	出口税率(%)	出口退税率(%)
		最惠国	普通								
87044210	---车辆总重量超过5吨,但小于14吨										13
8704421000	同时装有压燃式活塞内燃发动机(柴油或半柴油发动机)及驱动电动机的其他货车,车辆总重量超过5吨,但小于14吨〔999〕	15	70	13		辆/千克	46Axy	L. M/		0	
87044220	---车辆总重量在14吨及以上,但不超过20吨										13
8704422000	同时装有压燃式活塞内燃发动机(柴油或半柴油发动机)及驱动电动机的其他货车,车辆总重量在14吨及以上,但不超过20吨〔999〕	15	40	13		辆/千克	46Axy	L. M/		0	
87044300	--车辆总重量超过20吨										13
8704430010[暂10]	固井水泥车、压裂车、混砂车、连续油管车、液氮泵车用底盘(动力装置为同时装有压燃式活塞内燃发动机(柴油或半柴油发动机)及驱动电动机,车辆总重量>35吨,装驾驶室)〔999〕	15	40	13		辆/千克	46AOxy	L. M/		0	
8704430020[暂8]	起重≥55吨汽车起重机用底盘(动力装置为同时装有压燃式活塞内燃发动机(柴油或半柴油发动机)及驱动电动机)〔999〕	15	40	13		辆/千克	46AOxy	L. M/		0	
8704430030[暂10]	车辆总重量≥31吨清障车专用底盘(动力装置为同时装有压燃式活塞内燃发动机(柴油或半柴油发动机)及驱动电动机)〔999〕	15	40	13		辆/千克	46AOxy	L. M/		0	
8704430090	同时装有压燃式活塞内燃发动机(柴油或半柴油发动机)及驱动电动机的其他货车,车辆总重量超过20吨〔999〕	15	40	13		辆/千克	46AOxy	L. M/		0	
87045100	--车辆总重量不超过5吨										13
8704510000	同时装有点燃式活塞内燃发动机及驱动电动机的其他货车,车辆总重量不超过5吨〔999〕	15	70	13		辆/千克	46AOxy	L. M/		0	
87045210	---车辆总重量超过5吨,但不超过8吨										13
8704521000	同时装有点燃式活塞内燃发动机及驱动电动机的其他货车,车辆总重量超过5吨但不超过8吨〔999〕	15	70	13		辆/千克	46Axy	L. M/		0	
87045220	---车辆总重量超过8吨										13
8704522000	同时装有点燃式活塞内燃发动机及驱动电动机的其他货车,车辆总重量超过8吨〔999〕	15	70	13		辆/千克	46Axy	L. M/		0	
87046000	-仅装有驱动电动机的其他货车										13
8704600000	仅装有驱动电动机的其他货车〔999〕	15	70	13		辆/千克	46Axy	L. M/		0	
87049000	-其他										13
8704900000	其他货运机动车辆〔101 电动汽车〕,〔102 内燃机汽车〕,〔103 混合动力汽车〕,〔104 其他能源汽车〕	15	70	13		辆/千克	46Axy	L. M/		0	
8705	**特殊用途的机动车辆(例如,抢修车、起重车、救火车、混凝土搅拌车、道路清洁车、喷洒车、流动工场车及流动放射线检查车),但主要用于载人或运货的车辆除外:**										
87051021	----最大起重重量不超过50吨										13
8705102100	起重重量≤50吨全路面起重车〔101 起重车〕,〔102 汽车起重机〕	15	30	13		辆/千克	6A	L. M/	40%	0	
87051022	----最大起重重量超过50吨,但不超过100吨										13
8705102200	50吨<起重重量≤100吨全路面起重车〔101 起重车〕,〔102 汽车起重机〕	10	30	13		辆/千克	6A	L. M/	35%	0	
87051023	----最大起重重量超过100吨										13
8705102300	起重重量>100吨全路面起重车〔101 起重车〕,〔102 汽车起重机〕	10	30	13		辆/千克	6A	L. M/	35%	0	
87051091	----最大起重重量不超过50吨										13
8705109100	起重重量≤50吨其他机动起重车〔101 起重车〕,〔102 汽车起重机〕	15	30	13		辆/千克	6A	L. M/	40%	0	
87051092	----最大起重重量超过50吨,但不超过100吨										13
8705109200	50吨<起重重量≤100吨其他起重车〔101 起重车〕,〔102 汽车起重机〕	10	30	13		辆/千克	6A	L. M/	35%	0	
87051093	----最大起重重量超过100吨										13
8705109300	起重重量>100吨其他机动起重车〔101 起重车〕,〔102 汽车起重机〕	10	30	13		辆/千克	6A	L. M/	35%	0	
87052000	-钻探车										13
8705200000	机动钻探车〔999〕	12	17	13		辆/千克	6A	L. M/	17%	0	
87053010	---装有云梯的救火车										13
8705301000	装有云梯的机动救火车〔999〕	3	8	13		辆/千克	6A	M/	8%	0	
87053090	---其他										13
8705309000	其他机动救火车〔999〕	3	8	13		辆/千克	6A	M/	8%	0	
87054000	-混凝土搅拌车										13

协定税率(%)																		特惠税率(%)			
智利	新西兰	澳大利亚	瑞士	冰岛	秘鲁	哥斯达	东盟	亚太	新加坡	巴基斯坦	港/澳/台	韩国	格鲁吉亚	毛里求斯	柬埔寨	尼加拉瓜	日/韩/澳/新/东(RCEP)	亚太2国	老/柬/缅	LDC 98/97/95	Article Description
0	0	0	0	0	0	0	5	13.5		18	0/0/	6.6	0	8.6	0	14				0/0/0	---G. v. w. exceeding 5 tonnes but less than 14 tonnes
0	0	0	0	0	0	0	5	13.5		18	0/0/	6.6	0	8.6	0	14				0/0/0	---G. v. w. of 14 tonnes or more but not exceeding 20 tonnes
0	0	0	0	0		0	5				0/0/	5	0	0	0	14				0/0/	--G. v. w. exceeding 20 tonnes
0	0	0		0		0	5				0/0/	12.5	0	10.7	0	14				0/0/	--G. v. w. not exceeding 5 tonnes
0	0	0	0	0	0	0	5				0/0/	6.6	0	8.6	0	14				0/0/0	---G. v. w. exceeding 5 tonnes but not exceeding 8 tonnes
0	0	0	0	0	0	0	5				0/0/	6.6	0	8.6	0	14				0/0/0	---G. v. w. exceeding 8 tonnes
0	0	0		0	0	0	0		0		0/0/	12.5	0	10.7	0	14	/21.3/21.3/21.3/21.3			0/0/0	-Other with only electric motor for propulsion
0	0	0		0	0	0	0		0		0/0/	12.5	0	10.7	0	14	/21.3/21.3/21.3/21.3			0/0/0	-Other
																					Special purpose motor vehicles, other than those principally designed for the transport of persons or goods (for example, breakdown lorries, crane lorries, fire fighting vehicles, concrete mixer lorries, road sweeper lorries, spraying lorries, mobile workshops, mobile radiological units):
0	0	0	0	0	0	0	0		0	6	0/0/	5	0	0	0	14	12.2/10.5/10.5/10.5/10.5			0/0/0	----Of maxium lifting capacity not more than 50 tons
0	0	0	0	0	0	0	0		0	0	0/0/	3.3	0	0	0	9	7.3/7/7/7/7			0/0/0	----Of a maxium lifting capacity exceeding 50 tons but not exceeding 100 tons
0	0	0	0	0	0	0	0		0	0	0/0/	3.3	0	0	0	9	7.3/7/7/7/7			0/0/0	----Of a maxium lifting capacity exceeding 100 tons
0	0	0	0	0	0	0	0		0	6	0/0/	5	0	0	0	14	12.2/10.5/10.5/10.5/10.5			0/0/0	----Of maxium lifting capacity not more than 50 tons
0	0	0	0	0	0	0	0		0	0	0/0/	3.3	0	0	0	9	8.1/7/7/7/7			0/0/0	----Of a maxium lifting capacity exceeding 50 tons but not exceeding 100 tons
0	0	0	0	0	0	0	0		0	0	0/0/	3.3	0	0	0	9	7.3/7/7/7/7			0/0/0	----Of a maxium lifting capacity exceeding 100 tons
0	0	0	0	0	0	0	0		0	3	0/0/	4	0	0	0	11.2	9.8/8.4/8.4/8.4/8.4			0/0/0	-Mobile drilling derricks
0	0	0	0	0	0	0	0			0	0/0/	1	0	0	0	0	2.4/2.1/2.1/2.1/2.1			0/0/0	---Mounted with scaling ladder
0	0	0	0	0	0	0	0			0	0/0/	1	0	0	0	0	2.4/2.1/2.1/2.1/2.1			0/0/0	---Other
0	0	0	0	0	0	0	0	13.5	0	3.8	0/0/	5	0	0	0	14	12.2/10.5/10.5/10.5/10.5			0/0/0	-Concrete mixer lorries

商品编号	商品名称及备注[检验检疫编码及名称]	进口关税(%)		增值税率(%)	消费税	计量单位	监管条件	检验检疫类别	对美税率	出口税率(%)	出口退税率(%)
		最惠国	普通								
8705400000	机动混凝土搅拌车〔999〕	15	35	13		辆/千克	6A	L. M/	20%	0	
87059010	---无线电通信车										13
8705901000	无线电通信车〔999〕	9	35	13		辆/千克	6A	L. M/	14%	0	
87059020	---放射线检查车										13
8705902000	机动放射线检查车〔999〕	9	14	13		辆/千克	6A	L. M/	14%	0	
87059030	---环境监测车										13
8705903000	机动环境监测车〔999〕	12	20	13		辆/千克	6A	L. M/	17%	0	
87059040	---医疗车										13
8705904000	机动医疗车〔999〕	12	30	13		辆/千克	6A	L. M/	17%	0	
87059051	----航空电源车(频率为400赫兹)										13
8705905100	航空电源车(频率为400赫兹)〔999〕	12	30	13		辆/千克	6		17%	0	
87059059	----其他										13
8705905900	其他机动电源车(频率为400赫兹航空电源车除外)〔999〕	12	30	13		辆/千克	6A	L. M/	17%	0	
87059060	---飞机加油车、调温车、除冰车										13
8705906000	飞机加油车、调温车、除冰车〔999〕	12	35	13		辆/千克	6A	M/	17%	0	
87059070	---道路(包括跑道)扫雪车										13
8705907000	道路(包括跑道)扫雪车〔999〕	12	35	13		辆/千克	6A	L. M/	17%	0	
87059080	---石油测井车、压裂车、混砂车										13
8705908000	石油测井车、压裂车、混砂车〔999〕	12	35	13		辆/千克	6A	L. M/	17%	0	
87059091	----混凝土泵车										13
8705909100	混凝土泵车〔999〕	12	35	13		辆/千克	6A	L. M/	17%	0	
87059099	----其他										13
8705909901暂10	跑道除冰车〔999〕	12	35	13		辆/千克	6A	M/	15%	0	
8705909930	用于导弹、火箭等的车辆(为弹道导弹、运载火箭等运输、装卸和发射而设计的)〔999〕	12	35	13		辆/千克	36		17%	0	
8705909990	其他特殊用途的机动车辆(主要用于载人或运货的车辆除外)〔999〕	12	35	13		辆/千克	6A	L. M/	17%	0	
8706	**装有发动机的机动车辆底盘,税目87.01至87.05所列车辆用:**										
87060010	---非公路用自卸车底盘										13
8706001000	非公路用货运自卸车底盘(装有发动机的)〔999〕	6	14	13		台/千克	6			0	
87060021	----车辆总重量在14吨及以上的										13
8706002100	车辆总重量≥14吨的货车底盘(装有发动机的)〔999〕	6	30	13		台/千克	46AOxy	L. M/		0	
87060022	----车辆总重量在14吨以下的										13
8706002200	车辆总重量<14吨的货车底盘(装有发动机的)〔999〕	6	45	13		台/千克	46AOxy	L. M/		0	
87060030	---大型客车底盘										13
8706003000	大型客车底盘(装有发动机的)〔999〕	6	70	13		台/千克	46Oxy			0	
87060040	---汽车起重机底盘										13
8706004000	汽车起重机底盘(装有发动机的)〔999〕	6	100	13		台/千克	6AO	L. M/		0	
87060090	---其他										13
8706009000	其他机动车辆底盘(装有发动机的,品目87.01、87.03和87.05所列车辆用)〔999〕	6	100	13		台/千克	46AOxy	L. M/		0	
8707	**机动车辆的车身(包括驾驶室),品目87.01至87.05所列车辆用:**										
87071000	-税目87.03所列车辆用										13
8707100000	小型载人机动车辆车身(含驾驶室)(品目87.03所列车辆用)〔999〕	6	100	13		台/千克	6		31%	0	
87079010	---税号8702.1092、8702.1093、8702.9020及8702.9030所列车辆用										13
8707901000	大型客车用车身(含驾驶室)(30座以下客车辆用)〔999〕	6	70	13		台/千克	6		31%	0	
87079090	---其他										13
8707909000	其他车辆用车身(含驾驶室)(品目87.01至87.02,87.04,87.05的车辆用)〔999〕	6	70	13		台/千克	6		31%	0	
8708	**机动车辆的零件、附件,品目87.01至87.05所列车辆用:**										
87081000	-缓冲器(保险杠)及其零件										13
8708100000	缓冲器(保险杠)及其零件(品目87.01至87.05的车辆用)〔999〕	6	100	13		千克	6			0	
87082100	--坐椅安全带										13
8708210000	坐椅安全带(品目87.01至87.05的车辆用)〔999〕	6	100	13		千克	6A	L. M/		0	

协定税率(%)																		特惠税率(%)			
智利	新西兰	澳大利亚	瑞士	冰岛	秘鲁	哥斯达	东盟	亚太	新加坡	巴基斯坦	港/澳/台	韩国	格鲁吉亚	毛里求斯	柬埔寨	尼加拉瓜	日/韩/澳/新/东 (RCEP)	亚太2国	老/柬/缅	LDC 98/97/95	Article Description
0	0	0	0	0	0	0	0	8.1	0	0	0/0/	3	0	0	0	8.1	6.5/6.3/6.3/6.3/6.3			0/0/0	---Radio communication vans
0	0	0	0	0	0	0	0	8.1		0	0/0/	3	0	0	0	8.1	6.5/6.3/6.3/6.3/6.3			0/0/0	---Mobile radiological units
0	0	0	0	0	0	0	0	10.8	0	2.5	0/0/	4	0	0	0	11.2	8.7/8.4/8.4/8.4/8.4			0/0/0	---Mobile environmental monitoring units
0	0	0	0	0	0	0	0	10.8	0	2.5	0/0/	6	0	0	0	11.2	//10.2/10.2/10.2			0/0/0	---Mobile clinics
0	0	0	0	0	0	0	0	10.8	0	2.5	0/0/	4	0	0	0	11.2	8.7/8.4/8.4/8.4/8.4			0/0/0	----Airplane charging vehicles (frequency 400Hz)
0	0	0	0	0	0	0	0	10.8	0	2.5	0/0/	4	0	0	0	11.2	8.7/8.4/8.4/8.4/8.4			0/0/0	----Other
0	0	0	0	0	0	0	0	10.8	0	2.5	0/0/	4	0	0	0	11.2	8.7/8.4/8.4/8.4/8.4			0/0/0	---Mobile vehicles for aircraft refuelling, air-conditioning or deicing
0	0	0	0	0	0	0	0	10.8	0	2.5	0/0/	4	0	0	0	11.2	8.7/8.4/8.4/8.4/8.4			0/0/0	---Snow sweep vehicles for cleaning streets or airfield runways
0	0	0	0	0	0	0	0	10.8	0	2.5	0/0/	4	0	0	0	11.2	8.7/8.4/8.4/8.4/8.4			0/0/0	---Petroleum well logging trucks, fracturing unit trucks and mixing sand trucks
0	0	0	0	0	0	0	0	10.8	0	2.5	0/0/	4	0	0	0	11.2	9.8/9.6/10.2/10.2/9.6			0/0/0	----Concrete pump lorries
0	0	0	0	0	0	0	0	10.8	0	2.5	0/0/	4	0	0	0	11.2	9.8/9.6/10.2/10.2/9.6			0/0/0	----Other
																					Chassis fitted with engines, for the motor vehicles of headings 87.01 to 87.05:
0	0	0	0	0	0	0	0			0	0/0/	2.6	0	3.4	0	0	5.8/5.6/5.6/5.6/5.6			0/0/0	---For the vehicles of subheading 8704.1030 or 8704.1090
0	0	0	0	0		0	5				0/0/	3.3	0	4.3	0	4.8				0/0/	----For vehicles g.v.w of 14 tons or more
0	0	0	0	0	0	0	5				0/0/	3.3	0	4.3	0	0				0/0/0	----For vehicles g.v.w less than 14 tons
0	0	0	0	0		0	0		0		0/0/	6.6	0	8.6	0	4.8	16.3/16/17/17/16			0/0/	---For passenger motor vehicles with 30 seats or more
0	0	0	0	0	0	0	0		0		0/0/	6.6	0	8.6	0	0	16.3/14/14/14/14			0/0/0	---For crane lorries
0	0	0	0	0	0	0	0		0		0/0/	3.3	0	4.3	0	0	/8.5/8.5/8.5/8.5			0/0/0	---Other
																					Bodies (including cabs), for the motor vehicles of headings 87.01 to 87.05:
0	0	0	0	0	0	0	0		0		0/0/	3.3	0	4.3	0	0	8.1/8/8.5/8.5/8			0/0/0	-For the vehicles of heading 87.03
0	0	0	0	0	0	0	0	5.4	0	2.5	0/0/	3.3	0	4.3	0	0	8.1/7/7/7/7			0/0/0	---For the vehicles of subheadings 8702.1092, 8702.1093, 8702.9020 or 8702.9030
0	0	0	0	0	0	0	0	5.4	0	2.5	0/0/	3.3	0	4.3	0	0	8.1/7/7/7/7			0/0/0	---Other
																					Parts and accessories of the motor vehicles of headings 87.01 to 87.05:
0	0	0	0	0	0	0	0	5.8	0	0	0/0/0	5	0	4.3	0	0	8.6/8.5/8.5/8.5/8.5			0/0/0	-Bumpers and parts thereof
0	0	0	0	0	0	0	0		0	2.5	0/0/	3.3	0	4.3	0	0	8.1/8/8.5/8.5/8			0/0/0	--Safety seat belts

商品编号	商品名称及备注[检验检疫编码及名称]	进口关税(%)		增值税率(%)	消费税	计量单位	监管条件	检验检疫类别	对美税率	出口税率(%)	出口退税率(%)
		最惠国	普通								
87082211	----电动的										13
8708221100	汽车电动天窗〔999〕	6	100	13		千克/套	6	L/		0	
87082212	----手动的										13
8708221200	汽车手动天窗〔999〕	6	100	13		千克/套	6	L/		0	
87082290	---其他										13
8708229000	本章子目注释一所列的前挡风玻璃、后窗及其他车窗(汽车天窗除外)〔999〕	6	100	13		千克/套	6	L/		0	
87082930	---车窗玻璃升降器										13
8708293000	机动车辆用车窗玻璃升降器〔999〕	6	100	13		千克	6			0	
87082951	----侧围										13
8708295100	侧围〔999〕	6	100	13		千克	6			0	
87082952	----车门										13
8708295200	车门〔999〕	6	100	13		千克/个	6			0	
87082953	----发动机罩盖										13
8708295300	发动机罩盖〔999〕	6	100	13		千克	6			0	
87082954	----前围										13
8708295400	前围〔999〕	6	100	13		千克	6			0	
87082955	----行李箱盖(或背门)										13
8708295500	行李箱盖(或背门)〔999〕	6	100	13		千克	6			0	
87082956	----后围										13
8708295600	后围〔999〕	6	100	13		千克	6			0	
87082957	----翼子板(或叶子板)										13
8708295700	翼子板(或叶子板)〔999〕	6	100	13		千克	6			0	
87082959	----其他										13
8708295900	其他车身覆盖件〔999〕	6	100	13		千克	6			0	
87082990	---其他										13
8708299000	其他车身未列名零部件(包括驾驶室的零件、附件)〔999〕	6	100	13		千克	6			0	
87083010	---装在蹄片上的制动摩擦片										13
8708301000	装在蹄片上的制动摩擦片〔999〕	6	100	13		千克	6	L/		0	
87083021	----税目 87.01 和税号 8704.1030 及 8704.1090 所列车辆用										13
8708302100	牵引车、拖拉机、非公路用自卸车用防抱死制动系统〔999〕	6	11	13		千克	6		11%	0	
87083029	----其他										13
8708302900	其他车辆用防抱死制动系统〔999〕	6	100	13		千克	6			0	
87083091	----税目 87.01 所列车辆用										13
8708309100	牵引车、拖拉机用制动器及其零件(包括助力制动器及其零件)〔999〕	6	14	13		千克	6	L/		0	
87083092	----税号 8702.1091 及 8702.9010 所列车辆用										13
8708309200	大型客车用制动器及其零件(包括助力制动器及其零件)〔999〕	6	70	13		千克	6	L/		0	
87083093	----税号 8704.1030 及 8704.1090 所列车辆用										13
8708309300	非公路自卸车用制动器及其零件(包括助力制动器及其零件)〔999〕	6	11	13		千克	6			0	
87083094	----税号 8704.2100、8704.2230、8704.3100 及 8704.3230 所列车辆用										13
8708309400	柴、汽油轻型货车用制动器及零件(指编号 87042100、87042230、87043100、87043230 所列总重量≤14 吨车辆用)〔999〕	6	45	13		千克	6	L/		0	
87083095	----税号 8704.2240、8704.2300 及 8704.3240 所列车辆用										13
8708309500	柴、汽油型重型货车用制动器及其零件(指编号 87042240、87042300 及 87043240 所列车辆用)〔999〕	6	30	13		千克	6	L/		0	
87083096	----税目 87.05 所列车辆用										13
8708309600	特种车用制动器及其零件(指品目 87.05 所列车辆用,包括助动器及零件)〔999〕	6	100	13		千克	6	L/		0	
87083099	----其他										13
8708309911[暂5]	纯电动或混合动力汽车用电动制动器(由制动器电子控制单元、踏板行程模拟器、制动执行器等组成)〔999〕	6	100	13		千克/个	6			0	
8708309919	其他机动车辆用制动器(包括助力制动器)〔999〕	6	100	13		千克/个	6			0	
8708309920[暂5]	燃油汽车用电动制动器(由制动器电子控制单元、踏板行程模拟器、制动执行器等组成)〔999〕	6	100	13		千克/个	6			0	
8708309990	其他机动车辆用制动器(包括助力制动器)的零件〔999〕	6	100	13		千克/个	6	L/		0	
87084010	---税目 87.01 所列车辆用										13
8708401010[暂3]	发动机功率 65 千瓦及以上的动力换挡拖拉机用变速箱〔999〕	6	14	13		个/千克	6			0	
8708401090	其他牵引车、拖拉机用变速箱及其零件〔999〕	6	14	13		个/千克	6			0	

协定税率(%)																		特惠税率(%)			Article Description
智利	新西兰	澳大利亚	瑞士	冰岛	秘鲁	哥斯达	东盟	亚太	新加坡	巴基斯坦	港/澳/台	韩国	格鲁吉亚	毛里求斯	柬埔寨	尼加拉瓜	日/韩/澳/新/东 (RCEP)	亚太2国	老/柬/缅	LDC 98/97/95	
0	0	0	0	0	0	0	0	5.4	0	4	0/0/0	9	0	4.3	0	0	//6/6/6			0/0/0	----Electric
0	0	0	0	0	0	0	0	5.4	0	0	0/0/0	3.3	0	4.3	0	0	8.1/7/7/7/7			0/0/0	----Hand-operated
0	0	0	0	0	0	0	0	5.4	0	0	0/0/0	5	0	4.3	0	0	8.6/8.5/8.5/8.5/8.5			0/0/0	---Other
0	0	0	0	0	0	0	5	5.4		4.5	0/0/0	3.3	0	4.3	0	0	8.6//8.5/6/8.5			0/0/0	---Windowpane raiser
0	0	0	0	0	0	0	0	5.4	0	0	0/0/0	5	0	4.3	0	0	8.6//8.5/8.5/8.5			0/0/0	----Side appearance of bodies
0	0	0	0	0	0	0	0	5.4	0	0	0/0/0	5	0	4.3	0	0	8.6//8.5/8.5/8.5			0/0/0	----Doors
0	0	0	0	0	0	0	0	5.4	0	0	0/0/0	5	0	4.3	0	0	8.6//8.5/8.5/8.5			0/0/0	----Bonnets
0	0	0	0	0	0	0	0	5.4	0	0	0/0/0	5	0	4.3	0	0	8.6//8.5/8.5/8.5			0/0/0	----Frontal appearance of bodies
0	0	0	0	0	0	0	0	5.4	0	0	0/0/0	5	0	4.3	0	0	8.6//8.5/8.5/8.5			0/0/0	----Rear compartment covers (or rear door)
0	0	0	0	0	0	0	0	5.4	0	0	0/0/0	5	0	4.3	0	0	8.6//8.5/8.5/8.5			0/0/0	----Rear appearance of bodies
0	0	0	0	0	0	0	0	5.4	0	4	0/0/0	5	0	4.3	0	0	8.6//8.5/8.5/8.5			0/0/0	----Running-boards
0	0	0	0	0	0	0	0	5.4	0	0	0/0/0	5	0	4.3	0	0	8.6/8.5/8.5/8.5/8.5			0/0/0	----Other
0	0	0	0	0	0	0	0	5.4	0	2.5	0/0/0	9	0	4.3	0	0	6/6/6/6/6			0/0/0	---Other
0	0	0	0	0	0	0	0		0	2.5	0/0/	0	0	4.3	0	0	7.3/7/0/0/0			0/0/0	---Mounted brake linings
0	0	0	0	0	0	0	0	5.4		0	0/0/	2	0	0	0	0	4.9/4.2/4.2/4.2/4.2			0/0/0	----Of the vehicles of heading 87.01 and subheadings 8704.1030 and 8704.1090
0	0	0	0	0	0	0	5	5.4		4.5	0/0/	9	0	4.3	0	0	6////6			0/0/0	----Other
0	0	0	0	0	0	0	0	5.4		0	0/0/	2	0	0	0	0	4.9/4.2/4.2/4.2/4.2			0/0/0	----Of the vehicles of heading 87.01
0	0	0	0	0	0	0	5	5.4		4.5	0/0/	5	0	4.3	0	0	6////6			0/0/0	----Of the vehicles of subheadings 8702.1091 and 8702.9010
0	0	0	0	0	0	0	0	5.4		0	0/0/	2	0	0	0	0	4.9/4.2/4.2/4.2/4.2			0/0/0	----Of the vehicles of subheadings 8704.1030 and 8704.1090
0	0	0	0	0	0	0	5	5.4		4.5	0/0/	5	0	4.3	0	0	6////6			0/0/0	----Of the vehicles of subheadings 8704.2100, 8704.2230, 8704.3100 and 8704.3230
0	0	0	0	0	0	0	0	5.4	0	4	0/0/	0	0	4.3	0	0	7.3/7/0/0/0			0/0/0	----Of the vehicles of subheadings 8704.2240, 8704.2300 and 8704.3240
0	0	0	0	0	0	0	0	5.4	0	0	0/0/	3.3	0	4.3	0	0	8.1/7/7/7/7			0/0/0	----Of the vehicles of heading 87.05
0	0	0	0	0	0	0	5	5.4		9	0/0/	5	0	4.3	0	0	6////6			0/0/0	----Other
0	0	0	0	0	0	0	0			0	0/0/0		0	0	0	0	//5/5/5			0/0/0	---Of the vehicles of heading 87.01

商品编号	商品名称及备注[检验检疫编码及名称]	进口关税(%)		增值税率(%)	消费税	计量单位	监管条件	检验检疫类别	对美税率	出口税率(%)	出口退税率(%)
		最惠国	普通								
87084020	---税号 8702. 1091 及 8702. 9010 所列车辆用										13
8708402000	大型客车用变速箱及其零件〔999〕	6	70	13		个/千克	6			0	
87084030	---税号 8704. 1030 及 8704. 1090 所列车辆用										13
8708403001[暂3]	扭矩>1500 牛米非公路自卸车用变速箱〔999〕	6	11	13		个/千克	6			0	
8708403090	其他非公路自卸车用变速箱及其零件〔999〕	6	11	13		个/千克	6			0	
87084040	---税号 8704. 2100、8704. 2230、8704. 3100 及 8704. 3230 所列车辆用										13
8708404000	柴、汽油轻型货车用变速箱及其零件(指编号 87042100、87042230、87043100、87043230 所列≤14 吨车辆用)〔999〕	6	45	13		个/千克	6			0	
87084050	---税号 8704. 2240、8704. 2300 及 8704. 3240 所列车辆用										13
8708405000	其他柴、汽油型重型货车用变速箱及其零件(指编号 87042240、87042300 及 87043240 所列车辆用)〔999〕	6	30	13		个/千克	6			0	
87084060	---税目 87. 05 所列车辆用										13
8708406000	特种车用变速箱及其零件(指品目 87. 05 所列车辆用)〔999〕	6	100	13		个/千克	6			0	
87084091	----税目 87. 03 所列车辆用自动换挡变速箱及其零件										13
8708409110[暂3]	品目 87. 03 所列车辆用自动换挡变速箱的液力变矩器〔999〕	6	100	13		个/千克	6			0	
8708409120[暂3]	品目 87. 03 所列车辆用自动换挡变速箱的铝阀芯〔999〕	6	100	13		个/千克	6			0	
8708409130[暂3]	品目 87. 03 所列车辆用无级变速箱用钢带〔999〕	6	100	13		个/千克	6			0	
8708409191	品目 87. 03 所列车辆用自动换挡变速箱〔999〕	6	100	13		个/千克	6			0	
8708409199	其他品目 87. 03 所列车辆用自动换挡变速箱的零件〔999〕	6	100	13		个/千克	6			0	
87084099	----其他										13
8708409910	其他未列名机动车辆用变速箱〔999〕	6	100	13		个/千克	6			0	
8708409990	其他未列名机动车辆用变速箱的零件〔999〕	6	100	13		个/千克	6			0	
87085071	----税目 87. 01 所列车辆用										13
8708507110[暂3]	发动机功率 65 千瓦及以上的动力换挡拖拉机用驱动桥(装有差速器的,不论是否装有其他传动件)〔999〕	6	14	13		个/千克	6			0	
8708507190	其他牵引车、拖拉机用驱动桥及其零件(装有差速器的,不论是否装有其他传动件)〔999〕	6	14	13		个/千克	6			0	
87085072	----税号 8702. 1091 及 8702. 9010 所列车辆用										13
8708507201	轴荷≥10 吨的中后驱动桥的零件〔999〕	6	70	13		个/千克	6			0	
8708507291	其他大型客车用驱动桥(装有差速器的,不论是否装有其他传动件)〔999〕	6	70	13		个/千克	6			0	
8708507299	其他大型客车用驱动桥的零件(装有差速器的,不论是否装有其他传动件)〔999〕	6	70	13		个/千克	6			0	
87085073	----税号 8704. 1030 及 8704. 1090 所列车辆用										13
8708507300	非公路自卸车用驱动桥及其零件(装有差速器的,不论是否装有其他传动件)〔999〕	6	11	13		个/千克	6			0	
87085074	----税号 8704. 2100、8704. 2230、8704. 3100 及 8704. 3230 所列车辆用										13
8708507410	柴、汽油型轻型货车用驱动桥(编号 87042100、87042230、87043100、87043230 所列总重量≤14 吨车辆用,装差速器)〔999〕	6	45	13		个/千克	6			0	
8708507490	柴、汽油型轻型货车用驱动桥的零件(编号 87042100、87042230、87043100、87043230 所列总重量≤14 吨车辆用,装差速器)〔999〕	6	45	13		个/千克	6			0	
87085075	----税号 8704. 2240、8704. 2300 及 8704. 3240 所列车辆用										13
8708507510	其他柴、汽油型重型货车用驱动桥(指编号 87042240、87042300 及 87043240 所列车辆用)〔999〕	6	30	13		个/千克	6			0	
8708507590	其他柴、汽油型重型货车用驱动桥的零件(指编号 87042240、87042300 及 87043240 所列车辆用)〔999〕	6	30	13		个/千克	6			0	
87085076	----税目 87. 05 所列车辆用										13
8708507610	特种车用驱动桥(指品目 87. 05 所列车辆用,装有差速器,不论是否装有其他传动件)〔999〕	6	100	13		个/千克	6			0	
8708507690	特种车用驱动桥的零件(指品目 87. 05 所列车辆用,装有差速器,不论是否装有其他传动件)〔999〕	6	100	13		个/千克	6			0	
87085079	----其他										13
8708507910	未列名机动车辆用驱动桥(装有差速器的,不论是否装有其他传动件)〔999〕	6	100	13		个/千克	6			0	
8708507990	未列名机动车辆用驱动桥的零件(装有差速器的,不论是否装有其他传动件)〔999〕	6	100	13		个/千克	6			0	
87085081	----税目 87. 01 所列车辆用										13
8708508100	牵引车、拖拉机用非驱动桥及零件〔999〕	6	14	13		千克	6			0	

协定税率(%)																		特惠税率(%)			Article Description
智利	新西兰	澳大利亚	瑞士	冰岛	秘鲁	哥斯达	东盟	亚太	新加坡	巴基斯坦	港/澳/台	韩国	格鲁吉亚	毛里求斯	柬埔寨	尼加拉瓜	日/韩/澳/新/东(RCEP)	亚太2国	老/柬/缅	LDC 98/97/95	
0	0	0	0	0		0	5				0/0/0		0	4.3	0	4.8	6////6			0/0/	---Of the vehicles of subheadings 8702.1091 and 8702.9010
0	0	0	0	0		0	0			0	0/0/0	4.8	0	0	0	4.8	//5/5/5			0/0/	---Of the vehicles of subheadings 8704.1030 and 8704.1090
0	0	0	0	0		0	5				0/0/0		0	4.3	0	4.8	6////6			0/0/	---Of the vehicles of subheadings 8704.2100, 8704.2230, 8704.3100 and 8704.3230
0	0	0	0	0		0	5				0/0/0		0	4.3	0	4.8	6////6			0/0/	---Of the vehicles of subheadings 8704.2240, 8704.2300 and 8704.3240
0	0	0	0	0	0	0	0		0	2.5	0/0/0		0	4.3	0	0	6//6/6/6			0/0/0	---Of the vehicles of heading 87.05
0	0	0	0	0		0	5				0/0/	8	0	4.3	0	4.8	6////6			0/0/	----Automatic gearshift forthe vehicles of heading 87.03 and Parts thereof
0	0	0	0	0		0	0		0	0	0/0/0		0	4.3	0	4.8	6//6/6/6			0/0/	----Other
0	0	0	0	0	0	0	0	5.4		0	0/0/	2	0	0	0	0	4.9/4.2/4.2/4.2/4.2			0/0/0	----Of the vehicles of heading 87.01
0	0	0	0	0	0	0	5	5.4		9	0/0/	9	0	4.3	0	0				0/0/0	----Of the vehicles of subheadings 8702.1091 and 8702.9010
0	0	0	0	0	0	0	0	5.4		0	0/0/	2	0	0	0	0	4.9/4.2/4.2/4.2/4.2			0/0/0	----Of the vehicles of subheadings 8704.1030 and 8704.1090
0	0	0	0	0	0	0	5	5.4		9	0/0/	5	0	4.3	0	0				0/0/0	----Of the vehicles of subheadings 8704.2100, 8704.2230, 8704.3100 and 8704.3230
0	0	0	0	0	0	0	5	5.4		9	0/0/	5	0	4.3	0	0				0/0/0	----Of the vehicles of subheadings 8704.2240, 8704.2300 and 8704.3240
0	0	0	0	0	0	0	0	5.4	0	0	0/0/	3.3	0	4.3	0	0	8.1/7/7/7/7			0/0/0	----Of the vehicles of heading 87.05
0	0	0	2.7	0	0	0	5	5.4		9	0/0/	9	0	4.3	0	0	6////6			0/0/0	----Other
0	0	0	0	0	0	0	0			5	0/0/	2	0	0	0	0	4.9/4.2/4.2/4.2/4.2			0/0/0	----Of the vehicles of heading 87.01

商品编号	商品名称及备注[检验检疫编码及名称]	进口关税(%)		增值税率(%)	消费税	计量单位	监管条件	检验检疫类别	对美税率	出口税率(%)	出口退税率(%)
		最惠国	普通								
87085082	----税号 8702. 1091 及 8702. 9010 所列车辆用										13
8708508200	座位≥30 的客车用非驱动桥及其零件〔999〕	6	70	13		千克	6			0	
87085083	----税号 8704. 1030 及 8704. 1090 所列车辆用										13
8708508300	非公路自卸车用非驱动桥及零件〔999〕	6	11	13		千克	6			0	
87085084	----税号 8704. 2100、8704. 2230、8704. 3100 及 8704. 3230 所列车辆用										13
8708508400	柴、汽油轻型货车用非驱动桥及零件(指编号 87042100、87042230、87043100、87043230 所列总重量≤14 吨车辆用,装差速器)〔999〕	6	45	13		千克	6			0	
87085085	----税号 8704. 2240、8704. 2300 及 8704. 3240 所列车辆用										13
8708508500	柴汽油重型货车用非驱动桥及零件(指编号 87042240、87042300 及 87043240 所列车辆用)〔999〕	6	30	13		千克	6			0	
87085086	----税目 87. 05 所列车辆用										13
8708508600	特种车用非驱动桥及其零件(指品目 87. 05 所列车辆用)〔999〕	6	100	13		千克	6		11%	0	
87085089	----其他										13
8708508910	未列名机动车辆用非驱动桥〔999〕	6	100	13		千克/个	6			0	
8708508990	未列名机动车辆用非驱动桥的零件〔999〕	6	100	13		千克/个	6			0	
87087010	---税目 87. 01 所列车辆用										13
8708701000	牵引车及拖拉机用车轮及其零附件(不包括品目 87. 09 的牵引车)〔999〕	6	14	13		千克	6			0	
87087020	---税号 8702. 1091 及 8702. 9010 所列车辆用										13
8708702000	大型客车用车轮及其零、附件(指 30 座及以上的客运车)〔999〕	6	70	13		千克	6			0	
87087030	---税号 8704. 1030 及 8704. 1090 所列车辆用										13
8708703000	非公路货运自卸车用车轮及其零件〔999〕	6	11	13		千克	6			0	
87087040	---税号 8704. 2100、8704. 2230、8704. 3100 及 8704. 3230 所列车辆用										13
8708704000	中小型货车用车轮及其零件(指总重量<14 吨的货运车辆)〔999〕	6	45	13		千克	6			0	
87087050	---税号 8704. 2240、8704. 2300 及 8704. 3240 所列车辆用										13
8708705000	大型货车用车轮及其零件(指编号 87042240、87042300 及 87043240 所列车辆用)〔999〕	6	30	13		千克	6			0	
87087060	---税目 87. 05 所列车辆用										13
8708706000	特种车用车轮及其零件(指品目 87. 05 所列车辆用)〔999〕	6	100	13		千克	6			0	
87087091	----铝合金制的										13
8708709100	其他车辆用铝合金制车轮及其零附件〔999〕	6	100	13		千克	6			0	
87087099	----其他										13
8708709900	其他车辆用车轮及其零附件〔999〕	6	100	13		千克	6			0	
87088010	---税目 87. 03 所列车辆用										13
8708801000	品目 87. 03 所列车辆用的悬挂系统(包括减震器)及其零件〔999〕	6	100	13		千克	6			0	
87088090	---其他										13
8708809000	其他机动车辆用的悬挂系统(包括减震器)及其零件〔999〕	6	100	13		千克	6			0	
87089110	---水箱散热器										13
8708911000	水箱散热器〔999〕	6	100	13		个/千克	6			0	
87089120	---机油冷却器										13
8708912000	机油冷却器〔999〕	6	100	13		个/千克	6			0	
87089190	---其他										13
8708919000	其他散热器及其零件(包括水箱散热器、机油冷却器的零件)〔999〕	6	100	13		个/千克	6			0	
87089200	--消声器(消音器)、排气管及其零件										13
8708920000	机动车辆的消声器(消音器)及排气管及其零件〔999〕	6	100	13		千克	6			0	
87089310	---税目 87. 01 所列车辆用										13
8708931010[暂3]	发动机功率 65 千瓦及以上的动力换挡拖拉机用离合器〔999〕	6	14	13		千克	6			0	
8708931090	其他牵引车、拖拉机用离合器及其零件〔999〕	6	14	13		千克	6			0	
87089320	---税号 8702. 1091 及 8702. 9010 所列车辆用										13
8708932000	座位≥30 的客车用离合器及其零件〔999〕	6	70	13		千克	6			0	
87089330	---税号 8704. 1030 及 8704. 1090 所列车辆用										13
8708933000	非公路自卸车用离合器及其零件〔999〕	6	11	13		千克	6			0	

协定税率(%)																		特惠税率(%)			Article Description
智利	新西兰	澳大利亚	瑞士	冰岛	秘鲁	哥斯达	东盟	亚太	新加坡	巴基斯坦	港/澳/台	韩国	格鲁吉亚	毛里求斯	柬埔寨	尼加拉瓜	日/韩/澳/新/东(RCEP)	亚太2国	老/柬/缅	LDC 98/97/95	
0	0	0	0	0	0	0	0		0	4.9	0/0/	7.5	0	6.4	0	0	//12.8/12.8/12.8			0/0/0	----Of the vehicles of subheadings 8702.1091 and 8702.9010
0	0	0	0	0	0	0	0			5	0/0/	2	0	0	0	0	4.9/4.2/4.2/4.2/4.2			0/0/0	----Of the vehicles of subheadings 8704.1030 and 8704.1090
0	0	0	0	0	0	0	0		0	2.5	0/0/	3.3	0	4.3	0	0	8.1/7/7/7/7			0/0/0	----Of the vehicles of subheadings 8704.2100, 8704.2230, 8704.3100 and 8704.3230
0	0	0	0	0	0	0	0		0	4	0/0/	3.3	0	4.3	0	0	/8.5/8.5/8.5/8.5			0/0/0	----Of the vehicles of subheadings 8704.2240, 8704.2300 and 8704.3240
0	0	0	0	0	0	0	0		0	0	0/0/	3.3	0	4.3	0	0	8.1/7/7/7/7			0/0/0	----Of the vehicles of heading 87.05
0	0	0	0	0	0	0	0		0	2.5	0/0/		0	4.3	0	0	6//6/6/6			0/0/0	----Other
0	0	0	0	0	0	0	0			5	0/0/0	2	0	0	0	0	4.9/4.2/4.2/4.2/4.2			0/0/0	---Of the vehicles of heading 87.01
0	0	0	0	0	0	0	0		0	2.5	0/0/0	3.3	0	4.3	0	0	8.1/7/7/7/7			0/0/0	---Of the vehicles of subheadings 8702.1091 and 8702.9010
0	0	0	0	0	0	0	0			5	0/0/0	2	0	0	0	0	4.9/4.2/4.2/4.2/4.2			0/0/0	---Of the vehicles of subheadings 8704.1030 and 8704.1090
0	0	0	0	0	0	0	0		0	2.5	0/0/0	0	0	4.3	0	0	7.3/7/0/0/0			0/0/0	---Of the vehicles of subheadings 8704.2100, 8704.2230, 8704.3100 and 8704.3230
0	0	0	0	0	0	0	0		0	4	0/0/0	3.3	0	4.3	0	0	8.1/7/7/7/7			0/0/0	---Of the vehicles of subheadings 8704.2240, 8704.2300 and 8704.3240
0	0	0	0	0	0	0	0		0	0	0/0/0	3.3	0	4.3	0	0	8.1/7/7/7/7			0/0/0	---Of the vehicles of heading 87.05
0	0	0	0	0	0	0	0		0	0	0/0/0		0	4.3	0	0	//6/6/6			0/0/0	----Of aluminium alloys
0	0	0	0	0	0	0	0		0	2.5	0/0/0		0	4.3	0	0	//6/6/6			0/0/0	----Other
0	0	0	0	0	0	0	0	5.4	0	0	0/0/	0	0	4.3	0	0	8.1/7/0/0/0			0/0/0	---Of the vehicles of heading 87.03
0	0	0	0	0	0	0	0	5.4	0	2.5	0/0/	0	0	4.3	0	0	7.3/7/0/0/0			0/0/0	---Other
0	0	0	0	0	0	0	0		0	0	0/0/	3.3	0	4.3	0	0	8.1/8/8.5/8.5/8			0/0/0	---Water tank radiators
0	0	0	0	0	0	0	0		0	0	0/0/	3.3	0	4.3	0	0	8.1/8/8.5/8.5/8			0/0/0	---Oil coolers
0	0	0	0	0	0	0	0		0	0	0/0/	3.3	0	4.3	0	0	8.1/8/8.5/8.5/8			0/0/0	---Other
0	0	0	0	0	0	0	0		0	0	0/0/		0	4.3	0	0	6//6/6/6			0/0/0	--Silencers (mufflers) and exhaust pipes; parts thereof
0	0	0	0	0	0	0	0			5	0/0/	2	0	0	0	0	4.9/4.2/4.2/4.2/4.2			0/0/0	---Of the vehicles of heading 87.01
0	0	0	0	0	0	0	0		0	2.5	0/0/	5	0	4.3	0	0	//8.5/8.5/8.5			0/0/0	---Of the vehicles of subheadings 8702.1091 and 8702.9010
0	0	0	0	0	0	0	0			5	0/0/	2	0	0	0	0	4.9/4.2/4.2/4.2/4.2			0/0/0	---Of the vehicles of subheadings 8704.1030 and 8704.1090

商品编号	商品名称及备注［检验检疫编码及名称］	进口关税(%)		增值税率(%)	消费税	计量单位	监管条件	检验检疫类别	对美税率	出口税率(%)	出口退税率(%)
		最惠国	普通								
87089340	---税号 8704. 2100、8704. 2230、8704. 3100 及 8704. 3230 所列车辆用										13
8708934000	柴、汽油轻型货车用离合器及零件(编号 87042100、87042230、87043100、87043230 所列总重量≤14 吨车辆用)〔999〕	6	45	13		千克	6			0	
87089350	---税号 8704. 2240、8704. 2300 及 8704. 3240 所列车辆用										13
8708935000	柴、汽油型重型货车离合器及零件(编号 87042240、87042300、87043240 所列车辆用)〔999〕	6	30	13		千克	6			0	
87089360	---税目 87. 05 所列车辆用										13
8708936000	特种车用的离合器及其零件(指品目 87. 05 所列车辆用)〔999〕	6	100	13		千克	6			0	
87089390	---其他										13
8708939000	未列名机动车辆用离合器及其零件〔999〕	6	100	13		千克	6			0	
87089410	---税目 87. 01 所列车辆用										13
8708941000	牵引车、拖拉机用转向盘、转向柱及其零件(包括转向器)〔999〕	6	14	13		千克	6			0	
87089420	---税号 8702. 1091 及 8702. 9010 所列车辆用										13
8708942001	座位≥30 的客车用转向器零件〔999〕	6	70	13		千克	6			0	
8708942090	大型客车用其他转向盘、转向柱及其零件(包括转向器)〔999〕	6	70	13		千克	6			0	
87089430	---税号 8704. 1030 及 8704. 1090 所列车辆用										13
8708943000	非公路自卸车用转向盘、转向柱及其零件(包括转向器)〔999〕	6	11	13		千克	6			0	
87089440	---税号 8704. 2100、8704. 2230、8704. 3100 及 8704. 3230 所列车辆用										13
8708944000	柴、汽油轻型货车用转向盘、转向柱、转向器及其零件(编号 87042100、87042230、87043100、87043230 所列总重量≤14 吨车辆用)〔999〕	6	45	13		千克	6			0	
87089450	---税号 8704. 2240、8704. 2300 及 8704. 3240 所列车辆用										13
8708945001	总重≥14 吨柴油型货车转向器的零件〔999〕	6	30	13		千克	6			0	
8708945090	其他重型货车用转向盘、转向柱、转向器及其零件(指编号 87042240、87042300 及 87043240 所列车辆用)〔999〕	6	30	13		千克	6			0	
87089460	---税目 87. 05 所列车辆用										13
8708946000	特种车用转向盘、转向柱及转向器及其零件(指品目 87. 05 所列车辆用)〔999〕	6	100	13		千克	6			0	
87089490	---其他										13
8708949001	采用电动转向系统的转向盘、转向柱、转向器及其零件〔999〕	6	100	13		千克	6			0	
8708949090	其他未列名机动车辆用转向盘、转向柱及其零件(包括转向器)〔999〕	6	100	13		千克	6			0	
87089500	--带充气系统的安全气囊及其零件										13
8708950000	机动车辆用带充气系统的安全气囊及其零件〔999〕	6	100	13		千克	6			0	
87089910	---税目 87. 01 所列车辆用										13
8708991000	牵引车及拖拉机用其他零附件(车轮及其零附件除外,不包括品目 87. 09 的牵引车)〔999〕	6	14	13		千克	6			0	
87089921	----车架										13
8708992100	编号 87021091 及 87029010 所列车辆用车架〔999〕	6	70	13		千克	6			0	
87089929	----其他										13
8708992900	大型客车用其他零附件(车轮及其零附件除外,指 30 座及以上的客运车)〔999〕	6	70	13		千克	6			0	
87089931	----车架										13
8708993100	非公路自卸车用车架〔999〕	6	11	13		千克	6			0	
87089939	----其他										13
8708993900[暂3]	非公路用自卸车未列名零部件(车轮及其零件除外)〔999〕	6	11	13		千克	6			0	
87089941	----车架										13
8708994100	中小型货车用车架(指总重量<14 吨的货运车辆用)〔999〕	6	45	13		千克	6			0	
87089949	----其他										13
8708994900	中小型货车用其他零附件(车轮及其零附件除外,指总重量<14 吨的货运车辆)〔999〕	6	45	13		千克	6			0	
87089951	----车架										13
8708995100	编号 87042240、87042300、87043240 所列车辆(含总重>8 吨汽油货车)用车架〔999〕	6	30	13		千克	6			0	
87089959	----其他										13
8708995900	总重≥14 吨柴油货车用其他零部件(指编号 87042240、87042300、87043240 所列车辆用,含总重>8 吨汽油货车)〔999〕	6	30	13		千克	6	L/		0	
87089960	---税目 87. 05 所列车辆用										13

协定税率(%)																		特惠税率(%)			Article Description
智利	新西兰	澳大利亚	瑞士	冰岛	秘鲁	哥斯达	东盟	亚太	新加坡	巴基斯坦	港/澳/台	韩国	格鲁吉亚	毛里求斯	柬埔寨	尼加拉瓜	日/韩/澳/新/东 (RCEP)	亚太2国	老/柬/缅	LDC 98/97/95	
0	0	0	0	0	0	0	0		0	2.5	0/0/	3.3	0	4.3	0	0	8.1/8/8.5/8.5/8			0/0/0	---Of the vehicles of subheadings 8704.2100, 8704.2230, 8704.3100 and 8704.3230
0	0	0	0	0	0	0	0		0	0	0/0/	5	0	4.3	0	0	//8.5/8.5/8.5			0/0/0	---Of the vehicles of subheadings 8704.2240, 8704.2300 and 8704.3240
0	0	0	0	0	0	0	0		0	0	0/0/	5	0	4.3	0	0	/8.5/8.5/8.5/8.5			0/0/0	---Of the vehicles of heading 87.05
0	0	0	0	0	0	0	0		0	5	0/0/		0	4.3	0	0	6/6/6/6/6			0/0/0	---Other
0	0	0	0	0	0	0	0			0	0/0/	2	0	0	0	0	4.9/4.2/4.2/4.2/4.2			0/0/0	---Of the vehicles of heading 87.01
0	0	0	0	0	0	0	0		0	2.5	0/0/	3.3	0	4.3	0	0	8.1//8.5/8.5/8			0/0/0	---Of the vehicles of subheadings 8702.1091 and 8702.9010
0	0	0	0	0	0	0	0			0	0/0/	2	0	0	0	0	4.9/4.2/4.2/4.2/4.2			0/0/0	---Of the vehicles of subheadings 8704.1030 and 8704.1090
0	0	0	0	0	0	0	0		0	2.5	0/0/	3.3	0	4.3	0	0	//6/6/6			0/0/0	---Of the vehicles of subheadings 8704.2100, 8704.2230, 8704.3100 and 8704.3230
0	0	0	0	0	0	0	0		0	2.5	0/0/	3.3	0	4.3	0	0	8.1/8/8.5/8.5/8			0/0/0	---Of the vehicles of subheadings 8704.2240, 8704.2300 and 8704.3240
0	0	0	0	0	0	0	0		0	2.5	0/0/	3.3	0	4.3	0	0	8.1/7/7/7/7			0/0/0	---Of the vehicles of heading 87.05
0	0	0	2.7	0	0	0	0		0	2.5	0/0/		0	4.3	0	0	6//6/6/6			0/0/0	---Other
0	0	0	0	0		0	5	5.4		9	0/0/	9	0	4.3	0	4.8	6////6			0/0/	--Safety airbags with inflater system; parts thereof
0	0	0	0	0	0	0	0			0	0/0/	0	0	0	0	0	4.4/4.2/0/0/0			0/0/0	---Of the vehicles of heading 87.01
0	0	0		0	0	0	0		0	20	0/0/	12.5	0	10.7	0	0	18.2/20/21.3/21.3/17.5			0/0/0	----Frames
0	0	0		0	0	0	0		0	20	0/0/	12.5	0	10.7	0	0	21.4//21.3/21.3/21.3			0/0/0	----Other
0	0	0	0	0	0	0	0			0	0/0/	2	0	0	0	0	4.9/4.2/4.2/4.2/4.2			0/0/0	----Frames
0	0	0	0	0	0	0	0			0	0/0/	2	0	0	0	0	4.9/4.2/4.2/4.2/4.2			0/0/0	----Other
0	0	0		0	0	0	0		0		0/0/	12.5	0	10.7	0	0	21.4/21.3/21.3/21.3/21.3			0/0/0	----Frames
0	0	0		0	0	0	0		0	0	0/0/	12.5	0	10.7	0	0	21.4/21.3/21.3/21.3/21.3			0/0/0	----Other
0	0	0	0	0	0	0	0		0	0	0/0/	3.3	0	4.3	0	0	8.1/7/7/7/7			0/0/0	----Frames
0	0	0	0	0	0	0	0		0	2.5	0/0/	3.3	0	4.3	0	0	8.1/8/8.5/8.5/8			0/0/0	----Other
0	0	0	0	0	0	0	0		0	6	0/0/	0	0	6.4	0	0	10.9/10.5/0/0/0			0/0/0	---Of the vehicles of heading 87.05

商品编号	商品名称及备注［检验检疫编码及名称］	进口关税(%)		增值税率(%)	消费税	计量单位	监管条件	检验检疫类别	对美税率	出口税率(%)	出口退税率(%)
		最惠国	普通								
8708996000	特种车用其他零附件(指品目 87.05 所列车辆用)〔999〕	6	100	13		千克	6			0	
87089991	----车架										13
8708999100	其他品目 87.01 至 87.04 所列车辆用车架〔999〕	6	100	13		千克/个	6			0	
87089992	----传动轴										13
8708999200	其他车辆用传动轴(品目 87.01 至 87.04 所列车辆用)〔999〕	6	100	13		千克	6			0	
87089999	----其他										13
8708999910	混合动力汽车动力传动装置及其零件(由发电机、电动机和动力分配装置等组成,品目 87.01 至 87.04 所列车辆用)〔999〕	6	100	13		千克	6			0	
8708999990	机动车辆用未列名零件. 附件(品目 87.01 至 87.04 所列车辆用)〔999〕	6	100	13		千克	6			0	
8709	**短距离运输货物的机动车辆,未装有提升或搬运设备,用于工厂、仓库、码头或机场;火车站台上用的牵引车;上述车辆的零件:**										
87091110	---牵引车										13
8709111000	电动的短距离牵引车(未装有提升或搬运设备,包括火车站台上用的电动牵引车)〔999〕	10	30	13		辆/千克	6		35%	0	
87091190	---其他										13
8709119000	电动的其他短距离运货车(未装有提升或搬运设备,用于工厂、仓库、码头或机场)〔999〕	10	30	13		辆/千克	6		35%	0	
87091910	---牵引车										13
8709191000	非电动的短距离牵引车(未装有提升或搬运设备,包括火车站台上用非电动牵引车)〔999〕	10	30	13		辆/千克	6		35%	0	
87091990	---其他										13
8709199000	非电动的其他短距离运货车(未装有提升或搬运设备,用于工厂、仓库、码头或机场)〔999〕	10	30	13		辆/千克	6		35%	0	
87099000	-零件										13
8709900000	短距离运货车、站台牵引车用零件〔999〕	8	17	13		千克	6		33%	0	
8710	**坦克及其他机动装甲战斗车辆,不论是否装有武器;上述车辆的零件:**										
87100010	---整车										0
8710001000	坦克及其他机动装甲战斗车辆〔999〕	15	100	13		辆/千克	6			0	
87100090	---零件										0
8710009000	坦克及其他机动装甲战斗车辆零件〔999〕	15	100	13		千克	6			0	
8711	**摩托车(包括机器脚踏两用车)及装有辅助发动机的脚踏车,不论有无边车;边车:**										
87111000	-装有活塞内燃发动机,气缸容量(排气量)不超过 50 毫升										13
8711100010	微马力摩托车及脚踏两用车(装有活塞发动机,微马力指排气量=50 毫升)〔999〕	45	150	13		辆/千克	46Axy	L. M/	70%	0	
8711100090	微马力摩托车及脚踏两用车(装有活塞发动机,微马力指排气量<50 毫升)〔999〕	45	150	13		辆/千克	6A	L. M/	70%	0	
87112010	---气缸容量(排气量)超过 50 毫升,但不超过 100 毫升										13
8711201000	50 毫升<排量≤100 毫升装有活塞内燃发动机摩托车及脚踏两用车〔999〕	45	150	13		辆/千克	46Axy	L. M/	70%	0	
87112020	---气缸容量(排气量)超过 100 毫升,但不超过 125 毫升										13
8711202000	100 毫升<排量≤125 毫升装有活塞内燃发动机摩托车及脚踏两用车〔999〕	45	150	13		辆/千克	46Axy	L. M/	70%	0	
87112030	---气缸容量(排气量)超过 125 毫升,但不超过 150 毫升										13
8711203000	125 毫升<排量≤150 毫升装有活塞内燃发动机摩托车及脚踏两用车〔999〕	45	150	13		辆/千克	46Axy	L. M/	70%	0	
87112040	---气缸容量(排气量)超过 150 毫升,但不超过 200 毫升										13
8711204000	150 毫升<排量≤200 毫升装有活塞内燃发动机摩托车及脚踏两用车〔999〕	45	150	13		辆/千克	46Axy	L. M/	70%	0	
87112050	---气缸容量(排气量)超过 200 毫升,但不超过 250 毫升										13
8711205010	200 毫升<排量<250 毫升装有活塞内燃发动机摩托车及脚踏两用车〔999〕	45	150	13		辆/千克	46Axy	L. M/	70%	0	
8711205090	排量=250 毫升装有活塞内燃发动机摩托车及脚踏两用车〔101 自行车零配件〕,〔102 其他非机动脚踏车零配件〕,〔103 摩托车〕	45	150	13	3%	辆/千克	46Axy	L. M/	70%	0	
87113010	---气缸容量(排气量)超过 250 毫升,但不超过 400 毫升										13
8711301000	250 毫升<排量≤400 毫升装有活塞内燃发动机摩托车及脚踏两用车〔999〕	45	150	13	10%	辆/千克	46Axy	L. M/	70%	0	
87113020	---气缸容量(排气量)超过 400 毫升,但不超过 500 毫升										13

协定税率(%)																		特惠税率(%)			Article Description
智利	新西兰	澳大利亚	瑞士	冰岛	秘鲁	哥斯达	东盟	亚太	新加坡	巴基斯坦	港/澳/台	韩国	格鲁吉亚	毛里求斯	柬埔寨	尼加拉瓜	日/韩/澳/新/东 (RCEP)	亚太2国	老/柬/缅	LDC 98/97/95	
0	0	0	0	0	0	0	0		0	2.5	0/0/0	3.3	0	4.3	0	0	8.1/8/8.5/8.5/8			0/0/0	----Frames
0	0	0	0	0	0	0	0		0	2.5	0/0/0	3.3	0	4.3	0	0	8.1/8/8.5/8.5/8			0/0/0	----Transmission shafts
0	0	0	0	0	0	0	0		0	0	0/0/0	3.3	0	4.3	0	0	8.1/8/8.5/8.5/8			0/0/0	----Other
																					Works trucks, self-propelled, not fitted with lifting or handling equipment, of the type used in factories, warehouses, dock areas or airports for short distance transport of goods; tractors of the type used on railway station platforms; parts of the foregoing vehicles:
0	0	0	0	0	0	0	0		0	4	0/0/	0	0	0	0	9	7.3/7/0/0/0			0/0/0	---Tractors
0	0	0	0	0	0	0	0		0	4	0/0/	0	0	0	0	9	7.3/7/0/0/0			0/0/0	---Other
0	0	0	0	0	0	0	0		0	2.5	0/0/	3.5	0	0	0	9	/8.9/8.9/8.9/8.9			0/0/0	---Tractors
0	0	0	0	0	0	0	0		0	2.5	0/0/	3.5	0	0	0	9	/8.9/8.9/8.9/8.9			0/0/0	---Other
0	0	0	0	0	0	0	0			0	0/0/	0	0	0	0	6.4	6.1/5.9/0/0/0			0/0/0	-Parts
																					Tanks and other armoured fighting vehicles, motorized, whether or not fitted with weapons, and parts of such vehicles:
0	0	0	0	0	0	0	0		0	6	0/0/	0	0	0	0	14	10.9/10.5/0/0/0			0/0/0	---Assembled
0	0	0	0	0	0	0	0		0	6	0/0/	0	0	0	0	14	10.9/10.5/0/0/0			0/0/0	---Parts and accessories
																					Motorcycles (including mopeds) and cycles fitted with an auxiliary motor, with or without side-cars; side-cars:
0	0	0	18	0	0	0	0		0	36	0/0/	22.5	0	9	0	42	/38.3/38.3/38.3/38.3			0/0/0	-With internal combustion piston engine of a cylinder capacity not exceeding 50cc
0	0	0	18	0	0	0	0		0		0/0/	22.5	0	9	0	42	/38.3/38.3/38.3/38.3			0/0/0	---Of a cylinder capacity exceeding 50cc but not exceeding 100cc
0	0	0	18	0	0	0	0		0		0/0/	22.5	0	9	0		/38.3/38.3/38.3/38.3			0/0/0	---Of a cylinder capacity exceeding 100cc but not exceeding 125cc
0	0	0	18	0	0	0	0		0		0/0/	22.5	0	9	0	42	/38.3/38.3/38.3/38.3			0/0/0	---Of a cylinder capacity exceeding 125cc but not exceeding 150cc
0	0	0	18	0		0	0		0		0/0/	22.5	0	9	0	42	/38.3/38.3/38.3/38.3			0/0/	---Of a cylinder capacity exceeding 150cc but not exceeding 200cc
0	0	0	18	0		0	0		0		0/0/	22.5	0	9	0	42	/38.3/38.3/38.3/38.3			0/0/	---Of a cylinder capacity exceeding 200cc but not exceeding 250cc
0	0	0		0		0	0	32.9	0	32.8	0/0/	22.5	0	9	0	42	/38.3/38.3/38.3/38.3			0/0/	---Of a cylinder capacity exceeding 250cc but not exceeding 400cc
0	0	0		0		0	0	32.9	0	32.8	0/0/	22.5	0	9	0	42	/38.3/38.3/38.3/38.3			0/0/	---Of a cylinder capacity exceeding 400cc but not exceeding 500cc

商品编号	商品名称及备注[检验检疫编码及名称]	进口关税(%) 最惠国	进口关税(%) 普通	增值税率(%)	消费税	计量单位	监管条件	检验检疫类别	对美税率	出口税率(%)	出口退税率(%)
8711302000	400毫升<排量≤500毫升装有活塞内燃发动机摩托车及脚踏两用车〔999〕	45	150	13	10%	辆/千克	46Axy	L. M/	70%	0	
87114000	-装有活塞内燃发动机,气缸容量(排气量)超过500毫升,但不超过800毫升										13
8711400000	500毫升<排量≤800毫升装有活塞内燃发动机摩托车及脚踏两用车〔999〕	40	150	13	10%	辆/千克	46Axy	L. M/	65%	0	
87115000	-装有活塞内燃发动机,气缸容量(排气量)超过800毫升										13
8711500000	800毫升<排量装有活塞内燃发动机摩托车及脚踏两用车〔999〕	30	150	13	10%	辆/千克	46Axy	L. M/	55%	0	
87116000	-装有驱动电动机的										13
8711600010	电动自行车(包括机器脚踏两用车;脚踏车)〔999〕	45	150	13		辆/千克	6A	M/	70%	0	
8711600090	其他装有电驱动电动机的摩托车〔999〕	45	150	13		辆/千克	6A	L. M/	70%	0	
87119000	-其他										
8711900010	其他排气量≤250毫升摩托车及脚踏两用车〔999〕	45	150	13	3%	辆/千克	6A	L. M/	70%	0	13
8711900020	其他排气量>250毫升摩托车及脚踏两用车〔999〕	45	150	13	10%	辆/千克	6A	L. M/	70%	0	13
8711900030	其他无法区分排气量的摩托车及脚踏两用车〔999〕	45	150	13	3%	辆/千克	6A	L. M/	70%	0	13
8711900090	装有其他辅助发动机的脚踏车,边车〔999〕	45	150	13		辆/千克	6A	L. M/	70%	0	13
8712	**自行车及其他非机动脚踏车(包括运货三轮脚踏车):**										
87120020	---竞赛型自行车										13
8712002000	竞赛型自行车〔999〕	7	130	13		辆/千克	6		32%	0	
87120030	---山地自行车										13
8712003000	山地自行车〔999〕	7	130	13		辆/千克	6		32%	0	
87120041	----16、18、20英寸										13
8712004100	16、18、20英寸越野自行车〔101 16、18英寸越野自行车〕,〔102 20英寸越野自行车〕,〔103 其他越野自行车〕	7	130	13		辆/千克	6		32%	0	
87120049	----其他										13
8712004900	其他越野自行车(包括运货三轮车)①	7	130	13		辆/千克	6		32%	0	
87120081	----16英寸及以下										13
8712008110	12~16英寸的未列名自行车〔999〕	5	130	13		辆/千克	6	L/	30%	0	
8712008190	11英寸及以下的未列名自行车〔999〕	5	130	13		辆/千克	6	L/	30%	0	
87120089	----其他										13
8712008900	其他未列名自行车〔101 12-16英寸其他自行车〕,〔102 11英寸及以下其他自行车〕,〔103 其他自行车〕	5	130	13		辆/千克	6	L/	30%	0	
87120090	---其他										13
8712009000	其他非机动脚踏车②	5	130	13		辆/千克	6	L/	30%	0	
8713	**残疾人用车,不论是否机动或其他机械驱动:**										
87131000	-非机械驱动										13
8713100000	非机械驱动的残疾人用车〔999〕	5	20			辆/千克	6			0	
87139000	-其他										13
8713900000	其他机动残疾人用车〔999〕	4	20			辆/千克	6			0	
8714	**零件、附件,供税目87.11至87.13所列车辆用:**										
87141000	-摩托车(包括机器脚踏两用车)用										13
8714100001[暂10]	星型轮及碟刹件〔999〕	15	100	13		千克	6		35%	0	
8714100010	摩托车架〔999〕	15	100	13		千克	46xy		40%	0	
8714100020[暂8]	摩托车用防抱死制动系统(ABS)及其零件〔999〕	15	100	13		千克	6		33%	0	
8714100090	摩托车其他零件、附件(包括机动脚踏两用车的零件、附件)〔999〕	15	100	13		千克	6		40%	0	
87142000	-残疾人车辆用										13
8714200000	残疾人车辆用零件、附件〔101 其他车辆零部件〕,〔102 其他非机动脚踏车零配件〕	5	17	13		千克	6		30%	0	
87149100	--车架、轮叉及其零件										13
8714910000	非机动脚踏车车架、轮叉及其零件〔101 自行车零配件〕,〔102 其他非机动脚踏车零配件〕	5	80	13		千克	6		30%	0	
87149210	---轮圈										13
8714921000	非机动脚踏车等的轮圈〔101 自行车零配件〕,〔102 其他非机动脚踏车零配件〕	5	80	13		千克	6		30%	0	
87149290	---辐条										13
8714929000	非机动脚踏车等的辐条〔101 自行车零配件〕,〔102 其他非机动脚踏车零配件〕	5	80	13		千克	6		30%	0	
87149310	---轮毂										13

① 〔101 16、18英寸越野自行车〕,〔102 20英寸越野自行车〕,〔103 其他越野自行车〕,〔104 货运三轮脚踏车〕
② 〔101 12-16英寸其他自行车〕,〔102 11英寸及以下其他自行车〕,〔103 其他自行车〕,〔104 货运三轮脚踏车〕,〔105 其他脚踏车〕

协定税率(%)																		特惠税率(%)			Article Description
智利	新西兰	澳大利亚	瑞士	冰岛	秘鲁	哥斯达	东盟	亚太	新加坡	巴基斯坦	港/澳/台	韩国	格鲁吉亚	毛里求斯	柬埔寨	尼加拉瓜	日/韩/澳/新/东(RCEP)	亚太2国	老/柬/缅	LDC 98/97/95	
0	0	0		0		0	0		0		0/0/	20	0	8	0	37.3	/34/34/34/34			0/0/	-With internal combustion piston engine of a cylinder capacity exceeding 500cc but not exceeding 800cc
0	0	0		0		0	0		0		0/0/	15	0	6	0	28	25.7/25.5/25.5/25.5/25.5			0/0/	-With internal combustion piston engine of a cylinder capacity exceeding 800cc
0	0	0		0		0	0		0		0/0/		0	9	0		//5/5/5			0/0/	-With electric motor for propulsion
0	0	0		0		0	0		0		0/0/		0	9	0		//5/5/5			0/0/	-Other
																					Bicycles and other cycles (including delivery tricycles), not motorized:
0	0	0	0	0	0	0	0	4.9	0	2.5	0/0/0	0	0	0	0	0	9.5/9.1/0/0/0			0/0/0	---Racing bicycle
0	0	0	0	0	0	0	0	4.9	0	2.5	0/0/0	0	0	0	0	0	9.5/9.1/0/0/0			0/0/0	---Mountain bicycle
0	0	0	0	0	0	0	0	4.9	0	2.5	0/0/0	0	0	0	0	0	9.5/9.1/0/0/0			0/0/0	----16", 18"or 20"
0	0	0	0	0	0	0	0	4.9	0	2.5	0/0/0	0	0	0	0	0	9.5/9.1/0/0/0			0/0/0	----Other
0	0	0	0	0	0	0	0	3.5	0	2.5	0/0/0	0	0	0	0	0	9.5/9.1/0/0/0			0/0/0	----Not larger than 16"
0	0	0	0	0	0	0	0	3.5	0	2.5	0/0/0	0	0	0	0	0	9.5/9.1/0/0/0			0/0/0	----Other
0	0	0	0	0	0	0	0	3.5	0	8.1	0/0/0		0	4.6	0	0	//5/5/5			0/0/0	---Other
																					Carriages for disabled persons, whether or not motorized or otherwise mechanically propelled:
0	0	0	0	0	0	0	0			5	0/0/	20	0	0	0	0	0/0/0/0/0			0/0/0	-Not mechanically propelled
0	0	0	0	0	0	0	0			0	0/0/	0	0	0	0	0	2.9/2.8/0/0/0			0/0/0	-Other
																					Parts and accessoris of vehicles of headings 87.11 to 87.13:
0	0	0		0	0	0	0		0	0	0/0/	15	0	6	0	14	25.7//25.5/25.5/25.5			0/0/0	-Of motorcycles (including mopeds)
0	0	0	0	0	0	0	0			0	0/0/	0	0	0	0	0	0/0/0/0/0			0/0/0	-Of carriages for disabled persons
0	0	0	0	0	0	0	0		0	3	0/0/0	0	0	0	0	0	8.7/8.4/0/0/0			0/0/0	--Frames and forks, and parts thereof
0	0	0	0	0	0	0	0		0	4.8	0/0/0	0	0	0	0	0	8.7/8.4/0/0/0			0/0/0	---Wheel rims
0	0	0	0	0	0	0	0		0	3	0/0/0	0	0	0	0	0	8.7/8.4/0/0/0			0/0/0	---Spokes
0	0	0	0	0	0	0	0		0	3	0/0/0	0	0	0	0	0	8.7/8.4/0/0/0			0/0/0	---Hubs

商品编号	商品名称及备注[检验检疫编码及名称]	进口关税(%)		增值税率(%)	消费税	计量单位	监管条件	检验检疫类别	对美税率	出口税率(%)	出口退税率(%)
		最惠国	普通								
8714931000	非机动脚踏车等的轮毂(倒轮制动毂及毂闸除外)〔101 自行车零配件〕,〔102 其他非机动脚踏车零配件〕	5	80	13		千克	6		30%	0	
87149320	---飞轮										13
8714932000	非机动脚踏车等的飞轮(倒轮制动毂及毂闸除外)〔101 自行车零配件〕,〔102 其他非机动脚踏车零配件〕	5	80	13		千克	6		30%	0	
87149390	---其他										13
8714939000	非机动脚踏车等的链轮(倒轮制动毂及毂闸除外)〔101 自行车零配件〕,〔102 其他非机动脚踏车零配件〕	5	80	13		千克	6		30%	0	
87149400	--制动器(包括倒轮制动毂及毂闸)及其零件										13
8714940000	非机动脚踏车等的制动器及其零件(包括倒轮制动鼓及鼓闸)〔101 自行车零配件〕,〔102 其他非机动脚踏车零配件〕	5	80	13		千克	6		30%	0	
87149500	--鞍座										13
8714950000	非机动脚踏车等的鞍座〔101 自行车零配件〕,〔102 其他非机动脚踏车零配件〕	5	80	13		千克/个	6		30%	0	
87149610	---脚蹬及其零件										13
8714961000	非机动脚踏车等的脚蹬及其零件〔101 自行车零配件〕,〔102 其他非机动脚踏车零配件〕	5	80	13		千克	6		30%	0	
87149620	---曲柄链轮及其零件										13
8714962000	非机动脚踏车等的曲柄链轮及其零件〔101 自行车零配件〕,〔102 其他非机动脚踏车零配件〕	5	80	13		千克	6		30%	0	
87149900	--其他										13
8714990000	非机动脚踏车等的其他零件、附件〔101 自行车零配件〕,〔102 其他非机动脚踏车零配件〕	5	80	13		千克	6		30%	0	
8715	**婴孩车及其零件:**										
87150000	婴孩车及其零件										13
8715000010	婴孩车〔101 婴儿推车〕,〔102 学步车〕	6	80	13		千克	6A	L. M/	31%	0	
8715000090	婴孩车零件〔999 婴孩车零件〕	6	80	13		千克	6A	L. M/	31%	0	
8716	**挂车及半挂车或其他非机械驱动车辆及其零件:**										
87161000	-供居住或野营用厢式挂车及半挂车										13
8716100000	供居住或野营用厢式挂车及半挂车〔999〕	10	35	13		辆/千克	6A	L. M/	35%	0	
87162000	-农用自装或自卸式挂车及半挂车										
8716200000	农用自装或自卸式挂车及半挂车〔999〕	10	35	13		辆/千克	6		35%	0	9,13
87163110	---油罐挂车及半挂车										13
8716311000	油罐挂车及半挂车〔999〕	10	20	13		辆/千克	6A	L. M/	35%	0	
87163190	---其他										13
8716319000	其他罐式挂车及半挂车〔999〕	10	35	13		辆/千克	6A	L. M/	35%	0	
87163910	---货柜挂车及半挂车										13
8716391000	货柜挂车及半挂车〔999〕	10	20	13		辆/千克	6A	L. M/	35%	0	
87163990	---其他										13
8716399000	其他货运挂车及半挂车〔999〕	10	35	13		辆/千克	6A	L. M/	35%	0	
87164000	-其他挂车及半挂车										13
8716400000	其他未列名挂车及半挂车〔999〕	10	35	13		辆/千克	6A	L. M/	35%	0	
87168000	-其他车辆										13
8716800000	其他未列名非机械驱动车辆〔999〕	10	80	13		辆/千克	6		35%	0	
87169000	-零件										13
8716900000	挂车、半挂车及非机动车用零件〔999〕	10	35	13		千克	6		15%	0	

协定税率(%)																		特惠税率(%)			Article Description
智利	新西兰	澳大利亚	瑞士	冰岛	秘鲁	哥斯达	东盟	亚太	新加坡	巴基斯坦	港/澳/台	韩国	格鲁吉亚	毛里求斯	柬埔寨	尼加拉瓜	日/韩/澳/新/东(RCEP)	亚太2国	老/柬/缅	LDC 98/97/95	
0	0	0	0	0	0	0	0		0	3	0/0/0	0	0	0	0	0	8.7/8.4/8.4/8.4/8.4			0/0/0	---Free wheel
0	0	0	0	0	0	0	0		0	3	0/0/0	0	0	0	0	0	8.7/8.4/0/0/0			0/0/0	---Other
0	0	0	0	0	0	0	0		0	4.8	0/0/0	0	0	0	0	0	8.7/8.4/8.4/8.4/8.4			0/0/0	--Brakes, including coaster braking hubs and hub brakes, and parts thereof
0	0	0	0	0	0	0	0		0	3	0/0/0	0	0	0	0	0	8.7/8.4/0/0/0			0/0/0	--Saddles
0	0	0	0	0	0	0	0		0	3	0/0/0	0	0	0	0	0	8.7/8.4/0/0/0			0/0/0	---Pedals and parts thereof
0	0	0	0	0	0	0	0		0	4.8	0/0/0	0	0	0	0	0	8.7/8.4/8.4/8.4/8.4			0/0/0	---Crank-gear and parts thereof
0	0	0	0	0	0	0	0	3.5	0	0	0/0/0	0	0	0	0	0	8.7/8.4/0/0/0			0/0/0	--Other
																					Baby carriages and parts thereof:
0	0	0	0	0	0	0	0		0	16	0/0/	6.6	0	0	0	0	16.3/14/14/14/14			0/0/0	Baby carriages and parts thereof
																					Trailers and semi-trailers; other vehicles, not mechanically propelled; parts thereof:
0	0	0	0	0	0	0	0		0	0	0/0/	3.3	0	0	0	9	8.1/7/7/7/7			0/0/0	-Trailers and semi-trailers of the caravan type, for housing or camping
0	0	0	0	0	0	0	0			0	0/0/	3.3	0	0	0	9	8.1/7/7/7/7			0/0/0	-Self-loading or self-unloading trailers and semi-trailers for agricultural purposes
0	0	0	0	0	0	0	0		0	0	0/0/	3.3	0	0	0	9	7.3/7/7/7/7			0/0/0	---Oil tanker trailers and semi-trailers
0	0	0	0	0	0	0	0			0	0/0/	0	0	0	0	9	7.3/7/0/0/0			0/0/0	---Other
0	0	0	0	0	0	0	0			0	0/0/	0	0	0	0	9	7.3/7/0/0/0			0/0/0	---Van trailers and semi-trailers
0	0	0	0	0	0	0	0			0	0/0/	0	0	0	0	9	7.3/7/0/0/0			0/0/0	---Other
0	0	0	0	0	0	0	0			0	0/0/	0	0	0	0	9	7.3/7/0/0/0			0/0/0	-Other trailers and semi-trailers
0	0	0	0	0	0	0	0		0	2.5	0/0/	0	0	0	0	9	7.3/7/0/0/0			0/0/0	-Other vehicles
0	0	0	0	0	0	0	0		0	0	0/0/	0	0	0	0	9	7.3/7/0/0/0			0/0/0	-Parts

第八十八章
航空器、航天器及其零件

注释:

一、本章所称“无人驾驶航空器”是指除品目88.01的航空器以外，没有飞行员驾驶的任何航空器，它们可设计用于载物或安装永久性集成的数码相机或其他能在飞行中发挥实用功能的设备。

但“无人驾驶航空器”不包括专供娱乐用的飞行玩具（品目95.03）。

子目注释:

一、子目8802.11至8802.40所称“空载重量”，是指航空器在正常飞行状态下，除去机组人员、燃料及非永久性安装设备后的重量。

二、子目8806.21至8806.24及8806.91至8806.94所称“最大起飞重量”，是指航空器在正常飞行状态下起飞时的最大重量，包括有效载荷、设备和燃料的重量。

商品编号	商品名称及备注[检验检疫编码及名称]	进口关税(%)		增值税率(%)	消费税	计量单位	监管条件	检验检疫类别	对美税率	出口税率(%)	出口退税率(%)
		最惠国	普通								
8801	**气球及飞艇;滑翔机、悬挂滑翔机及其他无动力航空器:**										
88010010	---滑翔机及悬挂滑翔机										13
8801001000	滑翔机及悬挂滑翔机〔999〕	3	11	13		架/千克			23%	0	
88010090	---其他										13
8801009010	自然视距以外可控飞行的无人驾驶飞艇(在30分钟≤最大续航时间<1小时,阵风≥46.3千米/小时条件下具有起飞和稳定飞行能力;或者最大续航时间≥1小时)〔999〕	3	11	13		架/千克	3		23%	0	
8801009090	气球、其他飞艇及无动力航空器(滑翔机除外)〔999〕	3	11	13		架/千克			23%	0	
8802	**其他航空器(例如,直升机、飞机),税目88.06的无人驾驶航空器除外;航天器(包括卫星)及其运载工具、亚轨道运载工具:**										
88021100	--空载重量不超过2000千克										13
8802110000	空载重量≤2吨的直升机〔999〕	2	11	13		架/千克	O		7%	0	
88021210	---空载重量超过2000千克,但不超过7000千克										13
8802121000	2吨<空载重量≤7吨的直升机〔999〕	2	11	13		架/千克	O		12%	0	
88021220	---空载重量超过7000千克										13
8802122000	空载重量>7吨的直升机〔999〕	2	11	13		架/千克	O			0	
88022000	-飞机及其他航空器,空载重量不超过2000千克										13
8802200000	空载重量≤2吨的飞机及其他航空器〔101 飞机〕,〔102 航天器〕	5	11	13		架/千克	O		10%	0	
88023000	-飞机及其他航空器,空载重量超过2000千克,但不超过15000千克										13
8802300000	2吨<空载重量≤15吨的飞机及其他航空器〔101 飞机〕,〔102 航天器〕	4	11	13		架/千克	O		9%	0	
88024010	---空载重量超过15000千克,但不超过45000千克										13
8802401000	15吨<空载重量≤45吨的飞机及其他航空器〔101 飞机〕,〔102 航天器〕	5	11	13		架/千克	O			0	
88024020	---空载重量超过45000千克										13
8802402000	空载重量>45吨的飞机及其他航空器〔999〕	1	11	13		架/千克	O			0	
88026000	-航天器(包括卫星)及其运载工具、亚轨道运载工具										13
8802600010	通信卫星〔999〕	0	11	13		架/千克				0	
8802600090	航天器(包括卫星,但通信卫星除外)及其运载工具(包括亚轨道运载工具)〔101 航天器〕,〔102 其他航空器〕	2	11	13		架/千克				0	
8804	**降落伞(包括可操纵降落伞及滑翔伞)、旋翼降落伞及其零件、附件:**										
88040000	降落伞(包括可操纵降落伞及滑翔伞)、旋翼降落伞及其零件、附件										13
8804000000	降落伞及其零件、附件(包括可操纵降落伞、滑翔伞及旋翼降落伞)〔999〕	2	11	13		千克			7%	0	
8805	**航空器的发射装置、甲板停机装置或类似装置和地面飞行训练器及其零件:**										
88051000	-航空器的发射装置及其零件;甲板停机装置或类似装置及其零件										13
8805100000	航空器的发射装置及其零件等(包括甲板停机装置或类似装置及其零件)〔999〕	1.5	11	13		千克			6.5%	0	
88052100	--空战模拟装置及其零件										13

Chapter 88
Aircraft, spacecraft and parts thereof

Section Notes:

1. For the purposes of this Chapter, the expression "unmanned aircraft" means any aircraft, other than those of heading 88.01, designed to be flown without a pilot on board. They may be designed to carry a payload or equipped with permanently integrated digital cameras or other equipment which would enable them to perform utilitarian functions during their flight.
   The expression "unmanned aircraft", however, does not cover flying toys, designed solely for amusement purposes (heading 95.03).

Subheading Notes:

1. For the purposes of subheadings 8802.11 to 8802.40, the expression "unladen weight" means the weight of the machine in normal flying order, excluding the weight of the crew and of fuel and equipment other than permanently fitted items of equipment.

2. For the purposes of subheadings 8806.21 to 8806.24 and 8806.91 to 8806.94, the expression "maximum take-off weight" means the maximum weight of the machine in normal flying order, at take-off, including the weight of payload, equipment and fuel.

协定税率(%)																		特惠税率(%)			Article Description
智利	新西兰	澳大利亚	瑞士	冰岛	秘鲁	哥斯达	东盟	亚太	新加坡	巴基斯坦	港/澳/台	韩国	格鲁吉亚	毛里求斯	柬埔寨	尼加拉瓜	日/韩/澳/新/东 (RCEP)	亚太2国	老/柬/缅	LDC 98/97/95	
																					Balloons and dirigibles; gliders, hang gliders and other non-powered aircraft:
0	0	0	0	0	0	0	0			0	0/0/	0	0	0	0	0	0/0/0/0/0			0/0/0	---Gliders and hang gliders
0	0	0	0	0	0	0	0			0	0/0/	0	0	0	0	0	0/0/0/0/0			0/0/0	---Other
																					Other aircraft (for example, helicopters, aeroplanes), except unmanned aircraft of heading 88.06; spacecraft (including satellites) and suborbital and spacecraft launch vehicles:
0	0	0	0	0	0	0	0	1.3		0	0/0/	0	0	0	0	0	0/0/0/0/0			0/0/0	--Of an unladen weight not exceeding 2000kg
0	0	0	0	0	0	0	0	1.3		0	0/0/	0	0	0	0	0	0/0/0/0/0			0/0/0	---Of an unladen weight exceeding 2000kg but not exceeding 7000kg
0	0	0	0	0	0	0	0	1.3		0	0/0/	0	0	0	0	0	0/0/0/0/0			0/0/0	---Of an unladen weight exceeding 7000kg
0	0	0	0	0	0	0	0			0	0/0/	0	0	0	0	0	3.6/3.5/0/0/0			0/0/0	-Aeroplanes and other aircraft, of an unladen weight not exceeding 2000kg
0	0	0	0	0	0	0	0			0	0/0/	0	0	0	0	0	0/0/0/0/0			0/0/0	-Aeroplanes and other aircraft, of an unladen weight exceeding 2000kg but not exceeding 15000kg
0	0	0	0	0	0	0	0	3.5		0	0/0/	0	0	0	0	0	0/0/0/0/0			0/0/0	---Of an unladen weight exceeding 15000kg but not exceeding 45000kg
0	0	0	0	0	0	0	0	0.7		0	0/0/	0	0	0	0	0	0/0/0/0/0			0/0/0	---Of an unladen weight exceeding 45000kg
0	0	0	0	0	0	0	0			0	0/0/	0	0	0	0	0	0/0/0/0/0			0/0/0	-Spacecraft (including satellites) and suborbital and spacecraft launch vehicles
																					Parachutes (including dirigible parachutes and paragliders) and rotoehutes; parts thereof and accessories thereto:
0	0	0	0	0	0	0	0			0	0/0/	0	0	0	0	0	0/0/0/0/0			0/0/0	Parachutes (including dirigible parachutes and paragliders) and rotochutes; parts thereof and accessories thereto
																					Aircraft launching gear; deck-arrestor or similar gear; ground flying trainers; parts of the foregoing articles:
0	0	0	0	0	0	0	0			0	0/0/	0	0	0	0	0	0/0/0/0/0			0/0/0	-Aircraft launching gear and parts thereof; deck-arrestor or similar gear and parts thereof
0	0	0	0	0	0	0	0			0	0/0/	0	0	0	0	0	0/0/0/0/0			0/0/0	--Air combat simulators and parts thereof

商品编号	商品名称及备注［检验检疫编码及名称］	进口关税(%)		增值税率(%)	消费税	计量单位	监管条件	检验检疫类别	对美税率	出口税率(%)	出口退税率(%)
		最惠国	普通								
8805210000	空战模拟器及其零件〔999〕	0	11	13		千克				0	
88052900	--其他										13
8805290000	其他地面飞行训练器及其零件〔999〕	0	11	13		千克	0			0	
8806	**无人驾驶航空器：**										
88061000	-设计用于旅客运输的										13
8806100010	设计用于旅客运输的两用物项管制无人驾驶航空器〔101 直升机〕,〔102 飞机〕	3	11	13		架/千克	30			0	
8806100090	设计用于旅客运输的其他无人驾驶航空器〔101 直升机〕,〔102 飞机〕	3	11	13		架/千克	0			0	
88062110	---航拍无人机										13
8806211010	仅使用遥控飞行的最大起飞重量≤250 克的航拍无人机[用于特种用途的电视摄像或数字照相(P)]〔999〕	0	99	13		架/千克			5%	0	
8806211090	其他仅使用遥控飞行的最大起飞重量≤250 克的航拍无人机〔999〕	0	99	13		架/千克			5%	0	
88062190	---其他										13
8806219000	仅使用遥控飞行的最大起飞重量≤250 克的其他无人驾驶航空器〔101 直升机〕,〔102 飞机〕,〔103 航天器〕	3.5	11	13		架/千克	0		8.5%	0	
88062210	---航拍无人机										13
8806221011	仅使用遥控飞行的 250 克<最大起飞重量≤7 千克的两用物项管制航拍无人机[用于特种用途的电视摄像或数字照相(P)]〔999〕	0	99	13		架/千克	3		5%	0	
8806221019	仅使用遥控飞行的 250 克<最大起飞重量≤7 千克的其他航拍无人机[用于特种用途的电视摄像或数字照相(P)]〔999〕	0	99	13		架/千克			5%	0	
8806221090	其他仅使用遥控飞行的 250 克<最大起飞重量≤7 千克的航拍无人机〔999〕	0	99	13		架/千克			5%	0	
88062290	---其他										13
8806229010	仅使用遥控飞行的 250 克<最大起飞重量≤7 千克的其他无人驾驶航空器(两用物项和技术出口管制的)〔101 直升机〕,〔102 飞机〕,〔103 航天器〕	3.5	11	13		架/千克	30		8.5%	0	
8806229090	仅使用遥控飞行的 250 克<最大起飞重量≤7 千克的其他无人驾驶航空器〔101 直升机〕,〔102 飞机〕,〔103 航天器〕	3.5	11	13		架/千克	0		8.5%	0	
88062310	---航拍无人机										13
8806231011	仅使用遥控飞行的 7 千克<最大起飞重量≤25 千克的两用物项管制航拍无人机[用于特种用途的电视摄像或数字照相(P)]〔999〕	0	99	13		架/千克	3		5%	0	
8806231019	仅使用遥控飞行的 7 千克<最大起飞重量≤25 千克的其他航拍无人机[用于特种用途的电视摄像或数字照相(P)]〔999〕	0	99	13		架/千克			5%	0	
8806231090	其他仅使用遥控飞行的 7 千克<最大起飞重量≤25 千克的航拍无人机〔999〕	0	99	13		架/千克			5%	0	
88062390	---其他										13
8806239010	仅使用遥控飞行的 7 千克<最大起飞重量≤25 千克的其他无人驾驶航空器(两用物项和技术出口管制的)〔101 直升机〕,〔102 飞机〕,〔103 航天器〕	3.5	11	13		架/千克	30		8.5%	0	
8806239090	仅使用遥控飞行的 7 千克<最大起飞重量≤25 千克的其他无人驾驶航空器〔101 直升机〕,〔102 飞机〕,〔103 航天器〕	3.5	11	13		架/千克	0		8.5%	0	
88062410	---航拍无人机										13
8806241011	仅使用遥控飞行的 25 千克<最大起飞重量≤150 千克的两用物项管制航拍无人机[用于特种用途的电视摄像或数字照相(P)]〔999〕	0	99	13		架/千克	3		5%	0	
8806241019	仅使用遥控飞行的 25 千克<最大起飞重量≤150 千克的其他航拍无人机[用于特种用途的电视摄像或数字照相(P)]〔999〕	0	99	13		架/千克			5%	0	
8806241090	其他仅使用遥控飞行的 25 千克<最大起飞重量≤150 千克的航拍无人机〔999〕	0	99	13		架/千克			5%	0	
88062490	---其他										13
8806249010	仅使用遥控飞行的 25 千克<最大起飞重量≤150 千克的其他无人驾驶航空器(两用物项和技术出口管制的)〔101 直升机〕,〔102 飞机〕,〔103 航天器〕	3.5	11	13		架/千克	30		8.5%	0	
8806249090	仅使用遥控飞行的 25 千克<最大起飞重量≤150 千克的其他无人驾驶航空器〔101 直升机〕,〔102 飞机〕,〔103 航天器〕	3.5	11	13		架/千克	0		8.5%	0	
88062910	---航拍无人机										13
8806291011	仅使用遥控飞行的最大起飞重量>150 千克的两用物项管制航拍无人机[用于特种用途的电视摄像或数字照相(P)]〔999〕	0	99	13		架/千克	3		5%	0	
8806291019	仅使用遥控飞行的最大起飞重量>150 千克的其他航拍无人机[用于特种用途的电视摄像或数字照相(P)]〔999〕	0	99	13		架/千克			5%	0	
8806291090	其他仅使用遥控飞行的最大起飞重量>150 千克的航拍无人机〔999〕	0	99	13		架/千克			5%	0	
88062990	---其他										13
8806299010	仅使用遥控飞行的最大起飞重量>150 千克的其他无人驾驶航空器(两用物项和技术出口管制的)〔101 直升机〕,〔102 飞机〕,〔103 航天器〕	3	11	13		架/千克	30			0	
8806299090	仅使用遥控飞行的最大起飞重量>150 千克的其他无人驾驶航空器〔101 直升机〕,〔102 飞机〕,〔103 航天器〕	3	11	13		架/千克	0			0	
88069110	---航拍无人机										13
8806911010	其他最大起飞重量≤250 克的航拍无人机[用于特种用途的电视摄像或数字照相(P)]〔999〕	0	99	13		架/千克			5%	0	
8806911090	其他其他最大起飞重量≤250 克的航拍无人机〔999〕	0	99	13		架/千克			5%	0	
88069190	---其他										13

协定税率(%)																		特惠税率(%)			Article Description
智利	新西兰	澳大利亚	瑞士	冰岛	秘鲁	哥斯达	东盟	亚太	新加坡	巴基斯坦	港/澳/台	韩国	格鲁吉亚	毛里求斯	柬埔寨	尼加拉瓜	日/韩/澳/新/东(RCEP)	亚太2国	老/柬/缅	LDC 98/97/95	
0	0	0	0	0	0	0	0	0		0	0/0/	0	0	0	0	0	0/0/0/0/0			0/0/0	--Other
																					Unmanned aircraft:
0	0	0	0	0	0	0	0			0	0/0/	0	0	0	0	0	0/0/0/0/0			0/0/0	-Designed for the carriage of passengers
0	0	0	0	0	0	0	0		0	2.7	0/0/	5.7	0	1.1	0	0	0/0/0/0/0			0/0/0	---Unmanned aircraft for aerial photography
0	0	0	0	0	0	0	0			0	0/0/	0	0	0	0	0	0/0/0/0/0			0/0/0	---Other
0	0	0	0	0	0	0	0		0	2.7	0/0/	5.7	0	1.1	0	0	0/0/0/0/0			0/0/0	---Unmanned aircraft for aerial photography
0	0	0	0	0	0	0	0			0	0/0/	0	0	0	0	0	0/0/0/0/0			0/0/0	---Other
0	0	0	0	0	0	0	0		0	2.7	0/0/	5.7	0	1.1	0	0	0/0/0/0/0			0/0/0	---Unmanned aircraft for aerial photography
0	0	0	0	0	0	0	0			0	0/0/	0	0	0	0	0	0/0/0/0/0			0/0/0	---Other
0	0	0	0	0	0	0	0		0	2.7	0/0/	5.7	0	1.1	0	0	0/0/0/0/0			0/0/0	---Unmanned aircraft for aerial photography
0	0	0	0	0	0	0	0			0	0/0/	0	0	0	0	0	0/0/0/0/0			0/0/0	---Other
0	0	0	0	0	0	0	0		0	2.7	0/0/	5.7	0	1.1	0	0	0/0/0/0/0			0/0/0	---Unmanned aircraft for aerial photography
0	0	0	0	0	0	0	0			0	0/0/	0	0	0	0	0	0/0/0/0/0			0/0/0	---Other
0	0	0	0	0	0	0	0		0	2.7	0/0/	5.7	0	1.1	0	0	0/0/0/0/0			0/0/0	---Unmanned aircraft for aerial photography
0	0	0	0	0	0	0	0			0	0/0/	0	0	0	0	0	0/0/0/0/0			0/0/0	---Other

商品编号	商品名称及备注[检验检疫编码及名称]	进口关税(%)		增值税率(%)	消费税	计量单位	监管条件	检验检疫类别	对美税率	出口税率(%)	出口退税率(%)
		最惠国	普通								
8806919000	最大起飞重量≤250克的其他无人驾驶航空器〔101 直升机〕,〔102 飞机〕,〔103 航天器〕	3.5	11	13		架/千克	0		8.5%	0	
88069210	---航拍无人机										13
8806921011	其他 250 克<最大起飞重量≤7 千克的两用物项管制航拍无人机[用于特种用途的电视摄像或数字照相(P)]〔999〕	0	99	13		架/千克	3		5%	0	
8806921019	其他 250 克<最大起飞重量≤7 千克的其他航拍无人机[用于特种用途的电视摄像或数字照相(P)]〔999〕	0	99	13		架/千克			5%	0	
8806921090	其他其他 250 克<最大起飞重量≤7 千克的航拍无人机〔999〕	0	99	13		架/千克			5%	0	
88069290	---其他										13
8806929010	250 克<最大起飞重量≤7 千克的其他无人驾驶航空器(两用物项和技术出口管制的)〔101 直升机〕,〔102 飞机〕,〔103 航天器〕	3.5	11	13		架/千克	30		8.5%	0	
8806929090	250 克<最大起飞重量≤7 千克的其他无人驾驶航空器〔101 直升机〕,〔102 飞机〕,〔103 航天器〕	3.5	11	13		架/千克	0		8.5%	0	
88069310	---航拍无人机										13
8806931011	其他 7 千克<最大起飞重量≤25 千克的两用物项管制航拍无人机[用于特种用途的电视摄像或数字照相(P)]〔999〕	0	99	13		架/千克	3		5%	0	
8806931019	其他 7 千克<最大起飞重量≤25 千克的其他航拍无人机[用于特种用途的电视摄像或数字照相(P)]〔999〕	0	99	13		架/千克			5%	0	
8806931090	其他 7 千克<最大起飞重量≤25 千克的航拍无人机〔999〕	0	99	13		架/千克			5%	0	
88069390	---其他										13
8806939010	7 千克<最大起飞重量≤25 千克的其他无人驾驶航空器(两用物项和技术出口管制的)〔101 直升机〕,〔102 飞机〕,〔103 航天器〕	3.5	11	13		架/千克	30		8.5%	0	
8806939090	7 千克<最大起飞重量≤25 千克的其他无人驾驶航空器〔101 直升机〕,〔102 飞机〕,〔103 航天器〕	3.5	11	13		架/千克	0		8.5%	0	
88069410	---航拍无人机										13
8806941011	其他 25 千克<最大起飞重量≤150 千克的两用物项管制航拍无人机[用于特种用途的电视摄像或数字照相(P)]〔999〕	0	99	13		架/千克	3		5%	0	
8806941019	其他 25 千克<最大起飞重量≤150 千克的其他航拍无人机[用于特种用途的电视摄像或数字照相(P)]〔999〕	0	99	13		架/千克			5%	0	
8806941090	其他 25 千克<最大起飞重量≤150 千克的航拍无人机〔999〕	0	99	13		架/千克			5%	0	
88069490	---其他										13
8806949010	25 千克<最大起飞重量≤150 千克的其他无人驾驶航空器(两用物项和技术出口管制的)〔101 直升机〕,〔102 飞机〕,〔103 航天器〕	3.5	11	13		架/千克	30		8.5%	0	
8806949090	25 千克<最大起飞重量≤150 千克的其他无人驾驶航空器〔101 直升机〕,〔102 飞机〕,〔103 航天器〕	3.5	11	13		架/千克	0		8.5%	0	
88069900	--其他										13
8806990010	最大起飞重量>150 千克的其他无人驾驶航空器(两用物项和技术出口管制的)〔101 直升机〕,〔102 飞机〕,〔103 航天器〕	3	11	13		架/千克	30			0	
8806990090	最大起飞重量>150 千克的其他无人驾驶航空器〔101 直升机〕,〔102 飞机〕,〔103 航天器〕	3	11	13		架/千克	0			0	
8807	**税目 88.01、88.02 或 88.06 所列货品的零件:**										
88071000	-推进器、水平旋翼及其零件										13
8807100000	推进器、水平旋翼及零件(指品目 88.01、88.02 或 88.06 所列货品用的)〔999〕	1	11	13		千克				0	
88072000	-起落架及其零件										13
8807200000	起落架及其零件(指品目 88.01、88.02 或 88.06 所列货品用的)〔999〕	1	11	13		千克				0	
88073000	-飞机、直升机及无人驾驶航空器的其他零件										13
8807300000	飞机、直升机及无人驾驶航空器的其他零件〔999〕	1	11	13		千克				0	
88079000	-其他										13
8807900010	两用物项管制的火箭及其零部件〔999〕	0	11	13		千克	3		5%	0	
8807900090	其他未列名的航空器、航天器零件(指品目 88.01 或 88.02 所列货品用的)〔999〕	0	11	13		千克			5%	0	

智利	新西兰	澳大利亚	瑞士	冰岛	秘鲁	哥斯达	东盟	亚太	新加坡	巴基斯坦	港/澳/台	韩国	格鲁吉亚	毛里求斯	柬埔寨	尼加拉瓜	日/韩/澳/新/东(RCEP)	亚太2国	老/柬/缅	LDC 98/97/95	Article Description
协定税率(%)																		特惠税率(%)			
0	0	0	0	0	0	0	0		0	2.7	0/0/	5.7	0	1.1	0	0	0/0/0/0/0			0/0/0	---Unmanned aircraft for aerial photography
0	0	0	0	0	0	0	0			0	0/0/	0	0	0	0	0	0/0/0/0/0			0/0/0	---Other
0	0	0	0	0	0	0	0		0	2.7	0/0/	5.7	0	1.1	0	0	0/0/0/0/0			0/0/0	---Unmanned aircraft for aerial photography
0	0	0	0	0	0	0	0			0	0/0/	0	0	0	0	0	0/0/0/0/0			0/0/0	---Other
0	0	0	0	0	0	0	0		0	2.7	0/0/	5.7	0	1.1	0	0	0/0/0/0/0			0/0/0	---Unmanned aircraft for aerial photography
0	0	0	0	0	0	0	0			0	0/0/	0	0	0	0	0	0/0/0/0/0			0/0/0	---Other
0	0	0	0	0	0	0	0			0	0/0/	0	0	0	0	0	0/0/0/0/0			0/0/0	--Other
																					Parts of goods of heading 88.01, 88.02 or 88.06:
0	0	0	0	0	0	0	0			0	0/0/	0	0	0	0	0	0/0/0/0/0			0/0/0	-Propellers and rotors and parts thereof
0	0	0	0	0	0	0	0			0	0/0/	0	0	0	0	0	0/0/0/0/0			0/0/0	-Under-carriages and parts thereof
0	0	0	0	0	0	0	0			0	0/0/	0	0	0	0	0	0/0/0.7/0.7/0			0/0/0	-Other parts of airplanes, helicopters or unmanned aircraft
0	0	0	0	0	0	0	0			0	0/0/	0	0	0	0	0	0/0/0/0/0			0/0/0	-Other

第八十九章
船舶及浮动结构体

注释：

已装配、未装配或已拆卸的船体、未完工或不完整的船舶，以及未装配或已拆卸的完整船舶，如果不具有某种船舶的基本特征，应归入品目 89.06。

商品编号	商品名称及备注[检验检疫编码及名称]	进口关税(%)		增值税率(%)	消费税	计量单位	监管条件	检验检疫类别	对美税率	出口税率(%)	出口退税率(%)
		最惠国	普通								
8901	**巡航船、游览船、渡船、货船、驳船及类似的客运或货运船舶：**										
89011010	---机动船舶										13
8901101010	高速客船(包括主要用于客运的类似船舶)〔999〕	5	14	13		艘/千克	0			0	
8901101090	其他机动巡航船游览船及各式渡船(包括主要用于客运的类似船舶)〔999〕	5	14	13		艘/千克	0			0	
89011090	---非机动船舶										13
8901109000	非机动巡航船、游览船及各式渡船(以及主要用于客运的类似船舶)〔999〕	8	30	13		艘/千克				0	
89012011	----载重量不超过 10 万吨										13
8901201100	载重量≤10 万吨的成品油船〔999〕	9	14	13		艘/千克	0			0	
89012012	----载重量超过 10 万吨，但不超过 30 万吨										13
8901201200	10 万吨<载重量≤30 万吨成品油船〔999〕	9	14	13		艘/千克				0	
89012013	----载重量超过 30 万吨										13
8901201300	载重量>30 万吨的成品油船〔999〕	6	14	13		艘/千克				0	
89012021	----载重量不超过 15 万吨										13
8901202100	载重量≤15 万吨的原油船〔999〕	9	14	13		艘/千克	0			0	
89012022	----载重量超过 15 万吨，但不超过 30 万吨										13
8901202200	15 万吨<载重量≤30 万吨的原油船〔999〕	9	14	13		艘/千克				0	
89012023	----载重量超过 30 万吨										13
8901202300	载重量>30 万吨的原油船〔999〕	6	14	13		艘/千克				0	
89012031	----容积在 2 万立方米及以下										13
8901203100	容积≤2 万立方米液化石油气船〔999〕	9	14	13		艘/千克	0			0	
89012032	----容积在 2 万立方米以上										13
8901203200	容积>2 万立方米液化石油气船〔999〕	6	14	13		艘/千克				0	
89012041	----容积在 2 万立方米及以下										13
8901204100	容积≤2 万立方米液化天然气船〔999〕	9	14	13		艘/千克				0	
89012042	----容积在 2 万立方米以上										13
8901204200	容积>2 万立方米液化天然气船〔999〕	6	14	13		艘/千克				0	
89012090	---其他										13
8901209000	其他油船〔999〕	9	14	13		艘/千克	0			0	
89013000	-冷藏船，但子目 8901.20 的船舶除外										13
8901300000	冷藏船(但编号 890120 的船舶除外)〔999〕	9	14	13		艘/千克				0	
89019021	----可载标准集装箱在 6000 箱及以下										13
8901902100	可载 6000 标准箱及以下的集装箱船〔999〕	9	14	13		艘/千克	0			0	
89019022	----可载标准集装箱在 6000 箱以上										13
8901902200	可载 6000 标准箱以上的集装箱船〔999〕	6	14	13		艘/千克				0	
89019031	----载重量在 2 万吨及以下										13
8901903100	载重≤2 万吨的滚装船〔999〕	9	14	13		艘/千克	0			0	
89019032	----载重量在 2 万吨以上										13
8901903200	载重>2 万吨的滚装船〔999〕	6	14	13		艘/千克				0	
89019041	----载重量不超过 15 万吨										13
8901904110	特殊民用物项管制的自航自卸式泥驳(具体商品描述详见相关公告)〔999〕	9	14	13		艘/千克	30			0	
8901904190	其他载重量≤15 万吨散货船〔999〕	9	14	13		艘/千克	0			0	
89019042	----载重量超过 15 万吨，但不超过 30 万吨										13
8901904200	15 万吨<载重量≤30 万吨散货船〔999〕	9	14	13		艘/千克				0	
89019043	----载重量超过 30 万吨										13
8901904300	载重量>30 万吨的散货船〔999〕	9	14	13		艘/千克				0	
89019050	---机动多用途船										13
8901905000	机动多用途船〔999〕	9	14	13		艘/千克				0	

Chapter 89
Ships, boats and floating structures

Chapter Note:

A hull, an unfinished or incomplete vessel, assembled, unassembled or disassembled, or a complete vessel unassembled or disassembled, is to be classified in heading 89.06 if it does not have the essential character of a vessel of a particular kind.

协定税率(%)																		特惠税率(%)			Article Description
智利	新西兰	澳大利亚	瑞士	冰岛	秘鲁	哥斯达	东盟	亚太	新加坡	巴基斯坦	港/澳/台	韩国	格鲁吉亚	毛里求斯	柬埔寨	尼加拉瓜	日/韩/澳/新/东 (RCEP)	亚太2国	老/柬/缅	LDC 98/97/95	
																					Cruise ships, excursion boats, ferryboats, cargo ships, barges and similar vessels for the transport of persons or goods:
0	0	0	0	0	0	0	0		0	0	0/0/	1.6	0	0	0	0	4.1/3.5/3.5/3.5/3.5			0/0/0	---Motor vessels
0	0	0	0	0	0	0	0			0	0/0/	2.6	0	0	0	6.4	5.8/5.6/5.6/5.6/5.6			0/0/0	---Other
0	0	0	0	0	0	0	5				0/0/	3	0	0	0	8.1	//5/5/5			0/0/0	----Loading not exceeding 100000t
0	0	0	0	0	0	0	5				0/0/	3	0	0	0	8.1	//5/5/5			0/0/0	----Loading exceeding 100000t, but not exceeding 300000t
0	0	0	0	0	0	0	5				0/0/	2	0	0	0	0	//5/5/5			0/0/0	----Loading exceeding 300000t
0	0	0	0	0	0	0	5				0/0/	3	0	0	0	8.1	//5/5/5			0/0/0	----Loading not exceeding 150000t
0	0	0	0	0	0	0	5				0/0/	3	0	0	0	8.1	//5/5/5			0/0/0	----Loading exceeding 150000t, but not exceeding 300000t
0	0	0	0	0	0	0	5				0/0/	2	0	0	0	0	//5/5/5			0/0/0	----Loading exceeding 300000t
0	0	0	0	0	0	0	5				0/0/	3	0	0	0	8.1	//5/5/5			0/0/0	----Volume with 20000m^3 or less
0	0	0	0	0	0	0	5				0/0/	2	0	0	0	0	//5/5/5			0/0/0	----Volume more than 20000m^3
0	0	0	0	0	0	0	5				0/0/	3	0	0	0	8.1	//5/5/5			0/0/0	----Volume with 20000m^3 or less
0	0	0	0	0	0	0	5				0/0/	2	0	0	0	0	//5/5/5			0/0/0	----Volume more than 20000m^3
0	0	0	0	0	0	0	5				0/0/	3	0	0	0	8.1	//5/5/5			0/0/0	---Other
0	0	0	0	0	0	0	0		0	0	0/0/	3	0	0	0	8.1	7.3/6.3/6.3/6.3/6.3			0/0/0	-Refrigerated vessels, other than those of subheading 8901.20
0	0	0	0	0	0	0	5				0/0/	3	0	0	0	8.1	//5/5/5			0/0/0	----Capable loading standard containers with 6000 or less
0	0	0	0	0	0	0	5				0/0/	2	0	0	0	0	//5/5/5			0/0/0	----Capable loading standard containers more than 6000
0	0	0	0	0	0	0	5				0/0/	3	0	0	0	8.1	//5/5/5			0/0/0	----Loading with 20000t or less
0	0	0	0	0	0	0	5				0/0/	2	0	0	0	0	//5/5/5			0/0/0	----Loading more than 20000t
0	0	0	0	0	0	0	5				0/0/	3	0	0	0	8.1	//5/5/5			0/0/0	----Loading not exceeding 150000t
0	0	0	0	0	0	0	5				0/0/	3	0	0	0	8.1	//5/5/5			0/0/0	----Loading exceeding 150000t, not exceeding 300000t
0	0	0	0	0	0	0	5				0/0/	3	0	0	0	8.1	//5/5/5			0/0/0	----Loading exceeding 300000t
0	0	0	0	0	0	0	5				0/0/	3	0	0	0	8.1	//5/5/5			0/0/0	---Multi-purposes motor vessels

商品编号	商品名称及备注[检验检疫编码及名称]	进口关税(%)		增值税率(%)	消费税	计量单位	监管条件	检验检疫类别	对美税率	出口税率(%)	出口退税率(%)
		最惠国	普通								
89019080	---其他机动船舶										13
8901908000	其他机动货运船舶及客货兼运船舶〔999〕	9	14	13		艘/千克	O			0	
89019090	---其他非机动船舶										13
8901909000	非机动货运船舶及客货兼运船舶〔999〕	8	30	13		艘/千克	O			0	
8902	**捕鱼船;加工船及其他加工保藏鱼类产品的船舶:**										
89020010	---机动船舶										13
8902001000	机动捕鱼船(包括加工船及其他加工保藏鱼类产品的船舶)〔999〕	7	14	13		艘/千克	O			0	
89020090	---非机动船舶										
8902009000	非机动捕鱼船〔999〕	8	30	13		艘/千克				0	9,13
8903	**娱乐或运动用快艇及其他船舶;划艇及轻舟:**										
89031100	--装有或设计装有发动机,空载(净)重量(不包括发动机)不超过100千克										13
8903110000	空载(净)重量(不包括发动机)不超过100千克且装有或设计装有发动机的充气船(包括刚性外壳的)〔999〕	10	30	13		艘/千克			15%	0	
89031200	--未设计装有发动机且空载(净)重量不超过100千克										13
8903120000	空载(净)重量不超过100千克且未设计装有发动机的充气船(包括刚性外壳的)〔999〕	10	30	13		艘/千克			15%	0	
89031900	--其他										13
8903190000	其他充气船(包括刚性外壳的)〔999〕	10	30	13		艘/千克			15%	0	
89032100	--长度不超过7.5米										13
8903210000	长度不超过7.5米的帆船(娱乐或运动用,充气船除外,不论是否装有辅助发动机)〔101 客运船舶〕,〔102 货运船舶〕,〔103 客、货两用船舶〕	8	30	13		艘/千克			33%	0	
89032200	--长度超过7.5米但不超过24米										
8903220010	长度超过8米,但不超过24米的机动帆船(娱乐或运动用,充气船除外)〔101 客运船舶〕,〔102 货运船舶〕,〔103 客、货两用船舶〕	8	30	13	10%	艘/千克			33%	0	13
8903220090	其他帆船,长度超过7.5米,但不超过24米(娱乐或运动用,充气船除外,不论是否装有辅助发动机)〔101 客运船舶〕,〔102 货运船舶〕,〔103 客、货两用船舶〕	8	30	13		艘/千克			33%	0	13
89032300	--长度超过24米										
8903230010	长度超过24米,但小于90米的机动帆船(娱乐或运动用,充气船除外,不论是否装有辅助发动机)〔101 客运船舶〕,〔102 货运船舶〕,〔103 客、货两用船舶〕	8	30	13	10%	艘/千克			33%	0	13
8903230090	长度超过24米的其他帆船(娱乐或运动用,充气船除外,不论是否装有辅助发动机)〔101 客运船舶〕,〔102 货运船舶〕,〔103 客、货两用船舶〕	8	30	13		艘/千克			33%	0	13
89033100	--长度不超过7.5米										13
8903310000	长度不超过7.5米的汽艇(娱乐或运动用,非充气的,但装有舷外发动机的除外)〔101 客运船舶〕,〔102 货运船舶〕,〔103 客、货两用船舶〕	10	30	13		艘/千克			20%	0	
89033200	--长度超过7.5米但不超过24米										
8903320010	长度超过8米,但不超过24米的汽艇(娱乐或运动用,非充气的,但装有舷外发动机的除外)〔101 客运船舶〕,〔102 货运船舶〕,〔103 客、货两用船舶〕	10	30	13	10%	艘/千克			20%	0	13
8903320090	其他汽艇,长度超过7.5米,但不超过8米(娱乐或运动用,非充气的,但装有舷外发动机的除外)〔101 客运船舶〕,〔102 货运船舶〕,〔103 客、货两用船舶〕	10	30	13		艘/千克			20%	0	13
89033300	--长度超过24米										
8903330010	长度超过24米,但小于90米的汽艇(娱乐或运动用,非充气的,但装有舷外发动机的除外)〔101 客运船舶〕,〔102 货运船舶〕,〔103 客、货两用船舶〕	10	30	13	10%	艘/千克			20%	0	13
8903330090	长度大于等于90米的其他汽艇(娱乐或运动用,非充气的,但装有舷外发动机的除外)〔101 客运船舶〕,〔102 货运船舶〕,〔103 客、货两用船舶〕	10	30	13		艘/千克			20%	0	13
89039300	--长度不超过7.5米										13
8903930000	娱乐或运动用其他船舶或快艇,长度不超过7.5米(包括划艇及轻舟)〔999〕	10	30	13		艘/千克			35%	0	
89039900	--其他										
8903990010	8米<长度<90米的娱乐或运动用其他机动船舶或快艇〔101 客运船舶〕,〔102 其他船舶〕	10	30	13	10%	艘/千克			35%	0	13
8903990090	其他长度超过7.5米的娱乐或运动用船舶或快艇(包括划艇及轻舟)〔999〕	10	30	13		艘/千克			35%	0	13
8904	**拖轮及顶推船:**										
89040000	拖轮及顶推船										13
8904000000	拖轮及顶推船〔999〕	9	14	13		艘/千克				0	
8905	**灯船、消防船、挖泥船、起重船及其他不以航行为主要功能的船舶;浮船坞;浮动或潜水式钻探或生产平台:**										

协定税率(%)																		特惠税率(%)			Article Description
智利	新西兰	澳大利亚	瑞士	冰岛	秘鲁	哥斯达	东盟	亚太	新加坡	巴基斯坦	港/澳/台	韩国	格鲁吉亚	毛里求斯	柬埔寨	尼加拉瓜	日/韩/澳/新/东 (RCEP)	亚太2国	老/柬/缅	LDC 98/97/95	
0	0	0	0	0	0	0	0		0	0	0/0/	3	0	0	0	8.1	6.5/6.3/6.3/6.3/6.3			0/0/0	---Other motor vessels
0	0	0	0	0	0	0	0		0	0	0/0/	2.6	0	0	0	6.4	5.8/5.6/5.6/5.6/5.6			0/0/0	---Other non-motor vessels
																					Fishing vessels; factory ships and other vessels for processing or preserving fishery products:
0	0	0	0	0	0	0	0		0	0	0/0/	2.3	0	0	0	0	5.7/4.9/4.9/4.9/4.9			0/0/0	---Motor vessels
0	0	0	0	0	0	0	0			0	0/0/	2.6	0	0	0	6.4	6.5/5.6/5.6/5.6/5.6			0/0/0	---Other
																					Yachts and other vessels for pleasure or sports; rowing boats and canoes:
0	0	0	0	0	0	0	0			0	0/0/	3.3	0	0	0	9	8.1/7/7/7/7			0/0/0	--Fitted or designed to be fitted with a motor, unladen (net) weight (excluding the motor) not exceeding 100kg
0	0	0	0	0	0	0	0			0	0/0/	3.3	0	0	0	9	8.1/7/7/7/7			0/0/0	--Not designed for use with a motor and unladen (net) weight not exceeding 100kg
0	0	0	0	0	0	0	0			0	0/0/	3.3	0	0	0	9	8.1/7/7/7/7			0/0/0	--Other
0	0	0	0	0	0	0	0			0	0/0/	2.6	0	0	0	6.4	6.5/8/6.8/6.8/6.4			0/0/0	--Of a length not exceeding 7.5m
0	0	0	0	0	0	0	0			0	0/0/	2.6	0	0	0	6.4	6.5/8/6.8/6.8/6.4			0/0/0	--Of a length exceeding 7.5m but not exceeding 24m
0	0	0	0	0	0	0	0			0	0/0/	2.6	0	0	0	6.4	6.5/8/6.8/6.8/6.4			0/0/0	--Of a length exceeding 24m
0	0	0	0	0	0	0	0		0	2.5	0/0/	3.5	0	0	0	9	8.5/8.4/8.9/8.9/8.4			0/0/0	--Of a length not exceeding 7.5m
0	0	0	0	0	0	0	0		0	2.5	0/0/	3.5	0	0	0	9	8.5/8.4/8.9/8.9/8.4			0/0/0	--Of a length exceeding 7.5m but not exceeding 24m
0	0	0	0	0	0	0	0		0	2.5	0/0/	3.5	0	0	0	9	8.5/8.4/8.9/8.9/8.4			0/0/0	--Of a length exceeding 24m
0	0	0	0	0	0	0	0			0	0/0/		0	0	0	9	//5/5/5			0/0/0	--Of a length not exceeding 7.5m
0	0	0	0	0	0	0	0			0	0/0/		0	0	0	9	//5/5/5			0/0/0	--Other
																					Tugs and pusher craft:
0	0	0	0	0	0	0	0		0	0	0/0/	3	0	0	0	8.1	7.3/7.2/7.7/7.7/7.2			0/0/0	Tugs and pusher craft
																					Light-vessels, fire-floats, dredgers, floating cranes, and other vessels the navigability of which is subsidiary to their main function; floating docks; floating or submersible drilling or production platforms:

商品编号	商品名称及备注[检验检疫编码及名称]	进口关税(%) 最惠国	进口关税(%) 普通	增值税率(%)	消费税	计量单位	监管条件	检验检疫类别	对美税率	出口税率(%)	出口退税率(%)
89051000	-挖泥船										13
8905100010	耙吸式挖泥船、绞吸式挖泥船、斗式挖泥船、吸沙船〔999〕	3	11	13		艘/千克	3			0	
8905100090	其他挖泥船〔999〕	3	11	13		艘/千克				0	
89052000	-浮动或潜水式钻探或生产平台										13
8905200000	浮动或潜水式钻探或生产平台〔999〕	6	11	13		座/千克			31%	0	
89059010	---浮船坞										13
8905901000	浮船坞〔999〕	8	30	13		个/千克				0	
89059090	---其他										13
8905909000	其他不以航行为主要功能的船舶(包括灯船、消防船、起重船)〔999〕	3	11	13		个/千克			28%	0	
8906	**其他船舶,包括军舰及救生船,但划艇除外:**										
89061000	-军舰										13
8906100000	军舰〔999〕	5	14	13		艘/千克				0	
89069010	---机动船舶										13
8906901000	其他未列名的机动船舶(包括救生船,但划艇除外)〔999〕	5	14	13		艘/千克			30%	0	
89069020	---非机动船舶										0
8906902000	其他非机动船舶〔999〕	8	30	13		艘/千克			33%	0	
89069030	---未制成或不完整的船舶,包括船舶分段										0
8906903000	未制成或不完整的船舶,包括船舶分段〔999〕	8	30	13		艘/千克			33%	0	
8907	**其他浮动结构体(例如,筏、柜、潜水箱、浮码头、浮筒及航标):**										
89071000	-充气筏										13
8907100000	充气筏〔999〕	8	30	13		艘/千克			18%	0	
89079000	-其他										13
8907900000	其他浮动结构体(例如,筏、柜、潜水箱、浮筒及航标)〔999〕	8	30	13		个/千克			28%	0	
8908	**供拆卸的船舶及其他浮动结构体:**										
89080000	供拆卸的船舶及其他浮动结构体										13
8908000000	供拆卸的船舶及其他浮动结构体〔999〕	3	11	13		艘/千克	9AB	P/Q	28%	0	

协定税率(%)																		特惠税率(%)			Article Description
智利	新西兰	澳大利亚	瑞士	冰岛	秘鲁	哥斯达	东盟	亚太	新加坡	巴基斯坦	港/澳/台	韩国	格鲁吉亚	毛里求斯	柬埔寨	尼加拉瓜	日/韩/澳/新/东(RCEP)	亚太2国	老/柬/缅	LDC 98/97/95	
0	0	0	0	0	0	0	0			0	0/0/	1	0	0	0	0	2.4/2.1/2.1/2.1/2.1			0/0/0	-Dredgers
0	0	0	0	0	0	0	0			0	0/0/	2	0	0	0	0	4.9/4.2/4.2/4.2/4.2			0/0/0	-Floating or submersible drilling or production platforms
0	0	0	0	0	0	0	5				0/0/	2.6	0	0	0	6.4	//5/5/5			0/0/0	---Floating docks
0	0	0	0	0	0	0	0			0	0/0/	1	0	0	0	0	2.4/2.1/2.1/2.1/2.1			0/0/0	---Other
																					Other vessels, including warships and life-boats other than rowing boats:
0	0	0	0	0	0	0	0			0	0/0/	1.6	0	0	0	0	3.6/3.5/3.5/3.5/3.5			0/0/0	-Warships
0	0	0	0	0	0	0	0			0	0/0/		0	0	0	0	//4.6/4.6/4.6			0/0/0	---Motor vessels
0	0	0	0	0	0	0	0			0	0/0/	2.6	0	0	0	6.4	6.5/5.6/5.6/5.6/5.6			0/0/0	---Not-motorized vessels
0	0	0	0	0	0	0	0			0	0/0/	2.6	0	0	0	6.4	6.5/6.4/6.8/6.8/6.4			0/0/0	---Unfinished or incomplete vessels, including segments of vessels
																					Other floating structures (for example, rafts, tanks, coffer-dams, landingstages, buoys and beacons):
0	0	0	0	0	0	0	0			0	0/0/	2.6	0	0	0	6.4	6.5/6.4/6.8/6.8/6.4			0/0/0	-Inflatable rafts
0	0	0	0	0	0	0	0			0	0/0/	2.6	0	0	0	6.4	6.5/6.4/6.8/6.8/6.4			0/0/0	-Other
																					Vessels and other floating structures for breaking up:
0	0	0	0	0	0	0	0			0	0/0/	1	0	0	0	0	2.4/2.1/2.1/2.1/2.1			0/0/0	Vessels and other floating structures for breaking up

第十八类
光学、照相、电影、计量、检验、医疗或外科用仪器及设备、精密仪器及设备；钟表；乐器；上述物品的零件、附件

第九十章
光学、照相、电影、计量、检验、医疗或外科用仪器及设备、精密仪器及设备；上述物品的零件、附件

注释：

一、本章不包括：

（一）机器、设备或其他专门技术用途的硫化橡胶（硬质橡胶除外）制品（品目40.16）、皮革或再生皮革制品（品目42.05）或纺织材料制品（品目59.11）；

（二）纺织材料制的承托带及其他承托物品，其承托器官的作用仅依靠自身的弹性（例如，孕妇用的承托带，用于胸部、腹部、关节或肌肉的承托绷带）（第十一类）；

（三）品目69.03的耐火材料制品；品目69.09的实验室、化学或其他专门技术用途的陶瓷器；

（四）品目70.09的未经光学加工的玻璃镜及品目83.06或第七十一章的非光学元件的贱金属或贵金属制的镜子；

（五）品目70.07、70.08、70.11、70.14、70.15或70.17的货品；

（六）第十五类注释二所规定的贱金属制通用零件（第十五类）或塑料制的类似品（第三十九章）；但专用于医疗、外科、牙科或兽医的植入物应归入品目90.21；

（七）品目84.13的装有计量装置的泵；计数和检验用的衡器或单独报验的天平砝码（品目84.23）；升降、起重及搬运机械（品目84.25至84.28）；纸张或纸板的各种切割机器（品目84.41）；品目84.66的用于机床或水射流切割机上调整工件或工具的附件，包括具有读度用的光学装置的附件（例如"光学"分度头），但其本身主要是光学仪器的除外（例如校直望远镜）；计算机器（品目84.70）；品目84.81的阀门及其他装置；品目84.86的机器及装置（包括将电路图投影或绘制到感光半导体材料上的装置）；

（八）自行车或机动车辆用探照灯或聚光灯（品目85.12）；品目85.13的手提式电灯；电影录音机、还音机及转录机（品目85.19）；拾音头或录音头（品目85.22）；电视摄像机、数字照相机及视频摄录一体机（品目85.25）；雷达设备、无线电导航设备或无线电遥控设备（品目85.26）；光导纤维、光导纤维束或光缆用连接器（品目85.36）；品目85.37的数字控制装置；品目85.39的封闭式聚光灯；品目85.44的光缆；

（九）品目94.05的探照灯及聚光灯；

（十）第九十五章的物品；

（十一）品目96.20的独脚架、双脚架、三脚架及类似品；

（十二）容量的计量器具（按其构成的材料归类）；或

（十三）卷轴、线轴及类似芯子（按其构成材料归类，例如，归入品目39.23或第十五类）。

二、除上述注释一另有规定的以外，本章各税目所列机器、设备、仪器或器具的零件、附件，应按下列规定归类：

（一）凡零件、附件本身已构成本章或第八十四章、第八十五章或第九十一章各税目（品目84.87、85.48或90.33除外）所包括的货品，应一律归入其相应的税目；

（二）其他零件、附件，如果专用于或主要用于某种或同一税目项下的多种机器、仪器或器具（包括品目90.10、90.13或90.31的机器、仪器或器具），应归入相应机器、仪器或器具的税目；

（三）所有其他零件、附件均应归入品目90.33。

三、第十六类注释三及四的规定也适用于本章。

四、品目90.05不包括武器用望远镜瞄准具、潜艇或坦克上的潜望镜式望远镜及本章或第十六类的机器、设备、仪器或器具用的望远镜；这类望远镜瞄准具及望远镜应归入品目90.13。

五、计量或检验用的光学仪器、器具或机器，如果既可归入品目90.13，又可归入品目90.31，则应归入品目90.31。

六、品目90.21所称"矫形器具"，是指下列用途的器具：

预防或矫正躯体畸变；或

生病、手术或受伤后人体部位的支撑或固定。

矫形器具包括用于矫正畸形的鞋及特种鞋垫，但需符合下列任一条件：

（一）定制的；

（二）成批生产的，单独报验，且不成双的，设计为左右两脚同样适用。

七、品目90.32仅适用于：

（一）液体或气体的流量、液位、压力或其他变化量的自动控制仪器及装置或温度自动控制装置，不论其是否依靠要被自控的因素所发生的电现象来进行工作，将这些仪器或装置被自控因素调到并保持在一设定值上，通过持续或定期测量实际值来保持稳定，修正偏差；

（二）电量自动调节器及自动控制非电量的仪器或装置，依靠要被控制的因素所发生的电现象来进行工作，将这些仪器或装置被控制的因素调到并保持在一设定值上，通过持续或定期测量实际值来保持稳定，修正偏差。

SECTION XVIII
OPTICAL, PHOTOGRAPHIC, CINEMATOGRAPHIC, MEASURING, CHECKING, PRECISION, MEDICAL OR SURGICAL INSTRUMENTS AND APPARATUS; CLOCKS AND WATCHES; MUSICAL INSTRUMENTS; PARTS AND ACCESSORIES THEREOF

Chapter 90

Optical, photographic, cinematographic, measuring, checking, precision, medical or surgical instruments and apparatus; parts and accessories thereof

Chapter Notes:

1. This Chapter does not cover:
   (a) Articles of a kind used in machines, appliances or for other technical uses, of vulcanised rubber other than hard rubber (heading 40.16), of leather or of composition leather (heading 42.05) or of textile material (heading 59.11);
   (b) Supporting belts or other support articles of textile material, whose intended effect on the organ to be supported or held derives solely from their elasticity (for example, maternity belts, thoracic support bandages, abdominal support bandages, supports for joints or muscles) (Section XI);
   (c) Refractory goods of heading 69.03; ceramic wares for laboratory, chemical or other technical uses, of heading 69.09;
   (d) Glass mirrors, not optically worked, of heading 70.09, or mirrors of base metal or of precious metal, not being optical elements (heading 83.06 or Chapter 71);
   (e) Goods of heading 70.07, 70.08, 70.11, 70.14, 70.15 or 70.17;
   (f) Parts of general use, as defined in Note 2 to Section XV, of base metal (Section XV) or similar goods of plastics (Chapter 39); however, articles specially designed for use exclusively in implants in medical, surgical, dental or veterinary sciences are to be classified in heading 90.21;
   (g) Pumps incorporating measuring devices, of heading 84.13; weight-operated counting or checking machinery, or separately presented weights for balances (heading 84.23); lifting or handling machinery (headings 84.25 to 84.28); paper or paperboard cutting machines of all kinds (heading 84.41); fittings for adjusting work or tools on machine-tools or water-jet cutting machines fittings for adjusting work or tools on machine-tools, of heading 84.66, including fittings with optical devices for reading the scale (for example, "optical" dividing heads) but not those which are in themselves essentially optical instruments (for example, alignment telescopes); calculating machines (heading 84.70); valves or other appliances of heading 84.81; machines and apparatus (including apparatus for the projection or drawing of circuit patterns on sensitised semiconductor materials) of heading 84.86;
   (h) Searchlights or spotlights of a kind used for cycles or motor vehicles (heading 85.12); portable electric lamps of heading 85.13; cinematographic sound recording, reproducing or re-recording apparatus (heading 85.19); sound-heads (heading 85.22); television cameras, digital cameras and video camera recorders (heading 85.25); radar apparatus, radio navigational aid apparatus or radio remote control apparatus (heading 85.26); connectors for optical fibres, optical fibre bundles or cables (heading 85.36); numerical control apparatus of heading 85.37; sealed beam lamp units of heading 85.39; optical fibre cables of heading 85.44;
   (ij) Searchlights or spotlights of heading 94.05;
   (k) Articles of Chapter 95;
   (l) Monopods, bipods, tripods and similar articles, of heading 96.20;
   (m) Capacity measures, which are to be classified according to their constituent material; or
   (n) Spools, reels or similar supports (which are to be classified according to their constituent material, for example, in heading 39.23 or Section XV).

2. Subject to Note 1 above, parts and accessories for machines, apparatus, instruments or articles of this Chapter are to be classified according to the following rules:
   (a) Parts and accessories which are goods included in any of the headings of this Chapter or of Chapter 84, 85 or 91 (other than heading 84.87, 85.48 or 90.33) are in all cases to be classified in their respective headings;
   (b) Other parts and accessories, if suitable for use solely or principally with a particular kind of machine, instrument or apparatus, or with a number of machines, instruments or apparatus of the same heading (including a machine, instrument or apparatus of heading 90.10, 90.13 or 90.31) are to be classified with the machines, instruments or apparatus of that kind;
   (c) All other parts and accessories are to be classified in heading 90.33.

3. The provisions of Notes 3 and 4 to Section XVI apply also to this Chapter.

4. Heading 90.05 does not apply to telescopic sights for fitting to arms, periscopic telescopes for fitting to submarines or tanks, or to telescopes for machines, appliances, instruments or apparatus of this Chapter or Section XVI; such telescopic sights and telescopes are to be classified in heading 90.13.

5. Measuring or checking optical instruments, appliances or machines which, but for this Note, could be classified both in heading 90.13 and in heading 90.31 are to be classified in heading 90.31.

6. For the purpose of heading 90.21, the expression "orthopaedic appliances" means appliances for:
   Preventing or correcting bodily deformities; or
   Supporting or holding parts of the body following an illness, operation or injury.
   Orthopaedic appliances include footwear and special insoles designed to correct orthopaedic conditions, provided that they are either:
   (a) made to measure; or
   (b) mass-produced presented singly and not in pairs and designed to fit either foot equally.

7. Heading 90.32 applies only to:
   (a) Instruments and apparatus for automatically controlling the flow, level, pressure or other variables of liquids or gases, or for automatically controlling temperature, whether or not their operation depends on an electrical phenomenon which varies according to the factor to be automatically controlled; which are designed to bring this factor to, and maintain it at a desired value, stabilized against disturbances, by constantly or periodically measuring its actual value; and
   (b) Automatic regulators of electrical quantities, and instruments or apparatus for automatically controlling non-electrical quantities the operation of which depends on an electrical phenomenon varying according to the factor to be controlled, which are designed to bring this factor to, and maintain it at a desired value, stabilized against disturbances, by constantly or periodically measuring its actual value.

商品编号	商品名称及备注[检验检疫编码及名称]	进口关税(%) 最惠国	进口关税(%) 普通	增值税率(%)	消费税	计量单位	监管条件	检验检疫类别	对美税率	出口税率(%)	出口退税率(%)
9001	**光导纤维及光导纤维束;光缆,但税目85.44的货品除外;偏振材料制的片及板;未装配的各种材料制透镜(包括隐形眼镜片)、棱镜、反射镜及其他光学元件,但未经光学加工的玻璃制上述元件除外:**										
90011000	-光导纤维、光导纤维束及光缆										13
9001100001	非色散位移单模光纤(G.652,包括G652A、G652B、G652C、G652D等)〔999〕	5	20	13		千克			30%	0	
9001100002	其他单模光纤〔999〕	5	20	13		千克			30%	0	
9001100090	光导纤维束、光缆及其他光导纤维(但品目85.44的货品除外)〔999〕	5	20	13		千克			30%	0	
90012000	-偏振材料制的片及板										13
9001200010	液晶投影仪用偏光板〔999〕	0	20	13		千克			25%	0	
9001200020	数字电影放映机用偏光板〔999〕	0	20	13		千克			25%	0	
9001200090	其他偏振材料制的片及板〔999〕	0	20	13		千克			25%	0	
90013000	-隐形眼镜片										13
9001300000[暂6]	隐形眼镜片〔999〕	7	70	13		片/千克			26%	0	
90014010	---变色镜片										13
9001401000	玻璃制变色镜片〔999〕	7	90	13		片/千克				0	
90014091	----太阳镜片										13
9001409100	玻璃制太阳镜片〔999〕	7	90	13		片/千克				0	
90014099	----其他										13
9001409900	玻璃制其他眼镜片(变色镜片、太阳镜片除外)〔999〕	7	70	13		片/千克			32%	0	
90015010	---变色镜片										13
9001501000	非玻璃材料制变色镜片〔999〕	7	90	13		片/千克			27%	0	
90015091	----太阳镜片										13
9001509100	非玻璃材料制太阳镜片〔999〕	7	90	13		片/千克			32%	0	
90015099	----其他										13
9001509900	非玻璃材料制其他眼镜片(变色镜片、太阳镜片除外)〔999〕	7	70	13		片/千克			32%	0	
90019010	---彩色滤光片										13
9001901000	彩色滤光片〔999〕	0	20	13		千克/片			20%	0	
90019090	---其他										13
9001909010	光通信用微光组件的光学元件(包括波长800纳米~1700纳米薄膜滤光片、自聚焦透镜、法拉第旋转片)〔999〕	0	20	13		千克			20%	0	
9001909020	微型镜片(激光视盘机激光收发装置用)〔999〕	0	20	13		千克			20%	0	
9001909030	非涅耳透镜投影屏(屏幕对角线≥80英寸,投射比≤0.26,增益比≥0.8,镜头间距≤100微米)〔999〕	0	20	13		千克			20%	0	
9001909040	液晶显示屏背光模组的光学元件(包括导光板、反射板、扩散片、增亮片)〔101计算机、辅助设备及其零件〕,〔102视听设备及其零件〕	0	20	13		千克			20%	0	
9001909050	液晶投影仪用偏光元件〔999〕	0	20	13		千克			20%	0	
9001909060	数字电影放映机用偏光元件〔999〕	0	20	13		千克			20%	0	
9001909090	品目90.01未列名的其他光学元件(未经光学加工的玻璃制元件除外)〔999〕	0	20	13		千克			20%	0	
9002	**已装配的各种材料制透镜、棱镜、反射镜及其他光学元件,作为仪器或装置的零件、配件,但未经光学加工的玻璃制上述元件除外:**										
90021110	---税号9006.1010至9006.3000所列照相机用										13
9002111000	特殊用途照相机用物镜(指编号90061000~90063000所列的照相机)〔999〕	6	14	13		千克/个				0	
90021120	---缩微阅读机用										13
9002112000	缩微阅读机用物镜〔999〕	6	14	13		千克/个				0	
90021131	----单反相机镜头										13
9002113110[暂3]	单反相机镜头(整机)〔999〕	6	80	13		千克/个			28%	0	
9002113190[暂3]	单反相机镜头的零件及附件〔999〕	6	80	13		千克/个			28%	0	
90021139	----其他										13
9002113900[暂3]	其他相机用镜头(单反相机除外)〔999〕	6	80	13		千克/个			28%	0	
90021190	---其他										13
9002119010[暂3]	彩色投影机和数字光处理器的镜头及镜头组件〔999〕	10	80	13		千克/个			28%	0	
9002119090	其他投影仪等用物镜(包括照片放大机用物镜)〔999〕	10	80	13		千克/个			35%	0	

协定税率(%)																		特惠税率(%)			
智利	新西兰	澳大利亚	瑞士	冰岛	秘鲁	哥斯达	东盟	亚太	新加坡	巴基斯坦	港/澳/台	韩国	格鲁吉亚	毛里求斯	柬埔寨	尼加拉瓜	日/韩/澳/新/东(RCEP)	亚太2国	老/柬/缅	LDC 98/97/95	Article Description
																					Optical fibres and optical fibre bundles; optical fibre cables, other than those of heading 85.44; sheets and plates of polarizing material; lenses (including contact lenses), prisms, mirrors and other optical elements, of any material, unmounted, other than such elements of glass not optically worked:
0	0	0	0	0	0	0	0	4.5		0	0/0/	4.5	0	0	0	0	//4.6/4.6/4.6			0/0/0	-Optical fibres, optical fibre bundles and cables
0	0	0	0	0	0	0	0	0		0	0/0/	0		0	0	0	5.8/5.6/0/0/0			0/0/0	-Sheets and plates of polarizing material
0	0	0	0	0	0	0	0		0	0	0/0/	5	0	0	0	0	//8.5/8.5/8.5			0/0/0	-Contact lenses
0	0	0	0	0	0	0	0		0	16	0/0/	6.6	0	0	0	0	16.3/14/14/14/14			0/0/0	---Photochromic
0	0	0	0	0	0	0	0		0	16	0/0/	6.6	0	0	0	0	16.3/14/14/14/14			0/0/0	----For sunglasses
0	0	0	0	0	0	0	0		0	16	0/0/	6.6	0	0	0	0	16.3/14/14/14/14			0/0/0	----Other
0	0	0	0	0	0	0	0		0	16	0/0/	6.6	0	0	0	0	16.3/16/17/17/16			0/0/0	---Photochromic
0	0	0	0	0	0	0	0		0	16	0/0/	6.6	0	0	0	0	16.3/16/17/17/16			0/0/0	----For sunglasses
0	0	0	0	0	0	0	0		0	16	0/0/	0	0	0	0	0	14.5/14/14/14/14			0/0/0	----Other
0	0	0	0	0	0	0	0	0		0	0/0/	2.6	0	0	0	0	5.8/5.6/0/0/0			0/0/0	---Color filters
0	0	0	0	0	0	0	0	0		0	0/0/	0	0	0	0	0	5.8/5.6/0/0/0			0/0/0	---Other
																					Lenses, prisms, mirrors and other optical elements, of any material, mounted, being parts of or fittings for instruments or apparatus, other than such elements of glass not optically worked:
0	0	0	0	0	0	0	0	4.8		0	0/0/	0	0	0	0	0	5.8/0/0/0/0			0/0/0	---For the photographic cameras of subheadings 9006.1010 to 9006.3000
0	0	0	0	0	0	0	0	3.9		0	0/0/	0	0	0	0	0	5.8/0/0/0/0			0/0/0	---For microfilm, microfiche or other microform readers
0	0	0	0	0	0	0	0		0	6	0/0/		0	0	0	0	7.5//12.8/12.8/12.8			0/0/0	----Lens for single lens reflex cameras
0	0	0	0	0	0	0	0		0	6	0/0/	0	0	0	0	0	10.9/10.5/0/0/0			0/0/0	----Other
0	0	0	0	0	0	0	0		0	6	0/0/0	5	0	0	0	9	12.2/12/12.8/12.8/12			0/0/0	---Other

商品编号	商品名称及备注[检验检疫编码及名称]	进口关税(%)		增值税率(%)	消费税	计量单位	监管条件	检验检疫类别	对美税率	出口税率(%)	出口退税率(%)
		最惠国	普通								
90021910	---摄影机或放映机用										13
9002191000	摄影机或放映机用物镜〔999〕	0	40	13		千克/个			25%	0	
90021990	---其他										13
9002199010	摄像机、摄录一体机的镜头〔999〕	0	50	13		千克/个			25%	0	
9002199020	手机、平板电脑用物镜(800万像素及以上)〔999〕	0	50	13		千克/个			25%	0	
9002199090	品目90.02未列名的其他物镜〔999〕	0	50	13		千克/个			25%	0	
90022010	---照相机用										13
9002201000	照相机用滤光镜〔999〕	0	80	13		千克/个			25%	0	
90022090	---其他										13
9002209000	其他光学仪器或装置滤光镜〔999〕	0	40	13		千克/个			10%	0	
90029010	---照相机用										13
9002901010	照相机用带屈光度调节装置的目镜(但物镜,滤光镜除外)〔999〕	0	80	13		千克/个			20%	0	
9002901090	其他照相机用未列名光学元件(但物镜,滤光镜除外)〔999〕	0	80	13		千克/个			20%	0	
90029090	---其他										13
9002909010	抗辐射镜头[能抗 5×10^4 戈瑞(硅)以上辐射而又不会降低使用质量]〔999〕	0	40	13		千克/个	3		20%	0	
9002909020	其他带屈光度调节装置的目镜〔999〕	0	40	13		千克/个			20%	0	
9002909030	掩模版〔999〕	0	40	13		千克/个			20%	0	
9002909090	其他光学仪器用未列名光学元件(但物镜,滤光镜除外)〔999〕	0	40	13		千克/个			20%	0	
9003	**眼镜架及其零件:**										
90031100	--塑料制										13
9003110000	塑料制眼镜架〔999〕	7	70	13		千克/副			32%	0	
90031910	---金属材料制										13
9003191000[暂6]	金属材料制眼镜架〔999〕	7	70	13		千克/副			31%	0	
90031920	---天然材料制										
9003192010	濒危动植物产品制眼镜架〔999〕	7	70	13		千克/副	FE			0	0
9003192090	其他天然材料制眼镜架〔999〕	7	70	13		千克/副				0	13
90031990	---其他										13
9003199000	其他材料制眼镜架〔999〕	7	70	13		千克/副				0	
90039000	-零件										13
9003900000	眼镜架零件〔999〕	6	70	13		千克			31%	0	
9004	**矫正视力、保护眼睛或其他用途的眼镜、挡风镜及类似品:**										
90041000	-太阳镜										13
9004100000[暂6]	太阳镜〔999〕	7	100	13		千克/副			16%	0	
90049010	---变色镜										13
9004901000	变色镜〔999〕	7	100	13		千克/副			27%	0	
90049090	---其他										13
9004909000	其他眼镜(但太阳镜,变色镜除外)〔999〕	7	90	13		千克/副			32%	0	
9005	**双筒望远镜、单筒望远镜、其他光学望远镜及其座架;其他天文仪器及其座架,但不包括射电天文仪器:**										
90051000	-双筒望远镜										13
9005100000	双筒望远镜〔999〕	10	50	13		个/千克			35%	0	
90058010	---天文望远镜及其他天文仪器										13
9005801000	天文望远镜及其他天文仪器〔999〕	3	8	13		台/千克			13%	0	
90058090	---其他										13
9005809000	其他光学望远镜(包括单筒望远镜)〔999〕	10	50	13		台/千克			30%	0	
90059010	---天文望远镜及其他天文仪器用										13
9005901000	天文望远镜及其他天文仪器用零件(包括座架)〔999〕	2	8	13		千克			7%	0	
90059090	---其他										13
9005909000	其他望远镜零件、附件(包括座架)〔999〕	6	30	13		千克			31%	0	
9006	**照相机(电影摄影机除外);照相闪光灯装置及闪光灯泡,但税目85.39的放电灯泡除外:**										

协定税率(%)																		特惠税率(%)			Article Description
智利	新西兰	澳大利亚	瑞士	冰岛	秘鲁	哥斯达	东盟	亚太	新加坡	巴基斯坦	港/澳/台	韩国	格鲁吉亚	毛里求斯	柬埔寨	尼加拉瓜	日/韩/澳/新/东(RCEP)	亚太2国	老/柬/缅	LDC 98/97/95	
0	0	0	0	0	0	0	0		0	6	0/0/	0	0	0	0	0	10.9/10.5/0/0/0			0/0/0	---For cinematographic cameras or projectors
0	0	0	0	0	0	0	0		0	6	0/0/0	5	0	0	0	0	10.9/10.5/0/0/0			0/0/0	---Other
0	0	0	0	0	0	0	0	0	0	6	0/0/	5	0	0	0	0	10.9/10.5/10.5/10.5/10.5			0/0/0	---For cameras
0	0	0	0	0	0	0	0	0	0	6	0/0/	5	0	0	0	0	10.9/10.5/10.5/10.5/10.5			0/0/0	---Other
0	0	0	0	0	0	0	0		0	6	0/0/0	5	0	0	0	0	10.9/10.5/0/0/0			0/0/0	---For cameras
0	0	0	0	0	0	0	0		0	6	0/0/0	5	0	0	0	0	10.9/10.5/0/0/0			0/0/0	---Other
																					Frames and mountings for spectacles, goggles or the like, and parts thereof:
0	0	0	0	0	0	0	0		0	14.4	0/0/	0	0	0	0	0	13.1/12.6/0/0/0			0/0/0	--Of plastics
0	0	0	0	0	0	0	0			0	0/0/	0	0	0	0	0	7.3/7/0/0/0			0/0/0	---Of metal materials
0	0	0	0	0	0	0	0			0	0/0/	0	0	0	0	0	7.3/7/0/0/0			0/0/0	---Of natural materials
0	0	0	0	0	0	0	0			0	0/0/	0	0	0	0	0	7.3/7/0/0/0			0/0/0	---Other
0	0	0	0	0	0	0	0			0	0/0/	0	0	0	0	0	7.3/7/0/0/0			0/0/0	-Parts
																					Spectacles, goggles and the like, corrective, protective or other:
0	0	0	0	0	0	0	0		0	16	0/0/	6.6	0	0	0	0	16.3/16/17/17/16			0/0/0	-Sunglasses
0	0	0	0	0	0	0	0		0	6.4	0/0/	0	0	0	0	0	11.6/11.2/0/0/0			0/0/0	---Photochromic spectacles
0	0	0	0	0	0	0	0		0		0/0/	0	0	0	0	0	14.5/14/0/0/0			0/0/0	---Other
																					Binoculars, monoculars, other optical telescopes, and mountings therefor; other astronomical instruments and mountings therefor, but not including instruments for radio-astronomy:
0	0	0	0	0	0	0	0		0	6	0/0/	0	0	0	0	9	10.9/10.5/0/0/0			0/0/0	-Binoculars
0	0	0	0	0	0	0	0			0	0/0/	0	0	0	0	0	0/0/0/0/0			0/0/0	---Astronomical telescopes and other astronomical instruments
0	0	0	0	0	0	0	0		0	3	0/0/	0	0	0	0	9	8.7/8.4/0/0/0			0/0/0	---Other
0	0	0	0	0	0	0	0	1.6		0	0/0/	0	0	0	0	0	0/0/0/0/0			0/0/0	---Of instruments of subheading 9005.8010
0	0	0	0	0	0	0	0			0	0/0/	0	0	0	0	0	5.8/0/0/0/0			0/0/0	---Other
																					Photographic (other than cine-matographic) cameras; photographic flashlight apparatus and flashbulbs, other than discharge lamps of heading 85.39:

商品编号	商品名称及备注[检验检疫编码及名称]	进口关税(%)		增值税率(%)	消费税	计量单位	监管条件	检验检疫类别	对美税率	出口税率(%)	出口退税率(%)
		最惠国	普通								
90063000	-水下、航空测量或体内器官检查用的特种照相机;法庭或犯罪学用的比较照相机										13
9006300000	特种用途的照相机(主要是指水下、航空测量或体内器官检查等用;法庭或犯罪学用的比较照相机)〔999〕	9	17	13		台/千克			34%	0	
90064000	-一次成像照相机										13
9006400000	一次成像照相机〔999〕	5	70	13		台/千克			30%	0	
90065310	---通过镜头取景[单镜头反光式(SLR)]										13
9006531000	通过镜头取景[单镜头反光式(SLR)]的照相机(使用胶片宽度为35毫米)〔999〕	9	100	13		台/千克				0	
90065390	---其他										13
9006539000	其他照相机(使用胶片宽度为35毫米)〔999〕	9	100	13		台/千克			34%	0	
90065910	---激光照相排版设备										13
9006591000	激光照相排版设备(使用胶片宽>35毫米)〔999〕	9	35	13		台/千克				0	
90065921	----电子分色机										13
9006592100	电子分色机〔999〕	9	20	13		台/千克				0	
90065929	----其他										13
9006592900	其他制版照相机〔999〕	9	20	13		台/千克				0	
90065930	---通过镜头取景[单镜头反光式(SLR)],使用胶片宽度小于35毫米										13
9006593000	通过镜头取景[单镜头反光式(SLR)]的照相机(使用胶片宽度小于35毫米)〔999〕	9	100	13		台/千克				0	
90065941	----缩微照相机,使用缩微胶卷、胶片或其他缩微品的										13
9006594100	使用缩微胶卷、胶片或其他缩微品的缩微照相机(使用胶片宽度小于35毫米)〔999〕	9	17	13		台/千克			14%	0	
90065949	----其他										13
9006594900	使用胶片宽度小于35毫米的其他照相机〔999〕	9	100	13		台/千克			14%	0	
90065990	---其他										13
9006599010	分幅相机(记录速率超过每秒225000帧)〔999〕	9	100	13		台/千克	3			0	
9006599020	分幅相机(帧曝光时间为50纳秒或更短)〔999〕	9	100	13		台/千克	3			0	
9006599090	使用胶片宽>35毫米的其他照相机〔999〕	9	100	13		架/千克				0	
90066100	--放电式(电子式)闪光灯装置										13
9006610001[暂4]	照相手机用闪光灯组件〔999〕	9	80	13		个/千克			29%	0	
9006610002	照相机外置式电子闪光灯(闪光指数GN≥30,具有无线闪光功能,支持自动变焦)〔999〕	9	80	13		个/千克			34%	0	
9006610090	其他放电式(电子式)闪光灯装置〔999〕	9	80	13		个/千克			34%	0	
90066910	---闪光灯泡										13
9006691000	闪光灯泡〔101 其他电光源及其零件〕,〔102 其他电子式光学仪器零件〕	9	80	13		个/千克			34%	0	
90066990	---其他										13
9006699000	其他照相闪光灯装置〔999〕	9	80	13		个/千克			29%	0	
90069110	---税号9006.3000、9006.5921、9006.5929所列照相机用										13
9006911000	编号90063000、90065921、90065929所列照相机用的零件、附件〔999〕	8	17	13		千克			18%	0	
90069120	---一次成像照相机用										13
9006912000	一次成像照相机的零件、附件〔999〕	5	100	13		千克			30%	0	
90069191	----自动调焦组件										13
9006919100[暂6]	其他照相机的自动调焦组件〔999〕	8	100	13		千克/套			31%	0	
90069192	----快门组件										13
9006919200[暂6]	其他照相机的快门组件〔999〕	8	100	13		千克/套			31%	0	
90069199	----其他										13
9006919900[暂6]	其他照相机的其他零件、附件〔999〕	8	100	13		千克			26%	0	
90069900	--其他										13
9006990000	照相闪光灯装置及闪光灯泡的零件〔999〕	8	80	13		千克			33%	0	
9007	**电影摄影机、放映机,不论是否带有声音的录制或重放装置:**										
90071010	---高速摄影机										13
9007101000	高速电影摄影机〔999〕	12	40	13		台/千克				0	
90071090	---其他										13

协定税率(%)																		特惠税率(%)			
智利	新西兰	澳大利亚	瑞士	冰岛	秘鲁	哥斯达	东盟	亚太	新加坡	巴基斯坦	港/澳/台	韩国	格鲁吉亚	毛里求斯	柬埔寨	尼加拉瓜	日/韩/澳/新/东(RCEP)	亚太2国	老/柬/缅	LDC 98/97/95	Article Description
0	0	0	0	0	0	0	0			0	0/0/		0	0	0	8. 1	//5/5/5			0/0/0	-Cameras specially designed for under-water use, for aerial survey or for medical or surgical examination of internal organs; comparison cameras for forensic or criminological purposes
0	0	0	0	0	0	0	0			0	0/0/	0	0	0	0	0	3. 6/3. 5/0/0/0			0/0/0	-Instant print cameras
0	0	0	9	0		0	0		0		0/0/	12. 5	0	5	0	8. 1	21. 4/21. 3/21. 3/21. 3/21. 3			0/0/	---With a through-the-lens viewfinder (single lens reflex (SLR))
0	0	0	0	0	0	0	0		0		0/0/	6. 6	0	0	0	8. 1	16. 3/14/14/14/14			0/0/0	---Other
0	0	0	0	0	0	0	0		0	0	0/0/	3	0	0	0	8. 1	7. 3/6. 3/6. 3/6. 3/6. 3			0/0/0	---Laser photo typesetting equipments
0	0	0	0	0	0	0	0		0	3	0/0/	0	0	0	0	8. 1	8. 7/8. 4/0/0/0			0/0/0	----Electronic colour scanners
0	0	0	0	0	0	0	0			0	0/0/	0	0	0	0	8. 1	7. 3/7/0/0/0			0/0/0	----Other
0	0	0	9	0		0	0		0		0/0/	12. 5	0	5	0	8. 1	21. 4/21. 3/21. 3/21. 3/21. 3			0/0/	---With a through-the-lens viewfinder (single lens reflex (SLR)), for roll film of a width less than 35mm
0	0	0	0	0	0	0	0			0	0/0/	0	0	0	0	8. 1	6. 5/0/0/0/0			0/0/0	----Cameras of a kind used for recording documents on microfilm, microfiche or other microforms
0	0	0	9			0	0		0		0/0/	12. 5	0	5	0	8. 1	21. 4/21. 3/21. 3/21. 3/21. 3			0/0/	----Other
0	0	0		0		0	0	5. 9	0		0/0/	12. 5	0	5	0	8. 1	/21. 3/21. 3/21. 3/21. 3			0/0/	---Other
0	0	0	0	0	0	0	0		0		0/0/	0	0	0	0	8. 1	13. 1/12. 6/12. 6/12. 6/12. 6			0/0/0	--Discharge lamp (electronic) flashlight apparatus
0	0	0	0	0	0	0	0		0	7. 2	0/0/	9	0	0	0	8. 1	//15. 3/15. 3/15. 3			0/0/0	---Flashbulbs
0	0	0	0	0	0	0	0		0	7. 2	0/0/	0	0	0	0	8. 1	13. 1/12. 6/0/0/0			0/0/0	---Other
0	0	0	0	0	0	0	0	5. 2		0	0/0/	0	0	0	0	6. 4	5. 8/5. 6/0/0/0	0		0/0/0	---For cameras of subheadings 9006. 3000, 9006. 5921 and 9006. 5929
0	0	0	0	0	0	0	0	3. 3		0	0/0/	0	0	0	0	0	0/0/0/0/0	0		0/0/0	---For instant print cameras
0	0	0	0	0	0	0	0	5. 2	0	0	0/0/	0	0	0	0	6. 4	7. 3/7/0/0/0	0		0/0/0	----Automatic focal setting units
0	0	0	0	0	0	0	0	5. 2	0	0	0/0/	0	0	0	0	6. 4	7. 3/7/0/0/0	0		0/0/0	----Shutter units
0	0	0	0	0	0	0	0	5. 2	0	0	0/0/	0	0	0	0	6. 4	7. 3/7/0/0/0	0		0/0/0	----Other
0	0	0	0	0	0	0	0		0	3	0/0/	0	0	0	0	6. 4	8. 7/8. 4/0/0/0			0/0/0	--Other
																					Cinematographic cameras and projectors, whether or not incorporating sound recording or reproducing apparatus:
0	0	0	0	0	0	0	0		0	3. 5	0/0/	0	0	0	0	11. 2	10. 2/9. 8/0/0/0			0/0/0	---High speed cameras
0	0	0	0	0	0	0	0		0	5. 6	0/0/	0	0	0	0	11. 2	10. 2/9. 8/0/0/0			0/0/0	---Other

商品编号	商品名称及备注[检验检疫编码及名称]	进口关税(%)		增值税率(%)	消费税	计量单位	监管条件	检验检疫类别	对美税率	出口税率(%)	出口退税率(%)
		最惠国	普通								
9007109000	其他电影摄影机〔999〕	12	40	13		台/千克				0	
90072010	---数字式										13
9007201001	2K及以上分辨率的硬盘式数字电影放映机〔999〕	8	40	13		台/千克				0	
9007201090	其他数字式放映机〔999〕	8	40	13		台/千克				0	
90072090	---其他										13
9007209000	其他放映机〔999〕	8	40	13		台/千克			33%	0	
90079100	--摄影机用										13
9007910000[暂5]	电影摄影机用零件、附件〔999〕	8	40	13		千克			15%	0	
90079200	--放映机用										13
9007920010[暂3]	2K及以上分辨率的硬盘式数字电影放映机用零附件〔999〕	8	40	13		千克			13%	0	
9007920090[暂5]	电影放映机(不包括2K及以上分辨率的硬盘式)用零附件〔999〕	8	40	13		千克			15%	0	
9008	**影像投影仪，但电影用除外；照片(电影片除外)放大机及缩片机：**										
90085010	---幻灯机										13
9008501000	幻灯机〔999〕	10	40	13		台/千克				0	
90085020	---缩微胶卷、缩微胶片或其他缩微品的阅读机，不论是否可以进行复制										13
9008502000	缩微品的阅读机(不论是否可以进行复制)〔101 Ⅰ类设备〕,〔102 Ⅱ类设备〕,〔103 其他类缩微阅读机设备〕	10	17	13		台/千克			15%	0	
90085031	----正射投影仪										13
9008503100	正射投影仪(不包括幻灯机)〔101 Ⅰ类设备〕,〔102 Ⅱ类设备〕,〔103 其他类正射投影仪设备〕	12	40	13		台/千克			17%	0	
90085039	----其他										13
9008503900	其他影像投影仪①	12	40	13		台/千克			22%	0	
90085040	---照片(电影片除外)放大机及缩片机										13
9008504000	照片(电影片除外)放大机及缩片机〔101 有源式，Ⅰ类设备〕,〔102 有源式，Ⅱ类设备〕,〔103 电影片除外〕,〔104 机械式〕	12	80	13		台/千克			22%	0	
90089010	---缩微阅读机用										13
9008901000	缩微阅读机的零件、附件〔999〕	8	17	13		千克				0	
90089020	---照片放大机及缩片机用										13
9008902000	照片放大机及缩片机的零件、附件〔999〕	8	80	13		千克				0	
90089090	---其他										13
9008909000	其他影像投影仪的零件、附件〔999〕	8	40	13		千克			28%	0	
9010	**本章其他税目未列名的照相(包括电影)洗印用装置及设备；负片显示器；银幕及其他投影屏幕：**										
90101010	---电影用										13
9010101000	电影用胶卷的自动显影装置及设备(还包括成卷感光纸的自动显影装置)〔999〕	12	40	13		台/千克				0	
90101020	---特种照相用										13
9010102000	特种照相胶卷自动显影装置及设备(还包括成卷感光纸的自动显影装置)〔999〕	8	20	13		台/千克			33%	0	
90101091	----彩色胶卷用										13
9010109100	彩色胶卷用自动显影及设备〔999〕	12	100	13		台/千克				0	
90101099	----其他										13
9010109900	其他胶卷的自动显影装置及设备(还包括成卷感光纸的自动显影装置)〔999〕	12	100	13		台/千克			37%	0	
90105010	---负片显示器										13
9010501000	负片显示器〔999〕	0	50	13		台/千克			5%	0	
90105021	----电影用										13
9010502100	电影用的洗印装置〔999〕	0	40	13		台/千克				0	
90105022	----特种照相用										13
9010502200	特种照相用的洗印装置〔999〕	0	20	13		台/千克			25%	0	
90105029	----其他										13
9010502900	其他照相用的洗印装置〔999〕	0	100	13		台/千克			25%	0	
90106000	-银幕及其他投影屏幕										13

① 〔101 有源式，Ⅰ类设备〕,〔102 有源式，Ⅱ类设备〕,〔103 有源式，其他类影像投影仪设备〕,〔104 机械式〕

协定税率(%)																		特惠税率(%)			Article Description
智利	新西兰	澳大利亚	瑞士	冰岛	秘鲁	哥斯达	东盟	亚太	新加坡	巴基斯坦	港/澳/台	韩国	格鲁吉亚	毛里求斯	柬埔寨	尼加拉瓜	日/韩/澳/新/东(RCEP)	亚太2国	老/柬/缅	LDC 98/97/95	
0	0	0	0	0	0	0	0		0	5.6	0/0/	0	0	0	0	6.4	10.2/9.8/0/0/0			0/0/0	---Digital
0	0	0	0	0	0	0	0	5.2	0	5.6	0/0/	0	0	0	0	6.4	10.2/9.8/0/0/0			0/0/0	---Other
0	0	0	0	0	0	0	0			0	0/0/	0	0	0	0	6.4	6.1/5.9/0/0/0			0/0/0	--For cameras
0	0	0	0	0	0	0	0			0	0/0/	0	0	0	0	6.4	6.1/0/0/0/0			0/0/0	--For projectors
																					Image projectors, other than cinematographic; photographic (other than cinematographic) enlargers and reducers:
0	0	0	0	0	0	0	0		0	3.5	0/0/	0	0	0	0	9	10.2/9.8/0/0/0			0/0/0	---Slide projectors
0	0	0	0	0	0	0	0			0	0/0/	0	0	0	0	9	7.3/7/0/0/0			0/0/0	---Microfilm, microfiche or other microform readers, whether or not capable of producing copies
0	0	0	0	0	0	0	0		0		0/0/		0	0	0	11.2	//5/5/5			0/0/0	----Orthographical projectors
0	0	0	0	0	0	0	0		0		0/0/		0	0	0	11.2	//5/5/5			0/0/0	----Other
0	0	0	0	0	0	0	0		0		0/0/	6.6	0	0	0	11.2	16.3/14/14/14/14			0/0/0	---Photographic (other than cinematographic) enlargers and reducers
0	0	0	0	0	0	0	0	5.2		0	0/0/	0	0	0	0	6.4	5.8/0/0/0/0			0/0/0	---Of microfilm, microfiche or other microform readers
0	0	0	0	0	0	0	0	5.2	0	3.5	0/0/	0	0	0	0	6.4	10.2/9.8/0/0/0			0/0/0	---Of photographic enlargers and reducers
0	0	0	0	0	0	0	0		0	5.6	0/0/	0	0	0	0	6.4	10.2/9.8/0/0/0			0/0/0	---Other
																					Apparatus and equipment for photographic (including cinematographic) laboratories, not specified or included elsewhere in this Chapter; negatoscopes; projection screens:
0	0	0	0	0	0	0	0	7.8	0	3.5	0/0/	0	0	0	0	11.2	10.2/9.8/0/0/0			0/0/0	---Of a kind used in cinematographic film
0	0	0	0	0	0	0	0	5.2		0	0/0/	0	0	0	0	6.4	6.1/0/0/0/0			0/0/0	---Of a kind used in special photographic film or paper
0	0	0	10	0	0	0	0		0		0/0/	12.5	0	5	0	11.2	/21.3/21.3/21.3/21.3			0/0/0	----For the colour photographic film in rolls
0	0	0	0	0	0	0	0		0	6	0/0/	7.5	0	0	0	11.2	/12.8/12.8/12.8/12.8			0/0/0	----Other
0	0	0	0	0	0	0	0		0	3.5	0/0/	0	0	0	0	0	0/9.8/0/0/0			0/0/0	---Negatoscopes
0	0	0	0	0	0	0	0	0	0	5.6	0/0/	0	0	0	0	0	0/9.8/0/0/0			0/0/0	----Of a kind used in cinematographic film
0	0	0	0	0	0	0	0			0	0/0/	0	0	0	0	0	0/5.9/0/0/0			0/0/0	----Of a kind used in special photographic film or paper
0	0	0	0	0	0	0	0		0	6.8	0/0/	0	0	0	0	0	0/11.9/0/0/0			0/0/0	----Other
0	0	0	0	0	0	0	0		0	5.6	0/0/	0	0	0	0	0	10.2/9.8/0/0/0			0/0/0	-Projection screens

商品编号	商品名称及备注[检验检疫编码及名称]	进口关税(%) 最惠国	进口关税(%) 普通	增值税率(%)	消费税	计量单位	监管条件	检验检疫类别	对美税率	出口税率(%)	出口退税率(%)
9010600000	银幕及其他投影屏幕[999]	0	50	13		个/千克			5%	0	
90109010	---电影用										13
9010901000	电影洗印用洗印装置的零件、附件[999]	0	40	13		千克				0	
90109020	---特种照相用										13
9010902000	特种照相洗印用装置的零件、附件[999]	0	20	13		千克			25%	0	
90109090	---其他										13
9010909000	其他洗印用装置的零件、附件[999]	0	100	13		千克			10%	0	
9011	**复式光学显微镜，包括用于显微照相、显微电影摄影及显微投影的：**										
90111000	-立体显微镜										13
9011100000	立体显微镜[999]	0	14	13		台/千克			25%	0	
90112000	-显微照相、显微电影摄影及显微投影用的其他显微镜										13
9011200000	缩微照相等用的其他显微镜(还包括显微摄影及显微投影用)[999]	0	14	13		台/千克			20%	0	
90118000	-其他显微镜										13
9011800010	高倍测量显微镜，放大倍数≥1000 倍，分辨率≤0.08 微米[999]	0	14	13		台/千克			20%	0	
9011800090	其他显微镜[999]	0	14	13		台/千克			20%	0	
90119000	-零件、附件										13
9011900000	复式光学显微镜的零件、附件[999]	0	14	13		千克			20%	0	
9012	**显微镜，但光学显微镜除外；衍射设备：**										
90121000	-显微镜，但光学显微镜除外；衍射设备										13
9012100000	非光学显微镜及衍射设备[999]	0	14	13		台/千克				0	
90129000	-零件、附件										13
9012900000	非光学显微镜及衍射设备的零件[999]	0	14	13		千克				0	
9013	**激光器，但激光二极管除外；本章其他税目未列名的光学仪器及器具：**										
90131000	-武器用望远镜瞄准具；潜望镜式望远镜；作为本章或第十六类的机器、设备、仪器或器具部件的望远镜										13
9013100010	设计用为本章或第十六类的机器、设备、仪器或器具部件的望远镜[999]	0	14	13		个/千克			25%	0	
9013100090	武器用望远镜瞄准具及潜望镜式望远镜[999]	8	14	13		个/千克			33%	0	
90132000	-激光器，但激光二极管除外										13
9013200010	激光切割机用气体激光发生器，切割功率≥2 千瓦[999]	0	11	13		个/千克				0	
9013200020	AVLIS、MLIS 和 CRISLA 激光系统[999]	0	11	13		个/千克	3			0	
9013200030	氩离子激光器(平均输出功率≥40 瓦特、工作波长 400~515 纳米)[999]	0	11	13		个/千克	3			0	
9013200040	紫翠玉激光器(带宽≤0.005 纳米，重复率>125 赫兹，功率>30 瓦特等)[999]	0	11	13		个/千克	3			0	
9013200050	脉冲二氧化碳激光器(重复率>250 赫兹，功率>500 瓦，脉冲宽度<200 纳秒等)[999]	0	11	13		个/千克	3			0	
9013200060	脉冲受激准分子激光器(XeF、XeCl、KrF 型，重复率>250 赫兹，功率>500 瓦等)[999]	0	11	13		个/千克	3			0	
9013200070	铜蒸汽激光器(平均输出功率≥40 瓦特、工作波长 500~600 纳米)[999]	0	11	13		个/千克	3			0	
9013200080	掺钕激光器(非玻璃激光器)(两用物项管制商品)[999]	0	11	13		个/千克	3			0	
9013200091	用于 2.5GB/S 及以上 SDH、波分复用光传输设备的 980 纳米、1480 纳米的泵浦激光器[999]	0	11	13		个/千克				0	
9013200092	用于 2.5GB/S 及以上光通信设备的 850 纳米、1260~1625 纳米，且功率≤200 毫瓦的激光器(泵浦激光器除外)[999]	0	11	13		个/千克				0	
9013200093	两用物项管制的无人机专用激光器、民用反无人机系统专用高功率激光器[999]	0	11	13		个/千克	3			0	
9013200099	其他激光器(但激光二极管除外)[999]	0	11	13		个/千克				0	
90138010	---放大镜										13
9013801000	放大镜[999]	12	50	13		个/千克			37%	0	
90138020	---光学门眼										13
9013802000	光学门眼[999]	12	50	13		个/千克			22%	0	
90138090	---其他										13
9013809010暂2	光刻机用光斑调节装置(90 章其他品目未列名的)[999]	5	17	13		个/千克			27%	0	
9013809090	其他装置，仪器及器具(90 章其他品目未列名的)[999]	5	17	13		个/千克			30%	0	
90139010	---税号 9013.1000 及 9013.2000 所列货品用										13
9013901010	武器用望远镜瞄准器具或潜望镜式望远镜用零件及附件[999]	6	11	13		千克			16%	0	

协定税率(%)																		特惠税率(%)			Article Description
智利	新西兰	澳大利亚	瑞士	冰岛	秘鲁	哥斯达	东盟	亚太	新加坡	巴基斯坦	港/澳/台	韩国	格鲁吉亚	毛里求斯	柬埔寨	尼加拉瓜	日/韩/澳/新/东(RCEP)	亚太2国	老/柬/缅	LDC 98/97/95	
0	0	0	0	0	0	0	0			0	0/0/	0	0	0	0	0	0/0/0/0/0			0/0/0	---Of a kind used in cinematographic film
0	0	0	0	0	0	0	0			0	0/0/	0	0	0	0	0	0/0/0/0/0			0/0/0	---Of a kind used in special photographic film or paper
0	0	0	0	0	0	0	0			0	0/0/	0	0	0	0	0	0/0/0/0/0			0/0/0	---Other
																					Compound optical microscopes, including those for photomicrography, cinephotomicrography or microprojection:
0	0	0	0	0	0	0	0			0	0/0/	0	0	0	0	0	0/0/0/0/0			0/0/0	-Stereoscopic microscopes
0	0	0	0	0	0	0	0			0	0/0/	0	0	0	0	0	0/0/0/0/0			0/0/0	-Other microscopes, for photomicrography, cinephotomicrography or microprojection
0	0	0	0	0	0	0	0			0	0/0/	0	0	0	0	0	5.1/4.9/4.9/4.9/4.9			0/0/0	-Other microscopes
0	0	0	0	0	0	0	0			0	0/0/	0	0	0	0	0	0/0/0/0/0			0/0/0	-Parts and accessories
																					Microscopes other than optical microscopes; diffraction apparatus:
0	0	0	0	0	0	0	0			0	0/0/	0	0	0	0	0	0/0/0/0/0			0/0/0	-Microscopes other than optical microscopes; and diffraction apparatus
0	0	0	0	0	0	0	0			0	0/0/	0	0	0	0	0	0/0/0/0/0			0/0/0	-Parts and accessories
																					Lasers, other than laser diodes; other optical appliances and instruments, not specified or included elsewhere in this Chapter:
0	0	0	0	0	0	0	0			0	0/0/	0	0	0	0	6.4	5.8/0/0/0/0			0/0/0	-Telescopic sights for fitting to arms; periscopes; telescopes designed to form parts of machines, appliances, instruments or apparatus of this Chapter or Section XVI
0	0	0	0	0	0	0	0			0	0/0/	0	0	0	0	0	4.4/4.2/0/0/0			0/0/0	-Lasers, other than laser diodes
0	0	0	0	0	0	0	0	7.8	0	2.5	0/0/	0	0	0	0	11.2	8.7/8.4/0/0/0			0/0/0	---Hand magnifying glasses
0	0	0	0	0	0	0	0	7.8	0	2.5	0/0/	0	0	0	0	11.2	8.7/8.4/0/0/0			0/0/0	---"Door eyes"
0	0	0	0	0	0	0	0			0	0/0/			0	0	0	//4.6/4.6/4.6			0/0/0	---Other
0	0	0	0	0	0	0	0			0	0/0/	0	0	0	0	0	4.4/4.2/4.2/4.2/4.2			0/0/0	---For goods of subheadings 9013.1000 and 9013.2000

商品编号	商品名称及备注[检验检疫编码及名称]	进口关税(%)		增值税率(%)	消费税	计量单位	监管条件	检验检疫类别	对美税率	出口税率(%)	出口退税率(%)
		最惠国	普通								
9013901090	激光器以及作为本章或第十六类的机器、设备、仪器或器具部件的望远镜用的零件及附件(武器用望远镜瞄准器具或潜望镜式望远镜用零件及附件除外)〔999 武器用望远镜瞄准器具或潜望镜式望远镜用零件及附件除外〕	0	11	13		千克			10%	0	
90139090	---其他										13
9013909010	太阳能定日镜的零件〔999〕	0	17	13		千克			25%	0	
9013909090	品目 90. 13 所列其他货品的零附件〔999〕	0	17	13		千克			25%	0	
9014	**定向罗盘;其他导航仪器及装置:**										
90141000	-定向罗盘										13
9014100000	定向罗盘〔999〕	0	8	13		个/千克			20%	0	
90142010	---自动驾驶仪										13
9014201010	无人航空飞行器的自动驾驶仪〔999〕	0	8	13		个/千克	3			0	
9014201090	其他自动驾驶仪〔999〕	0	8	13		个/千克				0	
90142090	---其他										13
9014209011	航空惯性导航仪〔999〕	0	8	13		个/千克	3			0	
9014209012	其他航天惯性导航仪(天文陀螺盘及其他利用天体或卫星进行导航的装置)〔999〕	0	8	13		个/千克	3			0	
9014209013	陀螺稳定平台〔999〕	0	8	13		个/千克	3			0	
9014209015	陀螺仪(额定漂移率<0. 5 度/小时的陀螺仪)〔999〕	0	8	13		个/千克	3			0	
9014209016	专门设计的导航信息处理机(用于弹道导弹、运载火箭、探空火箭等的目标探测)〔999〕	0	8	13		个/千克	3			0	
9014209017	地形等高线绘制设备(用于弹道导弹、运载火箭、探空火箭、巡航导弹、无人驾驶航空飞行器的目标探测)〔999〕	0	8	13		个/千克	3			0	
9014209018	场景绘图及相关设备(用于弹道导弹、运载火箭、探空火箭等的目标探测)〔999〕	0	8	13		个/千克	3			0	
9014209090	其他航空或航天导航仪器及装置(但罗盘除外)〔999〕	0	8	13		个/千克				0	
90148000	-其他仪器及装置										13
9014800010	比例误差<0. 25%的加速度表〔101 电子〕,〔102 机械〕	0	8	13		个/千克	3		10%	0	
9014800020	高度表(用于弹道导弹、运载火箭、探空火箭、巡航导弹、无人驾驶航空飞行器的目标探测)〔999〕	0	8	13		个/千克	3		10%	0	
9014800090	其他导航仪器及装置〔999〕	0	8	13		个/千克			10%	0	
90149010	---自动驾驶仪用										13
9014901000	自动驾驶仪用的零件、附件〔999〕	0	8	13		千克				0	
90149090	---其他										13
9014909000	其他导航仪器及装置的零件、附件〔999〕	0	8	13		千克			5%	0	
9015	**大地测量(包括摄影测量)、水道测量、海洋、水文、气象或地球物理用仪器及装置,不包括罗盘;测距仪:**										
90151010	---激光雷达										13
9015101000	激光雷达〔999〕	0	14	13		台/千克			25%	0	
90151090	---其他										13
9015109000	其他测距仪〔101 电子〕,〔102 机械〕	0	14	13		台/千克			25%	0	
90152000	-经纬仪及视距仪										13
9015200000	经纬仪及视距仪〔999〕	0	14	13		台/千克			25%	0	
90153000	-水平仪										13
9015300000	水平仪〔999〕	9	14	13		台/千克			34%	0	
90154000	-摄影测量用仪器及装置										13
9015400000	摄影测量用仪器及装置〔999〕	0	14	13		台/千克			25%	0	
90158000	-其他仪器及装置										13
9015800010	机载或舰载重力仪(精度为 1 毫伽或更好、稳态记录时间至多为 2 分钟的)〔999〕	0	14	13		台/千克	3		5%	0	
9015800020	机载或舰载重力梯度仪(精度为 1 毫伽或更好、稳态记录时间至多为 2 分钟的)〔999〕	0	14	13		台/千克	3		5%	0	
9015800090	其他测量仪器及装置〔101 电子〕,〔102 机械〕	0	14	13		台/千克			5%	0	
90159000	-零件、附件										13
9015900010	用于机、舰载重力仪和重力梯度仪的部件〔999〕	0	14	13		千克	3		10%	0	
9015900090	其他品目 90. 15 所列仪器及装置的零、附件〔101 电子〕,〔102 机械〕	0	14	13		千克			10%	0	
9016	**感量为 50 毫克或更精密的天平,不论是否带有砝码:**										
90160010	---感量为 0. 1 毫克或更精密的天平										13
9016001000	感量为 0. 1 毫克或更精密的天平〔101 电子衡器〕,〔102 机械量具〕	9	14	13		台/千克			29%	0	
90160090	---其他										13
9016009000	0. 1 毫克<感量≤50 毫克的天平〔101 电子衡器〕,〔102 机械量具〕	9	30	13		台/千克			34%	0	

协定税率(%)																		特惠税率(%)			Article Description
智利	新西兰	澳大利亚	瑞士	冰岛	秘鲁	哥斯达	东盟	亚太	新加坡	巴基斯坦	港/澳/台	韩国	格鲁吉亚	毛里求斯	柬埔寨	尼加拉瓜	日/韩/澳/新/东(RCEP)	亚太2国	老/柬/缅	LDC 98/97/95	
0	0	0	0	0	0	0	0			0	0/0/	8		0	0	0	0/8/5.6/5.6/0			0/0/0	---Other
																					Direction finding compasses; other navigational instruments and appliances:
0	0	0	0	0	0	0	0			0	0/0/	0.6	0	0	0	0	0/1.4/0/0/0			0/0/0	-Direction finding compasses
0	0	0	0	0	0	0	0	0		0	0/0/	0.6	0	0	0	0	0/1.4/0/0/0			0/0/0	---Automatic pilots
0	0	0	0	0	0	0	0	0		0	0/0/	0	0	0	0	0	0/0/0/0/0			0/0/0	---Other
0	0	0	0	0	0	0	0			0	0/0/	0	0	0	0	0	0/0/1.4/1.4/0			0/0/0	-Other instruments and appliances
0	0	0	0	0	0	0	0			0	0/0/	0	0	0	0	0	0/0/0/0/0			0/0/0	---For automatic pilots
0	0	0	0	0	0	0	0			0	0/0/	0	0	0.5	0	0	0/0/0/0/0			0/0/0	---Other
																					Surveying (including photogram-metrical surveying), hydrographic, oceanographic, hydrological, meteorological or geophysical instruments and appliances, excluding compasses; rangefinders:
0	0	0	0	0	0	0	0			0	0/0/	0	0	0	0	0	6.5/6.3/0/0/0			0/0/0	---Lidar(Light Detection and Ranging)
0	0	0	0	0	0	0	0			0	0/0/	0	0	0	0	0	6.5/6.3/0/0/0			0/0/0	---Other
0	0	0	0	0	0	0	0			0	0/0/	0	0	0	0	0	6.5/0/0/0/0			0/0/0	-Theodolites and tachymeters (tacheometers)
0	0	0	0	0	0	0	0			0	0/0/	0	0	0	0	8.1	6.5/6.3/0/0/0			0/0/0	-Levels
0	0	0	0	0	0	0	0			0	0/0/	0	0	0	0	0	6.5/0/0/0/0			0/0/0	-Photogrammetrical surveying instruments and appliances
0	0	0		0	0	0	0	0		0	0/0/	0	0	0	0	0	3.6/3.5/0/0/0			0/0/0	-Other instruments and appliances
0	0	0	0	0	0	0	0			0	0/0/	0	0	0	0	0	3.6/3.5/0/0/0			0/0/0	-Parts and accessories
																					Balances of a sensitivity of 50mg or better, with or without weights:
0	0	0		0	0	0	0			0	0/0/	0	0	0	0	8.1	6.5/6.3/0/0/0			0/0/0	---Of a sensitivity of 0.1mg or better
0	0	0	0	0	0	0	0		0	2.5	0/0/	0	0	0	0	8.1	7.6/7.4/0/0/0			0/0/0	---Other

商品编号	商品名称及备注[检验检疫编码及名称]	进口关税(%)		增值税率(%)	消费税	计量单位	监管条件	检验检疫类别	对美税率	出口税率(%)	出口退税率(%)
		最惠国	普通								
9017	**绘图、划线或数学计算仪器及器具(例如,绘图机、比例缩放仪、分度规、绘图工具、计算尺及盘式计算器);本章其他税目未列名的手用测量长度的器具(例如,量尺、量带、千分尺及卡尺):**										
90171000	-绘图台及绘图机,不论是否自动										13
9017100000	绘图台及绘图机,不论是否自动〔101 电子衡器〕,〔102 机械量具〕	8	20	13		台/千克			18%	0	
90172000	-其他绘图、划线或数学计算器具										13
9017200000	其他绘图、划线或数学计算器具〔999〕	0	70	13		个/千克			20%	0	
90173000	-千分尺、卡尺及量规										13
9017300000	千分尺、卡尺及量规〔999〕	8	20	13		个/千克			18%	0	
90178000	-其他仪器及器具										13
9017800000	其他手用测量长度的器具(仅指第九十章其他品目未列名的)〔999〕	8	20	13		个/千克			28%	0	
90179000	-零件、附件										13
9017900000	绘图计算器具等仪器的零件、附件(品目 90.17 所列仪器及器具的零件、附件)〔999〕	0	20	13		千克			25%	0	
9018	**医疗、外科、牙科或兽医用仪器及器具,包括闪烁扫描装置、其他电气医疗装置及视力检查仪器:**										
90181100	--心电图记录仪										13
9018110000	心电图记录仪〔999〕	0	17	13		台/千克	6O		5%	0	
90181210	---B 型超声波诊断仪										13
9018121000	B 型超声波诊断仪〔999〕	0	35	13		台/千克	6OA	M/	5%	0	
90181291	----彩色超声波诊断仪										13
9018129110	彩色超声波诊断仪(整机)〔999〕	0	17	13		台/千克	6OA	M/	5%	0	
9018129190	彩色超声波诊断仪的零件及附件〔999〕	0	17	13		台/千克	6		5%	0	
90181299	----其他										13
9018129900	其他超声波扫描诊断装置〔999〕	0	17	13		台/千克	6A	M/	5%	0	
90181310	---成套装置										13
9018131000	成套的核磁共振成像装置(医疗、外科、牙科或兽医用)〔999〕	0	17	13		套/千克	6OA	M/	25%	0	
90181390	---零件										13
9018139000	核磁共振成像装置用零件(医疗、外科、牙科或兽医用)〔999〕	0	17	13		个/千克	6			0	
90181400	--闪烁摄影装置										13
9018140000	闪烁摄影装置〔999〕	5	17	13		台/千克	6A	M/	10%	0	
90181930	---病员监护仪										13
9018193010	病员监护仪(整机)〔999〕	0	17	13		台/千克	6A	M/	25%	0	
9018193090	病员监护仪的零件及附件〔999〕	0	17	13		台/千克	6		25%	0	
90181941	----听力计										13
9018194100	听力计〔999〕	0	17	13		台/千克	6A	M/	20%	0	
90181949	----其他										13
9018194900	其他听力诊断装置〔999〕	0	17	13		台/千克	6A	M/	10%	0	
90181990	---其他										13
9018199000	其他电气诊断装置(编号 90181000 中未列名的)〔999〕	0	17	13		台/千克	6A	M/	5%	0	
90182000	-紫外线及红外线装置										13
9018200000	紫外线及红外线装置〔101 诊断仪器及零部件〕,〔102 治疗仪器及零部件〕	0	17	13		台/千克	6A	M/	10%	0	
90183100	--注射器,不论是否装有针头										13
9018310000	注射器(不论是否装有针头)①	8	50	13		个/千克	6A	M/	13%	0	
90183210	---管状金属针头										13
9018321000	管状金属针头②	8	50	13		千克	6A	M/	33%	0	
90183220	---缝合用针										13

① 〔101 一次性使用无菌注射器〕,〔102 玻璃注射器〕,〔103 预填充药剂及与药液配套的注射器〕,〔104 胰岛素注射器〕,〔105 兽医金属注射器〕,〔106 兽医塑钢连续注射器〕,〔107 一次性使用精密过滤输液器〕,〔108 一次性使用重力(滴定管)式输液器〕,〔109 一次性使用避光输液器〕,〔110 一次性使用压力输液设备用输液器〕,〔111 一次性使用吊瓶式和袋式输液器〕,〔112 一次性使用流量设定微调式输液器〕,〔113 其他注射器、输液器〕

② 〔101 一次性使用无菌注射针〕,〔102 不锈钢注射针管〕,〔103 一次性使用静脉输液针〕,〔104 金属骨髓内针〕,〔105 泪道探针〕,〔106 一次性使用无菌牙科注射针〕,〔107 一次性使用麻醉穿刺针〕,〔108 其他管状金属针头〕

协定税率(%)																		特惠税率(%)			Article Description
智利	新西兰	澳大利亚	瑞士	冰岛	秘鲁	哥斯达	东盟	亚太	新加坡	巴基斯坦	港/澳/台	韩国	格鲁吉亚	毛里求斯	柬埔寨	尼加拉瓜	日/韩/澳/新/东(RCEP)	亚太2国	老/柬/缅	LDC 98/97/95	
																					Drawing, marking-out or mathematical calculating instruments (for example, drafting machines, pantographs protractors, drawing sets, slide rules, disc calculators); instruments for measuring length, for use in the hand (for example, measuring rods and tapes, micrometers, callipers), not specified or included else-where in this Chapter:
0	0	0	0	0	0	0	0			0	0/0/	0	0	0	0	6.4	5.8/5.6/0/0/0			0/0/0	-Drafting tables and machines, whether or not automatic
0	0	0	0	0	0	0	0			0	0/0/	0	0	0	0	0	0/0/0/0/0			0/0/0	-Other drawing, marking-out or mathematical calculating instruments
0	0	0	0	0	0	0	0			4	0/0/	0	0	0	0	6.4	5.8/5.6/5.6/5.6/5.6			0/0/0	-Micrometers, callipers and gauges
0	0	0	0	0	0	0	0			0	0/0/	0	0	0	0	6.4	5.8/5.6/5.6/5.6/5.6			0/0/0	-Other instruments
0	0	0	0	0	0	0	0			0	0/0/	0	0	0	0	0	0/0/0/0/0			0/0/0	-Parts and accessories
																					Instruments and appliances used in medical, surgical, dental or veterinary sciences, including scintigraphic appatatus, other electro-medical apparatus and sight-testing instruments:
0	0	0	0	0	0	0	0			0	0/0/	0	0	0	0	0	0/0/0/0/0			0/0/0	--Electro-cardiographs
0	0	0	0	0	0	0	0	0		0	0/0/	2.3	0	0	0	0	5.1/4.9/0/0/0			0/0/0	---B-ultrasonic diagnostic equipment
0	0	0	0	0	0	0	0	0		0	0/0/	4.5	0	0	0	0	3.6/3.5/0/0/0			0/0/0	----Chromoscope ultrasonic diagnostic equipment
0	0	0	0	0	0	0	0	0		0	0/0/	4.5	0	0	0	0	3.6/3.5/0/0/0			0/0/0	----Other
0	0	0	0	0	0	0	0			0	0/0/	1.3	0	0	0	0	2.9/2.8/0/0/0			0/0/0	---Complete equipments
0	0	0	0	0	0	0	0			0	0/0/	1.3	0	0	0	0	2.9/2.8/2.8/2.8/2.8			0/0/0	---Parts
0	0	0	0	0	0	0	0			0	0/0/	1.6	0	0	0	0	4.1/3.5/3.5/3.5/3.5			0/0/0	--Scintigraphic apparatus
0	0	0	0	0	0	0	0	0		0	0/0/	0	0	0	0	0	0/0/0/0/0			0/0/0	---Patient monitors
0	0	0	0	0	0	0	0	0		0	0/0/	0	0	0	0	0	0/0/0/0/0			0/0/0	----Andiometers
0	0	0	0	0	0	0	0	0		0	0/0/		0	0	0	0	2.9/2.8/0/0/0			0/0/0	----Other
0	0	0	0	0	0	0	0	0		0	0/0/	0	0	0	0	0	0/0/2.8/2.8/0			0/0/0	---Other
0	0	0	0	0	0	0	0			0	0/0/	0	0	0	0	0	0/0/0/0/0			0/0/0	-Ultra-violet or infra-red ray apparatus
0	0	0	0	0	0	0	0	5.2		0	0/0/	0	0	0	0	6.4	5.8/5.6/0/0/0			0/0/0	--Syringes, with or without needles
0	0	0	0	0	0	0	0	5.2		0	0/0/	0	0	0	0	6.4	5.8/5.6/5.6/5.6/5.6			0/0/0	---Tubular metal needles
0	0	0	0	0	0	0	0	2.6		0	0/0/	0	0	0	0	0	0/0/0/0/0			0/0/0	---Needles for sutures

商品编号	商品名称及备注[检验检疫编码及名称]	进口关税(%)		增值税率(%)	消费税	计量单位	监管条件	检验检疫类别	对美税率	出口税率(%)	出口退税率(%)
		最惠国	普通								
9018322000	缝合用针〔999〕	4	17	13		千克	6A	M/	9%	0	
90183900	--其他										13
9018390000	导管、插管及类似品〔999〕	4	17	13		个/千克	6A	M/	9%	0	
90184100	--牙钻机,不论是否与其他牙科设备组装在同一底座上										13
9018410000	牙钻机(不论是否与其他牙科设备组装在同一底座上)〔999〕	4	17	13		台/千克	6A	M/	29%	0	
90184910	---装有牙科设备的牙科用椅										13
9018491000	装有牙科设备的牙科用椅〔999〕	4	17	13		台/千克	6A	M/	9%	0	
90184990	---其他										13
9018499000	牙科用其他仪器及器具(但不包括牙钻机或牙科用椅)〔999〕	4	17	13		台/千克	6A	M/	14%	0	
90185000	-眼科用其他仪器及器具										13
9018500000	眼科用其他仪器及器具〔101 诊断仪器及零部件〕,〔102 治疗仪器及零部件〕	0	17	13		千克	6A	M/	25%	0	
90189010	---听诊器										13
9018901000	听诊器〔999〕	4	17	13		个/千克	6		9%	0	
90189020	---血压测量仪器及器具										13
9018902010	电血压测量仪器及器具〔999〕	0	17	13		个/千克	6A	M/	20%	0	
9018902020	含汞的非电子血压测量仪器及器具〔999〕	4	17	13		个/千克	89		24%	0	
9018902090	其他血压测量仪器及器具〔999〕	4	17	13		个/千克	6A	M/	24%	0	
90189030	---内窥镜										13
9018903010	内窥镜(整机)〔999〕	0	17	13		台/千克	6A	M/	10%	0	
9018903090	内窥镜的零件及附件〔999〕	0	17	13		台/千克	6		10%	0	
90189040	---肾脏透析设备(人工肾)										13
9018904000	肾脏透析设备(人工肾)〔999〕	0	17	13		台/千克	6A	M/	5%	0	
90189050	---透热疗法设备										13
9018905000	透热疗法设备〔999〕	0	17	13		台/千克	6A	M/	5%	0	
90189060	---输血设备										13
9018906000	输血设备①	0	17	13		台/千克	6A	M/	5%	0	
90189070	---麻醉设备										13
9018907010	电麻醉设备〔999〕	0	17	13		台/千克	6A	M/	5%	0	
9018907090	其他麻醉设备〔999〕	4	17	13		台/千克	6A	M/	9%	0	
90189080	---手术机器人										13
9018908000	手术机器人〔999〕	0	17	13		台/千克	6A	M/	25%	0	
90189091	----宫内节育器										0
9018909100	宫内节育器〔999〕	4	17			个/千克	6A	M/	9%	0	
90189099	----其他										13
9018909911	电子的其他医疗、外科用仪器器具(整机)②	0	17	13		台/千克	6A	M/	25%	0	
9018909912[暂1]	医用可解脱弹簧圈(整机)〔999〕	4	17	13		台/千克	6A	M/	26%	0	
9018909913[暂2]	颅内取栓支架(整机)〔999〕	4	17	13		台/千克	6A	M/	27%	0	
9018909914[暂2]	伞形下腔静脉滤器(整机)〔999〕	4	17	13		台/千克	6A	M/	27%	0	
9018909919	其他医疗、外科或兽医用仪器器具(整机)③	4	17	13		台/千克	6A	M/	29%	0	
9018909991	电子的其他医疗、外科用仪器器具的零件及附件④	0	17	13		台/千克	6A	M/	25%	0	
9018909999	其他医疗、外科或兽医用仪器器具的零件及附件⑤	4	17	13		台/千克	6		29%	0	
9019	**机械疗法器具;按摩器具;心理功能测验装置;臭氧治疗器;氧气治疗器、喷雾治疗器、人工呼吸器及其他治疗用呼吸器具:**										
90191010	---按摩器具										13
9019101000	按摩器具⑥	10	40	13		台/千克	A	M/	35%	0	
90191090	---其他										13

① 〔101 一次性使用输血器〕,〔102 血液透析、过滤设备〕,〔103 一次性使用血路产品〕,〔104 血泵〕,〔105 其他输血设备〕
② 〔101 诊断仪器及零部件〕,〔102 治疗仪器及零部件〕,〔103 其他医疗仪器及零部件〕,〔104 与人体接触的进入式医疗器具〕,〔105 与人体接触的非进入式医疗器具〕,〔106 其他医疗器具〕
③ 〔101 诊断仪器及零部件〕,〔102 治疗仪器及零部件〕,〔103 其他医疗仪器及零部件〕,〔104 与人体接触的进入式医疗器具〕,〔105 与人体接触的非进入式医疗器具〕,〔106 其他医疗器具〕
④ 〔101 诊断仪器及零部件〕,〔102 治疗仪器及零部件〕,〔103 其他医疗仪器及零部件〕,〔104 与人体接触的进入式医疗器具〕,〔105 与人体接触的非进入式医疗器具〕,〔106 其他医疗器具〕
⑤ 〔101 诊断仪器及零部件〕,〔102 治疗仪器及零部件〕,〔103 其他医疗仪器及零部件〕,〔104 与人体接触的进入式医疗器具〕,〔105 与人体接触的非进入式医疗器具〕,〔106 其他医疗器具〕
⑥ 〔101 按摩垫 I 类器具〕,〔102 按摩垫 II 类器具〕,〔103 按摩垫 III 类器具〕,〔104 按摩垫 0I 类器具〕,〔105 按摩垫 0 类器具〕,〔106 按摩椅 I 类器具〕,〔107 按摩椅 II 类器具〕,〔108 按摩椅 III 类器具〕,〔109 按摩椅 0I 类器具〕,〔110 按摩椅 0 类器具〕,〔111 按摩床 I 类器具〕,〔112 按摩床 II 类器具〕,〔113 按摩床 III 类器具〕,〔114 按摩床 0I 类器具〕,〔115 按摩床 0 类器具〕,〔116 其他按摩器具及其零件 I 类器具〕,〔117 其他按摩器具及其零件 II 类器具〕,〔118 其他按摩器具及其零件 III 类器具〕,〔119 其他按摩器具及其零件 0I 类器具〕,〔120 其他按摩器具及其零件 0 类器具〕

协定税率(%)																		特惠税率(%)			Article Description
智利	新西兰	澳大利亚	瑞士	冰岛	秘鲁	哥斯达	东盟	亚太	新加坡	巴基斯坦	港/澳/台	韩国	格鲁吉亚	毛里求斯	柬埔寨	尼加拉瓜	日/韩/澳/新/东(RCEP)	亚太2国	老/柬/缅	LDC 98/97/95	
0	0	0	0	0	0	0	0			0	0/0/	0	0	0	0	0	3.3/0/0/0/0			0/0/0	--Other
0	0	0	0	0	0	0	0			0	0/0/	0	0	0	0	0	0/0/0/0/0			0/0/0	--Dental drill engines, whether or not combined on a single base with other dental equipment
0	0	0	0	0	0	0	0			0	0/0/	0	0	0	0	0	2.9/2.8/0/0/0			0/0/0	---Dentists chairs incorporating dental equipment
0	0	0	0	0	0	0	0			0	0/0/	0	0	0	0	0	2.9/0/0/0/0			0/0/0	---Other
0	0	0	0	0	0	0	0	0		0	0/0/	2.6	0	0	0	0	2.9/3.4/2.8/2.8/2.8			0/0/0	-Other ophthalmic instruments and appliances
0	0	0	0	0	0	0	0	2.6		0	0/0/	0	0	0	0	0	0/0/0/0/0			0/0/0	---Stethoscopes
0	0	0	0	0	0	0	0	2.6		0	0/0/	0	0	0	0	0	0/0/0/0/0			0/0/0	---Sphygmomanometers and appliances
0	0	0	0	0	0	0	0	0		0	0/0/	0	0	0	0	0	0/0/2.8/2.8/0			0/0/0	---Endoscopes
0	0	0	0	0	0	0	0	0		0	0/0/	0	0	0	0	0	0/0/2.8/2.8/0			0/0/0	---Artificial kidney (dialysis) apparatus
0	0	0	0	0	0	0	0	0		0	0/0/	0	0	0	0	0	0/0/0/0/0			0/0/0	---Diathermy apparatus
0	0	0	0	0	0	0	0	0		0	0/0/	0	0	0	0	0	2.9/0/0/0/0			0/0/0	---Blood transfusion apparatus
0	0	0	0	0	0	0	0	2.6		0	0/0/	0	0	0	0	0	0/0/0/0/0			0/0/0	---Anaesthetic apparatus and instruments
0	0	0	0	0	0	0	0	0		0	0/0/	0	0	0	0	0	2.9/0/0/0/0			0/0/0	---Surgical robots
0	0	0	0	0	0	0	0	2		0	0/0/	0	0	0	0	0	0/0/0/0/0			0/0/0	----Intrauterine contraceptive device
0	0	0	0	0	0	0	0	2.6		0	0/0/	0	0	0	0	0	2.9/0/0/0/0			0/0/0	----Other
																					Mechano-therapy appliances; massage apparatus; psychological aptitudedetesting apparatus; ozone therapy, oxygen therapy, aerosol therapy, artificial respiration or other therapeutic respiration apparatus:
0	0	0	0	0	0	0	0		0	6	0/0/	0	0	0	0	9	10.9/10.5/10.5/10.5/10.5			0/0/0	---Massage apparatus
0	0	0	0	0	0	0	0			0	0/0/	0	0	0	0	0	2.9/0/0/0/0			0/0/0	---Other

商品编号	商品名称及备注[检验检疫编码及名称]	进口关税(%)		增值税率(%)	消费税	计量单位	监管条件	检验检疫类别	对美税率	出口税率(%)	出口退税率(%)
		最惠国	普通								
9019109000	机械疗法器具,心理功能测验装置①	4	30	13		台/千克			14%	0	
90192010	---有创呼吸机										13
9019201010	有创呼吸机(整机)(C)〔999〕	4	17	13		台/千克	A	M/	14%	0	
9019201090	有创呼吸机的零件及附件(C)〔999〕	4	17	13		台/千克	A	M/	14%	0	
90192020	---无创呼吸机										13
9019202011	具有自动人机同步追踪功能或自动调节呼吸压力功能的无创呼吸机(整机)[(P)(C)]〔999〕	4	17	13		台/千克	A	M/	14%	0	
9019202019	具有自动人机同步追踪功能或自动调节呼吸压力功能的无创呼吸机的零件及附件[(P)(C)]〔999〕	4	17	13		台/千克	A	M/	14%	0	
9019202091	其他无创呼吸机(整机)(C)〔999〕	4	17	13		台/千克	A	M/	14%	0	
9019202099	其他无创呼吸机的零件及附件(C)〔999〕	4	17	13		台/千克	A	M/	14%	0	
90192090	---其他										13
9019209000	臭氧治疗器、氧气治疗器、喷雾治疗器等其他器具〔999〕	4	17	13		台/千克	A	M/	14%	0	
9020	**其他呼吸器具及防毒面具,但不包括既无机械零件,又无可互换过滤器的防护面具:**										
90200000	其他呼吸器具及防毒面具,但不包括既无机械零件又无可互换过滤器的防护面具										13
9020000000暂4	其他呼吸器具及防毒面具(但不包括既无机械零件又无可互换过滤器的防护面具)〔999〕	8	30	13		千克		L/	9%	0	
9021	**矫形器具,包括支具、外科手术带、疝气带;夹板及其他骨折用具;人造的人体部分;助听器及为弥补生理缺陷或残疾而穿戴、携带或植入人体内的其他器具:**										
90211000	-矫形或骨折用器具										13
9021100010	钢铁制自攻螺钉(不包括不锈钢紧固件),矫形或骨折用(F)〔999〕	4	57	13		千克			9%	0	
9021100020	抗拉强度≥800兆帕,杆径>6毫米的其他钢铁制螺钉及螺栓(不包括不锈钢紧固件),矫形或骨折用[不论是否带有螺母或垫圈,不包括方头螺钉、钩头螺钉、环头螺钉(F)]〔999〕	4	57	13		千克			9%	0	
9021100030	杆径>6毫米的其他钢铁制螺钉及螺栓(不包括不锈钢紧固件),矫形或骨折用[不论是否带有螺母或垫圈(F)]〔101 螺钉〕,〔102 螺栓〕	4	57	13		千克			9%	0	
9021100040	钢铁制垫圈(不包括不锈钢紧固件),矫形或骨折用[不包括弹簧垫圈及其他防松垫圈(F)]〔999〕	4	57	13		千克			9%	0	
9021100050	矫形或骨折用钛管〔999〕	4	57	13		千克			9%	0	
9021100090	其他矫形或骨折用器具(但不包括人造关节)〔101 与人体接触的进入式医疗器具〕,〔102 与人体接触的非进入式医疗器具〕	4	57	13		千克			9%	0	
90212100	--假牙										13
9021210000暂2	假牙〔999〕	4	17	13		千克			7%	0	
90212900	--其他										13
9021290010暂2	钢铁制自攻螺钉(不包括不锈钢紧固件),牙齿固定用(F)〔999〕	4	57	13		千克				0	
9021290020暂2	抗拉强度≥800兆帕,杆径>6毫米的其他钢铁制螺钉及螺栓(不包括不锈钢紧固件),牙齿固定用[不论是否带有螺母或垫圈,不包括方头螺钉、钩头螺钉、环头螺钉(F)]〔999〕	4	57	13		千克				0	
9021290030暂2	杆径>6毫米的其他钢铁制螺钉及螺栓(不包括不锈钢紧固件),牙齿固定用[不论是否带有螺母或垫圈(F)]〔101 螺钉〕,〔102 螺栓〕	4	57	13		千克				0	
9021290040暂2	钢铁制垫圈(不包括不锈钢紧固件),牙齿固定用[不包括弹簧垫圈及其他防松垫圈(F)]〔999〕	4	57	13		千克				0	
9021290090暂2	其他牙齿固定件〔999〕	4	57	13		千克				0	
90213100	--人造关节										13
9021310000暂2	人造关节〔999〕	4	17	13		千克/套				0	
90213900	--其他										13
9021390010暂1	人工心脏瓣膜〔999〕	4	17	13		千克/个				0	
9021390090	其他人造的人体部分〔999〕	4	17	13		千克/个				0	
90214000	-助听器,不包括零件、附件										13
9021400000暂1	助听器,不包括零件、附件〔999〕	4	17	13		个/千克				0	
90215000	-心脏起搏器,不包括零件、附件										13

① 〔101 心理功能测验装置〕,〔102 与人体接触的机械疗法器具〕,〔103 其他机械疗法器具〕,〔104 按摩垫 I 类器具〕,〔105 按摩垫 II 类器具〕,〔106 按摩垫 III 类器具〕,〔107 按摩垫 0I 类器具〕,〔108 按摩垫 0 类器具〕,〔109 按摩椅 I 类器具〕,〔110 按摩椅 II 类器具〕,〔111 按摩椅 III 类器具〕,〔112 按摩椅 0I 类器具〕,〔113 按摩椅 0 类器具〕,〔114 按摩床 I 类器具〕,〔115 按摩床 II 类器具〕,〔116 按摩床 III 类器具〕,〔117 按摩床 0I 类器具〕,〔118 按摩床 0 类器具〕,〔119 其他按摩器具及其零件 I 类器具〕,〔120 其他按摩器具及其零件 II 类器具〕,〔121 其他按摩器具及其零件 III 类器具〕,〔122 其他按摩器具及其零件 0I 类器具〕,〔123 其他按摩器具及其零件 0 类器具〕

协定税率(%)																		特惠税率(%)			Article Description
智利	新西兰	澳大利亚	瑞士	冰岛	秘鲁	哥斯达	东盟	亚太	新加坡	巴基斯坦	港/澳/台	韩国	格鲁吉亚	毛里求斯	柬埔寨	尼加拉瓜	日/韩/澳/新/东 (RCEP)	亚太2国	老/柬/缅	LDC 98/97/95	
0	0	0	0	0	0	0	0			0	0/0/	1.3	0	0	0	0	3.3/2.8/2.8/2.8/2.8			0/0/0	---Invasive ventilator
0	0	0	0	0	0	0	0			0	0/0/	1.3	0	0	0	0	3.3/2.8/2.8/2.8/2.8			0/0/0	---Noninvasive ventilator
0	0	0	0	0	0	0	0			0	0/0/	1.3	0	0	0	0	3.3/2.8/2.8/2.8/2.8			0/0/0	---Other
																					Other breathing appliances and gas masks, excluding protective masks having neither mechanical parts nor replaceable filters:
0	0	0	0	0	0	0	0			0	0/0/	0	0	0	0	6.4	5.8/5.6/0/0/0			0/0/0	Other breathing appliances and gas masks, excluding protective masks having neither mechanical parts nor replaceable filters
																					Orthopaedic appliances, including crutches, surgical belts and trusses; splints and other fracture appliances; artificial parts of the body; hearing aids and other appliances which are worn or carried, or implanted in the body, to compensate for a defect or disability:
0	0	0	1.6	0	0	0	0		0	0	0/0/	1.3	0	0	0	0	0/0/0/0/0			0/0/0	-Orthopaedic or fracture appliances
0	0	0	0	0	0	0	0			0	0/0/	0	0	0	0	0	0/0/0/0/0			0/0/0	--Artificial teeth
0	0	0	0	0	0	0	0		0	0	0/0/	0	0	0	0	0	0/0/0/0/0			0/0/0	--Other
0	0	0	0	0	0	0	0			0	0/0/0	0	0	0	0	0	2.9/0/0/0/0			0/0/0	--Artificial joints
0	0	0	0	0	0	0	0			0	0/0/	0	0	0	0	0	2.9/2.8/2.8/2.8/2.8			0/0/0	--Other
0	0	0	0	0	0	0	0			0	0/0/	0	0	0	0	0	2.9/0/0/0/0			0/0/0	-Hearing aids, excluding parts and accessories
0	0	0	0	0	0	0	0	0		0	0/0/	0	0	0	0	0	2.9/0/0/0/0			0/0/0	-Pacemakers for stimulating heart muscles, excluding parts and accessories

商品编号	商品名称及备注［检验检疫编码及名称］	进口关税(%)		增值税率(%)	消费税	计量单位	监管条件	检验检疫类别	对美税率	出口税率(%)	出口退税率(%)
		最惠国	普通								
9021500000	心脏起搏器，不包括零件、附件〔301 植入式心脏起搏器〕，〔302 植入式心律转复除颤器〕，〔303 体外起搏器〕，〔990 其他产品〕	0	17	13		个/千克	A	M/		0	
90219011	----血管支架										13
9021901100	血管支架〔999〕	0	17	13		千克/个				0	
90219019	----其他										13
9021901900	其他支架〔999〕	0	17	13		千克/个				0	
90219090	---其他										13
9021909010	人工耳蜗植入装置〔999〕	0	17	13		千克				0	
9021909090	其他弥补生理缺陷，残疾用器具等（包括穿戴、携带或植入人体内的器具及零件）〔101 与人体接触的进入式医疗器具〕，〔102 与人体接触的非进入式医疗器具〕，〔103 其他医疗器具〕	0	17	13		千克				0	
9022	**X 射线或 α 射线、β 射线、γ 射线或其他离子射线的应用设备，不论是否用于医疗、外科、牙科或兽医，包括射线照相及射线治疗设备、X 射线管及其他 X 射线发生器、高压发生器、控制板及控制台、荧光屏、检查或治疗用的桌、椅及类似品：**										
90221200	--X 射线断层检查仪										13
9022120000	X 射线断层检查仪①	0	11	13		台/千克	6OA	M/	5%	0	
90221300	--其他，牙科用										13
9022130000	其他牙科用 X 射线应用设备〔999〕	0	11	13		台/千克	6OA	M/	20%	0	
90221400	--其他，医疗、外科或兽医用										13
9022140010	医用直线加速器〔999〕	0	11	13		台/千克	6OA	M/	25%	0	
9022140090	其他医疗或兽医用 X 射线应用设备〔999〕	0	11	13		台/千克	6OA	M/	25%	0	
90221910	---低剂量 X 射线安全检查设备										13
9022191010	采用 X 光机技术或 X 射线加速器技术的 X 射线安全检查设备（能量大于 100 千电子伏，不包括采用 X 射线交替双能加速器技术的第二代 X 射线安全检查设备）〔999〕	0	11	13		台/千克	A	M/	5%	0	
9022191090	其他低剂量 X 射线安全检查设备〔999〕	0	11	13		台/千克	A	M/	5%	0	
90221920	---X 射线无损探伤检测仪										13
9022192000	X 射线无损探伤检测仪〔999〕	0	11	13		台/千克	A	M/	20%	0	
90221990	---其他										13
9022199010	X 射线全自动燃料芯块检查台（专门设计或制造用于检验燃料芯块的最终尺寸和表面缺陷）〔999〕	0	11	13		台/千克	3A	M/		0	
9022199020	X 射线晶圆制造厚度测量设备〔999〕	0	11	13		台/千克	A	M/		0	
9022199090	其他 X 射线应用设备〔999〕	0	11	13		台/千克	6A	M/		0	
90222110	---应用 α 射线、β 射线、γ 射线的										13
9022211000	应用 α、β、γ 射线的设备（医疗、外科、牙科或兽医用）〔101 诊断仪器及零部件〕，〔102 治疗仪器及零部件〕	0	11	13		台/千克	6A	M/	10%	0	
90222190	---其他										13
9022219000	应用其他离子射线的设备（医疗、外科、牙科或兽医用）〔101 诊断仪器及零部件〕，〔102 治疗仪器及零部件〕	4	17	13		台/千克	6A	M/	29%	0	
90222910	---γ 射线无损探伤检测仪										13
9022291000	γ 射线无损探伤检测仪〔999〕	0	11	13		台/千克	A	M/		0	
90222990	---其他										13
9022299010	γ 射线全自动燃料芯块检查台（专门设计或制造用于检验燃料芯块的最终尺寸和表面缺陷）〔999〕	0	11	13		台/千克	3A	M/	5%	0	
9022299090	其他非医疗用 α、β、γ 射线设备〔999〕	0	11	13		台/千克			5%	0	
90223000	-X 射线管										13
9022300000	X 射线管〔999〕	0	11	13		个/千克	A	M/		0	
90229010	---X 射线影像增强器										13
9022901000	X 射线影像增强器〔999〕	0	11	13		个/千克	AO	M/		0	
90229090	---其他										13
9022909020	闪光 X 射线发生器（峰值能量≥500 千电子伏）〔999〕	4.5	14	13		个/千克	3O		29.5%	0	
9022909030[暂3]	X 射线断层检查仪专用探测器〔999〕	4.5	14	13		个/千克	O		28%	0	

① 〔101 医用 X 射线诊断放射设备〕，〔102 X 射线计算机体层摄影设备〕，〔103 X 射线断层扫描高频发生设备〕，〔104 X 射线断层扫描附属设备〕，〔105 乳腺 X 射线机〕，〔106 其他 X 射线断层检查设备〕

协定税率(%)																		特惠税率(%)			Article Description
智利	新西兰	澳大利亚	瑞士	冰岛	秘鲁	哥斯达	东盟	亚太	新加坡	巴基斯坦	港/澳/台	韩国	格鲁吉亚	毛里求斯	柬埔寨	尼加拉瓜	日/韩/澳/新/东(RCEP)	亚太2国	老/柬/缅	LDC 98/97/95	
0	0	0	0	0	0	0	0			0	0/0/	0	0	0	0	0	2.9/0/0/0/0			0/0/0	----Stents in blood vessel
0	0	0	0	0	0	0	0			0	0/0/	0	0	0	0	0	2.9/2.8/0/0/0			0/0/0	----Other
0	0	0	0	0	0	0	0			0	0/0/	0	0	0	0	0	2.9/2.8/2.8/2.8/2.8			0/0/0	---Other
																					Apparatus based on the use of X-rays or of alpha, beta, gamma or other ionising radiations, whether or not for medical, surgical, dental or veterinary uses, including radiography or radiotherapy apparatus, X-ray tubes and other X-ray generators, high tension genera-tors, control panels and desks, screens, examination or treatment tables, chairs and the like:
0	0	0	0	0	0	0	0	0		0	0/0/	1.3	0	0	0	0	2.9/2.8/0/0/0			0/0/0	--Computed tomography apparatus
0	0	0	0	0	0	0	0			0	0/0/	0	0	0	0	0	0/0/0/0/0			0/0/0	--Other, for dental uses
0	0	0	0	0	0	0	0			0	0/0/	0	0	0	0	0	0/0/2.8/2.8/0			0/0/0	--Other, for medical, surgical or veterinary uses
0	0	0	0	0	0	0	0			0	0/0/	1.3	0	0	0	0	2.9/2.8/0/0/0			0/0/0	---Low dosage X-ray security inspecting equipment
0	0	0	0	0	0	0	0			0	0/0/		0	0	0	0	2.9/2.8/0/0/0			0/0/0	---X-ray nondestructive inspection apparatus
0	0	0	0	0	0	0	0			0	0/0/		0	0	0	0	2.9/2.8/0/0/0			0/0/0	---Other
0	0	0	0	0	0	0	0			0	0/0/	0	0	0	0	0	0/0/0/0/0			0/0/0	---Based on the use of alpha, beta or gamma radiation
0	0	0	0	0	0	0	0	2.6		0	0/0/	0	0	0	0	0	2.9/0/0/0/0			0/0/0	---Other
0	0	0	0	0	0	0	0			4	0/0/	0	0	0	0	0	0/0/0/0/0			0/0/0	---Gamma ray nondestructive inspection apparatus
0	0	0	0	0	0	0	0			4	0/0/	0	0	0	0	0	0/0/0/0/0			0/0/0	---For other uses
0	0	0	0	0	0	0	0			0	0/0/	0	0	0	0	0	1.5/1.4/1.4/1.4/1.4			0/0/0	-X-ray tubes
0	0	0	0	0	0	0	0			0	0/0/	2	0	0	0	0	0/4.2/4.2/4.2/0			0/0/0	---X-ray intensifiers
0	0	0	0	0	0	0	0			0	0/0/	1	0	0	0	0	2.9/0/0/0/0			0/0/0	---Other

商品编号	商品名称及备注[检验检疫编码及名称]	进口关税(%)		增值税率(%)	消费税	计量单位	监管条件	检验检疫类别	对美税率	出口税率(%)	出口退税率(%)
		最惠国	普通								
9022909040[暂3]	数字化 X 射线摄影系统平板探测器[999]	4.5	14	13		个/千克			28%	0	
9022909050	应用除 α、β、γ 射线以外离子射线的医用设备的零件及附件(医疗、外科、牙科或兽医用)[101 诊断仪器及零部件],[102 治疗仪器及零部件]	0	14	13		台/千克	6A	M/	25%	0	
9022909060[暂1]	其他射线发生器的零部件[999]	4.5	14	13		个/千克			26%	0	
9022909070[暂3]	X 射线断层检查仪专用闪烁体、准直器[999]	4.5	14	13		个/千克			28%	0	
9022909090	品目 90.22 所列其他设备及零件(包括高压发生器、控制板及控制台、荧光屏等)[999]	4.5	14	13		个/千克			29.5%	0	
9023	**专供示范(例如,教学或展览)而无其他用途的仪器、装置及模型:**										
90230010	---教习头										13
9023001000	教习头[999]	0	20	13		千克			25%	0	
90230090	---其他										13
9023009000	其他专供示范的仪器、装置及模型[(例如,教学或展览)而无其他用途][999]	0	20	13		千克			5%	0	
9024	**各种材料(例如,金属、木材、纺织材料、纸张、塑料)的硬度、强度、压缩性、弹性或其他机械性能的试验机器及器具:**										
90241010	---电子万能试验机										13
9024101000	电子万能试验机[999]	0	20	13		台/千克			10%	0	
90241020	---硬度计										13
9024102000	硬度计[999]	0	20	13		台/千克			10%	0	
90241090	---其他										13
9024109000	其他金属材料的试验用机器及器具[999]	0	20	13		台/千克			5%	0	
90248000	-其他机器及器具										13
9024800000	非金属材料的试验用机器及器具[999]	0	20	13		台/千克			5%	0	
90249000	-零件、附件										13
9024900000	各种材料的试验用机器零件、附件[999]	0	20	13		千克			5%	0	
9025	**记录式或非记录式的液体比重计及类似的浮子式仪器、温度计、高温计、气压计、湿度计、干湿球湿度计及其组合装置:**										
90251100	--液体温度计,可直接读数										13
9025110010	含汞的可直接读数的非电子液体温度计[999]	4	40	13		个/千克	89		24%	0	
9025110090	其他可直接读数的液体温度计[999]	4	40	13		个/千克			24%	0	
90251910	---工业用										13
9025191010	温度传感器[101 电子温度计],[102 温度计]	0	20	13		个/千克			10%	0	
9025191020	其他含汞的非液体的工业用非电子温度计及高温计[999]	0	20	13		个/千克	89		10%	0	
9025191090	其他非液体的工业用温度计及高温计[101 电子温度计],[102 温度计]	0	20	13		个/千克			10%	0	
90251990	---其他										13
9025199010	红外线人体测温仪[999]	0	80	13		个/千克			10%	0	
9025199020	其他含汞的非液体的非电子温度计及高温计[999]	0	80	13		个/千克	89		10%	0	
9025199090	非液体的其他温度计,高温计[101 电子温度计],[102 温度计]	0	80	13		个/千克			10%	0	
90258000	-其他仪器										13
9025800010	含汞的非电子温度计和气压计[999]	11	30	13		个/千克	89		31%	0	
9025800090	其他温度计、比重计、湿度计等仪器[101 温度计],[102 比重计],[103 湿度计],[104 其他机械式仪表及其零件]	11	30	13		个/千克			31%	0	
90259000	-零件、附件										13
9025900010	红外线测温仪传感器元件[999]	0	20	13		千克/个			10%	0	
9025900090	其他比重计、温度计等类似仪器的零件[101 温度计零件],[102 比重计零件],[103 其他机械式仪表及其零件]	0	20	13		千克/个			10%	0	
9026	**液体或气体的流量、液位、压力或其他变化量的测量或检验仪器及装置(例如,流量计、液位计、压力表、热量计),但不包括税目 90.14、90.15、90.28 或 90.32 的仪器及装置:**										
90261000	-测量、检验液体流量或液位的仪器及装置										13
9026100000	测量、检验液体流量或液位的仪器[101 电子测量仪],[102 机械测量仪]	0	17	13		个/千克			10%	0	

协定税率(%) 智利	新西兰	澳大利亚	瑞士	冰岛	秘鲁	哥斯达	东盟	亚太	新加坡	巴基斯坦	港/澳/台	韩国	格鲁吉亚	毛里求斯	柬埔寨	尼加拉瓜	日/韩/澳/新/东 (RCEP)	特惠税率(%) 亚太2国	老/柬/缅	LDC 98/97/95	Article Description
																					Instruments, apparatus and models, designed for demonstrational purposes (for example, in education or exhibitions), unsuitable for other uses:
0	0	0	0	0	0	0	0			4	0/0/	0	0	0	0	0	0/0/4.9/4.9/0			0/0/0	---Training mannequin
0	0	0	0	0	0	0	0			4	0/0/	0	0	1.1	0	0	0/0/4.9/4.9/0			0/0/0	---Other
																					Machines and appliances for testing the hardness, strength, compressibility, elasticity or other mechanical properties of materials (for example, metals, wood, textiles, paper, plastics):
0	0	0	0	0	0	0	0	0		0	0/0/	0	0	0	0	0	5.1/4.9/0/0/0			0/0/0	---Electric multitesting machines
0	0	0	0	0	0	0	0	0		0	0/0/	0	0	0	0	0	5.1/4.9/0/0/0			0/0/0	---Machines and applinances for testing hardness
0	0	0	0	0	0	0	0	0		4	0/0/	4.5	0	0	0	0	5.1/6/4.9/4.9/4.9			0/0/0	---Other
0	0	0	0	0	0	0	0			0	0/0/	1.6	0	0	0	0	3.6/3.5/3.5/3.5/3.5			0/0/0	-Other machines and appliances
0	0	0	0	0	0	0	0			0	0/0/		0	0	0	0	4.4/4.2/0/0/0			0/0/0	-Parts and accessories
																					Hydrometers and similar floating instruments, thermometers and pyrometers, barometers, hygrometers and psychrometers, recording or not, and any combination of these instruments:
0	0	0	0	0	0	0	0			0	0/0/	0	0	0	0	0	0/0/0/0/0			0/0/0	--Liquid-filled, for direct reading
0	0	0	0	0	0	0	0	0		0	0/0/	0	0	0	0	0	6.1/5.9/5.9/5.9/5.9			0/0/0	---For industrial use
0	0	0	0	0	0	0	0	0		0	0/0/	0	0	0	0	0	6.1/0/0/0/0			0/0/0	---Other
0	0	0	0	0	0	0	0		0	2.5	0/0/	5.5	0	0	0	9.9	//9.4/9.4/9.4			0/0/0	-Other instruments
0	0	0	0	0	0	0	0	0		0	0/0/	0	0	2.9	0	0	5.8/5.6/5.6/5.6/5.6			0/0/0	-Parts and accessories
																					Instruments and apparatus for measuring or checking the flow, level, pressure or other variables of liquids or gases (for example, flow meters, level gauges, manometers, heat meters), excluding instruments and apparatus of heading 90.14, 90.15, 90.28 or 90.32:
0	0	0	0	0	0	0	0			0	0/0/	0	0	0	0	0	0/0/0/0/0			0/0/0	-For measuring or checking the flow or level of liquids

商品编号	商品名称及备注［检验检疫编码及名称］	进口关税（%）		增值税率（%）	消费税	计量单位	监管条件	检验检疫类别	对美税率	出口税率（%）	出口退税率（%）
		最惠国	普通								
90262010	---压力/差压变送器										13
9026201010	锰铜压力计（压力超过10GPa）〔999〕	0	17	13		个/千克	3		10%	0	
9026201020	镱制成的压力计（流体动力学实验专用仪器仪表，测量压力超过10GPa的）〔101 电子分析仪〕，〔102 机械分析仪〕	0	17	13		个/千克	3		10%	0	
9026201030	聚偏二氟乙烯/聚二氟乙烯制成的压力计（流体动力学实验专用仪器仪表，测量压力超过10GPa的）〔101 电子分析仪〕，〔102 机械分析仪〕	0	17	13		个/千克	3		10%	0	
9026201090	其他压力、差压变送器〔101 电子分析仪〕，〔102 机械分析仪〕	0	17	13		个/千克			10%	0	
90262090	---其他										13
9026209010	压力传感器（两用物项管制商品）〔101 电子分析仪〕，〔102 机械分析仪〕	0	17	13		个/千克	3		10%	0	
9026209020	含汞的非电子压力表〔999〕	0	17	13		个/千克	89		10%	0	
9026209090	其他测量、检验压力的仪器及装置〔101 电子分析仪〕，〔102 机械分析仪〕	0	17	13		个/千克			10%	0	
90268010	---测量气体流量的仪器及装置										13
9026801000	测量气体流量的仪器及装置〔101 电子测量仪（电子分析仪）〕，〔102 机械测量仪（机械分析仪）〕	0	17	13		个/千克			10%	0	
90268090	---其他										13
9026809000	液体或气体的其他测量或检验仪器（除液体流量或液位及压力以外的其他变量的检测仪器）〔101 电子分析仪〕，〔102 机械分析仪〕	0	17	13		个/千克			10%	0	
90269000	-零件、附件										13
9026900010	液位仪用探棒〔101 电子分析仪〕，〔102 机械分析仪〕	0	17	13		千克			10%	0	
9026900090	其他液体或气体的测量或检验仪器零件（主要是进行流量、液位、压力或其他变化量的测量或检验）〔101 电子分析仪〕，〔102 机械分析仪〕	0	17	13		千克			10%	0	
9027	**理化分析仪器及装置（例如，偏振计、折光仪、分光仪、气体或烟雾分析仪）；测量或检验黏性、多孔性、膨胀性、表面张力及类似性能的仪器及装置；测量或检验热量、声量或光量的仪器及装置（包括曝光表）；检镜切片机：**										
90271000	-气体或烟雾分析仪										13
9027100010	用于连续操作的气体检测器（可用于出口管制的化学品或有机化合物（含有磷、硫、氟或氯，其浓度低于0.3毫克/立方米）的检测，或为检测受抑制的胆碱酯酶的活性而设计）〔101 电子分析仪〕，〔102 机械分析仪〕	0	17	13		台/千克	3		5%	0	
9027100090	其他气体或烟雾分析仪〔101 电子分析仪〕，〔102 机械分析仪〕	0	17	13		台/千克			5%	0	
90272011	----气相色谱仪										13
9027201100	气相色谱仪〔999〕	0	17	13		台/千克			5%	0	
90272012	----液相色谱仪										13
9027201200	液相色谱仪〔999〕	0	17	13		台/千克			5%	0	
90272019	----其他										13
9027201900	其他色谱仪〔999〕	0	17	13		台/千克			5%	0	
90272020	---电泳仪										13
9027202000	电泳仪〔999〕	0	17	13		台/千克			5%	0	
90273000	-使用光学射线（紫外线、可见光、红外线）的分光仪、分光光度计及摄谱仪										13
9027300010	傅立叶红外光谱仪〔101 电子分析仪〕，〔102 机械分析仪〕	0	17	13		台/千克			10%	0	
9027300020	近红外光谱仪〔101 电子分析仪〕，〔102 机械分析仪〕	0	17	13		台/千克			10%	0	
9027300030	台式和手持拉曼光谱仪〔101 电子分析仪〕，〔102 机械分析仪〕	0	17	13		台/千克			10%	0	
9027300090	其他分光仪、分光光度计及摄谱仪［使用光学射线（紫外线、可见光、红外线）的］〔101 电子分析仪〕，〔102 机械分析仪〕	0	17	13		台/千克			10%	0	
90275010	---基因测序仪										13
9027501000	基因测序仪〔101 电子分析仪〕，〔102 机械分析仪〕	0	17	13		台/千克	6			0	
90275090	---其他										13
9027509010	流式细胞仪〔101 电子分析仪〕，〔102 机械分析仪〕	0	17	13		台/千克	6		5%	0	
9027509090	其他使用光学射线的其他仪器及装置（光学射线是指紫外线、可见光、红外线）〔101 电子分析仪〕，〔102 机械分析仪〕	0	17	13		台/千克	6		5%	0	
90278110	---集成电路生产用氦质谱检漏台										13
9027811000	集成电路生产用氦质谱检漏台〔999〕	0	17	13		台/千克				0	
90278120	---质谱联用仪										13

协定税率(%)																		特惠税率(%)			
智利	新西兰	澳大利亚	瑞士	冰岛	秘鲁	哥斯达	东盟	亚太	新加坡	巴基斯坦	港/澳/台	韩国	格鲁吉亚	毛里求斯	柬埔寨	尼加拉瓜	日/韩/澳/新/东(RCEP)	亚太2国	老/柬/缅	LDC 98/97/95	Article Description
0	0	0	0	0	0	0	0			0	0/0/	0	0	0	0	0	0/0/0/0/0			0/0/0	---Pressure/differential pressure transmitters
0	0	0	0	0	0	0	0			0	0/0/	0	0	0	0	0	0/0/0/0/0			0/0/0	---Other
0	0	0	0	0	0	0	0			0	0/0/	0	0	0	0	0	0/0/0/0/0			0/0/0	---Instruments or apparatus for measuring the flow of gases
0	0	0	0	0	0	0	0			0	0/0/	0	0	0	0	0	0/0/0/0/0			0/0/0	---Other
0	0	0	0	0	0	0	0			0	0/0/	0	0	0	0	0	0/0/0/0/0			0/0/0	-Parts and accessories
																					Instruments and apparatus for physical or chemical analysis (for example, polarimeters, refractometers, spectrometers, gas or smoke analysis apparatus); instruments and apparatus for measuring or checking viscosity, porosity, expansion, surface tension or the like; instruments and apparatus for measuring or checking quantities of heat, sound or light (including exposure meters); microtomes:
0	0	0	0	0	0	0	0			0	0/0/	2.3	0	0	0	0	5.1/4.9/0/0/0			0/0/0	-Gas or smoke analysis apparatus
0	0	0	0	0	0	0	0			0	0/0/	0	0	0	0	0	0/0/0/0/0			0/0/0	----Gas chromatographs instruments
0	0	0	0	0	0	0	0			0	0/0/	0	0	0	0	0	0/0/0/0/0			0/0/0	----Liquid chromatographs instruments
0	0	0	0	0	0	0	0			0	0/0/	0	0	0	0	0	0/0/0/0/0			0/0/0	----Other
0	0	0	0	0	0	0	0			0	0/0/	0	0	0	0	0	0/0/0/0/0			0/0/0	---Electrophoresis instruments
0	0	0	0	0	0	0	0			0	0/0/	0	0	0	0	0	0/0/0/0/0			0/0/0	-Spectrometers, spectrophotometers and spectrographs using optical radiations (UV, visible, IR):
0	0	0	0	0	0	0	0			0	0/0/	0	0	0	0	0	0/0/0/0/0			0/0/0	---Gene sequencer
0	0	0	0	0	0	0	0			0	0/0/	0	0	0	0	0	0/0/0/0/0			0/0/0	---Other
0	0	0	0	0	0	0	0			0	0/0/	0	0	0	0	0	0/0/0/0/0			0/0/0	---Helium spectra leak detectors of a kind used in intergrated circuit manufacture
0	0	0	0	0	0	0	0			0	0/0/	0	0	0	0	0	0/0/0/0/0			0/0/0	---Mass spectrometers combined with other instruments

商品编号	商品名称及备注[检验检疫编码及名称]	进口关税(%)		增值税率(%)	消费税	计量单位	监管条件	检验检疫类别	对美税率	出口税率(%)	出口退税率(%)
		最惠国	普通								
9027812000	质谱联用仪〔999〕	0	17	13		台/千克			5%	0	
90278190	---其他										13
9027819010	两用物项管制的 UF6 质谱仪/离子源〔999〕	0	17	13		台/千克	3		5%	0	
9027819020	测大于 230 质量单位离子质谱仪(分辨率高于 2/230)〔999〕	0	17	13		台/千克	3		5%	0	
9027819090	其他质谱仪〔999〕	0	17	13		台/千克			5%	0	
90278910	---曝光表										13
9027891000	曝光表〔999〕	0	70	13		个/千克			5%	0	
90278990	---其他										13
9027899010	转矩流变仪〔101 电子测量仪〕,〔102 电子分析仪〕,〔103 机械测量仪〕,〔104 机械分析仪〕	0	17	13		台/千克	6		5%	0	
9027899090	其他理化分析仪器及装置(包括测量或检验黏性及类似性能的仪器及装置)〔101 电子测量仪〕,〔102 电子分析仪〕,〔103 机械测量仪〕,〔104 机械分析仪〕	0	17	13		台/千克	6		5%	0	
90279000	-检镜切片机;零件、附件										13
9027900000	检镜切片机、理化分析仪器零件〔999〕	0	17	13		千克			5%	0	
9028	**生产或供应气体、液体及电力用的计量仪表,包括它们的校准仪表:**										
90281010	---煤气表										13
9028101000	煤气表(包括它们的校准仪表)〔999〕	10	30	13		个/千克			35%	0	
90281090	---其他										13
9028109000	其他气量计(包括它们的校准仪表)〔999〕	10	30	13		个/千克			15%	0	
90282010	---水表										13
9028201000	水表(包括它们的校准仪表)〔999〕	10	30	13		个/千克			35%	0	
90282090	---其他										13
9028209000	其他液量计(包括它们的校准仪表)〔999〕	10	30	13		个/千克			15%	0	
90283011	----单相感应式										13
9028301100	单相感应式电度表(包括它们的校准仪表)〔999〕	0	30	13		个/千克				0	
90283012	----三相感应式										13
9028301200	三相感应式电度表(包括它们的校准仪表)〔999〕	0	30	13		个/千克				0	
90283013	----单相电子式(静止式)										13
9028301300	单相电子式(静止式)电度表(包括它们的校准仪表)〔999〕	0	30	13		个/千克			25%	0	
90283014	----三相电子式(静止式)										13
9028301400	三相电子式(静止式)电度表(包括它们的校准仪表)〔999〕	0	30	13		个/千克			25%	0	
90283019	----其他										13
9028301900	其他电度表(包括它们的校准仪表)〔999〕	0	30	13		个/千克				0	
90283090	---其他										13
9028309000	其他电量计(包括它们的校准仪表)〔999〕	0	30	13		个/千克			20%	0	
90289010	---工业用										13
9028901000	工业用计量仪表零件、附件〔101 其他电子仪表〕,〔102 其他机械式仪表及其零件〕	0	30	13		千克			25%	0	
90289090	---其他										13
9028909000	非工业用计量仪表零件、附件〔101 其他电子仪表〕,〔102 其他机械式仪表及其零件〕	0	50	13		千克			20%	0	
9029	**转数计、产量计数器、车费计、里程计、步数计及类似仪表;速度计及转速表,税目 90.14 及 90.15 的仪表除外;频闪观测仪:**										
90291010	---转数计										13
9029101000	转数计〔999〕	12	50	13		个/千克			37%	0	
90291020	---车费计、里程计										13
9029102000	车费计、里程计〔101 其他车辆零部件〕,〔102 其他电子仪表〕	12	35	13		个/千克			32%	0	
90291090	---其他										13
9029109000	产量计数器、步数计及类似仪表〔999〕	12	35	13		个/千克			32%	0	
90292010	---车辆用速度计										13
9029201000	车辆用速度计〔999〕	10	35	13		个/千克			15%	0	
90292090	---其他										13
9029209000	其他速度计及转速表,频闪观测仪(车辆用速度计除外)〔999〕	10	35	13		个/千克			30%	0	
90299000	-零件、附件										13
9029900000	转数计、车费计及类似仪表零件(品目 90.14 及 90.15 的仪表零件除外)〔999〕	6	35	13		千克			26%	0	

智利	新西兰	澳大利亚	瑞士	冰岛	秘鲁	哥斯达	东盟	亚太	新加坡	巴基斯坦	港/澳/台	韩国	格鲁吉亚	毛里求斯	柬埔寨	尼加拉瓜	日/韩/澳/新/东(RCEP)	亚太2国	老/柬/缅	LDC 98/97/95	Article Description
0	0	0	0	0	0	0	0			0	0/0/	0	0	0	0	0	0/0/0/0/0			0/0/0	---Other
0	0	0	0	0	0	0	0		0	5.6	0/0/	0	0	0	0	0	10.2/9.8/0/0/0			0/0/0	---Exposure meters
0	0	0	0	0	0	0	0			0	0/0/	0	0	0	0	0	0/0/0/0/0			0/0/0	---Other
0	0	0	0	0	0	0	0			0	0/0/	0	0	0	0	0	0/0/0/0/0			0/0/0	-Microtomes; parts and accessories
																					Gas, liquid or electricity supply or production meters, including calibrating meters thereof:
0	0	0	0	0	0	0	0			0	0/0/	0	0	0	0	9	7.3/7/0/0/0			0/0/0	---Coal gas meters
0	0	0	0	0	0	0	0		0	0	0/0/	0	0	0	0	9	7.3/7/0/0/0			0/0/0	---Other
0	0	0	0	0	0	0	0		0	0	0/0/	0	0	0	0	9	7.3/7/0/0/0			0/0/0	---Water meters
0	0	0	0	0	0	0	0		0	0	0/0/		0	0	0	9	//5/5/5			0/0/0	---Other
0	0	0	0	0	0	0	0			0	0/0/	0	0	0	0	0	0/7/0/0/0			0/0/0	----Single-phase induction types
0	0	0	0	0	0	0	0			0	0/0/	0	0	0	0	0	0/7/0/0/0			0/0/0	----Three-phase induction types
0	0	0	0	0	0	0	0			0	0/0/	0	0	0	0	0	0/7/0/0/0			0/0/0	----Single-phase electronic types (Static)
0	0	0		0	0	0	0			0	0/0/	0	0	0	0	0	0/7/0/0/0			0/0/0	----Three-phase electronic types (Static)
0	0	0	0	0	0	0	0			0	0/0/	5	0	0	0	0	0/8/0/0/0			0/0/0	----Other
0	0	0	0	0	0	0	0		0	0	0/0/	0	0	0	0	0	0/7/0/0/0			0/0/0	---Other
0	0	0	0	0	0	0	0			0	0/0/	0	0	0	0	0	0/5.9/0/0/0			0/0/0	---For industrial use
0	0	0	0	0	0	0	0			0	0/0/	0	0	0	0	0	0/0/0/0/0			0/0/0	---Other
																					Revolution counters, production counters, taximeters, mileometers, pedometers and the like; speed indicators and tachometers, other than those of headings 90.14 and 90.15; stroboscopes:
0	0	0	4	0	0	0	0		0	6	0/0/	0	0	0	0	11.2	10.9/10.5/0/0/0			0/0/0	---Revolution counters
0	0	0	0	0	0	0	0		0	6	0/0/		0	0	0	11.2	//5/5/5			0/0/0	---Taximeters and mileometers
0	0	0	0	0	0	0	0		0	6	0/0/		0	0	0	11.2	//5/5/5			0/0/0	---Other
0	0	0	0	0	0	0	0			4	0/0/	5	0	0	0	9	8.6/8.5/8.5/8.5/8.5			0/0/0	---Speed indicators for motor vehicles
0	0	0	0	0	0	0	0			2.5	0/0/	0	0	0	0	9	7.3/7/7/7/7			0/0/0	---Other
0	0	0	0	0	0	0	0			0	0/0/		0	0	0	0	//5/5/5			0/0/0	-Parts and accessories

商品编号	商品名称及备注［检验检疫编码及名称］	进口关税(%) 最惠国	普通	增值税率(%)	消费税	计量单位	监管条件	检验检疫类别	对美税率	出口税率(%)	出口退税率(%)
9030	**示波器、频谱分析仪及其他用于电量测量或检验的仪器和装置，不包括税目90.28的各种仪表；α射线、β射线、γ射线、X射线、宇宙射线或其他离子射线的测量或检验仪器及装置：**										
90301000	-离子射线的测量或检验仪器及装置										13
9030100000	离子射线的测量或检验仪器及装置〔999〕	0	20	13		台/千克				0	
90302010	---测试频率在300兆赫兹以下的通用示波器										13
9030201000	300兆赫以下的通用示波器(指测试频率小于300兆赫兹的示波器)〔999〕	0	80	13		台/千克			20%	0	
90302090	---其他										13
9030209000	其他示波器(包括300兆赫兹的通用示波器)〔999〕	0	20	13		台/千克			10%	0	
90303110	---量程在五位半及以下的数字万用表										13
9030311000	不带记录装置的五位半及以下的数字万用表(用于测试或检验半导体晶圆或器件用的除外)〔999〕	0	130	13		台/千克			5%	0	
90303190	---其他										13
9030319000	不带记录装置的其他万用表(用于测试或检验半导体晶圆或器件用的除外)〔999〕	0	20	13		台/千克			10%	0	
90303200	--万用表，带记录装置										13
9030320000	带记录装置的万用表(用于测试或检验半导体晶圆或器件用的除外)〔999〕	0	20	13		台/千克			10%	0	
90303310	---量程在五位半及以下的数字电流表、电压表										13
9030331000	不带记录装置的五位半及以下的数字电流、电压表(用于测试或检验半导体晶圆或器件用的除外)〔999〕	0	130	13		台/千克			20%	0	
90303320	---电阻测试仪										13
9030332000	不带记录装置的电阻测试仪(用于测试或检验半导体晶圆或器件用的除外)〔101 电子测量仪〕,〔102 机械测量仪〕	10	80	13		台/千克			20%	0	
90303390	---其他										13
9030339000	不带记录装置的检测电压、电流及功率的其他仪器(用于测试或检验半导体晶圆或器件用的除外)〔999〕	0	20	13		台/千克			20%	0	
90303900	--其他，带记录装置										13
9030390000	其他带记录装置的检测电压、电流、电阻或功率的仪器(万用表除外，用于测试或检验半导体晶圆或器件用的除外)〔999〕	0	20	13		台/千克			10%	0	
90304010	---测试频率在12.4千兆赫兹以下的数字式频率计										13
9030401000	12.4千兆赫兹以下数字式频率计〔999〕	0	80	13		台/千克			10%	0	
90304090	---其他										13
9030409000	其他无线电通讯专用仪器及装置(12.4千兆赫兹以下数子式频率计除外)〔101 其他行业成套设备〕,〔102 电子测量仪〕	0	20	13		台/千克			5%	0	
90308200	--测试或检验半导体晶圆或器件(包括集成电路)用										13
9030820000	测试或检验半导体晶圆或器件(包括集成电路)用的仪器〔999〕	0	20	13		台/千克				0	
90308410	---电感及电容测试仪										13
9030841000	电感及电容测试仪(装有记录装置的)〔999〕	0	80	13		台/千克			25%	0	
90308490	---其他										13
9030849000	其他电量的测量或检验仪器及装置(装有记录装置的)〔999〕	0	20	13		台/千克			10%	0	
90308910	---电感及电容测试仪										13
9030891000	其他电感及电容测试仪(未装有记录装置的)〔999〕	0	80	13		台/千克			10%	0	
90308990	---其他										13
9030899010	中子探测和测量仪表(专用于测定核反应堆堆芯内中子通量的)〔999〕	0	20	13		台/千克	3		10%	0	
9030899090	其他电量的测量或检验仪器及装置(未装有记录装置的)〔999〕	0	20	13		台/千克			10%	0	
90309000	-零件、附件										13
9030900010	用于声表面滤波器测试的测试头(频率带宽在81吉赫兹以上，且探针最小间距在周围排列下为50微米，阵列下为180微米)〔999〕	0	17	13		千克			10%	0	
9030900090	品目9030所属货品的其他零件及附件〔999〕	0	17	13		千克			10%	0	
9031	**本章其他税目未列名的测量或检验仪器、器具及机器；轮廓投影仪：**										
90311000	-机械零件平衡试验机										13
9031100010	陀螺动态平衡测试仪〔999〕	0	17	13		台/千克	3		20%	0	
9031100090	其他机械零件平衡试验机〔999〕	0	17	13		台/千克			20%	0	

协定税率(%)																		特惠税率(%)			Article Description
智利	新西兰	澳大利亚	瑞士	冰岛	秘鲁	哥斯达	东盟	亚太	新加坡	巴基斯坦	港/澳/台	韩国	格鲁吉亚	毛里求斯	柬埔寨	尼加拉瓜	日/韩/澳/新/东(RCEP)	亚太2国	老/柬/缅	LDC 98/97/95	
																					Oscilloscopes, spectrum analysers and other instruments and apparatus for measuring or checking electrical quantities, excluding meters of heading 90.28; instruments and apparatus for measuring or detecting alpha, beta, gamma, X-ray, cosmic or other ionizing radiations:
0	0	0	0	0	0	0	0			0	0/0/		0	0	0	0	3.6/3.5/0/0/0			0/0/0	-Instruments and apparatus for measuring or detecting ionizing radiations
0	0	0	0	0	0	0	0		0	0	0/0/	0	0	0	0	0	0/5.6/0/0/0			0/0/0	---For general use, of test frequency less than 300MHz
0	0	0	0	0	0	0	0			0	0/0/	0	0	0	0	0	0/3.5/3.5/3.5/0			0/0/0	---Other
0	0	0	0	0	0	0	0		0	6	0/0/	0	0	0	0	0	0/10.5/0/0/0			0/0/0	---Digital, of measuring range of 5.5 or less
0	0	0	0	0	0	0	0			0	0/0/	1.6	0	0	0	0	0/3.5/0/0/0			0/0/0	---Other
0	0	0	0	0	0	0	0			0	0/0/	0	0	0	0	0	5.8/5.6/0/0/0			0/0/0	--Multimeters with a recording device
0	0	0	0	0	0	0	0		0	6	0/0/	0	0	0	0	0	10.9/10.5/0/0/0			0/0/0	---Digital ammeters or voltmeters, of measuring range of 5.5 or less
0	0	0	0	0	0	0	0		0	9	0/0/		0	0	0	9	//5/5/5			0/0/0	---Resistance measuring instruments
0	0	0	0	0	0	0	0			4	0/0/		0	0	0	0	//5/5/5			0/0/0	---Other
0	0	0	0	0	0	0	0			0	0/0/		0	0	0	0	5.8/5.6/0/0/0			0/0/0	--Other, with a recording device
0	0	0	0	0	0	0	0			0	0/0/	0	0	0	0	0	0/0/0/0/0			0/0/0	---Digital frequency meters, of test frequency less than 12.4 GHz
0	0	0	0	0	0	0	0			0	0/0/	0	0	0	0	0	0/0/0/0/0			0/0/0	---Other
0	0	0	0	0	0	0	0			0	0/0/	0	0	0	0	0	0/0/0/0/0			0/0/0	--For measuring or checking semiconductor wafers or devices (including integrated circuits)
0	0	0	0	0	0	0	0		0	0	0/0/		0	0	0	0	7.3/8.5/7/7/7			0/0/0	---For measuring inductances or capacitances
0	0	0	0	0	0	0	0			0	0/0/	2.6	0	0	0	0	5.8/5.6/0/0/0			0/0/0	---Other
0	0	0	0	0	0	0	0		0	5.6	0/0/		0	0	0	0	10.2/9.8/0/0/0			0/0/0	---For measuring inductances or capacitances
0	0	0	0	0	0	0	0			0	0/0/		0	0	0	0	5.8/5.6/0/0/0			0/0/0	---Other
0	0	0	0	0	0	0	0			0	0/0/	0	0	0	0	0	5.1/4.9/0/0/0			0/0/0	-Parts and accessories
																					Measuring or checking instruments, appliances and machines, not specified or included elsewhere in this Chapter; profile projectors:
0	0	0	0	0	0	0	0	0		0	0/0/	0	0	0	0	0	5.1/4.9/4.9/4.9/4.9			0/0/0	-Machines for balancing mechanical parts

商品编号	商品名称及备注[检验检疫编码及名称]	进口关税(%)		增值税率(%)	消费税	计量单位	监管条件	检验检疫类别	对美税率	出口税率(%)	出口退税率(%)
		最惠国	普通								
90312000	-试验台										13
9031200010	陀螺/马达运转试验台〔999〕	7	17	13		台/千克	3			0	
9031200020	加速度表测试台〔999〕	7	17	13		台/千克	3			0	
9031200030	试车台(能试推力>90千牛顿火箭发动机的或同时测量三个推力分量的)〔999〕	7	17	13		台/千克	3			0	
9031200040	惯性平台测试台(测试平台包括高精度离心机和转台)〔999〕	7	17	13		台/千克	3			0	
9031200090	其他试验台〔999〕	7	17	13		台/千克				0	
90314100	--制造半导体器件(包括集成电路)时检验半导体晶圆、器件(包括集成电路)或检测光掩模或光栅用										13
9031410000	制造半导体器件(包括集成电路)时检验半导体晶圆、器件(包括集成电路)或检测光掩模或光栅用的仪器和器具(第90章其他税目未列名的)〔999〕	0	17	13		台/千克				0	
90314910	---轮廓投影仪										13
9031491000	轮廓投影仪〔999〕	0	20	13		台/千克			25%	0	
90314920	---光栅测量装置										13
9031492000	光栅测量装置(第九十章其他品目未列名的)〔999〕	0	17	13		台/千克			25%	0	
90314990	---其他										13
9031499010	光盘质量在线检测仪及离线检测仪〔999〕	0	17	13		台/千克			20%	0	
9031499090	其他光学测量或检验仪器和器具(第90章其他税目未列名的)〔999〕	0	17	13		台/千克			20%	0	
90318010	---光纤通信及光纤性能测试仪										13
9031801000	光纤通信及光纤性能测试仪〔999〕	0	17	13		台/千克				0	
90318020	---坐标测量仪										13
9031802000	坐标测量仪〔999〕	0	17	13		台/千克			10%	0	
90318031	----超声波探伤检测仪										13
9031803100	超声波探伤检测仪〔999〕	0	17	13		台/千克				0	
90318032	----磁粉探伤检测仪										13
9031803200	磁粉探伤检测仪〔999〕	0	17	13		台/千克			10%	0	
90318033	----涡流探伤检测仪										13
9031803300	涡流探伤检测仪〔999〕	0	17	13		台/千克			10%	0	
90318039	----其他										13
9031803900	其他无损探伤检测仪器(射线探伤仪除外)〔999〕	0	17	13		台/千克			10%	0	
90318090	---其他										13
9031809010	惯性测量单元测试仪〔999〕	0	17	13		台/千克	3			0	
9031809020	陀螺调谐测试仪〔999〕	0	17	13		台/千克	3			0	
9031809030	跑道摩擦系数测试仪〔999〕	0	17	13		台/千克				0	
9031809040	音频生命探测仪〔999〕	0	17	13		台/千克				0	
9031809050	音视频生命探测仪〔999〕	0	17	13		台/千克				0	
9031809070	飞机发动机用电磁线性位移传感器〔999〕	0	17	13		台/千克				0	
9031809090	其他测量、检验仪器、器具及机器(指第90章其他税目未列名的)〔101 电子测量仪〕,〔102 机械测量仪〕	0	17	13		台/千克				0	
90319000	-零件、附件										13
9031900020	惯性测量单元稳定元件加工夹具〔999〕	0	17	13		千克	3		10%	0	
9031900030	惯性平台平衡夹具〔999〕	0	17	13		千克	3		10%	0	
9031900090	品目90.31的仪器及器具的其他零件(第九十章其他品目未列名的)〔999〕	0	17	13		千克			10%	0	
9032	**自动调节或控制仪器及装置:**										
90321000	-恒温器										13
9032100000	恒温器〔101 其他电子测量分析设备及其零件〕,〔102 其他机械测量分析设备及其零件〕	7	17	13		台/千克			27%	0	
90322000	-恒压器										13
9032200000	恒压器〔101 其他电子测量分析设备及其零件〕,〔102 其他机械测量分析设备及其零件〕	0	17	13		台/千克			10%	0	
90328100	--液压或气压的										13
9032810000	其他液压或气压的仪器及装置(自动调节或控制用)〔999〕	0	17	13		台/千克				0	
90328911	----列车自动防护系统(ATP)车载设备										13
9032891100	列车自动防护系统(ATP)车载设备〔999〕	7	17	13		台/千克			12%	0	
90328912	----列车自动运行系统(ATO)车载设备										13
9032891200	列车自动运行系统(ATO)车载设备〔999〕	7	17	13		台/千克				0	
90328919	----其他										13
9032891900	其他列车自动控制系统(ATC)车载设备〔999〕	7	17	13		台/千克			12%	0	

协定税率(%)																		特惠税率(%)			Article Description
智利	新西兰	澳大利亚	瑞士	冰岛	秘鲁	哥斯达	东盟	亚太	新加坡	巴基斯坦	港/澳/台	韩国	格鲁吉亚	毛里求斯	柬埔寨	尼加拉瓜	日/韩/澳/新/东(RCEP)	亚太2国	老/柬/缅	LDC 98/97/95	
0	0	0	2.8	0	0	0	0			0	0/0/	2.3	0	0	0	0	5.7/4.9/4.9/4.9/4.9			0/0/0	-Test benches
0	0	0	0	0	0	0	0			0	0/0/	0	0	0	0	0	0/0/0/0/0			0/0/0	--For inspecting semiconductor wafers or devices (including integrated circuits) or for inspecting photomasks or reticles used in manufacturing semiconductor devices (including integrated circuits)
0	0	0	0	0	0	0	0			0	0/0/	3.3	0	0	0	0	7.3/7/0/0/0			0/0/0	---Profile projectors
0	0	0	0	0	0	0	0			0	0/0/	0	0	0	0	0	0/0/0/0/0			0/0/0	---Optical grating measuring device
0	0	0	0	0	0	0	0			0	0/0/	0	0	0	0	0	0/0/0/0/0			0/0/0	---Other
0	0	0	0	0	0	0	0	0		0	0/0/	1.6	0	0	0	0	3.6/3.5/3.5/3.5/3.5			0/0/0	---Optical telecommunication and optical fibre performance testing instruments
0	0	0	0	0	0	0	0			0	0/0/	1.6	0	0	0	0	3.6/3.5/3.5/3.5/3.5			0/0/0	---Coordinate measuring machine
0	0	0	0	0	0	0	0	0		0	0/0/	3.2	0	0	0	0	3.6/3.5/0/0/0			0/0/0	----Apparatus for ultrasonic examinations
0	0	0	0	0	0	0	0	0		0	0/0/	3.2	0	0	0	0	3.6/3.5/0/0/0			0/0/0	----Apparatus for magnetic examinations
0	0	0	0	0	0	0	0	0		0	0/0/	3.2	0	0	0	0	3.6/3.5/0/0/0			0/0/0	----Apparatus for eddy examinations
0	0	0	0	0	0	0	0	0		0	0/0/		0	0	0	0	3.6/3.5/0/0/0			0/0/0	----Other
0	0	0	0		0	0	0	0		0	0/0/0	0	0	0	0	0	4.1/3.5/0/0/0			0/0/0	---Other
0	0	0	0	0	0	0	0			0	0/0/	0	0	0	0	0	0/0/0/0/0			0/0/0	-Parts and accessories
																					Automatic regulating or controlling instruments and apparatus:
0	0	0	0	0	0	0	0			0	0/0/	0	0	0	0	0	5.1/0/0/0/0			0/0/0	-Thermostats
0	0	0	0	0	0	0	0			0	0/0/	0	0	0	0	0	5.1/4.9/0/0/0			0/0/0	-Manostats
0	0	0	0	0	0	0	0	0		0	0/0/	4.5	0	0	0	0	5.1/6/4.9/4.9/4.9			0/0/0	--Hydraulic or pneumatic
0	0	0		0	0	0	0			0	0/0/	2.3	0	0	0	0	5.7/4.9/4.9/4.9/4.9			0/0/0	----Devices of Automatic Train Protection System (ATP), installed on trains
0	0	0		0	0	0	0			0	0/0/	2.3	0	0	0	0	5.1/4.9/4.9/4.9/4.9			0/0/0	----Devices of Automatic Train Operation System (ATO), installed on trains
0	0	0		0	0	0	0			0	0/0/	2.3	0	0	0	0	5.1/4.9/4.9/4.9/4.9			0/0/0	----Other

商品编号	商品名称及备注［检验检疫编码及名称］	进口关税（%）		增值税率（%）	消费税	计量单位	监管条件	检验检疫类别	对美税率	出口税率（%）	出口退税率（%）
		最惠国	普通								
90328990	---其他										13
9032899010[暂5]	具有可再生能源和智能电网应用的自动电压和电流调节器；非液压或气压的自动调控流量、液位和湿度的仪器（自动控制、调节装置）〔999〕	7	17	13		台/千克				0	
9032899020	超燃冲压喷气或组合循环发动机的燃烧调节装置（自动控制、调节装置）〔999〕	7	17	13		台/千克	3			0	
9032899030[暂3]	三坐标测量机用自动控制柜〔999〕	7	17	13		台/千克				0	
9032899040[暂1]	飞机自动驾驶系统（包括自动驾驶、电子控制飞行、自动故障分析、警告系统配平系统及推力监控设备及其相关仪表）〔999〕	7	17	13		台/千克				0	
9032899050[暂3]	机床用成套数控伺服装置（包括 CNC 操作单元，带有配套的伺服放大器和伺服电机）〔999〕	7	17	13		台/千克				0	
9032899060[暂3]	电喷点火程序控制单元（自动控制、调节装置）〔999〕	7	17	13		台/千克				0	
9032899070[暂3]	印刷机用成套数控伺服传动装置（包括运动控制器或可编程序自动控制器、人机界面单元，带有配套的伺服驱动器和伺服电机）〔999〕	7	17	13		台/千克				0	
9032899080[暂4]	纯电动或混合动力汽车用电机控制器总成（自动控制、调节装置）〔999〕	7	17	13		台/千克				0	
9032899091[暂3]	发动机气门正时控制（VTC）模块〔999〕	7	17	13		台/千克				0	
9032899092	出口管制的高压水炮操控系统〔999〕	7	17	13		台/千克	3			0	
9032899093[暂3]	光刻机用电机控制器〔999〕	7	17	13		台/千克				0	
9032899099	其他自动调节或控制仪器及装置〔999〕	7	17	13		台/千克				0	
90329000	-零件、附件										13
9032900001[暂1]	飞机自动驾驶系统的零件（包括自动驾驶、电子控制飞行、自动故障分析、警告系统配平系统及推力监控设备及其相关仪表的零件）〔999〕	5	17	13		千克			11%	0	
9032900010[暂1]	飞机发动机燃油控制器用电路板〔999〕	5	17	13		千克			11%	0	
9032900090	其他自动调节或控制仪器零件、附件〔999〕	5	17	13		千克			15%	0	
9033	**第九十章所列机器、器具、仪器或装置用的本章其他税目未列名的零件、附件：**										
90330000	第九十章所列机器、器具、仪器或装置用的本章其他税目未列名的零件、附件										13
9033000010[暂5]	用于九十章环境产品的其他品目未列名的零件、附件［太阳能定日镜，编号 901580 的商品，品目 90.26 的商品，品目 90.27 的商品（编号 90278011 和 90278091 除外），编号 903149 的商品，测振仪，手振动仪，可再生能源和智能电网应用的自动电压和电流调节器，自动调控流量、液位和湿度的仪器］〔101 其他电子测量分析设备及其零件〕，〔102 其他机械测量分析设备及其零件〕	6	17	13		千克			25%	0	
9033000090	第九十章其他编号未列名零、附件（指第九十章所列机器、器具、仪器或装置用）〔101 其他电子测量分析设备及其零件〕，〔102 其他机械测量分析设备及其零件〕	6	17	13		千克			26%	0	

协定税率(%)																		特惠税率(%)			Article Description
智利	新西兰	澳大利亚	瑞士	冰岛	秘鲁	哥斯达	东盟	亚太	新加坡	巴基斯坦	港/澳/台	韩国	格鲁吉亚	毛里求斯	柬埔寨	尼加拉瓜	日/韩/澳/新/东(RCEP)	亚太2国	老/柬/缅	LDC 98/97/95	
0	0	0		0	0	0	0			4	0/0/	2.3	0	0	0	0	5.7/4.9/4.9/4.9/4.9			0/0/0	---Other
0	0	0	0	0	0	0	0			0	0/0/	1.6	0	0	0	0	4.1/3.5/3.5/3.5/3.5			0/0/0	-Parts and accessories
																					Parts and accessories (not specified or included elsewhere in this Chapter) for machines, appliances, instruments or apparatus of Chapter 90:
0	0	0	0	0	0	0	0			4	0/0/	0	0	0	0	0	4.9/0/0/0/0			0/0/0	Parts and accessories (not specified or included elsewhere in this Chapter) for machines, appliances, instruments or apparatus of Chapter 90

第九十一章
钟表及其零件

注释：

一、本章不包括：

（一）钟表玻璃及钟锤（按其构成材料归类）；

（二）表链（根据不同情况，归入品目 71.13 或 71.17）；

（三）第十五类注释二所规定的贱金属制通用零件（第十五类）、塑料制的类似品（第三十九章）及贵金属或包贵金属制的类似品（一般归入品目 71.15），但钟、表发条则应作为钟、表的零件归类（品目 91.14）；

（四）轴承滚珠（根据不同情况，归入品目 73.26 或 84.82）；

（五）品目 84.12 的物品，不需擒纵器可以工作的；

（六）滚珠轴承（品目 84.82）；或

（七）第八十五章的物品，本身未组装在或未与其他零件组装在钟、表机芯内，也未组装成专用于或主要用于钟、表机芯零件的（第八十五章）。

二、品目 91.01 仅包括表壳完全以贵金属或包贵金属制的表，以及用贵金属或包贵金属与品目 71.01 至 71.04 的天然、养殖珍珠或宝石、半宝石（天然、合成或再造）合制的表。用贱金属上镶嵌贵金属制成表壳的表应归入品目 91.02。

三、本章所称“表芯”，是指由摆轮及游丝、石英晶体或其他能确定时间间隔的装置来进行调节的机构，并带有显示器或可装机械指示器的系统。表芯的厚度不超过 12 毫米，长、宽或直径不超过 50 毫米。

四、除注释一另有规定的以外，钟、表的机芯及其他零件，既适用于钟或表，又适用于其他物品（例如，精密仪器）的，均应归入本章。

商品编号	商品名称及备注[检验检疫编码及名称]	进口关税(%)		增值税率(%)	消费税	计量单位	监管条件	检验检疫类别	对美税率	出口税率(%)	出口退税率(%)
		最惠国	普通								
9101	**手表、怀表及其他表，包括秒表，表壳用贵金属或包贵金属制成的：**										
91011100	--仅有机械指示器的										
9101110000	机械指示式的贵金属电子手表（表壳用贵金属或包贵金属制成的）〔999〕	8	100	13	①	只/千克				0	13
91011910	---仅有光电显示器的										
9101191000	光电显示式的贵金属电子手表（表壳用贵金属或包贵金属制成的）〔999〕	8	100	13	①	只/千克				0	13
91011990	---其他										
9101199000	其他贵金属电子手表（表壳用贵金属或包贵金属制成的）〔999〕	8	100	13	①	只/千克				0	13
91012100	--自动上弦的										
9101210010	含濒危动物皮自动上弦贵金属机械手表（表壳用贵金属或包贵金属制成的）〔999〕	8	80	13	①	只/千克	EF			0	0
9101210090	其他自动上弦贵金属机械手表（表壳用贵金属或包贵金属制成的）〔999〕	8	80	13	①	只/千克				0	13
91012900	--其他										
9101290010	含濒危动物皮非自动上弦贵金属机械手表（表壳用贵金属或包贵金属制成的）〔999〕	8	80	13	①	只/千克	EF			0	0
9101290090	其他非自动上弦贵金属机械手表（表壳用贵金属或包贵金属制成的）〔999〕	8	80	13	①	只/千克				0	13
91019100	--电力驱动的										
9101910000	贵金属电子怀表及其他电子表（表壳用贵金属或包贵金属制成的）〔999〕	8	100	13		只/千克				0	13
91019900	--其他										
9101990000	贵金属机械怀表及其他机械表（指表壳用贵金属或包贵金属制成的）〔999〕	15	80	13		只/千克				0	13
9102	**手表、怀表及其他表，包括秒表，但税目 91.01 的货品除外：**										
91021100	--仅有机械指示器的										
9102110000	机械指示式的其他电子手表（贵金属或包贵金属制壳的除外）〔999〕	10	100	13	①	只/千克			35%	0	13
91021200	--仅有光电显示器的										
9102120000	光电显示式的其他电子手表（贵金属或包贵金属制壳的除外）〔999〕	15	100	13	①	只/千克			40%	0	13
91021900	--其他										
9102190000	其他电子手表（贵金属或包贵金属制壳的除外）〔999〕	8	100	13	①	只/千克			33%	0	13
91022100	--自动上弦的										
9102210010	含濒危动物皮其他自动上弦的机械手表（用贵金属或包贵金属制壳的除外）〔999〕	11	80	13	①	只/千克	EF		36%	0	0
9102210090	其他自动上弦的机械手表（用贵金属或包贵金属制壳的除外）〔999〕	11	80	13	①	只/千克			36%	0	13
91022900	--其他										
9102290010	含濒危动物皮其他非自动上弦机械手表（用贵金属或包贵金属制壳的除外）〔999〕	10	80	13	①	只/千克	EF		35%	0	0
9102290090	其他非自动上弦的机械手表（用贵金属或包贵金属制壳的除外）〔999〕	10	80	13	①	只/千克			35%	0	13
91029100	--电力驱动的										
9102910000	电力驱动的电子怀表及其他电子表（手表除外，也不包括表壳用贵金属或包贵金属制成的表）〔999〕	10	100	13		只/千克			35%	0	13

① 完税价格≥10000 元/只：20%。

Chapter 91
Clocks and watches and parts thereof

Chapter Notes:

1. This Chapter does not cover:
   (a) Clock or watch glasses or weights (classified according to their constituent material);
   (b) Watch chains (heading 71.13 or 71.17, as the case may be);
   (c) Parts of general use defined in Note 2 to Section XV, of base metal (Section XV), or similar goods of plastics (Chapter 39) or of precious metal or metal clad with precious metal (generally heading 71.15); clock or watch springs are, however, to be classified as clock or watch parts (heading 91.14);
   (d) Bearing balls (heading 73.26 or 84.82, as the case may be);
   (e) Articles of heading 84.12 constructed to work without an escapement;
   (f) Ball bearings (heading 84.82); or
   (g) Articles of Chapter 85, not yet assembled together or with other components into watch or clock movements or into articles suitable for use solely or principally as parts of such movements (Chapter 85).

2. Heading 91.01 covers only watches with case wholly of precious metal or of metal clad with precious metal, or of the same materials combined with natural or cultured pearls, or precious or semi-precious stones (natural, synthetic or reconstructed) of headings 71.01 to 71.04. Watches with case of base metal inlaid with precious metal fall in heading 91.02.

3. For the purposes of this Chapter, the expression "watch movements" means devices regulated by a balance-wheel and hairspring, quartz crystal or any other system capable of determining intervals of time, with a display or a system to which a mechanical display can be incorporated. Such watch movements shall not exceed 12mm in thickness and 50mm in width, length or diameter.

4. Except as provided in Note 1, movements and other parts suitable for use both in clocks or watches and in other articles (for example, precision instruments) are to be classified in this Chapter.

协定税率(%)																		特惠税率(%)			Article Description
智利	新西兰	澳大利亚	瑞士	冰岛	秘鲁	哥斯达	东盟	亚太	新加坡	巴基斯坦	港/澳/台	韩国	格鲁吉亚	毛里求斯	柬埔寨	尼加拉瓜	日/韩/澳/新/东(RCEP)	亚太2国	老/柬/缅	LDC 98/97/95	
																					Wrist-watches, pocket-watches and other watches, including stop-watches, with case of precious metal or of metal clad with precious metal:
0	0	0	4.4	0	0	0	0	5.2	0	2.5	0/0/	0	0	0	0	6.4	8/7.7/0/0/0			0/0/0	--With mechanical display only
0	0	0	0	0	0	0	0		0	6.4	0/0/	0	0	0	0	6.4	11.6/11.2/0/0/0			0/0/0	---With optoelectronic display only
0	0	0	6	0	0	0	0		0	6	0/0/	0	0	0	0	6.4	10.9/10.5/0/0/0			0/0/0	---Other
0	0	0	4.4	0	0	0	0	5.2	0	2.5	0/0/	0	0	0	0	6.4	8/7.7/0/0/0			0/0/0	--Automatic winding
0	0	0	6	0	0	0	0	5.2	0	6	0/0/	0	0	0	0	6.4	10.9/10.5/0/0/0			0/0/0	--Other
0	0	0	0	0	0	0	0		0	6	0/0/	0	0	0	0	6.4	10.9/10.5/0/0/0			0/0/0	--Electrically operated
0	0	0	8	0	0	0	0		0		0/0/	6.6	0	0	0	14	16.3/14/14/14/14			0/0/0	--Other
																					Wrist watches, pocket-watches and other watches, including stop-watches, other than those of heading 91.01:
0	0	0	5	0	0	0	0	6.5	0	3.1	0/0/	0	0	0	0	9	9.1/8.8/8.8/8.8/8.8			0/0/0	--With mechanical display only
0	0	0	0	0	0	0	0		0		0/0/	11.5	0	4.6	0	14	/19.6/19.6/19.6/19.6			0/0/0	--With optoelectronic display only
0	0	0	0	0	0	0	0		0	6	0/0/	0	0	0	0	6.4	10.9/10.5/10.5/10.5/10.5			0/0/0	--Other
0	0	0	4.4	0	0	0	0		0	2.5	0/0/	0	0	0	0	9.9	8/7.7/7.7/7.7/7.7			0/0/0	--Automatic winding
0	0	0	6	0	0	0	0		0	6	0/0/	0	0	0	0	9	10.9/10.5/0/0/0			0/0/0	--Other
0	0	0	6	0	0	0	0		0	6	0/0/	0	0	0	0	9	10.9/10.5/0/0/0			0/0/0	--Electrically operated

商品编号	商品名称及备注[检验检疫编码及名称]	进口关税(%)		增值税率(%)	消费税	计量单位	监管条件	检验检疫类别	对美税率	出口税率(%)	出口退税率(%)
		最惠国	普通								
91029900	--其他										
9102990000	其他机械怀表、秒表及其他表(用贵金属或包贵金属制壳的除外)〔999〕	15	80	13		只/千克				0	13
9103	**以表芯装成的钟,但不包括税目91.04的钟:**										
91031000	-电力驱动的										13
9103100000	以表芯装成的电子钟(不包括品目91.04的钟)〔999〕	15	100	13		只/千克			25%	0	
91039000	-其他										13
9103900000	以表芯装成的机械钟(不包括品目91.04的钟)〔999〕	15	100	13		只/千克			40%	0	
9104	**仪表板钟及车辆、航空器、航天器或船舶用的类似钟:**										
91040000	仪表板钟及车辆、航空器、航天器或船舶用的类似钟										13
9104000000	仪表板钟及车辆船舶等用的类似钟(包括航空器和航天器用)〔999〕	10	100	13		只/千克			35%	0	
9105	**其他钟:**										
91051100	--电力驱动的										13
9105110000	电子闹钟〔999〕	15	100	13		只/千克			40%	0	
91051900	--其他										13
9105190000	机械闹钟〔999〕	10	100	13		只/千克				0	
91052100	--电力驱动的										13
9105210000	电子挂钟〔999〕	15	100	13		只/千克			40%	0	
91052900	--其他										13
9105290000	机械挂钟〔999〕	10	100	13		只/千克			35%	0	
91059110	---天文钟										13
9105911000	电子天文钟(由电力驱动)〔999〕	2	8	13		只/千克				0	
91059190	---其他										13
9105919000	其他电子钟(由电力驱动,闹钟、挂钟、天文钟除外)〔999〕	15	100	13		只/千克			40%	0	
91059900	--其他										13
9105990000	其他机械钟(闹钟、挂钟除外)〔999〕	10	100	13		只/千克			30%	0	
9106	**时间记录器以及测量、记录或指示时间间隔的装置,装有钟、表机芯或同步电动机的(例如,考勤钟、时刻记录器):**										
91061000	-考勤钟、时刻记录器										13
9106100000	考勤钟、时刻记录器〔999〕	10	50	13		只/千克			20%	0	
91069000	-其他										13
9106900000	其他时间记录器及其他类似装置(包括测量、记录或指示时间的装置)〔101 其他车辆零部件〕,〔102 其他钟表、计时器及零件〕	10	50	13		只/千克			20%	0	
9107	**装有钟、表机芯或同步电动机的定时开关:**										
91070000	装有钟、表机芯或同步电动机的定时开关										13
9107000000	定时开关(装有钟、表机芯或同步电动机的)〔999〕	8	50	13		个/千克			28%	0	
9108	**已组装的完整表芯:**										
91081100	--仅有机械指示器或有可装机械指示器的装置的										13
9108110000[暂10]	已组装的机械指示式完整电子表芯〔999〕	16	80	13		只/千克				0	
91081200	--仅有光电显示器的										13
9108120000	已组装的光电显示式完整电子表芯〔999〕	16	80	13		只/千克				0	
91081900	--其他										13
9108190000	其他已组装的完整电子表芯(编号91081100和91081200除外)〔999〕	16	80	13		只/千克				0	
91082000	-自动上弦的										13
9108200000	已组装的自动上弦完整表芯〔999〕	16	80	13		只/千克				0	
91089010	---表面尺寸在33.8毫米及以下										13
9108901000	已组装表面≤33.8毫米机械完整表芯(表面尺寸在33.8毫米及以下,非自动上弦)〔999〕	16	80	13		只/千克				0	

协定税率(%)																		特惠税率(%)			Article Description
智利	新西兰	澳大利亚	瑞士	冰岛	秘鲁	哥斯达	东盟	亚太	新加坡	巴基斯坦	港/澳/台	韩国	格鲁吉亚	毛里求斯	柬埔寨	尼加拉瓜	日/韩/澳/新/东(RCEP)	亚太2国	老/柬/缅	LDC 98/97/95	
0	0	0	8	0	0	0	0		0		0/0/	6.6	0	0	0	14	16.3/14/14/14/14			0/0/0	--Other
																					Clocks with watch movements, excluding clocks of heading 91.04:
0	0	0	9.2	0	0	0	0		0		0/0/	11.5	0	4.6	0	14	19.7/19.6/19.6/19.6/19.6			0/0/0	-Electrically operated
0	0	0	8	0	0	0	0		0		0/0/	6.6	0	0	0	14	16.3/14/14/14/14			0/0/0	-Other
																					Instrument panel clocks and clocks of a similar type for vehicles, aircraft, spacecraft or vessels:
0	0	0	0	0	0	0	0			0	0/0/	0	0	0	0	9	7.3/7/0/0/0			0/0/0	Instrument panel clocks and clocks of a similar type for vehicles, aircraft, spacecraft or vessels
																					Other clocks:
0	0	0	9.2	0	0	0	0		0	18.4	0/0/	11.5	0	4.6	0	14	19.7/19.6/19.6/19.6/19.6			0/0/0	--Electrically operated
0	0	0	0	0	0	0	0		0	16	0/0/	6.6	0	0	0	9	16.3/14/14/14/14			0/0/0	--Other
0	0	0	0	0	0	0	0		0	18.4	0/0/	11.5	0	4.6	0	14	19.7/19.6/19.6/19.6/19.6			0/0/0	--Electrically operated
0	0	0	0	0	0	0	0		0		0/0/	6.6	0	0	0	9	16.3/14/14/14/14			0/0/0	--Other
0	0	0	0	0	0	0	0			0	0/0/	0	0	0	0	0	2.2/0/0/0/0			0/0/0	---Astronomical chronometer
0	0	0	0	0	0	0	0		0		0/0/	11.5	0	4.6	0	14	19.7//19.6/19.6/19.6			0/0/0	---Other
0	0	0	6.4	0	0	0	0		0	6.4	0/0/	0	0	0	0	9	11.6/11.2/0/0/0			0/0/0	--Other
																					Time of day recording apparatus and apparatus for measuring, recording or otherwise indicating intervals of time, with clock or watch movement or with synchronous motor (for example, time-registers, time-recorders):
0	0	0	0	0	0	0	0		0	6.4	0/0/	0	0	0	0	9	11.6/11.2/0/0/0			0/0/0	-Time-registers, time-recorders
0	0	0	6.4	0	0	0	0		0	6.4	0/0/	0	0	0	0	9	11.6/11.2/0/0/0			0/0/0	-Other
																					Time switches with clock or watch movement or with synchronous motor:
0	0	0	0	0	0	0	0		0	3	0/0/	0	0	0	0	6.4	8.7/8.4/0/0/0			0/0/0	Time switches with clock or watch movement or with synchronous motor
																					Watch movements, complete and assembled:
0	0	0	0	0	0	0	0		0	6.4	0/0/	0	0	0	0	14.9	/13.6/13.6/13.6/13.6			0/0/0	--With mechanical display only or with a device to which a mechanical display can be incorporated
0	0	0	6.4	0	0	0	0		0	6.4	0/0/	0	0	0	0	14.9	11.6/11.2/0/0/0			0/0/0	--With optoelectronic display only
0	0	0	6.4	0	0	0	0	10.4	0	4	0/0/	0	0	0	0	14.9	11.6/11.2/0/0/0			0/0/0	--Other
0	0	0	6.4	0	0	0	0	10.4	0	6.4	0/0/	0	0	0	0	14.9	//5/5/5			0/0/0	-Automatic winding
0	0	0	6.4	0	0	0	0		0	6.4	0/0/	0	0	0	0	14.9	11.6/11.2/0/0/0			0/0/0	---Measuring 33.8mm or less

商品编号	商品名称及备注[检验检疫编码及名称]	进口关税(%)		增值税率(%)	消费税	计量单位	监管条件	检验检疫类别	对美税率	出口税率(%)	出口退税率(%)
		最惠国	普通								
91089090	---其他										13
9108909000	其他已组装完整机械表芯(表面尺寸超过33.8毫米,非自动上弦)〔999〕	16	80	13		只/千克				0	
9109	**已组装的完整钟芯:**										
91091000	-电力驱动的										13
9109100000	已组装的完整电子钟芯〔999〕	16	100	13		只/千克			41%	0	
91099000	-其他										13
9109900000	已组装的完整机械钟芯〔999〕	16	100	13		只/千克				0	
9110	**未组装或部分组装的完整钟、表机芯(机芯套装件);已组装的不完整钟、表机芯;未组装的不完整钟、表机芯:**										
91101100	--未组装或部分组装的完整机芯(机芯套装件)										13
9110110000	未组装的完整表机芯(包括部分组装)〔999〕	16	80	13		只/千克				0	
91101200	--已组装的不完整机芯										13
9110120000	已组装的不完整表机芯〔999〕	16	70	13		千克				0	
91101900	--未组装的不完整机芯										13
9110190000	未组装的不完整表机芯〔999〕	16	70	13		千克				0	
91109010	---未组装或部分组装的完整机芯										13
9110901000	未组装的完整的钟机芯(包括部分组装)〔999〕	16	100	13		千克/只				0	
91109090	---其他										13
9110909000	不完整的钟机芯(不论是否已组装)〔999〕	16	80	13		千克				0	
9111	**表壳及其零件:**										
91111000	-贵金属表壳或包贵金属表壳										
9111100010	按重量计含金量在80%及以上的黄金表壳〔999〕	14	80	13		只/千克	J			0	0
9111100090	其他贵金属或包贵金属制的表壳〔999〕	14	80	13		只/千克				0	0,13
91112000	-贱金属表壳,不论是否镀金或镀银										13
9111200000	贱金属制的表壳(不论是否镀金或镀银)〔999〕	14	80	13		只/千克				0	
91118000	-其他表壳										13
9111800000	非金属制的表壳〔999〕	14	80	13		只/千克				0	
91119000	-零件										
9111900000	表壳的零件〔999〕	14	80	13		千克				0	0,13
9112	**钟壳和本章所列其他货品的类似外壳及其零件:**										
91122000	-壳										13
9112200000	钟壳和本章其他商品的类似外壳〔999〕	14	80	13		只/千克			39%	0	
91129000	-零件										13
9112900000	钟壳零件〔999〕	12	80	13		千克				0	
9113	**表带及其零件:**										
91131000	-贵金属或包贵金属制										
9113100010	按重量计含金量在80%及以上的黄金表带〔999〕	20	130	13		千克	J			0	0
9113100090	其他贵金属或包贵金属制的表带及零件〔999〕	20	130	13		千克				0	0,13
91132000	-贱金属制,不论是否镀金或镀银										13
9113200000	贱金属制的表带及其零件(不论是否镀金或镀银)〔999〕	14	100	13		千克			39%	0	
91139000	-其他										
9113900010	濒危动物皮制的表带及其零件〔999〕	14	100	13		千克	FE		39%	0	0
9113900090	其他非金属制的表带及其零件〔999〕	14	100	13		千克			39%	0	13
9114	**钟、表的其他零件:**										
91143000	-钟面或表面										13
9114300000	钟面或表面〔999〕	14	50	13		千克				0	
91144000	-夹板及横担(过桥)										13
9114400000	钟、表的夹板及横担(过桥)〔999〕	14	50	13		千克				0	
91149010	---宝石轴承										13

协定税率(%)																		特惠税率(%)			Article Description
智利	新西兰	澳大利亚	瑞士	冰岛	秘鲁	哥斯达	东盟	亚太	新加坡	巴基斯坦	港/澳/台	韩国	格鲁吉亚	毛里求斯	柬埔寨	尼加拉瓜	日/韩/澳/新/东(RCEP)	亚太2国	老/柬/缅	LDC 98/97/95	
0	0	0	6.4	0	0	0	0		0	6.4	0/0/	0	0	0	0	14.9	11.6/11.2/0/0/0			0/0/0	---Other
																					Clock movements, complete and assembled:
0	0	0	0	0	0	0	0		0	6.4	0/0/	0	0	0	0	14.9	11.6/11.2/0/0/0			0/0/0	-Electrically operated
0	0	0	0	0	0	0	0		0	6.4	0/0/	0	0	0	0	14.9	11.6/11.2/0/0/0			0/0/0	-Other
																					Complete watch or clock movements, unassembled or partly assembled (movement sets); incomplete watch or clock movements, assembled; rough watch or clock movements:
0	0	0	6.4	0	0	0	0		0	6.4	0/0/	0	0	0	0	14.9	//5/5/5			0/0/0	--Complete movements, unassembled or partly assembled (movement sets)
0	0	0	0	0	0	0	0		0	6.4	0/0/	0	0	0	0	14.9	11.6/11.2/0/0/0			0/0/0	--Incomplete movements, assembled
0	0	0	0	0	0	0	0		0	6.4	0/0/	0	0	0	0	14.9	11.6/11.2/0/0/0			0/0/0	--Rough movements
0	0	0	0	0	0	0	0		0	6.4	0/0/	0	0	0	0	14.9	11.6/11.2/0/0/0			0/0/0	---Complete movements, unassembled or partly assembled
0	0	0	0	0	0	0	0		0	6.4	0/0/	0	0	0	0	14.9	11.6/11.2/0/0/0			0/0/0	---Other
																					Watch cases and parts thereof:
0	0	0	5.6	0	0	0	0		0	5.6	0/0/	0	0	0	0	13.1	10.2/9.8/0/0/0			0/0/0	-Cases of precious metal or of metal clad with precious metal
0	0	0	0	0	0	0	0	9.1	0	3.5	0/0/	0	0	0	0	13.1	10.2/9.8/0/0/0			0/0/0	-Cases of base metal, whether or not gold-plated or silver-plated
0	0	0	0	0	0	0	0		0	5.6	0/0/	0	0	0	0	13.1	10.2/9.8/0/0/0			0/0/0	-Other cases
0	0	0	0	0	0	0	0		0	5.6	0/0/	0	0	6	0	13.1	10.2/9.8/0/0/0			0/0/0	-Parts
																					Clock cases and cases of a similar type for other goods of this Chapter, and parts thereof:
0	0	0	0	0	0	0	0		0	5.6	0/0/	0	0	0	0	13.1	10.2/9.8/0/0/0			0/0/0	-Cases
0	0	0	0	0	0	0	0		0	3	0/0/	0	0	0	0	11.2	8.7/8.4/0/0/0			0/0/0	-Parts
																					Watch straps, watch bands and watch bracelets, and parts thereof:
0	0	0		0	0	0	0		0	16	0/0/	6.6	0	0	0	18.7	16.3/14/14/14/14			0/0/0	-Of precious metal or of metal clad with precious metal
0	0	0	0	0	0	0	0		0	5.6	0/0/	0	0	0	0	13.1	10.2/9.8/0/0/0			0/0/0	-Of base metal, whether or not gold-plated or silver-plated
0	0	0	0	0	0	0	0		0	5.6	0/0/	0	0	6	0	13.1	10.2/9.8/0/0/0			0/0/0	-Other
																					Other clock or watch parts:
0	0	0	5.6	0	0	0	0		0	5.6	0/0/	0	0	6	0	13.1	10.2/9.8/0/0/0			0/0/0	-Dials
0	0	0	0	0	0	0	0	9.1	0	5.6	0/0/	0	0	0	0	13.1	10.2/9.8/0/0/0			0/0/0	-Plates and bridges
0	0	0	0	0	0	0	0		0	3.5	0/0/	0	0	0	0	13.1	10.2/9.8/0/0/0			0/0/0	---Jewel bearings

商品编号	商品名称及备注[检验检疫编码及名称]	进口关税(%)		增值税率(%)	消费税	计量单位	监管条件	检验检疫类别	对美税率	出口税率(%)	出口退税率(%)
		最惠国	普通								
9114901000	钟、表的宝石轴承〔999〕	14	50	13		千克				0	
91149020	---发条,包括游丝										13
9114902000	钟、表的发条(包括游丝)〔999〕	14	50	13		千克				0	
91149090	---其他										13
9114909000	钟、表的其他零件(品目 91.14 中其他未列名的)〔999〕	14	70	13		千克			39%	0	

协定税率(%)																		特惠税率(%)			Article Description
智利	新西兰	澳大利亚	瑞士	冰岛	秘鲁	哥斯达	东盟	亚太	新加坡	巴基斯坦	港/澳/台	韩国	格鲁吉亚	毛里求斯	柬埔寨	尼加拉瓜	日/韩/澳/新/东(RCEP)	亚太2国	老/柬/缅	LDC 98/97/95	
0	0	0	0	0	0	0	0		0	3.5	0/0/	0	0	0	0	13.1	11.4/11.2/11.9/11.9/11.2			0/0/0	---Springs, including hairsprings
0	0	0	5.6	0	0	0	0		0	5.6	0/0/	0	0	2.8	0	13.1	//5/5/5			0/0/0	---Other

第九十二章
乐器及其零件、附件

注释：

一、本章不包括：

（一）第十五类注释二所规定的贱金属制通用零件（第十五类）或塑料制的类似品（第三十九章）；

（二）第八十五章或第九十章的传声器、扩大器、扬声器、耳机、开关、频闪观测仪及其他附属仪器、器具或设备，虽用于本章物品但未与该物品组成一体或安装在同一机壳内；

（三）玩具乐器或器具（品目 95.03）；

（四）清洁乐器用的刷子（品目 96.03），独脚架、双脚架、三脚架及类似品（品目 96.20）；或

（五）收藏品或古物（品目 97.05 或 97.06）。

二、用于演奏品目 92.02、92.06 所列乐器的弓、槌及类似品，如果与该乐器一同报验，数量合理，用途明确，应归入有关乐器的相应税目。

品目 92.09 的卡片、盘或卷，即使与乐器一同报验，也不视为该乐器的组成部分，而应作为单独报验的物品对待。

商品编号	商品名称及备注[检验检疫编码及名称]	进口关税(%)		增值税率(%)	消费税	计量单位	监管条件	检验检疫类别	对美税率	出口税率(%)	出口退税率(%)
		最惠国	普通								
9201	**钢琴，包括自动钢琴、拨弦古钢琴及其他键盘弦乐器：**										
92011000	-竖式钢琴										13
9201100000	竖式钢琴〔999〕	10	70	13		台/千克			35%	0	
92012000	-大钢琴										13
9201200001[暂1]	完税价格≥5 万美元的大钢琴〔999〕	10	70	13		台/千克			21%	0	
9201200090	其他大钢琴〔999〕	10	70	13		台/千克			30%	0	
92019000	-其他										13
9201900000	其他钢琴(包括自动钢琴、拨弦古钢琴及其他键盘弦乐器)〔999〕	10	70	13		台/千克			20%	0	
9202	**其他弦乐器(例如，吉他、小提琴、竖琴)：**										
92021000	-弓弦乐器										
9202100011[暂1]	完税价格≥1.5 万美元的含濒危动物皮及濒危木的弓弦乐器〔999〕	10	70	13		只/千克	FE		26%	0	0
9202100019	其他含濒危动物皮及濒危木的弓弦乐器〔999〕	10	70	13		只/千克	FE		35%	0	0
9202100091[暂1]	完税价格≥1.5 万美元的不含野生动物皮弓弦乐器〔999〕	10	70	13		只/千克			26%	0	13
9202100099	其他弓弦乐器〔999〕	10	70	13		只/千克			35%	0	13
92029000	-其他										
9202900010	含濒危物种成分的其他弦乐器①	10	70	13		只/千克	FE		20%	0	0
9202900090	其他弦乐器②	10	70	13		只/千克			20%	0	13
9205	**管乐器(例如，键盘管风琴、手风琴、单簧管、小号、风笛)，但游艺场风琴及手摇风琴除外：**										
92051000	-铜管乐器										13
9205100001[暂1]	完税价格≥2000 美元的铜管乐器〔999〕	10	70	13		只/千克			11%	0	
9205100090	其他铜管乐器〔999〕	10	70	13		只/千克			20%	0	
92059010	---键盘管风琴；簧风琴及类似的游离金属簧片键盘乐器										13
9205901000	键盘管风琴、簧风琴及类似乐器(包括游离金属簧片键盘乐器，游艺场风琴及手摇风琴除外)〔999〕	10	80	13		只/千克			35%	0	
92059020	---手风琴及类似乐器										13
9205902000	手风琴及类似乐器(但游艺场风琴及手摇风琴除外)〔999〕	10	80	13		只/千克			30%	0	
92059030	---口琴										13
9205903000	口琴〔999〕	10	80	13		只/千克			35%	0	
92059090	---其他										
9205909001[暂1]	完税价格≥1 万美元的其他管乐器(但游艺场风琴及手摇风琴除外)〔999〕	10	70	13		只/千克			26%	0	13
9205909091	其他含濒危物种成分的管乐器(但游艺场风琴及手摇风琴除外)〔999〕	10	70	13		只/千克	EF		35%	0	0
9205909099	其他管乐器(但游艺场风琴及手摇风琴除外)〔999〕	10	70	13		只/千克			35%	0	13

① 〔101 吉他〕,〔102 小提琴〕,〔103 大提琴〕,〔104 竖琴〕,〔105 二胡〕,〔106 其他弓弦乐器〕
② 〔101 吉他〕,〔102 小提琴〕,〔103 大提琴〕,〔104 竖琴〕,〔105 二胡〕,〔106 其他弓弦乐器〕

Chapter 92
Musical instruments; parts and accessories of such articles

Chapter Notes:

1. This Chapter does not cover:
   (a) Parts of general use, as defined in Note 2 to Section XV, of base metal (Section XV), or similar goods of plastics (Chapter 39);
   (b) Microphones, amplifiers, loud-speakers, headphones, switches, stroboscopes or other accessory instruments, apparatus or equipment of Chapter 85 or 90, for use with but not incorporated in or housed in the same cabinet as instruments of this Chapter;
   (c) Toy instruments or apparatus (heading 95.03);
   (d) Brushes for cleaning musical instruments (heading 96.03), or monopods, bipods, tripods and similar articles (heading 96.20); or
   (e) Collectors' pieces or antiques (heading 97.05 or 97.06).

2. Bows and sticks and similar devices used in playing the musical instruments of headings 92.02 and 92.06 presented with such instruments in numbers normal thereto and clearly intended for use therewith, are to be classified in the same heading as the relative instruments.
   Cards, discs and rolls of heading 92.09 presented with an instrument are to be treated as separate articles and not as forming a part of such instrument.

协定税率(%)																		特惠税率(%)			Article Description
智利	新西兰	澳大利亚	瑞士	冰岛	秘鲁	哥斯达	东盟	亚太	新加坡	巴基斯坦	港/澳/台	韩国	格鲁吉亚	毛里求斯	柬埔寨	尼加拉瓜	日/韩/澳/新/东(RCEP)	亚太2国	老/柬/缅	LDC 98/97/95	
																					Pianos, including automatic pianos; harpsichords and other keyboard stringed instruments:
0	0	0	0	0	0	0	0		0	7	0/0/	0	0	0	0	9	12.7/12.3/0/0/0			0/0/0	-Upright pianos
0	0	0	0	0	0	0	0		0	7	0/0/	0	0	0	0	9	12.7/12.3/12.3/12.3/12.3			0/0/0	-Grand pianos
0	0	0	0	0	0	0	0		0	7	0/0/	0	0	0	0	9	14.2/12.3/12.3/12.3/12.3			0/0/0	-Other
																					Other string musical instruments (for example, guitars, violins, harps):
0	0	0	0	0	0	0	0		0	7	0/0/	0	0	0	0	9	12.7/0/0/0/0			0/0/0	-Played with a bow
0	0	0	0	0	0	0	0		0	11.2	0/0/	0	0	0	0	9	12.7/12.3/0/0/0			0/0/0	-Other
																					Wind musical instruments (for example, keyboard pipe organs, accordions, clarinets, trumpets, bagpipes), other than fairground organs and mechanical street organs:
0	0	0	0	0	0	0	0		0	7	0/0/	0	0	0	0	9	12.7/0/0/0/0			0/0/0	Brass-wind instruments
0	0	0	0	0	0	0	0		0	16	0/0/	6.6	0	0	0	9	16.3/14/14/14/14			0/0/0	---Keyboard pipe organs; harmoniums and similar keyboard instruments with free metal reeds
0	0	0	0	0	0	0	0		0	16.8	0/0/	7	0	0	0	9	17.1/14.7/14.7/14.7/14.7			0/0/0	---Accordions and similar instruments
0	0	0	0	0	0	0	0		0	16.8	0/0/	7	0	0	0	9	17.1/14.7/14.7/14.7/14.7			0/0/0	---Mouth organs
0	0	0	0	0	0	0	0		0	7	0/0/	0	0	0	0	9	12.7/0/0/0/0			0/0/0	---Other

商品编号	商品名称及备注［检验检疫编码及名称］	进口关税（%）		增值税率（%）	消费税	计量单位	监管条件	检验检疫类别	对美税率	出口税率（%）	出口退税率（%）
		最惠国	普通								
9206	**打击乐器（例如，鼓、木琴、钹、响板、响葫芦）：**										
92060000	打击乐器（例如，鼓、木琴、钹、响板、响葫芦）										
9206000010	含濒危动物皮及濒危木的打击乐器（例如，鼓、木琴、钹、响板）〔101 鼓〕，〔102 钹〕，〔103 锣〕，〔104 木琴〕，〔105 其他打击乐器〕	10	70	13		只/千克	EF		20%	0	0
9206000090	其他打击乐器（例如，鼓、木琴、钹、响板）〔101 鼓〕，〔102 钹〕，〔103 锣〕，〔104 木琴〕，〔105 其他打击乐器〕	10	70	13		只/千克			20%	0	13
9207	**通过电产生或扩大声音的乐器（例如，电风琴、电吉他、电手风琴）：**										
92071000	-键盘乐器，但手风琴除外										13
9207100000	通过电产生或扩大声音的键盘乐器（手风琴除外）〔101 电子琴〕，〔102 电风琴〕，〔103 其他电声乐器〕	12	100	13		只/千克		L/	37%	0	
92079000	-其他										
9207900010	其他通过电产生或扩大声音的含濒危物种成分的乐器〔301 电吉他〕，〔302 其他电声乐器〕	12	100	13		个/千克	EF		22%	0	0
9207900090	其他通过电产生或扩大声音的乐器〔301 电吉他〕，〔302 其他电声乐器〕	12	100	13		个/千克			22%	0	13
9208	**百音盒、游艺场风琴、手摇风琴、机械鸣禽、乐锯及本章其他税目未列名的其他乐器；各种媒诱音响器、哨子、号角、口吹音响信号器：**										
92081000	-百音盒										13
9208100000	百音盒〔999〕	10	80	13		个/千克			30%	0	
92089000	-其他										13
9208900000	第九十二章其他编号未列名的其他乐器（包括游节场风琴、手摇风琴、机械鸣禽、乐锯等）〔999〕	10	80	13		个/千克			35%	0	
9209	**乐器的零件（例如，百音盒的机械装置）、附件（例如，机械乐器用的卡片、盘及带卷）；节拍器、音叉及各种定音管：**										
92093000	-乐器用的弦										13
9209300000	乐器用的弦〔999〕	10	70	13		千克			20%	0	
92099100	--钢琴的零件、附件										
9209910010	钢琴含濒危物种成分的零件、附件〔301 〕	10	70	13		千克	EF		35%	0	0
9209910090	钢琴的其他零件、附件〔301 〕	10	70	13		千克			35%	0	13
92099200	--税目 92.02 所列乐器的零件、附件										
9209920010	品目 92.02 所列乐器含濒危物种成分的零件、附件〔301 〕	10	70	13		千克	EF		20%	0	0
9209920090	品目 92.02 所列乐器的其他零件、附件〔301 〕	10	70	13		千克			20%	0	13
92099400	--税目 92.07 所列乐器的零件、附件										
9209940010	品目 92.07 所列乐器含濒危物种成分的零件、附件〔301 〕	10	70	13		千克	EF		35%	0	0
9209940090	品目 92.07 所列乐器的其他零件、附件〔301 〕	10	70	13		千克			35%	0	13
92099910	---节拍器、音叉及定音管										13
9209991000	节拍器、音叉及定音管〔999〕	10	70	13		千克			35%	0	
92099920	---百音盒的机械装置										13
9209992000	百音盒的机械装置〔999〕	10	70	13		千克			35%	0	
92099990	---其他										
9209999010	本章其他编号未列名的含濒危物种成分的乐器零件〔301 〕	10	70	13		千克	EF		30%	0	0
9209999090	本章其他编号未列名的其他乐器零件〔301 〕	10	70	13		千克			30%	0	13

协定税率(%)																		特惠税率(%)			
智利	新西兰	澳大利亚	瑞士	冰岛	秘鲁	哥斯达	东盟	亚太	新加坡	巴基斯坦	港/澳/台	韩国	格鲁吉亚	毛里求斯	柬埔寨	尼加拉瓜	日/韩/澳/新/东(RCEP)	亚太2国	老/柬/缅	LDC 98/97/95	Article Description
																					Percussion musical instruments (for example, drums, xylophones, cymbals, castanets, maracas):
0	0	0	0	0	0	0	0		0	11.2	0/0/	0	0	0	0	9	12.7/12.3/0/0/0			0/0/0	Percussion musical instruments (for example, drums, xylophones, cymbals, castanets, maracas)
																					Musical instruments, the sound of which is produced or must be amplified electrically (for example, organs, guitars, accordions):
0	0	0	12	0	0	0	0		0	24	0/0/		0	6	0	11.2	//12/12/12			0/0/0	-Keyboard instruments, other than accordions
0	0	0	12	0	0	0	0		0	24	0/0/		0	6	0	11.2	//12/12/12			0/0/0	-Other
																					Musical boxes, fairground organs, mechanical street organs, mechanical singing birds, musical saws and other musical instruments not falling within any other heading of this Chapter; decoy calls of all kinds; whistles, call horns and other mouth-blown sound signalling instruments:
0	0	0	0	0	0	0	0		0	17.6	0/0/	11	0	4.4	0	9	18.9/22/18.7/18.7/18.7			0/0/0	-Musical boxes
0	0	0	0	0	0	0	0		0		0/0/	11	0	4.4	0	9	18.9/22/18.7/18.7/18.7			0/0/0	-Other
																					Parts (for example, mechanisms for musical boxes) and accessories (for example, cards, discs and rolls for mechanical instruments) of musical instruments; metronomes, tuning forks and pitch pipes of all kinds:
0	0	0	0	0	0	0	0		0	7	0/0/	0	0	0	0	9	12.7/12.3/0/0/0			0/0/0	-Musical instrument strings
0	0	0	0	0	0	0	0		0	7	0/0/	0	0	0	0	9	12.7/12.3/12.3/12.3/12.3			0/0/0	--Parts and accessories for pianos
0	0	0	0	0	0	0	0		0	7	0/0/	0	0	0	0	9	12.7/12.3/0/0/0			0/0/0	--Parts and accessories for the musical instruments of heading 92.02
0	0	0	0	0	0	0	0		0	7	0/0/	5.8	0	0	0	9	14.2/14/14.9/14.9/14			0/0/0	--Parts and accessories for the musical instruments of heading 92.07
0	0	0	0	0	0	0	0		0	7	0/0/	0	0	0	0	9	12.7/12.3/0/0/0			0/0/0	---Metronomes, tuning forks and pitch pipes
0	0	0	0	0	0	0	0	6.5	0	7	0/0/	0	0	0	0	9	12.7/12.3/0/0/0			0/0/0	---Mechanisms for musical boxes
0	0	0	0	0	0	0	0		0	7	0/0/	0	0	0	0	9	12.7/12.3/12.3/12.3/12.3			0/0/0	---Other

第十九类
武器、弹药及其零件、附件

第九十三章
武器、弹药及其零件、附件

注释：

一、本章不包括：

（一）第三十六章的货品（例如，火帽、雷管、信号弹）；

（二）第十五类注释二所规定的贱金属制通用零件（第十五类）或塑料制的类似品（第三十九章）；

（三）装甲战斗车辆（品目87.10）；

（四）武器用的望远镜瞄准具及其他光学装置（第九十章），但安装在武器上或与武器一同报验以备安装在该武器上的除外；

（五）弓、箭、钝头击剑或玩具（第九十五章）；或

（六）收藏品或古物（品目97.05或97.06）。

二、品目93.06所称“零件”，不包括品目85.26的无线电设备及雷达设备。

商品编号	商品名称及备注[检验检疫编码及名称]	进口关税(%)		增值税率(%)	消费税	计量单位	监管条件	检验检疫类别	对美税率	出口税率(%)	出口退税率(%)
		最惠国	普通								
9301	**军用武器，但左轮手枪、其他手枪及税目93.07的兵器除外：**										
93011010	---自推进的										0
9301101000	自推进的火炮武器〔999〕	13	80	13		座/千克				0	
93011090	---其他										0
9301109000	其他火炮武器〔999〕	13	80	13		座/千克				0	
93012000	-火箭发射器；火焰喷射器；手榴弹发射器；鱼雷发射管及类似的发射装置										0
9301200000	火箭发射装置；火焰喷射器（还包括手榴弹发射器；鱼雷发射管及类似发射装置）〔999〕	13	80	13		个/千克				0	
93019000	-其他										0
9301900000	其他军用武器（但左轮手枪、其他手枪及品目93.07的兵器除外）〔999〕	13	80	13		支/千克				0	
9302	**左轮手枪及其他手枪，但税目93.03或93.04的货品除外：**										
93020000	左轮手枪及其他手枪，但税目93.03或93.04的货品除外										0
9302000000	左轮手枪及其他手枪（品目93.03或93.04的货品除外）〔999〕	13	80	13		支/千克				0	
9303	**靠爆炸药发射的其他火器及类似装置（例如，运动用猎枪及步枪、前装枪、维利式信号枪及其他专为发射信号弹的装置、发射空包弹的左轮手枪和其他手枪、弩枪式无痛捕杀器、抛缆枪）：**										
93031000	-前装枪										13
9303100000	前装枪〔999〕	13	80	13		支/千克				0	
93032000	-其他运动、狩猎或打靶用猎枪，包括组合式滑膛来复枪										13
9303200000	其他运动、狩猎或打靶用滑膛枪（包括滑膛来复枪）〔999〕	13	80	13		支/千克				0	
93033000	-其他运动、狩猎或打靶用步枪										13
9303300000	其他运动、狩猎或打靶用步枪〔999〕	13	80	13		支/千克				0	
93039000	-其他										13
9303900010	复核射孔器（已装配）〔999〕	13	80	13		支/千克	k		33%	0	
9303900090	其他火器及类似装置〔999 指靠爆炸药发射的〕	13	80	13		支/千克			33%	0	
9304	**其他武器（例如，弹簧枪、气枪、气手枪、警棍），但不包括税目93.07的货品：**										
93040000	其他武器（例如，弹簧枪、气枪、气手枪、警棍），但不包括税目93.07的货品										13
9304000000	其他武器，如弹簧枪、气枪、警棍等（不包括品目93.07的货品）〔999〕	13	80	13		支/千克			23%	0	
9305	**税目93.01至93.04所列物品的零件、附件：**										
93051000	-左轮手枪或其他手枪用										
9305100000	左轮手枪或其他手枪的零件及附件〔999〕	13	80	13		千克				0	0,13
93052000	-税目93.03的猎枪或步枪用										

SECTION XIX
ARMS AND AMMUNITION; PARTS AND ACCESSORIES THEREOF

Chapter 93
Arms and ammunition; parts and accessories thereof

Chapter Notes:

1. This Chapter does not cover:
   (a) Goods of Chapter 36 (for example, percussion caps, detonators, signalling flares);
   (b) Parts of general use, as defined in Note 2 to Section XV, of base metal (Section XV), or similar goods of plastics (Chapter 39);
   (c) Armoured fighting vehicles (heading 87.10);
   (d) Telescopic sights and other optical devices suitable for use with arms, unless mounted on a firearm or presented with the firearm on which they are designed to be mounted (Chapter 90);
   (e) Bows, arrows, fencing foils or toys (Chapter 95); or
   (f) Collectors' pieces or antiques (heading 97.05 or 97.06).

2. In heading 93.06, the reference to "parts thereof" does not include radio or radar apparatus of heading 85.26.

协定税率(%)																		特惠税率(%)			Article Description
智利	新西兰	澳大利亚	瑞士	冰岛	秘鲁	哥斯达	东盟	亚太	新加坡	巴基斯坦	港/澳/台	韩国	格鲁吉亚	毛里求斯	柬埔寨	尼加拉瓜	日/韩/澳/新/东(RCEP)	亚太2国	老/柬/缅	LDC 98/97/95	
																					Military weapons, other than revolvers, pistols and the arms of heading 93.07.
0	0	0	0	0	0	0	0		0	3.3	0/0/	0	0	0	0	11.7	9.5/9.1/0/0/0			0/0/0	---Self-propelled
0	0	0	0	0	0	0	0		0	3.3	0/0/	0	0	0	0	11.7	9.5/9.1/0/0/0			0/0/0	---Other
0	0	0	0	0	0	0	0		0	3.3	0/0/	0	0	0	0	11.7	9.5/9.1/0/0/0			0/0/0	-Rocket launchers; flame-throwers; grenade launchers; torpedo tubes and similar projectors
0	0	0	0	0	0	0	0		0	3.3	0/0/	0	0	0	0	11.7	9.5/9.1/0/0/0			0/0/0	-Other
																					Revolvers and pistols, other than those of heading 93.03 or 93.04:
0	0	0	0	0	0	0	0		0	3.3	0/0/	0	0	0	0	11.7	9.5/9.1/0/0/0			0/0/0	Revolvers and pistols, other than those of heading 93.03 or 93.04
																					Other firearms and similar devices which operate by the firing of an explosive charge (for example, sporting shotguns and rifles, muzzle-loading firearms, very pistols and other devices designed to project only signal flares, pistols and revolvers for firing blank ammunition, captive-bolt humane killers, line throwing guns):
0	0	0	0	0	0	0	0		0	3.3	0/0/	0	0	0	0	11.7	9.5/9.1/0/0/0			0/0/0	-Muzzle-loading firearms
0	0	0	5.2	0	0	0	0		0	3.3	0/0/	0	0	0	0	11.7	9.5/9.1/0/0/0			0/0/0	-Other sporting, hunting or target shooting shotguns, including combination shotgun rifles
0	0	0	0	0	0	0	0		0	3.3	0/0/	0	0	0	0	11.7	9.5/9.1/0/0/0			0/0/0	-Other sporting, hunting or target shooting rifles
0	0	0	0	0	0	0	0		0	3.3	0/0/	0	0	0	0	11.7	9.5/9.1/0/0/0			0/0/0	-Other
																					Other arms (for example, spring, air or gas guns and pistols, truncheons), excluding those of heading 93.07:
0	0	0		0	0	0	0		0	3.3	0/0/	0	0	0	0	11.7	9.5/9.1/0/0/0			0/0/0	Other arms (for excample, spring, air or gas guns and pistols, truncheons), excluding those of heading 93.07
																					Parts and accessories of articles of headings 93.01 to 93.04:
0	0	0	0	0	0	0	0		0	3.3	0/0/	0	0	0	0	11.7	9.5/9.1/0/0/0			0/0/0	-Of revolvers or pistols
0	0	0	0	0	0	0	0		0	3.3	0/0/	0	0	0	0	11.7	9.5/9.1/0/0/0			0/0/0	-Of shotguns or rifles of heading 93.03

商品编号	商品名称及备注[检验检疫编码及名称]	进口关税(%)		增值税率(%)	消费税	计量单位	监管条件	检验检疫类别	对美税率	出口税率(%)	出口退税率(%)
		最惠国	普通								
9305200000	品目 93.03 的猎枪或步枪用零件及附件〔999〕	13	80	13		千克				0	0,13
93059100	--税目 93.01 的军用武器用										0
9305910000	其他军用武器用零件、附件(品目 93.01 的军用武器用零件、附件)〔999〕	13	80	13		千克				0	
93059900	--其他										
9305990000	其他武器的零件、附件(指品目 93.02~93.04 所列其他物品的零件)〔999〕	13	80	13		千克			23%	0	0,13
9306	**炸弹、手榴弹、鱼雷、地雷、水雷、导弹及类似军用弹药及其零件;子弹、其他弹药和射弹及其零件,包括弹丸及弹垫:**										
93062100	--猎枪子弹										13
9306210000	猎枪弹〔999〕	13	80	13		千克				0	
93062900	--其他										13
9306290000	猎枪弹的零件及气枪弹丸〔999〕	13	80	13		千克			23%	0	
93063080	---铆接机或类似工具用及弩枪式无痛捕杀器用子弹及其零件										
9306308000	铆接机或类似工具的子弹及其零件(包括弩枪式无痛捕杀器用)〔999〕	13	80	13		千克				0	0,13
93063090	---其他										
9306309000	其他子弹及其零件〔999〕	13	80	13		千克				0	0,13
93069000	-其他										
9306900010	两用物项管制的导弹及其零件(能把 500 千克以上有效载荷投掷到 300 千米以上的)〔999〕	13	80	13		千克	3			0	0
9306900020	运载火箭(能把 500 千克以上有效载荷投掷到 300 千米以上的)〔999〕	13	80	13		千克	3			0	0
9306900030	探空火箭(能把 500 千克以上有效载荷投掷到 300 千米以上的)〔999〕	13	80	13		千克	3			0	0
9306900040	巡航导弹(能把 500 千克以上有效载荷投掷到 300 千米以上的)〔999〕	13	80	13		千克	3			0	0
9306900050	聚能射孔弹、聚能切割弹、高能气体压裂弹等油气井用射弹〔999〕	13	80	13		千克	k			0	13
9306900090	其他弹药和射弹及其零件(包括炸弹、手榴弹、鱼雷、地雷、水雷、导弹等)〔999〕	13	80	13		千克				0	0,13
9307	**剑、短弯刀、刺刀、长矛和类似的武器及其零件;刀鞘、剑鞘:**										
93070010	---军用										
9307001010	军用刀鞘、剑鞘,濒危动物制〔999〕	13	80	13		千克/件	FE		23%	0	0
9307001090	其他军用剑,刀,长矛和类似的武器及其零件(包括刀鞘、剑鞘)〔999〕	13	80	13		千克/件			23%	0	0
93070090	---其他										
9307009010	其他濒危动物制的刀鞘、剑鞘〔999〕	13	80	13		千克/件	FE		23%	0	0
9307009090	其他剑、刀、长矛和类似的武器及其零件(包括刀鞘、剑鞘)〔999〕	13	80	13		千克/件			23%	0	13

协定税率(%)																		特惠税率(%)			
智利	新西兰	澳大利亚	瑞士	冰岛	秘鲁	哥斯达	东盟	亚太	新加坡	巴基斯坦	港/澳/台	韩国	格鲁吉亚	毛里求斯	柬埔寨	尼加拉瓜	日/韩/澳/新/东 (RCEP)	亚太2国	老/柬/缅	LDC 98/97/95	Article Description
0	0	0	0	0	0	0	0		0	3.3	0/0/	0	0	0	0	11.7	9.5/9.1/0/0/0			0/0/0	--Of military weapons of heading 93.01
0	0	0	0	0	0	0	0		0	3.3	0/0/	0	0	0	0	11.7	9.5/9.1/0/0/0			0/0/0	--Other
																					Bombs, grenades, torpedoes, mines, missiles, and similar munitions of war and parts thereof; cartridges and other ammunition and projectiles and parts thereof, including shot and cartridge wads:
0	0	0	0	0	0	0	0		0	3.3	0/0/	0	0	0	0	11.7	9.5/9.1/0/0/0			0/0/0	--Cartridges
0	0	0	0	0	0	0	0		0	3.3	0/0/	0	0	0	0	11.7	9.5/9.1/0/0/0			0/0/0	--Other
0	0	0	0	0	0	0	0		0	3.3	0/0/	0	0	0	0	11.7	9.5/9.1/0/0/0			0/0/0	---Cartridges for riveting or similar tools or for captive-bolt humane killers and parts thereof
0	0	0	0	0	0	0	0		0	3.3	0/0/	0	0	0	0	11.7	9.5/9.1/0/0/0			0/0/0	---Other
0	0	0	0	0	0	0	0		0	3.3	0/0/	0	0	0	0	11.7	9.5/9.1/0/0/0			0/0/0	-Other
																					Swords, cutlasses, bayonets, lances and similar arms and parts thereof; scabbards and sheaths therefor:
0	0	0	0	0	0	0	0		0	3.3	0/0/	0	0	0	0	11.7	9.5/9.1/0/0/0			0/0/0	---For military use
0	0	0	0	0	0	0	0		0	3.3	0/0/	0	0	0	0	11.7	9.5/9.1/0/0/0			0/0/0	---Other

第二十类
杂 项 制 品

第九十四章
家具；寝具、褥垫、弹簧床垫、软坐垫及类似的填充制品；未列名灯具及照明装置；发光标志、发光铭牌及类似品；活动房屋

注释：

一、本章不包括：

（一）第三十九章、第四十章或第六十三章的充气或充水的褥垫、枕头及坐垫；

（二）落地镜［例如，品目70.09的试衣镜（旋转镜）］；

（三）第七十一章的物品；

（四）第十五类注释二所规定的贱金属制通用零件（第十五类）、塑料制的类似品（第三十九章）或品目83.03的保险箱；

（五）冷藏或冷冻设备专用的特制家具（品目84.18）；缝纫机专用的特制家具（品目84.52）；

（六）第八十五章的灯或光源及其零件；

（七）品目85.18、85.19、85.21或品目85.25至85.28所列装置专用的特制家具（应分别归入品目85.18、85.22或85.29）；

（八）品目87.14的物品；

（九）装有品目90.18所列牙科用器具或漱口盂的牙科用椅（品目90.18）；

（十）第九十一章的物品（例如钟及钟壳）；

（十一）玩具家具、玩具灯具或玩具照明装置（品目95.03）、台球桌或其他供游戏用的特制家具（品目95.04）、魔术用的特制家具或中国灯笼及类似的装饰品（灯串除外）（品目95.05）；或

（十二）独脚架、双脚架、三脚架及类似品（品目96.20）。

二、品目94.01至94.03的物品（零件除外），只适用于落地式的物品。

对下列物品，即使是悬挂的、固定在墙壁上的或叠摞的，仍归入上述各税目：

（一）碗橱、书柜、其他架式家具（包括与将其固定于墙上的支撑物一同报验的单层搁架）及组合家具；

（二）坐具及床。

三、（一）品目94.01至94.03所列货品的零件，不包括玻璃（包括镜子）、大理石或其他石料以及第六十八章及第六十九章所列任何其他材料的片、块（不论是否切割成形，但未与其他零件组装）。

（二）品目94.04的货品，如果单独报验，不能作为品目94.01、94.02或94.03所列货品的零件归类。

四、品目94.06所称“活动房屋”，是指在工厂制成成品或制成部件并一同报验，供以后在有关地点上组装的房屋，例如，工地用房、办公室、学校、店铺、工作棚、车房或类似的建筑物。

活动房屋包括钢结构“模块建筑单元”，它们通常具有标准集装箱的形状和尺寸，其内部已部分或者全部进行了预装配。这种模块建筑单元通常设计用于组装为永久的建筑物。

商品编号	商品名称及备注［检验检疫编码及名称］	进口关税（%）		增值税率（%）	消费税	计量单位	监管条件	检验检疫类别	对美税率	出口税率（%）	出口退税率（%）
		最惠国	普通								
9401	**坐具（包括能作床用的两用椅，但税目94.02的货品除外）及其零件：**										
94011000	-飞机用坐具										13
9401100000	飞机用坐具〔999〕	0	100	13		个/千克			20%	0	
94012010	---皮革或再生皮革面的										13
9401201000	皮革或再生皮革面的机动车辆用坐具〔101 其他车辆零部件〕,〔102 软体家具〕	6	100	13		个/千克		L/	11%	0	
94012090	---其他										13
9401209000	其他机动车辆用坐具〔101 其他车辆零部件〕,〔102 其他家具〕,〔103 靠垫〕	6	100	13		个/千克		L/	11%	0	
94013100	--木制的										
9401310010	濒危木制可调高度的转动坐具〔999〕	0	100	13		个/千克	EF		10%	0	0
9401310090	其他木制可调高度的转动坐具〔999〕	0	100	13		个/千克			10%	0	13
94013900	--其他										13
9401390000	其他可调高度的转动坐具〔999〕	0	100	13		个/千克			10%	0	
94014110	---皮革或再生皮革面的										
9401411010	皮革或再生皮革面的能作床用的濒危木制两用椅（但庭园坐具或野营设备除外）〔999〕	0	100	13		个/千克	EF		25%	0	0
9401411090	皮革或再生皮革面的能作床用的其他木制两用椅（但庭园坐具或野营设备除外）〔999〕	0	100	13		个/千克			25%	0	13
94014190	---其他										
9401419010	其他能作床用的濒危木制两用椅（但庭园坐具或野营设备除外）〔999〕	0	100	13		个/千克	EF		25%	0	0
9401419090	其他能作床用的木制两用椅（但庭园坐具或野营设备除外）〔999〕	0	100	13		个/千克			25%	0	13
94014910	---皮革或再生皮革面的										13
9401491000	皮革或再生皮革面的能作床用的其他两用椅（但庭园坐具或野营设备除外）〔999〕	0	100	13		个/千克		L/	25%	0	
94014990	---其他										13
9401499000	其他能作床用的其他两用椅（但庭园坐具或野营设备除外）〔999〕	0	100	13		个/千克		L/	25%	0	
94015200	--竹制的										
9401520010	濒危野生竹制的坐具（不包括人工培植的）〔999〕	0	100	13		个/千克	ABE	P/Q	25%	0	0

SECTION XX
MISCELLANEOUS MANUFACTURED ARTICLES

Chapter 94
Furniture; bedding, mattresses, mattress supports, cushions and similar stuffed furnishings; lamps and lighting fittings, not elsewhere specified or included; illuminated signs, illuminated name-plates and the like; prefabricated buildings

Chapter Notes:

1. This Chapter does not cover:
   (a) Pneumatic or water mattresses, pillows or cushions, of Chapter 39, 40 or 63;
   (b) Mirrors designed for placing on the floor or ground (for example, cheval-glasses (swing-mirrors)) of heading 70. 09;
   (c) Articles of Chapter 71;
   (d) Parts of general use as defined in Note 2 to Section XV, of base metal (Section XV), or similar goods of plastics (Chapter 39), or safes of heading 83. 03;
   (e) Furniture specially designed as parts of refrigerating or freezing equipment of heading 84. 18; furniture specially designed for sewing machines (heading 84. 52);
   (f) Lamps or light sources and parts thereof of Chapter 85;
   (g) Furniture specially designed as parts of apparatus of heading 85. 18 (heading 85. 18), of headings 85. 19 or 85. 21 (heading 85. 22) or of headings 85. 25 to 85. 28 (heading 85. 29);
   (h) Articles of heading 87. 14;
   (ij) Dentists' chairs incorporating dental appliances of heading 90. 18 or dentists' spittoons (heading 90. 18);
   (k) Articles of Chapter 91 (for example, clocks and clock cases);
   (l) Toy furniture or toy luminaires and lighting fittings (heading 95. 03), billiard tables or other furniture specially constructed for games (heading 95. 04), furniture for conjuring tricks or decorations (other than lighting strings) such as Chinese lanterns (heading 95. 05); or
   (m) Monopods, bipods, tripods and similar articles (heading 96. 20) .

2. The articles (other than parts) referred to in headings 94. 01 to 94. 03 are to be classified in those headings only if they are designed for placing on the floor or ground.
   The following are, however, to be classified in the above-mentioned headings even if they are designed to be hung, to be fixed to the wall or to stand one on the other:
   (a) Cupboards, bookcases, other shelved furniture (including single shelves presented with supports for fixing them to the wall) and unit furniture;
   (b) Seats and beds.

3. (a) In headings 94. 01 to 94. 03 references to parts of goods do not include references to sheets or slabs (whether or not cut to shape but not combined with other parts) of glass (including mirrors), marble or other stone or of any other material referred to in Chapter 68 and 69.
   (b) Goods described in heading 94. 04, presented separately, are not to be classified in heading 94. 01, 94. 02 or 94. 03 as parts of goods.

4. For the purpose of heading 94. 06, the expression "prefabricated buildings" means buildings which are finished in the factory or put up as elements, presented together, to be assembled on site, such as housing or worksite accommodation, offices, schools, shops, sheds, garages or similar buildings.
   Prefabricated buildings include "modular building units" of steel, normally presented in the size and shape of a standard shipping container, but substantially or completely pre-fitted internally. Such modular building units are normally designed to be assembled together to form permanent buildings.

协定税率(%)																		特惠税率(%)			Article Description
智利	新西兰	澳大利亚	瑞士	冰岛	秘鲁	哥斯达	东盟	亚太	新加坡	巴基斯坦	港/澳/台	韩国	格鲁吉亚	毛里求斯	柬埔寨	尼加拉瓜	日/韩/澳/新/东 (RCEP)	亚太2国	老/柬/缅	LDC 98/97/95	
																					Seats (other than those of heading 94. 02, whether or not convertible into beds), and parts thereof:
0	0	0	0	0	0	0	0			0	0/0/	0	0	0	0	0	0/0/0/0/0			0/0/0	-Seats of a kind used for aircraft
0	0	0	0	0	0	0	5			8	0/0/	5	0	0	0	0	//9. 3/9. 3/9. 3			0/0/0	---With outer surface of leather or composition leather
0	0	0	0	0	0	0	5			8	0/0/	3. 3	0	0	0	0	//9. 3/9. 3/9. 3			0/0/0	---Other
0	0	0	0	0	0	0	0			0	0/0/	0	0	0	0	0	0/0/0/0/0			0/0/0	--Of wood
0	0	0	0	0	0	0	0			0	0/0/	0	0	0	0	0	0/0/0/0/0			0/0/0	--Other
0	0	0	0	0	0	0	0			0	0/0/	0	0	0	0	0	0/0/0/0/0			0/0/0	---With outer surface of leather or composition leather
0	0	0	0	0	0	0	0			0	0/0/	0	0	0	0	0	0/0/0/0/0			0/0/0	---Other
0	0	0	0	0	0	0	0			0	0/0/	0	0	0	0	0	0/0/0/0/0			0/0/0	---With outer surface of leather or composition leather
0	0	0	0	0	0	0	0			0	0/0/	0	0	0	0	0	0/0/0/0/0			0/0/0	---Other
0	0	0	0	0	0	0	0			0	0/0/	0	0	0	0	0	0/0/0/0/0		0//	0/0/0	--Of bamboo

商品编号	商品名称及备注[检验检疫编码及名称]	进口关税(%)		增值税率(%)	消费税	计量单位	监管条件	检验检疫类别	对美税率	出口税率(%)	出口退税率(%)
		最惠国	普通								
9401520090	其他竹制的坐具〔999〕	0	100	13		个/千克	AB	P/Q	25%	0	13
94015300	--藤制的										
9401530010	濒危藤制的坐具〔999〕	0	100	13		个/千克	ABEF	P/Q	25%	0	0
9401530090	其他藤制的坐具〔999〕	0	100	13		个/千克	AB	P/Q	25%	0	13
94015900	--其他										13
9401590000	柳条及类似材料制的坐具〔101 柳及柳制品〕,〔102 柳条及类似材料制的家具〕	0	100	13		个/千克	AB	P/Q		0	
94016110	---皮革或再生皮革面的										
9401611010	皮革或再生皮革面的装软垫的濒危木框架的其他坐具〔101 其他木制品〕,〔102 软体家具〕	0	100	13		个/千克	ABEF	P/Q	25%	0	0
9401611090	皮革或再生皮革面的装软垫的其他木框架的其他坐具〔101 其他木制品〕,〔102 软体家具〕	0	100	13		个/千克	AB	P/Q	25%	0	13
94016190	---其他										
9401619010	其他装软垫的濒危木框架的坐具〔101 其他木制品〕,〔102 软体家具〕	0	100	13		个/千克	ABEF	P/Q	10%	0	0
9401619090	其他装软垫的其他木框架的坐具〔101 其他木制品〕,〔102 软体家具〕	0	100	13		个/千克	AB	P/Q	10%	0	13
94016900	--其他										
9401690010	其他濒危木框架的坐具〔101 其他木制品〕,〔102 其他家具〕	0	100	13		个/千克	ABEF	P/Q	25%	0	0
9401690090	其他木框架的坐具(不包括编号 94011000～94015000 的坐具)〔101 其他木制品〕,〔102 其他家具〕	0	100	13		个/千克	AB	P/Q	25%	0	13
94017110	---皮革或再生皮革面的										13
9401711000	皮革或再生皮革面的装软垫的金属框架的坐具〔999〕	0	100	13		个/千克			25%	0	
94017190	---其他										13
9401719000	其他装软垫的金属框架的坐具〔999〕	0	100	13		个/千克			20%	0	
94017900	--其他										13
9401790000	其他金属框架的坐具(不包括编号 94011000～94015000 的坐具)〔101 其他家具〕,〔102 其他体育竞技运动器具〕	0	100	13		个/千克			20%	0	
94018010	---石制的										13
9401801000	石制的其他坐具〔999〕	0	100	13		个/千克			25%	0	
94018090	---其他										
9401809010	其他濒危木制坐具〔101 其他家具〕,〔102 靠垫〕,〔103 其他日用纺织制品〕	0	100	13		个/千克	EF		5%	0	0
9401809091	儿童用汽车安全坐椅〔999〕	0	100	13		个/千克	A	L. M/	5%	0	13
9401809099	其他坐具〔101 其他家具〕,〔102 靠垫〕,〔103 其他日用纺织制品〕	0	100	13		个/千克		L/	5%	0	13
94019100	--木制的										
9401910010	坐具的濒危木制零件〔999〕	0	100	13		千克	EF		5%	0	0
9401910090	坐具的其他木制零件〔101 其他车辆零部件〕,〔102 家具零件〕	0	100	13		千克			5%	0	13
94019910	---机动车辆用座椅调角器										13
9401991000	机动车辆用坐椅调角器〔101 其他车辆零部件〕,〔102 其他家具〕	6	100	13		套/千克			11%	0	
94019990	---其他										13
9401999000	其他坐具零件〔101 其他车辆零部件〕,〔102 其他家具〕,〔103 其他金属及制品〕	0	100	13		千克		L/	5%	0	
9402	**医疗、外科、牙科或兽医用家具(例如,手术台、检查台、带机械装置的病床、牙科用椅);有旋转、倾斜、升降装置的理发用椅及类似椅;上述物品的零件:**										
94021010	---理发用椅及其零件										13
9402101000	理发用椅及其零件〔999〕	0	100	13		个/千克				0	
94021090	---其他										13
9402109000	牙科及类似用途的椅及其零件〔999〕	0	30	13		个/千克			10%	0	
94029000	-其他										13
9402900000	其他医疗、外科、兽医用家具及零件(如手术台、检查台、带机械装置的病床等)〔999〕	0	30	13		件/千克			10%	0	
9403	**其他家具及其零件:**										
94031000	-办公室用金属家具										13
9403100000	办公室用金属家具〔999〕	0	100	13		件/千克			20%	0	
94032000	-其他金属家具										13
9403200000	其他金属家具〔999〕	0	100	13		件/千克			20%	0	
94033000	-办公室用木家具										
9403300010	濒危木制办公室用木家具〔101 其他木制品〕,〔102 木家具〕	0	100	13		件/千克	ABFE	P/Q	20%	0	0
9403300090	其他办公室用木家具〔101 其他木制品〕,〔102 木家具〕	0	100	13		件/千克	AB	M. P/Q	20%	0	13
94034000	-厨房用木家具										

协定税率(%)																		特惠税率(%)			Article Description
智利	新西兰	澳大利亚	瑞士	冰岛	秘鲁	哥斯达	东盟	亚太	新加坡	巴基斯坦	港/澳/台	韩国	格鲁吉亚	毛里求斯	柬埔寨	尼加拉瓜	日/韩/澳/新/东(RCEP)	亚太2国	老/柬/缅	LDC 98/97/95	
0	0	0	0	0	0	0	0			0	0/0/	0	0	0	0	0	0/0/0/0/0		0//	0/0/0	--Of rattan
0	0	0	0	0	0	0	0			0	0/0/	0	0	0	0	0	0/0/0/0/0		0//	0/0/0	--Other
0	0	0	0	0	0	0	0			0	0/0/	0	0	0	0	0	0/0/0/0/0			0/0/0	---With outer surface of leather or composition leather
0	0	0	0	0	0	0	0			0	0/0/	0	0	0	0	0	0/0/0/0/0			0/0/0	---Other
0	0	0	0	0	0	0	0			0	0/0/	0	0	0	0	0	0/0/0/0/0			0/0/0	--Other
0	0	0	0	0	0	0	0			0	0/0/	0	0	0	0	0	0/0/0/0/0			0/0/0	---With outer surface of leather or composition leather
0	0	0	0	0	0	0	0			0	0/0/	0	0	0	0	0	0/0/0/0/0			0/0/0	---Other
0	0	0	0	0	0	0	0			0	0/0/	0	0	0	0	0	0/0/0/0/0			0/0/0	--Other
0	0	0	0	0	0	0	0			0	0/0/	0	0	0	0	0	0/0/0/0/0			0/0/0	---Of stone
0	0	0	0	0	0	0	0			0	0/0/	0	0	0	0	0	0/0/0/0/0			0/0/0	---Other
0	0	0	0	0	0	0	0			0	0/0/	0	0	0	0	0	0/0/0/0/0			0/0/0	--Of wood
0	0	0	0	0	0	0	5			8	0/0/		0	0	0	0				0/0/0	---Seat angle regulating devices
0	0	0	0	0	0	0	0			0	0/0/	0	0	0	0	0	0/0/0/0/0			0/0/0	---Other
																					Medical, surgical, dental or veterinary furniture (for example, operating tables, examination tables, hospital beds with mechanical fittings, dentists chairs); barbers chairs and similar chairs, having rotating as well as both reclining and elevating movements; parts of the foregoing articles:
0	0	0	0	0	0	0	0			0	0/0/	0	0	0	0	0	0/0/0/0/0			0/0/0	---Barbers chairs and parts thereof
0	0	0	0	0	0	0	0			0	0/0/	0	0	0	0	0	0/0/0/0/0			0/0/0	---Other
0	0	0	0	0	0	0	0			0	0/0/	0	0	0	0	0	0/0/0/0/0			0/0/0	-Other
																					Other furniture and parts thereof:
0	0	0	0	0	0	0	0			0	0/0/	0	0	0	0	0	0/0/0/0/0			0/0/0	-Metal furniture of a kind used in offices
0	0	0	0	0	0	0	0			0	0/0/	0	0	0	0	0	0/0/0/0/0			0/0/0	-Other metal furniture
0	0	0	0	0	0	0	0			0	0/0/	0	0	0	0	0	0/0/0/0/0		0/0/	0/0/0	-Wooden furniture of a kind used in offices
0	0	0	0	0	0	0	0			0	0/0/	0	0	0	0	0	0/0/0/0/0		/0/	0/0/0	-Wooden furniture of a kind used in the kitchen

商品编号	商品名称及备注[检验检疫编码及名称]	进口关税(%)		增值税率(%)	消费税	计量单位	监管条件	检验检疫类别	对美税率	出口税率(%)	出口退税率(%)
		最惠国	普通								
9403400010	濒危木制厨房用木家具〔101 其他木制品〕,〔102 木家具〕	0	100	13		件/千克	ABFE	P/Q	25%	0	0
9403400090	其他厨房用木家具〔101 其他木制品〕,〔102 木家具〕	0	100	13		件/千克	AB	M. P/Q	25%	0	13
94035010	---红木制										
9403501010	卧室用濒危红木制家具〔101 其他木制品〕,〔102 木家具〕	0	100	13		件/千克	ABFE	P/Q			0
9403501090	其他卧室用红木制家具〔101 其他木制品〕,〔102 木家具〕	0	100	13		件/千克	AB	P/Q			13
94035091	----天然漆(大漆)漆木家具										13
9403509100	卧室用天然漆(大漆)漆木家具〔101 其他木制品〕,〔102 木家具〕,〔103 儿童用〕	0	100	13		件/千克	AB	M. P/Q	20%		
94035099	----其他										
9403509910	卧室用其他濒危木家具〔101 其他木制品〕,〔102 木家具〕	0	100	13		件/千克	ABFE	P/Q	25%		0
9403509990	卧室用其他木家具〔101 其他木制品〕,〔102 木家具〕,〔103 儿童用〕	0	100	13		件/千克	AB	M. P/Q	25%		13
94036010	---红木制										
9403601010	濒危红木制其他家具(非卧室用)〔101 其他木制品〕,〔102 木家具〕	0	100	13		件/千克	ABFE	P/Q	25%	0	0
9403601090	其他红木制家具(非卧室用)〔101 其他木制品〕,〔102 木家具〕	0	100	13		件/千克	AB	P/Q	25%	0	13
94036091	----天然漆(大漆)漆木家具										13
9403609100	其他天然漆(大漆)漆木家具(非卧室用)〔101 其他木制品〕,〔102 木家具〕,〔103 儿童用〕	0	100	13		件/千克	AB	M. P/Q	25%	0	
94036099	----其他										
9403609910	濒危木制其他家具(非卧室用)〔101 其他木制品〕,〔102 木家具〕	0	100	13		件/千克	ABFE	P/Q	25%	0	0
9403609990	其他木家具(非卧室用)〔101 其他木制品〕,〔102 木家具〕	0	100	13		件/千克	AB	P/Q	25%	0	13
94037000	-塑料家具										13
9403700000	塑料家具〔999〕	0	100	13		件/千克			20%	0	
94038200	--竹制的										
9403820010	濒危野生竹制的家具(不包括人工培植的)〔101 其他竹及竹制品〕,〔102 竹制或藤制家具〕	0	100	13		件/千克	ABE	P/Q		0	0
9403820090	其他竹制的家具〔101 其他竹及竹制品〕,〔102 竹制或藤制家具〕	0	100	13		件/千克	AB	P/Q		0	13
94038300	--藤制的										
9403830010	濒危藤制的家具〔101 藤及藤制品〕,〔102 竹制或藤制家具〕	0	100	13		件/千克	ABEF	P/Q		0	0
9403830090	其他藤制的家具〔101 藤及藤制品〕,〔102 竹制或藤制家具〕	0	100	13		件/千克	AB	P/Q		0	13
94038910	---柳条及类似材料制的										13
9403891000	柳条及类似材料制的家具〔101 柳及柳制品〕,〔102 柳条及类似材料制的家具〕	0	100	13		件/千克	AB	P/Q		0	
94038920	---石制的										13
9403892000	石制的家具〔999〕	0	100	13		件/千克			25%	0	
94038990	---其他										13
9403899000	其他材料制的家具〔999〕	0	100	13		件/千克			25%	0	
94039100	--木制的										
9403910010	品目94.03所列物品的濒危木制零件〔999〕	0	100	13		千克	EF		25%	0	0
9403910090	品目94.03所列物品的其他木制零件〔999〕	0	100	13		千克			25%	0	13
94039900	--其他										13
9403990000	品目94.03所列物品的其他零件〔999〕	0	100	13		千克			25%	0	
9404	**弹簧床垫;寝具及类似用品,装有弹簧、内部用任何材料填充、衬垫或用海绵橡胶、泡沫塑料制成,不论是否包面(例如,褥垫、被子、羽绒被、靠垫、坐垫及枕头):**										
94041000	-弹簧床垫										13
9404100000	弹簧床垫〔999〕	10	100	13		个/千克			20%	0	
94042100	--海绵橡胶或泡沫塑料制,不论是否包面										13
9404210010	蔺草包面的垫子(单件面积>1平方米,无论是否包边)〔101 蔺草及其制品〕,〔102 褥垫〕,〔103 靠垫〕	10	100	13		个/千克	4ABxy	P/Q	30%	0	
9404210090	海绵橡胶或泡沫塑料制褥垫(不论是否包面)〔101 褥垫〕,〔102 靠垫〕	10	100	13		个/千克			30%	0	
94042900	--其他材料制										13
9404290000	其他材料制褥垫〔999〕	10	100	13		个/千克			35%	0	
94043010	---羽毛或羽绒填充的										
9404301010	濒危野禽羽毛或羽绒填充的睡袋〔999〕	10	130	13		个/千克	FE			0	0
9404301090	其他羽毛或羽绒填充的睡袋〔999〕	10	130	13		个/千克				0	13
94043090	---其他										13
9404309000	其他睡袋〔999〕	10	100	13		个/千克			35%	0	
94044010	---羽毛或羽绒填充的										
9404401010	濒危鸟类羽绒或羽毛填充的被子、床罩〔101 被子〕,〔102 床罩〕	10	130	13		千克/件	EF		35%	0	0

协定税率(%)																		特惠税率(%)			Article Description
智利	新西兰	澳大利亚	瑞士	冰岛	秘鲁	哥斯达	东盟	亚太	新加坡	巴基斯坦	港/澳/台	韩国	格鲁吉亚	毛里求斯	柬埔寨	尼加拉瓜	日/韩/澳/新/东(RCEP)	亚太2国	老/柬/缅	LDC 98/97/95	
0	0	0	0	0	0	0	0			0	0/0/	0	0	0	0	0	0/0/0/0/0		/0/	0/0/0	---Of rose wood
0	0	0	0	0	0	0	0			0	0/0/	0	0	0	0	0	0/0/0/0/0		/0/	0/0/0	----Of lacquered wood
0	0	0	0	0	0	0	0			0	0/0/	0	0	0	0	0	0/0/0/0/0		/0/	0/0/0	----Other
0	0	0	0	0	0	0	0			0	0/0/	0	0	0	0	0	0/0/0/0/0		/0/	0/0/0	---Of rose wood
0	0	0	0	0	0	0	0			0	0/0/	0	0	0	0	0	0/0/0/0/0		/0/	0/0/0	----Of lacquered wood
0	0	0	0	0	0	0	0			0	0/0/	0	0	0	0	0	0/0/0/0/0		/0/	0/0/0	----Other
0	0	0	0	0	0	0	0			0	0/0/	0	0	0	0	0	0/0/0/0/0			0/0/0	-Furniture of plastics
0	0	0	0	0	0	0	0			0	0/0/	0	0	0	0	0	0/0/0/0/0		/0/	0/0/0	--Of bamboo
0	0	0	0	0	0	0	0			0	0/0/	0	0	0	0	0	0/0/0/0/0		/0/	0/0/0	--Of rattan
0	0	0	0	0	0	0	0			0	0/0/	0	0	0	0	0	0/0/0/0/0		/0/	0/0/0	---Of osier or similar materials
0	0	0	0	0	0	0	0			0	0/0/	0	0	0	0	0	0/0/0/0/0			0/0/0	---Of stone
0	0	0	0	0	0	0	0			0	0/0/	0	0	0	0	0	0/0/0/0/0			0/0/0	---Other
0	0	0	0	0	0	0	0			0	0/0/	0	0	0	0	0	0/0/0/0/0			0/0/0	--Of wood
0	0	0	0	0	0	0	0			0	0/0/	0	0	0	0	0	0/0/0/0/0			0/0/0	--Other
																					Mattress supports; articles of bedding and similar furniture (for example, mattresses, quilts, eiderdowns, cushions, pouffes and pillows) fitted with springs or stuffed or internally fitted with any material or of cellular rubber or plastics, whether or not covered:
0	0	0	0	0	0	0	0		0	16	0/0/	6.6	0	0	0	9	16.3/16/17/17/16			0/0/0	-Mattress supports
0	0	0	0	0	0	0	0		0	16	0/0/	6.6	0	0	0	9	16.3/16/17/17/16			0/0/0	--Of cellular rubber or plastics, whether or not covered
0	0	0	0	0	0	0	0	6.5	0	0	0/0/	6.6	0	0	0	9	16.3/16/17/17/16			0/0/0	--Of other materials
0	0	0	0	0	0	0	0		0	16	0/0/	6.6	0	0	0	9	16.3/14/14/14/14			0/0/0	---Stuffed with feathers or down
0	0	0	0	0	0	0	0		0		0/0/	6.6	0	0	0	9	16.3/14/14/14/14			0/0/0	---Other
0	0	0	0		0	0	0		0	0	0/0/	6.6	0	0	0	9	16.3/14/14/14/14			0/0/0	---Stuffed with feathers or down

商品编号	商品名称及备注[检验检疫编码及名称]	进口关税(%)		增值税率(%)	消费税	计量单位	监管条件	检验检疫类别	对美税率	出口税率(%)	出口退税率(%)
		最惠国	普通								
9404401090	其他羽绒或羽毛填充的被子、床罩〔101 被子〕,〔102 床罩〕	10	130	13		千克/件			35%	0	13
94044020	---兽毛填充的										
9404402010	濒危兽毛填充的被子、床罩〔101 被子〕,〔102 床罩〕	10	130	13		千克/件	EF		35%	0	0
9404402090	其他兽毛填充的被子、床罩〔101 被子〕,〔102 床罩〕	10	130	13		千克/件			35%	0	13
94044030	---丝棉填充的										13
9404403000	丝棉填充的被子、床罩〔101 被子〕,〔102 床罩〕	10	130	13		千克/件			35%	0	
94044040	---化纤棉填充的										13
9404404000	化纤棉填充的被子、床罩〔101 被子〕,〔102 床罩〕	10	130	13		千克/件			30%	0	
94044090	---其他										13
9404409000	其他材料制被子、床罩〔101 被子〕,〔102 床罩〕	10	130	13		千克/件			30%	0	
94049010	---羽毛或羽绒填充的										
9404901010	濒危鸟类羽绒或羽毛填充其他寝具及类似品〔101 褥垫〕,〔102 靠垫〕,〔103 其他〕	10	130	13		千克	EF		35%	0	0
9404901090	其他羽绒或羽毛填充的其他寝具及类似品〔101 褥垫〕,〔102 靠垫〕,〔103 其他〕	10	130	13		千克			35%	0	13
94049020	---兽毛填充的										
9404902010	濒危兽毛填充的其他寝具及类似品〔999〕	10	130	13		千克	EF		35%	0	0
9404902090	其他兽毛填充的其他寝具及类似品〔999〕	10	130	13		千克			35%	0	13
94049030	---丝棉填充的										13
9404903000	丝棉填充的其他寝具及类似品〔999〕	10	130	13		千克			35%	0	
94049040	---化纤棉填充的										13
9404904000	化纤棉填充的其他寝具及类似品〔101 褥垫〕,〔102 靠垫〕,〔103 其他日用纺织制品〕,〔104 其他纺织制品〕	10	130	13		千克			30%	0	
94049090	---其他										13
9404909000	其他材料制寝具及类似品〔101 靠垫〕,〔102 其他日用纺织制品〕	10	130	13		千克			30%	0	
9405	**其他税目未列名的灯具及照明装置,包括探照灯、聚光灯及其零件;装有固定光源的发光标志、发光铭牌及类似品,以及其他税目未列名的这些货品的零件:**										
94051100	--设计为仅使用发光二极管(LED)光源的										13
9405110000	设计为仅使用发光二极管(LED)光源的枝形吊灯(包括天花板或墙壁上的照明装置,但露天或街道上的除外)〔999〕	5	80	13		个/千克		L/	25%	0	
94051900	--其他										13
9405190000	其他枝形吊灯(包括天花板或墙壁上的照明装置,但露天或街道上的除外)〔101 吊灯〕,〔102 其他灯具及其零件〕	5	80	13		个/千克		L/	25%	0	
94052100	--设计为仅使用发光二极管(LED)光源的										
9405210010	设计为仅使用发光二极管(LED)光源的含濒危物种成分的电气台灯、床头灯、落地灯〔999〕	10	80	13		台/千克	EF	L/	35%	0	0
9405210090	设计为仅使用发光二极管(LED)光源的其他电气台灯、床头灯、落地灯〔999〕	10	80	13		台/千克		L/	35%	0	13
94052900	--其他										
9405290010	其他含濒危物种成分的电气台灯、床头灯、落地灯〔101 台灯〕,〔102 落地灯〕,〔103 其他灯具及其零件〕	10	80	13		台/千克	EF	L/	35%	0	0
9405290090	其他电气台灯、床头灯、落地灯〔999〕	10	80	13		台/千克		L/	35%	0	13
94053100	--设计为仅使用发光二极管(LED)光源的										13
9405310000	设计为仅使用发光二极管(LED)光源的圣诞树用灯串〔999〕	8	100	13		套/千克			33%	0	
94053900	--其他										13
9405390000	其他圣诞树用灯串〔999〕	8	100	13		套/千克			33%	0	
94054100	--光伏的,且设计为仅使用发光二极管(LED)光源的										13
9405410000	光伏的,且设计为仅使用发光二极管(LED)光源的其他电气灯具及照明装置〔999〕	8.5	73	13		台/千克			18.5%	0	
94054210	---探照灯和聚光灯										13
9405421000	其他设计为仅使用发光二极管(LED)光源的探照灯和聚光灯〔999〕	10	70	13		台/千克			30%	0	
94054290	---其他										13
9405429000	其他设计为仅使用发光二极管(LED)光源的其他电气灯具及照明装置〔999〕	6	80	13		千克			16%	0	
94054910	---探照灯和聚光灯										13
9405491000	其他探照灯和聚光灯〔101 探照灯〕,〔102 聚光灯具〕	10	70	13		台/千克			30%	0	
94054990	---其他										13
9405499000	其他电气灯具及照明装置〔999〕	6	80	13		千克			16%	0	
94055000	-非电气的灯具及照明装置										13

协定税率(%)																		特惠税率(%)			Article Description
智利	新西兰	澳大利亚	瑞士	冰岛	秘鲁	哥斯达	东盟	亚太	新加坡	巴基斯坦	港/澳/台	韩国	格鲁吉亚	毛里求斯	柬埔寨	尼加拉瓜	日/韩/澳/新/东(RCEP)	亚太2国	老/柬/缅	LDC 98/97/95	
0	0	0	0	0	0	0	0		0	0	0/0/	6.6	0	0	0	9	16.3/16/17/17/16			0/0/0	---Stuffed with animal hair
0	0	0	0	0	0	0	0		0	0	0/0/	6.6	0	0	0	9	16.3/14/14/14/14			0/0/0	---Stuffed with silk wadding
0	0	0	0	0	0	0	0		0	0	0/0/	6.6	0	0	0	9	16.3/16/17/17/16			0/0/0	---Stuffed with man-made fibres
0	0	0	0	0	0	0	0		0	0	0/0/	6.6	0	0	0	9	16.3/16/17/17/16			0/0/0	---Other
0	0	0	0		0	0	0		0	0	0/0/	6.6	0	0	0	9	16.3/14/14/14/14			0/0/0	---Stuffed with feathers or down
0	0	0	0	0	0	0	0		0	0	0/0/	6.6	0	0	0	9	16.3/16/17/17/16			0/0/0	---Stuffed with animal hair
0	0	0	0	0	0	0	0		0	0	0/0/	6.6	0	0	0	9	16.3/14/14/14/14			0/0/0	---Stuffed with silk wadding
0	0	0	0	0	0	0	0		0	0	0/0/	6.6	0	0	0	9	16.3/16/17/17/16			0/0/0	---Stuffed with man-made fibres
0	0	0	0	0	0	0	0		0	0	0/0/	6.6	0	0	0	9	16.3/16/17/17/16			0/0/0	---Other
																					Luminaires and lighting fittings including searchlights and spotlights and parts thereof, not elsewhere specified or included; illuminated signs, illuminated name-plates and the like, having a permanently fixed light source, and parts thereof not elsewhere specified or included:
0	0	0	0	0	0	0	0			0	0/0/	0	0	0	0	0	7.3/7/0/0/0			0/0/0	--Designed for use solely with light-emitting diode (LED) light sources
0	0	0	0	0	0	0	0			0	0/0/	0	0	0	0	0	7.3/7/0/0/0			0/0/0	--Other
0	0	0	0	0	0	0	0		0	16	0/0/	10	0	0	0	9	//17/17/17			0/0/0	--Designed for use solely with light-emitting diode (LED) light sources
0	0	0	0	0	0	0	0		0	16	0/0/	10	0	0	0	9	//17/17/17			0/0/0	--Other
0	0	0	0	0	0	0	0		0	6.4	0/0/	0	0	0	0	6.4	11.6/11.2/0/0/0			0/0/0	--Designed for use solely with light-emitting diode (LED) light sources
0	0	0	0	0	0	0	0		0	6.4	0/0/	0	0	0	0	6.4	11.6/11.2/0/0/0			0/0/0	--Other
0	0	0	0	0	0	0	0		0	4.7	0/0/	0	0	0	0	6	7.3/7/0/0/0			0/0/0	--Photovoltaic, designed for use solely with light-emitting diode (LED) light sources
0	0	0	0	0	0	0	0		0	7	0/0/	0	0	0	0	9	12.7/12.3/0/0/0			0/0/0	---Searchlights and spotlights
0	0	0	0	0	0	0	0		0	0	0/0/	0	0	0	0	0	7.3/7/7/7/7			0/0/0	---Other
0	0	0	0	0	0	0	0		0	7	0/0/	0	0	0	0	9	12.7/12.3/0/0/0			0/0/0	---Searchlights and spotlights
0	0	0	0	0	0	0	0		0	0	0/0/	0	0	0	0	0	7.3/7/7/7/7			0/0/0	---Other
0	0	0	0	0	0	0	0		0		0/0/	10	0	0	0	9	//17/17/17			0/0/0	-Non-electrical luminaires and lighting fittings

商品编号	商品名称及备注[检验检疫编码及名称]	进口关税(%)		增值税率(%)	消费税	计量单位	监管条件	检验检疫类别	对美税率	出口税率(%)	出口退税率(%)
		最惠国	普通								
9405500000	非电气灯具及照明装置〔999〕	10	80	13		千克			35%	0	
94056100	--设计为仅使用发光二极管(LED)光源的										13
9405610000	设计为仅使用发光二极管(LED)光源的发光标志、发光铭牌及类似品〔999〕	10	80	13		千克		L/	30%	0	
94056900	--其他										13
9405690000	其他发光标志、发光铭牌及类似品〔999〕	10	80	13		千克		L/	30%	0	
94059100	--玻璃制										13
9405910000	品目94.05所列物品的玻璃制零件〔999〕	8	70	13		千克			18%	0	
94059200	--塑料制										13
9405920000	品目94.05所列物品的塑料制零件〔999〕	8	70	13		千克			28%	0	
94059900	--其他										13
9405990000	品目94.05所列物品其他材料制零件〔999〕	8	70	13		千克			28%	0	
9406	**活动房屋：**										
94061000	-木制的										13
9406100000	木制的活动房屋〔999〕	8	70	13		千克/套	AB	P/Q	28%	0	
94062000	-钢结构模块建筑单元										13
9406200000	钢结构模块建筑单元〔999〕	8	70	13		千克/套			33%	0	
94069000	-其他										13
9406900010	用动植物材料制作的活动房屋(木制的除外)〔999〕	8	70	13		千克/套	AB	P/Q	33%	0	
9406900020	带有风扇的高效空气粒子过滤单元(HEPA)的封闭洁净室〔999〕	8	70	13		千克/套	3		33%	0	
9406900090	其他活动房屋〔999〕	8	70	13		千克/套			33%	0	

协定税率(%)																		特惠税率(%)			Article Description
智利	新西兰	澳大利亚	瑞士	冰岛	秘鲁	哥斯达	东盟	亚太	新加坡	巴基斯坦	港/澳/台	韩国	格鲁吉亚	毛里求斯	柬埔寨	尼加拉瓜	日/韩/澳/新/东 (RCEP)	亚太2国	老/柬/缅	LDC 98/97/95	
0	0	0	0	0	0	0	0		0	16	0/0/	6.6	0	0	0	9	16.3/16/17/17/16			0/0/0	--Designed for use solely with light-emitting diode (LED) light sources
0	0	0	0	0	0	0	0		0	16	0/0/	6.6	0	0	0	9	16.3/16/17/17/16			0/0/0	--Other
0	0	0	0	0	0	0	0		0	16	0/0/	10	0	0	0	6.4	//17/17/17			0/0/0	--Of glass
0	0	0	0	0	0	0	0		0	16	0/0/	6.6	0	0	0	6.4	16.3/16/17/17/16			0/0/0	--Of plastics
0	0	0	0	0	0	0	0		0		0/0/	6.6	0	0	0	6.4	16.3/16/17/17/16			0/0/0	--Other
																					Prefabricated buildings:
0	0	0	0	0	0	0	0	5.2	0	0	0/0/	0	0	0	0	6.4	7.3/7/0/0/0			0/0/0	-Of wood
0	0	0	0	0	0	0	0	5.2	0	0	0/0/	0	0	0	0	6.4	7.3/7/0/0/0			0/0/0	-Modular building units, of steel
0	0	0	0	0	0	0	0	5.2	0	0	0/0/	0	0	0	0	6.4	7.3/7/0/0/0			0/0/0	-Other

第九十五章 玩具、游戏品、运动用品及其零件、附件

注释：

一、本章不包括：

（一）蜡烛（品目34.06）；
（二）品目36.04的烟花、爆竹或其他烟火制品；
（三）已切成一定长度但未制成钓鱼线的纱线、单丝、绳、肠线及类似品（第三十九章、品目42.06或第十一类）；
（四）品目42.02、43.03或43.04的运动用袋或其他容器；
（五）第六十一章或第六十二章的纺织品制的化装舞会服装；第六十一章或第六十二章的纺织品制的运动服装或特殊衣着（例如，击剑服或足球守门员球衣），无论是否附带保护配件（例如肘部、膝部或腹股沟部位的保护垫或填充物）；
（六）第六十三章的纺织品制的旗帜及帆板或滑行车用帆；
（七）第六十四章的运动鞋靴（装有冰刀或滑轮的溜冰鞋除外）或第六十五章的运动用帽；
（八）手杖、鞭子、马鞭或类似品（品目66.02）及其零件（品目66.03）；
（九）品目70.18的未装配的玩偶或其他玩具用的玻璃假眼；
（十）第十五类注释二所规定的贱金属制通用零件（第十五类）或塑料制的类似货品（第三十九章）；
（十一）品目83.06的铃、钟、锣及类似品；
（十二）液体泵（品目84.13）、液体或气体的过滤、净化机器及装置（品目84.21）、电动机（品目85.01）、变压器（品目85.04）；录制声音或其他信息用的圆盘、磁带、固态非易失性数据存储器件、"智能卡"及其他媒体，不论是否已录制（品目85.23）；无线电遥控设备（品目85.26）或无绳红外线遥控器件（品目85.43）；
（十三）第十七类的运动用车辆（长雪橇、平底雪橇及类似品除外）；
（十四）儿童两轮车（品目87.12）；
（十五）无人驾驶航空器（品目88.06）；
（十六）运动用船艇，例如，轻舟、赛艇（第八十九章）及其桨、橹和类似品（木制的归入第四十四章）；
（十七）运动及户外游戏用的眼镜、护目镜及类似品（品目90.04）；
（十八）媒诱音响器及哨子（品目92.08）；
（十九）第九十三章的武器及其他物品；
（二十）各种灯串（品目94.05）；
（二十一）独脚架、双脚架、三脚架及类似品（品目96.20）；
（二十二）球拍线、帐篷或类似的野营用品、分指手套、连指手套及露指手套（按其构成材料归类）；或
（二十三）餐具、厨房用具、盥洗用品、地毯及纺织材料制的其他铺地制品、服装、床上及餐桌用织物制品、盥洗及厨房用织物制品及具有实用功能的类似货品（按其构成材料归类）。

二、本章包括天然或养殖珍珠、宝石或半宝石（天然、合成或再造）、贵金属或包贵金属只作为小零件的物品。

三、除上述注释一另有规定的以外，凡专用于或主要用于本章各税目所列物品的零件、附件，应与有关物品一并归类。

四、除上述注释一另有规定的以外，品目95.03主要适用于该税目所列的物品与一项或多项其他货品组合而成的物品，只要这些物品为零售包装，且组合后具有玩具的基本特征。这些组合物品不能视为归类总规则三（二）所指的成套货品，如果单独报验，应归入其他税目。

五、品目95.03不包括因其设计、形状或构成材料可确认为专供动物使用的物品，例如，"宠物玩具"（归入其适当税目）。

六、品目95.08中：

（一）"游乐场乘骑游乐设施"是指主要目的为游乐或娱乐的装置、组合装置或设备，用于运载、传送、导引一人或多人越过或穿行某一固定或限定的路径（包括水道），或者特定区域，这些设施不包括通常安装在住宅区或操场内的设备；

（二）"水上乐园娱乐设备"是指特征为特定的涉水区域且无设定路径的装置、组合装置或设备。这些设备仅包括专为水上乐园设计的设备；及

（三）"游乐场娱乐设备"是指凭借运气、力量或技巧来玩的游戏设备，通常需要操作员或服务员，可安装在永久性建筑物或独立的摊位，这些设备不包括品目95.04的设备。

本税目不包括在本协调制度其他税目中列名更为具体的设备。

子目注释：

子目9504.50包括：

（一）在电视机、监视器或其他外部屏幕或表面上重放图像的视频游戏控制器；或
（二）自带显示屏的视频游戏设备，不论是否便携式。

本子目不包括用硬币、钞票、银行卡、代币或任何其他支付方式使其工作的视频游戏控制器或设备（子目9504.30）。

商品编号	商品名称及备注[检验检疫编码及名称]	进口关税(%)		增值税率(%)	消费税	计量单位	监管条件	检验检疫类别	对美税率	出口税率(%)	出口退税率(%)
		最惠国	普通								
9503	**三轮车、踏板车、踏板汽车和类似的带轮玩具；玩偶车；玩偶；其他玩具；缩小（按比例缩小）的模型及类似的娱乐用模型，不论是否活动；各种智力玩具：**										
95030010	---供儿童乘骑的带轮玩具（例如，三轮车、踏板车、踏板汽车）；玩偶车										13
9503001000	供儿童乘骑的带轮玩具（例如，三轮车、踏板车、踏板汽车）；玩偶车①	0	80	13		辆/千克		L/	20%	0	
95030021	----动物										13
9503002100	动物玩偶，不论是否着装②	0	80	13		个/千克	A	L. M/	25%	0	
95030029	----其他										13
9503002900	其他玩偶，不论是否着装③	0	80	13		个/千克	A	L. M/	25%	0	

① ［101 儿童三轮车］，［102 儿童推车］，［103 最大鞍座高度（435mm-635mm 范围内）儿童自行车］，［104 儿童踏板车］，［105 儿童玩偶车］，［106 其他童车］
② ［101 布绒玩具］，［102 竹木玩具］，［103 塑胶玩具］，［104 电玩具］，［105 软体造型玩具］，［106 弹射玩具］，［107 金属玩具］
③ ［101 布绒玩具］，［102 竹木玩具］，［103 塑胶玩具］，［104 电玩具］，［105 纸制玩具］，［106 软体造型玩具］，［107 弹射玩具］，［108 金属玩具］，［109 玩具收藏品］

Chapter 95
Toys, games and sports requisites; parts and accessories thereof

Chapter Notes:

1. This Chapter does not cover:
   (a) Candles (heading 34.06);
   (b) Fireworks or other pyrotechnic articles of heading 36.04;
   (c) Yarns, monofilament, cords or gut or the like for fishing, cut to length but not made up into fishing lines, of Chapter 39, heading 42.06 or Section XI;
   (d) Sports bags or other containers of heading 42.02, 43.03 or 43.04;
   (e) Fancy dress of textiles, of Chapter 61 or 62; sports clothing and special articles of apparel of textiles, of Chapter 61 or 62, whether or not incorporating incidentally protective components such as pads or padding in the elbow, knee or groin areas (for example, fencing clothing or soccer goalkeeper jerseys);
   (f) Textile flags or bunting, or sails for boats, sailboards or land craft, of Chapter 63;
   (g) Sports footwear (other than skating boots with ice or roller skates attached) of Chapter 64, or sports headgear of Chapter 65;
   (h) Walking-sticks, whips, riding-crops or the like (heading 66.02), or parts thereof (heading 66.03);
   (ij) Unmounted glass eyes for dolls or other toys, of heading 70.18;
   (k) Parts of general use, as defined in Note 2 to Section XV, of base metal (Section XV), or similar goods of plastics (Chapter 39);
   (l) Bells, gongs or the like of heading 83.06;
   (m) Pumps for liquids (heading 84.13), filtering or purifying machinery and apparatus for liquids or gases (heading 84.21), electric motors (heading 85.01), electric transformers (heading 85.04), discs, tapes, solid-state non-volatile storage devices, "smart cards" and other media for the recording of sound or of other phenomena, whether or not recorded (heading 85.23), radio remote control apparatus (heading 85.26) or cordless infrared remote control devices (heading 85.43);
   (n) Sports vehicles (other than bobsleighs, toboggans and the like) of Section XVII;
   (o) Children's bicycles (heading 87.12);
   (p) Unmanned aircraft (heading 88.06);
   (q) Sports craft such as canoes and skiffs (Chapter 89), or their means of propulsion (Chapter 44 for such articles made of wood);
   (r) Spectacles, goggles or the like, for sports or outdoor games (heading 90.04);
   (s) Decoy calls or whistles (heading 92.08);
   (t) Arms or other articles of Chapter 93;
   (u) Lighting strings of all kinds (heading 94.05);
   (v) Monopods, bipods, tripods and similar articles (heading 96.20);
   (w) Racket strings, tents or other camping goods, or gloves, mittens and mitts (classified according to their constituent material); or
   (x) Tableware, kitchenware, toilet articles, carpets and other textile floor coverings, apparel, bed linen, table linen, toilet linen, kitchen linen and similar articles having a utilitarian function (classified according to their constituent material).

2. This Chapter includes articles in which natural or cultured pearls, precious or semi-precious stones (natural, synthetic or reconstructed), precious metal or metal clad with precious metal constitute only minor constituents.

3. Subject to Note 1 above, parts and accessories which are suitable for use solely or principally with articles of this Chapter are to be classified with those articles.

4. Subject to the provisions of Note 1 above, heading 95.03 applies, inter alia, to articles of this heading combined with one or more items, which cannot be considered as sets under the terms of General Interpretative Rule 3 (b), and which, if presented separately, would be classified in other headings, provided the articles are put up together for retail sale and the combinations have the essential character of toys.

5. Heading 95.03 does not cover articles which, on account of their design, shape or constituent material, are identifiable as intended exclusively for animals, for example, "pet toys" (classification in their own appropriate heading).

6. For the purposes of heading 95.08:
   (a) The expression "amusement park rides" means a device or combination of devices or equipment that carry, convey, or direct a person or persons over or through a fixed or restricted course, including watercourses, or within a defined area for the primary purposes of amusement or entertainment. Such rides may be combined within an amusement park, theme park, water park or fairground. These amusement park rides do not include equipment of a kind commonly installed in residences or playgrounds;
   (b) The expression "water park amusements" means a device or combination of devices or equipment that are characterized by a defined area involving water, with no purposes built path. Water park amusements only include equipment designed specifically for water parks; and
   (c) The expression "fairground amusements" means games of chance, strength or skill, which commonly employ an operator or attendant and may be installed in permanent buildings or independent concession stalls. Fairground amusements do not include equipment of heading 95.04.
   This heading does not include equipment more specifically classified elsewhere in the Nomenclature.

Subheading Notes:

Subheading 9504.50 covers:
   (a) Video game consoles from which the image is reproduced on a television receiver, a monitor or other external screen or surface; or
   (b) Video game machines having a selfcontained video screen, whether or not portable.
   This subheading does not cover video game consoles or machines operated by coins, banknotes, bank cards, tokens or by any other means of payment (subheading 9504.30).

协定税率(%)																		特惠税率(%)			
智利	新西兰	澳大利亚	瑞士	冰岛	秘鲁	哥斯达	东盟	亚太	新加坡	巴基斯坦	港/澳/台	韩国	格鲁吉亚	毛里求斯	柬埔寨	尼加拉瓜	日/韩/澳/新/东 (RCEP)	亚太2国	老/柬/缅	LDC 98/97/95	Article Description
																					Tricycles, scooters, pedal cars and similar wheeled toys; dolls carriages; dolls; other toys; reduced-size ("scale") models and similar recreational models, working or not; puzzles of all kinds:
0	0	0	0	0	0	0	0			0	0/0/	0	0	0	0	0	0/0/0/0/0			0/0/0	---Tricycles, scooters, pedal cars and similar wheeled toys; dolls carriages
0	0	0	0	0	0	0	0			0	0/0/	0	0	0	0	0	0/0/0/0/0			0/0/0	----Animals
0	0	0	0	0	0	0	0			0	0/0/	0	0	0	0	0	0/0/0/0/0			0/0/0	----Other

商品编号	商品名称及备注[检验检疫编码及名称]	进口关税(%)		增值税率(%)	消费税	计量单位	监管条件	检验检疫类别	对美税率	出口税率(%)	出口退税率(%)
		最惠国	普通								
95030060	---智力玩具										13
9503006000	智力玩具①	0	80	13		套/千克	A	L. M/	25%	0	
95030083	----带动力装置的玩具及模型										13
9503008310	玩具无人机[999]	0	80	13		套/千克	A	L. M/	25%	0	
9503008390	带动力装置的玩具及模型②	0	80	13		套/千克	A	L. M/	25%	0	
95030089	----其他										13
9503008900	其他未列名玩具[101 乘骑玩具],[102 其他未列名玩具],[103 玩具收藏品]	0	80	13		个/千克	A	L. M/	25%	0	
95030090	---零件、附件										13
9503009000	玩具、模型零件[999]	0	80	13		千克	A	L. M/	25%	0	
9504	**视频游戏控制器及设备,桌上或室内游戏,包括弹球机、台球、娱乐专用桌及保龄球自动球道设备,用硬币、钞票、银行卡、代币或任何其他支付方式使其工作的游乐机器:**										
95042000	-台球用品及附件										
9504200010	濒危木制的台球用品及附件[999]	0	80	13		千克	EF		20%	0	0
9504200090	其他台球用品及附件[999]	0	80	13		千克			20%	0	13
95043010	---电子游戏机										13
9504301000	用特定支付方式使其工作的电子游戏机(用硬币、钞票、银行卡、代币或其他支付方式使其工作的)[999]	0	130	13		台/千克			10%	0	
95043090	---其他										13
9504309000	用特定支付方式工作的其他游戏用品,保龄球道设备除外(用硬币、钞票、银行卡、代币或其他支付方式使其工作的)[999]	0	80	13		台/千克				0	
95044000	-游戏纸牌										13
9504400000	游戏纸牌[999]	0	80	13		副/千克			10%	0	
95045020	---自带视频显示装置的视频游戏控制器及设备										13
9504502000	自带视频显示装置的视频游戏控制器及设备(编号 950430 的货品除外)[999]	0	130	13		台/千克				0	
95045030	---其他视频游戏控制器及设备										13
9504503000	其他视频游戏控制器及设备(编号 950430 的货品除外)[999]	0	130	13		台/千克				0	
95045080	---零件及附件										13
9504508000	视频游戏控制器及设备的零件及附件(编号 950430 的货品除外)[999]	0	130	13		个/千克				0	
95049010	---其他电子游戏机										13
9504901000	其他电子游戏机[999]	0	130	13		台/千克				0	
95049021	----保龄球自动分瓶机										13
9504902100	保龄球自动分瓶机[999]	0	80	13		台/千克			10%	0	
95049022	----保龄球										13
9504902200	保龄球[999]	0	80	13		个/千克			10%	0	
95049023	----保龄球瓶										13
9504902300	保龄球瓶[999]	0	80	13		个/千克			20%	0	
95049029	----其他										13
9504902900	其他保龄球自动球道设备及器具[999]	0	80	13		台/千克			10%	0	
95049030	---中国象棋、国际象棋、跳棋等棋类用品										13
9504903000	象棋、跳棋等棋类用品(包括中国象棋、国际象棋)[999]	0	80	13		副/千克			25%	0	
95049040	---麻将及类似桌上游戏用品										13
9504904000	麻将及类似桌上游戏用品[101 麻将],[102 除麻将外]	0	80	13		副/千克			25%	0	
95049090	---其他										13
9504909000	其他桌上或室内游戏(包括弹球机)[101 其他游戏机],[102 游乐设备零件],[103 其他游戏器具]	0	80	13		台/千克			20%	0	
9505	**节日(包括狂欢节)用品或其他娱乐用品,包括魔术道具及嬉戏品:**										
95051000	-圣诞节用品										13
9505100010	含动植物性材料的圣诞用品(不包括成套圣诞节灯具)③	0	100	13		千克	AB	P/Q	25%	0	
9505100090	其他圣诞节用品(不包括成套圣诞节灯具)[101 含木制品],[102 不含木制品]	0	100	13		千克			25%	0	

① [101 布绒玩具],[102 竹木玩具],[103 塑胶玩具],[104 电玩具],[105 纸制玩具],[106 类似文具玩具],[107 软体造型玩具],[108 金属玩具],[109 玩具收藏品]
② [301 布绒玩具],[302 竹木玩具],[303 塑胶玩具],[304 电玩具],[305 弹射玩具],[306 金属玩具],[307 其他未列名玩具],[308 玩具收藏品]
③ [101 木制工艺品],[102 其他木制品],[103 其他草及草制品],[104 其他竹藤柳草类],[105 含动物产品类]

协定税率(%)																		特惠税率(%)			Article Description
智利	新西兰	澳大利亚	瑞士	冰岛	秘鲁	哥斯达	东盟	亚太	新加坡	巴基斯坦	港/澳/台	韩国	格鲁吉亚	毛里求斯	柬埔寨	尼加拉瓜	日/韩/澳/新/东(RCEP)	亚太2国	老/柬/缅	LDC 98/97/95	
0	0	0	0	0	0	0	0			0	0/0/	0	0	0	0	0	0/0/0/0/0			0/0/0	---Puzzles
0	0	0	0	0	0	0	0			0	0/0/	0	0	0	0	0	0/0/0/0/0			0/0/0	----Toys and models, incorporating a motor
0	0	0	0	0	0	0	0			0	0/0/	0	0	0	0	0	0/0/0/0/0			0/0/0	----Other
0	0	0	0	0	0	0	0			0	0/0/	0	0	0	0	0	0/0/0/0/0			0/0/0	---Parts and accessories
																					Video game consoles and machines, table or parlour games, including pintables, billiards, special tables for casino games and automatic bowling equipment, amusement machines operated by coins, bank notes, bank cards, tokens or by any other means of payment:
0	0	0	0	0	0	0	0			0	0/0/	0	0	0	0	0	0/0/0/0/0			0/0/0	-Articles and accessories for billiards of all kinds
0	0	0	0	0	0	0	0			0	0/0/	0	0	0	0	0	0/0/0/0/0			0/0/0	---Video games
0	0	0	0	0	0	0	0			0	0/0/	0	0	0	0	0	0/0/0/0/0			0/0/0	---Other
0	0	0	0	0	0	0	0			0	0/0/	0	0	0	0	0	0/0/0/0/0			0/0/0	-Playing cards
0	0	0	0	0	0	0	0			0	0/0/	0	0	0	0	0	0/0/0/0/0			0/0/0	---Video game consoles and machines having a selfcontained video screen
0	0	0	0	0	0	0	0			0	0/0/	0	0	0	0	0	0/0/0/0/0			0/0/0	---Other video game consoles and machines
0	0	0	0	0	0	0	0			0	0/0/	0	0	0	0	0	0/0/0/0/0			0/0/0	---Parts and accessories
0	0	0	0	0	0	0	0			0	0/0/	0	0	0	0	0	0/0/0/0/0			0/0/0	---Other video games
0	0	0	0	0	0	0	0			0	0/0/	0	0	0	0	0	0/0/0/0/0			0/0/0	----Automatic bowling pin distributing machines
0	0	0	0	0	0	0	0			0	0/0/	0	0	0	0	0	0/0/0/0/0			0/0/0	----Bowling balls
0	0	0	0	0	0	0	0			0	0/0/	0	0	0	0	0	0/0/0/0/0			0/0/0	----Bowling pins
0	0	0	0	0	0	0	0			0	0/0/	0	0	0	0	0	0/0/0/0/0			0/0/0	----Other
0	0	0	0	0	0	0	0			0	0/0/	0	0	0	0	0	0/0/0/0/0			0/0/0	---Chess and other board games, including Chinese chess, international chess, Chinese cherkers and draughts
0	0	0	0	0	0	0	0			0	0/0/	0	0	0	0	0	0/0/0/0/0			0/0/0	---Mahjong and similiar table games
0	0	0	0	0	0	0	0			0	0/0/	0	0	0	0	0	0/0/0/0/0			0/0/0	---Other
																					Festive, carnival or other entertainment articles, including conjuring tricks and novelty jokes:
0	0	0	0	0	0	0	0			0	0/0/	0	0	0	0	0	0/0/0/0/0			0/0/0	-Articles for Christmas festivities

商品编号	商品名称及备注[检验检疫编码及名称]	进口关税(%)		增值税率(%)	消费税	计量单位	监管条件	检验检疫类别	对美税率	出口税率(%)	出口退税率(%)
		最惠国	普通								
95059000	-其他										13
9505900000	其他节日用品或娱乐用品(包括魔术道具及嬉戏品)〔101 含木制品〕,〔102 不含木制品〕	0	100	13		千克			10%	0	
9506	**一般的体育活动、体操、竞技及其他运动(包括乒乓球运动)或户外游戏用的本章其他税目未列名用品及设备;游泳池或戏水池:**										
95061100	--滑雪屐										13
9506110000[暂3]	滑雪屐〔999〕	6	50	13		双/千克			23%	0	
95061200	--滑雪屐扣件(滑雪屐带)										13
9506120000[暂3]	滑雪屐扣件(滑雪屐带)〔999〕	6	50	13		千克			23%	0	
95061900	--其他										13
9506190000[暂3]	其他滑雪用具〔999〕	6	50	13		千克			23%	0	
95062100	--帆板										13
9506210000	帆板〔999〕	6	50	13		个/千克			31%	0	
95062900	--其他										13
9506290000	其他水上运动用具(包括滑水板、冲浪板)〔999〕	6	50	13		个/千克			16%	0	
95063100	--棍,全套										13
9506310000	完整的高尔夫球棍〔999〕	6	50	13	10%	根/千克			26%	0	
95063200	--球										13
9506320000	高尔夫球〔999〕	6	50	13	10%	个/千克			26%	0	
95063900	--其他										13
9506390000	其他高尔夫球用具〔999〕	6	50	13		千克			31%	0	
95064010	---乒乓球										13
9506401000	乒乓球〔999〕	6	50	13		百个/千克			31%	0	
95064090	---其他										13
9506409000	其他乒乓球运动用品及器械〔999〕	6	50	13		千克				0	
95065100	--草地网球拍,不论是否装弦										13
9506510000	草地网球拍(不论是否装弦)〔999〕	6	50	13		支/千克				0	
95065900	--其他										13
9506590000	其他网球拍、羽毛球拍或类似球拍〔999〕	6	50	13		支/千克			31%	0	
95066100	--草地网球										13
9506610000	草地网球〔999〕	6	50	13		个/千克				0	
95066210	---篮球、足球、排球										13
9506621000	篮球、足球、排球〔999〕	6	50	13		个/千克			31%	0	
95066290	---其他										13
9506629000	其他可充气的球〔999〕	6	50	13		个/千克			16%	0	
95066900	--其他										13
9506690000	其他球(但高尔夫球及乒乓球除外)〔999〕	6	50	13		个/千克			31%	0	
95067010	---溜冰鞋										13
9506701000	溜冰鞋(包括装有冰刀的溜冰靴)〔999〕	6	50	13		双/千克			26%	0	
95067020	---旱冰鞋										13
9506702000	旱冰鞋〔999〕	6	50	13		双/千克			26%	0	
95069111	----跑步机										13
9506911110	跑步机(整机)〔101 电动跑步机〕,〔102 其他跑步机〕	6	50	13		台/千克			16%	0	
9506911190	跑步机的零件及附件〔101 电动跑步机〕,〔102 其他跑步机〕	6	50	13		台/千克			16%	0	
95069119	----其他										13
9506911900	其他健身及康复器械(包括设备)①	6	50	13		千克			16%	0	
95069190	---其他										13
9506919000	一般的体育活动、体操或竞技用品(包括设备)〔999〕	6	50	13		千克			16%	0	
95069910	---滑板										13
9506991000	滑板〔999〕	6	50	13		个/千克			16%	0	
95069990	---其他										13
9506999000	其他未列名的第九十五章用品及设备(包括户外游戏用品及设备,如游泳池、戏水池)〔101 康复健身器械及其零件〕,〔102 其他体育竞技运动器具〕	6	50	13		个/千克			16%	0	

① 〔101 力量型训练器材〕,〔102 力量型训练长凳〕,〔103 曲柄踏板类训练器材〕,〔104 划船机〕,〔105 踏步机、台阶机和登山机〕,〔106 椭圆训练机〕,〔107 带固定飞轮和不带自由飞轮的练习自行车〕,〔108 其他健身器材〕

协定税率(%)																		特惠税率(%)			Article Description
智利	新西兰	澳大利亚	瑞士	冰岛	秘鲁	哥斯达	东盟	亚太	新加坡	巴基斯坦	港/澳/台	韩国	格鲁吉亚	毛里求斯	柬埔寨	尼加拉瓜	日/韩/澳/新/东 (RCEP)	亚太2国	老/柬/缅	LDC 98/97/95	
0	0	0	0	0	0	0	0			0	0/0/	0	0	0	0	0	0/0/0/0/0			0/0/0	-Other
																					Articles and equipment for general physical exercise, gymnastics, athletics, other sports (including table-tennis) or outdoor games, not specified or included elsewhere in this Chapter; swimming pools and paddling pools:
0	0	0	0		0	0	0		0	0	0/0/	0	0	0	0	0	10. 2/9. 8/0/0/0			0/0/0	--Skis
0	0	0	0	0	0	0	0		0	0	0/0/	0	0	0	0	0	10. 2/9. 8/0/0/0			0/0/0	--Ski-fastenings (ski-bindings)
0	0	0	0	0	0	0	0		0	0	0/0/	0	0	0	0	0	10. 2/9. 8/0/0/0			0/0/0	--Other
0	0	0	0	0	0	0	0		0	0	0/0/	0	0	0	0	0	8. 7/8. 4/0/0/0			0/0/0	--Sailboards
0	0	0	0	0	0	0	0		0	0	0/0/	0	0	0	0	0	10. 2/9. 8/0/0/0			0/0/0	--Other
0	0	0	0		0	0	0		0	0	0/0/	0	0	0	0	0	10. 2/9. 8/9. 8/9. 8/9. 8			0/0/0	--Clubs, complete
0	0	0	0	0	0	0	0		0	0	0/0/	0	0	0	0	0	8. 7/8. 4/0/0/0			0/0/0	--Balls
0	0	0	0		0	0	0		0	0	0/0/0	0	0	0	0	0	10. 2/9. 8/9. 8/9. 8/9. 8			0/0/0	--Other
0	0	0	0	0	0	0	0		0	0	0/0/	0	0	0	0	0	8. 7/8. 4/0/0/0			0/0/0	---Table-tennis balls
0	0	0	0	0	0	0	0		0	0	0/0/	0	0	0	0	0	10. 2/9. 8/0/0/0			0/0/0	---Other
0	0	0	0	0	0	0	0		0	0	0/0/	0	0	0	0	0	10. 2/9. 8/0/0/0			0/0/0	--Lawn-tennis rackets, whether or not strung
0	0	0	0	0	0	0	0		0	0	0/0/	0	0	0	0	0	10. 2/9. 8/0/0/0			0/0/0	--Other
0	0	0	0	0	0	0	0		0	0	0/0/	0	0	0	0	0	8. 7/8. 4/0/0/0			0/0/0	--Lawn-tennis balls
0	0	0	0	0	0	0	0		0	0	0/0/	0	0	0	0	0	8. 7/8. 4/0/0/0			0/0/0	---Basketballs, footballs or volleyballs
0	0	0	0	0	0	0	0		0	0	0/0/	0	0	0	0	0	8. 7/8. 4/0/0/0			0/0/0	---Other
0	0	0	0	0	0	0	0		0	0	0/0/	0	0	0	0	0	8. 7/8. 4/0/0/0			0/0/0	--Other
0	0	0	0	0	0	0	0	3. 9	0	0	0/0/	0	0	0	0	0	10. 2/9. 8/0/0/0			0/0/0	---Ice skates
0	0	0	0	0	0	0	0	3. 9	0	0	0/0/	0	0	0	0	0	10. 2/9. 8/0/0/0			0/0/0	---Roller skates
0	0	0	0	0	0	0	0		0	0	0/0/0	0	0	0	0	0	8. 7/8. 4/0/0/0			0/0/0	----Running machines
0	0	0	0	0	0	0	0		0	0	0/0/0	0	0	0	0	0	8. 7/8. 4/0/0/0			0/0/0	----Other
0	0	0	0	0	0	0	0		0	0	0/0/	0	0	0	0	0	8. 7/8. 4/0/0/0			0/0/0	---Other
0	0	0	0	0	0	0	0		0	0	0/0/	0	0	0	0	0	8. 7/8. 4/0/0/0			0/0/0	---Skateboards
0	0	0	0	0	0	0	0		0	0	0/0/	0	0	0	0	0	8. 7/8. 4/0/0/0			0/0/0	---Other

商品编号	商品名称及备注[检验检疫编码及名称]	进口关税(%)		增值税率(%)	消费税	计量单位	监管条件	检验检疫类别	对美税率	出口税率(%)	出口退税率(%)
		最惠国	普通								
9507	**钓鱼竿、钓鱼钩及其他钓鱼用品；捞鱼网、捕蝶网及类似网；囮子“鸟”（税目 92.08 或 97.05 的货品除外）以及类似的狩猎用品：**										
95071000	-钓鱼竿										13
9507100010	用植物性材料制作的钓鱼竿〔101 其他木制品〕,〔102 其他竹藤柳草类〕,〔103 钓鱼器具〕	6	80	13		副/千克	AB	P/Q	31%	0	
9507100090	其他钓鱼竿〔999〕	6	80	13		副/千克			31%	0	
95072000	-钓鱼钩,不论有无系钩丝										13
9507200000	钓鱼钩(无论有无系钩丝)〔999〕	6	80	13		千克			26%	0	
95073000	-钓线轮										13
9507300000	钓线轮〔999〕	6	80	13		个/千克			31%	0	
95079000	-其他										13
9507900000	其他用品[包括捞鱼网、捕蝶网及类似网、囮子“鸟”(品目 92.08 或 97.05 的货品除外)及类似狩猎用品]〔999〕	6	80	13		千克			16%	0	
9508	**流动马戏团及流动动物园；游乐场乘骑游乐设施和水上乐园娱乐设备；游乐场娱乐设备，包括射击用靶；流动剧团：**										
95081000	-流动马戏团及流动动物园										
9508100010	有濒危动物的流动马戏团(包括流动动物园)〔999〕	6	100	13		千克	FEAB	P/Q		0	0
9508100090	其他流动马戏团及流动动物园〔999〕	6	100	13		千克	AB	P/Q		0	13
95082100	--过山车										13
9508210000	过山车〔101 大型游乐设施〕,〔102 其他游戏器具〕	6	100	13		千克	AB	P/Q	16%	0	
95082200	--旋转木马,秋千和旋转平台										13
9508220000	旋转木马、秋千和旋转平台〔101 大型游乐设施〕,〔102 其他游戏器具〕	6	100	13		千克	AB	P/Q	16%	0	
95082300	--碰碰车										13
9508230000	碰碰车〔101 大型游乐设施〕,〔102 其他游戏器具〕	6	100	13		千克	AB	P/Q	16%	0	
95082400	--运动模拟器和移动剧场										13
9508240000	运动模拟器和移动剧场〔101 大型游乐设施〕,〔102 其他游戏器具〕	6	100	13		千克	AB	P/Q	16%	0	
95082500	--水上乘骑游乐设施										13
9508250000	水上乘骑游乐设施〔101 大型游乐设施〕,〔102 其他游戏器具〕	6	100	13		千克	AB	P/Q	16%	0	
95082600	--水上乐园娱乐设备										13
9508260000	水上乐园娱乐设备〔101 大型游乐设施〕,〔102 其他游戏器具〕	6	100	13		千克	AB	P/Q	16%	0	
95082900	--其他										13
9508290000	其他游乐场乘骑游乐设施和水上乐园娱乐设备〔101 大型游乐设施〕,〔102 其他游戏器具〕	6	100	13		千克	AB	P/Q	16%	0	
95083000	-游乐场娱乐设备										13
9508300000	游乐场娱乐设备〔101 大型游乐设施〕,〔102 其他游戏器具〕	6	100	13		千克	AB	P/Q	16%	0	
95084000	-流动剧团										13
9508400000	流动剧团〔101 大型游乐设施〕,〔102 其他游戏器具〕	6	100	13		千克	AB	P/Q	16%	0	

协定税率(%)																		特惠税率(%)			Article Description
智利	新西兰	澳大利亚	瑞士	冰岛	秘鲁	哥斯达	东盟	亚太	新加坡	巴基斯坦	港/澳/台	韩国	格鲁吉亚	毛里求斯	柬埔寨	尼加拉瓜	日/韩/澳/新/东(RCEP)	亚太2国	老/柬/缅	LDC 98/97/95	
																					Fishing rods, fish-hooks and other linefishing tackle; fish landing nets, butterfly nets and similar nets; decoy"birds" (other than those of heading 92.08 or 97.05) and similar hunting or shooting requisites:
0	0	0	0		0	0	0		0	16.8	0/0/		0	0	0	0	//6/6/6			0/0/0	-Fishing rods
0	0	0	0		0	0	0		0	16.8	0/0/	10.5	0	0	0	0	//17.9/17.9/17.9			0/0/0	-Fish-hooks, whether or not snelled
0	0	0	0		0	0	0		0	16.8	0/0/	10.5	0	0	0	0	//17.9/17.9/17.9			0/0/0	-Fishing reels
0	0	0	0	0	0	0	0	3.9	0	15.1	0/0/	10.5	0	4.2	0	0	//17.9/17.9/17.9			0/0/0	-Other
																					Travelling circuses and travelling menageries; amusement park rides and water park amusements; fairground amusements, including shooting galleries; travelling theatres:
0	0	0	0	0	0	0	0		0	6	0/0/	0	0	0	0	0	10.9/10.5/0/0/0			0/0/0	-Travelling circuses and travelling menageries
0	0	0	0	0	0	0	0		0	9.6	0/0/	0	0	0	0	0	10.9/10.5/0/0/0			0/0/0	--Roller coasters
0	0	0	0	0	0	0	0		0	9.6	0/0/	0	0	0	0	0	10.9/10.5/0/0/0			0/0/0	--Carousels, swings and roundabouts
0	0	0	0	0	0	0	0		0	9.6	0/0/	0	0	0	0	0	10.9/10.5/0/0/0			0/0/0	--Dodge'em cars
0	0	0	0	0	0	0	0		0	9.6	0/0/	0	0	0	0	0	10.9/10.5/0/0/0			0/0/0	--Motion simulators and moving theatres
0	0	0	0	0	0	0	0		0	9.6	0/0/	0	0	0	0	0	10.9/10.5/0/0/0			0/0/0	--Water rides
0	0	0	0	0	0	0	0		0	9.6	0/0/	0	0	0	0	0	10.9/10.5/0/0/0			0/0/0	--Water park amusements
0	0	0	0	0	0	0	0		0	9.6	0/0/	0	0	0	0	0	10.9/10.5/0/0/0			0/0/0	--Other
0	0	0	0	0	0	0	0		0	9.6	0/0/	0	0	0	0	0	10.9/10.5/0/0/0			0/0/0	-Fairground amusements
0	0	0	0	0	0	0	0		0	9.6	0/0/	0	0	0	0	0	10.9/10.5/0/0/0			0/0/0	-Travelling theatres

第九十六章
杂项制品

注释：

一、本章不包括：

（一）化妆盥洗用笔（第三十三章）；

（二）第六十六章的制品（例如，伞或手杖的零件）；

（三）仿首饰（品目 71.17）；

（四）第十五类注释二所规定的贱金属制通用零件（第十五类）或塑料制的类似品（第三十九章）；

（五）第八十二章的利口器及其他物品，其柄或其他零件是雕刻或模塑材料制的，但品目 96.01 或 96.02 适用于单独报验的上述物品的柄或其他零件；

（六）第九十章的物品［例如，眼镜架（品目 90.03）、数学绘图笔（品目 90.17）、各种牙科、医疗、外科或兽医专用刷子（品目 90.18）］；

（七）第九十一章的物品（例如，钟壳或表壳）；

（八）乐器及其零件、附件（第九十二章）；

（九）第九十三章的物品（武器及其零件）；

（十）第九十四章的物品（例如，家具、灯具及照明装置）；

（十一）第九十五章的物品（玩具、游戏品、运动用品）；或

（十二）艺术品、收藏品及古物（第九十七章）。

二、品目 96.02 所称"植物质或矿物质雕刻材料"，是指：

（一）用于雕刻的硬种子、硬果核、硬果壳、坚果及类似植物材料（例如，象牙果及棕榈子）；

（二）琥珀、海泡石、黏聚琥珀、黏聚海泡石、黑玉及其矿物代用品。

三、品目 96.03 所称"制帚、制刷用成束、成簇的材料"，仅指未装配的成束、成簇的兽毛、植物纤维或其他材料。这些成束、成簇的材料无需分开即可安装在帚、刷之上，或只需经过简单加工（例如，将顶端修剪成形）即可安装的。

四、除品目 96.01 至 96.06 或 96.15 的货品以外，本章的物品还包括全部或部分用贵金属、包贵金属、天然或养殖珍珠、宝石或半宝石（天然、合成或再造）制成的物品。而且，品目 96.01 至 96.06 及 96.15 包括天然或养殖珍珠、宝石或半宝石（天然、合成或再造）、贵金属或包贵金属只作为小零件的物品。

商品编号	商品名称及备注［检验检疫编码及名称］	进口关税（%）		增值税率（%）	消费税	计量单位	监管条件	检验检疫类别	对美税率	出口税率（%）	出口退税率（%）
		最惠国	普通								
9601	**已加工的兽牙、骨、龟壳、角、鹿角、珊瑚、珍珠母及其他动物质雕刻材料及其制品（包括模塑制品）：**										
96011000	-已加工的兽牙及其制品										
9601100010	已加工的濒危兽牙及其制品〔101 未列出的其他动物骨、蹄、角〕,〔102 含木制品的工艺品〕,〔103 不含木制品的工艺品〕	20	100	13		千克	AFEB	P/Q		0	0
9601100090	其他已加工的兽牙及其制品〔101 未列出的其他动物骨、蹄、角〕,〔102 含木制品的工艺品〕,〔103 不含木制品的工艺品〕	20	100	13		千克	AB	P/Q		0	13
96019000	-其他										
9601900010	其他已加工濒危动物质雕刻料（包括其制品）〔101 含木制品的工艺品〕,〔102 不含木制品的工艺品〕	20	100	13		千克	AFEB	P/Q	45%	0	0
9601900020[暂6]	牛角纽扣坯圆片（濒危动物制除外）〔101 含木制品的工艺品〕,〔102 不含木制品的工艺品〕	20	100	13		千克	AB	P/Q	31%	0	13
9601900090	其他已加工动物质雕刻料及其制品〔101 含木制品的工艺品〕,〔102 不含木制品的工艺品〕	20	100	13		千克	AB	P/Q	45%	0	13
9602	**已加工的植物质或矿物质雕刻材料及其制品；蜡、硬脂、天然树胶、天然树脂或塑型膏制成的模塑或雕刻制品以及其他税目未列名的模塑或雕刻制品；已加工的未硬化明胶（税目 35.03 的明胶除外）及未硬化明胶制品：**										
96020010	---装药用胶囊										13
9602001000	装药用胶囊〔101 含动物源性成分的装药用胶囊壳〕,〔102 其他木制品〕	5	40	13		千克			15%	0	
96020090	---其他										13
9602009000	已加工植物或矿物质雕刻料及制品（指已加工的，包括蜡、硬脂、天然树胶、脂制模塑或雕刻）〔101 其他木制品〕,〔102 其他竹藤柳草类〕,〔103 含木制品〕,〔104 不含木制品〕	12	100	13		千克	AB	P/Q		0	
9603	**帚、刷（包括作为机器、器具、车辆零件的刷）、非机动的手工操作地板清扫器、拖把及毛掸；供制帚、刷用的成束或成簇的材料；油漆块垫及滚筒；橡皮扫帚（橡皮辊除外）：**										

Chapter 96
Miscellaneous manufactured articles

Chapter Notes:

1. This Chapter does not cover:
   (a) Pencils for cosmetic or toilet uses (Chapter 33);
   (b) Articles of Chapter 66 (for example, parts of umbrellas or walking-sticks);
   (c) Imitation jewellery (heading 71.17);
   (d) Parts of general use, as defined in Note 2 to Section XV, of base metal (Section XV), or similar goods of plastics (Chapter 39);
   (e) Cutlery or other articles of Chapter 82 with handles or other parts of carving or moulding materials; heading 96.01 or 96.02 applies, however, to separately presented handles or other parts of such articles;
   (f) Articles of Chapter 90 (for example, spectacle flames (heading 90.03), mathematical drawing pens (heading 90.17), brushes of a kind specialised for use in dentistry or for medical, surgical or veterinary purposes (heading 90.18));
   (g) Articles of Chapter 91 (for example, clock or watch cases);
   (h) Musical instruments or parts or accessories thereof (Chapter 92);
   (ij) Articles of Chapter 93 (arms and pars thereof);
   (k) Articles of Chapter 94 (for example, furniture, luminaires and lighting fittings);
   (l) Articles of Chapter 95 (toys, games, sports requisites); or
   (m) Works of art, collectors' pieces or antiques (Chapter 97) .

2. In heading 96.02 the expression "vegetable or mineral carving material" means:
   (a) Hard seeds, pips, hulls and nuts and similar vegetable materials of a kind used for carving (for example, corozo and dom);
   (b) Amber, meerschaum, agglomerated amber and agglomerated meerschaum, jet and mineral substitutes for jet.

3. In heading 96.03 the expression "prepared knots and tufts for broom or brush making" applies only to unmounted knots and tufts of animal hair, vegetable fibre or other material, which are ready for incorporation without division in brooms or brushes, or which require only such further minor processes as trimming to shape at the top, to render them ready for such incorporation.

4. Articles of this Chapter, other than those of headings 96.01 to 96.06 or 96.15, remain classified in the Chapter whether or not composed wholly or partly of precious metal or metal clad with precious metal, of natural or cultured pearls, or precious or semi-precious stones (natural, synthetic or reconstructed) . However, headings 96.01 to 96.06 and 96.15 include articles in which natural or cultured pearls, precious or semi-precious stones (natural, synthetic or reconstructed), precious metal or metal clad with precious metal constitute only minor constituents.

协定税率(%)																		特惠税率(%)			Article Description
智利	新西兰	澳大利亚	瑞士	冰岛	秘鲁	哥斯达	东盟	亚太	新加坡	巴基斯坦	港/澳/台	韩国	格鲁吉亚	毛里求斯	柬埔寨	尼加拉瓜	日/韩/澳/新/东 (RCEP)	亚太2国	老/柬/缅	LDC 98/97/95	
																					Worked ivory, bone, tortoise-shell, horn, antlers, coral, mother-of-pearl and other animal carving material and articles of these materials (including articles obtained by moulding):
0	0	0	0	0	0	0	0		0	16	0/0/	6.6	0	0	0	18.7	14.5/14/14/14/14			0/0/0	-Worked ivory and articles of ivory
0	0	0	0	0	0	0	0		0	16	0/0/	6.6	0	0	0	18.7	16.3/16/17/17/16			0/0/0	-Other
																					Worked vegetable or mineral carving material and articles of these materials; moulded or carved articles of wax, of stearin, of natural gums or natural resins or of modelling pastes, and other moulded or carved articles, not elsewhere specified or included; worked, unhardened gelatin (except gelatin of heading 35.03) and articles of unhardened gelatin:
0	0	0	0	0	0	0	0		0	2.5	0/0/	0	0	0	0	0	7.6/7.4/0/0/0			0/0/0	---Pharmaceutical capsules
0	0	0	0	0	0	0	0		0	20	0/0/	12.5	0	5	0	10.8	21.4/21.3/21.3/21.3/21.3			0/0/0	---Other
																					Brooms, brushes (including brushes constituting parts of machines, appliances or vehicles), hand-operated mechanical floor sweepers, not motorized, mops and feather dusters; prepared knots and tufts for broom or brush making; paint pads and rollers; squeegees (other than roller squeegees):

商品编号	商品名称及备注[检验检疫编码及名称]	进口关税(%)		增值税率(%)	消费税	计量单位	监管条件	检验检疫类别	对美税率	出口税率(%)	出口退税率(%)
		最惠国	普通								
96031000	-用枝条或其他植物材料捆扎而成的帚及刷,不论是否有把										13
9603100000	用枝条或其他植物材料捆扎成的帚(包括刷,不论是否有把)〔101 其他竹及竹制品〕,〔102 棕及棕制品〕,〔103 扫帚〕	12	100	13		把/千克	AB	P/Q	32%	0	
96032100	--牙刷,包括齿板刷										13
9603210000	牙刷(包括齿板刷)〔101 牙刷〕,〔102 齿板刷〕	8	100	13		把/千克	A	M/	28%	0	
96032900	--其他										
9603290010	濒危动物毛制剃须刷、发刷(包括睫毛刷等人体化妆刷)〔101 含木制品〕,〔102 不含木制品〕	6	100	13		支/千克	FE		26%	0	0
9603290090	其他剃须刷,发刷,睫毛刷等人体化妆刷(包括作为器具零件的子目 960329 所属的刷)〔101 含木制品〕,〔102 不含木制品〕	6	100	13		支/千克			26%	0	13
96033010	---画笔										
9603301010	濒危动物毛制的画笔〔999〕	8	100	13		支/千克	FE		28%	0	0
9603301090	其他画笔〔999〕	8	100	13		支/千克			28%	0	13
96033020	---毛笔										
9603302010	濒危动物毛制的毛笔〔999〕	8	100	13		支/千克	FE		28%	0	0
9603302090	其他毛笔〔999〕	8	100	13		支/千克			28%	0	13
96033090	---其他										
9603309010	濒危动物毛制化妆用的类似笔〔999〕	6	100	13		支/千克	FE		26%	0	0
9603309090	其他化妆用的类似笔〔999〕	6	100	13		支/千克			26%	0	13
96034011	----猪鬃制										13
9603401100	猪鬃制漆刷及类似品〔101 含木制品〕,〔102 不含木制品〕	6	100	13		把/千克			26%	0	
96034019	----其他										13
9603401900	其他材料制漆刷及类似刷〔101 含木制品〕,〔102 不含木制品〕	6	100	13		把/千克			16%	0	
96034020	---油漆块垫及滚筒										13
9603402000	油漆块垫及滚筒〔101 含木制品〕,〔102 不含木制品〕	6	100	13		个/千克			16%	0	
96035011	----作为机器、器具零件的刷										13
9603501100	作为机器、器具零件的金属丝刷〔101 含木制品〕,〔102 不含木制品〕	8	50	13		个/千克			28%		
96035019	----其他										13
9603501900	作为车辆零件的金属丝刷〔101 其他车辆零部件〕,〔102 含木制品〕,〔103 不含木制品〕	8	100	13		个/千克			33%		
96035091	----作为机器、器具零件的刷										
9603509110	濒危动物毛制作为机器零件的其他刷(包括器具零件的其他刷)〔101 含木制品〕,〔102 不含木制品〕	8	50	13		个/千克	FE		28%		0
9603509190	其他作为机器、器具零件的其他刷〔101 含木制品〕,〔102 不含木制品〕	8	50	13		个/千克			28%		13
96035099	----其他										
9603509910	濒危动物毛制作为车辆零件的其他刷〔101 其他车辆零部件〕,〔102 含木制品〕,〔103 不含木制品〕	8	100	13		个/千克	FE		28%		0
9603509990	其他作为车辆零件的其他刷〔101 其他车辆零部件〕,〔102 含木制品〕,〔103 不含木制品〕	8	100	13		个/千克			28%		13
96039010	---羽毛掸										
9603901010	濒危野禽羽毛掸〔999〕	6	130	13		个/千克	AFEB	P/Q		0	0
9603901090	其他羽毛掸〔999〕	6	130	13		个/千克	AB	P/Q		0	13
96039090	---其他										
9603909010	濒危动物毛、鬃、尾制其他帚、刷(包括拖把及其他毛掸)〔101 含木制品〕,〔102 不含木制品〕	6	100	13		个/千克	AFEB	P/Q	26%	0	0
9603909020	其他动植物材料制帚、刷、拖把等(包括动植物材料制非机动的手工操作地板清扫器、毛掸)①	6	100	13		个/千克	AB	P/Q	26%	0	13
9603909090	其他材料制帚、刷、拖把及毛掸(包括其他材料制非机动的手工操作地板清扫器等)〔101 含木制品〕,〔102 不含木制品〕	6	100	13		个/千克			26%	0	13
9604	**手用粗筛、细筛:**										
96040000	手用粗筛、细筛										13
9604000000	手用粗筛、细筛〔101 含木制品〕,〔102 不含木制品〕	6	100	13		个/千克	AB	P/Q	16%	0	
9605	**个人梳妆、缝纫或清洁鞋靴、衣服用的成套旅行用具:**										

① 〔101 其他木制品〕,〔102 其他竹及竹制品〕,〔103 棕及棕制品〕,〔104 扫帚〕,〔105 藁杆〕,〔106 其他竹藤柳草类〕

协定税率(%)																		特惠税率(%)			Article Description
智利	新西兰	澳大利亚	瑞士	冰岛	秘鲁	哥斯达	东盟	亚太	新加坡	巴基斯坦	港/澳/台	韩国	格鲁吉亚	毛里求斯	柬埔寨	尼加拉瓜	日/韩/澳/新/东(RCEP)	亚太2国	老/柬/缅	LDC 98/97/95	
0	0	0	0	0	0	0	0		0	20	0/0/	12.5	0	5	0	10.8	21.4/21.3/21.3/21.3/21.3			0/0/0	-Brooms and brushes, consisting of twigs or other vegetable materials bound together, with or without handles
0	0	0	0	0	0	0	0		0	20	0/0/	12.5	0	5	0	6.4	//21.3/21.3/21.3			0/0/0	--Tooth brushes, including dentalplate brushes
0	0	0	0	0	0	0	0	3.9	0	3.8	0/0/	0	0	0	0	0	10.9/10.5/0/0/0			0/0/0	--Other
0	0	0	0	0	0	0	0	4.8	0	7.5	0/0/	12.5	0	5	0	6.4	21.4/21.3/21.3/21.3/21.3			0/0/0	---Artists brushes
0	0	0	0	0	0	0	0	5.2	0	9	0/0/	6.6	0	0	0	6.4	16.3/14/14/14/14			0/0/0	---Writing brushes
0	0	0	0	0	0	0	0	3.9	0	11.3	0/0/	12.5	0	5	0	0	/21.3/21.3/21.3/21.3			0/0/0	---Other
0	0	0	0	0	0	0	0		0	16	0/0/	6.6	0	0	0	0	16.3/14/14/14/14			0/0/0	----Of pigs, hogs or boars bristle
0	0	0	0	0	0	0	0		0	18.4	0/0/	11.5	0	4.6	0	0	19.7/19.6/19.6/19.6/19.6			0/0/0	----Other
0	0	0	0	0	0	0	0		0	18.4	0/0/	11.5	0	4.6	0	0	19.7/19.6/19.6/19.6/19.6			0/0/0	---Paint pads and rollers
0	0	0	0	0	0	0	0		0	5.6	0/0/	0	0	0	0	6.4	10.2/9.8/0/0/0			0/0/0	----Constituting parts of machines or appliances
0	0	0	5.6	0	0	0	0		0	3.5	0/0/	0	0	0	0	6.4	10.2/9.8/0/0/0			0/0/0	----Other
0	0	0	0	0	0	0	0		0	5.6	0/0/	0	0	0	0	6.4	10.2/9.8/9.8/9.8/9.8			0/0/0	----Constituting parts of machines or appliances
0	0	0	0	0	0	0	0		0	3.5	0/0/	0	0	0	0	6.4	10.2/9.8/0/0/0			0/0/0	----Other
0	0	0	0	0	0	0	0	3.9	0	9.5	0/0/	7	0	0	0	0	17.1/14.7/14.7/14.7/14.7			0/0/0	---Feather dusters
0	0	0	0	0	0	0	0		0	12	0/0/	0	0	0	0	0	10.9/10.5/0/0/0			0/0/0	---Other
																					Hand sieves and hand riddles:
0	0	0	0	0	0	0	0		0	16.8	0/0/	10.5	0	0	0	0	18/17.9/17.9/17.9/17.9			0/0/0	Hand sieves and hand riddles
																					Travel sets for personal toilet, sewing or shoe or clothes cleaning:

商品编号	商品名称及备注[检验检疫编码及名称]	进口关税(%)		增值税率(%)	消费税	计量单位	监管条件	检验检疫类别	对美税率	出口税率(%)	出口退税率(%)
		最惠国	普通								
96050000	个人梳妆、缝纫或清洁鞋靴、衣服用的成套旅行用具										13
9605000000	个人梳妆、缝纫等用成套旅行用品(包括清洁鞋靴、衣服用的)〔101 含木制品〕,〔102 不含木制品〕	6	100	13		套/千克			26%	0	
9606	**纽扣、揿扣、纽扣芯及纽扣和揿扣的其他零件;纽扣坯:**										
96061000	-揿扣及其零件										13
9606100000	揿扣及其零件〔101 含木制品〕,〔102 不含木制品〕	6	100	13		千克			31%	0	
96062100	--塑料制,未用纺织材料包裹										13
9606210000	塑料制纽扣(未用纺织材料包裹的)〔101 含木制品〕,〔102 不含木制品〕	6	100	13		千克			31%	0	
96062200	--贱金属制,未用纺织材料包裹										13
9606220000	贱金属制纽扣(未用纺织材料包裹的)〔101 含木制品〕,〔102 不含木制品〕	6	100	13		千克			31%	0	
96062900	--其他										
9606290010	含濒危动物成分的其他纽扣〔101 含木制品〕,〔102 不含木制品〕	6	100	13		千克	FE		31%	0	0
9606290090	其他纽扣〔101 含木制品〕,〔102 不含木制品〕	6	100	13		千克			31%	0	13
96063000	-纽扣芯及纽扣的其他零件;纽扣坯										13
9606300000	纽扣芯及纽扣的其他零件(包括纽扣坯)〔101 含木制品〕,〔102 不含木制品〕	6	100	13		千克			31%	0	
9607	**拉链及其零件:**										
96071100	--装有贱金属制齿的										13
9607110000	装有贱金属齿的拉链〔101 含木制品〕,〔102 不含木制品〕	6	130	13		米/千克			31%	0	
96071900	--其他										13
9607190000	其他拉链〔101 含木制品〕,〔102 不含木制品〕	6	130	13		米/千克			31%	0	
96072000	-零件										13
9607200000	拉链零件〔101 含木制品〕,〔102 不含木制品〕	6	130	13		千克			31%	0	
9608	**圆珠笔;毡尖和其他渗水式笔尖笔及唛头笔;自来水笔、铁笔型自来水笔及其他钢笔;蜡纸铁笔;活动铅笔;钢笔杆、铅笔套及类似的笔套;上述物品的零件(包括帽、夹),但税目96.09的货品除外:**										
96081000	-圆珠笔										13
9608100000	圆珠笔〔999〕	8	80	13		支/千克			28%	0	
96082000	-毡尖和其他渗水式笔尖笔及唛头笔										13
9608200000	毡尖和其他渗水式笔尖笔及唛头笔〔101 彩笔〕,〔102 其他笔〕	12	80	13		支/千克			32%	0	
96083010	---墨汁画笔										13
9608301000	墨汁画笔〔101 毛笔〕,〔102 其他笔〕	12	80	13		支/千克			32%	0	
96083020	---自来水笔										13
9608302000	自来水笔〔999〕	12	80	13		支/千克			32%	0	
96083090	---其他										13
9608309000	其他钢笔(包括铁笔型自来水笔)〔999〕	12	80	13		支/千克			32%	0	
96084000	-活动铅笔										13
9608400000	活动铅笔〔999〕	12	80	13		支/千克			32%	0	
96085000	-由上述两个或多个子目所列物品组成的成套货品										13
9608500000	含有两种笔及以上的成套货品(指品目96.08所列的各种笔)〔999〕	12	80	13		套/千克			32%	0	
96086000	-圆珠笔芯,由圆珠笔头和墨芯构成										13
9608600000	圆珠笔芯(指由圆珠笔头和墨芯构成)〔999〕	12	80	13		支/千克			32%	0	
96089100	--钢笔头及笔尖粒										13
9608910000	钢笔头及笔尖粒〔999〕	8	70	13		支/千克			28%	0	
96089910	---机器、仪器用笔										13
9608991000	机器、仪器用笔〔999〕	8	40	13		支/千克			18%	0	

协定税率(%)																		特惠税率(%)			Article Description
智利	新西兰	澳大利亚	瑞士	冰岛	秘鲁	哥斯达	东盟	亚太	新加坡	巴基斯坦	港/澳/台	韩国	格鲁吉亚	毛里求斯	柬埔寨	尼加拉瓜	日/韩/澳/新/东(RCEP)	亚太2国	老/柬/缅	LDC 98/97/95	
0	0	0	0	0	0	0	0		0	6	0/0/	0	0	0	0	0	10.9/10.5/0/0/0			0/0/0	Travel sets for personal toilet, sewing or shoe or clothes cleaning
																					Buttons, press-fasteners, snap-fasteners and press-studs, button moulds and other parts of these articles; button blanks:
0	0	0	0	0	0	0	0		0	16.8	0/0/	10.5	0	0	0	0	//17.9/17.9/17.9			0/0/0	-Press-fasteners, snap-fasteners and press-studs and parts thereof
0	0	0	0	0	0	0	0		0	16.8	0/0/0	10.5	0	0	0	0	//17.9/17.9/17.9			0/0/0	--Of plastics, not covered with textile material
0	0	0	0	0	0	0	0		0	6	0/0/0	0	0	0	0	0	10.9/10.5/0/0/0			0/0/0	--Of base metal, not covered with textile material
0	0	0	0	0	0	0	0		0	6	0/0/	0	0	0	0	0	10.9/10.5/0/0/0			0/0/0	--Other
0	0	0	0	0	0	0	0		0	6	0/0/	0	0	0	0	0	10.9/10.5/0/0/0			0/0/0	-Button moulds and other parts of buttons; button blanks
																					Slide fasteners and parts thereof:
0	0	0	0	0	0	0	0		0	16.8	0/0/	10.5	0	0	0	0	//17.9/17.9/17.9			0/0/0	--Fitted with chain scoops of base metal
0	0	0	0	0	0	0	0	3.9	0	7.4	0/0/	10.5	0	0	0	0	18/17.9/17.9/17.9/17.9			0/0/0	--Other
0	0	0	0	0	0	0	0		0	16.8	0/0/	10.5	0	0	0	0	18/17.9/17.9/17.9/17.9			0/0/0	-Parts
																					Ball point pens; felt tipped and other porous-tipped pens and markers; fountain pens, stylograph pens and other pens; duplicating stylos; propelling or sliding pencils; pen-holders, pencil-holders and similar holders; parts (including caps and clips) of the foregoing articles, other than those of heading 96.09:
0	0	0	0	0	0	0	0	5.2	0	3.8	0/0/	0	0	0	0	6.4	10.9/10.5/0/0/0			0/0/0	-Ball point pens
0	0	0	0	0	0	0	0		0	16.8	0/0/	10.5	0	0	0	10.8	//17.9/17.9/17.9			0/0/0	-Felt tipped and other porous-tipped pens and markers
0	0	0	0	0	0	0	0		0	16.8	0/0/	7	0	0	0	10.8	17.1/14.7/14.7/14.7/14.7			0/0/0	---Indian ink drawing pens
0	0	0	0	0	0	0	0		0	16.8	0/0/	10.5	0	0	0	10.8	/17.9/17.9/17.9/17.9			0/0/0	---Fountain pens
0	0	0	0	0	0	0	0		0	16.8	0/0/	10.5	0	0	0	10.8	18/17.9/17.9/17.9/17.9			0/0/0	---Other
0	0	0	0	0	0	0	0		0	16.8	0/0/	10.5	0	0	0	10.8	/17.9/17.9/17.9/17.9			0/0/0	-Propelling or sliding pencils
0	0	0	0	0	0	0	0		0	16.8	0/0/	10.5	0	0	0	10.8	18/17.9/17.9/17.9/17.9			0/0/0	-Sets of articles from two or more of the foregoing subheadings
0	0	0	0	0	0	0	0		0	16.8	0/0/	10.5	0	0	0	10.8	//17.9/17.9/17.9			0/0/0	-Refills for ball point pens, comprising the ball point and ink-reservoir
0	0	0	0	0	0	0	0		0	3	0/0/	0	0	0	0	6.4	8.7/8.4/0/0/0			0/0/0	--Pen nibs and nib points
0	0	0	0	0	0	0	0		0	7	0/0/	0	0	0	0	6.4	12.7/12.3/0/0/0			0/0/0	---Of a kind used on machines or instruments

商品编号	商品名称及备注[检验检疫编码及名称]	进口关税(%)		增值税率(%)	消费税	计量单位	监管条件	检验检疫类别	对美税率	出口税率(%)	出口退税率(%)
		最惠国	普通								
96089920	---蜡纸铁笔；钢笔杆、铅笔杆及类似的笔杆										13
9608992000	蜡纸铁笔、钢笔杆、铅笔杆等(包括类似笔杆，但品目96.09的货品除外)〔101 蜡纸铁笔〕,〔102 笔杆等〕	12	80	13		支/千克			32%	0	
96089990	---其他										13
9608999000	其他笔零件(包括笔帽、笔夹，但品目96.09的货品除外)〔999〕	10	80	13		千克			30%	0	
9609	**铅笔(税目96.08的铅笔除外)、颜色铅笔、铅笔芯、蜡笔、图画碳笔、书写或绘画用粉笔及裁缝划粉：**										
96091010	---铅笔										13
9609101000	铅笔(笔芯包裹在外壳中)〔999〕	12	80	13		千克/百支			32%	0	
96091020	---颜色铅笔										13
9609102000	颜色铅笔(笔芯包裹在外壳中)〔999〕	12	80	13		千克			32%	0	
96092000	-铅笔芯，黑的或其他颜色的										13
9609200000	铅笔芯，黑的或其他颜色的〔999〕	12	80	13		千克			32%	0	
96099000	-其他										13
9609900000	蜡笔，图画碳笔，书写或绘画用粉笔(包括裁缝划笔)〔101 蜡笔〕,〔102 碳笔〕,〔103 粉笔〕	6	80	13		千克			26%	0	
9610	**具有书写或绘画面的石板、黑板及类似板，不论是否镶框：**										
96100000	具有书写或绘画面的石板、黑板及类似板，不论是否镶框										13
9610000000	具有书写或绘画面的石板、黑板(包括类似板，不论是否镶框)〔999〕	6	80	13		千克			26%	0	
9611	**手用日期戳、封缄戳、编号戳及类似印戳(包括标签压印器)；手工操作的排字盘及带有排字盘的手印器：**										
96110000	手用日期戳、封缄戳、编号戳及类似印戳(包括标签压印器)；手工操作的排字盘及带有排字盘的手印器										
9611000010	含濒危动物成分的手用日期戳(包括封缄戳及类似印戳)〔101 含木制品〕,〔102 不含木制品〕	8	80	13		千克	FE		33%	0	0
9611000090	手用日期戳、封缄戳及类似印戳(包括编号戳、标签压印器；手工排字盘及带有字盘的手印器)〔101 含木制品〕,〔102 不含木制品〕	8	80	13		千克			33%	0	13
9612	**打字机色带或类似色带，已上油或经其他方法处理能着色的，不论是否装轴或装盒；印台，不论是否已加印油或带盒子：**										
96121000	-色带										13
9612100000	打字机色带或类似色带(已上油或经其他方法处理能着色的，不论是否装轴或装盒)〔999〕	8	35	13		个/千克			18%	0	
96122000	-印台										13
9612200000	印台(不论是否已加印油或带盒子)〔101 含木制品〕,〔102 不含木制品〕	10	100	13		个/千克			20%	0	
9613	**香烟打火机和其他打火器(不论是机械的，还是电气的)及其零件，但打火石及打火机芯除外：**										
96131000	-袖珍气体打火机，一次性的										13
9613100000	一次性袖珍气体打火机〔999〕	10	130	13		个/千克	B	/N		0	
96132000	-袖珍气体打火机，可充气的										13
9613200000	可充气袖珍气体打火机〔999〕	10	130	13		个/千克	B	/N	35%	0	
96138000	-其他打火器										13
9613800000	其他打火器〔101 台式打火机〕,〔102 其他打火机(器)及其零件〕	10	130	13		个/千克	B	/N	20%	0	
96139000	-零件										13
9613900000	打火机及打火器零件(但打火石及打火机芯除外)〔999〕	10	130	13		千克			20%	0	

协定税率(%)																		特惠税率(%)			Article Description
智利	新西兰	澳大利亚	瑞士	冰岛	秘鲁	哥斯达	东盟	亚太	新加坡	巴基斯坦	港/澳/台	韩国	格鲁吉亚	毛里求斯	柬埔寨	尼加拉瓜	日/韩/澳/新/东 (RCEP)	亚太2国	老/柬/缅	LDC 98/97/95	
0	0	0	0	0	0	0	0		0	16.8	0/0/	10.5	0	0	0	10.8	18/17.9/17.9/17.9/17.9			0/0/0	---Duplicating stylos; pen-holders, pencil-holders and similar holders
0	0	0	0	0	0	0	0		0	16.8	0/0/	10.5	0	0	0	9	//17.9/17.9/17.9			0/0/0	---Other
																					Pencils (other than pencils of heading 96.08), crayons, pencil leads, pastels, drawing charcoals, writing or drawing chalks and tailors chalks:
0	0	0	0	0	0	0	0		0	16.8	0/0/	10.5	0	0	0	10.8	18/17.9/17.9/17.9/17.9			0/0/0	---Pencils
0	0	0	0	0	0	0	0		0	16.8	0/0/	10.5	0	0	0	10.8	/17.9/17.9/17.9/17.9			0/0/0	---Crayons
0	0	0	0	0	0	0	0		0	16.8	0/0/	10.5	0	0	0	10.8	//17.9/17.9/17.9			0/0/0	-Pencil leads, black or coloured
0	0	0	0	0	0	0	0		0	6	0/0/	0	0	3	0	0	10.9/10.5/0/0/0			0/0/0	-Other
																					Slates and boards, with writing or drawing surfaces, whether or not framed:
0	0	0	0	0	0	0	0		0	6	0/0/	0	0	0	0	0	10.9/10.5/0/0/0			0/0/0	Slates and boards, with writing or drawing surfces, whether or not tramed
																					Date, sealing or numbering stamps, and the like (including devices for printing or embossing labels), designed for operating in the hand; hand-operated composing sticks and hand printing sets incorporating such composing sticks:
0	0	0	0	0	0	0	0		0	16.8	0/0/	10.5	0	0	0	6.4	//17.9/17.9/17.9			0/0/0	Date, sealing or numbering stamps, and the like (including devices for printing or embossing labels), designed for operating in the hand; hand-operated composing sticks and hand printing sets incorporating such composing sticks
																					Typewriter or similar ribbons, inked or otherwise prepared for giving impressions, whether or not on spools or in cartridges; ink-pads, whether or not inked, with or without boxes:
0	0	0	0	0	0	0	0		0	2.5	0/0/	3.5	0	0	0	6.4	8.5/8.4/8.9/8.9/8.4			0/0/0	-Inked ribbons
0	0	0	0	0	0	0	0		0	20	0/0/	12.5	0	5	0	9	21.4/21.3/21.3/21.3/21.3			0/0/0	-Ink-pads
																					Cigarette lighters and other lighters, whether or not mechanical or electrical, and parts thereof other than flints and wicks:
0	0	0	0	0	0	0	0		0	20	0/0/	12.5	0	5	0	9	/21.3/21.3/21.3/21.3			0/0/0	-Pocket lighters, gas fuelled, non refillable
0	0	0	0	0	0	0	0		0	20	0/0/	12.5	0	5	0	9	21.4/21.3/21.3/21.3/21.3			0/0/0	-Pocket lighters, gas fuelled, refillable
0	0	0	0	0	0	0	0		0	20	0/0/	12.5	0	5	0	9	//21.3/21.3/21.3			0/0/0	-Other lighters
0	0	0	0	0	0	0	0		0	20	0/0/	12.5	0	5	0	9	/21.3/21.3/21.3/21.3			0/0/0	-Parts

商品编号	商品名称及备注[检验检疫编码及名称]	进口关税(%)		增值税率(%)	消费税	计量单位	监管条件	检验检疫类别	对美税率	出口税率(%)	出口退税率(%)
		最惠国	普通								
9614	**烟斗(包括烟斗头)和烟嘴及其零件：**										
96140010	---烟斗及烟斗头										
9614001010	含濒危动物成分的烟斗及烟斗头(仅指野生哺乳类牙齿制产品)〔101 含木制品〕,〔102 不含木制品〕	10	130	13		个/千克	ABEF	P/Q	35%	0	0
9614001020	用植物性材料制作的烟斗及烟斗头〔101 其他木制品〕,〔102 含木制品〕,〔103 不含木制品〕	10	130	13		个/千克	AB	P/Q	35%	0	13
9614001090	其他烟斗及烟斗头〔101 含木制品〕,〔102 不含木制品〕	10	130	13		个/千克			35%	0	13
96140090	---其他										
9614009010	含濒危野生动物成分的烟嘴及其零件(仅指野生哺乳类牙齿制产品)〔101 含木制品〕,〔102 不含木制品〕	10	130	13		千克	FE		35%	0	0
9614009090	其他烟嘴及其零件〔101 含木制品〕,〔102 不含木制品〕	10	130	13		千克			35%	0	13
9615	**梳子、发夹及类似品;发卡、卷发夹、卷发器或类似品及其零件,但税目 85.16 的货品除外：**										
96151100	--硬质橡胶或塑料制										13
9615110000	硬质橡胶、塑料制梳子、发夹等(包括其类似品)〔999〕	6	130	13		千克			26%	0	
96151900	--其他										
9615190010	含濒危动物成分的其他材料制梳子(包括角质发夹等,金属、塑料及家畜来源的产品除外)〔101 含木制品〕,〔102 不含木制品〕	6	130	13		千克	FE		26%	0	0
9615190090	其他材料制梳子、发夹及类似品(硬质橡胶、塑料制的除外)〔101 含木制品〕,〔102 不含木制品〕	6	130	13		千克			26%	0	13
96159000	-其他										13
9615900000	其他发夹、卷发器等及其零件(包括卷发针、卷发夹等,但品目 85.16 的货品除外)〔101 含木制品〕,〔102 不含木制品〕	6	130	13		千克			26%	0	
9616	**香水喷雾器或类似的化妆用喷雾器及其座架、喷头;粉扑及粉拍,施敷脂粉或化妆品用：**										
96161000	-香水喷雾器或类似的化妆用喷雾器及其座架、喷头										13
9616100000	香水喷雾器或类似的化妆用喷雾器(包括座架、喷头)〔101 含木制品〕,〔102 不含木制品〕	6	130	13		千克			26%	0	
96162000	-粉扑及粉拍,施敷脂粉或化妆品用										13
9616200000	施敷脂粉或化妆品用粉扑及粉拍〔101 含木制品〕,〔102 不含木制品〕	6	130	13		千克			26%	0	
9617	**保温瓶和其他真空容器及其零件,但玻璃瓶胆除外：**										
96170011	----玻璃内胆制										13
9617001100	玻璃内胆制保温瓶(玻璃胆除外)〔999〕	8	130	13		个/千克			28%	0	
96170019	----其他										13
9617001900	其他保温瓶(玻璃胆除外)〔999〕	8	130	13		个/千克			28%	0	
96170090	---其他										13
9617009000	其他真空容器及零件(包括保温瓶的零件)(玻璃胆除外)〔999〕	8	130	13		千克/个			28%	0	
9618	**裁缝用人体模型及其他人体活动模型;橱窗装饰用的自动模型及其他活动陈列品：**										
96180000	裁缝用人体模型及其他人体活动模型;橱窗装饰用的自动模型及其他活动陈列品										13
9618000010	用植物性材料制作的人体模型〔999〕	10	80	13		千克	AB	P/Q	30%	0	
9618000090	裁缝用其他人体模型(包括橱窗装饰用的自动模型及其他活动陈列品)〔101 含木制品〕,〔102 不含木制品〕	10	80	13		千克			30%	0	
9619	**任何材料制的卫生巾(护垫)及卫生棉条、尿布及尿布衬里和类似品：**										
96190011	----供婴儿使用的										13
9619001100[暂0]	供婴儿使用的尿裤及尿布〔999〕	4	80	13		千克	A	M/	10%	0	
96190019	----其他										13
9619001900[暂0]	其他尿裤及尿布〔999〕	4	80	13		千克	A	M/	10%	0	
96190020	---卫生巾(护垫)及卫生棉条										13

协定税率(%)																		特惠税率(%)			
智利	新西兰	澳大利亚	瑞士	冰岛	秘鲁	哥斯达	东盟	亚太	新加坡	巴基斯坦	港/澳/台	韩国	格鲁吉亚	毛里求斯	柬埔寨	尼加拉瓜	日/韩/澳/新/东(RCEP)	亚太2国	老/柬/缅	LDC 98/97/95	Article Description
																					Smoking pipes (including pipe bowls) and cigar or cigarette holders, and parts thereof:
0	0	0	0	0	0	0	0		0	20	0/0/		0	5	0	9	//10/10/10			0/0/0	---Pipes and pipe bowls
0	0	0	0	0	0	0	0		0	20	0/0/		0	5	0	9	//10/10/10			0/0/0	---Other
																					Combs, hair-slides and the like; hair-pins, curling pins, curling grips, haircurlers and the like, other than those of heading 85.16, and parts thereof:
0	0	0	0	0	0	0	0	3.9	0	7.2	0/0/	0	0	0	0	0	13.1/12.6/0/0/0			0/0/0	--Of hard rubber or plastics
0	0	0	0	0	0	0	0		0	14.4	0/0/	0	0	0	0	0	13.1/12.6/0/0/0			0/0/0	--Other
0	0	0	0	0	0	0	0	3.9	0	7.2	0/0/	0	0	0	0	0	13.1/12.6/0/0/0			0/0/0	-Other
																					Scent sprays and similar toilet sprays, and mounts and heads thereof; powder puffs and pads for the application of cosmetics or toilet preparations:
0	0	0	0	0	0	0	0	3.9	0	7.2	0/0/	0	0	0	0	0	13.1/12.6/0/0/0			0/0/0	-Scent sprays and similar toilet sprays, and mounts and heads thereof
0	0	0	0	0	0	0	0	3.9	0	7.2	0/0/	0	0	0	0	0	13.1/12.6/0/0/0			0/0/0	-Powder puffs and pads for the application of cosmetics or toilet preparations
																					Vacuum flasks and other vacuum vessels, complete; parts thereof other than glass inners:
0	0	0	0	0	0	0	0		0	19.2	0/0/	12	0	4.8	0	6.4	/20.4/20.4/20.4/20.4			0/0/0	----Of glass internal liner
0	0	0	0	0	0	0	0		0	19.2	0/0/	12	0	4.8	0	6.4	/20.4/20.4/20.4/20.4			0/0/0	----Other
0	0	0	0	0	0	0	0		0	14.4	0/0/	0	0	0	0	6.4	13.1/12.6/0/0/0			0/0/0	---Other
																					Tailors' dummies and other lay figures; automata and other animated displays used for shop window dressing:
0	0	0	0	0	0	0	0		0	16.8	0/0/	10.5	0	0	0	9	//17.9/17.9/17.9			0/0/0	Tailors' dummies and other lay figures; automata and other animated displays used for shop window dressing
																					Sanitary towels (pads) and tampons, napkins (diapers), napkin liners and similar articles, of any material:
0	0	0					0			0	0/0/0		0	0	0	3.2	//6.4/6.4/6.4			0/0/0	----For babies
0	0	0					0			0	0/0/0		0	0	0	3.2	//6.4/6.4/6.4			0/0/0	----Other
0	0	0	0	0	0	0	0			3.8	0/0/0	0	0	0	0	0	7.3/7/0/0/0			0/0/0	---Sanitary towels (pads) and tampons

商品编号	商品名称及备注[检验检疫编码及名称]	进口关税(%)		增值税率(%)	消费税	计量单位	监管条件	检验检疫类别	对美税率	出口税率(%)	出口退税率(%)
		最惠国	普通								
9619002000[暂2]	卫生巾(护垫)及卫生棉条〔999〕	4	80	13		千克	A	M/		0	
96190090	---其他										13
9619009000	尿布衬里及本品目商品的类似品〔999〕	6	80	13		千克	A	M/	16%	0	
9620	**独脚架、双脚架、三脚架及类似品：**										
96200010	---专用于税目85.19、85.21,子目8525.8、9006.3、9006.5、9007.1或9007.2所列设备的独脚架、双脚架、三脚架及类似品										13
9620001000	专用于品目85.19、85.21,编号85258、90063、90065、90071或90072所列设备的独脚架、双脚架、三脚架及类似品〔999〕	8	80	13		千克			33%	0	
96200090	---其他										13
9620009000	其他独脚架、双脚架、三脚架及类似品〔999〕	8	80	13		千克			33%	0	

协定税率(%)																		特惠税率(%)			Article Description
智利	新西兰	澳大利亚	瑞士	冰岛	秘鲁	哥斯达	东盟	亚太	新加坡	巴基斯坦	港/澳/台	韩国	格鲁吉亚	毛里求斯	柬埔寨	尼加拉瓜	日/韩/澳/新/东(RCEP)	亚太2国	老/柬/缅	LDC 98/97/95	
0	0	0	0	0	0	0	0	3.9	0	3.8	0/0/0	0	0	0	0	0	10.2/9.8/0/0/0			0/0/0	---Other
																					Monopods, bipods, tripods and similar articles:
	0	0	0	0	0	0				0	0/0/	0	0	0	0	6.4	5.8/0/0/0/0			0/0/0	---Monopods, bipods, tripods and similar articles for use solely with the apparatus of headings 85.19, 85.21 and subheadings 8525.8, 9006.3, 9006.5, 9007.1 or 9007.2
	0	0	0	0	0	0				0	0/0/	0	0	0	0	6.4	0/0/0/0/0			0/0/0	---Other

第二十一类
艺术品、收藏品及古物

第九十七章
艺术品、收藏品及古物

注释：

一、本章不包括：

（一）品目49.07的未经使用的邮票、印花税票、邮政信笺（印有邮票的纸品）及类似的票证；

（二）作舞台、摄影的布景及类似用途的已绘制画布（品目59.07），但可归入品目97.06的除外；或

（三）天然或养殖珍珠、宝石或半宝石（品目71.01至71.03）。

二、品目97.01不适用于成批生产的镶嵌画复制品、铸造品及具有商业性质的传统工艺品，即使这些物品是由艺术家设计或创造的。

三、品目97.02所称"雕版画、印制画、石印画的原本"，是指以艺术家完全手工制作的单块或数块印版直接印制出来的黑白或彩色原本，不论艺术家使用何种方法或材料，但不包括使用机器或照相制版方法制作的。

四、品目97.03不适用于成批生产的复制品及具有商业性质的传统手工艺品，即使这些物品是艺术家设计或创造的。

五、（一）除上述注释一至四另有规定的以外，可归入本章各税目的物品，均应归入本章的相应税目而不归入本协调制度的其他税目；

（二）品目97.06不适用于可以归入本章其他各税目的物品。

六、已装框的油画、粉画及其他绘画、版画、拼贴画及类似装饰板，如果框架的种类及价值与作品相称，应与作品一并归类。如果框架的种类及价值与作品不相称，应分别归类。

商品编号	商品名称及备注[检验检疫编码及名称]	进口关税(%)		增值税率(%)	消费税	计量单位	监管条件	检验检疫类别	对美税率	出口税率(%)	出口退税率(%)
		最惠国	普通								
9701	**油画、粉画及其他手绘画，但带有手工绘制及手工描饰的制品或税目49.06的图纸除外；拼贴画、镶嵌画及类似装饰板：**										
97012100	--油画、粉画及其他手绘画										0
9701210000[暂0]	超过100年的油画、粉画及其他手绘画（但带有手工绘制及手工描饰的制品或品目49.06的图纸除外）〔999〕	4	50	13		幅/千克				0	
97012200	--镶嵌画										
9701220010[暂0]	含濒危动物成分的超过100年的镶嵌画（指一切源自濒危动物的产品）〔999〕	6	50	13		幅/千克	ABFE		10%	0	0
9701220020[暂0]	用其他动植物材料制作的超过100年的镶嵌画（指一切源自野生动物的产品）〔999〕	6	50	13		幅/千克	AB		10%	0	0
9701220090[暂0]	其他超过100年的镶嵌画〔999〕	6	50	13		幅/千克			10%	0	0
97012900	--其他										
9701290010[暂0]	超过100年的含濒危动物成分的拼贴画（包括类似装饰板，指一切源自濒危动物的产品）〔999〕	6	50	13		幅/千克	ABFE	P/Q	10%	0	0
9701290020[暂0]	超过100年的用其他动植物材料制作的拼贴画（包括类似装饰板，指一切源自野生动物的产品）〔999〕	6	50	13		幅/千克	AB	P/Q	10%	0	0
9701290090[暂0]	超过100年的其他拼贴画及类似装饰板〔999〕	6	50	13		幅/千克			10%	0	0
97019111	----唐卡										0
9701911100	其他唐卡原件（但带有手工绘制及手工描饰的制品或品目49.06的图纸除外）〔999〕	6	50	13		幅/千克				0	
97019119	----其他										0
9701911900	其他手绘油画、粉画及其他画的原件（但带有手工绘制及手工描饰的制品或品目49.06的图纸除外）〔999〕	1	50	13		幅/千克			21%	0	
97019120	---复制品										0
9701912000	其他手绘油画、粉画及其他画的复制品（但带有手工绘制及手工描饰的制品或品目49.06的图纸除外）〔999〕	6	50	13		幅/千克			16%	0	
97019200	--镶嵌画										
9701920010	含濒危动物成分的其他镶嵌画（指一切源自濒危动物的产品）〔999〕	6	50	13		幅/千克	ABFE	P/Q	16%	0	0
9701920020	用其他动植物材料制作的其他镶嵌画（指一切源自野生动物的产品）〔999〕	6	50	13		幅/千克	AB	P/Q	16%	0	0
9701920090	其他镶嵌画〔999〕	6	50	13		幅/千克			16%	0	0
97019900	--其他										
9701990010	含濒危动物成分的其他拼贴画（包括类似装饰板，指一切源自濒危动物的产品）〔999〕	6	50	13		幅/千克	ABFE	P/Q	16%	0	0
9701990020	用其他动植物材料制作的其他拼贴画（包括类似装饰板，指一切源自野生动物的产品）〔999〕	6	50	13		幅/千克	AB	P/Q	16%	0	0
9701990090	其他拼贴画及类似装饰板〔999〕	6	50	13		幅/千克			16%	0	0

SECTION XXI
WORKS OF ART, COLLECTORS' PIECES AND ANTIQUES

Chapter 97
Works of art, collectors' pieces and antiques

Chapter Notes:

1. This Chapter does not cover:
   (a) Unused postage or revenue stamps, postal stationery (stamped paper) or the like, of heading 49.07;
   (b) Theatrical scenery, studio back-cloths or the like, of painted canvas (heading 59.07) except if they may be classified in heading 97.06; or
   (c) Pearls, natural or cultured, or precious or semi-precious stones (headings 71.01 to 71.03).

2. Heading 97.01 does not apply to mosaics that are mass-produced reproductions, casts or works of conventional craftsmanship of a commercial character, even if these articles are designed or created by artists.

3. For the purposes of heading 97.02, the expression "original engravings, prints and lithographs" means impressions produced directly, in black and white or in colour, of one or of several plates wholly executed by hand by the artist, irrespective of the process or of the material employed by him, but not including any mechanical or photomechanical process.

4. Heading 97.03 does not apply to mass-produced reproductions or works of conventional craftsmanship of a commercial character, even if these articles are designed or created by artists.

5. (a) Subject to Notes 1 to 4 above, articles of this Chapter are to be classified in this Chapter and not in any other Chapter of the Nomenclature;
   (b) Heading 97.06 does not apply to articles of the preceding headings of this Chapter.

6. Frames around paintings, drawings, pastels, collages or similar decorative plaques, engravings, prints or lithographs are to be classified with those articles, provided they are of a kind and of a value normal to those articles. Frames which are not of a kind or of a value normal to the articles referred to in this Note are to be classified separately.

协定税率(%)																		特惠税率(%)			Article Description
智利	新西兰	澳大利亚	瑞士	冰岛	秘鲁	哥斯达	东盟	亚太	新加坡	巴基斯坦	港/澳/台	韩国	格鲁吉亚	毛里求斯	柬埔寨	尼加拉瓜	日/韩/澳/新/东 (RCEP)	亚太2国	老/柬/缅	LDC 98/97/95	
																					Paintings, drawings and pastels, executed entirely by hand, other than drawings of heading 49.06 and other than hand-painted or hand-decorated manufactured articles; collages, mosaics and similar decorative plaques:
0	0	0	0	0	0	0	0		0	3.9	0/0/	0	0	0	0	0	8.7/8.4/0/0/0			0/0/0	--Paintings, drawings and pastels
0	0	0	0	0	0	0	0		0	5.6	0/0/	0	0	0	0	0	10.2/9.8/0/0/0			0/0/0	--Mosaics
0	0	0	0	0	0	0	0		0	5.6	0/0/	0	0	0	0	0	10.2/9.8/0/0/0			0/0/0	--Other
0	0	0	0	0	0	0	0		0	3	0/0/	0	0	0	0	0	8.7/8.4/0/0/0			0/0/0	----Thangkas
0	0	0	0	0	0	0	0		0	3	0/0/	0	0	0	0	0	8.7/8.4/0/0/0			0/0/0	----Other
0	0	0	0	0	0	0	0		0	5.6	0/0/	0	0	0	0	0	10.2/9.8/0/0/0			0/0/0	---Reproductions
0	0	0	0	0	0	0	0		0	5.6	0/0/	0	0	0	0	0	10.2/9.8/0/0/0			0/0/0	--Mosaics
0	0	0	0	0	0	0	0		0	5.6	0/0/	0	0	0	0	0	10.2/9.8/0/0/0			0/0/0	--Other

商品编号	商品名称及备注［检验检疫编码及名称］	进口关税(%)		增值税率(%)	消费税	计量单位	监管条件	检验检疫类别	对美税率	出口税率(%)	出口退税率(%)
		最惠国	普通								
9702	**雕版画、印制画、石印画的原本：**										
97021000	-超过100年的										0
9702100000	超过100年的雕版画、印制画、石印画的原本〔999〕	1	50	13		幅/千克			11%	0	
97029000	-其他										0
9702900000	其他雕版画、印制画、石印画的原本〔999〕	1	50	13		幅/千克			11%	0	
9703	**各种材料制的雕塑品原件：**										
97031000	-超过100年的										
9703100010	超过100年的濒危动植物材料制的雕塑品原件(指一切源自濒危动植物的产品)〔999〕	1	50	13		件/千克	FE		21%	0	0
9703100090	超过100年的其他各种材料制的雕塑品原件〔999〕	1	50	13		件/千克			21%	0	0
97039000	-其他										
9703900010	其他濒危动植物材料制的雕塑品原件(指一切源自濒危动植物的产品)〔999〕	1	50	13		件/千克	FE		21%	0	0
9703900090	其他各种材料制的雕塑品原件〔999〕	1	50	13		件/千克			21%	0	0
9704	**使用过或未使用过的邮票、印花税票、邮戳印记、首日封、邮政信笺(印有邮票的纸品)及类似品，但税目49.07的货品除外：**										
97040010	---邮票										0
9704001000	邮票(指使用过的或虽未使用过但不是指运国流通及新发行的)〔999〕	4	50	13		千克			29%	0	
97040090	---其他										0
9704009000	印花税票及类似票证等(指使用过的或虽未使用过但不是指运国流通及新发行的)〔999〕	6	50	13		千克				0	
9705	**具有考古学、人种学、历史学、动物学、植物学、矿物学、解剖学、古生物学或钱币学意义的收集品及珍藏品：**										
97051000	-具有考古学、人种学或历史学意义的收集品及珍藏品										
9705100010	具有考古学、人种学或历史学意义的含濒危动植物的收藏品〔101 植物标本〕,〔102 收集品及珍藏品〕	0	0	13		千克	ABFE	P/Q	10%	0	0
9705100020	具有考古学、人种学或历史学意义的含有人类遗传资源的组织标本、手术样本〔999〕	0	0	13		千克	ABV	V/W	10%	0	0
9705100090	其他具有考古学、人种学或历史学意义的的收藏品〔101 植物标本〕,〔102 收集品及珍藏品〕	0	0	13		千克	AB	P/Q	10%	0	0
97052100	--人类标本及其部分										0
9705210010	含有人类遗传资源的组织标本、手术样本〔401 人类医学、生命科学研究用〕,〔402 其他〕	0	0	13		千克	ABV	V/W	10%	0	
9705210090	其他人类标本及其部分〔401 人类医学、生命科学研究用〕,〔402 其他〕	0	0	13		千克	AB	P/Q	10%	0	
97052200	--灭绝或濒危物种及其部分										
9705220010	含濒危动植物的收藏品(具有动植物学意义的)〔101 植物标本〕,〔102 收集品及珍藏品〕	0	0	13		千克	ABFE	P/Q	10%	0	0
9705220020	古生物化石〔999〕	0	0	13		千克	ABz	P/Q	10%	0	0
9705220090	其他灭绝物种及其部分〔101 植物标本〕,〔102 收集品及珍藏品〕	0	0	13		千克	AB	P/Q	10%	0	0
97052900	--其他										0
9705290010	其他古生物化石〔999〕	0	0	13		千克	ABz	P/Q	10%	0	
9705290020	有矿物学研究价值、可供收集和珍藏的钟乳石〔999〕	0	0	13		千克	ABu	P/Q	10%	0	
9705290090	其他具有动、植、矿物学意义的收藏品(还包括具有解剖、古生物学意义的收藏品)〔101 植物标本〕,〔102 收集品及珍藏品〕	0	0	13		千克	AB	P/Q	10%	0	
97053100	--超过100年的										0
9705310000	超过100年的具有钱币学意义的收藏品〔101 植物标本〕,〔102 收集品及珍藏品〕	0	0	13		千克	AB	P/Q	10%	0	
97053900	--其他										0
9705390000	其他具有钱币学意义的收藏品〔101 植物标本〕,〔102 收集品及珍藏品〕	0	0	13		千克	AB	P/Q	10%	0	
9706	**超过100年的古物：**										
97061000	-超过250年的										
9706100010	超过250年的濒危动植古物(具收藏或文史价值的)〔101 植物标本〕,〔102 超过100年的古物〕	0	0	13		件/千克	ABFE	P/Q	20%	0	0
9706100090	其他超过250年的古物〔999〕	0	0	13		件/千克			20%	0	0
97069000	-其他										
9706900010	其他超过100年的濒危动植古物(具收藏或文史价值的)〔101 植物标本〕,〔102 超过100年的古物〕	0	0	13		件/千克	ABFE	P/Q	20%	0	0
9706900090	其他超过100年的古物〔999〕	0	0	13		件/千克			20%	0	0

协定税率(%)																		特惠税率(%)			
智利	新西兰	澳大利亚	瑞士	冰岛	秘鲁	哥斯达	东盟	亚太	新加坡	巴基斯坦	港/澳/台	韩国	格鲁吉亚	毛里求斯	柬埔寨	尼加拉瓜	日/韩/澳/新/东(RCEP)	亚太2国	老/柬/缅	LDC 98/97/95	Article Description
																					Original engravings, prints and lithographs:
0	0	0	0	0	0	0	0		0	3	0/0/	0	0	0	0	0	8.7/8.4/0/0/0			0/0/0	-Of an age exceeding 100 years
0	0	0	0	0	0	0	0		0	3	0/0/	0	0	0	0	0	8.7/8.4/0/0/0			0/0/0	-Other
																					Original sculptures and statuary, in any material:
0	0	0	0	0	0	0	0		0	4.8	0/0/	0	0	2.4	0	0	8.7/8.4/0/0/0			0/0/0	-Of an age exceeding 100 years
0	0	0	0	0	0	0	0		0	4.8	0/0/	0	0	2.4	0	0	8.7/8.4/0/0/0			0/0/0	-Other
																					Postage or revenue stamps, stamp-postmarks, first-day covers, postal stationery (stamped paper), and the like, used or unused, other than those of heading 49.07:
0	0	0	0	0	0	0	0			0	0/0/	0	0	0	0	0	5.8/0/0/0/0			0/0/0	---Postage
0	0	0	0	0	0	0	0		0	3.5	0/0/	0	0	0	0	0	10.2/9.8/0/0/0			0/0/0	---Other
																					Collections and collectors' pieces of archaeological, ethnographic, historical, zoological, botanical, mineralogical, anatomical, paleontological, or numismatic interest:
0	0	0	0	0	0	0	0			0	0/0/	0	0	0	0	0	0/0/0/0/0			0/0/0	-Collections and collectors' pieces of archaeological, ethnographic or historical interest
0	0	0	0	0	0	0	0			0	0/0/	0	0	0	0	0	0/0/0/0/0			0/0/0	--Human specimens and parts thereof
0	0	0	0	0	0	0	0			0	0/0/	0	0	0	0	0	0/0/0/0/0			0/0/0	--Extinct or endangered species and parts thereof
0	0	0	0	0	0	0	0			0	0/0/	0	0	0	0	0	0/0/0/0/0			0/0/0	--Other
0	0	0	0	0	0	0	0			0	0/0/	0	0	0	0	0	0/0/0/0/0			0/0/0	--Of an age exceeding 100 years
0	0	0	0	0	0	0	0			0	0/0/	0	0	0	0	0	0/0/0/0/0			0/0/0	--Other
																					Antiques of an age exceeding one hundred years:
0	0	0	0	0	0	0	0			0	0/0/	0	0	0	0	0	0/0/0/0/0			0/0/0	-Of an age exceeding 250 years
0	0	0	0	0	0	0	0			0	0/0/	0	0	0	0	0	0/0/0/0/0			0/0/0	-Other

第二十二类　特殊交易品及未分类商品

第九十八章　特殊交易品及未分类商品

商品编号	商品名称及备注[检验检疫编码及名称]	进口关税(%)		增值税率(%)	消费税	计量单位	监管条件	检验检疫类别	对美税率	出口税率(%)	出口退税率(%)
		最惠国	普通								
9801001000	≤2000 元人民币的非税、非证进口商品〔999〕	0	0			千克				0	
9801009000	其他未分类商品①	0	0			千克				0	9,13
9802001000	流通中的人民币现钞(包括纸币及硬币)〔999〕	0	0			千克	m			0	
9802009000	流通中的外币现钞(包括纸币及硬币)〔999〕	0	0			千克				0	
9803004000	出口的定制型软件(不包括与产品固化或集成为一体的软件)〔999〕	0	0			套				0	
9803005000	出口的定制型检测报告、蓝图及类似品〔999〕	0	0			件				0	

① 〔101 植物真菌〕,〔102 植物线虫〕,〔103 其他植物病原体〕,〔104 杂草〕,〔105 螨类〕,〔106 多足虫类动物〕,〔107 其他植物有害生物〕,〔108 土壤〕,〔109 科研用试剂和其他材料〕,〔110 其他植物检疫类特殊物品〕,〔111 动检寄生虫〕,〔112 科研及测试用 SPF 鼠体液、分泌物、排泄物(粪肥除外)〕,〔113 科研及测试用 SPF 犬体液、分泌物、排泄物(粪肥除外)〕,〔114 科研及测试用其他 SPF 级动物体液、分泌物、排泄物(粪肥除外)〕,〔115 科研及测试用其他动物体液、分泌物、排泄物(粪肥除外)〕,〔401 含《人间传染的病原微生物名录》内一类病原微生物的人体体液、分泌物、排泄物(粪肥除外)〕,〔402 含《人间传染的病原微生物名录》内二类病原微生物的人体体液、分泌物、排泄物(粪肥除外)〕,〔403 含《人间传染的病原微生物名录》内三类病原微生物的人体体液、分泌物、排泄物(粪肥除外)〕,〔404 含《人间传染的病原微生物名录》内四类病原微生物的人体体液、分泌物、排泄物(粪肥除外)〕,〔405 含《人间传染的病原微生物名录》内含新发传染病或名录外再现传染病病原微生物的人体体液、分泌物、排泄物(粪肥除外)〕,〔406 病原体筛查为阴性的人体体液、分泌物、排泄物(粪便除外)〕,〔407 含寄生虫的人体体液、分泌物、排泄物(粪肥除外)〕,〔408 活体人体寄生虫〕,〔409 非活体寄生虫标本〕,〔410 其他单项记录价值≥2000RMB 的非税、证进出口商品〕,〔999 单项记录价值≤2000RMB 的非税、证进口商品〕

SECTION XXII ARTICLES OF SPECIAL TRADE AND GOOD UNCLASSIFIED

Chapter 98 Articles of special trade and good unclassified

协定税率(%)																		特惠税率(%)			Article Description
智利	新西兰	澳大利亚	瑞士	冰岛	秘鲁	哥斯达	东盟	亚太	新加坡	巴基斯坦	港/澳/台	韩国	格鲁吉亚	毛里求斯	柬埔寨	尼加拉瓜	日/韩/澳/新/东(RCEP)	亚太2国	老/柬/缅	LDC 98/97/95	

附　表

附表 1　进口附加税率表(反倾销、反补贴措施)

商品编号	原产国(地区)	原产厂商中文名称	原产厂商英文名称	税种代码①	税率(%)	生效日期	截止日期②
0207110000	410		ADORO S/A	I	20.2	2019-02-17	2024-02-16
0207110000	701	国(地)别不详		I	32.4	2019-02-17	2024-02-16
0207110000	410		AGROSUL AGROAVICOLA INDUSTRIAL, S. A	I	20.2	2019-02-17	2024-02-16
0207110000	410		AVENORTE AVICOLA CIANORTE LTDA.	I	20.2	2019-02-17	2024-02-16
0207110000	410		All Others	I	32.4	2019-02-17	2024-02-16
0207110000	410		BELLO ALIMENTOS LTDA.	I	20.2	2019-02-17	2024-02-16
0207110000	410		BONASA ALIMENTOS SA	I	20.2	2019-02-17	2024-02-16
0207110000	410		BRF S. A SHB. COMERCIO E INDUSTRIA DE ALIMENTOS S. A COMPANHIA MINUANO DE ALIMENTOS	I	25.8	2019-02-17	2024-02-16
0207110000	410		C. Vale - Cooperativa Agroindustrial	I	32.4	2019-02-17	2024-02-16
0207110000	410		COASUL COOPERATIVA AGROINDUSTRIAL	I	20.2	2019-02-17	2024-02-16
0207110000	410		COOPAVEL COOPERATIVA AGROINDUSTRIAL	I	20.2	2019-02-17	2024-02-16
0207110000	410		COOPERATIVA AGROINDUSTRIAL COPAGRIL	I	20.2	2019-02-17	2024-02-16
0207110000	410		COOPERATIVA LANGUIRU LTDA	I	20.2	2019-02-17	2024-02-16
0207110000	410		Cooperativa Central Aurora Alimentos	I	20.2	2019-02-17	2024-02-16
0207110000	410		Copacol - Cooperativa Agroindustrial Consolata	I	20.2	2019-02-17	2024-02-16
0207110000	410		FLAMBOIA ALIMENTOS LTDA	I	20.2	2019-02-17	2024-02-16
0207110000	410		FRIGORIFICO NOVA ARACA LTDA	I	20.2	2019-02-17	2024-02-16
0207110000	410		GONCALVES & TORTOLA S/A	I	20.2	2019-02-17	2024-02-16
0207110000	410		KAEFER AGRO INDUSTRIAL LTDA	I	20.2	2019-02-17	2024-02-16
0207110000	410		LAR COOPERATIVA AGROINDUSTRIAL	I	20.2	2019-02-17	2024-02-16
0207110000	410		RIO BRANCO ALIMENTOS S. A.	I	20.2	2019-02-17	2024-02-16
0207110000	410		RIVELLI ALIMENTOS S/A	I	20.2	2019-02-17	2024-02-16
0207110000	410		SEARA ALIMENTOS LTDA JBS AVES LTDA AGRICOLA JANDELLE S/A SEARA COMERCIO DE ALIMENTOS LTDA	I	17.8	2019-02-17	2024-02-16
0207110000	410		Sao Salvador Alimentos S/A	I	20.2	2019-02-17	2024-02-16
0207110000	410		VIBRA AGROINDUSTRIAL S/A	I	20.2	2019-02-17	2024-02-16
0207110000	410		VOSSKO DO BRASIL ALIMENTOS CONGELADOS LTDA	I	20.2	2019-02-17	2024-02-16
0207110000	410		ZANCHETTA ALIMENTOS LTDA	I	20.2	2019-02-17	2024-02-16
0207110000	410		AGRODANIELI INDUSTRIA E COMERCIO LTDA.	I	20.2	2019-02-17	2024-02-16
0207120000	410		FLAMBOIA ALIMENTOS LTDA	I	20.2	2019-02-17	2024-02-16
0207120000	701	国(地)别不详		I	32.4	2019-02-17	2024-02-16
0207120000	410		GONCALVES & TORTOLA S/A	I	20.2	2019-02-17	2024-02-16

① “I”代表反倾销税,“T”代表反倾销保证金,“J”代表反补贴税,“U”代表反补贴保证金,“A”代表保障措施关税,“O”代表进口废弃电器电子产品处理基金。
② 截止日期为 2999-12-31 的,代表相关产品处于期终复审阶段,待商务部更新相关公告。

商品编号	原产国(地区)	原产厂商中文名称	原产厂商英文名称	税种代码	税率(%)	起始日期	截止日期
0207120000	410		KAEFER AGRO INDUSTRIAL LTDA	I	20. 2	2019-02-17	2024-02-16
0207120000	410		LAR COOPERATIVA AGROINDUSTRIAL	I	20. 2	2019-02-17	2024-02-16
0207120000	410		RIO BRANCO ALIMENTOS S. A.	I	20. 2	2019-02-17	2024-02-16
0207120000	410		RIVELLI ALIMENTOS S/A	I	20. 2	2019-02-17	2024-02-16
0207120000	410		SEARA ALIMENTOS LTDA JBS AVES LTDA AGRICOLA JANDELLE S/A SEARA COMERCIO DE ALIMENTOS LTDA	I	17. 8	2019-02-17	2024-02-16
0207120000	410		Sao Salvador Alimentos S/A	I	20. 2	2019-02-17	2024-02-16
0207120000	410		VIBRA AGROINDUSTRIAL S/A	I	20. 2	2019-02-17	2024-02-16
0207120000	410		VOSSKO DO BRASIL ALIMENTOS CONGELADOS LTDA	I	20. 2	2019-02-17	2024-02-16
0207120000	410		ZANCHETTA ALIMENTOS LTDA	I	20. 2	2019-02-17	2024-02-16
0207120000	410		ADORO S/A	I	20. 2	2019-02-17	2024-02-16
0207120000	410		AGRODANIELI INDUSTRIA E COMERCIO LTDA.	I	20. 2	2019-02-17	2024-02-16
0207120000	410		AGROSUL AGROAVICOLA INDUSTRIAL, S. A	I	20. 2	2019-02-17	2024-02-16
0207120000	410		AVENORTE AVICOLA CIANORTE LTDA.	I	20. 2	2019-02-17	2024-02-16
0207120000	410		All Others	I	32. 4	2019-02-17	2024-02-16
0207120000	410		BELLO ALIMENTOS LTDA.	I	20. 2	2019-02-17	2024-02-16
0207120000	410		BONASA ALIMENTOS SA	I	20. 2	2019-02-17	2024-02-16
0207120000	410		BRF S. A SHB. COMERCIO E INDUSTRIA DE ALIMENTOS S. A COMPANHIA MINUANO DE ALIMENTOS	I	25. 8	2019-02-17	2024-02-16
0207120000	410		C. Vale - Cooperativa Agroindustrial	I	32. 4	2019-02-17	2024-02-16
0207120000	410		COASUL COOPERATIVA AGROINDUSTRIAL	I	20. 2	2019-02-17	2024-02-16
0207120000	410		COOPAVEL COOPERATIVA AGROINDUSTRIAL	I	20. 2	2019-02-17	2024-02-16
0207120000	410		COOPERATIVA AGROINDUSTRIAL COPAGRIL	I	20. 2	2019-02-17	2024-02-16
0207120000	410		COOPERATIVA LANGUIRU LTDA	I	20. 2	2019-02-17	2024-02-16
0207120000	410		Cooperativa Central Aurora Alimentos	I	20. 2	2019-02-17	2024-02-16
0207120000	410		Copacol - Cooperativa Agroindustrial Consolata	I	20. 2	2019-02-17	2024-02-16
0207120000	410		FRIGORIFICO NOVA ARACA LTDA	I	20. 2	2019-02-17	2024-02-16
0207131100	410		SEARA ALIMENTOS LTDA JBS AVES LTDA AGRICOLA JANDELLE S/A SEARA COMERCIO DE ALIMENTOS LTDA	I	17. 8	2019-02-17	2024-02-16
0207131100	410		Sao Salvador Alimentos S/A	I	20. 2	2019-02-17	2024-02-16
0207131100	410		RIO BRANCO ALIMENTOS S. A.	I	20. 2	2019-02-17	2024-02-16
0207131100	410		LAR COOPERATIVA AGROINDUSTRIAL	I	20. 2	2019-02-17	2024-02-16
0207131100	410		KAEFER AGRO INDUSTRIAL LTDA	I	20. 2	2019-02-17	2024-02-16
0207131100	410		GONCALVES & TORTOLA S/A	I	20. 2	2019-02-17	2024-02-16
0207131100	410		FRIGORIFICO NOVA ARACA LTDA	I	20. 2	2019-02-17	2024-02-16
0207131100	410		FLAMBOIA ALIMENTOS LTDA	I	20. 2	2019-02-17	2024-02-16
0207131100	701	国(地)别不详		I	32. 4	2019-02-17	2024-02-16
0207131100	410		Copacol - Cooperativa Agroindustrial Consolata	I	20. 2	2019-02-17	2024-02-16
0207131100	410		Cooperativa Central Aurora Alimentos	I	20. 2	2019-02-17	2024-02-16
0207131100	410		COOPERATIVA LANGUIRU LTDA	I	20. 2	2019-02-17	2024-02-16
0207131100	410		COOPERATIVA AGROINDUSTRIAL COPAGRIL	I	20. 2	2019-02-17	2024-02-16

商品编号	原产国(地区)	原产厂商中文名称	原产厂商英文名称	税种代码	税率(%)	起始日期	截止日期
0207131100	410		COOPAVEL COOPERATIVA AGROINDUSTRIAL	I	20.2	2019-02-17	2024-02-16
0207131100	410		COASUL COOPERATIVA AGROINDUSTRIAL	I	20.2	2019-02-17	2024-02-16
0207131100	410		C. Vale - Cooperativa Agroindustrial	I	32.4	2019-02-17	2024-02-16
0207131100	410		BRF S. A SHB. COMERCIO E INDUSTRIA DE ALIMENTOS S. A COMPANHIA MINUANO DE ALIMENTOS	I	25.8	2019-02-17	2024-02-16
0207131100	410		BONASA ALIMENTOS SA	I	20.2	2019-02-17	2024-02-16
0207131100	410		BELLO ALIMENTOS LTDA.	I	20.2	2019-02-17	2024-02-16
0207131100	410		All Others	I	32.4	2019-02-17	2024-02-16
0207131100	410		AVENORTE AVICOLA CIANORTE LTDA.	I	20.2	2019-02-17	2024-02-16
0207131100	410		AGROSUL AGROAVICOLA INDUSTRIAL, S. A	I	20.2	2019-02-17	2024-02-16
0207131100	410		AGRODANIELI INDUSTRIA E COMERCIO LTDA.	I	20.2	2019-02-17	2024-02-16
0207131100	410		ADORO S/A	I	20.2	2019-02-17	2024-02-16
0207131100	410		ZANCHETTA ALIMENTOS LTDA	I	20.2	2019-02-17	2024-02-16
0207131100	410		VOSSKO DO BRASIL ALIMENTOS CONGELADOS LTDA	I	20.2	2019-02-17	2024-02-16
0207131100	410		VIBRA AGROINDUSTRIAL S/A	I	20.2	2019-02-17	2024-02-16
0207131100	410		RIVELLI ALIMENTOS S/A	I	20.2	2019-02-17	2024-02-16
0207131900	410		BRF S. A SHB. COMERCIO E INDUSTRIA DE ALIMENTOS S. A COMPANHIA MINUANO DE ALIMENTOS	I	25.8	2019-02-17	2024-02-16
0207131900	410		BONASA ALIMENTOS SA	I	20.2	2019-02-17	2024-02-16
0207131900	410		BELLO ALIMENTOS LTDA.	I	20.2	2019-02-17	2024-02-16
0207131900	410		All Others	I	32.4	2019-02-17	2024-02-16
0207131900	410		AVENORTE AVICOLA CIANORTE LTDA.	I	20.2	2019-02-17	2024-02-16
0207131900	410		AGROSUL AGROAVICOLA INDUSTRIAL, S. A	I	20.2	2019-02-17	2024-02-16
0207131900	410		AGRODANIELI INDUSTRIA E COMERCIO LTDA.	I	20.2	2019-02-17	2024-02-16
0207131900	410		ADORO S/A	I	20.2	2019-02-17	2024-02-16
0207131900	701	国(地)别不详		I	32.4	2019-02-17	2024-02-16
0207131900	410		ZANCHETTA ALIMENTOS LTDA	I	20.2	2019-02-17	2024-02-16
0207131900	410		VOSSKO DO BRASIL ALIMENTOS CONGELADOS LTDA	I	20.2	2019-02-17	2024-02-16
0207131900	410		VIBRA AGROINDUSTRIAL S/A	I	20.2	2019-02-17	2024-02-16
0207131900	410		Sao Salvador Alimentos S/A	I	20.2	2019-02-17	2024-02-16
0207131900	410		SEARA ALIMENTOS LTDA JBS AVES LTDA AGRICOLA JANDELLE S/A SEARA COMERCIO DE ALIMENTOS LTDA	I	17.8	2019-02-17	2024-02-16
0207131900	410		RIVELLI ALIMENTOS S/A	I	20.2	2019-02-17	2024-02-16
0207131900	410		RIO BRANCO ALIMENTOS S. A.	I	20.2	2019-02-17	2024-02-16
0207131900	410		LAR COOPERATIVA AGROINDUSTRIAL	I	20.2	2019-02-17	2024-02-16
0207131900	410		KAEFER AGRO INDUSTRIAL LTDA	I	20.2	2019-02-17	2024-02-16
0207131900	410		GONCALVES & TORTOLA S/A	I	20.2	2019-02-17	2024-02-16
0207131900	410		FRIGORIFICO NOVA ARACA LTDA	I	20.2	2019-02-17	2024-02-16
0207131900	410		FLAMBOIA ALIMENTOS LTDA	I	20.2	2019-02-17	2024-02-16
0207131900	410		Copacol - Cooperativa Agroindustrial Consolata	I	20.2	2019-02-17	2024-02-16

商品编号	原产国(地区)	原产厂商中文名称	原产厂商英文名称	税种代码	税率(%)	起始日期	截止日期
0207131900	410		Cooperativa Central Aurora Alimentos	I	20.2	2019-02-17	2024-02-16
0207131900	410		COOPERATIVA LANGUIRU LTDA	I	20.2	2019-02-17	2024-02-16
0207131900	410		COOPERATIVA AGROINDUSTRIAL COPAGRIL	I	20.2	2019-02-17	2024-02-16
0207131900	410		C. Vale - Cooperativa Agroindustrial	I	32.4	2019-02-17	2024-02-16
0207131900	410		COASUL COOPERATIVA AGROINDUSTRIAL	I	20.2	2019-02-17	2024-02-16
0207131900	410		COOPAVEL COOPERATIVA AGROINDUSTRIAL	I	20.2	2019-02-17	2024-02-16
0207132101	410		ADORO S/A	I	20.2	2019-02-17	2024-02-16
0207132101	701	国(地)别不详		I	32.4	2019-02-17	2024-02-16
0207132101	410		AGROSUL AGROAVICOLA INDUSTRIAL, S. A	I	20.2	2019-02-17	2024-02-16
0207132101	410		AVENORTE AVICOLA CIANORTE LTDA.	I	20.2	2019-02-17	2024-02-16
0207132101	410		All Others	I	32.4	2019-02-17	2024-02-16
0207132101	410		BELLO ALIMENTOS LTDA.	I	20.2	2019-02-17	2024-02-16
0207132101	410		BONASA ALIMENTOS SA	I	20.2	2019-02-17	2024-02-16
0207132101	410		BRF S. A SHB. COMERCIO E INDUSTRIA DE ALIMENTOS S. A COMPANHIA MINUANO DE ALIMENTOS	I	25.8	2019-02-17	2024-02-16
0207132101	410		C. Vale - Cooperativa Agroindustrial	I	32.4	2019-02-17	2024-02-16
0207132101	410		COASUL COOPERATIVA AGROINDUSTRIAL	I	20.2	2019-02-17	2024-02-16
0207132101	410		COOPAVEL COOPERATIVA AGROINDUSTRIAL	I	20.2	2019-02-17	2024-02-16
0207132101	410		COOPERATIVA AGROINDUSTRIAL COPAGRIL	I	20.2	2019-02-17	2024-02-16
0207132101	410		COOPERATIVA LANGUIRU LTDA	I	20.2	2019-02-17	2024-02-16
0207132101	410		Cooperativa Central Aurora Alimentos	I	20.2	2019-02-17	2024-02-16
0207132101	410		Copacol - Cooperativa Agroindustrial Consolata	I	20.2	2019-02-17	2024-02-16
0207132101	410		FLAMBOIA ALIMENTOS LTDA	I	20.2	2019-02-17	2024-02-16
0207132101	410		FRIGORIFICO NOVA ARACA LTDA	I	20.2	2019-02-17	2024-02-16
0207132101	410		GONCALVES & TORTOLA S/A	I	20.2	2019-02-17	2024-02-16
0207132101	410		KAEFER AGRO INDUSTRIAL LTDA	I	20.2	2019-02-17	2024-02-16
0207132101	410		LAR COOPERATIVA AGROINDUSTRIAL	I	20.2	2019-02-17	2024-02-16
0207132101	410		RIO BRANCO ALIMENTOS S. A.	I	20.2	2019-02-17	2024-02-16
0207132101	410		RIVELLI ALIMENTOS S/A	I	20.2	2019-02-17	2024-02-16
0207132101	410		SEARA ALIMENTOS LTDA JBS AVES LTDA AGRICOLA JANDELLE S/A SEARA COMERCIO DE ALIMENTOS LTDA	I	17.8	2019-02-17	2024-02-16
0207132101	410		Sao Salvador Alimentos S/A	I	20.2	2019-02-17	2024-02-16
0207132101	410		VIBRA AGROINDUSTRIAL S/A	I	20.2	2019-02-17	2024-02-16
0207132101	410		VOSSKO DO BRASIL ALIMENTOS CONGELADOS LTDA	I	20.2	2019-02-17	2024-02-16
0207132101	410		ZANCHETTA ALIMENTOS LTDA	I	20.2	2019-02-17	2024-02-16
0207132101	410		AGRODANIELI INDUSTRIA E COMERCIO LTDA.	I	20.2	2019-02-17	2024-02-16
0207132102	410		RIO BRANCO ALIMENTOS S. A.	I	20.2	2019-02-17	2024-02-16
0207132102	410		RIVELLI ALIMENTOS S/A	I	20.2	2019-02-17	2024-02-16
0207132102	410		SEARA ALIMENTOS LTDA JBS AVES LTDA AGRICOLA JANDELLE S/A SEARA COMERCIO DE ALIMENTOS LTDA	I	17.8	2019-02-17	2024-02-16
0207132102	410		Sao Salvador Alimentos S/A	I	20.2	2019-02-17	2024-02-16

商品编号	原产国(地区)	原产厂商中文名称	原产厂商英文名称	税种代码	税率(%)	起始日期	截止日期
0207132102	410		VIBRA AGROINDUSTRIAL S/A	I	20.2	2019-02-17	2024-02-16
0207132102	410		VOSSKO DO BRASIL ALIMENTOS CONGELADOS LTDA	I	20.2	2019-02-17	2024-02-16
0207132102	410		ZANCHETTA ALIMENTOS LTDA	I	20.2	2019-02-17	2024-02-16
0207132102	701	国(地)别不详		I	32.4	2019-02-17	2024-02-16
0207132102	410		ADORO S/A	I	20.2	2019-02-17	2024-02-16
0207132102	410		AGRODANIELI INDUSTRIA E COMERCIO LTDA.	I	20.2	2019-02-17	2024-02-16
0207132102	410		AGROSUL AGROAVICOLA INDUSTRIAL, S. A	I	20.2	2019-02-17	2024-02-16
0207132102	410		AVENORTE AVICOLA CIANORTE LTDA.	I	20.2	2019-02-17	2024-02-16
0207132102	410		All Others	I	32.4	2019-02-17	2024-02-16
0207132102	410		BELLO ALIMENTOS LTDA.	I	20.2	2019-02-17	2024-02-16
0207132102	410		BONASA ALIMENTOS SA	I	20.2	2019-02-17	2024-02-16
0207132102	410		BRF S. A SHB. COMERCIO E INDUSTRIA DE ALIMENTOS S. A COMPANHIA MINUANO DE ALIMENTOS	I	25.8	2019-02-17	2024-02-16
0207132102	410		C. Vale - Cooperativa Agroindustrial	I	32.4	2019-02-17	2024-02-16
0207132102	410		COASUL COOPERATIVA AGROINDUSTRIAL	I	20.2	2019-02-17	2024-02-16
0207132102	410		COOPAVEL COOPERATIVA AGROINDUSTRIAL	I	20.2	2019-02-17	2024-02-16
0207132102	410		COOPERATIVA AGROINDUSTRIAL COPAGRIL	I	20.2	2019-02-17	2024-02-16
0207132102	410		COOPERATIVA LANGUIRU LTDA	I	20.2	2019-02-17	2024-02-16
0207132102	410		Cooperativa Central Aurora Alimentos	I	20.2	2019-02-17	2024-02-16
0207132102	410		Copacol - Cooperativa Agroindustrial Consolata	I	20.2	2019-02-17	2024-02-16
0207132102	410		FLAMBOIA ALIMENTOS LTDA	I	20.2	2019-02-17	2024-02-16
0207132102	410		FRIGORIFICO NOVA ARACA LTDA	I	20.2	2019-02-17	2024-02-16
0207132102	410		GONCALVES & TORTOLA S/A	I	20.2	2019-02-17	2024-02-16
0207132102	410		KAEFER AGRO INDUSTRIAL LTDA	I	20.2	2019-02-17	2024-02-16
0207132102	410		LAR COOPERATIVA AGROINDUSTRIAL	I	20.2	2019-02-17	2024-02-16
0207132103	410		ADORO S/A	I	20.2	2019-02-17	2024-02-16
0207132103	410		AGRODANIELI INDUSTRIA E COMERCIO LTDA.	I	20.2	2019-02-17	2024-02-16
0207132103	701	国(地)别不详		I	32.4	2019-02-17	2024-02-16
0207132103	410		ZANCHETTA ALIMENTOS LTDA	I	20.2	2019-02-17	2024-02-16
0207132103	410		VOSSKO DO BRASIL ALIMENTOS CONGELADOS LTDA	I	20.2	2019-02-17	2024-02-16
0207132103	410		VIBRA AGROINDUSTRIAL S/A	I	20.2	2019-02-17	2024-02-16
0207132103	410		Sao Salvador Alimentos S/A	I	20.2	2019-02-17	2024-02-16
0207132103	410		SEARA ALIMENTOS LTDA JBS AVES LTDA AGRICOLA JANDELLE S/A SEARA COMERCIO DE ALIMENTOS LTDA	I	17.8	2019-02-17	2024-02-16
0207132103	410		RIVELLI ALIMENTOS S/A	I	20.2	2019-02-17	2024-02-16
0207132103	410		RIO BRANCO ALIMENTOS S. A.	I	20.2	2019-02-17	2024-02-16
0207132103	410		LAR COOPERATIVA AGROINDUSTRIAL	I	20.2	2019-02-17	2024-02-16
0207132103	410		KAEFER AGRO INDUSTRIAL LTDA	I	20.2	2019-02-17	2024-02-16
0207132103	410		GONCALVES & TORTOLA S/A	I	20.2	2019-02-17	2024-02-16
0207132103	410		FRIGORIFICO NOVA ARACA LTDA	I	20.2	2019-02-17	2024-02-16
0207132103	410		FLAMBOIA ALIMENTOS LTDA	I	20.2	2019-02-17	2024-02-16

商品编号	原产国(地区)	原产厂商中文名称	原产厂商英文名称	税种代码	税率(%)	起始日期	截止日期
0207132103	410		Copacol – Cooperativa Agroindustrial Consolata	I	20. 2	2019-02-17	2024-02-16
0207132103	410		Cooperativa Central Aurora Alimentos	I	20. 2	2019-02-17	2024-02-16
0207132103	410		COOPERATIVA LANGUIRU LTDA	I	20. 2	2019-02-17	2024-02-16
0207132103	410		COOPERATIVA AGROINDUSTRIAL COPAGRIL	I	20. 2	2019-02-17	2024-02-16
0207132103	410		COOPAVEL COOPERATIVA AGROINDUSTRIAL	I	20. 2	2019-02-17	2024-02-16
0207132103	410		COASUL COOPERATIVA AGROINDUSTRIAL	I	20. 2	2019-02-17	2024-02-16
0207132103	410		C. Vale – Cooperativa Agroindustrial	I	32. 4	2019-02-17	2024-02-16
0207132103	410		BRF S. A SHB. COMERCIO E INDUSTRIA DE ALIMENTOS S. A COMPANHIA MINUANO DE ALIMENTOS	I	25. 8	2019-02-17	2024-02-16
0207132103	410		BONASA ALIMENTOS SA	I	20. 2	2019-02-17	2024-02-16
0207132103	410		BELLO ALIMENTOS LTDA.	I	20. 2	2019-02-17	2024-02-16
0207132103	410		All Others	I	32. 4	2019-02-17	2024-02-16
0207132103	410		AVENORTE AVICOLA CIANORTE LTDA.	I	20. 2	2019-02-17	2024-02-16
0207132103	410		AGROSUL AGROAVICOLA INDUSTRIAL, S. A	I	20. 2	2019-02-17	2024-02-16
0207132104	410		ADORO S/A	I	20. 2	2019-02-17	2024-02-16
0207132104	701	国(地)别不详		I	32. 4	2019-02-17	2024-02-16
0207132104	410		VOSSKO DO BRASIL ALIMENTOS CONGELADOS LTDA	I	20. 2	2019-02-17	2024-02-16
0207132104	410		VIBRA AGROINDUSTRIAL S/A	I	20. 2	2019-02-17	2024-02-16
0207132104	410		Sao Salvador Alimentos S/A	I	20. 2	2019-02-17	2024-02-16
0207132104	410		SEARA ALIMENTOS LTDA JBS AVES LTDA AGRICOLA JANDELLE S/A SEARA COMERCIO DE ALIMENTOS LTDA	I	17. 8	2019-02-17	2024-02-16
0207132104	410		RIVELLI ALIMENTOS S/A	I	20. 2	2019-02-17	2024-02-16
0207132104	410		RIO BRANCO ALIMENTOS S. A.	I	20. 2	2019-02-17	2024-02-16
0207132104	410		LAR COOPERATIVA AGROINDUSTRIAL	I	20. 2	2019-02-17	2024-02-16
0207132104	410		KAEFER AGRO INDUSTRIAL LTDA	I	20. 2	2019-02-17	2024-02-16
0207132104	410		GONCALVES & TORTOLA S/A	I	20. 2	2019-02-17	2024-02-16
0207132104	410		FRIGORIFICO NOVA ARACA LTDA	I	20. 2	2019-02-17	2024-02-16
0207132104	410		FLAMBOIA ALIMENTOS LTDA	I	20. 2	2019-02-17	2024-02-16
0207132104	410		Copacol – Cooperativa Agroindustrial Consolata	I	20. 2	2019-02-17	2024-02-16
0207132104	410		Cooperativa Central Aurora Alimentos	I	20. 2	2019-02-17	2024-02-16
0207132104	410		COOPERATIVA LANGUIRU LTDA	I	20. 2	2019-02-17	2024-02-16
0207132104	410		COOPERATIVA AGROINDUSTRIAL COPAGRIL	I	20. 2	2019-02-17	2024-02-16
0207132104	410		COOPAVEL COOPERATIVA AGROINDUSTRIAL	I	20. 2	2019-02-17	2024-02-16
0207132104	410		COASUL COOPERATIVA AGROINDUSTRIAL	I	20. 2	2019-02-17	2024-02-16
0207132104	410		C. Vale – Cooperativa Agroindustrial	I	32. 4	2019-02-17	2024-02-16
0207132104	410		BRF S. A SHB. COMERCIO E INDUSTRIA DE ALIMENTOS S. A COMPANHIA MINUANO DE ALIMENTOS	I	25. 8	2019-02-17	2024-02-16
0207132104	410		BONASA ALIMENTOS SA	I	20. 2	2019-02-17	2024-02-16
0207132104	410		BELLO ALIMENTOS LTDA.	I	20. 2	2019-02-17	2024-02-16
0207132104	410		All Others	I	32. 4	2019-02-17	2024-02-16
0207132104	410		AVENORTE AVICOLA CIANORTE LTDA.	I	20. 2	2019-02-17	2024-02-16

商品编号	原产国(地区)	原产厂商中文名称	原产厂商英文名称	税种代码	税率(%)	起始日期	截止日期
0207132104	410		AGROSUL AGROAVICOLA INDUSTRIAL, S. A	I	20. 2	2019-02-17	2024-02-16
0207132104	410		AGRODANIELI INDUSTRIA E COMERCIO LTDA.	I	20. 2	2019-02-17	2024-02-16
0207132104	410		ZANCHETTA ALIMENTOS LTDA	I	20. 2	2019-02-17	2024-02-16
0207132901	410		FLAMBOIA ALIMENTOS LTDA	I	20. 2	2019-02-17	2024-02-16
0207132901	410		FRIGORIFICO NOVA ARACA LTDA	I	20. 2	2019-02-17	2024-02-16
0207132901	410		GONCALVES & TORTOLA S/A	I	20. 2	2019-02-17	2024-02-16
0207132901	410		KAEFER AGRO INDUSTRIAL LTDA	I	20. 2	2019-02-17	2024-02-16
0207132901	410		LAR COOPERATIVA AGROINDUSTRIAL	I	20. 2	2019-02-17	2024-02-16
0207132901	410		RIO BRANCO ALIMENTOS S. A.	I	20. 2	2019-02-17	2024-02-16
0207132901	410		RIVELLI ALIMENTOS S/A	I	20. 2	2019-02-17	2024-02-16
0207132901	410		SEARA ALIMENTOS LTDA JBS AVES LTDA AGRICOLA JANDELLE S/A SEARA COMERCIO DE ALIMENTOS LTDA	I	17. 8	2019-02-17	2024-02-16
0207132901	410		Sao Salvador Alimentos S/A	I	20. 2	2019-02-17	2024-02-16
0207132901	410		VIBRA AGROINDUSTRIAL S/A	I	20. 2	2019-02-17	2024-02-16
0207132901	410		VOSSKO DO BRASIL ALIMENTOS CONGELADOS LTDA	I	20. 2	2019-02-17	2024-02-16
0207132901	410		ZANCHETTA ALIMENTOS LTDA	I	20. 2	2019-02-17	2024-02-16
0207132901	701	国(地)别不详		I	32. 4	2019-02-17	2024-02-16
0207132901	410		ADORO S/A	I	20. 2	2019-02-17	2024-02-16
0207132901	410		AGRODANIELI INDUSTRIA E COMERCIO LTDA.	I	20. 2	2019-02-17	2024-02-16
0207132901	410		AGROSUL AGROAVICOLA INDUSTRIAL, S. A	I	20. 2	2019-02-17	2024-02-16
0207132901	410		AVENORTE AVICOLA CIANORTE LTDA.	I	20. 2	2019-02-17	2024-02-16
0207132901	410		All Others	I	32. 4	2019-02-17	2024-02-16
0207132901	410		BELLO ALIMENTOS LTDA.	I	20. 2	2019-02-17	2024-02-16
0207132901	410		BONASA ALIMENTOS SA	I	20. 2	2019-02-17	2024-02-16
0207132901	410		BRF S. A SHB. COMERCIO E INDUSTRIA DE ALIMENTOS S. A COMPANHIA MINUANO DE ALIMENTOS	I	25. 8	2019-02-17	2024-02-16
0207132901	410		C. Vale - Cooperativa Agroindustrial	I	32. 4	2019-02-17	2024-02-16
0207132901	410		COASUL COOPERATIVA AGROINDUSTRIAL	I	20. 2	2019-02-17	2024-02-16
0207132901	410		COOPAVEL COOPERATIVA AGROINDUSTRIAL	I	20. 2	2019-02-17	2024-02-16
0207132901	410		COOPERATIVA AGROINDUSTRIAL COPAGRIL	I	20. 2	2019-02-17	2024-02-16
0207132901	410		COOPERATIVA LANGUIRU LTDA	I	20. 2	2019-02-17	2024-02-16
0207132901	410		Cooperativa Central Aurora Alimentos	I	20. 2	2019-02-17	2024-02-16
0207132901	410		Copacol - Cooperativa Agroindustrial Consolata	I	20. 2	2019-02-17	2024-02-16
0207132902	410		ADORO S/A	I	20. 2	2019-02-17	2024-02-16
0207132902	410		AGRODANIELI INDUSTRIA E COMERCIO LTDA.	I	20. 2	2019-02-17	2024-02-16
0207132902	410		ZANCHETTA ALIMENTOS LTDA	I	20. 2	2019-02-17	2024-02-16
0207132902	410		VOSSKO DO BRASIL ALIMENTOS CONGELADOS LTDA	I	20. 2	2019-02-17	2024-02-16
0207132902	410		VIBRA AGROINDUSTRIAL S/A	I	20. 2	2019-02-17	2024-02-16
0207132902	410		Sao Salvador Alimentos S/A	I	20. 2	2019-02-17	2024-02-16

商品编号	原产国(地区)	原产厂商中文名称	原产厂商英文名称	税种代码	税率(%)	起始日期	截止日期
0207132902	410		SEARA ALIMENTOS LTDA JBS AVES LTDA AGRICOLA JANDELLE S/A SEARA COMERCIO DE ALIMENTOS LTDA	I	17. 8	2019-02-17	2024-02-16
0207132902	410		RIVELLI ALIMENTOS S/A	I	20. 2	2019-02-17	2024-02-16
0207132902	410		RIO BRANCO ALIMENTOS S. A.	I	20. 2	2019-02-17	2024-02-16
0207132902	410		LAR COOPERATIVA AGROINDUSTRIAL	I	20. 2	2019-02-17	2024-02-16
0207132902	410		KAEFER AGRO INDUSTRIAL LTDA	I	20. 2	2019-02-17	2024-02-16
0207132902	410		GONCALVES & TORTOLA S/A	I	20. 2	2019-02-17	2024-02-16
0207132902	410		FRIGORIFICO NOVA ARACA LTDA	I	20. 2	2019-02-17	2024-02-16
0207132902	410		FLAMBOIA ALIMENTOS LTDA	I	20. 2	2019-02-17	2024-02-16
0207132902	410		Copacol - Cooperativa Agroindustrial Consolata	I	20. 2	2019-02-17	2024-02-16
0207132902	410		Cooperativa Central Aurora Alimentos	I	20. 2	2019-02-17	2024-02-16
0207132902	410		COOPERATIVA LANGUIRU LTDA	I	20. 2	2019-02-17	2024-02-16
0207132902	410		COOPERATIVA AGROINDUSTRIAL COPAGRIL	I	20. 2	2019-02-17	2024-02-16
0207132902	410		COOPAVEL COOPERATIVA AGROINDUSTRIAL	I	20. 2	2019-02-17	2024-02-16
0207132902	410		COASUL COOPERATIVA AGROINDUSTRIAL	I	20. 2	2019-02-17	2024-02-16
0207132902	410		C. Vale - Cooperativa Agroindustrial	I	32. 4	2019-02-17	2024-02-16
0207132902	410		BRF S. A SHB. COMERCIO E INDUSTRIA DE ALIMENTOS S. A COMPANHIA MINUANO DE ALIMENTOS	I	25. 8	2019-02-17	2024-02-16
0207132902	410		BONASA ALIMENTOS SA	I	20. 2	2019-02-17	2024-02-16
0207132902	410		BELLO ALIMENTOS LTDA.	I	20. 2	2019-02-17	2024-02-16
0207132902	410		All Others	I	32. 4	2019-02-17	2024-02-16
0207132902	410		AVENORTE AVICOLA CIANORTE LTDA.	I	20. 2	2019-02-17	2024-02-16
0207132902	410		AGROSUL AGROAVICOLA INDUSTRIAL, S. A	I	20. 2	2019-02-17	2024-02-16
0207132902	701	国(地)别不详		I	32. 4	2019-02-17	2024-02-16
0207132990	410		ADORO S/A	I	20. 2	2019-02-17	2024-02-16
0207132990	410		GONCALVES & TORTOLA S/A	I	20. 2	2019-02-17	2024-02-16
0207132990	410		FRIGORIFICO NOVA ARACA LTDA	I	20. 2	2019-02-17	2024-02-16
0207132990	410		FLAMBOIA ALIMENTOS LTDA	I	20. 2	2019-02-17	2024-02-16
0207132990	410		Copacol - Cooperativa Agroindustrial Consolata	I	20. 2	2019-02-17	2024-02-16
0207132990	410		Cooperativa Central Aurora Alimentos	I	20. 2	2019-02-17	2024-02-16
0207132990	410		COOPERATIVA LANGUIRU LTDA	I	20. 2	2019-02-17	2024-02-16
0207132990	410		COOPERATIVA AGROINDUSTRIAL COPAGRIL	I	20. 2	2019-02-17	2024-02-16
0207132990	410		COOPAVEL COOPERATIVA AGROINDUSTRIAL	I	20. 2	2019-02-17	2024-02-16
0207132990	410		COASUL COOPERATIVA AGROINDUSTRIAL	I	20. 2	2019-02-17	2024-02-16
0207132990	410		C. Vale - Cooperativa Agroindustrial	I	32. 4	2019-02-17	2024-02-16
0207132990	410		BRF S. A SHB. COMERCIO E INDUSTRIA DE ALIMENTOS S. A COMPANHIA MINUANO DE ALIMENTOS	I	25. 8	2019-02-17	2024-02-16
0207132990	410		BONASA ALIMENTOS SA	I	20. 2	2019-02-17	2024-02-16
0207132990	410		BELLO ALIMENTOS LTDA.	I	20. 2	2019-02-17	2024-02-16
0207132990	410		All Others	I	32. 4	2019-02-17	2024-02-16
0207132990	410		AVENORTE AVICOLA CIANORTE LTDA.	I	20. 2	2019-02-17	2024-02-16
0207132990	410		AGROSUL AGROAVICOLA INDUSTRIAL, S. A	I	20. 2	2019-02-17	2024-02-16

商品编号	原产国(地区)	原产厂商中文名称	原产厂商英文名称	税种代码	税率(%)	起始日期	截止日期
0207132990	701	国(地)别不详		I	32.4	2019-02-17	2024-02-16
0207132990	410		ZANCHETTA ALIMENTOS LTDA	I	20.2	2019-02-17	2024-02-16
0207132990	410		VOSSKO DO BRASIL ALIMENTOS CONGELADOS LTDA	I	20.2	2019-02-17	2024-02-16
0207132990	410		VIBRA AGROINDUSTRIAL S/A	I	20.2	2019-02-17	2024-02-16
0207132990	410		Sao Salvador Alimentos S/A	I	20.2	2019-02-17	2024-02-16
0207132990	410		SEARA ALIMENTOS LTDA JBS AVES LTDA AGRICOLA JANDELLE S/A SEARA COMERCIO DE ALIMENTOS LTDA	I	17.8	2019-02-17	2024-02-16
0207132990	410		RIVELLI ALIMENTOS S/A	I	20.2	2019-02-17	2024-02-16
0207132990	410		RIO BRANCO ALIMENTOS S. A.	I	20.2	2019-02-17	2024-02-16
0207132990	410		AGRODANIELI INDUSTRIA E COMERCIO LTDA.	I	20.2	2019-02-17	2024-02-16
0207132990	410		KAEFER AGRO INDUSTRIAL LTDA	I	20.2	2019-02-17	2024-02-16
0207132990	410		LAR COOPERATIVA AGROINDUSTRIAL	I	20.2	2019-02-17	2024-02-16
0207141100	410		ZANCHETTA ALIMENTOS LTDA	I	20.2	2019-02-17	2024-02-16
0207141100	410		BONASA ALIMENTOS SA	I	20.2	2019-02-17	2024-02-16
0207141100	410		VIBRA AGROINDUSTRIAL S/A	I	20.2	2019-02-17	2024-02-16
0207141100	701	国(地)别不详		I	32.4	2019-02-17	2024-02-16
0207141100	410		Sao Salvador Alimentos S/A	I	20.2	2019-02-17	2024-02-16
0207141100	410		SEARA ALIMENTOS LTDA JBS AVES LTDA AGRICOLA JANDELLE S/A SEARA COMERCIO DE ALIMENTOS LTDA	I	17.8	2019-02-17	2024-02-16
0207141100	410		RIVELLI ALIMENTOS S/A	I	20.2	2019-02-17	2024-02-16
0207141100	410		RIO BRANCO ALIMENTOS S. A.	I	20.2	2019-02-17	2024-02-16
0207141100	410		LAR COOPERATIVA AGROINDUSTRIAL	I	20.2	2019-02-17	2024-02-16
0207141100	410		KAEFER AGRO INDUSTRIAL LTDA	I	20.2	2019-02-17	2024-02-16
0207141100	410		GONCALVES & TORTOLA S/A	I	20.2	2019-02-17	2024-02-16
0207141100	410		FRIGORIFICO NOVA ARACA LTDA	I	20.2	2019-02-17	2024-02-16
0207141100	410		FLAMBOIA ALIMENTOS LTDA	I	20.2	2019-02-17	2024-02-16
0207141100	410		Copacol - Cooperativa Agroindustrial Consolata	I	20.2	2019-02-17	2024-02-16
0207141100	410		Cooperativa Central Aurora Alimentos	I	20.2	2019-02-17	2024-02-16
0207141100	410		COOPERATIVA LANGUIRU LTDA	I	20.2	2019-02-17	2024-02-16
0207141100	410		COOPERATIVA AGROINDUSTRIAL COPAGRIL	I	20.2	2019-02-17	2024-02-16
0207141100	410		COOPAVEL COOPERATIVA AGROINDUSTRIAL	I	20.2	2019-02-17	2024-02-16
0207141100	410		COASUL COOPERATIVA AGROINDUSTRIAL	I	20.2	2019-02-17	2024-02-16
0207141100	410		C. Vale - Cooperativa Agroindustrial	I	32.4	2019-02-17	2024-02-16
0207141100	410		BRF S. A SHB. COMERCIO E INDUSTRIA DE ALIMENTOS S. A COMPANHIA MINUANO DE ALIMENTOS	I	25.8	2019-02-17	2024-02-16
0207141100	410		BELLO ALIMENTOS LTDA.	I	20.2	2019-02-17	2024-02-16
0207141100	410		All Others	I	32.4	2019-02-17	2024-02-16
0207141100	410		AVENORTE AVICOLA CIANORTE LTDA.	I	20.2	2019-02-17	2024-02-16
0207141100	410		AGROSUL AGROAVICOLA INDUSTRIAL, S. A	I	20.2	2019-02-17	2024-02-16
0207141100	410		AGRODANIELI INDUSTRIA E COMERCIO LTDA.	I	20.2	2019-02-17	2024-02-16
0207141100	410		ADORO S/A	I	20.2	2019-02-17	2024-02-16

商品编号	原产国(地区)	原产厂商中文名称	原产厂商英文名称	税种代码	税率(%)	起始日期	截止日期
0207141100	410		VOSSKO DO BRASIL ALIMENTOS CONGELADOS LTDA	I	20. 2	2019-02-17	2024-02-16
0207141900	410		AGROSUL AGROAVICOLA INDUSTRIAL, S. A	I	20. 2	2019-02-17	2024-02-16
0207141900	410		AGRODANIELI INDUSTRIA E COMERCIO LTDA.	I	20. 2	2019-02-17	2024-02-16
0207141900	410		ADORO S/A	I	20. 2	2019-02-17	2024-02-16
0207141900	410		ZANCHETTA ALIMENTOS LTDA	I	20. 2	2019-02-17	2024-02-16
0207141900	410		VOSSKO DO BRASIL ALIMENTOS CONGELADOS LTDA	I	20. 2	2019-02-17	2024-02-16
0207141900	410		VIBRA AGROINDUSTRIAL S/A	I	20. 2	2019-02-17	2024-02-16
0207141900	410		Sao Salvador Alimentos S/A	I	20. 2	2019-02-17	2024-02-16
0207141900	410		SEARA ALIMENTOS LTDA JBS AVES LTDA AGRICOLA JANDELLE S/A SEARA COMERCIO DE ALIMENTOS LTDA	I	17. 8	2019-02-17	2024-02-16
0207141900	410		RIVELLI ALIMENTOS S/A	I	20. 2	2019-02-17	2024-02-16
0207141900	410		RIO BRANCO ALIMENTOS S. A.	I	20. 2	2019-02-17	2024-02-16
0207141900	410		LAR COOPERATIVA AGROINDUSTRIAL	I	20. 2	2019-02-17	2024-02-16
0207141900	410		KAEFER AGRO INDUSTRIAL LTDA	I	20. 2	2019-02-17	2024-02-16
0207141900	410		GONCALVES & TORTOLA S/A	I	20. 2	2019-02-17	2024-02-16
0207141900	410		FRIGORIFICO NOVA ARACA LTDA	I	20. 2	2019-02-17	2024-02-16
0207141900	410		FLAMBOIA ALIMENTOS LTDA	I	20. 2	2019-02-17	2024-02-16
0207141900	410		Copacol - Cooperativa Agroindustrial Consolata	I	20. 2	2019-02-17	2024-02-16
0207141900	410		Cooperativa Central Aurora Alimentos	I	20. 2	2019-02-17	2024-02-16
0207141900	410		COOPERATIVA LANGUIRU LTDA	I	20. 2	2019-02-17	2024-02-16
0207141900	410		COOPERATIVA AGROINDUSTRIAL COPAGRIL	I	20. 2	2019-02-17	2024-02-16
0207141900	410		COOPAVEL COOPERATIVA AGROINDUSTRIAL	I	20. 2	2019-02-17	2024-02-16
0207141900	410		COASUL COOPERATIVA AGROINDUSTRIAL	I	20. 2	2019-02-17	2024-02-16
0207141900	410		C. Vale - Cooperativa Agroindustrial	I	32. 4	2019-02-17	2024-02-16
0207141900	410		BRF S. A SHB. COMERCIO E INDUSTRIA DE ALIMENTOS S. A COMPANHIA MINUANO DE ALIMENTOS	I	25. 8	2019-02-17	2024-02-16
0207141900	410		BONASA ALIMENTOS SA	I	20. 2	2019-02-17	2024-02-16
0207141900	410		BELLO ALIMENTOS LTDA.	I	20. 2	2019-02-17	2024-02-16
0207141900	410		All Others	I	32. 4	2019-02-17	2024-02-16
0207141900	701	国(地)别不详		I	32. 4	2019-02-17	2024-02-16
0207141900	410		AVENORTE AVICOLA CIANORTE LTDA.	I	20. 2	2019-02-17	2024-02-16
0207142101	410		BONASA ALIMENTOS SA	I	20. 2	2019-02-17	2024-02-16
0207142101	410		BRF S. A SHB. COMERCIO E INDUSTRIA DE ALIMENTOS S. A COMPANHIA MINUANO DE ALIMENTOS	I	25. 8	2019-02-17	2024-02-16
0207142101	410		C. Vale - Cooperativa Agroindustrial	I	32. 4	2019-02-17	2024-02-16
0207142101	410		COASUL COOPERATIVA AGROINDUSTRIAL	I	20. 2	2019-02-17	2024-02-16
0207142101	410		COOPAVEL COOPERATIVA AGROINDUSTRIAL	I	20. 2	2019-02-17	2024-02-16
0207142101	410		COOPERATIVA AGROINDUSTRIAL COPAGRIL	I	20. 2	2019-02-17	2024-02-16
0207142101	410		COOPERATIVA LANGUIRU LTDA	I	20. 2	2019-02-17	2024-02-16
0207142101	410		Cooperativa Central Aurora Alimentos	I	20. 2	2019-02-17	2024-02-16

商品编号	原产国(地区)	原产厂商中文名称	原产厂商英文名称	税种代码	税率(%)	起始日期	截止日期
0207142101	410		Copacol – Cooperativa Agroindustrial Consolata	I	20.2	2019-02-17	2024-02-16
0207142101	410		FLAMBOIA ALIMENTOS LTDA	I	20.2	2019-02-17	2024-02-16
0207142101	410		FRIGORIFICO NOVA ARACA LTDA	I	20.2	2019-02-17	2024-02-16
0207142101	410		GONCALVES & TORTOLA S/A	I	20.2	2019-02-17	2024-02-16
0207142101	410		KAEFER AGRO INDUSTRIAL LTDA	I	20.2	2019-02-17	2024-02-16
0207142101	410		LAR COOPERATIVA AGROINDUSTRIAL	I	20.2	2019-02-17	2024-02-16
0207142101	410		RIO BRANCO ALIMENTOS S. A.	I	20.2	2019-02-17	2024-02-16
0207142101	410		RIVELLI ALIMENTOS S/A	I	20.2	2019-02-17	2024-02-16
0207142101	410		SEARA ALIMENTOS LTDA JBS AVES LTDA AGRICOLA JANDELLE S/A SEARA COMERCIO DE ALIMENTOS LTDA	I	17.8	2019-02-17	2024-02-16
0207142101	410		Sao Salvador Alimentos S/A	I	20.2	2019-02-17	2024-02-16
0207142101	410		VIBRA AGROINDUSTRIAL S/A	I	20.2	2019-02-17	2024-02-16
0207142101	410		VOSSKO DO BRASIL ALIMENTOS CONGELADOS LTDA	I	20.2	2019-02-17	2024-02-16
0207142101	410		ZANCHETTA ALIMENTOS LTDA	I	20.2	2019-02-17	2024-02-16
0207142101	701	国(地)别不详		I	32.4	2019-02-17	2024-02-16
0207142101	410		ADORO S/A	I	20.2	2019-02-17	2024-02-16
0207142101	410		AGRODANIELI INDUSTRIA E COMERCIO LTDA.	I	20.2	2019-02-17	2024-02-16
0207142101	410		AGROSUL AGROAVICOLA INDUSTRIAL, S. A	I	20.2	2019-02-17	2024-02-16
0207142101	410		AVENORTE AVICOLA CIANORTE LTDA.	I	20.2	2019-02-17	2024-02-16
0207142101	410		All Others	I	32.4	2019-02-17	2024-02-16
0207142101	410		BELLO ALIMENTOS LTDA.	I	20.2	2019-02-17	2024-02-16
0207142102	410		ADORO S/A	I	20.2	2019-02-17	2024-02-16
0207142102	410		AGRODANIELI INDUSTRIA E COMERCIO LTDA.	I	20.2	2019-02-17	2024-02-16
0207142102	410		AGROSUL AGROAVICOLA INDUSTRIAL, S. A	I	20.2	2019-02-17	2024-02-16
0207142102	410		AVENORTE AVICOLA CIANORTE LTDA.	I	20.2	2019-02-17	2024-02-16
0207142102	410		All Others	I	32.4	2019-02-17	2024-02-16
0207142102	410		BELLO ALIMENTOS LTDA.	I	20.2	2019-02-17	2024-02-16
0207142102	410		BONASA ALIMENTOS SA	I	20.2	2019-02-17	2024-02-16
0207142102	410		BRF S. A SHB. COMERCIO E INDUSTRIA DE ALIMENTOS S. A COMPANHIA MINUANO DE ALIMENTOS	I	25.8	2019-02-17	2024-02-16
0207142102	410		C. Vale – Cooperativa Agroindustrial	I	32.4	2019-02-17	2024-02-16
0207142102	410		COASUL COOPERATIVA AGROINDUSTRIAL	I	20.2	2019-02-17	2024-02-16
0207142102	410		COOPAVEL COOPERATIVA AGROINDUSTRIAL	I	20.2	2019-02-17	2024-02-16
0207142102	410		COOPERATIVA AGROINDUSTRIAL COPAGRIL	I	20.2	2019-02-17	2024-02-16
0207142102	410		COOPERATIVA LANGUIRU LTDA	I	20.2	2019-02-17	2024-02-16
0207142102	410		Cooperativa Central Aurora Alimentos	I	20.2	2019-02-17	2024-02-16
0207142102	410		Copacol – Cooperativa Agroindustrial Consolata	I	20.2	2019-02-17	2024-02-16
0207142102	410		FLAMBOIA ALIMENTOS LTDA	I	20.2	2019-02-17	2024-02-16
0207142102	410		FRIGORIFICO NOVA ARACA LTDA	I	20.2	2019-02-17	2024-02-16
0207142102	410		GONCALVES & TORTOLA S/A	I	20.2	2019-02-17	2024-02-16
0207142102	410		KAEFER AGRO INDUSTRIAL LTDA	I	20.2	2019-02-17	2024-02-16

商品编号	原产国(地区)	原产厂商中文名称	原产厂商英文名称	税种代码	税率(%)	起始日期	截止日期
0207142102	410		LAR COOPERATIVA AGROINDUSTRIAL	I	20.2	2019-02-17	2024-02-16
0207142102	410		RIO BRANCO ALIMENTOS S. A.	I	20.2	2019-02-17	2024-02-16
0207142102	410		RIVELLI ALIMENTOS S/A	I	20.2	2019-02-17	2024-02-16
0207142102	410		SEARA ALIMENTOS LTDA JBS AVES LTDA AGRICOLA JANDELLE S/A SEARA COMERCIO DE ALIMENTOS LTDA	I	17.8	2019-02-17	2024-02-16
0207142102	410		Sao Salvador Alimentos S/A	I	20.2	2019-02-17	2024-02-16
0207142102	410		VIBRA AGROINDUSTRIAL S/A	I	20.2	2019-02-17	2024-02-16
0207142102	410		VOSSKO DO BRASIL ALIMENTOS CONGELADOS LTDA	I	20.2	2019-02-17	2024-02-16
0207142102	410		ZANCHETTA ALIMENTOS LTDA	I	20.2	2019-02-17	2024-02-16
0207142102	701	国(地)别不详		I	32.4	2019-02-17	2024-02-16
0207142103	410		AGRODANIELI INDUSTRIA E COMERCIO LTDA.	I	20.2	2019-02-17	2024-02-16
0207142103	410		AGROSUL AGROAVICOLA INDUSTRIAL, S. A	I	20.2	2019-02-17	2024-02-16
0207142103	701	国(地)别不详		I	32.4	2019-02-17	2024-02-16
0207142103	410		ZANCHETTA ALIMENTOS LTDA	I	20.2	2019-02-17	2024-02-16
0207142103	410		VOSSKO DO BRASIL ALIMENTOS CONGELADOS LTDA	I	20.2	2019-02-17	2024-02-16
0207142103	410		VIBRA AGROINDUSTRIAL S/A	I	20.2	2019-02-17	2024-02-16
0207142103	410		Sao Salvador Alimentos S/A	I	20.2	2019-02-17	2024-02-16
0207142103	410		SEARA ALIMENTOS LTDA JBS AVES LTDA AGRICOLA JANDELLE S/A SEARA COMERCIO DE ALIMENTOS LTDA	I	17.8	2019-02-17	2024-02-16
0207142103	410		RIVELLI ALIMENTOS S/A	I	20.2	2019-02-17	2024-02-16
0207142103	410		RIO BRANCO ALIMENTOS S. A.	I	20.2	2019-02-17	2024-02-16
0207142103	410		LAR COOPERATIVA AGROINDUSTRIAL	I	20.2	2019-02-17	2024-02-16
0207142103	410		KAEFER AGRO INDUSTRIAL LTDA	I	20.2	2019-02-17	2024-02-16
0207142103	410		GONCALVES & TORTOLA S/A	I	20.2	2019-02-17	2024-02-16
0207142103	410		FRIGORIFICO NOVA ARACA LTDA	I	20.2	2019-02-17	2024-02-16
0207142103	410		FLAMBOIA ALIMENTOS LTDA	I	20.2	2019-02-17	2024-02-16
0207142103	410		Copacol - Cooperativa Agroindustrial Consolata	I	20.2	2019-02-17	2024-02-16
0207142103	410		Cooperativa Central Aurora Alimentos	I	20.2	2019-02-17	2024-02-16
0207142103	410		COOPERATIVA LANGUIRU LTDA	I	20.2	2019-02-17	2024-02-16
0207142103	410		COOPERATIVA AGROINDUSTRIAL COPAGRIL	I	20.2	2019-02-17	2024-02-16
0207142103	410		COOPAVEL COOPERATIVA AGROINDUSTRIAL	I	20.2	2019-02-17	2024-02-16
0207142103	410		COASUL COOPERATIVA AGROINDUSTRIAL	I	20.2	2019-02-17	2024-02-16
0207142103	410		C. Vale - Cooperativa Agroindustrial	I	32.4	2019-02-17	2024-02-16
0207142103	410		BRF S. A SHB. COMERCIO E INDUSTRIA DE ALIMENTOS S. A COMPANHIA MINUANO DE ALIMENTOS	I	25.8	2019-02-17	2024-02-16
0207142103	410		BONASA ALIMENTOS SA	I	20.2	2019-02-17	2024-02-16
0207142103	410		BELLO ALIMENTOS LTDA.	I	20.2	2019-02-17	2024-02-16
0207142103	410		All Others	I	32.4	2019-02-17	2024-02-16
0207142103	410		AVENORTE AVICOLA CIANORTE LTDA.	I	20.2	2019-02-17	2024-02-16
0207142103	410		ADORO S/A	I	20.2	2019-02-17	2024-02-16

商品编号	原产国(地区)	原产厂商中文名称	原产厂商英文名称	税种代码	税率(%)	起始日期	截止日期
0207142104	410		AGRODANIELI INDUSTRIA E COMERCIO LTDA.	I	20.2	2019-02-17	2024-02-16
0207142104	410		ADORO S/A	I	20.2	2019-02-17	2024-02-16
0207142104	701	国(地)别不详		I	32.4	2019-02-17	2024-02-16
0207142104	410		ZANCHETTA ALIMENTOS LTDA	I	20.2	2019-02-17	2024-02-16
0207142104	410		VOSSKO DO BRASIL ALIMENTOS CONGELADOS LTDA	I	20.2	2019-02-17	2024-02-16
0207142104	410		VIBRA AGROINDUSTRIAL S/A	I	20.2	2019-02-17	2024-02-16
0207142104	410		Sao Salvador Alimentos S/A	I	20.2	2019-02-17	2024-02-16
0207142104	410		SEARA ALIMENTOS LTDA JBS AVES LTDA AGRICOLA JANDELLE S/A SEARA COMERCIO DE ALIMENTOS LTDA	I	17.8	2019-02-17	2024-02-16
0207142104	410		RIVELLI ALIMENTOS S/A	I	20.2	2019-02-17	2024-02-16
0207142104	410		RIO BRANCO ALIMENTOS S. A.	I	20.2	2019-02-17	2024-02-16
0207142104	410		LAR COOPERATIVA AGROINDUSTRIAL	I	20.2	2019-02-17	2024-02-16
0207142104	410		KAEFER AGRO INDUSTRIAL LTDA	I	20.2	2019-02-17	2024-02-16
0207142104	410		GONCALVES & TORTOLA S/A	I	20.2	2019-02-17	2024-02-16
0207142104	410		FRIGORIFICO NOVA ARACA LTDA	I	20.2	2019-02-17	2024-02-16
0207142104	410		FLAMBOIA ALIMENTOS LTDA	I	20.2	2019-02-17	2024-02-16
0207142104	410		Copacol - Cooperativa Agroindustrial Consolata	I	20.2	2019-02-17	2024-02-16
0207142104	410		Cooperativa Central Aurora Alimentos	I	20.2	2019-02-17	2024-02-16
0207142104	410		COOPERATIVA LANGUIRU LTDA	I	20.2	2019-02-17	2024-02-16
0207142104	410		COOPERATIVA AGROINDUSTRIAL COPAGRIL	I	20.2	2019-02-17	2024-02-16
0207142104	410		COOPAVEL COOPERATIVA AGROINDUSTRIAL	I	20.2	2019-02-17	2024-02-16
0207142104	410		COASUL COOPERATIVA AGROINDUSTRIAL	I	20.2	2019-02-17	2024-02-16
0207142104	410		C. Vale - Cooperativa Agroindustrial	I	32.4	2019-02-17	2024-02-16
0207142104	410		BRF S. A SHB. COMERCIO E INDUSTRIA DE ALIMENTOS S. A COMPANHIA MINUANO DE ALIMENTOS	I	25.8	2019-02-17	2024-02-16
0207142104	410		BONASA ALIMENTOS SA	I	20.2	2019-02-17	2024-02-16
0207142104	410		BELLO ALIMENTOS LTDA.	I	20.2	2019-02-17	2024-02-16
0207142104	410		AGROSUL AGROAVICOLA INDUSTRIAL, S. A	I	20.2	2019-02-17	2024-02-16
0207142104	410		AVENORTE AVICOLA CIANORTE LTDA.	I	20.2	2019-02-17	2024-02-16
0207142104	410		All Others	I	32.4	2019-02-17	2024-02-16
0207142200	410		ZANCHETTA ALIMENTOS LTDA	I	20.2	2019-02-17	2024-02-16
0207142200	410		VOSSKO DO BRASIL ALIMENTOS CONGELADOS LTDA	I	20.2	2019-02-17	2024-02-16
0207142200	410		ADORO S/A	I	20.2	2019-02-17	2024-02-16
0207142200	410		AGRODANIELI INDUSTRIA E COMERCIO LTDA.	I	20.2	2019-02-17	2024-02-16
0207142200	410		AGROSUL AGROAVICOLA INDUSTRIAL, S. A	I	20.2	2019-02-17	2024-02-16
0207142200	410		AVENORTE AVICOLA CIANORTE LTDA.	I	20.2	2019-02-17	2024-02-16
0207142200	410		All Others	I	32.4	2019-02-17	2024-02-16
0207142200	410		BELLO ALIMENTOS LTDA.	I	20.2	2019-02-17	2024-02-16
0207142200	410		BONASA ALIMENTOS SA	I	20.2	2019-02-17	2024-02-16

商品编号	原产国(地区)	原产厂商中文名称	原产厂商英文名称	税种代码	税率(%)	起始日期	截止日期
0207142200	410		BRF S. A SHB. COMERCIO E INDUSTRIA DE ALIMENTOS S. A COMPANHIA MINUANO DE ALIMENTOS	I	25. 8	2019-02-17	2024-02-16
0207142200	410		C. Vale - Cooperativa Agroindustrial	I	32. 4	2019-02-17	2024-02-16
0207142200	410		COASUL COOPERATIVA AGROINDUSTRIAL	I	20. 2	2019-02-17	2024-02-16
0207142200	410		COOPAVEL COOPERATIVA AGROINDUSTRIAL	I	20. 2	2019-02-17	2024-02-16
0207142200	410		COOPERATIVA AGROINDUSTRIAL COPAGRIL	I	20. 2	2019-02-17	2024-02-16
0207142200	410		COOPERATIVA LANGUIRU LTDA	I	20. 2	2019-02-17	2024-02-16
0207142200	410		Cooperativa Central Aurora Alimentos	I	20. 2	2019-02-17	2024-02-16
0207142200	410		Copacol - Cooperativa Agroindustrial Consolata	I	20. 2	2019-02-17	2024-02-16
0207142200	410		FLAMBOIA ALIMENTOS LTDA	I	20. 2	2019-02-17	2024-02-16
0207142200	410		FRIGORIFICO NOVA ARACA LTDA	I	20. 2	2019-02-17	2024-02-16
0207142200	410		GONCALVES & TORTOLA S/A	I	20. 2	2019-02-17	2024-02-16
0207142200	410		KAEFER AGRO INDUSTRIAL LTDA	I	20. 2	2019-02-17	2024-02-16
0207142200	410		LAR COOPERATIVA AGROINDUSTRIAL	I	20. 2	2019-02-17	2024-02-16
0207142200	410		RIO BRANCO ALIMENTOS S. A.	I	20. 2	2019-02-17	2024-02-16
0207142200	410		RIVELLI ALIMENTOS S/A	I	20. 2	2019-02-17	2024-02-16
0207142200	410		SEARA ALIMENTOS LTDA JBS AVES LTDA AGRICOLA JANDELLE S/A SEARA COMERCIO DE ALIMENTOS LTDA	I	17. 8	2019-02-17	2024-02-16
0207142200	410		Sao Salvador Alimentos S/A	I	20. 2	2019-02-17	2024-02-16
0207142200	410		VIBRA AGROINDUSTRIAL S/A	I	20. 2	2019-02-17	2024-02-16
0207142200	701	国(地)别不详		I	32. 4	2019-02-17	2024-02-16
0207142901	410		ADORO S/A	I	20. 2	2019-02-17	2024-02-16
0207142901	701	国(地)别不详		I	32. 4	2019-02-17	2024-02-16
0207142901	410		AGROSUL AGROAVICOLA INDUSTRIAL, S. A	I	20. 2	2019-02-17	2024-02-16
0207142901	410		AVENORTE AVICOLA CIANORTE LTDA.	I	20. 2	2019-02-17	2024-02-16
0207142901	410		All Others	I	32. 4	2019-02-17	2024-02-16
0207142901	410		BELLO ALIMENTOS LTDA.	I	20. 2	2019-02-17	2024-02-16
0207142901	410		BONASA ALIMENTOS SA	I	20. 2	2019-02-17	2024-02-16
0207142901	410		BRF S. A SHB. COMERCIO E INDUSTRIA DE ALIMENTOS S. A COMPANHIA MINUANO DE ALIMENTOS	I	25. 8	2019-02-17	2024-02-16
0207142901	410		C. Vale - Cooperativa Agroindustrial	I	32. 4	2019-02-17	2024-02-16
0207142901	410		COASUL COOPERATIVA AGROINDUSTRIAL	I	20. 2	2019-02-17	2024-02-16
0207142901	410		COOPAVEL COOPERATIVA AGROINDUSTRIAL	I	20. 2	2019-02-17	2024-02-16
0207142901	410		COOPERATIVA AGROINDUSTRIAL COPAGRIL	I	20. 2	2019-02-17	2024-02-16
0207142901	410		COOPERATIVA LANGUIRU LTDA	I	20. 2	2019-02-17	2024-02-16
0207142901	410		Cooperativa Central Aurora Alimentos	I	20. 2	2019-02-17	2024-02-16
0207142901	410		Copacol - Cooperativa Agroindustrial Consolata	I	20. 2	2019-02-17	2024-02-16
0207142901	410		FLAMBOIA ALIMENTOS LTDA	I	20. 2	2019-02-17	2024-02-16
0207142901	410		FRIGORIFICO NOVA ARACA LTDA	I	20. 2	2019-02-17	2024-02-16
0207142901	410		GONCALVES & TORTOLA S/A	I	20. 2	2019-02-17	2024-02-16
0207142901	410		KAEFER AGRO INDUSTRIAL LTDA	I	20. 2	2019-02-17	2024-02-16
0207142901	410		LAR COOPERATIVA AGROINDUSTRIAL	I	20. 2	2019-02-17	2024-02-16

商品编号	原产国(地区)	原产厂商中文名称	原产厂商英文名称	税种代码	税率(%)	起始日期	截止日期
0207142901	410		RIO BRANCO ALIMENTOS S. A.	I	20. 2	2019-02-17	2024-02-16
0207142901	410		RIVELLI ALIMENTOS S/A	I	20. 2	2019-02-17	2024-02-16
0207142901	410		SEARA ALIMENTOS LTDA JBS AVES LTDA AGRICOLA JANDELLE S/A SEARA COMERCIO DE ALIMENTOS LTDA	I	17. 8	2019-02-17	2024-02-16
0207142901	410		Sao Salvador Alimentos S/A	I	20. 2	2019-02-17	2024-02-16
0207142901	410		VIBRA AGROINDUSTRIAL S/A	I	20. 2	2019-02-17	2024-02-16
0207142901	410		VOSSKO DO BRASIL ALIMENTOS CONGELADOS LTDA	I	20. 2	2019-02-17	2024-02-16
0207142901	410		ZANCHETTA ALIMENTOS LTDA	I	20. 2	2019-02-17	2024-02-16
0207142901	410		AGRODANIELI INDUSTRIA E COMERCIO LTDA.	I	20. 2	2019-02-17	2024-02-16
0207142902	410		COOPERATIVA LANGUIRU LTDA	I	20. 2	2019-02-17	2024-02-16
0207142902	410		Cooperativa Central Aurora Alimentos	I	20. 2	2019-02-17	2024-02-16
0207142902	410		Copacol – Cooperativa Agroindustrial Consolata	I	20. 2	2019-02-17	2024-02-16
0207142902	410		FLAMBOIA ALIMENTOS LTDA	I	20. 2	2019-02-17	2024-02-16
0207142902	410		FRIGORIFICO NOVA ARACA LTDA	I	20. 2	2019-02-17	2024-02-16
0207142902	410		GONCALVES & TORTOLA S/A	I	20. 2	2019-02-17	2024-02-16
0207142902	410		KAEFER AGRO INDUSTRIAL LTDA	I	20. 2	2019-02-17	2024-02-16
0207142902	410		LAR COOPERATIVA AGROINDUSTRIAL	I	20. 2	2019-02-17	2024-02-16
0207142902	410		RIO BRANCO ALIMENTOS S. A.	I	20. 2	2019-02-17	2024-02-16
0207142902	410		RIVELLI ALIMENTOS S/A	I	20. 2	2019-02-17	2024-02-16
0207142902	410		SEARA ALIMENTOS LTDA JBS AVES LTDA AGRICOLA JANDELLE S/A SEARA COMERCIO DE ALIMENTOS LTDA	I	17. 8	2019-02-17	2024-02-16
0207142902	410		Sao Salvador Alimentos S/A	I	20. 2	2019-02-17	2024-02-16
0207142902	410		VIBRA AGROINDUSTRIAL S/A	I	20. 2	2019-02-17	2024-02-16
0207142902	410		VOSSKO DO BRASIL ALIMENTOS CONGELADOS LTDA	I	20. 2	2019-02-17	2024-02-16
0207142902	410		ZANCHETTA ALIMENTOS LTDA	I	20. 2	2019-02-17	2024-02-16
0207142902	701	国(地)别不详		I	32. 4	2019-02-17	2024-02-16
0207142902	410		ADORO S/A	I	20. 2	2019-02-17	2024-02-16
0207142902	410		AGRODANIELI INDUSTRIA E COMERCIO LTDA.	I	20. 2	2019-02-17	2024-02-16
0207142902	410		AGROSUL AGROAVICOLA INDUSTRIAL, S. A	I	20. 2	2019-02-17	2024-02-16
0207142902	410		AVENORTE AVICOLA CIANORTE LTDA.	I	20. 2	2019-02-17	2024-02-16
0207142902	410		All Others	I	32. 4	2019-02-17	2024-02-16
0207142902	410		BELLO ALIMENTOS LTDA.	I	20. 2	2019-02-17	2024-02-16
0207142902	410		BONASA ALIMENTOS SA	I	20. 2	2019-02-17	2024-02-16
0207142902	410		BRF S. A SHB. COMERCIO E INDUSTRIA DE ALIMENTOS S. A COMPANHIA MINUANO DE ALIMENTOS	I	25. 8	2019-02-17	2024-02-16
0207142902	410		C. Vale – Cooperativa Agroindustrial	I	32. 4	2019-02-17	2024-02-16
0207142902	410		COASUL COOPERATIVA AGROINDUSTRIAL	I	20. 2	2019-02-17	2024-02-16
0207142902	410		COOPAVEL COOPERATIVA AGROINDUSTRIAL	I	20. 2	2019-02-17	2024-02-16
0207142902	410		COOPERATIVA AGROINDUSTRIAL COPAGRIL	I	20. 2	2019-02-17	2024-02-16
0207142990	410		ADORO S/A	I	20. 2	2019-02-17	2024-02-16

商品编号	原产国(地区)	原产厂商中文名称	原产厂商英文名称	税种代码	税率(%)	起始日期	截止日期
0207142990	701	国(地)别不详		I	32. 4	2019-02-17	2024-02-16
0207142990	410		AGROSUL AGROAVICOLA INDUSTRIAL, S. A	I	20. 2	2019-02-17	2024-02-16
0207142990	410		AVENORTE AVICOLA CIANORTE LTDA.	I	20. 2	2019-02-17	2024-02-16
0207142990	410		All Others	I	32. 4	2019-02-17	2024-02-16
0207142990	410		BELLO ALIMENTOS LTDA.	I	20. 2	2019-02-17	2024-02-16
0207142990	410		BONASA ALIMENTOS SA	I	20. 2	2019-02-17	2024-02-16
0207142990	410		BRF S. A SHB. COMERCIO E INDUSTRIA DE ALIMENTOS S. A COMPANHIA MINUANO DE ALIMENTOS	I	25. 8	2019-02-17	2024-02-16
0207142990	410		C. Vale - Cooperativa Agroindustrial	I	32. 4	2019-02-17	2024-02-16
0207142990	410		COASUL COOPERATIVA AGROINDUSTRIAL	I	20. 2	2019-02-17	2024-02-16
0207142990	410		COOPAVEL COOPERATIVA AGROINDUSTRIAL	I	20. 2	2019-02-17	2024-02-16
0207142990	410		COOPERATIVA AGROINDUSTRIAL COPAGRIL	I	20. 2	2019-02-17	2024-02-16
0207142990	410		COOPERATIVA LANGUIRU LTDA	I	20. 2	2019-02-17	2024-02-16
0207142990	410		Cooperativa Central Aurora Alimentos	I	20. 2	2019-02-17	2024-02-16
0207142990	410		Copacol - Cooperativa Agroindustrial Consolata	I	20. 2	2019-02-17	2024-02-16
0207142990	410		FLAMBOIA ALIMENTOS LTDA	I	20. 2	2019-02-17	2024-02-16
0207142990	410		FRIGORIFICO NOVA ARACA LTDA	I	20. 2	2019-02-17	2024-02-16
0207142990	410		GONCALVES & TORTOLA S/A	I	20. 2	2019-02-17	2024-02-16
0207142990	410		KAEFER AGRO INDUSTRIAL LTDA	I	20. 2	2019-02-17	2024-02-16
0207142990	410		LAR COOPERATIVA AGROINDUSTRIAL	I	20. 2	2019-02-17	2024-02-16
0207142990	410		RIO BRANCO ALIMENTOS S. A.	I	20. 2	2019-02-17	2024-02-16
0207142990	410		RIVELLI ALIMENTOS S/A	I	20. 2	2019-02-17	2024-02-16
0207142990	410		SEARA ALIMENTOS LTDA JBS AVES LTDA AGRICOLA JANDELLE S/A SEARA COMERCIO DE ALIMENTOS LTDA	I	17. 8	2019-02-17	2024-02-16
0207142990	410		Sao Salvador Alimentos S/A	I	20. 2	2019-02-17	2024-02-16
0207142990	410		VIBRA AGROINDUSTRIAL S/A	I	20. 2	2019-02-17	2024-02-16
0207142990	410		VOSSKO DO BRASIL ALIMENTOS CONGELADOS LTDA	I	20. 2	2019-02-17	2024-02-16
0207142990	410		ZANCHETTA ALIMENTOS LTDA	I	20. 2	2019-02-17	2024-02-16
0207142990	410		AGRODANIELI INDUSTRIA E COMERCIO LTDA.	I	20. 2	2019-02-17	2024-02-16
0504002100	410		ADORO S/A	I	20. 2	2019-02-17	2024-02-16
0504002100	701	国(地)别不详		I	32. 4	2019-02-17	2024-02-16
0504002100	410		AGROSUL AGROAVICOLA INDUSTRIAL, S. A	I	20. 2	2019-02-17	2024-02-16
0504002100	410		AVENORTE AVICOLA CIANORTE LTDA.	I	20. 2	2019-02-17	2024-02-16
0504002100	410		All Others	I	32. 4	2019-02-17	2024-02-16
0504002100	410		BELLO ALIMENTOS LTDA.	I	20. 2	2019-02-17	2024-02-16
0504002100	410		BONASA ALIMENTOS SA	I	20. 2	2019-02-17	2024-02-16
0504002100	410		BRF S. A SHB. COMERCIO E INDUSTRIA DE ALIMENTOS S. A COMPANHIA MINUANO DE ALIMENTOS	I	25. 8	2019-02-17	2024-02-16
0504002100	410		C. Vale - Cooperativa Agroindustrial	I	32. 4	2019-02-17	2024-02-16
0504002100	410		COASUL COOPERATIVA AGROINDUSTRIAL	I	20. 2	2019-02-17	2024-02-16
0504002100	410		COOPAVEL COOPERATIVA AGROINDUSTRIAL	I	20. 2	2019-02-17	2024-02-16

商品编号	原产国(地区)	原产厂商中文名称	原产厂商英文名称	税种代码	税率(%)	起始日期	截止日期
0504002100	410		COOPERATIVA AGROINDUSTRIAL COPAGRIL	I	20.2	2019-02-17	2024-02-16
0504002100	410		COOPERATIVA LANGUIRU LTDA	I	20.2	2019-02-17	2024-02-16
0504002100	410		Cooperativa Central Aurora Alimentos	I	20.2	2019-02-17	2024-02-16
0504002100	410		Copacol - Cooperativa Agroindustrial Consolata	I	20.2	2019-02-17	2024-02-16
0504002100	410		FLAMBOIA ALIMENTOS LTDA	I	20.2	2019-02-17	2024-02-16
0504002100	410		FRIGORIFICO NOVA ARACA LTDA	I	20.2	2019-02-17	2024-02-16
0504002100	410		GONCALVES & TORTOLA S/A	I	20.2	2019-02-17	2024-02-16
0504002100	410		KAEFER AGRO INDUSTRIAL LTDA	I	20.2	2019-02-17	2024-02-16
0504002100	410		LAR COOPERATIVA AGROINDUSTRIAL	I	20.2	2019-02-17	2024-02-16
0504002100	410		RIO BRANCO ALIMENTOS S. A.	I	20.2	2019-02-17	2024-02-16
0504002100	410		RIVELLI ALIMENTOS S/A	I	20.2	2019-02-17	2024-02-16
0504002100	410		SEARA ALIMENTOS LTDA JBS AVES LTDA AGRICOLA JANDELLE S/A SEARA COMERCIO DE ALIMENTOS LTDA	I	17.8	2019-02-17	2024-02-16
0504002100	410		Sao Salvador Alimentos S/A	I	20.2	2019-02-17	2024-02-16
0504002100	410		VIBRA AGROINDUSTRIAL S/A	I	20.2	2019-02-17	2024-02-16
0504002100	410		VOSSKO DO BRASIL ALIMENTOS CONGELADOS LTDA	I	20.2	2019-02-17	2024-02-16
0504002100	410		ZANCHETTA ALIMENTOS LTDA	I	20.2	2019-02-17	2024-02-16
0504002100	410		AGRODANIELI INDUSTRIA E COMERCIO LTDA.	I	20.2	2019-02-17	2024-02-16
1108130000	108	德国艾维贝马铃薯淀粉工厂	Avebe Kartoffelstarkefabrik Prignitz/Wendland GmbH	J	12.4	2011-09-17	2028-09-15
1108130000	108	法国罗盖特公司	ROQUETTE FRERES	J	7.5	2011-09-17	2028-09-15
1108130000	108	荷兰艾维贝公司	AVEBE U. A.	J	12.4	2011-09-17	2028-09-15
1108130000	108	其他欧盟公司	All Others	J	12.4	2011-09-17	2028-09-15
1108130000	301	德国艾维贝马铃薯淀粉工厂	Avebe Kartoffelstarkefabrik Prignitz/Wendland GmbH	J	12.4	2011-09-17	2028-09-15
1108130000	301	法国罗盖特公司	ROQUETTE FRERES	J	7.5	2011-09-17	2028-09-15
1108130000	301	荷兰艾维贝公司	AVEBE U. A.	J	12.4	2011-09-17	2028-09-15
1108130000	301	其他欧盟公司	All Others	J	12.4	2011-09-17	2028-09-15
1108130000	302	德国艾维贝马铃薯淀粉工厂	Avebe Kartoffelstarkefabrik Prignitz/Wendland GmbH	J	12.4	2011-09-17	2028-09-15
1108130000	302	法国罗盖特公司	ROQUETTE FRERES	J	7.5	2011-09-17	2028-09-15
1108130000	302	荷兰艾维贝公司	AVEBE U. A.	J	12.4	2011-09-17	2028-09-15
1108130000	302	其他欧盟公司	All Others	J	12.4	2011-09-17	2028-09-15
1108130000	303	德国艾维贝马铃薯淀粉工厂	Avebe Kartoffelstarkefabrik Prignitz/Wendland GmbH	J	12.4	2011-09-17	2028-09-15
1108130000	303	法国罗盖特公司	ROQUETTE FRERES	J	7.5	2011-09-17	2028-09-15
1108130000	303	荷兰艾维贝公司	AVEBE U. A.	J	12.4	2011-09-17	2028-09-15
1108130000	303	其他欧盟公司	All Others	J	12.4	2011-09-17	2028-09-15
1108130000	304	德国艾维贝马铃薯淀粉工厂	Avebe Kartoffelstarkefabrik Prignitz/Wendland GmbH	J	12.4	2011-09-17	2028-09-15
1108130000	304	法国罗盖特公司	ROQUETTE FRERES	J	7.5	2011-09-17	2028-09-15
1108130000	353	德国艾维贝马铃薯淀粉工厂	Avebe Kartoffelstarkefabrik Prignitz/Wendland GmbH	J	12.4	2011-09-17	2028-09-15
1108130000	353	法国罗盖特公司	ROQUETTE FRERES	J	7.5	2011-09-17	2028-09-15
1108130000	305	德国艾维贝马铃薯淀粉工厂	Avebe Kartoffelstarkefabrik Prignitz/Wendland GmbH	J	12.4	2011-09-17	2028-09-15
1108130000	305	法国罗盖特公司	ROQUETTE FRERES	J	7.5	2011-09-17	2028-09-15
1108130000	305	荷兰艾维贝公司	AVEBE U. A.	J	12.4	2011-09-17	2028-09-15
1108130000	305	其他欧盟公司	All Others	J	12.4	2011-09-17	2028-09-15

商品编号	原产国（地区）	原产厂商中文名称	原产厂商英文名称	税种代码	税率（%）	起始日期	截止日期
1108130000	306	德国艾维贝马铃薯淀粉工厂	Avebe Kartoffelstarkefabrik Prignitz/Wendland GmbH	J	12.4	2011-09-17	2028-09-15
1108130000	306	法国罗盖特公司	ROQUETTE FRERES	J	7.5	2011-09-17	2028-09-15
1108130000	306	荷兰艾维贝公司	AVEBE U. A.	J	12.4	2011-09-17	2028-09-15
1108130000	306	其他欧盟公司	All Others	J	12.4	2011-09-17	2028-09-15
1108130000	307	德国艾维贝马铃薯淀粉工厂	Avebe Kartoffelstarkefabrik Prignitz/Wendland GmbH	J	12.4	2011-09-17	2028-09-15
1108130000	307	法国罗盖特公司	ROQUETTE FRERES	J	7.5	2011-09-17	2028-09-15
1108130000	307	荷兰艾维贝公司	AVEBE U. A.	J	12.4	2011-09-17	2028-09-15
1108130000	307	其他欧盟公司	All Others	J	12.4	2011-09-17	2028-09-15
1108130000	308	德国艾维贝马铃薯淀粉工厂	Avebe Kartoffelstarkefabrik Prignitz/Wendland GmbH	J	12.4	2011-09-17	2028-09-15
1108130000	308	法国罗盖特公司	ROQUETTE FRERES	J	7.5	2011-09-17	2028-09-15
1108130000	308	荷兰艾维贝公司	AVEBE U. A.	J	12.4	2011-09-17	2028-09-15
1108130000	308	其他欧盟公司	All Others	J	12.4	2011-09-17	2028-09-15
1108130000	309	艾维贝合作社公司	Cooperatie AVEBE U. A.	J	12.4	2016-12-15	2028-09-15
1108130000	309	德国艾维贝马铃薯淀粉工厂	Avebe Kartoffelstarkefabrik Prignitz/Wendland GmbH	J	12.4	2011-09-17	2028-09-15
1108130000	309	法国罗盖特公司	ROQUETTE FRERES	J	7.5	2011-09-17	2028-09-15
1108130000	309	荷兰艾维贝公司	AVEBE U. A.	J	12.4	2011-09-17	2028-09-15
1108130000	309	皇家艾维贝合作社公司	Cooperatie Koninklijke Avebe U. A.	J	12.4	2021-03-09	2028-09-15
1108130000	309	其他欧盟公司	All Others	J	12.4	2011-09-17	2028-09-15
1108130000	310	德国艾维贝马铃薯淀粉工厂	Avebe Kartoffelstarkefabrik Prignitz/Wendland GmbH	J	12.4	2011-09-17	2028-09-15
1108130000	310	法国罗盖特公司	ROQUETTE FRERES	J	7.5	2011-09-17	2028-09-15
1108130000	310	荷兰艾维贝公司	AVEBE U. A.	J	12.4	2011-09-17	2028-09-15
1108130000	310	其他欧盟公司	All Others	J	12.4	2011-09-17	2028-09-15
1108130000	311	德国艾维贝马铃薯淀粉工厂	Avebe Kartoffelstarkefabrik Prignitz/Wendland GmbH	J	12.4	2011-09-17	2028-09-15
1108130000	311	法国罗盖特公司	ROQUETTE FRERES	J	7.5	2011-09-17	2028-09-15
1108130000	311	荷兰艾维贝公司	AVEBE U. A.	J	12.4	2011-09-17	2028-09-15
1108130000	311	其他欧盟公司	All Others	J	12.4	2011-09-17	2028-09-15
1108130000	312	德国艾维贝马铃薯淀粉工厂	Avebe Kartoffelstarkefabrik Prignitz/Wendland GmbH	J	12.4	2011-09-17	2028-09-15
1108130000	312	法国罗盖特公司	ROQUETTE FRERES	J	7.5	2011-09-17	2028-09-15
1108130000	312	荷兰艾维贝公司	AVEBE U. A.	J	12.4	2011-09-17	2028-09-15
1108130000	312	其他欧盟公司	All Others	J	12.4	2011-09-17	2028-09-15
1108130000	315	德国艾维贝马铃薯淀粉工厂	Avebe Kartoffelstarkefabrik Prignitz/Wendland GmbH	J	12.4	2011-09-17	2028-09-15
1108130000	315	法国罗盖特公司	ROQUETTE FRERES	J	7.5	2011-09-17	2028-09-15
1108130000	315	荷兰艾维贝公司	AVEBE U. A.	J	12.4	2011-09-17	2028-09-15
1108130000	315	其他欧盟公司	All Others	J	12.4	2011-09-17	2028-09-15
1108130000	316	德国艾维贝马铃薯淀粉工厂	Avebe Kartoffelstarkefabrik Prignitz/Wendland GmbH	J	12.4	2011-09-17	2028-09-15
1108130000	316	法国罗盖特公司	ROQUETTE FRERES	J	7.5	2011-09-17	2028-09-15
1108130000	316	荷兰艾维贝公司	AVEBE U. A.	J	12.4	2011-09-17	2028-09-15
1108130000	316	其他欧盟公司	All Others	J	12.4	2011-09-17	2028-09-15
1108130000	318	德国艾维贝马铃薯淀粉工厂	Avebe Kartoffelstarkefabrik Prignitz/Wendland GmbH	J	12.4	2011-09-17	2028-09-15
1108130000	318	法国罗盖特公司	ROQUETTE FRERES	J	7.5	2011-09-17	2028-09-15
1108130000	318	荷兰艾维贝公司	AVEBE U. A.	J	12.4	2011-09-17	2028-09-15
1108130000	318	其他欧盟公司	All Others	J	12.4	2011-09-17	2028-09-15
1108130000	321	德国艾维贝马铃薯淀粉工厂	Avebe Kartoffelstarkefabrik Prignitz/Wendland GmbH	J	12.4	2011-09-17	2028-09-15

商品编号	原产国(地区)	原产厂商中文名称	原产厂商英文名称	税种代码	税率(%)	起始日期	截止日期
1108130000	321	法国罗盖特公司	ROQUETTE FRERES	J	7.5	2011-09-17	2028-09-15
1108130000	321	荷兰艾维贝公司	AVEBE U. A.	J	12.4	2011-09-17	2028-09-15
1108130000	321	其他欧盟公司	All Others	J	12.4	2011-09-17	2028-09-15
1108130000	324	德国艾维贝马铃薯淀粉工厂	Avebe Kartoffelstarkefabrik Prignitz/Wendland GmbH	J	12.4	2011-09-17	2028-09-15
1108130000	324	法国罗盖特公司	ROQUETTE FRERES	J	7.5	2011-09-17	2028-09-15
1108130000	324	荷兰艾维贝公司	AVEBE U. A.	J	12.4	2011-09-17	2028-09-15
1108130000	324	其他欧盟公司	All Others	J	12.4	2011-09-17	2028-09-15
1108130000	327	德国艾维贝马铃薯淀粉工厂	Avebe Kartoffelstarkefabrik Prignitz/Wendland GmbH	J	12.4	2011-09-17	2028-09-15
1108130000	327	法国罗盖特公司	ROQUETTE FRERES	J	7.5	2011-09-17	2028-09-15
1108130000	327	荷兰艾维贝公司	AVEBE U. A.	J	12.4	2011-09-17	2028-09-15
1108130000	327	其他欧盟公司	All Others	J	12.4	2011-09-17	2028-09-15
1108130000	328	德国艾维贝马铃薯淀粉工厂	Avebe Kartoffelstarkefabrik Prignitz/Wendland GmbH	J	12.4	2011-09-17	2028-09-15
1108130000	328	法国罗盖特公司	ROQUETTE FRERES	J	7.5	2011-09-17	2028-09-15
1108130000	328	荷兰艾维贝公司	AVEBE U. A.	J	12.4	2011-09-17	2028-09-15
1108130000	328	其他欧盟公司	All Others	J	12.4	2011-09-17	2028-09-15
1108130000	108	其他欧盟公司	All Others	I	56.7	2011-04-19	2024-02-05
1108130000	301	其他欧盟公司	All Others	I	56.7	2011-04-19	2024-02-05
1108130000	302	其他欧盟公司	All Others	I	56.7	2011-04-19	2024-02-05
1108130000	303	其他欧盟公司	All Others	I	56.7	2011-04-19	2024-02-05
1108130000	304	德国艾维贝马铃薯淀粉工厂	Avebe Kartoffelstarkefabrik Prignitz/Wendland GmbH	I	12.6	2011-04-19	2024-02-05
1108130000	304	其他欧盟公司	All Others	I	56.7	2011-04-19	2024-02-05
1108130000	305	法国罗盖特公司	ROQUETTE FRERES	I	56.7	2011-04-19	2024-02-05
1108130000	305	其他欧盟公司	All Others	I	56.7	2011-04-19	2024-02-05
1108130000	306	其他欧盟公司	All Others	I	56.7	2011-04-19	2024-02-05
1108130000	307	其他欧盟公司	All Others	I	56.7	2011-04-19	2024-02-05
1108130000	308	其他欧盟公司	All Others	I	56.7	2011-04-19	2024-02-05
1108130000	309	皇家艾维贝合作社公司	Cooperatie Koninklijke Avebe U. A.	I	12.6	2021-03-09	2024-02-05
1108130000	309	其他欧盟公司	All Others	I	56.7	2011-04-19	2024-02-05
1108130000	310	其他欧盟公司	All Others	I	56.7	2011-04-19	2024-02-05
1108130000	311	其他欧盟公司	All Others	I	56.7	2011-04-19	2024-02-05
1108130000	312	其他欧盟公司	All Others	I	56.7	2011-04-19	2024-02-05
1108130000	315	其他欧盟公司	All Others	I	56.7	2011-04-19	2024-02-05
1108130000	316	其他欧盟公司	All Others	I	56.7	2011-04-19	2024-02-05
1108130000	318	其他欧盟公司	All Others	I	56.7	2011-04-19	2024-02-05
1108130000	321	其他欧盟公司	All Others	I	56.7	2011-04-19	2024-02-05
1108130000	324	其他欧盟公司	All Others	I	56.7	2011-04-19	2024-02-05
1108130000	327	其他欧盟公司	All Others	I	56.7	2011-04-19	2024-02-05
1108130000	328	其他欧盟公司	All Others	I	56.7	2011-04-19	2024-02-05
1108130000	330	其他欧盟公司	All Others	I	56.7	2011-04-19	2024-02-05
1108130000	334	其他欧盟公司	All Others	I	56.7	2011-04-19	2024-02-05
1108130000	335	其他欧盟公司	All Others	I	56.7	2011-04-19	2024-02-05
1108130000	336	其他欧盟公司	All Others	I	56.7	2011-04-19	2024-02-05
1108130000	350	其他欧盟公司	All Others	I	56.7	2011-04-19	2024-02-05

商品编号	原产国(地区)	原产厂商中文名称	原产厂商英文名称	税种代码	税率(%)	起始日期	截止日期
1108130000	352	其他欧盟公司	All Others	I	56.7	2011-04-19	2024-02-05
1108130000	353	其他欧盟公司	All Others	I	56.7	2011-04-19	2024-02-05
1108130000	701	国(地)别不详		I	56.7	2011-04-19	2024-02-05
1108130000	353	荷兰艾维贝公司	AVEBE U. A.	J	12.4	2011-09-17	2028-09-15
1108130000	353	其他欧盟公司	All Others	J	12.4	2011-09-17	2028-09-15
1108130000	701	国(地)别不详		J	12.4	2011-09-17	2028-09-15
1108130000	304	荷兰艾维贝公司	AVEBE U. A.	J	12.4	2011-09-17	2028-09-15
1108130000	304	其他欧盟公司	All Others	J	12.4	2011-09-17	2028-09-15
1108130000	330	德国艾维贝马铃薯淀粉工厂	Avebe Kartoffelstarkefabrik Prignitz/Wendland GmbH	J	12.4	2011-09-17	2028-09-15
1108130000	330	法国罗盖特公司	ROQUETTE FRERES	J	7.5	2011-09-17	2028-09-15
1108130000	330	荷兰艾维贝公司	AVEBE U. A.	J	12.4	2011-09-17	2028-09-15
1108130000	330	其他欧盟公司	All Others	J	12.4	2011-09-17	2028-09-15
1108130000	334	德国艾维贝马铃薯淀粉工厂	Avebe Kartoffelstarkefabrik Prignitz/Wendland GmbH	J	12.4	2011-09-17	2028-09-15
1108130000	334	法国罗盖特公司	ROQUETTE FRERES	J	7.5	2011-09-17	2028-09-15
1108130000	334	荷兰艾维贝公司	AVEBE U. A.	J	12.4	2011-09-17	2028-09-15
1108130000	334	其他欧盟公司	All Others	J	12.4	2011-09-17	2028-09-15
1108130000	335	德国艾维贝马铃薯淀粉工厂	Avebe Kartoffelstarkefabrik Prignitz/Wendland GmbH	J	12.4	2011-09-17	2028-09-15
1108130000	335	法国罗盖特公司	ROQUETTE FRERES	J	7.5	2011-09-17	2028-09-15
1108130000	335	荷兰艾维贝公司	AVEBE U. A.	J	12.4	2011-09-17	2028-09-15
1108130000	335	其他欧盟公司	All Others	J	12.4	2011-09-17	2028-09-15
1108130000	336	德国艾维贝马铃薯淀粉工厂	Avebe Kartoffelstarkefabrik Prignitz/Wendland GmbH	J	12.4	2011-09-17	2028-09-15
1108130000	336	法国罗盖特公司	ROQUETTE FRERES	J	7.5	2011-09-17	2028-09-15
1108130000	336	荷兰艾维贝公司	AVEBE U. A.	J	12.4	2011-09-17	2028-09-15
1108130000	336	其他欧盟公司	All Others	J	12.4	2011-09-17	2028-09-15
1108130000	350	德国艾维贝马铃薯淀粉工厂	Avebe Kartoffelstarkefabrik Prignitz/Wendland GmbH	J	12.4	2011-09-17	2028-09-15
1108130000	350	法国罗盖特公司	ROQUETTE FRERES	J	7.5	2011-09-17	2028-09-15
1108130000	350	荷兰艾维贝公司	AVEBE U. A.	J	12.4	2011-09-17	2028-09-15
1108130000	350	其他欧盟公司	All Others	J	12.4	2011-09-17	2028-09-15
1108130000	351	德国艾维贝马铃薯淀粉工厂	Avebe Kartoffelstarkefabrik Prignitz/Wendland GmbH	J	12.4	2014-01-01	2028-09-15
1108130000	351	法国罗盖特公司	ROQUETTE FRERES	J	7.5	2014-01-01	2028-09-15
1108130000	351	荷兰艾维贝公司	AVEBE U. A.	J	12.4	2014-01-01	2028-09-15
1108130000	351	其他欧盟公司	All Others	J	12.4	2014-01-01	2028-09-15
1108130000	352	德国艾维贝马铃薯淀粉工厂	Avebe Kartoffelstarkefabrik Prignitz/Wendland GmbH	J	12.4	2011-09-17	2028-09-15
1108130000	352	法国罗盖特公司	ROQUETTE FRERES	J	7.5	2011-09-17	2028-09-15
1108130000	352	荷兰艾维贝公司	AVEBE U. A.	J	12.4	2011-09-17	2028-09-15
1108130000	352	其他欧盟公司	All Others	J	12.4	2011-09-17	2028-09-15
2204210000	601	腾达堡	AUSTRALIAN FOOD & BEVERAGE GROUP PTY LTD	I	167.1	2021-03-28	2026-03-27
2204210000	601	泰勒飞力士	TERRA FELIX PTY. LTD.	I	167.1	2021-03-28	2026-03-27
2204210000	601	温加拉葡萄酒集团有限公司	WINGARA WINE GROUP PTY. LTD.	I	167.1	2021-03-28	2026-03-27
2204210000	601	珀缇雅谷葡萄酒有限公司	Portia Valley Wines Pty Ltd	I	167.1	2021-03-28	2026-03-27
2204210000	701	国(地)别不详		I	218.4	2021-03-28	2026-03-27
2204210000	601	澳大利亚依恋森林酒庄	AUSTRALIA FARM AND LAND INVESTMENT PTY LTD	I	167.1	2021-03-28	2026-03-27

商品编号	原产国(地区)	原产厂商中文名称	原产厂商英文名称	税种代码	税率(%)	起始日期	截止日期
2204210000	601	澳大利亚誉加葡萄酒有限公司	Accolade Wines Australia Limited	I	167. 1	2021-03-28	2026-03-27
2204210000	601	澳塔瓦酒庄	OCTTAVA WINES PTY LTD	I	167. 1	2021-03-28	2026-03-27
2204210000	601	澳洲佳酿集团	Australian Vintage Limited	I	167. 1	2021-03-28	2026-03-27
2204210000	601	保乐力加酿酒师有限公司	Pernod Ricard Winemakers Pty Ltd	I	167. 1	2021-03-28	2026-03-27
2204210000	601	博格丹投资有限公司	Bogdan Investments Pty Ltd	I	167. 1	2021-03-28	2026-03-27
2204210000	601	布朗兄弟米拉瓦葡萄园有限公司	BROWN BROTHERS MILAWA VINEYARD PTY. LIMITED	I	167. 1	2021-03-28	2026-03-27
2204210000	601	丹歌酒庄	AGREEN PTY LTD	I	167. 1	2021-03-28	2026-03-27
2204210000	601	德灵酒庄	Dorrien Estate Winery Pty Ltd	I	167. 1	2021-03-28	2026-03-27
2204210000	601	芬格富酒业集团	FERNGROVE VINEYARDS LTD	I	167. 1	2021-03-28	2026-03-27
2204210000	601	福莱斯葡萄酒有限公司	FOWLES WINE PTY LTD	I	167. 1	2021-03-28	2026-03-27
2204210000	601	福润德酒业有限公司	FURUNDE WINE CO. PTY LTD	I	167. 1	2021-03-28	2026-03-27
2204210000	601	富豪葡萄酒产业酒商有限公司	Treasury Wine Estates Vintners Limited	I	175. 6	2021-03-28	2026-03-27
2204210000	601	歌浓葡萄酒有限责任公司	Kilikanoon Wines Pty Ltd	I	167. 1	2021-03-28	2026-03-27
2204210000	601	红袋鼠葡萄酒有限公司	THE RED KANGAROO WINE COMPANY PTY. LTD.	I	167. 1	2021-03-28	2026-03-27
2204210000	601	卡塞拉酒业私人有限公司	Casella Wines Pty. Limited	I	170. 9	2021-03-28	2026-03-27
2204210000	601	礼拜山酒庄	Chapel Hill Winery Pty Ltd	I	167. 1	2021-03-28	2026-03-27
2204210000	601	其他澳大利亚公司	All Others	I	218. 4	2021-03-28	2026-03-27
2204210000	601	绅士酒庄	ZILZIE WINES PTY LTD	I	167. 1	2021-03-28	2026-03-27
2204210000	601	史密斯父子有限公司	S. SMITH & SON PTY. LIMITED	I	167. 1	2021-03-28	2026-03-27
2204210000	601	天鹅酿酒有限公司	Australia Swan Vintage Pty Ltd	I	116. 2	2021-03-28	2026-03-27
2303300011	502	TCE 有限责任公司	TCE, LLC	J	11. 2	2023-01-12	2028-01-11
2303300011	502	阿格拉资源有限责任公司	AGRA RESOURCES, LLC	I	50	2023-01-12	2028-01-11
2303300011	502	阿格拉资源有限责任公司	AGRA RESOURCES, LLC	J	11. 2	2023-01-12	2028-01-11
2303300011	502	阿奇尔丹尼斯米德兰公司	Archer-Daniels-Midland Company	I	49. 8	2023-01-12	2028-01-11
2303300011	502	阿奇尔丹尼斯米德兰公司	Archer-Daniels-Midland Company	J	11. 4	2023-01-12	2028-01-11
2303300011	502	埃尔克霍恩谷乙醇有限公司	Elkhorn Valley Ethanol, Limited Liability Company	I	49. 8	2023-01-12	2028-01-11
2303300011	502	埃尔克霍恩谷乙醇有限公司	Elkhorn Valley Ethanol, Limited Liability Company	J	11. 4	2023-01-12	2028-01-11
2303300011	502	爱国者可再生燃料有限责任公司	Patriot Renewable Fuels, LLC	I	49. 8	2023-01-12	2028-01-11
2303300011	502	爱国者可再生燃料有限责任公司	Patriot Renewable Fuels, LLC	J	11. 4	2023-01-12	2028-01-11
2303300011	502	爱荷华乙醇有限责任公司	IOWA ETHANOL, LLC	I	50	2023-01-12	2028-01-11
2303300011	502	爱荷华乙醇有限责任公司	IOWA ETHANOL, LLC	J	11. 2	2023-01-12	2028-01-11
2303300011	502	安德森阿尔比恩乙醇公司	The Andersons Albion Ethanol LLC	I	49. 8	2023-01-12	2028-01-11
2303300011	502	安德森阿尔比恩乙醇公司	The Andersons Albion Ethanol LLC	J	11. 4	2023-01-12	2028-01-11
2303300011	502	安德森丹尼森乙醇公司	The Andersons Denison Ethanol LLC	I	49. 8	2023-01-12	2028-01-11
2303300011	502	安德森丹尼森乙醇公司	The Andersons Denison Ethanol LLC	J	11. 4	2023-01-12	2028-01-11
2303300011	502	安德森克里默思乙醇公司	The Andersons Clymers Ethanol LLC	I	49. 8	2023-01-12	2028-01-11
2303300011	502	安德森克里默思乙醇公司	The Andersons Clymers Ethanol LLC	J	11. 4	2023-01-12	2028-01-11
2303300011	502	安德森马拉松乙醇公司	The Andersons Marathon Ethanol LLC	I	49. 8	2023-01-12	2028-01-11
2303300011	502	安德森马拉松乙醇公司	The Andersons Marathon Ethanol LLC	J	11. 4	2023-01-12	2028-01-11
2303300011	502	北极光乙醇有限责任公司	NORTHERN LIGHTS ETHANOL, LLC	I	50	2023-01-12	2028-01-11
2303300011	502	北极光乙醇有限责任公司	NORTHERN LIGHTS ETHANOL, LLC	J	11. 2	2023-01-12	2028-01-11
2303300011	502	北极星乙醇有限责任公司	NORTHSTAR ETHANOL, LLC	I	50	2023-01-12	2028-01-11

商品编号	原产国(地区)	原产厂商中文名称	原产厂商英文名称	税种代码	税率(%)	起始日期	截止日期
2303300011	502	北极星乙醇有限责任公司	NORTHSTAR ETHANOL, LLC	J	11.2	2023-01-12	2028-01-11
2303300011	502	博伊特生物精炼-北曼彻斯特有限责任公司	POET BIOREFINING - NORTH MANCHESTER, LLC	I	50	2023-01-12	2028-01-11
2303300011	502	博伊特生物精炼-北曼彻斯特有限责任公司	POET BIOREFINING - NORTH MANCHESTER, LLC	J	11.2	2023-01-12	2028-01-11
2303300011	502	博伊特生物精炼-波特兰有限责任公司	POET BIOREFINING - PORTLAND, LLC	I	50	2023-01-12	2028-01-11
2303300011	502	博伊特生物精炼-波特兰有限责任公司	POET BIOREFINING - PORTLAND, LLC	J	11.2	2023-01-12	2028-01-11
2303300011	502	博伊特生物精炼-福斯托里亚有限责任公司	POET BIOREFINING - FOSTORIA, LLC	I	50	2023-01-12	2028-01-11
2303300011	502	地平线乙醇有限责任公司	HORIZON ETHANOL, LLC	J	11.2	2023-01-12	2028-01-11
2303300011	502	恩思乙醇有限责任公司	Ace Ethanol, LLC	I	49.8	2023-01-12	2028-01-11
2303300011	502	恩思乙醇有限责任公司	Ace Ethanol, LLC	J	11.4	2023-01-12	2028-01-11
2303300011	502	弗林特希尔斯资源有限合伙公司	Flint Hills Resources, LP	I	49.8	2023-01-12	2028-01-11
2303300011	502	弗林特希尔斯资源有限合伙公司	Flint Hills Resources, LP	J	11.4	2023-01-12	2028-01-11
2303300011	502	高峰乙醇有限责任公司	PINNACLE ETHANOL, LLC	I	50	2023-01-12	2028-01-11
2303300011	502	高峰乙醇有限责任公司	PINNACLE ETHANOL, LLC	J	11.2	2023-01-12	2028-01-11
2303300011	502	航行者乙醇有限责任公司	VOYAGER ETHANOL, LLC	I	50	2023-01-12	2028-01-11
2303300011	502	航行者乙醇有限责任公司	VOYAGER ETHANOL, LLC	J	11.2	2023-01-12	2028-01-11
2303300011	502	金谷能源有限责任公司	Golden Grain Energy, LLC	I	49.8	2023-01-12	2028-01-11
2303300011	502	金谷能源有限责任公司	Golden Grain Energy, LLC	J	11.4	2023-01-12	2028-01-11
2303300011	502	领先-玉米有限责任公司	PRO-CORN, LLC	I	50	2023-01-12	2028-01-11
2303300011	502	领先-玉米有限责任公司	PRO-CORN, LLC	J	11.2	2023-01-12	2028-01-11
2303300011	502	路易达孚大章克申有限公司	Louis Dreyfus Commodities Grand Junction LLC	I	49.8	2023-01-12	2028-01-11
2303300011	502	路易达孚大章克申有限公司	Louis Dreyfus Commodities Grand Junction LLC	J	11.4	2023-01-12	2028-01-11
2303300011	502	马奎斯能源(威斯康星)有限责任公司	Marquis Energy - Wisconsin, LLC	I	42.2	2023-01-12	2028-01-11
2303300011	502	马奎斯能源(威斯康星)有限责任公司	Marquis Energy - Wisconsin, LLC	J	11.6	2023-01-12	2028-01-11
2303300011	502	马奎斯能源有限责任公司	Marquis Energy LLC	I	42.2	2023-01-12	2028-01-11
2303300011	502	马奎斯能源有限责任公司	Marquis Energy LLC	J	11.6	2023-01-12	2028-01-11
2303300011	502	密苏里东北粮食有限责任公司	NORTHEAST MISSOURI GRAIN, LLC	I	50	2023-01-12	2028-01-11
2303300011	502	乙醇 2000 有限责任合伙公司	ETHANOL2000 LIMITED LIABILITY PARTNERSHIP	J	11.2	2023-01-12	2028-01-11
2303300011	502	詹姆斯谷乙醇有限责任公司	JAMES VALLEY ETHANOL, LLC	I	50	2023-01-12	2028-01-11
2303300011	502	詹姆斯谷乙醇有限责任公司	JAMES VALLEY ETHANOL, LLC	J	11.2	2023-01-12	2028-01-11
2303300011	502	卓越能源有限责任公司	Absolute Energy, LLC	I	49.8	2023-01-12	2028-01-11
2303300011	502	卓越能源有限责任公司	Absolute Energy, LLC	J	11.4	2023-01-12	2028-01-11
2303300011	701	国(地)别不详		I	53.7	2023-01-12	2028-01-11
2303300011	701	国(地)别不详		J	11.4	2023-01-12	2028-01-11
2303300011	502	博伊特生物精炼-福斯托里亚有限责任公司	POET BIOREFINING - FOSTORIA, LLC	J	11.2	2023-01-12	2028-01-11
2303300011	502	博伊特生物精炼-克洛弗代尔有限责任公司	POET BIOREFINING - CLOVERDALE, LLC	I	50	2023-01-12	2028-01-11
2303300011	502	博伊特生物精炼-克洛弗代尔有限责任公司	POET BIOREFINING - CLOVERDALE, LLC	J	11.2	2023-01-12	2028-01-11

商品编号	原产国（地区）	原产厂商中文名称	原产厂商英文名称	税种代码	税率（%）	起始日期	截止日期
2303300011	502	博伊特生物精炼-利普西克有限责任公司	POET BIOREFINING - LEIPSIC, LLC	I	50	2023-01-12	2028-01-11
2303300011	502	博伊特生物精炼-利普西克有限责任公司	POET BIOREFINING - LEIPSIC, LLC	J	11.2	2023-01-12	2028-01-11
2303300011	502	博伊特生物精炼-马里昂有限责任公司	POET BIOREFINING - MARION, LLC	I	50	2023-01-12	2028-01-11
2303300011	502	博伊特生物精炼-马里昂有限责任公司	POET BIOREFINING - MARION, LLC	J	11.2	2023-01-12	2028-01-11
2303300011	502	博伊特生物精炼-亚历山德里亚有限责任公司	POET BIOREFINING - ALEXANDRIA, LLC	I	50	2023-01-12	2028-01-11
2303300011	502	博伊特生物精炼-亚历山德里亚有限责任公司	POET BIOREFINING - ALEXANDRIA, LLC	J	11.2	2023-01-12	2028-01-11
2303300011	502	博伊特研究中心公司	POET RESEARCH CENTER, INC.	I	50	2023-01-12	2028-01-11
2303300011	502	博伊特研究中心公司	POET RESEARCH CENTER, INC.	J	11.2	2023-01-12	2028-01-11
2303300011	502	大草原乙醇有限责任公司	PRAIRIE ETHANOL, LLC	I	50	2023-01-12	2028-01-11
2303300011	502	大草原乙醇有限责任公司	PRAIRIE ETHANOL, LLC	J	11.2	2023-01-12	2028-01-11
2303300011	502	大河资源有限责任公司	Big River Resources, LLC	I	53.7	2023-01-12	2028-01-11
2303300011	502	大河资源有限责任公司	Big River Resources, LLC	J	11.5	2023-01-12	2028-01-11
2303300011	502	大平原乙醇有限责任公司	GREAT PLAINS ETHANOL, LLC	I	50	2023-01-12	2028-01-11
2303300011	502	大平原乙醇有限责任公司	GREAT PLAINS ETHANOL, LLC	J	11.2	2023-01-12	2028-01-11
2303300011	502	地平线乙醇有限责任公司	HORIZON ETHANOL, LLC	I	50	2023-01-12	2028-01-11
2303300011	502	密苏里东北粮食有限责任公司	NORTHEAST MISSOURI GRAIN, LLC	J	11.2	2023-01-12	2028-01-11
2303300011	502	密苏里乙醇有限责任公司	MISSOURI ETHANOL, LLC	I	50	2023-01-12	2028-01-11
2303300011	502	密苏里乙醇有限责任公司	MISSOURI ETHANOL, LLC	J	11.2	2023-01-12	2028-01-11
2303300011	502	密歇根乙醇有限责任公司	MICHIGAN ETHANOL, LLC	I	50	2023-01-12	2028-01-11
2303300011	502	密歇根乙醇有限责任公司	MICHIGAN ETHANOL, LLC	J	11.2	2023-01-12	2028-01-11
2303300011	502	其他美国公司	All Others	I	53.7	2023-01-12	2028-01-11
2303300011	502	其他美国公司	All Others	J	12	2023-01-12	2028-01-11
2303300011	502	前沿乙醇有限责任公司	FRONTIER ETHANOL, LLC	I	50	2023-01-12	2028-01-11
2303300011	502	前沿乙醇有限责任公司	FRONTIER ETHANOL, LLC	J	11.2	2023-01-12	2028-01-11
2303300011	502	水獭溪乙醇有限责任公司	OTTER CREEK ETHANOL, LLC	I	50	2023-01-12	2028-01-11
2303300011	502	水獭溪乙醇有限责任公司	OTTER CREEK ETHANOL, LLC	J	11.2	2023-01-12	2028-01-11
2303300011	502	苏河乙醇有限责任公司	SIOUX RIVER ETHANOL, LLC	I	50	2023-01-12	2028-01-11
2303300011	502	苏河乙醇有限责任公司	SIOUX RIVER ETHANOL, LLC	J	11.2	2023-01-12	2028-01-11
2303300011	502	瓦莱罗可再生燃料有限责任公司	Valero Renewable Fuels Company, LLC	I	49.8	2023-01-12	2028-01-11
2303300011	502	瓦莱罗可再生燃料有限责任公司	Valero Renewable Fuels Company, LLC	J	11.4	2023-01-12	2028-01-11
2303300011	502	伊利诺斯河能源公司	Illinois River Energy, LLC	I	49.8	2023-01-12	2028-01-11
2303300011	502	伊利诺斯河能源公司	Illinois River Energy, LLC	J	11.4	2023-01-12	2028-01-11
2303300011	502	乙醇 2000 有限责任合伙公司	ETHANOL2000 LIMITED LIABILITY PARTNERSHIP	I	50	2023-01-12	2028-01-11
2303300011	502	TCE 有限责任公司	TCE, LLC	I	50	2023-01-12	2028-01-11
2303300019	502	TCE 有限责任公司	TCE, LLC	I	50	2023-01-12	2028-01-11
2303300019	502	TCE 有限责任公司	TCE, LLC	J	11.2	2023-01-12	2028-01-11
2303300019	502	阿格拉资源有限责任公司	AGRA RESOURCES, LLC	I	50	2023-01-12	2028-01-11
2303300019	502	阿格拉资源有限责任公司	AGRA RESOURCES, LLC	J	11.2	2023-01-12	2028-01-11

商品编号	原产国(地区)	原产厂商中文名称	原产厂商英文名称	税种代码	税率(%)	起始日期	截止日期
2303300019	502	阿奇尔丹尼斯米德兰公司	Archer-Daniels-Midland Company	I	49.8	2023-01-12	2028-01-11
2303300019	502	阿奇尔丹尼斯米德兰公司	Archer-Daniels-Midland Company	J	11.4	2023-01-12	2028-01-11
2303300019	502	埃尔克霍恩谷乙醇有限公司	Elkhorn Valley Ethanol, Limited Liability Company	I	49.8	2023-01-12	2028-01-11
2303300019	502	其他美国公司	All Others	J	12	2023-01-12	2028-01-11
2303300019	502	前沿乙醇有限责任公司	FRONTIER ETHANOL, LLC	I	50	2023-01-12	2028-01-11
2303300019	502	前沿乙醇有限责任公司	FRONTIER ETHANOL, LLC	J	11.2	2023-01-12	2028-01-11
2303300019	502	水獭溪乙醇有限责任公司	OTTER CREEK ETHANOL, LLC	I	50	2023-01-12	2028-01-11
2303300019	502	水獭溪乙醇有限责任公司	OTTER CREEK ETHANOL, LLC	J	11.2	2023-01-12	2028-01-11
2303300019	502	苏河乙醇有限责任公司	SIOUX RIVER ETHANOL, LLC	I	50	2023-01-12	2028-01-11
2303300019	502	苏河乙醇有限责任公司	SIOUX RIVER ETHANOL, LLC	J	11.2	2023-01-12	2028-01-11
2303300019	502	瓦莱罗可再生燃料有限责任公司	Valero Renewable Fuels Company, LLC	I	49.8	2023-01-12	2028-01-11
2303300019	502	瓦莱罗可再生燃料有限责任公司	Valero Renewable Fuels Company, LLC	J	11.4	2023-01-12	2028-01-11
2303300019	502	伊利诺斯河能源公司	Illinois River Energy, LLC	I	49.8	2023-01-12	2028-01-11
2303300019	502	伊利诺斯河能源公司	Illinois River Energy, LLC	J	11.4	2023-01-12	2028-01-11
2303300019	502	乙醇 2000 有限责任合伙公司	ETHANOL2000 LIMITED LIABILITY PARTNERSHIP	I	50	2023-01-12	2028-01-11
2303300019	502	乙醇 2000 有限责任合伙公司	ETHANOL2000 LIMITED LIABILITY PARTNERSHIP	J	11.2	2023-01-12	2028-01-11
2303300019	502	詹姆斯谷乙醇有限责任公司	JAMES VALLEY ETHANOL, LLC	I	50	2023-01-12	2028-01-11
2303300019	502	詹姆斯谷乙醇有限责任公司	JAMES VALLEY ETHANOL, LLC	J	11.2	2023-01-12	2028-01-11
2303300019	502	卓越能源有限责任公司	Absolute Energy, LLC	I	49.8	2023-01-12	2028-01-11
2303300019	502	卓越能源有限责任公司	Absolute Energy, LLC	J	11.4	2023-01-12	2028-01-11
2303300019	701	国(地)别不详		I	53.7	2023-01-12	2028-01-11
2303300019	701	国(地)别不详		J	11.4	2023-01-12	2028-01-11
2303300019	502	博伊特生物精炼-北曼彻斯特有限责任公司	POET BIOREFINING - NORTH MANCHESTER, LLC	I	50	2023-01-12	2028-01-11
2303300019	502	博伊特生物精炼-北曼彻斯特有限责任公司	POET BIOREFINING - NORTH MANCHESTER, LLC	J	11.2	2023-01-12	2028-01-11
2303300019	502	博伊特生物精炼-波特兰有限责任公司	POET BIOREFINING - PORTLAND, LLC	I	50	2023-01-12	2028-01-11
2303300019	502	博伊特生物精炼-波特兰有限责任公司	POET BIOREFINING - PORTLAND, LLC	J	11.2	2023-01-12	2028-01-11
2303300019	502	博伊特生物精炼-福斯托里亚有限责任公司	POET BIOREFINING - FOSTORIA, LLC	I	50	2023-01-12	2028-01-11
2303300019	502	博伊特生物精炼-福斯托里亚有限责任公司	POET BIOREFINING - FOSTORIA, LLC	J	11.2	2023-01-12	2028-01-11
2303300019	502	博伊特生物精炼-克洛弗代尔有限责任公司	POET BIOREFINING - CLOVERDALE, LLC	I	50	2023-01-12	2028-01-11
2303300019	502	博伊特生物精炼-克洛弗代尔有限责任公司	POET BIOREFINING - CLOVERDALE, LLC	J	11.2	2023-01-12	2028-01-11
2303300019	502	博伊特生物精炼-利普西克有限责任公司	POET BIOREFINING - LEIPSIC, LLC	I	50	2023-01-12	2028-01-11
2303300019	502	博伊特生物精炼-利普西克有限责任公司	POET BIOREFINING - LEIPSIC, LLC	J	11.2	2023-01-12	2028-01-11
2303300019	502	博伊特生物精炼-马里昂有限责任公司	POET BIOREFINING - MARION, LLC	I	50	2023-01-12	2028-01-11

商品编号	原产国(地区)	原产厂商中文名称	原产厂商英文名称	税种代码	税率(%)	起始日期	截止日期
2303300019	502	博伊特生物精炼-马里昂有限责任公司	POET BIOREFINING – MARION, LLC	J	11.2	2023-01-12	2028-01-11
2303300019	502	博伊特生物精炼-亚历山德里亚有限责任公司	POET BIOREFINING – ALEXANDRIA, LLC	I	50	2023-01-12	2028-01-11
2303300019	502	博伊特生物精炼-亚历山德里亚有限责任公司	POET BIOREFINING – ALEXANDRIA, LLC	J	11.2	2023-01-12	2028-01-11
2303300019	502	博伊特研究中心公司	POET RESEARCH CENTER, INC.	I	50	2023-01-12	2028-01-11
2303300019	502	博伊特研究中心公司	POET RESEARCH CENTER, INC.	J	11.2	2023-01-12	2028-01-11
2303300019	502	大草原乙醇有限责任公司	PRAIRIE ETHANOL, LLC	I	50	2023-01-12	2028-01-11
2303300019	502	大草原乙醇有限责任公司	PRAIRIE ETHANOL, LLC	J	11.2	2023-01-12	2028-01-11
2303300019	502	大河资源有限责任公司	Big River Resources, LLC	I	53.7	2023-01-12	2028-01-11
2303300019	502	大河资源有限责任公司	Big River Resources, LLC	J	11.5	2023-01-12	2028-01-11
2303300019	502	大平原乙醇有限责任公司	GREAT PLAINS ETHANOL, LLC	I	50	2023-01-12	2028-01-11
2303300019	502	大平原乙醇有限责任公司	GREAT PLAINS ETHANOL, LLC	J	11.2	2023-01-12	2028-01-11
2303300019	502	地平线乙醇有限责任公司	HORIZON ETHANOL, LLC	I	50	2023-01-12	2028-01-11
2303300019	502	地平线乙醇有限责任公司	HORIZON ETHANOL, LLC	J	11.2	2023-01-12	2028-01-11
2303300019	502	恩思乙醇有限责任公司	Ace Ethanol, LLC	I	49.8	2023-01-12	2028-01-11
2303300019	502	恩思乙醇有限责任公司	Ace Ethanol, LLC	J	11.4	2023-01-12	2028-01-11
2303300019	502	弗林特希尔斯资源有限合伙公司	Flint Hills Resources, LP	I	49.8	2023-01-12	2028-01-11
2303300019	502	弗林特希尔斯资源有限合伙公司	Flint Hills Resources, LP	J	11.4	2023-01-12	2028-01-11
2303300019	502	高峰乙醇有限责任公司	PINNACLE ETHANOL, LLC	I	50	2023-01-12	2028-01-11
2303300019	502	高峰乙醇有限责任公司	PINNACLE ETHANOL, LLC	J	11.2	2023-01-12	2028-01-11
2303300019	502	航行者乙醇有限责任公司	VOYAGER ETHANOL, LLC	I	50	2023-01-12	2028-01-11
2303300019	502	航行者乙醇有限责任公司	VOYAGER ETHANOL, LLC	J	11.2	2023-01-12	2028-01-11
2303300019	502	金谷能源有限责任公司	Golden Grain Energy, LLC	I	49.8	2023-01-12	2028-01-11
2303300019	502	金谷能源有限责任公司	Golden Grain Energy, LLC	J	11.4	2023-01-12	2028-01-11
2303300019	502	领先-玉米有限责任公司	PRO-CORN, LLC	I	50	2023-01-12	2028-01-11
2303300019	502	领先-玉米有限责任公司	PRO-CORN, LLC	J	11.2	2023-01-12	2028-01-11
2303300019	502	路易达孚大章克申有限公司	Louis Dreyfus Commodities Grand Junction LLC	I	49.8	2023-01-12	2028-01-11
2303300019	502	路易达孚大章克申有限公司	Louis Dreyfus Commodities Grand Junction LLC	J	11.4	2023-01-12	2028-01-11
2303300019	502	马奎斯能源(威斯康星)有限责任公司	Marquis Energy – Wisconsin, LLC	I	42.2	2023-01-12	2028-01-11
2303300019	502	马奎斯能源(威斯康星)有限责任公司	Marquis Energy – Wisconsin, LLC	J	11.6	2023-01-12	2028-01-11
2303300019	502	马奎斯能源有限责任公司	Marquis Energy LLC	I	42.2	2023-01-12	2028-01-11
2303300019	502	马奎斯能源有限责任公司	Marquis Energy LLC	J	11.6	2023-01-12	2028-01-11
2303300019	502	密苏里东北粮食有限责任公司	NORTHEAST MISSOURI GRAIN, LLC	I	50	2023-01-12	2028-01-11
2303300019	502	密苏里东北粮食有限责任公司	NORTHEAST MISSOURI GRAIN, LLC	J	11.2	2023-01-12	2028-01-11
2303300019	502	密苏里乙醇有限责任公司	MISSOURI ETHANOL, LLC	I	50	2023-01-12	2028-01-11
2303300019	502	密苏里乙醇有限责任公司	MISSOURI ETHANOL, LLC	J	11.2	2023-01-12	2028-01-11
2303300019	502	埃尔克霍恩谷乙醇有限公司	Elkhorn Valley Ethanol, Limited Liability Company	J	11.4	2023-01-12	2028-01-11
2303300019	502	爱国者可再生燃料有限责任公司	Patriot Renewable Fuels, LLC	I	49.8	2023-01-12	2028-01-11
2303300019	502	爱国者可再生燃料有限责任公司	Patriot Renewable Fuels, LLC	J	11.4	2023-01-12	2028-01-11
2303300019	502	爱荷华乙醇有限责任公司	IOWA ETHANOL, LLC	I	50	2023-01-12	2028-01-11
2303300019	502	爱荷华乙醇有限责任公司	IOWA ETHANOL, LLC	J	11.2	2023-01-12	2028-01-11
2303300019	502	安德森阿尔比恩乙醇公司	The Andersons Albion Ethanol LLC	I	49.8	2023-01-12	2028-01-11

商品编号	原产国(地区)	原产厂商中文名称	原产厂商英文名称	税种代码	税率(%)	起始日期	截止日期
2303300019	502	安德森阿尔比恩乙醇公司	The Andersons Albion Ethanol LLC	J	11.4	2023-01-12	2028-01-11
2303300019	502	安德森丹尼森乙醇公司	The Andersons Denison Ethanol LLC	I	49.8	2023-01-12	2028-01-11
2303300019	502	安德森丹尼森乙醇公司	The Andersons Denison Ethanol LLC	J	11.4	2023-01-12	2028-01-11
2303300019	502	安德森克里默思乙醇公司	The Andersons Clymers Ethanol LLC	I	49.8	2023-01-12	2028-01-11
2303300019	502	安德森克里默思乙醇公司	The Andersons Clymers Ethanol LLC	J	11.4	2023-01-12	2028-01-11
2303300019	502	安德森马拉松乙醇公司	The Andersons Marathon Ethanol LLC	I	49.8	2023-01-12	2028-01-11
2303300019	502	安德森马拉松乙醇公司	The Andersons Marathon Ethanol LLC	J	11.4	2023-01-12	2028-01-11
2303300019	502	北极光乙醇有限责任公司	NORTHERN LIGHTS ETHANOL, LLC	I	50	2023-01-12	2028-01-11
2303300019	502	北极光乙醇有限责任公司	NORTHERN LIGHTS ETHANOL, LLC	J	11.2	2023-01-12	2028-01-11
2303300019	502	北极星乙醇有限责任公司	NORTHSTAR ETHANOL, LLC	I	50	2023-01-12	2028-01-11
2303300019	502	北极星乙醇有限责任公司	NORTHSTAR ETHANOL, LLC	J	11.2	2023-01-12	2028-01-11
2303300019	502	密歇根乙醇有限责任公司	MICHIGAN ETHANOL, LLC	I	50	2023-01-12	2028-01-11
2303300019	502	密歇根乙醇有限责任公司	MICHIGAN ETHANOL, LLC	J	11.2	2023-01-12	2028-01-11
2303300019	502	其他美国公司	All Others	I	53.7	2023-01-12	2028-01-11
2303300090	502	苏河乙醇有限责任公司	SIOUX RIVER ETHANOL, LLC	J	11.2	2023-01-12	2028-01-11
2303300090	502	瓦莱罗可再生燃料有限责任公司	Valero Renewable Fuels Company, LLC	I	49.8	2023-01-12	2028-01-11
2303300090	502	瓦莱罗可再生燃料有限责任公司	Valero Renewable Fuels Company, LLC	J	11.4	2023-01-12	2028-01-11
2303300090	502	伊利诺斯河能源公司	Illinois River Energy, LLC	I	49.8	2023-01-12	2028-01-11
2303300090	502	伊利诺斯河能源公司	Illinois River Energy, LLC	J	11.4	2023-01-12	2028-01-11
2303300090	502	乙醇 2000 有限责任合伙公司	ETHANOL2000 LIMITED LIABILITY PARTNERSHIP	I	50	2023-01-12	2028-01-11
2303300090	502	乙醇 2000 有限责任合伙公司	ETHANOL2000 LIMITED LIABILITY PARTNERSHIP	J	11.2	2023-01-12	2028-01-11
2303300090	502	詹姆斯谷乙醇有限责任公司	JAMES VALLEY ETHANOL, LLC	I	50	2023-01-12	2028-01-11
2303300090	502	詹姆斯谷乙醇有限责任公司	JAMES VALLEY ETHANOL, LLC	J	11.2	2023-01-12	2028-01-11
2303300090	502	卓越能源有限责任公司	Absolute Energy, LLC	I	49.8	2023-01-12	2028-01-11
2303300090	502	卓越能源有限责任公司	Absolute Energy, LLC	J	11.4	2023-01-12	2028-01-11
2303300090	701	国(地)别不详		I	53.7	2023-01-12	2028-01-11
2303300090	701	国(地)别不详		J	11.4	2023-01-12	2028-01-11
2303300090	502	安德森丹尼森乙醇公司	The Andersons Denison Ethanol LLC	I	49.8	2023-01-12	2028-01-11
2303300090	502	安德森丹尼森乙醇公司	The Andersons Denison Ethanol LLC	J	11.4	2023-01-12	2028-01-11
2303300090	502	安德森克里默思乙醇公司	The Andersons Clymers Ethanol LLC	I	49.8	2023-01-12	2028-01-11
2303300090	502	安德森克里默思乙醇公司	The Andersons Clymers Ethanol LLC	J	11.4	2023-01-12	2028-01-11
2303300090	502	安德森马拉松乙醇公司	The Andersons Marathon Ethanol LLC	I	49.8	2023-01-12	2028-01-11
2303300090	502	安德森马拉松乙醇公司	The Andersons Marathon Ethanol LLC	J	11.4	2023-01-12	2028-01-11
2303300090	502	北极光乙醇有限责任公司	NORTHERN LIGHTS ETHANOL, LLC	I	50	2023-01-12	2028-01-11
2303300090	502	北极光乙醇有限责任公司	NORTHERN LIGHTS ETHANOL, LLC	J	11.2	2023-01-12	2028-01-11
2303300090	502	北极星乙醇有限责任公司	NORTHSTAR ETHANOL, LLC	I	50	2023-01-12	2028-01-11
2303300090	502	北极星乙醇有限责任公司	NORTHSTAR ETHANOL, LLC	J	11.2	2023-01-12	2028-01-11
2303300090	502	博伊特生物精炼-北曼彻斯特有限责任公司	POET BIOREFINING - NORTH MANCHESTER, LLC	I	50	2023-01-12	2028-01-11
2303300090	502	博伊特生物精炼-北曼彻斯特有限责任公司	POET BIOREFINING - NORTH MANCHESTER, LLC	J	11.2	2023-01-12	2028-01-11

商品编号	原产国(地区)	原产厂商中文名称	原产厂商英文名称	税种代码	税率(%)	起始日期	截止日期
2303300090	502	博伊特生物精炼-波特兰有限责任公司	POET BIOREFINING - PORTLAND, LLC	I	50	2023-01-12	2028-01-11
2303300090	502	博伊特生物精炼-波特兰有限责任公司	POET BIOREFINING - PORTLAND, LLC	J	11.2	2023-01-12	2028-01-11
2303300090	502	博伊特生物精炼-福斯托里亚有限责任公司	POET BIOREFINING - FOSTORIA, LLC	I	50	2023-01-12	2028-01-11
2303300090	502	TCE 有限责任公司	TCE, LLC	I	50	2023-01-12	2028-01-11
2303300090	502	TCE 有限责任公司	TCE, LLC	J	11.2	2023-01-12	2028-01-11
2303300090	502	阿格拉资源有限责任公司	AGRA RESOURCES, LLC	I	50	2023-01-12	2028-01-11
2303300090	502	阿格拉资源有限责任公司	AGRA RESOURCES, LLC	J	11.2	2023-01-12	2028-01-11
2303300090	502	阿奇尔丹尼斯米德兰公司	Archer-Daniels-Midland Company	I	49.8	2023-01-12	2028-01-11
2303300090	502	阿奇尔丹尼斯米德兰公司	Archer-Daniels-Midland Company	J	11.4	2023-01-12	2028-01-11
2303300090	502	埃尔克霍恩谷乙醇有限公司	Elkhorn Valley Ethanol, Limited Liability Company	I	49.8	2023-01-12	2028-01-11
2303300090	502	埃尔克霍恩谷乙醇有限公司	Elkhorn Valley Ethanol, Limited Liability Company	J	11.4	2023-01-12	2028-01-11
2303300090	502	爱国者可再生燃料有限责任公司	Patriot Renewable Fuels, LLC	I	49.8	2023-01-12	2028-01-11
2303300090	502	爱国者可再生燃料有限责任公司	Patriot Renewable Fuels, LLC	J	11.4	2023-01-12	2028-01-11
2303300090	502	爱荷华乙醇有限责任公司	IOWA ETHANOL, LLC	I	50	2023-01-12	2028-01-11
2303300090	502	爱荷华乙醇有限责任公司	IOWA ETHANOL, LLC	J	11.2	2023-01-12	2028-01-11
2303300090	502	安德森阿尔比恩乙醇公司	The Andersons Albion Ethanol LLC	I	49.8	2023-01-12	2028-01-11
2303300090	502	博伊特生物精炼-福斯托里亚有限责任公司	POET BIOREFINING - FOSTORIA, LLC	J	11.2	2023-01-12	2028-01-11
2303300090	502	博伊特生物精炼-克洛弗代尔有限责任公司	POET BIOREFINING - CLOVERDALE, LLC	I	50	2023-01-12	2028-01-11
2303300090	502	博伊特生物精炼-克洛弗代尔有限责任公司	POET BIOREFINING - CLOVERDALE, LLC	J	11.2	2023-01-12	2028-01-11
2303300090	502	博伊特生物精炼-利普西克有限责任公司	POET BIOREFINING - LEIPSIC, LLC	I	50	2023-01-12	2028-01-11
2303300090	502	博伊特生物精炼-利普西克有限责任公司	POET BIOREFINING - LEIPSIC, LLC	J	11.2	2023-01-12	2028-01-11
2303300090	502	博伊特生物精炼-马里昂有限责任公司	POET BIOREFINING - MARION, LLC	I	50	2023-01-12	2028-01-11
2303300090	502	博伊特生物精炼-马里昂有限责任公司	POET BIOREFINING - MARION, LLC	J	11.2	2023-01-12	2028-01-11
2303300090	502	博伊特生物精炼-亚历山德里亚有限责任公司	POET BIOREFINING - ALEXANDRIA, LLC	I	50	2023-01-12	2028-01-11
2303300090	502	博伊特生物精炼-亚历山德里亚有限责任公司	POET BIOREFINING - ALEXANDRIA, LLC	J	11.2	2023-01-12	2028-01-11
2303300090	502	博伊特研究中心公司	POET RESEARCH CENTER, INC.	I	50	2023-01-12	2028-01-11
2303300090	502	密苏里乙醇有限责任公司	MISSOURI ETHANOL, LLC	I	50	2023-01-12	2028-01-11
2303300090	502	密苏里乙醇有限责任公司	MISSOURI ETHANOL, LLC	J	11.2	2023-01-12	2028-01-11
2303300090	502	密歇根乙醇有限责任公司	MICHIGAN ETHANOL, LLC	I	50	2023-01-12	2028-01-11
2303300090	502	密歇根乙醇有限责任公司	MICHIGAN ETHANOL, LLC	J	11.2	2023-01-12	2028-01-11
2303300090	502	其他美国公司	All Others	I	53.7	2023-01-12	2028-01-11
2303300090	502	其他美国公司	All Others	J	12	2023-01-12	2028-01-11
2303300090	502	前沿乙醇有限责任公司	FRONTIER ETHANOL, LLC	I	50	2023-01-12	2028-01-11
2303300090	502	安德森阿尔比恩乙醇公司	The Andersons Albion Ethanol LLC	J	11.4	2023-01-12	2028-01-11

商品编号	原产国(地区)	原产厂商中文名称	原产厂商英文名称	税种代码	税率(%)	起始日期	截止日期
2303300090	502	博伊特研究中心公司	POET RESEARCH CENTER, INC.	J	11.2	2023-01-12	2028-01-11
2303300090	502	大草原乙醇有限责任公司	PRAIRIE ETHANOL, LLC	I	50	2023-01-12	2028-01-11
2303300090	502	大草原乙醇有限责任公司	PRAIRIE ETHANOL, LLC	J	11.2	2023-01-12	2028-01-11
2303300090	502	大河资源有限责任公司	Big River Resources, LLC	I	53.7	2023-01-12	2028-01-11
2303300090	502	大河资源有限责任公司	Big River Resources, LLC	J	11.5	2023-01-12	2028-01-11
2303300090	502	大平原乙醇有限责任公司	GREAT PLAINS ETHANOL, LLC	I	50	2023-01-12	2028-01-11
2303300090	502	大平原乙醇有限责任公司	GREAT PLAINS ETHANOL, LLC	J	11.2	2023-01-12	2028-01-11
2303300090	502	地平线乙醇有限责任公司	HORIZON ETHANOL, LLC	I	50	2023-01-12	2028-01-11
2303300090	502	地平线乙醇有限责任公司	HORIZON ETHANOL, LLC	J	11.2	2023-01-12	2028-01-11
2303300090	502	恩思乙醇有限责任公司	Ace Ethanol, LLC	I	49.8	2023-01-12	2028-01-11
2303300090	502	恩思乙醇有限责任公司	Ace Ethanol, LLC	J	11.4	2023-01-12	2028-01-11
2303300090	502	弗林特希尔斯资源有限合伙公司	Flint Hills Resources, LP	I	49.8	2023-01-12	2028-01-11
2303300090	502	弗林特希尔斯资源有限合伙公司	Flint Hills Resources, LP	J	11.4	2023-01-12	2028-01-11
2303300090	502	高峰乙醇有限责任公司	PINNACLE ETHANOL, LLC	I	50	2023-01-12	2028-01-11
2303300090	502	高峰乙醇有限责任公司	PINNACLE ETHANOL, LLC	J	11.2	2023-01-12	2028-01-11
2303300090	502	航行者乙醇有限责任公司	VOYAGER ETHANOL, LLC	I	50	2023-01-12	2028-01-11
2303300090	502	航行者乙醇有限责任公司	VOYAGER ETHANOL, LLC	J	11.2	2023-01-12	2028-01-11
2303300090	502	金谷能源有限责任公司	Golden Grain Energy, LLC	I	49.8	2023-01-12	2028-01-11
2303300090	502	金谷能源有限责任公司	Golden Grain Energy, LLC	J	11.4	2023-01-12	2028-01-11
2303300090	502	领先-玉米有限责任公司	PRO-CORN, LLC	I	50	2023-01-12	2028-01-11
2303300090	502	领先-玉米有限责任公司	PRO-CORN, LLC	J	11.2	2023-01-12	2028-01-11
2303300090	502	路易达孚大章克申有限公司	Louis Dreyfus Commodities Grand Junction LLC	I	49.8	2023-01-12	2028-01-11
2303300090	502	路易达孚大章克申有限公司	Louis Dreyfus Commodities Grand Junction LLC	J	11.4	2023-01-12	2028-01-11
2303300090	502	马奎斯能源(威斯康星)有限责任公司	Marquis Energy - Wisconsin, LLC	I	42.2	2023-01-12	2028-01-11
2303300090	502	马奎斯能源(威斯康星)有限责任公司	Marquis Energy - Wisconsin, LLC	J	11.6	2023-01-12	2028-01-11
2303300090	502	马奎斯能源有限责任公司	Marquis Energy LLC	I	42.2	2023-01-12	2028-01-11
2303300090	502	马奎斯能源有限责任公司	Marquis Energy LLC	J	11.6	2023-01-12	2028-01-11
2303300090	502	密苏里东北粮食有限责任公司	NORTHEAST MISSOURI GRAIN, LLC	I	50	2023-01-12	2028-01-11
2303300090	502	密苏里东北粮食有限责任公司	NORTHEAST MISSOURI GRAIN, LLC	J	11.2	2023-01-12	2028-01-11
2303300090	502	前沿乙醇有限责任公司	FRONTIER ETHANOL, LLC	J	11.2	2023-01-12	2028-01-11
2303300090	502	水獭溪乙醇有限责任公司	OTTER CREEK ETHANOL, LLC	I	50	2023-01-12	2028-01-11
2303300090	502	水獭溪乙醇有限责任公司	OTTER CREEK ETHANOL, LLC	J	11.2	2023-01-12	2028-01-11
2303300090	502	苏河乙醇有限责任公司	SIOUX RIVER ETHANOL, LLC	I	50	2023-01-12	2028-01-11
2804619012	502	REC 先进硅材料有限责任公司	REC Advanced Silicon Materials LLC	J	0	2014-01-20	2025-01-19
2804619012	502	赫姆洛克半导体公司	Hemlock Semiconductor Corporation	I	53.3	2014-01-20	2025-01-19
2804619012	502	REC 太阳能级硅有限责任公司	REC Solar Grade Silicon LLC	J	0	2014-01-20	2025-01-19
2804619012	502	REC 太阳能级硅有限责任公司	REC Solar Grade Silicon LLC	I	57	2014-01-20	2025-01-19
2804619012	502	MEMC 帕萨迪纳有限公司	MEMC Pasadena, Inc	J	0	2014-01-20	2025-01-19
2804619012	502	MEMC 帕萨迪纳有限公司	MEMC Pasadena, Lnc	I	53.6	2014-01-20	2025-01-19
2804619012	502		AE Polysilicon Corporation	J	2.1	2014-01-20	2025-01-19
2804619012	502		AE Polysilicon Corporation	I	57	2014-01-20	2025-01-19
2804619012	133	熊津多晶硅有限公司	Woongjin Polysilicon Co., Ltd	I	113.8	2017-11-22	2025-01-19
2804619012	133	其他韩国公司	All Others	I	88.7	2017-11-22	2025-01-19

商品编号	原产国(地区)	原产厂商中文名称	原产厂商英文名称	税种代码	税率(%)	起始日期	截止日期
2804619012	133	韩华思路信株式会社	HANWHA SOLUTIONS CORPORATION	I	8.9	2020-06-05	2025-01-19
2804619012	133	韩国硅业株式会社	Hankook Silicon Co. ,Ltd	I	9.5	2017-11-22	2025-01-19
2804619012	133	SMP 株式会社	SMP Ltd.	I	88.7	2017-11-22	2025-01-19
2804619012	133	OCI 株式会社	OCI Company Ltd	I	4.4	2017-11-22	2025-01-19
2804619012	133		KCC Corp. and Korean Advanced Materials (KAM Corp.)	I	113.8	2017-11-22	2025-01-19
2804619012	133		Innovation Silicon CO. ,Ltd	I	113.8	2017-11-22	2025-01-19
2804619012	701	国(地)别不详		J	2.1	2014-01-20	2025-01-19
2804619012	701	国(地)别不详		I	113.8	2017-11-22	2025-01-19
2804619012	502	其他美国公司	All Others	J	2.1	2014-01-20	2025-01-19
2804619012	502	其他美国公司	All Others	I	57	2014-01-20	2025-01-19
2804619012	502	赫姆洛克半导体公司	Hemlock Semiconductor Corporation	J	2.1	2014-01-20	2025-01-19
2804619012	502	REC 先进硅材料有限责任公司	REC Advanced Silicon Materials LLC	I	57	2014-01-20	2025-01-19
2804619013	502	REC 先进硅材料有限责任公司	REC Advanced Silicon Materials LLC	J	0	2014-01-20	2025-01-19
2804619013	502	REC 先进硅材料有限责任公司	REC Advanced Silicon Materials LLC	I	57	2014-01-20	2025-01-19
2804619013	502	REC 太阳能级硅有限责任公司	REC Solar Grade Silicon LLC	J	0	2014-01-20	2025-01-19
2804619013	502	REC 太阳能级硅有限责任公司	REC Solar Grade Silicon LLC	I	57	2014-01-20	2025-01-19
2804619013	502	MEMC 帕萨迪纳有限公司	MEMC Pasadena,Inc	J	0	2014-01-20	2025-01-19
2804619013	502	MEMC 帕萨迪纳有限公司	MEMC Pasadena,Lnc	I	53.6	2014-01-20	2025-01-19
2804619013	502		AE Polysilicon Corporation	J	2.1	2014-01-20	2025-01-19
2804619013	502		AE Polysilicon Corporation	I	57	2014-01-20	2025-01-19
2804619013	133	熊津多晶硅有限公司	Woongjin Polysilicon Co. ,Ltd	I	113.8	2017-11-22	2025-01-19
2804619013	133	其他韩国公司	All Others	I	88.7	2017-11-22	2025-01-19
2804619013	133	韩华思路信株式会社	HANWHA SOLUTIONS CORPORATION	I	8.9	2020-06-05	2025-01-19
2804619013	133	韩国硅业株式会社	Hankook Silicon Co. ,Ltd	I	9.5	2017-11-22	2025-01-19
2804619013	133	SMP 株式会社	SMP Ltd.	I	88.7	2017-11-22	2025-01-19
2804619013	133	OCI 株式会社	OCI Company Ltd	I	4.4	2017-11-22	2025-01-19
2804619013	133		KCC Corp. and Korean Advanced Materials (KAM Corp.)	I	113.8	2017-11-22	2025-01-19
2804619013	133		Innovation Silicon CO. ,Ltd	I	113.8	2017-11-22	2025-01-19
2804619013	701	国(地)别不详		J	2.1	2014-01-20	2025-01-19
2804619013	701	国(地)别不详		I	113.8	2017-11-22	2025-01-19
2804619013	502	其他美国公司	All Others	J	2.1	2014-01-20	2025-01-19
2804619013	502	赫姆洛克半导体公司	Hemlock Semiconductor Corporation	I	53.3	2014-01-20	2025-01-19
2804619013	502	赫姆洛克半导体公司	Hemlock Semiconductor Corporation	J	2.1	2014-01-20	2025-01-19
2804619013	502	其他美国公司	All Others	I	57	2014-01-20	2025-01-19
2804619092	133		Innovation Silicon CO. ,Ltd	I	113.8	2017-11-22	2025-01-19
2804619092	133		KCC Corp. and Korean Advanced Materials (KAM Corp.)	I	113.8	2017-11-22	2025-01-19
2804619092	133	OCI 株式会社	OCI Company Ltd	I	4.4	2017-11-22	2025-01-19
2804619092	133	SMP 株式会社	SMP Ltd.	I	88.7	2017-11-22	2025-01-19
2804619092	133	韩国硅业株式会社	Hankook Silicon Co. ,Ltd	I	9.5	2017-11-22	2025-01-19
2804619092	133	韩华思路信株式会社	HANWHA SOLUTIONS CORPORATION	I	8.9	2020-06-05	2025-01-19
2804619092	133	其他韩国公司	All Others	I	88.7	2017-11-22	2025-01-19

商品编号	原产国(地区)	原产厂商中文名称	原产厂商英文名称	税种代码	税率(%)	起始日期	截止日期
2804619092	133	熊津多晶硅有限公司	Woongjin Polysilicon Co. ,Ltd	I	113. 8	2017-11-22	2025-01-19
2804619092	502		AE Polysilicon Corporation	I	57	2014-01-20	2025-01-19
2804619092	502		AE Polysilicon Corporation	J	2. 1	2014-01-20	2025-01-19
2804619092	502	MEMC 帕萨迪纳有限公司	MEMC Pasadena,Lnc	I	53. 6	2014-01-20	2025-01-19
2804619092	502	MEMC 帕萨迪纳有限公司	MEMC Pasadena,Inc	J	0	2014-01-20	2025-01-19
2804619092	502	REC 太阳能级硅有限责任公司	REC Solar Grade Silicon LLC	I	57	2014-01-20	2025-01-19
2804619092	502	REC 太阳能级硅有限责任公司	REC Solar Grade Silicon LLC	J	0	2014-01-20	2025-01-19
2804619092	502	REC 先进硅材料有限责任公司	REC Advanced Silicon Materials LLC	I	57	2014-01-20	2025-01-19
2804619092	502	REC 先进硅材料有限责任公司	REC Advanced Silicon Materials LLC	J	0	2014-01-20	2025-01-19
2804619092	502	赫姆洛克半导体公司	Hemlock Semiconductor Corporation	I	53. 3	2014-01-20	2025-01-19
2804619092	502	赫姆洛克半导体公司	Hemlock Semiconductor Corporation	J	2. 1	2014-01-20	2025-01-19
2804619092	502	其他美国公司	All Others	I	57	2014-01-20	2025-01-19
2804619092	502	其他美国公司	All Others	J	2. 1	2014-01-20	2025-01-19
2804619092	701	国(地)别不详		I	113. 8	2017-11-22	2025-01-19
2804619092	701	国(地)别不详		J	2. 1	2014-01-20	2025-01-19
2804619093	502	赫姆洛克半导体公司	Hemlock Semiconductor Corporation	J	2. 1	2014-01-20	2025-01-19
2804619093	133	熊津多晶硅有限公司	Woongjin Polysilicon Co. ,Ltd	I	113. 8	2017-11-22	2025-01-19
2804619093	133	其他韩国公司	All Others	I	88. 7	2017-11-22	2025-01-19
2804619093	133	韩华思路信株式会社	HANWHA SOLUTIONS CORPORATION	I	8. 9	2020-06-05	2025-01-19
2804619093	502		AE Polysilicon Corporation	J	2. 1	2014-01-20	2025-01-19
2804619093	502	MEMC 帕萨迪纳有限公司	MEMC Pasadena,Lnc	I	53. 6	2014-01-20	2025-01-19
2804619093	502	MEMC 帕萨迪纳有限公司	MEMC Pasadena,Inc	J	0	2014-01-20	2025-01-19
2804619093	502	REC 太阳能级硅有限责任公司	REC Solar Grade Silicon LLC	I	57	2014-01-20	2025-01-19
2804619093	502	REC 太阳能级硅有限责任公司	REC Solar Grade Silicon LLC	J	0	2014-01-20	2025-01-19
2804619093	502	REC 先进硅材料有限责任公司	REC Advanced Silicon Materials LLC	I	57	2014-01-20	2025-01-19
2804619093	502	REC 先进硅材料有限责任公司	REC Advanced Silicon Materials LLC	J	0	2014-01-20	2025-01-19
2804619093	502	赫姆洛克半导体公司	Hemlock Semiconductor Corporation	I	53. 3	2014-01-20	2025-01-19
2804619093	502		AE Polysilicon Corporation	I	57	2014-01-20	2025-01-19
2804619093	502	其他美国公司	All Others	I	57	2014-01-20	2025-01-19
2804619093	502	其他美国公司	All Others	J	2. 1	2014-01-20	2025-01-19
2804619093	701	国(地)别不详		I	113. 8	2017-11-22	2025-01-19
2804619093	701	国(地)别不详		J	2. 1	2014-01-20	2025-01-19
2804619093	133		Innovation Silicon CO. ,Ltd	I	113. 8	2017-11-22	2025-01-19
2804619093	133		KCC Corp. and Korean Advanced Materials (KAM Corp.)	I	113. 8	2017-11-22	2025-01-19
2804619093	133	OCI 株式会社	OCI Company Ltd	I	4. 4	2017-11-22	2025-01-19
2804619093	133	SMP 株式会社	SMP Ltd.	I	88. 7	2017-11-22	2025-01-19
2804619093	133	韩国硅业株式会社	Hankook Silicon Co. ,Ltd	I	9. 5	2017-11-22	2025-01-19
2811199010	701	国(地)别不详		I	123. 4	2018-10-16	2999-12-31
2811199010	502	其他美国公司	All Others	I	123. 4	2018-10-16	2999-12-31
2811199010	502	艾菲纳化工有限公司	Iofina Chemical,Inc.	I	123. 4	2018-10-16	2999-12-31
2811199010	116	其他日本公司	All Others	I	41. 1	2018-10-16	2999-12-31
2902500000	502	美国华美苯乙烯公司	Westlake Styrene LLC	I	13. 7	2018-06-23	2999-12-31

商品编号	原产国(地区)	原产厂商中文名称	原产厂商英文名称	税种代码	税率(%)	起始日期	截止日期
2902500000	502	美洲苯乙烯公司	Americas Styrenics LLC	I	13.9	2018-06-23	2999-12-31
2902500000	502	其他美国公司	All Others	I	55.7	2018-06-23	2999-12-31
2902500000	502	英力士苯领美国有限责任公司	INEOS Styrolution America LLC	I	13.9	2018-06-23	2999-12-31
2902500000	701	国(地)别不详		I	55.7	2018-06-23	2999-12-31
2902500000	133	(株)LG 化学	LG Chem, Ltd.	I	6.6	2018-06-23	2999-12-31
2902500000	502	利安德化学品公司	Lyondell Chemical Company	I	13.9	2018-06-23	2999-12-31
2902500000	133	韩华道达尔株式会社	HANWHA TOTAL PETROCHEMICAL CO. ,LTD.	I	6.2	2018-06-23	2999-12-31
2902500000	133	乐天化学株式会社	LOTTE CHEMICAL CORPORATION	I	7.5	2018-06-23	2999-12-31
2902500000	133	丽川 NCC 株式会社	Yeochun NCC Co. ,Ltd	I	6.2	2018-06-23	2999-12-31
2902500000	133	其他韩国公司	All Others	I	7.5	2018-06-23	2999-12-31
2902500000	143	其他台湾地区公司	All Others	I	4.2	2018-06-23	2999-12-31
2902500000	143	台湾化学纤维股份有限公司	FORMOSA CHEMICALS & FIBRE CORP.	I	3.8	2018-06-23	2999-12-31
2902500000	133	SK 综合化学株式会社	SK global chemical Co. ,Ltd.	I	6.6	2018-06-23	2999-12-31
2903230000	108	其他欧盟公司	All Others	I	27.6	2014-05-31	2025-05-30
2903230000	301	其他欧盟公司	All Others	I	27.6	2014-05-31	2025-05-30
2903230000	701	国(地)别不详		I	71.8	2014-05-31	2025-05-30
2903230000	502	西方化学公司	Occidental Chemical Corporation	I	71.8	2014-05-31	2025-05-30
2903230000	502	陶氏化学公司	The Dow Chemical Company	I	71.8	2014-05-31	2025-05-30
2903230000	302	其他欧盟公司	All Others	I	27.6	2014-05-31	2025-05-30
2903230000	303	其他欧盟公司	All Others	I	27.6	2014-05-31	2025-05-30
2903230000	304	其他欧盟公司	All Others	I	27.6	2014-05-31	2025-05-30
2903230000	304	陶氏德国设施有限公司	Dow Deutschland Anlagengesellschaft mbH	I	27.6	2014-05-31	2025-05-30
2903230000	305	法国苏威公司	SOLVAY BENVIC EUROPE-FRANCE S. A. S	I	27.6	2014-05-31	2025-05-30
2903230000	305	其他欧盟公司	All Others	I	27.6	2014-05-31	2025-05-30
2903230000	306	其他欧盟公司	All Others	I	27.6	2014-05-31	2025-05-30
2903230000	307	其他欧盟公司	All Others	I	27.6	2014-05-31	2025-05-30
2903230000	308	其他欧盟公司	All Others	I	27.6	2014-05-31	2025-05-30
2903230000	309	其他欧盟公司	All Others	I	27.6	2014-05-31	2025-05-30
2903230000	310	其他欧盟公司	All Others	I	27.6	2014-05-31	2025-05-30
2903230000	311	其他欧盟公司	All Others	I	27.6	2014-05-31	2025-05-30
2903230000	312	其他欧盟公司	All Others	I	27.6	2014-05-31	2025-05-30
2903230000	315	其他欧盟公司	All Others	I	27.6	2014-05-31	2025-05-30
2903230000	316	其他欧盟公司	All Others	I	27.6	2014-05-31	2025-05-30
2903230000	318	其他欧盟公司	All Others	I	27.6	2014-05-31	2025-05-30
2903230000	321	其他欧盟公司	All Others	I	27.6	2014-05-31	2025-05-30
2903230000	324	其他欧盟公司	All Others	I	27.6	2014-05-31	2025-05-30
2903230000	327	其他欧盟公司	All Others	I	27.6	2014-05-31	2025-05-30
2903230000	328	其他欧盟公司	All Others	I	27.6	2014-05-31	2025-05-30
2903230000	330	其他欧盟公司	All Others	I	27.6	2014-05-31	2025-05-30
2903230000	334	其他欧盟公司	All Others	I	27.6	2014-05-31	2025-05-30
2903230000	335	其他欧盟公司	All Others	I	27.6	2014-05-31	2025-05-30
2903230000	336	其他欧盟公司	All Others	I	27.6	2014-05-31	2025-05-30
2903230000	350	其他欧盟公司	All Others	I	27.6	2014-05-31	2025-05-30

商品编号	原产国(地区)	原产厂商中文名称	原产厂商英文名称	税种代码	税率(%)	起始日期	截止日期
2903230000	351	其他欧盟公司	All Others	I	27.6	2014-05-31	2025-05-30
2903230000	352	其他欧盟公司	All Others	I	27.6	2014-05-31	2025-05-30
2903230000	353	其他欧盟公司	All Others	I	27.6	2014-05-31	2025-05-30
2903230000	502	埃克塞尔公司	Axiall Corporation	I	71.8	2014-05-31	2025-05-30
2903230000	502	美国 PPG 工业公司	PPG Industries	I	71.8	2014-05-31	2025-05-30
2903230000	502	其他美国公司	All Others	I	71.8	2014-05-31	2025-05-30
2903911000	116	其他日本公司	All Others	I	70.4	2019-01-23	2024-01-22
2903911000	111	印度的公司		I	31.9	2019-01-23	2024-01-22
2903911000	116	株式会社吴羽	KUREHA CORPORATION	I	70.4	2019-01-23	2024-01-22
2903911000	701	国(地)别不详		I	70.4	2019-01-23	2024-01-22
2905121000	502	其他美国公司	All Others	I	267.4	2020-11-18	2025-11-17
2905121000	502	OQ 化学公司	OQ Chemicals Corporation	J	34.2	2020-11-18	2025-11-17
2905121000	502	OQ 化学公司	OQ Chemicals Corporation	I	267.4	2020-11-18	2025-11-17
2905121000	701	国(地)别不详		J	37.7	2020-11-18	2025-11-17
2905121000	701	国(地)别不详		I	267.4	2020-11-18	2025-11-17
2905121000	502	陶氏化学公司	The Dow Chemical Company	J	37.7	2020-11-18	2025-11-17
2905121000	502	陶氏化学公司	The Dow Chemical Company	I	254.4	2020-11-18	2025-11-17
2905121000	502	其他美国公司	All Others	J	37.7	2020-11-18	2025-11-17
2905130000	502	欧季亚公司	OXEA CORPORATION	I	52.2	2018-12-29	2999-12-28
2905130000	502	其他美国公司	All Others	I	139.3	2018-12-29	2999-12-28
2905130000	502	伊士曼化学公司	Eastman Chemical Company	I	139.3	2018-12-29	2999-12-28
2905130000	502	道化学公司	The Dow Chemical Company	I	139.3	2018-12-29	2999-12-28
2905130000	502	巴斯夫公司	BASF Corporation	I	139.3	2018-12-29	2999-12-28
2905130000	143	台湾塑胶工业股份有限公司	FORMOSA PLASTICS CORPORATION	I	6	2018-12-29	2999-12-28
2905130000	143	其他台湾地区公司	All Others	I	56.1	2018-12-29	2999-12-28
2905130000	122	其他马来西亚公司	All Others	I	26.7	2018-12-29	2999-12-28
2905130000	122	国油石化衍生公司/马石化营销(纳闽)有限公司	PETRONAS CHEMICALS DERIVATIVES SDN BHD/ PETRONAS CHEMICALS MARKETING(LABUAN) LTD	I	12.7	2018-12-29	2999-12-28
2905130000	701	国(地)别不详		I	139.3	2018-12-29	2999-12-28
2905130000	122	奥伯帝莫马来西亚化学公司	Optimal Chemicals <Malaysia> Sdn Bhd	I	26.7	2018-12-29	2999-12-28
2905130000	122	巴斯夫马来西亚国油化学私人有限公司	BASF PETRONAS Chemicals Sdn Bhd	I	26.7	2018-12-29	2999-12-28
2907111000	312	欧盟公司	All Others	I	30.4	2019-09-06	2024-09-05
2907111000	701	国(地)别不详		I	287.2	2019-09-06	2024-09-05
2907111000	316	欧盟公司	All Others	I	30.4	2019-09-06	2024-09-05
2907111000	318	欧盟公司	All Others	I	30.4	2019-09-06	2024-09-05
2907111000	321	欧盟公司	All Others	I	30.4	2019-09-06	2024-09-05
2907111000	324	欧盟公司	All Others	I	30.4	2019-09-06	2024-09-05
2907111000	108	欧盟公司	All Others	I	30.4	2019-09-06	2024-09-05
2907111000	116	其他日本公司	All Others	I	27	2019-09-06	2024-09-05
2907111000	116	三井化学株式会社	Mitsui Chemicals, Inc.	I	19.3	2019-09-06	2024-09-05
2907111000	133	(株)LG 化学	LG CHEM, LTD.	I	12.6	2019-09-06	2024-09-05
2907111000	133	锦湖 P&B 化学株式会社	KUMHO P&B CHEMICALS, INC.	I	12.5	2019-09-06	2024-09-05

商品编号	原产国(地区)	原产厂商中文名称	原产厂商英文名称	税种代码	税率(%)	起始日期	截止日期
2907111000	133	其他韩国公司	All Others	I	23.7	2019-09-06	2024-09-05
2907111000	136	其他泰国公司	All Others	I	28.6	2019-09-06	2024-09-05
2907111000	136	泰国国家石油全球化学股份有限公司	PTT Global Chemical Public Company Limited	I	10.6	2023-04-27	2024-09-05
2907111000	301	欧盟公司	All Others	I	30.4	2019-09-06	2024-09-05
2907111000	302	欧盟公司	All Others	I	30.4	2019-09-06	2024-09-05
2907111000	303	欧盟公司	All Others	I	30.4	2019-09-06	2024-09-05
2907111000	304	欧盟公司	All Others	I	30.4	2019-09-06	2024-09-05
2907111000	305	欧盟公司	All Others	I	30.4	2019-09-06	2024-09-05
2907111000	306	欧盟公司	All Others	I	30.4	2019-09-06	2024-09-05
2907111000	307	欧盟公司	All Others	I	30.4	2019-09-06	2024-09-05
2907111000	308	欧盟公司	All Others	I	30.4	2019-09-06	2024-09-05
2907111000	309	欧盟公司	All Others	I	30.4	2019-09-06	2024-09-05
2907111000	310	欧盟公司	All Others	I	30.4	2019-09-06	2024-09-05
2907111000	311	欧盟公司	All Others	I	30.4	2019-09-06	2024-09-05
2907111000	327	欧盟公司	All Others	I	30.4	2019-09-06	2024-09-05
2907111000	328	欧盟公司	All Others	I	30.4	2019-09-06	2024-09-05
2907111000	330	欧盟公司	All Others	I	30.4	2019-09-06	2024-09-05
2907111000	334	欧盟公司	All Others	I	30.4	2019-09-06	2024-09-05
2907111000	335	欧盟公司	All Others	I	30.4	2019-09-06	2024-09-05
2907111000	336	欧盟公司	All Others	I	30.4	2019-09-06	2024-09-05
2907111000	350	欧盟公司	All Others	I	30.4	2019-09-06	2024-09-05
2907111000	351	欧盟公司	All Others	I	30.4	2019-09-06	2024-09-05
2907111000	352	欧盟公司	All Others	I	30.4	2019-09-06	2024-09-05
2907111000	353	欧盟公司	All Others	I	30.4	2019-09-06	2024-09-05
2907111000	502	美国兰科运营有限责任公司	Blue Cube Operations LLC	I	244.3	2019-09-06	2024-09-05
2907111000	502	其他美国公司	All Others	I	287.2	2019-09-06	2024-09-05
2907111000	502	英力士美国公司	INEOS Americas LLC	I	287.2	2019-09-06	2024-09-05
2907111000	315	欧盟公司	All Others	I	30.4	2019-09-06	2024-09-05
2907121100	116	其他日本公司	All Others	I	54.8	2021-01-15	2999-12-31
2907121100	116	三井化学株式会社	Mitsui Chemicals, Inc.	I	54.8	2021-01-15	2999-12-31
2907121100	301	其他欧盟公司	All Others	I	49.5	2021-01-15	2999-12-31
2907121100	302	其他欧盟公司	All Others	I	49.5	2021-01-15	2999-12-31
2907121100	303	其他欧盟公司	All Others	I	49.5	2021-01-15	2999-12-31
2907121100	328	其他欧盟公司	All Others	I	49.5	2021-01-15	2999-12-31
2907121100	330	其他欧盟公司	All Others	I	49.5	2021-01-15	2999-12-31
2907121100	334	其他欧盟公司	All Others	I	49.5	2021-01-15	2999-12-31
2907121100	335	其他欧盟公司	All Others	I	49.5	2021-01-15	2999-12-31
2907121100	336	其他欧盟公司	All Others	I	49.5	2021-01-15	2999-12-31
2907121100	350	其他欧盟公司	All Others	I	49.5	2021-01-15	2999-12-31
2907121100	351	其他欧盟公司	All Others	I	49.5	2021-01-15	2999-12-31
2907121100	352	其他欧盟公司	All Others	I	49.5	2021-01-15	2999-12-31
2907121100	353	其他欧盟公司	All Others	I	49.5	2021-01-15	2999-12-31
2907121100	502	北美沙索化学有限公司	Sasol Chemicals North America LLC	I	131.7	2021-01-15	2999-12-31

商品编号	原产国（地区）	原产厂商中文名称	原产厂商英文名称	税种代码	税率（%）	起始日期	截止日期
2907121100	502	美国沙索化学有限公司	Sasol Chemicals（USA）LLC	I	131.7	2021-01-15	2999-12-31
2907121100	502	其他美国公司	All Others	I	131.7	2021-01-15	2999-12-31
2907121100	304	朗盛德国有限责任公司	LANXESS Deutschland GmbH	I	27.9	2021-01-15	2999-12-31
2907121100	304	其他欧盟公司	All Others	I	49.5	2021-01-15	2999-12-31
2907121100	305	其他欧盟公司	All Others	I	49.5	2021-01-15	2999-12-31
2907121100	306	其他欧盟公司	All Others	I	49.5	2021-01-15	2999-12-31
2907121100	307	其他欧盟公司	All Others	I	49.5	2021-01-15	2999-12-31
2907121100	308	其他欧盟公司	All Others	I	49.5	2021-01-15	2999-12-31
2907121100	309	其他欧盟公司	All Others	I	49.5	2021-01-15	2999-12-31
2907121100	310	其他欧盟公司	All Others	I	49.5	2021-01-15	2999-12-31
2907121100	311	其他欧盟公司	All Others	I	49.5	2021-01-15	2999-12-31
2907121100	312	其他欧盟公司	All Others	I	49.5	2021-01-15	2999-12-31
2907121100	315	其他欧盟公司	All Others	I	49.5	2021-01-15	2999-12-31
2907121100	316	其他欧盟公司	All Others	I	49.5	2021-01-15	2999-12-31
2907121100	318	其他欧盟公司	All Others	I	49.5	2021-01-15	2999-12-31
2907121100	321	其他欧盟公司	All Others	I	49.5	2021-01-15	2999-12-31
2907121100	324	其他欧盟公司	All Others	I	49.5	2021-01-15	2999-12-31
2907121100	327	其他欧盟公司	All Others	I	49.5	2021-01-15	2999-12-31
2907121100	701	国(地)别不详		I	131.7	2021-01-15	2999-12-31
2907121100	108	其他欧盟公司	All Others	I	49.5	2021-01-15	2999-12-31
2907121100	116	本州化学工业株式会社	Honshu Chemical Industry Co.，Ltd.	I	54.8	2021-01-15	2999-12-31
2907131000	111	其他印度公司	All Others	I	20.38	2007-03-29	2024-03-28
2907131000	111	印度十拿-赫蒂利亚有限公司	SI GROUP-INDIA LIMITED	I	12.22	2007-03-29	2024-03-28
2907131000	143	和益化学工业股份有限公司	Formosan Union Chemical Corporation	I	6.87	2007-03-29	2024-03-28
2907131000	143	其他台湾地区公司	All Others	I	20.38	2007-03-29	2024-03-28
2907131000	143	中国人造纤维股份有限公司	China Man-Made Fiber Corporation	I	4.08	2007-03-29	2024-03-28
2907131000	701	国(地)别不详		I	20.38	2008-01-01	2024-03-28
2907210001	116	其他日本公司	All Others	I	40.5	2013-03-23	2024-03-22
2907210001	116	三井化学株式会社	Mitsui Chemicals，INC	I	40.5	2013-03-23	2024-03-22
2907210001	116	住友化学株式会社	Sumitomo Chemical Company，Limited	I	40.5	2013-03-23	2024-03-22
2907210001	502	其他美国公司	All Others	I	30.1	2013-03-23	2024-03-22
2907210001	502	茵蒂斯派克化学公司	INDSPEC Chemical Corporation	I	30.1	2013-03-23	2024-03-22
2907210001	701	国(地)别不详		I	40.5	2013-03-23	2024-03-22
2907230001	116	其他日本公司	All Others	I	37.1	2007-08-30	2024-08-29
2907230001	116	三井化学株式会社	Mitsui Chemicals，Inc.	I	6.1	2007-08-30	2024-08-29
2907230001	116	三菱化学株式会社	Mitsubishi Chemical Corporation	I	7.9	2007-08-30	2024-08-29
2907230001	132	其他新加坡公司	All Others	I	37.1	2007-08-30	2024-08-29
2907230001	132	英力士酚类新加坡有限公司	INEOS PHENOL SINGAPORE PTE. LTD.	I	5	2023-06-16	2024-08-29
2907230001	133	(株)LG 化学	LG　Chem，Ltd.	I	4.7	2009-12-15	2024-08-29
2907230001	133	锦湖 P&B 化学株式会社	KUMHO P&B CHEMICALS，INC.	I	5.8	2007-08-30	2024-08-29
2907230001	133	其他韩国公司	All Others	I	37.1	2007-08-30	2024-08-29
2907230001	143	长春人造树脂厂股份有限公司	CHANG CHUN PLASTICS CO.，LTD.	I	6	2007-08-30	2024-08-29
2907230001	143	南亚塑胶工业股份有限公司	Nan Ya Plastics Corporation	I	6	2007-08-30	2024-08-29

商品编号	原产国(地区)	原产厂商中文名称	原产厂商英文名称	税种代码	税率(%)	起始日期	截止日期
2907230001	143	其他台湾地区公司	All Others	I	37.1	2007-08-30	2024-08-29
2907230001	143	信昌化学工业股份有限公司	Taiwan Prosperity Chemical Corporation	I	5.3	2007-08-30	2024-08-29
2907230001	701	国(地)别不详		I	37.1	2008-01-01	2024-08-29
2909430000	324	其他欧盟公司	All Others	I	43.5	2018-04-12	2024-01-27
2909430000	304	其他欧盟公司	All Others	I	43.5	2018-04-12	2024-01-27
2909430000	328	其他欧盟公司	All Others	I	43.5	2018-04-12	2024-01-27
2909430000	330	其他欧盟公司	All Others	I	43.5	2018-04-12	2024-01-27
2909430000	334	其他欧盟公司	All Others	I	43.5	2018-04-12	2024-01-27
2909430000	335	其他欧盟公司	All Others	I	43.5	2018-04-12	2024-01-27
2909430000	336	其他欧盟公司	All Others	I	43.5	2018-04-12	2024-01-27
2909430000	350	其他欧盟公司	All Others	I	43.5	2018-04-12	2024-01-27
2909430000	351	其他欧盟公司	All Others	I	43.5	2018-04-12	2024-01-27
2909430000	352	其他欧盟公司	All Others	I	43.5	2018-04-12	2024-01-27
2909430000	353	其他欧盟公司	All Others	I	43.5	2018-04-12	2024-01-27
2909430000	502	其他美国公司	All Others	I	75.5	2018-04-12	2024-01-27
2909430000	502	陶氏化学公司	The Dow Chemical Company	I	75.5	2018-04-12	2024-01-27
2909430000	502	伊士曼化工公司	Eastman Chemical Company	I	46.9	2018-04-12	2024-01-27
2909430000	502	益科斯达化工产品有限公司	Equistar Chemicals, LP	I	37.5	2018-04-12	2024-01-27
2909430000	701	国(地)别不详		I	75.5	2018-04-12	2024-01-27
2909430000	327	其他欧盟公司	All Others	I	43.5	2018-04-12	2024-01-27
2909430000	304	巴斯夫欧洲公司	BASF SE	I	18.8	2018-04-12	2024-01-27
2909430000	303	其他欧盟公司	All Others	I	43.5	2018-04-12	2024-01-27
2909430000	302	其他欧盟公司	All Others	I	43.5	2018-04-12	2024-01-27
2909430000	301	其他欧盟公司	All Others	I	43.5	2018-04-12	2024-01-27
2909430000	108	其他欧盟公司	All Others	I	43.5	2018-04-12	2024-01-27
2909430000	304	沙索德国有限责任公司	Sasol Germany GmbH	I	10.8	2018-04-12	2024-01-27
2909430000	304	沙索溶剂德国有限责任公司	Sasol Solvents Germany GmbH	I	10.8	2018-04-12	2024-01-27
2909430000	305	其他欧盟公司	All Others	I	43.5	2018-04-12	2024-01-27
2909430000	305	英力士化学拉瓦拉有限公司	INEOS Chemicals Lavera SAS	I	43.5	2018-04-12	2024-01-27
2909430000	306	其他欧盟公司	All Others	I	43.5	2018-04-12	2024-01-27
2909430000	307	其他欧盟公司	All Others	I	43.5	2018-04-12	2024-01-27
2909430000	308	其他欧盟公司	All Others	I	43.5	2018-04-12	2024-01-27
2909430000	309	其他欧盟公司	All Others	I	43.5	2018-04-12	2024-01-27
2909430000	310	其他欧盟公司	All Others	I	43.5	2018-04-12	2024-01-27
2909430000	311	其他欧盟公司	All Others	I	43.5	2018-04-12	2024-01-27
2909430000	312	其他欧盟公司	All Others	I	43.5	2018-04-12	2024-01-27
2909430000	315	其他欧盟公司	All Others	I	43.5	2018-04-12	2024-01-27
2909430000	316	其他欧盟公司	All Others	I	43.5	2018-04-12	2024-01-27
2909430000	318	其他欧盟公司	All Others	I	43.5	2018-04-12	2024-01-27
2909430000	321	其他欧盟公司	All Others	I	43.5	2018-04-12	2024-01-27
2909440010	701	国(地)别不详		I	65.3	2022-01-11	2027-01-10
2909440010	502	陶氏化学公司	The Dow Chemical Company	I	57.4	2022-01-11	2027-01-10
2909440010	502	其他美国公司	All Others	I	65.3	2022-01-11	2027-01-10

商品编号	原产国(地区)	原产厂商中文名称	原产厂商英文名称	税种代码	税率(%)	起始日期	截止日期
2909499010	701	国(地)别不详		I	65.3	2022-01-11	2027-01-10
2909499010	502	陶氏化学公司	The Dow Chemical Company	I	57.4	2022-01-11	2027-01-10
2909499010	502	其他美国公司	All Others	I	65.3	2022-01-11	2027-01-10
2912499010	111	其他印度公司	All Others	I	56.9	2018-06-08	2999-12-31
2912499010	701	国(地)别不详		I	56.9	2018-06-08	2999-12-31
2912499010	111		BHARAT RASAYAN LIMITED	I	56.4	2018-06-08	2999-12-31
2912499010	111	吉吉拉特杀虫剂有限公司	Gujarat Insecticides Limited	I	52	2018-06-08	2999-12-31
2912499010	111	赫曼尼工业有限公司	Hemani Industries Limited	I	36.4	2018-06-08	2999-12-31
2914110000	143	其他台湾地区公司	All Others	I	51.6	2008-06-09	2025-06-07
2914110000	143	台湾长春人造树脂厂股份有限公司	CHANG CHUN PLASTICS CO., LTD.	I	9.4	2008-06-09	2025-06-07
2914110000	143	台湾化学纤维股份有限公司	FORMOSA CHEMICALS&FIBRE CORPORATION	I	6.2	2008-06-09	2025-06-07
2914110000	143	信昌化学工业股份有限公司	Taiwan Prosperity Chemical Corporation	I	6.5	2008-06-09	2025-06-07
2914110000	116	三菱化学株式会社	MITSUBISHI CHEMICAL CORPORATION	I	12.1	2008-06-09	2025-06-07
2914110000	133	其他韩国公司	All Others	I	51.6	2008-06-09	2025-06-07
2914110000	133	锦湖 P&B 化学株式会社	KUMHO P&B CHEMICALS, INC.	I	4.3	2010-09-10	2025-06-07
2914110000	133	(株)LG 化学	LG Chem, Ltd.	I	5	2008-06-09	2025-06-07
2914110000	132	英力士酚类新加坡有限公司	INEOS PHENOL SINGAPORE PTE. LTD.	I	6.7	2023-06-16	2025-06-07
2914110000	132	其他新加坡公司	All Others	I	51.6	2008-06-09	2025-06-07
2914110000	701	国(地)别不详		I	51.6	2008-06-09	2025-06-07
2914110000	116	三井化学株式会社	Mitsui Chemicals, Inc.	I	7.2	2008-06-09	2025-06-07
2914110000	116	其他日本公司	All Others	I	51.6	2008-06-09	2025-06-07
2914130000	244	其他南非公司	All Others	I	34.1	2018-03-20	2024-03-19
2914130000	244	沙索南非有限公司	Sasol South Africa (Pty) Ltd.	I	15.9	2018-03-20	2024-03-19
2914130000	701	国(地)别不详		I	190.4	2018-03-20	2024-03-19
2914130000	116	三井化学株式会社	Mitsui Chemicals, Inc.	I	45	2018-03-20	2024-03-19
2914130000	116	其他日本公司	All Others	I	190.4	2018-03-20	2024-03-19
2914130000	133	其他韩国公司	All Others	I	32.3	2018-03-20	2024-03-19
2914130000	133	锦湖 P&B 化学株式会社	KUMHO P&B CHEMICALS, INC.	I	18.5	2018-03-20	2024-03-19
2914130000	116	三菱化学株式会社	Mitsubishi Chemical Corporation	I	47.8	2018-03-20	2024-03-19
2921420020	111	阿迪工业有限公司	Aarti Industries Limited	I	31.4	2018-02-13	2024-02-12
2921420020	701	国(地)别不详		I	49.9	2018-02-13	2024-02-12
2921420020	111	其他印度公司	All Others	I	49.9	2018-02-13	2024-02-12
2921430001	108	其他欧盟公司	All Others	I	36.9	2013-06-28	2024-06-27
2921430001	301	其他欧盟公司	All Others	I	36.9	2013-06-28	2024-06-27
2921430001	302	其他欧盟公司	All Others	I	36.9	2013-06-28	2024-06-27
2921430001	303	其他欧盟公司	All Others	I	36.9	2013-06-28	2024-06-27
2921430001	304	郎盛德国有限责任公司	LANXESS Deutschland GmbH	I	19.6	2013-06-28	2024-06-27
2921430001	304	其他欧盟公司	All Others	I	36.9	2013-06-28	2024-06-27
2921430001	305	其他欧盟公司	All Others	I	36.9	2013-06-28	2024-06-27
2921430001	306	其他欧盟公司	All Others	I	36.9	2013-06-28	2024-06-27
2921430001	307	其他欧盟公司	All Others	I	36.9	2013-06-28	2024-06-27
2921430001	308	其他欧盟公司	All Others	I	36.9	2013-06-28	2024-06-27
2921430001	309	其他欧盟公司	All Others	I	36.9	2013-06-28	2024-06-27

商品编号	原产国（地区）	原产厂商中文名称	原产厂商英文名称	税种代码	税率（%）	起始日期	截止日期
2921430001	310	其他欧盟公司	All Others	I	36.9	2013-06-28	2024-06-27
2921430001	311	其他欧盟公司	All Others	I	36.9	2013-06-28	2024-06-27
2921430001	312	其他欧盟公司	All Others	I	36.9	2013-06-28	2024-06-27
2921430001	315	其他欧盟公司	All Others	I	36.9	2013-06-28	2024-06-27
2921430001	316	其他欧盟公司	All Others	I	36.9	2013-06-28	2024-06-27
2921430001	318	其他欧盟公司	All Others	I	36.9	2013-06-28	2024-06-27
2921430001	321	其他欧盟公司	All Others	I	36.9	2013-06-28	2024-06-27
2921430001	324	其他欧盟公司	All Others	I	36.9	2013-06-28	2024-06-27
2921430001	327	其他欧盟公司	All Others	I	36.9	2013-06-28	2024-06-27
2921430001	328	其他欧盟公司	All Others	I	36.9	2013-06-28	2024-06-27
2921430001	330	其他欧盟公司	All Others	I	36.9	2013-06-28	2024-06-27
2921430001	334	其他欧盟公司	All Others	I	36.9	2013-06-28	2024-06-27
2921430001	335	其他欧盟公司	All Others	I	36.9	2013-06-28	2024-06-27
2921430001	336	其他欧盟公司	All Others	I	36.9	2013-06-28	2024-06-27
2921430001	350	其他欧盟公司	All Others	I	36.9	2013-06-28	2024-06-27
2921430001	351	其他欧盟公司	All Others	I	36.9	2014-01-01	2024-06-27
2921430001	352	其他欧盟公司	All Others	I	36.9	2013-06-28	2024-06-27
2921430001	353	其他欧盟公司	All Others	I	36.9	2013-06-28	2024-06-27
2921430001	701	国(地)别不详		I	36.9	2013-06-28	2024-06-27
2921430020	312	其他欧盟公司	All Others	I	36.9	2013-06-28	2024-06-27
2921430020	311	其他欧盟公司	All Others	I	36.9	2013-06-28	2024-06-27
2921430020	316	其他欧盟公司	All Others	I	36.9	2013-06-28	2024-06-27
2921430020	318	其他欧盟公司	All Others	I	36.9	2013-06-28	2024-06-27
2921430020	321	其他欧盟公司	All Others	I	36.9	2013-06-28	2024-06-27
2921430020	324	其他欧盟公司	All Others	I	36.9	2013-06-28	2024-06-27
2921430020	327	其他欧盟公司	All Others	I	36.9	2013-06-28	2024-06-27
2921430020	328	其他欧盟公司	All Others	I	36.9	2013-06-28	2024-06-27
2921430020	330	其他欧盟公司	All Others	I	36.9	2013-06-28	2024-06-27
2921430020	334	其他欧盟公司	All Others	I	36.9	2013-06-28	2024-06-27
2921430020	335	其他欧盟公司	All Others	I	36.9	2013-06-28	2024-06-27
2921430020	336	其他欧盟公司	All Others	I	36.9	2013-06-28	2024-06-27
2921430020	350	其他欧盟公司	All Others	I	36.9	2013-06-28	2024-06-27
2921430020	351	其他欧盟公司	All Others	I	36.9	2014-01-01	2024-06-27
2921430020	352	其他欧盟公司	All Others	I	36.9	2013-06-28	2024-06-27
2921430020	353	其他欧盟公司	All Others	I	36.9	2013-06-28	2024-06-27
2921430020	701	国(地)别不详		I	36.9	2013-06-28	2024-06-27
2921430020	315	其他欧盟公司	All Others	I	36.9	2013-06-28	2024-06-27
2921430020	310	其他欧盟公司	All Others	I	36.9	2013-06-28	2024-06-27
2921430020	309	其他欧盟公司	All Others	I	36.9	2013-06-28	2024-06-27
2921430020	308	其他欧盟公司	All Others	I	36.9	2013-06-28	2024-06-27
2921430020	307	其他欧盟公司	All Others	I	36.9	2013-06-28	2024-06-27
2921430020	306	其他欧盟公司	All Others	I	36.9	2013-06-28	2024-06-27
2921430020	305	其他欧盟公司	All Others	I	36.9	2013-06-28	2024-06-27

商品编号	原产国(地区)	原产厂商中文名称	原产厂商英文名称	税种代码	税率(%)	起始日期	截止日期
2921430020	304	其他欧盟公司	All Others	I	36.9	2013-06-28	2024-06-27
2921430020	304	郎盛德国有限责任公司	LANXESS Deutschland GmbH	I	19.6	2013-06-28	2024-06-27
2921430020	303	其他欧盟公司	All Others	I	36.9	2013-06-28	2024-06-27
2921430020	302	其他欧盟公司	All Others	I	36.9	2013-06-28	2024-06-27
2921430020	301	其他欧盟公司	All Others	I	36.9	2013-06-28	2024-06-27
2921430020	108	其他欧盟公司	All Others	I	36.9	2013-06-28	2024-06-27
2922110001	131	其他沙特阿拉伯公司	All Others	I	27.9	2018-10-30	2999-12-31
2922110001	701	国(地)别不详		I	97.1	2018-10-30	2999-12-31
2922110001	502	英力士美国公司	INEOS Americas LLC	I	97.1	2018-10-30	2999-12-31
2922110001	502	陶氏化学公司	The Dow Chemical Company	I	76	2018-10-30	2999-12-31
2922110001	502	其他美国公司	All Others	I	97.1	2018-10-30	2999-12-31
2922110001	122	其他马来西亚公司	All Others	I	20.3	2018-10-30	2999-12-31
2922110001	136	其他泰国公司	All Others	I	37.6	2018-10-30	2999-12-31
2922110001	136	TOC 乙二醇有限公司	TOC GLYCOL COMPANY LIMITED	I	37.6	2018-10-30	2999-12-31
2922110001	131	沙特基础工业公司	Saudi Basic Industries Corporation	I	10.1	2018-10-30	2999-12-31
2922110001	122	国油石化衍生公司/马石化营销(纳闽)有限公司	PETRONAS CHEMICALS DERIVATIVES SDN BHD/ PETRONAS CHEMICALS MARKETING(LABUAN) LTD	I	18.3	2018-10-30	2999-12-31
2922110001	502	亨斯迈石化有限公司	Huntsman Petrochemical LLC	I	97.1	2018-10-30	2999-12-31
2922120001	502	英力士美国公司	INEOS Americas LLC	I	97.1	2018-10-30	2999-12-31
2922120001	701	国(地)别不详		I	97.1	2018-10-30	2999-12-31
2922120001	122	国油石化衍生公司/马石化营销(纳闽)有限公司	PETRONAS CHEMICALS DERIVATIVES SDN BHD/ PETRONAS CHEMICALS MARKETING(LABUAN) LTD	I	18.3	2018-10-30	2999-12-31
2922120001	122	其他马来西亚公司	All Others	I	20.3	2018-10-30	2999-12-31
2922120001	131	其他沙特阿拉伯公司	All Others	I	27.9	2018-10-30	2999-12-31
2922120001	131	沙特基础工业公司	Saudi Basic Industries Corporation	I	10.1	2018-10-30	2999-12-31
2922120001	136	TOC 乙二醇有限公司	TOC GLYCOL COMPANY LIMITED	I	37.6	2018-10-30	2999-12-31
2922120001	136	其他泰国公司	All Others	I	37.6	2018-10-30	2999-12-31
2922120001	502	亨斯迈石化有限公司	Huntsman Petrochemical LLC	I	97.1	2018-10-30	2999-12-31
2922120001	502	其他美国公司	All Others	I	97.1	2018-10-30	2999-12-31
2922120001	502	陶氏化学公司	The Dow Chemical Company	I	76	2018-10-30	2999-12-31
2922150000	502	陶氏化学公司	The Dow Chemical Company	I	76	2018-10-30	2999-12-31
2922150000	502	英力士美国公司	INEOS Americas LLC	I	97.1	2018-10-30	2999-12-31
2922150000	701	国(地)别不详		I	97.1	2018-10-30	2999-12-31
2922150000	502	其他美国公司	All Others	I	97.1	2018-10-30	2999-12-31
2922150000	122	国油石化衍生公司/马石化营销(纳闽)有限公司	PETRONAS CHEMICALS DERIVATIVES SDN BHD/ PETRONAS CHEMICALS MARKETING(LABUAN) LTD	I	18.3	2018-10-30	2999-12-31
2922150000	502	亨斯迈石化有限公司	Huntsman Petrochemical LLC	I	97.1	2018-10-30	2999-12-31
2922150000	131	其他沙特阿拉伯公司	All Others	I	27.9	2018-10-30	2999-12-31
2922150000	131	沙特基础工业公司	Saudi Basic Industries Corporation	I	10.1	2018-10-30	2999-12-31
2922150000	136	TOC 乙二醇有限公司	TOC GLYCOL COMPANY LIMITED	I	37.6	2018-10-30	2999-12-31
2922150000	136	其他泰国公司	All Others	I	37.6	2018-10-30	2999-12-31
2922150000	122	其他马来西亚公司	All Others	I	20.3	2018-10-30	2999-12-31

商品编号	原产国(地区)	原产厂商中文名称	原产厂商英文名称	税种代码	税率(%)	起始日期	截止日期
3204170020	111	联合利克斯颜色和化学品有限公司	Unilex Colours and Chemicals Ltd	I	16	2023-02-27	2028-02-26
3204170020	111	拉姆德夫化学工业	Ramdev Chemical Industries	I	11.9	2023-02-27	2028-02-26
3204170020	111	马自达颜料有限公司	Mazda Colours Ltd	I	16	2023-02-27	2028-02-26
3204170020	111	纳拉扬有机物私人有限公司	Narayan Organics Pvt Ltd	I	16	2023-02-27	2028-02-26
3204170020	111	纳伍帕德颜料有限公司	Navpad Pigments Pvt Ltd	I	16	2023-02-27	2028-02-26
3204170020	111	其他印度公司	All Others	I	30.7	2023-02-27	2028-02-26
3204170020	111	乔克思出口	Choksi Exports	I	16	2023-02-27	2028-02-26
3204170020	111	乔克思颜色私人有限公司	Choksi Colours Pvt Ltd	I	16	2023-02-27	2028-02-26
3204170020	111	乔克思有机私人有限公司	Choksi Organics Pvt Ltd	I	16	2023-02-27	2028-02-26
3204170020	111	苏巴斯颜料私人有限公司	Subhasri pigments Pvt Ltd	I	16	2023-02-27	2028-02-26
3204170020	111	苏打山化工有限公司	Sudarshan Chemical Industries Limited	I	16	2023-02-27	2028-02-26
3204170020	111	万民利有机物有限公司	Meghmani Organics Limited	I	18.7	2023-02-27	2028-02-26
3204170020	701	国(地)别不详		I	30.7	2023-02-27	2028-02-26
3204170020	111	罗纳工业有限公司	Lona Industries Limited	I	16	2023-02-27	2028-02-26
3204170020	111	凯撒石油产品有限公司	Kesar Petroproducts Limited	I	16	2023-02-27	2028-02-26
3204170020	111	霍巴赫色彩私人有限公司	HEUBACH COLOUR PRIVATE LIMITED	I	16	2023-02-27	2028-02-26
3204170020	111	河滨工业有限公司	Riverside Industries Ltd	I	16	2023-02-27	2028-02-26
3204170020	111	法塔罗颜料和化学品(印度)有限公司	Phthalo Colours & Chemicals (India) Limited	I	16	2023-02-27	2028-02-26
3204170020	111	丹文颜料私人有限公司	Dhanveen Pigments Pvt. Ltd.	I	14.1	2023-02-27	2028-02-26
3204170020	111	朝日松原颜料有限公司	Asahi Songwon Colors Limited	I	16	2023-02-27	2028-02-26
3204170020	111	阿克沙尔化学(印度)有限公司	AksharChem (India) Limited	I	16	2023-02-27	2028-02-26
3212900010	111	联合利克斯颜色和化学品有限公司	Unilex Colours and Chemicals Ltd	I	16	2023-02-27	2028-02-26
3212900010	111	阿克沙尔化学(印度)有限公司	AksharChem (India) Limited	I	16	2023-02-27	2028-02-26
3212900010	111	马自达颜料有限公司	Mazda Colours Ltd	I	16	2023-02-27	2028-02-26
3212900010	111	纳拉扬有机物私人有限公司	Narayan Organics Pvt Ltd	I	16	2023-02-27	2028-02-26
3212900010	111	纳伍帕德颜料有限公司	Navpad Pigments Pvt Ltd	I	16	2023-02-27	2028-02-26
3212900010	111	其他印度公司	All Others	I	30.7	2023-02-27	2028-02-26
3212900010	111	乔克思出口	Choksi Exports	I	16	2023-02-27	2028-02-26
3212900010	111	乔克思颜色私人有限公司	Choksi Colours Pvt Ltd	I	16	2023-02-27	2028-02-26
3212900010	111	乔克思有机私人有限公司	Choksi Organics Pvt Ltd	I	16	2023-02-27	2028-02-26
3212900010	111	苏巴斯颜料私人有限公司	Subhasri pigments Pvt Ltd	I	16	2023-02-27	2028-02-26
3212900010	111	苏打山化工有限公司	Sudarshan Chemical Industries Limited	I	16	2023-02-27	2028-02-26
3212900010	111	万民利有机物有限公司	Meghmani Organics Limited	I	18.7	2023-02-27	2028-02-26
3212900010	701	国(地)别不详		I	30.7	2023-02-27	2028-02-26
3212900010	111	拉姆德夫化学工业	Ramdev Chemical Industries	I	11.9	2023-02-27	2028-02-26
3212900010	111	凯撒石油产品有限公司	Kesar Petroproducts Limited	I	16	2023-02-27	2028-02-26
3212900010	111	霍巴赫色彩私人有限公司	HEUBACH COLOUR PRIVATE LIMITED	I	16	2023-02-27	2028-02-26
3212900010	111	河滨工业有限公司	Riverside Industries Ltd	I	16	2023-02-27	2028-02-26
3212900010	111	法塔罗颜料和化学品(印度)有限公司	Phthalo Colours & Chemicals (India) Limited	I	16	2023-02-27	2028-02-26
3212900010	111	丹文颜料私人有限公司	Dhanveen Pigments Pvt. Ltd.	I	14.1	2023-02-27	2028-02-26
3212900010	111	朝日松原颜料有限公司	Asahi Songwon Colors Limited	I	16	2023-02-27	2028-02-26
3212900010	111	罗纳工业有限公司	Lona Industries Limited	I	16	2023-02-27	2028-02-26
3703101000	327	其他欧盟公司	All Others	I	19.4	2012-03-23	2999-12-31

商品编号	原产国(地区)	原产厂商中文名称	原产厂商英文名称	税种代码	税率(%)	起始日期	截止日期
3703101000	328	富士胶片制造(欧洲)有限公司	FUJIFILM Manufacturing Europe B. V.	I	23.5	2016-06-29	2999-12-31
3703101000	328	柯达有限公司	Kodak Limited	I	19.4	2012-03-23	2999-12-31
3703101000	328	其他欧盟公司	All Others	I	19.4	2012-03-23	2999-12-31
3703101000	330	富士胶片制造(欧洲)有限公司	FUJIFILM Manufacturing Europe B. V.	I	23.5	2016-06-29	2999-12-31
3703101000	330	柯达有限公司	Kodak Limited	I	19.4	2012-03-23	2999-12-31
3703101000	330	其他欧盟公司	All Others	I	19.4	2012-03-23	2999-12-31
3703101000	334	富士胶片制造(欧洲)有限公司	FUJIFILM Manufacturing Europe B. V.	I	23.5	2016-06-29	2999-12-31
3703101000	334	柯达有限公司	Kodak Limited	I	19.4	2012-03-23	2999-12-31
3703101000	334	其他欧盟公司	All Others	I	19.4	2012-03-23	2999-12-31
3703101000	335	富士胶片制造(欧洲)有限公司	FUJIFILM Manufacturing Europe B. V.	I	23.5	2016-06-29	2999-12-31
3703101000	335	柯达有限公司	Kodak Limited	I	19.4	2012-03-23	2999-12-31
3703101000	335	其他欧盟公司	All Others	I	19.4	2012-03-23	2999-12-31
3703101000	336	富士胶片制造(欧洲)有限公司	FUJIFILM Manufacturing Europe B. V.	I	23.5	2016-06-29	2999-12-31
3703101000	336	柯达有限公司	Kodak Limited	I	19.4	2012-03-23	2999-12-31
3703101000	336	其他欧盟公司	All Others	I	19.4	2012-03-23	2999-12-31
3703101000	350	富士胶片制造(欧洲)有限公司	FUJIFILM Manufacturing Europe B. V.	I	23.5	2016-06-29	2999-12-31
3703101000	350	柯达有限公司	Kodak Limited	I	19.4	2012-03-23	2999-12-31
3703101000	350	其他欧盟公司	All Others	I	19.4	2012-03-23	2999-12-31
3703101000	351	富士胶片制造(欧洲)有限公司	FUJIFILM Manufacturing Europe B. V.	I	23.5	2016-06-29	2999-12-31
3703101000	351	柯达有限公司	Kodak Limited	I	19.4	2014-01-01	2999-12-31
3703101000	351	其他欧盟公司	All Others	I	19.4	2014-01-01	2999-12-31
3703101000	301	富士胶片制造(欧洲)有限公司	FUJIFILM Manufacturing Europe B. V.	I	23.5	2016-06-29	2999-12-31
3703101000	301	柯达有限公司	Kodak Limited	I	19.4	2012-03-23	2999-12-31
3703101000	352	富士胶片制造(欧洲)有限公司	FUJIFILM Manufacturing Europe B. V.	I	23.5	2016-06-29	2999-12-31
3703101000	352	柯达有限公司	Kodak Limited	I	19.4	2012-03-23	2999-12-31
3703101000	352	其他欧盟公司	All Others	I	19.4	2012-03-23	2999-12-31
3703101000	353	富士胶片制造(欧洲)有限公司	FUJIFILM Manufacturing Europe B. V.	I	23.5	2016-06-29	2999-12-31
3703101000	353	柯达有限公司	Kodak Limited	I	19.4	2012-03-23	2999-12-31
3703101000	353	其他欧盟公司	All Others	I	19.4	2012-03-23	2999-12-31
3703101000	502	富士胶片制造(美国)有限公司	FUJIFILM Manufacturing U. S. A. , Inc.	I	23.6	2016-06-29	2999-12-31
3703101000	502	其他美国公司	All Others	I	28.8	2012-03-23	2999-12-31
3703101000	701	国(地)别不详		I	28.8	2012-03-23	2999-12-31
3703101000	301	其他欧盟公司	All Others	I	19.4	2012-03-23	2999-12-31
3703101000	302	富士胶片制造(欧洲)有限公司	FUJIFILM Manufacturing Europe B. V.	I	23.5	2016-06-29	2999-12-31
3703101000	302	柯达有限公司	Kodak Limited	I	19.4	2012-03-23	2999-12-31
3703101000	302	其他欧盟公司	All Others	I	19.4	2012-03-23	2999-12-31
3703101000	303	富士胶片制造(欧洲)有限公司	FUJIFILM Manufacturing Europe B. V.	I	23.5	2016-06-29	2999-12-31
3703101000	303	柯达有限公司	Kodak Limited	I	19.4	2012-03-23	2999-12-31
3703101000	303	其他欧盟公司	All Others	I	19.4	2012-03-23	2999-12-31
3703101000	304	富士胶片制造(欧洲)有限公司	FUJIFILM Manufacturing Europe B. V.	I	23.5	2016-06-29	2999-12-31
3703101000	304	柯达有限公司	Kodak Limited	I	19.4	2012-03-23	2999-12-31
3703101000	304	其他欧盟公司	All Others	I	19.4	2012-03-23	2999-12-31
3703101000	305	富士胶片制造(欧洲)有限公司	FUJIFILM Manufacturing Europe B. V.	I	23.5	2016-06-29	2999-12-31

商品编号	原产国(地区)	原产厂商中文名称	原产厂商英文名称	税种代码	税率(%)	起始日期	截止日期
3703101000	305	柯达有限公司	Kodak Limited	I	19.4	2012-03-23	2999-12-31
3703101000	305	其他欧盟公司	All Others	I	19.4	2012-03-23	2999-12-31
3703101000	306	富士胶片制造(欧洲)有限公司	FUJIFILM Manufacturing Europe B. V.	I	23.5	2016-06-29	2999-12-31
3703101000	306	柯达有限公司	Kodak Limited	I	19.4	2012-03-23	2999-12-31
3703101000	306	其他欧盟公司	All Others	I	19.4	2012-03-23	2999-12-31
3703101000	307	富士胶片制造(欧洲)有限公司	FUJIFILM Manufacturing Europe B. V.	I	23.5	2016-06-29	2999-12-31
3703101000	307	柯达有限公司	Kodak Limited	I	19.4	2012-03-23	2999-12-31
3703101000	307	其他欧盟公司	All Others	I	19.4	2012-03-23	2999-12-31
3703101000	308	富士胶片制造(欧洲)有限公司	FUJIFILM Manufacturing Europe B. V.	I	23.5	2016-06-29	2999-12-31
3703101000	308	柯达有限公司	Kodak Limited	I	19.4	2012-03-23	2999-12-31
3703101000	308	其他欧盟公司	All Others	I	19.4	2012-03-23	2999-12-31
3703101000	309	富士胶片制造(欧洲)有限公司	FUJIFILM Manufacturing Europe B. V.	I	23.5	2016-06-29	2999-12-31
3703101000	309	柯达有限公司	Kodak Limited	I	19.4	2012-03-23	2999-12-31
3703101000	309	其他欧盟公司	All Others	I	19.4	2012-03-23	2999-12-31
3703101000	310	富士胶片制造(欧洲)有限公司	FUJIFILM Manufacturing Europe B. V.	I	23.5	2016-06-29	2999-12-31
3703101000	310	柯达有限公司	Kodak Limited	I	19.4	2012-03-23	2999-12-31
3703101000	310	其他欧盟公司	All Others	I	19.4	2012-03-23	2999-12-31
3703101000	311	富士胶片制造(欧洲)有限公司	FUJIFILM Manufacturing Europe B. V.	I	23.5	2016-06-29	2999-12-31
3703101000	311	柯达有限公司	Kodak Limited	I	19.4	2012-03-23	2999-12-31
3703101000	311	其他欧盟公司	All Others	I	19.4	2012-03-23	2999-12-31
3703101000	312	富士胶片制造(欧洲)有限公司	FUJIFILM Manufacturing Europe B. V.	I	23.5	2016-06-29	2999-12-31
3703101000	312	柯达有限公司	Kodak Limited	I	19.4	2012-03-23	2999-12-31
3703101000	312	其他欧盟公司	All Others	I	19.4	2012-03-23	2999-12-31
3703101000	108	富士胶片制造(欧洲)有限公司	FUJIFILM Manufacturing Europe B. V.	I	23.5	2016-06-29	2999-12-31
3703101000	108	柯达有限公司	Kodak Limited	I	19.4	2012-03-23	2999-12-31
3703101000	108	其他欧盟公司	All Others	I	19.4	2012-03-23	2999-12-31
3703101000	116	日本公司		I	28.8	2012-03-23	2999-12-31
3703101000	315	富士胶片制造(欧洲)有限公司	FUJIFILM Manufacturing Europe B. V.	I	23.5	2016-06-29	2999-12-31
3703101000	315	柯达有限公司	Kodak Limited	I	19.4	2012-03-23	2999-12-31
3703101000	315	其他欧盟公司	All Others	I	19.4	2012-03-23	2999-12-31
3703101000	316	富士胶片制造(欧洲)有限公司	FUJIFILM Manufacturing Europe B. V.	I	23.5	2016-06-29	2999-12-31
3703101000	316	柯达有限公司	Kodak Limited	I	19.4	2012-03-23	2999-12-31
3703101000	316	其他欧盟公司	All Others	I	19.4	2012-03-23	2999-12-31
3703101000	318	富士胶片制造(欧洲)有限公司	FUJIFILM Manufacturing Europe B. V.	I	23.5	2016-06-29	2999-12-31
3703101000	318	柯达有限公司	Kodak Limited	I	19.4	2012-03-23	2999-12-31
3703101000	318	其他欧盟公司	All Others	I	19.4	2012-03-23	2999-12-31
3703101000	321	富士胶片制造(欧洲)有限公司	FUJIFILM Manufacturing Europe B. V.	I	23.5	2016-06-29	2999-12-31
3703101000	321	柯达有限公司	Kodak Limited	I	19.4	2012-03-23	2999-12-31
3703101000	321	其他欧盟公司	All Others	I	19.4	2012-03-23	2999-12-31
3703101000	324	富士胶片制造(欧洲)有限公司	FUJIFILM Manufacturing Europe B. V.	I	23.5	2016-06-29	2999-12-31
3703101000	324	柯达有限公司	Kodak Limited	I	19.4	2012-03-23	2999-12-31
3703101000	324	其他欧盟公司	All Others	I	19.4	2012-03-23	2999-12-31
3703101000	327	富士胶片制造(欧洲)有限公司	FUJIFILM Manufacturing Europe B. V.	I	23.5	2016-06-29	2999-12-31

商品编号	原产国(地区)	原产厂商中文名称	原产厂商英文名称	税种代码	税率(%)	起始日期	截止日期
3703101000	327	柯达有限公司	Kodak Limited	I	19.4	2012-03-23	2999-12-31
3703201000	309	柯达有限公司	Kodak Limited	I	19.4	2012-03-23	2999-12-31
3703201000	309	其他欧盟公司	All Others	I	19.4	2012-03-23	2999-12-31
3703201000	310	富士胶片制造(欧洲)有限公司	FUJIFILM Manufacturing Europe B. V.	I	23.5	2016-06-29	2999-12-31
3703201000	310	柯达有限公司	Kodak Limited	I	19.4	2012-03-23	2999-12-31
3703201000	310	其他欧盟公司	All Others	I	19.4	2012-03-23	2999-12-31
3703201000	311	富士胶片制造(欧洲)有限公司	FUJIFILM Manufacturing Europe B. V.	I	23.5	2016-06-29	2999-12-31
3703201000	311	柯达有限公司	Kodak Limited	I	19.4	2012-03-23	2999-12-31
3703201000	311	其他欧盟公司	All Others	I	19.4	2012-03-23	2999-12-31
3703201000	312	富士胶片制造(欧洲)有限公司	FUJIFILM Manufacturing Europe B. V.	I	23.5	2016-06-29	2999-12-31
3703201000	312	柯达有限公司	Kodak Limited	I	19.4	2012-03-23	2999-12-31
3703201000	312	其他欧盟公司	All Others	I	19.4	2012-03-23	2999-12-31
3703201000	108	富士胶片制造(欧洲)有限公司	FUJIFILM Manufacturing Europe B. V.	I	23.5	2016-06-29	2999-12-31
3703201000	108	柯达有限公司	Kodak Limited	I	19.4	2012-03-23	2999-12-31
3703201000	108	其他欧盟公司	All Others	I	19.4	2012-03-23	2999-12-31
3703201000	116	日本公司		I	28.8	2012-03-23	2999-12-31
3703201000	301	富士胶片制造(欧洲)有限公司	FUJIFILM Manufacturing Europe B. V.	I	23.5	2016-06-29	2999-12-31
3703201000	301	柯达有限公司	Kodak Limited	I	19.4	2012-03-23	2999-12-31
3703201000	301	其他欧盟公司	All Others	I	19.4	2012-03-23	2999-12-31
3703201000	302	富士胶片制造(欧洲)有限公司	FUJIFILM Manufacturing Europe B. V.	I	23.5	2016-06-29	2999-12-31
3703201000	302	柯达有限公司	Kodak Limited	I	19.4	2012-03-23	2999-12-31
3703201000	302	其他欧盟公司	All Others	I	19.4	2012-03-23	2999-12-31
3703201000	303	富士胶片制造(欧洲)有限公司	FUJIFILM Manufacturing Europe B. V.	I	23.5	2016-06-29	2999-12-31
3703201000	303	柯达有限公司	Kodak Limited	I	19.4	2012-03-23	2999-12-31
3703201000	303	其他欧盟公司	All Others	I	19.4	2012-03-23	2999-12-31
3703201000	304	富士胶片制造(欧洲)有限公司	FUJIFILM Manufacturing Europe B. V.	I	23.5	2016-06-29	2999-12-31
3703201000	304	柯达有限公司	Kodak Limited	I	19.4	2012-03-23	2999-12-31
3703201000	304	其他欧盟公司	All Others	I	19.4	2012-03-23	2999-12-31
3703201000	305	富士胶片制造(欧洲)有限公司	FUJIFILM Manufacturing Europe B. V.	I	23.5	2016-06-29	2999-12-31
3703201000	305	柯达有限公司	Kodak Limited	I	19.4	2012-03-23	2999-12-31
3703201000	305	其他欧盟公司	All Others	I	19.4	2012-03-23	2999-12-31
3703201000	306	富士胶片制造(欧洲)有限公司	FUJIFILM Manufacturing Europe B. V.	I	23.5	2016-06-29	2999-12-31
3703201000	306	柯达有限公司	Kodak Limited	I	19.4	2012-03-23	2999-12-31
3703201000	306	其他欧盟公司	All Others	I	19.4	2012-03-23	2999-12-31
3703201000	307	富士胶片制造(欧洲)有限公司	FUJIFILM Manufacturing Europe B. V.	I	23.5	2016-06-29	2999-12-31
3703201000	307	柯达有限公司	Kodak Limited	I	19.4	2012-03-23	2999-12-31
3703201000	307	其他欧盟公司	All Others	I	19.4	2012-03-23	2999-12-31
3703201000	308	富士胶片制造(欧洲)有限公司	FUJIFILM Manufacturing Europe B. V.	I	23.5	2016-06-29	2999-12-31
3703201000	308	柯达有限公司	Kodak Limited	I	19.4	2012-03-23	2999-12-31
3703201000	308	其他欧盟公司	All Others	I	19.4	2012-03-23	2999-12-31
3703201000	315	富士胶片制造(欧洲)有限公司	FUJIFILM Manufacturing Europe B. V.	I	23.5	2016-06-29	2999-12-31
3703201000	315	柯达有限公司	Kodak Limited	I	19.4	2012-03-23	2999-12-31
3703201000	315	其他欧盟公司	All Others	I	19.4	2012-03-23	2999-12-31

商品编号	原产国(地区)	原产厂商中文名称	原产厂商英文名称	税种代码	税率(%)	起始日期	截止日期
3703201000	316	富士胶片制造(欧洲)有限公司	FUJIFILM Manufacturing Europe B. V.	I	23. 5	2016-06-29	2999-12-31
3703201000	316	柯达有限公司	Kodak Limited	I	19. 4	2012-03-23	2999-12-31
3703201000	316	其他欧盟公司	All Others	I	19. 4	2012-03-23	2999-12-31
3703201000	318	富士胶片制造(欧洲)有限公司	FUJIFILM Manufacturing Europe B. V.	I	23. 5	2016-06-29	2999-12-31
3703201000	318	柯达有限公司	Kodak Limited	I	19. 4	2012-03-23	2999-12-31
3703201000	318	其他欧盟公司	All Others	I	19. 4	2012-03-23	2999-12-31
3703201000	321	富士胶片制造(欧洲)有限公司	FUJIFILM Manufacturing Europe B. V.	I	23. 5	2016-06-29	2999-12-31
3703201000	321	柯达有限公司	Kodak Limited	I	19. 4	2012-03-23	2999-12-31
3703201000	321	其他欧盟公司	All Others	I	19. 4	2012-03-23	2999-12-31
3703201000	324	富士胶片制造(欧洲)有限公司	FUJIFILM Manufacturing Europe B. V.	I	23. 5	2016-06-29	2999-12-31
3703201000	324	柯达有限公司	Kodak Limited	I	19. 4	2012-03-23	2999-12-31
3703201000	324	其他欧盟公司	All Others	I	19. 4	2012-03-23	2999-12-31
3703201000	327	富士胶片制造(欧洲)有限公司	FUJIFILM Manufacturing Europe B. V.	I	23. 5	2016-06-29	2999-12-31
3703201000	327	柯达有限公司	Kodak Limited	I	19. 4	2012-03-23	2999-12-31
3703201000	327	其他欧盟公司	All Others	I	19. 4	2012-03-23	2999-12-31
3703201000	328	富士胶片制造(欧洲)有限公司	FUJIFILM Manufacturing Europe B. V.	I	23. 5	2016-06-29	2999-12-31
3703201000	328	柯达有限公司	Kodak Limited	I	19. 4	2012-03-23	2999-12-31
3703201000	328	其他欧盟公司	All Others	I	19. 4	2012-03-23	2999-12-31
3703201000	330	富士胶片制造(欧洲)有限公司	FUJIFILM Manufacturing Europe B. V.	I	23. 5	2016-06-29	2999-12-31
3703201000	330	柯达有限公司	Kodak Limited	I	19. 4	2012-03-23	2999-12-31
3703201000	330	其他欧盟公司	All Others	I	19. 4	2012-03-23	2999-12-31
3703201000	334	富士胶片制造(欧洲)有限公司	FUJIFILM Manufacturing Europe B. V.	I	23. 5	2016-06-29	2999-12-31
3703201000	309	富士胶片制造(欧洲)有限公司	FUJIFILM Manufacturing Europe B. V.	I	23. 5	2016-06-29	2999-12-31
3703201000	334	柯达有限公司	Kodak Limited	I	19. 4	2012-03-23	2999-12-31
3703201000	334	其他欧盟公司	All Others	I	19. 4	2012-03-23	2999-12-31
3703201000	335	富士胶片制造(欧洲)有限公司	FUJIFILM Manufacturing Europe B. V.	I	23. 5	2016-06-29	2999-12-31
3703201000	335	柯达有限公司	Kodak Limited	I	19. 4	2012-03-23	2999-12-31
3703201000	335	其他欧盟公司	All Others	I	19. 4	2012-03-23	2999-12-31
3703201000	336	富士胶片制造(欧洲)有限公司	FUJIFILM Manufacturing Europe B. V.	I	23. 5	2016-06-29	2999-12-31
3703201000	336	柯达有限公司	Kodak Limited	I	19. 4	2012-03-23	2999-12-31
3703201000	336	其他欧盟公司	All Others	I	19. 4	2012-03-23	2999-12-31
3703201000	350	富士胶片制造(欧洲)有限公司	FUJIFILM Manufacturing Europe B. V.	I	23. 5	2016-06-29	2999-12-31
3703201000	350	柯达有限公司	Kodak Limited	I	19. 4	2012-03-23	2999-12-31
3703201000	350	其他欧盟公司	All Others	I	19. 4	2012-03-23	2999-12-31
3703201000	351	富士胶片制造(欧洲)有限公司	FUJIFILM Manufacturing Europe B. V.	I	23. 5	2016-06-29	2999-12-31
3703201000	351	柯达有限公司	Kodak Limited	I	19. 4	2014-01-01	2999-12-31
3703201000	351	其他欧盟公司	All Others	I	19. 4	2014-01-01	2999-12-31
3703201000	352	富士胶片制造(欧洲)有限公司	FUJIFILM Manufacturing Europe B. V.	I	23. 5	2016-06-29	2999-12-31
3703201000	352	柯达有限公司	Kodak Limited	I	19. 4	2012-03-23	2999-12-31
3703201000	352	其他欧盟公司	All Others	I	19. 4	2012-03-23	2999-12-31
3703201000	353	富士胶片制造(欧洲)有限公司	FUJIFILM Manufacturing Europe B. V.	I	23. 5	2016-06-29	2999-12-31
3703201000	353	柯达有限公司	Kodak Limited	I	19. 4	2012-03-23	2999-12-31
3703201000	353	其他欧盟公司	All Others	I	19. 4	2012-03-23	2999-12-31

商品编号	原产国(地区)	原产厂商中文名称	原产厂商英文名称	税种代码	税率(%)	起始日期	截止日期
3703201000	502	富士胶片制造(美国)有限公司	FUJIFILM Manufacturing U. S. A. , Inc.	I	23. 6	2016-06-29	2999-12-31
3703201000	502	其他美国公司	All Others	I	28. 8	2012-03-23	2999-12-31
3703201000	701	国(地)别不详		I	28. 8	2012-03-23	2999-12-31
3703901000	307	富士胶片制造(欧洲)有限公司	FUJIFILM Manufacturing Europe B. V.	I	23. 5	2016-06-29	2999-12-31
3703901000	307	柯达有限公司	Kodak Limited	I	19. 4	2012-03-23	2999-12-31
3703901000	307	其他欧盟公司	All Others	I	19. 4	2012-03-23	2999-12-31
3703901000	308	富士胶片制造(欧洲)有限公司	FUJIFILM Manufacturing Europe B. V.	I	23. 5	2016-06-29	2999-12-31
3703901000	308	柯达有限公司	Kodak Limited	I	19. 4	2012-03-23	2999-12-31
3703901000	308	其他欧盟公司	All Others	I	19. 4	2012-03-23	2999-12-31
3703901000	309	富士胶片制造(欧洲)有限公司	FUJIFILM Manufacturing Europe B. V.	I	23. 5	2016-06-29	2999-12-31
3703901000	309	柯达有限公司	Kodak Limited	I	19. 4	2012-03-23	2999-12-31
3703901000	309	其他欧盟公司	All Others	I	19. 4	2012-03-23	2999-12-31
3703901000	310	富士胶片制造(欧洲)有限公司	FUJIFILM Manufacturing Europe B. V.	I	23. 5	2016-06-29	2999-12-31
3703901000	310	柯达有限公司	Kodak Limited	I	19. 4	2012-03-23	2999-12-31
3703901000	310	其他欧盟公司	All Others	I	19. 4	2012-03-23	2999-12-31
3703901000	311	富士胶片制造(欧洲)有限公司	FUJIFILM Manufacturing Europe B. V.	I	23. 5	2016-06-29	2999-12-31
3703901000	311	柯达有限公司	Kodak Limited	I	19. 4	2012-03-23	2999-12-31
3703901000	311	其他欧盟公司	All Others	I	19. 4	2012-03-23	2999-12-31
3703901000	312	富士胶片制造(欧洲)有限公司	FUJIFILM Manufacturing Europe B. V.	I	23. 5	2016-06-29	2999-12-31
3703901000	312	柯达有限公司	Kodak Limited	I	19. 4	2012-03-23	2999-12-31
3703901000	312	其他欧盟公司	All Others	I	19. 4	2012-03-23	2999-12-31
3703901000	315	富士胶片制造(欧洲)有限公司	FUJIFILM Manufacturing Europe B. V.	I	23. 5	2016-06-29	2999-12-31
3703901000	315	柯达有限公司	Kodak Limited	I	19. 4	2012-03-23	2999-12-31
3703901000	315	其他欧盟公司	All Others	I	19. 4	2012-03-23	2999-12-31
3703901000	316	富士胶片制造(欧洲)有限公司	FUJIFILM Manufacturing Europe B. V.	I	23. 5	2016-06-29	2999-12-31
3703901000	316	柯达有限公司	Kodak Limited	I	19. 4	2012-03-23	2999-12-31
3703901000	316	其他欧盟公司	All Others	I	19. 4	2012-03-23	2999-12-31
3703901000	318	富士胶片制造(欧洲)有限公司	FUJIFILM Manufacturing Europe B. V.	I	23. 5	2016-06-29	2999-12-31
3703901000	318	柯达有限公司	Kodak Limited	I	19. 4	2012-03-23	2999-12-31
3703901000	318	其他欧盟公司	All Others	I	19. 4	2012-03-23	2999-12-31
3703901000	321	富士胶片制造(欧洲)有限公司	FUJIFILM Manufacturing Europe B. V.	I	23. 5	2016-06-29	2999-12-31
3703901000	321	柯达有限公司	Kodak Limited	I	19. 4	2012-03-23	2999-12-31
3703901000	321	其他欧盟公司	All Others	I	19. 4	2012-03-23	2999-12-31
3703901000	304	其他欧盟公司	All Others	I	19. 4	2012-03-23	2999-12-31
3703901000	305	富士胶片制造(欧洲)有限公司	FUJIFILM Manufacturing Europe B. V.	I	23. 5	2016-06-29	2999-12-31
3703901000	305	柯达有限公司	Kodak Limited	I	19. 4	2012-03-23	2999-12-31
3703901000	305	其他欧盟公司	All Others	I	19. 4	2012-03-23	2999-12-31
3703901000	306	富士胶片制造(欧洲)有限公司	FUJIFILM Manufacturing Europe B. V.	I	23. 5	2016-06-29	2999-12-31
3703901000	306	柯达有限公司	Kodak Limited	I	19. 4	2012-03-23	2999-12-31
3703901000	306	其他欧盟公司	All Others	I	19. 4	2012-03-23	2999-12-31
3703901000	108	富士胶片制造(欧洲)有限公司	FUJIFILM Manufacturing Europe B. V.	I	23. 5	2016-06-29	2999-12-31
3703901000	108	柯达有限公司	Kodak Limited	I	19. 4	2012-03-23	2999-12-31
3703901000	108	其他欧盟公司	All Others	I	19. 4	2012-03-23	2999-12-31

商品编号	原产国(地区)	原产厂商中文名称	原产厂商英文名称	税种代码	税率(%)	起始日期	截止日期
3703901000	116	日本公司		I	28.8	2012-03-23	2999-12-31
3703901000	301	富士胶片制造(欧洲)有限公司	FUJIFILM Manufacturing Europe B. V.	I	23.5	2016-06-29	2999-12-31
3703901000	301	柯达有限公司	Kodak Limited	I	19.4	2012-03-23	2999-12-31
3703901000	301	其他欧盟公司	All Others	I	19.4	2012-03-23	2999-12-31
3703901000	302	富士胶片制造(欧洲)有限公司	FUJIFILM Manufacturing Europe B. V.	I	23.5	2016-06-29	2999-12-31
3703901000	302	柯达有限公司	Kodak Limited	I	19.4	2012-03-23	2999-12-31
3703901000	302	其他欧盟公司	All Others	I	19.4	2012-03-23	2999-12-31
3703901000	303	富士胶片制造(欧洲)有限公司	FUJIFILM Manufacturing Europe B. V.	I	23.5	2016-06-29	2999-12-31
3703901000	303	柯达有限公司	Kodak Limited	I	19.4	2012-03-23	2999-12-31
3703901000	303	其他欧盟公司	All Others	I	19.4	2012-03-23	2999-12-31
3703901000	304	富士胶片制造(欧洲)有限公司	FUJIFILM Manufacturing Europe B. V.	I	23.5	2016-06-29	2999-12-31
3703901000	304	柯达有限公司	Kodak Limited	I	19.4	2012-03-23	2999-12-31
3703901000	336	柯达有限公司	Kodak Limited	I	19.4	2012-03-23	2999-12-31
3703901000	336	其他欧盟公司	All Others	I	19.4	2012-03-23	2999-12-31
3703901000	350	富士胶片制造(欧洲)有限公司	FUJIFILM Manufacturing Europe B. V.	I	23.5	2016-06-29	2999-12-31
3703901000	350	柯达有限公司	Kodak Limited	I	19.4	2012-03-23	2999-12-31
3703901000	350	其他欧盟公司	All Others	I	19.4	2012-03-23	2999-12-31
3703901000	351	富士胶片制造(欧洲)有限公司	FUJIFILM Manufacturing Europe B. V.	I	23.5	2016-06-29	2999-12-31
3703901000	351	柯达有限公司	Kodak Limited	I	19.4	2014-01-01	2999-12-31
3703901000	351	其他欧盟公司	All Others	I	19.4	2014-01-01	2999-12-31
3703901000	352	富士胶片制造(欧洲)有限公司	FUJIFILM Manufacturing Europe B. V.	I	23.5	2016-06-29	2999-12-31
3703901000	352	柯达有限公司	Kodak Limited	I	19.4	2012-03-23	2999-12-31
3703901000	352	其他欧盟公司	All Others	I	19.4	2012-03-23	2999-12-31
3703901000	353	富士胶片制造(欧洲)有限公司	FUJIFILM Manufacturing Europe B. V.	I	23.5	2016-06-29	2999-12-31
3703901000	353	柯达有限公司	Kodak Limited	I	19.4	2012-03-23	2999-12-31
3703901000	353	其他欧盟公司	All Others	I	19.4	2012-03-23	2999-12-31
3703901000	502	富士胶片制造(美国)有限公司	FUJIFILM Manufacturing U. S. A. ,Inc.	I	23.6	2016-06-29	2999-12-31
3703901000	502	其他美国公司	All Others	I	28.8	2012-03-23	2999-12-31
3703901000	701	国(地)别不详		I	28.8	2012-03-23	2999-12-31
3703901000	324	富士胶片制造(欧洲)有限公司	FUJIFILM Manufacturing Europe B. V.	I	23.5	2016-06-29	2999-12-31
3703901000	324	柯达有限公司	Kodak Limited	I	19.4	2012-03-23	2999-12-31
3703901000	324	其他欧盟公司	All Others	I	19.4	2012-03-23	2999-12-31
3703901000	327	富士胶片制造(欧洲)有限公司	FUJIFILM Manufacturing Europe B. V.	I	23.5	2016-06-29	2999-12-31
3703901000	327	柯达有限公司	Kodak Limited	I	19.4	2012-03-23	2999-12-31
3703901000	327	其他欧盟公司	All Others	I	19.4	2012-03-23	2999-12-31
3703901000	328	富士胶片制造(欧洲)有限公司	FUJIFILM Manufacturing Europe B. V.	I	23.5	2016-06-29	2999-12-31
3703901000	328	柯达有限公司	Kodak Limited	I	19.4	2012-03-23	2999-12-31
3703901000	328	其他欧盟公司	All Others	I	19.4	2012-03-23	2999-12-31
3703901000	330	富士胶片制造(欧洲)有限公司	FUJIFILM Manufacturing Europe B. V.	I	23.5	2016-06-29	2999-12-31
3703901000	330	柯达有限公司	Kodak Limited	I	19.4	2012-03-23	2999-12-31
3703901000	330	其他欧盟公司	All Others	I	19.4	2012-03-23	2999-12-31
3703901000	334	富士胶片制造(欧洲)有限公司	FUJIFILM Manufacturing Europe B. V.	I	23.5	2016-06-29	2999-12-31
3703901000	334	柯达有限公司	Kodak Limited	I	19.4	2012-03-23	2999-12-31

商品编号	原产国(地区)	原产厂商中文名称	原产厂商英文名称	税种代码	税率(%)	起始日期	截止日期
3703901000	334	其他欧盟公司	All Others	I	19.4	2012-03-23	2999-12-31
3703901000	335	富士胶片制造(欧洲)有限公司	FUJIFILM Manufacturing Europe B. V.	I	23.5	2016-06-29	2999-12-31
3703901000	335	柯达有限公司	Kodak Limited	I	19.4	2012-03-23	2999-12-31
3703901000	335	其他欧盟公司	All Others	I	19.4	2012-03-23	2999-12-31
3703901000	336	富士胶片制造(欧洲)有限公司	FUJIFILM Manufacturing Europe B. V.	I	23.5	2016-06-29	2999-12-31
3904500010	116	其他日本公司	All Others	I	47.1	2017-04-20	2028-04-20
3904500010	116	旭化成株式会社	ASAHI KASEI CHEMICALS CORP.	I	47.1	2017-04-20	2028-04-20
3904500010	116	株式会社吴羽	KUREHA CORPORATION	I	47.1	2017-04-20	2028-04-20
3904500010	701	国(地)别不详		I	47.1	2017-04-20	2028-04-20
3907101010	136	其他泰国公司	All Others	I	34.9	2017-10-24	2028-10-23
3907101010	136	泰国聚甲醛有限公司	THAI POLYACETAL CO. ,LTD	I	18.5	2017-10-24	2028-10-23
3907101010	701	国(地)别不详		I	34.9	2017-10-24	2028-10-23
3907101010	133	其他韩国公司	All Others	I	30.4	2017-10-24	2028-10-23
3907101010	133	韩国工程塑料株式会社	KOREA ENGINEERING PLASTICS CO. ,LTD	I	30	2017-10-24	2028-10-23
3907101010	133	(株)可隆塑胶股份有限公司	KOLON PLASTICS,INC.	I	6.2	2017-10-24	2028-10-23
3907101010	122	宝理塑料(亚太)公司	Polyplastics Asia Pacific Sdn. Bhd.	I	8	2017-10-24	2028-10-23
3907101010	122	其他马来西亚公司	All Others	I	9.5	2017-10-24	2028-10-23
3907109010	136	其他泰国公司	All Others	I	34.9	2017-10-24	2028-10-23
3907109010	133	其他韩国公司	All Others	I	30.4	2017-10-24	2028-10-23
3907109010	136	泰国聚甲醛有限公司	Thai Polyacetal Co. ,Ltd	I	18.5	2017-10-24	2028-10-23
3907109010	701	国(地)别不详		I	34.9	2017-10-24	2028-10-23
3907109010	133	(株)可隆塑胶股份有限公司	KOLON PLASTICS,INC.	I	6.2	2017-10-24	2028-10-23
3907109010	122	其他马来西亚公司	All Others	I	9.5	2017-10-24	2028-10-23
3907109010	122	宝理塑料(亚太)公司	Polyplastics Asia Pacific Sdn. Bhd.	I	8	2017-10-24	2028-10-23
3907109010	133	韩国工程塑料株式会社	KOREA ENGINEERING PLASTICS CO. ,LTD	I	30	2017-10-24	2028-10-23
3907299010	502	特创工程塑料美国有限公司	SHPP US LLC	I	17.3	2022-07-19	2027-01-06
3907299010	502	其他美国公司	All Others	I	48.6	2022-01-07	2027-01-06
3907299010	701	国(地)别不详		I	48.6	2022-01-07	2027-01-06
3907400010	143	其他台湾地区公司	All Others	T	22.4	2023-08-15	2999-12-31
3907400010	143	奇菱科技股份有限公司	CHILIN TECHNOLOGY CO. ,LTD.	T	17	2023-08-15	2999-12-31
3907400010	143	奇美实业股份有限公司	CHIMEI CORPORATION	T	17	2023-08-15	2999-12-31
3907400010	143	台湾出光石油化学股份有限公司	IDEMITSU CHEMICALS TAIWAN CORPORATION	T	16.9	2023-08-15	2999-12-31
3907400010	143	台湾化学纤维股份有限公司	FORMOSA CHEMICALS & FIBRE CORP.	T	16.9	2023-08-15	2999-12-31
3907400010	701	国(地)别不详		T	22.4	2023-08-15	2999-12-31
3908101101	502	奥升德功能材料有限公司	Ascend Performance Materials Operations LLC	I	31.4	2021-10-13	2999-12-31
3908101101	502	其他美国公司	All Others	I	37.5	2021-10-13	2999-12-31
3908101101	502	英威达有限责任公司	INVISTA S. A. R. L.	I	25.2	2021-10-13	2999-12-31
3908101101	701	国(地)别不详		I	37.5	2021-10-13	2999-12-31
3908101200	305	巴斯夫安特卫普公司	BASF ANTWERPEN N. V.	I	8	2011-01-01	2027-04-21
3908101200	305	巴斯夫欧洲公司	BASF SE	I	8.2	2011-01-01	2027-04-21
3908101200	305	波兰阿佐提塔诺股份公司	Zaklady Azotowe w Tarnowie-Moscicach,S. A.	I	9.7	2011-01-01	2027-04-21
3908101200	305	道默有限公司	DOMO Caproleuna GmbH	I	8.2	2011-01-01	2027-04-21
3908101200	305	帝斯曼工程材料公司	DSM Engineering Materials B. V.	I	8.2	2020-07-17	2027-04-21

商品编号	原产国(地区)	原产厂商中文名称	原产厂商英文名称	税种代码	税率(%)	起始日期	截止日期
3908101200	305	其他欧盟公司	All Others	I	23.9	2011-01-01	2027-04-21
3908101200	306	巴斯夫安特卫普公司	BASF ANTWERPEN N. V.	I	8	2011-01-01	2027-04-21
3908101200	306	巴斯夫欧洲公司	BASF SE	I	8.2	2011-01-01	2027-04-21
3908101200	306	波兰阿佐提塔诺股份公司	Zaklady Azotowe w Tarnowie-Moscicach, S. A.	I	9.7	2011-01-01	2027-04-21
3908101200	306	道默有限公司	DOMO Caproleuna GmbH	I	8.2	2011-01-01	2027-04-21
3908101200	306	帝斯曼工程材料公司	DSM Engineering Materials B. V.	I	8.2	2020-07-17	2027-04-21
3908101200	306	其他欧盟公司	All Others	I	23.9	2011-01-01	2027-04-21
3908101200	307	巴斯夫安特卫普公司	BASF ANTWERPEN N. V.	I	8	2011-01-01	2027-04-21
3908101200	307	巴斯夫欧洲公司	BASF SE	I	8.2	2011-01-01	2027-04-21
3908101200	307	波兰阿佐提塔诺股份公司	Zaklady Azotowe w Tarnowie-Moscicach, S. A.	I	9.7	2011-01-01	2027-04-21
3908101200	307	道默有限公司	DOMO Caproleuna GmbH	I	8.2	2011-01-01	2027-04-21
3908101200	307	帝斯曼工程材料公司	DSM Engineering Materials B. V.	I	8.2	2020-07-17	2027-04-21
3908101200	307	其他欧盟公司	All Others	I	23.9	2011-01-01	2027-04-21
3908101200	308	巴斯夫安特卫普公司	BASF ANTWERPEN N. V.	I	8	2011-01-01	2027-04-21
3908101200	308	巴斯夫欧洲公司	BASF SE	I	8.2	2011-01-01	2027-04-21
3908101200	308	波兰阿佐提塔诺股份公司	Zaklady Azotowe w Tarnowie-Moscicach, S. A.	I	9.7	2011-01-01	2027-04-21
3908101200	308	道默有限公司	DOMO Caproleuna GmbH	I	8.2	2011-01-01	2027-04-21
3908101200	308	帝斯曼工程材料公司	DSM Engineering Materials B. V.	I	8.2	2020-07-17	2027-04-21
3908101200	308	其他欧盟公司	All Others	I	23.9	2011-01-01	2027-04-21
3908101200	309	巴斯夫安特卫普公司	BASF ANTWERPEN N. V.	I	8	2011-01-01	2027-04-21
3908101200	309	巴斯夫欧洲公司	BASF SE	I	8.2	2011-01-01	2027-04-21
3908101200	309	波兰阿佐提塔诺股份公司	Zaklady Azotowe w Tarnowie-Moscicach, S. A.	I	9.7	2011-01-01	2027-04-21
3908101200	309	道默有限公司	DOMO Caproleuna GmbH	I	8.2	2011-01-01	2027-04-21
3908101200	309	帝斯曼工程材料公司	DSM Engineering Materials B. V.	I	8.2	2020-07-17	2027-04-21
3908101200	309	其他欧盟公司	All Others	I	23.9	2011-01-01	2027-04-21
3908101200	310	巴斯夫安特卫普公司	BASF ANTWERPEN N. V.	I	8	2011-01-01	2027-04-21
3908101200	310	巴斯夫欧洲公司	BASF SE	I	8.2	2011-01-01	2027-04-21
3908101200	310	波兰阿佐提塔诺股份公司	Zaklady Azotowe w Tarnowie-Moscicach, S. A.	I	9.7	2011-01-01	2027-04-21
3908101200	310	道默有限公司	DOMO Caproleuna GmbH	I	8.2	2011-01-01	2027-04-21
3908101200	310	帝斯曼工程材料公司	DSM Engineering Materials B. V.	I	8.2	2020-07-17	2027-04-21
3908101200	310	其他欧盟公司	All Others	I	23.9	2011-01-01	2027-04-21
3908101200	315	波兰阿佐提塔诺股份公司	Zaklady Azotowe w Tarnowie-Moscicach, S. A.	I	9.7	2011-01-01	2027-04-21
3908101200	315	道默有限公司	DOMO Caproleuna GmbH	I	8.2	2011-01-01	2027-04-21
3908101200	315	帝斯曼工程材料公司	DSM Engineering Materials B. V.	I	8.2	2020-07-17	2027-04-21
3908101200	315	其他欧盟公司	All Others	I	23.9	2011-01-01	2027-04-21
3908101200	316	巴斯夫安特卫普公司	BASF ANTWERPEN N. V.	I	8	2011-01-01	2027-04-21
3908101200	316	巴斯夫欧洲公司	BASF SE	I	8.2	2011-01-01	2027-04-21
3908101200	316	波兰阿佐提塔诺股份公司	Zaklady Azotowe w Tarnowie-Moscicach, S. A.	I	9.7	2011-01-01	2027-04-21
3908101200	316	道默有限公司	DOMO Caproleuna GmbH	I	8.2	2011-01-01	2027-04-21
3908101200	316	帝斯曼工程材料公司	DSM Engineering Materials B. V.	I	8.2	2020-07-17	2027-04-21
3908101200	316	其他欧盟公司	All Others	I	23.9	2011-01-01	2027-04-21
3908101200	318	巴斯夫安特卫普公司	BASF ANTWERPEN N. V.	I	8	2011-01-01	2027-04-21
3908101200	318	巴斯夫欧洲公司	BASF SE	I	8.2	2011-01-01	2027-04-21

商品编号	原产国(地区)	原产厂商中文名称	原产厂商英文名称	税种代码	税率(%)	起始日期	截止日期
3908101200	318	波兰阿佐提塔诺股份公司	Zaklady Azotowe w Tarnowie-Moscicach, S. A.	I	9.7	2011-01-01	2027-04-21
3908101200	318	道默有限公司	DOMO Caproleuna GmbH	I	8.2	2011-01-01	2027-04-21
3908101200	318	帝斯曼工程材料公司	DSM Engineering Materials B. V.	I	8.2	2020-07-17	2027-04-21
3908101200	318	其他欧盟公司	All Others	I	23.9	2011-01-01	2027-04-21
3908101200	321	巴斯夫安特卫普公司	BASF ANTWERPEN N. V.	I	8	2011-01-01	2027-04-21
3908101200	321	巴斯夫欧洲公司	BASF SE	I	8.2	2011-01-01	2027-04-21
3908101200	321	波兰阿佐提塔诺股份公司	Zaklady Azotowe w Tarnowie-Moscicach, S. A.	I	9.7	2011-01-01	2027-04-21
3908101200	321	道默有限公司	DOMO Caproleuna GmbH	I	8.2	2011-01-01	2027-04-21
3908101200	321	帝斯曼工程材料公司	DSM Engineering Materials B. V.	I	8.2	2020-07-17	2027-04-21
3908101200	321	其他欧盟公司	All Others	I	23.9	2011-01-01	2027-04-21
3908101200	324	巴斯夫安特卫普公司	BASF ANTWERPEN N. V.	I	8	2011-01-01	2027-04-21
3908101200	324	巴斯夫欧洲公司	BASF SE	I	8.2	2011-01-01	2027-04-21
3908101200	324	波兰阿佐提塔诺股份公司	Zaklady Azotowe w Tarnowie-Moscicach, S. A.	I	9.7	2011-01-01	2027-04-21
3908101200	324	道默有限公司	DOMO Caproleuna GmbH	I	8.2	2011-01-01	2027-04-21
3908101200	324	帝斯曼工程材料公司	DSM Engineering Materials B. V.	I	8.2	2020-07-17	2027-04-21
3908101200	324	其他欧盟公司	All Others	I	23.9	2011-01-01	2027-04-21
3908101200	327	巴斯夫安特卫普公司	BASF ANTWERPEN N. V.	I	8	2011-01-01	2027-04-21
3908101200	327	巴斯夫欧洲公司	BASF SE	I	8.2	2011-01-01	2027-04-21
3908101200	327	波兰阿佐提塔诺股份公司	Zaklady Azotowe w Tarnowie-Moscicach, S. A.	I	9.7	2011-01-01	2027-04-21
3908101200	327	道默有限公司	DOMO Caproleuna GmbH	I	8.2	2011-01-01	2027-04-21
3908101200	327	帝斯曼工程材料公司	DSM Engineering Materials B. V.	I	8.2	2020-07-17	2027-04-21
3908101200	327	其他欧盟公司	All Others	I	23.9	2011-01-01	2027-04-21
3908101200	328	巴斯夫安特卫普公司	BASF ANTWERPEN N. V.	I	8	2011-01-01	2027-04-21
3908101200	328	巴斯夫欧洲公司	BASF SE	I	8.2	2011-01-01	2027-04-21
3908101200	328	波兰阿佐提塔诺股份公司	Zaklady Azotowe w Tarnowie-Moscicach, S. A.	I	9.7	2011-01-01	2027-04-21
3908101200	328	道默有限公司	DOMO Caproleuna GmbH	I	8.2	2011-01-01	2027-04-21
3908101200	328	帝斯曼工程材料公司	DSM Engineering Materials B. V.	I	8.2	2020-07-17	2027-04-21
3908101200	311	巴斯夫安特卫普公司	BASF ANTWERPEN N. V.	I	8	2011-01-01	2027-04-21
3908101200	311	巴斯夫欧洲公司	BASF SE	I	8.2	2011-01-01	2027-04-21
3908101200	311	波兰阿佐提塔诺股份公司	Zaklady Azotowe w Tarnowie-Moscicach, S. A.	I	9.7	2011-01-01	2027-04-21
3908101200	311	道默有限公司	DOMO Caproleuna GmbH	I	8.2	2011-01-01	2027-04-21
3908101200	311	帝斯曼工程材料公司	DSM Engineering Materials B. V.	I	8.2	2020-07-17	2027-04-21
3908101200	311	其他欧盟公司	All Others	I	23.9	2011-01-01	2027-04-21
3908101200	312	巴斯夫安特卫普公司	BASF ANTWERPEN N. V.	I	8	2011-01-01	2027-04-21
3908101200	312	巴斯夫欧洲公司	BASF SE	I	8.2	2011-01-01	2027-04-21
3908101200	312	波兰阿佐提塔诺股份公司	Zaklady Azotowe w Tarnowie-Moscicach, S. A.	I	9.7	2011-01-01	2027-04-21
3908101200	312	道默有限公司	DOMO Caproleuna GmbH	I	8.2	2011-01-01	2027-04-21
3908101200	312	帝斯曼工程材料公司	DSM Engineering Materials B. V.	I	8.2	2020-07-17	2027-04-21
3908101200	312	其他欧盟公司	All Others	I	23.9	2011-01-01	2027-04-21
3908101200	315	巴斯夫安特卫普公司	BASF ANTWERPEN N. V.	I	8	2011-01-01	2027-04-21
3908101200	315	巴斯夫欧洲公司	BASF SE	I	8.2	2011-01-01	2027-04-21
3908101200	302	波兰阿佐提塔诺股份公司	Zaklady Azotowe w Tarnowie-Moscicach, S. A.	I	9.7	2011-01-01	2027-04-21
3908101200	302	道默有限公司	DOMO Caproleuna GmbH	I	8.2	2011-01-01	2027-04-21

商品编号	原产国(地区)	原产厂商中文名称	原产厂商英文名称	税种代码	税率(%)	起始日期	截止日期
3908101200	302	帝斯曼工程材料公司	DSM Engineering Materials B. V.	I	8.2	2020-07-17	2027-04-21
3908101200	302	其他欧盟公司	All Others	I	23.9	2011-01-01	2027-04-21
3908101200	304	巴斯夫安特卫普公司	BASF ANTWERPEN N. V.	I	8	2011-01-01	2027-04-21
3908101200	304	巴斯夫欧洲公司	BASF SE	I	8.2	2011-01-01	2027-04-21
3908101200	304	波兰阿佐提塔诺股份公司	Zaklady Azotowe w Tarnowie-Moscicach, S. A.	I	9.7	2011-01-01	2027-04-21
3908101200	304	道默有限公司	DOMO Caproleuna GmbH	I	8.2	2011-01-01	2027-04-21
3908101200	304	帝斯曼工程材料公司	DSM Engineering Materials B. V.	I	8.2	2020-07-17	2027-04-21
3908101200	304	朗盛德国高性能材料有限公司	LANXESS Performance Materials GmbH	I	8.2	2022-10-26	2027-04-21
3908101200	304	其他欧盟公司	All Others	I	23.9	2011-01-01	2027-04-21
3908101200	350	巴斯夫欧洲公司	BASF SE	I	8.2	2011-01-01	2027-04-21
3908101200	350	波兰阿佐提塔诺股份公司	Zaklady Azotowe w Tarnowie-Moscicach, S. A.	I	9.7	2011-01-01	2027-04-21
3908101200	350	道默有限公司	DOMO Caproleuna GmbH	I	8.2	2011-01-01	2027-04-21
3908101200	350	帝斯曼工程材料公司	DSM Engineering Materials B. V.	I	8.2	2020-07-17	2027-04-21
3908101200	350	其他欧盟公司	All Others	I	23.9	2011-01-01	2027-04-21
3908101200	351	巴斯夫安特卫普公司	BASF ANTWERPEN N. V.	I	8	2014-01-01	2027-04-21
3908101200	351	巴斯夫欧洲公司	BASF SE	I	8.2	2014-01-01	2027-04-21
3908101200	351	波兰阿佐提塔诺股份公司	Zaklady Azotowe w Tarnowie-Moscicach, S. A.	I	9.7	2014-01-01	2027-04-21
3908101200	351	道默有限公司	DOMO Caproleuna GmbH	I	8.2	2014-01-01	2027-04-21
3908101200	351	帝斯曼工程材料公司	DSM Engineering Materials B. V.	I	8.2	2020-07-17	2027-04-21
3908101200	351	其他欧盟公司	All Others	I	23.9	2014-01-01	2027-04-21
3908101200	352	巴斯夫安特卫普公司	BASF ANTWERPEN N. V.	I	8	2011-01-01	2027-04-21
3908101200	352	巴斯夫欧洲公司	BASF SE	I	8.2	2011-01-01	2027-04-21
3908101200	352	波兰阿佐提塔诺股份公司	Zaklady Azotowe w Tarnowie-Moscicach, S. A.	I	9.7	2011-01-01	2027-04-21
3908101200	352	道默有限公司	DOMO Caproleuna GmbH	I	8.2	2011-01-01	2027-04-21
3908101200	352	帝斯曼工程材料公司	DSM Engineering Materials B. V.	I	8.2	2020-07-17	2027-04-21
3908101200	352	其他欧盟公司	All Others	I	23.9	2011-01-01	2027-04-21
3908101200	353	巴斯夫安特卫普公司	BASF ANTWERPEN N. V.	I	8	2011-01-01	2027-04-21
3908101200	353	巴斯夫欧洲公司	BASF SE	I	8.2	2011-01-01	2027-04-21
3908101200	353	波兰阿佐提塔诺股份公司	Zaklady Azotowe w Tarnowie-Moscicach, S. A.	I	9.7	2011-01-01	2027-04-21
3908101200	353	道默有限公司	DOMO Caproleuna GmbH	I	8.2	2011-01-01	2027-04-21
3908101200	353	帝斯曼工程材料公司	DSM Engineering Materials B. V.	I	8.2	2020-07-17	2027-04-21
3908101200	353	其他欧盟公司	All Others	I	23.9	2011-01-01	2027-04-21
3908101200	502	艾德凡斯树脂和化学品责任有限公司	AdvanSix Resins&Chemicals LLC	I	36.2	2018-06-09	2027-04-21
3908101200	502	巴斯夫美国公司	BASF Corporation.	I	29.3	2011-01-01	2027-04-21
3908101200	502	其他美国公司	All Others	I	96.5	2011-01-01	2027-04-21
3908101200	328	其他欧盟公司	All Others	I	23.9	2011-01-01	2027-04-21
3908101200	330	巴斯夫安特卫普公司	BASF ANTWERPEN N. V.	I	8	2011-01-01	2027-04-21
3908101200	330	巴斯夫欧洲公司	BASF SE	I	8.2	2011-01-01	2027-04-21
3908101200	330	波兰阿佐提塔诺股份公司	Zaklady Azotowe w Tarnowie-Moscicach, S. A.	I	9.7	2011-01-01	2027-04-21
3908101200	330	道默有限公司	DOMO Caproleuna GmbH	I	8.2	2011-01-01	2027-04-21
3908101200	330	帝斯曼工程材料公司	DSM Engineering Materials B. V.	I	8.2	2020-07-17	2027-04-21
3908101200	330	其他欧盟公司	All Others	I	23.9	2011-01-01	2027-04-21
3908101200	334	巴斯夫安特卫普公司	BASF ANTWERPEN N. V.	I	8	2011-01-01	2027-04-21

商品编号	原产国(地区)	原产厂商中文名称	原产厂商英文名称	税种代码	税率(%)	起始日期	截止日期
3908101200	334	巴斯夫欧洲公司	BASF SE	I	8.2	2011-01-01	2027-04-21
3908101200	334	波兰阿佐提塔诺股份公司	Zaklady Azotowe w Tarnowie-Moscicach, S. A.	I	9.7	2011-01-01	2027-04-21
3908101200	334	道默有限公司	DOMO Caproleuna GmbH	I	8.2	2011-01-01	2027-04-21
3908101200	334	帝斯曼工程材料公司	DSM Engineering Materials B. V.	I	8.2	2020-07-17	2027-04-21
3908101200	334	其他欧盟公司	All Others	I	23.9	2011-01-01	2027-04-21
3908101200	335	巴斯夫安特卫普公司	BASF ANTWERPEN N. V.	I	8	2011-01-01	2027-04-21
3908101200	335	巴斯夫欧洲公司	BASF SE	I	8.2	2011-01-01	2027-04-21
3908101200	335	波兰阿佐提塔诺股份公司	Zaklady Azotowe w Tarnowie-Moscicach, S. A.	I	9.7	2011-01-01	2027-04-21
3908101200	335	道默有限公司	DOMO Caproleuna GmbH	I	8.2	2011-01-01	2027-04-21
3908101200	335	帝斯曼工程材料公司	DSM Engineering Materials B. V.	I	8.2	2020-07-17	2027-04-21
3908101200	335	其他欧盟公司	All Others	I	23.9	2011-01-01	2027-04-21
3908101200	336	巴斯夫安特卫普公司	BASF ANTWERPEN N. V.	I	8	2011-01-01	2027-04-21
3908101200	336	巴斯夫欧洲公司	BASF SE	I	8.2	2011-01-01	2027-04-21
3908101200	336	波兰阿佐提塔诺股份公司	Zaklady Azotowe w Tarnowie-Moscicach, S. A.	I	9.7	2011-01-01	2027-04-21
3908101200	336	道默有限公司	DOMO Caproleuna GmbH	I	8.2	2011-01-01	2027-04-21
3908101200	336	帝斯曼工程材料公司	DSM Engineering Materials B. V.	I	8.2	2020-07-17	2027-04-21
3908101200	336	其他欧盟公司	All Others	I	23.9	2011-01-01	2027-04-21
3908101200	344	古比雪夫氮公众股份公司	Public Joint Stock Company "KuibyshevAzot"	I	5.9	2017-03-16	2027-04-21
3908101200	344	其他俄罗斯公司	All Others	I	23.9	2011-01-01	2027-04-21
3908101200	350	巴斯夫安特卫普公司	BASF ANTWERPEN N. V.	I	8	2011-01-01	2027-04-21
3908101200	301	道默有限公司	DOMO Caproleuna GmbH	I	8.2	2011-01-01	2027-04-21
3908101200	301	帝斯曼工程材料公司	DSM Engineering Materials B. V.	I	8.2	2020-07-17	2027-04-21
3908101200	301	朗盛比利时有限公司	LANXESS N. V.	I	8.2	2017-07-21	2027-04-21
3908101200	301	其他欧盟公司	All Others	I	23.9	2011-01-01	2027-04-21
3908101200	302	巴斯夫安特卫普公司	BASF ANTWERPEN N. V.	I	8	2011-01-01	2027-04-21
3908101200	302	巴斯夫欧洲公司	BASF SE	I	8.2	2011-01-01	2027-04-21
3908101200	108	巴斯夫安特卫普公司	BASF ANTWERPEN N. V.	I	8	2011-01-01	2027-04-21
3908101200	108	巴斯夫欧洲公司	BASF SE	I	8.2	2011-01-01	2027-04-21
3908101200	108	波兰阿佐提塔诺股份公司	Zaklady Azotowe w Tarnowie-Moscicach, S. A.	I	9.7	2011-01-01	2027-04-21
3908101200	108	道默有限公司	DOMO Caproleuna GmbH	I	8.2	2011-01-01	2027-04-21
3908101200	108	帝斯曼工程材料公司	DSM Engineering Materials B. V.	I	8.2	2020-07-17	2027-04-21
3908101200	108	其他欧盟公司	All Others	I	23.9	2011-01-01	2027-04-21
3908101200	143	华隆股份有限公司	HUALON CORPORATION	I	4.2	2011-01-01	2027-04-21
3908101200	143	集盛实业股份有限公司	Zig sheng Industrial Co. , Ltd.	I	4.2	2011-01-01	2027-04-21
3908101200	143	力鹏企业股份有限公司	Li Peng Enterprise Co. , Ltd.	I	4.3	2011-01-01	2027-04-21
3908101200	143	其他台湾地区公司	All Others	I	23.9	2011-01-01	2027-04-21
3908101200	143	台湾化学纤维股份有限公司	FORMOSA CHEMICALS&FIBER CORPORATION	I	4	2011-01-01	2027-04-21
3908101200	143	太洋尼龙股份有限公司	Tai-Young Nylon Co. , Ltd	I	4.2	2011-01-01	2027-04-21
3908101200	143	展颂股份有限公司	CHAIN YARN CO. , LTD.	I	4.2	2011-01-01	2027-04-21
3908101200	143	中国石油化学工业开发股份有限公司	China Petrochemical Development Corporation	I	4.2	2011-01-01	2027-04-21
3908101200	301	巴斯夫安特卫普公司	BASF ANTWERPEN N. V.	I	8	2011-01-01	2027-04-21
3908101200	301	巴斯夫欧洲公司	BASF SE	I	8.2	2011-01-01	2027-04-21
3908101200	301	波兰阿佐提塔诺股份公司	Zaklady Azotowe w Tarnowie-Moscicach, S. A.	I	9.7	2011-01-01	2027-04-21

商品编号	原产国(地区)	原产厂商中文名称	原产厂商英文名称	税种代码	税率(%)	起始日期	截止日期
3908101200	701	国(地)别不详		I	96.5	2011-01-01	2027-04-21
3911900004	122	宝理塑料(亚太)公司	Polyplastics Asia Pacific Sdn. Bhd.	I	23.3	2020-12-01	2025-11-30
3911900004	116	住友电木株式会社	Sumitomo Bakelite Co., Ltd.	I	34.5	2020-12-01	2025-11-30
3911900004	122	其他马来西亚公司	All Others	I	40.5	2020-12-01	2025-11-30
3911900004	133	HDC 聚合物株式会社	HDC POLYALL Co., Ltd.	I	32.7	2022-10-15	2025-11-30
3911900004	133	东丽尖端素材株式会社	Toray Advanced Materials Korea Inc.	I	26.4	2020-12-01	2025-11-30
3911900004	133	其他韩国公司	All Others	I	46.8	2020-12-01	2025-11-30
3911900004	502	富特朗实业有限公司	Fortron Industries LLC	I	220.9	2020-12-01	2025-11-30
3911900004	502	其他美国公司	All Others	I	220.9	2020-12-01	2025-11-30
3911900004	502	苏威特种聚合物美国有限公司	Solvay Specialty Polymers USA, LLC	I	214.1	2020-12-01	2025-11-30
3911900004	701	国(地)别不详		I	220.9	2020-12-01	2025-11-30
3911900004	116	DIC 株式会社	DIC Corporation	I	27.3	2020-12-01	2025-11-30
3911900004	116	宝理塑料株式会社	POLYPLASTICS CO., LTD.	I	25.2	2020-12-01	2025-11-30
3911900004	116	出光复合材料株式会社	IDEMITSU FINE COMPOSITES CO.,LTD.	I	33.6	2021-10-29	2025-11-30
3911900004	116	东曹株式会社	Tosoh Corporation	I	25.6	2020-12-01	2025-11-30
3911900004	116	东丽株式会社	Toray Industries, Inc.	I	26.9	2020-12-01	2025-11-30
3911900004	116	其他日本公司	All Others	I	69.1	2020-12-01	2025-11-30
3911900004	122	迪爱生复合物(马来西亚)有限公司	DIC Compounds(Malaysia) Sdn. Bhd.	I	40.5	2020-12-01	2025-11-30
4002391000	310	其他欧盟公司	All Others	I	71.9	2018-08-20	2999-12-31
4002391000	309	其他欧盟公司	All Others	I	71.9	2018-08-20	2999-12-31
4002391000	312	其他欧盟公司	All Others	I	71.9	2018-08-20	2999-12-31
4002391000	315	其他欧盟公司	All Others	I	71.9	2018-08-20	2999-12-31
4002391000	316	其他欧盟公司	All Others	I	71.9	2018-08-20	2999-12-31
4002391000	318	其他欧盟公司	All Others	I	71.9	2018-08-20	2999-12-31
4002391000	321	其他欧盟公司	All Others	I	71.9	2018-08-20	2999-12-31
4002391000	324	其他欧盟公司	All Others	I	71.9	2018-08-20	2999-12-31
4002391000	327	其他欧盟公司	All Others	I	71.9	2018-08-20	2999-12-31
4002391000	328	其他欧盟公司	All Others	I	71.9	2018-08-20	2999-12-31
4002391000	330	其他欧盟公司	All Others	I	71.9	2018-08-20	2999-12-31
4002391000	334	其他欧盟公司	All Others	I	71.9	2018-08-20	2999-12-31
4002391000	335	其他欧盟公司	All Others	I	71.9	2018-08-20	2999-12-31
4002391000	336	其他欧盟公司	All Others	I	71.9	2018-08-20	2999-12-31
4002391000	350	其他欧盟公司	All Others	I	71.9	2018-08-20	2999-12-31
4002391000	351	其他欧盟公司	All Others	I	71.9	2018-08-20	2999-12-31
4002391000	352	其他欧盟公司	All Others	I	71.9	2018-08-20	2999-12-31
4002391000	353	其他欧盟公司	All Others	I	71.9	2018-08-20	2999-12-31
4002391000	502	埃克森美孚公司	Exxon Mobil Corporation	I	75.5	2018-08-20	2999-12-31
4002391000	502	其他美国公司	All Others	I	75.5	2018-08-20	2999-12-31
4002391000	701	国(地)别不详		I	75.5	2018-08-20	2999-12-31
4002391000	108	其他欧盟公司	All Others	I	71.9	2018-08-20	2999-12-31
4002391000	132	阿朗新科新加坡私人有限公司	ARLANXEO SINGAPORE PTE. LTD	I	23.1	2018-08-20	2999-12-31
4002391000	132	其他新加坡公司	All Others	I	45.2	2018-08-20	2999-12-31
4002391000	301	阿朗新科比利时有限公司	ARLANXEO Belgium NV	I	27.4	2018-08-20	2999-12-31

商品编号	原产国(地区)	原产厂商中文名称	原产厂商英文名称	税种代码	税率(%)	起始日期	截止日期
4002391000	301	其他欧盟公司	All Others	I	71.9	2018-08-20	2999-12-31
4002391000	302	其他欧盟公司	All Others	I	71.9	2018-08-20	2999-12-31
4002391000	303	埃克森美孚化工有限公司	Exxon Mobil Chemical Limited	I	71.9	2018-08-20	2999-12-31
4002391000	303	其他欧盟公司	All Others	I	71.9	2018-08-20	2999-12-31
4002391000	304	其他欧盟公司	All Others	I	71.9	2018-08-20	2999-12-31
4002391000	305	其他欧盟公司	All Others	I	71.9	2018-08-20	2999-12-31
4002391000	306	其他欧盟公司	All Others	I	71.9	2018-08-20	2999-12-31
4002391000	307	其他欧盟公司	All Others	I	71.9	2018-08-20	2999-12-31
4002391000	308	其他欧盟公司	All Others	I	71.9	2018-08-20	2999-12-31
4002391000	311	其他欧盟公司	All Others	I	71.9	2018-08-20	2999-12-31
4002399000	351	其他欧盟公司	All Others	I	71.9	2018-08-20	2999-12-31
4002399000	352	其他欧盟公司	All Others	I	71.9	2018-08-20	2999-12-31
4002399000	353	其他欧盟公司	All Others	I	71.9	2018-08-20	2999-12-31
4002399000	502	埃克森美孚公司	Exxon Mobil Corporation	I	75.5	2018-08-20	2999-12-31
4002399000	502	其他美国公司	All Others	I	75.5	2018-08-20	2999-12-31
4002399000	701	国(地)别不详		I	75.5	2018-08-20	2999-12-31
4002399000	108	其他欧盟公司	All Others	I	71.9	2018-08-20	2999-12-31
4002399000	132	阿朗新科新加坡私人有限公司	ARLANXEO SINGAPORE PTE. LTD	I	23.1	2018-08-20	2999-12-31
4002399000	132	其他新加坡公司	All Others	I	45.2	2018-08-20	2999-12-31
4002399000	301	阿朗新科比利时有限公司	ARLANXEO Belgium NV	I	27.4	2018-08-20	2999-12-31
4002399000	301	其他欧盟公司	All Others	I	71.9	2018-08-20	2999-12-31
4002399000	302	其他欧盟公司	All Others	I	71.9	2018-08-20	2999-12-31
4002399000	303	埃克森美孚化工有限公司	Exxon Mobil Chemical Limited	I	71.9	2018-08-20	2999-12-31
4002399000	303	其他欧盟公司	All Others	I	71.9	2018-08-20	2999-12-31
4002399000	304	其他欧盟公司	All Others	I	71.9	2018-08-20	2999-12-31
4002399000	305	其他欧盟公司	All Others	I	71.9	2018-08-20	2999-12-31
4002399000	306	其他欧盟公司	All Others	I	71.9	2018-08-20	2999-12-31
4002399000	307	其他欧盟公司	All Others	I	71.9	2018-08-20	2999-12-31
4002399000	308	其他欧盟公司	All Others	I	71.9	2018-08-20	2999-12-31
4002399000	309	其他欧盟公司	All Others	I	71.9	2018-08-20	2999-12-31
4002399000	310	其他欧盟公司	All Others	I	71.9	2018-08-20	2999-12-31
4002399000	311	其他欧盟公司	All Others	I	71.9	2018-08-20	2999-12-31
4002399000	312	其他欧盟公司	All Others	I	71.9	2018-08-20	2999-12-31
4002399000	315	其他欧盟公司	All Others	I	71.9	2018-08-20	2999-12-31
4002399000	316	其他欧盟公司	All Others	I	71.9	2018-08-20	2999-12-31
4002399000	318	其他欧盟公司	All Others	I	71.9	2018-08-20	2999-12-31
4002399000	321	其他欧盟公司	All Others	I	71.9	2018-08-20	2999-12-31
4002399000	324	其他欧盟公司	All Others	I	71.9	2018-08-20	2999-12-31
4002399000	327	其他欧盟公司	All Others	I	71.9	2018-08-20	2999-12-31
4002399000	328	其他欧盟公司	All Others	I	71.9	2018-08-20	2999-12-31
4002399000	330	其他欧盟公司	All Others	I	71.9	2018-08-20	2999-12-31
4002399000	334	其他欧盟公司	All Others	I	71.9	2018-08-20	2999-12-31
4002399000	335	其他欧盟公司	All Others	I	71.9	2018-08-20	2999-12-31

商品编号	原产国(地区)	原产厂商中文名称	原产厂商英文名称	税种代码	税率(%)	起始日期	截止日期
4002399000	336	其他欧盟公司	All Others	I	71.9	2018-08-20	2999-12-31
4002399000	350	其他欧盟公司	All Others	I	71.9	2018-08-20	2999-12-31
4002491000	302	其他欧盟公司	All Others	I	151	2005-05-10	2028-05-09
4002491000	701	国(地)别不详		I	151	2008-01-01	2028-05-09
4002491000	304	其他欧盟公司	All Others	I	151	2005-05-10	2028-05-09
4002491000	305	埃尼橡胶法国有限公司	Polimeri Europa Elastomeres France S. A.	I	53	2005-05-10	2028-05-09
4002491000	305	其他欧盟公司	All Others	I	151	2005-05-10	2028-05-09
4002491000	306	其他欧盟公司	All Others	I	151	2005-05-10	2028-05-09
4002491000	307	其他欧盟公司	All Others	I	151	2005-05-10	2028-05-09
4002491000	308	其他欧盟公司	All Others	I	151	2005-05-10	2028-05-09
4002491000	309	其他欧盟公司	All Others	I	151	2005-05-10	2028-05-09
4002491000	310	其他欧盟公司	All Others	I	151	2005-05-10	2028-05-09
4002491000	108	其他欧盟公司	All Others	I	151	2005-05-10	2028-05-09
4002491000	116	其他日本公司	All Others	I	43.9	2010-08-28	2028-05-09
4002491000	116	日本电化株式会社	Denka Company Limited	I	20.8	2015-12-25	2028-05-09
4002491000	116	日本东曹株式会社	TOSOH CORPORATION	I	10.2	2010-08-28	2028-05-09
4002491000	116	昭和电工株式会社	SHOWA DENKO K. K	I	20.8	2010-08-28	2028-05-09
4002491000	301	其他欧盟公司	All Others	I	151	2005-05-10	2028-05-09
4002491000	311	其他欧盟公司	All Others	I	151	2005-05-10	2028-05-09
4002491000	312	其他欧盟公司	All Others	I	151	2005-05-10	2028-05-09
4002491000	315	其他欧盟公司	All Others	I	151	2005-05-10	2028-05-09
4002491000	316	其他欧盟公司	All Others	I	151	2007-01-01	2028-05-09
4002491000	318	其他欧盟公司	All Others	I	151	2005-05-10	2028-05-09
4002491000	321	其他欧盟公司	All Others	I	151	2005-05-10	2028-05-09
4002491000	324	其他欧盟公司	All Others	I	151	2005-05-10	2028-05-09
4002491000	327	其他欧盟公司	All Others	I	151	2005-05-10	2028-05-09
4002491000	328	其他欧盟公司	All Others	I	151	2007-01-01	2028-05-09
4002491000	330	其他欧盟公司	All Others	I	151	2005-05-10	2028-05-09
4002491000	334	其他欧盟公司	All Others	I	151	2005-05-10	2028-05-09
4002491000	335	其他欧盟公司	All Others	I	151	2005-05-10	2028-05-09
4002491000	336	其他欧盟公司	All Others	I	151	2005-05-10	2028-05-09
4002491000	350	其他欧盟公司	All Others	I	151	2005-05-10	2028-05-09
4002491000	351	其他欧盟公司	All Others	I	151	2014-01-01	2028-05-09
4002491000	352	其他欧盟公司	All Others	I	151	2005-05-10	2028-05-09
4002491000	353	其他欧盟公司	All Others	I	151	2005-05-10	2028-05-09
4002491000	502	所有美国公司		I	151	2005-05-10	2028-05-09
4002491000	304	阿朗新科德国有限公司	ARLANXEO Deutschland GmbH	I	11	2016-11-09	2028-05-09
4002499000	308	其他欧盟公司	All Others	I	151	2005-05-10	2028-05-09
4002499000	309	其他欧盟公司	All Others	I	151	2005-05-10	2028-05-09
4002499000	310	其他欧盟公司	All Others	I	151	2005-05-10	2028-05-09
4002499000	311	其他欧盟公司	All Others	I	151	2005-05-10	2028-05-09
4002499000	312	其他欧盟公司	All Others	I	151	2005-05-10	2028-05-09
4002499000	315	其他欧盟公司	All Others	I	151	2005-05-10	2028-05-09

商品编号	原产国(地区)	原产厂商中文名称	原产厂商英文名称	税种代码	税率(%)	起始日期	截止日期
4002499000	316	其他欧盟公司	All Others	I	151	2007-01-01	2028-05-09
4002499000	318	其他欧盟公司	All Others	I	151	2005-05-10	2028-05-09
4002499000	321	其他欧盟公司	All Others	I	151	2005-05-10	2028-05-09
4002499000	324	其他欧盟公司	All Others	I	151	2005-05-10	2028-05-09
4002499000	327	其他欧盟公司	All Others	I	151	2005-05-10	2028-05-09
4002499000	328	其他欧盟公司	All Others	I	151	2007-01-01	2028-05-09
4002499000	330	其他欧盟公司	All Others	I	151	2005-05-10	2028-05-09
4002499000	334	其他欧盟公司	All Others	I	151	2005-05-10	2028-05-09
4002499000	335	其他欧盟公司	All Others	I	151	2005-05-10	2028-05-09
4002499000	336	其他欧盟公司	All Others	I	151	2005-05-10	2028-05-09
4002499000	350	其他欧盟公司	All Others	I	151	2005-05-10	2028-05-09
4002499000	351	其他欧盟公司	All Others	I	151	2014-01-01	2028-05-09
4002499000	352	其他欧盟公司	All Others	I	151	2005-05-10	2028-05-09
4002499000	353	其他欧盟公司	All Others	I	151	2005-05-10	2028-05-09
4002499000	502	所有美国公司		I	151	2005-05-10	2028-05-09
4002499000	701	国(地)别不详		I	151	2008-01-01	2028-05-09
4002499000	108	其他欧盟公司	All Others	I	151	2005-05-10	2028-05-09
4002499000	116	其他日本公司	All Others	I	43.9	2010-08-28	2028-05-09
4002499000	116	日本电化株式会社	Denka Company Limited	I	20.8	2015-12-25	2028-05-09
4002499000	116	日本东曹株式会社	TOSOH CORPORATION	I	10.2	2010-08-28	2028-05-09
4002499000	116	昭和电工株式会社	SHOWA DENKO K. K	I	20.8	2010-08-28	2028-05-09
4002499000	301	其他欧盟公司	All Others	I	151	2005-05-10	2028-05-09
4002499000	302	其他欧盟公司	All Others	I	151	2005-05-10	2028-05-09
4002499000	304	阿朗新科德国有限公司	ARLANXEO Deutschland GmbH	I	11	2016-11-09	2028-05-09
4002499000	304	其他欧盟公司	All Others	I	151	2005-05-10	2028-05-09
4002499000	305	埃尼橡胶法国有限公司	Polimeri Europa Elastomeres France S. A.	I	53	2005-05-10	2028-05-09
4002499000	305	其他欧盟公司	All Others	I	151	2005-05-10	2028-05-09
4002499000	306	其他欧盟公司	All Others	I	151	2005-05-10	2028-05-09
4002499000	307	其他欧盟公司	All Others	I	151	2005-05-10	2028-05-09
4002591000	133	锦湖石油化学株式会社	KUMHO PETROCHEMICAL CO. ,LTD.	I	12	2018-11-09	2999-12-31
4002591000	701	国(地)别不详		I	56.4	2018-11-09	2999-12-31
4002591000	133	其他韩国公司	All Others	I	37.3	2018-11-09	2999-12-31
4002591000	133	(株)LG 化学	LG CHEM,LTD.	I	15	2018-11-09	2999-12-31
4002591000	116	日本瑞翁株式会社	Zeon Corporation	I	28.1	2018-11-09	2999-12-31
4002591000	116	日本公司株式会社引能仕材料	ENEOS Materials Corporation	I	16	2022-07-01	2999-12-31
4002591000	116	其他日本公司	All Others	I	56.4	2018-11-09	2999-12-31
4002599000	133	锦湖石油化学株式会社	KUMHO PETROCHEMICAL CO. ,LTD.	I	12	2018-11-09	2999-12-31
4002599000	116	日本公司株式会社引能仕材料	ENEOS Materials Corporation	I	16	2022-07-01	2999-12-31
4002599000	116	其他日本公司	All Others	I	56.4	2018-11-09	2999-12-31
4002599000	133	(株)LG 化学	LG CHEM,LTD.	I	15	2018-11-09	2999-12-31
4002599000	116	日本瑞翁株式会社	Zeon Corporation	I	28.1	2018-11-09	2999-12-31
4002599000	701	国(地)别不详		I	56.4	2018-11-09	2999-12-31
4002599000	133	其他韩国公司	All Others	I	37.3	2018-11-09	2999-12-31

商品编号	原产国(地区)	原产厂商中文名称	原产厂商英文名称	税种代码	税率(%)	起始日期	截止日期
4002701000	307	意大利玮萨黎司有限公司	Versalis S. p. A.	I	16. 5	2020-12-20	2025-12-19
4002701000	308	其他欧盟公司	All Others	I	31. 7	2020-12-20	2025-12-19
4002701000	309	阿朗新科荷兰有限公司	ARLANXEO Netherlands B. V.	I	18. 1	2020-12-20	2025-12-19
4002701000	309	其他欧盟公司	All Others	I	31. 7	2020-12-20	2025-12-19
4002701000	310	其他欧盟公司	All Others	I	31. 7	2020-12-20	2025-12-19
4002701000	311	其他欧盟公司	All Others	I	31. 7	2020-12-20	2025-12-19
4002701000	312	其他欧盟公司	All Others	I	31. 7	2020-12-20	2025-12-19
4002701000	315	其他欧盟公司	All Others	I	31. 7	2020-12-20	2025-12-19
4002701000	316	其他欧盟公司	All Others	I	31. 7	2020-12-20	2025-12-19
4002701000	318	其他欧盟公司	All Others	I	31. 7	2020-12-20	2025-12-19
4002701000	321	其他欧盟公司	All Others	I	31. 7	2020-12-20	2025-12-19
4002701000	324	其他欧盟公司	All Others	I	31. 7	2020-12-20	2025-12-19
4002701000	327	其他欧盟公司	All Others	I	31. 7	2020-12-20	2025-12-19
4002701000	328	其他欧盟公司	All Others	I	31. 7	2020-12-20	2025-12-19
4002701000	330	其他欧盟公司	All Others	I	31. 7	2020-12-20	2025-12-19
4002701000	334	其他欧盟公司	All Others	I	31. 7	2020-12-20	2025-12-19
4002701000	352	其他欧盟公司	All Others	I	31. 7	2020-12-20	2025-12-19
4002701000	353	其他欧盟公司	All Others	I	31. 7	2020-12-20	2025-12-19
4002701000	502	阿朗新科美国有限公司	ARLANXEO USA LLC	I	219. 8	2020-12-20	2025-12-19
4002701000	502	埃克森美孚公司	Exxon Mobil Corporation	I	214. 9	2020-12-20	2025-12-19
4002701000	502	美国狮子弹性体有限公司	Lion Copolymer Geismar, LLC	I	219. 8	2020-12-20	2025-12-19
4002701000	502	其他美国公司	All Others	I	222	2020-12-20	2025-12-19
4002701000	502	陶氏化学公司	The Dow Chemical Company	I	222	2020-12-20	2025-12-19
4002701000	701	国(地)别不详		I	222	2020-12-20	2025-12-19
4002701000	335	其他欧盟公司	All Others	I	31. 7	2020-12-20	2025-12-19
4002701000	336	其他欧盟公司	All Others	I	31. 7	2020-12-20	2025-12-19
4002701000	350	其他欧盟公司	All Others	I	31. 7	2020-12-20	2025-12-19
4002701000	351	其他欧盟公司	All Others	I	31. 7	2020-12-20	2025-12-19
4002701000	108	其他欧盟公司	All Others	I	31. 7	2020-12-20	2025-12-19
4002701000	133	锦湖 POLYCHEM 株式会社	KUMHO POLYCHEM Co. , Ltd.	I	12. 5	2020-12-20	2025-12-19
4002701000	133	乐天玮萨黎司弹性体有限公司	Lotte Versalis Elastomers Co. , Ltd.	I	21. 1	2020-12-20	2025-12-19
4002701000	133	其他韩国公司	All Others	I	24. 5	2020-12-20	2025-12-19
4002701000	301	其他欧盟公司	All Others	I	31. 7	2020-12-20	2025-12-19
4002701000	302	其他欧盟公司	All Others	I	31. 7	2020-12-20	2025-12-19
4002701000	303	其他欧盟公司	All Others	I	31. 7	2020-12-20	2025-12-19
4002701000	304	其他欧盟公司	All Others	I	31. 7	2020-12-20	2025-12-19
4002701000	305	埃克森美孚化工法国公司	Exxon Mobil Chemical France (Exxon Mobil Chemical France Société par Actions Simplifiée)	I	14. 7	2020-12-20	2025-12-19
4002701000	305	其他欧盟公司	All Others	I	31. 7	2020-12-20	2025-12-19
4002701000	306	其他欧盟公司	All Others	I	31. 7	2020-12-20	2025-12-19
4002701000	307	其他欧盟公司	All Others	I	31. 7	2020-12-20	2025-12-19
4002709000	108	其他欧盟公司	All Others	I	31. 7	2020-12-20	2025-12-19
4002709000	701	国(地)别不详		I	222	2020-12-20	2025-12-19

商品编号	原产国(地区)	原产厂商中文名称	原产厂商英文名称	税种代码	税率(%)	起始日期	截止日期
4002709000	133	乐天玮萨黎司弹性体有限公司	Lotte Versalis Elastomers Co. ,Ltd.	I	21. 1	2020-12-20	2025-12-19
4002709000	133	其他韩国公司	All Others	I	24. 5	2020-12-20	2025-12-19
4002709000	301	其他欧盟公司	All Others	I	31. 7	2020-12-20	2025-12-19
4002709000	302	其他欧盟公司	All Others	I	31. 7	2020-12-20	2025-12-19
4002709000	303	其他欧盟公司	All Others	I	31. 7	2020-12-20	2025-12-19
4002709000	304	其他欧盟公司	All Others	I	31. 7	2020-12-20	2025-12-19
4002709000	305	埃克森美孚化工法国公司	Exxon Mobil Chemical France (Exxon Mobil Chemical France Société par Actions Simplifiée)	I	14. 7	2020-12-20	2025-12-19
4002709000	305	其他欧盟公司	All Others	I	31. 7	2020-12-20	2025-12-19
4002709000	306	其他欧盟公司	All Others	I	31. 7	2020-12-20	2025-12-19
4002709000	307	其他欧盟公司	All Others	I	31. 7	2020-12-20	2025-12-19
4002709000	307	意大利玮萨黎司有限公司	Versalis S. p. A.	I	16. 5	2020-12-20	2025-12-19
4002709000	308	其他欧盟公司	All Others	I	31. 7	2020-12-20	2025-12-19
4002709000	309	阿朗新科荷兰有限公司	ARLANXEO Netherlands B. V.	I	18. 1	2020-12-20	2025-12-19
4002709000	309	其他欧盟公司	All Others	I	31. 7	2020-12-20	2025-12-19
4002709000	310	其他欧盟公司	All Others	I	31. 7	2020-12-20	2025-12-19
4002709000	311	其他欧盟公司	All Others	I	31. 7	2020-12-20	2025-12-19
4002709000	312	其他欧盟公司	All Others	I	31. 7	2020-12-20	2025-12-19
4002709000	315	其他欧盟公司	All Others	I	31. 7	2020-12-20	2025-12-19
4002709000	316	其他欧盟公司	All Others	I	31. 7	2020-12-20	2025-12-19
4002709000	318	其他欧盟公司	All Others	I	31. 7	2020-12-20	2025-12-19
4002709000	321	其他欧盟公司	All Others	I	31. 7	2020-12-20	2025-12-19
4002709000	324	其他欧盟公司	All Others	I	31. 7	2020-12-20	2025-12-19
4002709000	327	其他欧盟公司	All Others	I	31. 7	2020-12-20	2025-12-19
4002709000	328	其他欧盟公司	All Others	I	31. 7	2020-12-20	2025-12-19
4002709000	330	其他欧盟公司	All Others	I	31. 7	2020-12-20	2025-12-19
4002709000	334	其他欧盟公司	All Others	I	31. 7	2020-12-20	2025-12-19
4002709000	335	其他欧盟公司	All Others	I	31. 7	2020-12-20	2025-12-19
4002709000	336	其他欧盟公司	All Others	I	31. 7	2020-12 20	2025-12-19
4002709000	350	其他欧盟公司	All Others	I	31. 7	2020-12-20	2025-12-19
4002709000	351	其他欧盟公司	All Others	I	31. 7	2020-12-20	2025-12-19
4002709000	352	其他欧盟公司	All Others	I	31. 7	2020-12-20	2025-12-19
4002709000	353	其他欧盟公司	All Others	I	31. 7	2020-12-20	2025-12-19
4002709000	502	阿朗新科美国有限公司	ARLANXEO USA LLC	I	219. 8	2020-12-20	2025-12-19
4002709000	502	埃克森美孚公司	Exxon Mobil Corporation	I	214. 9	2020-12-20	2025-12-19
4002709000	502	美国狮子弹性体有限公司	Lion Copolymer Geismar, LLC	I	219. 8	2020-12-20	2025-12-19
4002709000	502	其他美国公司	All Others	I	222	2020-12-20	2025-12-19
4002709000	502	陶氏化学公司	The Dow Chemical Company	I	222	2020-12-20	2025-12-19
4002709000	133	锦湖 POLYCHEM 株式会社	KUMHO POLYCHEM Co. ,Ltd.	I	12. 5	2020-12-20	2025-12-19
4804210000	108	其他欧盟公司	All Others	I	29	2016-04-10	2027-04-09
4804210000	116	大王制纸株式会社		I	20. 5	2016-04-10	2027-04-09
4804210000	116	其他日本公司	All Others	I	20. 5	2016-04-10	2027-04-09
4804210000	116	日本制纸株式会社	Nippon Paper Industries Co. ,Ltd.	I	20. 5	2016-04-10	2027-04-09

商品编号	原产国(地区)	原产厂商中文名称	原产厂商英文名称	税种代码	税率(%)	起始日期	截止日期
4804210000	116	王子 Materia 株式会社	Oji Materia Co. ,Ltd	I	20. 5	2016-04-10	2027-04-09
4804210000	116	王子制纸株式会社	Oji Paper Co. ,Ltd	I	20. 5	2016-04-10	2027-04-09
4804210000	116	中越纸浆工业株式会社	Chuetsu Pulp Paper Co. ,Ltd	I	20. 5	2016-04-10	2027-04-09
4804210000	301	其他欧盟公司	All Others	I	29	2016-04-10	2027-04-09
4804210000	302	其他欧盟公司	All Others	I	29	2016-04-10	2027-04-09
4804210000	304	其他欧盟公司	All Others	I	29	2016-04-10	2027-04-09
4804210000	305	其他欧盟公司	All Others	I	29	2016-04-10	2027-04-09
4804210000	306	其他欧盟公司	All Others	I	29	2016-04-10	2027-04-09
4804210000	307	其他欧盟公司	All Others	I	29	2016-04-10	2027-04-09
4804210000	308	其他欧盟公司	All Others	I	29	2016-04-10	2027-04-09
4804210000	309	其他欧盟公司	All Others	I	29	2016-04-10	2027-04-09
4804210000	310	其他欧盟公司	All Others	I	29	2016-04-10	2027-04-09
4804210000	311	其他欧盟公司	All Others	I	29	2016-04-10	2027-04-09
4804210000	312	其他欧盟公司	All Others	I	29	2016-04-10	2027-04-09
4804210000	315	蒙迪弗兰特沙赫有限公司	Mondi Frantschach GmbH	I	26. 2	2016-04-10	2027-04-09
4804210000	315	其他欧盟公司	All Others	I	29	2016-04-10	2027-04-09
4804210000	316	蒙迪斯坦博利斯基有限公司	Mondi Stambolijski EAD	I	29	2016-04-10	2027-04-09
4804210000	316	其他欧盟公司	All Others	I	29	2016-04-10	2027-04-09
4804210000	318	毕瑞芬兰公司	BillerudKorsnas Finland Oy	I	26. 2	2016-04-10	2027-04-09
4804210000	318	其他欧盟公司	All Others	I	29	2016-04-10	2027-04-09
4804210000	321	其他欧盟公司	All Others	I	29	2016-04-10	2027-04-09
4804210000	324	其他欧盟公司	All Others	I	29	2016-04-10	2027-04-09
4804210000	327	其他欧盟公司	All Others	I	29	2016-04-10	2027-04-09
4804210000	328	其他欧盟公司	All Others	I	29	2016-04-10	2027-04-09
4804210000	330	毕瑞瑞典公司	BillerudKorsnas Sweden AB	I	23. 5	2016-04-10	2027-04-09
4804210000	330	蒙迪狄娜股份公司	Mondi Dynas Aktiebolag	I	26. 2	2016-04-10	2027-04-09
4804210000	350	其他欧盟公司	All Others	I	29	2016-04-10	2027-04-09
4804210000	351	其他欧盟公司	All Others	I	29	2016-04-10	2027-04-09
4804210000	352	蒙迪斯特缇股份公司	Mondi Steti a. s.	I	26. 2	2016-04-10	2027-04-09
4804210000	352	其他欧盟公司	All Others	I	29	2016-04-10	2027-04-09
4804210000	353	其他欧盟公司	All Others	I	29	2016-04-10	2027-04-09
4804210000	502	开思通牛皮纸公司	Kapstone Kraft Paper Corporation	I	14. 9	2016-04-10	2027-04-09
4804210000	502	其他美国公司	All Others	I	14. 9	2016-04-10	2027-04-09
4804210000	701	国(地)别不详		I	29	2016-04-10	2027-04-09
4804210000	330	其他欧盟公司	All Others	I	29	2016-04-10	2027-04-09
4804210000	334	其他欧盟公司	All Others	I	29	2016-04-10	2027-04-09
4804210000	335	其他欧盟公司	All Others	I	29	2016-04-10	2027-04-09
4804210000	336	其他欧盟公司	All Others	I	29	2016-04-10	2027-04-09
4804310020	353	其他欧盟公司	All Others	I	29	2016-04-10	2027-04-09
4804310020	315	蒙迪弗兰特沙赫有限公司	Mondi Frantschach GmbH	I	26. 2	2016-04-10	2027-04-09
4804310020	312	其他欧盟公司	All Others	I	29	2016-04-10	2027-04-09
4804310020	311	其他欧盟公司	All Others	I	29	2016-04-10	2027-04-09
4804310020	316	蒙迪斯坦博利斯基有限公司	Mondi Stambolijski EAD	I	29	2016-04-10	2027-04-09

商品编号	原产国(地区)	原产厂商中文名称	原产厂商英文名称	税种代码	税率(%)	起始日期	截止日期
4804310020	316	其他欧盟公司	All Others	I	29	2016-04-10	2027-04-09
4804310020	318	毕瑞芬兰公司	BillerudKorsnas Finland Oy	I	26.2	2016-04-10	2027-04-09
4804310020	318	其他欧盟公司	All Others	I	29	2016-04-10	2027-04-09
4804310020	321	其他欧盟公司	All Others	I	29	2016-04-10	2027-04-09
4804310020	324	其他欧盟公司	All Others	I	29	2016-04-10	2027-04-09
4804310020	327	其他欧盟公司	All Others	I	29	2016-04-10	2027-04-09
4804310020	328	其他欧盟公司	All Others	I	29	2016-04-10	2027-04-09
4804310020	330	毕瑞瑞典公司	BillerudKorsnas Sweden AB	I	23.5	2016-04-10	2027-04-09
4804310020	330	蒙迪狄娜股份公司	Mondi Dynas Aktiebolag	I	26.2	2016-04-10	2027-04-09
4804310020	330	其他欧盟公司	All Others	I	29	2016-04-10	2027-04-09
4804310020	334	其他欧盟公司	All Others	I	29	2016-04-10	2027-04-09
4804310020	335	其他欧盟公司	All Others	I	29	2016-04-10	2027-04-09
4804310020	336	其他欧盟公司	All Others	I	29	2016-04-10	2027-04-09
4804310020	350	其他欧盟公司	All Others	I	29	2016-04-10	2027-04-09
4804310020	351	其他欧盟公司	All Others	I	29	2016-04-10	2027-04-09
4804310020	352	蒙迪斯特缇股份公司	Mondi Steti a. s.	I	26.2	2016-04-10	2027-04-09
4804310020	352	其他欧盟公司	All Others	I	29	2016-04-10	2027-04-09
4804310020	315	其他欧盟公司	All Others	I	29	2016-04-10	2027-04-09
4804310020	502	开思通牛皮纸公司	Kapstone Kraft Paper Corporation	I	14.9	2016-04-10	2027-04-09
4804310020	502	其他美国公司	All Others	I	14.9	2016-04-10	2027-04-09
4804310020	701	国(地)别不详		I	29	2016-04-10	2027-04-09
4804310020	108	其他欧盟公司	All Others	I	29	2016-04-10	2027-04-09
4804310020	116	大王制纸株式会社		I	20.5	2016-04-10	2027-04-09
4804310020	116	其他日本公司	All Others	I	20.5	2016-04-10	2027-04-09
4804310020	116	日本制纸株式会社	Nippon Paper Industries Co. ,Ltd.	I	20.5	2016-04-10	2027-04-09
4804310020	116	王子 Materia 株式会社	Oji Materia Co. ,Ltd	I	20.5	2016-04-10	2027-04-09
4804310020	116	王子制纸株式会社	Oji Paper Co. ,Ltd	I	20.5	2016-04-10	2027-04-09
4804310020	116	中越纸浆工业株式会社	Chuetsu Pulp Paper Co. ,Ltd	I	20.5	2016-04-10	2027-04-09
4804310020	301	其他欧盟公司	All Others	I	29	2016-04-10	2027-04-09
4804310020	302	其他欧盟公司	All Others	I	29	2016-04-10	2027-04-09
4804310020	304	其他欧盟公司	All Others	I	29	2016-04-10	2027-04-09
4804310020	305	其他欧盟公司	All Others	I	29	2016-04-10	2027-04-09
4804310020	306	其他欧盟公司	All Others	I	29	2016-04-10	2027-04-09
4804310020	307	其他欧盟公司	All Others	I	29	2016-04-10	2027-04-09
4804310020	308	其他欧盟公司	All Others	I	29	2016-04-10	2027-04-09
4804310020	309	其他欧盟公司	All Others	I	29	2016-04-10	2027-04-09
4804310020	310	其他欧盟公司	All Others	I	29	2016-04-10	2027-04-09
4805911000	701	国(地)别不详		I	40.83	2008-01-01	2024-04-17
4805911000	116	日本高度纸工业株式会社	NIPPON KODOSHI CORPORATION	I	22	2007-04-18	2024-04-17
4805911000	116	其他日本公司	All Others	I	40.83	2007-04-18	2024-04-17
4805911000	116	大福制纸株式会社	Daifuku Seishi Co. , Ltd.	I	15	2007-04-18	2024-04-17
5501300010	116	三菱化学株式会社	Mitsubishi Chemical Corporation	I	15.8	2017-08-05	2027-07-13
5501300010	116	日本依克丝兰工业株式会社	JAPAN EXLAN CO. ,LTD	I	16.1	2016-07-14	2027-07-13

商品编号	原产国(地区)	原产厂商中文名称	原产厂商英文名称	税种代码	税率(%)	起始日期	截止日期
5501300010	116	其他日本公司	All Others	I	16.1	2016-07-14	2027-07-13
5501300010	116	东丽株式会社	Toray Industries, Inc.	I	16	2016-07-14	2027-07-13
5501300010	701	国(地)别不详		I	21.7	2016-07-14	2027-07-13
5501300010	133	泰光产业株式会社	TAEKWANG INDUSTRIAL CO., LTD.	I	8.6	2018-11-07	2027-07-13
5501300010	137	阿克萨丙烯酸化学工业公司	Aksa Akrilik Kimya Sanayii A. S.	I	8.2	2016-07-14	2027-07-13
5501300010	137	其他土耳其公司	All Others	I	16.1	2016-07-14	2027-07-13
5501300010	133	其他韩国公司	All Others	I	21.7	2018-11-07	2027-07-13
5503300010	116	三菱化学株式会社	Mitsubishi Chemical Corporation	I	15.8	2017-08-05	2027-07-13
5503300010	116	日本依克丝兰工业株式会社	JAPAN EXLAN CO., LTD	I	16.1	2016-07-14	2027-07-13
5503300010	116	其他日本公司	All Others	I	16.1	2016-07-14	2027-07-13
5503300010	116	东丽株式会社	Toray Industries, Inc.	I	16	2016-07-14	2027-07-13
5503300010	133	其他韩国公司	All Others	I	21.7	2018-11-07	2027-07-13
5503300010	701	国(地)别不详		I	21.7	2016-07-14	2027-07-13
5503300010	137	其他土耳其公司	All Others	I	16.1	2016-07-14	2027-07-13
5503300010	137	阿克萨丙烯酸化学工业公司	Aksa Akrilik Kimya Sanayii A. S.	I	8.2	2016-07-14	2027-07-13
5503300010	133	泰光产业株式会社	TAEKWANG INDUSTRIAL CO., LTD.	I	8.6	2018-11-07	2027-07-13
5506300010	116	东丽株式会社	Toray Industries, Inc.	I	16	2016-07-14	2027-07-13
5506300010	116	其他日本公司	All Others	I	16.1	2016-07-14	2027-07-13
5506300010	116	日本依克丝兰工业株式会社	JAPAN EXLAN CO., LTD	I	16.1	2016-07-14	2027-07-13
5506300010	116	三菱化学株式会社	Mitsubishi Chemical Corporation	I	15.8	2017-08-05	2027-07-13
5506300010	701	国(地)别不详		I	21.7	2016-07-14	2027-07-13
5506300010	137	阿克萨丙烯酸化学工业公司	Aksa Akrilik Kimya Sanayii A. S.	I	8.2	2016-07-14	2027-07-13
5506300010	133	泰光产业株式会社	TAEKWANG INDUSTRIAL CO., LTD.	I	8.6	2018-11-07	2027-07-13
5506300010	133	其他韩国公司	All Others	I	21.7	2018-11-07	2027-07-13
5506300010	137	其他土耳其公司	All Others	I	16.1	2016-07-14	2027-07-13
7002201010	116	古河电器工业株式会社	Furukawa Electric Co., Ltd	I	31.2	2020-09-26	2999-12-31
7002201010	116	其他日本公司	All Others	I	31.2	2020-09-26	2999-12-31
7002201010	116	信越化学株式会社	Shin-Etsu Chemical Co., Ltd	I	17	2020-09-26	2999-12-31
7002201010	116	株式会社藤仓	Fujikura Ltd	I	14.4	2020-09-26	2999-12-31
7002201010	701	国(地)别不详		I	41.7	2020-09-26	2999-12-31
7002201010	502	OFS-费特有限责任公司	OFS Fitel, LLC	I	17.4	2020-09-26	2999-12-31
7002201010	502	康宁公司	Corning Incorporated	I	41.7	2020-09-26	2999-12-31
7002201010	502	其他美国公司	All Others	I	41.7	2020-09-26	2999-12-31
7002201010	116	住友电器工业株式会社	Sumitomo Electric Industries, Ltd	I	31.2	2020-09-26	2999-12-31
7218910000	108	其他欧盟公司	All Others	I	43	2019-07-23	2024-07-22
7218910000	324	其他欧盟公司	All Others	I	43	2019-07-23	2024-07-22
7218910000	116	其他日本公司	All Others	I	29	2019-07-23	2024-07-22
7218910000	116	日本冶金工业株式会社	NIPPON YAKIN KOGYO CO., LTD	I	18.1	2019-07-23	2024-07-22
7218910000	133	其他韩国公司	All Others	I	103.1	2019-07-23	2024-07-22
7218910000	133	株式会社 POSCO	POSCO	I	23.1	2019-07-23	2024-07-22
7218910000	301	其他欧盟公司	All Others	I	43	2019-07-23	2024-07-22
7218910000	302	其他欧盟公司	All Others	I	43	2019-07-23	2024-07-22
7218910000	303	其他欧盟公司	All Others	I	43	2019-07-23	2024-07-22

商品编号	原产国(地区)	原产厂商中文名称	原产厂商英文名称	税种代码	税率(%)	起始日期	截止日期
7218910000	304	其他欧盟公司	All Others	I	43	2019-07-23	2024-07-22
7218910000	305	其他欧盟公司	All Others	I	43	2019-07-23	2024-07-22
7218910000	327	其他欧盟公司	All Others	I	43	2019-07-23	2024-07-22
7218910000	328	其他欧盟公司	All Others	I	43	2019-07-23	2024-07-22
7218910000	330	其他欧盟公司	All Others	I	43	2019-07-23	2024-07-22
7218910000	334	其他欧盟公司	All Others	I	43	2019-07-23	2024-07-22
7218910000	335	其他欧盟公司	All Others	I	43	2019-07-23	2024-07-22
7218910000	336	其他欧盟公司	All Others	I	43	2019-07-23	2024-07-22
7218910000	350	其他欧盟公司	All Others	I	43	2019-07-23	2024-07-22
7218910000	351	其他欧盟公司	All Others	I	43	2019-07-23	2024-07-22
7218910000	352	其他欧盟公司	All Others	I	43	2019-07-23	2024-07-22
7218910000	353	其他欧盟公司	All Others	I	43	2019-07-23	2024-07-22
7218910000	701	国(地)别不详		I	103. 1	2019-07-23	2024-07-22
7218910000	306	其他欧盟公司	All Others	I	43	2019-07-23	2024-07-22
7218910000	307	其他欧盟公司	All Others	I	43	2019-07-23	2024-07-22
7218910000	308	其他欧盟公司	All Others	I	43	2019-07-23	2024-07-22
7218910000	309	其他欧盟公司	All Others	I	43	2019-07-23	2024-07-22
7218910000	310	其他欧盟公司	All Others	I	43	2019-07-23	2024-07-22
7218910000	311	其他欧盟公司	All Others	I	43	2019-07-23	2024-07-22
7218910000	312	其他欧盟公司	All Others	I	43	2019-07-23	2024-07-22
7218910000	315	其他欧盟公司	All Others	I	43	2019-07-23	2024-07-22
7218910000	316	其他欧盟公司	All Others	I	43	2019-07-23	2024-07-22
7218910000	318	其他欧盟公司	All Others	I	43	2019-07-23	2024-07-22
7218910000	321	其他欧盟公司	All Others	I	43	2019-07-23	2024-07-22
7218910000	112	印度尼西亚公司		I	20. 2	2019-07-23	2024-07-22
7218990090	351	其他欧盟公司	All Others	I	43	2019-12-21	2024-07-22
7218990090	352	其他欧盟公司	All Others	I	43	2019-12-21	2024-07-22
7218990090	353	其他欧盟公司	All Others	I	43	2019-12-21	2024-07-22
7218990090	701	国(地)别不详		I	103. 1	2019-12-21	2024-07-22
7218990090	108	其他欧盟公司	All Others	I	43	2019-12-21	2024-07-22
7218990090	112	印度尼西亚公司		I	20. 2	2019-12-21	2024-07-22
7218990090	116	其他日本公司	All Others	I	29	2019-12-21	2024-07-22
7218990090	116	日本冶金工业株式会社	NIPPON YAKIN KOGYO CO. , LTD	I	18. 1	2019-12-21	2024-07-22
7218990090	133	其他韩国公司	All Others	I	103. 1	2019-12-21	2024-07-22
7218990090	133	株式会社 POSCO	POSCO	I	23. 1	2019-12-21	2024-07-22
7218990090	301	其他欧盟公司	All Others	I	43	2019-12-21	2024-07-22
7218990090	302	其他欧盟公司	All Others	I	43	2019-12-21	2024-07-22
7218990090	303	其他欧盟公司	All Others	I	43	2019-12-21	2024-07-22
7218990090	304	其他欧盟公司	All Others	I	43	2019-12-21	2024-07-22
7218990090	305	其他欧盟公司	All Others	I	43	2019-12-21	2024-07-22
7218990090	306	其他欧盟公司	All Others	I	43	2019-12-21	2024-07-22
7218990090	307	其他欧盟公司	All Others	I	43	2019-12-21	2024-07-22
7218990090	308	其他欧盟公司	All Others	I	43	2019-12-21	2024-07-22

商品编号	原产国(地区)	原产厂商中文名称	原产厂商英文名称	税种代码	税率(%)	起始日期	截止日期
7218990090	309	其他欧盟公司	All Others	I	43	2019-12-21	2024-07-22
7218990090	310	其他欧盟公司	All Others	I	43	2019-12-21	2024-07-22
7218990090	311	其他欧盟公司	All Others	I	43	2019-12-21	2024-07-22
7218990090	312	其他欧盟公司	All Others	I	43	2019-12-21	2024-07-22
7218990090	315	其他欧盟公司	All Others	I	43	2019-12-21	2024-07-22
7218990090	316	其他欧盟公司	All Others	I	43	2019-12-21	2024-07-22
7218990090	318	其他欧盟公司	All Others	I	43	2019-12-21	2024-07-22
7218990090	321	其他欧盟公司	All Others	I	43	2019-12-21	2024-07-22
7218990090	324	其他欧盟公司	All Others	I	43	2019-12-21	2024-07-22
7218990090	327	其他欧盟公司	All Others	I	43	2019-12-21	2024-07-22
7218990090	328	其他欧盟公司	All Others	I	43	2019-12-21	2024-07-22
7218990090	330	其他欧盟公司	All Others	I	43	2019-12-21	2024-07-22
7218990090	334	其他欧盟公司	All Others	I	43	2019-12-21	2024-07-22
7218990090	335	其他欧盟公司	All Others	I	43	2019-12-21	2024-07-22
7218990090	336	其他欧盟公司	All Others	I	43	2019-12-21	2024-07-22
7218990090	350	其他欧盟公司	All Others	I	43	2019-12-21	2024-07-22
7219110000	133	其他韩国公司	All Others	I	103.1	2019-07-23	2024-07-22
7219110000	116	日本冶金工业株式会社	NIPPON YAKIN KOGYO CO., LTD	I	18.1	2019-07-23	2024-07-22
7219110000	301	其他欧盟公司	All Others	I	43	2019-07-23	2024-07-22
7219110000	302	其他欧盟公司	All Others	I	43	2019-07-23	2024-07-22
7219110000	303	其他欧盟公司	All Others	I	43	2019-07-23	2024-07-22
7219110000	304	其他欧盟公司	All Others	I	43	2019-07-23	2024-07-22
7219110000	305	其他欧盟公司	All Others	I	43	2019-07-23	2024-07-22
7219110000	306	其他欧盟公司	All Others	I	43	2019-07-23	2024-07-22
7219110000	307	其他欧盟公司	All Others	I	43	2019-07-23	2024-07-22
7219110000	308	其他欧盟公司	All Others	I	43	2019-07-23	2024-07-22
7219110000	309	其他欧盟公司	All Others	I	43	2019-07-23	2024-07-22
7219110000	310	其他欧盟公司	All Others	I	43	2019-07-23	2024-07-22
7219110000	311	其他欧盟公司	All Others	I	43	2019-07-23	2024-07-22
7219110000	312	其他欧盟公司	All Others	I	43	2019-07-23	2024-07-22
7219110000	315	其他欧盟公司	All Others	I	43	2019-07-23	2024-07-22
7219110000	316	其他欧盟公司	All Others	I	43	2019-07-23	2024-07-22
7219110000	318	其他欧盟公司	All Others	I	43	2019-07-23	2024-07-22
7219110000	321	其他欧盟公司	All Others	I	43	2019-07-23	2024-07-22
7219110000	324	其他欧盟公司	All Others	I	43	2019-07-23	2024-07-22
7219110000	327	其他欧盟公司	All Others	I	43	2019-07-23	2024-07-22
7219110000	328	其他欧盟公司	All Others	I	43	2019-07-23	2024-07-22
7219110000	330	其他欧盟公司	All Others	I	43	2019-07-23	2024-07-22
7219110000	334	其他欧盟公司	All Others	I	43	2019-07-23	2024-07-22
7219110000	335	其他欧盟公司	All Others	I	43	2019-07-23	2024-07-22
7219110000	336	其他欧盟公司	All Others	I	43	2019-07-23	2024-07-22
7219110000	350	其他欧盟公司	All Others	I	43	2019-07-23	2024-07-22
7219110000	351	其他欧盟公司	All Others	I	43	2019-07-23	2024-07-22

商品编号	原产国(地区)	原产厂商中文名称	原产厂商英文名称	税种代码	税率(%)	起始日期	截止日期
7219110000	352	其他欧盟公司	All Others	I	43	2019-07-23	2024-07-22
7219110000	353	其他欧盟公司	All Others	I	43	2019-07-23	2024-07-22
7219110000	701	国(地)别不详		I	103. 1	2019-07-23	2024-07-22
7219110000	108	其他欧盟公司	All Others	I	43	2019-07-23	2024-07-22
7219110000	112	印度尼西亚公司		I	20. 2	2019-07-23	2024-07-22
7219110000	116	其他日本公司	All Others	I	29	2019-07-23	2024-07-22
7219110000	133	株式会社 POSCO	POSCO	I	23. 1	2019-07-23	2024-07-22
7219121000	307	其他欧盟公司	All Others	I	43	2021-01-01	2024-07-22
7219121000	308	其他欧盟公司	All Others	I	43	2021-01-01	2024-07-22
7219121000	309	其他欧盟公司	All Others	I	43	2021-01-01	2024-07-22
7219121000	310	其他欧盟公司	All Others	I	43	2021-01-01	2024-07-22
7219121000	311	其他欧盟公司	All Others	I	43	2021-01-01	2024-07-22
7219121000	312	其他欧盟公司	All Others	I	43	2021-01-01	2024-07-22
7219121000	315	其他欧盟公司	All Others	I	43	2021-01-01	2024-07-22
7219121000	316	其他欧盟公司	All Others	I	43	2021-01-01	2024-07-22
7219121000	318	其他欧盟公司	All Others	I	43	2021-01-01	2024-07-22
7219121000	321	其他欧盟公司	All Others	I	43	2021-01-01	2024-07-22
7219121000	324	其他欧盟公司	All Others	I	43	2021-01-01	2024-07-22
7219121000	327	其他欧盟公司	All Others	I	43	2021-01-01	2024-07-22
7219121000	328	其他欧盟公司	All Others	I	43	2021-01-01	2024-07-22
7219121000	330	其他欧盟公司	All Others	I	43	2021-01-01	2024-07-22
7219121000	334	其他欧盟公司	All Others	I	43	2021-01-01	2024-07-22
7219121000	335	其他欧盟公司	All Others	I	43	2021-01-01	2024-07-22
7219121000	336	其他欧盟公司	All Others	I	43	2021-01-01	2024-07-22
7219121000	350	其他欧盟公司	All Others	I	43	2021-01-01	2024-07-22
7219121000	351	其他欧盟公司	All Others	I	43	2021-01-01	2024-07-22
7219121000	352	其他欧盟公司	All Others	I	43	2021-01-01	2024-07-22
7219121000	353	其他欧盟公司	All Others	I	43	2021-01-01	2024-07-22
7219121000	701	国(地)别不详		I	103. 1	2021-01-01	2024-07-22
7219121000	108	其他欧盟公司	All Others	I	43	2021-01-01	2024-07-22
7219121000	112	印度尼西亚公司		I	20. 2	2021-01-01	2024-07-22
7219121000	116	其他日本公司	All Others	I	29	2021-01-01	2024-07-22
7219121000	116	日本冶金工业株式会社	NIPPON YAKIN KOGYO CO. , LTD	I	18. 1	2021-01-01	2024-07-22
7219121000	133	其他韩国公司	All Others	I	103. 1	2021-01-01	2024-07-22
7219121000	133	株式会社 POSCO	POSCO	I	23. 1	2021-01-01	2024-07-22
7219121000	301	其他欧盟公司	All Others	I	43	2021-01-01	2024-07-22
7219121000	302	其他欧盟公司	All Others	I	43	2021-01-01	2024-07-22
7219121000	303	其他欧盟公司	All Others	I	43	2021-01-01	2024-07-22
7219121000	304	其他欧盟公司	All Others	I	43	2021-01-01	2024-07-22
7219121000	305	其他欧盟公司	All Others	I	43	2021-01-01	2024-07-22
7219121000	306	其他欧盟公司	All Others	I	43	2021-01-01	2024-07-22
7219129000	108	其他欧盟公司	All Others	I	43	2021-01-01	2024-07-22
7219129000	701	国(地)别不详		I	103. 1	2021-01-01	2024-07-22

商品编号	原产国（地区）	原产厂商中文名称	原产厂商英文名称	税种代码	税率（%）	起始日期	截止日期
7219129000	116	其他日本公司	All Others	I	29	2021-01-01	2024-07-22
7219129000	116	日本冶金工业株式会社	NIPPON YAKIN KOGYO CO., LTD	I	18.1	2021-01-01	2024-07-22
7219129000	133	其他韩国公司	All Others	I	103.1	2021-01-01	2024-07-22
7219129000	133	株式会社 POSCO	POSCO	I	23.1	2021-01-01	2024-07-22
7219129000	301	其他欧盟公司	All Others	I	43	2021-01-01	2024-07-22
7219129000	302	其他欧盟公司	All Others	I	43	2021-01-01	2024-07-22
7219129000	303	其他欧盟公司	All Others	I	43	2021-01-01	2024-07-22
7219129000	304	其他欧盟公司	All Others	I	43	2021-01-01	2024-07-22
7219129000	305	其他欧盟公司	All Others	I	43	2021-01-01	2024-07-22
7219129000	306	其他欧盟公司	All Others	I	43	2021-01-01	2024-07-22
7219129000	307	其他欧盟公司	All Others	I	43	2021-01-01	2024-07-22
7219129000	308	其他欧盟公司	All Others	I	43	2021-01-01	2024-07-22
7219129000	309	其他欧盟公司	All Others	I	43	2021-01-01	2024-07-22
7219129000	310	其他欧盟公司	All Others	I	43	2021-01-01	2024-07-22
7219129000	311	其他欧盟公司	All Others	I	43	2021-01-01	2024-07-22
7219129000	312	其他欧盟公司	All Others	I	43	2021-01-01	2024-07-22
7219129000	315	其他欧盟公司	All Others	I	43	2021-01-01	2024-07-22
7219129000	316	其他欧盟公司	All Others	I	43	2021-01-01	2024-07-22
7219129000	318	其他欧盟公司	All Others	I	43	2021-01-01	2024-07-22
7219129000	321	其他欧盟公司	All Others	I	43	2021-01-01	2024-07-22
7219129000	324	其他欧盟公司	All Others	I	43	2021-01-01	2024-07-22
7219129000	327	其他欧盟公司	All Others	I	43	2021-01-01	2024-07-22
7219129000	328	其他欧盟公司	All Others	I	43	2021-01-01	2024-07-22
7219129000	330	其他欧盟公司	All Others	I	43	2021-01-01	2024-07-22
7219129000	334	其他欧盟公司	All Others	I	43	2021-01-01	2024-07-22
7219129000	335	其他欧盟公司	All Others	I	43	2021-01-01	2024-07-22
7219129000	336	其他欧盟公司	All Others	I	43	2021-01-01	2024-07-22
7219129000	350	其他欧盟公司	All Others	I	43	2021-01-01	2024-07-22
7219129000	351	其他欧盟公司	All Others	I	43	2021-01-01	2024-07-22
7219129000	352	其他欧盟公司	All Others	I	43	2021-01-01	2024-07-22
7219129000	353	其他欧盟公司	All Others	I	43	2021-01-01	2024-07-22
7219129000	112	印度尼西亚公司		I	20.2	2021-01-01	2024-07-22
7219131200	108	其他欧盟公司	All Others	I	43	2019-07-23	2024-07-22
7219131200	701	国(地)别不详		I	103.1	2019-07-23	2024-07-22
7219131200	116	其他日本公司	All Others	I	29	2019-07-23	2024-07-22
7219131200	116	日本冶金工业株式会社	NIPPON YAKIN KOGYO CO., LTD	I	18.1	2019-07-23	2024-07-22
7219131200	133	其他韩国公司	All Others	I	103.1	2019-07-23	2024-07-22
7219131200	133	株式会社 POSCO	POSCO	I	23.1	2019-07-23	2024-07-22
7219131200	301	其他欧盟公司	All Others	I	43	2019-07-23	2024-07-22
7219131200	302	其他欧盟公司	All Others	I	43	2019-07-23	2024-07-22
7219131200	303	其他欧盟公司	All Others	I	43	2019-07-23	2024-07-22
7219131200	304	其他欧盟公司	All Others	I	43	2019-07-23	2024-07-22
7219131200	305	其他欧盟公司	All Others	I	43	2019-07-23	2024-07-22

商品编号	原产国(地区)	原产厂商中文名称	原产厂商英文名称	税种代码	税率(%)	起始日期	截止日期
7219131200	306	其他欧盟公司	All Others	I	43	2019-07-23	2024-07-22
7219131200	307	其他欧盟公司	All Others	I	43	2019-07-23	2024-07-22
7219131200	308	其他欧盟公司	All Others	I	43	2019-07-23	2024-07-22
7219131200	309	其他欧盟公司	All Others	I	43	2019-07-23	2024-07-22
7219131200	310	其他欧盟公司	All Others	I	43	2019-07-23	2024-07-22
7219131200	311	其他欧盟公司	All Others	I	43	2019-07-23	2024-07-22
7219131200	312	其他欧盟公司	All Others	I	43	2019-07-23	2024-07-22
7219131200	315	其他欧盟公司	All Others	I	43	2019-07-23	2024-07-22
7219131200	316	其他欧盟公司	All Others	I	43	2019-07-23	2024-07-22
7219131200	318	其他欧盟公司	All Others	I	43	2019-07-23	2024-07-22
7219131200	321	其他欧盟公司	All Others	I	43	2019-07-23	2024-07-22
7219131200	324	其他欧盟公司	All Others	I	43	2019-07-23	2024-07-22
7219131200	327	其他欧盟公司	All Others	I	43	2019-07-23	2024-07-22
7219131200	328	其他欧盟公司	All Others	I	43	2019-07-23	2024-07-22
7219131200	330	其他欧盟公司	All Others	I	43	2019-07-23	2024-07-22
7219131200	334	其他欧盟公司	All Others	I	43	2019-07-23	2024-07-22
7219131200	335	其他欧盟公司	All Others	I	43	2019-07-23	2024-07-22
7219131200	336	其他欧盟公司	All Others	I	43	2019-07-23	2024-07-22
7219131200	350	其他欧盟公司	All Others	I	43	2019-07-23	2024-07-22
7219131200	351	其他欧盟公司	All Others	I	43	2019-07-23	2024-07-22
7219131200	352	其他欧盟公司	All Others	I	43	2019-07-23	2024-07-22
7219131200	353	其他欧盟公司	All Others	I	43	2019-07-23	2024-07-22
7219131200	112	印度尼西亚公司		I	20. 2	2019-07-23	2024-07-22
7219131900	353	其他欧盟公司	All Others	I	43	2019-07-23	2024-07-22
7219131900	701	国(地)别不详		I	103. 1	2019-07-23	2024-07-22
7219131900	108	其他欧盟公司	All Others	I	43	2019-07-23	2024-07-22
7219131900	112	印度尼西亚公司		I	20. 2	2019-07-23	2024-07-22
7219131900	116	其他日本公司	All Others	I	29	2019-07-23	2024-07-22
7219131900	116	日本冶金工业株式会社	NIPPON YAKIN KOGYO CO. , LTD	I	18. 1	2019-07-23	2024-07-22
7219131900	133	其他韩国公司	All Others	I	103. 1	2019-07-23	2024-07-22
7219131900	133	株式会社 POSCO	POSCO	I	23. 1	2019-07-23	2024-07-22
7219131900	301	其他欧盟公司	All Others	I	43	2019-07-23	2024-07-22
7219131900	302	其他欧盟公司	All Others	I	43	2019-07-23	2024-07-22
7219131900	303	其他欧盟公司	All Others	I	43	2019-07-23	2024-07-22
7219131900	304	其他欧盟公司	All Others	I	43	2019-07-23	2024-07-22
7219131900	305	其他欧盟公司	All Others	I	43	2019-07-23	2024-07-22
7219131900	306	其他欧盟公司	All Others	I	43	2019-07-23	2024-07-22
7219131900	307	其他欧盟公司	All Others	I	43	2019-07-23	2024-07-22
7219131900	308	其他欧盟公司	All Others	I	43	2019-07-23	2024-07-22
7219131900	309	其他欧盟公司	All Others	I	43	2019-07-23	2024-07-22
7219131900	310	其他欧盟公司	All Others	I	43	2019-07-23	2024-07-22
7219131900	311	其他欧盟公司	All Others	I	43	2019-07-23	2024-07-22
7219131900	312	其他欧盟公司	All Others	I	43	2019-07-23	2024-07-22

商品编号	原产国(地区)	原产厂商中文名称	原产厂商英文名称	税种代码	税率(%)	起始日期	截止日期
7219131900	315	其他欧盟公司	All Others	I	43	2019-07-23	2024-07-22
7219131900	316	其他欧盟公司	All Others	I	43	2019-07-23	2024-07-22
7219131900	318	其他欧盟公司	All Others	I	43	2019-07-23	2024-07-22
7219131900	321	其他欧盟公司	All Others	I	43	2019-07-23	2024-07-22
7219131900	324	其他欧盟公司	All Others	I	43	2019-07-23	2024-07-22
7219131900	327	其他欧盟公司	All Others	I	43	2019-07-23	2024-07-22
7219131900	328	其他欧盟公司	All Others	I	43	2019-07-23	2024-07-22
7219131900	330	其他欧盟公司	All Others	I	43	2019-07-23	2024-07-22
7219131900	334	其他欧盟公司	All Others	I	43	2019-07-23	2024-07-22
7219131900	335	其他欧盟公司	All Others	I	43	2019-07-23	2024-07-22
7219131900	336	其他欧盟公司	All Others	I	43	2019-07-23	2024-07-22
7219131900	350	其他欧盟公司	All Others	I	43	2019-07-23	2024-07-22
7219131900	351	其他欧盟公司	All Others	I	43	2019-07-23	2024-07-22
7219131900	352	其他欧盟公司	All Others	I	43	2019-07-23	2024-07-22
7219132200	108	其他欧盟公司	All Others	I	43	2019-07-23	2024-07-22
7219132200	112	印度尼西亚公司		I	20.2	2019-07-23	2024-07-22
7219132200	116	其他日本公司	All Others	I	29	2019-07-23	2024-07-22
7219132200	116	日本冶金工业株式会社	NIPPON YAKIN KOGYO CO., LTD	I	18.1	2019-07-23	2024-07-22
7219132200	133	其他韩国公司	All Others	I	103.1	2019-07-23	2024-07-22
7219132200	133	株式会社 POSCO	POSCO	I	23.1	2019-07-23	2024-07-22
7219132200	301	其他欧盟公司	All Others	I	43	2019-07-23	2024-07-22
7219132200	353	其他欧盟公司	All Others	I	43	2019-07-23	2024-07-22
7219132200	701	国(地)别不详		I	103.1	2019-07-23	2024-07-22
7219132200	302	其他欧盟公司	All Others	I	43	2019-07-23	2024-07-22
7219132200	303	其他欧盟公司	All Others	I	43	2019-07-23	2024-07-22
7219132200	304	其他欧盟公司	All Others	I	43	2019-07-23	2024-07-22
7219132200	305	其他欧盟公司	All Others	I	43	2019-07-23	2024-07-22
7219132200	306	其他欧盟公司	All Others	I	43	2019-07-23	2024-07-22
7219132200	307	其他欧盟公司	All Others	I	43	2019-07-23	2024-07-22
7219132200	308	其他欧盟公司	All Others	I	43	2019-07-23	2024-07-22
7219132200	309	其他欧盟公司	All Others	I	43	2019-07-23	2024-07-22
7219132200	310	其他欧盟公司	All Others	I	43	2019-07-23	2024-07-22
7219132200	311	其他欧盟公司	All Others	I	43	2019-07-23	2024-07-22
7219132200	312	其他欧盟公司	All Others	I	43	2019-07-23	2024-07-22
7219132200	315	其他欧盟公司	All Others	I	43	2019-07-23	2024-07-22
7219132200	316	其他欧盟公司	All Others	I	43	2019-07-23	2024-07-22
7219132200	318	其他欧盟公司	All Others	I	43	2019-07-23	2024-07-22
7219132200	321	其他欧盟公司	All Others	I	43	2019-07-23	2024-07-22
7219132200	324	其他欧盟公司	All Others	I	43	2019-07-23	2024-07-22
7219132200	327	其他欧盟公司	All Others	I	43	2019-07-23	2024-07-22
7219132200	328	其他欧盟公司	All Others	I	43	2019-07-23	2024-07-22
7219132200	330	其他欧盟公司	All Others	I	43	2019-07-23	2024-07-22
7219132200	334	其他欧盟公司	All Others	I	43	2019-07-23	2024-07-22

商品编号	原产国(地区)	原产厂商中文名称	原产厂商英文名称	税种代码	税率(%)	起始日期	截止日期
7219132200	335	其他欧盟公司	All Others	I	43	2019-07-23	2024-07-22
7219132200	336	其他欧盟公司	All Others	I	43	2019-07-23	2024-07-22
7219132200	350	其他欧盟公司	All Others	I	43	2019-07-23	2024-07-22
7219132200	351	其他欧盟公司	All Others	I	43	2019-07-23	2024-07-22
7219132200	352	其他欧盟公司	All Others	I	43	2019-07-23	2024-07-22
7219132900	108	其他欧盟公司	All Others	I	43	2019-07-23	2024-07-22
7219132900	701	国(地)别不详		I	103.1	2019-07-23	2024-07-22
7219132900	116	其他日本公司	All Others	I	29	2019-07-23	2024-07-22
7219132900	116	日本冶金工业株式会社	NIPPON YAKIN KOGYO CO., LTD	I	18.1	2019-07-23	2024-07-22
7219132900	133	其他韩国公司	All Others	I	103.1	2019-07-23	2024-07-22
7219132900	133	株式会社 POSCO	POSCO	I	23.1	2019-07-23	2024-07-22
7219132900	301	其他欧盟公司	All Others	I	43	2019-07-23	2024-07-22
7219132900	302	其他欧盟公司	All Others	I	43	2019-07-23	2024-07-22
7219132900	303	其他欧盟公司	All Others	I	43	2019-07-23	2024-07-22
7219132900	304	其他欧盟公司	All Others	I	43	2019-07-23	2024-07-22
7219132900	305	其他欧盟公司	All Others	I	43	2019-07-23	2024-07-22
7219132900	306	其他欧盟公司	All Others	I	43	2019-07-23	2024-07-22
7219132900	307	其他欧盟公司	All Others	I	43	2019-07-23	2024-07-22
7219132900	308	其他欧盟公司	All Others	I	43	2019-07-23	2024-07-22
7219132900	309	其他欧盟公司	All Others	I	43	2019-07-23	2024-07-22
7219132900	310	其他欧盟公司	All Others	I	43	2019-07-23	2024-07-22
7219132900	311	其他欧盟公司	All Others	I	43	2019-07-23	2024-07-22
7219132900	312	其他欧盟公司	All Others	I	43	2019-07-23	2024-07-22
7219132900	315	其他欧盟公司	All Others	I	43	2019-07-23	2024-07-22
7219132900	316	其他欧盟公司	All Others	I	43	2019-07-23	2024-07-22
7219132900	318	其他欧盟公司	All Others	I	43	2019-07-23	2024-07-22
7219132900	321	其他欧盟公司	All Others	I	43	2019-07-23	2024-07-22
7219132900	324	其他欧盟公司	All Others	I	43	2019-07-23	2024-07-22
7219132900	327	其他欧盟公司	All Others	I	43	2019-07-23	2024-07-22
7219132900	328	其他欧盟公司	All Others	I	43	2019-07-23	2024-07-22
7219132900	330	其他欧盟公司	All Others	I	43	2019-07-23	2024-07-22
7219132900	334	其他欧盟公司	All Others	I	43	2019-07-23	2024-07-22
7219132900	335	其他欧盟公司	All Others	I	43	2019-07-23	2024-07-22
7219132900	336	其他欧盟公司	All Others	I	43	2019-07-23	2024-07-22
7219132900	350	其他欧盟公司	All Others	I	43	2019-07-23	2024-07-22
7219132900	351	其他欧盟公司	All Others	I	43	2019-07-23	2024-07-22
7219132900	352	其他欧盟公司	All Others	I	43	2019-07-23	2024-07-22
7219132900	353	其他欧盟公司	All Others	I	43	2019-07-23	2024-07-22
7219132900	112	印度尼西亚公司		I	20.2	2019-07-23	2024-07-22
7219141200	108	其他欧盟公司	All Others	I	43	2019-07-23	2024-07-22
7219141200	112	印度尼西亚公司		I	20.2	2019-07-23	2024-07-22
7219141200	116	其他日本公司	All Others	I	29	2019-07-23	2024-07-22
7219141200	116	日本冶金工业株式会社	NIPPON YAKIN KOGYO CO., LTD	I	18.1	2019-07-23	2024-07-22

商品编号	原产国(地区)	原产厂商中文名称	原产厂商英文名称	税种代码	税率(%)	起始日期	截止日期
7219141200	133	其他韩国公司	All Others	I	103.1	2019-07-23	2024-07-22
7219141200	133	株式会社 POSCO	POSCO	I	23.1	2019-07-23	2024-07-22
7219141200	301	其他欧盟公司	All Others	I	43	2019-07-23	2024-07-22
7219141200	302	其他欧盟公司	All Others	I	43	2019-07-23	2024-07-22
7219141200	303	其他欧盟公司	All Others	I	43	2019-07-23	2024-07-22
7219141200	304	其他欧盟公司	All Others	I	43	2019-07-23	2024-07-22
7219141200	305	其他欧盟公司	All Others	I	43	2019-07-23	2024-07-22
7219141200	306	其他欧盟公司	All Others	I	43	2019-07-23	2024-07-22
7219141200	307	其他欧盟公司	All Others	I	43	2019-07-23	2024-07-22
7219141200	308	其他欧盟公司	All Others	I	43	2019-07-23	2024-07-22
7219141200	309	其他欧盟公司	All Others	I	43	2019-07-23	2024-07-22
7219141200	310	其他欧盟公司	All Others	I	43	2019-07-23	2024-07-22
7219141200	311	其他欧盟公司	All Others	I	43	2019-07-23	2024-07-22
7219141200	312	其他欧盟公司	All Others	I	43	2019-07-23	2024-07-22
7219141200	315	其他欧盟公司	All Others	I	43	2019-07-23	2024-07-22
7219141200	316	其他欧盟公司	All Others	I	43	2019-07-23	2024-07-22
7219141200	318	其他欧盟公司	All Others	I	43	2019-07-23	2024-07-22
7219141200	321	其他欧盟公司	All Others	I	43	2019-07-23	2024-07-22
7219141200	324	其他欧盟公司	All Others	I	43	2019-07-23	2024-07-22
7219141200	327	其他欧盟公司	All Others	I	43	2019-07-23	2024-07-22
7219141200	328	其他欧盟公司	All Others	I	43	2019-07-23	2024-07-22
7219141200	330	其他欧盟公司	All Others	I	43	2019-07-23	2024-07-22
7219141200	334	其他欧盟公司	All Others	I	43	2019-07-23	2024-07-22
7219141200	335	其他欧盟公司	All Others	I	43	2019-07-23	2024-07-22
7219141200	336	其他欧盟公司	All Others	I	43	2019-07-23	2024-07-22
7219141200	350	其他欧盟公司	All Others	I	43	2019-07-23	2024-07-22
7219141200	351	其他欧盟公司	All Others	I	43	2019-07-23	2024-07-22
7219141200	352	其他欧盟公司	All Others	I	43	2019-07-23	2024-07-22
7219141200	353	其他欧盟公司	All Others	I	43	2019-07-23	2024-07-22
7219141200	701	国(地)别不详		I	103.1	2019-07-23	2024-07-22
7219141900	108	其他欧盟公司	All Others	I	43	2019-07-23	2024-07-22
7219141900	701	国(地)别不详		I	103.1	2019-07-23	2024-07-22
7219141900	116	其他日本公司	All Others	I	29	2019-07-23	2024-07-22
7219141900	116	日本冶金工业株式会社	NIPPON YAKIN KOGYO CO., LTD	I	18.1	2019-07-23	2024-07-22
7219141900	133	其他韩国公司	All Others	I	103.1	2019-07-23	2024-07-22
7219141900	133	株式会社 POSCO	POSCO	I	23.1	2019-07-23	2024-07-22
7219141900	301	其他欧盟公司	All Others	I	43	2019-07-23	2024-07-22
7219141900	302	其他欧盟公司	All Others	I	43	2019-07-23	2024-07-22
7219141900	303	其他欧盟公司	All Others	I	43	2019-07-23	2024-07-22
7219141900	304	其他欧盟公司	All Others	I	43	2019-07-23	2024-07-22
7219141900	305	其他欧盟公司	All Others	I	43	2019-07-23	2024-07-22
7219141900	306	其他欧盟公司	All Others	I	43	2019-07-23	2024-07-22
7219141900	307	其他欧盟公司	All Others	I	43	2019-07-23	2024-07-22

商品编号	原产国(地区)	原产厂商中文名称	原产厂商英文名称	税种代码	税率(%)	起始日期	截止日期
7219141900	308	其他欧盟公司	All Others	I	43	2019-07-23	2024-07-22
7219141900	309	其他欧盟公司	All Others	I	43	2019-07-23	2024-07-22
7219141900	310	其他欧盟公司	All Others	I	43	2019-07-23	2024-07-22
7219141900	311	其他欧盟公司	All Others	I	43	2019-07-23	2024-07-22
7219141900	312	其他欧盟公司	All Others	I	43	2019-07-23	2024-07-22
7219141900	315	其他欧盟公司	All Others	I	43	2019-07-23	2024-07-22
7219141900	316	其他欧盟公司	All Others	I	43	2019-07-23	2024-07-22
7219141900	318	其他欧盟公司	All Others	I	43	2019-07-23	2024-07-22
7219141900	321	其他欧盟公司	All Others	I	43	2019-07-23	2024-07-22
7219141900	324	其他欧盟公司	All Others	I	43	2019-07-23	2024-07-22
7219141900	327	其他欧盟公司	All Others	I	43	2019-07-23	2024-07-22
7219141900	328	其他欧盟公司	All Others	I	43	2019-07-23	2024-07-22
7219141900	330	其他欧盟公司	All Others	I	43	2019-07-23	2024-07-22
7219141900	334	其他欧盟公司	All Others	I	43	2019-07-23	2024-07-22
7219141900	335	其他欧盟公司	All Others	I	43	2019-07-23	2024-07-22
7219141900	336	其他欧盟公司	All Others	I	43	2019-07-23	2024-07-22
7219141900	350	其他欧盟公司	All Others	I	43	2019-07-23	2024-07-22
7219141900	351	其他欧盟公司	All Others	I	43	2019-07-23	2024-07-22
7219141900	352	其他欧盟公司	All Others	I	43	2019-07-23	2024-07-22
7219141900	353	其他欧盟公司	All Others	I	43	2019-07-23	2024-07-22
7219141900	112	印度尼西亚公司		I	20.2	2019-07-23	2024-07-22
7219142200	351	其他欧盟公司	All Others	I	43	2019-07-23	2024-07-22
7219142200	352	其他欧盟公司	All Others	I	43	2019-07-23	2024-07-22
7219142200	353	其他欧盟公司	All Others	I	43	2019-07-23	2024-07-22
7219142200	701	国(地)别不详		I	103.1	2019-07-23	2024-07-22
7219142200	108	其他欧盟公司	All Others	I	43	2019-07-23	2024-07-22
7219142200	112	印度尼西亚公司		I	20.2	2019-07-23	2024-07-22
7219142200	116	其他日本公司	All Others	I	29	2019-07-23	2024-07-22
7219142200	116	日本冶金工业株式会社	NIPPON YAKIN KOGYO CO., LTD	I	18.1	2019-07-23	2024-07-22
7219142200	133	其他韩国公司	All Others	I	103.1	2019-07-23	2024-07-22
7219142200	133	株式会社 POSCO	POSCO	I	23.1	2019-07-23	2024-07-22
7219142200	301	其他欧盟公司	All Others	I	43	2019-07-23	2024-07-22
7219142200	302	其他欧盟公司	All Others	I	43	2019-07-23	2024-07-22
7219142200	303	其他欧盟公司	All Others	I	43	2019-07-23	2024-07-22
7219142200	304	其他欧盟公司	All Others	I	43	2019-07-23	2024-07-22
7219142200	305	其他欧盟公司	All Others	I	43	2019-07-23	2024-07-22
7219142200	306	其他欧盟公司	All Others	I	43	2019-07-23	2024-07-22
7219142200	307	其他欧盟公司	All Others	I	43	2019-07-23	2024-07-22
7219142200	308	其他欧盟公司	All Others	I	43	2019-07-23	2024-07-22
7219142200	309	其他欧盟公司	All Others	I	43	2019-07-23	2024-07-22
7219142200	310	其他欧盟公司	All Others	I	43	2019-07-23	2024-07-22
7219142200	311	其他欧盟公司	All Others	I	43	2019-07-23	2024-07-22
7219142200	312	其他欧盟公司	All Others	I	43	2019-07-23	2024-07-22

商品编号	原产国(地区)	原产厂商中文名称	原产厂商英文名称	税种代码	税率(%)	起始日期	截止日期
7219142200	315	其他欧盟公司	All Others	I	43	2019-07-23	2024-07-22
7219142200	316	其他欧盟公司	All Others	I	43	2019-07-23	2024-07-22
7219142200	318	其他欧盟公司	All Others	I	43	2019-07-23	2024-07-22
7219142200	321	其他欧盟公司	All Others	I	43	2019-07-23	2024-07-22
7219142200	324	其他欧盟公司	All Others	I	43	2019-07-23	2024-07-22
7219142200	327	其他欧盟公司	All Others	I	43	2019-07-23	2024-07-22
7219142200	328	其他欧盟公司	All Others	I	43	2019-07-23	2024-07-22
7219142200	330	其他欧盟公司	All Others	I	43	2019-07-23	2024-07-22
7219142200	334	其他欧盟公司	All Others	I	43	2019-07-23	2024-07-22
7219142200	335	其他欧盟公司	All Others	I	43	2019-07-23	2024-07-22
7219142200	336	其他欧盟公司	All Others	I	43	2019-07-23	2024-07-22
7219142200	350	其他欧盟公司	All Others	I	43	2019-07-23	2024-07-22
7219142900	108	其他欧盟公司	All Others	I	43	2019-07-23	2024-07-22
7219142900	701	国(地)别不详		I	103. 1	2019-07-23	2024-07-22
7219142900	116	其他日本公司	All Others	I	29	2019-07-23	2024-07-22
7219142900	116	日本冶金工业株式会社	NIPPON YAKIN KOGYO CO. , LTD	I	18. 1	2019-07-23	2024-07-22
7219142900	133	其他韩国公司	All Others	I	103. 1	2019-07-23	2024-07-22
7219142900	133	株式会社 POSCO	POSCO	I	23. 1	2019-07-23	2024-07-22
7219142900	301	其他欧盟公司	All Others	I	43	2019-07-23	2024-07-22
7219142900	302	其他欧盟公司	All Others	I	43	2019-07-23	2024-07-22
7219142900	303	其他欧盟公司	All Others	I	43	2019-07-23	2024-07-22
7219142900	304	其他欧盟公司	All Others	I	43	2019-07-23	2024-07-22
7219142900	305	其他欧盟公司	All Others	I	43	2019-07-23	2024-07-22
7219142900	306	其他欧盟公司	All Others	I	43	2019-07-23	2024-07-22
7219142900	307	其他欧盟公司	All Others	I	43	2019-07-23	2024-07-22
7219142900	308	其他欧盟公司	All Others	I	43	2019-07-23	2024-07-22
7219142900	309	其他欧盟公司	All Others	I	43	2019-07-23	2024-07-22
7219142900	310	其他欧盟公司	All Others	I	43	2019-07-23	2024-07-22
7219142900	311	其他欧盟公司	All Others	I	43	2019-07-23	2024-07-22
7219142900	312	其他欧盟公司	All Others	I	43	2019-07-23	2024-07-22
7219142900	315	其他欧盟公司	All Others	I	43	2019-07-23	2024-07-22
7219142900	316	其他欧盟公司	All Others	I	43	2019-07-23	2024-07-22
7219142900	318	其他欧盟公司	All Others	I	43	2019-07-23	2024-07-22
7219142900	321	其他欧盟公司	All Others	I	43	2019-07-23	2024-07-22
7219142900	324	其他欧盟公司	All Others	I	43	2019-07-23	2024-07-22
7219142900	327	其他欧盟公司	All Others	I	43	2019-07-23	2024-07-22
7219142900	328	其他欧盟公司	All Others	I	43	2019-07-23	2024-07-22
7219142900	330	其他欧盟公司	All Others	I	43	2019-07-23	2024-07-22
7219142900	334	其他欧盟公司	All Others	I	43	2019-07-23	2024-07-22
7219142900	335	其他欧盟公司	All Others	I	43	2019-07-23	2024-07-22
7219142900	336	其他欧盟公司	All Others	I	43	2019-07-23	2024-07-22
7219142900	350	其他欧盟公司	All Others	I	43	2019-07-23	2024-07-22
7219142900	351	其他欧盟公司	All Others	I	43	2019-07-23	2024-07-22

商品编号	原产国(地区)	原产厂商中文名称	原产厂商英文名称	税种代码	税率(%)	起始日期	截止日期
7219142900	352	其他欧盟公司	All Others	I	43	2019-07-23	2024-07-22
7219142900	353	其他欧盟公司	All Others	I	43	2019-07-23	2024-07-22
7219142900	112	印度尼西亚公司		I	20.2	2019-07-23	2024-07-22
7219210000	133	其他韩国公司	All Others	I	103.1	2019-07-23	2024-07-22
7219210000	701	国(地)别不详		I	103.1	2019-07-23	2024-07-22
7219210000	318	其他欧盟公司	All Others	I	43	2019-07-23	2024-07-22
7219210000	321	其他欧盟公司	All Others	I	43	2019-07-23	2024-07-22
7219210000	324	其他欧盟公司	All Others	I	43	2019-07-23	2024-07-22
7219210000	327	其他欧盟公司	All Others	I	43	2019-07-23	2024-07-22
7219210000	328	其他欧盟公司	All Others	I	43	2019-07-23	2024-07-22
7219210000	330	其他欧盟公司	All Others	I	43	2019-07-23	2024-07-22
7219210000	334	其他欧盟公司	All Others	I	43	2019-07-23	2024-07-22
7219210000	108	其他欧盟公司	All Others	I	43	2019-07-23	2024-07-22
7219210000	112	印度尼西亚公司		I	20.2	2019-07-23	2024-07-22
7219210000	116	其他日本公司	All Others	I	29	2019-07-23	2024-07-22
7219210000	116	日本冶金工业株式会社	NIPPON YAKIN KOGYO CO., LTD	I	18.1	2019-07-23	2024-07-22
7219210000	133	株式会社 POSCO	POSCO	I	23.1	2019-07-23	2024-07-22
7219210000	301	其他欧盟公司	All Others	I	43	2019-07-23	2024-07-22
7219210000	302	其他欧盟公司	All Others	I	43	2019-07-23	2024-07-22
7219210000	303	其他欧盟公司	All Others	I	43	2019-07-23	2024-07-22
7219210000	304	其他欧盟公司	All Others	I	43	2019-07-23	2024-07-22
7219210000	305	其他欧盟公司	All Others	I	43	2019-07-23	2024-07-22
7219210000	306	其他欧盟公司	All Others	I	43	2019-07-23	2024-07-22
7219210000	307	其他欧盟公司	All Others	I	43	2019-07-23	2024-07-22
7219210000	308	其他欧盟公司	All Others	I	43	2019-07-23	2024-07-22
7219210000	309	其他欧盟公司	All Others	I	43	2019-07-23	2024-07-22
7219210000	310	其他欧盟公司	All Others	I	43	2019-07-23	2024-07-22
7219210000	311	其他欧盟公司	All Others	I	43	2019-07-23	2024-07-22
7219210000	312	其他欧盟公司	All Others	I	43	2019-07-23	2024-07-22
7219210000	315	其他欧盟公司	All Others	I	43	2019-07-23	2024-07-22
7219210000	335	其他欧盟公司	All Others	I	43	2019-07-23	2024-07-22
7219210000	336	其他欧盟公司	All Others	I	43	2019-07-23	2024-07-22
7219210000	350	其他欧盟公司	All Others	I	43	2019-07-23	2024-07-22
7219210000	351	其他欧盟公司	All Others	I	43	2019-07-23	2024-07-22
7219210000	352	其他欧盟公司	All Others	I	43	2019-07-23	2024-07-22
7219210000	353	其他欧盟公司	All Others	I	43	2019-07-23	2024-07-22
7219210000	316	其他欧盟公司	All Others	I	43	2019-07-23	2024-07-22
7219220000	133	其他韩国公司	All Others	I	103.1	2019-07-23	2024-07-22
7219220000	133	株式会社 POSCO	POSCO	I	23.1	2019-07-23	2024-07-22
7219220000	301	其他欧盟公司	All Others	I	43	2019-07-23	2024-07-22
7219220000	302	其他欧盟公司	All Others	I	43	2019-07-23	2024-07-22
7219220000	303	其他欧盟公司	All Others	I	43	2019-07-23	2024-07-22
7219220000	304	其他欧盟公司	All Others	I	43	2019-07-23	2024-07-22

商品编号	原产国(地区)	原产厂商中文名称	原产厂商英文名称	税种代码	税率(%)	起始日期	截止日期
7219220000	305	其他欧盟公司	All Others	I	43	2019-07-23	2024-07-22
7219220000	306	其他欧盟公司	All Others	I	43	2019-07-23	2024-07-22
7219220000	307	其他欧盟公司	All Others	I	43	2019-07-23	2024-07-22
7219220000	308	其他欧盟公司	All Others	I	43	2019-07-23	2024-07-22
7219220000	309	其他欧盟公司	All Others	I	43	2019-07-23	2024-07-22
7219220000	310	其他欧盟公司	All Others	I	43	2019-07-23	2024-07-22
7219220000	311	其他欧盟公司	All Others	I	43	2019-07-23	2024-07-22
7219220000	312	其他欧盟公司	All Others	I	43	2019-07-23	2024-07-22
7219220000	315	其他欧盟公司	All Others	I	43	2019-07-23	2024-07-22
7219220000	316	其他欧盟公司	All Others	I	43	2019-07-23	2024-07-22
7219220000	318	其他欧盟公司	All Others	I	43	2019-07-23	2024-07-22
7219220000	324	其他欧盟公司	All Others	I	43	2019-07-23	2024-07-22
7219220000	327	其他欧盟公司	All Others	I	43	2019-07-23	2024-07-22
7219220000	328	其他欧盟公司	All Others	I	43	2019-07-23	2024-07-22
7219220000	330	其他欧盟公司	All Others	I	43	2019-07-23	2024-07-22
7219220000	334	其他欧盟公司	All Others	I	43	2019-07-23	2024-07-22
7219220000	335	其他欧盟公司	All Others	I	43	2019-07-23	2024-07-22
7219220000	336	其他欧盟公司	All Others	I	43	2019-07-23	2024-07-22
7219220000	321	其他欧盟公司	All Others	I	43	2019-07-23	2024-07-22
7219220000	350	其他欧盟公司	All Others	I	43	2019-07-23	2024-07-22
7219220000	351	其他欧盟公司	All Others	I	43	2019-07-23	2024-07-22
7219220000	352	其他欧盟公司	All Others	I	43	2019-07-23	2024-07-22
7219220000	353	其他欧盟公司	All Others	I	43	2019-07-23	2024-07-22
7219220000	701	国(地)别不详		I	103. 1	2019-07-23	2024-07-22
7219220000	108	其他欧盟公司	All Others	I	43	2019-07-23	2024-07-22
7219220000	112	印度尼西亚公司		I	20. 2	2019-07-23	2024-07-22
7219220000	116	其他日本公司	All Others	I	29	2019-07-23	2024-07-22
7219220000	116	日本冶金工业株式会社	NIPPON YAKIN KOGYO CO. , LTD	I	18. 1	2019-07-23	2024-07-22
7219230000	108	其他欧盟公司	All Others	I	43	2019-07-23	2024-07-22
7219230000	701	国(地)别不详		I	103. 1	2019-07-23	2024-07-22
7219230000	116	其他日本公司	All Others	I	29	2019-07-23	2024-07-22
7219230000	116	日本冶金工业株式会社	NIPPON YAKIN KOGYO CO. , LTD	I	18. 1	2019-07-23	2024-07-22
7219230000	133	其他韩国公司	All Others	I	103. 1	2019-07-23	2024-07-22
7219230000	133	株式会社 POSCO	POSCO	I	23. 1	2019-07-23	2024-07-22
7219230000	301	其他欧盟公司	All Others	I	43	2019-07-23	2024-07-22
7219230000	302	其他欧盟公司	All Others	I	43	2019-07-23	2024-07-22
7219230000	303	其他欧盟公司	All Others	I	43	2019-07-23	2024-07-22
7219230000	304	其他欧盟公司	All Others	I	43	2019-07-23	2024-07-22
7219230000	305	其他欧盟公司	All Others	I	43	2019-07-23	2024-07-22
7219230000	306	其他欧盟公司	All Others	I	43	2019-07-23	2024-07-22
7219230000	307	其他欧盟公司	All Others	I	43	2019-07-23	2024-07-22
7219230000	308	其他欧盟公司	All Others	I	43	2019-07-23	2024-07-22
7219230000	309	其他欧盟公司	All Others	I	43	2019-07-23	2024-07-22

商品编号	原产国(地区)	原产厂商中文名称	原产厂商英文名称	税种代码	税率(%)	起始日期	截止日期
7219230000	310	其他欧盟公司	All Others	I	43	2019-07-23	2024-07-22
7219230000	311	其他欧盟公司	All Others	I	43	2019-07-23	2024-07-22
7219230000	312	其他欧盟公司	All Others	I	43	2019-07-23	2024-07-22
7219230000	315	其他欧盟公司	All Others	I	43	2019-07-23	2024-07-22
7219230000	316	其他欧盟公司	All Others	I	43	2019-07-23	2024-07-22
7219230000	318	其他欧盟公司	All Others	I	43	2019-07-23	2024-07-22
7219230000	321	其他欧盟公司	All Others	I	43	2019-07-23	2024-07-22
7219230000	324	其他欧盟公司	All Others	I	43	2019-07-23	2024-07-22
7219230000	327	其他欧盟公司	All Others	I	43	2019-07-23	2024-07-22
7219230000	328	其他欧盟公司	All Others	I	43	2019-07-23	2024-07-22
7219230000	330	其他欧盟公司	All Others	I	43	2019-07-23	2024-07-22
7219230000	334	其他欧盟公司	All Others	I	43	2019-07-23	2024-07-22
7219230000	335	其他欧盟公司	All Others	I	43	2019-07-23	2024-07-22
7219230000	336	其他欧盟公司	All Others	I	43	2019-07-23	2024-07-22
7219230000	350	其他欧盟公司	All Others	I	43	2019-07-23	2024-07-22
7219230000	351	其他欧盟公司	All Others	I	43	2019-07-23	2024-07-22
7219230000	352	其他欧盟公司	All Others	I	43	2019-07-23	2024-07-22
7219230000	353	其他欧盟公司	All Others	I	43	2019-07-23	2024-07-22
7219230000	112	印度尼西亚公司		I	20. 2	2019-07-23	2024-07-22
7219241000	108	其他欧盟公司	All Others	I	43	2019-07-23	2024-07-22
7219241000	112	印度尼西亚公司		I	20. 2	2019-07-23	2024-07-22
7219241000	116	其他日本公司	All Others	I	29	2019-07-23	2024-07-22
7219241000	116	日本冶金工业株式会社	NIPPON YAKIN KOGYO CO. , LTD	I	18. 1	2019-07-23	2024-07-22
7219241000	133	其他韩国公司	All Others	I	103. 1	2019-07-23	2024-07-22
7219241000	133	株式会社 POSCO	POSCO	I	23. 1	2019-07-23	2024-07-22
7219241000	301	其他欧盟公司	All Others	I	43	2019-07-23	2024-07-22
7219241000	302	其他欧盟公司	All Others	I	43	2019-07-23	2024-07-22
7219241000	303	其他欧盟公司	All Others	I	43	2019-07-23	2024-07-22
7219241000	304	其他欧盟公司	All Others	I	43	2019-07-23	2024-07-22
7219241000	305	其他欧盟公司	All Others	I	43	2019-07-23	2024-07-22
7219241000	306	其他欧盟公司	All Others	I	43	2019-07-23	2024-07-22
7219241000	307	其他欧盟公司	All Others	I	43	2019-07-23	2024-07-22
7219241000	308	其他欧盟公司	All Others	I	43	2019-07-23	2024-07-22
7219241000	309	其他欧盟公司	All Others	I	43	2019-07-23	2024-07-22
7219241000	310	其他欧盟公司	All Others	I	43	2019-07-23	2024-07-22
7219241000	311	其他欧盟公司	All Others	I	43	2019-07-23	2024-07-22
7219241000	312	其他欧盟公司	All Others	I	43	2019-07-23	2024-07-22
7219241000	315	其他欧盟公司	All Others	I	43	2019-07-23	2024-07-22
7219241000	316	其他欧盟公司	All Others	I	43	2019-07-23	2024-07-22
7219241000	318	其他欧盟公司	All Others	I	43	2019-07-23	2024-07-22
7219241000	321	其他欧盟公司	All Others	I	43	2019-07-23	2024-07-22
7219241000	324	其他欧盟公司	All Others	I	43	2019-07-23	2024-07-22
7219241000	327	其他欧盟公司	All Others	I	43	2019-07-23	2024-07-22

商品编号	原产国(地区)	原产厂商中文名称	原产厂商英文名称	税种代码	税率(%)	起始日期	截止日期
7219241000	328	其他欧盟公司	All Others	I	43	2019-07-23	2024-07-22
7219241000	330	其他欧盟公司	All Others	I	43	2019-07-23	2024-07-22
7219241000	334	其他欧盟公司	All Others	I	43	2019-07-23	2024-07-22
7219241000	335	其他欧盟公司	All Others	I	43	2019-07-23	2024-07-22
7219241000	336	其他欧盟公司	All Others	I	43	2019-07-23	2024-07-22
7219241000	350	其他欧盟公司	All Others	I	43	2019-07-23	2024-07-22
7219241000	351	其他欧盟公司	All Others	I	43	2019-07-23	2024-07-22
7219241000	352	其他欧盟公司	All Others	I	43	2019-07-23	2024-07-22
7219241000	353	其他欧盟公司	All Others	I	43	2019-07-23	2024-07-22
7219241000	701	国(地)别不详		I	103. 1	2019-07-23	2024-07-22
7219242000	133	株式会社 POSCO	POSCO	I	23. 1	2019-07-23	2024-07-22
7219242000	133	其他韩国公司	All Others	I	103. 1	2019-07-23	2024-07-22
7219242000	302	其他欧盟公司	All Others	I	43	2019-07-23	2024-07-22
7219242000	303	其他欧盟公司	All Others	I	43	2019-07-23	2024-07-22
7219242000	304	其他欧盟公司	All Others	I	43	2019-07-23	2024-07-22
7219242000	305	其他欧盟公司	All Others	I	43	2019-07-23	2024-07-22
7219242000	306	其他欧盟公司	All Others	I	43	2019-07-23	2024-07-22
7219242000	307	其他欧盟公司	All Others	I	43	2019-07-23	2024-07-22
7219242000	308	其他欧盟公司	All Others	I	43	2019-07-23	2024-07-22
7219242000	309	其他欧盟公司	All Others	I	43	2019-07-23	2024-07-22
7219242000	310	其他欧盟公司	All Others	I	43	2019-07-23	2024-07-22
7219242000	311	其他欧盟公司	All Others	I	43	2019-07-23	2024-07-22
7219242000	312	其他欧盟公司	All Others	I	43	2019-07-23	2024-07-22
7219242000	315	其他欧盟公司	All Others	I	43	2019-07-23	2024-07-22
7219242000	316	其他欧盟公司	All Others	I	43	2019-07-23	2024-07-22
7219242000	318	其他欧盟公司	All Others	I	43	2019-07-23	2024-07-22
7219242000	321	其他欧盟公司	All Others	I	43	2019-07-23	2024-07-22
7219242000	324	其他欧盟公司	All Others	I	43	2019-07-23	2024-07-22
7219242000	327	其他欧盟公司	All Others	I	43	2019-07-23	2024-07-22
7219242000	328	其他欧盟公司	All Others	I	43	2019-07-23	2024-07-22
7219242000	330	其他欧盟公司	All Others	I	43	2019-07-23	2024-07-22
7219242000	334	其他欧盟公司	All Others	I	43	2019-07-23	2024-07-22
7219242000	335	其他欧盟公司	All Others	I	43	2019-07-23	2024-07-22
7219242000	336	其他欧盟公司	All Others	I	43	2019-07-23	2024-07-22
7219242000	350	其他欧盟公司	All Others	I	43	2019-07-23	2024-07-22
7219242000	351	其他欧盟公司	All Others	I	43	2019-07-23	2024-07-22
7219242000	352	其他欧盟公司	All Others	I	43	2019-07-23	2024-07-22
7219242000	353	其他欧盟公司	All Others	I	43	2019-07-23	2024-07-22
7219242000	701	国(地)别不详		I	103. 1	2019-07-23	2024-07-22
7219242000	108	其他欧盟公司	All Others	I	43	2019-07-23	2024-07-22
7219242000	112	印度尼西亚公司		I	20. 2	2019-07-23	2024-07-22
7219242000	116	其他日本公司	All Others	I	29	2019-07-23	2024-07-22
7219242000	116	日本冶金工业株式会社	NIPPON YAKIN KOGYO CO. , LTD	I	18. 1	2019-07-23	2024-07-22

商品编号	原产国(地区)	原产厂商中文名称	原产厂商英文名称	税种代码	税率(%)	起始日期	截止日期
7219242000	301	其他欧盟公司	All Others	I	43	2019-07-23	2024-07-22
7219243000	330	其他欧盟公司	All Others	I	43	2019-07-23	2024-07-22
7219243000	334	其他欧盟公司	All Others	I	43	2019-07-23	2024-07-22
7219243000	335	其他欧盟公司	All Others	I	43	2019-07-23	2024-07-22
7219243000	336	其他欧盟公司	All Others	I	43	2019-07-23	2024-07-22
7219243000	108	其他欧盟公司	All Others	I	43	2019-07-23	2024-07-22
7219243000	112	印度尼西亚公司		I	20.2	2019-07-23	2024-07-22
7219243000	116	其他日本公司	All Others	I	29	2019-07-23	2024-07-22
7219243000	116	日本冶金工业株式会社	NIPPON YAKIN KOGYO CO., LTD	I	18.1	2019-07-23	2024-07-22
7219243000	133	其他韩国公司	All Others	I	103.1	2019-07-23	2024-07-22
7219243000	133	株式会社 POSCO	POSCO	I	23.1	2019-07-23	2024-07-22
7219243000	301	其他欧盟公司	All Others	I	43	2019-07-23	2024-07-22
7219243000	302	其他欧盟公司	All Others	I	43	2019-07-23	2024-07-22
7219243000	303	其他欧盟公司	All Others	I	43	2019-07-23	2024-07-22
7219243000	304	其他欧盟公司	All Others	I	43	2019-07-23	2024-07-22
7219243000	305	其他欧盟公司	All Others	I	43	2019-07-23	2024-07-22
7219243000	306	其他欧盟公司	All Others	I	43	2019-07-23	2024-07-22
7219243000	307	其他欧盟公司	All Others	I	43	2019-07-23	2024-07-22
7219243000	308	其他欧盟公司	All Others	I	43	2019-07-23	2024-07-22
7219243000	309	其他欧盟公司	All Others	I	43	2019-07-23	2024-07-22
7219243000	310	其他欧盟公司	All Others	I	43	2019-07-23	2024-07-22
7219243000	311	其他欧盟公司	All Others	I	43	2019-07-23	2024-07-22
7219243000	312	其他欧盟公司	All Others	I	43	2019-07-23	2024-07-22
7219243000	315	其他欧盟公司	All Others	I	43	2019-07-23	2024-07-22
7219243000	316	其他欧盟公司	All Others	I	43	2019-07-23	2024-07-22
7219243000	318	其他欧盟公司	All Others	I	43	2019-07-23	2024-07-22
7219243000	350	其他欧盟公司	All Others	I	43	2019-07-23	2024-07-22
7219243000	351	其他欧盟公司	All Others	I	43	2019-07-23	2024-07-22
7219243000	352	其他欧盟公司	All Others	I	43	2019-07-23	2024-07-22
7219243000	353	其他欧盟公司	All Others	I	43	2019-07-23	2024-07-22
7219243000	701	国(地)别不详		I	103.1	2019-07-23	2024-07-22
7219243000	321	其他欧盟公司	All Others	I	43	2019-07-23	2024-07-22
7219243000	324	其他欧盟公司	All Others	I	43	2019-07-23	2024-07-22
7219243000	327	其他欧盟公司	All Others	I	43	2019-07-23	2024-07-22
7219243000	328	其他欧盟公司	All Others	I	43	2019-07-23	2024-07-22
7220110000	328	其他欧盟公司	All Others	I	43	2019-07-23	2024-07-22
7220110000	327	其他欧盟公司	All Others	I	43	2019-07-23	2024-07-22
7220110000	334	其他欧盟公司	All Others	I	43	2019-07-23	2024-07-22
7220110000	335	其他欧盟公司	All Others	I	43	2019-07-23	2024-07-22
7220110000	336	其他欧盟公司	All Others	I	43	2019-07-23	2024-07-22
7220110000	350	其他欧盟公司	All Others	I	43	2019-07-23	2024-07-22
7220110000	351	其他欧盟公司	All Others	I	43	2019-07-23	2024-07-22
7220110000	352	其他欧盟公司	All Others	I	43	2019-07-23	2024-07-22

商品编号	原产国(地区)	原产厂商中文名称	原产厂商英文名称	税种代码	税率(%)	起始日期	截止日期
7220110000	353	其他欧盟公司	All Others	I	43	2019-07-23	2024-07-22
7220110000	701	国(地)别不详		I	103. 1	2019-07-23	2024-07-22
7220110000	108	其他欧盟公司	All Others	I	43	2019-07-23	2024-07-22
7220110000	112	印度尼西亚公司		I	20. 2	2019-07-23	2024-07-22
7220110000	116	其他日本公司	All Others	I	29	2019-07-23	2024-07-22
7220110000	116	日本冶金工业株式会社	NIPPON YAKIN KOGYO CO. , LTD	I	18. 1	2019-07-23	2024-07-22
7220110000	133	其他韩国公司	All Others	I	103. 1	2019-07-23	2024-07-22
7220110000	133	株式会社 POSCO	POSCO	I	23. 1	2019-07-23	2024-07-22
7220110000	301	其他欧盟公司	All Others	I	43	2019-07-23	2024-07-22
7220110000	302	其他欧盟公司	All Others	I	43	2019-07-23	2024-07-22
7220110000	303	其他欧盟公司	All Others	I	43	2019-07-23	2024-07-22
7220110000	304	其他欧盟公司	All Others	I	43	2019-07-23	2024-07-22
7220110000	305	其他欧盟公司	All Others	I	43	2019-07-23	2024-07-22
7220110000	306	其他欧盟公司	All Others	I	43	2019-07-23	2024-07-22
7220110000	307	其他欧盟公司	All Others	I	43	2019-07-23	2024-07-22
7220110000	308	其他欧盟公司	All Others	I	43	2019-07-23	2024-07-22
7220110000	309	其他欧盟公司	All Others	I	43	2019-07-23	2024-07-22
7220110000	310	其他欧盟公司	All Others	I	43	2019-07-23	2024-07-22
7220110000	311	其他欧盟公司	All Others	I	43	2019-07-23	2024-07-22
7220110000	312	其他欧盟公司	All Others	I	43	2019-07-23	2024-07-22
7220110000	315	其他欧盟公司	All Others	I	43	2019-07-23	2024-07-22
7220110000	316	其他欧盟公司	All Others	I	43	2019-07-23	2024-07-22
7220110000	318	其他欧盟公司	All Others	I	43	2019-07-23	2024-07-22
7220110000	321	其他欧盟公司	All Others	I	43	2019-07-23	2024-07-22
7220110000	324	其他欧盟公司	All Others	I	43	2019-07-23	2024-07-22
7220110000	330	其他欧盟公司	All Others	I	43	2019-07-23	2024-07-22
7220120000	336	其他欧盟公司	All Others	I	43	2019-07-23	2024-07-22
7220120000	350	其他欧盟公司	All Others	I	43	2019-07-23	2024-07-22
7220120000	351	其他欧盟公司	All Others	I	43	2019-07-23	2024-07-22
7220120000	352	其他欧盟公司	All Others	I	43	2019-07-23	2024-07-22
7220120000	353	其他欧盟公司	All Others	I	43	2019-07-23	2024-07-22
7220120000	701	国(地)别不详		I	103. 1	2019-07-23	2024-07-22
7220120000	116	日本冶金工业株式会社	NIPPON YAKIN KOGYO CO. , LTD	I	18. 1	2019-07-23	2024-07-22
7220120000	133	其他韩国公司	All Others	I	103. 1	2019-07-23	2024-07-22
7220120000	133	株式会社 POSCO	POSCO	I	23. 1	2019-07-23	2024-07-22
7220120000	301	其他欧盟公司	All Others	I	43	2019-07-23	2024-07-22
7220120000	302	其他欧盟公司	All Others	I	43	2019-07-23	2024-07-22
7220120000	303	其他欧盟公司	All Others	I	43	2019-07-23	2024-07-22
7220120000	304	其他欧盟公司	All Others	I	43	2019-07-23	2024-07-22
7220120000	305	其他欧盟公司	All Others	I	43	2019-07-23	2024-07-22
7220120000	306	其他欧盟公司	All Others	I	43	2019-07-23	2024-07-22
7220120000	307	其他欧盟公司	All Others	I	43	2019-07-23	2024-07-22
7220120000	308	其他欧盟公司	All Others	I	43	2019-07-23	2024-07-22

商品编号	原产国(地区)	原产厂商中文名称	原产厂商英文名称	税种代码	税率(%)	起始日期	截止日期
7220120000	309	其他欧盟公司	All Others	I	43	2019-07-23	2024-07-22
7220120000	310	其他欧盟公司	All Others	I	43	2019-07-23	2024-07-22
7220120000	311	其他欧盟公司	All Others	I	43	2019-07-23	2024-07-22
7220120000	312	其他欧盟公司	All Others	I	43	2019-07-23	2024-07-22
7220120000	315	其他欧盟公司	All Others	I	43	2019-07-23	2024-07-22
7220120000	316	其他欧盟公司	All Others	I	43	2019-07-23	2024-07-22
7220120000	318	其他欧盟公司	All Others	I	43	2019-07-23	2024-07-22
7220120000	321	其他欧盟公司	All Others	I	43	2019-07-23	2024-07-22
7220120000	324	其他欧盟公司	All Others	I	43	2019-07-23	2024-07-22
7220120000	327	其他欧盟公司	All Others	I	43	2019-07-23	2024-07-22
7220120000	328	其他欧盟公司	All Others	I	43	2019-07-23	2024-07-22
7220120000	330	其他欧盟公司	All Others	I	43	2019-07-23	2024-07-22
7220120000	334	其他欧盟公司	All Others	I	43	2019-07-23	2024-07-22
7220120000	335	其他欧盟公司	All Others	I	43	2019-07-23	2024-07-22
7220120000	108	其他欧盟公司	All Others	I	43	2019-07-23	2024-07-22
7220120000	112	印度尼西亚公司		I	20. 2	2019-07-23	2024-07-22
7220120000	116	其他日本公司	All Others	I	29	2019-07-23	2024-07-22
7225110010	328	其他欧盟公司	All Others	I	46. 3	2022-07-23	2027-07-22
7225110010	327	其他欧盟公司	All Others	I	46. 3	2022-07-23	2027-07-22
7225110010	334	其他欧盟公司	All Others	I	46. 3	2022-07-23	2027-07-22
7225110010	335	其他欧盟公司	All Others	I	46. 3	2022-07-23	2027-07-22
7225110010	336	其他欧盟公司	All Others	I	46. 3	2022-07-23	2027-07-22
7225110010	350	其他欧盟公司	All Others	I	46. 3	2022-07-23	2027-07-22
7225110010	351	其他欧盟公司	All Others	I	46. 3	2022-07-23	2027-07-22
7225110010	352	其他欧盟公司	All Others	I	46. 3	2022-07-23	2027-07-22
7225110010	353	其他欧盟公司	All Others	I	46. 3	2022-07-23	2027-07-22
7225110010	701	国(地)别不详		I	46. 3	2022-07-23	2027-07-22
7225110010	108	其他欧盟公司	All Others	I	46. 3	2022-07-23	2027-07-22
7225110010	116	JFE 钢铁株式会社	JFE Steel Corporation	I	39	2022-07-23	2027-07-22
7225110010	116	其他日本公司	All Others	I	45. 7	2022-07-23	2027-07-22
7225110010	116	新日铁住金株式会社	Nippon Steel Sumitomo Metal Corporation	I	45. 7	2022-07-23	2027-07-22
7225110010	133	其他韩国公司	All Others	I	37. 3	2022-07-23	2027-07-22
7225110010	133	株式会社 POSCO	POSCO	I	37. 3	2022-07-23	2027-07-22
7225110010	301	其他欧盟公司	All Others	I	46. 3	2022-07-23	2027-07-22
7225110010	302	其他欧盟公司	All Others	I	46. 3	2022-07-23	2027-07-22
7225110010	304	其他欧盟公司	All Others	I	46. 3	2022-07-23	2027-07-22
7225110010	305	其他欧盟公司	All Others	I	46. 3	2022-07-23	2027-07-22
7225110010	306	其他欧盟公司	All Others	I	46. 3	2022-07-23	2027-07-22
7225110010	307	其他欧盟公司	All Others	I	46. 3	2022-07-23	2027-07-22
7225110010	308	其他欧盟公司	All Others	I	46. 3	2022-07-23	2027-07-22
7225110010	309	其他欧盟公司	All Others	I	46. 3	2022-07-23	2027-07-22
7225110010	310	其他欧盟公司	All Others	I	46. 3	2022-07-23	2027-07-22
7225110010	311	其他欧盟公司	All Others	I	46. 3	2022-07-23	2027-07-22

商品编号	原产国(地区)	原产厂商中文名称	原产厂商英文名称	税种代码	税率(%)	起始日期	截止日期
7225110010	312	其他欧盟公司	All Others	I	46.3	2022-07-23	2027-07-22
7225110010	315	其他欧盟公司	All Others	I	46.3	2022-07-23	2027-07-22
7225110010	316	其他欧盟公司	All Others	I	46.3	2022-07-23	2027-07-22
7225110010	318	其他欧盟公司	All Others	I	46.3	2022-07-23	2027-07-22
7225110010	321	其他欧盟公司	All Others	I	46.3	2022-07-23	2027-07-22
7225110010	324	其他欧盟公司	All Others	I	46.3	2022-07-23	2027-07-22
7225110010	330	其他欧盟公司	All Others	I	46.3	2022-07-23	2027-07-22
7226110010	302	其他欧盟公司	All Others	I	46.3	2022-07-23	2027-07-22
7226110010	301	其他欧盟公司	All Others	I	46.3	2022-07-23	2027-07-22
7226110010	305	其他欧盟公司	All Others	I	46.3	2022-07-23	2027-07-22
7226110010	306	其他欧盟公司	All Others	I	46.3	2022-07-23	2027-07-22
7226110010	307	其他欧盟公司	All Others	I	46.3	2022-07-23	2027-07-22
7226110010	308	其他欧盟公司	All Others	I	46.3	2022-07-23	2027-07-22
7226110010	309	其他欧盟公司	All Others	I	46.3	2022-07-23	2027-07-22
7226110010	310	其他欧盟公司	All Others	I	46.3	2022-07-23	2027-07-22
7226110010	311	其他欧盟公司	All Others	I	46.3	2022-07-23	2027-07-22
7226110010	312	其他欧盟公司	All Others	I	46.3	2022-07-23	2027-07-22
7226110010	315	其他欧盟公司	All Others	I	46.3	2022-07-23	2027-07-22
7226110010	316	其他欧盟公司	All Others	I	46.3	2022-07-23	2027-07-22
7226110010	318	其他欧盟公司	All Others	I	46.3	2022-07-23	2027-07-22
7226110010	321	其他欧盟公司	All Others	I	46.3	2022-07-23	2027-07-22
7226110010	324	其他欧盟公司	All Others	I	46.3	2022-07-23	2027-07-22
7226110010	327	其他欧盟公司	All Others	I	46.3	2022-07-23	2027-07-22
7226110010	328	其他欧盟公司	All Others	I	46.3	2022-07-23	2027-07-22
7226110010	330	其他欧盟公司	All Others	I	46.3	2022-07-23	2027-07-22
7226110010	334	其他欧盟公司	All Others	I	46.3	2022-07-23	2027-07-22
7226110010	335	其他欧盟公司	All Others	I	46.3	2022-07-23	2027-07-22
7226110010	336	其他欧盟公司	All Others	I	46.3	2022-07-23	2027-07-22
7226110010	350	其他欧盟公司	All Others	I	46.3	2022-07-23	2027-07-22
7226110010	351	其他欧盟公司	All Others	I	46.3	2022-07-23	2027-07-22
7226110010	352	其他欧盟公司	All Others	I	46.3	2022-07-23	2027-07-22
7226110010	353	其他欧盟公司	All Others	I	46.3	2022-07-23	2027-07-22
7226110010	701	国(地)别不详		I	46.3	2022-07-23	2027-07-22
7226110010	108	其他欧盟公司	All Others	I	46.3	2022-07-23	2027-07-22
7226110010	116	JFE 钢铁株式会社	JFE Steel Corporation	I	39	2022-07-23	2027-07-22
7226110010	116	其他日本公司	All Others	I	45.7	2022-07-23	2027-07-22
7226110010	116	新日铁住金株式会社	Nippon Steel Sumitomo Metal Corporation	I	45.7	2022-07-23	2027-07-22
7226110010	133	其他韩国公司	All Others	I	37.3	2022-07-23	2027-07-22
7226110010	133	株式会社 POSCO	POSCO	I	37.3	2022-07-23	2027-07-22
7226110010	304	其他欧盟公司	All Others	I	46.3	2022-07-23	2027-07-22
7304511001	305	其他欧盟公司	All Others	I	60.8	2019-06-14	2025-05-09
7304511001	305	瓦卢瑞克法国钢管公司	VALLOUREC TUBES FRANCE	I	57.9	2019-06-14	2025-05-09
7304511001	306	其他欧盟公司	All Others	I	60.8	2019-06-14	2025-05-09

商品编号	原产国(地区)	原产厂商中文名称	原产厂商英文名称	税种代码	税率(%)	起始日期	截止日期
7304511001	307	其他欧盟公司	All Others	I	60. 8	2019-06-14	2025-05-09
7304511001	328	其他欧盟公司	All Others	I	60. 8	2019-06-14	2025-05-09
7304511001	330	其他欧盟公司	All Others	I	60. 8	2019-06-14	2025-05-09
7304511001	334	其他欧盟公司	All Others	I	60. 8	2019-06-14	2025-05-09
7304511001	335	其他欧盟公司	All Others	I	60. 8	2019-06-14	2025-05-09
7304511001	336	其他欧盟公司	All Others	I	60. 8	2019-06-14	2025-05-09
7304511001	350	其他欧盟公司	All Others	I	60. 8	2019-06-14	2025-05-09
7304511001	351	其他欧盟公司	All Others	I	60. 8	2019-06-14	2025-05-09
7304511001	352	其他欧盟公司	All Others	I	60. 8	2019-06-14	2025-05-09
7304511001	353	其他欧盟公司	All Others	I	60. 8	2019-06-14	2025-05-09
7304511001	502	美国威曼高登锻造有限公司	Wyman-Gordon Forgings, Inc	I	101	2019-06-14	2025-05-09
7304511001	502	其他美国公司	All Others	I	147. 8	2019-06-14	2025-05-09
7304511001	701	国(地)别不详		I	147. 8	2019-06-14	2025-05-09
7304511001	307	意大利 IBF 公司	IBF S. P. A	I	60. 8	2019-06-14	2025-05-09
7304511001	308	其他欧盟公司	All Others	I	60. 8	2019-06-14	2025-05-09
7304511001	309	其他欧盟公司	All Others	I	60. 8	2019-06-14	2025-05-09
7304511001	310	其他欧盟公司	All Others	I	60. 8	2019-06-14	2025-05-09
7304511001	311	其他欧盟公司	All Others	I	60. 8	2019-06-14	2025-05-09
7304511001	312	其他欧盟公司	All Others	I	60. 8	2019-06-14	2025-05-09
7304511001	315	其他欧盟公司	All Others	I	60. 8	2019-06-14	2025-05-09
7304511001	316	其他欧盟公司	All Others	I	60. 8	2019-06-14	2025-05-09
7304511001	318	其他欧盟公司	All Others	I	60. 8	2019-06-14	2025-05-09
7304511001	321	其他欧盟公司	All Others	I	60. 8	2019-06-14	2025-05-09
7304511001	324	其他欧盟公司	All Others	I	60. 8	2019-06-14	2025-05-09
7304511001	327	其他欧盟公司	All Others	I	60. 8	2019-06-14	2025-05-09
7304511001	108	其他欧盟公司	All Others	I	60. 8	2019-06-14	2025-05-09
7304511001	301	其他欧盟公司	All Others	I	60. 8	2019-06-14	2025-05-09
7304511001	302	其他欧盟公司	All Others	I	60. 8	2019-06-14	2025-05-09
7304511001	303	其他欧盟公司	All Others	I	60. 8	2019-06-14	2025-05-09
7304511001	304	其他欧盟公司	All Others	I	60. 8	2019-06-14	2025-05-09
7304511001	304	瓦卢瑞克德国公司	Vallourec Deutschland GmbH	I	57. 9	2019-06-14	2025-05-09
7304519001	318	其他欧盟公司	All Others	I	60. 8	2019-06-14	2025-05-09
7304519001	305	其他欧盟公司	All Others	I	60. 8	2019-06-14	2025-05-09
7304519001	324	其他欧盟公司	All Others	I	60. 8	2019-06-14	2025-05-09
7304519001	327	其他欧盟公司	All Others	I	60. 8	2019-06-14	2025-05-09
7304519001	328	其他欧盟公司	All Others	I	60. 8	2019-06-14	2025-05-09
7304519001	330	其他欧盟公司	All Others	I	60. 8	2019-06-14	2025-05-09
7304519001	334	其他欧盟公司	All Others	I	60. 8	2019-06-14	2025-05-09
7304519001	335	其他欧盟公司	All Others	I	60. 8	2019-06-14	2025-05-09
7304519001	336	其他欧盟公司	All Others	I	60. 8	2019-06-14	2025-05-09
7304519001	350	其他欧盟公司	All Others	I	60. 8	2019-06-14	2025-05-09
7304519001	351	其他欧盟公司	All Others	I	60. 8	2019-06-14	2025-05-09
7304519001	352	其他欧盟公司	All Others	I	60. 8	2019-06-14	2025-05-09

商品编号	原产国(地区)	原产厂商中文名称	原产厂商英文名称	税种代码	税率(%)	起始日期	截止日期
7304519001	353	其他欧盟公司	All Others	I	60.8	2019-06-14	2025-05-09
7304519001	502	美国威曼高登锻造有限公司	Wyman-Gordon Forgings, Inc	I	101	2019-06-14	2025-05-09
7304519001	502	其他美国公司	All Others	I	147.8	2019-06-14	2025-05-09
7304519001	701	国(地)别不详		I	147.8	2019-06-14	2025-05-09
7304519001	305	瓦卢瑞克法国钢管公司	VALLOUREC TUBES FRANCE	I	57.9	2019-06-14	2025-05-09
7304519001	306	其他欧盟公司	All Others	I	60.8	2019-06-14	2025-05-09
7304519001	307	其他欧盟公司	All Others	I	60.8	2019-06-14	2025-05-09
7304519001	307	意大利 IBF 公司	IBF S. P. A	I	60.8	2019-06-14	2025-05-09
7304519001	308	其他欧盟公司	All Others	I	60.8	2019-06-14	2025-05-09
7304519001	309	其他欧盟公司	All Others	I	60.8	2019-06-14	2025-05-09
7304519001	310	其他欧盟公司	All Others	I	60.8	2019-06-14	2025-05-09
7304519001	311	其他欧盟公司	All Others	I	60.8	2019-06-14	2025-05-09
7304519001	312	其他欧盟公司	All Others	I	60.8	2019-06-14	2025-05-09
7304519001	315	其他欧盟公司	All Others	I	60.8	2019-06-14	2025-05-09
7304519001	316	其他欧盟公司	All Others	I	60.8	2019-06-14	2025-05-09
7304519001	108	其他欧盟公司	All Others	I	60.8	2019-06-14	2025-05-09
7304519001	301	其他欧盟公司	All Others	I	60.8	2019-06-14	2025-05-09
7304519001	302	其他欧盟公司	All Others	I	60.8	2019-06-14	2025-05-09
7304519001	303	其他欧盟公司	All Others	I	60.8	2019-06-14	2025-05-09
7304519001	304	其他欧盟公司	All Others	I	60.8	2019-06-14	2025-05-09
7304519001	304	瓦卢瑞克德国公司	Vallourec Deutschland GmbH	I	57.9	2019-06-14	2025-05-09
7304519001	321	其他欧盟公司	All Others	I	60.8	2019-06-14	2025-05-09
7304591001	108	其他欧盟公司	All Others	I	60.8	2019-06-14	2025-05-09
7304591001	301	其他欧盟公司	All Others	I	60.8	2019-06-14	2025-05-09
7304591001	302	其他欧盟公司	All Others	I	60.8	2019-06-14	2025-05-09
7304591001	303	其他欧盟公司	All Others	I	60.8	2019-06-14	2025-05-09
7304591001	304	其他欧盟公司	All Others	I	60.8	2019-06-14	2025-05-09
7304591001	316	其他欧盟公司	All Others	I	60.8	2019-06-14	2025-05-09
7304591001	318	其他欧盟公司	All Others	I	60.8	2019-06-14	2025-05-09
7304591001	321	其他欧盟公司	All Others	I	60.8	2019-06-14	2025-05-09
7304591001	324	其他欧盟公司	All Others	I	60.8	2019-06-14	2025-05-09
7304591001	327	其他欧盟公司	All Others	I	60.8	2019-06-14	2025-05-09
7304591001	328	其他欧盟公司	All Others	I	60.8	2019-06-14	2025-05-09
7304591001	330	其他欧盟公司	All Others	I	60.8	2019-06-14	2025-05-09
7304591001	334	其他欧盟公司	All Others	I	60.8	2019-06-14	2025-05-09
7304591001	335	其他欧盟公司	All Others	I	60.8	2019-06-14	2025-05-09
7304591001	336	其他欧盟公司	All Others	I	60.8	2019-06-14	2025-05-09
7304591001	350	其他欧盟公司	All Others	I	60.8	2019-06-14	2025-05-09
7304591001	351	其他欧盟公司	All Others	I	60.8	2019-06-14	2025-05-09
7304591001	352	其他欧盟公司	All Others	I	60.8	2019-06-14	2025-05-09
7304591001	353	其他欧盟公司	All Others	I	60.8	2019-06-14	2025-05-09
7304591001	502	美国威曼高登锻造有限公司	Wyman-Gordon Forgings, Inc	I	101	2019-06-14	2025-05-09
7304591001	502	其他美国公司	All Others	I	147.8	2019-06-14	2025-05-09

商品编号	原产国(地区)	原产厂商中文名称	原产厂商英文名称	税种代码	税率(%)	起始日期	截止日期
7304591001	701	国(地)别不详		I	147.8	2019-06-14	2025-05-09
7304591001	304	瓦卢瑞克德国公司	Vallourec Deutschland GmbH	I	57.9	2019-06-14	2025-05-09
7304591001	305	其他欧盟公司	All Others	I	60.8	2019-06-14	2025-05-09
7304591001	305	瓦卢瑞克法国钢管公司	VALLOUREC TUBES FRANCE	I	57.9	2019-06-14	2025-05-09
7304591001	306	其他欧盟公司	All Others	I	60.8	2019-06-14	2025-05-09
7304591001	307	其他欧盟公司	All Others	I	60.8	2019-06-14	2025-05-09
7304591001	307	意大利 IBF 公司	IBF S. P. A	I	60.8	2019-06-14	2025-05-09
7304591001	308	其他欧盟公司	All Others	I	60.8	2019-06-14	2025-05-09
7304591001	309	其他欧盟公司	All Others	I	60.8	2019-06-14	2025-05-09
7304591001	310	其他欧盟公司	All Others	I	60.8	2019-06-14	2025-05-09
7304591001	311	其他欧盟公司	All Others	I	60.8	2019-06-14	2025-05-09
7304591001	312	其他欧盟公司	All Others	I	60.8	2019-06-14	2025-05-09
7304591001	315	其他欧盟公司	All Others	I	60.8	2019-06-14	2025-05-09
7304599001	302	其他欧盟公司	All Others	I	60.8	2019-06-14	2025-05-09
7304599001	315	其他欧盟公司	All Others	I	60.8	2019-06-14	2025-05-09
7304599001	304	其他欧盟公司	All Others	I	60.8	2019-06-14	2025-05-09
7304599001	304	瓦卢瑞克德国公司	Vallourec Deutschland GmbH	I	57.9	2019-06-14	2025-05-09
7304599001	305	其他欧盟公司	All Others	I	60.8	2019-06-14	2025-05-09
7304599001	305	瓦卢瑞克法国钢管公司	VALLOUREC TUBES FRANCE	I	57.9	2019-06-14	2025-05-09
7304599001	306	其他欧盟公司	All Others	I	60.8	2019-06-14	2025-05-09
7304599001	307	其他欧盟公司	All Others	I	60.8	2019-06-14	2025-05-09
7304599001	307	意大利 IBF 公司	IBF S. P. A	I	60.8	2019-06-14	2025-05-09
7304599001	308	其他欧盟公司	All Others	I	60.8	2019-06-14	2025-05-09
7304599001	309	其他欧盟公司	All Others	I	60.8	2019-06-14	2025-05-09
7304599001	310	其他欧盟公司	All Others	I	60.8	2019-06-14	2025-05-09
7304599001	311	其他欧盟公司	All Others	I	60.8	2019-06-14	2025-05-09
7304599001	316	其他欧盟公司	All Others	I	60.8	2019-06-14	2025-05-09
7304599001	318	其他欧盟公司	All Others	I	60.8	2019-06-14	2025-05-09
7304599001	321	其他欧盟公司	All Others	I	60.8	2019-06-14	2025-05-09
7304599001	324	其他欧盟公司	All Others	I	60.8	2019-06-14	2025-05-09
7304599001	327	其他欧盟公司	All Others	I	60.8	2019-06-14	2025-05-09
7304599001	328	其他欧盟公司	All Others	I	60.8	2019-06-14	2025-05-09
7304599001	330	其他欧盟公司	All Others	I	60.8	2019-06-14	2025-05-09
7304599001	334	其他欧盟公司	All Others	I	60.8	2019-06-14	2025-05-09
7304599001	335	其他欧盟公司	All Others	I	60.8	2019-06-14	2025-05-09
7304599001	336	其他欧盟公司	All Others	I	60.8	2019-06-14	2025-05-09
7304599001	350	其他欧盟公司	All Others	I	60.8	2019-06-14	2025-05-09
7304599001	351	其他欧盟公司	All Others	I	60.8	2019-06-14	2025-05-09
7304599001	352	其他欧盟公司	All Others	I	60.8	2019-06-14	2025-05-09
7304599001	353	其他欧盟公司	All Others	I	60.8	2019-06-14	2025-05-09
7304599001	502	美国威曼高登锻造有限公司	Wyman-Gordon Forgings, Inc	I	101	2019-06-14	2025-05-09
7304599001	502	其他美国公司	All Others	I	147.8	2019-06-14	2025-05-09
7304599001	701	国(地)别不详		I	147.8	2019-06-14	2025-05-09

商品编号	原产国(地区)	原产厂商中文名称	原产厂商英文名称	税种代码	税率(%)	起始日期	截止日期
7304599001	108	其他欧盟公司	All Others	I	60.8	2019-06-14	2025-05-09
7304599001	301	其他欧盟公司	All Others	I	60.8	2019-06-14	2025-05-09
7304599001	312	其他欧盟公司	All Others	I	60.8	2019-06-14	2025-05-09
7304599001	303	其他欧盟公司	All Others	I	60.8	2019-06-14	2025-05-09
7318120001	108	卡马克斯有限两合公司	KAMAX GmbH & Co. KG	I	6.1	2016-06-29	2027-06-28
7318120001	701	国(地)别不详		I	26	2016-06-29	2027-06-28
7318120001	301	卡马克斯有限两合公司	KAMAX GmbH & Co. KG	I	6.1	2016-06-29	2027-06-28
7318120001	301	其他欧盟公司	All Others	I	26	2016-06-29	2027-06-28
7318120001	302	卡马克斯有限两合公司	KAMAX GmbH & Co. KG	I	6.1	2016-06-29	2027-06-28
7318120001	302	其他欧盟公司	All Others	I	26	2016-06-29	2027-06-28
7318120001	303	卡马克斯有限两合公司	KAMAX GmbH & Co. KG	I	6.1	2016-06-29	2027-06-28
7318120001	303	其他欧盟公司	All Others	I	26	2016-06-29	2027-06-28
7318120001	304	卡马克斯有限两合公司	KAMAX GmbH & Co. KG	I	6.1	2016-06-29	2027-06-28
7318120001	304	内德史罗夫阿尔特纳有限公司	Nedschroef Altena GmbH	I	5.5	2017-09-20	2027-06-28
7318120001	304	内德史罗夫贝京根有限公司	Nedschroef Beckingen GmbH	I	5.5	2017-09-20	2027-06-28
7318120001	304	内德史罗夫福罗劳顿有限公司	Nedschroef Fraulautern GmbH	I	5.5	2017-09-20	2027-06-28
7318120001	304	其他欧盟公司	All Others	I	26	2016-06-29	2027-06-28
7318120001	305	卡马克斯有限两合公司	KAMAX GmbH & Co. KG	I	6.1	2016-06-29	2027-06-28
7318120001	305	其他欧盟公司	All Others	I	26	2016-06-29	2027-06-28
7318120001	306	卡马克斯有限两合公司	KAMAX GmbH & Co. KG	I	6.1	2016-06-29	2027-06-28
7318120001	306	其他欧盟公司	All Others	I	26	2016-06-29	2027-06-28
7318120001	307	卡马克斯有限两合公司	KAMAX GmbH & Co. KG	I	6.1	2016-06-29	2027-06-28
7318120001	307	其他欧盟公司	All Others	I	26	2016-06-29	2027-06-28
7318120001	308	卡马克斯有限两合公司	KAMAX GmbH & Co. KG	I	6.1	2016-06-29	2027-06-28
7318120001	308	其他欧盟公司	All Others	I	26	2016-06-29	2027-06-28
7318120001	309	皇家内德史罗夫控股有限公司	Koninklijke Nedschroef Holding B. V.	I	5.5	2017-09-20	2027-06-28
7318120001	309	卡马克斯有限两合公司	KAMAX GmbH & Co. KG	I	6.1	2016-06-29	2027-06-28
7318120001	309	内德史罗夫海尔蒙德有限公司	Nedschroef Helmond B. V.	I	5.5	2017-09-20	2027-06-28
7318120001	309	其他欧盟公司	All Others	I	26	2016-06-29	2027-06-28
7318120001	310	卡马克斯有限两合公司	KAMAX GmbH & Co. KG	I	6.1	2016-06-29	2027-06-28
7318120001	310	其他欧盟公司	All Others	I	26	2016-06-29	2027-06-28
7318120001	311	卡马克斯有限两合公司	KAMAX GmbH & Co. KG	I	6.1	2016-06-29	2027-06-28
7318120001	311	其他欧盟公司	All Others	I	26	2016-06-29	2027-06-28
7318120001	312	卡马克斯有限两合公司	KAMAX GmbH & Co. KG	I	6.1	2016-06-29	2027-06-28
7318120001	312	内德史罗夫巴塞罗那有限公司	Nedschroef Barcelona SAU	I	5.5	2017-09-20	2027-06-28
7318120001	312	其他欧盟公司	All Others	I	26	2016-06-29	2027-06-28
7318120001	315	卡马克斯有限两合公司	KAMAX GmbH & Co. KG	I	6.1	2016-06-29	2027-06-28
7318120001	315	其他欧盟公司	All Others	I	26	2016-06-29	2027-06-28
7318120001	316	卡马克斯有限两合公司	KAMAX GmbH & Co. KG	I	6.1	2016-06-29	2027-06-28
7318120001	316	其他欧盟公司	All Others	I	26	2016-06-29	2027-06-28
7318120001	318	卡马克斯有限两合公司	KAMAX GmbH & Co. KG	I	6.1	2016-06-29	2027-06-28
7318120001	318	其他欧盟公司	All Others	I	26	2016-06-29	2027-06-28
7318120001	321	卡马克斯有限两合公司	KAMAX GmbH & Co. KG	I	6.1	2016-06-29	2027-06-28

商品编号	原产国(地区)	原产厂商中文名称	原产厂商英文名称	税种代码	税率(%)	起始日期	截止日期
7318120001	321	其他欧盟公司	All Others	I	26	2016-06-29	2027-06-28
7318120001	324	卡马克斯有限两合公司	KAMAX GmbH & Co. KG	I	6.1	2016-06-29	2027-06-28
7318120001	324	其他欧盟公司	All Others	I	26	2016-06-29	2027-06-28
7318120001	327	卡马克斯有限两合公司	KAMAX GmbH & Co. KG	I	6.1	2016-06-29	2027-06-28
7318120001	327	其他欧盟公司	All Others	I	26	2016-06-29	2027-06-28
7318120001	328	卡马克斯有限两合公司	KAMAX GmbH & Co. KG	I	6.1	2016-06-29	2027-06-28
7318120001	328	其他欧盟公司	All Others	I	26	2016-06-29	2027-06-28
7318120001	330	卡马克斯有限两合公司	KAMAX GmbH & Co. KG	I	6.1	2016-06-29	2027-06-28
7318120001	330	其他欧盟公司	All Others	I	26	2016-06-29	2027-06-28
7318120001	334	卡马克斯有限两合公司	KAMAX GmbH & Co. KG	I	6.1	2016-06-29	2027-06-28
7318120001	334	其他欧盟公司	All Others	I	26	2016-06-29	2027-06-28
7318120001	335	卡马克斯有限两合公司	KAMAX GmbH & Co. KG	I	6.1	2016-06-29	2027-06-28
7318120001	335	其他欧盟公司	All Others	I	26	2016-06-29	2027-06-28
7318120001	336	卡马克斯有限两合公司	KAMAX GmbH & Co. KG	I	6.1	2016-06-29	2027-06-28
7318120001	336	其他欧盟公司	All Others	I	26	2016-06-29	2027-06-28
7318120001	350	卡马克斯有限两合公司	KAMAX GmbH & Co. KG	I	6.1	2016-06-29	2027-06-28
7318120001	350	其他欧盟公司	All Others	I	26	2016-06-29	2027-06-28
7318120001	351	卡马克斯有限两合公司	KAMAX GmbH & Co. KG	I	6.1	2016-06-29	2027-06-28
7318120001	351	其他欧盟公司	All Others	I	26	2016-06-29	2027-06-28
7318120001	352	卡马克斯有限两合公司	KAMAX GmbH & Co. KG	I	6.1	2016-06-29	2027-06-28
7318120001	352	其他欧盟公司	All Others	I	26	2016-06-29	2027-06-28
7318120001	353	卡马克斯有限两合公司	KAMAX GmbH & Co. KG	I	6.1	2016-06-29	2027-06-28
7318120001	353	其他欧盟公司	All Others	I	26	2016-06-29	2027-06-28
7318120001	108	其他欧盟公司	All Others	I	26	2016-06-29	2027-06-28
7318140001	305	卡马克斯有限两合公司	KAMAX GmbH & Co. KG	I	6.1	2016-06-29	2027-06-28
7318140001	352	其他欧盟公司	All Others	I	26	2016-06-29	2027-06-28
7318140001	306	卡马克斯有限两合公司	KAMAX GmbH & Co. KG	I	6.1	2016-06-29	2027-06-28
7318140001	353	卡马克斯有限两合公司	KAMAX GmbH & Co. KG	I	6.1	2016-06-29	2027-06-28
7318140001	353	其他欧盟公司	All Others	I	26	2016-06-29	2027-06-28
7318140001	701	国(地)别不详		I	26	2016-06-29	2027-06-28
7318140001	108	卡马克斯有限两合公司	KAMAX GmbH & Co. KG	I	6.1	2016-06-29	2027-06-28
7318140001	108	其他欧盟公司	All Others	I	26	2016-06-29	2027-06-28
7318140001	301	卡马克斯有限两合公司	KAMAX GmbH & Co. KG	I	6.1	2016-06-29	2027-06-28
7318140001	301	其他欧盟公司	All Others	I	26	2016-06-29	2027-06-28
7318140001	302	卡马克斯有限两合公司	KAMAX GmbH & Co. KG	I	6.1	2016-06-29	2027-06-28
7318140001	302	其他欧盟公司	All Others	I	26	2016-06-29	2027-06-28
7318140001	303	卡马克斯有限两合公司	KAMAX GmbH & Co. KG	I	6.1	2016-06-29	2027-06-28
7318140001	303	其他欧盟公司	All Others	I	26	2016-06-29	2027-06-28
7318140001	304	卡马克斯有限两合公司	KAMAX GmbH & Co. KG	I	6.1	2016-06-29	2027-06-28
7318140001	304	内德史罗夫阿尔特纳有限公司	Nedschroef Altena GmbH	I	5.5	2017-09-20	2027-06-28
7318140001	304	内德史罗夫贝京根有限公司	Nedschroef Beckingen GmbH	I	5.5	2017-09-20	2027-06-28
7318140001	304	内德史罗夫福罗劳顿有限公司	Nedschroef Fraulautern GmbH	I	5.5	2017-09-20	2027-06-28
7318140001	304	其他欧盟公司	All Others	I	26	2016-06-29	2027-06-28

商品编号	原产国(地区)	原产厂商中文名称	原产厂商英文名称	税种代码	税率(%)	起始日期	截止日期
7318140001	328	其他欧盟公司	All Others	I	26	2016-06-29	2027-06-28
7318140001	330	卡马克斯有限两合公司	KAMAX GmbH & Co. KG	I	6.1	2016-06-29	2027-06-28
7318140001	330	其他欧盟公司	All Others	I	26	2016-06-29	2027-06-28
7318140001	306	其他欧盟公司	All Others	I	26	2016-06-29	2027-06-28
7318140001	307	卡马克斯有限两合公司	KAMAX GmbH & Co. KG	I	6.1	2016-06-29	2027-06-28
7318140001	307	其他欧盟公司	All Others	I	26	2016-06-29	2027-06-28
7318140001	308	卡马克斯有限两合公司	KAMAX GmbH & Co. KG	I	6.1	2016-06-29	2027-06-28
7318140001	308	其他欧盟公司	All Others	I	26	2016-06-29	2027-06-28
7318140001	309	皇家内德史罗夫控股有限公司	Koninklijke Nedschroef Holding B. V.	I	5.5	2017-09-20	2027-06-28
7318140001	309	卡马克斯有限两合公司	KAMAX GmbH & Co. KG	I	6.1	2016-06-29	2027-06-28
7318140001	309	内德史罗夫海尔蒙德有限公司	Nedschroef Helmond B. V.	I	5.5	2017-09-20	2027-06-28
7318140001	309	其他欧盟公司	All Others	I	26	2016-06-29	2027-06-28
7318140001	310	卡马克斯有限两合公司	KAMAX GmbH & Co. KG	I	6.1	2016-06-29	2027-06-28
7318140001	310	其他欧盟公司	All Others	I	26	2016-06-29	2027-06-28
7318140001	311	卡马克斯有限两合公司	KAMAX GmbH & Co. KG	I	6.1	2016-06-29	2027-06-28
7318140001	311	其他欧盟公司	All Others	I	26	2016-06-29	2027-06-28
7318140001	312	卡马克斯有限两合公司	KAMAX GmbH & Co. KG	I	6.1	2016-06-29	2027-06-28
7318140001	312	内德史罗夫巴塞罗那有限公司	Nedschroef Barcelona SAU	I	5.5	2017-09-20	2027-06-28
7318140001	312	其他欧盟公司	All Others	I	26	2016-06-29	2027-06-28
7318140001	315	卡马克斯有限两合公司	KAMAX GmbH & Co. KG	I	6.1	2016-06-29	2027-06-28
7318140001	315	其他欧盟公司	All Others	I	26	2016-06-29	2027-06-28
7318140001	316	卡马克斯有限两合公司	KAMAX GmbH & Co. KG	I	6.1	2016-06-29	2027-06-28
7318140001	316	其他欧盟公司	All Others	I	26	2016-06-29	2027-06-28
7318140001	318	卡马克斯有限两合公司	KAMAX GmbH & Co. KG	I	6.1	2016-06-29	2027-06-28
7318140001	318	其他欧盟公司	All Others	I	26	2016-06-29	2027-06-28
7318140001	321	卡马克斯有限两合公司	KAMAX GmbH & Co. KG	I	6.1	2016-06-29	2027-06-28
7318140001	321	其他欧盟公司	All Others	I	26	2016-06-29	2027-06-28
7318140001	324	卡马克斯有限两合公司	KAMAX GmbH & Co. KG	I	6.1	2016-06-29	2027-06-28
7318140001	324	其他欧盟公司	All Others	I	26	2016-06-29	2027-06-28
7318140001	327	卡马克斯有限两合公司	KAMAX GmbH & Co. KG	I	6.1	2016-06-29	2027-06-28
7318140001	327	其他欧盟公司	All Others	I	26	2016-06-29	2027-06-28
7318140001	328	卡马克斯有限两合公司	KAMAX GmbH & Co. KG	I	6.1	2016-06-29	2027-06-28
7318140001	334	卡马克斯有限两合公司	KAMAX GmbH & Co. KG	I	6.1	2016-06-29	2027-06-28
7318140001	334	其他欧盟公司	All Others	I	26	2016-06-29	2027-06-28
7318140001	335	卡马克斯有限两合公司	KAMAX GmbH & Co. KG	I	6.1	2016-06-29	2027-06-28
7318140001	335	其他欧盟公司	All Others	I	26	2016-06-29	2027-06-28
7318140001	336	卡马克斯有限两合公司	KAMAX GmbH & Co. KG	I	6.1	2016-06-29	2027-06-28
7318140001	336	其他欧盟公司	All Others	I	26	2016-06-29	2027-06-28
7318140001	350	卡马克斯有限两合公司	KAMAX GmbH & Co. KG	I	6.1	2016-06-29	2027-06-28
7318140001	350	其他欧盟公司	All Others	I	26	2016-06-29	2027-06-28
7318140001	351	卡马克斯有限两合公司	KAMAX GmbH & Co. KG	I	6.1	2016-06-29	2027-06-28
7318140001	351	其他欧盟公司	All Others	I	26	2016-06-29	2027-06-28
7318140001	352	卡马克斯有限两合公司	KAMAX GmbH & Co. KG	I	6.1	2016-06-29	2027-06-28

商品编号	原产国（地区）	原产厂商中文名称	原产厂商英文名称	税种代码	税率（%）	起始日期	截止日期
7318140001	305	其他欧盟公司	All Others	I	26	2016-06-29	2027-06-28
7318151001	108	卡马克斯有限两合公司	KAMAX GmbH & Co. KG	I	6.1	2016-06-29	2027-06-28
7318151001	328	卡马克斯有限两合公司	KAMAX GmbH & Co. KG	I	6.1	2016-06-29	2027-06-28
7318151001	301	卡马克斯有限两合公司	KAMAX GmbH & Co. KG	I	6.1	2016-06-29	2027-06-28
7318151001	301	其他欧盟公司	All Others	I	26	2016-06-29	2027-06-28
7318151001	302	卡马克斯有限两合公司	KAMAX GmbH & Co. KG	I	6.1	2016-06-29	2027-06-28
7318151001	302	其他欧盟公司	All Others	I	26	2016-06-29	2027-06-28
7318151001	309	其他欧盟公司	All Others	I	26	2016-06-29	2027-06-28
7318151001	310	卡马克斯有限两合公司	KAMAX GmbH & Co. KG	I	6.1	2016-06-29	2027-06-28
7318151001	310	其他欧盟公司	All Others	I	26	2016-06-29	2027-06-28
7318151001	311	卡马克斯有限两合公司	KAMAX GmbH & Co. KG	I	6.1	2016-06-29	2027-06-28
7318151001	328	其他欧盟公司	All Others	I	26	2016-06-29	2027-06-28
7318151001	330	卡马克斯有限两合公司	KAMAX GmbH & Co. KG	I	6.1	2016-06-29	2027-06-28
7318151001	330	其他欧盟公司	All Others	I	26	2016-06-29	2027-06-28
7318151001	334	卡马克斯有限两合公司	KAMAX GmbH & Co. KG	I	6.1	2016-06-29	2027-06-28
7318151001	334	其他欧盟公司	All Others	I	26	2016-06-29	2027-06-28
7318151001	335	卡马克斯有限两合公司	KAMAX GmbH & Co. KG	I	6.1	2016-06-29	2027-06-28
7318151001	335	其他欧盟公司	All Others	I	26	2016-06-29	2027-06-28
7318151001	336	卡马克斯有限两合公司	KAMAX GmbH & Co. KG	I	6.1	2016-06-29	2027-06-28
7318151001	336	其他欧盟公司	All Others	I	26	2016-06-29	2027-06-28
7318151001	350	卡马克斯有限两合公司	KAMAX GmbH & Co. KG	I	6.1	2016-06-29	2027-06-28
7318151001	350	其他欧盟公司	All Others	I	26	2016-06-29	2027-06-28
7318151001	351	卡马克斯有限两合公司	KAMAX GmbH & Co. KG	I	6.1	2016-06-29	2027-06-28
7318151001	351	其他欧盟公司	All Others	I	26	2016-06-29	2027-06-28
7318151001	352	卡马克斯有限两合公司	KAMAX GmbH & Co. KG	I	6.1	2016-06-29	2027-06-28
7318151001	352	其他欧盟公司	All Others	I	26	2016-06-29	2027-06-28
7318151001	353	卡马克斯有限两合公司	KAMAX GmbH & Co. KG	I	6.1	2016-06-29	2027-06-28
7318151001	353	其他欧盟公司	All Others	I	26	2016-06-29	2027-06-28
7318151001	303	卡马克斯有限两合公司	KAMAX GmbH & Co. KG	I	6.1	2016-06-29	2027-06-28
7318151001	303	其他欧盟公司	All Others	I	26	2016-06-29	2027-06-28
7318151001	304	卡马克斯有限两合公司	KAMAX GmbH & Co. KG	I	6.1	2016-06-29	2027-06-28
7318151001	304	内德史罗夫阿尔特纳有限公司	Nedschroef Altena GmbH	I	5.5	2017-09-20	2027-06-28
7318151001	304	内德史罗夫贝京根有限公司	Nedschroef Beckingen GmbH	I	5.5	2017-09-20	2027-06-28
7318151001	304	内德史罗夫福罗劳顿有限公司	Nedschroef Fraulautern GmbH	I	5.5	2017-09-20	2027-06-28
7318151001	304	其他欧盟公司	All Others	I	26	2016-06-29	2027-06-28
7318151001	305	卡马克斯有限两合公司	KAMAX GmbH & Co. KG	I	6.1	2016-06-29	2027-06-28
7318151001	305	其他欧盟公司	All Others	I	26	2016-06-29	2027-06-28
7318151001	306	卡马克斯有限两合公司	KAMAX GmbH & Co. KG	I	6.1	2016-06-29	2027-06-28
7318151001	306	其他欧盟公司	All Others	I	26	2016-06-29	2027-06-28
7318151001	307	卡马克斯有限两合公司	KAMAX GmbH & Co. KG	I	6.1	2016-06-29	2027-06-28
7318151001	307	其他欧盟公司	All Others	I	26	2016-06-29	2027-06-28
7318151001	308	卡马克斯有限两合公司	KAMAX GmbH & Co. KG	I	6.1	2016-06-29	2027-06-28
7318151001	308	其他欧盟公司	All Others	I	26	2016-06-29	2027-06-28

商品编号	原产国(地区)	原产厂商中文名称	原产厂商英文名称	税种代码	税率(%)	起始日期	截止日期
7318151001	309	皇家内德史罗夫控股有限公司	Koninklijke Nedschroef Holding B. V.	I	5.5	2017-09-20	2027-06-28
7318151001	309	卡马克斯有限两合公司	KAMAX GmbH & Co. KG	I	6.1	2016-06-29	2027-06-28
7318151001	309	内德史罗夫海尔蒙德有限公司	Nedschroef Helmond B. V.	I	5.5	2017-09-20	2027-06-28
7318151001	701	国(地)别不详		I	26	2016-06-29	2027-06-28
7318151001	311	其他欧盟公司	All Others	I	26	2016-06-29	2027-06-28
7318151001	312	卡马克斯有限两合公司	KAMAX GmbH & Co. KG	I	6.1	2016-06-29	2027-06-28
7318151001	312	内德史罗夫巴塞罗那有限公司	Nedschroef Barcelona SAU	I	5.5	2017-09-20	2027-06-28
7318151001	312	其他欧盟公司	All Others	I	26	2016-06-29	2027-06-28
7318151001	315	卡马克斯有限两合公司	KAMAX GmbH & Co. KG	I	6.1	2016-06-29	2027-06-28
7318151001	315	其他欧盟公司	All Others	I	26	2016-06-29	2027-06-28
7318151001	316	卡马克斯有限两合公司	KAMAX GmbH & Co. KG	I	6.1	2016-06-29	2027-06-28
7318151001	316	其他欧盟公司	All Others	I	26	2016-06-29	2027-06-28
7318151001	318	卡马克斯有限两合公司	KAMAX GmbH & Co. KG	I	6.1	2016-06-29	2027-06-28
7318151001	318	其他欧盟公司	All Others	I	26	2016-06-29	2027-06-28
7318151001	321	卡马克斯有限两合公司	KAMAX GmbH & Co. KG	I	6.1	2016-06-29	2027-06-28
7318151001	321	其他欧盟公司	All Others	I	26	2016-06-29	2027-06-28
7318151001	324	卡马克斯有限两合公司	KAMAX GmbH & Co. KG	I	6.1	2016-06-29	2027-06-28
7318151001	324	其他欧盟公司	All Others	I	26	2016-06-29	2027-06-28
7318151001	327	卡马克斯有限两合公司	KAMAX GmbH & Co. KG	I	6.1	2016-06-29	2027-06-28
7318151001	327	其他欧盟公司	All Others	I	26	2016-06-29	2027-06-28
7318151001	108	其他欧盟公司	All Others	I	26	2016-06-29	2027-06-28
7318159001	351	卡马克斯有限两合公司	KAMAX GmbH & Co. KG	I	6.1	2016-06-29	2027-06-28
7318159001	351	其他欧盟公司	All Others	I	26	2016-06-29	2027-06-28
7318159001	352	卡马克斯有限两合公司	KAMAX GmbH & Co. KG	I	6.1	2016-06-29	2027-06-28
7318159001	352	其他欧盟公司	All Others	I	26	2016-06-29	2027-06-28
7318159001	353	卡马克斯有限两合公司	KAMAX GmbH & Co. KG	I	6.1	2016-06-29	2027-06-28
7318159001	353	其他欧盟公司	All Others	I	26	2016-06-29	2027-06-28
7318159001	701	国(地)别不详		I	26	2016-06-29	2027-06-28
7318159001	108	卡马克斯有限两合公司	KAMAX GmbH & Co. KG	I	6.1	2016-06-29	2027-06-28
7318159001	108	其他欧盟公司	All Others	I	26	2016-06-29	2027-06-28
7318159001	301	卡马克斯有限两合公司	KAMAX GmbH & Co. KG	I	6.1	2016-06-29	2027-06-28
7318159001	301	其他欧盟公司	All Others	I	26	2016-06-29	2027-06-28
7318159001	302	卡马克斯有限两合公司	KAMAX GmbH & Co. KG	I	6.1	2016-06-29	2027-06-28
7318159001	302	其他欧盟公司	All Others	I	26	2016-06-29	2027-06-28
7318159001	303	卡马克斯有限两合公司	KAMAX GmbH & Co. KG	I	6.1	2016-06-29	2027-06-28
7318159001	303	其他欧盟公司	All Others	I	26	2016-06-29	2027-06-28
7318159001	304	卡马克斯有限两合公司	KAMAX GmbH & Co. KG	I	6.1	2016-06-29	2027-06-28
7318159001	304	内德史罗夫阿尔特纳有限公司	Nedschroef Altena GmbH	I	5.5	2017-09-20	2027-06-28
7318159001	304	内德史罗夫贝京根有限公司	Nedschroef Beckingen GmbH	I	5.5	2017-09-20	2027-06-28
7318159001	304	内德史罗夫福罗劳顿有限公司	Nedschroef Fraulautern GmbH	I	5.5	2017-09-20	2027-06-28
7318159001	304	其他欧盟公司	All Others	I	26	2016-06-29	2027-06-28
7318159001	305	卡马克斯有限两合公司	KAMAX GmbH & Co. KG	I	6.1	2016-06-29	2027-06-28
7318159001	305	其他欧盟公司	All Others	I	26	2016-06-29	2027-06-28

商品编号	原产国（地区）	原产厂商中文名称	原产厂商英文名称	税种代码	税率（%）	起始日期	截止日期
7318159001	306	卡马克斯有限两合公司	KAMAX GmbH & Co. KG	I	6.1	2016-06-29	2027-06-28
7318159001	306	其他欧盟公司	All Others	I	26	2016-06-29	2027-06-28
7318159001	307	卡马克斯有限两合公司	KAMAX GmbH & Co. KG	I	6.1	2016-06-29	2027-06-28
7318159001	307	其他欧盟公司	All Others	I	26	2016-06-29	2027-06-28
7318159001	308	卡马克斯有限两合公司	KAMAX GmbH & Co. KG	I	6.1	2016-06-29	2027-06-28
7318159001	308	其他欧盟公司	All Others	I	26	2016-06-29	2027-06-28
7318159001	309	皇家内德史罗夫控股有限公司	Koninklijke Nedschroef Holding B. V.	I	5.5	2017-09-20	2027-06-28
7318159001	309	卡马克斯有限两合公司	KAMAX GmbH & Co. KG	I	6.1	2016-06-29	2027-06-28
7318159001	309	内德史罗夫海尔蒙德有限公司	Nedschroef Helmond B. V.	I	5.5	2017-09-20	2027-06-28
7318159001	309	其他欧盟公司	All Others	I	26	2016-06-29	2027-06-28
7318159001	310	卡马克斯有限两合公司	KAMAX GmbH & Co. KG	I	6.1	2016-06-29	2027-06-28
7318159001	310	其他欧盟公司	All Others	I	26	2016-06-29	2027-06-28
7318159001	311	卡马克斯有限两合公司	KAMAX GmbH & Co. KG	I	6.1	2016-06-29	2027-06-28
7318159001	311	其他欧盟公司	All Others	I	26	2016-06-29	2027-06-28
7318159001	312	卡马克斯有限两合公司	KAMAX GmbH & Co. KG	I	6.1	2016-06-29	2027-06-28
7318159001	312	内德史罗夫巴塞罗那有限公司	Nedschroef Barcelona SAU	I	5.5	2017-09-20	2027-06-28
7318159001	312	其他欧盟公司	All Others	I	26	2016-06-29	2027-06-28
7318159001	315	卡马克斯有限两合公司	KAMAX GmbH & Co. KG	I	6.1	2016-06-29	2027-06-28
7318159001	315	其他欧盟公司	All Others	I	26	2016-06-29	2027-06-28
7318159001	316	卡马克斯有限两合公司	KAMAX GmbH & Co. KG	I	6.1	2016-06-29	2027-06-28
7318159001	316	其他欧盟公司	All Others	I	26	2016-06-29	2027-06-28
7318159001	318	卡马克斯有限两合公司	KAMAX GmbH & Co. KG	I	6.1	2016-06-29	2027-06-28
7318159001	318	其他欧盟公司	All Others	I	26	2016-06-29	2027-06-28
7318159001	321	卡马克斯有限两合公司	KAMAX GmbH & Co. KG	I	6.1	2016-06-29	2027-06-28
7318159001	321	其他欧盟公司	All Others	I	26	2016-06-29	2027-06-28
7318159001	324	卡马克斯有限两合公司	KAMAX GmbH & Co. KG	I	6.1	2016-06-29	2027-06-28
7318159001	324	其他欧盟公司	All Others	I	26	2016-06-29	2027-06-28
7318159001	327	卡马克斯有限两合公司	KAMAX GmbH & Co. KG	I	6.1	2016-06-29	2027-06-28
7318159001	327	其他欧盟公司	All Others	I	26	2016 06-29	2027-06-28
7318159001	328	卡马克斯有限两合公司	KAMAX GmbH & Co. KG	I	6.1	2016-06-29	2027-06-28
7318159001	328	其他欧盟公司	All Others	I	26	2016-06-29	2027-06-28
7318159001	330	卡马克斯有限两合公司	KAMAX GmbH & Co. KG	I	6.1	2016-06-29	2027-06-28
7318159001	330	其他欧盟公司	All Others	I	26	2016-06-29	2027-06-28
7318159001	334	卡马克斯有限两合公司	KAMAX GmbH & Co. KG	I	6.1	2016-06-29	2027-06-28
7318159001	334	其他欧盟公司	All Others	I	26	2016-06-29	2027-06-28
7318159001	335	卡马克斯有限两合公司	KAMAX GmbH & Co. KG	I	6.1	2016-06-29	2027-06-28
7318159001	335	其他欧盟公司	All Others	I	26	2016-06-29	2027-06-28
7318159001	336	卡马克斯有限两合公司	KAMAX GmbH & Co. KG	I	6.1	2016-06-29	2027-06-28
7318159001	336	其他欧盟公司	All Others	I	26	2016-06-29	2027-06-28
7318159001	350	卡马克斯有限两合公司	KAMAX GmbH & Co. KG	I	6.1	2016-06-29	2027-06-28
7318159001	350	其他欧盟公司	All Others	I	26	2016-06-29	2027-06-28
7318210001	304	内德史罗夫福罗劳顿有限公司	Nedschroef Fraulautern GmbH	I	5.5	2017-09-20	2027-06-28
7318210001	304	其他欧盟公司	All Others	I	26	2016-06-29	2027-06-28

商品编号	原产国(地区)	原产厂商中文名称	原产厂商英文名称	税种代码	税率(%)	起始日期	截止日期
7318210001	305	卡马克斯有限两合公司	KAMAX GmbH & Co. KG	I	6.1	2016-06-29	2027-06-28
7318210001	321	卡马克斯有限两合公司	KAMAX GmbH & Co. KG	I	6.1	2016-06-29	2027-06-28
7318210001	321	其他欧盟公司	All Others	I	26	2016-06-29	2027-06-28
7318210001	324	卡马克斯有限两合公司	KAMAX GmbH & Co. KG	I	6.1	2016-06-29	2027-06-28
7318210001	324	其他欧盟公司	All Others	I	26	2016-06-29	2027-06-28
7318210001	327	卡马克斯有限两合公司	KAMAX GmbH & Co. KG	I	6.1	2016-06-29	2027-06-28
7318210001	327	其他欧盟公司	All Others	I	26	2016-06-29	2027-06-28
7318210001	328	卡马克斯有限两合公司	KAMAX GmbH & Co. KG	I	6.1	2016-06-29	2027-06-28
7318210001	328	其他欧盟公司	All Others	I	26	2016-06-29	2027-06-28
7318210001	330	卡马克斯有限两合公司	KAMAX GmbH & Co. KG	I	6.1	2016-06-29	2027-06-28
7318210001	330	其他欧盟公司	All Others	I	26	2016-06-29	2027-06-28
7318210001	334	卡马克斯有限两合公司	KAMAX GmbH & Co. KG	I	6.1	2016-06-29	2027-06-28
7318210001	334	其他欧盟公司	All Others	I	26	2016-06-29	2027-06-28
7318210001	335	卡马克斯有限两合公司	KAMAX GmbH & Co. KG	I	6.1	2016-06-29	2027-06-28
7318210001	335	其他欧盟公司	All Others	I	26	2016-06-29	2027-06-28
7318210001	336	卡马克斯有限两合公司	KAMAX GmbH & Co. KG	I	6.1	2016-06-29	2027-06-28
7318210001	336	其他欧盟公司	All Others	I	26	2016-06-29	2027-06-28
7318210001	350	卡马克斯有限两合公司	KAMAX GmbH & Co. KG	I	6.1	2016-06-29	2027-06-28
7318210001	350	其他欧盟公司	All Others	I	26	2016-06-29	2027-06-28
7318210001	351	卡马克斯有限两合公司	KAMAX GmbH & Co. KG	I	6.1	2016-06-29	2027-06-28
7318210001	351	其他欧盟公司	All Others	I	26	2016-06-29	2027-06-28
7318210001	352	卡马克斯有限两合公司	KAMAX GmbH & Co. KG	I	6.1	2016-06-29	2027-06-28
7318210001	352	其他欧盟公司	All Others	I	26	2016-06-29	2027-06-28
7318210001	353	卡马克斯有限两合公司	KAMAX GmbH & Co. KG	I	6.1	2016-06-29	2027-06-28
7318210001	353	其他欧盟公司	All Others	I	26	2016-06-29	2027-06-28
7318210001	701	国(地)别不详		I	26	2016-06-29	2027-06-28
7318210001	316	其他欧盟公司	All Others	I	26	2016-06-29	2027-06-28
7318210001	318	卡马克斯有限两合公司	KAMAX GmbH & Co. KG	I	6.1	2016-06-29	2027-06-28
7318210001	318	其他欧盟公司	All Others	I	26	2016-06-29	2027-06-28
7318210001	108	卡马克斯有限两合公司	KAMAX GmbH & Co. KG	I	6.1	2016-06-29	2027-06-28
7318210001	305	其他欧盟公司	All Others	I	26	2016-06-29	2027-06-28
7318210001	306	卡马克斯有限两合公司	KAMAX GmbH & Co. KG	I	6.1	2016-06-29	2027-06-28
7318210001	306	其他欧盟公司	All Others	I	26	2016-06-29	2027-06-28
7318210001	307	卡马克斯有限两合公司	KAMAX GmbH & Co. KG	I	6.1	2016-06-29	2027-06-28
7318210001	307	其他欧盟公司	All Others	I	26	2016-06-29	2027-06-28
7318210001	308	卡马克斯有限两合公司	KAMAX GmbH & Co. KG	I	6.1	2016-06-29	2027-06-28
7318210001	308	其他欧盟公司	All Others	I	26	2016-06-29	2027-06-28
7318210001	309	皇家内德史罗夫控股有限公司	Koninklijke Nedschroef Holding B. V.	I	5.5	2017-09-20	2027-06-28
7318210001	309	卡马克斯有限两合公司	KAMAX GmbH & Co. KG	I	6.1	2016-06-29	2027-06-28
7318210001	309	内德史罗夫海尔蒙德有限公司	Nedschroef Helmond B. V.	I	5.5	2017-09-20	2027-06-28
7318210001	309	其他欧盟公司	All Others	I	26	2016-06-29	2027-06-28
7318210001	310	卡马克斯有限两合公司	KAMAX GmbH & Co. KG	I	6.1	2016-06-29	2027-06-28
7318210001	310	其他欧盟公司	All Others	I	26	2016-06-29	2027-06-28

商品编号	原产国（地区）	原产厂商中文名称	原产厂商英文名称	税种代码	税率（%）	起始日期	截止日期
7318210001	311	卡马克斯有限两合公司	KAMAX GmbH & Co. KG	I	6.1	2016-06-29	2027-06-28
7318210001	311	其他欧盟公司	All Others	I	26	2016-06-29	2027-06-28
7318210001	312	卡马克斯有限两合公司	KAMAX GmbH & Co. KG	I	6.1	2016-06-29	2027-06-28
7318210001	312	内德史罗夫巴塞罗那有限公司	Nedschroef Barcelona SAU	I	5.5	2017-09-20	2027-06-28
7318210001	312	其他欧盟公司	All Others	I	26	2016-06-29	2027-06-28
7318210001	315	卡马克斯有限两合公司	KAMAX GmbH & Co. KG	I	6.1	2016-06-29	2027-06-28
7318210001	315	其他欧盟公司	All Others	I	26	2016-06-29	2027-06-28
7318210001	316	卡马克斯有限两合公司	KAMAX GmbH & Co. KG	I	6.1	2016-06-29	2027-06-28
7318210001	108	其他欧盟公司	All Others	I	26	2016-06-29	2027-06-28
7318210001	301	卡马克斯有限两合公司	KAMAX GmbH & Co. KG	I	6.1	2016-06-29	2027-06-28
7318210001	301	其他欧盟公司	All Others	I	26	2016-06-29	2027-06-28
7318210001	302	卡马克斯有限两合公司	KAMAX GmbH & Co. KG	I	6.1	2016-06-29	2027-06-28
7318210001	302	其他欧盟公司	All Others	I	26	2016-06-29	2027-06-28
7318210001	303	卡马克斯有限两合公司	KAMAX GmbH & Co. KG	I	6.1	2016-06-29	2027-06-28
7318210001	303	其他欧盟公司	All Others	I	26	2016-06-29	2027-06-28
7318210001	304	卡马克斯有限两合公司	KAMAX GmbH & Co. KG	I	6.1	2016-06-29	2027-06-28
7318210001	304	内德史罗夫阿尔特纳有限公司	Nedschroef Altena GmbH	I	5.5	2017-09-20	2027-06-28
7318210001	304	内德史罗夫贝京根有限公司	Nedschroef Beckingen GmbH	I	5.5	2017-09-20	2027-06-28
7318220001	327	其他欧盟公司	All Others	I	26	2016-06-29	2027-06-28
7318220001	350	其他欧盟公司	All Others	I	26	2016-06-29	2027-06-28
7318220001	108	其他欧盟公司	All Others	I	26	2016-06-29	2027-06-28
7318220001	301	卡马克斯有限两合公司	KAMAX GmbH & Co. KG	I	6.1	2016-06-29	2027-06-28
7318220001	301	其他欧盟公司	All Others	I	26	2016-06-29	2027-06-28
7318220001	302	卡马克斯有限两合公司	KAMAX GmbH & Co. KG	I	6.1	2016-06-29	2027-06-28
7318220001	302	其他欧盟公司	All Others	I	26	2016-06-29	2027-06-28
7318220001	303	卡马克斯有限两合公司	KAMAX GmbH & Co. KG	I	6.1	2016-06-29	2027-06-28
7318220001	303	其他欧盟公司	All Others	I	26	2016-06-29	2027-06-28
7318220001	304	卡马克斯有限两合公司	KAMAX GmbH & Co. KG	I	6.1	2016-06-29	2027-06-28
7318220001	304	内德史罗夫阿尔特纳有限公司	Nedschroef Altena GmbH	I	5.5	2017-09-20	2027-06-28
7318220001	304	内德史罗夫贝京根有限公司	Nedschroef Beckingen GmbH	I	5.5	2017-09-20	2027-06-28
7318220001	309	其他欧盟公司	All Others	I	26	2016-06-29	2027-06-28
7318220001	310	卡马克斯有限两合公司	KAMAX GmbH & Co. KG	I	6.1	2016-06-29	2027-06-28
7318220001	310	其他欧盟公司	All Others	I	26	2016-06-29	2027-06-28
7318220001	311	卡马克斯有限两合公司	KAMAX GmbH & Co. KG	I	6.1	2016-06-29	2027-06-28
7318220001	311	其他欧盟公司	All Others	I	26	2016-06-29	2027-06-28
7318220001	312	卡马克斯有限两合公司	KAMAX GmbH & Co. KG	I	6.1	2016-06-29	2027-06-28
7318220001	312	内德史罗夫巴塞罗那有限公司	Nedschroef Barcelona SAU	I	5.5	2017-09-20	2027-06-28
7318220001	312	其他欧盟公司	All Others	I	26	2016-06-29	2027-06-28
7318220001	315	卡马克斯有限两合公司	KAMAX GmbH & Co. KG	I	6.1	2016-06-29	2027-06-28
7318220001	315	其他欧盟公司	All Others	I	26	2016-06-29	2027-06-28
7318220001	316	卡马克斯有限两合公司	KAMAX GmbH & Co. KG	I	6.1	2016-06-29	2027-06-28
7318220001	316	其他欧盟公司	All Others	I	26	2016-06-29	2027-06-28
7318220001	318	卡马克斯有限两合公司	KAMAX GmbH & Co. KG	I	6.1	2016-06-29	2027-06-28

商品编号	原产国(地区)	原产厂商中文名称	原产厂商英文名称	税种代码	税率(%)	起始日期	截止日期
7318220001	318	其他欧盟公司	All Others	I	26	2016-06-29	2027-06-28
7318220001	321	卡马克斯有限两合公司	KAMAX GmbH & Co. KG	I	6.1	2016-06-29	2027-06-28
7318220001	321	其他欧盟公司	All Others	I	26	2016-06-29	2027-06-28
7318220001	324	卡马克斯有限两合公司	KAMAX GmbH & Co. KG	I	6.1	2016-06-29	2027-06-28
7318220001	324	其他欧盟公司	All Others	I	26	2016-06-29	2027-06-28
7318220001	327	卡马克斯有限两合公司	KAMAX GmbH & Co. KG	I	6.1	2016-06-29	2027-06-28
7318220001	351	卡马克斯有限两合公司	KAMAX GmbH & Co. KG	I	6.1	2016-06-29	2027-06-28
7318220001	351	其他欧盟公司	All Others	I	26	2016-06-29	2027-06-28
7318220001	352	卡马克斯有限两合公司	KAMAX GmbH & Co. KG	I	6.1	2016-06-29	2027-06-28
7318220001	352	其他欧盟公司	All Others	I	26	2016-06-29	2027-06-28
7318220001	353	卡马克斯有限两合公司	KAMAX GmbH & Co. KG	I	6.1	2016-06-29	2027-06-28
7318220001	353	其他欧盟公司	All Others	I	26	2016-06-29	2027-06-28
7318220001	701	国(地)别不详		I	26	2016-06-29	2027-06-28
7318220001	328	卡马克斯有限两合公司	KAMAX GmbH & Co. KG	I	6.1	2016-06-29	2027-06-28
7318220001	328	其他欧盟公司	All Others	I	26	2016-06-29	2027-06-28
7318220001	330	卡马克斯有限两合公司	KAMAX GmbH & Co. KG	I	6.1	2016-06-29	2027-06-28
7318220001	330	其他欧盟公司	All Others	I	26	2016-06-29	2027-06-28
7318220001	334	卡马克斯有限两合公司	KAMAX GmbH & Co. KG	I	6.1	2016-06-29	2027-06-28
7318220001	334	其他欧盟公司	All Others	I	26	2016-06-29	2027-06-28
7318220001	335	卡马克斯有限两合公司	KAMAX GmbH & Co. KG	I	6.1	2016-06-29	2027-06-28
7318220001	335	其他欧盟公司	All Others	I	26	2016-06-29	2027-06-28
7318220001	336	卡马克斯有限两合公司	KAMAX GmbH & Co. KG	I	6.1	2016-06-29	2027-06-28
7318220001	336	其他欧盟公司	All Others	I	26	2016-06-29	2027-06-28
7318220001	350	卡马克斯有限两合公司	KAMAX GmbH & Co. KG	I	6.1	2016-06-29	2027-06-28
7318220001	304	内德史罗夫福罗劳顿有限公司	Nedschroef Fraulautern GmbH	I	5.5	2017-09-20	2027-06-28
7318220001	304	其他欧盟公司	All Others	I	26	2016-06-29	2027-06-28
7318220001	305	卡马克斯有限两合公司	KAMAX GmbH & Co. KG	I	6.1	2016-06-29	2027-06-28
7318220001	305	其他欧盟公司	All Others	I	26	2016-06-29	2027-06-28
7318220001	306	卡马克斯有限两合公司	KAMAX GmbH & Co. KG	I	6.1	2016-06-29	2027-06-28
7318220001	306	其他欧盟公司	All Others	I	26	2016-06-29	2027-06-28
7318220001	307	卡马克斯有限两合公司	KAMAX GmbH & Co. KG	I	6.1	2016-06-29	2027-06-28
7318220001	307	其他欧盟公司	All Others	I	26	2016-06-29	2027-06-28
7318220001	308	卡马克斯有限两合公司	KAMAX GmbH & Co. KG	I	6.1	2016-06-29	2027-06-28
7318220001	308	其他欧盟公司	All Others	I	26	2016-06-29	2027-06-28
7318220001	309	皇家内德史罗夫控股有限公司	Koninklijke Nedschroef Holding B. V.	I	5.5	2017-09-20	2027-06-28
7318220001	309	卡马克斯有限两合公司	KAMAX GmbH & Co. KG	I	6.1	2016-06-29	2027-06-28
7318220001	309	内德史罗夫海尔蒙德有限公司	Nedschroef Helmond B. V.	I	5.5	2017-09-20	2027-06-28
7318220001	108	卡马克斯有限两合公司	KAMAX GmbH & Co. KG	I	6.1	2016-06-29	2027-06-28
8415101000	N	不适用	不适用	O	700	2012-07-01	2999-12-31
8415102100	N	不适用	不适用	O	700	2012-07-01	2999-12-31
8415102210	N	不适用	不适用	O	700	2017-01-01	2999-12-31
8415811000	N	不适用	不适用	O	700	2012-07-01	2999-12-31
8415812001	N	不适用	不适用	O	700	2012-07-01	2999-12-31

商品编号	原产国(地区)	原产厂商中文名称	原产厂商英文名称	税种代码	税率(%)	起始日期	截止日期
8415821000	N	不适用	不适用	0	700	2012-07-01	2999-12-31
8415822001	N	不适用	不适用	0	700	2012-07-01	2999-12-31
8418101000	N	不适用	不适用	0	1200	2012-07-01	2999-12-31
8418102000	N	不适用	不适用	0	1200	2012-07-01	2999-12-31
8418103000	N	不适用	不适用	0	1200	2012-07-01	2999-12-31
8418211000	N	不适用	不适用	0	1200	2012-07-01	2999-12-31
8418212000	N	不适用	不适用	0	1200	2012-07-01	2999-12-31
8418213000	N	不适用	不适用	0	1200	2012-07-01	2999-12-31
8418291000	N	不适用	不适用	0	1200	2012-07-01	2999-12-31
8418292000	N	不适用	不适用	0	1200	2012-07-01	2999-12-31
8418299000	N	不适用	不适用	0	1200	2012-07-01	2999-12-31
8418302900	N	不适用	不适用	0	1200	2012-07-01	2999-12-31
8418402900	N	不适用	不适用	0	1200	2012-07-01	2999-12-31
8450111000	N	不适用	不适用	0	700	2012-07-01	2999-12-31
8450112000	N	不适用	不适用	0	700	2012-07-01	2999-12-31
8450119000	N	不适用	不适用	0	700	2012-07-01	2999-12-31
8450120000	N	不适用	不适用	0	700	2012-07-01	2999-12-31
8450190000	N	不适用	不适用	0	700	2012-07-01	2999-12-31
8471301000	N	不适用	不适用	0	1000	2014-01-01	2999-12-31
8471309000	N	不适用	不适用	0	1000	2014-01-01	2999-12-31
8471414000	N	不适用	不适用	0	1000	2012-07-01	2999-12-31
8471494000	N	不适用	不适用	0	1000	2012-07-01	2999-12-31
8471504001	N	不适用	不适用	0	1000	2012-07-01	2999-12-31
8528420000	N	不适用	不适用	0	1000	2017-01-01	2999-12-31
8528521100	N	不适用	不适用	0	1000	2017-01-01	2999-12-31
8528521200	N	不适用	不适用	0	1000	2017-01-01	2999-12-31
8528521900	N	不适用	不适用	0	1000	2017-01-01	2999-12-31
8528529100	N	不适用	不适用	0	1000	2017-01-01	2999-12-31
8528529200	N	不适用	不适用	0	1000	2017-01-01	2999-12-31
8528529900	N	不适用	不适用	0	1000	2017-01-01	2999-12-31
8528591010	N	不适用	不适用	0	1000	2017-01-01	2999-12-31
8528591090	N	不适用	不适用	0	1000	2012-07-01	2999-12-31
8528599000	N	不适用	不适用	0	1000	2012-07-01	2999-12-31
8528721100	N	不适用	不适用	0	1300	2012-07-01	2999-12-31
8528721200	N	不适用	不适用	0	1300	2012-07-01	2999-12-31
8528721900	N	不适用	不适用	0	1300	2012-07-01	2999-12-31
8528722100	N	不适用	不适用	0	1300	2012-07-01	2999-12-31
8528722200	N	不适用	不适用	0	1300	2012-07-01	2999-12-31
8528722900	N	不适用	不适用	0	1300	2012-07-01	2999-12-31
8528723100	N	不适用	不适用	0	1300	2012-07-01	2999-12-31
8528723200	N	不适用	不适用	0	1300	2012-07-01	2999-12-31
8528723900	N	不适用	不适用	0	1300	2012-07-01	2999-12-31
8528729100	N	不适用	不适用	0	1300	2012-07-01	2999-12-31

商品编号	原产国(地区)	原产厂商中文名称	原产厂商英文名称	税种代码	税率(%)	起始日期	截止日期
8528729200	N	不适用	不适用	O	1300	2012-07-01	2999-12-31
8528729900	N	不适用	不适用	O	1300	2012-07-01	2999-12-31
8528730000	N	不适用	不适用	O	1300	2012-07-01	2999-12-31
9001100001	308	丹麦 OFS-费特有限责任公司	OFS Fitel Denmark ApS	I	29.1	2011-04-22	2028-04-22
9001100001	308	德拉克通信法国集团公司	Draka Comteq France SAS	I	12.9	2011-04-22	2028-04-22
9001100001	308	德拉克通信纤维有限公司	Draka Comteq Fibre B. V.	I	12.9	2011-04-22	2028-04-22
9001100001	308	菲布里奥蒂切苏德有限责任公司	Fibre Ottiche Sud -F. O. S. S. r. l.	I	24.7	2011-04-22	2028-04-22
9001100001	308	其他欧盟公司	All Others	I	29.1	2011-04-22	2028-04-22
9001100001	309	丹麦 OFS-费特有限责任公司	OFS Fitel Denmark ApS	I	29.1	2011-04-22	2028-04-22
9001100001	309	德拉克通信法国集团公司	Draka Comteq France SAS	I	12.9	2011-04-22	2028-04-22
9001100001	309	德拉克通信纤维有限公司	Draka Comteq Fibre B. V.	I	12.9	2011-04-22	2028-04-22
9001100001	309	菲布里奥蒂切苏德有限责任公司	Fibre Ottiche Sud -F. O. S. S. r. l.	I	24.7	2011-04-22	2028-04-22
9001100001	309	其他欧盟公司	All Others	I	29.1	2011-04-22	2028-04-22
9001100001	310	丹麦 OFS-费特有限责任公司	OFS Fitel Denmark ApS	I	29.1	2011-04-22	2028-04-22
9001100001	305	丹麦 OFS-费特有限责任公司	OFS Fitel Denmark ApS	I	29.1	2011-04-22	2028-04-22
9001100001	305	德拉克通信法国集团公司	Draka Comteq France SAS	I	12.9	2011-04-22	2028-04-22
9001100001	305	德拉克通信纤维有限公司	Draka Comteq Fibre B. V.	I	12.9	2011-04-22	2028-04-22
9001100001	305	菲布里奥蒂切苏德有限责任公司	Fibre Ottiche Sud -F. O. S. S. r. l.	I	24.7	2011-04-22	2028-04-22
9001100001	305	其他欧盟公司	All Others	I	29.1	2011-04-22	2028-04-22
9001100001	306	丹麦 OFS-费特有限责任公司	OFS Fitel Denmark ApS	I	29.1	2011-04-22	2028-04-22
9001100001	306	德拉克通信法国集团公司	Draka Comteq France SAS	I	12.9	2011-04-22	2028-04-22
9001100001	306	德拉克通信纤维有限公司	Draka Comteq Fibre B. V.	I	12.9	2011-04-22	2028-04-22
9001100001	306	菲布里奥蒂切苏德有限责任公司	Fibre Ottiche Sud -F. O. S. S. r. l.	I	24.7	2011-04-22	2028-04-22
9001100001	306	其他欧盟公司	All Others	I	29.1	2011-04-22	2028-04-22
9001100001	307	丹麦 OFS-费特有限责任公司	OFS Fitel Denmark ApS	I	29.1	2011-04-22	2028-04-22
9001100001	307	德拉克通信法国集团公司	Draka Comteq France SAS	I	12.9	2011-04-22	2028-04-22
9001100001	302	其他欧盟公司	All Others	I	29.1	2011-04-22	2028-04-22
9001100001	304	丹麦 OFS-费特有限责任公司	OFS Fitel Denmark ApS	I	29.1	2011-04-22	2028-04-22
9001100001	304	德拉克通信法国集团公司	Draka Comteq France SAS	I	12.9	2011-04-22	2028-04-22
9001100001	304	德拉克通信纤维有限公司	Draka Comteq Fibre B. V.	I	12.9	2011-04-22	2028-04-22
9001100001	304	菲布里奥蒂切苏德有限责任公司	Fibre Ottiche Sud -F. O. S. S. r. l.	I	24.7	2011-04-22	2028-04-22
9001100001	304	其他欧盟公司	All Others	I	29.1	2011-04-22	2028-04-22
9001100001	330	丹麦 OFS-费特有限责任公司	OFS Fitel Denmark ApS	I	29.1	2011-04-22	2028-04-22
9001100001	330	德拉克通信法国集团公司	Draka Comteq France SAS	I	12.9	2011-04-22	2028-04-22
9001100001	330	德拉克通信纤维有限公司	Draka Comteq Fibre B. V.	I	12.9	2011-04-22	2028-04-22
9001100001	330	菲布里奥蒂切苏德有限责任公司	Fibre Ottiche Sud -F. O. S. S. r. l.	I	24.7	2011-04-22	2028-04-22
9001100001	330	其他欧盟公司	All Others	I	29.1	2011-04-22	2028-04-22
9001100001	334	丹麦 OFS-费特有限责任公司	OFS Fitel Denmark ApS	I	29.1	2011-04-22	2028-04-22
9001100001	334	德拉克通信法国集团公司	Draka Comteq France SAS	I	12.9	2011-04-22	2028-04-22
9001100001	334	德拉克通信纤维有限公司	Draka Comteq Fibre B. V.	I	12.9	2011-04-22	2028-04-22
9001100001	334	菲布里奥蒂切苏德有限责任公司	Fibre Ottiche Sud -F. O. S. S. r. l.	I	24.7	2011-04-22	2028-04-22
9001100001	334	其他欧盟公司	All Others	I	29.1	2011-04-22	2028-04-22
9001100001	335	丹麦 OFS-费特有限责任公司	OFS Fitel Denmark ApS	I	29.1	2011-04-22	2028-04-22

商品编号	原产国(地区)	原产厂商中文名称	原产厂商英文名称	税种代码	税率(%)	起始日期	截止日期
9001100001	335	德拉克通信法国集团公司	Draka Comteq France SAS	I	12.9	2011-04-22	2028-04-22
9001100001	335	德拉克通信纤维有限公司	Draka Comteq Fibre B. V.	I	12.9	2011-04-22	2028-04-22
9001100001	335	菲布里奥蒂切苏德有限责任公司	Fibre Ottiche Sud -F. O. S. S. r. l.	I	24.7	2011-04-22	2028-04-22
9001100001	335	其他欧盟公司	All Others	I	29.1	2011-04-22	2028-04-22
9001100001	336	丹麦 OFS-费特有限责任公司	OFS Fitel Denmark ApS	I	29.1	2011-04-22	2028-04-22
9001100001	336	德拉克通信法国集团公司	Draka Comteq France SAS	I	12.9	2011-04-22	2028-04-22
9001100001	336	德拉克通信纤维有限公司	Draka Comteq Fibre B. V.	I	12.9	2011-04-22	2028-04-22
9001100001	336	菲布里奥蒂切苏德有限责任公司	Fibre Ottiche Sud -F. O. S. S. r. l.	I	24.7	2011-04-22	2028-04-22
9001100001	336	其他欧盟公司	All Others	I	29.1	2011-04-22	2028-04-22
9001100001	350	丹麦 OFS-费特有限责任公司	OFS Fitel Denmark ApS	I	29.1	2011-04-22	2028-04-22
9001100001	350	德拉克通信法国集团公司	Draka Comteq France SAS	I	12.9	2011-04-22	2028-04-22
9001100001	350	德拉克通信纤维有限公司	Draka Comteq Fibre B. V.	I	12.9	2011-04-22	2028-04-22
9001100001	350	菲布里奥蒂切苏德有限责任公司	Fibre Ottiche Sud -F. O. S. S. r. l.	I	24.7	2011-04-22	2028-04-22
9001100001	318	其他欧盟公司	All Others	I	29.1	2011-04-22	2028-04-22
9001100001	321	丹麦 OFS-费特有限责任公司	OFS Fitel Denmark ApS	I	29.1	2011-04-22	2028-04-22
9001100001	321	德拉克通信法国集团公司	Draka Comteq France SAS	I	12.9	2011-04-22	2028-04-22
9001100001	321	德拉克通信纤维有限公司	Draka Comteq Fibre B. V.	I	12.9	2011-04-22	2028-04-22
9001100001	321	菲布里奥蒂切苏德有限责任公司	Fibre Ottiche Sud -F. O. S. S. r. l.	I	24.7	2011-04-22	2028-04-22
9001100001	321	其他欧盟公司	All Others	I	29.1	2011-04-22	2028-04-22
9001100001	324	丹麦 OFS-费特有限责任公司	OFS Fitel Denmark ApS	I	29.1	2011-04-22	2028-04-22
9001100001	324	德拉克通信法国集团公司	Draka Comteq France SAS	I	12.9	2011-04-22	2028-04-22
9001100001	324	德拉克通信纤维有限公司	Draka Comteq Fibre B. V.	I	12.9	2011-04-22	2028-04-22
9001100001	310	德拉克通信法国集团公司	Draka Comteq France SAS	I	12.9	2011-04-22	2028-04-22
9001100001	310	德拉克通信纤维有限公司	Draka Comteq Fibre B. V.	I	12.9	2011-04-22	2028-04-22
9001100001	310	菲布里奥蒂切苏德有限责任公司	Fibre Ottiche Sud -F. O. S. S. r. l.	I	24.7	2011-04-22	2028-04-22
9001100001	310	其他欧盟公司	All Others	I	29.1	2011-04-22	2028-04-22
9001100001	311	丹麦 OFS-费特有限责任公司	OFS Fitel Denmark ApS	I	29.1	2011-04-22	2028-04-22
9001100001	311	德拉克通信法国集团公司	Draka Comteq France SAS	I	12.9	2011-04-22	2028-04-22
9001100001	311	德拉克通信纤维有限公司	Draka Comteq Fibre B. V.	I	12.9	2011-04-22	2028-04-22
9001100001	311	菲布里奥蒂切苏德有限责任公司	Fibre Ottiche Sud -F. O. S. S. r. l.	I	24.7	2011-04-22	2028-04-22
9001100001	311	其他欧盟公司	All Others	I	29.1	2011-04-22	2028-04-22
9001100001	312	丹麦 OFS-费特有限责任公司	OFS Fitel Denmark ApS	I	29.1	2011-04-22	2028-04-22
9001100001	312	德拉克通信法国集团公司	Draka Comteq France SAS	I	12.9	2011-04-22	2028-04-22
9001100001	312	德拉克通信纤维有限公司	Draka Comteq Fibre B. V.	I	12.9	2011-04-22	2028-04-22
9001100001	312	菲布里奥蒂切苏德有限责任公司	Fibre Ottiche Sud -F. O. S. S. r. l.	I	24.7	2011-04-22	2028-04-22
9001100001	312	其他欧盟公司	All Others	I	29.1	2011-04-22	2028-04-22
9001100001	315	丹麦 OFS-费特有限责任公司	OFS Fitel Denmark ApS	I	29.1	2011-04-22	2028-04-22
9001100001	315	德拉克通信法国集团公司	Draka Comteq France SAS	I	12.9	2011-04-22	2028-04-22
9001100001	315	德拉克通信纤维有限公司	Draka Comteq Fibre B. V.	I	12.9	2011-04-22	2028-04-22
9001100001	315	菲布里奥蒂切苏德有限责任公司	Fibre Ottiche Sud -F. O. S. S. r. l.	I	24.7	2011-04-22	2028-04-22
9001100001	315	其他欧盟公司	All Others	I	29.1	2011-04-22	2028-04-22
9001100001	316	丹麦 OFS-费特有限责任公司	OFS Fitel Denmark ApS	I	29.1	2011-04-22	2028-04-22
9001100001	316	德拉克通信法国集团公司	Draka Comteq France SAS	I	12.9	2011-04-22	2028-04-22

商品编号	原产国(地区)	原产厂商中文名称	原产厂商英文名称	税种代码	税率(%)	起始日期	截止日期
9001100001	316	德拉克通信纤维有限公司	Draka Comteq Fibre B. V.	I	12. 9	2011-04-22	2028-04-22
9001100001	316	菲布里奥蒂切苏德有限责任公司	Fibre Ottiche Sud -F. O. S. S. r. l.	I	24. 7	2011-04-22	2028-04-22
9001100001	316	其他欧盟公司	All Others	I	29. 1	2011-04-22	2028-04-22
9001100001	318	丹麦 OFS-费特有限责任公司	OFS Fitel Denmark ApS	I	29. 1	2011-04-22	2028-04-22
9001100001	318	德拉克通信法国集团公司	Draka Comteq France SAS	I	12. 9	2011-04-22	2028-04-22
9001100001	318	德拉克通信纤维有限公司	Draka Comteq Fibre B. V.	I	12. 9	2011-04-22	2028-04-22
9001100001	318	菲布里奥蒂切苏德有限责任公司	Fibre Ottiche Sud -F. O. S. S. r. l.	I	24. 7	2011-04-22	2028-04-22
9001100001	307	德拉克通信纤维有限公司	Draka Comteq Fibre B. V.	I	12. 9	2011-04-22	2028-04-22
9001100001	307	菲布里奥蒂切苏德有限责任公司	Fibre Ottiche Sud -F. O. S. S. r. l.	I	24. 7	2011-04-22	2028-04-22
9001100001	307	其他欧盟公司	All Others	I	29. 1	2011-04-22	2028-04-22
9001100001	108	丹麦 OFS-费特有限责任公司	OFS Fitel Denmark ApS	I	29. 1	2011-04-22	2028-04-22
9001100001	108	德拉克通信法国集团公司	Draka Comteq France SAS	I	12. 9	2011-04-22	2028-04-22
9001100001	108	德拉克通信纤维有限公司	Draka Comteq Fibre B. V.	I	12. 9	2011-04-22	2028-04-22
9001100001	108	菲布里奥蒂切苏德有限责任公司	Fibre Ottiche Sud -F. O. S. S. r. l.	I	24. 7	2011-04-22	2028-04-22
9001100001	350	其他欧盟公司	All Others	I	29. 1	2011-04-22	2028-04-22
9001100001	351	丹麦 OFS-费特有限责任公司	OFS Fitel Denmark ApS	I	29. 1	2014-01-01	2028-04-22
9001100001	351	德拉克通信法国集团公司	Draka Comteq France SAS	I	12. 9	2014-01-01	2028-04-22
9001100001	351	德拉克通信纤维有限公司	Draka Comteq Fibre B. V.	I	12. 9	2014-01-01	2028-04-22
9001100001	351	菲布里奥蒂切苏德有限责任公司	Fibre Ottiche Sud -F. O. S. S. r. l.	I	24. 7	2014-01-01	2028-04-22
9001100001	351	其他欧盟公司	All Others	I	29. 1	2014-01-01	2028-04-22
9001100001	352	丹麦 OFS-费特有限责任公司	OFS Fitel Denmark ApS	I	29. 1	2011-04-22	2028-04-22
9001100001	352	德拉克通信法国集团公司	Draka Comteq France SAS	I	12. 9	2011-04-22	2028-04-22
9001100001	352	德拉克通信纤维有限公司	Draka Comteq Fibre B. V.	I	12. 9	2011-04-22	2028-04-22
9001100001	352	菲布里奥蒂切苏德有限责任公司	Fibre Ottiche Sud -F. O. S. S. r. l.	I	24. 7	2011-04-22	2028-04-22
9001100001	352	其他欧盟公司	All Others	I	29. 1	2011-04-22	2028-04-22
9001100001	353	丹麦 OFS-费特有限责任公司	OFS Fitel Denmark ApS	I	29. 1	2011-04-22	2028-04-22
9001100001	353	德拉克通信法国集团公司	Draka Comteq France SAS	I	12. 9	2011-04-22	2028-04-22
9001100001	353	德拉克通信纤维有限公司	Draka Comteq Fibre B. V.	I	12. 9	2011-04-22	2028-04-22
9001100001	353	菲布里奥蒂切苏德有限责任公司	Fibre Ottiche Sud -F. O. S. S. r. l.	I	24. 7	2011-04-22	2028-04-22
9001100001	353	其他欧盟公司	All Others	I	29. 1	2011-04-22	2028-04-22
9001100001	108	其他欧盟公司	All Others	I	29. 1	2011-04-22	2028-04-22
9001100001	111	阿克什光纤有限公司	AkshOptifibre Limited	I	30. 6	2014-08-14	2025-08-13
9001100001	111	贝拉古河光纤有限公司	Birla Furukawa Fibre Optics Limited	I	11. 4	2014-08-14	2025-08-13
9001100001	111	菲诺莱克斯电缆有限公司	Finolex Cables Limited	I	30. 6	2014-08-14	2025-08-13
9001100001	111	康宁技术印度有限公司	Corning Technologies India Private Limited	I	24. 5	2014-08-14	2025-08-13
9001100001	111	其他印度公司	All Others	I	24. 5	2014-08-14	2025-08-13
9001100001	111	斯德雷特科技有限公司	STERLITE TECHNOLOGIES LIMITED	I	7. 4	2014-08-14	2025-08-13
9001100001	116	日本公司		I	46	2023-01-01	2028-01-01
9001100001	133	大韩光通信株式会社	TAIHAN Fiberoptics CO. LTD.	I	7. 9	2023-01-01	2028-01-01
9001100001	133	韩国 LS 电线株式会社	LS Cable &System Ltd.	I	9. 1	2023-01-01	2028-01-01
9001100001	133	其他韩国公司	All Others	I	46	2023-01-01	2028-01-01
9001100001	301	丹麦 OFS-费特有限责任公司	OFS Fitel Denmark ApS	I	29. 1	2011-04-22	2028-04-22
9001100001	301	德拉克通信法国集团公司	Draka Comteq France SAS	I	12. 9	2011-04-22	2028-04-22

商品编号	原产国(地区)	原产厂商中文名称	原产厂商英文名称	税种代码	税率(%)	起始日期	截止日期
9001100001	301	德拉克通信纤维有限公司	Draka Comteq Fibre B. V.	I	12.9	2011-04-22	2028-04-22
9001100001	301	菲布里奥蒂切苏德有限责任公司	Fibre Ottiche Sud -F. O. S. S. r. l.	I	24.7	2011-04-22	2028-04-22
9001100001	301	其他欧盟公司	All Others	I	29.1	2011-04-22	2028-04-22
9001100001	302	丹麦 OFS-费特有限责任公司	OFS Fitel Denmark ApS	I	29.1	2011-04-22	2028-04-22
9001100001	302	德拉克通信法国集团公司	Draka Comteq France SAS	I	12.9	2011-04-22	2028-04-22
9001100001	302	德拉克通信纤维有限公司	Draka Comteq Fibre B. V.	I	12.9	2011-04-22	2028-04-22
9001100001	302	菲布里奥蒂切苏德有限责任公司	Fibre Ottiche Sud -F. O. S. S. r. l.	I	24.7	2011-04-22	2028-04-22
9001100001	502	德拉克通信美国公司	Draka Communications Americas, Inc.	I	78.2	2018-07-11	2028-04-22
9001100001	502	康宁公司	Corning Incorporated	I	37.9	2018-07-11	2028-04-22
9001100001	502	美国 OFS-费特有限责任公司	OFS Fitel, LLC	I	33.3	2018-07-11	2028-04-22
9001100001	502	其他美国公司	All Others	I	78.2	2018-07-11	2028-04-22
9001100001	701	国(地)别不详		I	78.2	2018-07-11	2028-04-22
9001100001	324	菲布里奥蒂切苏德有限责任公司	Fibre Ottiche Sud -F. O. S. S. r. l.	I	24.7	2011-04-22	2028-04-22
9001100001	324	其他欧盟公司	All Others	I	29.1	2011-04-22	2028-04-22
9001100001	327	丹麦 OFS-费特有限责任公司	OFS Fitel Denmark ApS	I	29.1	2011-04-22	2028-04-22
9001100001	327	德拉克通信法国集团公司	Draka Comteq France SAS	I	12.9	2011-04-22	2028-04-22
9001100001	327	德拉克通信纤维有限公司	Draka Comteq Fibre B. V.	I	12.9	2011-04-22	2028-04-22
9001100001	327	菲布里奥蒂切苏德有限责任公司	Fibre Ottiche Sud -F. O. S. S. r. l.	I	24.7	2011-04-22	2028-04-22
9001100001	327	其他欧盟公司	All Others	I	29.1	2011-04-22	2028-04-22
9001100001	328	丹麦 OFS-费特有限责任公司	OFS Fitel Denmark ApS	I	29.1	2011-04-22	2028-04-22
9001100001	328	德拉克通信法国集团公司	Draka Comteq France SAS	I	12.9	2011-04-22	2028-04-22
9001100001	328	德拉克通信纤维有限公司	Draka Comteq Fibre B. V.	I	12.9	2011-04-22	2028-04-22
9001100001	328	菲布里奥蒂切苏德有限责任公司	Fibre Ottiche Sud -F. O. S. S. r. l.	I	24.7	2011-04-22	2028-04-22
9001100001	328	其他欧盟公司	All Others	I	29.1	2011-04-22	2028-04-22
9001100002	111	贝拉古河光纤有限公司	Birla Furukawa Fibre Optics Limited	I	11.4	2014-08-14	2025-08-13
9001100002	111	菲诺莱克斯电缆有限公司	Finolex Cables Limited	I	30.6	2014-08-14	2025-08-13
9001100002	111	康宁技术印度有限公司	Corning Technologies India Private Limited	I	24.5	2014-08-14	2025-08-13
9001100002	111	阿克什光纤有限公司	AkshOptifibre Limited	I	30.6	2014-08-14	2025-08-13
9001100002	111	斯德雷特科技有限公司	STERLITE TECHNOLOGIES LIMITED	I	7.4	2014-08-14	2025-08-13
9001100002	701	国(地)别不详		I	30.6	2014-08-14	2999-12-31
9001100002	111	其他印度公司	All Others	I	24.5	2014-08-14	2025-08-13
9021100010	335	卡马克斯有限两合公司	KAMAX GmbH & Co. KG	I	6.1	2022-01-01	2027-06-28
9021100010	335	其他欧盟公司	All Others	I	26	2022-01-01	2027-06-28
9021100010	336	卡马克斯有限两合公司	KAMAX GmbH & Co. KG	I	6.1	2022-01-01	2027-06-28
9021100010	336	其他欧盟公司	All Others	I	26	2022-01-01	2027-06-28
9021100010	350	卡马克斯有限两合公司	KAMAX GmbH & Co. KG	I	6.1	2022-01-01	2027-06-28
9021100010	350	其他欧盟公司	All Others	I	26	2022-01-01	2027-06-28
9021100010	351	卡马克斯有限两合公司	KAMAX GmbH & Co. KG	I	6.1	2022-01-01	2027-06-28
9021100010	351	其他欧盟公司	All Others	I	26	2022-01-01	2027-06-28
9021100010	352	卡马克斯有限两合公司	KAMAX GmbH & Co. KG	I	6.1	2022-01-01	2027-06-28
9021100010	352	其他欧盟公司	All Others	I	26	2022-01-01	2027-06-28
9021100010	353	卡马克斯有限两合公司	KAMAX GmbH & Co. KG	I	6.1	2022-01-01	2027-06-28
9021100010	353	其他欧盟公司	All Others	I	26	2022-01-01	2027-06-28

商品编号	原产国(地区)	原产厂商中文名称	原产厂商英文名称	税种代码	税率(%)	起始日期	截止日期
9021100010	701	国(地)别不详		I	26	2022-01-01	2027-06-28
9021100010	306	卡马克斯有限两合公司	KAMAX GmbH & Co. KG	I	6.1	2022-01-01	2027-06-28
9021100010	306	其他欧盟公司	All Others	I	26	2022-01-01	2027-06-28
9021100010	307	卡马克斯有限两合公司	KAMAX GmbH & Co. KG	I	6.1	2022-01-01	2027-06-28
9021100010	307	其他欧盟公司	All Others	I	26	2022-01-01	2027-06-28
9021100010	108	卡马克斯有限两合公司	KAMAX GmbH & Co. KG	I	6.1	2022-01-01	2027-06-28
9021100010	108	其他欧盟公司	All Others	I	26	2022-01-01	2027-06-28
9021100010	301	卡马克斯有限两合公司	KAMAX GmbH & Co. KG	I	6.1	2022-01-01	2027-06-28
9021100010	301	其他欧盟公司	All Others	I	26	2022-01-01	2027-06-28
9021100010	302	卡马克斯有限两合公司	KAMAX GmbH & Co. KG	I	6.1	2022-01-01	2027-06-28
9021100010	302	其他欧盟公司	All Others	I	26	2022-01-01	2027-06-28
9021100010	303	卡马克斯有限两合公司	KAMAX GmbH & Co. KG	I	6.1	2022-01-01	2027-06-28
9021100010	303	其他欧盟公司	All Others	I	26	2022-01-01	2027-06-28
9021100010	304	卡马克斯有限两合公司	KAMAX GmbH & Co. KG	I	6.1	2022-01-01	2027-06-28
9021100010	304	内德史罗夫阿尔特纳有限公司	Nedschroef Altena GmbH	I	5.5	2022-01-01	2027-06-28
9021100010	304	内德史罗夫贝京根有限公司	Nedschroef Beckingen GmbH	I	5.5	2022-01-01	2027-06-28
9021100010	304	内德史罗夫福罗劳顿有限公司	Nedschroef Fraulautern GmbH	I	5.5	2022-01-01	2027-06-28
9021100010	304	其他欧盟公司	All Others	I	26	2022-01-01	2027-06-28
9021100010	305	卡马克斯有限两合公司	KAMAX GmbH & Co. KG	I	6.1	2022-01-01	2027-06-28
9021100010	305	其他欧盟公司	All Others	I	26	2022-01-01	2027-06-28
9021100010	308	卡马克斯有限两合公司	KAMAX GmbH & Co. KG	I	6.1	2022-01-01	2027-06-28
9021100010	308	其他欧盟公司	All Others	I	26	2022-01-01	2027-06-28
9021100010	309	皇家内德史罗夫控股有限公司	Koninklijke Nedschroef Holding B. V.	I	5.5	2022-01-01	2027-06-28
9021100010	309	卡马克斯有限两合公司	KAMAX GmbH & Co. KG	I	6.1	2022-01-01	2027-06-28
9021100010	309	内德史罗夫海尔蒙德有限公司	Nedschroef Helmond B. V.	I	5.5	2022-01-01	2027-06-28
9021100010	309	其他欧盟公司	All Others	I	26	2022-01-01	2027-06-28
9021100010	310	卡马克斯有限两合公司	KAMAX GmbH & Co. KG	I	6.1	2022-01-01	2027-06-28
9021100010	310	其他欧盟公司	All Others	I	26	2022-01-01	2027-06-28
9021100010	311	卡马克斯有限两合公司	KAMAX GmbH & Co. KG	I	6.1	2022-01-01	2027-06-28
9021100010	311	其他欧盟公司	All Others	I	26	2022-01-01	2027-06-28
9021100010	312	卡马克斯有限两合公司	KAMAX GmbH & Co. KG	I	6.1	2022-01-01	2027-06-28
9021100010	312	内德史罗夫巴塞罗那有限公司	Nedschroef Barcelona SAU	I	5.5	2022-01-01	2027-06-28
9021100010	312	其他欧盟公司	All Others	I	26	2022-01-01	2027-06-28
9021100010	315	卡马克斯有限两合公司	KAMAX GmbH & Co. KG	I	6.1	2022-01-01	2027-06-28
9021100010	315	其他欧盟公司	All Others	I	26	2022-01-01	2027-06-28
9021100010	316	卡马克斯有限两合公司	KAMAX GmbH & Co. KG	I	6.1	2022-01-01	2027-06-28
9021100010	316	其他欧盟公司	All Others	I	26	2022-01-01	2027-06-28
9021100010	318	卡马克斯有限两合公司	KAMAX GmbH & Co. KG	I	6.1	2022-01-01	2027-06-28
9021100010	318	其他欧盟公司	All Others	I	26	2022-01-01	2027-06-28
9021100010	321	卡马克斯有限两合公司	KAMAX GmbH & Co. KG	I	6.1	2022-01-01	2027-06-28
9021100010	321	其他欧盟公司	All Others	I	26	2022-01-01	2027-06-28
9021100010	324	卡马克斯有限两合公司	KAMAX GmbH & Co. KG	I	6.1	2022-01-01	2027-06-28
9021100010	324	其他欧盟公司	All Others	I	26	2022-01-01	2027-06-28

商品编号	原产国(地区)	原产厂商中文名称	原产厂商英文名称	税种代码	税率(%)	起始日期	截止日期
9021100010	327	卡马克斯有限两合公司	KAMAX GmbH & Co. KG	I	6.1	2022-01-01	2027-06-28
9021100010	327	其他欧盟公司	All Others	I	26	2022-01-01	2027-06-28
9021100010	328	卡马克斯有限两合公司	KAMAX GmbH & Co. KG	I	6.1	2022-01-01	2027-06-28
9021100010	328	其他欧盟公司	All Others	I	26	2022-01-01	2027-06-28
9021100010	330	卡马克斯有限两合公司	KAMAX GmbH & Co. KG	I	6.1	2022-01-01	2027-06-28
9021100010	330	其他欧盟公司	All Others	I	26	2022-01-01	2027-06-28
9021100010	334	卡马克斯有限两合公司	KAMAX GmbH & Co. KG	I	6.1	2022-01-01	2027-06-28
9021100010	334	其他欧盟公司	All Others	I	26	2022-01-01	2027-06-28
9021100020	108	卡马克斯有限两合公司	KAMAX GmbH & Co. KG	I	6.1	2022-01-01	2027-06-28
9021100020	318	其他欧盟公司	All Others	I	26	2022-01-01	2027-06-28
9021100020	301	卡马克斯有限两合公司	KAMAX GmbH & Co. KG	I	6.1	2022-01-01	2027-06-28
9021100020	301	其他欧盟公司	All Others	I	26	2022-01-01	2027-06-28
9021100020	302	卡马克斯有限两合公司	KAMAX GmbH & Co. KG	I	6.1	2022-01-01	2027-06-28
9021100020	302	其他欧盟公司	All Others	I	26	2022-01-01	2027-06-28
9021100020	303	卡马克斯有限两合公司	KAMAX GmbH & Co. KG	I	6.1	2022-01-01	2027-06-28
9021100020	303	其他欧盟公司	All Others	I	26	2022-01-01	2027-06-28
9021100020	304	卡马克斯有限两合公司	KAMAX GmbH & Co. KG	I	6.1	2022-01-01	2027-06-28
9021100020	304	内德史罗夫阿尔特纳有限公司	Nedschroef Altena GmbH	I	5.5	2022-01-01	2027-06-28
9021100020	304	内德史罗夫贝京根有限公司	Nedschroef Beckingen GmbH	I	5.5	2022-01-01	2027-06-28
9021100020	304	内德史罗夫福罗劳顿有限公司	Nedschroef Fraulautern GmbH	I	5.5	2022-01-01	2027-06-28
9021100020	304	其他欧盟公司	All Others	I	26	2022-01-01	2027-06-28
9021100020	305	卡马克斯有限两合公司	KAMAX GmbH & Co. KG	I	6.1	2022-01-01	2027-06-28
9021100020	305	其他欧盟公司	All Others	I	26	2022-01-01	2027-06-28
9021100020	306	卡马克斯有限两合公司	KAMAX GmbH & Co. KG	I	6.1	2022-01-01	2027-06-28
9021100020	306	其他欧盟公司	All Others	I	26	2022-01-01	2027-06-28
9021100020	307	卡马克斯有限两合公司	KAMAX GmbH & Co. KG	I	6.1	2022-01-01	2027-06-28
9021100020	307	其他欧盟公司	All Others	I	26	2022-01-01	2027-06-28
9021100020	308	卡马克斯有限两合公司	KAMAX GmbH & Co. KG	I	6.1	2022-01-01	2027-06-28
9021100020	321	卡马克斯有限两合公司	KAMAX GmbH & Co. KG	I	6.1	2022-01-01	2027-06-28
9021100020	321	其他欧盟公司	All Others	I	26	2022-01-01	2027-06-28
9021100020	324	卡马克斯有限两合公司	KAMAX GmbH & Co. KG	I	6.1	2022-01-01	2027-06-28
9021100020	324	其他欧盟公司	All Others	I	26	2022-01-01	2027-06-28
9021100020	327	卡马克斯有限两合公司	KAMAX GmbH & Co. KG	I	6.1	2022-01-01	2027-06-28
9021100020	327	其他欧盟公司	All Others	I	26	2022-01-01	2027-06-28
9021100020	328	卡马克斯有限两合公司	KAMAX GmbH & Co. KG	I	6.1	2022-01-01	2027-06-28
9021100020	328	其他欧盟公司	All Others	I	26	2022-01-01	2027-06-28
9021100020	330	卡马克斯有限两合公司	KAMAX GmbH & Co. KG	I	6.1	2022-01-01	2027-06-28
9021100020	330	其他欧盟公司	All Others	I	26	2022-01-01	2027-06-28
9021100020	334	卡马克斯有限两合公司	KAMAX GmbH & Co. KG	I	6.1	2022-01-01	2027-06-28
9021100020	334	其他欧盟公司	All Others	I	26	2022-01-01	2027-06-28
9021100020	335	卡马克斯有限两合公司	KAMAX GmbH & Co. KG	I	6.1	2022-01-01	2027-06-28
9021100020	335	其他欧盟公司	All Others	I	26	2022-01-01	2027-06-28
9021100020	336	卡马克斯有限两合公司	KAMAX GmbH & Co. KG	I	6.1	2022-01-01	2027-06-28

商品编号	原产国(地区)	原产厂商中文名称	原产厂商英文名称	税种代码	税率(%)	起始日期	截止日期
9021100020	336	其他欧盟公司	All Others	I	26	2022-01-01	2027-06-28
9021100020	350	卡马克斯有限两合公司	KAMAX GmbH & Co. KG	I	6.1	2022-01-01	2027-06-28
9021100020	350	其他欧盟公司	All Others	I	26	2022-01-01	2027-06-28
9021100020	351	卡马克斯有限两合公司	KAMAX GmbH & Co. KG	I	6.1	2022-01-01	2027-06-28
9021100020	351	其他欧盟公司	All Others	I	26	2022-01-01	2027-06-28
9021100020	352	卡马克斯有限两合公司	KAMAX GmbH & Co. KG	I	6.1	2022-01-01	2027-06-28
9021100020	352	其他欧盟公司	All Others	I	26	2022-01-01	2027-06-28
9021100020	353	卡马克斯有限两合公司	KAMAX GmbH & Co. KG	I	6.1	2022-01-01	2027-06-28
9021100020	353	其他欧盟公司	All Others	I	26	2022-01-01	2027-06-28
9021100020	701	国(地)别不详		I	26	2022-01-01	2027-06-28
9021100020	308	其他欧盟公司	All Others	I	26	2022-01-01	2027-06-28
9021100020	309	皇家内德史罗夫控股有限公司	Koninklijke Nedschroef Holding B. V.	I	5.5	2022-01-01	2027-06-28
9021100020	309	卡马克斯有限两合公司	KAMAX GmbH & Co. KG	I	6.1	2022-01-01	2027-06-28
9021100020	309	内德史罗夫海尔蒙德有限公司	Nedschroef Helmond B. V.	I	5.5	2022-01-01	2027-06-28
9021100020	309	其他欧盟公司	All Others	I	26	2022-01-01	2027-06-28
9021100020	310	卡马克斯有限两合公司	KAMAX GmbH & Co. KG	I	6.1	2022-01-01	2027-06-28
9021100020	310	其他欧盟公司	All Others	I	26	2022-01-01	2027-06-28
9021100020	311	卡马克斯有限两合公司	KAMAX GmbH & Co. KG	I	6.1	2022-01-01	2027-06-28
9021100020	311	其他欧盟公司	All Others	I	26	2022-01-01	2027-06-28
9021100020	312	卡马克斯有限两合公司	KAMAX GmbH & Co. KG	I	6.1	2022-01-01	2027-06-28
9021100020	312	内德史罗夫巴塞罗那有限公司	Nedschroef Barcelona SAU	I	5.5	2022-01-01	2027-06-28
9021100020	312	其他欧盟公司	All Others	I	26	2022-01-01	2027-06-28
9021100020	315	卡马克斯有限两合公司	KAMAX GmbH & Co. KG	I	6.1	2022-01-01	2027-06-28
9021100020	315	其他欧盟公司	All Others	I	26	2022-01-01	2027-06-28
9021100020	316	卡马克斯有限两合公司	KAMAX GmbH & Co. KG	I	6.1	2022-01-01	2027-06-28
9021100020	316	其他欧盟公司	All Others	I	26	2022-01-01	2027-06-28
9021100020	318	卡马克斯有限两合公司	KAMAX GmbH & Co. KG	I	6.1	2022-01-01	2027-06-28
9021100020	108	其他欧盟公司	All Others	I	26	2022-01-01	2027-06-28
9021100030	701	国(地)别不详		I	26	2022-01-01	2027-06-28
9021100030	321	其他欧盟公司	All Others	I	26	2022-01-01	2027-06-28
9021100030	324	卡马克斯有限两合公司	KAMAX GmbH & Co. KG	I	6.1	2022-01-01	2027-06-28
9021100030	324	其他欧盟公司	All Others	I	26	2022-01-01	2027-06-28
9021100030	327	卡马克斯有限两合公司	KAMAX GmbH & Co. KG	I	6.1	2022-01-01	2027-06-28
9021100030	327	其他欧盟公司	All Others	I	26	2022-01-01	2027-06-28
9021100030	328	卡马克斯有限两合公司	KAMAX GmbH & Co. KG	I	6.1	2022-01-01	2027-06-28
9021100030	328	其他欧盟公司	All Others	I	26	2022-01-01	2027-06-28
9021100030	330	卡马克斯有限两合公司	KAMAX GmbH & Co. KG	I	6.1	2022-01-01	2027-06-28
9021100030	330	其他欧盟公司	All Others	I	26	2022-01-01	2027-06-28
9021100030	334	卡马克斯有限两合公司	KAMAX GmbH & Co. KG	I	6.1	2022-01-01	2027-06-28
9021100030	334	其他欧盟公司	All Others	I	26	2022-01-01	2027-06-28
9021100030	335	卡马克斯有限两合公司	KAMAX GmbH & Co. KG	I	6.1	2022-01-01	2027-06-28
9021100030	335	其他欧盟公司	All Others	I	26	2022-01-01	2027-06-28
9021100030	336	卡马克斯有限两合公司	KAMAX GmbH & Co. KG	I	6.1	2022-01-01	2027-06-28

商品编号	原产国(地区)	原产厂商中文名称	原产厂商英文名称	税种代码	税率(%)	起始日期	截止日期
9021100030	336	其他欧盟公司	All Others	I	26	2022-01-01	2027-06-28
9021100030	350	卡马克斯有限两合公司	KAMAX GmbH & Co. KG	I	6. 1	2022-01-01	2027-06-28
9021100030	350	其他欧盟公司	All Others	I	26	2022-01-01	2027-06-28
9021100030	351	卡马克斯有限两合公司	KAMAX GmbH & Co. KG	I	6. 1	2022-01-01	2027-06-28
9021100030	351	其他欧盟公司	All Others	I	26	2022-01-01	2027-06-28
9021100030	352	卡马克斯有限两合公司	KAMAX GmbH & Co. KG	I	6. 1	2022-01-01	2027-06-28
9021100030	352	其他欧盟公司	All Others	I	26	2022-01-01	2027-06-28
9021100030	353	卡马克斯有限两合公司	KAMAX GmbH & Co. KG	I	6. 1	2022-01-01	2027-06-28
9021100030	353	其他欧盟公司	All Others	I	26	2022-01-01	2027-06-28
9021100030	108	卡马克斯有限两合公司	KAMAX GmbH & Co. KG	I	6. 1	2022-01-01	2027-06-28
9021100030	108	其他欧盟公司	All Others	I	26	2022-01-01	2027-06-28
9021100030	301	卡马克斯有限两合公司	KAMAX GmbH & Co. KG	I	6. 1	2022-01-01	2027-06-28
9021100030	301	其他欧盟公司	All Others	I	26	2022-01-01	2027-06-28
9021100030	302	卡马克斯有限两合公司	KAMAX GmbH & Co. KG	I	6. 1	2022-01-01	2027-06-28
9021100030	302	其他欧盟公司	All Others	I	26	2022-01-01	2027-06-28
9021100030	303	卡马克斯有限两合公司	KAMAX GmbH & Co. KG	I	6. 1	2022-01-01	2027-06-28
9021100030	303	其他欧盟公司	All Others	I	26	2022-01-01	2027-06-28
9021100030	304	卡马克斯有限两合公司	KAMAX GmbH & Co. KG	I	6. 1	2022-01-01	2027-06-28
9021100030	304	内德史罗夫阿尔特纳有限公司	Nedschroef Altena GmbH	I	5. 5	2022-01-01	2027-06-28
9021100030	304	内德史罗夫贝京根有限公司	Nedschroef Beckingen GmbH	I	5. 5	2022-01-01	2027-06-28
9021100030	304	内德史罗夫福罗劳顿有限公司	Nedschroef Fraulautern GmbH	I	5. 5	2022-01-01	2027-06-28
9021100030	304	其他欧盟公司	All Others	I	26	2022-01-01	2027-06-28
9021100030	305	卡马克斯有限两合公司	KAMAX GmbH & Co. KG	I	6. 1	2022-01-01	2027-06-28
9021100030	305	其他欧盟公司	All Others	I	26	2022-01-01	2027-06-28
9021100030	306	卡马克斯有限两合公司	KAMAX GmbH & Co. KG	I	6. 1	2022-01-01	2027-06-28
9021100030	306	其他欧盟公司	All Others	I	26	2022-01-01	2027-06-28
9021100030	307	卡马克斯有限两合公司	KAMAX GmbH & Co. KG	I	6. 1	2022-01-01	2027-06-28
9021100030	307	其他欧盟公司	All Others	I	26	2022-01-01	2027-06-28
9021100030	308	卡马克斯有限两合公司	KAMAX GmbII & Co. KG	I	6. 1	2022-01-01	2027-06-28
9021100030	308	其他欧盟公司	All Others	I	26	2022-01-01	2027-06-28
9021100030	309	皇家内德史罗夫控股有限公司	Koninklijke Nedschroef Holding B. V.	I	5. 5	2022-01-01	2027-06-28
9021100030	309	卡马克斯有限两合公司	KAMAX GmbH & Co. KG	I	6. 1	2022-01-01	2027-06-28
9021100030	309	内德史罗夫海尔蒙德有限公司	Nedschroef Helmond B. V.	I	5. 5	2022-01-01	2027-06-28
9021100030	309	其他欧盟公司	All Others	I	26	2022-01-01	2027-06-28
9021100030	310	卡马克斯有限两合公司	KAMAX GmbH & Co. KG	I	6. 1	2022-01-01	2027-06-28
9021100030	310	其他欧盟公司	All Others	I	26	2022-01-01	2027-06-28
9021100030	311	卡马克斯有限两合公司	KAMAX GmbH & Co. KG	I	6. 1	2022-01-01	2027-06-28
9021100030	311	其他欧盟公司	All Others	I	26	2022-01-01	2027-06-28
9021100030	312	卡马克斯有限两合公司	KAMAX GmbH & Co. KG	I	6. 1	2022-01-01	2027-06-28
9021100030	312	内德史罗夫巴塞罗那有限公司	Nedschroef Barcelona SAU	I	5. 5	2022-01-01	2027-06-28
9021100030	312	其他欧盟公司	All Others	I	26	2022-01-01	2027-06-28
9021100030	315	卡马克斯有限两合公司	KAMAX GmbH & Co. KG	I	6. 1	2022-01-01	2027-06-28
9021100030	315	其他欧盟公司	All Others	I	26	2022-01-01	2027-06-28

商品编号	原产国（地区）	原产厂商中文名称	原产厂商英文名称	税种代码	税率（%）	起始日期	截止日期
9021100030	316	卡马克斯有限两合公司	KAMAX GmbH & Co. KG	I	6.1	2022-01-01	2027-06-28
9021100030	316	其他欧盟公司	All Others	I	26	2022-01-01	2027-06-28
9021100030	318	卡马克斯有限两合公司	KAMAX GmbH & Co. KG	I	6.1	2022-01-01	2027-06-28
9021100030	318	其他欧盟公司	All Others	I	26	2022-01-01	2027-06-28
9021100030	321	卡马克斯有限两合公司	KAMAX GmbH & Co. KG	I	6.1	2022-01-01	2027-06-28
9021100040	334	其他欧盟公司	All Others	I	26	2022-01-01	2027-06-28
9021100040	334	卡马克斯有限两合公司	KAMAX GmbH & Co. KG	I	6.1	2022-01-01	2027-06-28
9021100040	335	其他欧盟公司	All Others	I	26	2022-01-01	2027-06-28
9021100040	336	卡马克斯有限两合公司	KAMAX GmbH & Co. KG	I	6.1	2022-01-01	2027-06-28
9021100040	336	其他欧盟公司	All Others	I	26	2022-01-01	2027-06-28
9021100040	350	卡马克斯有限两合公司	KAMAX GmbH & Co. KG	I	6.1	2022-01-01	2027-06-28
9021100040	350	其他欧盟公司	All Others	I	26	2022-01-01	2027-06-28
9021100040	351	卡马克斯有限两合公司	KAMAX GmbH & Co. KG	I	6.1	2022-01-01	2027-06-28
9021100040	351	其他欧盟公司	All Others	I	26	2022-01-01	2027-06-28
9021100040	352	卡马克斯有限两合公司	KAMAX GmbH & Co. KG	I	6.1	2022-01-01	2027-06-28
9021100040	352	其他欧盟公司	All Others	I	26	2022-01-01	2027-06-28
9021100040	353	卡马克斯有限两合公司	KAMAX GmbH & Co. KG	I	6.1	2022-01-01	2027-06-28
9021100040	353	其他欧盟公司	All Others	I	26	2022-01-01	2027-06-28
9021100040	701	国(地)别不详		I	26	2022-01-01	2027-06-28
9021100040	108	卡马克斯有限两合公司	KAMAX GmbH & Co. KG	I	6.1	2022-01-01	2027-06-28
9021100040	108	其他欧盟公司	All Others	I	26	2022-01-01	2027-06-28
9021100040	301	卡马克斯有限两合公司	KAMAX GmbH & Co. KG	I	6.1	2022-01-01	2027-06-28
9021100040	301	其他欧盟公司	All Others	I	26	2022-01-01	2027-06-28
9021100040	302	卡马克斯有限两合公司	KAMAX GmbH & Co. KG	I	6.1	2022-01-01	2027-06-28
9021100040	302	其他欧盟公司	All Others	I	26	2022-01-01	2027-06-28
9021100040	303	卡马克斯有限两合公司	KAMAX GmbH & Co. KG	I	6.1	2022-01-01	2027-06-28
9021100040	303	其他欧盟公司	All Others	I	26	2022-01-01	2027-06-28
9021100040	304	卡马克斯有限两合公司	KAMAX GmbH & Co. KG	I	6.1	2022-01-01	2027-06-28
9021100040	304	内德史罗夫阿尔特纳有限公司	Nedschroef Altena GmbH	I	5.5	2022-01-01	2027-06-28
9021100040	304	内德史罗夫贝京根有限公司	Nedschroef Beckingen GmbH	I	5.5	2022-01-01	2027-06-28
9021100040	304	内德史罗夫福罗劳顿有限公司	Nedschroef Fraulautern GmbH	I	5.5	2022-01-01	2027-06-28
9021100040	304	其他欧盟公司	All Others	I	26	2022-01-01	2027-06-28
9021100040	305	卡马克斯有限两合公司	KAMAX GmbH & Co. KG	I	6.1	2022-01-01	2027-06-28
9021100040	305	其他欧盟公司	All Others	I	26	2022-01-01	2027-06-28
9021100040	306	卡马克斯有限两合公司	KAMAX GmbH & Co. KG	I	6.1	2022-01-01	2027-06-28
9021100040	306	其他欧盟公司	All Others	I	26	2022-01-01	2027-06-28
9021100040	307	卡马克斯有限两合公司	KAMAX GmbH & Co. KG	I	6.1	2022-01-01	2027-06-28
9021100040	307	其他欧盟公司	All Others	I	26	2022-01-01	2027-06-28
9021100040	308	卡马克斯有限两合公司	KAMAX GmbH & Co. KG	I	6.1	2022-01-01	2027-06-28
9021100040	308	其他欧盟公司	All Others	I	26	2022-01-01	2027-06-28
9021100040	309	皇家内德史罗夫控股有限公司	Koninklijke Nedschroef Holding B. V.	I	5.5	2022-01-01	2027-06-28
9021100040	309	卡马克斯有限两合公司	KAMAX GmbH & Co. KG	I	6.1	2022-01-01	2027-06-28
9021100040	309	内德史罗夫海尔蒙德有限公司	Nedschroef Helmond B. V.	I	5.5	2022-01-01	2027-06-28

商品编号	原产国(地区)	原产厂商中文名称	原产厂商英文名称	税种代码	税率(%)	起始日期	截止日期
9021100040	309	其他欧盟公司	All Others	I	26	2022-01-01	2027-06-28
9021100040	310	卡马克斯有限两合公司	KAMAX GmbH & Co. KG	I	6.1	2022-01-01	2027-06-28
9021100040	310	其他欧盟公司	All Others	I	26	2022-01-01	2027-06-28
9021100040	311	卡马克斯有限两合公司	KAMAX GmbH & Co. KG	I	6.1	2022-01-01	2027-06-28
9021100040	311	其他欧盟公司	All Others	I	26	2022-01-01	2027-06-28
9021100040	312	卡马克斯有限两合公司	KAMAX GmbH & Co. KG	I	6.1	2022-01-01	2027-06-28
9021100040	312	内德史罗夫巴塞罗那有限公司	Nedschroef Barcelona SAU	I	5.5	2022-01-01	2027-06-28
9021100040	312	其他欧盟公司	All Others	I	26	2022-01-01	2027-06-28
9021100040	315	卡马克斯有限两合公司	KAMAX GmbH & Co. KG	I	6.1	2022-01-01	2027-06-28
9021100040	315	其他欧盟公司	All Others	I	26	2022-01-01	2027-06-28
9021100040	316	卡马克斯有限两合公司	KAMAX GmbH & Co. KG	I	6.1	2022-01-01	2027-06-28
9021100040	316	其他欧盟公司	All Others	I	26	2022-01-01	2027-06-28
9021100040	318	卡马克斯有限两合公司	KAMAX GmbH & Co. KG	I	6.1	2022-01-01	2027-06-28
9021100040	318	其他欧盟公司	All Others	I	26	2022-01-01	2027-06-28
9021100040	321	卡马克斯有限两合公司	KAMAX GmbH & Co. KG	I	6.1	2022-01-01	2027-06-28
9021100040	321	其他欧盟公司	All Others	I	26	2022-01-01	2027-06-28
9021100040	324	卡马克斯有限两合公司	KAMAX GmbH & Co. KG	I	6.1	2022-01-01	2027-06-28
9021100040	324	其他欧盟公司	All Others	I	26	2022-01-01	2027-06-28
9021100040	327	卡马克斯有限两合公司	KAMAX GmbH & Co. KG	I	6.1	2022-01-01	2027-06-28
9021100040	327	其他欧盟公司	All Others	I	26	2022-01-01	2027-06-28
9021100040	328	卡马克斯有限两合公司	KAMAX GmbH & Co. KG	I	6.1	2022-01-01	2027-06-28
9021100040	328	其他欧盟公司	All Others	I	26	2022-01-01	2027-06-28
9021100040	330	卡马克斯有限两合公司	KAMAX GmbH & Co. KG	I	6.1	2022-01-01	2027-06-28
9021100040	330	其他欧盟公司	All Others	I	26	2022-01-01	2027-06-28
9021100040	335	卡马克斯有限两合公司	KAMAX GmbH & Co. KG	I	6.1	2022-01-01	2027-06-28
9021290010	701	国(地)别不详		I	26	2022-01-01	2027-06-28
9021290010	353	其他欧盟公司	All Others	I	26	2022-01-01	2027-06-28
9021290010	108	其他欧盟公司	All Others	I	26	2022-01-01	2027-06-28
9021290010	301	卡马克斯有限两合公司	KAMAX GmbH & Co. KG	I	6.1	2022-01-01	2027-06-28
9021290010	301	其他欧盟公司	All Others	I	26	2022-01-01	2027-06-28
9021290010	302	卡马克斯有限两合公司	KAMAX GmbH & Co. KG	I	6.1	2022-01-01	2027-06-28
9021290010	302	其他欧盟公司	All Others	I	26	2022-01-01	2027-06-28
9021290010	303	卡马克斯有限两合公司	KAMAX GmbH & Co. KG	I	6.1	2022-01-01	2027-06-28
9021290010	303	其他欧盟公司	All Others	I	26	2022-01-01	2027-06-28
9021290010	304	卡马克斯有限两合公司	KAMAX GmbH & Co. KG	I	6.1	2022-01-01	2027-06-28
9021290010	304	内德史罗夫阿尔特纳有限公司	Nedschroef Altena GmbH	I	5.5	2022-01-01	2027-06-28
9021290010	304	内德史罗夫贝京根有限公司	Nedschroef Beckingen GmbH	I	5.5	2022-01-01	2027-06-28
9021290010	304	内德史罗夫福罗劳顿有限公司	Nedschroef Fraulautern GmbH	I	5.5	2022-01-01	2027-06-28
9021290010	304	其他欧盟公司	All Others	I	26	2022-01-01	2027-06-28
9021290010	305	卡马克斯有限两合公司	KAMAX GmbH & Co. KG	I	6.1	2022-01-01	2027-06-28
9021290010	305	其他欧盟公司	All Others	I	26	2022-01-01	2027-06-28
9021290010	306	卡马克斯有限两合公司	KAMAX GmbH & Co. KG	I	6.1	2022-01-01	2027-06-28
9021290010	306	其他欧盟公司	All Others	I	26	2022-01-01	2027-06-28

商品编号	原产国(地区)	原产厂商中文名称	原产厂商英文名称	税种代码	税率(%)	起始日期	截止日期
9021290010	307	卡马克斯有限两合公司	KAMAX GmbH & Co. KG	I	6. 1	2022-01-01	2027-06-28
9021290010	307	其他欧盟公司	All Others	I	26	2022-01-01	2027-06-28
9021290010	308	卡马克斯有限两合公司	KAMAX GmbH & Co. KG	I	6. 1	2022-01-01	2027-06-28
9021290010	308	其他欧盟公司	All Others	I	26	2022-01-01	2027-06-28
9021290010	309	皇家内德史罗夫控股有限公司	Koninklijke Nedschroef Holding B. V.	I	5. 5	2022-01-01	2027-06-28
9021290010	309	卡马克斯有限两合公司	KAMAX GmbH & Co. KG	I	6. 1	2022-01-01	2027-06-28
9021290010	309	内德史罗夫海尔蒙德有限公司	Nedschroef Helmond B. V.	I	5. 5	2022-01-01	2027-06-28
9021290010	309	其他欧盟公司	All Others	I	26	2022-01-01	2027-06-28
9021290010	310	卡马克斯有限两合公司	KAMAX GmbH & Co. KG	I	6. 1	2022-01-01	2027-06-28
9021290010	310	其他欧盟公司	All Others	I	26	2022-01-01	2027-06-28
9021290010	311	卡马克斯有限两合公司	KAMAX GmbH & Co. KG	I	6. 1	2022-01-01	2027-06-28
9021290010	311	其他欧盟公司	All Others	I	26	2022-01-01	2027-06-28
9021290010	312	卡马克斯有限两合公司	KAMAX GmbH & Co. KG	I	6. 1	2022-01-01	2027-06-28
9021290010	312	内德史罗夫巴塞罗那有限公司	Nedschroef Barcelona SAU	I	5. 5	2022-01-01	2027-06-28
9021290010	312	其他欧盟公司	All Others	I	26	2022-01-01	2027-06-28
9021290010	315	卡马克斯有限两合公司	KAMAX GmbH & Co. KG	I	6. 1	2022-01-01	2027-06-28
9021290010	315	其他欧盟公司	All Others	I	26	2022-01-01	2027-06-28
9021290010	316	卡马克斯有限两合公司	KAMAX GmbH & Co. KG	I	6. 1	2022-01-01	2027-06-28
9021290010	316	其他欧盟公司	All Others	I	26	2022-01-01	2027-06-28
9021290010	318	卡马克斯有限两合公司	KAMAX GmbH & Co. KG	I	6. 1	2022-01-01	2027-06-28
9021290010	318	其他欧盟公司	All Others	I	26	2022-01-01	2027-06-28
9021290010	321	卡马克斯有限两合公司	KAMAX GmbH & Co. KG	I	6. 1	2022-01-01	2027-06-28
9021290010	321	其他欧盟公司	All Others	I	26	2022-01-01	2027-06-28
9021290010	324	卡马克斯有限两合公司	KAMAX GmbH & Co. KG	I	6. 1	2022-01-01	2027-06-28
9021290010	324	其他欧盟公司	All Others	I	26	2022-01-01	2027-06-28
9021290010	327	卡马克斯有限两合公司	KAMAX GmbH & Co. KG	I	6. 1	2022-01-01	2027-06-28
9021290010	327	其他欧盟公司	All Others	I	26	2022-01-01	2027-06-28
9021290010	328	卡马克斯有限两合公司	KAMAX GmbH & Co. KG	I	6. 1	2022-01-01	2027-06-28
9021290010	328	其他欧盟公司	All Others	I	26	2022-01-01	2027-06-28
9021290010	330	卡马克斯有限两合公司	KAMAX GmbH & Co. KG	I	6. 1	2022-01-01	2027-06-28
9021290010	330	其他欧盟公司	All Others	I	26	2022-01-01	2027-06-28
9021290010	334	卡马克斯有限两合公司	KAMAX GmbH & Co. KG	I	6. 1	2022-01-01	2027-06-28
9021290010	334	其他欧盟公司	All Others	I	26	2022-01-01	2027-06-28
9021290010	335	卡马克斯有限两合公司	KAMAX GmbH & Co. KG	I	6. 1	2022-01-01	2027-06-28
9021290010	335	其他欧盟公司	All Others	I	26	2022-01-01	2027-06-28
9021290010	336	卡马克斯有限两合公司	KAMAX GmbH & Co. KG	I	6. 1	2022-01-01	2027-06-28
9021290010	336	其他欧盟公司	All Others	I	26	2022-01-01	2027-06-28
9021290010	350	卡马克斯有限两合公司	KAMAX GmbH & Co. KG	I	6. 1	2022-01-01	2027-06-28
9021290010	350	其他欧盟公司	All Others	I	26	2022-01-01	2027-06-28
9021290010	351	卡马克斯有限两合公司	KAMAX GmbH & Co. KG	I	6. 1	2022-01-01	2027-06-28
9021290010	351	其他欧盟公司	All Others	I	26	2022-01-01	2027-06-28
9021290010	352	卡马克斯有限两合公司	KAMAX GmbH & Co. KG	I	6. 1	2022-01-01	2027-06-28
9021290010	352	其他欧盟公司	All Others	I	26	2022-01-01	2027-06-28

商品编号	原产国(地区)	原产厂商中文名称	原产厂商英文名称	税种代码	税率(%)	起始日期	截止日期
9021290010	353	卡马克斯有限两合公司	KAMAX GmbH & Co. KG	I	6.1	2022-01-01	2027-06-28
9021290010	108	卡马克斯有限两合公司	KAMAX GmbH & Co. KG	I	6.1	2022-01-01	2027-06-28
9021290020	328	其他欧盟公司	All Others	I	26	2022-01-01	2027-06-28
9021290020	328	卡马克斯有限两合公司	KAMAX GmbH & Co. KG	I	6.1	2022-01-01	2027-06-28
9021290020	330	其他欧盟公司	All Others	I	26	2022-01-01	2027-06-28
9021290020	334	卡马克斯有限两合公司	KAMAX GmbH & Co. KG	I	6.1	2022-01-01	2027-06-28
9021290020	334	其他欧盟公司	All Others	I	26	2022-01-01	2027-06-28
9021290020	335	卡马克斯有限两合公司	KAMAX GmbH & Co. KG	I	6.1	2022-01-01	2027-06-28
9021290020	335	其他欧盟公司	All Others	I	26	2022-01-01	2027-06-28
9021290020	336	卡马克斯有限两合公司	KAMAX GmbH & Co. KG	I	6.1	2022-01-01	2027-06-28
9021290020	336	其他欧盟公司	All Others	I	26	2022-01-01	2027-06-28
9021290020	350	卡马克斯有限两合公司	KAMAX GmbH & Co. KG	I	6.1	2022-01-01	2027-06-28
9021290020	350	其他欧盟公司	All Others	I	26	2022-01-01	2027-06-28
9021290020	351	卡马克斯有限两合公司	KAMAX GmbH & Co. KG	I	6.1	2022-01-01	2027-06-28
9021290020	351	其他欧盟公司	All Others	I	26	2022-01-01	2027-06-28
9021290020	352	卡马克斯有限两合公司	KAMAX GmbH & Co. KG	I	6.1	2022-01-01	2027-06-28
9021290020	352	其他欧盟公司	All Others	I	26	2022-01-01	2027-06-28
9021290020	353	卡马克斯有限两合公司	KAMAX GmbH & Co. KG	I	6.1	2022-01-01	2027-06-28
9021290020	353	其他欧盟公司	All Others	I	26	2022-01-01	2027-06-28
9021290020	701	国(地)别不详		I	26	2022-01-01	2027-06-28
9021290020	108	卡马克斯有限两合公司	KAMAX GmbH & Co. KG	I	6.1	2022-01-01	2027-06-28
9021290020	108	其他欧盟公司	All Others	I	26	2022-01-01	2027-06-28
9021290020	301	卡马克斯有限两合公司	KAMAX GmbH & Co. KG	I	6.1	2022-01-01	2027-06-28
9021290020	301	其他欧盟公司	All Others	I	26	2022-01-01	2027-06-28
9021290020	302	卡马克斯有限两合公司	KAMAX GmbH & Co. KG	I	6.1	2022-01-01	2027-06-28
9021290020	302	其他欧盟公司	All Others	I	26	2022-01-01	2027-06-28
9021290020	303	卡马克斯有限两合公司	KAMAX GmbH & Co. KG	I	6.1	2022-01-01	2027-06-28
9021290020	303	其他欧盟公司	All Others	I	26	2022-01-01	2027-06-28
9021290020	304	卡马克斯有限两合公司	KAMAX GmbH & Co. KG	I	6.1	2022-01-01	2027-06-28
9021290020	304	内德史罗夫阿尔特纳有限公司	Nedschroef Altena GmbH	I	5.5	2022-01-01	2027-06-28
9021290020	304	内德史罗夫贝京根有限公司	Nedschroef Beckingen GmbH	I	5.5	2022-01-01	2027-06-28
9021290020	304	内德史罗夫福罗劳顿有限公司	Nedschroef Fraulautern GmbH	I	5.5	2022-01-01	2027-06-28
9021290020	304	其他欧盟公司	All Others	I	26	2022-01-01	2027-06-28
9021290020	305	卡马克斯有限两合公司	KAMAX GmbH & Co. KG	I	6.1	2022-01-01	2027-06-28
9021290020	305	其他欧盟公司	All Others	I	26	2022-01-01	2027-06-28
9021290020	306	卡马克斯有限两合公司	KAMAX GmbH & Co. KG	I	6.1	2022-01-01	2027-06-28
9021290020	306	其他欧盟公司	All Others	I	26	2022-01-01	2027-06-28
9021290020	307	卡马克斯有限两合公司	KAMAX GmbH & Co. KG	I	6.1	2022-01-01	2027-06-28
9021290020	307	其他欧盟公司	All Others	I	26	2022-01-01	2027-06-28
9021290020	308	卡马克斯有限两合公司	KAMAX GmbH & Co. KG	I	6.1	2022-01-01	2027-06-28
9021290020	308	其他欧盟公司	All Others	I	26	2022-01-01	2027-06-28
9021290020	309	皇家内德史罗夫控股有限公司	Koninklijke Nedschroef Holding B. V.	I	5.5	2022-01-01	2027-06-28
9021290020	309	卡马克斯有限两合公司	KAMAX GmbH & Co. KG	I	6.1	2022-01-01	2027-06-28

商品编号	原产国(地区)	原产厂商中文名称	原产厂商英文名称	税种代码	税率(%)	起始日期	截止日期
9021290020	309	内德史罗夫海尔蒙德有限公司	Nedschroef Helmond B. V.	I	5.5	2022-01-01	2027-06-28
9021290020	309	其他欧盟公司	All Others	I	26	2022-01-01	2027-06-28
9021290020	310	卡马克斯有限两合公司	KAMAX GmbH & Co. KG	I	6.1	2022-01-01	2027-06-28
9021290020	310	其他欧盟公司	All Others	I	26	2022-01-01	2027-06-28
9021290020	311	卡马克斯有限两合公司	KAMAX GmbH & Co. KG	I	6.1	2022-01-01	2027-06-28
9021290020	311	其他欧盟公司	All Others	I	26	2022-01-01	2027-06-28
9021290020	312	卡马克斯有限两合公司	KAMAX GmbH & Co. KG	I	6.1	2022-01-01	2027-06-28
9021290020	312	内德史罗夫巴塞罗那有限公司	Nedschroef Barcelona SAU	I	5.5	2022-01-01	2027-06-28
9021290020	312	其他欧盟公司	All Others	I	26	2022-01-01	2027-06-28
9021290020	315	卡马克斯有限两合公司	KAMAX GmbH & Co. KG	I	6.1	2022-01-01	2027-06-28
9021290020	315	其他欧盟公司	All Others	I	26	2022-01-01	2027-06-28
9021290020	316	卡马克斯有限两合公司	KAMAX GmbH & Co. KG	I	6.1	2022-01-01	2027-06-28
9021290020	316	其他欧盟公司	All Others	I	26	2022-01-01	2027-06-28
9021290020	318	卡马克斯有限两合公司	KAMAX GmbH & Co. KG	I	6.1	2022-01-01	2027-06-28
9021290020	318	其他欧盟公司	All Others	I	26	2022-01-01	2027-06-28
9021290020	321	卡马克斯有限两合公司	KAMAX GmbH & Co. KG	I	6.1	2022-01-01	2027-06-28
9021290020	321	其他欧盟公司	All Others	I	26	2022-01-01	2027-06-28
9021290020	324	卡马克斯有限两合公司	KAMAX GmbH & Co. KG	I	6.1	2022-01-01	2027-06-28
9021290020	324	其他欧盟公司	All Others	I	26	2022-01-01	2027-06-28
9021290020	327	卡马克斯有限两合公司	KAMAX GmbH & Co. KG	I	6.1	2022-01-01	2027-06-28
9021290020	327	其他欧盟公司	All Others	I	26	2022-01-01	2027-06-28
9021290020	330	卡马克斯有限两合公司	KAMAX GmbH & Co. KG	I	6.1	2022-01-01	2027-06-28
9021290030	328	卡马克斯有限两合公司	KAMAX GmbH & Co. KG	I	6.1	2022-01-01	2027-06-28
9021290030	327	其他欧盟公司	All Others	I	26	2022-01-01	2027-06-28
9021290030	330	卡马克斯有限两合公司	KAMAX GmbH & Co. KG	I	6.1	2022-01-01	2027-06-28
9021290030	330	其他欧盟公司	All Others	I	26	2022-01-01	2027-06-28
9021290030	334	卡马克斯有限两合公司	KAMAX GmbH & Co. KG	I	6.1	2022-01-01	2027-06-28
9021290030	334	其他欧盟公司	All Others	I	26	2022-01-01	2027-06-28
9021290030	335	卡马克斯有限两合公司	KAMAX GmbH & Co. KG	I	6.1	2022-01-01	2027-06-28
9021290030	335	其他欧盟公司	All Others	I	26	2022-01-01	2027-06-28
9021290030	336	卡马克斯有限两合公司	KAMAX GmbH & Co. KG	I	6.1	2022-01-01	2027-06-28
9021290030	336	其他欧盟公司	All Others	I	26	2022-01-01	2027-06-28
9021290030	350	卡马克斯有限两合公司	KAMAX GmbH & Co. KG	I	6.1	2022-01-01	2027-06-28
9021290030	350	其他欧盟公司	All Others	I	26	2022-01-01	2027-06-28
9021290030	351	卡马克斯有限两合公司	KAMAX GmbH & Co. KG	I	6.1	2022-01-01	2027-06-28
9021290030	351	其他欧盟公司	All Others	I	26	2022-01-01	2027-06-28
9021290030	352	卡马克斯有限两合公司	KAMAX GmbH & Co. KG	I	6.1	2022-01-01	2027-06-28
9021290030	352	其他欧盟公司	All Others	I	26	2022-01-01	2027-06-28
9021290030	353	卡马克斯有限两合公司	KAMAX GmbH & Co. KG	I	6.1	2022-01-01	2027-06-28
9021290030	353	其他欧盟公司	All Others	I	26	2022-01-01	2027-06-28
9021290030	701	国(地)别不详		I	26	2022-01-01	2027-06-28
9021290030	108	卡马克斯有限两合公司	KAMAX GmbH & Co. KG	I	6.1	2022-01-01	2027-06-28
9021290030	108	其他欧盟公司	All Others	I	26	2022-01-01	2027-06-28

商品编号	原产国(地区)	原产厂商中文名称	原产厂商英文名称	税种代码	税率(%)	起始日期	截止日期
9021290030	301	卡马克斯有限两合公司	KAMAX GmbH & Co. KG	I	6. 1	2022-01-01	2027-06-28
9021290030	301	其他欧盟公司	All Others	I	26	2022-01-01	2027-06-28
9021290030	302	卡马克斯有限两合公司	KAMAX GmbH & Co. KG	I	6. 1	2022-01-01	2027-06-28
9021290030	302	其他欧盟公司	All Others	I	26	2022-01-01	2027-06-28
9021290030	303	卡马克斯有限两合公司	KAMAX GmbH & Co. KG	I	6. 1	2022-01-01	2027-06-28
9021290030	303	其他欧盟公司	All Others	I	26	2022-01-01	2027-06-28
9021290030	304	卡马克斯有限两合公司	KAMAX GmbH & Co. KG	I	6. 1	2022-01-01	2027-06-28
9021290030	304	内德史罗夫阿尔特纳有限公司	Nedschroef Altena GmbH	I	5. 5	2022-01-01	2027-06-28
9021290030	304	内德史罗夫贝京根有限公司	Nedschroef Beckingen GmbH	I	5. 5	2022-01-01	2027-06-28
9021290030	304	内德史罗夫福罗劳顿有限公司	Nedschroef Fraulautern GmbH	I	5. 5	2022-01-01	2027-06-28
9021290030	304	其他欧盟公司	All Others	I	26	2022-01-01	2027-06-28
9021290030	305	卡马克斯有限两合公司	KAMAX GmbH & Co. KG	I	6. 1	2022-01-01	2027-06-28
9021290030	305	其他欧盟公司	All Others	I	26	2022-01-01	2027-06-28
9021290030	306	卡马克斯有限两合公司	KAMAX GmbH & Co. KG	I	6. 1	2022-01-01	2027-06-28
9021290030	306	其他欧盟公司	All Others	I	26	2022-01-01	2027-06-28
9021290030	307	卡马克斯有限两合公司	KAMAX GmbH & Co. KG	I	6. 1	2022-01-01	2027-06-28
9021290030	307	其他欧盟公司	All Others	I	26	2022-01-01	2027-06-28
9021290030	308	卡马克斯有限两合公司	KAMAX GmbH & Co. KG	I	6. 1	2022-01-01	2027-06-28
9021290030	308	其他欧盟公司	All Others	I	26	2022-01-01	2027-06-28
9021290030	309	皇家内德史罗夫控股有限公司	Koninklijke Nedschroef Holding B. V.	I	5. 5	2022-01-01	2027-06-28
9021290030	309	卡马克斯有限两合公司	KAMAX GmbH & Co. KG	I	6. 1	2022-01-01	2027-06-28
9021290030	309	内德史罗夫海尔蒙德有限公司	Nedschroef Helmond B. V.	I	5. 5	2022-01-01	2027-06-28
9021290030	309	其他欧盟公司	All Others	I	26	2022-01-01	2027-06-28
9021290030	310	卡马克斯有限两合公司	KAMAX GmbH & Co. KG	I	6. 1	2022-01-01	2027-06-28
9021290030	310	其他欧盟公司	All Others	I	26	2022-01-01	2027-06-28
9021290030	311	卡马克斯有限两合公司	KAMAX GmbH & Co. KG	I	6. 1	2022-01-01	2027-06-28
9021290030	311	其他欧盟公司	All Others	I	26	2022-01-01	2027-06-28
9021290030	312	卡马克斯有限两合公司	KAMAX GmbH & Co. KG	I	6. 1	2022-01-01	2027-06-28
9021290030	312	内德史罗夫巴塞罗那有限公司	Nedschroef Barcelona SAU	I	5. 5	2022 01 01	2027-06-28
9021290030	312	其他欧盟公司	All Others	I	26	2022-01-01	2027-06-28
9021290030	315	卡马克斯有限两合公司	KAMAX GmbH & Co. KG	I	6. 1	2022-01-01	2027-06-28
9021290030	315	其他欧盟公司	All Others	I	26	2022-01-01	2027-06-28
9021290030	316	卡马克斯有限两合公司	KAMAX GmbH & Co. KG	I	6. 1	2022-01-01	2027-06-28
9021290030	316	其他欧盟公司	All Others	I	26	2022-01-01	2027-06-28
9021290030	318	卡马克斯有限两合公司	KAMAX GmbH & Co. KG	I	6. 1	2022-01-01	2027-06-28
9021290030	318	其他欧盟公司	All Others	I	26	2022-01-01	2027-06-28
9021290030	321	卡马克斯有限两合公司	KAMAX GmbH & Co. KG	I	6. 1	2022-01-01	2027-06-28
9021290030	321	其他欧盟公司	All Others	I	26	2022-01-01	2027-06-28
9021290030	324	卡马克斯有限两合公司	KAMAX GmbH & Co. KG	I	6. 1	2022-01-01	2027-06-28
9021290030	324	其他欧盟公司	All Others	I	26	2022-01-01	2027-06-28
9021290030	327	卡马克斯有限两合公司	KAMAX GmbH & Co. KG	I	6. 1	2022-01-01	2027-06-28
9021290030	328	其他欧盟公司	All Others	I	26	2022-01-01	2027-06-28
9021290040	108	卡马克斯有限两合公司	KAMAX GmbH & Co. KG	I	6. 1	2022-01-01	2027-06-28

商品编号	原产国(地区)	原产厂商中文名称	原产厂商英文名称	税种代码	税率(%)	起始日期	截止日期
9021290040	108	其他欧盟公司	All Others	I	26	2022-01-01	2027-06-28
9021290040	301	卡马克斯有限两合公司	KAMAX GmbH & Co. KG	I	6.1	2022-01-01	2027-06-28
9021290040	301	其他欧盟公司	All Others	I	26	2022-01-01	2027-06-28
9021290040	302	卡马克斯有限两合公司	KAMAX GmbH & Co. KG	I	6.1	2022-01-01	2027-06-28
9021290040	302	其他欧盟公司	All Others	I	26	2022-01-01	2027-06-28
9021290040	306	卡马克斯有限两合公司	KAMAX GmbH & Co. KG	I	6.1	2022-01-01	2027-06-28
9021290040	306	其他欧盟公司	All Others	I	26	2022-01-01	2027-06-28
9021290040	307	卡马克斯有限两合公司	KAMAX GmbH & Co. KG	I	6.1	2022-01-01	2027-06-28
9021290040	307	其他欧盟公司	All Others	I	26	2022-01-01	2027-06-28
9021290040	308	卡马克斯有限两合公司	KAMAX GmbH & Co. KG	I	6.1	2022-01-01	2027-06-28
9021290040	308	其他欧盟公司	All Others	I	26	2022-01-01	2027-06-28
9021290040	309	皇家内德史罗夫控股有限公司	Koninklijke Nedschroef Holding B. V.	I	5.5	2022-01-01	2027-06-28
9021290040	309	卡马克斯有限两合公司	KAMAX GmbH & Co. KG	I	6.1	2022-01-01	2027-06-28
9021290040	309	内德史罗夫海尔蒙德有限公司	Nedschroef Helmond B. V.	I	5.5	2022-01-01	2027-06-28
9021290040	309	其他欧盟公司	All Others	I	26	2022-01-01	2027-06-28
9021290040	310	卡马克斯有限两合公司	KAMAX GmbH & Co. KG	I	6.1	2022-01-01	2027-06-28
9021290040	310	其他欧盟公司	All Others	I	26	2022-01-01	2027-06-28
9021290040	311	卡马克斯有限两合公司	KAMAX GmbH & Co. KG	I	6.1	2022-01-01	2027-06-28
9021290040	311	其他欧盟公司	All Others	I	26	2022-01-01	2027-06-28
9021290040	312	卡马克斯有限两合公司	KAMAX GmbH & Co. KG	I	6.1	2022-01-01	2027-06-28
9021290040	312	内德史罗夫巴塞罗那有限公司	Nedschroef Barcelona SAU	I	5.5	2022-01-01	2027-06-28
9021290040	312	其他欧盟公司	All Others	I	26	2022-01-01	2027-06-28
9021290040	315	卡马克斯有限两合公司	KAMAX GmbH & Co. KG	I	6.1	2022-01-01	2027-06-28
9021290040	315	其他欧盟公司	All Others	I	26	2022-01-01	2027-06-28
9021290040	316	卡马克斯有限两合公司	KAMAX GmbH & Co. KG	I	6.1	2022-01-01	2027-06-28
9021290040	316	其他欧盟公司	All Others	I	26	2022-01-01	2027-06-28
9021290040	318	卡马克斯有限两合公司	KAMAX GmbH & Co. KG	I	6.1	2022-01-01	2027-06-28
9021290040	318	其他欧盟公司	All Others	I	26	2022-01-01	2027-06-28
9021290040	321	卡马克斯有限两合公司	KAMAX GmbH & Co. KG	I	6.1	2022-01-01	2027-06-28
9021290040	321	其他欧盟公司	All Others	I	26	2022-01-01	2027-06-28
9021290040	324	卡马克斯有限两合公司	KAMAX GmbH & Co. KG	I	6.1	2022-01-01	2027-06-28
9021290040	324	其他欧盟公司	All Others	I	26	2022-01-01	2027-06-28
9021290040	327	卡马克斯有限两合公司	KAMAX GmbH & Co. KG	I	6.1	2022-01-01	2027-06-28
9021290040	327	其他欧盟公司	All Others	I	26	2022-01-01	2027-06-28
9021290040	328	卡马克斯有限两合公司	KAMAX GmbH & Co. KG	I	6.1	2022-01-01	2027-06-28
9021290040	328	其他欧盟公司	All Others	I	26	2022-01-01	2027-06-28
9021290040	330	卡马克斯有限两合公司	KAMAX GmbH & Co. KG	I	6.1	2022-01-01	2027-06-28
9021290040	330	其他欧盟公司	All Others	I	26	2022-01-01	2027-06-28
9021290040	334	卡马克斯有限两合公司	KAMAX GmbH & Co. KG	I	6.1	2022-01-01	2027-06-28
9021290040	334	其他欧盟公司	All Others	I	26	2022-01-01	2027-06-28
9021290040	335	卡马克斯有限两合公司	KAMAX GmbH & Co. KG	I	6.1	2022-01-01	2027-06-28
9021290040	335	其他欧盟公司	All Others	I	26	2022-01-01	2027-06-28
9021290040	336	卡马克斯有限两合公司	KAMAX GmbH & Co. KG	I	6.1	2022-01-01	2027-06-28

商品编号	原产国(地区)	原产厂商中文名称	原产厂商英文名称	税种代码	税率(%)	起始日期	截止日期
9021290040	336	其他欧盟公司	All Others	I	26	2022-01-01	2027-06-28
9021290040	350	卡马克斯有限两合公司	KAMAX GmbH & Co. KG	I	6.1	2022-01-01	2027-06-28
9021290040	350	其他欧盟公司	All Others	I	26	2022-01-01	2027-06-28
9021290040	351	卡马克斯有限两合公司	KAMAX GmbH & Co. KG	I	6.1	2022-01-01	2027-06-28
9021290040	351	其他欧盟公司	All Others	I	26	2022-01-01	2027-06-28
9021290040	352	卡马克斯有限两合公司	KAMAX GmbH & Co. KG	I	6.1	2022-01-01	2027-06-28
9021290040	352	其他欧盟公司	All Others	I	26	2022-01-01	2027-06-28
9021290040	353	卡马克斯有限两合公司	KAMAX GmbH & Co. KG	I	6.1	2022-01-01	2027-06-28
9021290040	353	其他欧盟公司	All Others	I	26	2022-01-01	2027-06-28
9021290040	701	国(地)别不详		I	26	2022-01-01	2027-06-28
9021290040	303	卡马克斯有限两合公司	KAMAX GmbH & Co. KG	I	6.1	2022-01-01	2027-06-28
9021290040	303	其他欧盟公司	All Others	I	26	2022-01-01	2027-06-28
9021290040	304	卡马克斯有限两合公司	KAMAX GmbH & Co. KG	I	6.1	2022-01-01	2027-06-28
9021290040	304	内德史罗夫阿尔特纳有限公司	Nedschroef Altena GmbH	I	5.5	2022-01-01	2027-06-28
9021290040	304	内德史罗夫贝京根有限公司	Nedschroef Beckingen GmbH	I	5.5	2022-01-01	2027-06-28
9021290040	304	内德史罗夫福罗劳顿有限公司	Nedschroef Fraulautern GmbH	I	5.5	2022-01-01	2027-06-28
9021290040	304	其他欧盟公司	All Others	I	26	2022-01-01	2027-06-28
9021290040	305	卡马克斯有限两合公司	KAMAX GmbH & Co. KG	I	6.1	2022-01-01	2027-06-28
9021290040	305	其他欧盟公司	All Others	I	26	2022-01-01	2027-06-28

附表 2

2024 年进口商品从量税及复合税税率表

税则号列	商品名称(简称)	普通税率	2024 年最惠国税率
02071200	冻的整只鸡	5.6 元/千克	0
02071411	冻的带骨鸡块	4.2 元/千克	0.6 元/千克
02071419	冻的其他鸡块	9.5 元/千克	0
02071421	冻的鸡翼(不包括翼尖)	8.1 元/千克	0.8 元/千克
02071422	冻的鸡爪	3.2 元/千克	1 元/千克
02071429	冻的其他鸡杂碎	3.2 元/千克	0.5 元/千克
05040021	冷、冻的鸡胗	7.7 元/千克	0
22030000	麦芽酿造的啤酒	7.5 元/升	0
27090000	原油	85 元/吨	0
37023190	其他彩色摄影用未曝光无齿孔彩色胶卷,宽度≤105 毫米	433 元/平方米	56 元/平方米
37023220	照相制版用未曝光涂卤化银液无齿孔胶卷,宽度≤105 毫米	104 元/平方米	4.5 元/平方米
37023290	其他未曝光涂乳液无齿孔胶卷,宽度≤105 毫米	202 元/平方米	21 元/平方米
37023920	照相制版用未曝光未涂卤化银无齿孔感光胶卷,宽度≤105 毫米	104 元/平方米	12 元/平方米
37023990	其他未曝光未涂卤化银无齿孔感光胶卷,宽度≤105 毫米	202 元/平方米	24 元/平方米
37024100	彩色摄影用未曝光无齿孔的其他胶片,宽度>610 毫米,长度>200 米	202 元/平方米	7.1 元/平方米
37024221	印刷电路板制造用未曝光光致抗蚀干膜,宽度>610 毫米,长度>200 米	110 元/平方米	0.6 元/平方米
37024229	其他照相制版用未曝光无齿孔胶片,宽度>610 毫米,长度>200 米	110 元/平方米	1.6 元/平方米
37024292	红色或红外激光胶片,宽度>610 毫米,长度>200 米	213 元/平方米	2.4 元/平方米
37024299	其他未曝光无齿孔胶片,宽度>610 毫米,长度>200 米	213 元/平方米	7 元/平方米
37024329	其他照相制版用未曝光无齿孔胶片,宽度>610 毫米,长度≤200 米	104 元/平方米	3.7 元/平方米
37024390	其他用未曝光无齿孔胶片,宽度 610 毫米,长度≤200 米	202 元/平方米	17 元/平方米
37024421	照相制版用无齿孔未曝光激光照排片,105 毫米<宽度≤610 毫米	115 元/平方米	2 元/平方米
37024422	印刷电路板制造用未曝光光致抗蚀干膜 ,105 毫米<宽度≤610 毫米	115 元/平方米	5 元/平方米
37024429	其他照相制版用无齿孔未曝光胶卷,105 毫米<宽度≤610 毫米	115 元/平方米	2.9 元/平方米
37024490	其他用无齿孔未曝光胶卷,105 毫米<宽度≤610 毫米	202 元/平方米	27 元/平方米
37025200	彩色摄影用未曝光彩色胶卷 ,宽度≤16 毫米	433 元/平方米	91 元/平方米
37025300	幻灯片用未曝光彩色摄影胶卷,16 毫米<宽度≤35 毫米,长度<30 米	433 元/平方米	122.6 元/平方米
37025410	宽度 35 毫米,长度≤2 米的胶卷	433 元/平方米	10 元/平方米
37025490	非幻灯片用彩色摄影用未曝光彩色胶卷,16 毫米<宽度<35 毫米,2 米<长度≤30 米	433 元/平方米	24 元/平方米
37025520	未曝光的彩色电影胶片,16 毫米<宽度≤35 毫米, 长度>30 米	232 元/平方米	8.7 元/平方米
37025590	未曝光彩色摄影用胶卷,16 毫米<宽度≤35 毫米, 长度>30 米	433 元/平方米	27 元/平方米
37025620	未曝光的彩色电影胶片,宽度>35 毫米	232 元/平方米	13 元/平方米
37025690	未曝光的彩色摄影用胶卷,宽度>35 毫米	433 元/平方米	74 元/平方米
37029600	未曝光非彩色胶卷,宽度≤35 毫米,长度≤30 米	210 元/平方米	21 元/平方米
37029700	未曝光的非彩色胶卷, 宽度≤35 毫米, 长度>30 米	210 元/平方米	9 元/平方米
37029800	未曝光的非彩色胶卷,宽度>35 毫米	210 元/平方米	10 元/平方米

附表 3

关税配额商品税目税率表

商品类别	税则号列	普通税率(%)	2024 年最惠国税率(%)	关税配额税率(%)	国别关税配额税率(%)		
					中国—新西兰自贸协定	中国—澳大利亚自贸协定	中国—毛里求斯自贸协定
小麦	10011100	180	65	1			
	10011900	180	65	1			
	10019100	180	65	1			
	10019900	180	65	1			
	11010000	130	65	6			
	11031100	130	65	9			
	11032010	180	65	10			
玉米	10051000	180	20	1			
	10059000	180	65	1			
	11022000	130	40	9			
	11031300	130	65	9			
	11042300	180	65	10			
稻谷和大米	10061021	180	65	1			
	10061029	180	65	1			
	10061081	180	65	1			
	10061089	180	65	1			
	10062020	180	65	1			
	10062080	180	65	1			
	10063020	180	65	1			
	10063080	180	65	1			
	10064020	180	10	1			
	10064080	180	10	1			
	11029021	130	40	9			
	11029029	130	40	9			
	11031931	70	10	9			
	11031939	70	10	9			
糖	17011200	125	50	15			15
	17011300	125	50	15			15
	17011400	125	50	15			15
	17019100	125	50	15			15
	17019910	125	50	15			15
	17019920	125	50	15			15
	17019990	125	50	15			15
羊毛	51011100	50	38	1	0	0	
	51011900	50	38	1	0	0	
	51012100	50	38	1	0	0	
	51012900	50	38	1	0	0	
	51013000	50	38	1	0	0	
	51031010	50	38	1	0	0	

商品类别	税则号列	普通税率(%)	2024年最惠国税率(%)	关税配额税率(%)	国别关税配额税率(%)		
					中国—新西兰自贸协定	中国—澳大利亚自贸协定	中国—毛里求斯自贸协定
毛条	51051000	50	38	3	0		
	51052100	50	38	3	0		
	51052900	50	38	3	0		
棉花	52010000	125	40①	1			
	52030000	125	40	1			
化肥	31021000	150	50	4②			
	31052000	150	50	4③			
	31053000	150	50	4④			

注：

① 对配额外进口的一定数量棉花，适用滑准税形式暂定关税，具体方式如下：

1. 当进口棉花完税价格高于或等于14.000元/千克时，按0.280元/千克计征从量税；

2. 当进口棉花完税价格低于14.000元/千克时，暂定从价税率按下式计算：

Ri=9.0/Pi+2.69%×Pi-1

对上式计算结果四舍五入保留3位小数。其中Ri为暂定从价税率，当按上式计算值高于40%时，Ri取值40%；Pi为关税完税价格，单位为元/千克。

②③④暂定税率为1%。

附表 4

中华人民共和国进境物品归类表

税号	物品类别	范围	税率
01000000	食品、饮料、药品	食品：包括乳制品、糖制品、调味品，人参、高丽参、红参、奶粉及其他保健品、补品等； 饮料：包括矿泉水、汽水，咖啡、茶，其他无酒精饮料； 药品：包括中药酒等。	13%
		国家规定减按3%征收进口环节增值税的进口药品。①	3%
02000000	酒	包括啤酒、葡萄酒（香槟酒）、黄酒、果酒、清酒、米酒、白兰地、威士忌、伏特加、朗姆酒、金酒、白酒、保健酒、鸡尾酒、利口酒、龙舌兰、柯迪尔酒、梅子酒等用粮食、水果等含淀粉或糖的物质发酵或配制而制成的含乙醇的酒精饮料。	50%
03000000	烟	包括卷烟、雪茄烟、再造烟草、均化烟草、其他烟草及烟草代用品的制品，烟丝、斗烟、水烟、烟末等。	50%
04000000	纺织品及其制成品	衣着：包括外衣、外裤、内衣裤、衬衫/T恤衫、其他衣着等； 配饰：包括帽子、丝巾、头巾、围巾、领带、腰带、手套、袜子、手帕等； 家纺用品：包括毛毯、被子、枕头、床罩、睡袋、幔帐等； 其他：包括毛巾、浴巾、桌布、窗帘、地毯等。	20%
05000000	皮革服装及配饰	包括各式皮革服装及皮质配饰。	20%
06000000	箱包及鞋靴	箱：包括各种材质的箱子； 挎包、背包、提包：包括各种材质的挎包、背包、提包； 钱包、钥匙包：包括各种材质的钱包、钥匙包、卡片包； 其他：包括化妆包、包装袋（盒、箱）等。	20%
		鞋靴：包括皮鞋、皮靴、运动鞋、其他鞋靴等。	
07000000	表、钟及其配件、附件	高档手表：完税价格在人民币10000元及以上的手表。	50%
		表：包括高档手表外其他各种表； 钟：包括座钟、挂钟、台钟、落地钟等； 配件附件：包括各种表、钟的配件、附件。	20%
08000000	金银、贵重首饰及珠宝玉石	贵重首饰及珠宝玉石（不含钻石）：包括天然或养殖珍珠、宝石或半宝石（不含钻石），用天然或养殖珍珠、宝石或半宝石（不含钻石）制成的物品，以贱金属为底的非镶嵌钻石的包贵金属首饰。	50%
		钻石及钻石首饰。	20%
		金银：包括金、银、铂等贵金属及包贵金属，贵金属及包贵金属制的首饰（以贱金属为底的非镶嵌钻石的包贵金属首饰除外）、金银器和其他制品。	13%
09000000	化妆品、洗护用品	化妆品：包括芳香类化妆品、唇用化妆品、眼用化妆品、指（趾）甲化妆品、粉状化妆品和特殊功能类化妆品等； 芳香类化妆品：香水和花露水； 唇用化妆品：唇膏、唇彩、唇线笔等； 眼用化妆品：睫毛膏（液、油）、眼线笔（液）、眉笔、眼影、眼睑膏等； 指（趾）甲化妆品：洗甲（趾）液、去指（趾）甲油、指（趾）甲油、指（趾）甲膏等； 粉状化妆品：粉底、粉饼、扑面粉、胭脂（粉）、腮红（粉）等； 其他美容品或化妆品：用于消除皱纹、美化唇型的皮内注射美容制品。	50% 或 20%
		洗护用品：包括清洁用品、护肤用品、护发用品和其他洗护用品； 清洁用品：洗面奶（乳、皂）、洁面霜（露、蜜、粉、者哩）、卸妆水（乳、膏、液、油）、鼻贴膜、去黑头膏（液）、剃须膏（泡沫）、磨砂膏、按摩膏、去角质膏（粉），牙膏、牙粉、牙线、漱口水，香皂、浴液、洗手液； 护肤用品：化妆水（含爽肤水、柔肤水、紧肤水、护肤水、收缩水）、须后水、面霜、眼霜、日霜、晚霜、冷霜、防晒霜（油）、晒黑油、祛斑霜、护肤膏（霜、露、乳液、喷雾）、隔离霜、面膜、面膜膏（粉）、眼膜、颈膜、护手霜、润唇膏，痱子粉、爽身粉、皮肤护理软膏； 护发用品：洗/护发液、发乳、发油、发蜡、焗油膏、发胶、发泥、定型水（啫哩、摩丝）、烫发剂、染发剂； 其他用品：丰（美、健）乳霜、纤体霜（膏）、健美霜、紧致霜、除臭露（剂）、精油、防蚊液等。	50% 或 20%
10000000	家用医疗、保健及美容器材	医疗器材：包括呼吸器具、矫形器具、夹板及其他骨折用具，血糖计、血糖试纸、电动洗眼器、红外线耳探热针、空气制氧机、治疗用雾化机、电动血压计、病人用拐杖、病人用轮椅等及上述物品的配件、附件； 保健器材：包括按摩床、按摩椅等及上述物品的配件、附件； 美容器材：包括蒸汽仪、喷雾器、化妆/美容专用工具等及上述物品的配件、附件。	20%

① 对国家规定减按3%征收进口环节增值税的进口药品，按照货物税率征税。抗癌药品、罕见病药品定义及范围详见《关于抗癌药品增值税政策的通知》（财税〔2018〕47号）、《关于罕见病药品增值税政策的通知》（财税〔2019〕24号）。

税号	物品类别	范　　围	税率
11000000	厨卫用具及小家电	厨房用具:包括各种材料制的餐具、刀具、炊具、灶具,锅、壶、杯、盘、碗、筷子、勺、铲、餐刀、餐叉、切菜刀、案板、削皮刀、绞肉机、食品研磨机、搅拌器、净水器、煤气灶、煤气点火器等;电饭煲、微波炉、电磁炉、抽油烟机、消毒碗柜、家用洗碗机、电烤箱、面包机、豆浆机、酸奶机、榨汁机、咖啡机、制冰机、饮水机、食品调理机、煮蛋器等厨房用具及配件、附件; 卫生用具、洁具:包括热水器、水龙头、淋浴用具、座便器及配件、附件等; 小家电:包括灯具、风扇、电暖器、电热毯、电烫斗、电吹风机、电动剃须刀、电动毛发推剪器,增湿机、除湿机、增除湿一体机、空气清新机、家用吸尘器、扫地机器人、地板打蜡机、电动剪草机等电器及上述物品的配件、附件等。	20%
		电话机等信息技术产品:包括固定电话机、手持移动电话机、可视电话机、寻呼机等。	13%
12000000	家具	包括各种材料制的沙发、组合式家具、柜、橱、台、桌、椅、书架、床、床垫、坐具等。	13%
13000000	空调及其配件、附件	包括空气调节器及其配件、附件等。	20%
14000000	电冰箱及其配件、附件	包括各式电冰箱、冰柜、红酒柜及其配件、附件等。	20%
15000000	洗衣设备及其配件、附件	包括波轮式洗衣机、滚筒式洗衣机、干衣机/烘干机、脱水机、家用地毯洗涤机等及上述物品的配件、附件。	20%
16000000	电视机及其配件、附件	包括各式电视机、电视收音联合机、电视收音录音联合机、电视录像联合机等及上述物品的配件、附件。	20%
17000000	摄影(像)设备及其配件、附件	包括电视摄像机、照相机(数字照相机除外)、照相制版机、放大机,胶卷、胶片、感光纸、镜箱、闪光灯、滤色镜、测光表、曝光表、遮光罩、水下摄影罩、半身镜、接镜环、取景器、自拍器、洗像盒、显影罐等。	20%
		视频摄录一体机、数字照相机、存储卡等信息技术产品。	13%
18000000	影音设备及其配件、附件	包括录音笔、录音机、收音机、MP3 播放机、MP4 播放机、收录音机、数码录放音器、电唱机、激光电唱机、放像机、录像机、激光视盘机、(单)功能座、音箱、自动伴唱机、卡拉 OK 混音器等及上述物品的配件、附件。	20%
		耳机及耳塞机,磁盘、磁带、光学媒体、半导体媒体以及其他影音类信息技术产品。	13%
19000000	计算机及其外围设备	包括个人计算机及其存储、输入、输出设备和附件、零部件。	13%
20000000	书报、刊物及其他各类印刷品	包括书报、刊物及其他各类印刷品。	13%
21000000	教育用影视资料	包括教育专用的电影片、幻灯片,原版录音带、录像带、磁盘、磁带、光学媒体、半导体媒体、唱片,地球仪、解剖模型、人体骨骼模型、教育用示意牌等。	13%
22000000	文具用品、玩具、游戏品、节日或其他娱乐用品	文具用品:包括各种书写用具及材料、照像簿、集邮簿、印刷日历、月历、放大镜、望远镜、绘图用颜料、装订用具、誊写钢板等各种文具用品。	20%
		文具类信息技术产品:电子计算器、电子字典、记事簿、电子(纸)书; 玩具:包括三轮车、单脚滑行车、踏板车及类似的带轮玩具;玩偶车;玩偶;缩小(按比例缩小)的模型及类似娱乐用模型;智力玩具等及上述物品的零件及附件; 游戏品(视频游戏控制器及设备、桌上或室内游戏用品):包括电子游戏机和视频游戏控制器、扑克牌、中国象棋、国际象棋、跳棋等棋类用品、麻将及类似桌上游戏用品等,及其上述游戏的零件、附件; 节日或其他娱乐用品:包括圣诞节、狂欢节等节日用品、魔术道具及嬉戏品等。	13%
23000000	邮票、艺术品、收藏品	包括中国大陆及境外各种邮票、小型张、纪念封等,纪念币,以及艺术品、收藏品。	20%
24000000	乐器	包括各种键盘类、弓弦类、拨弦类、打击类、管乐类等乐器及节拍器、音叉、定音器等器具及上述乐器的配件、附件。	20%
25000000	运动用品、钓鱼用品	高尔夫球及球具:包括高尔夫球杆和高尔夫球。	50%
		除高尔夫球以外各种球类,各种健身器具、航空和航海模型、钓鱼用品等,一般体育活动、体操、竞技、游泳、滑冰、滑雪及其他户内外活动用具及其配件、附件。	20%
26000000	自行车	包括不带发动机、电动机的自行车、三轮脚踏车、婴孩车及其他非机动脚踏车,及上述物品的配件、附件。	20%
27000000	其他物品	其他不能归入上述类别的物品。	20%

附表 5

中华人民共和国进境物品完税价格表

税号	品名及规格	单位	完税价格（人民币：元）	税率
01000000	**食品、饮料、药品**			
01010000	**-食品**			
01010400	--参	千克	2000	13%
01010700	--奶粉	千克	200	13%
01010800	--调味品	千克	200	13%
01019900	--其他食品	件、千克	另行确定	13%
01020000	**-饮料**			
01020100	--茶叶	千克	200	13%
01020200	--咖啡	千克	200	13%
01029900	--其他饮料	千克	另行确定	13%
01030000	**-药品**			
01030100	--抗癌药品	件	另行确定	3%
01030200	--中药酒	瓶	另行确定	13%
01030300	--罕见病药品	件	另行确定	3%
01039900	--其他药品	件	另行确定	13%
02000000	**酒**			
02010000	**-啤酒**			
02010100	--12 度以下(不含 12 度)	瓶(不超过 750 毫升)	5	50%
02010200	--12 度至 22 度(不含 22 度)	瓶(不超过 750 毫升)	10	50%
02020000	**-葡萄酒**			
02020100	--12 度以下(不含 12 度)	瓶(不超过 750 毫升)	100	50%
02020200	--12 度至 22 度(含 22 度)	瓶(不超过 750 毫升)	200	50%
02030000	**-清酒**			
02030100	--12 度以下(不含 12 度)	瓶(不超过 750 毫升)	30	50%
02030200	--12 度至 22 度(不含 22 度)	瓶(不超过 750 毫升)	50	50%
02030300	--22 度及以上	瓶(不超过 750 毫升)	80	50%
02040000	**-白兰地**	瓶(不超过 750 毫升)	500	50%
02050000	**-威士忌**	瓶(不超过 750 毫升)	300	50%
02060000	**-伏特加**	瓶(不超过 750 毫升)	100	50%
02070000	**-白酒**	瓶(不超过 750 毫升)	300	50%
02990000	**-其他酒**	瓶(不超过 750 毫升)	另行确定	50%
03000000	**烟**			
03010000	**-卷烟**	支	0.5	50%
03020000	**-雪茄烟**	支	10	50%
03030000	**-烟丝**	克	0.5	50%
03990000	**-其他烟**	克、支	另行确定	50%
04000000	**纺织品及其制成品**			
04010000	**-衣着**			
04010100	--外衣	件	300	20%
04010200	--外裤	条	200	20%
04010300	--内衣裤	条/件	100	20%
04010400	--衬衫/T 恤衫	件	200	20%
04019900	--其他衣着	件	另行确定	20%
04020000	**-配饰**			
04020100	--帽子	件	100	20%

税号	品名及规格	单位	完税价格（人民币:元）	税率
04020200	--丝巾、头巾、围巾	条	100	20%
04020300	--领带	条	100	20%
04020400	--腰带	条	100	20%
04020500	--手套	双	100	20%
04029900	--其他配饰	件	另行确定	20%
04030000	**-家纺用品**			
04030100	--毛毯、被子、床罩、睡袋	床、件	400	20%
04030200	--枕头、床单、毛巾被、被套	条、件	100	20%
04030300	--地毯	平方米	200	20%
04030400	--窗帘	千克	100	20%
04039900	--其他家纺用品	件	另行确定	20%
04990000	**-其他纺织品及其制成品**	件	另行确定	20%
05000000	**皮革服装及配饰**			
05010000	**-皮革服装**			
05010100	--裘皮衣	件	另行确定	20%
05010200	--皮大衣	件	2000	20%
05010300	--皮上衣	件	1500	20%
05010400	--皮背心	件	1000	20%
05010500	--皮裤	件	1000	20%
05010600	--皮裙	件	1000	20%
05019900	--其他皮革服装	件	另行确定	20%
05020000	**-皮革配饰**			
05020100	--皮帽	件	200	20%
05020200	--皮带	条	100	20%
05020300	--皮手套	双	100	20%
05029900	--其他皮革配饰	件	另行确定	20%
05990000	**-其他皮革制品(箱包和鞋靴除外)**	件	另行确定	20%
06000000	**箱包和鞋靴**			
06010000	**-箱包**			
06010100	--箱	个	500	20%
06010200	--挎包、背包、提包	个	另行确定	20%
06010300	--钱包、钥匙包	个	100	20%
06019900	--其他箱包	个	另行确定	20%
06020000	**-鞋靴**			
06020100	--皮鞋	双	300	20%
06020200	--皮靴	双	400	20%
06020300	--运动鞋	双	200	20%
06029900	--其他鞋靴	双	另行确定	20%
07000000	**表、钟及其配件、附件**			
07010000	**-表**			
07010100	--高档手表(审定价格在人民币 10000 元及以上)	块	另行确定	50%
07010200	--其他表			
07010210	---石英表(电子表)	块	200	20%
07010220	---机械表	块	500	20%
07010290	---其他表	块	另行确定	20%
07020000	**-钟**			
07020100	--座钟、挂钟、台钟	个、台	200	20%
07020200	--落地钟	台	600	20%

税号	品名及规格	单位	完税价格（人民币:元）	税率
07029900	--其他钟	台	另行确定	20%
07030000	**-钟表配件、附件**	件	另行确定	20%
08000000	**金银、贵重首饰及珠宝玉石**			
08010000	**-金银**	件	另行确定	13%
08020000	**-贵重首饰及珠宝玉石**			
08020100	--钻石及钻石首饰	件	另行确定	20%
08020200	--贵重首饰及珠宝玉石	件	另行确定	50%
09000000	**化妆品、洗护用品**			
09010000	**-化妆品**			
09010100	--芳香类化妆品			
09010110	---香水及花露水			
09010111	----香水及花露水	瓶	300	完税价格≥10元/毫升(克)的,税率为50%
09010112	----香水及花露水	瓶	300	完税价格<10元/毫升(克)的,税率为20%
09010200	--唇用化妆品			
09010210	---唇膏、唇彩			
09010211	----唇膏、唇彩	支	150	完税价格≥10元/毫升(克)的,税率为50%
09010212	----唇膏、唇彩	支	150	完税价格<10元/毫升(克)的,税率为20%
09010220	---唇线笔			
09010221	----唇线笔	支	100	完税价格≥10元/毫升(克)的,税率为50%
09010222	----唇线笔	支	100	完税价格<10元/毫升(克)的,税率为20%
09010290	---其他唇用化妆品			
09010291	----其他唇用化妆品	件	另行确定	完税价格≥10元/毫升(克)或完税价格≥15元/片(张)的,税率为50%
09010299	----其他唇用化妆品	件	另行确定	完税价格<10元/毫升(克),完税价格<15元/片(张)的,税率为20%
09010300	--眼用化妆品			
09010310	---睫毛膏(液、油)			
09010311	----睫毛膏(液、油)	支	100	完税价格≥10元/毫升(克)的,税率为50%
09010312	----睫毛膏(液、油)	支	100	完税价格<10元/毫升(克)的,税率为20%
09010320	---眼线笔(液)			
09010321	----眼线笔(液)	支	100	完税价格≥10元/毫升(克)的,税率为50%
09010322	----眼线笔(液)	支	100	完税价格<10元/毫升(克)的,税率为20%
09010330	---眉笔(眉粉)			
09010331	----眉笔(眉粉)	支	100	完税价格≥10元/毫升(克)的,税率为50%
09010332	----眉笔(眉粉)	支	100	完税价格<10元/毫升(克)的,税率为20%
09010340	---眼影			
09010341	----眼影	盒	100	完税价格≥10元/毫升(克)的,税率为50%
09010342	----眼影	盒	100	完税价格<10元/毫升(克)的,税率为20%
09010390	---其他眼用化妆品			
09010391	----其他眼用化妆品	件	另行确定	完税价格≥10元/毫升(克)或完税价格≥15元/片(张)的,税率为50%
09010392	----其他眼用化妆品	件	另行确定	完税价格<10元/毫升(克),完税价格<15元/片(张)的,税率为20%
09010400	--指(趾)甲化妆品			
09010410	---洗甲(趾)液			
09010411	----洗甲(趾)液	支	50	完税价格≥10元/毫升(克)的,税率为50%
09010412	----洗甲(趾)液	支	50	完税价格<10元/毫升(克)的,税率为20%

税号	品名及规格	单位	完税价格（人民币:元）	税率
09010420	---指(趾)甲油			
09010421	----指(趾)甲油	支	20	完税价格≥10 元/毫升(克)的,税率为 50%
09010422	----指(趾)甲油	支	20	完税价格<10 元/毫升(克)的,税率为 20%
09010490	---其他指(趾)甲化妆品			
09010491	----其他指(趾)甲化妆品	件	另行确定	完税价格≥10 元/毫升(克)或完税价格≥15 元/片(张)的,税率为 50%
09010492	----其他指(趾)甲化妆品	件	另行确定	完税价格<10 元/毫升(克),完税价格<15 元/片(张)的,税率为 20%
09010500	--粉状化妆品			
09010510	---粉底及粉底液			
09010511	----粉底及粉底液	盒、支	200	完税价格≥10 元/克的,税率为 50%
09010512	----粉底及粉底液	盒、支	200	完税价格<10 元/克的,税率为 20%
09010520	---粉饼			
09010521	----粉饼	盒	150	完税价格≥10 元/克的,税率为 50%
09010522	----粉饼	盒	150	完税价格<10 元/克的,税率为 20%
09010530	---扑面粉			
09010531	----扑面粉	盒	150	完税价格≥10 元/克的,税率为 50%
09010532	----扑面粉	盒	150	完税价格<10 元/克的,税率为 20%
09010540	---胭脂(粉)、腮红(粉)			
09010541	----胭脂(粉)、腮红(粉)	盒、支	100	完税价格≥10 元/克的,税率为 50%
09010542	----胭脂(粉)、腮红(粉)	盒、支	100	完税价格<10 元/克的,税率为 20%
09010590	---其他粉状化妆品			
09010591	----其他粉状化妆品	件	另行确定	完税价格≥10 元/克的,税率为 50%
09010592	----其他粉状化妆品	件	另行确定	完税价格<10 元/克的,税率为 20%
09010600	--其他美容品或化妆品			
09010610	---其他美容品或化妆品	件、套	另行确定	完税价格≥10 元/毫升(克)或完税价格≥15 元/片(张)的,税率为 50%
09010620	---其他美容品或化妆品	件、套	另行确定	完税价格<10 元/毫升(克),完税价格<15 元/片(张)的,税率为 20%
09020000	**-洗护用品**			
09020100	--清洁用品			
09020110	---洗面奶、洁面霜	支、瓶	100	20%
09020120	---卸妆水	支、瓶	150	20%
09020190	---其他清洁用品	件、套	另行确定	20%
09020200	--护肤用品			
09020210	---化妆水			
09020211	----化妆水	支、瓶	150	完税价格≥10 元/毫升(克)的,税率为 50%
09020212	----化妆水	支、瓶	150	完税价格<10 元/毫升(克)的,税率为 20%
09020220	---眼霜			
09020221	----眼霜	支、瓶	200	完税价格≥10 元/毫升(克)的,税率为 50%
09020222	----眼霜	支、瓶	200	完税价格<10 元/毫升(克)的,税率为 20%
09020230	---面霜及乳液			
09020231	----面霜及乳液	支、瓶	200	完税价格≥10 元/毫升(克)的,税率为 50%
09020232	----面霜及乳液	支、瓶	200	完税价格<10 元/毫升(克)的,税率为 20%
09020240	---精华液(素)			
09020241	----精华液(素)	支、瓶	300	完税价格≥10 元/毫升(克)的,税率为 50%
09020242	----精华液(素)	支、瓶	300	完税价格<10 元/毫升(克)的,税率为 20%
09020250	---防晒霜(露、乳液)			
09020251	----防晒霜(露、乳液)	支	150	完税价格≥10 元/毫升(克)的,税率为 50%

税号	品名及规格	单位	完税价格 (人民币:元)	税率
09020252	----防晒霜(露、乳液)	支	150	完税价格<10 元/毫升(克)的,税率为 20%
09020260	---面膜			
09020261	----面膜	张、瓶	20	完税价格≥10 元/毫升(克)或完税价格≥15 元/片(张)的,税率为 50%
09020262	----面膜	张、瓶	20	完税价格<10 元/毫升(克),完税价格<15 元/片(张)的,税率为 20%
09020270	---润唇膏			
09020271	----润唇膏	支	20	完税价格≥10 元/毫升(克)的,税率为 50%
09020272	----润唇膏	支	20	完税价格<10 元/毫升(克)的,税率为 20%
09020280	---护手霜			
09020281	----护手霜	支、瓶	50	完税价格≥10 元/毫升(克)的,税率为 50%
09020282	----护手霜	支、瓶	50	完税价格<10 元/毫升(克)的,税率为 20%
09020290	---其他护肤用品			
09020291	----其他护肤用品	件、套	另行确定	完税价格≥10 元/毫升(克)或完税价格≥15 元/片(张)的,税率为 50%
09020292	----其他护肤用品	件、套	另行确定	完税价格<10 元/毫升(克),完税价格<15 元/片(张)的,税率为 20%
09020300	--护发用品			
09020310	---洗/护发液	支、瓶	30	20%
09020390	---其他护发用品	件、套	另行确定	20%
09029900	--其他清洁护理品	件、套	另行确定	20%
10000000	**家用医疗、保健及美容器材**			
10010000	**-家用医疗器材**			
10010100	--血糖计	个	500	20%
10010200	--血糖试纸	张	5	20%
10010300	--红外线耳探热针	个	200	20%
10010400	--家用雾化机	台	2000	20%
10010500	--血压计	个	500	20%
10019900	--其他家用医疗器材	件	另行确定	20%
10020000	**-家用保健器材**			
10020100	--按摩床	张	10000	20%
10020200	--按摩椅	张	5000	20%
10029900	--其他家用保健器材	件	另行确定	20%
10030000	**-家用美容器材**			
10030100	--蒸汽仪	台	200	20%
10030200	--喷雾器	台	400	20%
10039900	--其他家用美容器材	台	另行确定	20%
11000000	**厨卫用具及小家电**			
11010000	**-厨房用具**			
11010100	--餐具/刀具	个、把	20	20%
11010200	--炊具	件	100	20%
11010300	--灶具	件	1000	20%
11010400	--净水器(含过滤芯)	个	500	20%
11010500	--净水器过滤芯	个	200	20%
11011100	--电饭煲	个	500	20%
11011200	--微波炉	台	600	20%
11011300	--电磁炉	台	800	20%
11011400	--抽油烟机	台	1000	20%
11011500	--家用洗碗机	台	1500	20%

税号	品名及规格	单位	完税价格(人民币:元)	税率
11011600	--电动榨汁机	台	100	20%
11011700	--咖啡机	台	4000	20%
11019900	--其他厨房用具	件、个	另行确定	20%
11020000	**-卫生用具、洁具**			
11020100	--热水器	台	1000	20%
11021120	--电吹风机	个	200	20%
11021130	--电动剃须刀	个	200	20%
11020400	--电动牙刷	个	200	20%
11029900	--其他卫生间用具	件、个	另行确定	20%
11030000	**-小家电**			
11030100	--电话机			
11030110	---普通电话机	台	200	13%
11030120	---手持移动电话机			
11030121	----键盘式手持移动电话机	台	1000	13%
11030122	----触屏式手持移动电话机	台	另行确定	13%
11030130	---电话传真机	台	1000	13%
11030140	---可视电话机	台	1000	13%
11030150	---电话机配件、附件	件	另行确定	13%
11030190	---其他电话机	台	另行确定	13%
11031200	--电风扇	台	400	20%
11031300	--电熨斗	台	200	20%
11031400	--电暖器	台	400	20%
11031500	--增/除湿机、增除湿一体机	台	1500	20%
11031600	--空气清新机	台	1000	20%
11031700	--吸尘器	台	500	20%
11031800	--地板打蜡机	台	500	20%
11031900	--电动剪草机	台	2000	20%
11032000	--电缝纫机、编织机	台	2000	20%
11032100	--灯具	台、件	另行确定	20%
11039900	--其他小家电			
11039910	--其他家电类信息技术产品	件、个	另行确定	13%
11039990	--其他小家电	件、个	另行确定	20%
12000000	**家具**			
12010000	**-实木家具**	件	另行确定	13%
12020000	**-皮质家具**	件	1000	13%
12030000	**-藤、竹质家具**	件	600	13%
12990000	**-其他家具**	件	另行确定	13%
13000000	**空调及其配件、附件**			
13010000	**-空调**			
13010100	--1 匹及以下	台	2000	20%
13010200	--1 匹以上 2 匹以下(含 2 匹)	台	4000	20%
13010300	--2 匹以上 3 匹以下(含 3 匹)	台	6000	20%
13010400	--3 匹以上	台	另行确定	20%
13020000	**-空调配件、附件**	个	另行确定	20%
13990000	**-其他空调**	台	另行确定	20%
14000000	**电冰箱及其配件、附件**			
14010000	**-电冰箱、冰柜**			
14010100	--100 公升及以下	台	1000	20%

税号	品名及规格	单位	完税价格（人民币:元）	税率
14010200	--101-200 公升	台	2000	20%
14010300	--201-250 公升	台	3000	20%
14010400	--251-300 公升	台	5000	20%
14010500	--301-400 公升	台	10000	20%
14010600	--401-500 公升	台	15000	20%
14010700	--501 公升及以上	台	另行确定	20%
14020000	**-红酒柜**			
14020100	--12 瓶及以下	台	1000	20%
14020200	--13-18 瓶	台	2000	20%
14020300	--19-45 瓶	台	3000	20%
14020400	--46-75 瓶	台	4000	20%
14020500	--76-120 瓶	台	5000	20%
14020600	--121 瓶及以上	台	另行确定	20%
14030000	**-电冰箱配件、附件**	件	另行确定	20%
14990000	**-其他电冰箱**	台	另行确定	20%
15000000	**洗衣设备及其配件、附件**			
15010000	**-洗衣机**			
15010100	--波轮式	台	1000	20%
15010200	--滚筒式	台	3000	20%
15020000	**-干衣机/烘干机**	台	2000	20%
15030000	**-洗衣设备配件、附件**	件	另行确定	20%
15990000	**-其他洗衣设备**	台	另行确定	20%
16000000	**电视机及其配件、附件**			
16010000	**-电视机**			
16010100	--22 英寸及以下	台	1000	20%
16010200	--23 英寸至 32 英寸	台	2000	20%
16010300	--33 英寸至 39 英寸	台	4000	20%
16010400	--40 英寸至 42 英寸	台	6000	20%
16010500	--43 英寸至 45 英寸	台	8000	20%
16010600	--46 英寸至 49 英寸	台	10000	20%
16010700	--50 英寸至 54 英寸	台	20000	20%
16010800	--55 英寸至 59 英寸	台	30000	20%
16010900	--60 英寸至 64 英寸	台	35000	20%
16011000	--65 英寸以上	台	另行确定	20%
16020000	**-电视机配件、附件**	件、个	另行确定	20%
16990000	**-其他电视机**	台	另行确定	20%
17000000	**摄影(像)设备及其配件、附件**			
17010000	**-照相机**			
17010100	--数字照相机			
17010110	----一体式数字照相机	台	2000	13%
17010120	---镜头可拆卸式数字照相机			
17010121	----可拆卸式数字照相机机身	台	5000	13%
17010122	----可拆卸式数码照相机镜头	个	2000	20%
17010200	--照相机(非数字照相机)			
17010210	---反光式胶片照相机	台	5000	20%
17010220	----一次成像照相机	台	1000	20%
17010290	---其他照相机	台	另行确定	20%
17020000	**-摄像机**			

税号	品名及规格	单位	完税价格 (人民币:元)	税率
17020100	--电视摄像机	台	另行确定	20%
17020200	--视频摄录一体机	台	4000	13%
17029900	--其他摄像机	台	另行确定	20%
17030000	**-其他摄影(像)设备**			
17030100	--其他摄影(像)类信息技术产品	台、件	另行确定	13%
17030200	--其他摄影(像)设备	台、件	另行确定	20%
17990000	**-摄影(像)设备配件、附件**			
17990100	--数码存储卡			
17990110	---存储容量 8G 及以下	个	50	13%
17990120	---存储容量 8G 以上	个	200	13%
17990200	--闪光灯	个	500	20%
17990300	--支架	个	300	20%
17990400	--胶卷	个	20	20%
17999900	--其他摄影(像)设备配件、附件	件	另行确定	20%
18000000	**影音设备及其配件、附件**			
18010000	**-便携式影音设备**			
18010100	--录音笔	台	200	20%
18010200	--录音机	台	200	20%
18010300	--收音机	台	200	20%
18010400	--MP3 播放器(音频多媒体播放器)	台	100	20%
18010500	--MP4 播放器(视频多媒体播放器)	台	500	20%
18019900	--其他便携式影音设备	台	另行确定	20%
18020000	**-音响设备**			
18020100	--电唱机(含便携式激光唱机)	台	500	20%
18020200	--放像机	台	500	20%
18020300	--录像机	台	800	20%
18020400	--激光视盘机(LD、VCD、DVD 等)	台	500	20%
18020500	--(单)功能座(功放、调谐、均衡等)	台	1000	20%
18020600	--音箱	个	1000	20%
18020700	--便携式收音、录音、激光唱盘一体机	台	1000	20%
18029900	--其他音响设备	件	另行确定	20%
18030000	**-影音设备配件、附件**			
18030100	--耳机及耳塞机	副	50	13%
18030200	--磁盘	盘	30	13%
18030300	--磁带			
18030310	---重放声音或图像信息的磁带	盘	50	20%
18030320	---其他磁带	盘	10	13%
18030400	--半导体媒体	张	30	13%
18030500	--唱片			
18030510	---已录制唱片	张	50	20%
18030520	---其他唱片	张	50	13%
18030600	--光学媒体	张	另行确定	13%
18039900	--其他影音设备配件、附件	个、件	另行确定	20%
18990000	**-其他影音设备**			
18990100	--其他影音类信息技术产品	台、件	另行确定	13%
18990200	--其他影音设备	个、台	另行确定	20%
19000000	**计算机及其外围设备**			
19010000	**-计算机**			

税号	品名及规格	单位	完税价格（人民币：元）	税率
19010100	--台式个人计算机主机	台	2000	13%
19010200	--主机、显示器一体机	台	3000	13%
19010300	--笔记本电脑（含平板电脑、掌上电脑、上网本等）			
19010310	---键盘式笔记本电脑	台	2000	13%
19010320	---触屏式笔记本电脑	台	另行确定	13%
19010400	--计算机配件			
19010410	---主板	块	500	13%
19010420	---中央处理器（CPU）	个	500	13%
19010430	---内存条			
19010431	----4G及以下	条	200	13%
19010432	----4G以上	条	300	13%
19010440	---功能卡	块	300	13%
19010490	---其他计算机配件	块、个	另行确定	13%
19019900	--其他计算机	台	另行确定	13%
19020000	**-计算机外围设备**			
19020100	--鼠标	个	50	13%
19020200	--键盘	个	80	13%
19020300	--音箱	个	50	13%
19020400	--显示器			
19020410	---液晶显示器			
19020411	----19英寸及以下	台	800	13%
19020412	----19英寸以上，24英寸及以下	台	1200	13%
19020413	----24英寸以上	台	另行确定	13%
19020420	---显像管（CRT）显示器			
19020421	----17英寸及以下	台	300	13%
19020422	----17英寸以上	台	500	13%
19020490	---其他显示器	台	另行确定	13%
19020500	--打印机			
19020510	---激光打印机			
19020511	----黑白激光打印机	台	1000	13%
19020512	----彩色激光打印机	台	3000	13%
19020520	---喷墨打印机	台	500	13%
19020530	---针式打印机	台	1000	13%
19020540	---多功能一体打印机			
19020541	----喷墨多功能一体打印机	台	600	13%
19020542	----激光多功能一体打印机	台	1500	13%
19020590	---其他打印机	台	另行确定	13%
19020600	--扫描仪	台	1000	13%
19020700	--视频投影仪	台	5000	13%
19020800	--驱动器			
19020810	---CD	台	100	13%
19020820	---DVD	台	200	13%
19020890	---其他驱动器	台	另行确定	13%
19020900	--存储器			
19020910	---硬盘/移动硬盘			
19020911	----1T及以下	个	300	13%
19020912	----1T以上2T以下（含2T）	个	500	13%

税号	品名及规格	单位	完税价格（人民币:元）	税率
19020913	----2T 以上	个	另行确定	13%
19020920	---U 盘	个	50	13%
19020990	---其他存储器	个、盒	另行确定	13%
19029900	--其他计算机外围设备	台	另行确定	13%
20000000	**书报、刊物及其他各类印刷品**	本、套	另行确定	13%
21000000	**教育用影视资料**			
21010000	**-幻灯片**	片	10	13%
21020000	**-录音带**	盘	10	13%
21030000	**-录像带**	盘	50	13%
21990000	**-其他教育专用影视资料**	件	另行确定	13%
22000000	**文具用品、玩具、游戏品、节日或其他娱乐用品**			
22010000	**-文具用品**			
22010100	--电子计算器	个	200	13%
22010200	--电子字典/记事簿	个	300	13%
22010300	--电子(纸)书	台	800	13%
22010400	--笔	支	50	20%
22019900	--其他文具用品	件	另行确定	20%
22020000	**-玩具**			
22020100	--带轮玩具			
22020110	---单脚滑行车、踏板车	个	100	13%
22020190	---其他带轮玩具	个	另行确定	13%
22020200	--玩偶	个	100	13%
22020300	--缩小(按比例缩小)的模型及类似娱乐用模型	套	300	13%
22020400	--智力玩具	套	100	13%
22020500	--玩具乐器	个	100	13%
22029900	--其他玩具	件	另行确定	13%
22030000	**-游戏品**			
22030100	--游戏机			
22030110	---便携式游戏机	台	1000	13%
22030120	---电脑游戏机	台	2000	13%
22030130	---其他游戏机	台	另行确定	13%
22030190	---游戏机配件、附件			
22030191	----游戏碟、盘、卡	张、个	60	13%
22030192	----游戏机遥控器、控制器	个	200	13%
22030199	----其他游戏机配件、附件	件	另行确定	13%
22030200	--桌上或室内游戏用品			
22030210	---纸牌游戏用品	套	50	13%
22030220	---棋类产品	套	50	13%
22030290	---其他桌上或室内游戏用品	件、套	另行确定	13%
22030900	--游戏品的配件、附件	件	另行确定	13%
22040000	**-节日或其他娱乐用品**			
22040100	--节日用品			
22040110	---节日装饰品	件	30	13%
22040120	---圣诞节传统用品	件	50	13%
22040130	---化装舞会及类似场合用品	件	20	13%
22040190	---其他节日用品	件	另行确定	13%
22040200	--魔术道具及嬉戏品	件	另行确定	13%
22040900	--其他娱乐用品	件	另行确定	13%

税号	品名及规格	单位	完税价格（人民币：元）	税率
23000000	**邮票、艺术品、收藏品**			
23010000	**-邮票**			
23010100	--中国邮票、小型张、纪念封	张	另行确定	20%
23010200	--港澳台、外国邮票	张	5	20%
23010300	--港澳台、外国小型张、纪念封	张	10	20%
23020000	-艺术品、收藏品	件	另行确定	20%
24000000	**乐器**			
24010000	**-钢琴**			
24010100	--三角钢琴	架	90000	20%
24010200	--立式钢琴	架	15000	20%
24010300	--电子钢琴	架	5000	20%
24019900	--其他钢琴	架	另行确定	20%
24020000	**-电子琴**			
24020100	--49 键以下	台	800	20%
24020200	--49 键及以上	台	3000	20%
24030000	**-萨克斯**	把	10000	20%
24040000	**-电子吉他**	把	2000	20%
24050000	**-数码小提琴**	把	5000	20%
24060000	**-长、短笛**	支	5000	20%
24070000	**-单簧管**	支	4000	20%
24080000	**-双簧管**	支	10000	20%
24090000	**-古筝**	架	2000	20%
24990000	**-其他乐器**	件	另行确定	20%
25000000	**运动用品、钓鱼用品**			
25010000	**-高尔夫球及球具**			
25010100	--球杆	根	1000	50%
25010200	--球	个	20	50%
25019900	--其他高尔夫球具	件	另行确定	50%
25020000	**-运动器具**			
25020100	--网球拍	个	500	20%
25020200	--羽毛球拍	个	300	20%
25029900	--其他运动器具	件	另行确定	20%
25030000	**-多功能健身器具**			
25030100	--跑步机	件	2000	20%
25030200	--健身车	件	1000	20%
25030300	--综合训练器	件	3000	20%
25039900	--其他多功能健身器具	件	另行确定	20%
25040000	**-钓鱼用品**	件	另行确定	20%
25990000	**-其他运动用品**	件	另行确定	20%
26000000	**自行车**			
26010000	**-自行车**	辆	500	20%
26020000	**-三轮车**	辆	500	20%
26030000	**-婴孩车**	辆	200	20%
26090000	**-自行车配件、附件**	件	另行确定	20%
27000000	**其他物品**	件	另行确定	20%

注：对 02000000 税号项下的各类酒，单瓶容量超出 750 毫升的，每满 750 毫升按照 1 瓶计征税赋，超出部分不足 750 毫升的不予计算。

附表 6

2024 年进口关税与进口环节代征税(消费税及增值税)计税常数表

关税税率(%)	消费税税率(%)											
	1	3	5	9	10	12	15	20	25	30	36	40
0	0.1818	0.2062	0.2316	0.2857	0.3000	0.3295	0.3765	0.4625	0.5600	0.6714	0.8281	0.9500
1.0	0.1936	0.2182	0.2439	0.2986	0.3130	0.3428	0.3902	0.4771	0.5756	0.6881	0.8464	0.9695
1.5	0.1995	0.2243	0.2501	0.3050	0.3195	0.3495	0.3971	0.4844	0.5834	0.6965	0.8555	0.9793
2.0	0.2055	0.2303	0.2562	0.3114	0.3260	0.3561	0.4040	0.4918	0.5912	0.7049	0.8647	0.9890
3.0	0.2173	0.2424	0.2685	0.3243	0.3390	0.3694	0.4178	0.5064	0.6068	0.7216	0.8830	1.0085
4.0	0.2291	0.2544	0.2808	0.3371	0.3520	0.3827	0.4315	0.5210	0.6224	0.7383	0.9013	1.0280
4.5	0.2350	0.2605	0.2870	0.3436	0.3585	0.3894	0.4384	0.5283	0.6302	0.7466	0.9104	1.0378
5.0	0.2409	0.2665	0.2932	0.3500	0.3650	0.3960	0.4453	0.5356	0.6380	0.7550	0.9195	1.0475
5.5	0.2468	0.2725	0.2993	0.3564	0.3715	0.4027	0.4522	0.5429	0.6458	0.7634	0.9287	1.0573
5.8	0.2504	0.2761	0.3030	0.3603	0.3754	0.4067	0.4563	0.5473	0.6505	0.7684	0.9342	1.0631
6.0	0.2527	0.2786	0.3055	0.3629	0.3780	0.4093	0.4591	0.5503	0.6536	0.7717	0.9378	1.0670
6.5	0.2586	0.2846	0.3116	0.3693	0.3845	0.4160	0.4659	0.5576	0.6614	0.7801	0.9470	1.0768
7.0	0.2645	0.2906	0.3178	0.3757	0.3910	0.4226	0.4728	0.5649	0.6692	0.7884	0.9561	1.0865
7.5	0.2705	0.2966	0.3239	0.3821	0.3975	0.4293	0.4797	0.5722	0.6770	0.7968	0.9652	1.0963
8.0	0.2764	0.3027	0.3301	0.3886	0.4040	0.4359	0.4866	0.5795	0.6848	0.8051	0.9744	1.1060
8.4	0.2811	0.3075	0.3350	0.3937	0.4092	0.4412	0.4921	0.5854	0.6910	0.8118	0.9817	1.1138
8.5	0.2823	0.3087	0.3363	0.3950	0.4105	0.4426	0.4935	0.5868	0.6926	0.8135	0.9835	1.1158
9.0	0.2882	0.3147	0.3424	0.4014	0.4170	0.4492	0.5004	0.5941	0.7004	0.8219	0.9927	1.1255
9.5	0.2941	0.3208	0.3486	0.4079	0.4235	0.4559	0.5072	0.6014	0.7082	0.8302	1.0018	1.1353
9.7	0.2965	0.3232	0.3510	0.4104	0.4261	0.4585	0.5100	0.6044	0.7113	0.8336	1.0055	1.1392
10.0	0.3000	0.3268	0.3547	0.4143	0.4300	0.4625	0.5141	0.6088	0.7160	0.8386	1.0109	1.1450
10.5	0.3059	0.3328	0.3609	0.4207	0.4365	0.4691	0.5210	0.6161	0.7238	0.8469	1.0201	1.1548
11.0	0.3118	0.3389	0.3671	0.4271	0.4430	0.4758	0.5279	0.6234	0.7316	0.8553	1.0292	1.1645
12.0	0.3236	0.3509	0.3794	0.4400	0.4560	0.4891	0.5416	0.6380	0.7472	0.8720	1.0475	1.1840
12.5	0.3295	0.3570	0.3855	0.4464	0.4625	0.4957	0.5485	0.6453	0.7550	0.8804	1.0566	1.1938
12.6	0.3307	0.3582	0.3868	0.4477	0.4638	0.4971	0.5499	0.6468	0.7566	0.8820	1.0585	1.1957
13.0	0.3355	0.3630	0.3917	0.4529	0.4690	0.5024	0.5554	0.6526	0.7628	0.8887	1.0658	1.2035
13.5	0.3414	0.3690	0.3978	0.4593	0.4755	0.5090	0.5623	0.6599	0.7706	0.8971	1.0749	1.2133
14.0	0.3473	0.3751	0.4040	0.4657	0.4820	0.5157	0.5692	0.6673	0.7784	0.9054	1.0841	1.2230
14.4	0.3520	0.3799	0.4089	0.4709	0.4872	0.5210	0.5747	0.6731	0.7846	0.9121	1.0914	1.2308
15.0	0.3591	0.3871	0.4163	0.4786	0.4950	0.5290	0.5829	0.6819	0.7940	0.9221	1.1023	1.2425
16.0	0.3709	0.3992	0.4286	0.4914	0.5080	0.5423	0.5967	0.6965	0.8096	0.9389	1.1206	1.2620
17.0	0.3827	0.4112	0.4409	0.5043	0.5210	0.5556	0.6105	0.7111	0.8252	0.9556	1.1389	1.2815
17.5	0.3886	0.4173	0.4471	0.5107	0.5275	0.5622	0.6174	0.7184	0.8330	0.9639	1.1480	1.2913
18.0	0.3945	0.4233	0.4533	0.5171	0.5340	0.5689	0.6242	0.7258	0.8408	0.9723	1.1572	1.3010
19.0	0.4064	0.4354	0.4656	0.5300	0.5470	0.5822	0.6380	0.7404	0.8564	0.9890	1.1755	1.3205
20.0	0.4182	0.4474	0.4779	0.5429	0.5600	0.5955	0.6518	0.7550	0.8720	1.0057	1.1938	1.3400
21.0	0.4300	0.4595	0.4902	0.5557	0.5730	0.6088	0.6655	0.7696	0.8876	1.0224	1.2120	1.3595
22.0	0.4418	0.4715	0.5025	0.5686	0.5860	0.6220	0.6793	0.7843	0.9032	1.0391	1.2303	1.3790
23.0	0.4536	0.4836	0.5148	0.5814	0.5990	0.6353	0.6931	0.7989	0.9188	1.0559	1.2486	1.3985

关税税率(%)	消费税税率(%)											
	1	3	5	9	10	12	15	20	25	30	36	40
24.0	0.4655	0.4957	0.5272	0.5943	0.6120	0.6486	0.7068	0.8135	0.9344	1.0726	1.2669	1.4180
24.5	0.4714	0.5017	0.5333	0.6007	0.6185	0.6553	0.7137	0.8208	0.9422	1.0809	1.2760	1.4278
25.0	0.4773	0.5077	0.5395	0.6071	0.6250	0.6619	0.7206	0.8281	0.9500	1.0893	1.2852	1.4375
27.0	0.5009	0.5319	0.5641	0.6329	0.6510	0.6885	0.7481	0.8574	0.9812	1.1227	1.3217	1.4765
28.0	0.5127	0.5439	0.5764	0.6457	0.6640	0.7018	0.7619	0.8720	0.9968	1.1394	1.3400	1.4960
30.0	0.5364	0.5680	0.6011	0.6714	0.6900	0.7284	0.7894	0.9013	1.0280	1.1729	1.3766	1.5350
32.0	0.5600	0.5922	0.6257	0.6971	0.7160	0.7550	0.8169	0.9305	1.0592	1.2063	1.4131	1.5740
35.0	0.5955	0.6284	0.6626	0.7357	0.7550	0.7949	0.8582	0.9744	1.1060	1.2564	1.4680	1.6325
38.0	0.6309	0.6645	0.6996	0.7743	0.7940	0.8348	0.8995	1.0183	1.1528	1.3066	1.5228	1.6910
40.0	0.6545	0.6887	0.7242	0.8000	0.8200	0.8614	0.9271	1.0475	1.1840	1.3400	1.5594	1.7300
45.0	0.7136	0.7490	0.7858	0.8643	0.8850	0.9278	0.9959	1.1206	1.2620	1.4236	1.6508	1.8275
50.0	0.7727	0.8093	0.8474	0.9286	0.9500	0.9943	1.0647	1.1938	1.3400	1.5071	1.7422	1.9250
57.0	0.8555	0.8937	0.9336	1.0186	1.0410	1.0874	1.1611	1.2961	1.4492	1.6241	1.8702	2.0615
65.0	0.9500	0.9902	1.0321	1.1214	1.1450	1.1938	1.2712	1.4131	1.5740	1.7579	2.0164	2.2175

注：

1. 鉴于应征消费税的进口商品的法定增值税税率均为13%，故本表省略了增值税税率一栏，但所列常数均已包括增值税在内。
2. 常数计算公式为：

$$常数=\frac{进口关税税率+消费税税率+增值税税率+进口关税税率\times增值税税率}{1-消费税税率}$$

附表 7

2024 年进口关税与进口环节代征税(增值税)计税常数表

关税税率(%)	增值税税率(%)		关税税率(%)	增值税税率(%)		关税税率(%)	增值税税率(%)	
	13	17		13	17		13	17
0	0. 1300	0. 1700	9. 5	0. 2374	0. 2812	20. 0	0. 3560	0. 4040
1. 0	0. 1413	0. 1817	9. 7	0. 2396	0. 2835	21. 0	0. 3673	0. 4157
1. 5	0. 1470	0. 1876	10. 0	0. 2430	0. 2870	22. 0	0. 3786	0. 4274
2. 0	0. 1526	0. 1934	10. 5	0. 2487	0. 2929	23. 0	0. 3899	0. 4391
3. 0	0. 1639	0. 2051	11. 0	0. 2543	0. 2987	24. 0	0. 4012	0. 4508
4. 0	0. 1752	0. 2168	12. 0	0. 2656	0. 3104	24. 5	0. 4069	0. 4567
4. 5	0. 1809	0. 2227	12. 5	0. 2713	0. 3163	25. 0	0. 4125	0. 4625
5. 0	0. 1865	0. 2285	12. 6	0. 2724	0. 3174	27. 0	0. 4351	0. 4859
5. 5	0. 1922	0. 2344	13. 0	0. 2769	0. 3221	28. 0	0. 4464	0. 4976
5. 8	0. 1955	0. 2379	13. 5	0. 2826	0. 3280	30. 0	0. 4690	0. 5210
6. 0	0. 1978	0. 2402	14. 0	0. 2882	0. 3338	32. 0	0. 4916	0. 5444
6. 5	0. 2035	0. 2461	14. 4	0. 2927	0. 3385	35. 0	0. 5255	0. 5795
7. 0	0. 2091	0. 2519	15. 0	0. 2995	0. 3455	38. 0	0. 5594	0. 6146
7. 5	0. 2148	0. 2578	16. 0	0. 3108	0. 3572	40. 0	0. 5820	0. 6380
8. 0	0. 2204	0. 2636	17. 0	0. 3221	0. 3689	45. 0	0. 6385	0. 6965
8. 4	0. 2249	0. 2683	17. 5	0. 3278	0. 3748	50. 0	0. 6950	0. 7550
8. 5	0. 2261	0. 2695	18. 0	0. 3334	0. 3806	57. 0	0. 7741	0. 8369
9. 0	0. 2317	0. 2753	19. 0	0. 3447	0. 3923	65. 0	0. 8645	0. 9305

注:
常数=进口关税税率+增值税税率+进口关税税率×增值税税率

附表 8

计量单位换算表

面(地)积换算

公制		英美制			
平方米	平方厘米	平方码	平方英尺	平方英寸	平方尺
1	10000	1. 1960	10. 7639	1550	9
0. 0001	1	0. 00012	0. 00108	0. 155	0. 0009
0. 8361	8361	1	9	1296	7. 525
0. 0929	929	0. 1111	1	144	0. 836
0. 00065	6. 45	0. 00077	0. 00694	1	0. 0058
0. 111	1111	0. 133	1. 196	172. 2	1

长度换算

公制		中国市制	英美制		
米	厘米	尺	码	英尺	英寸
1	100	3	1. 094	3. 2808	39. 37
0. 01	1	0. 03	0. 01094	0. 03281	0. 3937
0. 3333	33. 33	1	0. 3646	1. 094	13. 123
0. 9144	91. 44	2. 743	1	3	36
0. 3048	30. 48	0. 9144	0. 3334	1	12
0. 0254	2. 54	0. 0762	0. 0278	0. 833	1

1 米 = 100 厘米 = 1000 毫米

重量换算(一)

公制	英制	美制	港制
公吨	长吨	短吨	司马担
1	0. 9842	1. 1023	16. 535
1. 016	1	1. 12	16. 8
0. 9072	0. 8929	1	15
0. 05	0. 04921	0. 0551	0. 8267
0. 0508	0. 05	0. 056	0. 8402
0. 0605	0. 0594	0. 0667	1

港制 1 司马担 = 100 司马斤
公制 1 公吨 = 10 公担
英制 1 长吨 = 20 英担(CWT)
1 英担 = 50. 8024 千克
美制 1 短吨 = 20 短担(CWT)
1 短担 = 100 磅 = 45. 36 千克

公制	中国市制	英美制
千克	斤	磅
1000	2000	2204. 6
1016	2032	2242
907	1814	2000
50	100	110. 23
50. 8	101. 6	112
60. 48	120. 96	133. 33
1	2	2. 2046
0. 5	1	1. 1023
0. 4536	0. 9072	1

重量换算(二)

公制		英美制常衡		英美制金衡或药衡		中国市制
千克	克	磅	唡	磅	唡	两
1	1000	2. 2046	35. 2736	2. 679	31. 1507	20
0. 001	1	0. 0022	0. 03527	0. 00268	0. 0321	0. 02
0. 4536	453. 59	1	16	1. 2153	14. 5833	9. 072
0. 02835	28. 35	0. 0625	1	0. 07595	0. 9114	0. 567
0. 3732	373. 24	0. 82286	13. 1657	1	12	7. 465
0. 0311	31. 10	0. 06857	1. 0971	0. 08333	1	0. 622
0. 05	50	0. 1102	1. 76368	0. 13396	1. 6075	1

宝石:1 克拉=0. 2 克　　1 金衡=155. 5 克拉

容(体)积换算(一)

公制	中国市制	英制	美制
升	升	英加仑	美加仑
1	1	0. 22	0. 264
4. 546	4. 546	1	1. 201
3. 785	3. 785	0. 833	1

1000 升=1 立方米　　1 升=1000 毫升=1000 立方厘米(c. c.)

英制 1 加仑=277. 42 立方英寸　　英制 1 加仑=231 立方英寸

容(体)积换算(二)

公制		英美制			中国市制
立方米	立方厘米	立方码	立方英尺	立方英寸	立方尺
1	1000000	1. 303	35. 3147	61024	27
0. 000001	1	0. 0000013	0. 00004	0. 06102	0. 000027
0. 7636	764555	1	27	46656	20. 643
0. 02832	28317	0. 037	1	1728	0. 7646
0. 000016	16. 387	0. 00002	0. 00058	1	0. 00044
0. 037	37037	0. 0484	1. 308	2260	1

木材体积单位换算

板(Board Foot Measure,BFM):

指厚一英寸、面积一平方英尺的木材

板材的换算:1000 板=2. 36 立方米

原木的换算:1000 板=5 立方米(近似值)

功率换算

1 千瓦(kW)=1. 34 英制马力(hp)=1. 36 公制马力(hp)

1 英制马力=0. 746 千瓦(kW)

1 公制马力=0. 735 千瓦(kW)

$$1\text{ 千伏安(kVA)}=\frac{\text{千瓦(kW)}}{0.80}$$

粮谷重量容积换算

品名	1 公吨折合蒲式耳	1 蒲式耳折合	
		磅	千克
小麦、大豆	36.743	60	27.216
玉米	39.368	56	25.402
大麦(英制)	44.092	50	22.68
大麦(美制)	45.931	48	21.773

注:1 英制蒲式耳(1.0321 美制蒲式耳)合 36.3677 升。

石(原)油重量、容积换算

国别	1 公吨折合			
	千升	美制桶	英制加仑	美制加仑
美国、印度尼西亚	1.18	7.4	259.1	310.6
伊朗、沙特阿拉伯	1.19	7.49	261.8	314.5
日本	1.11	6.99	244.5	293.3
英国、科威特	1.16	7.31	255.8	306.7
委内瑞拉	1.09	6.84	239.2	287.4

注:世界平均比重的原油通常以 1 公吨 = 7.35 桶(每桶为 42 美制加仑)或 1174 升计。

常用度量衡英文名称和简写

名称	英文名称	简写	名称	英文名称	简写
克	gram	g.	码	yard	yd.
千克	kilogram	kg.	英尺	foot	ft.
公担	quintal	q.	英寸	inch	in.
公吨	metric ton	m. t.	平方米	square metre	sq. m.
长吨	long ton	l. t.	平方英尺	square foot	sq. ft
短吨	short ton	sh. t.	平方码	square yard	sq. yd
英担	hundredweight	cwt.	立方米	cubic metre	cu. m.
美担	hundredweight	cwt.	立方英尺	cubic toor	cu. ft.
磅	pound	lb.	升	litre	l.
啢(常衡)	ounce	oz.	毫升	millilitre	ml.
(金衡)	ounce	oz. t	加仑	gallon	gal.
司马担	picul		蒲式耳	bushel	bu.
米	metre	m.	克拉	carat	car.
公里	kilometre	km.	马力	horse power	hp.
厘米	centimetre	cm.	千瓦	kilowatt	kw.
毫米	millimetre	mm.	公吨度	metric ton unit	m. t. u.